第十七届明史国际学术研讨会暨纪念明定陵发掘六十周年国际学术研讨会 论文集 [上册]

中国明史学会
北京市昌平区十三陵特区办事处 编

北京燕山出版社

第十七届明史国际学术研讨会
暨纪念明定陵发掘六十周年国际学术研讨会

论 文 集

编委会（按姓氏笔画排列）：

方桂堂　牛建强　王红宇　王丽梅

王建成　张明富　张金奎　张宪博

阿　风　陈支平　南炳文　胡　凡

唐拥军　高小华　高寿仙　商　传

主　　编：商　传

执行主编：王丽梅

责任编辑：刘少华

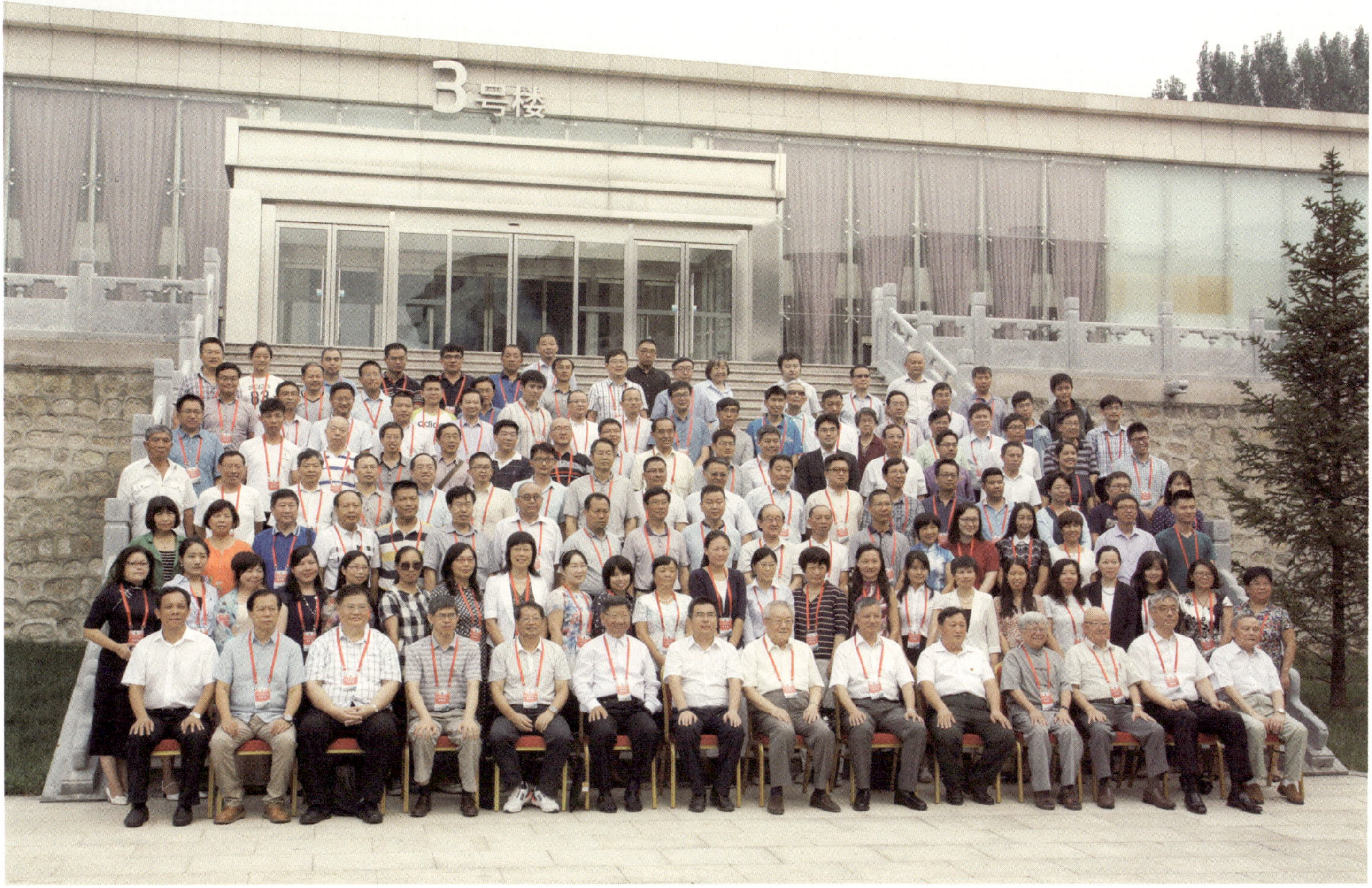
3号楼

与会代表合影

第十七届明史国际学术研讨会
暨纪念明定陵发掘六十周年国际学术研讨会
主办：中国明史学会　北京市昌平区人民政府
承办：北京市昌平区十三陵特区办事处
2016年8月 · 北京

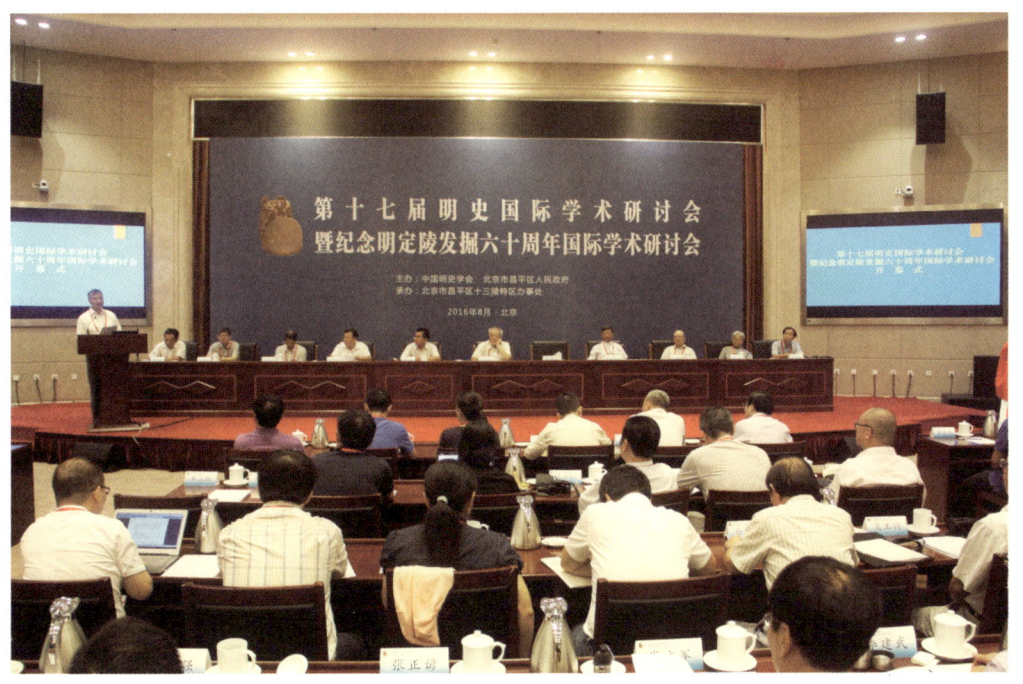

大会会场

北京市昌平区人民政府副区长李志杰致辞

中国明史学会会长商传致开幕词

中国明史学会学术委员会主席南炳文在开幕式上讲话

中国明文化研究中心成立揭牌仪式

中国社会科学院历史研究所研究员沈定平做大会主旨发言

复旦大学历史地理研究中心教授王振忠做大会主旨发言

韩国庆北大学校师范大学历史教育科教授洪性鸠做大会主旨发言

日本同志社大学文学部助教城地孝做大会主旨发言

中国台湾师范大学历史系教授朱鸿做大会主旨发言

朱元璋研究会秘书长夏玉润做大会主旨发言

会议分组发言（一）

会议分组发言（二）

会议分组发言（三）

南京大学历史学院教授罗晓翔做分组学术总结

中国社会科学院历史研究所副研究员陈时龙做分组学术总结

中国明史学会副会长高寿仙做大会学术总结

十三陵特区党委书记王建成在闭幕式上讲话

专家学者参观明永陵

明定陵

明定陵地下宫殿

明定陵出土的红素罗绣平金龙百子花卉方领女夹衣（复制）

明定陵出土的黄缂丝十二章福寿如意衮服（复制）

明定陵出土的金翼善冠

明定陵出土的六龙三凤冠

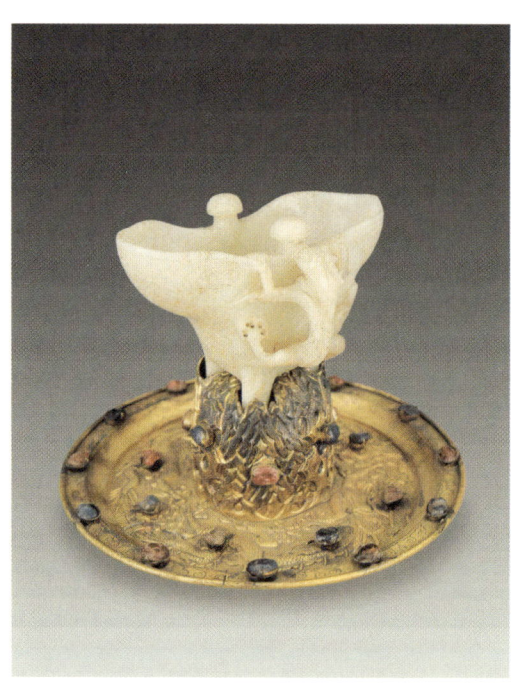
明定陵出土的金托玉爵

明定陵出土的青花梅瓶

目　录

陈支平：明末隆武帝及郑芝龙遗事摭余 ... 3

林延清：左顺门事件与景泰帝即位 ... 8

沈定平：万历朝的历史评价
　　——一个不断演进的过程 ... 12

朱　鸿：明嘉靖十八年（1539）世宗南巡承天研究 ... 25

城地孝：日本嘉靖时代史研究的新视角 ... 40

洪性鸠：壬辰倭乱是明朝灭亡的原因吗？ ... 47

原瑞琴：从万历《大明会典》看明代监察体系的构建 ... 58

吴　航：弘光朝崇祯帝庙谥改易考述 ... 66

谢忠志：明代弃市刑初探 ... 75

张金奎：明代的驾帖与精微批 ... 83

江心力：张居正"法后王"思想探析 ... 93

杨向艳：开罗织之端：万历朝续妖书案之周嘉庆狱探析 ... 97

吴士勇：明代总漕与总河之争 ... 106

高春平：试论万历年间刚直晋抚魏允贞同矿监税使的斗争 ... 122

李治军：金川门之变后建文帝的流亡朝廷还存续了数年 ... 126

展　龙：明代告示传播机制与舆论功能 ... 137

吴志远：明代河南宗藩问题研究 ... 147

何幸真：杨士奇对靖难历史的调解及其后世形象的分化（1402—1644） ... 155

王　韦：从储君到皇帝的艰难历程
　　——围绕朱高炽被立后的政治斗争考察 ... 172

秦　博：论明代文武臣僚间的权力庇佑
　　——以俞大猷"谈兵"为中心 ... 182

阿　风：明代"信牌"渊源考 ... 193

高寿仙：明代潼关卫与北直隶关系考论 ... 201

赵现海：明后期京后防务与昌平镇、密云镇的建立 ... 210

胡　凡：论明仁宗对北边防卫的调整与整顿 ... 217

彭　勇　崔继来：刘效祖《四镇三关志》的编纂及其价值 ... 225

肖立军：明代蓟镇援关营制考略 ... 233

周喜峰：明朝天启年间女真人与辽东汉人的斗争 ... 239

程彩萍：明代总督与边疆治理
　　——以陕西三边总制为中心的考察 ... 245

杜志明：明代民壮训练体制初探 ... 255

刘婷玉：明代的卫所军屯与畲族族源探析 ... 264

赵树国：海不扬波：明代京畿地区海上安全述论	
——以环渤海地区海防体制演变为中心的考察	272
卢绪友：明初东胜州卫置废诸问题辨析	284
范传南：论北京防卫与天寿山陵军	288
王尊旺：明代蓟州镇兵马钱粮考	294
叶玉杰：戚继光在蓟镇	305
李建武：镇守内官与明代"九边"军政事务	320
王　涛：辽东都司二十五卫沿革考述	326
李华彦："小王子"家族与明代内蒙古的发展	345
张晓明：从朝鲜使臣的经济活动看明代辽东社会	359
刘祥学：论医药与明朝的民族政策	367
卢　伟：浅析"东北亚丝绸之路"的历史基础	
——以明代亦失哈开辟东北亚"丝绸之路"为视角	374
沈一民：亦失哈东巡奴儿干考述	380
侯官响：明代楚雄府改土归流考论	387
巫仁恕：逃离城市补论：明清之际江北城市居民的逃难活动	401
冯贤亮：16世纪官宦的家庭生活与地方社会	
——以顾鼎臣的家书与奏疏所述为中心	413
王雪华：以幕为业：明朝文人徐渭的幕宾人生	435
吕　杨：明末宜兴民变与地方政权应对方式探析	445
吴才茂：明代卫所武官后裔的身份变迁与村落形成	
——以铜鼓卫刘氏指挥使为例	454
关恒安：明中叶后东亚海域的苏木贸易研究	473
陈碧玲：从《杜骗新书》看明代白银现象	478
徐春燕：明清时期河南城市规模及其相关性研究	485
黄志繁：从同姓到同宗：宋明吉安地区的宗族实践	493
翟爱玲：明代洛阳地区的民间信仰与基层结社	
——以碑刻资料为中心的考察	505
胡克诚：何处是江南：论明代镇江府"江南"归属性的历史变迁	515
李　扬：卫所、藩王与明清时期的宗族建构	
——以韶山毛氏为中心的考察	527
田　冰：明代黄河决溢对黄淮平原经济发展的影响	539
谢　羽：延续与嬗变	
——明末清初松江士人的游宴活动	546
徐　泓：《明史纪事本末·仁宣致治》校注	565
衣若兰：女性传记与明清历史转折	595
吴德义：刘济及其《革书》辨疑	602
苏循波：张廷玉《明史》列传"壬辰战争"叙事研究	609

包诗卿：	明清鼎革之际个体历史的自我书写：以杨士聪《甲申核真略》为中心	615
王振忠：	《松窗梦语》：明代人文地理著述传统的复兴	626
朱　冶：	杨守陈（1425—1489）九经《私抄》的撰著背景及用意	633
李绍强：	高濂《遵生八笺》与明代瓷器鉴赏	639
张明富：	明代宗室修建文化教育设施考论	646
张献忠：	从出版史到书籍的社会史 ——明代商业出版研究评述	666
牛建强：	明代文学作品的社会史研究价值	672
汪维真：	明代会试之南北中卷的卷区范围厘辨	681
陈时龙：	论六谕和明清族规家训	689
周熙婷：	凤阳花鼓（花鼓小锣）曲目中的明清俗曲考述	699
张正谚：	习译字以通朝贡 ——明代"译字生"始末初探	708
马学良：	明代内府刻书质量考辨	718

夏玉润：	凤阳明皇陵营建制度及陵园布局考述	729
陈怀仁：	略论凤阳明皇陵的三次营建	750
王丽梅：	浅析明长陵对明孝陵的承继与创新	757
王秀玲：	明十三陵墓碑	762
唐更生：	凤阳明皇陵石像生实为两批石质不同的石刻组合	780
孙祥宽：	明代帝陵神道石刻对数新探	794
向阳鸣：	明孝陵的建筑艺术	801
冯　景：	明十三陵祭品考述	805
周红梅：	论明显陵由王墓到帝陵的嬗变	813
郭　超：	明代古城巩华城的性质与复原措施刍议	819
罗晓翔：	制度史视角下的明代皇家陵寝 ——以孝陵为中心	836
俞美玉　何　伟：	刘基与明初南京皇城的选址与规划	845
臧卓美：	明代藩王陵墓中的仿木构现象	850
陈　琳：	明祖陵神道石刻时代探析	860
邵　磊：	明代开国功臣中山王徐达墓考述	863
刘明杉：	从定陵文物看晚明女性的梳洗妆俗	879
刘少华：	文化遗产视野下的明十三陵保护和管理的思考	891

明末隆武帝及郑芝龙遗事掇余

陈支平

明末清初，是中国历史上的多事之秋。明末及南明朝廷，迫于纷乱的时局与困窘的处境，绞尽脑汁，想出了许多应对之道，其中不免掺杂着一些匪夷所思的事情与传言。近年来，我在读书的过程中，接触到一些明末及南明时期的史料，看到某些为前人所较少提及的记载。兹略加辑录如次，以补以往研究之缺。

一 关于隆武帝出家为僧的记载

明代关于皇帝败亡后出家为僧的记载不少，特别是明代前期朱棣兴起"靖难之役"之后，败亡的建文帝不知所终，许多地方出现了建文帝逃亡至该地为僧的传说。改革开放以来，地方文化的研究受到各地政府的重视，众多的地方文史工作者及相关官员对此兴趣倍增，论说不少。连远在南疆的福建，也至少有两处关于建文帝在此出家为僧的宣传。

不过，同样在福建境内发生的事情，即南明时期在福建即大位的隆武皇帝，同样也有关于败亡后出家为僧的记载，至今却鲜有人提及。我猜测其原因是隆武帝之出家为僧，没有具体的地址记载，故而引不起各地地方文史工作者及官员的爱乡兴趣。

关于隆武帝败亡的结局，南明史籍中多有记载，隆武帝的败亡过程及其死地有不同的说法，但是比较集中可信的，我认为是在汀州为清兵所杀。清徐鼒《小腆纪年附考》卷一三记云：

> （清顺治三年、隆武二年，1646）丁酉辛丑，我大清兵入汀州。明唐王殂，后曾氏及福清伯周之藩、给事中熊纬等死之。丁酉，王奔顺昌，而王师已抵剑津。仓卒就道，妃媵有一骑而三人者。福清伯周之藩、给事中熊纬率兵五百随行。中途曾后鞭坠地，之藩下马检献。王不名其官，惟呼我儿。王口渴觅饮，之藩以小桶汲之，曰愿陛下一统。王喜饮之，袍袖俱湿，加之藩总督御营。二十七日抵汀州，明日五鼓，之藩朝行在，犹闻王与曾后角口声。俄有十余骑称扈跸者踵至，则追兵也。呼问谁是隆武？之藩挺身呼曰：吾乃大明皇帝也。群射之，之藩拔箭，手杀数十人，俄脑后中箭坠马被杀。熊纬督二十余人格斗，亦箭伤喉死。王与曾后遇害于汀州之府堂，时八月二十八日辛丑也。考曰诸书，皆谓隆武被执送至福州，斩于市，曾妃被执，投九龙潭死。《台湾外纪》云锦衣卫陆昆亨眼见隆武帝后戎装小帽，与妃嫔被难于汀州之府堂，百姓收群尸，葬于罗汉岭，当得实也。

徐鼒《小腆纪传》卷三《纪第三》亦云：

> 十一月命修《思宗实录》，幸太学，下诏亲征。……（隆武二年）八月甲午，上知仙霞不可守，决意幸赣，自延平出奔，宫眷皆骑，犹载书十余簏以从。从者辅臣何吾驺、朱继祚、黄鸣俊数人而

己。乙未我大清兵入仙霞关，守浦城御史郑为虹、给事中黄大鹏死之。丁酉取延平，知府王士和死之。我贝勒既克延平，询知上由汀州趋江右。乃亲统大兵取福京，而分遣降将李成栋引兵追上。是日上发顺昌，闻追兵已至剑津，仓卒就道，妃嫔有一骑而三人者。福清伯周之藩、给事中熊纬将兵五百人随扈。庚子抵汀州。明日五鼓，有数十骑称扈跸者突入行宫，之藩、纬皆斗死。上与曾后遇害于汀州府之大堂。

隆武皇帝在汀州遇害之后，关于他的遇害地点有一些不同的说法，与此同时，也出现了隆武皇帝出家为僧的传言。清温睿临《南疆逸史》卷一八《列传第十四》记载：

周之藩，字长屏，隆武二年以总兵晋忠诚伯，扈上自延津趋汀，将入粤，大兵以五百骑蹑之。兵攻汀州，而上始得警报，遽出行朝，之藩闻难趋赴，遇突骑数十，大声自呼曰：吾隆武帝也！意以诡辞脱主于难。既群矢猬集，遂死。时溽暑，陈尸五日，肉色莹然。……张致远，不知何许人。上之见迫于汀州也，致远服帝服以脱上而死。路振飞有诗纪之。其后郑成功屯兵鼓浪屿，有称帝存问诸臣者云：上为僧五指山。然后人知其事，亦莫必其真伪云。

根据温睿临《南疆逸史》的记载，隆武帝败亡后逃至"五指山"为僧。徐鼒的《小腆纪传》卷三《纪第三》亦记载隆武帝出家为僧于"五指山"，"上与曾后遇害于汀州府之大堂。或曰遇害于福京，后投九龙潭死。亦曰死于建宁，或又曰建宁代死者为唐王聿钊；汀州代死者为张致远，上实未死。后朱成功屯兵鼓浪屿，有遣使存问诸臣者云：为僧于五指山。然亦莫别真伪也"。但是这个"五指山"究竟是地属何处，不得而知。现在我们一般认知的"五指山"，是在海南岛内。南明时期，南明的势力不及海南，隆武帝不太可能在极短的时间内逃至海南岛。

不过在今广东东部的梅州地区，也有一座名声较小的"五指山"，又称"五指石"。据当地资料记载："梅州五指山（五指石），为粤东著名的丹霞地貌旅游胜地，坐落于平远县城以北57公里的差干镇，五座石峰拔地而起，形如伸展的五指直刺云天。平远省级风景名胜区五指石，位于粤、赣、闽三省交界的平远县差干镇内。汇聚了'丹霞地貌、森林生态、人文古迹'三大景观，具雄、险、奇、秀、幽、古的特色。"[①]明末清初人黄宗羲在《行朝录》中有一则记载值得注意：

（顺治九年，1652）壬辰正月，守将赫文兴举城降，围长泰县，北督陈锦来援，败之，二月复平和、诏安、南靖三县，进围漳州府县。七月七日陈锦为其内司李进忠等五人所刺，以其首来降。八月刑部侍郎王虞石至自五指山，言隆武帝在彼为僧。继而遣使至厦门，一时故臣皆不能决。九月北帅金帅援漳岛，失利。（顺治十年，1653）癸巳二月，五指山复遣使来存问诸臣，使言隆武帝今离五指山，驻平远县，将起兵。故臣乃具公疏请敕验示，卒不可得。[②]

据此，我们可以知道所谓的隆武帝出家为僧的"五指山"，指的是今广东东部的梅州平远县。平远县地处粤东，与福建西南部相距不远。由于不断有人以隆武帝的名义来福建"存问"郑成功，郑成功半信半疑，不得不一探究竟，"具公疏请敕验示"，对方无法应对，关于"隆武帝出家为僧"的传言，大体到此为止。

---

① 见百度网站：百度百科，梅州五指山。
② （清）黄宗羲：《行朝录》卷一一《赐姓始末》。

关于顺治三年（1646）福建的隆武政权败亡之后，隆武帝不死的传言，除了上举的出家为僧之外，还有一些其他的说法，主要流传于江西一带。当时在江西一带，还有一些明朝的残余势力在抵抗清军，而一部分明朝的将领、官员在清军的压力之下，叛服无常。于是，就有人假借隆武帝未死的名义，封官许愿，扩大自己的势力。徐鼒《小腆纪年附考》卷一五记载："幕中客某，诡言隆武帝未死，在五子寨。命客往探之，客即假以敕命，封（金）声桓镇江。"又卷六五记载云：

> 督师万元吉遣间说声桓反正，声桓得书不报……声桓心始动。新建诸生殿国桢不从剃发令，尝从隆武帝乞敕书札印，联络山泽忠义之士，说得仁部下王禹门反正，禹门说得仁，得仁亦心动。胡澹、陈大生各缘以迎合谓二人曰：隆武实未死，许公以江西归明者，即举江西封公矣。二人深信之，阴遣之出。①

综合以上的记载，顺治三年（1646）隆武帝在福建汀州败亡遇害之后，之所以出现了一些关于他出家为僧以及"未死"的传言，主要原因大致有二：一是一些明朝的旧臣为了继续从事抗击清军事业，不得不假借隆武帝的名义号召南方的臣民以图顽抗；二是一部分的明朝旧臣或者是地方的投机分子，趁此动乱之时，打出隆武帝"未死"的旗号，或是扩大自己的势力范围，或是排斥异己以遂私谋，等等。

关于南明时期隆武帝出家为僧及"未死"的传言，存世的时间很短。随着清朝政府对于南方各地的控制加强，以及南明反清势力的失败，这种传言很快就失去了当时的实际意义，因此其传言不久也就消失。然而到了清代末期，著名爱国诗人、抗日志士丘逢甲在他的《岭云海日楼诗钞》中提到了隆武帝在粤东的史迹，他在相关的诗篇中吟诵：

> 眼底闽山与粤山，霸图山色有无间，
> 老僧不管人间世，黄叶满林秋闭关。
> 鸣鸠春路忆幽探，耆旧遗闻选石谈，
> 埋碧千年应不化，重镌诗碣蔡梅庵，
> 一路春鸠啼落花，蔡公蒙吉王寿山。
> 遗墨残山觅旧劖，空林凉碧坠松杉。
> 珊瑚宝玦消磨尽，满目寒云帝子岩。（帝子峰，或云隆武帝子曾至此，有遗字在石）②

丘逢甲是今粤东梅州市蕉岭县人，其家乡与平远县毗邻。他所吟诵的粤东"帝子岩"诗篇，显然就是平远县差干镇的五指岩。平远县当地的资料称："明末清初，明太祖朱元璋九世孙唐王朱聿键被郑芝龙等拥立为帝，太原总兵谢志良、谢上逵父子奉命在五指石建立基地，进行反清复明活动16年，最后被清军汇集惠、潮、汀、赣四府之兵合围击败。这些石桌石凳是隆武帝坐朝的象征性宝座。殿下侧的混元塔是石林寺众僧为纪念当时死亡将士所筑，现墓顶犹存。"③平远县当地的这些传说以及文史工作者整理出来的这些资料，并不符合历史事实，但是我们由此可以了解到，关于清初隆武帝出家为僧的故事，其他地方从康熙年间之后基本上消失了，唯有广东梅州一带的民间，一直流传了下来，以至现在成了当地的一个文化遗迹。这不能不说是南明历史文化遗留至今的一种特例吧。

---

① （清）徐鼒：《小腆纪传》卷六五《列传第五十八》。
② （清）丘逢甲：《岭云海日楼诗钞》卷七。
③ 见百度网站：百度百科，梅州五指山。

二　关于郑芝龙北上抗清的议论

郑芝龙的叛明降清，在南明史籍中颇为臭名昭著，至今为人们所不齿。郑芝龙的老家福建省南安县安海镇，存有清代《安海志》残抄本，其中有《郑芝龙传》，记其生平云：

> 郑芝龙，小名一官，字日甲，号飞黄，南安石井人。少落魄，与弟芝虎、芝豹游广东，其母舅黄程行贾香山澳，遇芝龙留之。已而为程贩货日本，遂与颜思齐相习。思齐逃入台湾，芝龙兄弟偕之。及思齐死，众推芝龙为魁。娶日本长崎王族女为妻，于天启四年甲子生郑成功。明末赋繁课重，闽广流民悉遁海上为盗。芝龙起海上，礼贤以下士，劫富而济贫，民都乐从之。不期年，聚众数万，舰千艘。于是掠海攻城，屡败官兵，然固有求抚之意。崇祯元年戊辰，乃受降于闽抚熊文灿，诏授防海游击……累迁至三省总戎大将军。……隆武元年乙酉，清兵陷南京，会唐王来闽，芝龙等在福州拥立唐王，改元隆武。次年，清兵南下，洪承畴贻书芝龙，许以闽粤王爵诱降。芝龙乃撤水陆关隘之兵，使北兵长驱入闽而无阻，芝龙退保安平时，楼船尚五六百艘，军容烜赫。芝龙降意已定，虽诸将大都不从，成功及芝龙弟鸿逵哭谏，皆不听。乃于是年十一月十五日，随带五百人北上福州降清。芝龙降清后，其子成功拥兵海上，奉明正朔，抗清数十年。芝龙曾数贻书成功以劝降，均为成功所拒。永历十五年辛丑（顺治十八年）十月，清廷下诏杀郑芝龙及其子孙十一人于柴市。①

郑芝龙之最终降清，为后世之共知，然而在此之前，明朝廷内有人主张征调郑芝龙北上抗清，则鲜为人所知。据清佚名《明季烈臣传》记载，有朝臣吴甘来，向朝廷建议征调郑芝龙北上抗敌。该书记云：

> 吴甘来，字和受，江西新昌人，父之才西安府同知。甘来与兄泰来，同举乡试，崇祯改元，甘来成进士，授中书舍人。后三年，泰来亦成进士，授南京太常博士。五年甘来擢刑科给事中，七年西北大旱，秦晋人相食，疏请发粟以振，而言山西总兵张应昌等平杀难民以冒功，中州诸郡畏曹变蛟兵甚于贼。……又一新朝既立之后，谓宜不俟终日首遣北伐之师。不然则亟驱一介间道北进，檄燕中父老，起塞上名王，哭九庙、厝梓宫、访诸王。更不然，则起闽帅郑芝龙，以海师下直沽，九边督镇合谋共奋，事或可为。……（清兵至）遂投缳死，赠太常卿，谥忠节，本朝赐谥庄介。②

清佚名《明季烈臣传》一书系抄本，不易获见，本人引自"基本古籍库"，不知该库是否征引错乱，还是原书所载如此，因为在这则记载中，吴甘来的所谓"新朝既立……起闽帅郑芝龙，以海师下直沽"，似乎是北京为清军陷落之后，明臣刘宗周在江南的建议。吴甘来当北京陷落之时，自缢殉国。明东村八十一老人《明季甲乙汇编》卷一记载："戊申贼尽放马兵入城，乱入人家……吏科吴麟征、户科吴甘来、御史陈良谟、太仆丞申佳、考功许直、内阁舍人宋天显各自尽。"明冯梦龙《甲申纪事》卷二记载："户科都给事中吴甘来，江西新昌人，戊辰进士。寓舆周凤翔连，闻风慕义，沐浴衣冠，北向拜缢。"明钱轵《甲申传信录》卷三更是记载吴甘来夫妻一道自缢殉国，"吴甘来所约与同殉，归与妻耿氏设酒饮毕，握管大书于壁曰：志不可辱，身不可辱，夫妻同死，忠节双芳。遂就缢。"因此，吴甘来是不可能在"新

---

① 《安海志》卷二六《将略·郑成功附父郑芝龙》。《安海志》修编小组1983年印行。
② 关于吴甘来此疏，可参见《明史》卷二六六《吴甘来传》。疏中所言，前半大意相同，但后半并无"新朝既立之后……起闽帅郑芝龙，以海师下直沽"等内容。

朝既立"之后，建议征调郑芝龙北上抗清的。这则记载显然是张冠李戴，把南明时期东林党人刘宗周的议论，误植到江西吴甘来身上。

刘宗周，《明史》有传。关于征调郑芝龙北上抗清的建议，在本传中确有记述。该传记云：

> 京师陷，宗周徒步荷戈，诣杭州。……福王监国于南京，起宗周故官。宗周以大仇未报，不敢受职。自称草莽孤臣，疏陈时政，言：……新朝既立之后，谓宜不俟终日，首遣北伐之师。不然，则亟驰一介，间道北进，檄燕中父老，起塞上名王，哭九庙、厝梓宫、访诸王。更不然，则起闽帅郑芝龙，以海师下直沽，九边督镇合谋共奋，事或可为。①

可见，关于征调郑芝龙北上抗清之议，是北京陷落、福王监国南京之后，由刘宗周率先提出的事情。其他的一些文献，也都有着同样的记载。如清佚名《明季烈臣传》云："刘宗周，字起东，山阴人。……福王监国于南京，起宗周故官，宗周以大仇未报，不敢受职，自称草莽孤臣。疏陈时政，言今日大计，舍讨贼复仇，无以表陛下渡江之心；非毅然决策亲征，无以作天下忠义之气。……新朝既立之后，谓宜不俟终日，首遣北伐之师。不然则亟驱一介，间道北进，檄燕中父老，起塞上名王，哭九庙、厝梓宫，访诸王。更不然则起闽帅郑芝龙，以海师下直沽，九边督镇事谋共奋，事或可为。"② 清徐鼒《小腆纪年附考》云："京师陷，宗周徒步荷戈诣杭州，以发丧讨贼。……或曰事无禀承，迨新朝既立，自应立遣北伐之师。不然，而亟驰一介，使赍蜡丸，间道北进，或檄燕中父老，起塞上名王，共激仇耻，哭九庙、安梓宫、访诸王。更不然，则亟起闽帅郑芝龙，以海师直捣燕都，令九边督镇，卷甲衔枚出其不意，合谋共奋，事或可几。"③ 夏燮《明通鉴》云："明前吏部侍郎刘宗周闻北都陷，徒步荷戈诣杭州。责巡抚黄鸣俊发丧讨贼，鸣俊迟回不决。新朝既立之后，谓宜不俟终日首遣北伐之师，不然则亟驰一介，闲道北进，檄燕中父老，起塞上名王，哭九庙、厝梓宫、访诸王。更不然则起闽帅郑芝龙，以海师下直沽，九边督镇合谋共奋，事或可为。"④

郑芝龙以投机海上贸易起家，纵观其一生所为，无不持首鼠两端之态，见风使舵是其常态。当明朝灭亡之后，虽然一度在福建扶立唐王为隆武帝，但是其基本原则，一是不能损害其海上利益，一是尽可能不离开福建沿海老巢。因此在扶立隆武帝的同时，也还是时时观望时局，窥伺风向。当清军一路南下，明朝残余势力难以抵挡的情况之下，郑芝龙更是不可能把自己起家的本钱投入北向南京勤王的死胡同。因此，刘宗周之论，依然不脱书生之见，并无真正实现的可能性。

[作者单位：厦门大学国学研究院]

---

① 《明史》卷二五五，《刘宗周传》。又见万斯同：《明史》卷三六〇，《列传二百十一》。
② 佚名《明季烈臣传》，不分卷，转引自"中国基本古籍库"。
③ （清）徐鼒：《小腆纪年附考》卷五。
④ （明）夏燮：《明通鉴·坿编》卷一上。

左顺门事件与景泰帝即位

林延清

明朝正统十四年（1449）八月发生的左顺门事件，是一场突发的、影响深远的事变。群臣在朝堂之上痛殴王振党羽，致其三人当场毙命。监国郕王朱祁钰在兵部尚书于谦等的支持下，宣布彻底清算王振集团的罪行，这不仅有力地提升了朝臣抗御瓦剌入侵的士气，而且粉碎了孙太后阻挠郕王即位，继续维持她及明英宗权力的企图。同时也树立了郕王的权威，为其顺利即位打下基础。明朝统治中心的重新确立，是其后北京保卫战胜利的重要条件。左顺门事件成为土木之变后明朝政局转变的关键所在。

一

明正统十四年（1449），明英宗朱祁镇不听群臣劝阻，在宦官王振的怂恿下，贸然亲征瓦剌，在土木堡被瓦剌军打得大败。英宗被俘，数十万军队溃败，首都北京直接暴露在瓦剌军的兵锋之下，明朝处于生死存亡的危急时刻。

明军土木堡溃败的消息传到北京后，朝廷上下一片混乱，"时京师戒严，羸马疲卒不满十万，人心汹汹，群臣聚哭于朝，议战议守未决"①。不少富户举家南迁。一些如翰林侍讲徐珵（即徐有贞）之类胆小怕事的官员，也准备出逃。虽然经过于谦等官员的努力，明廷初步确定固守北京不南迁的方针，但大量的、十分急切的加强北京防务的工作，需要明廷有一个稳固的团结的领导核心。而当今皇帝明英宗却成为瓦剌向明廷勒索的筹码。瓦剌首领也先在俘获明英宗后大喜过望地说："我常告天，求大元一统天下，今果有此胜！"②他觉得恢复大元疆土，重现祖先辉煌的时机已经到来。于是，也先就把手中的明英宗作为与明争天下的工具。一方面，可以用明英宗来牵制朝廷，使其在对抗瓦剌时缩手缩脚，顾忌甚多；另一方面，可以利用明英宗勒索明朝财物，增强自己的实力。八月十六日，即英宗被俘的第二天也先就挟持他来到宣府城南，要守城明将开门，迎接君主。明方没有上当。随后，又拥英宗到大同，不仅要明将开启城门，还索要金银彩帛。英宗出于个人性命考虑，竟不顾国家安危，遣人传旨，责备守将郭登说："朕与登有姻连，何外朕若此！"③郭登虽未开城门，但也只好送去大量金银彩缎给瓦剌军。同时也先还遣人传信明朝孙太后，要她搜集金银财宝，以赎回明英宗。孙太后并不抵制也先的奸计，出于赎回英宗的侥幸心理，和钱皇后一起，将宫中金银财宝、文绮彩缎等珍贵财物，以八匹健马驮负送往也先军营。并默许大同等地守将把两万两千余两银子献给瓦剌。虽然也先对孙太后送来的财宝照收不误，但并不将英宗放还。显然明英宗虽然已成阶下囚，但其明朝皇帝的身份，不仅使明朝在与瓦剌进行军事较量中顾忌重重，无所措手足，还被瓦剌勒索去大量财物，增强了瓦剌实力，直到被其夺走江山。

在这种严峻形势下，明朝只有尽快地确定新皇帝人选，使之顺利登基，履行最高封建统治者的职责，

---

① （清）谈迁：《国榷》卷二七。
② （清）谷应泰：《明史·纪事本末》卷三二《土木之变》。
③ （清）谷应泰：《明史·纪事本末》卷三三《景帝登极守御》。

混乱的局面才能得到抑制，抵御瓦剌大规模入侵的各项战备工作才能有条不紊地进行，也才能彻底粉碎瓦剌挟持英宗要挟明朝的企图，使自己在与瓦剌对抗中处于主动的地位。从当时具体情况看，明朝最恰当的皇帝人选是郕王朱祁钰。英宗被俘后，其长子朱见深是法定皇位继承人，但他年仅两岁，根本无法主持军国大政。尤其在此国家危难之际，更不能以一个幼童来承继皇位。而作为英宗同父异母弟弟的朱祁钰，生于宣德三年（1428），宣德十年（1435）被封郕王。正统十四年（1449）七月，出征瓦剌前，朱祁钰奉命居守京师，担负起后方的具体事务。从年龄结构和经历看，朱祁钰是最适宜承继皇位以使明朝度过危难的不二人选。

然而，孙太后却从维护英宗和她本人的权益出发，竭力阻挠朱祁钰当皇帝。她认为必须保住英宗的皇位，她本人的皇太后地位才能稳固，英宗和她本人的权力和利益也才能被维护。为达此目的，在得知英宗蒙尘的消息后，孙太后首先做的是把大量金银财宝送往瓦剌军营，企图赎回英宗；对内则封锁消息，稳住朱祁钰及朝臣。孙太后颁敕给朱祁钰："迩者寇犯边，皇帝率大军亲征，已尝敕尔朝百官。今尚未班师，国家庶务不可久旷，特命尔暂总百官，理其事。尔尚夙夜祗励以率中外，毋怠其政，毋忽其众，钦哉！"① 敕文只字不提英宗被俘之事，仅轻描淡写地说一句"尚未班师"，似乎英宗仍有望在近日返京，显然孙太后是在争取时间。随后又以"国家庶务不可久旷"为由，命朱祁钰"暂总百官，理其事"。这就明显地告诉朱祁钰，其兄朱祁镇仍是皇帝，而他只是按照英宗的安排，暂时代理国政，不能听信流言蜚语，更不能有其他"非分之想"。

英宗被俘的消息毕竟难以长久封锁，同时赎回英宗的计划也未实现，在此情况下，孙太后又采取立太子以牵制郕王朱祁钰的策略。八月二十日，司礼监太监金英传达孙太后旨意："今立皇帝庶长子见深为皇长子。该衙门便整理合行事宜，择日具仪以闻。"② 两天后，孙太后颁发诏书，正式宣布立英宗之长子朱见深为皇太子。诏书首先公开英宗被俘的事实，"因虏寇犯边，不得已躬率六师往正其罪，不意被留虏庭"③，随后说"尚念臣民不可无主，兹于皇庶子三人之中，选其贤而长者见深，正位东宫。仍命郕王为辅，代总国政，抚安天下"④。孙太后的用意十分清楚：英宗如能平安返回，皇位自然还是他的；即使英宗一时无法被释，皇位也不会旁落，仍会稳稳地掌握在其儿子手中。这样，英宗及孙太后等皇室贵族的权益就不会受到损害。

孙太后的这种做法，对明朝抗击瓦剌，保卫北京十分不利。朱祁钰虽被赋予监国之位，但缺少皇帝的权威，政令无法畅通，掣肘障碍甚多。特别是当国家处于危急存亡的紧急关头，无法进行战时的动员和布置。从明朝外部来看，正因为明朝不能及时拥定朱祁钰为新皇帝，才使掌握在瓦剌手中的明英宗仍为明朝法定的皇帝，成为瓦剌也先要挟牵制明廷的工具，使明朝在与瓦剌的较量中处于极其不利的地位。

在此种危急情势下，正统十四年（1449）八月二十三日，左顺门事件发生了，明朝政局有了重大转机。

二

八月二十三日，朱祁钰御午门左门议事，右都御史陈镒联合朝臣启奏说："尝谓擅政专权者难逃于显戮，陷君误国者当速置于严刑，论十恶莫加其罪，虽万死犹有余辜。天地不容，神人共怒。切照司礼监太监王振本自刑余，幸居内侍，素无学问之益，岂有经纶之才。误蒙圣上眷顾之隆，逾于师保倚托之

---

① 《明英宗实录》卷一八一，正统十四年八月乙丑。
② 《明英宗实录》卷一八一，正统十四年八月丁卯。
③ 《明英宗实录》卷一八一，正统十四年八月乙巳。
④ 《明英宗实录》卷一八一，正统十四年八月乙巳。

重，过于丘山。为振者自合竭诚守分以图补报，岂期恃宠狃恩，夺主上之威福；怀奸狭诈，紊祖宗之典章。每事不由于朝廷，出语自称为圣旨。不顾众议之公，惟专独断之柄，视勋戚如奴隶，目天子为门生。中外寒心，缙绅侧目。卖官鬻爵则贿赂大行，恣毒逞凶则诛杀无忌。孕妇被剖，童稚遭屠；伤天地之至和，致宫殿于回禄。迩者胡寇犯边，止宜命将讨罪，缘振乃山西人因见大同有警，逼胁圣驾亲征，备历艰危，躬冒矢石。既欲保全其家，又欲光幸其弟，增一己之威势，屈万乘之尊严。彼时文武群臣恐陷不测之祸，上章恳留。皇上畏其强愎不臣，不得已而强行。舆论皆欲驻跸宣府，被振逼胁直抵大同。兵柄在其掌握，总戎惧其威权。亲信小人、钦天监官彭德清不择善地驻扎，以致逆虏犯跸，邀留乘舆，护从官军肝脑涂地，宗社为之震惊，臣民为之痛愤。原其罪恶，虽殄灭其族，籍没其家，亦不足以上回列圣在天之怒，下雪全师覆没之冤……乞令诸司缉扑，得获万剐其尸以伸天下之愤，以释神人之怒。仍将其九族诛夷，籍没家产财物宝货，给付阵亡之家；发其祖宗坟墓，暴弃骸骨，庶几可以固臣民之归心，鼓三军之锐气，剿逆虏之强暴，解圣驾之拘留，宗社复安，端在于此。不然无以警戒将来，人皆解体矣！"①

疏文是一篇讨伐王振集团祸国殃民的檄文。它列举王振及其党羽，依仗英宗的宠信，专断独行，败坏朝章，贪残贿赂，迫害正直臣工的滔天大罪。特别是挟制英宗贸然出征瓦剌，不知兵而用兵，胡乱指挥，不听劝阻，始则冒进，终则畏敌仓皇后撤，终致全军覆没的种种劣行，罄竹难书，神人共愤。虽然王振本人已在土木之变中身亡，但其罪行不可不清算，其党羽也不可不惩办。可以说，这是明朝臣民对数年以来王振专权祸国仇恨的大爆发，当权者如果顺应民情，清算和惩办王振集团，必将大大提升抗击瓦剌入侵的士气和民心，为日后的北京保卫战的胜利打下基础。然而甫任监国的朱祁钰哪里见过这样群情激愤的场面，一时不知如何是好，只得敷衍道："汝等所言皆是，朝廷自有处置。"②言未毕，百官趋进，伏地不起，齐声言道："王振罪不容诛，殿下不即正典刑族灭之，臣等今日皆死此廷中。"③痛哭失声，不辨人声。郕王府长史仪铭膝行前，竟被锦衣卫指挥同知马顺叱骂喝退。马顺此人投靠王振，狐假虎威，作恶多端，早已被朝臣痛恨在心。众臣见他依旧气焰嚣张，实在无法容忍。户科给事中王竑怒火中烧，冲过去，揪住马顺的头发，骂道："若曹奸党，罪当诛，今尚敢尔！"④刑科给事中曹凯也走上前与王竑一起痛殴马顺。⑤其他官员也纷纷扭住马顺殴打。拳脚齐下，马顺即刻毙命。此时"朝班大乱，卫卒声汹汹"。郕王朱祁钰不知所措，乱了方寸。马顺固然死有余辜，但朝臣在殿堂之中公然动武，毕竟是无视法律的行为。朱祁钰不知如何处置，准备逃避回宫，"王环视屡起"。兵部尚书于谦认为朝臣在这种非常时期的过激行为，是为了惩办奸臣，挽救朝廷，应予肯定，否则日后就可能遭到非议和责难，是不利于提升抗敌士气的。于是他排众直前，拦住郕王，请他当众宣告："顺等罪当死，勿论。"⑥朱祁钰也醒悟过来，立即照此宣告，并遣太监金英询问众臣，还有什么要求。朝臣索要宦官毛贵和王长随，称此二人亦为王振党羽，且作恶多端。金英遂将此二人从宫门缝隙中推出，立刻又被众臣打死。三人尸体还被拖出，陈列于东安门外示众，军民争击尸体发泄郁积心胸的愤恨。

左顺门事件是突发事件。仓促混乱之际，于谦当机立断，协助郕王妥善处理，使情势平定下来，得到理想的结果。在拥挤之际，于谦的袍袖都被挤轧破了。当他步出左掖门时，吏部尚书王直握着于谦的手，以敬佩的口吻说："国家正赖公耳。今日虽百王直何能为？"⑦

---

① 《明英宗实录》卷一八一，正统十四年八月庚午。
② 《明英宗实录》卷一八一，正统十四年八月庚午。
③ （明）谈迁：《国榷》卷二七，正统十四年八月庚午。
④ 《明史》卷一七七，《王竑传》。
⑤ 《明史》卷一六四，《曹凯传》。
⑥ 《明史》卷一七〇，《于谦传》。
⑦ 《明史》卷一七〇，《于谦传》。

三

　　左顺门事件产生了深远的影响。它直接宣告王振宦官集团的破产，终结了王振专权祸国的局面。朝臣在左顺门痛殴三名王振党羽后，郕王在于谦等的支持下，宣布："国家多难皆因奸邪专权所致，今已悉准所言，置诸极刑，籍没其家，以谢天人之怒，以慰社稷之灵。尔文武群臣务须各尽乃职以辅国家，以济时艰。"① 这就给王振宦官集团定了性——奸邪专权，为惩办和清除其党羽提供了法律依据。郕王随后采取一系列具体措施，进行清洗。首先将王振侄，锦衣卫指挥王山押赴西市，凌迟处死。王振族属无论老少皆斩首示众。还命都御史陈镒籍没王振家产，得"金银六十余库，玉盘百，珊瑚树六七尺高者二十余株"②。并依准朝臣议，籍没王振党羽镇守太监郭敬、内官唐童和钦天监正彭德清等人家产。③ 从此，王振集团解体，军民抗击瓦剌士气得到提升。而孙太后也丧失了控制朝政的基础，为新君的到来准备了条件。

　　同时，年轻的监国郕王朱祁钰在这突发的事件中，虽因经验不足，资历不够而略显慌乱，但能在于谦等人的提醒和支持下，及时地采取果断措施，支持朝臣的正义行动，与王振宦官集团划清界限，并采取一系列措施惩办和清除王振党羽，显示了一定的驾驭朝政的能力，树立了权威。而以于谦、王直、陈镒和王竑等为代表的朝臣，则在这一事件中展示出他们坚持正义，铲除奸邪的勇气和能力，成为辅佐郕王理政的基础。这同样为景泰时代的到来奠定了基础。

　　水到渠成，景泰帝即位的时机成熟了。正统十四年（1449）八月二十九日，于谦等联合诸位大臣启奏皇太后孙氏曰："圣驾北狩，皇太子幼冲，国势危殆，人心汹涌。古云：'国有长君，社稷之福。'请早定大计，以奠宗社。"④ 孙太后最担心、最害怕的事临头了，因为郕王一即位，她所苦心经营的一切都成了泡影。但是左顺门事件之后，她对朝政已失去控制，对于此变也只能干自看着，无能为力了。对于朝臣的上疏，孙太后只能无奈地批复道："卿等奏国家大计，合允所请，其命郕王即皇帝位。礼部具仪择日以闻。"⑤ 当群臣将孙太后懿旨告知郕王朱祁钰时，他很惊慌地说："卿等何为有此议？我有何才何德敢当此请。"退让再三，群臣固请。朱祁钰厉声说："皇太子在，卿等敢乱礼法邪！"众人不敢言，于谦上前说："臣等诚忧国家，非为私计。愿殿下弘济艰难以安宗社，以慰人心。"⑥ 郕王这才接受使命。九月六日，朱祁钰即皇帝位，尊英宗为太上皇，以明年为景泰元年，景泰时代到来了，明朝抗击瓦剌的战争进入新阶段。左顺门事件确实成为政局转换的关键。

　　值得一提的是，朝臣在左顺门一连殴毙三名奸臣，不仅未受到惩处，而且还被目为锄奸。左顺门竟成为聚众锄奸之所，在那里把众人皆曰可杀的奸人打死，可以循例不予治罪。这对明廷政治有一定影响。

[作者单位：南开大学历史学院]

---

① 《明英宗实录》卷一八一，正统十四年八月庚午。
② 《明史》卷三〇四，《王振传》。
③ 《明英宗实录》卷一八一，正统十四年八月乙亥。
④ 《明英宗实录》卷一八一，正统十四年八月丙子。
⑤ 《明英宗实录》卷一八一，正统十四年八月丙子。
⑥ 《明英宗实录》卷一八一，正统十四年八月丙子。

万历朝的历史评价

——一个不断演进的过程

沈定平

今适逢定陵发掘 60 周年，想借此机会，将多年读书产生的困惑和思考，即如何看待有关万历朝历史的各种不同评价，在此稍作梳理与呈献，以期引起人们的关注和进一步研究。

一

对于万历朝及神宗皇帝朱翊钧，历来负面评价居于主流地位，甚至指责万历弊政乃明朝灭亡的祸因。例如，当朝针砭神宗最为著名的言论，乃万历十七年（1589）大理寺评事雒于仁所上"四箴"奏疏。指陈"陛下之疾"，长夜觥酣，其病在"嗜酒"；宠溺郑氏，其病在"恋色"；括取币帛，其病在"贪财"；榜掠宫女、怨怒直臣，其病在"尚气"。"四者之病，胶绕身心，岂药石所可治？今陛下春秋鼎盛，犹经年不朝，过此以往，更当何如？"[1]

又如，清康熙皇帝玄烨，自称"兢兢业业取前代废业之迹，日加儆惕"。为此，"《明实录》曾阅数过"，且"见故明耆旧甚多，知明末事最切"。他特别赞赏明初政治，指出："洪武、永乐所行之事，远迈前王。我朝现行事例，因之而行者甚多。"[2] 而对万历之后诸朝，则抨击得一无是处。他在《御制过金陵论》中说："迨承平既久，忽于治安，万历以后政事渐弛。宦寺朋党，交相构陷，门户日分，而士气浇薄。赋敛日繁，而民心涣散。闯贼以乌合之众唾手燕京，宗社不守。马、阮以嚣伪之徒，托名恢复，仅快私仇。使有明艰难创造之基业，未三百年而丘墟。"[3] 故"有明天下，皆坏于万历、泰昌、天启三朝"[4]。乾隆年间刊行的《明史》，更进一步引申："论者谓明之亡，实亡于神宗。"[5] 凡此，既有总结前朝兴亡教训的意味，更有揄扬清朝继统合法性的图谋。

再如，现代明清史研究开拓者孟森先生在他那部运用现代思维和语言，并从政治史角度教授朝代变迁的《明史讲义》中，其第五章"万历之荒怠"评论道："明之衰，衰于正、嘉以后，至万历朝则加甚焉。明亡之征兆，至万历而定。万历在位四十八年，历时最久，又可分为三期：前十年为冲幼之期。有张居正当国，足守嘉、隆之旧，而又或胜之。盖居正总揽大柄，帝之私欲未能发露，故其干济可观，偏倚亦可厌，而若穆宗之嗜欲害政则尚无有，纯乎阁臣为政，与高拱之在穆宗朝大略相等。至居正卒后，帝亲操大柄，泄愤于居正之专，其后专用软熟之人为相。而怠于临政，勇于敛财，不郊不庙不朝者三十年，与外廷隔绝，惟倚奄人四出聚敛，矿使税使，毒遍天下。庸人柄政，百官多旷其职；边患日亟，初

---

[1]《明史》卷二三四，《雒于仁传》。
[2]《清圣祖实录》卷一七九，康熙三十六年正月甲戌条。
[3]《清圣祖实录》卷一一七，康熙二十三年十月癸亥条。
[4]《清圣祖实录》卷二九七，康熙六十一年三月辛酉条。
[5]《明史》卷二一，《神宗二·赞》。

无以为意者。是为醉梦之期。至四十六年，清太祖公然起兵，入占辽、沈，明始感觉，而征兵征饷，骚动天下，民穷财尽，铤而走险，内外交乘，明事不可为矣。是为决裂之期。"①

由于孟森先生的学识对后人的深远影响，即"孟森先生对明朝正史的改编，所表现出来的历史见识和对历史的概括，都不仅超越了他以前的任何一位学者，而且对今天明清史的研究还起着任何一位学者都无可比拟的作用"②。有鉴如此，上述对于万历朝的负面评价俨然已成定论。

然而，古往今来，这种沿袭的定论，并非众口一词。只不过与此歧异的议论长期被人忽略而已。兹胪列数端，以正视听。

第一，上述主流评论尚不全面，万历朝绝非一无是处。曾任明末清初高官，谙熟易代掌故的钱谦益，在其所著的《牧斋初学集》和《牧斋有学集》中，对万历朝的评骘值得重视。③ 他一方面指斥万历诸弊政。如"当神庙静摄，批签稀简，矿税烦兴，与辽左蹙地……而其最大者，则无如国本一事"④。又如，"党论之相持也，自万历之末蕴崇沸腾，以迄天启元二之间。君居恒悒然心忧，谓其祸与国家相终始"⑤。再如，"呜呼！我国家中叶全盛，乃有奴酋之难，不可谓非孽乱兆衰之会"⑥。另一方面则一再强调，嘉靖至万历，乃明代休明极盛之世。他说："谦益窃惟明国家久道化成，重熙累洽，莫盛于世宗肃皇帝，神庙显皇帝。"⑦ 又称："国家休明昌大之运，自世庙以迄神庙，比及百年，可谓极盛矣。公卿大夫际升平而树鸿骏者，不可胜数。"⑧ 再谓："谨按神宗皇帝时，天下无事，天子富于春秋，与公卿大夫率繇祖宗故事，慎重馆阁之选，储偫人才为异日用，而儒学文章端方俊伟之人出。"⑨ 作为极盛之世的表现之一，不仅儒学文章人才辈出，而且士大夫风尚气节，远非清朝文人所能望其项背。对此，孟森先生评论道："明一代士大夫之风尚最可佩，考其渊源，皆由讲学而来。"⑩ 而讲学风气得以形成，便在万历皇帝执掌政权，鉴于张居正"操切之后，继以宽大，人皆乐之"，"士大夫以气节相矜"⑪。因为万历宽大之政深得民心，故明清易代之后，犹"吏民嗷嗷，追念宽政，讴吟思慕，虽改代讵一日忘之哉"⑫。

与上述钱谦益、夏允彝、谈迁的议论相一致，明末清初大儒黄宗羲，既感慨神宗生前殁后政事复杂，是非难下定论；更判断明朝之亡不在万历，而在天启。康熙十八年（1679），他送弟子万斯同赴京入清修《明史》史局诗曰："史局新开上苑中，一时名士走空同。是非难下神宗后，底本谁搜烈庙终。"⑬ 至于为何有此忧虑，他在撰述谈迁《墓表》中说，"（明）史之所凭者，《实录》耳"。而"正神、熹之载笔者，皆宦逆奄之舍人"（指贵显子弟——引者），故其叙事议论多存偏见。又明祚倾覆，"国灭而史亦随灭"，有关烈庙（崇祯）忧勤政绩的记录散佚湮没，令人痛心。因此，黄宗羲对谈迁"汰十五朝之《实

---

① 孟森：《明史讲义》，上海古籍出版社，2002年，第255页。
② 孟森撰：《明史讲义》，商传导读，上海古籍出版社，2002年。
③ 钱谦益（1582—1664），江苏常熟人。万历三十八年（1610）考中进士后，长期任职翰林院编修，奉命编纂《神宗实录》。崇祯初年，升迁礼部右侍郎。清顺治初，曾短暂担任礼部左侍郎。后被控反清下狱，获释后返乡，直至康熙三年（1664）病故。（（美）恒慕义主编，中国人民大学清史研究所翻译组译：《清代名人传略》，青海人民出版社，1995年，上册，第107～109页。）钱氏人品可批评之处甚多，然其学识长期为文坛推重，甚至有"四海宗盟五十年"之誉（黄宗羲语）。尤其《初学》和《有学》集，借为各色人物及其著作，撰写序言、行状和碑铭的机会，保存了大量明代史料。因而触怒清朝，乾隆年间敕令严禁。
④ （清）钱谦益：《牧斋初学集》卷三〇，《荣康侯公奏疏序》，载《续修四库全书》，集部，第一三八九册。
⑤ （清）钱谦益：《牧斋初学集》卷五二，《吏科给事中赠太常寺少卿侯君墓志铭》，载《续修四库全书》，集部，第一三九〇册。
⑥ （清）钱谦益：《牧斋初学集》卷三〇，《少师高阳公奏议序》，载《续修四库全书》，集部，第一三九〇册。
⑦ （清）钱谦益：《牧斋初学集》卷四九，《题王文肃公南宫墨卷》，载《续修四库全书》，集部，第一三九〇册。
⑧ （清）钱谦益：《牧斋有学集》卷六五，《资政大夫兵部尚书赠太子少保申公神道碑铭》，载《续修四库全书》，集部，第一三九一册。
⑨ （清）钱谦益：《牧斋初学集》卷六三，《学士萧公神道碑》，载《续修四库全书》，集部，第一三九〇册。
⑩ 孟森：《明史讲义》，上海古籍出版社，2002年，第254页。
⑪ （明）谈迁：《国榷》，中华书局，1958年，第五册，卷八三，第5154页。
⑫ （明）谈迁：《国榷》，中华书局，1958年，第五册，卷八三，第5155页。
⑬ （清）黄宗羲：《南雷诗历》，卷三，《送万季野贞一北上（己未）》。

录》，正其是非，访崇祯十七年之邸报，补其缺文"，成书《国榷》的壮举称誉备至。① 并在纪念被魏忠贤残酷杀害的父亲黄尊素文章中，直截了当地说："今天子（清康熙）纂修明史，追数明室之亡，在于天启。"② 如此明末清初著名人士，对万历朝历史迥然不同的评价，足令人深长思之。到底万历是明朝致乱之导因，衰亡之起始，还是嘉靖至万历，乃明代极盛一百年？

第二，万历朝有个发展变化过程，主流评论对此缺乏精确的考察。据前引明末夏允彝的看法，万历朝可大致分为三个递进的时期。其一，"神庙冲龄践祚"期间。"慈圣内训甚肃，辅臣张居正擅而才，以法制天下。朝令夕行，虽多苛察，人奉法唯谨。尤留心边事（如策抚俺答，边鄙不耸。戚继光于蓟镇，虏骑不敢入者二十余年。李成梁于辽左敢战，杀虏过当），是时九边晏如，群吏畏法，庶几黄龙地节之间。"（地节、黄龙均为西汉宣帝年号，此喻万历初年与汉宣帝之治相仿）其二，神宗"既壮盛"实际执政。"明习庶事，不复委柄于下。操切之后，继以宽大，人皆乐之。府库充实，赋敛不苛，士大夫以气节相矜。虽无姚宋之辅，亦亡愧开元间也。"（喻神宗亲政初期政绩，可媲美唐玄宗开元之治）其三，神宗"倦勤"后诸弊政。"自贵妃宠盛，上渐倦勤，御朝日希。迨国本之论起，而朋党以分，朝堂水火矣。争国本者，章满公车，上益厌恶之，斥逐相继，持论者益坚。上以为威怵之不止也，不若高阁置之。批答日寡，后遂绝不视朝，疏十九留中矣。郊祀不躬，经筵久辍，推升者不下，被纠者不处，上之一切鄙夷也……而边防吏治俱置不理，贿赂日张，风俗大坏。辽东之难一发，而将弩兵骄，益无可支吾。赋加民贫，流寇乘之，土崩瓦解。祸发于天启崇祯之代，而其所从来久矣。"③

据此与上述主流评论相比较，康熙对万历政绩一概抹杀，本不足为训。孟森先生关于万历前10年"冲幼之期"的评说，谓帝之私欲未能发露，故其干济可观，尚无嗜欲害政之迹。称"张居正以一身成万历初政，其相业为明一代所仅有"。对其综核名实，不避嫌怨，起用军事将才，边境安宁，国库充盈等，"即万历初之所以强盛"诸举措均有所论列。④ 总体评价虽不及提升至汉宣帝之治那样的高度，但亦无明显贬抑之意。然而，随后所谓"醉梦之期"与"决裂之期"，名称为二，内容归一，全在指斥挞伐诸弊政。至此不禁要问，难道万历实际执政后便立即陷于一片黑暗，从来不曾经历发展变化的过程，不曾有过政治宽松、府库充实、赋敛不苛、士大夫气节相矜的时期？纵然夏允彝的褒奖有言过其实之嫌，但也绝非空穴来风、毫无踪迹可寻。在此，不妨引证翁正春的言论。万历三十八年（1610）十一月，时任礼部左侍郎翁正春，以当月日食为由，上疏望帝修省，称："皇上自万历二十年后，财货日敛聚一日，人才日剥落一日，旨意日中留一日，至于今已极矣。"⑤ 不言万历实际执政即弊窦丛生，而谓二十年后日甚一日，这种当朝人言当时事，且以万历二十年为界的说法，在一定程度上可证从万历实际执政到倦勤之间，确实存在过政治比较清明的时期。

诚然，万历后期诸弊政乃客观存在。不过，正如黄仁宇所指出的，不应当将万历朝，"作为一个怠惰和不负责任的朝代而概括地草草带过。这种过分简单化的做法勾勒出一个历史人物的不全面的画像，模糊了他失败的体制上的原因"。据说，"万历皇帝聪明而敏锐；他自称早慧似乎是有根据的。他博览群书；甚至在他最后的日子里，在他已深居宫廷几十年，并已完全和他的官吏们疏远了时，按照他时代的标准，他仍然博闻广识"⑥。可见，明神宗并非不学无术、昏庸不谙世事之人。他中年"倦勤"后诸多反常之举，"这一连串事件揭示了万历皇帝无力满足晚明存在的君主政体的需要。可是，这些事件也揭示了强加于君主的无法忍受的状况，这种状况是由情势而不是由阴谋偶然形成的"。因此，"万历皇帝的

---

① （清）黄宗羲：《南雷文定》，前集，卷七，《谈孺木墓表（丁巳）》。
② （清）黄宗羲：《南雷文定》，后集，卷一，《重建先忠端公祠堂记》。
③ （明）谈迁：《国榷》，第五册，第5154～5155页。
④ 孟森：《明史讲义》，上海，上海古籍出版社，2002年，第258～260页。
⑤ 《明神宗实录》，卷四七七，万历三十八年十一月癸卯条。
⑥ 牟复礼、崔瑞德编，张书生等译：《剑桥中国明代史》，北京，中国社会科学出版社，1992年，第557页。

聪明促成了他不尽君主之责……他不能改革作为制度的帝国官僚机构，他无力革新"。这对皇帝和王朝来说，都是"不幸"的。①

诸如此类，在揭示万历朝由盛转衰过程中，不应以主观的负面评价，掩盖实际存在的政绩。与此同时，不仅要揭露弊政的种种表现，更应追溯造成弊端的制度缺陷及其内在的矛盾。

第三，从社会转型的视野来看，原有的历史评论需要重新定位。质而言之，前述主流评论基本上是从政治史的角度，阐释一朝一代、一家一姓的兴亡成败。随着社会的进步，人们愈益要求突破单一的朝代和政治史的限制，从更广阔的时间与空间，把握事物整体的各个方面，深入探讨和揭示历史发展规律。其丰硕的成果，便是"文革"前有关资本主义萌芽的讨论，以及当前围绕社会转型所展开的研究。已故的傅衣凌先生，曾针对资本主义的萌芽，即封建社会晚期生产力与生产关系的重大变化，撰写了大量文章，做出了令人瞩目的贡献。他的结论是："在十六七世纪中国的手工业生产中，农村家内工业或城市手工业工场，都有新的生产关系的萌芽。开始在江南沿海城市，以后也逐步扩展到个别商品经济比较发达的山区。江苏苏州的纺织业，浙江崇德的榨油业，台湾的制糖业以及烟草、造纸、制铁、开矿等都拥有一定数量的工业人口……多数工人在一个资本家命令下，生产同样的产品。这些劳动者都是空无所有，而向雇主领取劳动工资。这种新的生产关系的萌芽，在明清两代全国各地某些行业中已经出现，在一些经济作物种植中（如18世纪前后，江西新城的种烟业），已出现有地主、租地农和佣工三种人。他们采取集约经营，使用经济肥料，并交付货币地租，这种生产形态和自足自给的封建农村是截然不同的……以上都说明了明清时代的生产力和生产关系确有新的变化。"②

如果说从生产力与生产关系的变化，即从经济变革的角度阐述历史规律，较之过去囿于朝代兴亡和政治史观羁绊，无疑是一种进步的话，那么继而对社会转型的各个方面，"既要看它的社会经济，也要看它的阶级关系、社会生活、政治变革、思想意识、文学艺术、科学技术等"，"做全方位的、综合的、整体的评估"③，必然进一步提升人们对历史发展规律的认识水平。不久前出版的、由张显清先生主编的《明代后期社会转型研究》，便是在这方面做出突出成绩的代表作。张先生在该书"导论"中写道："从社会变迁的角度，将其（明代）分为三个时期。从洪武至天顺（14世纪中叶至15世纪中叶）为前期，是中国传统封建社会的延续和发展时期；从成化至正德（15世纪中叶至16世纪初叶）为中期，是社会转型苗头出现时期；从嘉靖至明末（16世纪初叶至17世纪中叶）为后期，是中国古代封建社会高度成熟并开始起步向近代社会转型时期。社会转型的苗头在成化、弘治、正德年间虽已出现，但至嘉靖以后新的社会因素才比较普遍、显著地成长起来，故此将明后期视为转型的起始更为稳妥。"④

由此可见，无论从封建社会晚期生产力与生产关系的重大变化考察资本主义的萌芽，还是对向近代社会转型的起始阶段进行全方位的评估，皆表明嘉靖至万历年间是明代经济发展水平最高，综合国力极盛的时期。⑤唯有在此基础上，方能出现生产关系的重大突破，呈现封建社会形态的高度成熟及其向近代转型。这样一来，站在当代研究的高度，回顾前述钱谦益有关嘉靖至万历乃明代极盛一百年的论断，古今之间似有某种相通之处。

---

① 牟复礼、崔瑞德编，张书生等译：《剑桥中国明代史》，北京，中国社会科学出版社，1992年，第560~561页。
② 傅衣凌：《明清社会经济史论文集》，北京，人民出版社，1982年，第104~105页。
③ 张显清主编：《明代后期社会转型研究》，导论，北京，中国社会科学出版社，2008年，第3~4页。
④ 张显清主编：《明代后期社会转型研究》，导论，北京，中国社会科学出版社，2008年，第3~4页。
⑤ 在此，可以提供一些具体数字。据著名经济史学家许涤新、吴承明主编的《中国资本主义的萌芽》推算，嘉靖朝人口应超过1亿，万历朝至少应有1.2亿，较宋盛世的8000万增加50%。粮食产量由宋盛世的464亿斤，增为嘉万时的696亿斤。耕地面积，万历六年（1578），官民田合计共7.842亿亩，比宋盛世的5.6亿亩增加约40%。（《中国资本主义的萌芽》，北京，人民出版社，1985年，第39~40页）可见，嘉万之世乃明代国力极盛之时，其经济发展水平较之宋代，有了很大的提高。

二

如前所述，从中国历史发展的延续性和社会转型观察，明代万历年间乃综合国力极盛并孕育社会变革的重要时代。与此同时，在世界地理大发现后欧洲早期资本主义的扩展和传播过程中，万历朝还是率先调整海外政策，主动地从文化交流与国际贸易方面，同西方势力接触、竞争和交往，为中国商品与思想文化走向世界，开辟新天地的关键时期。在考虑万历朝历史评价时，其融入世界历史进程及其国际意义，也是不可忽视的因素。

历史发展每当转折时期，往往通过看似偶然性的事件，反映历史的必然性及其趋向。西方传教士利玛窦（Matteo Ricci）得以在北京居留，并为万历皇帝所接纳，从而开启明清之际中西文化交流的辉煌事业，便是这方面的一个典型事例。表面上看，这次事件的起因，在于万历皇帝念念不忘欲进京朝贡的传教士的礼单中那精巧的能自动报时的自鸣钟。实际上，一方面，以展示西方文明的自鸣钟等为晋见手段的传教士，其或迟或早进入中国，是由其扩大海外传教的教义所决定。另一方面，万历皇帝对于"异国风味"器物的喜好和占有，乃体现专制权力的中国帝制文化的特征，两者同样是不可避免的。

首先，从前者来看，如利玛窦从属的天主教耶稣会，入会教士除当众宣示贞洁、贫穷和服从三誓愿外，还须遵守更为严格的第四誓愿，即随时听从教宗吩咐派遣到世界各地传教。于是，天主教各修会传教士纷纷从葡萄牙里斯本和西班牙马德里出发，沿东西两条海路，麇于近邻中国的日本和菲律宾，尝试各种方法，伺机进入中国。在他们眼中，有幸进入和归化中国，这是"自从使徒们出埃及使全世界福音化以来，为了传播基督教所进行的最重要的一次远征"；也是"整个基督教世界多年来所企望着的"[①]。利玛窦便是在肇庆、韶州、南昌和南京等地，经过近20年卓有成效的传教活动后，秉承耶稣会长上的旨意，于万历二十八年（1600）前往北京，试图以朝贡名义进呈西洋珍奇，博得朝廷好感而留居首都，并通过说服皇帝皈依，实现中国基督化的目的。可见，无论时间的早晚，西方传教士进入中国，乃势所必然。其次，就后者而论，万历皇帝对于西方珍玩的好奇、欣赏和攫夺，固然与其贪财习性有关，但同时也是中国古老帝制文化的表现。因为在"中国帝制文化中，有一古老与根深蒂固的取向，使帝王能纵情恣意于宏伟气象与异国风味中"。由于这种对"异国风味"的嗜好不只是个人的行为，而是"帝王专断的权力具体的展现"，带有"加强专制主义气氛"的政治倾向，故为历代帝王所重视。虽然这种对"异国风味"，包括西方奇珍异物的品评和喜好，"直到盛清，在伟大的18世纪帝王（乾隆）的统治时期，这种纵情恣意才发挥到极致"[②]。但此前的明万历皇帝，正是为这种西洋嗜好打开方便之门的第一人。如此说来，万历皇帝偶发奇想，为占有西洋自鸣钟，准允利玛窦入京朝贡并留居北京的举措，实为开通中西文化交流铺垫了最初的基石。

与此同时，万历朝的政治生态及改革需求，亦为传教士的生存和发展提供了有利的活动空间。而在宽和的氛围中，徐光启与利玛窦确立以和平的方式，在平等基础上的交流原则，维系了16—18世纪中西文化交流的进程，无论对中国和欧洲，都具有积极的意义。例如，最初利玛窦北上朝贡，将希望寄托于那些他十分尊敬而服膺儒学的朝中大臣。特别当他在山东临清被天津税监马堂截获，不久形同囚徒，栖身于由士兵监视的天津一座庙宇，眼见朝贡几近绝望，他热切盼望朝中大臣的帮助，"逃脱贪心鬼马堂的魔掌"，实现定居北京的计划。可是，当他派人去北京请求朝廷大臣援助时，却遭到严词拒绝。"实际上，他们大多数人都不愿与神父打交道，唯恐由于里通外国而失宠。"更使利玛窦始料不及的是，正是这些

[①] 何高济等译：《利玛窦中国札记》，北京，中华书局，1983年，上册，第184页；下册，第478页；沈定平：《明清之际中西文化交流史——明代：调适与会通》（增订本），北京，商务印书馆，2007年，第109～111页。

[②] （美）康无为：《帝王品味：乾隆朝的宏伟气象与异国奇珍》，载《清史研究》1992年第3期。

标榜维护祖宗法制的礼部官员,成为传教士居留北京的最大障碍。倒是那些他不屑于为伍的太监未遵守祖制的行动,以及贪财尚气的万历皇帝法外开恩,使利玛窦得以绝处逢生。原来马堂之截获利氏一行,本想由他来负责呈报和押解传教士奇珍异宝的贡品,可以邀得君王的恩宠。遂自作主张,上疏呈报万历皇帝,并寄送贡品的清单。当两次上奏均未见回音,马堂深惧因干预此事而惹上麻烦,除粗暴对待利玛窦外,便不再闻问。谁知几个月后事情有了转机。万历皇帝突然想起马堂奏疏中提到的自鸣钟,询问左右那外国人带给他的座钟在哪里,随即批复:"方物解进,利玛窦伴送入京。"当年年底,利玛窦一行从天津进抵北京朝贡。由于利玛窦进京的一切运作,全是由马堂及其宦官同僚蓄意绕开朝廷主管"诸蕃朝贡"事务的礼部官员,与万历皇帝私下的沟通和授受,自然引起维护祖宗旧制和部门权力的礼部官员的愤怒与反弹。于是,在传教士毫无戒备的情况下,礼部官员强制地将他们带往专门安置朝贡人员的会同馆软禁起来。并以"依法行事"为由,令前来要人的宦官无言以对,只得悻悻离去。可见,围绕利玛窦进京展开的首先是宦官集团与朝中文官大臣之间的争斗。

继而,有关利玛窦是否留居北京的争执,更凸显皇帝与廷臣之间的博弈。当获悉利玛窦等人被圈禁会同馆,万历皇帝便极不高兴。他对近侍说:"有什么必要把这些人关起来呢?他们被打成强盗了吗?让我们看执事官对他们如何处理吧。" 对此事仍耿耿于怀的礼部官员,从一开始便欲将传教士驱逐出北京乃至中国而后快。礼部在最初提出的处置意见中,坚称利玛窦未经礼部译审而径行入贡实属非法,建议给予一定赏赐后令其回国,免得"潜住两京与内监交往,以致别生枝节"。字里行间,对皇帝纵容太监违反制度颇有微词。疏议上奏后留中不报,实际被否定。此后五个多月,礼部坚持前议,多次具奏催促批复。眼见万历皇帝负气不予理睬,礼部只得稍微改变腔调,可将传教士"遣回江西等处,听其深山邃谷,寄迹怡老下"。依然未见答复。正是在此君臣隔离,彼此猜度而僵持不下的时候,利玛窦通过在通政司任职的好友所上的奏章,似乎为斗气的双方找到了要下的台阶,自己的请求亦得到了落实。该奏章与半年前进京朝贡的奏疏,在内容上并无新意。不同的地方在于,新奏章明确表示:"唯一的要求是皇帝能在城内某个地方赐给一个安居之处。"因为该奏章的上达同样是绕开了礼部,在程序上不合规矩,皇帝对这一请求不能"做正式的书面批复"。但他也不再跟礼部官员打哑谜,而是想用非正式的办法批准传教士的居留,彻底摆脱礼部对太监和自己的纠缠。于是,万历皇帝"口头表示了决定,大太监把它转告了神父们。它通告他们可以放心住在京城里,他不愿再听有关让他们回到南方或回本国的话。神父们听到这话犹如接到正式的答复"。希望尽快了结此案的礼部堂官也从太监传达的口信中体味到皇帝的真实意图及其不满情绪,此后便不再提此案,并在衙门客气地接待了利玛窦,告诉他"已获本部当局批准在皇都居住","除了皇上赐给的补助而外,他们还得到公款津贴"①。

凡此极具戏剧性的情节,生动地再现了万历中期后乖离舛错的政治生态。西方传教士便是在这日益扩大的宦官与文官、皇帝与廷臣矛盾的缝隙中,觅得生存的机遇。继而通过传播西方科学和文明,逐渐赢得统治阶层的信任,而谋到发展的空间。据《利玛窦中国札记》介绍,万历皇帝不止是对报时的自鸣钟和演奏乐曲的古翼琴兴趣盎然,几乎有关欧洲的每一件事情:风俗、土地的肥沃、建筑、服装、宝石、婚丧以及欧洲的帝王们的穿戴和皇宫式样,都充满好奇。② 如此对传教士的好感和对域外文明的好奇心,不能视作一时的心血来潮,它显然跟前面黄仁宇指出的"博览群书""博闻广识"有一定的联系。正是这种好奇和好感促进了解,而初步的了解则产生一定的信任。于是,由熟知传教士历法成就的钦天监臣推荐,经与传教士友好的礼部堂官翁正春上疏陈请,万历皇帝居然在"那么多奏疏充耳不闻""疏十九留中"的状态下,破例批准由传教士与徐光启、李之藻共同参与的历法改革。虽然始于万历三十九年

---

① 有关利玛窦进京朝贡前后跌宕起伏的经历,参见沈定平:《明清之际中西文化交流史——明代:调适与会通》(增订本),北京,商务印书馆,2007年,第311~319页。上述引文的出处,均包含在拙著中,不在此一一列举。
② 何高济等译:《利玛窦中国札记》,北京,中华书局,1983年,下册,第404~408页。

(1611)的开局修历活动不久即因南京礼部侍郎沈㴶联合朝中保守势力发动反基督教的"南京教案"而中辍,但这种在万历皇帝支持下起用西方人,运筹西洋科学知识改革中国传统历法的最初尝试,仍具有非凡的意义,它开创了明清之际"以西法为基础"的历法改革的先河。①

教难伊始,沈㴶等反教大臣气势汹汹。他们的如意算盘是,囚禁和驱逐所有在全国各地传教的神父们。可是,半年多时间里,这些要求严惩传教士的奏疏,一直未获得皇帝俞允的批复。在此期间,"皇上藐若不闻,想已洞烛。近日又问近侍云,西方贤者如何有许多议论?内侍答言,在这里一向闻得他好,主上甚明白也"②。后来虽通过贿赂、蒙混等非法手段,"南京教案"总算披上朝廷批准的合法外衣。不过,经近侍太监流传出来的有关皇帝态度的消息,显然大大减轻了惩处的力度。仅仅将在北京和南京传教的四名神父递解出境,而更多的传教士仍安然无恙地生活在徐光启、杨廷筠家中,继续从事宗教活动。这跟清朝禁教期间,乾隆皇帝动辄处死传教士相比较,万历皇帝显然要宽厚仁慈得多。

综如上述,在万历朝融入世界历史进程的转折关头,在由偶然性为必然性开辟道路的中西文化交流的起始阶段,不能否认或抹杀万历皇帝个人独特的作用。因最初对西洋珍玩的爱好,促成利玛窦的入京朝贡。由对传教士的好感及西洋文明的好奇心,使他力排众议,执意让利玛窦留居京城。在产生一定信任后,他支持并批准起用传教士,运筹西洋科学改造传统历法的大胆举措。在"南京教案"甚嚣尘上之时,他又以巧妙的方式,减轻处罚的力度,实则保护了传教士。

非特止此,需要强调指出的是,正是前述万历年间营造的宽和氛围,使传教士与社会各阶层人士得以广泛地自由交往,士大夫间出现"西学"的热潮,在此基础上,通过交融及磨合,逐渐形成由徐光启和利玛窦倡导的和平与平等交流的基本原则。

据中外学者的仔细爬梳和精心考证,利玛窦沿着广东、江西、南京、北京的传教轨迹,先后跟中国137位各阶层人士有过交游的记录。"这些人当中有王公贵族、朝廷宰臣、六部各卿、地方名宦、学者、僧侣、商贾,直至黎民庶人,几乎包括了当时各界的知名人物。除地方和中央的一些官员外,学术界有思想家如李贽、章潢、祝世禄等;文学家有袁宏道、袁中道、李日华、冯时可等;史学家有焦竑、沈德符;画家有张瑞图、程大约;天文历算家有徐光启、周子愚、李之藻、孙元化等;医学家有王肯堂等。另外还有不少是万历、天启年间重要历史事件的参与者。"③经过数十年间如此无拘束的、不受限制的交往及其潜移默化,"到了明末,所谓泰西文明便普遍地成了士大夫中间时髦的学问"。如王夫之、颜元、李塨、顾炎武、黄宗羲、李颙等进步思想家,他们"在某些论点上"表现出的那种"打破民族片面性和偏狭性的新思潮"及其一系列的思维活动,"都是在中国和西洋文明交接之后才产生的"④。

其实,潜移默化的影响是相互的。正是通过跟社会各阶层人士的广泛交往,利玛窦对于中国强盛的国力有了真切的了解。他向欧洲人介绍说:中国虽然"已经享有很长时期的和平,政府仍花钱维持着百万人以上的军队服役。……它(帝国)四周的防卫非常好,既有由自然也有由科学所提供的防御"。又称:"他们有装备精良的陆军和海军,很容易征服邻近的国家,但他们的皇上和人民却从未想过要发动侵略战争。"⑤面对如此的情势,利玛窦坚决反对基督教世界中占主导地位的军事征服与精神征服相结合的传教路线,极力主张和平的学术性的传教策略。他一再声明:"我们来到中国是为缔造和平、励德修身、要人服从帝王而来,而非为交战、作乱而来。""天主教的道理不但对中国无害,为中国政府尚且大有帮助,它为帝国缔造和平。"⑥与此同时,在接触中,利玛窦对中国优越的物质文明和精神文明,

---

① 沈定平:《明清之际中西文化交流史——明季:趋同与辨异》,北京,商务印书馆,2012年,上册,第208~210页。
② 王重民辑校:《徐光启集》,上海古籍出版社,1984年,下册,第492页。
③ 林金水:《利玛窦交游人物表》,载《中外关系史论丛》,北京,世界知识出版社,1985年,第1辑,第117~143页。
④ 侯外庐:《中国思想通史》第五卷(《中国早期启蒙思想史》),北京,人民出版社,1956年,第28~29页。
⑤ 何高济等译:《利玛窦中国札记》,北京,中华书局,1983年,上册,第9、58~59页。
⑥ 罗渔译:《利玛窦书信集》,中国台湾光启出版社、辅仁大学出版社,1986年,下册,第324页,第410页。

由衷地表示钦佩和赞赏。他的观感是："中国土地的肥沃、美丽、富有和中国人的智识与能力，真是卓越异常，太高太大了。如把它详细写出，那就需要几大册了。"还说："真令人惊奇，这些人从没有和欧洲交往过，却全由自己的经验而获得如此的成就，一如我们与全世界交往所有的成绩不相上下。中国政府治国的能力超出其他所有的国家，他们竭尽所能，以极度的智慧治理百姓。"[1] 利玛窦表示："从上面所谈的，人们就可以得出结论，我们与中国人的接触是有许多好处的。"[2]

总而言之，在开启中西文化交流新时代，奠定和平与平等交流原则的过程中，首先，取决于由万历朝所展示的中国强盛的国力，优越的物质文明与精神文明，使担负文化交流媒介的西方传教士，不得不放弃武装传教的方式，转而寻求和平的、学术性传教的途径。其次，得益于万历朝宽和的自由交往的氛围，令中外人士对于在平等基础上的交流，相互学习和进步，有着深切的认识与需要。最后，在最初有关传教士朝贡、居留、起用乃至保护等问题上，不能否认和抹杀万历皇帝独特的积极作用。

三

万历朝另一项具有国际意义的举措，便是继嘉靖、隆庆之后，主动调整海外贸易政策，从"禁海"走向"开海"，这不仅使中国在新形成的世界市场上具有举足轻重的地位，而且引起东南亚政治经济结构的深刻变化。

自明初以来，在保守和内敛思想指导下，朝廷推行以"贡舶贸易"为特征的海外政策。所谓"贡舶贸易"，乃"贡、市原系一体"[3]，"有贡舶即有互市，非入贡，即不许其互市"[4]。只有与明朝建立宗藩关系，遵从册封朝贡礼仪的藩属国，才具有通过贡舶前往中国进行贸易的资格，这就从根本上排除了国内外私商海外贸易的合法性。为保证此垄断而专横的朝贡体制的效用，明朝动用强大的有组织的暴力手段，实行严厉的海禁政策。"海禁政策，这也是朝贡体制中的一环。海禁是害怕中国人勾引倭寇（或番夷——引者）滋事而禁止人民出海的国内政策。但这样一来，海上交通就被压缩成只有朝贡一条途径了。"[5] 可见贡舶贸易与厉行海禁，是明代朝贡体制中两个须臾不可分离的环节，互为条件，相得益彰。

尽管贡舶贸易有种种限制，然在明代前期，前来中国朝贡的国家和地区，较之宋元更为繁盛。据学者对有关史籍的认真梳理，"总计来贡的国家和地区多达148个，可谓盛况空前"[6]。这些主要来自东亚和东南亚的国家，从明朝"厚往薄来"的朝贡贸易中，获取了巨大的经济利益。如日本通过勘合贸易所获巨额铜钱的回赐及数以千百计的绵纻丝纱罗绢等精织品的赏赐，成为"（足利）义满鼎盛期的北上时代最主要的财政收入"，也是幕府、大名和寺院等上层奢侈生活的重要保障。[7] 而一般日本民众，则喜好中国的日用品，达到20多个品种。[8] 这些统治者和民众急需的中国商品，通过"贡舶""商舶"和"寇舶"等合法或非法的途径[9]，源源不断地从中国满载而归。又如东南亚的朝贡贸易，以胡椒、苏木为番舶重要进口货物。据考察，永乐皇帝赏赐军士及其耗费胡椒、苏木的数量，均以百万计。而仁宗朱

---

[1] 罗渔译：《利玛窦书信集》，中国台湾光启出版社、辅仁大学出版社，1986年，上册，第47、52～53页。
[2] 何高济等译：《利玛窦中国札记》，北京，中华书局，1983年，上册，第26页。
[3] 《明神宗实录》，卷二七七，万历二十二年九月甲寅条。
[4] （明）王圻纂辑：《续文献通考》，卷二六，《市籴考》，《市舶互市》。
[5] （日）田中健夫：《东亚国际交往关系格局的形成和发展》，载《中外关系史译丛》，上海译文出版社，1985年，第2辑，第139页。
[6] 陈小法：《明代中日文化交流史研究》，北京，商务印书馆，2011年，第419～420页。
[7] （日）田中健夫：《东亚国际交往关系格局的形成和发展》，载《中外关系史译丛》，上海译文出版社，1985年，第2辑，第137～138页。
[8] （明）胡宗宪：《筹海图编》，卷二，《倭国事略》，《倭好》。
[9] （明）胡宗宪：《筹海图编》，卷二，《倭国事略》，《倭好》。

高炽登基时，赏赐的范围愈加广泛，胡椒、苏木消耗的数量更在数百万以上。①与此相对应，明朝需要付出价值相当或超值的大量铜钱和各类货物作为酬报。这既是东南亚国家一直使用中国铜钱作为货币的原因，也是中国商品输入菲律宾的种类与日俱增，竟多达一百五六十项的内在联系。②

然而，明中叶以后，官方朝贡体制急剧衰落。据中国学者统计，嘉靖年间，日本朝贡3次，安南4次，占城1次，暹罗5次。隆庆朝，全无朝贡记录。万历期间，仅安南朝贡8次，暹罗6次。天启朝，安南2次，暹罗2次。崇祯年间，安南朝贡3次，暹罗4次。③造成朝贡体制式微的原因，归纳起来大致有三。其一，朝贡国为贪图中国货物及金钱的酬报，在贡期、人员和贡物数量上，不断突破明朝的限制，其贡使更肆意劫掠地方，令朝廷不堪回赐的重荷及其骚扰，对朝贡贸易日渐疏离。如正统年间，"广东参政张琰言，爪哇朝贡频数供亿烦费，敝中国以事远夷非计。上是其言，谕三年一贡，是后遂稍疏"④。至弘治朝，遂由明初的"厚往薄来"，渐改为"柔远"与"足国之道"并重的政策。⑤其二，葡萄牙殖民者自明正德六年（1511）占领马六甲后，"迫不及待地想打开对华贸易的大门，以垄断中国与南亚之间的贸易"。于是，葡萄牙舰队曾一度占据广东的屯门，阻挠东南亚国家从东莞海道入贡的贡道。此后，更强迫凡经过海峡的船只，必驶进马六甲港征收停泊税和货物税。致使原至马六甲购买热带产品而转贡中国的日本和琉球商船几近绝迹，而回教徒船只更直接成为葡人劫夺的目标。因此，"入明朝贡的海外船舶自然就越来越难以维持"⑥。其三，自明初以来，民间海外贸易，在反抗官府海禁政策的镇压中不断成长壮大。成化、弘治间勃发，至正德朝，已呈不可阻遏之势。如成化四年（1468）、七年（1471）、八年（1472）、二十年（1484）、二十一年（1485），均有福建福清、龙溪，广东潮州、番禺等沿海居民结党"时出诸番互市"的记载。这些私自前往马六甲、暹罗贸易的商船，其规模达"通番巨舟三十七艘"之多。气势至"诈称朝使，谒见番王，并令其妻冯氏谒见番王夫人，受珍宝等物还"⑦。此后，弘治年间，"广东沿海地方，多私通番舶，络绎不绝"⑧。正德朝，"两广奸民，私通番货，勾引外夷，与进贡者混以图利"⑨。与此同时，西洋和日本商船纷纷前往中国东南沿海，与中国团伙进行走私贸易。如地处闽粤两省交界的南澳，乃国际走私贸易中心。"私番船只，寒往暑来，官军虽捕，未尝断绝。"⑩每年四五月间，国内外商人在此进行大规模交易。"广、福人以四方客货预藏于民家，倭至售之。倭人但有银置买，不似西洋人载货而来换货而去也。"⑪

凡此，经国内外诸多因素的会合，至正德朝，中外私商贸易繁盛与官方贡舶贸易式微的趋势，已彰明胶着。迫于形势，朝廷不得不对传统的朝贡贸易体制进行全方位的调整和改革。这实际包括两个方面。一在废弃朝贡贸易烦琐的限制，允许外国公私商船来华抽税后，从事有条件的自由贸易。另在取消作为朝贡贸易支柱的海禁政策，一定程度上承认中国商人海外贸易的合法地位。

前一项政策的改革，始于正德九年（1514），广东布政使吴廷举倡"立番舶进贡交易之法"。这种突破贡期（"不拘年分"），抹杀贡舶与私人商船界限（"番国进贡并装货舶船"一视同仁），官私船只一

---

① （明）王世贞：《弇山堂别集》，卷七六，《赏赉考上·即位之赐》。
② 钱江：《1507—1760年中吕贸易的发展及其贸易额的估算》，载《中国社会经济史研究》，1986年第3期。
③ 陈小法：《明代中日文化交流史研究》，北京，商务印书馆，2011年，第419~420页。
④ （明）焦竑：《献征录》，卷一二〇，《爪哇》。
⑤ 《明孝宗实录》卷七三，弘治六年三月丁丑条。
⑥ 李金明：《明代海外贸易史》，北京，中国社会科学出版社，1990年，第63~64页。
⑦ 《明宪宗实录》卷九七，卷一〇三，卷二五九，卷二七二。
⑧ 《明孝宗实录》卷七三，弘治六年二月丁丑条。
⑨ 《明武宗实录》卷一四九，正德十二年五月辛丑条。
⑩ （明）彭韶：《边方大体事疏》，载《明经世文编》，北京，中华书局，1962年，第一册，第710页。
⑪ （明）茅元仪：《武备志》，卷二一四。

律纳税（"至则"按十之二税率"抽货"）后准其贸易的新法①，因为从根本上否定自明初以来贡舶贸易的精神实质及其具体规定，遭到朝中保守势力的激烈反对。他们以新政招致葡萄牙人在近海活动的增多相攻击，新政一度被废止。待朝廷用兵驱除侵犯广东的葡人后，嘉靖八年（1529），巡抚两广、兵部右侍郎林富旧案重提，上疏极言广开市舶对军国民众之大利。②经过朝廷革新与保守势力的反复辩论，并在户部、兵部和都察院再三申谕下，打破旧有贡舶贸易的限制，对来华番舶一律抽税后准其自由贸易，已形成朝廷的共识。嘉靖末年，总督两广军务吴桂芳（任职嘉靖四十二年至四十五年，1563—1566）上疏称："广东自嘉靖八年，该巡抚两广、兵部右侍郎林富，题准复开番舶之禁，其后又立抽盘之制，海外诸国，出于《祖训》《会典》所载旧奉臣贡者，固已市舶阜通，舳舻相望。内如佛郎机诸国，节奉明旨拒绝不许通贡者，亦颇潜藏混迹，射利于其间。"③此时朝贡国本已寥寥无几，出现如此"市舶阜通，舳舻相望"的盛况，便是在保留朝贡贸易的驱壳下，中外私商自由贸易兴旺的写照。

与广东重开番舶贸易息息相关，并具有决定意义的举措，在于朝廷对葡萄牙人租借澳门事件的处置上。自从嘉靖三十二年（1553）葡人通过欺骗和行贿手段登陆澳门，由搭棚栖息渐至砖瓦为屋的聚落，"濠镜独为舶薮"之后，朝廷对此如何处置，形成三种不同意见。一种意见，令葡人离开澳门，返回浪白澳贸易。另一种意见，主张武力驱逐澳门葡人。第三种意见，拟准许葡人租借澳门贸易，而加强防范和管理。三种意见相持不下，前后迁延讨论达50年之久。直至万历四十二年（1614），明廷正式决定采取准允葡人租居澳门贸易，建城设官加强管理的方针。④促使朝廷经多年犹豫之后，做此决断的原因可能有很多，但在宣示主权的前提下，欲从对外贸易中获取经济利益，乃是主要的考虑。著名经济史学家全汉升指出："明朝为什么不采取强硬政策来收回澳门，而让葡人长期占领（应为租借——引者）？原因可能有种种的不同，但葡人在澳门，以中国内地为腹地，与亚洲其他地区进行贸易，对中国经济有利，当是其中一个重要的因素。"⑤

至于调整支撑朝贡贸易体制的海禁政策，则经历嘉靖数十年东南"沿海倭乱"，付出了人民生命财产的沉重代价。若探究"倭寇"肆虐的祸因，首先在于日本朝野的贪婪，对于占夺中国丰富物产的永无休止的渴望。如嘉靖二年（1523）由日本不同封建领主委派的贡使（宗设、瑞佐），在宁波因争执宴席座次和阅货先后，而大肆焚劫仇杀事件，其实质便在于"假入贡为名，而行不等价交换，获取巨额利润"⑥。其次，明朝为此采取的革除浙江市舶司，断绝与日本通使交往，加强海防戒备等更严厉的海禁政策，堵塞了日本朝贡贸易和民间互市的合法渠道，而此时华夷之间百货互通有无已不可遏止，势必引起中日民间走私贸易的急剧反弹和兵戎厮杀。嘉靖间刑部尚书郑晓，在剖析罢市舶严海禁的后果时说，"夷中百货，皆中国不可缺者，夷必欲售，中国必欲得之"。又谓，"江南海夷有市舶，所以通华夷之情，迁有无之货，收征税之利……使利权在上。罢市舶，而利孔在下，奸豪外交内讧，海上无宁日矣"⑦。可见，明朝的海禁政策跟16世纪国内外商品经济发展的大潮已格格不入。

历经嘉靖数十年倭寇的侵扰蹂躏，人民生命财产惨遭荼毒。然明朝上下同仇敌忾，沿海民众奋起反抗，愈挫愈勇，终于嘉靖末隆庆初，倭乱基本肃清。随着倭寇的平定，执行逾200年的明朝海禁政策，在朝臣和国内外一致要求"开互市"的呼唤下，迎来改弦易辙的契机。最早提出开海禁，通市舶，准贩东西二洋建议，并获朝廷俞允者，即隆庆元年（1567）时任福建巡抚涂泽民。可是，经笔者多方查找，

---

① （明）郑晓：《吾学编》，《皇明名臣记》卷二五，《尚书吴公》；《明世宗实录》卷一四九、卷一九四。
② （明）严从简著，余思黎点校：《殊域周咨录》，北京，中华书局，1993年，第322~324页。
③ （明）吴桂芳：《议阻澳夷进贡疏》，载《明经世文编》，第五册，第3668~3669页。
④ 黄启臣：《澳门通史》，广州，广东教育出版社，1999年，第64~73页。
⑤ 全汉升：《明代中叶后澳门的海外贸易》，载香港中文大学《中国文化研究所学报》，第5卷，第1期，1972年12月。
⑥ 汪向荣：《明史〈日本传〉笺证》，成都，巴蜀书社，1988年，第74~75页。
⑦ （明）郑晓：《吾学编》，第六七，《皇明四夷考》上卷，《日本》。

迄未见涂抚奏疏原文及朝廷批示，所有讯息均来自万历年间有关人士的追溯。① 如万历二十年至二十二年（1592—1594）担任福建巡抚的许孚远奏称："……隆庆初年，前任抚臣涂泽民，用鉴前辙（指海禁引发倭乱——引者），为因势利导之举，请开市舶，易私贩而为公贩，议止通东西二洋，不得往日本倭国，亦禁不得以硝黄铜铁违禁之物夹带出海。奉旨允行。几三十载，幸大盗不作，而海宇晏如。"② 又如，万历末年成书的《东西洋考》亦谓："嘉靖四十四年，奏设海澄县治。其明年，隆庆改元，福建巡抚都御史涂泽民请开海禁，准贩东西二洋。盖东洋若吕宋、苏禄诸国，西洋若交址、占城、暹罗诸国，皆我羁縻外臣，无侵叛。而特严禁贩倭奴者，比于通番接济之列。此商舶之大原也。"③ 本来在明代海外政策具有转折意义的涂泽民奏议，于当时史籍竟难觅踪迹，必待万历间官私著作的追述才扬名于世。这固然反映短暂的隆庆朝对奏议的重要性认识不足，却反衬出万历间福建官私人士对于开放海禁，准贩东西洋，并将民间贸易合法化（"易私贩而为公贩"）的举措，分外敏感且衷心拥护。如果联系上述涂泽民确定的几项原则条文（如只通东西二洋，不得私贩日本，亦不得夹带违禁物出海等），只是在万历朝廷支持下，通过几届福建巡抚陆续补充和具体化，才形成系统而有效的政策的话，那么万历朝在明代海外政策转型中的决定性作用，便愈益彰显。

原来在万历二十年（1592）前，福建巡抚已就填写商引、出洋贸易和惩处违禁通倭等事宜，颁行《海禁会要》。万历二十年至二十二年（1592—1594），许孚远任职巡抚期间，更总结以往泛洋通商出现的弊端，集中规定：制船只多寡，严往来程限，定贸易货物，峻夹带典刑，慎出海盘诘，禁番夷留止，重官兵督责，行保甲连坐，厚举首赏格，蠲反诬罪累等十项条款。并从前已通行的《海禁会要》中摘出七条，统称《海禁条约》，令刊刻书册，榜竖于出海港口海澄，"永为法守"④。万历二十五年（1597），巡抚金学曾进一步条议：定船式，禁私越，议委官，议引数，禁需求，"部覆允行"⑤。

事实表明，万历朝业已完成的对明代海外政策的调整和改革，不仅极大地促进了中国东南沿海工农业生产的发展及其经济结构的变化（如出现以出口为导向的外向型经济网络的雏形等），更重要的是，它具有前所未有的国际影响。荷兰学者包乐史（L.Blussé），将新的贸易体系的确立，视为"一场中国海外贸易的革命"，指出："这场贸易革命不仅导致严厉的航运限制最终成为一纸空文，而且使各种前所未有的热带产品进入中国市场，并为中国的诸如铁器、瓷器、丝绸等制成品开辟海外市场。中国儒家学说与政治现实需要相结合的独特结果是制度化的东西洋贸易网络的创立。"该贸易网络，使"16世纪中叶以后，华人如雨后春笋般地出现于东南亚……南中国海沿岸的所有商业中心都因纳入一个生气勃勃的华商海上贸易网络而与中国相联系"。此外，"这一交往网络在过去300年中已建立起来并成为东南亚社会的有机组成部分。""近来的研究表明，中国私商贸易对海外社会的影响远比朝贡制度的影响更为深刻。东南亚政治版图的重新划分，更多的是受华人海外贸易网络的影响而非中国皇帝对前来中国朝贡者的青睐。"⑥

万历朝贸易改革的国际影响，并不限于促进东南亚政治经济结构的深刻变化，还在于，使"中国商船正式参加国际贸易的行列"，"中国商品大量敞开供应全世界有关地区"，从而在新形成的世界市场上，中国具有了举足轻重的地位。为此，中国学者黄盛璋，特别强调"16世纪中国海禁开放对海上新

---

① 中国台湾资深学者郑梁生，对此亦有同感。他从《明实录》《明史》及中国台湾收藏的方志中，也没有找到涂氏议开海禁的奏疏和相关的具体资料，只得从涂氏以后职官的奏疏来印证涂氏此举的意义。见郑梁生：《明隆庆初右佥都御史涂泽民议开海禁的贡献蠡测》，载香港中文大学历史学系：《明末清初华南地区历史人物功业研讨会论文集》，1993年。
② （明）许孚远：《敬和堂集》，第五册，《疏通海禁疏》。
③ （明）张燮：《东西洋考》卷七，《饷税考》。
④ （明）许孚远：《敬和堂集》，第八册，《海禁条约行分守漳南道》。
⑤ 《明神宗实录》卷三一六〇，万历二十五年十一月庚戌条。
⑥ 包乐史著，庄国土、吴龙译：《巴达维亚华人与中荷贸易》，南宁，广西人民出版社，1997年，第5~20页。

丝路的形成产生了巨大影响"。他指出："1567 年海禁开放后，开辟东西两条海上丝绸之路。一条是从葡占澳门或广州（皆出虎头门）和漳州的海澄（月港）为起迄点，西往东南亚、印度和欧洲，东往日本，南下菲律宾，总称为东路；另一条则以马尼拉与（墨西哥）阿卡普尔科为起迄点，包括南下秘鲁首都利马的支线，总称为西路。""亚洲往东和往西的海上成为当时世界贸易的一个主要活动中心。特别是丝绸贸易，是当时国际商船主要经营对象。贩运到亚、欧、美、非洲诸地。"因此，"1567 年明政府开放海禁，不仅是中国对外关系与贸易史上一个重大转折点，同时也在世界海交史上开辟了一个崭新纪元"①。

综上所述，首先，明代从"禁海"走向"开海"，从传统朝贡贸易体制向新型海外贸易体制的演变，无论就演变的实质还是国内外深刻影响来看，堪称"一场中国海外贸易的革命"。其次，这种对传统政策的全方位调整和改革，是一个艰难而漫长的过程。大致发端于嘉靖，继起于隆庆，而完成于万历。这种状况又跟前述钱谦益所谓嘉万极盛一百年，有着必然的联系。最后，嘉万之际海外贸易体制的更新，具有前所未有的国际意义。新形成的华商贸易网络深入东南亚社会，成为促进其政治经济结构变革的不可忽视的因素。而经过对原有海上丝绸之路的整合和延伸，尤其东西两条新通道的开辟，使中国商品大量销往世界各地，在新形成的世界市场上，具有举足轻重的地位。

四

透过上述不同时期学者对于万历朝历史的解读，人们可从中获得哪些思想的启迪，还存在怎样未解的困惑呢？

第一，社会的进步，乃开阔学者视野和促使研究方向转换的动力。当人们依次沿着政治史、经济史、转型史和世界史的路径，多方位地审视万历朝时，便不能不正视引导这种认识不断深化的那无形的"推手"。按照恩格斯的观点，哲学作为分工的一个特定的领域，具有由它的先驱者传给它的特定的思想资料作为前提。经济发展无疑对这些领域起最终的支配作用，然而，"经济在这里并不重新创造出任何东西，但是它决定着现有思想资料的改变和进一步发展的方式"②。历史学与社会进步的关系，跟哲学与经济发展的联系大致相仿。在抗日烽火连天，国家生存岌岌可危之际，学者往往从总结历史上王朝兴亡的教训中寄托爱国情怀和民族认同。新中国经济建设的高潮，启发学者在关心现实的同时，也着力探讨历史上生产力与生产关系的变革，以及新经济因素成长的经历。"文革"后的拨乱反正，使人们在警醒中思想觉悟迅速提高，不是局限于事物的一隅，而应全面把握和揭示事物的本质，成为学者的共同心愿。改革开放的蓬勃气势，极大地释放学者感知和认识世界的自信与能力，于是追寻中外文化交流的轨迹，检讨中国在世界市场的地位，遂成为历史研究的热门课题。凡此种种，无不表明，社会的进步虽然并不创造新的历史资料，但却一次又一次地改变和凸显由不同历史资料所建构的课题，决定历史学发展的方向。正如同社会的进步不可限量一样，人们对历史重点的关注及其评价，也将随着时代的推移而有所变换。这既是历史学生生不息的源泉，也是历史学魅力之所在。

第二，从历史学本身的发展，看传承与创新的关系。历史学的功能之一，便在于传承人类优秀文明的成果。由于形成历史认识的学术规范的严谨及其流程的艰幸（如长期的史料积累，辛勤的史料鉴别、连缀和演绎，慎重地归纳若干理性认识等），历史学者须具备较深厚的知识积累和学术素养。这些学科特点，使人们特别重视学术的传承。一些学术大家的精心著作，往往成为后辈立论的依据和进一步论证的出发点。这也就是像孟森先生《明史讲义》那样的开拓性著作，至今仍受人推崇的原因。

---

① 黄盛璋（金文）：《明代后期海上丝绸贸易主要国际市场与主要国际商船贩运数量考》，载黄盛璋主编《亚洲文明》，第三集，合肥，安徽教育出版社，1995，第 202~234 页。
② 《恩格斯致康施米特》，载《马克思恩格斯选集》，北京，人民出版社，1972 年，第四卷，第 485~486 页。

然而，前面的陈述显示，即使从政治史的角度，孟森先生的论断也并非毫无可訾议之处。如只关注万历朝的负面评价，忽视其有作为的政绩；仅揭露万历皇帝荒唐怠惰的性格，看不到他营造宽和政治的努力，以及形成该性格的制度缺陷；对于万历朝由盛转衰的过程，亦缺乏精确的考察。这些都是有待商榷的问题。如果联系后续从经济史、转型史和世界史的视野，分别阐述万历朝的历史，那么孟森先生的见解，不过是众多学术流派中的一种。如此并非苛求前辈学者，或贬低孟森先生筚路蓝缕的贡献。然而，从历史学发展来看，任何学术的传承，都须跟创新联系起来，才具有积极的意义。否则，便易陷入因循和重复的怪圈，终将窒息学术的生命。关于传承与创新的关系，古今学者均有所论述。如明末清初与顾炎武、黄宗羲齐名的方以智，在引述多位古代学者"不肯蹈袭"前人的言论后，指出："世以智相积而才日新，学以收其所积之智也。日新其故，其故愈新，是在自得，非可袭掩。"[①] 这就是说，人们通过传承（学习积累的智识）使才能日益新颖，而唯有新观念对原有智识进行改造（"日新其故"），原有智识方能适应新的要求并具有新的面貌（"其故愈新"）。此乃自然而然形成的道理，不可篡改和掩盖。当代著名历史学家白寿彝先生，数十年前在《人民日报》上发表了《治学如积薪，后来者居上》的文章[②]，更生动地揭示了传承、创新和发展之间的内在联系。上述两位古今名家，强调创新对传承的延续、改造和超越，揄扬后来者居上的精神，应该成为一般学者，尤其是担承创新任务的年轻学者，所须持有的立场和信念。

第三，形成不同观点的融合及其公允的整体评价体系。上面虽见微知著，试图从理论层面，阐释对万历朝认识逐渐深入的学科内外的因素。不过，怎样形成万历朝整体的、公允的评价，仍是待解的难题。单独从有关四种观点来看，确实都言之有理，各具说服力。综合在一起，却出现尖锐矛盾的局面。一方面，经济史、转型史和世界史的观察昭示，万历朝乃经济繁荣，国力强盛，具有良好国际声誉和地位，并孕育社会转型与变革的重要时代；另一方面，记述朝代兴亡的政治史则表明，万历是导致明朝灭亡的腐败朝代，其弊政是开启明末动乱的祸因。至此，是否需要将如此矛盾的观点统一起来，还是依然按照各自的价值观进行评价？如果需要统一，那么如何融合彼此的精华而消弭对立，形成整体的公允的评价体系？这些都必须在深入研究的基础上逐步加以解决。笔者之所以将这篇探讨评价的文章，视作一个不断演进的过程，其中既包括对已知观点的认识，更寄寓对未知难题的求解。演进的过程仍将继续，期盼年轻学者迎难而上，推动明史研究的深入发展。

[作者单位：中国社会科学院历史研究所]

---

① 侯外庐主编：《方以智全书》，第一册，《通雅》，上海古籍出版社，1988年，第75页。
② 白寿彝：《治学如积薪，后来者居上》，载《人民日报》，1961年3月26日。

明嘉靖十八年（1539）世宗南巡承天研究

朱 鸿

一 前 言

明嘉靖十八年（1539）二月乙卯（十六日），世宗离开北京前往承天府，四月壬子（十五日）返还北京。此次承天之行是世宗首度，也是唯一的一次回到龙兴之地，昔日藩国所在地。世宗"孝思纯笃，超轶前古，以献皇帝山陵远隔，未伸展谒之忱；又以慈圣上仙，议将南祔窀穸，事重必求允臧"①，遂有承天之行。行前尝敕谕礼部："朕惟孝子之事亲，送终为大。眡陵寝所在，体魄攸居，必求允臧。庶亲安而人子之心亦安且尽矣。皇考显陵，昔者建造狭隘，虽尝增修，犹多未称。兹朕恭诣陵下，与诸左右大臣周阅山川，更卜吉兆，重建玄宫，以妥皇考、皇妣神灵于无穷，以昌厥后，永绵胤祚于百世。"②承天之行缘于世宗母兴献（章圣）皇太后蒋氏于嘉靖十七年（1538）十二月崩逝，世宗有意将母亲与父亲合葬于显陵，为此改造显陵，重建玄宫，以安父母神灵，尽人子送终大孝。

世宗南巡承天是嘉靖朝的大事，然却乏于研究之专论，仅有周珍珍于2011年撰有《试论1539年嘉靖皇帝南巡》一文，以《兴都志》《明世宗实录》《明史》为主要史料，着重于世宗对显陵的改建，以及夏言与严嵩的斗争。③世宗既是为了父母的葬事才有南行之举，研究世宗承天行不能局限于出京回京之间两个月内的种种，盖早在嘉靖十五年兴献皇太后身体出现状况后，世宗就借春秋展祀山陵在天寿山陵区卜地，拟于大峪山营建安葬父母的陵寝。兴献皇太后去世，应就原计划将父亲梓宫由湖北显陵奉迁至天寿山陵区，父母合葬于大峪山下。但世宗又思将母亲南祔显陵，遂有南巡之行。最终决定弃大峪山，而将母亲梓宫南祔显陵，与父亲合葬。世宗为求"二圣永安"，思考父母陵事分合反反复复，举棋难定。整个过程是探索世宗孝思的绝佳事例。本文在史料的运用上，除《明世宗实录》《兴都志》外，还有《御制大狩龙飞录》《承天大志》④，陆深的《圣驾南巡日录·大驾北还录》，以及随行重要官员的文集等。内容除了论述南巡往返两个月之间种种的有意义的活动与事件，更重要的是借以考察世宗思考父母葬事反复的过程，其中蕴含的深刻意涵，并对世宗最后放弃大峪山的原因提出看法。

二 兴献太后崩逝与世宗南狩承天

世宗母兴献太后蒋氏，自嘉靖十五年（1536）就罹患疮疡，屡频危殆，嘉靖十七年（1538）十二

---

① 林燫等撰：《承天大志》卷一一，《大狩纪》，中国台北，国家图书馆汉学研究中心1990年影印自日本内阁文库明刊本，页1上。
② 张居正等纂修：《大明世宗肃皇帝实录》（本文概以《明世宗实录》称之），中国台北，中国台湾"中央"研究院历史语言研究所据国立北平图书馆红格抄本校印，1962年，卷二二〇，页8下，第4548页，嘉靖十八年（1539）正月丙申（二十七日）。
③ 周珍珍：《试论1539年嘉靖皇帝南巡》，《科教文汇（下旬刊）》，31：1（2011.2），第277~278页。
④《承天大志》是研究明世宗极为重要的典籍，澳洲学者Carney T. Fisher曾为文介绍该书内容，请参阅费克光撰·王玉祥译：《〈承天大志〉与嘉靖皇帝》，田澍、王玉祥、杜常顺主编《第十一届明史国际学术讨论会论文集》，天津，天津古籍出版社，2007年，第918~930页。

月癸卯（四日）崩逝。① 世宗早岁丧父，寡母独子感情甚笃。② 世宗处理母丧，最重要的就是葬事，更确切地说是葬地。先是世宗父兴献王于正德十三年（1518）薨，葬于封国所在之湖北安陆，世宗即位后尊为显陵。母亲在世时，世宗已借春秋展祀天寿山陵寝之便，勘定大峪山为吉壤，并命京山侯崔元等赴承天府奉迎献皇帝梓宫。随后因不忍父亲梓宫远涉，拟将母亲南祔安陆显陵，父母合葬。然因奉命前往显陵启视玄宫的锦衣指挥赵俊自承天返回，言显陵玄宫有水，世宗命梓宫且暂奉慈宁宫，拟亲自南狩显陵视决之，暂时搁置原舣奉梓宫南祔的定案。③

离京前一日，世宗命才两岁大的皇太子监国。以宣城伯卫錞、遂安伯陈鏸为留守使，大学士顾鼎臣为同留守使，兵部尚书张瓒为参赞机务，太监麦福为内提督。与錞等协同行事，文武大臣刑部右侍郎屠侨等十八员，分守京城九门，仍命内坐营官九员协守。④ 世宗南巡以太子监国，大驾所在称行在，应是取法永乐年间太宗（成祖）北狩太子监国故事，然情况颇不相类：永乐时监国太子年逾而立，太宗前往北京，驻跸北边国防重镇；嘉靖南狩，是远离京师，北境堪虞，且监国太子为尚在襁褓之中的婴孩。虽然世宗对国防做了一番部署⑤，朝臣仍心怀忐忑疑虑，纷纷谏止南幸，然世宗谓此行："朕恭诣显陵，为亲计度，孝诚已发，出自朕心，既非无事空行，又非人言所导。"⑥ 南狩承天事关父母葬事，孝亲送终为大，世宗圣衷独断，绝非受他人影响。

世宗南巡，车驾在中军以御，命团营官选官军 6000 名护驾，以参将二员统之，而听令于左右副将军。命咸宁侯仇鸾挂左副将军印，东宁伯焦栋挂右副将军印护驾。左右将军翼行，参将二人为前锋后卫。其以翊国公郭勋代掌中军戎务，成国公朱希忠副之。锦衣卫恭设钦制武陈驾备辇舆仪仗等项，指挥率千百户等官前驱清道。另简选精壮旗校 8000 人从之，内以 6000 人专管台奉上坐舆辇，以 2000 人专管摆执驾仪。护从驿传事宜，系由兵部尚书张瓒条上，即可知此行犹如行军阵仗，声势壮大。从行官员众多，遍及五府六部、都察院、大理寺、通政司，及太常、光禄、鸿胪、太仆诸寺，翰林院、制敕诰敕房、译字官生、尚宝司、六科给事中、中书舍人、行人司、太医院、钦天监等衙门。⑦ 一个庞大的行在政府，移动于北京与承天府之间。

嘉靖十八年（1539）二月乙卯（十六日），世宗驾发京师，三月己卯（十一日）抵承天旧邸⑧，辛卯（二十三日）离开旧邸北返，四月壬子（十五日）驾返京师，结束两个月的南狩承天之行。世宗大狩行止，《承天大志》卷一一《大狩纪》和《明世宗实录》，均以编年体例记载期间活动，唯都有失载者，不是逐日如实载录皇帝每天的行止言事，且回程较去程更为疏漏。时护从官员分程先行在途，掌行在翰林院学士（后改詹事府詹事兼翰林院学士）陆深的《大驾南巡日录》与《大驾北还录》，记载详细，可补官书之不足，陆深所记的行程与世宗大驾的路线基本上一致。为京师至河南，河南至湖广的主要干线

---

① 《明世宗实录》卷二一九，页 1 上，第 4495 页，嘉靖十七年二月壬寅；卷二一九，页 1 下，第 4496 页，嘉靖十七年十二月癸卯。
② 朱鸿：《大礼议与明嘉靖初期的政治》，中国台北，中国台湾师范大学历史研究所硕士论文，1978 年。
③ 有关世宗于母亲逝世后，至启程南狩承天之间，对陵寝问题的思考，将于第三小节详述。
④ 《明世宗实录》卷二二一，第 4595～4596 页，嘉靖十八年二月申寅（十五日）。
⑤ 世宗诏起旧辅臣大学士翟銮，暂改兵部尚书兼都察院右都御史，充行边使，拊巡九边。发太仓银五十万两分往辽东、蓟州、宣府、大同、偏头、雁门、宁武、延绥、宁夏、固原、甘肃，随行边使赏劳官军。命兵部尚书毛伯温总督宣大山西三关等处军务，左侍郎樊继祖提督蓟州山海关等处边备，随宜往来调度，各该行官相机守御，镇巡以下官员悉听节制，其行事宜俱许便宜区处。（《明世宗实录》卷二二一，页 6 上—6 下，第 4573～4574 页，嘉靖十八年二月壬寅，三日。）命分守通州指挥金事栾锐充右参将，守马兰谷地方。皇城京城各门，及安定、德胜等门，各选团营兵千名，分班防守。命英国公张溶神机营坐营操练。（《明世宗实录》卷二二一，页 9 下，第 4580 页，嘉靖十八年二月丁未，八日。）起原任宣府总兵都督金事刘渊，镇守蓟州永平山海等处。（《明世宗实录》卷二二一，页 12 上，第 4585 页，嘉靖十八年二月戊申，九日。）
⑥ 《明世宗实录》卷二二一，页 9 下，第 4580 页，嘉靖十八年二月丁未（八日）。
⑦ 《承天大志》卷一一，《大狩纪》，页 4 上—5 上；《明世宗实录》卷二二〇，页 11 上—14 上，第 4553～4559 页，嘉靖十八年正月己亥（二十九日）；《明世宗实录》卷二二一，页 9 下，第 4580 页，嘉靖十八年二月丁未（八日）。
⑧ 《承天大志》卷一一，页 7 下，《大狩纪》。《明世宗实录》记载抵承天为三月庚辰（十二日）（卷二二二，页 3 上，第 4609 页，嘉靖十八年三月庚辰。兹据陆深《圣驾南巡日录·大驾北还录》（四库全书存目丛书编纂委员会编，《四库全书存目丛书·史部·第四十六册》，济南，齐鲁书社据北京师范大学图书馆藏明嘉靖二十四年刻俨山外集本影印出版发行，1996 年）所载，十一日己卯申刻世宗驾至，入旧邸（页 9 下，史 46—611 页）。

驿路①，长达 5400 余里②。

行程中最主要的活动首推藩王迎驾来朝。依据《明世宗实录》所载，驾发后的第九日，二月壬戌（二十三日），行在礼部议亲王朝行殿仪注：

> 圣驾将至，王具常服，预出郊候驾。驾至，则立迎道侧，俟驾过乃退。上御行殿，王朝服入朝。鸿胪寺官引王由殿左门入，至拜位，鸿胪寺官代王致词，行五拜三叩头礼。复引王由殿左门出。上降旨慰劳，列宴赐之，王具疏以谢。③

礼部所订之仪注，又言总兵官而下宜各戎服橐鞬郊迎，而后以吉服入朝于行殿，世宗以总兵官仪依拟王朝见仪，候降示。翌日，乃钦定仪注示礼部：

> 凡亲王迎接去处，着翊国公郭勋、成国公朱希忠、京山侯崔元、辅臣夏言、礼卿严嵩、户卿李廷相左右从行，并王朝见处，殿内侍班。凡诸王迎接，已命文武大臣侍于途，王于道傍拱立，文武大臣下马侍上左右。礼部尚书跪奏云：某王某恭迎圣驾见，内侍官引王至驾前，跪行叩头礼。礼部尚书进立于上前候旨，承旨讫，起立传旨示王，随行至行宫。上入少憩，王具冕服，钦定文武大臣于殿内左右侍从，从官于丹墀东西侍班。候上升座，鸿胪卿引王由殿左门入，至拜位，赞行五拜三叩头礼，毕，内侍官引王于别次少候。从官叩头如常仪，鸿胪卿跪奏礼毕。④

世宗钦定的仪注较礼部所订者为具体，仪式更为严谨繁复，既以威仪凸显皇权，也显示了对亲王的礼遇尊崇。且由《明世宗实录》的记载可知，由赵王厚煜刊刻的《御制大狩龙飞录》谓礼官议订诸王及守土之臣迎驾礼，皆伏谒道左。世宗命诸王立迎的记载恐不确实。⑤

嘉靖十八年（1539）二月乙丑（二十六日）世宗驾至河南彰德府，为赵王藩国所在，赵王厚煜迎驾于彰德之前的磁州，朝见行殿，世宗简文武大臣六人侍左右，盖以亲亲故恩礼有加。次日，遣英国公张溶、礼部尚书严嵩送王还国。书谕赵王，告以已敕户部岁加赵王禄米三百石，且有微物以赐。并勉以宜益加忠敬，亲贤务学，勤以教家，诚以修身，庶保令誉于克终，用式藩屏，以光世德。⑥《承天大志》载，其后唐王、汝王、郑王、徽王、楚王、周世孙各朝，世宗皆礼之如赵王之礼⑦，实则不然。两天之后的丁卯（二十八）日，世宗驾抵卫辉。汝王佑楎郊迎，入朝于行殿。世宗降旨劳王赐宴如仪，复赐书谕王加禄米岁五百石。⑧所增禄米多于赵王，且以行途匆匆为由，赵王来朝未举行宴酬之礼。⑨盖汝王为世宗叔辈，优礼胜过同辈的赵王，陆深有较《承天大志》及《世宗实录》更详细的记载：

---

① 杨正泰：《明代驿站考（增订本）》，上海，上海古籍出版社，2006 年，"京师驿路分布图"第 113 页、"湖广驿路分布图"第 117 页、"河南驿路分布图"第 121 页。
② （明）陆深：《大驾北还录》（出版项与《圣驾南巡日录》同），页 7 下，史 46—617。
③ 《明世宗实录》卷二二一，页 19 上，第 4599 页，嘉靖十八年二月壬戌（二十三日）。
④ 《明世宗实录》卷二二一，页 19 上—19 下，第 4599～4600 页，嘉靖十八年二月壬戌（二十三日）。
⑤ 《承天大志》卷一一，页 6 上，《大狩纪》。
⑥ 《承天大志》卷一一，页 5 下—6 下，《大狩纪》。《明世宗实录》卷二二一，页 20 上，第 4601 页，嘉靖十八年二月乙丑（二十六日）。按：《承天大志》载癸亥（二十四日）驾至彰德，赵王迎于境，朝于行在，有误，应是乙丑日。陆深《大驾南巡日录》载二十六日乙丑，世宗驾抵彰德。该日辰时陆深渡漳河，行数里，遇赵王棕舆。应是在磁州迎驾后，赴彰德行殿朝见（见页 6 上-6 下，史 46—610）。
⑦ 《承天大志》卷一一，页 6 下，《大狩纪》。
⑧ 《明世宗实录》卷二二一，页 20 下—21 上，第 4602—4603 页，嘉靖十八年二月丁卯（二十八日）。
⑨ 《明世宗实录》卷二二一，页 20 上，第 4601 页，嘉靖十八年二月乙丑（二十六日）。

二十八日丁卯，晓至卫源寓次，出邀蒲汀（户部尚书李廷相）同至行宫候驾。午后，驾至。汝王来朝，司礼监太监张佐自行宫东门引王入东席殿。上升座，文武官僚侍班，王由行殿东门入，至御前，行五拜三叩头礼，上避座受之，王叔行也。王退，复入东席殿。从官朝参如仪，后渠面见，赐酒饭。……上退，王入内行礼。①

朝见赐宴毕，世宗遣驸马都尉邬景和、礼部尚书严嵩送汝王还国。②

随后，二月戊辰（二十九日），世宗驾抵新乡，郑王厚烷郊迎，入朝于行殿；三月庚午（二日）至郑州，周世孙朝堈来朝；辛未（三日），至钧州，徽王厚爝迎于境；乙亥（七日），唐王宇温来朝于行在；三月丙戌（十八日）世宗在承天府，楚王显榕来朝。世宗待诸王之礼不尽相同，所同者为赐宴如仪，遣大臣送还国。然郑王、周世孙、徽王，均加禄米三百石，赐书谕王，周世孙、徽王且赍以金币。楚王则是送王还国后，"己，赐书谕王"，但其后因显榕之请，破例诏岁给楚府武冈王显槐禄米二千石，米钞各半。至于唐王仅"诏宴劳如仪，遣驸马都尉邬景和、尚书严嵩送王还国"，恩礼最薄。③南巡回程途中，三月丁酉（二十九日）崇王请朝于裕州，世宗以刻日还京，命止之。因并止诸王毋朝，各赐玺书谕焉。④但嘉靖十八年四月戊戌朔，世宗回銮至郑州，伊王䛐淳来朝，仍赐宴劳如仪，遣都督方锐等送王还国。⑤

明代自"靖难"后，对藩王防嫌愈来愈甚，就封后很难再回京朝觐。世宗南巡，诸王的迎驾朝谒活动，堪称难得一见的"盛典"。世宗钦定仪注，礼乐自天子出，牢牢掌握制礼作乐的大权。出身藩王的世宗在在表现了对亲王的尊重优礼，赐宴赏赉谕勉更是体现了重亲亲之恩。

另一项重要的活动是祭山川河渎之神及古代帝王名臣。嘉靖十八年（1539）二月辛酉（二十二日）世宗驾至真定，望于北岳（大茂山）。⑥陆深也参与了祭祀活动，"午易吉服，陪祀北岳"⑦。二月丙寅（二十七日）遣左都督方锐祭济渎之神。⑧嘉靖十八年（1539）二月丁卯（二十八日）驾至卫辉。用牲于济。又遣使前往汤阴，以太牢祀周文王，以少牢谕祭武穆王岳飞。⑨嘉靖十八年（1539）三月己巳朔，车驾渡河，用牲于河，祭大河之神。过荥泽，驾遂济河而南。遣礼部左侍郎张璧祭汉将军纪信祠。⑩三月辛未（三日），驾至钧州，望于中岳（嵩山）。⑪三月癸酉（五日）遣驸马都尉邬景和往裕州，祭汉世祖光武皇帝，南阳祭诸葛亮，襄阳祭晋羊祜祠，钧州祭武当山之神。⑫

除了礼仪祭祀活动外，南巡途中发生的最大的事情就是行宫火灾，计有两次。第一次发生于嘉靖十八年（1539）二月乙丑（二十六日），赵州、临洺镇二处行宫俱火，所幸的都是在驾发后。⑬第二次发生在嘉靖十八年（1539）二月丁卯（二十八日），世宗驾抵卫辉，《明世宗实录》记其事："夜四更行宫

---

① （明）陆深：《大驾南巡日录》，页7上—7下，史46—610。
② 《明世宗实录》卷二二一，页20下，第4602页，嘉靖十八年二月丁卯（二十八日）。
③ 此段所述，见《明世宗实录》卷二二一，页21上，第4603页，嘉靖十八年（1539）二月戊辰（二十九日）；卷二二二，页1上—1下，第4605～4066页，嘉靖十八年三月庚午（二日）；卷二二二，页1下，第4606页，嘉靖十八年（1539）三月辛未（三日）；卷二二二，页2下，第4608页，嘉靖十八年三月乙亥（七日）；卷二二三，1上，第4627页，嘉靖十八年四月己亥（二日）。
④ 《承天大志》卷一一，页13下—14上，《大狩纪》。
⑤ 《明世宗实录》卷二二三，页1上，第4627页，嘉靖十八年四月戊戌朔。
⑥ 《承天大志》卷一一，页5下，《大狩纪》；《明世宗实录》，卷二二一，页19上，第4599页，嘉靖十八年二月辛酉（二十二日）。
⑦ （明）陆深：《大驾南巡日录》，页4下，史46—609。
⑧ 《明世宗实录》卷二二一，页20下，第4602页，嘉靖十八年二月丙寅（二十七日）。
⑨ 《承天大志》卷一一，页7上，《大狩纪》。《明世宗实录》系于乙丑日下。
⑩ 《承天大志》卷一一，页7上，《大狩纪》。《明世宗实录》卷二二二，页1上，第4605页，嘉靖十八年三月己巳朔。渡黄河不易，祭河神是南巡途中最重要的祭典，依照仪注原拟戊辰（二十九日）酉时于炕村祭河渎，临祭之时太常先将牲品运往河滨。但奉旨以明日寅时临河而祭。己巳（三月一日）质明，行祭祀之礼，陆深陪祭，乃能留下一手的记载《大驾南巡日录》，页7下—8上，史46—610—611）。
⑪ 《承天大志》卷一一，页7下，《大狩纪》。《明世宗实录》卷二二二，页1下，第4606页，嘉靖十八年三月辛未（三日）。
⑫ 《明世宗实录》卷二二二，页2上，第4607页，嘉靖十八年三月癸酉（五日）。
⑬ 《明世宗实录》卷二二一，页20上，第4601页，嘉靖十八年二月乙丑（二十六日）。

火。是时，法驾已办，侍卫仓卒不知上所在，独锦衣卫指挥陆炳负上出，御乘舆。后宫及内侍有殒于火者，法物宝玉多毁，行在诸司各上表奉慰。诏右都御史王廷相检括灾所。"①陆炳因救驾有功，事后颇受世宗宠信，屡擢都指挥同知，掌锦衣卫。②

南巡的目的地是承天府，嘉靖十八年（1539）三月己卯（十一日）世宗自阳春门入，居于旧邸卿云宫③，辛卯（二十三日）驾发旧邸返京④，在旧邸停留了十二整天，此间的活动才是世宗此行的重中之重。此时期活动的范围，主要是在宫殿（昔日的王府）和陵寝（兴献王位于松林山的墓区，嘉靖三年称为显陵，十年更松林山为纯德山）两地。因世宗的到来，"于是即藩邸之遗宫而崇以伟制，改王国之旧号而荐以鸿名，乃营外朝，乃葺内寝，乃建享殿，乃备潜宫，模帝都而作范，劳睿思以亲题，宏规华构，赫赫巍巍，焕日星而壮川岳矣"⑤，进行一些改造。重加修饰的做法，"其制俱视帝都宫阙，名额皆上所亲定"⑥。

三月十一日世宗抵旧邸，居住于卿云宫（昔日王府寝宫），随即谒告其父于隆庆殿（昔日王府之家庙，位于正殿东北）。并敕谕行在礼部，订定奏告祭祀诸仪仪注。⑦居旧邸期间，世宗透过各种礼仪活动表达对父母的孝思。二十三日，世宗御龙飞门（昔日王府承运门），百官吉服侍班行叩头礼。太常寺奏祭祀，世宗誓戒，群臣致斋三日。是日，世宗躬诣纯德山，"及红门，降辇稽首。遂骑登陵山，立表于皇考陵寝之北。周览久之，命改营焉"，并制初谒纯德山喜而自得之诗。⑧诗云：

南幸湖襄地，陵寝切衷肠。周视亲园内，回旋四五冈。茂茂铺茵厚，森森列障长。龙高生意广，虎伏世传昌。抱环罗玉础，缭绕布金墙。黝冥土色壮，允矣称玄乡。拔茇戒夷险，平坦免蹉防。镇静资山祇，尊妥奉先皇。自是神灵悦，屡致朕心量言度量不可移也。为此自得吟，庶几永不忘。⑨

礼部尚书严嵩有《恭和圣制初阅纯德山喜而自得》诗，该诗有序，序云：

嘉靖己亥春仲，我皇上躬巡楚服，至于旧藩之邸。乃三月十有四日壬午恭诣纯德山之阳，瞻拜神寝，毕，乃循山之脊而东，寻径历阜以周视陵脉地形。于时，上御龙骑，臣郭勋、朱希忠、崔元、夏言，及臣嵩，皆骑以从。但见崇冈隐起，迭阜盘互，如龙游凤跃，蜿蜒抱护，风气完萃。金城崒郁，黄屋丹瓦，辉映于青松壁嶂之间，信天造之吉壤也。……⑩

观世宗与严嵩所赋之诗，可知世宗躬诣纯德山，不是只在山顶俯视显陵，真正是周览陵园，盛赞显陵的风水与格局，更重要的是有了兴献梓宫不可移迁的看法。先此，世宗于嘉靖十七年（1538）十二月，

---

① 《明世宗实录》卷二二一，页21上，第4603页，嘉靖十八年 二月丁卯（二十八日）。
② （清）张廷玉：《明史》（北京：中华书局，1987），卷三〇七，第7892～7893页，《佞幸·陆炳传》。
③ 《承天大志》卷一一，页7下，《大狩纪》。《明世宗实录》系于庚辰（12）日下。陆深《大驾南巡日录》谓己卯（十一日）："申刻，驾至，入旧邸，免朝。"（页9下，史46—611）世宗《龙飞殿奏告上帝文》亦谓十一日抵旧藩。（《承天大志》，卷三十，页3下，《御制纪六》）《实录》应有误。
④ 《承天大志》卷一一，页13下-14上，《大狩纪》。《明世宗实录》系于壬辰（二十四）日下，见《明世宗实录》，卷二二二，页11上，第4625页，嘉靖十八年 三月壬辰（二十四日）。
⑤ 《承天大志》卷一二，页1下，《宫殿纪》。
⑥ 《承天大志》卷一二，页4上-4下，《宫殿纪》。
⑦ 《明世宗实录》卷二二二，页3上-5上，第4609～4613页，嘉靖十八年 三月庚辰（十二日）。
⑧ 《明世宗实录》卷二二二，页5上，第4613页，嘉靖十八年 三月辛巳（十三日）。《承天大志》卷一一，页8上，《大狩纪》。
⑨ 《承天大志》卷三二，页3上-3下，《御制纪八》，"初阅纯德山喜而自得五言古"。
⑩ （明）严嵩：《钤山堂集》，四库全书存目丛书编纂委员会编《四库全书存目丛书·集部·第五十六册》，济南，齐鲁书社据北京大学图书馆藏明崇祯十一年吴一璘刻本影印，1997年，卷一四，页2下，集56—132，《恭和圣制初阅纯德山喜而自得有序》。

曾遣锦衣卫指挥赵俊前往承天显陵开启玄宫，审视大内，有无蒸润，梓宫安否。① 赵俊返回后，谓启视显陵玄宫有水。② 南巡谒陵后，世宗就决定"改营"。翌日（壬午，十四日），世宗诏令增显陵围垣，乃定新玄宫之式。③ 也就是在原来的玄宫后面（南方）再建一个玄宫，这是南巡承天最重要的决定，它对世宗处理父母葬事起了重大的作用。有了新玄宫，格局变了，自然要增筑围垣。

最重要的大事拍板定案，世宗赐护从文武大臣金币。④ 并且有一连串的奏告上帝、国社、国稷、境内山川河渎的祭祀活动，这些礼仪的告文乐章均是世宗自订。大享上帝之礼于龙飞殿举行，以兴献配祀。⑤ 原应有奠玉之礼，太常寺阙而未备，请世宗权命赞礼者第言帛不言璧。世宗认为："璧虽具，亦奠而不焚，今即不备，而玉帛之号不可偏去，盖尽诚不在备物也。"⑥ 世宗极重祭祀礼仪，大享礼的施行，以守经达变的处理方式解决了阙璧的问题。礼毕，世宗颁胙陪祀诸臣⑦，颇得周代封建古礼之遗意。

兴造玄宫增建围垣之事理当奏告兴献，三月乙酉（十七日）世宗于显陵祭告兴献，是日有雨，未时雨止，世宗驾出，陆深等陪祀官员从间道赴显陵。世宗由左门入，诣袄恩殿，行三献礼如仪。从驾百官及所在镇巡官以下各吉服陪拜。世宗悲思瞻顾，制再谒显陵之歌。⑧ 歌云：

> 纯德山葱葱兮王气接云霄，卜兆允兹吉且丰，屡视审查慎秋毫，恭惟皇隧既孔安，伊何必复嘈嘈，祇有思亲独苦心，几番血泪洒黄袍。⑨

这首小歌，再度表明宁可忍受思亲之苦，不考虑奉迁兴献至天寿山。

世宗千里迢迢来到显陵，做了重大的决定，礼臣请表贺至再，然内阁首辅夏言认为宜俟回銮至京日再表贺，世宗遂不同意礼臣所请，但内心殊为不悦。行在礼部尚书严嵩等奏言，固请行表贺礼。世宗改变决定，谓："尔等文臣当知尊敬之礼，每每慢忽。礼乐自上出，亦不为害，其令表贺。"⑩ 三月戊子（二十日）上御龙飞殿受贺，宣表，礼成。⑪ 此事之后，夏言为世宗所厌，逐渐失宠，终为严嵩取代，影响嘉靖政局甚大。

上表称贺，如同行告成礼。大事处理完毕，就可打道回京。翌日（丙戌，十八日），巡按直隶监察御史胡守中条陈回銮六事。丁亥（十九日），世宗赐书谕慰皇太子，并言回銮有期。接获南京府部大臣具疏起居。世宗亦告以：大事已定，即日回銮。⑫ 临行之前，以启工告显陵，遣告于纯德山之神，并诏告天下，再次强调圣人以孝治天下之意，父母葬事"匪自经营，何慰夙夜"，故有承天之行。世宗也法

---

① 《明世宗实录》卷二一九，页18下，第4530页，嘉靖十七年十二月丁卯（二十八日）。
② 《明世宗实录》卷二二〇，嘉靖十八年正月丙申（二十六日）。
③ 《承天大志》卷一一，页8下，《大狩纪》。《明世宗实录》卷二二二，页5下，第4614页，嘉靖十八年三月壬午（十四日）。
④ 《明世宗实录》卷二二二，页5下，第4614页，嘉靖十八年三月癸未（十五日）。陆深得赏银五两（《大驾南巡日录》，页10上），应该不是所有扈从大臣都获赐金币。
⑤ 《承天大志》卷一一，页8下—9下，《大狩纪》。《明世宗实录》卷二二二，页5下—6上，第4614~4615页，嘉靖十八年三月甲申（十六日）。
⑥ 《明世宗实录》卷二二二，页6上，第4615页，嘉靖十八年三月甲申（十六日）。
⑦ 《明世宗实录》卷二二二，页6上，第4615页，嘉靖十八年三月甲申（十六日）。
⑧ 《承天大志》卷一一，页9下，《大狩纪》。《明世宗实录》卷二二二，页6下，第4616页，嘉靖十八年三月甲申（十六日）。陆深《大驾南巡日录》载三月甲申"得旨，明晨午前后，候旨上殿"，三月乙酉（十七日）"未刻，雨止。驾出，予辈从间道至陵。"（页10下）《明世宗实录》系于甲申日下，应有误。
⑨ 《承天大志》卷三二，页3下—4上，《御制纪八》，"再阅显陵小歌"。
⑩ 《明世宗实录》卷二二二，页6下，第4616页，嘉靖十八年 三月乙酉（十七日）。
⑪ （明）陆深：《大驾南巡日录》，页14上。
⑫ 《明世宗实录》卷二二二，页7下，第4618页，嘉靖十八年 三月丁亥（十九日）。

太祖谒皇陵故事，召见承天父老子弟，慰谕一番①，并有一些恤民措施。接着，以回銮，辞告睿宗献皇帝、慈孝献皇后神位于隆庆殿。②辛卯（二十三日），驾发旧邸。③四月壬子（十五日），抵京师。留守大臣率文武百官俱吉服奉迎彰义关外，留守官伏驾前致词，行五拜三叩头礼。自宣武门入，过大明门，旭日初升，世宗车驾还宫。④

阅世宗南巡的相关文献，除了会关注行止活动与特殊事件外，不难发现有许多大臣不恭王事违慢废职的记载，很值得一叙。兹以《明世宗实录》所载，制成表1以便观览。

表1　世宗南巡大臣不恭王事违慢废职情状一览表

时间	大臣不恭王事违慢废职情状	备注
嘉靖十八年二月丙辰（十七日）	诏锦衣卫捕治顺天府治中潘璐，时驾历良乡，璐以分管地方官失于迎候，御史胡守中参其怠玩不恭故也。（《明世宗实录》卷二二一，页18下—19上，第4598—4599页）	
嘉靖十八年二月癸亥（二十四日）	圣驾至赵州。行宫外有呼冤者，命锦衣卫执之，而都督同知陈寅掌锦衣卫事，乃不在左右。少顷，传谕曰：尔等职在扈从，道中乘舆撼摇，呼之不见，但能俯首屏足，效文臣为伪恭敬，朝廷牙爪之官与大臣职事异，自当有武勇状。赵俊等专理行陈，亦容与散漫，绝驰道而行□，何以清跸除道。可各分前后队，有冲突法驾者，即捕获以闻。（《明世宗实录》卷二二一，页19下—20上，第4600—4601页）	
嘉靖十八年二月乙丑（二十六日）	彰德知府王旒朝见不至，下锦衣卫逮问。（《明世宗实录》卷二二一，页20下，第4602页）	
嘉靖十八年二月丁卯（二十八日）	整理粮料户部右侍郎高公韶先驾行至河南磁州，有旨责其肆意先往，不俟驾至。因奔回行在请罪。上切责而宥之，仍戒以供亿不办责有攸归，抚按及诸委官违慢误事者各以名闻。（《明世宗实录》卷二二一，页20下，第4602页）	
嘉靖十八年二月丁卯（二十八日）	夜四更行宫火。是时，法驾已严办，侍卫仓卒不知上所在，独锦衣卫指挥陆炳负上出，御乘舆。后宫及内侍有殒于火者，法物宝玉多毁，行在诸司各上表奉慰。诏右都御史王廷相检括灾所。（《明世宗实录》卷二二一，页21上，第4603页）	
嘉靖十八年二月戊辰（二十九日）	上谕行在锦衣卫，朕只为二圣南幸荆楚，沿途所御之处及凡事各该司官全不敬慎服劳，昨卫辉行宫之虞官吏无至者，亦无匹夫勺水之备。张衍庆亦不守护，殊为欺慢。其即差官校将该府知府等官吏止留一人护印，余俱械系送都护军门，缚付前驱使监押前行示众，守巡并布按二司掌印官俱逮赴镇抚司拷讯，各员缺行在吏部即于附近选补。于是逮卫辉府知府王聘，汲县署印知县侯郡，缚行驾前，至承天廷杖之，发边方为民。逮衍庆及河南巡抚右副都御史易瓒、巡按御史冯震、左布政使姚文清、按察使庞浩、左参政乐護、佥事王格俱下镇抚司，鞫送法司，拟赎杖还职。得旨：各官不恭王事，违慢废职，悉黜为民。（《明世宗实录》卷二二一，页21上—21下，第4603—4604页）	

---

① 朱鸿：《以展思为名——明代皇帝的谒陵活动》，收入林丽月主编《近世中国的社会与文化（960—1800）论文集》，中国台北，中国台湾师范大学历史学系，2007年，第165～167页。
② 《明世宗实录》卷二二二，页9下，第4622页，嘉靖十八年三月庚寅（二十二日）。
③ 《承天大志》卷一一，页13下，《大狩纪》。《明世宗实录》系于壬辰日下。陆深《大驾南巡日录》，谓辛卯（二十三日）宿樊城，壬辰（二十四日）晨起，初，候驾。（页2上）《承天大志》所载确实，《明世宗实录》应有误。
④ 《承天大志》卷一一，页14上，《大狩纪》。《明世宗实录》，卷二二三，页2下—3上，第4630～4631页，嘉靖十八年四月壬子（十五日）。（明）陆深：《大驾南巡日录》，页7下。《承天大志》与《明世宗实录》记载返程行止与活动都极为简略，世宗以回銮匆迫，赐书遍谕诸王免朝（《明世宗实录》卷二二二，页11下，第4626页，嘉靖十八年 三月丁酉，二十九日），返程取消了许多礼仪性质的活动，也应是大体沿着来时路线返京，故而记载简略。

续表

时间	大臣不恭王事违慢废职情状	备注
嘉靖十八年三月己巳朔	巡按直隶御史胡守中劾奏河南巡抚都御史易瓒、巡按御史冯震供张不办，请以管河都御史胡缵宗兼管巡抚河南事务，清军御史宋大本专督率夫马于行宫近处听候支给。得旨：瓒、震已逮问，余俱如议。寻改缵宗以原职巡抚河南，而起服阙右副都御史朱裳代缵宗总理河道。（《明世宗实录》卷二二二，页1上，第4605页）	
嘉靖十八年三月庚午（二日）	诏黜巡抚保定等处都御史陆钶、巡按直隶御史王应俱为民，以供具不办，为御史胡守中所劾也。（《明世宗实录》卷二二二，页1下，第4606页）	
嘉靖十八年三月辛未（三日）	致仕少保兼太子太保礼部尚书兼武英殿大学士贾咏自临颍迎驾于途。已，朝见不至。上怒，诏褫其散官。（《明世宗实录》卷二二二，页2上，第4607页）	
嘉靖十八年三月壬申（四日）	行在鸿胪寺奏圣驾御行殿，而吏士郊迎者方杂沓争旋，猝不可至，以故多失误朝见者，请御行殿弘敞之处，天色未暮之时设朝，其余则免。上命迎驾诸人于行宫门外行朝见礼无时，如遇受朝奏事应面见者，仍引奏如仪。（《明世宗实录》卷二二二，页2上，第4607页）	
嘉靖十八年三月丙子（八日）	诏夺行在吏部尚书许赞俸三月，该司郎中等官各俸半年。先是，吏部奉诏参原任都御史陆钶等拟降调，又以真定府倅事同知李朝阳推补河南佥事，俱不称旨，令各对状，赞等引罪。上怒曰：汝等慢命徇情，且将阘茸误事者反行推用，非悦其奉己，必是徇人，非大臣体国之道。且两具罪疏，又皆用印，此岂知事体者，姑夺俸示罚。（《明世宗实录》卷二二二，页2下，第4608页）	
嘉靖十八年三月戊寅（十日）	先是，伊王吁淳奏乞迎慈孝献皇后梓宫。得旨报免。及圣驾南幸例许诸王来朝，王乃执有前命，遂不郊谒，专遣承奉长史官迎驾于郑州。事下行在礼部，以辅导官不能以礼谕王，致王失礼，宜行所在巡官逮治，以惩不恪。上原而宥之。（《明世宗实录》卷二二二，页3上，第4609页）	
嘉靖十八年三月辛巳（十三日）	初，驾在途，亲王来朝，预戒文武大臣各三人送王还国，户部尚书李廷相、礼部左侍郎张璧、詹事府詹事陆深，累失承命，下行在吏礼二部参奏，颇为之解说。上怒曰：廷相等读君命召不俟驾行之语，兹命召送王，乃肆意后期，本当逮问，姑各降俸二级，科道等官均有近侍之责，亦不纠举，且云不知，尔等党护亦何深。其随军者四人，各夺俸四月，余俱二月。（《明世宗实录》，卷二二二页5上—5下，第4613~4614页）	
嘉靖十八年三月庚寅（二十二日）	降行在翰林院学士张治俸二级，礼部仪制司郎中白悦、主客司郎中皇甫涍俱调外任。先是治以扈从后期，悦等已奉旨护驾，寻以转官迁延不行，给事中丁湛等参论之。已，乃降悦为直隶永平通判，涍为直隶大名府通判。（《明世宗实录》卷二二二，页9下，第4622页）	
嘉靖十八年四月辛亥（十四日）	革叶县知县李浦职为民，时圣驾南巡，浦为各护行衙门设公馆，遣人持牌候于境上，为东厂旗校所获，上怒其劳民生扰，诏黜为民。（《明世宗实录》卷二二三，页2下，第4630页）	
嘉靖十八年四月壬子（十五日）	圣驾还京师。留守大臣率文武百官俱吉服奉迎彰义关外，留守官伏驾前致词，行五拜三叩头礼。而文武官迎驾不至者千一百四十二人，诏夺俸有差。（《明世宗实录》卷二二三，页2下—3上，第4630~4631页）	

时间	大臣不恭王事违慢废职情状	备注
嘉靖十八年四月甲寅（十七日）	初，圣驾将南狩，有军人孙堂由西阙门入，至午门，从御路中桥至奉天门下，登金台坐之，而守门官役莫有知者。及天明，堂从上呼叫方觉，捕之。堂言闻沿途搭盖席殿累死军民大半，因此我来拦驾，事闻，有旨令锦衣卫严刑根究，谓堂寔病柱，法司奏堂擅入御在所者，律绞，及诸门役防范不密之罪。报可。（《明世宗实录》卷二二三，页3上，第4631页） 初，驾南狩，沿途有司以供具不办获罪，若副使潘鉴知府刘汝松府同知李朝阳与州县等官，逮行在诏狱拷讯为民者甚众。及上将回銮，乃谕掌行在兵部都察院事王廷相，令委在所三司知府等官分理夫马粮草，并以沿途躲避官员责其参治，及入河南境，抵裕州，供具复不治，于是河南布政使司参政张思聪，按察司副使胡廷禄、陈逅，南阳府知府王维垣，俱逮诏狱，黜为民。严旨责廷相，悉纠各息弛者。廷相乃移咨各抚按官，俾指实开具。及是，廷相汇列奏闻。自顺天府尹邵锡，密云副使高金，天津副使张承祚而下，凡七十六员，得旨各官违误推避，悖慢为甚，在京令法司，在外令巡抚官，逮治从重，拟罪以闻，其平日贪墨及假公科敛者，仍各追赃，完日治罪如例。已，法司拟上罪状，诏锡降二级，调外任，金承祚等悉黜为民。（《明世宗实录》卷二二三，页3上~3下，第4631—4632页）	

世宗南巡往返计六十日，《明世宗实录》有十六日记载了不恭王事的情事，返京之翌日，也有两则相关的记载，比例相当高，不恭情事最多的是供具（亿、张）不办（治），南巡各种耗费极巨，劳民伤财，军人孙堂拦驾正因听闻沿途搭盖席殿累死军民大半，官员怠慢违误推避或有恤民之意。再者，有失于迎候、朝见不至、护从后期、累失成命者，尤其是世宗圣驾返京，留守大臣率文武百官俱吉服奉迎彰义关外，竟有1142位文武官迎驾不至，大臣的不恭不敬反映的是世宗在他们的眼里已是位不足敬重的皇帝，甘冒惩处无所顾忌。孙堂竟能由西阙门（西华门）入，至午门，从御路中桥至奉天门下，登金台坐之，而守门官役莫有知者。及至天明，孙堂从上呼叫，才发现而捕之，禁城防卫松散已至于此。无怪南巡途中行宫遭祝融之灾，侍卫竟不知世宗所在。世宗南狩，在出警入跸壮盛的仪仗队伍背后，我们看到的是螺丝掉满地的大明帝国，《明世宗实录》中的字句，诸如"违慢废职""慢命徇情""阘茸误事""岂知事体""各官违误推避，悖慢为甚""非大臣体国之道"，的确是如实的写照。嘉靖朝的败象已现，"嘉靖革新"[①]已是历史陈迹。

三 弃大峪，父母合葬承天显陵

世宗南巡承天，就是要对父母的葬事做妥善的安排，世宗处理父母陵寝所在，有三种选择：（1）于北京近郊天寿山营建新显陵，奉迁父亲葬于湖北承天显陵的梓宫，与母亲合葬于天寿山皇家陵寝区。（2）父母分葬。父亲仍葬于承天显陵，葬母亲于天寿山陵区。（3）合葬父母于承天显陵。世宗最终的决定是第三案，将母亲梓宫南祔显陵，与父亲合葬。做这个决定，对世宗而言不是一件容易的事，其间反反复复，非常复杂。

世宗入承大统后就要提升葬于湖北安陆松林山父亲兴献王墓的地位，拟从王墓崇升为帝陵。嘉靖三年（1524）三月诏定安陆州松林山陵为显陵，随后就往名实相副的路上改造显陵。既名为陵，显陵就要照天寿山诸陵制更造。然松林山形势万万比不上天寿山，工部尚书赵璜等乃言陵制当与山水相称，恐难

---

① 有关"嘉靖革新"的研究，请参阅田澍：《嘉靖革新研究》，北京，中国社会科学出版社，2002年。

盖同。显陵殿墙易黄瓦，赵璜建议宜添设明楼、石碑，设神功监，置护卫等。①其后，以皇亲蒋荣世袭奉祀主，以帝王之礼祭祀。②但世宗仍命显陵如天寿山七陵之制。③至嘉靖七年（1528）底，营造之工大抵完成。不尽增建明楼，且置神道立石像生（坐狮子、坐獬豸、卧驼、卧象、坐麒麟、立麒麟、卧马、立马各一对，执瓜将军一对，将军一对，梁冠文臣一对，簪缨武臣一对）、世宗亲撰睿功盛德碑文，立碑建亭。④显陵的格局确实是如天寿山之陵制，除了比不上长陵外，显陵有设置石像生的神路，更有神功盛德碑亭，规制大大地超越仁宗以下诸陵。十年（1531）二月，又易松林山之名为纯德山，比同天寿山。诚如时人所言：

> 显陵固皇考藏魄之所也，况今园寝已经建造，殿宇巍峩，规制壮丽，视天寿诸陵无异。且其山又更名纯德，已载之祀典，实足以表识先皇，昭示万世，与基运、翔圣、神烈列祖之陵同一规制，有不可复易焉者。⑤

明世宗崇升显陵也引发了另一个问题的讨论与争议，嘉靖三年（1524）九月锦衣卫革职百户随全、光禄寺革职录事钱子勋，揣摩世宗心意，建议将兴献梓宫改葬天寿山。世宗请工部、礼部表示意见，赵璜、席书等都持异议。世宗以"先帝陵寝远在安陆，朕朝夕瞻望，不胜哀痛"为由，命"其再会群臣熟计以闻"⑥。嘉靖六年（1527）十月，罢官家居前御史虞守随，撰述《皇陵正议》数千言以进，世宗对陵寝之事似有新的想法，担心震恐兴献体魄，宜于母亲万年之后奉护慈宫以祔显陵。张璁、桂萼密议后，也持相同看法。⑦迁陵之议既寝，就开始积极改造显陵，情形正如上段所述。迨嘉靖十年（1531）八月，又有光禄寺厨役王福、锦衣千户陈升上疏请迎显陵梓宫葬天寿山，世宗应可斥退，但却下礼部集廷臣会议，尚书李时、汪鋐、夏言等都力言不可，世宗最终以诸卿之言良是，但真正的原因是："朕已奉圣母慈训，谓陵寝根本重地，不可轻动。"其实，世宗面对迁陵之说都采下礼部廷议的做法，透露应有迁陵之意，从行人赵炅的疏言，可知迁陵之议不可寝，以皇太后有此意也。赵炅之疏也提及分葬的问题，他举"舜崩苍梧，而娥皇女英为湘君湘夫人，不闻祔于零陵九疑之冢。禹崩会稽，涂山氏未尝祔也"为例，认为："圣母以尧女舜妻之姿，而有圣子神孙之后，序葬天寿，祔于祖功宗德之旁，人之仰之当出湘君湘夫人之上。愿抑孝思，以从礼制，皇太后必捐贞妇之思，隆从子之义矣。"⑧此议终寝，显然是因兴献太后见重臣纷纷反对迁陵，主张迁祔显陵，遂放弃于天寿山营建新陵的想法。

嘉靖十五年（1536）四月，世宗首度谒天寿山陵寝，此举造成外界认为世宗又有迁陵之意，顺天府儒士潘谦、锦衣军匠金桂各上疏，请迁显陵于天寿山。世宗仍是降旨下礼部参看，尚书夏言等言：

> 往者锦衣卫千户陈升等尝以奉迁显陵为言，陛下既奉圣母慈训而寝格之矣。顷以皇上谒见七陵，

---

① 《明世宗实录》卷四三，页5上~5下，第1095~1096页，嘉靖三年八月丙午（十四日）。
② 《明世宗实录》卷四四，页8上~8下，第1149~1150页，嘉靖三年十月乙卯（二十四日）。
③ 《明世宗实录》卷八三，页4上，第1867页，嘉靖六年十二月丁未（四日）。
④ 显陵石像生名称据《兴都志》（吴惺修，顾璘等纂，中国台北：中国台湾"中央"研究院傅斯年图书馆藏明嘉靖二十一年（1542）朱丝栏钞本），卷七，典制七，山陵。唯《兴都志》遗漏将军一对。簪缨武臣即勋臣，显陵神道规制比照天寿山，然形制应与山水相称，石兽、石人数目减杀，不尽相符，睿功圣德碑亭四隅无华表。据世宗御制《睿功圣德碑文》，该文撰于嘉靖六年孟冬，立碑与碑亭之建应在此之后。（李斌：《画说显陵》，北京，中国文化出版社，2008年，第85~87页。）
⑤ 《明世宗实录》卷一二九，页4上，第3071页，嘉靖十年八月己亥（十八日）。
⑥ 《明世宗实录》卷四三，页1下~2上，第1110~1111页，嘉靖三年九月甲子（三日）；卷四十三，页12上，第1131页，嘉靖三年九月丁亥（二十六日）。
⑦ 《明世宗实录》卷八一，页5下~6上，第1800~1801页，嘉靖六年十月丙辰（十二日）。
⑧ 《明世宗实录》卷一二九，页3下~5上，第3070~3073页，嘉靖十年八月己亥（十八日）；卷一二九，页1上~2下，第3103~3106页，嘉靖十年十月甲申（四日）。

乃累朝未举之典，而预建山陵又常情所难之事，愚民不知圣志所在，遂谓将有奉迁显陵之心且流言喧阗，不独细人而已。今潘谦等望风进言，必有奸人指使，以尝试朝廷希冀非望，不一重示惩创，恐无以警戒将来。①

虽然世宗很同意夏言等的意见，将潘谦等俱下锦衣卫执送法司拷讯，但从《明世宗实录》日后的记载，却可证实谒陵除了是觅世宗万年吉壤，也是为新显陵堪地，而且的确是出自兴献太后之意。

嘉靖十七年（1538）十二月癸卯（四日），兴献太后崩，乙巳（六日），世宗下了道非常重要的敕谕给礼工二部：

> 朕皇考献皇帝显陵在湖广承天府，粤自皇考升遐之日，位处藩服，朕在幼冲，知识何有，实多贻悔。矧山川浅薄，风气不蓄，堂隧狭陋，礼制未秩，且越阻千里，宁免后艰，每一兴思，惕然伤怛。比三岁，春秋展祀山陵，朕周览川原，于我成祖长陵之西南得一支山曰大峪，林茂草蔚，冈阜丰衍，别在诸陵之次，实为吉壤，朕心惬焉。兹欲启迎皇考梓宫迁祔于此，爰以事体重大，卜告于皇祖高皇帝，既得吉占，谋之二三勋辅近臣，咸赞曰允宜。兹特敕尔礼工二部，便择日兴工，预告闻于祖宗列圣暨我皇考，及他事宜，即各详议，具拟来闻。其奉迁礼，俟陵工告成乃议。又特谕礼部曰：圣母大行慈驾遐升，卿等谓事莫重于山陵，此孝子第一大事，诚不可缓。其即分遣重臣于天寿山大峪处建造显陵，亟择日恭闻于祖宗列圣，启事兴工。一面南奉皇考梓宫来山合葬，庶慰朕二亲之灵，以伸朕以礼终事之情。其会同皇亲内阁六卿共议来闻。②

这道敕谕开头世宗竟谓湖北显陵形胜格局不佳，接着透露了嘉靖十五年（1536）以来的谒陵也是在选定以大峪山作为新显陵的地点，拟奉迁兴献梓宫于此，且此事已经卜告太祖得吉，与勋辅大臣商议，均表赞同。勋辅大臣中，就有之前极力反对迁陵的夏言。夏言有《赐观大峪峪》之诗作，应是谒陵时世宗赐其观大峪山风水形胜。③夏言的转变，是不得不然，意味世宗对父母葬事有了不容讨论的决定。影响世宗态度的就是兴献太后，诚如巡按直隶御史陈让所言："顷者陛下定大礼，拟合葬睿宗皇帝于天寿山大峪之阳，此固以体慈闱之念。"④

为了营建新显陵，世宗拟恭诣大峪，相看作穴去处，启动显陵地宫工程。并命驸马都尉京山侯崔元为奉迎行礼使，兵部尚书张瓒为知礼仪护行使，太监鲍忠为奉侍内官，各铸给关防。锦衣卫指挥赵俊为管吉凶仪仗官，俱赴承天府奉迎献皇帝梓宫。⑤壬子（十三日）世宗驾发京师诣大峪山，甲寅（十五日）兴工，驾还京师。此行世宗抱着病体，在"疾未愈，遽遭母丧，连日乍作乍愈，又内以风热病目，必须调摄"的情况下，仍要亲自经始陵役，实因"圣母爱子之心异常，朕当思顺"⑥。但是五天之后（己未，二十日），世宗对陵寝问题又有不一样的想法，谕令阁臣说：

---

① 《明世宗实录》卷一八六，页6上～6下，第3937～3938页，嘉靖十五年四月庚子（十六日）。
② 《明世宗实录》卷二一九，页4上～4下，第4501～4502页，嘉靖十七年十二月乙巳（六日）。世宗《敕谕礼工二部议兴陵工》出自夏言代笔，见夏言《夏桂洲文集》。四库全书存目丛书编纂委员会编，《四库全书存目丛书·集部·第七十四册》，济南，齐鲁书社据北京大学图书馆藏明崇祯十一年吴一璘刻本影印，1997年，卷九，页17下，集74～456，《敕谕礼工二部议兴陵工》。
③ （明）夏言：《夏桂洲文集》卷六，页38下，集74～318。
④ 《明世宗实录》卷二一九，页9下，第4512页，嘉靖十七年十二月壬子（十三日）。
⑤ 《明世宗实录》卷二一九，页8上，第4509页，嘉靖十七年十二月丁未（八日）。
⑥ 《明世宗实录》卷二一九，页9下，第4512页，嘉靖十七年十二月壬子（十三日）；卷二一九，页10上～10下，第4513～4514页，嘉靖十七年十二月甲寅（十五日）。

> 昨朕与卿面加慎详于迁陵一事，或谓为先入之言，今朕复思一夜，中心甚惧。夫三年之丧，上下一道，故曰虽天子必有父，所以无别，只此一大道理，尔后世日繁万几之务，易月为日，虽圣人复生，朕度必不能复设，使示争于初，必不终于古，徒卖虚名，不以时为顺，乃为识之真。至于墓次于庙，礼也。且礼亦明着子为天子诸侯，父为大夫士，则葬用死者之爵，以安亲为上，不敢强在生之实。刻奉藏体魄将二十岁，忍启露于风尘之间，撼摇于途路之远，朕心既不妥宁，我皇考亦必不宁，我圣母又大不宁也。兹决以礼之正情之安，奉慈宫南诣，合葬穴中，不必粉饰，果有未尽，即彼处置。朕须躬至显陵，亲临调度，此恐与北来为孝之大。卿即将此谕播之群臣，礼官当亟上议。①

世宗的最新思考又将问题回到原点，然而礼官却持反对意见，认为兴献灵驾北来与慈宫南祔，其理一也。大峪地近，便于展谒。且万一显陵幽宅果有未善，慈宫既南，不可复返，甚可虑。应遣知地理者前往显陵，相度以闻。再者，乘舆南涉，关系匪轻。时六科给事中奚良辅等，亦上疏请停南狩。礼部的意见，多少对世宗产生了些影响，世宗"既定奉慈宫南祔，心复犹豫"，复敕锦衣卫指挥赵俊，令星夜驰赴显陵，于嘉靖十八年（1539）正月十三日午时，会同内官何富，奉祀蒋华，都御史顾璘、陆杰，御史朱篪等，奉启玄宫，审视大内，有无蒸润，梓宫安否？据实详具，即刻星驰回奏，限正月二十六日抵京。玄宫可即掩之，毋忽。是时，赵俊已行，命使趋追及，于内丘付之。②

世宗自谓"以慈孝送终事大，念之至数句，犹未能自决"，诚然。这次的改变世宗决定要果决行事，停止崔元、张瓒、鲍忠前往显陵，甚至说："人见大峪工复，遂以朕为不断，是安知朕意。"眼见世宗的反复，礼部尚书严嵩上奏："此大事，愚夫细人不足与计，惟即圣心所安者。行之是，即义理之正。"采取完全将顺主上的态度。为了表示决心，世宗强调"优柔不断，乃妇人事。朕意决矣，即择日命官恭奉梓宫南祔显陵合葬。"但因赵俊自承天旋，言启视显陵玄宫有水，于是众喷喷谓显陵当北迁，世宗决意欲躬自往视决之。梓宫且暂奉慈宁宫，俟世宗还京再议。世宗亲择二月十五日子时驾发京师，并谓："此行皇考显陵，昔者建造狭隘，虽尝增修，犹多未称。兹朕恭诣陵下，与诸左右大臣周阅山川，更卜吉兆，重建玄宫，以妥皇考、皇妣神灵于无穷，以昌厥后，永绵胤祚于百世。"因玄宫有水，要重建玄宫，安葬父母。③

前往承天道中，嘉靖十八年三月丙子（八日），世宗竟遣使驰谕留守使等官鄩鏓、鼎臣、瓒，令以旨到京日传谕原委太峪管工官内官李寅、侍郎周叙，即遵原定规制趣为营构，刻期五月初旬内玄宫内工竣事，务如法坚致完美，不许草率违误。④既然要将父母合葬承天显陵，就应停止大峪山陵工，莫非世宗对父母陵寝之事又兴他念。的确，《明世宗实录》嘉靖十八年四月癸卯（六日）载道："上谕行在礼部曰：朕思视吉壤一节，甚无意义。夫既重卜，何为来此。惟纯德山者，效顺于我皇考，圣灵安悦兹山宁处久矣，流庆子孙，决勿之他三处视地悉已之。行宫道路止勿治，卿等可持此赞朕。是时，上意欲奉皇考纯德山，而葬慈宫太峪，故微示其意如此。"⑤数日后，监察御史谢少南上言：庆都县城内有尧母墓，当时祀典失于记载，皇上为凤寝再图，无不周至，则帝尧之为其母可知矣。今者乘舆亲临，千载一会，帝尧有灵，宁不以表扬母氏之墓者望皇上乎，伏乞敕下所司修建祠庙，载入祀典，或照古帝王陵寝事例，三年一举，着为定制，则我皇上之至孝达于隆古而有光，巡幸非末节小补而已。上是其言，下其疏于礼

---

① 《明世宗实录》卷二一九，页 12 上～12 下，第 4517～4518 页，嘉靖十七年十二月己未（二十日）。
② 《明世宗实录》卷二一九，页 12 下～13 上，第 4518～4519 页，嘉靖十七年十二月己未（二十日）。
③ 《明世宗实录》卷二二〇，页 8 下～9 上，第 4548～4549 页，嘉靖十八年正月丙申（二十七日）。
④ 《明世宗实录》卷二二二，页 2 下～3 上，第 4608～4609 页，嘉靖十八年三月丙子（八日）。
⑤ 《明世宗实录》卷二二三，页 1 上～1 下，第 4627～4628 页，嘉靖十八年四月癸卯（六日）。

部，言尧母陵墓委宜修建，载入祀典，而少南搜访舆图表扬圣迹，于皇上省方盛典不无有助。上曰：帝尧父母异陵，可征合葬非古，依拟行所司修建祠寝，以副朕追崇往圣之意。少南表扬建白，才识可嘉，改左春坊左司直兼翰林院检讨。①

回程至栢乡县，世宗赋诗抒怀，写出定父母分葬的心情：

> 回次长途寓栢乡，徘徊南北触衷肠言计虑二亲陵事分合之重有非得已者。只求万世绵延计，不是区区目下狂。
>
> 几回思虑几回肠，北寝南园重度量。欲得二亲安妥处，分合今古未低昂此言分合不是高下而重轻，唯亲安后昌可也。
>
> 粤自炎羲建极张，五伦之内重三纲。父子生恩慈孝止，君臣惟义敬仁常。岁百偕年夫妇正，从一顺命化风良。此理原教严世道，同穴礼否有虞皇此申言分合各为其时，原不为礼之害也，情之伤也，孝子之罪也。②

随行的阁臣夏言也有恭和之诗两首，完全以圣意为准，不表示任何意见，诗云：

> 严寝慈园定两乡，九重萦尽九回肠。人谋协处天应定，罔克分明别圣狂。
>
> 圣神谟虑本衷肠，浅俗何思与较量。典礼安知天子定，春秋一字敢低昂。③

世宗父母分葬的决定，真正的原因应该是可以不要劳动双亲遗体，二亲得以安妥。谢少南的奏疏使世宗可以援引帝尧父母异陵作为父母分葬的理论基础，化解了世宗处理父母葬地的困境。

俟返京后，世宗又前往大峪山，并谕辅臣慈宫发引安葬事宜，《明世宗实录》记载道：

> 朕复思大峪之工玄寝已成，不奉梓宫早安，恐夏月大雨漫流而入，可不枉费人力。兹二十四日奉谢礼毕，二十七日仍可发引，卿等即与礼官面议之。寻复择五月三日子时发引，仍谕礼部曰：大峪玄宫不可久虚，且时维夏，雨流漫之候即奉皇妣慈宫安居，便具仪遵朕亲择日时行事，朕目疾未愈，内守慈闱几筵，躬行祔庙大礼，暂妥我二亲之体，使少宁朕心，犹可后图未晚也。礼部乃奉具上发引仪注，五月三日发引。④

原拟四月二十七日发引，后改五月三日。四月二十四日辛酉，于告谢睿宗庙文再申此意。世宗以南巡荆楚，事毕还京，祭告祖宗庙。告谢睿宗庙文云："子今年二月中旬出京，躬至湖广承天府，敬诣皇考玄宫下拜视。子切仰思皇考圣德，镇静天性，慎诸今日，神灵在天，岂异前日者。窃闻继志为人子之善，子实用上体我严圣之志，感拟奉皇考圣妥于原纯德山之显陵，子恭命司者别作玄宫于北。上奉皇妣尊安于天寿山之大峪岭，永为二亲万世之祀事毕。今月十五日入京，兹择刚辰，恭申祭告，兼展反面之礼，并尽叩谢之情，惟我皇考圣鉴。谨告。"⑤

既决定分葬，为了母亲葬事，世宗于四月二十七日再度赴大峪山，但却有了大转变，召礼部尚书严

---

① 《明世宗实录》卷二二三，页 1 下～2 上，第 4628～4629 页，嘉靖十八年四月戊申（十一日）。
② 《御制大授龙飞录》卷下，页 25 下～26 上，史 45～214～215，《栢乡县定陵次规制有感》《又》《又》。
③ （明）夏言：《夏桂洲文集》，卷六，页 35 下，集 74～317，《恭和圣制栢乡县定陵次规制有感二首》。
④ 《明世宗实录》卷二二三，页 3 下～4 上，第 4632～4633 页，嘉靖十八年四月丙辰（十九日）。
⑤ 《御制大狩龙飞录》卷上，页 35 上～36 下，史 45～197～198。

嵩于行宫谕之曰："朕南巡，因谒陵寝，及视大峪已毕，然峪地空凄，岂如纯德山完美。决用前议，奉慈驾南祔，引发吉辰别候。"①其后，世宗又敕工部左侍郎兼都察院右副都御史顾璘，道出决定慈宫南祔的理由：

> 朕皇考睿宗献皇帝显陵之建有年，自朕入承祖统，嗣守天位，瞻望亲园，每兴感怆，比因慈驭升遐，朕心皇皇，故南北之议久焉未决。今朕躬视纯德山，仰睹皇考神寝之制置已详，严体之尊安已定，兹当恭奉皇妣梓宫合葬于此，是为万世永永之图。②

这次的决定再未更改，事情终于拍板定案。嘉靖十八年（1539）五月甲申（十七日）慈孝献皇后梓宫发引，闰七月庚申（二十五日），世宗父母梓宫合葬于显陵新寝。

世宗以"空凄"为由，仍奉慈宫南祔显陵，殊令人难解，如果空凄是指此处只葬母亲一人，或是大峪山不如显陵神寝之制已详，这两个因素早已存在，不应在最后以此为由。"空凄"应是不得已硬掰的一个理由，弃大峪应有难以明言的原因。多年前，本人撰《微旨阴寓——明十三陵的历史意涵》提及明代陵寝反映昭穆之制，世宗若以大峪山为显陵，位在武宗之下，陵寝不似宗庙，可调整更动昭穆的次序，这是弃大峪最主要的原因。③今再试论此意。世宗在明代帝王的统序上，要跻兴献于武宗之上，并非是嘉靖二十四年处理庙制才有的想法。世宗南狩，于嘉靖十八年（1539）二月庚戌（十一日）祭告列祖列宗庙，睿宗献皇帝已列于武宗敬皇帝之前。④前述嘉靖十八年（1539）四月世宗以南巡荆楚，事毕还京，祭告祖宗庙，睿宗亦跻于武宗之上。由此可知，世宗此时已有跻睿宗于武宗之上的想法。负责显陵工程的顾璘，日后编纂《兴都志》，在述完显陵规制后，对世宗弃大峪合葬显陵的决定有所论述：

> 臣璘等曰：先王之制，葬用昭穆，有功者居前。我二圣深仁厚渥，沦洽江汉，拟盛于二南之化。而其诞育之勤，义方之懿，则又启我皇上今日雍熙太平之运。流光烨煜，景福灵长，直与天地而相准。德至盛也，功至大也，奉妥之礼宜其何如备哉。嘅昔先帝饮玉之年，大号未建，爱敬虽隆，同轨罔会，我皇上之心盖有慊乎，不可以为悦者焉。以故临御未几，即尊称之曰显陵。显者光也，《书》《泰誓》之词曰：唯我文考，若日月之照临，光于四方，显于西土。皇上羹墙睿圣，意盖以之所以发挥潜烈，阐泄幽光，其崇无尚矣，嗣是乃大加营建，百尔偕作，积十有余岁而圣心始若少抒焉。讵意昊天罔憖，慈宫晏启，皇上吁天之恨至是而益无极矣。于是南北之议久焉未决。大峪之营实将经始，非皇上渊思果断，明察天人之际，亦何以卒从南祔，而成今日永宁之佳兆也哉。在礼，合葬以明地无去天之意，子周公以来未之有改也。皇上奉妥二圣，粤稽古礼，孔子曰：生事之以礼，死葬之以礼，此之谓也。⑤

顾璘论世宗父母葬处，首言昭穆，挑明了明代陵寝有昭穆之制，兴献帝后德至盛，功至大，若无法使有功者居前，不能满足世宗孝心。兴献太后逝世，营建大峪山陵寝，确实有经始之意，拟放弃湖北显陵，而将兴献帝后合葬于此，惜昭穆之序将在武宗之下，世宗万万难接受，故而放弃。且分葬亦不可行，于是慈宫南祔，合葬以明地无去天之意，如此方能尽礼。

---

① 《明世宗实录》卷二二三，页 7 上，第 4639 页，嘉靖十八年四月乙丑（二十八日）。
② 《明世宗实录》卷二二四，页 14 上—14 下，第 4667—4668 页，嘉靖十八年五月丁丑（十日）。
③ 朱鸿：《微旨阴寓—明十三陵的历史意涵》，任万平主编《明清宫廷史学术研讨会论文集（第一辑）》，北京，紫禁城出版社，2011 年，第 146～148 页。
④ 《御着大狩龙飞录》卷上，页 8a—9b，史 45～184。
⑤ （明）吴惺修，（明）顾璘等纂：《兴都志》卷七，《典制七·山陵》。

四 结 论

　　四十年前撰写硕士论文《"大礼"议与明嘉靖初期的政治》，就探讨明世宗的孝思，着重在世宗与母亲的感情。① 其实，世宗孝思的核心是对过世父亲的罔极之思。"大礼"的议定、崇升显陵、称宗入庙跻于武宗之上，无一不是如此。处理父母的葬事，更是以父亲为尊。嘉靖初期，面对迁显陵于天寿山的建议，世宗的确动心，毕竟天寿山是皇家第一陵区，葬于此表示在帝位承续上有正统的地位，具有无比崇隆的政治意义。然而世宗不忍父亲"梓宫摇撼圣灵震，令数千里外跋涉山川蒙冒霜露"，终于作罢。

　　嘉靖十五年（1536）以后，世宗频频谒陵，时而奉母皇太后而行，此时兴献太后已患疮毒之疾，思及身后之事，拟葬于天寿山陵区，遂借谒陵之名选定大峪山为万年吉壤。嘉靖十七年（1538）十二月太后崩，葬地问题就十分困扰世宗，最初拟将兴献帝梓宫奉迁至大峪，后又决定将慈宫南祔，其后甚至考虑兴献帝后分葬承天与大峪二地。之所以会反复再三，举棋难定，是因为世宗认为："孝子之事亲，送终为大。矧陵寝所在，体魄攸居，必求允臧。庶亲安而人子之心亦安且尽矣。"孝慈送终事大，不忍违背母亲葬大峪的愿望。然若葬大峪，父亲已葬 20 年的梓宫势必奉迁北上，世宗万万难忍兴献体魄启露于风尘之间，撼摇于途路之远，于是有分葬之念。帝后分葬虽可以帝尧父母异陵合葬非古为理论依据，然明代自太祖处理祖陵、皇陵、孝陵之制，都是帝后合葬，已是明代不能撼动的祖制。再加上世宗应了解葬大峪昭穆位于武宗之下，最后关头果断决定甩开对母亲情感上的羁绊，做成弃大峪的决定，将慈宫南祔，父母合葬于如天寿山七陵之制的显陵，也符合了帝后合葬的祖制，以明地无去天之意。

　　世宗最后决定父母合葬显陵，是一段极为曲折的结果，其中的关键就是嘉靖十八年（1539）南狩承天之行。接获赵俊回报显陵寝宫浸水的讯息，世宗执意要躬理父母葬事以求心安，承天之行真正的目的就是要周览显陵，探索解决之道。结果在原有地宫之后再兴建新地宫，并改良显陵排水问题。新玄宫的营建，提供了兴献帝后合葬显陵的条件，终于促成弃大峪的结果。毫无疑问，承天之行也是一项礼仪旅程，喜好制礼作乐的世宗在此行进行了不少礼仪活动，许多礼仪的仪注还由世宗亲订，满足了世宗礼乐自天子出的帝王权威。然而南狩承天自始就有官员上疏谏止，从头至尾大臣不恭王事的事件层出不穷，显示了帝国秩序的松散，世宗的帝王尊严已不为百官所敬重。再者，世宗于母亲崩逝，处理葬事的过程已在在流露出要跻兴献于武宗之上，虽曰有功者居前，但兴献为武宗之臣，岂可跻于武宗之上？以鲁文公跻僖公于闵公事例视之②，世宗所为是逆祀，情况甚于鲁文公，盖鲁僖公确实为鲁国国君，但兴献王却无为君之实，以亲亲害尊尊，严重破坏了明代重昭穆的礼制传统。明代陵寝的昭穆也自世宗而崩坏，世宗的孝是私孝，只在满足一己对父母的感情，尽毁明代礼制亦无所顾惜。

[作者单位：中国台湾师范大学历史学系]

---

① 朱鸿：《"大礼"议与明嘉靖初期的政治》，中国台北，中国台湾师范大学历史研究所硕士学位论文，1978 年。
② 鲁文公跻僖公于闵公之上，见《国语·鲁语上》；谷梁谓文公逆祀，见《春秋谷梁传·文公二年》。

日本嘉靖时代史研究的新视角

城地孝

序　言

近十多年来，以"大礼议"为代表的嘉靖时代史的研究变得与日俱增。在中文学术圈中，不断有学者的研究著作出版。以此为契机，部分日本学者也开始从各自的角度出发，对嘉靖时期的相关问题进行探讨。这些研究使我们对嘉靖时期有了新的理解，也开启了重新研究整个明代史的可能性，值得关注。笔者将于本文中介绍这些研究的视角与成果，并尝试加以点评。

一　关于"大礼议"以及礼制改革的研究

当人们论及嘉靖时期，首先受到瞩目的应当是"大礼议"事件。这是围绕于应如何祭祀世宗的生父兴献王而展开的政争，其结果带来了对于礼制整体的调整和改革。本文将首先对作为"大礼议"的代表，亦即嘉靖初年的礼制改革的研究成果进行综述。

管见所限，在日本学界对于"大礼议"的专论中，以中山八郎的《明の嘉靖朝の大礼问题の发端》[1]以及《再び"嘉靖朝の大礼问题の发端"に就いて》[2]两文为最早。正如"发端"一词所表达的含义，中山的研究主要限于正德十六年（1521）的事情。以现在的研究水平来看，这仅是对于"大礼仪"问题的基本追溯。但是，在此之后，诸多研究多倾向于经学的角度来分析议礼派、内阁派双方的主张，然而与此不同，中山则将"大礼议"置于正、嘉交替期的政治形势之中进行研究。正如中山自身所论："毋宁说并不是经学的，而是从历史来考察此问题的经纬"，在此点上，我们应该承认中山的论文其实开启了一个切入点，确实于研究史上有其意义。

具体来说，中山论述了如下几个要点：（1）在刚入京时，由安陆而来的世宗与杨廷和之间，曾经围绕着应以皇位的继承人还是皇帝的标准来接待这一问题进行过商议；（2）从武宗驾崩到世宗迎立这一段时间内，杨廷和所实施的各种具体的应对措施；（3）世宗对于"孝道"问题曾有专门的检讨，这也是他坚持要在礼制上给予兴献王生父待遇的一个重要原因。这几点正是了解"大礼议"争论的政治背景的重要问题。

同时，中山还考察了孝宗的皇后张氏，以及世宗的生母蒋氏二人的想法与行动。与此相关，前田尚美的《大礼の议における慈寿皇太后の懿旨の意味》[3]一文，则从"皇太后的权威对明代的政局产生了

---

[1]（日）中山八郎：《明の嘉靖朝の大礼问题の发端》（明代嘉靖朝大礼问题的开端），初刊《人文研究》第 8 卷第 9 号，1957 年 10 月，再收《中山八郎明清史论集》，东京，汲古书院，1995 年。

[2]（日）中山八郎：《再び"嘉靖朝の大礼问题の发端"に就いて》（再论"明代嘉靖朝大礼问题的开端"），初刊《清水博士追悼纪念明代史论丛》，东京，大安，1962 年，再收《中山八郎明清史论集》。

[3]（日）前田尚美：《大礼の议における慈寿皇太后の懿旨の意味》（慈寿皇太后在"大礼议"时发出懿旨的意义），《京都女子大学大学院文学研究科研究纪要（史学编）》第 10 号，2011 年 3 月。

怎样的影响"这一问题出发，考察了武宗驾崩之后，在皇帝缺位的时期内，张氏在所发布的懿旨的意义。笔者认为，后妃们在"大礼议"事件中如何发挥作用这一问题，应该就围绕在她们周围的内廷之新旧势力的动向一并讨论，这也是今后需要深入探讨的一个问题。

此外，中山还关注了王守仁与"大礼议"之间的关系。在他看来，王守仁虽然对大礼问题没有明确的表态，却强烈反对子女放弃与父母之间的切身感情，并表示应该排除形式化的孝行和对于孝道的烦琐讨论。从这一点出发，中山指出王守仁的思想与议礼派有若干相通点，且议礼派的论客之中也有与王守仁较亲近的人。而且，除了与信奉程朱理学的杨廷和在思想上对立之外，起用王守仁征讨宁王朱宸濠的背后支持者，正是杨廷和的政敌——兵部尚书王琼。从这点来看，可以认为在现实政治的层面上，王守仁与内阁派之间并没有良好的关系。对于嘉靖初年的政治、社会以及思想状况进行总体性理解时，这些论述都构成了重要线索。

"大礼议"的结果是遵循世宗意思的"议礼派"掌握了实权，并且主导了一系列的礼制改革。小岛毅的《嘉靖の礼制改革について》①一文专门讨论这一问题。在此之前，他发表了《郊祀制度の変迁》②以及《正祠と淫祠：福建の地方志における记述と论理》③二文。透过这两篇研究，小岛发现嘉靖时期是双方所共有的一个关键阶段。基于这一理解，《嘉靖の礼制改革について》一文在以世宗为中心的国家祭祀体系的改革之中，选取了以下四个事例进行探讨：（1）郊祀制度的改革，即将天地的祭祀从合祭改为分祭；（2）社稷祀、郊祀的配侑，以及宗庙制度中所见的祖灵的序列；（3）孔子的称号，以及可否将其神像改为神主的问题；（4）皇后所参与的先蚕、高禖祭祀的复兴。小岛的主要目的是要探明嘉靖的礼制改革当中所具有的历史、思想及其背后的动态。如果要想综合地把握嘉靖这一时代，则应当重视小岛在该文中的论述。

据小岛所论，从（1）和（3）这两个改革中可以看到，世宗以回归太祖的祖制为论据，其目标是为了确立朱子学的礼学体系。（2）和（4）则不是根据朱子学和太祖的精神，而是以经书中所记载的古礼为依据。这些制度虽然在表面上与朱子学的礼制体系有所矛盾，同时游离于时代思潮之外，但是这些改革的实施也是基于类似的理念，即努力复归原本应有的礼制。小岛并评论道，世宗的礼制改革更具有强烈的意图，要忠实于经书解释，并据此来复兴应有的礼制。不过，同基本上是现实主义的太祖的礼制相比，其过程中欠缺对于实际是否可行的慎重考虑，而这一点恰恰来自于嘉靖的时代性。对于这一问题，小岛从两个方面进行说明：其一是 16 世纪前半期的时代状况；其二则是世宗的个人动机。即，在世宗即位的时代，阳明学渗透进社会，出版物剧增，民间文学极为繁荣，而这些思想、文化现象的相互影响，使人们在一边追求全新事物的同时，也在回顾过去，希望能够回到古老的美好精神之中。在这一背景下，由旁系来继承帝位，并且经历了与大臣冲突的世宗，希望通过将礼制与祭祀——这便是帝国的秩序维持装置——回归到经书上所记载的正确形态，以此来向天下展示自己帝位的正统性。据小岛所言，世宗要继承创业者太祖之精神，并且将礼制改革的方向定为复归古礼，这些都是与该目标一致的。而形成这些现象的一个重要原因，便是上文所述的世宗的动机。

小岛另外论及了与礼制改革同时期的淫祠排斥和宗族形成的两个运动。在他看来，这三个运动都是先参照着"礼"的基准来确定正确的标准，然后使其普及化。他将这种运动总称为"仪礼原理主义"。就以回到圣人的精神为目标这一点上，嘉靖礼制改革与阳明学是相一致的运动。

笔者对于本文的评价，正如小岛于该文的结尾所述："本文修正了历来世宗的形象，并指出在地域

---

① （日）小岛毅：《嘉靖の礼制改革について》（论嘉靖礼制改革），《东洋文化研究所纪要》第 117 册，1992 年 3 月。
② （日）小岛毅：《郊祀制度の変迁》（论郊祀制度的演变），《东洋文化研究所纪要》第 108 册，1989 年 2 月。
③ （日）小岛毅：《正祠と淫祠：福建の地方志における记述と论理》（正祠与淫祠：福建方志中的记述及其逻辑），《东洋文化研究所纪要》第 114 册，1991 年 2 月。

社会中展开的现象和思潮，与嘉靖初期的朝廷上议论密切相关。"世宗的目的是要向天下展示自己具有做皇帝的资格与能力。这一个人动机驱动着他向太祖与古礼的"回归"。小岛的这一观点对于笔者后述的研究给予了不少帮助。另外，在此想附论一点，对于世宗的这种思想，如果能够继续探讨其与武宗正德年间的政局状况之间的关联，应会是一个好问题。

有关小岛毅所论及的宗族组织的形成与普及的问题，井上彻认为两者的起因是嘉靖十五年（1536）礼部尚书夏言的上奏。最早提出这一论点的是井上彻的《宗族の形成とその构造：明清时代の珠江デルタを对象として》[①]一文，其后在《夏言の提案：明代嘉靖年间における家庙制度改革》[②]一文中，则有更加深入的探讨。根据上述论文，夏言建议的要点有：（1）任何人都可以举行对于始祖、先祖的祭祀；（2）三品以上的官僚，以该官僚为始祖的子孙，要永远地祭祀他；（3）在四品以下的官僚家中，子孙可以举行四代的祭祀。井上彻指出，这一建议是要求国家正式承认"宗法主义"——以祭祀为媒介来实现对于亲族的统制，并且保持宗族全体与官界间的联系，可以将此看作是16世纪之后宗族形成运动的揭幕。

此外，从礼学解释史的角度来探究"大礼议"问题的研究，尚有新田元规的《君主继承の礼学の说明》[③]一文。该文可谓是目前日本学界对这一问题的最高水平研究。在这篇长文中，新田讨论了众多的问题，本文限于篇幅无法一一论及。在此，笔者所关注的是"议礼派"所主张的"继统不继嗣"一说。新田对于"继统不继嗣"一说的论述如下：首先，他确认了在君主的"继承关系"之中，包含有"对君主职位的继承关系"和"父子之间人格上的继承关系"两点。张璁等人所主张的是"世宗由旁统而入继，这意味着通过对君位的继承而继承了正统的血脉。但是世宗与本生父（兴献王）之间的人格继承关系，并没有由于君位的继承而遭到改变，而是依旧保存着"，即是说"对于君主身份的继承来说，可以称之为继统，但是不可以称为继嗣"。这一理解是批评此种设定拟制的父子关系，通过继承大统来强制继嗣的做法，乃是将天下"私物化"。同时，他们认为基于"继统"的一元化解释，才是真正与君主的"公尊性"——将君主地位本身所有的"尊贵性"与"公共性"相结合——互相适合。这种主张"继统之公"的"继统不继嗣"说，可谓是在倡导通过"官天下"的理念来实现理想化的"公义主义"。该文当中随处可见新田完全从礼学解释上来进行的讨论，例如对于"继统不继嗣"说，他认为"这是为了打倒'台谏派的继承者们'（笔者注：即所谓'内阁派'）而登场的极端理论"。尽管如此，在笔者看来，作为张璁等"议礼派"理论之根本的"继统不继嗣"说，其目的乃是要主张君主继承之中"彻底的公尊性"，这一点可以与小岛毅所言的嘉靖的时代性结合起来进行讨论。

二 关于政治制度改革的研究

以"大礼议"为开端的制度改革运动，并不仅限在礼制的范围内。城井隆志的《嘉靖初年の翰林院改革について》[④]一文，探讨"大礼议"对于官僚制度所产生的影响。在日本学界，这是较早地从礼制之外的角度来探讨嘉靖初年政治动向的研究。据城井所述，张璁、桂萼等人的目标是要打破官僚人事中的"偏重资格主义"，并且希望阻止官僚机构的僵硬化与形骸化。对于他们明确指出"偏重资格主义"形成了支持内阁专权的政治结构这一点，城井认为值得给予肯定性评价。

[①]（日）井上彻：《宗族の形成とその构造：明清时代の珠江デルタを对象として》（宗族的形成及其结构：以明清时期的珠江三角洲为对象），初刊《史林》第72卷第5号，1989年，收入氏著《中国の宗族と国家の礼制：宗法主义の观点からの分析》，东京，研文出版社，2000年（中文版：钱杭译，钱圣音校：《中国的宗族与国家礼制：从宗法主义角度所作的分析》，上海，上海书店出版社，2008年）。

[②]（日）井上彻：《夏言の提案：明代嘉靖年间における家庙制度改革》（夏言的建议：明代嘉靖年间的家庙制度改革），初刊《文经论丛》第32卷第3号，1997年，收入氏著《中国の宗族と国家の礼制》。

[③]（日）新田元规：《君主继承の礼学の说明》（君主继承的礼学解释），《中国哲学研究》第23号，2008年8月。

[④]（日）城井隆志：《嘉靖初年の翰林院改革について》（论嘉靖初年的翰林院改革），《九州岛大学东洋史论集》14，1985年12月。

进入 2000 年之后，由大石隆夫发表的一系列论文也可以说是处在同一个研究方向中。大石的研究从决策方式出发，探讨嘉靖时期的政治史。在此之前的研究往往偏重明初或者是万历以降的政治史，而大石则关注嘉靖时期。从这一点来看，笔者认为大石的研究有着重大的意义。

从礼制以外的方向来关注嘉靖时期，这一点在大石的《明代嘉靖期の进士集团》[①] 一文中有明确的体现。该文利用了集合嘉靖三十五年（1556）科进士之官员履历的《嘉靖丙辰同年世讲录》，通过整理分析这些官员的升进路线，论述了在进士集团内部不断扩大且激烈的日常性升进竞争，主张要考察这一竞争趋势与嘉靖末年到万历初年的内阁政治之间的关系。

沿着这一问题意识的延长线，他日后又发表了《明代嘉靖初年の密揭政治について》[②] 一文。在该文中，他首先对"密揭制度给予了张璁极大的权力"这一论点提出疑问。他利用张璁的《论对录》与杨一清的《密谕录》，考察张璁与世宗之间通过密谕与密揭而达成意见交流的实态。他首先探讨了密谕、密揭制度的创设过程，指出"（该制度）是随着张璁入阁而创设的制度，他亦是最大的受益者"。在此基础上，他通过三个事例来检讨该制度的运作实态。第一个事例是王琼的人事事件；第二个事例是张璁与杨一清之间围绕聂能迁这一人物所产生的争论。通过这两个事例，大石指出"在密谕、密揭制度中，不能期待大学士能够引起皇帝商议的作用，更重要的作用乃是传达皇帝对于该案件的意见"，"由世宗一侧看来，纷争的当事人所呈上的各自辩解的密揭，其实正达到了收集相关政治问题的情报作用"。而第三个事例，大石则关注在密揭之中屡次涉及的家庭内部问题，认为这一点形成了在世宗和张璁之间的私人性关系。他指出，正是因为这种与皇帝之间的特别关系，使得密谕、密揭具有特殊的效力。由此大石得出结论："密揭并没有给内阁大学士带来较大的权力。"但从世宗一侧来看则应该强调该制度的意义："（皇帝通过该制度）试图积极地与臣下展开意见交流，并构成了皇帝与张璁之间较为稳定的君臣关系。对这一点应给予较高评价。"因这一制度的创设"反映了世宗想主动地参与政治这一政治姿势。他并评论道"在明代后期，宫中与外廷官僚机构之间的联络经常断绝。（但这一制度）例外地构筑起了皇帝与大学士之间的亲密关系"。

这一论点，在其后的《明代嘉靖朝の西苑再建》[③] 一文中，得到了更深入的展开。该文中，他首先追溯了西苑重建的过程，并从世宗所推进的礼制改革来探求其产生的契机。此后论述建于西苑的无逸殿，认为其命名"不仅仅表明世宗在自我告诫不能贪于安逸、要亲为农耕，同时也是向在场聚集的大臣们宣称，自己虽然是由外藩继承帝位，但同样有成为明君的资格"，要据此"宣扬大礼议的正当性。（因此，无逸殿）是极具政治性的场所"。在这一意图下重修的西苑，增加了其在政治上的重要性。究其原因，是因为重建西苑能够克服朝仪的形骸化以及君臣之间联络的断绝——大石将这一点看作当时朝廷政治的"结构性缺陷"，能够恢复君臣之间的联络，并展示世宗希望亲自处理政务的姿态。因此，世宗实行了两个措施，其一是密谕、密揭制度；其二则是接见臣下。他指出，从世宗于嘉靖五年（1526）至嘉靖二十一年（1542）接见臣下的记录来看，在西苑接见的人数占全体的四分之一，而在紫禁城外的接见则接近一半左右。由此大石认为，世宗是希望将亲任的大臣当做私下的内部人员来对待，所以与地处外廷被礼仪典章等束缚的文华殿相比，世宗更喜欢在没有束缚的行幸地进行接见。西苑虽然紧邻紫禁城，但却是既不属于外朝、又不属于内廷的特殊场所，因此既不需要像外朝那样受到礼仪典章的束缚，又不像内廷那样需要忌惮召进臣下。对于世宗来说，西苑就担当了在朝仪之外与臣下保持接触的长期设施之功能，并成为皇帝亲政的舞台，身处其中的世宗能够随时下达重大的决定。而且，在嘉靖二十一年（1542）的"壬寅宫变"之后，世宗不再临御朝仪，而是将大臣召入西苑，通过他们来统御政治。因此，在无逸

[①] （日）大石隆夫：《明代嘉靖期の进士集团》（明代嘉靖时期的进士集团），《人文论究》第 47 卷第 4 号，1998 年 2 月。
[②] （日）大石隆夫：《明代嘉靖初年の密揭政治について》（论明代嘉靖初年的密揭政治），《人文论究》第 52 卷第 2 号，2002 年 9 月。
[③] （日）大石隆夫：《明代嘉靖朝の西苑再建》（明代嘉靖时期的西苑重建），《人文论究》第 53 卷第 3 号，2003 年 12 月。

殿值勤成为大臣们最重要的工作，进而产生了以西苑为舞台的内廷政治。

此外，大石尚有《明代の政策決定過程の変容：文華殿を中心に》①一文。此文通过分析明初以来文华殿的机能变化来通观明代政治的整体。从中大石看出了决策过程中的变化，即由对面、对话的形式向文书的形式转变。基于这一点他论述到，一般说来，皇帝不再召见臣下就意味着皇帝放弃了执行政务，但该点实际上并不能成立。毋宁说，通过题本与奏本，臣下的意见能够直接上达到皇帝，由此继承了由皇帝来裁决臣下提议的传统政治构架，大石认为这一点很值得积极评价。

对于以上所介绍的一系列论考，笔者认为，大石克服了一般所认为的"由于世宗放弃政务，带来了政治的混乱和停滞"这一固化印象，并且实证地描绘出了世宗希望积极地处理政务的政治姿态。可以说，这一理解是此后研究所应该继承的基本认识。且笔者认为，大石通过考察文书行政走向成熟的整个过程，指出皇帝不与臣下会面并非意味着放弃政务的结论也很重要。因为这一观点不仅能成为研究者探讨应该如何来评价世宗的政治姿态的线索，同时还能成为考察中国皇帝政治之实态的重要切入点。大石强调世宗的主体性和积极性，以克服在先行研究中所示的"昏君"形象。这一论述与主张"嘉靖改革"的大陆学者之间似乎有相通之处。不过，在下一章中所涉及的研究者们——包括笔者在内——基本都认为世宗的这种主体性和积极性，正是导致嘉靖时期政治混乱的最大原因。

三　近年的新趋势

大石隆夫主要以嘉靖初期为研究对象，对于世宗积极主动参与政务的政治姿态给予了肯定性的描写。而与此正相反的看法，首先可以夫马进《明清中国による対朝鮮外交の鏡としての対ベトナム外交：冊封問題と"問罪の師"を中心に》②的观点为代表。夫马进主要关心的是明清中国外交的实态，通过与对朝外交的对比来研究在对越外交之中的"礼"与"问罪"间的关系。其中专辟一节主要讨论嘉靖十五年（1536）的越南派兵问题。这一派兵计划，使得明朝已维持百年以上的"对外不干涉政策"发生了巨大转变。根据《明世宗实录》与《皇明大事记》等众多史料记载，似乎是由礼部尚书夏言等首先提出派兵论，而世宗则对此表示赞同。可是，夫马进通过分析《桂州奏议》卷一二收录的《皇嗣诞生请诏谕安南朝鲜二国疏》与《会兵部议征安南国疏》二文，发现其实是世宗本人始终一贯地主张派兵，而礼部与兵部是在斟酌了皇帝的意愿之后，才上奏请求派遣"问罪之师"。即是说，夏言等于十一月一日的上奏，其实是先受到"皇上面谕，皇子初生，既诏告天下，何独外国至册封日，始遣使诏谕。……便当使华夷一体知悉"的影响。对于这一面谕，夏言一面答道"安南国职贡不修，历二十余年。背叛之罪，已无所逃，在法当兴问罪之师"，同时又称"合无今次止行诏谕朝鲜国王，其安南国王暂免遣使"。他一方面表达了必须派兵的原则，但实际上又表明了自己的消极态度，认为其实连敕使都不必派遣。不过，世宗则将此看作是必须"会同兵部，计议来说"的"勿视为非要"之事。正如《明世宗实录》中记载的那样，"征讨之事，会同兵部，速议以闻"，礼部与兵部在接到这一谕令之后，便上奏请求派遣"问罪之师"。夫马进指出，世宗本应该知道明朝曾出兵越南且遭到惨败的历史，但在此时却仍坚持出兵，其理由正是因为他执着于礼制改革，希望能够以此来达到中朝关系与中越关系的平衡。

透过对夏言上奏文的细致分析，夫马进清楚地论证了越南派兵的决定是由世宗恣意主导的，而其动

---

① （日）大石隆夫：《明代の政策決定過程の変容：文華殿を中心に》（明代决策过程的演变：以文华殿为中心），《关西学院史学》32号，2005年3月。

② （日）夫马进：《明清中国による対朝鮮外交の鏡としての対ベトナム外交：冊封問題と"問罪の師"を中心に》（论明清中国的对越南外交，以对照于其对朝鲜外交：以册封问题与"问罪之师"为中心），初刊纪平英作编《グローバル時代の人文学：対話と寛容の知を求めて》（全球化时代的人文学：探求对话与宽容之知），京都，京都大学学术出版会，2007年，收入氏著《朝鮮燕行使と朝鮮通信使》（朝鲜燕行使与朝鲜通信使），名古屋，名古屋大学出版会，2015年。

机则在于对礼制改革的执念。在这一基础上,他明确指出,尽管"通过官僚们的理性判断,原本能够达成一种平衡,避免偏向某一强硬政策",可是世宗的"亲政"却成为某种消极因素,对这一平衡状况造成了扰乱。笔者认为这一观点具有重要的意义。对于世宗的"政治姿态"所造成的此种影响,笔者也持有同样的观点。

笔者的研究问题主要设定如下:在隆庆年间对外政策大转换的过程中,有两点已经广为人知,即解禁漳州的出海交易以及允许俺答封贡。但是在此之前的嘉靖年间,为何没有发生这种转变?为何要坚持以强硬姿态作为外交政策的基调呢?对此,笔者特意探讨了与对蒙关系的两个相关事件的政治过程,尝试从中总结出嘉靖时期政治特征下所展开的政治模式。

对此,笔者首先于《明嘉靖"复套"考》①一文,探讨了与"恢复河套"计划相关的政治过程。该计划始于嘉靖二十五年(1546)末的提议,并以嘉靖二十七年(1548)正月总督曾铣、首辅夏言的刑死为结局。在先行研究中,都是重视首辅夏言,或者以此事件为契机而掌握权力的严嵩的各种行动。但是,本文所强调的则是,世宗一开始挥舞着"中国皇帝"的理念与原则论,强行推行"复套"计划,其后却又突然改变态度,将计划中止,并将计划失败的责任都转嫁给曾铣和夏言。在推进"复套"计划的过程中,以总督翁万达为首的一批官员提出了反对意见。翁氏曾在前线与蒙古对峙过,并且尝试过许可俺答朝贡的可能性。然而,他们在政策议论的场合所提出的建议,虽是从实际角度出发,却没有对世宗造成影响。世宗决定中断"复套"计划的直接契机,是因为从陕西传来了"灾异"的报告。文末,笔者的结论是,世宗"亲政"的结果不仅造成了官界内的无益的混乱,也没能构建起君臣之间的稳定关系。

在其后的《明嘉靖马市考》②一文,笔者再以在嘉靖三十年(1551)所举行的明蒙马市为例,论述了此政治过程中所出现的类似的政治运作模式。由于明朝不断地拒绝俺答的"求贡",最终引发了嘉靖二十九年(1550)八月的"庚戌之变"。在俺答撤兵后,世宗强制命令要实行"征讨"。但是在官界,大多数人都倾向许可朝贡,以此来减轻蒙古的军事压力,并趁此间巩固防御体制。在他们看来,无论从兵力还是财政而论,明朝都不可能实行征讨。但是,世宗却固执于礼制上的意义,认为朝贡是臣服中华皇帝的礼仪,因此不愿缓和其强硬态度。在皇帝的此种态度之下,朝廷为了应对追求正式贸易的蒙古军事压力,便出现了"马市"这一政策。提出"马市"这一方案的咸宁侯仇鸾是大同总兵官,对于边境的情况非常了解。他希望采取非朝贡形式的互市方式,将流入边境将兵手中的走私贸易利益重新收归于政府。对此,不少官僚以世宗命令"征讨"的谕旨为根据,提出激烈的反对意见。但是,首辅严嵩与兵部侍郎史道坚持采纳边疆官僚的意见,甚至忽视世宗的意见,确保了马市的实施。然而,马市仍无法满足蒙古的需求,而蒙古也再次侵犯边境,仅仅一年后,马市便全面停止了。从这一事件可知,当时官界在没有达成充分共识的情况下,却仍不得不推进马市政策,可见官僚们的第一目的是回避"征讨"的实行。他们将世宗不顾现实、只挥舞理想这一姿态,看作是不相宜的压力。

嘉靖后期对外问题日渐严重,究其原因,可以说正是世宗的强硬姿态成为政策之基调所致。在世宗的固执礼制理念,以及据此无法处理的现实之间,官僚们在摸索着某种"软着陆"的方法。笔者认为这一点正是理解嘉靖政治的基本模式。

这一论点,在新宫学的《北京外城の出现:明嘉靖"重城"建设始末》③一文中也有所论及。该文从都城史出发来探讨嘉靖年间北京外城的建设工程。据新宫学所言,世宗从都城计划的理念出发,要求

---

① 城地孝:《明嘉靖"复套"考》,初刊《集刊东洋学》第98号,2007年10月,收入城地孝《长城と北京の朝政:明代内阁政治の展开と变容》(长城与北京朝政:明代内阁政治的发展及其转变),京都,京都大学学术出版会,2012年。
② 城地孝:《明嘉靖马市考》,初刊《史学杂志》第120编第3号,2011年3月,收入城地孝《长城と北京の朝政》。
③ (日)新宫学:《北京外城の出现:明嘉靖"重城"建设始末》(北京外城的出现:明嘉靖"重城"建设始末),收入氏编《近世东アジア比较都城史の诸相》(近世东亚比较都城史的诸种形象),东京,白帝社,2014年。

建设成四面包围的"四周重城"。因此，在添加上外城的都市空间这一点上，世宗的倡导产生了重大影响。但是，以内阁大学士严嵩为首的官僚们，则在计算工事费用以及效益，不断地摸索出更加现实的处理方案。从这个过程而论，新宫学发现就近世都市空间意义的变化，经济、社会等各种因素比理念更加受到重视。同时，由于世宗与官僚们的背离，即原理主义姿态与遵循现场实际之间的冲突，导致了最终的"软着陆"，即只在北京城的南面建造了外城。

此外，岩本真利绘在《嘉靖六年末の内殿仪礼改定：中国明代における专制君主と政策决定の正当性》[①]一文中，将世宗看作前近代中国"专制君主"的典型。在"世宗依据怎样的思维逻辑来实行专制政治"的问题意识下，岩本考察了在宫中祭祀历代皇帝、皇后的奉先殿、奉慈殿、崇先殿的改订礼仪过程。该文虽然言及世宗用以作为"决策的正当性"之根据的"公"与"询谋佥同"等概念，但在问题的设定，以及立论的方法、分析的概念和手法等方面，似乎仍有必要进一步深化。

结　　论

以上介绍了数篇日本学者所发表的重要文章。笔者认为通过这些文章所展现的视角，我们能够掌握嘉靖这一时代的景象及其特征。本文所介绍的范围仅限于以嘉靖时期诸问题为主要研究对象的文章。除此之外，在与阳明学相关，或与日明关系史、明蒙关系史相关，或与土地制度和赋役制度相关的研究之中，论及嘉靖时期的重要研究，亦为数不少。但鉴于篇幅以及笔者的能力所限，本文只能割爱。

近年来，特别是在中文学术圈当中，围绕着"大礼议"或"嘉靖改革"的讨论相当活跃。倘若参考这些讨论之后，再来看本文所介绍的研究，那么应可以发现，这些研究的出发点也是重新研讨长期以来对于嘉靖时代的否定评价。否定评价的一部分原因来自于史料的记述，另一部分则来自于必须对皇帝、高级官僚以及"封建王朝"全体进行否定的价值观。从这种重新研讨的角度出发，通过针对世宗以及议礼派的主张进行细致研究，来阐明他们推进制度改革时的目标及想法。

在本文第三章介绍的数篇文章中发现了一个趋势，即将已探明的事实重新与嘉靖时期的政治、社会整体相互关联起来进行研究。由此可知，这一类研究已进入了一个新的阶段。同时还应该指出，这些研究的讨论并不一定会归结到善恶二元论的模式。这一点也许可以视为日本学术界的一个研究特征。

本文回顾了日本学术界对于嘉靖时期的研究史。据此，笔者认为，采取聚焦于特定时代进行研究的方法有相当的可行性。在历史研究上，不要仅限在特定时代或者王朝的范围内，而是要从更长的时间段中探究通时性的历史构造。无论在今天还是过去，这一点的重要性大致没有改变。尽管如此，任何对大的历史构造的研究，都只有透过对具体的事实以及现象进行实证分析，才能得出有说服力的论点。由此而言，对较短时段中的具体事例进行实证分析的方法是非常重要的。通过不断积累这种研究成果，我们才可能从更加立体的角度来理解明代史。

附记：本文译成中文时，得到京都大学大学院文学研究科博士生凌鹏先生的全面协助。会后再加修订时，中国台湾政治大学历史研究所博士生朱冬芝女士不顾百忙而答应不情之请，仔细过目，加以修订与润色，在此，谨表深切的谢意！本文中若有不妥之处，其责都归于作者。

［作者单位：日本同志社大学文学部］

[①]（日）岩本真利绘：《嘉靖六年末の内殿仪礼改定：中国明代における专制君主と政策决定の正当性》（嘉靖六年末的内殿仪礼改订：中国明代的专制君主与政策决定的正当性），《史林》第99卷第3号，2016年5月。

壬辰倭乱是明朝灭亡的原因吗？

洪性鸠

一 再检讨通说

壬辰倭乱是 16 世纪末在东亚发生的大规模国际战争，被评价为是对战后国际秩序的变化起到影响的大事件。① 明朝为了对付丰臣秀吉的朝鲜侵略使战争性质演变成了国际战争，战争之后日本出现了德川幕府，中国内地在不到 50 年内，由汉人的明朝交替成了满洲人的清朝，不仅改变了当时东亚各国的国内政局，也招来了国际秩序的大变化。壬辰倭乱对当时东亚国际秩序形成的影响，已经成为历史学界的一般认识（通说）被接受。

我们先来考察一下可以反映韩国历史学界研究成果的代表性的几份韩国史概述书。

> 从 16 世纪末到 17 世纪前期，东亚政局出现了巨大的变化。明和朝鲜经过壬辰倭乱，已经达到极度荒废程度，已经没有力量来注意周围的变化时在满洲努尔哈赤（1559—1626）统一女真各部族形成了巨大的势力，然后建立了后金国，形成了明清交替的重要基础。②

> 明朝受到的损失也是巨大的。明朝因为倭乱消耗的军费达到 2000 万两白银。为了征集军费，在江南加派了赋税，随着征集和征发的增加，民怨鼎沸。1580 年代，虽然因为张居正领导的土地丈量等措施，国库暂时充实，但是又很快出现了赤字，万历帝向全国派遣宦官，出现了有名的矿税之弊。③

> 壬辰倭乱对明的影响巨大。明向这次战争派兵达八年以上，在朝鲜驻军花费了 700 万～2000 万两白银。为了支付巨大的战争费用，在江南等地进行了加赋加税，随着强行征集和征发，百姓的痛苦和民怨越来越大。除了壬辰倭乱之外，还出现了"宁夏之乱""杨应龙之乱"。在相似的时间内，明的财政支出出现大幅增长。最终通过 1580 年代张居正领导的一系列改革政治形成的暂时的财政充足局面也退回到赤字局面。④

在中国历史学界出版的概说书或中韩关系史著作中，大致上也能看到相似的历史认识。

> 这三大战役每次用兵数十万，费银近千万两，"几举海内之全力"。万历初年张居正推行富国强民政策，明中叶以来愈演愈烈的财政危机一度有所缓和，经过三大征，明廷财政赤字不断膨胀，社会各种矛盾重又加剧，加速了明王朝的灭亡。⑤

---

① （韩）朴在光：《壬辰倭乱研究的现状和课题》，《韩日历史共同研究报告书》第 2 卷，2005 年，第 47 页。
② 国史编纂委员会：《韩国史 29： 朝鲜中期的外侵和对应》，探求堂，2003 年，第 211 页。
③ 韩国史研究会：《新韩国史导入门 上：第 3 版 韩国史研究入门》，知识产业社，2008 年，第 389 页。
④ （韩）韩明基等：《16 世纪：性理学乌托邦》，民音社，2014 年，第 247 页。
⑤ 毛佩琦、王莉：《中国明代军事史》（史仲文、胡晓林主编：百卷本《中国全史》丛书，《新编中国明代史》），人民出版社，1995 年，第 101 页。

七八年间明朝朝廷动用了大量的人力、物力、财力，调集了明朝重要的军队、将领，明朝士兵殉难总数超过二万，先后费饷六七百万……壬辰战争的巨大消耗，使明朝无暇顾及中国女真迅速崛起，国内经济发展受到了制约，因而在很大程度上削弱了明朝晚期的封建统治力量。①

如上述，我们可以知道，韩国和中国历史学界的一般历史认识都把壬辰倭乱和明朝的衰退、灭亡，视为因果关系进行联系。②

如果是这样的话，有没有具体的实证研究，可以为这样的历史认识提供支持呢？其间虽然有大量壬辰倭乱研究被发表，但是用实证性研究证明壬辰倭乱和明朝灭亡的因果关系的研究出人意外的并不太多。③ 可以说，对于壬辰倭乱对明朝的灭亡形成影响的最初的正式研究始于日本的冈野昌子。她把上述的概说式历史认识，做成了"朝鲜援军→数百万白银支出→明灭亡"这样的公式，对此进行了批判的检讨并提出了修正的"朝鲜援军→募兵→增税→民困"这样的新公式。④ 在她的见解中，把过去"数百万支出"的原因和结果用"募兵和增税，并由此引起的民困"这样的内容进行了具体化，在此可以找到意义，但是同样对援军派兵招致财政危机，最终成为明朝灭亡的契机这一点本身，没有进行质疑。

在国内，郑炳喆进行了壬辰倭乱影响华北社会的实证研究。他揭示了与作为战场的朝鲜，从地理上接近的山东、天津、辽东等地进行的募兵、财源征发、人力与物资的运送等后方支持活动和国内海岸防备体制的构建相关的各种负担，招致了重赋和役困的事实，因此可以说他对冈野修正的公式"募兵和增税→民困"，以华北社会为对象进行了研究。另外，提出撤兵过程中归还的士兵的处理问题和他们引起的骚扰及民心的动摇，最终引起了万历二十七年（1599）临清发生的民乱，因此对明末华北社会的混乱与壬辰倭乱进行了因果联系。⑤ 郑炳喆的研究虽然在揭示壬辰倭乱对明朝社会发生影响的实证性研究上可以说明有了努力的成果是无疑的，但是也不是把壬辰倭乱和明朝灭亡因果关系本身进行质疑的文章，相反可以说是存在着强化过去的一面。

另外，韩明基对于壬辰倭乱和明朝灭亡的因果关系，仅对上述的历史认识如何成为共同认识的理由进行了说明。

> 日本人研究者市村瓒次郎说过"明朝虽然援助朝鲜，但是无功，同时努尔哈赤趁机崛起"之后，在 1930 年代稻叶岩吉在满鲜史观基础之上，为了合理化日本的满洲侵略行径，展开了"清朝礼赞论"成为了公论。⑥

另外，对于他们的通说提出了"无论何种形态不得不'触碰'或'超过'"的对象这样的批判的视野。但是，仍然坚持"军费支出的增加，引发了明的财政赤字恶化，因为军费对民间进行征税，各地出现民怨，在这样的环境中，党争持续，矿税的弊端扩散，最终引起民变"这样的论理，由此可以看出仍然没有摆脱开已有公式的桎梏。

---

① 王薇、杨效雷、吴振清：《中朝关系史——明清时代》，北京，世界知识出版社，2002 年，第 174 页。
② 写过万历帝传记的樊树志有不同见解。"神宗决策两次东征御倭援朝，是及时的果断的，否则不仅朝鲜不保，而且辽东、山东及东南沿海将永无宁日。这场战争虽然耗费了明朝巨额财力，却换来了边境的长期安宁，其意义是不可低估的。"（樊树志：《万历帝》，北京，人民出版社，1993 年，第 247 页。）
③ 朴在光，前揭论文，第 69 页中认为尽管壬辰倭乱是东亚角度出现的大规模国际战争，但是对壬辰倭乱和东亚国际秩序甚至对东亚三国的历史变化引起的影响，没有正式的研究。
④ （日）冈野昌子：《秀吉の朝鲜侵略と中国》，《中山八郎教授颂寿记念 明清史论丛》，燎原书店，1977 年，第 147 页。
⑤ 郑炳喆：《明末的华北社会和朝鲜的倭乱》，《明清史研究》10，1999 年。
⑥ （韩）韩明基：《壬辰倭乱和东亚秩序》，《壬辰倭乱和韩日关系》（韩日关系史研究论集 编纂委员会 编），景仁文化社，2005 年，第 107 页。

但是，近来西欧学界对此问题提出了新的看法，已引起注目。Kenneth Swope 认为自从明末清初的历史学者把明朝的衰退和灭亡的原因与壬辰倭乱联系后，现代的历史学者们也选择了这样的视角，并提出英文圈的代表性日本史和中国史概说书——Cambridge History of Japan[①] 和 Cambridge History of China[②] 的叙述，还有许南林[③]的叙述作为例子。之后，他提出明为了镇压国内的叛乱可以动员 20 万以上的军队，同时在不同的环境中可以有效地应对不同的敌人带来的威胁。这样的事实应该被认为是扩大边境，为了开发和税收而扩张领土，让明朝的活力得以持续，来进行解释。同时，对军费给予财政的影响，万历三大征支出的军费合起来不过是 1 年财政的 1/3 左右，明完全可以通过急速发展的国际银贸易和财政上保守的官僚体制来解决财政问题。[④]

Harriet T. Zurndorfer 也认为从明末清初开始到现在为止，因为参加了壬辰倭乱使明朝军费加重才导致明朝的灭亡这一通说，是对明灭亡持批判态度的儒学者们观点的反映。另外，计算万历年间的军费支出额时，提出了几个问题进行质疑。第一，根据战场的将军们报告的兵力数一般都有缩小的倾向。因为他们希望从兵部获得更多的兵力。第二，向户部报告的兵力数一般是夸大的。因为这样可以得到更多的军费和物资供给。因为这样的理由，对于军费的记录的正确性，具有很大的局限性。但是考虑到当时明朝的年财政规模是 3700 万两白银左右时，每年 200 万两左右的支出规模，明朝财政是有充分的能力承担的。

17 世纪东亚国际秩序的变化是以明朝的灭亡为前提进行的。如果考虑到明是因为农民叛乱而灭亡这一点的话，在诸多原因中，可以指出对人民的苛酷的压榨是激化社会矛盾的最为直接的重要原因。另外，苛酷的压榨的原因当然是明朝的财政危机。问题是明朝的财政危机始于何时？同时，危机恶化达到无法克服的程度的契机是什么？先说结论的话，笔者认为 Kenneth Swope 和 Harriet T. Zurndorfer 的见解有相当的说服力。因此，我对下面提到的壬辰倭乱成为明朝财政危机的直接性契机，其结果导致明朝灭亡的过去一般公论进行再检讨。虽然两位西欧学者已经有了大致的涉及，但是本文以已有的研究为基础，对明朝的壬辰倭乱时支出的军费规模再次检讨，其在明朝财政中占据的比重与其他财政支出相比，进行具体的比较研究，想更明确壬辰倭乱对明朝财政产生的影响。通过这些研究，为明朝灭亡的原因提出一个更为合理的解释而做出我的努力。

二 明朝为壬辰倭乱支出了多少军费？

对于壬辰倭乱时明朝投入的兵力和军费的大致规模，通过诸多史料已经有了研究。如果整理一下可以斟酌壬辰倭乱军费全貌的资料的话，内容如下。

朝鲜侧史料

① 李晬光，《芝峰类说》：贼穷蹙卷去天朝前后发兵二十万。帑银数万两。山东粮二十万石。以救

[①] Jurgis Elisonas, "Chapter 6 The inseparable trinity: Japan's relations with China and Korea", John Whitney Hall ed., *The Cambridge History of Japan Vol. 4 Early Modern Japan*（Cambridge: Cambridge University Press, 1991）, p.290.

[②] Donald N. Clark, "Chapter 5 Sino-Korean tributary relations under the Ming", Frederick W. Mote and Denis Twitchett ed., *The Cambridge History of China Vol. 8 The Ming Dynasty 1368–1644 Part 2*（Cambridge: Cambridge University Press, 1998）, p.299.

[③] Hur Namlin, "The International Context of Toyotomi Hideyoshi's Invasion of Korea in 1592: A Clash between Chinese Culturalism and Japanese Militarism", *Korea Observer 28.4*（Winter 1997）, p.707.

[④] Kenneth M. Swope, *A Dragon's Head and A Serpent's Tail: Ming China and the first Great East Asian war, 1592–1598*（Norman: University of Oklahoma Press, 2009）, pp.294–297.

属国。皇恩罔极。此又前古以来所未有之事也。①

② 李肯翊,《燃藜室记述》：征发浙陕湖川贵云缅南北兵通二十二万一千五百余人，往来诸将及任事人三百七十余员，粮银约五百八十三万二千余两，交易米豆银三百万两，实用本色粮米数十万斛，诸将赏恩三千两山东粮二十万斛。②

③ 申炅,《再造藩邦志》：户部尚书陈渠议。天朝七八年来所费。本色百万。折色四百万。朝鲜办饷。然后方可议戍。……征浙陕湖川贵云缅南北兵。通二十二万一千五百余人。费粮银约五百八十三万二千余两。交易米豆银又费三百万两。实用本色银米数十万石。神庙在御久。边境晏如。自西夏叛卒发难。继以倭难。继以播州。国内于是骚然烦费。稍苦兵矣。③

④ 未详,《宣庙中兴志》：十六万六千七百余名，饷银八百八十三万。④

明侧史料

⑤ 诸葛元声,《两朝平攘录》：大司农计度支自二十五年邢经略出关至二十八年归，凡用饷银八百余万两，火药器械马匹不与焉。⑤

⑥ 茅瑞征,《万历三大征考》：户部尚书陈渠议，天朝七八年来，所费本色百万，折色四百余万，朝鲜办饷，方可议戍。兵部尚书萧大亨议，……，留兵五千，岁费不下三十万，应从长计处，……⑥

⑦ 茅元仪,《武备志》：大司农计度支，自玠出凡四载用饷银八百余万两，军资不与焉。⑦

⑧《明神宗实录》：

⑧-1）前此东征，虽有两战之捷，而兵马损失甚多，所用钱粮几至二百万，辽东疲极难支，倘仍复用兵，不知又费兵马钱粮几何。⑧

⑧-2）兵部题称，征倭之兵，水陆共九万余，钦限五月终旬，抵朝鲜矣。⑨

⑧-3）东征赞画主事丁应泰奏，东事以来，辽兵阵亡已逾二万，皆丧于如梅兄弟之手，前后费饷六七百万。⑩

⑧-4）兵科都给事中侯先春，奏陈朝鲜留兵撤兵之议。……戍兵一万六千，岁该饷银四十八万余两，今役过应得之数，已三十万两。⑪

⑧-5）广东巡按王命璇奏……即如宁夏费饷二百万，征播费饷二百余万，救朝鲜首尾约费七百数十万。⑫

⑨《明史》：近岁宁夏用兵，费百八十余万，朝鲜之役，七百八十余万，播州之役，二百余万。今皇长子及诸王子册封、冠婚至九百三十四万，而袍服之费复二百七十余万，冗费如此，国何以支。⑬

石原道博曾经以①、②、⑤、⑦、⑨这样的资料为基础，说明和哱拜之乱或者杨应龙乱相比，在壬

---

① 李晬光：《芝峰类说》卷三，兵政部，征伐。
②（韩）李肯翊：《燃藜室记述》卷七一，宣祖朝，故事本末，乱中的时事总录（韩国古典翻译院，利用韩国古典综合 DB 的翻译）。
③ 申炅：《再造藩邦志》六《大东野乘》卷三五，韩国古典翻译院，利用韩国古典综合 DB 的翻译）。
④ 李光涛：《明清档案论文集》，联经出版事业公司，1986 年，第 827 页。
⑤ 诸葛元声：《两朝平攘录》卷四，日本下。
⑥ 茅瑞征：《万历三大征考》倭下。
⑦ 茅元仪：《武备志》卷二三九，四夷十七，朝鲜考。
⑧《明神宗实录》卷二八〇，万历二十二年（1594）十二月辛酉。
⑨《明神宗实录》卷三二一，万历二十六年（1598）四月丙辰。
⑩《明神宗实录》卷三二二，万历二十六年（1598）六月丁巳。
⑪《明神宗实录》卷三四九，万历二十八年（1600）七月戊午。
⑫《明神宗实录》卷五七二，万历四十六年（1618）七月壬寅。
⑬《明史》卷二三五，《王德完传》。

辰倭乱中消耗的费用更为巨大。①李章熙认为每个记录都有一定的差异,所以难以确定准确的数字,但是李晬光在乱中作为户曹判书,承担了运粮总责,其关于"山东粮谷 20 万斛"的记录和《燃藜室记述》的记录一致,从这一点上看认为可信。②根据这样的记录,明朝的财政支出最少可以有 800 万两以上的水平。

冈野昌子进行了更为实证的分析性研究,其分析简要而言如下。来朝鲜的明军按当初预定虽有 7 万左右,实际募集的兵力最多时也不过 4 万,进行和平交涉时减为 2 万(或是 16 000),这些明军的待遇按人均每月银 3 两 6 钱支付。以此为根据推测明朝的财政负担的话,和平交涉时明军的一部分撤回后,只有 2 万左右驻屯时,一年是 86.4 万两左右,基本上是在 100 万两左右。③ 这也不是明朝完全负担的,向朝鲜政府也要求了相当的费用,但是朝鲜的财政已经无法承担这样的情况。户部财政的相当部分已经支出为北边防御费用,到平壤城战斗以后为止,已经支出了 20 多万两白银,且站在负担数万石兵粮的明朝的立场上,向朝鲜派兵的士兵支出的军费,也无疑是不小的负担。由此,向江南诸府县的田地加派,因此增加了约 50 万两军事财政。丁酉再乱时蔚山城战斗中,参战的水陆兵推算约有 9 万名,万历二十六年(1598)十月当时约有 11 万名明军在朝鲜驻屯。④ 以此为据进行推算,战争初期约有 4 万名明军,丁酉再乱时约有 9 万名,驻屯了一年左右,小康期 5 年期间约有 2 万兵力驻屯,如果这样计算,在战争期间最少支出给士兵们 1000 万两左右。

韩明基为了计算壬辰倭乱时从明流入朝鲜白银的规模,对支给明军的月粮进行了计算,认为"向明军一名每个月支给 1 两 5 分白银时,就算是驻屯在朝鲜的明军数为 5 万名,从算术角度来看朝鲜是每月抛出 75 000 两白银而已"。如果按照他的计算的话,仅月粮一项 7 年间共支出约 30 万两。另外,通过资料③和⑨,推测明大约支出了 700 万两到 900 万两白银。⑤

Kenneth Swope 认为,以③、⑤、⑥、⑨为根据大约支出了 1000 万两现金,相当于明朝一年财政的大约 1/4 左右。⑥ 同时,许南林以③为根据认为是 800 万两左右,这恶化了财政状况。⑦

通过考察上述内容,我们可以知道准确掌握明朝在壬辰倭乱时向朝鲜投入的人力和物力,终究不是容易的事情。但是以当时的记录为基础,进行大概的测算的话,大致最少是 800 万两以上,最多是 1000 万两左右的财政投入进来,现在可以说这是一个比较合理的推算。⑧

---

① (日)石原道博:《万历东征论》,《朝鲜学报》21·22 合辑,1961 年,第 222~223 页(崔韶子:《明清时代 中·韩关系史研究》,梨花女子大学校出版部,1997 年,第 22 页再引用)。

② 李章熙:《壬乱中粮饷考——以明军的军粮调送为中心》,《史丛——金学烨教授 回甲纪念论丛》15·16 合辑,1971 年,第 554 页。

③ 根据宋应昌的记录(《经略复国要编》卷二),每月给南兵安家银 5 两,月粮银 1 两 5 钱,北兵安家银 5 两,月粮银 1 两,家丁安家银 6 两和月粮银 1 两 8 钱和盐菜马匹料草等。同时,朝鲜《宣祖实录》 宣祖二十六年(1593)八月"辛卯条"中如下记录:"人均月银和月粮银 1 两 5 钱,行banking粮和盐菜代银 1 两 5 钱,衣靴代 3 钱,犒赏 3 钱,合计 3 两 6 钱,2 万名士兵一年合计支付 100 万两,本色的粮料并不在内。"(冈野昌子,前揭论文,1977 年,第 144~145 页。)Harriet T. Zurndorfer 以 James Tong 和 Ray Huang 的研究为根据,认为募兵的军人每人每年得到 18~23 两,或 1 人每月 1.5 两之外,以装备武器名义得到 2 两,安家银 5 两,这在第一个月得到支付,这是两种计算法。(Harriet T. Zurndorfer,上揭论文,第 217 页。)

④ (日)冈野昌子:前揭论文,1977 年,第 157 页。

⑤ (韩)韩明基:《壬辰倭乱和韩中关系》,历史批评社,1999 年,第 96~97 页。

⑥ Kenneth M. Swope, A Dragon's Head and A Serpent's Tail: Ming China and the first Great East Asian war, 1592—1598, University of Oklahoma Press, 2009, p.286.

⑦ Nam-linHur, "The celestial warriores", Lames B. Lewis ed., The East Asian War, 1592—1598: International relations, violence, and memory (New York: Routledge, 2015), p.239.

⑧ 中国学者孙文良认为,根据《万历三大征考》《明史纪事本末》《明史》《明神宗实录》《朝鲜宣祖实录》的记录,目前为止大体上动员了帑金 700 余万,兵力 40 万~50 万是一般性的认识,但是明朝参将领千万里的后代留下的《思庵实记》的记录中,明朝兵员是 234000 人,米 540000 石,金 534000 两,银 159000 两,帛 398920 段,由此可以看出明朝付出了巨大的牺牲和经济损失。加之社会的混乱加重,招致了满女真族的兴起进而引起了明清的交替。但是他利用的资料是《东征时军兵赏赐粮米金银蜀帛总录》这样的表的题目,是不是作为赏赐的内容来看更合适呢?不然的话,除去兵员,支出的数额看上去太少了。

三 壬辰倭乱军费在明朝财政中占据的比例可以达到什么程度

下面,我们来考察一下壬辰倭乱时投入的 800 万～1000 万两军费在明朝财政中占据的比重。大体上讲,明朝的财政是中央政府难以了解掌握国家财政全貌的构造。中央和地方的各个官府,并不是根据必要对财政从中央统一掌握进行分配,而是通过水平的岁粮运送进行调配。因此,国家的财政主管部衙之户部直接管理的国家财政,仅是全体的极少一部分而已。户部管理的,事实上就是国库而已,此国库太仓库的财政可以说是全部。因此,我们可以根据以下太仓库的财政状况为中心,通过国库收支,考察明朝财政中军费占据的比重。

全汉升和李龙华的研究提供了从 1518 年开始到 1642 年为止的太仓库的岁入和岁出情况,表 1 列出了相关数据。

表 1 明代中叶以后太仓银库的岁入、岁出银两数比较(1518—1642 年)(两)[①]

年份		岁入银两	岁出银两	盈亏约数
1518—27(约)	正德十五年(约)	约 2000000	约 1330000	盈 670000
1528	嘉靖十五年	1300000	2410000	-1110000
1548 及前数年	嘉靖二十七年	2000000	约 3470000	-1470000
1549	嘉靖二十八年	3957116	4122727	-165611
1551	嘉靖三十年	2000000	5950000	-3950000
1552	嘉靖三十一年	2000000	5310000	-3310000
1553	嘉靖三十二年	2000000	5730000	-3730000
1554	嘉靖三十三年	2000000	4550000	-2550000
1555	嘉靖三十四年	2000000	4290000	-2290000
1556	嘉靖三十五年	2000000	3860000	-1860000
1557	嘉靖三十六年	2000000	3020000	-1020000
1563	嘉靖四十二年	2200000	3400000	-1200000
1564	嘉靖四十三年	2470000	3630000	-1150000
1565(约)	嘉靖四十四年	2200000	3700000	-1500000
1567	隆庆元年	2014200	5530000	-3515800
1568	隆庆二年	2300000	4400000	-2100000
1569	隆庆三年	2300000	3790000	-1149000
1570	隆庆四年	2300000	3800000	-1500000
1571	隆庆五年	3100000	3200000	-100000
1573	万历元年	2819153	2837104	-17951
1577	万历五年	4359400	3494200	盈 865200

[①] 全汉升、李龙华:《明代中叶后太仓岁出银两的研究》,《中国文化研究所学报》(香港中文大学、中国文化研究所),第 6 卷第 1 期,1973 年,第 205～206 页,第 7 表。(赖建诚:《边镇粮饷——明代中后叶的边防经费与国家财政危机,1531—1602》,联经出版事业公司,2008 年,第 91～92 页表 4—2 再引用。)

续表

年份		岁入银两	岁出银两	盈亏约数
1578	万历六年	3559800	3888400	-328600
1581（约）	万历九年	3704281	4424730	-720449
1583	万历十一年	3720000	5650000	-1930000
1586（约）	万历十四年	3890000	5920000	-2030000
1589（约）	万历十七年	3390000	约 4390000	-1000000
1590（约）	万历十八年	3740500	4065000	-324500
1592（约）	万历二十年	4512000	5465000	-953000
1593（约）	万历二十一年	4723000	3999700	盈 723300
1600（约以前）	万历二十八年	4000000	4500000	-500000
1602（约）	万历三十年	4700000	4500000	盈 200000
1604	万历三十二年	4582000	4582000	约数，供参考
1605	万历三十三年	3549000	3549000	约数，供参考
1617	万历四十五年	3890000	4219029	-329029
1620	万历四十八年	5830246	6086692	-256446
1621	天启元年	7552745	8568906	-1016161
1622	天启二年	4968795	5927721	-958926
1623	天启三年	7893137	10776982	-2883845
1625	天启五年	3030725	2854370	盈 176335
1626	天启六年	3986241	4279417	-293176
1628	崇祯元年	7064200	9568942	-2504742
1630	崇祯三年	9136357	9500628	-364271
1631	崇祯四年	12249195	11125252	盈 1123943
1634	崇祯七年	12812000	12153000	盈 659000
1639	崇祯十二年	约 20000000	约 20000000	约数，供参考
1642	崇祯十五年	约 23000000	约 23000000	约数，供参考

根据表 1 的数据，我们可以知道，到万历五年（1577）前为止，太仓库的收入大致上只有 200 万两水平，这一数据固定下来，之后出现了增长的趋势。相反，观察支出项目的话，从嘉靖年间中叶开始，大体上出现了 300 万两以上的支出，有剩余的年份在 120 年里不过 7 年而已。如果上述的财政情况是事实的话，那么明朝从 16 世纪中叶就已经开始了慢性财政赤字的折磨。但是，黄仁宇的研究中指出户部太仓库的收入项目的额数与实际不符合的情况非常多。因为明朝官员的会计管理并不精细，预想的收入和实际收入经常出现混沌的情况。事实上太仓库收入基本项目是确定的，大体上定额为 200 万两。但是 1541 年前后，为了宫廷的额外费用，在漕粮 400 万石中，拨出 120 万～150 万石，作为太仓库的收入。如果用白银换算的话，约为 100 万两。因此 1541 年前后的太仓库的实际收入约为 300 万两白银。同时 1543 年蒙古济囊侵略以后，嘉靖帝把皇室财政的金花银一部分转为户部财政，作为北边防御费用来使用。这样的惯行一直持续到 1558 年，最终成为定例，太仓库的收入超过了 400 万两。此外，16 世纪 50

年代太仓库的主要收入源之田赋和盐课的加派出现后，可以预想到太仓库的正例收入实际上已经超过了 500 万两。16 世纪 70 年代张居正的改革实施后，财政管理正常化，平均税收维持在约 400 万两的水平上。[1] 这样来看的话，实际发生大幅的财政赤字必然性的时间大约是 1583 年前后，财政赤字开始极度上升的时间是 1620 年以后。非常巧的是，1583 年是张居正死后改革开始受到挫折的时期，1620 年是与后金正式对峙（萨尔浒之战）明军大败后，辽东战事于明不利开始的时间。对外关系的恶化带来的战争是引起太仓库赤字的主要原因，尤其是辽东战况对于太仓库财政赤字的发生起到了决定性的影响。

事实上，户部财政的大部分早就充当了大部分的军费。如果根据分析研究的太仓库的支出项目来看，万历六年（1578）作为北边军镇的年例银支出的额数占据了太仓库岁入的 76.29%。加上锦衣卫等 78 个卫所的经费支出的额数占 13.47%，两项合起来是 89.76%。由此推理，可知太仓库财政中北边军事费用比重，也可以知道财政支出和赤字发生的主要原因仍是北边军事费用。太仓库的收入中军事费用占据的比重可通过表 2 来了解。

表 2　明代中叶太仓库岁出总额中军费占据的比重（1548—1617 年）（两）[2]

年份	（1）太仓岁出银两数	（2）太仓支付军费银两数	（2）÷（1）=%
嘉靖二十七年（1548）	3470000	2310000	66.57
军费支出包括募军、防秋、摆边、设伏、客兵、马料、商铺料价、仓场粮草，以及补岁用不敷等项。			
嘉靖二十八年（1549）	4122727	2210000	53.65
军费指的是京运的"边费"。			
嘉靖四十三年（1564）	3630000	2510000	69.15
同上。			
隆庆元年（1567）	3710000	2360000	63.31
军费银数仅指本年边饷银，而岁出总数则包括边饷与京俸禄米草等项折银。			
隆庆二年（1568）	5530000	4180000	75.61
同年补发年例银 182 万两，岁出与边支均告上升，军费的比重也随之增加。			
隆庆三年（1569）	3790000	2400000	63.33
军费仅指"京运年例"。			
隆庆四年（1570）	3800000	2800000	73.68
军费指的是"边饷"。			
万历五年（1577）	3494200	2600000	74.41
军费指的是"主客兵年例等银"。			
万历六年（1578）	4224730	3223051	76.29
军费是根据《会计录》计算出来的额定年例，而不是当年的实际支出。			
万历十四年（1586）	5920000	3159400	53.37
军费指的是"各边年例"。			
万历十八年（1590）	4065000	3435000	84.50

---

[1] 黄仁宇著，阿风等译：《十六世纪明代中国之财政与税收》，北京，三联书店，2001 年，第 357~363 页。
[2] 全汉升、李龙华：前揭论文，第 196~197 页，第 6 表（赖建诚：前揭书，第 93~94 页，表 4—6 再引用）。

续表

年份	（1）太仓岁出银两数	（2）太仓支付军费银两数	（2）÷（1）=%
军费指的是"各边年例等银"。			
万历二十八年（1600）	4500000	4000000	88.89
军费指的是"京运年例"。			
万历二十九年（1601）	4700000	4000000	85.11
军费指的是太仓库银额内支出的九边年例的岁费。			
万历四十年（1612）	4000000	3890000	97.25

从表2的数据中可看出，因为军费的概念每年都有所不同，因此无法进行统一比较，但是太仓库中支给的年例银，每年都最少在200两以上，越往后其额数越大的趋势是可以掌握到的。尤其是阿尔坦汗的大规模侵入引起的"庚戌之变"发生的1550年，支出了595万两的巨额年例银。① 16世纪以后，承担军费的财源除了太仓库的年例银就没有其他的了。17世纪初期因为辽东政局的剧变，年例银的支出不得不出现大幅上升的情况。

同时，从表2可以看出明代中叶太仓库财政的大部分是为了北边防御而支出的。和壬辰倭乱时间最为接近的万历十八年（1590）和万历二十八年（1600）向边镇供给的年例银作为军费支出额各为343.5万两和400万两，各占太仓库财政的84.5%和88.9%。壬辰倭乱7年间向朝鲜投入的军费支出规模相当于为向北边防御，从太仓库供给的一年军费的两倍左右。可以计算为每年400万两左右规模，连续7年间投入的话，壬辰倭乱的军费相当于北方军费的1/3左右。

与向北边投入的实际军事规模比较一下，列表3是可以看出嘉靖、万历年间北边军镇的军马、钱粮、粮料的数额的。

表3 北边军镇的军马钱粮粮料②

时期	主兵官军（员名）	马骡牛驼（匹/头）	银（两）	粮料（石）
嘉靖十年（1531）	371374	183974	3362386	3004523
嘉靖十八年（1539）	619338	222224	4064516	13414972
嘉靖二十八年（1549）	459180	198658	5677282	841863
万历十年（1582）	686523	282949	8279165	1983646
万历二十一年（1593）	651665	279158	7154630	1900000
万历三十年（1602）	645911	278127	6676271	2593300

根据表3可知，1531—1602年约70年中，明朝政府为了北边防御，每年要维持37万～68万余兵力，管理18万～28万余匹军马，投入330万～800万余两银两和85万～300万余石粮料。其中，仅倭乱中的1593年一年，投入北边的军费的银两数额就达到715.463万两，这相当于壬辰倭乱七年的军费数额。尤其是要考虑到1593年是明朝援军派兵第一次大规模征战平壤城之年，之后又发生了碧蹄馆战争。

---

① 赵毅、范传南：《九边防卫与明帝国的财政体制变迁——以九边军费为探讨中心》，《社会科学辑刊》2011—5，第139页。
② 赖建诚：前揭书，第298～300页，表14-1—6。

四 明末财政危机的直接原因是什么?

最终激化了明末财政矛盾的主要原因是所谓的"三饷"引起的加派问题。其中,最大的弊端是辽饷加派。如表4中所看到的,天启年间(1621—1627)每年加派的辽饷数额相当于壬辰倭乱七年花费的军费总额。

表4 天启年间辽饷加派增加状况(两)①

年代 项目	天启元年 (1621)	天启二年 (1622)	天启三年 (1623)	天启四年 (1624)	天启五年 (1625)
杂项银	1160006	660413	2292000	2292000	2292000
盐课银	59425	363716	322720	547993	547993
关税银	65240	65240	65240	65240	200240
其他银		28970	28970	28970	28970
田赋银	4958411	4508794	4528648	4644918	4644918
合计	6243082	5627133	7237578	7579121	7714121

与此相关,曾经生活在明末清初,又想传达明朝灭亡的教训的黄宗羲的见解引人注目。

> 万历间,旧饷五百万,其末年加新饷九百万,崇祯间又增练饷七百三十万,倪元璐为户部,合三饷为一,是新饷、练饷又并入于两税也。至今日以为两税固然,岂知其所以亡天下者之在斯乎?使练饷、新饷之名不改,或者顾名而思义,未可知也。此又元璐不学无术之过也。嗟乎!税额之积累至此,民之得有其生也亦无几矣。②

黄宗羲认为万历中期以后辽饷500万两、新饷900万两、练饷730万两定额化后,转嫁为百姓的负担,成为明末社会混乱的根本原因。

《明史·食货志》中,也对这一情况做了相似的说明。

> 其后接踵三大征,颇有加派,事毕旋已。至四十六年,骤增辽饷三百万。时内帑充积,帝靳不肯发。户部尚书李汝华乃援征倭、播例,亩加三厘五毫,天下之赋增二百万有奇。明年复加三厘五毫。明年,以兵工二部请,复加二厘。通前后九厘,增赋五百二十万,遂为岁额所不加者,畿内八府及贵州而已。③

虽然会有具体的数额的差异,万历末年以后每年520万两定额成为百姓们无法承受负担的原因。这里引人注目的是"其后接踵三大征,颇有加派,事毕旋已"的话语。壬辰倭乱时,为了获得军费进行加派是确定无疑的,这也成为百姓的巨大负担。但是与万历末年以后比较时差异已经"事毕旋已",万历末年以后已经"定额化"。而且其定额最少500万两,最多可超过1900万两的数额成为定额化,每年带

---

① 郭松义:《明末三饷加派》,《明史研究论丛》第2辑,江苏人民出版社,2002年。(陈光焱,上揭书,第34页表1—2中再引用。)
② 黄宗羲:《明夷待访录》(金德均翻译),韩吉社,2000年,第150页。
③ 朴元熇等翻译:《明史食货志译注》,昭明出版社,2008年,第118页。

给百姓的负担是不断增加的。或者与七年的壬辰倭乱军费相当，或加倍的加派，在 17 世纪 20 年代以后每年都持续不断。

这样看的话，明朝财政危机的直接原因，确认为是 17 世纪 20 年代以后的"三饷"加派是比较妥当的。因此，我们有必要把由于壬辰倭乱引起的军费支出，是引起明朝财政危机的出发点，或是引起明朝灭亡的财政危机的契机的公论，进行一些修正。

五　结　论

由壬辰倭乱引起的明朝财政负担，并不是只限于向朝鲜派兵而出现的军事驻屯和战争中必要的费用。为了确保财政向各地进行加派，为防止倭乱影响国内，以沿海为中心采取了各种军事准备，这样的看不见的负担也不在少数。① 尤其是直隶、河南、山东、辽东地域，从地理上接近于朝鲜和京师，其负担更重，倭乱后不仅是财政性问题，也有社会问题，其损害并不小。但是最起码，从明朝支出的财政规模来看，壬辰倭乱当时明朝支出的财政规模，是难以达到让明朝财政出现崩溃的契机的水平的。另外，也无法视为明朝的财政无法承担的危险情况。

虽然不能说明朝财政不是没有问题，其实追溯至洪武年间，刚刚树立财政体制时，已经存在问题了。和军费相关，明朝财政体制的问题开始成为现实化，是从正统年间开始的。但是，明朝财政到了不可恢复的境地，是从 17 世纪 20 年代辽东与后金的对峙正式化以后开始的。在此，我们主张"三饷定额化"成为重要的原因。

在前面观察的冈野昌子修定的"募兵→增税→民困"公式，并不是错误的。但是，其结果，朝鲜援军并不是唯一诱发的原因。募兵是已经在"军屯制—世袭军户制—卫所制"这样的三条腿之上安定的明代军制兼并军屯后，军制倒下后发生的，壬辰倭乱只是没能让"募兵→增税→民困"这一线索断裂的原因之一而已。相反如果我们反问，如果壬辰倭乱没有发生，没有在此投入的财政支出的话，明朝的财政能不能恢复或维持健全的状态，这更能自明其答案。

关于明朝灭亡的原因，从传统上讲，财政危机成为可数的第一个理由。把壬辰倭乱和明的财政危机相联系的理论也是在这个传统的延长线上。但是目前为止，与我们考察的一样，把壬辰倭乱与明的财政危机联系，在实证上是根据不足的论理之飞跃。

注：本论文基本内容曾在韩国《历史教育论集》第 58 辑（历史教育学会，2016 年 2 月）发表，为用中文出版，进行了大量删减。

[作者单位：韩国庆北大学校师范大学历史教育科]

---

① 华北地区的负担，有前面提到的郑炳喆的实证性研究中，由于壬辰倭乱引起的海岸防备负担，由以前受倭侵害的东南沿海地区负担，但是对此的实证性研究，目前为止处于不足的状态。

从万历《大明会典》看明代监察体系的构建

原瑞琴

明代统治者为维护其封建统治秩序，吸取了以前历代王朝兴衰的经验教训，制定、实行了系统的监察制度，且通过有关法规制度的调整、改革和完善，逐渐建构了在机构设置、人员选配、运转协调诸方面系统而缜密的监察体系。作为一部明代官修的专述有明一代典章制度的典制体史书，万历《大明会典》"反映了明代皇权之下各部职能的结构和诸司职掌的基本情况和历史变化"[①]，对明代监察体系及其构建有较为翔实的记载。本文在已有研究的基础上[②]，拟就万历《大明会典》中的有关记载做一梳理和分析。

一 明代监察体系之机构设置

明代监察机构是一个庞大的组织体系，从国家行政监察机构属性判断和万历《大明会典》的记载来看，都察院和六科是其两大主要系统。这些内容在万历《大明会典》卷二〇九至卷二一一《都察院》和卷二一三《六科》等卷有详细的记载。

（一）都察院系统

1. 从御史台到都察院

明代都察院的前身是御史台。据史书记载，朱元璋很重视御史台的作用，曾告诫这些监察官员说："国家新立，惟三大府总天下之事。中书政之本，都督府掌军旅，御史台纠察百司。朝廷纪纲尽系于此。"[③] 当时，御史台与中书省、都督府是中央并列的最高一级政府机构。洪武十四年（1381），朱元璋对御史台进行了改组，把御史台改称都察院，仅设监察御史，正七品。洪武十六年（1383），升都察院为正三品，设司务。次年（1384），才重新将都察院升为正二品衙门，左右御史与六部尚书品秩同为正二品。[④] 至永乐元年（1403），都察院的地位、规模、设置基本固定下来。据《大明会典》所载，定制后的都察院设正官左、右都御史二人，正二品；左、右副都御史二人，正三品；左、右佥都御史四人，正四品；经历司经历一人，正六品；都事一人，正七品；首领官、司务二人，从九品；照磨所照磨一人，正八品；检校一人，正九品；司狱司司狱一人，从九品[⑤]。

2. 都御史的职权

对于都御史的职权，万历《大明会典》有明确记载。从总体来说，"都御史职专纠劾百司，辩明冤

[①] 瞿林东：《中国史学史纲》，北京，北京出版社，1999年，第598页。
[②] 有关明代监察制度的研究文章很多，但先贤们就万历《大明会典》中有关明代监察体系的构建记载的梳理和分析笔者目前还未曾见到。
[③] 《明太祖实录》卷二六，吴元年十月壬子条。
[④] （万历）《明会典》卷一〇，《吏部九》。
[⑤] （万历）《明会典》卷二，《吏部一》，（万历）《明会典》卷一〇，《吏部九》。

枉，提督各道，及一应不公不法等事"①。其首要职责是"纠劾百官"，对文武大臣"系奸邪小人、构党为非、擅作威福、紊乱朝政、致令圣泽不宣、灾异迭见"者，"凡百官有司，才不胜任、猥琐阘茸、善政无闻、肆贪坏法"者，"凡在外有司，扰害善良、贪赃坏法、致令田野荒芜、民人受害"者，"凡学术不正之徒、上书陈言变乱成宪、希求进用，或才德无可称述而挺身自拔"者均要加以弹劾。②

同时，参与考察官吏也是都御史的主要职权。万历《大明会典》载，吏部考功司"掌天下官吏选授、勋封、考课之政令"③，而都察院都御史的重要职掌之一亦是"遇朝觐、考察，同吏部司贤否黜陟"④。这两个机构既分工合作，又互相监督。官吏的考核，主要有考满和考察两大系统。万历《大明会典》卷一二和卷一三分别较系统地记载了"考满"和"外官考察"。如关于京官的考满，万历《大明会典》规定："凡在京各衙门郎中、员外郎、主事等官，及直隶府州等官，各卫所首领官，在外按察司首领官考满，本院俱发河南道考核。各出考语牒送吏部该司候考。"⑤即官员考满到部，由都察院及河南道监察御史考核。如《大明会典》卷一二记载：

> 洪武二十六年定，凡在京各衙门属官考满，……俱从本衙门正官考核。六部五品以下官，历任三年，听于本衙门正官察其行能，验其勤惰，从公考核明白，开写称职、平常、不称职词语，送监察御史考核。在京军职文官，以九年通考，俱从监察御史考核。弘治元年，令各衙门属官考满。堂上官出与考语，送都察院并本部复考。嘉靖二十七年奏准，在京各衙门给由官员，堂上官务要严加考核，从公填注贤否的实考语，封送本部，以凭复考。隆庆二年议准，三、六、九年考满官到部，仍照旧例分别三等，不得概考称职。其平常与不称职各官，或量行别处，或请旨罢斥。⑥

万历《大明会典》关于考察的记载，主要集中在对外官的考察，其中不仅记载了外察的期限，还制定了外察的程序以及考察的内容。规定考察官明白开写该官在任期间的政、勤、德、能等方面情况，如实上报，"以凭考察"。对考察官有诬枉不公，如有毁誉任情、是非淆乱及枝词蔓语、自相矛盾者，允许科道官劾奏，听本部都察院"指实参奏"，根据情节轻重，进行处理，以保证考察顺利进行。

3. 十三道监察御史的职权

十三道监察御史是下属于都察院，又主要联系中央和地方的监察机构，其职责是"各理本布政司，及代管内府监局、在京各衙门，直隶府州卫所刑名等事"⑦，万历《大明会典》卷二〇九至卷二百一一《都察院》对十三道监察御史的职权有明确而具体的分工。

其一，凡大朝会行礼，若有失仪，听纠仪御史举劾。常朝大小衙门官员奏事，理有未当，及失仪者，听侍班御史并给事中劾奏，依律罚俸。凡朝会行礼，敢有僭越班次，言语喧哗，有失礼仪，及不具服者，随即纠问。

其二，凡大小祭祀，敢有临事不恭，牲币不洁，亵渎神明，有乖典礼，失于举行，及刑余疾病之人陪祭执事者，随即纠劾。凡祭祀郊社宗庙山川等神，若有怠于执事，及失仪者，并听纠仪御史举劾，依律责罚。⑧

---

① （万历）《明会典》卷二〇九，《都察院》。
② （万历）《明会典》卷二〇九，《都察院》。
③ （万历）《明会典》卷二，《吏部一》。
④ （清）《钦定续文献通考》卷五四，《职官考·御史台》。
⑤ （万历）《明会典》卷二〇九，《都察院》。
⑥ （万历）《明会典》卷一二，《考核一·官员》。
⑦ （万历）《明会典》卷二〇九，《都察院一·各道分隶》。
⑧ （万历）《明会典》卷二一一，《都察院三·监礼纠仪》。

其三，分别监察在京各衙门的日常事务。比如，两京刷卷，巡视京营，监临乡、会试及武举，巡视光禄，巡视仓场，巡视内库、皇城五城，轮值登闻鼓等都在监察之列。如万历《大明会典》记载："凡监察御史并按察司分司巡历去处，先行立案。令各该军民衙门抄案从实取勘本衙门，并所属有印信衙门，各刷卷宗。分豁已未照刷，已未结绝，号计张缝依左粘连刷尾，同具点检单目，并官吏不致隐漏结罪文状。责令该吏亲赍赴院，以凭逐宗照刷。"①

其四，巡按地方。对于巡按御史的职掌，万历《大明会典》卷二一〇《出巡事宜》载：

> 凡出巡考察，洪武六年，令御史察举各处有司官员。永乐元年，令巡按御史及按察司，凡府州县官到任半年之上，察其廉贪，具实奏闻。……天顺元年奏准，每年巡按御史将司府州县见任官员从公诘察，除贪污不法者，就便拿问。其老疾、罢软等项起送吏部，查例定夺。如有奉公守法，廉能超卓者，更替回京之日，指实具奏。②

另外，明代都察院还定期派遣监察御史"清理军役"，"巡察盐务"，"攒运""巡视茶马"，"巡关""屯田""提督学校"等。如万历《大明会典》规定："每年八月终仍具清解过军数，回京具奏"。天顺二年奏准，"清军御史三年一次，赴京查考更替"。弘治十年又奏准，"清军御史三年满日，敢有枉道回家，及年限未满，捏造册籍回京，本院严加考察，奏请黜退"。至于巡察盐务，"正统三年，令两淮、两浙、长芦等运司，每岁各差御史一员，领敕巡视禁约，催督盐课"③，等等。

（二）六科系统

明代监察制度的一个重要发展是设立"六科给事中"。六科是平行于都察院的另一套中央监察机构，其建置在明初也有很大变化。万历《大明会典》载：

> 国初，设给事中，正五品。洪武四年，改正七品。六年，始分吏、户、礼、兵、刑、工六科，各设给事中二员，秩从七品，推年长者一人掌科事，寻隶承敕监，隶通政司。十三年，置谏院。设左、右司谏各一人，左、右正言各二人。已改名元士，又曰士源，或增至八十一人。二十四年，始更定六科给事中品秩，每科设都给事中一人，正八品；左、右给事中二人，从八品；给事中吏科四人，户科八人，礼科六人，兵科十人，刑科八人，工科四人，俱正九品。三十三年，定都给事中正七品，给事中从七品，而不置左右。永乐间，仍设左、右给事中，亦从七品。正统七年，更铸六科印。万历八年，裁户科给事中四员，兵科五员，刑科四员，礼科二员。十一年，复户、兵、刑科给事中各二员，礼科一员，今共为五十员。④

洪武二十四年（1391），六科的编制基本上确定，定六科各设都给事中 1 人，正八品；左、右给事中各 1 人，从八品；给事中，正九品。其中，吏科 4 人，户科 8 人，礼科 6 人，兵科 10 人，刑科 8 人，工科 4 人。六科官员额共 58 人。洪武三十三年（1400），即建文时期，六科官员及品秩稍有变更，将都给事中品秩升至正七品，给事中为从七品，不设左、右给事中。成祖初恢复旧制，仍置左、右给事中，

---

① （万历）《明会典》卷二一〇，《都察院二·照刷文卷》。
② （万历）《明会典》卷二一〇，《都察院二·出巡事宜》。
③ （万历）《明会典》卷二一〇，《都察院二》。
④ （万历）《明会典》卷二一三，《六科》。

亦从七品。经过万历八年（1580）裁员，万历九年（1581）的革除，到万历十一年（1583）又复设①，六科官员定为 50 人。明代六科成为特设的独立机构，六科给事中"俱系近侍官员，与内外衙门并无行移"②，直接对皇帝负责。

关于六科给事中的职掌，万历《大明会典》载：六科给事中"职专主封驳、纠劾等事"③。即六科给事中的职掌首先是纠举弹劾稽察官员，其弹劾的对象仅为"两京大臣方面"之违法失职等官。在职权范围上，虽然六科给事中不如监察御史广泛，但六科作为自成一曹的独立监察衙门，在组织上完全独立，与都察院无隶属关系，给事中独无堂上官之约束，直接向皇帝言事弹劾。万历《大明会典》载，正统四年（1439）定："都察院具事目，请旨点差，回京之日，不须经由本院，径赴御前复奏。"④其次，六科给事中有考察拾遗的权力。万历《大明会典》规定："凡外官三年考察，京官六年考察，自陈之后，本科官同各科具奏拾遗。"⑤

另外，六科给事中有督察六部百司执行朝廷政令的权力。万历《大明会典》卷二一三载：

> 凡每日早朝，六科轮官一员于殿廷左右，执笔记录圣旨。仍于文簿内注写某日某官某，钦记相同，以防壅蔽。
>
> 凡各衙门题奏本状，奉旨发落事件，开坐具本。户、礼、兵、工、刑五科俱送吏科。每日早朝，六科掌科官同于御前进呈。
>
> 凡内官内使传旨，各该衙门补本覆奏。再得旨，然后施行。
>
> 凡六科每日收到各衙门题奏本状，奉有圣旨者，各具奏目送司礼监交收。又置簿陆续编号，开具本状，俱送监交收。凡六科每日接到各衙门题奏本章，逐一抄写书册，五日一送内阁，以备编纂。
>
> 凡各衙门题奏过本状，俱附写文簿，后五日，各衙具发落日期，赴科注销，过期延缓者参奏。⑥

由此可见，六科与六部对口登记，稽查有关案卷文书，以监督六部百司行政执行及完成情况。六科每日收到的各衙门的题奏本章，需御批的，要具奏目置文簿陆续编号，开具本状送司礼监，其余的逐一抄写书册，5 日一送内阁以备编纂。此表明六科对过往的旨章均须在 5 天内作出批决。

同时，《大明会典》还载明了六科给事中分科稽查和监督六部执行情况：

> 凡吏部引选文职官员，掌科官一员，与本部尚书侍郎同赴御前请旨选用。
>
> 凡吏部初选有司官，该领为政须知，俱先赴本科画字。
>
> 凡督抚官，三年考满到部，俱以交代入境之日为始，足三十六个月为一考，其在京在途月日，俱不准。如月日不足，未满先奏及隐匿过名者，本科参奏。
>
> 凡天下诸司官吏，三年朝觐到京，奏缴须知文册到科，查出钱粮等项数目差错者，经该官吏参奏究治。⑦

此外，万历《大明会典》中关于六科给事中职权的还有"礼仪边务"等事、"轮值登闻鼓楼""论辩"

---

① 参见（万历）《明会典》卷二，《吏部一》。
② （万历）《明会典》卷七六，《行移署押体式》。
③ （万历）《明会典》卷二一三，《六科》。
④ （万历）《明会典》卷二一〇，《都察院二·奏请点差》。
⑤ （万历）《明会典》卷二一三，《六科》。
⑥ （万历）《明会典》卷二一三，《六科》。
⑦ （万历）《明会典》卷二一三，《六科》。

"劾奏"之权等等，凡此种种，共计 36 条，恕不一一赘述。

二　明代监察体系之官员整治

明代监察体系的构建，不仅在于其庞大而严密的监察机构的设置，更重要的是还体现其对监察官员的整治。对各类各级监察官员管理的具体规定，在万历《大明会典》"百官责任条例""考复百官""急缺选用""奏请点差""出巡事宜""照刷文卷""回道考察""问拟刑名""追问公事""审录罪囚""监礼纠仪""抚按通例""巡抚六察""巡按七察""监官条款""满日选报册式""监纪九款"等条款中有非常明确的记载。

（一）关于监察官员的选任

据万历《大明会典》记载，明初就非常重视对监察官员的选任。"洪武元年，诏御史台监察御史、提刑按察司，耳目之寄，肃清百司。今后慎选贤良方正之人，以副朕意。"关于监察官员的品质，明代统治者都提出了很高的要求。朱元璋提出，监察官员作为"绳愆纠谬、拾遗补过、谏诤之臣"，"必国而忘家、忠而忘身之士方可任之"①。明代统治者认为，"御史当用清谨介直之士，清则无私，谨则无忽，介直则敢言，不能是者悉黜之"②。基于上述对监察官员的品质标准，明代统治者挑选他们认为优秀的官员进入监察机构。如万历《大明会典》载："宣德三年，令都察院选进士监生教官，堪任御史者，于各道历政三个月。考其贤否，第为三等。上、中二等，授御史。下等，送回吏部。"③

万历《大明会典》记载了许多有关监察官员选任的具体要求，这些要求主要集中在关于监察官的出身、资历、年龄和能力等方面，它们虽然在不同时期有所变化，但从总体上看一直是很严格的。正统四年（1439），要求"凡都察院各道监察御史并首领官、按察司官并首领官，自今务得公明廉重、老成历练之人奏请除授；不许以新进初仕及知印承差吏典出身人员充用"，"御史缺，从吏部于进士、监生、教官、儒士出身曾历一任者选送都察院，理刑半年，考试除授"④。到正统六年（1441），对监察官员的选任的要求更为具体，提出"凡御史员缺，于行人、博士、知县、推官、断事、理问及各衙门司务、各按察司首领官、进士监生出身一考两考者，吏部拣选送院，问刑半年，堂上官考试除授"⑤。还规定"凡都察院及按察司吏典，须于考退生员与应取吏员相参补用。不许用曾犯奸贪罪名之人"⑥。而后，为了保证监察官员的品质，除先前的要求外，又增加了监察官任职年龄的要求。如万历《大明会典》记载：

> 景泰六年奏准，进士年三十以上并历事听选监生、原系举人者，及考满在部教官该升者，通取赴吏部考选试职。……
> 成化十年，令御史缺，选进士年三十以上者，问刑半年，考试除授。博士、行人、推官、知县、兼选，仍试职。⑦

---

① （明）徐学聚：《国朝典汇》卷六八，《吏部·六科》。
② 《大明太宗文皇帝实录》卷五三，永乐四年四月甲申条。
③ （万历）《明会典》卷二〇九，《都察院》。
④ （万历）《明会典》卷二〇九，《都察院》。
⑤ （万历）《明会典》卷二〇九，《都察院》。
⑥ （万历）《明会典》卷二〇九，《都察院》。
⑦ （万历）《明会典》卷二〇九，《都察院》。

（二）关于监察官员的考核

据万历《大明会典》记载，各类监察官员均有相应的考核机构。"洪武二十六年定，监察御史从都御史考核，给事中从都给事中考核，都给事中从本衙门将行过事迹并应有过犯备细开写，送本部考核。"还规定"监察御史系耳目风纪之司，任满黜陟，取自上裁"①。

万历《大明会典》载有各级职官包括察官的职掌和事例。这也是对监察官员进行考核的依据。比如，其"百官责任条例"载有按察使的职责的规定；"都察院"载有对监察御史的选任、考核、权责、监察程序等规定；"巡抚六察""巡按七察"划定了巡抚和巡按御史的职责范围；"监纪九款""监官条款"载有监察官员应该遵循的行为规范。其中，万历《大明会典》卷二一〇《都察院·回道考察》具有代表性：

> 正统六年，诏中外风宪系纲纪之司，须慎选识量端弘、才行老成者任之。其有不谙事体、用心酷刻者，并从都察院堂上官考察降黜。
>
> 十四年，令御史差回，都察院堂上官考其称否具奏。
>
> 成化六年奏准，各处巡按御史，俱要亲理词讼。仍将本院递年发去勘合逐一问结缴报。御史回还，备开接管已未完勘合件数，具呈本院查考。
>
> 七年奏准，巡按公差御史回京，本院堂上官依旧例查勘考察。保结称职者，具奏照旧管事；若有不称，奏请罢黜。
>
> 弘治十年奏准，各处清军并巡按等项御史回京，本院考察，果有不职事迹及过违限期者，参奏罢黜。②

（三）关于对不法监察官员的惩戒

万历《大明会典》卷二〇九《都察院·纠劾官邪》中对监察官员的纠劾行为制定了严格的规范。其一，指陈实迹，明白具奏。要求"其纠举之事，须要明著年月，指陈实迹，明白具奏。若系机密重事，实封御前开拆，并不许虚文泛言。若挟私搜求细事及纠言不实者，抵罪"。"凡不公不法之事，奉有明旨令科道官记著者，务要实时纠举，不许隐匿遗漏。"③其二，秉公办事。"凡都察院、按察司、堂上官及首领官，各道监察御史、吏典，但有不公不法及旷职废事，贪淫暴横者，许互相纠举，毋得徇私容蔽"。"不许科道官挟私报复。巡按清军巡盐刷卷御史，同事地方，固宜同寅协恭亦要互相纠察，以清宪体"。④

又如，在万历《大明会典》卷二一〇《都察院·出巡事宜》中对作为监察官员的"风宪"的行为举止有明确要求。一要宣上德，达下情。提出"风宪为朝廷耳目，宣上德、达下情乃其职任。所至之处，须访问军民休戚，及利所当兴、害所当革者，随即举行；或有水旱灾伤当奏者，即具奏。不可因循苟且，旷废其职"⑤。二要明白正大。要求"风宪存心须要明白正大。不可任一己之私，昧众人之公。凡考察官吏廉贪贤否，必于民间广询密访，务循公议，以协众情。毋得偏听及辄凭里老吏胥人等之言，颠倒是

---

① （万历）《明会典》卷一二，《吏部》。
② （万历）《明会典》卷二〇九，《都察院》。
③ （万历）《明会典》卷二〇九，《都察院》。
④ （万历）《明会典》卷二〇九，《都察院》。
⑤ （万历）《明会典》卷二一〇，《都察院》。

非。亦毋得搜求细事，罗织人过，使奸人得志、善人遭屈"①。三要存心忠厚，即"风宪官当存心忠厚。其于刑狱，尤须详慎。若刻薄不仁，专行酷虐，不思罪有大小，罚有重轻，一概毒刑以逞，动辄棰人致死，不惟有失朝廷钦恤之意，抑且祸及身家，虽悔无及"。②四要持身端肃，公勤谨慎。要求"风宪须持身端肃，公勤谨慎，毋得亵慢怠惰。凡饮食供帐，只宜从俭，不得逾分"③。五要循理守法。提出"风宪之任至重，行止语默须循理守法"。另外，还要求监察官员"所至之处，博采诸司官吏，廉勤公谨者，礼待之，荐举之；污滥奸佞者，戒饬之，纠劾之"④，等等。

在此基础上，万历《大明会典》中还规定了大量惩治不法官吏的条款。其中，除规定了对所有官吏违法行为的惩罚外，还特别设立了对监察官员犯罪加重处罚的规定，等等。

三　明代监察体系之协调运转

为使监察体系真正发挥作用，对监察范围的框定以及对监察官吏职权的分配与分工也是至关重要的。明初，统治者就通过行政法规、钦颁敕书确定监察职能的范围以及分工，以利于其监察体系的协调运转。

（一）确定广泛的监察范围

1. 监察对象广泛

明代监察体系不仅包括对百官的监察，还有对皇帝的监察。在当时，监察官弹劾的对象自皇帝以下几乎已无任何限制，上至朝廷要臣，下至普通官员，无不网罗其中；而监察官自身也要相互接受监督，如万历《大明会典》卷二一〇《都察院三·回道考察》就是都察院对出巡御史的监察法规；对皇帝的监督，虽然称不上真正意义上的监察，更无可能对其进行纠劾，但是对其可以进行言谏。

2. 监察职权的内容广泛

明代监察体系最基本的职责是纠察百官，弹劾结党营私贪污渎职徇私舞弊的不法官吏，同时还兼有推鞫狱讼即参与审理案件以及监督财政收支的职责。如万历《明会典》卷二〇九记载："都御史职专纠劾百司，辩明冤枉，提督各道，及一应不公不法等事。"⑤除此之外，监察官职掌还包括监察礼仪、学校、军队、治安、馆驿以及言事谏诤、荐举人才、赈济灾荒等等，可谓涉及社会生活的方方面面。

3. 监察的程序涉及事前、事中和事后

万历《大明会典》对监察官所作的一些特别规定中诸如禁止官吏"宿娼""娶部民妇女为妻妾"、"奸部民妻女""任所置买田宅"等条款，都属事前监察，旨在规范官吏的言行作风，防止腐败等不法现象的滋生；巡按御史的监察则是典型的事后监察，因为巡按出巡专掌监察，对其出巡地区的事务，可以在事情进行过程当中享有一定的干预、指挥、处置的权力，严格监督事情是否按正常合法的程序进行，以减少不法现象以及危害结果的发生，故巡抚的监察主要是一种事中监察。

（二）监察主体之间相互监督、相互纠举

除了详细规定各监察官吏的具体职权，明代统治者还规定不同类型、不同级别的监察主体之间可以

---

① （万历）《明会典》卷二一〇，《都察院》。
② （万历）《明会典》卷二一〇，《都察院》。
③ （万历）《明会典》卷二一〇，《都察院》。
④ （万历）《明会典》卷二一〇，《都察院》。
⑤ （万历）《明会典》卷二〇九，《都察院》。

相互监督、相互纠举，以保证监察体系的内部纯洁、稳定以及办事效率。

1. 都御史与监察御史、巡按

都御史与监察御史、巡按之间是一种上下监督关系。由于都御史职掌"纠劾百司"，故隶属都察院的监察御史须接受其监察和弹劾，据《大明会典》记载：

> 成化六年奏准，各处巡按御史，俱要亲理词讼。仍将本院递年发去勘合逐一问结缴报。御史回还，备开接管已未完勘合件数，具呈本院查考。
>
> 七年奏准，巡按公差御史回京，本院堂上官依旧例查勘考察。保结称职者，具奏照旧管事；若有不称，奏请罢黜。
>
> 弘治十年奏准，各处清军并巡按等项御史回京，本院考察，果有不职事迹及过违限期者，参奏罢黜。①

反之，十三道监察御史"主察内外百司之官邪"，都察院自然也在其监察范围之内。

2. 都御史与六科给事中

都察院与六科给事中均系直接听命于皇帝的中央监察机关，地位相互独立，然"都御史职专纠劾百司，辩明冤枉，提督各道，及一应不公不法等事"②，故都御史可以监督弹劾给事中。同时，为了牵制朝廷大臣，明太祖设立六科给事中并赋予其种种监察特权，使之能揭发检举出朝廷要官中的腐败不法分子。

3. 御史与按察司

御史与按察使都是监察地方的风宪官。明初，监察御史及按察司分巡官巡历所属各府州县，颉颃行事，即指二者双方共同行事，地位不相上下，可以互相举纠。当然，作为地方常设的监察官，按察使也享有对御史的纠劾权。洪武朝以后，随着权力的加重，巡按御史获得了对按察使的举劾权。弘治九年（1496），"在外布、按二司府州县等官及教官有政绩才行者，并许抚、按奏举"③，赋予了巡按御史对布政司、按察司官员的举荐权，并随着巡按御史权力不断加大，按察司官员职权日渐缩小，监察御史及按察司并重的监察体制遭到破坏。据万历《大明会典》记载："追后按察司官听御史举劾，而御史始专行出巡之事。"④

另外，六科内部以吏、户、礼、兵、刑、工分隶，各部之间同样也实行互相监督，"其事属重大者，各科皆得通奏。但事属某科，则列某科为首"⑤。

总之，万历《大明会典》在记载明代的纲举目张、系统而缜密的监察法律法规体系的同时，还记载了一个以都察院为中心的覆盖面广、功能强大的监察体系。明代监察体系，对于维护明代封建统治秩序发挥了重要作用，其经验教训对于我们今天做好监察工作以及反腐廉政建设有诸多有益的启示。

[作者单位：河南师范大学历史文化学院]

---

① （万历）《明会典》卷二〇九，《都察院》。
② （万历）《明会典》卷二〇九，《都察院》。
③ （万历）《明会典》卷一三，《举劾》。
④ （万历）《明会典》卷二一〇，《都察院·出巡事宜》。
⑤ （清）张廷玉：《明史》卷七四，《职官三》。

弘光朝崇祯帝庙谥改易考述

吴 航

明崇祯十七年（清顺治元年，1644）三月十八日，李自成农民军攻陷北京。次日，崇祯帝与太监王承恩对缢于煤山寿皇亭海棠树下，明朝中央政权覆亡。时人称之为"开辟未有之变""地覆天翻千古非常之奇变"①。嗣后，清顺治朝廷与南明弘光政权都为崇祯帝后举办发丧成礼、拟改庙谥等重要礼仪活动，颇费了一番功夫。②本文重点考述弘光朝关于崇祯帝后庙谥的初拟、改易之经过以及其政治意义，以求教于方家长者。

一 崇祯帝庙谥之初议

由于崇祯帝因李自成农民军攻陷北京而自缢，明清双方均大张旗鼓地将"剿寇灭贼"作为政治目标，将李、张农民军视为共同敌人，甚至曾有联合"剿寇"作为短期目标。

崇祯十七年五月初三，福王朱由崧在陪都南京被诸臣拥立监国，连续向全国发布两道关于崇祯帝已亡、福王监国的重要谕旨。哀谕云："维先帝以天纵神资，丕承祖宗鸿绪，适逢国步多艰，民生日蹙，而勤学力政，罔有休暇，以尧舜之深仁，挽叔季于唐虞。念兹在兹，无时或怠，自有生民以来，未有如先帝之焦劳者也。"赦谕则曰："其在大行皇帝，躬行节俭，励志忧勤，宵旰十有七载，力图剿寇安民。昊天不吊，寇虐日狎，乃敢震惊宫阙，以致龙驭升遐，英灵诉天，怨气结地。"③可见，弘光帝监国之初，已对崇祯帝的道德功业作出初步鉴定与评价，奠定了后来讨论庙谥的基调。

按照明朝礼仪制度和政治文化传统，帝王去世之当年，新皇帝登基之时，即将前任皇帝即议上尊谥、庙号的易名之典提上日程。南京礼部衙门作为当时明朝政权的重要行政部门，负责讨论、拟订崇祯帝庙谥事宜。五月十三日，即弘光帝登基前两天，南京礼部右侍郎顾锡畴疏请先帝、先后尊谥，曰：

> 本朝代兴之际，典礼具存。揆之今日，微有不合。臣等痛念大行皇帝刚明勤俭，备有令德。一旦悲缠亳社，恸深麦秀，十七年敬天畏民、忧深远虑之圣主，含愤戢恨，臣等何心，尚存颜面？今赖天地社稷之灵，国有君矣。殿下又厉志图报，此贞臣志士无不荷戴而叱剑也。大宝将新，而大行

---

① （清）夏燮撰，沈仲九标点：《明通鉴·附编》卷一上，北京，中华书局，2009年，第3191～3192页。
② 柳亚子早年曾撰《季明四帝谥法考》，对崇祯帝庙谥已有一定梳理（载《南明史纲、史料》，上海人民出版社，第1页、第104～105页）。但是，由于明末清初历史的复杂性与文献史料的分散性，使得长期以来对崇祯帝庙谥的由来及改易存在种种认知误区，甚至当时的人们已经混淆不清。田冰《明代官员谥号研究》认为崇祯帝庙号"毅宗"，至清乾隆时上尊谥"庄烈愍皇帝"，且称："明代十六位皇帝中除建文、景泰、崇祯之外，其他十三位皇帝死后依照谥法十七字定例，得到应有的尊谥"；"明代建文、景泰、崇祯三位皇帝的谥号未遵循皇帝谥法十七字之规，建文、崇祯为三字谥，景泰为五字谥，应视为异典"（北京，中国社会科学出版社，2012年，第40页、第44页）。此一论断严重忽略了顺治朝与弘光朝议定、改易崇祯帝庙谥的重要史实。
③ （明）谈迁：《国榷》卷一〇一，崇祯十七年五月辛卯，北京，中华书局，1958年，第6084～6085页。关于福王监国之日，发布赦谕、哀谕时间，李清《南渡录》系之于五月初三，谈迁《国榷》则系之于五月初四；且两书所载先后顺序不同，《南渡录》依次为赦谕、哀谕，《国榷》则为哀谕、赦谕。李清、谈迁俱在南京，或任职，或入幕，皆为亲历其事者，然记载时间偶有不同。

帝后乘龙铸鼎之气，震荡流越，即馨劳荐玉，觉有痛无声，有哀无泪。十六朝天子宁堪见也？宜亟命九卿、科道会议，早上尊谥。俟释服，奉主入庙，以妥先灵。若坐需岁月，拘守旧章，恐怨恫之甚，南望无归，冤惨之极苍穹莫诉。臣等迫切哀吁以闻！①

顾氏疏中所云"大宝将新"，指弘光帝已经监国但尚未登基。出于"灭寇复仇"，鼓舞士气的政治需要，弘光帝采纳了这一建议，"命上大行皇帝、皇后尊谥"②。

明朝谥法规定："凡谥，帝十七字，后十三字，妃、太子、太子妃并二字，亲王一字，郡王二字，以字为差。"③而已故皇帝、皇后谥号的讨论，一般是由内阁、礼部各拟一个，最后由新皇帝钦定其一。"故事，议大行皇帝谥，阁臣、宗伯各据谥典拟上，制可而行。"④

六月初六日，内阁、礼部各议上崇祯帝后谥号。谈迁《国榷》记载：

> 壬戌，南京礼部尚书顾锡畴拟上大行尊谥"绍天绎道刚明恪俭揆文奋武敦仁懋孝干宗烈皇帝"、"孝节贞肃渊恭庄毅奉天靖圣烈皇后"。盖列圣继美，谥号几遍，广参经史，理无拘牵。今"烈"之一字，询谋佥同。所未敢即安者，惟庙号。阁臣（高）弘图恭拟曰"思"，臣部则恭拟曰"干"。先帝十七年忧勤，庶得自潜至亢、不失其正之义。今并拟进呈，祈圣明裁定。得旨：大行皇帝庙号曰"思宗"，余如议。⑤

又，李清《南渡录》称：

> 戊午……上大行皇帝尊谥曰"绍天绎道刚明恪俭揆文奋武敦仁懋孝烈皇帝"，庙号"思宗"。皇后曰"孝节贞肃渊恭庄毅奉天靖圣烈皇后"。时议定先帝庙号，礼臣顾锡畴拟"干宗"，"思（宗）"则阁臣（高）弘图拟也。⑥

又，徐鼒《小腆纪年附考》记载：

> 壬戌，明上崇祯帝、后谥号。帝谥曰"绍天绎道刚明恪俭揆文奋武敦仁懋孝干宗烈皇帝"，庙号"思宗"，后谥曰"孝节贞肃渊恭庄毅奉天靖圣烈皇后"。大学士高弘图所拟也。谕曰：考据典则，备极徽隆，不必再改，即颁诏行。⑦

以上三种记载说明，弘光朝臣根据崇祯帝后在位十七年间的道德与功业，严格遵守明朝皇帝十七字、皇后十三字的谥法，拟议崇祯帝尊谥为"绍天绎道刚明恪俭揆文奋武敦仁懋孝烈皇帝"，周皇后尊谥为"孝节贞肃渊恭庄毅奉天靖圣烈皇后"。与明代列帝尊谥一样，崇祯帝尊谥亦含有"天""道""文""武"

---

① （明）谈迁：《国榷》卷一〇一，崇祯十七年五月庚子，第6097页。
② （明）李清：《南渡录》卷一，崇祯十七年五月庚子，杭州，浙江古籍出版社，1988年，第11页。
③ （清）张廷玉等：《明史》卷七二，《职官志一》，北京，中华书局，1974年，第1749页；龙文彬：《明会要》卷一九，《礼十四·谥法上》，北京，中华书局，1956年，第308页。
④ （清）徐开任：《明名臣言行录》卷九四，《高弘图》，《续修四库全书》，上海，上海古籍出版社，1996年影印，第521册，第739页；（清）徐秉义撰，张金庄校点：《明末忠烈纪实》卷一二，《高弘图传》，杭州，浙江古籍出版社，1987年，第216页。
⑤ （明）谈迁：《国榷》卷一〇二，崇祯十七年六月壬戌，第6112页。
⑥ （明）李清：《南渡录》卷一，崇祯十七年六月戊午，第25页。
⑦ （清）徐鼒撰，王崇武点校：《小腆纪年附考》卷六，顺治元年六月壬戌，北京，中华书局，1957年，第190页。

"仁""孝"诸字，显现出崇祯帝治国安邦的政治理念与基本法则，蕴含着中国传统文化的精髓。① 皇帝"庙谥十六字，归重只在末一字，以特为尊"②，故崇祯帝十七字尊谥最后的"烈"字特别重要。鉴于崇祯帝身殉社稷，为千古义烈，但内阁、礼部在崇祯帝庙号的拟订上出现了严重分歧，礼部尚书兼东阁大学士高弘图拟为"思宗"，礼部尚书顾锡畴拟为"干宗"，最后弘光帝钦定为"思宗"。

需要补充说明的是，不管是东阁大学士高弘图所拟庙谥还是礼部尚书顾锡畴所拟庙谥，均由幕宾出谋划策。谈迁记载："先是，张藐山总宪同予私拟先帝尊谥，予拟'烈宗'，总宪善之。即拟'烈宗敏皇帝'，以语高相国辈，佥曰'烈宗'断不可易。相国曰：《尧典》，'钦明文思'，独'思'字未谥，以谥先帝何如？各称善。居亡何，宗伯顾锡畴奏拟'干'。"③ 谈迁身居东阁大学士高弘图、吏部尚书张慎言幕府，又亲自参与拟议庙谥之事，所记当有根据。他所拟庙号"烈宗"，被高弘图改为"思宗"。而顾锡畴所拟庙号，据称出自门客谢复元之手。"当日南京新立，邦礼繁多，礼部尚书顾锡畴素不考古，一切谥号，悉听其门人谢复元撰定。以不学之宗伯，任委巷之小夫，逞其胸臆，目无旁人，以至谥册一颁，天下用为讥笑矣。"④ 谢复元字震生，苏州府昆山县诸生。受饩游太学，为顾锡畴所知。⑤ 顾炎武与顾锡畴同族，且二顾与谢氏同是昆山人，其言当自有渊源。

与之相先后，与崇祯帝后相关的其他活动也陆续展开。五月二十四日，姜曰广请恭访崇祯帝梓宫及皇太子、二王，报可。⑥ 根据礼部右侍郎管绍宁的奏请，又诏令史可法遣官访求崇祯帝梓宫及太子、二王。⑦ 六月初一，山西道御史米寿图请遣官治崇祯帝陵并祭告，报闻。⑧ 而《南渡录》则载，六月初二，"命遣官往北，监营大行皇帝山陵，祔葬祖陵，并申祭告"⑨。值左懋第、马绍愉、陈洪范北上与清朝讲和之际，高弘图连上六事，第一便是准许在昌平天寿山特立崇祯帝陵墓，选吉日进行改葬，获得弘光帝允许。⑩

二　改易庙号"思宗"之争

弘光帝采纳东阁大学士高弘图的意见，钦定崇祯帝的庙号为"思宗"。至此，崇祯帝后易名之典本应完毕，成为南明臣民奉行的官方依据。然而，由于变乱之际，弘光帝为诸重臣拥立，实际权力为权臣所操纵；且文恬武嬉，结成党羽，各自为政，打击异己，批驳蜂起。崇祯帝庙号改易之争反而成为弘光朝内派系斗争的导火索之一。

时勋贵忻城伯赵之龙等人，以"思"非美谥，率先提出质疑，挑起是非，结果引起大范围的争议。礼部尚书顾锡畴前拟"干宗"遭拒，亦趁机再疏请改。但高弘图力持"思宗"之议，并得弘光帝支持。《南渡录》记载：

---

① 田冰：《明代官员谥号研究》，中国社会科学出版社，2012年第42页。
② （清）孙承泽撰，王剑英点校：《春明梦余录》卷四〇，《礼部二·谥法》，北京，北京古籍出版社，1992年，第762页。按：原文中所云"十六字"，或为"十七字"之讹。
③ （明）谈迁撰，罗仲辉、胡明校点校：《枣林杂俎·智集·逸典》"先帝改谥"条，北京，中华书局，2006年，第93页。
④ （清）顾炎武：《亭林余集·庙号议》，华忱之点校：《顾亭林诗文集》，北京，中华书局，1959年，第150页。
⑤ （清）李铭皖修，冯桂芬等纂：同治《苏州府志》卷九四《人物志》二十一，《中国地方志集成·江苏府县志辑》，南京，凤凰出版社影印，2008年，第9册，第462页。按：殿本《明史》、同治《苏州府志》顾氏本传俱不载此事。
⑥ （明）谈迁：《国榷》卷一〇一，崇祯十七年五月辛亥，第6105页。
⑦ （明）李清：《南渡录》卷一，崇祯十七年五月辛亥，第20页。
⑧ （明）谈迁：《国榷》卷一〇二，崇祯十七年六月丁巳，第6110页。
⑨ （明）李清：《南渡录》卷一，崇祯十七年六月戊午，第25页。按：诸书记载此事多系于六月壬戌（初六日）。
⑩ （清）徐秉义撰，张金庄校点：《明末忠烈纪实》卷一二《高弘图传》，第216页；（清）徐鼒：《小腆纪传》卷一一《高弘图传》，北京，中华书局，1958年，第134页。

己卯，礼部更议"思宗"庙号以请，诏仍旧。时忻城伯赵之龙疏言"思"非美谥，援证甚核。礼臣顾锡畴改拟"正宗"以请，阁臣固执前拟，上重违其意，命仍之。①

据上述，值赵氏请改之际，顾氏再疏请改"干宗"为"正宗"，亦不获允。钱海岳据此载入《南明史》，称："时议上先帝庙谥，锡畴初拟'干宗'，再拟'正宗'，以高弘图不从，定用'思宗'。"② 但《国榷》载："礼部尚书顾锡畴，是日疏亦如之。顾锡畴前拟庙号'干宗'。"③ 则顾氏确已再疏请改，但是否改"干宗"为"正宗"，并无确凿根据。可能是继续坚持前议"干宗"，而排抑高弘图所定庙号"思宗"。存此俟考。

关于此事，他书记载亦多如此。查继佐《罪惟录》云："上熹宗张皇后尊谥，及大行皇帝庙谥'思宗烈皇帝'。忻城之龙以'思'非美号，请改。"④《明史》称："时定大行皇帝庙号为'思宗'，忻城伯赵之龙言'思'非美称，援证甚核；锡畴亦以为然，疏请改定。大学士高弘图以前议自己出，力持之，遂寝。"⑤ 龙文彬《明会要》引证《御定资治通鉴纲目三编》亦称："是年，追谥崇祯帝曰'烈皇帝'，庙号'思宗'。时朝廷大议，多出高宏图手。赵之龙欲倾宏图，以'思'非美谥，上疏纠驳。"⑥

赵之龙请改庙号之奏疏，见诸《国榷》，云：

> 阁臣高弘图拟先帝尊谥曰"烈"，庙号曰"思"。臣按谥法，刚正曰"烈"，有功安民、秉德尊业曰"烈"，此无庸易矣。独"思"字有未安。考谥法，道德纯一曰"思"，大省兆民、外内思索曰"思"；谋虑不愆、念终如始曰"思"。又，追悔前过曰"思"。则"思"故美恶相兼之谥也。历览四千载，无以"思"谥天子。独宋高宗称"思陵"，汉刘宇、刘荆、魏曹植皆谥"思王"。汉刘苍、刘中时皆谥"思侯"。当时未尝不以为下谥也。国朝弘治以来，代王聪沐、均王载（土凤）皆追谥曰"思"。嘉靖中，秦府东川王秉榣谥"思裕"。弘治中，阁臣彭华谥"文思"。则亦未尝以为美谥也。
>
> 今察上谥，如文、武、成、宣、章、光、英、毅、纯、仁、孝、献、睿、哲、庄、敬、贞、肃、宪、神、穆、昭、显、熹、景等外，如照临四方、思虑果远、独见先识曰"明"；纯行不爽、安民法古曰"定"；守礼执义曰"端"；恭己正身曰"靖"；温恭朝夕曰"恪"；制事合宜、见义能终曰"义"。今若庙号为"烈"，则前数字似皆可谥也。此外，执义扬善曰"德"，通明曰"圣"，厚于礼曰"圣"，众善播扬曰"圣"。诚大行受大名之义也。乞下阁部详酌，再令诸臣集议，取定圣裁。⑦

当时士大夫基本认同了高弘图所上崇祯帝尊谥所称"烈"字，但赵之龙认为庙号"思宗"不足以彰显崇祯帝的品行与功德。因为按照谥法，"思"字义兼美恶，"道德纯一""大省兆民""谋虑不愆"等足以形容崇祯帝的道德与功业，而"追悔前过"于崇祯帝实有讥刺之嫌。他以明代以前庙谥往例，说明历朝历代无有以"思"字给谥天子的情况，且此前"思"字"未尝不以为下谥"，至今"亦未尝以为美谥"。于是，他列举明、定、端、靖等字，自以为此上等谥号与崇祯帝的品行与功德相符，以供内阁、礼部讨论，最后交由弘光帝裁决。

---

① （明）李清：《南渡录》卷一，崇祯十七年六月己卯，第50页。
② 钱海岳：《南明史》卷四二，《顾锡畴传》，北京，中华书局，2016年，第2019页。
③ （明）谈迁：《国榷》卷一〇二，崇祯十七年六月辛未，第6119～6120页。
④ （清）查继佐：《罪惟录·帝纪》卷一八，《安宗简皇帝纪》，杭州，浙江古籍出版社，2012年，第389～390页。
⑤ （清）张廷玉等：《明史》卷二一六，《顾锡畴传》，第5722页。
⑥ （清）龙文彬：《明会要》卷一，《帝系一·帝号杂录》，第15～16页。
⑦ （明）谈迁：《国榷》卷一〇二，崇祯十七年六月辛未，第6119～6120页。

至于勋臣赵之龙所为，实非其个人行为。《明季南略》载："六月初六壬戌，谥大行皇帝曰'思宗烈皇帝'，皇后曰'孝节皇后'。《大事记》云：六月廿三日，御定先帝庙号'思宗'。先是，阁臣高弘图奉旨撰拟，已经点用。及考据典则，备极徽隆，不必再改。下部久矣，着即颁诏行。至七月初七日，遣各官颁行追尊谥号，诏于天下。而《甲乙史》云：六月廿一，忻城伯赵之龙奏辩先帝不当庙号曰'思'，'思'字非美字。盖之龙实不识一丁，李沾嗾使排高弘图也。"① 文秉《甲乙事案》说得更清楚："忻城伯赵之龙疏请改先帝庙号。之龙奏先帝不当庙号曰'思'，'思'非美字。盖谥号系高弘图所定，李沾草疏授之龙，使奏之，为逐弘图地，之龙实不识一丁也。"② 徐鼒《小腆纪年附考》亦称："赵之龙请改思宗庙号，不许。之龙纠高弘图议庙号之失，谓'思'为下谥。之龙不识，李沾衔之也。"③ 可见，赵氏原无学识，此举并非其独立行为，疏则实系李沾代笔、授意。

赵之龙七世祖赵彝，靖难之役时率先降附燕王，多积战功，后封忻城伯。数传至赵之龙，崇祯末奉命协守南京。④ 而李沾系崇祯元年（1628）进士，历任慈溪、惠安知县，迁南京吏科给事中，与刘孔昭、赵之龙等交契。⑤ 明亡后，潞王朱常淓、福王朱由崧同时至南京。马士英密结勋臣刘孔昭、赵之龙和李沾等人，拥立福王。福王登基后，马士英"挟拥戴功，内结之龙及勋臣朱国弼、刘孔昭并镇臣刘泽清、刘良佐等，擅朝政"⑥。及叙定策功，李沾擢任吏科都给事中，后加太常少卿，提督四夷馆，再晋太子太保、左都御史。史载："马士英当国，与刘孔昭比，浊乱国是，内则韩（赞周）、卢（九德）、张（执中）、田（成），外则张（捷）、李（沾）、杨（维垣）、阮（大铖），一唱群和。"⑦ 故徐开任《明名臣言行录》直称作："时公拟'思宗'，顾锡畴拟'干宗'。诏曰：先帝称'思宗'可。忻城伯赵之龙以世胄上言'思'非美谥，实士英衔使倾公也。"⑧ 赵氏所上奏疏虽系李沾代笔，其背后则是马士英集团支撑。所以，赵、李与马士英之流欲倾覆东林"正人"的派系之争已初现端倪。

对于李、赵之流"援证甚核"的攻伐，高弘图予以激烈批驳。其疏称：

> 天子称天以谏，明非臣子所得私也。尧、舜、禹、汤，世称美谥，同天地不毁。文王之文，经天纬地。武王之武，戡祸定乱。自昔遗徽，义有单复。若必博涉众流，意该美备，则季孙行父可匹西伯，宁俞遂拟世室也。谥以人重，非谥能重人。容仪恭美，鲁昭公见刺于《春秋》。而本朝以之尊仁庙，非容仪恭美之谓也。且夸志多穷，武亦有累。愍民惠礼，文非绝德，而周家推美文、武，历代帝王多因之作美号。
>
> 本朝文武诸臣谥，例由阁臣两议，各具释义，请旨点定。至关及乘舆，惟定议上裁，事体各异。《书》曰："天降下民，作之君，作之师。"先帝勤恤民隐，惩贪录廉，屡诏蠲逋，表章六子，一闻寇、胡，恻惕靡宁，升遐之日，犹念及百姓。君师之义，先帝克尽无憾。臣故就谥法，大省兆民曰"思"，举其巨重。若今昔诸臣，有同斯谥，意或别议，岂在兆民？彭文宪之"宪"，讵同宪庙？王文成之"成"，难例成祖。必引类苛指，拘牵旧文，则亡论往代，即本朝之二祖列宗，俱可得而再议也。何止先帝为哉！⑨

---

① （清）计六奇撰，任道斌、魏得良点校：《明季南略》卷二"先帝谥号"条，第67页。
② （清）文秉：《甲乙事案》卷一，《续修四库全书》，上海，上海古籍出版社，2000年影印，第443册，第527页。
③ （清）徐鼒撰，王崇武点校：《小腆纪年附考》卷六，顺治元年六月己卯，第212页。
④ （清）张廷玉等：《明史》卷一四六，《赵彝传》，第4104页。按：计六奇《明季南略》卷四（第217页）"十四日乙未"条记载："赵之龙，号易庵，河南仪封籍，南直虹县人。太子太保、忻城伯。"
⑤ 钱海岳：《南明史》卷一一七，《奸臣传》，北京，中华书局，2016年，第5409~5410页。按：李沾，字公受，松江府华亭人。
⑥ 王钟翰点校：《清史列传》卷七九，《贰臣传乙》，第6546页。
⑦ （清）计六奇撰，任道斌、魏得良点校：《明季南略》卷二"朝政浊乱"条，第104页。
⑧ （清）徐开任：《明名臣言行录》卷九四，《高弘图》，第739页。
⑨ （明）谈迁：《国榷》卷一〇二，崇祯十七年六月戊寅，第6123页；（清）徐开任：《明名臣言行录》卷九四，《高弘图》，第739页；（清）徐秉义撰，张金庄校点：《明末忠烈纪实》卷一二，《高弘图传》，杭州，浙江古籍出版社，1987年，第216页。俱载录高氏奏疏核心内容，与《国榷》所录，互有详略，文字略有差异，文繁不录。

高弘图在李、赵等人强大的政治压力下，从大处着眼，提出"谥以人重，非谥能重人"的根本性原则，强调庙号"思宗"之拟立足于崇祯帝十七年的道德功业，符合"大省兆民"之义，且称"思宗"庙号与古今人臣"思"谥，实非一辙。

经过高弘图与赵、李的往复辩驳，弘光帝再次下诏仍谥为"思宗"，立即颁行。《南渡录》载，七月初二日，因太庙尚未建成，祭祀明太祖以下诸帝于奉先殿，以崇祯帝后祔祭。① 管绍宁撰《上烈皇帝谥号祭告文》称：

> 维崇祯十七年七月壬申丙戌朔旦，越三日戊子，嗣皇帝御名□□敢昭告于大行皇帝曰：伏以孝莫大于继志，礼莫重乎尊亲，兹以凉德绍休大统，追王之礼，不敢不备，敬遵先志，并循彝典，于本月初三日恭上大行皇帝尊谥曰"绍天绎道刚明恪俭揆文奋武敦仁懋孝烈皇帝"，庙号"思宗"；大行皇后尊谥曰"孝节贞肃渊恭庄毅奉天靖圣烈皇后"。谨以牲醴庶品，祭告几筵，颁示中外，惟神洋洋，鉴兹虔心。尚飨！②

管绍宁又撰《上思宗谥诏》，略云：

> 诏曰：昊天降割，悲龙驭之升遐。圣德崇隆，惟鸿称之允协。制既除于易月，谥谨上于称天。恭惟我大行皇帝，抚亿兆人，踰十七载，望云就日，帝尧之钦明，菲食恶衣，神禹之恭俭。爰自龙飞代邸，即从容而定恭显之奸。继遭豕突都门，更指挥而成方诏之绩。祇事郊庙，对越必虔；步祷坛林，滂沱立应。时撤乐而减膳，岁蠲租而省刑。闻善必行，沛若江河之决；□幽不烛，炯如日月之明。庞恩茂展于懿亲，睿虑弥周于□□。六宫有弋□之俭，乙夜无释卷之时。功既巍巍，德亦荡荡，上可以方辀姚姒，下可以跨迹高光。然犹驭朽索以兢怀，揽宵衣而惕虑。求贤若渴，不难奉国以从；视民如伤，何止推心而置。自三代以来，圣武仁俭，未有如先帝者也。……其上大行皇帝尊谥曰"绍天绎道刚明恪俭揆文奋武敦仁懋孝烈皇帝"，庙号"思宗"；大行皇后尊谥曰"孝节贞肃渊恭庄毅奉天靖圣烈皇后"。呜呼！哀思展礼，一人崇追祀之忱；表德扬徽，万国企骏尊之愿。尚期举朝尝胆，率土枕戈，思而益思，俘国仇而陈宗庙；烈以成烈，复神京而奠簋钟。诏告中外，咸使闻知。③

以上两份官方文书显示，弘光朝臣普遍希望尽快完结有关崇祯帝庙谥的礼仪事项，将主要精力放在"剿寇报仇"上来，希望举朝上下，同仇敌忾，卧薪尝胆，枕戈待旦，借此思考明亡教训，以中兴明朝。

围绕改易崇祯帝庙谥的政治风波，经过权臣的两轮探讨、东阁大学士高弘图的高调坚持而弘光帝的再度"钦定"，典礼告成并昭告全国，成为定论。至此，本应画上一个圆满的句号，弘光朝臣应同心协力，将主要精力放在"足饷足兵""抗虏御寇"的大事上。比如，远在滇南，"有使臣赍孝诏至，开读后，各官易服守制。惟沐国公蹯踊哀号，废食者数日，于大行皇帝位前哭，誓与李贼不俱生。服阕，即整顿器械，选练兵士，传檄各土司，有能出精锐兵一百名者，荫一子为监"④。

---

① （明）李清：《南渡录》卷二，崇祯十七年七月丁亥，第53页。
② （明）管绍宁：《赐诚堂文集》卷一〇，《上烈皇帝尊谥祭告文》，《四库未收书辑刊》，北京，北京出版社，2000年影印，第6辑第26册，第222页。按：祭文时间系以七月初三日戊子，与《南渡录》所记七月初二稍异。
③ （明）管绍宁：《赐诚堂文集》卷一〇，《上思宗谥诏》，第223页。
④ 旧题海宁三百二十甲子老人校录：《明末滇南纪略·滇南总论》，《狩缅纪事》外三种本，杭州，浙江古籍出版社，1986年，第31～32页。

三 庙号"毅宗"之改定

按理来说，改易崇祯帝庙谥的政治风波，经过弘光帝的两度"钦定"，本应画上了一个圆满的句号。不意次年二月，弘光帝下诏为崇祯帝修纂《实录》①，改易庙谥风波再起。

事实上，修纂《实录》原是承袭明朝政治文化传统的政治活动，且自唐宪宗以来，例以庙谥称《实录》。弘光帝既已两度诏定崇祯帝庙号为"思宗"，故其书称作"明思宗实录"即可。之所以会有第二次改易庙谥的呼声，主要是史可法、高弘图、张慎言等东林"正人"先后被排挤出权力核心，马士英等把持朝政，掌握实际权力。"障碍"自动消除。

此次改易由工科都给事中李清率先提出。《国榷》载："南京工科都给事中李清请修先皇帝《实录》，并易'思宗'庙号，及谥东宫、二王。从之。"②《罪惟录》称："会给事中李清请修先帝《实录》及改谥号，并上先太子、二王谥。……改先帝谥号'毅宗烈皇帝'。"③李清自记亦称：

> 乙卯，命改思宗庙号，并议东宫、二王谥。从工科都李清言也。疏言："臣记泰昌初拟神宗曰'恭宗'，以'恭'之取名美耳。但因晋、隋诸恭帝，皆以逊位而谥，则美反为疵，易'恭'而'神'，变之正也。若'思'之为谥，亦晋人谥亡国刘禅者。一昏庸，一英明，异行同号，虽美亦疵。企敕部酌议，或易庙号，或以'烈'为庙号，而谥则另议。若谓明诏既颁，难于中改，则何不乘此东宫、二王将议成服时，而以更议先帝庙号者，并议东宫、二王谥，然后同诏海内，矫正前误。盛举，亦往例也。"允之。④

李清以万历帝庙号曾经更改为借口，认为改易崇祯帝庙号"思宗"亦无不可；又称英明神武的崇祯帝被谥为"思宗"，与西晋追谥昏庸无能的蜀汉后主刘禅为"汉思公"，如出一辙，"异行同号，虽美亦疵"，更何况"思"有恶谥的一面呢？据此，他提出两种方案：一是直接改易庙号"思宗"，重拟庙号；二是以"烈宗"为庙号，而尊谥另议。希望乘议定太子、二王谥号之机，同时颁诏天下，以矫正此前庙号"思宗"。弘光帝允其请。

在本次改易庙号中，时任礼部右侍郎行尚书事的管绍宁发挥了实际作用。《三垣笔记》载："弘光初，先以高辅弘图之请，上帝庙号曰'思宗'，予上疏请改，屡拟皆驳。最后管少宗伯绍宁疏言：'谥法，庙号不妨互见。如我朝有睿皇帝又有睿宗，有仁祖又有仁宗。卜世无穷，而嘉名有限！'乃以'敬宗'与'毅宗'并请，诏用'毅'。"⑤管绍宁以"敬宗"与"毅宗"并请改用之说，目前仅《三垣笔记》述及，且《南渡录》仅载"毅宗"之说，不记"敬宗"。因此，即有人认为首先提议改作庙号"毅宗"，系管绍宁所为。杨廷鉴《管公诚斋墓志铭》载："金陵再奠，方谓复仇雪耻可期，陛见之日，即拜疏恳探大行皇帝、后梓宫。随蒙旨允，遣官恭访。……莅任之日，首议上大行皇帝、后谥号。"⑥邵长蘅《神道碑铭》则称："宏光立甫八日，公以少詹事陛见，力请谒梓宫，省陵寝，伏地流涕，宏光为愀然改容。其

---

① （明）李清：《南渡录》卷四，弘光元年二月甲子，第210页；（清）徐鼒撰，王崇武点校：《小腆纪年附考》卷八，顺治元年九月辛卯，第259页。
② （明）谈迁：《国榷》卷一〇四，弘光元年二月甲寅，第6180页。
③ （清）查继佐：《罪惟录·帝纪》卷一八，《安宗简皇帝纪》，第399页。
④ （明）李清：《南渡录》卷四，弘光元年二月乙卯，第205页。
⑤ （明）李清：《三垣笔记》卷中，第87页；《南渡录》卷四，弘光元年二月丙子，第221页。
⑥ （明）杨廷鉴：《明正治卿中奉大夫礼部右侍郎行尚书事兼翰林院侍读学士诚斋管公墓志铭》，载管绍宁《赐诚堂文集》卷首，《四库未收书辑刊》，北京，北京出版社，2000年影印本，第六辑第26册，第153页。

行尚书事，首议上大行皇帝、后谥号。"① 钱海岳《南明史》合而言之："首议上大行皇帝后谥号，……久之，与吴本泰、马兆羲请改毅宗庙号，从之。"② 盖各家叙述立场、角度不同，故记载互有异同。

此外，又有野史记载礼部官员余煜疏请改易崇祯帝庙谥。其疏称：

> 按谥法，道德纯一曰"思"，追悔前过曰"思"。先帝忧勤十七年，念念欲为尧、舜者，遭家不造，乱阶频起，而所用之人，又皆忍于欺君，率致误国，于先帝何咎焉？道德纯一则似泛，追悔前过则似讥，于觐扬无当也。且唐宋以来未有谥"思"者，周之思王，汉之后主，暗弱何足述乎！谥法，有功安民曰"烈"。今国破家亡，以身殉国，何烈之有！若激烈之烈，又非谥法之谓也。周之烈王、威烈王，汉之昭烈，魏之烈宗，唐之光烈帝，未尝殉难也。他日书之史册，将按谥法乎？不按谥法乎？故曰"思"、"烈"二字举误也。然则谥宜云何？先帝英明神武，人所共钦，而内无声色犬马之好，外无神仙土木之营，临难慷慨，合国君死社稷之义，千古未有之圣主，宜尊以千古未有之徽称。考订古今，不得已而拟其似，当谥曰"毅宗正皇帝"。③

余煜的立论，同样认为"思宗"之谥义兼褒贬，虽觐扬崇祯帝"道德纯一"但属泛泛，虽云"追悔前过"又略显讥刺，并否定了李清所议"烈宗"之庙谥。鉴于崇祯帝在位十七年"英明神武"，"内无声色犬马之好，外无神仙土木之营"，最终自缢殉国，符合"国君死社稷之义"，他主张改谥为"毅宗正皇帝"。余煜之说可能是对管绍宁意见的发挥与阐发。

至二月二十一日，诏令仍称崇祯帝为"烈皇帝"，改庙号"思宗"为"毅宗"，合称"毅宗烈皇帝"④。三月十六日，下诏尽快颁布崇祯帝、太子、二王及懿安皇后谥号诏令于天下。⑤三月十九日，值崇祯帝崩殂一周年祭日，弘光帝亲临奉先殿，祭奠崇祯帝后，发丧举哀，令群臣皆祭于太平门外，并以东宫、二王祔祭。⑥后又下令"于次月初二日辰时颁毅宗皇帝、孝皇后及东宫、二王谥诏"⑦。此后，礼科都给事中罗志儒疏请崇祯帝陵寝名称，弘光帝命令礼部酌议。罗志儒与李清相商，李清认为既新改庙号为"毅宗"，宜以故庙号"思宗"，名陵曰"思陵"，罗志儒接受了其建议。⑧但因为弘光覆亡，此举亦无果作罢。

四 结 语

弘光朝在南京确立之初，以最快的速度为崇祯帝后举行易名之典，即严格遵守明朝谥法规定与最高规格，根据崇祯帝后在位十七年间的道德与功业，议上崇祯帝十七字、皇后十三字的庙谥。最初议上崇祯帝十七字尊谥为"绍天绎道刚明恪俭揆文奋武敦仁懋孝烈皇帝"，庙号"思宗"，合称"思宗烈皇帝"；周皇后十三字尊谥为"孝节贞肃渊恭庄毅奉天靖圣烈皇后"。之所以积极、迅速地为崇祯帝后改葬追谥，

---

① （清）邵长蘅：《明正治卿中奉大夫礼部右侍郎行尚书事兼翰林院侍读学士诚斋管公神道碑铭》，载管绍宁《赐诚堂文集》卷首，《四库未收书辑刊》，第六辑第 26 册，第 155 页。
② 钱海岳：《南明史》卷三一，《管绍宁传》，第 1588 页。
③ （清）徐鼒撰，王崇武校点：《小腆纪年附考》卷九，顺治二年二月丙子，第 325~326 页。按：徐鼒已考定余煜官职："余煜之疏见《台湾外纪》，然称礼部尚书不确，因礼部尚书系蔡奕琛，当为礼部之官。"
④ （明）谈迁：《国榷》卷一〇四，弘光元年二月甲戌，第 6187 页。（清）计六奇撰，任道斌、魏得良点校：《明季南略》卷三，"二月甲乙史"条，第 166 页。
⑤ （明）李清：《南渡录》卷五，弘光元年三月己亥，第 240 页。"懿安谥诏，至是始颁。礼部尚书钱谦益为诏云：'既慷慨以捐躯，复从容以就义。'"
⑥ （明）李清：《南渡录》卷五，弘光元年三月壬寅，第 243 页。
⑦ （明）李清：《南渡录》卷五，弘光元年三月戊申，第 251 页。
⑧ （明）李清：《南渡录》卷五，弘光元年三月庚戌，第 254 页。《三垣笔记》卷中《崇祯》，北京，中华书局，1982 年，第 88 页。

是因为弘光朝把李自成、张献忠农民军视作死敌，并打起"剿寇复仇"的大旗，计欲诛灭之以报仇雪耻。就一定程度而言，此举足以凝聚人心，振奋士气，激发"讨贼"的政治热情，巩固政治基础，在短时期内产生广泛的政治影响。因此，这一活动无疑是弘光"中兴"明朝大业的标志性礼制工程。

但因弘光朝内政治分歧，不久又有所改易。由于十七字尊谥中，以最后一字意义尤为重大，所以改易主要针对庙号与尊谥最后一字。当时马、阮掌握实际权力，皇帝大权旁落，因改易庙谥而引起赵、李之流攻伐高弘图的派系斗争，成为弘光朝党争的重要导火索之一。经过几次的博弈，东林党人先后被排挤出权力中心。弘光帝既已两度钦定崇祯帝后庙谥，李清等又借为崇祯帝纂修《实录》而再倡改易，最终掀翻前案，改为"毅宗烈皇帝"。

之所以两次三番改易庙谥，正如徐鼒所说"既曰不必再改矣，后复改之，何也？甚矣王之回惑于小人也"，固然有理；但当此"梓宫蒿葬，宗社陆沉，卧薪尝胆之秋"，诸臣不以国家兴亡为己任，舍关系时局安危的征兵、筹饷诸重大事务而无有作为，却斤斤计较于改易庙谥这样的不急之务，甚而拉帮结派、争权夺利，其沉痛教训值得深刻反思。

总之，弘光朝一本明朝谥法规定，为崇祯帝后追尊庙谥，至尊至隆；因其政治身份、地位的极其特殊与至高无上，以及当时的政治需要和舆论需要，使得追改尊谥已经超出其原有礼制层面的意义。加之"行出于己，名生于人"[①]，追改尊谥折射出朝内当权者等"生人"的政治目的与政治态度。所以，在当时特殊时代形势下，弘光朝积极发丧追谥以及改易庙谥，已不仅是一项常规性的礼仪形式，而是一项具有重大意义的政治事件。

[作者单位：淮北师范大学历史与社会学院]

---

① 黄怀信、张懋镕、田旭东：《逸周书汇校集注》卷六，《谥法解》，上海，上海古籍出版社，2007年，第669页。

明代弃市刑初探

谢忠志

一 前　言

"弃市"属古代中国执行死刑的方式之一，源自"取刑人于市，与众弃之"①意涵。也就是将人处死后，将遗骸丢弃至市井聚集处，用以警示百姓的一种刑罚。后世对"弃市"名称的概念，多源自秦始皇（公元前259—前210）时期的"焚书坑儒"政策，由李斯（前284—前208）建请非秦记尽烧毁："非博士官所职，天下敢有藏《诗》《书》、百家语者，悉诣守、尉杂烧之。有敢偶语《诗》《书》者弃市。"②然而，此刑是先秦时期就已存在的刑罚，史载可追溯至秦昭襄王五十二年（前255），王稽（？—前255）出任河东郡守时，遭属下告发私通诸侯，而遭处弃市刑罚。③显见弃市刑的设计缘由，是为避免臣民触怒君王，透过公开仪式处以极刑，警惕大众不可僭越礼制或任意挑战帝王威权。以君主为首的权力核心，掌握死罪行刑权力，用来扩张威势，借由公开处决的方式，表明众怒难犯④，让弃市成为众人集体意志的体现。

自商、周时期以来，致人于死的种类繁多，方法十分残忍。《礼记》记载："刑人于市，亦殷法，谓贵贱皆刑于市。"⑤最初的弃市刑可能源自于此。在春秋战国时期，死刑不针对个人，而是指众人行为，是为震慑万民避免犯罪的刑度。⑥死刑传至秦朝，除弃市外，计有戮、车裂、磔、枭首等十九种。汉初废除秦代的严刑峻法，死刑以枭首、腰斩与弃市三种为多。死刑发展至唐代，规定绞、斩两刑法，少见弃市刑罚⑦；迄至宋、元两代，弃市于青史仍有明载。有明一代，始自太祖朱元璋（1328—1398）终于思宗朱由检（1611—1644）弃市刑传而不坠，依旧为人君惩罚臣民的极刑之一。

目前学界对弃市的探讨，集中于秦汉时期，主要深入探究弃市的行刑方式，对斩刑、绞刑进行辩驳，学者间意见分歧、未有定论。⑧朱元璋以刚猛治国，明代刑法较宋、元两代严厉，从《明律》中处以死刑罪责有二百八十二条，为元代两倍有余足可见一斑。明代执行死刑甚为普遍，虽以绞刑、斩刑为主要方式⑨，但除此外，对弃市刑的了解却十分有限。明代各级官员，举凡皇亲国戚、内朝阁员、封疆大吏

---

① （汉）班固：《汉书》卷一上，《高帝纪上》，北京，中华书局，1997年，第23页。
② （汉）司马迁：《史记》卷六，《秦始皇本纪》，北京，中华书局，1997年，第255页。
③ （汉）司马迁：《史记》卷七九，《范雎蔡泽列传》，第2417页；以及卷一五《六国年表》，第748页。
④ 胡兴东：《中国古代死刑制度史》，北京，法律出版社，2008年，第37页。
⑤ 王梦鸥：《礼记今注今释》，卷三，《王制》，中国台北，中国台湾商务印书馆，1998年，第215页。
⑥ 胡兴东：《中国古代死刑制度史》，第35页。
⑦ 唐景：《论明代死刑制度》，《求索》2010年第1期，第218页。
⑧ 相关论著甚多，可参见张建国：《秦汉弃市非斩刑辩》，《北京大学学报》1996年第5期，第116～118页；牛继清：《关于秦汉"弃市"的几个问题——兼与张建国先生商榷》，《甘肃理论学刊》1997年第3期，第67～69页；连宏：《两汉魏晋弃市刑考辨》，《兰州学刊》2012年第9期，第1～8页。
⑨ （美）柏清韵著，蔡京玉译：《辽金元法律及其对中国法律的影响》，收入柳立言主编《中国史新论：法律史分册》，中国台北，联经出版公司，2008年，第185～186页。

等因此刑丧命者甚多，有鉴于目前仍未有专篇文章详加论析，因而本文试图爬梳史料、汇整事例，期望对明朝死刑的探析能增一分见解。

二 弃市的主要罪名

明代的"弃市"刑罚，并非书录于《明律》，而是刊布在《明大诰》。朱元璋为惩元末以来官吏贪渎弊病，设申明亭以示警戒。于洪武十八年（1385）颁布《明大诰》74 条，来年春季，刊布《大诰续编》87 条，冬季则刊布《大诰三编》43 条，"《三诰》所列凌迟、枭示、种诛者，无虑千百，弃市以下万数"。① 洪武二十年（1387），公告《大诰武臣》32 条，计四编共 236 条，据闻为朱元璋亲笔撰述。

《大诰》之意为"陈大道以诰天下"，原是《尚书》中的一篇，记载周公东征殷移民时，对臣民的训诫，朱元璋仿效周公，借此告诫天下诸民，"为官者知所监戒，百姓有所持循"②。因而"法外用刑"成为《大诰》的特点，包括弃市等处刑方式，绝大多数都超过《大明律》的用刑标准。③ 朱元璋在《御制大诰序》里提及：

> 朕闻曩古历代君臣，当天下之大任，闵生民之涂炭，立纲陈纪，昭示天下，为民造福。……学者以经书专记熟为奇，其持心操节必格神人之道，略不究衷。所以临事之际，私胜公微，以致愆深旷海，罪重巍山。当犯之期，弃市之尸未移，新犯大辟者即至。若此乖为，覆身灭姓，见存者曾几人而格非。④

表明朱元璋为整顿明初官员贪赃枉法、鱼肉百姓，以"重典"作为治国的主轴。

综观明代，弃市的惩罚早在洪武初期即有。朱元璋有鉴于邵宗愚兄弟"俱残暴嗜杀，近境颇被其虐。尝陷广州，大肆侵掠，广州民尤嫉之"⑤，于洪武元年（1368）四月，遣廖永忠（1323—1375）进军广东三山，邵宗愚（？—1368）想诈降被识破，与其徒皆遭弃市。陈友定（1330—1368）为元朝福建的汉人将领，在城破后自杀未果，押解南京，"并其子弃市"⑥。朱元璋借"弃市"公开处决与展示，成为早期明军笼络民心或威吓士卒的重要利器。考察明代史料，弃市适用于多种犯罪形态，现就行政、军事、民事与宗教四类分析如下。

（一）行政类

可统称为"危害皇权罪"或"危害政权罪"，政权是指统治国家的权力，中国古代通常指"皇权"。朱元璋废相后，皇权至高无上，但无论皇帝是否致力于政务，国家仍须官僚集团分劳。一旦大权旁落，官僚借机伐异党同、倒行逆施的事例时有所闻，进而危及皇权。诚如天启时期的万燝（？—1624）疾呼："政权一日不在人主，则德分囿池，威分出彘，而有尾大不掉之虞。"⑦ 期望熹宗收回魏忠贤（1568—1627）职权，回归皇权。

---

① （清）张廷玉：《明史》卷九四，《刑法志二》，北京，中华书局，1997 年，第 2318 页。
② 《明太祖实录》卷一八二，洪武二十年闰六月甲戌条，第 8 页。
③ 张晋藩、怀效锋：《中国法制通史·明》，北京，法律出版社，1999 年，第 415～417 页。
④ （明）刘惟谦：《大明律》，《四库全书存目丛书》本，《御制大诰序》，史部第 276 册，中国台南，庄严文化事业出版有限公司，1996 年，据北京图书馆藏明嘉靖范永銮本影印，第 473 页。
⑤ （明）徐学聚：《国朝典汇》卷一，《朝政大端·开国》，北京，书目文献出版社，1996 年，第 37 页。
⑥ （明）王世贞：《弇州史料前集》卷二八，《又补史传二臣》，《四库全书存目丛书》本，史部第 112 册，据中国人民大学图书馆藏明万历四十二年刻本影印，第 672 页。
⑦ （明）朱长祚：《玉镜新谭》，北京，中华书局，1997 年，卷二，《罗织》，第 12 页。

危害政权而遭弃市的罪名，最重为"谋反罪"，谋反意谓"危及社稷"①。如洪武二十三年（1390），吉安侯陆仲亨（1336—1390）等人，受胡惟庸（？—1380）案牵连，"皆坐弃市"②。在英宗天顺年间，石亨（？—1460）用事，都督石彪（？—1460）为其侄，因军功日渐跋扈，英宗怀疑石彪意图谋反，命人审讯，并查得石彪"得绣蟒龙衣及违式寝床诸不法事"，天顺四年（1460）四月，以谋反罪弃市。③时至世宗嘉靖二十五年（1546）十月，代府和川奉国将军朱充灼等人涉嫌勾结鞑靼小王子，世宗反复掂量后，将充灼等人赐死，焚弃其尸，相关涉案官员约30人"俱依谋反律弃市，枭首于边"④。

明代官僚集团如首辅、内官与外戚，均可视为皇权的延伸，代表统治阶层，动静举止影响庶民观感。如建昌侯张延龄（1477—1546）其姊为孝宗皇后，孝宗颇优待外戚，致使张延龄兄弟日益专横，孝宗调解后才较为收敛。直至世宗即位，嘉靖十二年（1533）十月入狱论死，在孝宗皇后过世，于嘉靖二十五年（1546）斩于西市遭弃市。⑤

第二种罪名为"大不敬罪"，举凡衣、食、住、行等生活层面，僭越帝制或违反礼制者均是。⑥如洪武九年（1376），工部营修谨身殿，但误奏中等匠为上等，朱元璋怒甚，欲将罔上者弃市。但牵连者高达千人，工部尚书薛祥（？—1381）建请下才改处杖刑。⑦"大不敬"的定义十分广泛，对皇帝妄言、欺瞒，均可被视为对皇权不敬，这类史例多集中在洪武时期，如朱元璋下诏免除江南诸郡秋税，后食言复征。周衡为谏官，时任右正言，认为恐失信于民而直言极谏，太祖默然不语。不久，周衡告假返乡祭祖，逾期一日未归，朱元璋认为此举涉嫌欺瞒君主，怒言："朕不信于天下，汝不信于天子矣。"⑧遂命弃市。名列"明初十才子"的高启（1336—1373），因姑苏太守魏观（1305—1374）将府衙建于张士诚（1321—1367）宫殿旧址，被诬陷"欲复吴王之业"。高启曾为魏观作《郡治上梁文》，有"龙盘虎踞"文句，太祖认为有歌颂张士诚之嫌，将其腰斩截八段并弃市⑨，为明初著名的"魏观案"⑩。张孟兼（1338—1378）名丁，浙江金华浦江人氏，刘基（1311—1375）对其文采赞不绝口："今天下文章，宋濂第一，其次即臣基，又次即孟兼。"孟兼廉劲疾恶，时山东布政使吴印是钟山主僧，为朱元璋亲选拜官。孟兼理直气壮，多次举发吴印违制，朱元璋知悉后大怒，"遂械孟兼至阙下，廷诘之，命卫士捽发摘挈，垂死，特论弃市"⑪。谏官触怒龙颜、欺凌宠臣，亦是对皇权大不敬。

第三种罪名为"大逆不道"罪，也就是与皇帝意见相左者，不需要罗织罪名，全凭皇帝个人喜好。如洪武三十年（1397）翰林院学士刘三吾（1313—1400）主持丁丑科会试，北方人士均无录取，考生认为刘三吾为南方人，因而偏袒己方。朱元璋大怒，命侍读张信等人复阅，但仍无过失。五月，朱元璋下

---

① （明）何广：《律解辩疑》，收入杨一凡、田涛《中国珍稀法律典籍续编》第4册，哈尔滨，黑龙江人民出版社，2002年，卷一八，《刑律·谋反大逆》，第173页。
② （明）王世贞：《弇州史料前集》卷二三，《李韩公传》，第604页。
③ （明）陆容：《菽园杂记》卷七，北京，中华书局，1997年，第88页；以及《明史》卷一七三，《石亨传》，第4616~4617页。
④ （明）徐学聚：《国朝典汇》卷一三，《朝政大端·宗藩下》，第292~293页。关于朱充灼的谋叛，可能与边军不振、边情告警以及宗室日困有关，可参阅顾锦春：《明朝的宗室困局与北疆危机——以嘉靖朝朱充灼叛乱为例》，《华东师范大学学报》（哲学社会科学版）2016年第2期，第99~105页。
⑤ （明）沈德符：《万历野获编》卷三，《宫闱·世宗废后》，北京，中华书局，1997年，第89页。
⑥ （明）刘惟谦：《大明律例》卷一，《十恶》，第490页："谓盗大祀神御之物、乘舆服御物，盗及伪造御宝，合和御药误不依本方，及封题错误，若造御膳误犯食禁、御幸舟船误不坚固。"
⑦ 后因抗言极谏改为腐刑，但薛祥认为行腐刑将成废人，"莫若杖而后工"，朱元璋同意其请。详见（明）陈继儒：《见闻录》卷七，《丛书集成新编》本，第85册，中国台北，新文丰出版公司，1985年，第452页。
⑧ （明）邓士龙：《国朝典故》卷三，《剪胜野闻》，北京，北京大学出版社，1993年，第61页。
⑨ （明）郎瑛：《七修类稿》卷五十，《季迪二梦》，北京，中华书局，1959年，第740页；以及（明）祝允明：《野记》，《丛书集成新编》本第85册，中国台北，新文丰出版公司，1985年，第224页。
⑩ 关于高启死因，可参见刘民红：《高启死因新探》，《盐城师范学院学报》（人文社会科学版）2006年第2期，第56~61页；以及刘君若：《高启死因考辨》，《贵州大学学报》（社会科学版）2003年第6期，第59~64页。
⑪ （明）焦竑：《国朝献征录》卷九五，《山东副使张孟兼传》，中国台北，学生书局，1984年，据国家图书馆珍藏善本影印，第52~54页。

诏杀张信等诸阅卷官，刘三吾遣边，纪善、白思蹈弃市，为明代科考史上的"南北榜案"。① 再者，朱楩（1379—1450）是朱元璋第十八子，洪武二十四年（1391）被封为岷王。惠帝建文元年（1399）十一月，朱允炆（1377—？）实施削藩政策，朱楩在云南多有不法情事，被西平侯沐晟（1368—1439）告发，废为庶人，其吏属典善李世英等人弃市。② 时至建文三年（1401），时任右副都御史的练子宁（1359—1402）在朱棣（1360—1424）攻破南京时仍不愿屈服，出言不逊，朱棣下令磔杀其宗族，"弃市者一百五十人"③。"大逆不道"由于罪证不足，主事者或可逃死劫，但为避免众口铄金，宗族、僚属却遭弃市，反成代罪羔羊。

第四为"渎职罪"，在郡县制度下，官僚任免来自皇帝，各级官员为皇帝意志的扩张。朱元璋以打击贪官污吏，为其治国典范，因而"渎职罪"是明代君主难以容忍的。渎职，是指官员滥职、失职，包括徇私、受贿等，间接危害朱明政权。明代因渎职被判弃市刑的史例不算罕见，可举宪宗时期为例，成化末年，宪宗曾杀两人，人心称快：一是太监王敬"江南公干，所过需索财物，括掠玩器及诸珍怪之物，不胜骚扰。事发弃市，传首枭于苏州等处"；另一则为锦衣卫百户韦瑛，为太监汪直（？—1487）党羽，韦氏失势后调离边镇，但企图诬陷良民立功，"反坐弃市，枭首于其掩捕之地"④。撷拾世宗时期的事例，如胡守中为嘉靖十一年（1531）进士，历都察院左佥都御史，官至兵部右侍郎镇蓟北，但为官贪暴不法，为谏官所弹劾，遭逮下狱论斩，与前述的建昌侯张延龄一同问斩，弃于西市，年仅四十。⑤ 嘉靖三十九年（1560），河南彰德府赵康王朱厚煜（1498—1560）因宫闱事自缢⑥，"府中人惧祸，贿用事贵珰，移之有司，知府谪戍，通判以挟王至弃市"⑦。《皇明祖训》规定："（皇亲国戚）其所犯之家，止许法司举奏，并不许擅自拿问。"⑧ 通判成为此案替罪，叶权不禁感叹："天下冤狱岂少哉！"

第五为"妖言罪"，《大明律》规定："凡造谶纬、妖书、妖言及传用惑众者，皆斩。"⑨ 妖言是指欺妄邪说的言论。如嘉靖三十九年（1560）二月，前中允郭希颜（？—1560）上疏世宗预立裕王为太子，世宗便以"妖言"罪名斩首、弃市，传首九边。⑩

（二）军事类

主要分为谋叛罪和反叛罪两类。谋叛罪指"谋背本国，潜从他国"⑪。以明初时期的中越关系为例，永乐时期以降，交趾黎利（Lê Lợi，1385—1433）起兵反明。宣宗时期，蔡福时任都督，奉命戍守义安，因围城不敌而降。日后教导交趾制造攻城器具、通报明军战情和游说守将降城等。宣德二年（1427），宣宗与黎利议和，撤销交趾布政使司，退出越南统治，蔡福等人送归京师"悉弃市，籍其家"⑫。至于

---

① （明）徐复祚：《花当阁丛谈》卷五，《沈同和》，《丛书集成新编》本第 85 册，第 585 页；以及（明）王世贞，《弇山堂别集》卷八三，《科试考一》，北京，中华书局，2006 年，第 1546 页。
② （明）陈建：《皇明通纪法传全录》卷一二，《建文皇帝纪》，《续修四库全书》第 357 册，上海，上海古籍出版社，2002 年，据明崇祯九年刻本影印，第 119 页。
③ （明）陈建：《皇明通纪法传全录》卷一二，《建文皇帝纪》，第 119～120 页。
④ （明）陆容：《菽园杂记》卷一〇，第 123～124 页。
⑤ （明）焦竑：《国朝献征录》卷四〇，《兵部三·胡守中传》，第 61～62 页。
⑥ 事涉藩王，因而史料记载十分隐讳。根据学者考究，赵康王之子和妃子私通，赵康王羞愧自缢以求解脱。其子奏称，为知府傅汝砺和通判田时雨威逼所致。世宗严办祸首，以平息藩王众怒，判处通判田时雨斩刑弃市。可详参周国瑞：《赵康王死因考辨》，《殷都学刊》2003 年第 1 期，第 41～43 页。
⑦ （明）叶权：《贤博编》，北京，中华书局，1997 年，第 27～28 页。
⑧ （明）朱元璋：《皇明祖训》，《祖训首章》，收入杨一凡、田涛《中国珍稀法律典籍续编》第 3 册，第 484 页。
⑨ （明）刘惟谦：《大明律》卷一八，《贼盗·造妖书妖言》，第 645 页。
⑩ （清）王士禛：《池北偶谈》卷九，《谈献五·郭希颜邪说》，北京，中华书局，1997 年，第 200 页；以及《国朝典汇》卷八，《朝政大端·东宫》，第 189 页。
⑪ （明）何广：《律解辩疑》卷一八，《刑律·谋叛》，第 175 页。
⑫ （明）郑晓：《今言》卷二，北京，中华书局，1997 年，第 84 页。

"反叛罪",则因边地的少数民族叛服无常,借此一刑责威吓,以平靖地方。如成化四年(1469),固原土达把丹之孙满四反叛,宪宗以马文升(1426—1510)为右副都御史巡抚陕西,与总督项忠(1421—1502)、刘玉等人共同平乱。三月,"满四及妻等至京师皆磔于市"①;嘉靖元年(1522),张嵿(1458—1531)任右都御史总督两广军务,奉命讨平广西上思州土人黄镠的反叛。后擒送三府并俘获其妻,"镠死于狱,仍弃市,州境始平"②。

(三)民事类

主要包含侵犯财产罪和侵犯人身罪两种。简言之,就是"杀人越货",只要侵害其中一项,就可能被处以弃市极刑。先从"侵犯财产罪"探讨,永乐年间就曾有人因盗劫而刑以弃市。③至于"侵犯人身罪"就是杀人罪,罪责最重。邓士龙于《国朝典故》载有两个史例,内容十分相近:第一则为洪武时期,京师某校尉与邻妇私通。一日清晨,校尉见夫离去,即入门登床,不久后夫即返,原来担心妻子天冷而予以添被,校尉认为妻负于夫,便将其杀害。后邻人执夫问官,由于无法说明妻子被杀来由,夫遭诬陷入狱,并执行弃市刑。校尉连忙阻拦,告知监决官该妇为其所杀,并求见太祖皇帝。朱元璋了解来龙去脉后,有感"杀一不义,生一无辜,可佳也"④,而予以释放。另一则发生在英宗时期:

> 正统初年,北京东角头有马姓者,通其里妇某。遇妇之夫自外归,马潜隙以伺。至五鼓,夫起,有他出,以天寒不欲其妇同起,且为之覆被,抚按极其周至,然后去。马窃视之甚审,因念其夫之笃爱如此,而其妇乃反疎外通于人,甚为之不平,入厨中取刀杀其妇而去。后以妻死坐其夫弃市,马遂陈其所以见杀之由,曰是某杀之也。监刑者上其事,遂两释之。⑤

两则事例颇富传奇,除年代不同外,内容大致相仿,首则因加朱元璋更增添色彩。《大明律》规定:"凡谋杀人,造意者,斩。"⑥另有"杀死奸夫"处死的规定,却未有针对男性杀死合奸对象的律令,但无论是哪条罪名均为死刑。这也说明"侵犯人身罪"可判刑弃市。

(四)宗教类

主要是针对佛、道两教。为有效管理僧道群体,对于部分犯行采取较严格的惩治,如僧尼、道士和女冠等,"敢有不务祖风,混同世俗,交结官吏。为人受寄生放,有乖释道训愚之理,若非本面家风,犯者弃市"⑦。明初僧道多不守戒律,甚至饮酒吃肉、游荡荒淫均无所顾忌,太祖寄望重刑以导正社会风俗⑧,并透过榜文申明禁令:

> 一榜:洪武十九年六月二十五日,为杜严、僧惠荣告诸山僧人不律事,钦奉圣旨:敕尔刑部,速承朕命,榜示诸司,申明两途,果洁身心以从佛,诸人毋得生事罗织,使善积而行坚。若果人欲

---

① (明)马文升:《西征石城记》,《续修四库全书》本,史部第433册,上海,上海古籍出版社,2002年,第12页。
② (明)应檟:《苍梧总督军门志》卷一九,《讨罪三》,中国台北,学生书局,1969年,据明嘉靖三十二年刊本影印,第1页。
③ (明)李诩:《戒庵老人漫笔》卷二,《严大理遗事》,北京,中华书局,1997年,第70页:"有御史陈旭子与乡人同饭于肆,俱为逻者所获,盖乡人前为盗劫人,事觉而逃,余党七人已弃市。"
④ (明)邓士龙:《国朝典故》卷六二,《前闻记·床下义气》,第1395页。
⑤ (明)邓士龙:《国朝典故》卷六七,《病逸漫记》,第1509~1510页。
⑥ (明)刘惟谦:《大明律》卷一九,《人命·谋杀人》,第660页。
⑦ (明)刘惟谦:《大明律》卷一二,《仪制·僧道拜父母》,第598~599页。
⑧ 任晓兰:《论明代的僧人群体及其法律规制》,《西南大学学报》(社会科学版)2008年第6期,第77页。

之重，身心恍惚，逡巡在教，进退两难者，许蓄发以为民。一则从心所欲，二则不累于佛门。申明之后，乖于佛教者，弃于市，以禁将来。①

朱元璋从皇觉寺出家，后投靠红巾军郭子兴（1312—1355），他深知宗教对百姓的影响深远。因而对佛、道信仰加强管理，不许他们聚众滋事，不让他们成为反明的根基，而成为引领社会风俗的净地。迄至成化时期，宪宗对佛、道两教以"俱极崇信"著称②，如江夏僧人继晓依附内官梁芳，以方术取宠，累官至僧录司右善世，被任命为通元翊教广善国师，"日诱帝为佛事，建大永昌寺于西市，逼徙民居数百家，费国帑数十万"。成化二十一年（1485）正月星陨，言官论时政阙失，遂降继晓为民。弘治元年（1488）十一月，孝宗因科臣林廷玉（1455—1530）建言，逮治弃市。③

三 从争权、构陷到弃市

孝宗时期任职刑科给事中陈璚（1440—1506），曾言及朝廷设置死刑的意义，"非惟所好杀，盖欲使人心畏惧，国法不敢轻犯"④。然而，这只是针对庶民百姓而言，朝堂上尔虞我诈，为求权贵不择手段，想尽办法罗织罪行，务必扳倒政敌，才能高枕无忧。"弃市"就成为最好的手段，一方面斩杀政敌，另一方面向其集团公开示警，使其日后不敢攻讦、报复。明代弃市最著名的案例，当属于谦（1398—1457）、夏言（1482—1548）二人，他们获死造成朝堂震动、举国哗然，因而有必要对事件始末稍作说明。

于谦，字廷益，浙江钱塘人，永乐十九年（1421）进士。曾参与平定汉王朱高煦（1380—1426）谋反，后授吏部，超迁兵部右侍郎，巡抚河南、山西，深得宣宗器重。为人坚毅果敢，为官廉洁恤民。英宗时期，"三杨"十分仰仗于谦，三杨陆续退出政治舞台后，朝政旁落太监王振（？—1449）之手，政争影响下，被处死罪入狱，后改贬为大理寺少卿。

于谦生平重大转折，是为"土木之变"和"夺门之变"二事。"土木之变"让他攀上人生颠峰，"夺门之变"却使其弃市丧命，此均与英宗朱祁镇（1427—1464）有密切关联。正统十四年（1449）八月，蒙古瓦剌部首领也先（？—1454）率兵南犯，"鞑靼经过去处，草房焚烧，人迹萧疎，十室九空"⑤。英宗在王振怂恿下御驾亲征，全军覆没而被俘。奉命留守京城的兵部侍郎于谦，以"保固京师，奠安社稷"⑥为要务，拥立郕王朱祁钰（1428—1457）即位为景帝，于谦时任兵部尚书，负责防卫京城，使瓦剌屡攻不下，而有归还英宗之意。但英宗回京后无法就任，被安置南宫，英宗对于谦"嫌积衅开，恨深仇巨"⑦，埋下祸种。

景泰八年（1457）正月，景帝染疾未上朝，武清侯石亨、副都御史徐有贞（1407—1472）及太监曹吉祥（？—1461）等人伙同一气，攻入南宫，拥护英宗复辟，是为夺门之变。以"谋逆罪"将于谦、大学士王文（1393—1457）等人逮捕下狱。英宗犹豫不忍杀害，因"于谦实有功"，但徐有贞极言："不僇谦，此举为无名。"⑧于谦论斩弃市，籍其家。其株连甚广，王文同遭弃市，商辂（1414—1486）

---

① 《洪武永乐榜文》，收入杨一凡、田涛《中国珍稀法律典籍续编》第3册，第509页。
② 关于宪宗崇尚佛、道两教的具体研究，可参阅何孝荣：《论明宪宗崇奉藏传佛教》，《成大历史学报》第30期，第139～177页。
③ （清）张廷玉：《明史》卷三〇七，《继晓传》，第7884～7885页。
④ （明）佚名：《大明九卿事例案例》，《处决重囚拎白昼行刑例》，中国台北，傅斯年图书馆，据明钞本摄制微片，第1页。
⑤ （明）于谦：《忠肃集》卷一，《兵部为备边保民事疏》，《影印文渊阁四库全书》本，第1244册，中国台北，中国台湾商务印书馆，1983年，第10页。
⑥ （明）陆容：《菽园杂记》卷四，第45页。
⑦ （明）周复俊：《泾林诗文集》卷六，《四库全书存目丛书》本，集部第98册，中国台南，庄严事业文化有限公司，1997年，据中国社会科学院文学研究所藏明万历二十年周玄晖刻本影印，第56页。
⑧ （明）焦竑：《国朝献征录》卷三八，《兵部尚书于公谦传》，第42页。

革为民。① 六月，巡抚贵州副都御史蒋琳"坐于谦党弃市"②。"谋逆罪"是指谋反大逆，共谋者"不分首从、有禄无禄，皆凌迟处死"③，显见谋逆是危害皇权罪里最重的罪名。但罪状却是无中生有。石亨等人用"更立东宫"名义将其逮捕入狱，但实际上只是英宗与太子见深（1447—1487）及景帝与太子见济（1448—1453）间，两方人马皇权争夺下的牺牲品。直至宪宗时期才予以平反。

明中期嘉靖以来，政归内阁，"首辅"成为臣僚的必争地。张璁（1475—1539）失势后，夏言（1482—1548）逐步朝向权力中心。夏言，字公谨，为江西广信府贵溪人，为武宗正德十二年（1517）进士，世宗嘉靖二年（1523）任吏科都给事中，十年（1531）三月擢为少詹事兼翰林学士，八月进言礼部左侍郎，仍掌院事，九月代李时（1471—1538）为礼部尚书。《明史》称："去谏官未浃岁拜六卿，前此未有也。"④ 夏言性情警敏，与人为善，博得群臣好感，深得世宗赏识。

夏言成为首辅后，生活日渐侈靡，"家富厚，高甍雕题，广囿曲池之胜，媵侍便辟及音声八部，皆选服御，膳羞如王公"⑤。加上夏言不支持崇奉方术，致使世宗逐渐疏远夏言，严嵩（1480—1567）趁隙崛起。嘉靖二十四年（1545）夏言复起，一改前非，雷厉风行扫荡不法，逐斥严嵩党人，打击权贵，与臣僚的关系紧张起来。来年，鞑靼部俺答汗进犯陕西，曾铣（1509—1548）时任兵部侍郎，总督陕西三边军务，疏请收复河套，夏言亦赞同，"欲为书生封公侯计，……至世宗入仇、严之谮，始惊怖自辨，诿出套之罪于曾铣。上终不听，以至西市之惨"⑥。嘉靖二十七年（1548）正月，夏言被夺官职，以尚书致仕，十月弃市。

夏言弃市的罪名，根据《明世宗实录》载：

> 及言因复河套事失上意，嵩遂振暴言短，谓曾铣开边衅皆言主之。上怒，捕系铣诏狱，然无意杀言也。会有蜚语流禁中者，谓言去时怨望，有讪谤语，于是上益怒，遂坐铣交结近侍例并言斩之。⑦

夏言因曾铣"结交近侍罪"受牵连，根据《大明律》所录："凡诸衙门官吏，若与内官及近侍人员互相交结，漏泄事情，夤缘作弊，而符同奏启者皆斩，妻子流二千里安置。"⑧ 但实无犯行，何来罪名？显然与世宗的态度有关，世宗阅览疏奏，却不愿查明真相，任凭严嵩诬陷定罪，日后专权造成朝政紊乱。⑨ 谈迁（1594—1658）认为："贵溪不死于败而死于谗，又严氏之代为之受蜇也。刑渥之凶，诛及鼎轴，虽非国之幸，安知不以是遗其责哉！"谈迁论及夏言之死，无法完全怪罪严嵩，实则世宗之意，但却也不禁感叹："古未有宰相伏欧刀于都市者。"清人王士禛（1634—1711）则把此案与南宋岳飞（1103—1142）案同列历史冤案。⑩

---

① 关于于谦，可参阅阎崇年：《论于谦》，《故宫博物院院刊》2000 年第 1 期，第 50~60 页。
《洪武永乐榜文》，收入杨一凡、田涛《中国珍稀法律典籍续编》第 3 册，第 509 页。
② （清）张廷玉：《明史》卷一二，《英宗本纪》，第 154 页。
③ 《律解辩疑》卷一八，《刑律·谋反大逆》，第 173 页。
④ （清）张廷玉：《明史》卷一九六，《夏言传》，第 5193 页。
⑤ （明）焦竑：《玉堂丛语》卷八，《汰侈》，北京，中华书局，1997 年，第 275 页。
⑥ （明）沈德符：《万历野获编》卷八，《内阁二·计陷》，第 209~210 页。
⑦ 《明世宗实录》卷三四一，嘉靖二十七年十月癸卯条，第 6201 页。
⑧ （明）刘惟谦：《大明律》卷二，《职制·交结近侍官员》，第 538 页。
⑨ 阮明道：《关于夏言从政与弃市的考察》，《西华师范大学学报》（哲学社会科学版）2006 年第 5 期，第 53 页。
⑩ （清）王士禛：《分甘余话》卷三，《古今冤狱》，北京，中华书局，1997 年，第 63 页："若宋文帝之杀檀道济，北齐高洋之杀斛律光，宋高宗之杀岳忠武，明世宗之杀夏言、曾铣，又各有断案爱书也。"

四 结 语

朱元璋鉴于元末纲纪废弛,人多徇私枉法,采用严刑峻法,务求社会移风易俗。《大诰》里的刑法种类繁多,均较《明律》严厉,成为"法外用刑"。从开国元勋到庶民百姓无一不杀,也无人不可杀,有罪无罪人均杀,妄语诤言者也杀,成为恐怖统治。[①] "弃市"就是在这种氛围下,不断地将人送上刑台的。

明代的弃市刑在历朝各代均予以沿用,兵部尚书于谦、内阁首辅夏言等人均丧命于此刑,即使到南明小朝廷仍持续施行。弃市的存在,标示着皇帝借由公开行刑的方式来警示臣民,不可任意侵犯皇权,官员不得渎职受贿;它也是收买万民的方法,表示这些罪人是众怒难犯、死有余辜,弃市只是替天行道的工具。同时,也意味着"君命无二"的皇权至上观念。

明人对"法"也提出己见,如彭韶(1430—1495)有言:"夫法者,中而已。法重当以入,法轻当以出,斯均谓之执也,必曰执也。附入不附出,则法之戕人惨于矛戟,圣人无用法矣。自古称执法有如张释之者乎?犯跸者除死、罚金,盗镮者宥族、弃市,未尝无出理。"[②] 执法若无法执"中",法的存在意义就失去公正、公平性。用法不能"合情于理",臣民将手足无措、无所适从。从上述列举的明代弃市刑名,诸多罪名凭空捏造,举国惶惶不安,实难服众。换言之,对明代皇帝而言,"弃市"是威逼臣僚、压迫百姓的统治手段,因而不随明亡,仍为清代承袭。

[作者单位:中国台湾文藻外语大学通识教育中心]

---

① 陈进传:《方孝儒的法律思想》,收入《明史研究专刊》第3期,宜兰,明史研究小组,1980年,第157页。
② (明)陈九德:《皇明名臣经济录》卷一八,《赠按察使陈子序略》,《四库禁毁书丛刊》本,史部第9册,北京,北京出版社,2000年,据明嘉靖二十八年刻本影印,第330页。

明代的驾帖与精微批

张金奎

在明代史籍中,"驾帖"是一个经常出现的词汇,且不时与精微批、锦衣卫同时出现。驾帖、精微批究竟是什么东西呢?为什么锦衣卫屡屡因为持驾帖而不是持精微批外出办事遭到文官士大夫们的批评呢?本文试就此做一初步探究,以就教于方家。

一

笔者目前见到的驾帖最早见诸史籍的时间是永乐年间。据《南雍志》记载:"永乐十年五月戊子,驾帖取举人、监生梁弘等120人习译夷字。弘独告免,礼部以闻。上怒,编伍交址。"①

从这条记载来看,驾帖是礼部官员选拔部分举人、监生从事翻译工作的凭证。举人、监生学习"夷字",等于进入低级吏员队伍,客观上被剥夺了通过科举谋取更高功名的机会。这关乎120名举人、监生的未来命运,礼部显然没有这样的权力。从梁弘拒绝应招,礼部不得不上报皇帝这一点来看,选拔举人、监生的决定应该来自于永乐皇帝。由此看来,驾帖的功能和诏旨有类似之处。

从其他史籍的记载来看,驾帖的功能远不止于此。为表述方便,先罗列几条史料:

(1)当景皇帝病笃之时,已出驾帖取楚世子继统。王长史劝世子无行而止。取藩王入嗣,极大之事,岂有内阁、兵部不与闻乎?②

(2)成化年间,南直隶巡抚王恕上疏:"近见内官监太监王敬赍来驾帖,止开前往苏常采药饵、买书籍,别无行拘大户,索要银两缘由。岂其王敬动以朝廷为名,需索银两,无有纪极,东南骚然,民不堪命。"③

(3)孙需,字孚吉,德兴县人,成化壬辰登进士……弘治癸亥,驾帖下河南,取牡丹三千。上疏:耳目之玩,不可劳民。④

(4)正德六年二月乙酉,四川巡按御史俞缁言:蜀盗充斥,军兴费用不赀,民苦科征。近奉驾帖,采办禽鸟、大木、蜜煎、川扇之类,宜悉停免,以纾民力。礼部请从缁言,乃免之。⑤

---

① (明)黄佐:《南雍志》卷二,《事纪二》,续修四库全书影印本,上海古籍出版社,2013年,第114页。陈建《皇明通纪法传全录》卷四《设登闻鼓于午门外》(续修四库全书影印本,第75页)记载:"登闻鼓者,设于午门之外,日令御史一人监之。有冤抑机密情情,许击鼓。御史随即引奏。其无此等及越诉者,不许。后又移置长安门外,令六科给事中并锦衣卫官各一员,轮流直鼓,收状类进。候旨意一出,即差该直校尉领驾帖,备批旨意于上,连状并原告押送各该衙门问理。其有军民人等恐吓受奏者,听锦衣卫直鼓官执送追究。教唆主使之人,治罪。所奏事情立案不行。"陈建将这一条系于洪武元年下,但从行文来看,锦衣校尉领驾帖送原告到有关衙门的起始时间并不明确。谨慎起见,暂以永乐年间为起点。
② (明)韩邦奇:《见闻考随录二》,见韩氏著《苑洛集》卷一九,四库明人文集丛刊影印本,上海古籍出版社,1993年,第656页。
③ (明)雷礼等:《皇明大政纪》卷一六,"四库全书存目丛书"影印本,齐鲁书社,1996年,第360页。
④ (明)过庭训:《本朝分省人物考》卷五九,《江西饶州府三·孙需》,续修四库全书影印本,上海古籍出版社,2013年,第629页。
⑤ 《明武宗实录》卷七二,正德六年二月乙酉条,第1581~1582页。

从以上史料中可以发现，驾帖持有者执行的任务大到宣召皇位继承人，小到出京采购牡丹、扇子等皇帝个人喜好的物件，其持有者既有皇帝赏识的宦官，如王敬等，也有王公大臣。① 另从王敬等所持驾帖"止开前往苏常采药饵、买书籍"来看，驾帖并非仅仅是一张固定形态的纸，而是写有具体事由。据此判断，驾帖应是经皇帝授权的京官或宦官出京执行某项具体任务时的授权书和身份证明。

明中叶，社会风气发生很大变化，皇帝的享乐意识也在逐步增强。"当成化之时，内官用事，倚仗锦衣。千百等户赍驾帖为名，织造旁午，贡献络绎，诛取不赀，遂使民间徭役繁兴，财力日诎。"② 驾帖因此和锦衣卫牢牢地捆绑到了一起。

出京办差需要驾帖，京内事务是否也需要呢？永乐十年（1412）时，明朝国都北迁尚未完成，上文中提到的征召国子监生学习夷文，无疑指的是南京国子监。可见，在京执行某些任务时，同样有可能用到驾帖。

正统元年（1436）九月，监察御史卢睿等人上疏，对处决死刑犯的程序提出修改意见：

> 朝廷凡决死囚，必敕刑科三覆奏，重人命也。比者，三复奏毕，但令校尉诣法司出死囚，会官行刑，别无防奸人员。臣恐犯人亲属有伪称校尉，诈脱以逃者。乞自今特赐驾帖，付锦衣卫监刑官，率校尉诣法司取死囚赴市，庶无疏虞。从之。③

自此，锦衣卫监刑官凭驾帖提取死囚成为执行死刑的基本程序之一。明人史玄在《旧京遗事》中对死囚行刑的场面有具体描述：

> 西市在西安门外四牌坊，凡刑人于市，有锦衣卫理刑官、刑部主事、监察御史及宛、大两县正官。处决之后，大兴县领身投漏泽园，宛平县领首贮库，所谓会官处决也。每临决重囚之时，有棍四对导引驾帖，狱官素服角带送之。独戊寅失事，分别五案，处决多官……于是自刑部街至四牌坊，悉有兵营环卫，巡警张皇。皇上御殿候正刑书，催促如雨……观者咸为挥悯矣。赴法之时，蓟镇总监邓希诏居首，高唐生员杨炯为殿，刀林剑树，布匝周密。又有东厂、锦衣、刑部多官贴送，蒿里薤露，死易生难，颇领此时之意也。④

嘉靖元年（1522），刑科都给事中刘济等在上疏中提到"往岁三覆奏，复金批驾帖"⑤。可见，锦衣卫监刑官在拿到驾帖之后并不能马上去提取人犯，而是需要先到刑科金批。六科的级别虽低，但负有拾遗、稽察和封驳职能，等于在三覆奏之后又加了一道保险。

六科对应六部。处决死囚属于司法事务，故需要刑科金批。万历三十年（1602），江西巡按吴达可上疏弹劾矿税内监潘相胡作非为，擅改祖宗成法，"国家政务，无一不相制辖。虽御前驾帖，亦赴该科挂号，岂独相之差遣，不许各衙门预闻？"⑥ 潘相等奉皇命到地方开矿征税，显然与司法实务不相干，但按吴达可的说法，潘相领有的驾帖同样需要到六科挂号金批。据此推断，依照皇帝意旨下发的所有驾帖都需要根据具体事务的性质到六科中相对应的科履行金批手续，否则便属违法。

---

① 宣召楚王世子入继大统，必由朝中重臣执行，所以韩邦奇才会有疑问，"岂有内阁、兵部不与闻乎"。
② （明）何乔远：《名山藏》卷六八，《臣林记·王恕》，四库禁毁书丛刊影印本，北京出版社，第416页。
③ 《明英宗实录》卷二二，正统元年九月癸巳条，第427页。
④ （明）史玄：《旧京遗事》，《中华野史》丛书"明朝卷四"，泰山出版社，2000年，第3933页。
⑤ 《明世宗实录》卷二〇，嘉靖元年十一月丁巳条，第582页。
⑥ 《明神宗实录》卷三七九，万历三十年十二月辛卯条，第7138页。

二

成化年间，太监汪直擅权，大肆罗织，屡起大狱，大学士商辂指责他犯有十项大罪，其中一条为"寄耳目于群小，提拿职官，事出于风闻，暮夜搜检家财，不见有无驾帖，人心汹汹，各怀疑畏"①。这条资料显示厂卫缉拿犯官时也需要以驾帖做凭证。只是汪直掌权时暴横无忌，其属下行事时狐假虎威，被骚扰对象慑于权势，未必敢要求查看驾帖，故只能说"不见有无驾帖"，而不能直接指责汪直没有驾帖。②

不过成化年间的确发生过没有驾帖擅自拘捕大臣的事件。成化十三年（1482）八月，"东厂官校发云南百户左升私事，词连通政司掌司事工部尚书张文质及他官。锦衣卫遂并执文质系狱。左通政何琮等以掌印请，上始知之，即命释文质，仍掌印，而责问锦衣卫官。于是指挥使朱骥自陈伏罪。上曰：骥不谙事体，擅系大臣，当寘之法……"③领取驾帖需得到皇帝的允准，宪宗对工部尚书张文质丝毫不知情，说明锦衣卫拘捕张文质完全是在没有驾帖的情况下进行的。

在明朝历史上还发生过假冒有驾帖，企图浑水摸鱼，加害政敌的事件。如万历初，太监冯保欲借王大臣事件害死前内阁首辅高拱。"今上初元，王大臣事起，冯珰密差数校至新郑，声云钦差拿人，胁高文襄令自裁，家人皆恸哭，高独呼校面诘，索驾帖观之。诸校词窘，谓厂卫遣来奉慰耳。非高谙故典，几浪死矣。"④

成化年间，明朝的统治已暴露出诸多衰败之相，不遵守规制的现象层出不穷。太监钱能在云南胡作非为，巡抚王恕予以参劾，宪宗下旨，令刑部郎中钟蕃、锦衣卫百户宋鉴前往调查。钱能为脱罪，交通内侍，为之运作。不久，即有云南中卫百户汪清携带空白驾帖回到云南，面见钟蕃、宋鉴，传达皇帝意旨。巡抚王恕当即上疏：

> 近闻云南中卫百户汪清来自京师，赍捧驾帖与刑部郎中钟蕃、锦衣卫百户宋鉴，臣窃有疑焉。伏闻驾帖下各衙门，则用司礼监印信，该科挂号，皇城各门俱打照出关防印子，皆所以防诈伪也。今闻赍来驾帖，既无该监印信，该科字号，又无各门关防，此臣之不能无疑者，一也。近该臣等题为外夷脱回中华军丁事，都察院覆本奏，奉圣旨：是。各差的当官去，务要勘问明白，干碍钱能，奏来处置。钦此。今原差郎中等官钟蕃等赍领前项旨意公文，于本年九月初六日到云南，提取犯人卢安等到官鞫问间，百户汪清又赍驾帖，于本月十一日到，送与郎中钟蕃等，此臣之不能无疑者，二也。然臣之所疑者无他，但为事体不一。何则？事体一，则人皆尊信而无疑。若事体不一，非惟起人之疑，且使投闲抵隙者，得以行其诈而济其私。设若驾帖内有赐死重事而无印信可验，其人将死乎，将不死乎？果出于上意而不死，则是违君命，而罪愈重。若非上意而死之，未免含冤于地下。由是言之，驾帖之出，诚不可无印信……朝廷纵无按问之文，部属纵无诉告之词，臣巡抚其地，风闻其事，亦当为陛下言之。⑤

---

① （明）陈建：《皇明通纪法传全录》卷二三，成化十三年三月条，续修四库全书影印本，第398页。
② 不过汪直确实曾在没有驾帖的情况下擅自抓捕嫌犯。"三杨"之一的杨荣的曾孙杨晔害死人命，逃到京城，通过姨父董玙向有关人员行贿，以求脱罪。此事被汪直知道后，欲借机立功，于是率锦衣官校逮捕了杨晔等人。杨晔的行贿目标包括大学士商辂、司礼太监黄赐等。杨晔等受不了酷刑，承认赃银藏在武选司主事仕伟处。汪直于是"不用驾帖，令数校捽仕伟至"。事见（明）何乔远：《名山藏》卷九五《宦者杂记·汪直》，四库禁毁书丛刊影印本，第120页。
③ 《明宪宗实录》卷一六九，成化十三年八月壬戌条，第3070页。
④ （明）沈德符：《万历野获编》卷二一，《驾帖之伪》，中华书局1959年标点本，第534页。
⑤ （明）王恕：《驾帖不可无印信疏》，《明经世文编》卷三九，中华书局影印本，1962年，第300页。

从行文中看，王恕事实上知道汪清手里的驾帖是真件。钱能是宪宗心腹宦官，空白驾帖又藏于内府，之所以没有盖印、金批，不过是皇帝欲绕开政府，放过钱能罢了，所以王恕在奏疏中强调要"事体一"，希望皇帝前后言行一致。王恕上疏后，钱能并未受到制裁，王恕本人反而在钱能运作下调离云南。王恕的遭遇亦间接证明汪清所持驾帖确实不是赝品。王恕尽管遭遇打击，但这份奏疏却给我们了解驾帖的使用规则提供了依据，即驾帖下发到具体机构后，需要司礼监用印，六科金批，然后才具备法律效力。如果是出城办差，还需要有关城门守卫机关加盖关防印信。

三

严密的制度是前朝皇帝创制，能否严格遵行，也要看皇帝的态度。弘治十八年（1505）三月，南京监察御史李熙等上奏："迩因小人徐俊、程真妄造谣言帖子，诳惑愚民。特给驾帖，密差锦衣卫官校，至南京兵部，缉拿所指王升者。远近闻之，莫不震惊。然兵部旧无此官，亦无此事，而官校轰然而来，寂然而返，不惟政体有亏，而陛下之威与明亦少损矣。兹事若微，所关甚大，后日恐有奸人效尤，中伤善类，又不但如俊所指者而已。"刑部随即覆奏："驾帖之出，殊骇众听。万一奸人伪造，为害尤大。况前此廷臣累奏，已蒙圣明俞允，再不轻给。今乞从熙等所奏止之。"孝宗皇帝拒绝接受这样的意见，"命锦衣卫仍查累朝有无用驾帖出外提人事例以闻"①。只是不久孝宗即驾崩，此事不了了之。

弘治十八年的这一事件有两点值得注意。一是此前锦衣卫能否持驾帖到远离京城的地方抓捕人犯。弘治元年，刑部尚书何乔新上奏：

> 旧制，提人勘事，所遣人员必赍精微批文赴所在官司，比号相符，然后行事。所司仍具由回奏。有不同者，执送京师。此祖宗防微杜渐之深意也。而京城内外提人乃用驾帖，既不合符，真伪莫辨。倘有奸人矫命，谁则拒之？请自今遣官出外，仍给批文，以防奸伪。②

正德元年（1506），给事中周玺等应诏言事，奏疏中称"旧制：驾帖拿人，惟行于京城内外。弘治间，刑部申明及大臣论议，先帝皆已允行"③。

何乔新提到的精微批涉及另一项重要制度，暂且不论，单从他和周玺的奏疏中来看，至少弘治年间锦衣卫持驾帖捕人应该局限于京城及周边地区，且曾得到皇帝首肯。不过，弘治十四年府部官员应诏陈言时曾劝谏慎用驾帖，"今后叛逆等事，方差锦衣卫官校，赍驾帖。其余俱下法司，转行巡抚、巡按官勘问。有应解京者，就彼差官押解"④。巡抚、巡按巡视的地区大多在离京较远的地区（北直隶巡按除外），臣僚建议此后盖由地方官员捕拿、押解重要人犯进京，慎用驾帖恰恰说明当时锦衣卫官员持驾帖到地方办案、捕人应是常态，而非个案。弘治十八年（1505）发生的事件应是孝宗循惯例派出锦衣官员到南京。刑部等官员提出的反对意见和此前文官们提出的谏言也是一致的，而这进一步说明孝宗皇帝并没有如周玺所言，就驾帖的使用范围与文官们达成一致。

二是密差赴南京的锦衣官校的驾帖是否曾赴科金批。《万历野获编》的作者沈德符述及此事时曾说："祖制：锦衣卫拿人，有驾帖发下，须从刑科批定，方敢行事，若科中遏止，即主上亦无如之何。如正统王振、成化汪直，二竖用事，时缇骑遍天下，然不敢违此制也……然则此帖不但刑科不曾与闻，即上

---

① 《明孝宗实录》卷二二二，弘治十八年三月己丑条，第4179~4180页。
② 《明孝宗实录》卷一八，弘治元年九月壬午条，第437页。
③ 《明武宗实录》卷九，正德元年正月乙巳条，第287页。
④ 《明孝宗实录》卷一七五，弘治十四年六月丙午条，第3202页。

于祖宗故事，亦偶未记忆。甫逾月而上升遐，其事遂不穷究……今驾帖拿人，从无不由刑科，亦无敢伪造，不知弘治间何以有此一事？"① 按照沈德符的说法，锦衣官校出京前并未赴科佥批。笔者认为这一说法是正确的。因为这一次锦衣官校是秘密出京办案，是否抓捕嫌犯尚在两可之间，如果事先到刑科佥批，一方面存在泄密的可能，另一方面是必须抓捕，否则就是失职，而这在案情没有明了之前是很难下决心的。

之所以出现皇帝带头故意违反制度的现象，和佥批时的另一项制度有关。嘉靖元年（1522）十二月，锦衣卫千户白寿等人持驾帖到刑科佥批，准备提审访获犯人。刑科给事中刘济拒绝佥批，称"当以原本送科，方知其事，乃敢批行"。双方发生争执。嘉靖帝"查弘治、成化年间事例以闻。既而该科复奏，不但二庙时为然，自天顺以至正德，厂卫节奉明旨，俱同原本送科，以凭参对。寿等争之不已，谓驾帖送科，旧皆开写事略，会同署名，实不系御批原本。上竟从之，因责济等分更旧章，令自以状对。既而宥之"②。

刘济所说的原本，指经过皇帝批示的题本或章奏，因为是朱笔批示，故又称为"红本"。如《崇祯长编》记载，"故事：锦衣卫提取罪犯，必以红本赍送刑科，始发驾帖捕人"③。崇祯朝的刑科给事中陈赞化说得更具体：

> 驾帖发佥，旧例，锦衣卫旗尉捧帖，与红本一同送科。臣科将驾帖、红本磨对相同，然后署守科给事中姓名，仍于各犯名下墨笔细勾，以防增减。④

可见，红本是刑科佥批的基本依据。白寿等所说的在驾帖上"开写事略"，是根据红本缩写而成。刑科之所以要看红本，是为了防止驾帖上的事略被错写或窜改，刘济坚持要红本，无疑是对的。嘉靖帝虽然偏袒白寿等人，但也没有处分刘济，说明他其实知道谁对谁错。崇祯年间的刑科都给事中薛国观、给事中陈赞化等反复提到红本比对，说明这一制度并没有因为嘉靖帝偏袒白寿而被废止。

红本是皇帝批示过的臣下的题本，但锦衣官校执行的任务未必都要臣下先请示后批复，很多是皇帝直接的手谕甚至口谕。虽然皇帝的手谕也可以作为红本，但到了六科那里就不再有秘密可言，另外六科有封驳的权限，万一六科拒绝佥批，皇帝的意图将无法顺利实现，这对于皇帝而言无疑是难以接受的。因此，绕开六科，就成了必然的选择。有中兴之主美誉的孝宗尚且如此，其他君王自然不会把这项制度放在眼里。

万历三十三年（1605）七月，"命户科右给事中梁有年暂署刑科印务。时刑科右给事中刘道隆、给事中朱一桂候命日久，屡催不下。偶值佥署驾帖，一时无人，故有是命"⑤。万历四十六年（1618）九月，刑科给事中姚若水出京办差，临行前进言：

> 本科与刑部、都察院、锦衣卫相表里。内而法司之问拟，时有抄酌；外而抚按之奏请，间行驳参。台臣捧敕巡方，批限皆出其手。金吾奉旨逮罪，驾帖悉由此签。其他刑名诸牍，日有批发，胡可一署无官？乞以考选本科周之纲署掌印务。不报。⑥

---

① （明）沈德符：《万历野获编》卷二一，《驾帖之伪》，第534页。
② 《明世宗实录》卷二一，嘉靖元年十二月辛丑条，第626页。
③ （清）汪楫：《崇祯长编》卷一六，崇祯元年十二月癸巳条，第891页。
④ （清）汪楫：《崇祯长编》卷六一，崇祯五年七月庚戌条，第3500页。
⑤ 《明神宗实录》卷四一一，万历三十三年七月丁酉条，第7703页。
⑥ 《明神宗实录》卷五七四，万历四十六年九月戊申条，第10858~10859页。

次年七月，锦衣卫掌卫事都指挥使骆思恭因刑科无人签名，上题本：

> 臣衙门实与刑科职掌相关。凡奉旨提人必用驾帖。由刑科签名，然后遵行。昨岁该科给事中姚若水册封去后，今又外转，全署无官。阁部催请不啻舌敝……诸事犹可稍缓，惟是逮人旨下，即刻差官赍捧驾帖起程回奏，须臾不敢稽留。今辽事决裂，请逮之疏屡上，万一允行，臣欲候请科臣，恐谓稽旨罪也。欲奉命而行，恐谓违例，亦罪也。伏乞皇上将见在候命刑科给事曾汝召、韩继忠速赐允补，刻期任事，庶签帖有人，明旨不稽。留中。①

万历年间，因为君臣关系不睦，皇帝故意让诸多职位空缺，以减少来自官僚集团的压力。因为刑科无人，内阁阁臣乃至锦衣卫掌印官纷纷请求尽快补缺，皇帝因为个人私利一再拖延，乃至影响了锦衣卫正常履行职责，而这恰恰从侧面证明万历君臣还是尊重旧制的。

到了天启年间，情况就大不同了。天启元年（1621）七月，锦衣卫千户刘侨奉命到天津逮捕废闲副将陈天爵到京，遭到天津巡抚毕自严的阻挠。毕自严提出：

> 从来钦拿官犯，俱须奉有明旨，赍有驾帖，而后从事。所到地方恭设香案，罗拜宣读，所以只畏君命而对扬天威也。兹原任山西北楼口副将，今废闲陈天爵所犯罪状，臣诚不知其何如。惟是缇骑逮人于数百里之外，既无明旨，又无驾帖，止凭金吾一纸之批，真伪莫辨，臣窃讶之。若其非真，则锦衣为天子之禁卫，何容擅有勾摄？若其果真，揆之累朝之令甲，刑章之旧例，将无稍稍刺谬矣乎？……臣待罪巡抚，叨有地方之责，未奉明旨、驾帖，遽难轻发官犯。即差官刘侨，亦似有逡巡不便拘执者。伏祈皇上鉴别真伪，特颁明旨以便遵奉，交割解京究问，庶雷霆有赫而日月光昭矣。②

从毕自严的奏疏中可以发现，锦衣卫如果奉命到地方逮捕官员，不仅需要有金批的驾帖，还需要专门下发的包含逮捕内容的圣旨原件，否则不合法，"京外官五品以上有犯，必奏闻请旨，不得擅勾问罪"③。刘侨等只有"一纸之批"，估计是带有批红的题本，没有其他材料。毕自严上疏后，朝廷的答复仅仅是"已有旨"④，依旧要带走陈天爵。此时魏忠贤尚未把持朝纲，明朝政府主要由东林党人主持政务。在此背景下陈天爵依旧被"非法"逮捕，说明旧制已经不被尊重。

天启二年（1622）四月，明军在蓟州一带抓获后金间谍杜茂，招称与已经投降后金的佟养性同族的登莱监军佟卜年是内奸。明廷急派锦衣卫官校"持二驾帖往刑科"⑤佥批，准备押解杜茂到京审问，同时逮捕佟卜年。明制："一犯官一驾帖，每一帖止官旗二人。"⑥所以锦衣官校领了两份驾帖。"署科给事中熊德阳先佥杜茂等一帖，其佟卜年一帖与同科刘弘化议，欲具本参论，续佥稍迟"⑦，招致兵部尚书张鹤鸣的不满，熊德阳因此受到处分。按照高汝栻在《皇明续纪三朝法传全录》中的记载，熊德阳拒签的是杜茂一帖，理由是该帖"不细开名数，止云拿杜茂等……'等'之一字包含最众，恐承行人诡

---

① 《明神宗实录》卷五八四，万历四十七年七月壬午条，第11127页。
② （明）毕自严：《金吾远逮废弁疏》，见氏著《石隐园藏稿》卷五，文渊阁四库全书影印本，上海古籍出版社，1987年，第502页。
③ （清）张廷玉等：《明史》卷九四，《刑法二》，中华书局点校本，1974年，第2312页。
④ 《明熹宗实录》卷一二，天启元年七月乙丑条，第629页。
⑤ 《明熹宗实录》卷二一，天启二年四月丁卯条，第1041页。
⑥ （明）朱长祚：《玉镜新谭》卷六，《缇骑》，中华书局点校本，1989年，第88～89页。
⑦ 《明熹宗实录》卷二一，天启二年四月丁卯条，第1041页。

捏那移，波及无辜"①。如果这一记载无误的话，熊德阳应是在忠实履行自己的职责。从上述两个例子可以看出，尽管在天启初年刑科金批捕人驾帖的法定程序遭到一定的破坏，但相关方面终归要给予一定的解释，这一制度尚未被彻底抛弃。

到崇祯年间，又出现了新变化。崇祯元年（1628），锦衣卫奉命拘捕田佳璧、张宜更等，事后才到科补金，"续捕狄姓者并不复补"②，为此遭到弹劾，崇祯帝只是申饬而已。

崇祯五年（1632）七月，草场失火，锦衣官校又一次未经金批即前往逮捕渎职官员，两天后才去补金。刑科给事中陈赞化等上疏要求予以申饬，并严格执行有关制度，"以存典制之旧"，崇祯帝未予接受，只是"命锦衣卫查例奏明"③。次月，崇祯帝下令："自后驾帖径发锦衣卫，若就近密速拿人，不必概候科签，以防轻泄。"④至此，驾帖拿人必先金批的制度被公开废置。崇祯帝公开否定旧制，固然与其刚愎自用的性格有关，但前朝多次发生的类似事件证明这一制度能否严格执行，很大程度上取决于皇帝的态度，区别仅在于前朝尚遮遮掩掩，照顾祖制和文官们的情绪，崇祯帝则彻底撕去了这张假面具而已。

不过，驾帖金批制度的破坏似仅限于出京捕人。《三垣笔记》的作者李清在崇祯朝曾任刑科给事中。据其记述：

> 予入刑垣，见一切廷杖拿送并处决，必锦衣卫送驾帖至科，俟签押持去。予初谓故套，及署印，以赴廷推归，见校尉森列，持杖不下，一应杖官已解衣置地。予问何待，答曰："非科签驾帖，则不得杖耳。"然后知此为封驳设也。今仅作承行耶！予召数老书手问封驳云何，皆云不知。⑤

从这段记载中可以发现，廷杖需刑科金批的制度并未废止，但在给事中眼里，已经是可有可无的"故套"。另据同书记载，刑科右给事中陈启新因与都给事中宋玫交好，经常"托守科或代签驾帖，俱欣然不辞"⑥。金批驾帖需要仔细审查帖上内容，且是阻止非法施政的最后一道制度屏障。给事中们动辄请人代签，显然没有把它当回事。主事官员既然不重视，皇帝自然更可以抛开祖制，自行其是。

四

与驾帖相比，精微批的使用范围要宽得多。"故事：两京衙门凡有差遣者，不问事之轻重，皆给以内府精微批文"⑦，"各衙门出使，承领各衙门札付及精微批文"⑧，"凡巡方、巡盐关差，皆有精微批一纸，以为凭限。批自内阁，而科臣批之"⑨。成化十八年（1482），南京六科"以为太烦，奏请区处"，明廷讨论后，决定改为"事重、路远者，给之；事轻者，不拘远近，止给与札帖，着为例"⑩。另据《大明会典》记载："凡亲王致祭，旧例遣侯伯给敕行。嘉靖四十四年议罢，止差卿寺五品以上官，或礼部

---

① （明）高汝栻：《皇明续纪三朝法传全录》卷一一，续修四库全书影印本，第791页。
② （清）汪楫：《崇祯长编》卷一六，崇祯元年十二月癸巳条，第891页。
③ （清）汪楫：《崇祯长编》卷六一，崇祯五年七月庚戌条，第3501页。
④ （清）汪楫：《崇祯长编》卷六二，崇祯五年八月丁丑条，第3572页。
⑤ （明）李清：《三垣笔记·上·崇祯》，中华书局标点本，1982年，第20页。
⑥ （明）李清：《三垣笔记·上·崇祯》，第9页。
⑦ 《明宪宗实录》卷二二六，成化十八年四月乙卯条，第3879页。
⑧ （清）薛允升：《唐明律合编》卷一〇《出使不复命》，民国退耕堂徐氏刊本。
⑨ （清）佚名：《残明纪事》，清钞本。
⑩ 《明宪宗实录》卷二二六，成化十八年四月乙卯条，第3879页。

司官前去，照行人差至郡王府，给精微批，不必请敕。"① 可见，精微批是两京级别相对较低官员出京办差的凭证，精微批的地位较诏敕低很多。

在《南京都察院志》中保留了两份格式文书：

> 为议定差以责实效事。照得本院奏差巡按直隶监察御史 某 巡视某 等处，所有本官出巡精微批文，例应填给。为此合用手本，前去内府，南京（兵、礼、刑）科填给施行。计给应字批文道。②

> 为议定差以责实效事。据巡按 某差 御史 某 呈缴精微批文前来，例应转缴，为此合用手本，前去内府，南京（兵、礼、刑）科销缴施行。计总应字批文道。③

另据《明宪宗实录》记载，成化二十年（1492）八月，刑部主事周盈"填写精微批文不谨，刑科劾奏"④，刑部尚书张鎣、侍郎杜铭、何乔新因此连带受到处分。

综合上述三条史料可以发现，精微批原件保存于内府，需要使用时由相关人员领出，到礼部或刑部主管官员处填写所办差事，然后到六科相应的科金报⑤，这才具备法律效力。办差结束后，还需到上述部门销缴。

成化十九年（1491），"行人司行人王皋为镇平王掌丧礼。至开封府，公馆夜火，皋所领精微批焚焉"⑥，赖河南镇守太监、巡抚等官求情，才得以豁免⑦。成化二十三年（1495），因"礼部于报讣精微批文失用印押字"⑧，该部尚书周洪谟及已改任吏部的原左侍郎徐溥都受到罚俸处分。

弘治十一年（1498），山东兖州府同知余浚奏准："凡御史出巡，俱领精微批于内府。其批内限期，但云事完回缴。缘各官在途有患病、事故、水程之外，未曾定与限期，且前此出巡，未知新例，或有例前过违者。命今后水程外违限一日以上者，参奏处治。以前过违者，宥之。"⑨

崇祯年间曾任职六科的李清在《三垣笔记》中记载：

> 凡按院出巡，用精微批，先送刑科签押，于直隶巡按监察御史某准此，则用朱笔大直。如按院直推知法，于批后又书"候回还日缴"五大字，送中官用印。予曾顾同垣笑曰："我辈下笔如此纵放，若上入宫，见必怒矣。"一日，果命中官至垣诘责，因告以旧例，取历年所缴批进览，次日发出，亦莫稽其故也。大约科臣签押，疑代皇后为之者。⑩

可见，明朝政府对精微批的签字、用印、销缴期限乃至相关人员笔迹是否工整都有严格的规定，既

---

① （万历）《大明会典》卷九八，《丧礼三》，第 1534 页。
② （明）施沛《南京都察院志》卷三五，《公移·请精微批》，"四库全书存目丛书补编"影印本，第 304 页。
③ （明）施沛《南京都察院志》卷三五，《公移·缴精微批》，第 304 页。
④ 《明宪宗实录》卷二五五，成化二十年八月庚辰条，第 4313 页。
⑤ 如《大明会典》卷二一三，《六科》记载："凡行人、序班、监生差往王府祭葬，报讣，伴送夷人等项，该给内府精微批文，俱从本科定限，事毕送科销缴。"这里的"本科"指礼科。见第 2845 页。又如该书同卷载"凡工部奏差造坟、抽分等项官员，各该请给内府精微批文。各具手本，送本科，照批定限给付。事完，各赍原批赴本科，转送内府销缴"。这里的本科指的则是"工科"。见该书第 2851 页。
⑥ 《明宪宗实录》卷二三九，成化十九年四月癸酉条，第 4055 页。
⑦ 与精微批类似，驾帖也不得遗失。如天启年间，阉党得势，魏忠贤遣人到地方逮捕东林名士高攀龙等。其中到浙江逮捕魏大中的锦衣官校遭到当地百姓阻挠，"以中途被殴，失散驾帖，无从抵关，照验何凭，闭门不纳"，只好狼狈回京。事见（明）朱长祚：《玉镜新谭》卷六《缇骑》，中华书局点校本，1989 年，第 88~89 页。
⑧ 《明宪宗实录》卷二九〇，成化二十三年五月乙丑条，第 4910 页。
⑨ 《明孝宗实录》卷一三三，弘治十一年正月庚戌条，第 2345 页。
⑩ （明）李清：《三垣笔记·补遗·崇祯》，第 41 页。

不允许朦胧填、金，延期缴回，更不允许遗失。

万历四十年（1612）二月十四日，大学士叶向高上题本，指出刑科、兵科给事中长期空缺，"此二科章奏无人发抄，尽皆沈阁。昨御史彭端吾差巡按四川，旧例：巡按官出差，必兵、刑二科移文内府领精微批。今二科无官，则精微批无从得领，而御史不得行矣。其间更有他事不便，率皆如此"①。可见，与驾帖类似，六科在精微批的使用过程中发挥着关键作用。没有六科金批，精微批同样无法使用。

与驾帖不同的是，驾帖系根据皇命而出，带有临时性和随机性，精微批则不同。

弘治元年（1488）九月，刑部尚书何乔新上言：

> 旧制，提人勘事，所遣人员必赍精微批文赴所在官司，比号相符，然后行事。所司仍具由回奏。有不同者，执送京师。此祖宗防微杜渐之深意也。而京城内外提人乃用驾帖，既不合符，真伪莫辨。倘有奸人矫命，谁则拒之？请自今遣官出外，仍给批文，以防奸伪。②

可见，精微批系事先制作，且至少一式两份，在京师内府和地方相应衙门分别保存，所以可以比对真伪。如嘉靖二十一年（1542），"恤刑主事戴楩、吴元璧、吕颙等行急，失与内号相验。比至，与原给外号不合，为巡按御史所纠，纳赎还职"③。因为这个优势，孝宗皇帝接受了何乔新的建议，批复："提人勘事，必给精微批文以防奸宄，乃祖宗旧制，不可不遵。所司其如例行之。应给批时，毋得稽误④。"

弘治十一年（1498），英国公张懋等在应诏言事时建议"今后差官，查照旧例，给精微批。锦衣卫官校不许仍赍驾帖，为害非细"⑤。弘治十三年（1500）夏，群臣借星变再次提出"精微批必经比号，故矫诈无所施。驾帖因不比号，则真伪不可辩。近年以来，官校差出，止赍驾帖，少有给批。目今边方多事，万一有不逞之徒伪造驾帖，赍至所在，真伪莫辩。乞今后凡有差出人员，务令出批为照，以防意外之患"⑥。大臣们屡次建议使用精微批从侧面证明，锦衣官校出京办差同时携带驾帖和精微批的制度并没有得到切实执行。

弘治十五年（1502），明廷再次决定"凡奉旨于在京拿人，锦衣卫给驾帖，刑科批日。若差人出外提人，取物，勘事，皆给精微批，赍赴所在官司，比号相同，然后行事。如不同，就擒解京"⑦。但不久，这一制度又被抛到了一边。正德皇帝即位不久，即"以庄田之故，差官校，赍驾帖，逮捕民鲁堂等二百余人"⑧。给事中周玺等于是再次进言，批评武宗听信皇亲一面之词，要求"远鉴祖宗旧制，近遵先帝成命，自今差人出外，务令给批而不用驾帖，以后永为遵守，如此则诈伪可防而奸弊不生，天意可回"⑨。武宗顾左右而言他，强调经理皇庄是"奉顺慈闱，事非得已。管庄各留内官一人、校尉十人，余悉召还"⑩。对周玺的建议则不置可否。不过，晚明人士李默在《孤树裒谈》中仍称"凡奉旨提取罪犯，本卫从刑科给驾帖，都察院给批。差官，则一官之差，一事之行，亦未尝得专也"⑪。可见，至少在纸面上，锦衣

---

① （明）叶向高：《请发紧要三事揭》，见氏著《纶扉奏草》卷一五，四库禁毁书丛刊影印本，第138页。
② 《明孝宗实录》卷一八，弘治元年九月壬午条，第437页。另见（明）余继登：《典故纪闻》卷一六，中华书局1981年点校本，第281页。
③ （清）张廷玉等：《明史》卷九四《刑法二》，第2312页。
④ 《明孝宗实录》卷一八，弘治元年九月壬午条，第437页。
⑤ 《明孝宗实录》卷一四三，弘治十一年十一月壬子条，第2498页。
⑥ 《明孝宗实录》卷一六二，弘治十三年五月丁卯条，第2925页。
⑦ 万历《大明会典》卷一七七，《问拟刑名》，第2443页。
⑧ 《明武宗实录》卷一〇，正德元年二月乙卯条，第304页。
⑨ （明）周玺：《论兴革疏》，见氏著《垂光集》，文渊阁四库全书影印本，第279页。
⑩ 《明武宗实录》卷一〇，正德元年二月乙卯条，第305页。
⑪ （明）李默：《孤树裒谈》卷二，四库全书存目丛书影印本，第212页。

出京需同时携带驾帖和精微批的制度被保留了下来。至于是否严格执行，则另当别论。

余　　论

　　锦衣卫是颇受皇帝信赖的强力机关，手中有充分的政治资源，所以明廷尽管制定了详细的制度，不论是驾帖还是精微批，都可以对锦衣卫的行事做出制约，但其总可以突破制度的限制，不时法外行事，不过这种突破终归有一定限度。驾帖出自皇命，但由于不在原有制度框架内，缺乏总体设计，虽然地位很高，使用时也会受到一定的限制。如嘉靖十四年（1535），吕经因为粗暴修改辽东军户帮丁政策，引发士兵哗变，锦衣官校奉命到广宁逮捕吕经，因为"诸军疑驾帖非眷黄，是诈为天使，谋脱经也，复噪乱"[1]，反而把锦衣官校同吕经一起扣押，关进监狱。之所以出现这一状况，和驾帖不经常使用，基层官兵不熟悉其形制有密切关系。又如隆庆三年（1569），尚衣监右少监黄雄"以番休日私出征子钱，与居民哄斗市中"，被兵马司拘捕。宫内宦官找不到黄雄，于是派锦衣校尉到巡城御史杨松处索要。"校尉诡言有驾帖召雄"[2]，被杨松识破。锦衣校尉之所以敢说谎，除了有恃无恐之外，和驾帖使用颇为随意，没有固定的使用范围有很大关系。

　　总体而言，驾帖是依据皇命派发的办事凭证，其地位远逊于敕谕。由于皇帝的个人偏好，驾帖的使用范围不断扩大，亦因此招来大量的批评。因为有精微批的存在，停用驾帖的呼声一直存在。虽然君臣最后达成妥协，两者共同配合使用，但因为皇权意志的存在，专用驾帖的现象并未得到遏止，反而在天启、崇祯年间泛滥成灾，直至抛开祖制，自行其是。由于持驾帖行事者多是锦衣卫成员或与之有一定关联的人士，锦衣卫因此成为驾帖批判者指斥的对象，进而影响了人们对锦衣卫制度的客观评价。

[作者单位：中国社会科学院历史研究所]

---

[1]《明世宗实录》卷一七五，嘉靖十四年五月癸酉条，第3800页。
[2]《明穆宗实录》卷三九，隆庆三年十一月乙酉条，第975页。

张居正"法后王"思想探析

江心力

孟子主张"法先王",荀子强调"法后王",推演出不同的政治思想和学说。张居正认同荀子"法后王"的思路,对儒家的"法后王"思想进行了新的诠释。

一 孟荀"法先王"与"法后王"之辨

"先王"与"后王"是先秦儒家的两个重要术语。其中,孟子的"法先王"与荀子的"法后王"经常相提并论,成为认识两人社会历史观的理论基础。分析"法先王"和"法后王"究竟是对立的还是统一的,有助于理解"法后王"主张对中国政治思想学说的影响。

"先王"在《论语》中出现两次,即:《学而》篇"礼之用,和为贵。先王之道,斯为美,小大由之";《季氏》篇"夫颛臾,昔者先王以为东蒙主,且在邦域之中矣"。其中的"先王"泛指过去的君王,没有特别的政治意涵。到了孟子,开始明确提出"法先王"的思想主张。

所谓"法先王",就是依据尧舜等先王的法则和经验治国理政。孟子在《离娄上》篇中说:"尧舜之道,不以仁政,不能平治天下。今有仁心闻而民不被其泽,不可法于后世者,不行先王之道也……遵先王之法而过者,未之有也……为政不因先王之道,可谓知乎……言则非先王之道者,犹沓沓也。""尧舜之道"上升为"先王之道""先王之法"。同时又把"尧舜之道"概括为以"仁政"治理天下,所有君臣应遵循的法则。他在同篇中指出:"欲为君,尽君道;欲为臣,尽臣道。二者皆法尧舜而已矣。"

在孟子看来,"尧舜之道"的以"仁政"治理天下,首先是心忧天下。他在《滕文公上》篇中说:"当尧之时,天下犹未平,洪水横流,泛滥于天下。""尧独忧之",尧推荐舜,舜使"益列山泽而焚之","使禹疏九河"。其次要得人为难。他在《滕文公上》篇中说"以天下与人易,为天下得人难",因此,尧以不得舜为己忧,舜以不得人为己忧。最后是注重孝悌。他在《告子下》篇中指出:"曹交问曰:人皆可以为尧舜,有诸?孟子曰然!……尧舜之道,孝悌而已矣。"也就是说,孟子认为,人们只要坚持孝悌,就可以成为尧舜,进而实现依"仁义"治理天下的理想。

《论语》和《孟子》中尚未出现"后王"一词,到了荀子开始提出"后王"的概念,并进而强调"法后王"。荀子在《非相》篇中说:"圣王有百,吾孰法焉?曰文久而息,节族久而绝,守法数之有司极礼而褫。故曰欲观圣王之迹,则于其粲然者矣,后王是也。彼后王者,天下之君也。舍后王而道上古,譬之是犹舍己之君而人之君也。故曰欲观千岁,则数今日;欲知亿万,则审一二;欲知上世,则审周道;欲知周道,则审其人所贵君子。故曰以近知远,以一知方,以微知明,此之谓也。"这里的"周道"与"上世"并列,而"周道"即文武之道,可以效法的"后王",可能就是与"先王"尧舜相对的文武等人。

在荀子看来,"法后王"是成为天下之君的根本保证。首先需要会通天下的规章制度,荀子在《正名》篇中说:"后王之成名:刑名从商,爵名从周,文名从礼,散名之加于万物者,则从诸夏之成俗曲期,远方异俗之乡则因之而为通。"也就是说,后王成名的标志就是会通夏、商、周的各项具体制度。

其次需要坚守后王的礼仪法则，荀子在《王制》篇中说："王者之制：道不过三代，法不贰后王。道过三代谓之荡，法贰后王谓之不雅。衣服有制，宫室有度，人徒有数；丧祭械用，皆有等宜。声，则凡非雅声者举废；色，则凡非旧文者举息；械用，则凡非旧器者举毁，夫是之谓复古，是王者之制也。"也就是说，"王者之制"就是要把后王的各种礼仪法则作为唯一的标准，建立起良好的社会秩序。最后需要继承文武的事业。他在《儒效》篇中说，周公"教诲开导成王，谕于道而能掩迹于文武。……因天下之遂文武之业"。也就是说，成王在周公的教导下。并且在《成相》篇中强调"文武之道"就是"法后王"的典型，是治理国家的根本原则，其中说："文武之道，同伏羲，由之者治，不由者乱，何疑为？凡成相，辩法方，至治之极复后王。"

二　以荀为近的"法后王"思想

隆庆五年（1571），张居正主持会试，按照惯例撰写了三篇"程策"（即供考生作为典范的策论）。其中第二篇策论的题目是："问'王者与民'信守法耳。古今宜有一定之法。孟轲、荀卿，皆大儒也，一谓法先王，一谓法后王，何相左欤？我国家之法，鸿纤具备，丁古鲜俪矣。然亦有在前代则为敝法，在熙朝则为善制者，岂行之固有道欤？虽然，至于今且敝矣，宜有更张否欤？古今论综核者，莫如汉宣帝。然当其时，亦五日一视事矣。伪增籍者受赏矣，若此者，可谓行法欤？宣优于文，岂为通论？而或者亟其叹服，抑宣美文，似知大体，而或者深刺其非，孰为当欤？夫欲综核，则情伪者不可穷；更张，则善制有不必变，诚不知所宜从也。愿熟计其变，著于篇！"① 也就是说，面对本朝的法制的更张，究竟是"法先王"还是"法后王"？针对这一问题，张居正阐述了以荀为近的"法后王"主张。

张居正说："执事发策，考荀孟之异论，稽国家之旧章，审沿革之所宜，求综核之实效。愚尝伏而思之：夫法制无常，近民为要；古今异势，便俗为宜。孟子曰：'遵先王之法而过者，未之有也。'此欲法先王矣。荀卿曰：'略法先王而是乱世术。不知法后王，而一制度，是俗儒也。'此欲法后王矣。两者互异，而荀为焉，何也？法无古今，惟其时之所宜，与民之所安耳。时宜之，民安之，虽庸众之所建立，不可废也；戾于时，拂于民，虽圣哲之所创造，可无从也。后王之法，其民之耳而目之久矣；久则有司之籍详，而众人之智熟，道之而易从，令之而易喻，故曰：法后王便也。"② 也就是说，张居正经过比较，认同了荀子的"法后王"思想，并由此提出时宜、民安、易从、易喻的政治主张，对"法后王"进行了新的阐释。

所谓时宜，就是张居正特别强调的救时之急务。他在《陈六事疏》中指出："臣闻帝王之治天下，有大本，有急务。正心修身，建极以为臣民之表率者，图治之大本也。审几度势，更化宜民者，救时之急务也。大本虽立，而不能更化以善治，譬之琴瑟不调，不解而更张之，不可鼓也。"③ 也就是说，帝王治理天下既要"正心修身"，更要"审几度势""救时之急务"。在张居正看来："盖天下之事不难于立法，而难于法之必行；不难于听言，而难于言之必效，若询事不考其终，兴事而不加屡省，上无综核之名，人怀苟且之念，虽使尧舜为君，禹皋为佐，亦恐难以底绩而有成也。"④ 也就是说，当时的要务，是要改变问事不追究结果，做事不总结经验教训的现状。为此，张居正推行考成法，监察诏令、文书落实和调整，通过对六科、部院、巡按的监督，提高执政的效率。

所谓民安，就是张居正富国强兵的执政理念。首先是清查逋欠。张居正说："故仆今约己敦素，杜

---

① 张舜徽主编：《张居正集》第三册，《辛未会试程第二》，武汉，湖北人民出版社，1987年，第147页。
② 张舜徽主编：《张居正集》第三册，《辛未会试程第二》，武汉，湖北人民出版社，1987年，第147~148页。
③ 张舜徽主编：《张居正集》第一册，卷一，奏疏一，《陈六事疏》，武汉，湖北人民出版社，1987年，第1页。
④ 张舜徽主编：《张居正集》第一册，《请稽查章奏随事考以修实政疏》，武汉，湖北人民出版社，1987年，第131页。

绝贿门，痛惩贪墨，所以救贿政之弊也。查刷宿弊，清理逋欠，严治侵渔揽纳之奸，所以砭姑息之政也。上损则下益，私门闭则公室强。故惩贪吏者，所以足民也；理逋欠者，所以足国也。官民两足，上下俱益，所以壮根本之图。"① 在他看来，清查逋欠是足国足民的保证，也是民安的根本。其次是清丈土地。针对土地兼并愈演愈烈的现实，张居正为了减轻人民负担，增加国家田赋，推行清丈土地的措施。他认为："清丈事，极其妥当。粮不增加，而轻重适均；将来国赋，既易办纳，小民如获更生。"② 最后，推行一条鞭法。量地计丁，一概征银，保证了清丈土地的纳税，官为金募。使逋欠及赋税直接纳入国库，既增加了政府的收入，又减轻了人民的负担，成为民心安定的政策基础。

所谓易从、易喻，就是张居正信仰的明太祖之法。首先张居正认为最容易效法的"后王"就是明朝的创建者太祖高皇帝。他说："高皇帝神圣统天，经纬往制，博稽迩采，靡善弗登。……随时制宜，因民立政。……故善法后王者，莫如高皇帝矣。天府之所藏，掌故习之。所颁，有司守之。大小相维，鸿纤具备。自三代以来？法制之善，未有过于昭代者也。"③ 也就是说，在张居正看来，明太祖"随时制宜，因民立政"，其法制系统完善，易于遵从。其次，张居正认为太祖所创一代之制，条理清晰，明君贤臣执行即可。他说："皇帝毕智竭虑，以定一代之制，……成宪具存，旧章森列，明君贤臣，相与实图之而已。毋泰多事。祛积习以作颓靡，振纪纲以正风俗，省议论以定国是，核名实以行赏罚，则法行如流，而事功辐辏矣。"④

三 "法后王"思想的特色

张居正时宜、民安、易从、易喻的"法后王"思想，丰富和发展了中国传统的政治理论，其务实求效的特色，对明后期的政治产生了积极的影响，同时其政令畅通，雷厉风行的工作作风也为后世的改革理论留下了宝贵的精神遗产。

张居正认为"法后王"就是把"变"和"因"统一起来，"一求诸实"。他说："法不可以轻变也，亦不可以苟因也。苟因，则承敝袭舛，有颓靡不振之虞，此不事事之过也；轻变，同厌故喜新，有更张无序之患，此太多事之过也。二者，法之所禁也，而且犯之，又何暇责其能行法哉！去二者之过，而一求诸实，法斯行矣。"⑤ 也就是说，改革要从实际出发，既不能因循守旧，颓靡不振，也不能喜新厌旧，更张无序。

在张居正看来，"一求诸实"就是用人唯实。他说："法之不行也，人不力也，不议人而议法何益？"⑥ 也就是说，法制的实行，要靠人才，不要靠法律。而对于人才，张居正强调要以"功实"为标准。他说："至于用舍进退，一以功实为准，毋尽拘于资格，毋摇之以毁誉，毋杂以爱憎，毋以一事概其平生，毋以一眚掩大节。"⑦ 强调官员的取用升迁都要以"功实"为准绳。同时，张居正认为要把务实作为官员的基本修养。他说："毋作伪乱真，毋矜名以示异，毋氵敫言而不中其实，毋诡故而不近人情。宁拙而迟，毋巧而速；宁有瑕而为玉，毋似玉而为石。忠信直质，以事其上。"⑧

张居正的"一求诸实"还表现为注重实效的特色。他不拘于圣贤教义，立足于现实，形成"官府一

---

① 张舜徽主编：《张居正集》第二册，《答应天巡抚宋阳山论均粮足民》，武汉，湖北人民出版社，1987年，第481页。
② 张舜徽主编：《张居正集》第二册，《答山东巡抚何来山言均田粮觋吏治》，武汉，湖北人民出版社，1987年，第106页。
③ 张舜徽主编：《张居正集》第三册，《辛未会试程第二》，武汉，湖北人民出版社，1987年，第148页。
④ 张舜徽主编：《张居正集》第三册，《辛未会试程第二》，武汉，湖北人民出版社，1987年，第150页。
⑤ 张舜徽主编：《张居正集》第三册，《辛未会试程第二》，武汉，湖北人民出版社，1987年，第147页。
⑥ 张舜徽主编：《张居正集》第三册，《辛未会试程第二》，武汉，湖北人民出版社，1987年，第149页。
⑦ 张舜徽主编：《张居正集》第二册，《陈六事疏》，武汉，湖北人民出版社，1987年，第7页。
⑧ 张舜徽主编：《张居正集》第三册，《辛未会试录序》，武汉，湖北人民出版社，1987年，第410页。

体"的体制。他取得慈圣太后的信任，拉拢冯保，控制内阁和六部，使各项方针政策得到高效的贯彻执行。万历元年（1573）颁布考成法，万历二年（1574）对官吏实行久任之法，万历三年（1575）整饬学政，万历七年（1579）诏毁天下书院，从而完成了政治和思想上的统一。在经济方面，万历初年（1573）清查逋欠，万历六年（1578）清丈土地，万历九年（1581）全国推行一条鞭法，最终蠲免积逋，造福于民。脚踏实地，循序渐进，使各项改革措施取得积极的成效。

张居正的"一求诸实"还表现为雷厉风行的特色。在"法后王"思想指导下，张居正选拔了一大批推行改革的专才。史载："居正喜建树，能以智数驭下，人多乐为之尽。"① 因此："凡在有位，感激怀奋，皆抱功修职。……各务敦尚实政，不肯取办簿书期会，众贤辐辏，仕路廓清。"② 北部边防有名将王崇古、方逢时、李成梁、戚继光，有治河专家潘季驯，有推广一条鞭法功劳卓著的庞尚鹏，有辑《万历会计录》的王国光，可谓群星灿烂，豪杰并起。在这种局面下，改革得以顺利推行，措施得到迅速贯彻，《明史》指出："居正为政，以尊主权、课吏职、信赏罚、一号令为主。虽万里之外，朝下而夕奉行"。③ 达到了理想的改革境界，为后世留下了宝贵的精神遗产。

[作者单位：聊城大学]

---

① 《明史》卷二一三，《张居正传》，中华书局，1974年，第5646页。
② 张舜徽主编：《张居正集》第四册，《张太岳行实》，武汉，湖北人民出版社，1987年，第432页。
③ 《明史》卷二一三，《张居正传》，中华书局，1974年，第5646页。

开罗织之端：万历朝续妖书案之周嘉庆狱探析

杨向艳

续妖书案于万历三十一年（1603）冬发生后，举朝震动，神宗震怒，屡屡下令全城搜捕，务必尽快捉拿刊造妖书的逆犯。由于事发突然，没有线索可依，缉捕衙门只得"以风影捕系，所株连甚众"①。正是在毫无目标的相互攻讦中，锦衣卫都督周嘉庆为同僚王之祯等诬陷而卷入妖书狱，并一度被认为是妖书的主谋。关于嘉庆一狱，目前学界尚未有探讨。时人沈德符曾有论述："周（嘉庆）掌镇抚时，已官都督佥事，上大堂佥书管事矣。又数年为癸卯，周以次当柄用，时掌卫者为蒲州王之祯正用事，知周欲得其位，切齿恨之，适妖书事起，王遂指书出于周手，逮其父子妻女一家，备用全刑，周濒死数茇，终不肯承。赖上圣明，止务再拷，仅夺官归。"②这一论说基本揭示了该案的大致情况，但未能对本案的整个过程以及背后错综的政治环境、人事瓜葛等予以说明。笔者拟使用新发现的海外孤本、当时的刑部尚书萧大亨的《刑部奏议》③及未被学界利用的《万历三十一年癸卯楚事妖书始末》④等史料，来对上述问题进行探析，并对该狱背后错综复杂的政治关系予以剖析。

一 争权：周嘉庆被指讦

周嘉庆，河南开封府延津县人，由恩荫世袭锦衣卫千户，万历十八年（1590）间蒙授本卫北镇抚司理刑，历升左军都督府都督佥事、本卫堂上签书，仍在镇抚司掌刑。⑤也就是说，万历三十一年妖书案发生时，周嘉庆正在锦衣卫任职，他做梦也没想到，自己有一天会作为疑犯落入由自己掌控的北镇抚司中，受尽严刑拷打。嘉庆被指讦，最直接的原因是卫中争权的结果。沈德符指出："王襄毅（崇古）孙（之祯）擅卫十余年，穷极贪狡，与同列周尚书（咏）之子（嘉庆）争权，起大狱，几族灭之，为天下切齿。"⑥

妖书又名《续忧危竑议》，其以对话的方式，"言贵妃与大学士朱赓、戎政尚书王世扬、三边总督李汶、保定巡抚孙玮、少卿张养志、锦衣都督王之祯、千户王名世、王承恩等相结，谋易太子"⑦。书中还指出，首辅沈一贯为人阴险，有福己自承之，祸则规避而不染。皇亲王道化任职锦衣卫，本应升迁，

---

① （清）张廷玉等撰：《明史列传（六）》卷三〇五，《列传》第一百九十三宦官二，周骏富辑《明代传记丛刊·综录类10》，中国台北，明文书局印行，1991年，第7814页。
② （明）沈德符：《万历野获编》卷二一，《禁卫》"镇抚司刑具"，《四库禁毁书丛刊》第4册，史部，北京，北京出版社，2000年，第404页。
③ 《刑部奏议》保存了对周嘉庆的审判记录，为进一步研究续妖书案的具体过程提供了珍贵的一手资料。
④ 该书经考证为康丕扬所作（参见赵承中：《〈癸卯楚事妖书始末〉作者考》，《寻根》2008年第4期），他以时间为顺序记录妖书案的整个过程，可以与《刑部奏议》相参照补充。
⑤ （明）萧大亨：《刑部奏议》卷六，《瞰生光招由疏》，日本名古屋蓬左文库藏明刻本，第53页。
⑥ （明）沈德符：《万历野获编》卷二一，《禁卫》"世锦衣掌卫印"，第404页。
⑦ （清）张廷玉等撰：《明史》卷三〇五，《宦官二 陈矩传》。

他却"令亲家史起钦抑其功而不录,亦王之祯有以默授之也"①。面对妖书的指控,沈一贯等人的态度是既激愤又惶恐。一方面,他们"猜忖此书必是素有嫌怨者所作"②。沈一贯甚至立即"疑礼郭正域为之,以正域初议楚事相左故"③。而王之祯则欲陷锦衣指挥周嘉庆。④ 另一方面,他们纷纷上疏自辩并求罢斥,以退为进,同时要求万历严拿逆犯。⑤

锦衣卫诸臣因书内有王道化一事,遂于十八日上疏自辩。王之祯作为四人中官职最高者,同时也"为内阁爪牙,中枢心腹"⑥,他首先辩解说自己之所以被奸人百计觊觎、率先诬奏,原因在于他在卫已久,且"卫堂印久悬",而他"叨资俸第一",最有可能被提拔,所以为卫中人所嫉妒。李桢国辩解说:他与父亲一起被诬陷,"必平日有所怨望而不得,有所要求而不遂与,有所驱逐而不能者"所为。王承恩则谓自己在卫任官已久,兢兢业业,"本卫堂官王之祯念臣历俸既久,每遇理刑员缺,疏录臣名上请",遭到"本卫后资骤进极奸极恶之人"忌恨,百计陷害,并造刻妖书"谓臣为辅臣朱赓乡人,借光附和,陷臣赤族之罪"。王名世则辩解说:"本卫堂官王之祯因北镇抚司缺官,循例首以臣名送部听考,而本卫奸恶极肆诋诬,致当时者避嫌不考。庚子军政考选,本卫奸恶复肆诋诬,赖武选司郎中朱诰秉公保全。顷者刁僧道掯奏臣族祖参政王叔果,乃本卫奸恶倡言以臣为刁僧谋主,今刻书投徧长安,则其用意必臣覆宗灭嗣,乃为惬意也。"四人的疏中除了自辩外,更多的是有所指涉。王之祯与李桢国怀疑妖书是本卫之人所为,但并未有所指。而王承恩与王名世的疏内则有"本卫奸恶字样",王承恩疏内有"乃本卫后资骤进极奸极恶之人",则已经有所指了。鉴于"承恩、名世疏内俱云本内既称有奸恶",万历下令"指名奏来"。⑦

与此同时,刑科给事中钱梦皋看了四人的奏疏后,以四人所讲内有隐情为由,于二十一日上奏言:"王之祯辩疏内言此委曲,惟臣卫奸人知之。李桢国辩疏则云奸贼嗔臣异己,臣再四详看,皆有所指,似明知其人者。至王承恩、王名世辩疏俱奉旨本内既称有奸恶,着指名奏来。四臣奏词同而奉旨未一,况王之祯见管卫事,尤不可含糊隐忍。"疏上后神宗觉得有道理,遂下旨要求王承恩与王名世从实奏来,于是"王名世首指周嘉庆,已而王之祯、李桢国、王承恩相继攻之,四人所指称皆同"。⑧

王之祯在指名回奏中指出:妖书事发,起初他"不敢执定为谁,而生平陷臣,举世惟有一人,乃本卫佥书管北镇抚司事周嘉庆是也"。他从嘉庆为人钻刺、阴险、狠毒、躁进、闪烁五个方面阐述了其种种不端行为,指出周嘉庆"交结趋附、贪赃卖法","使侍卫清署终年不宁,皆嘉庆有以致之也"。而在妖书方面,他则指出:"夫妖书初播,臣之僚属通未视臣,而嘉庆即来探臣,臣是以不能无疑也。"⑨ 李桢国认为自己与周嘉庆的嫌隙起于万历三十年(1602)二月周嘉庆自南镇抚司佥书奉旨着北镇抚司理刑管事到任以来,先是因为周嘉庆"事体丛挫,语言诪张",让他很惊讶。继而因为在其他事上与其结怨,使得嘉庆对他怀有"五恨",并且五恨"胶结而不可解",加上"其平日存心狠毒有甚于洪水猛兽之灾、夷狄乱贼之祸"⑩,令他不得不怀疑更甚。王承恩则回奏云:"臣自拾妖书以来,日夜思维,观其

---

① (明)刘若愚:《酌中志》卷二,《忧危竑议》后纪第二,《续修四库全书》史部第 437 册,杂史类,上海,上海古籍出版社,2002 年,第 444 页。
② (明)刘若愚:《酌中志》卷二,《忧危竑议》后纪第二,第 445 页。
③ (清)查继佐:《罪惟录》列传卷一三中,周骏富《明代传记丛刊》,明文书局印行,1991 年,第 2076 页。
④ (清)张廷玉等撰:《明史》卷三〇五,《宦官二》,第 7814 页。
⑤ (明)沈一贯:《敬世草》卷一四,《辨妖书并乞归疏》,《续修四库全书》第 479 册,史部·诏令奏议类,上海,上海古籍出版社,2002 年,第 553~554 页。
⑥ (清)张廷玉等撰:《明史》卷二三五,《何士晋传》,第 6127 页。
⑦ 《万历三十一年癸卯楚事妖书始末》妖书志略,《北京图书馆古籍珍本丛刊》13,史部·杂史类,书目文献出版社,1998 年,第 502~503 页。
⑧ 《神宗实录》卷三九〇,万历三十一年十一月癸酉,第 7356~7357 页。
⑨ (明)萧大亨:《刑部奏议》卷五,《会勘周嘉庆疏》,第 34~59 页。
⑩ (明)萧大亨:《刑部奏议》卷五,《会勘周嘉庆疏》,第 60~63 页。

用臣之名，非有不共戴天之仇，岂忍加臣赤族之罪，臣故疑本卫堂上金书周嘉庆之所为也。"原因在于，先是周嘉庆儿子周显祚"寄名杨经略幕下，立功赞画，丁应泰访知，欲行文本卫查核"。正逢有自辽东回者，将该事告诉了张光烈，而王承恩与王名世恰好去光烈家，偶尔谈到该事，因"畏嘉庆如狼虎，一撄其锋便遭荼毒"，故二王听后"但唯唯而已"。不料数日后周嘉庆到王承恩家，说王承恩"坑陷其子，呼天叫地，恶詈而去，仇自此结，祸自此兴矣"。再者，周嘉庆"奉旨堂上金书而欲坐于臣堂官李如桢之上"，但王承恩认为"以原任提督街道孙如津，官署都指挥、同知金书罗秀宝授都指挥同知，相去半级"，此语惹怒周嘉庆，"嘉庆惭怒而退，其时似欲食臣之肉，吮臣之血矣。以此恨臣入骨，臣预知有祸，不谓邃罹如此之诬也"。基于以上诸事，王承恩认为周嘉庆恨他最深，怨他最毒。① 王名世回奏说自己与周嘉庆结祸的原因与王承恩相同，皆始于周嘉庆儿子寄名杨经略名下立功赞画一事，而在妖书一事上，他认为周嘉庆"又有大可疑者焉"。他历数证据如下："方妖书之兴也，臣见内有臣名，惶惑不知所措，即白于堂官王之祯，之桢曰：'适周嘉庆来此，云妖书是汝所作。'余指天诘之，嘉庆头面尽赤，不能出声，惭赧而退。夫臣非丧心病狂，何故自取灭族之祸。且又书内诸臣，臣素无仇，安得诬陷若此。即欲诬陷他人，奈何入己姓名，此万万无是理也。谚云：'传是非者即是是非人。'以是臣疑嘉庆之所为也。"同时，他还认为"嘉庆实犯众怒，非臣一人之私愤也"，要求"下府部九卿科道厂卫诸臣究问嘉庆之言何处得来，何人主使，则是非黑白不辩而自明矣"。②

针对四人的指控，周嘉庆随即上疏，认为这是"奸党借妖快私"。他在疏中申辩说，自己始闻妖书事"大为骇愕，初不知其为何语，至四日后方得一见，则不胜切齿竖发，思得此奸徒以食其肉而寝处其皮者矣"。后来听到王承恩、王名世以私怨指名诬陷他，"几仆踣于地"。周嘉庆认为因为他久在诏狱，阻碍了两位的进身之路而遭疑恨：二王"侧目已非一日矣，此特小嫌也。乃以无所指实之说，遂加臣以灭族之祸，则大不可解矣"。后周嘉庆又上疏进一步为自己辩白。他认为王承恩、王名世之所以诬陷他，其背后主使者是李桢国与王之桢。对于王之桢的首先发难，周嘉庆辩解说："方奸书之骤闻，臣谓之桢有缉捕之责，即往造之，谓此等奸人公当严缉，彼即应之曰：'此本衙门人谋夺掌印者。'臣曰：'此等大事，何言功名？'小忿，遂别去。不意包藏祸心，交构堂属以乱听闻，如今臣始知桢国之蓄谋毕露矣。"对于李桢国的指控，周嘉庆指出其"屡向人指名谩骂，亦时时面辱臣，盖百计倾陷而特患无由耳"。而在妖书一事上，周嘉庆指出，李桢国说他造妖书"上及宫闱，下及臣僚，此何等事不揣其实，而惟以血口是污，盖其人虺蜴为心，豺狼成性，张吻可以排人击众，肆螫可以赤族灭宗，穷奇不足数而梼杌不足多"，王之桢则听信了李桢国的邪谋，两人合谋诬陷他。总之，周嘉庆认为这几人指诬他，旨在让他去职，"则桢国可以得臣位，名世、承恩可以掌司事，而之桢肘堂印矣。"因而他再次乞求三法司会同东厂九卿科道从公研核。③

五人的疏上后，因为王之桢负有缉拿妖书逆犯的职责，神宗下旨"不必对理"，其他四人皆下三法司会同东厂九卿科道从公研核。旨下后刑部尚书萧大亨于十一月二十八日与其他部门会官审问。先审李桢国，他称说："周嘉庆平日为人贪赃坏法，受犯人刘辂、毛不耀贿赂，又陷害董应贞及谋督同问理，又图沽名钓誉，还有五件可疑事。他谋东宫侍卫，又见妖书内有指挥使李汶名字，又他平日与王堂指挥两个王千户俱不和睦，今妖书内恰有四人名字。"又审王承恩，称说："周嘉庆为人狠毒，不敢惹他，只因嘉庆上堂争坐，千户为提督，名分比例呈堂致恨。今妖书有千户名字，因此疑他。"又审王名世，称说："前日妖书诸人未知，周嘉庆往拜王堂（王之桢），面说此妖书是王名世造刊的，千户不得不疑他。"最后审周嘉庆，称说："李桢国等诬害嘉庆造谋妖书，要见何人刊板，止因他与嘉庆平昔不和，合王之桢谋赖嘉庆。"并对几人的指控一一进行了辨析。就几人的供词而言，李桢国等人的说辞均只是怀疑，

---

① （明）萧大亨：《刑部奏议》卷五，《会勘周嘉庆疏》，第64~65页。
② （明）萧大亨：《刑部奏议》卷五，《会勘周嘉庆疏》，第66~67页。
③ （明）萧大亨：《刑部奏议》卷五，《会勘周嘉庆疏》，第68~72页。

并未拿出实质的证据，且多与造作妖书无关，于是会审各官一致认为，四官"概因私忿生疑，各行讦奏众议，难凭理合议"，"大率皆因素昔私隙，彼此相疑"；况且"今日所至急者，妖书也。果有的据，毫不可纵，若属疑似，亦难强坐"。陈矩遂将各衙门原开勘名单一并实封进呈御览，期望皇上裁夺。① 神宗阅览后认为五人之争与妖书无关，"周嘉庆既经四人对讦，难以同官"，下令兵部将其"解任回籍"。② 针对此事，康丕扬事后评论说："至锦衣卫五臣相揭，语岂不激，然其事多卫中隐情，与此无干，故上不甚怒，但令从公勘议，听令解任而已。"③ 康所说与此无干，即与妖书无干。

二　下狱：周嘉庆被逮审讯

因为王之祯等四人的攻讦与妖书无关，周嘉庆遂被兵部解任回籍。至十二月初八兵部上疏说，因周嘉庆解任，北镇抚司掌印久旷，希望该卫选举贤能官员送兵部公评。神宗下旨云："奸书事尚未明，嘉庆姑免究革了任，听候勘问，北司掌印员缺着推举二三员来看。"于是周嘉庆又被下旨听候勘问，对此，康丕扬指出："旨出与前又异，人人亦惧。"④ 到了十二月初九，锦衣卫接到神宗要求各官对"先后捕获各犯着锦衣卫设法严刑拷究，供出奸党，遵照昨谕，不论有职无职，一并拿来用刑对审，不许仍前顾忌容纵，自干重宪"⑤ 的圣谕。就是这道圣谕，使得周嘉庆再次被卷入到妖书案中来。

周嘉庆听候勘问之时，锦衣卫怀疑其书办袁鲲与另一逆犯皦生光⑥有来往，遂将其缉获，畏刑供出周嘉庆。锦衣卫同时还缉获了琴师钟澄及太医马河图等人到卫，严刑审讯之后，二人也畏刑妄称"在周嘉庆家曾会生光赏菊饮酒虚情"⑦。锦衣卫都督王之祯在审讯并获得了袁鲲、钟澄及马河图等人的供称后，上疏指出，周嘉庆是其旧僚，前次因妖书曾指摘怀疑他，不意如今拿获其书办袁鲲，证实确有可据。遂上请"将本内有名人犯亲自下厂鞫审，是若无枉再行请旨会审，倘出首不实，不妨昭雪"⑧。神宗首肯并下令将袁鲲所首周嘉庆并本内有名人犯尔卫便都拿送东厂，遵前谕旨用心亲鞫质对勘问明白来说，不许疑畏容纵，自取罪戾。⑨

十二月十四日，周嘉庆等人犯被拿到东厂，审讯工作随即展开。陈矩等先对袁鲲进行了审问，其供称基本与卫里一致。后再审问周嘉庆，针对袁鲲等人的供词，嘉庆称："皦生光从不相识，怎么肯把个□□罪放在自己身上，莫说叫人做甚忧玆议，若是见生光一面，□将嘉庆寸斩了。"⑩ 并认为这是锦衣卫严刑逼供让袁鲲诬陷他的。于是东厂令各犯当着审讯官的面对质，出人意料的是，袁鲲、马河图以及钟澄称前供是在锦衣卫中受刑畏惧而妄供。因为这几人的翻供，陈矩极为惊慌，连忙将周嘉庆与三人当堂对问，并将各犯亲笔供词封奏神宗，他则宿于东厂等候神宗的旨意。

十五日，陈矩接到神宗要求他"严加设法研审，毋得使奸恶漏网，务要得其真情"⑪ 的旨意，遂于十六日对周嘉庆用刑再审，嘉庆坚称不认识皦生光，"如皦生光认得嘉庆一面，不论同谋，就将嘉庆寸斩了也是甘心"。陈矩要求提审皦生光，但生光因之前屡次受刑，锦衣卫"回称监病不能赴审"。随后将

---

① （明）萧大亨：《刑部奏议》卷五，《会勘周嘉庆疏》，第73～77页。
② 《神宗实录》卷三九一，万历三十一年十二月癸未，第7371页。
③ 《万历三十一年癸卯楚事妖书始末》妖书志略，第550页。
④ 《万历三十一年癸卯楚事妖书始末》妖书志略，第525页。
⑤ 《万历三十一年癸卯楚事妖书始末》妖书志略，第525页。
⑥ 杨向艳：《议狱缓死：万历朝续妖书案之皦生光狱始末》，《社会科学辑刊》2015年第6期。
⑦ （明）萧大亨：《刑部奏议》卷六，《皦生光招由疏》，第48页。
⑧ 《万历三十一年癸卯楚事妖书始末》妖书志略，第530页。
⑨ 《万历三十一年癸卯楚事妖书始末》妖书志略，第531页。
⑩ 《万历三十一年癸卯楚事妖书始末》妖书志略，第532页。
⑪ 《万历三十一年癸卯楚事妖书始末》妖书志略，第532～523页。

皦生光家人一一研审，皆称"不知皦生光与周嘉庆往来，亦未听见皦生光往周家来"。无奈，复将袁鲲、钟澄、马河图用刑对审，他们皆坚称不认识或不熟识皦生光。此番审讯各犯所供情词仍然与在卫中所供迥异，于是陈矩差办事李继祖等将周嘉庆长男、锦衣卫见任千户周显祚拘获到厂对审。周显祚坚称，"其皦生光原不相识，惟是显祚父平日性气多事，言语伤人，因此得罪于人，今日果然装诬了"。后又将周嘉庆家人张应龙、周惊、小厮头子提审，皆称也不曾见皦生光面。① 为此陈矩只得将各犯供情上报，乞下三法司会同该科并五城御史及锦衣卫秉公详鞫。② 疏上后首辅沈一贯等看过奏本后拟票同意会审："臣等窃详，奸书未得下落，圣心必求真犯，凡在臣子，皆切奉行，但思袁鲲转展招辞，周嘉庆父子忍刑避罪，若依厂所奏，敕下外廷各官，用心刑审，真情自露。"③

此时因为审讯一直没有大的进展，神宗也有些不耐烦，他要求将周嘉庆的妻妾子女一并拿来，"与同各犯刑鞫对质，不许宽纵"。④ 旨下后首辅沈一贯等于十二月十九日上揭帖，建议皇上不要缉拿周嘉庆妻妾子女刑鞫问罪，其理由是："嘉庆亲识必多，门客不少，可疑辄拿，布网已密，臣等敢不奉旨拟票，乃其妻妾子女不忍遽拟拿问，一则为嘉庆罪状未明，系在廷二品官，而逮及妻孥，大骇观听，似伤国体。一则料嘉庆若为此事，必与心腹男子商量，何至谋及内人？彼与皦生光不同，皦生光家不过数人，举动相闻，彼院宇深邃，如使内庭亦知，则外廷尤着矣。似不必追至妻妾子女也。"⑤ 但神宗并未采纳此建议。

东厂鉴于"周嘉庆等事体重大，缘非一衙门一人所能问理"，再次上疏要求三法司等衙门会问。神宗不允，回复说："这事情袁鲲供词反复，周嘉庆、周显祚等忍刑求脱，逆情何日得真，大狱未决，正须再三研审，始得真情。周嘉庆家属人等未有对证明白，如何就拿官问理，尔还竭心毕力设法刑鞫，不许宽纵，问得明确，才请会官再问。"⑥ 东厂遵旨，随差旗校同西城兵马等将周嘉庆妻妾子女等人捉获到厂，一并审问。先审周嘉庆，坚称不认识皦生光，该认的都认了，"如今蒙这等研审，教嘉庆招认什么，只是早与个快性死了罢，这奸书还是不得意怀仇怨望朝廷的人所为（当时都下人情皆如周嘉庆所云），嘉庆做官这几年，皇上未尝有一日罚治，嘉庆怎肯干这逆事，把妻妾子女来受这苦刑，如刀钻心一般，原没什么供说。"又用刑审问周显祚，称"父原无此事，只因父性气不好，致人记恨，委的不认得皦生光面，拿皦生光来与我父子们面对，如果认的，甘当万死"。随审周嘉庆妻妾，皆称外面的事情从来不知，也不曾听说过姓皦的。又复审袁鲲、钟澄、马河图等，皆供称在厂里供的是实情，不曾见皦生光与周嘉庆往来。鉴于"众口同词不认"，陈矩上疏要求三法司会同府部九卿科道及锦衣卫官秉公将众逆犯研审面对，务得真情。⑦ 针对复杂的案情，神宗下旨曰："狱情微暖，原自难知，必屡驳屡问，方可得实"⑧，要求继续严审。

之后，对于周嘉庆是否为妖书案的主谋，"是狱厂推之卫，卫推之厂，厂卫推之法司，法司又推之厂卫，无一敢承者"⑨。因为案情一直没有进展，神宗大怒，东厂无以具奏，而陈矩因为畏惧，亦不敢轻覆，随即病倒，该案就暂搁下来。直到万历三十二年（1604）三月间陈矩病愈，方开始新一

---

① 《万历三十一年癸卯楚事妖书始末》妖书志略，第533页。
② 《万历三十一年癸卯楚事妖书始末》妖书志略，第534页。
③ （明）沈一贯：《敬世草》卷一四，《请宽周嘉庆妻孥揭帖》，第565页。需要指出的是，沈一贯就朝堂公事所上的奏疏大多是内阁三辅共同商议拟定的结果，所以很多时候并不代表沈一贯本人的意愿。
④ 《万历三十一年癸卯楚事妖书始末》妖书志略，第534页。
⑤ （明）沈一贯：《敬世草》卷一四，《请宽周嘉庆妻孥揭帖》，第565~566页。
⑥ 《万历三十一年癸卯楚事妖书始末》妖书志略，第535页。
⑦ 《万历三十一年癸卯楚事妖书始末》妖书志略，第356~357页。
⑧ 《万历三十一年癸卯楚事妖书始末》妖书志略，第537页。
⑨ 《万历三十一年癸卯楚事妖书始末》妖书志略，第544页。

轮审讯。① 从三月十六日到四月初六神宗先后下旨要求三法司会同府部九卿厂卫科道官对皦生光、出首袁鲲以及周嘉庆等尽心研审，"一日不完，不拘二三日，务得真情回奏"②。四月初七，东厂会同各官提取皦生光、周嘉庆一干人犯，逐一研审。审周嘉庆，称："皦生光袁鲲钟澄马河图俱见在，叫来面对，若认得皦生光一面，全家寸斩无辞。"于是厂又将嘉庆夹打一顿，他仍不认，王之祯令严刑拷打，嘉庆遂大骂王之祯曰："汝央我与吏部李尚书说为汝父起官，我不肯依，汝遂捉我将这事来倾害，汝若说没有，当时汝叫来央我人钟澄见在，汝敢说没么。"王之祯则与之争辩，在座的其他人"皆俯首静听，无敢一睨视者"。于是东厂又将其他人犯加以审讯，皆坚持不认识或不熟识皦生光。因为周嘉庆不招承，东厂连用重刑再审，周嘉庆哭叫不已，但始终没有承认为妖书主谋。③ 各官又严刑屡审皦生光，他坚称不认识周嘉庆，不知道主谋是谁。因为皦生光曾刊刻妖诗陷害郑国贤，因而他也被认为是妖书的刊刻者。在与周嘉庆的对审中，皦生光承认妖书"本是我做，不与嘉庆相干"④，算是为周嘉庆洗清了罪名。妖书一案最后在答应皦生光"议狱缓死"的条件下结案。案情上报到神宗处，他即命下三司法对皦生光等各犯名进行议拟。鉴于"周嘉庆生本纨绔，性复恣睢，躐资而骤列崇班，致开怨府被评，而漫搪浮辩，自作罪梯"，最终被革职为民。⑤

对于王之祯四人陷害周嘉庆一事，四川道御史乔应甲认为是衙门私事，与妖书并无干系，他评论说："当日锦衣卫参周嘉庆者，王之祯、李桢国、王名世、王承恩同僚四人一时四本，人人有仇，个个有说，惟王名世之疏质之甚显，李桢国之揭更在疏外。维时臣亦妖书挂名之人，曾向之祯叮咛，此事不要妄说。又曾写数字与之祯云：'妖书干碍天理良心，恐冤人自冤，非所以防。'后之祯可问也。不惟之祯，即李桢国臣亦曾明言，衙门私仇小事，你口兵部有分，不可胡做，桢国可问也。"⑥

三　开罗织之端：周嘉庆之狱的影响

妖书案发生后，"时圣旨一日数下，远迩警惶"，"而会周嘉庆狱起，人人自危"。原因在于，"夫当妖书初发不五七日即获有生光，人固已神其术。至是忽指为嘉庆，人颇疑之。又一时厂卫旗校人等乘机挟诈，无日不闻都人震恐"⑦。周嘉庆下狱，时人认为是王之祯等人密谋排挤陷害所致，"大金吾王之祯与北镇抚司掌刑周嘉庆有隙，欲乘机害之，遂擒嘉庆家人袁鲲单词锻炼，满堂人皆可信为实也"⑧。并进而指出，王之祯四人之所以不遗余力陷害周嘉庆，其幕后操纵者则是首辅沈一贯在起作用："四明沈公一贯又令缇帅王之祯擒锦衣卫周嘉庆家人袁鲲，供称为妖书主谋。"⑨特别是在妖书案审讯过程中，陈矩奉旨审讯周嘉庆，王之祯上奏要求到厂听记，不被允许，"遂密恳思明沈公，差家人李管家密见陈矩，说周嘉庆是正犯，其仆人可证，同时打算波及沈鲤和郭正域"⑩ 显然，沈一贯等人是有预谋的，他们欲借周嘉庆来打击沈鲤和郭正域。不过，笔者发现，并未有史料证明周嘉庆与沈、郭二人相识，那么沈一贯等人如何通过周嘉庆来达到打击沈鲤和郭正域的目的？揆诸史料，笔者发现，当时的吏部尚书、周嘉庆的舅父李戴在其中扮演了关键角色。有研究指出："被捕诸人中，只有周嘉庆毫无形迹，释

---

① 《万历三十一年癸卯楚事妖书始末》妖书志略，第544页。
② 《万历三十一年癸卯楚事妖书始末》妖书志略，第545页。
③ 《万历三十一年癸卯楚事妖书始末》妖书志略，第546~547页。
④ 《万历三十一年癸卯楚事妖书始末》妖书志略，第547页。
⑤ （明）萧大亨：《刑部奏议》卷六，《皦生光招由疏》，第52页、第63页。
⑥ 《万历三十一年癸卯楚事妖书始末》疏附，第392~393页。
⑦ 《万历三十一年癸卯楚事妖书始末》妖书志略，第505页、第295~296页、第511页。
⑧ （明）刘若愚：《酌中志》卷二，《忧危竑议》后纪第二，第446页。
⑨ （明）文秉：《先拨志始》卷上，万历起天启四年止，《续修四库全书》第437册，史部·杂史类，上海，上海古籍出版社，2002年，第593页。
⑩ （明）刘若愚：《酌中志》卷二，《忧危竑议》后纪第二，第446~447页。

放后革职回里。而他的舅父、吏部尚书李戴，已因此被勒令辞官了。"①李戴作为吏部首揆，他在外甥刑狱释放后被勒令辞官，此举令人颇为不解。刘若愚就点出其中的玄机："四明公……是以摈李太宰逮周嘉庆者，实所以开罗织之端。"②

史载，李戴，字仁夫，延津人。万历二十六年（1598）擢升为吏部尚书。其时吏部权势日轻，而李戴本人也多依令行事，时"赵志皋、沈一贯柄政，戴不敢为异，以是久于其位，而铨政益颓废矣"。可见，李戴与沈一贯并无政见的二致，且多依沈一贯马首是瞻，那么为何时人认为沈一贯之流诬陷周嘉庆意在排挤李戴，其含义当有所指。李戴在妖书案中被迫辞官，间接原因在于其外甥周嘉庆被逮，直接原因则在于其手下吏部侍郎王士骐③为于玉立④补官一事，为沈一贯所疑忌，因为此事牵涉到郭正域，而沈一贯在妖书案中的目标就是除掉郭正域。乔应甲即指出："虽然之祯等小人止知与嘉庆有仇，恨不即置嘉庆于死，岂知一贯弄嘉庆为李戴，以戴于嘉庆为姑表至亲，易动皇上疑也。又宁知害沈鲤为郭正域，以沈鲤与戴俱河南人相厚，易取皇上信也。又宁知害沈鲤为郭正域，以沈鲤与正域素日相善，易激皇上怒也。又宁知害鲤害正域全为楚事，以楚宗高墙多冤，不从此扯沈鲤去，灭正域口，终为子孙忧也。"⑤

那么，于玉立、王士骐、沈鲤、郭正域等如何与沈一贯结怨？沈德符有详细的揭示："癸卯秋，中甫（玉立）以故官起家至京，时次揆沈归德（鲤）为于乡试座师，其时与首揆沈四明（一贯）正水火，而于于师门最厚。时太仓王吏部同伯（士骐）与于同门，日夕出入次揆之门，四明已侧目矣。会江夏郭宗伯（正域）以楚事劾首揆待命。郭与于同年中莫逆，于之召起，王、郭俱有力焉。因相与过从无间，首揆益不乐。沈令誉因王、于之交，亦得与郭宗伯往还，每众中大言以市重。适妖书事起，巡城御史康丕扬捕令誉。搜其寓，尽得紫柏、王于二公手书，入呈御览。上始疑臣下与游客交结，并疑江夏矣。"⑥这里的江夏即郭正域，万历十一年（1583）进士，三十年（1592）擢为礼部右侍郎，因与沈一贯政见不同并在此前的楚事中结怨而为沈所忌恨。妖书案发生后，沈一贯矛头直指郭正域，欲对其进行诬害倾陷。时郭正域因楚事被罢返乡，正行走于杨村。游医沈令誉，以行医为名在京城居住，三十一年（1603）三月因给郭正域妾看病而与正域熟识往来。⑦正因为沈令誉与郭正域颇厚，御史康丕扬"疑其踪迹可疑，奏捕之"。后沈令誉为中城兵马司指挥刘文藻所拿，并在其家中搜出"于玉立与王士骐营谋起官手札"⑧。钱梦皋也随即上疏说：妖书发生恰在楚王疏入之时，"盖原任侍郎郭正域乃次辅沈鲤衣钵门徒，而游医沈令誉，正域之食客"，"群奸结为死党……计日而取相位"。意在将妖书之祸引向郭正域及沈鲤。沈令誉被逮后供出王士骐为于玉立补官一事，"玉立之归也，内与吏部官交通营谋，私书藏于沈令誉家，被搜出"⑨。后此事又为郭正域的仆人毛尚文所证实。这就成为沈一贯等人将造作妖书事引向沈、郭的借口。

对于沈令誉和毛尚文的被逮，乔应甲认为皆受一贯指使，目的在于李戴、沈鲤以及郭正域等人："丕扬管中兵马司，一副指挥刘文藻者，湖广承天所属人，即正域同乡，奉一贯、丕扬颐指，即物色毛尚文，为正域书办，沈令誉，为正域往来医官，围屋搜寻，意在妖书，乃得王士骐荐于玉立副启，上说起玉立者士骐，而游扬者为郭正域。丕扬得之，即时上本，而士骐、玉立奉旨罢斥，此一贯之用术也。两人狼狈颠簸之状殆不忍言，又波及吏部尚书李戴，朝绅共为骇异。我皇上岂能尽知一贯因妖书无沈鲤姓名，

---

① 《万历年间的"伪楚王"，"妖书"，"劫杠"三案》，中国国学网。
② （明）刘若愚：《酌中志》卷二，《忧危竑议》后纪第二，第450页。
③ 王士骐，字同伯，太仓人。万历十七年登进士，官至吏部郎中。张廷玉等撰：《明史列传（四）》卷二八七，《文苑三》，第7382页。
④ 于玉立，字中甫，万历十一年进士，除刑部主事，进员外郎，性刚直不阿，后与沈鲤、王士骐等以妖书案牵连夺职。凌利中：《从惠崇到赵大年》，《东方早报》2013年3月18日第C04版专稿。
⑤ 《万历三十一年癸卯楚事妖书始末》疏附，第393页。
⑥ （明）沈德符：《万历野获编》卷二七，《释道》"紫柏祸本"，第519页。
⑦ （明）萧大亨：《刑部奏议》卷六，《会审沈令誉、毛尚文再疏》，第8页。
⑧ 《明神宗实录》卷三九一，万历三十一年十二月壬午，第7370～7371页。
⑨ 《万历三十一年癸卯楚事妖书始末》续疏下，第434页。

又见正域发楚府私贿，意在一网打尽，因而四布杀机。"① 其中，关键人物于玉立与沈一贯结怨由来已久，史载，于玉立任郎中期间曾上万言疏，"语稍侵正辅"，后玉立补刑部郎中，沈一贯告其党姚文蔚等曰"刽子手到矣"②，可见沈一贯对于玉立成见之深。而王士骐则因写有《晋录》，其中"以论武侯中语失首揆欢"③，为沈一贯所忌恨。

审讯中沈令誉供称，自己向与刑部郎中于玉立交好，曾对郭正域及王士骐商说替于玉立补官之事。其来回书信尚存。④ 锦衣卫王之祯题为奸党踪迹可疑事证实了该事："正域在任时因与原任刑部郎中于玉立会试同年，吏部员外王士骐又与玉立乡试同年，有正域向士骐替玉立说补官之事，有士骐与誉言说，如今口选，君难说话，且少口些。是誉回说，于玉立在籍年久，你们又是同年，又是至厚也，该替他处。至本（三十一）年三月内玉立补刑部云南司郎中，得旨。"毛尚文也供称："于玉立原上参申首相，本回原籍，年久未起，于三十一年郭侍郎与吏部讲起用。沈令誉来京，因玉立有书荐，令誉作门下客。"⑤ 对于玉立起官之事，郭正域承认曾"从沈问中甫动定，沈与于书语之，于有报书"，但认为书中都是"寒温语耳"，不过，在沈一贯等人眼里，则是在密谋大事，而沈令誉则是二人书信来往的"使客"。⑥

王之祯疏中指出三人的关系及在郭正域、王士骐的努力下，于玉立补刑部云南司郎中。神宗对"于玉立、王士骐等营谋起官"十分痛恨，下旨要求着部院参处，不许徇私轻纵。⑦ 对此，王士骐和于玉立认为自己是遭人陷害，随即上疏辩解。针对书札一事，王士骐说自己"受诬实所不甘"，因为"试观于玉立答令誉手书，原未尝及臣姓名，则玉立之起官不由于臣明矣"。他辩解说自己并未参与于玉立起官一事，完全为沈令誉所"牵扯"而已。于玉立也上疏奏辨曰，自己与沈令誉并不熟识，只是突然接到沈令誉书云："郭翁每思念公此番推补，虽推毂者甚多，而此翁与王吏部尤力，臣因属为致谢。"后"于十月中旬到京会正域，于途仓忙一见，提及前语，正域茫然，自谓寻常赞述有之，何敢贪天功为己力"。显然，沈令誉所说之事子虚乌有。对于二人的自辩疏，神宗同样认为是"强辩"，下令将王士骐"着便参处"⑧，将于玉立"革职为民，永不许推用"⑨。吏部作为铨选官吏的部门，遂于初十日上疏，以"于玉立起官一事系沈令誉假借以快恩仇，非倩人营谋为由，请将于玉立改调南部、王士骐量调别部"。神宗不允，他下旨曰：于玉立已有处分，王士骐徇私渎法，坚持褫夺其职⑩，并"着革了职为民，永不许推用"⑪。

起官一事发生后，王士骐所在吏部也受到牵连，神宗认为其所在部院则徇私殆玩，该部堂上官故意放纵属官，下旨要求追究其上司的责任。⑫ 针对苛责，吏部尚书李戴回话说："本月（十二月）初六日臣以感冒伤寒仅余一脉，不能依期参处，以奉严旨，臣罪滋重，恳惟皇上怜臣衰老，原非虚托，臣何胜惶战待罪之至。"不料，匆忙之中，李戴盖错了印章，《神宗实录》卷三九一记载：十二月初七日，"吏部尚书李戴因诏旨责其纵容王士骐展辩，具疏认罪，误用印"。惹得神宗很是不快，他下旨要求查处用印的司官。⑬ 对于李戴错用印章之事，沈一贯等辅臣于初九日上帖为其辩解："窃详尚书李戴认罪，本错中增错，亦复何辞？但此犹小失，似难深罪。大臣有旨责问，亦足示惩矣。其人素性忠谨，近又患病，

---

① 《万历三十一年癸卯楚事妖书始末》疏附，第 392 页。
② 《万历三十一年癸卯楚事妖书始末》疏附，第 379 页。
③ （明）蔡献臣：《清白堂稿》卷四，《题王同伯诗后》，《四库未收书辑刊》6—22，北京，北京出版社，2000 年，第 86 页。
④ （明）萧大亨：《刑部奏议》卷六，《会审毛尚文、沈令誉疏》，第 10 页。
⑤ 《万历三十一年癸卯楚事妖书始末》妖书志略，第 518 页、第 526 页。
⑥ 《万历三十一年癸卯楚事妖书始末》疏附，第 377~378 页。
⑦ 《万历三十一年癸卯楚事妖书始末》妖书志略，第 519 页。
⑧ 《明神宗实录》卷三九一，万历三十一年十二月丙戌，第 7375 页。
⑨ 《万历三十一年癸卯楚事妖书始末》妖书志略，第 522 页。
⑩ 《明神宗实录》卷三九一，万历三十一年十二月辛卯，第 7376 页。
⑪ 《万历三十一年癸卯楚事妖书始末》妖书志略，第 528 页。
⑫ 《万历三十一年癸卯楚事妖书始末》妖书志略，第 520 页。
⑬ 《万历三十一年癸卯楚事妖书始末》妖书志略，第 521 页。

臣等亦不忍苛责也。"① 但为时已晚，因为在于玉立起官一事闹得正紧、吏部尚书李戴也备受神宗指责的当头，周嘉庆被逮下狱，这使得李戴的处境更加糟糕。史载，妖书事发后，"锦衣都督王之祯、千户王名世等首锦衣都督周嘉庆下东厂会鞫，阃门惨掠，嘉庆亦不承。吏部尚书李戴为嘉庆外父，拷讯时不忍惨视，起入中堂。上闻而恶之，罢戴归"②。最终李戴连上两疏，要求辞官，神宗"怒其失错，勒令致仕"③。之所以如此，谈迁指出神宗对李戴、嘉庆"皆延津人，岂无私耶"④十分在意。

事情到此并未结束，李戴辞官之际，推荐杨时乔为吏部左侍郎，周应宾改吏部右侍郎⑤，得到批准。对于李戴卸职前的推荐，沈一贯并不满意，十二月十八日他曾上疏要求以户部尚书赵世卿暂时代理吏部，并对杨时乔和周应宾的任职表达了不满："令本部新点左侍郎杨时乔远在南京，右侍郎周应宾以词臣一旦被命，未经练达，适当大察有难直任，故臣等以为非别部尚书不可。"⑥ 赵世卿暂署吏部尚书的时间很短，实际上吏部主事仍为杨时乔。由于没有敲定谁任吏部尚书，沈一贯于十二月十八日手草一疏给神宗推荐曾同亨及王家屏，"南京吏部尚书曾同亨忠贞笃生，最能体国，清鉴绝俗，又善识人好恶，不偏思虑，中窾三朝元老，粹白无瑕，诚救世之巨人，天意之所特留者，如蒙简用，必能铨序群品，使得实用，分忧分虑，仰称圣心，回浇薄之风，登休明之理，此臣倦倦之忠也。原任辅臣王家屏，臣与同举同事，以至白首，见其无一念不出于忠爱，无一事不协于公平，诚心直道，亮节鸿才，真可称社稷臣，臣不逮远甚。倘蒙皇上特降手敕，召还内阁，令掌吏部，事如先朝取高拱例，则老成来，复实圣德之光辉，铨叙得人，又缙绅之领袖而臣等亦有和衷协恭之助，冀收盐梅调剂之功，众美备矣"⑦。后王家屏于万历三十一年十二月卒⑧，沈一贯又上疏推荐鲁同亨："吏部尚书总摄百僚，必一时极选，始有弘济，如鲁同亨，今人无出其右，若蒙简用，最称得人。"⑨ 后沈一贯还企图用萧大亨取代杨时乔，在沈鲤等人的反对下未果。沈一贯之所以很用心地安排吏部官员，无外乎是通过排挤异己，以扩大自己的势力。

四 结 语

妖书案中，周嘉庆是唯一一位被卷入并受到严刑拷讯的在任官，他的被卷入，直接缘于同官间的争权，进而成为不同政派间斗争的直接牺牲品。周嘉庆一狱是当时激烈的政争在现实政治生活中的具体体现，沈一贯等人为了达到排挤异己的目的，不惜运用栽赃、诬陷等手段，将无辜的周嘉庆屈指为妖书主谋，对其大肆摧残折磨，不仅开启了罗织之端，也促使朝堂上的斗争日益激烈，展现出万历中后期政局的复杂性。虽然沈一贯等人利用周嘉庆打击沈鲤、郭正域的目的没有达到，但还是趁机挤走了李戴、于玉立和王士骐等人，并通过安插自己的党羽，培植自己的势力，使得本已激烈的朝堂之争更加炽热化。这种朝臣之间相互倾轧、纷争不已的斗争，不仅造成了官场混乱、官员不稳定及政治生态失衡，而且严重影响了整个国家机器的正常运作，从根本上加速了晚明社会的衰败。

[作者单位：广东省社会科学界联合会《学术研究》杂志社]

---

① （明）沈一贯：《敬世草》卷一四，《请宽李冢宰等差错揭帖》，第561页。
② （清）谷应泰：《明史纪事本末》卷六七，《国本》，北京，中华书局，1977年，第1072页。
③ 《明神宗实录》卷三九一，万历三十一年十二月丁酉，第7383页。
④ （清）谈迁：《国榷》卷七九，神宗万历三十一年十二月丁酉，北京，中华书局，1958年，第4920页。
⑤ 《明神宗实录》卷三九一，万历三十一年十二月丁酉，第7382页。
⑥ （明）沈一贯：《敬世草》卷一四，《请赵司徒署吏部揭帖》，第563页。
⑦ （明）沈一贯：《敬世草》卷一四，《荐可太宰者揭帖》，第564页。
⑧ 《明神宗实录》卷三九一，万历三十一年十二月庚戌，第7390页。
⑨ （明）沈一贯：《敬世草》卷一五，《推冢宰乞免点赵司寇并荐曾公揭帖》，第573页。

明代总漕与总河之争

吴士勇

总漕乃总督漕运兼提督军务巡抚凤阳等处兼管河道的简称,是明代总管漕运的最高官员。总河,即总理河道官,乃明代创设的主管黄河、运河的最高官员,署都察院左右副都御史或左右佥都御史衔,接受工部监督。总河的面世,标志着明代漕、河分治的开始。总漕和总河在职掌上有众多重合之处,二者权力争斗不断,至万历年间达到高峰,其间聚分离合屡有发生,这反映出漕、河治理的复杂情势及其背后深刻的政治斗争背景。相关研究中,星斌夫考察了总漕和总河的设置,吴缉华探讨了明代河、漕治理及海运和河运问题,蔡泰彬研究了万历年间的总漕和总河的两次合并,樊铧指出了总漕和总河的偶像之争。[①] 上述研究从不同侧面探讨了明代漕、河之争,对本研究大有裨益。不过,前贤大作多流于琐碎,远未臻全备,且某些史实仍有值得商榷之处。笔者不揣浅陋,见教于方家。

一 明代总漕和总河的设置

明代文官总漕产生于景泰初。景泰元年(1450)十一月,应户科给事中马显所奏,景帝敕命右佥都御史王竑与都督佥事徐恭协同总督漕运。十二月,又应工部奏请,诏遣王竑疏浚通州至徐州段运河。明年(1451)十月,命王竑巡抚淮、扬、庐、凤四府和徐、和、滁三州,同时兼理漕运与两淮盐课。[②] 先是明政府分别设置都漕运使司和漕运总兵总督漕运。永乐至宣德年间,陈瑄以漕运总兵官总督漕运达三十年之久,成功极大,最为后世追慕与仿效。[③] 陈瑄之后,继任者有王瑜、武兴、徐恭,但他们都缺乏陈瑄的威信与影响力,且相互内斗不已。武人总督漕运至此遇到了空前的危机和挑战。

王竑是文官总漕的第一人,其身膺是命有着复杂的历史背景。一方面黄河屡次决口,江北大饥,运道堵塞。明弘治以前,黄河分南北二流。永乐九年(1411),宋礼疏浚曹州至濮州的河道,黄河经张秋沙湾堤入会通河以助水源,这便是黄河北流。黄河南流则南下合淮河入海,因而从徐州茶城至淮安清河之间的运河,与黄河是重合的。临清以北及清江浦以南的运道,不受黄河迁徙泛滥之害,关键在于徐州茶城至临清一段运河,一受黄河冲决,则大水一起向北漫去,淤塞住位于济宁和临清中间的张秋运道,冲溃沙湾堤,这样,南北漕船均无法通行。正统十年(1445),河决金龙口阳谷堤。正统十二年(1447),

---

① 星斌夫:《明代漕运の研究》,东京,日本学术振兴会,1963年;吴缉华:《明代海运及运河的研究》,中国台北,中国台湾"中央"研究院史语所专刊之四十三,1961年;蔡泰彬:《明代漕河之政治与管理》,中国台北,中国台湾商务印书馆,1992年;樊铧:《政治决策与明代海运》,北京,社会科学文献出版社,2009年。

② 《明英宗实录》卷一九八景泰元年十一月壬寅、卷一九九景泰元年十二月丁酉、卷二〇九,景泰二年冬十月壬辰(《钞本明实录》第6册第492页下、第502页下、第572页下)。又,《明史·职官志二·总督漕运》:"景泰二年,因漕运不继,始命副都御史王竑都督。"(《明史》卷七三,第773页)、《弇山堂别集》卷六一,《总督漕运兼巡抚凤阳等处都御史年表》:"(王竑)景泰二年以左佥都总漕,三年加左副都巡抚江北。"(第1139页,中华书局,1985年)等内容在时间节点上皆误,今据《明英宗实录》悉改之。

③ 相关研究可参考拙文《王竑政治事迹考略》(《求索》2012年第11期)、《王竑与明代文官总漕体制》(《史林》2012年第6期)。

河决张秋。正统十三年（1448），更大规模的黄河决口爆发了，"河决荥阳，东冲张秋，溃沙湾"①。这次决口造成了百姓生命和财产的极大损失，据直隶大名府奏："六月淫雨河决，淹没三百余里，坏军民庐舍二万区有奇，男妇死者千余人……直隶河间，山东青州、兖州、东昌诸府，陕西西宁诸卫，各奏六月河决，漂没庐舍庄稼，租税无征。"② 更为严重的是，运道壅塞，每年 400 余万石的漕粮无法运抵北京，明廷的统治便无法维系下去，因而沙湾决口是非治不可的。另一方面，正统十四年（1449）土木堡之变后，英宗被俘，也先裹挟之进攻北京，京师危在旦夕，国家遇到了空前的军事危机。当时廷议决定坚守北京，而京师精甲劲骑均陷于土木，所余疲惫之卒不足十万，且军心震恐，斗志不足。于谦乃"请王檄取两京河南备操军、山东及南京沿海备倭军、江北及北京诸府运粮军亟赴京师，以此经画部署，人心稍安"③。江北漕运官军被征调，肩负起保家卫国的重任，江南的漕粮只好又属民运。《明史》记载："土木之变，复尽留山东直隶军操备，苏、松诸府运粮乃属民。"④ 本来，永乐十三年（1415）后，漕运以支运为主，百姓只需就近将税粮运至淮安、徐州、临清、德州四仓即可，然后由漕军分段接力，运至北京、通州二仓。此时完全交予民运，百姓往返几乎一年，耽误农桑，既扰民，效率又不高。如景泰元年（1450）漕粮岁额仅为 403.5 万石，在正统、景泰年间的漕粮岁额排名中，仅比黄河大决口的正统十三年（1448）400 万石略高，远低于正统初 450 万石的正常值。⑤ 京师刚刚经历了浩劫，对江南漕粮之饥渴，就如待哺婴儿之于救命母乳。质言之，景泰年间，运道大坏，漕运不济，原来的武人督漕体制已难以为继，朝廷因而改弦更张，设文官总督漕运，就此拉开了明代文官任总漕的序幕。

总河设置于正德年间。正德四年（1509）十二月，朝廷下敕文，命崔岩以工部左侍郎兼右副都御史总理河道。⑥ 此后总河之官，一如总漕，"定设都御史"⑦。崔岩治河不力，工部右侍郎李堂代之。寻河南匪乱，武宗"遂召堂还京，专以副使领之"⑧。正德七年（1512），黄河再次决口，朝廷焦头烂额，不得已再派鸿胪寺卿刘恺以都察院右副都御史总理河道。正德十年（1515），升巡抚山东右佥都御史赵璜为工部右侍郎兼左佥都御史，接替刘恺总理河道。嘉靖年间，朝廷赠赵璜太子太保，谥庄靖。史臣评其总理河道作为，认为"总理河道之设，自此始"⑨。至是，作为明清两代治理黄、运二河的最高长官，完成了其职官制度化的历程。

总河设置之前，有刘大夏、王恕等人受朝廷临时差遣，任"总理河道"之职。不过其事竣还京，就如王竑之前的督抚一般，并无向地方化、体制化发展的趋势。河道的日常管理仍由总漕负责，工部郎中、巡河御史以及各省管河按察副使就所属分理。成化二十一年（1485），工部左侍郎杜谦奉命整治河南、山东运道，奏报：

> 沁、卫二水已经相度缓急修浚，颇有次第。臣今窃究其弊，缘无大臣总理。虽有管河官员多为亲临，上司改委，顾彼失此，不得专于职务。乞如侍郎王恕总理河道事例，增设工部侍郎一员。其沁、卫二河之水，经涉地远，遇有旱涝，人夫浚治无官管摄，乞如山东泉源事例，增设主事一员。及临清以北至德州俱无管河官，乞依临清以南事例，增设管河判官主簿一员。本部议覆。上曰侍郎

---

① 张廷玉等：《明史》卷八五，《河渠志三》，第 2082 页，北京，中华书局，1974 年。
② 《明英宗实录》卷一六八，正统十三年秋七月乙酉；《钞本明实录》第 6 册，第 245 页下，北京，线装书局，2005 年。
③ 《明史》卷一七〇《于谦传》，第 4544 页。
④ 《明史》卷七九《食货三·漕运》，第 1925 页。
⑤ 参阅吴缉华：《明代海运及运河的研究》第四章"正统景泰年间漕粮岁额表"，中国台北，中国台湾"中央"研究院历史语言研究所，1961 年，第 120 页。
⑥ 《明武宗实录》卷五八，正德四年十二月丙辰，《钞本明实录》第 12 册，第 349 页上。
⑦ 《明史》卷七三《职官二》，第 1775 页。
⑧ 《明武宗实录》卷七二，正德六年二月庚子，《钞本明实录》第 12 册，第 424 页下。
⑨ 《明世宗实录》卷一四四，嘉靖十一年十一月庚戌，《钞本明实录》第 14 册，第 424 页下。

不必增设，余如所议。①

杜谦指出河道治理的弊端就在于缺少一名能总理事权的大员，以至于管河官员经常被委以他任，"顾彼失此，不得专于职务"。宪宗的答复耐人寻味，沁、卫二水可增设主事，临清至德州可增设管河判官主簿，总河侍郎则断不可设。究其缘由，祖制所无是一方面，更重要的是，自成化七年（1471）王恕治河以来，朝廷将运道分为三段②，各委曹郎、监司专理，漕河安流；且又施行改兑法，漕运通畅，宪宗不再有另设治河衙门的强烈意愿了。

然而，到了弘治、正德年间，形势发生了重大变化。刘大夏治河断绝了黄河北流，保证了山东张秋以北运道的安全，而南下的黄河又要避开明祖陵，于是经徐州、宿迁等地合淮河入海的南支成为黄河下游的唯一出路。咆哮的黄河水夹带着巨量的泥沙，日积月累，对张秋以南的运道形成了严峻的考验。

弘治末年，黄河合淮河入海的征途上，小规模的泛滥迁徙屡有发生。《明武宗实录》载："黄河水势自弘治七年修理后，尚在清河口入淮。十八年北徙三百里，至宿迁县小河口。正德三年又北徙三百里，至徐州小浮桥。"③黄河入淮口的几次北徙，皆是南下的河道淤塞所致，北上又不可得，于是更大的灾难接踵而至：（正德四年六月）又北徙一百二十里至沛县飞云桥，俱入漕河。因单、丰二县河窄，水溢决黄陵冈、尚家等口，曹、单二县田庐实多淹没。九月又决曹县粮进等口，直抵单县。人畜死者、房屋冲塌者甚众。围丰县城郭，两岸相对，阔百余里，盖南行故道淤塞，水唯北趋，渐不可遏诸漕运。暨山东镇巡官恐经巨野、阳谷二县故道，则济宁、安平运河难保无虞。各陈疏浚修筑之宜，事下工部议，得旨，河患重事宜即行。各该镇巡官公同相视，用心计处，及时修理，务须停当，不许妄费财力，事完之日，差科道官勘实以闻。④当年刘大夏筑荆隆口、黄陵冈后，黄河绝不能再次北流影响会通河，此已成为朝廷的共识。这一次的黄河北徙引发了朝廷上下对济宁、安平（张秋）段运道安全的极大担忧，山东督漕官员、总漕邵宝、总兵官平江伯陈熊纷纷上奏，希望朝廷"宜访察熟知水利官员，预为堤防，以杜将来之患"⑤。此次河患非得花大力气整治不可。在此背景下，崔岩、李堂、刘恺、赵璜等人才纷纷履任总河之职，直至总河成为制度化的定职。

二　总漕与总河的职掌冲突

总漕之职掌，《漕运通志》有云："漕运总督领敕一道：皇帝敕谕都察院右都御史某，今特命尔总督漕运，与总兵官某、参将某同理其事，务在用心规画，禁革奸弊。运粮官军有犯，自指挥以下轻则量情惩治，重则拿送巡按、巡河御史及原差问刑官处问理，照例发落。都指挥有犯，具奏拿问。若刁泼军旗乘机诬告，对证涉虚者，治以重罚。自通州至扬州一带水利有当蓄泄者，严督该官司并巡河御史、管河管洪郎中等官，设法用工筑塞疏浚，以便粮运。仍兼巡抚凤阳、淮安、扬州、庐州四府，徐、滁、和三州地方，抚安军民，禁防盗贼，清理盐课，赈济饥荒，城垣坍塌，随时修理，守城官军以时操练，或有盗贼生发，盐徒强横，即便相械设法抚捕。卫所府州县官员有廉能公正者，量加奖劝；贪酷不才者，从公黜罚。凡事有利于军民者，悉听尔便宜处置。尔为朝廷宪臣，受兹简任，须殚心竭意，输忠效劳，凡百举措务合时宜，俾粮运无误，军民安妥，盗贼屏息，地方宁靖，斯称委任。如或误事，责有所归。尔

---

① 《明宪宗实录》卷二六八，成化二十一年秋七月辛未，《钞本明实录》第9册，第549页下~550页上。
② 沛县以南为一段，德州以北为一段，中间为一段。
③ 《明武宗实录》卷五六，正德四年冬十月癸卯，《钞本明实录》第12册，第336页。
④ 《明武宗实录》卷五六，正德四年冬十月癸卯，《钞本明实录》第12册，第336~337页。
⑤ 《明武宗实录》卷五六，正德四年冬十月丁酉，《钞本明实录》第12册，第335页下。

其钦承朕命，毋忽，故谕。领关防一颗，其文曰：总督漕运关防。"①从敕书来看，总漕的职责有四：一是与总兵官、参将一起，督运粮储；二是节制运粮官兵，可酌情惩治作奸犯科之人；三是监管扬州至通州一带的水利设施；四是巡抚凤阳、淮安、扬州、庐州四府与徐、滁、和三州地方。敕书最后是劝勉与忠告，只有粮运无误，军民安妥，盗贼屏息，地方宁靖，才斯称委任。如若不然，则要承担相应责任。关于总河的职掌，《春明梦余录》有一段表述足值探究，其云："总河敕云：今特命尔前去总理河道，其黄河北岸长堤，并各该堤应修筑者，亦要着实用工修筑高厚，以为先事预防之计。如各该地方遇有水患，即便相度防究水源，可以开通分杀，并可筑塞堤防处所。仍严督各该管官员斟酌事势缓急，定限工程，分投用工，作急修理。凡修河事宜，敕内该载未尽者，俱听尔便宜处置，事体重大者奏请定夺。此原敕也，后增入云：近年沛县迤北漕河屡被黄河冲决，已经差官整理，今特命尔前去总理河道，督率管河、管洪、管泉、管闸郎中、主事，及各该三司军卫有司掌印、管河兵备等官时常往来亲历，多方经画，遇有淤塞去处，务要挑浚深广。该此敕亦为黄河冲塞漕河，故有是命，其实专为黄河也。"②

这两段敕文有明显区别，第一段委派总河修河事宜，"严督各该管官员"，带有明显的临时差遣性质；第二段则透露出黄河冲击沛县迤北的漕河，整治无效，总河须督率各级官员亲往浚治。按上文，黄河决沛县飞云桥在正德四年六月，此后崔岩、李堂、刘恺、赵璜接连接任是职。其执掌明晰，专为黄河也。孙承泽又云："于曹州驻扎。河南、山东管河副使则属之，管河郎中、洪、闸主事，不相属也。"③则总河属官有限，职权亦有限。此显然不是后来总河职权扩大后的任职诰敕范本，因而从普遍意义上描述明代总河共有的职能是比较为难的事，幸而某些样本和前人的研究成果可以作为我们对其总体考察的学术指南。

宪宗任命王恕总理河道时，曾提出明确要求："尔宜往来巡视，严督各官，并一带军卫有司人等。用心整理闸坝，损坏者修之，河道淤塞者浚之。湖泊务谨堤防泉源，毋令浅涩。沿河浅铺树井及一应河道事宜，但系平江伯旧规者一一修复，不许诸人侵占阻滞。凡有便宜方略可举行者，悉听尔斟酌施行。一应官员人等敢有违误者，或量情惩治，或具奏拏问。尔仍须审度人情事势，随其缓急轻重，以为后先。毋急以扰人，毋怠以废事。限以三年务底成绩，如或因循不理，致误国计，责有所归尔。其勉之慎之。"④概括起来，王恕负责督查官吏军士，惩办其违误行为，浚治闸坝、河道、湖泊及沿河浅铺树井等相关水利设施。此虽是总河正式创设前的临时差遣，但其日后职掌已初见端倪。彭云鹤认为总河的职责为：调集人员物料督率治河；节制管河官员及巡抚三司军卫；提督军务，护运道，缉盗贼等。⑤王柠则将上述内容进一步具体化：管理黄运河道、管理运河水源、协济粮饷、提督军务、巡抚地方、整饬吏治等。⑥

这些描述性的语句并没有明示总河的管辖范围，试想，总河常驻济宁，河南、浙江漕河足不及遍，目不及睹，南北数千里运道倘遇溃决之虞，州县管河官员汇报于府，府白于道，道白于总河，总河再下命令达于州县，恐怕已有一月有余了。而汛情瞬息万变，等到命令传达，河患已千倍于前矣！如何解决上述问题？《明史》云："船粮依限，河渠淤浅，疏浚无法，闸座启闭失时，不得过洪过湾者，责在河道。"⑦对照前文所述的总漕职责，总河负责的部分似在于淮河以北的运道，河渠疏浚与闸坝启闭为其工作重点。倘如此，亦能释去上述疑问。此实则不然。如万历五年，工科给事中刘铉建言在淮、徐间设

---

① 杨宏、谢纯著，荀德麟点校：《漕运通志》卷三《漕职表》，第50~51页。
② 孙承泽著，王剑英点校：《春明梦余录》卷三七《总漕》，第642页，北京，北京古籍出版社，1992年。
③ 孙承泽著，王剑英点校：《春明梦余录》卷三七《总漕》，第642页，北京，北京古籍出版社，1992年。
④ 《明宪宗实录》卷九七，成化七年冬十月乙亥，《钞本明实录》第8册，第492页。
⑤ 彭云鹤：《明清漕运史》，第五章"四、对漕运河道管理的空前强化"，第125页，北京，首都师范大学出版社，1995年。
⑥ 王柠：《明代总河研究》，第三章，第26~33页，湘潭大学2008年硕士学位论文。
⑦ 《明史》卷七九《食货三·漕运》，第1923页。

管河郎中一名。廷议以为总理河道大臣，运河"自张家湾直抵瓜、仪，黄河自河南、山东上源至淮安入海皆其地也"①。万历十六年（1588），巡按御史乔璧星云："正德四年，乃议专设宪臣为总理，河南之开封、归德，山东之曹、濮、临、沂，北直之大名、天津，南直之淮、扬、徐、颍咸属节制。"②前后两种说法略有差异，但河南开封以下的黄河及长江以北的运河区域，乃总河管辖区域应为不争的事实。不久，济宁的总河对于千里之外水患频发的河南运道鞭长莫及的问题，逐步被朝廷认识到。有鉴于此，万历十六年（1588），河南道监察御史王世扬奏请河南巡抚都御史兼理河南运道，其云："河南境内黄河，自潼关至归德、开封等处，奔流二千余里，去总河督臣远甚。利害之切，见闻之近，必先抚臣。宜于抚臣敕书，增兼理河道一条，与督臣协同行事。"③

此建议得以批允，总河潘季驯亦赞同此议。如此，河南巡抚兼管河道，分担了总河一方责任，总漕则亲自督理南北直隶、山东所属运道，庶几可行。

为了打击四方匪寇，保障运道畅通，隆庆以后，总河添加了提督军务之职衔。隆庆四年（1570），经兵科给事中温纯奏请，总河"加提督军务职衔，以南直隶之淮、扬、颍、徐，北直隶之大名、天津，河南之睢、陈，山东之临沂及添设曹濮道各兵备官属焉"④。万历间，总河刘士忠，以擒获倭寇而受赏。天启间，总河陈道亨因扑灭山东白莲教而受奖。崇祯间，总河李若星率领军队入援京师而受赞。⑤

我们看到，总河创设后，总漕河道兼理权即转易他手，总漕的巡抚地方、参与民政、提督军务的权力也遭之侵袭，二者职掌上的重合部分大于区分部分。当河患严重，朝廷严令总漕、总河戮力以对时，双方还能维持粗安局面，而在河患不太严重的时期，双方的攻讦轮番登场。朝廷考核漕、河二司的标准只有一条，即漕运是否畅通。漕运发生延误或出现损船沉船事故，漕运衙门就借口河道不畅而归罪于河道衙门；而真有河道淤浅行漕不便情况发生时，河道衙门诿过于漕运衙门组织不力。二者争斗不已，终于在万历年间形成直接冲突。

三 万历年间的总漕和总河的两次合并

万历初，总河万恭与总漕王宗沐就发生了激烈的争执，且愈演愈烈，终于震动了首辅张居正。张居正写信给万恭，云："近有人言公与漕督不协，两家宾客，遂因而鼓煽其间。仆闻之，深以为忧，甚于忧洪水也。夫河、漕皆朝廷轸念者也，二公皆朝廷所委任者也。河政举，漕运乃通；漕运通，河工斯显。譬之左右手，皆以卫腹心者也。同舟而遇风，橹师见帆之将坠，释其橹而为之正帆，帆者不以为侵官，橹师以未尝有德色，但欲舟行而已。二公今日之事，何以异此？"⑥张居正又写信给王宗沐，但这番苦口婆心的劝说无法消弭二人的矛盾，一来二人个性皆强，二来涉及部门利益，想让万、王向先圣学习，协和克让，做谦谦君子，自无可能。⑦因此，朝廷中关于二者聚分离合的议论也就此起彼伏传出。

第一次合并发生于万历五年（1577），这次合并缘于运道分管的争论。万历四年（1576）正月，高邮州清水潭发生堤口冲决，时总漕张翀以为修复老堤工程浩大，数年始可成功。恐新运已临，决口未就，不如令漕船暂由圈田里行。而御史陈功则认为圈田浅涩，不便牵挽，且外湖水面阔达40余里，风有不顺，必至稽阻。工科给事中侯于赵唯恐致漕船过淮逾期，于是建议"以淮南运道端责漕臣（吴桂芳），

---

① 《明神宗实录》卷六六，万历五年八月戊子，《钞本明实录》第18册，第381页下。
② 《明神宗实录》卷一九七，万历十六年四月甲寅，《钞本明实录》第19册，第380页上。
③ 《明神宗实录》卷二〇五，万历十六年十一月甲子，《钞本明实录》第19册，第412页上。
④ 《明穆宗实录》卷四四，隆庆四年四月乙巳，《钞本明实录》第17册，第488页上。
⑤ 参阅蔡泰彬：《明代漕河之整治与管理》第六章第一节"督责组织"，第316页。
⑥ 张居正：《张文忠公全集》第四册《书牍八·与河漕万两溪论协和克让》，第361页，万有文库本，上海，商务印书馆1929年影印版。
⑦ 参阅贾征：《潘季驯评传》第五章，第132~133页，南京，南京大学出版社，1996年。

而以淮北运道命河臣傅希挚一意经理，务时加挑浚，以图万全"①，朝廷许可。此次争执以总漕、总河平分运道而告终，表明上看皆大欢喜，但分管运道的双方都获得了治河与督漕的建言权，这为双方下一步更大的争执埋下了伏笔。

是年秋，黄河决口于曹县、徐州、桃源，给事中刘铉疏议漕河时，言语中侵犯了总漕吴桂芳。吴抗辩道："草湾之开，以高、宝水患冲啮，疏以拯之，非能使上游亦不复涨也。今山阳以南诸州县水落布种，斗米四分，则臣斯举亦既得策矣。若徐、邳以上，非臣所属，臣何与焉？"②吴桂芳的疏辩令人忍俊不禁，淮南水已不涨，其灾后布置紧急抢种已属上策，至于徐、邳以上的淮北，"臣何与焉"。大灾之前，推诿责任，尤属可笑！更为可笑的是，御史邵陛认为，大臣们"以河涨归咎草湾，阻任事气，乞策励桂芳，益底厥绩，而诘责河臣傅希挚旷职"③。黄河水滚滚而来，岂认得总漕、总河为何物？淮南、淮北为何地？若无是年正月运道分管之事，天下岂有淮北总河旷职、淮南总漕称职之理！看到这种情况，当日主张河道分管的南京湖广道监察御史陈堂也叹道："画地既分，遂成彼己。一设官也，而或去或留；一决口也，而或筑或否。以致有司下吏，彼此观望，迄无成功。无论今日，即臣有知识以来，漕艘迟缓，而曰河道梗阻；河道梗阻，不曰河道而曰漕艘，彼此相推，而卒莫有引咎自反者，大都然也。"④分管运道后的总漕、总河争议更大，此非朝廷当日决策时所能料矣！

次年，黄河再决桃源崔镇，总漕和总河又再起争执。吴桂芳主张冲刷成河，以为老黄河入海之道；傅希挚建议堵塞崔镇决口，束水归漕。二人均坚执己见，一时物议汹汹。职权相当的官员发生争执时，乞灵于权力更大的上峰仲裁，此官场不二法则。首辅张居正闻之，分别给吴、傅去函，试图调解二人纠葛。对吴云："治河之役，朝廷以托付公者甚重，大疏所荐，一一俞允，且章、刘诸君，孤皆素知其才，必有底绩之效也。承示恐流言之摇惑，虑任事之致怨，古人临事而惧，公今肩巨任，事安得不为兢兢。若夫疏议怨谤，则愿公勿虑焉。孤浅劣无他肠，惟一念任贤保善之心，则有植诸性而不可渝者，若诚贤者也。诚志于国家者也，必多方引荐，始终保全。虽因此冒嫌蒙谤，亦无闷焉。顾近一二当事者，其始未尝不锐，至中路反为人所摇，自乖其说，或草率以塞责，或自毁于垂成。此岂庙堂不为主持，而流谤之果足为害耶！子产曰：政如农功，日夜以思之，思其始而图其终，行无越思如农人之有畔。愿公审固熟虑，集思广益，计定而后发，发必期成。至于力排众议，居中握算，则孤之责也。使孤得请而归后来之事，诚不可知，若犹未也，则公可无虑矣！"⑤吴桂芳，字子实，新建人，嘉靖二十三年（1544）进士。吴本为张居正改革集团成员之一，对新政一直持大力襄助态度。⑥张给吴的信函中，首先表示吴之所荐之人一一叙用；其次勉励吴勇于任事，不必在意怨谤之言，自己作为吴之庙堂的坚强后盾，会"力排众议，居中握算"。张氏之文循循善诱，其拳拳切切之情，溢于纸上，读之如闻韶乐，如饮醇酒，如沐春风。

张居正对傅则道："河、漕意见不同，此中亦闻之。窃谓河、漕如左右手，当同心协力，以期共济。如所见不能合，宜亦各陈，以俟宸断，不宜默默而已。国之大事，不妨公议。事君无隐，岂为失忠厚之道。"⑦傅希挚任总河是在万历元年（1573）九月万恭被劾之后，其由山东巡抚调任，并无领导大规模治河工程的经验。张居正曾询其治河方略，傅将当时流行的开凿胶莱河、开挖洳口河、疏浚老黄河入海

---

① 《明神宗实录》卷四六，万历四年正月己酉，《钞本明实录》第18册，第274页上。
② 《明史》卷二二三《吴桂芳传》，第5875页。
③ 《明史》卷二二三《吴桂芳传》，第5875页。
④ （明）潘季驯：《河防一览》卷一三《请遣大臣治河疏》。
⑤ 《张文忠公全集》第四册《书牍十·答河道司空吴自湖言任人任事》，第391页。
⑥ 关于吴桂芳为张居正改革群体之一的研究，可参阅冯明《张居正改革群体研究》第二章第二节，第63页（华中师范大学2011年博士学位论文）。
⑦ 《张文忠公全集》第四册《书牍九·答河道傅后川》，第377页。

口等治河观念一一罗列，却又不加评论。张居正非常恼火，逼其表态，傅不得不于万历三年（1575）二月建言开泇口河以避黄河之险。①张居正写给傅的这封信，表面上希望其和总漕"同心协力，以期共济"，实则隐含有"失忠厚之道"的批评之义。两份信函一对照，孰亲孰疏，一目了然。

客观地讲，傅希挚急塞崔镇决口的建议，不为漕运计，单为民生考虑，也是眼下必须施行的急务。问题是，傅作为总河，拿不出长远的治河方略，其所谓另开泇口行漕以避黄河之险的建议，实则为放弃黄河治理，完全是从部门利益出发的短视之见。②吴桂芳提出的冲刷新河成老黄河（大清河）入海之道的方案也行不通。清口早为泥沙淤塞，淮水不出，已决高家堰而去。黄河新刷河道利于行漕，但治理、维护成本极高；且与淮水分流后，黄河入海水势大减，河沙易积，水道难通。后来的治河实践中，潘季驯堵塞了崔镇以下黄河决口，算是部分采纳了傅希挚的建议，否定了吴桂芳的方案。但在当时，在张居正的主持下，傅希挚被调往巡抚陕西，接任者李世达莅任仅3月就改任他职，吴桂芳一身独挑河、漕两事，总漕与总河合二为一。在与总河的权力博弈中，总漕取得了压倒性的胜利。此后潘季驯、凌云翼、王廷瞻、杨一魁陆续以总漕身份兼理河务。

潘季驯的这次治河，便是历史上大大有名的"束水攻沙"治河理论得以成功验证的实绩体现，徐州以下的黄河暂时安澜下来。然而，徐州以上的黄河由于年久失修，堤防败坏，已经到了临近溃决的危急时刻。万历十五年（1587）秋，河决堤防，直逼开封，漂没人畜无数。自开封、封丘、偃师等处及直隶东明、长垣等地的堤防也被冲决。③这时，朝臣中又有人以河南水患为由，建议恢复总河之职。直隶巡按御史乔璧星云："河道冲决为患，请率旧典，复设专官以一事权。盖自古治河止于除害，我国家仰给东南，岁输四百万石，自淮至徐，实借河利。顾溃决浅涩之患，往往有之。……然理河者不复虑漕，而理漕者亦不复虑河，则亦专设河臣之衅矣。万历五年，偶因两臣意见相左，遂并河于漕，在河南、山东、北直者以巡抚兼领之，责分而官无专督，故修浚之功，怠于无事，急于临渴，河患日深。顷者，勘科常居敬亦有专设大臣之议，非直备官，要在得人。试按嘉靖以来河渐北徙，济宁以下多淤，而刘天和之修复鲁桥，朱衡之开通南阳，潘季驯之浚刷崔镇，河道赖之，此专设得人之明验也。"④乔璧星指出了总漕、总河分置之弊：理河者不复虑漕，而理漕者亦不复虑河。总漕总领漕、河后，虽有地方巡抚兼管所属河段，但缺少专督之河道官后，治河工程多怠于无事，以至于河患日深。乔氏指出，总河之备官，最要紧的是官得人，而非人得官。应该说，乔璧星的奏请是十分中肯的，工部回复也表示赞同。其时，张居正已殁，总河重设的最大政治反对者不复存在。神宗认为，总河再设，应以老成才望者充任。工部经反复会推，决定推荐68岁的潘季驯再任总河。⑤自万历六年（1578）正月裁汰总河至万历十六年（1588）四月重设总河，其间总漕兼领河务约有十年零四个月。⑥

第二次合并发生于万历二十六年（1598）。潘季驯治河的原则是束水归漕，筑堰障淮，逼淮注黄，以清刷浊，则沙随水去。简单地说，就是黄淮合流，以淮河之清水刷去黄河之浑水。然淮弱敌不过河强，

---

① 参阅贾征《潘季驯评传》第五章，第133~136页。
② 万历三十二年，总河李化龙再提开泇河之议，经舒应龙、刘东星、曹时聘等人锐意经营，终获成功。此后运道避丰、沛、邳、徐等地三百余里的黄河之险，被清人高度赞扬。然则今日思之，泇河开凿后，朝廷就不再考虑此段因黄河泛滥而导致的民生问题。漕运的顺畅是以无数生民的流离失所作为代价的，悲夫！
③ 《明神宗实录》卷一九一，万历十五年冬十月乙亥，《钞本明实录》第19册，第352页上。
④ 《明神宗实录》卷一九七，万历十六年四月甲寅，《钞本明实录》第19册，第380页上。
⑤ 《明神宗实录》卷一九七，万历十六年四月庚午，《钞本明实录》第19册，第380页上；《明史》卷八四《河渠志二·黄河下》，第2055页。
⑥ 按，《明史》卷七三《职官二》（第1775页）云："总理河漕兼提督军务一员。永乐九年遣尚书治河，自后间遣侍郎、都御史。成化后，始称总督河道。正德四年，定设都御史。嘉靖二十年，以都御史加工部职衔，提督河南、山东、直隶河道。隆庆四年，加提督军务。万历五年，改总理河漕兼提督军务。八年革。"即为明代总河之演变，不过其关于总河名谓及万历八年裁革之说均为不经之论。

万历二十三年（1595）后，徐、泗、淮、扬间水势横溃，无岁不受患，潘氏之策已不验。① 总漕褚鈇与总河杨一魁为治河方略再起争议。

《神宗实录》云："勘河科臣张企程、总河杨一魁等议欲分杀黄流以纵淮，别疏海口以导黄。盖以淮壅籴于河身日高，河高籴于海口不深。若上流既分，则下流日减，清河之口淮无黄遏，则泗之积水自消，而祖陵永保无虞。总漕褚鈇以江北岁遭大侵，民力不堪大役，欲先泄淮而徐议分淮。工部谓导淮、分黄势实相须，不容偏废。宜将导淮分黄并疏浚海口等处工程，逐一举行。其一应工费酌议动支，事完日分别劝惩，悉报可。"② 总河杨一魁主张分黄，总漕褚鈇建议导淮，工部主张二者连同疏浚入海口工程逐一举行，但政府钱粮毕竟有限，一起兴办，恐有不敷，须择其善者从之。综合论之，二论不相上下，江北连岁水患之后民力委实难堪大役，总漕之论更趋可行。然而，帝国体制下水利工程考虑的第一要务从来都不是民生，政治利益方是其首选。总河杨一魁的分黄之策打出了祖陵安全的旗号，遂受到了朝廷的青睐。

万历二十四年（1596），河决黄堌口，对于此次河患治理，总河与总漕再次意见相左。刑科给事中李应策上奏希望协调二者矛盾，以急国患。工部议道："黄堌口之决而南也，在萧、砀、睢、宿则病于淹没，在徐州至宿迁三百三十余里运道颇艰。故漕臣褚鈇谓黄堌旁泄太多，徐、邳之河几夺，以塞堌口为第一要义。河臣杨一魁谓决口至一千二百余丈，深三丈，两岸沙浮，筑塞固难措手，虽下楗卷筑，犹之无益，河性趋下势不可回咒，……惟当于水涩地面，筑草坝、制木闸，引诸湖之水以济。目前浚小河口，增筑边堤，通睢、宿一路之垫，护凤、泗万年之脉。盖漕臣主运，河臣主工，各自为见，而方经赏赉之余，遽为异同之见，故不得不再行折议者也。"③ 褚鈇提出的以急塞黄堌口为治河第一要义的初衷，仍是把漕运放在第一位。杨一魁认为决口太大，一时难以成功，不如先浚小河口（小清口），"护凤、泗万年之脉"，当水退之时，再"筑草坝、制木闸，引诸湖之水以济"。二人争论的核心在于一以漕运为先，一以河工居首，均为出自部门利益考虑，不过，杨一魁的高明之处在于又树起了"护凤、泗万年之脉"的利剑，天雷轰轰，一下子让吵成一锅粥的庙堂噤若寒蝉。此后廷议再起，虽未明确谁是谁非，但总漕褚鈇因病乞休获准，胜负不言自明。

总漕去职后，朝中关于河、漕兼并的呼声再起。御史马从聘云："河漕一柄两操，矛盾易生，故归一。"御史杨光训云："河臣杨一魁曾总漕着绩，宜令兼管听其便。"御史周孔教云："倭奴阑入淮扬，南北断绝，河漕宜总一。"④ 于是，总理河道工部尚书杨一魁兼理总督漕运，总漕裁革不置。杨一魁于万历二十六年二月总理河、漕，四月及调任工部尚书，接任者刘东星继续总理河漕。《神宗实录》的编撰者在刘东星死后履历中评述道："河漕之有总理，自东星始"⑤ 也不无道理。

然而，万历年间河务繁剧，漕事艰涩，实非一人所能为。万历二十九（1601）年八月，刘东星因操持过度病卒于任后，朝中又有漕、河分设之论。吏科都给事中桂有根、河南道御史高举相继倡言并设总漕、总河⑥，但均被否决。万历三十年（1602），吏部尚书李戴回复巡按御史吴崇礼之议，其文略曰："国家大务无过，漕河往年并设总漕、总河二大官，不惟繁剧，各有攸司，抑且艰大，期于共济。顷因导黄、分淮之议所见不同，防海备倭之虞为患孔亟，遂以诘戎专责之巡抚，而以漕运归并之河臣，亦一时权宜之计，未可以垂久远。况昔之漕运、河道其要在淮扬，故可以一人兼，今漕运于东南，而可决于

---

① 《明史》卷八四《河渠二·黄河下》，第2058页。
② 《明神宗实录》卷二八九，万历二十三年九月壬辰，《钞本明实录》第20册，第201页下。
③ 《明神宗实录》卷三〇三，万历二十四年十月丙寅，《钞本明实录》第20册，第282页上。
④ （明）谈迁：《国榷》卷七八，万历二十六年二月乙丑，第4807页，北京，中华书局，1958年。
⑤ 《明神宗实录》卷三六三，万历二十九年九月癸丑，《钞本明实录》第20册，第573页上。
⑥ 《明神宗实录》卷三六五，万历二十九年十一月癸卯，万历二十九年十一月癸丑，《钞本明实录》第20册，第586页下；第20册，第588页上。

西，欲以一人之身而东督储、西治河，虽有知巧亦苦于力之不足矣。请覆旧制，将总河道衙门专管河务，仍驻札济宁，往来督理；其总督漕运衙仍兼管凤阳巡抚，防海军务，驻札淮安。咨行各该部，换给敕书，以便行事。诏曰可。"① 李戴的覆议颇有说服力。万历五年（1577）的那次合并，河务、漕运中心皆在东南，故驻扎在淮安的总漕河能东督江南委来的漕运，西治徐州下泄的黄河。万历二十六年的合并则不然，驻跸济宁的总河漕面对全面爆发的黄河危机与艰涩难行的漕运困局，安"可以垂久远"？且总漕曾兼巡抚江北四府三州，提督海防军务，又岂是各省巡抚御史所能统辖得了的？于是总理河漕李颐在万历三十年（1592）三月改为专理河道，此时距万历二十六年二月计有四年零一个月。

万历年间总漕与总河的两次合并，表面上看是出于因治河方略之争而引发的衙门调整，但细细想来，双方的治河理念皆有可取之处，又有明显的不足成分，并无高下之分，此完全不能成为一方吞掉另一方的理由。倘从制度史的发展脉络来看，似还未到鼎革与消融的关键时代。事实上，总河废而复设，总漕罢而又置，方才拉开明清两代近400年漕、河之争的序幕。那么，这两次的聚合，仅可视为漫长的分离历史中的特例，其背后的推手正是处于斗争旋涡当中的各种政治力量。②

万历五年（1577），正是张居正推行以"一条鞭法"与"考成法"为代表的万历新政的高峰期，任何反对力量在张江陵的铁腕面前都会被一拳击倒。漕、河之争，由于牵涉到吴桂芳这个改革群体的中坚分子，因而其对立面就变成阻碍新政的螳臂小丑，部门之间意气之争，一下子上升为改革派与反改革派之间的政治博弈。新政的威势，是总河一方无法承受之重，其非零和性博弈结果，注定让胜者一方获得通吃，而失败的一方将失去一切。此便是万历五年漕、河之争结局的幕后故事。

同样的道理也适用于万历二十六年的合并，只不过这一次换了人间。总漕褚鈇的悲剧在于他总是把扶绥黎庶当作水患面前地方官职责的第一要义，将民生艰难、民力未苏作为兴办大型工程的挡箭牌，不知道揣摩维护祖陵的圣意。勘河给事中张贞观曾奏言："祖陵为国家根本，即运道、民生莫与较重。"③一旦王气所系的祖陵有危，必将招致雷霆之怒。"时泗陵水患日急，而议者迄无成画……上怒甚……舒应龙着革职为民，科臣陈洪烈、刘弘宝扶同停寝，降亟边方杂职用，张贞观，彭应参以既为民免究。"④而总河杨一魁先前曾继王廷瞻之后以总漕兼领河务，丰富的河漕宦途历练，使其对其中的关窍了然于胸。当杨一魁处处祭出"维护凤、泗万年之脉"的利器时，无往而不利的总河推倒处处遭忌总漕的结局似早就冥冥而定了。具有讽刺意味的是，万历三十年（1592）二月，已升为工部尚书的杨一魁以祖陵冲决，被削籍为民。⑤打人的石头，不偏不倚，恰好砸在自己的脚上。

四　总漕和总河的偶像之争

在明代政治生态演进过程中，总漕和总河系统相继捧出了陈瑄和宋礼作为各自的偶像。根据樊铧的研究，在陈瑄和宋礼生前身后，明朝廷上下对二人的评价可谓有霄壤之别。陈瑄生前备受尊崇，死后哀荣之至，可以说是"天下之望"；而宋礼生前御下严苛，加上其时政治空气对宋极为不利，因而宋礼在死后相当长的一段时间内不受人重视。⑥

---

① 《明神宗实录》卷三七〇，万历三十年三月辛巳，《钞本明实录》第20册，第616页下。
② 有关总漕、总河万历年间的两次合并，蔡泰彬《明代漕河之整治与管理》第六章第一节（第310~313页），亦有详述。不过蔡文对第二次合并的起讫时间之表述与本文不谐，似有舛误；且其文完全忽略了两次合并背后的政治因素，未有深论。
③ 《明神宗实录》卷二四八，万历二十年五月乙亥，《钞本明实录》第20册，第4页上。
④ 《明神宗实录》卷二八四，万历二十三年四月戊辰，《钞本明实录》第20册，第176页上。
⑤ 《明史》卷二一八《沈一贯传》（第5757页）云："沈一贯复奏：'今尚书求去者三，请定去留。'帝留户部陈蕖、兵部田乐，而以祖陵冲决，削工部杨一魁籍。"
⑥ 樊铧：《政治决策与明代海运》第四章第一节，第199~200页，北京，社会科学文献出版社，2009年。

从成化七年（1471）的王恕到正德十年的赵璜，总河完成了体制化进程。随着其合法性建构的延伸，总河系统寻求偶像化鼻祖的卡里斯玛型权力崇拜情结逐渐凸显出来。① 《明史》云："弘治中，主事王宠始请立祠。诏祀之南旺湖上，以金纯、周长配。"② 按，王宠于正德四年（1509）至正德六年（1511）任工部济宁都水分司管泉主事，著有《东泉志》一书，详细记录了诸臣请为宋礼建祠与礼部回复的全过程。从最早的弘治十七年（1494）的工部左侍郎李鐩、工部管泉主事欧阳琼，到王宠及其后的俞鐩，宋礼祠历经 12 年的 4 次请示，两番勘察，才终于落成，大学士李东阳亲自撰写了祭文。③

我们注意到，弘治期间的两次建祠请求均被驳回，这段时间正是白昂、刘大夏治河取得成功，黄河安流 20 年的太平时光。成书于弘治年间的《漕河图志》还没有提及宋礼的治河贡献。④ 到了正德四年（1409）六月，黄河再次大规模北徙，山东以南人畜死伤无算，会通河随之受到重大威胁。武宗不得不再设总河官，然而先后几任官员崔岩、李堂、刘恺、赵璜均拿不出有效的办法。所谓国乱思良将，邦危盼忠臣。于是乎，早已被人们遗忘的小节有亏的宋礼，死后多年，终于走上了荣誉的顶峰。

嘉靖十六年（1537），总河于湛作《总理河道题名记》，其云：

> 王者宅中图治，必挽天下财赋，以给经费。我朝始由海运，继由陆运，凡二变，乃改今河运。然地势中高，南北迤逦就下，乏水以济。济水伏流齐鲁，随地溢出为泉。泉在东郡凡二百八十有奇，各以近入汶、泗、洸、沂诸水，东流赴海。文皇帝命工部尚书宋公礼修复会通河，伐石起堰，东遏诸水，西注漕渠，南北分流。北流者会漳会卫，上接白河。南流者会河会淮，下接宝应、高邮诸湖，漕渠遂亘南北。浚泉以广其源，建闸以节其流，筑堤以防其溃决，列铺舍以通其淤浅，辟湖潴水以时其蓄泄，引水灌洪以平其险阻，备夫以供其役，铨官以司其事。董之以主事八，各有专职，临之以郎中三，各有分地，监司守令亦与有责焉。又以地广事剧，役众费繁，宗统不可以无人，乃敕差大臣一人总理于上，爰集众思以举群策。岁挽东南四百万石，万艘鳞次而进。时当盛夏，维扬迤北，乘风扬帆，南旺迤北，顺流放舟，既脱海运之险，亦无陆挽之劳。四方万国，五材百货，罔不毕集，民命获全，国计斯裕。文皇帝开济之功同于天地，诸臣弼成之迹要亦不可泯也。《禹贡》一书，记神禹治水之迹与典、谟、训、诰并列为经，昭示周极。我朝前此效劳诸臣，水部分司各有题石，而总理大臣漫无所考，岂非缺典耶？嘉靖丁酉，予承乏是任，深用慨惜，乃构亭公宇之东偏。爰披往籍，录宋礼以下若干人，立石题名，而各（疏）[书] 履历。其下仍虚左方以俟递书，庶后来者有考焉。⑤

于湛的这篇文字有三层意思，第一层讲明代由海运、陆运转向水运后，河道之艰；第二层说宋礼浚通会通河之功，及河道职官之设与漕运之兴；第三层表明为总河题名勒石的缘由。吊诡的是，文章通篇强调宋礼之功，甚至浚泉、建闸、筑堤、列铺舍、辟湖潴水、引水灌洪、备夫、铨官等事都大书特书，而对于明代另一位河道疏浚者及漕运开创者——陈瑄却不置一词，这是总河体制化以来思想领域的一次

---

① 卡里斯玛源于早期基督教术语，即天赋的个人魅力与特殊的个人品质。具有这种品格的人，也就是所谓的先知先觉的超人（原始父亲），应被众人无条件地崇拜。"卡里斯玛型统治"是马克斯·韦伯政治社会学归纳的历史上三种统治类型之一。参见苏国勋：《理性化限制：韦伯引论》，上海，上海人民出版社，1980 年。
② 《明史》卷一五三《宋礼传》，第 4205 页。
③ 参阅樊铧：《政治决策与明代海运》第四章第一节，第 205～208 页。
④ 按，《漕河图志》八卷成书于弘治七年后王琼任工部管泉郎中时。是书为王恕《漕河通志》增损而作，而《漕河通志》已不可见，《四库》亦只存残卷三本。姚汉源、谭徐明据日本前田氏尊经阁所藏闽中蒋氏三经藏书复印本点校全书，今幸而得见全本（北京水利出版社，1990 年）。现遍览全书（尤其是卷四至卷七的《奏议》《碑记》《诗赋》），未见有颂言宋礼之句。樊铧认为"王恕在他的《漕河通志》中就未曾忽略宋礼"（《政治决策与明代海运》第 208 页），似有不妥。
⑤ 杨宏、谢纯撰，荀德麟点校：《漕运通志》卷一〇《漕文》，第 336～338 页。

重大变化。《漕运通志》又有碑文《南旺庙祀记》云：

> 至今为国大利，而宋公之功当为第一，都督周公、侍郎金公亦不可不谓之贤劳。厥后传谓宋公有微过，朝廷督责之，革其冠带，止服儒巾治事，其权中微而平江之功愈彰。故今人惟颂平江，而不及宋公。故丘文庄公尝过会通河，有感赋诗曰：清江浦上临清闸，萧鼓丛祠饮馂余。几度会通河上过，更无人语宋尚书。后李文正公各有诗，其意在言表矣。后主事王□（宠）始请于朝，建祠祀于分水龙王庙之偏，因并录之，以示来者，知宋公之功不可没也。①

此碑文作者题名杨昶，正德间工部管河郎中。从字面意思理解，时人称颂平江伯而不言宋礼，就在于宋礼生前有微过、冠带被革的缘故，作者颇为之鸣不平。按，丘浚和李东阳的赋诗均在正德年间，其间总河权势大张，至嘉靖倭乱之时，大有形成与总漕分庭抗礼之势。如此这般地颂言宋礼，正是总河权力崛起的真实写照。

万历初，总河万恭将宋礼的英雄化推向高潮。万恭，字肃卿，江西南昌人，嘉靖二十三年（1544）进士。隆庆六年（1572）春，万恭任总河，与工部尚书朱衡"筑长堤，北自磨脐沟迄邳州直河，南自离林迄宿迁小河口，各延三百七十里。费帑金三万，六十日而成。高、宝诸河，夏秋泛滥，岁议增堤，而水益涨。恭缘堤建平水闸二十余，以时泄蓄，专令浚湖，不复增堤，河遂无患"②。万恭任总河时颇有治水实绩，后世广为称颂的"束水攻沙"的理论最早就是由他提出的。③ 万氏奏云："先臣工部尚书宋礼，开河元勋，功在万世，乞照平江伯陈瑄例，补给恤典。章下工部，覆如恭议。诏予礼赠谥，荫一孙入监读书。"几天后，朝廷又应万恭之请，追赠前工部尚书宋礼为太子太保。④ 万恭还重修了济宁的报公祠，亲撰碑文云："宋司空乃振长策，招四方而侈王会，居高而建瓴。""令唐人有遗算，而元人无全功。"⑤ 宋礼的功绩即便是唐元之人也等而下之了。万氏延续了于湛以来对宋礼的尊崇，建祠追谥，荫孙赠官，几与陈瑄别无二致了。宋礼地位的崛起，是河道官员权力继续扩张的一面镜子。

从正德年间始，非河道官员系统也开始了隆崇宋礼的倾向。上文所述的李东阳有诗曰："忆昔文皇建都向燕蓟，中导汶泗通漕纲。尚书宋公富经略，世上但识陈恭襄。武功何人亦奇士，盛以勋绩为文章。四十余年复一决，嗟此之绩安可忘。帝命儒臣分书刻金石，此记正属臣东阳。使船东来一登眺，风日飒爽炎天凉。是时台臣入兵省，我在江湖思庙廊。但愿此冈不堕河不徙，纵有带砺无沧桑。"⑥ 李东阳，字宾之，茶陵人。刘瑾乱政，东阳弥缝其间，亦多所补救。李东阳为前七子之一，为文典雅流丽，朝廷大著作多出其手。明兴以来，宰臣以文章领袖缙绅者，杨士奇后，东阳而已。⑦ 李东阳的诗代表了大多数时人对明永乐以来河、漕英雄人物的认知：宋礼（宋公）功在会通（中导汶泗通漕纲），陈瑄（陈恭襄）治在淮南，徐有贞利在沙湾（武功何人亦奇士，盛以勋绩为文章）。这三人治河督漕有功，四十余年来黄河安流，勋绩难忘，皇帝遂命诸臣分书刻石，以志纪念。

朝野上下尊崇宋礼的思潮很快就传至总漕那里，是坚守还是妥协？总漕面临着尴尬的选择。正德年间的总漕邵宝准备了两方面的对策，一是借陈熊之名追念陈瑄，以排解河道方面尊崇宋礼的压力。其云：

---

① 《漕运通志》卷一〇《漕文》第 321 页。
② 《明史》卷二二三《万恭传》，第 5872~5873 页。
③ 参阅邹逸麟：《万恭和〈治水筌蹄〉》，《历史地理》1983 年第三辑。
④ 《明神宗实录》卷九万历元年正月庚寅、万历元年正月戊申。《钞本明实录》第 18 册，第 84 页上、第 88 页上。
⑤ 万恭：《重修报公祠记》，载于万历《兖州府志》卷四二，济南，齐鲁书社，1985 年，第 47 页。
⑥ （明）李东阳：《安平镇减水坝诗》，载于《名山藏》卷四九《河漕记·黄河》，第 1346~1347 页。
⑦ 《明史》卷一八一《李东阳传》，第 4820~4825 页。

维正德七年岁次壬申，二月丙子朔，越十有七日癸亥，户部左侍郎前总督漕运都御史常郡邵宝，谨以果脯之仪致祭于故平江伯陈公之灵，曰：岁己巳予摄漕兮，公总戎而与俱念。转输之多艰兮，胥夙夜以驰驱。时奸宄方构虐兮，遂诬公而及予。公远谪于岭海兮，予退即夫里居。居数月维暮春兮，公舟道于吾锡。举一觞以相唁兮，释惊悲于畴昔。岂后命之弗虞兮，犹纵观于泉石。相公度之安暇兮，谓成公其在兹征。环赐于筮占兮，指处州以为期越。辛未予南征兮，复解后于南浦。何信宿之淹留兮，各伤神于谈虎。朝京师既庚止兮，叹天涯之修阻。纔晤言之一二兮，胡遽闻夫讣音。众皆惜夫干城兮，矧余情之尤深。维公祖之为勋兮，凤称秩于元祀。失不远而亟复兮，公方图报于嘉赐。嗟此志之不可酬兮，邈乾坤之无穷。天有意其谓何兮，予欲叩而无从。临缌帷以一吊兮，寄长恸于悲风。呜呼哀哉，尚飨。①

昔邵宝任总漕，与正德三年出督漕运的平江伯陈熊颇有来往，但并无深交。"熊故黩货，在淮南颇殃民。虽为瑾构陷，人无惜之者"。②陈熊得罪权阉刘瑾，被逮下诏狱，谪戍海南卫，夺诰券，与邵宝际遇略相仿。邵宝有感而发，借伤陈熊之悲情，抒遭遣之愤懑。全文的关键在后几句：维公祖之为勋兮，凤称秩于元祀。失不远而亟复兮，公方图报于嘉赐。嗟此志之不可酬兮，邈乾坤之无穷。熊之祖陈瑄为国家元勋，向来是朝廷祭祀对象。陈熊的爵位失而复得，本是昌大家门、光复声名的大好时机，可惜英年早逝，其志不遂，"予欲叩而无从"。欲叩者，非独为陈熊，其陈瑄也；欲哭者，岂单为陈氏，实总漕也！

另一方面，邵宝主张陈瑄和宋礼功劳相若，祠祀宋礼与慰灵陈瑄应同时举行，不可偏废，以鼓舞漕运官员士气。《总督漕运宪臣题名记》云："惟我文皇帝肇建两都，始以平江伯陈公瑄、工部尚书宋公礼等建白，浚兹漕渠。"③两人题名虽有先后，似未分功劳大小。有关两人祠祀，邵宝写道：

里河攒运，始于平江侯陈瑄、工部尚书宋礼。志记备载，不可诬也。淮安清江浦故有瑄祠，秩诸祀典。而礼独湮没无闻，识者恨之。今工部建议，礼部覆奏，幸蒙圣明，肇举祠祀。昔之恨者，莫不称快。但今山东地方灾盗相仍，所司未能修举，盖犹缺典也。且瑄之后平江伯熊，近以无辜削爵、从戎，至追及其诰券。今虽公道昭明，悉复其旧。瑄如有知，震惧之余，虽有祠祀，未遑休享。乞勒礼部申行山东所司，伺兵事少暇，将宋礼祠堂依拟修举。仍专驰介使少赍香帛，亲诣瑄祠，以慰其灵，亦鼓舞漕士之一端也。④

邵宝借为宋礼祠祀之机，道出陈熊所受的冤屈。倘若陈瑄地下有知，"虽有祠祀，未遑休享"。为今之计，宋礼祠堂可待山东兵事稍息后修举，而陈氏震惧之心须立即派使抚慰，不如此，不足以鼓励漕运官员。邵宝文笔的高明之处在于委婉地表达出陈、宋二人功虽相若，但陈瑄乃国家元勋、漕运官员心之所系，因而其赏祭还得有先后。至少，陈瑄在漕运官员系统中的地位没有动摇。

嘉靖以后，由漕运而河道或由河道而漕运的官员渐渐多了起来，他们对陈、宋二人的看法往往耐人寻味。如王廷于嘉靖三十六年（1547）九月以都察院右副都御史总理河道，嘉靖三十九年（1550）三月卸任总河。⑤这期间，他上了一道《乞留积水湖柜疏》，云："永乐十三年，尚书宋礼、平江伯陈瑄经营

---

① （明）邵宝：《容春堂前集》卷二〇《祭陈平江文》，《四库全书》第1258册，第224页上。
② 《明史》卷一五三《陈瑄附陈熊传》，第4208页。
③ （明）邵宝：《容春堂前集》卷一二《总督漕运宪臣题名记》，《四库全书》第1258册，第116～117页。
④ （明）邵宝：《容春堂续集》卷六《建言漕事状》，《四库全书》第1258册，第501页。
⑤ 《明世宗实录》卷四五一，嘉靖三十六年九月丙子、卷四八二，嘉靖三十九年三月己卯。《钞本明实录》第16册，第435页下、第540页下。

会通河成，而海运始罢。""宋礼、陈瑄经营漕河既已成绩，乃建议请设水柜以济漕渠。"① 将宋礼、陈瑄经营会通河的功绩相提并论，署名上宋礼在前、陈瑄在后。嘉靖四十一年（1552）十二月至（嘉靖）四十四年（1555）四月间王廷出任总漕，他撰写了一篇《重修兖州府河记》，有云："先是漕河未复，海运陆挽，公私称病。永乐九年，济宁州同知潘叔正请开元会通河，文皇帝乃命平江伯陈瑄、工部尚书宋礼诸臣并发山东丁夫十余万往任其事，以臻成功。"② 这里陈在前、宋反而在后了。会通河疏浚的主要功绩无疑应记在宋礼头上，而王廷随着职务的变迁将陈、宋二人的排名来回颠倒，正是河、漕衙门偶像之争的曲折反映。倒是天启年间出任总漕的吕兆熊对明代河、漕的开创者进行了一番经典评述："开今运河北，即元会通河，自济宁达之通州南即宋沙河，疏邗沟通江淮达之济宁也，自尚书宋公礼、平江伯陈公瑄始也。其遂开府淮阴，总兹漕务，颛用支运，罢海运也，亦自陈公瑄始也。"③ 疏浚运道上，宋、陈功劳相若；漕运制度建设上，陈瑄贡献居伟。因此，在论及陈瑄和宋礼二人功绩时须平心公允，其功相若，朝廷需不分彼此，其赏也应相当。

万历以后，宋礼的地位直线上升，这固然与河道官员出于建构自身偶像目的而极力推崇有关，还有一个重要原因，陈瑄的后人品行多低劣，遂使总漕衙门为之丧气。前文所述的陈熊"黩货，在淮南颇殃民。虽为瑾构陷，人无惜之者"④。另一位陈王谟也贪渎无才，屡遭弹劾。万历初，户科都给事中贾三近参劾新推湖广总兵平江伯陈王谟，其曰：

> 国家于勋臣，无黜陟、无升降，其偾事误国者，独有革任褫俸而已。王谟总督漕运，经略无策，漂损多至百万。言官论劾褫俸革任，距今曾未几时，忽蒙显用，屡肆乞陈，希图开俸。当时偾事之臣如都御史陈炌、潘季驯、参将顾承勋皆与王谟一体，三臣落职，仅当王谟褫俸。若复推用，又开俸以优之，何以服炌等三臣之心？且王谟昔伺炎门，秽迹狼藉。退闲未久，谋总京营。京营偾事，谋督漕运。漕运方褫，更得总戎。若并其薄惩者概从宽假，则凡可以凌虐侵渔、贪黩纵横者，何惮不为？时兵科李已亦论之，王谟仍闲住。⑤

陈王谟趋炎附势，秽迹满身，已为士林所不齿，可他竟然凭借平江伯身份，总京营不成总漕运，总漕运无功总湖广兵戎，难怪物议汹汹。陈氏子孙的不肖，让陈瑄的英名颇受影响，也使得总漕衙门在与总河衙门的偶像之争中气短不少。

总漕、总河的偶像之争表面上看是衙门之间的意气争斗，实则不然。总河尊崇宋礼是在正德以后河道大坏，河臣治河难以取得像宋礼那样一劳永逸的实绩情况下的救世之举；漕运衙门礼敬陈瑄则属于折征日增、海运陆运再提背景下的自救举措。我们注意到，正德时的漕臣对于言官们的指责便深以不安，不过他们提出的答复并不是革除漕弊，而是认为先朝的制度已经足够完善，后世"公私交征，军疲民困，至使论时务者，复有于海于陆之思"的说法，完全不顾及先朝海运向河运转变的良苦用心。祖宗良政的成功之处在于得人，在于有陈瑄那样三十年如一日的坚持。邵宝评述道：

> 夫敕弊在人不在法，持法在心不在迹，故必通上下而后为平，必体遐迩而后为惠，必均夷险、达经权而后为贞为哲，盖大臣之道如此，漕也者，特一其事也。具是则举，缺是则废，凡兹前政，

---

① 《漕运通志》卷一〇《漕文》，第234~235页。
② 《漕运通志》卷一〇《漕文》，第340页。
③ （明）吕兆熊：《总督漕运兼巡抚后题名记》，载于《天下郡国利病书》第11册"淮徐"，第24页。《续修四库全书》第596册，第177页。
④ 《明史》卷一五三《陈瑄附陈熊传》，第4208页。
⑤ 《明神宗实录》卷九，万历元年正月丙戌，《钞本明实录》第18册，第83页。

诸公图艰应遽，保丰持平，若有异道焉。由今而论其世，则固莫之能违矣。承继之责，取监之义，宝虽不敏，于是窃有意焉。①

总漕和其他大臣一样，只有持法在心，"通上下、体遐迩、均夷险、达经权"，才能公平持正、惠远服近，才能为贞为哲。漕事得人则举，失人则废。陈瑄以来诸臣如此，今亦不例外。邵宝雄心勃勃，以为可以承其责，监其义，成就一番事业。他于正德四年（1509）正月履新，经过一番考察后，十月即向朝廷上了一道长长的折子《为处置粮运事今将正德五年漕运应议事件开坐具题》，条列"明赏罚以振漕纲、审征折以通漕法、防河患以远漕虑、议水次以定漕兑、均加耗以漕规、督办料以严漕计、清逋逃以足漕额"七条建议。户部回复可行者三。②可惜的是，当年十二月，邵宝便因得罪权阉刘瑾而被迫致仕。

这里涉及另一个问题，千里马出现了，也要一段时间表现自己的才能。遽起遽落，虽有陈瑄的大才，恐也难脱湮灭的命运。邵宝后来建言道：

> 臣昔在漕司，见漕之为政，有河渠、有舟楫、有卒伍，而支兑转输、统领稽查、赏罚黜陟行乎其间，其多至于亿万人，其远至于数千里。而总督都御史、提督总兵、协同参将三人者，实领其事，苟非久任，虽有聪明才智，凡百事端方讲求而未及举行，既举行而未及稽考，则亦何以责其成功哉？况心怀立异事、尚更新数易之弊，尤有难尽言者。先年，少保于谦巡抚河南，尚书周忱巡抚江南，都御史韩雍巡抚江西、两广，皆多历年所其在。漕运都御史王竑、陈泰、陈濂皆先后两任，故能有成功。今总督等官有缺，乞敕吏、兵二部慎简其人，其人既得，必假以岁月，俾得展布四体，治官如家，益图久远，收岁计之功。若其官阶资深则迁，望重则迁，功懋则迁，迁其官不迁其地，庶几人法并任。③

漕政千头万绪，牵涉人员之多、地域之广不可胜计，期望以总漕为首的漕司衙门短期内即有大成是不切实际的。据笔者统计，每位总漕的平均在任时间只有1.88年，多数总漕刚熟悉漕务即被调离他任。像于谦、周忱、韩雍等巡抚地方多年，王竑、陈泰、陈濂两任总漕，方有所成。因此，总漕一职，选人须慎重，推选后"必假以岁月"，即便迁官也不要离其地。如此，"庶几人法并任"，陈瑄之政方能重现于世。邵宝的建言道破了总漕难有大成功的原因在于不久任的关窍。然而，在正德以后的政治生态中，由于朝臣的攻讦、文官的流转等因素的共同作用，使得朝廷再难出现像陈瑄一样肩负满朝之望独占漕运30年的政治空间。万历初，御史陈堂批评总漕不能久任之弊："国家之待河、漕二臣，辄复以次叙迁，无所责成。其殚心竭虑，鞠躬尽瘁者，秩不加升；坐视如故者，罪不加罚。卒皆三年之内，侥幸无事，相继弃去，何怪乎河患之日甚一日哉！"④国家对总漕的考核，以无事为准则，至于是殚精竭虑还是坐视如故，并无太大差别。如此，总漕既不能久任，任上又不会尽力于漕务。

我们注意到，明代总漕任职期限以嘉靖为界，呈V字形分布。嘉靖间有40位总漕，平均任期仅1.1年，隆庆以后逐渐延长，至崇祯间平均任期达3.4年，显示出朝廷也在有意识地改进这个问题。万历间李三才独任总漕近13年，然"三才才大而好用机权，善笼络朝士。抚淮十三年，结交遍天下。性不能

---

① （明）邵宝：《容春堂前集》卷一二《总督漕运宪臣题名记》，《四库全书》第1258册，第116~117页。
② （明）邵宝：《容春堂续集》卷六，《四库全书》第1258册，第490~497页；《明武宗实录》卷五六，正德四年冬十月丁酉，《钞本明实录》第12册，第335页下。
③ （明）邵宝：《容春堂续集》卷六《建言漕事状》，《四库全书》第1258册，第501页。
④ 《古今治河要略》卷四四《论疏》，第9页，光绪十四年嗜古山房刻本。

持廉，以故为众所毁"①。其时党争方炽，漕务并无太大起色，李三才无论从人望还是政绩上，均不可能成为第二个陈瑄。

漕司衙门如此，河道衙门也不例外。据蔡泰彬和王柠的研究，总河的平均任职时间只有 1.5 年，超过 3 年的仅有 12 人，四任总河的潘季驯时间加起来也不过 7 年。频繁的更替，易造成政令的间断或反复，于国于民都极为不利。②明代河臣所遭受的政治压力一点也不亚于总漕，即便大才如潘季驯，治河稍有不效即受言官攻击而被迫去职。彼时党争下的政治空气，将政治人物的行迹放在显微镜中仔细观察，任何细微的失误都会被无限放大，不消说圣贤英雄，就连良相贤臣也只能从发黄的历史书上去找寻。

千里马常有，而伯乐不常有。陈瑄、宋礼这样的大才常有，任人唯贤、用人不疑的官僚体系不常有。所以，我们只能看到陈瑄、宋礼分别成为漕、河衙门崇拜的卡里斯玛型偶像，绝看不到第三个陈瑄、宋礼之类的英雄出现。

五 余 论

黄仁宇在考察明代漕运组织机构时指出："明政府虽在前台倾向于尽力维持一套僵化的官僚体制，但也会因实际情况不得不加以适当地调整与控制，于是在后台进行适当地变革，如额外增添一些临时性部门。这套政策导致了许多异常情况的发生，如职责分工不明、职务断裂、双套中央政府机构、机构重叠等弊端。"③黄氏理论经常被人引用，用来解释明代职官制度的变革常常是政治实践难以为继情况下的不得已的调整。诚然，按照现代政治学的理论，制度的革新总是落后于现实需要，且在某些特定的历史时期成为政治变革的绊脚石。

然而，用黄氏理论解释明代总漕和总河的设置及其以后的争斗，却有一个难以逾越的鸿沟：为何起初设定的总漕和总河体制既不能解决漕运畅通问题，又不能解决河道治理问题，反而陷入到无休止的内斗中呢？

美国学者道格拉斯·C. 诺思（Douglass C. North）的制度变迁理论，或许能使我们有所启发。④与一项新制度随着时间的延续而出现边际效应递减、成本上升、效率递减的绩差预期一样，总漕和总河体制在明代嘉靖以后日趋完善化后，其配置效率不断降低，锁入效应（lock-in）日益强化。这两个特性紧密互动，继而成为制度保守僵化的主要因素。明代中后期，总漕和总河组织规模不断扩张，依靠漕运和河道生存的寄食群体恶性膨胀，政府用于维护河道及漕运的开支越来越多，而每年向北京漕运的粮储自万历后期就很少超过 300 万石，远低于此前的 400 万石的正常值。⑤尽管有水患频仍的因素，但总漕和总河组织的配置效率日益低下却是不可推卸的原因。当组织的外部特性日益僵化后，其内部演化就会顺着某种特定的路径发展，并逐步出现锁入效应，对可能提高配置效率的改进技术弃之不顾，整个组织架构趋于完全的固化状态，即所谓的路径依赖（path-dependence）。一旦出现这种模式，统治者往往考虑到既有的投入，另起炉灶会花费更多的资源，于是便丧失了壮士断腕的决心，不得不继续向该僵化的

---

① 《明史》卷二三二《李三才传》，第 6068 页。
② 参阅蔡泰彬《明代漕河之整治与管理》第六章第一节"总理河道官"，第 318～320 页；王柠《明代总河研究》第三章"总河的选任及其职掌"，湘潭大学 2008 年硕士学位论文，第 23～24 页。
③ Huang, Ray. The Grand Canal during the Ming Dynasty: 1368-1644, Ann Arbor: UMI, 1964, p.38. 此段文字为笔者自译。该书的中译本张皓、张升译《明代的漕运》第三章"明代管理大运河的行政机构"文字略有不同（北京，新星出版社，2005 年，第 43 页）。
④ （美）道格拉斯·C. 诺思著，杭行译：《制度、制度变迁与经济绩效》。
⑤ 参阅吴缉华《明代海运及运河的研究》第八章第四、五节，第 300～342 页。又，鲍邦彦认为，正统、景泰、天顺之时明漕粮额数稳定在 400 万—450 万石，成化八年始定额每岁 400 万石。这个数额稍高于历代漕运数，但实际征收时往往又少而无多。嘉靖年间，漕粮改折几占一半，本色和折色相凑方勉强达到额数（见氏著《明代漕运研究》之《明代漕运的形成及其赋役性质》，广州，暨南大学出版社，第 14 页，1995 年）。

组织继续投入资源,以支持其继续运转。据笔者统计,嘉靖以后的总漕和总河任职人选多来自工部或户部,便反映了其组织架构的保守性逐步加强,体制逐步僵化。另外,总漕与总河的几次部门争议及两次合并,均反映出部门利益至上的思维定式。再有,总漕和总河一向以稳定的漕粮运输额而炫功于朝廷,反对对其组织进行哪怕是象征性的变革。北京和通州的粮仓直至1644年才露出仓底,其余年份都府库充盈,陈陈相因,至少能维持北京两年的需要。存粮流通缓慢,就会不可遏止地腐烂下去。尽管朝廷中加大折征比例的呼声很高,但一直未能彻底实施,这与总漕和总河组织中强大的反对意见有莫大的关系。[1] 漕弊日重,漕运日减,河道日坏,却没有阻挡住朝廷对漕运和河道投入的巨大热情。明廷不断完善以总漕为中心的漕运组织和以总河为中心的河道组织,在屯田、加耗、造船等项目上给予财政支持。为提高河运效能,每年都投入大量钱粮修缮河道,将运河沿线的许多地方官员派担任催漕事务上去。此便是在对总漕和总河组织架构陷入路径依赖的背景下,明廷面临的漕运配置效率低下与河道投入不断高企的双重困局。

另外,总漕和总河的创设完全出于统治者疏浚运河、攒运漕粮的政治需要,其运转效率也是由行政权力支配的,完全不考虑市场因素。当运河浅涩、漕运不济时,行政命令压迫下的总漕和总河大抵能做到戮力以对、同舟共济。当漕运稍有好转,总漕和总河的部门利益便涌现上来。总漕在兼管河道、巡抚地方、提督军事等职能上与总河短兵相交,权力和利益的交集,是总漕和总河之争的根本原因。

[作者单位:江苏淮阴师范学院历史学系]

---

[1] Huang, Ray. *The Grand Canal during the Ming Dynasty: 1368—1644*. 张皓、张升中译本第四章,第99～112页,北京,新星出版社,2005年。

试论万历年间刚直晋抚魏允贞同矿监税使的斗争

高春平

一 魏允贞其人

魏允贞（1542—1606），字懋忠，号见泉，河南南乐人。魏办事认真，性情刚直，行有清操，不随流俗，是封建社会中难得的正派清廉官员。万历五年（1577），35 岁的魏允贞中进士，授湖广荆州推官，开始了仕宦生涯。5 年后，权倾当朝的大学士张居正归葬江陵，湖北一带的地方官员争先恐后地前往送礼吊唁，唯有他看不惯官场趋炎附势的恶习，坚决不去。不久，魏允贞以"治行最，征授御史"①。时隔不久，万历帝对张居正的态度急转直下，朝中政局陡然大变，原来赞同改革的吏部尚书梁梦龙被罢免。按明制，九卿缺额，例由大臣多人公推，吏部奏闻，皇帝钦定，史称"廷推"。但自明中期以来，"廷推"徒有虚名，用人权或由内阁首辅把持，或被司礼监秉笔太监操纵。为此，魏允贞上言："铨衡任重，往者执政或司礼中官，以故用非其人。"② 万历帝采纳了他的建议，经过认真会推，特旨简用严清为吏部尚书，得到朝野敬服。此后，魏允贞又针对明中叶以后内阁压制六部，阁部争权，大臣子弟多冒籍中举，科道言官人选不严格等弊端上疏陈时政四事：（一）伸部权以抑阁权；（二）严辅臣子弟参加科考；（三）慎选科道；（四）加强战备。万历帝认为他的建言虽系关国政大体，但指责他言辞过当，便将奏章发下都察院讨论，并贬他外许州判官。

二 抚 治 山 西

万历二十一年（1593），魏允贞以右佥都御史巡抚山西。同年他抵达山西省城太原，推开治理三晋的各项举措。他一上任，首先精兵简政，裁减"幕府岁供及州县冗费"③，将每年开支节省下的银两用于修缮亭障，扩建烽堠，改善交通运输和北部边防建设。为了活跃当地经济，他抓住"封贡互市"后形成的蒙汉和平友好地来往交流的稳定局势，下令拓展太原、大同一带的边贸关市，让蒙汉两族人民市马易粟，互通有无。又奏免平阳各色站银 80000 两，以节省邮驿费用。雁北、太原、平定防守军士因屯田被占，逋欠屯粮，不断逃亡，严重影响到边军员额和战斗力，允贞奏免其租，诏令复业。与此同时，魏允贞大力加强政府部门各项管理，裁减各项陋规，堵塞各种开支漏洞，从而使过去耗资巨大的岢岚互市每年仅抚赏经费一项就节约 60000 银两。于是，"政声大著，帝亦数嘉其能"④。

---

① 《明史》卷二三二《魏允贞传》。
② 《明史》卷二三二《魏允贞传》。
③ 《明史》卷二三二《魏允贞传》。
④ 《明史》卷二三二《魏允贞传》。

三 奏请汾州升格为府

明中后期，汾州的商业经济有了相当的发展。万历二十三年（1595）魏允贞为汾阳办了一件功德无量的事。经他面奏朝廷，将汾州升格为府。据《明史·魏允贞传》和《新设汾州府碑志》的记载，汾州升格为府的原因有四：一是汾州城有庆成、永和两郡王及其成百上千的子孙，他们广建豪宅，侵占民地，仗势欺民，州吏权轻，不足以弹压；二是商贾云集、民物浩穰，讼狱滋多，大案都要经道府判决，往返数百里，疲于奔命；三是汾州所辖各县邑名义上归属，实则不服州官管辖，因而对各县邑的钱财、粮谷难以检查核报；四是汾州与永宁州一贯多盗匪，蒙古兵抢掠之事时有发生，但永宁州属冀宁道，汾州属冀南道，遇事互相推诿，职责不明，对维护治安极为不利。由此可见，宗室难制和商业发达是汾州升格为府的主要原因。商业的发达，人口的稠密反过来又推动了汾州商业的进一步发展，使汾州成为平遥、介休、离石、孝义一带的政治、经济、文化、商贸中心。明初，汾阳的商税银仅 6606 两，到万历后期，汾阳城内征租课银 56060 两，增加了近 10 倍。

四 矿监、税使敲骨吸髓般的盘剥

然而，就在魏允贞励精图治，治理山西初见成效的时候，矿监、税使的魔爪也伸进了三晋各地，恰如一股祸水冲天而来，立刻搅得山西鸡犬不宁，并造成了经济残破、社会秩序混乱的巨大损失。万历二十四年（1596），宦官张忠来山西太原、平阳、潞安采矿，魏允贞上疏急谏没有结果。于是，地方上一批社会渣滓，诸如贪婪成性的宗室、地痞流氓、乡绅恶棍顺风扬土，乘机纷纷投靠张忠，借开矿之名行盘剥山西百姓之实。西河王朱知燧请开解州、安邑、绛县之矿，指挥王守信请开平定、稷山诸矿，万历帝一并允准。

就在矿监张忠肆虐三晋不久，万历皇帝又派来税使孙朝来山西搜刮。孙朝手下的爪牙程守训、陈保更是狐假虎威，无恶不作。程守训每到一处，动辄声称："我天子门生，奉有密旨，部院不得考察，科道不得纠劾。"① 完全是一副盛气凌人、无法无天、不受任何部门监管约束的"钦差"嘴脸。山西巡按御史汪以时对他们任意捶杀朝廷命官、擅毁室庐、挖掘坟墓、抢夺婢妾的恶行十分不满，曾上疏纠弹谴责，但因万历帝包庇，这帮为非作歹的家伙未受任何惩处。

万历二十八年（1598）春，魏允贞上疏陈时政缺失，把矛头直接指向万历皇帝。他万分愤慨一针见血地批评朱栩钧"不爱贤才爱珠玉缇骑"的贪财无德行为："行取诸臣，几经论荐，陛下犹不轻予一官。彼鲁坤、（两淮）马堂（天津）、高淮（辽东）、孙朝（山西）辈，试之何事？举之何人？乃命其衔命横行，生杀予夺，恣出其口。"② 接着他指出万历帝放纵矿监、税使在地方狐假虎威、作威作福的残暴行径："缇骑四出，如虎若狼，家室立破。如吴宝秀、华钰诸人，祸至惨矣，而陛下曾不一念及。钱谷出入，上下相稽，犹多奸弊，敕使手握利权，动逾数万，有司不敢问，抚按不敢闻，岂无吮膏血以自肥者，而陛下曾不察及。金取于滇，不足不止；珠取于海，不罄不止；缇骑取于吴越，不极奇巧不止。乃元老听其投闲，直臣几于永锢，是陛下之爱贤士，曾不如爱珠玉缇骑也。"③ 疏上，亦无结果。

张忠、孙朝在山西诛求百端，魏允贞每事裁抑，双方的矛盾斗争渐趋白热化。后来，张忠草菅人命，杖死太平县典使武三杰，孙朝又逼死建雄县丞李逢春，简直到了无法无天、恣意妄为的地步。魏允贞愤

---

① 《明神宗实录》卷三四七，万历二十八年五月癸卯条。
② 《明史》卷二三二《魏允贞传》。
③ 《明史》卷二三二《魏允贞传》。

然而起，上疏怒斥道："盖举劾之权，在内则科道，在外则抚按。前孙朝举太原府知府周诗，今张忠又举夏县知县韩熏矣。然举劾尤其小者，而太平县典史武三杰，张忠经过，知县失于迎接，迁怒杖责致毙。建雄县李逢春被张忠、孙朝索钱不遂，备极凌辱而毙。二臣虽小，无可杀之罪也。"① 万历帝将此奏章扣留宫中不发。

孙朝闻讯大怒，奏上《枭境恶臣等事疏》，恶毒攻击魏允贞"大蠹国计，首倡阻挠，抗违钦命"②，甚至于诬陷魏允贞贪赃 30 余万，咬牙切齿地扬言要食其肉而寝其皮。昏庸的万历帝不辨忠奸，立即把孙朝的奏章加批示下发吏部、都察院严厉查办。但吏部尚书李戴、都察院左都御史温纯为官清正，深知魏允贞居官"廉洁奉公、爱民如子"的品行，因此在同年五月十七日的奏章中写道："看得山西巡抚魏允贞……自抚晋以来，尽充修边赈荒之田，布衣蔬食，不携妻子，晋中士民皆谓巡抚但饮山西水耳。臣等细考允贞平日之事，参以孙朝今日之言，允贞独立孤行，多执少与，即与阁部大臣时有争论，其不能曲意奉内臣可知。孙朝疏中至欲食其肉，寝其皮，在皇上面前尚可为此骂詈，其在彼中盛气加抚臣可知。始而两相对抗攻讦，继而相争，抚臣既参内臣，内臣亦参抚臣，此乃二臣两相攻讦，非抚臣敢抗诏旨也。"③ 应当说，吏部的意见是客观公正的。

最高统治者的荒淫贪暴，残酷无情的政治斗争，矿监、税使的横行霸道，使魏允贞产生了退隐官场的念头。此时，他的父亲已年过九旬，允贞遂疏请归养。廷议中，朝中大臣经过一番议论，大多认为矿监、税使扰害人民，"非允贞不能制"④，因而坚决请求皇帝留用魏允贞。

但是时隔未久，万历帝终因魏允贞数次冒犯龙颜，决定将他罢免。山西军民数千人闻讯自发集结去京为之申冤，南北两京言官也交章论救仍无结果。万历二十九年（1601）五月，魏允贞离任归家，山西士民塞道号哭，"为之立祠"⑤。

魏允贞虽然被罢免了，但他坚持正义、居官清廉的品行在山西老百姓心中留下了难忘的印象。他在任时，日廪只受八分，京朝官以公事至，亦一视同仁。有一佥事巡行到泽州（今山西晋城市），知州许维新以礼相待。这位佥事一贯豪奢蛮横，竟无故鞭打泽州府承役人员，许知州十分恼火。令部下停其驿传，以素食招待三天。佥事窘迫，单骑驰去，写信到魏允贞处告状说，泽州缺乏供应及车具，仅杀一母鸡招待。魏允贞厉色批评道：老百姓连饭都吃不饱，你吃到鸡还嫌不满足？还嫌人家怠慢，哪有这种道理！佥事十分惭愧，只好称病辞去。

魏允贞是封建时代一位刚直清廉、不畏邪恶、值得称颂的优秀官员。他不惜乌纱、不惧皇权的品行十分难能可贵。作为明后期北直清流派的核心人物之一，他对腐朽政治的抨击和反对矿监税使的斗争得到了广大民众及东林党人李三才等正直官僚的支持，并构成万历年间反阉党斗争的重要组成部分。

万历三十二年（1064），接替魏允贞担任山西巡抚的白希绣在向朝廷的报告中称："山西每年额解正税四万五千二百余两，余皆已尽数解纳。乃税监孙朝，止进银一万五千八百两，余皆侵匿不进，假称拖欠。"⑥ 由此可见，矿监、税使借开矿征税之名把近 2/3 的银两据为己有，而只将其中少部分上交。张忠、孙朝在山西搜刮的名堂很多，计有矿银、盐课银、无碍银、赃罚银、盐价银、漏税银、矿税羡余银、盐税银等。为了彻底弄清他们在山西侵贪税银的真相，我们先将张忠、孙朝各年上交的税银统计如下，然后进行折算。

---

① 《明史》卷二三二《魏允贞传》。
② （明）文秉：《定陵注略》卷五。
③ 《明史》卷二三二《魏允贞传》。
④ 《明史》卷二三二《魏允贞传》。
⑤ 《明史》卷二三二《魏允贞传》。
⑥ （明）文秉：《定陵注略》卷四。

万历年间矿监张忠、税使孙朝从山西进奉内库金银数额表

时　　间	进奉人	数　　额
万历二十六年（1598）	张　忠	金 38 两 8 钱，银 30639 两
万历二十七年（1599）	张　忠 孙　朝	银 15000 两 银 10600 两，木料 20000 根
万历二十八年（1600）	张　忠 孙　朝	金 43 两 2 钱，银 54160 两 银 37100 两
万历二十九年（1601）	张　忠 孙　朝	银 144109 两 银 1150 两
万历三十年（1602）	张　忠	金 56 两，银 53623
万历三十一年（1603）	张　忠 孙　朝	银 21000 两 银 18600 两
万历三十二年（1604）	张　忠	金 83 两，银 69000 两
万历三十四年（1605）	孙　朝	银 3300 两 银 27560 两
合　　计	张　忠	金 221 两，银 685931 两

表据文秉《定陵注略》卷四制。

由表可知，张忠、孙朝二人 8 年间总共向内库进奉金 221 两，银 685931 两。如果按山西巡抚白希绣报告的情形看，他俩进内库的 68 万两白银只是搜刮到的少部分，其余绝大部分全被私吞。再按前述的 2/3 折算的话，张忠、孙朝在山西 8 年至少私自侵吞白银 100 多万两，假借开矿征税之名中饱私囊的数额是十分惊人的。两相对比，魏允贞之为政清廉、务实、节俭、爱民的确是难能可贵的。

结　论

政声人去后。魏允贞任内洁己爱民，多有善政，罢官后山西士民遮道号哭，而张忠、孙朝之流则是祸害山西 8 年，还把百万两白银贪占自有。善恶终要见分晓。正义与邪恶的较量斗争历来是此消彼长、势不两立的。面对贪腐邪恶势力，有的人奋起抗争，有的人同流合污，有的人退避三舍。魏允贞是封建时代一位典型的刚直清廉、不畏邪恶、敢于斗争、值得称道的优秀官员。他不惜乌纱、不惧皇权，为了伸张正义，一生同贪腐邪恶势力斗争到底，多次批评万历皇帝，其刚正不屈的直言力行品格十分难得。作为明后期北直清流派的核心人物之一，他对腐朽政治的抨击和反对矿监、税使的斗争得到了广大民众及东林党人李三才等正直官僚的支持，并为后世官员坚持正义、同腐败邪恶势力斗争树立了榜样。

［作者单位：山西省社会科学院历史所］

金川门之变后建文帝的流亡朝廷还存续了数年

李治军

关于建文帝在金川门之变后的踪迹，一部浩繁的《明史》给出了自相矛盾的三种说法：一是阖宫自焚；二是流亡海外；三是逊国为僧。如今又拱出个流亡朝廷说来，听起来怎么这么离谱呢？建文四年（1402）六月十三日未时之后，建文帝像是"人间蒸发"了似的，生不见人，死不见尸。明成祖朱棣为找建文帝费尽心机，寝食难安，搞得焦头烂额。建文帝有流亡朝廷，两个政权同时存在，朱棣会不晓得吗？

建文帝在金川门之变后有几年的流亡朝廷，朱棣不仅晓得，还和建文帝的流亡朝廷干过不少仗。只是建文帝的流亡朝廷坚持了三年后，损兵折将，不得不逊国为僧了。然而由于朱棣进入南京城的当日，为了实现他的皇帝梦想，单方面宣布了建文帝死于"宫中起火"。所以，朱棣即使知道那是建文的流亡朝廷，他永乐政权也不予认可，而说那是匪盗之徒，或说受建文蒙蔽蛊惑的流寇，抑或说是蛮民劫掠……就是不说那是建文帝的流亡政权。

我们提出建文帝有流亡朝廷，当然不是猜想推理，而是有真凭实据。最明显也最易看懂的就是建文帝流亡朝廷的首席随亡大臣李闻举所写的自传，另外还有建文帝亲立或亲书的三方碑刻、亲建的寺庙和慈善机构……

一 李闻举自传：我是建文流亡朝廷的"后勤部长"

李闻举，字闻选，湖广行省永州府道州宁远县下灌村人，生于洪武元年（1368），永乐八年（1410）为保护流亡皇帝朱允炆"得以尽忠于国"。其父李茂英，13岁时投奔他叔父李德铭的元朝幕帐之下，稍长娶得清远籍女洪氏。洪武元年，李德铭降朱元璋，被安排到京城应天城西的儒江府为朱元璋虎贲卫军长官，李茂英随军服役于儒江，而洪氏则回下灌居住。洪武元年八月二十日亥时，洪氏生下长子李闻举，此后数年，相继生下闻政、闻行、闻四。洪武十四年（1381），九嶷山附近瑶民作乱，下灌等地尽被蹂躏。为平息瑶乱，洪氏想通过叔叔李德铭，请皇帝朱元璋出兵平瑶，李闻举便陪同洪氏前往金陵面见太祖朱元璋。李闻举的诚孝与风度深深打动了太祖，立即恩赐给李闻举乡进士，还给李闻举赐了个名，并安排他进入神乐观工作。同时派营阳侯杨璟调兵平瑶，李茂英便随军调回家乡平息瑶乱，而李德铭则被派为傅友德、蓝玉、沐英的部将前往广西、云南平扫元军残部。从此，李闻举开始了他人生的仕途。

永乐八年（1410），李闻举去世前写下了《闻举公序传》。什么是"序传"，大部分人可能会理解为"写在前面的传记"，这就大错特错了。汉语词典解释："序传，指文体名。作者自叙的传记，以记述家世、生平为主，兼及编纂旨趣、体例等。"其实就是自传，也即《闻举公序传》最早的作者就是李闻举本人。李闻举自己叙写的自传，后由他弟弟李闻政的亲孙子李普智（弘治元年任应天府太守，后转任苏州知府），在弘治四年（1492）叙写进入下灌的二修族谱（李普智还把弘治皇帝于弘治元年对他本人、父母、妻子的封赠圣旨收入到该次谱录中）。乾隆十六年（1751），李普智的九世孙李含粹为下灌三修谱副修,将李普智所撰《闻举公序传》稍加删节,再载谱册。民国时期,下灌六修族谱,请祁阳的李馥为主修,他亲眼看到了李闻举亲书的自传,并在李闻举母亲《洪孺人传》结尾注明材料来源于"闻举自有传"。同时李馥根据他所看到的《闻举公序传》写了一篇《闻举公传》,正好将李含粹所删节的内容补充出来。将李含粹版《闻举公序传》与李馥版《闻举公传》进行综合,正好还原了李闻举自传的本来面目。

> 《闻举公序传》……我伯祖闻举公……生于元明改革之际,长洪武定鼎之日,处兵戈离乱之世,而抱亨屯出险之才,盖一时之伟人。洪武中年,值九嶷三十六杜回等作乱,我乡尽被蹂躏,上命平蛮将军杨璟剿抚之后,而遗寇犹然陵轹。维时显妣洪氏欲至金陵奏疏,为夫党复仇。当斯时举公年犹未冠也,慨然伴母同至金陵。上见我祖锦绣中藏英华,外着如光风霁月,特赐乡举仕进。(建文元年)建文皇帝以公诚孝,特赐进士,擢太庙斋郎,谓:"仁人可以享帝,孝子可以享亲也。"建文四年,职兼膳夫之任,垂绅搢笏,立朝数年。永乐篡立,公乃致仕归,以养亲为乐云。始也,奉母至京;继也,乘时仕进。盖由尽孝于家,因而得以尽忠于国……①

虽然我们看到的是弘治四年李普智之作,但由于它来源于李闻举的自传,故可以将这份史料归结于永乐八年以前,系建文流亡朝廷随身重臣亲笔所书。《闻举公序传》讲叙了四件与建文帝踪迹相关的事,这些事件让人闻所未闻,耳目一新:第一,在"靖难之役"的金川门之变发生时,李闻举在救出建文帝这一事件上,立有首功:"处兵戈离乱之世,而抱亨屯出险之才,盖一时之伟人。"第二,建文帝从南京出亡后,他的流亡朝廷还存续了数年:"建文四年,职兼膳夫之任,垂绅搢笏,立朝数年。"这个"立朝数年"的起始时间是建文四年,这充分反映出建文帝的流亡朝廷确实存续了几年,李闻举在这个流亡朝廷兼任膳夫。第三,在建文帝应天朝廷中,李闻举深得建文帝信任:"建文皇帝以公诚孝,特赐进士(恩进士),擢太庙斋郎,谓:'仁人可以享帝,孝子可以享亲也。'"第四,李闻举是为保护主子建文帝而牺牲的:"因而得以尽忠于国。"

《闻举公序传》中,李闻举把自己的官职表述为"斋郎"兼"膳夫",这究竟是什么职务呢?

(一)李闻举:流亡朝廷的"黄子澄"

我们先从李闻举在建文流亡朝廷兼任的职务入手,来考证李闻举在建文朝廷的实际职务。建文四年(1402)之后,李闻举兼任了建文流亡朝廷的"膳夫",穿着官袍,捧着朝笏,在建文帝身边又工作了几年。皇帝身边的"膳夫"是个官名,《周礼》谓天官冢宰所属有膳夫,为食官之长,掌王之饮食膳(牲肉)馐(有滋味者),亦称膳宰,在明代,掌管帝王食膳的官署叫光禄寺,最高长官叫光禄寺卿(从三品,授尚膳大夫)。也就是说,李闻举兼任的是建文流亡朝廷的光禄寺卿。

一般情况下,正职比兼职的职位要高。比如说,副县长兼公安局长,副县长的级别就比公安局长的级别要高。李闻举兼任的职务是从三品的尚膳大夫,那么他的正职必然要高于这个职位,可是"序传"中他的官职却是"擢太庙斋郎"。"太庙斋郎"无级无品,担任的最高年龄也在21岁。建文四年,李闻举年纪已经35岁,绝对不适合任此职。从记录看,建文帝先把李闻举恩赐为进士,然后再提升他的官品,还对李闻举讲了一番话"仁人可以享帝,孝子可以享亲也"。建文帝对李闻举讲的那番话,确定了李闻举的工作内容是祭享帝陵之类的事。在明代,管理帝陵祭享工作的官署叫太常寺,直属于礼部。太常寺最高长官称太常寺卿(正三品),正好比光禄寺卿高半个级别。根据以上考证分析,初步推测李闻举的"太庙斋郎"实为太常寺卿。

---

① (明)弘治四年李普智续修:《灌溪李氏族谱》卷四,《闻举公序传》。

据史书记载,建文王朝的太常寺卿是靖难名臣黄子澄。不过,当燕军逼进南京时,朱允炆为谋求与朱棣和谈,便把黄子澄和齐泰贬谪到外地,太常寺卿的职务空了出来,此时由李闻举补缺替上,非不可能,实为必须之举。这样,当金川门之变发生时,李闻举才能"抱亨屯出险之才",把建文帝救出南京,成为一时之伟人。也就是说,李闻举是建文政权中的第二个"黄子澄"。

有人查看李闻举母亲生殁日期后认为,李闻举不可能在建文朝中担任职务,因为李闻举母亲洪氏殁于建文二年庚辰五月十八日戌时,母亲去世,他要丁忧3年。所谓丁忧,是指朝廷官员在职期间,如若父母去世,则无论此人任何官何职,得从知丧事的那一天起,必须辞官回到祖籍,为父母守制27个月。但是,封建社会也有一种特殊的礼俗叫夺情起复,简称夺情,是中国古代丁忧制度的延伸,意思是为国家夺去了孝亲之情,可不必去职,以素服办公,不参加吉礼。在战事发生时,就不需要"丁忧",所谓"金革之事不避"。建文二年(1400),朱棣已经起兵造反一年,内战正酣,建文帝对李闻举讲"仁人可以享帝,孝子可以享亲",这正是建文帝夺情李闻举的间接表现。后来,朱棣派户科给事中胡濙隐查建文帝安在,胡濙母亲去世,也被朱棣夺情,继续寻找建文帝。所以,李闻举自传所记事件,是符合当时的封建礼制的。

(二)龙池寺《万明灯》碑载:建文帝的流亡朝廷在宁远

在今新田县洞心村龙池寺(明时属宁远县南乡辖),我们发现了很多碑刻,如立于永乐三年(1405)的《新建庙宇碑记》、立于永乐六年(1508)的《缘化袈裟记》、立于成化二年(1466)的《香炉铭》、立于成化年间的《重修天王碑记》、立于嘉靖年间的《重修毗庐殿记》、立于咸丰十年(1860)的《盖闻先师》碑、立于清末的《万明灯》等等。这些碑刻无一不是记录了建文帝在龙池寺逊位为僧的。最清晰,也最好理解的碑,当属清末的《万明灯》碑,碑文写道:"自佛祖之光于邑,国也由是京畿,□□□□□□□□□□。师等命寺龙池,难曰应门,文岂非先□□□……澹万马之师,以崇九我佛祖焉……"此碑虽为晚清时期碑刻,但其记与《李闻举序传》及《明史纪事本末》相吻合。

该碑文记录了以下四件事:第一,龙池寺的师祖在为僧前他的身份是皇帝,并且在这里建有流亡朝廷:"自佛祖之光于邑,国也由是京畿。"它的意思是,自从龙池寺师祖应文光临到我们县,大明王朝的都城也就迁到了这里。第二,龙池寺之名是新建龙池寺的师祖(后人称佛祖)给命名的:"师等命寺龙池。"第三,龙池寺的师祖僧名叫应文:"难曰应门,文岂非先□□□?"什么是"应门",应门就是国都之正门。应门的文师祖,不就是应文吗?应文是明史界公认的建文帝做和尚时的僧名。第四,建文帝在逊国为僧时,把护卫他的军队解散了:"澹万马之师,以崇九我佛祖焉。"

碑文中出现了"应文",又出现了"应门",还出现了"京畿",这些词语表明了龙池寺师祖就是建文皇帝。他能"澹万马之师",说明金川门之变时,建文帝并非几人逃出,而是在大批军队的护卫下出亡的。

有流亡朝廷，就必须有朝廷用品，而朝廷用品中，最具代表性的就是朝笏。下图中的朝笏，长52厘米，上宽10厘米，下宽7厘米。宽边被火烧掉一个小三角形，窄面也有被火炭烤焦的痕迹，属二品朝臣所持笏板。从被火烧及火炭烤的痕迹来看，说明它经历了"宫中起火"，而它的发现地，就是今新田县龙池寺附近，后被新田县文物管理所征集收藏。被火烧烤的象牙朝笏以及它所折射的官员品级，从另一个角度证实，建文帝的流亡朝廷不乏实物证据。

（三）建文帝亲立逊国退位碑《缘化袈裟记》

有建文帝随亡重臣李闻举的《闻举公序传》，还有龙池寺附近村民立的《万明灯》载录建文帝在宁远有流亡朝廷，如果有建文帝本人立碑载录此事，那将是震撼史学界的事。而建样的碑也被我们找到了，它就是建文帝亲立的《缘化袈裟记》碑。

1. 龙池寺建于永乐三年，《缘化袈裟记》碑立于永乐年间

龙池寺的建立时间，《永州府志》《宁远县志》《新田县志》和龙池寺所在村的《胡氏族谱》以及碑刻《新建庙宇碑记》都有载录。康熙九年版《永州府志》记载："龙池寺，在南三都，明永乐二年建。"① 但道光八年版《永州府志》记："龙池寺，在南三都，明永乐三年建。"② 这两个记录说明，龙池寺始建于永乐二年（1404），永乐三年（1405）建成。

《缘化袈裟记》的刻立时间，碑刻本有记录，但由于剥离严重，现已无法识别。幸好《胡氏族谱·龙池寺记》对该碑刻的刻立时间做了记录："永乐甲子复改创山麓，殿宇岿嶔，梵宫壮丽！"由于永乐只有22年，而没有甲子年，我们只能确认此碑刻立于永乐年间。

2. 建文帝亲自立《缘化袈裟记》碑

《缘化袈裟记》碑文的正标题为"缘化袈裟记"，副标题为"小行德祖梅等师亡代立之记序"。碑刻底部立碑人一栏显示，"本邑小行德祖梅"为立碑人中的第一人，其他立碑人依次为："祖文、祖玄、师从僧本能、师从僧本心、师叔本榻……"正文内容或能零星辨认。

其实立碑人"本邑小行德祖梅"便是建文皇帝。这一点可从副标题中解读出来：立碑人为"本邑小行德祖梅"，而副标题的主语亦为"小行德祖梅"，说明此碑是"小行德祖梅"自立的记录本人事件的一块记事碑。

副标题共13字，但有3字为通假字，即"亡"通"毋"，"代立"通"代位"，"序"通"叙"，因此副标题实为"小行德祖梅等师毋代位之记叙"。查词典可知，"代位"即"代立"，唯一的一层意思是"继位为君"，即接位为帝王，"毋代位"就是退位。副标题全句翻译只有一层意思：宁远县的小乘佛教的至德师祖梅等师父不当帝王、退位当和尚的记事叙文。根据《缘化袈裟记》全文，可以确定梅为皇帝，而第二、第三立碑人祖文、祖玄则为皇帝的太子与藩王。由于碑立于永乐年间，又是梅亲立的碑，所以可以确定梅便是建文皇帝。

建文帝退位为僧后的僧名为梅，也有历史文献记录。明末史学家谈迁曾著《枣林杂俎·建文皇帝遗迹》载："武康县证道寺题壁：'江湖遍览此间停，终日观澜坐梵扃，近水鱼游千顷碧，长空鸢戾九霄青。圣贤道配乾坤德，日月光华草木馨。愧我远来山寂处，谁言道有少微星？岁次辛亥孟夏梅□书。'相传建文帝题，大书道逸，末一字未辨。"由于此诗为建文帝所题，故"梅"后的缺字应为"亲"，即建文帝的僧号为梅。

湖南龙池寺与浙江证道寺相隔数千里，二者均系建文帝梅所书，但并不矛盾。证道寺壁题"愧我远

---

① （清）刘道着修，钱邦芑纂：（康熙）《永州府志》，清康熙九年刻本卷二四《外志·寺观》。
② （清）吕恩湛修，宗绩辰纂：（道光）《永州府志》，清道光八年刻本卷六《秩祀志（外志附）·寺观附》。

来山寂处"就可印证建文帝梅是从很远的地方来的。《缘化袈裟记》碑实际立于永乐六年（1408），而证道寺壁题则书于宣德辛亥六年（1431），这反映了建文帝作为僧人还四处云游，传经授道。

从《缘化袈裟记》、证道寺壁题、《万明灯》等碑知道建文帝有应文和梅等僧名。其实，梅仅仅是个号，其僧名全称实为智眉。这个问题，我们后文再作论述。

（四）宁远：有那么几年它的名字叫金陵

朱元璋建立大明王朝以后，把都城定在应天即金陵（南京的别称）。建文四年金川门之变后，建文帝出亡到湖湘，把流亡政权设在宁远："国也由是京畿"。因此宁远在建文流亡政权存续期间，也就被称为金陵。建文帝逊国为僧以后，金陵之称逐渐缩小，甚至消失，不为人知。不过，总有几处地名痕迹还流传至今。

先说金陵。今金陵乡位于永州市新田县，明朝时属宁远北乡，建文流亡政权设宁远后，被百姓称为金陵，也称应天，即《万明灯》所记"难曰应门"。明崇祯十二年，析宁远北乡、南乡共13里置新田县，此地亦被称为金陵，新中国成立后至今还称金陵乡。

再说南京。朱棣篡位后，以北平为京城称为北京，原应天则被称为南京，两京制从此诞生。在明朝宁远邻县，今衡阳耒阳市，有南京乡（至今沿用），境内还有建文岩："衡州有建文岩，以建文帝自南中（指今天的云南、贵州和四川）还，寓衡之华严寺，当岩坐，故名。有碑记，有奏草，自称'匡僧'琼俊。见吴人朱鹭《建文书法拟》。万历戊子（1588），老僧大慧来自衡中言。"万历十四年（1586）僧人大慧还看到了碑记和奏草，充分反映出建文帝在这里真有流亡朝廷。

最后说简称宁。宁远县有很多的历史县名：大历、延塘、舂陵、泠道等。宋乾德三年（965），将县城从泠道故城迁为今址，改名为宁远县至今。从县城穿过的泠江河，为县境内最大的河流，故宁远县简称为泠。然而，当建文帝流亡朝廷设在宁远后，宁远之名被称为金陵，故其简称由"泠"改为"宁"，至今亦然，这就是宁远被简称为"宁"的根源所在。

二 永乐年间手写的《杨氏族谱》：杨璟曾孙杨士琳乃建文从僧杨应能

（一）营阳侯杨璟后裔近百人随建文出亡湖湘

朱元璋得天下后大封功臣，把曾任朱元璋亲军副统帅的杨璟擢为湖广行省平章（省长），又封其为营阳侯（永州侯）。洪武十四年（1381），14岁的李闻举奉母上京求见太祖，请求派兵至永州平息瑶乱，朱元璋派来的便是杨璟，这样李闻举得以认识杨璟及其后裔。

明末清初出现的史书著录，建文帝身边有个叫杨应能的人，是随建文帝出亡时的一个重要人物："于是环坐于地，享道士夜餐，酌定左右不离者五人：比丘杨应能、叶希贤、道人、程济。"（史仲彬《致身录》书上写了4人，加上应文正好5人）。在这条记录中，我们发现，在建文出亡时，给建文帝及随亡人员"管吃管喝"的是道士王升（且是朱元璋赐名）："享道士夜餐"。而李闻举本人所作自传，则说自己是建文帝出亡时的膳夫："建文四年，职兼膳夫之任。"这说明《致身录》中的"道士王升"实际是指流亡朝廷中的太常寺卿兼光禄寺卿李闻举。

那么，杨应能的真实身份是谁呢？我们查阅了湖南境内的所有《杨氏族谱》，终于在以大明第一任湖广行省"省长"杨璟为始祖的《杨氏族谱》中找到了这个杨应能，他就是杨璟曾孙杨士琳。该族谱系明朝永乐时期的手写谱，载录了杨璟后裔一大家子人随建文帝出亡湖湘。

我们所看到的族谱内容源于永乐时期的手抄谱，谱录："谱牒实录肇始于明永乐中，庠生安贤仕河南怀庆府孟县县令，升任江西九江府正堂。听政之暇叙录手谱，清康熙中曙庵着有谱序。"①"旁搜远览，访询耆老匪，寻明举人洪公任淮庆太守，于听政之暇，手集宏农一派渊源。"② 这两段记录反映，杨氏明初人物迁徙去向，实为永乐官员杨安贤所手录。也正是由于他的手录，才使得始迁祖琳公的资料得以保存："琳公：原居金陵，官翰林侍讲，洪武帝时为太子太傅，洪武枕叙嘱为建文密腹，不意荧惑守心，燕飞帝机，几公同建文逃奔武攸，潜迹椒岭。"③ 查阅家谱，发现文中的"几公"，实指杨璟的3个儿子即杨通、杨达、杨进（3人均在《大明太祖高皇帝实录》中有记载）及其子孙数十男丁，如果把女眷算在内，这一大家子人几近百人。这近百人扶老携幼的，还"同建文逃奔武攸"（武攸，广义上指湘中南地区，狭义上指今武冈县），没有军事力量的保护，建文帝一人能护卫他们吗？由此可知，建文帝在"靖难之役"后，在其护卫军的保护下，应天政权的主体官员及朝廷顺利迁到了湖湘。

（二）杨应能的真实身份实为杨璟曾孙杨士琳

杨士琳随建文出亡，他的化名是什么呢？谱录载："琳公为大明太傅，随建文逃奔武冈，家山门。尝考《明史》'靖难'兵起，建文帝误听黄子澄荐李景隆，丧师辱国，遂至金川失守，大内恢飞。帝急甚，坐朝堂。有少监王某奏太祖有遗箧，急可开视，帝发之。僧装俱备，内度牒三，其一为应能。应能杨姓，为吴王教授，帝曰数也，即易装逃去，应能随焉，而并无仕琳公名。意者应能籍江右，而当西南流落时，变名窜伏。琳、能字别音同（邵阳、洞口、武冈一带二字读音确实无别），其为我公无疑。"也就是说，杨士琳变名为杨应能。

杨士琳在建文年间为吴王府教授，吴王即建文帝朱允炆的同父异母弟朱允熥，建文元年（1399），封吴王，建藩杭州，未就藩，"靖难之役"起。建文年间杨士奇亦被授吴王府副审理，然供其编纂馆职位。杨士琳与杨士奇同在吴王府任职，他们既为族人，又是同一个辈分，《杨氏族谱》存留的黄子澄书于建文元年的《士贞公赞传》中也明确表示杨士奇与杨璟家人等交好。这说明建文帝、杨士琳等人在"靖难之役"后的去向杨士奇是知晓的，当然朱棣也知晓。

杨应能不离建文帝左右，其官职就为"从僧"（住持的伴僧）。而应能这个从僧，在建文帝亲立的《缘化袈裟记》中，也是立碑人。《缘化袈裟记》立碑人一栏写道："小行德祖梅、祖文、祖玄、师从僧本能、师从僧本心……"这个"师从僧本能"就是杨应能。至成化年间本能还在龙池寺亲自书写过一块碑，叫《重修天王碑记》，其中有载："靖难众官以为节，其人三又千矣。"这一句话不仅体现了本能一直追随建文左右，还体现了建文帝在湖湘的流亡政权一直受朱棣永乐政权的追杀，由此而牺牲了不少官员。正如《缘化袈裟记》中所记"剃本清为备燕师"，即剃度成为和尚的目的是防备燕王军队的追杀。

三 《白掌塔铭》：建文帝为自己亲书的墓塔铭

（一）建文帝法名为智眉和应文

自李闻举著《闻举公序传》载录建文帝隐迹湖湘之后，下灌村还有一方碑刻做了记录，它就是《龙回寺记》。碑刻虽然毁坏，但是李闻举侄孙李普智主修下灌二修谱时，将《龙回寺记》一文全文载录谱册，现将之附录如下：

---

① （清）乾隆丁亥（1767）曙庵《杨氏族谱序》。
② （清）乾隆丁亥（1767）旧仁《杨氏族谱序》。
③ （清）乾隆丁亥（1767）《杨氏族谱·源流旧序》。

粤稽龙回寺在灌溪之右，距县治三舍许。地势高爽，众山环拱，二水交流于前，诚延塘之胜境也。寺之殿宇岁久颓废，所存者其遗址耳。宣德壬子（1432）岁，灌溪善士李茂高、李文敬五六辈慷慨然重建，而延塘僧净尔暨定然者，以住持久，于时力所弗及，谒众士随缘募化，或捐谷粟，或舍布帛，鸠工佣力，伐石斩植，乐然就工，佛殿为之巍然，佛像为之俨然。未几，净尔、定然以逝，而善士茂高、文敬亦相继而亡，故其廓应山门未之能为也。天顺庚辰（1460）秋，寺僧曰本然、曰应文者，乃谐于众曰："佛殿虽建，于前其所未为者，盖在我后之人，矧今逢雍熙之治，不以有为之，可乎？"时则有若文逊、文恭辈，亦皆文敬之昆仲，闻其言，而遂然之。于是率族之叔侄辈，各出其质，仍取材木陶搏砖瓦，年余所用皆备，集工匠并力为之，而廓应山门完且美矣。噫，诸善士其贤矣哉……当落成之日，予达自本学归，禹曰，不可无记，遂谨记之。文林郎候铨知县苏茛枋。天顺四年（1460）龙集良辰十二月吉旦。①

这篇成于龙回寺建成庆典之日的《龙回寺记》，明确记载龙回寺由应文即建文帝建成。《龙回寺记》中出现的文恭、文敬、文逊三兄弟就是李闻举叔祖李德铭的孙子，辈分与李闻举是同一辈。李德铭当年给朱元璋做虎贲卫军儒江府元帅，后随傅友德、沐英等远征云南，战死于广西河池。李德铭长子叫李茂诚，袭父职后任建文南京政权的三品官，建文元年（1399）逝于南京任上。李德铭的众孙子，都在建文朝廷做过官，参加过"靖难之役"，建文帝流亡朝廷设在宁远后，李德铭众孙子也都回到宁远。李文恭在永乐三年（1405）已经42岁，又重新参加科举，考得功名，服务于永乐朝。

除了在下灌建过龙回寺以外，建文帝还在下灌建过一座桥和一个亭，桥是应龙桥，亭是应龙亭。下灌人代代相传，应龙桥是建文帝应文在路过原落驾桥时，掉进河里，后被村民救起。为方便村民出行，应文便募建了应龙桥，俗称建文桥，又称智眉桥。清初期，应龙桥被河水冲毁，而今只余应龙亭。时至今日，下灌近万人中，仍有数百人知晓，应龙桥又叫智眉桥。而智眉、应文就是建文帝为僧时的法名，而其号则为梅。

（二）建文帝亲书其墓塔铭——《白掌塔铭》

建文帝的法名为智眉，号为梅，在建文帝自书的墓塔铭上得到了充分体现。通过九年的寻找，我们终于找到了创建大观堡的僧人智眉的墓塔及墓塔铭（见左图），同时也在《宁远县志》中找到了民国时期转述的《白掌塔铭》："初，披缁慈觉寺，其母为募此山，创立道场，自营宅兆，刻铭塔石。"②

碑刻版《白掌塔铭》右数第五行造塔人落款："臣邓林先有朋造"。一个"臣"字，表明了智眉禅师与邓林先的君臣关系，即智眉为君，邓林先为臣。也就是说，智眉就是建文皇帝。

1. 梅和智眉是同一人

龙池寺的"本邑小行德祖梅"亲立了《缘化袈裟记》，副标题"小行德祖梅等题亡代立之记序"一句话表明梅就是退位为僧的建文帝。但是，我们始终没有找到梅与智眉是同一人的原始证据，而碑刻版《白掌塔铭》则明文记录梅与智眉系同一人。

塔铭上明文写着"李花朱、白掌眉叟亲书"，即智眉自书的塔铭告诉我们"李花朱"与智眉是同一

---

① 2004年续修 孝思堂《茂诚公派下·李氏宗谱》，第42页。
② （民国）《宁远县志》卷三，《山水》，第42页。

人，而"李花朱"3 个字就是"梅"。我们这样讲有两个理由：其一，"李"即桃李杏中的李，"李花"就是指李子树花，其花呈白色，大小与梅花相似。"朱"即红色，李花变红，其实就是梅花，即"李花朱"3 个字表达了梅的意思。其二，智眉去世前，请来了一位接管其慈善机构和住房的人，他就是梅母堂村的始祖李德胜。梅母堂族谱《李氏族谱》对李德胜被智眉请来后，命名智眉和他母亲住村名时写道："以龙门高隐拟之，因偕其弟子贤公迁居于斯……名其宅曰梅母堂。"这一说法与《白掌塔铭》中的"其（智眉）母为募此山，创立道场"相吻合。"其"指梅即智眉，母指智眉之母，堂指高大的房屋，"梅母堂"的意思就是智眉和他的母亲住的房屋。道光年后，村名被改为梅木塘。

2. 智眉创立了大观堡

县志版《白掌塔铭》写道"初，披缁慈觉寺，其母为募此山，创立道场"，即智眉创立了慈觉寺。碑刻版《白掌塔铭》则用"一世慈觉山白掌智眉禅师塔"来表示智眉创建了慈觉寺。慈觉寺其实就是大观堡、柏晚成。大观堡是以其雄伟壮观而命名，柏晚成则是以慈觉寺的纳税户名来命名的。碑刻版《白掌塔铭》中"业主柏晚成"，就表示白掌塔的产权属柏晚成即大观堡。

在大观岭地区，有一首家喻户晓的诗证明大观堡与柏晚成是同一建筑："香花井，桂花亭，上下两座柏晚成……"香花井即大观堡东门外 30 米许的水井，当年堡上人到井口挑水的石板路至今保存完好。桂花亭即白掌塔东南 200 米许的凉亭。香花井附近的城堡为上柏晚成，即大观堡，桂花亭附近的白掌塔则为下柏晚成，即智眉禅师下葬之处。

3. "别碑"揭示了智眉禅师就是建文帝

碑刻版《白掌塔铭》是智眉亲书的："李花朱、白掌眉叟亲书"。其中有句"余位名目另树别碑"，它的意思是：其他几位创立慈觉寺的人，另外竖块碑以示纪念。智眉何以称此碑为别碑呢？那是因为，他在创立大观堡之初已经立了一块碑叫《乐善堂章程》，智眉要求在他去世后，在《乐善堂章程》旁另外再立块碑，作为这块碑的附碑（补充条款），故称"别碑"。

《乐善堂章程》包含了《施絮章程》《施棺章程》和《公议章程》3 个章程共 11 条，都是慈善救扶条款，故称"慈"。"佛"的意思是"觉者"。法华文句一曰："西竺言佛陀，此言觉者、知者，对迷名知，对愚名觉。"智眉禅师是一个和善、仁慈的觉者，所以其创立的大观堡又称慈觉寺，与朱元璋早年出家当过和尚的皇觉寺取名是同一个道理。

智眉禅师去世后，继承大观堡和梅母堂的李德胜，别号"继观公"。他依照智眉的要求，在《乐善堂章程》主碑后另附了"别碑"，其全文如下：

> 一经理人每年五月十六日，
> 圣帝之寿诞，为同人之嘉节。首士齐集，虔诚致祭。
> 是日，结数粘列清单，经管人于
> 圣位前鸣誓，以释群疑。鸣誓□乐善必垂诸久远，
> 非鸣誓不足以齐心，无誓不足以服众，且不为
> 后之经理者鉴。经管者永远依此奉行，庶历久而无弊。
> 誓词维
> 皇上御极之年岁次月日等谨以
> 牲醴香楮之仪致誓于
> 二帝神位前曰惟
> 二帝职司阴鉴
> 泽被生民，普察人间善恶，严行

上帝褒诛无微不烛、有隐必彰。前首事杨依义、王履
衢、李王衡等创立乐永堂，公举上经理堂事。矢怀必
正、必公、度务则宜、动宜谨慎，出入必有恒
数，日用必守成规，不敢冒数鲸吞，藉善渔利。
如有等情，上遭
天谴，下惟
神诛，家必勿昌。身其永堕，惟
神有灵，其鉴察之。敢告！

在这块"别碑"中，智眉禅师被称为"圣帝""皇上"和"二帝"，智眉禅师的灵位被称为"圣位"和"二帝神位"，慈觉寺的创立者也全部公示："前首事杨依义、王履衢、李王衡等创立乐善堂，公举上经理堂事。"智眉禅师乃明朝第二帝的真实身份在碑铭中得以一览无遗。明朝第二帝乃建文皇帝，这是包括朱棣在内想否定也否定不了的。"别碑"虽不是建文帝亲立，但是他授意而立，而且"别碑"作为他生前所立碑的附碑，这与他亲立的碑基本没什么两样。

4. 永远用洪武年号纪年

《乐善堂章程·别碑》规定每年祭祀二帝的时间都是五月十六日，这正好是朱允炆登基成为皇帝的纪念日。起誓时，规定了永久不变的誓词："皇上御极之　年岁次　月　日　等谨以牲醴香楮之仪致誓于二帝神位前。"这里的"皇上御极"是指智眉皇上，还是泛指起誓时在位的皇上呢？怎么争论也不如让事实说话。慈觉寺的接管人是梅母堂李氏始祖李德胜，是泛指还是具指，李德胜应该最有发言权。

翻开梅母堂手抄谱，我们发现了一个奇怪的问题，所有明代生殁的人，都是用洪武一个年号来纪年。例如："德兴公（李德胜兄长）：原命生于洪武三十七年（永乐三年）……祖妣彭氏凤娘：原命生于洪武四十三年（永乐七年）……继妣何氏玉娘：原命生于洪武壬子（洪武六十六年即宣德七年）……殁于洪武戊己（洪武一百二十九年即弘治十年［1497］）……"[①] 无论是永乐、洪熙，还是宣德、正统，又抑或是景泰、天顺、弘治等，甚至是到了崇祯，梅母堂族谱一律使用洪武纪年，而到了顺治、康熙、雍正及以后却又用在位皇帝年号纪年。这明显是对朱棣及其后裔皇位的正统性不予承认，也反映了碑文中的"皇上御极"是指智眉皇帝御极的时间。

朱棣夺取建文江山后的第四天就在南京登基做了皇帝，并下诏：今年为洪武三十五年，以明年为永乐元年。建文皇帝的年号，被朱棣硬生生地改为了洪武。那么，历史上的洪武就包含了两任皇帝，前洪武，指朱元璋，后洪武则指朱允炆。这种称呼法，在宁远平田欧阳氏谱中也可见到："后洪武初（建文元年），复故土。"也就是说，梅母堂村的洪武纪年，其实是为了纪念把他们请到该村的智眉禅师朱允炆。

四 《白掌塔铭》里藏着朱棣苦心寻找的传国玉玺下落

（一）《白掌塔铭》序解读

《白掌塔铭》序称："说幻，示此幻轮。离幻说幻，吾不得名。溪声是舌，山色即目。李花朱、白掌眉叟亲书。"这22个字的序，都是佛说禅理。它的基本意思是：谈说佛理就看这个法轮吧。《圆觉经》说：知幻即离，不作方便；离幻即觉，亦无渐次，但我还是没有完全参透。此处潺潺的流水声就是我说

---

① （道光）手抄明代梅母堂《李氏族谱》，齿录，三。

法的声音，这里的青青山色就是我的法眼。最后一句表明，智眉禅师就选择这里作为他的幻化之地。

这段小序的落款有些特别，"李花朱"三字顶格书写，并与"说幻示此"四字长度一样（见图）。这里面难道有什么秘密吗？明史专家、浙江师范大学历史人文学院龚剑锋教授对此给出了如下的解释：

1. 这7个字，按"幻轮"的方式来读，序言中是有提示的："说幻，示此幻轮"。幻轮即法轮，即这段文字要按法轮的方式来解读。右下图即为法轮，是佛教的标志。

2. 先读"说"，然后读"朱"，再读"李"，第四读"示"，第五读"幻"，第六读"花"，第七读"此"。即按"说朱李示幻花此"来读。

3. 将"李"拆分为二字，即"木"和"子"，再将"木"与"示"合为一字即"标"，"示"由"子"替代。"说朱李示幻花此"则变成"说朱标子幻花此"。朱标的长子，不是建文帝朱允炆吗？智眉就这样将自己是朱标的儿子的身份暗示出来了。

4. 旧时对长辈的名字是要避讳的。就连写文章，也要避免有长辈的名字中的字。凡夫俗子写文章就换字，或少笔来书写此字。而释教则可用拆字、合字来表达。这也符合佛学禅语。

（二）《白掌塔铭》暗示：建文帝手中失踪的传国玉玺可能就藏于墓穴中

朱棣把建文帝从南京城（当时叫应天）赶走的第四天就登基称帝，废除建文年号，改建文四年为洪武三十五年（这是中国历史上的一个"伟大创举"，前无古人，后无来者）。虽然朱棣做了皇帝，但他手中缺少从父皇那里起传的传国玉玺，就注定要被人骂为"窃国篡位"。为了不被世人唾骂，朱棣便遣郑和下西洋，遣胡濙以寻张三丰为名暗寻建文帝十数年。可终其一生，他也没有得到这件宝贝，这件东西去哪里了呢？建文帝自书的《白掌塔铭》，对传国玉玺的去向有了暗示性的交代：埋进了白掌塔！

县志版《白掌塔铭》中明文记载"自营宅兆"，意思就是墓地风水及墓地建造都是智眉自己来做的。而智眉自书的碑刻版《白掌塔铭》在表示这层意思时，用的是"堪舆：郑尔玉（字）廷章"。堪舆，就是看风水的意思。其中"尔"字用的是古草书，今简体字"尔"，而不是古繁体"爾"。即郑尔玉与智眉为同一人。既然智眉是建文帝，那么"郑尔玉"也就是建文帝。正如"李花朱"表示"梅"一样，"郑"音同"朕"，"尔玉"上下结构合为一个字为"玺"，乃皇帝之宝、朝廷大印。把"郑尔玉"释读为"朕玺"，是"廷章"二字给我们的灵感。一般来说，字是对名的解释，"廷章"也就是朝廷印章，与"朕玺"（郑尔玉）正好相吻合。"堪舆：郑尔玉（字）廷章"暗示：智眉在这里为传国玉玺找了块风水宝地。

五 永乐及其接班人让建文帝"被死亡"和"被失踪"

朱棣进入南京的当天，就宣布建文帝朱允炆"阖宫自焚"了。四天后朱棣登基做了皇帝，并下诏书："今年以洪武三十五年为纪，明年为永乐元年。"朱棣仅仅用了4天时间，就把一个活生生的建文帝给变成了"活死人"，把四年宽政解严霜的建文朝从历史上给革除了。

朱棣取得了首都应天，也做了皇帝，但并不等于幅员辽阔的大明帝国一夜之间就全归属了新皇帝朱棣。他要做的第一件大事，就是收拾建文帝的旧山河，收编真正的建文勤王军和地方政权，或同化或消灭那些反燕势力，以达到建文帝"被死亡""被失踪"的效果。

李闻举等建文旧臣把建文帝救到湖湘，并有流亡政权，在建文控制区这是尽人皆知的。朱棣对建文帝有流亡政权一事，更是心知肚明。也就是说，从建文四年（1402）六月到永乐三年（1405），大明帝国有两位皇帝同时存在，并各自在自己的地盘发号施令。但随着时间的推移，此消彼长，建文控制区越来越窄，最后自动退位隐匿江湖，致使救主有功的李闻举也只能成为"一时之伟人"。

两个政权同时存在，并没让聪明的永乐皇帝变得六神无主，当然，他不能承认那是建文政权，因为他早就宣布建文帝死于"宫中起火"。他只能说那是"蛮民啸聚劫掠"，是受建文思想蛊惑的"反革命分子"。朱棣既然是皇帝，也就拥有了绝对的话语权、正史编纂权，他想怎么编历史就怎么编，把那些与建文踪迹沾边的资料统统烧毁。

> 时，江西庐陵县民有啸聚劫掠者，江西三司奏请发兵讨之。上曰："此无能为患，而官军一出，必伤及善良，但遣一使持敕谕之可也。"
> 遂遣行人许子谟赍敕谕曰："昔我太祖高皇帝开基创业，首得江西，资其供给，以定天下，三十余年，屡加恩泽，民皆乐生。近建文信任匪人，改更成法，致兵祸连岁，军需百费皆出于民，科敛诛求日甚一日，有司又不能抚恤，棰楚横加，嗟怨盈路，民不聊生，无所控诉，致有潜避山林、保全性命，皆出于不得已也。念其所自亦可矜悯，朕即位之后一切罪犯悉赦不问。今为天下主，谨守成法，嘉与百姓，共乐治平，独尔等未复本业，因而劫掠郡。臣奏请调兵剿捕，朕恐兵戈所加，误及善良，有所不忍，故特差行人赍敕谕尔，宥尔之罪，其即各复原业，永为太平之民，如执迷不悛，发兵讨罪，后悔无及。"①

江西庐陵对建文帝的勤王行为，被成者为王的朱棣说成了"独尔等未复本业，因而劫掠郡"。永乐三年建文帝自动放弃皇位，皈依佛门，反而使朱棣为难了：没有了政权，目标小如缝衣针，可传国玉玺还没到手，现在再去寻找，岂不是大海捞针？于是就出现了朱棣遣胡濙以寻张三丰之名，隐察建文安在；又遣郑和下西洋，暗寻建文踪迹的系列行动。

不要认为朱棣重修《大明太祖高皇帝实录》和修纂《永乐大典》是出于好心，他的出发点是删除那些对他不利的东西，毁灭建文踪迹的一切信息，让建文帝真正成为"被死亡"和"被失踪"。也就是说，建文帝的丝毫信息都是朱棣及其继承者人为地抹掉的，最后使之成为明史第一悬案。

结　语

李闻举所著《闻举公序传》，直接明确地载录他本人是救出建文帝的首席功臣，并成为建文帝流亡政权的"膳夫"，其史料形成于永乐八年之前。建文帝梅在龙池寺立的《缘化袈裟记》碑在时间上又早于李闻举的《闻举公序传》，明确清晰地载录他在湖湘宁远逊国为僧了。《白掌塔铭》《乐善堂章程·别碑》《龙回寺记》《杨氏族谱》等无不证明建文帝最终归隐到了湖湘永州。其史料之早，内容之翔实，堪称明史奇迹。

[作者单位：湖南省永州市宁远县文物管理局]

---

① 《明太宗实录》卷一一，洪武三十五年八月甲子条。

明代告示传播机制与舆论功能

展 龙

告示是古代官府向民众传布政令讯息的重要载体。明代告示有榜文、榜例、榜谕、晓谕、告谕、文告、公告、榜示、告示、檄文之称，所载内容广涉皇事、政事、战事、民事、天事等，并呈现出传播范围广泛、传播内容丰富、传播渠道多样等特征。明代民众作为告示的主要接受群体，对官方告示表现出明晓、赞誉、批判、抗拒等不同反响，彰显出一定的话语自觉意识和价值判断能力；而明廷借助告示，也一定程度上达到了宣布国家政令，管控地方社会的目的。对此问题，既有研究成果初步考察了明代告示的刻印发布、体例结构、类型内容等重要问题。① 以此为基础，本文拟着重考察明代告示的生成与传播、内容与形态、功能与反响等，以期从另一侧面观照明代国家与社会、官方与民众复杂多变、多元互动之关系。

一 告示的生成与传播机制

明代疆域辽阔，如何将政务讯息及时传布四方，是落实国家政令，管理地方社会的关键。明代官方发布政令，传达政务的载体主要有邸报（塘报）和告示，其中邸报是"朝廷之喉舌"②，所载多为官方讯息，告示则是官方宣布禁约、教谕民众的主要渠道。一方面，明朝统治者深知"朝廷法制禁令止行于有司，其闾巷小民，有自幼至老，不及知者，故往往至于误犯"③。为维护统治秩序，需将国家法令广而告之，告示便充当了传播媒介作用，如明初制定的多种法令就是以告示榜文形式公示天下，通行全国。④ 明代榜文告示具有极强的法律效力，"凡洪武年间一应榜文，俱各张挂遵守，如有藏匿、弃毁、不张挂者，凌迟处死"⑤。另一方面，明代官方通过告示向民众阐释事理，尤其在民众遭灾，官方蠲赈之际，多会张挂告示说明救灾事由，以济饥虚，抚慰民心。⑥ 如洪武时建立申明亭和旌善亭，也旨在张挂告示，宣讲礼法，"劝惩善恶"⑦，沟通官民。

---

① 参见尹韵公《论明代告示》（《新闻研究资料》1989 年第 3 期）、柏桦《榜谕与榜示——明代榜文的法律效力》（《学术评论》2012 年第 2 期）、连启元《传播与空间：明代官方告示公布场所及其传播特性》（《明史研究》2006）和《明代官方告示的结构与格式》（《明史研究》2014 年第 14 辑）、杨一凡《明代榜例考》（《上海师范大学学报》2008 年第 5 期）。
② （明）陆容：《菽园杂记》卷九，北京，中华书局，1985 年，第 104 页。
③ （明）杨士奇：《明太宗实录》卷三九，永乐三年春二月丁丑条，中国台北，中国台湾"中央"研究院史语所影印本，1962 年，第 654 页。
④ 明代告示主要保存在地方档案、官箴书、公牍、地方志、文集等中。《明实录》《明会典》《皇明条法事类纂》《条例备考》《军政备例》等也收有明代榜文（柏桦：《榜谕与榜示——明代榜文的法律效力》，《学术评论》2012 年第 2 期）。其中，洪武、永乐两朝榜文大多失传，现存榜文主要收在《皇明制书》的《教民榜文》和《南京刑部志》中，其中《南京刑部志》所收 69 榜，属于洪武朝的 45 榜，永乐朝 24 榜。（杨一凡：《明代榜例考》，《上海师范大学学报》，2008 年第 5 期）。
⑤ （明）申时行：万历《明会典》卷二〇《户部七·读法》，《续修四库全书》本，第 347 页。
⑥ （明）陈龙正：《几亭外书》卷四《救饥法十五条》，《续修四库全书》本，第 356 页。
⑦ （明）李贤：《明英宗实录》卷四二，正统三年五月庚子条，中国台北，中国台湾"中央"研究院史语所影印本，1962 年，第 821 页。

（一）告示发布主体

明代官方告示传播主体为皇帝、中央和地方政府，不同主体发布告示的传布范围、受告群体、法律效力也有所不同。一般而言，皇帝发布的告示内容广泛，通行全国，最具权威性和说服力，中央部院多发布职能范围内的告示，而地方政府颁布的告示多通行当地，其影响范围、宣传效力也相对较弱。

首先是皇帝。明初皇权空前强大，其发布的告示具有高度权威性，尤其是有关制度改革和法律规范方面的告示，后代臣民须"永以为训"[1]，不得擅自修改违逆。洪武七年（1374），颁布《大明律》，为了破除"法在有司，民不周知"[2]之弊，特命大理寺将律法条目刻成告示，"揭于两庑之壁"[3]，颁行民间。十八年（1385），太祖又御制《大诰》，"颁示天下"[4]。《大明律》《大诰》是明代基本法律文献，告示的应用为法律的普及提供了重要载体。除宣传国家法律，皇帝发布的告示还包括册封太子、太子婚配、改元封号等皇家大事。如宣德三年（1428），宣宗册封长子朱祁镇为太子，诏示："豫定国本，所以系天下之心。诏告臣民，咸使知悉。"[5]太子选妃，也会昭告天下，内容包括选妃缘由和条件等。天顺六年（1462）四月，英宗敕谕礼部："皇太子年及婚期，宜慎简贤淑，以为之配。尔礼部其榜谕北京、直隶、南京、凤阳、淮安、徐州、河南、山东，于大小官员，民庶善良之家，用心选求，务择其父母行止端庄，家法整齐，女子年十四至十七，容貌端洁，性资纯美，言动温恭，咸中礼度者。"[6]改元是国之大事，皇帝多昭告天下，如"正德改元，诏天下郡县，纂修《孝庙实录》"[7]。明初，太祖屡次颁布"征元"告示，以宣扬国威，激发士气，安定民心。如洪武元年（1368）九月，朱元璋"以元都平，诏天下"[8]。此外，太祖还多次发布人事告示，延揽俊彦，委以官职，并要求："诏下之日，有司其悉心推访，以礼遣之。"[9]若逢灾乱，皇帝也颁布告示，昭告天下。永乐初，水旱频仍，官员不报，成祖听闻，告谕天下，凡逢灾害，须立即上报，否则治罪，不容饶恕。[10]成化二年（1466），荆襄流民叛乱，为安抚民心，宪宗告示百姓："俾知朝廷出兵杀贼，为百姓除害，不必惊疑。有能率众生擒贼首，或斩首来献，比军功加倍升赏，其有被贼胁从，走脱来首者，免其罪，有功一例升赏，朝廷以至诚待人，决不失信，毋或生疑，累及身家，悔之晚矣。"[11]明廷刊布告示安抚民心，并劝谕被胁迫叛乱者免其罪责。

其次是中央部院。

一是六部。洪武废除丞相后，六部受命皇帝，地位空前提高，功能骤然增强。就发布告示的权力而言，六部既可秉承皇命发布告示，也可自行发布告示。仅就《明实录》所载"六部"告示为例，据笔者初步统计，《明实录》所载六部告示共151条，含礼部37条，户部39条，刑部15条，兵部51条，工部5条，吏部4条。其中，户、兵二部发布告示最多，工部、吏部最少，此由其职能决定。如户部掌全

---

[1]（明）胡广：《明太祖实录》卷一七六，洪武十八年冬十月己丑条，中国台北，中国台湾"中央"研究院史语所影印本，1962年，第2666页。
[2]（明）胡广：《明太祖实录》卷二五三，洪武三十年五月甲寅条，中国台北，中国台湾"中央"研究院史语所影印本，1962年，第3647页。
[3]（明）胡广：《明太祖实录》卷八六，洪武六年十一月庚寅条，中国台北，中国台湾"中央"研究院史语所影印本，1962年，第1535页。
[4]（明）胡广：《明太祖实录》卷一七六，洪武十八年十月己丑条，中国台北，中国台湾"中央"研究院史语所影印本，1962年，第2665页。
[5]（明）杨士奇：《明宣宗实录》卷三六，宣德三年二月戊午条，中国台北，中国台湾"中央"研究院史语所影印本，1962年，第896页。
[6]（明）李贤：《明英宗实录》卷三三九，天顺六年四月丙子条，中国台北，中国台湾"中央"研究院史语所影印本，1962年，第6899页。
[7]（明）张邦奇：《张邦奇集》卷一二《明故朝列大夫广东布政司右参议进阶大夫周公行状》，明刻本，第401页。
[8]（明）胡广：《明太祖实录》卷三五，洪武元年九月戊寅条，中国台北，中国台湾"中央"研究院史语所影印本，1962年，第632页。
[9]（明）胡广：《明太祖实录》卷四九，洪武三年二月戊子条，中国台北，中国台湾"中央"研究院史语所影印本，1962年，第973页。
[10]（明）杨士奇：《明太宗实录》卷六七，永乐五年五月辛未条，中国台北，中国台湾"中央"研究院史语所影印本，1962年，第939页。
[11]（明）刘健：《明宪宗实录》卷二五，成化二年正月丁未条，中国台北，中国台湾"中央"研究院史语所影印本，1962年，第482页。

国土地、户籍、赋税、俸饷等，事务冗繁，且关乎民生，故告示较多。兵部掌管军令，凡逢战乱，兵部便因时制宜，发布告文，宣示天下。按此，其他各部所发告示数量虽少，频率不高，但一如户、兵二部，其所发告示的受众群体也多为普通军民。

二是都察院。明代都察院专掌监察、弹劾、谏言等事，也负责官员考察举荐，"覆劾其称职不称职"①。与此相联系，都察院颁布的告示多与监察百官，禁革奸弊有关。永乐五年（1407）五月，成祖命都察院都御史陈瑛等榜谕天下有司，"自今民间水旱灾伤不以闻者，必罪不宥"②。永乐七年（1409）四月，行在都御史李庆奉命颁布告示，戒谕从征将士"循分守法，率履善道，若有作奸犯科，国典必所不宥"③。永乐九年（1411）四月，右佥都御史史仲成劾奏：陕西按察使辛耀、副使徐道正、佥事姜荣等挟妓饮酒，有伤法度，遂命都察院将辛耀等置于陕西按察司前，并"榜示警众"④。宣德元年（1426）七月，因民间交易只用金银，以致纸钞流通不畅，遂命都察院颁布榜文禁约，规定："凡以金银交易，及藏匿货物、高抬价直者，皆罚钞。强夺强买者，治其罪。"⑤成化十年（1474）五月，都察院颁发告示，严禁妖言惑众，并将告示誊录后，发往直隶、山东等地，转送各府、州、县、卫所及乡村、边塞张挂。⑥总体上，都察院告示多为禁约示例，这与其职能密不可分。

三是五军都督府。五军都督府是明代最高军事机构，统领全国军队，其颁布的告示也多与军事卫所有关。洪武十五年（1382），福建等地都司擅派军士修建城楼，都督府告示都司："自今非奉命，不得擅兴营造，私役军士，违者或事觉，或廉得其状，必罪之，削其职。"⑦洪武二十六年（1393）十二月，朱元璋就西域边境马匹买卖问题，命右军都督府告示边关将士，规定："今后止禁官印马匹不许私自贩鬻，其西番之人，自己马无印者，及牛羊杂畜之类，不问多寡，一听渡河售易，关吏阻者，罪之。"⑧官家马匹禁止卖给"西番之人"，百姓豢养的无印马匹、牛羊等可过河出售，守关官吏不得阻止。永乐三年（1405）正月，苗人叛乱，劫掠百姓，前军都督府"给榜招谕"⑨，苗人归顺，不再叛乱。

再次是地方政府。较之皇帝与中央部院颁发的告示，明代地方政府的告示有以下特点：一是告示内容丰富，贴近民众。时人吕坤《实政录》记载，为劝谕百姓养蚕，各州县卫所颁布告示，强制民众栽种桑树。⑩此类告示，一般由知州、知府、知县等地方长官发布。如海瑞在任淳安知县、巡抚应天时，曾颁发大量告示，内容涉及保甲告示、招抚流民告示、赈贷灾民告示、劝谕矿徒告示、禁馈送告示等。⑪此外，明代地方政府还颁发禁革火耗告示⑫、抚安百姓告示、禁约释罪自新军民告示等⑬，这些告示颇具针对性，一定程度上反映了地方政府"遍察舆情"之实况。二是告示侧重教化劝谕。前述皇帝和中央部院发布的告示具有绝对权威性，须绝对服从，永为遵守，语气强势，而地方政府颁布的告示多侧重教化风尚，劝谕民众，语气平和。

---

① （清）万斯同：《明史》卷六九《志四十三》，《续修四库全书》本，第250页。
② （明）杨士奇：《明太宗实录》卷六七，永乐五年五月辛未条，中国台北，中国台湾"中央"研究院史语所影印本，1962年，第939页。
③ （明）杨士奇：《明太宗实录》卷九十，永乐七年四月乙亥条，中国台北，中国台湾"中央"研究院史语所影印本，1962年，第1186页。
④ （明）杨士奇：《明太宗实录》卷一一五，永乐九年四月辛亥条，中国台北，中国台湾"中央"研究院史语所影印本，1962年，第1467页。
⑤ （明）杨士奇：《明宣宗实录》卷一九，宣德元年七月癸巳条，中国台北，中国台湾"中央"研究院史语所影印本，1962年，第493页。
⑥ （明）戴金：《皇明条法事类纂》卷三二《刑部类·造妖书妖言》，北京，科学出版社，1994年，第244页。
⑦ （明）胡广：《明太祖实录》卷一五〇，洪武十五年十一月丁巳条，中国台北，中国台湾"中央"研究院史语所影印本，1962年，第2358~2359页。
⑧ （明）胡广：《明太祖实录》卷二三〇，洪武二十六年十二月庚子条，中国台北，中国台湾"中央"研究院史语所影印本，1962年，第3370页。
⑨ （明）杨士奇：《明太宗实录》卷三八，永乐三年正月乙丑条，中国台北，中国台湾"中央"研究院史语所影印本，1962年，第647页。
⑩ （明）吕坤：《吕坤全集》卷二《民务·养民之道》，北京，中华书局，2008年，第948~949页。
⑪ （明）海瑞：《备忘集》卷六《告示》，中国台北，学海出版社，1970年，第742~755页。
⑫ 罗明祖：《罗纹山全集》卷一五《禁革火耗告示文》，明末古处斋刻本，第164页。
⑬ （明）王守仁：《阳明先生道学钞》卷六《平濠书》，明万历琥林继锦堂刻本，第83页。

总之，明代官方告示的传播主体为皇帝、中央和地方政府，而告示的受众群体多是广大军民。具体传播程序为：皇帝直接向民众颁布告示，皇帝命令中央政府和地方政府官员颁布告示，中央政府直接向民众颁布告示，地方政府直接向民众颁布告示。

（二）告示传播机制

明代官方告示的传播路径大体为自上而下的单向传播，且具有完整的制度规定，一定程度上确保了讯息传递的准确性、权威性和有效性。

1. 告示的撰写刊刻

在告示撰写方面，连启元先生《明代官方告示的结构与格式》一文专门考察了明代官方告示的结构与格式，并将告示格式分为文字叙述和图文并用两种。① 需要补充的是，撰写榜文告示要实事求是，不得有"侈大之词"。洪武三年（1370）六月，"中书省以左副将军李文忠所奏捷音，榜谕天下"②。朱元璋御览后，认为有夸大之词，责令修改。另外，皇帝颁发的告示需要"逐一考究"，若发现"中间或有损缺不存者，须要采访抄写，如法收贮，永为遵守"③。明代官方告示的撰写已成制度，这一定程度上有利于提高官方告示文书的规范性，提高国家行政效率。

在告示刊刻方面，明代雕版印刷术和造纸术的广泛使用，为扩大告示的传播范围、增强告示的传播功能提供了技术支撑。以往，刊印告示的材料有铜铁、木板、布帛等，刊刻难度大、成本高，导致告示传播范围有限。至明，印刷技术臻至成熟，纸张也成为最普遍的书写材料，这使明代告示"随处张挂"④ 成为可能。四川巡抚林俊在平定流寇时，因其分布散乱，行踪难觅，遂把告示"发去各该州县乡村地方，张挂晓谕"⑤，以追讨流寇。

2. 告示的张挂公布

明代官方告示关涉国家政令的有效实施，故对告示的张挂公布有严格规定。一方面，根据告示对象不同，张挂场所也有不同。如皇帝告训贵族大臣的告示，一般张挂在皇宫墙门上。为让盐商遵守盐法，地方有司将盐法告示"各盐园场所，及该司门首晓谕，俾各商咸知省悟"⑥。各地县衙在六房门前所贴告示，多为县吏禁约，以"使该吏见之凛然"⑦，不敢违逆。若告示对象是广大民众，则会张挂在各级衙门、寺庙道观、民家门前、山林禁区、交通要道以及市镇、仓场、钞关、驿递、港口等处。⑧ 如正德六年（1511），巡抚御史张凤将"税粮折受银布"出榜示民，"凡有人烟去处，张挂晓谕知悉"⑨。

另一方面，明代规定官方告示须张挂公布。永乐十七年（1421）规定："各处军卫有司，凡洪武年间一应榜文，俱各张挂遵守。如有藏匿弃毁、不张挂者，凌迟处死。"⑩ 为此，明代地方建有张贴榜文告示的榜房、榜廊、申明亭、旌善亭等。早在洪武五年（1372）二月，太祖"命有司于内外府州县及其

---

① 连启元：《明代官方告示的结构与格式》，《明史研究》第十四辑，第44~58页。
② （明）胡广：《明太祖实录》卷五三，洪武三年六月癸酉条，中国台北，中国台湾"中央"研究院史语所影印本，1962年，第1040~1041页。
③ （明）申时行：万历《明会典》卷九《吏部八》，《续修四库全书》本，第157页。
④ （明）陈子龙：《明经世文编》卷一四〇《与干州太守赵君书》，北京，中华书局，1962年，第1396页。
⑤ （明）陈子龙：《明经世文编》卷八七《林贞肃公集二·蓝鄢捷音》，北京，中华书局，1962年，第781页。
⑥ （明）冯从吾：《少墟集》卷一八《破积弊开自新以正盐法行山东范运同》，《清文渊阁四库全书》本，第266页。
⑦ （明）汪天锡：《官箴集要》卷上《驭下篇·六房》，呼和浩特，内蒙古人民出版社，2003年，第52页。
⑧ 连启元：《传播与空间：明代官方告示公布场所及其传播特性》，《明史研究》2006年。
⑨ （明）顾清：《（正德）松江府志》卷七《田赋中》，《中国方志丛书》本，第239页。
⑩ （明）申时行：万历《明会典》卷二〇《户部七·读法》，《续修四库全书》本，第347页。

乡之里社，皆立申明亭，凡境内人民有犯，书其过，名榜于亭上，使人有所惩戒"①。永乐三年（1405），又"令有司转行里老，于本处申明亭召集乡民，逐一告谕，庶其知所循守"②。由此，申明亭成为宣讲政令、戒谕民众的场所。有时告示也会张挂在榜房，成化元年（1465），宪宗批准"各处修盖榜房，将洪武、永乐、正统年间节次颁降榜文，誊写张挂，谕众通知"③。同时，为确保告示的正常张挂，明代重视对申明亭等张挂告示场所的维护和修理，《明律》规定"凡拆毁申明亭房屋及毁板榜者，杖一百，流三千里"④。若有损坏，会"条列榜示，使善恶知所劝惩。毋得视为文具，因而废弛"⑤。

明代官方告示在撰写、刊刻、张挂公布等方面的制度规定，大大完善了告示的传播机制，为政务讯息的传递和法律禁约的颁布提供了保障，也彰显了告示惩恶扬善、传递政令之功用。

二 告示的内容与舆情传播

明代官方告示内容丰富，凡法律禁约、政令文告、劝谕榜文、政令公务等，皆是告示传布的内容。据此，明代告示可分为通知类、劝说类和禁约类。

（一）法律禁约

明开国伊始，即立法建制，颁布《大明律》《大明令》及《大诰》系列，令世人永为遵守，"群臣有稍议更革，即坐以变乱祖制之罪"⑥。为广泛普及法律，太祖不仅亲自裁酌，且令"每奏一篇，命揭两庑"⑦。杨一凡《古代榜文告示汇存》载明代"重刻律条告示活套"，包括《吏律》13条，《户律》58条，《礼律》12条，《兵律》28条，《刑律》65条，《工律》8条。⑧其中虽未包含"六律"全文，但也可知明代法律条文常以告示形式颁发；不仅如此，为警示民众遵纪守法，明廷时常发布告示申明旧律。如南京太仆寺因旧的榜文法例无存，致使法令不一，为申明旧例，特刊《申明旧例告示》，张挂各地，"通行晓谕"，并要求"俱系简要，便民之政，约省文词，使人人易于省览"⑨。通俗易懂的告示文词，无疑对法令的广泛传播颇有帮助。

（二）政令文告

政令文告是明代官方告示的主体，包括皇帝口谕、禁约条例和谕民告示，其中以谕民告示为多。凡需公布于众的政令讯息多采用告示形式发布，内容包括农业生产、治安管理、赈灾恤民、民间诉讼、聚众叛乱、发布军令、严守关防等。如于谦《于忠肃公劝耶平稞告示》载："河南、山西二省饥荒为甚，本院莅任即将钦赐赈济银两，并各府州县无碍钱粮，及豫备仓粮，尽行赈散。本院悉访民情，特出榜劝谕尔等贤良富家巨室，能捐二百金以上者，与冠带奖励；能捐贷四百金以上者，奏闻录为义民，建坊旌表，或本身原有官职者，即荣封其父祖，或录其子孙，衣巾寄学；有昔年贱价籴粟麦，肯输千百石，仍

---

① （明）胡广：《明太祖实录》卷七二，洪武五年二月丁未条，中国台北，中国台湾"中央"研究院史语所影印本，1962年，第1332~1333页。
② （明）杨士奇：《明太宗实录》卷三九，永乐三年春二月丁丑条，中国台北，中国台湾"中央"研究院史语所影印本，1962年，第655页。
③ （明）申时行：万历《明会典》卷二〇，《户部七·读法》，《续修四库全书》本，第347页。
④ 黄彰健：《明代律例汇编》卷二六《刑律九·杂犯·拆毁申明亭》，中国台北，三民书局，1979年，第949页。
⑤ （明）申时行：万历《明会典》卷二一〇《都察院二·出巡事宜》，《续修四库全书》本，第493页。
⑥ （清）万斯同：《明史》一二六《刑志上》，《续修四库全书》本，第143页。
⑦ （清）张廷玉：《明史》卷九三《刑法一》，北京，中华书局，1974年，第2281页。
⑧ 杨一凡：《古代榜文告示汇存》，北京，社会科学文献出版社，2010年，第89~267页。
⑨ （明）黄训：《名臣经济录》卷三四《兵部》，《清文渊阁四库全书》本，第677页。

照昔日价卖者，同前旌奖。……今出示后，尔众若不体本院之诚，他日府州县官详实报名到院，是顽民也，反为不美。故示。"①此为劝谕捐献钱粮，赈济灾难的告示，内容完整，言辞恳切。这则告示引起了富家大户的积极响应，如河南富人赵守质，年过古稀，身后无子，看到告示后，即捐财救灾。

此外，地方政府若有缺粮，也会发布告示，告知军民"不许将米谷浪费，及因而粜出外境"②。商人利益若受到侵害，地方政府也会发布告示，保护商人利益。当时，船户在车船往来的关卡处，帮助商人办理缴纳税银的手续，明为商人服务，实则从中牟利，诓骗银两。商人"明知其弊"，但因其为必经之路，只好忍气吞声。为此，地方政府张挂告示，规定："今后商人雇写船只，只许交与水脚工食，所纳料银，本商备办，足色银两，径自到厂，照数报纳，不许船户干预，违者各治以罪。"③杨一凡《古代榜文告示汇存》收录明代告示83件，包括：招抚告示3件，如黄福《招抚交人榜文》等；禁约告示27件，如海瑞《禁印书籍》、吴仁度《约束齐民告示》、左懋第《严禁奢僭以挽风俗以息灾沴示》、刘时俊《禁请托示》《熄盗安民示》等；劝谕告示10件，如海瑞《劝赈贷告示》、尹昌隆《巡按浙江晓谕榜文》、汪循《永嘉谕民教条》、支大纶《丈田示谕永春县乱民示》等；诉讼告示5件，如文林《温州府约束词讼榜文》、海瑞《示府县状不受理》、庄起元《禁省词讼告示》等；保甲告示4件，如徐学谟《附清审里甲告示》、海瑞《保甲告示》和《保甲法再示》等；边防告示8件，如方扬《随州关防示》、江东之《严军令文告》和《安边徼尽职守文告》等；此外，还有安民告示、赈饥告示、迎春告示、均地法则告示、清丈地亩告示等。这些告示涉及农业生产、社会生活、法律诉讼、军事关防等，其中禁约告示所占比重最大。当然，该书所收明代告示尚不完整，如王守仁《告示在城官兵》和《抚安百姓告示》、袁黄《放免见年里长告示》④、海瑞《谕矿徒告示》、马文升《教民榜》⑤、薛应旗《行各属防秋告示》⑥等，皆付之阙如。但综观上述告示，大体可见明代告示具有官方与民间、突发与常规相对互动的特点。

一是官方与民间。官方是告示的发布主体，民众是告示的受众群体，二者构成告示的两个要素。如"各州县卫所官于所属城市乡村，印贴告示。但有拏获真正赌博者，即于各犯名下追银十两充赏"⑦。又如，"会同馆开市，礼部出给告示，除违禁物不许贸易，其段绢布疋听于街市，与官员军民人等，两平买卖。正统十年许买卖五日，十二年许瓦剌使臣卖马，景泰元年许买铜汤瓶锅、红缨、鞍辔、剪子等物"⑧。大体上，明代官方发布告示的主体包括中央和地方政府，以及驻地巡抚、巡按、知府、知州、知县等。

二是突发与常规。按发布原因，明代告示包括突发性告示和常规性告示。突发性告示一般针对地方叛乱、边关战事等突发事件，为了平定叛乱，安定边防，明廷时常发布招降告示、警戒告示等，如永乐十年（1412）十月，"交阯总兵官英国公张辅军至乂安府土黄县恶江，搜捕伪少保潘季佑等贼，众闻之，皆走匿，季佑亦窜，可雷山遣子僚请降，遂给榜招之"⑨。常规性告示多指官方颁布的禁约政令，凡官方政令法规大都以告示形式发布，"官事禁约，非止一端，凡出榜晓谕之后，若有犯人，随即依律究治，不得容恕。大抵号令务在必行，则人皆畏法而不敢犯。若因循苟且，视为文具，非惟法令不行，

---

① （明）陈仁锡：《无梦园初集》劳集三《于忠肃公劝耶平粜告示》，《续修四库全书》本，第377页。
② （明）胡宗宪：《筹海图编》卷一一《足兵饷》，北京，中华书局，2007年，第715页。
③ （明）黄训：《名臣经济录》卷二四《户部》，《清文渊阁四库全书》本，第391页。
④ （明）贺复征：《文章辨体汇选》卷四九《牒·放免见年里长告示》，《清文渊阁四库全书》本，第261页。
⑤ （明）马文升：《马端肃奏议》卷一〇《申明旧章以厚风化事》，《清文渊阁四库全书》本，第798~799页。
⑥ （明）薛应旗：《方山薛先生全集》卷五十《行各属防秋告示》，《续修四库全书》本，第532页。
⑦ （明）吕坤：《吕坤全集》卷三《民务·教民之道》，北京，中华书局，2008年，第1007页。
⑧ （明）申时行：万历《明会典》卷一一一《礼部六十九》，《续修四库全书》本，第131页。
⑨ （明）杨士奇：《明太宗实录》卷一三三，永乐十年十月戊寅条，中国台北，中国台湾"中央"研究院史语所影印本，1962年，第1633~1634页。

而犯者愈众矣"①。官方颁布的禁约法令，让百姓一体遵守，这类告示也属常规告示。

三是个人与集体。按发布形式，明代告示分为个人发布与集体发布两种形式。其一，个人多指皇帝和地方长官。明代皇权独大，皇帝发布告示的行为既是彰显权威的体现，也是政治生活的常态。而地方长官，尤其是知县等与基层社会关系密切的官员，也常以个人名义发布告示，而这类告示多以教化民风、劝谕民俗、戒斥恶行为目的，如冯梦龙任寿宁知县时，针对"淹女"恶俗，发布《禁溺女告示》：一方面，阐释"不论男女，总是骨血"的道理，言辞恳切；另一方面，严惩"淹杀""抛弃"的行为，"重责三十，枷号一月"，并鼓励告发。②嘉靖二十三年（1544），清流县知县陈桂芳调查得知"民间每年杀牛百有余头"，由此，"刊布告示，禁宰耕牛"③。其二，集体多指六部等中央机构。中央机构是国策、政令的制定者和颁布者，尤以六部为重，其发布的告示关系国计民生，故多以集体名义发布。如洪武二十八年（1395）七月，太祖针对盗贼横起，而地方军队镇压不力的现状，制定出具体的调兵事宜，而后"兵部榜示天下"④。又如，"礼部榜示中外""户部榜谕天下"等史料在《明实录》中甚多。六部告示多以部门名义刊发，如此可彰显政令的重要性和权威性。

三 告示的功能与舆论反响

告示是明代政令传播的重要载体，也是地方治理的重要手段。通过告示，明廷将中央与地方、官方与民众联系起来，将官方政令和意志传至基层边陲，实现了对地方社会、民间事务、民众思想的整体控制和有效管理。在此过程中，明代告示的布政、禁约、警示、劝谕等功能，一定程度上成为上情下达的主要途径和政令畅通的重要保证。

一是布政功能。布政即向民众发布政令，旨在阐述施政的原因及措施，行文语气多较为平和通俗。如洪武三十一年（1398）四月，颁布《教民榜文》41条，其谓："今出令昭示天下，民间户婚、田土、斗殴、相争，一切小事，须要经由本里老人、里甲断决。若系奸盗诈伪、人命重事，方许赴官陈告。"⑤规定了老人教化乡里、裁决纠纷、催缴赋税、清查户口的权责，且直接向朝廷负责，地方官员不得干涉。正德年间颁布的召纳商人购买盐引的告示：

> 自正德元年以前，盐引俱各革罢，不许放支，仍令将引自赴官投告烧毁。若仍留在身，以图影射，许各项商人，并邻佑、里长、旗甲首告，拏问治罪。自正德二年至正德十二年止，俱为旧引。正德十三年见开未完，并以后年分开中者，俱作新引，另召不拘新旧。商人许令告报，每引照正德元年事例，纳银二钱五分，到于卸盐处所，仍纳卧引银一钱。愿中商人，俱于环庆兵备处报名，银两发庆阳府收贮，取实收类，赴布政司填给引目，下池旧引三分，新引七分，俱挨次开放。止论盐引数目，不拘商人多寡，如上名不到，下名挨支。每引照盐一车以六石为则，外有多余，依律拏垫追问去后。近据副使高公诏呈称：示出之后，召纳过盐引一万一千余引，作正德十三年之数，余尚召纳未完。⑥

---

① （明）汪天锡：《官箴集要》卷下《公规篇·禁约》，呼和浩特，内蒙古人民出版社，2003年，第135～136页。
② （明）冯梦龙：《（崇祯）寿宁县志·寿宁待志上》，明崇祯十年（1531）刻本。
③ （明）陈桂芳：《（嘉靖）清流县志》卷一《圩市》，福州，福建人民出版社，1992年，第14页。
④ （明）胡广：《明太祖实录》卷二三九，洪武二十八年七月甲寅条，中国台北，中国台湾"中央"研究院史语所影印本，1962年，第3481页。
⑤ （明）张卤：《皇明制书》卷九《教民榜文》，《续修四库全书》本，第352页。
⑥ （明）陈子龙：《明经世文编》卷一一七《杨石淙文集四》，北京，中华书局，1962年，第1106页。

上述告示是官方向民众公布的政令举措及原因。万历六年（1578），明廷鼓励垦荒，三年免赋，但"百姓疑畏，旋开旋弃"，为打消民众疑虑，特颁布告示："通限种田六年，方准起科，各给印信执照，永为己业。"① 崇祯三年（1630），针对佃户颁布的告示：

> 常年佃户每亩给借随田米二斗，加利二分，今春米贵，民饥，本家于祖居胥五一区，聊施小惠，其余力难遍及，惟念各区亦有本家佃户，历年服劳，岂忍概遗？今将旧冬欠下糙米扣算随田者，至冬每斗止加利一升，如旧租清楚，即今开仓，每亩速给白米二斗，至冬每斗加利二升，薄示体恤之意。②

在此，明廷通过告示"聊施小惠""即今开仓""速给白米"，以期昭示体恤，宣扬恩泽，惠及民生，并禁止地方官吏不奉诏令，盘剥加派，横行害民。总体上，布政告示旨在让广大民众充分明晓拟行政策，以便遵行；从文词来看，此类告示多平铺直叙，少有命令之辞，也无逼迫之意，这便提高了民众的接受限度，也利于政策的贯彻落实。

二是禁止功能。告示的禁止功能主要体现在官方颁行的禁约条例上。如嘉靖八年（1529），发布告示，严明"夷人朝贡交通禁令"：

> 各处夷人朝贡领赏之后，许于会同馆开市三日或五日。惟朝鲜琉球，不拘期限，俱主客司出给告示，于馆门首张挂，禁戢收买史书，及玄黄紫皂大花西番莲段匹，并一应违禁器物。各铺行人等将物入馆，两平交易。染作布绢等项，立限交还。如赊买及故意拖延，骗勒夷人久候不得起程，并私相交易者问罪，仍于馆前枷号一个月。若各夷故违，潜入人家交易者，私货入官，未给赏者，量为递减。通行守边官员，不许将曾经违犯夷人，起送赴京。③

嘉靖十一年（1532），告示京卫军人户籍改编事宜：

> 凡在京卫分军人，但有原无产业，随解随逃，其原籍查系陕西州县者，行移清军御史，出给告示晓谕，听其情愿，改编本省附近卫分。如临巩地方，改隶河西卫分；平凤地方，改隶固原兰靖卫分；西安延庆地方，改隶延宁卫分；山西、河南地方，有愿改前项边卫者，一体改隶边卫收籍。仍造册送本部，发各该卫分，开豁原伍，永不许妄行清勾。④

万历时，江西饶州灾民抢掠仓谷，为防止他人效尤，右金都御史臣陈有年发布告示，要求"当经发给告示严禁，并刊示遍发晓谕禁戢"⑤。这些禁令的发布，赋予告示禁止功能，充分体现了国家政令的权威性和强制性。总体上，禁约类告示占明代官方告示的大部分，这表明地方行政管理主要依靠国家权威，实行强制措施。

三是劝谕功能。劝谕教化是明代官方告示的重要作用之一，而国家对地方社会的劝谕教化也多通过这些告示体现出来。在明代告示中，虽然用词生硬严厉的禁令告示占据多数，但仍有相当部分告示的表达方式与之不同。这类告示语气委婉，传递出了统治者心系民生、宣扬教化的情怀，不仅能起到破除疑

---

① （明）张惟贤：《明神宗实录》卷七九，万历六年九月庚午条，中国台北，中国台湾"中央"研究院史语所影印本，1962年，第1699页。
② （明）陈龙正：《几亭外书》卷四《救饥法十五条》，《续修四库全书》本，第356页。
③ （明）申时行：万历《明会典》卷一〇八《礼部六十六》，《续修四库全书》本，第111页。
④ （明）申时行：万历《明会典》卷一五四《兵部三十七》，《续修四库全书》本，第604～605页。
⑤ （明）陈有年：《陈恭介公文集》卷三《奏疏》，《续修四库全书》本，第670页。

惑的作用，且具有劝谕民众、纯化风气的功能。洪武时颁布的教民榜文规定："令每乡各里各置木铎，选年老或残疾不能生理之人持铎循行，直言喻众，其言曰孝顺父母，尊敬长上，和睦乡里，教训子孙，各安生理，毋作非为。如此者，每月六次。"① 教民榜文是明代管理基层社会的重要手段，这种方式正是劝谕教化的柔性管理方式，被官方视为"化民成俗"的良方。如海瑞《劝赈贷告示》：

> 赈贷之事，古行之矣。……今本县细访得各都图富积谷粟之家，每每乘荒岁，勒措贫民质物典当，倍约利息。其贫甚虑无可偿者，虽倍约亦固吝不与。夫当凶岁，小民菜色羸形，妻啼子号，甚者颠仆路衢，辗转沟壑，少有人心者见之，有不能为情者，尔辈独无恻隐之心至是耶！……假使以尔等处贫者之地，贫者处尔等地步，亦如尔等坐视待汝，略不加恤，尔等无从取食，亦将怨之否耶？恨之否耶？人皆有不忍人之心，尔辈偶以利心蔽真心。故令里老人等将本县言意劝谕尔等，量将所积谷粟，借贷贫民，不许取利，积厚德以遗尔子孙。其有念人之急，不取其利，亦不取其本，而直与之者，本县以尚义名目书扁鼓乐奖之，列名县志。如仍前略无恻隐，倍称取利，许贫民指告，以凭重治。夫积财而不能散者，昔人以守财奴鄙之。尔等将为尚义之美，抑将为守财奴之陋？财积无用，德积庆及子孙，尔等念之。②

这是一则劝说富人赈济贫民的告示。告示引经据典，追述赈贷之史，描述贫民之苦，流露怜悯之心。继之，又用富民与贫民角色互换，境遇互调，让富民体察穷人之苦，并施以恩惠，捐钱即可载入县志，名留青史；相反，若富民"积财而不能散"，便是"守财奴之陋"，充分彰显了告示诱导劝说之意。

四是警示功能。为落实政令，明代有些告示惯用警告命令，以警示民众，若不遵从，则会受罚。如嘉靖三年（1542），"令户部出给榜文，晓谕京城内外买卖人等，今后只用好钱，每银一钱七十文。低银每银一钱一百四十文。着缉事衙门及五城御史缉访，违犯之人，发人烟去处枷号示众"③。嘉靖四年（1543），"令商人原中灵州大小池盐课，照原该行盐地方发卖，不许穿越境界。山西、河南、陕西各府州县卫所，将河东行盐地方，翻刊大字告示，张挂晓谕，但遇客商将官盐越境货卖，及奸人兴贩本地自熬私盐，查照律例，从重问发"④。万历二十五年（1597），浙江参政冯时可刻石十四条禁约条款，立于处州府分守道宅门外，旨在戒谕官吏人等。⑤

明代民众作为告示的受众群体，已有一定的话语权和判断力，对于官方告示表现出遵从、抗拒、批判等多样舆论反响。如嘉靖时，兵部尚书杨博募兵时发现有游民掺杂其中，遂要求河南、山东等处巡抚御史刊刻告示，"将本处游民严加禁约，不许出外，务令各安本等生理，如无招募明文，私自出境投兵者，即将家属收禁里邻坐罪"⑥。告示颁布后，游民遵从告示要求，"投兵之风少息，地方之患不滋"⑦。当然，民众对官方告示并非一味遵从，时而表现出"不遵告示"的行为。崇祯三年（1630），蓟镇兵丁因饷司发布告示，称因"候大部详允，方给各丁"而拖延发放饷银时间，故"众口嗷嗷"，深为不满，并有造反之势。官员见事不妙，"即借本营招兵银，每丁给二钱"⑧。官方告示并非都能令人信服，对此民众多持批判之辞。如对于官方的朝令夕改现象，民众深恶痛绝，以为"如今之官府告示张挂通衢，

---

① （明）李贤：《明英宗实录》卷一〇一，正统八年二月乙卯条，中国台北，中国台湾"中央"研究院史语所影印本，1962 年，第 2048~2049 页。
② （明）海瑞：《备忘集》卷六《告示》，中国台北，学海出版社，1970 年，第 753~755 页。
③ （明）申时行：万历《明会典》卷三一《户部十八》，《续修四库全书》本，第 557 页。
④ （明）申时行：万历《明会典》卷三四《户部二十一》，《续修四库全书》本，第 601 页。
⑤ （清）曹抡彬：《（雍正）处州府志》卷二《建置志》，《中国方志丛书》本，第 7 页。
⑥ （明）胡宗宪：《筹海图编》卷一一《慎募调》，北京，中华书局，2007 年，第 725~726 页。
⑦ （明）胡宗宪：《筹海图编》卷一一《慎募调》，北京，中华书局，2007 年，第 726 页。
⑧ （明）毕自严：《度支奏议》卷一四《蓟镇兵丁行月兼支疏》，上海，上海古籍出版社，2008 年，第 600 页。

大字招揭，可谓信令矣。而举目一看者，谁何良由官府不行督察之令，小民习为故事，如此而虽日出一示，何益哉？"① 一般而言，通过告示刊布的政令具有一定的权威性，但告示之后，官府并未监督政令落实，如此告示的布政功能便会减弱，遭致批判也无可厚非。

当然，明代民众对告示除了批判之辞，亦有赞誉之声。太祖颁布《教民榜文》旨在通过乡里老人的"教化权力"②，维系乡村秩序，"为民兴利除害"，这种"厚风俗之良法"，合乎事宜，深得人心，既实现了太祖"务有益于民"③之夙愿，也赢得了民众之盛赞。正统十二年（1447），在征收粮税时，因为于潜、昌化二县无多余的米，官方决定改用"每正麦一石抵斗折征米一石"，并且"仰府出给告示"，晓谕各县民众，禁止"粮长重复多科，扰民不便"，于此县民欢欣相告，翕然顺向，称之"良政"。④ 正因告示具有政治性和公开性，民众得以明晓国家政令，一定程度上避免了地方官吏欺上瞒下、欺骗百姓的现象，这也是民众赞誉某些告示的缘由之所在。

综上，明代告示的生成过程、传播路径和制度规定已趋完善。一方面，告示是实施国家权力的重要手段。通过告示传递，国家政令传至地方，播及民间，实现了国家对地方社会的有效管控。在此过程中，无论是强制性、警示性告示，还是劝诱性、教化性告示，皆以实施国家政令、推扬权力意志的合理性为根本，旨在引导民众自愿接受告示的思想灌输和权力支配，并相信官方告示的"公开性""公正性"和"公共性"能为他们创造契机，带来益处。另一方面，告示是联系国家与社会、官方与民间的重要媒介。明代告示经由皇帝、中央部院、地方政府以至乡村、城镇、边关的相互传递，形成了告示传布的多重网络，这使中央与地方社会的互动联系日益强化；而明代民众对告示的诸般反响，是其共同话语、集体意志的合理表达，时常能够有效制约权力运行，优化权力机制，他们对某些政令的"不遵"乃至抗拒，迫使官方做出相应的政策调整，即充分彰显了民意、民愿、民心对权力意志、官方舆论的调适和干预能力；同时，民众对告示的舆论反响，揭示了明代国家与社会的关系存在"永为遵守"与"不遵告示"的互动之势和对立状态。在此情况下，明代官方不得不放低姿态，循循善诱，诚心为民众阐明旨意、申明事理、讲明政策。一幅国家与社会、官方与民众交流呼应、沟通互动的生动画面油然而生！

[作者单位：河南大学历史文化学院]

---

① （明）戚继光：《练兵实纪》杂集卷二《储练通论》，北京，中华书局，2001年，第232页。
② 费孝通：《乡土中国》，北京，三联书店，1985年，第65页。
③ （清）张廷玉：《明史》卷三《太祖本纪》，北京，中华书局，1974年，第55页。
④ （明）沈朝宣：《（嘉靖）仁和县志》卷四《风土》，《中国方志丛书》本，第303页。

明代河南宗藩问题研究

吴志远

明王朝除在河南建立起一套完备的地方政权外，还在这里推行了分封藩王制度。分封藩王是朱元璋建立明朝后采取的一项重要政治措施，他从维护朱家王朝长远统治的目的出发，认为只有自己的儿子最为可靠，将他们分封到全国各地，可以起到"夹辅王室"的作用，"为久安长治之计"。

河南是分封藩王较多的地区之一，自洪武十四年（1381）始，相继有朱元璋的第五子周王朱橚就藩开封、第二十三子唐王朱桱就藩南阳、第二十五子伊王就藩洛阳。明成祖以后，又有多位皇帝的儿子封至河南为王。朱元璋时期创立的分封藩王制度，推行于有明一代，对维护朱明王朝统治起到了重要作用。尤其是河南，地当中原，据"天下之中"，战略位置十分重要，虽然已不再是建国立都的政治中心，但是作为南北东西的必经之地，加之该地区具有深厚悠久的历史文化底蕴，仍为明王朝所重视，成为主要的就藩之地。这种布局对河南政治、经济和社会发展产生了深远影响。

一 宗藩带来的经济负担（以潞王为例）

从漫长的中国封建社会来看，各封建王朝的财政情况都是以国家经济活动保持最低水平为基础的。到了明清两代，随着封建专制主义发展到巅峰，封建王朝非制度化的经济活动很难有积极的表现。明代的宗藩，一直是明朝政治上和经济上的重大负担，尤其对其社会经济造成了很大的负面影响。明太祖朱元璋建立大明王朝后，为了巩固国家机器，完善宗法体系，还从个人早年的际遇考虑，大规模地分封其子孙，使他们有很高的政治地位和充足的生存空间。据《明史》记载：

> 明制，皇子封亲王，授金册金宝，岁禄万石，府置官属。护卫甲士少者三人，多者至万九千人，隶籍兵部。冕服车旗邸第，下天子一等。公侯大臣伏而拜谒。无敢钧礼。亲王嫡长子，年及十岁，则授金册金宝，立为王世子，长孙立为世孙，冠服视一品。诸子年十岁，则授涂金银册银宝，封为郡王。嫡长子为郡王世子，嫡长孙则授长孙，冠服视二品。诸子授镇国将军，孙辅国将军，曾孙奉国将军，四世孙镇国中尉，五世孙辅国中尉，六世以下皆奉国中尉。其生也请名，其长也请婚，禄之终身，丧葬予费，亲亲之谊笃矣。[①]

除此之外，明代宗藩还拥有雄厚的经济实力。明初规定："诸王公主岁禄，亲王岁支米五万石，钞两万五千贯，锦四十匹，纻丝三百匹，纱罗各一百匹，绢五百匹，冬夏布各一千匹，绵两千两，盐两千引，茶一千斤，马匹草料月支五十匹。"[②]

[①]（清）张廷玉：《明史》卷四九一，北京，中华书局，1972年，第2275页。
[②]（明）王世贞：《弇山堂别集》卷三，北京，中华书局，1985年，第173页。

明中期以后，随着宗藩人口数量的极度膨胀，朝廷每年都要耗费大量的钱财和物资，来供养宗藩这些寄生阶层。明代著名学者、科学家徐光启曾对此做出统计。他认为，洪武时期宗室"亲郡王以下男女五十八位"。而到了万历三十二年（1604）的时候，则"所见存者不下八万"。"夫三十年为一世，一世之中，人各有两男子，此生人之大率也，则自今以后百余年而食禄者百万人，此亦自然之势，必不可减之数也。"① 因此山西、山东、湖广等地，自然就成了宗藩的"重灾区"。仅山西一省，就有宗藩 1851 人，岁耗禄米 86 万石；山东宗藩有 361 人，岁耗禄米 139000 多石；湖广宗藩有 587 人，岁耗禄米 259000 多石。宗藩的这些消耗都会通过土地、田赋摊派到下层劳动人民身上。明代宗藩现象是自汉代以来前所未有的，一场严重的社会经济、政治危机正悄然地酝酿。

潞王朱翊镠是明代宗藩的一个典型。据《明史》记载："潞简王翊镠，穆宗第四子。隆庆二年生，生四岁而封。万历十七年之藩卫辉。初，翊镠以帝母弟居京邸，王店、王庄遍畿内。比之藩，悉以还官，遂以内臣司之。皇店、皇庄自此益侈。翊镠居藩，多请赡田、食盐，无不应者。其后福藩遂缘为故事。明初，亲王岁禄外，量给草场牧地，间有以废壤河滩请者，多不及千顷。部臣得执奏，不尽从也。景王就藩时，赐予概裁省。楚地旷，多闲田，诏悉予之。景藩除，潞得景故籍田，多至四万顷，部臣无以难。至福王常洵之国，版籍更定，民力益绌，尺寸皆夺之民间，海内骚然。论者推原事始，颇以翊镠为口实云。翊镠好文，性勤饬，恒以岁入输之朝，助工助边无所惜，帝益善之。四十二年，皇太后哀问至，翊镠悲恸废寝食，未几薨。"② 孝定太后非常宠爱潞王朱翊镠，万历八年（1580），因万历皇帝酒后失德，李太后大怒，宣称要废掉他，让他的弟弟朱翊镠继位。并且万历皇帝对朱翊镠也是"关怀备至"，在他继位之初，就非常重视潞王的就藩问题。据《明实录》记载：（万历五年五月辛亥）谕礼部："潞王当行冠礼，具仪择日以稳。"③ "明日，谕礼、工二部：'朕弟潞王出府成婚逾年，宜尊祖制分封。兹奉圣母慈训预建藩府，合行事宜，二部其会议以闻。'"④

万历皇帝首选富庶的湖广地区，作为潞王的藩地，但是潞王朱翊镠却以离京城太远为由，一再拒绝就藩。最后潞王提出到河南卫辉府就藩，万历皇帝遂批准建造潞王府。

明代河南地区的经济并不发达，但分封于此的宗藩却不少。仅豫北的怀庆、彰德和卫辉三府，就有郑王、赵王和潞王三位藩王。然而豫北地区由于人烟稀少，土地荒芜，根本就无力供养这些宗藩。嘉靖四十年（1561），御史林润奏称："天下财赋，岁贡京师米四百万石，而各藩禄米岁至八百五十三万石。山西、河南存留米二百三十六万三千石，而宗室禄米五百四万石。"《明实录》也有相应的记载："（万历十一年八月）差礼部都给事中万象春往河南等处，启亲王集宗正、郡王与抚按酌议宗禄。象春随与抚臣杨一魁，按臣姜璧题称：'该省各王府禄银共该二十六万八千四百余两，及查该省存留钱粮，共该四十四万九千三百余两，不专备宗禄支用。而凡官吏师生之俸粮，各卫军士之补支，以及孤老之月粮，皆取给焉。而抛荒地亩有派无征者，又不下一十余万。即使其余悉数完征，尚不足以备宗禄之用。'"⑤ 这就是"有明诸藩，分封而不锡土，列爵而不临民，食禄而不治事"的恶果。

为了准备潞王就藩，需建造工程浩大的潞王府，这笔巨大的款项也是当地脆弱的经济承受不起的。并且在潞王就藩之前，宗藩费用就已经是一个让河南官员和百姓头疼的问题。在潞王就藩河南之后，河南税粮征收采取了本折兼支的方法，各级官员通过搜刮商税、赃罚银等手段来供给藩王的开支。

据史料记载，建造潞王府预算用银为 677800 两，而所用石料皆采之于湖广、四川，所用人工众多。

---

① （明）徐光启：《处置宗禄查核饷议》，陈子龙等编《明经世文编》，北京，中华书局，1962 年，第 1275 页。
② 《明神宗实录》卷五一九，万历四十二年二月癸亥，中国台北，中国台湾"中央"研究院历史语言研究所，1962 年。
③ 《明神宗实录》卷六二，万历五年五月辛亥，中国台北，中国台湾"中央"研究院历史语言研究所，1962 年。
④ 《明神宗实录》卷六二，万历五年五月辛亥，中国台北，中国台湾"中央"研究院历史语言研究所，1962 年。
⑤ 《明神宗实录》卷一四四，万历十一年八月乙亥，中国台北，中国台湾"中央"研究院历史语言研究所，1962 年

万历十三年（1585），河南巡抚臧惟一出于无奈，奏请河北道参将戴光启改驻卫辉，来帮助完成潞王府的建造工作。至万历十六年（1588）五月，潞王府竣工。整个王府建筑群规模宏大、雄伟壮丽，坐落于汲县城的东半部。万历十七年（1589），潞王离京就藩，动用船 9250 只，随行官员 27 人，校尉 600 名，军士千人，使用各项役夫共 30970 名，马匹百余。所属州县"每十丁派夫一名应役，九丁帮贴工时。以一月为期，连本身共银八钱"。沿途顺天、河南二省各府县官员均举行盛大的迎送仪式，为此天津仓支米 17000 石，临清仓支米 11000 石。

明代中后期，土地兼并加剧。封建社会最高统治者也不例外。如万历皇帝的皇庄占地就高达 200 多万亩。潞王作为宗藩的代表，对土地的占有和掠夺也十分严重。他先后通过钦赐、奏讨、夺买、侵占等手段，在其就藩前后索得大量土地。据《明实录》统计：

（万历十一年三月丁酉）诏给潞王庄地二千顷，食盐一千引。两淮运司解府应用。①

（万历十六年八月丙午）户部题复："潞王奏讨景王遗下庄田、房课、盐店、盐税、湖地、河泊等所，柴洲、水租、坑税等项……宜行该省官查核，将河南卫辉府属新乡、获嘉及宁山卫地二百二十六顷余。开封府属河阳、汜水、武阳、原武、怀庆府属武陟、温县地五百九十八顷余，并义和盐店，万县盐税，湖广德安府属随州、应山、安陆、云梦等县地名红庙等庄房七处，孝感县东山、汉川县刘家隔等四处水租、房地凡九百余顷，通应拨给。其湖广湖地、河泊、州、坑系民产者，仍还业主，以纳公税，其系官湖、官地而小民承佃者造册送府，以凭管业。"上谕："庄田准给，抚按官仍与丈勘立界，以便永远遵守。再查相应地土，不妨数外加给，副朕友爱同气至意。"②

（万历十六年十二月癸未）户部题覆："潞王再请湖广河泊等所、柴洲、坑等项地亩，合如灵敏给发，以抵填给之数。其州田额税。行湖广抚按酌议。"报可。③

（万历十八年正月戊午）潞王翊镠奏："景王遗下庄田等项。已蒙赐给臣府管业，该巡抚以册籍未完，欲行题请，议令有司征解。乞敕仍照原议给臣管业。"……奉旨："庄田地土，查勘明白，还给该府管业，差去人员违旨犯法的，抚按指名参奏。"④

由上述史料可知，明代后期潞王的土地兼并行为严重破坏了封建土地秩序，使得本来就地少人稠的河南、湖广地区的土地问题进一步恶化。官员们认为，潞王吞并土地的情况为"诸藩之首"，就连万历皇帝也称其为"诸藩观瞻"。他的这种行为，使得后来的福王、桂王等藩王也相继效仿，在破坏社会生产力的同时，也更加激化了阶级矛盾和社会矛盾。

以潞王为代表的宗藩势力，还凭借其特殊政治地位，渗透到社会商业活动中，掠夺社会经济财富。仍以潞王为例，在其就藩前，曾奏讨张家湾官店房八处，从而"商贩食盐粮米于店房堆放，征收税银"⑤。万历皇帝还曾赏赐他大量的芜湖青布、京店纸货、徽州茶叶、太湖皂矾等供其经营谋利。在潞王就藩后，其经营商业活动中规模最大的是盐业。为了解决粮食问题，以及控制食盐买卖，明代实行商屯制度。食盐国有，其生产经营均有严格的法律规定，严禁私人贩卖。而潞王在北京时，就曾租借贵戚和官员的两所盐店，在就藩时才归还。万历十一年（1583），万历皇帝下诏，赐给潞王食盐 1000 引，由两淮运司解府应用。潞王遂将下辖"义和"盐店分北方和西方两处，并将皇帝每年供给他的 1000 引（每

---

① 《明神宗实录》卷一四四，万历十一年三月丁酉，中国台北，中国台湾"中央"研究院历史语言研究所，1962 年。
② 《明神宗实录》卷二○二，万历十六年八月丙午条，中国台北，中国台湾"中央"研究院历史语言研究所，1962 年。
③ 《明神宗实录》卷二○六，万历十六年十二月癸未条，中国台北，中国台湾"中央"研究院历史语言研究所，1962 年。
④ 《明神宗实录》卷二三四，万历十八年正月戊午条，中国台北，中国台湾"中央"研究院历史语言研究所，1962 年。
⑤ （明）吕坤：《去伪斋集》卷五，清乾隆四十年刻本。

引 660 斤，按明规定诸藩年得食盐 300 引，每引为 200 斤）食盐用来走私贩卖。潞王府"义和"盐店，控制了卫辉府辖下各县的食盐专卖权，从中牟取暴利。明朝灭亡以后，清朝统治者于顺治年间拆毁了潞王府，并将王府的其他财产悉数卖净，但唯独留下了王府的"义和"盐店，没有被卖掉，而且按官价正常行销，"义和"盐店每年仍有两千多两白银的进项。这也是其保存下来的重要原因。

当然，以潞王为首的藩王们进行的商业经营活动，并不是以正常的商业途径，他们在经商过程中，严重扰乱了市场秩序。以盐业为例，他们直接向皇帝奏讨盐引，获得大量私盐，高价出售，牟取暴利，这种商业行为严重阻碍了商品经济和资本主义萌芽的发展。而他们积累的财富，也并没有用于扩大再生产，更多的是用于购买土地、贮藏或是干脆挥霍掉。仍以潞王为例，只有当国家遇到重大灾害时，才会拿出很少的财产用于社会救济。如万历二十二年（1597）五月乙巳，潞王捐 3000 金助赈。

二 明代河南藩王的农业、科技和艺术成就

朱橚（1361—1425），明太祖朱元璋的第五子，洪武十一年（1378），朱橚被封为周王，藩府开封。三年以后，他就藩开封府，在其后的近半个世纪里，他基本上就生活在这里。他不仅是一位著名的植物学家，还是一位医药学家。他在教授滕硕、长史刘淳等人的协助下，汇集古今方剂，编著而成《普济方》。全书共 168 卷，《四库全书》将它改编成 426 卷，共 1960 论，275 类，778 法，61739 方，并附图 239 幅。该书之总论、门类、方则等运用了中国传统的中医理论，用五运六气解释病理，集中华医药方剂之大成。该书最大的特点是广泛搜集前人的各类药方，书中均注名其来源。其最大价值在于它分类整理和保存了许多业已失传的珍贵药方，是我国现存古代最大的一部方书，此乃中华医学的一大幸事。

周王府里有不少良医也给百官和普通百姓治病。如周府医正史仕，原为洛阳人，世代行医，永乐初年到周府任良医，全家迁至开封，此后亦世代行医。据载，史仕"精于《素问》《难经》诸昼，治病能察虚实，依病制方，无弗取验"，至 87 岁终老。同期的李濂著有《医史》一书，为我国现存最早记载医史人物的专著。开封杞县人李中立所著的《本草原始》，为我国较早的一部生物学性质的医书，也是一部优秀的本草图谱。

在中国古代历史中，集皇子和科学家于一身者，朱橚可谓凤毛麟角，他在政治生活中并没有多大的政绩，之所以能够名垂青史，主要是因为其在医学、植物学和文学方面的成就。他著有流传后世的《普济方》《救荒本草》和《元宫词》等。元末明初的开封府自然灾害严重，各种灾害频繁出现，特别是黄河水患使人民生活艰苦异常，朱橚本人深有体会。他出于"林林总总之民，不幸罹于旱涝，五谷不熟，则可以疗饥，恐不得已而求食者，不惑甘苦于荼荠，取昌阳弃鸣啄，因得以裨五谷之缺，则岂不为救荒之一"之目的，编写了著名的《救荒本草》。① 他结合流放云南的感受，认为"垂悯边鄙之民，地物俗异，编择古今群方之经验者萃成一书"。这就是后来流传于世的《普济方》。

《救荒本草》共列救荒植物 414 种，"见旧本草者一百三十八种，新增者二百七十六种"。由于该书是以救荒为目的，所以它的实用性很强。朱橚重视实践和实地调查，他"购田野甲圻勾萌者四百余种，植于一圃，躬自阅视，乃画工绘之为画，仍迹其实根干皮叶可食者"，朱橚建立自己的植物园引种各种野生植物，观察其生长、发育、繁殖、成熟，对植物的加工和制作，取得第一手资料。他除了直接观察之外，还派出一些人员到全省各地有代表性的地区进行考察。据对《救荒本草》中野生植物的粗略统计，密县韶华山、梁家卫山，辉县鸦子口山、太行山，郑州贾裕山、荥阳塔儿山，南阳马鞍山，以及开封附近的中牟和祥符两县出现的列举次数最多。书中所列的植物产地以开封为轴，北至嵩山、太行山，南至

---

① （清）杨浚：《伤寒瘟疫条辨》卷一，清乾隆四十九年刻本。

桐柏山，西达伊洛二水以及伏牛山、崤山等，并远及陕西的华山和太白山。①《救荒本草》是我国最早以植物群为基础的河南植物志，其中不乏科学的思想和方法，书中新增加的 376 种植物，就突破了前人对植物的描述、分类、加工和生态环境方面的研究。又如他对剧毒植物采取的吸附分离技术具有极高的科学价值，美国著名的科技史专家萨顿称《救荒本草》是"中世纪最卓越的本草书"。②朱橚务实求真的治学作风，也给后来学者带来很大影响，清朝河南人吴其浚就受其影响，写出著名的《植物名实图考》。

朱载堉也是明代河南宗藩的重要代表，为明代科技、艺术的研究作出了巨大贡献。朱载堉（1536—1610），字伯勤，号句曲山人，又号狂生，山阳酒狂仙客，隐居称九峰道人。明太祖朱元璋九世孙，明仁宗六代孙，郑恭王朱厚烷世子。生活于沁阳县。朱载堉自幼酷爱学习，史载他"笃学至性，痛父非罪见系，筑土室于宫外，席藁独处十九年"，其父郑王因事被害时，他潜心治学。其父平反昭雪后，按制他应当接替郑世子，但他本人却淡泊名利，不愿做王，他上书七次辞去王位继承权，却在王室外以布衣之身，终生从事科学研究。

朱载堉一生主要的科学研究领域是在乐律学、天文学、数学、计量学、历学和舞蹈学等方面。

在天文历法方面，朱载堉研究的政治环境非常恶劣。明初，朱元璋等统治者对天文历法并不甚重视，甚至把一些自然科学的实验与研究视为淫巧奇技，以至于在明初百年里，天文历法停滞不前。作为明宗室的朱载堉从小接受了良好的文化教育，对颇有研究基础的天文和历法知识表现出了浓厚兴趣。据朱载堉自己讲，"壮年以来，复观历代诸史志中所谓历者五十余家，考其异同，辨其疏密，志之所好，乐而忘倦"。经过长期的刻苦学习、研究，终于完成了他的天文历法著作《历学新说》，该书于万历二十三年（1595）进献给明神宗。这部著作包括《律历融通》4 卷（《黄钟历法》和《黄钟历议》各 2 卷）、《圣寿万年历》2 卷、《万年历备考》3 卷）《诸历冬至考》《二至晷景考》和《古今交食考》各 1 卷），共计 9 卷。这部著作中，朱载堉共编撰了两种历法，即黄钟历和圣寿万年历。据陈美东先生的研究，朱载堉的这两部历法著作，以元朝《授时历》为基础，同时纠正了明初至明后期对前代天文历法的一知半解、以讹传讹现象，朱载堉对《授时历》的研究在有明一代是深入的、高人一等的。在回归年的长度问题上，他在南宋著名天文学家杨忠辅和元朝天文学家郭守敬的基础之上，对回归年长度及其古今变化问题作了新的探索，并取得了新的成果。③

在数学研究方面，朱载堉所做的工作有：计算圆周率，以珠算工具进行运算，找到了九进制和十进制的小数换算方法，确立计算等比数列的中项和其他项的方法等。这些数学成就有些还是相当突出的，比如，朱载堉用算盘完成了包括开方在内的大量计算。算盘是中国古代进行运算的最重要的工具，利用算盘进行开方，大大便利了复杂的数学运作。朱载堉就是应用算盘进行开方，才使得他在乐律计算中准确算到了 21 位数，既为他节省了大量的运算时间，也给后人的基础数学研究提供了典范。此外，朱载堉成功地找到了计算等比数列的方法，并成功地将它应用于求解十二平均律。这一点在数学史和律学史上都有重大意义。除了在《律学新说》《律吕精义》《乐学新说》中充分体现了他的这些数学成就外，他还有几种数学著作：《算学新说》《嘉量算经》《圆方句股图解》。朱载堉在数学方面的成就与他的音乐学方面的成果有直接的关系。④

朱载堉的杰出贡献在于他是世界上第一个运用数学等比级数来划分音律方法的人，他创造了"十二平均律"（"新法密率"），成为世界乐律史上的杰出成就。古代音律有五声八音之说，由于音乐的不断发展，提高音乐的准确率就成为音乐发展的迫切需要。朱载堉找到一个计算律管长度的公式，求出了完整

---

① （英）李约瑟：《李约瑟文集》，沈阳，辽宁科技出版社，1986 年，第 432 页。
② （英）李约瑟：《李约瑟文集》，沈阳，辽宁科技出版社，1986 年，第 432 页。
③ 戴念祖：《明代的科学和艺术巨星》，北京，人民出版社，1986 年，第 236 页。
④ 戴念祖：《明代的科学和艺术巨星》，北京，人民出版社，1986 年，第 237 页。

的八音度，然后将八度分为十二个相等的半音，制成一个表，标明标准律管的长度、半长律管的长度及双长律管的长度，由于各相邻的两律之间的振动比完全相等，所以称为"十二平均律"，这种音乐律制解决了前人从未攻克的旋宫转调的问题。此法被广泛运用于控键盘乐器和竖琴等乐器，在欧洲直到1636年才有法国科学家提出相同的理论。

朱载堉把毕生精力用于科学研究事业。他注重数学和自然科学，反对空泛无味的理学。除十二平均律以外，他还首创珠算开方，发现不再进位制的小数换算方法；他创造了求解等比数列的中项和其他各项方法，并成功地把音律学运用于数学。朱载堉在历算方面的主要成就是，他把明初以来通行的《大统历》与《授时历》加以比较，发现其误差甚大，"考古则气差三日，推今则时差九刻"，于是化考其异同，汲取前人许衡、郭守敬等成果，结合万历前后百年天象实践，以万历九年为元，制定新历，编定《圣寿万年历》。他的许多成果和研究方法都已经接近近代自然科学的边缘，很可惜的是，这些成就没有能够在中华大地产生巨大的反响，倒引起了西方科技界的一场深刻的革命。

朱载堉的科学成就引起了西方社会极大的震动。著名的科技史专家、英国学者李约瑟（Joseph Needham）对朱载堉的科技成就给予了高度评价："朱载堉对人类的贡献是发现了将音阶调谐为相等音程的数学方法……平心而论，在过去的三百年间，欧洲及近代音乐确实有可能曾受到中国的一篇数学杰作的有力影响，但是还没有得到传播的证据。与这个发明相比较，发明者的名字是次要的。毫无疑问，朱载堉本人是第一个愿将荣誉归于另一个研究者的人，也是为要求优先权而最后与人争吵的人。第一个使平均律数学上公式化的荣誉确实应当归之中国。"德国人赫尔姆霍茨（Hermann von Helmholtz, 1821—1894）也高度评价朱载堉的伟大成就，"他在旧派音乐家的竭力反对中，倡导七声音阶。把八度分成十二个半音以及变调的方法，也是这个有天才和技艺的国家发明的"。这些国际杰出科学家对朱载堉的高度评价，是对中华传统文化成就的评价，也是对优秀的中原文化的高度评价。[①]

豫北还有一位藩王在音乐学方面也取得一定的成就，他就是二世潞王朱常淓。他生活在明朝末世，受藩国传统教育的影响，他在音乐、制琴、书法、篆刻等方面都表现出浓厚的兴趣，也取得一定的成就。清人说他，"工书法，好古玩，通释典……素有贤声"。朱常淓曾编撰音乐理论性书籍《古音正宗》，并制琴数百，他还爱好书法和绘画等。其中，《古音正宗》分别收集了琴的样式、指法、琴论，五音分调，收集外调曲目49首，既有名家名曲，也有自谱乐曲，反映了作者较高的音乐素养和乐理知识。[②]

明代的一些藩王也尊崇道学。在开封的周宪王朱有炖是著名的诗歌作家和词曲作家，他就以编写神仙道化剧著称，《八仙庆寿》经过他的整理，情节更加生动，人物也更加丰富。同为皇室宗亲的音乐家朱载堉晚年迁出怀庆府城，自称"道人"，经常出入道观，与河南道观诸多高道交往甚深，根据当时河南地方生活而创编的一些"应风"道教音乐，一直流传至今。河南地方"应风"韵道教音乐内容丰富，从可以见到的清代流传下来的三本工尺谱来看，仅道教音乐就有乐曲130多首。从内容和特点来看，道教音乐分为两大类：一是"经调"，如《录经赞》《叹骷髅》等，是道家诵经之吟诵调，曲与经文一体，似多段体歌曲一样。其曲调旋律性不强，起伏不大，不易掌握，需专职经师念经词，乐队伴奏。二是器乐曲，即道教乐队经常演奏的乐曲。

三　明代河南宗藩对城市发展

明代河南地区的藩王，对城市经济、文化的发展起到了重要作用，主要集中在宗藩对城市商业经济

[①] 戴念祖：《明代的科学和艺术巨星》，北京，人民出版社，1986年，第237页。
[②] 傅山泉：《论二世潞王朱常淓的文化成就及其影响》，《新乡师范高等专科学校学报》，2001年第4期，第26页。

的影响，对文化生活的影响，对外来文化的影响和支持，以及形成的独特的建筑风格等方面。

开封是周王封藩之地，又是河南最高行政、司法、军事长官官署所在地，是中原地区的政治、经济、文化中心。加之便利的水陆交通，"车马之交，达于四方，商贾乐聚"，所以成为中原地区最大的商业都会。从经济角度看，明朝前期，开封是一个典型的封建消费型城市，周王宗藩、官僚贵族、豪绅地主等多聚集此地。他们依靠俸禄、田赋、地租等来维持其纯粹消费性的奢侈生活，城内许多商业设施和饮食文化娱乐场所都是为满足这种奢侈性消费而设的。但自明中期以后，在保持这种奢侈性消费特征的同时，生产经营型及为满足广大民众生产、生活需要而开设的各类商业、手工业、服务业、文化娱乐业等则日渐增多起来，开封的城市功能发生了一些变化。傅衣凌认为，明代开封的城市工商业属性，是由其宗藩特征所决定的。

如明代开封元宵节这天，晚上家家户户，街巷道路，俱张灯结彩，燃放烟花爆竹，通宵游园灯会，又称"闹元宵"。据成书于明清之际的《如梦录》记载，这一天周王在自己的菜园内张灯结彩，"遍张奇巧花灯，不啻万盏辉煌炫目，如有白昼"，凡王府、乡绅和士庶之家，"各设酒款客，玩赏元宵"。整个开封城无不沉浸在节日的欢乐之中，这天晚上，"丝弦竞奏、舞旋、扮戏、吊对倒喇、胡乐，热闹非常。又，烟火架上，安设极巧故事，纵放走线兔子，有火盏、火伞、火马、火盆、炮打襄阳、五龙取水、牌坊等名，花炮声震耳"①。"各街俱有灯市，自初十日开市，出卖各种奇巧花灯，亦有纱人耍货，铺面铺设至一二里。"②

戏曲是明代河南地区喜闻乐见的娱乐方式，明后期的开封府就是一个戏剧的大舞台。在开封城，周王府的戏班子阵营庞大，水平一流。城内的官绅商贾等稍有经济实力的也都蓄养戏班子，以供娱乐，且有攀比之风。明初朱元璋曾拨给第一代周王乐户27户，到明中期，第二代周王的宫词已经被谱成曲广为传唱。李梦阳在其《汴中元宵绝句》中云："中山岗孺子倚新妆。赵女燕姬总擅场。齐唱宪王新乐府，金梁桥外月如霜。"③

明初的开封，回族人增加很快，出现了许多回回人聚居区，这些聚居区很多都在宗藩附近，笔者认为这与回族人极力交好宗藩势力，与当地官府相联系有关。如周王府西华门西边的草兰亭，潞王府附近的回回观等。从当地存留的碑文，可以看出伊斯兰教在开封地区和新乡地区的发展梗概。

而耶稣会士在河南活动最晚应是在万历四十一年（1613）。当年，意大利籍神父艾儒略、郭居静，法国籍神父金尼阁等天主教传教士在开封做短期的传教活动。当时的传教，没有固定场所，没有多少信徒和交往的对象，主要是知识分子。崇祯元年（1628），意大利籍神父毕方济到开封周王府晋见王室，并献自鸣钟等礼品。遂后，即在开封借民房设教堂，并向一般百姓开放传教，教徒有百余人之众。

明代河南的宗藩建筑，以周王、福王和潞王等影响最为显著。作为皇家朱门弟子，作为河南最高的统治者，周王府成为河南最为奢华的建筑群。关于周王府的记载，明清之际佚名著录的《如梦录》中有较为翔实的记载，其中云："周府本宋时建都宫阙旧基，坐北朝南，正对南熏门，即宋之正阳门也。北有大门五间三开，即宋之大宋门也。周围萧墙九里十三步，高二丈许，蜈蚣木镇压，上覆琉璃瓦，下有台基高五尺，上安栏杆，栏杆外街宽五丈，方是居民，四井有四井七十二眼，谓之七十二神煞。向南是午门，东曰东华门，西曰西华门，北曰后宰门。层层宫门殿宇上，枓拱俱用铜丝网罩，名为丰风衣，下有白石一方，名曰足食取丰衣足食之义。门极大宏敞，碧瓦朱门，九钉九带。"④

南阳王府山，位于南阳市老城西北隅，是明代唐王分封于南阳后所建官邸，其后花园中的一座人造

---

① 孔宪易校注：《如梦录》，郑州，中州古籍出版社，1995年，第95页。
② 孔宪易校注：《如梦录》，郑州，中州古籍出版社，1995年，第95页。
③ 孔宪易校注：《如梦录》，郑州，中州古籍出版社，1995年，第96页。
④ 孔宪易校注：《如梦录》，郑州，中州古籍出版社，1995年，第96页。

假山。其他建筑已毁，假山独存。假山高 21.7 米，南北长 26 米，东西宽 25.5 米，用太湖石等垒砌，原有 8 个洞窟（现存 5 个）、暗道 8 条（现存 4 条），形成险、拙、奇、空的假山风格，现保存基本完好。

明代宗藩建筑，影响最大，保留最为完善的当属万历年间修建的潞王陵。万历十二年（1584）六月，万历帝派人到卫辉去给潞王修建王府。潞王府规模宏大，雄伟壮丽，历时 4 年才告竣工，共耗费白银 40 多万两。万历十七年（1589）三月，潞王离开北京就藩。潞简王陵墓由神道、潞王墓和次妃赵氏墓组成，总面积达 400 余亩。14 对石兽和两对石人排列在神道两边的草地上，庄严肃穆，神威异常。陵墓前设置石人石兽，是帝王陵寝的传统套路。按照明代的规矩，帝陵前设置石兽 6 种，南京朱元璋的明孝陵、北京的明长陵都只列狮、麟、象、驼、獬、马 6 种石兽。潞王作为藩王，他的陵墓规格当然应该低于帝陵。但潞王当时仗着自己是皇帝的亲弟弟，公然违反祖制，设置石兽 14 种，大大超过了明代帝陵的规格。

潞王园陵城门是高达 10 米、纯砖石结构的无梁殿，高大宏伟。城墙高 6 米，平均厚度 1.5 米，周长 934 米。城墙系用青条石砌成，十分雄伟。进入城门向北走，依次是精美的"维岳降灵"石牌坊、壮观的祾恩门、宏大的祾恩殿遗址。棂星门石牌坊后是潞王陵最具标志性的建筑物——墓碑。墓碑外原有高大的明楼（碑亭），现明楼已被毁掉。墓碑十分高大，通高 6.5 米，碑正面刻有楷书"敕封潞简王之墓"七个大字。墓碑前是一个巨型青石供案，供案前摆着高大的石雕"五供"：石香炉一个，石花瓶两个，石烛台两个，其中石香炉高近 4 米。墓碑之后，就是潞王的墓冢。墓冢系用石头砌成，呈圆丘状，通高 6 米，周长 140 米。墓冢正面留有石门，内有台阶直通墓冢顶部。站在墓冢之顶，可俯瞰东陵区全景。墓冢的正下方为墓室。墓室总面积 175 平方米，由主墓室、左右侧室、中间庭堂和甬道组成。[①]

四 结 语

从经济特点来看，明代的宗藩大肆兼并土地，大量消耗国家赋税，侵吞国家财产，从事违法贸易，极大地破坏了明代社会经济，阻碍了资本主义萌芽的发展。河南地区以潞王为代表的藩王，大肆吞并土地，他们先后通过钦赐、奏讨、夺买、侵占等手段，在其就藩前后索得大量土地。土地兼并行为已严重破坏了封建土地秩序，使得本来就地窄人稠的河南、湖广地区的土地问题进一步恶化，以致发展到后来的"中州地半入藩府"的局面，这些行为在破坏社会生产力的同时，更加激化了阶级矛盾和社会矛盾。

而宗藩人口数量的急剧膨胀，以及由此带来的一系列社会政治问题，也在冲击着走入末路的大明王朝。从许多藩王在河南的表现，以潞王朱翊镠就藩河南前后的所作所为来看，"明亡于崇祯，实亡于万历"的说法应该是无可厚非。在宗藩人口基数很小的时期，由于统治者的管理约束，国家机器还能将其纳入经济活动的正常轨道；在宗藩人口急剧膨胀的时期，由于统治者的纵容和鼓励，使得宗藩问题成为制约社会政治经济、激化阶级矛盾的重要因素。

值得注意的是，一些宗藩的个人行为，如周王朱橚、朱载堉等，对于社会政治经济的发展，起到了一定的促进作用。比如积极兴建水利设施，支持教育事业，参与社会救济，投身科技活动，以开明的态度对待西方先进科技知识，他们的商业活动冲击了"重本抑末"思想。遗憾的是，在封建社会的末期，这种行为是个别现象而非主流。

[作者单位：郑州大学历史学院]

---

① 刘毅：《明代帝王陵墓制度研究》，北京，人民出版社，2006 年，第 435 页。

杨士奇对靖难历史的调解及其后世形象的分化（1402—1644）

何幸真

前　言

明建文四年（1402）以燕王朱棣（即明成祖①，1360—1424，1402—1424年在位）攻下南京、取得胜利而告终的靖难战争，不仅结束了建文政权（1398—1402）的统治，也彻底扭转了大明帝国往后的发展方向。朱棣在战后发动的政治整肃及一系列抹杀、扭曲前朝历史的行动，对当时的社会造成了强烈的冲击，更使建文朝相关议题在往后成为一种禁忌，仿如暗影般笼罩着整个明代，困扰着身为成祖子孙的历任统治者及其臣民，也深刻影响了明代政治、社会、文化等层面的运作和发展。

目前明史学界关于靖难战争及建文、永乐政权交替的研究虽不少，但探讨"靖难功臣"及归附明成祖之建文朝臣的研究并不多，即使是曾经历此时期的著名历史人物，相关论著也多仅讨论到此类人物在永乐以降的经历与建树。② 然而，这些人在政权交替之际的抉择及此后的自处之道，不仅可成为考察该时代的另一个视角，他们由此衍生出的后世形象，亦足以反映往后时代人们看待相关历史，并透过这些历史确立自我定位与认同的方式。明成祖借"靖难"夺位后，仍沿用、拔擢了许多建文年间便已任职的官员③，这些官员如何在经历宗室兴起的内战与篡位过程，以及眼见同僚遭受屠戮或殉难的经历后，于新朝廷中自处，又是如何面对这段新政权急于埋葬的历史？而在成祖死后，政治禁制日益趋缓④，肯定建文殉臣之忠及调解建文、永乐双方矛盾的论述，亦随着种种政治因素越发盛行，上述官员的形象在此一时代背景下产生了哪些变化，又是如何被运用于各种不同的相关论述中？这些都是值得探讨的问题。

在靖难战后投效新政权的官员中，杨士奇（名寓，以字行，1364—1444）是一个值得注意的人物。他在成祖去世、政治禁制渐弛的宣德年间进行了些许纪念死难同僚的活动，并在个人写作及其参与的官书修纂过程中，努力调解永乐政权与建文忠臣之间的历史冲突。这些作为不仅在其身后引发诸多联想，更与他"迎降"的政治抉择一起成为往后各种相关历史论述的养分甚至根据。本文尝试以杨士奇作为

---

① 明成祖庙号原为"太宗"，"成祖"为嘉靖十七年所加。为保持叙述连贯，以下皆称"成祖"。
② 由于建文与永乐两朝受到重用之臣僚，并不存在政权更替后的延续性，故以永乐以降朝政为主的著作未讨论朝臣于建文时期的经历，实是无可厚非。但关于迎降朝臣的个人研究，却往往也只简单带过政权交替时期的情况，遑论留心"降臣"身份为他们带来的后续影响。即使如刘财福《明初阁臣杨士奇之研究（1365—1444）》这类已专辟一节讨论杨氏于靖难之役后抉择的论著，仍将重点放在对其迎降成祖一举的评价上，并认为其于建文朝尚未受重用、不应予以严厉批判，与其他相关研究无甚差别。参见《明初阁臣杨士奇之研究（1365—1444）》，桃园，中央大学历史研究所硕士学位论文，2012年，第25～30页。
③ 如朱鸿曾经分析永乐朝"日以共图政理"之重臣，亦即六部尚书与翰林学士，指出这些人主要以建文年间居官地方或靖难战起叩马迎付的建文旧臣为多，藩邸旧人及靖难起兵前后归附者，所占比例反而很低。这除了反映政治立场实为成祖用人之重要考虑外，也带有安抚人心的用意。参见《明成祖与永乐政治》，中国台北，中国台湾师范大学历史研究所，1988年，第141～174页。
④ 关于明代涉及建文朝之政治禁忌的松绑情况，可参见吴缉华：《明代建文帝在传统皇位上的问题》，《大陆杂志》第19卷第1期，1959年7月，第14～17页；吴振汉：《明代中叶私修国史之风探析》，《史汇》第6期，2002年，第1～11页。

研究靖难战后降臣群体及其后世形象的一个切入点，考察他对该段冲突性历史的调解，及其相关事迹如何成为后世利用的资源，借以探讨杨氏本人及明中叶以降的士人如何面对国初这段政权更迭的历史。

本文将讨论的时代限制在明代，全篇共分为四个部分：首先略述杨士奇在永乐年间对于殉难同僚的纪念行为，并分析杨氏主导修纂之《明太宗实录》与其个人书写中具"调解"性质内容的关系；其次探讨杨氏此类文字如何在明中叶以降与其他调和靖难历史冲突的论述结合，以突出论者崇仰建文忠臣的要求；接着说明上述行为如何造就杨士奇"建文朝历史保存者"的后世形象，从中又衍生出哪些逸闻传说；最后则探讨在人们对靖难历史及其官方记载已多有反思却又无法直接批判成祖的明代中晚期，杨士奇是如何成为相关论述中的替罪羊的。

一　以官书为喉舌：杨士奇对建文殉臣的纪念行为

最早在永乐朝的禁网中寻找空隙，尝试不犯忌讳地为建文殉臣留下记录者，其实就是那些在靖难战后迎降成祖的官员。成祖攻下南京后，方孝孺（1357—1402）、齐泰（？—1402）、黄子澄（名湜，以字行，1350—1402）等新政权所开列之"奸臣"多死于政治整肃①，此外还有不少忠于建文朝廷的官员选择自杀殉国。而上述书写活动，便是针对后者这类自殉社稷、未与成祖直接冲突的臣僚。此类文字大多回避了靖难战后惨烈的政治整肃，也未明确指出传主的死因，这样的写作方式，除了避免触犯政治禁忌的用意，或许也反映了作者们身为"新朝之臣"的矛盾心理。无论是作诗立传、收辑遗文还是祭祀哀悼，在目前可见的文献材料中，杨士奇对建文殉臣的纪念行为，皆是在政治禁制已然松弛的宣德朝以降，不过他所付出的努力，确实多于其他可能更早于他的同僚，也受到更多的注目与讨论。杨士奇的表现之所以突出，除与他纪念行为的时间点有关，其所采取的策略亦值得注意。

杨士奇，号东里，谥文贞，江西等处行中书省吉安路太和州（即明之吉安府泰和县，今江西省泰和县）人。建文初年他在时为翰林修撰、靖难战后自杀殉君的王叔英（？—1402）举荐下，入翰林为纂修官；他与后来同样成为建文殉臣的颜伯玮（名瓌，以字行，1352？—1402）、周是修（名德，以字行，1354—1402）等人，亦有同乡关系甚或同僚之谊。② 江西吉安地区在宋代以降便不断透过乡贤崇拜，将地方认同与"忠"的道德价值相互强化，"好文学而尚节义"成为吉安士人极力标榜的地方形象。③ 在靖难战后被后世称为"壬午殉难"的政治整肃与自杀潮中，出身吉安的殉臣们也证明上述标榜并非只是空泛声称，而是真正在当地形成了一定程度的影响。如此的地缘与人际渊源，应该是杨士奇无法漠视昔日同僚身殉故君社稷，而选择在政治禁制趋缓后，透过作诗立传、收辑遗文等方式表达哀思的重要原因。

墓志铭、传记等纪念文体的写作，在明初的文人圈内已相当盛行，颇能反映士大夫的交游网络。永乐年间为建文诸忠撰写的纪念文字，流传至今的并不多，解缙（1369—1415）为周是修撰写的墓志铭，算是较知名的一例。周是修与解、杨二人一样是吉安人，建文年间三人都在翰林院任职，可说是兼具同乡与同僚的关系。在南京城破、建文帝（1377—？，1398—1402 年在位）焚宫之后，周是修便自杀殉国，

---

① 名单参见（明）宋端仪：《立斋闲录》卷二，《四库全书存目丛书》本。
② 明代士人的"同乡"概念，基本上是以府为单位。若以此观之，建文殉臣当中与杨氏有同乡关系者其实不少。笔者曾整理明代正德、嘉靖年间建文朝历史专著中所载人物，针对其籍贯与蒙难情形进行统计，这些建文殉臣与杨士奇同样出身江西吉安者共有 13 人，其中光是自杀殉君者就有 8 位，颜伯玮（吉安府卢陵县人）、周是修（吉安府泰和县人）皆在其列。参见何幸真：《明代建文朝的历史记忆》，中国台北，中国台湾师范大学历史学系硕士学位论文，2013 年，第 276 页。
③ 关于北宋至明代前期，江西吉安士人为此付出的诸多努力，可参见蔡佳琳：《典型在夙昔：明清时期文天祥忠节典范的形塑与流传》，中国台北，中国台湾师范大学历史学系硕士学位论文，2009 年，第 45～55 页。

遗体归葬时,曾有几位旧友为其写作墓志铭,解缙便是其一。① 唯其文中对周氏的经历仅书至洪武年间,未及建文时事,甚至仅以"周是修死京师"一句交代其死亡,对靖难战争亦只字未提。② 即使如此,解缙等人的写作,终究达到了纪念文字所应有的目标——提供死者亲属一个纪念和彰显先人道德学养的凭据,也让作者抒发对故旧的怀念与哀悼之情。纵然未能对建文朝渐为官方所湮没的历史留下具体信息,但已经肯定了周是修等殉臣们的品行道德,为他们日后忠臣形象的深化与历史评价的翻盘奠定基础。

至于杨士奇为周是修写作传记,则已经是宣德五年(1430)的事了。值得注意的是,《明太宗实录》恰好就是在该年年初正式修成的。③ 如果将杨氏作为《明太宗实录》修纂主导者之一的身份④,及其纪念建文殉臣之举多在实录纂成后进行的情况一并考虑,或可判断他为自己从事此类活动所选择的时间点,并非只是因为"禁制已弛",而更可能是在成祖相关史事借由实录纂成"盖棺论定"后,以此作为契机,为其迎奉之新君与殉难的故友确立一个相对和谐、能为往后大明臣民视为定论的关系。作为成祖及其子孙的臣子(这也是往后所有明代士人共同的身份),杨士奇已不可能否定成祖的得位正当性与历史地位,为了让昔日殉难的故人得以摆脱永乐政权加诸建文朝臣的"奸臣"污名,使其生平事迹与生命抉择不致湮没于政治禁忌的阴影中,他采取了将成祖与建文殉臣同存并扬的论述方式。而这种论述,在他参与修纂的《明太宗实录》中便清晰可见,并且与他后续的个人写作密切结合。

比起当年解缙所撰的墓志铭,杨士奇的《周是修传》终于对传主在建文年间的经历与殉死时的情况有所交代:

> 高皇帝上宾之明年,有言王过失事,王府官属皆下吏,是修以尝谏得免,改衡府纪善,预修纂翰林。数陈论国家大计,及指斥用事者误国。用事者怒,众共挫折之,是修屹不为动。太宗文皇帝靖难之师既渡江,驻金川门,宫中悉自焚。明日,是修留书其家,别其友江仲隆、解大绅、胡光大、萧用道、杨士奇,且付后事,暮入应天府学自经,六月十五日也。又明日,臣民推戴文皇帝继大统。数月,御史言是修不顺天命,请加追戮。上曰:"彼食其禄,自尽其心。"一无所问。⑤

这段文字有不少值得注意之处。首先,杨士奇对建文年间之事的叙述,是以"高皇帝上宾之明年"的形式展开的。以此种间接方式指称建文时期的做法,应与成祖不承认建文帝的政统,并将建文朝之四年全改以洪武纪年有关,甚或可理解为对上述措施的呼应——对于当时已历侍成祖祖孙三代的重臣杨士奇而言,成祖的态度为他指出了一条面对政治忌讳词语时的可行路径,而这种叙述方式无疑也模糊了建文朝的存在感。其次,有关周是修以翰林修纂身份入建文朝廷任职后的情况,杨士奇特别强调他"指斥用事者误国""用事者怒,众共挫折之"的经历,显然有意将之与齐泰、黄子澄等被永乐政权定调为"奸臣"的建文重臣形塑为对立的两方,进而与后者区隔开来。至于成祖对其不加追戮的描写,则与《明太宗实录》中的记载遥相呼应:

---

① 根据杨士奇《周是修传》,永乐初年为其撰墓志铭者,除解缙外,尚有"胡、萧、梁"三人(见页5引文)。考察周氏的人际网络和传中提及的人名(见下页引文),上述三人应为胡广、萧用道、梁潜。解、胡二人都曾于永乐年间担任大学士之职,入文渊阁参与机务,品秩不高但深受成祖倚重;萧、梁二人则参与过永乐初年的《明太祖实录》重修,梁潜之后还擢升为翰林院修撰。参见(明)杨士奇撰,刘伯涵、朱海点校:《东里文集》卷二二,北京,中华书局,1998年,第331~332页。

② (明)解缙:《周是修墓志铭》,收入(明)周是修《刍荛集》卷六,《影印文渊阁四库丛书》本。

③ 根据《明宣宗实录》的记载,《明太宗实录》和《明仁宗实录》是在宣德五年正月二十一日进行进呈仪式的,故可知至少在该日之前,两朝实录便已完成。参见《明宣宗实录》卷六一,中国台北,中国台湾"中央"研究院历史语言研究所,1984年,第1451~1455页。

④ 《明太宗实录》以张辅、蹇义和夏原吉为监修,由杨士奇、杨荣、金幼孜、陈山、张瑛、杨溥担任总裁。作为总裁中的首席,杨士奇对《明太宗实录》修纂的影响不言而喻。参见《明太宗实录》,中国台北,中国台湾"中央"研究院历史语言研究所,1984年,第1~2页。

⑤ (明)杨士奇撰,刘伯涵、朱海点校:《东里文集》卷二二,第331页。

都察院副都御史陈瑛言："皇上顺天应人，以有天下，四方万姓，莫不率服。然车驾初至京师，有不顺命而效死于建文者，如礼部侍中黄观、太常寺少卿廖升、泠翰林院修撰王叔英、衡府纪善周是修、浙江按察使王良、沛县知县颜伯玮等，计其存心，与叛逆同，宜追戮之。"上曰："朕初举义，诛奸臣，不过齐黄数辈耳。后来二十九人中，如张紞、王钝、郑赐、黄福、尹昌隆，皆宥而用之。今汝所言数人，况有不与二十九人之数者。彼食其禄，自尽其心，悉勿问。"①

若从永乐年间对建文朝臣的整肃情况来看，成祖这番话只不过是一种安抚人心的口头宣称②，不过记载中出自成祖金口的"彼食其禄，自尽其心"一语，后来却成为明代中叶以降褒扬建文忠臣陈请的重要论据。而且早在宣德年间，杨士奇便已充分地利用此语，来为自己所纪念的殉臣故旧们进行辩护。既然连成祖都肯定这些自杀殉君的建文朝臣，那么他们的道德人格与生命抉择，自然也没有理由受到诋毁或埋没了。杨士奇在《周是修传》末段陈述该文的写作动机时，又再次呼应了此一逻辑：

是修卒年四十有九，时解、胡、萧、梁皆见诸文字，然属仓促不及详。今二十有八年矣，知是修者，独余在，每追念君子清白之节，文皇帝日月之明，既照其心，岂当遂致泯没？故述为小传以授其子辕，使传焉。③

周是修殉死的 28 年后，这个时间点有何特异之处？上文中所提曾为周氏书写纪念文字的四人——解缙、胡广（1369—1418）、萧用道（1358—1412）、梁潜（1356—1418），其实连永乐朝都没能活过，为何杨士奇偏要等到宣德五年（1430）才来兴叹"知是修者，独余在"，才唯恐周氏之节"遂致泯没"？杨文通篇虽未曾明言，但白纸黑字记载了"文皇帝日月之明"的《明太宗实录》正于该年纂成，应是个中关键。成祖对周是修等人的肯定既已被载入实录，成为官方正史，自然也为杨士奇的相关纪念活动提供了正当性。

除了为周是修立传，杨士奇也曾作《过沛县悼言伯玮》一诗，悼念靖难战争期间为朝廷守城，后来自尽身亡的沛县知县颜伯玮父子。诗云：

平生金石见临危，就义从容子亦随；千载河山遗县在，一门忠孝史官知。故乡住近文丞相，先德传从鲁太师；欲酹丘坟何处是？离离芳草泪空垂。④

颜伯玮的故乡是吉安府卢陵县，不仅与杨士奇同属一府，更与杨氏积极推广崇祀的文天祥（1236—1283）有着同邑之谊。⑤而在这首途经沛县时写下的哀悼诗作中，杨士奇将此种地缘关系与颜氏父子就义建立了因果性的连结，并在诗序中约略介绍二人殉死的故事。⑥全篇并未交代创作时间，但

---

① 《明太宗实录》卷一四，洪武三十五年十一月甲辰条，第 263~264 页。
② 光是由弘治年间宋端仪所初步整理的整肃名单与情况记述，就足以构成一幅牵连甚众的惨烈图像。当时被开列出的"奸臣""首恶"便达五十多人，这些人或其亲属所遭遇的残酷整肃，也被宋氏记录下来。参见（明）宋端仪：《立斋闲录》卷二，第 624~630 页。
③ （明）杨士奇撰，刘伯涵、朱海点校：《东里文集》卷二二，第 332 页。
④ （明）杨士奇：《东里续集》卷五九，《影印文渊阁四库丛书》本。
⑤ 蔡佳琳：《典型在夙昔：明清时期文天祥忠节典范的形塑与流传》，第 52~53 页。
⑥ （明）杨士奇：《东里续集》卷五九。《明太宗实录》卷九上（靖难战争期间）以"师至沛县，守将以城降，知县颜伯玮不出，为我军所杀"记颜伯玮之死；至卷一四（成祖即位之初）载陈瑛奏请追戮颜伯玮等"不顺命而效死于建文者"时，复介绍其死因，称"先是上兵至沛县，伯玮不肯下，与其子俱死"。两者乍看之下差异不大，但若将杨士奇诗序的内容与之对照，可发现一个有趣的现象：卷九部分的实录内容主要是沿袭《奉天靖难记》，对颜伯玮之死的记载是"被杀"，但在杨士奇的诗序中，颜伯玮父子之死却转为"自杀"，实录卷一四中的描述则较为暧昧，"俱死"一词于上述两种解读皆通。由这三处说法的差异，或许亦可看出《明太宗实录》对《奉天靖难记》内容的沿袭和纂修人员试图进行的论述调整痕迹。参见《明太宗实录》卷九上，第 108 页；卷一四，第 263~264 页。

由诗序中称颜氏父子之死"事具国史",应可推测是完成于宣德五年(1430)《明太宗实录》付梓后。此事之所以能加载实录,很可能就是当时主导编纂工作的杨氏所为。事实上,《明太宗实录》中对颜氏父子殉死的记述,正是出自前文所引成祖以"彼食其禄,自尽其心"不加追戮诸殉臣的段落。身为永乐至宣德年间靖难历史建构的重要人物①,杨士奇对自己迫于政治压力,于实录中扭曲史实、隐没故人忠义形象的行为,或许一直深感不安,诗中那句"一门忠孝史官知",可谓道尽了他的矛盾心情。

至于和杨士奇并无同乡关系,却有着同僚之谊甚至举荐之恩的王叔英,杨氏也不无感念与哀悼之心。他曾试图收辑王叔英的诗文,但已无法求得完稿。②正统六年(1441),杨士奇又撰写了《祭王原采文》来祭悼王叔英③,文中以"先生之心,金石其贞;先生之志,霜雪其明"形容其操守和忠义精神,却未提及足以反映上述德行的具体事迹④,比起《周是修传》和《过沛县悼颜伯玮》诗序,显得简略许多。此种差异或许是文体不同所致,也可能虑及正统年间官方态度又再趋保守⑤,故不得不谨慎以待。

值得注意的是,无论是周是修、颜伯玮还是王叔英,其实都在前述《明太宗实录》中成祖予以"彼食其禄,自尽其心"肯定的"不顺命而效死于建文者"之列。诚然,究竟这三人得以名列其中,实乃杨士奇刻意为之,抑或杨士奇的纪念行为,原本就只限于故旧中受到成祖肯定者,如今已经无从判断;但就结果而言,实录该条所记述的成祖言行,终究为杨士奇纪念此三人的做法,提供了最有力的背书。反过来说,在晚明以前历朝实录秘藏宫禁、一般人难以窥其内容的时代,杨士奇的书写也等于是将官书所定调的成祖态度,进一步予以宣传和普及。杨氏当年是以史才受到王叔英的赏识,进而被荐入翰林院从事修史工作,他在永乐至正统年间亦继续参与了《明太祖实录》的两次重修,以及《明太宗实录》《明仁宗实录》《明宣宗实录》等官方史书的编纂;由此来看,《过沛县悼颜伯玮》中"一门忠孝史官知"一句,或许也蕴含了他对自身的某种定位,唯恐周是修等君子清白之节遭致泯没的心态,可能亦非仅限于其对故旧的情感,更涉及一段被官方掩盖的历史。

时间流逝带来的变化,也为杨氏的上述活动塑造出相对有利的条件。不只是成祖死后政治禁制的渐趋缓解,经历了将近三四十年的岁月,宣德、正统年间的杨士奇,其地位亦非永乐时期所能比拟,他已从昔日成祖秘书班子中的一员,跃升为后任新君最倚重的元老大臣。⑥这使他既能充分利用现有的资源消解纪念建文忠臣可能带来的质疑与政治风险,亦使他的做法和论述受到更多关注,进而带来更多的影响和联想。在重视"祖制"的明代,《明太宗实录》中"彼食其禄,自尽其心"的记载,保证了纪念自杀而亡、未与成祖正面冲突的建文忠臣,并不会与成祖及其历史地位相冲突,这不仅成为杨士奇自己的保护伞,透过其个人书写,这些与秘藏宫禁之实录遥相呼应的论述,也得以更深更广地传播于士人群体之间,进而为后世平反建文忠臣乃至予以崇升的倡议提供了依据。

---

① 除了《明太宗实录》之外,永乐年间曾两度重修《明太祖实录》,杨士奇皆在总裁官之列,只是并未如《明太宗实录》时一般位居首席。参见《明太祖实录》,中国台北,中国台湾"中央"研究院历史语言研究所,1984年,第1页。
② (明)宋端仪:《立斋闲录》卷三。到了成化年间,复有人再行尝试,但成果同样不理想,"十无一二"。
③ 据宋端仪《立斋闲录》载,杨士奇曾写信向广德州官询问王叔英安葬之所,并前往寻访、题其墓碑。故该篇祭文应是杨氏访得其墓后亲至祭奠时所写。参见(明)宋端仪:《立斋闲录》卷三。
④ (明)杨士奇:《东里续集》卷四六。
⑤ 正统朝是官方透过一系列措施奠定成祖历史地位、确立其政权合法性的时期,英宗由于身负上述历史责任,故在处理建文朝相关问题时都颇为谨慎。参见朱鸿:《三"杨"开泰?——明英宗正统初期的内阁政治》,收入林丽月主编《近代国家的应变与图新》,中国台北,唐山出版社,2001年,第1~27页;何幸真:《英庙"盛德":明天顺朝君臣对"建文问题"之态度》,《明代研究》,第16期,2011年6月,第1~28页。
⑥ 根据朱鸿的研究,永乐年间简入内阁,成为皇帝私人秘书及顾问,草拟诏敕、参与机务的官员中,最受赏识者为杨荣,杨士奇的地位则较为次要,所受重视也不及解缙、胡广、金幼孜等人。赵中男的研究也指出,杨士奇是在宣宗时期才超越杨荣,取得首席重臣的地位。到了正统年间,杨士奇更是在太皇太后张氏(仁宗之后)的支持下,与杨荣、杨溥一同担任辅政大臣,共同推动正统初年的朝政。参见朱鸿:《明成祖与永乐政治》,第164~174页;《三"杨"开泰?:明英宗正统初期的内阁政治》,第1~27页;赵中男:《明宣宗的政治核心集团及其形成》,《北方论丛》,1991年第1期,第12~15页。

二 移花接木成纶音：明代中晚期衍生的历史调和论述

明代有关靖难战争与壬午殉难的历史调和论述，不仅反映了当时知识分子抚平历史伤痕、解除政治禁忌的渴望，某种程度上亦凸显了明人在面对靖难历史问题时的矛盾心态。历经近百年的经营，成祖一系君主对于大明帝国的统治早已稳固，成祖本人更逐渐取得与太祖不相上下的地位；然而此时，建文忠臣的事迹也随着政治禁制的松弛开始浮出水面，广为流传，进而深植人心，成为许多文人士大夫与地方乡里所认同的对象。[1] 在这种情况下，对于靖难历史的调和论述，遂将人们的现实处境和情感需求结合在一起，使之在接受成祖及其子孙统治事实的同时，也能缅怀遭到取代的建文政权，并追思殉臣们的忠义事迹。

正德、嘉靖年间是明代建文朝私史修纂的首波高峰，也是建文殉臣祭祀逐渐普及于各地的时期。对殉臣忠义事迹的传述是该时期相关书写的重点，除了建文史籍的撰写，从地方志或祭祀活动的相应创作，也可窥见各地对其乡殉臣的推崇之情。然而，当时许多殉臣在官方论述中仍背负着"奸臣"的恶名，为了消除此种矛盾，并为殉臣事迹的宣扬、纪念行为塑造正当性和必要性，如杨士奇那般针对自杀而死之殉臣、强调其与成祖两不相妨的论述，已经无法满足当时人们的需求，关心靖难历史问题并试图予以调解的知识分子们，遂致力于建构更具积极意义的说法，让成祖所肯定甚至予以宽赦的对象，由原本的少数特例扩及所有建文忠臣。

为了达到此一目的，在这类论述中，论者所引据的信息虽多出自既有文献，甚至是具有权威性的官方文本，却透过一些手法不着痕迹地改变其原义，借此将与成祖调和的殉臣范畴不断扩大。当时调和论述所引用之记载中，最能展现成祖肯定殉臣之忠并予以宽容的，除了《明太宗实录》中成祖以"彼食其禄，自尽其心"理解自杀以殉建文者而不加追戮的记载外，还有弘治年间叶盛（1420？—1474）《水东日记》中成祖禁止吉水县人迫害建文殉臣练子宁（？—1402）姻亲钱习礼的故事：

> 钱（习礼），吉水大族，本亦练子宁疏远姻亲，一时虽脱祸，而恒为乡人所持，举族不敢一吐气，习礼既入翰林犹然。习礼不可奈何，以告建安杨公，公一日独对毕，即以其事闻。太宗欣然曰："立贤无方，使练子宁今日在此，朕固当用之耳。"即下令禁止之。文皇帝之盛德至矣。[2]

文中"使练子宁今日在此，朕固当用之耳"一句，后来即与"彼食其禄，自尽其心"一同，成为证明成祖肯定建文忠臣并予以宽赦的凭据，而为正德、嘉靖以降的建文忠臣传记，或是意图调解其与成祖对立之论述所引用。值得注意的是，相较于周是修、颜伯玮、王叔英等自杀殉臣，练子宁的结局与方孝孺类似，都是在与成祖正面对峙时抗颜不屈，最后被整肃致死[3]，这显示可供往后靖难历史调和论述利用的"成祖宽赦之典"，已经扩及曾与成祖直接冲突并遭整肃而死的殉臣。正德、嘉靖之际一些记述靖难历史的知识分子，甚至已经开始模糊此类文句的指涉对象，将获得成祖肯定与宽宥者，由原本的少数且特定的殉臣扩及近乎所有的建文忠臣。如黄佐《革除遗事》中对其写作动机的说明：

---

[1] 相关讨论可参考刘琼云：《帝王还魂：明代建文帝流亡叙事的衍异》，《新史学》，第 23 卷第 4 期，2012 年 12 月，第 61~117 页；Peter Ditmanson, "Venerating the Martyrs of the 1402 Usurpation: History and Memory in the Mid and Late Ming Dynasty," *T'oung Pao* 93 (2007), pp. 110~158.

[2] （明）叶盛：《水东日记》，北京，中华书局，1980 年，第 144 页。

[3] 事实上，在明中叶以降形成的叙述中，暨两人的殉难经过，特别是与成祖对峙并严加质问的情节，实在太过相像，或许是在长期的传衍过程中，相互影响、混融所致。参见（明）屠叔方：《建文朝野汇编》卷七、卷一〇，《中国野史集成续编》本。

是史既逸之矣，此其录之也。何？居承二圣帝意也。文皇帝尝谓诸先正之死曰"彼食其禄，自尽其心耳""使练子宁若在，固当用之"。昭皇帝又曰："若方孝孺辈皆忠臣也。"乃肆赦宥其子孙，还其田土。①

在这样的论述下，就连当代文人记录、宣扬建文殉臣事迹之举，都变成是在承续成祖的遗意。"诸先正"一词的使用也相当微妙，其指涉范畴可以限于特定几个建文殉臣，却也可以囊括所有殉臣。透过此类指称对象模糊的词汇，原本仅指涉周是修、颜伯玮等自杀殉臣和练子宁等特例的话语，便能被套用在所有建文殉臣的身上。

除了指涉对象的模糊化，"嫁接"亦是当时靖难调和论述的惯用手法。正德、嘉靖两朝《袁州府志》在书写被官方列为靖难"首恶"的黄子澄事迹时，便将其他文本的记载嫁接其中。如正德年间修纂的《袁州府志》，便刻意将黄子澄与练子宁进行连结：

新淦练都御史子宁与子澄实同死事，时以党祸被逮有司，株系弥年不解，近臣有以为言者。文皇曰："使练子宁等在，朕固当用之。"诏悉从宽宥。②

《水东日记》中"使练子宁在"一语，于《袁州府志》中多了一个"等"字，其指涉范围便从原本的练子宁一人变得无限宽广；原本仅禁止吉水县人继续为与练子宁之姻亲关系迫害钱习礼的命令，更由此变成了"悉从宽宥"。正德《袁州府志》如此写作，应是为了将身为其乡殉臣的黄子澄从长期以来的政治禁忌中解放出来，并试图透过与练子宁进行连结，将原本被成祖视为"首恶"的黄子澄也纳入"宽宥"范围，调和其与成祖之间的冲突。若考虑到地方志书的性质，或许可以视此为地方精英将其所认同之乡里人物"正统化"，以进入国家话语体系、得到官方认可的尝试之一。

其后，在成书于嘉靖二十二年（1543）的新志中，对黄子澄生平的叙述又更进一步强化其与练子宁之间的连结。传中先叙述练氏激愤请诛耽误对燕战事的李景隆，并以"子澄与都御史练子宁哭谏"将两人拉到同一阵线，之后又言"子澄初举进士，与子宁实甲乙，至是同死"，强调两人间有同年之谊，还连结两人同遭政治整肃而死的结局，将之解读为"同死"；最后再带出成祖"使练子宁等而在，朕固当用之""彼食其禄，自尽其心"之语，不但企图塑造黄子澄也属于"练子宁等"群体成员的印象，更将实录中成祖原仅指涉颜伯玮、周是修等自杀殉臣的评语，也套用在黄子澄这个官方眼中的"首恶"身上。③

不只是《袁州府志》中的黄子澄传记，嘉靖四十年（1561）纂成的《浙江通志》也有类似倾向。在卷四六方孝孺传的末段，即有"文庙尝与杨荣论子宁等曰：'彼食其禄，自尽其心。''使练子宁若在，朕固当用之。'仁庙亦谓群臣曰：'方孝孺辈皆忠臣也。'"等语④，此与当时一般建文忠臣传记文本如《革朝志》中"乃后文庙言及孝孺，辄愤愤顿足不能平"的描写大相径庭。⑤ 总之，为了让民间视为忠臣或乡贤而推崇的殉臣们也获得官方认可，一些文本透过对旧有记载的嫁接与重新拼凑，使成祖感佩殉臣之

---

① （明）黄佐：《革除遗事序》，收入（明）郁衮《革朝遗忠录》，中国台北国家图书馆藏明刻本。文中的"昭皇帝"即成祖之子仁宗，他在成祖去世那年的十一月，即下令让建文诸臣遭成边处分的亲属，借由其即位时之大赦，复移为民，并给还田土。然而，官方记载中并无任何线索可证明仁宗曾说过"若方孝孺辈皆忠臣也"之类的话，故此语的真实性尚有待确认。参见《明仁宗实录》，中国台北，中国台湾"中央"研究院历史语言研究所，1965 年，第 131 页。
② （明）严嵩等修：《（正德）袁州府志》卷九，《天一阁明代方志选刊续编》本。
③ （明）陈德文等修：《（嘉靖）袁州府志》卷九，《天一阁明代方志选刊续编》本。
④ （明）薛应旂等修：《（嘉靖）浙江通志》卷四六，《天一阁明代方志选刊续编》本。
⑤ （明）许相卿：《革朝志》卷三，《中国野史集成续编》本。

忠并予以宽宥的认知，逐渐被建构起来，并被一再强调。但实际上，借由上述手法扩大成祖"宽宥"对象的范畴，并据此为建文殉臣寻求平反，不但难有实质成效，在论述上也站不住脚。因为成祖"靖难"正当性成立的首要前提，就是将齐泰、黄子澄等人塑造为诱导建文帝"坏祖法、乱政经"的"奸臣"[①]，故朝廷对这些"首恶"的定位绝不能被改变。嘉靖十四年（1535）礼部尚书夏言（1482—1548）反对吏科给事中杨僎奏请表彰建文殉臣的议论，即明白指出此种涵盖于实质上的无效性。[②]

明人为建文朝及建文君臣争取应有之历史地位，尝试让该段历史"正常化"，此类倡议于明代中叶兴起之初，便是由建文忠臣着手。比起建文帝，这些人与成祖政权的合法性较无直接冲突，而且可以结合明代官方提倡的忠臣崇拜与名宦乡贤祭祀，对官方"整顿士风民心"的政治需求亦能提供助力，实行上较为容易。《明太宗实录》中成祖对周是修等自杀忠臣的肯定，更能成为持此论者依傍的坚实凭据。虽然没有确切证据能证实明人相关论述中以成祖态度为据的策略确是受到杨士奇的启发，但无论是其所留下的记载，还是这套让成祖为己背书的论述逻辑，都在明代中叶以降得到进一步的发展。当时尝试调解成祖与建文忠臣对立关系的知识分子，便紧紧抓住"彼食其禄，自尽其心""使练子宁等而在，朕固当用之"等据载出自成祖金口的言论，透过对其原载文献的曲解与嫁接，让成祖为自身主张背书，使己论在"帝意"的加持之下变得极具说服力。虽然在立论过程中，论者为达"调和"之目的，对其所据史料进行改写或再诠释，使之丧失原本的历史语境和指涉意义，况且无论其如何发展，平反建文君臣将对永乐政权合法性造成冲击的问题，都无法获得实质解决；不过倘若此类论述中的历史认知，能被主政者视为事实、加以相信，相关政治禁制便有了松弛的可能。一旦朝廷认为建文君臣地位的恢复对成祖的统治正当性并无威胁，便不会对破除禁忌存有顾虑，而这正是持此类论者最大的期盼。

值得注意的是，在杨士奇纪念故旧文字成为还原部分建文殉臣生平之线索，其调和成祖与殉臣关系之记述亦为后世广泛引用的同时，他本人于后世文献中的形象却逐渐产生了分歧，被不同书写者以不同的方式理解并符号化，以达成特定之论述目的。杨士奇归附成祖的选择，使他成为野史逸闻中对比建文殉臣的贪生怕死之徒；他为多位建文忠臣作传的做法，又使之被视为早期保存、传述殉臣遗世的重要人物；他参与《明太祖实录》两次重修并担任《明太宗实录》修纂总裁的经历，固为其调和靖难历史中的冲突性提供了帮助，却也为他本人招致"扭曲史实""污蔑忠臣"的批判。[③] 以下便由正反两个层面，分别探讨杨士奇于明代中叶以降的形象分歧。

三 失落历史的保存者：杨士奇纪念行为引发的后世联想

如前所述，杨士奇在纪念建文殉臣、调和其与成祖之间冲突等方面，都付出了相当多的努力。他

---

① 成祖在下令悉焚建文朝臣奏章中"有干犯者"时，曾向投降于己的建文旧臣如此强调："朕非恶夫尽心于建文者，但恶导建文坏祖法、乱政经耳。尔等前日彼则忠于彼，今日事朕当忠于朕，不必曲自遮蔽也。"此语不仅是为展现宽宏态度、安抚归顺者，也道出了其"靖难"兴兵最重要的"凭据"。如果"坏祖法、乱政经"的"奸臣"不存在，那他起兵的正当理由也就跟着荡然无存。参见《明太宗实录》卷一一，第186~187页。

② 《明世宗实录》卷一七七，中国台北，中国台湾"中央"研究院历史语言研究所校，1984年，第3825~3826页："尚书夏言等言：'所称革除，实指我太宗文皇帝靖难时，中间所列死事诸臣，固有一时自尽其心，以明臣节于建文君者，若齐泰、黄子澄辈，则是当时误国有罪之人，太宗文皇帝名其为君侧之恶，声其罪而诛之者也，具载实录，昭然可考。非赖我太宗应天顺人，内靖外攘，则我高皇帝万世帝王之业当未知何所底定，此我太宗神功圣德所以宜为百世不迁之宗也。今所奏，是徒闻野语流传之讹，而不知国史直书之可信。况表励之典，在太宗时或可，在今日则不可。僎实新进儒生，不识忌讳，所据奏内事理，实难准议。'"

③ 比起展现成祖对建文忠臣之宽仁、有意调和两者冲突的零星记载，《明太宗实录》中充斥着更多对于建文朝的污蔑与扭曲，这些内容大多集中于描述燕王"靖难"过程的《奉天靖难事迹》部分。《奉天靖难事迹》的内容，是由成祖授意编纂的《奉天靖难记》略加润饰而成，其对建文政权的激烈批判，亦与后面永乐年间记载的少许着墨形成对比。此一对比亦足以反映《明太宗实录》中《奉天靖难事迹》与对永乐朝政的记载，虽编入同一文本，却是在两个不同的脉络下完成。关于《明太宗实录》（主要是《奉天靖难事迹》）对建文朝历史的扭曲，可参见王崇武《奉天靖难记注》《明靖难史事考证稿》（中国台北，台联国风出版社，1975年）二书。

为周是修、颜伯玮等人写作的纪念文字，成为较早记述建文殉臣生平、正面颂扬其忠义形象的重要文本；其对成祖肯定部分殉臣之忠的强调，也成为后世崇仰建文忠臣论述中不可或缺的依据。或许就是因为杨士奇上述努力给后世带来了诸多启发与联想，弘治、正德年间出现了"三杨议修建文实录"的说法，如祝允明（1460—1526）的《野记》一书便有如下记述：

> 皇后大渐，召三杨于榻前，问："朝廷尚有何大事未办者？"文贞首对："有三事，其一建庶人虽已灭，曾临御四年，当命史官修起一朝实录，仍用建文年号。"后曰："历日已革除之，岂可复用？"对曰："历日行于一时，实录万世信史，岂可蒙洪武之年以乱实？"后颔之。其二后亦首肯。其三方孝孺得罪已诛，太宗皇帝诏"收其片言一字，论死"，乞弛其禁，文辞不系国事者，听令存而传之。后默然未答，三公即趋下，叩头言："臣等谨受顾命"，遂出。①

文中"皇后"即仁宗张皇后（1379—1442），她在孙子英宗（1427—1464，1435—1449、1457—1464 在位）继位后成为太皇太后，以杨士奇、杨荣（1371—1440）、杨溥（1472—1446）为辅政大臣，后于正统七年（1442）十月过世。此事后来也被载入《明史》，唯部分细节与《野记》略有差异。②不过这个故事应为后人虚构，因为三杨中的杨荣卒于正统五年（1440），不可能于两年后太皇太后大渐时被召，此说也在《明史》中作了修改。③然而这种记载，却反映了后世对杨士奇等人于公于私对建文政权的正向态度，已有相当程度的关注，甚至怀有某种期待。考虑到弘治年间已开始出现希请官方为建文朝修史的声音④，上述记载中复年号、修实录、弛文禁之议，与其说是杨士奇的意见，或许更像是成化、弘治以降时人内心的希冀。

纵使是曾与杨士奇处在同一时代，并于同一单位任职的官员，他们所留下的记载也不无启人疑窦之处。例如与杨士奇同样出身吉安府泰和县，永乐时亦皆在内阁任职，并一起经历洪熙、宣德、正统三朝的王直（1379—1462），他在为杨氏所写的《少师泰和杨公传》中，提及了这么一件事：

> （洪熙元年）四月，人有上书颂太平者，上以示公及蹇义、夏原吉、杨荣。义等曰："陛下即位，所行皆仁政，百姓无科敛徭役，可谓治世矣。"公对曰："陛下恩泽已敷，但流徙尚有未归，疮痍尚有未复，远近犹有艰食之人，须再休息二三年，庶几人皆得所。"上笑曰："朕与卿辈相与出自诚心，去年各与绳怨纠缪图书，切望匡辅，惟士奇曾上五章，朕皆从所言。卿三人未有一言，岂朝政果无阙，生民果皆安乎？卿辈，吾所倚，任事有未当，皆须直言，勿有所隐。"⑤

单就引文内容来看，似乎并无疑问。"流徙尚有未归，疮痍尚有未复"在这样的脉络下，一般都被解释为"靖难战后遭成祖整肃而戍边的建文殉臣亲属尚未归乡，而靖难战争为民间带来的破坏亦未完全恢复"，恰可反映出杨士奇期盼弥补此一历史伤痕的用心。这种只字不提"建文朝"或"靖难"等词汇的模糊叙述，在早期有关该段时期的书写中便相当常见，在人人皆知此事敏感的情况下，似也不

---

① （明）祝允明：《野记》卷二，《四库全书存目丛书》本。
② 《明史》所载内容如下："（张太皇太后）正统七年十月崩。当大渐，召士奇、溥入，命中官问国家尚有何大事未办者，士奇举三事。一谓建庶人虽亡，当修实录。一谓太宗诏有收方孝孺诸臣遗书者死，宜弛其禁。其三未及奏上，而太后已崩。遗诏勉大臣佐帝惇行仁政，语甚谆笃。上尊谥曰诚孝恭肃明德弘仁顺天启圣昭皇后，合葬献陵，祔太庙。"参见《明史》卷一一三，北京，中华书局，1974 年，第 3513 页。
③ 关于此逸闻的虚构问题，吴德义已进行过详细的考察与分析，可参见《〈明史〉杨士奇"举三事"说质疑》，《西南大学学报（社会科学版）》，第 36 卷第 5 期，2010 年 9 月，第 75～77 页。
④ 如杨守臣曾在草拟奏疏，提出及时纂修建文朝史的主张，但未及上奏便于弘治二年过世。参见（明）何乔新：《椒邱文集》卷三〇，《影印文渊阁四库丛书》本。
⑤ （明）王直：《抑庵文集》卷一一，《影印文渊阁四库丛书》本。

足为怪。然而，类似的情境与台词，其实早在南宋时期就已出现。南宋高宗时期（1127—1162）的宰相陈康伯（1097—1165），在绍兴三十一年（1161）与高宗的一次对话中，便对皇帝提出了同样的建言，并同样得到皇帝的嘉许：

> 绍兴三十一年二月戊申，早朝罢，召令谕宣陈康伯至殿左平台上，赐露华酒一瓶、烧割一分、点心二样，各攒下饭一。臣奉领叩头拜赐讫，上谕曰："此时百姓，无科敛之扰繁。"臣康伯对曰："陛下恩泽已覃被四方，但流徙尚未归，疮痍尚未复，远近犹有艰食之人，须更二三年休息，庶几人皆得所。"旨然，遣文书房官捧鸾笺，御笔金书"荩忠"二大字，内则诗四章，手赐康伯。臣拜跪，谨叩头领受，俯伏叩谢。①

时隔将近300年，竟出现如此近似的情境与言论，不免让人怀疑王直对杨士奇奏对记载的真实性。廷前奏对不同于撰文赋诗，完全无须照搬古人名句，连用字遣词都如此相似，实在启人疑窦。建文朝史事，以及靖难战争造成的负面影响，向来被视为禁忌，故在很多明代早期的记述中显得模糊不清，而这是否也为后世撷取他处典故妄予附会，提供了机会与发挥空间？没头没尾、无法辨识脉络情境的词组只字，特别适合作为创造新故事的素材，即使本身未涉及建文朝的历史，但在相关议题被视为政治禁忌的普遍认知下，这种"只字未提"反倒显得合情合理。《少师泰和杨公传》的记述，由于出自与传主有同僚关系、相处时间亦长的王直之手，遂广为后世所相信，后来更被载入《明史》，成为正史。②然而值得注意的是，晚明著名史学家、同时也颇关心建文史事的南京士人焦竑（1540—1620），在编纂《国朝献征录》一书时，虽以"杨文贞公传"为题，收录了王直的这篇传记，却删弃了杨士奇的该段奏对，③这或许表示，焦竑对此一记载的真实性也有所怀疑。王直记载反映的究竟是当时就已形成的职场逸闻，还是他自己就是附会之说的创造者，如今或已无从判断，但这则故事之所以会被传述、被强调，进而存续于后世未被淘汰，就显示无论其真实与否，至少都代表杨士奇生平所为带给后世的印象，足以支持当中情节的合理性。

作为较早为建文殉臣留下记载的先驱型人物，再加上在各种纪念文字中屡次反映唯恐故人德行事迹湮没的焦虑，杨士奇遂在后世的印象中成为一个建文忠臣遗事的保存者与抢救者，而这种形象也为往后某些相关论述的建构提供了资源。嘉靖年间，著名建文殉臣方孝孺的故乡台州府，创造出了一个关于方氏亲族殉难的新故事，而杨士奇便成为增添此故事之真实性的一块招牌。

嘉靖四十年（1561）浙江提学副使范惟一（1510—1584）重新刊刻的方孝孺文集《逊志斋集》中，收录了一篇颇有意思的文章，即临海人章岳因应此次重刊，于前一年撰成的《方氏二烈女传》。该文除了叙述方孝孺两个女儿投水自尽的烈行，亦感叹"正学先生一门四节之盛，世所共知，而二女子之死，则或未知"，试图借此建构为一段"失落的史实"，将方氏二女的故事加入人们对于壬午殉难的记忆当中。为使这个故事更具真实性，作者还透过回溯此事被"发掘"的经过，让已故的名臣和名士来为其背书：

> 先年，天台老孺西轩王宗元，九十岁时与石梁王君度言："尝授经乌伤山中，有祝监生者老矣，谓及见西杨阁老，叹方先生二女，当先生死时，年俱未笄，被逮过淮，相与投水死，其事甚烈。当

---

① （宋）陈康伯：《陈文正公文集》卷一，《影印文渊阁四库丛书》本。
② 《明史》卷一四八，第4134页。
③ （明）王直：《杨文贞公传》，收入（明）焦竑《国朝献征录》卷一二，《四库全书存目丛书》本。在此必须说明的是，焦竑对王直《少师泰和杨公传》的收录，其实采取节录的形式，只引录了杨士奇在永乐以后的生平经历。不过其节录版本却连仁宗时期的该次奏对都一并删除，确实比较特别。

时西杨欲为传,未就。"西轩以属王君,曰:"子可遂成西杨之意。"后石梁由南郡出守建昌,亦未及为。当时岳与石梁之子胤东,实与闻之,兹因重刻先生之文,录此附载集中。①

从以上文字可以看出,这是一个不断被转述、立传任务不断被转交的故事,从杨士奇、祝姓监生、王宗元、王度到章岳本人,层层往下递移,一篇简短的小传竟然必须等到任务转移至第五人身上才得以完成,实在是不可思议。章岳在文中建立以上转述链的目的,便是要让此事拥有一个能证其为真的人,而杨士奇正是理想的人选。杨氏曾经为周是修立传,作诗悼念颜伯玮,亦曾尝试补辑王叔英的文集,这样一个人物即使想为其他建文殉臣及其亲属立传,在当时人们看来似乎也不足为奇。当然,杨士奇对上述三人的纪念行为,很大程度上是基于和他们的故旧之情,而未必是因为"其事甚烈"。由此亦可看出,在嘉靖年间人们的认知中,杨士奇已变成一个纪念建文殉臣的先趋者,他们甚至将自己纪念建文殉臣的动机套至杨士奇身上,以此理解他的做法。

相较于要为此故事真实性与"壮烈"程度背书的杨士奇,接下来四代传承者的角色则没那么重要,主要就是为了确保二女事迹不致在靖难后到嘉靖三十九年(1560)这么漫长的时间里湮没,而能被章岳顺利"记录"下来,传之后世。那么,为什么台州地区要创造这样的故事,为在此之前已经发展得相当惨烈的方氏死难过程"锦上添花"呢?② 笔者认为,这是因为在正德、嘉靖以降,建文忠臣女眷的殉难事迹,也开始成为反映、衬托其父兄道德形象的元素。中国传统史学向来有借鉴、教化的意义,史家也往往以此为任,明代士人的靖难历史书写,不仅涉及对建文君臣的同情与认同,亦是基于教化的需要。与"男性之忠"相对的"女性之节",在史籍书法偏重褒忠叙述的情况下,也常被给予较多的重视与着墨。

当时建文忠臣女眷的殉难故事,甚至好像已发展出一种"二女模式",前文中成祖称以"彼食其禄,自尽其心,悉勿问"的王叔英和黄观(1364—1402),以及在抗燕战事中兵败就戮的萧县知县郑恕(?—1402),死后都有两个女儿跟着自杀全节。③ 上述现象究竟纯属巧合,还是诸忠死难故事彼此影响混融所致,如今已难判断,但这些女眷的殉难故事,作为其父英烈事迹之余音,不仅强化了殉臣死难的戏剧性,也将其道德形象塑造得更鲜明。方孝孺作为建文忠臣群体的代表人物,其不屈而遭族诛的事迹固然壮烈,但相较之下就是缺少了一个富戏剧性且能反映、强化其道德形象的存在。换言之,方孝孺作为台州地区推崇的忠臣与乡贤,自然也肩负了为乡里凝聚地方认同,进而与外地竞争的使命。④ 这或许就是章岳等台

---

① (明)章岳:《方氏二烈女传》,收入(明)方孝孺撰,徐光大点校《逊志斋集》,宁波,宁波出版社,2000年,第896页。这则记载对后世颇有影响,如崇祯年间《宁海县志》便将此事收入该书《列女传》,之后《明史·方孝孺传》中也记载了这个故事,不过二女投水之处已由淮河变为秦淮河,或许此说在晚明到清代的流传过程中也历经了一些调整。参见(明)宋奎光等修:《(崇祯)宁海县志》卷八,《中国方志丛书》本;《明史》卷一四一,第4019页。

② 如嘉靖初姜清所编纂的建文朝编年史书《姜氏秘史》开始出现方孝孺遭成祖割舌、处磔刑,至死仍含血犯御座、骂声不断的情节;成书于正德六年的祝允明笔记《野记》中,也已可见"诛十族"的说法。参见(明)姜清:《姜氏秘史》《中国野史集成正编》本;(明)祝允明:《野记》卷二。

③ (明)周瑛:《重修王修撰墓记》,收入(明)宋端仪《立斋闲录》卷三;《明太宗实录》卷一四,第264页;(明)薛应旗等修:《(嘉靖)浙江通志》卷二〇。

④ 廖宜方在《唐代的历史记忆》中指出,矜夸乡土山川、人物的风气,正是地方历史记忆的原动力,地方居民对乡里的自豪感,经常是与邻近地区抗衡较劲的结果。方孝孺在天顺、成化年间,便已成为台州地区,特别是台州首县临海与其乡宁海县士人极力推崇的乡贤,方孝孺文集自明代中叶以降一再重刊,其中大多数的刊刻工作都是在台州地区进行。到了崇祯年间,新刊的《宁海县志》甚至在《人物传》中专设《方氏列传》,独立介绍方孝孺及其家族的事迹与相关资料,编排上形同方孝孺的"纪念专辑"。台州地区之所以如此推崇方氏,或许是因为当地罕有如此突出、闻名全国的人物,而他们亦亟欲塑造一个足以作为当地道德模范并凝聚地方认同的偶像。对照同为著名建文殉臣的周是修,其乡郡吉安府光是自杀殉君的建文忠臣就有八位,此一数字放眼全国无出其右,但当地原本就以"盛产忠节之士"为傲,加上已有文天祥这个榜样,故这八位殉臣就没受到太多重视。此外,台州府所在的浙江省,原本就是"盛产"建文忠臣的地区,这也意味着各府县之间的竞争、比较颇为激烈。参见《唐代的历史记忆》,中国台北,中国台湾大学出版中心,2011年,第270页、第304页、第313~315页;王崇武:《明靖难史事考证稿》,第4页;(明)宋奎光等修:《(崇祯)宁海县志》卷七。

州士人要为方孝孺创造如此故事的原因。而杨士奇则被塑造为亲自见闻此事，并欲将之流传后世的见证人与背书者，以强调此事之既"真"且"烈"。

杨士奇对靖难历史的调解论述，反映了他对建文殉臣的同情与怀念，以及作为投降成祖之臣，身不由己的无奈。也正因杨氏在宣德、正统年间成为位高权重、资深望厚的元老重臣，他的相关书写方能比其他同时期的零星纪念文字流传更广，进而发挥更大的影响力。故除了永乐以降四朝辅政名臣的历史形象，期盼建文朝历史得以正常化、靖难战争造成的历史伤痕得以被治愈，抱持着此种愿望的明代士人，也将上述心态投射至他们印象当中，较早开始相关尝试的是杨士奇。

但与此同时，杨士奇在建文政权覆亡之际选择投降成祖，保全了身家性命与仕宦前途，并未如周是修、王叔英等同僚故友那般慷慨殉死，此段过往也从来不曾被遗忘；而杨氏被任命为《明太宗实录》的总裁，以及该书中对建文政权的极尽污蔑，亦皆是无可辩驳的事实。这便使杨士奇的后世形象产生了与前者背道而驰的分歧。

四　扭曲历史的媚主降臣：杨士奇的另一种后世形象

杨士奇最主要的历史形象，主要来自他在投效永乐政权、简入内阁之后的逐渐活跃，也因此在明代的国朝史著作乃至近人研究当中，多是以"四朝辅政名臣"的身份予以讨论之。不过，在有关建文朝与靖难历史的论述中，杨士奇倒也占有一席之地，而且通常并非以前述逸闻中"历史保存者"或"同情旧朝者"的身份出现，而是作为"背叛同僚的迎降者""扭曲历史的罪魁"以及"贪生怕死之徒"遭受后世的批判。此类看法在明代中期之前，便已和杨氏作为国朝名臣的形象并存，而随着嘉靖、万历以降对士风不振的焦虑和对国朝历史的反省日深，其作为迎降成祖之臣和扭曲建文朝历史帮凶的面向，就越发受到注意和批评，进而压过"历史保存者"或"同情旧朝者"的形象。此类批评有时也与明代士人陈请恢复建文朝历史地位的奏议，以及定位建文和永乐政权关系的尝试相结合，这些论述者碍于种种因素，无法直接批判问题的始作俑者成祖，故只能将矛头转向杨士奇，使之成为相关历史究责论述中的替罪羊。

目前可见最早借建文殉臣死难批判杨士奇等降臣的说法，出自英宗阁臣李贤（1408—1466）的笔记《天顺日录》，斥责这些人曾与周是修同约殉死，最后却都负约苟活而不以为耻：

> 文庙过江时，胡广、金幼孜、黄淮、胡俨、解缙、杨士奇、周是修［修］辈俱在朝。惟是修［修］具衣冠诣应天府学，拜宣圣遗像毕，自为赞系于衣冠，自缢于东庑下，可谓从容就死者矣。诸公初亦有约同死，已而俱负约，真有愧于死者。后缙为志，士奇为传，且谓其子曰："当时吾亦同死，谁与尔父作传？"识者笑之。①

若检视李贤所列名单，可发现其与之前杨士奇所作传记中，周氏死前曾拜别、托付后事的友人名单（江仲隆、解缙、胡广、萧用道、杨士奇）及其死后为之撰文纪念者的名单（解缙、胡广、萧用道、梁潜）都有所出入。李贤所列出的，正是后来为成祖简入内阁加以重用的七人，原本在建文年间与周是修同样品级不高的他们，从此有了参与机务、近侍天子的机会，对比选择自杀殉君的周是修，两方际遇确是南辕北辙，令人唏嘘。如此看来，所谓负同死之约而有愧于死者的说法，与其说是事实的陈述，或许更接近对上述差异之不平心态所产生的联想。而在靖难战后生存下来，并由此飞黄腾达的杨士奇，其为

---

① （明）李贤：《天顺日录》，收入〔明〕邓士龙编，许大龄、王天有点校《国朝典故》，北京，北京大学出版社，1993年，第1162页。

殉难故旧作传的行为，也在上述认知脉络下，被李贤视为苟且偷生的托词。

李贤这条记载对后世影响颇深，除了衍生出些许情节近似但人物略有差异的传闻，正德、嘉靖以降不少述及靖难史事的著作，在记述周是修的殉难事迹时，亦会提及同僚尽数负约、唯其一人独死的情节。曾为多位建文殉臣撰写言行录的尹直（1427—1511），亦于上述记载的基础上，在其笔记《謇斋琐缀录》中借周是修之死节，对投靠成祖的解缙、胡广、杨士奇等人进行讥刺：

> 太宗渡江时，解、胡、金三先生与杨文贞、周是修〔修〕相约自尽于应天府学。既而解先生使人觇胡动静，因得胡先生庸如厕，回问家人曾饲猪否。解先生笑曰："一猪尚不肯舍，岂肯舍性命？"盖皆初无意于死也。惟是修〔修〕竟行其志，哀哉！宜文贞为之著传，以表见于后也。然文贞实以解荐，而文字中绝不语。及归省过文江，仅以白金十两寿解夫人尔。①

这则记载的逸闻性质，比《天顺日录》的版本更明显。文中以讽刺的笔法描述了解、胡二人贪生怕死却又惺惺作态的情状。相较于李贤，尹直虽然对杨士奇为周氏作传的贡献予以肯定，但仍透过叙述解缙获罪于成祖后杨士奇的冷淡态度来批判其现实的心态。

从这段时期开始，似乎已可在明代士人们的历史认知中发现一种倾向，那就是赋予靖难战后可能遭受整肃的建文朝臣一种类似"命运共同体"的关系。不只是前述李贤、尹直对其笔记逸闻的评语反映了此种心态，正德年间张芹编纂的建文殉臣传记《备遗录》中亦有"初，廷臣同约死义者二十五人，惟郑赐、黄福、尹昌隆归附"②的说法。这些说法或许透露了当时人们对投降成祖者的不谅解，认为其行为背弃了殉难的同僚。

大约是在天顺、成化年间，有关建文忠臣殉难的记述开始增多，甚至融入了民间的相关传说。如王骥（1378—1460）曾为靖难战后坠城自尽的龚泰（1367—1402）撰写墓表③，苏州文人史鉴（1434—1496）亦为战时筹备勤王的苏州知府姚善（1359—1402）立传，传末还述及黄观、周是修两位自杀殉臣的事迹④；成化年间广德知州周瑛（1430—1518）在为王叔英修墓作记时，也从当地耆老处获得很多王氏生平的信息⑤。此类书写活动的发展，使得建文殉臣的忠义形象深入人心，也让当时的知识分子难以接受官方记载中方孝孺等人向成祖"叩头祈哀"⑥的说法。在上述情绪作用下，参与《明太宗实录》等官书修纂的史臣便成为被抨击的对象。成、弘年间的士人彭韶（1430—1495）感于壬午殉难之惨烈写下的五言古诗《过江南》，便有一段模拟建文殉臣心境，描写他们即使付出惨痛代价仍不改其忠的觉悟，而此种带有想象成分的认知，更令作者对其遭到族灭和污蔑的境遇倍感悲愤：

> 父母俱不顾，天常不可易；妻子岂不爱？吾分当自适。寄语谢诸亲，业缘皆宿积；慎勿我怨尤，怨尤竟何益？所贵贤士模，万段何足恤？后来奸佞儒，巧言自粉饰；叩头乞余生，无乃非直笔。簿书日埋头，面面叹昏塞；乍闻毛发竖，空拳几欲击。孤我守夜长，四壁虫声唧；耿耿不成寐，此意谁能识？圣人顺天命，四海瞻尧日。尔胡守赣愚，甘心取族灭？不见解与胡，乘时附凤翼；恩宠日

---

① （明）尹直：《謇斋琐缀录》卷六，收入（明）邓士龙编，许大龄、王天有点校《国朝典故》，第1311~1312页。
② （明）张芹：《备遗录》，《中国野史集成正编》本。
③ （明）王骥：《故户科都给事中龚君墓表》，收入（明）徐纮《皇明名臣琬琰录》卷一二，中国台北，明文书局，1991年，第407~415页。
④ （明）史鉴：《西村集》卷六，《影印文渊阁四库丛书》本。
⑤ 弘治年间宋端仪的《立斋闲录》即收有此记，题为《重修王修撰墓记》，其内容后来亦为许多述及靖难的私纂史籍所引用。参见（明）周瑛，《重修王修撰墓记》，收入（明）宋端仪《立斋闲录》卷三。
⑥ 《明太宗实录》卷九下，第161页："时有执方孝孺来献者，上指宫中烟焰谓孝孺曰：'此皆汝辈所为，汝罪何逃？'孝孺叩头祈哀。上顾左右曰：'勿令遽死。'遂收。"

日加,声名垂简册。①

明代许多知识分子对于壬午殉难的印象,都存在一个颇有意思的倾向,那就是将建文诸臣遭受的鼎镬刑杀理解为他们自己的生命抉择,忽略当中可能有不少人是毫无选择权利地死于整肃之中,甚至是在屈服于新政权后才被整肃致死的情况。彭氏对建文殉臣的印象与想象,就让其无法接受他们叩头乞生的可能性,进而将官书中的此类描写批评为奸佞之儒的粉饰虚言。当然,此类污蔑之词都是在成祖授意下创造的,但这毕竟不是彭韶所能抨击的对象,故只能将炮火转向实际写作的文臣。在无法否定永乐政权合法性的情况下,彭韶一方面感佩建文殉臣的牺牲,却又觉得他们执意对抗天命所归的成祖,选择族灭的悲惨命运,对照归付永乐政权后备受重用、享有盛名的解缙、胡广等人,似乎显得有些不识时务。只是诗中对解、胡等人"乘时附凤翼""恩宠日日加,声名垂简册"的描写,读来也有几分讽刺的意味,仿佛透露了作者自身立场的矛盾。

彭韶的认知与评论,反映了成化、弘治年间建文殉臣忠义形象的深化,以及成祖之存在加诸于明代建文朝历史论述的限制。往后明代士人仍多只能由杨士奇等修史者的粉饰曲笔,来理解官书中的失实之处,对成祖起兵靖难、继承大统的正当性,亦无法否认。

除了对建文殉臣形象的扭曲污蔑,明代中期以后的知识分子,也多将建文朝史事失载于官书的情况归咎于编纂实录的史臣们。而此类论述的发展,又涉及倡修建文实录的背景。例如历经正统、景泰、天顺、成化、弘治五朝,长期任职翰林院并有丰富纂史经验的杨守陈(1425—1489),他在题请纂修建文朝历史的奏疏草稿中,有"太宗靖内难,其后史臣不记建文君事"②的叙述,已有将建文朝史事湮没之责由成祖转嫁史臣的意味。杨氏之所以采取此说,除了身为大明臣民不便批判成祖外,应也是基于说服皇帝的策略:如果将建文朝史事失载归因于成祖,在重视祖宗成法的明代,为建文朝修史之事便很难得到后继帝王的首肯。杨守陈之论虽自有其背景与策略考虑,但他的说法也对后来的一般性叙述产生影响,如嘉靖年间黄佐(1490—1566)编纂《翰林记》时,亦沿用了此说。③

到了万历年间,由于除却齐泰、黄子澄的多数建文殉臣,已在神宗(1563—1620,1573—1620年在位)即位诏,以及万历十二年(1584)释还诸臣戍边外亲的措施中,获得赦免甚至旌表④,关心建文朝议题者遂将目光转向恢复建文帝地位及修纂建文朝史两方面。许多朝臣为了说服皇帝恢复建文年号,纷纷举出各种论述,尝试证明当年"革除建文年号"之举并非成祖本意,甚至有些论者声称"革除"一事并不存在,完全是由于后世不明成祖圣心,才产生如此的莫须有禁忌。如时任翰林修纂的余继登(1544—1600),其《修史疏》对"革除"一事的理解便颇耐人寻味:

> 臣尝考阅实录,思成祖所以改建文五[四]年为三十五年者,盖缘即位之初,欲以子继父为名,不欲以叔继侄为名,故为是权宜之举耳,非有明诏革除之也。乃后修史者不达圣祖之意,遂于建文元年以后书其年而削其号,并削其行事之迹。故此数年间独纪靖难事,而不纪所靖之难为何事,若有所曲讳者。⑤

在余继登看来,成祖将建文四年改为洪武三十五年,只是不愿"以叔继侄"的权宜之举,然而洪

---

① (明)彭韶:《过江南》,收入(明)宋端仪《立斋闲录》卷三。
② (明)何乔新:《椒邱文集》卷三〇。
③ (明)黄佐:《翰林记》卷一三,《影印文渊阁四库丛书》本。
④ 《明神宗实录》卷三,第117页;卷一五九,第2927页;(明)屠叔方:《建文朝野汇编》卷二〇,《中国野史集成续编》本。
⑤ (明)余继登:《淡然轩集》卷一,《影印文渊阁四库丛书》本。从余氏"成祖所以改建文五年为三十五年"一语可知,他对建文帝统治时间的认知已不甚清楚,这可能与成祖改建文四年为洪武纪年,将建文朝历史掩盖在洪武朝时间轴下的做法有关。

熙、宣德年间杨士奇等纂修实录的史臣却不明其用心，擅自将建文年号削除。此类说法既是一种解除政治禁忌的策略，也涉及万历年间知识分子较清楚地掌握《明实录》等官方文献内容后，对相关概念的修正。① 但事实上，成祖去建文年号，本就是为夺取建文帝承自太祖之统，并否定其政权合法性，若以明诏"革除"其年号，反而等于先承认了其统治合法性。虽然《明太宗实录》确实是以元年、二年、三年、四年为建文帝改元至成祖登基的这段时间纪年，但作为实录中《奉天靖难事迹》底本的《奉天靖难记》，却将建文四年全改以洪武年号标示，成祖本身的态度昭然可见。即便如此，声称成祖未革建文年号的论述，仍在请修建文朝史的奏议策略，以及万历以降史家欲以实录修正野史误说的考证下，持续存在，对明末清初知识分子的历史认知亦产生了影响。②

将责任转嫁至主事官员身上，以缓解成祖与建文政权之间冲突的观点，也被万历时人用以理解实录编造不实历史、对建文君臣大肆丑诋的情况。如焦竑于《建文书法儗》序文中便将永乐朝重修之《明太祖实录》不实记载甚多，归咎于纂史的官员：

> 余尝滥史局，观金匮之藏，知洪武实录累修于永乐间，当时旧史半从改窜，盖一时翊戴之臣，贬损前人，自为己地。③

不只是焦竑，张朝瑞（1536—1603）所编纂的建文忠臣传记集《忠节录》也针对建文殉臣形象于实录中遭到扭曲一事，痛批"文学柄用之臣欲自饰其非，为史肆以丑言诋之，是可恨也"④。而杨士奇正是在此类论述中受到最多抨击者，甚至被当成"改窜旧史"的罪魁。沈德符（1578—1642）在其笔记《万历野获编》中，便提及杨士奇在《明太祖实录》三次修纂（建文时为第一次修纂，永乐年间两度重修）过程中都曾参与，最后写出来的"历史"却是南辕北辙，并予以"前后三史，皆曾握管，是非何所取裁？真是厚颜"⑤的批评。另外，就算知道洪武、永乐两朝实录失实的问题涉及"靖难"，人们也无法轻易将之归咎于成祖。于是，当年曾为周是修、颜伯玮、王叔英等人撰写纪念诗文，并以"一门忠孝史官知"一句抒发扭曲历史无奈的杨士奇，遂在时人眼中逐渐成为欲"自饰其非"而自行窜改历史、扭曲诸忠形象的祸首。

在官方对建文朝相关议题有所忌讳的情况下，无论从事殉臣的纪念书写、祭祀活动，或倡议恢复建文帝年号、为其撰史，主要是透过两种论述来强调其正当性、必要性与迫切性。其一是引用成祖以降帝王对建文忠臣的肯定之语，其二则是声称旌表建文忠臣、将其事迹载入官方史书，将有助于激励忠义精神，重振已衰败的民风士气。⑥ 万历年间，朝廷曾展开一连串褒表建文殉臣，为其建祠立祀、恤录后裔及宽赦姻亲遗族的措施，这些措施背后，几乎都有此类论述提供支持。既然明代中晚期知识分子对"士

---

① 如晚明史家王世贞便以永乐初年敕令仍可见建文年号为据，认为成祖虽去建文帝之尊称，却未削其年号。万历十六年内阁首辅申时行上报礼部对复建文年号之请的复议，亦提到："因成祖靖难之日，诏今年仍以洪武三十五年为纪，其建文年号相传以为革除，及考靖难事迹，亦称少主，称元年、二年、三年、四年，则是未尝革除也，但不称建文耳。"其所"考"文献，其实就是《明太宗实录》。参见明王世贞撰，魏连科点校：《弇山堂别集》卷三一，北京，中华书局，1985年，第549页；《明神宗实录》卷一五九，第3693～3694页。
② 如顾炎武《革除辨》一文，便是以《明太宗实录》对建文朝的纪年方式为据，认为成祖并未革除建文年号。而他和王世贞的见解，更在清代为王鸿绪引以论证"革除"一说乃明代野史所传误说。参见（清）顾炎武：《亭林文集》卷一，收入《顾亭林诗文集》，香港，中华书局香港分局，1976年，第9～10页；（清）王鸿绪：《史例议下》，收入刘承干编《明史例案》卷三，《中国学术名著》本。
③ （明）焦竑：《建文书法儗序》，收入（明）朱鹭《建文书法儗》，《中国野史集成续编》本。
④ （明）张朝瑞：《忠节录》卷六，《四库全书存目丛书》本。
⑤ （明）沈德符：《万历野获编》卷一，北京，中华书局，1959年，第6页。
⑥ 在此必须说明的是，所谓"士风"或"世风"经常只是当代士人的"感觉"，而不宜视为客观的现实背景。明代中晚期的知识分子，很大程度上只是透过对建文殉臣"死事甚烈"的认知，利用这种片段的历史讯息，想象、宣扬一个美好的过往，借此对其不满的现状提出批判和匡正。赵园对明人"士风"变迁之论的考察，或可说明上述情况。其研究指出此类论述多具有"贵远贱近"的倾向，对士风转换时点的认知多有歧异、难以认定，各方议论之间甚至互相矛盾，并认为这种现象应源自论者"变士习，淑人心"的动机，因此对当代士风持论严峻，亦属自然。赵氏强调，对"士风"的描述系士人判断自己所处时代的方式，反映了他们对政局的批判和对商品经济等"士习败坏显征"的不安。参见《制度·言论·心态——《明清之际士大夫研究》续编》，北京，北京大学出版社，2006年，第242～248页。

风沦丧"的焦虑心态，亦是使建文忠臣事迹备受推崇与传述的因素，那么杨士奇这类选择投降成祖的官员，自然也会因其贪生怕死、攀龙附凤的行径而遭受批评。如焦竑为张朝瑞《忠节录》作序时，一方面声称成祖起兵"靖难"是"殆天之所兴以长我王国"的必然之事，但另一方面却也认为，建文殉臣宁死也不愿依附成祖的气节，才是国家命脉与纲常之所系：

> 当是时，使中外臣工，人人杨、蹇，争攀龙凤之驭，绝迹羊豕之群，岂不竹帛可期，身名俱泰哉？顾贰心鲜丑，百群皆奔，天柱折而将倾，人纲弛而莫振，究且富贵熏心，廉耻道丧，国亦奚赖焉？①

对焦竑来说，成祖靖难虽是顺天应人，但若百官皆如杨士奇、蹇义等人那般争相迎附，朝野将尽是背主贪生、营求功名富贵的不忠之人，如此道德沦丧的世风，又怎么能使国家长治久安？此一见解的有趣之处在于，倘若成祖靖难真是定太祖之基业、救万民于水火的功德，迎附者何尝不能视为以祖业苍生为念？但却反倒是对抗此"义举"的建文殉臣，成为了时人眼中纲常、廉耻的代表，国家命脉之所系。这种微妙的矛盾，或许正是明代士人在同时认同永乐政权和殉臣忠义的情况下，所共有的心境写照。

结　语

有关朝代更迭之际知识分子的抉择，以及出处各异的不同群体间，彼此错综复杂的关系，无论是宋元之际、元明之际、明清之际乃至于清末民初，目前都已累积了不少研究成果。但对于导致明代政治发展与帝统谱系剧变的靖难战争，现有的讨论多仅将之视为皇室内部的夺位阋墙，关注焦点也一边倒地聚于建文帝及其忠臣群体，很少谈及"靖难"功臣和战后迎降成祖的官员群体。然而，明人对于该段历史的讨论，实比一般朝代鼎革的历史记述具有更多耐人寻味的矛盾之处。毕竟无论是他们所臣属的新政权还是其所描绘的旧政权，都是"国朝"的一部分，而这些论述，又与明代士人对相关政治禁忌的忌惮、冲撞、尝试消解，以及他们对现实政治的不满与期盼交织在一起。从"降臣"的角度来看待杨士奇等"永乐名臣"，探讨他们与建文朝之间藕断丝连的关系，不仅有助于更全面理解这些人物，也能更加具体而微地理解靖难战争究竟对明代的政治文化、文人心态与历史书写带来了哪些冲击。

杨士奇因迎降成祖，而得免于永乐年间的整肃之祸，随后便平步青云，跃升天子近臣，最后甚至成为成祖子孙所倚仗的元老重臣。由于这些抉择与经历，他才有机会以生存者、见证者的身份，为殉死的同僚故友留下记录。"当时吾亦同死，谁与尔父作传"一语，虽是李贤笔下杨士奇向周是修之子推卸其贪生负约之责的托词，但平心而论亦不失为事实。从他所作传记与其参与修纂之《明太宗实录》的配合，不但能看出他对官方权威与政治禁制的忌惮，也能看出他调和"新朝君主"与"旧朝忠臣"的努力。这既是为了确保纪念建文殉臣的行为不致受到质疑与限制，也是在尝试为该段遭到官方掩没扭曲的历史，寻求一个可行的叙述方向。

杨氏的努力成果，成为后来靖难历史论述与建文殉臣事迹传续的基础之一，他也被视为相关历史的保存者，甚至在地方士人尝试创造关于殉臣亲属的新故事时，成为他们标榜故事真实性的招牌。但与此同时，杨士奇迎降成祖的事实，以及其所修官书多失实之处的情况，亦持续招来后世的批判。而这些批判，又与明代士人期盼朝廷恢复建文朝地位的愿望和策略运用，以及身为成祖及其子孙臣民，无法直指其非的困境有关。这便形成了一个有趣的现象：杨士奇所记载的殉臣事迹、所建构的历史论述，都被认

---

① （明）焦竑：《忠节录序》，收入（明）张朝瑞《忠节录》。

知为"事实",而后却有更多的相关论述被建构出来讽刺其"贪生怕死"的行径;所有人都买"彼食其禄,自尽其心"那一套的账,却将该段"历史"的记述者,视为"巧言粉饰""枉作小人"的一群。当然,这种矛盾之所以产生,多少也是因为杨士奇的记载,确实能成为加强建文忠臣正面形象、强调相关纪念活动乃至解除相关禁忌之正当性时的有力论据,但除此之外,似乎也应注意明代士人对"忠"之道德价值的特殊情结。

明代在朱子学及官方诸多表忠措施的影响下,形成了将"忠"视为至高价值的思想,明人的地方认同与乡贤崇拜,更强化了对于忠臣的崇敬心态。然而明代士人对建文殉臣的积极崇拜,以及对迎降苟活之人的不齿情绪,又涉及某种带有嗜血性质的道德自我陶醉心态。赵园在探讨明清之际知识分子对国朝历史的反思时,注意到明代士人的道德观中存在着一种自虐式的"砥砺",她认为明代的政治暴虐,不但培养了士人的坚忍,还培养出对残酷的欣赏态度,促成其极端的道德主义,鼓励了以"酷"(包括自虐)为道德的自我完成。[1] 在建文朝历史书写蔚为流行的嘉靖、万历年间,皇帝与朝臣之间皆曾爆发激烈冲突,随之而来的则是党争与君臣距离的渐行渐远。该段时期描述建文殉臣死难的文本,为了强调其坚毅忠贞的形象,常透过呈现刑罚的血腥残酷,来反衬、突显其之不为所动。[2] 此类书写的盛行,或许便涉及作者与读者群体的自我投射心态。至于与建文忠臣站在对立面的迎降之臣,则无可避免地与现实中"揣摩上意""助纣为虐"的"奸臣"联系起来。焦竑在《忠节录序》里,对方孝孺等勇于对抗成祖的忠臣予以盛赞,认为如果满朝皆是迎降攀附、求保身家富贵者,届时廉耻尽丧,国家也将失去了希望,这等言论应不会仅止于道德说教之词。

[作者单位:中国台湾大学历史研究所]

---

[1] 赵园:《明清之际的思想与言说》,香港,三联书店,2008年,第18~22页、第27~28页。
[2] 戴彼得即认为,明代文人对壬午殉难的纪念,是与其激进的道德主义及群体认同紧密联系的。其研究也指出,自16世纪开始,靖难历史的书写便发展出一种对悲剧元素和残酷故事的病态迷恋。这种偏好描述建文忠臣遭酷刑、处死或自杀等骇人过程和耸动细节的倾向,在万历以降变得更为明显,戴氏甚至以"道德政治性情色"(moralistic political pornography) 形容之,认为这正与晚明纵情、喜好腥膻的文学风气相呼应。参见 Peter Ditmanson, "Venerating the Martyrs of the 1402 Usurpation: History and Memory in the Mid and Late Ming Dynasty," *T'oung Pao* 93 (2007), pp. 110~158.

从储君到皇帝的艰难历程

——围绕朱高炽被立后的政治斗争考察

王 韦

永乐二年（1404）二月，明成祖朱棣经过了良久踌躇，终立长子朱高炽为太子。此后高炽虽居于储君之位，地位却极不稳固，历事监国之中时时为汉王、赵王两弟所谗诟，成祖亦借此予以力主嫡长继承的文官集团严酷打击。本文将对此间的政治斗争进行考察梳理，提出一些不同于前人的观点。

一 太 子 之 权

永乐二年二月，（太宗）遣隆平侯张信、驸马都尉永春侯王宁召帝（朱高炽）及高煦至南京，授帝金册金宝，立为皇太子，封高煦为汉王，高燧为赵王。①

朱高炽虽然登上了太子位，心中亦知父亲不喜欢自己，储君之位也并不稳固。以后的十几年里，他手中掌握着较之以往更大的权力，但仍如履薄冰般地处理日常政务，小心翼翼地行使着随时可能失去的权力。所以，储权并未曾对皇权构成威胁，几次监国中的权力变化皆为成祖听信流言，因"人言东宫多失德"②而对太子产生怀疑。

太子初立时获得的权力非常之小，所谓"历事"充其量只是实习国政。

永乐二年四月癸酉，成祖敕各部、有司曰："皇太子令旨如所启事或差讹，随即纠覆。启事毕，同詹事府官详审事之可否，可行者，令该司批所得令旨；或事不可行，及启本内与说帖不同，不论事之大小悉以奏闻。"③

这种局面直至永乐七年，成祖欲出兵漠北、太子监国南京才有所改变。

永乐七年二月甲戌朔，敕皇太子曰："朕今巡狩北京，命尔监国，天下之务所系甚重，爰简文武才德之臣为尔辅赞。盖自古圣哲为政，未有不需贤而能成者。尔宜悉心以求益、虚己以纳言，庶几整肃弘纲，康理庶务。然听言之际，宜加审择，言果当理，虽刍荛之贱必从之；言苟不当，虽王公之贵不可听。惟明与断，乃克有成。至于武备，尤宜尽心。居处恒重于防闲，机务必严于慎密。斯皆至理之要，宜只勤佩服，夙夜不忘，以副朕付托之重。"命礼部定皇太子留守事宜。④

---

① 《明仁宗实录》卷一上，中国台湾，中国台湾"中央"研究院历史语言研究所校印本。
② （明）郎瑛：《七修类稿》卷一二《国事类·仁宗立》，上海，上海书店出版社，2001年，第127页。
③ 《明太宗实录》卷三〇，永乐二年四月癸酉条，中国台湾，中国台湾"中央"研究院历史语言研究所校印本。
④ 《明太宗实录》卷八八，永乐七年二月甲戌条，中国台湾，中国台湾"中央"研究院历史语言研究所校印本。

《明史纪事本末》则说："七年春正月，敕皇太子监国。惟文武除拜、四裔朝贡、边境调发，上请行在，余常务不必启闻。"①

有的学者据此认为太子行使着较大权力，直至永乐十四年（1416）才有所缩小②，本人以为并非如此。且看以下几条《太宗实录》中的材料：

> （永乐七年二月）丙子，礼部议奏："……在京文武衙门凡有内外军机及王府切要事务，悉奏请处分，其有各处启报声息即调遣官军剿捕，仍遣人驰奏行在所。其皇城四门各城门守卫围宿皆常时……如各衙门称奉令旨调遣官军及处分事务仍须覆启施行。"③
>
> （永乐七年四月）庚寅，赐书谕皇太子曰："朕命尔监国，凡事务宽大戒躁急，文武群臣皆朕所命，虽有小过勿遽折辱，亦不可偏听以为好恶，育德养望，正在此时，天下机务之重悉宜审察而行，稍有所忽累，德不细其，敬之慎之。"时上闻皇太子谴责刑部尚书刘观故也。④
>
> （永乐七年四月）己亥，赐书谕皇太子曰："凡功臣有罪，须详具所犯奏来，朕自处分，其除授王府官及调拨将士亦必得朕命乃行。"⑤
>
> （永乐七年闰四月）戊申，成祖敕书蹇义、金忠、黄淮、杨士奇等东宫僚属曰："朕命皇太子监国，其所裁决庶务，须令六科月类奏，且如赏一人由何而赏，罚一人由何而罚，何罚而复宥，皆需详录奏来，勿有所隐……"⑥

朱高炽连谴责刑部尚书的权力都没有，所决庶务还需详录奏上，可见权力的文本规定与实际运作之间的差距。并且这种权力也不稳定，礼部议定的制度远敌不过皇帝的一纸敕诏，储权的大小源于皇权赐予，而皇权赐予的基础是皇帝的信任与喜爱，像朱高炽这样不为父亲所喜的太子能够得到的权力也就可想而知了。

而当汉、赵两王及其他人向太祖谗诋高炽时，成祖心中就会对太子产生怀疑动摇，甚至怒火中烧，进而缩小太子手中的权力，惩罚东宫僚属。如：

> （永乐十五年三月）丁亥朔，上将巡狩北京，命礼部定东宫留守事：常朝于文华殿视事，其左右侍卫及在京各衙门官员人等启事皆如常仪。其在外文武衙门合奏，事具奏，待报而行；近侍官内使传令旨处分事者，所司行之，仍具实奏闻；凡摄祭天地及享太庙、祭社稷风云雷雨山川之神，如期斋戒，敬谨严肃，其祀典神祇，太常寺预期具启，遣官祭之；内外文武大小官员，俱从行在吏部、兵部奏请铨选；皇亲及军职王府护卫、指挥、长史等官并各处土官有犯，俱奏请收问，其在京文职官有犯，堂上官奏闻待报，五品以下具启收问。在外文职官员有犯，方面及四品以上官所司奏闻收问，五品以下者，具启问之，余悉从永乐七年巡狩所定事宜。⑦

永乐十六年（1418），胡濙以所见太子诚敬孝谨七事，密疏以告成祖，自是不复疑皇太子。⑧ 高炽

---

① （清）谷应泰：《明史纪事本末》卷二六《太子监国》，北京，中华书局，1977年，第390页。
② 徐卫东：《明代皇位继承中的监国》，《明史研究论丛》第6辑，合肥，黄山书社，2004年。
③ 《明太宗实录》卷八八，永乐七年二月丙子条，中国台湾，中国台湾"中央"研究院历史语言研究所校印本。
④ 《明太宗实录》卷九〇，永乐七年四月庚寅条，中国台湾，中国台湾"中央"研究院历史语言研究所校印本。
⑤ 《明太宗实录》卷九〇，永乐七年四月己亥条，中国台湾，中国台湾"中央"研究院历史语言研究所校印本。
⑥ 《明太宗实录》卷九一，永乐七年闰四月戊申条，中国台湾，中国台湾"中央"研究院历史语言研究所校印本。
⑦ 《明太宗实录》卷一八六，永乐十五年三月丁亥条，中国台湾，中国台湾"中央"研究院历史语言研究所校印本。
⑧ 有关此事将在下一节中详细论述，此处先行略过。

的权力也因此而有所扩大。如：

> （永乐二十年五月）甲戌，敕皇太子曰："朕今已至阔滦，将及开平，去京师渐远，中外庶务悉付尔处决。军机事重，则令五府六部商议至当，启汝而行，不必奏来。"仍敕文武群臣协辅导。①

当然，这与成祖晚年的身体状况不佳也有很大关系。《太宗实录》载：

> （永乐二十二年八月）壬午，……（太宗）晚有疾，鲜御外朝，政事悉付皇太子决之。至军国重务必自决，左右或劝上少自逸者，祖宗付畀之重，一息不绝其敢怠。②

由此可知，太子的处事权较之以往虽然大些，但大权大政仍牢牢掌握在成祖手中。

如果从政治学的角度来看，权力的有效性无疑是检验权力存在大小的标准③，而储君高炽的权力有效性又如何呢？《明史纪事本末》载：

> （朱高炽）命都察院捕治湖广副使舒仲成，以杨士奇言罢之。上监国时，仲成为御史，常奉旨理木植岁课之弊，忤旨。至是，因吏部奏仲成他事，命捕治之。士奇上疏曰："向来小臣得罪者众，陛下即位以来，皆已宥之，今复追理前事，则诏书不信……"④

可见高炽监国之时，胆敢违忤令旨的小臣也远不止舒仲成一人。成祖即便不使用对于庶政的权力，皇权的实际潜在性作用却依然存在。储君真正可以行使而又能够产生实效的权力究竟有多大，着实令人怀疑。

综观太子监国，《仁宗实录》所言极是："国朝定制中外政务有成式者启皇太子实行，大事悉奏请"⑤，而所谓分权、制衡之说可供商榷之处颇多。

二 政治旋涡中的文官集团

朱高煦被封汉王，本应就国云南，然而他却迟迟不愿远离权力的中心。《宣宗实录》载：

> 俾高煦建国云南，怏怏不肯就国。太宗皇帝、仁孝皇后命仁宗皇帝问其故，高煦曰："果何罪而远斥之耶！"仁宗曰："吾此来，为弟决去就。果不欲远离，则当婉辞，庶可全恩。"高煦既强听，得暂留南京，遂请天策卫为护卫，辄矜诧谓左右曰："天策上将，唐太宗之号也。此岂偶然者！"复乘间请两护卫。尝作诗讥诮忠孝，有"申生徒守死，王祥徒受冻"之语，而恒自比秦王世民。⑥
>
> ……后改命青州，亦坚意不行。尝侍上（太宗），在北京时，其世子瞻壑及次子瞻圻皆在，高煦屡辞还南京，上留之不从，上欲留瞻壑，亦不从。⑦

---

① 《明太宗实录》卷二四九，永乐二十年五月甲戌条，中国台湾，中国台湾"中央"研究院历史语言研究所校印本。
② 《明太宗实录》卷二七四，永乐二十二年八月壬午条，中国台湾，中国台湾"中央"研究院历史语言研究所校印本。
③ （美）丹尼斯（Dennis H.Wrong）著，陆震纶、郑明哲译：《权力论》，北京，中国社会科学出版社，2001年，第6页。
④ （清）谷应泰：《明史纪事本末》卷二八《仁宣政治》，第415~416页。
⑤ 《明仁宗实录》卷一上，中国台湾，中国台湾"中央"研究院历史语言研究所校印本。
⑥ 《明宣宗实录》卷二〇，宣德元年八月壬戌条，中国台湾，中国台湾"中央"研究院历史语言研究所校印本。
⑦ 《明太宗实录》卷一八六，永乐十五年三月丙午，中国台湾，中国台湾"中央"研究院历史语言研究所校印本。

可知成祖虽未立高煦为太子，但内心的感情还是偏向他一边，任由其不就藩国，随驾北巡。而高煦则利用父亲的宠爱展开对太子及东宫僚属为首文官集团的报复，当然，这种报复必须通过成祖才可能实现，并且成祖本人也在寻找着机会报复坚持立储嫡长的文官集团。

朱高煦于文官集团中选取的第一个报复对象即是内阁大学士解缙。《明史·解缙传》记：

> 而太子既立，又时时失帝意。高煦宠益隆，礼秩逾嫡。缙又谏曰："是启争也，不可。"帝怒，谓其离间骨肉，恩礼浸衰。四年，赐黄淮等五人二品纱罗衣，而不及缙。久之，福等议稍稍传达外廷，高煦遂谮缙泄禁中语。明年，缙坐廷试读卷不公，谪广西布政司参议。既行，礼部郎中李至刚言缙怨望，改交址，命督饷化州。
>
> 永乐八年，缙奏事入京，值帝北征，缙谒皇太子而还。汉王言缙伺上出，私觐太子，径归，无人臣礼。帝震怒。缙时方偕检讨王偁道广东，览山川，上疏请凿赣江通南北。奏至，逮缙下诏狱，拷掠备至。词连大理丞汤宗，宗人府经历高得旸，中允李贯，赞善王汝玉，编修朱纮，检讨蒋骥、潘畿、萧引高并及至刚，皆下狱。汝玉、贯、纮、引高、得旸皆瘐死。十三年，锦衣卫帅纪纲上囚籍，帝见缙姓名曰："缙犹在耶？"纲遂醉缙酒，埋积雪中，立死。年四十七。籍其家，妻子宗族徙辽东。①

如果说解缙之死尚有其恃才自傲、臧否不忌等个人原因的话，那么永乐十二年（1414）"悉征东宫官属下诏狱"②则显为太子辅臣实之不易。《明史纪事本末》载：

> （永乐）十二年三月，帝发北京，亲征瓦剌。六月，班师，驻跸沙河，太子遣兵部尚书金忠等赍表往迎。八月，帝至北京，以太子所遣使迎车驾缓，且书奏失辞，怒曰："此辅导者之咎也。"汉王高煦复谮之，遂遣使逮尚书蹇义，学士黄淮，谕德杨士奇，洗马杨溥、芮善及司经局正字金问等至。中途有旨宥蹇义回南京，黄淮先至北京下狱。次日，士奇及金问继至，上曰："杨士奇姑宥之。朕未尝识金问，何以得侍东宫？"命法司鞫之。寻召士奇至，问东宫事。士奇叩头称太子孝敬诚至，凡所稽违，皆臣等之罪。乃下士奇锦衣卫狱。未几，特宥复职。时金问词连溥等，遂相继下狱。③

就文本层面而言，事件的起因并不大，成祖何以会如此大动干戈，波及为数不少的朝廷重臣呢？一些学者将此事归结为成祖对太子势力的打击，对于储权威胁皇权的不满④，笔者则认为这是成祖出于对文官集团惩罚泄愤的需要。前者立储过程中，迫于文官集团的压力，他作出违背意愿的选择⑤。然而，一旦找到机会，成祖就会用对文官集团进行无情整肃的方式来达到自己心态的平衡，至少是对那几个挑头忤逆于己的文官。前者解缙的惨死就说明了这一点。

当年"独以为不可"立高煦的金忠在此次事件中境遇又如何呢？《明史·金忠传》云：

> 帝北征，留（金）忠与蹇义、黄淮、杨士奇辅太子监国。是时高煦夺嫡谋愈急，蜚语谮太子。十二年北征还，悉征东宫官属下诏狱。以忠勋旧不问，而密令审察太子事。忠言无有。帝怒。忠免冠

---

① 《明史》卷一四七《解缙》，北京，中华书局，1974年，第4121~4122页。
② 《明史》卷一四七《黄淮》，第4123页。
③ （清）谷应泰：《明史纪事本末》卷二六《太子监国》，第392页。
④ 如张兆裕认为此举目的是害怕太子夺权。张兆裕：《黄淮之狱与朱高炽的太子地位》，《明清史论文集》第2辑，天津，天津人民出版社，1990年。
⑤ 王韦：《明成祖立储略述》，《明长陵营建600周年学术研讨会论文集》，北京，社会科学文献出版社，2010年。

顿首流涕，愿连坐以保之。以故太子得无废，而宫僚黄淮、杨溥等亦以是获全。①

可见，金忠之所以没受到惩罚的原因是：他是燕王旧臣，以忠勋而得以不问。而宣称"立嫡以长，万世正法"②的建文旧臣黄淮可就没那么好的运气了。他一入牢狱就是10年，甚至永乐十九年（1421）成祖迁都北京后大赦天下也没他的份儿，尽管他尚符合文武官吏因事获罪的"皆宥之，令复职"③的规定。

虽然文官集团不断受到打击，但他们对太子朱高炽的百般维护却未曾改变。如上文中杨士奇将责任揽在自己身上，金忠"愿连坐以保之"等，这种不遗余力地维护，不仅保住了高炽的太子之位，而且使高煦的谗言每每落空，也让其迫不及待欲夺储位的面目暴露无疑，结果是成祖对高煦的宠爱日益减退。

三　皇位觊觎者的出局

永乐十二年（1414）正月，高煦一再欲还南京，又不愿留下世子陪伴成祖，这对父子感情伤害极大。

（永乐十二年正月甲午）汉王高煦还南京。去年冬，高煦请还，上曰："天寒，尔与从者皆不便，姑俟春暖新岁。"高煦申前请，上曰："朕欲至秋遣尔南还。"高煦不应，遂命钦天监择日遣之。上顾高煦曰："汝必欲去，世子宜留侍朕。"高煦曰："亦欲以归，进其学。"上默然。至是，毕辞，礼部尚书吕震奏诸司分官送之，上不答。④

而文臣集团对他的反作用，从根本上促使成祖作出汉王就藩的申命。《太宗实录》载：

（永乐十四年三月甲辰）改赵王高燧封国于彰德，申命汉王高煦往居青州。时高煦奏愿留侍左右，不欲之国。复赐敕曰："既受藩封，岂当长在侍下？前封云南，惮远不行，与尔青州，今又托故。如果诚心留侍，去年在此，何以故欲南还？是时，朕欲留尔长子，亦不可得，留侍之言，殆非实意。青州之命，更不可辞！"⑤

不久，高煦阴谋武力夺嫡事发，父子关系也因此而急剧恶化。

（永乐十四年九月丙申）上（成祖）闻汉王高煦于各卫选精壮军士及有艺能者，以随侍为名，教习武事，造作器械，心益疑之，遂有还京之意。先敕右军都督佥事欧阳青曰："亲王护卫官军，自有常数，凡各卫选拔随侍汉王者，令各还原伍，不许稽留。"⑥

（永乐十四年十一月戊申）上既至京师，益闻汉王高煦纵护卫军士于京城内外劫掠，私造兵器，阴蓄异志，怒甚。犹隐忍未发，但革其左、右二护卫，其官军悉调居庸关北，立保安左、右二护卫以处之。⑦

---

① 《明史》卷一五〇《金忠》，第4160页。
② （明）焦竑：《献征录》卷一二《黄淮墓志铭》，上海，上海书店出版社，1987年，第392页。
③ 《明太宗实录》卷二三三，永乐十九年正月丙寅条，中国台湾，中国台湾"中央"研究院历史语言研究所校印本。
④ 《明太宗实录》卷一四七，永乐十二年正月甲午条，中国台湾，中国台湾"中央"研究院历史语言研究所校印本。
⑤ 《明太宗实录》卷一七四，永乐十四年三月甲辰条，中国台湾，中国台湾"中央"研究院历史语言研究所校印本。
⑥ 《明太宗实录》卷一八〇，永乐十四年九月丙申条，中国台湾，中国台湾"中央"研究院历史语言研究所校印本。
⑦ 《明太宗实录》卷一八二，永乐十四年十一月戊申条，中国台湾，中国台湾"中央"研究院历史语言研究所校印本。

而杨士奇则在关键时刻予以高煦一记重击，《明史》载：

> （永乐）十四年，帝还京师，微闻汉王夺嫡谋及诸不轨状，以问蹇义。义不对，乃问士奇。对曰："臣与义俱侍东宫，外人无敢为臣两人言汉王事者。然汉王两遣就藩，皆不肯行。今知陛下将徙都，辄请留守南京。惟陛下熟察其意。"帝默然，起还宫。居数日，帝尽得汉王事，削两护卫，处之乐安。①

此刻成祖的愤怒心情可想而知，不过让他决定对爱子不再姑息的直接原因则是"谷王橞谋反事件"的刺激，这点为之前研究者所忽略。《太宗实录》载：

> （永乐十四年七月辛亥）蜀王椿密遣仪宾顾瞻奏谷王橞谋不轨。先是谷府随侍都督张兴因奏事北京，密言于上曰："橞阴养死士，造战船，有不臣之心，宜豫为之备。"上曰："朕待橞厚于诸王，岂当有此？"兴言："愿陛下察之，有如臣言不实，甘就显戮。"上曰："朕徐察之。"兴还，过南京，入见皇太子，又以橞所为密启，且曰："臣已具言于上，上以至亲之故，若有未信臣言者。今言于殿下，幸他日免臣连坐也！"皇太子遣人密奏之，上犹未决。至是，椿尽发其事。盖橞萌异志久矣，以椿同母兄，独尝一再遣人诣蜀言之，椿不听，然犹未忍发，但严书戒止之。会桧子崇宁王悦燇获罪于父，逃避橞所，橞诡众曰："建文君初实不死，今已在此。"椿闻之，遂具奏于上，并奏其他事。谓橞恃宠纵横，有无君之心，藏匿亡叛，造作舟舰、弓弩、器械，教习兵法、战斗之事，大建佛寺，造天成阁，私度僧千人，昼夜所祷祝诅。又与都指挥张成、宦者吴智等日夜谋议，踪迹诡秘又莫之知……上得奏，叹曰："朕何如待橞，乃有此心。"又曰："蜀王忠孝人，宜不见欺，且张都督尝有言矣。"遂遣中宫贵敕谕橞，令送崇宁王还蜀，且察其所为。②
>
> （永乐十四年八月戊寅）中官贵敕自谷府还，言橞反谋有状，遂遣敕符金牌召橞。③
>
> ……谷王橞至京入见。上命中官送至王邸，以蜀王奏章示之，橞惭惧栗栗，无一言自辩，但曰："死罪！死罪！惟上天地大恩，全其生耳。"④

文中可以看出，谷王橞谋反事件与高煦谋储事件多有相似之处，如两人都"恃宠纵横，有无君之心"，"阴养死士，造战船，教习兵法"等。并且，两事件在时间上相互交织，只是对于高煦的处置稍晚而已。不难想见，成祖在谷王橞谋反事件的刺激下会对高煦逆举作出如何反应，以及震怒之下所采取的行动。《太宗实录》记：

> （永乐十五年三月丙午）命汉王高煦居山东乐安州……（高煦）府中有从征军士三千余人不隶籍兵部，又侵占各公主府牧地及民田为草场。长史蔡瑛、纪善周岐凤数谏，高煦积不能平，遂假他事，送岐凤锦衣卫狱。时皇太子监国，谓锦衣卫非王府狱，恐上闻之重高煦之过，欲出之，又重违高煦意，乃降凤岐为长洲县教谕，自是高煦益恣肆无忌。已而，上闻其纵卫士于京城劫掠，为兵部指挥徐野驴所执，高煦遣人捽野驴至，以铁爪挝杀之。又闻其支解无罪人，暗投之江，及僭用乘舆器物，上犹隐忍未发。及车驾南还，尽得其私造兵器、阴养死士、招纳亡命及漆皮为舟、教习水战

---

① 《明史》卷一四八《杨士奇》，第4132页。
② 《明太宗实录》卷一七八，永乐十四年七月辛亥条，中国台湾，中国台湾"中央"研究院历史语言研究所校印本。
③ 《明太宗实录》卷一七九，永乐十四年八月戊寅条，中国台湾，中国台湾"中央"研究院历史语言研究所校印本。
④ 《明太宗实录》卷一八一，永乐十四年十月癸未条，中国台湾，中国台湾"中央"研究院历史语言研究所校印本。

等事，上怒甚，召至，面诘之，又录示其不法数十事，褫其衣冠，囚縶之西华门内，命中官黄俨等昼夜守之，将免为庶人。皇太子恳为解救，上厉声曰："吾为尔去蟊贼，尔反欲养患自及耶？"皇太子跪曰："彼诚无状，宜未必有害臣之心。"上曰："吾为父，乃不能知子耶？虽尔千万分友爱，彼方以世民自任，而目尔为建成，此可容耶？"不怿而起。他日，皇太子复屡言之，上曰："汝若不从吾意，久当悔之。"又曰："今可置之何地耶？既不肯往青州，决不可复留于京师，虽畿内之地亦不可容。吾今强徇汝意，不去其爵，处之近畿之地，一旦有变，可朝发而夕擒也。"于是有乐安之命。①

至此，朱棣对于高煦可以说彻底失望，父子之情也差不多走到了尽头。然而，高煦的失势并未使得东宫僚属和太子就此安生。太子仍不时为谗言所扰，而东宫僚属则继续充当政治替罪羊的角色。《明史纪事本末》载：

> （永乐十六年）夏五月，上杀赞善梁潜、司谏周冕。时太子监国，上不时有疾。两京距隔数千里，小人阴附汉府者，谗构百端。侍从监国之臣，朝夕惴惴，人不自保。会有陈千户者，擅取民财，事觉，太子令谪交趾立功。数日，复念其军功，宥之。有谮于上曰："上所谪罪人，太子曲宥之矣。"遂逮陈千户杀之。以潜、冕不谏止，并逮下狱，皆死。

> 六月，上遣礼部左侍郎胡濙巡江、浙诸郡，陛辞，上谕曰："人言东宫多失，当至京师，可多留数日，试观何如，密奏来。奏字须大，晚至即欲观也。"濙至京师，日随朝，凡见东宫所行之善，退即记之。勋臣某者语不谨，侍卫捶之，仍当陛口奏，有旨不问。既退，亟宣侍卫者赏钞若干锭。于是群臣皆言不显责大臣，而旌禁卫，所以宽其罪而愧其心，见殿下之仁明也。居稍久，杨士奇曰："公命使也，宜亟行。"濙权辞谢曰："方治冬衣未完尔。"至安庆始书奏，以所见皆诚敬孝谨七事，密疏以闻。上览之大悦，自是不复疑皇太子。②

"陈千户事件"无疑反映出永乐十五年三月以后成祖与太子的关系。《明史·梁潜传》对此记载：

> （永乐）十五年（成祖）复幸北京，太子监国。帝亲择侍从臣，翰林独杨士奇，以潜副之。有陈千户者，擅取民财，令旨谪交址。数日后念其有军功，贷还。或谮于帝曰："上所谪罪人，皇太子曲宥之矣。"帝怒，诛陈千户，事连潜及司谏周冕，逮至行在，亲诘之。潜等具以实对。帝谓杨荣、吕震曰："事岂得由潜！"然卒无人为白者，俱系狱。或毁冕放恣，遂并潜诛。③

杨士奇撰《梁用之墓碣铭》对此事的记载更为详细：

> 永乐十五年，车驾巡狩北京，仁宗皇帝在春宫监国南京。凡南方庶务惟文武除拜，四夷朝献，边警调发上请行在，若祭礼祀赏罚一切之务，有司具成式启闻施行。事竟，则所司具本未奏达。而已上既有疾，两京距隔数千里，支庶萌异志者内结嬖佞，饰诈为间，一二谗人助于外，于是禁近之臣侍监国者惴惴苟活朝暮间。赖上明圣，终保全无事，小人之计不能行，然其意不已也。会南京有陈千户者，擅取民财。事觉，令旨谪交趾。数日，念其军功，贷之，召还。有言于上曰："上

---

① 《明太宗实录》卷一八六，永乐十五年三月丙午条，中国台湾，中国台湾"中央"研究院历史语言研究所校印本。
② （清）谷应泰：《明史纪事本末》卷二六《太子监国》，第393~394页。
③ 《明史》卷一五二《梁潜》，第4192页。

所谪罪人，皇太子曲宥之矣。"遂杀陈千户，事连赞善梁潜、司谏周冕。既逮至，上亲问之，潜等具实对。上顾翰林学士杨荣等曰："事固无豫潜。"他日，又谕礼部尚书吕震曰："事亦岂得由潜！"然尤未悉陈千户非出上命谪之也，两人者皆未释。有毁冕者数言其佻薄放恣不可用，遂并潜皆死非命。①

从中不难看出，太子并没有因为汉王失宠而获得父皇的信任，东宫僚属的险恶处境也并未因高煦徙封乐安州而得以改变。太子监国的有限权力亦时时处于皇权的严密监控之下，即便是循例处理的庶务，一旦奏报不达就会授人以把柄，招致龙颜大怒。长期于此环境中行使的有限储权实不可能对皇权构成任何威胁，而且任何一件小事，只要朱棣需要，都可用来大做文章，成为皇权发威的借口，所谓"储权的制衡作用"似乎无从谈起。

至于《明史纪事本末》所说胡濙寻访的目的，文献即有不同解释。《罪惟录》中的记载与之类似："（永乐十六年）六月，礼部左侍郎胡濙奉命名巡浙江，密伺东宫得失，临发，上微曰：'奏字须大，晚至便入览也'。濙至南京，书监国诚敬孝谨七事以闻……上闻之，疑解。"②而《国史唯疑》则说："胡濙受命寻方，不惟察逊国，并察监国，事关君臣父子之际，危疑可知，而能阴全国体，兼保身名，张留侯、狄梁公妙用，未足多也。"③

《明史·胡濙传》亦记：

> 惠帝之崩于火，或言遁去，诸旧臣多从者，帝疑之。五年遣濙颁御制诸书，并访仙人张邋遢，徧行天下州郡乡邑，隐察建文帝安在。濙以故在外最久，至十四年乃还。所至，亦间以民隐闻。母丧乞归，不许，擢礼部左侍郎。十七年复出巡江、浙、湖、湘诸府。二十一年还朝，驰谒帝于宣府。帝已就寝，闻濙至，急起召入。濙悉以所闻对，漏下四鼓乃出。先濙未至，传言建文帝蹈海去，帝分遣内臣郑和数辈浮海下西洋，至是疑始释。④

很多学者据此认为胡濙寻访、郑和下西洋的目的是为了寻找建文帝的下落，其中最有说服力的证据莫过于：胡濙夜见永乐帝，"漏下四鼓乃出，至是疑始释"。而《胡濙传》紧随其后另起一段又云："皇太子监国南京，汉王为飞语谤太子。帝改濙官南京，因命廉之。濙至，密疏驰上监国七事，言诚敬孝谨无他，帝悦。"⑤所以，此事通常被认为与"漏下四鼓乃出"是两件事。

然而，通过李贤所撰《礼部尚书致仕赠太保谥忠安胡公神道碑铭》可以看出⑥，《明史》此处的记载模糊有误。兹录如下：

> 公勤识大体，士林誉之。太宗文皇帝入正大统，公供职如旧。永乐改元，秋以奏对称旨，升户科都给事中。丁亥，上察近侍中惟公忠实可托，遂命公巡游天下，以访异人为名，察人心向背。时御制《性理大全》，为善阴骘孝顺事实，书成，俾公以此劝励天下，以故虽穷乡下邑，轨迹无不到，在湖广间最久。丙申秋还朝，丁内艰乞，终制不允，寻进礼部左侍郎。明年往巡江浙诸州，授嘉议大夫。癸卯，复自均襄还朝。时车驾亲征北方，驻跸宣府，公驰谒行在所，上卧不出，闻公至

---

① （明）杨士奇：《东里文集》卷一七《梁用之墓碣铭》，四库全书存目丛书本。
② （清）查继佐：《罪惟录》卷三《太宗纪》，杭州，浙江古籍出版社，1986年，第91页。
③ （明）黄景昉：《国史唯疑》卷二，上海，上海古籍出版社，2002年，第36页。
④ 《明史》卷一六九《胡濙》，第4534~4535页。
⑤ 《明史》卷一六九《胡濙》，第4535页。
⑥ 范金民教授首先发现了这条材料，用于说明胡濙并非寻访建文帝或张三丰下落，以及郑和下西洋的目的。

喜而起，且慰劳之曰："乡驱驰良苦。"赐坐与语。凡所历山川道里、郡邑丰啬、民情休戚以至所闻所见、保国安民之事悉为陈说，上欣然纳之，向所疑虑者至是皆释。比退，漏下四鼓。先是，仁宗皇帝为太子监国时有飞语，上闻，文庙属公往察之，公至以所见七事皆诚敬孝谨，密疏以闻。上览之大悦，自是不复疑。仁宗嗣位特赐诰命，授正议大夫资治尹。已而，闻公曾有密疏，疑之，乃转太子宾客兼国子祭酒，之官南京。未已阅章奏，见公所上密疏，深嘉其忠，方议重用之。①

此后，朱高炽的皇太子位日趋稳定，父子间关系也走向融洽。太子储位的稳定势必为野心者所不愿见，前者高煦的失败并不能消除后者对神器的觊觎。时常与高煦合谋进谗的赵王高燧终于走到了前台，既然离间的伎俩收效不显，索性倒不如篡改遗诏来得方便。《太宗实录》载：

（永乐二十一年五月）乙丑，常山中护卫总旗王瑜、王变告言："常山中护卫指挥孟贤等纠合羽林前卫指挥彭旭等举兵将推赵王高燧为主，而谋不利于上及皇太子。"命下捕贼。既悉得，遂召皇太子、赵王、公、侯、伯、都督、尚书、学士皆至。上御右顺门亲鞫之。盖是时，上以疾多不视朝，中外事悉启皇太子处分。皇太子仁明恤下，往往裁抑宦寺，而宦官王俨、江保等尤见疏斥，俨等日谮之于上。赖上圣明，父子亲爱终不能间，然亦希得进见。而俨等素厚高燧，常为阴之地，且诈造毁誉之言传播于外，谓上注意高燧，以诳诱外人，由是贤等遂萌邪。至而钦天监官王射成与厚善，密言于贤曰："观天象，非久当有见（易）主之变。"贤等邪谋益急，与其弟孟三，常山左护卫老军马恕田子和兴州后屯卫老军高正、通州右卫镇抚陈凯等日夜潜谋，连结贵近。图就宫中进毒药于上，候上晏驾，即以兵劫内库兵伏及符宝，而分兵执公侯伯五府六部大臣，豫令高正伪撰遗诏，付中官杨庆养子。至期从禁中识以御贤颁出，废皇太子而立赵王高燧为皇帝。布置已定，瑜，正之甥，正密以告之，瑜力谏正："此舅氏灭族之计。"正不从，瑜遂入告。上览所伪撰遗诏，震怒，立捕杨庆养子斩之。上顾高燧曰："尔为之耶？"高燧惴栗不能。皇太子为之营解曰："高燧必不与谋，此下所为耳。"……上曰："即日皆籍之。王射成以天象诱人，速诛之。贤等更穷鞫，毋令遽死。"遂下锦衣卫研治，未几，并其党悉诛之。②

高燧阴谋的事发意味着，最后一个可能威胁到储君地位的竞争对手亦已出局。高炽之位可说是彻底稳固，而此时永乐大帝的生命也行将走到尽头。永乐二十二年（1424）七月，一代雄主朱棣溘然辞世，朱高炽最终登上了九五之尊的宝座，虽然历经险阻曲折，但他还是在文官集团坚定的拥护下胜出，永乐年间围绕皇位继承激烈的政治争斗至此终归于平静。

结　语

成祖与太祖均属开创型的君主，经过靖难的洗礼，强大的成祖有能力，也有机会去改造太祖所遗留下包括制度在内的事业，实际上他也是这么去做的。他的即位不仅打断了建文时期以"仁德"治天下的思路，也改变了洪武以来的以内敛为特征的治国方略，一跃转为积极地向外开拓。虽然他在入统之时宣布完全恢复祖制，但重用宦官、亲征漠北、迁都北平、扬帆海外、发兵安南等举措无疑与朱元璋的思路大相径庭，事实上，也只有他的武功威慑才能做到这些。同样道理，成祖若不是受到文臣集团为主导的

---

① （明）程敏政：《皇明文衡》卷七八《礼部尚书致仕赠太保谥忠安胡公神道碑铭》，四库全书本。
② 《明太宗实录》卷二五九，永乐二十一年五月乙丑条，中国台湾，中国台湾"中央"研究院历史语言研究所校印本。

因素制约，皇位嫡长继承制度能否延续也未可知。

明代的皇位继承制度始于太祖，成于成祖，为后世诸帝所因循。之中虽难逃制度缺陷所导致意想不到的危机，也曾有过放弃制度的种种挣扎与努力，但嫡长皇位继承制度还是被贯彻王朝之始终。尽管其间不乏武力夺嫡、藩王入统、兄终弟及情况的出现，但帝位亦只在朱姓皇族一家之内易手衍承，未曾旁落异姓外臣。就此层面而言，太祖、成祖对制度的整体设计与修补功不可没。世宗、神宗虽有改变之意，无奈制度已深入人心，成为文官集团的共同信仰，以两帝"太平天子"的威信更无法压倒整个文官集团意志。不仅如此，大明王朝的制度惰性也在文官集团共同信仰理念的支撑下逾发强大，当皇权亦无法去撼动制度之时，是喜，抑或是悲？这是另一个值得深入探讨的问题。

[作者单位：南京明孝陵博物馆]

论明代文武臣僚间的权力庇佑

——以俞大猷"谈兵"为中心

秦 博

《二刻拍案惊奇》中《同窗友认假作真 女秀才移花接木》一回有言"武弁人家，必须得个子弟在黉门中出入，方能结交斯文士夫，不受人的欺侮"①，诚为明代中后期的真实写照。明代武官因受"以文统武"军政体制束缚，常需依靠文臣公卿以谋自立，这一明代历史现状至今缺少具体、深入的个案研究。②文、武之间的权力运作虽游走于国家制度与私人庇佑之间，但对拔擢将才仍有积极意义。值得注意的是，名将俞大猷通过"谈兵"这一特殊文化活动扩展政坛人脉及影响的情况尤为典型。故本文拟以俞氏北边"谈兵"为中心，详细探讨并客观评判明代中后期文、武臣僚之间的权力关系，借以从一个侧面深入探讨明代军事管理体制。

一 武职管理体制与文、武之间的奥援

（一）武官寻求文臣庇佑的制度背景

明中期"以文统武"军政机制逐步确立后，军事指挥、铨选、纠察之权逐步掌控在各级文臣手中③，武官拱手听命，地位十分卑微。随之出现武职多要仰仗文臣的垂青与庇佑，方能在军中立足的情况。

战场成败瞬息万变，军政事务繁密严苛，武官时时如履薄冰。明初武官享有一定的法律特权，即"军官有犯与民官办法不同，科罪亦异"，但逐渐"不得其用"④。明代中叶以降，文官在军政司法领域日趋专断，他们常对麾下武职采取严厉的歧视性判罚。《靖海卫志》载有一事，称靖海卫指挥使向上管本卫事务，当抚、按莅临视察时，向上因"文册未备"，以致惊惧"投海而死"⑤，可见武官对上级文臣责罚的恐惧。明代中期逐步构建的五年军政考选制度看似完善，但主考的督抚大臣不时随意处置待考武官，考选过程难以保证公允。正德十二年（1517），朝廷准奏："各处巡抚等官今后务遵旧例，都司官有缺，具奏本部，相应官二员请旨简用。如见在都司官犯罪不职，指实参奏提问罢黜，及有操守能干，堪

---

① （明）凌蒙初：《二刻拍案惊奇》卷一七《同窗友认假作真 女秀才移花接木》，北京，人民文学出版社，1991年，第329页。这篇小说记一奇事，成都将闻确有女蕫娥化名闻盛杰，代弟女扮男装得中秀才，为其父结交官府提供方便。
② 对于明代文、武关系，学者陈宝良、王鸿泰做出总括性的研究，见陈氏系列论文《晚明的尚武精神》（载《明史研究》第1辑，合肥，黄山书社，1991年）、《明代的文武关系及其演变——基于制度、社会及思想史层面的考察》（载《安徽史学》2014年第2期）及王著《文武交际：明后期武人与文士的文化交流》（载（中国台湾）《2013年"中研院"明清研究国际学术研讨会论文集》）。但囿于篇幅和线性叙事的结构，这些宏观性的探讨尚不能完全阐述相关议题，尤缺对文、武官僚之间政坛权力运作的揭示，且短于个案剖析。
③ （明）张萱：《西园闻见录》卷六九《兵部·将权》，周骏富辑《明代传记丛刊》，中国台北，明文书局，1991年，第121册，第827页。
④ 《大明律》卷一《名例律军官有犯》，《中华传世法典》，北京，法律出版社，1999年，第4页；薛允升：《唐明律合编》卷二，《中国律学丛刊》，北京，法律出版社，1999年，第26页。
⑤ 《靖海卫志》卷七《名贤》，《中国方志丛书·华北地方第3号》，中国台北，成文出版社，1968年影印本，第52页。

任都司官员，从公举保听用，自俱取上裁，不许擅自黜退委用。"① 可知此前巡抚经常不经上奏就将属下武官论罪罢免。就连万历皇帝也承认："近时督抚等官平日把将官凌虐牵制，不得展布，有事却才用他。且如各边但有功劳，督抚有升有赏，认做己功；及失事便推与将官，虚文搪塞。"② 他的这番话直白犀利，一针见血地点明了督抚把武官视为"泄气筒"和"挡箭牌"。这种情况下，据杨一清言，将官专事卑诣督抚以求免祸的情况在正德朝以后成为惯例，然诸武职若在献媚方面"少有不至"，就会遭到文臣"耻辱随之，法纲加焉"③ 的处理。由此可知武官处境的艰难。

明代以血缘世袭为基础的武职铨选机制使武将的晋升空间日趋狭窄，加之推恩、捐纳等冒滥风气难遏，致使军官队伍膨胀，武职整体升迁境况不佳④，一般军官要升至都督一级甚为困难⑤。时至仁、宣，国家承平已久，随着文武兼才理念在教育层面的落实，与之相配的武官铨叙制度亦渐趋成形，即"武官皆由世授，其有才略方得推为将官，由守备、参、协、游击以至副总兵、总兵，皆有干城之托"⑥。从世袭军官中选拔能力突出者，授予总兵、参将等职衔，充任营镇系统的指挥官⑦，这在一定程度上弥补了世官制度的缺陷，而保举将才与武举授职是重要的选拔方式。明代武举时开时停，建制不善，故朝廷长期以来更重视保举选拔将才，受到大臣保举的武职可以在资格以外"不次超迁"⑧。由于文职大臣在保举过程中有更高的话语权，相比一般武职，善于结交公卿大臣者，就更易被推举拔擢。如天顺、成化朝名将汤胤绩一生屡受朝中重臣青眼，他初由江南巡抚周忱荐入京师，后又为礼部尚书胡濙所推，景泰时"迎裕陵于沙漠，晚受知于李文达公（天顺朝内阁首辅李贤），历金都指挥事充参将守御延绥西路"⑨。嘉靖以后，地方军务繁剧，兼之武官数量庞大，兵部不能尽知武官贤否，于是朝廷开始授予总督、巡抚、巡按较大的自主荐将权。嘉靖朝任兵部郎中的项笃寿曾言："本兵部推用各官，惟据总督、抚按等官疏荐。"⑩ 明人对此亦有"武弁升除，一以督、抚荐剡为准"⑪ 以及武将"不由抚、按推荐，鲜得升迁"⑫ 的说法。由于督抚推举将才的私人特征非常突出，在不能保证所有督抚皆秉公保举的情况下，与文职大臣的亲疏关系对武职的升迁就变得日益重要。

总之，明代武职的选拔管理制度既有繁密严苛的一面，又有松散不谨的一面，而赏罚升黜之权又多为文臣掌握，因此武官依附公卿以自立，亦有制度依据，本质上属于无奈之举。不过一些将官肆意扩展政治保护伞，形成官场腐败风气，影响非常恶劣。文武权力关系的这种两面性，体现了中国传统官僚体制与人治社会的典型特征。

（二）以文化交往为基础的官场扶庇

晚明文臣缙绅之间常通过切磋诗文、学术来促进政治关系，官场中人大多如此。受这一风气影响，

---

① 《兵部武选司条例》，虞浩旭主编《天一阁藏明代政书珍本丛刊》，北京，线装书局，2010年影印本，第14册，第353页。
② 《明神宗实录》卷二二五，万历十八年七月乙丑，中国台北，中国台湾"中央"研究院史语所校勘影印本，1962年，第4187页。
③ （明）《杨一清集》卷三《宸翰类·为应制陈言修省以回天意疏》，北京，中华书局，2001年，第808页。
④ 见于志嘉：《明代军户世袭制度》第三章"武官的世袭与武选"，中国台北，学生书局，1987年，第141~147页；梁志胜：《明代卫所武官世袭制度研究》第十章"武官世袭与明代社会"，北京，中国社会科学出版社，2012年，第400~430页。
⑤ 正德十六年（1521），明廷已有规定，"今后五府都督等官必是都指挥积累军功，勋庸显著及才望超卓在人耳目者，方许拟升，不得似前都指挥使得功一级即升都督佥事。其衣卫官员亦必有军功及异能者方许照例升授"。见《军政条例》《有功升降类》，《续修四库全书》，上海，上海古籍出版社，2002年影印本，史部，第852册，第355页。
⑥ （明）《杨一清集》卷三《宸翰类·为应制陈言修省以回天意疏》，第808页。
⑦ 关于明代营镇军制，见肖立军《明代省镇营兵制与地方秩序》，天津，天津古籍出版社，2010年9月。
⑧ （万历）《大明会典》卷一三五《兵部·举用将才》，北京，中华书局，1989年影印本，第695页下。
⑨ （明）程敏政：《篁墩文集》卷二二《东谷遗稿序》，影印《文渊阁四库全书》，上海，上海古籍出版社，1987年，第1252册，第383页。
⑩ （明）项笃寿：《小司马草》卷二《题为行查武职履历登注将材以便推用事》，《四库全书存目丛书》，济南，齐鲁书社，1996年影印本，史部，第62册，第250页。
⑪ （清）钱谦益：《牧斋初学集》卷六五《资政大夫兵部尚书赠太子少保申公神道碑铭》，上海，上海古籍出版社，2009年，第1510页。
⑫ （明）《杨一清集》卷三《宸翰类·为应制陈言修省以回天意疏》，第808页。

武将亦多借助文化活动希求督抚公卿的奥援，其中与士大夫有密切交游的武将尤易获得庇佑。

抗倭名将俞大猷平日即乐交缙绅，且犹好向儒臣求教义理学问。早在嘉靖朝任浙直总兵时，俞大猷就给应天巡抚张景贤写信，请教古代圣贤的处世之道，言："猷无似涉世已久，睥睨宇内，求洞彻此关而作为之勇者，以明公一人为师保也。"①同一时期，俞大猷在写给理学宗师、抗倭名臣唐顺之的信中，言自涉事以来，"即闻有唐太史荆川先生倡明理性之学于毗陵之乡"②，因仰慕而乐于从之。至嘉靖三十七年（1558），俞大猷因浙江战役失利而受到牵连，士大夫多怜大猷冤，"嗟叹之声相闻"③。俞大猷将赴诏狱却"囊不满百金"，无力成行，浙东副使谭纶筹集"金千余"④以助之。溧阳豪绅史际痛大猷遭遇，"遣人具五百金"⑤赠于扬州。据俞大猷说，其有"可生之机"，"尤赖"内阁大学士徐阶"垂救"⑥，甚至当朝奸佞严世蕃也对俞大猷"甚有保全之意"⑦。因朝中大臣"咸议欲准立功"，又有兵部尚书杨博、大同巡抚李文进的全力保举，俞氏最终得发往大同赎罪。⑧对于自己与诸文臣的特殊关系，俞大猷并不避讳，甚至不无矜伐地声言："庙廊诸老，无不垂爱，军门抚按，亦尽相知。"⑨又言："猷事京中诸老，平日相爱相知，固极力扶持，不啻若父兄视子弟之事。"⑩俞大猷之所以能够得到诸多文职大僚的申救，除军事能力为人瞩目外，也得益于学术交谊。在频繁切磋学问的过程中，各路公卿名臣将俞氏目为同道，关键时刻出手相助，自在情理之中。

与俞大猷光明磊落得到公卿扶庇相比，有些文、武之间的奥援就有徇私舞弊之嫌。如据《明史》记载，成化朝封武靖侯的边将赵辅，因"少俊辩有才，善词翰，多交文士，又好结权幸"，虽"屡遭论劾"⑪，却始终立身不败。其行为明显已蜕变为故意逃避罪责的政坛腐败。另如公安派名士袁中道在给密友辽东参将丘坦的一封信中，直言自己与另一位公安派成员吏部尚书李长庚共襄为丘氏谋求升职的计划，反映了文学结社成员之间暗中进行的铨政操纵：

> 自到京华，闻仁兄久滞辽阳，心甚念之。与酉卿（指李长庚，其人字酉卿）相见即商榷，兄虽不言及，然弟辈自当为之计。昨会萧大茹（应系时任陕西、贵州布政使的湖广汉阳人萧丁泰）云："要推都司事，须少缓之，以前面有人也。"酉卿亦云："近日议论，密于牛毛，稍越次忽致人言，则彼此不便。不若京营参戎为不争之地。以为后图，不亦可乎？"此说亦甚是。⑫

从袁中道将相关书信收入文集中来看，他对此类并不光彩的行为毫无忌讳，说明凭交际关系为武官寻求靠山是彼时通行的做法。武举门生与座主的关系，也是武职经常依赖的人脉资源。据《明熹宗实录》载，天启元年（1621）六月，兵部职方郎中余大成"发内阁刘一燝私书"，其中涉及刘为其"武举门生

---

① （明）俞大猷：《正气堂全集·正气堂集》卷一〇《又与张明崖书》，福州，福建人民出版社，2007年，第228页。张景贤，号明崖，四川眉州人，嘉靖朝抗倭名臣，其事迹可见雍正《四川通志》卷九上，影印《文渊阁四库全书》，上海，上海古籍出版社，1987年，第559册，第386页。
② （明）俞大猷：《正气堂全集·正气堂集》卷一〇《与唐荆川太史书》，福州，福建人民出版社，2007年，第246页。
③ 《征蛮将军都督俞公大猷功行纪》，焦竑辑：《国朝献征录》卷一〇七《都督府二·都督同知》，周骏富辑：《明代传记丛刊》，中国台北，明文书局，1991年影印本，第114册，第519页。
④ （明）俞大猷：《正气堂全集·正气堂集》卷一〇《与谭二华书》，福州，福建人民出版社，2007年，第251页。谭纶号"二华"。
⑤ （明）俞大猷：《正气堂全集·正气堂集》卷一〇《与史玉阳书》，福州，福建人民出版社，2007年，第258页。
⑥ （明）俞大猷：《正气堂全集·正气堂集》卷一〇《上徐相公陆太尉书》，福州，福建人民出版社，2007年，第258页。
⑦ （明）俞大猷：《正气堂全集·正气堂集》卷一〇《与李同野书》，福州，福建人民出版社，2007年，第252页。
⑧ （明）俞大猷：《正气堂全集·正气堂集》卷一〇《与李同野书》，福州，福建人民出版社，2007年，第252页。
⑨ （明）俞大猷：《正气堂全集·正气堂集》卷一二《与史玉阳书》，福州，福建人民出版社，2007年，第306页。
⑩ （明）俞大猷：《正气堂全集·正气堂集》卷一〇《与王方湖书》，福州，福建人民出版社，2007年，第260页。
⑪ 《明史》卷一五五《赵辅传》，北京，中华书局，1974年标校本，第4264页。
⑫ （明）袁中道：《珂雪斋集》卷二五《寄长孺》，上海，上海古籍出版社，1989年，第1068页。

五军佐击仇震求缺"一事，皇帝下旨："仇震事明系假借，不必究问。"① 可知武职明目张胆冒借座主名势谋取职务的情况颇为寻常。

二 "谈兵"与政坛影响的扩展

（一）武官的"谈兵"优势

明代中后期社会活力迸发，各种思想学说蓬勃发展。由于"南倭北虏"之威胁，研习兵学的风气流行于社会各界，一部分文人士大夫对兵学的热情甚至超越了对诗文的热情，其中还夹带有彰显风雅的色彩。据天启、崇祯朝儒将茅元仪所言："当辛亥（指万历三十九年）、壬子（指万历四十年）间，仆年十八九至京师时，天下方无事，日与五侯七贵及四方能言之士竞为文章声势，以为怡悦。又十年再至时，天下方急兵，无贵贱皆以奇策剑术相高，无复言文章声诗者矣。"② 明末士人对兵学知识的求索是多方面的，除却研读经典，阐发理论外，文人墨客还乐于收集整理具有时政新闻价值的军报讯息。据晚明理学家瞿九思言，他编著《万历武功录》时尤重搜集新鲜军情，"闻六科有存科，盖日纪载纶音簿籍"，便"从知交在省中者购得，密登录之"③。瞿氏还孜孜探访边区谍报，而遇到"所知交有仕宦在四方者"，瞿九思则"必卑恳词，乞其以羌虏倭蛮名藉事状幸告"④。客观而言，对军情边事的这种探知热情，既出于文人士大夫安邦定策的经世之谋，也有一定程度的猎奇意图。

时政军情成为明末士人阶层所关注的一大热点。为了捕捉瞬息万变的军事舆情，文人群体中流行起以口耳、书信传讲兵学知识的"谈兵"风潮。这种思想文化活动以公开性与时效性见长，看似随意，却极具时代特色。有学者指出，谈兵"这一行为普遍化、日常化了"，而"军事问题在士人思考中所占据的分量，也令人具体可感明末军事情势、社会氛围的紧张性"。⑤

明廷规定，"边报抄传有禁"⑥，兵部及兵科之外的人员不得擅自传阅军事奏报。军政情报的机密性与稀缺性，使得获取相关信息对文人而言又具有彰显人脉关系，乃至炫耀身份与权力的意义。例如曾任宣大、蓟辽总督及兵部尚书的杨博，晚年"好谈论"，每每提及"九边阨塞险要"等边政秘闻，能够"亹亹如指掌"，兼又"神气扬扬，音吐洪畅"，达到"听者忘倦"⑦的地步。这更加刺激了各路缙绅搜集军报的兴趣。为了猎取第一手军事新闻，朝士屡屡破禁，截流、散布机密朝报。据万历朝内阁大学士于慎行所记："近日都下邸报有留中未下先已发抄者，边塞机宜有未经奏闻先已有传者，乃至公卿往来，权贵交际，各边都府日有报帖。"⑧

武将由于有亲临疆场的经历，故常常凭借独特的军事见解介入"谈兵"活动，赢得文人的推崇。如西南名将都督沈希仪"短而精悍，目炯炯烛人，议论磊落激发，皆所谓伟男子也"。嘉靖朝名臣唐顺之尝与沈氏"谈及广西事"，顺之又将所谈事务撰写成篇以为纪念。⑨ 另如兵部尚书翁万达曾赞言，希仪

---

① 《明熹宗实录》卷一一，天启元年六月己卯，第558页。
② （明）茅元仪：《石民四十集》卷一六《谢长秋〈桂岭吟〉序》，《四库禁毁书丛刊》，北京，北京出版社，2002年影印本，集部，第109册，第143~144页。
③ （明）瞿九思：《万历武功录》《自序》，《续修四库全书》，上海，上海古籍出版社，2002年影印本，史部，第436册，第89页。
④ （明）瞿九思：《万历武功录》《自序》，《续修四库全书》，史部，第436册，第90页。
⑤ 赵园：《制度·言论·心态——〈明清之际士大夫研究〉续编》第二章"谈兵"，北京，北京大学出版社，2006年，第84页。
⑥ （明）李清：《三垣笔记》上《崇祯》，北京，中华书局，1982年，第9页。
⑦ （明）张四维：《条麓堂集》卷三〇《光禄大夫柱国少师兼太子太师吏部尚书赠太傅谥襄毅虞坡杨公行状》，《续修四库全书》，上海，上海古籍出版社，2002年影印本，集部，第1351册，第765页。
⑧ （明）于慎行：《谷山笔麈》卷一一《边筹》，北京，中华书局，1984年，第127页。
⑨ 《唐顺之集·荆川先生文集》卷一二《叙广右战功》，上海，上海古籍出版社，2014年，第578页。

所出言论"斩斩动人，意干风猷，度越诸将"，使人不得不"私心慕之"①。据俞大猷自叙，其青年时代即"抱愤游京师，得谈兵呈技于诸公卿大夫之门下"②而博得朝士赞赏。崇祯朝翰林学士姚希孟对大将马世龙的敬仰也得于观马氏侃侃论兵之风采，据姚希孟《答马总戎世龙书》载："虏骑薄城之日，将军与吴隆嬔年兄竚立东阁门，握手谈兵事，将军未识不肖，而不肖识将军，固知其为云台、麟阁中人也。"③

（二）"谈兵"与俞大猷军政威信的重新树立

最能体现武官话语竞争力的"谈兵"活动之一，即是晚明的车战大讨论。明代车战议题自土木之变后开始受到社会广泛关注，至嘉靖"北虏"威胁加剧，朝野文武之士群而响应。④在这种风潮带动下，能对车战发表高见者，便容易拓展社会影响。嘉、隆、万三朝抗倭名将俞大猷在实践的基础上广作兵车论著，与文臣缙绅频繁切磋，并由此获益。

嘉靖三十七年（1538），浙江平倭战事失利，总督胡宗宪被御史弹劾，隶属胡宗宪的浙江总兵俞大猷受牵连下狱，朝廷判大猷落职发大同立功，赴大同途中，俞大猷"东出蓟门，西入云中，谈天下事于诸公卿前"⑤，开始通过论说军务来恢复声名。至大同镇后，俞大猷便与大同巡抚李文进"晨夕欢议，其契无伦"。借助地缘优势，俞、李二人深入研究车战战法，在安银堡创下了有以"车百辆，步骑三千，挫虏十余万"⑥的战绩，被后世学者认为是明代明确记载的唯一一次车战胜利。⑦

贬谪大同期间，俞大猷除与李文进协同钻研车战技术外，还连续寄出多封书信，向文臣中的故交新友交流车战经验。其中较早一通寄给了曾与俞大猷共抗犯浙倭寇的浙江布政使右参政兼按察司副使谭纶⑧：

> 记得公每与猷论破胡虏须用战车，猷平日亦有此意，得公之论益信。今与同野（指大同巡抚李文进）议制，盖详稽历代所用之车而损益之，欲其行无窒碍。然未经大豪杰一面见定其可否，于心终未安。谨命匠以寸代尺，造一小式，专人送上，乞不吝数金打造一辆，令人推运验试，尚宜如何损益，赐示更改。⑨

从这封书信可见，俞大猷在浙期间即对北边车战问题萌生兴趣，此番有了实际操演战车的机会，但不知战术效果如何，故请求谭纶"定其可否"。可以说，俞大猷千里传书，通过"谈兵"，客观上起到在故僚圈子中继续树立威信的作用。

另外，俞大猷在《与曹东川书》中，更明确表达了欲与新老同僚通过切磋车战来加强联络的心愿，并恳请获得督抚大臣的奥援：

---

① 《翁万达集》卷二《留别沈紫江序》，上海，上海古籍出版社，1992年，第38页。
② （明）俞大猷：《正气堂全集·正气堂集》卷一○《上兵部杨尚书书》，福州，福建人民出版社，2007年，第249页。
③ （明）姚希孟：《公槐集》卷四《答马总戎世龙书》，《四库禁毁书丛刊》，北京，北京出版社，2002年影印本，集部，第178册，第364页。
④ 关于明代的兵车战略思想及实践进程，见周维强：《明代车战研究》，中国台湾清华大学博士学位论文，2008年。
⑤ 《征蛮将军都督俞公大猷功行记》，（明）焦竑辑：《国朝献征录》卷一○七《都督二·都督同知》，第519～520页。
⑥ 《征蛮将军都督俞公大猷功行记》，（明）焦竑辑：《国朝献征录》卷一○七《都督二·都督同知》，第520～521页。
⑦ 范中义：《俞大猷评传》第四章"塞上立功"二"以车御敌"，北京，解放军出版社，2014年，第75～76页。明代车战实例不乏取胜者，但多突围、扰敌之类的小胜。安银堡之役确实是终明一代唯一可称大捷并详载史册的兵车实战。见周维强：《明代车战研究》第十章《结论》第2节"明代车战之功能与战绩"，第471～473页。
⑧ 谭纶嘉靖四十年（1561）以前一直以"浙江布政使右参政兼按察司副使奉敕巡海"，与时任浙江总镇的俞大猷有长期同僚协作关系。见谭纶：《谭襄敏奏议》卷一《恭谢天恩疏》，影印《文渊阁四库全书》，上海，上海古籍出版社，1987年，第429册，第588页。
⑨ （明）俞大猷：《正气堂全集·正气堂集》卷一二《又与谭二华书》，福州，福建人民出版社，2007年，第295页。

> 猷向在江南，窃见我公用兵有律，思欲一吐平生，以求裁正。为上下分隔，文武途歧，竟不得借片时剧论。猷虽知我公为殊绝人物，而公竟不知猷。天下英雄苦不得相遇，既相遇又苦不相知。……近在董北山处见公《防秋十议》，中有步兵及练兵选锐诸说，可谓得其要法。惜其条项太烦，论奇处太多，故听之者不能即按而行尔。……猷所愿附乎青云之士，以施于后世，在当道则坡公、同公，在东山则公也。……谨专人奉候外，《兵略对》《操法》及同公二次题稿，奉乞裁教，容另请。①

详考这通信笺，"曹东川"应为曾任江南巡抚的嘉靖朝名臣曹邦辅。② 俞大猷寄信曹氏，一方面是向其表达二人虽曾共事江南，但"竟不得借片时剧论"兵事的遗憾；更重要的是不计前怨，希望保持与曹氏以及兵部尚书杨博（号"虞坡"，即信中所谓"坡公"）、大同巡抚李文进（号"同野"，即信中所谓"同公"）等新老上司的关系，以待"附乎青云"而东山再起。俞大猷同时写有《与李同野书》，可与《与曹东川书》作比读：

> 昨在董金宪处见曹东川《防秋十议》，其中尽有可行者。但其说奇处太多，故人不能信而行之。前在江南，与猷处日浅，故向不曾对剧谈。今猷见其议，甚喜之，即具书差人奉候，稿奉览。不知公可差人请来此一议地方事否？大抵得士若此老，毕竟经历多了，其说自有可行处。③

大同安银堡车战胜利后，俞大猷初步赢得东山再起的机会。据《征蛮将军都督俞公大猷功行记》载，李文进当即"请于朝"，上报大同兵车奇功，朝廷得报后也有了支持俞大猷创立车营的初步意向。④ 然而《征蛮将军都督俞公大猷功行记》亦言，当时有"在位者故不喜"，所以俞大猷推广车战的计划并未落实。⑤ 所谓"在位者故不喜"，盖指内阁首辅严嵩对筹备车营计划的阻挠。⑥ 俞大猷虽受权贵刁难，但在大同仅一年之间，就获得公卿朝臣章疏"二十上"的巨大声誉。地方督抚中有湖广巡抚刘焘、福建巡抚黄光升皆请求急用大猷，俞大猷最终以"湖广镇篁参将"⑦ 正式复出。俞氏广与缙绅谈兵切磋，推介自己的车战实践，造成颇大的社会影响，无疑是他复得朝廷青睐的重要因素。

（三）"谈兵"与俞大猷官场人脉的巩固

历经半生征战，年逾七旬的俞大猷在万历二年（1574）被朝廷召为"后军都督府佥书"，提督京师

---

① （明）俞大猷：《正气堂全集·正气堂集》卷一二《与曹东川书》，福州，福建人民出版社，2007年，第309～310页。
② "曹东川"为曹邦辅的理由有四：其一，俞大猷在书信中称呼对方的习惯是呼其雅号，而据于慎行所撰《明故资政大夫南京户部尚书赠太子少保东村曹公墓志铭》，可知曹邦辅号"东村"，"东川"与"东村"系一字之别，或音近相讹。从信中"猷虽知我公为殊绝人物，公竟不知猷"的记载来看，俞大猷此前与曹氏并非熟稔，存在误记对方雅号的可能，也不排除《正气堂集》抄印时文字有纰漏。其二，信中提到"近在董北山处见公《防秋十议》"。其中所谓"董北山"，实指自号"北山"的苏松海防道董邦政。俞大猷能够在董邦政处读到"曹东川"的《防秋十议》，曹、董二人亦应系故交。而曹邦辅曾以"山西参政，防秋雁门"，升"右佥都御史，巡抚应天等府地方，总督粮储"，既有写成《防秋十议》的条件，又有与董邦政、俞大猷同临江南抗倭前线的经历。其三，大猷信中称"曹东川"当时"在东山"，此处之"东山"，应是代指隐逸闲居之所。曹邦辅嘉靖三十四年（1555）因触犯巡海御史赵文华被革职，长期贬谪朔州，符合"在东山"的下野隐居身份。其四，俞大猷《与李同野书》一信有旁批"曹东川本论公落职，而公犹可其议如此"一句，而曹邦辅巡抚江南时曾"劾大猷纵贼"，以致世宗夺俞氏世荫，"责取死罪招，立功自赎"。见（明）于慎行：《谷山馆文集》卷一七《明故资政大夫南京户部尚书赠太子少保东村曹公墓志铭》，《四库全书存目丛书》集部第147册，济南，齐鲁书社，1997年，第522、533页；《明史》卷二○五《曹邦辅传》、卷二一二《俞大猷传》，第5416～5417、第5604页；承载：《〈长春园集〉抄本和明代上海地区御倭事迹考略》，《史林》1996年第3期；（明）俞大猷：《正气堂全集·正气堂集》卷一二《与李同野书》，第310页。
③ （明）俞大猷：《正气堂全集·正气堂集》卷一二《与李同野书》，福州，福建人民出版社，2007年，第310页。
④ 《征蛮将军都督俞公大猷功行记》，（明）焦竑辑：《国朝献征录》卷一〇七《都督二·都督同知》，第521页。
⑤ 《征蛮将军都督俞公大猷功行记》，（明）焦竑辑：《国朝献征录》卷一〇七《都督二·都督同知》，第521页。
⑥ 周维强：《明代车战研究》第五章"庚戌之战后边镇与京营车战之置造"第2节"大同巡抚李文进与俞大猷造练战车"，第161页。
⑦ 《征蛮将军都督俞公大猷功行记》，（明）焦竑辑：《国朝献征录》卷一〇七《都督二·都督同知》，第521页。

车营训练①，真正获得在兵车建制上施展身手的机会。在京期间，俞大猷依旧向诸文臣儒士寄出车战论稿，第一时间把其训练京营的成果公布于世。俞氏与各地方督抚、兵备的往复切磋诚为频繁，如给福建海道副使陶幼学的信中云："今赖令弟老先生扶庇，教练有成效，京营习之，边镇次第踵行之，初志颇酬。冬间决图南归听教门下也，其将何以教之？外《操法》四册，呈乞览教。"②在寄与陕西巡抚陈省的信中，俞大猷言道："兹奉台教，洋洋德音。猷教战车，渐次成军。《操法》昨附郑生，差人恐尚未到，谨再具四册，呈乞裁教。"③为了维系与当权者的关系，俞大猷向朝中公卿介绍自己的兵学著作时还会附带其他贵重的礼品以为酬谢。在给原任内阁首辅徐阶的一封书信中俞氏写道："今猷为朝廷设立永久可传之法于京营，又岂非恩台流泽中一事乎？谨具《操法》五册、阵图五张呈览。又玉酒卮一双，奉将问候之敬。"④这虽有雅贿嫌疑，但在武臣立身不易的情况下，俞大猷需要文臣长期支持方能施展练兵方略，其依违官场时弊，实属无奈。

俞大猷另外寄出的一些信札从内容上看并非真为探讨车战，而是借"谈兵"之名稳固、扩展与文士的交际，随书信附送的各类战车论稿实际起到干谒礼物的作用，类似于文人之间互赠诗文著作以增进友好。在热衷兵事的文人士大夫眼中，俞大猷以实战为基础的兵学论著无疑就具有特殊的价值，俞氏也顺应风气，广泛寄送自己的论稿。例如俞大猷写与原任福建布政司右参议万民英的信札如下：

> 昔名公莅闽，正倭、土二寇猖獗之时。……猷当时仰服之意，以名公为燕赵豪杰，期当共事于沙漠之区，使胡虏马匹不敢南牧。不意名公从此遂卷怀藏道，恝然亡世。……迨至都下，教练兵车。计竣事之后，尚欲至西偏各镇，一观形胜，当取道贵乡，与名公详道吾邦父老思感之情。……兵车操法四册，呈乞裁教。不宣。⑤

万民英系大宁都司人⑥，此即大猷所谓"名公为燕赵豪杰"及"尚欲至西偏各镇，一观形胜，当取道贵乡"的由来。万氏曾任大猷家乡福建省的父母官，向离职居乡的万民英"详道吾邦父老思感之情"，实乃俞大猷撰此信札的真正目的，所谓"呈乞裁教"的"兵车操法四册"，就是作为雅贶而附赠的。《与蔡兰溪书》是俞大猷写给另一位在职的泉州地方官的信函。信中大猷称蔡氏"兹擢猷郡太公祖，是此方士民之幸也"，转而又言自己"教京营战车，颇有次第"，但"秋冬之间，决乞骸南归，诸可面罄矣"，并附《操法》四册，请求蔡氏"览教"⑦，也是将《操法》作为习惯性的见面礼呈递。

俞大猷还修书一封寄与当时乞罢的理学名臣李材：

> 猷前至都下，闻之二华公（指谭纶）谓："名公有乞疏，已令勿上。"不数日后，乃闻尊驾已浩

---

① （明）赵恒志：《后军都督府都督同知赠左都督俞公大猷行状》，（明）焦竑辑：《国朝献征录》卷一〇七《都督二·都督同知》，第513页。
② （明）俞大猷：《正气堂全集·正气堂续集》卷一《与陶晴宇书》，福州，福建人民出版社，2007年，第539页。陶幼学，字子行，号晴宇，浙江会稽人，系公安派名臣陶望龄叔父，历福建海道江西按察使、云南布政使等官，其具体生平载于《会稽陶氏族谱》内《左方伯晴宇公传》中。见裴喆：《明曲家诸葛味水考》，《南京师范大学文学院学报》2010年第3期。
③ （明）俞大猷：《正气堂全集·正气堂续集》卷一《与陈幼溪书》，福州，福建人民出版社，2007年，第541页。陈省，号幼溪，福建长乐人，万历朝历任陕西、湖广巡抚，兵部右侍郎等职。万历初年陈省正在陕西巡抚任上。见（明）叶向高：《苍霞续草》卷一一《通议大夫兵部右侍郎兼都察院右金都御史幼溪陈公墓志铭》，《四库禁毁书丛刊》，北京，北京出版社，2000年，集部，第125册，第130~132页。
④ （明）俞大猷：《正气堂全集·正气堂续集》卷一《禀徐存老书》，福州，福建人民出版社，2007年，第570页。
⑤ （明）俞大猷：《正气堂全集·正气堂续集》卷一《与万育吾书》，福州，福建人民出版社，2007年，第538页。
⑥ 《四库提要·星学大成》，万民英：《星学大成》，影印《文渊阁四库全书》，上海，上古籍出版社，1987年，第809册，第285页。
⑦ （明）俞大猷：《正气堂全集·正气堂续集》卷一《与蔡兰溪书》，福州，福建人民出版社，2007年，第539页。蔡兰溪疑嘉靖、万历间任泉州知府、兴泉兵备道的乌呈人蔡继善。见乾隆《泉州府志》卷二六《文职官上》，《中国地方志集成·福建府县志集》，上海，上海书店出版社，2000年，第621页、第623页。

然归矣。相对怅然久之。宠辱不惊，尘视功名，名公有之。……《战车操法》一册，呈乞裁教。①

李材系俞氏故交凤阳巡抚李遂之子，当时李材受到内阁首辅张居正的排挤，从广东副使任上"引疾去"②。俞大猷从谭纶处获悉李材离京的消息，随即奉函联络并附车战论稿，是出于故友间的礼节性关照。或是由于与李材关系亲近，无须特意攀结，俞大猷所遗李氏《操法》论稿仅为一册，而非一般赠与他人的四册。

从俞大猷与李材交往的例子中，可见谭纶的重要中介作用。谭、俞的同道交游始于同莅浙江抗倭之际，嗣后二人保持着"生死为期"③的紧密关系。谭纶对俞大猷"垂爱至情"④，终身相戚，以至于俞大猷在谭纶谢世后感叹道："古称人之相知，贵相知心，自有交道以来，如公之知猷者有几哉？"⑤实际上，作为俞大猷早期倾心结纳的文臣，谭纶是俞氏在文官中打开交际局面的关键人物，他经常在缙绅士人中为俞大猷造势。例如谭纶曾向任广西布政使参议的胡某介绍大猷，称其"文武忠孝，子仪、赵充国流也。即西北事，亦非斯人不可了"⑥。大猷以"谈兵"的方式邀结未曾谋面的名士时，也常常要借助谭纶的声望。如俞大猷曾寄书南京名臣姜宝以表仰慕之意，称："伏读福建前年《武举录》，知名公于兵得其深矣。名公他日未尝用兵，而顾得其深，岂所谓指山画谷，得于不出户之儒耶？"⑦又云：

猷自弱冠矢志灭虏，疾呼于公卿之门，于今三十载。世无有知之者，凄凄然。苟立尺寸于方，是何足多？兹幸自湖、二华（"自湖"系曾任兵部尚书的吴文华之号）二名公知之。昨于二华翁处见名公尊札，似亦为猷之知己，心已驰于燕然矣。……猷车制详见小集，同志之士，可推而得其制度之悉，已一一献于华翁。猷身不用而道用，天复何憾！⑧

俞大猷在这通信中特意介绍自己与谭纶的关系，而姜宝、谭纶二人实亦故人。在为谭纶撰写的小传中，姜宝自称曾"以八闽学使获侍"时任福建巡抚的谭纶左右，又蒙谭氏"深知"⑨。

三 文、武之间的保举活动

由于地方督抚一手握定荐将大权，与他们关系非同寻常的武将常先期推荐自己的门生故吏至军门幕下，以备优选将材，俞大猷就长期谙于此道。保荐过程中，俞氏也会附赠自己的兵学论著，既作为酬礼，又可以探讨时务、学问的名义淡化人情请托的色彩。万历初年，大猷向蓟辽总督梁梦龙私保将才，就先借讨论俞氏恩师赵本学的《孙子十三篇注》来联络情感：

《孙子十三篇注》乃猷受虚舟师原稿也。谨呈上，乞至镇登梓广传，以开后学，岂不大幸欤？……猷初至都下时，见二华老论当世贤公卿，至名公则曰："当国家之大事者，必此老。"及一拜抱门下，

---

① （明）俞大猷：《正气堂全集·正气堂续集》卷一《与李见罗书》，福州，福建人民出版社，2007年，第542页。
② 《明史》卷二二七《李材传》，第5956页。
③ （明）俞大猷：《正气堂全集·正气堂集》卷一二《与谭二华书》，福州，福建人民出版社，2007年，第295页。
④ （明）俞大猷：《正气堂全集·正气堂集》卷一〇《祭谭二华文》，福州，福建人民出版社，2007年，第626页。
⑤ （明）俞大猷：《正气堂全集·正气堂续集》卷五《上徐相公陆太尉书》，福州，福建人民出版社，2007年，第258页。
⑥ （明）俞大猷：《正气堂全集·正气堂集近稿》《赠文附》，福州，福建人民出版社，2007年，第484页。
⑦ （明）俞大猷：《正气堂全集·正气堂余集》卷三《与姜凤阿书》，福州，福建人民出版社，2007年，第726页。姜宝号凤阿。
⑧ （明）俞大猷：《正气堂全集·正气堂余集》卷三《与姜凤阿书》，福州，福建人民出版社，2007年，第726~727页。
⑨ （明）姜宝：《姜凤阿集》卷二三《大司马二华谭公传》，《四库全书存目丛书》，济南，齐鲁书社，1997年，集部，第128册，第119页。

即荷接引赐教。①

接下来他开始为麾下部将请托，而且明确告知，希望梁梦龙在朝廷推用将官时，帮助百户洪道谦谋得蓟镇守备一职。大猷又将薛应梅、陈第等门生引介给梦龙，企求日后加以关照：

> 猷有门生二人，相从日久，委教车营，已着劳绩。一乃名色把总薛应梅，一功升百户洪道谦。……乃该推用之数，乞将道谦就补蓟镇守备……，应梅带去标下试用。二人他时不能捐躯为报，猷甘受欺诓之罪。……猷又有一门生见任古北口调河川提调陈第，二白、确庵老皆以奇才称之，故试用于要害之区。……名公至地方一访之，如果猷言非妄，乞拔之标下，与论边事。②

在写与巡抚刘尧诲的保举信中，俞大猷采取类似方式，先言"楼船如何而后可以灭海寇，兵车如何而后可以灭胡虏，世未尝有讲之者，《小集》之中，二者皆论之详矣，世人之读者，不以为浮词，则以为禅语"③云云，为保举门人做铺垫，继而言：

> 近幸有一门人相从，将猷《小集》中阵法、战法、舟战、车战，粗如技艺之微，精如性命之源，一一辩论，咸心能超悟，而口能形容。猷请先命此生赴台下，假以盈尺之地，赐以宽假之容，指小集中一二节以叩之，必能达猷意于垂听之下也。夫然后猷有锥刀之愚，可以再进于门下。此生乃饱学生员，其年甚青，毅然以高科可唾手取自期，慨然以经济天下自任。一猷一日长乎彼乃从学焉。欲强令谒见，特为发明猷之怀负，并无一毫觊求他意，非若世俗干见者之所为也。④

值得注意的是，俞大猷特命被保举的门生亲自将保函呈与刘尧诲⑤，其目的之一是为了让刘尧诲加深对被保举人的直面印象，二是给刘氏施加一定的压力，保证举荐的成功。

若向交谊更密的大僚保举亲故，俞大猷的言辞也更加直白。嘉靖中叶，大猷请求故交凤阳巡抚李遂关照江北副参将邓城，径言"猷自别公来浙直，四五年间，百经危厄"，而"得邓城，亦足以代猷侍公于左右也。邓城之外，尚有异才，容另详布"⑥。嗣后，俞大猷又与李遂讨论重用邓城的问题，并建议将失事的将领汤克宽放出立功赎罪：

> 承尊命，谨按条奉答，亦老马老农一得之见耳，愿公酌采。将领有武略者，江南游兵都司邓城，部伍合变，知之最精，足以教兵。又其临敌之际，每在阵前调度，从容闲雅，三军恃为司命，当于古名将求之，今世实罕其俪。……汤子克宽，猷深知其贤，思欲保出共事，又恐言轻而人不信。兹领尊教，不任喜跃。谨具手本，奉乞准据具题，使此子得出任事，他日必大有建立也。⑦

---

① （明）俞大猷：《正气堂全集·正气堂集》卷一《与梁鸣老书》，福州，福建人民出版社，2007年，第576页。梁梦龙，号鸣泉，故俞大猷信中称其为"梁鸣老"。万历六年（1578），梁梦龙以右都御史兼兵部右侍郎，总督蓟辽保定军务。俞大猷向梁梦龙推荐"蓟镇守备"人选，盖当时梁氏正在总督蓟辽保定任上。见钱谦益：《牧斋有学集》卷二八《明柱国光禄大夫太子太保吏部尚书赠少保谥贞敏梁公墓志铭》，上海，上海古籍出版社，1996年，第1049页。

② （明）俞大猷：《正气堂全集·正气堂集》卷一《与梁鸣老书》，福州，福建人民出版社，2007年，第577页。

③ （明）俞大猷：《正气堂全集·正气堂续集》卷一《与刘凝斋书》，福州，福建人民出版社，2007年，第536页。刘尧诲号凝斋，万历朝历任闽、粤巡抚，终官兵部尚书。见刘良璧：《〈大司马凝斋刘公疏稿〉序》，（明）刘尧诲：《刘尧诲先生全集》，《四库全书存目丛书》，济南，齐鲁书社，1997年影印本，集部，第128册，第361页。

④ （明）俞大猷：《正气堂全集·正气堂续集》卷一《与刘凝斋书》，福州，福建人民出版社，2007年，第536页。

⑤ （明）俞大猷：《正气堂全集·正气堂续集》卷一《与刘凝斋书》，福州，福建人民出版社，2007年，第536页。

⑥ （明）俞大猷：《正气堂全集·正气堂集》卷一〇《与李克斋都宪书》，福州，福建人民出版社，2007年，第233页。"克斋"系嘉靖朝曾任凤阳巡抚、南京兵部尚书的名臣李遂之号，故俞大猷称李遂为"李克斋都宪"。

⑦ （明）俞大猷：《正气堂全集·正气堂集》卷一〇《又与李克斋都宪书》，福州，福建人民出版社，2007年，第234～235页。

接到俞氏的请托后，李遂遂向朝廷上《甘保犯罪将领杀贼立功赎罪疏》，内言"大猷千里专书候之界上，首荐汤克宽"，又言："乃大猷复以公移力为保任，臣亦咨访舆论，尚有公言。臣于克宽素无平生，止因大猷敢以公移出身保任，似亦古人之义。"① 可见俞大猷受文臣信任之深，引介将才效力之高。俞大猷向巡抚王一鹗推举自己的侄子俞咨益及门生陈第时亦言："舍侄咨益，凡自愿学，未能曲成，进教大有望焉。陈第有国士门风，敢荐扬于门下者。"② 不久，陈第果为王一鹗所重用，故俞大猷又修书一封向鹗道谢："陈第得所依归矣，猷为之喜，异于恒情。然子房不得其人而藏之，名公能得其人而传之。猷为斯道喜，为名公喜，其情异于恒情又万万也。"③

以上这些事例清晰表明，虽然有明一代行"以文统武"之制，武官常无法掌控自己的仕途轨迹，但武将若与文官群体过从甚密并游刃于官场请托之道，就有可能影响督抚保举与兵部铨叙，较大限度地扩展自己在军政界的影响。

功勋卓著而富有声望的大将还有推举文官的能力，甚至有接受文臣请托，反向提供扶持的情况。俞大猷就曾请求万历三年（1575）任广西巡抚的吴文华关照自己的表弟布政司都事颜廷棐及"笔砚友"思恩县知县庄淦，称颜、庄二人"在名公属下，是良马入伯乐之厩也"④。吴文华在两广抗倭战役中得到过俞大猷军事上的得力援助，为表感谢，文华曾寄书俞氏，欲"挹三江以为醴，裒八桂以为筵"⑤ 以为报答。文华此番承俞大猷之请托，应有回报前恩之意。万历朝翰林名臣沈懋学为了帮助其从戎的侄子沈有容在军中寻求支持，特意向戚继光修书：

> 舍侄有容多力善骑射，志在筹边。昨欲请之方老师，令其效劳宣大。今不佞归计已决，先令东返，感翁德意已入肺衷，它日倘简材官，纳履门下，尚有期也。⑥

督抚荐将而兵部选任，是明代制度化的铨法。但在歧视性的军政体制下，督抚大臣常肆意打压武职，能慎行赏罚而优选将才者较少，导致大将难以脱颖而出。据崇祯朝督师孙传庭言："今日之所以无将者，以封疆大吏无将将之人也。有将将者则大冶洪炉，是铁堪铸而将材不胜用矣。"⑦ 因此，在督抚正式向朝廷奏请保举名单之前，武官借助私人关系先期推荐亲故，也存在合理性。戚继光、俞大猷等政治操守良好的武臣，在扶庇、保举的过程中颇能秉持原则，注重人才的甄别。比如俞大猷就是在精心培养儒生陈第，识其为将才之后，方大力保举之，以为自己事业继承人的。据陈第言，俞大猷日夜教诲其"古今兵法之要，南北战守之宜，靡不探其奥蕴"。万历三年（1575）秋，陈氏投笔从军后，大猷"推毂之"，谓"夫夫也，当继我以闻于谭司马"，而谭纶亦认为陈第能继俞大猷之席。嗣后，俞氏"书数十通"，向诸公卿推荐陈第，其意"弥切"，而陈第亦"实惧为门下，羞黾勉职事"⑧。客观而论，由于戚、俞的

---

① 李遂：《又克斋李公甘保犯罪将领杀贼立功赎罪疏》，俞大猷：《正气堂全集·正气堂集》卷一〇《又与李克斋都宪书》附，第236页。
② （明）俞大猷：《正气堂全集·正气堂续集》卷一《与春陵王抚院书》，福州，福建人民出版社，2007年，第560页。"春陵"系王一鹗自号。一鹗系直隶周曲人，嘉靖三十二年（1553）进士，万历十五年（1587）官至兵部尚书。见雷礼：《国朝列卿纪》卷四七《兵部尚书年表》，周骏富辑：《明代传记丛刊》，中国台北，明文书局，1991年，第35册，第372页。
③ （明）俞大猷：《正气堂全集·正气堂续集》卷一《又与春陵王抚院书》，福州，福建人民出版社，2007年，第565页。
④ （明）俞大猷：《正气堂全集·正气堂续集》卷一《与吴小江书》，福州，福建人民出版社，2007年，第558～559页。吴文华万历三年（1575）以应天府尹升任都察院右副都御史巡抚广西。见叶向高：《苍霞草》卷一三《容所吴公行状》，《四库禁毁书丛刊》，北京，北京出版社，2000年影印本，集部，第124册，第331页；吴文华：《粤西疏稿》卷一《到任谢恩疏》，《四库全书存目丛书》，济南，齐鲁书社，1997年影印本，集部，第131册，第654页。
⑤ （明）吴文华：《济美堂集》卷四《与俞虚江》，《四库全书存目丛书》，济南，齐鲁书社，1997年影印本，集部，第131册，第616～617页。
⑥ （明）沈懋学：《郊居遗稿》卷七《报戚南塘总兵》，《四库全书存目丛书》，济南，齐鲁书社，1997年影印本，集部，第163册，第680～681页。
⑦ （明）孙传庭：《白谷集》卷四《答阁部将材札》，影印《文渊阁四库全书》，上海，上海古籍出版社，第1296册，第326～327页。
⑧ （明）陈第：《一斋诗文集·蓟门塞曲》《告俞虚江先生》，福州，福建教育出版社，2012年，第38页。

全力保举，陈第、沈有容、邓城等新一代名将得以崭露头角，甚至起到对武官选拔机制的调节作用。

不过也应看到，晚明体局败坏，官僚贪腐成习，在这种风气下，文、武之间的保举也容易形成无原则的结党谋权。对此，嘉靖朝名臣沈炼有"荐抚臣，用边将，不闻超拔杰特谋猷之士，犹袭常蹀格，以狥己私"①的深刻认识。一些与缙绅群体无密切交际的武职为了升迁而肆意行贿企求打通关节，出现"将官除送礼别无本领"，常常"假军情以藏礼单"，直至形成"积习之难破"②的乱象。边将贿赂督抚文臣成风，即有所谓的"债帅"。崇祯朝督师孙承宗幕下谋士鹿善继尖锐指出："边疆之坏，由于债帅之堕军"，"中外诸贵人入其债而为求帅于职方，职方徇诸贵人之情由于自爱其官，而甘为之殷勤，职方而不可为，则边事终不可为"③。一些武官无法直接接触督抚大臣，即退而欲图拉拢幕府谋士。据鹿善继载，有同乡陈指挥"捧老父母之字来"，自称："家贫禄薄，俯仰不足，闻关上钱粮大欲，求吹嘘为糊口计。"陈指挥的请托被善继以"挑选材官，专要猛健少年，长刀大斧，略不及格即斥去"④而驳回。另鹿善继在斥某武将以行贿来谋职的行径时云：

> 师相之位，置幕官即所以爱之安之，仆辈稍有知识，敢自越局乎？门下试思使幕官与用人之事，今日用一将由某幕官，明日用一将由某幕官，尚成事体否！前年邂逅已识英雄，苟可自效推毂，岂待他人从臾。而仆深居幕中，不私见一将吏，凡用将之事，抚道镇司之而总听于师相，幕僚数辈全无干预。⑤

由此可知其时武官营私活动之猖獗。此外，为了赢得文官的瞩目，某些武将刻意矫饰文采，以向督抚献媚。《西园闻见录》载，武职"竞为浮夸，雅言而矩步，绘句而摘章"，抚按大僚"以是为荐扬"，兵部"因之而任用"。这些"伪将才"诚"堕国家神武之威，销英雄慷慨之气，为害非浅"⑥。

在如此黑暗的官场中行事，俞大猷、戚继光等大将常常要面对身不由己的困境，但他们仍能坚守底线，发挥自己的政治与文化影响以保证将才代有人出，这更体现出其超迈时人的魄力与才干。

结　　论

俞大猷介入车战大讨论，其直接目的无疑是为边防谋划出力，而通过"谈兵"活动，俞氏主动争取社会威望，构建并维护自身的官场人脉资源，也是不争的事实。俞大猷、戚继光等人积极通过自身的文化优势，与文臣建立官场庇佑关系，虽然夹杂一些人情因素，但对"以文统武"体制的僵化弊端稍有反正，他们的政治运作使得一批将才得以为国所用。然而文、武之间权力运作的不良化发展趋向也非常突出，这无疑也是明末军事体制溃败的一个重要原因。可以说，明代朝廷虽不断调整军政管理制度，但始终未能构建一套更为合理的文、武关系模式与武官选拔机制，致使将才受制而难以脱颖。这一历史困局的形成，值得治史者深研反思。

[作者单位：中国社会科学院历史研究所]

---

① （明）沈炼：《青霞集》卷一一《答陆宫保书》，影印《文渊阁四库全书》，上海，上海古籍出版社，1987年，第1278册，第153页。
② （明）鹿善继：《鹿忠节公集》卷一四《示诸将》，《续修四库全书》，上海，上海古籍出版社影印本，2002年，集部，第1373册，第259页。
③ （明）鹿善继：《鹿忠节公集》卷二〇《上叶相公书》，《续修四库全书》，集部，第1373册，第324页。
④ （明）鹿善继：《鹿忠节公集》卷一七《答毕冲阳书》，《续修四库全书》，集部，第1373册，第291~292页。
⑤ （明）鹿善继：《鹿忠节公集》卷一九《答高佐击书》，《续修四库全书》，集部，第1373册，第318~319页。
⑥ （明）张萱：《西园闻见录》卷五五《兵部·边防后下·北虏》，第75页。

明代"信牌"渊源考

阿 风

朱元璋《御制大诰续编》提到"遣牌下乡"的事例：

> 十二布政司府州县，凡有临民公务，遣牌下乡。指乡村，坐地名，下姓氏，遣牌呼唤。民至，抚绥发落。有司不如命者，民赴京诉。若牌至民所，三呼而民不至，方遣皂诣所在勾拿。民至，必询不至之由。所以询者为何？恐民篙夫祇妻，为生理而远出。或近处急事有妨。果如是，非民得罪也。若加以罪，实有司故虐吾民。设若有辞，有司之罪巨微不赦，戒之哉！

地方有"临民公务"，需要"遣牌下乡"。"牌"送到民所，"三呼而民不至"，才派遣皂隶勾拿。勾拿之后，要仔细询问"不至"的缘由。如果是"为生理而远出"，或"近处急务有妨"，可以不加治罪。那么，这里提到的"牌"究竟是一种什么性质的凭证呢？

一 "牌"的历史

关于"牌"，出现较晚。《宋史》中将"牌"看成是"符券"的一种形式：

> 唐有银牌，发驿遣使，则门下省给之。其制，阔一寸半，长五寸，面刻隶字曰'敕走马银牌'，凡五字。首为窍，贯以韦带。其后罢之。初，令枢密院给券，谓之"头子"。太宗太平兴国三年，李飞雄诈乘驿谋乱，伏诛。诏罢枢密院券，乘驿者复制银牌，阔二寸半，长六寸。易以八分书，上钑二飞凤，下钑二麒麟，两旁年月，贯以红丝绦。端拱中，以使臣护边兵多遗失，又罢银牌，复给枢密院券。①

根据《宋史》的记载，唐代"发驿遣使"，由门下省发给银牌。宋初，以枢密院券来代替银牌，后来因事罢券行牌，但因银牌多有遗失，又行枢密院券。可以看出，宋初或行银牌，或行符券，功能相同，都是传达命令、派遣使臣及调发军马的凭证。到了宋真宗咸平六年（1004）十月，冀州团练石普上请说："臣尝将兵，辄破一钱，与别将各持半，用相合为信"，于是"帝为置传信牌"②。关于"传信牌"的形制，《宋史》中有详细的记载：

---

① 《宋史》卷一五十四《志》第一百七《舆服六·符券》，《宋史》第 11 册第 3594~3595 页。
② 《宋史》卷七《本纪》第七《真宗二》，第 1 册第 122 页；《宋史》卷三百二十四《列传》第八十三《石普》，第 30 册第 10472 页。

> 传信木牌：先朝旧制，合用坚木朱漆为之，长六寸，阔三寸，腹背刻字而中分之，字云某路传信牌。却置池漕，牙缝相合。又凿二窍，置笔墨，上帖纸，书所传达事。用印印号上，以皮系往来军吏之项。临阵传言，应有取索，并以此牌为言，写其上。如已晓会施行讫，复书牌上遣回。今乞下有司造牌，每路各给一面为样，余令本司依此制造，分给诸处，更换使用。城砦分屯军马，事须往来关会之处，亦如数给与。①

传信木牌虽然还是"牌"，但有帖纸，可以书写公事，牌与券的功能合而为一，开始具有"文书"的功能。

二　元代的"公事置立信牌"

从元代开始，"诸管民官以公事摄所部，并用信牌"②。中统二年（1261）、中统五年（1264），元朝政府先后作出规定，要求使用"公事置立信牌"：

> 中统二年四月二十日，中书省：奏准条画内一款节该："置信牌事。缘为各路遇有催督差役、勾追官吏等事，多用委差官并随衙门勾当人及曳剌、祗候人等投下文字，不唯搔扰民间，转致迟悞官中事务。为此，拟定今后止用信牌催办一切公事。据置到信牌，编立字号，令长、次官圆押，于长官厅示封鐷收掌。如总管府行下州、府科催差发并勾追官吏等事，所用信牌随即附簿，粘连文字上明标日时，定立信牌限次，回日勾销，并照勘稽迟限次，究治施行。若虽有文字无信牌，或有信牌无文字，并不准用。回日即仰本人赍擎前来，赴总管府当厅缴纳。当该司吏不得一面接受文案，如违究治。据州、府行下司、县，司、县行下所管地面，依上施行。"钦此。③
>
> 中统五年八月，钦奉圣旨内一款：京、府、州、县，自来遇有科征差税、对证词讼，及取会一切公事，多令委差及曳剌、祗候人等勾摄，中间不无搔扰。今仰各置信牌，毋得似前差人搔扰作弊。钦此。④

这里提到的"文字"应该就是"帖文"一类的公文。以前"催督差役、勾追官吏等事"，多是派差吏持"文字"前往，不仅会搔扰民间，也会耽误公事。因此，改用信牌来催办公事。具体的做法是将信牌编立字号，由长官、次官共同署押，锁在官厅之内。如有公事，要将信牌附簿，粘连文字。如果只有"牌"而没有"文字"，或只有"文字"而没有"牌"，"并不准用"。同时，与"信牌"粘连的"文字"上要标明"勾销"时间。公事完毕，信牌要"当厅缴纳"。中统五年的圣旨则明确京、府、州、县各级政府在"科征差税、对证词讼"时，都要使用"信牌"，"毋得似前差人骚扰作弊"。

在一些有关元代的史料中，提到了地方官使用"信牌"以减少差吏扰民的事例。例如，许有壬为辽州同知，"州有追逮，不许胥隶足迹至村疃，唯给信牌，令执里役者呼之，民安而事集"⑤。将"信牌"交给"里役之人"，可以减少差吏扰民。故而当时有"均赋役而富室不得容其奸，严信牌而走卒不得肆

---

① 《宋史》卷一五十四《志》第一百七《舆服六·符券》，《宋史》第 11 册第 3595-3596 页。相关记载又见《宋史》卷三百二十四《列传》第八十三《石普》，第 30 册第 10472 页。
② 《元史》卷一百二《志》第五十《刑法一·职制上》，第 9 册第 2620 页。
③ 《元典章》卷十三《史部》七《公规一·公事·公事置立信牌》，陈高华、刘晓等点校《元典章》，中华书局、天津古籍出版社 2011 年版，第 1 册第 507 页。
④ 《元典章》卷十三《史部》七《公规一·公事·公事置立信牌》，陈高华、刘晓等点校《元典章》第 1 册第 508 页。
⑤ 《元史》卷一八十二《列传》第六十九《许有壬》，第 14 册第 4199 页。

其毒"之语①。

由此可知，从元代开始，官府"催办公事、勾追人犯"时，也开始使用"信牌"。当时，"牌"与"文字"并用。

三 《大明律》中的"信牌"

有关明代初年的一些史料中都记载了一些地方使用"信牌"的事例。例如，明朝洪武年间，广东雷州人周德成知休宁县，"下车初值时艰"，为"祛除民害"，"严立信牌之禁"，要求"发遣销缴（信牌），必于其前来者，不得一迹六房，蹊关罅节"，结果是"吏无所容其弊"②。永乐时，有湖广人李兴邦知汝宁府，他"廉干威严、不容私谒"，更是"洞悉吏弊民艰"，"凡催办公务，不遣吏胥，惟发信牌，皆依期完集"，因为"政誉赫然"，"秩满，民皆遮道泣留"③。从这些事例可以看出，与元代一样，"信牌"被认为限制吏胥下乡扰民的一种重要手段。

从明代开始，"信牌"正式入律，《大明律》的《吏律·公式门》专有"信牌"条：

> 信牌
> 凡府州县置立信牌，量地远近，定立程限，随事销缴。违者，一日笞一十。每一日，加一等。罪止笞四十；若府州县官，遇有催办事务，不行依律发遣信牌，辄下所属守并者，杖一百（谓如府官不许入州衙，州官不许入县衙，县官不许下乡村之类）。其点视桥梁圩岸、驿传递铺、踏勘灾伤，检尸捕贼抄札之类，不在此限。④

关于"信牌"，王肯堂有更详细的解释：

> 第一节，凡府州县自上行下，以牌为信，故曰信牌。今白牌、纸牌皆是。酌量地方远近，定立期日、程限，随事回销缴。其承牌人役，有违限一日者，即笞一十，每一日加一等，稽程四日之上，罪止笞四十。此不言官吏，违者自依官文书稽程，首领官减吏典一等律论罪。
> 第二节，若府州县官，遇有一应催办事务，不行依律发遣信牌，辄乃自下所属守并，扰民妨务者，杖一百。其点视桥梁圩岸、驿传递铺、踏勘灾伤、检尸捕贼抄札之类，必须躬履历者，在所不禁，故曰"不在此限"。⑤

王肯堂认为"以牌为信、故曰信牌"。府州县发出信牌时，要根据距离远近，限时销缴。如果稽程的话，依"官文书稽程"论罪。地方官催办事务，必须先发信牌，不准随意派遣下属催办。以实现"府官不许入州衙，州官不许入县衙，县官不许下乡村"的目的。不过，点视桥梁诸事，需要官吏亲自查勘，故"不在此限"。

王肯堂还提到"信牌"有白牌与纸牌之分。白牌应该就是"白木牌"，纸牌就是纸质的"信牌"。明刊本《大明律集说附例》《刻精注大明律例致君奇术》都提到了"信牌"形制与样式：

---

① （元）胡炳文《云峰胡先生集》序类《送知州范朝列序》，弘治元年（1488）序刊本。
② （明）刘三吾《休宁知县周德墓志铭》，见程敏政辑《新安文献志》卷九十三《行实（寓公）》。
③ 《大明一统志》卷三十一《汝宁府·名宦·本朝》，明天顺五年（1461）序刊，18b。
④ 黄彰健《明代律例汇编》卷三《吏律》二《公式·信牌》，第453页。
⑤ （明）王肯堂著、[清]顾鼎重编《王仪部先生笺释》（清康熙三十年吴门顾氏刊本）卷之二《吏律·职制·信牌》，13a-13b。按《明律》，"信牌"属《吏律·公式》，但顾鼎重编本依清律将"信牌"编入《史律·职制》。

> 凡府州县置立牌面，或用木板写刻，或用纸张填刷，发遣干办公文，俱取信于民，故曰信牌。以此牌拘提犯人，催督公事，即当酌量地方远近，朱笔定立程限，随事情大小，须令承差人依限销缴。①
>
> 凡府州置立信牌（粉白木牌为版，吏金官押，用以取信于人，谓之信牌也）②

这里提到"木板写刻""粉白木牌为版"，应该就是"白牌"，而纸张填刷应该就是"纸牌"。《璞山蒋公政训》提到了"白木牌"：

> （官员）任后置五六寸有把白木牌，或三面或五面。凡拘近处事务用此牌拘。不时查考牌少几面，是何人承发，即时□□□事易完矣。③

这种"白木牌"有把，长约五、六寸。如果"拘近处事务"，可以使用白木牌。而且长官要经常查对，确保事毕缴牌。

由此可以看出，当时的公务活动中，广泛使用"信牌"。

四 信牌的纸牌化

通过以上的考察可知，明初《大诰续编》中提到的"遣牌下乡"中所提到的"牌"实际上就是元代"信牌"的延续。《大明律》正式将"信牌"入律，在法律上明确了"信牌"成为正式的下行文书。

在明代，信牌广泛使用，逐渐成为最重要的下行文书，广泛使用于行政事务。到了明代中后期，纸质信牌（亦称"信票"）广泛使用，下面这张明代《天启六年休宁县正堂牌》④就是一张纸牌。

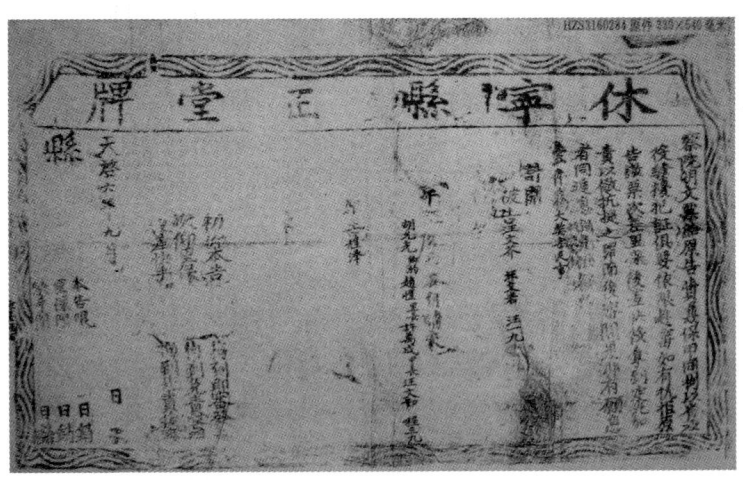

---

① （明）冯孜撰、（明）刘大文辑《大明律集说附例》（万历十九年博州刘氏刊本）《史律·公式·信牌》。
② （明）朱敬循撰《刻精注大明律例致君奇术》（万历闽潭城余氏萃庆堂刊本）卷二《吏律·公式·信牌》
③ （明）蒋廷璧撰《璞山蒋公政训·治体·慎牌票》，《官箴书集成》第 2 册第 8 页。元代就"白油木牌"的说法。[元]王恽《秋涧先生大全文集》（明弘治翻元本）卷八十《中堂事记卷之上》载："（中统元年）十一月甲朔二日乙丑时，夜禁甚严。虑公干有碍，令有司置夜行白油木牌，虽官府贵近，非此不敢辄出。往时一切无赖等人侵暴不法之事，尽行敛息。"白油木牌可能就是涂了白色油漆的木牌。明代的还有"红油木牌"的说法，《诸司职掌·史考功部》："凡诸司置立文簿，将行过事迹逐件从实开写承行发落缘由，务要简当。每季差典吏一名依期赍赴本管上司查考。布政司考府，府考州，州考县，务从实效。除将敕谕事理，令诸司进课官吏赍擎前去，及行移布政司并直隶府州县照依敕谕事理，各置红油木牌，刊写青字于本衙门公厅上，常川悬挂，永为遵守。每岁进课之时，将考过事迹，各赍赴京奏缴，以凭通考。"《续修四库全书》史部第 748 册第 616 页。
④ 《徽州千年契约文书·宋元明编》卷四，第 199 页。

休宁县正堂牌

1　察院明文，票给原告赍，兼保甲同拘，以省差
2　役骚扰，犯、证俱要依限赴审。如有抗拒，原
3　告缴票，次差里保，后差快役，拿到定先加
4　责，以儆抗提之罪，而后审问是非。有愿息
5　者，同递息词，免供发落。
6　壹件为大弊害民事
7　计开
8　被告　汪文芥　汪文岩　汪一九
9　干证　各告各自请来
10　胡允光乡约　赵恺里长　许万成甲长　汪文节　程三九
11　原告　程泽
12　初仰本告　拘到即审发落
13　次仰里保　拘到免责审问
14　后差快手　拘到先责后审
15　天启六年九月　日承
16　　　　　　　本告限　日销
17　县　　　　里保限　日销
18　　　　　　快手限　日销
19　原差程柏

这张纸质信牌前面开列了都察院公布的传讯明文，明确了传讯的程序，信牌是先交给原告，协同保甲传唤。如果有抗拒的话，原告将信牌缴回，再差里长、保长，仍然拘传不到，才派出快手。信牌中还开列了不同传唤方式有不同的处理方法。如果原告传到的话，"即审发落"。里保传到的话，"免责审问"。如果由快手拘来的话，要"先责后审"。这些规定和理念，与那明初《大诰续编》中限制官吏"遣牌下乡"的理念基本上是一致的。

[作者单位：中国社会科学院历史研究所]

明代潼关卫与北直隶关系考论

高寿仙

潼关"盖陕西之东境，河南、山西之西塞也"①，战略地位十分重要。为把守这一战略要地，明朝在此设置了潼关卫，卫城坐落在陕西西安府华阴县境内。从地理位置上看，潼关卫与北直隶相距遥远，然而一些零散资料显示，潼关卫要接受北直隶巡抚和巡按的管辖。中国台湾学者于志嘉教授曾发表长文《犬牙相制——以明清时代的潼关卫为例》②，对潼关卫之所属、军役、与邻近州县间的关系，以及清代潼关卫改为潼关厅等问题，都进行了细致的梳理分析，展示了深湛的学术功力。不过，在梳理潼关卫隶属关系时，于教授虽然注意到其与北直隶之关系，但似乎未能厘清其中原委，因而对某些史料感到困惑，所作解释或有可商之处。本文拟对此略作疏解，因资料过于匮乏，不免猜测臆断，所言未必妥当，尚希方家教正。

一

让我们从于志嘉教授感到"其文意颇难解"的一条史料说起。李默等删定《吏部职掌》列举某些特殊地方和卫所选官"回避地方"，其中谈道：

> 直隶潼关卫坐落在陕西华阴县，北直隶辖，开在南直隶册内，三处人不选。③

其中第一句很好理解：就军事系统的隶属关系而言，明代卫所分为三类：一是直属皇帝的卫所，包括亲军卫和其他不属五军都督府的卫所；二是直隶五军都督府的卫所，绝大多数都是在北京和南京的卫所，也有少数在外卫所；三是隶属都指挥使、行都指挥使司、留守司的卫所，而都司、行都司、留守司又分隶于五军都督府。④潼关卫就属于第二类中的在外卫所，所以称为"直隶潼关卫"，与其相似的还有宣州、九江、宁山、德州等卫以及平定、汝宁等守御千户所。就地理位置而言，明朝初建时，潼关隶属陕西西安府华州，洪武九年（1376）"以潼关距西安华阴县为近，改隶华阴"⑤。从此直到明亡，潼

---

① （明）吕柟：《泾野先生文集》卷一六《直隶潼关卫重修学宫文宣庙记》，第 138 页，《四库全书存目丛书》集部第 61 册，济南，齐鲁书社，1997 年。
② 载（中国台湾）《"中央"研究院历史语言研究所集刊》第 80 本第 1 分，2009 年。下引于教授观点，皆出自此文。
③ （明）李默、黄养蒙等删定：《吏部职掌》卷二《文选清吏司·缺科·回避地方》，第 28 页，《四库全书存目丛书》史部第 258 册，济南，齐鲁书社，1997 年。
④ 参看万历《明会典》卷一二四《兵部七·职方清吏司·城隍一·都司卫所》，第 636～644 页，北京，中华书局，1989 年。按，《会典》所说千户所数目，只包括守御千户所、屯田千户所、群牧千户所，而未将卫下的普通千户所计入。事实上，《会典》所列守御千户所，有的直隶都司，有的隶属于卫，但因均具有一定独立性，所以《会典》未予区别，一并列出。
⑤ 《明太祖实录》卷一○四，洪武九年二月甲寅条，第 1748 页，中国台北，中国台湾"中央"研究院历史语言研究所 1962 年影印本（下引《明实录》均同）卷一○八，洪武九年八月癸巳条，第 1798 页。

关卫一直坐落在华阴县境内，卫治"在潼关城中"，西距华阴县城仅数里。①

使于志嘉教授感到"其文意颇难解"的，当为接下来的两句，即"北直隶辖，开在南直隶册内"。本节与下节先讨论"北直隶辖"，"开在南直隶册内"留待第三节讨论。

于教授认为，所谓"北直隶辖"，"意指直隶后军都督府，相对于此，南直隶卫所指的是直隶中军都督府卫所"。但明朝并无一卫同时直隶两个都督府的制度，潼关卫当然也不可能既直隶于后军都督府，又直隶于中军都督府。通过考察《吏部职掌》的编纂过程和体例，于教授指出："可知是书虽以精核典确、不冗不遗著称，但对于累朝旧制，由于自李默初定时即采用'咸存弗削'的态度，以致书中新旧制并存，后人除非严加考证，否则不易厘清制度先后变化。"换句话说，按照于教授的理解，所谓"北直隶辖，开在南直隶册内"，并非同时并存的事情，而是前后相继的两种情况：潼关卫先是直隶于后军都督府，其时辖属于北直隶；后来改隶中军都督府，相应地亦当改属于南直隶。只是由于缺乏其他相关史料辅证，尚无法判断"潼关卫辖属于北直隶的下限"。

关于潼关卫的隶属，诸书记载存在歧异。《明太宗实录》有永乐六年（1408）"改潼关卫隶北京行后军都督府"②之记载，而乾隆《同州府志》云："洪武七年（1374）设守御千户所，隶陕西都司。九年设卫，隶河南都司。永乐六年（1373）改隶南京中军都督府。"③《明史》则云："洪武七年置潼关守御千户所，九年十一月升为卫，属河南都司。永乐六年直隶中军都督府。"④郭红认为《明太宗实录》的记载是错误的⑤，而于教授则支持《明太宗实录》的说法。他并指出，"潼关卫在改为直隶中军都督府在外卫之前，其实经历过一番波折"，《同州府志》和《明史》对此"略而不提，以致都偏离了事实"。据考证：洪武七年，设潼关守御千户所，隶属西安都卫；次年（1375），改西安都卫为陕西都司；洪武九年，升为潼关卫，改隶河南都司；永乐六年，改隶北京行后军都督府；永乐十八年（1420），革北京行后军都督府，洪熙元年（1425）复设，宣德三年（1428）复废。于教授认为，北京行后军都督府革罢后，其属卫均改为直隶后军都督府，潼关卫亦当如此。后来改隶中军都督府，限于史料不足，尚无法考出其改隶的确切时间及原因。《明孝宗实录》记载："秦府汧阳王诚洌、永寿王秉橒各奏欲遣人往杭州府收买罗段。得旨：许往一次，后不为例。仍行中军都督府出给勘合，行潼关卫知之。"⑥发往潼关卫的勘合既由中军都督府出给，可见至迟到弘治年间，潼关卫已改为直隶中府在外卫了。

笔者认同永乐六年潼关卫改隶北京行后军都督府，但对于北京行后军都督府革罢后，潼关卫是否曾隶属后军都督府，则不无疑问。于教授对相关史料爬梳甚细，并未发现潼关卫曾隶后府的直接证据，只从《明英宗实录》中找到一条间接史料：正统九年（1444），"大宁都司都指挥佥事掌潼关卫事姚深，奏乞暂于本卫支俸，从之"⑦。于教授分析："大宁都司属后军都督府管辖，姚深既以大宁都司都指挥佥事掌潼关卫事，推断当时的潼关卫亦应为直隶后军都督府之卫。"但是，这种推断未必能够成立。据同书记载，宣德十年（1435），"升潼关卫指挥使姚琛为陕西都司都指挥佥事，往宁夏备御，调汉中及潼关卫官军二千益之"⑧。可知姚深先是升为隶属右军都督府的陕西都司都指挥佥事。而且，姚深虽然升为都指挥佥事，实际职务仍是掌潼关卫事，以下记载可为佐证：正统六年，"掌潼关卫事都指挥佥事姚深［琛］

---

① 参看《明一统志》卷三二《陕西布政司》，第813页，文渊阁《四库全书》第472册，中国台北，中国台湾商务印书馆，1986年；《明史》卷四二《地理三》，第995页，北京，中华书局，1974年；胡渭：《禹贡锥指》卷一三中之上，第632页，文渊阁《四库全书》第67册，中国台北，中国台湾商务印书馆，1986年。
② 《明太宗实录》卷八〇，永乐六年六月甲申条，第1066页。
③ （乾隆）《同州府志》卷二〇《职官志·附潼关县》，第20a~b页，国家图书馆藏乾隆年间刻本。
④ 《明史》卷四二《地理三·陕西》，第995页。
⑤ 郭红、靳润成：《中国行政通史·明代卷》，第375页，上海，复旦大学出版社，2007年。
⑥ 《明孝宗实录》卷一六二，弘治十三年五月丙子条，第2929页。
⑦ 《明英宗实录》卷一一四，正统九年三月甲戌条，第2308页。
⑧ 《明英宗实录》卷一〇，宣德十年十月丁未条，第191页。

擅执永乐镇巡检李资，问拟杖罪，令输赎"①。此外，正统九年，"升直隶潼关卫指挥使张广署陕西行都司都指挥佥事，以甘肃总兵官任礼屡奏广公勤奋勇，能恤军士也"②。张广所升，亦为隶属右府的陕西行都司都指挥佥事，其升职后可能也仍然兼任潼关卫指挥使，直到景泰六年（1455）才命其子张鉴"代为直隶潼关卫指挥使"③。这些资料说明，以都指挥佥事掌潼关卫事时，署衔都司与潼关卫并不一定同属一个都督府，当是根据任务性质而定。因而，仅凭"大宁都司都指挥佥事掌潼关卫事姚深［琛］"一条记载，无法证明当时潼关卫隶属后军都督府。

笔者认为，于教授所说北京行后军都督府革罢后，潼关卫先是隶属后军都督府，后来又改隶中军都督府，限于资料确实不能完全排除这种可能。但更大的可能是，北京行后军都督府革罢后，潼关卫便改隶中军都督府。潼关卫的重要职责之一，是把守潼关。永乐二年（1404），明成祖"以潼关要地"，特调姚厚掌卫事，"是年冬，秦王入朝，夜至关，呼门甚急，厚曰：'深夜不得启也。'王怒止关外"。虽然得罪了秦王，却被皇帝赞誉为"锁钥臣"④。正统二年（1437），"直隶潼关卫奏盘获出关甘州寄住回回千户火者马黑蛮及土哈三等，私贩纻丝文锦四十余段，应入官，黑蛮等宜究问如律。上以番人不知法，宜从宽贷，所盘获者，令还之"⑤。而出入潼关的勘合，则由中军都督府出给。据《实录》记载，永乐七年（1409），"命编置紫荆、居庸、古北、喜峰、董家、山海六关口出关勘合……北京留守行后军都督府、行在兵部皆用印钤记，而各记底簿"⑥；永乐十八年革罢北京行后军都督府后，"中军都督府掌出关勘合，令中军都督府编置，兵部公同用印，送印绶监收，别置文簿，付各关为验"⑦。当时就连北京附近的关口，都由中府出给勘合，潼关当然更是如此。《明会典》所载中府职掌有如下一条："凡番僧、喇嘛、哈密、土鲁番等夷人进贡，还赐段匹并乞讨食茶，俱本府出给勘合，验过潼关。"⑧这应当是从明代前期一直沿袭下来的职能。显然，北京行后军都督府革罢后，将潼关卫直隶中府，更便于对潼关的管理。除万历《明会典》和《明史》将潼关卫同时置于中府和后府下（详下），其他史籍均无潼关卫曾直隶后府之记载，可能也印证了这一点。

如果这种推测成立，潼关卫未曾隶属过后军都督府，于教授将《吏部职掌》所说"北直隶辖"理解为"直隶后军都督府"，当然不妥。即使确如于教授所推测的，潼关卫先曾隶属后府，这与其"北直隶辖"也无关系。正如于教授所说，《实录》记载弘治年间中府出给潼关卫勘合，可知是时潼关卫已经隶属中府；而据《孙中川墓志铭》，嘉靖二十九年（1550）时，潼关卫军政考选由直隶巡抚商公、巡按盛公负责。⑨关于巡按任职情况无系统记载，巡抚任职情况则比较明确，墓志铭所说"直隶巡抚商公"，可以肯定就是商大节，他于嘉靖二十八年（1549）二月升为都察院右佥都御史、巡抚保定，次年四月回院管事。⑩如果真像于教授理解得那样，"北直隶辖"意指直隶后军都督府，岂不出现这样的怪事：身为北直隶巡抚的商大节，竟然负责考选辖属于南直隶的潼关卫。这在制度上显然是不可能的。因此，潼关卫辖属于北直隶，并非取决于其是否隶属后军都督府。

事实上，即使前引《吏部职掌》所列回避地方中，也有不合乎于教授观点的证据。如其中谈道："直

---

① 《明英宗实录》卷七九，正统六年五月丙午条，第1561页。
② 《明英宗实录》卷一一五，正统九年四月甲申条，第2315页。
③ 《明英宗实录》卷二六〇，景泰六年十一月丙申条，第5572页。
④ 雍正《陕西通志》卷五四《名宦·将弁》，第365页，文渊阁《四库全书》第554册，中国台北，中国台湾商务印书馆，1986年。
⑤ 《明英宗实录》卷二八，正统二年三月癸卯条，第561页。
⑥ 《明太宗实录》卷九〇，永乐七年四月丙戌条，第1188页。
⑦ 《明太宗实录》卷二三一，永乐十八年十一月丁卯条，第2234页。
⑧ （正德）《明会典》卷一七九《中军都督府》，第739页，文渊阁《四库全书》第618册，中国台北，中国台湾商务印书馆，1986年。
⑨ 参看吴钢主编，刘兰芳、张江涛编著：《潼关碑石》，第106～107页，西安，三秦出版社，1999年。
⑩ 《明世宗实录》卷三四五，嘉靖二十八年二月庚申条，第6247页；卷三五九，嘉靖二十九年四月癸卯条，第6428页。参看张德信《明代职官年表》第3册，第2732页，合肥，黄山书社，2009年。

隶德州卫属山东，德州左卫属北直隶，及直隶武定守御千户所坐落山东地方，二处人不选。"查《明会典》可知，德州卫和德州左卫均直隶后军都督府①，若按于教授所言，均应属于"北直隶辖"，不当一属山东一属北直隶。此外，从潼关卫坐落地方陕西和北、南直隶都属于回避地方看，"北直隶辖"与"开在南直隶册内"显然是同时并列的两种情形，于教授以"新旧制并存"解释缺乏说服力。

二

那么，坐落在陕西华阴县的潼关卫，为何属于"北直隶辖"呢？笔者认为，这与其政区归属有关。明朝在地方上设立"三司"，即负责军事的都指挥使司，负责行政的布政使司，负责监察的按察使司。都司与布、按二司辖区并不完全重合，形成犬牙交错的局面。以往谈及明代卫所的隶属关系，大多将注意力集中在军事系统。事实上，尽管三司各成体系，但作为布、按二司管辖基础的行政区划，与卫所隶属亦有密切关系。其一，布、按二司下设的分守、分巡以及负责各种专项事务的"道"，管辖范围都是以省或部分府州县为基础确定的，其中有些道，特别是兵备道、提学道等，与辖区卫所有统属关系；其二，明代的巡按和巡抚辖区，有的基本与省级政区重合，有的小于省级政区，也有的跨越数个省级政区，但均以原有的府州县辖境定界，巡按和巡抚对辖区内的卫所拥有监管权。从理论上说，各个卫所均有其政区归属，即使不设州县地方的"实土卫所"亦是如此。如辽东都司在名义上归属山东，辽东境内的分守道、分巡道、兵备道均寄衔于山东布、按二司，税课司及各卫仓也隶属山东布政司。②大多数卫所的政区归属，与其坐落地方或所属都司是一致的，但也有一些卫所是分离的，潼关卫就是其中之一。③

潼关卫因何属于"北直隶辖"，嘉靖《大名府志》提供了明确线索：

> 本朝畿辅列郡，建卫者五，守御所者一，而大名独罢兵卫，岂不以魏擅两河之枢，其人习挽强椎剽，代数为乱，故监古割其左翼之济、博隶山东，右翼之邺、汲隶河南，支伏成兵临清、彰德、真定之间，以为形势掎角之势；又以山西之宁山、蒲州，陕西之潼关诸卫所辖隶于此，以备缓急，而郡独罢置欤？④

元朝时期，河北、山东、山西均直隶中书省，称为"腹里"⑤。明朝北直隶范围大为缩小，位于北直隶最南端的大名府，辖区南北狭长，像是打入河南、山东之间的一个楔子。除京府顺天府外，北直隶共有七府，其他六府境内均设有卫或守御千户所，唯独位于三省犬牙交错之处的大名府境内未设卫所。为了加强这一重要地区的防卫，朝廷遂将坐落在陕西的潼关卫以及坐落在山西的宁山卫和蒲州守御千户所"辖隶于此，以备缓急"。嘉靖年间，兵部也曾谈道："山东德州、武定，山西宁山，陕西潼关等卫，

---

① 参看万历《明会典》卷一二四《兵部七·职方清吏司·都司卫所》，第643页；卷二二七《武职衙门·五军都督府》，第1115页。

② 关于辽东都司与山东之间关系的性质，曾引起学者关注和讨论，参看李健才：《明代东北》，沈阳：辽宁人民出版社，1986年，第35页；丛佩远：《试论东北地区管辖体制的几个特点》，《北方文物》1991年第4期；荷见守义：《明代辽东统治体制试论——山东布政司との关わりをめぐって》，《人文研究纪要》（中央大学人文科学研究所）第37号，2000年；张士尊：《明代辽东都司与山东行省关系论析》，《东北师大学报》2008年第2期；杜洪涛：《明代辽东与山东的关系辨析——兼论地方行政的两种管理体制》《中国边疆史地研究》2014年第1期。

③ 需要强调，本文所说卫所的"政区归属"，不能理解为某卫所隶属于某布政司（或直隶地区的某府），而只是指某卫所归属某个行政地理单位。对该卫所拥有管辖权的，主要是管辖相应行政地理单位的总督、巡抚、巡按、兵备道等。此外，卫所的一些专项事务，往往也由布、按二司以及府州县代管，这种代管也不能理解为上下级之间的隶属关系。

④ （嘉靖）《大名府志》卷一六《兵防志》，第3a~b页，国家图书馆藏嘉靖刻本。按，该书记事有晚至万历年间者，当为万历年间增补刻本。另，顾炎武《天下郡国利病书》全文抄录了嘉靖《大名府志·兵防志》，见该书第1册《北直隶备录中》，第224~226页，上海，上海古籍出版社，2012年。

⑤ 参看《元史》卷五八《地理一》，第1347页，北京，中华书局，1976年。

俱为直隶而设，承平既久，徒存虚名。"①这样，从政区归属上说，潼关卫就属于"北直隶辖"了。改属北直隶的时间，限于资料尚难考知，笔者推测，应是永乐六年伴随潼关卫改隶北京行后军都督府而发生的。北京行后军都督府系由北平都司改设并扩充，统辖北直隶及毗邻地区的一些卫所，潼关卫既然被辖隶于北直隶，自然应当改隶北京行后军都督府。

需要说明的是，潼关卫辖隶于北直隶，并非只是名义上的，该卫确实在大名一带驻有一定数量的军士。前揭嘉靖《大名府志》还谈道：

> 正统己巳之变，于肃愍始议添机兵以为城守。正德以来，蓟盗猖獗，出没境内者经年，马太守卿檄诸州县，缮城浚隍，收官寺铜浮屠像铸为戎器，招募臂力，别为队伍，择县令陈智、教谕陈烟领其事，申明号令，悬赏格以训厉之，声振河朔间，盗谍闻之，潜出东境不敢犯。贼既荡平，当事者于是建议置兵备佥事一员。今上改元，用巡按欧珠议，升佥事为副使，隶河南按察司，奉专敕建节大名，以控两河之间。始辖广平、大名两府，近乃兼辖顺德，督领三郡马步兵四千有奇，而大名所籍者，以操官十一员领之，岁秋移镇顺德，防马岭等口（嘉靖三十三年，总督杨公建议顺德府边隘，北起马岭、锦绣堂等口，南至黄背岩、数道岩等口止，俱属防守，顺德守御百户所、德州卫、德州左卫、宁山卫、蒲州、潼关二所，俱听节制。六月中旬以后，暂驻顺德侦探虏警缓急，调度防御），三时则肄武，殆与古者之意稍稍合矣。②

这段话叙述了大名兵备道的设置缘由和过程。其中提到，负责防守顺德府边隘诸口的卫所，除毗邻大名府而坐落山东境内的德州卫、德州左卫，坐落河南境内的顺德守御百户所外，还有"宁山卫、蒲州、潼关二所"，与上文所说"以山西之宁山、蒲州，陕西之潼关诸卫所辖隶于此"正相呼应。可见潼关卫确实在此驻有军士，文中称潼关为"所"，或许约有一个千户所的兵力。此外，嘉靖三十五年（1556），"保定抚臣以潼关卫地震，请借大名府白夫银二千两备赈，从之"③。大名府属于保定巡抚辖区，保定巡抚借大名府银以赈济潼关卫，赈济对象恐怕并非相距遥远的陕西潼关卫，而是就近赈济驻守在大名一带的潼关卫军士。

除军士外，潼关卫在北直隶可能也拥有一些土地。查正德《大名府志》所载屯田，分属于彰德、潞州、宁山、怀庆四卫及彰德群牧所④，并无潼关卫屯田。但《明世宗实录》记载：嘉靖三十二年（1553），"户部言：属者屯田御史陈效古清查大名、广平二府干没牧地，得三千一百二十五顷有奇，宜如所定上中下三则征课，解太仓银库，以给京营马刍牧之费。其潼关卫牧地五十顷，每年征收麦粟，即入潼关仓为官军月粮。报可。"⑤陈效古奉命清查大名、广平二府干没牧地，连带清出潼关卫牧地50顷，说明这些牧地就分布在大名一带。另外，《万历会计录》曾详细开列万历初期各卫所屯田，其于"北直隶各卫所"项下，列有潼关卫屯田3084顷零、粮19079石零、折色粮并新增地银1260两零；"河南都司"项下，列有该卫屯田2650顷零、粮15905石零。⑥于志嘉教授对此表示不解，她指出："万历年间的潼关卫既为直隶中府卫所，如按治所在地分，应列于陕西都司下；按所属机构分，亦应列于南直隶下，《万

---

① 《明世宗实录》卷一六九，嘉靖十三年十一月甲子条，第3692页。
② （嘉靖）《大名府志》卷一六《兵防志》，第4a—5a页。并参看万历《明会典》卷一二八《兵部十一·镇戍三·督抚兵备》，第661页。
③ 《明世宗实录》卷四三二，嘉靖三十五年二月己亥条，第7452页。
④ 参看正德《大名府志》卷三《田赋志·屯田》，第35a—36b页，《天一阁藏明代方志选刊》，上海，上海古籍书店，1981年。另，与大名府毗邻的广平府屯田均属山西卫所，嘉靖《广平府志》卷六《版籍志》（第12b页，《天一阁藏明代方志选刊》，上海，上海古籍书店，1981年）云："今广平之屯，乃于畿辅之地，而立山西诸卫之屯，谓之下屯，军则戍于卫，而留其余丁于此。"
⑤ 《明世宗实录》卷三九五，嘉靖三十二年三月戊戌条，第6953页。
⑥ （明）张学颜等撰：《万历会计录》卷三八《屯田》，第1210页、第1230页，《北京图书馆古籍珍本丛刊》第53册，北京，书目文献出版社，1998年。

历会计录》的列法完全不合常理。"事实上，既然潼关卫属于"北直隶辖"，将其屯田列入"北直隶各卫所"，自有其合理性。至于"河南都司"下也列有潼关卫屯田，笔者尚未找到确切原因，推测起来，可能是该卫屯田由河南屯田道兼理①。

不过，《万历会计录》将潼关卫两处屯田数额，分别计入北直隶各卫所和河南都司屯田总额②，则颇有可议之处。从相关资料看，潼关卫的屯田，应当主要分布在卫治周边地区。正统十一年（1446），潼关卫奏称："本卫所旗军余丁，俱在陕西西安府同、华二州，朝邑等县地方屯种。"③嘉靖年间刊刻的《全陕政要》记载，潼关卫有屯地 2729 顷零。④康熙《潼关卫志》统计，该卫共有屯地 3318 顷零，分布在 108 屯，其中 30 屯坐落在河南阌乡、灵宝二县，其余 78 屯坐落在陕西华阴、同州、华州、合阳、朝邑、临潼、华州、渭南等州县。⑤细查《万历会计录》所列北直隶 50 多个卫的屯田数额，超过千顷者不足 10 个。根据这些情况分析，《万历会计录》在"北直隶各卫所"下所列潼关卫屯田数，并非只是北直隶境内的屯田数，而是包括陕西、河南境内的屯田总额；而"河南都司"下所列，可能是陕西、河南境内的屯田数，两项数字实有重叠。若这一推测成立，则潼关卫在北直隶境内的屯田，约有 430 余顷。重复的原因，可能是北直隶、河南巡抚分别呈报各自管辖范围内的屯田数额，而户部将其机械地汇总在一起。⑥

弄清了潼关卫的政区归属，我们对一些史料就容易理解了。比如，弘治十四年（1501）正月初一，"陕西延安、庆阳二府，潼关等卫，同、华等州，咸阳、长安等县，是日至次日地皆震，有声如雷"⑦；四月，"巡抚保定等府都御史张缙，以潼关卫元日地震，上修省五事"，所谈皆为保定、河间一带事宜。又如，《图书编》记载："本部（兵部）议得，甘肃地方孤悬河外，委之极边苦寒，军士逃亡数多。相应议处，覆奉钦依，移咨真定、甘肃各巡抚都御史，严行潼关、金城关、河州等处地方经该官员，严加把守盘诘，审系逃军，即便取供解回。"⑧包括潼关卫在内的陕西部分地区发生地震，为何保定巡抚要上疏修省？兵部要阻拦拿解甘肃逃亡军士，除移咨甘肃巡抚，为何还要移咨真定巡抚？按，明代前期，北直隶巡抚时置时罢，员数亦不固定。成化八年（1472），"始从居庸关中分为二巡抚，遂专设都御史巡抚保定、真定、河间、顺德、大名、广平六府，驻真定"⑨，称为保定巡抚，亦称真定巡抚。因潼关卫辖隶于大名府，正好在保定巡抚辖区，所以潼关卫地震，保定巡抚要上疏修省；要求潼关查拿甘肃逃兵，兵部也要先移咨真定巡抚，再由真定巡抚向潼关下达命令。

于志嘉教授引用过的《孙中川墓志铭》，也提供了"北直隶辖"的直接证据。该墓志铭谈道：

---

① 明朝于各按察司下设屯田道，专理屯田事务。万历五年，陕西督抚奏称陕西屯田"四十二卫所地方寥远，若责成一道，则势难遍历，法难必行"，建议除九卫、八千户所仍属屯田道外，其余卫所分别由河西、临巩、洮岷、陇右、靖房诸道分管（《明神宗实录》卷六六，万历五年闰八月丙戌条，第 1441~1442 页）。奏疏中详列了各卫名称，并未包括潼关卫，可知该卫屯田并不由陕西屯田道或分巡道管辖。结合潼关仓隶属河南阌乡县（《明宪宗实录》卷三，天顺八年三月甲寅条，第 62~63 页）、河南巡抚有权覆查潼关卫官军员额、俸粮、屯粮（《明神宗实录》卷一二四，万历十年五月戊午条，第 2306 页）等情况，笔者推测潼关卫屯田可能是由河南屯田道兼理。

② 按，万历《明会典》卷一八《户部五·屯田》（第 119 页）所载北直隶各卫所和河南都司屯田总额，与《万历会计录》完全相同，说明其中亦相应包括了潼关卫屯田。

③《明英宗实录》卷一三七，正统十一年正月丁酉条，第 2732 页。

④（明）龚辉：《全陕政要》卷一《西安府》，第 566 页，《四库全书存目丛书》史部第 188 册，济南，齐鲁书社，1997 年。

⑤（康熙）《潼关卫志》卷上《屯地》《编屯》，第 13b~15b 页、第 24b 页，国家图书馆藏清刻本。

⑥ 彭勇教授阅读本文初稿时，提出另一种推测："两处屯田数是指屯田实际由北直隶、河南都司分别代管和征收的屯田数，两者加起来，就是潼关卫屯田的总数。"附记于此，以致谢意。

⑦《明孝宗实录》卷一七〇，弘治十四年正月庚戌条，第 3077 页。并参看马文升《端肃奏议》卷九《地震非常事》，第 788~789 页，文渊阁《四库全书》第 427 册，中国台北，中国台湾商务印书馆，1986 年。

⑧（明）章潢：《图书编》卷四七《陕西·三边四镇总叙·经略河西》，第 105~106 页，文渊阁《四库全书》第 970 册，中国台北，中国台湾商务印书馆，1986 年。

⑨（万历）《明会典》卷二〇九《都察院一·督抚建置》，第 1041 页。

直隶抚按考选军政□□佥书，兼管屯局。丙午（嘉靖二十五年），蒙案委署卫印。……庚戌（嘉靖二十九年）考选军政掌印，当道上司如陕西巡按柯公、谢公、傅公，延绥□□张公、巡按曹公、盛公、徐公、盛公、刘公，直隶巡按苏公、巡按傅公、项公，山西河东巡按□公、刘公，皆有文移奖劝，共计一十四次。直隶巡抚商公、巡按盛公具疏荐举，二□皆□堪任参巡守备之选□兵附将材簿，将以大用也。①

明代军政考选五年一次，由都察院"转行各处巡抚、巡按官员，会同都、布、按三司堂上官，及直隶无三司处，巡抚会同御史，无巡抚处官，止令御史，通将在外卫所军职，不及[分]见任、带俸、差操等项，及新升袭替者，从公逐一拣选"②。嘉靖二十九年正当考选之期，上引墓志显示，对潼关卫掌印官的军政考选，是由北直隶巡抚、巡按负责主考，正符合"直隶无三司处，巡抚会同御史"之规定。此外，其他相关官员也要开送考语以供参考：其中陕西巡按提供意见，当是因为潼关卫坐落其辖境内；延绥巡抚和巡按提供意见，当是因为潼关卫有边操任务，即需要调拨军士赴榆林守备③；山西河东巡按提供意见，当是因为潼关卫所属蒲州守御千户坐落其辖境内。

三

最后，简略探讨一下两个相关问题。一个问题是：既然潼关卫是"北直隶辖"，为何又"开在南直隶册内"呢？

这的确与其隶属中军都督府有关。永乐以降，除分领在京卫所外，五军都督府辖领情况如下：左军都督府辖领浙江都司、辽东都司、山东都司；右军都督府辖领陕西都司、陕西行都司、四川都司、四川行都司、广西都司、云南都司、贵州都司，以及在外直隶宣州卫；中军都督府辖领河南都司、中都留守司，以及在外直隶苏州等卫所；前军都督府辖领湖广都司、湖广行都司、兴都留守司、福建都司、福建行都司、江西都司、广东都司，以及在外直隶九江卫；后军都督府辖领大宁都司、万全都司、山西都司、山西行都司，以及在外直隶蓟州等卫。④潼关卫"北直隶辖"，是在政区归属意义上说的；在军事系统上，潼关卫并不像北直隶卫所那样隶属后军都督府，而是隶属中军都督府。

因为是直隶卫，潼关卫便要承担陕西都司卫所无须承担的一些特殊任务。比如，大运河开通后，潼关卫要承担漕运任务。但到宣德五年，平江伯陈瑄奏言："湖广都司瞿塘、衡州、九溪、永州、永定、茶陵、长宁、夷陵，直隶宁山、潼关、汝宁等卫所官军，每岁以路远来迟，有误运粮，请以湖广武昌及河南宣武等卫所清出寄操旗军代之。"⑤此议得到皇帝批准。因为路途遥远，潼关卫的漕运任务得以免除，但京操任务却长期延续下来。据彭勇教授考证，京操班军制度始于永乐二十二年（1424），当时参与京操的卫所来源相当广泛，不久辽东、陕西等都司京操班军陆续撤回本地防守，最后参与京操者只剩山东、河南以及南、北直隶部分卫所。山东、河南都司的京操班军，各由本都司组织管理；而南、北直隶卫所的班军事务，则由中都留守司和大宁都司代管。⑥

前曾提到，于志嘉教授认为，"南直隶卫所指的是直隶中军都督府卫所"这种说法也需要斟酌。依

---

① 吴钢主编，刘兰芳、张江涛编著：《潼关碑石》，第106～107页。
② 《皇明条法事类纂》附编第112条《保举军政官者犯贪淫等罪连坐举主》，第216页，《中国珍稀法律典籍集成》乙编第六册，北京，法律出版社，1994年；《明世宗实录》卷六，正德十六年九月丁丑条，第265页。
③ 《明宪宗实录》卷九九，成化七年十二月甲午条，第1923页。
④ 参看（万历）《明会典》卷一二四《兵部七·职方清吏司·城隍一·都司卫所》，第636～644页。
⑤ 《明宣宗实录》卷六四，宣德五年三月己巳条，第1525页。
⑥ 彭勇：《明代班军制度研究》，第63～69页、第157～166页，北京，中央民族大学出版社，2006年。

其坐落位置，中军都督府在外直隶卫所可以分为三类：一是本身就坐落在南直隶境内，如苏州卫、安庆卫、通州千户所等，这类卫所占绝大多数。二是坐落在与南直隶毗邻的其他政区，但辖隶于南直隶。如"沂州卫坐落山东，南直隶辖"；"直隶归德卫坐落河南，南直隶辖"[①]；"直隶苏州卫守御嘉兴中左千户所坐落浙江嘉兴城内，南直隶辖"[②]。三是并未坐落在南直隶境内，而且在地理上相隔遥远，政区上也不隶属南直隶，这样的卫只有一个，即潼关卫。第一类卫所，毫无疑问属于南直隶卫所；第二类卫所，也可算作南直隶卫所；而潼关卫无论是从地理位置看，还是从政区归属看，都与南直隶没有关系，似乎不能直接算作南直隶卫所。

不过，中府其他在外直隶卫所，凡有班军任务者，都由中都留守司带管，性质特殊的潼关卫无法另行安排，也就顺便"开在南直隶册内"。起初当是由中都留守司直接管理，到弘治四年设置了寄衔河南的颍州兵备道[③]，负责"管理庐州、凤阳、滁州地方卫所"[④]，潼关卫班军遂由该道带管[⑤]。万历年间，户部尚书殷正茂曾谈道："潼关卫隶在陕西西安府境内，而军伍、屯营、考选军政俱在彼中，与直隶抚按原不相干。唯以零卫，班军因附中都留守司统领，以故责赴江北挂号。"[⑥]殷正茂谓"军伍、屯营、考选军政俱在彼中"，可能忽视了其与北直隶的关系，但谓其因"零卫"而附于中都留守司，则道明了问题的实质。潼关卫距颍州路途遥远，班军由颍州兵备带管，"督发往返，道远不便"，到了万历六年（1578），凤阳抚按官吴桂芳等题准："自万历六年秋班为始，改属本兵备道就司督发，河南都司统领赴班。"[⑦]文中所说"本兵备道"，当为陕西潼关兵备道，正德七年（1512）为抵御叛乱而设[⑧]，正德十年（1515）革除[⑨]，嘉靖十六年（1537）复设[⑩]，从此成为常设机构。潼关兵备道驻潼关城内，"专管潼关卫班军，分管河南阌乡、灵宝二县，陕西同州九州岛县，山西蒲州并守御千户所"[⑪]。潼关兵备道负责督发，上班则由河南都司统领，所以此后涉及班军事务的公文中，有时直接称"河南都司潼关卫"。

另一个问题是：为何万历《明会典》将潼关卫列在两个都督府下？

万历《明会典》卷一二四《城隍一·都司卫所》，将潼关卫列为后军都督府直隶卫；而同书卷二二七《五军都督府》所载中军都督府"行所属都司勘合"中，亦开列有"潼关卫楼字号"[⑫]。按照明代制度，一个卫不可能同时隶属两个都督府。查正德《明会典》，潼关卫明确列在中军都督府下[⑬]，嘉靖《陕西通志》《全陕政要》以及《大明一统文武诸司衙门官制》等权威政书亦皆如此[⑭]，并未出现异说，可见潼关卫确实直隶中军都督府。直到万历《明会典》中，才出现这种歧异记载，虽不确切，但也事出有

---

① 按，直隶归德卫因属"南直隶辖"，原不受河南巡按管辖。成化六年，巡视河南户部左侍郎原杰奏言："直隶归德卫、汝宁所俱在河南，而属直隶巡按御史。其御史以道远，巡历不及，军务多至废弛。宜河南巡按御史并分巡官一体提督。"明宪宗"是之，直隶二卫所，命河南巡按御史一体提督"（《明宪宗实录》卷七九，成化六年五月庚寅条，第1536~1537页）。
② （明）李默、黄养蒙等删定：《吏部职掌》卷二《文选清吏司·缺科·回避地方》，第28页。
③ 谢忠志在《明代兵备道一览表》中谓颍州兵备寄衔山东（见谢忠志著《明代兵备道制度》，第162页，宜兰，明史研究小组印行，2002年）。检《明实录》，颍州兵备皆挂河南按察司佥事或副使衔。
④ （万历）《明会典》卷一二八《兵部十一·镇戍三·督抚兵备》，第662页。
⑤ 《明神宗实录》卷七一，万历六年正月甲戌条，第1530~1531页。
⑥ 《明神宗实录》卷七一，万历六年正月丙子条，第1536页。
⑦ 《明神宗实录》卷七一，万历六年正月甲戌条，第1531页。
⑧ 《明武宗实录》卷八三，正德七年正月己巳条，第1804页。
⑨ 《明武宗实录》卷一二六，正德十年六月己未条，第2516页。
⑩ 《明世宗实录》卷二〇〇，嘉靖十六年五月庚辰条，第4193页。
⑪ （万历）《明会典》卷一二八《兵部十一·镇戍三·督抚兵备》，第662页。
⑫ （万历）《明会典》卷一二四《兵部七·职方清吏司·城隍一·都司卫所》，第643页；卷二二七《武职衙门·五军都督府》，第1114页。
⑬ （正德）《明会典》卷一七九《中军都督府》，第737页。
⑭ （嘉靖）《陕西通志》卷七《土地·建置沿革》，第42b页，国家图书馆藏缩微胶片；卷三九《政事·兵防》，第9b页。龚辉：《全陕政要》卷一《西安府》，第565页。《大明一统文武诸司衙门官制》卷二《陕西省·西安府》，第484页，《续修四库全书》第748册，上海，上海古籍出版社，2002年。

因。因为潼关卫属"北直隶辖",而坐落在北直隶境内的卫所,都直接或间接地隶属后府[①],本就容易引起误会。再加上明代中叶以降,军事事务皆由兵部掌管,五军都督府已形同虚设,所以时人谈到潼关卫,甚至直接谓其"直隶兵部"[②]。而兵部向潼关卫下达命令,则要移咨直隶巡抚,这样就更加容易使人产生误会。以致万历年间编纂《会典》时,在卷一二四"城隍"部分,将潼关卫误植于后府之下;而出关勘合始终由中府掌管,不易混淆,所以卷二二七记载各府所属都司卫所勘合字号时,潼关卫自然仍列其中。清朝纂修《明史·兵志》时,又失于考察,将万历《明会典》分见于两卷的潼关卫,合并到一卷之中,在中府和后府直隶卫中同时开列了潼关卫[③],造成被于志嘉教授称为"令人匪夷所思"的错误。

通过上面对潼关卫各种隶属关系的梳理,可以看出,明代对卫所的管辖,涉及多个系统和机构,构成了一个交错重叠的复杂管理网络。概括而言,各种隶属关系的形成,主要基于三个因素:一是政区归属。潼关卫辖隶于北直隶,故要接受直隶巡抚和巡按的管辖,寄衔于河南按察司的大名兵备道设立后,在此驻守的潼关卫军士也受其统辖。二是坐落位置。潼关卫坐落于陕西,因而要接受陕西巡抚、巡按以及陕西按察司相关各道的监管。甚至因潼关卫所属蒲州千户所坐落于山西河东,河东巡按在军政考选时也要提供意见。三是系统隶属。潼关卫直隶于中军都督府,又是中府所辖唯一不在南直隶境内或其毗邻地区的"零卫",故其"开在南直隶册内",由中都留守司带管其京操班军事务。后来为便于管理,京操班军事务改由与其毗邻的河南都司带管。此外,基于某些特定事务,也会形成相应的隶属关系。如潼关卫需要调拨军士赴榆林守备,管辖榆林地区的延绥巡抚和巡按也便成为"当道上司";京操班军由河南都司统领,屯田可能也由河南屯田道管理,所以河南巡抚有权过问其官军员额、俸粮、屯粮等情况。因而,考察明代卫所的隶属关系,必须综合考虑上述各种因素。

[作者单位:北京行政学院]

---

① 《皇明条法事类纂》附编第112条《保举军政官者犯贪淫等罪连坐举主》(第216页)中有"后军都督府经历司据直隶府、州、卫申……"之语,正是这种隶属关系的反映。
② (明)吕柟:《泾野先生文集》卷一六《直隶潼关卫重修学宫文宣庙记》,第138页。
③ 参看《明史》卷九〇《兵二》,第3213页、第3219页。

明后期京后防务与昌平镇、密云镇的建立

赵现海

明后期伴随蒙古东进，尤其嘉靖中期"庚戌之变"发生，明朝遂重点加强北京背后防御。遂在构建长城防御体系之同时，从蓟州镇析分昌平镇，从蓟州、宣府二镇交界之地析分密云镇，独立构建京后二镇长城防御体系。

一 明前中期居庸关长城防御体系的经营与总兵官的设置

昌平地处北京以北，居庸关以南。明前中期，昌平因有居庸关防护，因此一直未设卫所、仅置州县。居庸关属"太行八陉"、处北京北门。靖难之役中，朱棣便称："居庸关路隘而险，北平之襟喉，百人守之、万夫莫窥。据此可无北顾之忧。今俺填据之，势在必取。譬如家之后户，岂容他人据之？"① 洪武时期，居庸关亦是朱元璋划定军事地带之重要界标，并在此地构建了关隘防御体系。明前期燕山长城防御体系建设中，居庸关亦是重要地区。仁宗即位后，"庚申，命行在后府都督佥事沈清、指挥佥事李敬守居庸关"②。宣宗即位后，都督佥事沈清已充任居庸关镇守武将。③ 不过沈清得罪后，虽然镇守制度得以延续，但继任武将级别甚低。④ 因此在边防事务权力上，已呈现弱化之势，不仅须听命于蓟州镇总兵官，并且由于地临宣府，也需与宣府镇总兵官计议。

居庸关宣德年间开始由宣府镇隆庆卫兼管。⑤ 这可能是出于加强京后安保考虑，在此之前，隆庆州黑峪巡检司也迁至居庸关以北⑥，居庸关军亦由隆庆调来⑦。此后居庸守将亦多由隆庆调来。总之，明前期居庸关处于宣府、蓟州权力交叉之地。正统年间，居庸关镇守武将已升至都指挥级别。⑧ 不过昌平防御仍然十分空虚。大同宣府巡抚罗亨信奏："京城至居庸关空无居人，夷房朝贡往来，无以竦其瞻视。

---

① （明）杨士奇等：《明太宗实录》卷二，建文元年七月丁丑条，中国台北，中国台湾"中央"研究院历史语言研究所 1962 年校勘本（下引《明实录》均同），第 22 页。
② （明）杨士奇等：《明仁宗实录》卷九下，洪熙元年四月庚申条，第 295 页。
③ （明）杨士奇等：《明宣宗实录》卷六，洪熙元年闰七月庚申条，第 169 页。
④ "命指挥芮勋守居庸关敕曰：'今命尔守关，军士必勤训练，关隘、屯堡必严守备，讥察奸伪，不可懈怠。或有警急，即遣人驰奏。一切边务，必与附近总兵官协谋审处。毋慢毋忽。'"（明）杨士奇等：《明宣宗实录》卷二〇，宣德元年八月丁卯条，第 528 页。
⑤ "甲寅，敕隆庆卫指挥同知李璟镇守居庸关，仍理本卫事。抚绥士卒、讥察往来，凡城池、烽堠、屯堡俱要璟整饬。遇有声息，即时驰奏，仍报邻近守将随机处置。余事皆与同官计议而行。"（明）杨士奇等：《明宣宗实录》卷八〇，宣德六年六月甲寅条，第 1860 页。
⑥ "徙隆庆州永宁县黑峪巡检司于红门口。时巡按御史王聪言黑峪口已置官军戍守，而巡检司相去止十五里，其西南三十里有红门口，正当居庸关北天寿山之后，有路通昌平，军民逃逸者皆由此。请移黑峪口巡检司于红门口为便。上命都御谭广覆勘。广奏称便，遂徙焉。"（明）杨士奇等：《明宣宗实录》卷五三，宣德四年夏四月乙酉条，第 1274～1275 页。
⑦ "守居庸关指挥使高迪奏：居庸关旧有隆庆及隆庆左右三卫官军分守，近年调隆庆左右二卫往永宁、怀来止余隆庆一卫旗军，亦多散调他处，备御操练，及有别役。今各关口军士多者十一二人，少者八九人，不足守御。……"（明）杨士奇等：《明宣宗实录》卷一一二，宣德九年九月丙子条，第 2527～2528 页。
⑧ （明）陈文：《明英宗实录》卷五六，正统四年六月甲辰条，第 1082 页。

乞于榆河设一卫。"① 但朝廷并未同意。

土木之变后,明朝开始于居庸关设置武将提督。"提督居庸关巡守都指挥同知杨俊"。② 并且鉴于内三关,尤其居庸关道路多通,"居庸等关朝廷之北门也,东抵山海,西抵雁门,山势虽曰陡峻,而可通行之路亦多"③。遂重点在内三关,尤其居庸关地带加强长城防御体系。不仅尽塞内三关沿山隘口,挖掘壕沟,形成直接隔绝敌人之线性防御体系。正统十四年(1449)十月,"敕守备居庸紫荆及沿边一带总兵等官:'尔等巡视大小关隘,但可通人马之处,或塞或守,塞则广积木石,守则锋利器械,务在措置得宜,有备无患。'"④ "命塞居庸关以西一带山口以杜达贼往来。"⑤ 十一月,"命锦衣卫指挥佥事宗铎,监察御史秦颙、王璧巡视居庸、山海、紫荆等关,修塞隘口、开掘沟堑"⑥,而且与外层防线相结合,修筑烟墩、建立边墙。景泰元年(1450),"武清侯石亨言:……京城四面宜筑墩台,以便瞭望。署都督佥事刘鉴言京师与怀来止隔一山,请自怀来筑烟墩,直至京师土城,遇事令举火以报。从之"⑦。"石亨自紫荆关往大同,杨洪自居庸关往宣府,巡哨提督官军,堵塞关口,修完墙榨、墩堡。"⑧ 居庸关军队在守御本关之外,尚兼管黄花镇之地。⑨

> 成化年间,为防止军民由燕山逃逸出边,明朝遂在居庸东西进一步堵塞山口。⑩ 弘治年间,进一步加强居庸关长城防御体系。弘治十二年,巡抚保定等府都御史高铨奏:居庸关外东西山隘口,各有人马,可通空阔处所。虽在隆庆左右、怀来、永宁四卫腹里地方,然山南、山北道路相通,外口不密,贼入内境,人马并进,谁能为备?请以隆庆卫原拨永宁备御及京操官军二百五十人挈回,分拨各口协同守御。……事下,兵部覆奏。从之。⑪

不过在这一时期,居庸关镇守改为分守。⑫ 成化年间,丘浚曾提出在北京周边建立四辅、拱卫京师建议,其中便有在昌平设总兵、置军镇方案。正德年间,边兵入京,颇为受宠,武宗命于京后设置二总兵。⑬

---

① (明)陈文等:《明英宗实录》卷一三二,正统十年八月甲辰条,第2619~2620页。
② (明)陈文等:《明英宗实录》卷一八三,正统十四年九月己丑条,第3571页。
③ (明)刘吉等:《明宪宗实录》卷八九,成化七年三月乙酉条,第1727页。
④ (明)陈文等:《明英宗实录》卷一八四,正统十四年冬十月戊申朔条,第3611页。
⑤ (明)陈文等:《明英宗实录》卷一八四,正统十四年冬十月乙亥条,第3653页。
⑥ (明)陈文等:《明英宗实录》卷一八五,正统十四年十一月甲辰条,第3705页。
⑦ (明)陈文等:《明英宗实录》卷一九三,景泰元年六月戊子条,第4048页。
⑧ (明)陈文等:《明英宗实录》卷一八七,景泰元年春正月甲午条,第3788~3789页。
⑨ "诏黄花镇一带官军仍听居庸关守臣统领。初居庸迤东黄花镇、驴鞍岭分京军一千五百守御,而统于居庸关。后给事中程万里奏罢之,以长陵三卫士卒代戍。既而,天寿山守备太监周常言陵寝尤重,遂命还驻永安,以次分戍黄花镇。至是,镇守居庸关太监崔保奏兵不专一,难于调遣。兵部尚书白圭等言边务委任贵专一,军而两属,恐缓急误事。惟圣明裁处。诏仍令居庸内外官统领,周常等毋有所预。"(明)刘吉等:《明宪宗实录》卷七四,成化五年十二月壬申条,第1429页。
⑩ 成化十二年,户部会议各边巡抚奏疏,称:"居庸关东西俱有捷径山路通,口南真定等处,怀来西南有大河通筏出芦沟,充军罪囚多由此逃匿,而军士苦寒,亦往往效尤,操守渐缺。宜敕守臣视前项关隘捷径之处,俱发卒甃砌,设法守把。其有玩事纵奸者,即坐罪。"宪宗同意了这一建议。(明)刘吉等:《明宪宗实录》卷一五三,成化十二年五月丁巳条,第2791~2792页。
⑪ (明)李东阳等:《明孝宗实录》卷一五三,弘治十二年八月辛卯条,第2705页。
⑫ "改天寿山守备都指挥佥事王瑾分守居庸关,分守居庸关指挥佥事王玺守备天寿山。"(明)李东阳等:《明孝宗实录》卷一八六,弘治十五年四月己酉条,第3423页。
⑬ "命都督朱洪领团营西官厅左营提督东路山海等关,都督朱晖领右营提督西路居庸等关,俱充总兵官。初提督军务太监张忠奏:称居庸、倒马、紫荆等关,黄花镇、密云、蓟州等处俱要害,乞别委官提督,以防意外之虞。兵部议各关镇既设都御史、总兵、副总兵矣,复有提督,势难统束。莫若简命总兵官二员操练京营人马,候宣大有警乃发。既而,复命洪等量带官军于原拟关隘往来防守。"(明)贾宏等:《明武宗实录》卷一七三,正德十四年四月辛巳条,第3356~3357页。

二 明后期昌平总兵官的设置与昌平镇的建立

世宗即位后，虽然明朝内三关防御体系已然完备。"兵部奏：居庸、紫荆、倒马三关修筑墩堡、城楼、墙壕凡九百有奇，都御史李瓒所经略也。"① 嘉靖十三年（1534），又提升居庸军事规格，以参将分守此地。② 但居庸关以南仍甚空虚。世宗鉴于京北寥落，询问经营对策时，群臣亦对以在昌平设立总兵，"今若于昌平添设一总兵，南卫京师、北护陵寝，更增军马，自然居人稠密"③。密云镇建立之后，居庸关改归密云镇管辖。④ 值得注意的是，嘉靖二十四年（1545），昌平已被视为军镇。"发太仓银二万五千两给延绥镇，二万两于密云镇，一万两于昌平镇，各备秋防客兵刍粮。"⑤ 但当时昌平实未设置总兵官。当年顺天巡抚郭宗皋奏："居庸关、白羊口一带甚为要害，而兵力寡弱，势不得不资征调。"并提出了"总兵统驭军士，有不用命者，法得即军中斩之。今居庸无总兵官，人心何所警惧"⑥ 的问题。庚戌之变前，蒙古突入燕山之后，明朝只能以天寿山陵军防御。⑦ 有鉴于此，明朝整合北京周边军队，以霸州道兵备防秋之时驻于昌平。⑧

庚戌之变后，明朝着力加强昌平经营，提升昌平守备职务为参将，嘉靖二十九年（1550）九月，"与巩华城副总兵一体行事，不许内守备辖制。每岁秋防之时，本部仍调各路游兵二支，一驻昌平，一驻黄花镇，以卫陵寝。"⑨ 十二月，昌平开始设置副总兵。"诏于昌平、易州各添设御史一员、副总兵一员，如通州例。昌平副总兵即以原驻巩华城者改补，而别添分守一员于巩华城，从仇鸾议也。"⑩ "命原任辽东总兵官戴廉以署都指挥佥事充副总兵官，分守昌平、易州。"⑪ 居庸关、黄花镇两月后亦统一由昌平军队管辖。

> 巡按直隶御史赵绅言：居庸关、黄花镇实陵寝门户，今设都御史驻守昌平、拱护皇陵，而二关镇不在所属。设一时有警，何以调遣策应？宜自渤海所，起至黄花镇、居庸关及白羊口、长峪城、镇边城、横岭口一带，一切防守事宜，俱属其经理，参将二员俱听其调度，仍听蓟辽总督节制为便。报可。⑫

昌平副总兵独立镇守京后之地。"命署都指挥佥事赵卿充副总兵镇守昌平。"⑬ 此后镇守应一度仍改为分守。嘉靖三十二年（1553），杨博奏请："其昌平副总兵亦乞加以镇守名目，节制天寿山、巩华城、

---

① （明）张居正等：《明世宗实录》卷四，正德十六年七月庚午条，第192页。
② （明）张居正等：《明世宗实录》卷一六六，嘉靖十三年八月乙未朔条，第3643页。
③ （明）张居正等：《明世宗实录》卷一八五，嘉靖十五年三月丁丑条，第3924页。
④ "蓟州巡抚都御史侯纶言：虏情叵测，居庸关迤东黄花镇密迩陵寝，所属渤海守御千户所等处隘口不可无备。上命密云总兵官祝雄即分兵戍守无忽。"（明）张居正等：《明世宗实录》卷二六四，嘉靖二十一年七月庚戌条，第5233页。
⑤ （明）张居正等：《明世宗实录》卷二九七，嘉靖二十四年三月己卯条，第5665页。
⑥ （明）张居正等：《明世宗实录》卷三○一，嘉靖二十四年七月庚辰条，第5726页。
⑦ （明）张居正等：《明世宗实录》卷三四一，嘉靖二十七年十月丙辰条，第6205页。
⑧ "命割密云、易州二兵备道所辖顺义、怀柔二县，营州左屯卫，昌平州、涿州、涿鹿中左三卫，兴州中屯卫，房山、宛平、良乡三县，通州、居庸等隘口俱改隶霸州道，令其春夏驻扎本州岛，弹压盗贼。防秋之时，移驻昌平备虏。仍令密云、霸州二道听蓟州巡抚节制，易州道听保定巡抚节制。从御史王忬赵绅奏也。"（明）张居正等：《明世宗实录》卷三六三，嘉靖二十九年七月壬子条，第6470页。
⑨ （明）张居正等：《明世宗实录》卷三六五，嘉靖二十九年九月癸卯条，第6527页。
⑩ （明）张居正等：《明世宗实录》卷三六八，嘉靖二十九年十二月癸亥条，第6579页。
⑪ （明）张居正等：《明世宗实录》卷三六八，嘉靖二十九年十二月甲戌条，第6587页。
⑫ （明）张居正等：《明世宗实录》卷三七○，嘉靖三十年二月乙丑条，第6610~6611页。
⑬ （明）张居正等：《明世宗实录》卷三七二，嘉靖三十年四月壬戌条，第6641页。

黄花镇、居庸关等处，以便战守。"①报可。鉴于居庸关之重要，昌平副总兵遂挂衔居庸。"命镇边城右参将王臣充副总兵，镇守居庸、昌平，以原任大同总兵张坚充右参将代之。"②嘉靖三十四年（1555），昌平副总兵被裁革。"初，咸宁侯仇鸾建议设三都御史于通州、易州、昌平，通州增置副总兵官。鸾败，俱奉诏裁革。"③武将虽然改充与总兵相佯之提督。"甲午，命提督昌平署都督佥事赵卿挂印充总兵官，镇守大同。"④但所管军队数量已大为缩小。⑤

鉴于昌平防御薄弱，明朝遂命蓟州镇、宣府镇东西应援。嘉靖三十八年（1559），总督蓟辽保定尚书杨博疏言："滦西黄花一带极当虏冲，昌平、居庸所系尤重。仍当严行宣府总兵官李贤亦于秋期移驻怀隆，整兵待援。如遇滦西有警，驰入居庸，会合蓟兵，并力剿截。疏入报可。"⑥并仍设副总兵。"署都指挥镇守昌平副总兵祝福补军已完。"⑦最终于嘉靖三十九年（1560）设置镇守总兵官。昌平提督云冒"改充总兵官，镇守居庸、昌平等处，原设提督官罢勿补，以冒兼之"⑧。即昌平镇建于嘉靖三十九年，是蓟州镇首处分化出来之军镇。此后昌平总兵官也一直挂衔"镇守居庸昌平等处"。其镇则名"昌平镇"⑨或简称"昌镇"⑩。昌平镇主要负责京后防御，尤其皇陵保护。管辖疆域为京后燕山南北之地。"昌平镇三路边长四百六十里。"⑪天启年间，为应援辽东战事，宣府总兵一度驻于昌平。⑫虽然昌平镇为后来析分，但权力却与其他总兵官大致相佯。

> 今特命尔充总兵官，镇守居庸、昌平等处地方，总领黄花、居庸、镇边等路兵马，驻扎昌平地方，无事则从宜修守，有警则随方策应。其主、客副、参、游、守及军卫有司等官，俱听节制。应该收保等项，有违调度者，许尔参究。其中军千总等官，系标下者，听尔公同该管参游选取；系各区者，会同巡抚选用。巡按、巡关御史、兵备俱不许干预。尔仍听总督军门节制，凡事与巡抚都御史会同计议而行。⑬

昌平镇设置之后，蓟州镇管辖之地便西至并连口、大水谷，与昌平镇慕田峪接壤。⑭

---

① （明）张居正等：《明世宗实录》卷三九七，嘉靖三十二年四月戊寅条，第6977～6979页。
② （明）张居正等：《明世宗实录》卷四一五，嘉靖三十三年十月己巳条，第7211页。
③ （明）张居正等：《明世宗实录》卷四二四，嘉靖三十四年七月乙未条，第7344页。
④ （明）张居正等：《明世宗实录》卷四二六，嘉靖三十四年九月甲子条，第7365页。
⑤ "辛亥，初昌平提督之设，原拟责任统领入卫边兵三支，内护陵京、外援蓟镇，所至副将参游悉听节制。后蓟东数警，督臣分区定守，尽以前项边兵部署各区，而提督所统卒仅遗标兵。五百，永巩诸副遂不复以大将视之。至是，提督都督佥事云冒言其不便，请复初制，以入卫兵三支隶之。内陕西游兵三千留为标下，随驻昌平，有警应援，不得别调。余二支听分布怀来、居庸等处。其永巩二营副参兵亦听调遣。疏下，兵部行总督尚书杨博议其可否。博言：昌平提督之设，原为统领入卫客兵，冒乃求并将各营主兵，非是。据称标兵五百太少，请以延绥入卫兵全营付之，责令内护陵京、东援蓟镇，南应紫荆等关如敕。其大同、榆林二营入卫游兵，业已分布有定，毋容辄议。兵部覆如所拟。从之。"（明）张居正等：《明世宗实录》卷四七三，嘉靖三十八年六月辛亥条，第7942～7943页。
⑥ （明）张居正等：《明世宗实录》卷四七四，嘉靖三十八年七月庚午朔条，第7950页。
⑦ （明）张居正等：《明世宗实录》卷四七七，嘉靖三十八年十月戊午条，第7986页。
⑧ （明）张居正等：《明世宗实录》卷四八七，嘉靖三十九年八月癸亥条，第8118页。
⑨ （明）张居正等：《明世宗实录》卷四九八，嘉靖四十年六月甲申条，第8250页。
⑩ （明）张居正等：《明穆宗实录》卷二九，隆庆三年二月戊子条，第764～770页。
⑪ （明）叶向高等：《明神宗实录》卷三，隆庆六年七月庚子条，第98页。
⑫ （明）温体仁等：《明熹宗实录》卷八四，天启七年五月辛卯条，第4111页。
⑬ （明）刘效祖：《四镇三关志·制疏考·敕镇守居庸昌平等处总兵官后府署都督佥事杨四畏》，四库禁毁书丛刊影印中国文献珍本丛书影印明万历四年刻本，北京，北京出版社，2000年，第256页。
⑭ 《四镇三关志》卷二《形胜考·蓟镇形胜》，第52页。（明）茅元仪：《武备志》卷二四〇《占度载·镇戍一·蓟镇》，四库禁毁书丛刊影印北京大学图书馆藏明天启年间刻本，北京，北京出版社，2000年，第247页。

三　密云脱离蓟州镇的趋势与军镇的最终设立

密云地处燕山与滦河平原交界之地，潮河形成之天然湖泊亦成为北京水源供应地。因此密云不仅是明朝京后皇陵外围防线，而且是控制蒙古进入之要冲。"密云之右古北口一带可以直达开平、黄花镇，拱护陵寝，最称要地。潮河川可容万马，尤为虏冲。"① 洪武初年，明朝占领大都之后，便设置密云卫。② 由于此时明军尚处于开边拓地时期，因此密云卫军队应很快便出外征伐，卫制亦废。洪武中期，再设密云卫。③ 此外又有密云中卫、密云后卫，分别设于洪武四年（1371）、洪武三十年（1397）。④ 从而在地理面积甚小空间内，设置三卫。洪武时期燕山关隘防御体系，密云亦是重点经营之地。明前期又由于迁都北京缘故，又着重在这一地带建立长城防御体系。宣德四年（1429），都指挥级别武将已开始守备密云。"守备密云都指挥蒋贵"⑤ 宣德五年（1430）进一步升为镇守。"镇守密云镇守都指挥蒋贵。"⑥ 从而得以节制密云三卫、一体防御。"命都指挥佥事马骥镇守密云，提督关隘，谨慎堤备，附近密云卫所官军听骥调遣。"⑦ 由于密云关隘众多，因此守军显得不足。⑧

宣德时期密云镇守驻于密云中卫，正统年间北移至关隘地带。"命镇守密云等处都指挥佥事陈海于密云后卫巡哨，以成国公朱勇言系沿边关隘故也。"⑨ 并于燕山南部增设烟墩。"锦衣卫指挥佥事刘勉监察御史郑观奏：奉敕巡视蓟州等处关隘，其密云地方山势平坦、烟墩离远，宜增设墩台六十三座，益军守哨。从之。"⑩ 密云最北端为连接燕山内外之重要关隘——古北口，当地遂成密云军队重点守御之地。"癸卯，敕都指挥同知赵玟往密云，代王通镇守，仍分管古北口迤东地方。"⑪ 景泰年间，鉴于蒙古军队南下之势，密云之外便为敌境。⑫ 不仅修筑城堡，"命提督军务右佥都御史邹来学督修密云等处城堡墩台"⑬，而且烧荒制度亦推广至这一地带⑭，并进一步充实长城防御体系。"命提督军务右佥都御史邹来学督修密云等处城堡墩台。"⑮ 在潮河流域不宜修建工事之地，结合以战车技术。"癸亥，提督蓟州等处军务右佥都御史邹来学奏：密云古北口潮河地方宽漫，又系走沙，难以修筑墙垣。乞于在京山西厂

---

① （明）张居正等：《明世宗实录》卷三〇〇，嘉靖二十四年六月癸丑条，第5709页。
② （明）姚广孝等：《明太祖实录》卷四〇，洪武二年三月，第813页。
③ （明）姚广孝等：《明太祖实录》卷一三八，洪武十四年秋七月癸卯条，第2178页。
④ （明）李贤等：《大明一统志》卷一《顺天府·公署》，影印明天顺五年内府刻本，西安，三秦出版社，1985年，第96~97页。
⑤ （明）杨士奇等：《明宣宗实录》卷五九，宣德四年冬十月辛丑条，第1409页。
⑥ （明）杨士奇等：《明宣宗实录》卷七四，宣德五年闰十二月乙卯条，第1727页。
⑦ （明）杨士奇等：《明宣宗实录》卷九四，宣德七年八月乙巳条，第2133页。
⑧ "镇守密云都指挥佥事陈亨奏：沿边自黄门至开连口地方七百余里，关隘多而军力少。宜调营州左屯卫备边，轮班官军指挥许志等三百四十人来守其地。上令农隙之时往守，俟来年春仍旧更番操备。"（明）陈文等：《明英宗实录》卷二〇，正统元年秋七月庚申条，第398页。
⑨ （明）陈文等：《明英宗实录》卷九四，正统七年秋七月丁卯条，第1894页。不过后来仍回至密云中卫。"巡抚顺天等府都御史屠勋奏：古北口潮河川实京畿北门重地，今分守密云太监亮、参将王志同驻密云中卫，相距古北口百余里，缓急之间，应援不及。宜令王志移驻密云后卫，稍近川口，而以所管振武营官军分驻二处，扼其险隘，以便策应。兵部覆奏：密云后卫正当古北口潮河川之冲，专为守关而设。若移参将于此，则营舍必须预为之处，劳费不赀。况振武营官军止有千数，若分而为二，未免兵势寡弱。惟简委都指挥或指挥二员，分拨本营官军五百，令其率领备御，半年一更。有警则令参将截杀分守策应。从之。"（明）李东阳等：《明孝宗实录》卷九五，弘治七年十二月己未条，第1738~1739页。
⑩ （明）陈文等：《明英宗实录》卷一一七，正统九年六月丙申条，第2368页。
⑪ （明）陈文等：《明英宗实录》卷二〇四，景泰二年五月癸卯条，第4358页。
⑫ "有如古北口、潮河川并龙王峪、五寨，俱各宽漫平坦，路通大小兴州，沙漠贼巢，可容千万人马往来。"（明）于谦：《于少保奏议》卷六《杂行类·兵部为来归人马事》，载魏得良点校《于谦集》，杭州，浙江古籍出版社，2012年，第271页。
⑬ （明）陈文等：《明英宗实录》卷二二〇，景泰三年九月戊戌条，第4757页。景泰三年，密云长城设施修建情况如下。"东自黄河口起，至慕田峪止，路经八百余里，关塞七十四处，墩台一百五十六座，营堡八所，操守官军舍余四千八百一十六员名。"《于少保奏议》卷六《杂行类·兵部为来归人马事》，载《于谦集》，第271页。
⑭ "镇守密云内官张溥、都指挥同知赵玟等遣人出境烧荒。"《明英宗实录》卷二一〇，景泰二年十一月癸卯条，第4515页。
⑮ （明）陈文等：《明英宗实录》卷二二〇，景泰三年九月戊戌条，第4757页。

收积，造成大样战车，内拨与四十辆运来排列，严督官军守战，庶免仓卒之患。从之。"①

天顺元年（1457），明朝已在密云建立类似镇守总兵制度之提督制度。"敕都指挥佥事陈亮总管提督密云古北口等处操备。"②由于密云在蓟州镇防务中占据愈来愈重之地位，蓟州镇总兵官从而时有挂衔"蓟州永平山海密云等处镇守总兵"③者。密云提督从而不再归蓟州镇总兵官节制，独立镇守。弘治年间，古北口已设参将分守。"署都指挥佥事鲁广充右参将分守密云古北口"④。此间密云逐渐脱离蓟州镇之管辖。首次脱离蓟州镇者是古北口。弘治三年（1490），

> 分守密云古北口等处内官监左少监田亮奏援杨友例，乞免听蓟州镇巡等官节制。兵部议谓密云古北口分守内外官先年径隶京师，不受节制者，以便于警报。近奉成命，俱属蓟州镇巡等官节制者，则以便于并力扞御。亮所请宜勿许。上特许之。⑤

弘治八年（1495），整个密云完全从蓟州镇独立出来。

> 分守密云右监丞王增奏：密云去蓟州千里，而听受蓟州镇守官节制不便。兵部言近者三卫虏贼入寇，势渐猖獗。本路兵力寡弱，非借重蓟州镇守之援，恐缓急不足以自卫。宜仍受节制。得旨令免听节制。⑥

由于此时密云实行提督制度，实与镇守总兵相侔，因此可视为密云镇于弘治八年初步建立。不过两年之后，密云便再次隶属蓟州镇。

> 兵科都给事中杨瑛等言：……密云切近京师，其分守内外官宜从近日巡抚等官建议，改属蓟州镇守官节制。本处宜增兵防守。事下，廷臣覆议，遂推经画大臣，疏上户部左侍郎刘大夏、右侍郎韩文、兵部左侍郎李介、右侍郎王宗彝以请，密云与燕河营、马兰谷二处分为东西中三路，俱听蓟州镇守官节制。……上纳之。⑦

弘治十三年（1500），密云开始设置协守副总兵。"命辽东都指挥佥事刘祥充副总兵，协守密云等处。"⑧正德二年（1507），由于当时宦官掌握朝政，密云再次从蓟州镇管辖中独立出来。"分守密云古北口等处左监丞王忻乞改为镇守，免听蓟州镇巡官节制。兵部覆议，以为不便。有旨特许之，仍赐之敕及诸旗牌。"⑨但副总兵却降为参将。⑩正德后期，鉴于古北口控遏蒙古进入皇陵之地，密云守将开始管辖居庸关北之黄花镇。"其黄花镇、贾儿岭地方，则委密云镇守等官就近提督。"⑪正德末年，武将虽再次升任副总兵，⑫但世宗即位后，宦官势力遭到打击，密云亦再次归蓟州镇节制。

---

① （明）陈文等：《明英宗实录》卷二二五，景泰四年春正月癸亥条，第4893页。
② （明）陈文等：《明英宗实录》卷二八〇，天顺元年秋七月丁卯条，第5995页。
③ （明）刘吉等：《明宪宗实录》卷一〇七，成化八年八月乙酉条，第2090页。
④ （明）李东阳等：《明孝宗实录》卷四〇，弘治三年七月丁丑条，第846页。
⑤ （明）李东阳等：《明孝宗实录》卷四一，弘治三年八月乙未条，第858页。
⑥ （明）李东阳等：《明孝宗实录》卷一〇四，弘治八年九月甲申条，第1900页。
⑦ （明）李东阳等：《明孝宗实录》卷一二六，弘治十年六月己卯条，第2241～2243页。
⑧ （明）李东阳等：《明孝宗实录》卷一六四，弘治十三年七月戊午条，第2974页。
⑨ （明）贾宏等：《明武宗实录》卷二三，正德二年二月壬寅条，第650页。
⑩ "升镇守密云等处右参将都指挥佥事吴玉为署都督佥事，充总兵官，镇守蓟州永平山海等处地方。"（明）贾宏等：《明武宗实录》卷三三，正德二年十二月庚午朔条，第803页。
⑪ （明）贾宏等：《明武宗实录》卷一二一，正德十年二月癸巳条，第2433页。
⑫ （明）贾宏等：《明武宗实录》卷一六三，正德十三年六月甲午条，第3149页。

旧制守备内臣在凤阳者止令奉侍皇陵，兼管皇城，安插庶人，司门禁锁钥。在密云者亦止以分守名，仍听蓟州镇巡官节制。正德以来，中贵恣横，夤缘内批，奏讨符验、旗牌，兼辖地方，奏改镇守，或充副总兵越分行事，民甚苦之。至是，兵部遵奉诏旨，请一切复旧制，改给敕谕，夺其符验、旗牌。制曰：可。①

副总兵亦再次降为参将。②不过虽然为参将，但由于密云地邻边境。"居庸以东密云诸镇与朵颜三卫仅隔一山。""密云一路切近黄花镇、渤海所，天寿诸陵，外薄虏巢，距京师一日而近，实为要害。"③单独领受朝廷敕旨，因此"为参将者又每无礼于总兵"④，不受蓟州镇节制。嘉靖十一年（1532）时，密云已被视作军镇。"密云一镇"⑤。嘉靖二十年（1541）时，俺答南下，"密云一带路口甚多，去小王子驻牧仅一二日程。"⑥密云仍受蓟州镇管辖。兵部奏："虏诈叵测，倘自宣府、独石边外突入潮河右北黄花、密云地方，则震惊京师。宜令蓟州总兵祝雄分兵驻密云，督同参将王继祖设伏古北口等处御之。"⑦遂有请复改参将为副总兵者。"蓟州巡抚都御史侯纶请改密云分守参将为副总兵，仍守本路，以黄花镇隶焉，听三屯营总兵节制。"⑧朝廷遂接受了这一建议。"升分守密云副总兵署都指挥佥事王继祖为署都督佥事，充总兵官，镇守山西地方。"⑨仍管辖黄花镇。"黄花镇守备听密云副总兵节制。"⑩嘉靖后期，密云分守一度改为协守。嘉靖三十三年，重新改为分守，并明确划定辖区。"改密云协守副总兵为分守，建昌游击为副总兵，各画地守之。以墙子岭东西为界，西至黄花镇接境，属密云副总兵；东至山海关辽东接境，属建昌副总兵，俱听总督镇巡节制。"⑪此后密云镇称谓愈加流行。又简称"密镇"。⑫崇祯年间，密云最终设置镇守总兵官，唐通便曾充任此职。不过崇祯十六年（1643），密云镇守总兵官被废除。"五月汰密云总兵官，命（王通）兼辖中协四路。"⑬万历二年（1574），朝鲜使臣许篈记载道："西北有虹螺山，烟台列峙，山上其外则皆虏庭也。"⑭可见密云镇以红螺山为界，以外便为蒙古控制地区。

结　论

伴随蒙古逐渐突破明朝的北疆防线，本为京畿腹里的京后地区，也逐渐呈现边疆化、军事化的历史趋势。昌平、密云二地作为京师最后屏障，在明中后期，不断依托燕山构建长城防御体系，并逐渐提升防御规格，最终在嘉靖时期"庚戌之变"背景下，独立设置军镇，形成所谓的昌平镇、密云镇。

[作者单位：中国社会科学院历史研究所]

---

① （明）张居正等：《明世宗实录》卷二，正德十六年五月癸丑条，第 66 页。
② "大宁都司都指挥佥事霍汝愚充右参将，分守密云古北口等处。"（明）张居正等：《明世宗实录》卷六，正德十六年九月辛酉条，第 248 页。
③ （明）张居正等：《明世宗实录》卷一四九，嘉靖十二年四月丙子条，第 3423 页。
④ （明）张居正等：《明世宗实录》卷一四六，嘉靖十二年正月戊辰条，第 3386～3388 页。
⑤ （明）张居正等：《明世宗实录》卷一四〇，嘉靖十一年七月辛亥条，第 3266 页。
⑥ （明）张居正等：《明世宗实录》卷二五三，嘉靖二十九年九月甲辰条，第 5088 页。
⑦ （明）张居正等：《明世宗实录》卷二六三，嘉靖二十一年六月辛卯条，第 5220 页。
⑧ （明）张居正等：《明世宗实录》卷二七〇，嘉靖二十二年正月辛酉条，第 5321～5322 页。
⑨ （明）张居正等：《明世宗实录》卷二八一，嘉靖二十二年十二月己丑条，第 5470 页。
⑩ （明）张居正等：《明世宗实录》卷二八三，嘉靖二十三年二月壬辰条，第 5499 页。
⑪ （明）张居正等：《明世宗实录》卷四〇七，嘉靖三十三年二月癸酉条，第 7107 页。
⑫ （明）叶向高等：《明神宗实录》卷六，隆庆六年十月壬戌条，第 220 页。
⑬ 《明史》卷二七二《曹变蛟传》，第 6978 页、第 6981 页。
⑭ （朝鲜）许篈：《荷谷先生朝天记·中》，燕行录全编第 1 辑第 4 册，桂林，广西师范大学出版社，2010 年，第 143 页。

论明仁宗对北边防卫的调整与整顿

胡 凡

明仁宗朱高炽出生于洪武十一年（1378）七月，永乐二十二年（1424）八月十五日即位，到洪熙元年（1425）五月十二日去世，实际在位时间还不足九个月。但他经历了靖难之役，看到了永乐时期其父太宗皇帝的五出漠北，对于北边防卫的重要性有深刻的认识，即位后对北边的防卫进行了一系列的调整和整顿，这对明朝的历史发展和北边防卫有重要意义。但是到目前为止，学界对此尚缺乏认识，竟无一篇专文研究。① 本文即拟对此做一探讨，并以此就教于学者方家。

一 北边军镇镇守总兵官的任命

永乐二十二年八月十五日，朱高炽即皇帝位。在颁布了大赦令后，他做的第一件事就是安排五军都督府和边防都司及镇守总兵官的人选，其中北边军镇是安排的重点。

八月十六日，他首先安排五军都督府和部分都指挥使司的人选，"命英国公张辅掌中军都督府，阳武侯薛禄掌左军都督府，安远侯柳升掌右军都督［府］②，宁阳侯陈懋掌前军都督府，成山侯王通掌后军都督府，安平伯李安掌四川都指挥使司，中军都督府都督佥事任礼掌广西都指挥使司，改前军都督佥事马英于后军都督府"。接着，"征镇守大同前军都督佥事刘鉴、镇守宣府后军都督佥事王玉还，仍命都指挥使王礼镇守宣府"③。这是要对北边军镇总兵官的人选重新进行调整。

八月十七日，他任命了四个镇守总兵官，"命武安侯郑亨等四人俱充总兵官，亨镇守大同；保定侯孟瑛镇交址；襄城伯李隆镇山海；武进伯朱营［荣］镇辽东"。这四个总兵官中，北边军镇占了三个：大同、山海（含永平）、辽东。二十日，"升中军都督府都督佥事谭广为本府左都督，命镇守宣府等处"。这是仁宗在北边任命的第四个总兵官。谭广受命后，马上就守边事宜提出建议："广奏请以其所领骑兵五千，分畀都指挥崔聚、武兴、指挥董兴、张政、唐铭、阮真六人，每三人领一千，更番随往宣府备御，三月一更。"④ 朱高炽批准了他的建议。两天后，有一条史料很值得我们注意："升锦衣卫指挥佥事林观、刘俨俱为陕西都司都指挥佥事，观掌绥德卫，俨掌延安卫"⑤，这条史料向我们表明，朱高炽即位之时，延绥镇尚不存在，延安卫、绥德卫是以两个卫级军镇存在着。

九月三日，朱高炽又"命后军都督府同知梁铭、都指挥使陈怀镇守宁夏"。这是他在北边任命的第

---

① 以明仁宗朱高炽为专题的论文仅有数篇，包括：张健《明仁宗死因考》，《安徽史学》1991年第2期；朱鸿《论明仁宗的求言纳谏》，第六届明史国际学术讨论会论文集，1995年8月；赵中男《论朱高炽的历史地位》，《辽宁大学学报（哲学社会科学版）》1997年第5期；赵中男《朱棣与朱高炽的关系及其社会政治影响》，《明史研究》1999年；刘国辉《略论明仁宗的宽仁政策》，《大庆高等专科学校学报》2000年第2期；陈时龙《九月之君——朱高炽小传》，《紫禁城》2009年第3期；后永乐《明永乐时期朱高炽政治斗争策略论析——以皇族内部为考察中心》，《丝绸之路》2011年第20期；曾凤莲《明仁宗朱高炽》，《新课程学习（上）》2014年第5期。
② 方括号内是应该增加或改正的字，下同。
③ （明）杨士奇等：《明仁宗实录》卷一下，永乐二十二年八月戊午条。
④ （明）杨士奇等：《明仁宗实录》卷一下，永乐二十二年八月壬戌条。
⑤ （明）杨士奇等：《明仁宗实录》卷一下，永乐二十二年八月甲子条。

五个总兵官，梁铭陛辞时，仁宗特地叮嘱他："宁夏西北重镇，其军艰窭已甚。尔为首将，务抚绥之。且尔既有常禄，宜惇廉洁之行，果若服食所需不能继，当以告朕，慎无贪暴生事，以困军民。"实录对此加以解说道："盖铭以贪贿致败，故申饬之。"① 过了三天，朱高炽又"命镇守宁夏右军都督佥事胡原、都指挥使张麟仍俱掌陕西都司事"②。这则史料向我们反映出明代军镇的层级结构，镇守总兵官是最高指挥官，即仁宗叮嘱梁铭说的"尔为首将"，其下一级是都司掌印官一层，再往下是卫级、所级以及基层千户、百户和众多的士兵，等等。另外从仁宗的叮嘱和实录的解说看来，梁铭是个贪暴的军官，但是朱高炽为什么非要用一个贪暴的军官任镇守总兵官呢？而且在年底还将其封为伯爵："封镇守宁夏后军都督同知梁铭为保定伯，食禄千五百石，子孙世袭。"实录就此事特意说明道："铭尝从上居守北平，多效劳绩，上念之不忘，故有是命。"由此我们知道了梁铭在靖难之役中曾经是朱高炽依靠的重要将领，据史梁铭本传载："梁铭，汝阳人。以燕山前卫百户从仁宗守北平。李景隆围城，战甚力。积功至后军都督佥事，侍仁宗监国。永乐八年坐事下狱。十九年赦复职，副都督胡原捕倭广东。仁宗即位，进都督同知。以参将佩征西将军印，同都督同知陈怀镇宁夏。追论守城功，封保定伯，禄千石，予世券。"③ 可知梁铭就是在抵御李景隆对北平的进攻时多有战绩，同时"侍仁宗监国"，并因谗言而下狱，所以朱高炽才对他加以重用并赐封伯爵。在加封梁铭的同时，朱高炽也没有忘记和梁铭一起任镇守的陈怀，"升镇守宁夏都指挥使陈怀为右军都督同知，仍镇宁夏；开平备御都指挥佥事唐铭为都指挥使，仍备御开平"④。

九月中旬，朱高炽将八月任命的总兵官襄城伯李隆调往南京守备，于是又"命遂安伯陈英充总兵官，往山海永平巡视关隘，整肃兵备"⑤。十月七日，朱高炽向各地镇守总兵官发出指示："敕各处镇守官及都指挥司：尔等职守甚重，凡进香朝贺，镇守官勿擅离，听差所属四品以上官来；各都司指挥掌印者亦勿擅离，听差佐贰官来；如已起程在途，亦即回还。"⑥ 这是要求镇守总兵官和都司掌印官认真履行职责，不可擅离职守。十月下旬，又"命左军都督府佥事冀杰镇守开平"⑦，这是明廷最北边的前沿卫级军镇，原来是由都指挥使唐铭镇守，现在改由都督府层级的佥事冀杰来镇守，可见其地位的重要，他在明廷眼中也相当于总兵官。这样一来明朝的北边就有了六个总兵官。

前面我们陈述了朱高炽任命的六个总兵官的情况，但未见仁宗对甘肃总兵官的任命，实际上甘肃总兵官费瓛从永乐十二年（1414）履职以来，到永乐末年一直在任。仁宗即位后，没有将费瓛召回，费瓛就仍然在履任。所以实录在九月里记载道："甘肃总兵官都督费瓛奏：'安定、曲先、赤斤、密落等处有贼千余人，于必立出江、黄羊川杀伤朝使内官乔来喜等，劫夺彩币、马骡等物。'遂遣敕，一道令瓛等差的当头目，赍谕赤斤蒙古卫；三道令都指挥李英同指挥康寿谕罕东、曲先、安定三卫；着落挨查前项劫贼，果是何簇分部落之人，或禽拿解来，或明白指实奏来，庶罪有所归。其谕蒙古等卫敕曰：'比朝廷差内官乔表［来］喜等，同乌思藏等［处］贡使，赍敕及彩币等物，往乌思藏、尼八剌等处公干，至必立出江、黄羊川遇安定、曲先、赤斤、密落等处贼徒五千余人截路，杀伤使臣，劫夺彩币、马、骡、牛等物，罪不可容。即欲调军剿捕，恐伤及良善，尔等须挨查前项贼徒，是何簇分部落之人，或擒拿解来，或明白指实具奏，庶罪有所归。'"⑧ 这里记载费瓛是甘肃总兵官，就朝廷遣往乌思藏、尼八剌（尼

---

① （明）杨士奇等：《明仁宗实录》卷二上，永乐二十二年九月乙亥条。
② （明）杨士奇等：《明仁宗实录》卷二上，永乐二十二年九月戊寅条。
③ （清）张廷玉等：《明史》卷一四五《丘福传》，中华书局标点本，第4239页。
④ （明）杨士奇等：《明仁宗实录》卷五下，永乐二十二年十二月己巳条。
⑤ （明）杨士奇等：《明仁宗实录》卷二下，永乐二十二年九月戊子条。
⑥ （明）杨士奇等：《明仁宗实录》卷三上，永乐二十二年十月戊申条。
⑦ （明）杨士奇等：《明仁宗实录》卷三下，永乐二十二年十月癸丑（亥）条。
⑧ （明）杨士奇等：《明仁宗实录》卷二下，永乐二十二年九月庚子条。

泊尔）等处使臣被劫事件向朱高炽奏报，朱高炽发出四道敕谕，一道令费瓛派人送往赤斤蒙古卫，三道令都指挥李英同指挥康寿往谕罕东、曲先、安定三卫，命令这些卫核查劫路之人。这是明廷对周边羁縻卫所行使管辖权和指挥权。此后费瓛一直以甘肃总兵官的身份履职甘肃镇，这样洪熙时期的北边军镇就有7个，洪武时期的山西镇和陕西镇由于地理位置离边防前线稍远，边防形势差缓，所以无论是永乐时期还是仁宗即位，都没向这里派遣镇守总兵官，而只是以都司掌印官来负责军务，但这不等于它不是军镇。

上述7个军镇的镇守总兵官任命之后，朱高炽每给一个军镇的总兵官发出指令，都同时给其他军镇总兵官也发一份，显示出对北边军镇一体重视的特点。如永乐二十二年十一月，朱高炽"敕大同总兵官武安侯郑亨曰：'近阿鲁台遣使来朝进马，今差指挥赵回来的等，同来使赍敕，宥其前过，令通好如故。然此寇谲诈，或乘国有天丧，边境无备，复来侵扰，盖未可测。宜整搠军马，严加堤备，仍令各隘口及烟墩昼夜用心瞭望，谨慎！谨慎！毋致疏虞。"这是一方面优待阿鲁台的使臣，推进和平的朝贡体制，另一方面又不放松警惕，做到有备无患。应该说，这是明廷深谙游牧民族的特点而采取的有效措施，也显示出明代北部边防和平防御的特征。在给武安侯郑亨发出敕谕后，朱高炽又"敕宁夏、甘肃、辽东、宣府、山海永平、开平总兵官及备御官亦如之"①。

鉴于大同总兵官武安侯郑亨年事已高，朱高炽从人才储备的角度选派了"都督佥事沈清为参将，副武安侯郑亨镇守大同"②。但是仅仅过了两个月，就出现了矛盾。洪熙元年正月，朱高炽"敕大同参将都督佥事沈青[清]及掌山西行都司都督佥事李谦曰：'朝廷谓尔等才智，托以边事，正宜同心协力，绥抚士卒，勤于操练，昼夜以警备为心，度[庶]称委任。今略不闻边备如何设施，城也[池]如何修荒[葺]，军士如何操习，粮储如何蓄积，但闻各持私意，搜罗[过]失，互相许[讦]奏，若此所为，何以称朝廷之付托？朕比念武安侯年老，故命清为参将副之，一应事务，清当与武安侯许[计]议停当乃行，清安敢专擅行之？李谦职掌都司，应有军政须听总兵官武安侯发放，是非可否，自有公论，谦安敢与之相抗？自古贤将皆务协和，以成国事。尔等不此视效，乃私相忿争，泉[果]贤乎？非贤乎？宜深思前过，改悔从善，否则罚加尔身，虽悔无及。'"③我们从这里得到的信息是：都督佥事沈清为大同参将，都督佥事李谦掌山西行都司事，两人都是总兵官武安侯郑亨的下属，从层级结构的视角讲，下级应该服从上级领导，但这两个人显然不听从郑亨的指挥，而且互相之间还进行攻击，以至于惊动皇帝发敕谕进行批评和调解，反映出大同镇内部的矛盾情况。十几天后，朱高炽又给武安侯郑亨发出敕谕："敕大同总兵官武安侯郑亨、参将都督沈清及掌山西行都司都督李谦等曰：'钦天监言天象有警，朕恒以边事为虑，盖房情谲诈，或弱而见强，或[强]而见弱，或出或没，或东或西，不可测度。为边将者须深思熟虑，昼夜关防。今自冬及春，其声述[迹]无闻，不可遽谓安静无事，万一兽奔豕突，当思有以御之。宜整搠军马，令各城池屯堡收拾坚固，各关隘用心守把，各烟墩仔细瞭望，顷刻不可怠忽。慎之！慎之！重慎之！今农务将兴，又不可妨误屯种。"从这份敕谕中我们看到仁宗对北边防务的关注，这是他对春防的重视，同时"敕辽东、甘肃、宁夏、山海永平、宣府、关[开]平总兵及备御镇守官亦如之"④。这是北边防卫一体化的具体表现。

二 镇守总兵官将印的颁发

洪熙元年二月，在明代的周边防御中有一件大事，那就是仁宗朱高炽"颁制谕及将军印于边将"。

---
① （明）杨士奇等：《明仁宗实录》卷四上，永乐二十二年十一月甲戌条。
② （明）杨士奇等：《明仁宗实录》卷四上，永乐二十二年十一月癸未条。
③ （明）杨士奇等：《明仁宗实录》卷六上，洪熙元年正月甲申条。
④ （明）杨士奇等：《明仁宗实录》卷六下，洪熙元年正月乙未条。

据仁宗实录载：洪熙元年二月辛丑朔，选择这一天可能就是因为这是二月初一，"颁制谕及将军印于边将：云南总兵官、太傅、黔国公沐晟佩征南将军印；大同总兵镇远侯顾兴祖佩征蛮将军印；辽东总兵官进伯朱荣佩房前将军印；宣府总兵官、都督费瓛佩平羌将军印；交址参将保定伯梁铭、都督陈怀佩征西将军印；有旧授制谕者封缴回"①。原文有几处读不通的地方，如大同总兵明明是武安侯郑亨，怎么成了顾兴祖？宣府总兵官怎么成了费瓛而且佩平羌将军印？交址参将又怎么会佩征西将军印？凡此种种，皆是誊抄的错误，只是于此尤甚。我们从校勘记的材料加以补充后是这样："颁制谕及将军印于边将：云南总兵官、太傅、黔国公沐晟佩征南将军印；大同总兵[官、武安侯郑亨佩征南将军印；广西总兵官]、镇远侯顾兴祖佩征蛮将军印；辽东总兵官[武]进伯朱荣佩[征]房前将军印；宣府总兵官、都督[谭广佩镇朔将军印；甘肃总兵官、都督]费瓛佩平羌将军印；交址参将、[荣昌伯陈智、都督方政佩征夷副将军印；宁夏参将]、保定伯梁铭、都督陈怀佩征西将军印；有旧授制谕者封[识]缴回。"②经过补充后的记载我们基本比较清楚，这次颁发制谕和将印的有云南、大同、广西、辽东、宣府、甘肃、交址、宁夏8个军镇，其中云南、广西、交址3个军镇在南方，大同、辽东、宣府、甘肃、宁夏5个军镇在北方。但是这里有一个问题就是征南将军印有两个，一个是给沐晟，一个是给郑亨，问题在于郑亨怎么能佩征南将军印？这肯定是实录在誊抄过程中出现的错误，需要认真研究。

颁发将印的第二天，朱高炽就"敕大同总兵官武安侯郑亨、参将都督沈清及宣府总兵官都督谭广曰：'云[去]冬以来，房寇动静无闻，朝廷之遣使亦久不回，未审此寇今在何处。盖房多谲诈，卿等宜思患预防。往者天象有警，已敕堤备，今长安岭守关指挥奏：鞑贼人马约五十余人直抵隰宁驿劫掠，不审是何部落。辽东武进伯朱荣亦奏：元[兀]良哈鞑靼欲来卖马。又哈密近遣人进硫黄，从前不闻哈密产此物，先帝时亦不曾有进。缘此数端，皆须计虑。房中既有硫黄，则制造火器不患无人，猝遇战斗，亦须有备。大同宣府一带空旷，房熟经之路，宜整搠军马，昼夜严切堤备，令各城地[池]屯堡收拾坚固，各关隘口用心守把，各烟墩仔细瞭望，毋顷刻怠忽。古云：有备无患，其慎之！慎之！庶副朕委任之重。"接着，朱高炽"仍敕宁夏、甘肃、辽东、山海、永平、开平诸将，一体严备"③。这段史料反映的是仁宗对北边防卫的良苦用心，也反映出朝廷对边情的了解，朝廷遣使久不回是一个，天象有警是一个，"鞑贼"劫掠隰宁驿是一个，哈密进硫黄是一个，因大同、宣府直接面对蒙古高原，所以首先敕谕郑亨和谭广，然后再敕谕宁夏、甘肃、辽东、山海、永平、开平诸将。

除了颁发将印以外，仁宗又新铸了两颗印：一为二月四日，"命礼部铸征房大将军印"④。征房大将军印在洪武时期就有，但只颁发给过李景隆，史载：洪武三十年（1397）七月，朱元璋"敕曹国公李景隆曰：'古人安不忘危，治不忘乱。今天下平定已久，恐兵事懈弛，缓急罔济。近天象有警，尤不可不虑。特命尔佩征房大将军印，往河南训练将士，大小官军悉听节制。兵法云：用之在乎机，显之在乎权，汝其慎哉！'"⑤而洪武时期有过征房大将军名号的则有徐达、冯胜、蓝玉等人，但所佩的都是总兵官印。永乐时期，朱棣在永乐七年派丘福北征本雅失里时，曾"命福佩征房大将军印，充总兵官"⑥。此时仁宗又重新铸造了这颗印，但在仁宣时期未见有什么用途。二为二月二十四日，"命礼部铸镇朔大将军印"⑦，这颗印洪武、永乐时期都没有，是仁宗新增的，那么这颗印颁给谁了呢？实录载：洪熙元年三月二十日，"制谕太子太保阳武侯薛禄，佩镇[朔]大将军印，统[充]总兵官，率[官]军自门

---

① （明）杨士奇等：《明仁宗实录》卷七上，洪熙元年二月辛丑条。
② 据《〈明仁宗实录校勘记〉》卷七上辛丑朔）补充。另外，有些研究者在引用这条史料时，均未参考《校勘记》。
③ （明）杨士奇等：《明仁宗实录》卷七上，洪熙元年二月壬寅条。
④ （明）杨士奇等：《明仁宗实录》卷七上，洪熙元年二月甲辰条。
⑤ （明）姚广孝等：《明太祖实录》卷二五四，洪武三十年八月甲午条。
⑥ （清）张廷玉等：《明史》卷一四五《丘福传》，中华书局标点本，第4088页。
⑦ （明）杨士奇等：《明仁宗实录》卷七下，洪熙元年二月甲子条。

［开］平至大同缘边往来巡哨，遇有房寇，相机剿捕。"① 原来阳武侯薛禄自仁宗即位以来，一直率兵在开平、宣府一带巡边，朱高炽在永乐二十二年十一月曾"敕口外备御太子太保阳武侯薛禄：'今钦天监言天象有兵，卿宜仔细审察备御。自三河抵宝邸、直落一带，闻有强贼出没劫掠，宜差的当官军巡察，遇无名目可疑之人，即擒拿解来，仍须禁约官军，不得因而生事，扰害良民。'"②。这道敕谕反映的是薛禄在仁宗即位后不久就带兵巡边，十一月时他已经在外一段时间了。转年（1425）二月下旬，阳武侯薛禄向朱高炽奏报："军至赤城等处，追赶鞑贼，杀死百余人，生擒千［十］余人，余贼奔溃。"朱高炽担心被打败的蒙古军再来报复，遂向沿边发出预警，"敕大同总兵官武安侯郑亨，参将都督佥事沈清及掌山西行都司事都督佥事李谦等，令督各烟墩昼夜瞭望，各城池屯堡严加守备，十分防慎，不可怠忽。"同时"敕宁夏、甘肃、宣府、山海永平、开平总兵及备御官亦如之"③。第二天，在铸镇朔大将军印的当天，实录载道："口外总兵官、太子太保阳武侯薛禄遣指挥宋忠等献所俘房寇，赐忠等袭衣。"④转天，二月二十五日，朱高炽向薛禄发出了嘉奖令，"遣敕褒谕总兵官、［太子］太保阳武侯薛禄及左都督吴诚，都督同知高文、程忠，都（督）⑤指挥佥事宫得、马兴等曰：得奏，知房入边境，卿等躬率将士奋驱［勇］追之，擒（使边将）捕斩馘，房遂大败，狼狈奔溃，可为能副委托之重。使边将皆然，何患不除？何功不立？朕甚嘉悦，特遣太监杨英、鸿胪卿杨善以酒千瓶、羊百羫往劳，官军至京，论［功］行赏"⑥。这段史料反映出阳武侯薛禄及其所率领的巡边部队战斗力还是很强的，这也说明明廷当时乘其方兴之势，将其边防的触角深入到蒙古高原腹地。正因为薛禄巡边立了战功，所以仁宗就在三月里将镇朔大将军印颁给了薛禄。同时又给沿边总兵官发出敕谕："敕镇守大同武安侯郑亨：'常年堤防房寇皆以秋冬，及春夏则懈。房贼谲诈，或窥伺无备未［来］袭，不可不虑。宜严督将士，整搠军马，坚固城池屯堡，用心堤备，及督各隘口烟墩，十分仔细瞭望守把，不可怠忽。敕各处总兵备御及镇守官亦如之。"⑦从这里可以看出，仁宗在给总兵官们颁发了将印之后，对他们的要求更加严格了，不但要严肃秋防，春防也不能懈怠，说明在朱高炽的头脑中，北部边防这根弦绷得还是很紧的。在给郑亨发出敕谕的第二天，朱高炽又"敕口外总兵官、太子太保阳武侯薛禄，往来开平、大国［同］缘边一带巡哨，遇有房寇，即飞报邻境总兵［官］及镇守官，令相策应。如邻境有急，尔亦速须应援，务在同心协力，以宁边方。"同时也"敕宣府、大同、开平等处总兵镇守官亦如之"⑧。从这里我们看到，明廷在北边的大同、宣府、开平设有固定的镇守总兵官，各负责自己的防区，而阳武侯薛禄则是一支游兵，往来于大同、宣府、开平一带巡逻，相机御敌，与上述三个总兵官要密切配合，以保护边境的安全，这是一种积极的防御态势。

要之，北边军镇将印的颁发，是一种管理方式的变化，并不表明有将印的镇将所在地才是军镇，没有将印的镇将所在地就不是军镇。

三 朱高炽对北边军镇的督察与调整

自二月和三月颁发了将印之后，朱高炽对北边防卫更加用心。三月二十二日，他"敕镇守河州都指挥刘昭及河州、必里、洮州、西宁、罕东、凉州诸卫：'比岁边人勤劳艰苦，朕夙夜在念，图存恤之。

---

① （明）杨士奇等：《明仁宗实录》卷八下，洪熙元年三月庚寅条。
② （明）杨士奇等：《明仁宗实录》卷五上，永乐二十二年十一月辛丑条。
③ （明）杨士奇等：《明仁宗实录》卷七下，洪熙元年二月癸亥条。
④ （明）杨士奇等：《明仁宗实录》卷七下，洪熙元年二月甲子条。
⑤ 圆括号内是应该删除的字，下同。
⑥ （明）杨士奇等：《明仁宗实录》卷七下，洪熙元年二月乙丑条。
⑦ （明）杨士奇等：《明仁宗实录》卷八下，洪熙元年三月庚寅条。
⑧ （明）杨士奇等：《明仁宗实录》卷八下，洪熙元年三月辛卯条。

其洪熙二年各番簇该纳差发马俱且停止，俟洪熙六年如旧征收。尔等其加意抚绥，毋或扰害，以副朕忧闵边人之心。钦哉！'"①。这是仁宗准备从明年开始停征五年西北边民的差发马，是减轻边民负担的重要举措。三月二十五日，他"敕辽东总兵官武进伯朱荣：'今钦天监奏天象，应东夷有兵，卿等须昼夜用心，整搠军马，严固守备，不可须臾忽怠。'"，同时"敕山海永平等处总兵官遂安伯陈英等亦如之"。这又是因天象有警而令边将严固守备。接着他又对大同军镇的参将人选进行了调整，由于沈清与武安侯郑亨、都督佥事李谦不合，朱高炽遂下令"召镇守大同后军都督佥事沈清还，命都指挥使曹俭为参将，左武安侯郑亨镇大同"②。这是解决大同镇高层领导集团内部矛盾的重要举措，将都督佥事沈清调走，任命了级别低一层的都指挥使曹俭做参将来辅佐郑亨。三月二十六日，朱高炽"敕口外总兵官、太子太保阳武侯薛禄：'所奏山后延烧虽是野火，然不可辄有懈怠之意。盖虏寇谲诈，未可测度，况近日数有天象，其占皆调［谓］边警，须昼夜用心，关防哨瞭，各关隘及守烟墩军士务要精壮，毋以老弱有疾之人抵数误事。边上一应事务，宜竭心尽力，以副委任"③。这是督促阳武侯薛禄对边外的野火不要麻痹，且因天象示警，务要尽心边务。

四月初一，辽东总兵官武进伯朱荣奏报说："广宁前屯卫刺梨山百户鲍麟，私遣军士还家，致为达贼所虏。"朱高炽命巡按御史到辽东加以审核，对鲍麟处以军法，并为此批评朱荣道："夫将者，士卒之表。为将能廉公勤慎，纪律正，号令肃，斯下人有所禀承，无敢纵恣。总兵又诸诸［将］之表，能慎诸已，谁敢不慎！朕即位以来，夙夜惓惓，以边务为心，屡敕总帅严督将士，用心哨堤备。而将士略不遵承，察其所自，皆由总兵之人不体付托之重，恬然自逸，未尝一出巡视关隘，壮士家健卒拥卫左右，饥寒穷苦无资之人则令备瞭望守关口，上下相师成风，军务都不留意，是以寇奄至而不觉，人被掳而不知。其指挥千百［户］固难逃罪，总兵之人亦复何颜？卿先朝老臣，朕所倚任，但有功必赏，有罪必罚，祖宗至公之典，须相与共守。自今宜加惊［警］省，严号令、明纪律、远斥［斥］堠、慎守备，躬勤率下，毋蹈前失，庶副朕委任之重。近阳武侯薛禄等率兵巡边，杀获虏寇，将士咸论功行赏。蓟州虏寇入境，劫掠人民，其总兵官遂安伯陈英及都指挥陈景先等并停俸禄，并谕卿知之。"④这是就鲍麟事件对总兵官的诫饬，它反映出了明代前期边务逐渐地松懈，仁宗确属英察，很明白问题出在下面，但根子却在上面，所以他要求朱荣"宜加警省，严号令、明纪律、远斥堠、慎守备，躬勤率下，毋蹈前失"，并以阳武侯薛禄的功勋加以激励，以遂安伯陈英和都指挥陈景先的失误作为教训。

同一天，仁宗也对遂安伯陈英及都指挥陈景先加以批评："敕责山海永平等处总兵官遂安伯陈英及都指挥陈景先：'朕以尔等材智可用，命镇守边陲，防御虏寇，保障军民。又屡敕尔严督将士，谨慎防备，昼夜用心哨了，不可怠忽。今知尔等略不念朝廷付托之重，恬然自逸，未尝一出巡视关隘，壮士健卒留卫左右，饥寒穷苦无资之人令守烟塄［墩］关口，致蓟州境内寇至而汝不觉，边人被杀掳而汝不知。今御史交奏尔罪，请付法司。朕姑曲贷，但敕停尔之禄。夫朝廷至公之典，有功必赏，有罪必罚，决无所私。近阳武侯薛禄等杀获鞑贼，有功将士咸加官赏，辽东广宁前屯卫百户鲍麟，私后［役］军人，致为贼所掳，已论军法处死，其总兵官朱荣亦遣敕切责。所以未付尔于法者，盖期尔革前过、勉后效，尔宜警省，严号令、明纪律、远斥堠、慎守备，躬勤率下，以副朝廷委托之重。若复蹈前失，国典具在，朕不尔私。"除此之外，仁宗同时还"赐敕遍戒边将"，对沿边的镇守总兵官进行了一次普遍的督察和教育。

仍是同一天，朱高炽给甘肃总兵官都督费瓛也发出了敕谕，先前费瓛曾经奏报"送虏中归附人家小

---

① （明）杨士奇等：《明仁宗实录》卷八下，洪熙元年三月壬辰条。
② （明）杨士奇等：《明仁宗实录》卷八下，洪熙元年三月乙未条。
③ （明）杨士奇等：《明仁宗实录》卷八下，洪熙元年三月丙申条。
④ （明）杨士奇等：《明仁宗实录》卷九上，洪熙元年四月庚子条。

五十二口赴京",又奏报有妇女二十七口暂留甘肃,等候她们的亲戚来到后一起起送。朱高炽怕事久生变,于是"敕谕瓛曰:'所存留妇女,不问有无亲戚在后,即尽数差人送来。尔名臣子孙,为国重臣,先帝谓尔练习军政,付[以]边寄。朕承先志,付托尤专。不意尔比来溺于宴安而懦弱不振,低眉俛首,受制于人,大丈夫所为,固若是乎?宜痛自惩艾,旧[奋]志卓立,勉图后效,庶副朕责望之重。'盖上闻军中诸事瓛不能专,悉听中官指使云"①。这段史料使我们了解到,明代宦官对边政的干预此时已经表现出来,费瓛因诸事"悉听中官指使"而受到朱高炽的批评,但是仁宗却不能撤回宦官,也没有这方面的意识,以至于发展到后来形成宦官严重干扰九边军政的局面。

四月初三日,有人在朱高炽面前说"边将守备不严",朱高炽对此非常重视,马上"敕各处总兵官及镇守官曰:'朝廷以边务至重,慎选材能为总兵,以遏戎虏、安边民,而屡遣敕书,戒其严谨防备,用心哨了,不可懈怠。近闻边将多有忽略,恬然家居,优游逸乐,未尝一出阅视军士,整点守备,壮士健卒,留置左右,饥寒老疾贫难之人,则令把关隘、守烟墩[墩],盖有寇奄至而不觉,人被虏而不知者。膺受边寄,怠忽如斯,脱有不虞,谁任其罪?朝建[廷]至公之典,有功必赏,有罪必罚,尔等宜加警省,严号令、明纪律、远斥堠、慎守备,躬勤率下,以副国家委托之重,赏罚之典,朕不尔私。'"②从三月下旬到四月上旬,同样的诫饬话语,朱高炽反复叮咛,可谓耳提面命,反映出他对北边防卫的深切关注。

四月下旬,朱高炽又对北边军镇进行了调整。

原来在去年十一月时,大同总兵官武安侯郑亨曾经向朱高炽奏请:"边城孤旷,守兵不足,乞仍以前所调高山、玉林、镇虏、云川四卫兵之在保定、定州、涿州、维[雄]县者,相兼屯守。"这是要求调回永乐初年从山西调入内地的四个卫,朱高炽批准了,但考虑到时已入冬,"命所司俟春暖遣行"③。实际上,从北边防卫的角度来看,郑亨的奏请让我们看到了明成祖朱棣的战略失误之处,他在刚刚即位不久的洪武三十五年(1402)九月二十五日,"命都督陈用、孙岳、陈贤移山西行都司所属诸卫官军于北平之地设卫,移屯种云川卫于雄县、玉林卫于定州、高山卫于保定府、东胜左卫于永平府、东胜右卫于遵化县、镇朔卫于蓟州、镇虏卫于涿州、定边卫于通州,其天城、阳和、宣府前三卫仍复原处"④。此外如大宁都司的废弃更是史家皆知。郑亨作为北边前线大同镇的镇守总兵官意识到了防卫的缺坏,所以才奏请将高山、玉林、镇虏、云川四卫再调回山西。朱高炽的批准,实质上是对永乐时期战略失误的一种补救。

四月二十五日,武安侯郑亨又奏请催促调高山等四卫官军到大同屯守,仁宗见状给郑亨发去敕谕说:"去冬尔奏此事,已敕该府、兵部准行。但以严寒,姑待开春调遣。卿等因循,不及时催督,延至于今,方以为言。今屯者种已入土,若督使动移,则所种尽弃。况各卫相距大同亦远,纵贯[督]之急行,到彼亦及夏中,农时已过,何以措力?徒使军士彼此失业,审若可缓,即姑缓之,此盖卿等忽略之过。然尔职务军旅,此治文书者之忽略也。今于文职内,简有才识者一人,遣来专理军机文书,凡有文移与之计议,可行即行,有稽缓错缪,则罪在彼,非卿等之过。若军机调遣,则卿等专之,彼不得预,庶几各任其贵[责]。"⑤这段史料反映的是去年冬天郑亨奏请调动四卫军士已获批准,但由于开春以后没有及时催督,等到郑亨再次要求调动时,四卫军士已在原驻地播种完毕,如再调动他们前往大同,会使已经播种的农田荒废,影响到军人们的生计,朱高炽认为这是由治文书者之忽略所造成的,于是决定从文职

---

① (明)杨士奇等:《明仁宗实录》卷九上,洪熙元年四月庚子条。
② (明)杨士奇等:《明仁宗实录》卷九上,洪熙元年四月壬寅条。
③ (明)杨士奇等:《明仁宗实录》卷四上,永乐二十二年十一月辛巳条。
④ (明)杨士奇等:《明太宗实录》卷一二下,洪武三十五年九月乙巳条。
⑤ (明)杨士奇等:《明仁宗实录》卷九下,洪熙元年四月甲子条。

官员中选择"有才识者一人，遣来专理军机文书"，但不得干预军机调遣等事。第二天，他把这一措施推行到北边各镇，"敕各处总兵官：'军中机务，贵在谨密而不稽滞。比武安侯郑亨处稽缓一事，所误非小。盖治文书者之失于检点，已度卿等亦不克此失。况闻诸将多用卒伍之人治文书，未及施行，已满[漏]泄传播，于事非宜。今于文职内简重厚有才识者，各遣一人来，专理文书。惟文书尔与之计议而行，文书有漏泄稽误，责在彼。若军机调度一切之事，彼无预焉。'"① 这是向九边军镇派去了专理军机文书的机要人员。四月底，仁宗遂"命郎中李子潭等，分往总兵官杨[阳]武侯薛六[禄]等处，专理军机文书。皆赐敕谕之曰：'朕命将御边，其军务之殷，重在严谨，而文墨所寄，尤重得人。今以尔等重厚达于文理，特命往各总兵官处，凡其军中机密文书，从总兵官同尔整理，必谨慎严密，不可泄漏。其总兵官调度军马，发号施令等事，尔一切不得干预。总兵官宜以礼待尔，尔亦宜循守礼法，不可轻慢，庶几协和相济，以成国事。钦哉！'"② 明廷北边军镇从此有了文职机要人员，这对保障信息的通畅有重要意义。

洪熙元年五月十二日，明仁宗去世。他虽然在位不足九个月，但对明代北边防卫的调整与整顿却是贡献很大。他向北边派出了七个军镇的镇守总兵官，颁发了六个将印，使明代北边军镇进入有序化，以后各镇总兵官的接替在实录中均有清楚的记载，并且向北边各军镇派驻了文职机要人员，就此奠定了后世军镇发展的基本模式。朱高炽之所以如此重视北边的防卫，与他的人生经历有着直接的关系。他在洪武二十八年（1395）被册封为燕世子，洪武后期与其父长期据守北平，靖难之役中李景隆率 50 万大军围攻北平，当时的朱高炽以"世子守北平，善拊士卒，以万人拒李景隆五十万众，城赖以全"③。仁宗实录更详细地叙述道："李景隆等引兵数十万围北平城，是时城中守备已完，虽老弱[老疾孱弱]不及万人，帝鼓舞激劝，下至妇人小子，皆奋[于]效力，更番乘城，昼夜拒敌，虽矢石交下，人心不变；数夜遣人开门斫敌营，敌惊荒[乱]自杀，或至明乃定；景隆等围城久不下，及兵士夜不得宁息，逐[遂]退营十数里。无几，太宗皇帝得报，引兵驰归击之，帝亦出城[中]兵夹击，景隆等狼狈大败。"④ 明成祖即帝位后，五次北征都是朱高炽留守，前述的梁铭就是朱高炽的心腹爱将。这样的历练，是他即位后能够重视北边防卫，加强对北边军镇的调整和整顿的根本原因。

本文系国家社科基金重点项目《明蒙朝贡体制下双边交流与社会发展研究》阶段性成果，课题批准号：13AZS013。

[作者单位：黑龙江大学黑龙江流域文明研究中心]

---

① （明）杨士奇等：《明仁宗实录》卷九下，洪熙元年四月乙丑条。
② （明）杨士奇等：《明仁宗实录》卷九下，洪熙元年四月戊辰条。
③ （清）张廷玉等：《明史》卷八《本纪》第八《仁宗》，中华书局标点本，第107页。
④ （明）杨士奇等：《明仁宗实录》卷一上，卷首语。

刘效祖《四镇三关志》的编纂及其价值

彭 勇　崔继来

《四镇三关志》十卷，明朝人刘效祖撰，杨兆、王之弼、刘应节等修，该书完成于万历二年（1574），于四年（1576）刊刻、六年（1578）增修。"四镇"是指蓟州镇、昌平镇、真保镇和辽东镇，"三关"是指居庸关、紫荆关和山海关，这里是嘉靖"庚戌之变"之后明朝北边防御最紧要的地区，集中了明朝数量最大、最精锐的武装力量。该书属地方志类中的专志，是明朝人编修并流传至今的最为重要的边关志书之一，被研究明代制度、军事、政治和民族等史事者广为征引，可惜目前尚无专文对此进行专门研究。本文拟对该书作者、编纂过程、所述内容及其价值进行初步的研究，以利于这部珍稀文献的使用。

一　志书的编纂

《四镇三关志》，署明人刘效祖撰。它的编修共同发起者，是时任总督蓟辽保定的刘应节和巡抚顺天的杨兆，由密云兵备道王之弼负责落实修撰事体事宜，故此书流传本又署有刘应节、杨兆、王之弼等人修、撰、纂。由于此志属边关专志，事涉军政、钱粮、兵马、职官以及诏令奏议等内容，又非当时普通文人有能力全面掌握。所以，先由刘应节和杨兆凭借其职掌收集、整理了相关资料，"摭谱牒、收遗事"，并聘请熟悉四镇三关形势且曾担任兵备副使的刘效祖主持编撰。从万历二年（1574）到四年（1576），刘效祖在披览旧志、当时所存档案文书以及亲赴实地调研的基础之上，且以官方的服务团队为保障，"略溯殷周，迄于胜国，存其大者，详自庚戌以来，诸谈兵家摭其要，删著于篇"[①]，最终完成了全书。

（一）撰者生平及其著作

刘效祖，字仲修，别号念庵，祖籍山东滨州（今属山东惠民）。永乐中，"徙其始祖自滨州，实都下"，占籍武骧左卫[②]，徙居京师顺天府。故文献中刘效祖有京卫人、顺天人或宛平人（或大兴人）等不同的籍贯。

据王一鹗（1535—1559）所撰《陕西按察司副使刘公效祖墓志铭》，刘效祖生于嘉靖壬午年（元年，1522）七月，卒于万历己丑年（十七年，1589）二月，年六十有八。他于嘉靖庚戌年（二十九年，1550）科举考试中三甲第九十二名，出任河南卫辉府推官，戊午年（三十七年，1558）升户部广西分司员外郎，旋升云南司郎中。后升陕西按察司副使、出任固原兵备道副使，这是他的最高任职。此后官场、文坛多径称其为"刘副使"，或"刘宪使"。嘉靖四十二年（1563）大计时，被免官后回到北京。他"辟日涉园，

[①]（明）刘效祖：《四镇三关志·杨兆序》，《四库禁毁书丛刊》本，史部第10册，北京出版社，1997年，第3页。
[②] 据（清）孙承泽《天府广记》卷三四《人物二》（北京古籍出版社，1984年，第470页），以及朱保炯、谢沛霖《明清进士碑刻题名索引》（上海古籍出版社，1980年，第1963页）记载，刘效祖系武骧左卫（山东滨州）人。黄虞稷《千顷堂书目》卷八《地理类下》等文献称其为武功左卫人（黄虞稷撰，瞿凤起、潘景郑整理，上海古籍出版社，1990年，第205页），误。

日日陶情觞咏间，少醺，作乐府数阕，击节歌之……"①，有突出的文学造诣②。除《四镇三关志》之外，据《千顷堂书目》及万斯同《明史·艺文志》等书，主要著作还有数种。《千顷堂书目》卷二三记刘效祖作品及其人如下："刘效祖，《刘仲修先生诗稿》，又《文稿》，又《塞上言》一卷，又《盛世宣威》一卷，又《清时行乐》一卷，又《镫市谣》一卷，又《长门词》一卷，又《云林和诗》一卷。字仲修，滨州人，居顺天，官固原兵备副使。以赋诗自豪，篇什流传中禁，皆知其名，穆宗尝遣中官索其诗，都人盛传其事。"③刘效祖的词曲小令在当时颇有名，曾流传宫中，散曲有《空中语》（一卷）、《闲中一笑》（一卷）、《裁冰剪雪》（一卷）、《都邑繁华》（一卷）、《莲步新声》（一卷）、《云林稿》（六卷）、《混俗陶情》、《良辰乐事》八种。另有《短柱效颦》（一卷）、《春秋窗稿》（二卷）等。④其中，不同典籍所载书名又有很多不同之处。由于这些文学作品部头有限，不易保存，可惜当时就多已散佚。后由其从孙刘芳躅等在诸家选本中搜集残存编为《词脔》一卷，收录了他的小令一百一十二首。

然《千顷堂书目》卷六《地理上》记：万历《密云县志》系刘效祖在万历间修⑤，但王一鹗所撰墓志铭中并未提及。其详情当是民国《河北通志稿》做出的解释："万历《密云县志》二册，明张世则修、祝文冕纂，见《康熙县志》。张世则，山东诸城进士，万历三年知县事。祝文冕，邑人，万历丙戌进士，官刑部主事。万历六年成书，有张世则自序。案：是志当时督修志为督理密云粮饷事务户部清吏司郎中戴耀，整饬密云提刑按察司副使、兵备道刘效祖。故《辽史拾遗》十四引《内阁书目》《千顷堂书目》，均作刘效祖修。"⑥

近年，随着四库禁毁书丛刊印行《四镇三关志》，学术界对它的利用越来越多，但对刘效祖的生平及其论著的研究却极其有限。仅有的介绍仍以吴丰培先生整理此书时有过数百字简短的介绍，成为我们了解此人此书的主要依据。遗憾的是，该文对刘效祖的介绍有较大的史实的讹误："纂者刘效祖，见附《明史》卷三○○其子文炳传，为明崇祯帝生母孝纯皇后之弟，文炳之父，后封新乐伯，改新乐侯。《国朝献征录》记云……"吴先生在文章的最后又云："故友王庸先生撰有《中国地理图籍丛考》，其中《明代北方边防图籍录》著录此书，并记成书始末，今部分引用，并对故友沈致缅怀之忱！"⑦很不幸，王庸先生的这段介绍刚好是错误的⑧。原因是王先生把两个刘效祖视为一个人了。实际上，新乐侯刘效祖生活的年代要比作为兵备副使的刘效祖更晚一些，"新乐侯刘效祖，庄烈帝母孝纯太后弟，庄烈帝即位封。崇祯八年卒，九年赠侯，予三代诰。十三年九月，父应元追封瀛国公"⑨。作为崇祯朝外戚的刘氏，其祖籍在海州直隶州（今属连云港），也并不是同一地方的人。⑩只不过，两个刘效祖都是山东人，到

---

① （明）焦竑：《国朝献征录》卷九四《陕西·副使》，《四库全书存目丛书》本，史部第105册，齐鲁书社，1996年，第327~328页。
② 目前学界对刘效祖的研究成果主要集中在其文学成就方面，如郑振铎《插图本中国文学史》下卷《近代文学》第六十三章《嘉隆后的散曲作家们》（人民文学出版社，1957年，第965页）、刘大杰《中国文学发展史》下卷第二十八章《明代的散曲与民歌》（古典文学出版社，1958年，第244~245页）、赵义山《明清散曲史》第九章《曲坛绝艺：时尚小曲与冯梦龙等人的拟作》（中国社会科学出版社，第297~299页）。
③ （清）黄虞稷撰，瞿凤起、潘景郑整理：《千顷堂书目》卷二三《别集类》，上海古籍出版社，1990年，第594页。
④ （清）黄虞稷撰，瞿凤起、潘景郑整理：《千顷堂书目》卷六《地理类上》，上海古籍出版社，1990年，第787~788页（又万斯同《明史》卷一三七《艺文五·集部下》，上海古籍出版社，2008年，第三册，第573页）。陈田：《明诗纪事》己签卷一○，周骏富辑《明代传记丛刊》学林类十一，明文书局，1991年，第604页。（明）焦竑：《国朝献征录》卷九四《陕西·陕西按察司副使刘公效祖墓志铭》，《四库全书存目丛书》本，史部第105册，齐鲁书社，1996年，第328页。《良辰乐事》不分卷，收入续修四库全书第1739册，上海古籍出版社，2002年，第65~86页（《混俗陶情》一书见该书刘芳躅《后序》，第84页）。
⑤ （清）黄虞稷撰，瞿凤起、潘景郑整理：《千顷堂书目》卷六《地理类上》，上海古籍出版社，1990年，第154页。
⑥ 民国《河北通志稿》之《旧志源流》卷一，王树枏等纂修，中国国家图书馆藏民国二十四年铅印本，第15页。
⑦ 马大政、吴锡祺、叶于敏整理：《吴丰培边事题跋集》，新疆人民出版社，1998年，第11~12页。
⑧ 王庸编：《中国地理图籍丛考》甲编《明代北边边防图籍录》二《边镇合集》，商务印书馆，1947年，第39~41页。
⑨ （清）张廷玉《明史》卷一八○《表第九·外戚恩泽侯表》，中华书局，1974年，第3302页。
⑩ （嘉庆）《海州直隶州志》卷七《选举十五·封赠》，唐仲冕修，汪梅鼎等纂，中国国家图书馆藏嘉庆十六年刻本，第15页；卷九《旌奖九·烈妇》，页二十九上；卷二六《列女二》，页十三下至页十四上。张廷玉《明史》卷一一四《后妃二》，中华书局，1974年，第3540页载"孝纯刘太后，庄烈帝生母也，海州人也，后籍宛平"。

北京之后，一个是世袭的武官，一个是世袭的外戚侯，都同时寄籍于北京的宛平而已。

（二）《四镇三关志》的成书背景

关于《四镇三关志》的修纂背景，"纂修边志檄文"交代得颇为清楚。

> 国家定鼎幽燕，切邻房穴，而蓟、昌、辽、保四镇，实惟心腹肘腋重地。自嘉靖庚戌而后，房患益炽，议论弥繁，每遇军国大计，如聚讼于庭、筑舍于道，意见各殊，纷然莫定，以案牍不存，文献无征。故尔夫畿辅边关，延袤万里，钱谷甲兵，不啻百万。而事体纷然卒莫有定，并去其籍而莫之考焉，非缺典令与？今幸庙谟日宣，先后承事，诸臣经略亦密，华夷渐至乂安，战守颇收实效。一代章程，盖浸浸备矣。兹欲纂集边事，辑成书以便检阅，似不可缺。①

从中可知，促成是志的修纂，主要有四方面原因：一是蓟、昌、辽等四镇三关地理位置重要；二是"庚戌之变"时，当地的防御形势颇为严峻；三是所需史志的缺乏，四是修志的主观条件的具备。

修志的客观要求是，四镇三关地处明朝与敌对的蒙古部毗邻之地，为帝都京城拱卫的核心地位。"庚戌之变"后，北边防御形势发生了巨大变化②，对此，杨兆的"序言"同样开宗明义："国家定鼎幽燕，北控大漠，要概枕夷夏之交，示弹压之势、居重驭轻为远矣！""庚戌往无论，其后烽风日棘，以厪天子征兵集饷，增陴缮垣，贤人深谋于庙堂，经略使者数出，日夜谈干旄之事，画制胡之策，焦神极虑，人言言殊，丽如繁星，灿乎牍中。"③

修志的主观条件此时也已具备。从"纂修边志檄文"之《钦差整饬密云等处兵备山东布政司右参政兼按察司佥事王（之弼）为纂修边志以垂永久事》中可知，王之弼等人为保障刘效祖主持撰修《四镇三关志》一事的顺利进行，把各项相关具体事宜均一一落实。比如在密云县、石匣营给刘效祖各提供一处住所，既配有服侍的各类差役人等，也有礼聘生员作为助手；既将其个人生活用品和物资配备齐全，也准备了编修志书所需的相应经费等。王之弼等官员要求，"总计用费实数，分派各镇道摊处解补"，"各镇发校俱集，则供应必得专官"，可谓考虑周详。今天，差役群体的构成已无从知晓，但参与的官员和士绅的名单出现在《修志姓氏》上，他们分别负责提设、总纂、经理、编校、监刻和供给等，共计19人。

这是一部典型的动用官府的力量作保障，聘请名家主持修纂的优秀史志，这是它的质量要高于一般单纯由官府或私人主持修纂志书的重要原因。

（三）本书的志书性质

《四镇三关志》的撰写性质定位很清楚，该书《凡例》开宗明义称它是一部志书，"兹志总题曰志，其条目犹谓之考，若曰一方之书，搜括未精，遗轶不免，即有所述，亦备他日诏下，采以为故实耳"④。地方史志的编写虽然在我国有着悠久的历史，到了明代，编纂数量大幅度增加。地方史志书以一定区域为中心，记述某一地区自然、历史、建置、沿革、政治、制度、地理、军事、经济、风土、人物、文献、古迹等内容，故清代方志学大家章学诚说"方志乃一方全史"⑤，是说方志是一部地方史。地方志因其

---

① （明）刘效祖：《四镇三关志》，《四库禁毁书丛刊》本，史部第10册，北京出版社，1997年，第6页。
② 彭勇：《明代北边防御体制研究——以边操班军的演变为线索》，中央民族大学，2009年。
③ 保利拍卖行本"序"，《四镇三关志》书影，"博宝拍卖网"2015年11月30日访问。
④ （明）刘效祖：《四镇三关志·凡例》，《四库禁毁书丛刊》本，史部第10册，北京出版社，1997年，第10页。
⑤ （清）章学诚：《章氏遗书》卷二八《外集一·丁巳岁暮书怀投赠宾谷转运因以志别》，文物出版社，1985年影印本，第317页。

内容极其丰富，编写有较强的连续性与承继性，是研究史事中时间、空间的重要参考文献。

其次，《凡例》亦称它又是一部边关镇志："兹志专为边政，固地理事也。"明代的地方志种类繁多，根据方志记载的范围不同，又分为全国性的、省、府、州、县、乡、镇，以及特殊的区划，如都司卫所、边关要隘、山水湖泊、寺庙道观、名胜古迹等专志。《四镇三关志》的编修限定在"四镇"和"三关"所辖区域的内容，既书写它们在历史时期的建置沿革和相关史事，更注意当时边关政务最紧要的事情。

"九边"是明代北部以长城为依托的军镇的统称，主要包括辽东、宣府、蓟州、大同、山西（三关）、延绥（榆林）、宁夏、固原、甘肃等军镇。为防御蒙古部的南下袭扰，明朝在 200 余年里，在广大的九边地区驻扎军队，形成了以卫所为基础，以长城为依托，行政与军事体系相结合的军镇防御体系，军镇具有相对独立的地理属性，因此也出现一批"九边"志书。举其大要者有：魏焕《皇明九边考》（又名《九边图考》）、许论《九边图论》、吴时来《江防考》、张雨《边政考》、廖希颜《三关志》、王士翘《西关志》、卢承业《偏关志》、冯瑷《开原图说》、嘉靖《两镇三关志》、正德和嘉靖本《宣府镇志》、万历和康熙本《延绥镇志》、杨时宁《宣大山西三镇图说》，等等。刘效祖《四镇三关志》毫无疑问在明代数十种边镇专志之中，是较为完善、详尽的一部。

二　主要内容及其价值

（一）主要内容

基于上述编纂目的和志书的性质，《四镇三关志》既体现专志的编辑体例特点，又依据本书编撰的目的来安排内容。对全书内容构成及各部分的重要性，刘效祖在其"序"中以自问自答的形式做了简单交代：

> 为纲者十，为目者三十。目无论也。纲目建置形胜者，何也？堪舆位定也，封壤区分也，内外华夷，莫有辨于此者，不得不先之也。次军旅、粮饷、骑乘所需以驰载，亦不可缓也。次经略、制疏者何也？频年诸部使征缮，是急日讨求而申饬之也，至以播之纶绋胜之疏告者，皆为关镇计也。次职官、才贤者，何也？朝廷设官分职，莫重于边吏也，乃骋绩勒名者，毋论文武不可谓无人也。终之以夷部者，何也？凡为关镇计以御房也，房入则关镇不宁，不入则关镇宁，其桴革所从，不可不预知也。①

"为纲者十，为目者三十"，即每一"纲"包括三十"目"（实际另附有五小目），全书纲、目主要包括：建置考分图画、分野、沿革三目；形胜考分疆域、山川、乘障三目；军旅考分版籍、营伍、器械三目；粮饷考，分民运、京帑、屯粮（附盐法）；骑乘考分额役、免给（附互市、胡马）和赔补三目；经略考分前纪、令制、杂防三目；制疏考分诏制、题奏、集议三目；职官考分部署、文秩、武阶三目；才贤考分勋劳、谋勇、节义三目；夷部考分外夷（附入贡）、属贡（附入贡）的入犯等三目，共计 35 小目。

对此书的内容特点和价值，吴丰培先生在主持整理和影印时，做过简短的评述：

> 内容丰富，类次明晰，于军事布置，练兵办法，均详述及，可目为军事之书。粮饷粮量，实物折色，折合当时银两，均为准确计算；马市交易，亦载规定，均可供研究明代经济之用。且于辽镇

---

① （明）刘效祖：《四镇三关志·刘效祖序》，《四库禁毁书丛刊》本，史部第 10 册，北京出版社，1997 年，第 4～5 页。

制疏中，涉及建州初期史料，亦可取材。镇堡瞭台修建办法及经过，是研究长城沿革有用材料。职官人物，可补明代传记所未备。卷首附绘舆图多幅，可知明代该地的概貌。甚至派遣夜不收的服装和行动，军中上下级的称谓，都有述及。可谓纤细必载。[1]

这段简短的文字，指出了此书在军事、经济、民族关系、地理等方面的价值。作为专门的北部边关志书，它的内容突出体现了三个特点：一是边地的自然地理环境，该书述论了四镇三关的建置和形胜。二是明代北边防御体系的构成，包括军旅、钱粮、兵马以及战略战术和策略，以及防御体系之中的诸色人等（官员、才贤）。三是北方民族关系状况，即边关防御的对象。明朝四镇三关的特殊性恰在于"腹心亦是边地"，民族关系显得尤其重要，是明后期北方防御的重中之重。全书正是依据当时的现实需要来安排内容的。

（二）史料价值

全书在内容的安排上，既照顾到一般志书的特点，如分野、形胜、建置、沿革、职官和人物等；又有专志的侧重，如军旅、钱粮、骑乘、经略、制疏和夷部等。其中，卷七《制疏考》的篇幅最巨，以全书近54万言的分量计算，制疏部分就有27万多字，超过了50%，它汇录隆庆和万历年间相关的诏令敕书、题奏、集议等数十百通，具有极高的史料价值。之所以注重编辑《制疏考》，刘效祖认为，是"上情下达，政令通达，乃内治外安"的需要：

> 故君谓臣则有诏、有谕、有诰、有敕，臣谓君则有题、有奏、有策、有议。凡此皆所以宣上德、达下情，而敷治宣猷之不可废者也。其在内治靡不为然，而障徼飞蠮又蒸蒸笃焉。今详括而类收之，以见一德交承之盛。[2]

诏令奏议类文献在政治史、制度史、军事史和文书文献学等方面价值很高，《四镇三关志》尽可能汇集了军政类诏令、奏议，是研究明代北边最重要军镇蓟、昌、保、辽地区最为专门而集中的文献。四镇三关的总督、巡抚、御史、给事中等官员都是权兼行政、军事、司法和监察等权力，他们的奏议还涉及国家政务运行的诸层面，它们是研究明代制度运作和实效最直接的材料。

诏令是指皇帝或以皇帝的名义颁行给臣民的政务类文书的统称，即"王言"。按清修《明史》的分类，诏令包括诏、制、册文、谕、书、符、令、檄等九种[3]。作为处理国家政务的手段，诏令不仅是皇帝个人的意志，也代表了国家的意志，其具政务性的同时也具有法律法令法规或制度的特点。所以，诏令属于行政性公文，是法律性政书，是第一手原始文献资料。《四镇三关志》所收制疏主要为嘉靖、隆庆两朝的，也有少量正德、万历年间的，敕书均为"坐名"敕书。《蓟镇制疏·诏敕》中给杨兆的敕书有任命敕书、嘉奖敕书等，如《敕总督兵部右侍郎兼都察院右佥都御史杨兆》《敕奖总督兵部左侍郎兼都察院右佥都御史杨兆》《敕奖总督蓟辽保定等处军务兼理粮饷兵部左侍郎兼都察院右佥都御史杨兆》《敕整饬蓟州等处边备兼巡抚顺天等府地方都察院右佥都御史杨兆》等。给戚继光的敕书主要有《敕谕署都督同知戚继光总理练兵》《敕谕署都督同知戚继光总理兼镇守蓟镇》《制谕署都督同知戚继光》《敕总理练兵事务兼镇守蓟州永平山海等处地方总兵官右都督戚继光节制客兵》《敕总理练兵总兵官左都督戚继光整饬边务》等。自洪武、永乐以降，由皇帝和中央直接指挥和控驭文臣武将，敕书在军国大事决

---

[1] 马大政、吴锡祺、叶于敏整理：《吴丰培边事题跋集》，新疆人民出版社，1998年，第11页。
[2] （明）刘效祖：《四镇三关志》卷七《制疏考·四镇制疏总论》，《四库禁毁书丛刊》本，史部第10册，北京出版社，1997年，第227页。
[3] （清）张廷玉：《明史》卷七二《职官一》，中华书局，1974年，第1732页。

策与运行中发挥了重要作用。①但敕书在明朝前、后时期的使用有很大的不同，敕书"坐名"与否就能反映明代军制的变化。以明代卫所京操班军的领班官员的敕书为例，他们在前期受领敕书要么是群敕，要么是不具名的，较少使用坐名敕书，但在《四镇三关志》中所辑录均为坐名敕书，如《敕山东领蓟镇春班都司佥书张允嘉》《敕河南领蓟镇秋班都司佥书刘确论》《敕统领蓟镇德州秋班游击尹湘》《敕统领蓟镇通津春班游击徐槐》《敕统领蓟镇天津春秋班游击刘龙、祝琦》《敕统领蓟镇德州春班游击安廷灿》《敕河南领蓟镇春班都司佥书王惟藩》《敕河南领蓟镇春班都司游体仁》《敕山东领蓟镇春班都司佥书王秩》，等等。自永乐末年，河南、山东、中都、大宁和北直隶地区的都司卫所就有班军到北京或京畿地区分春、秋二班轮番防守，武官所领的敕书并不具名。只是到嘉靖之后，他们所受的敕书才由不坐名敕书变成坐名敕书，即每份敕书都是直接颁发给领班官员的，而不再是一个机构或一种职位，这一变化揭示的是明代军政管理制度的设置与演化，在演化的背后则是更为复杂的政治、军事和民族等问题。②

奏议在本书中的数量最大。它收录有一朝、一代、一类或一人或群体等不同范围或性质的奏议文书。以奏议为主要素材进行的"经世文类"文献的编辑整理的大量出现，既是明代完善、齐备的明代行政公文的集中反映，也为明代知识群体的经世济民政治理想的实现创造了条件，大量涉及国计民生的政务公文得以流传。这些由臣下向上奏请的行政性文书，都带有明显的公务色彩，这些原始文献，"治乱得失，于是可稽。此政事之枢机，非仅文章类也"③。

明代志书也大多附有地图，以山川形胜、城市布局、边关防御等内容为常见。图考、图论、图说之类的军事地图与边镇海防等专志，共同构成了明代后期军事地理类史志的突出特点。20世纪三四十年代，在北京国书馆工作的王庸先生有感于祖国的内忧外患，尤其是日本侵华的步步紧逼，完成了他著名的《中国地理图籍丛考》一书。该书包括《明代总舆图汇考》《明代北方边防图籍录》和《明代海防图籍录》等内容，并附有他的《明代倭寇史籍志目》（计72种）。其中，《明代北方边防图籍录》中著录了"九边总图说"30种，"边镇合志"32种，"各边镇别志"64种，"各路关卫区分记"91种。"边镇合志"的第一部，即是介绍刘效祖的《四镇三关志》④。《四镇三关志》收录有71幅图，总图所载信息涉及8府、16州和150县，以及辽东都司、北直隶卫所、大宁都司、山西行都司、山西都司等军政单位的地理信息，还有辽东镇、蓟州镇、昌平镇、真保镇所辖军事防区的相关信息。此外，书中还有战车、冷兵器、火器、火药、空心敌台等示意图，生动、形象而具体地展示了明代中期军镇的军事装备的水平和防御能力。

此书也是研究北方民族关系的重要史料。北边之防在"北虏"，对蒙古部的信息收集同样重要，在卷一〇《夷部考·四镇夷部总论》中作者有言："中国之必有夷狄，与夷狄之必不忘窥中国……今以北虏诸部落，详其世系，而属夷附之，再纪其频年入犯之自俾司边者，为镜观焉。"⑤本卷字数仅2万余，篇幅不大，主要记载有四镇三关的防御对象、防御形势和历年冲突的大事等。由于全书都是在讲四镇三关整体防御体系的问题，所以，全书的内容无不是在围绕民族关系展开，故此书的价值又绝不仅仅体现在卷一〇上。实际上，此书与整个明代北边防御战略都有直接或间接的关系，即便是对许多细节的记述同样值得人们关注。试举二例。

其一，关于明代"忠顺军"或"忠顺营"的记载。忠顺营的前身是明朝建立后、由入仕中原的少数

---

① 如明初征云南时，太祖多用敕谕给众将下达指令；对天下都司卫所官，亦以敕书形式训诫劝勉，参见（明）王世贞《弇山堂别集》卷八五至八八《诏令杂考》，中华书局，1985年，第1615~1701页。

② 彭勇：《明代领班武官敕书"坐名"试析》，载《明史研究论丛》第八辑（明代诏令文书研究专辑），紫禁城出版社，2010年。

③ （清）永瑢、纪昀等撰：《四库全书总目》卷五五《史部十一·诏令奏议类·序》，影印文渊阁四库全书第2册，中国台湾商务印书馆，1985年，第217页。

④ 王庸编：《中国地理图籍丛考》，商务印书馆，1947年，第39~41页。

⑤ （明）刘效祖：《四镇三关志》卷一〇《夷部考·四镇夷部总论》，《四库禁毁书丛刊》本，史部第10册，北京出版社，1997年，第522页。

民族组成的"达官军",其民族成分包括蒙古人、女真人和回族人等。嘉靖至隆庆年间,北边防御形势发生新变化,在保定、大同、河间等"达官军"相对集中的地区,达官军遂改组为"忠顺营"。忠顺营将士在明代中后期的京畿地区征战和戍守过程中发挥了重要的作用。明朝灭亡后,忠顺营的建置被取消,被并入当地行政组织。然而,就是这样一支在历史舞台上曾经扮演重要角色的少数民族武装力量,却被学术界长期忽视,主要原因是史料的缺乏。在《明会典》和《明实录》中,对忠顺营仅有简单的沿革交代。但《四镇三关志》中提供的诏敕奏议以及边关防御的粮饷、马匹和官兵等配备记载,忠顺营共计出现43处,给我们提供了较为详细的记载。其中两份敕书《敕保定忠顺营都司卢彻》《敕定州忠顺营都司杨国卿》更是珍贵,它直接提供了忠顺营官员的职掌情况,对我们认识忠顺军建立的背景、忠顺军的组织管理和职掌及其演变等基本史实,具有无可替代的价值。①

其二,"夜不收"是活跃在明朝北边防御一线的重要军兵种,既担任情报的刺探,也负责前沿阵地的防卫和各墩台的驻守。②然而,长期以来,学界仅知道这一军兵种的存在,却对这项军制的创制与发展详情理不清楚。可喜的是,在《四镇三关志》的"军旅考""经略考""制疏考"之中,"夜不收"一词出现高达84次之多,不仅为我们提供了北边防御体制中"夜不收"的最详细数量,还提供了这一群体的组织、建制、功能、生活、存在的问题及其对明王朝军事、政治制度运行的影响等诸方面的史料,同样是其他史籍所无法替代的。

此书价值之高,白寿彝先生总主编的《中国通史》一书评价说:"明代边务志书有数十种,以此志最详。"③

三 版本流传

《四镇三关志》虽然于万历四年顺利刊行,但似乎发行和流通并不是很顺畅,不然,何以其版本、内容和卷次在明末就已经含混不清,就是明代最著名的目录文献学著作《千顷堂书目》也误记为十二卷。到清代,它更是遭到禁毁。据《纂修四库全书档案》第一三四〇号档案《浙江巡抚琅玕奏呈查缴禁书清单》(军机处录副奏折)记载,"乾隆五十四年十月,浙江巡抚臣觉罗琅玕跪奏,谨将乾隆五十四年十月奏缴应禁各书名目缮具清单,恭呈御览。计开……《四镇三关志》一本,明刘效祖撰……以上共书一百四十六种,共计一千五百三十五本,俱系军机处暨四库馆行知全毁、抽毁并外省、浙省缴过各书。"④抽毁的主要原因,据《四库禁毁书目》称"其第十卷夷部语多诬谬,应请抽毁"⑤,所谓的"诬谬"主要是因为该书大量记载辽东史实,直接涉及清入关之前女真人的历史,其中的"华夏之辨"观点更是与入主中原之后的清王朝"自古得天下之正莫若我朝"的意识形态相违背。

近几年,此书流传和使用最为广泛的版本为《四库禁毁书丛刊》本。该本署"[明]刘效祖撰,中国文献珍本丛书影印明万历四年刻本"。《中国文献珍本丛书》系全国图书馆文献缩微复印中心编印,《四镇三关志》在1991年影印线装发行。据该书的版权页信息和书前整理者吴丰培所撰"四镇三关志序",仅谈及"以明原版影印",并非谈及底本的详情。整理的技术处理方式,是"除加断句外,凡版面不清处,均加修整,缺字可补者描补,无法读识者概存原貌。缺页因无他书可补,只得注明"⑥。通过对比

---

① 彭勇:《论明代忠顺营官军的命运变迁》,载《中州学刊》,2009年第6期。
② 柏桦:《明代的夜不收军》,载《古代文明》,2013年第1期。
③ 白寿彝总主编:《中国通史》第九卷《明时期下》,上海人民出版社,2000年,第2167页。
④ 中国第一历史档案馆编:《纂修四库全书档案》,上海古籍出版社,1997年,第2162~2168页。
⑤ 姚觐元辑:《清代禁毁书目四种》,王云五主编《万有文库》第二集七百种,商务印书馆中华民国二十六年三月初版,第34页。
⑥ 马大政、吴锡祺、叶于敏整理:《吴丰培边事题跋集》,新疆人民出版社,1998年,第12页。另见吴丰培《古籍题记选录(三)》,载《上海高校图书情报学刊》,1994年第3期。

分析"禁毁本"钤印和藏书章可知，它是以浙江省图书馆藏万历刻本和南京图书馆藏善本为底本拼凑而成，以刻本为主，也有不少数量的抄配内容。

关于该书的版本、收藏和流传，《中国古籍善本书目》记载有两个版本，一是署名王之弼、刘效祖的纂修，万历四年刻本（编号 11146），二是署名相同的清钞本（编号 11147）。万历刻本，据《中国古籍善本书目》，仅存南京图书馆、浙江图书馆藏各一部。① 实际传世的还不仅如此，当然数量极其有限。孙迎春经过考订认为，南京图书馆所藏万历刻本，《明史·艺文志》及黄虞稷《千顷堂书目》均作十二卷，与此万历志卷数不合，估计实乃此志。② 陈光贻《稀见地方志提要》《中国地方志联合目录》等书作"明万历四年（1576）刻本"③。但就南京图书馆所藏看，该书半页十行二十字，小字双行字数同，四周双边，版心下分别题以天干，有图71幅，"然志中记事止万历六年，见卷八职官考第25页，且字体、墨色显有差异，故版本作明万历四年（1576）刻六年（1578）增修本。又卷一至七、卷一〇配抄"④。实际也是抄配、增修本。

经查，万历四年原刊本《四镇三关志》还典藏于中国台湾故宫博物院，在中国台湾亦属于珍稀的孤本。现台北故宫博物院藏有万历丙子年（四年）原刊本，其"古籍善本数据库"列入"史部—地理类—边防之属"，登记信息为"抄本"、线装四函、二十册、附图，系中国台湾所谓"国防部"1983年捐赠。有学者研究认为，中国台湾故宫藏的地方志，一是原清宫旧藏，二是日本侵占华北时期抢劫而来的，故以河北、山西、河南、陕西、山东、察哈尔、内蒙古、热河等地方志为多，⑤《四镇三关志》应属于第二种情况。台北故宫博物院另藏有一套北平图书馆移交万历原刊本十册，详情不明。

到了晚清和民国时期，文网松弛，边关时局紧张，边关志书再度引起爱国学者的强烈关注。现北京大学图书馆藏有光绪十五年（1889）李文田抄本两函十册（存卷一至卷九），另有民国抄本四函二十二册，均署名刘应节修，仍为十卷本。钤有"璜川吴氏收藏图书"藏书印。璜川吴氏藏书始自吴铨。吴铨，字容斋，人称容斋先生，休宁人，随父迁居上海，老而复迁居长洲。雍正中为吉安知府，归田后居浕川遂初园，读书其中，藏秘籍万卷，多宋元善本。室名"璜川书屋""遂初园"。藏印"璜川吴氏探梅山房印""璜川吴氏收藏图书"。吴氏藏书历经四代，至清后期散佚。⑥ 天津图书馆藏有万历《四镇三关志》十卷，署（明）刘应节（明）杨兆修（明）刘效祖纂，特征为：二十册，十行二十一字，小字双行十九字，蓝格白口，四周双边。据其描述，与北大图书馆藏吴氏收藏当为同一抄本。

2011年6月3日，在北京保利国际拍卖有限公司的春季拍卖会书"古籍文献及名家墨迹"专场上，一套《四镇三关志》拍出356500元人民币的高昂价格。据商品描述，该书系明万历四年（1576）刻本一函五册，白棉纸本，31.1cm×19.3cm，"初装五厚册，白棉纸初刊精印，品相保存完好，足为藏家所宝。此书甚少，民间尚无现世"⑦。此拍品的详细情况尚不得而知。可见，受清廷的禁毁，《四镇三关志》的流传受到极大影响。虽有传世，但数量极少。这也从一个侧面反映了这部古籍的珍贵之处。

[作者单位：中央民族大学历史文化学院]

---

① 中国古籍善本书目编纂委员会编：《中国古籍善本书目》史部卷一一《地理类二·杂志》，上海古籍出版社，1993年，第992页。据《中国古籍善本书目》藏书单位代号表、藏书单位检索表，万历四年刻本藏书单位代码为1601和1701，即为南京图书馆、浙江图书馆。
② 孙迎春：《南图馆藏四种稀见明代方志考述》，载《图书馆杂志》，2004年第10期。
③ 陈光贻：《稀见地方志提要》卷二《河北》，齐鲁书社，1987年，第126页；中国科学院天文台主编：《中国地方志联合目录·河北省》，中华书局，1985年，第28页。
④ 孙迎春：《南图馆藏四种稀见明代方志考述》，载《图书馆杂志》，2004年第10期。
⑤ 卢雪燕：《台北故宫博物院收藏方志论述》，载《故宫博物院院刊》，2012年第5期。
⑥ 叶昌炽著，王欣夫补正，徐鹏辑：《藏书纪事诗》卷四，上海古籍出版社，1989年，第451页。张翔《清乾嘉时期苏州的徽籍藏书家》，载《图书馆杂志》，2000年第8期。
⑦ 北京保利国际拍卖有限公司拍卖本介绍，"北京保利国际拍卖有限公司官网"，2016年4月28日访问。

明代蓟镇援关营制考略

肖立军

明代北边有许多营，特别在蓟镇，关营密布，互相配合，居边防前沿阵地。探讨明代蓟镇援关营制，对进一步认识明代蓟镇边防及明代军制演变颇有裨益。然目前尚未见到研究明代蓟镇援关营制的专文，笔者拟对相关问题略加考察。

一 明代北直地区营之含义

就笔者所见资料，明代北直隶[①]营的含义有如下几种：

边民聚居之城。密云县石匣营，"自成祖拓疆以来民之居是者，率狎于耕作。守在四境，不城不隍"。至弘治间，巡抚洪忠"始建为土城，方四里余，内设仓场，名曰石匣营，俾民守之"。嘉靖间添设游兵3000人，设游击统之，"专领营事"[②]。意思是在设游兵之前，虽为边民居住之土城，也称为营。

援关军营。商辂在平谷县《新城记》中记载："平谷县在蓟州治西北八十里，本古之渔阳地，今为顺天府属邑……永乐初置营州中屯卫以镇之，今黄松峪等四关、熊儿峪等四营官军守备者常数千人。"[③]指成化年间平谷境内有熊儿峪等四营，是与关互相配合的营，即关主防守，营主应援。

军屯处所。如雄县，"永清卫军所居，故曰营"。共有5营，县北10里曰王黑营，15里曰河西营，20里曰小崔营、曰大崔营，东北18里曰皮家营。[④]在霸州，"永清等卫屯营"13处，分别是皮家营、安家营、李家营、蒋总旗营、王旗营、祁家营、米家营、宋货营、钱家营、陈厨营、仓上营、马坊、香营。[⑤]

守军驻扎之地。武清县东南60里有崔黄口集[⑥]，设官兵防守，（嘉靖）《霸州志》作者又称之为"崔黄口营"，提到"操守崔黄口营"设指挥佥事1员、百户2员。[⑦]后将操守改为守备。[⑧]

村社团练单位。藁城县（今石家庄藁城区）村落"明初编为里，旋改里为社，明末又改为营"[⑨]。

[①] 关于蓟镇设立标准，诸说不同。笔者以为，建文四年（1402）成安侯郭亮镇守永平、山海为蓟镇设立时间。北直隶前身为洪武间的北平行省及由行省改成的北平布政司，永乐元年（1402）改京北行部，永乐十八年（1420）取消。仁宗一度恢复北京行部，至宣德三年（1428）最终取消，所属八府直隶于六部，称北直隶。蓟镇镇守武将辖区为北直隶北部的山海、永平、蓟州、密云等地。

[②]（明）沈应文：(万历)《顺天府志》卷六《艺文志》，陆泰：《密云石匣营新建石城记》。四库存目丛书史部第208册，齐鲁书社2001年，第263页。

[③]（明）沈应文：(万历)《顺天府志》卷六《艺文志》，商辂：《新城记》。四库存目丛书史部第208册，第264页。

[④]（明）王齐：（嘉靖）《雄乘》上卷《疆域第一》，天一阁明代方志选刊第7册，上海古籍书店1981年。

[⑤]（明）高浚等：（嘉靖）《霸州志》卷一《舆地志·里屯》，天一阁明代方志选刊第6册。

[⑥]《河北通志稿》，《关隘考》卷二《十四武清县》，台北成文出版社1968年，第232页。

[⑦]（明）高浚等：（嘉靖）《霸州志》卷四《武备志》。天一阁明代方志选刊第6册。

[⑧]（万历）《大明会典》记载："崔黄口地方旧委操守，嘉靖四十一年改设守备，统领宝坻等四县民壮、武清等二卫军余。上至河西务，下至丁字沽巡哨。万历三年题准漕河东西一带并杨村河西务尽属管辖。"（卷一二六《兵部九》，《镇戍一·将领上》，广陵书社，2007年，第1801页。）

[⑨]（民国）任传藻等：（民国）《续修藁城县志》卷一《疆域志·区域》。中国地方志集成河北府县志辑6，上海书店，2006年，第213页。

崇祯间知县刘敏学先设二十四营"以团练乡兵，无事则为农，有事则为兵"。各营"得乡勇万余，立万夫长"①。后并为"二十二营"，分别为：陈村郭庄营、郑公营、里广营、倪家庄营、高玉戏井营、贾氏张家庄营、徐村美化营、陈家庄营、刘马营、北西大同营、岗上营、丘头营……四公营、南董营、庄上营、只都营、赵庄营、南孟营、康村营、奉化营、坚固营、冯村营。②营下为村，"河南十二营，属一百二十八村；河北十营属一百二村，共二百三十村……本以团练而设，而今之赋税、差徭办公皆分营而不言社"③。也就是说，数村为1营，全县乡村共22营，明末为团练单位，沿至清代仍称营而不称里社，而且营具有征收"赋税、差徭"等职能。

上述诸营，指军民居住或防守之城堡、居落或组织，也有地名的含义。其中，增援关口诸营，履行关营配合使命，在北直隶特别是北直隶沿边的蓟州镇尤其值得重视。

二 蓟镇援关诸营的设立

援关之营，军队来自卫所边操，对附近关口实行对口增援，互相配合。那么，明代蓟镇援关诸营大批设立始于何时呢？关营配合的制度又是在哪一时期确立的呢？对此，目前尚未见到明确记载，但我们不妨借助于若干线索加以考证。

（一）洪武说尚显证据不足

（弘治）《永平府志》记载，"长城，在府城北沿边一带……迨我皇明汛扫腥膻，统一寰宇，太傅魏国公徐达因秦遗址，间设关营、墩台以便守望"④。只笼统地提设立"关营、墩台"，没有具体提"营"的设立，更未提关营配合问题。

刘效祖在《四镇三关志》卷二《形胜考》中，提到了蓟镇若干营城堡的设立时间，其中将数营城堡记为"洪武年建"⑤。营的城堡建立时间在某种意义上说与营的设立时间有关。《四镇三关志》卷二《形胜考》所记洪武间建立城堡的营包括石门寨营，平山营，驸马寨营，台头营，界岭口营，燕河营，桃林营，徐流营，五重安营，滦阳营，汉儿庄营，松棚谷营，罗文谷（峪）营，熊儿谷（峪）营，马兰峪营，墙子岭营，曹家寨营，司马台营，古北口营，白马关营，石塘岭营等。

《四镇三关志》关于营堡设于洪武间的记载是否准确呢？我们检索《明实录》、"基本古籍库"等数字古籍，可分为三类情况：

第一类情况，《四镇三关志》部分记载不准确。

如石门寨营，《四镇三关志》记载该营城堡"洪武年建"。但是，据《明太宗实录》卷二五〇记载，永乐二十年六月乙亥"置山海卫上□□土头、石门寨二石城，各设官兵戍守之"⑥。从这一记载来看石门寨石城设置于永乐二十年。

平山营，据（弘治）《永平府志》卷五记载，"平山营，在府城北一百八十里，以石为基。成化三年巡抚都御史闫本、总兵官宗胜添设创建，陶砖包营，周围三里，高三丈"⑦。平山营是成化三年"创建"的。

---

① （清）赖于宣：(康熙)《藁城县志》卷九《循良传》。中国地方志集成河北府县志辑6，第73页。
② （清）赖于宣：(康熙)《藁城县志》卷一《封域志·都鄙》，中国地方志集成河北府县志辑6，第23页。
③ （清）汪度：(光绪)《藁城县志续补》卷一《封域志·都鄙》，中国地方志集成河北府县志辑6，第168页。
④ （明）张廷纲：(弘治)《永平府志》卷六《古迹·长城》。《秦皇岛历代志书校注》，第80页。
⑤ （明）刘效祖：《四镇三关志》卷二《形胜考》。四库禁毁书丛刊史部第10册，北京出版社，1997年，第70页。
⑥ （明）杨士奇等：《明太宗实录》卷二五〇，永乐二十年六月乙亥。中国台湾"中央"研究院史语所校勘本1962年，第2336页。
⑦ (弘治)《永平府志》卷五《关营》。《秦皇岛历代志书校注》一，第73页。

驸马寨营、台头营和界岭口营。据实录记载，洪武十四年（1381）正月，"征虏大将军魏国公徐达发燕山等卫屯兵万五千一百人，修永平界岭等三十二关"①。永乐二十年（1422）六月，"皇太子令置抚宁卫驸马寨、台头营堡土城二及箭杆岭、界岭、干涧口、青山口关隘四，各令官兵戍守"。其中界岭口关，洪武十四年徐达曾督修关隘，此时再置关隘，可能洪武间工事修建或守兵派设没到位，也可能由于靖难之役等变故而出现了反复。②

上段资料涉及的是"界岭口关"，而《四镇三关志》卷二所提为营。但是二者一处：一为界岭口关，永乐时设兵防守；一为界岭口驻操营，应设立于景泰年间③。

（弘治）《永平府志》记载，"界岭口关，在府治东北一百二十里，左、右山上旧有砖城二座，山下有石城"，"界岭驻操营石城，在府城东北一百二十里。周围二里，高二丈"④。关和营均在界岭口，关城在山上，驻操营在山下。说明，《四镇三关志》关于驸马寨营、台头营和界岭口营城堡建于洪武间的记载，不尽准确。

汉儿庄营，《明宪宗实录》记载，成化三年（1467）三月，"设遵化卫潘家口关汉儿庄营堡，拨三屯营官军三百八十人，滦阳营五十一人操守"⑤，委指挥一员提督。

第二类情况，很多营的设立时间，检索《明实录》《基本古籍库》等，尚难核证，资料不足。

第三类情况，个别地方可能关营一体，即洪武时期修关城，后来设营即在关城之内。古北口当属这种情况。

据（万历）《顺天府志》记载，"古北口营在古北口"⑥。明北口设有密云后卫，据《读史方舆纪要》记载，密云后卫"在县东北百二十里，即古北口也。有城，周四里有奇，雄踞山巅至为险峻。洪武十一年置守御千户所于此，三十年改建今卫"⑦。密云后卫"经历司、镇抚司、左右中前后所、武学"，以及古北口仓都在古北口。⑧说明密云后卫、古北口营都在古北口城。古北口城虽"雄踞山口"，属于关城，但因守御千户所及后续密云后卫在此，与其他关营不同，古北口营当设于该关口城堡。

古北口城何时建立的呢？（雍正）《密云县志》卷二《场道库厂局所》记载，"古北口仓在古北口城，洪武十二年建"。建仓与建城时间当相差不久。《明太祖实录》提到，洪武二十七年（1394）到洪武二十九年（1396）"调拨山东军士往古北口、怀安等处缮修城堡"⑨。

总的来看，洪武时期大批设立援关诸营的说法，所见证据尚不充分，有待进一步考证。估计此时关营互相配合之制还未形成。

（二）宣德说证据充分却未必为第一时间的记载

目前较早记载蓟镇援关诸营具体事例的资料，见于《明宣宗实录》。据笔者检索并查阅，主要集中于宣德四五年间。

宣德四年（1429）五月，行在兵科给事中戴并奏："自山海至蓟州守关军万人，列营二十二所，操

---

① （明）姚广孝等：《明太祖实录》卷一三五，洪武十四年正月辛亥，第2141页。
② （明）杨士奇等：《明太宗实录》卷二五〇，永乐二十年六月，第2338页。
③ （明）于谦：《忠肃集》卷六《兵部为来归人马事》。文渊阁四库全书第1244册，中国台湾商务印书馆1986年，第195~196页。
④ （弘治）《永平府志》卷五《关营》。《秦皇岛历代志书校注》1，第72页、第73页。
⑤ （明）刘吉等：《明宪宗实录》卷四〇，成化三年三月丁丑，第811页。
⑥ （明）沈应文：《万历）《顺天府志》卷二。四库存目丛书第208册，齐鲁书社1997年版，第45页。
⑦ （清）顾祖禹：《读史方舆纪要》卷一一《直隶二》。续修四库全书第599册，山海古籍出版社，2001年，第390页。
⑧ 《大明文武诸司衙门官制》卷一《京师·公署》，续修四库全书第748册，上海古籍出版社，2001年，第445页；（雍正）《密云县志》卷二《场道库厂局所》，故宫珍本丛刊本第63册，海南出版社2001版，第236页。
⑨ （明）姚广孝等：《明太祖实录》卷二四四，洪武二十九年正月壬寅，第3547页。

练之外无他差遣。若稍屯种，亦可实边……"①

宣德五年（1430）八月，兵部在议覆巡按直隶监察御史余思宽奏疏时提到："山海迤西守边营堡二十余处，步卒五千余人"②。

宣德五年冬十月，巡视边关监察御史刘敬言："自山海卫境内黄土岭至苏（蓟）州卫迤西猪圈头凡二十二营，每营官军多者七八百人，少者五六百人。遇有疾病，悉无医药，乞每两营置医一人，官给药饵，往来治疗。"③宣宗批准了他的建议。

宣德八年（1433）闰八月，监察御史郑夏、给事中蔡锡劾奏总兵官都督佥事陈敬，提到"自山海至隆庆凡关寨二百四十八处，营堡二十二所"④。

上述几条记载表明，其一，至晚自宣德四年以来，蓟州镇已设有22营。其二，此22营主要负责操练，遇有紧急边警报随时增援关口。

《明实录》宣德四年出现了22营的记载，但没有提到这些营是何时设立的。所以仅据这几条记载无法判断22营的设立时间。

（三）明代蓟镇建营援关当在永乐时期

洪武时期在永清沙漠的远征失利后，也注意北边防守。

洪武时期派兵守关也经历了一个过程。洪武六年（1373）四月，镇守北平的淮安侯华云龙上言："塞上诸关东自永平、蓟州、密云，西至五灰岭外隘口通一百二十一处，相去约二千二百里。其王平口至官坐岭口关隘有九，约去五百余里，俱系冲要之地，并宜设兵守之。若紫荆关及芦花山岭尤为要路，宜设千户所守御。"⑤朱元璋同意其请求。

洪武九年（1376）八月，"敕燕山前后永清左、右、蓟州、永平、密云、彭城、济阳、济州、大兴十一卫分兵守北边关隘。时关隘之要者有四曰古北口、曰居庸关、曰喜峰口、曰松亭关"⑥。说明，大规模选兵守关，从讨论到决策也历经数年。

功臣或大将受命临时征伐或操练，士兵置营原则上不打乱卫所。洪武时期虽已派兵守关，但是对北边防守多是临时派功臣聚兵训练，随后将功臣召回。除了临时征伐或操练外，朱元璋也强调保持卫所的完整性。洪武二十年（1387）十月，"诏凡军士置营，从各卫所居止，不许越伍离次"⑦。

洪武时期已派卫所兵防守关隘没有问题，但也一度出现了反复，就是撤除守关军士。洪武二十四年（1391）三月，"上谓后军都督佥事沐春曰：曩者胡虏近塞，兵卫未立，所以设兵守关。今虏人远遁，塞外清宁，已置大宁都司及广宁诸卫，足以守边。其守关士卒上命撤之，而山海等处犹循故事。其七站军士，虽名守关，实废屯田、养马。自今一片石等关每处止存军士十余人讥察逋逃，余悉令屯田"⑧。意思是北平沿边撤除守关士兵，只留少量巡逻军士。

此后直到洪武末年的情况不得而知，但由于大宁已为屏障，所以北平沿边压力会减轻，加强关口建设的迫切性不强。

---

① （明）杨士奇等：《明宣宗实录》卷五四，宣德四年五月丙辰，第1293页。
② （明）杨士奇等：《明宣宗实录》卷六九，宣德五年八月庚午，第1616页。
③ （明）杨士奇等：《明宣宗实录》卷七一，宣德五年冬十月己巳，第1657页。
④ （明）杨士奇等：《明宣宗实录》卷一〇五，宣德八年闰八月丁巳，第2346页。
⑤ （明）姚广孝等：《明太祖实录》卷八一，洪武六年夏四月辛丑，第1466页。
⑥ （明）姚广孝等：《明太祖实录》卷一〇八，洪武九年八月戊子，第1797页。
⑦ （明）姚广孝等：《明太祖实录》卷一八六，洪武二十年十月戊午。只是个别时期下令马军单独训练，洪武二十二年八月，"诏北平都指挥使司，以真定、山海、密云、永平、蓟州、遵化诸卫及居庸关千户所马军，各编队伍操练"（见（明）姚广孝等：《明太祖实录》卷一九七，洪武二十二年八月己丑，第2961页）。
⑧ （明）姚广孝等：《明太祖实录》卷二〇八，洪武二十四年三月癸未，第3098页。

众所周知，永乐即位后，改变了洪武末年命诸王带兵防边的做法，除了一度以其子赵王居守北京外，还在北边选派一批武臣作为镇守将领或总兵官。洪武时期派功臣或诸王统兵，多属临时受命。而永乐时期，武将统兵向常规镇守的趋势发展，在这样的背景下，从多个卫所选兵聚集常操也应运而生。

建文四年（1402）十二月，永乐在即位初即"命成安侯郭亮镇守永平、山海，操练军马，抚安军民"①。这时的大宁防线由于靖难之役的爆发已经破残，所以命郭亮统领北直隶沿边的山海、永平、蓟州等卫所，防御蒙古。

永乐时期，来自不同卫所的官、军"参错"防守。宣德间卢龙卫的奏请涉及了对洪武、永乐时期守边做法的回忆。宣德间宣德七年（1432）九月，直隶卢龙卫奏："本卫军士分守关口、营寨二十余所，与别卫官军参错散处，难于点阅。欲约量多寡，以近就近，归并成伍，如洪武中各守地方，就令亲管指挥、千、百户钤束。庶事权归一，军无逃窜，守备无虞。"朝廷"从之"。②该卫的奏请主要涉及守关士兵，但反映的内容表明，洪武时期强调士兵保持原卫所组织，永乐时期进行了调整。而组建援关营兵，需要从不同的卫所选兵。所以说，永乐时期有设营援关的基础。

目前尚未发现永乐时期在蓟镇设营的记载，但在其他地区有永乐间卫所赴边操备的事例。永乐十六年（1418）八月戊子，陕西行都司都指挥丁刚言："总兵官都督费瓛率马步军一万往甘肃备御，每岁一易，交代参差。宜分为三班，更番往来。从之。"③永乐时期，山东卫所也选兵到登州营加强海防。

目前所见材料，倾向于支持永乐设营援关说。从明代洪武、永乐和宣德时期边防政策及不同时期事例推测，明代蓟镇设营常操，以营援关，可能肇始于永乐时期。

三 明代蓟镇以营援关的制度

明代蓟镇前沿设关口堡寨，关口之南设营援关。关营士兵来自卫所。营军操练，随时应援关口。（弘治）《永平府志》作者称"严保障防不测，则有赖乎关；联什伍时简教，则必在于营"④。（嘉靖）《山海关志》作者论曰"设关者何？据险扼之也。设营者何？伺其入逐之也。别之者何？战守异宜也"⑤。

营的统领者为指挥等，于谦在《兵部为来归人马事》中写道：

计开：

永平山海、蓟州等处地方会同镇守右少监郁永、总兵官都督佥事宗胜、参将胡镛、马荣计议得，自山海至猪圈头止，沿途路经一千二百余里，新旧营堡三十四处。每营分委指挥一员管束，每二三营或四五营选把总指挥一员提督。数内拣选精锐勇敢之人屯聚四处曰驻操营，无事之时不守关隘，分为一等二等，专一操练。有警之际，某营策应某关，俱照平日定拟成规，不致推托。⑥

（嘉靖）《山海关志》卷二也记载，黄土岭营、长谷口驻操营、石门寨营、平山营等"营设指军或千户一员管操，另设提调指挥一员总之，于石门寨营驻扎。遇各关警报，则督率所部兵马分照地方策应"⑦。

以上两条资料，一为景泰间，一为嘉靖间。综合两条资料，第一，景泰间蓟镇援关之营已从宣德时

---

① （明）杨士奇等：《明太宗实录》卷一五，建文四年年十二月丁卯，第280页。
② （明）杨士奇等：《明宣宗实录》卷九五，宣德七年九月戊午，第2146页。
③ （明）杨士奇等：《明太宗实录》卷二〇三，永乐十六年八月戊子，第2099页。
④ （明）张廷纲：（弘治）《永平府志》卷五《关营》，《秦皇岛历代志书校注》一，第71页。
⑤ （明）詹荣：（嘉靖）《山海关志》卷二《关隘二·营二》，《秦皇岛历代志书校注》二，第62页。
⑥ （明）于谦：《忠肃集》卷六《兵部为来归人马事》。文渊阁四库全书第1244册，第195页。
⑦ （明）詹荣：（嘉靖）《山海关志》卷二《关隘二·营二》，《秦皇岛历代志书校注》二，第62页。

期的 22 处发展为 34 处。① 第二，营设管操指挥或千户统领，若干营设把总提督，或营之上设提调统领。第三，一营有对口应援的几个关口，责任明确。第四，为加强关营防守力量，大约景泰年间又设了 4 个驻操营，即长谷口、界岭口、青山关、黄崖口四驻操营。②

蓟镇前沿为关口堡寨，其次为援关诸营和驻操营。内地则为卫所和州县城池。

后来，蓟镇省镇营兵制将领增设，许多营为总兵、副总兵、参将、游击的驻地，招募及抽选卫所军队组成标兵和营兵。而普通的援关诸营也设立提调③，管辖若干关、营，一个营对口增援几个关口，形成小的防区，然后听命于参将。当援关诸营设立了总、副、参、游等将领并配置了相应的标、营军队后，援关诸营则主要成了地名。

综合全文，明代蓟镇关营配合，以营援关，是反映明代卫所制与省镇营兵制关系的典型个案。省镇营兵制脱胎于卫所制，与卫所制联系密切。但是，省镇营兵制作为战斗部队，奠定了清绿营兵制的基础；而明代卫所，入清后逐渐融入府州县。明代蓟镇关营配合，当与临近北京、燕山山脉阻隔等因素有关。蓟镇关营配合与其他镇基层防御之异同，值得进一步研究。

本文为国家社科基金项目"明代卫所制与省镇营兵制关系研究"阶段性成果，批准号 16BZS059。

[作者单位：天津师范大学历史文化学院]

---

① （明）陈文等：《明英宗实录》卷二二三，景泰三年十一月丁丑日记载，因提督军务右佥都御史邹来学奏请，"增给沿边寺子峪、大安口等三十四营"操守军士月粮（第 4833 页）。
② （嘉靖）《山海关志》附图有界岭口驻操营，无青山口驻操营（《秦皇岛历代志书校注》二第 4 页、第 5 页）。《卢龙塞略》附图有青山口驻操营，无界岭口驻操营（《明代汉籍史料汇编第六辑本》，内蒙古大学出版社，2009 年，第 14 页、第 15 页）。可能两驻操营为同一驻操营。
③ 提调当设立于成化时期，参见肖立军《明代青山关与蓟镇防御》，载《山西档案》，2013 年第 4 期。

明朝天启年间女真人与辽东汉人的斗争

周喜峰

在明朝，以中原地区为主的汉族人是统治民族，东北等地的女真人则是被统治民族，他们与明王朝保持着臣属和朝贡关系。东北是女真人和辽东汉人聚居的地区，在女真人的后金政权建立以前，女真人和辽东汉人之间保持着较为密切的政治、经济和文化交往关系，双方的民族关系较为融洽。以努尔哈赤为首的建州女真在起兵之初，与明朝及辽东地区的汉人保持着良好的朝贡和互市关系。随着女真统一事业的不断深入，明朝及辽东汉人军民与努尔哈赤为首的女真人之间的矛盾不断激化。明万历四十六年（后金天命三年，1618）四月十三日，努尔哈赤在赫图阿拉以"七大恨"誓师伐明。在誓词中，努尔哈赤列举了明帝杀害其父祖、违誓出边、扶植叶赫、逼令悔罪、献斩"部夷"、夺走叶赫老女、遣书斥责建州、助哈达援叶赫等七大罪状，表明要率领广大女真人坚决反对明王朝的侮辱和压迫。誓师之后，便向明朝发动进攻。从此结束了女真臣服明朝的隶属关系，出现了后金与明对立的局面。明天启年间，东北的女真人与辽东汉人进入了战争时期。

一 天启年间的女真人与辽东汉人

辽东地区自古就是汉人与东北少数民族交错杂居的重要地区。这里除了女真、蒙古、高丽等少数民族外，还有来自中原的汉人。据不完全统计，明代的辽东地区人口大约有30万。其中绝大部分是汉人。辽东地区也是东北地区汉人最集中的地区。据《辽东志》记载：整个辽东地区"华人居十七，高丽人土著附女真人十三"。明朝初年，明朝政府根据东北地区的特殊情况，在这里设立了辽东都司、奴儿干都司，建立卫、所制度，驻军屯垦。明朝政府迁移中原江淮齐鲁等地之汉民于辽东地区，与女真等土著民族杂居共处，使这里的汉人逐渐增多。

女真的民族主源是先秦时的肃慎、汉魏时的挹娄、南北朝时期的勿吉、隋唐时期的靺鞨、辽金元时期的女真，其祖先曾先后建立过渤海国和金国。明朝时期女真分为三大部，据《大明会典》记载，明代女真"居海西等处者为海西女直，居建州、毛怜等处者为建州女直，……其极东为野人女直。野人女直去中国远甚，朝贡不常，海西、建州岁一遣人朝贡"[①]。明代女真大体上分为海西、建州、"野人"女真三大系统，其下又各分为许多小部。明朝初年，女真诸部大多生活于黑龙江流域，其后建州女真和海西女真相继南迁。建州女真于明英宗正统年间迁居在苏子河一带。海西女真于嘉靖时期迁居于开原以东以北地区，形成叶赫、辉发、哈达和乌拉四部。明政府对女真部落实行分而治之的政策，使女真各部互相牵制。女真诸部大多已经处于由渔猎向农耕转化的时期，各部相互兼并、互相仇杀。万历十一年（1583），建州女真首领努尔哈赤以"十三副铠甲"起兵，开始统一女真的事业。努尔哈赤打着为明朝看边的旗号，采取"顺者以德服，逆者以兵加"，远交近攻的战略，逐步吞并女真各部。在统一女真的过程中，努尔

[①]《大明会典》卷一〇七，《东北夷》，四库全书本。

哈赤创立了兵农合一的八旗制度。万历二十九年（1601），努尔哈赤以 300 人为一牛录，设置一牛录额真（后称佐领）管理，并以黄、白、红、蓝四色为四旗。万历四十三年（1615）十一月，努尔哈赤以五牛录为一甲喇，设一甲喇额真（后称参领）；五甲喇为一固山（旗），设一固山额真（后称都统），以梅勒额真（后称副都统）二人副之；固山额真之上则由努尔哈赤之子侄分别担任旗主贝勒，共议国政，并在原有四旗基础上再增镶黄、镶白、镶红、镶蓝四旗为八旗。万历四十四年（1616），努尔哈赤在赫图阿拉称"覆育列国英明汗"，国号"大金"（史称后金），年号天命。此时的努尔哈赤已经攻占了大部分女真部落。到万历四十七年（1619）萨尔浒战役后，努尔哈赤才乘胜攻取叶赫，实现了女真人的完全统一。这样，到天启年间，女真人不仅完成了内部的民族统一，建立了后金政权，创立自己的文字老满文，还拥有一支强大的能征善战的八旗军队，具备了与汉人争夺辽东的各方面条件。

明代辽东地区的汉人基本上分为三部分人：一部分是元代原来居住在辽东地区的汉人。明朝政权建立以后，世居辽东等地的汉人继续居住在这里。在这些辽东汉人中，有些人已是当地的名门大姓，他们在明朝统一东北的过程中，比较早地投顺明朝，有的甚至成为明朝的将领或官员。例如昭勇将军崔源，其祖先原来就是沈阳一带的名门望族，洪武年间率先投归明朝并被授官。

第二部分辽东汉人则是随明军统一东北而留居在辽东地区的汉人。明初曾先后多次进军东北，如洪武四年（1371）六月马云、叶旺率军自山东登州渡海而至金州；洪武二十年（1387），冯胜率兵进攻纳哈出盘踞的金山；洪武二十一年（1389）大将军蓝玉率军追击脱古思帖木儿，大军亦进入东北地区；洪武二十八年（1395）周兴率军出开原征讨西阳哈等。其中仅冯胜进攻纳哈出那次就有 20 万士兵进入东北地区。战后有些军官和士兵则被留居辽东等地，成为辽东汉人的重要组成部分。例如马云，原安徽合肥人，率军进入东北后，又任都督府都督佥事，镇守辽东随即留居此地，义州的马氏就是他的后裔，是辽东的重要势族。有些汉人则是后来由明朝政府调派镇守辽东而成为辽东势家的，比如辽东的吴氏，其祖先在来到东北之前原籍安徽合肥，在其先祖吴俊时，任湖广都指挥同知，永乐九年（1411）调辽东镇守，自此吴氏一家留居辽东地区，成为东北的汉人世家。其他如宁远的祖氏，辽阳的韩氏、高氏，前屯卫的杨氏、毕氏，锦州的王氏，辽南的刘氏等都是东北著名的汉人世家。这些汉人在辽东地区不仅地位高，势力大，对东北地区的政局影响也较大。

明代居住在辽东地区的第三部分汉人是明朝历代流放到东北的汉人。在明朝的法律中，对罪犯的刑罚根据其犯罪的大小轻重分为笞、杖、徒、流、死五刑，而经常使用的流刑是充军。充军是一种对犯流刑的重犯的一种惩罚，即将罪人发配到边外卫所去充军或屯田。由于辽东地处塞外，地广人稀，因而这里就成了明政府发配犯人充军的重要场所。流放到东北充军的多为南方人，其中有广东人、广西人、云南人、贵州人、湖广人、江西人、安徽人、江苏人、山西人、陕西人、河南人、山东人等。他们当中多数为汉人，但也有南方的少数民族。辽东地区的铁岭卫、三万卫、沈阳中卫、海州卫、盖州卫、宁远卫、宁远前屯卫、东宁卫、广宁卫、辽海五卫和自在州都是接受流人充军的卫所。当然嘉靖年间，明政府曾决定"自今情重者，发海西等卫"。但是由于当时明政府对奴儿干地区控制已甚弱，很难将犯人遣送奴儿干地区。因此有明一代，南方汉人流放到东北地区者，主要集中在辽东地区，因此明代"辽东军士，多以罪谪戍"。据李兴盛先生估计，到明朝末期，流放到辽东地区的流人累计有二三十万人，其中主要是汉人。

天启年间，辽东汉人主要以农业生产为主，其中包括明朝的官员、驻防将领、士兵及其家属，同时还有商人、秀才、手工业者和农民。随着女真人的兴起和后金政权的强大，辽东汉人再也没有昔日平稳的生产和生活了，他们面临着女真人的进攻，要么奋起反击，保卫家园，要么背井离乡，四处逃亡。

明万历四十六年（后金天命三年，1618）四月十五日，努尔哈赤率军攻下抚顺城，迫降以抚顺游击李永芳为首的抚顺城汉人军民。接着后金军又攻取东州、马根单等城堡 500 余座，俘掠汉人军民人畜 30 余万。二十一日，努尔哈赤又领军击败了辽东总兵官张承胤、副将颇廷相率领前来增援的辽东军队 1

万余名，斩杀总兵、副将等官 50 余员，获马 9000 匹、甲 7000 副。明军不仅失去了抚顺等城，增援部队也全军覆没。

明万历四十七年（后金天命四年，1619）二月，明朝以辽东经略杨镐为统帅，调集大军 88500 余人，加上朝鲜、叶赫兵，共有 103000 人，号称 47 万，分四路征讨后金，"务期尽贼而还"①。西路以山海关总兵杜松为主将，领兵 2 万余，由抚顺关出；北路主将为原任辽东总兵马林，领兵 2 万余，从靖安堡出；南路以辽东总兵官李如柏为主将，领兵 2 万余，从雅骨关出；东路主将是总兵刘铤，领兵 1 万余，朝鲜都元帅姜弘立领兵 13000 从征：由亮马佃出。四路大军合击赫图阿拉。面对明军的分路合击，努尔哈赤采取"凭你几路来，我只一路去"集中兵力、各个击破的战术。在三月初一日，以两倍于明的兵力，在萨尔浒消灭明军主力西路军，随即于初二日击溃明北路军，又于三月初五大败明东路军，斩杀刘铤。杨镐闻讯，急调南路李如柏部仓皇撤退。明军四路出击，三路覆没，四总兵战死，兵丁死亡 45000 余名，丢失马骡 28000 匹及大小枪炮 2 万余。②萨尔浒之战，以努尔哈赤为首的女真人万众一心、为本民族的存亡而战，终于打败明军，使明朝与后金即汉人与女真人的关系发生了根本性的变化。

进入天启年间，女真人及其建立的后金政权日益强大，获得了对明战争的主动权，明朝军队却损兵折将，陷入了被动挨打的境地。女真人与辽东汉人的关系变成为征服与反征服、压迫与反压迫的斗争，民族矛盾与民族斗争成为女真人与辽东汉人关系的主流。

二 天启年间女真人与明军的斗争

明天启年间，以努尔哈赤为首的后金政权不断强大，与明朝展开了争夺辽东的斗争。因此，这一时期女真人与辽东汉人的斗争主要以军事斗争为主。军事进攻和战略防御是此时斗争最主要的形式。东北的明朝军队主要是由辽东汉人组成的，也有从中原各地调集来的军队。在与女真军队作战的过程中，许多明军将士忠于职守，英勇奋战，喋血疆场。但由于明朝政治军事的腐败、阉党专权、统帅无能等因素，明军在战场上败多胜少，丧城失地，节节败退。以女真人为主体组成的后金八旗军队，虽然武器不如明军的武器先进，但在努尔哈赤的指挥下，上下一致，众志成城，在与明军的作战中，攻城略地，节节胜利。在女真人组成的八旗与辽东汉人为主的明军的战争中，到处充满了硝烟战火、刀光剑影，血肉横飞、生灵涂炭。明军的惨败使辽东汉人失去了家园，八旗军的胜利使女真人占领了辽东。

元年（后金天命六年，1621）三月，努尔哈赤统领女真军进攻沈阳。沈阳城虽然城垣坚固，城内外有明军 7 万。但努尔哈赤暗中派人混入城内，又在城外设下埋伏，引诱沈阳守将明总兵官贺世贤出城作战。贺世贤出城作战，死于战场。后金女真军里应外合攻下沈阳，歼灭明军数万。③

三月十九日，努尔哈赤率军进攻辽阳。辽阳明军 13 万，防守严密。努尔哈赤仍利用八旗军野战骑射的长处，一方面派奸细混入城内，同时差遣少数人马佯攻诱敌。明经略袁应泰亲督侯世禄等五总兵，率军迎战。后金军里应外合，于三月二十一日攻下辽阳，袁应泰自尽。努尔哈赤谕令汉人降顺。辽河以东鞍山、海州、耀州、盖州、东昌、熊岳、镇江、宽奠、汤站、复州、奉集等大小 70 余城官民，俱剃发降后金。④

明天启元年（后金天命六年四月十一日，后金国迁都辽阳，女真八旗官兵进驻辽沈。次年正月十八日，努尔哈赤统领金军西征广宁。明广宁巡抚王化贞领兵 13 万，本可固守广宁，待机反击，但王化贞昏庸笨拙，轻敌浪战，酿成大错。后金军再次发挥八旗军野战射击的长处，于二十日夺取西平，二十一

---

① 《明神宗实录》卷五七九，万历四十七年二月乙亥，中国台湾，中国台湾"中央"研究院历史语言研究所 1962 年影印本。
② （明）王在晋：《三朝辽事实录》卷一，台联国风出版社，1969 年。
③ 《明熹宗实录》卷八，天启元年三月乙卯，中国台湾，中国台湾"中央"研究院历史语言研究所，1962 年影印本。
④ 《清太祖武皇帝实录》卷三，载潘喆等编：《清入关前史料选辑》第一辑，北京，中国人民大学出版社 1984 年版。

日与明军 10 万交锋于平阳桥。两军接战，暗中降金的明广宁巡抚中军游击孙得功带兵退走，后金乘机进攻，明军大败。孙得功退回广宁准备迎接金军，王化贞仓皇逃归山海关。后金军二十四日进入广宁，城民迎降。于是，锦州、松山、杏山、右屯、大凌河等 40 余城的明朝官吏亦各率属民降后金。努尔哈赤将锦州、义州等卫兵民，迁往河东辽阳、金州、盖州等地。明天启五年（后金天命十年，1625）三月，后金迁都沈阳。

这样，经过 8 年的明金战争，以努尔哈赤为首的女真人最终打败明军，占领了辽东和辽西地区。在这场战争中，无数的汉人军民或战死沙场，或惨遭屠戮，或被俘为奴，伤亡惨重。辽东汉人由过去的统治民族变为被统治民族，而女真人则由被统治民族变为统治民族。

明天启六年（后金天命十一年，1626）正月，努尔哈赤统率八旗军 13 万（号称 20 万）在围攻宁远城时，被袁崇焕率领的守城官兵击败而死伤惨重，努尔哈赤也身负重伤，只好撤军。宁远之战，以后金失利而结束。[1] 宁远之败，加重了后金的困难。68 岁的努尔哈赤，伤病交加，气愤成疾，于当年八月十一日去世。宁远之战，明军以少胜多，不仅打败了后金军队，也结束了努尔哈赤时代，但这并没有改变明朝失去辽东地区的事实，更改变不了辽东汉民的悲惨遭遇。因此，努尔哈赤时期的民族关系是汉人与女真人的战争与对立。

三　天启年间辽东汉人的抗金斗争

在进入辽沈地区后，由于女真贵族坚持在辽东汉人中推行剃发令和将被征服的汉人变为女真人的奴隶，对其强取豪夺，进行残酷的民族压迫和屠杀政策，引起了辽东汉人的强烈反抗，以镇江事件为中心的汉人反抗浪潮日渐高涨。在民族矛盾逐渐升级的情况下，以努尔哈赤为首的女真贵族对城乡各个社会阶层的汉人实行大屠杀式的镇压政策。而这种镇压又激起辽东汉人更为强烈的反抗，使辽东汉人与女真人的民族矛盾日益激化。

辽东汉民反抗女真贵族的斗争形式多种多样，有隐藏"奸细"、投毒、截杀、逃跑、暴动起义，等等。

辽东地区虽然被后金占领，但很多辽东汉人仍然心系明朝，暗中为明军收集女真军队的情报，这使得后金的女真贵族非常恼火。以复州为例，由于汉人多有为明军收集情报者，后金女真贵族专设监视人，捉拿明朝的"奸细"，有一次抓到 20 余人。由于这里的汉民一致抗金，无人举发，有的一个家庭竟隐匿40～50 名"奸细"。就连努尔哈赤也无可奈何地说"尔等未能执来，我诸申何以察而执之"，抱怨"复州之人无与我共生之心"。

投放毒药暗杀后金女真贵族统治者和女真人，是辽东汉人反抗民族压迫斗争的一种形式。女真军队占领辽东地区以后，努尔哈赤对辽东汉人不放心，令女真人与汉人在村屯同住，粮食同吃，牲口草料同喂[2]，以加强对汉人的监视和控制，致使许多汉人田宅被强占，粮食被掠夺，人身受凌辱，妻女遭奸污。为防范汉人，努尔哈赤又下令禁止汉人制造、买卖、携带和收藏弓箭、撒袋、腰刀等武器[3]，这些做法激起汉人的强烈不满。后金占领辽阳刚两个月，就发现汉人向努尔哈赤驻城的各井投下毒药[4]。不久，在女真人食用的水、盐和猪肉里都发现有毒药。努尔哈赤指令诸申和兵士，不吃当天杀的猪肉，饮水和

---

[1]《清太祖武皇帝实录》卷四，载潘喆等编：《清入关前史料选辑》第一辑，北京，中国人民大学出版社，1984 年。
[2]《满文老档·太祖》卷二九，天命六年十一月二十二日，北京，中华书局，1990 年。
[3]《满文老档·太祖》卷四八，天命八年四月初六日，北京，中华书局，1990 年。
[4]《满文老档·太祖》卷二二，天命六年五月二十六日，北京，中华书局，1990 年。

食盐要警惕中毒，甚至对蔬菜和鸡鸭也要注意，并命将文书下达至村领催①。为避免中毒，后金女真贵族命令汉人店主将姓名刻在石、木上，立在店前；购买食物的诸申，需记住店主的姓名，以便中毒后追查②。投毒的斗争遍及各地，努尔哈赤谕示诸贝勒：各处都给诸申投毒③。甚至努尔哈赤到海州巡视，在衙门宴会时，有8名汉人向井中投放毒药④，想毒死后金汗努尔哈赤。据《满文老档》记载，有的辽民诱请后金驻守台堡官兵到家里饮酒，或毒杀，或乘其酒醉而杀死，然后弃家逃亡。⑤辽东汉人的投毒行动使得女真占领者人人自危。

袭击和杀伤后金女真人官兵，也是辽东汉民反抗女真贵族民族压迫的一种重要形式。如八旗兵初进辽阳时"按籍阅辽人"，派一女真头目坐镇城西门，视相貌可疑者即杀之。一日有诸生父子6人来到西门，将后金门将等数十人杀死。其后诸生率500～600人"结队南行"，无人敢追⑥。后金占领下的古河、马家寨、镇江、长山岛、双山、岫岩、平顶山等地的汉民，常常手执棍棒，聚众抵抗，袭击女真兵士，杀死女真官吏。努尔哈赤在一份文书中不得不承认："古河的人，杀我派去的官员而叛。马家寨的人，杀我派去的官员而叛。镇江的人，逮捕我任命的佟游击，送与明国而叛。长山岛的人，逮捕我派遣的官员，送往广宁。双山的人，约期带来那边的兵，杀了我的人。"⑦这说明辽民袭杀女真官兵的斗争此起彼伏，连绵不断。为防止后金女真官兵被个别地袭杀，努尔哈赤命令女真官兵不许单独行动，必须十人结队而行，否则要受到惩罚⑧。这也充分反映了当时辽东汉人与女真占领者之间民族矛盾的尖锐化程度。

由于后金女真贵族实行残酷的民族压迫政策，广大辽东汉人不堪忍受女真贵族的威逼、驱掠、焚劫、杀戮、盘剥和奴役，为求生存，他们便成户、成村、成地区地集体逃亡。他们或逃往海岛，或逃往朝鲜，或逃往明朝内地。明天启元年（后金天命六年，1621）三月至五月后金剃发令宣布后，曾有大批汉人逃跑，"避难唐人席卷而来"，自李朝玉江至麟山上下岛屿，逃人扶携"号哭"⑨。他们无奈地表述："我等死生不足顾，一番剃头便做了达子，他日官军不辨真假而剿灭，死当为冤鬼。"于是纷纷"各持马渡江，投奔李朝兰子、威化等岛屿，以避开剃发令"⑩。对于这些汉民而言，腐败的明朝无可留恋，投降后金虽不甘心，但也不一定要抗拒到底。而剃发易服，不仅有伤汉民族的尊严，还要被明朝官兵屠杀，不剃发则要被金兵杀戮，无奈只好背井离乡逃往李朝。第二年"逃依（高）丽国者以十余万计"⑪。又如连山关汉民男40人、女20人，驱赶马18匹、牛5头、骡4头和驴2头，集体逃亡⑫。夹山河村20户居民，男女共80人，仅耕田7日，无法生活，把喂养的猪、鸡、狗宰杀后放在筐子里，密议逃亡，但被告密捕捉定罪⑬。红草岛附近5村汉人，用麦秸秆编成筏子渡河逃亡⑭。李永芳哀叹道：沿海一带汉民想杀女真人，逃往明朝⑮。到明天启五年（后金天命十年，1625），因闹粮荒，社会秩序混乱，加上女真贵族统治集团在镇江事件后，屡屡出兵大肆屠杀辽东汉民，逃亡的人更多，甚至原来不想逃走的

---

① 《满文老档·太祖》卷二三，天命六年六月初七日，北京，中华书局，1990年。
② 《满文老档·太祖》卷四二，天命七年六月十五日，北京，中华书局，1990年。
③ 《满文老档·太祖》卷五二，天命八年五月二十四日，北京，中华书局，1990年。
④ 《满文老档·太祖》卷二二，天命六年五月二十八日，北京，中华书局，1990年。
⑤ 《满文老档·太祖》卷四九，天命八年四月二十三日，北京，中华书局，1990年。
⑥ （清）彭孙贻：《山中闻见录》卷三，载潘喆等编：《清入关前史料选辑》第三辑，北京，中国人民大学出版社，1991年。
⑦ 《满文老档·太祖》卷六五，天命十年十月初三日，北京，中华书局，1990年。
⑧ 《满文老档·太祖》卷三九，天命七年三月十一日，北京，中华书局，1990年。
⑨ （朝鲜）赵庆男《续乱中杂录》卷一，载潘喆等编：《清入关前史料选辑》第三辑，北京，中国人民大学出版社，1991年。
⑩ （朝鲜）李肯翊《燃藜室记述》，载潘喆等编：《清入关前史料选辑》第一辑，北京，中国人民大学出版社，1984年。
⑪ （清）吴骞辑：《东江遗事》卷下，第20页，载罗振玉辑《史料丛刊初编》。
⑫ 《满文老档·太祖》卷六〇，天命九年正月初九日，北京，中华书局，1990年。
⑬ 《满文老档·太祖》卷五二，天命八年五月二十日，北京，中华书局，1990年。
⑭ 《满文老档·太祖》卷五五，天命八年六月二十三日，北京，中华书局，1990年。
⑮ 《满文老档·太祖》卷四九，天命八年四月十二日，北京，中华书局，1990年。

汉人因无法存身，也采取集体逃跑的办法。努尔哈赤不得不命令女真官兵在城门设锣，逃人出城要敲锣传报①，以派兵追捕。尽管如此，辽东汉民仍然四处联结，或数十户结伙，或数乡共同行动，集体逃亡，最多时竟有男丁两千余人。

辽东汉人军民的暴动是对后金女真统治者打击最沉重的反抗形式。从后金军占领辽阳城开始，辽东汉民勇敢者便奋起反抗。据《明史纪事本末》补遗记载：辽阳城"有诸生父子六人，知必死，持刀突而出，毙其帅，诸子持梃共击杀二十余人。仓卒出不意，百姓乘乱走出，五六百人结队南行，建州不之追"②。此后，辽东汉人反抗后金女真贵族统治的暴动如火如荼地展开。在托兰山，百余人举行暴动③，在长山岛，莽古尔泰率兵2000人前往镇压④；在岫岩，暴动失败后被虏者达6700人⑤；在镇江，仅镇压后被俘虏者即达12000人⑥。明天启元年（后金天命六年，1621）七月，明朝参将毛文龙统率部下3000兵渡海攻占镇江城。随后汤山守堡陈九阶、险山守堡李世科等纷纷叛金投归毛文龙。八月，金州地方长山岛发生汉民暴动。努尔哈赤派代善、阿敏、莽古尔泰、皇太极四大贝勒全部出动，率重兵前去镇压。八旗军在南卫遭到东山矿徒和镇江、长山等汉人军民顽强抵抗。屯民"结聚铁山"或"结砦自固，以待官军"，进剿的八旗兵受到重创。暴动汉民一直抵抗到九月，由于孤立无援，暴动汉民或被杀害，或逃往李朝。明天启三年（后金天命八年，1623）六月，复州城的汉民无法容忍后金女真贵族统治集团的剃发、占房、查粮、差役等虐政，一万余男人举城暴动。努尔哈赤派大贝勒代善等率八旗并二万人前往，经过激烈的战斗，将复州城人民的暴动残酷地镇压下去。复州城男子全部战死或被杀，妇女和儿童被分给女真各牛录为奴。复州城房舍驻兵，粮食充军。⑦在辽河以西，除"辽民、难民入关至百余万"⑧和大量迁徙河东之外，所余人民在大小凌河、锦州、义州和广宁等地掀起反抗后金的暴动。其中以十三山汉民的反抗斗争最为壮烈。数以万计的辽民据十三山以自保，绝不"剃发"降顺。努尔哈赤派兵围攻数次不克。这些反抗者久被围困，誓死不降后金，"有七百人黑夜潜偷下山至海边，渡上觉华岛。婴孩都害死。问其何以害死，曰'恐儿啼贼来追赶也'"⑨。宁肯扼杀婴儿，也不投降后金。这是辽东汉民反抗以努尔哈赤为首的女真贵族统治集团民族压迫的血泪见证。努尔哈赤时期，辽东汉民反对后金女真贵族的暴动斗争，参加者不仅有农民、矿工、生员、市民，还有原明朝的下级官吏、地主及士人，如原明朝游击毛文龙、游击单尽忠、守备张盘在辽南的汉民抗金斗争中起了重要作用。又如九连城大姓缪氏家庭中的一名指挥，四名诸生"各捐万金"，收聚豪杰"誓歼敌"⑩。盖州诸生李遇春、李光春兄弟等先后集聚矿徒2000余人自守。尽管这些汉民暴动都被镇压下去了，但却给后金女真贵族统治集团以沉重的打击，使后金政权陷入严重的危机之中。

总之，明天启时期，正是女真人统一兴起并与明朝争夺辽东的重要时期，双方大规模的战争体现在民族关系上就是女真人与辽东人的尖锐对立。后金占领辽沈地区以后，由于以努尔哈赤为首的女真贵族统治集团对汉人实行了错误的民族压迫政策，激起了辽东汉人的大规模反抗斗争，进一步加剧了后金政权中汉人与女真人之间的矛盾和对立，使其民族关系更为紧张。

[作者单位：黑龙江大学]

---

① 《满文老档·太祖》卷六五，天命十年五月初三日，北京，中华书局，1990年。
② （清）谷应泰《明史纪事本末》第四册，北京，中华书局，1977年，第1428页。
③ 《满文老档·太祖》卷四九，天命八年四月二十四日，北京，中华书局，1990年。
④ 《满文老档·太祖》卷二五，天命六年八月十四日，北京，中华书局，1990年。
⑤ 《满文老档·太祖》卷五七，天命八年七月初七日，北京，中华书局，1990年。
⑥ 《满文老档·太祖》卷二四，天命六年七月二十七日，北京，中华书局，1990年。
⑦ 《满文老档·太祖》卷五六，天命八年六月二十六日，北京，中华书局，1990年。
⑧ 《明熹宗实录》卷二〇，天启二年三月壬戌，中国台湾，中国台湾"中央"研究院历史语言研究所，1962年影印本。
⑨ [明]王在晋：《三朝辽事实录》卷一〇，台联国风出版社，1969年。
⑩ [清]彭孙贻：《山中闻见录》卷三，载潘喆等编：《清入关前史料选辑》第三辑，北京，中国人民大学出版社，1991年。

明代总督与边疆治理

——以陕西三边总制为中心的考察

程彩萍

陕西三边总制，又称三边总督，与两广、宣大、蓟辽总督并称为明代常设四大总督。其由临时、不定期设置到定设，由总制、总督间称到定为总督，不仅只是称谓与任职时间的变化，而是经历了一系列的发展演变，是一个逐渐适应陕西四镇地区军事防御与行政管理的过程。其发展与完善为明代加强北部边疆防御体制提供了重要经验，直接影响了宣大总督的设立。本文拟就陕西三边总制事权的发展及其对三边四镇的管理略作探讨。[①]

一 陕西三边总制之设置

元朝灭亡后，蒙古各部退居草原，长期与明朝南北对峙，几乎与明朝统治相始终，二者形成了密切的政治、军事、经济关系。三边总制即是应对北边军事形势而产生的，并与陕西三边四镇的形成与建设相辅相成。明代的"陕西"及其西北地区，包括了今天的甘肃、宁夏、陕西、青海及内蒙古部分地区。为加强对该地区的军事防御，明朝在此先后建立了四大军事重镇，即宁夏镇、甘肃镇、延绥镇、固原镇（陕西镇），[②]三边指其中宁夏、甘肃、延绥地区，最迟至明代中期，三边军镇已经设立并逐渐完善。

据《明会典》记载："弘治十年议遣重臣，总制陕西、甘肃、延绥、宁夏军务。十五年以后，或设或革。至嘉靖四年始定设。四镇兵马钱粮一应军务从宜处置。镇巡以下悉听节制，军前不用命者，都指挥以下听以军法从事。"关于陕西三边总制的初设时间，历来有多种说法，笔者认为当早于弘治十年（1497），成化十年（1474）时王越已有总制之名，统驭各路军马。[③]时孛罗忽、满都鲁、乩加思兰等常居河套地区，连年入寇陕西沿边一带：

> 成化初，毛里孩乩加思兰、孛罗忽、满都鲁继至、初犹去住不常。六年以后始为久居计，深入诸郡杀掠人畜，动辄数千百万，岁常四三入，边将拥兵坐视，或视其出而尾之，偶获所遗老弱，辄虚张以为斩获之数，甚者杀吾民为虏级，皆冒为功，被升赏无算，有败衄者，罪止降谪且多宥之。[④]

边将多不用命，虏患由是日炽。而王越几次攻之，稍有所获。成化九年（1473）九月十二日，王越

[①] 本文拟暂将三边总制发展阶段，分为三段，从成化十年至嘉靖四年为初创时期；嘉靖四年至嘉靖十五年为稳固与发展时期；嘉靖十五年以后为延续与进一步发展时期。

[②] （明）魏焕：《皇明九边考》卷一《镇戍通考》，四库全书存目丛书，齐鲁书社，1995年，史部第226册，第10页。

[③] （明）刘吉等：《明宪宗实录》卷一二四，成化十年正月癸卯，中国台北，中国台湾"中央"研究院史语所，1962年校印本，第2375页。

[④] （明）刘吉等：《明宪宗实录》卷一二一，成化九年十月壬申，中国台北，中国台湾"中央"研究院史语所，1962年校印本，第2337页。

袭破"虏营"于红盐池。成化九年十月十一日,王越等获韦州之捷,夺还男女一千九百三十四口。宪宗皇帝欲从长计议,迫使"虏贼"不敢犯边,遂授予王越节制大权,以促其大成。成化十年七月,王越因病势渐增回京。① 弘治十年,蒙古入寇肃州之沙窝堡,巡抚甘肃都御史吴珉不能抵御,兵部乃议设总制官,遂令王越总制甘凉各路边务兼巡抚地方。② 不久即命甘肃、宁夏、延绥三边军马俱听王越总制调用,巡抚甘肃都御史另选他人。王越任总制期间主要应对贺兰山后蒙古一部,孝宗特告之:

> 贺兰山后乃虏贼巢穴,累次寇边,皆自彼而入,使其住居年久,熟知地方或诱引北虏大众,或招来野乜克力等夷,为患不小,尔须运谋追剿,毋令滋蔓。③

正德元年(1506)二月,时在陕西一带督理马政的巡抚杨一清因宁夏花马池屡被侵袭,所调延绥游兵久不至,故请设总制居中调度。经兵部会同廷臣推举,武宗简命杨一清总制陕西、延绥、宁夏、甘肃等处边务兼督理各该地方马政。④ 由此可见,三边总制最初具有临时设置的性质,多是为应对严峻之军事形势。且在任时间较短,或因疾病召回,或因战事稍息召回。

随着派设次数的增多、总制在任时间的延长,该官职的派设渐趋稳定化。杨一清于嘉靖四年(1525)五月上任,十一月离任,王宪即于是年十二月接任,一直到嘉靖七年(1528)二月方被召回,徐琼于王宪离任的当月即被任命,至嘉靖十年(1531)九月方离任,后任的总制基本连续上任,很少出现间断的情况。可见自嘉靖四年以后,中央派遣三边总制已成为定制,不论是否遇到军事危机皆遵循定例,连续任命,成为比较固定的中央派遣官。嘉靖十五年(1536),陕西三边总制更名总督。自后,一直采用"总督"之名。⑤

二 陕西三边总制对地方之管理

陕西三边总制初创阶段,多在战事紧张的情形下派设,事宁则回京,故总制官上任后先致力于军事行动,制定防御策略,设兵布防,甚至亲自率军出战,稍有闲暇方可关注边镇之管理。至稳定阶段,三边总制连续任命,有的在任时间较长,便着手边镇建设,其职权与所辖事务逐渐超出军事系统,涉猎陕西地区的民政、经济、文化建设。以三边总制为核心的官僚机制由战时体制渐向地方管理体制转化,其与地方事务的关系愈加密切。

(一)统筹陕西军事防御体系

三边总制最先为临时派遣,往往是朝廷为解决某一方面问题而设。其职权需要按照皇帝下的敕书进行发挥,弘治十五年(1502)起秦纮总制陕西固原等处军务,其敕曰:

---

① 《明宪宗实录》卷一三一,成化十年七月庚午,中国台北,中国台湾"中央"研究院史语所,1962年校印本,第2447页。
② 《明孝宗实录》卷一三〇,弘治十年十月乙酉,中国台北,中国台湾"中央"研究院史语所,1962年校印本,第2305页。
③ 《明孝宗实录》卷一三九,弘治十一年七月己巳,中国台北,中国台湾"中央"研究院史语所,1962年校印本,第2408页。
④ (明)杨一清:《杨一清集》卷七《为陈请乞恩辞免总制重任事》,北京,中华书局,2001年,第219页。
⑤ 《明世宗实录》卷一九三,嘉靖十五年十一月甲寅,中国台北,中国台湾"中央"研究院史语所,1962年校印本,第4069页。按:总制虽改名为总督,但相关制度无甚大波动,依然承袭了总制官职的发展趋势。为行文方便,本文将其统称为"三边总制"。崇祯时期,为镇压大规模的农民运动,陕西总督被授予大权,除节制陕西四镇外,还扩展到山西、河南等地,如洪承畴、孙传庭等,较之前期有很大不同。限于篇幅,本文对此难以详述,主要考察嘉靖十五年之前三边总制之情形,兼及嘉隆万时期陕西总督之事。另外,查《国朝列卿记》《弇山堂别集》《固原州志》等文献,皆曰嘉靖十九年,因"制"非臣子所宜,遂改为总督,一直沿用至后来。但据《明世宗实录》记载,自嘉靖十五年十一月改名,至十九年,刘天和任该官时,一直称为总督,故可判断自嘉靖十五年即可称为总督。

先因虏入河套侵犯延绥等处地方,命将统兵征剿。以固原地方要害,特命尔往彼总制。近者,虏贼退遁,总兵等官已取回京,而陕西、延绥、宁夏、甘凉各路边务多次整饬。令并命尔总制,凡军马钱粮等项,宜逐一从新整理,俱许便宜处置。遇有虏寇侵犯,即便随宜调遣各路军马相机剿杀,各该镇巡等官悉听节制。尔须殚心竭力,区画调度,务使各边士马精强,钱粮充足,一应边备俱各修举,足以捍御虏寇,绥靖地方,以纾朕四顾之忧,庶副委任之重尔,唯钦哉,故敕。①

此时战事稍宁,大军回京,特令秦纮整饬地方,修整兵马钱粮等事务,并随时防御边寇。是年四月,边人有从敌营中逃回者,声言:"套中虏贼半往贺兰山后将入寇。"宁夏守臣报于朝廷,兵部请令秦纮斟酌调兵防御,毋致怠忽误事。②

以后所设总制,都有调兵布防、节制军马的规定,可见维护陕西三边四镇之防御体制是三边总制创设的初衷,也是其基本的权力与任务,终明一代所有三边总制官员皆秉承此主旨,以防御蒙古边寇为先。

正德七年(1512),阿尔秃厮侵犯甘凉,时任三边总制官张泰奏请调兵方略,得以调动都指挥、都督、游击军、镇戍兵,甚至番兵皆在其统摄范围之内,地区由西向东跨越了甘州(今甘肃省张掖市)、山丹、永昌、凉州(今甘肃武威)、庄浪、宁夏等地:

原拟调延宁军马二千五百,援近因套贼杀伤花马池墩军,而贺兰山后零贼不时出没,遂留二镇兵以守。而于甘兰固靖选兵三千,令都指挥阎勋将之,以援庄浪,仍令都督杨英选游兵二千人待报启行。副总兵徐谦军山丹,游击将军吴英军永昌,副总兵苏泰军凉州,互相策应。仍调番兵厚加赏犒,使为前锋,所获牛马器械即以充赏,各城堡亦据险夹攻,以纾边患。从之。③

明朝边军与蒙古对战的情形,也由总制及时向朝廷汇报。总制陕西军务都御史邓璋奏:"虏入瓦亭、隆德等处,都指挥陶文、沈瑁、符课、时陈等御之,斩首五级,千户王友等九人战死。"武宗下诏有功并失事官员令巡按御史查勘。④

除了直接应对战事外,与军备有密切关系的粮饷问题,也由总制官负责筹措。遇到粮饷缺乏的情况,总制官可向朝廷奏讨,邓璋奏:"三边用兵粮草缺乏,请运送银两,开中引盐,以济急用。"⑤三边总制可便宜行使财政权,且自定盐价。秦纮曾于陕西招商纳银142000余两,需开中盐590000余引,且此银已预先发给各边。户部先前只定200000引,至此责怪秦纮所开盐价比常太轻,殊损于官。奏请重新制定则例,提高盐价。⑥秦纮所举虽遭到户部议论,但并非因其擅定盐价,而是指其所定不当。

边墙是明朝边镇防御的重要一环,历任边臣都非常注重修筑边墙、墩台、堡垒等系列防御工事。三边总制在任时,若无紧急战时逼迫,同样会关注边墙之经营。先是秦纮修筑宁夏花马池一带边墙城堡14000余处,边堑6400余里。总制邓璋奏请修榆林外边墙,"榆林为西北重镇,虏寇不时侵入,边墙年久倾圮,清平堡大涧墩至中沙墩二十四里,定边营、新安四墩至甘草甸二墩二十七里请及时修筑"⑦。嘉靖十年,总制王琼奏:"计度榆林东中二路大边六百五十六里,当修者三百十里,二边六百五十七里当修

---

① 《明孝宗实录》卷一七九,弘治十四年九月甲辰,中国台北,中国台湾"中央"研究院史语所,1962年校印本,第3311页。
② 《明孝宗实录》卷一八六,弘治十五年四月癸丑,中国台北,中国台湾"中央"研究院史语所,1962年校印本,第3246页。
③ 《明武宗实录》卷八九,正德七年六月癸亥,中国台北,中国台湾"中央"研究院史语所,1962年校印本,第1909页。
④ 《明武宗实录》卷一二七,正德十年秋七月甲辰、乙巳,中国台北,中国台湾"中央"研究院史语所,1962年校印本,第2550页、第2551页。
⑤ 《明武宗实录》卷一二三,正德十年夏四月癸丑,中国台北,中国台湾"中央"研究院史语所,1962年校印本,第2476页。
⑥ 《明孝宗实录》卷二〇〇,弘治十六年六月甲寅,中国台北,中国台湾"中央"研究院史语所,1962年校印本,第3718页。
⑦ 《明武宗实录》卷一二〇,正德十年春正月庚辰,中国台北,中国台湾"中央"研究院史语所,1962年校印本,第2420页。

者二百四十八里。"①

三边总制具有节制镇巡以下各官的权力，自然可就各官之表现，或举荐，或弹劾。初期几任总制官，主要关注武臣群体，所举所劾之官大多为武官，或参与军事管理之文官。秦纮曾推荐靖虏卫指挥佥事陈善谋勇可用，请朝廷量加升擢。遂升其为署都指挥佥事。②

三边总制还可以视边防形势，随宜奏请添设新的将官，或裁减某些冗官，完善北边防御体制。弘治十五年三月，固原、靖原、靖虏等处有警，总制秦纮请令曹雄充副总兵分守固原等处，陕西都指挥佥事李能充游击将军协同副参等官随机策应。③弘治十六年（1503）四月，以地方已宁，请一切裁革。④其他地区的裁设情况也很频繁，正德九年（1514），番夷不宁，甘肃东路地远难以征调，总督彭泽请增设甘肃西路游击将军，以陕西行都司都指挥佥事芮宁充之。⑤

由此可知，陕西三边总制初创时期，主要职权与任务集中在军事方面，有统兵御虏、调兵防守、奏报战果、议处军情、筹措军饷、招募兵员、修筑边墙、举劾官吏、裁设将官等职能。这些也是后来总制官的首要职能。

（二）管理三边四镇之军民事务

陕西三边总制设置稳定后，事权逐渐扩大，除了上述军事统驭权更加稳固外，与陕西地方官的关系也愈加密切，同时针对边镇之各种弊端，开始大力兴利革弊。军事方面更加注重边镇的后勤建设，整饬武备。俺答封贡之后，管理边境互市成为总制官新的职责。随着各项事业的经营，总制的管辖范围开始由军事扩向民事，由卫所、军营伸向州县。

杨一清曾三次出任三边总制，从其三次所任事务，所闻所见中可以窥见前后之变化。嘉靖四年杨一清第三次被起用为三边总制，提督全陕军务。到任后，不禁感叹陕西边务废弛之状况，较之前情况愈加糟糕，军队逃亡、粮饷匮乏："臣近到陕西省城，阅视城操、巡边、备冬各支人马、原额数目虽多，中间逃故缺伍十之三四。其见存者身无完衣，军器缺坏，马匹瘦损，饥寒困苦之状，见于颜面，较之臣先年巡抚总制之时迥然不同。"⑥

面对如此惨淡之情形，不得不从新整顿。杨一清一面如同前任总制，向朝廷奏请银两，另外还亲自查勘陕西西安等八府钱粮状况。一是统计了陕西布政司所报各地亏欠钱粮，一是到州县查阅实际粮册，发现钱粮册有很多弊端："臣经过州县数处，调取钱粮文卷略为稽查，有卷内取获实收而无通关者，有开称已完不曾掣取通关者，有数年以前通无案卷者，不知前该官员因何通不查究，即此数处，他处可知。"⑦可见杨一清所涉事务已从筹备钱粮发展到地方财政领域。

整饬军务为总制官之基本职权，然隆庆和议之后，与蒙古各部的互市贸易逐渐兴盛，陕西各边急需建设市场，制定交易制度与管理办法。此阶段三边总督频频向朝廷申请，制定互市规则。隆庆五年（1571）准许吉能封贡后，陕西三边总督戴才上"延宁二市互市应行事宜八事"，包括修建市场、预备市货等建议。⑧开市之时，令列卒环市以慑虏心，故戴才莅事，无一敢哗于市者。⑨万历二年（1574），朝廷因

---

① 《明世宗实录》卷一二七，嘉靖十年闰六月壬辰，中国台北，中国台湾"中央"研究院史语所，1962年校印本，第3028页。
② 《明孝宗实录》卷二一，弘治十七年闰四月乙亥，中国台北，中国台湾"中央"研究院史语所，1962年校印本，第3942页。
③ 《明孝宗实录》卷一八五，弘治十五年三月乙亥，中国台北，中国台湾"中央"研究院史语所，1962年校印本，第3403页。
④ 《明孝宗实录》卷一九八，弘治十六年四月庚子，中国台北，中国台湾"中央"研究院史语所，1962年校印本，第3656页。
⑤ 《明武宗实录》卷一一九，正德九年十二月己酉，中国台北，中国台湾"中央"研究院史语所，1962年校印本，第2405页。
⑥ （明）《杨一清集》卷一一《为急处边储以防敌患以安地方事》，第404页。
⑦ （明）《杨一清集》卷一一《为处置拖欠边储事》，第420页。
⑧ （明）杨博：《本兵奏议》卷二二《覆陕西总督都御史戴才等条陈宁夏贡市疏》，续修四库全书第477册，上海，上海古籍出版社，2002年，第608页。
⑨ （明）过庭训：《本朝分省人物考》卷六，《明代传记丛刊》第129册，第640页。

延宁二镇互市三载休兵省费，总督戴才筹画悉当，有总理之劳，特加赏赉，其余巡抚等官有分理之劳，厚加赏赉。①

万历三年（1575）十月，三边总督石茂华奏称："松山酋首宾兔台吉部落小市自万历六年改在高沟寨地方互市，以后与铧尖墩每三年一次轮流开市"。兵部认为此事还需总督、巡抚经略，本部难以遥度：

> 宾兔台吉小市向在铧尖墩互市三次，为以地方贫穷，欲要改在高沟寨买卖，三年一次轮转，无非以边地瘠薄、人民稀少，为此更番之举，以便华夷之情，亦属可行。但事系边关，夷夏之防，全在督抚经略处置，本部难以遥度。即该彼处督臣具题前来相应依拟，合候命下移咨新任总督陕西军门会同甘肃巡抚仍查高沟寨、铧尖墩两处地方离边孰为远近，彼此互市三年一轮果否？②

三边总督在互市交易中负责实地议处，统筹规划，赋予其一定的经济管理权，可见其职责之重。

三边总制初创时所颁赐敕书中，多强调总制对三边四镇的震慑、节制之权，而很少涉及陕西腹里都司、州县等情况。随着总制官所管事务之繁杂，其权限渐波及四镇之外地区的管理，开始注意民官之任命与考核。杨一清认为陕西地区地处偏僻、事务繁重，人多避之，需将历任边方且耐苦者超擢提拔。

> 照得陕西平凉府所属三州七县，版籍仅一百二十八里，田粮至一十六万二百有余，额设驿传二十处，地薄粮重，民少差多。近年铨选官员因见时势难为，或到任未久而求去，或中途托疾而不来，或忧愤成疾而物故，或告辞不允而逃归。其在任者不过延捱日月，苟图糊口……臣切谓此等知府必得曾历边方、习险难耐劳苦者，超常格而用之，庶肯勉修职业。若照常例推升，未曾到任，先已灰心，安能望其举职。③

此外，他还将各州县正官之任职情况做一考察，如"通华州知州甘为霖，才通敏而优于治繁，性谨饬而严于律己；武功县知县姜恩，穷经能达于政，守己兼爱夫民；盩厔县知县王聘，励精于政事，而庭无留案，恪守于官箴，而人无间言……"总制与府州县官俨然如上下属关系，这与后来总制得以久任有关。"臣久官陕西，近者起废而来，一方之士民多所接见，一方之政俗素所涉历。恒于钱粮之盈虚，人民之愁乐，户口之登耗，学校之盛衰，盗贼之兴息，而郡县官员之贤否可按而知焉。大抵才贤者十无二三，庸劣者十常六七，今当朝观之年甄别黜陟此其时也。"④

三边总制最初主要接管边防军事事务，与巡抚、总兵等官议处相关事宜，未见与地方官员就该地民政事务有公文往来之事。后来渐出现总制接收布按司、分巡、分守等官案呈的事例。嘉靖四年（1525），西安府干州善政里民樊绅、樊绶等集众作乱，发动民变，攻城略地。陕西关内道分守杨叔通向总制杨一清汇报，请求量调边兵前往剿杀。时固原等处边兵俱发各边城堡按伏防御，杨一清遂令镇守陕西都督郑卿，将西安左前后等卫备冬官军，挑选有盔甲马匹精锐六百员名，行委都指挥孙昌、指挥杨茂分领，并巡抚衙门跟随巡边官军指挥刘启等三百员名会合扑剿，并令陕西巡抚王盖亲督前去调度。⑤一方面显示了总制对总兵、巡抚的调度权，另一方面可见，总制不再只关注北边蒙古各部，还负责陕西腹里之治安状况，与陕西地方之关系愈加密切。

---

① （明）杨博：《本兵奏议》卷二三《覆陕西总督都御史戴才报贡市功赏疏》，第650页。
② （明）项笃寿：《小司马奏草》卷二《题为优叙监市效劳酉首议处进贡马匹轮更市厂以示羁縻事》，续修四库全书第478册，第567页。
③ （明）《杨一清集》卷一一《为擢用繁难府分正官以从民便事》，第434～435页。
④ （明）《杨一清集》卷一六《为举劾有司官员事》，第616～617页。
⑤ （明）《杨一清集》卷一五《为地方贼情事》，第574页。

另有固原兵备副使桑溥将添设固原州佐贰官的建议呈给杨一清,杨一清阅后认为其建议可行,便向朝廷转达其意:

> 整饬固原等处兵备陕西等处提刑按察司副使桑溥呈前事。据固原州申称本州岛系弘治年间开设,止有知州吏目二员,政务繁多,干办不前,乞为转达,添设同知或判官一员,庶得济事等因。据此看得该州地处边防,城有军卫而总兵、兵备、参将衙门俱又常川驻扎,仓场数多,营堡散处,勘事查盘召商籴买委的缺官干理。今要添设佐贰一员似为相应,合无俯念边镇重地特赐转达。①

提刑按察司提学副使唐龙向杨一清建议增加陕西解额之数,杨一清同样转达朝廷。"今人材之盛,比臣提学之时,又复加倍,而额数六十五名仍旧不增。以一定之解额,待倍加之人材,士子穷年苦学,无有阶身,未免有遗才之叹,诚如副使唐龙所言。"由杨一清的奏疏中还可以发现就增额之事,陕西巡抚、巡按等官曾会本具奏。"近该巡抚、巡按等官会本具奏,乞增解额,盖皆亲至地方,目睹其升,不敢不言。"与抚按官相比,杨一清未免觉得此事超出自己所管范围,自谦道:"臣受命职专军旅,非敢出位而言,但念文教武卫,事体相须,且尝提学陕西年久,恩义相关,不能自默。"②

提学之事确与总制官专涉军务之初衷相差甚远,杨一清上疏时略有不安。然而不独杨一清,后来陕西总督仍有致力于文教、民生事业者,如戴才,隆庆五年任总督,以垦荒田、简将士、修书院为先务,民皆感颂。石茂华万历二年任总督,在任时建尊经阁、城南书院,并置学田。③

除以上事务外,总制官还负责兴水利、施赈济、抚流民等,已掌握了一地方官员各方面之事权,可见其对地方进行全面管理之倾向越来越明显。

三 陕西三边总制在地方权力体系中的地位

三边总制的地位当是高于各边巡抚、总兵的。首先其头衔高于巡抚,杨一清初任总制时,品衔为左副都御史,言者认为不宜与巡抚官相等,应加升以重其任,故升其为右都御史。④另外,朝廷给三边总制的敕书中明文授予总制官节制三边巡抚、总兵官之权。且早在正德五年(1510)杨一清出任总制时,已配有完备的印信,包括符验一道,总制军务关防一颗,令旗、令牌十面副。⑤

再者,总制有推荐巡抚之资格。杨一清初任三边总制时,即已认识到边镇巡抚选任之弊端,太过拘于年资,特向吏部推荐陕西按察司副使王云凤、陕西行太仆寺卿王琰、吏部文选司郎中张彩,皆有材可用。⑥

然而总制对巡抚、总兵的节制权并非绝对,究其原因,一方面节制范围主要针对军事行动,扩大之也是与军事相关的兵马钱粮之事。另一方面,无论是总制抑或巡抚,其辖区乃至职掌或许有大小之分,但因他们均挂有兵部或者都察院的衔,且均为堂上官,故两者不可遽断为上下级的关系。

总兵需听总制之调配,总制官可以就战事之发展便宜从事,但实际行使起来往往会遇到阻碍。秦纮下令欲让镇守总兵郑英防守西安,然郑英以先奉敕令专一备御固原,向朝廷上疏请求裁决。孝宗命郑英仍领西安原调备冬官军三千往固原防备虏寇。⑦如此则影响了总制实际权力的发挥,容易贻误军机。正

---

① (明)《杨一清集》卷一七《为缺官委用事》,第643页。
② (明)《杨一清集》卷一一《为增解额以疏人材以均政体事》,第428页。
③ (明)《杨一清集》卷七《为边务事》,第240页。
④ 《明武宗实录》卷一五,正德元年秋七月癸未,中国台北,中国台湾"中央"研究院史语所,1962年校印本,第454页。
⑤ (明)杨一清:《西征日录》,《杨一清集》,第709页。
⑥ (明)《杨一清集》卷八《为荐贤为国事》,第269页。
⑦ 《明孝宗实录》卷二一八,弘治十七年十一月庚戌,中国台北,中国台湾"中央"研究院史语所,1962年校印本,第4110页。

德元年（1506），杨一清发布命令，调延宁诸将官于盐池石沟按伏邀击边寇。不料各镇将官心力不齐，因见形势重大，莫敢发兵。敌众从原拆墙花马池清水营等处出境。①

陕西设置总制后，并未代替总兵、巡抚之事权。查看三边巡抚之敕书，在一镇之内的事权较之总制更加具体细微，涉及军事、经济、法律等各方面事务。以甘肃巡抚为例：

> 今命尔巡抚甘肃等处地方，操练军马，抚恤士卒，整饬器械盔甲什物，修理城池、关堡、墩台，兼理屯田粮草，禁革奸弊。均分灌田、水利，严禁兴贩私茶，关防经通朝贡番使，抚治附近羁縻番属，尤须禁约关军头目不许贪图财利，科克下人，及役占军余，私管家产……凡军民词讼及利有当兴，弊有当革者，悉听尔从宜处置，其一应边务事情须与总兵等官从长计议停当而行，副参以下俱听节制……②

总制官设立之后，不可能完全代管以上各项事务，尤其初期与镇巡官之职责各有所专。总制重在军前立威，统一号令，巡抚重在军后管理、养兵蓄锐，总兵重在操练军马、领兵作战。嘉靖八年，户部尚书梁材乞敕兵部，"转行总制等官，各要修举武备、威服远夷，毋得仍前退缩损威，贻害屯堡。本部备行各边巡抚管屯等官，务要遵照前例，兴复屯田，积粮养兵，毋致边储匮乏等因"③。

另外，陕西三边四镇辖区广大，事务繁忙，总制不可能事无巨细皆亲力亲为，需与巡抚、总兵分工合作。前文所述西安盗贼一事，杨一清统筹安排后，具体征剿事宜由巡抚、总兵决定。"缘臣巡视各边，防御外患，住止不常，相离省城地远，难以遥制。此后贼情缓急，听镇巡官指授方略，督属捕剿，及有功失事人员径自查奏。"④

有些事务有专职官员负责，总制官不能干涉，只能以建议的形式向朝廷反映。杨一清第二次出任总制时，由固原赴宁夏，过盐池，商人遮道诉称："公昔掌盐法时，每引一道，许载盐六百石，车脚填委，商得厚利。今拘以禁例，每引止许载三百石，车脚不至，群商坐视无可为者。"杨一清感叹："天地自然之利，官不善取而自弃之，顾为私贩之资，是诚可惜。然以御史有专职，未可径行，许为具奏议处。"⑤

另外，总制官与镇巡官之关系，不若巡抚与布按司、州县官关系之密切。巡抚具有定期考核布按司等官之责任，同时具有正荐之权，而三边总制则无，"总督陕西三边军务都御史，各镇俱有巡抚，不准正荐"。

在针对某一问题时，由于各自立场不同，总制与镇巡官意见难免产生矛盾冲突。总制将目光投向陕西全境，需顾及三边四镇之全局。而巡抚、总兵往往以自己管辖区利益为重，如关于军饷之发放问题，陕西巡抚只注意固原镇的粮饷情况。而一般京运银多存放于陕西布政司，陕西巡抚有很大的财政控制权，其他三镇很可能受到影响。嘉靖四年，杨一清总制陕西军务，查得甘肃地方被回贼蹂践人马已极困敝；延绥官军素称勇悍，各边调发应援多得其力，近年亦复疲敝之甚。因此奏请朝廷拨银，且宜差官专理军饷，四镇按比例分发饷银。"陕西巡抚专为固原等处议奏，而臣则有提督三边之责，休戚相关事体一同，不敢顾此失彼，以贻后艰。欲待通查四镇见在钱粮多寡数目明白方终论奏，恐蹈后时之愆，将贻噬脐之悔。"⑥虽然总制府亦设在固原，然总制与陕西巡抚不同，当公平对待四镇。

总制秦纮欲于花马池迤西至小盐池修城堡，宁夏巡抚刘宪不听，提出反对意见，秦纮上奏兵部，兵

---

① （明）《杨一清集》卷七《为乞恩认罪辞免重任事》，第221～222页。
② （顺治）《肃镇志·名宦》，中国台北，成文出版社，1970年，第57页。
③ （明）梁材：《梁端肃公奏议·会议王禄军粮及内府收纳疏》，陈子龙等编《明经世文编》卷一三〇，第925页。
④ （明）《杨一清集》卷一五《为地方贼情事》，第575页。
⑤ （明）杨一清：《西征日录》，《杨一清集》，第716页。
⑥ （明）《杨一清集》卷一一《为急处边储以防虏患以安地方事》，第407页。

部认为秦纮所言切实，事可责成，其为此奏，但惧宁夏守臣偏执不从耳。宜仍行纮督同宁夏镇巡官公心计议。①

总兵官也往往从本镇利益出发，与总制官相掣肘。边防缺兵，往往通过招募补之，但既招之后，不加操练，多因所司要存省粮储，分班疏放，日就散逸。时延绥领军傅钊病故，镇守延绥总兵官张安乞将所领土兵仍令各该营堡管束，照旧操守。总制杨一清认为前项招募义勇土兵生长边防，勇悍善斗，多次立功。其欲将前项土兵增选凑足3000员名，择官统领操练，东可以应援大同剿京师门庭之患，西可以御防宁夏弭陕西腹心之患。而延绥镇巡官员乃欲停革散遣，与其意见相左。据杨一清推断原因："实以此兵之设徒应别镇，而无益于延绥。又恐嫉急征调，抢兑老家马匹，是盖知为延绥谋而不知为大同谋，为陕西谋也。且延绥挑去游奇二千之外，老家人马委俱缺少，但此数千之兵聚为一支，则有余而可用，散之各堡，则不足而无益。"②

朝廷也已意识到此问题之存在，于是遇到紧急敌情或重要问题时，专门另下敕书，强调总制之权，以便总制行事。兵部曾特为杨一清奏请："兵贵有名，事当持重，合无请勅一道仍铺马赍付杨……仍行各该镇巡等官，各要同舟共济并力协谋，如大功克就则升赏不遗，倘事机有误，厥罪惟钧。"③嘉靖四年五月，巡抚王盖奏报军情："今敌众在套驻牧，号称八万有余，旦夕大举入寇，亦未可测，乞敕各边镇巡等官早为防御。"此时，杨一清正提督陕西军务，巡抚王盖在奏疏中丝毫未提及总制，却请朝廷降敕各镇巡官。世宗为将防御大任交予杨一清，特赐给敕书，以专其任。"朕以欲专提督之任，兹特降敕。谕卿宜即严督陕西、延宁、甘肃各该镇巡官，通将副参、游击、守备、守巡等官查照先今事理各要操练军马，齐整器械，谨斥烽堠，坚固城堡……"④

上述可见巡抚、总兵还尚未将总制视为直接上司，尤其前期时常不听其节制，甚至公然对抗。朝廷为阻止此类事情的发生，不得不屡颁敕书，加重其权，告诫镇守、巡抚官务必齐心协力，听其调度。嘉靖三十四年（1555），总督贾应春主持修整边墙，朝廷移文："三镇巡抚都御使如敢互相矛盾，致误军务，听总督官先行举奏。"⑤然而随着总督制度的稳固、三者关系的调和，主次地位逐渐走向明朗。万历二年四月，总兵官因被总制弹劾而遭停职，"革甘肃总兵官佟应任，听勘，游击吴镇改调，从总督陕西尚书戴才参奏也"⑥。另外，总督与巡抚的职责有趋同之倾向，二者关系更加密切，总督的上级色彩也愈加明显。隆庆二年（1568）三月，陕西总督王崇古为巡抚奏讨旗牌令，"延绥、宁夏、甘肃、陕西四巡抚，往时止令纠察将领，不预战阵，故不给旗牌，今已指挥诸将统领标兵宜更行敕谕，如山西、宣大及江南用兵例，各颁旗牌令，得军法从事"⑦。

四 陕西三边总制管理地方之局限性

三边总制在北边防御中起到了很大的作用，尤其是边镇建设方面，促进了当地社会的稳定与发展。然而在很多事务中，其预想的作用远没有发挥到位。如军事行动中，当时创设三边总制的主要目的是希望能有效调度各路军马，抵御打击蒙古各部的袭扰。然而总制官虽尽心筹划，督促大小将官积极备战，成效却甚微。杨一清曾感概道："敌人在套日久，臣自到陕西以来，不次行令各该将官加意堤备，遇有侵

---

① 《明孝宗实录》卷一九六，弘治十六年二月己亥，中国台北，中国台湾"中央"研究院史语所，1962年校印本，第3609页。
② （明）《杨一清集》卷八《为急缺领军官员事》，第279页。
③ （明）《杨一清集》卷八《为分布边兵预防虏患事》，第286～287页。
④ （明）《杨一清集》卷一二《为钦奉事》，第452页。
⑤ （明）杨博：《本兵奏议》卷一《覆陕西总督贾应春勘议三镇修边疏》，《续修四库全书》，第477册，第136页。
⑥ 《明神宗实录》卷二四，万历二年四月庚戌，中国台北，中国台湾"中央"研究院史语所，1962年校印本，第611页。
⑦ （明）徐日久：《五边典则》卷一八，《四库禁毁书丛刊》，史部第26册，北京，北京出版社，1997年，第460页。

犯即便督军截剿，不许畏缩误事……止是游击将军张凤，旧安边营把总指挥赵玺各部下斩获首级二颗，夺获马匹夷器，功虽不多，亦曾督军临阵与之对敌。其余城堡把总坐堡等官虽称出兵追逐，并无斩获之功。"①

修边事宜也时常拖延，兵部曾令总制官会官勘议花马池至灵州一带边墙工程，四年犹未奏报，请趣令总制王宪速议以闻。世宗认为不必仍袭虚文勘议，即查先年诸臣论奏及议处事宜详具奏闻。②王宪并非殆职平庸之辈，为何四年勘议不成？盖与各边守臣是否配合有一定关联。

影响三边总制发挥实际作用的，行使总制权的因素有很多，除了前文中提到的镇、巡官的抵触，还受到制度本身以及朝廷的影响。虽然，朝廷赋予总制官便宜行事的权力，但遇事多不能决，总制官仍奏请施行，不敢妄下命令。如前文所述总制官的各种事权，其实际运转首先需要得到朝廷的认可。

初期由于旋设旋撤，导致三边总制负责的很多事务或半途而废，无法持续发挥效应，或者被拖延，贻误时机。如豫旺城之创建，弘治年间秦纮奏请获允，但因不久召还，事不果行，至杨一清奉命经略乃委官始创立廨宇。③阿尔秀斯率众自正德三四年间被小王子人马仇杀残败，遁往河西庄浪、凉州、苏海图、斩石峡、明水湖、扒沙一带潜藏住牧。时出剽掠，阻截道路，敌伤官军。杨一清第二次总制陕西军务时，建议调集大兵痛加诛剿，彼时规置已定，唯候成命，不意旋即奉敕取回。兵部受旨，行令甘肃镇巡官整理。待杨一清第三次出任时，感叹道："缘兹事重大，岂甘肃一镇所能了办，因循养患十有余年。"④

不仅大的工程建设、军事行动受影响，连平时政务也会因总制之去任而发弛。杨一清在第一次任总制时，主要整理马政、盐政，经其督理，西北养马、市马之事焕然一新。然其第二次到陕西后，发现已大不如前。牧卒诉曰："自公之去，我辈疲于力役，疲于科取，不得牧马。马死，鞭追急，人无完肤。逃且半，现在者不能存，将尽逃矣。"⑤就连其昔日所招部曲亦困苦不堪。"平凉旧部曲以昔所选中军人马来迎，疲驽居半，精采大非昔比。予问其故，皆泣曰：'自公去镇，岁征戍不得休息，蒭粮不时给，或经岁无粮，又科出银物供需索。壮士饥而逃，今多补役充数，马瘦死殆尽，今皆追补者也。'予为之怃然。"

有些在任时间仅一年或几个月，很难有所建树。大臣纷纷请求令总制久任，然常不果行。李钺于嘉靖元年（1522）正月任命，嘉靖二年（1523）三月即已取回。兵部尚书彭泽言："侍郎李钺总制陕西三边名绩颇著，久任则有成功。"世宗不允："陕西事宁，钺取还朝。"⑥时有谍报称小王子纠众欲图大举，言者请仍命李钺还陕，俾其展尽方略。得旨钺已取回陕西边务该镇巡官用心料理。⑦后期总制、总督虽无空缺，但也时有频繁更换的现象，同样影响了其职权的发挥。

三边总制权力之运作与施展随时会受到朝廷政局的影响。正德初，刘瑾专政，因杨一清忤瑾，休致而去。时杨一清正着手修边，去任之前，奏请朝廷仍选派一大臣，前往陕西总理。结果刘瑾矫旨："官不必差，修筑边墙且罢，见在余剩钱粮着巡抚等官查理秤盘，见数销镕成锭，差人解京。"⑧正德五年宁王发动叛乱，群臣皆推举杨一清前去总制，刘瑾不得已从之，但仍然命陈震先往讨之，暂行总制事。杨一清抵达陕西之后，恰宁夏巡抚马炳然还乡终制，而刘瑾不补其缺，令总制杨一清专在宁夏居住抚驭，以此阴夺总制之权。杨一清接管巡抚文卷，发现三边军务，唯征调军马重事，仍听节制。⑨有的直接成为政治斗争的牺牲品，如主张收复河套的总督曾铣，因受夏言支持，后被夏言牵连致死。

随着党争迭起，言官论事、文臣好武之风的兴盛，总制官往往受制于各种舆论压力，更加无法施展

---

① （明）《杨一清集》卷一三《为达贼声息事》，第512页。
② （明）张居正等：《明世宗实录》卷八五，嘉靖七年二月丁未，中国台北，中国台湾"中央"研究院史语所，1962年校印本，第1921页。
③ 《明武宗实录》卷二，弘治十八年六月丁巳，中国台北，中国台湾"中央"研究院史语所，1962年校印本，第47页。
④ （明）《杨一清集》卷一二《为达贼出没计处用兵机宜事》，第461页。
⑤ （明）杨一清：《西征日录》，《杨一清集》，第707~708页。
⑥ （明）张居正等：《明世宗实录》卷二四，嘉靖二年三月癸亥，中国台北，中国台湾"中央"研究院史语所，1962年校印本，第694页。
⑦ （明）张居正等：《明世宗实录》卷二八，嘉靖二年六月甲辰，中国台北，中国台湾"中央"研究院史语所，1962年校印本，第768页。
⑧ （明）《杨一清集》卷九《为经理要害边防保固疆场事》，第332~334页。
⑨ （明）杨一清：《西征日录》，《杨一清集》，第716页。

自己的权能。御边政策朝令夕改，且多不符合实际，令总制官无所适从。三边总督王崇古无奈道："善议者不任其事，责人者不责之己，故见效间疏而鲜成事也。且边事非经涉无以知山川之险易，非服习无以耐风霜之艰苦，非督战无以知兵力之勇怯，非见敌无以知虏情之强弱，故有不可战而责以必战，可攻而顾谓不必攻，当事边臣真莫知所从矣。"①

另外，还受到北边其他军镇的影响，尤其是宣大三关的干涉。延绥与宣大游击兵互相应援是北边防御中的惯例，然不免发生冲突。弘治十八年（1505），延绥副总兵姜汉所领奇兵 3000 余员名，游击将军戴钦所领游兵 3000 余员名，俱于本年三月内大同调去策应，至 5 个余月未回。本年十二月内，敌人拥众自花马池拆墙深入腹里抢掠，止是调到王戟士兵猝与敌遇交锋失利，其延绥副总兵奇兵游击将军游兵俱未到，总制杨一清不次移文督调终是缓不及期。杨一清认为："盖因各该官军初自大同掣回未及休息遽遭大敌以此应援不及向使各支兵马早得掣回如臣所拟分守地方驻扎套众未必敢尔长驱深入。"正德元年，宣大总制刘宇又要征调延绥兵马，杨一清为难，兵部令两总制视军情而定，哪一方十分告急，先援助之。②

明代中期以后，军备废弛已久，北边各种弊端因循姑息，总制一到任，便身处各种困境之中，难以一时扭转乾坤。杨一清曾深有力不从心之感："缘臣受恩如天，欲报无地，方图经营士马，修饬边防，使敌众不敢侵犯，军民得安生业，以少酬覆载生成之德。奈何器质庸凡，行能浅薄，崇阶厚禄，逾分过量，事权太重，力不能胜。"③由于以上种种制约，三边总制在行使其权力时，往往无法实现敕书中所预想的情形。

结　　语

陕西三边总制创设之后，朝廷对其较为重视，很多总制、总督后来都升任为各部尚书。对于三边总制的选任也是非常谨慎，多选自有治边经验且声誉极佳之巡抚、侍郎等官。嘉靖二十五年（1546），经廷推欲起用兵部尚书张经总督三边。给事中刘起宗劾奏张经前在两广科克军粮不下数万，乞罢经新命。世宗命廷臣核实以闻。吏部尚书唐龙执奏："经可任，言科论事出一时，风闻未足为据。"得旨："张经既经论劾，不必用，今更推堪用者。乃用曾铣。"④

三边总制、总督多为经世致用之臣，赋有才略，能在现有条件下，尽量发挥自己的职能。具体则因人而异，有些能大刀阔斧地建设边镇，造福一方。如秦纮、杨一清、唐龙等，在任期间能全面经营边方，整顿兵备。有些擅于指挥作战，立下战功，如王越、王琼、刘天和、贾应春等。有些擅于外交，处理番务，管理互市，如王崇古、戴才、郜光先、石茂华等。而有些则无甚建树，甚至失误军机，屡被弹劾，引来物议，如史琳、邓璋、魏谦吉等。杨博谈及总督魏谦吉："初在甘肃山西两镇巡抚大肆贪残，及至开府固原，不理边务，专事苴苞，以致大虏入花马池一带，极其蹂践，谦吉方且多方用贿以求内转。"⑤

总之，陕西三边总制作为北边防御体制中的一环，其发展趋势、实际运作、功能成效皆与明朝三边四镇地区的军事形势，中央与陕西地方的关系等密切相关。其又作为地方管理制度中的一个枢纽，上达朝廷，下督镇巡，与前后二者互相影响。三边总制作为明代总督制度的一大尝试，有明一代，一直处于不断探索、演变之中，对西北边疆之管理产生了巨大影响。

[作者单位：廊坊师范学院]

---

① （明）徐日久：《五边典则》卷一八，《四库全书禁毁书丛刊》，史部第 26 册，第 463 页。
② （明）《杨一清集》卷八《为预防边患事》，第 267~268 页。
③ （明）《杨一清集》卷九《为衰病乞恩休致事》，第 322 页。
④ （明）张居正等：《明世宗实录》卷三〇〇，嘉靖二十五年四月乙未，中国台北，中国台湾"中央"研究院史语所，1962 年校印本，第 5824 页。
⑤ （明）杨博：《本兵奏议》卷九《覆右给事中张鸣瑞追论南北误事边臣褫夺疏》，《续修四库全书》，第 477 册，第 319 页。

明代民壮训练体制初探

杜志明

民壮是明代民兵中最重要、最普遍的一种，是卫所制、募兵制等国家常备军制以外的重要辅助和补充，在保卫国家安全和维护地方社会治安等方面发挥了重要作用。"用兵之法，教戒为先"[1]，军队有没有战斗力，日常训练是前提。尤其对于"寓兵于农"的民兵而言，没有基本的训练作保障，无异于驱羊入狼群，"以不教民战，是谓弃之焉"[2]。一方面，明代民壮以守卫地方为主要职任，遇大警则受国家征调，此外还兼有捕盗、巡盐、修筑城池等任务；另一方面，明代民壮皆选自田野农夫，素无训练。民壮虽非国家常备武力，有时却要执行与常备军相当的任务，那就必须在训练上狠下功夫，缩小二者间的差距。所以，探讨民壮这一"民""兵"混合体的训练体制，对于窥视明代民兵建设具有一定的学术意义。

正统十四年（1499），故元也先部兵临北京城下，京师防御能力不足，朝廷大为恐慌。临危登基的景泰帝紧急下旨，"差廉干京官驰往北直隶、山东、河南、山西、陕西各处选操民壮"[3]。为切实增强京师的防御能力，明王朝统治者对民壮训练极为重视，时任兵部尚书于谦认为，"民生长于承平之日，居处于田野之间，干戈不识，弓马不习，遇敌无为缩手待缚……皆因武备不修之故"，建议"于军民中选举谙晓兵法、识见出众、知民疾苦者充任，职专训教民壮，并在官弓兵演习武艺，勤饬操练，修置城堡，以备外敌"[4]。明廷采纳了于谦的建议，即令各地民壮"就彼卫所量选官旗兼同操练，听调策应"[5]。本文以《明实录》和地方志为基础，辅之以明代政书及明人文集等史料，从民壮训练的基本要求和原则、民壮训练的设施条件、民壮训练的基本形式以及民壮训练的实效性等方面，对明代民兵训练体制做一系统阐述，以求方家指正。

一　民壮训练的基本原则

民壮训练虽不可完全照搬军法，但要提升其军事素养和战斗力，缩小与国家正规军的差距，训练要求也不可刻意降低，否则难以实现国家招募民壮的初衷。从各地民壮的训练情况来看，综合朝廷提出的总体要求，明代民壮训练也遵循着一些基本原则。

首先是精选练。天顺元年（1457），"令招募民壮，鞍马器械悉从官给"[6]，这是官书所载朝廷第一次对招募民壮所作出的正式规定。弘治七年（1494）诏："令州县至七八百里以上者，每里金民壮二名；

---

[1] 中国军事史编写组：《武经七书注译》，北京，解放军出版社，1986年，第445页。
[2] 杨伯峻译注：《论语·子路篇》，北京，中华书局，1980年，第144页。
[3] 《明英宗实录》卷一八一，正统十四年八月丁卯，中国台湾"中央"研究院史语所校勘本，1962年，第3513页。
[4] （明）于谦：《忠肃集》卷五《兵部为陈言事》，《影印文渊阁四库全书》，第1244册，中国台北，中国台湾商务印书馆，1986年，第188页。
[5] 《明英宗实录》卷一八三，正统十四年九月甲辰，中国台湾"中央"研究院史语所校勘本，1962年，第3594页。
[6] （万历）《明会典》卷一三七《兵部二十》，中华书局，2007年，第702页。

五百里者三名；三百里以上者四名；百里以下者五名。"①选民壮之法："要当责其土著，试使负重行百日、步外能二百石者为中式，不及者黜；不能，以强弓劲弩连发试之。苟资其勇健，不当较其为亲丁与否也。遴选既毕，则登其年貌于册，书曰某也，代某某也。自役常以二十受役，六十而罢，每五年则遍加阅视，而用前法汰补之。如此则不惟兵收精锐，而一方恶少尽入吾网罗矣。兵强士锐，统驭为艰。"②所以，无论招募还是佥派，从年20以上60以下的壮丁中选拔，民壮的人选范围比较宽广，有利于实现"精选"目的，然后才可精选。但此后"有司役占卖放"民壮情况时有发生，正德间沔阳知县李濂奏请重新编审民壮："务于各里丁力相应之家，从实拣选躯体强健、年齿英锐者各一名，俱开注年貌在册，不许私自更换。仍给与小木牌一面，常川悬带，令其随军操练。歇操之日听便生理，不许分拨跟官，及各项妨占役使。仍免本户二丁供给十年，一换如此，庶蓄威有素，练武有时。倘遇警急调用，则行伍皆精壮之夫。"③此法得到朝廷许可，民壮部伍素质有所提升。

其次，不违时。民壮本系徭役佥派，由农民充当，故民壮训练，以不违农时为要。《司马法》曰："不违时，不历民病，所以爱吾民也。"④明代民壮训练的季节安排，一般按照春、夏、秋每月操演二次，至冬则按"操三歇三"的原则训练。⑤春、夏、秋是耕种或收获的季节，故操练频度比较低，真正体现不耽误农时。但不同地域的民壮其出操时间略有差别。广东琼州府实行"春夏秋月凡二操，冬则操三歇三"⑥；江西南康县则于每年霜降日合民兵操演，"自此日始操三歇五"⑦；而福建漳平县曾行两季操，"春二月半起至五月中止，秋八月半起至十一月中止，县官或巡捕官率民壮操练"⑧。江西南城县实行春秋两班更迭操习，首班"正月初一日着役，至六月尽下班；（次班）七月初一日上役，至十二月终"⑨。分班操练，一年中总上操时间达六个月，但若赶上春班，则误耕种；若赶上秋班，则误收获。何种时间安排为宜？作为民兵，仍当以不误农时为佳。

第三，择良将。所谓"千军易得，一将难求"，一支队伍是否素练，其管操官甚为关键。"若郡县之民壮，固有司之亲兵，本以备非其职也，竟当付之练兵。麾下或正官、簿书鞅掌不能讨军实，而练兵官多游手之徒，不堪任使。"⑩故此，早期民壮之训练，就本地卫所量选官旗兼同操练，听调策应。后以官民兵不合为由，"各州县马步民壮，以巡捕官领之听调"⑪。明代巡捕官即捕盗官，亦是民壮管领官，负责民壮的日常管理及操练事宜。天顺五年（1641）定制，令各地所设民壮，"专以府州县佐贰官领操，庶资其用"⑫。

第四，以役代练，各随所长。除征战与守御之外，民壮平时还须承担一些体力要求较高的工役，这样势必耽误操练。因此有人提出"以役代练"，所谓"训练有方，又必养其锋锐。操演之外，惟逐捕奸宄则役之，修缮城池则役之，械送罪囚则役之，卫护敕使则役之。如此则兵有余勇，其临敌也，必争先请战矣。疏上，大司马以为计，便颁其法诸郡。"⑬民壮作为地方兵，其训练之法，当以"随其风土所

---

① 《明孝宗实录》卷九三，弘治七年十月己未，中国台湾"中央"研究院史语所校勘本，1962年，第1702页。
② （嘉靖）《建宁府志》卷一四《贡赋》，《天一阁藏明代方志选刊》本，上海，上海书店，1983年。
③ （明）李濂：《嵩渚文集》卷七〇《改佥民壮以重民兵事》，《四库全书存目丛书》本，集部第71册，济南，齐鲁书社，1997年，第193页。
④ 中国军事史编写组：《武经七书注译》，北京，解放军出版社，1986年，第81页。
⑤ （明）王圻：《续文献通考》卷一六三《郡国兵·土兵》，北京，现代出版社，1991年，第2519页。
⑥ （万历）《琼州府志》卷七《兵防志》，北京，书目文献出版社，1991年，第203页。
⑦ （嘉靖）《南康县志》卷三《教场》，《天一阁藏明代方志选刊续编》本，第44册，上海，上海书店，1991年，第834页。
⑧ （嘉靖）《漳平县志》卷九《武备》，《天一阁藏明代方志选刊续编》本，第38册，第1143页。
⑨ （正德）《建昌府志》卷八《武备》，《天一阁藏明代方志选刊》本。
⑩ （明）陈子龙等编《明经世文编》卷五〇一，姚希孟《代当事条奏地方利弊》。北京，中华书局，1961年，第5523页。
⑪ （顺治）《光州志》卷六《武备志》，北京，书目文献出版社，1992年，第307页。
⑫ 《明英宗实录》卷三三五，天顺五年十二月辛卯，中国台湾"中央"研究院史语所校勘本，1962年，第6858页。
⑬ （嘉靖）《建宁府志》卷一四《贡赋》，《天一阁藏明代方志选刊》本。

长"①。所谓"兵有短长，各令专习。设未谙晓，即使能者转相教演，不数月中足成精技矣"②。嘉靖二十一年（1542），罗田知县祝翀改佥125名民壮，"其金鼓、旗物、弓箭、枪刀，各随其所长者而役之"③。

以上四项原则，难以概括民壮训练的全部要求和规范。但综合考虑，大致能满足作为"兵"的民壮训练时所须达到的基本要求，力求保证民壮训练的实效性。

二 民壮训练的基本设施

民壮训练的基本设施包括装备和教场。民壮初创期的装备比较简陋，如景泰二年（1451）河北阜平县民壮"用石击败达贼"④。随着民壮制度的逐步完善，民壮训练也渐趋正规，虽不可与卫所军兵同日而语，但为了保障民壮的训练实效，给民壮配发相应的军械装备并进行训练是完全必要的。民壮装备包括基本装备和辅助装备两类。

所谓基本装备，是民壮作为"兵"执行相关任务的最低装备要求，包括："壮"字红帽一顶，纸甲一领，腰刀一把。⑤在此我们无须对"帽子"做深究，大概以此与旗军、募兵、乡勇等区别，我们重点关注民壮的两件主要装备：进攻时用的腰刀与防护时必备的纸甲。腰刀是我国古代传统冷兵器中最普通的兵器之一，《武备志》对腰刀的生产工艺及要求有详细说明："自背起用平铲平削至刃，刃芒平磨无肩乃利，妙尤在尖。近时匠役将刃打厚，不肯用工平磨，止用侧锉横出芒，两下有肩，砍入不深，刃芒一秃，即为顽铁矣。此当辨之。刀要与手相轻，柄要短，形要弯，庶宛转牌下，不为所碍。盖就牌势也。"⑥由此可知，只要工匠耐心打磨，制造一把好腰刀并不难；另据《武备志》所绘腰刀图，"刀长三尺二寸，重一斤十两"，可见此刀捏握轻便，使用灵活。正是这两点，使腰刀成为民壮的理想兵器。

纸甲又称"纸铠"，它是一种简易的护身甲，以硬布裱骨，再用纸筋搪塞而成。起于唐宣宗时，河中节度使徐商劈纸为之，劲矢不能入。其制作，"用无性极柔之纸，加工锤软，迭厚三寸、方寸，四钉，如遇水雨浸湿，铳箭难透"。与纸甲相似的还有棉甲，"以棉花七斤用布缝如夹袄，两臂过肩五寸，下长掩膝，粗线逐行横直缝紧，入水浸透，取起铺地用脚踹实，以不胖胀为度。曜干收用，见雨不重，霉黷不烂，鸟铳不能大伤"⑦。绢甲的做法亦如之。宋代民间武装就用纸甲做防护，康定元年（1040）四月，"诏江南、淮南州军造纸甲三万，给陕西防城弓手"⑧。明代广西民壮所用纸甲，"矢石不能入，胜于铁也。其纸出柳之宾州，裹以旧絮杂松香熟槌千杵，外固以布缀而缝之。每甲费白金六七钱许耳。然槌不熟，则矢炮亦穿"⑨。明代著名军事家茅元仪认为：南方不宜用铁甲，只因"南方地形险陷，固多用步。步驰难以负重；天雨地湿，铁甲易生锈，战必不可用矣。倭夷、土贼率用火铳神器，而甲有藤有角，皆可着用，但铅子俱能洞入，且体重难久。今择其利者，步兵惟有绢甲，用绢布不等。若纸、棉俱薄，则箭亦可入，无论铅子"⑩。绢甲又胜纸甲和棉甲。兵器的使用，除了考虑它的功能外，还要因地制宜，方可收其效用。

所谓民壮辅助装备，是除基本装备外，各地从实际情况出发给民壮配发的其他装备。因不同地域情

---

① （清）张廷玉：《明史》卷九一《兵制三》，北京，中华书局，1974年，第2251页。
② （嘉靖）《建宁府志》卷一四《贡赋》，《天一阁藏明代方志选刊》本。
③ （嘉靖）《罗田县志》卷六《艺文志》，《天一阁藏明代方志选刊续编》本，第62册，第178页。
④ 《明英宗实录》卷一八九，景泰元年二月癸巳，中国台湾"中央"研究院史语所校勘本，1962年，第3888页。
⑤ （万历）《漳州府志》卷七《兵防志》，《中国史学丛书初编》本，中国台北，学生书局，1965年，第141页。
⑥ （明）茅元仪：《武备志》卷一四〇《军资乘·器械三》，中国台北，华世出版社，1984年，第4134页。
⑦ （明）朱国桢：《涌幢小品》卷一二《纸铠绵甲》，《续修四库全书》本，子部1173册，上海，上海古籍出版社，1995年，第81页。
⑧ 《宋史》卷一九七《兵志十一·器甲》，北京，中华书局，1974年，第4911页。
⑨ （清）汪森：《粤西丛载》卷一九，《影印文渊阁四库全书》本，第1467册，第630页。
⑩ （明）茅元仪：《武备志》卷一〇五《阵练制练·器械四》，中国台北，华世出版社，1984年，第4197页。

况千差万别，固没有统一制式，我们先看若干州县的民壮器械，以作参照。浙江遂安县民壮兵器：旗，枪，铳，钉，箭，吹手；①福建建阳县民壮器械：铜锣，飞虎旗，牌，弓箭，标旗，枪，弩，铳，耙头，钩刀；②河南长垣县民壮器械：大旗，五方旗，响器，小旗，石子，滚子木，大铁炮，挨牌，枪架，枪，大刀，木榔头，三须钩，神枪，火炮，拒马枪架；③江西袁州府民壮器械：盔甲，大旗，中旗，神铳，挨牌，枪钯，弓弩，大鼓，小鼓，锣。④据这些记载，我们可将民壮辅助装备归纳如下四类：一是旗，即队伍标志。"旌旗，所以威目也，故大将所司在乎旗鼓，要在于一耳目而已。故练士者先明旗之别而要束之。"⑤二是响器，如锣、鼓等，主要用以发号施令、节制部伍行动。三是冷兵器：弓，弩，挨牌，枪，钯，石子，滚子木，木榔头，钩刀等；四是火器：铳，铁炮，神枪，火炮，神铳等。毫无疑问，民壮的武器装备还是以冷兵器为主，但装备和练习火器在各地民壮中也并不鲜见。嘉靖间倭变，福建福宁州民壮"习边铳、鸟铳，倭贼攻城而不能犯，铳之力也"⑥，火器在抗倭战争中起到了非常重要的作用。再如江西兴国知县海瑞令守城民壮分习火器，"将一百二十名充习佛郎机、鸟铳手，余一百三十二名充习别器械。小有警闻，本县金点乡兵帮助，庶先奉文造鸟铳一百把，佛郎机二十把，诸器不至虚设"⑦。民壮教习、配备火器，不仅侧露了明代火器制造发达、使用广泛，也说明了不同地域对民壮的要求也不尽同，战时比平时要求高，沿边沿海比腹内要求高。

民壮所需器械，一般由国家专设军器局制造，后来"止令各卫所指挥、千百户等官代管造作，每所一季成造盔甲、枪、刀、弓各十件，圆牌五面，弦二十条，箭三百枝，撒袋十副，铳箭一百枝"⑧。器械最初由官府直接配发，后皆自备，"于工食银内支买"⑨。但即便自买，"事毕辄收所执兵器，不得私藏"⑩，皆收贮府县武库，或"俱兵备道收库"⑪。长垣县自正德流贼平定后，"器皆散乱，无有除畜之者"。知县杜纬"建军器局三楹，凡弓矢、戎器之属，匪不淬砺而整聚之，则虽暮夜有警，亦可勿恤矣"⑫。

教场是操练民壮之所，或称"演武厅""演武亭""演武场""演武坊"等。从现存地方志所载情况来看，教场规模无定制，概因地势、地形以及民壮数量等因素而定。县教场一般在百亩以下，而府教场则广达数百亩。河南夏邑县教场"在县西门外迤南，东西六十步，南北一百二十步，演武亭三楹，旗矗台一座"⑬；该县编有民壮200名，教场面积30亩左右。⑭而绍兴府教场"有演武堂，前筑将台，其地旷衍可二百亩"⑮。不过，同为县教场，其规制也存在很大差距。浙江严州府淳安县旧教场占地仅18亩，而同府的遂安县教场"足屯千人"⑯。淳安教场由知县海瑞于嘉靖十四年（1535）所建，盖与其节俭作风有关。

---

① （万历）《遂安县志》卷三《武备志》，《中国史学丛书三编》本，第36册，中国台北，学生书局，1986年，第315页。
② （万历）《建阳县志》卷二《兵伍》，北京，书目文献出版社，1992年，第329页。
③ （嘉靖）《长垣县志》卷二《田赋》，《天一阁藏明代方志选刊》本。
④ （正德）《袁州府志》卷二《徭役》，《天一阁藏明代方志选刊》本。
⑤ （明）茅元仪：《武备志》卷九九《军资乘·战四》，中国台北，华世出版社，1984年，第3869页。
⑥ （万历）《福宁州志》卷五《兵戎志上》，北京，书目文献出版社，1992年，第79页。
⑦ 《海瑞集》，《上编·留民壮文》，北京，中华书局，1962年，第209页。
⑧ （隆庆）《潮阳县志》卷九《官署志》，《天一阁藏明代方志选刊》本。
⑨ （嘉靖）《浦江志略》卷四《城社志·武备》，《天一阁藏明代方志选刊》本。
⑩ 《明英宗实录》卷一九二，景泰元年五月丙辰，中国台湾"中央"研究院史语所校勘本，1962年，第4055页。
⑪ （嘉靖）《霸州志》卷四《武备志·戎器》，《天一阁藏明代方志选刊》本。
⑫ （嘉靖）《长垣县志》卷二《田赋·兵戎》，《天一阁藏明代方志选刊》本。
⑬ （嘉靖）《夏邑县志》卷二《建置志》，《天一阁藏明代方志选刊》本。
⑭ 梁方仲：《中国历代户口、田地、田赋统计》，上海，上海人民出版社，1980年，第546页。
⑮ （万历）《绍兴府志》卷二三《武备志一》，《四库全书存目丛书》本，史部第201册，第26页。
⑯ （万历）《严州府志》卷五《经略志三》，北京，书目文献出版社，1992年，第104页。

教场都有何设施呢？以河南夏津县教场为例，"有演武厅，有将台，有射侯，有辕门，有武备坊"①，这应是州县教场的基本构件。演武厅为训练演武处，将台是训练指挥处，辕门系教场大门，武备坊则为存放训练器械所在。更高一级的教场，其规制则比县要复杂得多。以山东武定兵备道教场为例，其教场规制宏大而完备："场北台基一，台上庭宇二，台下小旗鼓台四；东大旗台一，两旁小营台五；南大将台一，四旁小营台四。外有辕门一，内有屏蔽一，东西方池二，以备霖潦。东又浚古井一，以济渴饮。西又增小舍一，以戒止宿。幅围种树数千株，以为界植，亦俟成长为荫息之地。"②武定州教场规模相当于一座军营，从军事训练到食宿后勤等各项设施均较齐备。教场一般建置于州县城池之外，原因有二：一是教场位于城中，操练之时扰民；二是州县各衙署、库房等皆位于城内，是为要地，若城中藏兵，且兵无纪律，则易生事端。"夫军旅，戎事也；金鼓旌旗戈铤，凶器也，乃可使闾阎箘閽之间有之乎？或一旦缓急，必招募四方客兵充其伍，而商估高资者多处间左右。又前有权司，后有转运司，皆国家嘉胏之地。彼招募多游手白徒，非隶尺籍者。比将无觊觎以逞乎？故识者不虞外敌而虞内寇也。窃谓不若以其地易郊门外民田与相当者而徙置之，民当不难与耳。盖我利其郭以外处兵，民利其郭以内治田。此诚两便也。"③

专设的民壮教场由地方守令主建，建成后为巡捕官管理操练。福建建阳县演武厅，"正德间知县区玉建，典史解瓒书匾"④。南直隶六合县设教场一所，"委巡捕官一员，典史专理，遇缺则于属官内委管"⑤。教场是操练军兵、民壮之所，若鲜有操练者或长时间无人问津，则或被民占，或被军侵。毗陵县先后有两个教场，后来皆废为民地。据县志载："教场在郡治东北，即宋教场。洪武初废为民地，有将台遗址在焉。外教场在治幢门外一里，怀德南乡。广袤五十余亩，信国公汤和守御时置，今为民地。"⑥浙江余姚县教场建于武胜门内西北隅，"不知创自何时，已而废为田，居民倪澄、王伯孚等业其中"⑦。但既设民壮，终须教场。承平时期可以不问，一旦地方有乱，重整民壮，则要重建。常州府无锡县教场在县治西南，久废为民居。弘治十二年（1499），知县姜文"魁展复其地，中建阅武堂三楹，额设民兵一千六百五十六名，以时操习于此"⑧。

须特别指出的是，明代实行土地私有制，建置教场的土地或须购自民间。如真阳县教场占地24亩，有"演武亭三楹，中建将台，俱知县张公玺市地为之"⑨。如不愿购，可将官田地与之置换，绍兴府余姚县原设教场"不知创自何时，已而废为田，居民倪澄、王伯孚等业其中。嘉靖九年（1530），讨询旧址复以田为教场，而以牟山新湖田给偿之"⑩。

三　民壮之训练——以团操为例

民壮"立法之初，固以守城御寇。今皆孱弱不足恃，兵备道乃以各县民壮抽赴郡城练之，谓之团操。"⑪团操之目的，在于"畜精勇、备征调，非止为镇城设也"⑫。这与民壮"精选练"原则一致。"兵贵精不

---

① （嘉靖）《夏津县志》卷三《修武志》，《天一阁藏明代方志选刊》本。
② （嘉靖）《武定州志》卷八《兵防志》，《天一阁藏明代方志选刊》本。
③ （万历）《江都县志》卷一一《兵戎志第六》，《四库全书存目丛书》本，史部第202册，第115页。
④ （嘉靖）《建阳县志》卷四《储恤志·兵防》，《天一阁藏明代方志选刊》本。
⑤ （嘉靖）《六合县志》卷二《人事志》，《天一阁藏明代方志选刊续编》本，第847页。
⑥ （成化）重修《毗陵志》卷一六《武备》，《天一阁藏明代方志选刊续编》本，第22册，第38页。
⑦ （万历）《绍兴府志》卷二三《武备志一》，《四库全书存目丛书》本，史部第201册，第26页。
⑧ （正德）《常州府志续集》卷三《文事》，《中国史学丛书三编》本，第41册，1986年，第150页。
⑨ （嘉靖）《真阳县志》卷二《建置·武备》，《天一阁藏明代方志选刊续编》本，第60册，第672页。
⑩ （万历）《绍兴府志》卷二三《武备志一》，《四库全书存目丛书》本，史部第201册，第26页。
⑪ （崇祯）《肇庆府志》卷一六《兵防一》，《日本藏中国罕见地方志丛刊续编》，第14册，北京图书馆出版社，2002年，第436页。
⑫ （嘉靖）《惠州府志》卷一〇上《兵防志上》，《天一阁藏明代方志选刊》本。

贵多，与其多而不为用，不如少而厚赉以得其心。"① 或称团操民壮为"精兵"，而存州县者为"常兵"。嘉靖三十五年（1556），江西抚按官"以兵冗费繁，简练无法，而内储适告乏"②，于是将各州县民兵简其强壮者团操、巡守，名为精兵；其余专备守城、差遣，名为常兵。

团操地点，或府，或卫。湖广郧阳府所辖五县共 300 名，嘉靖四十二年（1563），都御史吴桂芳于各县民壮内调取 60 名赴府团操，"谓之精兵"③。而河南邓州的团操民壮则分班赴信阳卫团操。④ 武昌卫与武昌左卫在会城附郭，至嘉靖时，"岁久兵弱，自运粮占役外，控弦之卒不满数百"。隆庆元年（1567），都御史杨豫孙议题：将二卫军简其精壮者 400 名，再于武昌府所辖十州县民壮内简取各 60，以足 1000 之数，令赴会城团操以守，以二卫指挥领之，间设把总训练。⑤ 与军卫一同操练的优点是训练相对更专业、更严格，更有实效，但也有不愿与卫军团操者。山东巡海道为照宁海、文登、福山三州县地理颇远，令民壮就近随营操练。结果，民壮刘伦等连名告称："情愿仍赴莱州教场团操，不愿随营"，只因"众情不便，且军强民弱，日久乖舋易生，而□割形分，亦于统纪有碍"。故令宁海、文登、福山三州县民壮仍旧赴道团操。⑥

所谓"精选练"，前提是精选，然后才能精练。随着民壮佥派制度的腐化，各地多以老弱、地痞充任，给民壮团操造成实质性的破坏。为此，不少地区实行折银雇募制，即将原额民壮退回，改纳银代役，有司再以民壮银雇募精壮团操。表面上是民壮训练形式变化，实则是民壮徭役制度的变革，即由亲身应役改为纳银代役。嘉靖三十年（1551），广东按察副使陈元同议立扬威营，调取儋、万二州民壮至琼州府团操，"俱以老弱发回，每名折银七两二钱解充打手、狼兵工食"⑦。名为团操，实则抽扣工食另募。为避免团操民壮与原各州县民壮混淆，有的地方还将团操民壮更名，以示区别。广东惠州府"以博罗等六县民壮抽赴长乐团操，更名打手"⑧，将各县民壮银解岭东兵备道发长乐县贮库，作为"打手"雇银。

民壮团操，不论是抽兵还是扣银另行雇募，直接后果就是州县原额民壮的大量减少。如开封府祥符县，马步民壮团操达 300 名，而守城仅 118 名。⑨ 民壮团操之后，其管辖权已不在州县掌印、巡捕等官，团操之日受兵备官节制；放班之日，兵备道各给与其印信、文帖、执照，不许所在有司仍拘留役使，违者察访得出，将比照军官私役军人事例参问治罪。⑩ 如此一来，团操民壮与原所属州县脱离关系，若存县者不堪守御，则地方守令又苦于无兵可用。正如嘉靖时大臣葛守礼所议："今之民壮，所司皆不得用，总操者限于后时，急须者苦于无人，此盗贼所以充斥也。"⑪ 正因如此，各地州县对民壮团操颇有微词，甚或坚决反对，呼吁取消团操。惠州府兴宁县额编 250 人，其中 150 人团操于长乐，遗守县城仅 100 人，且多充杂役，实际守城者不过三四十人，城守空虚。嘉靖二十四年（1545），兴宁盗起，守御无人，只好募乡兵二百人入卫，盗匪旋以不得食散去，有司吁请："为今之计，先集维霾，当掣回民兵一百五十人以自守"⑫。

地方治安乃国家社会稳定之基石，民壮团操所带来的一系列治安问题引起了朝廷的重视，由此也引发了民壮团操制度的存亡之争。嘉隆万时期关于民壮团操的三道诏令，诠释了民壮精兵之路的兴起与衰

---

① （明）吴亮：《万历疏钞》卷三七《戎务类·时事可忧兵食不足敬陈一得以禆安攘疏》，《续修四库全书》，第 469 册，第 287 页。
② （万历）《新修南昌府志》卷八《差役》，北京，书目文献出版社，1992 年。
③ （万历）《郧阳府志》卷一五《兵政志》，《中国史学丛书三编》本，第 34 册，第 483 页。
④ （嘉靖）《邓州志》卷一四《兵防志》，《天一阁藏明代方志选刊》本。
⑤ （万历）《湖广总志》卷二九《兵防》，《四库全书存目丛书》本，史部第 195 册，第 74 页。
⑥ （明）王昊：《迟庵先生集》卷三《公移·议团操》，《四库未收书辑刊》第 5 辑，第 19 册，北京，北京出版社，2000 年，第 49 页。
⑦ （万历）《琼州府志》卷七《兵防志》，北京，书目文献出版社，1992 年，第 203 页。
⑧ （嘉靖）《惠州府志》卷一〇下《兵防志下》，《天一阁藏明代方志选刊》本。
⑨ （万历）《开封府志》卷三〇《兵防》，《四库全书存目丛书补编》，第 76 册，济南，齐鲁书社，1997 年。
⑩ （明）王昊：《迟庵先生集》卷三《公移》，《四库未收书辑刊》第 5 辑，第 19 册，第 20 页、第 47 页。
⑪ （明）陈子龙等编《明经世文编》卷二七八《葛端肃公文集》，《与梁鸣泉中丞论民兵》，第 2951 页。
⑫ （嘉靖）《惠州府志》卷一〇下《兵防志下》，《天一阁藏明代方志选刊》本。

落。嘉靖六年（1527）诏："各处民壮有先年额设者，有近年添设者，本为防奸御侮。今承平无事，大半供有司私役及做人情送人使用。又有豪猾之徒承批下乡骚扰良民，势如狼虎。抚按官通行各府州县查照原设之数，应减省者量为减省，其存留者分为上下两班，一班务农，一班在官操练武艺。委佐贰官一员管领提调，俱不许承批下乡及私家使用。若有重大贼情，方许通调操，候事宁仍旧轮放。违者罪之。"① 据此诏，减省民壮，存留精壮分两班，一般务农，一般操练；除非遇重大贼情，才可团操。隆庆六年（1572）又诏："各处额编民壮、快手本为缉捕盗贼而设，近来尽数差占，或赴各兵备道团操。遇有草寇窃发，有司束手无措。今后不许占役一人，悉令放回各衙门，该州县责成掌印、巡捕官操练。"② 据此诏，取消团操，民壮皆放回各衙门，由州县掌印、巡捕等官负责操练。万历四十八年（1620）再诏："各处额编民壮、快手本为缉捕盗贼而设，近来数多差占，或赴各兵备道团操。遇有草寇窃发，有司束手无措。今后不许占役一人，悉令放回各该府县责成掌印、巡捕官设法操练。"③ 隆庆六年诏为神宗所下，万历四十八年诏则为光宗所颁，万历诏不过是重复隆庆诏的内容。说明至万历朝，民壮团操基本终结。

对民壮团操的争议，表面上是州县与兵备之间的纠纷，实质是地方利益与国家利益之争。地方设民壮，本意为守御城池、维护基层社会治安，工食之费皆有地方开支。民壮团操后由"有司之亲兵"变身为兵备官所辖的机动武装力量，听命于中央调遣。即使团操停摆之后，地方州县仍未得民壮之实用。团操不行，则改为折银，称"民壮银"，这批银两或由兵备道贮库作募兵之费，或直接入国库。总之，对于地方政府来说，既破财，又失兵。

四　民壮训练的实效性及影响因素

民壮的训练虽有一定规则制约，亦有相应的设施保障，还有相当正规的训练形式——团操，但实际执行过程并不顺利，时常要受制于各种因素的影响。正德九年（1514）进士、由知县而历御史、最后官至都察院右都御使的王杲对民壮训练实情有着较深刻的认识。王杲，山东汶上县人，嘉靖初以右都御使身份总督漕运，逾年入为户部尚书，《明史》本传谓："杲掌邦计，事无不办，帝深倚之。"④ 王杲的看法在当时来说具有一定代表性。

第一，州县民壮所募非人，管理混乱。"民兵诚不可废也。然禁网太疏，法制未备，贪官污吏视为冗徒。统领既非其人，训齐复无其法，往往听容城市无赖之人结揽收集惰游，以充其数……如此者，虽众如林，何补于用？正韩信所谓驱市人战，见敌鲜有不逃散者也。"⑤ 在以农为本的古代社会，农事是首务，民壮本为徭役，民户一旦应役，势必影响农事，进而影响本户所承担的其他杂泛差役。所以富室之家，往往不愿应役，而雇募地痞无赖充当。在实际选募过程中，"拘儒俗吏往往泥亲丁之说，拘包当之短，遂使有力者辄以家奴应，名即谓之亲丁，有无臂力、技能，有司不问也。乡民间有佣市民自代者，则又皆柔猾便捷之徒。有司苟利其奔走，有无臂力、技能尤不暇问"⑥。围绕"精选练"的原则，民壮在选人和操练等方面弊端丛生，由此导致训练实效性较差。

第二，民壮训练徒具虚文，劳民伤财。"州县掌印巡捕等官以法令为虚文，视公移如故纸。岁时操练徒有空名，往往收集惰游以充前役。甚至有财者纵放买闲，无财者占留役使，终岁劳动不得休息。不惟妨废农功，抑且消磨锐气。帮贴盘费则祸及于鸡豚，供给使令则遍周于胥吏，既无益于武备，徒重困

---

① （明）孔贞运：《皇明诏制》卷七，《续修四库全书》，第458册，第270页。
② （明）孔贞运：《皇明诏制》卷九，《续修四库全书》，第458册，第346页。
③ （明）孔贞运：《皇明诏制》卷一〇，《续修四库全书》，第458册，第397页。
④ 《明史》卷二〇二《廖纪传》，第5330页。
⑤ （明）王杲：《迟庵先生集》卷一《奏疏·陈言兵事疏》，《四库未收书辑刊》第5辑，第19册，第20页。
⑥ （嘉靖）《建宁府志》卷一四《贡赋》，《天一阁藏明代方志选刊》本。

于生民。"①《尉缭子》言："聚卒为军，有空名而无实，外不足以御敌，内不足以守国，此军之所以不给，将之所以夺威也。"②以差役形式佥派的民壮，其组织管理远不如卫所军兵严格，"虚伍"现象时有发生。正德间，河南泌阳州民壮虚伍，严重影响平日训练，知州李濂建议严查其额，其奏曰："本州岛民壮，诚为虚应故事。本职履任之初访知，其弊盖缘先年审编之时，不于丁力相应户内选充应役，而概于四十三村每里长户下佥报一名在官，聊以备数而已。各门户丁轮流应当，又多半雇人代替。操练之日，更换不常。甲来乙去，彼熟此生，号令未谙于心，武艺未娴于手，金鼓未习于耳，旗帜未明于目，朽盔敝甲何以卫身？柳矢桑弓真同儿戏，平居无事止可应名，一遇警急实难有济坏。"③

第三，民壮管领官贪惰腐化，玩忽职守。"州县佐贰、首领等官，廉公者少，贪昧者多。每下教场点集，先以科敛为心，或罚木瓦砖灰，或罚纸张朱墨；假修理以为名，捏支销而破罪，一卯不到，掊克百端。平时已失其心，临敌又焉能得其死力乎？"④民壮训练所暴露的问题，主要在于制度不完善以及执行不力，而执行不力罪魁便在执行者。各州县民壮平时由掌印官管领，巡捕官管操，若二者中有贪腐、渎职等现象发生，那么民壮训练实况可想而知。王杲曾做过暗访："各州县管操人员识浅官卑，纪律不立。每于教场点集，先以科敛为心；一卯不到，百般掊克；或罚纸张朱墨；或罚木瓦砖灰，假修理以为名，捏支销而逃罪。若不亟图，则奸弊日滋，民生日困，武备日废，而遇警难支矣。"⑤正是由于管操人员贪残不法，玩忽职守，以至奸弊日生而武备废弛，最终民壮孱弱不可恃。王杲还认为："不惟州县统领之官志卑识浅，操练无方，抑且私役劳繁，奸弊百出。或纵放买闲漫无稽考，或终岁勤动苦乐不均，或令穿着青衣谀奉势要，或容营求牌票勾摄犯人，口腹是图意气销暖，使百姓徒费供亿之劳，于武备曾无毫厘之益。"⑥由于州县掌印官的统领无方，导致民壮私役、役占及纵放买闲现象严重，除了徒费资财，于武备毫无实用。

无法做到精选，精练自然也不可能。"民壮之设，专为巡缉盗贼，护守城池，应役者务须年力精壮、武艺习熟方可倚用。迩年轮班赴府合操，则使应役者进不得专于操练，退不得专于守御，不无两废。"⑦民壮孱弱不足恃，有司开始认为只因地方守令皆文吏，不谙兵戎，故以兵备道之名，挑选精勇民壮集中操练。正如前述，这一"精练"之法，由于地方利益之争，终不果行。

结　语

综上所述，为有效发挥民壮功能，明王朝切实采取过若干措施来加强民壮训练，这些措施在实际运作中曾发挥了一定效用，为提升民壮军事素养提供了有效保障。但由于各方因素的影响，最终使得民壮训练失效。究其根本原因，不在训练体制本身，而在于从地方到朝廷对佥派和训练民壮的目的不一致以及由此引发的矛盾。

团操本是民壮"精选、精练"的正确之路，但团操民壮直属兵备官制约，是兵备所辖的机动武装力量，甚至州县有司都无权过问。从国家军备角度来看，民壮团操未尝不可，承担着国家和地方的双重责任。但民壮本系"有司之亲兵"，是加派于民间的又一重役，专为巡缉盗贼、护守城池而设。民壮功能的异化，对于基层社会而言，着实难以承受，民间不无怨言，暗中抵触，实则破坏。倘若民壮放归州县，

---

① （明）王杲：《迟庵先生集》卷三《公移·议团操》，第47页。
② 中国军事史编写组：《武经七书注译》，第233页。
③ （明）李濂：《嵩渚文集》卷七〇《改佥民壮以重民兵事》，《四库全书存目丛书》本，集部第71册，第193页。
④ （明）王杲：《迟庵先生集》卷一《奏疏·陈言兵事疏》，第20页。
⑤ （明）王杲：《迟庵先生集》卷三《公移·议团操》，第49页。
⑥ （明）王杲：《迟庵先生集》卷三《公移·议团操》，第47页。
⑦ （万历）《秀水县志》，明万历二十四年修，民国十四年重排印本。

则大部分时间又在承担着与征守、捕盗无关的杂泛差役,时人所指民壮无裨实用,往往归咎于此。明廷曾多次下令严禁私役民壮,各地督抚、巡按等官也不断上疏陈言衙门差役民壮之弊,但收效不大。最终,负责民壮事务的地方官员多敷衍塞责;而朝廷亦不谙实情,对民壮运行机制横加干涉,在国家与地方利益的争斗和博弈中,最终葬送了一度行之有效的民壮训练制度,同时也让民壮失去了对明代国家和社会的重要意义。

[作者单位:贵州安顺学院人文学院]

明代的卫所军屯与畲族族源探析

刘婷玉

卫所军屯制度，作为有明一代军事制度的核心，对明代以来的政治、社会与文化都产生了极为重要而复杂的影响。自顾诚、王毓铨先生的研究至今，涉及明代军屯社会影响的研究不绝如缕，成果丰硕。而尤其因为卫所多设置于边疆地区，且有政策性针对边疆民族状况的性质，对于明代卫所与边疆民族的研究，也向来为研究者所重视。①对于明代西北、西南、东北边疆的卫所与民族关系的研究，代不乏人，而对于东南边疆卫所与民族关系，却鲜有人论及。本文拟以新搜集的少数民族文书研究入手，探索明代福建地区卫所军屯制度的建立对畲族民族格局变迁的重大影响。畲族作为东南边疆（福建、浙江、江西）最主要的少数民族，在明初卫所军屯制度建立演变的历史契机中，由福建、广东、江西交界地区，大规模地迁入了福建与浙江沿海地区，构成了近现代畲族的民族主体。这不仅可以在民族史的层面上较为彻底地解决一直以来广受争议的畲族族源问题，也可以突破以往明代卫所研究正史资料分散零碎的弱点，从社会史的层面上，深入展现卫所军屯制度对于边疆民族深刻而彻底的历史影响。

族谱与畲族迁徙之谜

在民族史研究中，对于畲族族源问题一直有着长期的论争。关于畲族的历史来源与迁徙，在较为官方的出版物《畲族简史》中的说法是这样的："根据文献记载，至迟在 7 世纪隋唐之际，闽、粤、赣三省交界地区已经是畲族的聚居区。在这之前，畲族是从哪里迁来或是本地土著民族，待考。"②而明清以来畲族的主要居住地区，却非常集中在闽东、浙南和江西的交界区域。2000 年这一区域的畲族人口有 368526 人，占大陆畲族总人口 709592 人的 51.93%。③其他地区的畲族则是相当分散地居住于福建、广东、浙江与江西地区的广大山区中。畲族是如何由唐宋时期的聚居于闽粤赣交界地区，到明清时期以来聚居于闽浙沿海丘陵，就成为了畲族研究中最为重要而复杂的论题。

作为最早一批对畲族进行现代人类学调查的学者，德国人类学学者史图博和李化民在 20 世纪初敕木山地区调查报告中，就曾经感慨道："如能收集数种家谱，把他们同中国历史中（主要是同省志、府志、县志中）记录的关于畲民历史的报道做个比较，那将多么合乎理想啊！到那个时候，才能有更大的把握做出判断。一本家谱中的记述如能在较大程度上可予以利用，那我们也许就能得到关于华南移民史

---

① 关于明代卫所与军户制度的研究，参见张金奎《二十年来明代军制研究回顾》，载《中国史研究动态》，2002 年第 10 期；邓庆平《明清卫所制度研究述评》，载《中国史研究动态》，2008 年第 4 期。于志嘉《明代军制史研究的回顾与展望》，《第一届民国以来"国"史研究的回顾与展望研讨会论文集》，中国台湾大学，1992 年。有关卫所与政区的研究，参见李新峰《明代卫所政区研究》，北京大学出版社，2016 年 2 月；有关福建地区卫所与军屯的研究，参见彭勇《论明代福州三卫之设与闽都文化之建》，载《闽江学院学报》，2013 年第 4 期；周玉英《明代福建军屯及其败坏》，载《明史研究》，2001 年第七辑。
② 《畲族简史》编写组、《畲族简史》修订本编写组：《畲族简史》，民族出版社，2008 年，第 31 页。
③ 蓝图、蓝炯熹：《闽浙赣交界地：地理枢纽与畲民族共同体的历史建构》，《福州大学学报（哲学社会科学版）》2010 年第 6 期。

的更多说明了。"① 在新的时代条件下，史图博和李化民在一个世纪前的愿景终于得以实现，畲族地区的族谱收集与整理蔚然成风。

根据《闽东畲族文化全书——谱牒祠堂卷》的统计，迁入闽东的畲族蓝、雷、钟 3 姓共有 74 支，其中有明确迁入年代的大多在明代，有 30 支（其他大都为清代迁入）。② 而据《浙江少数民族志》的统计，入迁浙江的畲民家族共有 90 支，其中明代迁入有 46 支，绝大多数都迁自闽东，而这些浙南的畲民家族中，明代迁入的几乎全部来自闽东的罗源、连江、古田等地。所以要探讨畲民最初入迁闽东、浙南的动因，考察族谱记载中有关明代迁徙原因的记载最有可能发现线索。在分析了 200 余部所收集的明清时期畲族族谱后，我们筛选出了一些有准确入迁时间与地点的畲民家族。由时间线索来看，畲民最早来到闽东浙南的时间均为明代洪武年间，并且在之后的数百年持续性地迁入，福建的罗源、连江地区成为其重要的最初入迁地区。为什么明初洪武年间成为畲民大量入迁的最初契机，并且维持了之后近百年的持续性入迁？为什么罗源、连江成为畲民入迁的必经之地而不是其他地区？这样特殊的、有规律的时间和地点，其实和畲民与瑶民随机性、分散性更强的游耕方式不相符合的，也提示明代洪武年间的罗源、连江地区，是追寻畲民入迁闽东浙南地区的关键，一定是有相当特殊的历史契机和社会条件引发了畲民的大量入迁。

在繁芜零碎的畲族族谱中，福鼎的西岐钟氏家族提供了一条有价值的线索，据其族谱记载，"始祖钟舍子乃建宁右卫左所夏百户下军小旗，明永乐二年同总旗邵佛保带领六姓（钟、郑、喻、丁、宣、易）拨来福宁店下屯种"③。明初的福宁州地区至今仍然流传着各种关于明初屯军的家族传说，比如福鼎的"十八旗头"传说。据说有杨姓军官在永乐年间带领 18 位官兵迁居 24 都管阳屯种，"行前，将一面军旗分剪成 18 块，各执一块，以日后作为袍泽之见证。旗根由邵氏保管，根与块合并又是一面旗，故称'十八旗头'"④。这样的民间家族传说资料，可以佐证当时福宁地区军屯分布之广泛。家族传说中的具体姓氏组合现在于福鼎地区有各种不同的说法，但西岐钟氏家族族谱记载本家族于此时来到福宁屯田大致可因此得到证实，在《（嘉庆）福鼎县志》中也有对"店下堡"的记载："明嘉靖间喻朝保同邹、丁、郑、易、宣五姓建筑。"⑤

另一条相似的线索，是福鼎牛埕下《冯翊郡雷氏族谱》的记载："明洪武年间，住在福建福宁长沙西坑，地方安堵，叔侄百户人口。因造州城，人民拥杂，移居良善之地。"⑥ 同为福鼎地区的浮柳洋《汝南蓝氏宗谱》在相似的文本情境中，有"明洪武十三年移居福宁"⑦ 的记载。这其中有一个疑点，因为《八闽通志》记载福宁卫指挥使司的设立是洪武二十年（1387）由周德兴完成，《（崇祯）闽书》也记为：

> 福宁州城在龙首山下。……皇朝洪武二年，海寇侵境，明年山寇郑龙、姚子美为乱，镇守驸马都尉王恭檄百户窨祥先后讨平之。又明年，始筑城周三里。二十年，复置卫，人众城小，江夏侯周德兴撤东城，拓广里许。⑧

但《（万历）福宁州志》却记有：

---

① （德）哈·史图博（Hans Stübel）、李化民：《浙江景宁敕木山畲民调查记》，（中国台湾）《"中央"研究院社会科学研究所专刊》，第六号。1932 年。中南民族学院民族研究所，1984 年重印。
② 缪品枚：《闽东畲族文化全书——谱牒祠堂卷》，第 85~86 页。
③ 缪品枚：《闽东畲族文化全书——谱牒祠堂卷》，第 150 页。
④ 毛久益：《福鼎"十八旗头"的由来》。《福鼎文史》，2008 年。
⑤ （清）谭抡：《（嘉庆）福鼎县志》卷一。清嘉庆十一年刊本。第 3 页 a。
⑥ 夏发恒、徐学继：《冯翊郡雷氏族谱》，同治丁卯年修。
⑦ 王聘三，福鼎浮柳洋：《汝南蓝氏宗谱》，同治己巳年。
⑧ （明）何乔远：《闽书》卷三七。明崇祯刻本。第 29 页 b。

福宁卫指挥使司,正统志在县治东,今儒学左,旧资寿寺也。洪武十三年,江夏侯周德兴为防倭设。①

同书中还收有明嘉靖年间福宁人周璞所作的《修城记》,更详尽地追溯福宁卫建立之初的情景:州自为县时未城,城之者,洪武辛亥(1371)筑垣周三里。庚申(洪武十三,1380)置卫,人众城小,乃拓东城一里,独郭西民尚置城外,数厄寇患。②周璞本身即是福宁人,所记自然可信度更高,由此可证畲民族谱中有关洪武十三年在福宁州的记录是可信的。而当时所建的正是福宁卫的卫所城,可推知当时在福宁州地区的畲民很有可能是因和卫所、屯田有关的原因来到了闽东。我们进一步将200余部畲民族谱中的明代初迁地地名进行统计,发现其高度集中于罗源、连江与古田地区,再将其与《八闽通志》中记载的明初这3个地区的军屯区域范围进行对比:

明初闽东军屯区域与畲民初迁地

县名	明初军屯区	畲民始迁地与居住区
罗源	福州右卫:罗源县四所,俱在二都小获起至七都小桥止 中左所屯五所,俱在罗源县黄童里霍口起,至灵济里官口止 建宁右卫:福州府罗源县六所。一所在招贤里,一册东洋,一所在招贤里,二册西洋,上二屯俱县东。一所在罗平里洪洋,一所在善化里,一册梨洋,上二屯俱县西。一所在新丰上里,西洋。一所在林洋里水沟。上二屯俱县西北	南郊与大沨头、 大坝头邱子山、 八井贝头里、 尖山大坪(大坪里、十七都晋安大坪村)、 黄重下牛栏坪、 重上里官坑、梧桐岔、 十八都塔底、十八都苏坑境高南坑、 十八都应得铺庄梅溪里、 罗平里川山大陂头
连江	福州中卫: 连江县二所,俱在永贵里王孙,至二十六都湾里止 中所屯四所,俱在连江县集政里敦玻山起,至贤义里桂林止 前所屯四所,俱在连江县沱市起,至仁贤里了然止 后所屯四所,俱在连江县中鸽望杜塘起,至仁贤里鲤溪止	狮子岩、连江县清河里、 连江县安民里庵里坑、 保安里东窑乡、 太平里石蟠垅、 安定里三都醮垟半山、 中鸽里凤山石蟠垅、 岭头村(今连江县潘渡乡陀市村)
古田	福州右卫:古田县四所俱在五都破寨干起至十都前山止 前所屯五所俱在古田县十二都起至四十四都赤妆止 后所屯五所古田县一所在四十五都胭脂 建宁左卫:福州府古田县一十八所在一等都宝石等处	古田县九都黄泥田畈水缸丘、 十八都小茶岭、 南乡里秀山峒

虽然以上志书中所留下的军屯区域记载很模糊,而畲民族谱中所留下的诸多地名因年代久远而未必能够找到真实对应的地址,但仍然可以从中发现很多有用的历史线索。先以罗源县③为例,在畲民来到闽东的最初始的居住地中,南郊与大沨头、八井贝头里是最为突出的记载。"南郊"首先提示出方位在罗源县治之南,现在仍可看到的罗源八井村实则为"拜井里"演化而来。而福州右卫在明初的军屯区域为"二都小获起至七都小桥止",正是明代罗源的拜井里地区。而畲民族谱中的黄重下、重上里的地名,正是军屯区域中所指的福州右卫中左所的"罗源县黄童(重)里"的区域。例如福安廉岭雷氏畲民家族,而该族族谱中记有"明洪武二年择居罗源县梧桐岔,后转迁福安坂中林岭。罗源梧桐岔始祖雷祥,父雷肇庆'任罗源中军副府'"。这里在明初"择居罗源县梧桐岔"的梧桐村,正是属于黄重下的范围,而"罗

---

① (明)殷之辂:《(万历)福宁州志》卷五。明万历四十四年刻本。第1页b。
② (明)殷之辂:《(万历)福宁州志》卷一四,《修城记》。明万历四十四年刻本。第51页a。
③ (清)卢凤棽:《(道光)新修罗源县志》卷八。清道光十一年刻本。第11页b。

源中军副府"虽然难以进一步找到史志资料的核实,但也在某种程度上证明了该家族可能也是因为与明代军事相关的原因来到这一地区,而这一地区在明初属于军屯区域,不难推测,该家族与前文提到的福鼎西岐钟氏家族一样,也是因为屯种的原因迁徙至此。

而连江县的情况也有相似处,闽东畲族民间流传的"连江马鼻上岸"传说,正是因连江马鼻渡而产生,《(万历)福州府志》即有"马鼻渡,保安里东达福宁"①的官方渡口的记载。而族谱记载的畲民明初居住的中鹄里凤山石蟠垅、岭头村(今连江县潘渡乡陀市村)正是志书记载的福州中卫"前所屯四所,俱在连江县沱市起,至仁贤里了然止;后所屯四所,俱在连江县中鹄望杜塘起,至仁贤里鲤溪止"的区域范围内。古田县畲民早期居住点的八都、十九都,同样也在福州右卫屯田"五都破寨干起至十都前山止"和"十二都起至四十四都赤妆止"的区域内。

从畲民族谱的初迁记录分析到明初闽东地区军屯地区的记载在提示着,畲民家族的聚集地由宋元时期的闽西北到明代的闽东二者之间有着极强的关联。但依然需要进一步证明和厘清,明初军屯系统的建立是怎样为畲民的这一意义重大的迁徙提供了可能性与必然性。

明初福建卫所军户的来源

如果说畲族的族谱提供了线索,指向畲族迁徙可能来源于明初的军屯制度,那么在缺乏史志资料明确记载的情况下,就需要对明初福建,尤其是闽东地区军屯的状况做一个详细的考察来说明其可能性。正如王毓铨先生指出的:明初屯种的"无论是旗军(正军)或是军余,在广泛的意义上,他们都是军,或属于军的。军的来源是军户。所以要了解屯军(屯丁)的性质,得先了解军户"②。因为畲族的原居地与迁入地都在福建,因此我们只需要考察福建军户中可能存在的来源于福建本地的军户的情况。

明代在福建的军事建制主要分为福建都指挥使司和福建行都指挥使司。福建都指挥使司辖福州左中右三卫、兴化卫、泉州卫、漳州卫、福宁卫、镇东卫、平海卫、永宁卫和镇海卫共11卫,大都分布在福建沿海。福建行都指挥使司辖建宁左右卫、延平卫、邵武卫和汀州卫共5卫,还有直属行都指挥使司的将乐守御千户所和武平守御千户所。

明初军制,约每卫5600人,每千户所1200人。周玉英认为《闽书》记载的除建宁左右卫的其他各卫所军数额105448人,若加上建宁左右卫的11个千户所,则当有12万人,和吴晗根据《明会典》推断的福建军兵员原额"永乐后数量为125318人"基本相同。③《闽书》认为福建"军、民、盐、匠、弓兵、铺兵、医七户中,军、民为重,军户又视民户几三之一,其丁口几半于民籍。夫军户何几民籍半也?盖国初患民籍不达,民三丁抽一丁充之,有犯罪者辄编入籍,至父兄不能相免也"。周玉英认为《闽书》所言是"夸大之词",以12万的军数来算,占洪武时福建815527户、3910806人的不到1/30。但周先生此处混淆了"州县军户"与"卫所军户"两个概念,福建所有的卫所军,未必都来自福建本地,而是来源于全国各地。而福建本地的军户,也有极大可能并不在福建本地卫所服役。至于《闽书》提及的"几三之一",是来自于对周德兴在沿海抽丁建立卫所的记载,那么周德兴抽丁的地区是福、兴、漳、泉沿海4府,共抽得民壮"万五千人"。这意味着这"万五千"军户都是来自福建都指挥使司下辖的沿海卫所,按照《闽书》记载福建都指挥使司所辖卫所的军兵原额为87404,那么万五千人只占其中的17%,说明周德兴在洪武年间抽民户为军户的数额并不是其中最主要的部分。

---

① (明)林燫:《(万历)福州府志》卷五。明万历二十四年刻本。第12页b。
② 王毓铨:《明代的军屯》,中华书局,1965年,第223页。
③ 周玉英:《明代福建军屯及其败坏》,载《明史研究》,2001年第七辑。吴晗:《明代的军兵》,《读史札记》,三联书店,1979年。

明代军兵的来源主要有从征、归附、谪发、垛集等。① 既然周德兴的垛集占到沿海卫所军户的约17%,那么其余的军兵来源可能是来自于从征、归附、谪发。据弘治年间的兵部尚书胡世宁所言:"在昔充军之户,或由垛集,或由归附,未必皆有罪也。"谪发的军数一般并不占其大宗。

若要探寻畲族是否可能存在于明初的军事系统中,则需要对明代福建的卫所军来源做一个较为全面的考察。由于军户黄册史料的极度缺乏,现在可以用来讨论这一问题的主要史料,就是明代的《武职选簿》。《武职选簿》虽然记载的都是百户、千户及镇守的武官履历资料,但仍然可以从其中筛选出这些武职官员祖辈早年加入明代军队的资料,例如梁志胜和于志嘉的研究。通过对现存的部选簿资料的筛查,找到了67名记载较为明确的祖籍福建地区的军士资料。其中洪武二十年左右垛充的资料只有3条,这可能是由于垛充军士大多数留在了福建沿海卫所,而不是像其他时期的军士多被调往了其他地区的卫所。与周德兴"三丁抽一"相比,这67条福建军士的资料中,除了明军尚未占领福建时的少数归附、投附记录外,最重要的就是洪武四年(1371)和洪武五年(1372)的两次大规模收集元军故军,几乎占到总记录的1/5还多,具体信息如下。

《武职选簿》中洪武四年、五年军资料

所属卫所	姓名	籍贯	从军方式	时间与来源	史料来源《明代档案》②
安东群牧所	范松	南平县	招集军士	洪武四年招集军士,五年除百户,调河南神武卫左所流官	册56,页380
归德卫右所	林旺	莆田县		有义父黄伯秀,洪武四年军,故	册62,页64
天策卫全椒屯所	阮土三	兴化县	充军	洪武四年充江阴后所军。洪武二十六年(1393),子阮清代,西洋公干,升试百户	册73,页274
燕山左卫左所	郑寓	长乐县		洪武五年头目,七年(1374)除和阳卫百户	册51,页233
兰州卫右所	李祯	尤溪县		洪武五年除百户	册70,页128
鹰扬卫左所	林孟	闽县		洪武五年军	册50,页66
虎贲左卫左所	潘六郎	闽县	从军	洪武五年	册50,页97
通州卫中所	朱大二	长汀县	充军	洪武五年拨和阳卫,七年调通州卫中所	册52,页443
宁远卫中右所	余善	顺昌县	收集充小旗	洪武五年	册55,页482
和阳卫	陈十郎	连江县	从军	洪武五年,拨和阳卫	册64,页297
平越卫右所	林凤弟	长乐县	充军	洪武五年	册60,页41
汀州卫左所	朱宗	长乐县	收集充军	洪武五年收集充军。子朱真,洪武三十三年围攻济南,永乐十五年调汀州卫左所	册65,页18
通州卫右所	陈阿每	福清县	充军	洪武六年(1373)	册52,页364
振武卫左所	谢生	顺昌县	选充	洪武五年选充总旗,十七年(1384)除振武卫左所世袭百户	册71,页69
和阳卫中所	余仲先	侯官县	陈氏军	充陈友定下镇抚,洪武六年除和阳卫中所百户,七年为事发和州充军。十七年钦依复职	册62,页363
永平中卫前所	何贵	顺昌县	陈氏军	原系陈氏军,洪武十三年(1380)调永平中卫前所	册67,页398

---

① (清)万斯同:《明史》卷一一八,志第九十二,兵卫十三,《清理军伍》。续修四库全书影清抄本。第1页。
② 中国第一历史档案馆、辽宁省档案馆编,《中国明代档案总汇》,广西师范大学出版社,2001年。

从以上信息可以看出，洪武四年和洪武五年这两年在福建大规模招集的主要是元代故军和陈友定旧军，而《明实录》中也确实有与之相关的记录。如"洪武四年六月，赠故元降将阮德柔为武德将军、管军正千户。初，德柔请于上曰：臣故部伍多壮士，今皆散处民间，若往收集，可备行伍。上从其言，德柔遂还建宁招集，既至，人多怨之，又性严急，人尤不堪。于是浦城县新军百户李子清、詹子顺、张仲真等率众杀德柔，因而为乱，建宁卫遣兵击子清等，皆伏诛"①。根据这一记载，有元代降将阮德柔于洪武四年到建宁招集元军旧部的事件，且因激怒了原来该地区的军户而被杀。又有"洪武五年九月己酉，故元降将行枢密院同金赖正孙招集福州遗兵五千人送京师。又是一起福建地区的故元将领招集故元旧军的记录，而洪武六年三月，更有进一步的说明："先是，正孙牧集陈友定旧将士八千人，诏以补和阳卫军伍。"②而从选簿资料来看，从长汀、顺昌、侯官到长乐、福清、连江，闽西至闽东，都有原来陈友定的旧军，在赖正孙的这一次收集中被调拨组建和阳卫，洪武五年的记载是"福州遗兵五千人"，而洪武六年中指明"陈友定旧将士八千人"，可见还有其他不属于福州地区的陈友定旧军被其收集进入了明代的卫所系统。

历史的线索，至此终于呈现了些微含巧合的端倪。如果说福建地区明初有大量收编元代旧军的行为，那么就为元代闽粤赣交界地区的畲族进入明初卫所系统提供了历史契机。要探究这个问题，首先要说明闽粤赣交界区的畲族先民经历了宋元战争之后的去向。

宋元时期，畲族出现在历史舞台中最明确的记载，就是参与了宋元战争的"畲军"陈吊眼及其族人。而元代史料中，明晰地交代了这支畲军的去向，即进入了元代的军屯系统，成为屯田军。《元史》所记之"汀漳屯田"：

> 成宗元贞三年（1297），命于南诏黎畲各立屯田，摘拨见戍军人，每屯置一千五百名，及将所招陈吊眼等余党入屯，与军人相参耕种。为户汀州屯一千五百二十五名，漳州屯一千五百一十三名。为田汀州屯二百二十五顷，漳州屯二百五十顷。③

元代在福建汀漳地区的屯田始于至元十八年（1281），"以福建调军粮储费用，依腹里例，置立屯田。命管军总管郑楚等，发镇守士卒年老不堪备征战者，得百有十四人，又募南安等县居民一千八百二十五户，立屯耕作"。可知在至元十八年开始的汀漳屯田设置之初，虽有"镇守士卒年老不堪备征战者"，但更多仍是由"募南安等县居民一千八百二十五户"组成。元贞三年（1297）的屯田设立于南诏（即今诏安县区域），"黎、畲"各立屯田，标明是将所招陈吊眼等余党入屯，"与军人相参耕种"。此处记载至少可以让我们知道，陈吊眼的畲军在此时已经被元军收编为屯田军，进入了元代的"汀漳屯田"。

《元史》中还有一条颇为耐人寻味的记载：

> 皇庆元年（1312年）十一月戊戌，调汀、漳畲军代亳州等翼汉军于本处屯田。④

亳州翼万户府是元军南下征服福建的主要军事力量倚靠，持续和东南地区残余的宋军作战，最后将文天祥擒于岭南的张弘范正是从属于亳州翼万户府。⑤据《（弘治）八闽通志》引元代修《三山续志》

---

① 《大明太祖高皇帝实录》卷六六，洪武四年六月壬午条。
② 《大明太祖高皇帝实录》卷八〇，洪武三年六月戊午条。
③ （明）宋濂：《元史》志四八，《兵三》，第2570页。
④ （明）宋濂：《元史》卷二四，本纪第二十四，《仁宗一》。中华书局，1976年，第554页。
⑤ （元）张铉：《（至正）金陵新志》卷三下。清文渊阁四库全书本。第5a页。"十二月，宋丞相文天祥死于京师。先是，天祥为元帅张弘范所执，遣石镇抚等管押北行道。"

的记载，亳州翼万户府：

> 至元二十四年移济南东平万户翼戍福建，后为亳州上翼。二十七年复设福新万户翼，辖新军，复令二翼官属相参署事，曰福兴镇守万户。大德四年定例，兴化路止令千户镇守，亳州与福新轮委万户一员分镇，一年一更。其汀泉漳等路并委百户。至大元年，又以沿海俱通番邦，亳州与福新轮委万户一员，沿海上中下三流巡防，半年一更。上隶闽帅，下辖镇抚千户，弹压百户，并得世袭，幕官则有更代。或军民交讼，则委官会议裁决。①

亳州翼万户府可以算作是元代福建相当重要的军事机构，按照元军征服过程中且战且屯，以屯养战的惯习，②亳州翼万户府除了担任军事征服的任务外，尚有屯田之军，而其主要驻地应当在福州地区。

由以上史料可以看出，夹杂有宋元陈吊眼"畲军"余部的"汀漳"屯军，可能有一部分在明以前就来到了福州地区代替亳州翼万户府的汉军进行屯田。正如王毓铨先生指出的，"明代的军屯制度就是元代制度的延续"③，那么明初在元代旧军的收集过程中，不论是闽西北地区还是闽东地区，都有极大的可能性，宋元时期的"畲军"再次借此进入了明代的卫所系统。那为什么在闽西北地区留存的畲民后裔会没有闽东地区聚集的畲民多，似乎存在一个由闽西向闽东的迁徙现象呢？对这个问题的考虑，需要从明代福建地区的军屯分布来进行讨论。

明代福建的军屯分布与畲族入迁

正如前文所述，明代在福建的军事建制主要分为福建都指挥使司和福建行都指挥使司。福建的两个都司共辖98个千户所，每个卫所都有军屯。据何乔远《闽书》的记载：

> 皇朝天下初定，以地方镇守为重。闽中诸卫，卫指挥约三十余员，卫各有左右中前后五所，千户百户大约百有余员。每所军丁千人，至殷伙矣。足兵之费，既难责赋于民，而郡遭兵乱之后，人户稀寡，地多闲旷，因拨军十之七守城，十之二往田所屯种，每军给田二十四亩或二十六亩，随远近肥瘠为差。④

而根据上节所发现的畲民在明初集中于闽东地区的历史情境，重点考察闽东区域的明代屯田可能会有更多的发现，据《八闽通志》记载的福州府属州县的屯田数字，可得下表。

闽东地区屯所田数⑤

卫所名	卫所屯军数额	屯田数额（顷）	闽东地区屯田与该所总屯数
福州左卫	1697	497顷38亩	30/39
福州右卫	1926	576顷64亩	30/39
福州中卫	1593	540顷14亩	20/30

---

① （明）黄仲昭：《（弘治）八闽通志》卷二八，明弘治刻本。
② 关于元代的军屯制度的研究，参见国庆昌《元代的军屯制度》，《历史教学》，1961年11~12期合刊。
③ 王毓铨：《明代的军屯》，第22页。
④ （明）何乔远：《闽书》卷四〇，第1~5页。明崇祯刻本。
⑤ （明）黄仲昭：《（弘治）八闽通志》卷四〇-四三，明弘治刻本。

续表

卫所名	卫所屯军数额	屯田数额（顷）	闽东地区屯田与该所总屯数
镇东卫	1432	427 顷 92 亩	13/18
建宁左卫	1355	406 顷 73 亩	20/21
建宁右卫	1412	420 顷 50 亩	6/7
兴化卫	3360	918 顷 2 亩	7/19
福宁卫	717	192 顷 74 亩	10/10
延平卫	1750	524 顷 57 亩	8/9

可知在福建行、都二指挥使司所管辖的 16 个卫里，有 9 个卫所的屯田大多数都落在闽东的宁德、罗源、古田、侯官、长乐等县。这 9 个卫所所有的 192 个屯所，有 144 个在闽东地区，占 75%，占全省屯田 355 所的 40%。所以不难得出这样一个结论，明代福建地区的军屯有高度集中于福州附近的闽东地区的现象。这对于本身卫所就设立在闽东地区的福州三卫、福宁卫、镇东卫来说，还算在情理之中。本身拥有福建地区最大数额屯田的兴化卫也有超过 1/3 的屯田是位于闽东的。而与闽东相隔甚远的建宁左卫、建宁右卫、延平卫的屯田，也大部分都坐落于闽东地区。这 4 个与闽东屯田区位不一致的卫所设立的大量屯田，则一定会带来卫所拨屯的屯军（及军舍、军余等）由建宁左右卫、延平卫和兴化卫向闽东的迁徙与流动。至此，终于可以解释前文提到的福鼎西岐钟氏家族的这条记载："始祖钟舍子乃建宁右卫左所夏百户下军小旗，明永乐二年同总旗邵佛保带领六姓拨来福宁店下屯种。"

由此可知，的确有相当数量的元代"汀漳屯田"中的屯军，在明初阮德柔、赖正孙这样的降明元将收集旧军的过程中，重新进入了建宁左卫、右卫或其他闽西、闽东地区的卫所系统，又随着闽西卫所屯军前往闽东屯田的历史进程，落地生根于闽东沿海地区，脱离了其聚集的闽粤赣交界的祖居区域。而如此彻底地发生了民族群体的迁移，又在某种程度上体现着元代收集宋末陈吊眼"畲军"入"汀漳屯田"、明初又收集故元旧军进入新朝屯田系统，这种政治性的、强制性的手段，其效果是极为显著和惊人的。"洪武大移民"对于明代以来边疆与民族的重塑作用，也许比我们之前估计的还要更加深刻。

［作者单位：厦门大学历史系］

海不扬波：明代京畿地区海上安全述论

——以环渤海地区海防体制演变为中心的考察

赵树国

中国是一个负陆面海的国家，海上安全至关重要。明朝建国前后，中国面临的海上威胁突然增多，为了维护海防、保卫国家，朱元璋做了一系列工作。永乐年间，朱棣迁都北京。此后，以环渤海为中心的北部沿海地位凸显。为了拱卫京畿，确保京城的海上安全，明朝统治者进行了一系列部署安排，并取得了显著的成效。关于这一点，学术界目前尚未有专文论及。为此，笔者不揣浅陋，特撰文加以探讨，不当之处，敬请方家指正。

一 洪武时期：北部海防体制的建立

明朝建国后，方国珍、张士诚等残余势力，勾结倭寇，不断入侵中国沿海地区，"北自辽东，南抵闽、浙、东粤，滨海之区，无岁不被其害"①。这一时期，在北部沿海地区，倭寇活动也非常频繁，崔学野在《宁海州文登县辛汪巡检司创立营寨记》中描述洪武初年文登地区海防状况时，曾言及倭寇"不时徜徉波涛中"②，可见其势焰之嚣张。据统计，洪武时期倭寇入侵北部沿海次数有13次之多。③倭寇入侵给当地造成了重大危害，如洪武二十七年（1394），倭寇入侵辽东金州，"入新市，烧屯营、粮饷、杀掠军士而去"④。面对倭寇的入侵，沿海军队展开了积极的抵抗，如洪武二十二年（1389），"倭船十二艘由成山洋艾子口登岸，劫掠宁海卫。指挥佥事王镇等御之，杀贼三人，获其器械。赤山寨巡检刘兴又捕杀四人，贼乃遁去"⑤。与此同时，明朝政府采取了一系列应对措施，如派遣舟师巡海、厉行海禁、开展对日外交等，以打击倭寇，消弭海患。

（一）舟师巡海

明朝水军创设较早，早在明政权建立前，朱元璋已经将水军用于战事，并曾在鄱阳湖大战中战胜陈友谅。后来，在朱元璋平定福建、广东以及四川明升的战役中，水军也起过重要作用。明朝建国后，倭患空前加重，为加强海上打击力量，以有效抗击倭寇，朱元璋积极发展水军，并派遣舟师巡海。朱元璋采纳了廖永忠的建议，于洪武七年（1374）正月，令靖海侯吴祯为总兵官，"领江阴、广洋、横海、水军四卫舟师，出海巡捕海寇，所统在京各卫及太仓、杭州、温、台、明、福、漳、泉、潮州沿海诸卫官

---

① （清）谷应泰：《明史纪事本末》卷五五《沿海倭乱》，北京，中华书局，1977年，第843页。
② （明）崔学野：《宁海州文登县辛汪巡检司创立营寨记》，据张云涛《山东威海发现明初创寨碑》照片辨认而得，见《文物》1997年第9期。
③ 赵树国：《明代北部海防体制研究》，山东人民出版社，2014年。
④ 《明太祖实录》卷二三五，洪武二十七年十月己巳。
⑤ 《明太祖实录》卷一九八，洪武二十二年十二月甲寅。

军，悉听节制"①，其具体实施方法为"每春以舟师巡海，分路防倭，迄秋乃还"②。是年正月，吴祯率领水师出海巡倭，九月还朝，③第一次巡海完成。由朱元璋任命吴祯充任总兵官，率领一支固定的水军，定期出海巡视、还朝来看，这一时期舟师巡海制度已经形成。据《明史纪事本末》记载："洪武七年夏六月，倭寇胶海，靖海侯吴祯率沿海各卫兵捕至琉球大洋，获倭寇人船，俘送京师。"④由上文可见，吴祯第一次出海巡倭的时间为洪武七年正月至九月，此战应当发生于这期间。在这次战斗中，吴祯因倭寇入侵胶州附近海域而率水师大军追至琉球大洋，并取得大胜。由此可见，洪武时期的舟师巡海已经涵盖到北部海域，并对北部海防有一定作用。

（二）海运剿倭

明朝建国之初，为保障对北部新辟疆土的军粮供应，明政府实行了海运政策。早在洪武三年（1370）正月，朱元璋即令山东莱州通过渤海运粮供应永平卫："命中书省符下山东行省，招募水工，于莱州洋海仓运粮，以饷永平卫。时永平军储所用数多，道途劳于挽运，故有是命。"⑤这是笔者所见到的关于明代北部海运的最早记载。这条海运路线，由山东东北部出发，经由渤海内部，抵达渤海西北岸的永平卫。运官兵顺路负责剿倭则是事实。如洪武十七年（1384）十月，朱元璋给往辽东运粮的将士下诏："海道险远，岛夷出没无常，尔等所部将校毋离部伍，务令整肃以备之。舟回登州，就彼巡捕倭寇，因以立功可也。"⑥在这则诏书中，朱元璋就明确规定了海运将士剿倭之责任。对此，明人严从简曾经指出："按陈建谓，国初海运之行，不独便于漕纲，实令将士习于海道，以防倭寇。自会通河成而海运废。近日倭寇纵横，海兵脆怯，莫之敢撄，亦以海道不习之故耳。"⑦

（三）海禁政策

洪武时期，朱元璋为防备张士诚、方国珍等沿海残余敌对势力的骚扰，并抵御倭寇侵袭，实行海禁政策。洪武四年（1371）十二月，朱元璋下诏，"仍禁濒海民不得私出海"⑧。这是有关明代海禁政策的最早记载，有学者以此作为明代海禁政策的开始⑨。其实，明代推行海禁政策应当早于此时，由上文的"仍"字可以推知，以前似乎应当出台过此类禁令，否则不会用"仍"禁。只不过其执行与否及执行力度如何无法推知。此外，是月乙未，朱元璋谕大都督府臣："朕以海道可通外邦，故尝禁其往来。近闻福建兴化卫指挥李兴、李春私遣人出海行贾，则滨海军卫岂无知彼所为者乎？苟不禁戒，则人皆惑利而陷于刑宪矣，尔其遣人谕之，有犯者论如律。"⑩由其中的"尝禁其往来""人皆惑利而陷于刑宪"也可以推知，洪武四年十二月之前朱元璋已经明确过海禁政策。⑪洪武四年（1371）十二月，朱元璋再次以诏书的形式重新强调禁令，显示了朱元璋对海禁政策的重视。此后，明朝海禁政策日趋严格。应当说，洪武时期的海禁政策是较为全面的，并不仅限于东南沿海，在北部沿海也实行过。洪武五年（1372），

---

① 《明太祖实录》卷八七，洪武七年正月甲戌。《明史》卷九一《兵三》作："京卫及沿海诸卫军悉听节制。每春以舟师巡海，分路防倭，迄秋乃还。"第2243页。
② 《明史》卷九一《兵三》，第2243页。
③ 《明太祖实录》卷九三，洪武七年九月庚子。
④ 《明史纪事本末》卷五五《沿海倭乱》，第840页。
⑤ 《明太祖实录》卷四八，洪武三年正月甲午。
⑥ 《明太祖实录》卷一六六，洪武十七年十月丁卯。
⑦ （明）严从简：《殊域周咨录》卷二《东夷·日本国》，北京，中华书局，1993年，第59页。
⑧ 《明太祖实录》卷七〇，洪武四年十二月丙戌。
⑨ 赵红：《明清时期的山东海防》，第30页。
⑩ 《明太祖实录》卷七〇，洪武四年十二月乙未。
⑪ 关于这一点，有学者已经注意到。范中义、杨金森《中国海防史》："朱元璋实行海禁政策开始的时间是在洪武四年以前，因在洪武四年的两条禁令中一个用'仍禁'，一个'尝禁'。"第80页。

朱元璋在给高丽国的赐书中说道："去年姓洪的海面上坏了船只。见海上难过，有许多艰难，与恁船只脚力，教恁官人每往登州过海，三个日头过的。今后不要海里来。我如今静海，有如海里来呵，我不答应。恁如海里来的廉干好秀才吏员，着小船上送将来，我便答应。不要贪的来。今后其余的海里，不要通连。"① 由此可见，朱元璋的海禁政策不仅实行于东南沿海，山东等地也在禁止之列。而且，海禁禁令不光禁止本国军民出海，也禁止外国人进入。

（四）建立卫所、巡检司

朱元璋还从军事制度、军事设施上加强海防力量，设置了一些卫所、巡检司。明朝建国前后，在军事上实行卫所制度，"自京师达于郡县，皆立卫所"②，力图通过在全国各地广设卫、所来巩固统治。明洪武时期，朱元璋在北部沿海建立了大量的卫所，据统计近40处之多。③此外，还在山东、北直隶沿海地区设立了一系列巡检司，据统计达25处之多。④这些卫所、巡检司在抗击倭寇的战争中起了很重要的作用，如据《明太祖实录》记载：洪武二十二年（1389）十二月，"山东都指挥佥事蔺真奏：近者倭船十二艘由成山洋艾子口登岸，劫掠宁海卫。指挥佥事王镇等御之，杀贼三人，获其器械。赤山寨巡检刘兴又捕杀四人，贼乃遁去"⑤，即为卫所、巡检司官兵抗击倭寇之例。

二 永乐、宣德时期：北部海防体制建设的加强

永乐初年，朱棣将都城迁至自己的大本营北京。此后，北部沿海的军事地位凸显，以环渤海地区为中心的濒海区域，成为拱卫京畿、防御来自海上威胁的前沿阵地，为此朱棣及其继任者刻意加强了北部海防力量，主要体现在陆续设置新的卫所，以及调整军事部署上。这一时期，北部沿海倭患仍然较重，如永乐四年（1406），"倭寇扬帆于刘公岛，声言攻击百尺崖，而卒击威海，几无噍类"⑥。所以，朱棣勒令沿海将士积极抗倭，还采取了以下措施。

（一）舟师巡海

永乐时期，面对海防威胁，朱棣多次抽调兵力，命重臣充任总兵官，率水军出海巡捕倭寇。永乐二年（1404）五月壬寅，朱棣命清远伯王友充总兵官、都指挥佥事郭义充副总兵，"往海道巡哨，如遇寇贼，就行剿捕"⑦。是年七月庚戌，又命都指挥吕毅充副总兵，协同总兵官清远伯王友巡哨海道。⑧永乐三年（1405）三月，命都指挥同知蔡彬、姜清、冯斌，"统领舟师，缘海备御，遇寇即相机剿捕"⑨。永乐六年（1408）十二月甲申，命都指挥李龙、指挥王雄，总率山东官军六千往沙门岛等处巡捕倭寇。⑩是月辛卯，命安远伯柳升充总兵官、平江伯陈瑄充副总兵，"率舟师缘海巡捕倭寇"⑪。是月戊戌，命丰

---
① 吴晗辑：《朝鲜李朝实录中的中国史料》，第1册，北京，中华书局，1980年，第31～32页。
② 《明史》卷八九《兵志一》，第2175页。
③ 赵树国：《明代北部海防体制研究》，山东人民出版社，2014年。
④ 赵树国：《明代北部海防体制研究》，山东人民出版社，2014年。
⑤ （明）姚广孝等：《明太祖实录》卷一九八，洪武二十二年十二月甲寅。
⑥ （乾隆）《威海卫志》卷一《疆域·兵事》，第439页。
⑦ 《明太宗实录》卷三一，永乐二年五月壬寅。
⑧ 《明太宗实录》卷三三，永乐二年七月庚戌。
⑨ 《明太宗实录》卷四，永乐三年三月己亥。
⑩ 《明太宗实录》卷八六，永乐六年十二月甲申。
⑪ 《明太宗实录》卷八六，永乐六年十二月辛卯。

城侯李彬充总兵官、都督费瓛充副总兵，"统率官军自淮安沙门岛缘海地方剿捕倭寇"①。永乐十一年（1413），命卫青率山东沿海军士以剿倭寇。②永乐十四年（1416）六月丁卯，命都督同知蔡福充总兵官、指挥庄敬为副，率兵万人于缘海山东巡捕倭寇。上面戒之曰："濒海之民数罹寇害，故命尔除寇安民，尔宜严约束，身先士卒，以殄寇为务，无纵下人重为民害，违者并其将皆不贷。"③是月，敕捕倭总兵官都督同知蔡福等曰：近登州卫奏，有贼船三十三艘，泊靖海卫杨村岛，已敕山东都指挥卫青等帅军往捕，尔即合兵殄灭，勿误事机。④永乐十六年（1418）五月丙辰，敕山东都司调马步官军八千人，令都督指挥卫青、李凯"统往缘海剿捕倭寇，有功者奏闻升赏，退避者即斩以徇"⑤。

（二）海运抗倭

永乐年间，明成祖一度恢复海运。与洪武时期一样，这一时期的海运总兵官也负有剿倭职责，并起到了一定的作用。如永乐四年（1406）十月，平江伯陈瑄督海运至辽东，还舟时，在山东沙门岛遇倭，"追击至朝鲜境上，焚其舟，杀溺死者甚众"⑥。这一时期，朱棣在赐给平江伯陈瑄等人的敕书中，多次明确强调海运总兵官应顺道剿除倭寇。如永乐七年（1409）三月丙辰，朱棣"敕总兵官平江伯陈瑄等曰：海运粮舟发时，必会合安远侯柳升等，令以兵护送，或遇寇至，务协力剿杀，毋致疏虞"⑦；永乐七年七月丁酉，敕平江伯陈瑄等"率海运舟师回还，遇倭寇就便剿除，若将士能斩贼首一级者，赏银五十两，临敌畏怯者即斩"⑧。据此，则这一时期的海运官兵也是一支重要的海防力量。

（三）完善卫所设置

洪武时期，朱元璋在山东、辽东沿海设立了一系列海防卫所。朱棣及后来的宣德帝在朱元璋的基础上进一步完善。

永、宣时期环渤海地区卫所建置一览表

地域	卫所名称	设立时间	地域	卫所名称	设立时间
北直隶	天津卫	永乐二年（1404）	辽东	广宁前屯卫中前所	宣德五年（1430）
	天津左卫	永乐二年		广宁前屯卫中后所	宣德五年
	天津右卫	永乐四年（1406）		宁远卫	宣德五年
	梁城所	洪武三十三年		宁远中右所	宣德五年
	卢龙卫	永乐四年		宁远中左所	宣德五年
	抚宁卫	永乐三年（1405）		广宁中屯卫中左所	宣德五年
				广宁左屯卫中左所	宣德五年

（本表据《明实录》《寰宇通志》《明一统志》《筹海图编》《筹海重编》《辽东志》等制）

---

① 《明太宗实录》卷八六，永乐六年十二月戊戌。
② （道光）《蓬莱县志》卷一三《艺文志中》，李贤《世袭宣城伯卫公神道碑铭》，第268页。
③ 《明太宗实录》卷一七七，永乐十四年六月丁卯。
④ 《明太宗实录》卷一七七，永乐十四年六月甲申。
⑤ 《明太宗实录》卷二〇〇，永乐十四年五月丙辰。
⑥ （清）谷应泰《明史纪事本末》卷五五《沿海倭乱》，第841页。
⑦ 《明太宗实录》卷八九，永乐七年三月丙辰。
⑧ 《明太宗实录》卷九四，永乐七年七月丁酉。

以上卫所集中于渤海内部京城附近地区，与洪武所设卫所主要位于渤海外围易遭入侵地区不同，显示了对京畿地带的格外重视。永、宣二帝通过设置这些卫所，建构起防御京师海上威胁的最后一条防线。

（四）创建海防营、备倭都司

朱棣（及宣德帝）为加强环渤海海防兵力的协调调度，以应对倭寇入侵规模增大的形势，集中兵力剿灭倭寇，在山东设立登州、文登、即墨三营，在北直隶设立天津海防营、新桥海口、赤洋、牛头寨等海防营等。备倭都司是明代中前期山东常设最高海防军事机构，设于永乐六年，据顾炎武《肇域志》记载："备倭都司：在水城内，永乐六年始命都指挥王荣总领之，其后宣城伯卫青、永康侯徐安镇之"①，该机构全权负责山东海防事宜，"沿海之卫凡十有一……所凡十有四，领以备倭都指挥使，驻扎登州"②。加强海防建设、抗击倭寇是山东备倭都司的主要职责，这从永、宣二帝赐予卫青的敕书中可以看到。永乐十七年（1419），朱棣赐敕卫青道："敕都指挥卫青率领官军前去沿海地方，剿捕倭寇，指挥千户官军人等，临敌之时，务要听都指挥号令。"宣德九年（1434），朱瞻基又赐敕卫青："今特颁去山东等处备倭关防一颗，付而收掌，领兵捕倭。"③

（五）设置备倭总兵官

永乐时期，为加强沿海海防调度，朱棣大量任用捕倭总兵官，率领舟师巡海。永乐时期的捕倭总兵官来源较为复杂，既有侯、伯等勋贵重臣，也有都指挥、都指挥同知等高级武职。捕倭总兵官专职防海，职掌为统领军队于沿海巡捕倭寇。如永乐七年三月，总兵官安远伯柳升，率兵至青州海中灵山，"遇倭

---

① （清）顾炎武：《肇域志》卷一六，《续修四库全书》本，上海，上海古籍出版社，2002。
② 佚名：《山东海疆图记》卷六《官制》，《北京图书馆古籍珍本丛刊》本，北京，书目文献出版社，1998年。
③ （嘉靖）《宁海州志》卷一二《艺文志上·敕赠》。

贼交战，大败之，即同平江伯陈瑄追至金州白山岛等处"①。这种高级别官员的巡海捕倭，有利于加强军队的协调、调度。如永乐六年十二月，朱棣先后派遣七支军队出海巡倭，其中罗文、李敬统率官军自苏州抵浙江等处缘海地方剿捕倭寇，规定其"如与丰城侯会合，听丰城侯调遣"②，姜清、张真、李圭、杨衍等往广东、福建缘海堤备倭寇，规定其"如与丰城侯，仍听丰城侯调遣"③，这几支水军均听从丰城侯李彬节制，构建起从山东到广东的沿海巡逻线。

由上可见，朱棣（及宣德帝）通过完善环渤海沿海卫所建置，设置备倭都司、海防营及捕倭总兵官等，加强了当地海防军事实力，初步构建起区域协同防御、作战体制，为后世海防制度更新打下了基础。

三 正统至万历初年：明代北部海防体制的完善

自永乐十七年，辽东望海埚战役大获全胜后，"自是倭大惧，百余年间，海上无大侵犯"④，北部海疆渐趋平静。嘉靖中后期东南倭患频仍，但北部沿海却相对平静。在这一段较长的时间内，北部沿海的海防设施等发展有所迟滞，甚至出现了墩堡不修、卫所缺伍的情况。但就整个北部海防体制而言，却不失为一个重要的发展时期。这一时期，明代地方政治、军事制度渐趋完善、成熟。明朝政府在北部沿海的山东、北直隶、辽东一带设立了诸多督、抚及兵备道，以节制地方文武官员，统一事权。这些职官的设立，在客观上形成了一些范围较大的军事、政治辖区，有助于整合内部的军事资源。因此应当说，这一时期是北部沿海海防体制的完善期。

这一时期，明朝政府在北部沿海地区设置了一些总督、巡抚，分别是设立于嘉靖二十九年（1550）的蓟辽总督，设立于正统十四年（1449）的山东巡抚、顺天巡抚，设立于宣德十年（1435）的辽东巡抚，保定巡抚"成化十一年罢，十九年为防御蒙古族侵扰而复置；二十一年罢，弘治元年复置。正德二年罢，五年复置⑤"。这些巡抚涵盖了北部沿海地区。

此外，明朝政府还在这些地区设立了一些兵备道，直接负责当地军事。如明初设立的山东巡察海道，此时性质发生变化，具有了管辖军队之权，成为山东海防力量的协调调度者。其变迁过程大致如下：明初，山东巡察海道即为分巡海右道，驻扎省城，辖青登莱三府。弘治十二年（1499），朝廷始于莱州建巡察海道官署，该道移驻莱州。正德七年（1512），因流贼之乱，该道兼理登、莱兵备，其性质发生变化，军事色彩日益浓厚。嘉靖四十一年（1562），该道移驻登州，成为登州海防道，专辖登州一府。隆庆二年（1568）至万历二十年（1592），该道一度兼理莱州兵备。后来，还从其下演化出莱州海防道。青州海防道，据嘉靖《山东通志》卷一一《兵防》记载："青州兵备道：分署青州府。正德七年，因流贼之变设。"⑥毛纪撰《分守海防道题名记》中说道，"寻值流贼之便，青郡增设兵备，遂以其郡属之。故令海道兼理登莱兵备，而青不与焉，非旧也，盖正德之七年也"⑦。武德兵备道，据嘉靖《武定州志》卷八《兵防志》记载："正德七年，因流贼之变，特置武定兵备道，设山东按察司佥事一人领之。"⑧天津兵备道，据《明孝宗实录》记载，弘治三年（1490）十一月乙未，刑部侍郎白昂上言，指出"天津之地水路咽喉，所系甚重，请增设宪职一员为兵备官，从之"。是为天津兵备道设立之始。据《明孝宗实

---

① 《明太宗实录》卷八九，永乐七年三月壬申。
② 《明太宗实录》卷八六，永乐六年十二月戊戌。
③ 《明太宗实录》卷八六，永乐六年十二月庚子。
④ 《明史》卷九一《兵三》，第888页。
⑤ 靳润成：《明朝总督巡抚辖区研究》，第35页。
⑥ （嘉靖）《山东通志》卷一一《兵防》，第709页。
⑦ （乾隆）《莱州府志》卷一三《艺文》，毛纪《分守海防道题名记》，第291页。
⑧ （嘉靖）《武定州志》卷八《兵防志》。

录》记载，第一任天津兵备道为刘福，其上任时间为弘治三年十一月。① 密云兵备道，据《四镇三关志》卷八《职官考·蓟镇职官·文秩》记载："密云兵备：正统十四年设。初为巡抚分理讼狱，寻议罢。弘治九年，复设整饬黄花至山海等地方按察司副使一员，山东列衔，驻扎蓟州。十一年，移驻密云。嘉靖二十九年，增设蓟州道，止隶密云一道地方。"② 据此，则密云兵备道设立于正统十四年（1449），后曾短暂罢设，至弘治九年复设。蓟州兵备道，据《四镇三关志》卷八《职官考·蓟镇职官·文秩》记载："蓟州兵备：弘治九年，设密云等处兵备一员，通辖蓟、永地方。十一年，移驻密云。嘉靖二十九年，始设按察司副使一员，列衔山东或山西，驻扎蓟州，隶蓟州一道地方。"③ 永平兵备道："永平兵备：嘉靖三十九年，设按察司副使一员列衔山东或山西，驻札永平府，隶永平一道地方"④。辽东地区的兵备道，分守、分巡辽海东宁道，"嘉靖三十九年，分巡道兼理兵备。嘉靖四十二年，分守道也开始兼理兵备"。宁前兵备道，据《明世宗实录》记载：嘉靖四十一年（1562）五月，"己酉，督视辽东军情兵部左侍郎葛缙奏，辽东东起广宁西至山海，绵亘五百余里，镇巡官隔远，其宁前一带势甚孤危，请添设兵备官综理。诏吏部覆议，从之。于是，升山东青州府知府陈绛为按察司副使、整饬宁前兵备"⑤。嘉靖后期，辽东行太仆寺兼管当地军事，据《四镇三关志》记载：嘉靖四十四年（1565），辽东行太仆寺卿"改兼兵备佥事，监督海州、西平、东昌等处兵务，移驻西平堡"⑥，认为嘉靖四十四年后辽东行太仆寺卿已经下辖海州等卫所兵务。据此，则嘉靖四十四年后，该职已成为辽南地区的海防官。辽东苑马寺卿亦然，嘉靖四十二年（1563），辽东苑马寺卿又奉敕兼山东按察司衔整饬兵备，此即《明史》所谓："嘉靖三十二年以辽东寺卿张思兼辖金、复、盖州三卫军民。四十二年又命兼理兵备事。"⑦

随着中央、地方行政制度的日益完善，该地区海防体制也臻于完善，如督抚、兵备道等职官的陆续设立，明朝政府加强了对海防力量的协调能力，在客观上促进了北部海防体制的完善。

四　援朝御倭战争期间：北部海防战时体制的形成

万历二十年（1592），日本关白丰臣秀吉派兵入侵朝鲜，并欲以此为跳板入犯中国，明朝政府派兵入援，援朝御倭战争爆发。中国北部沿海与朝鲜距离较近，日军占据朝鲜后，不但对沿海的山东、辽东等地造成了直接威胁，而且对于京畿地带也造成了很大威胁。为援助属国、稳固藩篱，明朝政府一方面派军入朝作战，另一方面在北部沿海设置专职海防官，并积极调兵遣将，以加强北部沿海的军事实力和协调调度能力。这一时期，在北部沿海形成了由朝鲜经略（后为蓟辽总督）节制北部沿海各抚、镇，抚、镇直接统御各省军事力量的战略指挥体制，北部沿海成为一个海防战略整体。

（一）朝鲜经略

经略成为官名，最早出现于援朝御倭战争时期。首任经略即是宋应昌，据《明神宗实录》记载：万历二十年八月乙巳，"命兵部右侍郎宋应昌往保、蓟、辽东等处，经略备倭事宜"⑧，不久明廷铸"经

---

① 《明孝宗实录》卷四五，弘治三年十二月乙未条，载："增设山东按察司副使一员，整饬天津等处兵备，陕西副使刘福丁忧服阕，因以命之。"
② 《四镇三关志》卷八《职官考·蓟镇职官·文秩·密云兵备》，第442页。
③ 《四镇三关志》卷八《职官考·蓟镇职官·文秩·蓟州兵备》，第442页。
④ 《四镇三关志》卷八《职官考·蓟镇职官·文秩》，第442页。
⑤ 《明世宗实录》卷五九〇，嘉靖四十一年五月己酉条。
⑥ 《四镇三关志》卷八《职官考·辽镇职官·文秩》，第455页。
⑦ 《明史》卷七五《职官四》，第1846页。
⑧ 《明神宗实录》卷二五一，万历二十年八月乙巳。《国榷》卷七六：万历二十年八月乙巳，"以兵部右侍郎宋应昌为总督保定、蓟、辽，经略朝鲜"，误。宋应昌并未担任蓟辽总督。王锡爵所撰《神道碑铭》记载："诏拜公兵部右侍郎，经略蓟辽、山东、保定等处防海、御倭军务。"黄汝亨所撰《行状》记载亦同。可见，宋应昌虽"经略蓟辽、山东、保定等处"，却未任蓟辽总督，仅是负责上述地区的海防事宜。

略保、蓟、辽东等处关防"赐之。至于明朝政府设立经略之原因，宋应昌在万历二十年九月十二日所上《辞经略疏》中有所记述，即为"奉圣旨：倭奴谋犯，督抚各守防房，地方战备一无所恃，且沿海数百里不相联属，一旦有警，深为可虞，特遣经略，专任责成"①。据此，则该经略专为沿海防倭而设，后来方令其率军入朝作战。

（二）天津巡抚

援朝御倭战争开始后，天津作为京畿东大门的地位凸显，为确保京畿地带的安全，明朝政府一度曾令保定巡抚移驻天津，主持当地海防事宜。万历二十五年（1597），中日和谈失败，丰臣秀吉卷土重来，朝鲜战局再度紧张。为加强北部沿海地区海防的总体协调防御，大学士赵志皋、张位、沈一贯及援朝明军统帅邢玠四人均建议设立天津巡抚。

援朝御倭战争时期，明朝政府在北部沿海地区设立了诸多总兵、副总兵，其中有的是暂时的，有的则一直延续到明末，有的是总体负责北部沿海军事，有的则单独负责某一省或某一地区。这些总兵、副总兵的设立，对于当时北部海防建设及援朝御倭战争均起了一定的作用。

（三）天津海防副总兵

天津总兵之设，与援朝御倭战争密切相关。万历二十年五月，倭寇朝鲜，北部沿海局势紧张起来。数日后，蓟辽总督蹇达上奏，"乞将保定总兵倪尚忠移驻天津，总管二镇兵马"②，朝廷同意。

（四）蓟辽山东保定等处防海御倭副总兵

蓟辽山东保定等处防海御倭副总兵一职存在时间不长，据《明神宗实录》记载：万历二十一年（1593）正月，命协守蓟镇副总兵署都督金事陈璘充统领蓟辽、保定、山东等处防海御倭副总兵，③是为该职初设。

（五）提督天津、登莱、旅顺等处防海御倭总兵官

万历二十年十月壬寅，以提督陕西讨逆军务总兵官李如松充提督蓟辽、保定、山东等处防海御倭总兵官，④该职始设。

（六）山东海防总兵、副总兵

万历二十一年，明朝政府因援朝御倭战争形势紧张，山东处于海防前线，需要加强防守，故设立防海副总兵。万历二十五年，中日和谈失败，双方战事再起后，明朝政府又任命镇守山东总兵官，万历二十五年十月，明朝政府铸给镇守山东备倭总兵官关防⑤。万历二十八年（1600），朝鲜战场彻底平定，明朝政府裁撤山东总兵，改设山东副总兵。

（七）协守辽镇宽奠等处备倭副总兵

万历二十二年（1594）三月，明朝政府下令"以五军营副将马栋为辽东宽奠副总兵"⑥，是为该武官之初设。

---

① 《经略复国要编》卷一《辞经略疏》，第21页。
② 《明神宗实录》卷二四八，万历二十年五月庚辰。
③ 《明神宗实录》卷二五六，万历二十一年正月壬戌。
④ 《明神宗实录》卷二五三，万历二十年十月壬寅。
⑤ 《明神宗实录》卷三一五，万历二十五年十月甲戌。
⑥ 《明神宗实录》卷二七一，万历二十二年三月壬寅。

（八）北直隶中路海防营副总兵

万历二十五年十月，明朝政府在北直隶北部的沿海地区设立海防三营。其中属蓟州道的中路海防营设副总兵一员统领。后，万历二十六年（1598）六月，副总兵吴广奉调东征，由中路南兵营参将楼必迪署管。①

（九）青、登、莱三府海防同知

据《明神宗实录》记载：万历二十三年（1595）正月癸未，"铸给青州、莱州、登州各海防同知兼管清军、驿传、盐捕关防"②。据此，则山东沿海三府海防同知的设立时间，当不晚于万历二十三年正月，很可能就在该年正月。

（十）天津军储同知

万世德任天津巡抚期间，曾建议设立军储同知，与原先的河间府清军同知，共同处置"出纳钱粮、稽核兵马"③事宜。万历二十五年十二月，明朝政府正式铸给天津专管军储同知关防。④

这一时期，环渤海地区形成了由朝鲜经略（蓟辽总督）通过节制天津巡抚及其他沿海巡抚（山东、辽东），以统御当地所有军事力量，而后，由天津巡抚专理该区海防、其他沿海巡抚佐理、配合，各巡抚共同节制沿海兵备道及总兵、副总兵的一个战时体制，有效地保障了战争的胜利。

五 万历后期至天启、崇祯时期：北部海防体制的调整

援朝御倭战争结束后，北部沿海军事力量再度遭到削弱，大批调集、募集的兵员陆续被调走或遣散，一些专职海防官如天津巡抚等也被裁撤。与此同时，偏居东北一隅的女真势力逐步崛起，努尔哈赤历经数十年征战，统一了女真各部。并于万历四十六年（1618），以"七大恨"告天，誓师讨明。战争爆发后，努尔哈赤接连攻取辽东城池，尤其是攻陷辽、沈和辽南四卫后，直接威胁到沿海的登莱、天津等地。熊廷弼出任辽东经略后，提出了"三方布置"方略，并围绕着这一方略，设置登莱巡抚等海防官，试图通过海、陆夹攻，以恢复辽东。不久后，熊廷弼下狱论罪，该方略破产。不过此时，毛文龙却在皮岛站稳脚跟，建立起自登莱至旅顺再至皮岛的"海上长城"，对后金政权的军事行动起到了一定的牵制作用。崇祯初年，毛文龙为袁崇焕所杀，此后东江镇日趋衰落，尤其是孔有德之乱后，叛军将明朝屯聚于登州的大量先进西洋武器及大批能征惯战的士卒带入后金，壮大了清军力量，却使明朝北部海防力量遭遇致命打击。此后，在清军的不断进攻下，东江镇陷落。至此，明朝北部海防体制名存实亡。

天启元年（1621），辽、沈陷落后，明朝政府再度起用熊廷弼为辽东经略。熊廷弼从大局出发，提出"三方布置策"，即"广宁用骑步对垒于河上"，以牵制女真全力，"海上督舟师乘虚入南卫"⑤，是为奇兵，以山海关为大本营，以广宁为重点，天津、登莱为策应，乘机恢复辽南。在熊廷弼"三方布置"方略提出后，作为配合措施，明朝政府在山东设立了登莱巡抚，综合调度山东沿海海防力量。毛文龙开镇东江后，明朝政府给予了很高的重视，不断增兵派饷，毛文龙也不时出击，骚扰清军后方。当然，毛

---

① 《经略御倭奏议》卷一〇《海防散兵节饷叙录劳臣疏》，《御倭史料汇编》（五），第511~536页。
② 《明神宗实录》卷二八一，万历二十三年正月癸未条。
③ 《海防奏疏》卷二《酌议海防未尽事宜疏》，第407~408页。
④ 《明神宗实录》卷三一七，万历二十五年十二月辛未。
⑤ 《明熹宗实录》卷一一，天启元年六月辛未。

文龙的骚扰并未取得较大战果，这与明朝的辽东战略有关，有学者指出"明朝的战略家们显然重山海，轻沿海，只把它看成是'牵制'而不足以'灭奴'，似乎对恢复全辽并无根本意义"①，但其牵制作用仍不可小觑。

（一）辽东经略

万历四十六年闰四月庚申，明朝政府因大学士方从哲推荐，任命杨镐为兵部左侍郎兼都察院右佥都御史，经略辽东。②辽东经略正式设立。该职是明朝政府任命的东北地区最高军政长官，全权负责对女真作战事宜。

（二）天津巡抚

援朝御倭战争期间，明朝政府为加强北部沿海地区的协调、策应，整合沿海防御力量，一度于万历二十五年设立天津巡抚。援朝御倭战争胜利后，明朝政府于万历二十七年（1599）将其裁撤。明与后金战争爆发后，辽东形势急转而下。天启元年三月，沈阳、辽阳失陷，"河东大小七十余城、官民俱薙发降"③。后金占领辽南地区，可以直接越海威胁天津、登莱，如首任天津巡抚毕自严所谓"金复海盖皆为敌有，计距天津盈盈一水，顺风扬帆两日可到"④，天津面临的海防威胁空前加剧。是年四月，湖广道御史方震孺上疏陈目前急务，建议"辽阳不守，海运难行，当并力陆运，督饷侍郎李长庚或回部管事或加敕防守天津"。吏部议覆，"方震孺议请通州、天津各添设巡抚都御史一员……天津旧有督饷抚臣李长庚撤回协理部事，其新抚另议推补"⑤。其中已经提及设立天津巡抚事宜。

（三）登莱巡抚

天启元年六月，辽东经略熊廷弼提出"三方布置"策略，以图恢复辽左，为配合这一战略，他建议，"登莱、天津并设抚镇，山海适中之地特设经略，节制三方以一事权"⑥，此为登莱巡抚设立之由。光绪《增修登州府志》也认为"辽沈相继覆，熊廷弼建三方布置之议，设登莱巡抚以命朗先"⑦，可见登莱巡抚之设，是为配合熊廷弼"三方布置"方略，是辽东形势大变局的产物。天启元年六月，明朝政府升原任登州道按察使陶朗先为都察院右佥都御史、巡抚登莱等处地方，登莱巡抚正式设立。⑧

（四）山永巡抚

崇祯四年（1631）十一月，明朝政府设立山永巡抚。⑨山永巡抚之设，是因当时督师孙承宗的建议。孙承宗认为辽东、北直隶地区官制紊乱，影响了正常的军事、行政事务，于是建议重新设定。崇祯四年十一月壬辰，他上疏指出："国家经制蓟辽，设两抚以一总督节制，极得提衡大略。只缘辽患突发，遂

---

① 孙文良、李治亭、邱莲梅：《明清战争史略》，沈阳，辽宁人民出版社，1986年，第315页。
② 《明神宗实录》卷五六九，万历四十六年闰四月庚申。
③ 《清太祖实录》卷七，天命五年正月壬戌。
④ 《石隐园藏稿》卷五《疏一》，《防海方新疏》，《文渊阁四库全书》第1293册，第500页。
⑤ 《明熹宗实录》卷九，天启元年四月甲戌。
⑥ 《明熹宗实录》卷一一，天启元年六月。
⑦ （光绪）《增修登州府志》卷二五《文秩一·登莱巡抚》，第251页。
⑧ 《明熹宗实录》卷一一，天启元年六月。不过，据《明熹宗实录》卷一〇记载，天启元年五月，兵部议覆言："至于蹈海寄登者，接渡非难，安插难，而稽查奸宄尤难。除周义水原系东省援辽兵数，应归旧伍，其川兵、毛兵归天津、登莱者，如果壮健，登抚即留充营伍，以省招募。领兵之官，亦准登、津留用。"已经提及"登抚"，据此则登莱巡抚设立不晚于天启元年五月。
⑨ （明）谈迁：《国榷》卷九一，崇祯四年十一月丁酉，"丘禾嘉仍以右佥都御史巡抚山海关、永平"，第5575页；《崇祯长编》卷五二，崇祯四年十一月戊辰，"丘禾嘉仍以右佥都御史巡抚山、永等处"。二者时间略有差别，不过均认为丘禾嘉出任该巡抚是在崇祯四年十一月。

添经略，及臣视师，因易经略为督师，其任与总督同，而不问八郡之官评，独多登东之节制，于是蓟辽有两人为之督，而蓟、辽两抚俱辖山海，其督师与抚同体，而督师苦于隔抚以督镇道，抚苦于候督师以令镇道，其间反多牵制。捍隔之病，臣向言之，今议辽东仍专设巡抚，自中前所以东辖之，不辖关门，其在关门当去督师，径设山海巡抚，以永平一府属之，不辖辽东，其遵化巡抚止以顺天一府属之，不辖永平，仍以蓟辽总督节制三抚，独职其大至互相应援，则总督为调度，盖关门不可无节钺弹压，而易经、督为巡抚，则料理既亲，弹压亦重，官不增减、权不纷杂，是法之甚便者"①。后来，崇祯皇帝及朝臣接受了他的意见，裁撤辽东经略，并设山永巡抚。由上可见，新设立的山永巡抚专辖山海关以西及永平府。

（五）东江总兵

天启元年五月，毛文龙率小股军队，沿辽南海域东进，收复诸多岛屿，一举进克镇江城。天启元年八月，明朝政府命其为副总兵，以示嘉奖。②次年六月，明朝政府再加毛文龙署都督金事平辽总兵官。③此后，毛文龙在皮岛逐渐站稳脚跟。据光绪《增修登州府志》记载："毛文龙：仁和人，天启二年（1622）任辽东总兵，挂将军印，驻皮岛，号岛镇。"④

（六）登莱总兵、副总兵

援朝御倭战争胜利后，明朝政府调整了北部沿海的职官设置。万历二十八年，明朝政府裁撤山东总兵，改设登莱副总兵。⑤

（七）天津总兵（副总兵）

天津总兵设立于天启元年六月。据《明熹宗实录》记载：天启元年六月，熊廷弼提出"三方布置"策略，力主"登莱、天津并设抚镇，山海适中之地特设经略，节制三方以一事权"⑥。是为天津总兵设立之缘起。是月辛巳，铸天津总兵官关防给总兵王学书。⑦后来，天津总兵一度改为副总兵。

（八）登州监军道、招练道

据《明熹宗实录》记载：天启元年七月壬寅，"经略熊廷弼请添设各监军道，从之。改邢慎言西路，钱士晋中路，梁之垣南路，仍降胡嘉栋二级监天津军，调杨述程于登莱"⑧。

（九）金州海防同知

金州海防厅设立于援朝御倭战争胜利之后。关于明朝政府设立金州海防厅的目的，据《明神宗实录》记载：万历三十年十二月辛卯，辽东巡抚赵楫上言，指出"于金州添设海防同知一员，于凡海防、哨探、战守机宜同游击并金复将官商确计议而行，兼理军民一切事务，稽查往来奸商、船只，并覆仓库各项钱粮，悍野官民赖以弹压，水兵、海禁，俱有责成矣。兵部覆如议。从之"⑨。

---

① 《崇祯长编》卷五二，崇祯四年十一月壬辰。
② 《明熹宗实录》卷一三，天启元年八月丙子。
③ 《明熹宗实录》卷二三，天启二年六月戊辰。
④ （光绪）《增修登州府志》卷三六《武秩上》，第347页。
⑤ （道光）《重修蓬莱县志》卷四《武备·营制》，第55页。
⑥ 《明熹宗实录》卷一一，天启元年六月辛未。李邦华也认为"臣惟天津一镇之设，原因辽沈继陷，藩篱骎薄，盈盈一海实与人共"，见《李忠肃先生集》卷三《抚津茶言》，《踏勘海防乞敕修明事宜疏》。
⑦ 《明熹宗实录》卷一一，天启元年六月辛巳。
⑧ 《明熹宗实录》卷一二，天启元年七月壬寅。
⑨ 《明神宗实录》卷三七九，万历三十年十二月辛卯。

由上可见，在明清之际，该地区又形成了由辽东经略（督师）节制辽东、蓟镇、天津、登莱等巡抚，其中登莱、天津巡抚控御天津、山东、东江总兵、统筹负责环渤海海战，以配合辽东战局的体制，在当时也起了一定作用。

总体而言，明代北部海防体制的演变过程，可以分为以上 5 个阶段。明朝建国前后，倭寇大举入侵中国沿海，北部沿海的山东、辽东也成为重灾区，朱元璋采取各种措施加强海防，北部海防体制初步建立。靖难之役后，朱棣迁都北京，环渤海地区海防地位凸显，如何加强当地海防、防御来自海上的威胁，成为明朝统治者重点考虑的问题。正统至万历初年，北部海疆相对较为安静，海防活动较少，但是随着中央、地方行政体制的完善，环渤海地区海防体制逐渐完善。援朝御倭战争爆发后，虽然战事一直在朝鲜开展，但是对京畿地区的海上安全也产生了严重的威胁，明朝政府在派兵出征的同时，刻意加强环渤海地区的海防，促进了战时海上协防体制的形成。万历末至启、祯时期，女真势力崛起，对北部海域产生了极大的威胁，明朝政府认识到海上力量的重要性，陆续实施了"三方布置"和"海上长城"战略，并取得了一定战果。综上而论，明代环渤海地区海防体制的变迁，其根本目的在于维护北部海疆的安宁，以确保京畿地带的海上安全。

［作者单位：山东师范大学历史与社会发展学院］

明初东胜州卫置废诸问题辨析

卢绪友

东胜卫在明朝北边防御体系中占据重要地位,关于东胜卫的存废等相关问题,学界有很大的争议(下文将一一论及)。本文认为,讨论东胜卫问题,应结合洪武时代的政治军事环境,连并东胜卫、州存废问题一体商讨。

一

明朝在洪武三年(1370)二月由大同出兵占领东胜,之后汤和等人又率军自陕甘予以支持。在此短暂数月,无论东胜是否又曾易手于北元,洪武三年的下半年,明朝已牢牢掌控东胜无疑。东胜地缘地位极其重要,明朝应是在洪武三年至洪武四年(1371)初设立了东胜卫。东胜卫之初设,实录未予以明载,《明史·地理志》云:"东胜卫,洪武四年正月,州废,置卫……领千户所五:失宝赤千户所、五花城千户所、干鲁忽奴千户所、燕只千户所、瓮吉剌千户所,俱洪武四年正月置。"[1]明确说明洪武四年东胜州废、东胜卫立,并置五千户所。此条史料应是参考自实录,《明太祖实录》有载:

> 故元枢密都连帖木儿等自东胜州来降,诏置失宝赤千户所一,百户所十一;五花城千户所一,百户所五;干鲁忽奴千户所一,百户所十;燕只千户所一,百户所十;瓮吉剌千户所一,百户所六。以都连帖木儿、刘朵儿只丑的为千户,给三所印,人赐文绮帛十一匹,金绣盘龙衣及文绮绵衣、银碗、靴袜有差。复遣侍仪司通事舍人马哈麻赍燕只瓮吉剌千户所印二,往东胜州命伯颜帖木儿答海、马里卜兰、歹也里、沙朵列图、阔阔歹为千户,赐文绮帛人十二匹,银碗一。官属卜颜帖木儿等四十三人赐文绮帛人八匹,特赐都连帖木儿之父阔阔帖木儿银碗一,文绮帛十匹。[2]

可以看出,《明史·地理志》对明实录有所演绎,实录只记载有东胜地区设置羁縻性质的蒙古千户所,而未记废东胜州、设东胜卫之事。由于在洪武二十五年(1392)再设东胜卫之前,实录未明确记载设立有东胜卫,一些观点便认为洪武四年明朝并未设立东胜卫,[3]而只是在东胜设立了千户所与百户所,其所依据的,应主要是上所引实录。但实录虽未明载东胜卫初置时间,却记有洪武四年正月"升东胜卫指挥佥事程暹为巩昌卫指挥使"[4]事。程暹为明朝中人,其所任职的东胜卫应是明朝一军卫。洪武四年七月,徐达备边山西时,亦曾受命节制"太原、蔚、朔、大同、东胜军马及新附鞑靼官军"。此言"东

---

[1] 《明史》卷四一《地理二》,北京,中华书局,1974年,第973~974页。
[2] 《明太祖实录》卷六〇,洪武四年正月癸卯条,中国台北,中国台湾"中央"研究院历史语言研究所校勘本,1962年,第1179~1180页。
[3] 可参见吴缉华《明代东胜卫的撤防与弃防》,(中国台湾)《"中研院"历史语言研究所辑刊》第34本下册,1963年,第649~660页;达力扎布《明代漠南蒙古历史研究》,海拉尔,内蒙古文化出版社,1997年,第31页。
[4] 《明太祖实录》卷六〇,洪武四年正月辛亥条,中国台北,中国台湾"中央"研究院历史语言研究所校勘本,1962年,第1182页。

胜军马"即应指东胜卫人马，而"新附鞑靼官军"应是新降附之东胜周边蒙古五千户所。东胜卫自是明朝之普通军卫，新降附之蒙古五千户所应与各卫平级，与东胜卫无隶属关系。[1]

洪武五年（1372）初，徐达北征漠北，东胜卫作为山西边卫之一，应是追随参与了漠北之战。洪熙元年（1425），兴州左屯卫军士范济上书言事称："太祖皇帝命将出师肃清沙漠，以粮饷不继旋师，即撤东胜卫于大同，塞山西阳武谷口，训兵练将，清野以待。"范济并不是一普通军士，"其人，故元进士，洪武中以文学举为广信知府，因事谪戍兴州，今年（洪熙元年）已八十有四"。就算范济是在洪武末年被谪，在兴州亦有27年的履历。作为曾经的进士、知府，其人对明初边地重大政治军事行动应有相当程度的了解，这一点可从洪熙元年上书言事一窥一二，因此我们有理由相信其对洪武初年的追忆应是准确的。如其关于"塞山西阳武谷口"事，太祖实录有载："（洪武六年）诏山西都卫于雁门关、太和岭并武、朔等州县山谷冲要之处，凡七十有三，俱设戍兵以防胡寇。"[2]亦可基本对应。其说洪武五年徐达北征失败南撤后，"撤东胜卫于大同"，亦可予以信服。

东胜撤卫的原因，自实录中亦可寻觅出一些间接证据。洪武五年明军北伐漠北之战后，伤亡惨重的徐达部、李文忠部（各损失数万人）先后退入大同、北平，紧急将龙庆（今北京延庆）、宜兴、兴、云等山后四州居民迁移至北平附近州县，[3]固塞自保。朱元璋则以"以北平山西馈运艰难，命以银易米供给军卫，计山西大同易米白金二十万两，北平易米白金十万两、绵布十万匹，又辽东军卫乏马，发山东绵布万匹易马给之"[4]，以补充边塞补给，全力应对北元对山西、北平、辽东的侵扰，并对因参加漠北之战而伤亡减员严重的军卫进行了裁撤重组。实录中清晰地记载了明廷对参加征北东路军军卫的重组："以兴化卫并为钟山卫，天长卫并定远卫，振武卫并兴武卫，和阳卫并神策卫，通州、吴兴二卫并龙骧卫，寻复设和阳、神策二卫。"[5]但对徐达之中路军军卫的重组计划，实录虽没有直接记录，但我们仍可寻觅出一些线索。徐达在洪武四年下半年操练山西兵马备边时，其节制军队为"太原、蔚、朔、大同、东胜军马及新附鞑靼官军"。洪武五年徐达北征，所领军卫定有大同一带的军卫，东胜卫、蔚州卫都应是参与了北征。实录载蔚州卫设立于洪武三年，[6]但各个时代的蔚州方志及正德《宣府镇志》都载蔚州卫设立于洪武七年，这其中大概就是由于洪武五年蔚州卫在随徐达北征漠北之时伤亡惨重而被裁撤的缘故。东胜卫应是在北征漠北的战斗中损失惨重后追随徐达退往大同而被撤的，故言"撤东胜卫于大同"。此处东胜卫作为军事建制序列而被撤，非乃有些观点所认为的将东胜卫自东胜地调往大同[7]，或裁撤的东胜卫是指降附的蒙古5000户所[8]。此一点薄音湖已予以指出[9]，但其只是就字面材料"撤东胜卫于大同"做出最基本的判断分析，未予以深究其背景与原因，本文遂费笔墨在此给予详细说明。

二

东胜卫因北征漠北损失惨重而被裁撤后不久，东胜州亦被明朝放弃。北元军队在漠北击退李文忠所

---

[1] 周松与张小永、候甫坚均认为东胜卫统辖此蒙古五千户所，但自实录中找不到任何这方面的证据，达力扎布对五千户所之上是否有卫已有过质疑。相关文章详见周松《明与北元对峙中的洪武朝之东胜卫变迁》，《史学月刊》2007年第5期；张小永、候甫坚《东胜卫相关问题探析》，《北方民族大学学报（哲学社会科学版）》2011年第3期；达力扎布《明代漠南蒙古历史研究》，第33页。

[2] 《明太祖实录》卷八二，洪武六年五月戊申条，中国台北，中国台湾"中央"研究院历史语言研究所校勘本，1962年，第1478页。

[3] 《明太祖实录》卷七五，洪武五年七月戊辰条，中国台北，中国台湾"中央"研究院历史语言研究所校勘本，1962年，第1085页。

[4] 《明太祖实录》卷七五，洪武五年八月癸巳条，中国台北，中国台湾"中央"研究院历史语言研究所校勘本，1962年，第1392页。

[5] 《明太祖实录》卷七六，洪武五年十一月丁未条，中国台北，中国台湾"中央"研究院历史语言研究所校勘本，1962年，第1403页。

[6] 《明太祖实录》卷四八，洪武三年正月庚子条，中国台北，中国台湾"中央"研究院历史语言研究所校勘本，1962年，第955页。

[7] 如周松就持东胜卫撤往大同说，参见周松《明与北元对峙中的洪武朝之东胜卫变迁》，《史学月刊》2007年第5期。

[8] 如达力扎布持此说，参见达力扎布《明代漠南蒙古历史研究》，第33页。

[9] 薄音湖：《从东胜卫到妥妥城》，《民族研究》2009年第4期。

部军队后，遂大规模南下侵扰明朝边地，重点就放在北平、山西。洪武五年八月，北元军一度突入东胜州以北的云内州城，经明军殊死抵抗才不得不撤走。到洪武六年（1373）十月，"上以山西弘州、蔚州、定安、武、朔、天城、白登、东胜、丰州、云内等州县北边沙漠屡为胡虏寇掠，乃命指挥江文徙其民居于中立府，凡八千二百三十八户，计口三万九千三百四十九，官给驴牛车辆，户赐钱三千六百及盐布衣衾有差"①。应以此事件为标志，明朝正式放弃了东胜州。《明史·地理志》言东胜州撤销于洪武四年初，恐失精准。

东胜卫、州先后被撤后，东胜地成为明与北元缓冲地带。到洪武二十五年（1372），明朝已基本瓦解了北元势力，遂决定在东胜地方重立东胜卫：

> 上以山西大同等处宜立军卫屯田守御，乃谕宋国公冯胜、颍国公傅友德等曰："屯田守边，今之良法，而寓兵于农，亦古之令制。与其养兵以困民，曷若使民力耕而自卫。尔等宜往山西布政司集有司耆老谕以朕意。"……太原等府，阅民户四丁以上者籍其一为军，蠲其徭役，分隶各卫，赴大同等处开耕屯田。东胜立五卫、大同在城立五卫、大同迤东立六卫，卫五千六百人，仍戒其各慎乃事，毋扰于民。②

翌年，明朝正式"置大同后卫及东胜左右、阳和、天城、怀安、万全左右、宣府左右十卫于大同之东，高山、镇朔、定边、玉林、云川、镇虏、宣德七卫于大同之西皆筑城置兵屯守"③。按此条史料似有舛误之处，东胜左右卫本设立于故东胜地，应在大同以西，此条材料却言东胜左右卫在大同之东，这应是误载。自上引实录看，"东胜立五卫、大同在城立五卫、大同迤东立六卫"，可判东胜应在大同之西。洪武三十年，朱元璋亦曾发敕言："自东胜以西至宁夏、河西、察罕脑儿，东胜以东至大同、宣府、开平……凡军民屯种田地，不许牧放孳畜。"④亦可知新设之东胜诸卫应在大同以西的旧东胜州地。

三

另外关于东胜地区军卫的数量问题，学界亦有所讨论。在洪武二十五年的诏书中，明廷明确要在"东胜立五卫"，翌年实际确立的、带有东胜称谓的只有东胜左、右二卫。尹志依据《明史·地理志》认为，在洪武二十六年（1393）明朝罢撤了东胜中、前、后三卫，所以只留有左右二卫。⑤周松亦遵从《明史》看法，认为明朝削减中前后三卫是"东胜当时并未储备足够维持开置五卫屯田兵数所需的存粮"⑥所致。赵现海则认为明朝在东胜地区置卫并不一定非要以东胜为名，若将东胜左右二卫加上东胜周围的玉林、云川、镇虏三卫，恰好凑为五卫。但其又引用雍正《山西通志》的看法，把定边卫亦当作东胜地区的卫所，称其为"东胜六卫"。并继续引用雍正《山西通志》解释称定边卫于洪武二十五年初设立，故不在洪武二十五年诏所称东胜五卫之数。⑦就实录所载材料看，赵现海对东胜五卫的分析十分精准。仔细审读分析实录，洪武二十五年的诏书只言在"东胜立五卫"，而未称域内所有军卫皆以东胜称之。自明初

---

① 《明太祖实录》卷八五，洪武六年十月丙子条，中国台北，中国台湾"中央"研究院历史语言研究所校勘本，1962年，第1516页。
② 《明太祖实录》卷二二零，洪武二十五年八月丁卯条，中国台北，中国台湾"中央"研究院历史语言研究所校勘本，1962年，第3224～3225页。
③ 《明太祖实录》卷二二五，洪武二十六年二月辛巳条，中国台北，中国台湾"中央"研究院历史语言研究所校勘本，1962年，第3295页。
④ 《明太祖实录》卷二四九，洪武三十年正月庚辰条，中国台北，中国台湾"中央"研究院历史语言研究所校勘本，1962年，第3613页。
⑤ 尹志：《明代"弃套"始末》，《禹贡半月刊》第2卷第7期，1935年。
⑥ 周松：《明初河套周边边政研究》，兰州，甘肃人民出版社，2008年，第104页。
⑦ 赵现海：《明代九边长城军镇史》（上），北京，社会科学文献出版社，2012年，第121页。

东胜附近政治军事形势看，东胜卫所守御地区远大于东胜州，大致应包括大同边外的东胜、云内、丰州一带。东胜地区实应指此。玉林卫初置于今内蒙古和林格尔东南，云川卫初置于今和林格尔西北，镇虏卫初置于今和林格尔以南，三卫俱在东胜地区。此三卫加上东胜左右二卫，恰为五卫之数。但雍正《山西通志》将定边卫添入东胜诸卫，凑为东胜六卫，似有画蛇添足之嫌。定边卫初置于今大同右玉县，实际上乃大同地，非东胜地，因此不宜归于东胜诸卫。雍正《山西通志》言定边卫设立于洪武二十五年初，但实录明确载定边卫设立于洪武二十六年，在没有较强的其他证据的情况下，我们还应遵从实录的权威性，以洪武二十六年设定边卫为宜。

伴随着再设东胜卫问题的，亦还有东胜州的存废问题。前面已述，洪武六年，明朝应是废除了东胜州。但洪武二十六年实录却载：

> 初靖州会同县山贼王汉等恃险聚众，据天柱龙寨，连结五开、龙里，群盗为乱，乘间时出剽掠。命靖州卫发兵讨之，兵至，斩获甚多。至是，械其首从五百余人至京，廷臣请诛之。上曰："蛮人为乱，何代无之，但诛其首乱者足矣，其余悉发戍东胜州。"①

这里又出现了东胜州的称谓，以笔者管见，此说应是东胜卫之误记（亦有可能是对东胜旧地的习惯称呼）。洪武五至七年，明朝陆续撤销了塞外州县。洪武二十年（1387）明朝取得对北元的重大胜利之后，开始在塞外大规模设立军卫，以拱卫北疆，但始终未有于边地再设州县等民治之举。明朝将湖广叛乱山贼发戍东胜的洪武二十六年初，恰为明朝欲大规模在东胜等边地广设军卫的非常时期。众多的戍卒应是东胜诸卫所急需的，靖州之山贼很有可能是被分给了东胜卫为军。从洪武后期的行政规划看，东胜州亦未存在。洪武二十九年（1396），"改置天下按察分司为四十一道。初以天下为四十八道。至是，上欲省之，且以各道名称有未安者，因欲易之，命廷臣集议之。于是太子少保兼兵部尚书茹瑺等议改置为四十一道……曰冀北道治大同一府、东胜等卫"②。冀北道只治东胜等卫，而未言东胜州，可见洪武后期并未设东胜州。

综上，洪武朝东胜州、卫之沿革当为：洪武三年，明朝占领东胜州，洪武三年至四年，东胜卫立（不统辖归附的蒙古五千户所）。洪武五年，东胜卫主力参加徐达之北伐漠北之战失败后追随残军撤往大同，因损失惨重被裁。洪武六年，东胜州被废，之后未再设立。东胜地成为明朝与北元拉锯之区。洪武二十六年，明朝于东胜旧地立东胜左右二卫（实土卫），东胜周边立玉林、云川、镇虏三卫。

［作者单位：淮北师范大学历史与社会学院］

---

① 《明太祖实录》卷二二四，洪武二十六年正月己巳条，中国台北，中国台湾"中央"研究院历史语言研究所校勘本，1962年，第3278页。
② 《明太祖实录》卷二四七，洪武二十九年十月甲寅条，中国台北，中国台湾"中央"研究院历史语言研究所校勘本，1962年，第3594～3595页。

论北京防卫与天寿山陵军

范传南

北京，元称大都，明洪武元年（1368）改称北平。靖难之役后，朱棣于永乐元年（1403）将其改称北京，是为"行在"。永乐十九年（1421）正月，明朝中央政府正式迁往北京，并从此开始了其长达223年明朝政治中心的历史。由于北京特殊的地理位置和政治地位，早在洪武年间，明廷就已将其列为北边防御的重点，迁都之后则更是成为重中之重。

一 明初北边防线的构建与北京防御

元至正二十八年（明太祖洪武元年）七月二十八日，在北伐明军攻克通州当晚，元顺帝妥懽帖睦尔仓皇撤离大都，北走应昌（今内蒙古克什克腾旗西达里诺尔附近）。明军虽然顺利地占领了大都，但元朝统治的核心机构、军队主力并未被消灭。朱元璋为此曾于洪武五年（1372）派大将徐达等率军远征，意图"荡清沙漠"，彻底解除北部元朝残余势力的威胁，却损兵折将，大败而归。

此后十余年间，为了抵御北元军队的南下袭扰，朱元璋依据"固守封疆"的方针，先后在北边长城沿线部署重兵，并展开了一系列大兴土木的边防建设。经过洪武一朝近30年的努力，明廷凭借陆续设立的燕山（北京附近）、临洮（甘肃临洮）、西宁（青海西宁）、全宁（内蒙古翁牛特旗）、大同（山西大同）等卫所，以大宁（今内蒙古宁城县）、开平（今内蒙古多伦县）、兴和（今内蒙古乌兰察布市兴和县）、东胜（今内蒙古呼和浩特市托克托县）为前哨要点，左右两翼辅以辽东、宁夏等地的明军，彼此支持，共同御敌，从而在长城沿线形成了一条相对完备的北边防线。

其中与北京（此时的名称应为北平，为便于行文，全文统称北京）防御直接相关的则是燕山等六卫。洪武元年（1368）八月，朱元璋命"留兵三万人，分隶六卫，令都督副使孙兴祖、佥事华云龙守之"[1]。此后，为加强北京防卫，明廷对该地军事力量进行整合，先后设立了北平行都督府、北平都卫指挥使司和北平都指挥使司。此外，为加强对北边防线的领导，御侮防患，朱元璋增设了大宁都司，作为北平都司的屏障，又先后两次分封皇子镇守要地。洪武十三年（1380），燕王朱棣就藩北平，成为北京地区的最高军事长官。

二 边防形势的恶化与九边的形成

（一）北边防御形式的恶化

北边是有明一代边地防御的重点，这一防御体系的构建并非一朝一夕，更非是一劳永逸。洪武一朝，

---

[1]《明太祖实录》卷三四，洪武元年八月癸未。

朱元璋多次遣将出征北元，并初步完成了北边防线的构建。"靖难"之役后，为笼络战争期间立有大功的蒙古兀良哈三卫，朱棣先后放弃了北边的大宁、东胜两卫，以致开平、兴和的两翼完全暴露，最终先后被迫分别内徙到独石（今河北赤城）和宣府（今属河北张家口）。这一战略失误使得洪武时期所设的北边防线中段被迫南撤至300公里以外的燕山南麓，从而失去了原有的缓冲和预警空间，以致"辽东、宣府自此隔涉，而声援绝矣"①。原本体系完善，能够彼此呼应的北边防线就此被割裂成两大部分。而大宁等地的放弃，也使得作为明朝都城的北京时刻处于蒙古骑兵的威胁之下。

但在这一时期，朱棣仍有6次北征沙漠之举，所以说明廷在北边所采取的仍是积极防御的策略，即以坚固设防的筑垒地域为依托，保有机动军力，相机进攻，争取毕其功于一役。及至仁、宣两朝，随着军事实力的衰退，明廷只能采取消极的内敛防御策略，依靠加强南移防线的防守以抵御蒙古各部的骚扰。虽然明廷先后在北京附近设置了蓟州等军事据点，但却丧失了军事上的战略机动空间，造成了作为京师的北京既是政治权力中枢，也是军事防御的前沿，而"腹心即边地"的政治、军事和地理格局也造成了明代北边防御的尴尬局面。

明初北边防线南移所造成的另一恶果则是河套地区的丢失。随着东胜卫的最后撤废，明朝在河套地区已再无设防的军事单位。富饶的河套平原逐渐为南下的蒙古各部所蚕食，原本产量颇丰的军屯制度也在蒙古游骑的不断骚扰下日渐衰落。从宣德末年开始，被瓦剌部击败的鞑靼部便开始陆续分散地进入河套地区安家落户，享受着肥美草原带来的安逸生活。虽然此时这些部落的内部情况多不为人所知，也未形成拥有足够威望、可以一统各部的雄主，但这种互不统属情况存在的时间并不长久。正统（1436—1449）以后，蒙古各部对河套地区的侵扰很快便呈现出愈演愈烈的趋势。景泰五年（1454），瓦剌部太师也先已"逼徙朵颜所部于黄河母纳地（河套）"②。天顺年间，随着几位著名的蒙古部首领进入河套，明王朝的北边中段防御更是承受了日益沉重的压力，而史籍中也对此留下了较为详尽的记载。③

至宪宗成化年间，尤其在达延汗即大汗位后，河套地区已成为蒙古各部繁衍生息数十年的家乡。及至正德年间，当象征着蒙古民族至高荣耀的成吉思汗灵堂——八白宫迁入河套后，该地区已经被蒙古族视为永久的根据地，且开始以此为依托，频频深入明廷内地骚扰抢掠。而此时，明廷的北边防御策略也从主动寻机歼敌被迫变为屯兵设防、筑城死守，在军事上也就变得更加应接不暇、疲于奔命。在这种日益严峻的防御形势下，中叶以后，明廷依据明太祖朱元璋的战略初衷，结合历朝实际，不断对九边地区的设防加以补充和完善，最终形成了"九边"这一浩大繁杂的防御体系。

（二）九边的形成及其对北京防御的影响

"九边"特指有明一代先后设置于北边地区的9个重要军镇，它们所组成的防线直面北方各少数民族，对保卫京畿及内陆地区起到了重要作用。"边"原指边墙、长城，后来特指担负这一地区防御任务的军镇。明长城东起辽东边界的鸭绿江，西止祁连山下的嘉峪关，绵延万余里。明廷将其划分为9个防御地段，每"边"设为一"镇"，故又称"九边重镇"。

对于"九边"的设置情况，魏焕在其所著的《皇明九边考》中记载："初设辽东、宣府、大同、延绥四镇，继设宁夏、甘肃、蓟州三镇，镇守皆武职大臣，提督皆文职大臣。又以山西镇巡统驭偏头三关，陕西镇巡统驭固原，亦称二镇，遂为九边。"④明末户部尚书毕自严在《度支奏议》中也称："国初设辽东、宣府、大同、延绥四镇，后益以蓟州、宁夏、甘肃为七，后又益以山西、固原为九，今则密、永、

---

① （明）严从简撰，余思黎点校：《殊域周咨录》，北京，中华书局，1993年，卷二三，《北狄》，第730页。
② （清）张廷玉 等撰：《明史》《朵颜三卫传》，北京，中华书局，1974年，第8506页。
③ 张显清著：《严嵩传》，合肥，黄山书社，1992年，第144页。
④ （明）魏焕：《九边考》，《镇戍·明代边防》，第100～101页。

昌、易镇列戍矣，延袤万里，守卫甚置。"①清代张廷玉等人所著的《明史》中基本沿袭了魏、毕二人的观点，只是对山西、陕西二镇的情况略作变更，称其"初设辽东、宣府、大同、延绥四镇，继设宁夏、甘肃、蓟州三镇，而太原总兵治偏头，三边制府驻固原，亦称二镇，是为九边"②。然而上述这些记载与傅维鳞、邱浚所记的九边情形又有所不同，如《明书》中记载："考自洪武、永乐至弘治初，沿边止设辽东、宣府、大同、延绥、宁夏、甘肃六镇。"③丘浚则认为"洪武之初，西北边防重镇，曰宣府，曰大同，曰甘肃，曰辽东，曰大宁。永乐初革去大宁，惟存四镇。宁夏守镇肇于永乐之初，榆林控制始于正统之世"④。

由此可见，早在明代，时人对九边设置的具体情况就已多有争议，而针对九边的称"镇"标志与时间，目前的明史学界也存在着不同的观点。⑤

笔者认为明代九边的形成应是一个长期化的渐进模式。九边是明廷为防御蒙古、拱卫京师，并随着九边防线逐渐南撤的过程而建立起来的九处军事重镇。各镇以总兵镇守的常设为设置标志的做法是合乎实际的。在时间跨度上，九边各镇的设置应始于靖难之役后，历经永乐、洪熙、宣德等朝的不断增补完善，直至世宗嘉靖年间方才最终完成。而在体制上，九边的建立实际上是明廷完成军事边防制度转变的过程，即从卫所—（行）都司制、大将镇守制、塞王守边制，直至九边总兵镇守制度的转变。九边各镇自东而西依次为辽东镇、蓟镇、宣府镇、大同镇、山西镇（三关）、延绥镇、固原（陕西）镇、宁夏镇、甘肃镇。若以建置时间排序，分别为宁夏镇（建文四年，1402）、甘肃镇（永乐元年，1403）、辽东镇（永乐十二年，1414）、大同镇（永乐十二年，1414）、宣府镇（永乐二十二年，1424）、蓟镇（宣德十年，1435）、延绥镇（天顺二年，1458）、山西镇（成化二十二年，1486）与固原镇（弘治十八年，1505）。

九边的形成，尤其是蓟镇的设立，极大改善了大宁防区撤销后，蒙古各部直面北京所造成恶劣防御态势，加强了对京畿地区的军事防护。当然，随着防御形势的不断变化，九边某些大军镇的辖下还会适时设置一些小型的军镇。如在庚戌之变后，为加强京畿地区的防守，明廷在原设的蓟镇辖下又增设了密云、昌平、永平、易州4个小的军镇，因其归属蓟镇总辖，故合称"九边十三镇"。

三 京畿防御重心的转移与天寿山陵军的兴衰

（一）蓟镇沿革与昌平镇的析出

九边当中，蓟镇的防御区域既在京畿，又属九边。洪武二十年（1387），朱元璋置大宁都指挥使司，与辽东、宣府并为外边，并册封宁王驻节于此，屯驻重兵，为北边重镇。"靖难"之役后，明廷于永乐元年内徙大宁都司于保定，该地遂暂时空置。此后，永乐帝欲迁都北京，故在其北边建一重镇以为藩屏，是为蓟镇设立之肇端。

包括实录在内的诸多史料，在涉及九边蓟镇与蓟州镇时多语焉不详或混为一谈。实际上，二者虽有传承关系，却并不完全相同。蓟镇初设时，曾设治所于蓟州，此时蓟州镇与蓟镇的含义是等同的，但随着京畿防御态势的日趋紧张，特别是密云、昌平等小军镇的陆续设立，蓟镇所辖范围也日趋广阔。

魏焕在其所著《皇明九边考》中记载：

---

① （明）毕自严撰：《度支奏议》，续修四库全书本，第483册，堂稿卷四，第135页。
② （清）张廷玉等撰：《明史》，北京，中华书局，1974年，卷九一，第2235页。
③ （清）傅维鳞撰：《明书》，四库存目丛书本，史部第39册，卷八三，第116页下。
④ （明）陈子龙等辑：《明经世文编》，续修四库全书本，第1656册，卷七三，邱浚：《边防议》，第17页。
⑤ 详见范传南著：《明代九边京运年例银研究》，长春，吉林人民出版社，2014年，第129~132页。

> 蓟州一边拱卫京师，密迩陵寝，比之他边尤重。三屯营居中，为本边重镇。东至山海关一千三百五十里，西至黄花镇四百五十里……为关塞者二百十二，为营堡者四十，为卫二十二，为守御所三。设分守参将五于燕河营、太平寨、马兰谷、密云县、黄花镇，以管摄营堡，谓之关。设守备都指挥五于山海、永平、遵化、蓟州、山河，以管摄卫、所，谓之营。设总兵官一员于三屯营，以总镇焉。关设于外，所以防守；营立于内，所以应援，本相须也。后关独当其害，营但肆为观望。①

由此可知，蓟镇所辖为京师四周各镇，故"蓟州、昌平、永平、密云、保定、易州、井陉，已（以）上七处俱总称蓟镇"②。七镇之地，东西千里，南北倍之，其中又以紫荆、倒马、居庸三关（内三关）最为冲要。此时的蓟镇已经在原有蓟州镇的基础上，演变成为包括蓟州、永平、密云、昌平、易州等若干小军镇在内的九边大镇，再非明初原设蓟州镇的规模可比。

明初的蓟镇总兵官长期驻扎在永平，也曾一度移驻蓟州或山海关一带，直到嘉靖年间才最终固定在三屯营。③由此推断，《明史·兵志》中关于"蓟之称镇，自（嘉靖）二十七年始"④的记载，并非是蓟镇始建于嘉靖二十七年（1548），而是特指蓟镇镇守总兵固定以三屯营为驻节地始于该年。此后，蓟镇总兵的官名虽仍有变化，但以三屯营为驻节地却是不再变更，如"隆庆二年改为总理练兵事务兼镇守，驻三屯营"⑤。万历十一年（1583），明廷更是恢复原有的"蓟镇总兵官"关防。⑥

昌平，位于北京西北部，"密迩王室，股肱重地"⑦，明初设有昌平县。该县在洪武元年（1368）隶属山东行省的北平府，次年（1369），山东行省改称北平行省，九年（1376）改为北平承宣布政使司。永乐元年（1403）改为"北平行在"，北平府改为顺天府；十九年北平行在改称"京师"，昌平县仍属顺天府。正德元年（1506）改称昌平州，领顺义、怀柔、密云，旋罢。八年（1410）复设，并仍领顺义等三县，此后至清初建制不变。该县境内"北有天寿山，成祖以下陵寝咸在。东南有白浮山。西南有驻跸山。又南有榆河，一名温余河，下流为沙河，入于白河。又东南有巩华城，嘉靖十九年筑。东北有黄花镇。弘治中，置渤海守御千户所于此，万历元年（1573）移于慕田峪，四年（1576）复故。西有镇边城，又有常峪城，俱正德十年（1515）五月筑，各置守御千户所。又有白阳守御千户所，亦正德中置。西北有居庸关"⑧。在昌平驻军设防，能够起到屏藩京师，捍卫陵寝的作用，因此素为兵家所重。

自明初开始，朝廷即在其地设置卫所，宣德十年（1435）后即归属蓟镇管辖。嘉靖二十九年（1550）庚戌之变后，鉴于京畿地区令人堪忧的防守状况，以及天寿山陵军在平时和战时的不堪表现，明廷最终决定将北京的防御重心由卫戍京师调整到了以蓟镇为中心的防御，同时对京畿地区的军力进行整合。为此，明廷嘉靖三十九年（1560），明廷在昌平设"镇守总兵"，⑨昌平正式称镇，成为十三镇之一，下辖两城三路——昌平城、巩华城、黄花路、居庸路、镇边路，共拥兵29380人。⑩

（二）天寿山陵卫的兴衰

中国古代帝王去世后的墓葬称之为陵。明朝每位皇帝去世，必设一卫守陵，用以巡逻山场、护卫陵

---

① （明）魏焕：《九边考》，《明代边防》，第45页。
② （明）茅元仪辑：《武备志》，四库禁毁书丛刊本，子部第26册，卷二〇四，占度载，度十六，镇戍一，第247页上下。
③ 《明实录》中的最早记录是在《明世宗实录》卷二七〇，嘉靖二十二年正月辛酉。
④ （清）张廷玉等撰：《明史》卷九一，《兵三·边防》，第2241页。
⑤ （清）张廷玉等撰：《明史》卷七六，《职官五》，第1866页。
⑥ 《明神宗实录》卷一三四，万历十一年闰二月丁丑。
⑦ （清）缪荃孙、刘万源等：《光绪昌平州志》，北京，北京古籍出版社，1989年，第1页。
⑧ （清）张廷玉等撰：《明史》，北京，中华书局，1974年，卷四〇，《地理一·京师、南京》，第887页。
⑨ 《明世宗实录》卷四八七，嘉靖三十九年八月癸亥。
⑩ （清）缪荃孙、刘万源等：《光绪昌平州志》，北京，北京古籍出版社，1989年，第384、385页。

寝，称"某陵卫"。除设于凤阳祖陵的皇陵卫和南京的孝陵卫外，其余陵卫皆设置于昌平的天寿山地区。又因崇祯帝吊死煤山，明朝灭亡，故虽称"十三陵"，却只有十二个陵卫。

明十三陵陵卫源流表①

陵卫名称	原卫名称	改编时间	陵卫名称	原卫名称	改编时间
长陵卫	南京羽林右卫	永乐二十二年（1424）	康陵卫	义勇中卫	正德十六年（1521）
献陵卫	武成左卫	宣德元年（1426）	永陵卫	义勇左卫	嘉靖二十七年（1548）
景陵卫	武成右卫	宣德十年（1435）	昭陵卫	神武后卫	隆庆六年（1572）
裕陵卫	武成前卫	天顺八年（1464）	定陵卫		
茂陵卫	武成后卫	成化二十三年（1487）	庆陵卫		
泰陵卫	忠义左卫	弘治十八年（1505）	德陵卫		

与表中《明史》《钦定续文献通考》《明会典》所记不同的是，实录中所记"改武成左卫为献陵卫，武成右卫为景陵卫，以守护陵寝"②的时间是正统元年（1436）。而详考实录，其中关于献陵卫和景陵卫的记载也都始于正统元年，二者何者为准，尚待考证。

这些陵卫皆由明军正规卫所改成，设置最早的长陵卫甚至是亲军卫所，③设置之初，当有一定的战斗力，因此对巩固北京西北的防御有着较好的补充作用。所有陵卫的直属长官是天寿山太监。约刊印于嘉靖二十一年（1542）的《皇明九边考》对天寿山太监职责的记载是："天寿山系祖宗陵寝所在，今命尔（天寿山太监）与都指挥共管领各卫官军。在于本山守备，操练军马，保障地方，固守城池。务在器械锋利，盔甲鲜明。遇有贼寇，相机剿捕，毋或丝毫怠忽。尔仍提督内外官员人等，一体照护陵寝，常川洒扫洁净，巡视山林树木。仍照榜例禁约，毋得纵人砍伐，遇有墙垣损坏随即修理，树木枯槁之处务要以时补栽。仍躬自往来看验，恒加敬慎。不许假此科扰克害，及侵占军士防废兵备。如违责有所归。"据此分析，天寿山虽地属昌平，但至少在嘉靖二十一年之前，各陵卫与蓟镇并无隶属或节制关系，看作是一种互相协作的友军当更为恰当。④陵卫的主要职责在于保守山陵，且要承担陵园内的洒扫等杂役，负担沉重，加之直属天寿山太监管辖，卖官鬻爵、役占成风，以致兵员缺额、营操废弛，天长日久，无论官兵，皆不习战阵，十二陵卫几成虚设。⑤

这种有名无实的体制，终于在嘉靖三十九年（1560）被打破。这一年昌平正式从蓟镇析出，独立建镇。鉴于陵卫军额虚耗，战力低下的弊端，明廷将各陵卫中的精锐军士抽出，编入各营路，作为昌平镇的基本野战力量。而未编入镇军的剩余陵军则仍然承担各陵卫的原有之责，当然对于其旧有弊端也是一脉相承。⑥

为解决陵军"坐食习玩之日，各军向来买闲挂名，平日不习金鼓，临事岂知击刺"的问题，明廷乃行"更番"之法。"除该监所称一千六百四十八名专司洒扫者置不问，余四千六百五十二人，宜令与昌平营军更番上山，一年一换。则上山者防陵，属陵监管辖，下班者操练。"⑦但从此后，特别是清军入

---

① （清）张廷玉等撰：《明史》卷九○，兵二，卫所，班军；（清）嵇璜、曹仁虎等撰：《钦定续文献通考》，文渊阁四库全书本，卷一二六，兵考，禁卫兵；（明）申时行等修：《明会典》（万历），兵部七，职方清吏司，城隍一，都司卫所，北京，中华书局，1989年，第637页。
② 《明英宗实录》卷二○，正统元年七月丙申。
③ （明）申时行等修：《明会典》（万历），兵部七，职方清吏司，城隍一，都司卫所，北京，中华书局，1989年，第637页。
④ （明）魏焕：《九边考》，蓟州镇，责任考。
⑤ 胡汉生：《明代天寿山的陵军》，《紫禁城》，1991年第3期。
⑥ （明）崔学履纂修：《隆庆昌平州志》卷三，北京，全国图书馆文献缩微中心，1987年。
⑦ 《明熹宗实录》卷八，天启元年三月丁未。

关及李自成攻占北京的实际情况来看，明廷对天寿山陵军的整顿效果并不明显。

综上所述，有明一代，无论是作为北边重镇的北平，还是京师所在的北京，北京及其周边地区都是明廷北边防御的重心。这一地区，大致归属九边之一的蓟镇管辖。在宣德十年蓟镇正式设立后的相当长的时段里，明廷对京师的防御和对蓟镇的防御是合二为一的。从某种意义上来说，明廷对蓟镇的防御的真正目的就是对北京的防御。而此时已经出现的天寿山陵军，虽然不受蓟镇直辖，但仍负有协同作战的职责。嘉靖二十九年（1550）庚戌之变后，鉴于京畿地区令人堪忧的防守状况，以及天寿山陵军在平时和战时的不堪表现，明廷最终决定对京畿地区军力进行整合，以便利用现有军力满足新的防御需要。为此，明廷将北京的防御重心由卫戍京师调整到了以蓟镇为中心的防御。这一变革的主要特征之一就是昌平的独立设镇。而此前一直受陵监管辖、不隶五府、直属皇帝的天寿山陵军，也大部被卷入了这一变革当中，进而成为昌平镇军事力量的一部分，再次被投入到了卫戍京畿和内外征战的本职当中。

[作者单位：齐齐哈尔大学文学与历史文化学院]

明代蓟州镇兵马钱粮考

王尊旺

明代九边兵马钱粮的考证，历来是一个热点问题。现有研究对这一问题给予了充分的关注，也取得了相当的成果。①无论是军队、马匹还是钱粮数量的探讨，都存在一个非常棘手的问题，即不同记载相互抵牾，彼此之间转抄严重，即便对于不同史料中记载的相同数据，也很难判断其可信度究竟几何。对九边各镇军队人数、马匹数量的考证，关键是厘清史料中各种"原额"数据的彼此关系。本文拟在前人研究的基础上就明代蓟州镇各个时期的兵马钱粮数量进行考证。

一 蓟州镇军队数量考

蓟州镇原额数据共有12个，可以划分为6个系统：原额为"二万九千八百余人"的《明宪宗实录》（简称系统一），原额为"五万人左右"的《明武宗实录》《皇明九边考》（简称系统二），原额为"45500员名"的《四镇三关志》（简称系统三），原额为"85546员名"的《万历会计录》《明会典》《度支奏议》《太仓考》《武备志》（简称系统四），原额为"109390员名"的《续文献通考》《九边图说》（简称系统五），原额为"78621员名"的《春明梦余录》（简称系统六）。

梁淼泰和张松梅引《春明梦余录》与《续文献通考》的证据，断定永乐时期蓟州镇军队七万余人。查《春明梦余录》原文为"原额兵七万八千六百二十一员名"，这里"原额"并没有说明为"永乐间"，二人均称，"永乐间，原额兵七万八千六百二十一员名"，不知何所据。二人又均称，"嘉靖六年，蓟辽总督刘应节奏：'蓟镇额兵七万余'"出自《续文献通考》卷一二九，查该书该卷为《王礼考》，通卷所论为元代王礼事宜，亦不知何所据。②

考察蓟州镇军队人数的变化，可以以嘉靖二十九年（1550）的"庚戌之变"为分界点。此前，蓟州镇辖区相对明确，且未有防守的巨大压力，此后，该镇变化多端，须详加考察始能探其大略。

宣德三年（1428），"命阳武侯薛禄充总兵官、遂安伯陈英为左参将、武进伯朱冕为右参将，率领官军镇守蓟州、永平、山海等处，操练军马，并提督各关隘口，谨慎堤备。遇有贼寇相机剿捕，所领官军悉听节"③。自此，蓟州一带成为一个独立的防守区域，其统辖范围包括蓟州、永平、山海等地，该状

---

① 参见梁方仲：《中国历代户口、田地、田赋统计》，中华书局，2008年；吴晗：《读史札记》，三联书店，1956年；王毓铨：《明代的军屯》，中华书局，2009年；梁淼泰：《明代"九边"的军数》，《中国史研究》1997年第1期；张松梅：《明初军额考》，《齐鲁学刊》2006年第2期；赖建诚：《边镇粮饷：明代中后期的边防经费与国家财政危机，1531～1602》，浙江大学出版社，2010年；苏新红：《明代太仓库研究》，东北师范大学博士学位论文，未刊稿，2009年；赖建诚：《边镇粮饷——明代中后期的边防经费与国家财政危机，1531～1602》，浙江大学出版社，2010年；寺田隆信：《山西商人研究》，山西人民出版社，1986年；徐泓：《明代的私盐》，（中国台湾）《"国立"台湾大学历史学系学报》，1980年第7期；全汉升、李龙华：《明代中叶后太仓岁出银两的研究》，《香港中文大学中国文化研究所学报》1973年第6卷第1期；梁淼泰：《明代"九边"的饷数并估银》，《中国社会经济史研究》1994年第4期等。

② 无论该条史料从何而来，这里的记载有误是肯定的。查刘应节的履历，嘉靖四十三年，以陕西布政司左参政升任辽东巡抚，隆庆元年任河南巡抚，同年改任顺天巡抚，隆庆四年以顺天巡抚升蓟辽总督。

③ 《明宣宗实录》卷四七，宣德三年九月甲申。

态一直持续到弘治以前。弘治初年，命密云古北口等处军马听蓟州镇巡等官节制，几经反复后于弘治十年（1497）定制，密云与燕河营、马兰谷二处分为东西中三路属蓟州镇管辖。① 此后，这一格局在"庚戌之变"前没有太大的变化。

成化十二年（1484），蓟州等处总兵官右都督冯宗等奏："蓟州沿边关堡官军旧额二万九千八百余人，今逃者已逾三千，无可调补。……且喜峰口、罗文谷（峪）、黄崖口、刘家口、石门子、一片石、桃林口等关俱系通寇要路，官军防守不周，欲选所属军卫有司舍余民壮编伍教练，御冬协守，春深放免。"② 查成化八年（1472），"右都督冯宗充总兵官镇守永平、山海等处"③，在其后对冯宗的称谓中，有"蓟州等处总兵官""蓟州永平等处总兵官"等，可见其防守区域包含蓟州、永平、山海三处，从他罗列的"喜峰口、罗文峪、黄崖口、刘家口、石门子、一片石、桃林口"等地点看，"黄崖口"位在最西，"一片石"在最东，恰恰分布在上述三个区域的管辖范围内。同时，宣德至成化间，蓟州镇一带防守压力不大，没有爆发大规模的军事冲突，军队人数当不致有太大的增减。因此，系统一原额应为宣德间的原额数据。隆庆六年（1572）八月，蓟辽总督刘应节题称："国初设立大宁，实与宣辽并为外藩，蓟门犹称内地。既大宁内徙，复设朵颜三卫籍为捍蔽，当时止遣两关御史董其事……当时额兵不满三万。"④ 所谓"大宁内徙，复设朵颜三卫籍为捍蔽"正在宣德时期，此可为佐证。至成化十二年（1476），"逃者已逾三千"也说明当地军队基本保持了相对的稳定。

弘治时期，蓟州镇管辖范围扩展到密云一带，军队人数开始增加。《皇明九边考》云：蓟州、永平、山海、密云等处沿边关营操守官军舍余民人五万三百七十一员名。⑤ 从其将密云古北口等处军伍数量统计在内看，该原额数据当在弘治以后。正德十年（1515），提督边务兵部左侍郎陈玉奏称："山海关至慕田峪诸营堡原额官军四万九千五十余名，今逃故者七千三百五十有余。"⑥ "慕田峪"在密云以西，为密云辖区，这说明该条材料所显示的地理区域与《皇明九边考》一致，两者军队人数在数量上也非常吻合。综合上述，系统二原额5万人左右为弘治后期蓟州镇的额设军队数量。

正德十年，王琼称"蓟州一带东西二路现有食粮官军四万二千员名"⑦，这与陈玉所奏也基本一致。根据潘潢的记载，嘉靖十年（1531），蓟州巡抚汪玉奏本镇官军42900员名，嘉靖二十八年（1549），户部郎中边储簿奏开主兵官军47853员名。以其他材料证之，这里的记载是可信的。嘉靖九年（1530），蓟镇管粮郎中康河言："本镇食粮官军四万二千有奇。"⑧ 嘉靖十九年（1540），《皇明九边考》统计实在马步官军45226员名。通过以上的论证可以看出，在庚戌之变前，蓟州镇的军队人数没有太大的起伏。上述几个数据说明，嘉靖中期蓟州镇军队数量在45000人左右，这与系统三原额基本一致，自嘉靖二十九年（1550）以后，该镇军伍大增，未见有相似的记载，笔者推断系统三原额当为嘉靖中期的数据。

嘉靖二十九年（1550）以后，蓟州镇所属蓟州、永平、密云、昌平、山海等地陆续独立设镇，在有关史料中，多将各处官军数量分别统计。为便于比较，除有特别说明外，本文所称蓟州镇均涵盖上述各地。⑨ 同时随着蓟州镇危机日重，各地入卫军兵大量增加，该镇客兵较他地为多，这也是考察蓟州

---

① 《明孝宗实录》卷四一，弘治三年八月乙未；卷一〇四，弘治八年九月甲申；卷一二六，弘治十年六月己卯。
② 《明宪宗实录》卷一五六，成化十二年八月乙酉。
③ 《明宪宗实录》卷一〇〇，成化八年正月乙卯。
④ 《明神宗实录》卷四，隆庆六年八月丁卯。
⑤ （明）魏焕：《皇明九边考》卷三《蓟州镇·军马考》。
⑥ 《明武宗实录》卷一二一，正德十年二月癸巳。
⑦ （明）王琼：《晋溪本兵敷奏》卷二《蓟州类·为紧急边情杀伤官军事》。
⑧ 《明世宗实录》卷一一四，嘉靖九年六月癸酉。
⑨ 在嘉靖四十五年以后的各种蓟州镇所属区域兵马钱粮的统计中，往往开列蓟州镇、昌平镇、密云镇、永平镇、易州镇等，另有开列井陉镇者，茅元仪更华"蓟州、昌平、保定、密云、永平、易州、井陉，以上七处俱总称蓟镇"。实际上，保定、易州、井陉与蓟州、昌平、密云、永平在地理位置上有很大的差异，前者位于北京的西南部，后者位于北京的北部，防守任务有很大的不同。而且，现有史料也未见蓟州镇总兵节制保定、易州、井陉一带官军的记载。从诸多史料记载的蓟州镇防守区域看，也没有包括上述三地。故我们在统计蓟州镇军队人数时，仅将蓟州镇、昌平镇、密云镇、永平镇计算在内，不计入易州镇、井陉镇。具体可参见魏焕：《皇明九边考》卷三《蓟州镇·疆域考》，嘉靖《蓟州志》卷一二《经略》，兵部：《九边图说·蓟镇图说》。

镇军队人数时必须注意的一个问题。根据刘效祖的记载，蓟州镇在嘉靖三十年（1551）后广行招募，主兵人数大增。二十九年，"虏薄郊关，额兵不足戍守，遂于各原卫所照籍抽补，复广招募。三十年始增至五万六千九百名，三十一年增七万六百名，三十七年止存四万六千三十名，四十二年复广招募增至六万七千一百名"①。嘉靖三十七年（1558），兵部职方司署郎中唐顺之奉命阅视蓟镇，称马步官军原额91000有奇，现有官军57000有奇，②同年，世宗皇帝说，"兵数已经查明五万九千三十二名"③。两个数据基本一致，说明当时官军实有数量是可信的。至于二者与刘效祖"三十七年止存四万六千三十名"差别，应当是刘氏未将客兵计算在内所导致。此后蓟州镇继续招兵买马，至嘉靖四十五年（1566）额定经制，合计蓟州、永平、密云、昌平在内主兵共计85546员名。④此即系统四原额。

隆庆以后蓟州镇军队人数有所增加。隆庆四年（1570），兵部右侍郎汪道昆阅视清查分布各路主兵85000余名，⑤万历元年，额定蓟州昌平二镇主兵91306人，⑥隆庆间谭纶称，"计蓟昌十区之地，东西二千余里，现卒不满十万"⑦，此可为佐证之一。万历八年（1580）前后，统计蓟州镇共实有官军127206员名。⑧万历四十八年（1620），合计蓟、密、永、昌四镇共计实在官军121088员名，天启二年（1622），为130900员名，⑨崇祯元年（1628）毕自严统计实有127718员名。上述几个数据显示万历以后蓟州镇军队人数没有太大变化。

受史料所限，蓟州镇的军队人数有几个问题暂时无法解释，存疑如下：

第一，系统五《续文献通考》《九边图说》有一组原额现额数据，原额为"109390"员名，现额为"99246"员名，且现额标明为"隆庆三年"的实在数量。其中另外记录有居庸关的军队人数，说明该统计未将昌平镇数量计算在内，与上述论证有比较大的出入。

第二，系统六《春明梦余录》中的原额，与张天复《皇舆考》、顾炎武《天下郡国利病书》记载完全相同，显示其中必有渊源关系，根据文献间的时间顺序，可以推断《天下郡国利病书》和《春明梦余录》应是抄录了《皇舆考》的数据。查《皇舆考》成书于嘉靖三十六年（1557），张天复自序云其史料主要来源于桂萼《舆地图》、罗洪先《广舆图》、许论《九边论》，许氏地图系嘉靖十三年（1534）绘就，⑩桂萼《舆地图》在嘉靖八年（1529）已经上呈世宗皇帝，罗洪先的《广舆图》大致完成于嘉靖二十年（1541），这显示该数据最迟也应该是嘉靖中期的额设数量。这与本节所论蓟州镇嘉靖年间的军队人数也不相符，据笔者推测该数据可能为嘉靖三十年（1551）至三十五年（1556）间蓟州镇大量增兵时的一个统计结果，惜无史料证明。

第三，嘉靖二十九年后，蓟州镇大量增加客兵，招募壮勇，各种记载标注不一，有单独罗列主兵者，有主客通计者，有记载额设者，有记载实在者，区分相当不易。万历时期数据过少，尤其缺乏万历中期的数据，使得很难考察该时期蓟州镇军队数量的增减变化。

---

① （明）刘效祖：《四镇三关志》卷三《军旅考·蓟镇军旅·版籍》。
② 《明世宗实录》卷四六四，嘉靖三十七年九月辛巳。
③ 《明世宗实录》卷四六五，嘉靖三十七年十月壬戌。
④ （明）张学颜：《万历会计录》卷一八《蓟州镇·本镇饷额》卷一九，《永平镇·本镇饷额》卷二〇，《密云镇·本镇饷额》卷二一，《昌平镇·本镇饷额》。
⑤ 《明神宗实录》卷六，隆庆六年十月壬戌。
⑥ （明）刘效祖：《四镇三关志》卷三《军旅考·蓟镇军旅·版籍》。
⑦ （明）陈子龙：《明经世文编》卷三二二《谭纶·策房事疏》。
⑧ （明）张学颜：《万历会计录》卷一八《蓟州镇·本镇饷额》卷一九，《永平镇·本镇饷额》卷二〇，《密云镇·本镇饷额》卷二一，《昌平镇·本镇饷额》。由于统计标准不同，该现额与《度支奏议》《武备志》《明会典》《太仓考》中陈子龙《明经世文编》的记载有所差异，但没有太大的出入。
⑨ （明）汪应蛟：《计部奏疏》卷三《陵京重地疏》，续修四库全书本。
⑩ 赵现海：《第一幅长城地图〈九边图说〉残卷——兼论〈九边图论〉的图版改绘与版本源流》，《史学史研究》2010年第3期。

二　蓟州镇马匹数量考

蓟州镇马匹原额数据有 9 个，可以分为 3 个系统。原额为 10700 匹的《万历会计录》《明会典》（一）、《武备志》《度支奏议》（简称系统一），原额为 41321 匹的《续文献通考》《九边图说》（简称系统二），原额为 22774 匹的《皇明世法录》《明会典》（二）、《马政纪》（简称系统三）。①

与其他镇相比，蓟州镇的材料尤其是前期的材料非常少。此前赖以考察明代前期边镇马匹数量的重要依据《皇明九边考》《名臣经济录》等独独缺少蓟州镇的材料。这使得很难对蓟州镇前期的马匹数量有一个大致的把握。另外，嘉靖中期以后，边镇官军入卫蓟州使得该镇出现大量所谓客兵马匹，其数量史料记载互异，统计较为困难。笔者仅就现有史料中的若干数据胪列如下。

根据《明英宗实录》历年给发蓟州镇马匹统计，天顺年间共给马匹 15054 匹，这是目前对嘉靖以前蓟州镇马匹的唯一知晓。在九边各镇马匹原额的记载中，《皇明世法录》《明会典》（二）、《马政纪》中记载的原额，多与《皇明九边考》《名臣经济录》数据相同，我们也将之划为同一系统。但《皇明九边考》《名臣经济录》缺少蓟州镇的原额数据。从史源学的角度考虑，结合《皇明世法录》载其他各边镇的马匹数量，可以确定它记载的九边马匹原额照抄了《皇明九边考》中的数据。查《皇明九边考》，多有"本镇原额马某某匹，正德元年至某某年共领过马某某匹"的记载，②从这里的记载"正德元年起"看，《皇明九边考》中的所谓原额当为正德以前的数字。《名臣经济录》记载的数据，出自李堂《马政议》。③李堂，字时升，浙江鄞县人，成化二十三年（1487）进士，授主事，正德间任职工部，主持河渠事宜，后以病归，嘉靖三年（1524）去世。④其活动于政坛主要在弘治正德年间，参之《名臣经济录》的着录方式，可将《马政议》定为作于正德间，所谓"原额"应为正德之前。这说明，正德之前蓟州镇可能还没有对马匹数量进行相对系统的统计，不然《皇明九边考》当会有相应的记载。无独有偶，《马政议》中关于蓟州镇马匹数量的缺失，也足以佐证上述论断应该成立。从《皇明九边考》《名臣经济录》没有记载蓟州镇的原额数据分析，结合此前陆续给发的马匹，系统三原额肯定为正德以后的马匹数量。

根据潘潢的记载，嘉靖十年，蓟州巡抚都御史汪玉奏本镇马 15000 匹，据嘉靖二十八年户部郎中边储簿册开马 11726 匹，比之嘉靖十年会议之数少马 3274 匹，同时兵部咨送蓟州镇实在马 22452 匹，多马 10726 匹。⑤兵部数据远远高于郎中数据。由于各边镇情形不一，每逢某边镇有警，往往调动他镇官军前往支持，从而形成边镇的主客兵制度，嘉靖以后大量边军入卫京师。兵部咨送的数据，是据总兵官奏开实在数量，即当时其所统辖的现有马匹数。在边镇钱粮管理中，嘉靖中期以后实行主客分治的办法，管粮郎中专理主兵，各地兵备分责客兵。是故，嘉靖二十八年的统计，兵部数据应当是主兵和客兵马匹的合计数，而郎中数据仅仅为主兵马匹。考虑到系统三原额与兵部开列的数据非常接近，我们暂将系统三原额确定为嘉靖中期。

隆庆三年（1569），清查蓟州镇实在马为 24328 匹，万历元年（1573），汪道昆查点蓟州昌平二镇，额定二镇马骡 61146 匹头，⑥如以《四镇三关志》中蓟州和昌平马匹总数看，这一数据是可信的，

---

① （万历）《明会典》有两处记载了九边马匹原额，一在卷一二九《镇戍四》，此处数据与《万历会计录》同，本文称之为《明会典》（一）；一在卷一五二《马政三》，此数据与《皇明世法录》同，本文称之为《明会典》（二）。
② （明）魏焕：《皇明九边考》卷四《宣府镇·军马考》，四库全书存目丛书本。
③ （明）黄训：《名臣经济录》卷三六《李堂·马政议》，文渊阁四库全书本。
④ 李堂，《明史》无传，其生平事迹参见国家图书馆编：《孤本明代人物小传》（第一册），全国图书馆文献缩微中心 2003 年印行；《明史·河渠志》等。
⑤ （明）陈子龙：《明经世文编》卷一九九《潘潢·查核边镇主兵钱粮实数疏》。
⑥ （明）汪道昆：《太函集》卷九一《边储疏》，续修四库全书本。

其中蓟州镇操马 55947 匹。

以目前史料而言，蓟州镇马匹数量仍有相当大的谜团。从嘉靖二十九年至四十二年（1563），共给蓟州、密云、遵化、永平所属各营寨操马 35210 匹，① 与嘉靖二十九年的数据合计共 57662 匹，何以嘉靖四十四年蓟州、永平分镇，蓟州镇按照六成分配，才得马匹 10700 匹，是为《万历会计录》中记载的原额，②《度支奏议》《武备志》记载相同，刨除死亡的因素，两数据相差过于悬殊，此不解者一。

在九边各镇中，除蓟州镇外，其他八镇马匹原额的记载，系统一和系统二为同一系统，数据完全相同，何以蓟州镇出现如此大的偏差？即便将《万历会计录》中记载的蓟州、永平、易州、昌平、密云等诸镇原额数据全部相加，也与《续文献通考》相差甚远，此不解者二。

万历元年蓟州镇操马 55947 匹，以嘉靖四十五年蓟州镇的额定经制数量 10700 匹论之，隆庆王朝的六年间该镇增加马四万五千余匹。《续文献通考》清查说隆庆三年的实际数量为 24328 匹，姑且认为该数据是正确的，那两三年间该镇操马增加 30000 余匹，此不解者三。

万历元年的数据我们认为是相对准确的，更大的问题由此产生。在万历八年前后的统计中，《万历会计录》册报蓟州现额操马为 6399 匹，该数据不但为同一系统的《度支奏议》《武备志》所采用，也和《太仓考》相同。五六年间该镇马匹又大幅减少近 5 万余，同时期密云、永平、昌平等地马匹均有增加的趋势，唯独该镇急剧减少，此不解者四。

三　蓟州镇京运数量考

前文已经论证，蓟州镇所辖区域前后变动较大，这里所指的蓟州镇与第一章相同，即涵盖了分镇以后的蓟州、密云、永平、昌平四镇。

与处于陕西、山西的诸边镇相比，蓟州镇属于腹里位置，尤其在朵颜三卫内附后，蓟州镇在相当长的时期内没有大规模的战争和防守压力。从弘治年间至嘉靖初年，蓟州镇京运间有发放，多系客兵临时给发，主兵发放不多。弘治二年（1489），管粮郎中王楫呈请年例，户部题准发银二万两，"自后正德间多开盐引接济，京运银少发"③。

从嘉靖二十一年（1542）开始，户部议准蓟州镇京运额定为 3 万两，"此年例定额之始"④。从《皇明九边考》分析，这里的记载应当是准确的。《皇明九边考》所记各镇兵马钱粮的各种数据，时间大致为嘉靖十九年左右，此时"本镇原无年例银两"⑤。这说明蓟州镇还没有形成固定的年例银制度。嘉靖二十一年正月、二十三年正月、二十五年二月、二十五年十二月、二十七年正月，在户部给发边镇京运年例中，蓟州镇均额发 3 万两。⑥ 嘉靖二十九年"庚戌之变"后，蓟州镇开始增兵添饷。嘉靖三十年，蓟州、密云新募军伍、添加马匹，有司请增发年例数量。次年，户部经过核准，"添粮料布花不敷银五万四千五百五十两八钱八分，俱于浙江、南直隶应解太仓派剩折米银内动支，连年例共该八万四千五百五十两八钱八分"⑦。嘉靖三十九年（1560），总督许论奏该镇灾荒导致岁用不敷，军饷拖欠严重，户部于年例外另发 6 万 5 千两，合计年例共发银 149550 两，可见此时额定京运年例依然为 84550 两。

---

① （明）刘效祖：《四镇三关志》卷五《骑乘考·蓟镇骑乘·额设》。
② （明）张学颜：《万历会计录》卷一八《蓟州镇·本镇饷额》。
③ （明）张学颜：《万历会计录》卷一八《蓟州镇·京运》。
④ （明）张学颜：《万历会计录》卷一八《蓟州镇·京运》。
⑤ （明）魏焕：《皇明九边考》卷三《蓟州镇·钱粮考》。
⑥ 《明世宗实录》卷二五七，嘉靖二十一年正月丁未；卷二八二，嘉靖二十三年正月甲子；卷三〇八，嘉靖二十五年二月癸巳；卷三一八，嘉靖二十五年十二月庚寅；卷三三二，嘉靖二十七年正月壬辰。
⑦ （明）张学颜：《万历会计录》卷一八《蓟州镇·京运》。

是年，户部会计边储，客兵银以当年额发数量为准，该银 290000 两。①四十年正月，户部合计各镇应发年例军饷数，称蓟州该 374000 两。②以主兵和客兵年例合计，当为准确。同年九月，户部指出："蓟镇主兵粮饷，旧派山东、河南、北直隶折色二十七万九千五百余两，民屯漕运本色二十四万七千余石，未尝借内帑而给也。客兵所发止一二万而已，自庚戌虏犯内地，渐加京运年例，今主兵饷金增至七十五万有奇。"③其实，这里所谓"主兵饷金"数应是该镇主客兵合计民运、屯田和京运总数，将几个数据相加，与总数基本相符。

嘉靖四十年（1561）后，户部清理蓟州镇客兵年例，嘉靖四十三年（1564），核准给发 276000 余两。嘉靖四十四年（1565），蓟州和永平分镇，蓟州镇该主兵京运年例银 41953 两余，当年再次清理客兵年例，该发银 164000 余两。在此基础上，嘉靖四十五年（1566），蓟州镇额定经制，发主兵年例银 56038 两，客兵 176448 两余，合计 232486 两余。④隆庆三年，该镇增巡抚标兵 800 名、马 800 匹，计给发银 15237 两余，并入客兵年例中，合计客兵年例共 191685 两余。是年，兵部清理兵马钱粮，蓟镇年例主兵银 165703 两余，客兵银 633479 两余。⑤根据下文的有关论证，这里的主客年例数为蓟州、密云、永平和昌平四镇的合计数量。

万历元年侍郎汪道昆议定经制，该镇额饷本折合计 572110 两零，主客通融应用，当年除民运、屯田等岁入外，京运给发主客年例 252400 余两。⑥实际上，由于该年额定经制的基本精神是民屯不足由京运给发和主客通融，由此导致万历元年以后京运给发数量不一，在总额已定的情况下，京运数量的多寡视民运和屯田而定。⑦"蓟、密、永、昌、易五镇，万历三十一年以后始比照宣大诸镇例，题为定额。其以前京运则计外入之数酌量补发，迄无定制。有溢发者……有预发者……有补发者。"⑧根据《万历会计录》蓟州镇相关内容的记载，可以肯定该镇所称现额为万历八年的数据，主客年例合计共 424892 两余。⑨十九年（1591）议定经制为 451000 余两，二十八年（1600）改拨永平镇 33000 余两，是年为 418000 余两。至三十一年，户部议定，民屯等项不论已完未完、或蠲或折，均照岁入额数计算，不许额外请发京运，是年额定京运 421871 两有奇。万历四十二年（1614）新增引价银 5000 两，崇祯元年额定经制 426871 两有奇。⑩

嘉靖四十四年蓟永分镇，永平镇分主兵年例银 28672 两余。四十五年核定经制，该镇主兵年例定为 48672 两余，客兵年例定为 87971 两余，主客合计共 136643 两余。⑪隆庆时，该镇增兵添饷，至万历元年，核定永平额饷 330415 两余，除漕运民屯折色外以京运补充，时发户部京运主客年例不过 154000

---

① （明）张学颜：《万历会计录》卷一八《蓟州镇·京运》。
② 《明世宗实录》卷四九二，嘉靖四十年正月壬戌。
③ 《明世宗实录》卷五〇一，嘉靖四十年九月甲寅。
④ （明）张学颜：《万历会计录》卷一八《蓟州镇·京运》。
⑤ 兵部：《九边图说·蓟州镇图说》。
⑥ （明）张学颜：《万历会计录》卷一八《蓟州镇·京运》。
⑦ 在刘效祖《四镇三关志》的相关记载中，将蓟州镇、密云镇、永平镇合为一体，昌平镇单独开列。蓟、密、永三镇合计京运年例银九十一万五千六百二十九两五钱，其中密云道年例银三十四万一千二百四十八两五钱，蓟州道年例银四十万二千四百三十两三钱，永平道年例银十七万一千九百五十二两七钱。昌平镇年例银量缓急请发，少则六七万两多则十一二万两。这里的数据与本文考证的蓟、密、永、昌四镇万历元年实际发放的京运银有比较大的出入。究其原因，可能是万历元年侍郎汪道昆议定四镇总经制费用后，各地由于民运、屯田征收不同，导致实际给发的京运数量有较大差异。
⑧ （明）毕自严：《度支奏议·堂稿》卷三《奉旨清查边饷增减缘繇疏》。
⑨ （明）张学颜：《万历会计录》卷一八《蓟州镇·本镇饷额》。《太仓考》云：京运主客兵银三十八万九千四百九十三两余。其中的差距系由《太仓考》未将万历八年昌平镇改拨蓟州镇客兵年例三万四千两余计算在内所产生，其数据应为万历六年主客京运年例。毕自严称万历六年主客年例为三十八万九千余两，见毕自严：《度支奏议·堂稿》卷三《奉旨清查边饷增减缘繇疏》。
⑩ （明）毕自严：《度支奏议·堂稿》卷三《奉旨清查边饷增减缘繇疏》。
⑪ （明）张学颜：《万历会计录》卷一九《永平镇·京运》。

余两。① 万历八年，户部重新核定为主客年例 241858 两余。② 十九年阅视通政穆来辅核定京运 237120 余两。从二十八年开始，蓟州镇改拨本镇 33000 余两，至三十一年定为 293660 两余，四十一年减京运银 3800 两，该银 289866 两余，崇祯元年额定经制 289866 两有奇。③

从现有史料看，密云和昌平两镇尽管在不同时期属于蓟镇管辖，但主客军饷却始终作为一个独立的单位单独发放。正统八年，蓟州镇地方粮料不足，户部发银 10000 两分送密云、遵化二处，备籴买粮料之用，这是史料所见该镇最早有关京运的记载。《万历会计录》云："此京运之始，自后至景泰五年，岁发去二县银各 5000 两。"④ 从《明实录》相关记载看，应当是可信的。⑤ 天顺成化时期，未见遵化地方给发京运，但密云仍然维持了 5000 两的数量。从成化十年开始，密云京运增加到 10000 两。当年密云地方房情紧急，户部发银 10000 两召买粮草。同年十一月，户部预送银给各边，密云 10000 两；十二年二月，运太仓银于各边预备粮储，密云 10000 两。⑥

弘治二年，密云所属地方灾荒，无本色起运导致军储不足，户部题准发银 10000 两给放官军月粮，史料中特别注明，"主兵银是年始增"⑦。实际上，就主兵年例银而言，密云在较长时期内都没有发生变化。嘉靖二十五年，发太仓银 10000 两于密云以充军饷。⑧ 三十五年（1556），户部发主兵年例银 10000 两，可见，从成化十年至此，密云京运年例一直保持 10000 两的数量。嘉靖三十八年，密云镇年例增加至 20000 两。是年，总督王忬题请增加主兵年例，户部在原有基础上增加 10000 两，合计共 20000 两。⑨

《明世宗实录》言：嘉靖四十年正月，户部尚书高耀会计各边应发年例军饷银，密云 145000 两。⑩《万历会计录》记载：四十年，会计钱粮，户部发主客银共 125000 两，又总督许论题急缺客兵钱粮，添发银 100000 两。⑪ 上述同为嘉靖四十年的两条材料，同样由户部会计，在记录该年密云应发年例银数量上存在 20000 两的差额。且第二条材料言"主客银共 125000 两"，可见第一条材料中的年例银"145000 两"更应当包括主兵银和客兵银。笔者推断，《万历会计录》记载的"主客银"当误，125000 两应为该镇"客兵银"，并不包括"主兵银"，主客合计应为 145000 两。嘉靖四十一年，总理宣大粮饷侍郎霍冀、蓟州总督侍郎杨选奉旨勘查客兵粮饷不敷之数，言密云往年"客兵（银）不过八九万，今则二十二三万矣"⑫。若以四十年客兵银 125000 两，合计额外给发 100000 两计算，当为相符。至四十四年，户部再次核定密云镇主兵年例为 20000 两。四十五年，核定客兵银 212000 余两，以后以此为准。⑬

显然，随着该镇军队的增加，额定的主客年例不敷应用，隆庆二年即已额外另给 70000 余两，三年户部核准给发 320000 余两，此后该镇客兵银大致在 300000 两左右。万历元年，侍郎汪道昆定经制，本镇主兵客兵正饷杂饷共 529000 余两，除民运和屯田外，京运主客年例约为 390000 两。⑭ 八年，户部再

---

① 毕自严记载当年京运实际发放数量为十万七千余两，与此有较大的差距，待考。毕自严：《度支奏议·堂稿》卷三《奉旨清查边饷增减缘繇疏》。
② （明）张学颜：《万历会计录》卷一九《永平镇·本镇饷额》。
③ （明）毕自严：《度支奏议·堂稿》卷三《奉旨清查边饷增减缘繇疏》。
④ （明）张学颜：《万历会计录》卷一八《蓟州镇·京运》。
⑤ 《明英宗实录》卷一五二，正统十二年四月辛丑；卷一九七，景泰元年十月丙戌；卷二三二，景泰四年八月癸卯。
⑥ 《明宪宗实录》卷一三五，成化十年十一月壬戌；卷一五〇，成化十二年二月丁亥。
⑦ （明）张学颜：《万历会计录》卷二〇《密云镇·京运》。
⑧ 《明世宗实录》卷三一一，嘉靖二十五年五月己未。
⑨ （明）张学颜：《万历会计录》卷二〇《密云镇·京运》。
⑩ 《明世宗实录》卷四九二，嘉靖四十年正月壬戌。
⑪ （明）张学颜：《万历会计录》卷二〇《密云镇·京运》。
⑫ 《明世宗实录》卷五〇七，嘉靖四十一年三月甲午。
⑬ （明）张学颜：《万历会计录》卷二〇《密云镇·京运》。
⑭ （明）张学颜：《万历会计录》卷二〇《密云镇·京运》。

次核定密云主客年例，其中主兵银旧有新增共 160075 两余，客兵银 233961 两余，合计 394037 两余。① 十九年，核定经制数量为 382000 余两，至三十一年，始定额京运 361341 两余。四十一年，增加漕粮脚价银 4050 两，合计共 365391 两余。此后，该镇主客年例基本保持不变。天启五年，户部请发该年度春季各镇主客兵年例银，密云镇为 91347 两零，以此数计算与年度总数相符。②

据笔者目前掌握的资料，至嘉靖四十五年明政府大规模整理边镇兵马钱粮之前，未见昌平镇形成固定的主客兵年例银制度，虽然此前不时有给发昌平京运钱粮的记载，一般系临时补充性质，且数量不大。四十年，户部尚书高耀会计各边应发年例军饷银，昌平该银 65000 两。③ 四十五年议定经制，昌平镇主兵银 26200 两，客兵银 86000 余两，其后年份在此基础上有所损益。④ 万历元年，阅视侍郎汪道昆核定经制，本镇合计屯田民运漕运京运等共 226800 余两，除屯田、民运、漕运外，不足部分由京运补充，计 92300 余两。从其后给发数量看，该镇额发京运年例银大致为 170000 两。八年前后，户部再次核定经制，昌平主客合计为 173792 两余。从万历九年开始，分拨蓟州镇饷银 32100 余两，该镇实际京运年例为 143300 余两。⑤ 万历十九年核定经制额为 132000 余两，三十一年额定 130082 两余，其后分别于三十八年和四十一年增京运 6600 两、3550 两，至万历四十一年共计 140232 两余。⑥ 天启五年发放春季年例银 35058 两零，以此数计之，全年年例应为 140000 两上下。⑦ 崇祯元年现额仍为 140232 两有奇。⑧

四 结 论

蓟州镇军马钱粮数量，目前依然有大量问题未能厘清。除已经使用的各种材料外，在另外一些史料中，也有许多相关记载，目前笔者处理的多为系统性资料，对这些零星散乱的记载进行综合考察，尚需时日。对于史料标明的"原额""旧额""先额""旧有""额设"等各种带有追溯性的记载和"实在""现额""今额""现存"等带有现时性的数据一定要谨慎对待。明代史料抄袭历来为人们所诟病。"至于今代，而著书之人几满天下，则有盗前人之书而为自作者矣，故得明人书百卷，不若得宋人书一卷也。"⑨ 顾氏此言未免过于苛刻，但却道出一个基本的事实。即便是顾炎武本人也难免此举，他的《天下郡国利病书》列有专章叙述九边各地，实际即为拼凑各种史料而来，其记录的兵马钱粮数量来源不一，时间不明。

以现有研究中最为系统者赖建诚先生为例，其存在的问题如下：第一，赖先生没有处理数目繁多且相互抵牾的原额问题，实际上，不同史料记载的原额在时间上可能相去甚远。第二，赖先生忽视了不同史料间相互转抄的问题。赖建诚依据的五种文献是：魏焕：《皇明九边考》（代表嘉靖十八年）；陈子龙：《明经世文编》卷一九九《潘潢·查核边镇主兵钱粮实数疏》（代表嘉靖十年和嘉靖二十八年）；王国光：《万历会计录》（代表万历十年）；吴亮：《万历疏钞》卷三九《杨俊民·边饷渐增供亿难继恳乞圣明酌议长策以图万世治安疏》（代表万历二十一年）；茅元仪：《武备志》（代表万历三十年）。前三种文献所代表的年代没有问题，后两种文献中数据所体现的年代值得商榷。对比《武备志》和《万历会计录》即可

---

① （明）张学颜：《万历会计录》卷二〇《密云镇·本镇饷额》。
② 《明熹宗实录》卷五六，天启五年二月丁酉。
③ 《明世宗实录》卷四九二，嘉靖四十年正月壬戌。《万历会计录》记载当年发给主兵银三万两，客兵银四万两，数据基本相符。
④ （明）张学颜：《万历会计录》卷二一《昌平镇·京运》。
⑤ （明）张学颜：《万历会计录》卷二一《昌平镇·京运》。
⑥ （明）毕自严：《度支奏议·堂稿》卷三《奉旨清查边饷增减缘繇疏》。在毕自严的记载中，蓟、密、永、昌四镇分别于天启二年增加了数量不等的盐菜银，至崇祯元年始清汰。通过上引天启五年春季四镇年例银的发放数量看，该盐菜银似并没有计入各镇额发京运中。
⑦ 《明熹宗实录》卷五六，天启五年二月丁酉。
⑧ 《崇祯长编》卷一六，崇祯元年十二月癸巳。
⑨ （清）顾炎武：《亭林文集》卷二《钞书自序》，续修四库全书本。

发现，《武备志》完全照录了《万历会计录》的军队和马匹数据，甚至马匹类别项"马""马驼骡驴""马骡"等也没有任何变动。如果说"原额"一致我们没有怀疑的理由，那么九边各地《万历会计录》统计万历八年的"现在"数据和《武备志》统计万历末年的"现在"数据完全一致从理论上是讲不通的，以其他史料作为旁证，很容易发现这一点。因此，《武备志》中记载的"现在"数不能认为是成书之时的"现在"额，而是《万历会计录》中的"现在"数量。至于杨俊民的奏疏，查该疏记录了万历二十一年（1593）九边各地的马匹数量，其中与《万历会计录》"现额"相同者四，与成书于万历十年（1582）左右的《太仓考》相同者四，仅有延绥镇的数据记载与上述两种文献不同。这说明该疏基本抄录了万历十年左右的数据，以其他材料证之，该疏的数据不能反映万历二十一年前后的马匹数量。以此作为代表万历二十一年的数据，显然不妥。

因此，在行文过程中，一定要注意版本和史源学的考证，弄清各个文献之间的关系，查找其最初史源，避免断章取义。对这一问题的解决，一定要充分顾及各种数据之间的彼此联系，如此才能得出较为接近历史事实的结论。

在中国古代社会，"居重驭轻"是统治者军事部署和国家防卫思想的基本原则之一，保持强大的由中央政府直接统辖的军队以确保京师安全并防止地方尾大不掉，历来为统治者所重视。京师危机，作为京师屏障的蓟州镇成为九边防守的重点。与其他边镇相比，先前蓟州镇的防守压力一直不大，无论是其兵马数量还是军费数量都较其他镇为少。嘉靖二十九年后，明政府不得不调整蓟州镇一带的边防布局，密云、昌平、永平先后设置独立的边镇。面对突如其来的防守压力，从其他边镇抽调大批军队几乎成为明政府应对危机的唯一选择，"蓟镇客兵之调，始于嘉靖二十九年，当时，实欲赖之以防边御寇"①。由此在蓟州镇集结了大量客兵，形成明代的"入卫"制度，②导致蓟州镇兵马总额迅速增加。

嘉靖二十九年之后，蓟州镇调兵遣戍，所增兵马日多，饷额倍增，京运一直在高位运行。嘉靖四十一年（1562），有司论蓟州镇费用变化，"蓟镇主客钱粮自二十九年而京运始发，至三十九年而额数愈增。……究其大端，则增兵之耗居十之七八，何也？往时蓟镇主客止四五路，今则增为十区，而副参游守节年添设不啻数倍矣；往时未有客兵，俱主兵调遣，今则不远千里而山陕辽保分番征调已十余年矣"③。在民运定额不易增加、客兵云集需饷甚急的情况下，增加京运几乎成为解决军饷的唯一途径。

从嘉靖二十九年"庚戌之变"到四十五年再次核定经制，蓟州镇京运年例起伏较大，由嘉靖二十八年的40000两猛增到714387两，其中主兵年例164834两，客兵年例563477两。这说明嘉靖二十八年以后该镇年例的大量增加主要是由客兵所导致。其实，嘉靖四十五年的额定数量，是户部综合考虑各种因素，制定出的一个相对均衡的额度。由其他各镇的情况看，嘉靖四十五年的额定数量与此前实际费用相比，已经有了很大程度的下降。④

万历八年左右户部再次核定经制，九边主客年例共3099162两，其中主兵1932935两、客兵1166237两，与嘉靖四十五年相比，年例银共增加803728两，主客对比可知，这一时期九边年例银的增加主要是由于主兵银增加所导致。从各边镇看，主要原因依然在于蓟州镇。蓟州镇京运总量由嘉靖四十五年的714387两增加到万历八年的1204224两，占九边京运总数的1/3还要多，增加量占到总增加量的六成左右。如果再细分，其中主兵增加430461两、客兵仅增加45452两。也就是说，与嘉靖四十五年京运年

---

① （明）袁黄等：《宝坻政书》卷一〇《边防书》，北京图书馆古籍珍本丛刊本。
② 彭勇：《明代北边防御体制研究》，中央民族大学出版社，2009年。
③ （明）张居正等：《明世宗实录》卷五〇七，嘉靖四十一年三月甲午。
④ 王士琦记大同镇嘉靖四十五年主客年例额定经制原委云：本镇兵岁饷，在嘉靖四十五年之前，每年终一次疏请，据该年支用多寡之数为下年请发之准，名曰会计，原无定额。迨至四十五年，户部惮岁请琐烦，遂以十年用数折中剂量，每年准发二十六万九千六百三十八两有奇。客兵费用，先年同主饷岁疏会计，更有数外之请，以为非常之备，原无定额，户部亦不立客兵名色。至嘉靖四十五年定议经制，照主兵折中之例每年准发帑银十四万两。（明）王士琦：《三云筹俎考》卷四《军实考·主饷岁额·客饷岁额》。

例大幅度上升主要由于蓟州镇客兵银增加不同,万历八年京运年例的增加主要是因为蓟州镇主兵银所导致。以嘉靖二十八的数据对比之,30年间京运年例从1180792两增长到3099162两,增加量为1918370两,其中仅蓟州一镇即增加1164226两,占总量的一半有余。

学术界在讨论嘉靖中期以后户部太仓库开支的剧增时,往往指出主要是由于九边军费大量增加,而九边军费的增加则是明代由军户制向募兵制转化所导致。此论固然正确,但仔细分析九边京运增加的构成关系可以看出,从正统后期明政府有固定的年例直至嘉靖中期,户部京运的发放一直在可控制的范围内。尽管这一期间由于边镇危机、钱粮蠲免、民运拖欠等因素,户部也常有额外给发,但尚未对太仓库财政造成巨大的影响。此后,户部京运额迅速上升的主因是蓟州镇京运的大幅度增加。再进一步分析蓟州镇的增加额,以明政府三次大规模清理兵马钱粮的时间(嘉靖二十八年、嘉靖四十五年、万历八年)为节点,嘉靖二十八年至四十五年蓟州镇京运所增加的主要是客兵年例,嘉靖四十五年至万历八年主要是主兵年例,其中原因值得深思。按照明代军队饷银发放办法,客兵仅支给行粮,其应给月粮仍于当地发放。很显然,让从甘肃、宁夏、延绥等地不远数千里而来戍守的士兵返回当地补充生活物资是不现实的,明政府不得不增加客兵行粮的给支则例,或者以其他各种方式补充客兵费用之缺。从《万历会计录》的记载看,嘉靖二十九年至四十五年间,蓟州镇客兵银数量的增长非常明显。

嘉靖中期以后,户兵制日渐废弛,募兵制兴起。在蓟州出现一个奇特的现象:同为主兵,原有主兵和招募主兵军饷发放有很大的差异,为招募大量军队,募兵制下的军人军饷远高于原有军户制下的主兵,原有主兵的补充更加困难。军额不足,蓟州镇被迫继续招募,甚至出现了为获取较高的军饷收入,额设主兵大量逃亡进而再自行应征新兵,由户部支付的主兵京运军费不得不大幅度增加。明代兵与饷是严格分离的,户部不知兵,兵部不知饷,户部每每欲以兵不足额扣发额饷,兵部则以额饷必须给发以补旧兵相应对。由此导致旧兵未补额饷依然,招募新兵增发京运,从而使得主兵京运银也迅速增加。

京师危机缓解后,尤其是隆庆议和后,明代北部边疆保持了相当时间的和平。有司节兵缩饷、补主(兵)减客(兵)的建议此起彼伏,在他们看来,补充原有的军额,以原饷给额军,自然客兵可撤、军费可省。然而世易时移,原额主兵补充不易不得不新募主兵、客兵裁撤亦难不得不继续维持,如此主客交加,终致蓟州镇的京运年例数量未减,九边军费开支成为明代太仓库财政的沉重负担。

附表一:明代蓟州镇军队马匹原额表

军队数	出处	马匹数	出处
85546	《万历会计录》卷一八-二一《蓟州镇·永平镇·密云镇·昌平镇·本镇饷额》	10700	张学颜:《万历会计录》卷一八《蓟州镇·本镇饷额》
85546	万历《明会典》卷一三〇《镇戍五·各镇分例二》	10700	万历《明会典》卷一二九《镇戍四·各镇分例一》
85546	毕自严:《度支奏议·堂稿》卷三《召对面谕清查九边军饷疏》	10700	茅元仪:《武备志》卷二〇四《占度载·度十六·镇戍一·蓟镇》
85546	刘斯洁:《太仓考》卷七之二、三、四、五《边储·蓟密永昌》	10700	毕自严:《度支奏议·堂稿》卷三《召对面谕清查九边军饷疏》
85546	茅元仪:《武备志》卷二〇四《占度载·度十六·镇戍一·蓟镇》	41321	王圻:《续文献通考》卷四《田赋考·边粮总数》
109390	王圻:《续文献通考》卷四《田赋考·边粮总数》	41321	兵部:《九边图说》不分卷,各镇图说
109390	兵部:《九边图说》不分卷,各镇图说	22774	陈仁锡:《皇明世法录》卷三一《驷政·关换》

续表

军队数	出处	马匹数	出处
78621	孙承泽:《春明梦余录》卷四二《兵部·兵制·九边》	22774	申时行:万历《明会典》卷一五二《马政三·关换》
29800	《明宪宗实录》卷一五六,成化十二年八月乙酉	22774	杨时乔:《马政纪》卷六《兑马》
50371	魏焕:《皇明九边考》卷三《蓟州镇·军马考》		
49050	《明武宗实录》卷一二一,正德十年二月癸巳		
45500	刘效祖:《四镇三关志》卷三《军旅考·蓟镇军旅》		

附表二：明代蓟州镇兵马钱粮数量变化表

时间	军队数	时间	马匹数	蓟州	京运数
宣德年间	29800	天顺年间	15054	正统九年至成化九年	5000
成化时期	26800	嘉靖十年	15000	成化十年至嘉靖二十年	10000
弘治后期	50000	嘉靖二十八年	22774	嘉靖二十一年至嘉靖三十年	40000
正德十年	42000	隆庆三年	24328	嘉靖三十一年至三十七年	94550
嘉靖十年	42900	万历元年	55947	嘉靖三十八年至四十四年	104550
嘉靖十九年	45226			嘉靖四十五年至万历七年	714387
嘉靖二十八年	47853			万历八年至万历十八年	1234579
嘉靖三十七年	57000			万历十九年至四十年	1202120
嘉靖四十五年	85546			万历四十一年至明末	1222360
隆庆四年	85000				
万历八年	127206				
万历四十八年	121088				
崇祯元年	127718				

［作者单位：福建中医药大学图书馆］

戚继光在蓟镇

叶玉杰

蓟镇，蓟州镇简称。明王朝为预防以蒙古族为代表的北方部族的入侵，沿长城一线设立了9个军事重镇，俗称九边，蓟镇为九边重镇之一。治所初在桃林口，后移狮子域，再迁三屯营。防区最早东起山海关，西达居庸关南的镇边城。包括永平府及京师所在地顺天府北部地区，绵延2017里。嘉靖三十一年（1551），蓟镇一分为二，西面设立了昌平镇。蓟镇所辖为："东起山海关老龙头，西塘镇蓟镇亓连口（北京怀柔慕田峪东十里），共一千七百六十五里。"① 区内河流甚多，关隘密集。历来是兵家必争之地，加之三面拱卫京师，军事地位十分重要。戚继光一生与蓟镇结下了不解之缘，前后两次戍卫蓟镇，计21年，占去了一生的1/3。下文笔者按编年顺序，对戚继光在蓟镇所经历的重大事件，做一简单梳理。

一 第一次，自公元1548年至1552年，前后5年

范忠义先生考证戚继光带领山东民兵戍守蓟镇是从嘉靖二十九年（1550）开始的，前后共3年。② 《戚继光年谱耆编》记载为前后5年。本文采用《戚继光年谱耆编》的说法。

（一）第一年：嘉靖二十七年（1548）戊申，21岁

"春正月，部兵戍蓟门。比年，军政会推家严部六郡良家子践更蓟门。"③ 这是戚继光首次戍蓟。曾留诗记行，《部兵戍蓟》："叱马过幽州，横行北海头。朔风喧露鼓，飞电激蛇矛。奋臂千山振，英声百战留。天威扬万里，不必侈封侯。"戚继光自编诗集《横槊稿》未收，今见于蓬莱水城太平楼厅壁，标题拟加。诗末附言："戊申九秋奉天使巡狩过幽州道上句"。按戊申年，戚继光21岁。

（二）第二年：嘉靖二十八年（1549）己酉，22岁

春正月，部兵再戍蓟门。"家严赴戍，意气翩翩蔚然霞举。每于途次马上豪吟：'结束远从征，辞家已百程。空疲东海骑，渐老朔方兵。井邑财应竭，藩篱势未成。每经霜露候，报国眼常明。'"④

"冬十月，中式山东武举乡试。"⑤ 戚继光参加山东乡试，考中武举。

---

① （明）谭纶：《谭襄敏公奏议》卷五。
② 戚继光研究丛书《戚继光传》第49页。
③ 《戚继光年谱耆编》卷一。
④ 《戚继光年谱耆编》卷一。
⑤ 《戚继光年谱耆编》卷一。

（三）第三年：嘉靖二十九年（1550）庚戌，23 岁

"春正月，部兵更戍蓟门。家严频年戍蓟，习蓟事甚悉，幸旦夕无北寇患耳。乃私计保疆域而障国家，臣子事也。今蓟无劲兵，何以为天子雄？况蓟为都城唇齿，则桑土绸缪是在今日。于是着《备俺答策》。森森若发武库之藏。当道奇其才而不能用。"①

秋九月，会试都门。寻俺答薄都城，条上《御虏方略》。奉诏督防九门。戚继光进京会试，适逢"庚戌之变"，元蒙部族俺答汗率兵大举进犯京畿。戚继光和众应试武举奉诏加入了保卫京城的战斗，被任命为总旗牌官，督防九门。戚继光着《备俺答策》，上《御虏方略》，引起兵部及朝廷的重视，被记录为"将才"，誉为"国士"。此是戚继光一生中的一次重要机遇。

（四）第四年：嘉靖三十年（1551）辛亥，24 岁

春正月，复戍蓟门。"家严部兵赴戍，途次金岭驿。《感怀赋》云：'楚雀声中感慨深，邮亭午梦苦相侵。娇啼不识弯弓客，飞过槐荫与柳荫。'又作《马上作》云：'歧路驱驰报主情，江花边月笑平生。一年三百六十日，多是横戈马上行。'及抵蓟过太平，登南寺往北山古刹，有导以长生术者。家严曰：'身为司命，义在死绥，方求致身殉国以帅士志，而乃师人以学长生，是可以训乎？流行坎止，属之彼苍，鞠躬尽瘁，夕死何憾？此将门长生之术也。'② 戚继光在 24 岁时便对生死看得如此透彻，既为武将当以身相许，忠心报国。

（五）第五年：嘉靖三十一年（1552）壬子，25 岁

春正月，复戍蓟门。"山东岁遣治兵使者部六郡官兵戍蓟，家严任中军。岁赴春防使者，起文学侍从嚄唶诸偏裨。家严务辑众心，一军皆服，于是益习边事利弊。因纪纲成法诘军，实而训饬之。为国筹边，夙夜匪懈，使者大为之起敬云。"③

戚继光从 21 岁开始连续五年带领山东六郡民兵到蓟镇戍边，任中军。春去秋回，往返于山东和蓟镇之间，每年约半年。他爱戴士兵，尽职尽责，留心边防，业绩突出，深得上级赞赏：兵科给事中王德疏荐戚继光："屡试武魁，尤其精于骑射，究心云鸟之阵，唾手汗马之劳。膂力方刚，早已耻同流俗。志向坚定，今尤迥出寻常。"④

兵部主事计士元疏荐："留心韬略，奋迹武闱。管屯而俗弊悉除，奉职而操持不苟。才猷虎变，当收儒将之功；意气鹰扬，可望干城之寄。"⑤

山东巡抚王绩疏荐："才猷出众，骑射兼人。应武闱而每多中式，领民兵而颇服众心。勇略独冠群英，志节更超流俗。"⑥

戚继光 5 年的蓟门执勤戍守对他影响深远。范忠义先生总结为："三年戍守蓟门，特别是参与京城的防守，不仅使戚继光得以崭露头角，更重要的是这三年的风风雨雨，磨炼了他的报国志向，使他积累了带兵的经验，也积累了不少边防斗争经验，初步形成了他的边防战略思想。这为他十几年后重返蓟镇，大展宏图，奠定了基础。"⑦

---

① 《戚继光年谱耆编》卷一。
② 《戚继光年谱耆编》卷一。
③ 《戚继光年谱耆编》卷一。
④ 《戚继光年谱耆编》卷一。
⑤ 《戚继光年谱耆编》卷一。
⑥ 《戚继光年谱耆编》卷一。
⑦ 戚继光研究丛书《戚继光传》第 53 页。

二　第二次，隆庆一年至万历十一年（1568—1583），前后 16 年

《永平府志》记载："戚继光，登州卫人。以浙东西、闽、广剿平倭寇功，隆庆初，虏寇蓟急，言官交请召入京营练兵。出蓟镇总理，寻兼镇守。与督府谭襄敏诸公及抚台王曲周诸公，先后协谋，历边度夷险，建空心敌台，森列千里。且不苦军民，振古未有。严侦候，增饷廪，制车战及火器、兵械，皆精利。有才者投贤，有力者投用，鼓舞得法，众为乐效。立传烽，制掣旗，举炮顷刻百里，边务百废具举。营堡、馆署、桥渡之缮，不能悉数。至镇辄以军法从事，违令者徇斩。三军服栗奔走，诸将檄飞随羽而至。大阅三十万众，咸遵纪律，阅视大臣每以光弼称之。旧虏寇来攻，据墙而守。属夷长昂辈最犷悍扰边，乃扬兵出塞声讨，而昂遁，缚得渠酋长秃归，诸部服罪，始纵之。坐镇十五年，虏不敢大举。幕客皆海内名流，后以人言移镇广东，至广即请告赐归听召，寻卒。讣闻，山谷中老妇儿女亦悲泣，感怀立祠三屯，名公报馆，奉尝家同寝荐。著有《止止堂集》《纪效新书》《练兵实纪》。"①

（一）隆庆元年（1567），丁卯，40 岁

隆庆元年，戚继光带领他的戚家军经过十余年的浴血奋战，基本肃清了为患中国东南沿海数十年的倭患。应召进京，开始了他一生中第二个辉煌时期——蓟镇戍边 16 年。在这 16 年里，戚继光重点就练兵、练将、兵器发明、车营建设、营阵训练、长城边墙台墩修建，抵御北虏入侵，卫护明朝边境安全，以及传统兵学体系的建设等方面，做出了突出贡献。

春正月，戚继光盼望已久的第一个儿子戚祚国在福建出生。

年前，嘉靖四十五年（1566）十二月二十四日，世宗皇帝朱厚熜驾崩，穆宗继位，徐阶为内阁首辅，张居正进入内阁。大明王朝东南倭患刚刚平定，西北边境又烽火连天，北方鞑靼、朵颜、土蛮三支蒙古部族势力不时袭扰，成为朝廷的心腹之患。九月，俺答进犯大同、井坪、朔州、老营、偏头关。"九月壬申，土蛮寇蓟镇，掠昌黎、乐亭、抚宁、卢龙，游骑至于滦河。乙亥，总兵李世忠东援，值土蛮于抚宁李家庄斩五十级（案旧志：抚宁毛家营大柳树鸣三日，甚悲。土蛮自界岭入，杀抚、昌二县人十余万）。"②形势十分严重。

由于上述形势，朝廷前后召在东南抗倭立下汗马功劳的两广总督谭纶和福建总兵戚继光进京听用。推荐谭纶和戚继光的是在嘉靖年因弹劾严嵩而被关押，刚被昭雪的工科给事中吴时来。"隆庆元年八月癸卯，给事中吴时来言：两广总督谭纶、总兵俞大猷、戚继光皆知兵，宜召来，使专督练边兵，以省诸镇征调之扰。兵部覆言：大猷才宜于南，往者常一试于北，不效，且老矣。纶、继光惟上所用。上然之，令召纶入京。"③

十月，"召福建总兵戚继光入京，协理戎政，令总督蓟辽都御史刘焘回籍听勘。先是虏入永平，焘报功不实，给事中陈瓒等劾奏焘荐继光，故有是命"④。

十月，"前署都督佥事郭琥起总兵官，镇守永平山海"⑤。

十一月，戚继光来到北京，由于朝廷听信流言蜚语，既没有让他到边防前线，也没有让他负责练兵。而任命他为神机营副将："命镇守福建福、兴、泉、漳及浙江金、温等处总兵官戚继光充神机营副将。"⑥

---

① （明）万历二十七年刻本《永平府志》卷七《人物志·武功》。
② （明）谈迁《国榷》卷六五。
③ 《明穆宗实录》卷一一。
④ 《明穆宗实录》卷一三。
⑤ （明）谈迁《国榷》卷六五。
⑥ 《明穆宗实录》卷一四。

(二) 隆庆二年 (1568), 戊辰, 41岁

正月, 戚继光上《请兵破虏四事疏》。戚继光接诏令北上后, 以署都督同知入京师神机营任副将, 做了一个闲官。虽然没有被安排在戍边的重要岗位上, 却心系边关。他根据自己年轻时戍边蓟镇了解的情况, 和这十几年带兵御倭的经验, 上疏陈情。此疏奏之中提到"束发从征, 三历边境", 与《年谱》中记"五戍蓟门"不符, 因而也就留下了戚继光年轻时3次还是5次蓟镇戍边的疑案。此文采用《年谱》说法。戚继光以极大的热忱提出了为朝廷练兵十万, 并以此法推广到"九边"和"京营"之兵。还就军事训练、军饷后勤、武器制造和配置, 赏罚和激励制度四方面进行了详细陈述。

三月, 戚继光著《请兵辩论》。提出选兵、练兵之法, 历陈练兵十万之重要。

三月, 谭纶出任蓟镇总督。"升兵部右侍郎谭纶为本部左侍郎兼督察院右佥都御史, 总督蓟、辽、保定等处军务兼理粮饷。"① 出于压力, 谭纶上《早定庙谟以图安攘疏》。疏奏中分析了边镇敌我态势, 提出了三条方案: 一请兵三万进行训练, 而不是戚继光提出的练兵十万; 二调神机营副将戚继光到蓟镇, 加以总理蓟辽保定等处练兵总兵官职衔, 前来总理训练之事; 三调浙江鸟铳手三千, 而不是戚继光提出的调浙兵一万, 以为冲锋破敌之用。

五月, 总督蓟辽保定都御史谭纶疏言: "请命继光仍以署都督同知总理蓟、昌、保定练兵事务, 该镇总、副、参、游等官凡受总督节制者并受继光节制, 本官仍受总督节制, 府州县官不得阻挠, 违者听纶参奏处治。给以敕书、符验、关防、旗牌。又请遣锦衣卫官二人往浙去募宁、绍、台、温、金、衢等处鸟铳手三千人。人给善器, 恤其家属, 优其资用, 付杭、嘉、湖参将胡守仁、原任参将李超将之而北, 无误防秋。"② 这一次, 朝廷批准谭纶的奏请, 任命戚继光为以署都督同知总理蓟、昌、保定练兵事务。并派锦衣卫千户郭元相等前往浙江募南兵三千。诏下: "朕闻制虏之道, 莫先于强兵, 欲兵之强, 必由于训练。矧惟蓟镇切近京师, 择将练兵, 允乃要务。昨该总督谭纶具奏, 已经议允。兹特命尔前去总理其事。该镇将官自总兵以下, 俱听尔节制。尔听总督节制, 凡事俱呈总督计议停当而行, 其余文武大小官员俱不许干预挠阻。如违, 呈总督参奏处治。各兵于练习之时, 有怠肆违犯者, 轻则量行责戒, 重则具呈总督处以军法。朕以尔尝筞勋于南, 故兹简用。尔宜益励素志, 大展才猷, 必使所练之兵克堪战守, 斯拂朕意。如或骄怠因循, 训练无效, 朕必尔责。尔其勉之, 慎之。故谕。"③

五月, 戚继光出任练兵总理后, 根据年前所上《请兵破虏四事》疏, 朝廷中出现的不同意见, 又上《定庙谟以图安攘疏》, 加以解释和补充。此疏奏中建议将所管辖各镇、抚衙门的亲兵、各游击分管的防御部队和各地方民兵集中起来统一训练。奏请去浙江义乌等地招募铳手三千, 杀手七千。

由老部下浙江杭嘉参将胡守仁、福建南路参将王如龙、署事参将李超、坐营都司金科、福建中路守备朱珏、坐营把总胡大受、浙江把总吴惟忠、陈子銮带领, 分兵十支, 分屯密云、遵化、三屯营, 进行训练。此疏经谭纶转报朝廷后, 很快得到答复: "总督蓟辽侍郎谭纶条上分立三营事宜。请于蓟昌十路练兵三万人, 列为三大营。以遵化、永平游兵二支合巡抚标兵一支为遵化一营, 巡抚都御史刘应节提督之。以建昌游兵一支合镇守标兵二支为三屯一营, 镇守总兵官郭琥提督之。以振武、石匣二营合总督标兵二支为密云一营, 练兵都督戚继光提督之。各以兵备监督。其遵化、三屯二营, 仍听继光往来总理, 而悉受制于总督, 不得矛盾同异。"④

五月, 呈《修各路边墙》。上任后第一次提出整修长城的必要性。

---

① 《明穆宗实录》卷一八。
② 《明穆宗实录》卷二〇。
③ (明) 刘效祖纂:《四镇三关志》卷七《制疏考·蓟镇制疏》。
④ 《明穆宗实录》卷二一。

十月，上《练兵条议疏》。戚继光单骑赴任后，由夏及冬天，在这几个月时间里视察了蓟镇的两千里防务，分析了蓟门防御存在不足的七个原因，六方面的失误，四大弊病。并针对上述问题提出一系列解决方案，戚继光并再次提出："于浙兵内取杀手三千、鸟铳三千，或于西北招募新兵，或就蓟镇摘取见兵即不十万，亦需马足五支，步足十支，专听臣统练，与蓟防无碍。"①"请兵十万，练成节制之师，问罪虏庭，一伸中国之威。"②

十二月，青山口大捷。朵颜部首领董狐狸和他的侄子长昂进犯铁门关、董家口、榆木岭、青山口擦崖子一线。戚继光时驻墙子岭，闻警率车兵策应，与青山口击退贼前锋，并出关追击，大获全胜。御史房楠题上捷疏云："总兵戚某策应星驰，允协事机之会，指授机密，克成保障之勋。部覆：闻风策应而大振军威，督兵拒堵而克收武烈。疏上，钦赏银三十两，纻丝二表里。"③此为戚继光到蓟镇后打的第一仗，尽管他是练兵总理，不是总兵（总兵官为郭琥），还不是军事主官，没有权力统筹全局，调兵遣将，但却充分体现了戚继光卓越的军事才能。

戚继光将在福建抗倭所得战功荫世袭千户，移荫给弟弟戚继美。戚继美领沂州（今临沂）总备。

（三）隆庆三年（1569）己巳，42岁

戚继光上任伊始，以练兵总理身份驻密云，总督四镇练兵，并无实权。在蓟镇，上有总督谭纶，下有总兵郭琥，事事受到制约。经过谭纶的努力协调和时任内阁大学士张居正的积极运作，改任戚继光为练兵总理兼蓟镇总兵官，驻今迁西县三屯营，镇守蓟州、永平、山海诸处。"章下，兵部谓，蓟镇既有总兵，乃继光又为练兵都督事权分而诸将怀观望之心，请取回郭琥，为独任继光，尽蓟镇十二路事皆责之，使无他委。其督抚总兵，宜令互相应援，不得各分信地。监军亦可无设，第以其事属之巡关御史便。上是之。召琥还京，改继光总兵官，镇守蓟州、永平、山海等处地方。"④

正月十一日，朝廷调回蓟镇总兵郭琥，戚继光接任总兵官，蓟镇总兵官是无权节制昌平、保定、辽东总兵官的，戚继光的职权被削弱了，由职权仅次于节制四镇总督的练兵总理，降为统领一镇的总兵官。为此，谭纶曾向内阁提出异议，尽管朝廷在称谓上仍冠以"总理练兵原务兼镇守蓟州、永平、山海等处地方"之名，但未见戚继光对昌镇、保定、辽东行使节制权。

二月，朝廷批准戚继光年前所上《请建空心台疏》。戚继光在年前呈《修各路边墙》条陈的基础上，再次向朝廷提出对东起山海关，西止镇边城，绵亘两千余里的城墙和台墩进行修缮，并在长城之上修建空心敌台。敌台"高五丈，四面广十二丈，虚中为三层，可驻百夫，器械、糇粮、设备俱足，中为疏户以居，上为雉堞，可以用武。虏至则举火，出台上瞰虏……以台数计之，每路约三百座，蓟昌十二路，共三千座每台给银五十两，通计十五万两，每岁解发五万，完台一千，三年通毕。如此则边关有盘石之固，陛下无北顾之忧矣。……部覆一千二百座。疏上，上允其奏"⑤。正月初一谭纶也随戚继光后上疏，请求在蓟昌二镇修建空心敌台和整修边墙。朝廷批准建敌台一千二百座。这种大规模修建空心敌台是历史首创。

三月，戚继光不顾自己已有病症的身体，风餐露宿，穿越两千里高山峻岭，亲自沿长城一线进行现场勘察，制定《筑台规则》，组织施工。彪炳千秋、功垂万世的蓟镇长城的修缮和扩建工程开始启动。

三月，因剿吴平功升右都督。"庚戌，录闽、广协剿海寇吴平功。命原任巡抚都御史听调汪道昆候

---

① 戚继光《练兵条议疏》。
② 《戚继光年谱耆编》卷七。
③ 《戚继光年谱耆编》卷七。
④ 《明穆宗实录》卷二八。
⑤ 《戚继光年谱耆编》卷八。

缺推用，升福建总兵戚继光右都督，各赏银币。"① 戚继光的老朋友汪道昆复出。

添设三屯右营参将，管理游击、坐营二营。

增松棚为路，设游击将军统领。

八月十七日，锦衣卫千户郭元相于五月二日启程前往浙江所募南兵三千，在胡守仁、李超带领下到达密云郊外待命，时逢大雨，南兵军纪严明，雨中立而不动，边将大骇，边军军纪为之一新。

建客兵营房。组建、装备辎重营、车营、步兵营、骑兵营多兵种部队，并加以训练。

戚继光弟沂州把总戚继美，带领沂州兵前来屯戍。经戚继光奏请朝廷批准，将戚继美留在蓟镇参与了修筑长城的建设，戚继美没有辜负哥哥的期望，他带领沂州士兵在大水谷（今密云西北）率先完成样板敌台 7 座，为边军做出了榜样。

建祠以崇忠义。戚继光提议每路建忠义祠一座，要求该路参将以下官兵每月朔望，每岁春秋对阵亡忠义之士，予以祭祀。

议喜峰口守备改参将职衔，增喜峰口为路。

议潘家口造船事宜。

六月，《议山海关改设参将，增山海为路，修墙子岭营城》。戚继光强调了山海关军事地位的重要性，提议提高山海关的防御地位，增加防区兵力，改设参将。据记载："隆庆三年添设东路副总兵，驻建昌营，带管燕河营、台头营、石门寨、山海关四路。西路副总兵，驻石匣营，管理墙子岭、曹家寨、古北口、石塘岭四路。分守参将十一人，曰山海关参将，墙子岭参将。"②

（四）隆庆四年（1570）庚午，43 岁

二月，总督谭纶上疏汇报敌台修筑情况，各路积极训练边军，整顿城防，春秋两防且修且守，朝廷批准戚继光对修建敌台的奖励政策："为了把台修好，每台除给五十两工料犒赏银以外，还进行评比，上上等的赏银五十两，上等的赏银四十两，中等的赏银二十五两。这种措施对大家是一个极大的鼓舞。"③ 由于措施得当，戚继光管理有方，敌台修建顺利，已顺利完成敌台 472 座。"皆总兵戚某实心任事，竭力督程，宜特加优异。疏上，部覆，钦赏银二十两。"④

二月，上《尖哨事宜》条陈。戚继光在南方抗倭就非常重视夜不收军（尖哨）的作用。该条陈中，戚继光针对蓟镇防区的敌情，就尖哨人员的选拔、经费、赏赐，以及各路的人数、训练等一一作了说明。

四月，戚继光单骑阅险出塞 20 里，登舍身台视察，日过午，入山买胡饼充饥，手捧山泉水解渴。赋诗《登舍身台》，有"剑分胡饼从人后，手鞠流泉已自多。断崖垂绠几凭虚，却笑山猿技不如"句，此诗可见此时蓟镇自然环境之险恶和戚继光的敬业精神及艰苦付出。

四月，戚继美被任命为金山卫游击将军，离蓟镇赴任。"管领山东班军、署都指挥佥事戚继美充金山游击将军。"⑤ 戚继光郊外送行，赠诗《送美弟之任金山》。其中诗句："别酒泪痕浑是血，年年塞雁问吴书"体现了深深的兄弟之情。

六月，戚继光早年同乡好友李文学（李小山）去蓟镇看望他。临行，戚继光赠诗《送李文学归蓬莱》，诗中洋溢着浓浓的友情和思乡之情。

六月，戚继光召开军事会议，召集东西两协守，及三标各路副、参、游、守诸将领于三屯营，谕以

---

① 《明穆宗实录》卷三〇。
② 《明史》卷七六《职官五》。
③ 高杨文、范忠义等主编《戚继光传》第四章第四节。
④ 《戚继光年谱耆编》卷九。
⑤ 《明穆宗实录》卷四四。

边事利弊及御虏方略。会上，戚继光分析了蓟镇形势，对众将厚养家丁，薄待士兵之陋习进行了严厉批评。严令将领临阵必须冲锋在前不得退缩。"但有退缩者，只将将官预令旗牌伺候，径听绑来。……自副总兵以下，抗违练兵，便听以军法处治，况临阵呼？"①会上，戚继光对各兵种的兵器配置、兵力设置、攻守方略和战术配合，以及台墩、烽火传递，明、暗哨，夜尖军，后勤支持等一一作了布置，并现场把亲自改进的针对于北方骑兵的新式冷热兵器，如大刀、腰刀、长枪、快枪、佛朗机、火箭、虎蹲炮等发给各路将领，每路一副，让他们回去分头打造。他还亲自演练这些兵器的用法，使将领人人会用，以教部队。大会另一个议题是思想工作，戚继光苦口婆心地告诫诸将领大家都是一个船上的乘客，需同舟患难，协调一致，忠心报国。戚继光还极力推行联保方式，战时，一级保一级，如上司被杀，下级也得偿命。也就是说，战场上一旦失利，上至将军，下至士兵谁也脱不了干系。会盟六日，在校场大宴诸将，并赋诗以示诸将云："独立怀知己，多歧叹宦情，古今谁侠气？天地一愁城。万里犹投笔，千年慕请缨。君俱学剑者，报国有新盟。"②

十二月，上《题禁给领胖袄科敛疏》。此疏戚继光根据以往朝廷给边军三年一发放过冬棉衣事，对以往所存在的各级官吏层层贪污兵饷盘剥士兵的弊端，提出一系列保证按质按量发放到位措施。充分体现了戚继光爱兵如子和事无巨细、认真负责的优良作风。

十二月，陈氏生二子戚安国。

这一年是戚继光在蓟镇任上最忙碌的一年，据不完全统计，由他亲自上奏的疏奏和条陈由年初的《议处拨马》，到年末的《题禁给领胖袄科敛疏》，多达20条之多。

（五）隆庆五年（1571）辛未，44岁

年初，上《请设三武学疏》。建议朝廷于遵化、密云、永平三地设立武学，广招蓟镇将门子弟、卫所幼官及应袭舍人，和民间绝技厚重者为武生，学习韬略，练武习射，参加操阅。为朝廷3年开科取士，培养军事人才。具体开设专业、课目，疏奏中提到："乃分析门类，各专一业：一曰韬略。如《武经七书》《春秋》《左传》诸史，百将传等书。一曰武艺。弓弩刀槊、矛盾戈铤，军火神机之类。一曰胆力，仿古翘阘负重之科，力能引弓若千钧、弩若千石、扛鼎若千斤以上，方许入选。一曰杂技。如阴阳、星历、游说、间谍、火攻、水战、阵图战法、秘术奇技可裨军机者。此养将之大略也。"③疏奏中戚继光还对招生标准、学费、师资、学校管理，毕业分配等一一作了说明。

三月，俺答屈于明廷北方军力和边境防御力量的加强，同意与明廷议和，朝廷封俺答为顺义王，其子弟及部落首领各封官职。高拱主政内阁。

八月，台功告成，戚继光因功"荫一子百户，赏银三十两、纻丝二表里"④。

自万历三年二月朝廷批准了谭纶和戚继光请建空心台的疏奏，历时两年半提前完成了朝廷安排的修建长城空心台的重大工程。蓟镇总督刘应节上疏云："'除隆庆三年修工已经具题外，蓟镇西起石塘，东至山海，完工八百一十八座，昌镇东自黄花西至镇边，完台一百九十九座，共一千一十七座。……皆总理戚某才华并着谋断相资。相度山川，则鸟岛羊肠皆其陟降之地，程护工作，则栉风沐雨不辞。经理之劳蓟门，练台有约，督台有官，十二路楼堞相望，居然虎豹之关，筑垣有规堑坡有制，三千里烽火相连允矣。'疏上。部覆云：'戚某相视险阻，历羊肠鸟道之艰，督理工程，甘栉风沐雨之苦。基址之布置，

---

① 《戚继光年谱耆编》卷九。
② 《戚继光年谱耆编》卷九。
③ 高杨文、范忠义等主编戚继光研究丛书《戚少保奏议》。
④ 《戚继光年谱耆编》卷九。

冲缓得宜，修筑之完坚，形状甚壮。而经营综理之劳瘁、训练调度之精明，北杨西戚，尤当优奖。'"① 因建台功，得朝廷赏赐的有如下将帅："总督谭纶升兵部尚书兼都察院右副都御史，协理戎政如故。巡抚刘应节升俸二级，杨兆俸一级，右都督戚继光荫一子百户，都督佥事杨四畏生实职二级，副使孙应元俸二级，佥事宋守约、王之弼等一级，副总兵胡守仁、参将罗端等实职一级，仍各赏银币有差。纶疏辞恩命，不允。"②

谨烽火，远斥堠。历代兵家都注重侦查和报警系统，戚继光对谨烽火、远斥堠尤为重视，著《哨守条约》，颁谕各台官兵，传习守御，以防边警。对蓟镇从东至西12路各个防区的明哨、暗哨的职责范围及敌对目标做了详细规定。最远处离边深入敌人防区七百余里，此条约在制度上保证关外之敌均在我军的监视和掌控之下。他根据蓟镇具体情况，额设守堠军卒，定编传峰警报法。蓟镇向无传烽之法，遇到边警无法通报，戚继光以建成的1300余座敌台为主线，间以烽火墩堠（有人统计蓟镇共有墩台569座），创立烽燧，设专职军士5名，建房3间居住，砌火池，竖旗杆，白昼分别以烟火、号炮、旗帜为号，熟识《传峰歌》。据范忠义先生研究，戚继光用于侦察敌情和传递警报的兵力竟达7500人，可见他对及时了解和掌握敌情的重视。

十一月，朝廷命金山游击将军、署都指挥佥事戚继美掌河南都司事。

年末，戚继光著《练兵实纪》成书。《练兵实纪》九卷，附杂集六卷，是戚继光把在北方练兵时拟定的条款汇集成册，是中国军事史上一本较为完备的练兵专著，对后世产生了深远影响。

（六）隆庆六年（1572）壬辛，45岁

正月。上《题奏取用被弹劾战裨辩诬疏》。隆庆五年八月二十九日，蓟辽总督刘应节、巡抚杨兆上疏言处理主客兵事宜，并把戚继光添调南兵的请求呈上。这次朝廷批准了戚继光的请求："命锦衣卫遣官至浙江增募南兵六千戍卫蓟镇，先已募足三千，共约一万之数。命以原任参将王如龙，游击金科、杨文，都司佥书朱珏充为事官领之。"③在这之前，远在南方的王如龙、金科、朱珏已被御史弹劾，但罪止罢官而已。戚继光对这些在抗倭中立下汗马功劳的老部下颇有感情，便请求朝廷调王如龙、金科、朱珏前来北方听用。当朝廷批准了戚继光的请求时，王如龙等已带兵在北上途中，福建巡抚御史杜化中上疏弹劾兵部左侍郎谷中虚和大理寺卿何宽，攻击戚继光是收受了王如龙等每人千金之贿，才推荐他们带南兵来北方的。对此戚继光不得不上疏辩诬。此事件，虽然戚继光未能遭到陷害，可王如龙等来蓟镇也未能如愿。戚继光一心为公必遭利益一方中伤陷害。"杜化中所以要弹劾谷中虚、何宽并及戚继光是为了'阿当路意'，而起草覆此疏的竟是当时的内阁首辅高拱。"④《穆宗实录》对此事件做了详细记载："罢兵部左侍郎谷中虚、大理寺卿何宽回籍听勘，福建按察司莫如善致仕，都转运盐使司运使李廷观闲住，福州府推官李一中降用。先是，福建参将王如龙、游击将军金科、都司佥书朱珏，先后为御史所劾。事下兵部，覆以如龙属巡按，科、珏属巡抚逮问。宽乃令廷观、一中，按科、珏事得末减。已而，总兵戚继光请选募南兵，部移文令如龙、科、珏率赴蓟镇。于是巡按御史杜化中谓科、珏尝托继光私行金钱中虚所，故委之巡抚，宽亦纳其重赂，廷观等曲法纵之，请仍以如龙、科、珏属臣严究，黜中虚、宽、廷观，勒如善致仕，一中降用，以为人臣枉法营私之戒。吏部覆如化中言，而给事中涂梦桂复劾中虚贪险不职状，乃有是命。兵部以如龙、科、珏方部南兵在行，俟至日，械送法司鞫治。上亦从之。按如龙等在福建有战功，所赃犯事，罪止罢斥。继光惜其才，欲置之部下为用。会有调取南兵事，遂咨白兵部，

---

① 《戚继光年谱耆编》卷九。
② 《明穆宗实录》卷六〇。
③ 《明穆宗实录》卷六一。
④ 高杨文、范忠义等主编《戚继光传》第四章第三节。

求早结其狱，令部署南兵赴镇。中虚覆奏及宽等所拟，亦未为纵。第化中、梦桂欲因此陷继光、中虚以阿当路意，而上不知也。"①

二月，《议台官习艺》。戚继光发现一些军官不思武艺，对战守不利，要求千总以下军官，必须选一种兵器昼夜不得离其身，与军士一起演练，并进行赏罚和年度考核。

四月，新募南兵到镇。蓟辽督抚官刘应节等言："南兵九千分派蓟、永、密三镇，视人数多寡为准，给之粮饷，计银一十六万二千两有奇。……部议以为可许。上从之。"②

六月，神宗即位。罢高拱，张居正入主内阁首辅。

七月，谭纶升任兵部尚书。"起原任协理京营戎政兵部尚书谭纶为兵部尚书。"③

九月，朝廷命令兵部左侍郎汪道昆，奉诏视察蓟、辽、保定。戚继光对这次朝廷的阅视非常重视，他希望通过这次朝廷的阅视，检验一下边墙和敌台御敌的功能及练兵的效果。为了搞好这次合练，戚继光起草了《合练全镇兵马实守实战条略》。向汪道昆汇报了自己任职以来的工作分为定战守、谕属夷、修内治、积钱粮、修险隘、练兵马、整器械七个问题。建议对全镇兵马进行一次大规模的实守实战演练。此计划得到内阁首辅张居正等一干官员的支持。

十月，兵部右侍郎汪道昆、职方郎中左大人、天津兵备杨枢等阅视大臣在蓟镇总督刘应节、巡抚杨兆等陪同下来到蓟镇汤泉。戚继光于二十二日凌晨四点下达了演习开始命令，烽堠报警，烽火迅速传遍全镇，蓝军从鲶鱼关一带登上边墙，按照预定方案，各路见警即向预定地区集结和驰援。戚继光亲率浙兵驰援鲇鱼关，攻上边墙，敌兵败退至墙外……举世闻名的"汤泉大阅兵"拉开序幕。这次演习从二十二日报警开始到二十八日追堵歼灭敌人为止，历时7天时间，参加演习兵力超过10万人，连营数十里。车、步、骑营各兵种，冷热各兵器均参与了演练。戚继光首开大兵团、多兵种对抗军事演习之先河。阅视后，汪道昆对戚继光非常满意。"举劾三镇文武大臣，独推练兵总理戚继光为首。"④朝廷因而升戚继光一级。借此机会戚继光向汪道昆提出增修滦河以东、居庸关以西松棚诸路的敌台200座。增建车营4座（原有6座），辎重营3座。在汪道昆的支持下都得到了解决。

十二月，陪同兵部左侍郎汪道昆，中丞杨兆一干官员视察山海关，由刚竣工不久的老龙头观海亭城楼（此工程由戚继光爱将南兵将领吴惟忠主持修建）。各赋诗为纪。戚继光留有《赋观海亭》《赋山海关城楼》诗两首。

十二月，西路协守副总兵李超调任狼山副总兵。

（七）万历元年（1573）癸酉，46岁

正月，以河南都司掌印戚继美充参将，分守浙江金、台、严地方。⑤

二月，挈子谷捷。斩获酋首三级。总督刘应节为戚继光请功。"钦赏银二十两，纻丝二表里。"⑥

二月，呈改大毛山边墙。"大毛山东老岭起，至义院口窟窿台止，计地一十八里，墙从平麓外，系高山。家严乃临边亲自攀登，至巅见旧址，遂呈改于此筑墙一百五十二丈，省十八里不可守之边，建台五座，省二十座不可以之台。"⑦

四月，桃林捷。"董狐狸结联插汉儿暗犯蓟镇，戚继光督兵迎敌，斩获夷首十五级，夺马五十三匹、

---

① 《明穆宗实录》卷六五。
② 《明穆宗实录》卷六九。
③ 《明穆宗实录》卷六九。
④ 《明穆宗实录》卷一五。
⑤ 《明神宗实录》卷九。
⑥ 《戚继光年谱耆编》卷一一。
⑦ 《戚继光年谱耆编》卷一一。

骡二头、器物三百六十九件。巡抚杨兆和总督刘应节为戚继光请功。部覆：钦赏银三十两，纻丝二表里，升实职一级。"①

四月，上《请增空心台疏》。增蓟镇、昌平敌台二百座。"疏上，得御旨：这增建敌台，依拟，着解发银两，并力修筑，务要坚固如法，足堪守御。"

五月，（《年谱》记在十月）窟窿台捷。"斩首六级，虏获马十二匹。总督刘应节为戚继光请功。部覆：钦赏银三十两，纻丝二表里。"②

六月，总督蓟辽保定兵部右侍郎兼右佥都御史刘应节为右都御史，仍兼兵部右侍郎总督。

八月，沈氏生三子戚昌国。

九月，蓟镇统领南兵总兵官、东路协守副总兵胡守仁为都督佥事福建总兵官。

（八）万历二年（1574）甲戌，47岁

正月，诏升实级大都督。总督刘应节为秋防事上疏再次为戚继光请功。兵部予以肯定报内阁，旨下："戚某效劳年久，升实职一级，与做左都督，赏银三十两、大红纻丝蟒衣一袭。"③ "升蓟镇总兵官戚继光实职一级，为左都督；昌镇总兵官杨四畏署职一级，为署都督同知，各赏银币。以蓟镇总督刘应节称其劳绩久着也。"④

八月，戚继光疏请对蓟镇镇府进行扩建改造，得到了朝廷的批准，便开始了三屯营城扩建规划设计。同时规划利用汤泉开扩平坦之地开辟阅兵演练场，并利用当地的温泉资源修建亭台楼馆作为接待使臣和官兵疗养之地。汤泉，位于（遵化）县城西35里茅山脚下的汤泉乡汤泉村东。汤泉为古温泉，唐贞观二年（628），因有温泉而建汤泉寺，明代赐名福泉寺，汤泉年久淤塞过半。

著《止止堂集》，成书。工部尚书郭朝宾为其作序。

（九）万历三年（1575）乙亥，48岁

正月，获夷酋长秃。二十三日，朵颜部长昂、董狐狸逼长秃犯边，进攻董家口关。戚继光督军自榆木和董家口关出塞追击敌人，至聂门、北安、驼石一带，离边一百五十里，活捉董狐狸弟长秃，斩首二级，余虏败逃。

二月，台、车工完。蓟昌两镇前后三期工程共修敌台1337座，建战车、辎重车共16营。总督杨兆上疏，请给军火器械，并为戚继光请功。"疏上，钦赏银三十两，纻丝二表里。"⑤ 戚继光所建车营有两种：重车营和轻车营。重车每营128辆，轻车营每营216辆，重车为偏箱车，车上装配大佛朗机炮两门，还配置佛朗机有子铳、鸟铳、冷兵器等，配置士兵20名。另外，车营内还有发号令的鼓车2辆，指挥车3辆，大将军炮车8辆，火箭车4辆。全营共有官兵3109名。车营实际上是火器营，火力配置极强，相当于现代的装甲、导弹部队。辎重营：每营大车80辆，每辆由8匹骡子驾驶，可载米粮12石5斗，是一支后勤保障部队。

三月初一，董狐狸、长昂献俘请降。长秃被擒获后，长昂和董狐狸等率部夷240多人前来谢罪。经朝廷批准，戚继光和副总兵史宸等亲往喜峰关接受他们的归顺。长昂见到戚继光后相继罗拜，呈上认罪书，对天盟誓，子子孙孙永远内服，世世代代不再进犯。戚继光释放长秃出关，从此朵颜部恢复了与明

---

① 《戚继光年谱耆编》卷一一。
② 《戚继光年谱耆编》卷一一。
③ 《戚继光年谱耆编》卷一一。
④ 《明神宗实录》卷二一。
⑤ 《戚继光年谱耆编》卷一一。

朝的通贡互市关系。七月朝廷派贺一桂查勘此事件，他和巡抚王一鹗的奏疏中为戚继光请功。"部覆：'戚某严纪律以鼓将士之气，运机筹以成追剿之功，所当优叙。'得旨，纪录赏银二十两，纻丝二表里。"①

三月，重建三屯营镇府成，勒石记之，提名于碑，(《重建三屯营城碑》)以永其传。三屯营旧城改建工程完工。拆除南墙向外扩展，使城池比原来扩大了一倍，把原在城外的兵营全都包括了进来，当年入冬前便在这片新开发的土地上建起了一座新城。第二年开春，又开始修缮北半部的旧城，也是当年冬季完工。修缮后的北城，像南部的新城一样。这次重修三屯营城，承担施工任务的主要是军队。有数据显示，此次重修三屯营城仅开支库银六千两，其余全由富商赞助。戚继光在重修三屯营城的同时，还对城内城外的其他建筑进行了大规模建设和修葺。如西城外的滦阳驿、旗纛庙、马永祠、关帝庙、忠烈庙等，这些工程不到三年全部完工。

兵部左侍郎汪道昆离职回乡。朝廷调整蓟镇官员，改任杨兆为总督，王崇古为巡抚。

纳孺人杨氏。

（十）万历四年（1576）丙子，49岁

正月，总兵戚继光言：蓟镇兵马原分一十二路，势难合练。想增协守二员，在蓟州东者分练松棚、太平、燕河、台头、石门、山海等处，蓟州西者分练喜峰、马兰、墙子、曹家、古北、石塘等处，总兵居中调度，颇称节制。但该镇边长二千余里，山势萦回，遇警驰援不及，宜于中路改添协守一员，既以加衔副总兵罗端充之，割东之松棚、太平，西之喜峰、马兰与之，端管驻扎三屯城内。西协原少骑兵，当以所统石匣车营步军与密云参将陶世臣马兵互易。仍请敕书三道，关防三颗，赍付各协遵守。下本兵议，从之。②

二月，升湖广靖州参将戚继美充副总兵，提督狼山等处地方。

二月，总督杨兆在上报去年秋防的总结报告中写道："总理戚某精忠许国，负文武之壮猷，两千里边垣皆其躬亲跋涉，居然成金汤之险，具华夷之凤望，十数万甲兵悉自胸中运用。……一心报主，如真金烈火，愈炼愈刚。……诚宗社不贰之臣，安危可恃之将。"③

三月，改建松棚路边墙。戚继光亲自勘察了松棚路长城岭、达子沟一线，为两千里边防固若金汤，根据实际情况，呈文申请改建边墙281丈，增建敌台16座。阅视都御史郜光先为戚继光请功。"部覆：'戚某威名久着，志勇兼资，简练十万之戎兵，足为当时之大将，控扼两千里之险要，无愧万历之长城。事每为之躬亲，心具见其独苦。'疏上，钦赏银三十两，纻丝两表里。"④

五月，汤泉工程竣工，作《蓟门汤泉记》纪之。文中对汤泉的施工过程和建设规模做了详细介绍。遵化县志记载："蓟镇总兵戚继光命士兵疙修并甃石为池，深2.3丈，清出淤泥深1丈，从中得许多铜钱、铜镜、首饰。池四周有栏板，高出地面3尺，池周长7丈，泉水涌流不止，冬夏热气腾腾。池水清澈见底，水中气泡缕缕上升，扔以硬币，翻飞如蝶，缓缓下沉。每当赤日高照，池圆日通红，因名'汤泉浴日'之景。池南有孔，流水如注，入六角亭内九曲式石槽，取杯置酒放于槽中，顺流而转，杯顺水槽转回时，酒已烫温，故有'转杯亭'之称。池北原建九新堂，池上向北有一龙头吐水，穿堂而过，至一方池，池旁有一寒泉，两泉水同入池中，供沐浴。常浴，对寒湿疥癣均有疗效。"⑤此曲水流觞之

---

① 《戚继光年谱耆编》卷一一。
② 《明神宗实录》卷四六。
③ 《戚继光年谱耆编》卷一一。
④ 《戚继光年谱耆编》卷一一。
⑤ （1990）《遵化县志》。

胜境遗存仍在旧址。

六月，妙蛮部到古北口请求赏赐不遂，乘雨夜蹿入鸭鹕安寨抢劫。参将苑宗儒和谪戍到这里的原广东抗倭名将汤克宽等带兵50人出关追击，遇埋伏战死。戚继光和巡抚王一鹗受到夺俸处分。这次事件尽管事出偶然，但却对戚继光产生了很坏的影响，一是兵科给事中借此攻击戚继光，二是在戚继光镇守蓟镇16年中第一次受到了朝廷的处分。《神宗实录》记载：蓟镇属夷妙蛮挟赏不遂，潜犯古北口。参将苑宗儒及原任总兵汤克宽、中军傅楫、千把总高大朝、苏学追至十八盘山，死之。巡按御史刘良弼劾失事将领及提调入卫官高廷相等。因及密云兵备钱藻、总兵戚继光、抚臣王一鹗。而兵科都给事中裴应章则以南兵全无实用，废时玩寇，重继光罪。兵部分别覆奏。上曰："古北素称岩隘，属夷得潜入为寇，损军折将，边备废弛可知。兆姑免议，其夺继光、一鹗俸，镌藻臣级，置廷相、茂于理，仍治弃将先逊者之罪。酋妙蛮先革抚赏，另议处置。秋防伊迩，毋再疏虞。"①

七月，修太平寨城。建密云新城。修潘家口暨洪山口关城。

（十一）万历五年（1577）丁丑，50岁

二月，上《养病疏》。在此奏疏中，戚继光叙述了自己从17岁从戎至今30多年，南北驱驰，以身报国，忠于职守，以及所履职务的过程，并详细介绍了自己的病况和病情，"头晕目眩，不辨旌旗，失去故态，难理文书"。自领命离开家乡蓬莱赴东南抗倭，至今22年从未告假回过家乡。即便"亲丧尚滞贱土，累勤恩宠，无从告展"。戚继光乞请皇上予以免职或者准假休养，如病愈再驾前听令，倘若一病不起，即便化作厉鬼也要驱寇，报效圣上之恩。同时又推荐了蓟镇中路协守史宸、西路协守张臣、福建总兵胡守仁、浙江总兵李超均可接替自己。当时戚继光的病症主要是肺病和糖尿病，已经达到了非常严重的地步。此奏疏言恳意切，表达了戚继光当时身体的真实状况与心情。有《病中偶成》诗3首为证。

三月，修喜峰口关城，建水口石桥，修建抚宁建昌营城。

三月，戚继光为重建三屯营镇府撰文，并立"重建镇府碑"纪之。此碑于1957年发现于三屯营镇府旧址。

四月，太子少保、兵部尚书谭纶病逝。戚继光与谭纶在东南抗倭便结下深厚友情。

十二月，右都御史兼兵部左侍郎梁梦龙总督蓟辽。

（十二）万历六年（1578）戊寅，51岁

二月，建喜峰关城楼。

七月，滚兔率部万人犯边，戚继光亲率镇兵驰赴马兰，出宽佃谷，令副将白福出松棚、董一元出墙子岭，参将张玞出将军石，李如樲出曹家寨，备甚严，虏不得入。新任总督梁梦龙为戚继光请功。"部覆：钦赏银三十两，纻丝二表里。"②

（十三）万历七年（1579）己卯，52岁

二月，建潮河川石桥。古北路潮河水势深广而汹涌澎湃，建桥难度大，因技术等原因，200年未得建，戚继光从福建调来工匠一举建成七洞平桥，展二十八丈。曾留"塞北今传第一桥"之句。

三月，建喜峰关外重楼。喜峰关为重点关隘，也是通往关外的贡道，原有内楼一座，今新建外关楼

---

① 《明神宗实录》卷五一。
② 《戚继光年谱耆编》卷一一。

一座，二楼相互呼应，巍然而对，成为一盛景。计划修建燕河营城。

三月，曹家寨、古北口大捷。东蒙古鞑靼妙蛮率部犯古北口、曹家寨，袭柏岭、安边，出擦肚岭，我军断其归路，至苇子谷，与妙蛮亲率500骑兵相遇，生擒13夷，斩首5级，驼马18匹，器械150余。总督梁梦龙为戚继光请功。部覆："钦赏银三十两，纻丝二表里，仍记录在簿，俟再有功，一并优叙。"①

四月，陈氏生四子戚报国。

七月，上《大兵援辽议疏》。戚继光为一任边帅，不仅尽心管理好自己的防区，亦心系国家安危，放眼北方边防局势，他在此疏奏中全面分析了北方敌我之态势，视左辽东，右宣大同为京城之手足，提出一方有警，三方互相支持的具体方案，犹对提兵援辽之事："谨以援辽事宜条例上请，伏乞敕下该部覆议施行，疆场不胜幸甚。"②

九月，工科给事中王致祥阅视回京后上疏称："总理戚某将略沉潜，壮怀激烈，诘兵戎修战具，军中之号令一新，整火器饬台墙，塞下之威名丕振，设备当为第一，才华亦自无双。"部覆："总理戚某矢心许国，雅意安边。疏止，诏加太子太保，赏银三十两、纻丝二表里。"③

十月，东蒙古鞑靼妙蛮率铁骑5万进犯辽东前屯（今辽宁绥中西南前卫）。戚继光率部出关支持，与李成梁部配合作战，经狗儿河、石河墩两次交战，敌军败退，凯旋。总督梁梦龙、两镇巡抚为其请功。兵部题："万历七年贼夷炒蛮等两次窥犯，官军奋勇，擒斩有功，戚继光、薛虎臣等功应叙录；夷人力儿志火泥赤，报信效顺，宜重加赏赉；各军宜分别犒赏。从之。"④疏上，得旨："两镇文武协手却虏，功同斩馘，各赏赉有差。戚某、李成梁各赏大红蟒衣一袭，银三十两，戚某还加少保，余官照旧。"⑤

是年，建车前营驻汉儿庄，募当地士兵三千，建好营房千座，筑土城一座。

（十四）万历八年（1580）庚辰，53岁

二月，筑莲心馆，聘山人郭造卿修燕志。

四月，议修石门塞城，设炮墙重门大炮，制自犯钢轮火。钢轮发火自动装置是戚继光创造的地雷自动引爆装置。人马踏上这套装置可以自动引起地雷爆炸，提高地雷发火的准确性和可靠性。戚继光非常重视武器的改进，对此，《神宗实录》做了如下记载："蓟镇总兵官戚继光为全镇盔甲、战车损坏，欲行修理；冲锋器械便利，欲行添造；山海路车前营战车器械，欲行补造。各请给银两。其冲锋器械，乃继光新制。其法似菱拒马，体轻控便，利缓急，可为营卫，且便于收设。每战，令南兵前行，马兵继后。制为轻车，每车一辆，进则四人推运如飞，上下山阪，追奔虏马，利器齐发。步兵蹑车空以出，齐用长枪、狼筅，以利追杀。但北方风劲，竹易干折，故制铁狼筅以代之。此三器旧无，今系添造。"⑥

八月，升燕河路参将陈文治为协守蓟镇西路副总兵。⑦

十月，土蛮以十万之众再次起兵进犯锦州、义县等地，戚继光率兵出关支援，土蛮退去。

十二月，除夕，度岁，赋诗感怀。诗中有句："棱撑余骨不胜裘，一任霜花点白头。日日衰容随病改，年年旅况付愁收。"这个时候戚继光病情已经很重了，病骨嶙峋强支撑，衣服显得又宽又大。衰老的面容，满头的白发，病体日复加重。已然影响到他每天的心情，可身在军旅，对镇守边关的工作，又

---

① 《戚继光年谱耆编》卷一一。
② 《戚继光年谱耆编》卷一一。
③ 《戚继光年谱耆编》卷一一。
④ 《明神宗实录》卷八八。
⑤ 《戚继光年谱耆编》卷一一。
⑥ 《明神宗实录》卷九八。
⑦ 《戚继光年谱耆编》卷一一。

不得不年复一年地操持着。

（十五）万历九年（1581）辛巳，54岁

正月，命提督狼山副总兵戚继美金书南京右军都督府事。①

三月，朝廷派兵部郎中费尧年、巡抚刘先国前来验收六年至八年秋防及三年内防区所修筑的边墙、增修的敌台、新建的潮河大桥等重点工程。"职方郎中费尧年查勘蓟、昌二镇边工。蓟镇修边墙五千三百六十三丈，敌台一百一十一座，铲削偏坡五百八十七丈，建潮河川大桥一座。昌镇修边墙四千六百四十一丈，敌台十座，铲削偏坡五十五处。俱高坚壮丽，钱粮更无破冒。兵部乞录该镇劾劳诸臣。上以蓟、昌密迩京陵，与寻常边工不同，诏加梁梦龙太子少保，戚继光荫一子锦衣卫百户，杨四畏升右都督，张梦鲤升俸一级，该镇文武升赏有差。"②戚继光主持所建敌台，加上万历三年（1575）二月验收完工的，蓟昌两镇前后两期工程所修敌台1337座，总计为1448座。我们今天所见的蓟镇一线的明长城便是戚继光遗留给我们的伟大工程。

（十六）万历十年（1582）壬午，55岁

六月，升南京右军都督府金书戚继美为总兵官，镇守贵州。

六月，升镇守福建都督金事胡守仁为总兵官，镇守浙江。

六月，上柱国、太师兼太子太师、中极殿大学士张居正病逝。张居正去世给戚继光以沉重打击。

九月，《止止堂集》五卷，收《横槊稿》三卷、《愚愚稿》一卷，合刊成书。"著《止止堂集》，成书。"③

十月，都给事中周邦杰来蓟镇视察后题："为虏众内附、边政大修，以永葆治安事。"部覆："奉旨该镇修举边务，劳绩可嘉。戚某先荫一男百户，准与世袭，还赏银三十两，纻丝二表里。"④

（十七）万历十一年（1583）癸未，56岁

二月，戚继光因受张居正牵连被调往广州任总兵官。"命镇守蓟永等处总兵官少保兼太子太保左都督戚继光，以原官镇守广东地方。因兵科都给事中张鼎思言，继光先任闽、浙，战多克捷，今蓟永未効功能，乞改南，以便其才。故有是命。"⑤戚继光被朝廷调离蓟镇，可蓟镇的百姓却十分不满，是戚继光给他们带来了十几年的和平生活，他们到京城请愿，要求留下戚继光。可朝廷反对张居正改革的保守势力是不会把戚继光留在京师重地的。戚继光离开时，市民罢市，百姓攀车遮道，哭声连天。陈第一首"辕门遗爱满汇燕，不见胡尘十六年。谁把旌麾移岭表，黄童白叟哭天边"⑥的诗词记录了当时戚继光离别时的场景。

---

① 《明神宗实录》卷一〇八。
② 《明神宗实录》卷一一〇。
③ 《戚继光年谱耆编》卷一二。
④ 《戚继光年谱耆编》卷一二。
⑤ 《明神宗实录》卷一三三
⑥ （明）陈第：《一斋集》。

三 小 结

对于戚继光在蓟镇所做的贡献,千笔难书。笔者只能以明史中的一句话作为总结:"继光在镇十六年,边备修饬,蓟门宴然。继之者,踵其成法,数十年得无事。"[①]

[作者单位:蓬莱戚继光研究会]

---

① 《明史》卷二一二,《戚继光传》。

镇守内官与明代"九边"军政事务

李建武

镇守内官是指明代由内廷派出、驻扎于各地，肩负镇守职责的内官。最初设于南京、甘肃等地，正统年间逐渐普及于全国，嘉靖十八年（1539）鉴于镇守内官群体急剧膨胀所产生的恶劣影响，明世宗最终下令裁撤，各边镇守内官也退出了历史舞台。天启、崇祯年间，由于辽东局势日趋紧张，明廷曾以镇守、监视等名义派驻内官驻守边疆。在长达百年的时间内，镇守内官设置的范围非常广泛，各布政司均在省城设置一名镇守内官，各边在镇城设置一名总管全镇的镇守内官，部分边镇还设有分守、守备内官。镇守内官与"九边"军政事务关系非常密切，所产生的影响也比较复杂。

一 "九边"镇守内官的分布及"镇守—分守—守备"体系的构建

明代"九边"镇守内官各有驻地。辽东境内镇守内官驻于广宁，开原、辽阳等处有分守内官。蓟州、宣府、大同有比较完整的"镇守—分守—守备"内官体系，镇城驻有镇守内官，各路、各城有分守、守备内官。延绥、宁夏、陕西等地各自为镇，分别驻于榆林、宁夏镇城及西安（后驻固原）。甘肃除镇城设镇守内官外，还有凉州、庄浪、西宁、兰州等地分守内官，个别地区存废不时。

随着镇守内官的逐渐增多，根据各自所守区域大小的不同，宣府、大同、蓟州等地逐渐形成"镇守—分守—守备"的格局。这种格局是逐步形成并完善的，最初名称并不统一，以宣府为例，赵琮守整个宣府镇，称"镇守"；柏玉、韩政分别守怀安、独石城，亦称"镇守"，责任不同，而名称相同，有碍体统、不便行事。到成化年间，各地武官和内官纷纷请求改换敕书，将原敕所书"守备"改换，以便管辖。成化五年（1469）十二月，守备万全右卫少监顾雄言"臣守备万全右卫，而所隶城堡亦名守备，职任不同，而嫌于同名，乞为镇守以别之"[①]。宪宗令改"守备"为"分守"，并同时将怀来、独石、庄浪、凉州等内外官俱改为"分守"，仍受宣府、甘肃镇守内官、总兵节制。

成化十四年（1478），因武职称号统一，令同事内臣亦如之，"若副将、参将与主将同在一城者名为协守，副将、参将、都督独守一路者名为分守，都指挥、指挥独守一城一堡、不受主将节制者亦名为分守，受节制者则名守备，同事内臣称号如例"[②]。这一原则在孝宗即位诏中得到再次确认，并且更加整齐划一，"武臣与内臣同守一方一省者皆名镇守，挂印武臣得名总兵官，副参皆名协守；副参武臣与内臣同守数城并大关者皆名分守，其余武臣与内臣同守一城者皆名守备"[③]。万历《大明会典》总结武官的层级体系，载"总镇一方者曰镇守，守一路者曰分守，独守一堡一城者曰守备"[④]。而到成化以后，武官与镇守内官形成同事关系，同级的镇守内官称呼同于武官。

[①]《明宪宗实录》卷七四，成化五年十二月乙丑。
[②]《明宪宗实录》卷一八四，成化十四年十一月甲子。
[③]《明孝宗实录》卷二，成化二十三年九月壬寅。
[④]（明）申时行等：《大明会典》卷一二六"镇戍"，《续修四库全书》第791册，上海古籍出版社，2002年，第270页。

上述"镇守—分守—守备"内官体系主要存在于宣府、大同、蓟州等边镇，尤以宣府和大同最为明显，下面将分述两地情形：

（1）宣府：按照上述规定，镇守宣府内官驻扎宣府镇城，管辖整个宣府镇，称"镇守"。下分东、西、南、北、中五路①，每路均置参将一员，称"分守"，各有所统。东路驻永宁城，统怀来城、隆庆州城、保安城，南路驻顺圣川西城，统顺圣川东城、蔚州城、广昌城，西路驻万全右卫，统万全左卫、怀安、洗马林，北路驻独石城，统马营、赤城、云州、龙门卫城、长安镇，中路驻葛峪堡，统白羊、常峪、清边、赵州等六堡。驻扎各城者仅管一城事，称"守备"。

宣府镇形成"镇守—分守—守备"的管理体系，但实际上，并非每路、每城均设立分守、守备内官，西路、东路和北路由于紧邻蒙古，因此设置比较完整；南路和中路有分守内官，仅个别城堡有守备内官。

（2）大同：大同镇分为东、西、中三路，由前引马文升记述可知。严从简《殊域周咨录》卷一九亦记载"宣府一镇分东、西、南、北、中五路，大同一镇分东、西、中三路，其士马之供应、钱谷之出入，责皆萃于郎中也"②。根据魏焕《皇明九边考》记载"分守大同东路地方左参将一员，驻扎阳和城，坐名敕书；分守大同西路地方右参将一员，驻扎平房城，坐名敕书；分守大同中路地方右参将一员，驻扎大同右卫城，坐名敕书"③。

大同分守各路形成较早④，景泰时期已具雏形，成化初已经比较固定。含东路：辖阳和、天城等。成化元年（1465）八月，虏犯天城瓦窑口，兵部劾奏："守备右少监刘安、都指挥佥事孙泰、参将都指挥佥事郑俊追贼寡谋，损失士马器仗；哨备指挥王辅百户葛诚哨守不谨，致贼乘隙入边；分守参将范瑾、右少监阮和策应不力，镇守太监王春、总兵官彰武伯杨信、都督佥事张鹏、巡抚都御史王越督属不严，俱宜重治，以为守边误事者之戒。"⑤此时已出现"守备—分守—镇守"三级追责，对三者处罚亦不同，"命逮刘安、孙泰、郑俊、王辅、葛诚下锦衣卫狱，范瑾、阮和命巡按御史责死罪状，王春、杨信、张鹏、王越降敕切责之"。由于所犯乃一城，因此该城守备内官职责最重，分守及镇守皆属策应和提督，责任较轻。次月，再次被追责，"分守大同东路地方参将都指挥使范瑾、协同分守右监丞阮和……累坐失机罪"⑥，宥之。

西路：辖平房、威远等城。成化二年（1466）正月，大同巡抚王越劾奏"参将李英、右少监韦力转、都指挥焦谦故违约束，怠慢军机，请治其罪"⑦。三人为同事，因此一体受罚。李英之任命有明确记载，《明宪宗实录》卷三记载，天顺八年（1464）三月，命"都指挥佥事李英充右参将，分守大同西路"，可知韦力转乃分守大同西路内官。

中路：辖右卫城、左卫城、朔州等。成化十一年（1475）三月，兵部奏"守备大同右卫城都指挥周珍，守备朔州城都指挥宋澄、右少监陈政，分守右参将李镐、太监韦正，镇守太监覃玑、总兵官彰武伯杨信，不严备御，致虏入境，杀掠人畜，请究治其罪"⑧。大同右卫城为分守中路内官驻扎地，因此，

---

① 按：宣府"路"的设置亦有变化。最初比较模糊，成化以后分为三路，据《明孝宗实录》卷一二六记载，弘治十年六月己卯，兵部覆宣府镇巡官所奏宣府西路与大同接境，事势尤急。其分守北路左参将白玉及西路右参将杨彪才猷相等，欲将彪与玉互相调用，从之。《明孝宗实录》卷一五六记载，弘治十二年十一月，兵部尚书马文升等奏"今宣府、大同等边各分为三路，镇巡官居中，左、右参将各守一路。"孙世芳《宣府镇志》卷一〇记载，弘治十三年，分守北路宦官唐禄请于沿边筑凿墩堑以阻虏侵，报罢。
②（明）严从简：《殊域周咨录》卷一九，《续修四库全书》第736册。
③（明）魏焕：《皇明九边考》卷五"大同镇"，《四库全书存目丛书》史部第226册。
④ 按：《明英宗实录》卷一九八记载，景泰元年十一月，以杀获达贼功，升大同右参将许贵为都督同知，右少监韦力转为左少监，此时已见分守之雏形。许、韦二人同事，一同领军出征，同受封赏。但此时名称比较混乱，同卷二〇四记载"镇守大同西路左少监韦力转奏……"；卷二三〇则称其为"守备大同西路左少监韦力转……"。既称"镇守"，又称"守备"，称呼混乱，此时尚处于初步阶段。
⑤《明宪宗实录》卷二〇，成化元年八月癸未。
⑥《明宪宗实录》卷二一，成化元年九月癸酉。
⑦《明宪宗实录》卷二五，成化二年正月辛亥。
⑧《明宪宗实录》卷一三九，成化十一年三月庚戌。

参将李镐、太监韦正乃分守中路。成化十六年（1480）十一月，房寇大同西路，参将都指挥使卢钦等率兵出战，受赏时"钦及左少监陈政以督战功多各升一级，钦进都督金事，政已进太监移镇延绥"①。由上两条记载可知，原先守备朔州城之陈政，与卢钦共事已升分守西路，后又镇守延绥，五六年间由守备，经分守而至镇守。

"守备—分守—镇守"三级内官所管辖范围各不相同，守备内官仅负责一城，分守内官则涵盖一路数城，镇守内官则负责整个边镇之安危。分守及守备负责具体城池的防御，而镇守负有策应救援之责。分守、守备内官要受到镇守内官的节制，平时守边及遇有战事，要听后者的调遣。若一城遇房，则分守及镇守内官负有援救的义务。有功则一体升赏，守备内官以战功升，而分守、镇守内官则以提督有方而赏。

"镇守—分守—守备"内官体系的建立，既是镇守内官数量膨胀的反映，也是文官对之作出的限制与整顿。该体系形成后，不仅各级内官上下关系得以确立，同时也能够有效遏制镇守内官的随意设置，对各级内官追究不同的责任也可以督促内官有所作为、限制内官的为非作歹。

二 镇守内官：作为一种管理实体存在

明初，各地实行"三司"管理体制，即由布政司、按察司、都指挥使司各司其职，基本满足了地方管理的需要，"布政司视十二牧，古方岳之任，按察以纠庶官，都司治卫所，抚按则天子之台臣、古使臣之职，而又统摄乎诸司，可谓备矣"②。但随着"靖难之役"的结束，燕王朱棣登上了皇位，明代政治、经济等各项制度发生了比较大的变化，③大量内官被派往各地执行公务，是为镇守内官设置之起源。

镇守内官作为管理实体之标志即是各地镇守内官衙门的建立。正统以前，镇守内官设置尚不普遍，且不稳定，并没有固定的办事公署，多以其居住地为之。如宁夏，正统《宁夏志》记载境内公宇，首王府，次长史司、仪卫司，次"海太监宅"④，地方志开始将内官海寿住宅列为公宇。正统以后，随着镇守内官体制的逐渐形成，内官到地方后，开始下意识地建立自己的公署，多由其他官员公署改建而成。

辽东：镇守太监府有二，一在广宁泰和门西；一在辽阳钟楼西，为行府；分守太监府在开原城北门西南隅。

宁夏：太监宅，在宁夏镇城内东北隅。地址凡三变，初"置公署于城之西，后请为安塞王第，今巩昌王居之是也。乃改置于城之南，寻又请为岐阳王第，今寿阳王居之是也。天顺中，始择兹东北隅之地建焉，密迩帅府，便于会议，视前之二署此则为得"⑤。

其他边镇情况史料记载较少，仅有蛛丝马迹。如陕西：何景明《雍大记》卷一二"考迹"记载陕西镇守太监府，在秦府西南250步。延绥：谭吉璁《（康熙）延绥镇志》卷二"建置志"记载："总镇府在中城皷楼西，明天顺中置"，又有公议府。甘肃亦有公议府，每月三堂聚于此会议边事，"每月初二十六，三堂该于公议府会事"⑥。大同没有相关议事的地方，据正德《大同府志》卷首"大同府城图"所示，仅有镇守太监宅，在城东。同书卷三"公署"记载："太监公廨，在府治东。"⑦

镇守内官衙门之正式成员仅内官一人，未设相应的下属办事机构。为便于行使职权及满足个人需求，

---

① 《明宪宗实录》卷二〇九，成化十六年十一月壬寅。
② （明）陆钱等纂修：嘉靖《山东通志》卷一〇"职官"，《四库全书存目丛书》史部第188册。
③ 吴晗：《明代靖难之役与国都北迁》，《清华大学学报》1935年第4期。
④ 朱旃《宁夏志》，吴忠礼笺证，卷三三"公宇"，宁夏人民出版社，1996年，第258页。
⑤ （嘉靖）《宁夏新志》卷一《重修公署记》。
⑥ （明）严从简《殊域周咨录》卷一九"鞑靼"，万历刻本。
⑦ （明）张钦纂修：正德《大同府志》卷三"公署"，《四库全书存目丛书》史部第186册。

镇守内官上任时，通常会向朝廷奏请携带一些跟随人员，如头目、军伴、家人等。其赴任地方后，又要求从地方佥拨皂隶，以供使用。他们虽来源各异，但经内官奏请、皇帝批准，均跟随镇守内官办事，为镇守内官服务，与之具有较强的隶属关系，在此期间专听镇守内官差遣。由此构成了围绕镇守衙门的办事群体。通过建立专门的公署及佥拨跟随人员，镇守内官群体确立了自己在地方的管理实体地位。

在"九边"地区，镇守内官与总兵、巡抚共同组成了"三堂体制"，作为洪熙至嘉靖初边境最高管理体制。①

身为一级衙门，则境内事务皆属管辖范围之内。分守、守备内官有事上奏，需要经过镇守等官会议，然后奏报至京。如独石分守内官，正统至天顺时可以"径自具奏"，即不经过宣府镇守、总兵、巡抚等，而直接上奏朝廷。至"成化十三年，一例禁约，不许径奏"，后分守少监吉英及参将杨绅以"独石至长安岭，过居庸关到京，路道如弓弦之直，不过日半程期，凡报声息最为便当。其独石至宣府往回将六百里，若有声息紧急，待镇守等官会议，然后奏报到京，其迟误军情理势必"，请求恢复旧制，这种试图脱离镇守官管理的做法没有得到朝廷的支持，兵部尚书李秉令其"今后遇有本处达贼入境，听其一面共差一人赍奏施行，一面驰报廖亨等发兵应援。其余传报炮火等项常事照旧驰报，廖亨等即刻处置，不许失误军情"②。这样既照顾到镇守官的权威，又使分守官有紧急情况可以及时奏报，而平时常务仍须先奏报镇守官。

朝廷对上述无视镇守内官公署之举及时加以纠正，时刻注意维护镇守公署之权威，由内官、巡抚、总兵组成的镇巡公署全面负责各地事务，地方大政均须上呈三者，然后转奏朝廷。正德五年（1510）七月，延绥游击将军时源奏缺马400匹，兵部言："宜行太仆寺会同镇巡官买补。但源不由镇巡衙门奏闻，有乖旧式，宜究治。诏宥源罪，仍令副参、游击等官有事务呈镇巡转奏，如镇巡官推调阻格者罪之，马匹照数买补。"③兵部在提出买马办法的同时，指出时源之不当行为，并请究治，由此副参、游击等官呈镇巡转奏之原则得到重申。

三 皇命所在："九边"镇守内官的职责与权力

镇守内官受皇帝的委派，肩负着皇帝赋予的使命。镇守内官上任时，均奉有敕书，是为任命敕；若遇特定事务，皇帝还会专门下敕谕，令其专办某事。任命敕是镇守内官职责权限的基本载体，规定了镇守内官的基本职责与大体权限。内官须按照敕中所言行事，不得越权。

以正德、嘉靖间两道敕书为例：

> 敕御马监太监宋彬：今特命尔与总兵官署都督佥事叶椿一同镇守大同地方，操练军马，固守城池。凡一应军务，须与总兵、巡抚等官计议，停当而行，不许偏执己见，有误事机，或城池坍塌，随即拨军修理；贼寇侵犯，务在相机战守。如遇贼势重大，即便会合宣府游击将军并力截杀，以靖地方。凡军民利病、可兴可革，须悉心访究，具实奏来处置。尔为朝廷内臣，尤须持廉秉公，竭诚效劳，以副委任，毋得纵容下人科扰克害，致生嗟怨。如违，罪不轻宥，尔其敬之慎之，故谕。正德七年十一月初三日。④

---

① "三堂体制"的情况可参见胡丹《明代"三堂体制"的构建与解体：以镇守内官为中心》，中国台湾，《政治大学历史学报》2009年第32期。
② （明）李秉：《独石边务事》，《皇明经济文录》卷三五，《四库禁毁书丛刊》集部第19册，北京出版社，1997年，第442页。
③ 《明武宗实录》卷六五，正德五年七月丙寅。
④ （明）张钦纂修：正德《大同府志》卷一二"圣朝制敕"，《四库全书存目丛书》史部第186册。

> 皇帝敕谕（镇守辽东内官）：今特命尔与总兵官一同镇守辽东地方，整理城堡，操练军马，抚恤士卒，防御贼寇，遇有贼情，相机战守。凡一应大小事务，悉与总兵、巡抚等官计议而行，不许偏执己见，乖方误事。仍命尔兼管神铳，与总兵等官相机使用。尔为朝廷内臣，受兹委托，尤须持廉秉公，正已率下，务使地方宁靖，边人安业，庶称任使，毋得徇私贪利，扰害下人，致生嗟怨，如违，取罪非轻，尔其敬之慎之，故谕。①

可知，镇守内官任命敕书中所载内容大体相同，并且历朝变化很小，杨廷和曾言："看得各处镇守、巡抚等项官员各有职掌，备载敕书，此系祖宗累朝旧制。臣等遇凡奉旨撰写，止是检抄旧稿，换新命职名。"②

成化以前，镇守内官责任比较固定，不会因此而要求更换敕书。此后，尤其是成化、正德年间，部分镇守内官希望通过更换敕书来添加责任，进而扩张权势。正德十四年（1519），宣府镇守太监刘祥、大同镇守太监马锡请以巡抚责任添加到镇守内官及总兵敕书之中，阁臣杨廷和适在告居家，"镇守太监刘祥时随驾还京，因请于上，乞以巡抚责任备载内外镇守官敕中。予方在告，厚斋（梁储）遂各如所请给之，既而蓟州、辽东、陕西、延、宁、甘肃六镇守臣皆以为请，传旨阁中，速令进稿"③。这种扩大内官权力的做法自然得到司礼监的支持，"今早该司礼监官传谕圣意，发下揭帖，欲令臣等将延绥、山西、宁夏、甘肃、陕西、辽东、蓟州各总兵、巡抚官本等职任，俱增入各镇守太监敕内"④。到杨廷和到任后，连上三疏劝阻此次改换敕书，试图将镇守内官的权力维护在既定范围内。

饶是如此，依赖皇帝的信任、仗着钦差的威望，镇守内官在地方所管辖的范围仍然远远超出制度设计本身的初衷。其所理事务更为广泛，因其以维护地方安危为责，由此涉及地方安危的各方面均在干预之内。因已有不少研究，故兹不赘述。⑤大体而言，镇守内官所理事务以机密为主，并不直接负责某一项具体职责。景泰四年（1453）九月，吏科给事中卢祥奏请"通敕各处镇守内臣惟理机密，其余军民词讼、钱粮政务，悉从有司职掌，及应进果品海味之类，亦令有司供办，毋或干预"⑥。但镇守内官干预有司政务的现象仍不时发生。

正德初年，在刘瑾专政擅权的背景下，内官权势大增，镇守内官进一步干预刑名政事。最极端者乃正德二年（1507）三月，"敕各镇守太监预刑名政事"⑦，该规定是对镇守内官干预司法的合法化，是刘瑾乱政现象之一，"时新更天下镇守太监奏乞如巡抚都御史之任，干预刑名诸政，刘瑾从之，令内阁撰敕增入"⑧。至此，明代镇守内官之权力达到最顶峰，巡抚所理诸事，镇守内官亦有权管理。内官权力的扩大造成了非常严重的消极影响，"由是中官挟势剥害，宪臣不能禁矣。"正德五年（1510），刘瑾死后，"乃令缴敕悉如旧制"⑨。后有"八党"之一马永成仍"欲易镇守内臣敕，仍与刑名等事"，但未得准许。

除去任命敕书中所规定的基本内容外，镇守内官干预"九边"军政事务的程度还取决于其他因素，如皇帝是否放纵其揽权、文官集团能否对其采取有效的限制措施、内官自身对权力的渴望程度，等等。

---

① （明）任洛修：嘉靖《辽东志》卷五"官师志"，《续修四库全书》第646册。
② （明）杨廷和：《杨文忠三录》卷一《论镇守官敕书疏》，《文渊阁四库全书》第428册，第763页。
③ （明）杨廷和：《杨文忠三录》卷三，《文渊阁四库全书》第428册，第812页。
④ （明）杨廷和：《论镇守官敕书第三疏》，《杨文忠三录》卷一，《文渊阁四库全书》第428册，第763页。
⑤ "九边"镇守内官相关研究可参见胡丹《明代"九边"镇守内官考论》（《中国边疆史地研究》2009年第2期）、赵现海《明代北边镇守太监研究》（《故宫学刊》2010年总第6辑）、李建武《明代"九边"镇守内官职责分析》（《廊坊师范学院学报》2015年第5期）等。
⑥ 《明英宗实录》卷二三三，景泰四年九月丙辰。
⑦ （清）张廷玉：《明史》卷一六"武宗本纪"，中华书局，1974年，第201页。
⑧ （明）黄光升：《昭代典则》卷二四。
⑨ （清）张廷玉：《御定资治通鉴纲目三编》卷一八，《文渊阁四库全书》第340册，第336页。

八 结 语

明代"九边"镇守内官的设置是完善地方管理体制的必然产物。镇守内官虽然正式出现于仁宗即位后，但其设置与明成祖大量使用内官出外行事的政策有密切的联系。明成祖即位后，大力削藩，北边各"塞王"不再成为各边军事行动的统帅，其任务逐渐由镇守总兵官承担，为防武官尾大不掉，内官出镇势在必行：

> 我太祖高皇帝注意边服，既简勋贤之臣以总戎务，而又分封亲藩监之，盖欲以同姓而制异姓，涉虑远矣。我太宗皇帝虑亲藩弊于尾大，始解兵柄，更出中禁近侍之臣，托以腹心之寄，镇守其地，盖又欲以异姓而制同姓。其为计也，益远益密，善美尽矣。[①]

照此而言，镇守内官主要为监视藩王、制衡外官而设。清赵翼《廿二史札记》卷三五记载："且以西北诸将，多洪武旧人，不能无疑虑，乃设镇守之官，以中人参之。"但监督作用并不是对镇守内官的全部概括。镇守内官实作为皇帝控制之术未尽的补充而出现，"自设立武卫之后，次第添置，抚之以台臣，驭之以将领，佐之以神监，替之以督理。尤虑安攘之术未尽，首命中臣寅同镇守，盖欲参知戎务、心腹朝廷、防闲内外之深意也"[②]。

镇守内官作为皇帝的钦差，由中央赴任地方，实际承担起了连接中央与地方的媒介作用。通过镇守内官，地方事情可及时上达，皇帝也可以更加迅速地了解地方情况并及时下达旨意，起到了一定的积极作用。同时，由于镇守内官群体的急剧膨胀及内官个人肆意妄为，给地方社会造成了消极的影响，由此最终导致了嘉靖十八年各边镇守内官的裁撤。镇守内官在各边存在了100多年，其设置与裁撤都引起了边境管理体制的变化。

[作者单位：廊坊师范学院历史系]

[①] 管律《宁夏新志》卷一《重修公署碑》，宁夏人民出版社，1982年，第41页。
[②] 嘉靖《宁夏新志》卷一《题名碑》，宁夏人民出版社，1982年，第40页。

辽东都司二十五卫沿革考述

王 涛

  明清都司卫所研究中，辽东都司卫所关注度相对较高，成果也很丰富，特别是卫所建置沿革方面，无论是系统考辨，还是个案研究，均达到很高水平。①然重新梳理卫所建置沿革史料和相关成果，辽东都司卫所沿革研究还存在一些问题，突出表现为以下几个方面：一是部分卫所设置年代的考证还不够准确；二是忽视了各卫辖所的动态变化；三是对各卫所的裁撤迄今尚无人关注。此外，在资料利用上，既有研究充分利用了《明实录》《明一统志》《辽东志》等资料，但对考古过程中发现的大量辽东都司卫所印和比实录更为原始的卫选簿则关注不够，而后者在考证卫所沿革时显然更具有价值。同时，考证方法上，出现史料互歧时往往以一种史料为是，判断另一种史料为非，缺乏必要的分析和相应的佐证材料。随着研究条件的改善，研究资料利用的便捷，特别是明代档案的大量影印出版，为我们重新审视卫所沿革提供了契机。正是在这样的背景下，基于上述认识，笔者不揣冒昧，在前辈学者和时贤研究的基础上，对辽东都司卫所沿革再行研究。为便于读者对辽东都司卫所沿革形成整体认知和未来构建明清卫所沿革数据库的需要，笔者正文中展示考证结论，依次包括诸卫的设置年代、辖所、隶属关系、裁撤时间、治地，每个项目均重新梳理相关史料和检视既有研究，力图形成对话，凡有商补之处则以按语形式置于各卫后，正文结论需要论证者在注释中进行，无争议者亦注明所依据之关键史料。其中，笔者所做工作的价值主要体现在两个方面：一是考证了前人未关注的辽东都司卫所的裁撤时间，即正文中考证的各卫在清代的裁撤时间；二是商补了 29 处辽东都司卫所沿革问题，包括定辽左卫、定辽右卫、定辽前卫、金州卫、广宁卫、义州卫、广宁中屯卫、广宁左屯卫、沈阳中卫、蒲河千户所的设置年代 10 处，广宁中卫、广宁左卫、广宁右卫首次裁撤时间 3 处，广宁中卫、广宁左卫、广宁右卫的复设时间 3 处，定辽中卫、定辽右卫、定辽前卫、定辽后卫、东宁卫、复州卫、金州卫、广宁中卫、义州卫、三万卫的辖所问题 10 处，定辽右卫、辽海卫治地问题 2 处，定辽右卫的辖区问题 1 处，以上均在按语中予以考辨。

  关于辽东都司领卫之数，《明史·地理志》言二十五卫，然列目三十。张维华虽未明言《明史·地

---

① 明清卫所的研究概况，可参阅孟凡松：《明代都司卫所与地方史研究综述》，2016 年 5 月 17 日 17:40:45，http://www.doc88.com/p-6721807665685.html；邓庆平：《明清卫所制度研究述评》，《中国史研究动态》2008 年第 4 期，第 14～21 页；于志嘉：《明代军制史研究的回顾与展望》，收入氏著《卫所、军户与军役——以明清江西地区为中心的研究》，北京，北京大学出版社，2010 年，第 322～355 页；彭勇：《学术分野与方法整合——近三十年中国内地明代卫所制度研究评述》，《中国史学》第二十四卷，2014 年。辽东都司卫所建置沿革的系统性研究较为重要的论文有张维华《明辽东"卫""都卫""都司"建置年代考》（《禹贡》半月刊第 1 卷第 4 期）、张维华《明代辽东卫所建置考略》（《禹贡》半月刊第 1 卷第 7 期）、朱诚如《明辽东都司二十五卫建置考辨》（《辽宁师院学报》1980 年第 6 期）、徐桂荣和刘正堃：《明辽东都司诸卫辖所考》（《辽宁大学学报》1992 年第 1 期）、冯季昌《明代辽东都司及其卫所建置考辨》（《历史地理》第 14 辑）、张士尊《明初辽东二十五卫建置考释》（《鞍山师范学院学报》1994 年第 1 期）、张士尊《明初辽东二十五卫建置考辨（续）》（《鞍山师范学院学报》1994 年第 2 期）、李新峰《明初辽东战争进程与卫所设置拾遗》（《明史研究论丛》第九辑，2011 年）。此外，牛平汉《明代政区沿革综表》、杨旸《明代辽东都司》、郭红和靳润成《中国行政区划通史·明代卷》等专著对明代辽东都司卫所沿革也有系统研究，较为重要的个案考证有李鸿彬《简论三万卫》（《社会科学战线》1990 年第 1 期）、董万仑《明代三万卫初设地研究》（《北方文物》1994 年第 1 期）、陈晓珊《明辽海卫初设时间及地望考》（《历史地理》第 25 辑），等等。

理志》之矛盾，但意识到"领卫二十五，州二"系常制而言，其"建置之数，不只以二十五为限也"①。李晋华对此表示赞同。② 冯季昌也注意到此问题，认为"二十五卫之说，实有纠正之必要"③。按，辽东都司辖卫数实系沿袭《明一统志》而来，比较万斯同、王鸿绪与张廷玉各本《明史》相关部分，可知张廷玉删定《明史》时添加了明代已废之沈阳左卫、沈阳右卫、广宁前卫、广宁后卫和改隶北平都司的沈阳中屯卫，④ 但领卫数仍遵《明一统志》，故有此差异。本文所考即《明史·地理志》所言之二十五卫，包括定辽中卫、定辽左卫、定辽右卫、定辽前卫、定辽后卫、东宁卫、海州卫、盖州卫、复州卫、金州卫、广宁卫、广宁中卫、广宁左卫、广宁右卫、义州卫、广宁后屯卫、广宁中屯卫、广宁左屯卫、广宁右屯卫、广宁前屯卫、宁远卫、沈阳中屯卫、铁岭卫、三万、辽海卫，至于辽东都司所辖明代前期已废之卫及存于境内之王府护卫⑤，因其存在时间短、史料有限且最重要的是尚无争议，故不纳入考述之列。

一

（一）定辽中卫

明洪武十七年（1384）置⑥，初辖左、右、中、前、后五千户所⑦，宣德五年（1430）正月庚午，以右千户所实新置之宁远卫⑧，后辖左、中、前、后四千户所⑨，属辽东都司。清顺治元年（1644）裁卫。⑩ 定辽中卫治在辽东都司城安定门内⑪，辽东都司城即清代辽阳州城⑫，今之辽宁省辽阳市老城。

按：关于定辽中卫辖所。嘉靖《辽东志》卷二《建置志·公署》言有"左、中、前、后四所"，冯季昌：《明代辽东都司及其卫所建置考辨》据此言辖"左、中、前、后所"，徐桂荣和刘正堃《明辽东都司诸卫辖所考》、张维华《明代辽东卫所建置考略》所据均为承袭《辽东志》之《全辽志》，但徐文言辖"左、中、前、后四千户所"（第 50 页），张文言"领左、右、前、后"四千户所，两者之差异，或因所据《全辽志》版本不同。《四镇三关志》卷八《职官考》亦言定辽中卫辖"左、右、前、后"四千户所，

---

① 张维华：《明代辽东卫所建置考略》，《禹贡》半月刊第一卷第七期，中华书局影印本，第 202～215 页。
② 李晋华：《明代辽东归附及卫所都司建置沿革》，《禹贡》半月刊第二卷第二期，第 504～508 页。
③ 冯季昌：《明代辽东都司及其卫所建置考辨》，《历史地理》第 14 辑，第 176～185 页。
④ 《明一统志》卷二五，《辽东都指挥使司》，文渊阁四库全书 472 册，上海，上海古籍出版社，2008 年，第 615～616 页；万斯同：《明史》卷七九，《地理志》，《续修四库全书》第 325 册，上海，上海古籍出版社，2002 年，第 367～369 页；王鸿绪纂：《明史稿·地理志》，中国台北，文海出版社，1962 年影印崇慎堂本，第 361～362 页；张廷玉等纂：《明史》卷四一《地理二》，第 953～957 页。
⑤ 冯季昌：《明代辽东都司及其卫所建置考辨》，《历史地理》第 14 辑，第 176～185 页。
⑥ 《明史》卷四一，《地理二》，第 952 页。今辽宁省博物馆藏有定辽中卫后千户所百户印，正面右侧阴刻"洪武十七年五月 日造"（王绵厚：《辽宁省博物馆藏历代官印考录》，收入辽宁省博物馆编：《辽宁省博物馆学术论文集》第 2 辑，1999 年，第 538 页），可与明志相印证，且可推知定辽中卫之设不迟于该年五月。
⑦ 见按语。
⑧ 《明宣宗实录》卷六二，宣德五年正月庚午："置辽东宁远卫于汤池，凡五千户所，以定辽中卫右所、定辽前卫中所、定辽后卫后所、广宁中卫右后二所实之。"（第 1472 页）。宁远卫选簿中亦有宣德五年定辽中卫右所调宁远卫的记录，可与实录相印证，如言张俊父张荣即于宣德五年从定辽中卫右所调到定辽卫左所（中国第一历史档案馆、辽宁省档案馆编：《中国明朝档案总汇》，桂林，广西师范大学出版社，2001 年，第 55 册，第 348 页）。
⑨ 《大明一统文武诸司衙门官制》卷二、嘉靖《辽东志》卷二《建置志·公署》均言定辽中卫辖"左中前后四所"，《四镇三关志》卷八《职官考》亦言辖"左右前后四千户所"，此为宣德五年后情况。
⑩ （清）杨宾：《柳边纪略》卷一："辽阳州……明洪武四年置定辽都卫，辽东卫八年改定辽都卫为辽东都指挥司，十年改辽东卫为定辽后卫，升前千户所为定辽前卫，左千户所为定辽左卫，十七年建定远中卫，十九年建东宁卫，永乐七年建自在州，大清顺治元年裁诸卫。"按：此处定远中卫当为定辽中卫之误。
⑪ （嘉靖）《辽东志》卷二，《建置志·公署》，辽海丛书本，第 11 页。
⑫ （康熙）《盛京通志》卷二二，《古迹》，第 4 页。

与张文所言辖所相同。与冯文一样,徐、张两文均未注意辖所的前后变化情况。《明宣宗实录》卷六二"宣德五年正月庚午":"置辽东宁远卫于汤池,凡五千户所,以定辽中卫右所、定辽前卫中所、定辽后卫后所、广宁中卫右后二所实之。"(第1472页)。则宣德五年以前定辽中卫当辖有右千户所,只是宁远卫设立时划归到该卫而已,《四镇三关志》及张文言"领左、右、前、后"当误,卫选簿中亦透露出明前期该卫辖有右所的信息:"永乐十四年十二月,黄钰,系定辽中卫右所故世袭百户黄文嫡长男""永乐二十二年二月,黄镇,系定辽中卫右所镇亡世袭百户黄钰堂弟"[①];"李源,赣榆县人,有祖父李干,吴元年归附为民,洪武元年收集旧日头目军士,选充总旗,六年归并定辽右卫,二十年征金山、口河等处,招降纳哈出回卫,二十一年除定辽中卫右所百户……"[②];"洪熙元年二月,杨政年十六岁,系定辽中卫右所故副千户杨瑞庶张男,故与世袭"[③];张成,合肥人,有父张胜,甲辰年军,丙午年充小旗,吴元年充总旗,洪武五年征海道,六年除羽林左卫中所百户,二十二年调定辽中卫右所,老成,替授定辽中卫右所世袭百户"[④];"张俊,永丰县人,祖张本一,洪武四年充金州卫左所军,九年并充小旗,十七年调定辽中卫右所,永乐元年故。父张荣并补小旗,十六年并充总旗,宣德五年调宁远卫左所"[⑤]。此外,第55册宁远卫选簿第336、337、344、346、351、356、366页卫所武官履历中均有定辽中卫右所名目,述定辽中卫右所事均是宣德五年以前,且多系宣德五年调宁远卫左所,足证该所之存在,可与实录相印证。

(二)定辽左卫

明洪武六年(1373)闰十一月癸酉置[⑥],辖左、右、后3所[⑦],嘉靖四十五年(1566)五月甲辰,定辽右卫右、后2所并入[⑧],初属定辽都卫,洪武八年(1375)十月癸丑后属辽东都司[⑨]。清顺治元年裁[⑩]。定辽左卫及其辖所治在辽东都司城[⑪],即清代辽阳州城[⑫],今之辽宁省辽阳市老城。

按:关于定辽左卫设置时间。牛平汉《明代政区沿革综表》言该卫"洪武六年闰十一月癸酉置(《太祖实录》,卷八六)"(第411页),核其所据,《明太祖实录》卷八六"洪武六年闰十一月癸酉":"置定辽右卫于辽阳城之北,立所属千户所五,命定辽都卫指挥佥事王才等领原将山东诸卫军马屯守"(第1532页),并未涉及定辽左卫之设置。该卫或置于洪武六年闰十一月癸酉,但以《太祖实录》卷八六为据,显然不妥。《明实录》不载定辽左卫设置年代,《明史》诸书在涉及该卫时均与定辽右卫并提,言"俱设于某某年某某月",而《明实录》有右卫设置之具体时间,张维华、张士尊、朱诚如均据之推断两卫当置于同时,笔者深为赞同,只不过,定辽左卫与定辽右卫所同之时间非张维华等先生所认定的洪武六年十一月癸酉,而是洪武六年闰十一月癸酉,详见定辽右卫条

---

① 中国第一历史档案馆、辽宁省档案馆编:《中国明朝档案总汇》第55册,桂林:广西师范大学出版社,2001年,第230页。本文所引选簿皆出此,下仅注明册数和页码。
② 第55册,第297页。
③ 第55册,第304页。
④ 第55册,第332页。
⑤ 第55册,第348页。
⑥ 见按语。
⑦ (嘉靖)《辽东志》卷二,《建置志·公署》,辽海丛书本,第10页。《四镇三关志》言该卫辖"左、右、中三千户所"(刘效祖:《四镇三关志》卷八《职官考》,第435页下),《大明一统文武诸司衙门官制》卷二言辖左、中、后三千户所(《原国立北平图书馆甲库善本丛书》据明嘉靖二十年刻本影印,第412册,第45页上),均与《辽东志》有异,或所载为不同时段之情形。
⑧ (明)张居正等:《明世宗实录》卷五五八,嘉靖四十五年五月甲辰条,第8900~8901页。李辅初议内容,见《明世宗实录》卷五五三,嘉靖四十四年十二月癸酉条,第8971~8972页。详参定辽右卫条。
⑨ 《明实录》卷一〇一,洪武八年十月癸丑条,第1712页。
⑩ (清)杨宾:《柳边纪略》卷一。
⑪ (嘉靖)《辽东志》卷二《建置志·公署》,第10页。
⑫ (康熙)《盛京通志》卷二二《古迹》,第4页。

辨析。

（三）定辽右卫

明洪武六年闰十一月癸酉置①，初辖5所②，后仅辖右、后2所③，嘉靖四十五年五月甲辰，并右、后二所入定辽左卫，以险山参将营左、中、右三哨编为左、中、右3所隶之④，初属定辽都卫，洪武八年十月癸丑后属辽东都司⑤。清顺治元年裁⑥。初治辽阳城⑦，即清代辽阳州城⑧，今之辽宁省辽阳市老城。嘉靖四十五年五月甲辰迁治于凤凰城堡⑨，并割金州卫所辖黄骨岛堡隶之⑩，凤凰城堡即今之辽宁省丹东凤城市。万历四年（1576）三月庚子移治于宽奠⑪，即今辽宁省丹东市宽甸满族自治县。

按：关于定辽右卫设置时间。《明史》卷四一《地理二》言定辽右卫置于洪武六年十一月（第952页），误，当为洪武六年闰十一月。《明太祖实录》"癸酉，置定辽右卫于辽阳城之北，立所属千户所五，命定辽都卫指挥佥事王才等领原将山东诸卫军马屯守"（《明太祖实录》卷八六"洪武六年闰十一月癸酉"，第1532页）。相关论著涉及该卫设置时，或未注意实录之记载，承袭《明史·地理志》之误（如杨旸：《明代辽东都司》，第29页）；或虽注意到实录记载，但误洪武六年闰十一月为洪武六年十一月（如张维华《明代辽东卫所建置考略》、朱诚如《明辽东都司二十五卫建置考辨》、张士尊《明初辽东二十五卫建置考释》、李智裕《明代定辽右卫迁治凤凰城探析》、李新峰《明初辽东战争进程与卫所设置拾遗》）。牛平汉《明代政区沿革综表》在论述该卫设置时间时以"同上"表达之，其所同者系定辽左卫之表述"洪武六年闰十一月癸酉置（《太祖实录》，卷八六）"（第411页），若以上述文字表述定辽右卫，当不谬，而牛氏用之说明定辽左卫之设置时间则有问题，详见定辽左卫条辨析。实际上，史源出于实录的《国榷》对定辽右卫的设置亦记述为洪武六年闰十一月癸酉，朱诚如《明辽东都司二十五卫建置考辨》已引用了这则史料："《国榷》卷五载：洪武六年闰十一月'癸酉，置定辽右卫'"，然其按语论述时则表述为"《明太祖实录》《明史》《国榷》均载洪武六年（1373年）十一月置卫"，未能捕捉到闰月的情况，殊为可惜。关于定辽右卫的设置时间，志书系统多认为置于洪武十年（1377），在诸多地方志中，《辽东志》成书最早，为《辽记》等志书所承袭，而《辽东志》的源头是《大明一统志》，《辽东志》在凡例中交代了该志的征引书目，《大明一统志》位列其中，李新峰先生认为《辽东志》征引了原始档册，在辽东诸志中地位最高，实则当具体分析。对于《明实录》《国榷》《明史》为代表的实录系统与《大明一统志》《辽东志》为代表的志书系统的差异性，实际上实录关于定辽右卫的设置的记载具有系统性，《明实录》卷八七洪武七年（1374）正月甲戌："定辽都卫奏并卫所官军，以左千户所青州土军五千六百人属定辽左卫，

---

① 见按语。
② 见按语。
③ （嘉靖）《辽东志》卷二《建置志·公署》，辽海丛书本，第11页；刘效祖：《四镇三关志》卷八《职官考》，第435页下。徐桂荣、刘正堃：《明辽东都司诸卫辖所考》误为右、左二所（第50页）。
④ 见按语。
⑤ 《明实录》卷一〇一，洪武八年十月癸丑条，第1712页。
⑥ （清）杨宾《柳边纪略》卷一："辽阳州……明洪武四年置定辽都卫，辽东卫八年改定辽都卫为辽东指挥使司，十年改辽东卫为定辽后卫，升前千户所为定辽前卫，左千户所为定辽左卫，十七年建定远中卫，十九年建东宁卫，永乐七年建自在州，大清顺治元年裁诸卫。"按：此处定远中卫当为定辽中卫之误。
⑦ 《明太祖实录》卷八六，洪武六年闰十一月癸酉条，第1532页。按：《辽东志》进一步指出定辽右卫治"肃清门内"（嘉靖《辽东志》卷二《建置志·公署》，辽海丛书本，第11页）。
⑧ （康熙）《盛京通志》卷二二，《古迹》，第4页。
⑨ 《明世宗实录》卷五五八，嘉靖四十五年五月甲辰条，第8900~8901页。杨旸《明代辽东都司》引《明世宗实录》卷五五三言"改置于凤凰城堡"（第29~30页），核之实录，非《明世宗实录》卷五五三之内容，疑为卷五五八"改于凤凰城堡"之误。既非实录原文，又忽视了最终议定时间。（清）杨宾《柳边纪略》卷一言嘉靖三十七年移治凤凰城堡，误。
⑩ 《明世宗实录》卷五五八，嘉靖四十五年五月甲辰条，第8900~8901页。
⑪ 见按语。

以右千户所莱州土军五千人并本卫军七百九十四人属定辽右卫,余军分为八千户所,内调千户余机领中、后二所往金州守御,俱隶都卫。从之。"(第1544、1545页)朱诚如引用此则史料认为"定辽右卫建以洪武七年正月之前"(第55页),虽然笔者尚未见到他所说"《明实录》《明史》多处记载洪武十年之前定辽右卫诸事",但这种论证思路和其"足证《明一统志》诸书十年置卫有误"的结论无疑是正确的。宁远卫选簿:"李源,赣榆县人,有祖父李干,吴元年归附为民,洪武元年收集旧日头目军士,选充总旗,六年归并定辽右卫……"(第55册,第297页)此"六年归并定辽右卫"疑即置卫时事,可与实录相印证。

又按:关于定辽右卫辖所情况。《明太祖实录》卷八六"洪武六年闰十一月癸酉"仅言"立所属千户所五"(第1532页),未及所名,揆诸一般情形,当为左、右、中、前、后五千户所,如《宁远卫选簿》记载山东平度州人丘云勋,"吴元年归附,充权百户。三年除青州左卫百(户)。二十一年过海升定辽右卫中所副千户,本年八月与世袭"①。张维华《明代辽东卫所建置考略》注意到实录与《全辽志》领千户所数之不同,言"二说不同,未详",徐桂荣、刘正堃《明辽东都司诸卫辖所考》、冯季昌《明代辽东都司及其卫所建置考辨》均未注意初设时辖五所之情形。

再按:嘉靖年间辖所、辖区变化。嘉靖年间定辽右卫之变动,研究者关注点多在迁治凤凰城堡一事,实际上还涉及辖所与辖区的变化,就辖所言,专门考证辖所情况的张维华《明代辽东卫所建置考略》、徐桂荣和刘正堃《明辽东都司诸卫辖所考》、冯季昌《明代辽东都司及其卫所建置考辨》均未注意嘉靖年间之变动,其他研究者因主题所限,更未及此。关于此次变动的情况,《明实录》有详细记载:"巡按辽东御史李辅条上经略险山三事。一、东虏入犯南山,止有二路,其十岔口一路,已有参将驻兵险山,西南诸堡可以无虞,惟短错江一路,去险山远,参将兵马卒不相救,宜以江沿一堡仍改移于康家哨,旧江沿台处所摘拨汤站官军二百名,与本堡军丁凑足七百员名,设添备御官一员守之,与瑷阳守备为参将,东西两翼共成掎角之势。一、险山山多田少,新募军士无田可耕,宜开大佃于荒地,将险山参将标下无马军士查拨七百人屯种,永不起科。一、险山东南地方旷远,山谷连绵,藏奸匿盗,未易控制,宜以定辽右卫两所官军并入左卫,而改置右卫于凤凰池城堡,添设左、右、中所及以金州卫所辖黄骨岛堡割隶右卫,庶为便益。疏下,兵部覆议,行之。"②虽然此处言"兵部覆议,行之",但上述条议的真正实行并非嘉靖四十四年十二月,而是嘉靖四十五年五月,《明世宗实录》卷五五八"嘉靖四十五年五月甲辰":"兵部覆:'辽东抚按官奏经略东方事宜。其略言,本镇东南一带,地僻海隅,为四方逋寇薮,势难控制,又险山新军多逃伍,勾补不便,而朝鲜贡道实从此入,人烟荒凉,无以威远,请如御史李辅之策,将定边右卫(按:为定辽右卫之误,下同)改于凤凰城堡,原辖右、后所官军并入左卫,而以险山参将营兵及帮丁一万五千名仍照该营左右中三哨,编为定边右卫左、右、中三所,定其版籍,设三千户三十百户领之,并割金州卫黄骨岛堡属焉。其卫治即以辽阳城旧设卫治基址变易,应设官吏师生,令御史将辽阳都司见在文武生员,量行考拨该学肄业,置教授、训导、库官各一员。如议。"③

仍按:关于迁治问题。万历年间定辽右卫迁治宽甸堡,尚未见研究辽东卫所沿革者论及。《大明会典》卷一二九:"(万历)四年题准,定辽右卫原设于辽阳,后因险山设参将改建于凤凰镇,设仓建学,今展拓宽奠六堡,移驻参将,卫治、仓学俱迁宽奠,就近管辖。"《明神宗实录》卷三四"万历三年正月甲寅":"兵部覆,阅视蓟辽保定边务兵部右侍郎汪道昆议,将孤山堡军移驻张其哈剌佃子、险山参将部军移驻宽奠子、江沼台备御部军移驻长佃子、宁东堡军移驻双堆儿、新安堡军移驻长领、大佃子军移驻散等,各修建城堡,又任副使翟裳以董其事,而宽奠控五堡之中,实为要地,参将傅承勋量加副总兵衔,

---

① 此条转引自张金奎:《洪武时期山东沿海卫所建置述论》,《明史研究》。
② 《明世宗实录》卷五五三"嘉靖四十四年十二月癸酉",第8900~8901页。
③ 《明世宗实录》卷五五八"嘉靖四十五年五月甲辰",第8971~8972页。

管参将事，以重责成，俱得旨如议。"（第 789 页）《明神宗实录》卷四八万历四年（1576）三月庚子："蓟辽督抚杨兆、张学颜会议三事，一、移定辽右卫军士及仓官于宽奠堡，与参将同城，庶节制易行，收支近便。一、迁学庙及拨附郭田土，为师生赡养费，庶荒服之区变为礼义之习。一、准永奠堡北互市，惟米布猪盐，无马匹违禁物，即以市税充赏，便于夷者十之三，利于边者十之七。诏悉如议。"（第 1098 页）方志中出现的宽甸卫，系定辽右卫之俗称，即宽甸之卫的意思，如清潘相《（乾隆）曲阜县志》卷四二："孔闻，古宽奠卫教授。"民国《鄢陵县志》卷一四："孙丕承，号烈斋，辽东宽奠卫人"，可佐证定辽右卫曾迁治于此。《中国历史地图集》辽东都司部分以万历十年为标准时代，仍标注定辽右卫于凤凰城，误，当改于宽甸堡。

（四）定辽前卫

明洪武八年置①，初辖左、右、中、前、后 5 千户所②，宣德五年正月庚午，以中千户所实新置之宁远卫③，后仅辖左、右、前、后 4 所④，初属定辽都卫，洪武八年十月癸丑后属辽东都司⑤。清顺治元年裁卫⑥。治辽东都司城，即清代辽阳州城⑦，今之辽宁省辽阳市老城。

按：关于定辽前卫设置时间，《明史》卷四一《地理二》言定辽前卫"洪武八年二月置"（第 953 页），牛平汉《明代政区沿革综表》据此认为该卫置于洪武八年二月（第 411 页），郭红《中国行政区划通史·明代卷》亦认为"洪武八年二月置"（第 690 页），但未言所据。核《明太祖实录》卷一〇一"洪武八年十月癸丑："置定辽前卫指挥使司"（第 1712 页），与《明史·地理志》不同，张士尊《明初辽东二十五卫建置考释》（第 35 页）、庞乃明据之判定《明史·地理志》为误，朱诚如《明辽东都司二十五卫建置考辨》则言"月份存疑"处理之（第 55 页），朱氏之处理诚可取法。

又按：关于定辽前卫辖所。《大明一统文武诸司衙门官制》卷二、嘉靖《辽东志》卷二《建置志·公署》《四镇三关志》卷八《职官考》均言定辽前卫辖左右前后四所，张维华《明代辽东卫所建置考略》、徐桂荣和刘正堃《明辽东都司诸卫辖所考》、冯季昌《明代辽东都司及其卫所建置考辨》均言定辽前卫辖左右前后四千户所，未及中千户所，《明宣宗实录》卷六二"宣德五年正月庚午"言定远卫设置时以定辽前卫中所实之（第 1472 页），则定辽前卫本有中所之设，此点宁远卫选簿有多处例证："袁钦，副千户，内黄查有袁能，九江府人，父袁龙，戊戌年充军，洪武三年升总旗，八年除龙骧卫前所百户，十五年阵亡，能系嫡长男，优袭，二十五年调定辽前卫中所世袭百户。"（第 55 册，第 374 页）"林朝，百户，内黄查有林茂文，文登县人，有父文青，吴元年归附，洪武元年充总旗，二十一年升定辽前卫中所百户，二十三年老疾。茂系嫡长男，二十九年替职，林浩系林茂嫡长男。"（第 55 册，第 375 页）"王继祖，试百户，外黄查有王继祖，五十岁，系辽东宁远卫试百户。原籍湖广黄州府广济县人，祖王辅洪武元年从军，四年收集赴京，九年开设定辽前卫中所总旗，二十五年故……"（第 55 册，第 388 页）

---

① 见按语。
② 见按语。
③ 《明宣宗实录》卷六二，宣德五年正月庚午条，第 1472 页。
④ 《大明一统文武诸司衙门官制》卷二；嘉靖《辽东志》卷二《建置志·公署》，第 11 页；（明）刘效祖：《四镇三关志》卷八《职官考》，第 435 页下。
⑤ 《明实录》卷一〇一，洪武八年十月癸丑条，第 1712 页。
⑥ （清）杨宾《柳边纪略》卷一："辽阳州……明洪武四年置定辽都卫，辽东卫八年改定辽都为辽东都指挥使司，十年改辽东卫为定辽后卫，升前千户所为定辽前卫，左千户所为定辽左卫，十七年建定远中卫，十九年建东宁卫，永乐七年建自在州，大清顺治元年裁诸卫。"按：此处定远中卫当为定辽中卫之误，定辽中卫与上述定辽后卫、定辽前卫、定辽左卫、东宁卫，均在辽阳城，此处所言顺治元年裁诸卫，当是指上述五卫和定辽右卫。
⑦ （康熙）《盛京通志》卷二二，《古迹》，第 4 页。

（五）定辽后卫

洪武八年十月癸丑，由辽东卫改置①，九年（1376）十月辛亥，改定辽后卫为盖州卫，复置定辽后卫于辽阳城北②。初辖左、右、中、前、后5千户所③，宣德五年正月庚午置宁远卫，以后千户所实之④，后仅辖左、右、中、前4所⑤，属辽东都司。清顺治元年裁卫⑥。治辽东都司城，即清代辽阳城⑦，今之辽宁省辽阳市老城。

按：关于定辽后卫辖所，《大明一统文武诸司衙门官制》卷二、嘉靖《辽东志》卷二《建置志·公署》《四镇三关志》卷八《职官考》均言定辽后卫辖左右中前四千户所，后世研究者如张维华《明代辽东卫所建置考略》、徐桂荣和刘正堃《明辽东都司诸卫辖所考》、冯季昌《明代辽东都司及其卫所建置考辨》均认为定辽后卫仅辖左右中前四所，未注意该卫前后辖所变化。《明宣宗实录》卷六二"宣德五年正月庚午"："置辽东宁远卫于汤池，凡五千户所，以定辽中卫右所、定辽前卫中所、定辽后卫后所、广宁中卫右后二所实之。"（第1472页）则知定辽后卫本辖有后所，此在档案中亦可找出例证，如《中国明朝档案总汇》："线通，辽阳人，祖，线得成，洪武九年收充定辽后卫后所军……"（第55册，第306页）"洪武三十四年三月，栢真系定辽后卫后所故世袭副千户栢忠嫡男。"（第55册，第311页）"永乐十六年，潘庸系定辽后卫后所试百户沈福嫡长男……"（第55册，第317页）"洪武三十二年，董讯系定辽后卫后所世袭百户嫡长男。"（第55册，第393页）"二辈毛敬，旧选簿查有永乐十一年四月毛歇，年十六岁，系定辽后卫后所世袭百户毛春嫡长男。"（第55册，398页）"二辈陈胜，旧选簿查有永乐元年七月陈胜系后卫后所阵亡世袭百户陈良嫡长男。"（第55册，第399页）"三辈陈礼，旧选簿查有永乐十四年六月陈礼年十七岁，系定辽后卫后所故世袭百户陈胜嫡长男。"（第55册，第399页）"洪武三十二年，董讯系定辽后卫后所世袭百户嫡长男。"（第55册，第393页）

（六）东宁卫

洪武十九年（1386）七月癸亥由东宁、南京、海洋、草河、女真5千户所改置⑧，辖左、右、中、前、后5千户所⑨，后增置中左所，共辖六所，属辽东都司。清顺治元年裁卫⑩。卫及辖所均治辽东都司城，即清代辽阳州城⑪，今之辽宁省辽阳市老城⑫。

按：关于东宁卫辖所，嘉靖《辽东志》卷一《地理志·沿革》言："东宁卫，洪武十三年置五千户所，曰东宁、女直、南京、海洋、草河，各领所部夷人，十九年置卫，并五所为左右前后四千户所，仍置中及中左二千户所，以谪戍者实之。"与实录表述有异，徐桂荣、刘正堃《明辽东都司诸卫辖所考》

---

① 《明太祖实录》卷一〇一，洪武八年十月癸丑条，第1712页。
② 《明史》卷四一《地理二》，第953页；《明太祖实录》卷一一〇，洪武九年十月辛亥条，第1819页。
③ 见按语。
④ 《明宣宗实录》卷六二，宣德五年正月庚午条，第1472页。
⑤ 《大明一统文武诸司衙门官制》卷二、嘉靖《辽东志》卷二《建置志·公署》、《四镇三关志》卷八《职官考》。
⑥ （清）杨宾：《柳边纪略》卷一。
⑦ （康熙）《盛京通志》卷二二，《古迹》，第4页。
⑧ 《明太祖实录》卷一七八，洪武十九年七月癸亥条，第2699页；《明史》卷四一《地理二》，第953页。
⑨ 见正文按语。
⑩ （清）杨宾：《柳边纪略》卷一。
⑪ （康熙）《盛京通志》卷二二，《古迹》。
⑫ 笔者参加历史地理年会之机曾于2016年7月14日绕道辽阳考察，惜匆匆一过，仅在辽阳博物馆观看相关碑志数通和东宁卫指挥使印一枚。由于准备不足，离开后始在市区地名上发现辽阳市地处太子河区的"东宁卫镇"，此原为东宁乡，查《辽阳志》，对该乡的介绍是："东宁卫乡位于辽阳市郊西南侧，乡政府驻东宁卫村，距区政府6公里。因明代东宁卫治所设在此地而故名。1984年2月原首山农场改建东宁卫乡，辖8个村民委员会·26个村民组。"（辽阳市志编纂委员会办公室编：《辽阳市志》第1卷，沈阳：辽宁人民出版社，1993年，第482页），东宁卫当治此。

据之认为东宁卫辖 6 千户所，应据《辽东志》。张维华《明代辽东卫所建置考略》言中左所为后增置，当为是。

（七）海州卫

明洪武九年置①，辖左、右、中、前、后五所②，初属定辽都卫，洪武八年十月癸丑改属辽东都司。清顺治元年裁卫③。治海州城，即清代海城县城④，今之辽宁省海城市。

（八）盖州卫

明洪武九年十月辛亥由定辽后卫改置⑤，初辖 5 所，寻调后千户所于小沙河⑥，仅辖左、右、中、前 4 千户所⑦。盖州卫初属定辽都卫，洪武八年十月癸丑后属辽东都司。清顺治元年裁卫⑧。卫北距辽东都司 240 里，西至海 10 里，治盖州城，即清代盖平县城⑨，今之辽宁省盖州市。

（九）复州卫

明洪武十四年（1381）九月丙申置⑩，初辖左、右、中、前、后 5 千户所，洪武二十一年（1388）调后所于义州⑪，后辖左、右、中、前 4 千户所⑫。复州卫初属定辽都卫，洪武八年十月癸丑后属辽东都司。清初裁卫⑬。卫及其辖所治复州城⑭，即清代盖平县复州城⑮，即今之辽宁省瓦房店市复州城镇。

按：关于复州卫辖所，张维华《明代辽东卫所建置考略》引《全辽志》言复州卫辖"左、右、中、前四千户所"（第 206 页），徐桂荣、刘正堃《明辽东都司诸卫辖所考》（第 51 页）、冯季昌《明代辽东都司及其卫所建置考辨》（第 182 页）均与之同，此系后期情形。《辽东志》卷二《建置志·公署》卫所部分，源于《大明官制》，《大明官制》卷二言复州卫辖"左右中前后五所"保留了卫所设置初期的辖所情况。《四镇三关志》卷一《建置考》言"复州卫领四千户所"，复又在卷八《职官考》言辖"左右中前后五千户所"（第 435 页下），正是不同时期辖所情况的表现。

---

① 《明史》卷四一《地理二》，第 953 页。
② （嘉靖）《辽东志》卷二《建置志》、《四镇三关志》卷八《职官考》、《大明官制》卷二、《文武诸司衙门官制》卷二。
③ （清）杨宾：《柳边纪略》卷一言"海城……明洪武九年置海州卫，大清顺治元年裁卫，十年置海城县，属奉天府"。许鸿盘《方舆考证》卷一五言海州卫"本朝顺治十年改海城县"，恐未注意裁卫与置县非同时之故。
④ （康熙）《盛京通志》卷二二《古迹》，第 5 页。
⑤ 《明史》卷四一《地理二》："盖州卫，元盖州，属辽阳路。洪武四年废。五年六月复置。九年十月置卫。二十八年四月，州复废。"（第 953 页）张维华《明辽东"卫""都卫""都司"建置年代考》引"洪武四年废，五年六月复置"认为："既言洪武四年废，则于四年之先必有建置之说，亦可略证盖州卫先辽东卫而建置也。" 张氏不久即在《明代辽东卫所建置考略》一文中更正此说。按："洪武四年废，五年六月复置"十一字，万斯同《明史·地理志》、王鸿绪《明史稿·地理志》均无，此系盖州沿革。《明·地理志》所言九年十月置卫，系指洪武九年十月辛亥，《明太祖实录》卷一一○言此时"改定辽后卫为盖州卫"（第 1819 页）。
⑥ （嘉靖）《辽东志》卷一《地理志》。
⑦ （嘉靖）《辽东志》卷二《建置志》、《四镇三关志》卷八《职官考》、《大明官制》卷二、《文武诸司衙门官制》卷二。
⑧ （清）杨宾《柳边纪略》卷一。
⑨ （康熙）《盛京通志》卷二二《古迹》。
⑩ 《明太祖实录》卷一三九，洪武十四年九月丙申条，第 2189 页。
⑪ （嘉靖）《辽东志》卷一《地理志》。
⑫ 见按语。
⑬ 《乾隆府厅州县图志》卷一。
⑭ 《四镇三关志》卷八《职官考》，第 435 页下。
⑮ （康熙）《盛京通志》卷二二《古迹》。

（十）金州卫

明洪武八年四月乙巳置①，辖左、右、中、前、后、中左 6 千户所②，洪武二十年（1387）调中左所于旅顺口，二十一年调后所于义州卫③。卫初属定辽都卫，洪武八年十月癸丑改属辽东都司。清顺治元年裁卫④。卫治在金州卫城东南隅⑤，即清代金州城北 3 里处⑥，今之辽宁省大连市金州区。中左所治在今辽宁省大连市旅顺口区。

按：关于金州卫设置时间，《明史》卷四一《地理二》言洪武八年四月置卫，未具体到日（第 954 页）。《明实录》卷九九"洪武八年四月乙巳：'置金州卫指挥使司，隶定辽都卫，命袁州卫指挥同知韦福、赣州卫指挥佥事王胜领兵屯守。'"（第 1682 页）则可知卫置于乙巳日，朱诚如误为己巳日。

又按：关于金州卫辖所，徐桂荣、刘正埜《明辽东都司诸卫辖所考》言金州卫"下设左、右、中、前、中左等五千户所"（51 页），冯季昌《明代辽东都司及其卫所建置考辨》（第 182 页）亦言金州卫"辖左、右、中、前、中左等五千户所"（第 182 页），均未注意曾设之后所，《四镇三关志》亦保留着类似信息："金州卫，左、右、中、前、后五千户所，武学、镇抚司、经历司在金州城。中左所，在旅顺口。"徐文所据为《全辽志》、冯文所据为《辽东志》，《全辽志》与《辽东志》公署部分所载辖所为当日情形，且《全辽志》《辽东志》其他部分均言及后所于洪武二十一年调金州卫，徐、冯二文不察，故以一时之制言之。其实，张维华《明代辽东卫所建置考略》引《全辽志》早已注意到洪武二十一年后所调义州，金州卫下本有六所之实情，后之研究者未作参考，殊为可惜。

（十一）广宁卫

明洪武二十三年（1390）五月庚申置⑦，二十五年（1392）改广宁中护卫，二十六年（1393）复改为广宁卫⑧，辖左、右、中、前、后 5 千户所⑨，初属定辽都卫，洪武八年十月癸丑改属辽东都司。清顺治元年裁⑩。卫治广宁，即清代广宁县，今之辽宁省北镇市⑪。

按：关于设卫时间，《明史》卷四一《地理二》言置于洪武二十三年五月（第 954 页），《明太祖实录》卷二〇二言洪武二十三年五月庚申"置辽东广宁卫指挥使司，以王雄为指挥佥事"（第 3027 页），则建卫在庚申日，张士尊考证该卫时误为戊戌日（张士尊：《明初辽东二十五卫建置考释（续）》，《鞍山师范学院学报》1994 年第 2 期，第 33 页），误。

---

① 《明实录》卷九九，洪武八年四月乙巳条，第 1682 页。
② 见按语。
③ （嘉靖）《辽东志》卷一《地理志》。
④ （清）杨宾《柳边纪略》卷一。
⑤ （嘉靖）《辽东志》卷二《建置志·公署》。
⑥ （康熙）《盛京通志》卷二二《古迹》金州境内下言："金州废卫，明置在城东北隅，今废卫，城守治之。"按：明万历年间金州迁治于城南三里，康熙《盛京通志》所言系承袭旧志，明志言金州洪武五年六月置于旧金州即指迁治后而言。
⑦ 见按语。
⑧ （嘉靖）《辽东志》卷一《地理志》。
⑨ 《四镇三关志》卷八《职官考》，第 435 页下。《大明官制》卷二、《文武诸司衙门官制》卷二、嘉靖《辽东志》卷二《建置志》。《四镇三关志》卷一《建置考》言"领七千户所"，与上述诸书异，或系一时情形，待考。
⑩ （清）杨宾：《柳边纪略》卷一。
⑪ 北镇市原为北宁市，2006 年 2 月 8 日更名，郭红、靳润成《中国行政区划·明代卷》言广宁卫今地为"辽宁北宁市"（第 690 页），为更名前地名。

（十二）广宁中卫

洪武二十六年（1393）正月丁巳置①，二十八年（1395）四月废②，建文四年（1402）十一月复置③。初辖左、右、中、前、后5千户所④，宣德五年正月庚午，于杏山驿至小凌河驿置中左所，并以右、后二所实新置之宁远卫⑤，至此，辖左、中、前、中左4千户所⑥。卫初属定辽都卫，洪武八年十月癸丑后属辽东都司。清顺治元年裁卫⑦。卫初治广宁卫城公议行后，后改建拱镇门东⑧，广宁卫城即清代广宁县城⑨，今辽宁省北镇市。

按：广宁中卫第一次废除时间，牛平汉《明代政区沿革综表》言广宁中卫、广宁左卫、广宁右卫均裁于洪武二十八年四月甲申，所注依据为"《太祖实录》，卷二三八"（第411页），核《明太祖实录》卷二三八"洪武二十八年四月甲申条"，有两条记载，其一为："甲申，诏置辽、宁、谷、庆、肃五王护卫指挥使司，命武定侯郭英会辽东都司分调广宁、义州等卫官军置辽王广宁左、右二护卫，北平都司调大宁左、右二卫为宁王营州左、右二护卫，宣府左、右二卫为谷王宣府左、右二护卫，改兴州中护卫为宣府中护卫，陕西都司调庆阳卫为庆王宁夏左护卫，改宁夏卫为右护卫，调甘州在城官军置肃王甘州右护卫。凡有差遣从王调用。"（第3471页）其二为："广西布政使司言，龙州土官赵宗寿屡诏令赴京，宗寿与群蛮结聚，拒命不出。又言，奉议、南丹等处蛮人梗化，上复命兵部尚书致仕唐铎赍敕往谕之，宗寿不从命。"（第3471、3472页）第一条或与广宁中卫、广宁左卫、广宁右卫裁撤有关，但依据此条史料无法得出牛书之结论。牛氏此处之误引史料，当是以洪武三十五年（1402）十一月广宁三护卫改广宁三卫事，而反推洪武二十八年四月甲申日三卫废所致。

又按：关于广宁中卫复置时间，牛平汉言广宁左卫、广宁中卫、广宁右卫复置于建文四年（即洪武三十五年）十一月甲午，其所据为"《太宗实录》，卷一四"，核《明太宗实录》卷一四，当为《明太宗实录》卷一四"洪武三十五年十一月□未"，该条原文为"□未，复荆州中护卫隶辽王府，改宣府护卫为长沙护卫，仍隶谷王府，以宣府所余官军设宣府左、右二卫，左卫于保定屯守，右卫于定州屯守，改广宁三护卫为广宁左、右、中三卫，隶辽东都司"⑩。牛书之误在于"甲申"条末及"□未"条开端处出现了空白，致使牛书误认为"□未"条内容为甲申条内容。

再按：广宁中卫辖所，徐桂荣、刘正塎《明辽东都司诸卫辖所考》未涉及，冯季昌《明代辽东都司及其卫所建置考辨》言"下设左、右、前、中左等四千户所"（第183页），嘉靖《辽东志》卷二《建置志·公署》《四镇三关志》卷八《职官考》均言该卫辖左、中、前、中左4所，不知冯氏何据？其右所或为中所之误。且《辽东志》和《四镇三关志》所言为宣德五年以后情形。《明宣宗实录》卷六二"宣德五年正月庚午"明确记载了以该卫右、后2所实宁远卫，并设置了中左所（第1472页），则可知最初广宁中卫设置有左、右、中、前、后5所。左所卫选簿尚未见记录，右所则多次出现，如：（1）"外黄

---

① 《明太祖实录》卷二二四，洪武二十六年正月丁巳条，第3276页。
② 见按语。
③ 《明太宗实录》卷一四，洪武三十五年十一月□未条，第259～260页。详参按语。
④ 详参按语。
⑤ 《明宣宗实录》卷六二，宣德五年正月庚午条，第1472页。
⑥ （嘉靖）《辽东志》卷二《建置志·公署》，第12页；《四镇三关志》卷八《职官考》，第435页下。
⑦ （清）杨宾：《柳边纪略》卷和。
⑧ 《文武诸司衙门官制》卷二、《大明官制》卷二均言"广宁中卫，在广宁城内"，《明史·地理志》亦言广宁中卫与广宁左、右二卫"俱在广宁卫城"，未言城内具体位置，嘉靖《辽东志》卷二《建置志·公署》言"广宁中卫，旧址在今公议行后，改建拱镇门东"。康熙《广宁县志》卷二《公署》仅言卫治"拱镇门东"，是其后期情况。
⑨ （康熙）《盛京通志》卷二二《古迹》。
⑩ 《明太宗实录》卷一四，洪武三十五年十一月□未条，第259～260页。

查有成麟，无为州人，有叔成礼，甲午年小旗，癸卯年总旗，洪武元年百户十六年故。麟系亲侄，袭改广宁中卫右所"（55册，413页）。（2）"二辈李刚，旧选簿查有，永乐二十二年十一月，李刚系广宁中卫右所故世袭副千户李斌嫡长男"（第55册，第415页）。（3）"外黄查有张友……系嫡长男，永乐五年替授广宁中卫右所世袭百户"（第55册，第424页）。（4）"旧选簿查有，正统四年七月，李晟年十六岁，系广宁中卫后所故世袭所镇抚李旺庶长男，先因年幼已与优给，后本所全伍官军调设辽东宁远卫后所，本人随同调去，今出幼，钦准袭职，仍去宁远卫后所管事"（第55册，第455页）。

（十三）广宁左卫

洪武二十六年正月丁巳置①，二十八年四月废②，三十五年十一月复置③，初辖左、右、中、前、后5千户所④，后辖左、右、中、前4所⑤，广宁左卫初属定辽都卫，洪武八年十月癸丑后属辽东都司。清顺治元年裁卫⑥。清代卫治广宁县城⑦，今辽宁省北镇市。

按：广宁左卫第一次废除时间，牛平汉《明代政区沿革综表》第411页依据"《太祖实录》，卷二三八"得出该卫裁于洪武二十八年四月甲申，误引史料，见广宁中卫条辨析。

又按：广宁左卫复置时间，《明史》卷四一《地理二》言广宁右卫洪武三十五年十一月复置（第954页），辽宁省博物馆藏有该卫后千户所百户印，印背的造印年代为洪武三十五年十二月⑧，卫正式复置或为洪武三十五年十二月。

（十四）广宁右卫

洪武二十六年正月丁巳置⑨，二十八年四月废⑩，建文四年十二月复置⑪，辖中、前、后三所⑫。卫初属定辽都卫，洪武八年十月癸丑后属辽东都司。清顺治元年裁卫⑬。卫及其辖所治广宁城⑭，即清代广宁县城⑮，今辽宁省北镇市。

按：广宁右卫第一次废除时间，牛平汉《明代政区沿革综表》第411页依据"《太祖实录》，卷二三八"得出广宁左卫裁于洪武二十八年四月甲申，误引史料，见广宁中卫条辨析。

又按：广宁右卫复置时间，《明史》卷四一《地理二》言广宁右卫洪武三十五年十一月复置（第954

---

① 《明太祖实录》卷二二四，洪武二十六年正月丁巳条，第3276页。
② 见按语。
③ 《明太祖实录》卷二二四，洪武二十六年正月丁巳条，第3276页："丁巳，置广宁中、左、右、前、后五卫及右屯、后屯、前屯三卫，命指挥金事姚文王确领兵屯守。"《明史》卷四一《地理二》，第954页。该卫置年康熙《盛京通志》与《明实录》《明史》有异，此从《明实录》《明史》。
④ 《大明官制》卷二、《文武诸司衙门官制》卷二、《四镇三关志》卷二《形胜考》言该卫辖四千户所，卷八《职官考》又言辖"左、右、中、前、后五千户所"，反映了该卫前后辖所变化。
⑤ （嘉靖）《辽东志》卷二。《四镇三关志》卷二《形胜考》言该卫辖四千户所，卷八《职官考》又言辖"左、右、中、前、后五千户所"，反映了该卫前后辖所变化。
⑥ （清）杨宾：《柳边纪略》卷一。
⑦ （康熙）《盛京通志》卷二二《古迹》页十三广宁县条下言："废广宁中卫、废广宁左卫、废广宁右卫，以上三卫俱在县城内，洪武二十七年置，初治大凌河，永乐元年徙治于此，今皆废。"此三卫置年与《明史》有异，暂依《明史》。
⑧ 杨旸主编：《明代东北疆域研究》，长春，吉林人民出版社，2008年，第48页。
⑨ 《明太祖实录》卷二二四，洪武二十六年正月丁巳条，第3276页。
⑩ 见按语。
⑪ 见按语。
⑫ （嘉靖）《辽东志》卷二《建置志》、《四镇三关志》卷八《职官考》、《大明官制》卷二、《文武诸司衙门官制》卷二。
⑬ （清）杨宾：《柳边纪略》卷一。
⑭ （嘉靖）《辽东志》卷二《建置志》、《四镇三关志》卷八《职官考》、《大明官制》卷八、《文武诸司衙门官制》卷八。
⑮ （康熙）《盛京通志》卷二二《古迹》页十三广宁县条下言："废广宁中卫、废广宁左卫、废广宁右卫，以上三卫俱在县城内，洪武二十七年置，初治大凌河，永乐元年徙治于此，今皆废。"此处三卫置年与《明史》有异，暂依《明史》。

页），辽宁省博物馆藏有该卫后千户所百户印，印背的造印年代为洪武三十五年十二月①，卫正式复置或为洪武三十五年十二月，即建文四年十二月。

（十五）义州卫

洪武二十一年八月戊申置②，初辖左、右、中、前、后五千户所，洪武二十八年调中所于广宁中护卫，后辖左、右、前、后4所③。清顺治元年裁卫。卫初治于十三山，洪武二十二年八月迁治义州城④，即清代义州城⑤，今之辽宁省锦州市义县。

按：义州卫设置时间，史籍记载有分歧，张维华《明代辽东卫所建置考略》归纳为洪武二十年、二十一年、二十二年、二十三年四说，张氏根据《明史稿》建卫多依一统志而推断《明史稿》二十三年说系错引《一统志》二十二年之误，《明志》二十年、《一统志》二十二年两说之是非则未敢遽断，然认为《全辽志》所说二十一年为是。所论甚为确当。张氏作此文时未阅《明实录》，《明太祖实录》卷一九三"洪武二十一年八月戊申"："置辽东义州卫指挥使司。初，大军讨纳哈出，诏指挥同知何浩等统金、复、盖三卫军马往辽河西十三山屯种守御，至是始置卫及五千户所。"（第2893、2894页）当是较为可靠之建卫记录。黄彰健、庞乃明、朱诚如均据之而言建卫时间。《明史·地理志》定稿恐参考《实录》而对史稿有所订正，洪武二十年八月说，疑脱漏"一"之故。而《明一统志》及嘉靖《辽东志》所言洪武二十二年八月则为迁卫治于义州之时间。

又按：义州卫辖所，《明实录》仅言辖五千户所，从洪武二十八年调中所于广宁中护卫，后仅辖左右前后四所看，初辖当为左右中前后五所。该卫辖所之变化，《全辽志》记载颇为清晰："（洪武）二十一年，调金州卫后所，盖州、复州二卫前、后二所，共五千户所，设义山卫于十三山屯种。八月，移卫治于义州。二十八年调中所于广宁中护卫，辖左、右、前、后四千户所。"张维华《明代辽东卫所建置考略》曾引此而说明义州卫"先为五所，后为四所"。后之研究，如冯季昌《明代辽东都司及其卫所建置考辨》、徐桂荣、刘正堃《明辽东都司诸卫辖所考》在涉及义州卫辖所时，仅言下辖"左、右、前、后四千户所"，实未注意辖所之变化及前人之研究。

（十六）广宁后屯卫

明洪武二十六年正月丁巳置⑥，辖左、右、中、前、后5千户所⑦，初属定辽都卫，洪武八年十月癸丑改属辽东都司。裁卫时间待考。广宁后屯卫初治于旧懿州，即今之辽宁省阜新市阜新蒙古族自治县塔营子镇高家窝堡村，永乐八年（1410）迁治义州卫城⑧，即清代义州城⑨，今之辽宁省锦州市义县。

（十七）广宁中屯卫

明洪武二十四年九月癸卯置⑩，辖所六，初辖左、右、中、前、后5千户所⑪，宣德五年正月庚午

---

① 杨旸主编：《明代东北疆域研究》，长春，吉林人民出版社，2008年，第48页。
② 见正文按语。
③ 见正文按语。
④ （嘉靖）《辽东志》卷一《地理志》。
⑤ （康熙）《盛京通志》卷二三《古迹》。
⑥ 《明太祖实录》卷二二四，洪武二十六年正月丁巳条，第3276页。
⑦ 《四镇三关志》卷八《职官考》，第436页上。
⑧ 《明史》卷四一《地理二》，第955页；嘉靖《辽东志》卷一《地理志》。
⑨ （康熙）《盛京通志》卷二二《古迹》。
⑩ 见按语。
⑪ 《文武诸司衙门官制》卷二；《大明官制》卷二；《四镇三关志》卷八《职官考》，第435页下。

置广宁中屯卫中左所①，属辽东都司。清顺治元年废②。广宁中屯卫及其辖左、右、中、前、后5所治俱在锦州城③，即清代锦州府城④，今之辽宁省锦州市。广宁中屯卫中左千户所，辖杏山驿至小凌河驿⑤，治松山⑥，松山即今之辽宁省锦州市松山镇。

按：广宁中屯卫的设置时间，《明史》卷四一《地理二》仅言洪武"二十四年九月置卫"，未具体到日（第955页），考辨辽东都司卫所建置之论著甚多，然多引用《明太祖实录》卷二一二，笼统言设置于洪武二十四年或洪武二十四年九月，不及日，牛平汉编著《明代政区沿革综表》言设置于"洪武二十四年九月壬寅"，核其所引《明太祖实录》，原文为："癸卯，置广宁左屯、中屯二卫。先是，舳舻侯朱寿督饷辽东，领新编士至牛庄码头屯守，至是于辽河西置左屯卫，锦州至⑦（疑"至"为"置"之误）中屯卫。命铁岭卫指挥佥事任典、俞机前往左屯卫，海州卫指挥佥事陈钟往中屯卫分统士卒戍守。"（第3144页）所谓"洪武二十四年九月壬寅"实则"洪武二十四年九月癸卯"之误。其致误之由，恐因实录壬寅条与癸卯条之间无"O"区隔所致。郭红、靳润成《中国行政区划通史·明代卷》亦言广宁中屯卫设置于洪武二十四年九月壬寅（第691页），然未注出处，或与牛书致误之因同，或承袭牛书所致。张士尊《明初辽东二十五卫建置考释（续）》虽正确区分了该卫的设置时间，但却误书广宁中屯卫为广宁右屯卫（第33页）。

（十八）广宁左屯卫

洪武二十四年九月癸卯置⑧，辖左、右、中、前、后、中左6千户所⑨，属辽东都司。清顺治元年废⑩。广宁左屯卫初治辽河西⑪，后迁治广宁中屯卫城⑫，广宁中屯卫城即清代锦州府城⑬，今之辽宁省锦州市。左、右、中、前、后4所治锦州城⑭，即今之辽宁省锦州市。广宁左屯卫中左千户所，宣德五年正月庚午置，辖凌河驿至十三山驿设⑮，治大凌河⑯，即今之辽宁省锦州凌海市⑰。

按：广宁左屯卫设置之时间，牛平汉《明代政区沿革综表》（第412页）、郭红、靳润成《中国行政区划通史·明代卷》（第691页）均误为洪武二十四年九月壬寅，情形与广宁中屯卫同。杨旸主编《明代东北疆域研究》引金毓黻《东北古印钩沉》言广宁左卫出土有后千户所百户印，印背文为"洪武三十五年十二月礼部造"（第48页），与实录所载时间不同，此仍以实录为准，个中差异，待进一步详考。

---

① 《明宣宗实录》卷六二，宣德五年正月庚午条，第1472页。
② （清）杨宾：《柳边纪略》卷一。
③ 《四镇三关志》卷八《职官考》，第435页下。
④ （康熙）《盛京通志》卷二二《古迹》，第9页。
⑤ 《明宣宗实录》卷六二，宣德五年正月庚午，第1472页。
⑥ 《文武诸司衙门官制》卷二；《大明官制》卷二；《四镇三关志》卷八《职官考》，第435页下。
⑦ 张士尊《明初辽东二十五卫建置考释（续）》，《鞍山师范学院学报》1994年第2期，第33页误为字——引者注。
⑧ 《明太祖实录》卷二一二，洪武二十四年九月癸卯条，第3144页。
⑨ 《四镇三关志》卷八《职官考》，第435页下。
⑩ （清）杨宾：《柳边纪略》卷一。
⑪ 《明太祖实录》卷二一二，洪武二十四年九月癸卯条，第3144页。
⑫ 《明史》卷四一《地理二》，第955页。
⑬ （康熙）《盛京通志》卷二二《古迹》页九。
⑭ 《四镇三关志》卷八《职官考》，第435页下。按：此当为迁徙后的治地。
⑮ 《明宣宗实录》卷六二，宣德五年正月庚午条，第1472页。
⑯ 《四镇三关志》卷八《职官考》，第435页下。
⑰ 牛平汉《明代政区沿革综表》言广宁中左所治锦县（第415页），郭红、靳润成《中国行政区划通史·明代卷》言治辽宁省凌海市，按：锦县原与锦州同治，1949年移治于大凌河村，并于1993年改为凌海市，牛书虽出版于1997年，但以1992年行政区划为准，故有此差异。

（十九）广宁右屯卫

明洪武二十六年正月丁巳置①，二十八年调义州卫中所于卫②，辖左、右、中、前、后五千户所③，属辽东都司。清顺治元年废④。广宁右屯卫初治于十三山堡，洪武二十七年（1394）迁于旧闾阳县之临海乡⑤，即今之辽宁省锦州凌海市右卫满族镇。永乐七年（1409）九月甲午移治广宁前屯卫所在地旧瑞州城⑥，即今之辽宁省市葫芦岛市绥中县前卫镇。

（二十）广宁前屯卫

明洪武二十六年正月丁巳置⑦，初辖左、右、中、前、后及抚顺千户所⑧，永乐七年九月甲午广宁前屯卫抚顺千户所并入沈阳中卫，左千户所并入铁岭卫⑨，宣德五年正月庚午于山海东关至高岭驿置广宁前屯卫中前所，沙河驿至东关驿设广宁前屯卫中后所⑩。清顺治元年卫废⑪。卫治宁远州城西南130里⑫，即今辽宁省市葫芦岛市绥中县前卫镇⑬。中前千户所治卫城西50里急水河⑭，即今之辽宁省绥中县前所镇。中后千户所治卫城东50里杏林堡⑮，即今之辽宁省绥中县⑯。

（二十一）宁远卫

明宣德五年正月庚午置，辖左、右、中、前、后、中、中左、中右7千户所⑰。清顺治元年废⑱。宁远卫及所辖左、右、中、前、后五所俱治宁远卫城⑲，即今辽宁省兴城市⑳。中左千户所，明宣德五年正月庚午置㉑，治塔山㉒，即今之辽宁省葫芦岛市连山区塔山乡。中右千户所，明宣德五年正月庚午

---

① 《明太祖实录》卷二二四，洪武二十六年正月丁巳条，第3276页。
② （嘉靖）《辽东志》卷一《地理志》。
③ （嘉靖）《辽东志》卷一《地理志》。
④ （清）杨宾：《柳边纪略》卷一。
⑤ 《明史》卷四一《地理二》，第955页。（嘉靖）《辽东志》卷二《建置志》言公署在"城东门隅"。
⑥ 《明太宗实录》卷六六，永乐七年九月甲午条："勅辽东都司都指挥巫凯等以广宁右屯卫并入瑞州，广宁前屯卫抚顺千户所并入沈阳中卫，左千户所并入铁岭卫，各令固守城池，如法操练。其驿传、铺舍但存车马递送，其人畜悉入城，毋为胡寇之利。"按：瑞州即广宁前屯卫所在，《明史·地理志》言该州洪武七年七月已废，此处言广宁右屯卫并入瑞州，当是暂时迁入旧瑞州城，而非归并到瑞州。
⑦ 《明太祖实录》卷二二四，洪武二十六年正月丁巳条，第3276页："丁巳，置广宁中、左、右、前、后五卫及右屯、后屯、前屯三卫，命指挥金事姚文王确领兵屯守。"《明史》卷四一《地理二》，第955页。该卫置年康熙《盛京通志》与《明实录》《明史》有异，此从《明实录》、《明史》。
⑧ 《四镇三关志》卷八《职官考》言该卫辖左右中前后及中前、中后七千户所，联系到抚顺千户所改属沈阳中卫，则永乐七年前应当辖六所。
⑨ 《明太宗实录》卷六六，永乐七年九月甲午条。
⑩ 《明宣宗实录》卷六二，宣德五年正月庚午条，第1472页。
⑪ （清）杨宾：《柳边纪略》卷一。
⑫ （康熙）《盛京通志》卷二二《古迹》，第11页。
⑬ 笔者2016年7月19日前往此地考察，该地城内十字型布局尚在，居民知此为古瑞州地，知此前极为繁华，然对当地和本家族历史了解极为有限，在原城墙外存有前卫歪塔（本地人称前卫斜塔），该塔颇有特点，几近倾倒，2014年被公布为辽宁省第九批省级文物保护单位。
⑭ （嘉靖）《辽东志》卷一《地理志》；《四镇三关志》卷八《职官考》。
⑮ （嘉靖）《辽东志》卷一《地理志》；《四镇三关志》卷八《职官考》。
⑯ 2016年7月19日笔者考察时城内十字布局亦存，唯城墙不在，只剩下石条若干，本地居民知鼓楼、城门所在。
⑰ 《明宣宗实录》卷六二，宣德五年正月庚午条，第1472页。《明史·地理志》言宁远卫系"广宁前屯、中屯二卫地置"（第956页）。
⑱ （清）杨宾《（康熙）柳边纪略》卷一。
⑲ 《四镇三关志》卷八《职官考》，第436页。
⑳ 今属于辽宁省兴城市宁远街道管辖，近兴城市火车站。笔者曾借2016历史地理年会年之机，于7月18、19曾前往考察，宁远卫城保存相当完好。
㉑ 《明宣宗实录》卷六二，宣德五年正月庚午条，第1472页。
㉒ 《四镇三关志》卷八《职官考》，第436页。

置①，治小沙河②，即今之辽宁省葫芦岛市属兴城市沙后所镇③。

（二十二）沈阳中卫

明初置，初辖左、右、中、前、后5所④，永乐七年九月甲午，广宁前屯卫抚顺千户所并入沈阳中卫⑤，正统二年八月壬申置蒲河千户所⑥，卫治旧沈阳路⑦，即今之沈阳市。抚顺千户所，洪武二十一年置⑧，治沈阳中卫东北八十里古贵德州地⑨，即今之辽宁省沈阳市抚顺市抚顺县。蒲河千户所，即中左千户所，治城北四十里⑩，即今之辽宁省沈阳市沈北新区蒲河镇。

按：沈阳中卫设置时间，《明实录》失载，《明史·地理志》言洪武三十一年（1398）闰五月置，然《明史·兵志》言洪武二十六年定天下都司卫所时辽东都司下沈阳中卫赫然在列，则可知该卫洪武二十六年前已置，然具体设置时间不详，待考。

又按：蒲河千户所设置时间，《明史·地理志》言洪武二十一年置，牛平汉《明代政区沿革综表》即据此判断该所设置时间（第412页），《明实录》关于该所设置记载甚详："上命沈阳中卫界内置蒲河千户所，铁岭卫界内置泛河千户所，海州卫等处置四堡九墩，分定辽佐（左）等卫官军实之。从辽东总兵官巫凯等覆奏也。"（《明英宗实录》卷三三"正统二年八月壬申"）设所的最初建议来自定辽前卫指挥佥事毕恭："辽东都司定辽前卫指挥佥事毕恭言五事：一、自海州卫至沈阳中卫宜于其间分作四处，量地远近，筑置堡墩，调发官军往来巡哨，于要路布撒钉板，铁蒺藜，绝贼归路，会合追击，庶得以防护屯种。一、沈阳蒲河铺、铁岭泛河铺二处中空，宜设二千户所，将逐年发去新军编立旗甲管领，暂于都司城内卫分带管屯操，候数足为所，设一千户所，修筑城堡屯守……上命兵部及总兵等官议行。（《明英宗实录》卷二八正统二年三月癸丑）。辽宁省博物馆存有沈阳中卫中左千户所印一枚，印背右边刻有"正统二年八月　日礼部造"字样，沈阳中卫中左千户所即蒲河千户所，可与实录相印证⑪。《明史·地理志》言蒲河千户所置于洪武二十一年，误。

（二十三）铁岭卫

明洪武二十一年三月辛丑置⑫，永乐七年九月甲午广宁前屯卫左千户所并入⑬，正统二年八月壬申置泛河千户所⑭，辖左、右、中、前、后、左左、中左7千户所，属辽东都司。清顺治年间废。左、右、前、后四所在铁岭卫城，即今辽宁省铁岭市。铁岭卫初治于奉集县⑮，即今沈阳市苏家屯区奉集堡，洪

---

① 《明宣宗实录》卷六二，宣德五年正月庚午条，第1472页。
② 《四镇三关志》卷八《职官考》，第436页。
③ 笔者2016年7月19日考察时尚存东城墙墙基一段，然被居民生活垃圾环绕，保护极差，其石条上刻有"山东左"等字，其下字被垃圾遮蔽。当地人亦能指出各城门、鼓楼和校场位置，但对本地和家族历史了解较少。
④ （嘉靖）《辽东志》卷二《建置志》言辖左右中前后五所及抚顺、蒲河千户所，共七千户所。抚顺为后改属，蒲河为后置，故推测初辖五所。
⑤ 《明太宗实录》卷六六，永乐七年九月甲午条。
⑥ 《明英宗实录》卷三三，正统二年八月壬申条。
⑦ 《明一统志》卷二五。按：嘉靖《辽东志》卷二《建置志》言卫治"城东南隅，总管府旧址"。
⑧ 《明史·地理志》。
⑨ （嘉靖）《辽东志》卷一《地理志》。按：嘉靖《辽东志》卷二《建置志》又言"抚顺千户所，城东一十八里"，误。
⑩ （嘉靖）《辽东志》卷二《建置志》。
⑪ 王绵厚：《辽宁省博物馆藏历代官印考录》，收入辽宁省博物馆编：《辽宁省博物馆学术论文集》第2辑，1999年，第539页。
⑫ 《明太祖实录》卷一八九，洪武二十一年三月辛丑条。
⑬ 《明太宗实录》卷六六，永乐七年九月甲午条。
⑭ 《明英宗实录》卷三三，正统二年八月壬申条。
⑮ 《明太祖实录》卷一八九，洪武二十一年三月辛丑条："置铁岭卫指挥使司。先是元将拔金完哥率其部属金千吉等来附，至是遣指挥佥事李文、高顒，镇抚杜锡置卫于奉集县，以抚安其众。"奉集县，《明史·地理志》铁岭卫下有载，言该县"即古铁岭城也，接高丽界，洪武初置县，寻废。"（第957页）并言铁岭卫洪武二十一年三月以古铁岭城置。"（第956页）

武二十六年迁于古嚚州之地①，清康熙三年（1664）于此置铁岭县，即今辽宁省铁岭市。左左千户所，即懿路千户所，洪武二十九年调于铁岭卫城南 60 里懿路城②，属铁岭卫，所治懿路城③，即今辽宁省铁岭市铁岭县新台子镇懿路村。中左千户所，即泛河千户所④，正统四年（1439）置⑤，属铁岭卫，治范河城⑥，即今辽宁省铁岭市铁岭县凡河镇。

（二十四）三万卫

明洪武二十年十二月置⑦，属辽东都司，辖左、右、中、前、后、后后、中中、前前 8 千户所⑧。卫废于清顺治年间⑨。三万卫辖所俱治三万卫城，卫初治斡朵里，洪武二十一年三月徙开元城。⑩开元即开原，避明太祖朱元璋讳改，清代在开原县城⑪，今辽宁省开原市老城镇。

按：关于三万卫辖所。《全辽志》卷一《沿革志》（明嘉靖纂修，清初抄本）只言辖所数，未言具体名目。嘉靖《辽东志》卷二《建置志·公署》言三万卫辖有"左等五千户所、中中等三千户所"。关于"左等五千户所"，除左所外，由吉林省博物馆藏"三万卫前千户所百户印"知，该卫辖还有前千户所⑫。《抚辽奏议》卷一八（明万历刻本）出现有"三万卫中所实授百户"名称，《中国明朝档案总汇》三万卫选簿有"右所正千户"（第 134 页）、"三万卫后所世袭正千户"（155 页）名目，当知辖有中所、右所、后所，且三万卫选簿有左、右、中、前、后五所袭职官员信息，该卫辖左、右、中、前、后五所无疑。桂荣、刘正堃《明辽东都司诸卫辖所考》（《辽宁大学学报》1992 年第 1 期）亦言三万卫辖有左右中前后 5 卫，但未知所据。关于"中中等三千户所"，郭红、靳润成《中国行政区划通史·明代卷》述及三万卫辖有后后千户所、中中千户所、前前千户所，但未言何据（第 692 页）。徐桂荣、刘正堃《明辽东都司诸卫辖所考》⑬据《全辽志》卷三职官所载"中中、前前、后后"所之称，推定此三千户所"当即为中中所、前前所、后后所"。此推论不谬。《大明官制》卷二（万历刻皇明制书本）、《六壬大全》卷一一（文渊阁四库全书本）、刘效祖《四镇三关志》卷八《职官考》三万卫下均载有中中、前前、后后三所，且三万卫选簿亦有此三所武官袭职之记录。关于三万卫辖中中所、前前所、后后所治地，郭红、靳润成《中国行政区划通史·明代卷》言不详，徐桂荣、刘正堃《明辽东都司诸卫辖所考》言："此三所治址无考，但其系于前五所基础上析置的，应置于卫治内或卫治附近。"徐桂荣、刘正堃推测大体不谬，《四镇三关志》卷八《职官考》指出三万卫辖所治地"在本城"。所谓"本城"，当指三万卫城。

---

① 《明太祖实录》卷二二七，洪武二十六年四月壬午条："徙辽东铁岭卫治于沈阳、开元两界古嚚州之地。"《明史》卷四一《地理二》亦言该卫洪武二十六年四月"迁于古嚚州之地"（第 956 页）。
② （嘉靖）《辽东志》卷一《地理志》。按：《明史》卷四一《地理二》，第 957 页："又南有懿路城，洪武二十九年置懿路千户所于此。"以调至该地为置所时间。
③ 《明史》卷四一《地理二》，第 957 页；《四镇三关志》卷八《职官考》，第 436 页。
④ （嘉靖）《辽东志》卷二《建置志》言泛河中左千户所。
⑤ 《明史》卷四一《地理二》，第 957 页："又范河城在卫南，亦曰泛河城，正统四年置泛河千户所于此。"
⑥ 范河城亦曰泛河城，见《明史》卷四直一《地理二》，第 957 页。
⑦ 《明太祖实录》卷一八七，洪武二十年十二月庚午条；《明史》卷四一《地理二》，第 957 页。吉林省博物馆藏"三万卫前千户所百户印"（张英：《吉林出土古代官印》，北京，文物出版社，1992 年，第 130 页），可与《明实录》《明史》记载相印证。
⑧ 见正文按语。
⑨ 史为乐主编：《中国历史地名大辞典》第 50 页言三万卫"康熙三年（1664）改置开原县"，误。
⑩ 《明太祖实录》卷一八九，洪武二十一年三月辛丑条。按："斡朵里"实录作"干朵里"。刘明等认为"干"与"斡"字形相近，疑似笔误（见刘明等：《明辽东都司及其北路开原地方部分建置考略》，《东北史地》2012 年第 4 期，第 42 页）。
⑪ （康熙）《盛京通志》卷二二《古迹》，第 7 页。
⑫ 见张英：《吉林出土古代官印》，第 130 页。
⑬ 《辽宁大学学报》1992 年第 1 期。

（二十五）辽海卫

洪武二十三年置①，辖左、右、中、前、后、右右、中中、前前、后后 9 千所②，属辽东都司。清顺治年间裁。卫初治于牛家庄，洪武二十六年徙三万卫城③，即清代开原城④，今辽宁省开原市老城镇。辽海卫辖所，前期未详，后俱治开原城⑤。

按：辽海卫辖所之治地，因诸书多不载辖所情况，故九所治地或不载，或仅言左、右、中、前、后、右右六所，徐桂荣、刘正堃《明辽东都司诸卫辖所考》在考证出"右右、中中、前前、后后"后，仅言"该四所的设置址无考，但亦应置于卫治内或卫治附近"，推测大体不谬，唯无所据。郭红、靳润成《中国行政区划通史·明代卷》第 692 页在涉及该四所时更是明言"变迁、治地不详"，均忽视了《四镇三关志》。核《四镇三关志》卷八《职官考》页十一言在介绍完辽海卫下辖所"左右中前后五千户所，右右、中中、前前后后四所"及镇抚司、经历司后言"在开原城"。

二

通过以上辽东都司卫所沿革的重新梳理，不难发现，相关研究在一些细节方面，仍有可商讨的余地，史料运用上还有进一步拓展的空间，考证方法上也有反思的必要。笔者所做的主要工作，一是纠正了学界对部分卫所设置年代的误判，二是考证了各卫的辖所情况及其变化，三是对辽东都司卫所的裁撤问题进行了初步探讨。此外，在辽东都司卫所沿革的研究中，笔者有以下几点认知，提出来供大家讨论：

其一，现存嘉靖《辽东志》和《明一统志》关系，研究者认为《明一统志》成于方志资料汇编，可信度不如嘉靖《辽东志》⑥，此就全书和早期编纂之《辽东志》或可成立，然就现存本嘉靖《辽东志》及《辽东志》卫所建置沿革资料，仍当具体分析。《明一统志》于早期《辽东志》或有同源史料及承袭关系，但与现存本《辽东志》，以为前者承袭后者，则不妥。⑦《辽东志》初修时虽取材于档册，然嘉靖重修时亦参考了《明一统志》，无论是辽海丛书本嘉靖《辽东志》，还是续修四库本嘉靖《辽东志》，在其资料来源中，均交代参考了《明一统志》⑧，而且依据"《一统志》凡例，重加隐括编次，繁者删之，缺者补之，讹者证之"⑨。本文关涉较为密切的卫所建置沿革资料，分布在嘉靖《辽东志》卷一《地理志·沿革》和卷二《建置志·公署》，卷二《建置志·公署》记载的衙署、位置及辖所情况，多源于

---

① 该卫设置年代诸书差异较大，有洪武十一年、洪武二十一年、洪武二十三年三种说法，陈晓珊认为洪武二十一年是衍字，而以该卫不载于成书于洪武十七年的《大明清类分野之书》排除洪武十一年说，认为《明实录》所言"洪武二十三年三月癸巳"："置辽海卫指挥使司于三万卫北城，调定辽指挥张复等领兵守之。"（《明太祖实录》卷二〇〇）可信，并佐以印有"洪武二十三年二月礼部造"的辽海卫中千户所百户印证之，所论甚确，详参阅陈晓珊：《明辽海卫初设时间及地望考》，载《历史地理》第二十五辑，第 209～213 页。
② 《四镇三关志》卷一《建置考》（明万历四年刻本）言辽海卫"领九千户所"，所名未列，嘉靖《辽东志》卷二《建置志·公署》言辽沈卫辖有"左等五千户所、右右等四千户所"，辖所数与之合。《四镇三关志》卷八《职官考》页十一言辽海卫下辖所有左右中前后五千户所，右右、中中、前前、后后四所，徐桂荣、刘正堃：《明辽东都司诸卫辖所考》据《辽东志》等书考出左、右、中、前、右右六所，又据《明代辽东档案汇编》出现之名目，考证出中中、前前、后后三所，未注意《四镇三关志》之记载。
③ 《明史》卷四一《地理二》，第 957 页。按：《戎事类占》卷六言卫在"开元城内东北"。
④ （康熙）《盛京通志》卷二二《古迹》，第 7 页。
⑤ 见正文按语。
⑥ 李新峰：《明代卫所政区研究》，北京，北京大学出版社，2016 年，第 175 页。
⑦ 两者之关系，陈晓珊和张士尊在相关文章中均有涉及，前者倾向于两者为同源史料，后者则认为《明一统志》承袭嘉靖《辽东志》，详见陈晓珊：《明辽海卫初设时间及地望考》，载《历史地理》第 25 辑，第 209～213 页；张士尊：《明初辽东二十五卫建置考辨》，《鞍山师范学院学报》1994 年第 4 期，第 35 页、第 36 页。
⑧ 据杜洪涛研究，传世《辽东志》不同版本间也存在差异，但主要在艺文志部分，参见杜洪涛：《〈辽东志〉探微》，《欧亚学刊》第 3 辑，第 274～282 页。
⑨ 董越：《重刊辽东志书序》，（明）毕恭等：《辽东志》卷首，辽海丛书本。

《大明官制》或径自现实情况书写，而卷一《地理志·沿革》的卫所部分，则源于《大明一统志》，如定辽五卫，除在五卫下添加"附郭"字样外，其他内容与《大明一统志》一致。

其二，关于卫所的设置年代，史料繁多而且分歧不断。在这种情况下，从研究的策略上讲，圈定核心史料后，分析其史源，对史料本身进行研究，厘清分歧所在，或更有助于卫所研究的推进。而直接以一种记录否定另一种记录，认定此是彼非，当慎之又慎。在卫所设置年代考证时，卫选簿、卫所印均是值得重视的重要资料，实录虽取材于档册等资料，是可信度较高的史料，然作为一种编纂史料，其去资料产生的年代亦有距离，且不能不反思和警惕其人为痕迹的可能影响，在使用时尽量与其他史料相参证。

其三，辽东都司各卫辖所情况，张维华、徐桂荣、冯季昌均进行过系统考证，然由于依据史料相近，结论多有雷同，问题的关键是未充分利用实录资料，未注意《辽东志》《全辽志》所载系当时辖所情况，忽视了不同时段的变化。张、徐、冯等文成书较早，除徐、冯文一处考证利用到明代辽东档案外，限于当时条件，藏于中国第一历史档案馆的卫选簿未能利用，本次考证时作为实录之外的重要史料予以重视。此外，现存卫所印中，辽东都司卫所印存世数量较多，亦因当时利用不便而未充分使用，随着卫所印的大量公布，利用起来也较往日更为便利，新出土卫所印不仅在考证卫所设置问题上可作重要辅助材料，考证辖所时亦可作为重要补充资料。①

其四，关于辽东卫所消失的时间。研究明代辽东都司之论著均未涉及，而系统考证清代卫所研究者，如君约、牛平汉亦未言及，此是辽东都司卫所沿革考证的巨大难题。目力所及，辽东都司卫所的裁撤仅有康熙《盛京通志》（雍正《盛京通志》沿袭）、《柳边纪略》《清史稿》有涉及，且多笼统言"顺治元年悉裁诸卫"②，但具体到各卫之裁撤则仅有《柳边纪略》和个别方志言之，本文考证时多据《柳边纪略》言裁于顺治元年，个别卫所则存疑视之。虽然诸书所载当有所据，有其可信性，然关于辽东都司之裁撤，笔者以为仍当留有进一步探讨的余地，而此一问题的再深入，当以广泛发掘以满文档案和朝鲜燕行史料为中心的清初资料为前提，相关存留于世的谱牒资料亦当留意。

卫所沿革研究是一项烦琐细碎的事情，亦是一项基础性工作，经过学界的努力，明代卫所的沿革大体有一个清晰的线索，然在细节方面还有待不断地修正。李零先生在其《待兔轩文存》自序中对错误的认知，有一段精彩的表述："错误，意必固我，是人都会犯。累，会犯；忙，会犯；年轻，有精力没经验，会犯；年老，有经验没精力，也会犯，怎么都会犯。光是生理、心理、气质、性格上的原因就有一大堆。记忆力差，思维跳跃，推理过度，联想失控，也是陷阱。"③明乎此，则包括本文在内的所有卫所沿革考证中的失误当可理解，而后之研究者对待前人成果，亦当在充分吸收的前提下，本着怀疑之精神，不断检视。如此，才能集合学界智能，不断在纠错中前进，从而汇聚出一个比较精确的卫所时空坐标，进而为明清史和历史地理相关议题的深入打下坚实的基础。

在卫所沿革研究中，资料庞杂且互有抵牾是我们遇到的一大难题，这种背景下，如何对待史料本身的分歧，在方法论意义上显得极为重要。沿革地理是中国历史地理研究的传统领域，看似枯燥，甚至被讥讽为"目中无人"，其实并非无人，只是尚需我们充分发掘背后的人而已，分歧四起的史料背后即是一个个人的表达，我们面对的一条条史料，其实就是一个个失声的古人，而我们如何对待古人的表达？如何让分歧的史料呈现、发声并阐释其意义？如何在他们无法发声的状态下替古人进行充分表达并仔细聆听？这恐怕是我们要做的第一步工作。而更为艰难的是，作为裁决者，我们是否具备了法官般的素养？

---

① 2016年历史地理年会期间，笔者曾就辽东都司卫所印现存情况请教辽宁省博物馆原馆长王绵厚先生，承王先生相告其主编之《辽海印信录》卫所印收录情况及问题，并提示《辽宁省明长城资源调查报告》（辽宁省文物局编，文物出版社，2011年）对卫所治地的调查，特此感谢。

② 郑天挺先生曾在其遗文注释中引用雍正《盛京通志》言顺治元年悉裁诸卫，似对志书中这一整体性的意见未提出异议，见郑天挺：《牛录·城受官·姓长——清初东北的地方行政机构》，《社会科学战线》，1982年第3期。

③ 李零：《待兔轩文存》（读史卷），桂林，广西师范大学出版社，2011年，"自序"，第5页。

是否内存偏见和太过于自信而导致偏颇？此虽是沿革考证工作，然与世情人事实有相通之处。脱胎于历史学母体中的中国历史地理学如果说现在亟须向地理学学习科学精神的话，那么，历史学研究中贯穿的人文精神亦是不可忽视的营养。

附记：本文曾于 2016 年 9 月 23 日作为江西青年学社历史学人讲论会主讲内容，除刘佳佳、陈青松、姜庆刚三位同事按照活动规则提交书面评论指出具体问题外，讲论中刘芝华、庞振宇、易凤林、李建华等同事亦提出中肯意见，谨致谢意。

* 本文系国家社会科学基金青年项目"从卫所到州县——清代卫所裁撤与政区形成研究"（批准号：13CZS021）、江西省社会科学院青年英才培育计划项目"《清实录》卫所资料整理与研究"阶段性成果。

［作者单位：江西省社会科学历史研究所］

"小王子"家族与明代内蒙古的发展

李华彦

一 问题意识与前人研究回顾

归化城即今日内蒙古的大城市——呼和浩特，意为"青色的城市"，又作"库库和屯"，由晚明蒙古草原上著名的阿勒坦汗（1508—1582）所建，①用以发展对明贸易、作为引入藏传佛教的弘法地，并为渐趋定居生活的土默特部之政教象征和根据地，担负发扬、传承蒙古精神与文化的任务。

阿勒坦即明代著名的俺答（亦作俺苔、安滩、俺答哈），②是重新一统蒙古的达延汗伯颜猛可（1474—1517，依本文考证）之孙，伯颜猛可则是第4位被称作"小王子"的蒙古大汗。达延汗号称是成吉思汗黄金家族血脉，明人却认为其出自明初蒙古瓦剌部酋马哈木，非北元大汗直系的鞑靼部。马哈木登台于永乐七年（1410）五月，他和汗廷太保阿鲁台对峙，转赴明朝请封，获顺宁王号，居牧哈密、土尔番两城之西至撒马尔罕一带，③家族长盛，景泰四年（1454），其孙也先被明诏书称为"瓦剌可汗"，挟中原威势横行蒙古，又移居漠南的上谷，带动大批蒙人自漠北移入，是寇扰明边最久的势力。④这段历史耳熟能详，是漠南草原出现阿勒坦家族和归化城的先声，其间缘由不明，后文将予分析。

阿勒坦在中国内地研究者甚多，刘晓梅、马晓丽《国内二十年来俺答汗研究述评》一文介绍，研究者偏向从王朝体制角度看待他的作为，如解读其引黄教入内蒙古，目的在建立权威，西征青海则在拓地争资源、逼贡明朝，较少从游牧民族习性、氏族恩怨等方向理解，可用许多新译的蒙藏文史料补充。唐玉萍之文则大致回顾阿勒坦一生，认为他查知时势所趋，主动促进与汉、藏两族间的和平关系，为蒙古带来繁荣发展的机会。⑤本文希望缩小视野，运用蒙文译著，考证阿勒坦家族史细节，以解读他能带动蒙古地区再次兴盛的原因和契机。

晚明时，蒙古与汉藏关系的改善，归化城（呼和浩特）是一重要场所，戴学稷《呼和浩特简史》为此城的"通史"。戴氏考证当地前身为汉朝定襄郡、北魏盛乐附近、隋唐东突厥地、辽金丰州及富民县，和元朝中书省的大同路丰州；产业上，北魏初，执政者在此推行农耕，公元1005年更设立榷场，征收商税，迄明初的丰州时，因战火摧残，人口迁尽、农园荒芜，15世纪末，蒙古鞑靼部的达延汗击败瓦剌部，重建汗权，将漠南蒙古左、右翼共六万户分封给子孙，此地才出现复兴迹象。达延汗孙——土默特万户阿勒坦汗，16世纪20年代迁牧至此，即丰州或乌兰察布盟，畜牧颇盛，晚明六十多年间，输入

---

① 戴学稷：《呼和浩特简史》，北京，中华书局，1981年，第31页、第42页。
② 黄丽生：《论〈阿勒坦汗传〉的撰史意识》，中国台北，蒙藏委员会，1997年，第1页。
③ 陈诚：《西域行程纪》，兰州：古籍出版社，1990年，《中国西北文献丛书》影印明抄本，106册，第4～6页；陈诚，《陈竹山先生文集》，中国台南，庄严文化事业股份有限公司，1996年，《四库全书存目丛书》影印雍正七年刻本，集部第26册，内篇，卷一，第17～21页、第40页。
④（明）瞿九思：《万历武功录》，北京，北京出版社，1995年，《四库禁毁书丛刊》影印万历刻本，史部第35册，《俺答列传》，上卷一，第4页、第7页、第11～12页。
⑤ 刘晓梅、马晓丽：《国内二十年来俺答汗研究述评》，《烟台大学学报（哲学社会科学版）》2016年第二九卷第3期，第77～84页。唐玉萍：《俺答汗在明代蒙汉关系中的作用》，《社会科学辑刊》1996年第107期，第107～112页。

长城内逾 300 万匹马，土默特之名因此与地连接，他又迎西藏黄教喇嘛前来弘法，开启蒙古崇信藏传佛教和大兴寺召的风气，归化城遂成为内蒙古政经教中心。① 本书划出内蒙古地区史的研究范围，但上溯归化城史逾千年，亦未载北元政权的变动，尚可加以补充。

归化城还有一孪生组合——绥远城，黄丽生《从军事征掠到城市贸易：内蒙古归绥地区的社会经济变迁（14 世纪中至 20 世纪初）》一书认为，这两城的初期发展与军事密切相关，越后期则越趋向商贸性质城市。书中对于归绥前史，包括前套平原的族群变化，回溯达千年，专论两城发展的章节涵盖亦有三百多年，包罗甚广，开创了诸如战争如何引导其发展、该地是否为清朝内地赴蒙贸易的照票中心、民国初年两城的工商业发展等多项议题的研究。② 不过，仍需更多史料厘清建城年代和背景、长城边境地貌的影响、归化城军政商民等管辖权之归属、官厅的数量和建制，以及行社、商号、产业发展等议题，以填补六百年变化之细节。

黄丽生另一本《论〈阿勒坦汗传〉的撰史意识》，以归化建城者阿勒坦仿效先祖忽必烈推行佛教一事为主，点出该传记阐释蒙古传统"政教合一"精神的内涵，企图重建民族意识，提振 17 世纪初土默特部汗王渐衰的威势，供特定政治目的使用。黄氏定义该传是元朝结束后最早的蒙文史著，也是蒙文中罕见的地方史、个人史撰述，说明成吉思汗黄金家族虽尊贵，但部落军事、经济实力更受重视，而汗王武功有成后，都会仿效忽必烈和国师八思巴的典范，扶持佛教，寻求达赖喇嘛等级的教主加持，以图权势被蒙古世界广泛认可，传之后世，庇佑子孙政权，故该传用极大篇幅叙述阿勒坦晚年营建归化城、邀达赖三世至土默特传法的过程。③ 阿勒坦引入社会背景、内涵与蒙古相近的黄教，钟梅燕氏认为他是想充实本族文化素质，改善嗜杀习俗，此举则带动蒙藏两族的密切往来。④ 以上研究深入论述蒙藏佛教交流的过程，较少着墨于归化城的兴建缘由、阿勒坦家系与军事成就，本文可为之补充。

关于归化城早期的政商情势，牛淑贞的论文有详细介绍。她分析明朝加封表达善意的阿勒坦，借边境市场的通商权分化蒙古各部，羁縻靖边，但阿勒坦逝后，需求明朝物资却无权贸易的察哈尔高原林丹汗、金主皇太极，相继入侵归化城，强行取代土默特部的通商权，使归化城长期扮演战略要地和转运生活物资的草原重镇。⑤ 云和义之文则讨论归化城由牧转农的土地利用方式，还有土默特部的源流、世系，但跨越时段稍长、史料不多，论点可再加强。⑥ 这两篇文章都论及归化城因明蒙金三方的军事、商业关系而日形重要，但该城受政治演变的影响部分，还待研究。

整个明朝对蒙古的战略方面，Peter C. Perdue 专书 *China marches West: the Qing Conquest of Central Eurasia* 第二章予以详细的分析。他认为永乐帝 5 次北征，具有很大的震慑作用，蒙古在此期间开始分裂，渐分鞑靼、瓦剌两部，明朝又以开边市为策略，获取战马，允许蒙古在此交易布匹等生活用品；土木堡之变后，转向内缩策略，大修长城、倚墙固守；隆庆和议后，则茶马贸易成为固定策略。总体上，正统之后明军衰弱，故对蒙战略中，商业愈益重要。本书论明蒙关系时，兼论俄罗斯的发展，往下则讨论清帝如何取舍、仿效明朝的对蒙方略，但置 14—16 世纪的蒙古情势不论，特别是北元传承及其衍生出的各部落分合关系，仅略论脱脱不花、达延汗、阿勒坦等著名的蒙古领袖和王崇古等数位明督抚的事迹，便算讨论了明朝 300 年的对蒙政策，史料或待加强，而明蒙的隆庆和议、茶马贸易及元世系等议题，

---

① 戴学稷：《呼和浩特简史》，北京，中华书局，1981，第 8～100 页。
② 黄丽生：《从军事征掠到城市贸易：内蒙古归绥地区的社会经济变迁（14 世纪中至 20 世纪初）》，中国台北，中国台湾师范大学历史研究所，1995 年。
③ 黄丽生：《论〈阿勒坦汗传〉的撰史意识》。
④ 钟梅燕：《俺答汗与蒙藏民族文化变迁与认同——一个民族文化"引入"的个案》，《兰州大学学报（社会科学版）》2013 年第 41 卷第 3 期，第 30～35 页。
⑤ 牛淑贞：《明末归化城商贸地位的形成及其发展》，《内蒙古大学学报》2013 年第 45 卷第 4 期（2013），第 85～90 页。
⑥ 云和义：《北元至清代归化城土默特地区由牧转农的政策考探》，《内蒙古农业科技》2013 年第 2 期，第 5～6 页、第 10 页。

尚有很大的填补空间。①

土默特汗兼顺义王世系，是归化城发展史的重要轴线，有些论文也在厘清这点，如森川哲雄论文回溯晚明归化城汗王的传承世系，但内文兼述 1618—1619 年俄国赴明朝使节团之见闻，故讨论阿勒坦家族和争位问题时，略显紊乱；王得胜之文论证清乾隆以后，阿勒坦裔——世袭辅国公的喇嘛札布一支和属部，是归化城土默特部的主要居民；白初一之文则检示顺义王世系和清代归化城的设官这两大议题，但若分为两篇论文，或许更能解析清楚。②另外，尚有出版于 1954 年的田山茂《清代蒙古社会制度》之书，将土默特汗王世系议题扩大为部落源流制度之考证，为研究明清时期蒙古社会的开山作之一，说明土默特部出自达延汗将六万户组织分给七子，形成了 12 个鄂托克——内喀尔喀（内蒙古）5 个、外喀尔喀（内蒙古）7 个，其中，东外蒙的喀尔喀万户，由么子格呼森札札赉尔珲台吉领导，其子阿勒坦以土默特部为基地，1552 年从卫拉特部之手夺回和林，因而在蒙古草原上与札萨克图汗、土谢图汗、车臣汗和哲布尊丹巴活佛并称。内蒙古诸部后归附金主努尔哈赤，并于皇太极天聪年间设旗，纳入八旗制度管理；外蒙古诸部在崇德时与金贸易，但关系疏离，直至顺治末才入觐；康熙中叶噶尔丹之战则是内外蒙一致投清的转折点，蒙古因此增设许多新旗。③本书重解释制度名词，较元达延汗家族如何影响土默特部发展的说明。

综合以上内蒙古归化城土默特部史的各项研究，可知 15—16 世纪蒙古草原情势和北元达延汗家族源流，仍然模糊不清，却是土默特部阿勒坦汗兴起的重要背景，相关史实需要重建，才能了解 1550—1650 年前后，内蒙古地区再度被积极开发的原因，与归化城建立的动机。本文便以此前后相承的二元题目，作为讨论主轴。

二 北元"小王子"世系演变对漠南草原的影响

明代内蒙古能够重新繁盛，是因为达延汗振兴元帝裔权威、重建蒙古中心汗廷，其子孙又能以当地为据点，延续实力，四出开拓。这段历史甚为混乱，长期阻碍明蒙关系的研究，有必要厘清，方能理解后来的阿勒坦汗何以凭血缘，就足以号召蒙古世界，复期望借宗教光耀血缘、保持功业。本节将在考证达延汗家系的过程中，呈现蒙古的部落习性、继承原则和久乱望兴的民族向往，如此较易抓住阿勒坦汗和归化城顺应时势而生的主轴。至于靠阿勒坦汗二次中兴，受其扶助而盛的达延汗诸子，代表性稍弱，略叙从事。

元顺帝弃大都返草原，北元开始，至末代可汗脱脱不花（又译称普化）为止，共递嬗 7 次、8 主，约八十年间，仅维持表面一统，汗廷无力统合各部，甚至不能保证汗位稳定传承。④景泰二年（1451，北元蒙古无清楚纪年，故本文用明年号，下同）底，出身瓦剌部的太师也先，因作为脱脱不花汗正妻的亲姊之子未当太子，起兵攻汗廷，可汗出逃，⑤死于容身的兀良哈部，家人被也先聚歼，明人以此为北

---

① Peter C. Perdue, *China marches west: the Qing conquest of Central Eurasia* (London: Cambridge, 2005), pp. 51-93.
② 森川哲雄：《十七世纪前半叶的归化城》，《蒙古学资料与情报》1985 年第 3～4 期，第 12～19 页。王得胜：《居归化城之土默特辅国公考述》，《内蒙古大学学报（人文社会科学版）》2005 年第三七卷第 4 期，第 59～61 页。白初一：《清代归化城土默特两旗职官及户口初探》，《昭乌达蒙族师专学报（汉文哲学社会科学版）》1992 年第一三卷第 1 期，第 74～80 页。
③ 田山茂：《清代蒙古社会制度》，呼和浩特，2015 年，第 73～79 页。
④ 如永乐二十年，权臣阿鲁台杀可汗本雅失里；永乐二十二年，瓦剌酋马哈木立脱脱不花为可汗，而脱脱不花之兵力少于马哈木子——权臣也先，极为弱势。参见（明）李东阳：《大明会典》卷一〇七，中国台北，新文丰出版股份有限公司，1976 年，万历刻本，第 3 册，第 1 页。（明）黄光升：《昭代典则》卷一四，中国台南，庄严事业文化股份有限公司，1996 年，《四库全书存目丛书》影印万历二十八年刻本，史部第 12 册，第 12～13 页。（明）邓元锡：《皇明书》卷六，上海，上海古籍出版社，1995 年，《续修四库全书》影印万历三十四年刻本，第 315 册，第 13 页。
⑤ 黄彰健校勘：《明英宗实录》，中国台北，中国台湾"中央"研究院历史语言研究所，1984 年，（以下诸《明实录》版本均同），卷二一三，第 6 页，景泰三年二月壬午；卷二二〇，第 7 页，景泰三年九月庚子。（明）廖道南：《楚纪》，中国台南，庄严事业文化股份有限公司，1996 年，《四库全书存目丛书》影印嘉靖二十五年刻本，第 47 册，卷二六，第 13 页。

元帝系终止，开启往后百年的"小王子"时代，可汗或由也先后裔僭称，或由元帝旁支子孙出为傀儡，混乱异常，蒙古草原发展大衰。①

　　传统以为顺帝北迁，蒙古就分裂为鞑靼、瓦剌两部，实是误解。明人一般认为瓦剌部在甘州、凉州之北，马哈木是洪武末当地酋长之一，但查洪武二十九年（1396）三月，行人陈诚越哈密、吐鲁番，西抵中亚撒马畏兀儿地面，奉命招抚"鞑靼"，差使要见的其中一部首领，便是马哈木，②则鞑靼就是瓦剌？再查瓦剌之地，位于哈密以北数百里，哈密是明成祖在嘉峪关以西设的七个卫所之一，马哈木出身的瓦剌地面，不归明境，③唯以地面称其部落，④如嘉靖时陈九德所言：

　　　　昔我太祖高皇帝……驱逐胡元，遁归朔漠，其末帝…谥为顺帝……顺之遗胤据其故土，仍君长丑类，世数莫考，惟知其地名瓦剌，其君立于宣宗皇帝时者，名普花，此称为可汗，而彼自称不知，意必仍僭其先世大号也，故其臣亦悉用故时将相称号……称丞相二人：曰和宁王鲁阿台、曰顺宁王脱欢……二人相继死，而脱欢之子也先悉有二人部属，其号为太师……普花娶也先妹以相固结。⑤

　　因马哈木子脱欢、孙也先独盛一时，明人进一步将"瓦剌"指代其势力所达的蒙古草原西部，后人也循此惯称，不辨缘由，误认北元遽分为东鞑靼、西瓦剌，鞑靼部才是成吉思汗黄金家族正统。⑥其实，蒙古本为松散部落社会，汉人是带有贬意地用"鞑靼"泛称全蒙古人。⑦

　　马哈木是所谓"瓦剌部"的奠基人，其孙也先则使家族声势达于顶峰。明初的北元可汗鬼力赤，非黄金家族后裔，故蒙古诸部多叛走，马哈木也不奉指挥，甚至恃强兵与汗廷相攻杀，永乐元年（1403），又与汗廷太保阿鲁台同时通贡明朝，互别苗头。明廷认鞑靼部的鬼力赤是正统，赐玺书，明人因此以为蒙古分裂为东鞑靼、西瓦剌。⑧鬼力赤与继任的本雅失里汗虽然都入贡，却杀明朝来使，明廷愤而援蒙古他部为助，期待制衡北元汗廷，遂于永乐七年（1409）五月册封瓦剌三酋马哈木等为顺宁王等衔，赐

---

①（明）刘效祖：《四镇三关志》，北京，北京出版社，1997年，《四库禁毁书丛刊》影印万历四年刻本，史部第10册，卷一〇，夷部考，16。（明）瞿九思：《万历武功录》，《俺答列传》，上卷一，第3～11页。

北元约八十多年，八位可汗传位顺序、来历和时间，大致如下：元顺帝，洪武三年逝→爱猷识里达剌，洪武十一年逝→脱古思帖木儿，即崇礼侯买的里八剌，洪武二十一年被弑→坤帖木儿，去帝号、称可汗，建文三年逝→鬼力赤，非元苗裔，来自鞑靼，三公都妄称可汗，蒙古开始分东鞑靼、西瓦剌，永乐六年被弑→本雅失里，元苗裔，太保阿鲁台立，永乐十年被阿鲁台或瓦剌马哈木所弑→答里巴，瓦剌马哈木立→脱脱不花，即普化，元苗裔，永乐二十二年由瓦剌王马哈木所立，景泰二年被弑。参考本注释两本史料，但详细年份未定。

②（明）陈诚：《陈竹山先生文集》，内篇，卷一，第13～19页；卷二，第8页、第38页。

③（明）陈建：《皇明通纪法传全录》，上海，上海古籍出版社，1995年，《续修四库全书》影印崇祯九年刻本，第357册，卷一四，第10页；卷二五，第24～25页。

④（明）陈建：《皇明通纪集要》，北京，北京出版社，1995年，《四库禁毁书丛刊》影印崇祯刻本，史部第34册，卷一四，第14页。（明）陈子龙编：《明经世文编》，北京，北京出版社，1995年，《四库禁毁书丛刊》影印崇祯刻本，第24册，卷一三五，《胡端敏公奏议》卷三，第16～27页。

⑤（明）陈九德：《皇明名臣经济录》，北京，北京出版社，1995年，《四库禁毁书丛刊》影印嘉靖二十八年刻本，史部第9册，卷二，第10页。

⑥如明朝官方称："北狄，鞑靼最大，自胡元遁归沙漠，其余孽世称可汗。东兀良哈、西哈密、北瓦剌，瓦剌强，数败鞑靼……瓦剌酋马哈木封顺宁王，鞑靼酋阿鲁台……景泰元年，阿剌知院遣人贡马请和，赐敕谕意，复贻书瓦剌可汗，赐也先敕，遗可汗也先阿剌金币。"参见申时行《大明会典》，上海，上海古籍出版社，1995年，《续修四库全书》影印万历刻本，第790册，卷一〇七，第1～2页。

⑦（明）蔡宪臣：《清白堂稿》，北京，北京出版社，2000年，《四库未收书辑刊》影印崇祯刻本，陆辑第22册，卷三，第23页。（明）陈全之：《蓬窗日录》，上海，上海古籍出版社，1995年，《续修四库全书》影印嘉靖四十四年刻本，第1125册，卷一，第68页。（明）过庭训，《本朝分省人物考》，上海，上海古籍出版社，1995年，《续修四库全书》影印天启刻本，第534册），卷六一，第38页。

⑧《明太宗实录》卷九三，第5页，永乐七年六月癸丑。陈建，《皇明通纪法传全录》卷一四，第41页。

鬼力赤汗，疑为图1中的额色库汗，即卫喇特克哷古特的乌格齐哈什哈之子，武武二十年丁卯生，永乐十三年乙未29岁即位，洪熙元年乙巳39岁殁，参见小彻辰萨囊台吉《蒙古源流》，北京，商务印书馆，2005年，《文津阁四库全书》影印乾隆五十四年校本，第141册，卷五，第7～8页。

印绶，用来掣肘本雅失里，十月，更兴筑杀胡、平胡等堡寨（后来的山西大同府区），积极储粮备战。①漠南草原因此重新热闹起来。

15世纪北元汗廷衰弱，对比明成祖5次出塞亲征的威势，蒙古各酋均拉拢明朝以自壮。②永乐十六年（1418）四月马哈木子脱欢袭封顺宁王后，持续贡马直到宣德初，阿鲁台等也纷起入贡，③可汗却随权臣挟持而四处漂泊，如宣德七年（1432），太保阿鲁台败兀良哈部，汗廷移驻辽东，两年后，脱欢攻灭阿鲁台，汗廷又移至漠北，末代脱脱不花汗（即普化）毫无实权。其后，瓦剌部脱欢独盛，挟可汗攻他部、通贡明朝，④正统六年（1442），其子也先继任太师、淮王，嫁姊于脱脱不花，自己又向明请婚，情形如下：

> 也先遂因通事人，请婚中国。通事人佯应曰诺……也先复大喜，自以为得和亲中国，乃夸诩张诸酋，洋洋大自雄也……其（正统）十四年春，遣二千人大贡马为聘，而（明）朝廷曾未知之也……也先始大愧，其七月，尽发其种落，大入云中、上谷边。⑤

这便是著名土木堡之变的由来。

也先是蒙古的"小王子"称号和漠南势力的开启者。景泰四年（1453），北元末代脱脱不花汗被弑，也先自称"大元田盛（天圣）大可汗"，自立瓦剌部新汗廷，但明人知他非元裔，赐诏仅称"瓦剌可汗"，⑥其政权持续通好明朝以威吓蒙部，故不再南侵，还移住上谷之地（宣大），即漠南草原，却成了明朝漠南外患的起源。《万历武功录》云，天顺元年（1457），也先被部下平章哈剌击败，逃亡而死，其子或脱脱不花之子，被旧北元权臣孛来立为可汗，因脱脱不花号"大王"，此子便号"小王子"，实属僭越，但此时北元汗廷早已随大王之死而消失。⑦有明人认为"小王子"是阿勒坦汗先祖，⑧但这与《万历武功录》所载7位"小王子"瓦剌可汗一样，都须再加考证。

"小王子"一词，似乎只有明人使用。蒙古习惯父子孙袭用有历史意义或杰出的英雄称号，⑨明人因此经常混淆可汗名号，把数人当作同一人，或一人误为好几人，"小王子"便是一例，明中叶人士多

---

① （明）瞿九思：《万历武功录》，《俺答列传》，上卷一，第3～4页。《明太宗实录》卷九三，第5页，永乐七年六月癸丑；卷九七，第1页，永乐七年十月己亥朔。

② （明）王鸣鹤：《登坛必究》，上海，上海古籍出版社，1995年，《续修四库全书》影印清刻本，第960册，卷二三，第88～94页。《明太宗实录》卷九〇，第1页，永乐七年四月丁丑。

十五世纪蒙古分裂成多部势力，各部纷纷争取明朝封爵、互市贸易，以威吓其他部落，参见Peter C. Perdue, China marches west : the Qing conquest of Central Eurasia05, p. 52.

③ 《明太宗实录》卷一九九，第2页，永乐十六年四月甲辰。《明宣宗实录》卷三三，第8页，宣德二年十一月壬寅。

④ （明）瞿九思：《万历武功录》，《俺答列传》，上卷一，第7～8页。（明）刘效祖《四镇三关志》卷一〇，夷部考，第17页。（明）茅元仪：《武备志》，北京，北京出版社，1997年，《四库禁毁书丛刊》影印天启刻本，子部第26册，卷二二四，第21页。（明）何乔远：《名山藏》，北京，北京出版社，1995年，《四库禁毁书丛刊》影印崇祯刻本，史部第47册，卷一〇八，王享记四，第8～9页。

⑤ （明）瞿九思：《万历武功录》，《俺答列传》，上卷一，第7～8页。（明）黄光升：《昭代典则》卷一五，第34页、第35～36页。（明）方孔炤：《全边略记》，上海，上海古籍出版社，1995年，《续修四库全书》影印崇祯刻本，第738册，卷二，第10页。（明）何乔远《名山藏》卷一〇八，王享记四，第10～11页。

⑥ 《明英宗实录》卷二三六，第3～4页，景泰四年十二月癸巳。（明）李东阳，《大明会典》卷一〇七，第1页。冯梦龙，《智囊补》，中国台南，庄严文化事业股份有限公司，1995年，《四库全书存目丛书》影印明刻本，子部第135册，卷四，第18页。

⑦ （明）瞿九思：《万历武功录》，《俺答列传》，上卷一，第11～12页。何乔远，《名山藏》卷一〇八，王享记四，第14页。黄光升，《昭代典则》卷一七，第15～16页。

宣大即上谷之地，参见艾穆《艾熙亭先生文集》，北京，北京出版社，2000年，《四库未收书辑刊》影印万历刻本，5辑第21册，卷三，第3～4页。

⑧ 杨嗣昌：《杨文弱先生集》，上海，上海古籍出版社，1995年，《续修四库全书》影印清初刻本，第1372册，卷二三，第18页。

⑨ 蒙古称号的袭用，如蒙古右翼永谢布万户的喀喇沁领主拜萨哈勒台吉，号"巴图鲁"，即勇士之义，其长子、次子也都袭用"巴图鲁"称号，所以明人以"老把都"称呼拜萨哈勒台吉，以区别父子，把都，即巴图鲁之转音，参见珠荣嘎译注：《阿勒坦汗传》，呼和浩特，内蒙古人民出版社，1991年，第19页，注4。

以此指称蒙古可汗，却不在乎是说第几代小王子、他们彼此的关系，造成理解上的困扰。著名的达延汗"因年幼即位，亦称小王子"之说，很可能源于明人这种记史疏漏，[①]当时蒙人可能也未以"小王子"来称呼大汗。小王子世系，是理解15—16世纪蒙古各部斗争和漠南草原因此再获移民和开发的经线，须先予厘清。《万历武功录》成书于17世纪初，是记载"小王子们"年代最清晰的明人史料，本节将以之与同时期成书、蒙人撰著中最早录有相关事迹的《阿勒坦汗传》，及清代蒙古台吉所撰《蒙古源流》作比对。

《万历武功录》共有7位瓦剌可汗称作"小王子"，依序是：1. 也先之子（天顺元年立，1457，旋被杀）→2. 脱思（也先之子的堂兄，天顺五年六月立，1461；成化元年九月不知所终，1465）→瓦剌部酋满鲁都（亦作满都鲁，成化元年僭称可汗，封哈密北山旱西洋部酋孛加思兰为太师，十八年冬死，1482）→3. 把秃猛可（成化十八年冬立；弘治元年冬死，1488）→4. 伯颜猛可（把秃猛可之弟，弘治元年立；正德七年禅位，1512）→5. 阿不亥阿着卜孙（伯颜猛可次子，正德七年冬立，十六年死，一说死于十四年）→6. 卜赤（伯颜猛可长房长孙，正德十六年立，旋死；卜赤又作博迪，一说正德十四年即汗位，嘉靖二十六年44岁时去世，1547）→7. 不及儿台吉乜明（卜赤之弟，嘉靖初立；疑与卜赤为同一人）。第4位小王子伯颜猛可，即中兴蒙古的达延汗、阿勒坦汗祖父，[②]但书中并未说明小王子们是否全出身瓦剌部，彼此亲属关系亦不明。

《阿勒坦汗传》的北元帝系和内文，可稍事补正《万历武功录》中的可汗传承关系。[③]本传原藏于清朝札萨克和硕车臣亲王索达尼（顺治十五年袭位）家，传末第393段文字录有其家族21代世系，与小王子传承最相关的一段是：元顺帝（乌哈噶图汗）→乌斯哈勒汗脱古思帖木儿→哈尔古察克都古楞黄台吉→阿寨台吉→阿噶巴尔济→哈尔古察克台吉→博勒呼济农→达延汗→达延汗长子图鲁博罗特。[④]如这段谱系为真，则《万历武功录》中小王子世系出自北元太师也先的瓦剌血统，非元朝帝裔的记载，就不成立了。

明人混淆蒙古世系，或许还因蒙古名的发音导致，记史者有可能将一个蒙古名的发音，转写成多种汉字组合，使一人故事变多人故事。[⑤]其次，明人的蒙古消息多刺探而来，或有误解。此处先还原第4位小王子伯颜猛可，即达延汗（大元汗）的身份，《万历武功录》中他袭位自兄长把秃猛可，[⑥]但蒙人写的《阿勒坦汗传》里，满都鲁汗所封的博勒呼济农名叫巴延孟克，成化十年（1474）生子巴图孟克（1474—1517），即达延汗。[⑦]此处产生四个名字：第3位小王子把秃猛可、第4位小王子达延汗伯颜猛可、博勒呼济农巴延孟克、达延汗巴图孟克。

这里先说明一下"达延汗中兴黄金家族"之前，蒙古草原的重要变化，以利后续分析。《万历武功录》说满都鲁是瓦剌部酋，可能是第2位小王子脱思族人，成化元年，与哈密北部巴而思渴（今巴里坤）来河套住牧的孛加思兰相结，僭称可汗，封孛加思兰为太师。随后，哈密的翁牛特部酋毛里孩，与儿子

---

① 珠荣嘎译注：《阿勒坦汗传》，第11～12页，第13段韵文的注释2。
② （明）瞿九思：《万历武功录》，《俺答列传》，上卷一，第12～18页。珠荣嘎译注：《阿勒坦汗传》，第37～38页。
③ 《阿勒坦汗传》是蒙文译本，原作则是举世孤本，约成书于1607年，内容为16世纪、17世纪蒙古土默特阿勒坦汗的事迹，作者应是其家族亲信，记事可信度高，参见黄丽生《论〈阿勒坦汗传〉的撰史意识》，第16～22页。
④ 珠荣嘎译注：《阿勒坦汗传》，第182～184页。此世系均是父子关系，但"阿噶巴尔济"其人在书中并未插入排行，是由20世纪的译者珠荣嘎在注释8特别说明：阿噶巴尔济作乱害死兄长岱总汗，被除名可以想见，详见后文的图1。
元顺帝是乌哈噶图汗，参见小彻辰萨囊台吉《蒙古源流》卷五，第1～2页。
⑤ 明人记录蒙古名字，用字并不精确，如同页文字，哈密部酋"毛里孩"亦写成"阿里孩"，其子"阿扯来"又作"干赤来"，造成读者极大困扰。欲厘清这段蒙古史的轮廓，须反复对读《万历武功录》和《阿勒坦汗传》两书正文及注释，但前者纪年相对清楚许多，且比《阿勒坦汗传》的注释成书时间早、史料价值高，纪年仍应以它为准，参见（明）瞿九思：《万历武功录》，《俺答列传》，上卷一，第14页。
⑥ （明）瞿九思：《万历武功录》，《俺答列传》，上卷一，第15页。
⑦ 珠荣嘎译注：《阿勒坦汗传》，第11～12页、第27页。
济农是蒙古官名翻译，职务是辅佐可汗掌管蒙古右翼，也就是明人所称的瓦剌、西部蒙古一带，地位仅次于可汗。

阿扯来（亦作干赤来、斡赤来、火赤儿）也移住河套，与同部的乩加思兰合作，称雄于满都鲁汗廷和蒙古草原。成化十三年（1477）冬，乩加思兰欲以阿扯来取代汗位，被满都鲁所杀，其族弟马亦思（亦作亦思马）继任太师，驱逐博勒呼济农巴延孟克，占其群众，弱化满都鲁势力，而巴延孟克行至永谢布部被害。①

了解大致情形后，判断前述四个蒙古译名较为可行。《万历武功录》说，成化十八年（1482）冬满都鲁死，太师马亦思立第3位小王子把秃猛可为大汗，又死于弘治元年冬（1488），其弟第4位小王子达延汗伯颜猛可继位。《阿勒坦汗传》则说：

（13）时有博勒呼济农生名为巴图孟克之子，
其于一岁时离别其父落得孤苦伶仃，
时有邪心的翁里兀特（翁牛特）恃强作乱，
行将占其义母天赋完备之满珠海哈敦（满都鲁汗妃，哈敦即皇后）。
（14）此时她不忘昔日圣祖（成吉思汗），
不为今时恶人翁里兀特、畏兀特之计所乘，
将宝贝般之子从一岁起加以守护，
向威力长生天赋祈祷禀奏：
（15）"请上天之主鉴察心怀恶念之人"，
她以虔诚之心坚定祈祷，
将贵子小心谨慎地守护照看，
使孛儿只斤黄金家族如意珠般繁荣兴旺。
（16）其义母额尔克楚特图门（有权者万户）之女满都海哈敦，
与宝贝般好心之臣互相议商，
如此一无失误地守护达延汗，
点燃权贵孛儿只斤火焰之情如此这般。
（17）七岁时取义母为妻，
四十万蒙古聚会尚号达延汗，
执掌朝政采纳诸臣之言，
安然整治（大国）之间。②

比对显示，《万历武功录》应是混淆了达延汗与生父之名，因发音太近，此外，第3位和第4位两位小王子时期，其实只有满都鲁汗传到达延汗一次，佐证是成化十八年至弘治元年，头尾两年都计入，共7年，正合《阿勒坦汗传》所记，巴图孟克7岁娶义母满珠海哈敦为妻，同年并由蒙古东鞑靼、西瓦剌（即卫喇特）两部聚会，上尊号为达延汗的内容，这7年里，没有第3位可汗。

《阿勒坦汗传》叙述北元汗廷事迹，略去数代可汗传承未写，故此处加上清代蒙古台吉所撰的重要史书《蒙古源流》，补充讨论，理出图1：北元帝系传承，作为理解小王子世系的根据。

明人史料里的蒙古大汗名字，和蒙文史籍的完全不同，故先判定图1中谁是北元末代可汗脱脱不花，才较易理解。图1有3处年代可供确认，最要者为额森汗也先，他与明对战翔实可查，明人记载也最多，

---

① （明）瞿九思：《万历武功录》，《俺答列传》，上卷一，第13～15页。珠荣嘎译注：《阿勒坦汗传》，第13页。
② 珠荣嘎译注：《阿勒坦汗传》，第11～14页。（明）瞿九思：《万历武功录》，《俺答列传》，上卷一，第15页。

年份不易偏误；其次是阿岱汗、托欢并逝的戊午年；第三是岱总汗去世的壬申年。也先生于丁亥年，即永乐五年（1407），被弑于景泰五年十月（1454），岁次甲戌，依古代出生即1岁的虚岁算法，他32岁是戊午年，合于图1说明，该年其父托欢弑阿岱汗，与汗并殁，为正统三年（1438）。[①] 至于壬申年岱总汗死，查也先存活时，仅景泰三年（1452）岁次壬申，图1中的蒙古大汗则均逝于60岁之前，无人能经历两个壬申年，故也先所弑之汗，必是第12位岱总汗，即北元末代可汗脱脱不花。

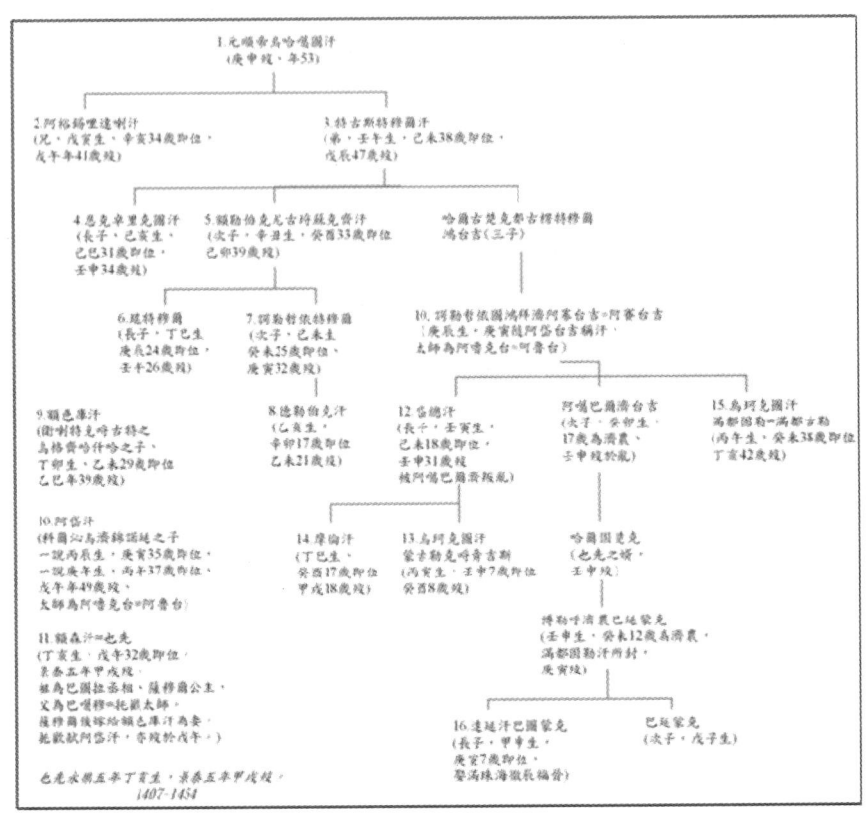

图1 北元帝系传承[②]

岱总汗脱脱不花死的景泰三年，是北元终止之年。图1中，壬申年是承先启后之年，牵涉到5个人：岱总汗与弟阿噶巴尔济台吉、侄哈尔固楚克死亡，第13位乌珂克图汗即位，博勒呼济农巴延蒙克出生。第13位乌珂克图汗蒙古勒克呼青吉斯，就是《万历武功录》所称的第1位小王子、也先之子；第14位摩伦汗，是该书的脱思、也先子的堂兄。至于乌珂克图汗何以被称为也先之子？或许其母正是嫁给脱脱不花当正妻的也先之姊，而摩伦汗则是原本的太子，因也先不满外甥未被立为太子，作乱弑君，故摩伦汗在弟弟乌珂克图汗死后才即位。

《万历武功录》里未被计入小王子世系的满都鲁汗，其实正是图1中的第15位乌珂克图汗满都固勒，或叫满都古勒，即第3位小王子，他传位给分属侄曾孙的第4位小王子达延汗巴图蒙克，或叫巴图孟克。至于《阿勒坦汗传》里清朝车臣亲王家系：元顺帝→乌斯哈勒汗脱古思帖木儿→哈尔古察克都古楞黄台吉→阿寨台吉→阿噶巴尔济→哈尔古察克台吉→博勒呼济农→达延汗，完全对得上图1世次，因此，图1就是北元帝系的传承图，岱总汗死于景泰三年壬申，标志着北元终止、小王子世系开始，第13位乌珂克图汗是第1位小王子，而所有小王子都是成吉思汗黄金家族子孙。

至此可以理解，蒙古草原一直尊崇成吉思汗家族，公认他们才是正宗蒙古大可汗的来源，历明朝取

---

① 《明英宗实录》卷二四六，第4～5页，景泰五年十月甲午。
② 小彻辰萨囊台吉：《蒙古源流》卷五，第1～26页。也先卒年，《明英宗实录》卷二四六，第4～5页，景泰五年十月甲午。

代元朝两百年而不衰,此为查探阿勒坦汗功业前须有的概念,本节考证北元、小王子世系,更证明这个价值观。此外,无论大王还是小王子,同一时间里,蒙古草原只会存在一位正宗大可汗,代表全蒙古,别无分号。虽然从北元开始,蒙古大汗就沦为兵力衰微的政治傀儡,汗廷任历届太师、权臣、强酋搬迁左右,但草原上的大汗,还是必须出自成吉思汗黄金家族血脉,这点,连瓦剌三代强酋也先都违拗不得。

三 阿勒坦汗家族与土默特部之开发

"小王子"世系的传承在15世纪历经波折,至达延汗而终归一统,开启16世纪黄金家族政权重兴和归化城土默特部的繁荣契机。学者黄丽生认为14世纪—20世纪土默特(归绥)呈现"从军事征掠到城市贸易"的变化,而阿勒坦汗与归化城最终几乎成为蒙古政权新中心,除了蒙人从元朝的富庶重归游牧生活,有转化困难,在相当程度上仍需倚赖中原经济供给之外,政治上也亟待重建一个长久认同和共利的体制,统合各部,防止大家退回原始的掠夺竞争、自相残杀状态。[1]这里指出了阿勒坦汗以具强盛武功的达延汗孙身份,在蒙古世界带起的新希望,而此瞩目的火炬,又能借其引进佛教、与明议和通商两重大举动,而能长久延续下去,此亦归化城土默特部开发的最大时代意义。

土默特部真正绽放出城市贸易的曙光,是16世纪初达延汗子孙两代合力缔造辉煌战绩之后。土默特即丰洲滩,是第4位小王子达延汗巴图孟克之孙——阿勒坦的根据地,他早年继承祖先游牧征战的习性,建功拓土,致力让小王子家族实质牢固地控有全蒙古,中年则开始倾向定居生活。他是率先看见城市、定居、贸易之利的蒙古领袖,带领蒙古右翼(西部蒙古)迈向军事尾声,迎向和平繁荣,并向全蒙古展示农商、佛教之力。

阿勒坦汗是达延汗之孙,父辈有11人,制表如图2。达延汗长子图鲁拜呼,明人称"铁力摆户",势力范围在蒙古左翼的察哈尔高原上,是晚明林丹汗的先世,也是小王子世系可汗传承最重要的正宗长房;次子乌鲁斯拜,明人称"阿尔伦台吉",正德四年(1508),受达延汗封为蒙古右翼3万户济农,到任之初,便被卫兀特部的永谢布领主伊巴赍太师,联合鄂尔多斯部领主满都赉阿勒固呼杀害,后二者立刻遭达延汗讨伐,逃奔青海,[2]这段经历,《万历武功录》误记道:

> 小王子长子阿尔伦台吉遁入于海西,居青海,蚕食诸番夷,诸番夷畏之,而河西始有虏患矣![3]

两相对照,明人所记录的"虏情",阅读时不可尽信。

后达延汗时期的蒙古汗廷,或小王子汗廷,随其长子一脉居地而长期移驻察哈尔高原,为大宗可汗系统。清代蒙人所撰《蒙古源流》,记载黄金家族源出佛陀故乡——印度半岛,谱系中尚有娶唐朝文成公主的藏王松赞·干布,显示蒙人自认的活动空间,包含全蒙古草原、青康藏高原,乃至恒河流域,[4]而明代的蒙古人或小王子家族,正活跃于此宽天阔地,甚至到达后来的新疆之地。

图2的乌鲁斯拜之死,使阿勒坦之父——达延汗三子巴尔苏博罗特出头。该乱事迫巴尔苏博罗特携眷逃往父汗驻地,阿勒坦因此就养于蒙郭勒津土默特部乌由罕(高官夫人)之手,与四叔阿尔苏巴拉特

---

[1] 黄丽生:《从军事征掠到城市贸易:内蒙古归绥地区的社会经济变迁(14世纪中至20世纪初)》,中国台北,中国台湾师范大学历史研究所,1995年,第6~9页、第101~121页。
[2] 珠荣嘎译注:《阿勒坦汗传》,第16页、第23~24页。
[3] (明)瞿九思:《万历武功录》,《俺答列传》,上卷一,第17页。
[4] 小彻辰萨囊台吉:《蒙古源流》卷一,第15~28页;卷二,第1~15页。

等同住,在正德五年(1509)晋见达延汗。蒙郭勒津土默特部领主浩绥诺延(又作浩赛塔布囊,塔布囊即驸马),是满都鲁汗女婿,强悍善战,为患明边,明人称为"火筛",此际与达延汗父子合作,出动蒙古左翼之兵,在土默特北部的大青山歼灭杀害乌鲁斯拜的卫兀特部、收服鄂尔多斯部,胜利凯旋。局势太平后,巴尔苏博罗特大受父汗倚重,正德七年(1512),继乌鲁斯拜出任蒙古右翼3万户济农,驻鄂尔多斯万户,地位仅次于达延汗,使明人以为他此年就当了可汗;十二年(1517),达延汗死,两年后,巴尔苏博罗特继位,号"赛音阿拉克汗",明朝称为阿不亥阿着卜孙,即第5位小王子。①

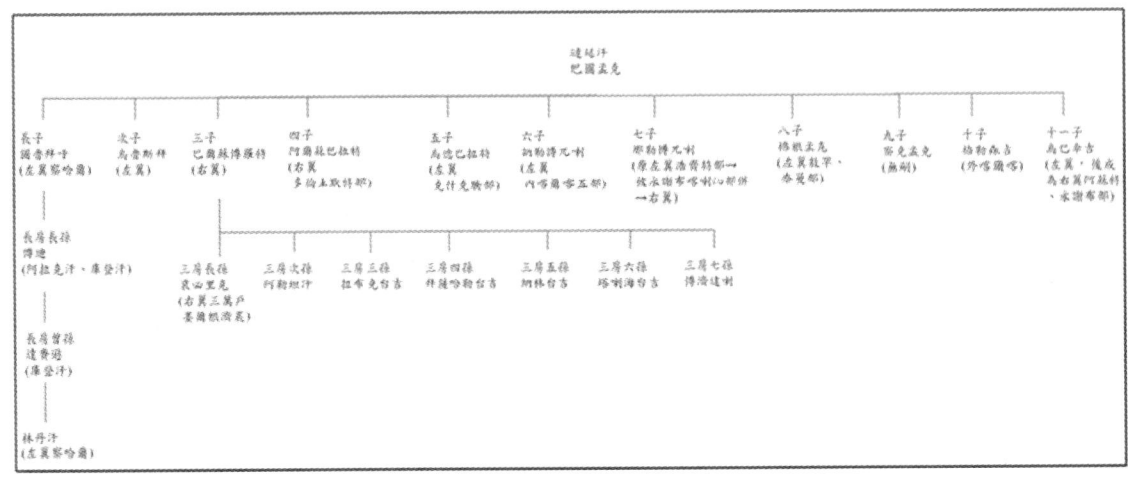

图 2　达延汗子孙世系②

正德十四年(1519)赛音阿拉克汗登位,大大提升三房一支在蒙古世界的地位和在右翼草原的发展。图2所示,赛汗巴尔苏博罗特有7子,长子衮必里克(1506—1542)继承父亲右翼3万户济农之位,相当于汉人社会的辅政亲王,号"墨尔根",驻扎鄂尔多斯万户,所辖蒙古右翼大致是今河套地区,后成为阿勒坦汗根据地。衮必里克即明人熟悉的"吉囊"、阿勒坦或"俺答"之兄,实则吉囊就是济农,并不是他的名字。③

衮必里克兄弟主要靠自身努力而强大,因其父汗登位当年旋逝,年仅30岁。衮必里克携长于丰州城的大弟阿勒坦,活跃于嘉靖初的战争,北攻兀良罕、西攻畏兀特、南攻明朝,其"墨尔根"号,即因跟随达延汗长房长孙——博迪汗征兀良罕有功,由后者授予,此显示汗位在巴尔苏博罗特逝后,又回到长房一支继承。达延汗世系的势力有多大?计衮必里克部众约5万人;阿勒坦拥火筛部,3万人;第6位、第7位小王子应是同一人,即博迪汗,明人称乜明,居蓟辽,迁徙无常,4万人;达延汗四子阿尔苏巴拉特,领右翼多伦土默特部,明人称"满官嗔"或满冠部,3万人,综合而言,他们整体约达到20万部众。④

墨尔根济农衮必里克和阿勒坦,征战掠地、扶助叔伯子孙,愈益兴盛。嘉靖三年(1524),左翼兀良罕部的图类诺延、格勒巴拉特丞相,偷袭外喀尔喀的7个鄂托克其中之一——住有达延汗十子格勒森吉的次子、四子两部,衮必里克兄弟立即出兵,追击堂兄弟之敌至车臣汗部(今蒙古肯特北部),来回战于戈壁、青海、甘肃达10年,逼得敌方之一——卫兀特部的博喇海太师,献女儿给衮必里克做哈敦(皇后)。倚恃战力威猛,衮必里克兄弟长年为小王子家族扶倾济弱,声名鹊起,但敌人迭起之因,还在于达延汗中兴,统有全蒙古,相对使一些领主失去属地,愤恨起而战斗,如博喇海太师原为蒙古右翼领

---

① (明)瞿九思:《万历武功录》,《俺答列传》,上卷一,第17页。珠荣嘎译注:《阿勒坦汗传》,第16页、第24~27页。
② 珠荣嘎译注:《阿勒坦汗传》,第15~18页。图1的拜呼、斯拜、博罗特,均作"博罗特"解。
③ (明)瞿九思:《万历武功录》,《俺答列传》,上卷一,第18页。珠荣嘎译注:《阿勒坦汗传》,第42页。
④ (明)瞿九思:《万历武功录》,《俺答列传》,上卷一,第19~23页。珠荣嘎译注:《阿勒坦汗传》,第18~19页、第28页、第33页。

主，正德十年（1515）奔青海，联合同属卫兀特部的永谢布领主伊巴赉，而伊巴赉即当年不服达延汗派次子来治理己部，杀害汗子、造成阿勒坦流离失所之人。①

嘉靖前期，衮必里克与阿勒坦的赫赫战功，使三房独傲群伦，让统领蓟辽沃土的长房博迪汗也起而争雄，两者均成明朝的边防大患。他们深入朔州、延绥，要求贡市买卖，还参与嘉靖十二年（1533）十月的大同兵变，小王子博迪汗接受叛变明兵送的金币、女妓，应约南攻。叛兵邀蒙人宴饮，请以代州为汗城，博迪汗如约兵临山陕边关，稍后，衮必里克兄弟掠陕西，虽未占领，已惊恐明朝甚巨。②嘉靖十七年（1538），达延汗两房子孙之争，因宿敌兀良罕部大掠博迪汗部而出现转折，两房立誓合作，出击并收服了此世仇，战后大会六万户蒙古于成吉思汗墓（白室）前，推博迪汗为首，上号库登汗（又号阿拉克汗），衮必里克获"墨尔根"之号，阿勒坦获"索多"称号。③

上述16世纪前半叶，这些蒙古草原上小王子家族征服诸部之战，带有强烈的部落争地、报仇争雄的性质，各部视实力说话，财物掠夺则是战争一大诱因。

自忽必烈开始，蒙古大汗就很重视经济资源，甚至倚此团结各部，作为统治利器，长城以南的富庶，尤具吸引力。④嘉靖二十一年（1542）六月，墨尔根济农衮必里克掠得山西忻、代娼妓，纵欲过度而逝，年仅37岁，⑤轮到大弟崭露头角。"索多"阿勒坦正德二年十二月二十日（1508.2.1）生，年富力强，拥有长年建立起来的战功和威名，又是达延汗三房中存世最长者，顺理成章地成为三房首领。蒙古传统重视家族血缘，影响深着于阿勒坦的人生，除自强不息外，父为达延汗接班人，亦使他与兄长在宗族中与众不同，但他始终恪守伦序，如衮必里克居河套沃土，他便出居开原、代州、云州等瘠地，不与兄争夺，而是南掠明朝，另取财富。南朝资源总是草原游牧部落联合的理由，尤其像嘉靖十六年底蝗灾这样的天灾，往往草原荒枯，逼蒙人入绝境，被迫结盟向外劫掠，阿勒坦便在一次次集结，敌人、目标明确的战争之中，成为东蒙小王子外，最具名望的西蒙雄主。⑥

阿勒坦威望长隆，来自于他从小征战，数十年间持续扶助宗亲、分享战果。《阿勒坦汗传》第62～66节写道：

（62）其兄墨尔根济农（衮必里克）已归天，
无所依赖的阿勒坦汗坚强地经星胡拉越山远征，
降伏仇敌博喇海太师于合鲁勒哈雅（哈密等地）之林，
将其赐予侄儿岱青诺延之情如此这般。（阿勒坦七弟博济达喇的长子恩克达喇岱青诺延，明人作永绍卜大成台吉）
（63）真诚聪慧的阿勒坦汗此役后未回，
进掳练椎之民（锡赉兀尔人，明人作撒里畏兀儿）于巴彦尼库（青海西北阿木尼尼库山之南），
畏兀儿人觉之相继来援而被击溃，

---

① 珠荣嘎译注：《阿勒坦汗传》，第29～35页。
② （明）瞿九思：《万历武功录》，《俺答列传》，上卷一，第20～22页。
③ 珠荣嘎译注：《阿勒坦汗传》，第34～40页。（明）瞿九思：《万历武功录》，《俺答列传》，上卷一，第20页。
索多，意为"丈夫中之丈夫"，参见小彻辰萨囊台吉：《蒙古源流》卷五，第10页。
④ 杉山正明著、周俊宇译：《忽必烈的挑战：蒙古帝国与世界历史的大转向》，北京，社会科学文献出版社，2013年，第204～248页。
⑤ 珠荣嘎译注：《阿勒坦汗传》，第42页。（清）谷应泰：《明史纪事本末》，中国台北，中国台湾商务印书馆，1983年，《文渊阁四库全书》影印乾隆四十六年校本，第364册，卷六〇，第3页。（明）瞿九思：《万历武功录》，《俺答列传》，上卷一，第30～31页。
⑥ （明）瞿九思：《万历武功录》，《俺答列传》，上卷一，第23～25页。珠荣嘎译注：《阿勒坦汗传》，第29页。（清）谷应泰：《明史纪事本末》卷六〇，第1页。

因其沮丧地承诺纳贡置之于彼地。
（64）额尔和图（强者）圣者阿勒坦汗，
贵体腱子中间负伤但无妨，
击败骄横来犯的锡赉兀尔，
将其降伏令居彼地而还。
（65）六大国（六万户）聚集于圣主之白室前，
阿勒坦汗语于博迪汗曰：
"赖天佑我使逮新的博喇海太师于额真前向您叩降！"
此时六万户盛赞福盛阿勒坦汗。（向博迪汗献俘）
（66）平定仇敌使为自己的阿勒巴图（属民），
使分离已久之众跪倒于额真前，
博迪汗等为报答勇敢真诚的阿勒坦汗，
于额真前当六万户之面赐号曰土谢图彻辰汗。①

随后，阿勒坦又与三房弟侄瓜分来降的福余卫、朵颜卫诸部，并于嘉靖二十三年（1544）至二十五年（1546），再次战胜兀良罕部不服者，功业达于鼎盛，且一并带起四弟昆都楞汗拜萨哈勒台吉（老把都）、兄子诺延达喇济农、自己长子都古楞僧格诺延（后来的彻辰汗，又作车臣汗、黄台吉、乞庆哈、辛爱），于开原城大会蒙古右翼3万户，俨然草原上另一汗廷。②

降伏世仇兀良罕之战，也可能是阿勒坦试图与明建立贸易关系不成，又无法攻占南朝，才转向西发展。嘉靖二十年（1541）七月，阿勒坦派自幼服役于本部的汉人石天爵为使者，至明朝山西大同的阳和卫，表达希望赏赉、贡市之意，巡边御史史道、谭学也先后上奏开市益处，陈述阿勒坦主动制止部众犯边的行为，鼓舞朝廷接受市易以蠲除北边遭掠痼疾。明廷对此却深怀质疑，索要小王子的正式国书，显然不明白阿勒坦在蒙古已有的崇高地位和影响力，③获得以下答复：

汉与我（贡市），我即与小王子索降书，自是，汉耕塞以内，我塞以外。④

阿勒坦明言蓟辽的堂兄博迪汗仍是全蒙古大汗，自己与汗廷也联系频繁，透过贡市，他可不由抢掠便得到更多布匹等生活物资。他再三遣使希请通商，明朝却屡次拒绝，大同总兵家丁董宝甚至磔杀来使石天爵、肯切，以杀虏首功呈报，传首九边，终于惹到阿勒坦出兵，二十一年闰五月南攻山西太原示威，大抢1个月才退，破坏近40州县，侵害20余万人。⑤这是明朝率尔回应引来的杀戮之烈。

宣大总督翁万达呼吁明廷正视阿勒坦求和互市一事，勿再因边镇家丁的莽撞行为，坏了国防要务，陷边民于长年水火。他很沉痛地说：

---

① 珠荣嘎译注：《阿勒坦汗传》，第43～46页。
② 珠荣嘎译注：《阿勒坦汗传》，第19页、第46～48页。这右翼三万户，就是阿勒坦控制的数字，参见本书，第51页。
③ 《明世宗实录》卷二五一，第3页，嘉靖二十年七月丁酉。（明）徐学聚：《国朝典汇》，中国台南，庄严事业文化股份有限公司，1996年，《四库全书存目丛书》影印天启四年刻本，第266册，卷一七〇，第53～54页。（清）谷应泰：《明史纪事本末》卷六〇，第5页。
④ （明）瞿九思：《万历武功录》，《俺答列传》，上卷一，第31页。另个说法则是"求进贡讲和，自后，民种田塞内，房牧马塞外，各守信誓"，（明）徐学聚：《国朝典汇》卷一七〇，第59～2页。
⑤ 《明世宗实录》卷二六二，第2～3页，嘉靖二十一年闰五月戊辰。（明）徐学聚：《国朝典汇》卷一七〇，第55～2页、卷一七〇，第59～2页。

> 北虏……弘治癸亥（十六年，1503）以前，岁犹称贡羁縻不绝，疆围稍宁。嗣因宣府虞台岭之战我师覆没，虏益骄横，贡道不通，诸边侵驳，其结患生民者，已及四十年矣。嘉靖壬辰（十一年，1532），小王子复自致书求献方物，后竟疑沮，迨年石天爵之事，其始也，彼以好来、寒然诺之，既而设计诱取，斩之何名？大失夷心、横挑巨衅……今彼酋遣使叩边讲和求贡，虽谲诈之情、窥窃之计不可易知，然我惟备之而已。和则不可，来则勿拒，固帝王之所以待远人……夷狄虽犬羊其性，固能知曲直喜怒，犹夫人也……曲既在我……将来即有畏慕威德、出于实心者，亦必回遑疑虑。①

可见弘治时，达延汗已曾频繁南掠明朝，后来将近40年间，也都是双方互攻的局面，阿勒坦是第一位积极求和的蒙古首领。厌战的嘉靖帝，采纳了翁万达之议，从雁门关稍事内撤，大修边墙，配合火器，严守云中外边，以省10万缗经费。②

从阿勒坦家族3代的奋战史，可得此结论：达延汗中兴，仅建立了一个薄弱的蒙古统合局面，往后，还要再经子孙半世纪的四出征战，小王子家族才真正拥有稳固的统治者地位。虽然至阿勒坦称汗时，达延汗系政权已趋坚实，但他们又循着蒙古族的发展惯例，从抟合一体，开始迈向另一个部落分化期。③

嘉靖二十年代初的阿勒坦，似乎已萌退志。他自幼逃难、就养于土默特部，青年起金戈铁马近30年，经历45次大战役，从无片刻安宁，④而祖父达延汗、父赛音阿拉克汗、兄墨尔根济农三位，俱逝于三四十岁，刚要享受长年征战果实之际，对他或有影响。此时，他已尽除父祖之仇——兀良罕部，收降蒙古其他不服达延汗子孙统治的部落，并在白室大会封汗，瓜分他部、提携子侄，达成草原英雄的最高功业，竟于提鞭南指、数次深入明境之后，倾向筑城耕种，尝试定居，若非受汉人生活实境影响，至少已怀休养之意，甚至为此不从蓟辽小王子南侵之约，声称自己希望贡市，不想入寇明朝。⑤

自百年前太师也先以来，蒙古各部大多希望拉拢明朝，威示他部，中年阿勒坦亲见农业社会富庶景象，对他而言，此刻与明朝化敌为友、尝试南人定居垦种的生活，都是比继续从事征战、掠夺更好的营生方式。当然，南朝物资更是阿勒坦想稳定获得的，因此，有必要在明蒙交界的长城附近营造一个根据地，再逐步探索如何与明朝官方建立和平贸易市场，这也是归化城兴起的积极原因，当地不仅是他的大本营，更是他幼时的避难和成长之地。

四 结 论

本文借由厘清15世纪北元大汗世系的顺序和草原动荡，了解16世纪漠南草原再度繁荣的原因，特别是阿勒坦家族建立归化城，并能长保兴盛，却非其他部落有类似发展的原因。

阿勒坦汗出身元顺帝直系，是北元汗廷消失后，再次中兴黄金家族势力的达延汗之孙，也是继承和发展达延汗功业最宏大的一支。北元汗位传承7次，维持80多年，仅具表面一统之相，实无力控制蒙古各部，大汗也受权臣挟制，永乐元年（1403），甘凉之外的瓦剌部酋长马哈木，与出身鞑靼部的北元鬼力赤汗同时通贡明朝，则是蒙古出现东鞑靼、西瓦剌分别之始。15世纪中，马哈木之孙太师也先，结束了北元汗廷，自称可汗，开启往后百年蒙古可汗传承失序、各部乱如散沙的时期，明朝则以个别分

---

① （明）陈子龙编：《明经世文编》卷二二四，第7~8页。
② （明）张居正等：《明世宗实录》卷三〇九，第4~5页，嘉靖二十五年三月己卯；卷三一二，第2页，嘉靖二十五年六月己丑；卷三一二，第4页，嘉靖二十五年六月辛丑；卷三一三，第10页，嘉靖二十五年七月己卯。
③ Michael Burgan 著、温海清译：《蒙古帝国》，北京，商务印书馆，2015年，第45~90页。
④ 珠荣嘎译注：《阿勒坦汗传》，第78页。
⑤ （明）瞿九思：《万历武功录》，《俺答列传》，上卷一，第35页。

封、离间制衡之策对付，于山西大同地面筑堡防御，积极建设军事，收效颇大，此亦隔邻归化城土默特地区（漠南蒙古）再获开发的契机。

也先僭称大汗后长驻漠南蒙古，形成明代中期的最严重外患，著名的蒙古"小王子"不止一位，是明人对北元终止后的蒙古大汗之称，便始自也先后辈，但即使只承认黄金家族汗统的明朝，也不清楚每位小王子的正宗与否。明人《万历武功录》以"小王子"称 7 位可汗，但蒙人是否如此称呼，不得而知。7 位可汗间的关系，参照 17 世纪初成书的蒙人《阿勒坦汗传》，可以发现，明人认为继承兄长把秃猛可之位的第 4 位小王子伯颜猛可，为达延汗（大元汗），是混淆了他与父亲的名字、关系，实则达延汗名巴图孟克，是黄金家族汗系仅存的支脉子孙，又娶满都鲁汗继妻满珠海，才由东鞑靼、西瓦剌（卫喇特）聚会，共推为大汗，这段历史轮廓，须仔细对读明蒙这两本古籍才能理解，而同一时间草原上只会存在一位代表全蒙古的正宗大可汗，别无分号，亦是必须知晓的蒙古习俗。

15 世纪中到 16 世纪中"小王子"家族的兴衰，正是阿勒坦汗的现实动态，也是丰洲滩土地重兴、归化城建立的由来。阿勒坦汗向往并将蒙古族的游牧征战，日益导向农商定居的生活模式，受到祖父达延汗中兴事业的影响很大，后者重新确立汗廷、统合诸部，却引来子辈颠沛战斗的命运，直到孙辈，才真正达成最终的征掠胜利。特殊的是，战力最强、功业最大的阿勒坦，也是率先看见城市、定居、贸易、佛法之益的人，希望结束军事，对明贸易，获取物资，使兴盛的政权可以长久维持下去。

达延汗共有 11 子，其后的蒙古大可汗系统确立在其长子一脉住牧的察哈尔高原，而蒙古草原其他地方与青康藏高原，都是小王子家族和蒙古人活动之处。达延汗三子巴尔苏博罗特成家后，受乱逃往父汗驻地，阿勒坦因此长于蒙郭勒津土默特部，日后又率该部兵马与宗族长年合作，击溃世仇卫兀特部、收服鄂尔多斯部。巴尔苏博罗特曾任蒙古右翼 3 万户济农，控有蒙古一半势力，达延汗逝后，还短暂当过蒙古大汗，这些都是阿勒坦的功业资本。阿勒坦与兄衮必里克，即明人所称的"吉囊""俺答"，因父早逝，必须不断透过战斗以自立自强，后来又一路扶助宗族，分享部众和财富，声望崇隆，是蒙古最强势力，故阿勒坦得以称汗，但仅是支系小汗。"吉囊"一词，来自衮必里克接父之位，担任右翼济农。

约当明朝嘉靖中期，中年阿勒坦汗功业达于鼎盛，以丰洲滩为根据地，控有蒙古右翼 3 万户，声势超过察哈尔汗廷。值得注意的是，他虽是蒙古最盛武力，仍无法匹敌明朝整体，草原世界也依旧处于大小领主互为统属的状态。阿勒坦没有明朝封诰，不能贡市，因此，即使向往定居、宗教生活，想借由贸易获取汉地物资，却不得其门而入，只能以战迫和，攻击明朝，激起双方极大的误解与杀戮仇恨。

[作者单位：中国台湾树德科技大学通识教育学院]

从朝鲜使臣的经济活动看明代辽东社会

张晓明

中国辽东地区与朝鲜半岛山水相接，经济文化联系紧密。辽东地区"左控朝鲜，右引燕蓟，前襟溟渤，而后负沙漠，盖东北一都会也"①。辽东为明廷防御体系的重点区域，也是中朝贡路的必要组成部分。明代，中朝之间宗藩关系紧密，贡使往来不断。朝鲜使臣行经辽东地区与各阶层接触频繁，其间经济交流活动的相关记载是考察辽东社会经济面貌的珍贵资料。

一 朝鲜使行与辽东贡路

中国与朝鲜半岛山水相接，经济文化联系紧密，政治上数代结为藩属。如《辽东志·外志·朝鲜》载："武王封殷太师箕子于其地，箕子教以礼义田蚕，又制八条之教"；汉代以来，"累代皆受中国封爵"。②朝鲜使臣亦自述："吾东方臣，事中朝，世修职贡。"朝鲜东藩为臣，修明礼乐可追三代。③洪武元年（1368）正月，朱元璋建立明朝后，遣使通报"四夷酋长"，"使天下周知"。高丽恭愍王遵循前代保国策略，于洪武二年（1369）五月，遣使赴明，请封爵位。朝鲜对明朝奉行"事大"政策，在周边藩国中有"小中华"之称，受到明廷在政治、经济、军事方面的支持与保护。洪武元年，朱元璋诏谕高丽，往昔"其王或臣或宾，盖慕中国之风，为安生灵而已"④。洪武二年四月，朱元璋遣使高丽并赐玺书及纱罗等物。高丽国王随即称臣入贡，"输诚数年"。⑤随着明朝政权的巩固、李氏朝鲜建立，朝鲜以小邦之姿侍天朝"至诚无二"，奉行"以小事大，保国之道"。⑥此后二百多年间，明廷依据洪武年间确定的"不宝远物""不劳夷民""薄来厚往"的基本原则，与朝鲜保持着友好关系，双方使臣往来不断。《明会典·朝贡·朝鲜国》载："永乐初，赐印诰。自后每岁圣节、正旦（嘉靖十五年，1536，外夷朝正旦者俱改冬至）、皇太子千秋。皆遣使奉表朝贺，其余庆慰谢恩无常期。若朝廷有大事，则遣使颁诏于其国。国王请封，亦遣使行礼。其岁时朝贡，视诸国最为恭慎。"⑦有明一代，朝鲜频繁遣使入明，一行人除轮值各曹参判或判书一员领书状官、养马通事等官方额定成员外，另有护卫、押物、打角夫等随从人员若干。除世子、王公等贵胄出使，一般朝鲜使行队伍规模在 30 人左右。⑧朝鲜遣使入京的政治性目的较为明显，但在使臣朝贡过程中发生的经济活动也体现了中朝经济上的紧密关系。辽东地区作为中朝贡路的重要组成部分与朝鲜间的经济交流尤为频繁。

---

① （明）李辅：《全辽志》卷一，《图考》。
② （明）李辅：《辽东志》卷九，《外志》。
③ 林基中：《燕行录续集》，韩国，尚书院发行处，2008 年，第 101 册，第 113 页，第 171 页。
④ （明）姚广孝等：《明太祖实录》卷三四，洪武元年十二月辛亥条。
⑤ （明）姚广孝等：《明太祖实录》卷一一〇，洪武十年正月丁未条。
⑥ 吴晗辑：《朝鲜李朝实录中的中国史料》前编卷中，第 81 页。
⑦ （明）申时行等：《明会典》卷一五〇，《朝贡一》。
⑧ （明）李辅：《全辽志》卷四，《典礼》。

朝鲜使臣往来于辽东地区入京朝贡是明代中朝宗藩关系的表现,同时受朝鲜半岛与辽东地区的地缘关系影响颇深。辽东为明廷九边之一,依山阻海,"御得其道,可画疆守而阻关固也"①,成为明廷开国伊始重点经营的地区。辽东地区"左控朝鲜,右引燕蓟",中朝贡道由鸭绿江经辽阳、广宁,过山海关,达京师。朝鲜使臣出使路线虽几经变化,但辽东地区始终是明代中朝贡路的重要组成部分。洪武二十五年(1392)李氏朝鲜建立之前,高丽使臣赴明多走海路。前期路线为礼成江—乔洞岛—慈恩岛—太仓—金陵。洪武四年(1371)明军占领辽南地区后,高丽申请经辽东驿路,从旅顺口至登州进入中原驿站系统入京。②洪武四年七月,高丽咨中书省曰:"小邦去京师隔海甚远,天寒冰合,难以发船,恐违进贺之期。金、复等州涉海稍近,驿路可通,经由辽东,庶望及期。今遣韩邦彦前往辽东都司,赴京进贺。请闻奏施行。"③但洪武五年(1372),"孙内侍自缢事件""纳哈出劫掠牛庄",明廷疑高丽亲辅北元,双方关系蒙上阴影。明廷依然坚持让高丽使臣"从海道来"。④洪武二十五年(1392)七月,李成桂建立"朝鲜"国。⑤中朝宗藩关系从此进入稳定发展时期。永乐元年(1403),明朝京师虽仍在南京,但北平的地位逐渐提高。永乐十九年(1421)正月,北京宗庙及宫殿建成,朱棣正式迁都北京。⑥此后至明末,通过辽东陆路往来中朝之间的使臣远超前代。他们及其仆役携带表文及方物先至辽东地区连山关,再转报辽东都司等候陪臣。使臣至辽东都司"投印信咨文,行跪拜礼。择日设宴,在都司大厅望阙叩头。公宴毕,本司备云来咨关文数目、缘由、行本镇合于衙门给予批呈。差千百户一员伴送入京,及回仍照前例公宴,听其自归本国"⑦。永乐五年(1407)九月,朝鲜世子入京朝见,明廷诏谕辽东都司:"朝见之行如有未备事件,应办护送。"永乐元年九月,朝鲜遣典医少监张有信押马28匹以补辽东都司退回的数额。永乐二年(1404)二月,明廷诏谕朝鲜:"朝鲜国与辽东接境,多产牛只","辽东少些用牛","着他(朝鲜国)选堪用的牛一万只,送付辽东都司",朝廷给价。"着辽东都司于镇辽千户所立市,若那里人(朝鲜)要将货物来做买卖的,听从其便。"⑧可见,因辽东地接朝鲜半岛,是勘验朝鲜使臣身份、方物贡品的重要关口,亦是中朝货物集中交易的市贸之地。辽东都司负责接待朝鲜使臣,是赴明朝贡不可逾越的明代礼制环节。辽东贡路占朝鲜使臣旅程大半,且所经辽阳、海州、广宁等城皆为辽东富庶之地,明代中期以后朝鲜使臣与辽东官民间的经济交流日益频繁。

二 朝鲜使臣在辽东地区的经济活动

明代,"海外诸国入贡,许附载方物,与中国贸易"⑨。明成祖诏示礼部:"太祖高皇帝时,诸藩国遣使来朝,一皆遇之以诚,其以土物来市者,悉听其便。今四海一家,诸国有输诚来贡者,听尔其输之。"⑩几乎每次赴明朝贡的使臣均有公贸任务和私贸活动。贸易物品不仅涉及马匹、耕牛、布帛、人参、药材等贡物,也包含书籍、金属器皿、农渔产品及手工业品。交易人群从官家市厘到各地走商,从衙馆官吏到普通民家,涉及明代社会多个层面。

---

① (清)顾祖禹:《读史方舆纪要》卷三七,《山东八》。
② 张士尊:《纽带—明清两代中朝交通考》,哈尔滨,黑龙江人民出版社,2012年,第52页。
③ (朝鲜)金宗瑞、郑麟趾编:《高丽史》卷四二,《恭愍王世家》。
④ (朝鲜)金宗瑞、郑麟趾编:《高丽史》卷四四,《恭愍王世家》。
⑤ 吴晗辑:《朝鲜李朝实录中的中国史料》前编卷中,第79页;上编卷一,第109页、第112页。
⑥ 《明太宗实录》卷二三三,永乐十九年正月。
⑦ (明)李辅:《全辽志》卷一,《图考》;卷四,《典礼·外夷入贡》。
⑧ 吴晗辑:《朝鲜李朝实录中的中国史料》上编卷二,第22页,第193页、第199页。
⑨ (清)张廷玉:《明史》卷八一,《食货五》。
⑩ 《明太宗实录》卷一二,洪武三十五年九月丁亥条。

（一）朝鲜使臣的交易物品

朝鲜使臣赴明携带的物品主要分为贡物和盘缠。贡品方物从装表、运输、勘验、上缴有着严格的官方程序，不容使臣调动使用。盘缠可以进行自由交易，是使行途中食宿交通费用主要来源。《明会典》载朝鲜贡物常例有："金银器皿、螺钿梳匣、白绵绸、各色苎布、龙文帘席、各色细花席、豹皮、獭皮、黄毛笔、白绵纸、人参，以及种马每三年五十匹。"使臣所带私物与朝贡方物的品类大体相同，更多的是日用手工品及土产食品，如人参、布绸、纸张、砚面、毛笔、油墨、席子、扇子、铁柄刀、骨柄刀、弓子、白米、大口鱼、海参、鳆鱼、带鱼、肉干等。朝鲜使臣出使所需贡物主要由户曹承办，方物的主要来源为各郡邑赋役。郡邑收缴方物不足额时，需用其他货物贸易交换获得贡品。人参、席子为朝鲜常贡物品及使臣沿途花销的重要组成。人参贡品主要来自"山民所采干参"，产参之小邑定三斤之参，"钟楼之参可以进献"；席子只产于朝鲜岭南，由席匠专门编织。这些专门匠户在缴纳足额赋役，后可谋稼穑等营生。合格参、席直输户曹，由国家支派。明后期，赴明贡品已成为朝鲜人民的重要赋役负担。无论是席，还是参，抑或是其他方物，都是先通过赋役的方式上交户曹。再由户曹分派给使臣。朝鲜使臣携带的盘缠有公私之分，具体数量因出使人数及所承事轻重，酌情加减。壬辰战争后，万历三十一年（1603）十一月，朝鲜遣使谢恩并奏请"讨倭官巡海伐谋事"。使臣奏请朝鲜国王"自法外"酌加盘缠，"请该曹个别题给"。具体数额，"依近例"加给。盘缠除由国家下发外，朝鲜境内沿途负责接待的官员及其他相关人员的赠予也是使臣盘缠的重要来源之一。这项经费原是官员人情馈赠，后期则变成接待使臣部门被迫支出的灰色摊派。嘉靖十八年（1539）七月，任权为冬至使赴明，出发前参赞苏世让来见，"以方物砚、扇等愿付龚华"。万历三十一年十一月，使臣朴而章等行至平山，"府使康复诚叙别既给路费，更以一端绸相赠，曰：'赴京之行，无不恳请路费，惟公无一言相末，故以此表吾情。'"此行，备边司请使臣贸易焰硝等物，费用均在使臣盘缠之内，盘缠数额势必要高于他时。万历三十六年（1608），崔晛一行回国时行至玉田县，用所余盘缠"贸弓角六百片"[1]。国家拨发与同僚赠予的盘缠多用于公务开支。此外，朝鲜使臣个人亦根据需要携带数额不等的盘缠行李。永乐三年（1405）二月，朝鲜"立入朝使臣驮载之法"，"使臣每一驮不过百斤"。[2] 明朝鲜使臣不但自带盘缠土产，而且数量不下百斤。明朝规定，各驿站负责来使食宿及马匹交通。加之，明初辽东吏治清明，朝鲜使臣盘缠支出较少。同时期，东八站及辽西地区站城较少，朝鲜使臣须自理食宿，其携带物品多为米粮、寝具等实物。明代中后期，随着银钱普遍通行，朝鲜使臣沿途开支多用银钱支付。如万历二十四年（1596）十二月，朝鲜使臣以盘缠中的"银两及棉绸、米袋"付都司求请之物。万历三十六年，朝鲜贺冬至使团一行"盘缠别人情数"银两一百九十九两四钱二分，以及其他人情方物。此次，崔晛一行"盘缠中有人参30斤"。当时，三十斤人参折合银为210两，"督征一百三十两，乃后参（进献余参）十八斤七两价也。其余人参十一斤九两价折银八十两，未得"。"后请以平安府道贡绸或义州收税银贸参送事也"。这种朝鲜银折参，辽东参折银的现象常出现在明代后期的史料中。朝鲜拨给使臣盘缠虽以参计，实则与银两类似，均为通用的货币交换媒介。朝鲜"银"为国家禁物，又"不可禁其路费，故似若不知者，然真所谓掩耳偷铃也"。[3] 万历四十五年（1617），朝鲜使臣记述贺千秋、圣节等赴京，"及都司、镇抚等处"例给银80两，令给银150两。

---

[1] 林基中：《燕行录续集》，韩国，尚书院发行处，2008年，第101册，第364页；第103册，第146页、第381页。
[2] 吴晗辑：《朝鲜李朝实录中的中国史料》上编卷二，第196页；上编卷三，第216页。
[3] 林基中：《燕行录续集》，韩国，尚书院发行处，2008年，第102册，第139页、第170页。

（二）朝鲜使臣在辽东地区的经济活动

根据交易目的不同，朝鲜使臣在辽东地区的贸易活动主要有：用于贸易国家所需物资，旅程间的食宿交通，辽东各级官吏的公事人情，以及使臣个人的消费杂项。用于贸易国家所需物资的史料在《李朝实录》《明实录》中记载较多，且这方面的研究成果较丰富，所以本文仅介绍余下各项开支。

1. 食宿交通

明代，"自京师达于四方，设有驿传"。朝鲜使臣赴明食宿原则上由沿途驿站提供。洪武二十六年（1393）定："凡天下水马驿、递运所，专一递送使客、飞报军情、转送军需等项。"① 使臣入宿驿站，饭食、马匹草料、驮载车辆在额定范围内由明廷提供。《燕行录全集》与《燕行录续集》中很多关于辽阳、广宁驿馆中，都司、总兵遣人送下程的记录（食物给养），一般包括米、面、蔬菜、鸡、猪、酒、瓜果等。洪武二十二年（1389），权近一行人宿连山站北，"始有把截军及女真人家"；过甜水站，"有百户王礼设酒"。② 成化十七年（1481），使臣申从濩到广宁作诗云："远人跋涉投驿传，地主殷勤送饩牵。"意为使臣投宿驿站，馆主热情提供食物及饲料。同年，使臣洪贵达记录到鞍山驿进行换马。③ 辽东地区驿站迎来送往，是接待朝鲜使臣的主要部分。万历十四年（1586），朝鲜使臣行至辽东连山关，有诗云："传命相连促置邮，晨昏呼唤极啾啾。送迎役剧休眠食，输载功多毙马牛。"朝鲜使臣亦载，明朝堪称礼仪上国，"自昔优馆带"④。

朝鲜使臣经辽东地区，入宿野外或民家，食物、交通工具则需要用盘缠购买。建文二年（1400），李詹一行使团过鸭绿江，三日后"野宿松站"。到连山关方见"古城围长栅"。其在《题连山站》的诗文中清晰表达东八站路途，食宿自理的状态，即"关山成地轴，桃李怯春寒。不受私交带，谁供旅盘缠"⑤。嘉靖十八年，任权等使臣到永平府，"出城外，路中给扇买鱼，味甚新鲜"。嘉靖四十一年（1562），使臣车马到至西宁，用"把扇"贸得些许草料，用两筒扇把贸得一束柴草。万历十四年，朝鲜使臣盛寿益在《柳田村》一适中，描写了用盘缠贸易食宿物资的细节。"多少雇钱求塌堭，高价柴价事炊烹。橐囊渐罄忧行李，辗转通宵小烛明。"《西关城》（辽阳西关城）诗中亦有诗句记述使臣食宿开支情况，即"觅火借家逢主怒，持钱易米遇人难"⑥。万历三十一年（1603）崔晛等朝鲜使臣"盘缠别人情数"共计三百一十两四钱二分。其中户曹出"正木五百匹，贸银一百二十两"，用于"一行路费，分给两厨房，骑骡亦以此贸得"。"开城府后参价银一百三十两，义州贸银五十两二钱二分，户曹棉绸三十二匹贸银十九两二钱"，"共一百九十九两四钱二分"，"此乃别盘缠、方物、雇骡价、广宁事情闻见事也"。"自发辽东之后宿处，皆给主人房价及薪水之费，两使厨房一日五六钱，通计至玉河馆所费银二十两"。朝鲜使臣出使，虽未详细记录食宿的具体开支，但除入宿驿站外，费用自理情况是存在的。因朝鲜使臣赴明携带大量方物及随行人员，骡、马、车等交通工具超出驿馆供应能力，所以雇骡开支是在整个出使期间的必要支出。尤其是明代后期，社会总当载驮马骡成为重要军需物资，民间马罕用，雇骡、驴价格也随之高抬。万历三十六年，崔晛使团行至沙河堡，"两使驾骡四匹，书状及副使子弟骑骡两匹。驾骡四匹限北京给银二十两，骑骡四匹限山海关给银六两"。至广宁，"雇骡载方物十三驮，厨房四驮，两使寝笼四驮，书状寝笼三驮，并二十二驮，给银三十九两六钱"。次日，大风，朝贺节日期限将近，"又雇骡十三驮载方

---

① （明）申时行等：《明会典》卷一四五，《驿传一》。
② 林基中：《燕行录全集》，韩国，东国大学，2008年，第1册，第162页。
③ 林基中：《燕行录续集》，韩国，尚书院发行处，2008年，第101册，第128页、第272页。
④ 林基中：《燕行录续集》，韩国，尚书院发行处，2008年，第102册，第52页、第91页。
⑤ 林基中：《燕行录续集》，韩国，尚书院发行处，2008年，第101册，第12页、第28页。
⑥ 林基中：《燕行录续集》，韩国，尚书院发行处，2008年，第101册，第378页、第424页；第102册，第42页。

物，臣等以盘费雇骡并载寝具、厨供，弃车辆而行"①。

2. 人情征索

明代后期，人情礼物已成辽东途中各个关节的征索常项。朝鲜使臣赴明朝贡，"人情"多为互赠土产。明朝官员或百姓的友好款待，朝鲜使臣出于"礼尚往来"的礼仪要求而回以谢礼。嘉靖十八年，任权等使臣宿"蹢双岭"，"指挥遣人馈物如前，答礼亦同"。至辽东，"使臣送人情于掌印大人陈善家，大人请砚面及笔墨"。次日，"二大人陈善送下程"，还人情。"出山海关西行，行一里许宿迁安驿。分送人情于两处主事，又遣人致书册、砚墨及香封。指挥亦送人情，馈下程。"嘉靖四十一年，朝鲜使臣行至薛里站（东八站之一），"守堡官康朝周来见，以二鸡为贽，致扇两把笼而谢"。到瓮牛川，有三人带来"四只鸡、一方猪肉、一榼面食"等礼物。使臣因"无端而馈不可从受，只留鸡二只以答其意。送二斗米以酬其礼"。至西宁堡，"堡主李成栋来见行茶，且致下程"，使臣以"两色扇把料两笼答之"②。

明代中期，"人情"逐渐过渡到"征索"。明初，即使出使朝鲜的内侍近臣轻易不受"人情礼物"。洪武二年（1369）五月，契斯受命赐玺书于高丽王。回还时高丽"王馈鞍马、衣服，不受。宰枢赠人参、药物，亦不受。王命文臣赋诗以赠"③。明初朝鲜使臣送给辽东官吏的"人情"是明廷先礼遇朝鲜使臣，使臣送礼物聊表远客敬意的表现。明代中后期，使臣到各站、堡、城等处，涉及护送、勘验、发车等事项得事先送人情于主管官吏处。此时，人情礼物尚在使臣盘缠开支承受范围内。《燕行录全集》中朝鲜使臣送辽东官吏礼物，以"人情"字样出现始于嘉靖八年（1529）。④ 而后，朝鲜使臣赴明途中，频繁出现送"人情"字样。可以推测，"送人情礼物"作为赴明使行中普遍现象出现是在明代中后期。明代中后期，辽东官吏多利用自己的职位主动索求"人情"。如嘉靖四十一年，朝鲜使臣"送礼物于沿江台堡提调官"。至辽东，"送礼物于都司三大人及总兵家"。"镇抚辈嫌押马官不优给人情，不放出贡马，复行赂，而发。"至沙岭，馆舍因迎接御史，"托宿于馆铺的人家。堡主吕儒送下程，以扇把料谢之，则却不受。或云嫌其小而却之。然人心不同，关外之人虽无廉耻，某中岂无一人之稍只廉耻者哉"。至广宁，"令通事送呈礼物于总兵等处"。中军指挥求砚面、米袋，游击将军求弓子。朝鲜使臣"送回礼于都御史则不受，亦备文房之物送礼则亦不受。只令下人持物换米袋、砚面，余等亦令下人随有无许换"⑤。

明代后期，辽东地区负责接待使臣、勘验贡物、发放车马、驿站馆夫等已将"人情"当成合理的收入，甚至是谋利的重要途径。同时，朝鲜使臣亦通过"人情"来实现其赴明的政治、经济目的。所以，"人情"在明代中后期逐渐由"灰色支出"转变成朝鲜使臣出使的盘缠"支出常项"。万历二十四年，辽东镇抚"所求人参八斤，白米十袋，绵绸八匹，弓子六丁，花席五叶，白纸二百张，油芚六块，笔三十支，墨三十丁等物"。朝鲜使臣以"盘缠银子及棉绸、米袋准计都司求请之物"，"又以银子多行镇抚人情"。万历三十一年，朝鲜使臣请赐盘缠时，"人情之用"不能节省，"终至于渎（办不成）事，其罪尤重"。万历三十六年，朝鲜使臣到辽阳，"给镇抚五人绸匹、米袋及各样土产，镇抚不受，责以折银；都司亦无打发之意"。怀远馆内"折以银、参，如是者一日数次，行橐将近"。万历四十五年，辽东都司、镇抚等处"人情"已成常规（例80两），今收230两。⑥

此外，杂项消费也是朝鲜使臣盘缠开支项目之一，但属于个人消费。与前文"人情征索"不同，送辽东学子、孩童、旧友等人情礼物是个人联系情感行为。嘉靖四十一年，朝鲜使臣渡大小凌河，"有义

---

① 林基中：《燕行录续集》，韩国，尚书院发行处，2008年，第103册，第204页、第232页、第233页。
② 林基中：《燕行录续集》，韩国，尚书院发行处，2008年，第101册，第372页、第373页、第414页、第424页。
③ （朝鲜）金宗瑞、郑麟趾编：《高丽史》卷四一，《恭愍王世家》。
④ 林基中：《燕行录续集》，韩国，尚书院发行处，2008年，第102册，第277～284页、第295～319页。
⑤ 林基中：《燕行录续集》，韩国，尚书院发行处，2008年，第101册，第412页、第419页、第421页、第429页。
⑥ 林基中：《燕行录续集》，韩国，尚书院发行处，2008年，第102册，第139页；第103册，第106页、第189页；第104册，第413页。

童点茶来迎,亦是先贤遗化也,留扇把以谢"。朝鲜使臣洪纯彦在《唐陵君朝天奇事征》中记述,其于万历九年(1581)赴明。留通州时,倾橐(盘缠)给一青楼女子安葬其父母,此女后为石星继室。此事虽为奇闻异谭,且不发生在辽东,仅借此说明使臣个人盘缠开支项目的多种可能性。此外,使臣盘缠还用于娱乐、收藏等个人兴趣的消费支出。嘉靖十八年,任权等使臣宿于公乐驿人家。"该家主崔铺有二女,年可十五六岁。"二女披彩衣骑大马,于马上起舞,千变万化,观者四堵,争相投钱……使臣一行"皆停车分给扇柄"。嘉靖四十一年,朝鲜使臣留于抚宁。"有一汉持画轴来卖",曰宋徽宗之画。使臣柳中郢"选砚台二面"与"弓子一丁"买下。并将所买画轴"寄置"在七家岭刘姓人家。①

三　从朝鲜使臣的经济活动看明代辽东社会

明代,辽东地区的中朝贡路主要分三个区域,即鸭绿江之辽阳的东八站段、辽阳至牛庄的辽南平原段、过三岔河至山海关的辽西段。通过朝鲜使臣于辽东地区的盘缠支出情况,我们可以清晰地看到三个区域不同的社会生活状态。

(一)明代辽东地区民众生活状况

从鸭绿江到辽阳期间的东八站为元时所设,从东向西依次经过:东昌站(丹东九连城村)、汤站(凤城汤站镇)、开州站(凤城)、斜烈站(凤城雪里镇)、龙凤站(本溪通远镇)、速度山站(本溪连山关镇)、甜水站(辽阳甜水乡)、头馆站(辽阳东南汤河沿)。②明代前期,该地区为瓯脱地带,辽东与朝鲜之间没有驿站。途经鸭绿江至连山关间,朝鲜使臣多入宿野外或民家,食物、交通工具须自理。洪武二十二年(1389),权近一行人宿连山站北,"始有把截军及女真人家"③。建文二年,李詹一行使团过鸭绿江,三日后"野宿松站"。其在《题连山站》的诗文中反映出:东八站途中食宿自理的状态,即"关山成地轴,桃李怯春寒。不受私交带,谁供旅盘缠"④。明代中期以后,因女真族南下及流民涌入,东八站地区得到开发,递站功能已经恢复。但因地势险峻,山岭河川较多,该段路程仍须入宿野外。明宪宗成化十七年,申从濩在《辛丑观光录》中有"宿青石岭""途中草宿"等记述。明代中后期,此段贡路因女真时常劫掠,当地人民生活动荡不安。《通远堡途中记事》记述:女真时有劫掠,东八战地区相对辽阳、海州一带略显萧条,即"中原草草无中荣,胡房频年入汉关。千里荆榛人不见,斜阳淡淡水潺潺"。嘉靖四十一年,朝鲜使臣见"汤站城多有颓圮不修之处,人家残破"。至宿连山关把截所后溪边人家,"今年五月,被鞑贼来抢牛马,家产尽见抢去,只有空家,幸免焚荡。""自通远铺至高领,居民(房屋)皆盖以草……必是草河之路接近爱阳,连被鞑贼之抢,民无奠居之乐而然也。"⑤

辽阳至牛庄段有辽阳怀远官、鞍山驿站、海州在城驿等站,途间亦有八里铺、首山铺、沙河铺、长甸铺、土河铺、甘泉铺等。大的驿站相隔五六十里,朝发夕至。辽阳、海州等地,"地势平夷,民物殷盛,畜产则多。畜羊、驴、鸡、豚以资生产,土宜黍、稷、糖、粟"。出辽阳驿馆,沿途"田园广狭如平局,闾舍纵横似列星"。朝鲜使臣诗中描绘,"雄关抱北壮金城""三万里田民乐耕""民物殷盛,行商凑集,以与贩为事"。万历十四年,朝鲜使臣盛寿益在《西关城》中有"觅火借家逢主怒,持钱易米遇人难"的诗句。说明银钱货币在辽阳地区普遍流通。⑥所以,此段路程中馆驿物资充足,各种商贩多

---

① 林基中:《燕行录续集》,韩国,尚书院发行处,2008年,第101册,第440页、第527页、第380页、第441页。
② 张士尊:《明代辽东边疆研究》,长春,吉林人民出版社,2002年,第51页。
③ 林基中:《燕行录全集》,韩国,东国大学,2008年,第1册,第162页。
④ 林基中:《燕行录续集》,韩国,尚书院发行处,2008年,第101册,第12页、第28页。
⑤ 林基中:《燕行录续集》,韩国,尚书院发行处,2008年,第101册,第264页、第413页、第415页、第416页。
⑥ 林基中:《燕行录续集》,韩国,尚书院发行处,2008年,第102册,第180页、第43页;第101册,第274页、第418页;第102册,第42页。

在该地与朝鲜使臣贸易。过牛庄，渡三岔河后，经西宁堡、高平驿、盘山驿、广宁、大小凌河、杏山、前屯卫等站所达山海关。洪武、永乐时期，该地区居民生活较为安定外。如永乐十七年（1419），朝鲜使臣张自忠在《宿七家岭》诗中云："连强百屋富桑麻，此地缘何号七家。知是命名时代异，太平今日四民多。"但是，有明一代，辽西地区社会环境整体较为恶劣。胡虏抢掠经常发生，且该地旱涝不定，土地贫瘠，当地民众生活穷困。明宪宗成化十七年，使臣记述"近日鞑贼踰长城，入宁远卫北鄙劫掠而去"。永乐十七年，朝鲜使臣张自忠返程过十三山驿，诗中云："发京十三日，到此十三山。驿吏频迎送，边人数往还。若要优己上，终必乏民间。为报经过客，盘食出苦难。"永乐时期，七家岭人民生活安定。明宪宗成化十七年，使臣入住盘山驿，"古驿萧然只土床，寒食虚幌障微凉"。嘉靖四十一年十月初一日，使臣车马到至西宁，记述"西宁则秋涝之余，野无所收，城中无一束之草，把扇所易不盈一握，许多马匹只吃芦根，而过夜此中艰苦何可胜言"。次日，"柴草皆尤窘，两筒扇把仅易一束"。使臣从盘山向广宁进发，"道边有残垒，问之则二十里铺。又行十余里亦有残垒，又问之则曰上十里铺。闾阎只存旧基，而无一家"。闻得为嘉靖三十六年（1557）间鞑贼数至，"尽行杀掠，又值凶欠，未能还集云"。至宁远卫连山驿，鞑贼过后，"人民凋敝，虽不如小凌河之甚，而破瓦颓垣满目"①。

（二）明代辽东地区的吏治

明代前期，辽东构建起都司管理体系，下设卫、所成卫地方。辽东都司是辽东最高军政机构，驻地在辽阳城。辽东地处边疆，军事冲突不断，明廷时常派遣将军执行军事任务，后逐渐形成独立于卫所体系之外的总兵体系。辽东总兵的驻地在广宁城。这两大巨镇均为朝鲜使臣必经之地，且辽东都司掌管泮送、译官、卫所驿馆等外夷接待事务，总兵体系下的游击将军、备卫指挥等掌管各地军马、车辆，两地均为朝鲜使臣出使顺利与否的关键环节。

明前期，辽东防御体系初建，明廷高度关注辽东动静。辽东官员基本上能谨守职责。建文二年，李詹一行至，《投辽东大人诗并序》："时蒙大人馆待优厚，因留数日。得见道德之盛，功绩之大，不胜敬慕。"永乐十七年，朝鲜使臣张自忠，《宿连山关》："水曲山回草树深，客投空馆日初沉。抱关礼拜始相识，欲话由来却异音。"边关居民生活安稳，"鸡鸭相杂处，犬豕或同屯。边鄙虽云陋，中华礼式存"。永乐十七年，《宿广宁驿》："盘山西接广宁东，万叠无间一望中。客至小童迎馆驿，莫言千里不通风。"②明初，社会物资品匮乏，从帝王到官员皆勤政治国，所以朝鲜使臣盘缠支出多为礼貌式的小礼物馈赠。到了明代中期，中朝社会趋于稳定，生产、生活物资开始富足，国家间的贡使往来频繁，其间经济交易随之增多。同时，明朝政治日趋腐败，辽东官吏征索之风渐开。嘉靖四十一年，使臣行之海州卫，冬至使通事闵邑及申世俊于路上将"辽东不给军马"事告之辽东都司掌印大人曹勋。说明，征索行为虽然存在，但事发后朝鲜使臣可向上级投诉，主管机构给予受贿官吏一定惩处，征索还没成为"定例""成规"。后掌印大人作出解释："辽东军马此前大减，延边鞑子连有消息，曾留手下三分之二于凤凰城以备，东边又有开元等处报，故今征还矣。"手下若有军兵，即刻派发。朝鲜使臣行至牛家庄，守堡郝世臣贪猾，求"以白扇三把、油扇十把、雨笠三事、理中元一封"，"别求弓子，亦给一张，尤不满意，故意不给车辆"。使臣行至沙岭至盘山途中，遇御史迎接队伍。"御史停轿细问一路不给粮草之处，又问虚敛之物，即着行中二把总军马三百骑、马三十一匹使之落后护去行。"巡按御史严厉地处理了牛庄守堡，"令所受物件差人送还"。至沙岭，馆舍因迎接御史，"托宿于馆铺的人家。堡主吕儒送下程，以扇把料谢之，则却不受。或云嫌其小而却之。然人心不同，关外之人虽无廉耻，某中岂无一人之稍知廉耻者哉"。"无廉

---

① 林基中：《燕行录续集》，第 101 册，第 332 页、第 96 页、第 93 页、第 283 页、第 416 页、第 424 页、第 427 页、第 434 页。
② 林基中：《燕行录续集》，韩国，尚书院发行处，2008 年，第 101 册，第 13 页、第 73 页。

耻"的内容指代什么？我们可以从万历三十一年（1603）朴而章的记述中窥得一二。即表现为"风俗菲薄"，"不尚文教"，"吏胥之辈狂悍"。辽东官吏"闻我国使臣入馆则若得奇获十百为群来侵，译官必索银、参等物"，"衙门征索之物满纸书"。① 嘉靖四十一年朝鲜使臣称"关外之人无廉耻"。

明代后期，朝鲜使臣对辽东官吏风气日下作出感叹，"皇朝眷我邦"，昔日优于"馆待"，而今"人心日薄"，实存"空名"，"不以忠信交，动则求货贿"。万历二十四年（1596），辽东镇抚等列出名单公开求取物件。朝鲜使臣开始是没有应求，滞留三日，"顿无出马之意"。朝鲜使臣将都司所求物品"开录一纸"示于镇抚，给镇抚人情银子。镇抚领朝鲜通事按"录中物件"输入都司私宅，都司"出给马牌"。征索双方已形成一套办事流程，可见辽东吏治已败坏到贿赂公行的程度。万历三十六年，朝鲜使臣还未出发便开始担心辽东送"人情"的花销。"辽东都司征索之弊日以益甚，自此入归者皆被其扰云。"当到达中江（鸭绿江中段）时，"江上委官等凡遇使臣之行，征索礼物，故在义州时已送土产"。薛经历因少，不接受。渡江前使臣再次加送，"然后乃受"。渡江当日"又索人情，其贪饕无耻"。行至辽东，朝鲜使臣评价辽东官吏，"虽贡献之重，略不以为意，唯以阻挡要利为得计"。"赠贿已成谬规，非但下吏为，然衙门征索之物满纸书。下（使臣）若不满其欲，则牢縶（拘执）使臣久不打发，至于节日迫头尽输行橐，然后发车辆。"到辽阳，辽东都司诸官员不受土产，须"折银"，使臣"行橐将近"。感叹：征索之弊"规例"已成数年，但"今天甚于前年，今行倍于前行"②。当然，各个时期吏治风气只是种趋势和氛围，无法定量分析，对某一时期的官员的品行亦不应一概而论。即使在明前期，仍有收礼、盘剥之徒，如永乐四年（1406）七月，明朝内史黄俨、韩贴木儿杨宁、奇原至朝鲜，"每至馆舍，旧厅事隘陋，令别构新厅于馆左，极其宏敞。所过要索物货，无所不至"③。明后期，辽东也有不取军民一分钱财的廉官，如万历三十六年，使臣行至杏山堡，所记刘备卫最得军民心，自然未受使臣之"人情"。

朝鲜使臣的经济活动是中朝交往的重要内容。朝鲜使臣赴明朝贡过程中除贡献方物、请封获赏、开市贸易等官方经济行为外，一路的交通食宿、人情礼赠等花销也是中朝经济交流中的关键环节。辽东地区是中朝陆路贡道的必经之途，朝鲜使臣须在此获得通关勘合及行程所需的必要物资，通过朝鲜使臣在辽东地区的经济活动我们可以了解到明代不同时期边地社会发展的概貌。

[作者单位：鞍山师范学院]

---

① 林基中：《燕行录续集》，第 101 册，第 426 页、第 428 页、第 422 页、第 424 页、第 425 页；第 103 册，第 180 页。
② 林基中：《燕行录续集》，第 102 册，第 92 页、第 139 页；第 103 册，第 162 页、第 173 页、第 180 页、第 189 页。
③ 吴晗辑：《朝鲜李朝实录中的中国史料》上编卷二，第 196 页；上编卷三，第 219 页。

论医药与明朝的民族政策

刘祥学

朝贡是明代维持周边国家与周边民族关系往来的重要形式。在东南亚等域外国家向明廷进贡的物品中，药材就是其中重要的一项。对此，《明会典》有载："凡进苏木、胡椒、香蜡、药材等物万数以上者，船至福建、广东等处，所在布政司随即会同都司、按察司官检视物货……先将番使起送赴京，呈报数目。除国王进贡外，番使人伴附搭买卖物货，官给价钞收买，然后布政司仍同各衙门官将货称盘见数，分豁原报。附余数目，差人起解，前来礼部，委官及行户部、都察院委官，会同差督人夫运进承运等库，称盘入库，礼部先期开写各库该收货物手本，于午门关领。"①其实，向明廷进贡药材的，既有域外国家，也有明廷统治时期周边的民族地区。终明之世，在我国统一多民族国家发展的两百多年时间里，医药在民族政策领域里，扮演了十分重要的角色。但目前学术界对明朝民族政策的研究还较少关注。为此，笔者在前人研究的基础上，拟专门探讨医药与明朝的民族政策问题。

一 医药是密切边疆民族地区与明朝中央政治联系的重要媒介

由于独特的自然地理环境，我国少数民族分布的边疆地区拥有异常丰富的药物资源，并形成了各具特色的医药文化。历史上藏医、蒙医、维医、傣医、壮医、苗医、瑶医等，在中国医学史上均占有一席之地。

明代，为加强边疆民族地区的统治，采取"因俗而治"的统治政策，文化上通过设立儒学，传播汉文化，增强认同感。经济上则实行"厚往薄来"的政策，利用内地经济发达的优势，赏赐大量物品，以密切边疆与内地的经济联系，增强边疆民族的向心力。"来"就是指边疆少数民族主动向中央上贡一定数量的特产。由于进贡是表示臣服于统治的重要表现，因而明朝统治者对于边疆民族的进贡十分看重，并有明确的要求。"太祖皇帝于国初即定诸州所贡之额，如太常寺之牲币，钦天监之历纸，太医院之药材，光禄寺之厨料，宝钞司之桑穰与凡皮、角翎、鳔之属，皆有资于国用者也，着为定额。"②对于边疆土司地区，则有时间的规定，史载"湖广、广西、四川、云南、贵州腹里土官，遇三年朝觐，差人进贡一次，俱本布政司给文起送，限本年十二月终，到京庆贺，限圣节以前，谢恩无常期，贡物不等"③。对于贡物管理，明朝有一整套严密的制度，史称"永乐中，外域进贡一物，史皆备书之"④。

从经济发展水平而言，边疆民族地区大多落后于内地，因而明朝统治者要求边疆民族朝贡并不以获取经济利益为目标，只是通过朝贡往来确认中央对边疆的统治地位。因此，边疆民族上贡明廷的"贡品"，主要以地方特产为主，数量不一定大。有明一代，周边民族除了贡奉一些珍稀动物以及相关制品外，各

---

① （明）申时行：《大明会典》卷一〇八，《礼部六十六·朝贡通例》，明万历内府刻本。
② （明）黄道周：《博物典汇》卷一三，《国朝贡法》，明崇祯刻本。
③ （明）申时行：《大明会典》卷一〇八，《礼部六十六·土官》。
④ （明）王世贞：《弇山堂别集》卷二八，《史乘考误九》，清文渊阁四库全书本。

地所产的药材也是重要的贡品,这些进贡的药材也成为明代太医院药材的主要来源。根据其时史料记载,各地上贡的药材,由太医院的御药局负责管理。"凡进药材等物,径从礼部具题送归极门交收。苏木、胡椒、硫黄近多解南京礼部交收"①;"旧例岁进茶芽及木瓜、药材,俱从土产去处起解,转送该衙门供用,各有定数"②。边疆民族地区上贡的药材,种类繁多,一般来说,大致分为植物药材、动物药材与矿物类药材几种,并根据产地与药效,形成了一些相对固定的贡药区。

广西民族地区地处热带、亚热带地区,药材丰富,仅地方志记载的"药属",就有"桂皮、桔梗、决明子、荆芥、益母草、苦参、苍耳、香附子……柴胡、茴香、木通、木道、金银花、良姜、……豆蔻、草果……"③,达数十种之多。广西桂林府与柳州府一带民族地区,是零陵香的重要产地。早在宋代时,此地盛产的零陵香就名闻内地。宋人周去非撰的《岭外代答》称"零陵香,出瑶洞及静江、融州、象州。凡深山木阴沮洳之地,皆可种也"④。在中医中,零陵香很早就已入药,《肘后备急方》卷六将零陵香当作涂发的外用配药之一。唐代《千金翼方》也将零陵香作为面部美容、除皱、祛斑等重要的药物。⑤明代时,零陵香的药用范围更加扩大,医家又将零陵香用于治疗头发白屑、牙齿疼痛等疾,"头风白屑,零陵香、白芷等分水,煎汁入鸡子白,搅匀转数十次,终身不生;圣惠方牙齿疼痛,零陵香、梗叶煎水含漱之;普济方风牙疳牙,零陵香洗炙荜茇炒,等分为末,掺"⑥。由于广西所产零陵香品质较佳,是明代指定的"土贡"物品。史料称桂林府,"国朝贡零陵香七百九十斤"⑦;柳州府"贡零陵香三百斤"⑧。

草果,别称草果子,是姜科豆蔻属植物。味腥、微苦,香味独特,主要产于广西柳州府、庆远府、平乐府一带的民族山区。在云南南部民族地区,也多有分布。是其时治寒湿、腹胃胀满、疼痛、呕吐、疟疾等病的重要药材之一,也是食用的重要香料,应用十分广泛。"疟证不一,其名亦殊。初得之,病势正炽,一二发间,未宜遽截,不问寒热多少,且用清脾,饮草果饮,或二陈汤加草果半钱,或生料平胃散加草果半钱,前胡半钱,亦有非疟、非劳等疾,而自成寒热,乃是痰饮为之,不可不审,去痰行饮则愈。"⑨明代,柳州府贡"草果六十三斤,官桂四百斤"⑩;庆远府天河、忻城、思恩等少数民族地区,"贡草果、山荳根……",东兰州"贡草果一百六十五斤"、南丹州"贡草果八十五斤"⑪;平乐府"草果七十五斤"⑫。

广西所产的矿物类用药,主要有滑石粉、硫磺、雄黄等。桂林府义宁县(今桂林龙胜)一带所产滑石在宋代即已享有盛名,入药主要具有利尿通淋、清热解暑、祛湿敛疮等功效。明代广西地方志称"国朝贡……滑石一千四斤,共折价银一百二十四两二钱七分"⑬;平乐府贡"滑石五百九十六斤"⑭。南

---

① (明)申时行:《大明会典》卷一〇八,《礼部六十六·朝贡通例》。
② (明)申时行:《大明会典》卷一一三,《礼部七十一·岁进》。
③ (嘉靖)黄佐修:《广西通志》卷二一,《食货·药属》,北京图书馆珍本善本丛刊本。
④ (宋)周去非:《岭外代答》卷七,《香门·零陵香》,北京,中华书局,1999年。
⑤ (唐)孙思邈:《千金翼方》卷五,《妇人一·妇人面药第五》载"面膏方","杜蘅、牡蛎、防风、藁本、细辛、白附子、白芷、当归、木兰皮、白术、独活、萎蕤、天雄、茯苓、玉屑,各壹两;菟丝子、防己、商陆、栀子花、橘皮(一云橘仁)、白敛、人参,各三两;甘松香、青木香、藿香、零陵香、丁香,各贰两;麝香半两,白犬脂、白鹅脂、无鹅脂以羊髓代之,牛髓各壹升……"。
⑥ (明)李时珍:《本草纲目》卷一四,《薰草别录中品零陵香宋开宝》。
⑦ (嘉靖)黄佐修:《广西通志》卷一九,《田赋·桂林府·土贡》。
⑧ (嘉靖)黄佐修:《广西通志》卷一九,《田赋·柳州府·土贡》。
⑨ (明)戴元礼:《秘传证治要诀》卷七,《寒热门·疟寒热》,明古今医统正脉全书本。
⑩ (嘉靖)黄佐修:《广西通志》卷一九,《田赋·柳州府·土贡》。
⑪ (嘉靖)黄佐修:《广西通志》卷二〇,《田赋·庆远府·土贡》。
⑫ (嘉靖)黄佐修:《广西通志》卷二〇,《田赋·平乐府·土贡》。
⑬ (嘉靖)黄佐修:《广西通志》卷一九,《田赋·桂林府·土贡》。
⑭ (嘉靖)黄佐修:《广西通志》卷二〇,《田赋·平乐府·土贡》。

宁府的土贡产品为硫磺、雄黄，贡额为"硫磺一十斤，雄黄四十斤"①。

除此之外，广西各地还被要求岁进解毒药、消毒药、消食药等常用药物，史称"广西思明府岁进解毒药五方三十四味，共三十八斤；内锦地萝一味，重二斤；消食药十味，重十二斤；消毒药十八味，重十九斤；大冲药一味，重一斤，塞住药四味，重四斤"②。永乐二十二年（1424）春正月，广西思明府头目卢良贡药材，明廷对其"赐钞十锭，从人各五锭"③。

海南黎族地区，也是明廷太医院的重要贡药地。据史料记载看，黄蜡是较大宗药品，此外有茶芽、土香、蚺蛇皮、良姜、益智子等。当地方志这样记载"右缺欠药味安养军民事解礼部转发大医院生药库，黄蜡一百九十三斤（斤价银二钱）；茶芽三百四十九斤八两，及今添芽茶一百四十三斤八两（斤价银二钱）；叶茶一百四十三斤八两斤（价银八分五厘）"④。其中澄迈贡黄蜡 109 斤，儋州负黄蜡 99 斤，崖州贡黄蜡 50 斤。⑤明初，是以当地官府名义征缴上贡的。永乐年间，琼州知府为取悦朝廷，一度以"私贡"的名义，突破了三年一贡的惯例。"永乐乙酉，抚知府刘铭率各州县土官入贡马匹、黄蜡、麖皮、土香、蚺蛇皮、良姜、益智子，后知府黄重用是为例，三岁一贡，其数无常。"⑥"益智子，今本土岁办，以克药材。"⑦

云南民族地区，也是药材的宝库。云南各地所产药材，种类繁多。据明代方志记载，"药有茯苓、陈皮、糜草、远志、防风、乌梅、桑白皮、茱萸、荆芥、栀子、槐花、瓜蒌、松脂、草决明、薄荷、葛根、菖蒲、紫苏、香薷、白芷、鼠黏子、当归、黄精、何首乌、黄芩、柴胡、艾香、附子、罂粟壳、益母、稀莶、白芨、车前子、金樱子、半夏、山楂、楮实子、蓖麻子、旋覆花、五叶草、镜面草"⑧。各府主要所产中草药材，均不同。其中顺宁府，"药类中，有号活鹿草者，其名甚美，不知所以用；红花者，可用以染，又痘疹之要剂。……惟药有鹿茸、石昌蒲两种佳"⑨；大理白族地区，药则有"大黄、贝母、防己、木通、茵陈、百部、百合、藁本、仙茅、蓬木、商陆、牵牛、常山、狼毒、藜芦、白敛、泽兰、紫苑、款冬、地榆、蒺藜、葶苈、牛膝、橘皮、红花、玄参、五味、薏苡、地黄、威灵仙、枳壳、龙胆草、续随子、鹤虱草、桑白皮、白芥子、覆盆子、一枝箭、山茨菰、香附子、地不容、桑寄生、牛蒡、瓜蒌"⑩；永昌府地区，"诸药中，为商陆，为海金沙，为千里光、锯齿草、金不换草，又如缅石茄之于目青，花豆之于疮神，黄豆之于痘疹，白龙须之于风疾，用之皆立效"⑪；楚雄彝族地区，则以牛膝、苍耳、紫苏、防风、当归、地黄、天南星、天麦门冬为良。⑫鹤庆府药材主要以丽陆、黄精、甘松、麝香、万两金、一枝箭、虎掌草、玉红膏、白龙须、马蹄香、金线、重楼为主；⑬元江府，最有名的药材为血竭与鳞胆苏木；⑭丽江府，则主要以牛黄丸、紫金锭为主；广南府，以夫苦子、紫姜为名药；寻甸府，上品药材为九节何首乌。洪武二十七年（1394）五月癸丑，云南八百土官刀板冕遣其叔父刀板

---

① （嘉靖）黄佐修：《广西通志》卷二〇，《田赋·南宁府·土贡》。
② （明）申时行：《大明会典》卷一一三，《礼部七十一·岁进·药材》；（明）王圻：《续文献通考》卷三三，《土贡考》，明万历三十年松江府刻本。
③ 《明太宗实录》卷二六七，永乐二十二年春正月壬寅。
④ （正德）唐胄：《琼台志》卷一一，《田赋·土贡》，明正德刻本。
⑤ （正德）唐胄：《琼台志》卷一一，《田赋·土贡》。
⑥ （正德）唐胄：《琼台志》卷一一，《田赋·土贡》。
⑦ （正德）唐胄：《琼台志》卷九，《土产下》。
⑧ （明）刘文征：《滇志》卷三，《地理志·物产·云南府》，昆明，云南教育出版社，1991 年，第 113 页。
⑨ （明）刘文征：《滇志》卷三，《地理志·物产·顺宁府》，第 120 页。
⑩ （明）刘文征：《滇志》卷三，《地理志·物产·大理府》，第 114 页。
⑪ （明）刘文征：《滇志》卷三，《地理志·物产·永昌府》，第 115 页。
⑫ （明）刘文征：《滇志》卷三，《地理志·物产·楚雄府》，第 116 页。
⑬ （明）刘文征：《滇志》卷三，《地理志·物产·鹤庆府》，第 117 页。
⑭ （明）刘文征：《滇志》卷三，《地理志·物产·元江府》，第 119 页。

直进象牙、席、香药等。

四川西部的藏区和羌族区，依朝贡惯例，进贡的药材主要有七味、附子、川乌、仙茅、胡黄连、木香、硼砂等。如史载成都府一带，洪武二十四年（1391）规定，上贡"七味、内天雄二十对。附子五十对。川乌三十对。漏蓝二十斤。仙茅二十一斤。补骨脂十五斤。巴豆四斤"①。金川寺番僧以及四川威州保县地方，"旧三年一贡，每贡许一百人，多不过一百五十人。正德以来，人数渐多。隆庆三年定每贡五百五十人，内二百七十五人，全赏二百七十五人。……贡物珊瑚、胡黄连、木香、氆氇、足力麻、左髻毛衣"②。杂谷安抚司，"贡物，珊瑚、胡黄连、木香、茜草、海螺、左髻毛衣、氆氇、足力麻"③；达思蛮长官司，"贡物，珊瑚、犀牛角、硼砂、木香"④。

河西走廊以及宁夏一带的回族地区，是明太医院温补药材的来源地。常贡药材主要有红蓝、甘草、肉苁蓉等。如唐夏州（多数学者认为在今宁夏灵武一带）的"土贡"，有"红蓝、甘草、苁蓉、代赭白胶、青鹣鹕、白羽麋、野马、鹿革、马猪……贡红花，马任土作贡"⑤。

西域的哈密一带，也偶有贡药的记载。明英宗正统五年（1440），哈密忠顺王倒瓦答失里遣使"贡马、驼、鹰及貂鼠皮、药品，赐宴并赐彩币等物有差"⑥。

辽东一带，主要以进贡人参等名贵药材为主。明廷明确规定："凡辽东岁进药材，投文到府，转送礼部交收。"⑦

从明廷周边民族地区进贡的药材看，四川、辽东一带量大，在明廷内府与太医院药库中占有较大比重。从地方起解押运至京，环节甚多，沿途百姓常被加役，遂成民害。弘治十八年（1505）时，礼部尚书张升等疏请："并解纳，谓内府香料并太医院药材，惟松、苏、四川、辽东总解，余皆陆续起解，为害多端，请自明年为始，各该地方将额办香料等物，征完在官，差人总解。"⑧

二 赏赐医药是明朝抚谕边疆民族的一项重要内容

以太医院为核心的明朝中央医疗机构，由于聚集了全国几乎所有的医疗资源，名医会集，储藏的药物种类齐全。明廷规定，京城太医院的医疗人员，皆由各地医术高明者征调入京组成。如太医院医士许绅的曾祖许宗升，"洪武中以富户实应天府江宁县。未几，由名医入为太医院医士。永乐丁酉，扈驾之京，因家焉。祖忠亦以医名，未仕。父观，初为通州儒学生，后继祖业，补医士，官至太医院院判"⑨；史料又载洪武六年（1373）四月时，"设太医院御医四人，以太医院医士充之，凡收受四方贡献名药及储蓄药品"⑩。可以说，设于京城的太医院是明代全国医疗的中枢，"掌医之政令，聚四方药材以共医事"⑪。其医疗条件与医术在当时均占有独特地位。

正因如此，明廷在对周边民族实行抚谕政策时，除注意运用经济怀柔之外，也十分注重利用其掌握

---

① （明）王圻：《续文献通考》卷三三，《土贡考》。
② （明）申时行：《大明会典》卷一〇八，《礼部六十六·朝贡通例》。
③ （明）申时行：《大明会典》卷一〇八，《礼部六十六·朝贡通例》。
④ （明）申时行：《大明会典》卷一〇八，《礼部六十六·朝贡通例》。
⑤ （嘉靖）管律：《宁夏新志》卷一，《土贡》，明嘉靖刻本。
⑥ 《明英宗实录》卷六六，正统五年四月丙子。
⑦ （明）申时行：《大明会典》卷二二七，《五军都督府·左军都督府》。
⑧ 《明孝宗实录》卷二二三，弘治十八年四月丁卯。
⑨ （明）张文宪：《光禄大夫太子太保礼部尚书掌太医院事谥恭僖许公绅墓志铭》，见（明）焦竑：《国朝献征录》卷七八，《太医院·尚书掌院事》。
⑩ （明）徐学聚：《国朝典汇》卷七三，《吏部四十·太医院》。
⑪ （明）黄洪宪：《碧山学士集》卷四，《太医院题名碑记》，明万历刻本。

的医疗资源，通过遣医赐药等方式，以笼络、招抚周边少数民族首领。明廷通过医药对少数民族实行抚谕政策，主要体现在以下几个方面：

一是注意对少数民族贡使的医疗救治。明廷对太医院明确规定："凡邦之有疾病者、疕疡者，使各分其属治之。而圣济殿旧为御药房，择精通医术者分番给直，以供进御。或王侯宗室、文武大臣及外夷酋长有疾，皆得奉旨往视。"①京城中还设有专门为"四夷"使臣及随从人员治病的机构与相关考核规定，"凡会同馆医生遇四夷及伴送人等有疾，即与医药，年终具用药若干，活人芳（笔者按：当为若）干，开送提督主事处核实，呈部以稽勤惰，考满升授，乃留本馆办事，其药材太医院关给"②。

二是重视归附明朝的少数民族官员的医治。明初，定鼎中原，蒙古统治者退居塞外。为分化瓦解蒙古贵族，明太祖除十分注意采取军事征讨与政治招抚的两手政策。在明朝政治招抚政策的影响下，一些故元旧臣，以及周边其他部族首领，纷纷携家前来归附明朝。史称"明兴，诸番部怀太祖功德，多乐内附，赐姓名授官职者，不可胜纪"③。明廷对前来归附的故元官员，给予优待，妥善安置。对其中一些影响较大者，明朝统治者常通过遣医视疾，关心健康等形式，予以优抚。如李贤，本名丑驴，又称绰罗。鞑靼人，曾为故元工部尚书。"洪武二十一年来归，通译书，太祖赐姓名，授燕府纪善，侍燕世子最恭谨。靖难师起，有劳绩，累迁都督同知，凡塞外表奏及朝廷所给诏敕，皆命贤译，贤亦属陈所见，成祖皆采。仁宗即位，念其旧劳，进后军都督佥事，更进右都督，赐赍甚渥。寻召见，悯其病，封忠勤伯。"④又如纳哈出，原为故元木华黎裔孙，先为明将俘获。明太祖"以其为元世臣子孙，待之甚厚。纳哈出居常郁郁不乐，上遣降将万户黄俦察其去就，俦见纳哈出，言上所以待遇之意。纳哈出曰：荷主公不杀，诚难为报。然我本北人，终不能忘北。俦以告上，上曰：'吾固知其心也，谓徐达等曰：纳哈出，元之世臣，心在北归，今强留之，非人情也，不如遣之还。'达等以为虏心难测，若舍之去，恐贻后患，不如杀之。上曰：'无故而杀之，非义。吾意已决，姑遣之。'因召纳哈出及降臣张御史，谓之曰：'为人臣者，各为其主，况汝有父母妻子之念。今遣汝归，仍从汝主于北。'因资而遣之，纳哈出等辞谢而去"⑤。其后，纳哈出盘踞辽阳一带，不时袭扰明边，甚为边患。明太祖多次遣使修书，晓以利害，劝其归附，纳哈出不为所动。洪武十九年（1386），明太祖以冯胜率大军征讨，迫使纳哈出归降。明太祖遂封纳哈出为海西侯，对其优待有加。史称"纳哈出性嗜烧酒，饮常过度。当盛夏时，每以水沃身，因得疾，上命医疗之，而愈常戒其饮。至是从征南将军颖国公傅友德等往征云南，饮酒如初，行至武昌疾复作，卒于舟中。上闻而悯之，诏归其柩于京师，葬都城南门外"⑥。

三是对少数民族首领赏医赐药，以示笼络。众所周知，一些周边部族首领由于拥有较强实力，在边疆地方社会影响较大，是明朝稳固边陲，需要争取、笼络的重要对象。明廷除给其册封、赏赉物品之外，也不时通过赏医赐药等形式，以示朝廷优待之意。明廷规定："四夷归化朝贡，酋渠首领朝见者，给廪食。病则遣医，给汤药，丧则给以所需。"⑦由于自然地理的原因，塞北草原地区与西域沙洲之地，药材品种与产量有限，需要由内地提供，这为明廷利用医药资源丰富的条件实行招抚政策提供了可能。如蒙古与明朝对峙十分紧张的明嘉靖年间，蒙古俺答汗腿间患有疾病，缺药难治。只得派人潜入内地，购买所需药材。史称逃往塞外的赵全、王廷辅、王爵等人，在汉人丘富的引荐下，见到了俺答汗，"全乃言俺答有天分，当尊为帝。是时答方病，在两腿患甚。赵全言，我善治，惜无药耳。答与富谋，谋留王

---

① （明）黄洪宪：《碧山学士集》卷四，《太医院题名碑记》；（明）申时行：《大明会典》卷二二四，《太医院》。
② （明）申时行：《大明会典》卷一〇九，《礼部六十七·会同馆》。
③ 《明史》卷一五六，《吴允诚等传》。
④ 《明史》卷一五六，《薛斌附李贤传》。
⑤ 《明太祖实录》卷三，乙未冬十二月壬子。
⑥ 《明太祖实录》卷一九二，洪武二十一年秋七月辛丑。
⑦ （明）王鸣鹤：《登坛必究》卷二二，《辑译言说》，清刻本。

爵居营中，而遣赵全、王廷辅还，与（吕）鹤索药及百工，五采为答绘宫室，造诸斗器。鹤因阒匿田大伦所，颇闻贺彦英以治弓矢鸣，遂诱英，英适有心病，鹤辅以医恙。幸已事觉，鹤即移薛家营，赵全尚匿应州城中买乳香、地黄、良姜诸药材，田大伦乃引彦英谒鹤，于是先遣英及赵全、王廷辅、田大伦往，是日宿寇家塞。鸡鸣，走盐房营至酸刺河从威远边出塞，既至黄河东套，以药材送奉富……答见大喜"①。

虽然，一些少数民族部落首领并未归附明朝，且拥兵寇边，成为明朝边防的大患，但明廷出于争取、羁縻的考虑，对其有关的医药请求，仍然予以答应。如永乐五年（1406）时，"北虏阿鲁台遣回回哈费思来朝，且奏求药"，明成祖即"命太医院使如奏赐之"②。明英宗正统年间，蒙古瓦剌部势力壮大，威胁明边。"也先及其诸酋乞黄紫织金、九龙纻丝及金酒器、药材、颜料、乐器、佩刀诸物。礼部言：龙金器非所宜用，乞勿与。与药材诸物。当是时，也先使每至京，几千人出入骄恣，殴守卫，掠人财物，至欲骑入长安门。稍稍约束，即弯弓持刀，言夺马杀人，都督昌英每好语阻之，不听，辄侮骂。使贡在朝时，入襄捕掠人畜，将官请剿，又以通好故，贪功启隙，不欲与战，虏益骄，东结朵颜，西交哈密，胁结赤斤蒙古，往往窥塞下。"③史料又载"淮王额森与汗同自是岁岁有加，十四年，又赐汗织金蟒龙文绮彩绢一百八十四匹，金银各五锭，塔纳珠一千六百颗，金银镶木碗各二，织金九龙蟒龙、浑金文绮三十八匹，绣金衣五件，靴袜、乐器、账房、药材等物"④。哈密，是明朝经略西域的战略支点，为笼络哈密部落首领忠顺王倒瓦答失里，明英宗统治时，对其求药的请求，明廷也同样爽快地予以同意。先是正统五年十一月，哈密忠顺王倒瓦答失里遣舍人也先帖木儿奏"母斡难答里遇疾，乞赐医药"，明英宗即"遣医官哈先给所宜药，偕所遣人往疗之。仍赐敕奖谕，令俟母疾愈即遣哈先回京"⑤。其后正统十四年（1449）时，"哈密忠顺王倒瓦答失里遣使臣额鲁赤把失忽里等来朝贡马，因奏母疾，乞赐药疗治。上命太医院如所求，与之"⑥。明宪宗统治的成化年间，蒙古首领孛来，因为部属民众为疾病所苦，请求明廷派医调治。出于招抚孛来部的考虑，明廷同样予以答应。史称"迤比虏酋孛来以其知院苦塞患病，遣人昇至边，乞医调治。上命太医院遣医士往疗之"⑦。

当然，当形势需要时，明廷也毫不犹豫地把自己拥有的药物资源作为羁縻周边部族首领的政策工具。明弘治年间，"土鲁番兀也思太子及兀也思王等公主，并哈密督罕慎毋，各贡马匹、方物，因求赐织金、纻丝并账房、彩段、绢匹、药物各器等物有差"⑧。但明廷统治者对土鲁番的"回夷"，用计袭杀哈密嗣王罕慎陕巴，不听明廷抚处的行为，十分恼怒，"执其贡使一百八十一名，两广安置，绝彼通贡，彼遂失我器用、药物，不能为生，诸夷怨彼"⑨，迫使其最终向明朝屈服。

三 减少药材贡额也是明朝抚谕民族政策的体现

为维持太医院医疗工作的运行，明廷令各地进贡药材，以收储良药，由生药库掌管。明廷规定：凡天下岁办药材，俱由地方派纳。由于明中叶以后，太医院官员贪污药材等现象严重，以及朝政败坏，药材征缴数量不断增加，日益成为地方祸害。据史料记载，明永乐年间后，"额定五万五千四百七十四斤，

---

① （明）瞿九思：《万历武功录》卷七，《中三边》，明万历刻本。
② 《明太宗实录》卷七四，永乐五年十二月丙申。
③ （明）黄光升：《昭代典则》卷一六，《恭仁康定景皇帝》，明万历二十八年周日校万卷镂刻本。
④ （明）王世贞：《弇山堂别集》卷一四，《北人之赏》。
⑤ 《明英宗实录》卷七三，正统五年十一月丙午。
⑥ 《明英宗实录》卷一七七，正统十四年夏四月己未。
⑦ 《明宪宗实录》卷一三，成化元年春正月乙亥。
⑧ （明）方孔炤：《全边略记》卷五，《甘肃略》。
⑨ （明）胡世宁：《复土鲁番议疏土鲁番》，载（明）陈子龙《明经世文编》卷一三五，《胡端敏公奏议·疏》。北京，中华书局，1997年。

成化以来其数渐增。至嘉靖初，通计二十六万四千二百二十七斤有零"①。比之明初，数额增加了4倍有余。对于经济发展水平不高的边疆民族地区而言，征缴药材其实也是一个沉重的负担。

为此，明廷有时为了显示其招抚政策，也常采取一些减少药材赋额的措施，以缓边民所困，以争取民心。如明英宗统治的天顺年间，颁布诏令，"各处拖欠香料、历日纸并云南所辖拖欠岁办差发金银、米钞、海肥马、牛䌷布俱自正统五年十二月以前尽行蠲免。其各处拖欠药材及供用厨料诸物，自正统十四年十二月以前者尽行蠲免"②。明宪宗成化四年（1468）"各处采办、岁办药材，除已收在官起解外，拖欠之数悉皆停免"③。成化十四年（1478）五月，明廷又下令免征辽东药材二年。"辽东都司岁贡人参三百斤，五味子一百五十斤，连年贡未至，巡抚都御史陈钺奏药草产于凤凰山叆阳等处，距辽东四五百里，密迩房巢，时被侵掠，不得采取，乞暂停免，俟事宁之日，采办如例。从之。"④

蠲免的药材赋额中，当然也有不少来自边陲民族地区，这对减轻边地民族的负担，是有益处的。

四　余　　论

明代，通过加强对太医院制度的建设，在一定程度上促进了边疆民族地区医药的发展。据一些学者进行研究，明代，在官办医学的带动下，少数民族医学也因此发展起来，白族、彝族、苗族、回族均出现了许多名医与医学著作，如《元阳彝医书》《滇南本草》《双柏彝医书》《彝药七十二味》等。⑤这个过程肯定是和明朝加强对边疆民族地区的统治，促进边疆民族地区的开发密切相关的。明廷对边疆民族地区药材的征纳，促进了全国范围内，边疆与内地之间药材的流通，也促进了各民族医学的交流。一些边地的名医被选派至太医院任职，发挥了重要作用。如史载云南南宁的赵汝隆，医术高明，"用药随取草木与之，无不痊苏。侍御病……诸医束手，汝隆摘苦蒿，令细嚼，立愈"⑥。

有明一代，医药不仅在民族政策的制定和执行过程中，扮演了重要角色。同时，医药在明朝对外交往的过程中，也发挥了独特作用。对于周边国家，明廷出于羁縻、交往的需要，有时也以赐药等形式，以示恩宠。如明成祖永乐年间，朝鲜国王李芳远遣陪臣李贵龄等奉表朝贺，并贡方物。"贵龄奏芳远父兄有疾，令赍布五十端，求市龙脑、沉香、苏合香油诸物和药，上命太医院悉赐所需药而还其布。"⑦明英宗天顺四年（1460），安南使者"乞以土物易书籍、药材"，明英宗即"从之"⑧。

[作者单位：广西师范大学历史文化与旅游学院]

---

① （明）申时行：《大明会典》卷二二四，《太医院·太医院》。
② （明）孔贞运：《皇明诏制》卷三，明崇祯七年刻本。
③ （明）孔贞运：《皇明诏制》卷五。
④ （明）黄光升：《昭代典则》卷二〇，《宪宗纯皇帝》。
⑤ 参阅岳精柱：《明代医学与西南边疆开发》，载《中华医史杂志》2005年第2期。
⑥ （咸丰）毛玉成：《南宁县志》卷七，《人物》，《中国西南文献丛书》，兰州，兰州大学出版社，2003年。
⑦ 《明太宗实录》卷一九，永乐元年夏四月壬戌。
⑧ 《明史》卷二〇九，《安南传》。

浅析"东北亚丝绸之路"的历史基础

——以明代亦失哈开辟东北亚"丝绸之路"为视角

卢 伟

2013年9月和10月，习近平总书记在访问哈萨克斯坦和印度尼西亚期间，首次提出了与相关国家共设"新丝绸之路经济带"和"21世纪海上丝绸之路"的战略构想，简称"一带一路"。丝绸之路经济带，是在"古丝绸之路"概念基础上形成的，其中涉及东北亚地区的"丝绸之路"，即"丝绸之路"的北线。为此，辽宁省、吉林省和黑龙江省分别提出了"东北新丝路""东北亚海上丝绸之路""东部丝绸之路"等思路，构成了我国"一带一路"建设的重要一环，但这些提法也存在着相对"生硬"的结合，还需要进一步挖掘东北亚"丝绸之路"的历史文化积淀，作为东北亚地区"丝绸之路"的历史支撑。本文拟以明初亦失哈巡视奴儿干为视角，考察这条北抵奴儿干城，南接辽东，通向关内的交通主干线，有效地保证了明王朝对松花江与黑龙江流域的治理，促进了东北边疆与中原内地的交往。历史总是以穿越时空的力量昭示着未来，只有深入研究东北亚"丝绸之路"的历史积淀，并对其做历史传承与发展，才能赋予这条古丝绸之路新的时代内涵。

一 明代以前东北亚古丝绸之路的开拓

早在商、周时期，东北先民肃慎人，就已和中原王朝广泛交往，先秦古籍中有关于"肃慎氏之贡矢"的记载。汉朝在东北南部设立了辽东、辽西和右北平三郡，东北的一些少数民族开始向朝廷"贡献"，确立了隶属关系。汉武帝征服卫氏朝鲜后，建立了真番、临屯、玄菟和乐浪四郡。这一时期，日本也开始派使臣到汉朝都城洛阳"贡献"。这样就开通了从中原地区到东北及朝鲜和日本的道路。

唐朝时期，东北最大的地方政权渤海国和唐朝关系密切，贡赏贸易频繁。唐朝有两条是通往渤海地区的道路，一条是营州陆路贡道，即从上京忽汗城西渡辽河，至营州而入幽州境；另一条是登州海路贡道，即从上京忽汗城取道辽东半岛，渡渤海而入青州境之登州。与此同时，渤海多次遣使日本，至此，古东北亚丝绸之路空前兴盛。

辽代东北地区有一条从辽西经黑龙江省中部伸向黑龙江流域与岭北地区的海东路，又称"五国鹰路"。金王朝建立后，在东北地区有通向西北的蒲峪路、通向东北的胡里改路、通向东方的恤品路、通向东南的合懒路。东北地区道路相通，货物往来频繁，其管辖范围包括了黑龙江以北乌苏里江以东广大地区，"东极吉里迷、乌的改诸野人之境"①。

元代东北地区包括贝加尔湖以东、外兴安岭南北和黑龙江下游与库页岛、乌苏里江东部沿海。元朝在东北实行"站赤"制度，即驿站管理，辽阳行省辖区内的驿道共十几条，分南线北线，共设有站赤

---

① 《金史》卷二四，《地理志上》。

120 处，狗站 15 处。其中北线的东北路经西祥州（今吉林省农安东北），顺松花江水路进入今天的黑龙江省，沿松花江岸边设置驿站。贯通黑龙江省中部地区后进入黑龙江水路，直达元王朝征东元帅府所在地奴儿干亨滚河入黑龙江处。因东北寒冷，交通工具以狗拉爬犁为主，故沿江又设有 15 处狗站。元代的这条"东北路"为明清时期的东北"丝绸之路"奠定了重要基础。

二 明代东北亚古丝绸之路的进一步开发

明初，北元的残余势力十分强大，控制着包括东北地区在内的广大地区，对明王朝构成了很大威胁。明太祖朱元璋统一全国后，开始招抚黑龙江流域、松花江流域的女真各部。明成祖朱棣继位后，为加强对东北地区的治理，开始在东北地区建立卫所，从永乐元年（1403）在绥芬河流域设立建州卫起，到永乐七年（1409），明王朝先后在黑龙江、松花江、乌苏里江流域设立 130 多个卫。永乐九年（1411）派遣官员开设奴儿干都司，特遣内官亦失哈等护送所委任都指挥同知康旺、都指挥佥事王肇舟前往奴儿干都司就职。为维护明王朝的朝贡体系，亦失哈多次巡视奴儿干，劝说东北北部边疆的女真诸部向明王朝朝贡，明王朝对部族头领委以官职，赏赐金银丝绸等物品，据《明宣宗章皇帝实录》记载："遣内官亦失哈，都指挥佥声音、白伦等，赍敕及文绮表里，往奴儿干都司及海西弗提等卫。赐劳头目达达奴丑秃及野人哥只苦阿等嘉其遣人朝贡也。"① 此后，各地女真部首领纷纷响应号召，踏寻元代开辟的站赤路线，来到中原地区开始朝贡贸易。由于明廷采取赏赐远远大于朝贡的政策，吸引了更多的女真使团来到中原朝贡，促使进贡贸易日益繁荣。女真各部得到丰厚的金银饰物、粮米、丝绸、棉帛及其他赏赐品，大批的丝绸、绢、袭衣、金织衣等物品源源不断地进入东北北部地区，扩大了东北亚地区的贸易，使得明代东北亚丝绸之路达到了鼎盛时期。明廷为开创奴儿干都司精心做了安排和部署，表现在以下几个方面：

（一）派将领刘清三次到吉林船厂督造船只

当时，由于东北地区人迹罕见，多数地区没有开发，致使中原地区通往东北地区的交通十分不便，明朝要想把数量庞大的物资从中原地区带到奴儿干进行宣抚，走陆路几乎是不可能完成的。为治理东北边疆，密切与各部族的联系，管理东北各卫所，确保向奴儿干地区运送物资及对各部族的"赏赉"顺利到达，明廷加强了对东北地区水路的建设与管理，沿松花江、黑龙江设立了许多水陆交通驿站。水路的交通工具是船，因此，巨舟大船的修建就显得尤其重要。从《明实录》和《永宁寺记》碑文史料可以探知，明廷为亦失哈等巡视做了充分准备，派大将刘清在今吉林市附近的松花江岸边督造船只。据史料记载，刘清曾三次到吉林船厂督造船只。永乐十八年（1420），刘清第一次来到吉林船厂，他于翌年在今吉林市郊阿什哈达村松花江边的断壁摩崖上刻石题名，全文为"甲辰丁卯癸丑，骠骑将军辽东都司都指挥使刘□□大明永乐后玖年次辛丑，正月吉□□"。洪熙元年（1425），刘清第二次来到船厂，但不久"成祖崩，仁宗即位，罢归"。宣德七年（1432），刘清第三次来吉林造船，《明实录》记载："遣中官亦失哈等往使奴儿干等处，令都指挥刘清领兵松花江造船。"② 正是由于刘清等在这里造船，使得来自中原地区的"丝绸诸物"沿松花江、黑龙江水路，运至奴儿干等地，贯通黑龙江省中部的"丝绸之路"正式载入史册。

---

① 《明宣宗实录》卷三五。
② 《明宣宗实录》卷九一。

(二）派遣以亦失哈为首的官员多次巡视奴儿干

北巡奴儿干都司关乎明王朝统治的稳固，故明廷对于选拔出的官员、物资筹措等都进行了认真的筹划。明廷选定的重要人选为来自海西女真的亦失哈，亦失哈出身女真部落，会女真语和汉语，熟知女真风土民情，这为他出使奴儿干地区提供了便利条件。永乐九年春，亦失哈率千余名官兵，从吉林船厂扬帆起航，"流至海西，装载赏赉，浮江而下，直抵其地"，对当地各部族人民"赐以衣服，□以布钞"①，宣布了朝廷与皇帝的恩德，开设奴儿干都司。永乐十年（1412）的冬天，"天子复命内官亦失哈等载至其国"，带去大批物品作为给奴儿干臣民的"赏赉"，"赐男妇以衣服、器用，给以谷米，宴以酒食"，②亦失哈还乘船沿黑龙江而下，出海到达"苦夷"，即库页岛，接见"苦夷诸民"。可见，明廷已把丝绸织品远输到东北亚北域之地。洪熙元年，刘清第二次造船，这一年也是亦失哈第5次下奴儿干返回时期，《明宣宗实录》卷一一记载："敕辽东都司赐随内官亦失哈等奴儿干官军一千五百人钞有差。"宣德元年（1426），亦失哈第六次前往奴儿干，据《明宣宗实录》卷三一记载，这一次差往"奴儿干官兵三千人，人给行粮七石，总为二万一千石，宜循例于辽东都司支给"。宣德皇帝对亦失哈等此次远赴边疆宣谕很满意，"赐往奴儿干及招谕回还官军钞：千户一百锭，百户八十锭，旗手四十锭，命辽东都司给之"。宣德三年（1428），亦失哈第七次下奴儿干，《明宣宗实录》卷三五还记载同往的有金声、白伦等人。第九次是宣德五年（1430）三月，亦失哈还带去了宣德皇帝的一道敕谕，令奴儿干、海东囊阿里、吉列迷、恨古河、松华河、阿速江等各卫指挥，"令皆受节制"。此时，明王朝在东北边疆已设200多卫，奴儿干都司管辖范围相当之广。由此可见，明廷非常重视奴儿干地区的巡抚工作，这也客观上进一步促进了东北丝绸之路的进一步开拓。

(三）沿途设立"海西东水陆城站"和"狗站"

最早称其为"海西东水陆城站"的，见于明朝英宗正统八年（1443）辽东都指挥司佥事毕恭修著的《辽东志》。毕恭详细地记载了以辽西开原（即西祥州）与海西为中心的东北6条驿站交通线，其一即"海西东水陆城站"。元明时指从松花江大弯曲处与呼兰河（时称忽剌温江）以东花江下游地区。这条交通线是松花江与黑龙江两条的水路，但在沿江村镇设驿站，故称水陆城站。"海西东水陆城站"南接辽东都司，北至奴儿干都司治所，《明实录》记载："置辽东境外满泾等四十五站，敕其提领那可、孟常等曰：'朝廷设奴儿干都司并各卫，凡使命往来，所经之地，旧有站赤者复设，各站头目悉恭命，勿怠。'"③沿线共设54站，其中城站30处，狗站24处，各站的站丁、站狗、车船等，均由当地各族人民负担。这条驿道是在元代站赤基础上的复设，它是构成通向黑龙江下游"丝绸之路"的完整系统。

"海本东水陆城站"的起点是底失卜站，即今黑龙江省双城市南部松花江边花园屯大半拉子古城，海西东水陆城驿路由此进入黑龙江省。先从陆地取直，经尚京站（即哈尔滨市阿城区附近）转入松花江水路，今天松花江沿岸各县市均有驿站。如第十一站能站，即在今木兰县浓河口；第十二站哈思罕站在今通河县东北古城；第十五站斡多里站，在今依兰县牡丹江西岸马大屯附近；第十七站托温城即今汤原县城；第二十站柱邦站，在今佳木斯市郊傲其屯附近；第二十三站奥里米站，今绥滨县奥来密古城；第二十九站乞列米站，在今抚远县勤得利古城；第三十站莽吉塔站，即今抚远县莽吉塔古城，是这条驿路在今天黑龙江省境内最后一站。

"狗站"从莽吉塔古城的药乞站（在抚远东黑瞎子岛上的暖街附近）进入黑龙江下游，一直到千里

---

① 《敕修奴儿干永宁寺记碑记》，郑天挺：《明清史资料（上）》，天津，天津人民出版社，1980年，第132页。
② 《明宣宗实录》卷八四。
③ 《明宣宗实录》卷八五。

外的明王朝奴儿干都司所在地特林的满泾站。因这里从辽金时期开始，冬季以狗拉爬犁为主要交通工具。每到秋末黑龙江封冻，朝廷送来的棉帛丝绸粮米，以及奴儿干各卫所向朝廷所贡皮毛水产等物品，全用狗拉爬犁运输，故称这些驿站为"狗站"。《辽东志》与《全辽志》记云："狗站，名水狗站，夏月乘船，小可乘载。冬月乘爬犁，载二三人行冰上，以狗驾拽，疾如马。"当时在黑龙江下游地区沿江设狗站24处，夏季驶船顺江而下，冬季狗拉爬犁，水运狗运相结合运送物资。水狗站的第二站奴合温站，在伯力（今俄罗斯哈巴罗夫斯克）附近；第六站古伐替站，在距伯力一百公里的黑龙江下游中部古法坛屯；野马儿站设在伊儿库鲁屯附近；哈儿分站即元代哈州的合里宾驿，位于今阿纽依河口附近；撒鲁温站位于其下黑龙江东岸撒尔古湖畔的萨尔布屯；伏答林站即富打里屯，位于今帕达利湖畔；狗站第十二站马勒亨古站，在今俄罗斯共青城附近；忽林站在格林河口的忽林屯；沼阴站即今卡达湖畔的沙文斯克；黑勒里站在特林南面的穆和勒屯；狗站第二十四站满泾站，在明代奴儿干都司所在地特林。

三　明代东北亚古丝绸之路的历史作用

这条贯穿东北中部、北部，直至黑龙江下游奴儿干地区的明代交通线，其长度不少于1500公里，驿路的最后一处狗站满泾站也并未终止，它还要继续向前延伸到黑龙江入海口，并渡过鄂霍次克海鞑靼海峡，到达被时称"苦兀"的库页岛，然后折向库页岛南端果伙。果伙隔海就是日本的虾夷（北海道）了。明代《敕修永宁寺碑》记载：内官亦失哈二次巡察奴儿干，于永乐十年（1412）沿黑龙江水道至出海口过海峡登上库页岛，向"苦兀诸民，赐男妇以衣服、器用，给以谷米，宴以酒食"①。《明宣宗实录》也有官员赏赐给"苦兀"兀列河卫头领与土人"绢布"诸物的记载。可见"海西东水陆城站"这条驿路是连通库页岛甚至日本"虾夷"——北海道的。这条东北亚丝绸之路的开辟在历史上产生了重要的影响。其影响有：

第一，加强了各民族间的团结，有利于维护边疆地区的安定。明永乐十一年（1413），亦失哈巡视奴儿干时，在黑龙江口附近恒滚河交汇处的特林城修建了永宁寺，并树立了一座永宁寺碑，碑文记载了亦失哈奉谕来奴儿干的过程、修建永宁寺以及朝廷亲民抚慰等。明宣德七年，亦失哈最后一次巡视奴儿干时，见"民皆如故，独永宁寺破毁"②，亦失哈没有惩罚"吉列迷毁寺者"，而是重修永宁地，并用汉、蒙、藏和女真四种文字重刻永宁寺碑，并对当地民众"好生柔远"，进行安抚。可见，亦失哈认真贯彻明王朝对东北各民族的怀柔羁縻政策，对毁寺一事处理得很成功，提高了明王朝的威望，促进了奴儿干地区的安定，巩固了明王朝对边疆的统治。

第二，明朝招抚东北亚奴儿干地区，沿途设立"海西东水陆城站"和"狗站"，促进了东北地区交通体系的完善，促进了东北地区和内地的经济文化交流。永乐碑和宣德碑上的碑记中记载亦失哈九次奉朝廷之命巡察奴儿干，每次都用大船运载大量丝绸锦缎、棉帛与衣物器用，作为"赏赉"赐给当地各部族头领与民众。第二次竟"率巨船二十五艘，官军一千余人"③，可见运送货物量是相当大的。《明太宗实录》记录永乐期间赏赐给奴儿干都司与卫所头领彩缎、纻丝、袭衣有8次之多，如奴儿干地区第十六狗站哈拉马吉站，地处地势平阔、水陆纵横的奇集湖地区，明王朝在此地设有钦真河卫、扎岑卫、甫里河卫、克默河卫，仅永乐年间，朝廷便3次赏赐头人丝绸衣物；成化年间赐给都指挥哈达牙"衣服、彩缎等物"。④沿黑龙江东下运载货物的舟船、爬犁到哈拉马吉狗站停靠卸货，分赏四卫头领与土人，

---

① 《明宣宗实录》卷八四。
② 《重建永宁寺碑记》，郑天挺：《明清史资料（上）》，天津，天津人民出版社，1980年，第135页。
③ 《敕修奴儿干永宁寺记碑记》，郑天挺：《明清史资料（上）》，天津，天津人民出版社，1980年，第133页。
④ 《明宪宗实录》卷四八。

奇集湖地区以丝绸彩缎及物品云集而闻名，成为奴儿干地区重要商埠。克默河卫设在鞑靼海峡边，与库页岛隔峡相望，《明太宗实录》记载，永乐七年八月，一次赏赐该卫土人94人"袭衣及钞币"，受赏之人数量可谓惊人。到了万历三十七年（1609）《满文老档》还有赏赐该卫"纻丝"等丝绸物品的记载。同样，这条丝绸之路在所贯通的黑龙江省中部地区，即松花江流域，百余卫所的女真人头领都得到过朝廷丝绸锦缎等"赏赉"。例如，永乐元年十二月，明王朝在呼兰河流域设立兀者卫，以"海西兀者女真大酋"西阳哈等6人为指挥使、指挥同知、千户、百户，"赐诰印冠带袭衣及钞币有差"。同年招抚今松花江与牡丹江汇合处的"火儿阿"部——胡里改部女真头领阿哈出，封为建州卫指挥使，赏赐金银绸缎衣物"尤重"。沿松花江的十余处驿站所在地，早在明代即因中原丝绸棉帛器物集散而闻名，后来甚至成为商业贸易兴旺之地。例如，松花江与牡丹江汇合的两江口斡多里站即斡多里卫，《明实录》记载赏赐"贮丝袭衣""金丝袭衣"等物，货物在此集散，贸易兴起，为明末清初"三姓"成为东北一大商埠打下基础；第二十站弗提奚城弗能都鲁站，即今富锦市西古城，明代设弗提卫，明王朝多次赏赐弗提卫与邻近的弗思木卫、脱仑卫、玄城卫的部族头人以锦缎丝绸与袭衣等物。明代中后期，来自河北、山东与辽南的商人，运来中原丝绸衣物，与女真等各族土人交换珍贵皮毛，成为东北北部商埠。今天的同江县时称可木地面，地处松花江与黑龙江汇合处，有这条交通线的第二十六站考郎古城站、第二十七站可木站，明王朝在这一带设有三卫，《明实录》中也有朝廷"赏赉""绸缎、袭衣"等物品的记载。总之，这条北丝绸之路的开辟，使得中原地区先进的生产技术产品——棉帛、丝绸、瓷器、金银饰物与棉绸服装、纸张、粮酒等物品，大量地进入黑龙江地区及其北部、东部的边远边疆与库页岛。而这些地区的土特产品，如貂皮、水獭、玄狐等名贵皮毛和珍珠、海参及海东青之类珍禽，也不断运往内地，向朝廷进贡或换回绸缎衣物器具。在这条交通线上，近几十处驿站狗站星罗棋布，有效地保证了明王朝对松花江与黑龙江流域的治理，促进了东北边疆与中原内地的交往，促进了汉民族与女真人等各民族的友谊。

第三，兴盛于明代的东北亚丝绸之路，不仅向今天的东北北部、东部及俄罗斯远东黑龙江中下游广大地区少数民族传播了中华文明，而且影响和促进了中国与日本北海道地区数百年的经济文化交流。东北亚丝绸之路到达库页岛后，继续横跨宗谷海峡，南下至日本北海道地区，首先产生的贸易对象是阿伊努人，阿伊努人是北海道地区的先住居民，主要以狩猎采集为生。阿伊努人把黑龙江流域、库页岛地区的女真、鄂伦春、赫哲等民族统称为"山丹人"，他们把狩猎的皮毛以及与大和人商贸交易的大米、酒等和"山丹人"的衣袍、绿松石及东珠等物品进行商贸往来，从日本江户时代起，日本人把双方在库页岛进行的以物易物性质的贸易活动称为"山丹贸易"。中国质地柔软、工艺精美、图案华丽、色彩绚丽的丝绸衣物不断从库页岛流入北海道，被称为"虾夷锦"。后来，这种贸易扩大为多种商品的交换。清王朝统一中国后，对其"龙兴之地"的东北东部、北部（包括黑龙江下游）"同源同宗"部族普遍实行贡貂赏乌绫制度。"乌绫"赏的对象广泛，赫哲、鄂伦春、费雅喀、库伦、恰喀拉、乌扎拉、乌得盖等黑龙江中下游贡貂进贡者都有。而且赏赐者有部落头人、子弟、白人（即白丁，边民）、旗人下嫁各部族的女子等五级。初期赏给的是绸、布制作的蟒袍、布袍，后改为各种锦缎、丝绸、布匹、棉花等。赏赐是丰厚的，一个白丁所得布帛、物品凡20种。获奖人数很多，仅白丁就有2017人。清初是在宁古塔（今黑龙江海林市古城村）接受贡貂、赏乌绫。乾隆间改在三姓（今黑龙江省依兰县），乾隆末年为方便黑龙江下游赫库页岛边民，又在奇集、普禄乡、莫尔气、德棱恩等今俄罗斯黑龙江下游诸地进行赏乌绫。如果从历史角度去思考，把"乌绫"赏和"山丹贸易"连接起来，就会清楚地看到一条"东北亚丝绸之路"，这条丝路从北京通至辽河流域，再至松花江流域、乌苏里江流域，到达黑龙江流域，再通过鞑靼海峡到达库页岛，再通过宗谷海峡到达北海道，再通过津轻海峡到达日本的本州岛等地。

八 结 语

　　东北亚古丝绸之路的开通，有效地保证了明王朝对松花江与黑龙江流域的管辖与治理，促进了东北边疆与中原内地的交往，极大地推动了东北连续的社会发展。2014 年 6 月 22 日在第 38 届世界遗产大会上，中国与吉尔吉斯斯坦、哈萨克斯坦联合提交的"丝绸之路：长安—天山廊道路网"项目成功入选《世界遗产名录》。此次跨国申遗成功，超越了语言、体制机制等差异，不仅让世界看到中国同他国文化认同包容、开放、协作的态度，更是世界遗产文化精神的体现。这在中国是首次，在世界申遗历史上也是一种创新，有此先例，就有可能再度成功。事实上，复兴东北亚古丝绸之路的条件很充分，联合国教科文组织 10 年规划的十大社会科学研究课题，就包括《丝绸之路综合研究》。由于宣传不够等原因，古代"东北亚古丝绸之路"没有列入这个课题中。而现在古代的"东北亚丝绸之路"交通已经非常发达，我们更应该大力研究和宣传东北亚古丝绸之路，进一步开发我国和东北亚国家各方面的合作，促进这一地区未来经济、文化的繁荣。有思路才能有丝路，文化沟通与共识是政治交往、经济合作的纽带和桥梁，东北亚古丝绸之路的申遗和新东北亚丝绸之路的复兴，都需要东北亚各国联手合作，如果东北亚古丝绸之路能申遗成功，这将对复兴"东北亚丝绸之路"，推进东北亚经济一体化带来更加有效的带动效应。

[作者单位：牡丹江师范学院]

亦失哈东巡奴儿干考述

沈一民

朱棣在对外政策上采取积极进取的外交政策,从永乐元年开始,朱棣派遣使臣出使四方,构建以明朝为中心的"封贡体系"。其中亦失哈东巡奴儿干促使明朝有效地掌控了黑龙江下游地区,之于东北亚有着重要意义。尽管从 20 世纪上半叶开始,中外学者即对之进行深入的探讨,但是由于史料的缺失、学者观点的不同,对亦失哈东巡奴儿干的次数尚无一致意见。

一 亦失哈东巡奴儿干前的东北格局

明朝建立后,以北元为首的蒙古残余势力对明朝的统治仍然产生严重的威胁,史称"元人北归,屡谋兴复"①。明朝为了巩固政权,制定了剿抚并重的方针打击北元。作为侧翼,东北地区在明蒙对抗中的地位日益凸显。洪武九年(1376),朱元璋遣使慰劳辽东都指挥马云、叶旺时,曾指出:"沧海之东,辽为首疆,中夏既宁,斯必戍守。"②曾任明朝户科给事中的吴希孟也论述道:"夫辽,边陲重地,国家之左辅也。"③之所以时人会对辽东有如此的定位,是因为"不但由于它(辽东)在地理上接壤内地,而且在整个防线中居于极为重要的战略位置。如果蒙古势力一旦控制东北地区,就会毫无顾忌地从正面冲进长城,进出北方各省;如果明朝能控制这个地区,则会从蒙古势力的左肋插进一把刀子,使他们不敢南下"④。正是由于东北地区具有着如此重要的战略地位,明朝才有针对性地制定了统一东北地区的战略。

明朝建立之初,由于尚无力抽调兵力开进东北,朱元璋对辽东采取招抚为主、用兵为辅的政策,正如他所云:"昔元都既平,有劝朕即取辽阳者,朕谓力不施于所缓,威不加于所畏,辽地虽远,不必用兵,天下平定,彼当自归。"⑤洪武二年(1369)六月至洪武三年(1370)五月,明朝先后攻占开平、应昌,大败残元主力扩廓帖木儿,收复辽东被提上了议事日程。洪武三年秋,朱元璋命断事黄俦"赍诏宣谕辽阳等处官民"⑥,开始着手收复东北地区。洪武四年(1371)六月,设定辽都卫指挥使司于辽阳,任命马云、叶旺同为署龙虎将军、定辽都卫都指挥使,"总辖辽东诸卫军马,修治城池,以镇边疆"⑦。洪武八年(1375),明军大败纳哈出部。同年十月,明朝在"定辽都卫"的基础上,设置了辽东都指挥使司,马云、叶旺改任首任辽东都指挥使。明朝在东北南部地区的地方行政体系至此完全确立下来。洪武十年(1377),朱元璋废除辽东都指挥使司下属郡县,设置卫所,先后设置了定辽、东南等二十五个卫。

---

① 《明史》卷九一《兵志三》,北京,中华书局,1974 年点校本,第 2235 页。
② 《明太祖实录》卷一三〇,洪武九年正月癸未,中国台湾"中央"研究院历史语言研究所 1962 年影印本,第 467 页。
③ 《辽东志·后序》,《辽海丛书》,沈阳,辽沈书社,1985 年,第 473 页。
④ 李洵:《论明朝的全辽政策》,《下学集》,北京,中国社会科学出版社,1995 年,第 354 页。
⑤ 《明太祖实录》卷七六,洪武五年九月丁巳。
⑥ 《辽东志》卷八《杂志》,《辽海丛书》,沈阳,辽沈书社,1985 年,第 464 页。
⑦ 《明太祖实录》卷六七,洪武四年七月辛亥;《全辽志》卷四,《宦业志·马云传》,第 387 页。

以辽东都指挥使司为根据地，朱元璋开始向东北北部地区推进。在大批女真人归附的基础上，《寰宇通志》："（洪武）十一年，置兀者、野人、乞列迷、女直军民府。二十二年，罢府置卫。"①《大明一统志》："本朝洪武二十一年，置兀者、野人、乞例迷、女直军民府。二十二年，罢府置卫。"② 两相比较，《大明一统志》将军民府的时间写为二十一年，考虑到洪武二十年，纳哈出才投降，应以之为是。《辽东志》所记稍有文字差别，多出了"万户"二字，"置兀者、野人、乞列迷、女直军民万户府"③ 应为正解。《三万卫选簿》可为佐证，孙兴，"（洪武）二十二年，钦除辽东吾者野人、乞列迷、女直军民万户府正千户"④。管进，"原任世袭副千户，为事调女直军民万户府做府镇抚。后因裁革衙门，又调三万卫署衙镇抚事"⑤。从名称上看，设立兀者、野人、乞列迷、女直军民万户府应是朱元璋尝试着采取元朝的政策管理女真人的一种尝试。由于明初力有不逮，军民万户府被撤销，改设三万卫接管原有的职能。洪武二十年（1387）十二月，"置三丸（万）卫指挥使司，以千户侯史家奴为指挥佥事"⑥。洪武二十一年（1388），3万卫内撤至开原。

尽管朱元璋的政策卓有成效，但是由于鞭长莫及，女真人并未全部归附明朝。辽东卫镇抚张能指出："辽东三万卫所属高丽、女直归附者，常假出猎为患。"⑦ 已归附明朝的女真人尚不时侵扰，更遑论未曾归附明朝的女真人。为此明朝除了招抚外，还派遣军队进行武力打击，《明实录》中多有征讨女真人的记载。如洪武二十八年（1395）正月，"敕今上（即朱棣）发北平二都指挥使司并辽东都指挥使司属卫精锐：骑兵七千、步兵一万……往三万卫等处剿捕野人。"⑧ 一次出征，明朝就征调了近二万人的军队，这一方面显示出明朝对女真人的重视，另一方面无疑也表明未归附的女真人势力强大，以至于明朝不敢轻敌。

朱棣即位后，明朝对女真人采取了更为积极的招抚策略，"于是海西、建州女直、野人女直诸酋长悉境来附"⑨。为了便于管理，朱棣广设卫所，截至永乐七年（1409）闰四月，根据王钟翰的统计，明朝共设立了122个卫所。⑩ 以此为背景，永乐七年闰四月，明政府下令"升指挥同知端亮为都指挥使，设奴儿干都指挥使司……以东宁卫指挥康旺为都指挥同知，千户王肇舟等为都指挥佥事，统属其众"⑪。虽然康旺等人已经授职，但东北政局突生变数。七月，朱棣命大将丘福率师北伐。明军轻敌遇伏，全军覆没，东北的形势出现逆转，史载："达达军盛行于开元、金山等处，官军遇之辄败。"⑫ 在这种形势下，奴儿干都司的设置被暂时搁置。直至永乐九年，奴儿干都司才最终设置。此即《敕修奴儿干永宁寺碑记》中所言："永乐九年春，特遣内官亦失哈等，率官军一千余人，巨船二十五艘，复至其国，开设奴儿干都司。"⑬《三万卫选簿》也称："九年，奴儿干开设衙门。"⑭ 作为军政合一的地方行政机构，奴儿干都司的设立标志着明朝对黑龙江下游及鄂霍次克海周边地区实施了有效的控制。

---

① 《寰宇通志》卷七七，《玄览堂丛书续集》，第66册，南京，国立中央图书馆，1947年，第78页。
② 《大明一统志》卷二五，西安，三秦出版社，1990年，第425页。
③ 《辽东志》卷一《地理》，《辽海丛书》，第354页。也见于《全辽志》卷一《沿革》，第533页。
④ 《中国明朝档案总汇》，第55册，桂林，广西师范大学出版社，2001年，第177页。
⑤ 《中国明朝档案总汇》，第55册，桂林，广西师范大学出版社，2001年，第189页。
⑥ 《明太祖实录》卷一八七，洪武二十年十二月庚午。
⑦ 《明太祖实录》卷二三九，洪武二十八年七月丁巳。
⑧ 《明太祖实录》卷二三六，洪武二十八年正月甲子。
⑨ （明）严从简：《殊域周咨录》卷二四《女直》，北京，中华书局，1993年，第733页。
⑩ 王钟翰：《明代女真人的分布》，中国人民大学清史研究室编：《清史论文选集》，第1辑，北京，中国人民大学出版社，1979年，第28～34页。
⑪ 《明太宗实录》卷九一，永乐七年闰四月己酉，中国台湾"中央"研究院历史语言研究所1962年影印本，第1194页。
⑫ 《朝鲜李朝太宗实录》，太宗十年正月辛巳。
⑬ 钟民岩、那森柏、金启孮：《明代奴儿干永宁寺碑记校释》，《中央民族学院学报》1976年第1期，第50页。
⑭ 《中国明朝档案总汇》，第55册，桂林，广西师范大学出版社，第149页。

二　邢枢等人东巡奴儿干

奴儿干都司设立的同时，明朝还通过派遣使者出巡以加强对黑龙江下游及鄂霍次克海周边地区的管理。《重建永宁寺记》："洪武间，遗使至其国而未通。"[1] 可见在明初之时，朱元璋就高度重视奴儿干地区。在朱棣的努力下，从永乐朝开始，明朝对奴儿干都司的巡视进入到常态化的阶段，史称："国初累加招谕。"[2] 而且明朝进行了严格的制度规定，也即来年出巡。"间岁相沿领军，比朝贡往还护送，率以为常。"[3] 虽然这一规定未能严格执行，但对奴儿干地区进行有效管控则是不争的事实。

最早出巡奴儿干地区的无疑是邢枢。"邢枢，字九成，畿内长垣人。德行文学，俱为后生尊仰。洪武初以明经任行人，前后三使奴儿干。尝却吉烈迷国女色，辞开元人遗布。同使知县张斌病且卒，知枢正大，持白金百两，托寄妻子。枢归，悉还之。有诗文行世。"[4]《长垣县志》也有类似的记载。"洪武初，举明经，任行人，前后三使奴儿干。"在文尾还增添了新的内容，"所著《纪行集》二卷行于世。卒，入乡贤祠。"[5] 尽管上述2则文献皆言及邢枢"前后三使奴儿干"，但依据现有史料只知其所参与的两次。一为永乐元年。《殊域周咨录》：永乐元年（1403），"派邢枢偕同知县张斌往谕奴儿干，至吉烈迷诸部招抚之。"[6] 其他史料所记基本一致。《东夷考略》："永乐元年遣行人邢枢招谕奴儿干诸部，野人酋长来朝，因悉境附。"[7]《山中闻见录》："永乐元年，遣行人邢枢招谕奴儿干诸部野人，酋长来朝，因悉境附。"[8]《三万卫选簿》亦可佐证。"王栋，女直人。始祖王平住，永乐元年归附。本年，黑龙江招谕野人功。"[9] 二为永乐九年与亦失哈同行，并撰写了《敕修奴儿干永宁寺碑记》。

此外，其他人也曾前往奴儿干地区进行招抚。如佟答剌哈，《三万卫选簿》记载道：佟国臣的高祖答剌哈"永乐元年招谕，升小旗。二年，招谕。四年，升总旗。黑勒若招谕。除都指挥佥事"[10]。根据鞠德源的考证，"'黑勒若'当是'黑勒里'或'黑勒尔'的讹写，黑勒里（尔）为黑龙江下游吉列迷各部所居之地。"[11] 白撒里，海西女真人。"永乐三年，不剌花等处招谕。四年，升小旗。八年，奴儿干招谕。"[12] 早于奴儿干都司设置的永乐八年（1410），白撒里接受明朝的指派，前往奴儿干进行招抚工作。奴儿干都司设立后，这种情况仍然持续。白撒里的伯祖白都伦"本年（即永乐十三年），奴儿干招谕。升试百户。二十年，仍往奴儿干招谕"[13]。白都伦曾于永乐十三年（1415）、永乐二十年（1422）两次前往奴儿干地区。王雄的祖父王仲受"永乐九年，抚谕有功。十三年，升小旗。十五年，奴儿干招谕，升总旗"[14]。王仲受于永乐十五年（1417）前往奴儿干都司。"马兀良哈，建州人，《敕修奴儿干永宁寺碑记》中刻有其名"，可知马兀良哈曾在永乐十年（1412）随亦失哈东巡奴儿干地区。"永乐十六年，奴

---

[1] 钟民岩、那森柏、金启孮：《明代奴儿干永宁寺碑记校释》，《中央民族学院学报》1976年第1期，第67页。
[2] 《辽东志》卷九《外志》，《辽海丛书》，第470页。
[3] 《辽东志》卷九《外志》，《辽海丛书》，第470页。
[4] （明）严从简：《使职文献通编》卷七《使范篇》，转引自内藤虎次郎著，谢国桢译：《明奴儿干永宁寺碑考》，《国立北平图书馆馆刊》1930年第6期，第16页。
[5] （康熙）《长垣县志》卷六《艺文下》，清康熙三十九年（1700）刊本，国家图书馆藏。
[6] （明）严从简：《殊域周咨录》卷二四《女直》，第733页。
[7] 茗上愚公：《东夷考略》，《清入关前史料选辑》第1辑，北京，中国人民大学出版社，1984年，第46页。
[8] （明）彭孙贻：《山中闻见录》卷九《女直考》，《清入关前史料选辑》第3辑，北京，中国人民大学出版社，1991年，第139页。
[9] 《中国明朝档案总汇》，第55册，第149页。
[10] 《中国明朝档案总汇》，第55册，第138页。
[11] 鞠德源：《从〈三万卫选簿〉看明朝政府对奴儿干地区的经营》，《文物集刊（2）》，北京，文物出版社，1980年，第7页。
[12] 《中国明朝档案总汇》，第55册，第272页。
[13] 《中国明朝档案总汇》，第55册，第272页。
[14] 《中国明朝档案总汇》，第55册，第197页。

儿干公干，副千户升正千户。"① 永乐十六年（1418），马兀良哈再次前往奴儿干地区。

三 亦失哈东巡奴儿干

相对于邢枢等人而言，亦失哈东巡的影响力更大。根据丛佩远的考证，"亦失哈是海西女真人，文献中又作亦什哈或亦时哥；景泰元年的《明实录》和景泰元年夏六月建立的《昭勇将军崔公墓志铭》，证明从景泰元年起，亦失哈改用了汉人姓名'易信'，崔源碑误作'亦信'"②。亦失哈从永乐年间直至景泰元年（1450）被召还京，前后在东北地区活动四十余年，为明朝管控黑龙江下游及鄂霍次克海周边地区做出了巨大的贡献。

亦失哈最为人称道的贡献无疑是东巡奴儿干。但是由于史料阙如，加之学者的不同解读，关于亦失哈出巡的次数，诸学者各执一端。综合各家研究，主要有 3 种说法，第一种说法是"十次说"。早在 1937 年，罗福颐即提出，"至亦失哈宣抚奴儿干，先后凡十次。《重建永宁寺碑》作永乐中五至其国。其在宣宗时则洪熙元年、宣德元年、三年、七年、八年亦五至"③。中华人民共和国成立后多有学者应和。李健才："关于明朝管辖奴儿干的情况，据碑文和崔源墓志以及《明实录》的记载，永乐、宣德时期，遣亦失哈等前往奴儿干的次数达十次之多。"④ 钟民岩还进行了考证，指出："目前可考知的亦失哈等巡视奴儿干共计有十次。"⑤《亦失哈十下奴儿干》等文章亦支持此种观点。⑥

第二种说法是"七次说"。1953 年，日本学者江嶋寿雄在《亦失哈的奴儿干招抚》一文中详细加以阐析，认为亦失哈共进行了 7 次出巡，永乐朝 5 次，宣德朝 2 次。⑦ 丛佩远也提倡"七次说"，"亦失哈出巡奴儿干，有据可查的是七次，其中年代准确可考的是四次，另三次准确时间已不可考"⑧。

第三种说法是"九次说"。1982 年，《明代奴儿干都司及其卫所研究》一书详加考析。⑨《明代奴儿干永宁寺碑记题名考》所持也是"九次说"，不过在次数统计上有所不同。⑩ 杨旸主编的《中国的东北社会》⑪，《明代辽东都司》⑫ 皆延续了这一说法。这一说法广为接受，如薛虹、李澍田主编《中国东北通史》："据《永宁寺碑记》题名考证，自永乐五年（1407）至宣德七年（1435）近三十年间亦失哈九下奴儿干。"⑬ 李治亭主编的《东北通史》："亦失哈在永乐、宣德年间曾奉命先后 9 次巡视奴儿干地区。"⑭ 张士尊："亦失哈对奴儿干地区的招抚活动共进行了 9 次。"⑮《明代东北疆域研究》中，杨旸的论证发生了改变，为了调和与"七次说"之间的关系，解释道："内官亦失哈等奉命出使奴儿干成功的是七次，另外还有两次欲出使，但因故未能成功。成功与未成功计九次。"⑯

---

① 《中国明朝档案总汇》，第 55 册，第 187 页。
② 丛佩远：《亦失哈考》，《中国史研究》1980 年第 4 期，第 155 页。
③ 罗福颐：《满洲金石志》卷六，《石刻史料新编》，第 1 辑，中国台北，新文丰出版公司，1977 年，第 17363 页。
④ 李健才：《从阿什哈达摩崖谈到永宁寺碑》，《文物》1973 年第 8 期，第 22 页。
⑤ 钟民岩：《历史的见证——明代奴儿干永宁寺碑文考释》，《历史研究》1974 年第 1 期，第 149 页。
⑥ 卢伟、张可：《亦失哈十下奴儿干》，《黑龙江民族丛刊》2006 年第 6 期。
⑦ 江嶋寿雄：《亦失哈的奴儿干招抚》，《西日本史学》第 13 号，1953 年 3 月。1999 年氏着著：《明代清初的女直史研究》仍延续原有考证。
⑧ 丛佩远：《亦失哈考》，《中国史研究》1980 年第 4 期，第 157 页。
⑨ 具体考证，请参见杨旸、袁闾琨、傅朗云：《明代奴儿干都司及其卫所研究》，郑州，中州书画社，1982 年，第 72～82 页。
⑩ 李澍田、鞠裼源：《明代奴儿干永宁寺碑记题名考》，《东北史研究》1983 年第 1 期，第 46～48 页。
⑪ 杨旸主编：《中国东北社会（十四—十七世纪）》，沈阳，辽宁人民出版社，1991 年，第 128～134 页。
⑫ 杨旸：《明代辽东都司》，郑州，中州古籍出版社，1988 年，第 55～56 页。
⑬ 薛虹、李澍田主编：《中国东北通史》，长春，吉林文史出版社，1991 年，第 326 页。
⑭ 李治亭主编：《东北通史》，郑州，中州古籍出版社，2003 年，第 375 页。
⑮ 张士尊：《奴儿干都司职能分析》，《辽宁大学学报》2003 年第 5 期，第 47 页。
⑯ 杨旸主编：《明代东北疆域研究》，长春，吉林人民出版社，2008 年，第 107 页。

四 亦失哈东巡奴儿干次数考

为了厘清亦失哈东巡奴儿干的次数，在以前人研究成果为基础，结合史料梳理如下：

第一次出巡为永乐五年。证据来自《三万卫选簿》，"忽乞，原系兀里奚山卫女直，永乐五年，蒙内官亦失哈前来招谕，赴京，授指挥金事。回还。九年，又蒙招谕，前来，告愿安乐州住坐，三万卫带俸"[①]。"兀里奚山卫"设置于永乐六年（1408），"女直野人头目贾令哈、火秃等百六十五人来朝，置弗朵秃河、干兰河、薛列河、希滩河、克默而河、阿真河、兀里奚山、撒义河、阿者迷河、木忽剌河、钦真河、同宽山一十二卫，令贾令哈等为指挥、千百户、镇抚，赐印诰、冠带及钞币、袭衣有差。"[②]根据时间来看，永乐六年165名野人女真赴京朝贡，明显是永乐五年亦失哈出使的结果。"兀里奚山卫"的位置，说法不一。《明代奴儿干永宁寺碑记题名考》："即伏里其之别译，卫地在今富锦地方。"[③]滕绍箴认为："兀里溪山卫治当设在依兰县治东北窝肯河下游及其支流发尔图浑河之北乌尔坚山一带。"[④]尽管相互矛盾，但是根据二者所考，"兀里奚山卫"无疑位于松花江下游，近于松花江与黑龙江交汇处。与"兀里奚山卫"同来的其他十一卫，如"克默而河卫"，根据《大清一统舆图》《标注战迹舆图》等清代文献，"设在今黑龙江下游奇集湖东南的克默尔河流域"[⑤]。"阿者迷河卫应是阿吉密河卫，设在颜杵河东北流入日本海的阿吉密河流域"，"钦真河卫当设在黑龙江下游右岸支流青音河流域"[⑥]。根据这些卫所的位置推断，这次亦失哈的行踪已经抵达黑龙江下游地区。

第二次出巡为永乐九年（1411）。"永乐九年春，复遣中使率官军，驾巨船至其地。爵赉其人之来附者。设都司、都指挥三员康旺、佟答剌哈、王肇州以镇抚之。"[⑦]《敕修奴儿干永宁寺碑记》对这次出巡的规模有着详细的记录，"永乐九年春，特遣内官亦失哈等，率官军一千余人，巨船二十五艘，复至其国，开设奴儿干都司"[⑧]。这"一千余人"的官兵抽调自辽东都司下属各卫所，"辽海卫指挥王谨等百六十六人奉命招谕奴儿干还，赐钞币表里有差"[⑨]。辽海卫所属166人即是这次东巡的组成人员。[⑩]

第三次出巡为永乐十年（1412）至永乐十一年（1413）。《敕修奴儿干永宁寺碑记》："十年冬，天子复命内官亦失哈等载至其国。"[⑪]这次规模也是颇为庞大，《朝鲜李朝实录》的记载可为佐证。"罗毛罗住，兀良哈指挥阿老管下千户毛下也"，于永乐十二年（1414）二月前往李氏朝鲜朝聘，汇报道："女直都事也罗介率中原数多军人于前年正月，云屯隐出来，自正月至四月造大船及汲水小船各二百三十艘，载军人泛自松渴江，历愁下江，向愁滨江，将筑巨阳城、庆源、熏春城，实之以吾都里、兀良哈。"[⑫]如果"罗毛罗住"所言属实的话，那么这次东巡的规模较之第一次还要大，从第一次"巨船二十五艘"到这次"大船及汲水小船各二百三十艘"，船只数量的剧增，反映了从行人数的庞大。由于这次东巡在奴儿干地区"造寺塑佛"，并树立《敕修奴儿干永宁寺碑记》，所以直至永乐十一年九月后才返回。

---

① 《中国明朝档案总汇》，第55册，第208页。
② 《明太宗实录》卷七六，永乐六年二月丙申，第1037页。
③ 李澍田、鞠德源：《明代奴儿干永宁寺碑记题名考（下）》，《北华大学学报》1982年第2期，第17页。
④ 滕绍箴：《明代奴儿干都司女真诸卫研究概述与探索》，《民族研究》1995年第2期，第66页。
⑤ 具体考证，请参见杨旸、袁闾琨、傅朗云：《明代奴儿干都司及其卫所研究》，郑州，中州书画社，1982年，第173页。
⑥ 滕绍箴：《明代奴儿干都司女真诸卫研究概述与探索》，《民族研究》1995年第2期，第61、第62页。
⑦ 《辽东志》卷九《外志》，《辽海丛书》，沈阳，辽沈书社，1985年，第470页。
⑧ 钟民岩、那森柏、金启琮：《明代奴儿干永宁寺碑记校释》，《中央民族学院学报》1976年第1期，第50页。
⑨ 《明太宗实录》卷一三三，永乐十年十月庚申，第1630页。
⑩ 具体考证，请参见杨旸、傅朗云：《关于王谨等对奴儿干地区的巡视》（《历史教学》1981年第5期）。
⑪ 钟民岩、那森柏、金启琮：《明代奴儿干永宁寺碑记校释》，《中央民族学院学报》1976年第1期，第50页。
⑫ 《朝鲜李朝太宗实录》卷二七，太宗十四年二月庚戌。

第四次出巡为永乐十八年（1420）至永乐十九年（1421）。《三万卫选簿》："李茂，女直人。始祖木当哈，永乐十八年前往奴儿干招谕，升指挥佥事。"①程海，富顺县人，"（永乐）十九年，奴儿干招谕有功"②。张效，"赐充总旗。永乐十九年，奴儿干招谕，升试百户"③。木当哈、程海、张效三人皆参与了这次出巡。阿什哈达摩崖也可为作证。第二摩崖："钦委造船总兵官骠骑将军辽东都司都指挥使刘清　永乐十八年领军至此"④。第一摩崖为"骠骑将军辽东都司都指挥刘大明永乐十九年岁次辛丑正月吉□□"⑤。而李澍田则认为题款最后部分为"正月　日 甲兵李任记"⑥。由于刘清及辽东都指挥同知李任负责舰船的督造，应该是为亦失哈出巡做准备工作。据此可知，永乐十八年亦失哈出巡，在奴儿干地区停留较长，直至永乐十九年才返回。

第五次出巡为永乐二十二年（1424）至洪熙元年（1425）。阿什哈达摩崖的第二摩崖："洪熙元年领军至此。"⑦《明宣宗实录》：洪熙元年十一月，"敕辽东都司赐随内官亦失哈等往奴儿干官军一千五百人钞有差"⑧。十二月，"赐辽东海中州等卫指挥佥事阿哈木等、奴儿干都司都指挥佥事佟答剌哈等……钞绛币表里靴袜有差"⑨。尽管史料都指向洪熙元年，但是丛佩远的推论极为合理，"洪熙皇帝于永乐二十二年八月即位，第二年五月死去，在位时间十分短暂。再加上洪熙的思想也比较保守，连郑和的'西洋宝船'都被他罢掉了，很少有可能做出巡视奴儿干的决定。因此我们推定是永乐末年做出的决定，返回后大约已是洪熙在位，拖到宣德皇帝即位后才加以赏赐"⑩。

以上是永乐年间亦失哈的五次出巡，记载明确，也与《重建永宁寺记》的记载相符，"永乐中，上命内官亦失哈等，□锐驾大舶，五至其国"⑪。

第六次出巡为宣德元年（1426）至宣德二年（1427）。《昭勇将军崔源墓志》清楚地写道：崔源"宣德元年同太监亦信下奴儿干等处招谕，进指挥佥事"⑫。《三万卫选簿》也写道：佟答剌哈"宣德元年，奴儿干公干，升都指挥同知"⑬。耿旺，"宣德元年，奴儿干招谕，升小旗"⑭。张铎，"宣德二年，奴儿干招谕，升总旗"⑮。佟答剌哈、耿旺、张铎三人皆因这次出巡而获得提拔。《明宣宗实录》也能找到相应的记载。宣德二年九月，"升辽东都指挥同知康旺为都指挥使，都指挥佥事王肇舟、佟答剌哈为都指挥同知，东宁卫指挥使金声为都指挥佥事。旺等累使奴儿干招谕，上念其劳，故有是命"⑯。"赐往奴儿干及招谕回还官军钞。千户一百锭，百户八十锭，旗军四十锭。命辽东都司给之。"⑰十月，"赐差往奴儿干指挥佥事金声等官军钞有差"⑱。这些行动无疑是明宣宗对这次出巡的犒赏。

第七次出巡为宣德六年（1431）至宣德八年（1433）。早在宣德六年，明朝就开始筹划这次出巡。

---

① 《中国明朝档案总汇》，第55册，第167页。
② 《中国明朝档案总汇》，第55册，第191页。
③ 《中国明朝档案总汇》，第55册，第257页。
④ 李健才：《从阿什哈达摩崖谈到永宁寺碑》，《文物》1973年第8期，第19页。
⑤ 李健才：《从阿什哈达摩崖谈到永宁寺碑》，《文物》1973年第8期，第19页。
⑥ 李澍田：《阿什哈达摩崖考释》，《社会科学战线》1985年第1期，第174页。
⑦ 李健才：《从阿什哈达摩崖谈到永宁寺碑》，《文物》1973年第8期，第19页。
⑧ 《明宣宗实录》卷一一，洪熙元年十一月乙卯，第309页。
⑨ 《明宣宗实录》卷一二，洪熙元年十二月癸巳，第340页。
⑩ 丛佩远：《亦失哈考》，《中国史研究》1980年第4期，第159页。
⑪ 钟民岩、那森柏、金启孮：《明代奴儿干永宁寺碑记校释》，《中央民族学院学报》1976年第1期，第67页。
⑫ 罗福颐：《满洲金石志》卷六《昭勇将军崔源墓志》，第17371页。
⑬ 《中国明朝档案总汇》，第55册，第138页。
⑭ 《中国明朝档案总汇》，第55册，第247页。
⑮ 《中国明朝档案总汇》，第55册，第234页。
⑯ 《明宣宗实录》卷三一，宣德二年九月丁亥，第795页。
⑰ 《明宣宗实录》卷三一，宣德二年九月辛丑，第807～808页。
⑱ 《明宣宗实录》卷三二，宣德二年十月庚辰，第829页。

十月，因康旺多次参加出巡奴儿干，"至是复命往奴儿干设都司，旺辞疾，乞以福代"①，由此康福代为都指挥同知，参与出巡事宜。《三万卫选簿》也写道：木当哈，"宣德六年又往奴儿干招谕，升指挥同知"②。阿什哈达摩崖的第二摩崖也可印证，"宣德七年领军至此"③。这次同样是队伍庞大，《重修永宁寺记》："七年，上命太监亦失哈同都指挥康政，率官军二千，巨舡五十再至。"④驻扎于奴儿干的时间也颇久，直至宣德八年春树立《重修永宁寺》碑时，尚且驻留。

此外，钟民岩认为第一次为奴儿干都司设立的永乐七年，但只是单纯推测，所以不予采纳。其他学者还认为宣德三年（1428）、宣德五年（1430），亦失哈也曾出巡。《明宣宗实录》中写道：宣德三年正月，"命都指挥康旺、王肇舟、佟答剌哈往奴儿干之地，建立奴儿干都指挥使司。并赐都司银印一，经历司铜印一"⑤。"遣内官亦失哈、都指挥金声、白伦等，赍敕及文绮表里往奴儿干都司及海西弗提等卫，赐劳头目达达奴丑秃及野人哥只苦阿等，嘉其遣人朝贡也。"⑥但是到了宣德四年，情况发生了改变。十二月，"召内官亦失哈等还。初命亦失哈等率官军往奴儿干，先于松花江造船，运粮所费良重。上闻之，谕行在工部臣曰：'造船不易，使远方无益，徒以此烦扰军民。'遂敕总兵官都督巫凯，凡亦失哈所赍颁赐外夷缎匹等物，悉于辽东官库寄贮。命亦失哈等回京"⑦。2条记载相隔近2年，是否为同一次让人质疑，但是考虑到第七次出巡也是提前一年准备，2条记载应系指一事，这次出巡并未成行。

宣德五年八月，"敕遣都指挥康旺、王肇舟、佟答剌哈仍奴儿干都司抚恤军民"⑧。2个多月后，这次出巡同样被取消。十一月，"罢松花江造船之役。初命辽东运粮造船于松花江，将遣使往奴儿干之地招谕。至是总兵官都督巫凯奏虏寇犯边，上曰：'虏觇知边实，故来钞掠。'命悉罢之。"⑨宣德七年（1432）五月又写道："以松花江造船军士多未还，敕海西地面都指挥塔失纳答、野人指挥头目葛郎哥纳等曰：比遣中官亦失哈等往使奴儿干等处，令都指挥刘清领军松花江造船运粮。今各官还朝而军士未还者五百余人，朕以尔等归心朝廷，野人女直亦遵法度，未必诱引藏匿。敕至，即为寻究，遣人送辽东总兵官处，庶见尔等归向之诚。"⑩由此可知，政治局面的变化以及兵变最终导致这次出巡也是胎死腹中。

根据以上的梳理，从永乐五年（1407）直至宣德八年，亦失哈在26年时间里先后7次东巡奴儿干地区，此外还有2次未能成行的出巡。亦失哈的东巡，不仅巩固了奴儿干都司的统治，也确立了明朝对黑龙江下游及鄂霍次克海周边地区的统治。先后树立的2座永宁寺碑更是成为历史的明证。

[作者单位：黑龙江大学历史文化旅游学院]

---

① 《明宣宗实录》卷八四，宣德六年十月乙未，第1930页。
② 《中国明朝档案总汇》，第55册，第167页。
③ 李健才：《从阿什哈达摩崖谈到永宁寺碑》，《文物》1973年第8期，第19页。
④ 钟民岩、那森柏、金启孮：《明代奴儿干永宁寺碑记校释》，《中央民族学院学报》1976年第1期，第68页。
⑤ 《明宣宗实录》卷三五，宣德三年正月庚寅，第877页。
⑥ 《明宣宗实录》卷三五，宣德三年正月壬辰，第877页。
⑦ 《明宣宗实录》卷六〇，宣德四年十二月壬辰，第1435页。
⑧ 《明宣宗实录》卷六九，宣德五年八月庚午，第1615页。
⑨ 《明宣宗实录》卷七二，宣德五年十一月庚戌，第1682页。
⑩ 《明宣宗实录》卷九〇，宣德七年五月丙寅，第2057页。

明代楚雄府改土归流考论

侯官响

历史上我国西南地区的改土归流，是学界一个恒久弥新的话题。其中对于明代云南之改土归流，学界关注虽不及清代，但亦有较为深入的讨论。① 在对不同地区是否改土归流加以区分外，还论述了改土归流的原因和意义。而在府一级层面上，却鲜有对明代改土归流的深入探讨，比如向为云南政治、经济中心的昆明、大理，以及连接二者的楚雄。

明代楚雄府，"府当四达之冲，东卫滇郡，西连大理，南控交趾，北接姚安"②，洪武十五年（1382），一俟威楚路为明军所占，明廷即改威楚路为楚雄府，实行流官治理，由此开启了楚雄府赋役改革、文化认同和民族融合之路。本文即以制度变革与民族融合为视角，探讨明代楚雄府的改土归流及相关问题，以求教于方家。

一 洪武时期楚雄府的流官初设与治理

楚雄，在唐之前曾称峨碌，唐为览州，蒙氏立石桑郡，段氏立白鹿郡，元代是威楚路。明代楚雄府设立后，筑城修墙，领州二，曰镇南、南安；县五，曰楚雄、定远、广通、鄂嘉、定边。当时颍国公傅友德平定南夷，留兵驻守，遂请设立楚雄卫，领所八，分别是左、右、中、前、后、姚安、中屯、定远。③

直隶徐州人朱守仁作为首任知府，即于平定楚雄之年赴任。隆庆《楚雄府志》云："朱守仁，徐州人。元末起兵，为枢密同知，守舒城。时太祖既克金陵，公知天命有归，遂纳款内附，并献全城，上加之。洪武初，累官工部尚书，参北平行省政。以馈饷不继，谪知苍梧县。洪武壬戌（1382），云南平。"④ 在任楚雄知府前，朱守仁原为元朝官吏，后应时顺变，为明廷所用，并因履职不力，由工部尚书被贬为知县。可见此前朱知府仕途虽然跌宕，但并无显赫政绩和口碑。

朱守仁是作为文职行政官员上任的，而同为直隶人的袁义则是武职都督。负责修筑楚雄城的都督袁义，乃"庐州府庐江县人，由羽林右卫亲军指挥同知征南，升楚雄卫指挥使。开设卫治，老练忠直，凡诸建置，皆所经画。洪武二十三年入朝，上惜其老，命太医院为染其须，俾回抚治以威远人。三十二年，征还"。袁义本为征南指挥同知，战事结束后，即为新建楚雄卫的指挥使。

楚雄原有城池，在今城西峨碌山上，筑于大理国时期。洪武十六年（1383）中改筑城池时，"都督

---

① 比较有代表性的论著有：曹相：《明朝云南社会经济的发展与改土归流》，《云南师范大学学报（哲学社会科学版）》1986 年第 1 期；沈海梅：《明清时期云南改土归流的文化条件》，《思想战线》1997 年第 5 期；王文光、李吉星：《论明代云南的改土归流》，《思想战线》2014 年第 6 期。此外在王强 2010 年硕士论文《明代西南地区改土归流研究》，王钟翰主编的《中国民族史》、江应樑主编的《中国民族史》、尤中著的《中国西南民族史》《云南民族史》等著作，虽然对明代云南的改土归流都有所提及，但都没有进行专门的深入研究。
② （清）顾祖禹：《读史方舆纪要》卷一一六《云南四·楚雄府》，中华书局，1955 年，第 5127~5128 页。
③ （隆庆）《楚雄府志》卷一《沿革志》，《楚雄彝族自治州旧方志全书·楚雄卷上》，云南人民出版社 2005 年版，第 15 页（以下所引，均为此版本）。
④ （隆庆）《楚雄府志》卷三《官政志》，第 51 页。

袁义谓：南山高峻近郭，倘寇据以临城，是借之势也。奏请拓之。御笔一抹，适当其巅，义遂改筑"。城墙高 2 丈 5 尺，厚 3 丈，周长 7 里 360 步。①

明代云南卫所与行政机构同城并治，体现了"以武卫文"的特点，既能保护府州县衙门机构和移民，又可防御外来侵扰。由于楚雄"路当孔道，往来商贾杂沓"，因而楚雄城府、卫、县同城而治（见图 1），具有更深远的政治、经济与军事意义。

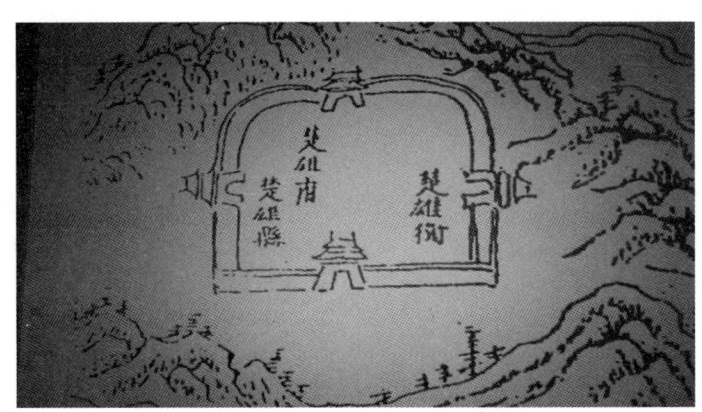

图 1　明代楚雄城府、卫、县同城图

从图 1 可以看出，楚雄城坐落在平坦的坝子中，然四周皆山，易守难攻。城池北临龙川江，西倚峨碌山，东跨慈乌山，南据雁塔山。

在府州县同城而治的体制下，朱守仁知楚雄府 13 年，一改任前之颓势，别具一番景象。史载朱守仁"推诚布公，抚民勤政，立邮驿，葺公廨，招集流移，授以田里，量民贫富，均赋役，建学育才，兴贤下士，除强去暴，养老济贫，民心欢悦，境内乂安。去之日，百姓咸涕泣送之……至今父老犹能道其善"②。洪武二十八年（1395），朱守仁因治理楚雄有方，以秩满至京，升任太仆寺卿。③

朱守仁对楚雄府的治理，体现了与前代所不同，与中原相类似，又与边疆民族聚集区相适应的社会经济政策。楚雄为古蛮夷地，明代之前中央或中原政权对其实行羁縻或土司制度，即利用土著民族中的贵族分子沿袭充任地方行政机构中的长官，以便依据地方经济情况收取赋税，政治上听从封建中央的驱使，这也就是所谓的"以夷制夷"。上述制度保留了土著民族内部的政治、经济结构基本不变，通过土官进行赋税的征收和人员的驱使，并定期或不定期向中央政府朝贡。

明初，经过元末农民战争的洗礼，呈现于新政权面前的普遍景象是"黎庶鲜少，田野荒芜"，"百姓财力俱困"。对于中原地区，明政府采取了移民外地、减免赋税、兴修水利、劝课农桑的措施，并施行鱼鳞图册和赋役黄册制度。而楚雄"非腹里可比"，"土号不毛，物产最少，家无宿藏，米谷极贵，总计一岁之赋税，仅勾一岁之供给"④。因此施行移民入籍，"招集流移，授以田里，量民贫富，均赋役"的财政政策。

《光绪楚雄县志》载：自洪武十九年（1386），傅友德、沐英平定楚雄后，留兵戍守，"太祖义遣江南闾右之民以居之，复有宦游商贾入籍，大部南人较多，故俗亦类江南"。屯田是明代国家财政政策，尤其是道路险远、土瘠民少的云南地区，镇戍和屯田互为表里。凡"新附州城，悉署衡府，广戍兵，增

---

① 天启《滇志》卷五，《建设志》，云南教育出版社，1991 年点校本，第 194 页。
② 景泰《云南图经志书》卷四，《楚雄府·名宦》。
③《明太祖实录》卷二四一，洪武二十八年九月丙辰，第 3505 页，中国台湾"中央"研究院 1962 年校印本（以下所引《明实录》均为此版本）。
④（明）何孟春：《何文简疏议》卷六《议国科疏》，载方国瑜主编《云南史料丛刊》卷五，云南大学出版社，1998 年，第 304 页。

屯田，以为万世不拔之计"①。明人俞汝钦记述了楚雄军屯的情况："先年本卫成规，凡百户所军役，以三分差操，七分屯种。其七分，每军一名，领田一分，纳秋粮米九石二斗；夏税出于陆地，田有定亩，军有定数，故田俱垦而粮易完。"②军屯而外，尚有民屯和商屯，上述"遣江南闾右之民以居之"，当为移民屯田；"宦游商贾入籍"，当为商屯。

在中原地区，广泛登记和执行的赋役黄册，乃以里甲制度为基础。里甲，不仅是户籍登记组织，更是供纳赋役的单位。控制了土地和人口，即控制了国家的财政基础。明初，朱守仁在楚雄"授以田里"，是否亦建立了里甲制度和黄册制度呢？《读史方舆纪要》载：楚雄"县丞杨氏世袭，编户十里"。广通县，编户四里。定远县，编户五里。定边县，编户五里。鄂嘉县，编户二里。南安州，编户五里。镇南州，编户四里，州同杨氏，州判陈氏，世袭。③可见，洪武时期推行的里甲制度，在古彝族先民地区亦得以展开。只是，楚雄府所辖各州县所编里偏少，可能只局限于外来移民聚居的地方，或是靠近府、州、县城的区域。下面的史料可进一步明确，楚雄不仅实行了里甲，而且作为流官所在府，当按明廷要求，攒造了赋役黄册。

二 正统以降楚雄府改土归流的实施

明代府级主要官员主要有知府、同知、通判和推官，其中知府是一府最高行政官员，正四品；同知为知府的副职，正五品，掌管捕盗、江防以及清理军籍等事务；通判，正六品，主要职责是税粮征收；推官，正七品，掌管刑狱。作为洪武时期的流官，朱守仁任楚雄知府长达13年，此后40余年均无流官知府任职记载，直至正统年检浙江归安人冯郁到任。表1列示了从正统四年（1439）至嘉靖四十五年（1566）楚雄知府任职情况。

表1 明代楚雄知府任职情况④

姓名	籍贯	身份	到任时间
冯郁	浙江归安		正统己未，1439年
计澄	江西浮梁	进士	景泰癸酉，1453年
刘能	广西左卫	监生	景泰丙子，1456年
屈俊	湖广巴陵	进士	天顺己卯，1459年
尹昭	江西吉水	进士	成化丁亥，1467年
赵熙	浙江临海	进士	成化辛卯，1471年
刘怀经	四川富顺	进士	成化丁酉，1477年
刘任	江西安福	进士	成化庚子，1480年
邵敏	湖广湘阴	进士	成化甲辰，1484年
王让	江西上饶	进士	弘治乙卯，1495年
梁宇	清宛（北直隶）	贡士	弘治丁巳，1497年
朱继祖	江西高安	进士	弘治庚申，1500年
董朴	湖广麻城	进士	弘治乙丑，1505年
仰儒	浙江余杭	进士	正德庚午，1510年

---

① （明）王世贞：《弇山堂别集》卷八五，《诏令杂考一·大理战书附》，中华书局，1985年，第1627页。
② （明）俞汝钦：《议处屯田呈》，隆庆《楚雄府志》卷二，《食货志·赋役》，第43页。
③ （清）顾祖禹：《读史方舆纪要》卷一一六《云南四·楚雄府》，中华书局，1955年，第5128～5135页。
④ （隆庆）《楚雄府志》卷三《官政志·职官》，第51页。

续表

姓名	籍贯	身份	到任时间
陈善	江西弋阳	进士	正德壬申，1512 年
陆相	浙江余姚	进士	正德辛巳，1521 年
祝弘舒	四川温江	进士	嘉靖癸未，1523 年
杨丽	四川南充	进士	嘉靖庚寅，1530 年
李邦表	四川定远	进士	嘉靖丁酉，1537 年
席和	四川遂宁	官生	嘉靖癸卯，1543 年
王遵	四川南充	进士	嘉靖己酉，1549 年
周载	湖广麻城	举人	嘉靖甲寅，1554 年
张祥	南京锦衣卫	进士	嘉靖己未，1559 年
戴恕	南直隶天长	进士	嘉靖庚申，1560 年
戚慎	南直隶宣城	进士	嘉靖壬戌，1562 年
陈元琰	福建怀安	进士	嘉靖癸亥，1563 年
张泽	山西太原府榆次	举人	嘉靖丙寅，1566 年

表 1 显示，从正统己未到嘉靖丙寅，在长达 128 年的时间里，楚雄共迎来送往了 27 任知府，平均任职年限为 4.74 年。根据各位知府的籍贯进一步整理数据，首先得到图 2。

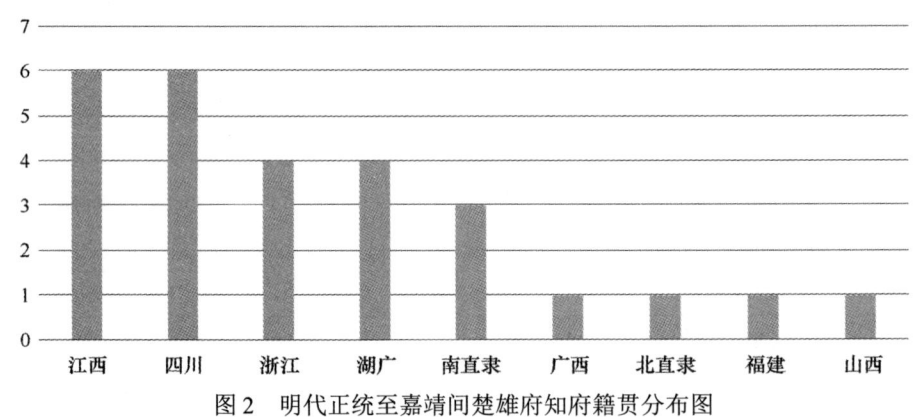

图 2　明代正统至嘉靖间楚雄府知府籍贯分布图

从图 2 可知，正统至嘉靖间 27 任楚雄知府，共来自 11 省级单位，没有一任是来自楚雄或之外的云南其他地区，由此可知楚雄府改土归流的彻底性。其中江西、四川分别为 6 人，浙江、湖广分别为 4 人，南直隶 3 人，其余广西、福建、北直隶、山西分别 1 人。若进一步分析，可知 27 人中，只有 2 人来自北方区域，只占总人数的 7.4%，而来自南方省份的却高达 92.6%，而且至嘉靖时期，来自临近省份四川的明显增多。之所以如此，应该是明廷出于以下考虑：一是地理、交通方面的原因。出身北方的官员若到遥远的云南上任，跋山涉水，需要较长的时间，非常不利于任职的衔接。二是气候、风俗方面的原因。大量使用非云南籍南方官员，能更好地适应云南的环境。而四川靠近云南，风土人情与云南相似，后期大量使用川籍人士，更有利于对云南的治理。

若从 27 位知府的身份考虑，不外乎出身进士、举人、贡士、监生和官生五类。对表 1 数据进一步整理，可得到图 3 楚雄知府身份分布图。

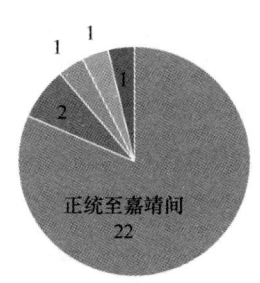

图 3　明代正统至嘉靖间楚雄府知府身份分布

明代科举制度中，通过考试有做官资格的考试有三级，分别是乡试、会试和殿试。乡试每三年一次在各省省城举行，考中者称"举人"。会试每三年一次会集各省举人在京城举行，考中者称"贡士"；殿试是皇帝在殿廷亲自对会试考中的贡士所进行的面试，按成绩分为"三甲"，一甲三名，"赐进士及第"，分别是"状元""榜眼""探花"；二甲若干，"赐进士出身"；三甲若干，"赐同进士出身"。图 3 显示，楚雄 27 位知府中，进士 22 人，举人 2 人，贡士 1 人，此 25 人是通过科举取得了入仕做官的资格。

其余官生、监生各 1 人，其出身是入国子监读书的学生。《明史·选举志一》："入国学者，通谓之监生。举人曰举监，生员曰贡监，品官子弟曰荫监，捐赀曰例监。同一贡监也，有岁贡，有选贡，有恩贡，有纳贡。同一荫监也，有官生，有恩生……每负天下按察司选生员年二十以上、厚重端秀者，送监考留。会试下第举人，入监卒业。又因谏官关贤奏，设为定例。府、州、县学贡生员各一人，翰林考试经、书义各一道，判语一条，中式者一等入国子监、日本、琉球、暹罗诸国亦皆有官生入监读书。"①官生和监生其来源，一是文官皆得荫一子入国子监读书，以世其禄；二是府、州、县学的生员，考选入京师国子监。由于官生、监生，并无科举功名，因此开始只能做一些较为低级的官员。

表 1 所列示的 27 位楚雄知府其政绩如何呢？兹撷取几例进行分析。

计澄，景泰间以御史来守郡。诚心公道，兴学育才，厘奸革弊。盗贼闻风远遁，斯民赖之以安。

邵敏，成化间知楚雄府，存心忠厚，勤恤民隐。初，郡中不识桑麻之事，敏为之市种子，置器物，教民艺植、纺织。……择诸生之质美行端者，馆之云泉寺，供膳丰腴，教训严密。……诸生感奋，科第连发。

董朴，正德时任楚雄知府。自下车，首重学校，朔望诣学，讲辩移晷，四时考校，则揭榜通衢，以示劝惩；躬授春秋，且出文论诸稿刊式之。诸生有贫不克婚葬者，间为助。又增修祭器，以祀先师；建置讲亭、号舍，以处士类；立哨堡，以弭盗贼；课农桑，以足衣食；抚夷情，以靖地方。②

祝弘舒，嘉靖癸未知楚雄府，因俗为治，而尤笃意文教。易五显神祠为龙冈书院，卜迁学宫以当形胜。又每策励诸生，人才崛起，屡中甲科。

李邦表，嘉靖丁酉知楚雄府。重学校，建聚奎楼，邀诸生于治后，躬为讲授，无倦色。③

上述 5 任知府全部进士出身，是学而优并通过科举一途入仕的，因此首先其对楚雄教育问题重视有加，着力推行儒学成为施政的重要举措。楚雄府儒学当是第一任知府朱守仁所建，"建学育才，兴贤下

---

① 《明史》卷六九，北京，中华书局，1974 年，第 1676~1677 页。
② （隆庆）《楚雄府志》卷三，《官政志·名宦》，第 70 页。
③ （隆庆）《楚雄府志》卷三，《官政志·名宦》，第 71 页。

士",为其赢得了口碑。其后,计澄"兴学育才"、邵敏"教训严密"、董朴"首重学校"、祝弘舒"笃意文教"、离帮表"躬为讲授",其结果是"人才崛起""科第连发"。

其次,楚雄知府较为注重保境安民。如景泰时计澄的"诚心公道,厘奸革弊";成化间邵敏的"存心忠厚,勤恤民隐";正德时董朴的"弭盗贼,抚夷情"以及嘉靖间祝弘舒的"因俗为治"。所谓"地方靖,民以安",百姓之所以能够安心进行经济及社会活动,即在于良好的秩序和风俗。

当然采取各种措施发展当地经济,更为一些官员所重视。成化之前,楚雄当地百姓不谙种植桑麻,更不知如何纺织,于是知府邵敏便"为之市种子,置器物,教民艺植、纺织"。正德时,知府董朴亦重视农桑,因而百姓丰衣足食。

从上述分析可知,在正统己未至成化丙寅期间,楚雄知府已全部由外省籍官员担任,即使在今天也是很难做到的。那么,同知、通判、推官以及知县的任职情况如何呢?下面整理有关资料,列示如表2、表3、表4和表5,并稍作分析。

表2 明代楚雄同知任职情况①

姓名	籍贯	身份	到任时间
王让	保定(北直隶)	监生	正统癸亥,1443年
罗敏	宜宾(四川)	监生	天顺辛巳,1461年
唐凯	邵阳(湖广)	监生	成化壬辰,1472年
宋琼	汉阳(湖广)	监生	成化己丑②
陈保	武昌左卫(湖广)	贡士	成化乙巳,1485年
王浚	安岳(四川)	进士	弘治乙卯
陆绅	慈溪(浙江)	贡士	弘治乙未③
萧澄	江西太和	贡士	正德辛未,1511年
曾显	江西太和	进士	
陈昶	庐陵(江西)	监生	正德丙子,1516年
叶蔚	德化(福建中部)	监生	嘉靖壬午,1522年
周昆	贵州永宁卫	举人	嘉靖戊子,1528年
颜阶	福建龙溪	举人	嘉靖庚子
任良干	广西桂林	举人	嘉靖壬寅
李宠	四川富顺	举人	嘉靖己巳
朱官	贵州安庄卫	举人	嘉靖戊申
傅昂	江西金溪	举人	嘉靖壬子
任效忠	贵州思南府	举人	嘉靖辛酉,1561年
杨寰	贵州平越卫	举人	嘉靖甲子,1564年
张大亨	广西全州	举人	隆庆戊辰,1568年

---

① (隆庆)《楚雄府志》卷三,《官政志·职官》,第52～53页。
② 疑为"己亥",即明成化十五年,公元1479年。
③ 疑为"己未",即明弘治十二年,公元1499年。

表3 明代楚雄通判任职情况①

姓名	籍贯	身份	到任时间
何奎	湖广兴宁	监生	正统戊午，1438年
刘文徽	襄阳（湖广）	贡士	天顺辛巳
萧佐	景陵（湖广）	贡士	成化庚寅，1470年
刘贯	安福（江西）	监生	成化甲午
蒋亮	初阳（浙江）	贡士	成化甲辰
王铨	陕西隆德	进士	弘治丁巳
年亮	巴县（四川）	监生	弘治己未，1499年
萧善	庐陵（江西吉安）	贡士	弘治壬戌，1502年
余秉清	江西奉新	贡士	正德丁卯，1507年
张泰	陕西	贡士	正德辛未，1511年
谭冠	蓬溪（四川）	监生	正德乙亥，1515年
叶圻	江西进贤	贡士	嘉靖壬午
任德	蓬溪（四川）	监生	嘉靖甲辰②
丁善兴	湖广武昌卫	监生	嘉靖癸巳，1533年
何季阳	高安（江西）	监生	嘉靖丙午
罗汝鉴	江西新喻	监生	嘉靖庚戌，1556年
叶蕾	四川彭县	监生	嘉靖丙辰
吕枭	湖广石首	举人	嘉靖戊午
刘亟	四川内江	恩生	嘉靖庚申
邓世彦	湖广临武	贡士	嘉靖乙丑，1565年
王政魁	铜仁（贵州）	监生	隆庆丁卯

表4 明代楚雄推官任职情况③

姓名	籍贯	身份	到任时间
陶赞	四川合州	监生	成化辛卯
曹相	江西建昌	监生	成化甲午
舒绅	大邑（四川）	监生	成化丁酉
石天麒	四川岳池	监生	成化丙辰
姚本仁	四川漳明	监生	弘治丙午
李涛	雩都（江西南部）	监生	正德丙寅，1506年
王汉	永州卫（湖广）	监生	正德丙子
刘贡	徐州（南直隶）	贡士	正德丁丑
张琳	吉水（江西中部）	监生	正德戊寅，1518年
刘斐	石城（江西东南部）	监生	嘉靖癸未

① （隆庆）《楚雄府志》卷三，《官政志·职官》，第53～54页。
② 疑为"甲申"，1524年。
③ （隆庆）《楚雄府志》卷三，《官政志·职官》，第54页。

续表

姓名	籍贯	身份	到任时间
李文	河南	进士，刑部员外郎	嘉靖戊子
王璋	四川泸州	监生	嘉靖庚寅
许万里	宁国（南直隶）	监生	嘉靖丙申，1536年
孙一言	四川渠县	监生	嘉靖辛丑，1541年
萧缙	吉水（江西）	举人	嘉靖丁未，1547年
应元	四川建昌卫	监生	嘉靖癸丑，1553年
纪官	陕西咸宁	举人	嘉靖丁丑
安宇	四川巴县	举人	隆庆己巳，1569年

表5　明代楚雄县知县任职情况①

姓名	籍贯	身份	到任时间
方宗穆			天顺壬午，1462年
尤弼			弘治戊午，1498年
范璋	浙江余姚人	进士	弘治壬戌，1502年
尤善			正德丙寅
张锐	河南郑州	监生	正德丁卯，1507年
田高	四川宜宾	进士	正德庚午，1510年
刘清	钱塘（浙江）	举人	正德癸酉，1513年
黄辂	四川新津	举人	正德丙子，1516年
张景	广西永福	监生	
陈言谏	四川内江	举人	嘉靖癸未，1523年
邓茂才	广西石首	监生	嘉靖己丑，1529年
胡用	贵州都匀	监生	嘉靖壬辰，1532年
姚豸	四川大邑	监生	嘉靖戊戌，1538年
官希伯	山东胶州	监生	嘉靖癸卯，1543年
刘时举	贵州铜仁	监生	嘉靖丁未，1547年
柯文绍	广东海洋	举人	嘉靖乙丑②
方应规	陕西静宁	监生	嘉靖壬戌，1562年
马文标	贵州宣慰司	举人	嘉靖乙丑，1565年

　　表2至表5是根据目前笔者可看到的资料制作的，由于官员任职时间均超过了百年，因而足可见微知著。显而易见，在上述时间段内，楚雄府一级的其他官员，无论是同知、通判，还是推官，已全部由外省籍官员所任；而楚雄县知县，除天顺、弘治、正德时三任籍贯不明外，也全部为外省籍士人所居。

　　上述官员中，已知身份的共74人，其中同知20人，通判21人，推官18人，知县15人。从其身

---
① （隆庆）《楚雄府志》卷三，《官政志·职官》，《楚雄彝族自治州旧方志全书·楚雄卷上》，云南人民出版社，2005年，第55～56页。
② 疑为"乙卯"，嘉靖三十四年。

份来看，通过会试、殿试，获得进士身份的大为减少，只有 6 人，占官员总数的 8.11%，其中同知、楚雄县知县各有 2 人，通判、推官各有 1 人；会试考试合格的贡士共 11 人，占官员总数的 14.86%；通过乡试，以举人身份入仕的，共 18 人，占官员总数的 24.32%。余者以监生身份入仕者最多，共 35 人，占 47.30%。可见官吏职级与科举任职的官员数量存在正相关关系。前述 27 任知府中，有 22 人是进士出身，占官员数量的 81.48%，而知府以下却降至 8.11%。

上述同知、通判、知州、知县等流官，其政绩也为当地乡老所认可。如宣德元年（1426）十月，"复余行云南镇南州知州。行以九载考绩，赴京当升，其土官陈寿及乡老咸奏行廉勤公平，乞仍复职。行在吏部以闻，上从之，命进正五品禄"①。马良，山西黎城人，正统五年（1440）知楚雄县。"凡有益于民者，行之必力。"②

从以上分析可知，正统后，楚雄府州县各职务几为流官全部所居的状况，但是并不说明没有例外，楚雄府所辖之南安州，宣德时反而从先期的改土归流变成了改流归土。③

三 改土归流下的经济文化发展及民族融合

如前所述，明朝军队平定云南后，在楚雄等地区改土归流的同时，还实行移民、屯田等措施。楚雄首任知府朱守仁相应采取的诸多措施，如"立邮驿""招集流移，授以田里""量民贫富，均赋役""建学育才""养老济贫"，为明廷财政、赋税、货币等政策在云南的实施奠定了基础。并且在洪武时期，建立在里甲组织基础之上的赋役制度亦在楚雄府得以落实。而上述所有措施，与中原广大地区官员采取的措施并无二致。朱守仁通过实施上述政策，不仅促进了中原文化或者说汉族文化在楚雄的传播，维护了边疆之稳定，也为今后大规模的改土归流和民族融合奠定了基础。

至隆庆时期，随着楚雄府大规模改土归流，楚雄府的赋役征收和财政政策发生了根本变化。赋税征收，除部分需要征收实物外，其他基本已经征银；徭役方面，银差普遍实施，力差也有逐渐转为银差之势，存在数千年的力役之征，已走向末路；政府支出方面，也由发放实物变成支付银两。所有这些变化，无不昭示彼时白银货币化在楚雄已有很深的程度。赋役的货币化，使国家财政收支中白银比例日益增长，由此引发明代包括财政转型等一系列制度的变化。即由古代财政的赋役体系，到近代财政的货币体系的转向。

新加坡学者杨斌谈到明代中原移民对云南的影响，认为云南在明代控制的两百多年中，有两三百万汉族移民或者移民后裔。到天启年间（1621—1627），云南的汉族人口可能达到了 300 万。汉人的农耕经济，汉人的经济体制，汉人的文化习惯，不可避免地对云南原有的社会制度、文化风俗包括货币制度产生影响。④

除此而外，明廷在云南地区的重要举措，即设立儒学，"以为安边之道"。明太祖即位之初便下诏，令天下郡县皆设学校。洪武二年（1369），明太祖诏谕中书省臣曰："宜令郡县皆立学校，延师儒授生徒，讲论圣道，使人日渐月化以复先王之旧。"洪武二十八年，明太祖对礼部说："云南、四川边夷土官皆设儒学，选其子弟侄之俊秀者以教之，使之知君臣父子之义，而无悖礼争斗之事，亦安边之道也。"

元代在滇池、洱海区域及滇中南局部地区建起了路、州儒学。明军平定云南后，云南儒学的恢复及设立得以立即进行。天启《滇志·学校志》载："国朝洪武初，西平侯沐英因其旧建云南府儒学。"楚雄

---

① 《明宣宗实录》卷二二，宣德元年十月丁丑，第 584 页。
② （隆庆）《楚雄府志》卷三《官政志·名宦》，第 71 页。
③ 《明史·云南土司传一》，北京，中华书局，1974 年，第 8072 页。
④ 杨斌：《马、海贝与白银——全球视角下的云南》，《全球史评论》，2010 年。

府儒学是洪武十九年建立的，在府治正东稍南的善政坊，后几经迁徙，规模不断扩大。楚雄县儒学，在永乐时亦建立起来，后于府学并列。①社学是古代在乡镇设立的对儿童进行启蒙教育的学校。据《续文献通考》载："洪武八年（1375）正月，诏天下立社学，而乡社之民未睹教化，有司其更置社学，延师儒以教民间子弟导民善俗。"成化八年（1472），定边知县冯源广建定边社学。

上述在楚雄设立的府学、县学、社学，亦和中原类似，传播的是儒家思想。作为汉文化核心的儒家思想，至迟在东汉时已传入云南。此后在云南长期的历史发展中，儒家思想通过移民、使臣官吏往来、民间人士交往、贸易通商等诸多途径不间断地传播到云南。迨至明代，"无地不设学"，以传播儒家思想为核心的各类学校才广泛建立起来。这些学校，以儒家的经典为教育内容，以儒家的理想人格为培养目标，不仅达到了"以夏化夷"，怀柔远人的作用，也使古蛮夷之地"人才崛起，屡中甲科"。

史载"楚郡科目始于永乐，而渐盛于嘉靖"，自永乐甲午（1414）至隆庆丁卯（1567），通过乡试取得举人身份的楚雄府学学子共有22人，县学学子共35人，其中楚雄县即有14人。这些举人，亦大多到云南以外地方做官。宣德时楚雄儒学生员陶镕，宣德十年（1435）参加云南省乡试，名中解元，后官至大理寺丞。其他中举者，多到外省做七品知县。

改土归流的治理模式下，移民屯田、推广技术、赋役征银、建学育才、保境安民等一以贯之的诸多举措，使楚雄的彝族先民，与移民之间有了更多的接触、交流和融合。谢肇淛《滇略》云："高皇帝既定滇中，尽迁江左良家间右以实之，及有罪窜戍者，咸尽室以行。故其人土著者少，寄籍者多。衣冠礼法，言语习尚，大率类建业。二百年来，熏陶所染，彬彬文献，与中州埒矣"。又史载楚雄"汉僰同风"，是说移徙者与僰人杂处，而衣食住行之俗，大抵同风。②定远县之民，"慕诗书，多遣子入学，今亦有中科第者"③，说明儒学教育对当地居民的影响。任职楚雄的儒学教授陈铨曾作诗："土俗同川陕，衣冠拟汉唐。……科名常应选，忠正旧名坊。商贩通川陆，农耕足稻粱。干城雄保障，职贡远梯航。"④从风俗、衣冠、科举、商业、农业、城建、职贡诸方面描述了夷汉水乳交融的状况。张通《回磴关》云"远夷归化边尘净，觅得巡兵尽日闲"⑤，从军事角度说明了楚雄府夷汉融合的程度。

八 结 语

新加坡国立大学杨斌以全球化为视角，通过研究云南贝币体系的兴衰，揭示历史上的云南和东南亚、南亚的密切联系，并断言云南在明代之前属于印度洋经济圈。⑥海贝主要来自南太平洋濒临印度洋的海域。在云南货币史上不可忽视的一个现象是，当中原王朝能够控制云南地区时，流通中的海贝就大为减少，如东西两汉时期；反之亦然，如南诏和大理国时期。1948年江应樑指出，自元明以来云南就在中国的直接统治之下。因而，中央与云南地方的关系就取代了云南和泰国的关系，或者说，云南和东南亚的联系弱化了，云南和中国的关系递升了。⑦在同一篇文章中，杨斌通过对南方丝绸之路的分析，彰显了云南在全球的重要地位。古代云南不仅与东南亚、南亚关系密切，而且同中国内地和西藏亦复如是。⑧

---

① （隆庆）《楚雄府志》卷三，《官政志·公署》，第59页、第63页。
② （景泰）《云南图经志书》卷四，《楚雄府·风俗》，《续修四库全书》，上海古籍出版社，第73页。
③ 同上。
④ 陈铨：《即事诗》，景泰《云南图经志书》卷四，《楚雄府·题咏》，第76页。
⑤ 张通：《回磴关》，景泰《云南图经志书》卷四，《楚雄府·题咏》，第76页。
⑥ 杨斌：《马、海贝与白银——全球视角下的云南》，《全球史评论》2010年。
⑦ 江应樑：《云南用贝考》，载杨寿川编《贝币研究》，云南大学出版社，1997年，第81~93页。
⑧ 杨斌：《马、海贝与白银——全球视角下的云南》，《全球史评论》，2010年。

尤其到了明代，中原和云南边疆地区在政治、经济、文化的充分交融，已使两者浑然一体。明代楚雄府作为古彝族先民聚居地，其改土归流，几乎贯穿整个明代。而任职楚雄府的各级流官，不是出身科举考试，也是出自儒学系统，大多具有"修身、齐家、治国、平天下"的思想意识。因而在少数民族地方治理过程中，较多采用了中原地区的政治、经济、文化措施。所谓"二百年来，熏陶所染，彬彬文献，与中州埒矣"。

当然，明代云南的改土归流也没有强制展开，但是只要一有机会和条件，而且只要有利于社会稳定、社会发展，朝廷就会因势利导推行。毋庸置疑，从统一多民族国家建设与发展的角度来看，当时所进行的改土归流当具有积极意义。其结果加快了云南内地化的历史进程，使云南与全国在政治、经济、文化方面产生了许多一致性，保证了云南历史发展的稳定性，符合统一多民族国家发展与建设的历史需要。

[作者单位：楚雄师范学院]

中国明史学会
北京市昌平区十三陵特区办事处 编

第十七届明史国际学术研讨会暨纪念明定陵发掘六十周年国际学术研讨会论文集【下册】

北京燕山出版社

逃离城市补论：明清之际江北城市居民的逃难活动

巫仁恕

中国传统俗谚有所谓"小乱避城，大乱避乡"，这句谚语出现在明清之际，反映了朝代转换、兵燹频仍的时代背景，同时又包含着一个重要的讯息，就是人们已意识到城乡之间的差异。过去关于这段时期的历史研究，较关注于政治上层的问题，而忽略下层百姓与个人的逃难经历。笔者此前曾撰文尝试从当时城居士人留下来的笔记与日记来重建明末清初这段逃难的历史过程。该文以江南的城居士人为例，指出在晚明一度盛行的"乡绅城居化"趋势，至此逐渐转向逃离城市，迁居至乡村避难。过去城居者的骄傲态度不复存在，城/乡二者的地位出现翻转。此外，当时亲身经历逃难痛楚的下层士人，他们对抗清运动的看法也不同于一般史书的评价。该文后半部透过这些下层士人所书写的文本，试图从社会史、文化史与士人心态的角度来探析逃难时所呈现的社会矛盾、逃难妇女的遭遇与形象、幸存者对抗清领导人的观感、如何解释逃难时的不同命运，以及避城或避乡的争论等议题。笔者希望借由他们的逃难纪录，摆脱明清之际的历史大叙事，呈现当时战乱下"逃难社会"的特色。①

在搜集资料的过程中，笔者其实还发现几种笔记或日记涉及此议题，只因发生地在江北，而非江南城市的例子，当时无法写入文中。而这些例子所呈现的现象，亦有前文所无法概括分析者。前文曾于2014年"第十五届中国明史国际学术研讨会暨第五届戚继光国际学术研讨会"上宣读，笔者欲借此次机会将前文所未述及的江北例子作一考察。这3个例子分别是发生在桐城、淮安与扬州3地。

一　崇祯末年安徽桐城县的逃难记

姚文燨（1623—1680），号在奄，字子畏，安庆府桐城县人。其所撰之《明季日记》自述其于崇祯末年，由家乡桐城县县城逃到南京的过程。桐城县位居南北交通要点，是重要的交通孔道。康熙《县志》即云："按桐邑地当孔道，北通直豫，南达江广，而且汛分水陆，为皖郡门户，四达之区也。"②

日记开头记载甲戌年（崇祯七年，1634）作者姚文燨年十二岁，当时本是清平盛世，人人乐业。但是到了八月十三日夜，忽有汪国华、黄尔成二人为首结寨作反。作者父亲因为有事前往安庆府，其与二兄长听了来访的长辈建议，当晚举家攀墙至其祖父的灵堂躲避一夜，但见火光触天，外面相传只说造反了。作者描述道："太平日久，从未见过，如何不惊不怕。"③天未亮，他们兄弟又攀墙回家，取出银子廿两各自均分，又分别换了布衣分途逃避。或逃友人家，或至岳家避难。家中的货产，一切动用细软等物，俱付老仆从福夫妻率众仆婢看守。在外居住的几天，只听得杀乡官、杀恶仆，城内方、吴、叶三大

---

① 巫仁恕，《逃离城市：明清之际江南城居士人的逃难经历》，(中国台湾)《"中央"研究院近代史研究所集刊》，第83期（2014年3月），第1～46页。
② (清)胡必选修，(清)倪传纂，(清)王凝命增修，(清)王立极增纂：《(康熙)安庆府桐城县志》，北京，国家图书馆出版社据清康熙十二年（1673）刻增修本影印，2012年，卷一，《疆域》，第309页。
③ (清)姚文燨：《明季日记》，中国台北，国家图书馆藏清钞本，第1页（下引《明季日记》版本均同）。

家族的大屋尽烧一空。"银子古董金珠帛贝也有抢去的，还有抢不尽的银子，在楼上烧了，如水浇下来。桐城一个花花世界，不数日化为灰烬。"①

此时作者所避之地乃驿站，街上大路时而听闻刀枪马足声，于是他又逃到外祖父坟所在的山脚下庄屋，又听得寨贼往四乡烧乡官庄屋；此时大哥更提及祖母避居之地也是大路，所以非常惊慌。于是兄弟共商雇轿，约好日期齐赴姊夫家躲避。岂知东奔西走之际，不但城内所居之黄家衖无恙，而且还听说只有姚、何、张三家被一扫精光，其他人家本不需如此紧张躲避。但作者也叹道："总之未曾见过，茫然不知所措。"其父闻讯后，即带仆从一起到姊夫家来聚。此时还只听说是有人造反，确实结果仍不知究竟如何，于是又商议往南京避居。母亲出私藏十两白银作为买舟的盘缠，即日上船到南京租了鱼巷的一处河房居住。父亲每每听闻江北乱信，心忧仍在城内的二哥夫妇以及家下的产业，但也无可奈何。②

次年乙亥（崇祯八年，1635）春，又从南京同乡处得知该年正月流贼到桐城，杀伤甚惨，幸未破城。作者的父亲闻此更是放心不下，兼以南京的消费水平颇高，柴米俱贵，于是在秋天农闲时命大哥回桐城料理家业，并且打探二哥夫妇的消息。往返两个月后，大哥运得柴米回到南京，同时也详述桐城的情况。原来他们离城之后，当地的乡官密商计谋诱杀汪、黄等人成功，但漏网余党逃到北方引流贼来报仇。据康熙《县志》记载："怀宗崇祯七年甲戌，秋八月二十三丙子，土贼黄文鼎、汪国华等窃发举火城内。闰八月初三日丙戌，兵备道王公弼帅副将潘可大，帅师讨贼，次于练潭镇。二十一日甲辰，桐人诱杀黄文鼎、汪国华等，余党悉平。"③

桐城乱后有官兵潘把总（潘可大）镇守在城外，但除了杀流贼之外，也不分青红皂白地杀伤百姓，百姓怒而轰而逐之，把总方才跑进城关门死守。未久，流贼即北返，姚家衣服细软等物有赖老仆预先搬送至他处安顿，但书楼内堆积的字画、书籍、桌椅等物均遭贼放火烧光，老仆从福亦遭杀害，其余仆婢俱已星散。幸运的是住在城内的二哥同岳家都平安无恙。该年秋天全家又迁回桐城，一家团圆，但并未进城，而是借居城外友人方孟侯的山馆。④

丙子（崇祯九年，1636）秋，全家又回到城内黄家衖旧居。正准备收拾之际，流贼将至的讯息又传至城中，作者父亲担心城将失守，于是在城外鲁溪山内租用倪宅山庄一处避居。流贼果然到了桐城，但未攻入城，只是在四乡焚掠。作者一家人又迁往山城虎头寨山脚下，租一草屋；后又闻贼信甚近，遂在山上黑石凹搭盖草篷。白天上山到篷内，夜间下山到草屋内。⑤山中有许多猎户轮流在山顶看守。十二月某日，猎户与其兄长和家仆合力劫杀经过的流贼12人，其中1人漏网，作者描述："此时人皆不怕，割丁贼首，往城报功，又剖取贼心肝、腰子炒熟饮酒，以壮其胆。"⑥他们预知贼必来报仇，是晚送家眷坐柴窝内，男人各执器械在要处把守。天明流贼果至，人虽众，但猎户与姚家人等依地势高险而守，又有鸟铳、石头为武器，贼不能破，遂到山下将姚家原有房屋放火烧毁，其家所贮粮食俱失。城内防将张宝山领兵百余人在对面的马鞍岭连放几个大炮，贼惧而走。贼去后，满山男女俱攀藤至岭上虎头寨大山避居。⑦

次年丁丑（崇祯十年，1637）春正月，流贼数万又到桐城县四乡焚杀，经2个月才拔营北去。⑧当时作者父亲见贼势猖狂，难以安身，欲往邻县舒城的深山去，有一旧识老僧愿为引路，但同乡方凤宇劝

---

① （清）姚文燮：《明季日记》，第2页。
② （清）姚文燮：《明季日记》，第2~3页。
③ 《（康熙）安庆府桐城县志》卷二，《兵事》，第524页。
④ （清）姚文燮：《明季日记》，第3~5页。
⑤ （清）姚文燮：《明季日记》，第5页。
⑥ （清）姚文燮：《明季日记》，第6页。
⑦ （清）姚文燮：《明季日记》，第7~9页。
⑧ 《（康熙）安庆府桐城县志》卷二，《兵事》，第525页。

其父与方家一同去避难。姚家遂随方家过山往虎站岭，走了两天一夜的山路，才在山溪石穴中休息过夜。方公说此地不宜久留，遂建议到他家背后的昌峰庵山凹里搭棚暂居；后又因下雪，方公请他们入其宅内住。① 十数日后，作者二哥的岳丈请人带轿来接人入城，并有手书给作者父亲，言及："近日流贼搜山甚紧，当作速入城"。几日后作者父亲与方公商议进城之策，方公即雇山轿、牲口，并有十数人持刀枪弩箭护送他们一家。五更时抵城，天尚未明，城上听见远远有人来，便喊叫要放炮，姚家人回答是姚家从山中来进城，城上人听后仍不放心，又叫等天亮。天明城上早有姚家亲友听见，着人用麻绳稻箩一个一个扯上城去，然后一家人借住在五叔父的天尺楼。此时遍地皆贼，时刻要来攻城，幸县令杨尔铭年纪虽轻，但调度得宜，上下一心，得保无恙。在康熙《县志》中有知县杨尔铭的传记，对其评价颇高。②

作者一家人平安入城后，作者回忆当时路途中听到山上鬼叫者有几千余，不知为何。作者父亲唯恐他害怕，只说是山中野鸟乱叫。其实大路两旁俱是流贼亮火匝营，当作者全家入城后，贼尽搜山，他们曾暂住过的山城，包括虎头寨亦被贼攻破，杀伤甚惨；虎站岭昌峰庵一带流贼也都到过。过几日，贼稍退，作者父亲着人往山中看看，原暂居之房屋大都成为灰烬，只有黑石凹草篷内还有一些衣物与些许食物，系老仆成儿与一黑犬看守，所以还在。于是他们将这类物资搬运入城，聊以度日。作者父亲将黄家衖的老宅稍微整理后，就搬离到城外居住。为了向方凤宇致谢，作者父亲遣人送礼。据说贼也到过他家，幸而无事。作者叹道：

大约自乙亥春流贼到桐后，便时往常来，忽来忽去。城外人家年年月月搬进搬出，总不能安枕。③

此时作者一家又移入城内，借居亲戚宅。康熙《县志》也记此年"流贼杀人盈野"。④

庚辰（崇祯十三年，1640）大旱，蝗虫大起，贼信又紧。辛巳（崇祯十四年，1641）春，"愈荒愈乱，米粮食物件件皆贵，惟有人贱。"接着作者描述了当时女婢、小厮价格低廉，城内一升米要四分文银，盐柴一分一两，虽昂贵但还能买到。营兵将城外大屋拆了，将屋料卖给城内人当柴烧。还有城内人抢食，乞丐食小孩之事。此时原来的杨县令调往京师，接任的王公为人忠厚，但少吏治之才，贼在四乡，两营兵在城内，左良玉（1599—1645）的楚兵在城外。对垒的结果是，乡间虽有粮食却进不了城内，许多财主抱着契书饿死在城内；庙学前有棺或无棺的尸体堆积如山，城门又不敢开，四门城边都是死人，竟无处安顿。王县令叫人在学前焚烧尸体，满城臭气难忍。⑤

崇祯十五年（1642）春，桐城县发生大规模的流行病，城外麦田无人收成。此时贼兵又来攻城，杀戮四乡。作者叹道：

兵贼、旱蝗、疫者，几宗大难一齐来，真是一大劫数。⑥

五月时，作者的母亲过世，其父认为若在城内唯有束手待毙，于是先到安庆府收欠债，再着人接家人迁往南京。当其父派人回桐城准备安排家眷出城时，"此时金子银子也没有人要，若一分只算一分银

---

① （清）姚文燨：《明季日记》，第9～11页。
② （清）姚文燨：《明季日记》，第11～12页。《（康熙）安庆府桐城县志》卷二，《名宦》，第640页记知县杨尔铭的传记如下："尔铭，筠连人，进士。崇祯末，任桐城，时年甫弱冠。会流寇渡河，长驱江北，而城突被围。尔铭以其民格之，得退。亡何，贼势炽，围城岁以为常。尔铭卒士民登埤，击柝缮器请援者，七年如一日，城赖以完。贼语桐人曰：'尔县令虽少，未可测也。'至其宽大之量，公方之操，真不愧古循良焉。后擢御史。"
③ （清）姚文燨：《明季日记》，第13～15页。
④ 《（康熙）安庆府桐城县志》卷一，《祥异》，第292页。
⑤ （清）姚文燨：《明季日记》，第15～17页。
⑥ （清）姚文燨：《明季日记》，第18页。

自则可。衣服完好尤其不要，只有兵们还要。"当他们雇车轿要出城时，奈何近日百姓禀官不许人出城，作者大哥只得往求王知县。王知县闻言蹙眉道："兄怎不早去？因百姓禀说城内乡官财主都去完了，止剩着几个穷百姓，把什么人守城？我昨日方才出示禁止出城。"最后同意他们可在明日知县出城拜访将官之时，跟随一起出城。

当他们随着县令出城到了南门大街时，却被一伙无赖之徒拦住，其中一人说道：

> 平日在城享福，于今反乱，乡官财主有钱的都搬了去，只丢着我们几个穷百姓就是该死的了！快些回去。

作者等只得哀求道：

> 我们也是贫士，没甚东西，不过往枞阳亲戚家借住，就外面粮食贱些。若在城内便饿死了，列位何苦拦阻？

最终他们只好凑出二两钱给这些人，但才走没几日又有一伙人拦住他们要钱。这时他们想到四叔父曾任职湖广道，楚将应该认得，于是作者的大哥具柬往拜，央求派两兵护送，楚将也答应要求。他们一家终于离城与其父会合，再坐船到南京三山大街租用陈家楼安顿。①

姚家一行的确在崇祯十五年时避开了流贼攻县城的兵燹，据康熙《县志》记载，该年冬，张献忠（1606—1647）统众攻城14昼夜，守城的将士于后山城上筑土为台，架设火炮御之，及援兵至，贼始撤退。②崇祯十六年（1643）癸未冬，作者随其父回到桐城，流贼虽未再来，但满城皆兵。次年甲申（1644）正月，作者又随父亲至安庆府居住。到五月时听到闯王李自成（1606—1645）破北京，崇祯皇帝（1611—1644，1627—1644在位）自缢，人心惶惶。过几日又闻南京迎立福王即帝位。作者父亲见时势不好，复回南京。③

二 甲申年淮安府城居民的逃难记

位于长江之北，淮河与大运河交会的淮安城，在明季留下一本笔记——《淮城记事》，该书非常细致地描绘这段时期城内居民的逃难行动。该笔记被收入冯梦龙（1574—1646）所编之《甲申纪事》，冯氏并有《序》云：

> 此系吴人滕一飞馆于淮上，目击而笔记之者，余稍为润而刻之。见淮民之苦兵，而路、王二公任事之劳，与其定变之略，不可泯也。自三月九日，至六月二日，凡八十三日事。一飞于是日同主人往南都，不复闻淮事矣。余近晤淮友阎再彭云："淮城已空，民居半为兵舍。"阎之宅第，亦为刘镇借居，以待建府。④

冯梦龙指出作者乃苏州坐馆于淮安的塾师滕一飞，然而一飞此人的详细资料则未见。这里所说的路、

---

① （清）姚文燨：《明季日记》，第19~21页。
② （清）胡必选修，（清）倪传纂，（清）王凝命增修，（清）王立极增纂：《（康熙）安庆府桐城县志》卷一，《城池》，第349页。
③ （清）姚文燨：《明季日记》，第21~22页。
④ （明）冯梦龙著，魏同贤主编：《冯梦龙全集》，南京，江苏古籍出版社，1993年，第17册，第116页。

王二公，系指淮抚路振飞（？—1647）与按台王燮，而"淮友阎再彭"，系阎若璩的父亲阎修龄（1617—1687），字再彭，明末领乡贡，尝从漳浦黄道周游。①

该书始记崇祯十七年（1644）三月，李自成将要攻入北京时，预先派遣伪官携牌到山东、河南等处，欲取代原任官员，随后则是以大兵压境，由此来恐吓地方。于是官逃民惧，渐及江北地区，百姓日夜震恐。初九日，明朝福、周、潞、恒四位藩王，与黄得功（？—1645）、刘良佐、刘泽清（？—1649）、高杰（？—1645）四镇的军队纷纷撤退南下。当时四镇中的刘泽清兵在宿迁，高杰兵在徐州，二人皆有渡河之意。然而二军淫掠久著，城内"士民愈急"，为逃命而纷纷出城。②

这时城门尚未有禁令，直到三月廿一日发生凤阳兵乱，有军饷不继而鼓噪溃散的士兵骚扰西门外。自是门禁甚严，禁人出入。其间发生了一起引人注目的事件：

> 城中有大姓赵家，令人挑小麦二担出城。守者讶其重，搜之，得铜锡器数事，内俱实以白镪。解朱总府，捆打八十，穿耳游城，罚银二千公用。或为居间，免其半，人稍知警。③

这是城内某大姓违反禁令，私自携财出城的例子。再从上述"士民愈急"一语，显然最初企图逃出城外者多是士绅官宦与富户大姓。此时巡抚下令城内七十二坊开始组织义兵，不上册，不督练，亦不给饷。每家自愿出一、二人，或四、五人，个人的装备举凡小帽、箭衣、快鞋、刀仗等皆是自备。每坊举一生员为社长，一生员为社副，随便操演。④

到四月初三，有一行四十人持令箭及伪牌至，系由李自成派来取代原淮阳巡抚路振飞的官员所派遣的特使，被巡按王燮捆责。但是城内百姓听闻此事后的反应却是："城中士民大恐，逃者益众。王公严以大辟，然竟不能止也。"⑤直到四月八日，巡抚路振飞传谕合城乡绅、孝廉、青衿、乡约，俱集会于城隍庙议事，并出示京城已陷于闯贼的塘报，虽然当场众人多有哭泣者，也有许多人提出各种守城的想法，不过多是迂缓不切实际之策。此后另一波的私逃风潮又起。如十日有某官夫人，伪装为义士，乘舆出城，为其所逐出之仆人举发。守城者将之解至巡按王燮跟前，王燮下令归还其舆中所扣之物，只是罚银30两助饷，仆人亦责20棍。⑥

四月廿五日又误传刘泽青的军队将要渡河，一时城内大哄，城内担心刘泽青的部队骚扰打劫市民，于是争买相舟船远避，以致人多舟少，供不应求。有一小舫棹经过，岸上人争唤之，舟人云："刘兵已杀到，我自顾不暇，何暇及汝？"巡按王燮方遣人调查散播谣言惑众者，遂擒该人解院，立斩之，出示晓谕，众心始定。⑦二十九日又有一新的谣言，民间喧传李自成一路要占闺女，不要妇人。甚至见有监军高岐凤发布的告示，"使闺女速速出嫁，无贻后悔。"于是内外大小人家，竞先婚嫁，一舆价至二两。如是一月，乃定。即使抚按出示，仍无法禁止此谣言。⑧

不过即使在乡村也不见得安全，因为常有乱军来打粮的情况，甚至比城内更凶险。淮城在五月初一日时，夜间忽传北路李总兵的逃兵要到村中打粮，各村男女逃窜，老少妇女将衣裙前后连结，大哭而走。男子持火把在前引导，老弱负囊随后，一夜间逃难躲避者络绎不绝，至天晓仍不敢行矣。作者的友人也

---

① （明）冯梦龙著，高洪钧辑：《冯梦龙集》，石家庄，河北人民出版社，1992年，第33页。
② （明）滕一飞：《淮城纪事》，收于（明）冯梦龙著，魏同贤主编：《冯梦龙全集》，第17册，第116页（下引《举证城纪事》版本均同）。
③ （明）滕一飞：《淮城纪事》，第117页。
④ （明）滕一飞：《淮城纪事》，第117~118页。
⑤ （明）滕一飞：《淮城纪事》，第118页。
⑥ （明）滕一飞：《淮城纪事》，第119页。
⑦ （明）滕一飞：《淮城纪事》，第121页。
⑧ （明）滕一飞：《淮城纪事》，第122页。

于此际避难于泾河宝积庵后之庄房，亲眼目击其事，惨不忍述。这次的打粮消息并非只是谣言，至次日果有乱兵从东而来，大肆杀掠，作者的友人亦不能逃，几乎遭遇杀身之祸。据其友人陈述，当时贼兵遇人即搜其腰间是否有物，并查问身份，如果谎称自己是穷汉，贼兵下一步便检查网圈①和两手，故富贵者无法隐瞒。②

最后甚至就连守城的武官，都大批地举家逃亡出城。五月初三日，巡抚衙门发令箭放老小妇女出城暂避，盖因武官每日哭禀，或云有老父，或有老母，惊惶欲死，巡抚不得已而许之。当天夜里武官的女眷倾城而出，雇不到轿子与车舆者，即使是大户人家也得步行而出。五月初四日，巡抚的家眷也乘着三十余轿出城，往湖中换乘大船四只。③待按台王燮回到淮安得知此事颇不满，归咎是巡抚的失策，即命书吏大书告示，要求城内大小人家已出城者，限三日内搬回城，违者房子入官、妇人追回赏军、家产充饷。惧法者多有回家，但不返回者却也未被追问。④直到五月廿三日，福王朱由崧在南京即位的消息传来，人心始安。⑤该日记记到该年六月初一日，并描述当天"抚按行香，齐集府学明伦堂，缙绅诸生俱在，取伪官武懋面审"的情形。之后，可能就如冯梦龙所言，因作者随主人离开淮安，所以未再记录。

淮安一城直到次年，即顺治二年（1645）乙酉四月，多铎（1614—1649）借弘光朝内讧，率师渡河，守将刘泽清以入卫为辞，避而南下，淮安城防空虚，旋即纳款于清。

除了滕一飞的《淮城记事》一书之外，另有一本署名张天名的《淮城日记》，收在《小方壶斋丛书》。天民字无功，山阳人。书前有《自序》，后有崇祯十七年八月淮阴羽民、清咸丰十一年五月段朝端、光绪十二年四月王锡祺等三《跋》。所记为甲申（1644）二月初一日至六月二十日之事，和《淮城记事》所记的日期多有重迭。若以《淮城记事》校之，则所记多不相同，显见二书非同一作者。根据作者的《自序》指陈："近见刻者纷杂，多非实录。或以无为有，或以后为先。"显示该书写作的动机是为了驳斥坊间失实的野史书刊，而从其所提出有误的内容来看，所指失实的著作应该就是《淮城记事》。不过，这些所谓失实的内容多系官员任职时间有误，与当时事件经过之大概并无大差异。又据段朝端与王锡祺的跋文可知，此书久已失佚，至晚清时才于阮氏七录斋抄出，经段氏得善本详加考证后，由王氏刻印出版。本文撰述期间尚未及得见，日后将再补入。⑥

三 乙酉年扬州城陷时的逃难潮

顺治二年乙酉（1645）二月，清廷命豫亲王多铎移师江南，趋往南京。三月，清军取归德，定河南。四月，清军趁左良玉兵变内讧而进取亳州等地，自是渡淮河攻扬州，并于四月二十五日炮击城西北隅而破城，于是有扬州十日之屠。在扬州陷落的前后，居住在城内的一位徽州籍的下层士人王秀楚，于其《扬州十日记》一书详细记载了当时逃难的过程。关于作者的资料目前已知不多，这部名著在18世纪时仍是一部禁书，但到了19世纪末20世纪初便被作为反满读物而流传甚广，⑦并已为许多史家所着墨研究，例如扬州死亡的人口、史可法（1602—1645）的生死之谜、离散妇女的形象等等，都已有讨论。⑧以下

---

① 指束结网巾所用的圈状物，或称为"网巾圈"。
② （明）滕一飞：《淮城纪事》，第122页。
③ （明）滕一飞：《淮城纪事》，第122页。
④ （明）滕一飞：《淮城纪事》，第122页。
⑤ （明）滕一飞：《淮城纪事》，第123页。
⑥ 丁志安：《淮安方志续谈》，《淮安文史资料》第5辑，淮安，淮安市政协文史资料研究委员会编，1987年，第33～35页。
⑦ 关于十九世纪以后"禁书"再发现的历史背景与其意义，参见王泛森，《权力的毛细管作用：清代的思想、学术与心态》，中国台北，联经出版，2013年，第603～644页。
⑧ 参见 Antonia Finnane, Speaking of Yangzhou: a Chinese city, 1550～1850 (Cambridge, Mass.; London: Harvard University Press, 2004), pp. 72～78；88～89. 中译本参见安东篱著，李霞译：《说扬州：1550～1850年的一座中国城市》，北京，中华书局，2007年，第67～72页、第79～80页。

主要是想还原该书所述及的逃难过程。

扬州的城市居民在这段时间不但害怕敌军攻城，同时还要烦恼负担守城军队补给的问题。王秀楚住在扬州的新城东部，家里就住了两个士兵，每日供给的费用千余文，已到达其不能负担的程度，于是他便宴请当时负责守城的杨姓守将，试图讨好之以减轻供给负担。守将喜好音乐又想有名妓陪伴作为娱乐，王秀楚便极力投其所好，由是始得撤去士兵。四月二十日夜晚，当王秀楚应杨姓守将之邀前往宴饮之时，忽然督镇史可法有传单来，杨姓守将见之脸色遽变，急忙登城，秀楚等人也散去。

隔天，四月二十五日清早，督镇有牌谕称不累百姓，又传巡逻的军队获得小胜，百姓心中尚未有警觉性。午后，秀楚的姻亲为避高杰的部队，从瓜州前来，同时又传言有大兵入城，秀楚询问之下以为是黄得功的援军到了，而且看城上守军阵势还算严整，但是到了街上则见人情汹汹，惊慌奔逃，又见十骑自北而南奔腾而来，中拥一人即是史可法，盖因其要往东城出，却为清军逼近而阻，于是由此道奔南门。这时王秀楚才知道敌军已入城，守城的军队纷纷弃甲抛戈而逃。于是百姓皆闭户自保，秀楚从其住宅后厅窗隙中看到城上有军队由南而往西，步武严整，认为应是颇有节制之师，心里稍微安定。忽有邻人前来相约共迎王师，秀楚想事已至此，只得答应。待良久，军队未来，他再从后窗看到城上的军队稍疏，却见其中军队有携扬州本地妇女随行者，秀楚始觉情势并非原来所设想的平顺，于是告诉女眷说清军入城，若有不测，唯有自杀。女眷赞同其说，并交付其所收藏之金钱若干给秀楚。正当此时，徽州同乡急呼秀楚出迎王师，王秀楚出迎时，看到北来数骑其实是逐户索钱而来，但似乎并不贪得无厌，只要有所得即离开。其中一骑兵见秀楚后，要向他索钱，秀楚飞遁，士兵也未追上。但其后却得知有人捐了万两白银仍然被杀，而诱导清军索钱杀人者即是扬州本地人也。

秀楚心中正讷闷，自己穿着粗服，为何清兵会注意到他？此时秀楚的弟弟与二哥陆续前来，认为秀楚所居之处左右邻居都是富商，所以才会被当成有钱人。于是几个兄弟商量一同到二哥家避难，因为二哥家住何家坟后，是城内的贫民区。当时秀楚与两兄一弟一嫂一侄，又其妻与子一人，再加上妻子的姊妹二人与妻弟一人，共同避于二哥家。到了夜晚，大兵杀人声已响彻门外，秀楚等人躲在屋内不敢出声，只听到门外哀痛之声，见到城中四周起火的赤光。他们至夜静乃敢煮饭，同时也把所带的银两碎而分之，换上破衣旧鞋，准备随时逃离。

廿六日，火势稍息，天色渐明，他们一家人企图到楼房躲避，却有一清兵发现并追来，秀楚与兄弟四人分别跳下墙去，自此与女眷走失。之后他们又听到有清兵声称要给百姓安民符节，持此符即可免被杀，于是躲藏者竞相出来，共有五六十人。秀楚听从其兄之言亦杂入人群中，以为人多易避。但清兵三人将人们身上的金钱搜括一空后，便将妇女以长索系颈，绑缚部分男人，驱往山西商人乔承望之家，也就是那三个清兵的巢穴。被缚的男人被赶到后厅，留诸妇于旁室。接下来作者陈述了一段令人感慨之事：

> 中列二方几，三衣匠，一中年妇人制衣。妇本郡人，浓抹丽妆，鲜衣华饰，指挥言笑，欣然有得色。每遇好物，即向卒乞取，曲尽媚态，不以为耻。卒尝谓人曰："我辈征高丽，掳妇女数万人，无一失节者。何堂堂中国，无耻至此。"呜呼！此中国之所以乱也。①

当清兵拥妇女饮酒食肉后，忽有一卒提刀向后大叫："蛮子来！"被缚的50余人只得待命，秀楚知兵卒可能要大开杀戒，突然心生一计，潜身一遁又到了后厅，再穿至后面诸房找寻出路；途中为穿越驼

---

① （明）王秀楚，《扬州十日记》，收在（清）留云居士辑：《明季稗史初编》，上海，上海书店据商务印书馆1936年12月初版本影印，1988年，第470页（下引《扬州十日记》版本均同）。

马厩,"遂俯就驼马腹下,历数驼马腹,匍匐而出。若惊驼马,稍一举足即成泥矣。又历宅数层,皆无路,惟旁有衖可通后门,而衖门已有长铁钉锢,予复由后衖至前。"① 他又央求厨房中被捉来做饭的厨师收留而未果,最后费尽力气打破钉锢的后门,逃到隔壁宅内。乔宅左邻共有5进,凡是可以躲人的地方都已有人,不肯收容秀楚,他只好到临街的大厅,设法躲在梁上,终于逃过一劫。其间听到隔壁二哥与弟弟被杀的声音,秀楚心如刀割。后来又有清兵陆续进出大厅,让他心惊胆颤。

等到军骑的声音稍远,秀楚从梁上下来开始寻觅回家的路,他到街上看到路上都是尸体;一见远方有拿火把者靠近,便急避之。他沿着城墙走,遇有所惊,就仆倒在地伪装尸体。到了夜晚才抵达二哥的住处,听到门内传来兄嫂的声音,于是轻击门,想不到应门的就是他的妻子,入内见到他的大哥已返回。询问后得知当时他们兄弟跳下墙后,女眷们被一清兵捉去一室,但只令她看守室中男妇几十人,除了妻子的姊姊被一卒劫去,其他女眷和他5岁的儿子都被放回,途中又遇到二哥的内亲洪姓老妇,于是一起回到大哥的住处。这时秀楚一直未将二哥与弟弟的死讯告诉兄嫂,直到夜里才与妻子说明,妻子哭泣良久,甚至想自杀,秀楚整夜劝她,不意天已亮。

廿七日,秀楚和妻子找到陋巷里一处停放棺材的地方,他们就躲在棺材后面,魂稍定而杀声已逼近,至午后积尸如山,杀掠更甚。秀楚一家幸好无恙,但洪姓老妇夜里前来,告诉她们兄嫂被劫去,襁褓中的侄子也失去下落。秀楚慨叹:"呜呼痛哉,甫二日,而兄嫂弟侄已亡其四矣。"② 是夜秀楚妻觅死几毙,赖洪妪施救而免。

廿八日,躲在柜中的洪妇却被清兵破柜而劫去,秀楚夫妇藏身棺材后面,虽然之后又有兵卒多次进入,但一见棺材即去,然而意外的事发生了:

> 忽有十数卒,呴喝而来,其势甚凶。俄见一人至柩前,以长竿搠予足,予惊而出,乃扬人为彼向导者,面则熟而忘其姓。予向之乞怜,彼且索金。献以金,始释予,尚曰:"便宜尔妇!"出语诸卒曰:"姑舍是。"诸卒乃散去。③

接着又有一红衣少年操长刃而来,秀楚已献金银,但该少年仍要索其妻,后见其妻怀孕而放弃。秀楚认为该处已为人熟知,不宜久留,但妻子坚欲自尽,秀楚亦心惶无主,正要上吊时绳索却断了,又听有兵士上门,遂带妻儿急奔门外逃跑。两人躲入一草房,其内皆是妇女,只愿收留其妻儿,秀楚只得另觅草房,虽想以茅草覆盖,但多次被清兵以长矛刺入而受伤,被迫出来献金银。最终秀楚仍逃回其妻所匿之草房:

> 予复至妇所,妇同众妇女皆伏卧积薪,以血涂体,粪缀其发,烟灰饰面,形如鬼蜮,鉴别以声。予乞众妇,得入草底。众妇女拥卧其上,予闭气不敢动,几闷绝。妇以竹筒授予,口衔其末,出其端于上,气方达得不死。④

入夜后,秀楚携妻儿回到洪姓老妇家,洪老与老妇被房后,清军只令其服劳役,事毕后又放回家。秀楚的大哥也前来躲避。

廿九日,扬州城破至此已过了5天,秀楚如是记:

---

① (明)王秀楚:《扬州十日记》,第469页。
② (明)王秀楚:《扬州十日记》,第472页。
③ (明)王秀楚:《扬州十日记》,第472页。
④ (明)王秀楚:《扬州十日记》,第473页。

自二十五日起至此，已五日，私幸或可薄赦，又纷纷传洗城之说。城中残喘，冒死缒城逃去者大半。……城外亡命，利城中所有，结伴夜入官沟盘诘，搜其金银，人莫敢谁何。①

秀楚自知已无能力逃离城市，而其妻因有身孕而屡获保全，于是他一人躲在池畔草丛深处中，有兵卒来皆献以贿赂而去。然而又来一狼卒欲挟其妻，其妻以身孕不从，狼卒仍对她毒打横拖，后为另一卒劝止，始得匍匐返回，但已体无完肤。其妻曾告诉他若自己遭到不测，莫要相救而累及儿子。突然有人在何家坟一带放火，大概是为了逼出藏匿者，有不少人被烧死。秀楚知已无处可避，唯出露道旁，与尸骸杂处，是生是死，只得听天由命。此际却见其大哥被兵卒殴打索金，秀楚已身无分文，但仍为救其兄亦遭殴打，兵卒声称没钱他物也可，秀楚于是引兵卒至洪宅，将他藏有衣物的两瓮倾倒，兵卒拿取后即离去。秀楚与妻安置儿子后急忙出去查看大哥的伤势，并扶他回洪宅。之后夫妻仍回原坟躲避，当时同匿其处的邻居中忽有人说，明日清军将屠杀全城人民，于是劝他弃妇儿一同逃走，秀楚妻子也劝他先逃，但秀楚于心不忍。

就在秀楚万念俱灰时，忽于街上遇到一位红衣佩剑、满帽皂靴的年轻军官。该军官见到秀楚时便认为他并非一般贫民，遂招之询问。秀楚不敢吐实，只是饰词以告，红衣人称："明日王爷下令封刀，汝等得生矣。"又令随从好好照顾他们家人。隔日虽已有封刀令，但杀掠仍未完全止息。五月二日，府州县已有新官到任，开始晓谕安民，又令寺院僧人焚化尸体，查焚尸簿记载数量有 80 余万。五月三日开始放赈。到五月五日仍有往来打粮者，"初不知为清兵、为镇兵、为乱民也。"是日大哥因伤重过世，秀楚感叹说："予初被难时，兄弟嫂侄妇子亲共八人，今仅存三人，其内弟外姨，又不复论。自四月二十五日起至五月五日止，共十日，其间皆身所亲历，目所亲睹，故漫记之如此。"②

代结论：几点分析

谣言讹传

从上述 3 种文本中，可看出明季社会的许多特点，其中一项便是谣言讹传的普遍性。就明代一朝而言，谣言的分类若依动机来看，大致可以分为三类：攻击性、恐慌性、企望性。恐慌性的谣言是为数最多者，若再细分的话，依序为物售妖怪、兵盗（含倭寇）、选秀女等等。攻击性的谣言较常见的是涉及抗租、宗教叛乱或与造反相关的谣言，如白莲教的教义宣传常被官府认定是谣言讹传，而且是承平时官府较为敏感、担心的一类。第三类企望性谣言，往往是在灾异时所出现的神明显灵传说，反映的是人们企望的集体心态。

从历史学的角度来看，谣言的发生通常有其情境因素，如战乱、朝代转换、新皇帝上任等。举凡政局不安定、社会愈发动荡的情境下，人们的社会心理愈不安定，谣言特别盛行，如法国大革命前巴黎便出现绑架小孩的谣言，引起社会恐慌。③明季正是这样的状态，当时较常出现的谣言，从本文 3 例看来，是兵盗的谣言。如桐城县的例子，姚文熺在崇祯七年听闻汪、黄二人作乱而逃离城市，又听闻城内大户、

---

① （明）王秀楚：《扬州十日记》，第 473～474 页。
② （明）王秀楚：《扬州十日记》，第 476 页。
③ Arlette Farge and Jacques Revel; translated by Claudia Miéville, The Rules of Rebellion: Child Abductions in Paris in 1750 (Cambridge: Polity, 1990). 又如从沙翁剧来看英国的谣言与群众的关系，参见 Kai Wiegandt, Crowd And Rumour in Shakespeare (Farnham, Surrey, England; Burlington, VT: Ashgate, 2012). 关于印度殖民时期农民的暴动与谣言的关系，见 Ranajit Guha, Elementary Aspects of Peasant Insurgency in Colonial India (Delhi: Oxford University Press, 1983).

乡官与恶仆被劫杀之惨，但事实上城内被劫者仅有三家大户。另如淮安府的例子，崇祯十七年四月出现刘泽清军队要渡河的谣传，城内人遂纷纷买舟逃难。后来更有谣传李自成要抓闺女，使民众恐慌而纷纷嫁女儿。至于扬州的例子，在顺治二年四月二十五日时，王秀楚还听到明军获得小胜与援军入城的谣言，结果却是一场空。

谣言的形成与散播，原因之一是缺乏传播正确讯息的媒介。谣言的传播与既存的人际关系网络也有关系，当时江南人民所能得到的讯息媒介很有限，如王秀楚虽可从瓜州前来避难的姻亲口中得到一些讯息，但也不一定正确。相对地，官员能得到的讯息通常较快、较准确。如淮安的例子，淮抚路振飞集合绅衿等聚集于城隍庙，公布李自成攻陷北京，此一正确消息是来自军事用的塘报，所以淮城在崇祯十七年四月初已知北京一事。而在桐城县的例子中，姚文燨直到五月才知道北京沦陷的事。

就方法论而言，社会心理学家 Allport 与 Postman 的分析理论指出，谣言的强弱，可化约为公式，后来 Chorus 又加以改进成以下的公式：①

$$R = i \times a \times 1/c$$

即谣言强弱＝重要性×模糊性÷批判力。若如此的话，士大夫阶层得到的讯息照理应比一般庶民要早且正确，最理智的士大夫之家应该较不会丧失判断力才是。但从实际的历史经验来看，未必如是。他们甚至可能是最早就相信谣言而逃离城市的一批人。就以桐城县为例，康熙《县志》就述及崇祯末年："时桐之四境俱芜，而绅衿强半渡江左以居。"② 在晚明乡绅城居化之后，面临明季的兵燹，乡绅往往是最早逃离城市的一批人。

土客矛盾

上述 3 例都可以看到当事人在逃难中碰到本地人的威胁，如姚文燨遇见"无赖之徒"，而王秀楚的例子更是惊险，多次遭遇清军勒索钱财，待银两支付殆尽后，他只得带领清军至他藏衣物之处，将衣物献给清军。而在此过程中，引领清军来勒索的居然都是本地的扬州人，当时甚至还有"城外亡命"趁火打劫。在王秀楚的描述中，外来的徽州人与本地人之矛盾明显得让人印象深刻，而这其实反映了长期以来扬州城市社会结构的变化。

扬州自从业盐的商贾陆续聚集移居之后，城市的社会结构与风气发生很大的变化。《（万历）扬州府志》与《（万历）江都县志》的记载，都指出该地原本呈现的是"民朴质，务俭素"的"淳朴之风"；到万历年间则不然，"盖以四方商贾陈桡其间，易操什一起富，客者辄饰宫室、蓄姬□□仆御，饮食佩服与王者埒。"所以邹守益（1491—1562）称："扬俗尚侈蠹之自商始。"③ 而上述方志中对商人的来源及其行径更有如下描述："其蹛财役贫，以夸侈背诞相矜高，亡虑皆四方贾人。新安贾最盛，关陕、山西、江右次之，土著什一而已。"并且提醒官员治理扬州时，应有"治商贾"与"治土著"之分。④ 由此可知土客之间的区分与差别，在晚明的扬州是官府治理上的一大社会问题。

在扬州，徽商等外来商人不仅是带动奢侈消费的风气而已，许多外来商人在当地还经营多种行业，如典当业的新安商人即获利颇厚，本地商人远远不及。《（万历）扬州府志》就提到："质库无土著人，土著人为之，即十年不赎，不许易质物，乃令新安诸贾擅其利，坐得子钱，诚不可解。"⑤ 最令扬州本地人不满的，而是这些商人逃避徭役，而负担则转嫁到本地人。例如警铺之役，向来是以民居间架的数

---

① 参考瞿海源编著，《社会心理学新论》，中国台北，巨流出版社，1989年，第220～222页。
② 《（康熙）安庆府桐城县志》卷二，《名宦》，第641页。
③ （明）张宁纂修：《（万历）江都县志》，中国台南，庄严文化出版有限公司据北京图书馆藏明万历刻本影印，1996年，卷七，《提封志·谣俗》，第28b～30a页。
④ （明）杨洵等纂修：《（万历）扬州府志》，北京，书目文献出版社据明万历刻本影印，1988年，卷一，《郡县志上》，第4a～b页。
⑤ 《（万历）扬州府志》卷二〇，《风物志·风俗·俗习》，第5b页。

量为依据进行轮役,自从嘉靖年间倭乱以后,扬州多事,举凡兴作之力役,以及官府迎送供应器物之类,都要靠警铺之役来办理。有时还有义官、胥吏、捕快之流,借机敲诈勒索。但是盐商往往透过许多方法避役:

> 如鹾商解库者,……役多输赀授官,或挂名三舍,希复其家;不尔,倚豪有力者,影寄规免,乃至土著中人之产,一遇轮役,不能以身任之,往往为市卒黠者代充,顾钱之外,巧需横索,日恣朘削,辄至破产。……乃于行贾之地,重图免避,卒致移役,累我土著贫民。夫彼以奸起富,我以役破家,不均孰甚矣。①

如此徭役不均的情况,在江南其他的城市也都有,如南京与杭州。②上引文提到这些商人将徭役的负担"累我土著贫民",如此的话语已显示万历年间扬州因为徭役不均的问题,使得土客矛盾已经明显出现。本地扬州人对外来商人的反感恐怕早已形成,王秀楚的遭遇非一日之寒。

避城或避乡

避城好抑或是避乡安全呢?从本文所述及的3个例子中,可以看到明季城居士人避难的选择路线。最急迫时只能暂避乡间,若有足够时间则是逃难到更大一级的城市。然而,大城市也只是图一时的稳定,而且更可能是下一波大规模军事行动的目标。在乡村的逃难者可能聚居扼险之地,并靠自卫武装来抵抗小股盗匪。然而,小股盗匪之后,必定会引来更大股盗匪的屠杀,就如同姚文熺所记之情况。当留居在城内,也会被驻防官员要求出钱、出力、出粮,来组织义兵,但是武官的家眷却都纷纷离城。逃至乡间也不一定安全无虑,因为就如淮安的例子所显示,乡间常有乱兵来打粮,他们搜括财物的行径不下于盗匪。淮安的例子已经说明这一情况。

笔者前文已提及"小乱避城、大乱避乡"此一谚语形成于明清之际,此后每当动乱时期,此谚语就常被引述。例如邓显鹤(1778—1851)的《沅湘耆旧集》里有《题王孝烈传后》,亦载此语。③到了咸丰年间太平天国运动期间,江南的文献里提到个人的避乱事迹,也常引用此谚语。如苏州长洲县人江文凤,于当年太平军兴起时由城迁居乡间之前,也曾言及此谚语。④

虽然,此一谚语说明当时一般人的观念,然而在清初对避城或避乡仍有不同的看法。一直到太平天国运动之后,仍然有亲历逃难的士人,对"大乱避乡"之说有不同的解读。如苏州人谢家福(1847—1896)就指出:

> 谚云:"小乱居城,大乱居乡。"盖居乡便于流徙也。如竟株守一乡,荼毒更甚于在城。贼之旁扰乡镇也,极少,出三成队,人已数万。一乡镇居民,极多,数千。其中,城邑流寓,贼所属目者,又不过十中之一。是民一而贼百,其能堪此荼毒乎。予尝被胁至近浒关,近葑门,近昆山三镇,所见城邑徙避之民,男必被刃至体无完肤,女必被辱至气不相属,求死不得死,求生不得生。视乡民

---

① 《(万历)江都县志》卷八,《建置志·铺舍》,第10a~11a页。
② 杭州的例子参见夫马进:《明末の都市改革と杭州民变》,《东方学报(京都)》号49(1977),第215~262页。南京的例子参见Fei, Si-yen, Negotiating Urban Space: Urbanization and Late Ming Nanjing. (Cambridge, Mass.: Harvard University Press, 2009), pp. 228~233。
③ (清)邓显鹤辑,《沅湘耆旧集》,收入《续修四库全书·集部·总集类》,上海,上海古籍出版社据清道光二十三年(1843)邓氏南邨ψψ堂刻本影印,1997年,1690~1693册,卷一三九,第14b页。
④ (清)俞樾著,《春在堂杂文》,收入《续修四库全书·集部·别集类》,上海,上海古籍出版社据上海辞书出版社图书馆藏清光绪二十五年(1899)刻春在堂全书本影印,1997年,第1550~1551册,六编,卷三,第18b页。

之或杀或掠，几为幸事。①

由谢氏所见，居乡的好处是方便移动迁徙；但是如果只守在一处乡村的聚落，那么被兵盗荼毒的情况比起城居者更为惨烈。此外，传统"小乱避城，大乱避乡"之说外，到了晚清又有"避乡不如避山"之说。如太平天国时期的嘉兴府秀水人沈梓（1833—1888），他所撰《避寇日记》就反省此说并非正确：

> 余尝谓古人云："大乱避乡，而避乡尤不如避山。"今则不然，长毛善于走山，山虽险僻，彼能深入。若水乡，则溪港纵横，动需舟楫，尽有贼迹不到之处，即便能到，犹及避之；若山路，则贼登高四望，阴翳尽见，如釜底之鱼，焉得避之。②

也可能是随着近代武器的发展与战争规模的扩大，所以无论逃避到何处，都难以安身。不如选择更易迁徙移动的水乡，还比避于山中来得更安全。就如同清末民初河北的书画家隋恩湛（1862—1941）《庚子纪事诗七十六韵》云："小乱避于城，大乱避于乡；大乱与小乱，到处无康庄。"③

如今全球皆面对如何处理难民的问题，虽然不同时代的难民会有不同的问题，但是难民就是流动的人群，面对生命、家庭、财产破灭的危机，且同样经历对于未来的忧虑、恐惧与无奈的痛苦经验，这牵涉到经济、政治、地理、社会、宗教、族群等重要问题。难民的经验是人类古今共有的经验！期待中国史学界对于难民的研究开始重视。

[作者单位：中国台湾"中央"研究院近代史研究所]

---

① （清）谢家福著，苏州博物馆编：《谢家福日记》，北京，文物出版社，2013年，第333～334页。
② （清）沈梓：《避寇日记》，收入太平天国历史博物馆编：《太平天国史料丛编简辑》，上海，中华书局，1961年，卷四，同治二年正月初六日条，第231页。
③ 张凤端、徐ından桓修，张坪纂：《(民国)沧县志》，北京，北京图书馆出版社据民国二十二年（1933）铅印本影印，2002年，卷一六，《事实志七》，第2174页。

16 世纪官宦的家庭生活与地方社会

——以顾鼎臣的家书与奏疏所述为中心

冯贤亮

一 引 言

明朝昆山的顾家，是与戴、叶、王、李四姓并称的五大"巨族"之一。[①] 顾家世居昆山的雍里村，"以力田、种德闻于时"[②]。到鼎臣生活的时代，主要寓居于昆山城内，主要有两处宅子，一在鳌峰桥西，一在城隍庙前，宅中有著名的霖雨堂，后来其曾孙咸和又在马鞍山东南筑了武陵源别业。[③]

在 1400—1750 年间，顾家一共产生了 9 个进士、9 个举人和 6 个贡生。[④] 其中最著名的是顾鼎臣（1473—1540），字九和，号未斋。父亲顾恂，字维诚，号桂轩公，据说"生而秀整敦确，学举子业有成"，被当时礼部的吴主事所看重，纳为女婿。不过其家境可能并不富足，年未二十，力为营治家业，"内无私蓄"。[⑤] 所以有人说他只是一个鬻线（或称卖麻）的小商人，正妻吴氏是个妒妇，家里仅有一个杨姓青衣婢女，仍然"关防严密"。在一个雷雨天杨氏到店铺中给顾恂送食的偶然机缘下，两人私通生下鼎臣[⑥]，是所谓"婢出孽子"。[⑦] 时为成化九年（1473），顾恂已 57 岁[⑧]，可谓晚年得子。鼎臣后来也说，生母杨氏与父亲顾恂，只有这次"一宵之欢"。[⑨]

在鼎臣幼时，即称"颖敏"，"数岁能文章"。[⑩] 可是，嫡母吴夫人自鼎臣儿时就对他十分苛虐，甚至将他放于磨坊，以便让驴马将其践死；而且始终奴役其生母杨氏，直至鼎臣进士及第，杨氏仍被迫蓬跣执爨，不能与儿子相见。在鼎臣为诸生时，"父母不予读书"，有时他甚至与乞丐聚于山寺，毁坏两尊罗汉像来煮狗肉吃，如此贫而不羁。[⑪] 尽管鼎臣颖悟异常儿，但其不安分常常遭致吴夫人的痛惩。[⑫] 在鼎臣而言，自长大后，却常怀忠孝之念，"每夜焚香，表祈父寿，愿以己寿益亲"。据说有一晚梦见黄鹤

---

① （清）王应奎：《柳南随笔》卷六，中华书局，1983 年，第 123 页。
② （明）陆深：《俨山集》卷八〇《光禄大夫、柱国、少保兼太子太傅、礼部尚书、武英殿大学士、赠太保、谥文康顾公行状》，文渊阁四库全书补配清文津阁四库全书本。
③ （同治）《苏州府志》卷四七《第宅园林三·昆山县》，同治间修、光绪九年刊本。
④ （美）邓尔麟：《嘉定忠臣——十七世纪中国士大夫之统治与社会变迁》，宋华丽译，中央编译出版社，2012 年，第 104 页。
⑤ （明）李东阳：《怀麓堂集》卷八七《文后稿二十七·明故赠文林郎翰林院修撰顾公墓志铭》，文渊阁四库全书本。
⑥ （明）于慎行：《谷山笔麈》卷一五《杂闻》，中华书局，1984 年，第 172~173 页；（清）孔毓埏：《拾箨余闲》，一卷，国家图书馆藏康熙间稿本。
⑦ （明）沈德符：《万历野获编》卷八《内阁》，"顾文康陆少白"条，中华书局，1959 年，第 225 页。
⑧ （明）蒋一葵：《尧山堂外纪》卷八九《国朝》，"顾鼎臣"条，明刻本。
⑨ （清）孔毓埏：《拾箨余闲》，一卷，国家图书馆藏康熙间稿本。
⑩ （明）陆深：《俨山集》卷八〇《光禄大夫、柱国、少保兼太子太傅、礼部尚书、武英殿大学士、赠太保、谥文康顾公行状》，文渊阁四库全书补配清文津阁四库全书本。
⑪ （明）于慎行：《谷山笔麈》卷一五《杂闻》，中华书局，1984 年，第 172~173 页。
⑫ （明）周复俊：《泾林杂纪》续纪卷三，明刻本。

从天飞来,"视之,即所焚表也",后面有一个大的"院"字,并有朱批数行,末云"自此以后,闻田单火牛,通行无滞"。这被认作是鼎臣中试的吉兆。至弘治十八年(1505)鼎臣进士及第,为状元①,两个月后顾恂就过世了。②

据《明史》所述,鼎臣在任职中枢机构时,长期为经筵讲官之职,极受眷爱。又能迎合嘉靖帝对神仙之术的喜好,上《步虚词》七章,获"优诏褒答"。从翰林院修撰开始,鼎臣历官礼部右侍郎、礼部尚书兼文渊阁大学士、太子太傅等职,殁于嘉靖十九年(1540),享年约68岁。③ 他被认为是明代阁臣以青词结主知之始者,所以又有"青词宰相"之谓。在嘉靖帝南巡时,鼎臣在北京辅佐太子监国,地位极显隆崇。鼎臣被后人所鄙薄的,还在夏言为内阁首辅时,"素柔媚,不能有为,充位而已"。就此一项道德上的污名,使后人对其评价甚低。但《明史》中又保留了鼎臣另一项值得称道的业绩,即早在倭乱于江南大爆发前,他即向地方官提出没有城墙的昆山县应当筑城。昆山筑城的成功,有赖鼎臣的推动。后来倭乱大起,昆山城得以保全,又让世人对他多所感念。④

实际上,在明代人对他的评述中,鼎臣不乏正面的形象。鼎臣生长七尺,"虬须虎颧,目炯炯射人,声吐如钟"⑤,而且"警悟流通,和平坦易,文学抵于深造,材艺不局偏长"⑥,在阴阳、医卜、音律等方面,都较精通,堪称"博学多能";在为人处事方面,是所谓"笃于孝友,与人交,洞见肺腑,倜傥好施,奖引寒士,遇事敢言"⑦,能够"能厌服众志,各适其所欲得",表现出豁达的襟怀。⑧

在16世纪,中国的王朝统治,其实已颇形危难之态。从弘治、正德之际以降,明王朝的军事情势日益紧张,到嘉靖时期已有所谓"南倭北虏"的威胁。除了北方的边患外,敌患纵横于东南沿海,且深入至最为富庶的江南地区,直接威胁乡里社会。⑨ 其实,按鼎臣的感受:"正德间,纪纲渐隳,士风大坏。"⑩ 士风、民风与吏治的窳败,似都已成风靡之态。他觉得,"天下太平日久,法网解弛",滋生了很多政治与社会问题,亟须那些具文武之才的官员,"知拊循之方,怀体国爱民之忠",才能纾解王朝统治的危局。⑪

综观嘉靖朝的政治与社会总情势,主要表现于官场的政治斗争、社会的混乱局面与危机四伏的地方情势,在顾鼎臣的笔下,皆有明显的反映。⑫

而在顾氏从江南北上,经由水陆驿程中所见的地方情形,特别是离大明帝都甚近的河北地区,社会之混乱与民心的忧危感,都令人惊心。因为这些地方,已是京畿腹地所在,情形已然如此恶劣,

---

① (明)顾鼎臣、顾祖训汇编:《明状元图考》卷二,"状元顾鼎臣"条,汉阳叶氏平安馆藏明万历三十七年刊本。
② (明)陆深:《俨山集》卷八〇《光禄大夫、柱国、少保兼太子太傅、礼部尚书、武英殿大学士、赠太保、谥文康顾公行状》,文渊阁四库全书补配清文津阁四库全书本。
③ 有关顾鼎臣的宏观考察,可参廖峰:《嘉靖阁臣顾鼎臣研究》,巴蜀书社,2012年。
④ 《明史》卷一九三《顾鼎臣传》。
⑤ (明)焦竑:《玉堂丛语》卷六《容止》,中华书局,1981年,第225页。
⑥ (明)冯恩:《纠举近臣邪正得失以备黜陟以和百官以新政治以消灾变疏(嘉靖十一年)》,收入(明)施沛:《南京都察院志》卷二七《奏疏一》,天启刻本。
⑦ (明)徐昌治:《昭代芳摹》卷二六《世宗肃皇帝》,崇祯九年徐氏知问斋刻本。
⑧ (明)张大复:《昆山人物传》卷六《皇明昆山人物传》,"顾鼎臣"条,明刻清雍正二年重修本。
⑨ 王鸿泰:《武功、武学、武艺、武侠:明代士人的习武风尚与异类交游》,(中国台湾)"中研院"历史语言研究所集刊》2014年第八十五本第二分,第219页。
⑩ (明)顾鼎臣:《顾文康公三集》卷二《序·赠确庵先生地官牛君道宗序》,中国科学院图书馆藏万历至顺治顾氏家刻本,收入《四库全书存目丛书》集部第55册,齐鲁书社,1997年影印版,第605页。
⑪ (明)顾鼎臣:《顾文康公三集》卷二《序·送大参丘先生之任山东序》,中国科学院图书馆藏万历至顺治顾氏家刻本,收入《四库全书存目丛书》集部第55册,齐鲁书社,1997年影印版,第606页。
⑫ (明)顾鼎臣:《顾文康公文草》卷二《处抚臣、振盐法、靖畿辅疏》,中国科学院图书馆藏万历至顺治顾氏家刻本,收入《四库全书存目丛书》集部第55册,齐鲁书社,1997年影印版,第310页。

其他地区的治安状况,当更形堪忧。鼎臣给长子履方的信中,将这种普通人皆常能遭遇的危险境遇,详细表出:①

父字与男履方收看:

> 我自在家起程,至十一月廿一日水路到东昌,遇郡守李同年,留住,雇车,直至廿八日,方就陆路。至十二月初八日,到京,一路人夫轿马,俱得如意。且幸遇天道晴和,不为辛苦。水路陈布政船为贼所挽,幸而敌退。陆路有王布政等车十余辆,在良乡下边旧店地方为贼所劫,杀典史一子,射伤五六人,劫去银六七两。我与王循伯亲家车辆只隔半日耳,可为寒心。赖天地祖宗荫佑,一路平安,虽家人大小,了无一事,可喜,可喜!

对王朝统治产生极大威胁的"北虏"之患,当然一直没有得以很好地消弭。鼎臣在家书中,也深怀忧虑,但更多地则表达出他为官从政的基本态度,是从"国家大计"出发,要同休戚、共患难。他甚至说,明年准备送履方的母亲回昆山,使其在北京为明朝效忠,无后顾之忧。②

而此际的江南,与北方的境况也颇相似。③ 气候变化与灾害的频发,与地方社会的危机交错在一起时,更是这一时期值得关注的事情。顾鼎臣向嘉靖帝上疏说:"天灾时变,虽邃古盛朝,亦或不免。……今岁(即嘉靖十六年,1537)夏秋多雨,至七月上旬日夜滂沱,……闻南北直隶、山东、河南、陕西等各省,俱有水灾,而湖广尤甚。"④ 就昆山县而言,天灾人祸时或不断。⑤

在上述这样的危机态势下,地方士民确实能切近地感受到随时都有发生动乱的威胁。这种紧张感与现实感,使当时的士民百姓迫切地需要寻求因应之道。⑥ 倘以官宦们的家庭生活来说,他们与地方(州县官府)关系的平衡状态,自然表象各异。地方上的那些"大家巨室",被认为"一方元气",是"国运"的基础。⑦ 也是有心的地方官员时刻注意的依赖对象,而不能轻易得罪,所谓"宁得罪于小民,无得罪于巨室"之论。⑧ 但是,具有收敛态势的巨宦之家,仍比较注重家族子弟的教育问题。科举在他们的视野中,仍然是个人乃至家族于政治攀升方面最重要的途径,并可望达到较高的社会目标。⑨ 对于这样的地方显贵家庭的文化、财富与权力的分析,为理解明清时期中国的地方社会结构,有重要意义。而强调个人修养,注意家庭生计的有序安排等,也是仕宦人家本来应有的重要内容。这些方面的实态,在顾鼎臣的家书中,皆表现明显。

顾鼎臣长期在京的生活体会、政治中枢地位抬升的紧张感,及其对远在昆山的家人或家族很难忽视的正负影响,并辐射至地方官府,顾氏又如何通过个人努力,透过对昆山子侄辈的精心安排,小心谨慎地维持其间应该存在的利益平衡关系,都是本文关心的主要问题。

---

① (明)顾鼎臣:《顾文康公文草》卷一〇《书牍·家书》,中国科学院图书馆藏万历至顺治顾氏家刻本,收入《四库全书存目丛书》集部第55册,齐鲁书社,1997年影印版,第450~451页。
② (明)顾鼎臣:《顾文康公文草》卷一〇《书牍·家书》,中国科学院图书馆藏万历至顺治顾氏家刻本,收入《四库全书存目丛书》集部第55册,齐鲁书社,1997年影印版,第451页。
③ 冯贤亮:《明清江南地区的环境变动与社会控制》,上海人民出版社,2002年,第328~341页。
④ (明)顾鼎臣:《顾文康公文草》卷一《奏疏·溥天恩恤灾变以固邦本疏》,中国科学院图书馆藏万历至顺治顾氏家刻本,收入《四库全书存目丛书》集部第55册,齐鲁书社,1997年影印版,第289页。
⑤ (万历)《昆山县志》卷八《灾异》,万历四年刊本。
⑥ 王鸿泰:《倭刀与侠士——明代倭乱冲击下江南士人的武侠风尚》,《汉学研究》2012年第三十卷第三期,第92~93页。
⑦ (明)丁元荐:《西山日记》卷下《日课》,康熙二十八年先醒斋刻本,收入《续修四库全书》子部杂家类1172册,上海古籍出版社,2002年影印版,第370~371页。
⑧ (明)谢肇淛:《五杂俎》卷一三《事部一》,中华书局,1959年,第394页。
⑨ 何炳棣 Ho Ping-ti, *The Ladder of Success in Imperial China: Aspect of Social Mobility in China, 1368~1911*, Columbia University Press, 1962, pp.89~90。

根据顾氏后人的整理，在鼎臣存世量并不巨大的诗文集中，保留着不少奏疏，以及近 20 通家书。特别是这些家书，带有比较多的私密性，基本是从遥远的北京，寄往家乡昆山，收信人主要是其长子履方，共计 13 通；其他 4 通给女婿归本、1 通给侄儿孔安、1 通给二兄。由于这些材料在以往的研究中并未被很好地利用和解读，故本文希望借由这些文字内容并不太多的书信，揭示出鼎臣在政治上攀升时的真实情感，尤其是对于昆山顾家日常生活的关切、家庭生计与族亲的安排、对官场关系处理的谨慎以及对故乡民生的重视态度。

二　社会变化与地方关怀

在为朝廷代撰的诰敕中，顾鼎臣借颂扬昆山知县王朝用之机，着重指出："国家重守令以重民也。令之贤否，系民之休戚，匪得其人，贻上之忧尔。"① 其言外之意，明显地透露出当时中国地方县政中可能存在的窳败之态，主要就在缺乏贤良的官吏来统治地方。因此，更需教导那些地方官重视"地方之利病、生民所苦乐有古人循良之政、恺悌之效。"②

鼎臣出身江南水乡，对江南社会有着 30 余年生活体验（成为状元之前），深知号称财赋重地的江南，存在着难以形容的吏治腐败与社会困弊问题，都亟须整饬而振举。

鼎臣于嘉靖元年（1522）正月朝廷的郊祀礼结束后，三月间申请回乡省祭即获批准，嘉靖帝还赐他白金文绮。但为时短暂，鼎臣很快回京供职。次年仍申请归乡休养，又获允准。鼎臣这段昆山的家居时间，长达 4 年之久，所谓"目击东南利弊，慨然欲起而振举之"。③

嘉靖五年（1526）冬天鼎臣即返回北京，第二年上呈了一分较长的奏疏。奏疏中极陈地方吏治败坏、制度规范形同虚设、江南地方民生极为困弊之态。在鼎臣看来，朝廷对于江南这个财富重地的关注，颇致力于地方行政中的书手、粮长、坍荒、水利、盐盗等问题，是"明见乎万里，虑周于庶务"的正确思路；对官府而言，基层社会中时刻需要重视的催办、征收、兑运、存留、赈济等事，都有王朝制度上"精密"的规约保障，从而达致"上足国用，下固邦本"的良愿。但鼎臣也发现，从正德年间开始，这套制度开始"大坏"："府州县总书、书手通同贪污，官吏上下之间，关节相通，造作奸弊，无所不至。或私雕印信，诈领钱粮；或依访判笔，套写花押；或将上司坐派增减数目；或将府州县案卷追改年月；或将宥免重复科征；或将暂征概作岁办；或总数与撒数不合；或官簿与底簿不同；或将已征在官支调侵分，或将私收入已报民欠；或将官田改作民田；或将肥荡改作瘦荡；或将蠲粮叩卖别区；或将正粮洒派细户；其泰甚者，城郭附近田涂，虚报坍江、坍河、坍海，膏腴常稔地土捏作板荒、抛荒、积荒，每年粮额亏欠以千万计，负累概州县善良人户包补，日积月久，坐致困穷。奸顽得计，或有田无粮，或不耕而食，新旧要结，永享富乐。"在这样的形势下，江南地方民生更形艰难。鼎臣在上疏中，提出了四条重要意见，有两条专论"差官总理"、"查复预备仓粮"问题，另两条所举的应对举措，一是要"查理田粮旧额"，以防"奸顽里书"们的虚报、影射；二是"催征岁办钱粮"，涉及粮长的制度安排与实际操作的大问题。④

---

① （明）顾鼎臣：《顾文康公文草》卷首《诰敕·苏州府昆山县知县王朝用》，中国科学院图书馆藏万历至顺治顾氏家刻本，收入《四库全书存目丛书》集部第 55 册，齐鲁书社，1997 年影印版，第 260 页。
② （明）顾鼎臣：《顾文康公文草》卷九《杂着·杂说》，中国科学院图书馆藏万历至顺治顾氏家刻本，收入《四库全书存目丛书》集部第 55 册，齐鲁书社，1997 年影印版，第 440 页。
③ （明）陆深：《俨山集》卷八〇《光禄大夫、柱国、少保兼太子太傅、礼部尚书、武英殿大学士、赠太保、谥文康顾公行状》，文渊阁四库全书补配清文津阁四库全书本。
④ （明）顾鼎臣：《顾文康公文草》卷一《陈愚见划积弊以裨新政疏》，中国科学院图书馆藏万历至顺治顾氏家刻本，收入《四库全书存目丛书》集部第 55 册，齐鲁书社，1997 年影印版，第 265~270 页。

鼎臣对祛除江南地方积弊的努力，还可见于其前后接连的上奏行动中。在此前，嘉靖九年（1530）他有上奏，重申以前对于江南财赋问题的基本想法。有意思的是，他在奏疏中说：虽然明王朝的税粮、军国经费"大半出于东南"，苏、松、常、镇、嘉、湖、杭诸府每年均输、起运、存留的额度不下数百万，可是"粮长、书手、奸胥、豪右，通同作弊，影射侵分，每年亦不下十余万"；他在留居昆山期间，也曾告诫地方抚臣："百姓种了田地，出赋税以供给朝廷，此正理也。年成灾荒，朝廷蠲免百姓几分税粮，此至恩也。今七府地方每年有十余万钱粮，朝廷也不得，百姓也不得，却是中间一辈奸人影射侵分，以致奸蠹日肥、民生坐困，是可忍也，孰不可忍！"总督粮储、巡抚地方本属地方抚臣的本分，结果听闻鼎臣之言，只是"瞠目直视，不发一言"，后来"竟置之不理"。嘉靖六年的那次上疏，也经朝廷的批准，要求巡抚衙门转行各府州县整顿，可是鼎臣发现，经历约四年时间，"未曾查理出欺隐一亩、粮一石，秪闻奸猾之徒愈益恣肆、作弊日甚"，地方官府更是"一切视为泛常，略不加意"。这让他颇感惊诧。嘉靖九年这次的上疏，也获充准，要求在江南的巡抚都御史毛思义"着实举行"，并且"责限岁月，将检踏清查过坍荒田粮的确数目，并改正过各项欺隐情弊，造册奏缴"①。

可是，让顾鼎臣更为愤懑的是，在嘉靖六年（1527）到嘉靖十六年（1537）的近10年间，"未闻有守令一人遵奉举行，查出虚捏坍荒田地一亩，清出飞走欺隐税粮一石者"。这是鼎臣晚年最后"目击耳闻"的感喟，在他看来，苏、松、常、镇、嘉、湖、杭7府中，只有他的门生、苏州知府王仪能够"不畏强御，尽心竭力，督率州县正佐官员，清查坍荒虚实，并产去粮存各项积弊"，成效可观。但像其他地方一样，"里书、豪强蠹弊日甚，纠结群党，欺罔朝廷，靠损小民，每岁上下通同侵分钱粮"的问题，苏州府地区仍然或多或少地存在着，并不是能真正、全面解决的。他又重提地方守令之责与居乡士大夫之领袖地方的大问题，以供朝廷审鉴：②

> 守令乃生民之父母，士大夫乃乡邦之领袖。为守令者，食君之禄，居人之上，自宜顾念职守，承宣德意，为百姓分忧，却乃日务送迎奔走，取办簿书，谀媚上官，以求荐举、图升迁而已。其于吏弊民隐，恬不经意。明于此必暗于彼，故虽抗违圣旨，负莫大之罪，有不暇恤矣。为士大夫者，挂名仕籍，受因国恩宠，尤宜表率齐民，奉公守法，输赋税以给公上，却乃瘠人肥己，效尤成风，坐享田租之利，而使无田小民代其包赔税粮，及至官府清查，党恶怙非，妄行沮挠，盖任私情而昧天理，虽干犯名义、触忤鬼神、贻殃祸于子孙而莫之顾矣。是岂国家作养人才之本心哉？

他认为，地方政治中不可忽视的严重问题，除了嘉、湖、杭、苏、松、常、镇"地皆濒江负海，襟带湖泽，形势险阻，便于啸聚。兼之税额繁重，民俗浮华，是以民易贫而盗易起"这些确实因环境影响与社会重负带来的之外，主要在于"自正德以来，任巡抚者，升迁泰速，去来不常，体势渐轻，人无固志，重以统辖地方广远，巡历难于周遍，住扎恒于京城，地位尤为辽绝，坐致纪纲解弛，人情玩肆"，形成了"官吏贪暴，豪强兼并，里书作弊，欺隐田粮，靠损贫民，逃亡转徙，以致江海湖泽之间，州县城郭之外，盐徒强盗昼夜公行，杀人劫财，全无忌惮"的危难局面，其核心仍在官府对于江南地方社会的弹压不力，而官员本身升迁变化太快"来去不常"。鼎臣提出的一个解决方案，是重视巡抚的驻守，"令巡抚都御史将带家口于松江府城公署住扎，每岁出巡，南至嘉、湖、杭，北至苏、常、镇，周遍二次或三次，其应天诸府每岁一次"，那些偏州下县，更加必须亲历，做到"周爰咨诹，幽枉毕达，军民

---

① （明）顾鼎臣：《顾文康公文草》卷一《申末议以裨国计、振民命疏》，中国科学院图书馆藏万历至顺治顾氏家刻本，收入《四库全书存目丛书》集部第55册，齐鲁书社，1997年影印版，第274～275页。
② （明）顾鼎臣：《顾文康公文草》卷二《恳乞天恩饬典宪、拯民命以振举军国大计疏》，中国科学院图书馆藏万历至顺治顾氏家刻本，收入《四库全书存目丛书》集部第55册，齐鲁书社，1997年影印版，第292～293页。

利病，即时兴革"，使田粮积弊问题得以"悉力划除"，也使"贪暴官吏、奸猾胥史、豪强奸宄，不敢恣肆"①，地方百姓因而能获得安全之感，盐盗自然也会消弭。

至于在江南水乡泽国中对地方民生影响颇巨的水土坍涨问题，广泛牵涉农田水利、土地开发、官府课税等层面的核心利益。② 虽然，江湖河海新涨出来的沙田、湖田、围田、洲田、芦地等水土资源，以及因天灾人祸造成的抛荒地，都是官府能凭借其统治权予以占有的，但实际上，它们经常被地方豪右抢先霸占，并在很长时期里，成为地方官府与豪右们互相争夺的对象。③

顾鼎臣据其对江南的亲身观察，认为江南水乡地方普遍出现了或将官田改作民田、或将肥荡改作瘦荡、或将蠲粮叩卖别区、或将正粮洒派细户等各种问题。鼎臣特别指出，最严重的就是"城郭附近田涂，虚报坍江、坍河、坍海，膏腴常稔地土捏作板荒、抛荒、积荒"④，致使每年粮额亏欠以千万计。

有关抛荒、积荒、坍江、坍湖、坍海的具体问题，主要如下：⑤

> 抛荒田土，或因天时告灾，或因人事不举，小民贫难，逃亡失业，遂使轻重税田鞠为草莽。抛荒既久，遂成积荒，处处有之。奸人乘机将常稔膏腴之田，朦胧捏报抛荒、积荒、坍江、坍湖、坍海之数，自种自食，税粮原额令州县人户不分大小代其包赔，是何理也？
>
> 坍海，惟上海、嘉定、太仓有之；坍江惟江阴、常熟、昆山有之；若坍湖，各县绝少，何者？湖水不通潮汐，菱苇丛生，涨多而坍少，今一概混报，使利入于己，粮派于众。此皆总书之弊，可不荡涤之乎？

在鼎臣向朝廷上奏的"钱粮积弊四事"疏中，有一条专讲"查理田粮旧额"，要求江南地方州县官员应对课税问题的工作很是细致："于农隙之时，责令各属里甲、田甲、业户公同将本管轻重田地涂荡，照洪武、正统年间鱼鳞风旗式样，攒造总撒图本，细开原额田粮、字圩、则号、条段、坍荒、成熟步口数目，府州县官重复查勘的确，分别界址，沿丘履亩检踏丈量，申呈上司应开垦者开垦、应改正者改正、应除豁者除豁，田数既明，然后刊刻成书，收贮官库，印行给散各图，永为稽察。"这一要求与举措，是针对那些企图以坍荒田土为"锦灰堆"、不断向民间渔利的州县吏书们，"不得售其奸欺"，从而使小民们"免包陪科扰之患"。顾鼎臣在该上疏被批准的四年后，再次上奏指出："今天下税粮军国经费，大半出于东南苏、松、常、镇、杭、嘉、湖诸府，各年起运、存留不下百万，而粮长、书手、奸胥、豪右通同作弊，影射侵分，每年亦不下 10 余万。臣以生长地方，目击弊蠹，故尔缕具奏，仰荷圣明允行，而所司束之高阁，漫不为理，殊负陛下惠养元元励精政理之意，乞敕今巡抚都御史毛思义督所司加意举行，严限期日，将检踏清查坍荒田粮的确数目，并改正各项欺隐情弊，具以籍报，毋仍蹈故辙，迁延慢令。"⑥

顾鼎臣的奏疏显示出，地方州县执行朝廷的要求或政策时，存在着所谓"束之高阁，漫不为理"的普遍情形。或许并不是州县官员执行不力，而是政策的具体执行，大多需要依赖州县胥吏们在地方上来推动，他们对于田粮坍荒的问题并不会去认真检踏，使"各项欺隐情弊"没有得到真正的改正，粮长、

---

① （明）顾鼎臣：《顾文康公文草》卷二《处抚臣、振盐法、靖畿辅疏》，中国科学院图书馆藏万历至顺治顾氏家刻本，收入《四库全书存目丛书》集部第 55 册，齐鲁书社，1997 年影印版，第 309～310 页。
② 冯贤亮：《明清江南坍涨土地的占夺与州县行政》，《浙江学刊》2014 年第四期，第 45～52 页。
③ 伍丹戈：《明代土地制度和赋役制度的发展》，福建人民出版社，1982 年，第 6 页。
④ （明）顾鼎臣：《顾文康公文草》卷一《陈愚见划积弊以裨新政疏》，中国科学院图书馆藏万历至顺治顾氏家刻本，收入《四库全书存目丛书》集部第 55 册，齐鲁书社，1997 年影印版，第 265～266 页。
⑤ （明）顾鼎臣：《顾文康公文草》卷一〇《书牍·与东湖都宪》，中国科学院图书馆藏万历至顺治顾氏家刻本，收入《四库全书存目丛书》集部第 55 册，齐鲁书社，1997 年影印版，第 445 页。
⑥ 《明世宗实录》卷一一八，嘉靖九年十月辛未条。

书手、奸胥、豪右之间"通同作弊"、互相谋取利益的行径依然故我。这一点,出身于昆山县的顾鼎臣显然是看得很清楚的。

户部认同了鼎臣所谓"苏、湖七府田赋甲天下,而都图总胥,那移飞洒,欺官蠹民,嘉靖六七年两敕清核,未有奉行"的事实,在嘉靖十六年也要求地方抚按督率清理。① 实际上,朝廷不可能直接管控地方,鼎臣只能将振举江南社会的希望放在地方官员们的身上。他晚年给巡抚欧阳铎的信中这样写道:"今者幸遇大君子忠贞明达,上念国计,下恤民隐,锐意划革田粮蠹弊,此千载一时也。六府州县官惟是敝府知府王仪,颇能仰承德教,尽心竭力,作而行之。"②

鼎臣高度评价了苏州知府王仪的功绩,说江南六府州县官中只有王仪"颇能仰承德教,尽心竭力"。而在给王仪的信中,鼎臣就这样称赞他:"执事其益坚初志,勉卒垂勋,为吴民造穷之福,则庙食百世,遗爱岂在周、夏二公之下哉!"③ 鼎臣所谓的周、夏二公,即指周忱与夏原吉。

据《明史》载,"内行修洁"的欧阳铎④,对苏、松地方的赋税、徭役确实有过较大整顿,确立了一套新举措。苏、松地区田地本来差别不大,但征赋"下者亩五升,上者至二十倍",欧阳铎重新调整:"令赋最重者减耗米,派轻赍;最轻者征本色,增耗米。"至于推收,则是"从坵不从户",从土地这个根本出发,使"诡寄"问题得到解决。而受四千四百余顷荒田赔累的小民,欧阳铎"以所清漏赋及他奇羡补之"。讨论推行徭役及裁邮置费数十百条,"民皆称便"。⑤

据说,欧阳铎负责整顿工作的结果,是"检荒田四千余顷,计租十一万石有奇,以所欺隐田粮六万余石补之,余请豁免"⑥,显然极有成效,将鼎臣的建议付诸了实践,既清理了税源、确定田赋征收原则,也整顿了田赋收支。⑦ 不过,欧阳铎对坍荒课税的调整,固然有益于地方民生,但江南地区坍荒田的存在,实在太过普遍,而且随时间迁移常有变化,不可能真正全部清理干净。

顾鼎臣另一通重申地方改革的信,则是给苏州知府王仪的,直接颂扬了王仪的政绩:"窃念敝郡赋税甲天下,以田多额重而然。小民终岁劳筋苦骨,瘁于树艺稻谷,未就铚刈,而征科之令下矣。公输私责,旦夕而罄,曾不得少有儋贮石藏以养其父母妻子,此天道神明所共闵痛者也!……今闻执事加志于邦本,查出昆山、常熟每岁代二县多出耗米至七万五千余石者,已四十余稔。于乎,细民岂不冤哉!执事功德岂不大哉!"⑧

王仪曾任嘉定知县、巡按御史、苏州知府、浙江副使、山西右参政、右佥都御史等职。在苏州知府任上,曾因事得罪嘉靖帝,被迫去职,竟因苏州士民多次乞留,而被重新留用。

嘉靖帝亦感叹道:"苏赋当天下什二,而田额湮无可考,何以定赋?"在王仪的治理下,"以八事定田赋,以三条核税课,徭役、杂办维均"。其治绩堪为知府第一。在巡抚欧阳铎在江南推动"均田赋"的工作中,他辅佐实践颇为得力。⑨ 在鼎臣奏行清理江南田粮时,王仪力行欧阳铎主张的"均粮之法",成效明显。像嘉定县,知县李资坤(嘉靖十三年至十六年任)就悉力奉行了苏州府的举措,"履亩丈量,

---

① (明)许重熙:《嘉靖以来注略》卷三,丁酉十六年九月条,崇祯间刻本。
② (明)顾鼎臣:《顾文康公文草》卷一〇《书牍·寄欧阳石冈巡抚》,中国科学院图书馆藏万历至顺治顾氏家刻本,收入《四库全书存目丛书》集部第 55 册,齐鲁书社,1997 年影印版,第 445~446 页。
③ (明)顾鼎臣:《顾文康公文草》卷一〇《书牍·与肃庵太守》,中国科学院图书馆藏万历至顺治顾氏家刻本,收入《四库全书存目丛书》集部第 55 册,齐鲁书社,1997 年影印版,第 447 页。
④ 欧阳铎(约 1481~1544),江西泰和人,正德三年进士,曾任南京光禄寺卿、右副都御史、应天十府巡抚、南京兵部侍郎、吏部右侍郎等职。
⑤ 《明史》卷二一三《欧阳铎传》。
⑥ 《明史》卷七八《食货志二》。
⑦ 唐文基:《明代赋役制度史》,中国社会科学出版社,1991 年,第 164~165 页。
⑧ (明)顾鼎臣:《顾文康公文草》卷一〇《书牍·与王太守肃庵》,中国科学院图书馆藏万历至顺治顾氏家刻本,收入《四库全书存目丛书》集部第 55 册,齐鲁书社,1997 年影印版,第 446 页。
⑨ 王仪,河北文安人,嘉靖二年进士。详参《明史》卷二一三《王仪传》。

图方圆曲直之形及四至，图有圩，圩有甲乙号，于是诸弊毕出"。① 嘉定人娄坚（1554—1631），就说："郡守王公始衰益官民田，尽摊之轻则，为斗不过三而止，无复向之重至八斗者矣。"②

以上所陈鼎臣奏疏中所论，无一不可窥见当时中国的社会生活实态与王朝统治中地方存在的各种问题。

三 家庭生计

弘治十八年顾鼎臣成为状元，88 岁的父亲顾恂看到了他科考的巨大成功后不久去世，鼎臣十分难过③，返乡丁忧，三年后回到北京，时为正德三年（1508），很快参与编修《孝宗实录》，次年升任翰林院侍讲时，生母杨氏过世，鼎臣再次回乡丁忧三年。到正德十一年（1516），升任左春坊左谕德兼侍读。此时的鼎臣已近五十。从攻读举业至此，鼎臣虽然耗费了太多的时间，却并无相应的大量资产积累，作为京官的生活，自然显得相当清苦，昆山老家的生活，则依赖多方借贷得以维持。④

从祖父顾良、父亲顾恂到鼎臣一代，顾氏家族已得到较大的发展。就鼎臣而言，子孙辈情况，主要如下：⑤

所娶正妻为"昆山望族"朱氏⑥，曾被封为一品夫人⑦，育有履方（长子，娶梁氏，后为乡贡进士）及两个女儿；与侧室薛氏育有履祥（次子，娶周氏），因履祥有疾，以荫入监；其他还有二子，即履贞（三子，娶陈氏，为顺天府学增广生次）与履吉（年幼），都是庶出；

孙儿四人，即谦亨（长孙，嘉靖九年以荫入监，后以恩荫授尚宝司丞，娶陆氏）、谦益（次孙，四夷馆译字生，娶周氏，续聘查氏），其他二孙年幼；

曾孙有五人，即咸和、咸平、咸康，其他二曾孙年幼。

明人曾统计了鼎臣以后诸孙的举业成就，约有 20 余人中举。⑧ 这显然不是一般家族所能达到的。就常理而论，像鼎臣这样在仕途上的成功显贵，确实可以让其妻子儿女分享其地位与财富，可是实际情况，颇有出人意料者。

在鼎臣进入仕途的大部分时间里，顾家的生活依然十分紧张。在家书中，鼎臣给长子履方交待过家庭的生计安排与银两用度，都可以对鼎臣一家的窘境作出充分的印证：⑨

> 钱廷铺家每年还本银三十两起，四年为止，与顾奎说，写在账上了。各家银还过，讨他收票，

---

① （万历）《嘉定县志》卷五《田赋考上》，万历三十三年刊本。
② （明）娄坚：《学古绪言》卷二一《论上下区书（代）》，文渊阁四库全书补配清文津阁四库全书本。
③ （明）顾鼎臣：《顾文康公文草》卷九《杂著·祈父寿醮疏》，徐学谟"跋"（万历二十年），中国科学院图书馆藏万历至顺治顾氏家刻本，收入《四库全书存目丛书》集部第 55 册，齐鲁书社，1997 年影印版，第 438 页。
④ 参廖峰：《嘉靖阁臣顾鼎臣研究》，巴蜀书社，2012 年，第 41~43 页。
⑤ 这份世系名单，主要依据顾履方请鼎臣的同科进士、松江人陆深（1477~1544）所撰鼎臣行状以及在顾履方死后，由鼎臣长孙谦亨请鼎臣的另一位同科进士、分宜人严嵩（1480~1567）所撰的神道碑而来。参（明）陆深：《俨山集》卷八〇《光禄大夫、柱国、少保兼太子太傅、礼部尚书、武英殿大学士、赠太保、谥文康顾公行状》，文渊阁四库全书补配清文津阁四库全书本；（明）严嵩：《钤山堂集》卷三四《神道碑·光禄大夫柱国少保兼太子太傅礼部尚书武英殿大学士赠太保谥文康顾公神道碑》，嘉靖二十四年刻增修本，收入《续修四库全书》集部第 1336 册，上海古籍出版社，2002 年影印版，第 291 页。
⑥ 虽系出名门，朱氏十分敬重出身寒微的鼎臣生母杨氏。参（明）顾梦圭：《疣赘录》卷三《杂著·叔祖母朱夫人行状》，雍正七年顾怀劭刻本。
⑦ 弘治元年，十六岁的顾鼎臣因获巡抚朱瑄的青睐，娶了时为十九岁的朱氏之女。朱氏对鼎臣一生的事业，帮助极大。参廖峰：《嘉靖阁臣顾鼎臣研究》，巴蜀书社，2012 年，第 39~40 页。
⑧ （明）周复俊：《泾林杂纪》续纪卷三，明刻本。
⑨ （明）顾鼎臣：《顾文康公文草》卷一〇《书牍·家书》，中国科学院图书馆藏万历至顺治顾氏家刻本，收入《四库全书存目丛书》集部第 55 册，齐鲁书社，1997 年影印版，第 449~450 页。

写账明白。施先生银一百两，宋二官人家六十两，你收了，还各家银，省了米打白，明年粜得些银子，还得朱尚书家些本钱，甚好，甚好！有一小簿，是严埧收进，还各家银钱账，在上京高纸者，寻出寄来，原欠宋二官人店银，净欠四十七两九钱六分，先将顾赞钱十两还他，其余就在六十两内除还，清楚写来回我。

后来又讲：①

> 官粮私债，作急清还。讨得银来，先了朱尚书，方来天成。若有余，送还扬州高大先生家本银一百两，或五十两亦可，再寄百两来我用。姜处李仁山云，尚欠他十两，作急还他。宋良器家米与银，今年了得完否？米该今年足。

可以说，在财富程度方面，顾氏的家境与其官位或权势其实并不相称。书信中多次交待其子还债以及如何谨慎安排家计的问题，就可见一斑。而且，鼎臣也多次向履方言及其在北京生活的拮据之状：

> 此月十八日，蒙内阁推题经筵讲官，得穿大红服色。奈此间罗段等件皆贵，甚无银可买。今且借穿，可着人送书与贺仲芳，□他织来，省你费心。②

鼎臣虽为中枢机构的重要官员，但收入并不高，连晋升"经筵讲官"后需要体面的"大红服色"，也因服料较贵，而觉得难以购置，需要临时"借穿"。鼎臣认为，可以安排家人自己纺织，以解决这一难题。但京官的生活耗费，总让鼎臣感到难以为继，这也与朝廷户、兵两部库银缺乏而不能及时发放百官薪俸的问题相关：

> 日来无事，虽京城时疫大行，死者甚众，我家长幼男妇俱安。只是人多米少，三四月来，已籴数担，月初又籴数担矣。……户、兵二部银缺乏，百官春季俸并柴薪尚未关。若只如此，士夫如何过遣？③

鼎臣任讲筵官的时间颇长，但常常受到嘉靖帝的"温旨褒奖"。④ 尽管如此，在另一通信中，仍可窥见鼎臣夫妇在京的日常生活大致是平淡无奇，而鼎臣好酒⑤，价格较贵的金华酒，却无力消受，使他颇为苦闷。以下信中所述，可见其尴尬之态，略微有趣：

> 此中无事，我二人俱安好。新生男出痘，初似不好，过八朝方回，今已复旧。向来怀抱不佳，全仗酒醴陶写，寄来者已饮尽，要做又无糯米，要买金华，甚贵，且无余赀。日来正闷，适常熟王

---

① （明）顾鼎臣：《顾文康公文草》卷一○《书牍·家书》，中国科学院图书馆藏万历至顺治顾氏家刻本，收入《四库全书存目丛书》集部第55册，齐鲁书社，1997年影印版，第451~452页。
② （明）顾鼎臣：《顾文康公文草》卷一○《书牍·家书》，中国科学院图书馆藏万历至顺治顾氏家刻本，收入《四库全书存目丛书》集部第55册，齐鲁书社，1997年影印版，第453页。
③ （明）顾鼎臣：《顾文康公文草》卷一○《书牍·家书》，中国科学院图书馆藏万历至顺治顾氏家刻本，收入《四库全书存目丛书》集部第55册，齐鲁书社，1997年影印版，第454页。
④ （明）顾鼎臣：《顾文康公续稿》卷二《圣谕》，顾晋璠按语，崇祯十六年刻本，收入《四库禁毁书丛刊》集部第59册，北京出版社，1997年影印版，第11页。
⑤ （明）焦竑：《玉堂丛语》卷六《容止》，中华书局，1981年，第225页。

循甫寄一大坛来，得朝夕供数酌，终岁当尽矣。奈何，奈何！①

给侄儿顾孔安的信中②，鼎臣这样讲道："我不能与时浮沉，株守此官，已将七载，人皆为之不平，而我处之泰然，略不以为意。"鼎臣五世孙晋璠在整理这封信后，写了一个按语，说明他虽然获得嘉靖帝的称赏，也得以"进勋级"，做到了吏部左侍郎一职，拿到三品官俸，但生活并不优裕、官场也非腾达，就是鼎臣自谓的"株守此官"，能做到处之泰然罢了，与其不肯"随时俯仰"的秉性有关。③

正如顾晋璠引述王世贞的话所论，鼎臣之"谔谔风裁"，并非一般的"恬守知足"的官员所能做到的。

四 家族控制

在顾鼎臣游宦北京的很长时间里，可以说都是"朝端无事，优游馆阁"的岁月④，先任翰林院修撰，后因完成《孝宗实录》的撰修工作，升任侍读，再转春坊谕德，历10余年。此后世宗嘉靖帝即位，"首被知遇"，担任经筵日讲官，后升任詹事府詹事。⑤ 期间，上谕称鼎臣入仕有年，特进三品，以示与其他讲官不同。⑥ 在嘉靖帝举行亲耕籍田礼时，特命鼎臣参加九推礼，这种对儒臣的宠异使廷臣们惊叹不已。⑦ 夤缘时会，鼎臣极得嘉靖帝恩宠眷注。⑧ 在嘉靖十四年（1535），鼎臣升任礼部尚书，兼翰林院学士，仍掌詹事府事。⑨ 嘉靖十七年（1538）兼任文渊阁大学士，入参机务⑩，当年正月加少保兼太子太傅、武英殿大学士，"余官如故"⑪。这样的恩遇与荣升，可能来得太晚了。

鼎臣给履方的信中这样感叹道："我赖天地鬼神庇佑，今岁九月蒙朝廷厚恩，官升一品，至十一月又荷诏恩，得关领一品诰命，得赠封四代。此皆祖宗余庆，非偶然也。"他将其仕途的成功，归于祖宗的荫庇。嗣于闰月望日，举行了祭告改题神主的礼仪。当然，他一直没有忘记家乡的族亲需要更多的照顾及帮助：

□念族子孙贫难者多，理宜周给。此帖□□□修贤侄、有原贤婿，可令人到乡间报。各人来，照后开数关与，仍将关过数造花名细数回报，勿误，勿误！次要要考长幼名口的确，勿容人通同我家狗奴虚捏冒领，至嘱，至嘱！（先期密使的当人，查各家男妇口数）

一、家族人凡年老、年大者，并妇人、残疾、孤苦者，俱给与糙米一石，其他妇人八斗、男子

---

① （明）顾鼎臣：《顾文康公文草》卷一〇《书牍·家书》，中国科学院图书馆藏万历至顺治顾氏家刻本，收入《四库全书存目丛书》集部第55册，齐鲁书社，1997年影印版，第454~455页。
② 孔安，即顾邦石，正德八年顺天府乡贡，曾任南昌府通判。参万历《昆山县志》卷四《科第表》，万历四年刊本。
③ （明）顾鼎臣：《顾文康公文草》卷一〇《书牍·寄孔安侄》，中国科学院图书馆藏万历至顺治顾氏家刻本，收入《四库全书存目丛书》集部第55册，齐鲁书社，1997年影印版，第456页。
④ （明）顾鼎臣：《顾文康公续稿》，附《文康公续集跋》，崇祯十六年刻本，收入《四库禁毁书丛刊》集部第59册，北京出版社，1997年影印版，第82页。
⑤ （明）过庭训：《本朝分省人物考》卷二一《南直隶苏州府四》，"顾鼎臣"条，天启刻本。
⑥ （明）陈继儒：《见闻录》卷二，宝颜堂秘籍本。
⑦ （明）严嵩：《钤山堂集》卷三四《神道碑·光禄大夫柱国少保兼太子太傅礼部尚书武英殿大学士赠太保谥文康顾公神道碑》，嘉靖二十四年刻增修本，收入《续修四库全书》集部第1336册，上海古籍出版社，2002年影印版，第290~291页。
⑧ （明）张弘道：《明三元考》卷八，明刻本。
⑨ （明）陆深：《俨山集》卷八〇《光禄大夫、柱国、少保兼太子太傅、礼部尚书、武英殿大学士、赠太保、谥文康顾公行状》，文渊阁四库全书补配清文津阁四库全书本。
⑩ 《明史》卷一九三《顾鼎臣传》。
⑪ （明）顾鼎臣：《顾文康公文草》卷三《表·册天充使手敕加少保等官谢表》，中国科学院图书馆藏万历至顺治顾氏家刻本，收入《四库全书存目丛书》集部第55册，齐鲁书社，1997年影印版，第327页。

年十六岁以上者□□、男子年十五岁以下者并妇子不论大小□与四斗。

二、顾锦弟兄三分，虽曰得过，也要与他。镛、鉴二分，各与糙米石，承禄与白米二石（助其进学）。以上须孔修、有原查访的确，眼同给散，不可容家人辈作弊，将低米混与，亦不可升合亏折，有名无实，至嘱，至嘱！

三、要置赡族义田，待我回来时，斟酌处置。①

鼎臣对于族亲的眷顾行为，很有其父顾恂的影子。因为顾恂在生前，"族党有贫者，时致粟帛。见里中后进，必勉使为善，多所成就。"② 当然，鼎臣强调的内容，自然可以归入家族内部的控制问题。鼎臣安排得如此之细，表现出他对家族发展的关心以及对宗族建设的努力。后人评说时就指出鼎臣对顾氏家族"皆有恩义"③，对近百名贫困族人予以特别照顾，"计口给粟以赡之"。④

在另外一封信中，鼎臣向履方等人询及许多问题，关乎昆山顾家的日常状况、族人的生活、履方等人的举业、顾家的山地、坟产、树木等资源利用，以及家奴的处置等重要内容：

父母安，信与男履方等收看：

四月初，张舍人来，因汝往太仓，止得顾䡎写来数字，家中知皆平安，但不知二伯父向来前病已去根否？精神筋力如旧否？各房俱安否？汝二人科举之信尚未得，旅怀于此，皆未免悬悬。顾䡎未到，顾鞿官布船如何了？所要花树曾寄与带来否？坟头及上山前家中松树、牡丹、木犀、梅树之类，今年比旧盛些否？有便写来。闻知顾辅、进福二人，专偷卖山地与人做坟，将大松树都倒了，可恼之甚。汝可拿二人着实痛治，逐一追问，要招出卖与何人，坟几个？得银多少？偷出松树几课，何人动手？招出山精名字，都写记明白，具状告本县。就将二狗奴送入监追，痛惩改正。向山地苦为石工搜剥，[斩]断山脉，我自弘治十八年起，逐段逐分用重价契买，归记完粮，不知费几许心思、几许价银，方得山灵安固，无非要拱护一邑秀气，令人杰地灵，绵绵永久。又知精盗掘巧石，有二分家人吴昌、葛奎，专为谋主，图觅重利。顾辅、进福二狗奴，全不照管，汝速查访真确，禀知二伯父，一并痛治。我前日已写与尹中尊了，近日再有书达他。此事用意处过回报，毋得视为泛泛。⑤

信中所言的尹中尊，即涿州人、昆山知县尹嗣忠，正德十二年（1517）进士，据说莅任伊始即惩办了当地"巨恶"一二人，"号令风行，四境大治"⑥，行政能力颇强。而特别值得注意的，是鼎臣自言，从弘治十八年起，他曾"逐段逐分用重价契买"山地，上税完粮，"不知费几许心思、几许价银"。他认为这样做的原因，并非只是蓄积顾家的资产，而是"要拱护一邑秀气，令人杰地灵，绵绵永久"。但此时出现了家人"偷卖山地与人做坟"，既感震惊，又很着急，要求履方从速查实，并由其二兄负责惩处，同时告知履方，他已写信给昆山知县，作了必要的沟通。

对于家人的生活，鼎臣一向是尽心呵护关照，但对他们当中可能出现的不安分的举动，无论是在族

---

① （明）顾鼎臣：《顾文康公文草》卷一〇《书牍·家书》，中国科学院图书馆藏万历至顺治顾氏家刻本，收入《四库全书存目丛书》集部第55册，齐鲁书社，1997年影印版，第455~456页。
② （明）李东阳：《怀麓堂集》卷八七《文后稿二十七·明故赠文林郎翰林院修撰顾公墓志铭》，文渊阁四库全书本。
③ （万历）《昆山县志》卷六《人物二》，万历四年刊本。
④ （明）陆深：《俨山集》卷八〇《光禄大夫、柱国、少保兼太子太傅、礼部尚书、武英殿大学士、赠太保、谥文康顾公行状》，文渊阁四库全书补配清文津阁四库全书本。
⑤ （明）顾鼎臣：《顾文康公三集》卷三《杂著·家书二首》，中国科学院图书馆藏万历至顺治顾氏家刻本，收入《四库全书存目丛书》集部第55册，齐鲁书社，1997年影印版，第627~628页。
⑥ （光绪）《昆新两县续修合志》卷二一《名宦》，光绪六年刊本。

内，还是在族外，都要予以痛惩。他告诫履方："各家人房内多留亲戚潜住，着进喜、进安不时搜看，但容留人在房内，就拿来痛打二十。此最紧要！"又补充说："早晚分付家人，在外不可生事害人，如有此等，痛治，痛治！"在写述这些"紧要"之事的同时，他对顾氏族内的琐细问题，一并作了交待：

> 治家严内外之防，谨上下之分，此第一义也。……家中饭米，另贮一仓，或就贮廪内，务要支数目明白……祠堂完了，择日奉安神主设祭。西山并东园橘树，须分付用稻柴包好根头，浇过猪泥粪，却以稻穗或砻糠护暖方可，不然冻死可惜。盆内虎刺，将二缸合定，或稻柴厚包，亦要糠穗护根。……笔不尽所言，推类行之。①

在嘉靖五年冬去北京后，鼎臣十分挂念家中的情况，专门给履方去了长信，先言及其从昆山启程，十一月去北京，"途中长梦见汝祖并祖母，此书到日，可做羹饭，告知于某日到京，一路平安"；又追问"祠堂曾完否？曾漆油否？神主曾请入否？"他说已收到十月二十日寄给"施中堂"的书信，"已知家中大概"。鼎臣特别强调：

> 县中作待，学中拜见，只凭二伯父、三哥张主，汝只可因人成事，今后不要承揽事来家中干。虽尊长有命，汝只以家中无人照料，善言和色，缓缓辞之。

告诫履方千万不要承揽衙门公事，以免引起不必要的麻烦。他又交待："地面并后小屋，想已完，今后不可留匠人杂做，大率以省事节用为治家之要"。至于顾家的山地与家人管束问题，他指出：

> 山头去人，若是二伯父并滑七伯、张尚质已主张发遣顾辅一房，去了也罢。须再三叮咛，分付改过图新，不时教人访察他行动如何，得他果然学好，留他在彼，若有些须无礼，便着落的当人去拿回，依旧放他山后去。此书到日，便叫顾寿回来，分付凡在山头人，不拘大小，俱要时时关防钤束，互相劝戒，学做好人，他日好生看待。他若一个在彼无礼生事，或欺凌小民，或奸人妇女，或吃酒撒泼，与人斗殴，或养放六畜，损坏树木，或被人偷盗芦头、茶叶、果木等件，或自己侵欺家主财物，或容留闲人亲戚搬运偷盗，凡有过恶，决然连坐不恕。②

另外一信，则言及鼎臣夫妇等人在京生活平安、对昆山家中情况的关切之情："前月廿六日收初三日所寄书，知汝夫妇、孙男俱平安，此后家中凡百事，皆不知如何，但有便，频频寄书来，莫误，莫误！"也关心履方的科考问题，接着又慎重指出昆山顾家依仗鼎臣的声威而已然存在的作威作福之态，是必须予以禁绝的事：

> 府尊、县主虽加相厚，切不可凭人哄以事嘱他县中，等闲不可进去相见，分付家人倍加小心谨慎，毋得恃熟不尊、欺凌它人、惹气惹祸。闻昨者在家讨债之人，甚是在乡作威怙势，汝知之乎？

---

① （明）顾鼎臣：《顾文康公文草》卷一〇《书牍·家书》，中国科学院图书馆藏万历至顺治顾氏家刻本，收入《四库全书存目丛书》集部第55册，齐鲁书社，1997年影印版，第449~450页。

② （明）顾鼎臣：《顾文康公文草》卷一〇《书牍·家书》，中国科学院图书馆藏万历至顺治顾氏家刻本，收入《四库全书存目丛书》集部第55册，齐鲁书社，1997年影印版，第450~451页。

但有此等，痛责不可轻恕。采芝性气顽劣，可重言分付，它若无礼，痛治，不要容它。可将我书念与他听。

并且顺带言及朝廷提拔鼎臣的消息，鼎臣也难掩其激动的心情，并让履方转告昆山顾家，择日去祠堂等地敬告祖宗、神灵等事："幸叨天地祖宗荫佑，朝廷厚恩，三年考满才过，就得升五品京堂官，扪心自愧，无以仰报。此书到日，可禀伯父择日告祠堂，并告谢家堂、城隍、山神各处，坟上再作计较也。余伺后再报。"①

鼎臣亦曾给女婿归本去信②，也说"家人与外人相争，只打家人为是"；假如家人之间有矛盾或相打相骂，一定要分别是非曲直，方可服人。他着重说道："今后来告诉的，须要虚心断处，处治不可偏听，致有亏□□事，□□不止此也。"③

像顾氏这样已经进入王朝统治的权力中心之际，随时可见的如履薄冰的心境，也多能从其要求家人谨慎言行、重视名节等方面清晰地呈现出来。在这方面，鼎臣在给履方等人的信中，曾以顾氏族中家人出现的各种不良，多次强调过整饬之意。一方面，鼎臣注意安抚族中的贫难人户，要求履方等人注意积米，尽力做到"每年一百担施人"。他还要履方汇报积米救济的结果，"陆续将施过事绩数目写来"："不拘何人，但的系贫难的，方可与他。"他在信中用了"至嘱，至嘱！莫误，莫误！"这样8个字。另一方面，那些由顾家遣派"出去讨账之人"，要求"逐一重言分付，令其将就了事，银子不多，但要从容宛转取完，不在于狐假虎威、做声做势，欺凌小民也。"鼎臣显然对昆山顾家的日常动态，也了如指掌。他知道履方放弃了"猪行"的经营，顾钰"不学好，不修福，忘恩背义，奢侈浪费"，受到了惩戒；租用顾家房产的，有"连年旧欠租债"的，确有十分贫苦之人，只要打听仔细，"便慨然饶他"；顾家派出的一应讨租债之人，要重言戒谕，不要像顾胜、张文、金果、朱敏、孙贵等人，"俱胆大无知"，"欺凌乡民、在外生事"，造成了极恶劣的影响；他更知道，"顾辅专一兜揽乡民粮，上仓代纳"，都是假托顾家名头，"亏官损民，坏我家风"，要求履方"务要访察仔细，捉拿痛加惩治"；他还知道，顾福、进福两人的月米还没有及时派拨；其他田地租米之类，"用心与他查算取计，官粮大家替它每年还，每年替它还十四五担罢"；租债有赢余的，鼎臣要求以六成分与顾惠，四分寄给采丰夫妇；而进庆妻须要分付给曹安、金果寻找会织锦布、纺花的，进行习学，又用了"至嘱，至嘱！莫误，莫误！"8字。最后鼎臣问道："闻曾讨一当会织布的，如何不见送来？如讨得纺花妇女来，纺车、定子什物等类，须多买些来。"④

至于救济布施，鼎臣后来给履方的信中，有进一步说明与安排，强调了施济的基本次序，是"先宗族，次邻里，次坟邻，次不拘远近亲疏"，同时告诫履方，不可轻听僧道、尼姑、道婆、卖婆、童子等人之哄骗，做一些"无益之事"。但清真观或城隍庙、山神祠有需要，鼎臣认为，可以不拘此限。最后他说，这封信可以作为将来子孙"永远遵守"这些规矩的依据，要认真收好。⑤

有一封信是履方托蒋监生带到北京的，鼎臣也收到了。信中言及江南地方官府要整理"寄田"问题，

---

① （明）顾鼎臣：《顾文康公文草》卷一〇《书牍·家书》，中国科学院图书馆藏万历至顺治顾氏家刻本，收入《四库全书存目丛书》集部第55册，齐鲁书社，1997年影印版，第453~454页。
② 顾鼎臣与夫人朱氏，育有二女，长适国子生归本，次适国子生朱端禧。参（明）陆深：《俨山集》卷八〇《光禄大夫、柱国、少保兼太子太傅、礼部尚书、武英殿大学士、赠太保、谥文康顾公行状》，文渊阁四库全书补配清文津阁四库全书本。
③ （明）顾鼎臣：《顾文康公文草》卷一〇《书牍·寄孔安侄》，中国科学院图书馆藏万历至顺治顾氏家刻本，收入《四库全书存目丛书》集部第55册，齐鲁书社，1997年影印版，第458页。
④ （明）顾鼎臣：《顾文康公文草》卷一〇《书牍·家书》，中国科学院图书馆藏万历至顺治顾氏家刻本，收入《四库全书存目丛书》集部第55册，齐鲁书社，1997年影印版，第451~452页。
⑤ （明）顾鼎臣：《顾文康公文草》卷一〇《书牍·家书》，中国科学院图书馆藏万历至顺治顾氏家刻本，收入《四库全书存目丛书》集部第55册，齐鲁书社，1997年影印版，第452~453页。

官方的目的，是要将各家"寄田"要陆续造册登记，都推还给各民户。鼎臣在回信中表示这是"朝廷英断，新政必然更张"，"我等宦家，尤宜预先改正，切不可如前苟徇人情，□犯不恤。亲友见怪，以我书与看。"① 顾家是官宦人家，应该在朝廷要求的改正工作中成为表率。鼎臣的最后这句话"亲友见怪，以我书与看"，显示了他的决心。

对于家人被纵容不法，鼎臣一直是不予容忍的。像顾家这样，在昆山已属巨族，但家人的骄纵、违法或侵害小民等行径，也绝难杜绝，似属正常。当鼎臣知晓家人的恶行后，其愤怒与失望是可知的。有一通给履方的信，全部内容都是讲鼎臣对不法家人的态度及处理意见，② 同时，鼎臣更是反复告诫履方要安分守法，尤其不能干预地方有司：

> 汝于府县事不许分毫干预。尚质、奎并汝三人，尤宜在家守分，不可放肆。《大明律》上不许为者，切不可为，犯了法度，便难解手。近日许伯基、王惠叔子并四举人，可为鉴矣。③

另一通信则说：

> 当今之世，只是闭门吃薄粥、读书谨行以图出身，此为上策。一应闲事，不须多管，亏人利己之事，切不可为。日夕分付家人，不要生事虐害小民，至嘱，至嘱！"宰相不过千人口"，言犯众怒者，必有祸也，已有明验矣。宰相尚然，况常人乎？④

鼎臣认为，即使像他这样的宰相之家，家人当中更不可以出现生事害民的行为，所谓"言犯众怒者"必然招祸。根据后来地方士人的记忆，鼎臣对履方的教育，应该是有效果的，有下面这样一则故事，大概可以为证：

> 顾文康长子履方，尝盛服拜客。有乡民担粪断绠，污其衣，家人怒詈之。履方曰："彼无心耳，然已惊矣，可更惊乎？"因婉言慰谕之而去。⑤

看来，履方处事的态度又远较家奴为好，昆山人张大复（约1554—1630）就称其"有长者之风"，是"静慎持重"的人，十分低调。嘉靖七年（1528）以太学生的身份在顺天府被举为乡荐后，在公开场合不甚有昆山当地"孝廉"风行的用华盖招摇过市之行，而是"俛首趋过里，诫家人藏勿御"。在处理顾家与地方官府的关系上，应该做到了鼎臣的要求，注意"简饬童仆"，在亲族兄弟外"未尝轻交一人"，所以会有"官其乡者仅一交刺，亦多不交刺未识面者"的评说。而且比较俭约，"被服如寒素"，但也能像鼎臣一样乐善好施，只可惜寿享仅56岁。⑥

至于寄给孔安侄儿的，是鼎臣家书中所见唯一的一通。在信中，鼎臣强调了家族血脉的延续问题，

---

① （明）顾鼎臣：《顾文康公文草》卷一〇《书牍·家书》，中国科学院图书馆藏万历至顺治顾氏家刻本，收入《四库全书存目丛书》集部第55册，齐鲁书社，1997年影印版，第454页。
② （明）顾鼎臣：《顾文康公文草》卷一〇《书牍·家书》，中国科学院图书馆藏万历至顺治顾氏家刻本，收入《四库全书存目丛书》集部第55册，齐鲁书社，1997年影印版，第454页。
③ （明）顾鼎臣：《顾文康公文草》卷一〇《书牍·家书》，中国科学院图书馆藏万历至顺治顾氏家刻本，收入《四库全书存目丛书》集部第55册，齐鲁书社，1997年影印版，第454页。
④ （明）顾鼎臣：《顾文康公文草》卷一〇《书牍·家书》，中国科学院图书馆藏万历至顺治顾氏家刻本，收入《四库全书存目丛书》集部第55册，齐鲁书社，1997年影印版，第454~455页。
⑤ （同治）《苏州府志》卷一四六《杂记三》，同治间修、光绪九年刊本。
⑥ （明）张大复：《昆山人物传》卷七《皇明昆山人物传》，"顾履方、子谦亨、曾孙天宿"条，明刻、清雍正二年重修本。

又十分关心所谓"山精"损害山中甚至家族"灵气"的大事:

> 自孔昭、孔仁没后,神志荒落,衰病日甚,虽勉强支持应酬,然公私职业俱□□□,以积劳后感寒,一病二月余,几至狼□□所从来,盖以骨肉凋谢,中情受伤,非一朝一夕之故也。乡人来,辄闻贤侄身子渐强,手足亦渐复旧,昨得家信,见是手笔,尤不胜欣慰。……。新春正月、二月连得两曾孙,此祖宗余庆,非我薄德所能致也!知之、文征兄弟,诸孙皆知之。吾昆进士未曾如此少,一者学中风水为杨华所坏,二者山上近为山精侵损之故。昨杨中堂乃云:山精往往假托盛族名目,故难禁耳。果然,可查出处治,或送县中治之。大抵此山虽小,为一邑之镇,关系非轻,而为士夫者,禀受灵气,尤所当□□,岂可容小人射利,以损害大计乎? 贞□祖宗坟墓在上,尤当用心管理,相见一道之。①

从上述家书反映的各种内容而言,已属仕宦阶层上流的鼎臣,对家庭生活的安排与秩序规范问题一直十分重视,注意约束家人与官府关系;而对子孙的培育,则重在修养的要求与读书的进取方面。

五 读书与养生

早在鼎臣父亲顾恂的时代,顾家的子孙培育的基本理念,仍是以读书仕进为宗。李东阳(1447—1516)这样评述顾恂:"教子孙,必以诗书礼义,仕者为忠,居者为孝,亲贤远奸,敬老慈幼,言亹亹不厌。"他认为鼎臣"器识材局"的养成,都由顾恂的教育而来。②

就顾鼎臣本人而言,他在弘治十七年(1504)秋八月参加南京乡试,在礼部门外的旧画贩售摊上面,看到一幅龙头画,觉得神奇,即"以青钱百二十购得之"。他在画作上题诗道:"明良风云,神奇斯画。大溥霖雨,以泽天下。"心中认定"此祥兆也"。当年中举,次年进京会试,"以第一人及第"。在鼎臣看来,都是"天数前定如此,非人力也"。③ 那时,鼎臣也有 30 出头的年纪,可是,后来的仕途攀升显得更为缓慢,直到嘉靖年间才有超擢的机会。在嘉靖十七年(1538),鼎臣与当年同科以进士及第的同僚④,同时主持了全国的会试,距弘治十八年(1505),已历 33 载。鼎臣很高兴,觉得当年的同年,现在"同事场屋,可谓一时盛际"。⑤ 这些,都可视为鼎臣人生中的得意之事。

可以说,在鼎臣的思想意识中,读书进学乃是人生的头等大事。鼎臣早期在北京官场奋斗的过程中,颇以家族事务与生计为虑,但一直十分注意尊崇儒家宣扬的那套道德秩序。在所谓"北虏"对北方中国造成的严重危机的情势下,让鼎臣曾有死生许国之愿,当属儒生报国之意,能够折射出鼎臣长期在儒学熏陶下的内在本质。在给履方等人的信中,他说:"北虏初甚猖獗,幸赖庙社威灵,稍稍遁去。……我心只望汝读书修行,成身成名,光显祖宗,撑立门户,垂裕子孙。我虽以死殉国,亦无遗憾。勉之,勉之!"⑥

---

① (明) 顾鼎臣:《顾文康公文草》卷一〇《书牍·寄孔安侄》,中国科学院图书馆藏万历至顺治顾氏家刻本,收入《四库全书存目丛书》集部第 55 册,齐鲁书社,1997 年影印版,第 456 页。

② (明) 李东阳:《怀麓堂集》卷八七《文后稿二十七·明故赠文林郎翰林院修撰顾公墓志铭》,文渊阁四库全书本。

③ (明) 顾鼎臣:《顾文康公续稿》卷五《记·霖雨堂记》,崇祯十六年刻本,收入《四库禁毁书丛刊》集部第 59 册,北京出版社,1997 年影印版,第 57 页。

④ 与顾鼎臣都以第一甲进士及第的还有榜眼董玘(会稽人)、探花谢丕(余姚人)。参 (明) 张朝瑞:《皇明贡举考》卷六《十三藩乡试》,万历刻本;(明) 张弘道:《明三元考》卷八,明刻本。

⑤ (明) 顾鼎臣:《顾文康公诗草》卷五《七言律诗·戊戌试士有感 并序》,中国科学院图书馆藏万历至顺治顾氏家刻本,收入《四库全书存目丛书》集部第 55 册,齐鲁书社,1997 年影印版,第 491 页。

⑥ (明) 顾鼎臣:《顾文康公文草》卷一〇《书牍·家书》,中国科学院图书馆藏万历至顺治顾氏家刻本,收入《四库全书存目丛书》集部第 55 册,齐鲁书社,1997 年影印版,第 451 页。

后来鼎臣决定将妻子朱氏从昆山接往北京，但昆山顾家离开了这位颇有"贤行"的夫人①，鼎臣是有顾虑的。他十分担心履方等人在家更无人管束，需要作必要的告诫，要求万事小心谨慎，务以"修身进学"为重：

> 汝母不知几时起身？家中凡百事如何？有便勤勤写书来我知。此后又不比你母亲在家，万万小心谨慎重，修身进学，做好，求进步，惟日不足。不可仍前懈惰，以取羞辱。②

这样的告诫甚至带有警告性的语句，在鼎臣给履方等人的家书中，时或可见。在嘉靖五年冬天鼎臣离开昆山后，"家中凡百草草，十分放心不下"，他写信给履方：

> 汝可奋然励志，以读书修行为首务，以治家防患为要机。我虽曾谆谆戒谕，恐汝志气懒散，未知缓急利害，视我言为迂远，日常只悠悠过去。故又琐琐作书，汝可藏诸箧中，或揭诸坐隅，朝夕省览。读书以体认道理、变化气质为本，日用间遂能随事用得。……若只以此为谋利、窃名誉之资，便非好人。③

鼎臣的那句以读书为谋利、窃名誉之资的"便非好人"的教诲，很能体现其追崇"体认道理、变化气质"的读书宗旨，对名利之追逐须有必要的排斥态度。

鼎臣关心履方等人的举业，要求在科考攀升的努力过程中，须特别注意顾家的声誉，以免引起新任巡按御史的不满：

> 闻提学往徽、池矣，昆山不知何时考过？汝与归本皆可愁，一考过，便寻便寄书来，至嘱！新巡按甚厉害，平生不通丝毫人情，比之提学尤甚，可重言分付大小并各庄家人，小心，小心！不要惹事，不要惹事！至嘱！二伯父并诸兄、梁、归、朱、滑各至亲家，也要与说知。④

在现存所见鼎臣单独给女婿归本的四通信件中，有一半都涉及科考举业的问题。据书信内容可知，这位被称作本斋的女婿，也是鼎臣看重的在举业上颇有希望的人：

> 平安书与本斋贤婿收看：
> 新年又增一岁，知青春亦不为小矣。嘉靖元年应天乡试闱，所谓龙飞第一科，得厕名乡书，尤为荣幸，贤婿亦有意乎？如果无此意，则任自求□□，□□管闲事，万一有意于科目之事，望拨□作文，读书作论表，与履方立定书程，日夕发愤用功，以图必中。愚老夫妇不胜幸甚！闻提学颇严切，风闻行事，汝与履方不独要百倍用功，以伺其考较，背书，看课，又须简身修行，守

---

① （明）陆深：《俨山集》卷八〇《光禄大夫、柱国、少保兼太子太傅、礼部尚书、武英殿大学士、赠太保、谥文康顾公行状》，文渊阁四库全书补配清文津阁四库全书本。
② （明）顾鼎臣：《顾文康公文草》卷一〇《书牍·家书》，中国科学院图书馆藏万历至顺治顾氏家刻本，收入《四库全书存目丛书》集部第55册，齐鲁书社，1997年影印版，第453页。
③ （明）顾鼎臣：《顾文康公文草》卷一〇《书牍·家书》，中国科学院图书馆藏万历至顺治顾氏家刻本，收入《四库全书存目丛书》集部第55册，齐鲁书社，1997年影印版，第449~450页。
④ （明）顾鼎臣：《顾文康公文草》卷一〇《书牍·家书》，中国科学院图书馆藏万历至顺治顾氏家刻本，收入《四库全书存目丛书》集部第55册，齐鲁书社，1997年影印版，第454页。

其教条，上策，上策！不然，升沉荣辱所系，不可不谨也。兹以进福回，灯下草草新书寄回，不得多想，收矣。①

鼎臣希望他与履方"百倍用功"，在科考上"以图必中"，是关系顾家升沉荣辱的头等大事。而据另一通信所述，可以知晓这位女婿是善于营生的，可能比较多地参与昆山顾家生计，并可能经常要与地方官府、市民百姓打交道，当然也难免会涉及许多争名夺利的事情。鼎臣一方面要求他不得"干预官府钱粮"，"以苟得分毫之利，不顾滔天之害，则亡身丧家之事，非士君子所为"，另一方面，仍然是在关心他与履方的科考前程：

知贤婿善于生计，不肯□□，此□家之善道，非保家之远谋也。若欲保家，须是读书，以图科第行义，以永福泽。外此，非所知也。至若干预官府钱粮，与市井小民交关。区区宦情素薄，今又为言路浮议不情，进取之心益消沮无几矣，所望子婿联翩而起，以继书香，吾即当奉身而退，以乐余年耳。科场之事，近在数月，贤婿与履方近来作么功课？见同侪如王同祖辈高飞远去，亦□□□□而愿学之乎？此真吾所深愿，而未敢□者。惟俟天命之何如耳！②

鼎臣指出，"清心寡欲、读书修行"是立身益寿之本，要履方与长婿归本、次婿朱端禧二人，各抄写一份，贴在住房内，"朝夕省察，殊为有益"。鼎臣提醒履方特别注意科考方面的应对："提学若二三月间出巡岁考，汝考过方告随任读书。若打听不来，使人到南京。告了朝觐后，提学必升矣。毋惧，毋惧！"要对指导履方读书的梁叔公，多尽礼仪。鼎臣专门问道："曾备何酒礼送过去？如何书不及？"③

值得庆幸的是，被后来地方官褒扬为"德性谦厚，度量汪洋"而使人"不知有相府"的履方④，在嘉靖七年参加顺天府乡试，获得了举人的功名。而在此前，据地方志编撰者的说法，因为鼎臣位高权重，履方的行为表现更显低调，是所谓"谦抑如寒士"，死后获赠尚宝司丞。履方之子谦亨，以恩荫获官尚宝卿，也是"简约有守，无忝清门世德"。⑤ 女婿归本，后来曾任绍兴府经历。⑥ 另外，鼎臣的玄孙震宇为万历乙酉举人、天宠为丙午举人；侄儿顾潜是弘治丙辰进士，其子梦圭是嘉靖癸未进士，曾孙锡畴是万历己未进士，等等⑦，都可表明顾氏家族的科举之盛。

鼎臣认为，除了读书修行，清心寡欲实在很重要。为了宣讲"康济之方、宣节之要"，自撰了《多少箴》，既作为个人"上承宗祧，下启胤祚"的有益借鉴，更要求子孙辈写贴于坐隅，朝夕省览，人生日用"永为守训"：

---

① （明）顾鼎臣：《顾文康公文草》卷一〇《书牍·寄孔安侄》，中国科学院图书馆藏万历至顺治顾氏家刻本，收入《四库全书存目丛书》集部第55册，齐鲁书社，1997年影印版，第457页。
② （明）顾鼎臣：《顾文康公文草》卷一〇《书牍·寄孔安侄》，中国科学院图书馆藏万历至顺治顾氏家刻本，收入《四库全书存目丛书》集部第55册，齐鲁书社，1997年影印版，第457页。
③ （明）顾鼎臣：《顾文康公文草》卷一〇《书牍·家书》，中国科学院图书馆藏万历至顺治顾氏家刻本，收入《四库全书存目丛书》集部第55册，齐鲁书社，1997年影印版，第450～451页。
④ （万历）《昆山县志》卷六《人物二》，万历四年刊本。
⑤ （同治）《苏州府志》卷九二《人物十九·昆山县》，同治间修、光绪九年刊本。
⑥ （万历）《昆山县志》卷四《例贡》，万历四年刊本。
⑦ （明）张弘道：《明三元考》卷八，明刻本。

少饮酒 伤生乱性	多食粥 养胃滋阴		
多茹菜 蔬善疏导	少食肉 厚味生毒		
	少开口 驷不及舌	多闭目 谷以养神
	多梳头 栉发去发	少洗浴 频浴伤气
	少群居 招蚰致尤	多独宿 节色遣疾
	多收书 明理致用	少积谷 蜩乏备荒
	少取名 好名损名	多忍辱 忍辱不辱
	多行善 积有余庆	少干禄 留遗后人①

在鼎臣看来,"寡欲节饮食"是"保性命、绵宗祀之基本"。大概履方在这方面可能有失体统,所以鼎臣在信中劝道:"纵于色欲,荒于酒食,往往夭折,汝其猛省,猛省!"②

根据其他家书中前后内容的陈述,可以获知履方夫妇一开始并无子嗣之喜,而且鼎臣一家为此可能都颇费思量,甚至请医调治。在鼎臣留下的一首诗中,能反映这些内容:"嗣续须教天主张,数经调药总荒唐。若能节欲行阴德,便是千金种子方。"③

后来果真产育一孙,且聪慧可爱。到北京后,鼎臣多次收到其兄弟(履方的"二伯父"、"滑七伯")的书信,了解到孙儿岐嶷胜常儿,"且好养",十分欣喜,认为这也是"天地祖宗荫庇所致",因此更要求履方夫妇"朝夕立心,积善以迓福庆"。④

早在鼎臣的父亲时代,顾恂就是昆山士大夫所组织的"斯文会"、诸耆宿所结成的"延龄会"的领袖,县官举行举乡饮酒礼时,更是重要的参与者,后被赐与"高年冠服",寿龄88岁。⑤ 鼎臣本人其实也很注意养生,但他好酒,常常以酒遣怀。⑥ 鼎臣的舅舅遯庵先生、二兄自如先生等这些"昆山之缙绅",都已七十以上,曾结为"十老会",堪称当地胜事。然而没过几年,十老大半沦逝,只剩下遯庵公、王真愚、高归田、周秋灯四老。鼎臣发现他们长寿的原因,在于"平生少饮",因而"不惟寿考,而且康强"。他分明地意识到,酒能致疾促龄,是摄生者们所当摒却的。⑦ 至于鼎臣有没有真的做到却酒,已无从得其详了。

嘉靖十八年(1539),年已七十的昆山人方矫亭,在当地堪称"寿星",请鼎臣作了一篇寿序。鼎臣在序中这样道:"吾昆有山在城中,当县治之干方,堪舆家谓之寿星,士民视他处为朴,不希荣进、事纷华,当而弗力,尼而知却,且所享有节,不甚纵侈,以故人多老寿。"⑧ 仍然强调,人生要"所享有节,不甚纵侈",方能高寿。

---

① (明)顾鼎臣:《顾文康公文草》卷九《杂著·多少箴》,中国科学院图书馆藏万历至顺治顾氏家刻本,收入《四库全书存目丛书》集部第55册,齐鲁书社,1997年影印版,第439页。
② (明)顾鼎臣:《顾文康公文草》卷一〇《书牍·家书》,中国科学院图书馆藏万历至顺治顾氏家刻本,收入《四库全书存目丛书》集部第55册,齐鲁书社,1997年影印版,第449~450页。
③ (明)顾鼎臣:《顾文康公诗草》卷三《七言绝句·示子孙二首》,中国科学院图书馆藏万历至顺治顾氏家刻本,收入《四库全书存目丛书》集部第55册,齐鲁书社,1997年影印版,第482页。
④ (明)顾鼎臣:《顾文康公文草》卷一〇《书牍·家书》,中国科学院图书馆藏万历至顺治顾氏家刻本,收入《四库全书存目丛书》集部第55册,齐鲁书社,1997年影印版,第451页。
⑤ (明)李东阳:《怀麓堂集》卷八七《文后稿二十七·明故赠文林郎翰林院修撰顾公墓志铭》,文渊阁四库全书本。
⑥ (明)顾鼎臣:《顾文康公文草》卷一〇《书牍·家书》,中国科学院图书馆藏万历至顺治顾氏家刻本,收入《四库全书存目丛书》集部第55册,齐鲁书社,1997年影印版,第454~455页。
⑦ (明)顾鼎臣:《顾文康公诗草》卷三《七言绝句·十饮诗并序》,中国科学院图书馆藏万历至顺治顾氏家刻本,收入《四库全书存目丛书》集部第55册,齐鲁书社,1997年影印版,第482页。
⑧ (明)顾鼎臣:《顾文康公三集》卷二《序·寿矫亭方公七十序》,中国科学院图书馆藏万历至顺治顾氏家刻本,收入《四库全书存目丛书》集部第55册,齐鲁书社,1997年影印版,第608页。

女婿归本在昆山老家很能为鼎臣分忧，应该是顾家中日常事务经营工作中相当得力的人物。鼎臣给他的信中，先说"累接手书，知凡百之事，皆为我用心处分，深荷，深荷！"又说居于北京的顾家人等，"长幼俱平安，二曾孙俱颇长养"，再言及嘉靖十四年（1535）新出生的鼎臣第四子履吉，"禀气甚壮，亦已满月"。鼎臣晚年得子，在信中发出了这样的感叹："老年生子，殊无紧要，纵得成立，亦不及见，□□□。"颇有悲凉之味。最后，他吩咐归本对家中的祖宗祭祀及一应家中大小事务，"可与计较停当，外边□□□□和不可太过，如张允清于顾辂女婿之类是也"，并让归本转告履方，"勿与人流连杯酒，不顾正事"。① 另一通给归本的信，内容主要是报安，并说："第四子并二曾孙俱长养，渐能行矣。"晚至崇祯十一年（1638），鼎臣曾孙顾咸建对此信有一按语，言及鼎臣四子履吉年幼，至鼎臣去世，不过6岁。最后说由于有了整理编辑鼎臣遗文的机缘，才有幸获读鼎臣之"读书立身诸训"，颇受勉励之意。②

六 地方事务与公益活动

在16世纪初期民生困顿、社会混乱的境况下，鼎臣于辞世前三年，即嘉靖十六年，颇有远见地建议并推动修筑昆山县城。并且有效地解决了筑城经费的大问题，即建议将所需银两"于该县丁田内查数均派"，倘若不足，就由苏州府"陆续处给"，获得了工部的支持和嘉靖帝的首肯。③

虽然，这一动议难免缠结其桑梓之情，但在客观上，大大巩固了地方防卫，自然是像鼎臣这样的官员"出为朝廷，入为草莽"的"分内事"。④ 不过在鼎臣请筑昆山城时，地方士民也是"咸以为劳扰"。⑤ 后来在倭乱大爆发时，昆山城及其居民得以较多地保全。《明史》中就有这样的言说："昆山无城，言于当事为筑城。后倭乱起，昆山获全，乡人立祠祀焉。"⑥ 地方志中对此评价更高："合县士民追念顾文康公先见预防之功，奏立崇功祠，春秋祭之。"⑦

这方面，也可从其五世族孙顾锡畴为鼎臣文集所撰的跋文中，可窥大概：

> 公当世庙日，海内乂安，朝端无事，优游馆阁，得以文章扬扢休明，然进则有居守之功，退则有营城之效，城成不踰岁，而岛寇之发，昆民大庇，至今席之，以是知公之经纬，不言道存。时即未大施设，而偶见一斑，则朝乡赖之，是故士大夫未有不功朝与乡，而能一日居乎其位者。今天下多故，清兵深入，南北阻绝，流氛日殷，天堑失险，后生小子苟怀忠孝，必将明志以养气，养气以练材，练材以匡时，庶于公之德功可冀百一，而高文典册亦于是具举矣。⑧

锡畴所处的世代，已是明末王朝飘摇之际，所谓"天下多故，清兵深入，南北阻绝，流氛日殷，天

---

① （明）顾鼎臣：《顾文康公文草》卷一〇《书牍·寄孔安侄》，中国科学院图书馆藏万历至顺治顾氏家刻本，收入《四库全书存目丛书》集部第55册，齐鲁书社，1997年影印版，第457页。
② （明）顾鼎臣：《顾文康公文草》卷一〇《书牍·寄孔安侄》，中国科学院图书馆藏万历至顺治顾氏家刻本，收入《四库全书存目丛书》集部第55册，齐鲁书社，1997年影印版，第458页。
③ （明）顾鼎臣：《顾文康公文草》卷二《奏疏·筑造城垣保安地方疏（代工部题覆）》，中国科学院图书馆藏万历至顺治顾氏家刻本，收入《四库全书存目丛书》集部第55册，齐鲁书社，1997年影印版，第318页。
④ （明）陈继儒：《陈眉公集》卷一一《题词跋疏·跋义田记》，万历四十三年刻本。
⑤ （明）张凤翼：《谭辂》卷下，万历间刻本。
⑥ 《明史》卷一九三《顾鼎臣传》。
⑦ （万历）《昆山县志》卷一《城池》，万历四年刊本。
⑧ （明）顾鼎臣：《顾文康公续稿》，附《文康公续集跋》，崇祯十六年刻本，收入《四库禁毁书丛刊》集部第59册，北京出版社，1997年影印版，第82页。

堑失险"。72 岁的顾晋璠亲眼看到 1645 年清兵下江南,"兵燹所及,草木成焦,城破遭屠,几无噍类"的惨象。① 在这样的危难情势下,作为鼎臣的后代们,更要明志、养气、练材、匡时,并从鼎臣的遗文中获取更多的道德感召力量。

除了筑城这样重大的地方公益事业,鼎臣更关心的,还有前文述及的江南吏治整顿、赋税征收与民生救护等问题,三次上奏②,也就是万历年间昆山地方官府所追述的:"每以东南财赋重地积蠹甚多,究极利弊,条陈四事,三举奏焉",内容就包括牵耗、丁田、筑城等事。③ 而早在嘉靖三年(1524),鼎臣曾撰有一篇"兴修东南水利"的碑记,则是申说江南水利的重要以及他对治水的看法。

历代兴修水利的关键工程,以及从正德十六年(1537)启动的江南重大水利工程,重点就在吴淞江与白茅港。在鼎臣看来,永乐年间夏原吉、正统年间周忱奉命修治水利,堪称最有成效,以后江南的历次治水,虽然设有专官董治,但都是"因循苟且,徒耗财力,随起而废"。④

这次治水,影响较大。而领导此次治水的,是有着诸多荣衔的工部尚书李充嗣。在他的推动下,一些朝廷官员与苏州、松江、常州、嘉兴、湖州 5 个府州县一起,协同进行水利整治工作。⑤ 工程曾动用了军民人夫近 10 万,耗资庞大。就实际而言,此次"旁稽图志,博采舆论"、大规模的治水活动(原计划以白茅港、吴淞江为主)⑥,收效不大,当时只开了白茅港,而开了没过几年又淤积严重。可能与海潮不时引入浑泥,而常淀于河底,致使河身湮塞有关。⑦

100 多年后,偶然乘舟经过吴江的苏州府庠生吴焕如,在河中发现此碑,并将拓文交给其友人,正是鼎臣五世孙顾晋璠,从而使此碑文得以重现。这时是 1645 年冬天,晋璠为此碑文补充说明道,吴氏曾当年帮助巡抚张国维编刻《三吴水利全书》(即《吴中水利全书》),并进呈御览。⑧

在嘉靖四年(1525),鼎臣颂扬过昆山知县王朝用的为政,称其"岂弟忠信,赋政不挪,士民安之"⑨。也向往与重视明初朝廷对社会教化的遗训:"惟我皇祖有训,才数语耳,明白浅近,若无深奥卓越,而导民成俗、治国平天下之道,不外乎此。……臣某童稚时,每日五更,闻持铎老人抗声诵此数误,辄惕然自警。"⑩ 当然更注意官宦子弟的教育与管束,并在不同场合表达其类似如下的观点或意见:"人之贤不肖,系于教而亦有不然者。达官之子,满盈骄惰,气体之所居,耳目口腹之所养,既足蛊其心志。而为之父者,晨而出,暮而入,官书政理,穷年矻矻,虽欲闲而教之奚暇?故非卓然知所取舍,克自树立,鲜不败焉。"⑪

远离昆山的他,较多地依赖子、侄、婿等人外,还需要几位兄长帮衬家族管理与应对地方事务,特

---

① (明) 顾鼎臣:《顾文康公三集》,顾晋璠"跋"(顺治二年),中国科学院图书馆藏万历至顺治顾氏家刻本,收入《四库全书存目丛书》集部第 55 册,齐鲁书社,1997 年影印版,第 647 页。

② (明) 严嵩:《钤山堂集》卷三四《神道碑·光禄大夫柱国少保兼太子太傅礼部尚书武英殿大学士赠太保谥文康顾公神道碑》,嘉靖二十四年刻增修本,收入《续修四库全书》集部第 1336 册,上海古籍出版社,2002 年影印版,第 291 页。

③ (万历)《昆山县志》卷六《人物二》,万历四年刊本。

④ (明) 顾鼎臣:《顾文康公三集》卷三《碑记·兴修东南水利碑》,中国科学院图书馆藏万历至顺治顾氏家刻本,收入《四库全书存目丛书》集部第 55 册,齐鲁书社,1997 年影印版,第 618~619 页。

⑤ (明) 张国维编:《吴中水利全书》卷一四《章疏·李充嗣奏报开浚各项工完疏(嘉靖元年上)》,文渊阁四库全书本。

⑥ (明) 顾鼎臣:《顾文康公三集》卷三《碑记·兴修东南水利碑》,中国科学院图书馆藏万历至顺治顾氏家刻本,收入《四库全书存目丛书》集部第 55 册,齐鲁书社,1997 年影印版,第 619~620 页。

⑦ (明) 何良俊:《四友斋丛说》卷一四《史十》,中华书局,1959 年,第 121 页。

⑧ (明) 顾鼎臣:《顾文康公三集》卷三《碑记·兴修东南水利碑》,中国科学院图书馆藏万历至顺治顾氏家刻本,收入《四库全书存目丛书》集部第 55 册,齐鲁书社,1997 年影印版,第 620 页。

⑨ (明) 顾鼎臣:《顾文康公三集》卷二《序·赠梦樵朱隐君礼燕卷序》,中国科学院图书馆藏万历至顺治顾氏家刻本,收入《四库全书存目丛书》集部第 55 册,齐鲁书社,1997 年影印版,第 611 页。

⑩ (明) 顾鼎臣:《顾文康公三集》卷三《杂着·祖训六言书后》,中国科学院图书馆藏万历至顺治顾氏家刻本,收入《四库全书存目丛书》集部第 55 册,齐鲁书社,1997 年影印版,第 626 页。

⑪ (明) 顾鼎臣:《顾文康公三集》卷三《杂着·许子同朝字世忠说》,中国科学院图书馆藏万历至顺治顾氏家刻本,收入《四库全书存目丛书》集部第 55 册,齐鲁书社,1997 年影印版,第 626 页。

别是其文集中常予提及的二兄。而在其文集中，给这位二兄的信，仅收有一通，详录于下：

> 仲兄大人先生：
>
> 尊侍者时举昆仲来，备问大人起居，彼问向来精采丰腴，气体强健，弟及弟妇闻之不胜欣蹈。第闻吴中米玉薪桂，盗贼四起，征求日急，民无以应，及岸塍未修，今岁水旱又未可知，收成又未可必，以此不能无忧耳。抚按救灾，本甚激切，小弟再三与户部石司徒说："江南唯苏困为剧，苏唯吾昆为剧，钱粮雄于他县，而地瘠民贫，连岁荒凶，几十室九空矣。自非徼朝廷赈恤，昆民其靡有孑遗乎？"言之可为流涕，石司徒为改容，已慨许覆行，其如不报何！弟有书促李都宪，具本再进，弟当拉吴中巨老合力以请，东南半壁，庶有起色，然亦未知如何也。此间凡事一日不如一日，士夫相见，蹙頞浩叹而已，小弟已下赖庇荫苟安，只是胸中忧绪纷乱，日觉哀瘵，唯恃曲生相与，销拔怀抱，又恐积久成疾，不敢放也。避庵母舅大人喜康强如昨，未知何日得侍二公几杖，一纾向来瞻慕。事势仓皇，差事又未敢动念，奈何，奈何！①

七　结　语

顾家在昆山发展成为世家巨族，虽与顾家子孙的努力仕途、注意经营有必然关系②，但也应与昆山地方的人文培育有相当的联系，晚明地方官府就曾有当地"风土清嘉""民以务孝养、勤本业为事""好学而知礼，尚孝而先信""仕者重名俭、薄荣利"以及"家知读书、人知尚礼"等这类正面的表述。③

鼎臣于早期的生命历程中，应该能切近地感受到昆山地方的人文传统，是所谓"吾昆士风，素号近厚。前辈作之，后贤翼而传之，有相好，无相害"。④他本人少年时即负才名、性情俊爽，后来成为"宰相"⑤，更是在意顾家在昆山的声誉，竭力维持顾家与地方社会、官府的良好关系，注意平衡家族内的利益分配，特别注重对子孙辈的道德教化。从他进入翰林院伊始，攀升至内阁的领袖地位，最后卒于官位，时长30余年，留下了很多紧密关乎上述内容的文字。除了奉呈朝廷特别是嘉靖帝的公文外，那些具有较多私密性质的家书，成为后人重新了解鼎臣为人处事的关键依据，也是他个人生命经历的重要组成部分，从中可以透视出传统儒学礼教中的忠孝仁义观念对顾家日常生活、家庭生计与社会关系维持的内在深远影响。

通过鼎臣个人的家书、奏疏等文本书写的解读，确实可以更加切近、鲜明地感受到晚明政治史上一位重要人物的具体思想与活动，以及他所关心的家庭生活、社会公益与国家政治，能比较多地窥探其真实心态与家国情怀。明人对其功业，有这样的概述性评价："鼎臣杰特有大志，留心经世，随事献纳，多见采用。……大同军变，请诛止渠魁以安人心。四方郡县多奏水灾，疏陈生民困穷之状，请遣使赈恤。而生长东南，见财赋日蠹，民力日屈，则三举奏焉。晚岁履政府，将大有为，然仅二载，卒于位，时论

---

① （明）顾鼎臣：《顾文康公三集》卷三《杂着·寄仲兄书》，中国科学院图书馆藏万历至顺治顾氏家刻本，收入《四库全书存目丛书》集部第55册，齐鲁书社，1997年影印版，第628~629页。
② 据统计，从弘治二年至嘉靖十九年间，昆山顾家乡试题名的有5人，其中殿试题名的有3人，最杰出者当然是顾鼎臣。参廖峰：《嘉靖阁臣顾鼎臣研究》，巴蜀书社，2012年，第33页。
③ （万历）《昆山县志》卷一《风俗》，万历四年刊本。
④ （明）顾鼎臣：《顾文康公三集》卷二《序·送王先生序》，中国科学院图书馆藏万历至顺治顾氏家刻本，收入《四库全书存目丛书》集部第55册，齐鲁书社，1997年影印版，第607页。
⑤ （明）沈德符：《万历野获编》卷八《内阁》，"顾文康陆少白"条，中华书局，1959年，第225页。

惜之。"[1]

这种可惜之论，分明表示鼎臣68岁辞世，显得过早。[2] 而在家书中时或可见鼎臣对于性命修养的重视，与其寿享远不及乃父顾恂的实际，也让人感觉深刻，原因或许与鼎臣有酒色之好相关。好酒之态，已显见于鼎臣在家书中的表达，然好色之谓，史料中极少表露。焦竑（1540—1620）曾有含蓄的记录，言其"性跅弛，好声酒及内，或以风之意，殊勿屑也"。[3] 更直接的揭示，则在雷礼（1505—1581）编的《国朝列卿纪》中，在称颂鼎臣功业之后，话锋忽然一转，说他"素行不检……奢淫纵乐，以终其身"。[4] 当然明人认为可惜的原因，从政治大局着眼，仍在于鼎臣的"生平伟志"，因寿数所限，不能得以施展。[5] 鼎臣一生行迹，一如其曾孙顾咸建所云："本乎忠孝，泽乎仁义。"[6] 那种对鼎臣只是"以献媚得宠""事业毫无闻焉"而"流秽史册"的评价[7]，甚至认为其"行检卑污"，要与董瑞、陈雍、周金、汪峰、杨一清等人"速宜出削"[8]，都是既非公允，更不完全符合事实之论。

鼎臣的仕宦生活漫长，但在很长时期里，堪称地方精英或大族巨室的顾家，于权力、财富、地位这些层面所能获致的资源，与鼎臣官位攀升（总体上是由科举的成功而来）形成的联系，从一开始就表现出不是正相关，而且为时较长。虽然他们主要生活在昆山，拥有较高的政治、文化与社会地位，也使鼎臣这一支成为昆山顾氏家族的核心，在地方上堪称首屈一指，但在鼎臣的文字中，我们找不到那种明显的家族扩张感，反而更多的是收敛之态。张大复就说，顾氏子孙"世有令德"，是与其家庭之劝诲分不开的。[9] 这或许多与鼎臣本人的气质、秉性与处事准则等，有着不可分割的联系。在他笔下，顾氏家族生活、子弟教育、生计安排，虽然基本上局限于昆山一隅，却都与王朝统治和江南地方民生的变化，有着明显的关联，当他位至内阁领袖时，仍时刻对家风、名节保持着必要的谨言慎行之心，而此时距其辞世只有二三年时间了。而且在他之后直到明朝结束，顾家再也没有出现像鼎臣这样身份特别显贵的人物，更多的则是忠孝节烈方面的杰出代表，[10] 但依然能给顾家带来整体的荣誉。

[作者单位：复旦大学历史系]

---

[1]（明）过庭训：《本朝分省人物考》卷二一《南直隶苏州府四》，"顾鼎臣"条，天启刻本。
[2]（明）陆深：《俨山集》卷八〇《光禄大夫、柱国、少保兼太子太傅、礼部尚书、武英殿大学士、赠太保、谥文康顾公行状》，文渊阁四库全书补配清文津阁四库全书本。
[3]（明）焦竑：《玉堂丛语》卷六《容止》，中华书局，1981年，第225页。
[4]（明）雷礼：《国朝列卿纪》卷一三《殿阁大学士行实》，万历徐鉴刻本。
[5]（明）张大复：《昆山人物传》卷六《皇明昆山人物传》，"顾鼎臣"条，明刻清雍正二年重修本。
[6]（明）顾鼎臣：《顾文康公续稿》，附（明）顾咸建：《文康府君续稿跋》（崇祯十六年），崇祯十六年刻本，收入《四库禁毁书丛刊》集部第59册，北京出版社，1997年影印版，第83页。
[7]（明）沈德符：《万历野获编》卷二九《讥祥》，"甘露瑞雪"条，中华书局，1959年，第732页。
[8]（明）邓元锡：《皇明书》卷一〇《世宗肃皇帝纪》，万历刻本。
[9]（明）张大复：《昆山人物传》卷七《皇明昆山人物传》，"顾履方、子谦亨、曾孙天宿"条，明刻、清雍正二年重修本。
[10] 如明末清初的鼎臣曾孙顾咸正、顾咸建等人，就是江南抗清殉节的名士。有关事迹可参冯贤亮：《清初嘉定侯氏的"抗清"生活与江南社会》，《学术月刊》2011年第八期，第123～134页。

以幕为业：明朝文人徐渭的幕宾人生

王雪华

徐渭是明代著名诗人、书画家、古文家和戏曲家，当时人盛赞其诗文"奇绝"，为"有明一人"[①]，又称在绍兴籍文人中，前有陆游，后有徐渭[②]。清人郑板桥也有所谓"青藤门下走狗"之言[③]。明清时代学人多视其为奇才，他自己则自称"畸人"，即不同于流俗而有特立独行之志者。徐渭其人，实有多重人生面相，今人对他了解最多的是其书画成就，甚至将他比作梵高式的人物。然而，书画家和文学家并非是他的职业身份，他也不同于科举出身者，有官员的公职而兼有诗词书画的爱好。徐渭科举未遂，于是给各级官员做幕僚，其最为人所知的习幕经历是给威震东南的浙直闽总督胡宗宪作书记幕宾，他以文字功力和军事才干为胡宗宪所倚重。虽然他因文学才华而受到胡宗宪等官员的认可，文字功夫是其获得幕职的资本，但是正是有了幕宾的薪酬，才使得不擅长"治生"的徐渭有了经济支撑，才能维系其艺术生命。毕竟只有当文人能生存时，才能有文化艺术的存在和发展。

所谓幕府、幕宾、幕友、幕客、师爷之职，中国自古即有。如战国时期的门客、舍人，汉代将帅府中的记室，秦、汉、唐代军中的参谋，魏晋南北朝时军中的参军，汉魏宋元时官府中的主簿、长史，都是幕宾的早期形态。由于种种原因，幕府制度大盛于清代，因此，学术界对清代的幕府和幕宾制度研究较为深入，而对明代的研究则明显薄弱。实则明代后期就有徐渭这样的著名幕宾出现，从身为幕宾的徐渭身上，能反映出明代后期文人习幕的生态环境，可以由此考察幕宾职掌、习幕动机、主宾关系和幕宾制的得失等制度方面的情形。有关徐渭的研究，此前重在对其文学成就、艺术造诣、心理抗争等进行探究，而对他所任幕宾一职的考察尚有欠缺，故试撰此文，以就正于方家。

一 幕宾不易为：幕中生活的曲折

徐渭（1521—1593），绍兴府山阴（今浙江绍兴）人，初字文清，后改字文长，号青藤老人、青藤道士、天池生、田水月等。徐渭以书画家、文学家扬名于后世，其实他一生的主要谋生方式在于习幕。明代的幕宾通常是指官员自己聘请的、帮助处理行政事务的有才学和能力的专业人员，中央和地方官署多有延聘，幕宾不在官府编制之内，由主官私人发放薪酬。通常而言，习幕是科举失败的士人就职谋生的最好出路，因为幕友之职较为体面，与读书人的身份尚吻合，也有可观的馆金。徐渭的家乡绍兴府及所属各县，正是出幕僚、师爷的地方，民间有"无绍不成衙"之说，即官府多用绍兴籍幕友，可知绍兴幕友已形成一定的地域性特点，而且父子兄弟相传承。徐渭的儿子徐枳就是承袭父亲之业，在山西总兵府习幕。

据徐渭的同乡、万历朝国子监祭酒陶望龄所记，徐渭"幼孤，性绝警敏，九岁能属文。年十余，仿

[①] 袁宏道语，见（明）陶望龄《徐文长传》，《徐渭集》附录，北京，中华书局，1983年（下引《徐渭集》版本均同），第1341页。
[②] 陶望龄语，见（明）陶望龄《徐文长传》，《徐渭集》附录，第1341页。
[③] 郑板桥曾刻一印云："徐青藤门下走狗郑燮。"见（清）袁枚《随园诗话》卷六，南京，江苏古籍出版社，2000年，第134页。

杨雄《解嘲》作《释毁》"①，是个少年才俊。20 岁时，考中秀才。次年入赘绍兴富户潘氏，随任典史的岳丈潘克敬赴广东阳江习幕，其自撰墓志铭亦有言："随之客岭外者二年"②。不久，又返回山阴，参加乡试，未中，自此 8 次乡试均不第。徐渭家无财产，无力娶妻，入赘后与岳父、妻兄一家同住，幸而相处颇融洽。婚后的第 6 年，妻子潘氏不幸病卒，有子枚。徐渭迁出潘家，在绍兴东城租屋授徒，以此糊口。

《明史》徐渭本传言，徐渭"为诸生，有盛名。总督胡宗宪招致幕府，与歙余（原文如此）寅、鄞沈明臣同筦书记"③。徐渭青年时受到几任知县的赏识，在绍兴一带颇有文名，后来传到地方大吏胡宗宪的耳中。嘉靖年间，东南沿海一带倭寇作乱，浙江巡按御史胡宗宪因抗倭有功，于嘉靖三十五年（1556）擢升都察院左佥都御史，总督南直隶、浙、福等处军务，成为东南抗倭的总指挥。嘉靖三十六年（1557）正月，朝廷将浙江巡抚事宜也交胡宗宪兼理，驻扎在绍兴的胡宗宪首次请徐渭代为起草了《代胡总督谢新命督抚表》，向嘉靖帝表示谢意和决心。同年三月，胡宗宪又招徐渭到总督衙门，代写《代祭阵亡吏士文》，祭奠去冬在岑港抗倭中阵亡的吏士。十一月，胡宗宪诱擒了海盗王直，受到嘉靖帝表彰，胡宗宪再请徐渭，写下《代擒王直等降敕奖励谢表》，徐渭每次都是"作罢便辞归"④，一再推辞入幕。他在自撰墓志铭中也说："数赴而数辞，投笔出门。使折简以招，卧不起"⑤。可见胡宗宪非常欣赏徐渭的文字功力和才干，一再延聘徐渭入幕。而徐渭非常犹疑，且态度傲慢，胡宗宪并不以为意。徐渭个性猜疑、孤傲，性不喜与高官显贵往来，在他人看来是万分宝贵的职位，而在徐渭眼中并无分量，所以才坚辞不就。但是在胡宗宪的诚意邀约之下，徐渭开始动心。据万历朝进士、文学家袁宏道所记，徐渭所提要求是："若欲客某者，当具宾礼，非时辄得出入。"⑥即要求待以宾客之礼节，并自由进出总督衙门，胡宗宪都予以应允。双方经过一年的交往，在胡宗宪的一再敦请下，徐渭最终在嘉靖三十六年冬天加入胡宗宪幕府。

徐渭在胡宗宪督府任书记，书记也称记室，其职责是起草文书。此时徐渭 38 岁。他为胡宗宪代写了不少奏疏上表，"吾从少保胡公典文章，凡五载，记文可百篇"⑦，颇为胡宗宪重用，徐渭自己也说"明公宠以书记"⑧。嘉靖三十七年（1558）正月，因去冬在舟山捕获白鹿，胡宗宪欲将此祯祥之物献于皇帝，命其他幕宾写就表文，拿与徐渭看。徐渭阅毕，瞠目不语。胡宗宪问："生有不足耶？试为之。"徐渭便另撰表文，即《代初进白牝鹿表》。胡宗宪是豪武之人，不大能辨别两个表文的高下，"乃写为两函，戒使者以视所善诸学士董公份等，谓孰优者即上之。至都，诸学士见之，果赏渭作。表进，上大嘉悦。其文旬月间遍诵人口。公以是始重渭，宠礼独甚。"⑨京师诸翰林学士见到后，都赏识徐渭所作表文。同年五月，胡宗宪治军海上，又得雄性大白鹿，再命徐渭撰《代再进白鹿表》，一并呈献皇帝。文中称赞嘉靖帝"德函三极，道摄万灵"，"天所申眷，斯意甚明"⑩。嘉靖帝大喜，命祭告祖庙，百官亦上表朝贺。胡宗宪的幕府中，各类幕宾有数十人，自此胡宗宪开始真正重视徐渭，所谓"宠礼独甚"。袁宏道也在其所撰《徐文长传》中言："会得白鹿，属文长代作表。表上，永陵喜甚。公以是益重之，

---

① （明）陶望龄：《徐文长传》，见《徐渭集》附录，第 1339 页。
② （明）徐渭：《徐渭集·徐文长三集》卷二六《自为墓志铭》，北京，中华书局，1983 年，第 639 页。
③ （清）张廷玉等：《明史》卷二八八《徐渭传》，北京，中华书局，1974 年，第 7387 页。
④ （明）徐渭：《徐渭集》补编，《畸谱》，第 1328 页。
⑤ （明）徐渭：《徐渭集·徐文长三集》卷二六《自为墓志铭》，第 639 页。
⑥ （明）袁宏道：《徐文长传》，见《徐渭集》附录，第 1342 页。
⑦ （明）徐渭：《徐渭集·徐文长三集》卷一九《幕抄小序》，第 536 页。
⑧ （明）徐渭：《徐渭集·徐文长三集》卷一五《谢督府胡公启》，第 449 页。
⑨ （明）陶望龄：《徐文长传》，见《徐渭集》附录，第 1339 页。
⑩ （明）徐渭：《徐渭集·徐文长三集》卷一三《代再进白鹿表》，第 433 页。

一切疏记皆出其手。"① 所有的章奏、书启都出自徐渭，这是何等地赏识其文学才华及谋划能力。

对于自己的幕宾徐渭的文字功力，胡宗宪颇为满意。某次，胡宗宪将徐渭的代作，假称是自己所作，拿给御史唐顺之看。唐顺之是著名散文家，以长于古文名重一时。胡总督问："公谓予文若何？"唐顺之惊呼："此文殆辈吾！"胡宗宪又拿出其他人的文字，唐顺之说："向固谓非公作，然其人谁耶？愿一见之。"② 唐顺之对徐渭的文章大为赏识，于是叫上徐渭一起痛饮，与徐渭结下友情。

徐渭所任书记的职责是为主官代写文辞，出于靠拢最高行政中枢的政治需要，胡宗宪命徐渭代写了一些歌颂阁臣的诗文。如给阁臣李本的《代贺李阁老生日启》，其中不乏"恭惟某官二仪淑气，一代伟人""数载于兹，四海称快"③ 等颂扬之辞。在嘉靖三十八年（1559）内阁首辅严嵩八十岁生日时，撰《代贺严公生日启》，云："知我比于生我，益征古语之非虚；感恩图以报恩，其奈昊天之罔极。"④ 次年，严嵩 81 岁生日，徐渭又撰《代贺严阁老生日启》，贺词云："施泽久而国脉延，积德深而天心悦。三朝耆旧，一代伟人，屹矣山凝，癯然鹤立。""一时介寿，四座腾欢，衣履仙翔，几筵星列。"⑤ 对严嵩一片颂扬和阿谀之辞。不久，又为祝贺吏部尚书吴鹏加太子太保而写《代贺冢宰吴公加太子太保启》，为兵部侍郎江东升任户部尚书而写《贺兵侍江公擢户书启》。对这些重要人物颂扬之辞的代撰，是身为书记幕宾的职责。孟子有言："士之仕也，犹农之耕也"⑥，习幕也可同样可作如是观。由于是帮人代文，所以不免受主官之命有所阿谀，而一旦有此代笔，又不能与自己毫无干系。看来徐渭也有此纠结，他在《幕抄小序》中认为，韩愈为宰相作《贺白龟表》，也有阿谀之嫌，然其《谏迎佛骨》则公正无偏私，以此度之，人们也就不能指责自己了。显然，他是在辩解，希望当时舆论理解他的职业难处。

自嘉靖三十六年至嘉靖四十一年（1562），徐渭在胡幕共计 5 年。嘉靖四十一年五月，内阁首辅严嵩罢相，胡宗宪因厚结赵文华、严嵩而受牵连，瘐死狱中。于是总督府解散，徐渭赋闲回家。

在胡幕解散后的第 2 年即嘉靖四十二年（1563），徐渭再次习幕。43 岁的他应礼部尚书李春芳之请，赴京入李幕执掌文书。李春芳命其代撰青词，以便献给崇信道教的嘉靖皇帝，而徐渭不愿意写青词，原因应是他认为李春芳与胡宗宪有过节。次年，徐渭感到与李春芳难以合作，故辞去幕职。他在《奉尚书李公书》中，叙述辞职的原因"有不可者五"⑦，包括学习撰写青词、轮转值班、聚食一所，这些都是徐渭难以接受的。不料李春芳见信后，仍执意继续聘用徐渭，似乎威胁他立即回京。徐渭只得赶到京城，将六十两聘银交还李春芳的门人查氏，但查氏不肯收回，再交还李春芳，同样拒而不收。后来通过翰林院修撰诸大绶为之说情，才解除聘约。在李春芳幕中，徐渭远远没有得到在胡宗宪幕所拥有的尊重和自由。徐渭回到绍兴后，发生了自杀、杀妻等过激行为。隆庆元年（1567），徐渭因精神疾患误杀妻子张氏，自此下狱 7 年。在他的同学和同乡、曾任太仆寺卿的张天复的持续营救下，徐渭得以保释出狱。

在胡宗宪、李春芳之后，徐渭再次入幕是在万历四年（1576）投效宣化巡抚吴兑幕府。吴兑是徐渭少时同学、友人，当徐渭 8 次乡试均不售、只得习幕时，吴兑则乡试、会试一路高中，并在隆庆五年（1571）擢升都察院右佥都御史、宣府巡抚，成为封疆大吏。应吴兑邀约，徐渭来到明朝九边重镇之一的宣府。赴任途中，颇生感慨："少年曾负请缨雄，转眼青袍万事空。今日独余霜鬓在，一肩舆坐度居庸。"⑧ 在友人吴兑的幕府，徐渭谋议时政，起草文书信函，如代写为内阁首辅张居正的母亲祝寿

---

① （明）袁宏道：《徐文长传》，见《徐渭集》附录，第 1342 页。
② （明）陶望龄：《徐文长传》，见《徐渭集》附录，第 1339 页。
③ （明）徐渭：《徐渭集·徐文长逸稿》卷一一《代贺李阁老生日启》，第 883 页。
④ （明）徐渭：《徐渭集·徐文长三集》卷一五《代贺严公生日启》，第 444 页。
⑤ （明）徐渭：《徐渭集·徐文长逸草》卷一一《代贺李阁老生日启》，第 883 页。
⑥ 《孟子·滕文公下》。
⑦ （明）徐渭：《徐渭集·徐文长逸草》卷二一《奉尚书李公书》，第 1021 页。
⑧ （明）徐渭：《徐渭集·徐文长三集》卷一一《上谷歌》，第 359 页。

的序文、给宣大总督方逢时的赠文等。他还用空闲时间，创作了大量的书画作品。又请求吴兑出资刊刻了《王阳明集》。徐渭被吴兑视为座上宾，也结识了不少宣府的高官。但是，由于北方寒冷，身体难以适应，徐渭辞掉幕职，于次年返回家乡。

时隔 3 年，万历八年（1580）徐渭应同乡、翰林院修撰张元忭之请赴京，帮其教授弟子兼代草文书，也替其他官员处理一些文字事务，以获润笔之资。张元忭是徐渭的同学张元复之长子，晚明著名文学家张岱的曾祖，张元忭虽是徐渭的晚辈，但二人可称忘年交。张元忭身为翰林官，不能不恪守礼法，并以此约束徐渭，故而主宾之间难免发生冲突。不久徐渭精神疾患再起。万历十年（1582），徐渭由京返乡。此后数年徐渭不至张家，但张元忭并不以为意，仍请他代笔，他倒也应承下来。当万历十六年（1588）51 岁的张元忭死于职任上时，老年徐渭着白衣前往吊唁，抚棺恸哭，言"惟公知我"①，还是感激张氏父子对他的一贯帮助和解救他出狱。此次入京，徐渭在张宅旁设馆，似乎无幕宾之名，实则是有其实，因为徐渭承担了书记幕宾的不少职责。

徐渭个性孤傲，不肯屈事权贵，但是，为了生计，为了预备晚年的养老之资，他不能不给高官做幕宾。虽然他多才多艺，文笔精妙，不愁无幕可就，但是仍然尝到了在外习幕的心酸和不易。他晚年入京时，试图以授徒讲经为业，可是京城居大不易，"在家时，以为到京，必渔猎满船马。及到，似处涸泽，终日不见只蹄寸鳞，言之羞人。"②在《与道坚》中也说："客中无甚佳思，今之入燕者，辟如掘矿，满山是金银，焚香轮入，命薄者偏当空处，某是也。以太史义高，故不得便拂衣耳。"③ 既有求职之难，又反映了他习幕的真实动机和目的，透露出丝丝苦楚。在《与马策之》一文中，他将为人笔耕的境况说与友人："发白齿摇矣，犹把一尺毛锥，走数千里道，营营一冷坑上，此与老牸跟跄以耕，拽犁不动，而泪渍肩疮者何异。噫，可悲也！"④ 以老牛作比，可见令人心酸的幕中生涯。徐渭晚年贫病凄苦，他在《与季子微》中言："昨一病几死，病中复多异境，不食者五旬，而不饥不渴，又值得三伏酷炎中也。"⑤ 但他仍希望入幕，其《奉徐公书》言："某衰老荒塞，无王璨、杜甫之才，时既太平，又非避乱投安之比，徒腼颜毛颖，博十年粟藁，以积累晚岁买山之资。"⑥ 说自己虽无杜甫之才，但还是希望能用十年的笔耕换来资金，晚年能归隐而去。他在青年时期，就为生计问题而担忧，嘉靖二十九年（1550），徐渭 30 岁，他写道："年年抱书不曾舍，夜夜看书烛成炮。治生作产建瓯泻，何以将之供母寡？丈夫本是将军者，今欲从军聊亦且。"⑦ 为了能养家糊口，他甚至愿意去北方河套地区从军，抗击俺答，因为传言军队在募集敢死队，"一人匹马四十金"⑧。

徐渭一生为生计而习幕，还要为儿子谋取幕职，毕竟习幕者众多，而幕宾的岗位不易得。万历十五年，为次子徐枳的生计，徐渭致书友人、宣州总兵李如松。此前徐渭曾携子拜访过李如松，返家后又收到李如松托人转送至绍兴的酒银五两。徐渭在《致李长公》的信中说："明春，仆欲以季儿往侍左右，或于尊翁处为一执戟，未知事机可否耳？专候台示。外敬具诗扇一柄，表情而已，惟笑留是荷。"⑨ 又再次致信，说明儿子的同辈和长者都撺掇他投效李如松，故其子枳"不揣远趋节下，希厕弟子将命之末"，"老犀止之而不能也。虽我公宽大，或怒其愚而怜其志，姑付鞭令执之乎？古人为兄者耻其弟糊口于四

---

① （明）张汝霖：《刻徐文长佚书序》，见《徐渭集》附录，第 1349 页。
② （明）徐渭：《徐渭集·徐文长三集》卷一六《与柳生》，第 483 页。
③ （明）徐渭：《徐渭集·徐文长三集》卷一六《与道坚》，第 483 页。
④ （明）徐渭：《徐渭集·徐文长三集》卷一六《与马策之》，第 483 页。
⑤ （明）徐渭：《徐渭集·徐文长三集》卷一六《与季子微》，第 481 页。
⑥ （明）徐渭：《徐渭集·徐文长三集》卷一六《奉徐公书》，第 481 页。
⑦ （明）徐渭：《徐渭集·徐文长三集》卷五《今日歌》，第 122 页。
⑧ （明）徐渭：《徐渭集·徐文长三集》卷五《今日歌》，第 122 页。
⑨ （明）徐渭：《徐渭集·徐文长佚草》卷四《致李长公》，第 1119 页。

方,况父子耶,耻可知矣"①。为了帮助次子解决经济上的窘境,徐渭不惜一再细语相求,希望总兵能接纳其子。次年正月,其子得以赴李如松幕。

从徐渭习幕的经历来看,尽管他负奇才,文章受到名家好评,但是只要科举不第、仕途无望,就不能不寻求生计、为稻粱而谋。徐渭根据自身的条件和环境的许可,选择了以幕为业。他认为,"古幕府记室,典文之士可指而名者多矣"②,他愿意以此为业,且自己长于文辞,能"以尺寸之胰,恃憨妄之愚"③投效主官。他的习幕动机就是为生计谋,为子孙谋,兼而也能间接表现其对朝政的谋议和经世之念,这与很多幕宾的择业动机是相似的。尽管多次进出不同的幕府,习幕又自有其艰辛,为了生计,徐渭还是选择先生存、再有艺术活动。

二 尊重幕宾与以力为食:平等的主幕关系

徐渭在胡宗宪幕府5年,是胡幕中主管文书的最重要幕宾,他与胡宗宪之间是主官和宾客、也是友人的关系。徐渭尽心尽言,付出自己的才能,辅佐其文书事务和某些事情的谋划,胡总督则回报较为可观的薪酬。二人虽地位有高下,但因是主、宾关系,而非上下级,因此,胡宗宪在双方关系中掌握的最关键的一点是尊重幕宾,并给予幕宾一定自由,毕竟幕宾不在编制内,不能过于约束他们。

对于此一点,胡宗宪显然给了徐渭足够的重视和一定自由。嘉靖三十六年徐渭入胡幕时,他的要求就是当具宾客之礼节,允许他自由进出总督府。胡宗宪皆应允,对他又格外优容。据徐渭的同乡后辈、国子监祭酒陶望龄的《徐文长传》所记:

> 渭性通脱,多与群少年昵饮市肆。幕中有急需,召渭不得,夜深,开戟门以待之。侦者得状,报曰:"徐秀才方大醉嚎嚣,不可致也。"公闻,反称甚善。时督府势严重,文武将吏庭见,惧诛责,无敢仰者,而渭戴敝乌巾,衣白布浣衣,直闯门入,示无忌讳。公常优容之,而渭亦矫节自好,无所顾请。④

徐渭个性放达,率性而为,幕中有急事,他却在外饮酒不归。在威震东南的总督面前,也是"纵谈天下事,旁若无人"⑤。以徐渭放纵不羁的个性,并非每一个官员都认为他是一个好记室、好师爷,但胡宗宪却能容忍其个性,更看重他的才华。总督浙、直、福建军务的都御史胡宗宪其人,"性善宾客",豪爽有大志,"招致东南士大夫预谋议,名用是起。至技术杂流,豢养皆有恩,能得其力"⑥。可是,就在嘉靖三十七年春,胡宗宪的命运差点遇到转折,他的军队对舟山岑港的倭寇久攻不下,被嘉靖帝严词责令。胡宗宪大为惧怕,上书表态,谓贼寇指日可灭。此时恰有御史弹劾宗宪纵倭兼贪贿。皇帝大怒,夺其将领俞大猷等人职务,切责胡宗宪,必须如期平贼。而胡宗宪在朝中的靠山、严嵩义子赵文华已倒台,他必须设法取得皇帝的信任,否则前途未卜。四月,胡宗宪军捕获雌性白鹿一只,连同徐渭所撰《代初进白牝鹿表》一起献上。崇信道教的嘉靖帝竟大为高兴,"赐以银币,礼部请告庙受百官贺。得旨:上天眷佑,赐瑞非一。今奸臣叛民,南北勾结。贼本欺谤我事上玄,宗宪人心不泯,以此瑞上之,岂

---

① (明)徐渭:《徐渭集·徐文长佚草》卷四《致李长公》之九,第1121页。
② (明)徐渭:《徐渭集·徐文长三集》卷一九《幕抄小序》,第536页。
③ (明)徐渭:《徐渭集·徐文长逸草》卷三《上萧宪副书》,第1110页。
④ (明)陶望龄:《徐文长传》,见《徐渭集》附录,第1339页。
⑤ (明)袁宏道:《徐文长传》,见《徐渭集》附录,第1342页。
⑥ 《明史》卷二○五《胡宗宪传》,第5414页。

可忽慢！其命公希忠代献太庙表贺，自卿等言，已见敬天事君至意，自朕言非愧且怒已之。"① 七月，又获得一雄性白鹿，与徐渭所撰《代再进白鹿表》再次呈献皇帝，嘉靖帝认为："一岁中天降二瑞，恩眷非常。命公朱希忠告谢于玄极宝殿，伯方承裕告太庙。以宗宪忠敬，升俸一级，百官上表称贺。"② 因为献上白鹿以及《白鹿表》，皇帝对胡宗宪的态度大为转变，受到奖励并提升俸禄。这其中自然有徐渭所写表文的功劳，嘉靖帝笃信祥瑞之兆，又留心文字，爱好青词，对徐渭的短小精悍而又精致华丽的文字应该是受用的。

除了尊重徐渭，胡宗宪还在经济、家庭生活和举业上给予实际帮助。当然如徐渭这样的幕宾也对成就主官的事业有所帮助。胡宗宪幕府宾客虽多，但是却不能缺少徐渭。

徐渭自 37 岁进入胡宗宪幕府后，由于胡宗宪的大力资助，徐渭的生活状况得以彻底改变。胡宗宪付给徐渭的馆金数目尚无法确知，但是，胡宗宪身负东南抗倭重任，资金充足，他为人亦豪爽大方，馆金的丰厚自不在话下。嘉靖三十九年，胡总督命重新建成杭州镇海楼，以彰显抗倭作战的功绩，次年请徐渭代作《镇海楼赋》，并勒石为碑。胡宗宪对该赋颇为欣赏，考虑到徐渭经济困窘，一直没有房产，便付给他 220 两酬劳，让他筑屋于乡。徐渭觉得数目太大，不敢接受。但胡宗宪是一片诚意，徐渭最终收下酬金，又变卖所藏文物，筹得 220 两，在绍兴城买地 10 亩，筑屋 22 间，曰"酬字堂"。徐渭特意作《酬字堂记》以记此事，文中描述了这座江南园林的规格："有屋二十有二间，小池二，以鱼以荷。木之类，果花材三种，凡数十株。长篱亘亩，护以枸杞，外有竹数十个，笋迸云。客至，网鱼烧笋，佐以落果，醉而咏歌。始屋陈而无次，稍序新之，遂额其堂日酬字。"③ 此即现在的青藤书屋所在地。徐渭自己也说胡宗宪在薪酬上的慷慨，对他"赠金以数百计，食鱼而居庐"④，在胡幕的 5 年中生活条件显然很优渥。

对于一般习幕之人而言，幕职的报酬还是丰厚的，但是在馆时应懂得积蓄，以备"搁笔穷"和晚年之用。可惜徐渭不善治生，往往将辛苦挣得的馆金随手散尽。"客幕时，有馈之洮绒十许匹者，遂大制衣被，下及所嬖私亵之服，靡不备者，一日都尽。及老贫甚，鬻手自给，然人操金请诗文书绘者，值其稍裕，即百方不得，遇窘时乃肯为之。所受物人人题识，必偿已乃以给费，不即馁饿，不妄用也。有书数千卷，后斥卖殆尽。"⑤ 徐渭晚年时经常卖字典画为生，比如曾为友人陶某写诗，换得参一斤、参人二躯、川扇两把。⑥ 连自己收藏的古画也不得不变卖，"吾家两名画，宝玩长相随。一朝苦无食，持以酬糠秕。名画非不珍，苦饥亦难支。一身犹可谋，八口将何为？"⑦ 但八口之家，仍然难以为继。晚年徐渭卧病在床，自知不久于人世，为了能刻印部分自己的书稿，还给辽东友人、总兵李如松去函，请他馈赠 15 斤人参，以便换成银两刻书，其情亦哀⑧。

生活中，具体到婚姻上，徐渭也接受了胡宗宪的关心和帮助。徐渭一生历经四次婚姻，第一次入赘潘家，其妻"慧而朴廉，不嫉忌"⑨，不幸在 6 年后病亡。3 年后又买妾胡氏，因婆媳矛盾，不得不卖掉胡氏，胡氏为此还诉讼于官府。后来又入赘王家，但几个月后即分手。嘉靖三十九年（1560），胡宗宪在杭州为 41 岁的徐渭聘张氏为继室。徐渭对此自然感激，撰有《谢督府胡公启》，他说：自己已有 10 年没有家庭生活，其间 3 次婉拒女方的说媒，引来不少误解。此次，"明公宠以书记，念及室家，为

---

① 《明世宗实录》卷四五八，嘉靖三十七年四月丁亥，第 7747 页。
② 《明世宗实录》卷四六二，嘉靖三十七年闰七月癸巳，第 7803 页。
③ （明）徐渭：《徐渭集·徐文长三集》卷二三《酬字堂记》，第 612 页。
④ （明）徐渭：《徐渭集·徐文长三集》卷二六《自为墓志铭》，第 639 页。
⑤ （明）陶望龄：《徐文长传》，《徐渭集》附录，第 1340 页。
⑥ （明）徐渭：《徐渭集·徐文长逸草》卷四《复李令公》，第 1118 页。
⑦ （明）徐渭：《徐渭集·徐文长三集》卷四《画易粟不得》，第 73 页。
⑧ （明）徐渭：《徐渭集·徐文长逸草》卷四《复李令公》，第 1118 页。
⑨ （明）徐渭：《徐渭集·徐文长三集》卷二六《亡妻潘墓志铭》，第 634 页。

之遣币而通媒，遂使得妇而养母"①。胡宗宪全权为徐渭聘定张氏，支付聘金。过去因经济拮据、不善经营家业，徐渭有两次婚姻都是入赘女方家，这次却由胡宗宪为其娶妻到家，而且由于胡宗宪的缘故，婚礼现场十分风光。显而易见，其主、幕二人的关系非常密切而融洽。但这段婚姻最终以悲剧结束，嘉靖四十五年（1566），徐渭精神疾患复发，竟将张氏杀死。

徐渭出现精神疾患，应与其性格及多种因素相关，其中很重要的原因是屡次秋闱失利。朝廷每3年一次开科取士，徐渭已有7次败北，令他用世的追求一再落空，他也就变得更加敏感、自尊、桀骜不驯。进入胡幕后，豪爽而又细心的总督看来很了解徐渭的真实需求，试图在杭州举行的乡试中帮助自己的幕宾。以胡总督的权势，要在科考中助一臂之力，并非难事，所以，"及被遇胡公，值比岁，公思为渭地，诸帘官入谒，属之曰：'徐渭，异才也，诸君校士而得渭者，吾为报之。'时胡公权震天下，所出口无不欲争得以媚者，而偶一令晚谒，其人贡士也，公心轻之，忘不与语。及试，渭牍适属令，事将竣，诸人乃大索获之，则弹搁遍纸矣。"②只因胡总督忘了对一个阅卷官打招呼，不想试卷就在此人手里，他已在卷面上写满批语，讥讽满纸。世事就是这样难料，到了徐渭身上，乡试成了一个过不去的门槛，竟然8试均败北。以封疆大吏之力也无可奈何，这就不能不说徐渭的科举道路之坎坷了。自本年起，徐渭的精神疾患症状加重，加上因误杀妻子张氏而下狱，也就连报名考试的资格也没有了。

对于主官的格外优待，徐渭是感恩戴德的。嘉靖三十八年，胡宗宪48岁生日，众人为之贺寿。徐渭的贺礼是一首百言长诗《上督府生日诗》。他在诗序中写道："恭逢督府明公之生辰，于是文武吏士及乡大夫士若耆旧宾客，以公自镇抚以来，功在东南者，实大且远，乃相与各抱其所有，以为公长久祝。"为此，"谨撰长篇一首凡百句，奉伏门下，以充献寿之礼。自知拙陋，无所发抒，然慕恋恩私，忻喜盛事，自不能已于言耳"，描述了祝寿仪式热闹非凡的盛况和自己的感恩之心。徐渭在诗中歌颂总督"讵止芳名流简册，还将伟绩著旗常"，又言"自分才难堪记室，人疑待己过中行。构成燕雀犹知贺，报取琼瑶未可偿"③，表达了对受知于总督的感激之情。嘉靖四十年（1561），胡宗宪亲自督师，由参将戚继光率军阻击倭寇，取得了"宁台温之捷"。婚后刚从绍兴赶往杭州的徐渭，在萧山遇上视师的胡宗宪。胡宗宪打了胜仗，自然心情愉快，主宾二人"秉烛燕语，不胜欣庆"④，十分融洽。徐渭赋诗道："奏草每从灯下换，捷书又见马前横。西还即是朝天路，双佩行看拂玉京。"称颂胡宗宪未来的前景更宽广。

徐渭虽说有些恃才傲物，但是从一些文辞来看，他对待幕主胡宗宪的态度还是谨慎和谦卑的，尚能维护好与主官的关系。某次，他因身体有恙而回乡，而胡幕中又不能缺少他，故胡宗宪派人持信请他回府。徐渭赶紧复函，反复解释自己心疾转剧，药石未能见效，来人已"亲见渭蓬跣不支，亲友入视，送迎之礼全废"，等天气入凉，及驰诣门下，"仍备任使下列，渭不胜欢喜悚惧之至"⑤，另一书信中也有"渭伏奉钧命，谨当如期呈稿，不敢违误"⑥之语。

在浙直闽总督胡宗宪幕府的5年，是徐渭心情较为舒畅的时期，也是其幕宾职业生涯的最高峰。胡宗宪礼贤下士，于他有知遇之恩，二人在幕府中结下了较深的情谊。当嘉靖四十四年（1565）得知胡宗宪瘐死狱中，徐渭非常痛心，写诗哀悼："公之生也，渭既不敢以律己者而奉公于始；今其殁也，渭又

---

① （明）徐渭：《徐渭集·徐文长三集》卷一五《谢督府胡公启》，第449页。
② （明）陶望龄：《徐文长传》，见《徐渭集》附录，第1341页。
③ （明）徐渭：《徐渭集·徐文长三集》卷九《上督府公生日诗》，第319页。
④ （明）徐渭：《徐渭集·徐文长三集》卷七《胡令公镇浙》，第225页。
⑤ （明）徐渭：《徐渭集·徐文长三集》卷一六《奉答少保公书》，第459页。
⑥ （明）徐渭：《徐渭集·徐文长三集》卷一六《奉答少保公书》，第459页。

安敢以思功者而望人于终？盖其微且贱之若此，是以两抱志而无从。惟感恩于一盼，潜掩涕于蒿蓬。"① 徐渭感到世间已无知己，甚至以死明志。这一年，徐渭 45 岁，他为自己写下了《自为墓志铭》，然后多次发生自杀的举动。墓志铭中云：

> （胡公）使折简以招，卧不起，人争愚而危之，而己深以为安。其后公愈折节，等布衣，留者盖两期，赠金以数百计，食鱼而居庐，人争荣而安之，而己深以为危。至是，忽自觅死。人谓渭文士，且操洁，可无死。不知古文士以入幕操洁而死者众矣，乃渭则自死，孰与人死之。渭为人度于义无所关时，辄疏纵不为儒缚，一涉义所否，干耻诟，介秽廉，虽断头不可夺。故其死也，亲莫制，友莫解焉。②

当胡总督招聘他为幕友而被拒绝，众人以为其行为愚不可及时，他却心安理得；他人羡慕徐渭生活无忧、终于攀上高枝时，他却看见了官场隐藏的危险。为何"人争荣而安之，而己深以为危"？此处略可推想他参与了胡总督的很多谋划，与胡宗宪私下关系十分密切，使他对明代的政坛有些许了解，而官场从来都是没有硝烟的战场，潜伏着无数的陷阱。其后似乎发生了一些事情，令徐渭感到只有以死相抗。之所以要选择死亡，是因为他平生看重的是"义"，当事情无关大义时，他可以放浪形骸，而当事关道义时，他宁愿断头，也要坚守其道。或许徐渭的自杀有多重原因，但是不能否认与胡宗宪案是有关系的，加上他的幻听幻视的脑疾更推动了自杀的愿望。他的后辈同乡、国子监祭酒陶望龄就说过："及宗宪被逮，渭虑祸及，遂发狂。"③ 徐渭的同乡张元忭之子张汝霖在《刻徐文长佚书序》中也说：

> 其后少保以缇骑收，文长恐连，遂佯狂。寻乃即真。居常痛少保功而谗死，冤愤不已，而力不能报，往往形之诗篇。狂中画雪压梅竹，而题云："云间老桧与天齐，滕六寒威一手提，折竹折梅因底事？不留一叶与山溪！"其感慨激烈之意，悲于击筑，痛于吞炭，而人徒云虑祸故狂，知之政未尽也。④

徐渭内心很痛惜胡宗宪之死，认为此事与政治倾轧有关。"云间"暗指与严嵩相争的阁臣松江人徐阶，"桧"即秦桧，将徐阶比作陷害忠良的秦桧，认为是徐阶将胡宗宪置于了死地。而自己只是一个生员，无法扭转局势，以致难以回报胡宗宪的知遇之恩。此序作者张汝霖祖孙三代都与徐渭过从甚密，所言或有几分道理。徐渭多次自杀，幸而未死。万历六年（1578）他要完成自己的一个心愿，去徽州绩溪龙川村祭拜胡宗宪。他与胡幕中另一幕友沈明臣一起，由绍兴来到杭州，打算乘船沿钱塘江西行。因梅雨季节，无法行舟，在杭州等待 10 余天才启程。到了严州，徐渭感到脑疾即将发作，只能无功而返，请沈明臣代为祭拜。徐渭在生命的最后一年自作年谱《畸谱》⑤，其中特别列出需要怀念和感恩的 4 人，一是嫡母苗氏，徐渭出生后百日，父亲即亡故，由苗氏抚养成人。二是张天复、张元忭父子，张氏父子二人接力救助徐渭出狱。第三即胡宗宪，可见在徐渭心中，胡宗宪是他的 4 个恩人之一。

---

① （明）徐渭：《徐渭集·徐文长三集》卷二八《祭少保公文》，第 658 页。
② （明）徐渭：《徐渭集·徐文长三集》卷二六《自为墓志铭》，第 639 页。
③ （明）陶望龄：《徐文长传》，见《徐渭集》附录，第 1339～1340 页。
④ （明）张汝霖：《刻徐文长佚书序》，见《徐渭集》附录，第 1348 页。
⑤ （明）徐渭：《徐渭集》补编，《畸谱》，第 1333 页。

由于胡宗宪知人善任，优容幕宾，主幕之间结下了良好情谊，其后在宣化巡抚的幕府中，徐渭也受到吴兑的重视，因不能适应寒冷气候而返乡。但是，徐渭和京城高官、礼部尚书李春芳的合作并不愉快。按照幕业的规矩，合则留，不合则去，徐渭经人居中，最终解除了聘约。晚年，他将次子徐枳介绍到友人、山西总兵李如松的幕府中，还向李如松求得资金刊刻自己的文稿，徐渭与李如松虽无主、幕名分，且徐渭年长近30岁，但是二人自京城相识，非常投契，又为李如松撰文，实则还是发挥其文字特长。万历九年李如松请徐渭前来京城以南的马水口，为新建关羽祠撰写了《蜀汉关侯祠记》，徐渭对出身朝鲜族的著名军事将领李成梁、李如松父子颇感兴趣，经过了解，写下《赠宁远公序》和《赠李长公序》。徐渭和这些幕主之间，其密切程度不一，只有当主、幕相得，意见相同，地位平等时，才能合作顺利，否则，他采取的是"不合则去"的原则，但是，徐渭还是都以其尽心尽言和文字能力获得幕主的重用。

三 结 语

徐渭展现给世人的姿态，既有书画家、诗人、古文家及戏曲家等文人的人生面相，又有幕宾的职业面相，也有他奇特的精神疾患的人生面相。这些不同的人生面相，究竟说明了什么，他的幕宾人生给予我们哪些启示？

其一，作为明朝最知名的幕宾，徐渭的幕宾人生的最辉煌时期是在浙直闽总督胡宗宪的幕中实现的。胡幕中的重要文字包括给嘉靖帝的奏表、抗倭战争中给朝廷的重要表文、给内阁首辅的生日贺词等，都是由徐渭完成的。所反映出的主幕关系是主人尊重幕宾，不以势凌人，幕宾则是尽心、尽言，品行端正，以文自食，双方以朋友相待。而以徐渭散漫、直接的个性，能较长时间服务于胡宗宪的幕府，可知他在某些主张上与幕主是有一定契合的，胡幕也能给予他间接施展政治抱负的机会。

其二，幕业的性质容易造成习幕者双重人格和实用主义倾向的形成。书记幕宾执掌文书，是为主官代言，通常要以主官的意志为取向。《论语》有言，君子不枉道而事人。当主官所为合于大道、与幕宾意图一致时，自然幕宾易于操笔，而一旦官员所为背离原则和道德，幕宾是据理力争，还是屈服权势、"枉道"以求赏赐，此时就是考验"幕德"之际。鲁迅先生言："我们绍兴师爷箱子里总放着回家的盘缠（路费）"[1]，这是说的"不合则去"的习幕原则，幕宾宁可放弃利益，也不违背道德和原则。然而，不枉道事人，并非常人所能抵达，更多的人是奉行实用主义。对于徐渭而言，每当遇到此关节点，他就会产生思想压力。可以想见，当胡总督命他代作给赵文华的祭文、给严嵩和嘉靖帝的阿谀献媚之文时，他无力抗争，为了谋生，他不能失去幕职，但他内心是有苦衷的。他也曾为自己辩解，说即便韩愈那样的文章大家，在为宰相作《贺白龟表》时亦涉谀词，然而这只是代作，韩愈本人的作品如《谏佛骨》却是公直的，这是"处地然耳，人其可以概视哉"[2]？徐渭的一再辩解正说明了旁人的议论和他自己的困惑。这种职业上的矛盾与纠结，容易造成一定的人格分裂，在某些时候还会加重他原本就有的精神疾患。

其三，谋生始终是古代士人生存的基础，只有解决了"文人的生存"，才能有"艺术和文化的生存"。徐渭的文名远远胜过他所习幕业之名，他为后世文人所推崇是源于他在文学和书画上的成就，但是在古代社会，纯粹的文人身份只是出售笔墨字画并不足以维持生存，是幕业维持了徐渭的生存，

---

[1] 郑天挺先生听绍兴人章廷谦所言，转引自郑天挺《清代的幕府》，《中国社会科学》1980年第6期。
[2] （明）徐渭：《徐渭集·徐文长三集》卷一九《抄小集自序》，第537页。

支持了他的艺术生活，使他得以扬名于世。对于读书人而言，在科举之路极端狭窄、入仕无由的情况下，习幕不失为间接实现其政治抱负的一种途径。可以认为，习幕生涯不但解决了徐渭在一定阶段的生存难题，也使他结交了官府中各色人等，触摸到高层政治脉搏的跳动，拓宽了他的人生视野，这无疑为其戏曲、书画和其他文学作品的创作增添了生活积淀。徐渭晚年已无法为幕，其生活就陷入了极大的困顿之中。

其四，幕宾是官员自行延聘的佐治人员，在馆则有酬金，搁笔则穷，且谋职不易，他们无法像科举入仕的官员一样，能在官僚队伍中有明确的升职前途、社会地位和经济保障，由幕无法入仕，这就容易造成幕宾的临时工心态。如何将幕宾之职整合到王朝法定的官员行政系统中来，是传统时代末期需要面对的问题。

［作者单位：武汉大学历史学院］

明末宜兴民变与地方政权应对方式探析

吕 杨

崇祯六年（1633）正月，宜兴发生了大规模的民变，愈演愈烈，肆行烧抢乡宦和富户，刨掘乡宦祖坟，并波及毗邻的溧阳、金坛、武进三县，历经两个月方告平息，次年四月，再次发生焚庄、掘墓事件，虽被迅速扑灭，仍引起轩然大波。此次民变影响甚大，但相关记载却较少，只有第一次民变后，出任巡按苏松御史的祁彪佳，在《宜焚全稿》中保留该事件的概况，其他相关材料则散见于《明史》、方志、笔记、文集中。

前辈学者孟森先生、谢国桢先生、陈守实先生、傅衣凌先生等，早在民国时期即对明季的江南民变、奴变进行了开拓性的研究。谢国桢先生在讨论晚明江南奴变时，曾谈到宜兴民变，由于受当时历史环境和文献资源缺乏的限制，先生误将宜兴民变当成奴变[①]。中国台湾学者巫仁恕先生将其博士学位论文《明清城市民变研究——传统中国城市群众集体行动之分析》进行修订后，更名为《激变良民——传统中国城市群众集体行动之分析》出版发行[②]。该书是近年来研究明代民变的集大成之作，书中列举了一百多起明代的民变，但对宜兴民变并未提及。之所以出现这种研究薄弱的局面，是因为宜兴民变发生在明末农民战争进行得如火如荼的时期，就事件规模而言，与席卷中原的农民战争相比，这次民变显得微不足道。又因为没有地方生员层组织、领导，加之相关材料零散，故学界并未予以充分的关注。本文以宜兴民变为个案，对这一事件及其善后进行探析，以期加深对晚明民变和地方府、县行政司法行为的探讨，抛砖引玉，就教于方家。

一 引发宜兴民变的原因

宜兴在明代为南直隶常州府属县，其地南接浙江、东滨太湖、北邻运河、西倚群山，为江南"巨邑"。受江南文化影响，宜兴科举兴旺，科第蝉联，明代共有113人考中进士[③]，时称宜兴"多豪家"[④]。因地处江南，宜兴亦为重赋地区，且宜兴山水相依，可耕土地相对少于江南其他地区，在沉重的赋役负担下，宜兴农民同江南其他地区农民一样，一般采取"投献"的方式，逃避赋役负担。自明中叶后，赋役负担日益沉重，"绅衿贫户有奏销之例，民困不堪"[⑤]。编遣差役虽然原则上按土地多寡进行差派，但"两榜乡绅，无论官阶及田之多寡，决无签役之事"[⑥]，由于对一些官绅的优免，沉重的徭役负担自然转嫁到农民身上，加之吏员在科派中中饱私囊，导致徭役严重不均，农民负担沉重。江南农民为求自保，

---

① 谢国桢：《明清之际党社运动考》，附录一《明季奴变考》，第188页，上海，上海古籍出版社，2004年。
② 巫仁恕：《激变良民——传统中国城市群众集体行动之分析》，北京，北京大学出版社，2011年。
③ 范金民：《明清江南进士数量、地域分布及其特色分析》，《南京大学学报（哲学·人文·社会科学）》1997年第2期，第175页。
④ （清）佚名编：《明季烈臣传（四）·蒋英传》，国家图书馆藏：《稀见明史史籍辑存》，北京，线装书局，2006年，第26册，第350页。
⑤ （清）顾公燮：《丹午笔记》四八《苏松粮重之由》，南京，江苏古籍出版社，1999年，第67页。
⑥ （清）叶梦珠：《阅世编》卷六《徭役》，北京，中华书局，2007年，第166页。

多"投倚于豪门"①。投献之风，日甚一日。这种投献很多是以暴力强制形式进行的，或欠租、欠债，或设计诬陷，逼写身、田契，使农民频频陷入佃农兼奴婢的境地。而明代的优免制度，为投献提供了制度上的保障。不仅"见任及以礼致仕官员，照例优免杂泛差徭"②，而且对生员也有相应的优免政策，普通百姓通过科举获得了生员身份，"则免于编氓之役，不受侵于里胥，得于礼见官长，而无笞捶之辱"③，"贫生无力完粮，奏销豁免"④。这些政策使官僚、生员具备了免役的特权。缙绅层在大量接受平民的投献后，迅速发展为田连阡陌、家藏万贯的富豪。缙绅地主，不仅有雄厚的财富，而且凭借自己的仕途资历、同僚关系，科举中的同年、门生、座主等关系，为自己及家族提供强大的政治保障。晚明江南地区"以绅士为主体的新型地方精英成为乡村社会的主要支配阶层"⑤。

引发民变的宜兴陈氏，起初为一普通的耕读之家，通过科举走入仕途。关于宜兴陈氏的研究资料，最初极为零散，只散见于文集、方志之中。如今宜兴陈氏族人将一度视为至宝，不肯轻易示人的《宜兴亳里陈氏家乘》献给当地文化部门，使这部珍贵文献重见天日，有助于加深明季江南区域史的了解和认识。

根据黄宗羲所撰《陈定生先生墓志铭》、康熙《常州府志》和嘉庆《宜兴县志》及《宜兴亳里陈氏家乘》的记载⑥，陈氏为南宋永嘉学派代表人陈傅良之后，"由永嘉徙宜兴，遂为望族"⑦。第十一世陈宪章与陈儁章为堂兄弟，宪章子一经（第十二世），一经子陈于廷（第十三世），万历二十三年（1595）进士，东林党的领袖人物之一，曾任吏部侍郎、南京都察院左都御史。儁章子一教（第十二世），即引发宜兴民变的缙绅。陈一教，字涧云，万历二十九年（1601）进士，曾任浙江参政等职。巡按王以宁称其"笔灿星河，胸蟠武库，学术独崇正脉，品藻共仰"⑧。嘉庆《宜兴县志》也从孝友的角度，对其作了正面的记载。陈一教之妻"琅玕曹氏，工部尚书曹公三旸嫡侄女，庠生儒官秉旸女，诰封淑人"⑨，陈一教长子陈于泰为崇祯四年（1631）状元、翰林院修撰；次子陈于鼎为崇祯元年（1628）二甲第6名，翰林院编修。而其姻亲周延儒为万历四十一年（1613）状元，崇祯时内阁首辅⑩。如此显赫的科举世家和深厚政治背景，使陈氏成为宜兴显赫的豪强势族，其家产土地不仅遍布宜兴，仅陈于鼎一支，入清后在武进、无锡、高邮、江都、丹阳等州县，仍然拥有大量的房屋田产和奴仆。⑪

明代后期，江南缙绅之家蓄奴之风盛行，"人奴之多，吴中为甚"⑫，这些奴仆大多为投献土地的农民。宫崎市定先生认为引发民变的奴仆"即是庶民主动出来承担士大夫的仆役，充当其爪牙，而在庶民之间逞威风的一种人。""是自庶民阶层析出的畸形儿，其出现是以困苦的庶民生活、特别是社会上的

---

① （清）张廷玉：《明史》卷七七《食货志一》，北京，中华书局，1974年，第1881页。
② （明）申时行：（万历）《明会典》卷二〇《户部七·赋役》，北京，中华书局，1989年。
③ （清）顾炎武：《顾亭林诗文集》，北京，中华书局，1983年，第21页。
④ （清）顾公燮：《丹午笔记》五二《明季生员》，南京，江苏古籍出版社，1999年，第69页。
⑤ 万明主编：《晚明社会变迁问题与研究》，北京，商务印书馆，2005年，第301页。
⑥ 参见：康熙《常州府志》卷二五《孝友》，《中国地方志集成·江苏府县志辑》，南京，凤凰出版社，2008年，第36册，第568页；嘉庆《增修宜兴县志》卷七《进士、封赠》、卷八《孝友》，南京，凤凰出版社，2008年，第39册，第194~219页、第307~308页。《宜兴亳里陈氏家乘》（补修于清咸丰时期，现存于宜兴市档案馆）
⑦ （清）黄宗羲：《陈定生先生墓志铭》，见《黄宗羲全集》，杭州，浙江古籍出版社，2005年，第10册，第395页。
⑧ （明）王以宁：《东粤疏草》卷六《荐举方面疏》，《四库禁毁书丛刊》，史部69册，北京，北京出版社，1997年，第285页。
⑨ 《宜兴亳里陈氏家乘》卷六，清咸丰刻本。
⑩ 关于周延儒与宜兴陈氏的"姻亲"关系，清代史学家谈迁认为二人是表亲。但综合《宜兴亳里陈氏家乘》等文献的相关记载可知，陈于泰之妻、周延儒之妻均出自宜兴北渠吴氏。陈于泰的岳父名吴亮，吴亮之父为吴中行；周延儒的岳父名吴宗逸，吴宗逸之父为吴同行。吴中行与吴同行是亲兄弟。通俗地说，陈于泰的岳父和周延儒的岳父为堂兄弟，陈妻与周妻为未出五服的堂姐妹，故二人确实有姻亲关系，但属于远亲连襟。
⑪ （清）韩世琦：《抚吴疏草》卷一六《覆刘兴汉招由疏》，《四库未收书辑刊》八辑，北京，北京出版社，2000年，第6册，第270页。
⑫ （清）顾炎武著、（清）黄汝成集释：《日知录集释》卷一三《奴仆》，上海，上海古籍出版社，2006年，第800页。

失业问题为背景的。"① 佐伯有一先生认为这些替缙绅为恶的豪奴，他们的任务就是"催逼收集地租"、"经营典当店铺"，"掌握极大的权限和持有对民众的强有力的发言权"。这些豪奴有一定的"文字、经理以及处理其他事务方面的高度能力"，"体现了主人的权威"②。清人叶梦珠称晚明江南缙绅"子弟僮仆，假势横行，兼并小民，侵渔百姓，撄其锋者，中人之产，无不立破。"③ 清人赵翼也认为"前明一代风气，不特地方有司私派横征，民不堪命。而缙绅居乡者，亦多倚势恃强，视细民为弱肉，上下相护，民无所控也。"④

陈一教作为为富不仁的江南缙绅，也豢养了大量的豪奴。陈氏家族倚势敛财，鱼肉乡里，大公子陈于泰挥金如土，奢靡无度，妻妾成群。《明史》称"修撰陈于泰、编修陈于鼎兄弟尤横"⑤，其家奴狗仗人势，"豪仆肆毒"⑥，"收租勒耗、翻债取盈，甚至锁拷而逼写田地，计陷而吞占子女"⑦，以致民怨沸腾。陈氏不仅在宜兴横行乡里，巧取豪夺，甚至在邻县武进，陈于泰指使家奴公然殴打凌辱武进县令岳凌霄，而作为地方主官的岳知县，慑于陈家的权势，只能忍气吞声。⑧

二 两次宜兴民变之始末

崇祯六年（1633）初，由于不堪忍受陈氏家奴和另一乡宦徐廷锡家奴的欺压，南刘村、杨山村民众自发组织起来，对抗陈、徐家奴。又因陈奴周文爌等在收租过程中手持官府捕人的"拘票"，导致矛盾迅速激化，使这一本来只针对豪奴的反抗活动，演变为一场大规模的烧抢，"群执兵鼓噪，势汹汹"⑨，"白昼攻剽，官不能禁"。⑩ 由于乡民追杀陈氏豪奴不获，遂将陈奴家及所在的马家庄付之一炬，继而陈氏张渚、河桥、亳村、塘头、川埠、蜀山、涧北等庄皆被焚毁殆尽，陈一教仓皇逃入太湖舟中避难，愤怒的乡民又刨掘了陈氏祖坟。地方无赖趁机哄抢并焚烧了与陈、徐二家并无关联的富户张襄、周启玄、欧明家。无赖陈钟、陈有禄等趁火打劫，烧抢水泊吴连庄房。参与民变的民众"白昼攻剽，官不能禁"，乡民"声言次第欲更焚某庄、更掘某坟，又恐吓劫狱，致该县城门昼闭"⑪。不仅宜兴境内因烧抢肆虐，导致人心惶惶，而且宜兴邻县武进、溧阳，亦有效尤之势，均出现了因地方无赖借机寻衅滋事，而引发的大规模烧抢事件。

此次民变自崇祯六年正月初八开始，至二月中旬，宜兴烧抢恶首赵礼、周满三等闹事无赖被捉拿归

---

① （日）宫崎市定：《明代苏松地方的士大夫和民众》，刘文俊主编，栾成显、南炳文译：《日本学者研究中国史论著选译·第六卷，明清》，北京，中华书局，1993 年，第 259 页。
② （日）佐伯有一：《明末董氏之变》，刘文俊主编，栾成显、南炳文译：《日本学者研究中国史论著选译·第六卷，明清》，北京，中华书局，1993 年，第 331~332 页。
③ （清）叶梦珠：《阅世编》卷四《宦迹一》，北京，中华书局，2007 年，第 101 页。
④ （清）赵翼著、王树民校证：《廿二史札记校证》卷三四《明乡官虐民之害》，北京，中华书局，1984 年，第 785 页。
⑤ （清）张廷玉：《明史》卷二四五《蒋英传》，第 6360 页。北京，中华书局，1974 年。
⑥ （明）祁熊佳：《祁彪佳集》卷一〇《行实》，第 237 页。北京，中华书局，1960 年。
⑦ （明）祁彪佳：《宜焚全稿》卷一《初报宜情》，《续修四库全书》史部·诏令奏议类，第 492 册，第 176 页。上海，上海古籍出版社，1995 年。
⑧ （明）祁彪佳：《宜焚全稿》卷二《周文爌招》，《续修四库全书》史部·诏令奏议类，上海，上海古籍出版社，1995 年，第 492 册，第 253 页。按，关于陈于泰指使家奴在宾馆殴打武进县令岳凌霄一事，常州府理刑推官吴兆莘和镇江知府王秉鉴在会审陈奴时，陈奴在供词中多次提及此事，祁彪佳在奏疏中也多次强调陈于泰纵奴行凶，殴打凌辱武进知县的罪行，但因受害人岳凌霄早已去职回籍，会审期间未能取证，故会审官员并未深究此事。
⑨ 《光绪重修嘉善县志》卷一九《官业·蒋英》，《中国地方志集成·浙江府县志辑》，第 19 册，第 607 页。南京，凤凰出版社，2004 年。
⑩ 《雍正浙江通志》卷一六一《人物一·名臣四》，《文渊阁四库全书》，史部 281·地理类，第 523 册，第 336 页。中国台北，商务印书馆，1986 年影印本。
⑪ （明）祁彪佳：《宜焚全稿》卷一《初报宜情》，《续修四库全书》史部·诏令奏议类，上海，上海古籍出版社，1995 年，第 492 册，第 176 页。

案，武进尚宜乡的闹事者华宾之、华复之等被抓获，溧阳等周边地区的事态也被平息，大规模的民变才基本结束。

是年三四月间，宜兴西乡、五洞桥、凤凰窠等处，再次发生罡棍以借米为名而引发的多起聚众哄抢事件，新任县令石确"亟诣乡，谕散其党，徐计擒首恶，民得安堵。"① 此次事件性质不同于第一次民变。第一次民变是因为豪奴不法，横行乡里，激起民愤而采取的自发性报复措施，民变中虽有无赖趁火打劫，造成恐慌，但并不成气候。而第二次宜兴事件，则完全是属于地方无赖人员寻衅滋事而引发的群体事件。

崇祯七年（1634）四月七日，宜兴千塘头地区再次发生焚庄事件，致仕首辅周延儒位于其地的庄房15间被焚毁。十五日，周氏祖坟亦被掘，但因发现及时，"捕哨潘熊带领操长五十名至彼赶散，幸未伤棺"②。同时抓获掘墓者三人，经其供述，掘墓主谋南刘人袁文正、陈三麻子等皆为当地的无赖，且曾参与崇祯六年的民变。至于掘墓的原因，传统的说法是周延儒"纵下虐小民如故，于是冤民相聚，夜发其祖茔"③。但处理此事的祁彪佳却奏称受害人胡才"原系湖州人，以养鱼为业，向佃赁周宦池房，去年正月十九日被蒋墅人烧毁，罄掳才赀，才随避去，近因乱定来理，并与周宦无涉，而文正等借端鼓众漫试烧掘"。可见激变的导火线，是因周延儒的佃户胡才在第一次宜兴民变后，因所佃房屋被烧抢而仓促逃走，民变后复归。袁文正等趁火打劫的地方无赖，担心胡才去周延儒处告发他们烧抢池房之事，怕周延儒在幕后指使地方官员穷追其罪，而荒唐地采取"先下手为强"的方式，作困兽之斗。祁彪佳与常州府、宜兴县相关官员审理后，认为"袁文正等一十一犯，村落游棍，骛悍无良，视法纪如弁髦，以烧掘为暗箭，真闵不畏死之枭獍也！"④ 因此，此次事件不应视为宜兴民变的余绪，而只能算做一次地方无赖人员的起衅哄抢行为。

这次发生在宜兴的群体性事件虽被迅速平息，但因"溧、宜二邑错壤，素称俗悍民刁，人情最易蠢动，上年效尤构衅"等原因，故余焰再次波及相邻的溧阳县，二十七日，溧阳戴埠发生了大规模烧抢事件，民众将乡绅陈伯庸的三间店房烧毁，次日又将陈宦在此地的新旧房屋尽行烧毁，并四处寻觅陈宦祖坟，欲行掘坟。新任应天巡抚张国维、县令李思恂依然采用劝谕解散，调兵震慑、擒渠散党的策略，将民变平息。⑤ 此次民变的起因是溧阳戴埠居民任希禄违禁演戏并拒捕、殴伤官差。⑥ 被捕后，其子任继龙被释放，归来途中遇见陈氏仆人，二人从相互辱骂到厮打，虽经县衙处理，但双方均怀恨在心。恰逢张国维奉命抚吴，陈伯庸的同宗乡宦陈献策因与张国维有"同年"之情⑦，遂狐假虎威，声称要借张国维之势"殄灭之，以大快其宿忿"⑧，由此激起众怒，加之溧阳陈氏一惯横行乡里，积怨甚深，受宜兴焚掘事件的影响，溧阳遂爆发了此次民变。

---

① 《光绪黄梅县志》卷二四《宦绩·石确》，《中国地方志集成·湖北府县志辑》，南京，江苏古籍出版社，2001年，第24册，第186页。
② （明）祁彪佳：《宜焚全稿》卷八《再报宜变》，《续修四库全书》史部·诏令奏议类，上海，上海古籍出版社，1995年，第492册，第499页。
③ （清）王思任编：《祁忠敏公年谱》（清初乌丝栏稿本），引自北京图书馆编：《北京图书馆珍本年谱丛刊》，北京，北京图书馆出版社，1999年，第63册，第284页。
④ （明）祁彪佳：《宜焚全稿》卷八《再报宜变》，《续修四库全书》史部·诏令奏议类，上海，上海古籍出版社，1995，492册，第500～501页。
⑤ （明）张国维：《抚吴疏草》卷一《报溧阳烧抢疏二》，《四库禁毁书丛刊》史部第39册，北京，北京出版社，1997年，第11页。
⑥ 关于溧阳戴埠居民任希禄的身份，张国维在奏疏中将其称为"罡棍"，见（明）张国维：《抚吴疏草》，《报溧阳烧抢疏》，《四库禁毁书丛刊》史部第39册，北京，北京出版社，1997年，第11页。笔者认同张国维的对任希禄的身份定性，从任希禄违禁演戏、殴伤官差的行为看，此人无疑是当地无赖之徒、不法人员。
⑦ 陈献策为天启二年三甲第1名进士，张国维为三甲第160名进士。参见：《明清进士题名碑录索引》，上海，上海古籍出版社，第7529页、第507页。
⑧ （明）张国维：《抚吴疏草》，《溧事解散疏》，《四库禁毁书丛刊》史部第39册，北京，北京出版社，1997年，第13页。

三 宜兴民变的应对及善后

（一）官府的应对方式

在宜兴民变爆发伊始，县令童兆登已察觉到了事态的严重性，想亲自到民变现场进行调解，试图迅速平息，但为时已晚，"不知烈焰之余，不能扑燎原之势"，虽然派兵将民变领导人陈轼、杨元珊及趁火打劫的罡棍陈谋等抓获，但依然无济于事。事件并未就此平息，而是愈演愈烈。面对突如其来的民变大潮，有些官员主张武力镇压，被时任常镇道按察副使的徐世荫制止，他认为参与民变的民众是"乱民，非寇也，为开陈祸福，间取不职者，创惩之事遂宁息"①。应天巡抚庄祖诲紧急启用了曾任宜兴县令，深得民心的已离职按察副使蒋英，令其立即去平息宜兴事件。同时常州知府洪周禄、理刑推官吴兆莹也紧急赶赴宜兴。随着洪周禄、蒋英的到来，局势得到改观。蒋、洪二人采取了疏导的措施，首先大开城门，接受纷至而来的百姓告状述冤。蒋英"单骑往谕，惩豪家僮客数人，令乱民自献其首恶"②，同时释放了民变领导人陈轼，"将豪奴姓名榜示四门，悬赏捕缉。随提在监诸犯，挞惩首恶，释去胁从"③。官府没有使用武力镇压和不问胁从的处理方式，很大程度上弱化了民众与官府的对立情绪。对于肇事的豪奴和趁火打劫的无赖，官府则采取了严厉的镇压手段，悬赏通缉漏网的豪奴，派"乡兵直捣其穴"，抓捕借机闹事的无赖。④ 在一定程度上解决了参与民变群众的诉求，使民变逐渐平息。

常州府认为第一次大规模民变"衅酿于豪奴，祸发于禁头。"⑤ 所谓"衅酿于豪奴"，是因为陈氏豪奴一惯横行，仗势欺人，鱼肉乡里，以致激起民愤。而"祸发于禁头"，则是指时任宜兴知县的童兆登"徒知禁名之不宜立，以拘票谬付文爌之手。此辈执票恐吓，益挑众怒。"⑥ 明代地方守令，不仅拥有行政权力，而且还具备司法权。拘票是官府捕人的凭证，本该由官府人员持有，但陈氏家奴却持有拘票，狐假虎威，恐吓乡民，以致陈轼等人认为陈奴为害乡里是出于陈一教的授意，官绅勾结，欺压乡民，彻底激起民愤，遂立禁反抗豪奴欺压，最终爆发了大规模的烧抢事件。

宜兴县令童兆登是否与陈氏有勾结，史无明文记载，但也可以从其他材料中管窥一二。童兆登，浙江慈溪人⑦，崇祯四年辛未科三甲第158名进士，不知是否是巧合，童兆登的继任者石确，受宜兴民变波及的相邻金坛县县令柯有桂、溧阳县县令李思恂，均为崇祯四年的同科进士，石确为三甲第175名、柯有桂为三甲第146名、李思恂为三甲第138名。⑧ 而此科的状元，则是陈一教的长子陈于泰。童兆登与陈于泰有"同年"之情，陈状元在翰林院任修撰，仕途前景一片光明，加之陈氏显赫的政治背景，作为地方官的童兆登不可能不知晓。缙绅在制度上虽然是地方官的属民，但由于其自身不仅具备政府赋予

---

① 《雍正浙江通志》卷一六一《人物一·名臣四》，《文渊阁四库全书》，史部281·地理类，中国台北，商务印书馆，1986年影印本，第523册，第336页。
② （清）张廷玉：《明史》卷二四五《蒋英传》，北京，中华书局，1974年，第6360页。
③ （明）祁彪佳：《宜焚全稿》卷一《初报宜情》，《续修四库全书》史部·诏令奏议类，上海，上海古籍出版社，1995年，第492册，第176页。
④ （明）祁彪佳：《宜焚全稿》卷一《初报宜情》，《续修四库全书》史部·诏令奏议类，上海，上海古籍出版社，1995年，第492册，第178页。
⑤ （明）祁彪佳：《宜焚全稿》卷一《初报宜情》，《续修四库全书》史部·诏令奏议类，上海，上海古籍出版社，1995年，第492册，第176页。
⑥ （明）祁彪佳：《宜焚全稿》卷一《初报宜情》，《续修四库全书》史部·诏令奏议类，上海，上海古籍出版社，1995年，第492册，第178页。
⑦ 《嘉庆增修宜兴县志》卷五《守令》，《中国地方志集成·江苏府县志辑》，南京，凤凰出版社，2008年，第39册，第145页。按县志此卷记载童兆登于崇祯三年就任知县，而童系四年进士，显然该县志记载有误，童兆登应为崇祯四年就任。
⑧ 朱保炯、谢沛霖编：《明清进士题名碑录索引》，上海，上海古籍出版社，1980年，第2页、第373页、第1307页、第1338页。

的一定特权，而且在任之时的官阶品级一般都高于地方官，在朝堂、省内还或多或少地保持着一定的关系。明代缙绅"凡科甲出身者，无论爵之尊卑，郡县俱答拜"①，缙绅的名望和影响，政治上的保障和依托，使他们能够在一定程度上影响地方官的名声和仕途。

在极为重视科举同年的晚明，在陈氏显赫的政治背景压力和仕途的诱惑下，也就不难理解陈奴周文爝、张瑞可以手持拘票，威胁恫吓，横行乡里的原因。而正是县令童兆登这种"以拘票谬付文爝之手"的错误行为，直接激化矛盾，导致大规模民变的爆发。

吴晗先生认为缙绅"所以敢于作恶，第一因为他们是统治阶级的中坚分子，有法律上的特殊而且多方面的保障。第二因为乡官多半是显宦，他的政治地位必然高于地方守令，举贡生员则为将来之显宦，地方官也不敢或不愿得罪。""第三明人重年谊和乡谊，科举的同榜，构成师生和同年的政治关系，同一乡里则又构成同乡关系，这种关系在政治上的表现是党争，在地方的反映是利用在朝座主同年同乡来控制地方守令，使其顾惜前途，不敢加以钤制。尤其是父兄或子弟在朝的乡绅，更是势焰熏赫，奴使守令，成为地方政府的太上政权。"②柏桦先生也认为"（土豪劣绅）若与政治相结合，也会掀起大风大浪"。"给州县官增加的施政障碍，不弱于来自上方的阻力"③。因此，一旦地方官与缙绅发生矛盾，缙绅往往会动用其朝野关系，结党对抗。如果地方官与缙绅对抗到底，很可能出现万历时期湖州地方官的结局④。因此，很多地方官面对缙绅盘根错节的朝野势力，最终被迫低头，对缙绅的行为只能听之任之，为了保全自己的仕途，甚至身不由己地充当其保护伞。第一次宜兴民变平息后，常镇道副使徐世荫、常州知府洪周禄、常州府理刑推官吴兆莹等在初审宜兴事件时，均将审理重点放在奴仆身上，将引发动乱的原因归罪于奴仆肆虐，而有意回避陈氏的纵容行为。例如徐世荫指责豪奴"催租盘债"、吴兆莹称豪奴"催租用极"、洪周禄称豪奴"所拷而逼写田地，计陷而吞占子女"，甚至连向豪奴签批"拘票"的宜兴县令童兆登也惺惺作态地指责豪奴"贫佃之挂欠者，所穿幽室，隆冬不放，如此横肆，真可谓无日无天"⑤！从这几位官员所作的案情汇报来看，他们可能是慑于陈氏在朝野庞大的关系网，担心自己的仕途。故众口一词，将民变责任归咎于豪奴肆虐，把豪奴作替罪羊，而对陈氏家族横行乡里、纵奴行凶等众多劣迹却只字未提。

（二）民变的善后

祁彪佳，浙江山阴人，天启二年（1622）进士，初为兴化府推官，崇祯四年为御史，六年受命按吴，出巡南畿苏、松、常、镇等地。祁彪佳四月初离京，途中因思念其母，"间道归省，五月拜于太夫人膝下。"因宜兴民变，"奉旨屡促受事"⑥，"于崇祯六年六月初四日入境受事"⑦。到任后"审状不发有司，民词尽行亲问，凡占产打抢，假命装陷，种种恶习，势豪莫容"⑧，严行保甲，稳定社会秩序。

因宜兴地处南畿，此次民变又波及常州府所辖之武进、镇江府所辖之金坛、应天府所辖之溧阳等县，

---

① （清）叶梦珠：《阅世编》卷八《交际》，北京，中华书局，2007年，第212页。
② 吴晗：《明代的新仕宦阶级，社会的政治的文化的关系及其生活》，引自《明史研究论丛》第五辑，南京，江苏古籍出版社，1991年，第25~26页。
③ 柏桦：《明代州县政治体制研究》，第249页，北京，中国社会科学出版社，2003年。
④ 参见（美）赵结：《试论明代后期权势之家与中央地方政治间的关系：董份与湖州之变》，张国刚主编：《中国社会历史评论》第2卷，天津，天津古籍出版社，2000年。
⑤ （明）祁彪佳：《宜焚全稿》卷一《初报宜情》，《续修四库全书》史部·诏令奏议类，上海，上海古籍出版社，1995年，第492册，第180页。
⑥ （清）王思任编：《祁忠敏公年谱》（清初乌丝栏稿本），引自北京图书馆编：《北京图书馆珍本年谱丛刊》，北京，北京图书馆出版社，1998年，第63册，第254页，284页。
⑦ （明）祁彪佳：《宜焚全稿》卷一《初报宜情》，175页。《续修四库全书》史部·诏令奏议类，上海，上海古籍出版社，1995年，第492册。
⑧ 《朝野公言》，《北京图书馆古籍珍本丛刊》，史部·杂史类，北京，书目文献出版社，1998年，第12册，第862页。

影响甚大，朝野震惊。崇祯帝亦对宜兴事件极为关注，多次下诏询问。宜兴陈氏为江南豪强缙绅，朝中势力盘根错节，特别是东林党魁，时任南京都察院左都御史的陈于廷即是宜兴事件祸首陈一教的族侄，而内阁首辅周延儒又是陈家的姻亲，故处理此事，对于新任巡按，以及常州、镇江两府的地方官员来说，来自外界的干扰极大，处理起来非常棘手。

在祁彪佳到任之前，山东道御史禹好善即已上"为愚民作乱之因未详，庸抚庇宦之情有据，乞敕严究激变根因，以雪民冤，以安重地事"①的奏疏。礼部主事骆天闲"题为民贼济恶已极等事"、广东道御史刘兴秀"题为江南财赋重地等事"、兵科给事中史可镜"题为泄玩抚臣等事"②，诸言官交章上疏议论宜兴事件，在中枢引发强大政治压力和舆论压力，陈家在朝中的靠山均未敢轻举妄动③。言官的奏疏引起明思宗的重视，思宗对诸言官所上题本均一一进行批复，先后下旨称"陈一教父子婪横异常，近日地方愤逞，明系积衅酿变，着该抚按一并严查，作速据实奏夺"，"陈一教、徐廷锡贪横实迹，速查奏夺"④。同时多次严令南直隶抚按官、理刑官、常州府县两级地方官严肃处理宜兴事件。

皇帝的政治压力、中枢的舆论压力既已制造出来，并初显成效，抚按官与地方官处理宜兴事件善后的方式则可以相对灵活。为了避免陈家势力对案件审理的干扰，祁彪佳采取会审的形式，参加会审的官员分别为巡按御史祁彪佳、分巡常镇按察副使徐世荫、常州府知府洪周禄（洪离职后，推官吴兆莹接任知府）、理刑推官吴兆莹、镇江府带管理刑知府王秉鉴。这种参与人员的构成，既包括了中央都察院系统的派出官员、地方分管官员，事发地主官、理刑官，事件波及地主官，又可使参与会审官员互相监督、制衡，不易徇私舞弊，枉法裁判。

常州府理刑推官吴兆莹、镇江府带管理刑知府王秉鉴负责对陈一教进行调查和审理。吴兆莹、王秉鉴二人调查审理后，归结陈一教"忍毁师像""窝贼盗粮""殴打县官""捆杀青衿""捏陷多命"五大罪状，礼部主事骆天闲即根据此五大罪状上疏弹劾陈一教。祁彪佳复核案情，上疏称"五款该臣覆审无异"⑤，彻底坐实了陈一教的劣迹和罪行，起到了坚定明思宗严惩宜兴事件祸根决心的作用。

对于陈、徐二家豢养的豪奴，依然采取会审方式，由分巡常镇道按察副使徐世荫负责，常州府推官吴兆莹和镇江知府王秉鉴负责具体执行。吴、王二人调查审理后，归纳出陈、徐二家豪奴周文爌、张瑞、刘宁、吴君可、张凤池、张成、樊士章等诸多罪行，仅判词即达2万字。其实祁彪佳与常州地方官员对于豪奴的处理态度一致，他在到任伊始的奏疏中即表明了自己的态度，即"不先治奴之豪，则民愤莫泄；不并治民之乱，则王法莫申"⑥。因此，在重惩豪奴的同时，民变领导人陈轼及其子陈天益也被一并处死。之所以会审官员如此不遗余力地将罪责归咎于奴仆，原因有三：一是陈氏豪奴为害地方多年，民愤极大；二是来自于皇帝和中枢舆论的压力；三是常、镇地方官员均不愿意得罪陈家。肇事的豪奴，在明代社会属于贱民阶层，虽然可以在地方横行不法，但其势力完全来自于背后的靠山，一旦靠山失势，奴仆一切威势立即化为乌有。在明代司法实践中，按《大明

---

① （明）祁彪佳：《宜焚全稿》卷一《初报宜情》，175页。《续修四库全书》史部·诏令奏议类，上海，上海古籍出版社，1995年，第492册。

② （明）祁彪佳：《宜焚全稿》卷二《周文爌招》，232页。《续修四库全书》史部·诏令奏议类，上海，上海古籍出版社，1995年，第492册。

③ 至今未见时任内阁首辅的周延儒和南京都察院左都御史陈于廷任何与宜兴民变相关的文献记载。

④ （明）祁彪佳：《宜焚全稿》卷一《初报宜情》，《续修四库全书》史部·诏令奏议类，上海，上海古籍出版社，1995年，第492册，第232、233页。

⑤ （明）祁彪佳：《宜焚全稿》卷二《周文爌招》，第253~254页。《续修四库全书·史部·诏令奏议类》，上海，上海古籍出版社，1995年，第492册。

⑥ （明）祁彪佳：《宜焚全稿》卷一《初报宜情》，《续修四库全书》史部·诏令奏议类，上海，上海古籍出版社，1995年，第492册，第176页。

律》规定,贱民阶层犯罪,比照良人从重处罚。①官员将罪行归咎于奴仆身上,对奴仆的不法行为进行严厉处置,既可以平民愤,又可以应对来自中枢的压力,还可以最大限度地减轻陈氏父子罪责,避免遭到陈家遍布朝野的关系网报复。

常州、镇江两府理刑官的审判结果上报后,引起明思宗的震怒,除陈一教因年老多病,且受民变冲击、惊吓,民变不久即去世于太湖舟中,未受处理。倚势横行乡里的豪奴或被斩、或被流放。陈一教长子翰林院修撰陈于泰、次子翰林院编修陈于鼎皆被削籍。这里需要说明的是陈于泰被削籍,宜兴事件是重要的"催化剂"。崇祯六年正月,发生了首辅周延儒与宣府监军宦官王坤的争执,陈家与周家不仅是宜兴同乡,而且又有姻亲之系,故陈于泰上疏弹劾王坤,王坤亦不甘示弱,反唇相讥,不仅为自身行为辩护,同时揭发周延儒诸多不法事,攻击陈于泰,称"细绎陈于泰之疏,明讥暗刺,谤讪欺妄,日后宣付史馆信为实然,则亏损圣政,匪渺小也"②。明思宗当时虽未对周、陈进行处置,但埋下了祸根。因宜兴事件爆发,科道官交章揭发陈家横行乡里诸多不法事,促使思宗先罢周延儒首辅,再削于泰、于鼎籍,将陈氏兄弟赶出朝堂。

虽然宜兴民变的平息及后来的司法审判,顺利和相对公正。但南直隶、常州府、常府所辖宜兴县诸多涉及宜兴事件官员,却多数受到影响。除了常州府理刑推官吴兆莹升任知府,镇江知府王秉鉴、按察副使徐世荫仍任原职,其他诸如宜兴县令童兆登、常州知府洪周禄、分巡苏松按察副使蒋英、应天巡抚庄祖诲因失职被罢免,甚至连未曾参与平息第一次大规模民变的祁彪佳,亦被考核下等而罚俸。关于祁彪佳被罚俸的原因,笔者在多年前即已进行讨论③,这里需要补充的是,祁彪佳到任后,在处理完第一宜兴事件善后事宜,其向思宗所上的奏疏中,洋洋数千言,反复强调"豪奴害民",乡民"聚众焚庐,统凶掘墓","天罡效而纵横",但只字未提陈家纵奴行凶等诸多不法事④。处理第二次宜兴事件时,已在最大限度将已落职还乡的周延儒择除。尽管如此,由于祁彪佳在此前的奏疏中,依据理刑官的调查和审理结果,如实上报了陈一教五大罪状,户部主事骆天闲等中枢官员即以此为依据,上疏弹劾陈一教,导致明思宗下决心对陈氏父子严厉制裁,故引发了东林党人的不满。东林的大本营地处常州府所辖之无锡县,宜兴县亦同为常州府所辖。宜兴亳里乡宦陈一教之族侄,时任南京都察院左都御史的陈于廷又是曾入"东林点将录"黑名单,遭阉党残酷迫害,劫后余生的东林党魁,虽然目前尚无证据证实陈于廷插手宜兴事件善后,但从钱谦益为陈一教所撰墓志铭中可见部分东林党人对宜兴事件的态度。墓志铭中言"癸酉之春,佃丁与庄奴争余逋升合,挐斗不解,至啸聚多人,皆负租恶少,白梃烈焰,庄居遂毁,其实被灾者,四宦之庄。知县骆天闲承权奸之指,独皆一门,而台使张大其事,奏称潢池弄兵,上干君怒";陈一教之死"此远迩所称仁者之末路也,天可问哉!"将横行乡里的陈家说成了蒙冤受害的好人。文中所称"权奸"是不是温体仁,我们不得而知;但"台使"明显是指祁彪佳。钱谦益将陈家被惩治之事,归咎为祁彪佳无事生非、混淆视听、小题大做使然,表现出对祁彪佳强烈的不满。钱谦益之所以如此颠倒黑白地为陈氏辩护,一方面是因其为东林党骨干,故为党人之行径竭力护短、辩护;另一方面则是因为他"与两翰林为前后辈,夙昔有通门之雅,故不尽依依"⑤。钱谦益为晚明东林名士,从他对宜兴事件的起因及处理结果的论述,可以管见当时部分东林党人对此事处理结果的不满。是时,"钦定逆案"

---

① (明)雷梦麟:《读律琐言》卷二〇《大明律·刑律三·斗殴》,第 381 页,北京,法律出版社,2000 年。
② 中国第一历史档案馆、辽宁档案馆编:《中国明朝档案总汇》,"监视宣镇太监王坤为科臣陈于泰力排内员乞免谢奸事题本",第 82 册,第 283 页,桂林,广西师范大学出版社,2001 年。
③ 关于蒋英落职、祁彪佳被罚俸等问题,参见拙文《明末宜兴民变考论》,《辽宁大学学报·社科版》2010 年第 2 期。
④ (明)祁彪佳:《宜焚全稿》卷三《宜变始末》,《续修四库全书·史部·诏令奏议类》,上海,上海古籍出版社,1995 年,第 492 册,第 283 页。
⑤ (明)钱谦益:《中大夫参政陈公墓志铭》,《宜兴亳里陈氏家乘》卷一一,清咸丰刻本。按,骆天闲于天启时曾任宜兴县令,但发生民变时,其早已调任户部主事多年,称骆天闲为知县,或是钱谦益笔误。钱谦益此文未收入其文集,只见于宜兴陈氏族谱,其原因是"被有意剔除"。参见汪莉、夏维中所撰《试论宜兴亳村陈于泰的评价失真问题》,《南京大学学报》2013 年第 4 期。

不久，朝中门户对立，党同伐异，身为东林党人的祁彪佳，如此严厉处置党魁族叔家，必然遭致党人的不满和报复。

结　语

明代江南地区，科第繁盛，获功名之士众多，形成了庞大的士绅层，他们依靠同年、同乡、门生、座主等关系，利用官府赋予的特权，形成庞大的权力网络。晚明相当一部分江南缙绅已经出现无赖化倾向，他们豢养大量奴仆，而这些奴仆的构成，很多又是流氓无产者，他们倚仗主人之势横行不法，成为扰乱地方秩序的重要因素。而且这些缙绅本身在任时的官阶往往高于地方官，在很大程度上影响着地方官员的行政和地方的稳定。地方官多数深谙此中奥妙，对于缙绅诸多不法行为，往往听之任之，甚至充当其保护伞。即使缙绅酿出祸乱，地方官在审理相关案件时，若想秉公依法处理，则必须制造出政治压力和舆论压力，以图先声夺人，避免出现来自各方的干扰。即便如此，处理宜兴事件的官员事后多数遭到打压，原因就在于晚明江南缙绅在朝野的关系网络和党同伐异的政治环境。

宜兴陈一教等乡绅，利用自己的财富、权势及深厚的政治背景，官绅勾结，为害地方，激起民变，造成了江南社会的动荡。回顾宜兴民变的整个过程，民变的激起，是典型官绅勾结的结果，县令先做陈氏的靠山，为陈奴提供拘票，纵容其为非作歹。民变爆发伊始，县令又采取偏袒陈氏、镇压乡民的强制措施，不仅未能平息事件，反而进一步激化了矛盾，导致事态愈演愈烈。当蒋英、洪周禄等赶赴宜兴后，采取疏导措施，对为恶乡绅不护短、对趁火打劫的无赖不手软，受理百姓诉求，以惩治肇事豪奴与民变领导者，不问胁从的方式，迅速平息了事件，稳定了局面。民变前期，按察副使徐世荫拒绝使用武力镇压的做法，也在很大程度上弱化了官民矛盾。

虽然民变与起义，形式上都是百姓被逼得走投无路而进行的反抗，但二者就性质上来说是不同的。民变，是受压迫百姓的群起抗争事件，反对的对象一般都是劣绅、恶霸、官府的爪牙，矛头并不指向政府。如果政府采取舒缓的政策，能够满足一些民变者的诉求，民变很快会偃旗息鼓，领导者往往会主动站出来承担责任。而同为受压迫百姓的群体抗争，起义则有明确的目标，即以反政府为主旨，有一定的政治要求，直接以政府为敌，完全采用武力抗争。当然，如果对民变处理不利，对为恶官绅继续护短纵容、偏袒引发事端者，对参与民变的群众采取武力镇压，很容易加重民众对政府的敌视情绪，激化矛盾，使民变转化为以政府为斗争对象的武装起义，轻者造成当地社会的动荡，重者形成燎原之势，将直接威胁到统治安全。

[作者单位：常州大学史良法学院、周有光语言文化学院]

明代卫所武官后裔的身份变迁与村落形成

——以铜鼓卫刘氏指挥使为例

吴才茂

从 2009 年开始，笔者曾多次前往贵州省天柱县坌处镇的三门塘村进行田野调查，这个"峙五溪开"①的村落，在清代清水江的木材贸易中，处于"总三江九溪之门户，扼内江外埠之咽喉"②的重要位置，现所居人群侗族占 90%，苗族占 10%，是"北侗地区"③最为典型的侗族村落，成为领略侗族风情的旅游观光点之一。然而，除去语言和服饰明显与汉族不同之外，散落在村落之中的历史遗迹，不管是数量繁多的碑刻，还是美轮美奂的祠堂、窨子屋与族谱，以及村民不易觉察的社会生活经验，无不散发着来自中原的气息，而且与全国其他地方一样，这些民间历史文献和遗迹"或多或少地保留了卫所军户制度的信息"④，值得关注。尤以村中大姓刘氏的祠堂最让人难忘，这座融合了中西建筑技术的刘氏祠堂，其精彩绝伦之处自非笔者所能刻画。祠堂正门上方镌刻的"昭勇将军"及祠堂内部供奉的十位指挥使祖宗牌位，它们共同昭示着三门塘刘氏先祖的卫所武官身份。那么，"昭勇将军"是谁？来自何方？从村民的口述传统与三门塘《刘氏族谱》来看，三门塘刘氏族人的始祖为刘旺，山东临清州人，系明初卫所系统中的常山左护卫指挥使。根据明代武职品勋禄阶，指挥使为正三品，初授散阶正是"昭勇将军"。⑤而根据明代卫选簿对"夷""汉"人群的分类描述，刘旺并未被标注为"山后""女直""达官"或带有明显蒙古人、色目人等非汉民族的姓名（例如朵罗贴木儿、完者不花等），从其籍贯与姓名来看，属典型的中原"汉人"无疑。⑥现在摆在我们面前的问题是，刘旺的后裔，是如何散落到了三门塘，又通过何种方式演变成了少数民族人群？并与其他不同人群一道，在明代以来的历史进程中，如何形塑了三门塘这样一个多元文化并存的村落社会？

据曹树基之研究，明初贵州卫所"以标准兵力计，则应有 14.2 万人，与家属合计 42 万人口"⑦。

---

① （康熙）《天柱县志》下卷《山川杂咏》，《中国地方志集成·贵州府县辑》，成都，巴蜀书社，2006 年，第 22 册，第 127 页下栏。

② 杨秀廷：《三门塘写兴》，《文史天地》2006 年第 4 期。笔者亦曾见三门塘人刘熙明于 2000 年立的《勒碑刊铭》是这样写的："三门塘，侗家古寨也。总三江九溪众流，为内江木材贸易之门户。"

③ 1958 年 8 月于贵阳召开的"侗族语言文字问题科学讨论会"，是对整个 1950 年代大规模侗语、侗文及相关语言问题进行深入调查、分析、研究后一次具有开创性、奠基性的总结会。此次会议确定了侗族语言以贵州省锦屏县南部侗、苗、汉杂居地带为界，分南、北两个方言区。具体而言，以贵州锦屏、汉、苗杂居的启蒙为界，启蒙以北为北部方言区，简称"北侗"，包括贵州天柱、三穗、剑河、锦屏（大同）、湖南新晃、靖县等地；启蒙以南为南部方言区，简称"南侗"，包括贵州锦屏（启蒙）、榕江、黎平、从江、广西三江、龙胜、融水、湖南通道等地。参见贵州省民族语文指导委员会编辑：《侗族语言文字问题科学讨论会汇刊》，贵州省民族语文指导委员会，1959 年，第 6 页。

④ 赵世瑜：《卫所军户制度与明代中国社会——社会史的视角》，《清华大学学报》（哲学社会科学版）2015 年第 3 期，第 114 页。

⑤ （万历）《大明会典》卷一二二《兵部五·诰敕》，《续修四库全书·史部》，上海，上海古籍出版社，2002 年，第 791 册，第 227 页下栏。

⑥ 例如，在明代武职选簿中曾出现了大量的山后人、女真人、兀良哈人、迤北鞑人、金山鞑靼人、吐鲁番人、西域人等，这些名称或作为籍贯或作为族属，其所属人群，即被视为少数民族。参见张鸿翔：《明代各民族人士入仕中原考》（北京，中央民族大学出版社，1999 年，第 1 页）；奇文瑛：《明代卫所归附人研究——以辽东和京畿地区卫所达官为中心》（北京，中央民族大学出版社，2011 年），特别是奇文瑛第 160~170 页，详细标识出金吾卫的达官数量，值得参考，而这些达官人群，在明代通过婚姻与姓氏汉化等方式，逐渐汇入民族交融的趋势之中。

⑦ 曹树基：《中国人口史·明时期》，上海，复旦大学出版社，2000 年，第 179~180 页。

那么，如此众多的卫所官军所繁衍之后裔，在明代以来的历史变迁中，其后裔都去了哪里？据现存史籍的描述，他们多成了"土著"。例如，乾隆《黔南识略》就记开泰县道："县属昔皆军籍，明初开辟之时，分兵筑砦以居，大曰卫，小曰所、曰堡、曰屯，各据要害，扼控蛮夷，厥后渐立家室，族姓寝繁，率成土著。"① 这些从军籍演变为"土著"的人群，建立家室，衍而成族，逐渐成为地方社会中的重要组成部分。三门塘刘氏的事例，也许就是这样演变而来的。然而，正史文献并未能集中地记述这些卫所官军演变为少数民族人群的历史过程。不过，顾诚先生已高屋建瓴地指明了卫所官军对贵州地域社会所产生的重大影响，"他们扎根于少数民族聚居的边远地区"②"同当地少数民族的交往中加强了兄弟友谊，促进了风俗、文化等方面的交流"③。只是对于卫所武官家族具体裂变为不同人群和参与地方建设的历史过程，尚须发掘更多的事例，深化这项议题的研究。本文即以《三门塘刘氏族谱》和《铜鼓卫选簿》④ 为线索，探究明代铜鼓卫刘氏指挥使后裔身份变迁的社会机制及其参与组建村落社会的历史过程，不仅说明卫所官军后裔的去向问题，亦由此呈现明代以来贵州民族融合中"融而未合"的特点。不当之处，尚祈专家学者批正。

一 铜鼓卫的筑建与"苗境"控制

郭红与靳润成在论述明代贵州卫所的分布特点时指出，贵州卫所主要集中地呈线状分布，密布于交通线上，使得贵州都匀以南没有一个卫所。所以，贵州卫所的分布不利于对南部地区的控制。⑤ 贵州南部并无卫所建制，与明代并未探明这一区域有关，从谭其骧先生主编的《中国历史地理集》来看，直至元代，思州宣抚司所辖南部的大片区域（包含今天的台江县、剑河县、雷山县、榕江县、从江县），并未能进行有效管理，仅是在这片区域的周边地带设置了诸多蛮夷长官司，把这片"空白地带"围成了一个不规则的圆圈，尤其是靖州路西面（今贵州锦屏、黎平与湖南靖州、通道等县交接地带）一带一字排开地设置了12个长官司，⑥ 形似开辟"生苗地界"的前沿阵地。⑦

---

① （清）爱必达：《黔南识略》卷二三《开泰县》，《中国地方志集成贵州府县志辑》，成都，巴蜀书社，2006年，第5册，第487页下栏。这样的描述不仅用在卫所官军的身上，同样用于书写贵州的移民群体，例如《黔南职方纪略》就说："贵阳府亲地，明初即设为省治，迄今五百余年矣。盖自元设元帅府以来，征调各省戍兵，留实斯土。明因之，改设卫所，分授田土，作为屯军，并设都指挥使以统率之，于是江广楚蜀贸易客民，毂击肩摩，籴贱贩贵，相因全集，置产成家者，今日皆成土著。"（清）罗绕典：《黔南职方纪略》卷一《贵阳府》，《中国方志丛书贵州省》，中国台北，成文出版社，1974年，第227号，第14页。按，贵州卫所官军，在明代以降的历史发展进程中，其后裔的去向大致分为三种情形：一是这些卫所官军后裔，六百余年来一直坚守汉人的身份，集中居住在被称之为"汉文化孤岛"的村落里，例如五开卫的龙里千户所；二是诚如历史文献所言，他们逐渐地"土著化"了，但这个呈现出反复历史过程，即：汉→苗→汉；汉→"土著"→苗→汉，例如贵州安顺的"屯堡"社会；三是这些卫所官军后裔的身份逐渐发生了变迁，演变成了苗族、侗族，或者其他民族，例如镇远侯顾成的后裔对黔东南苗疆的开发中，即多成了苗族。相关研究可参见：吴才茂：《明代边疆卫所后裔的身份坚守与生存策略——以贵州隆里千户所为例》，《中州学刊》2017年第11期；冢田诚之：《对民族集团应该怎样研究——以贵州"屯堡人"为例》，《贵州民族研究》1999年第3期；冢田诚之：《贵州省西部民族关系的动态——关于"屯军后裔"的调查研究》，《贵州民族研究》2000年第1期；黎小龙：《从〈炉山顾氏族谱〉看明代东南移民对西南少数民族地区的开发与融合》，收入王鸣鹤、马良远、王世伟主编：《中国谱牒研究——全国谱牒开发与利用学术研讨会论文集》，上海，上海古籍出版社，1999年，第228～237页。

② 顾诚：《明帝国的疆土管理体制》，《历史研究》1989年第3期，第150页。

③ 顾诚：《谈明代的卫籍》，《北京师范大学学报》1989年第5期，第64页。

④ 《铜鼓卫选簿》，万历二十二年重修本，中国台湾"中央"研究院历史语言研究所藏本，蒙中国台湾大学历史学系博士候选人李佩蓁学友相助，笔者始得阅读这份选簿资料的总目部分，后又蒙陕西师范大学梁志胜先生惠赐正文中有关刘姓指挥使的条目，谨致衷心谢枕。按，明代"武职选簿"档案的内容与价值，以为于志嘉、梁志胜等学者所阐释，参见于志嘉：《明武职选簿与卫所武官制的研究——记"中研院"史语所藏明代武职选簿残本兼评川越泰博的选簿研究》，（中国台湾）"中央"研究院历史语言研究所集刊》第69本，第1分，1998年，第45～74页；梁志胜：《明代卫所武官世袭制度研究》，北京，中国社会科学出版社，2012年，第30～32页。

⑤ 郭红、靳润成：《中国行政区划通史·明代卷》，上海，复旦大学出版社，2007年，第494～495页。

⑥ 参见龚荫：《中国土司制度史》，成都，四川人民出版社，2012年，第727～743页。

⑦ 谭其骧主编：《中国历史地图集：元、明时期》，北京，中国地图出版社，1996年，第7册，第34～35页。

明初沿袭元制,洪武三年(1370)正月,这些元代的长官司接踵"内附","于是复立湖耳、潭溪、新化、欧阳、古州八万、亮寨等六处蛮夷军民长官司,录辰州卫"①。紧接着,明初为了应对该区域的社会变乱,洪武一朝相继在湘西南与黔东南的交界处(今湖南靖州,贵州黎平、锦屏等县一带),共设置了四个卫,靖州卫、五开卫、古州卫②、铜鼓卫,兵力配置远超"大率五千六百人为卫"③的原则,而且五开卫因处最前沿,"设内外十六所"④,并形成了"有一苗寨,即有一屯或一所,相或一里或半里"⑤的分布局面。这种"犬牙交错"的布局,充分显示了这四个卫就是明王朝试图控制和开发这一大片区域而建的。

铜鼓卫是湖广都司绣错于贵州境内的卫所之一,陈堪在《铜鼓志书序》中就记道:"铜鼓则寄贵州黎平地也"⑥。其设置与洞苗变乱有关。洪武三十年(1397)三月,"古州上婆洞蛮林宽自号小师,聚众作乱"⑦,朱元璋命楚王桢率师征讨,湘王柏副之。⑧到了同年八月,就在靖州卫储粮30万石,以备"铜鼓立卫"和接济"五开缺食"⑨。也就是说,明王朝已经开始准备为设立铜鼓卫做准备了。这一想法得到迅速实施,同年九月"城铜鼓",朱元璋敕楚王桢、湘王柏曰:

> 前命尔兄弟帅师征蛮,既不亲临战阵建立功勋,宜各以护卫军一万,铜鼓卫新军一万、靖州民夫三万余筑铜鼓城,每面三里。城池宜高深,坊巷宜宽正,营房行列宜整齐,期十一月讫工,令铜鼓卫指挥、千、百户守之。其铜鼓军士除留一千守卫,余从总兵官征进,至耕种时仍还本卫。尔兄弟可率筑城护卫军士还国,绘图来奏。⑩

这样,从洪武三十年八月预备设卫,到"期十一月讫工",铜鼓卫以3个月时间完成了建置。但直到永乐元年(1403),铜鼓卫城才筑修完毕,其规模据道光《黎平府志》载:"周围六百二十五丈,计三里四分零,高一丈三尺,宽一丈二尺。城门四,东曰迎晖,西曰镇静,南曰定边,北曰雄武。城

---

① 《明太祖实录》卷四八,洪武三年正月庚戌,中国台北,中国台湾"中央"研究院历史语言研究所,1962年,第958页。
② 古州卫于洪武二十六年三月诏立,同年八月废止(郭红等误作七月,参见郭红、靳润成:《中国行政区划通史·明代卷》,第590页),仅存不到五个月,其将士即迁屯五开卫。参见《明太祖实录》卷二二六,洪武二十六年三月癸亥,第3307页;卷二二九,洪武二十六年八月乙丑,第3353页。
③ (清)张廷玉等:《明史》卷九〇《兵志二》,北京,中华书局,1974年,第8册,第2193页。按,当时最小的铜鼓卫,即有"新军一万",参见《明太祖实录》卷二五五,洪武三十年九月癸亥,第3678页。
④ (乾隆)《开泰县志》春部《沿革》,《中国地方志集成·贵州府县辑》,成都,巴蜀书社,2006年,第22册,第19页下栏。按,郭红等言五开卫下共有8个二级守御千户所,分别为:平茶、平茶屯守、中潮、铜鼓、新化亮寨、黎平、龙里、新化屯守(参见郭红、靳润成:《中国行政区划通史·明代卷》,第585~587页)。嘉靖《湖广图经志书》则记为10个:"黎平守御千户所,隆里守御千户所,新化屯千户所,新化亮寨守御千户所,中潮守御千户所,平茶千户所,平茶屯千户所,中右千户所,中中千户所,已上即五开卫在外十千户所"(嘉靖《湖广图经志书》卷十九《靖州》,《日本藏中国罕见地方志丛刊》,北京,书目文献出版社,1991年,第21册,第1570页下栏)。而道光《黎平府志》据现已失佚的"旧志"——《黎平五合志》的记载,对五开卫下辖的千户所述之甚详:洪武十九年,筑卫城,设左、右、中、前、后五所于城内,外向险要处设十所两屯,所曰平茶、曰铜鼓、曰黎平、曰中潮、曰新化、曰龙里、曰长春、曰武阳、曰平和、曰怀仁,此十所也;曰平屯、曰新屯,亦为所,内外共十七所。洪武三十二年冬十月,改并外所,分移入五开卫城,先城内只设左右中前后无所,今将怀仁改为中右,以其地为阳潮屯,武阳所改为中中,以其地为天甫屯;平和所改为中左,以其地为龙安屯,俱移入城内,为八所。成化二年,又迁中右为洪武所,中中为播阳所,外改长春所为堡,并入中潮,后以播阳窎远,拨归通道县,故今城内六所,城外九所(参见道光《黎平府志》卷二《地理志》,黎平县县志编纂委员会编:《黎平府志》[点校本],北京,方志出版社,2014年,第254~255页)。
⑤ (清)罗绕典:《黔南职方纪略》卷六《黎平府》,第156页。
⑥ (嘉靖)《湖广图经志书》卷一九《靖州》,第1598页下栏。
⑦ 《明太祖实录》卷二五一,洪武三十年三月庚辰,第3633~3634页。
⑧ 《明太祖实录》卷二五三,洪武三十年五月乙卯,第3648页。
⑨ 《明太祖实录》卷二五四,洪武三十年八月丙戌,第3669页。
⑩ 《明太祖实录》卷二五五,洪武三十年九月癸亥,第3678~3679页。

楼四。"① 当然，这与铜鼓卫曾一度于建文元年（1399）被废止，在建文四年（1402）十一月又重置有关。② 之后在永乐二年（1404），铜鼓卫设左、右、中、前、后、中左、中右、中中、中前、中后、左左、右右，共 12 所，以辖 48 寨。③ 永乐三年（1405）重建了公署。④ 至于《明史》记："铜鼓卫，本铜鼓守御千户所，洪武二十一年九月置，属五开卫，三十年改所为卫，属湖广都司，后二年废，三十五年十一月复"⑤。这一记载，时间上并无问题，但把铜鼓守御千户所当作是铜鼓卫的前身，其误已为郭红等指出。⑥ 实际上，铜鼓守御千户所一直隶属五开卫，其置其实是为了"牵制"潭溪长官司。道光二十五年（1845）所修《黎平府志》的府县分治图中，尚标示有铜鼓所，紧贴潭溪长官司，⑦ 其治所在今贵州黎平县高屯镇，与铜鼓卫驻地（今锦屏县铜鼓镇）并非同一地方。《明史》混淆的原因，可能是因为这两个地方相距并不远（不足 40 公里）而导致的混记。

至于设置铜鼓卫的目的，陈敬宗在《新建卫学记》曾说："洪武三十年太祖高皇帝敕楚王统戎平定苗乱，特设此卫，介乎五开、靖州之间，以遏绝苗寇出没之路"。⑧ 而万历《重修铜鼓周城碑记》对铜鼓卫的重要性进一步概述道："其南界黎平，西界融柳，用以备我楚之南藩，拊有苗之背而扼其吭，万一有警，烽火通于渠阳，而辰、沅、宝、武之赤子实赖嘉之，是渠阳之有铜，犹身之有荣卫也……夫铜以一城孤悬于黔粤，城堕而城不守，铜坏而渠阳之属邑非我有也。"⑨ 由此可见，铜鼓卫的设置，其主要功能即是"控制苗境"⑩。

如果说贵州境内其他卫所由于分布在"一线路"上，主要功能在于保证经营云南而使得交通畅通无阻的话，那么，设置在贵州东南部的五开卫和铜鼓卫，则是明王朝试图大力防范和开辟贵州"里古州"⑪（即所谓的生苗地界）所布控的重要卫所。他们从洪武十八年（1385）开始，便"于诸洞分屯立栅，与蛮民杂耕"⑫，经营该地。通过这两个卫所的不断经营和开发，有明一代基本上控制了"里古州"之外围的地区，并逐渐向"里古州"渗透，为日后清王朝进一步深入开辟和成功经营"里古州"（黔东南苗疆腹地）打下了坚实的基础。

---

① （道光）《黎平府志》卷六《营建志》，第 319 页。按，同页尚记录了该城的变迁情形："万历十四三年，城墙基址尽被雨倾，申详巡抚，动项兴修，康熙十一年重修。雍正五年改县，道光十二年改乡，城则犹是也。"而铜鼓卫城的城墙基址，现尚存于锦屏县铜鼓镇。不过，嘉靖《湖广图经志书》记"城垣周围六百五十二丈，高二丈二尺，阔一丈二尺，为门四，串楼，箭楼悉备"（嘉靖《湖广图经志书》卷一〇九《靖州》，第 1586 页上栏），二者稍有差异。
② 《明太宗实录》卷一四，洪武三十五年十一月丁亥，第 255 页。
③ （道光）《黎平府志》卷二《地理志》，第 255 页。按，《铜鼓卫选簿》显示有：左、右、中、前、后、中左、中右、中中、左左、右右、中后等十一所，少了"中前所"。但于志嘉指出该选簿资料并不完整。参见志嘉：《明武职选簿与卫所武官制的研究——记"中研院"史语所藏明代武职选簿残本兼评川越泰博的选簿研究》，（中国台湾）《"中央"研究院历史语言研究所集刊》第 69 本，第 1 分，1998 年，第 62 页。实际上，铜鼓卫有"中前所"，共十二个千户所。参见（明）佚名：《大明一统文武诸司衙门官制》卷十五《贵州道》，收入屈万里主编：《明代登科录汇编》，中国台北，中国台湾学生书局，1970 年，第 8 册，第 438 页。
④ （弘治）《贵州图经新志》卷七《公署》，《中国地方志集成·贵州府县志辑》，成都，巴蜀书社，2006 年，第 1 册，第 78 页下栏。
⑤ （清）张廷玉等：《明史》卷四六《地理七》，第 4 册，第 1209 页。按，此后贵州的地方志，多采《明史》之说，以讹传讹。例如《黔南识略》在叙述锦屏县丞时就记道："明洪武二十一年置铜鼓守御千户所，属五开卫，三十一年改所为卫，后二年废，三十五年复置，属湖广都司。国朝雍正五年改卫为县，拨隶黔省。道光十二年巡抚嵩溥奏改为乡，裁知县、训导、典史，设县丞一员，仍设教谕。"（清）爱必达：《黔南识略》卷二三《锦屏乡县丞》，《中国地方志丛刊·贵州省》，中国台北，成文出版社，1974 年，第 227 号，第 488 页上栏。
⑥ 郭红、靳润成：《中国行政区划通史·明代卷》，第 586 页。
⑦ （道光）《黎平府志》卷首《舆图》，第 185 页。
⑧ （嘉靖）《湖广图经志书》卷一九《靖州》，第 1597 页下栏。
⑨ 万历四十三年《重修铜鼓周城碑记》，碑今立于贵州省锦屏县铜鼓镇东门街边。
⑩ （嘉靖）《湖广图经志书》卷一九《靖州》，第 1570 页上栏。
⑪ "里古州"的范围，参见谭其骧主编：《中国历史地图集：元、明时期》，第 80~81 页。
⑫ 《明太祖实录》卷一七二，洪武十八年四月丙辰，第 2634 页。

三 铜鼓卫武官的来源与袭替

那么，这些肩负防御"苗夷"与开辟边疆的卫所武官，都来自全国的哪些地方？他们本身是"汉"还是"夷"？刘旺的后裔又是如何到了铜鼓卫？要明了这些问题，得从铜鼓卫武官的籍贯来源说起。

从当时派遣的军队而言，开始是湖广都司都指挥使齐让与蕲州卫指挥佥事胡冕、安陆卫指挥佥事宋晨统兵五万进剿，① 接着楚王桢、湘王柏的护卫军加上官军24000余人，共计"不下十万"。② 后因"齐让逗留不前，平蛮无功"，另"命左军都督杨文佩为总兵官，右军都督同知韩观副之，锦衣卫指挥使何清，凤阳卫指挥使宋忠为参将"，"统京卫及湖广、江西等都司军前往代之。"③ 由此可见，当时前往铜鼓、五开征讨的官军，来源较为广泛，包含了京卫、湖广都司、江西都司的官军，但其具体籍贯，不得而知。考虑到铜鼓卫系新设，其所谓"新军一万"，可能就是从这些不同的都司卫所中分兵组建的。然而，虽然卫所武官多为世袭，但"因历年久远，姓氏未详，故缺之"④。以致我们连铜鼓卫第一任指挥使为谁都不清楚。⑤ 值得庆幸的是，《铜鼓卫选簿》为我们了解铜鼓卫官军的来源及袭替，提供了宝贵的资料。兹据其所载，制表1与表2。

表1 《铜鼓卫选簿》所记铜鼓卫武官籍贯与袭替一览

职　务	姓　名	籍　贯	袭替时间、年龄	始祖	辈数	崇祯十七年时年龄	备　注
指挥使	刘崇文	临清县	嘉靖二十八年10岁	刘　旺	9		
指挥使	曹守靖	合肥县	天启二年39岁	曹　同	10	61岁	
指挥使	刘廷弼	临清县	天启二年32岁	刘　旺	10	54岁	总目未见，选条不载辈数，刘崇文嫡长孙
指挥同知	吕　纪	广济县	万历三十三年29岁	吕　典	7	68岁	
指挥同知	李挹阳	定县远	崇祯四年26岁	李　春	9	39岁	
指挥佥事	何大章	巢　县	天启二年30岁	何　成	7	52岁	
指挥佥事	吴　鹏	邵武县	正德十五年17岁	吴海高	6		
指挥佥事	单汝忠	定远县	崇祯十三年24岁	单　发	9	28岁	
指挥佥事	刘用仁	通　州	崇祯二年23岁	刘　聚	8	38岁	
指挥佥事	王良翰	南漳县	天启二年33岁	王　文	10	55岁	
指挥佥事	张　武	永城县	崇祯八年24岁	张　成	8	33岁	

---

① 《明太祖实录》卷二五二，洪武三十年四月己亥，第3645页。
② 《明太祖实录》卷二五四，洪武三十年八月辛巳、丙戌，第3668页、第3669页。
③ 《明太祖实录》卷二五五，洪武三十年九月乙亥，第3680页。
④ （道光）《黎平府志》卷三二《人物志》，第805页。
⑤ （光绪）《黎平府志》对铜鼓卫武官有零星记载：洪武三十年设铜鼓卫指挥使，指挥使为刘崇文（临清州人），宣德年间的铜鼓卫指挥使为曹守靖（安徽合肥人），成化年间为李国柱，正德年间为刘正，嘉靖年间为张邦佐（山东永城人），隆庆年间为吕宣阳，万历年间为曹国炳（参见光绪《黎平府志》卷六上《武职》，第617页上栏—第618页下栏）。根据这一记载，刘崇文便为铜鼓卫第一任指挥使，但并不准确，其误详后文。而且，这些零星的记载，尽管不能说全部错讹，但从后来发现的碑刻与《铜鼓卫选簿》等数据，均可证其时间混淆。例如在万历四十四年的《重修铜鼓周城碑记》中，李国柱就为"总理城工本卫军政掌印兼管马局指挥使"，同样是在这块碑刻中，还记录了"分理城工本卫管操并掌镇抚印指挥"为曹国炳、何重文两人。显然，李国柱也不可能从成化年间一直活到了万历四十四年，而据《铜鼓卫选簿》，曹国柄为指挥使，何重文为指挥佥事，李国柱为署指挥使指挥同知。

续表

职务	姓名	籍贯	袭替时间、年龄	始祖	辈数	崇祯十七年时年龄	备注
左所正千户	余继武	固始县	万历四十三年32岁	余晟	8	61岁	
左所正千户	陈寿		正统六年2岁	陈仕	4		
左所正千户	李琥	襄阳县	正德八年	李义	5		
左所正千户	李维栋		天启四年28岁			48岁	总目未见，与李琥同页
左所百户	冯恩	归安县	嘉靖十年25岁	冯政	6		
左所百户	胡凤	吉水县	嘉靖二年	胡靖	5		
右所正千户	杨嗣亨	和州	万历三十八年22岁	杨景	9	56岁	
右所副千户	白尚质	广灵县	万历三十八年22岁	白小五	7	56岁	
右所百户	谭凤	茶陵县	天启四年38岁	谭仕后	7	58岁	
右所百户	沈伦	典化县	万历三十二年30岁	沈关见	6	70岁	
右所百户	孙继显	和州	万历三十九年26岁	孙斗保	7	69岁	总目作孙维显
右所试百户	王元吉	宁津县	万历三年22岁	王仲见	7		
右所所镇抚	苏生	西安县	万历二十四年21岁	苏仪	9	69岁	
中所正千户	王守真	大同县	万历三年33岁	王佛保	7		
中所副千户	杨复元	合肥县	万历十五年32岁	杨旺	7		
中所副千户	赵吉	泰兴县	崇祯四年27岁	赵顺	6	40岁	
中所副千户	许凤鸣	上蔡县	崇祯二年25岁	许晟	9	40岁	
中所副千户	马钺	定远县	天启七年37岁	马兴	7	54岁	
中所所镇抚	陶汝成	盱眙县	万历二十二年19岁	陶昌	8	69岁	
前所正千户	杨威	祥符县	万历九年18岁	杨斌	6		
前所副千户	谢登庸	丹徒县	万历二十九年41岁	谢伏受	6		
前所副千户	王世臣	上元县	万历十一年30岁	王大	8		
前所副千户	刘永绪	全椒县	天启三年33岁	刘文	9	54岁	选簿误刘弘明为11辈，总目误永绪为承绪
前所百户	徐宪	当涂县	万历十一年41岁	徐新	8		
前所百户	孔经伦	寿州	万历二十七年36岁	孔文	7		
前所百户	黄硫	益阳县	嘉靖四十五年31岁	黄福	7		
前所百户	罗昊	巴陵县	嘉靖三十二年	罗斌	6		
前所试百户	金世恩	永丰县	万历十四年26岁	金玄	6		
前所试百户	刘扬	庐陵县	嘉靖十四年16岁	刘升	3		
前所所镇抚	丘翔	南城县	嘉靖八年45岁	丘清	7		
前所所镇抚	汤待贤	句容县	万历十三年31岁	汤必后	7		

续表

职务	姓名	籍贯	袭替时间、年龄	始祖	辈数	崇祯十七年时年龄	备注
后所副千户	王化行	襄阳县	天启二年46岁	王忠	8	68岁	
左左所正千户	李震	襄阳县	万历四年21岁	李成	7		
左左所副千户	张应宿	寿州	嘉靖三十一年	张熊	5		无出幼记录
左左所百户	唐恩	常熟县	嘉靖十七年17岁	唐善	9		
左左所百户	陈恩	瑞安县	万历四年20岁	陈先	8		
左左所百户	陈勋	泰州	嘉靖四年	陈保	6		
右右所副千户	刘雄	献县	万历十一年21岁	刘从善	7		
右右所副千户	唐忠	庐江县	天启四年24岁	唐胜	10	44岁	
右右所百户	何鸾	无马州	弘治十八年16岁	何福旺	6		
右右所百户	张星	西安县	万历二年26岁	张成	7		
右右所百户	木良材	女直	嘉靖二十二年	木荅恩	5		
右右所百户	张辅	泾阳县	弘治十六年	张毅	4		
右右所所镇抚	李鹏	潜江县	嘉靖六年35岁	李寿	7		
中中所副千户	李钦	山后	正德十三年	李斌	6		
中中所副千户	钱世济	泰州	天启四年38岁	钱能	6	58岁	
中中所副千户	潘纶	长兴县	天启四年27岁	钱旺	8	47岁	
中中所副千户	杜春	大兴县	崇祯四年22岁	杜俊	7	35岁	
中中所百户	蒋应凤	湘阴县	万历四十年34岁	蒋寿	7	66岁	
中左所副千户	孙章	滨州	万历三十八年39岁	孙山	8		
中左所署试百户	陈章	惠安县	万历十一年37岁	陈赋	5		
中左所百户	言诚	莒州	万历二十一年34岁	言信	6		
中右所副千户	樊继祖	睢宁县	万历四十四年22岁	樊成	8	51岁	
中右所副千户	万民望	南城县	天启七年29岁	万福	8	46岁	
中右所副千户	王大节	无锡县	万历三十九年27岁	王均	8	60岁	

说明：本表的制作，据《铜鼓卫选簿》总目，并参考了于志嘉所制"《铜鼓卫选簿》选条末辈袭替时间表"①

表2　《铜鼓卫选簿》所记铜鼓卫"年远事故官员"一览

职务	姓名	籍贯	职务	姓名	籍贯
指挥同知	丁铨	合肥县	所镇抚	曾忠	
指挥佥事	李经	定远县	所镇抚	丁烂	高邮州
署镇抚事正千户	丁鉴	合肥县	左左所百户	王涌	乐平县
左所正千户	赵鏳	随州	中中所副千户	李彪	六安州
中所副千户	吕鉴	泰州	中后所副千户	李通	仪真县

---

① 于志嘉：《明武职选簿与卫所武官制的研究——记"中研院"史语所藏明代武职选簿残本兼评川越泰博的选簿研究》，（中国台湾）《"中央"研究院历史语言研究所集刊》第69本，第1分，1998年，第59～61页。

续表

职务	姓名	籍贯	职务	姓名	籍贯
前所百户	邢旺		百户	孔亨	
前所百户	戚海	高邮州	百户	何寿	南丰县
所镇抚	曾福		所镇抚	苟显	

说明：本表据《铜鼓卫选簿》总目所制

通过表1与表2，铜鼓卫武官若按现行省级区划，其籍贯分布可衍出表3：

表3 铜鼓卫武官现行省级区划分布一览

省别	人数	省别	人数	省别	人数	省别	人数
江苏	17	山东	5	山西	3	陕西	1
安徽	16	浙江	4	福建	2	—	9
江西	7	河南	4	北京	2		
湖北	7	湖南	4	河北	1		

表1与表2共计武官82员，因卫选簿为残件而并非铜鼓卫的全部武官名单[①]，但其涵盖面极广，基本上能代表铜鼓卫的武官群体。从表3来看，除了有8名未有祖籍地记录和一名来自"女直"的武官除外，其余武官的祖籍来源地均有明确的记录。以今天的省级行政区划来说，包含了13个省市，其中最多的是江苏，有17人，其次是安徽，计有16人，接下来则是江西与湖北，各占7人，山东紧随其后，计有5人，而浙江、河南与湖南，均有4人，其余山西、福建、北京、河北、陕西均有分布。由此可见，铜鼓卫武官的祖籍来源地虽然极为广泛，但主要集中于"汉人"聚居区，尤其是文化发达的中原与江南地区，成为主要的来源地。又因卫选簿对少数民族武官，有明显的标识，而这些武官除了木良材家族系为"女直"人外，其余均可断定为"汉人"。这些"汉人"及其后裔不断繁衍，安居当地，与其他人群一道，对当地社会经济发展做出了重要贡献。

另一个问题是刘旺的后裔又是如何到了铜鼓卫并散落民间的？这当然就与明代卫所武官的袭替制度有关，据《大明会典》所载："武官世职，殁者承袭，老疾者替。" 即武官亡故，子孙承袭武职者，称为"袭职"；武官因年老、患病等不能任职，由子孙承袭武职者，称为"替职"，正是因为有了武职"袭替"的新陈代谢，武官世袭才得以世代延续。就铜鼓卫武官的事例来看，基本上遵循了明代卫所武官的袭替法则，但亦多有变通之处。兹举刘氏指挥使的事例说明之，据《刘氏族谱》所载，先制表4：

表4 铜鼓卫刘氏指挥使袭替一览

代数	姓名	关系	获职、袭替位时间	到任时间	亡故时间	备注
一	刘旺		永乐八年（1410）		永乐十五年（1417）年老	立功祖军，常山左护卫指挥使，宁字七百六十九号，昭勇将军

[①] 例如万历四十三年《重修铜鼓碑记》中的"总理城工本卫军政掌印兼管马局指挥使李国柱"，"分理城工本卫管操并口掌镇抚印指挥曹国炳、何重文"，"本卫指挥王世修、吕宣阳、刘体坤、单学武、张邦佐、储三才"，"十三所管修千户杨钦明、王汉乡、杨宗震、谢九震、向之珩、孙振先、潘世忠"，"管灰百户孙贤"等，虽然指挥使曹国炳、指挥佥事王世修、吕宣阳、刘体坤、单学武、张邦佐、千户杨钦明、杨宗震、谢九震、向之珩、孙振先、百户孙贤在卫选簿中可查，但也有李国柱、何重文、储三才、潘世忠等无记录。

续表

代数	姓名	关系	获职、袭替位时间	到任时间	亡故时间	备注
二	刘 源①	嫡长子	永乐二十年（1424）	宣德九年（1434）	正统七年（1442）病故	调任铜鼓卫指挥使
三	刘 真	嫡长子	正统八年（1443）	正统九年（1444）	景泰五年（1454）病故	
三	刘 正	亲弟	景泰六年（1455）	景泰七年（1456）	成化十一年（1475）老疾	
四	刘 侃	嫡长子	成化十一年（1475）	成化十二年（1476）	弘治十五年（1502）内故	
五	刘 勋	嫡长子	弘治十六年（1503）	弘治十六年	正德八年（1513）老疾	
六	刘 恩	嫡长子	正德八年（1549）	正德八年	嘉靖十一年（1532）内故	
七	刘 旗	嫡长子	嘉靖十一年	嘉靖十一年	嘉靖二十七年（1548）病故	
八	刘崇文	嫡长子	嘉靖二十八年（1549）	嘉靖二十八年	万历四十一年（1613）在任病故	方九岁，不堪承袭，钦准照例优给世袭，实授指挥使，领到湖字三千四百九十九号
八	刘崇文	嫡长子	嘉靖三十四年（1555）	嘉靖三十四年	万历四十一年（1613）在任病故	钦准世袭实授指挥使职事，领到湖字三千六百一十九号
九	刘承爵	嫡长子			万历四十七年（1619）故	在家未袭职
十	刘廷弼	嫡长孙	天启二年（1622）	天启二年	顺治七年（1650）故	比中一等，领湖字六千九百八号勘合

资料来源：（清）刘至蔚等修撰：《刘氏族谱》卷一，光绪三十年刊本

这份表是根据刘廷弼承袭亲供图录所制，据刘廷弼称：

廷弼，系父承爵与嫡母曹氏于万历庚寅年六月十四日辰时所生嫡长亲男，亦系祖崇文嫡长子亲孙。于天启二年二月内，本卫保送京。本年六月十六日蒙钦差内官五军都督府并锦衣兵科给事等官，于安定门外大教场内与同在京腾骧右卫指挥使宋光祖比中双收。本年八月二十五日蒙兵部官引奏，本月二十八日，钦准袭授世袭实授指挥使职事，给领湖字六千九百八号勘合赴司，倒文回卫。本年十一月初一日到任，今蒙取供，所供是实。②

而据《铜鼓卫选簿》载：

天启二年八月，单本选过鼓街指挥使一员刘廷弼，年三十二岁，临清州人。系故指挥使刘崇文嫡长孙。伊祖原袭祖职指挥使，今故，伊父刘承爵，未袭先故，今本舍以拣承祖，查无违碍，准袭

---

① 《铜鼓卫选簿》作"刘原"。
② （清）刘至蔚等修撰：《刘氏族谱》卷一，光绪三十年刊本，第34b页。

指挥使。比中一等。

比对族谱和选簿的记录可知，前者是当事人的供述，极为详细，后者为官方记录，较为简略，但核心内容相同，即刘廷弼袭为指挥使刘崇文的嫡长孙，有继承祖职的权利，袭职时已经32岁。由此可知，《刘氏族谱》的记录，是真实可靠的，甚至比传统史料更为翔实。①

正是因为有这种严格的袭替制度，铜鼓卫官军仅有为数极少的人能够袭替，其余官舍军余子弟，则只能以士、农、工、商为生，在这个历史过程中，他们根据实际生活的需要，有一部分散落到了少数民族村寨。然而，又因这种袭替制度而保存下来的资料，成为他们日后修谱的依据。现今我们前往这些地方做田野调查，常常会听到人们诉说其祖先来自江南、来自江西、来自山东、来自河南，等等，并搬出成套的族谱，以证其所言非虚。根据卫选簿资料以及史籍所记卫所官军成为了"土著"的历史记载，这些族谱的记录，并非无据，恐怕亦非"构建华夏世胄"身份那么简单，因为他们本来就是"汉人"，是镇戍边疆卫所官军的后裔。他们不断地书写族谱，在族谱中留下了有关祖先戍边的历史记忆，卫所痕迹布满其中。更为重要的是，卫所在清代府县化之后，卫所武官失去了世袭的权利，逐渐被"编管为民"②，在此情形下，他们为保存祖籍地的文化传统付出了相当大的努力，集中居住在卫所囤地的人们，通过不同的方式，坚守着"汉人"的身份。而离开了卫所囤地的人们，在相当长的历史时期里，他们根据社会环境的变动与现实社会生活的需要，隐藏卫所后裔的身份而呈现出了一种"夷化"的努力。然而，在其内心深处，仍然坚守着汉人的文化传统，尤其对祖先普遍抱有一种强热的认同感。于是，当清王朝提倡宗族伦理之后，他们便开始兴起了宗族化运动，并把筑建宗祠作为向他者展现家族传统文化的重要策略。据研究显示，仅清水江下游天柱县（由靖州卫汶溪守御千户所、天柱守御千户所改置而来），清康熙以降，便修建了99座宗祠，这些徽派建筑，其中一些即是在失去卫所世袭武官优势之后，他们对保存和延续祖籍文化传统所作出的表达。③

三　刘氏指挥使后裔的身份变迁

卫所武官在明代的武官系统中，被称为"世官"，这些"指挥使、指挥同知、指挥佥事、卫镇抚、正千户、副千户、所镇抚、百户、试百户"九等武职皆为世袭之职。④为了保证军队的战斗力，明初朱元璋严禁卫所军士从事与军事无关的活动，还曾于洪武三十二年下过一道大白话的严旨："在京但有军官军人学唱的，割了舌头；下棋打双陆的，断手；蹴圆的，卸脚；做买卖的，发边远充军"⑤。在承平日久的人口繁衍中，虽然武官人数不断增加，至隆庆初年，已有"天下武职逾十万人，五倍于昔"⑥的说法，但越来越多的武官后裔，其出路通过袭职的毕竟极少，大量的卫所官军后裔，还需要通过其他的方式谋求生活。据张金奎对卫所军户职业选择的研究可知，这些卫所官军不断繁衍的后裔，主要有从军、务农、入学和经商，此外还有从事手工业、服务业与娱乐业者，甚至"置身化外者"（即入

---

① 虽然在宗族建构的过程中，附会与传说的事例极为常见，这些"或详或简，或真或伪，或出于口碑相传，或妄抄公私史籍，或为信史实录，或属荒诞不经"的族谱，"它们多少有一定的可靠性和准确性，在地方史的研究中，应该可以在被解读的基础上作为史料来利用"。参见刘志伟：《附会、传说与历史真实——珠江三角洲族谱中宗族历史的叙事结构及其意义》，收入王鹤鸣、马良远、王世伟主编：《中国谱牒研究——全国谱牒开发与利用学术研讨会论文集》，上海，上海古籍出版社，1999年，第149~162页。
② （乾隆）《开泰县志》春部《户口志》，第39页下栏。
③ 参见吴才茂：《民间文书与清水江地区的社会变迁》，北京，民族出版社，2016年，第144~149页。
④ 梁志胜：《试析明代卫所武官的类型》，《西北师大学报》（社会科学版）2001年第5期，第83页。
⑤ （明）顾起元：《客座赘语》卷一〇《国初榜文》，北京，中华书局，1987年，第346页。
⑥ （明）陈子龙等编：《明经世文编》卷三六六《叶纲斋集》，北京，中华书局，1962年，第5册，第3960页上栏。

道或侍佛）。①

就铜鼓卫刘氏指挥使而言，他们也面临着男丁不断增多的问题，除了能世袭武职的子孙外，其他子孙自然需要从事其他行业。兹据《刘氏族谱》世系图，先制刘氏各代男丁数如表5，以观其家族人口发展史。

表5 铜鼓卫刘氏指挥使及其后裔男丁人数增长一览

世 系	人数	较上一代增加的人数	世 系	人数	较上一代增加的人数	世 系	人数	较上一代增加的人数
第1世	1		第5世	15	7	第9世	48	7
第2世	1	0	第6世	29	15	第10世	43	−5
第3世	4	3	第7世	35	6	第11世	82	39
第4世	7	3	第8世	41	6	第12世	142	60
						第13世	203	61

说明：此表截取至第13世，是因该世刘纯仁于康熙甲午年（1714）首修刘氏族谱，该世刘熟仁于乾隆辛巳年（1761）第二次编修了族谱，男丁数大致能反映至乾隆中期。

表5显示出刘氏男丁不断增长的过程，从第1代刘旺、第2代刘源的单丁，发展到第13代的203人，形成了庞大的家族。从刘氏家族的男丁人数增长历程来看，也基本符合明初至清前期的人口发展规律。比如明末清初，从第8—10世，人数增长较为缓慢，尤其第10世还出现了负增长，这显然是社会动荡带来的影响；而从第11—13世的大量增加，则暗合了清代康、雍、乾3朝人口陡然猛涨的历史背景。如此众多的刘氏子孙，终明一代，仅有10人袭了指挥使的职位，其他人则不得不另谋出路。

从《刘氏族谱》所记载的事例来看，这些刘氏子孙的职业选择，除去大多数固守铜鼓卫从事农业耕作外，进入卫学学习，参加科举考试，成为刘氏子弟的第一选择。刘氏第3代刘正袭职指挥使后，于天顺元年（1457）六月开始修建铜鼓卫学，至天顺二年十二月落成，为铜鼓卫官军子弟提供学习的地方。据陈敬宗《新建卫学记》载，铜鼓卫"平时卒伍所习于马，以挽强越骑为勇。朝廷虑其勇而无谋。敕建卫学，选官舍军生之秀异者充弟子员，设教官，通知文武之学者，教之以七书、韬略、经史、大义，俾知忠君孝亲，料敌制胜，与夫坐作进退之方，庶几文武并用，长久之道也"。②虽然建立卫学的目的在于培养"文武并用"的人才，以戍边疆，所教课程，包含了"忠君孝亲"和"料敌制胜"两个部分。但此后铜鼓卫的刘氏族人便开始走上了奋力科举的道路，至嘉靖四十年（1561），刘氏第6代子孙刘怠成为"岁贡"。之后的历史时期里，"科甲代不乏人"，至光绪三十三年（1907）的"历代职官举贡生员"统计中，刘氏族人明清两代计有举人1人，监生4人，贡生3人，岁贡9人，廪生11人，恩贡2人，廪贡1人，拔贡1人，共32人，其余还有所谓"在庠生"96人。③参与科举事业和固守在卫所辖地从事农业耕作的人们，对于保持身份不致变迁极为有利。据现有的社会历史调查数据显示，由铜鼓卫演变而来的贵州省锦屏县铜鼓镇，其下辖的铜鼓村（铜鼓卫署所在地）、乐安村（罗安屯）、花桥村（花桥屯）、岔路村（岔路屯），其人口与民族分布据1951年统计：铜鼓村汉族152户、人口581，侗族22户、人口91；花桥村汉族159户，人口619；岔路村汉族92户、人口394，侗族35户、人口86。而乐安村在

---

① 张金奎：《明代卫所军户研究》，北京，线装书局，2007年，第219～285页。
② （嘉靖）《湖广图经志书》卷一九《靖州》，第1597页下栏。
③ （清）刘至蔚等修撰：《刘氏族谱》卷一，第69b～70b页。

1965年的人口统计中，总人口为159，其中汉族140人，苗族2人，侗族9人，彝族1人。① 其中，花桥西南一公里的刘家山，就是刘旺后裔集中居住的村落，全部为汉族。由此可见，铜鼓卫刘氏指挥使一族，留在铜鼓卫囤地者，一直坚守着汉人的生活习惯与风俗，以致在中国人民共和国进行识别民族时，他们毫无疑问地被定为汉族。

除了入学，外出闯荡甚至投苗者亦时常有之。例如嘉靖七年（1528）贵州巡抚袁宗儒就曾指出："军士生息日蕃，投苗助乱往往有之"②。与铜鼓卫相去不远的五开卫隆里千户所，军户陈氏家族，有《陈氏宗谱》多记其先人外出事迹，其中就有陈经"移居苗疆"，陈子文"流入苗洞生理"等。③ 就《刘氏族谱》的记录来看，在这些外出族人名字旁，标识"外出未回""外出生理""出门在外""往外"等。族谱特别注意记录外出的人员，据《刘氏族谱》所记，明清两代共有23人外出闯荡。其中，第五代刘伏保，就到了清水江畔的三门塘，投身于木材贸易之中。④ 刘伏保到三门塘之后，其后裔人口亦不断发展壮大，为示说明，兹据《三门塘刘氏族谱》世系图制其人口发展如表6。

表6 三门塘刘伏保后裔男丁人数增长一览⑤

世系	人数	世系	人数	世系	人数	世系	人数
第5世	1	第10世	10	第15世	135	第20世	168
第6世	1	第11世	34	第16世	159	第21世	132
第7世	1	第13世	49	第17世	150	第22世	78
第8世	5	第13世	90	第18世	160	第23世	24
第9世	6	第14世	116	第19世	160	第24世	4

结合表6和族谱的记载可知，刘伏保之后的两代，均系单传。从第8代开始，人丁开始兴旺，刘宋台、刘富台、刘金台、刘银台、刘贵台被后世称为"五大公"或"五大房"。随后经过清代的不断繁衍，男丁的数量稳步增长，这种数据的变化，也反映了清代人口不断增长的历史背景。至此可知，现今三门塘刘氏宣称其为"昭勇将军"刘旺之后的根源，即出于此。

然而，现在的难题是，如何判定刘姓在三门塘的历史发展进程中，身份发生了变迁呢？根据现有资料，目前我们仅能依据如下两条线索进行判断：一是三门塘在地方事务中所处的地位；二是语言与服饰。

明万历二十五年（1597），并靖州卫之天柱、汶溪二守御千户所置天柱县，天柱旧辖"三苗"，时为知县的朱梓，"新割五里，清丈田赋，增一新里于四崇之中。"在"里图排甲"体系中，三门塘属归化乡二图，为"四峒三苗"之"清水江等十八寨"之一，地方政府在这些村寨设"通事、洞长"管理之。⑥ 从这些零碎的数据大致可知，三门塘是"古侗寨"的叙述，是有其历史依据的。换言之，刘伏保所至的三门塘，显然是一个苗、侗人群聚集的村落。面对这样的人居环境，刘氏和当地人群显然很难划出泾渭分

---

① 参见铜鼓镇志编纂委员会编：《铜鼓镇志》，铜鼓镇志编纂委员会内部印刷本，2010年，第61~62页、第85页、第87页、第91页、第100页。
② 《明世宗实录》卷八七，嘉靖七年四月甲寅，第1974页。
③ 隆里所《陈氏宗谱》，光绪十三年重校楷写本，无页码。
④ 明代五开、铜鼓二卫设置之地，甚宜杉木生长，卫所兵丁据闻多有种杉为业者，例如民间文献就载："黎平北路之清水江……明时，众兵丁流落四境，各相掘地口垦田土，专以挖山栽杉为业"。参见（清）姜海闻、姜元卿著：《三营记》，《贵州档案史料》2001年第1·2期，第78页。
⑤ 按，本表据光绪《刘氏族谱》和1988年《刘氏族谱》进行统计，其人丁记录亦即止于1988年，第二十三世和二十四世，出生的人口尚少，因此，其人口数大致能反映到第二十二世。
⑥ 参见康熙《天柱县志》上卷《坊乡》，第74页下栏；（明）江东之：《瑞阳阿集》卷三《黔中疏草》，《四库全书存目丛书》，集部，第167册，济南，齐鲁书社，1997年，第48页上栏—50页上栏。

明的界限，来保持其"汉人"的身份不致变迁，因为不管是官府的地方代理人（洞长）还是日常生活，均出于清水江下游"四十八寨"洞款的规则之中。在清代的"争江案"中，这"四十八寨"洞款更加紧密地团结在一起，而三门塘刘氏、垒处王氏便是其中的中坚力量。① 另外，在清代以来的社会变乱中，这"四十八寨"就曾于康熙三十四年（1695）"集竹刘寨议款禁匪"，而晚清社会大变乱时期，他们于道光三十年（1850）成立了保安团防组织，至同治四年（1865），前后 16 年，成为清水江下游地区的防护力量。② 在这种生存环境下，刘氏显然已经与"侗"融为了一个利益共同体。

语言和服饰显然也是判断人群族属的重要标志。③ 刘氏家族移居三门塘之后，逐渐形成了有别于汉族的语言和服饰传统。语言上，并未似铜鼓刘家山刘氏一样说汉话了，而是以说侗语为主，但其语音有如下特点："有一整套的送气音声母，但送气的成分不明显；有其他地方极少出现的小舌音声母 q-，发音时稍稍靠前；有侗族地区其他方言土语没有塞擦音声母 ts-，tsh-；w- 与 f-清浊对立"，据语言学的研究称，这与他们兼通汉语有关。④ 就服饰而言，笔者曾多次前往三门塘，目睹过多件清代以来的服饰，符合清人陈浩所言的"侗家苗"系统，⑤ 尤其妇女的衣饰，成为清水江下游"四十八寨"的代表。当然，在"侗家苗"系统中，有"男子衣服与汉人同"的说法，由此给人一种印象，即包含刘氏家族在内的"侗家苗"男性，其衣饰并未有少数民族服饰的特征。但特别应该指出的是，"与汉人同"的表述，本身就是一种区别，也仅是一种性别差异的表达，而非说明刘氏男性成员并非"侗家苗"。更何况，刘氏家族的男性成员，也在大力地为自己儿女办置"侗家苗"服饰，成为最重要的嫁妆之一，而他们娶媳妇，也极为看重这些标识身份的服饰的多少，以此判断女性带来的财富。可以说，这些刘氏男性已完全融入了这种服饰所构筑的社会风俗的氛围中。因此，刘氏家族的身份由于这些语言和服饰等表现出来的"土著化"倾向，清代逐渐具备了"侗家苗"的特征，成为中华人民共和国识别其为侗族的主要依据。

事实上，三门塘刘氏族人明清以来所产生的变化，还导致了铜鼓刘氏对他们的复杂心理，批评他们为子孙取名字时，不讲究辈分，有"夷化"的倾向，由此甚至对三门塘刘氏出自铜鼓产生了疑虑。例如光绪三十年（1904）铜鼓的刘树在《刘氏族谱·序》中就这样写道："三门塘刘氏始祖，相传为锦屏指挥刘旺公五世孙，名伏保者也。按锦屏刘氏旧谱，旺公五世孙十有四人，伏保其一也，观其名讳之旁，载有一说出外未回，一说迁居三门塘，未知孰是，存疑云云。迨查三门塘旧谱，谱系乾隆三十余年经熟仁公亲笔填写，留为后人把据，始信上下之同源矣。"⑥ 这一疑虑因为刘熟仁亲笔填写的乾隆《刘氏族谱》而释然，为刘树所接受。其实，三门塘刘氏群体在其内心深处一直坚守着作为指挥使后裔的决心，不管是祠堂的修建，还是族谱的不断编修，都是这一决心的体现。只是在参与组建三门塘村落的历史过程中，结合了生存策略的考虑。因此，身份变迁成为获取地方资源而壮大家族的重要策略之一。事实上，这也是贵州卫所官军后裔，若不集中在卫所屯地而外迁，在后来的民族识别中，因其语言与服饰等方面所显现出来的"夷化"特征，多成了少数民族的原因。

---

① 清水江沿江六寨围绕明清时期木材贸易的专营权和市场权力引发的"争江案"，最终以内、外三江的划分告一段落，以现今锦屏、天柱二县之间的洋渡溪为界，上游之茅坪、王寨、卦治为内三江，下游之清浪、垒处、三门塘为外三江。相关研究参见张应强：《木材之流动：清代清水江下游地区的市场、权力与社会》，北京，三联书店，2006 年，第 50～103 页。
② 参见（清）刘中燠、龙光武修，黄峭山樵编辑：《保安团防志略》，《中国地方志集成·贵州府县志辑》，成都，巴蜀书社，2006 年，第 22 册，第 326 页下栏—399 页下栏。
③ 中华人民共和国民族识别的指导思想，是依据斯大林的民族定义，即"民族是人们在历史上形成的一个有共同语言、共同地域、共同经济生活以及表现于共同文化上的共同心理素质的稳定的共同体。"参见费孝通：《关于我国民族识别问题》，《中国社会科学》1980 年第 1 期，第 154 页。
④ 龙耀宏：《侗语方音研究》，上海，上海师范大学博士论文，2012 年，第 96 页。
⑤ 陈浩的描述为："狪家苗在天柱、锦屏二县所属，择平坦近水而居，男子衣服与汉人同，女人戴蓝布角巾，着花边裙，织洞帕颇精美。能通汉语。"（清）陈浩编：《蛮苗图说》，日本早稻田大学文学部藏本。
⑥ （清）刘至蔚等修撰：《刘氏族谱》卷一，第 78a 页。

四　刘氏与三门塘村落的形成

彭勇指出，卫所武官是卫所移民社会中文化建设和文化传播的主导者，军卫群体是文化传播的重要参与者。① 刘氏家族在三门塘的发展史，可添一重要案例。那么，刘伏保及其后裔又是如何参与到三门塘村落的建设中来的呢？又以何种方式展现了卫所武官后裔的特点，使其在文化上成为"亦侗亦汉"的人群？要回答这样的问题，还得从三门塘的历史说起。② 然而，三门塘始建于何时，并无资料可考，或许正是没有明确的筑建时间，才是清水江两岸村落发展的真实情形，因为这些村落，是在历史时期不同人群不断地活动中才逐渐形成的，三门塘亦不例外。

从现存的资料来看，较早能反映其行政归属的是碑刻史料，一方刊刻于万历三十九年（1611）的《兴隆桥》碑，其文曰："今据大明国湖广道靖州天柱归化二图清水江三门塘梁溪口石桥乙座。"③ 从这简短的叙述中，可知三门塘至少从这时起，已被纳入天柱县的里甲系统之中，④ 明清鼎革之后，清初仍属天柱县归化乡二图，⑤ 后属天柱县由义里。⑥ 在清代中期以后兴起的木材贸易市场网络中，凭借着岸高塘深的天然地理优势，三门塘成为著名的"外三江"之一，在百年争江之后，于光绪年间取得当江权利，三门塘扮演着当江歇客、代客买木、木材整修的中介代理角色。⑦

而三门塘的早期居住的人群，钱晶晶依据口述传统的研究显示："谢家最先，刘家随后，之后才是王家与吴家"。而各姓族谱的记载，则给出了确切的时间表：而各姓族谱的记载，则给出了确切的时间表：谢家永乐二年（1404），⑧ 刘家成化十五年（1479），王姓弘治十六年（1503），只不过王家强调了他们是按"正式办照入籍"的时间来计算的，迁来的时间其实与谢家相同。⑨ 吴家先祖吴应宁，明弘治年间由广坪徙居三门塘。⑩。之后三门塘发展成为大小18个姓氏居住的村落，其中早期迁来的这4个姓氏，成为寨中大姓，发展至今，据现有户主统计：王姓157户、谢姓58户，刘姓45户，吴姓41户。⑪ 那么，刘氏在三门塘历史形成过程中，究竟扮演了什么样的角色？从现存零碎的民间历史文献来看，大致可分为3个时期。

---

① 彭勇：《明代河南的军卫移民与文化传播》，《中州学刊》2014年第7期。
② 按，有关三门塘的历史人类学研究，张应强及其学生钱晶晶发掘之功甚伟，他们分别从商业发展、桥与地方社会、村落空间与历史记忆、谱系建构与姓氏空间、仪式与社会等方面对三门塘做了立体式的研究，成果极为丰赡。参见张应强：《清代西南商业发展与乡村社会——以清水江下游三门塘寨的研究为中心》，《中国社会经济史研究》2004年第1期；钱晶晶：《桥：地方社会脉络下的文化符号——明清以来贵州三门塘人的修桥活动及其意义》，《广西民族大学学报》[哲学社会科学版] 2009年第3期；《村落空间与历史记忆——三门塘人的家族故事与船形隐喻》，《原生态民族文化学刊》2010年第2期；《三门塘人的空间观念及表达》，《原生态民族文化学刊》2011年第4期；《空间仪式与乡村社会秩序——对清水江下游三门塘村的田野考察》，《原生态民族文化学刊》2012年第4期；《历史人类学视角下的村落空间——三门塘人的谱系建构与姓氏空间》，《青海民族研究》2013年第2期。这些研究成果对笔者启发与帮助极大。
③ 万历三十九年《兴隆桥》碑，碑原立于三门塘梁溪桥头，笔者2011年抄录时，存于南岳庙内，已碎裂成4片。
④ 按，天柱建县在万历二十五年，建县之前为天柱守御千户所和汶溪守御千户所，为靖州卫"在外"的两大守御千户所，可视为典型的以千户所置县的例子，建县缘由的具体阐释，可参见江东之《定县名靖边方疏》，收入（明）江东之：《瑞阳阿集》卷三《黔中疏草》，第48页上栏—50页上栏。
⑤ （康熙）《天柱县志》上卷《坊乡》，第77页上栏。
⑥ 光绪《续修天柱县志》卷二《地理志·乡里》，《中国地方志集成·贵州府县志辑》，成都，巴蜀书社，2006年，第22册，第172页上栏。
⑦ 清水江沿江六寨围绕明清时期木材贸易的专营权和市场权力引发的"争江案"，最终以内外三江的划分告一段落，以现今锦屏、天柱二县之间的洋渡溪为界，上游之茅坪、王寨、卦治为内三江，下游之清浪、坌处、三门塘为外三江。相关研究参见张应强：《木材之流动：清代清水江下游地区的市场、权力与社会》，三联书店，2006年。
⑧ 《谢氏族谱》，光绪乙酉年[1885]钞本，无卷帙及页码。
⑨ 《王氏族谱》卷一，《迁钱始祖世系表列纪》，光绪甲辰年[1904]刻本，第4a页。
⑩ 《吴氏族谱》卷一，《中团祠堂记》，民国乙卯年[1915]刊本，第1b页。
⑪ 钱晶晶：《历史人类学视角下的村落空间——三门塘人的谱系建构与姓氏空间》，第34页；《三门塘人的空间观念及表达》，第30~31页。

第一，成化年间至万历年间，此为刘氏获得入住权及家族的稳步发展时期。从上述各姓氏迁入的描述中可知，刘氏也是较早迁入三门塘的人群之一。然而，刘氏在三门塘的早期活动，与其他姓氏一样，并无明确的记录。现仅能从《三门塘刘氏族谱》中所记录的男丁配偶关系，这一侧面反映刘氏入住三门塘的历史过程。入住第 1 代刘伏保的妻子为杨氏，其子刘正干的妻子为姚氏，其孙刘钱端的妻子为彭氏。从这 3 代人来说，并未有发现其与上述最早迁入三门塘的谢姓、王姓甚至稍晚的吴姓有关联。但到了第 4 代与第 5 代，尤其是第 5 代，有非谢家女不娶的势头，其中第 4 代刘宋台（配王氏），刘富台（配王氏），刘金台（配谢氏），刘银台（配姚氏），刘贵台（配吴氏）；第 5 代刘金船（配王氏），刘银船（配谢氏），刘银万（配谢氏），刘云龙（配谢氏），刘唐万（配谢氏），刘船万（配谢氏）。从这两代人的婚姻关系来说，已经主要集中到了谢氏和王氏，这似乎也证实了谢家说他们把姑娘嫁给了刘家的说法，刘家还因此得到了大片土地，从此逐步发家致富。① 如果结合清水江地区的"姑娘田"制度，② 谢家嫁女与刘家，并不断送出"姑娘田"，似亦接近历史事实。

而在万历年间拥有"桥"，对于刘氏家族来说，更显重要，可以说是他们在三门塘立足的标志。因为最早迁入三门塘的谢姓，就有谢姓桥，据前引《兴隆桥》碑记载："今据大明国湖广道靖州天柱归化二图清水江三门塘，梁溪口石桥乙座，万世功荫。桥主谢万银施银一两一钱，谢万保施银二钱。本主谢什保同妻刘氏共施银六两二钱，外修路银四钱五分……"碑中"桥主""本主"这样的指称，是三门塘人对桥特有的一种"所有权"观念的表达。③ 换言之，桥的拥有，成为占据村落的重要组成部分。而刘氏家族，据道光三年（1823）刘氏重修"复兴桥"的碑记载："明万历四十一年，有刘公唐万、船万，乃好善之人也，曾立石碳于斯，而村之财丁颇盛，此水口紧关之一验也。"④ 从简短的碑文叙述中可知，刘氏第 5 代的刘唐万和刘船万已取得在三门塘建立石桥的权利。至此，刘氏通过与谢氏、王氏等宣称早期来三门塘定居的姓氏联姻，以及以"桥"来确定在村中的地位之后，不管是人口还是土地，便开始快速增加。

第二，万历末期至道光年间。这一时期，前述表 6 显示，从第 10 世开始，人口稳步增长，至第 18 世，男丁数已达 160 人。而从三门塘现今能看到的诸多历史遗迹，均在这一时期形成了。例如码头中的刘家码头、谢家码头、王家码头、吴家码头均已形成，其中，刘家码头已经取得压倒性优势。据调查资料显示："三门塘的码头最初是在谢家，后来到吴家、刘家，王家"，但至后来，"这些码头以刘家码头为主，它其实是三门塘的大码头，是木排的停靠点，其他的谢家码头、吴家和王家码头仅仅只是自家的船只停靠点。因为刘家码头有地理优势，涨水的时候，那个水是回流的，木材就冲不走，所以在刘家码头停放木排最好了。"⑤ 又如寨中"花街"中的刘家街、谢家街、王家街、吴家街，也于这一时期修成，其中吴家街修于乾隆二十七年（1762），⑥ 其余几家至迟于道光三年已修成，据《视履考详》碑云："斯地四姓聚处，各立有街，若刘则有西街，吴有东街，而王姓居中。"⑦ 从这些码头和"花街"的命名方式来看，是一种对"我族"主体地位的确认和重申。⑧

当然，在某些时候，不知是有意还是无意，会呈现出谢、王、吴三姓联合排挤刘姓的事例。例如，乾隆三十四年（1769）的《庙坊碑记》就记道：

---

① 钱晶晶：《历史人类学视角下的村落空间——三门塘人的谱系建构与姓氏空间》，第 34～35 页。
② 有关清水江下游地区的"姑娘田"制度，参见吴才茂：《从契约文书看清代以来清水江下游苗、侗族妇女的权利地位》，《西南大学学报》[社会科学版]，2013 年第 4 期。
③ 钱晶晶：《桥：地方社会脉络下的文化符号——明清以来贵州三门塘人的修桥活动及其意义》，第 53 页。
④ 道光三年《复兴桥》碑，笔者 2011 年抄录时，碑立于三门塘寨口碑林处。
⑤ 钱晶晶：《村落空间与历史记忆——三门塘人的家族故事与船形隐喻》，第 26～27 页。
⑥ 参见乾隆二十七年《修路碑记》，笔者 2011 年抄录时，碑立于三门塘大坪吴家街旁。
⑦ 参见道光三年《视履考详》，笔者 2011 年抄录时，碑立于三门塘王家街边。
⑧ 张应强：《清代西南商业发展与乡村社会——以清水江下游三门塘寨的研究为中心》，第 48 页。

> 吾辈倡首王汝宏，生员谢光龙，信士王甫山、吴君胜、王达先等，于承祭间，每思神为人主，吾人尚有栋宇之居，而神反无栖托之所。三姓云集，均曰唯唯，一诺而前唱后和，乐捐余金材木，于辛巳冬，遂穷匠氏以经营，而古庙复兴焉。①

碑铭还镌刻了捐资者的姓名，其中王姓 101 人、吴姓 22 人、谢姓 19 人，如此众多的人参与的公益事业，刘姓却被排除在外了。面对这种情形，刘姓也有重修复兴桥一类的壮举，前引道光三年《复兴桥》碑的序言这样写道：

> 桥何以复兴名也，盖谓为后人者，能继志述事而言也。斯桥水自右旋抱村而下，而世业风水之术者，佥以桥足固一村水口，直外生立二石，名曰：傍浦岩。又有古木左右映带，每谓坚如铁券，固若金汤，可卜斯地之发祥焉。在明万历四十一年，有刘公唐万、船万，乃好善之人也，曾立石于斯，而村之财丁颇盛，此水口紧关之一验也。奈至乾隆戊辰年，桥忽倾毁，故将桥石平街，而路因以改。今幸二位后裔能继其志，述其事于嘉庆癸酉年，各捐家资重修故制，登临望之，宛然虹卧春波、鹊填秋水矣。但是举也，固一村水口，虽或有感于风水之言，而其能承先人遗志，便通往来，一为而三善俱备，讵非前已兴之，后必兴之，兴而又兴之谓哉。②

这种"一为而三善"的筑桥行动，不仅显示了刘氏继承"先人遗志"，而且他们相信，占据了"一村水口"的风水宝地，将来会继续兴旺发达。

不过，这种各姓分立或王、吴、谢三家联合孤立刘氏的举动，亦并非毫无调和的余地。其实，各姓氏之间，在形塑三门塘村落社会的历史过程中，虽然通过公益事业，他们各自展现"我族"的努力一直未停息，这也是今天能看到三门塘文化多元并存的主要原因。但是，在这一历史过程中，他们不断融合与合作也淋漓尽致地表现了出来，且不说他们之间世代的联姻关系，就是在社会公益事业面前，也表现出"众人拾柴火焰高"的局面。早在乾隆三十二年（1767），寨中耆老王茂祥、刘子盛等即在戒僧悟透的相约下募化各寨，修建渡船，刊有《次修渡船碑记》③，碑文所述反映了三门塘从一家一人私舟摆渡，到雍正丁未"上下往来，乘舟登岸"的历史过程。④ 而嘉庆二年（1797）重建兴隆庵，更是三门塘内部各个姓氏之间、以及各种社会力量的一次很重要的显示与整合。⑤ 并且在这种合作与整合的过程中，大致在道光年间，刘、王、吴、谢四姓的主导地位得以逐渐形成。⑥ 行文至此，刘氏在这一时期，已经逐渐成为三门塘村落建设中的重要家族之一了。

第三，晚清民国时期。这一时期是三门塘刘氏鼎盛时期，至光绪年间，据《三门塘刘氏族谱》称："三门塘人烟数百，刘氏殆居其半，且又多为外帮木客主家，精筹算者，无不渐臻殷实。近年以木业而获厚利者，颇不乏人，亦克光前烈者也"。⑦ 由此可见，刘氏在这一时期，不仅人口数量达到了鼎盛，占据着半壁江山，而且很多刘氏族人已经参与到了木材贸易之中。在清水江木材采运活

---

① 乾隆三十四年《庙坊碑记》，笔者 2011 年抄录时，碑存于三门塘南岳庙。
② 碑文又载（清）刘至蔚等修撰：《刘氏族谱》卷一，第 83a~85a 页。
③ 乾隆三十二年《次修渡船碑记》，笔者 2011 年抄录时，碑立于三门塘寨口碑林。
④ 张应强：《清代西南商业发展与乡村社会——以清水江下游三门塘寨的研究为中心》，第 50 页。
⑤ 张应强：《清代西南商业发展与乡村社会——以清水江下游三门塘寨的研究为中心》，第 47 页。
⑥ 例如，道光二十年重修兴隆庵，与嘉庆二年一样，为首的均是刘、王、吴、谢四姓，在碑铭落款时，还特别标识："皇清道光二十年岁次庚子小阳月谷旦四姓九甲众等同立"，突出四姓的地位。参见道光二十年《重修碑记》，笔者 2011 年抄录时，碑立于三门塘小学门前。
⑦ （清）刘至蔚等修撰：《刘氏族谱》卷一，第 79a 页。

动中，木材的品质是参与买卖各方讨价还价的焦点，而各种木材存在的缺陷，名目就多达 70 余种。① 而三门塘一带的木工最擅长处理这些问题，可以最大限度地减少只值一半价钱的"脚木"的比例，提高木材的档次，也正因如此，后来外三江的木材经营量三门塘寨占到七成。在这种技术背景下，刘氏族人通过从事与木材贸易相关的工作，如担任木行中的"文管事"（主要负责记账之类事务）、"武管事"（主要负责河面木材丈量、管理木坞及指导加工木材等事务）或撬排守排、修整加工木材等等。而因为木材买卖活动的展开，村寨中为客商、排工等提供服务的事务也就越来越多。② 借此，包括刘氏在内的三门塘人，获取了丰厚的经济收益，而刘氏家族还在这一历史过程中，成为了三门塘的巨族。

在家族日渐繁荣昌盛之后，刘氏族人在这一时期，开始了于家族而言最为重要的修谱建祠活动。据各种序文，《三门塘刘氏族谱》至今共修过 2 次，第一次是光绪三十年，第二次是 1988 年。但在此之前，铜鼓卫刘氏指挥使后裔已修过数次《刘氏族谱》，第一次康熙甲午年（1714），刘氏第 12 世孙刘纯仁"始照图录出"（即最后一代指挥使刘廷弼的亲供图录）；第二次是乾隆辛巳年（1761），由刘熟仁再为重修；第三次为道光癸未年（1823），刘至缙等"为之照式填清"；第四次是咸丰二年（1852），刘氏族人再次重修，并"延梓人石芝兰等于祠，请其刊刻，共修八本，五代一提，以便后世清查"。③ 而三门塘刘氏，在铜鼓卫刘氏修谱的过程中，虽然每次均获"达知"，但"其素未讲究及此"，只是每次都领走所修谱牒，"留为后人把据"。到光绪年间，当三门塘刘氏发展到鼎盛之时，他们正式通过与铜鼓刘氏"合修家乘"而"联成一气"④，向世人宣示他们系铜鼓卫指挥使后裔的真相。这种先期对身份讳莫如深到光绪年间的公开展示，这么做的个中原因，我们不得而知，但据口述访谈表现出来的讯息，这是"弃子"回归的重大举动。换言之，当年刘伏保离开卫所囤地，进入三门塘，实为无奈之举，有一种被抛弃的失落，其后裔经过 400 余年忍辱负重，终于强大，于是一改"素未讲究及此"的做法，而是欣然与铜鼓刘氏"联成一气"。由此，刘氏族众内心对于汉文化的坚守，全然释放出来了。因为晚清社会、政治环境的变动与其自身经济实力的上升，已足以能让其表达内心的真实愿望。只是在这近 400 年历史进程中，刘氏也已经深深地与"侗"交融在一起了。

而修建于光绪年间，至 1933 年精雕细刻并糅合了西方建筑艺术的刘氏宗祠，不仅展示了刘氏家族的雄厚财力，而且也显示了刘氏家族在这一时期，已经具备了开放性和包容性的一面，表现出了一个偏远侗寨在清末明初接触西方世界所作出的努力，把西方的建筑技术，运用到中国传统的家祠建设上，又何尝不是这种努力的体现？当然，刘氏宗祠的重要意义还在于，它成为了三门塘多元文化并存的象征。

余 论

费孝通先生曾指出："我们过去对于历史上民族之间互相渗透和融合研究得很不够，特别是对汉人融合于其他民族的事实注意不够，因而很容易得到一种片面性的印象，似乎汉族较杂而其他民族较纯。其实所有的民族都是不断有人被其他民族所吸收，同时也不断吸收其他民族的人。民族间相互渗透和融合过程还是应当实事求是地进行具体分析。汉族在形成和发展过程中大量吸收其他各民族成分时，不应

---

① 黔东南苗族侗族自治州工商联、锦屏县工商联合编：《锦屏县木材行业史料》（稿本），1959 年 9 月，第 25 页。
② 张应强：《清代西南商业发展与乡村社会——以清水江下游三门塘寨的研究为中心》，第 51 页、第 52 页。
③ 参见（清）刘至蔚等修撰：《刘氏族谱》卷一，第 50a~52b 页。
④ 参见（清）刘至蔚等修撰：《刘氏族谱》卷一，第 78a~79a 页。

忽视汉族也不断给其他民族输出新的血液。"① 明代卫所官军移镇贵州少数民族地区，可为费老宏论提供诸多鲜活的案例，值得结合历史文献与田野调查资料，进行深入辨析。

明代卫所武官群体因为肩负着戍边的重任，与贵州少数民族群体多有冲突，甚至不惜付诸战争，但在近 350 年的历史时期里，大规模冲突的时间毕竟极短，更多的还是处于和平稳定的状态。在此状态下，不管是卫所武官群体，还是少数民族群体，二者均予对方以影响，就前者来说，在开疆拓土与保卫交通畅通的过程中，也吸收了一些少数民族的办法控制"苗境"。例如明成化十四年（1478），铜鼓卫与五司三所的土民在湖耳司之地宰猪八头，备酒八缸，制定了 13 约款。② 又如万历三年（1575）《偿民册示》就有卫所武官对"四峒"下达了 6 条款令，治理地方。③ 再如，五开卫屯军"居常合众为款，借号曰御苗"④ 而形成的"款军"，显然是借鉴了当地土著苗侗村寨中"具有农村公社性质的社会组织，历史记载中称为'合款''议款''议榔''合榔'的制度"。⑤ 这些都是卫所武官吸收少数民族传统习俗的案例。不仅如此，卫所官军在与地方社会互动的过程中，"夷化"的例子也很多，但史籍中却常以成为"土著"一言以蔽之。其实，历史社会学的研究案例显示，这种"土著化"的实际情况，远比这寥寥数语要复杂得多。例如，贵州省贵阳市南郊花溪河谷的中段"半边山寨"，居住其间的主要为今天被识别为布依族的李姓与班姓居民。李班二姓居民虽不同姓但却同宗，实为一个家族。《李班氏族谱》记载了该家族的由来：明万历二十七年（1599 年），因播州宣慰使杨应龙举兵反明，江西籍武官李仁宇（始祖公）以"协镇"之官职受命入黔平乱。"播州之乱"平息之后，李仁宇并没有回到原籍，而是携家眷驻守于滇黔通道上的石板哨。然而李仁宗的原配夫人却因为水土不服，未到驻地就不幸病逝。李仁宗在石板哨驻下之后，尚无子嗣的他只身"入赘"当地的仲家（布依族），娶班氏（始祖母），并在石板哨以南五里处的半边山脚下立下半边山寨。将军李仁宇与仲家班氏育有二子，长子随父姓李名鹤山，次子随母姓班名近山，二人均承袭了其父的军职，由此形成了一个"汉父夷母"之李班家族。该家族虽有着汉人血统，但长期以来只与班氏所属的仲家通婚，因此当地人也一直称李班家族为"仲家子"。长期以来，身份特殊的李班家族一方面保持着与仲家的通婚关系，呈现"夷化"的趋势；另一方面他们也以各种方式强调其汉人血统，如在村中修建宗祠寺庙等。虽然李班家族在 20 世纪 50 年代的民族识别中被定为布依族，且因为民族政策的照顾，使得他们开始逐渐强调与突出其布依族的身份。但在更多的场合中，无论是李班家族的族人，还是他们的邻居，都在强调这个家族"半汉半夷"的身份特质。⑥

铜鼓卫刘氏指挥使后裔移居三门塘，与不同姓氏"杂居"而合力建设村落社会的历史过程，可视为汉人聚合、交融而演变为"侗族"的典型事例。⑦ 但不管是各类独立的刊碑立约活动，还是联合不同人群争取清水江"一江厚利"的"当江"权利，其过程体现出来的汉字书写与观念，无不显示了他们作为汉人后裔的特点。如果说三门塘刘氏族人的语言与服饰装扮，呈现了他们的侗族身份，那么，以族谱与

---

① 费孝通等著：《中华民族多元一体格局》，北京，中央民族学院出版社，1989 年，第 20 页。
② 靖州《款会请神词》，转引自吴治德：《〈侗款〉的"款"字探源——兼谈"都"字》，《贵州民族研究》1992 年第 2 期，第 145～149 页。
③ 这六条款令为：一要紧把隘路，不许盗苗入境。二要乡村互相守望，不许挨闪躲避。三要四峒各村，不许汉人往坐苗疆，百计盘剥扰害之弊。四要听从款令，调唤踊跃，不许挨闪犯规。五要大小事件听款长、乡约公道排解，大事化小，小化无，不二比诬行争斗。倘有不服者，峒长乡约即行禀究。六要安分，男耕女织，不许争占欺弊。此六条奉上行下，四峒每岁立冬同会四安坪合款遵奉。参见洪寒松：《侗族"合款"制试析》，《民族论坛》1985 年第 1 期。
④ 万历《贵州通志》卷一五《黎平军民府》，《日本藏中国罕见地方志丛刊》，北京，书目文献出版社，1991 年，第 18 册，第 345 页上栏。
⑤ 吕善长：《"五哗六哗"与黎平军民府的设立》，《原生态民族文化学刊》2016 年第 1 期，第 29 页。
⑥ 汤芸：《花场跳月：从仪式景观看中国西南多族交互共生》，参见王铭铭、舒瑜编：《文化复合性：西南地区的仪式、人物与交换》，北京，北京联合出版公司，2015 年，第 28～29 页。
⑦ 按，贾敬颜在《历史上少数民族中的"汉人成分"》一文中指出："杂居便利了不同民族间的转化，汉人变少数民族，同时少数民族也变成汉人"。（参见费孝通等著：《中华民族多元一体格局》，第 170 页）。

宗祠所表现出来的则是卫所武官后裔的身份。二者在不同的历史时期里，其显现的程度并不一样，在这或隐或显的背后，取决于他们对现实生存需要的考虑。这种历史过程，可能就是促成"在中国民族的统一体之中存在着多层次的多元格局，各个层次的多元关系又存在着分分合合的动态和分而未裂、融而未合的多种情状"①的缘故。

[作者单位：凯里学院人文学院]

---

① 费孝通等著：《中华民族多元一体格局》，第33页。

明中叶后东亚海域的苏木贸易研究

关恒安

海洋贸易的得以展开与兴起，除了人们的勇气与航海技术外，最重要的还是商品带来的利润，也就是说没有有利可图的商品，任何的港口或航线都无法持续经营下去。而在东亚海域中常见的商品如丝绸、瓷器、胡椒、丁香或白银等等，史学界已有相当多的讨论，但有一种商品，则是在明中叶后拜纺织品的兴起，而有需求增加，以致在东亚海域大为流通的趋势，那就是苏木。

苏木的用途很多，但最为常应用的两项用途，分别为制作染料以及中药材料。苏木染物，在文献中通常称为绯、绛的暗红色（又称木红色），如明代宋应星的《天工开物》中，就有记载其所能够染出的多重色彩，包括木红色、紫色、天青色与藕褐色。① 这当中的木红色与紫色，更是当时极为贵重、少见的颜色，因此被当作皇室用色，或者高官饰品用色。相较其他多种红色，如大红、莲红、桃红、银红、水红色等，皆可借由红花饼与多种不同材质的物品来制作。至于木红色则是仅能透过苏木、茜草②才有办法取得。③ 再者，染服功能在中国礼制的规范中，亦有稳定国家社会秩序的意义，中国台湾学者巫仁恕的《品味奢华：晚明的消费社会与士大夫》中即有充分讨论。④ 拥有染服用处的苏木，亦拥有维护政权与区别社会等级的作用，使其在中国与日本市场皆被视为很重要的商品。

随着14世纪、15世纪东北亚中国、日本的政治较为稳定与经济发展，明中叶后社会经济、消费能力的提升，以及出现服饰奢华僭越的"服妖"现象，过去仅限高官、贵族所用的苏木，不再限制于上层人士，而是普及至士庶阶层。⑤ 同时，中国出产的棉织品，如松江布（Canga）取代了过去的丝织品与葛麻，成为庶民衣饰的主要材料，甚至还外销到周边国家，⑥自然对于染料的苏木，其需求也就大大的增加。

于是来自东南亚的苏木，特别是质量较好的暹罗苏木，便逐渐成为东亚海上贸易的一项大宗商品。本文希望借助相关的中、外文史料，讨论明中叶后葡萄牙、西班牙、荷兰及英国人来到东亚海域，对于原有的明朝朝贡体系所建构的苏木贸易，有何冲击与影响，除了将探讨明中叶后东亚海域的苏木贸易结构外，并以多元角度探讨各方势力在明中叶后如何介入东亚海域的苏木贸易。

一 东亚海域的苏木贸易结构

随着欧洲航海家于15世纪、16世纪的海上探险，世界各海洋最终串联成一个完整的贸易体系，也

---

① （明）宋应星：《天工开物》香港，中华，1978年，卷三，第114～115页。
② 茜草，"今北土处处有之，名土茜，根可以染红。"朱橚撰：《救荒本草》，中国台北，中国台湾商务，1982年，第49册，卷四，第28～29页。
③ "造红花饼法"，当时红花饼原料在中国制作而成。（明）宋应星：《天工开物》，1978年，卷三，第122页。
④ 巫仁恕：《品味奢华：晚明的消费社会与士大夫》，中国台北，联经，2007年，第120～121页。
⑤ 巫仁恕：《品味奢华：晚明的消费社会与士大夫》，中国台北，联经，2007年，第145～165页。
⑥ Antonio de Gouvea; introd. Horacio P. Araujo, *Asia extrema entra nella a fe, promulga-se a ley de deos pelos pradres da Companhia de Jesus*, Lisboa: Fundacao Oriente, vol. II, 2001, p.240. 参见董少新，《葡文资料中的徐光启与明末上海》，收录于《中西文化会通第一人——徐光启学术研讨会论文集》，上海，上海古籍出版社，2006年，第140页。

因此除了荷兰人、英国人勇于在原本已经成形的东亚海域贸易网络冒险外,华人及日本人也纷纷地下海航往东亚各海域,在经营其他商品贸易的同时,也前往暹罗购买苏木转贩他处,甚至于暹罗国王也加入了这场海上的逐利航海,派船将该地的苏木载往东亚的中国及日本销售谋利,其中华人、日本人、荷兰人、英国人及暹罗人,皆或少或多地从事苏木的贸易活动,但此文篇幅有限,仅涉及探讨日本人、荷兰人与暹逻国王贸易部分。

(一)华人海商集团

1567年隆庆开海,部分解除明朝近200年的海禁后,原本不论是亦商亦盗、亦官亦盗,或者亦官亦商等组合的海商组织、人员,此时都可以名正言顺地从事海外贸易,只需获得船引,也因此许多的海盗、海商都在此时期逐渐茁壮,如1567年到1627年间在文献中出现的海上人物如曾一本、林道干、林凤、李旦、颜思齐、郑芝龙、钟斌、刘香等。① 这些海寇人物,并不一定与暹罗有直接的贸易往来,但是他们掌控中国东南沿岸,甚至是台湾、日本、吕宋等重要航线,因此暹罗的苏木如不经过他们,亦恐很难抵达中国或日本的海港,因此永积洋子的《朱印船》一书中,便提及1613年VOC暹罗商馆写给北大年商馆的书信说道,每年暹罗国王输出苏木,以给中国、日本商人为主。那么这里指的中国商人又是谁?嘉靖三十五年(1556),葡萄牙道明会修士Gaspur de Cruz在《中国志》中记录,广东商人违法到暹罗贸易的情况。②

自从隆庆开海后,愈来愈多华人出海来到东南亚各国讨生活,不论是马六甲、暹罗、北大年等。既然明朝与北大年没有朝贡关系,也没办法要求把海寇遣回,使得北大年成为海寇主要聚集在海外巢穴之一,如隆庆初年带领大批部队来此的林道干,就是海寇落地生根的实例。③ 17世纪初的暹罗,亦聚集众多华侨。当时的贸易局势,除了暹罗国王自身朝贡之外,要取得中国商品,必须依靠中国商人。在暹罗能与华人竞争的荷兰人与日本人都无法直接到中国贸易,所以暹罗必须仰赖中国人所提供的稳定货源。同时,暹罗国王为了确保与中国商人的贸易,每年才会严格控制分送的数量,其中又以中国人、日本人被分到最多。

从永积洋子《唐船输出入品数量一览1637—1833年》书中,整理出1641年到1682年,从日本长崎输入的唐船苏木商品。可见郑氏海商集团,确实与暹罗有贸易往来,并将商品带到日本贩卖的纪录。上表中出现的安海(又名安平、石井)④、台湾、国姓爷等地,当时皆在郑氏集团掌控之中,安海,甚至是郑氏的起源地。贸易量虽然不及暹罗国王输出日本的苏木量,但其货物量已是第二主要货源。

(二)日本朱印船贸易

1600年,当德川家康在日本关原战役中击败丰臣氏后,江户幕府的霸权确立,并掌握对日本朝政、外交贸易,改变过去丰臣秀吉对外强硬的外交,致力于海外诸国缔结友善关系,以收取对外贸易的利益。规定从事海外贸易的日本船只,必须拥有幕府所发行的朱印状,如此才能够控制对外贸易。并且,同时要求其他国家仅与握有朱印状的日本商船贸易,并且提供必要的保护。永积洋子的《朱印船》中就有提到,庆长九年(1604)至元和二年(1616)中,记录日本朱印船只的《异国御朱印账》中,总共195

---

① 张增信:《明季东南海寇与巢外风气(1567~1644)》,收录于张炎宪:《中国海洋发展史论文集(三)》,1984年,第315~316页。
② C. R. Boxer, South China in the Sixteenth Century, p.191. London: Hakluyt Society, 1953年。参李庆新,李庆新:《贸易、移植与文化交流:15~17世纪广东人与越南人》,发表于香港中文大学图书馆系统主办,"第二届海外华人研究与文献收藏机构国际合作会议"(2003/03/13~15),第12页。
③ 许云樵:《北大年史》,1946年,第111~121页。
④ 石井镇,在今福建省南安市南部,南临东海与金门岛一水相隔。参见戴均良等编:《中国古今地名大词典》,2005年,第690页。

封朱印状，当中有36封（或者更多）是属航往暹罗的朱印船。①

德川家康先后寄送书信前往东南亚各王国。承继过往琉球的贸易航线，开展与他国来往的贸易，其中即包含暹罗国王。② 此时的暹罗、日本两国，正从战后状态中逐渐复苏。因此，能够开展对外稳定的贸易，显得格外重要。在1604到1615年间，日本即有纪录达36次御朱印船前往暹罗贸易，参考附表（四）。双方来往书信也不曾间断，从最早记载为庆长十一年丙午九月廿一日（1606/9/21），最后一封，则是宽永六年己巳十月下澣（1629/12/24）。希望透过此节，讨论17世纪上半叶，日本朱印船与暹罗的外交、贸易活动，暹罗苏木在贸易中的重要性，以及日本锁国政策带给VOC在东亚海域贸易的利益。庆长十一年丙午九月廿一日（1606/9/21），德川家康寄送国书给暹罗国王。③

知晓自17世纪初，日本与暹罗两国确实有外交贸易往来，但在两国来往国书中却不见苏木的踪影，反倒是出现奇楠香、盐硝、铁炮、象牙、黑铅（石墨的别名）等珍贵香料、装饰品与具有战争用途的火炮等。所以要如何证明暹罗与日本之间存在苏木贸易呢？永积洋子的《朱印船》中使用1613年VOC暹罗商馆写给北大年商馆的书信，当中透露出每年日本在暹罗贸易苏木的情况。④

1613年，从此信中的内容来看，VOC正逐渐了解暹罗苏木的市场行情，以及其中参与的买卖双方。发现苏木的买卖，不但是由暹罗国王所主导，更被中国与日本商人所垄断。此时正逢VOC暹罗商馆决议改变贸易方针，从过去原本以中国为主的贸易目标，转向日本，使用的是暹罗出口品，如鹿皮、苏木等。⑤

从日本来到暹罗的朱印船，自1604年到1635年的31年间，共有92艘船只（但主要集中在1630年代以前），仅有前往交趾的朱印船比暹罗多，当地以产生丝与金为主。日本会针对暹罗进行大量贸易，永积洋子认为是有意识的贸易策略，"在德川家康时期，任何关心朱印船贸易的人都知道，暹罗特产的苏木与鹿皮上有显巨利益，亦也使暹罗繁荣。"⑥ 因此，整体来看，明中叶后日本在东亚苏木贸易的经营上，因其国内的需求而扮演相当积极主动的角色。

（三）荷兰、英国东印度公司

荷兰（VOC）及英国东印度公司（EIC）的参与苏木贸易，可从荷兰VOC船只于1604年抵达暹罗接触暹罗国王开始。据VOC暹罗馆长Jeremias Van Vliet（1602—1663）日后所编著的暹罗历代国王传记中，提到King Naresuan（1555—1605）受外国事物吸引，也给予外国人极度的礼遇。⑦ 继任的Ekathotsarot（1557—1610），则在任中派遣使节到荷兰觐见Maurice荷兰国王。⑧ 最后，1608年被允许在阿瑜陀耶城中设置暹罗商馆。面对本来已经是东南亚海域中贸易大国的暹罗，荷兰人在记载中将暹罗国王纪录为"商人"。⑨ 可见在对话中，暹罗国王亦表现出长足的经贸知识。1612年，EIC才派遣船只航向暹罗，途经北大年港。这艘船正是游记作者Peter Floris所搭乘的Globe号。

---

① 永积洋子：《朱印船》，2001年，第104页。
② 《异国日记》中有纪录德川家康书信之国家，大泥、吕宋、安南、柬埔寨、占城、田弹、暹罗、浓毘数般、英国、阿兰陀。其中若对照过去琉球贡使的航线，唯几不同的目的地为田弹、浓毘数般、英国与阿兰陀。中村质编，《"异国日记"编年目次》，东京，东京美术，2000年。
③ 异国日记刊行会编集；中村质解说，《异国日记：金地院崇传外交文书集成》，东京，东京美术，1989年，下册，第77页。
④ 永积洋子：《朱印船》，2001年，第107页。
⑤ Smith, George V., *The Dutch in Seventeenth-Century Thailand*, pp.50~51. Dekalb: Center of Southeast Asian Studies, Northern Illinois University, 1977.
⑥ 永积洋子：《朱印船》，2001年，第106页。
⑦ Jeremias Van Vliet, edited by David K. Wyatt, *The Short History of the Kingdom of Siam*, 1975, p.83.
⑧ Van Vliet的记载中有误，因认为暹罗出使荷兰是在Naresuan时期，但其实不然。参见Jeremias Van Vliet, edited by David K. Wyatt, *The Short History of the Kingdom of Siam*, 1975, p.84.
⑨ 永积洋子：《朱印船》，2001年，第101页。

VOC 在暹罗以取得苏木、白蜡、毛皮等商品为主。从 VOC 总督 Jan Pieterszoon Coen，在 1619 年 8 月 5 日，写给 VOC 董事会的信中，可以看到 VOC 在东亚所建立区域间的贸易网络，有别于过去葡萄牙商人用欧洲资本购买东方商品。① 泰国学者 Bhawan Ruangslip，说到暹罗在 VOC 的东方贸易网络中的定位，即提供日本高度需求的商品（如苏木②、鹿皮、水牛角等），来换取日本白银；白银则在中国、印度可以交易其纺织品，最后再将纺织品带至香料群岛换取香料。③ 因此，暹罗商品可以说是取得日本白银的重要关键。

1632 年，Antonij Caen 乘着五艘船先后前往北大年与暹罗。抵达暹罗时，将信件与礼物送与国王与 Phra Khlang④，并且提议与暹罗建立军事同盟，共同抵抗西班牙与柬埔寨人，为要换取每年暹罗固定输入巴达维亚大米，以及给予 VOC 权利垄断暹罗出口日本的苏木与鹿皮买卖。虽然国王认为提议不错，却未立即答应，后来亦被 Phra Khlang 拒绝。来年，正逢日本再次开放对外贸易，VOC 也重新考虑暹罗商馆的去存问题，并遣 Joost Schouten 到暹罗，再向国王重新提出一次合作办法，最终得到此合约。⑤

（四）暹罗国王贸易（Crown Trade）

明中叶后暹罗国王与中国的朝贡贸易已不如过去，暹罗国王开始运用其他方式，展开能够维系暹罗国经济的贸易政策。首先，暹罗国王掌控国内以苏木、沉香为主的对外市场，在其中享有巨额的利润，因为国内仅有国王能够进行此贸易；⑥ 再者，以贸易立国的暹罗，营造对外国商人友善的贸易环境，可以建立商业据点，以及有同乡聚落。在 Tome Pires 的记录中，暹罗不但对中国商人的关税低之外，对中国商人以暹罗作为货物囤积也给予不错的报偿，使得当地有很多中国商人。在 1512 至 1515 年间，每年暹罗人与中国的贸易都有六七艘船。⑦ 这与暹罗朝贡的次数明显不符，特别是正德年间（1505—1521），暹罗仅有一次朝贡记录，所以每年六七艘船，应指的是由中国商人进行的贸易行为，可能是由暹罗国王指派的华人，或者在暹罗贸易的中国人，将货物带至中国贸易等途径。虽然没有记录显示，这些船只的人员、货物等，但可以知道暹罗国王亦有用其他途径来进行贸易。⑧

隆庆开放月港初期，暹罗国王在 1567—1577 年间皆未再进贡中国，直到万历即位后，才又再开始。由于暹罗国王进贡内容，在《明实录》中通常以方物带过，因此很难知悉其中细节，但是万历四十五年六月二十三日（1617/8/23）广东巡按御史田生金上奏朝廷《报暹罗国进贡疏》中，却留下了暹罗国王派遣使者到中国朝贡的完整信息。⑨ 显示其船从正使到划船的舵工都有夹带苏木来中国贸易，包含委托

---

① 原文引自 H. T. Colenbrander, *Jan Pietersz. Coen.* Hague: Martinus Nijhoff, 1919, vol.1, pp.485～486. 参考 Femme S. Gaastra 著、倪文君译，《荷兰东印度公司》，2011 年，第 143～144 页。

② "暹罗苏木贱如薪，色绝胜"，记载于郑晓，《吾学编》合肥：黄山书社，2008，页 598。苏木的功用为染色，或做药材。暹罗苏木在东亚贸易中的重要性，本身便宜实惠，是明朝朝贡中重要的进贡品。明朝年间，琉球使节船为要到中国朝贡，会先遣船至暹罗采购大量苏木、胡椒，再驶船至中国朝贡。从 1425～1588 年间，共派遣 109 艘船，其余到达次多的是满剌加的 20 艘船。至于苏木于 1477～1511 年间达到顶峰，共运送 217000 根苏木。数据收录于曹永和，"Pepper Trade in East Asia", *T'oung Pao*, Second Series, Vol.68, 1982 年，第 238～239 页。

③ Bhawan Ruangsilp, *Dutch East India Company Merchants at the Court of Ayutthaya: Dutch perceptions of the Thai Court of Ayutthaya 1604～1765*, 2007 年，第 18 页。

④ Phrakhlang，在暹罗国掌管皇家财政与外交事务的官员。通常担任此职，阶级已达 Okya 或 Chao Phraya。负责一切对外接触，不论是接待外国商人、外交事宜，或者国王贸易等。参考 Farrington, Anthony & Pombejra, Dhiravat, *The English Factory in Siam 1612～1685*, 2007, vol.2, p.1407. London: British Library, 2007 年。

⑤ Smith, George V., *The Dutch in Seventeenth-Century Thailand.* 1977 年，第 23 页。

⑥ Chris Baker & David K. Wyatt, *Van Vliet's Siam*, 2005 年，第 167 页。

⑦ Tome Pires 著，何高济译：《东方志》，2012 年，第 90～94 页。

⑧ 永积洋子的《朱印船》，提及暹罗国王除了拥有自己的商船，还会选择投资华人的唐船。永积洋子：《朱印船》，2001 年，第 101 页。

⑨ 田生金的《按粤疏摘》，目前台湾仅有中国台湾"中央"研究院近史所的郭廷以图书馆有十册藏书，但《报暹罗国进疏》内容所在的第七卷，却正是 11 册。虽然看不见文本，但从目录却有出现，可见此文确实存在。因此，此节所用的文献，以汤开建、田渝文中所提供之版本，参考附录（1）。

使节帮忙进贡的暹罗国王与王妃，可谓船上全员皆从事苏木贸易。

暹罗国王于 1617 年一次性的朝贡贸易活动，却可以探讨暹罗国王的贸易模式。疏中将国王要进贡皇帝、王妃要进献皇后的方物与船员所携带的方物分别记录。虽然无法得知，是否船上全数苏木等粗重之物皆运至南京交收。但可以看到贸易并非仅限于暹罗国王。国王、王妃的贡物仅占 1/2，其余人员也可参与其中，不过数量有限。令笔者好奇的是，1617 年的暹罗，早已有接触英、荷商人的经验，对于欧洲商船而言，除了船长以外，对于船员有限额地进行个人贸易，此现象可说习以为常。但不论是暹罗朝贡船、或者商船，都从未出现如此疏中详细记载贸易人物与内容等，也无法做出对比。不过，确定的是所有带来的苏木、乌木等粗重之物，皆由南京交收，并非如其他贵重商品象牙、束香等物赴京进贡。代表着苏木、乌木给明朝皇帝不仅只是为了表示对中国的崇敬，而是为了得到高于贡品数倍的回赐，以及附带私物免税的优待，体现了暹罗以朝贡之名，行贸易之实的目的。

二　结　　论

明中叶隆庆开海后，随着纺织品的大量使用与流通，使得苏木成为东亚海域贸易中一项常见的商品，特别是由于其特殊性可供船只压舱使用，让各方势力或多或少都涉入了此一商品的经营。除了最早来到东亚的葡萄牙人，加上中国海民（郑氏海商集团）、日本朱印船、荷兰 VOC 与英国 EIC，甚至还有自己想要掌握贸易利益的暹罗国王，皆在 17 世纪左右，先后参与在竞争苏木贸易的行列中。

此一段时期主要操控东亚海域苏木贸易的经营者为华人、日本人、荷兰人及暹罗王室，但由于华人及日本人拥有掌控其国内市场的优势，因此在 17 世纪初期，主要的经营者仍由华人及日人自行掌握。之后随着日本国内局势的变化，以及日、暹之间的一些外交冲突，导致日本退出东亚海域的苏木贸易经营，而由华人及荷兰人填补其贸易势力。特别是荷兰 VOC 在了解到苏木在东亚市场的价值与利润后，便希望利用他在此海域的贸易网络与优势，来获取最大的利益，除了拉拢暹罗王室成员与日本官员外，并且试图与中国海商协商或打击华商，以便垄断日本的苏木市场。

但另一方面，由于华人长期以来对苏木贸易的经营与娴熟，不但暹罗国王得仰赖来暹罗的中国商人进行中国的贸易，连暹罗国王企图开展的对日本贸易，也都需仰赖华商或华人通事来进行，使得荷兰人虽在东亚海域掌握军事上的优势，但始终无法与华人相竞争。东亚海域中的苏木贸易市场，在中国的部分始终由华人所垄断，日本部分则是由华人与荷兰人相竞争。1640 年左右，暹罗国王亦希望打开日本的苏木市场。

以上种种，均在显示，苏木此一看似不起眼的木头，虽然并不是东亚海域贸易网络中首要的商品，但由于其功能的特殊性如作为染料运用与船只压舱之用，以及在东亚海域网络中的商品流通的互补性考虑下，各方海上势力皆先后加入了苏木贸易的行列，也使得苏木在此时期的丝绸、瓷器与白银等高价值商品环伺下，价廉的苏木亦成为不容小觑的重要商品。

[作者单位：中国台湾"清华大学"历史研究所]

从《杜骗新书》看明代白银现象

陈碧玲

前　言

  1368 年，明太祖朱元璋（1328—1398 年）建立明代。经历多年争战的中国，百废待兴，明太祖于开国之初，即针对国家政策颁布一连串政令，其中，在经济政策的内容中，最重要的即是国家货币的使用。明太祖仿照元代，以纸钞为主要的流通货币，同时禁止金银的交易。使用纸钞的好处在于便利携带，但也容易因大量印造，进而导致通货膨胀。基于洪武年间，纸钞的使用造成严重的通货膨胀，迫使明太祖的货币政策有所变更，其将铜钱定为官用货币，也使得中国的货币政策，从一开始的纸币，转而成为纸币、铜钱通用。[①] 不过，随着铜钱私铸的问题日益严重，民间使用金银作为交易货币的频率随之增高。在政府禁无可禁的情况下，明英宗正统元年（1436）正式废除禁令，白银便成了民间及官方作为交易的货币之一。虽然，中国本土产金，但黄金的产量稀少，提炼步骤烦琐，因此价值高于银、铜，难以成为传统中国的通用货币。

  然中国政府对银矿的开采政策不一，时开时闭，又因中国银矿的含银量未如预期中的多，尤其在明代中叶后的商业发达，无论官方或民间对白银均有着大量需求，当无法从本土获得足够的产量时，中国商人必须透过海外贸易来取得白银。此外，由于中国的金银比较其他地区来得小，使得日本及西班牙等国惯于以白银交易中国物品。[②] 当 1571 年，西班牙占领吕宋后，中国商人取得白银的途径更加方便，与菲律宾的往来也更加密切。

  欧洲人对东方贸易的渴求，促成了大航海时代的来临；新航线的发现除了吸引商人的东来，也带来了传教士，其目的在彰显上帝的荣耀，传播天主教教义。然而，不同于商人，传教士们除了借由学习中国文化进入中国，也将当时西洋新鲜玩意介绍给中国人，借以吸引注意。因此，中国人对东来的传教士充满好奇心，尤其当他们知道白银就是来自这些欧洲人，更是希望能够透过传教士了解所谓的炼金术。[③] 因此，可以看出明代中国人对于白银的渴求几乎到了一种迷恋的程度。

  目前，学界针对白银的研究多以经济史的角度，探讨白银的流通情况、就白银所衍生的经济制度等议题；[④] 在明代中叶以后，成为官方及民间通用货币的白银，在日常生活里几乎可说是随处可见，若要窥得这样的现象，除了传统的契约文书、律法判例之外，亦可从小说中一探究竟。明清时期，小说文本

[①] 彭威信：《中国货币史》，上海，上海人民出版社，1988 年，第 632～635 页。
[②] 彭威信：《中国货币史》，上海，上海人民出版社，1988 年，第 709 页。
[③] 利玛窦、金尼阁著，何高济、王遵仲、李申译，何兆武校：《利玛窦中国札记》，北京，中华书局，1983 年，第 246 页。
[④] 关于白银研究的著作甚多，兹举几位学者的研究为例：（德）贡德·弗兰克（Andre Gunder Frank）著，刘北成译：《白银资本：重视经济全球化中的东方》，北京，中央编译出版社，2009 年；林满红：《银线：十九世纪的世界与中国》，中国台北，台大出版中心，2016 年；梁方仲：《明代国际贸易与银的输出入》，收入刘志伟编：《梁方仲文集》，广州，中山大学出版社，2004 年，第 179～222 页；全汉升：《明清间美洲白银的输入中国》，于氏著：《中国经济史论丛》，中国台北，稻禾出版社，1996 年，第 435～450 页。

的内容通俗化，翔实记载了庶民的生活；且小说主题的多样化，包含了从上层官员到下层士民的生活百态。透过小说的书写，可以看出人们在日常生活或交易过程所使用的货币是多元的，白银、铜钱及纸币均在其中，白银出现的频率远大过于铜钱与纸币。[1]

《杜骗新书》成书于明万历四十五年（1617），[2] 由浙江人张应瑜所撰，为一教导人们如何防止诈骗的公案类笔记小说，共分成24个类目，收有88则故事。作者将明中叶后，因商业兴起而造成的社会诈骗现象，透过自身之观察，呈现于读者面前。虽说《杜骗新书》为一公案笔记小说，其所载之故事内容并非完全地杜撰虚构，其所提到之地名或物产等，若对照当时地方志，皆有可考之处；因此，《杜骗》一书有其一定的史料价值。

明代后期的商业发达，促使位居四民之末的商人，其地位一跃而升，成为社会时兴的职业，行商似乎仅需一些资本，每个人都能当上大小商人。然而，商人阶级的兴起，促使资金的快速流通，同时也导致人们的贪婪之心，骗棍这样的身份在社会各阶层、各角落默默流窜着。《杜骗新书》在这样的时代背景下所出版，其所收录的故事，多为作者所见所闻，内容不一定真实，但却反映出商业发达的明代社会所隐藏的黑暗面。正因《杜骗新书》这样的特性，本文欲试着就明代《杜骗新书》的内容，探究明代社会关于白银知识的流通，并从中一探市井小民在对白银的渴求下，对于骗棍及方术的深信不疑。

一 行商的知识流通——白银的种类

明代中叶起，白银的使用获得官方的认可，成为通用货币。然而，当时白银流通的情形及明人对白银的喜好，透过《杜骗新书》的诸篇故事能够窥见一二。然而，在外行商，对于真伪白银的辨认成为市井小民必须的知识，为了避免对于白银的辨识不清，在《杜骗新书》第14类《假银骗》，收有两则故事，一为《设假元宝骗乡农》，一为《冒州接着漂白晶》，两篇故事的内容均描述，骗棍利用受害者想赚钱的心态，先用真银让受害者相信其诚信，待受害者与其完成交易，才发现自己上当受骗。两则故事的内容并非十分少见，主要重点在作者于故事之后所写的附录。作者在《冒州接着漂白晶》故事之后，提到"余于壬子秋，在书坊检得一小本仔，辨说银之真假，甚是明白"。[3] 便将该书的内容录于其后。

在作者的叙述中，此本小书将当时所流窜于市面上的假银类做了一番整理：

> 夫元宝者坑淘出而原宝，今之官解钱粮，亦倾煎如坑淘出原色，而成元宝也。俗云："员宝是也。"松纹与细丝一样，其皆足色也。摇丝，色未甚足，银泻入锴，以手摇动而成丝也，曰摇丝。水丝又名曰干丝，自七程八程九程九五止，通名曰水丝。……盖吸系自七程起，九五止。……更有：铁线饼、江山白、华光桥、神仙饼、糁铜饼、倒插铅，其余奇巧假银数十样。非言语笔舌所能形容。[4]

从其内容来看，可以发现当时流窜于市面的假银，约有员宝、松纹、摇丝、水丝、画丝、吹丝、吸丝、茶花、鼎银、赤脚汞银、吊铜、铁碎锴、包锗银、钞子铜、漂白、布心饼、九程饼、八程饼、七程饼、梅白饼、盐烧饼、白盐烧、三铗饼、倒茅饼、铁线饼、江山白、华光桥、神仙饼、糁铜饼、倒插铅

---

[1] 沈柏俊：《文学史料的归纳与解读——元代至明初小说和戏曲中白银的使用》，《文艺研究》2005年第1期。
[2] 牛建强：《晚明短篇世情小说集〈杜骗新书〉版本考》，《文献季刊》2007第3期。
[3] （明）张应瑜：《杜骗新书》，十四类，《冒州接着漂白晶》，收入吴湛莹等校点：《中国古代珍稀本小说（5）》，沈阳，春风文艺出版社，1994年（下引《杜骗新书》版本均同），第92页。
[4] （明）张应瑜：《杜骗新书》，十四类，《冒州接着漂白晶》，第92~95页。

等名称，同时作者也提到，其余奇巧的假银仍有数十样，显示至少到了明代中叶，白银在人民的生活中已经占有一定的分量，同时，也表明以白银作为交易货币已是一种相当普遍的现象。当人们对白银的需求也达到一定的程度，白银的流通量却又无法满足人们的需求，假银的出现成为一种必然的现象。经由上述引文也可看出，明代对当时的假银流窜市面自有一套辨认之方式，足以提供给人民知晓。

然而，这样的讯息不仅仅出现在《杜骗新书》一书，透过明代所流行的民间日用类书亦可看出，明代对于白银的种类辨识也有其基础。在同样成书于万历年间的民间日用类书《三台万用正宗》中，收有其他民间日用类书少有的《商旅门》，此一门类主要在告诉行商的人们关于在外行商的知识总结；其中，有一目类题为《银色》，该目类主要在告诉商人，辨别银子成色的重要性。因此在该文的一开头即说："至于算法，买卖之正，经自有书传心授。银色实生涯之本领，过眼须要留心。"① 即告诉商人，算数之类技术性的知识，有专门之书可以教授，唯辨别银色此类技巧必须透过经年累月的功夫才可练就，即便如此，凡是在辨别银色之时，仍须当心，以防被骗。在《银色》此一类目之中，对于白银的成色描述如下：

> ……九程本色，微微细丝，重八正银，粗丝两道。九二三者，细丝底白而面青。九五六者，丝粗面光而底亮。九七八，青丝青暗不堪。九七八，水丝漂白好看，上江文银但夹销者，只在九八。上江水丝边青丝隐，只销九程。南京摺销青丝，九三、七边薄者身高。北京干搭敲丝八程、九程，黑面者就弱。北京多有插香弊，上江多灌密陀僧……②

透过上述引文，能够看出明代对白银的分类是以含银量的多寡为判断的标准，除了白银的成色外，亦可看到地方制银的种类，如南京、北京等地。③ 明代制银除了中央政府外，尚放权于地方政府制作，因此，白银的种类繁复，且成色辨认不易，便成了在外行商时的重要技能。

此两书均成书于万历年间，对白银种类的介绍也都着眼在商人需识得白银，才不会在行商的过程中受骗。唯仔细比对两书对白银种类的书写，发现白银的名称、特征或成色均不尽相同，显示着虽同属万历年间的书籍，但因作（编）者所在地区不同，参阅的数据也有所不同，以致对于白银的知识也随之有异。然而这也证明了，在明代中叶以后，为因应贸易的需求，白银的供不应求导致伪银的泛滥，进而促使辨认白银种类的文本出现，成为一种必备的知识。

二 白银诈骗术

《杜骗新书》（以下简称为《杜骗》）一书的主角相当多元，可见骗子、窃贼、僧侣或妇人等各种不同的身份，已有学者针对书中各篇故事的主角，进行研究及讨论。④ 其中，本书有相当大一部分为书写明代中晚期以来的商业诈骗现象，如一类《脱剥骗》中的《明骗贩猪》《乘闹明骗店中布》等故事，都可见骗子利用声东击西的方式，骗得卖者的猪只或布匹。是故，透过《杜骗》一书，可以得知明代中晚

---

① 《三台万用正宗》，万历 27 年刊本，收入坂出祥伸、小川阳一编：《中国日用类书集成 4——三台万用正宗》，东京，汲古书院，2000 年，下引《三台万用正宗》（版本均同），第 301 页。
② 《三台万用正宗》，《商旅门·银色》，万历 27 年刊本，第 312 页。
③ 千家驹、郭彦岗著：《中国货币演变史》，上海，上海人民出版社，2005 年，第 173 页。
④ 目前学界对于《杜骗新书》已有多方面的研究，兹举几位学者的研究为例：林丽月，《从〈杜骗新书〉看晚明妇女生活的侧面》，收入游鉴明主编：《中国妇女史论集十集》，中国台北，稻乡出版社，2013 年，第 73~94 页；林珊妏，《〈杜骗新书〉之僧骗故事探究》，《人文暨社会科学期刊》（彰化）第 2 卷第 2 期，2006 年 12 月；林奕豪，《〈杜骗新书〉与晚明社会之考察》，云林，中国台湾云林科技大学汉学资料整理研究所硕士论文，2012 年。

期因商业诈骗所引起的纠纷甚多。

透过这些关于商业诈骗的故事，可以发现这些诈骗故事通常会出现两种结果，一是，受骗者吞下被骗的苦果；二是，受骗者直接告上官府。其中，这些告上官府的故事多是因为其不甘受骗，希望寻求官府公正的判决。这类因受骗而寻求官府协助的故事，计有 30 多则。这些经由商业买卖而受骗的故事，该主角的身份多为大小商人，其多半会因不甘损失，而寻求第三方的协助。

然而，在《杜骗》中却出现一群身份较为特殊的人，就是赴京赶考的士人们。在《买学骗》一类中即收录六篇故事，这些故事的主角若非士人，即是想买官的商人，这类人很重视面子，若受到诈骗多半也不敢宣扬，更别说是寻求官府的仲裁，作者也在《空屋封银套人抢》一文中提到这样的心态：

> 骗局多端，惟仕进一途，竞奔者多，故遭骗者众，棍尝有言，惟虚名可骗实利，惟虚声可赚实物。盖仕进之人，求名之心胜，虽掷重利，不暇顾惜，遂入棍术中，而不及察。①

显示即便明代中晚期，商业的发达促成商人阶级的社会地位提高，但跻身仕途依旧是一般百姓的最终选择。是故，从这六则故事中，可以发现受骗者多半为想替后代子孙买官的商人，其受骗的金额也都不少，足可见为何作者会有这样的感慨。即使在其他类目中，也会出现骗棍利用举人想中科举的心态，以梦境来取悦举人，得以获取讨赏的金钱，就如作者在批注中所说，"此棍骗新举人，骗亦不痛，虽赏他几两银，亦博得举家人肚中欢喜四个月。惜此棍不再来，若再为之，人亦乐赏之矣。此骗局中最妙者。"② 这即是另一种虽被诈骗但心也欢喜的案例。

除了受骗者的身份外，从《杜骗》中亦可见诈骗手法不外乎偷天换日、声东击西或无中生有等。其中《换银骗》所收的两篇故事《成锭假银换真银》《道士船中换转金》，即是利用偷天换日的手法，虽然两者故事中的主角均对骗棍有所提防，但却输在自己的轻视心态，认为自己有所提防，使得骗棍有机可乘，能够以银（金）换银的借口，将真银（金）拿到手。这样的诈骗手法并不少见，多数的受害者也很难在第一时间察觉，以致骗棍远走后，才惊觉自己的受骗。

又如声东击西之法，《诈匠修换钱桌厨》即是一个相当典型的故事，骗棍假扮木匠，要替换钱者修理暂放在路边的换钱桌厨，敲敲打打，自言自语，煞有一回事似的，使旁人信以为真，顺利将桌厨扛走，以偷得放在桌厨里的钱两。诸如此类的诈骗手法层出不穷，然在此篇故事里，出现一个比较特殊的职业，也就是换钱桌厨。传统来讲，关于白银或铜钱的兑换，会有专门提供兑换的场所，多称之"钱铺"③，此一桌厨即为钱铺的前身，又称为"钱桌"，从故事中，可见"建宁府凡换钱者，皆以一椅一桌列于街上，置前于桌，以待人换。"④ 文中并未详述此钱桌出现之年代，但却显示当时的人们在对于货币的兑换，已有专门处理的职业，虽然陈设相当简单，也不限任何的地点，更别说是需要资金的限制。初期发展较为简单，仅一人即可进行换钱的动作，且也可发现其所需的资金并不大。

然而，回归到诈骗本身，这类诈骗若要告上官府，通常比较难以举证，也难以从官方留下的记录窥得一二，毕竟这类案例多属地方官府处理，也非重大案件，多以原银归还，或加以罚款，除非因诈骗而引起的伤害或杀人事件，才会加以记录。

---

① （明）张应俞：《杜骗新书》，二十类，《空屋封银套人抢》，第 144 页。
② （明）张应俞：《杜骗新书》，四类，《诈学道书报好梦》，第 28 页。
③ 彭威信：《中国货币史》，第 741~743 页。
④ （明）张应俞：《杜骗新书》，一类，《诈匠修换钱桌厨》，第 19 页。

三 无中生有——炼丹术

除了前述关于白银种类及诈骗术外,《杜骗新书》的内容也述及人们对银的渴求,是透过相信炼丹术来呈现,进而使骗子利用人心思银的心态来进行诈骗。如在第22类《炼丹骗》中,即提及相关情事,此类总共收录3篇故事。如《深地炼丹置长符》,作者在故事的开头便说道:

> 世所传炼丹之术,用好纹银三两,杂诸铅汞辰朱砂药物,在炉同炼,每次须炼四十九日。至四十日后,须两人轮番守炉,昼夜不得暂时离守。……故真得此方者,亦不屑为。其炼出丹银,亦可经煎,每次渐渐亏少,复归于无。但此银第二次,不可为银母。若再炼,须另以纹银为母。①

文中所提到的炼丹之术,是传统中国常用的炼丹方术,利用水银、铅、朱砂等矿物,加上金、银等金属,一起放入炉中提炼,约莫49天,即可获得丹药。虽然这类炼丹方式说来似乎相当容易,若要实际执行,毕竟文中并未详述各类物品掺入的比例,难怪作者认为"此相传真方,费心费工,甚不易为。"②这样的提炼比例在《炼丹难脱投毒药》中也有提及:"丹是仙术,古来传与善人,专以济救贫穷者,先须采药,炼成丹头,后用银一钱,与丹头同煎,可得三钱,一两可得三两。"③显示普遍相信炼丹术可以获得3倍的银子。

出版于明代崇祯年间的科技名著《天工开物》,作者宋应星在其《附朱砂银》即说到明代出现这样的乱象:

> 凡虚伪方士以炉火惑人者,唯朱砂银愚人易惑。其法以投铅、朱砂与白银等分,入罐封固,温养三七日后,砂盗银气,煎成至宝。拣出其银,形存神丧,块然枯物。入铅煎时,逐火轻折,再经数火,毫忽无存。折去砂价、炭资,愚者贪惑犹不解,并志于此。④

显示所谓的炼丹术之于士人而言,是被有心方士用来欺骗这些贪心人们的伎俩。其实,这样的情形也被《杜骗》作者写到,认为很多方士"用砒霜雄黄诸物,炒好银为灰砂,假称曰丹头,然后将此与好银同煎。仍煎成银,彼便道丹药可点成银。"⑤以欺骗对于白银有需求的人民,正是利用这种贪心的心态,有人因此上当,就如同《信炼丹贻害一家》一文中的富人尧鲁正是基于这样的心态,结果在方士有心的操弄下,入住该家,并想借机玷污该家夫人,结果迫使自家家破人亡。

此外为了取信于他人,方士们多会故弄玄虚,支开他人,以趁机换取银子,如《深地炼丹置长符》中的道士即是以"炼丹乃仙术,家中多秽浊,恐不能成。可于僻地,开坑一丈四尺深,下仅可容一床一炉,在此处炼,炼四十九日,一百两银母,可炼出三百两矣"⑥为由,取信于富人,并要求先行炼取丹头,待丹头炼好以后,便要求进入坑内炼银,直至1个月左右,稍待富人家中的守备松懈后,便趁夜逃脱。

---

① (明)张应瑜:《杜骗新书》,二十二类,《深地炼丹置长符》,第161页。
② (明)张应瑜:《杜骗新书》,二十二类,《深地炼丹置长符》,第161页。
③ (明)张应瑜:《杜骗新书》,二十二类,《炼丹难脱投毒药》,第165页。
④ (明)宋应星著,钟广言注释:《天工开物》,香港,中华书局,1978年,第350页。
⑤ (明)张应瑜:《杜骗新书》,二十二类,《深地炼丹置长符》,第161页。
⑥ (明)张应瑜:《杜骗新书》,二十二类,《深地炼丹置长符》,第162页。

然而，并非所有人都会傻傻地被术士所骗，也有人识破道士的诡计，进而施行所谓的计中计，如《炼丹难脱投毒药》中的书生丁宇弘于一开始就识破方士的炼银诡计，并想反制方士，故意在方士面前表现出贪婪的嘴脸，以使方士放松戒心。没想到，道士为了摆脱他，竟然在他的食物里放下砒霜，即便聪明如丁宇弘，也无法躲过。因此对于人们迷恋炼丹术一事，作者也提出告诫：

> 知防炼丹，莫如宇弘。虽百计不能骗，反骗方士银本几尽，可谓巧极矣。然终被其投毒，银尽还讫，又多去五两，且几乎丧命。幸而得生，沿路乞食，亦劳且辱矣。方士炼丹，其可信哉？①

综观《杜骗新书》关于"炼丹术"所征引之故事，可以发现"炼丹术"大抵是当时人们获取白银的普遍认知，毕竟想要透过开采银矿来获取日常所需的白银，并不是那么容易，产量也无法预期，这样的情况在《菽园杂记》中即有记录："矿中得银，多少不定，或一笐重二十五斤，得银多至二三两，少或三四钱。"②显示当时即便开采银矿，能获得的银产量也不一定足够。

此外，政府对于银矿开采的政策，也是影响白银产量的重要因素，就如《天工开物》中提到：

> 凡银，中国所出，浙江、福建旧有坑场，国初或采或闭。江西饶、信、瑞三郡有坑，从未开。湖广则出辰州，贵州则出铜仁，河南则宜阳赵保山、永宁秋树坡、卢氏高嘴儿、嵩县马槽山，与四川会川密勒山、甘肃大黄山等，皆称美矿。其他难以枚举。然生气有限，每逢开采，数不足，则括派以赔偿。法不严，则窃争而酿乱，故禁戒不得不苛。燕、齐诸道，则地气寒而石骨薄，不产金、银。然合八省所生，不敌云南之半，故开矿煎银，唯滇中可永行也。③

明代政府虽在英宗正统元年（1436），取消用银禁令，使白银成为正式的交易货币，在市场上广泛流通起来，不仅民间用银需求量大，连政府在各项税收也均要求以银支付。④当白银的需求一旦变大，且用途广泛，透过银矿的开采，还需经过一段提炼的过程，《天工开物》与《菽园杂记》对于银矿的提炼也多有着墨，虽两书的炼银法不尽相同，⑤但其提炼的过程均十分繁复，若非有足够的资源，实难开采及提炼。是故，人们会迷恋或依赖炼丹术以获得更多的白银，实能想象。

此外，若想更进一步了解明代人们对白银的需求，亦可透过传教士的记录得知。在利玛窦所撰《中国札记》中所提到的士人——瞿太素，就认为来自西方的传教士懂得如何炼金，想接近利玛窦以获得炼金的秘方。⑥除了利玛窦之外，在《拜客问答训示》中也提及，中国人对于传教士拥有取之不尽的银子感到好奇，总会询问传教士，这些银子从哪来？从传教士与一般人等的问答中，虽然传教士也解释银子是经由采矿而得的，但仍可看出人们普遍认为，传教士的银子来源是经由所谓的"炼丹术"而取得的。⑦

---

① （明）张应俞：《杜骗新书》，二十二类，《炼丹难脱投毒药》，第166页。
② （明）陆容：《菽园杂记》，北京，中华书局，1985年，第175页。
③ （明）宋应星：《天工开物》，第343~344页。
④ 明代从英宗正统年间解除使用白银禁令后，便可从计价、税收、班匠征银、官俸、地租或雇工等方面看出其在货币地位中的重要性，见刘精诚、李祖德著，《中国货币史》，中国台北，文津出版社，1995年，第288~289页。
⑤ （明）宋应星：《天工开物》，第351~353页；（明）陆容：《菽园杂记》，第175~176页。
⑥ 利玛窦、金尼阁著，何高济、王遵仲、李申译，何兆武校：《利玛窦中国札记》，第246页。
⑦ 李毓中著，张正谚、赖彦尘、吕子肇、杨雅竣、叶臻、张巍译校：《〈拜客训示〉点校并加注》，《季风亚洲研究》，（新竹）创刊号，2015年10月，第140页。

结 论

　　成书于万历年间的公案小说《杜骗新书》，是目前中国少见叙述诈骗手法的笔记小说，其所收的故事中，主角多为商人，但却也夹杂了妇人、士人、僧侣等各种身份，显示明代的社会风气开放，致使各类市井小民都能在故事之中出现。

　　明代的社会风气开放，导因于商业的发达。故《杜骗新书》的出版有其历史背景，商业的发达，人民需要稳定的币值来进行交易。明代社会从洪武年间所规定的纸钞交易，到钞、（铜）钱并用；然而，纸币容易出现通货膨胀，铜钱则因政府铸钱过少及质量不稳定，促使白银自然成为主要的交易媒介。因此，在明代的通俗小说中，每每可见白银为主要的计价单位。白银之于经济史而言，是一个很重要的研究议题。回归到社会层面来说，白银在市井小民的生活中，更是重要的交易媒介。

　　综观《杜骗新书》的内容，其主要用意在于提醒世人在外行商或交际时，必须注意到的一些细节。这些诈骗故事多因金钱纠纷而引起，这些金钱纠纷可大可小，不甘受骗者直接告上官府，由地方官进行仲裁；也有受骗者选择吞下，自认倒霉。从中，可看到骗棍利用各种方式进行诈骗，如偷天换日、声东击西，每每令人失去警戒心，以致失去赖以维生的金钱。此外，从受骗者的身份来看，商人与士人最易于受骗，除其身份及财富在市井小民中最为显著外，亦在于骗棍懂得利用此二类人对于功名及金钱的渴求心态，对症下药，使其落入圈套。

　　再从《杜骗新书》亦可看到当时民间关于金钱知识的流通，就如同作者将自身曾在小书看过的真假白银辨认方法，写入书中，用以提醒观看者，对于白银真伪的辨认是唯一重要的事情。对照其他知识用书，亦可察见，白银在明代社会中占有其一定之重要地位，因此这类的白银知识似乎成了一种必备知识；尤其，在明代中后叶，商业的发达促使大量的白银流通，市井小民为取得白银，也许会使用不正当之手段，这类知识就成了避免受骗的重要信息。

　　最后，虽然明代政府在英宗正统年间已开放白银禁令，然随着政策的主导，白银的铸造、银矿的开采可说是时有时无。人民取得白银的方式，除了透过彼此间的流通外，或可从与其他国家的贸易中取得，如吕宋、日本等国。当人民较难寻着正常管道获得需求的白银，炼丹术成为市井小民冀求白银的重要来源。然而，炼丹术是一种传说中的方术，并非人人均有办法施行；因此之故，也就成为骗棍行骗的一种方式。利用似有似无的炼丹方式，及炼丹术所需的隐蔽性，骗棍得以悠游于市井小民之中，特别是那些资金较为雄厚的商人，因其贪婪的心态，最易于受骗上当。即便，有人能够及时察觉骗棍的用心，想借以反制，似乎也会因自己的疏忽而功亏一篑。因此，作者在多篇故事末页的批注中，不断疾呼，勿因自身的炫耀或轻视心态，而蒙受金钱上的损失。

[作者单位：中国台湾"清华大学"历史研究所]

明清时期河南城市规模及其相关性研究

徐春燕

城市规模虽然是现代地理学概念，但是随着我们对古代城市发展认识的具体和深入，越来越多的学者将之引入古代城市史研究范畴。对于明清时期城镇规模的研究，学者多从城市人口、占地面积和城墙周长三方面着手。

早期以城市人口来划分清末城市规模等级的代表性人物是美国学者罗兹曼（Gilbert Rozman），[①]此后史坚雅在所著《十九世纪中国的地区城市化》中，继续将人口作为划分城市等级的标准，并以此分析19世纪的城市发展问题，[②]赵冈教授在前人研究成果的基础上，参照目前世界上多数国家通行的标准，将城市人口提升到2000人以上，对19世纪末的城市人口和城市化率进行推导和分析。[③]需要说明的是，以上学者遇到的共同问题就是由于中国古代城市人口资料极为缺乏，导致可资研究的城市标本有限，从而大大影响了结果的可信度。[④]章生道则根据近代测绘地图提供的19世纪晚期20世纪初期的都城、省城以及其他府城、县城的抽样量测的城市面积加以整理，并将之与行政层级之间的关系加以探究，得出城市规模受限于行政等级，行政层级越高城垣面积越大的结论。[⑤]不过用占地面积对城市进行分级虽然理论上可行，但是由于能用近现代测量技术进行测绘的古代城市数量有限，尤其是对于时间久远的朝代，要进行大规模的城市面积测量基本上是不可能的，这也就限制了这种方法的运用和推广。与前两种方法不同，古代文献资料对城墙周长的记录非常详尽，这就使得城墙周长成为最为常用的研究城市规模的手段。成一农对于长期以来学者们关于城墙周长的研究多有评述，此不赘叙。与以往学者认识不同的是，他认为清代的城墙周长不受城市等级的制约，而且城市规模与行政等级之间的相关性也比较弱。[⑥]刘景纯在其著作中对包括豫西在内的清代黄土高原地区城镇周长按照行政等级进行了划分，认为行政级别的差异总体上在城池规模上有所体现，因为自然环境和人文环境的差异，不同地区城镇规模发展又不尽相同，县级以下市镇占地规模与城镇繁华度没有必然的对应关系。[⑦]

鉴于从城市人口和土地面积两方面对城市规模进行探讨，具有太多的不可确定性和主观性，笔者对于学者们的结论不作轻易评判，而以城墙周长为研究对象，并且将城市规模与城市等级相联系，学者们已经进行了较为深入的研究，并且取得了可喜成就，不过对于这个问题的探讨，也并非题无剩意。笔者以明清时期河南城市规模为中心，对此时期城市规模和行政等级以及地域环境的关系进行分析，以期了解明清时期河南城市规模的等级和演变，也希望能够对今后的古代城市发展及其相关性研究推进有所裨益。

[①] Gilbert Roaman. *Urban Networks in Ch'ing China and Tokugawa Japan* [M]. Princeton：Princeton University Press，1973：102.
[②] Skinner G W. *The CITY in Late Imperial China* [M]. Stanford：Stanford University Press，1977:255，259.
[③] 赵冈：《中国城市发展史论集》，北京，新星出版社，2006年，第81～83页。
[④] 曹树基：《清代北方城市人口研究——兼与施坚雅商榷》，《中国人口科学》，2001年第4期。
[⑤] 章生道：《城治的形态与结构研究》，中华帝国晚期的城市，北京，中华书局，2000，第98～104页。
[⑥] 成一农：《清代的城市规模与行政等级》，《扬州大学学报》2007年第3期，第124～128页。
[⑦] 刘景纯：《清代黄土高原地区城镇地理研究》，北京，中华书局，2005年，第197～204页。

一 明清时期河南城墙的修筑与规模变化

元朝的统治者出身于游牧民族,对于修建城墙态度消极,在其统治时期内,地方城墙的修筑工作基本停顿,大部分地方城市基本没有城墙或城墙处于残破状态,中原地区也是如此。明代对于城池的修筑与元大相径庭,有明一代全省共累计修城507次。洪武时期是城墙修筑的第一个高峰期,共有54座城市得以修复。如开封城"历宋金元率皆覆土,皇明洪武元年始内外甃以砖石。设宣武卫守之。周围二十里一百九十步,高三丈,五尺,广二丈二尺"。[①]洛阳城宋代修建的是土城墙,洪武六年(1373)改为砖墙,并挖了城壕。此后修城的工作逐渐放缓,并且一度停滞,直到正统时期,修城的工作才又被提上日程。《英宗实录》记载,正统十三年(1447),"山东右参议黎琎言:'山东、河南直抵江南地方,因无军卫,故多无城池,纵有亦皆颓塞。圣明之世,固无外虞,然万一有警,何以保障。乞敕该部通谕所司,凡城池颓塞者,时加浚筑,务令高深。'上从之"。[②]受此思想影响,此后各地修城的工作持续不断,崇祯皇帝在位时达到顶峰,全省共整修城池75处,不但为同时期全国之最,也是明代河南修城次数最多的一个王朝。明代河南修城次数详见表1。

表1 明朝不同时期河南修城次数统计表

	洪武	建文	永乐	洪熙	宣德	正统	景泰	天顺	成化	弘治	正德	嘉靖	隆庆	万历	天启	崇祯	合计
次数	54	0	2	0	6	18	26	12	61	24	71	68	22	62	6	75	507

资料来源:成一农《古代城市形态研究方法新探》,社会科学出版社,2009年,第218页

明代河南县级以上的城市共有108座,均建有城墙。开封是河南规模最大的城市,城周20里。其他城市的规模与之相去甚远,相对规模较大的郏县、柘城、睢州三县的城围也分别只有13里、12里和10里,余下城市规模均在10里以下。具体如表2所示,全省城围20里、13里、12里、10里、2里的城市均有一座;城围9里、5里的城市均有20座;城围8里、7里的城市均有8座;城围6里的城市14座,城围4里的城市数量最多,有23座;城围3里的城市10座。总体来说,此时期的城围规模集中在3~9里之间,占城市总量的95%以上,其中城围在4里的城市占到总量的21.3%,5里和9里的城市分别占18.5%,三个规模的城市加在一起,约占总量的59%,全省城市的平均规模为6.14里。

表2 明代河南城市规模数量表

城市规模(里)	20	13	12	10	9	8	7	6	5	4	3	2	合计
数量(座)	1	1	1	1	20	8	8	14	20	23	10	1	108
所占比重(%)	0.9	0.9	0.9	0.9	18.5	7.4	7.4	13.0	18.5	21.3	9.3	0.9	100

资料来源:嘉靖《河南通志》卷一三《城池》

清代沿袭了朱明王朝修建城墙的传统,且因为其自建国伊始就内忧外患接连不断,因此对修筑城墙的热情更超越了有明一代。顺治统治18年,全国共修筑的城池有420座,康熙年间又迅速上升到了683座,此后历代王朝都没有停止过。即使在国泰民安时期,修城也还是官员必须承担的职责,雍正《河南

[①] 嘉靖《河南通志》卷一三《城池》。
[②] 《明宪宗实录》卷一七二,中国台北,中国台湾"中央"研究院史语所,1962年,第3317页。

通志》就曾说:"本朝临制区夏,四海无鸡鸣犬吠之警,而庙堂尤切切焉,饬守土诸吏崇墉、浚隍、修堰、筑坝,俾民白首不见兵革之事与溃决之患,兹惟仁哉,志《城池》。"①

就城市规模而言,清代与明代大体一致,平均城市规模略有扩大,为6.24里,大部分城垣维持明代水平,只有少数有所变化。原因之一是遭受水患,城市被淹,城址变化,新城围与旧城不一致。如商丘府城,原城围9里,"旧城圮于水,正德六年(1511年)重筑,乃徙而北之,今南即北门故址也,围七里二分五厘,共一千三百四丈二尺五寸,高二丈,顶阔二丈,址阔三丈,包以砖门四"②。孟津县城也是旧城圮于水,新城建于嘉靖十七年(1538)以后,规模是4里,比原来增加了1里。原因之二是县城合并,导致城围增加。如清代胙城县并入延津县,延津县的城围就由原来的7里,增加到12里。原因之三是河南区划面积的改变。如雍正三年(1725),磁州不再为河南属州,与此同时,滑县、浚县、内黄三县由直隶省转归彰德、卫辉二府。此外,还有一些县城虽然城址没有变动,但是两代地方志上的记载却不一致,如光山县,嘉靖《河南通志》载其城垣建于正德十二年(1517),长6里;而光绪《河南通志》却载其为7里,这种互歧同样出现在卢氏县、密县等的城围记载中,在此笔者存疑处理,以所在朝代方志为准。具体城市规模数量如表3所示,开封城墙虽然是清代重建,但是维持了明代规模,城围20里;城围在10里以上的有4座,较明代增加了武安1县;3~9里仍是大多数城市的规模,此间城市有103座,占清代总量的94.4%,其中4里的最多,有23座,9里的其次,有21座,5里的再次,有20座;城围在2里的城市只有汤阴一座,与明代相同。

表3 清代河南城市规模数量表

城市规模(里)	20	13	10	9	8	7	6	5	4	3	2	合计
数量(座)	1	3	1	21	7	11	13	20	23	8	1	109
所占比重(%)	0.9	2.8	0.9	19.3	6.4	10.1	11.9	18.3	21.1	7.3	0.9	100

资料来源:光绪《河南通志》卷九《城池》

二 城市规模和行政等级的相关性

依照行政等级划分,明清时期河南的城市可以分为省级城市(省会开封)、府级城市(府城、直隶州城)和县城城市(散州、县城)三类。嘉靖《河南通志》对明代河南府、州、县城规模的记载非常翔实,笔者以此为基础,对明代城市进行分析。

1. 省城开封

开封位于豫东,是河南最大的城市。开封城池共有四重,即外城、内城、周王城和紫禁城。外城建于宋代,又名土城,城周48里,明末时只留有基址,有门不修,以土填塞,备防河患。周王城是明朝为周王所建,城围9里。本文所讨论的开封城指的是内城,原也是土城,洪武元年(1368)始"内外甃以砖石",并设宣武卫驻守,城周20里,形状很不规则,有"三方四正十六邪"之称。

2. 府级城市

府、直隶州城共有8座,规模最大的城围9里,数量有4座,分别是归德府城、怀庆府城、彰德府城和汝州城,占府、直隶州城总量的50%;规模最小的是汝宁府城,城围只有5里,占总量的12.5%。其余的城市,城围8里的有一座,为河南府城,占总量的12.5%;城围6里的有两座,分别是卫辉府城

---
① 雍正《河南通志》卷九《城池》,四库全书本。
② 康熙四十四年《商丘县志》卷一,《山川》。

和南阳府城，占总量的 25%。

3. 县级城市

县级的散州城、县城一共 99 座，规模 2～13 里不等，面积最大的郏县城围比最小县城汤阴要大 11 里，前者是后者的 6 倍多，可见其差距之大。大部分的县级城市规模在 3～9 里之间，一共有 95 座，约占 96%，其中规模在 4 里的数量最多，有 23 座，占 23%强，其次是 5 里、9 里，分别有 19、16 座；10 里及大于 10 里县级城市 3 座，分别是郏县、柘城县、睢州城，占 3%；规模 2 里的城市仅汤阴 1 座。

明代省城规模 20 里，府级城市平均规模 7.62 里，县级城市平均规模 5.89 里，由之可以看出，不同行政级别的平均城市规模差异明显，此外，明代府级城市规模的极差是 4，平均差是 1.58，县级城市的规模极差是 11，平均差是 2.23，这表明府级城市的规模相近度大大高于县级城市，也从一定程度上说明，统治者在设立高级别的城市时，还是遵循了一定之规，虽然这种规则已经不再是强制执行，也不起决定性作用。与高行政等级的城市相比，县级城市的建造显得随意得多，应该更多地参考了当地的人口、商业和地形。而且明代府级城市中的汝宁府城城围只有 5 里，小于县级城市的平均水平，而县级城市中有 26 个已经超过了府级城市平均水平，占到了总量的 27%。不仅在全省范围内，同一区域县城规模超过府城的现象也比比皆是，如规模最小的汝州城围仅有 5 里，辖内郏县城 13 里，是它的两倍还多；汝宁府城 5 里，区内 13 个县，有 8 个规模超过府城；归德府城 9 里，域内睢州城 10 里，柘城更是达到了 12 里；卫辉府城规模 6 里，辖区内的新乡县城、淇县城都要超过它；南阳府城规模 6 里，内乡县比之大 2 里。也就是说算上开封府，河南 9 府中要有 5 个府级城市的规模小于辖区内县级城市的规模，这些足以证明，明代时期中原城市的规划已经完全不再遵循类似西周时期"都，城过百雉，国之害也。先王之制：大都，不过三分之一；中，五之一；小，九之一"[1] 的约定，也就是说行政等级决定着城市的规模的制度已经不复存在。时代河南各级城市规模见表 4。

表 4　明代河南各级城市规模统计表

城市规模（里）	20	13	12	10	9	8	7	6	5	4	3	2	合计（座）
省级	1	0	0	0	0	0	0	0	0	0	0	0	1
府级	0	0	0	0	4	1	0	2	1	0	0	0	8
县级	0	1	1	1	16	7	8	12	19	23	10	1	99
合计（座）	1	1	1	1	20	8	8	14	20	24	9	1	108

资料来源：嘉靖《河南通志》卷一三《城池》

清代省城规模 20 里，府级城市平均规模 7.93 里，县级城市平均规模 5.91 里，与明代相比较，除了省城开封的城围没有变化外，府级城市和县级城市的城围均略有上浮，结合前面所统计的明代平均城围 6.14 里，清代平均城围 6.24 里，清代平均城围稍大于明代，可以看出清代城围与明代保持基本稳定的同时有所提升，但幅度有限。此外，虽然府、县级城市的极差与明代相同，分别为 4 里和 11 里，但是就平均差而言，清代府级城市是 1.39，县级城市是 2.33，府级城市较之明代缩小了 0.19，而县级城市较之明代增大了 0.9，虽然差异并不算太大，但从统计学意义上可以认为，清代府级城市规模的相近度进一步增强，与此同时，县级城市规模的随意性却在加大，至于其原因，结合府级城市总量的增多，以及县级城市总量的减少，加之明代为县级而清代升为府级的城市规模本身没有出现实质

---

[1] 杨伯峻：《春秋左传注》，北京，中华书局，1981 年，第 11 页。

变化的现象，可以再度肯定行政等级决定城市规模或者城市规模决定行政等级的说法是不存在的。但可以推测，城市行政等级的提升还是有一定的规模要求的，虽然不一定太大，但也不能过小（明清时期最小的府级城市规模均不低于 5 里），城市规模与城市影响力还应是有一定关联的，这种关联不是单纯的正相关或负相关，或许来自于政治、经济的推动，抑或是人们对于城市历史人文或地理环境的认知使然。清代河南各级城市规模见表 5。

表 5　清代河南各级城市规模统计表

城市规模（里）	20	13	10	9	8	7	6	5	4	3	2	合计（座）
省级	1	0	0	0	0	0	0	0	0	0	0	1
府级	0	0	0	8	1	2	2	1	0	0	0	14
县级	0	3	1	13	6	9	11	19	23	8	1	94
合计（座）	1	3	1	21	7	11	13	20	23	8	1	109

资料来源：光绪《河南通志》卷九《城池》

此外，统计学者科尔·皮尔逊设计的相关系数（Correlation coefficient）指标也为我们分析城市规模和行政等级之间的关联提供了量化参考。根据数据统计，明代城市等级与规模的相关系数是 0.44，清代是 0.45，数值变化不大，就系数值而言，两者存在中等相关关系，也就是说城市等级与城市规模之间存在着一定的关联性，但是关联性并不强，也就是说影响城市规模的因素很多，城市等级只是其中之一，并不能起到决定作用。时清两代府县城市相关系数见表 6。

表 6　明清两代府县级城市相关系数分析表

	府级城市数量（座）	府级城市平均周长（里）	县级城市数量（座）	县级城市平均周长（里）	大于平均府级城市的县级城市数量/百分比（%）	大于中位府级城市的县级城市数量/百分比（%）	小于平均县级规模的府级城市数量/百分比（%）	小于中位县级规模的府级城市数量/百分比（%）	城市行政等级与城市规模的相关性
明代	8	7.63	99	5.88	2626.2	26，6.2	112.5	337.5	0.44
清代	14	7.93	94	5.91	2324.5	2324.5	17.1	535.7	0.45

资料来源：嘉靖《河南通志》卷一三《城池》

三　城市规模与地理环境的相关性

从全省分区来看，大致可以分为豫东、豫北、豫西和豫南四部分，明代河南 8 府 1 直隶州，其中开封府和归德府属豫东，怀庆府、卫辉府、彰德府属豫北，河南府、汝州属豫西，南阳府、汝宁府属豫南。就城市分布来看，豫东最为密集，为 43 个，城市规模在 3～20 里之间，其中城围 9 里的最多，有 12 个，占总数的 27.9%；豫南城市数量排在第二位，有 27 个，城围在 3～9 里之间，尤以 6 里、5 里数量最多，分别为 8 个和 7 个；豫北为 19 个，城围在 2～9 里之间，城围 4 里的最多，为 5 个，9 里的其次，为 4 个；豫西城市数量与豫北相同，城围在 3～9 里之间，城围 4 里的数量有 7 个之多，几乎占到了总量的 1/3。就平均城围而言，豫东最大，为 7.1 里；豫南第二，为 5.6 里；豫北和豫西并列第三，为 5.5 里。也就是说，除豫东超过全省城市平均城围 6.14 里之外，其余分区均小于这个值。

如果将各区城市规模与其所在区域的地理形态相结合，我们可以看到身处平原地形的豫东城市规模最大，豫南、豫北和豫西均有山地，只是豫西山地分布更为广泛，三地城围非常接近，分别为5.6里、5.5里、5.5里，豫南略大于豫北和豫西，但是数值仅差0.1，微乎其微。通过比较可以推论，城市规模与地形应该有着相当大的联系，一般来说平原区的城围要大于山区，至少河南是如此。但这也并非绝对，如汝州为山区地形，但平均城围达到了7.2里，规模在全省府区中排名第二，仅次于位于平原区的归德府，要比平原区的开封府规模大，而平原区的卫辉府平均城围只有5.8里，低于非平原区的汝州、怀庆府和汝宁府。明代城市规模分布表见表7。

表7 明代城市规模分布表

城市规模（里）	20	13	12	10	9	8	7	6	5	4	3	2	合计（座）
豫东	1	0	1	1	12	2	7	4	7	6	2	0	43
豫北	0	0	0	0	4	2	0	1	3	5	3	1	19
豫西	0	1	0	0	2	2	0	1	3	7	3	0	19
豫南	0	0	0	0	2	2	1	8	7	5	2	0	27
合计（座）	1	1	1	1	20	8	8	14	20	23	10	1	108

资料来源：嘉靖《河南通志》卷一三《城池》

明代河南分区地形和城市数量、平均城围规模统计表见表8。

表8 明代河南分区地形和城市数量、平均城围规模统计表

地域	府、直隶州	城市数量	平均城围	地形
豫东	开封府	34	7	平原
	归德府	9	7.3	平原
	小计	43	7.1	平原
豫北	怀庆府	6	6	山区、平原
	卫辉府	6	5.8	平原
	彰德府	7	4.7	山区、平原
	小计	19	5.5	平原、山区
豫西	河南府	14	4.4	山区
	汝州	5	7.2	山区
	小计	19	5.5	山区
豫南	南阳府	13	5.2	山区、平原
	汝宁府	14	5.9	平原、平原
	小计	27	5.6	山区、平原
	总计	108	6.14	平原、山区

资料来源：嘉靖《河南通志》卷一三《城池》

清代城围规模基本上保持了明代规模，并在其基础上有所提升，但是幅度不大，就平均城围而言仅上升了0.1里。豫东和豫北的平均城围有所增长，豫东城围仍居全省第一，为7.2里，较明代上升了0.1里；豫北得益于规模较小的胙城县的省并，武安县城城围的急剧增大，以及延津、浚县、滑县3个较大规模县城的来归，城围增长了0.5里，达到了6.0里，平均规模上升为全省第二；豫南和豫西城市数量和城围规模与明代保持一致，豫南城围5.6里，略高于城围5.5里的豫西，也就是说位于平原的豫东城围规模最大，山区和平原结合的豫北、豫南排在第二、三位，位于山区的豫西平均城围最小。清代河南分区地形和城市数量、平均城围规模统计表见表9。

表9 清代河南分区地形和城市数量、平均城围规模统计表

地域	府、直隶州	城市数量	平均城围
豫东	开封府	14	8.4
	归德府	9	7.2
	陈州	5	5.2
	郑州	5	5.4
	许州	5	7
	禹州	3	7.7
	小计	41	7.2
豫北	怀庆府	7	5.7
	卫辉府	8	6.6
	彰德府	7	5.7
	小计	22	6.0
豫西	河南府	11	4.8
	汝州	5	7.2
	陕州	3	5.3
	小计	19	5.5
豫南	南阳府	13	5
	汝宁府	9	5.7
	光州	5	6.6
	小计	27	5.6
	总计	109	6.24

资料来源：光绪《河南通志》卷九《城池》

四 结 论

众所周知，古代城市围墙的建造是城市军事防御功能的体现，它在规划之始固然可能考虑到城市的未来发展，但是从明清两代城墙围度呈现出的高度一致性和稳定性可以确定，城围是很难随着城市经济尤其是人口的变化而变化的。城围的持续建造并且不断完善是几千年来城市军事职能的体

现，从明清时期统治者对于城墙修葺的重视程度更甚于前代可以看出，随着封建专制统治的加强，城市的军事职能并没有因为城市经济职能的加强而减弱，相反还有加强之势。城墙周长和行政等级有所关联，但相关性不是太强，一般来说行政等级高的城市规模不会太小，但是城市规模大的城市并不一定行政等级高，以行政等级来划分城市规模的做法无疑失之轻率。明清时期影响城市规模的因素有很多，地理环境应该居其一，或者环境对于城市规模的影响要甚于行政等级，至少通过以上研究，笔者认为河南确是如此。

[作者单位：河南省社会科学院历史与考古研究所]

从同姓到同宗：宋明吉安地区的宗族实践

黄志繁

一 讨论的问题

关于中国宗族的研究，学术界已经达到了相当高的水准。可以说，学术界已经基本超越了功能主义的倾向，而着眼于从中国社会制度和历史发展的实际出发来认识宗族问题。① 科大卫和刘志伟认为，宗族的发展实践，是宋明理学家利用文字的表达，改变国家礼仪，在地方上推行教化，建立起正统性的国家秩序的过程和结果。② 然而，或因现有的宗族研究成果相对集中于我国的广东、福建、香港及台湾等东南沿海地区的缘故，学术界对明清以来宗族组织发展历程研究虽然已经相当深入，但对宋至明初宗族组织的演变并没有很清晰的描述，从而导致对宋明宗族组织的实践和具体运作缺乏深入了解。根据钱杭的研究，无论是上古经典文献，还是后来宗族的实践活动都表明，宗族是"父系单系世系建构"的产物，而不是"血缘"关系自然延伸的结果。③ 不过，钱杭的研究并没有涉及宋明时期的宗族建构的过程。实际上，从宋代到明代宗族组织的发展，最为核心的当是"宗法伦理庶民化"，即宋明理学家们突破宗法的限制，突破祭祀祖先的代数，从而使宗族组织建立有了理论上的依据。④ 然而，从宗法伦理理论上的突破到宗族实践并非一蹴而就，还有很长的道路要走。

郑振满以碑铭资料为中心，对宋明福建莆田平原的宗族组织如何从神庙系统中独立出来的过程进行了揭示。⑤ 刘志伟的研究则展示了明初广东地区的士大夫在建构地方正统文化身份过程中，对其祖先历史记忆的改造和利用。⑥ 常建华对明代吉安地区的宗族实践活动进行了深入的研究，他认为，明初以杨士奇为代表的吉安士大夫将修谱的实质定位于延续魏晋以来"故家"传统。这一见解颇有启发性，也有相当扎实的史实做根据。⑦ 这些研究对我们理解宋明以来宗族组织发展有相当大的贡献。

迄今为止，关于宋明地区宗族组织发展的研究中，仍有一个关键问题尚未厘清，即从宋到明宗族组织是以何种方式组织起来。正如前引钱杭论文所指出的，宗族组织是"世系建构"的产物，不是血缘发展的结果，那么，一群有着同样姓氏的人，是如何"建构"起他们的宗族组织呢？贺喜从对北宋大儒欧阳修所编《欧阳氏谱图》流变的考察入手，非常精彩地展现了不同地域的欧阳氏后人，通过不同层次的迁移传说和图谱建立联系，并建立实体性宗族的过程。在贺喜看来，宗族起初只是一个概念，或理想，

---

① 乔素玲、黄国信：《中国宗族研究：从社会人类学到社会历史学的转向》，《社会学研究》，2009 年第 4 期。
② 科大卫、刘志伟：《宗族与地方社会的国家认同：明清华南地区宗族发展的意识形态基础》，《历史研究》2000 年第 3 期。
③ 钱杭：《宗族建构过程中的血缘和世系》，《历史研究》，2009 年第 4 期。
④ 郑振满：《明清福建家族组织与社会变迁》，福州：福建教育出版社，1990 年；前引科大卫、刘志伟文也涉及对此的清晰的论证。
⑤ 郑振满：《莆田平原的宗族与宗教——福建兴化府历代碑铭解析》，《历史人类学学刊》第四卷 第一期（2006 年 4 月），第 1~28 页。
⑥ 刘志伟：《乡豪历史到士人记忆：由黄佐自叙先行状看明代地方势力的转变》，《历史研究》，2006 年第 6 期。
⑦ 常建华：《明代宗族研究》，2005 年，上海人民出版社，第 360~398 页。

后来混合了地方经济,就成了实体化的宗族。① 然而,即使如此,我们依然可以追问,宋明期间的地方宗族实践者是如何突破宗法伦理的代数限制,而在实际生活中"创造"出一个宗族组织来。② 一个明显的事实是,在朱熹的理论中,家庙祭祀只能由己上溯到高祖,而只祭祀五代是显然无法建构起一定规模的宗族组织的。因此,从理论或概念化的宗族到实体化的宗族,在实践中除了贺喜所指出的认同共同的宗族图谱和经济因素之外,应该还有若干世系的组织原则需要确认和运用。

江西吉安地区,自宋以来就是经济发达、人文繁荣,宗法理论的实践也比较早。早在北宋,欧阳修就在他的家乡永丰修撰了家谱,为吉安地区的宗族实践活动作出了表率。宋明时期,吉安地区的修谱和建祠等宗族实践活动比较频繁,特别是修谱活动蔚然成风,至今留下了大量的谱序和谱论,为我们研究宋明吉安地区的宗族实践活动打下了较好的史料基础。本文即拟对宋明地区的宗族实践展开研究,并由此讨论宋明宗族组织演变的相关理论问题。

二 同姓而不同宗:宋代吉安欧阳氏的修谱活动

北宋皇祐四年(1052),在外为官多年的欧阳修带着母亲的灵柩回到了家乡永丰,在将母亲与父亲合葬在家乡凤凰山泷冈之后,他撰写了著名的《泷冈阡表》。北宋熙宁三年(1070),欧阳修在青州太守任上,他将《泷冈阡表》碑立于父母亲安葬地不远的道观西阳宫中,碑石正面刻《泷冈阡表》,背面刻《欧阳氏世系表》。在《泷冈阡表》中,他表达了为什么要修《欧阳氏世系表》的缘由:

> 于是小子修泣而言曰:"呜呼!为善无不报,而迟速有时,此理之常也!惟我祖考,积善成德,宜享其隆,虽不克有于其躬,而赐爵受封,显荣褒大,实有三朝之锡命,是足以表见于后世,而庇赖其子孙矣!"乃列其世谱,具刻于碑,既又载我皇考崇公之遗训,太夫人之所以教,而有待于修者,并揭于阡。③

可见,他修《欧阳氏世系表》的目的,不在于修撰一个完整的欧阳氏族谱,而是通过修撰世系,彰显其父亲的善德,使其能庇佑后世。所以,不难理解,虽然欧阳修所修的《欧阳氏世系表》对后世影响巨大,但是,从族谱修撰的角度来看,并不严谨,甚至很多错漏。④

很多年后,南宋吉安地方大儒欧阳守道就委婉地批评欧阳修所修世系存在问题:

> 予欧阳氏家吉州自唐中世刺史府君始,大约距今五百余年。子孙散居诸邑,或徙他州,不可尽考。姑以见居而未徙者言之,户不啻百计,丁不啻千计矣,其间最著仅文忠公一人,自刺史府君视子孙,可谓最著者之少也。族谱非最著者,其谁宜为?宜乎公之为之也!然公谱未广,又颇有误……文忠公游宦四方,归乡之日无几,其修谱又不暇咨于族人,是以虽数世之近,直下之派,而屡有失亡。⑤

在欧阳守道看来,欧阳修是庐陵地区欧阳氏最为著名的人物,族谱理应由他来修,但是,欧阳修公

---

① 贺喜:《〈欧阳氏谱图〉的流变与地方宗族的实体化》,中国台湾《新史学》,2016 年冬季卷。
② David Faure: The Lineage as a Cultural Invention: The Case of the Pearl River Delta, Modern China, Vol. 15, No. 1 (Jan., 1989), pp. 4~36.
③ (宋)欧阳修:《泷冈阡表》,《欧阳文忠公集》卷二五,四库丛刊景元本。
④ 《欧阳氏世系表》有多种版本传世,前引贺喜文已经进行了详细的比对,根据她的比对,石本和刻本虽然有很多不同,但世系基本相同。
⑤ (宋)欧阳守道:《书欧阳氏族谱》,《巽斋文集》卷一九。

务繁忙，在家乡的时间太少，所以，所修世系即使离他最近的世系都"屡有失亡"。族谱修撰不严谨导致的后果就是，虽然同为庐陵欧阳氏，但各派系之间都有自己的族谱，且互相之间族谱世系并不吻合。欧阳守道继续说道：

> 予前后所见同姓诸谱，但在庐陵诸邑者已六七本，各巨帙细书。至邻郡清江、宜春、长沙同姓亦各有谱，往往出以相示，参较上世，率不相合，皆无一本略同者，此不可晓也。安得遍与诸家借聚，与民先细订之乎！姑识此以俟他日。①

可见，欧阳修所修之世系并没有起到统一各地欧阳氏世系的作用，到了南宋末年，吉安地区的欧阳氏之间各自修撰自己的家谱，并无统一的世系。所以，不难理解，欧阳守道并不认为他与欧阳修有共同的世系，而庐陵之称为"欧乡"也和欧阳修没有关系。②可见，虽然欧阳修所修的世系成为后世欧阳氏建构的基础，但是，至少到南宋末年，遍布吉安地区的大大小小欧阳姓，并没有共同认可的世系。严格地说，吉安欧阳氏只是一群一群的同姓团体，并没有构成一个"宗族"。

欧阳氏的情况并非个案。明初解缙回忆杨万里家族时说：

> 杨氏既多，所至迭盛。予尝观其间乡谱、大同谱、四院谱、龙图谱、靖共两院谱、蜀中院谱、渡江院谱、浙院谱、浦城谱、吉水杨庄谱、上径谱、涯塘谱、小南江谱、今翰林杨公士奇所辑泰和谱。何其随寓而盛也！龙图已上不待言矣！其曰"靖共"者，长安坊名，其在唐元和长庆间一院不下数十百口，族长堂前有木櫑，朝退问安，掷笏其上，堆积明旦乱取以去，俸钱所入，至逾百万，禄仕之盛，古未有也。③

从解缙的描述中可以看出，即使到了明初，吉安杨氏并无统一的世系，各自有各自的谱系，从世系上看，还远达不到"宗族"的要求。有些谱，例如"靖共"谱，更多的还是在追忆唐时的繁盛，向往大家族族人大多出仕为官的梦想。

实际上，北宋时人大多认为，大宗谱法很难继续，唯有"以五代为限，五世则迁"的小宗谱法可以修撰。④欧阳修在修完家族的《欧阳氏谱图》后曾经对此进行过详细的阐述：

> 谱例曰：姓氏之出，其来也远，故其上世多亡不见。谱图之法，断自可见之世，即为高祖，下至五世玄孙，而别自为世。如此，世久子孙多，则官爵功行载于谱者不胜其繁。宜以远近亲疏为别，凡远者、疏者略之，近者、亲者详之，此人情之常也。玄孙既别自为世，则各详其亲，各系其所出。是详者不繁，而略者不遗也。凡诸房子孙，各纪其当纪者，使谱牒互见，亲疏有伦，宜视此例而审求之。⑤

从他的论述中，可以看出，他并不认为族谱修撰可以无限制地追溯远祖，不断地扩大规模，而是应

---

① （宋）欧阳守道：《书欧阳氏族谱》，《巽斋文集》卷一九。
② 参考前引贺喜论文相关讨论。
③ （明）解缙：《泰和杨氏族谱序》，《文毅集》卷八，四库本。
④ 钱杭：《中国古代的世系学》，《历史研究》，2001年第6期。
⑤ （宋）欧阳修：《欧阳文忠公集》卷二一，《集本欧阳氏谱图序》，四库丛刊景元本。在同书同卷的《石本欧阳氏谱图序》中，他也表达了类似的观点。

严格区分亲疏，以五世为核心纂修。另一位族谱大家苏洵也表达了类似的观点。他说：

> 《谱》之所记，上至于吾之高祖，下至于吾之昆弟，昆弟死而及昆弟之子。……其说曰，此古之小宗也。凡今天下之人，惟天子之子与始为大夫者，而后可以为大宗，其余则否。独小宗之法，犹可施于天下。故为族谱，其法皆从小宗。①

苏洵与欧阳修所修族谱对后世影响很大，所谓"欧体"、"苏体"成为后世修谱的两种重要的体例。但是，他们都基本恪守"小宗之法"的宗法伦理原则，不对宗族世系做无限制的扩展。在这种理论指导下，不难理解，宋代吉安欧阳家族为什么无法统一世系，成为严格意义上的宗族了。

不过，在具体实践中，过于苛守小宗之法，显然无法适应家族人口扩张的需求。特别是在宋代的江西，大家族特别多，小宗之法的局限性太明显了，上述欧阳守道就说庐陵欧阳氏"户不啻百计，丁不啻千计矣"。实际上，正是由于地方社会实践中，"小宗之法"的局限过于明显，在欧阳修自己所撰写的世系中，他已悄悄突破了五世的限制，而是追溯到了九世，即从欧阳万至他自身。在他上述的谱论中，他也没有明确指出要限制其世系到五世，而只是强调了以五世为核心的原则，这应是对现实的一种变通。但是，无论如何，宋代的吉安地区，虽然存在许多同姓大家族，但他们各自为阵，有各自的谱系，没有形成统一的世系，他们最多是同姓，而不是同宗，则是不争的事实。

三　同姓而同宗：忠节杨氏的世系建构

杨万里家族是吉安地区的另一具有重要影响的大家族，其家族因出了南宋末年坚守建康城而英勇就义的"忠襄公"杨邦乂与以文章节义闻名于世的"文节公"杨万里而被世人称为"忠节杨"。

关于杨氏宋代宗族史料，目前能找到的只有现存于嘉庆二年（1797）刻印的《杨氏人文纪略》的两篇文献。② 一篇为宋徽宗宣和五年（1123）杨存所作，一篇为宋宁宗庆元五年（1198）杨万里所作。

杨存所作的《杨氏流芳谱系序》摘录如下：

> 文友生辂，仕江南李氏，始迁庐陵，初为虞部侍郎出知吉州刺史，因家居庐陵郡，今为杨氏一世祖。辂生二子，曰锐曰铤。锐生宏嗣，宏嗣生二子。曰延安为上径高祖，曰延规为庄（？）中高祖。铤生宏彻。宏彻生二子。曰延宗为涩塘高祖；曰延邦为江南高祖，谓之江南，即吴里小江之南，是为本族高祖。延邦生子七人。曰戬为曾祖。戬生五子，曰伦为祖。伦生二子曰郊为考。考生三子。长曰布季，次曰本次，即存也。纨袴子弟铤为海昏令，即今建昌县。三世祖宏彻有墓在东冈山落水塘。高、曾、祖、考先茔咸在，岁祀不替。自辂始迁，子孙世为庐陵儒行士族，继有显者。元祐间改为吉水中鹄乡人也。存重念杨氏绵远，中间分为四族，图以示来者，庶知源流不紊也。其详载家谱。
>
> 宋徽宗宣和五年七月中元孙朝请大夫通判洪州主管神霄□清□□□□□□□□□田事存谨序

杨存此人曾担任过洪州通判，后被封为"中奉大夫"，其事迹载入《吉水县志·名宦》中，历史上应真有其人。从《杨氏人文纪略》后面的相关记述来看，这篇谱序无疑是杨氏宗族里程碑式的作品。其

---

① （宋）苏洵：《嘉祐集》卷一四《族谱后录上篇》，《嘉祐集笺注》。
② 该文献为本人在吉水县湴塘杨万里故居考察时所获得。

重要意义在于，确立了杨辂为庐陵始祖，并从杨辂往下，排列出了完整的世系，使原本散处吉水各地的杨氏宗族有了共同的谱系。更重要的是，杨存还为杨氏的世系制作了图，使其世系更为清晰。这一世系图示如下：

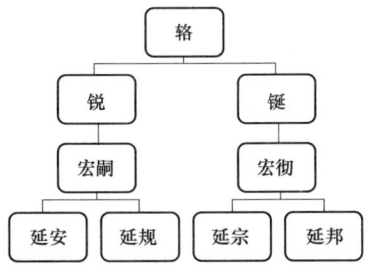

至延字辈，共分为"四族"，分别为上径、杨庄、江南、涩塘四支。

后来杨氏历修族谱均大致照抄杨存排列出来的祖先谱系，正如乾隆四十九年（1784）杨氏族谱序所言："是吾族虽本源侍郎，而支流则始盛于四世，故八世中奉公起而谱其世次，此吾族之有谱所自也。"与杨存的序相比，杨万里的序显得比较谨慎。今摘录其序文如下：

> 辂之二子锐、铤居庐陵城中。其居杨家庄，自锐徙也，今延安、延规之子孙，其后也；居涩塘者，自铤徙也，今延宗、延邦之子孙，其后也。二族自国朝以来至于今，第进士者十有三人。杨庄居其九，曰丕、曰纯师、曰安平、曰求、曰同、曰邦乂、曰迈、曰炎正、曰梦信；涩塘居其四，曰存、曰杞、曰辅世、曰万里。盖杨氏自太尉伯起以来，大抵以忠孝文学相传。而近世卓然冠吾族者，忠襄公也。公之死节，余既为之行状，上之史官，已有传矣。而十三人者，公父子及其二孙，凡一家而四人焉……其《唐表序》《吕夏卿大同谱序》《中奉府君族系图序》，今列篇首，俾来者有所稽焉。
>
> 宋宁宗庆元五年己未六月一日孙通奉大夫宝文阁侍制致仕万里谨序

与杨存的序相比，杨万里的序最为明显的变化是，杨存序中的"四族"变成了"二族"，即直接将锐和铤作为杨庄和涩塘的始祖，而不是从"延"字辈算起。但杨万里序文重点似乎不在祖先世系，而重在强调杨氏人文兴盛，对祖先源流和世系，表现得也比较慎重，申明把"《唐表序》《吕夏卿大同谱序》《中奉府君族系图序》"放在族谱前面，希望将来有所考证。其中《中奉府君族系图序》即杨存宣和五年（1124）所作的族图，表明作者对杨存所列的世系是有疑问的。尽管杨万里无心考订家族世系，但他无意中把杨辂在吉水的分支由"四族"变成"二族"的说法，却对后世影响很大，后来的杨氏族谱基本上都沿续这种说法。

我们无法判定两篇序文的真假，杨万里的序也不见于他的《诚斋集》。但我们可以判定，这两篇序至少应为明初或以前的作品。明初，吉水名人解缙曾为泰和杨氏作过长篇序言，中间对杨万里的序有大段引用。解缙的序载入他的文集，真实性比较高。解缙《泰和杨氏族谱序》序中首先指出明初杨氏家族分支较多，谱牒也比较混乱，而且，没有共同的世系，所以，解缙花了很多篇幅考证他们的始祖杨辂。解缙的序对杨氏家族最大的贡献在于，他成功地考证了杨氏的始祖杨辂不是如杨万里等人所认为的南唐李氏时期定居庐陵，而是后吴（即五代杨行密所建吴国）时期定居庐陵。他这一观点被后来历修族谱所采用。①

真正将杨氏纷繁复杂的世系统一起来的是宣德年间担任广西副宪的杨场，他在宣德八年（1433）主

---

① （明）解缙：《泰和杨氏族谱序》，《文毅集》卷八，四库本。

持重修了族谱。他有序文记述其经过:

> 吾杨氏由华阴避唐乱过江左,而虞部侍郎辂因事吴杨,始迁庐陵,今五百余年。中奉公本前谱系之,其后族益繁,递加增修,皆所以序昭穆,别尊卑……谱自□兄义方续后又七十余年矣。义方自幼聪敏冠世,于书不再读而学无不该通,甫弱冠而卒,故续谱率欠考索。而今诸本皆因之,恐后世愈远愈来失其真。欲参详,未暇。因从侄孙监察御史惟请学文,请考订以续前谱。居官日久,两以书请,相嘱曰大事也。乃相与因旧谱,正其误,考其世系,增其官爵、封赠、生卒、葬娶之可知,缺其不可知者,其徙居远地及异县仍依旧谱注其始迁,不系其派,已概见《凡例》。自五世而下,今又五世,悉详书而备录之。穷而摈,于时不失,为儒、农者皆详注其派;如有失身玷先德,则黜而弗录。俟其子孙能改过自新有见于世,则具其实,告于祠堂,复系其派,亦古人瘅恶彰善,率德改行,激劝之深意焉。杨氏子孙其懋之哉![1]

在杨玠修谱之前,杨氏族人杨义方已经修订了杨氏族谱,这个族谱虽然被杨玠认为比较"欠考索",但影响却极大,"诸本皆因之",因此,杨玠才下定决心在繁忙的行政事务之中进行重新修订。毫无疑问,杨玠这次修谱,所采用的世系是从"中奉公"杨存到解缙所反复考订的世系。杨玠的修谱活动,是在族中存在的各种版本族谱基础上进行修订和考证,有疑问的则仍其旧,存疑待后人来解决。杨玠还强调了职业正当(儒、农)方可入谱,如果行为有辱先德,则将其除名,即所谓"为儒、农者皆详注其派;如有失身玷先德,则黜而弗录"。

可以想象,杨玠修订族谱的根本目的就是要统一"忠节杨"氏的世系,将所有的杨氏族谱统一成一个大家认可的"官方"版本。至此,自南宋开始陆续进行努力的"忠节杨"氏世系终于正式统一。值得注意的是,根据道光《吉水县志》记载,杨玠是"忠襄公之后",[2]即不是涩塘杨氏,而是杨庄杨氏,所以,可以想象,他组织在涩塘修祠和修谱活动,应该包括了两支杨氏。实际上,经过他的努力,这两支杨氏的宗族建构应该说基本完成了,所谓"忠节杨"也就成了世系完整且统一的宗族了。

差不多同时,与吉水相邻的泰和县的另一位在地方社会有重要影响的人物杨士奇,成功地将自身家族与吉水杨辂家族联系在一起。杨士奇在为其家谱作序时有比较清楚的解释:

> 文友生辂,来居庐陵郡中,则庐陵杨氏始祖也。庐陵府君二子,锐徙吉水杨家庄,锃徙吉水涩塘。锐之孙延安又徙上径,延安孙允素始徙泰和,则泰和杨氏始祖也。泰和杨氏族故有谱刻石置县西延真观,元季观毁于兵,石坏刻本亡逸,士奇求之廿余年不得。近得族父与芳翁寄示所修《谱图》一帙,其间传系失于接续者,亦多矣。窃惧其益久而益废也,乃本《谱图》所载,准欧阳氏五世以下别自为世之法,而统录之。其传系失于接续者,皆仍旧位置,而详注于下方。庶几延真刻本有出,可以参补,名曰《泰和杨氏族谱》。[3]

根据杨士奇的说法,泰和杨氏族谱本来是刻石放在延真观中,但元末毁于兵火,于是,他根据族人保留的谱图,重新修撰了族谱。按照他的说法,泰和杨氏的始祖乃是从吉水杨家庄迁来的,自然也就和吉水杨氏系出同源了。

杨士奇还仿造杨存,为泰和杨氏的世系修了谱图。根据杨士奇自己的描述,他这次修族谱和谱图的

---

[1] (明)杨玠:《杨氏重修族谱序》,嘉庆二年《忠节杨氏人文纪略》卷一《谱序》,第3~4页。
[2] 道光五年《吉水县志》卷二二,《人物志·宦业》,第36页。
[3] (明)杨士奇:《泰和杨氏族谱序》,《东里集续集》卷一三,四库本。

态度是比较严谨的。他说：

> 士奇既作《杨氏族谱》，而欲便于观览也，又作此图，且欲刻之分畀族之人。盖杨氏族谱自延真刻本亡逸，诸房各惟存其本派之谱而已。赖与芳父当踰八望九之年，汲汲以尊祖睦族为务，始统萃为图，是以士奇所修得有所依据……此图上自府君辂始迁庐陵，以再迁泰和，于今廿有三世。其间或书字、或书名、或书行、或书号者，凡四百九人。失其字名、行号，但书某以识之者十有五人，总四百二十四人。夫谱泰和之族，必自庐陵府君始者，尊吾所从出，且旧图之录也，其上失系属者，如十五世瑞荣之祖，某十六世百三太学、百六太学、百某太学，十七世君实，十八世华甫、实甫、善甫、云谷、定甫、达观，十九世惠可、文可、元可，皆仍旧图位置，庶几传疑之意。而今廿二世以下子孙尚多此。但载旧图所录及士奇所知者。盖族人散处，且士奇仕于外，不得访录，姑明其统系之绪而已。统系明，将后有继修者，得缘此而录也。①

可见，杨士奇在修族谱和谱图时，参考的是族人与芳的图和各派的分谱。在制订谱图时，杨士奇对一些有缺失的世系，仍按照旧图照录，不随便增加和添补。经过严格的修订，该族谱和族图共登录了424人。

通过这次修谱，杨士奇家族和杨万里家族拥有了共同的祖先。可以推测，由于吉水杨氏这一支拥有崇高的地望（涌现了杨邦义和杨万里等名人，号为"忠节杨"氏），许多周边的杨姓也纷纷通过建构世系，在系谱上加入其家族。杨士奇这次修族谱活动也可以看成明初吉安地区修族谱活动的一个缩影。

经过一系列的努力，到了明初，吉水杨氏基本上确立了始迁祖和排列出了基本的世系，并且周边的杨氏也建立了和吉水杨氏的联系。然而，即使如此，杨氏家族的"宗族建构"还只停留在整理和建构祖先谱系的层面，和明中期以后南方普遍出现的"宗族"组织还有很大的差别。

四 "忠节"传统与"忠节杨氏"的形成

南宋，吉水杨氏声誉渐隆。他们首先在科举上获得了巨大的成功。杨万里对此颇为自豪，他曾在给人写的记文中提及家族举业的辉煌：

> 宋中兴以来，自高宗及孝宗及太上及今上，四圣御极，七十有四祀。临轩策士，凡二十有三，得人众矣，不可得而详已。惟我大江之西，有一族而叔侄同年者，一时艳之，以为盛事，若予与故叔父麻阳令讳辅世是也。有一家从兄弟同年者，若予族叔祖忠襄公之二孙曰炎正、曰梦信是也；有产兄弟而同年者，若吾州印冈之罗曰维藩、曰维翰，兰溪之曾曰天若、曰天从是也。②

在他列举的3个科举成功的例子中，有两个就是他们家族的。事实上，加上杨万里本人，到南宋末年，他们家族至少涌现了13位进士，这不能不说是巨大的成功。

比科举上的成功更为重要的是，家族人物在"忠义"气节表现上获得的巨大声誉。杨万里曾经自诩为"天下第一"。他曾说：

---

① （明）杨士奇：《泰和杨氏重修族谱图序》，《东里集续集》卷一二，四库本。
② （宋）杨万里：《静庵记》，《杨万里集笺校》（辛更儒笺校，第六册）卷七六，中华书局，2007年，第3141页。

> 吾族杨氏自国初至于今，以文学登甲乙者，凡十有一人。前辈之闻者曰屯田公、中奉公，仁宗皇帝尝题殿柱云"杨丕之廉谨"者，即屯田公也。中奉公宰杭之仁和县，是时天下惟知有蔡太师，从之者富贵可曲肱取也；忤者不死则黜，则屈则窒。蔡氏之门，有老尼居仁和，攘细民土田，讼久不决。公杖尼，以田畀民流落者。以此，自屯田公、中奉公之后至忠襄公，以死节倡一世。于是杨氏之人物，不为天下第二。①

上文中的"忠襄公"即杨邦乂，他在金兵入侵建康时被俘，坚贞不屈，被金人剖心，其英雄壮举至今仍流传不已，南京还有古迹"杨邦乂剖心处"。正因为其壮烈行为为杨家博得巨大名声，杨万里才有底气自赞家族"人物不为天下第二"。杨万里本人则以文章和忠义并举而闻名天下。他不仅诗文杰出，而且，晚年闻知韩侂胄北伐，绝食而死，死后谥"文节"，一时也是名动天下，成为士大夫之榜样。

由于杨邦乂和杨万里的卓绝的名声，他们死后一直被历代朝廷和地方政府所祭祀，但宥于礼法，没有在家族中立祠祭祀。到了元代，杨氏后人开始在杨万里的家乡湴塘设立专祠祭祀他们和家族中的名人。关于元代湴塘立祠之事，元代江西硕儒揭傒斯有文记述。今摘录其文如下：

> 庐陵杨氏作忠节祠者何？昔金人侵宋，沿江诸郡皆望风奔溃。其先忠襄公邦乂以建康通判被执，大骂，死。韩侂胄专国擅政柄，文节公万里以宝谟阁学士，家居闻之，三日不食，死。故合而祀之也。中祀建康通判赠通奉大夫存者何？尝以直抗蔡京为杨氏忠义开先也。别祀广东经略使长孺、吏部郎官孙、子同知昆山州事学文者何？经略仁声义实，风噪天下，在广东三岁禄入七万缗，尽以代民输丁租，不持一钱去；吏部阁通敏惠，奉法循理为时良臣；昆山好德尚义，能以私钱复文节故居，割田百亩以建祠事。皆克绍先烈者也……故庐陵若欧阳氏、杨氏、胡氏、文氏又有身致乾淳之治，若周文忠氏皆国家之元气也，而欧阳氏又庐陵之元气乎。昆山之子元正请记忠节祠，故并及之。

该文被收入揭傒斯的文集，具有比较高的可信度。这次杨氏为家族中贤明设立专祠，带有很强烈的纪念名人的意味，目的是为了弘扬家族中的"忠"和"节"两种可贵品质。实际上，设专祠祭祀名人还有一个目的，突破礼法中规定的臣民不得建家庙的规定。所以，虽然名义上建的是祠堂，但揭傒斯仍不断解释为什么要祭祀这些杨氏名人。

颇有戏剧性的是，倡导建立忠节祠的昆山知州杨学文，并不是湴塘本地人，而是杨氏在四川的后代。若干年后，杨士奇留下了一段文字，让我们得以了解杨学文建忠节祠的经过。其文曰：

> 按杨氏自唐天佑中刑部员外郎承休使江南，杨行密乱，不得归，遂家焉。此杨庄、湴塘之祖也。自唐祭酒膳从僖宗入蜀者，安成之祖也。虽皆居庐陵，而所从来者实异。揭文安公为此记，称庐陵之杨自蜀徙，盖公止见安成之谱，以为杨庄、湴塘皆同出此，故误耳。安成之族正议大夫知肇庆府事仲谨乏嗣，以其先与杨庄、湴塘同出汉太尉，乃之湴塘求叔先之子珪孙为嗣，更名孙，仕为赣州路总管、吏部侍郎，孙之子知昆山州事学文，不忘其父所生，以私钱复文节故居，又割田百亩，建忠节祠，故孙、学文皆得列祠祀中。而求记者，实学文之子元正也。孙之所生虽出于江南，而所为后者则出于蜀。元正之所藏、文安之所见者，盖蜀之谱。此记之所以误也。今东平知州场，字季琛，杨庄之出也。往年来京师过余，语其故，甚悉。近其子监察御史戬为余致此记，

---

① （宋）杨万里：《鳣堂先生杨公文集序》，《杨万里集笺校》（辛更儒笺校，第六册）卷七八，中华书局，2007年，第3187页。

谨备识于后，以示来者。①

这篇文章比较有意思，从文章中可以看出：虽然同为居住在庐陵的杨氏，但杨庄、澁塘的杨氏和从四川搬迁至庐陵所谓"安成之族"的杨氏虽属同姓但并不同宗，前面所引揭傒斯文将两支杨姓混为一谈是错误的，因为他看的只是四川杨氏族谱（"蜀之谱"）；但后来，安成之族的杨氏后裔肇庆知府杨仲谨无后，于是将澁塘杨叔先的儿子杨珪孙过继为自己儿子，改名"杨孙"，杨孙后担任赣州路总管，其儿子昆山知州杨学文为了不忘记其父亲的出生地，以自己的私钱，给予澁塘杨氏100亩地，同时建立了忠节祠，因此，杨学文和他父亲杨孙的牌位自然也就放入了忠节总祠。

这个颇具戏剧性的故事，再一次清晰地展现了世系不完全相同的同姓，如何通过种种手段，建立其共同的联系，从而达到联宗的目的的。杨学文建立忠节祠，固然有他所谓的"不忘其父所生"的朴实愿望，但是，和大名鼎鼎的"忠节杨"攀附上关系，又未尝不是其重要目的之一。虽然建立这个祠堂包含了杨学文的私心，但祠堂却成了杨氏卓绝名声的物化的象征。如果说元代忠节祠还只是个名人纪念堂的话，到了明代，其名人纪念堂的色彩渐渐褪去，开始演变为家族祠堂了。

明初宣德年间，曾经重修族谱的杨玚主持了对忠节祠的重修。安福人明代名臣李时勉有记曰：

> 故元盛时，杨氏之贤同知昆山事学文，始复文节故居为祠，规制广于前而益加多。岁久弗治田，芜宇倾。予时与同知诸孙宜修有旧，尝示所藏文节公墨稿，始读其文，见与益国周文忠公、晦庵朱文公、乡之诸君子，过从觞咏，想见一时之盛。逮偕宜修步谒祠下，江东诸山如画屏列于前，地据高爽，宋崇陵御书"诚斋"字、揭文安公所撰祠记刻石俱在。乔木苍然，挺秀为之伫立，顾望兴怀，低回而不能去者久之。杨之贤季琛以旧臣膺京兆之举，作令南海，次修祠之颠末，命宜修授予请记焉。盖季琛倡率其族人因故六楹及余材之可用者，益以新木，凡三百四十有奇，砖甓五万有七。增设始祖吉州公及屯田、清谨二龛，诸小宗显官叙昭穆从祀，废像设用木主，刻世系、祀田、祭器、牲币、酒仪、设科条于碑阴，祭用冬至、立春子孙缘岁专直祠祀。祠宇坏漏，辄饬无怠，怠者罚如科条。所以尊祖而垂后，可谓远也已！可谓详也已于乎！此可以为世劝，岂特杨氏而已哉！②

通读全文，可发现这次重修忠节祠，其变化有三：主祀增设了始祖和屯田、清谨二位神位，且按照昭穆顺序从祀了其他名人；废除了宋代祭祀常用的影像，改为木头制的神位；将世系、祀田、祭器、牲币、酒仪、设科条（管理规章）刻在石碑的背后，且规定了冬至、立春祭祀祖先。从这些变化中，不难看出，忠节祠已经转变为家族祠堂。

忠节祠在明初的转变，根本的原因在于明初礼法的改变，即朱熹的《家礼》被朝廷采用，设立祠堂，祭祀四代祖先成为合法的事情。③ 但是，在嘉靖朝夏言上书之前，祭祀始祖其实并不合明代礼法（合乎程颐理论），忠节祠增设始祖显然是有僭越礼制之嫌，然而，这恰恰说明忠节祠性质已经发生了根本变化，以至于必须增设始祖才能达到收族的效果。至此，忠节杨氏已经基本完成了宗族建构，有了统一的世系、祠堂和祀产。

然而，忠节杨氏的宗族发展脚步并没有停止。嘉靖九年（1530），担任广西副使的杨必进联合吉水、庐陵、泰和、永丰、安福、万安、信丰七邑杨氏后人在庐陵郡城建立了一个联宗祠。时任江西右布政使

---

① （明）杨士奇：《书揭学士〈杨氏忠节祠记〉后》，《东里集》卷九。
② （明）李时勉：《杨氏重修祠堂记》，《古廉文集》卷三，四库本。
③ 常建华：《明代宗族研究》，2005年，上海人民出版社，第2～33页。

的钟芳为之记：

> 杨氏自南唐虞部侍郎公始居吉之涩塘，今庐陵、泰和、永丰、安福、万安、信丰杨姓皆其支派……自侍郎而下刻，显者得八，谥者六，曰襄、曰节、曰靖、曰文、曰忠、曰贞，皆美谥。而祠独曰忠节，盖举盛以该之，沿旧额也。[①]

这次建祠活动，颇有联宗的性质，但又明显不同于清代各地普遍出现的以同姓联谊为目的联宗祠。[②] 祠堂选址在郡城，而不是老祠所在地涩塘，既为了方便各地后人祭拜，又说明这个总祠有点联宗祠的意味。总祠中共摆放了九块牌位，除了始祖之外，都是在历史上有影响的杨氏名人，并不完全按照世系排列。此次联宗参与的地域广泛，除了吉水之外，还有吉安（庐陵）、泰和、永丰、安福、信丰等六县，号称"七邑"。我们前面已经分析过泰和杨氏是通过杨士奇的努力将他们这一支杨氏与涩塘杨氏联系在一起的，其他几个县如何将其世系与涩塘杨氏联系在一起，不得而知，但他们属于"忠节杨氏"后裔显然是被涩塘杨氏认可的。

在建总祠的同时，杨必进还主持兴修了《忠节杨氏总谱》。这次修谱修的是总谱，而不是涩塘一支的谱，杨必进在谈及修谱进程时说："乃先集族在吉水者以为各邑望，不越季，而各邑亦有持系来者。"[③] 乾隆年间杨氏后人回忆这次修谱亦说："至二十三世南楼公乃取本族之散徙于各邑各郡者而合修之，名《杨氏忠节总谱》。总谱遂为吾族本支一大观，今所谓南楼公谱是也。"[④] 修撰《杨氏忠节总谱》在杨氏世家传续历史上还是第一次，也是杨必进建总祠后的又一次重大活动。或许是为了更好地凝聚族人，杨必进在这篇序文后面还作了一篇《原始》的文章，文章重点考证杨氏始祖杨辂。他说，关于始祖到底何时到庐陵，各派"纷纷议论，卒无定论"，有必要加以确认。于是，他经过严格考证，认为"乃知所谓在宋者，固非也；所谓在南唐者，亦未为定论；所谓在唐末吴杨初年者，固得之矣"，也就是说，他同意解缙的观点。杨必进用心良苦地再次考证杨氏家族的始祖杨辂定居庐陵的时间，表明他寄望七邑杨氏族人必须有共同的宗族文化认同。

有一个事实必须指出，号召七邑杨氏后人修建总祠和总谱，并不是件轻松的事情，所以，这次联宗的活动能持续多久，始终是个疑问。到了清代乾隆年间，杨氏族人想续修《杨氏忠节总谱》而不得："由南楼公而来，至于今二百三十有七年，代增孔多已倍五世之亲，而谱犹未续。识者忧之！族之议修总谱也，盖有年矣……岁在癸卯，涩塘忠节祠冬祭日，吉邑子姓咸集。祭毕，复议曰：谱事不可缓，总谱之修未可待也。不如取总谱而翻刻之，就其在吉邑者而续修之，其在各邑郡必自详其支谱，则俟后之贤者而合续之。"[⑤] 乾隆年间，又重建了忠节总祠，但是，这次的忠节总祠基本按照市场化规则运作。《杨氏人文纪略》中保留了一份乾隆三十九年（1874）忠节杨氏总祠的告示。今列示如下：

> 杨忠节总祠重建以丙戌年告竣，崇祀新主，今闻各后裔欲崇进主位，特此通闻。约订本年十二月初三日请主祔庙，凡有仁孝为本念者务于十一月廿四日赍费来祠，以便□修主牌，至于上主费，悉沿丙戌年旧例开载于后：
> ——忠孝节义理学名宦及历朝进士名标志乘者从未经□上主，本届补入，后裔

[①]（明）钟芳：《庐陵杨氏忠节祠碑》，《筼溪文集》卷九，《记类》，四库存目丛书，集部第64册，齐鲁书社影印本，1997年，第575~576页。
[②] 关于清代的联宗祠，在弗里德曼的理论体系中称之为"上位世系群"。
[③]（明）杨必进：《忠节杨氏总谱序》，嘉庆二年《忠节杨氏人文纪略》卷一《谱序》，第10页。
[④]（清）杨嘉谟：《续忠节总谱记》，嘉庆二年《忠节杨氏人文纪略》卷一《谱序》，第16页。文中的"南楼公"即杨必进。
[⑤]（清）杨嘉谟：《续忠节总谱记》，嘉庆二年《忠节杨氏人文纪略》卷一《谱序》，第16页。

只出修主之资

——举人每位主金壹两陆钱正

——恩拔副贡每位主金贰两，出仕者照举人例

——生监饮宾职员每位主金贰两陆钱正

——隐德每位主金叁两正

——修主上主之赀各后裔自办不在主金之内

——所上主位务开清官爵世系地名及其讳其号

乾隆三十九年十一月初一日

  告示中的丙戌年，当是乾隆三十一年（1766）。根据乾隆三十一年的旧例不难看出，忠节杨氏总祠的牌位放置已经形成了比较成熟的定制，即按照功名和封爵明码标价。

  清代忠节杨氏宗族运作不是本文讨论的重点，之所以在此简要提及，一个根本的原因就是我们可以通过清代杨氏宗族的运作规则看出明嘉靖年间联宗活动的影响，即明代嘉靖年间开始的联宗活动，一直维系到清代，虽然运作的规则不尽相同。明嘉靖年间联宗活动的一个根本影响就是，基本确定了"忠节杨氏"的辐射范围和"忠节文化"的宗族文化认同。自此，提及"忠节杨氏"必然和杨邦义、杨万里的"忠节"形象紧密联系，而其始祖则必然为五代时期的定居于庐陵的"杨辂"。而且，并不是所有中国姓杨的都能够称之为"忠节杨"，"忠节杨"的后人必须是从吉水、吉安（庐陵）、泰和、永丰、安福、信丰等七县中"奉杨辂为始祖，弘扬忠节文化"的杨氏族人中播迁演化而来的家族。

五 余 论

  宗族是中国历史上非常重要的组织，甚至可以说，是中国人特有的既包含对血缘关系的认同，又包含着中国传统社会宗法观念和伦理观念的组织。中国历史学家突破人类学家关于宗族组织是个功能主义组织和单纯世系群体的认识，将其放置于中国历史社会演变进程中进行考察，是非常重要的进展。毫无疑问，"宗法伦理的庶民化"和"国家认同意识的推广"是促使宗族组织发展的非常重要的，也是相辅相成的两个因素。但是，作为一个建构的世系组织，其世系建构的原则非常关键。从宋明吉安地区宗族实践活动看来，突破"小宗之法"的限制，建构一个"始祖"是其关键节点。正是"始祖"的构建，使宗法的世系得以成功突破五代的限制，随之而来的祠堂建设、族谱修撰也就顺理成章。"始祖"其实并不是一个姓的开始者，也不是一个地方的开基者，甚至也有可能不是宗族历史上最有声望的人，而是某个时间节点出于某种世系建构需要而产生的某一群人共同认可的"祖先"，正如吉安杨氏在明代建构出来的"庐陵始祖杨辂"一样。他之所以出现，是因为明初杨氏在"宗法伦理庶民化"趋势之下，宗族发展形势需要建构出来的一个历史人物。正是"始祖"的成功建构，杨氏才可能有共同的世系建构出来，才有可能组织成为一个"宗族"。

  比较值得注意的是，在宗族组织构建过程中，"始祖"的构建是和宗族的文化建设结合在一起的。吉安杨氏在建构始祖"杨辂"的同时，也整合了杨氏历史上著名的两个人物"文节公杨万里"和"忠襄公杨邦义"，形成所谓的"忠节杨氏"。也就是说，在建构出共同始祖"杨辂"的同时，也形成了杨氏独特的"忠节"文化。我们相信，从宋到明，南方中国的许多地方同姓大族，也经历了和吉安杨氏相似的经历，通过"始祖"的构建，将并无血缘关系的同姓群体整合成了具相当世系的同宗群体。与此同时，形成了宗族独特的文化。只不过，各姓之间可资利用的物质和文化资源不一样，从而规模和文

化成色不一样罢了。①

最后，要进一步说明的是，同姓到同宗的发展，实际上是一个动态的过程。其发展到一定程度，"宗"的外延不断扩大，其与"姓"又会趋于一致。同姓群体可以由"从同姓到同宗"，当然也可以从"同宗到同姓"。所以，中国历史上在明代以后南方地区广泛出现宗族组织，到了清代即出现联宗高潮，以至于乾隆皇帝一度要"毁祠追谱"，限制联宗活动。②然而，这种联宗活动一直持续至今，以至于天下同姓几乎都可共享一套共同的"世系"和"祖先"，即所谓"天下某姓系一家"，形成各姓标准而统一的"百家姓源流"。

吉安地区宋明时期宗族实践的历史表明，考察宗族问题，宗法伦理庶民化和国家认同意识的推广固然重要，但"始祖的建构"所带来的世系的突破也是关键的环节。只有始祖成功构建出来，宗族的世系有了一个起点，族谱的统一和祠堂的修建才能顺理成章，同姓才能转变成同宗。随着后世宗法礼制的进一步松弛，始祖认定所带来的世系起点又被进一步突破，从而演变成为同姓即同宗的局面，即所谓"天下某姓是一家"的观念深入人心，从而出现了"天下某姓通谱""百家姓源流"等文化现象，此时血缘关系已经变得非常不重要，宗族文化成为同姓认同的核心。然而，虽然天下同姓都是一家人，拥有共同的姓氏文化，但是，同姓之间还是有微妙的差别，正如前面所论述的，并不是所有中国杨姓都可称之为"忠节杨"，只不过，这种微妙的差别往往湮没在强大的姓氏文化之中而不易被人发觉。

[作者单位：南昌大学人文学院历史学系]

---

① 例如：著名的"义门陈"即表明了陈氏独特的宗族文化；南方的黄姓大多认可自己是"峭山公"的后代，则说明了"始祖"对宗族建构的重要。
② 黄海妍：《在城市与乡村之间：清代以来广州的合族祠》，北京三联书店，2008年。

明代洛阳地区的民间信仰与基层结社

——以碑刻资料为中心的考察

翟爱玲

明代是中国传统社会发展的一个特殊时期,特别是随着南北差距的加大,北方的地方社会的发展与南方呈现显著的差异。在对明代地方社会的研究中,对北方的研究也明显不如对南方研究深入,特别是对洛阳地区的研究更为少见。本文主要依据新发现和整理的明代洛阳地区的大量碑刻资料,结合其他文献资料,对明代洛阳地区的民间信仰与结社情况试作探究,冀以见地方社会发展的一种面相,并就教于学者方家。

一 研究范围与资料的说明

对于明代洛阳地区民间信仰与基层结社的研究是一种极为具体的研究。在进入这一主题之前,有必要首先就相关的范畴与资料情况作出界定。

(一)洛阳地区的范围

洛阳地区是一个极其含糊的概念,因而对其地理范围的理解与把握可大可小。从今天的情形看,大到包括所辖的9县(市)7区,小到仅为洛阳市区;从明代的情形来看,由于洛阳为河南府治所在地,河南府下辖1州13县。因此,对于当时的洛阳地区既可以理解为包括整个河南府或大部分河南府所辖区域,也可仅确定为当时的洛阳城区。

由于历史的变迁,今天洛阳市所辖地域不仅比明代河南府小了许多,且在辖属上有所改变。原河南府所辖的陕州及其所统的灵宝、阌乡、卢氏三县在清代已设为直隶州。之所以如此,乃"虑府大者,文书多往来稽滞"[①]。另外,登封、渑池、巩县等在近现代也已改属而新增了伊川、栾川、汝阳三县。可见,就明代河南府与今天洛阳市所辖区域来看,只有洛阳、宜阳、永宁(洛宁)、孟津、新安、偃师、宜阳七县之境仍保留着。

实际上,由于河南府境正处在中国地势第二和第三阶梯过渡与衔接的区域,境内"十里不同风,百里不同俗"的景象十分明显。特别是像明代距洛阳城较远的嵩县、登封、永宁、渑池、巩县,以及今天的伊川、栾川、汝阳等远郊县。从地方社会风尚上,只有处于洛阳环城接壤的孟津、偃师、新安、宜阳四县与洛阳城应属接近。

综合以上情况,在把明代与现今行政区划结合考虑的基础上,本文在研究明代洛阳地区民间信仰与

---

① 《(雍正)河南通志》卷三五《职官六》,雍正十三年(1735)刻本。

结社时，就把洛阳地区范围确定在现今的洛阳市区与周边的新安、孟津、偃师范围内。宜阳的风俗与资料情况较为特殊，故此也未包括在内。

（二）民间信仰与基层结社

研究地方社会，特别是民间基层社会生活时，对其信仰的考察与研究是必不可少的。至今针对于此的学术研究已积累大量的研究成果。但对于民间信仰的概念界定仍是众说纷纭，或者将其确定为民间的宗教信仰和对诸神灵的信仰，或将其阐释为民间对正式宗教之外诸杂神的崇信与祭拜，还有将包括巫祝符术一类在内的民间一切崇信内容都视为民间信仰。本文着眼于明代洛阳地区社会文化的角度考察民间精神文化的发展态势，较偏重相对的宏观层面，因而倾向于认同林国平先生的观点："民间信仰是指信仰并崇拜某种或某些超自然力量（以万物有灵为基础，以鬼神信仰为主体），以祈福禳灾等现实利益为基本诉求，自发在民间流传的、非制度化、非组织化的准宗教。"[1] 这种信仰既是建立于理念认识基础上而不同于一般民间的巫祝符术之类，同时又不同于正统宗教那样把未来追求放置在彼岸世界。它具有非常明显的现实功利性、实用性，以及缺乏严密规范的随意性和杂泛性，由此更彰显出民俗文化的特有风尚。

民间结社可谓源远流长。陈宝良在《中国的社与会》一书中曾对其有全面考察与分析，并依其功能特色将其划分为政治型、经济型、军事型、文化生活型四大类。该书还专设"传统会社与社会分层"的标题从民间结社与社会身份、阶层区分的关系角度进行了讨论。[2] 据此可以认为，政治型和文化生活中的诗文社、讲学会、怡老会（社）等民间结社，主要盛行于士人以上的、一定程度上有钱有闲的社会阶层。研究明代洛阳地区民间社会文化生活理应对民间结社的各种类型进行全面考察，但受到与民间信仰这一主题之关系的制约，同时也由于本文主要依据的碑志类资料对于盛行于社会上层的结社较少体现，故将民间结社的范围限定于基层的结社。尽管这种结社中同样包括有许多中上层人群体，仍以"基层结社"名之。

（三）关于研究资料

本文的研究是以洛阳地区有关明代的碑刻资料为中心，特别是自 2014 年下半年以来由中州古籍出版社陆续出版发行的 10 卷本《明清洛阳碑志》为主。这是基于如下的考虑。

第一，虽然地方志和其他书籍类民间文献是研究地方社会和民间生活必须依赖的资料来源，但因历史上洛阳地区长期处于兵燹之中，这类民间文献极少见有存留。现存明代有关洛阳地区的方志，一则由于上层文人、官宦等纂修者对民间基层社会生活的忽视，再则也源于以往流传可作参考的方志稀少，其间有关民间社会生活的内容十分欠缺。如明代弘治年间河南知府陈宣等主持修纂《河南郡志》时，虽从时任首辅的刘健那里得知朝廷秘府中有本地旧志，却"惜狼籍无完集。宣不可得而见之矣"，不得已而"掇拾于闻见"以成其编。[3] 清代所修洛阳地区的方志中有关明代的内容，大都承袭于明代方志甚至较之更为简略。因此，以方志和书籍类民间文献为依据进行明代洛阳地区民间社会的研究显然难以开展。

第二，研究民间社会，民间文献资料是必然选择。由于南北方的差异，在包括洛阳在内的北方许多地区，碑志成为大宗的、不同于一般书籍的另种民间文献资料。在洛阳地区众多的碑刻资料中，有关明代的以往很少整理。自 2014 年以来，洛阳文物研究院等多家单位合作，整理出版一套 10 卷本、包含近 3000 方碑刻的《洛阳明清碑志》，其中有关明代的碑刻资料虽远少于清代，但提供这样集中、大量的有

---

[1] 林国平：《关于中国民间信仰研究的几个问题》，《民俗研究》2007 年第 1 期。
[2] 陈宝良：《中国的社与会》，第 23~27 页。杭州，浙江人民出版社，1996 年 3 月。
[3] 《（弘治）河南郡志》陈宣序，弘治 12 年序刊、万历补刊本。（以下本书版本信息从略）

关明代的洛阳地区碑志还属首次，特别是其中有关洛阳、新安、孟津、偃师等地的 252 条碑志资料，对本文的研究无疑提供了极大便利。

当然，除了这套碑刻资料之外，以往出版发行的涉及明代洛阳地区的碑志资料如《洛阳名碑集释》《偃师碑志选粹》《洛阳出土历代墓志辑绳》，以及其他文献资料如地方志及明清洛阳人的文集、笔记等也都可作为辅助性参考资料。

需要说明的是，《洛阳明清碑志》目前仅出版发行了《洛阳明清碑志·孟津卷》①《洛阳明清碑志·偃师卷》（上下两册）②和《洛阳明清碑志·新安卷》③等3卷，《洛阳明清碑志·市区卷》虽已整理就绪并且已为本文所使用，但书籍的发行则要在半月以后。故本文引用此4卷资料时仅注明前3卷版本信息。同时，为免行文赘冗，下文中凡提及此书卷，均以市区卷、新安卷、孟津卷、偃师卷指称之。

二 明代洛阳地区民间信仰的发展态势

信仰是人精神世界的重要支撑，也是构成社会精神文化生活的核心内容之一。特别是在封建时代的民间社会，对各种神灵的崇信与祭拜，不仅仅是普通民众精神生活的主要内容，并且在相当程度上也是民间社会日常生活的重要构成。有关明代洛阳地区民间神灵崇信与祭拜的情形，在《洛阳明清碑志》中有大量的记录，其基本数量见于下列简表1：

《洛阳明清碑志》中明代洛阳地区民间祭拜修造碑志数据简表1④（单位：条）

地域分卷	市区卷	孟津卷	偃师卷	新安卷
明代碑志总数	90	37	37	88
民间祭拜修造碑（以下简称"本类碑"）数量与比例	82（91%）	30（81%）	32（86%）	76（86%）

此外，在其他一些碑志或墓志中也发现有少量记录。如《洛阳名碑集释》中就有《重修古刹白马禅寺记》之类记述，在一些人物墓志中也有少量涉及其参与助修寺观坛庙殿堂造像以及祭拜活动的情况。可见，有关明代洛阳地区民间信仰与祭拜活动的碑刻资料还是十分丰富的。通过对其考察与分析，可以发现有明一代洛阳地区民间信仰及其祭拜活动发展的基本态势：在正德以前，民间信仰基本稳定在政府主导和规范的范围内，并且与此相关的修造、祭拜等实际活动主体基本是官方或半官方；嘉靖以后民间信仰的自主性日益突出，不仅崇信的神灵范围广泛而多样，并且诸多修造、祭拜性活动大都为民间自主开展。

（一）明代前期：官方意识对民间信仰主导作用突出

由于民间信仰的发展状况与国家政治统治的稳固有着密切关系，历代统治者都十分重视对其的规范与引导。厘正祀典则是这种规范与引导最重要的方式与途径。明代前期就在这方面作出过诸多努力。洪武元年（1368）秋朝廷即令人下郡县访求，以便将可以列入国家认可的天地山川、圣王先贤以及"凡有功于国家及惠爱在民者，具实以闻，著于祀典，令有司岁时致祭。"⑤洪武三年（1370）六月，便有

---

① 桑永夫：《洛阳明清碑志·孟津卷》，郑州，中州古籍出版社，2014年（以下本书版本信息从略）。
② 李春敏：《洛阳明清碑志·偃师卷》，郑州，中州古籍出版社，2015年（以下本书版本信息从略）。
③ 安亚伟：《洛阳明清碑志·新安卷》，郑州，中州古籍出版社，2016年（以下本书版本信息从略）。
④ 本文中此类数据表均依据《明清洛阳碑志》市区卷、新安卷、孟津卷、偃师卷自行制作。
⑤ 《明太祖实录》卷三五，洪武元年九月丙子条。

经中书省奏准后形成的一些祀典规定:"凡民庶祭先祖,岁除祭灶,乡村春秋祈土谷之神。凡有灾患祷于祖先,若乡厉郡厉之祭则里社自为之。其僧道建斋设醮不许上表投拜青词,亦不许塑画天神、地祇白莲社、明尊教、白云宗、扶鸾祷圣符咒诸术,并加禁止,庶几左道不兴,民无惑志。"①这些规定后来还在《大明律》中设有专门对应的处罚条款以强化保障。

上述祀典规定,为明代前期民间信仰的发展划定了有限的范围和空间。更主要是由于当时社会各方面发展水平的制约,以及官方力量和作用的突出,形成明代前期民间信仰发展的相对稳定与缓慢。洛阳地区的民间信仰的发展,除了一些地方官员奏请将本地"有功于国家及惠爱在民者"之功烈人物增入祠祀之外,对于佛、道及其他杂神的崇信与祭拜并未有明显变化。这在碑刻本资料中就有明显的表现。

首先,从数量上看,正德以前洛阳地区寺观坛庙殿堂的修建与祭祀活动的记述在碑志所占比例极少(参见下列简表2)。即使考虑到明代前期碑志可能较中后期更为不易,这么小的比例也足以显示出明代前期民间信仰及其活动发展的有限性。这种情形在方志与其他资料中还可得到验证。弘治年间河南知府陈宣在一份文告中曾指出:"本府每一百户或七八十户分立一社,春秋寄祀五土五谷之神为春祈秋报。而凡土俗淫祠一切去之不祀。"至于民间"有疾病医药,不得师巫假降邪神以乱正;死丧从礼哭奠,僧道不得出入人家作道场他事"。之后还要求"尔百姓务相遵守,世世不忘"。②可见当时官方对民间信仰的规范与控制之严。

《洛阳明清碑志》中明代洛阳地区民间祭拜修造碑志数据简表2(单位:条)

地域分卷	市区卷	孟津卷	偃师卷	新安卷
明代本类碑志总数	82	30	32	76
正德以前本类碑志数与比例	7(8.5%)	3(10%)	2(6%)	10(13%)

其次,从围绕民间信仰展开的工程修造、祭拜等活动情况来看,正德以前洛阳的这种活动大都是在官方(地方政府)或半官方(在职与致仕官员以个人名义)主持下进行的。如在市区卷7条此类碑记中,景泰年间修复城隍庙为知府虞廷玺率官员以治政业绩而募资兴修,③弘治年间洛阳复立九贤祠为知府陈宣等官员所为,④正德年间重修城隍庙为知府沈文华"出帑藏羡余,率所部之向义有力者共其役"⑤,这已占有5条。另外2条一是弘治年间乡宦乔缙从"强梁气消,暴愎志革,其抑少助民风"⑥的立场上为成化时所建观音堂立石所作碑记,另一条是某僧人之塔志铭;在孟津卷中,正德以前3条有关民间信仰的碑刻资料全部为御制祭汉光武帝的祝文;⑦新安卷中的10条中,有2条是景泰、天顺之初新皇即位致祭于叔祖伊厉王的祭文,⑧2条是天顺年间新安知县及儒学训导、典史等人为以往所建灵显九龙宫庙立石记事,⑨2条是弘治年间新安县僧会司为各寺僧人合修华严寺之立碑,⑩1条是弘治年间县道会司为各观道士合修真武堂之作碑记。⑪

---

① 《明太祖实录》卷三五,洪武三年六月甲子条。
② 《(弘治)河南郡志》卷二《风俗》。
③ 吕劲松:《明清洛阳碑志·市区卷》第2、3条。郑州,中州古籍出版社,2017年(以下本书版本信息从略)。
④ 《明清洛阳碑志·市区卷》第5、6条。
⑤ 《明清洛阳碑志·市区卷》第8条。
⑥ 《明清洛阳碑志·市区卷》第4条。
⑦ 《明清洛阳碑志·孟津卷》第1、2、3条。
⑧ 《明清洛阳碑志·新安卷》第1、2条。
⑨ 《明清洛阳碑志·新安卷》第3、4条。
⑩ 《明清洛阳碑志·新安卷》第6、7条。
⑪ 《明清洛阳碑志·新安卷》第8条。

实际上，正德以前洛阳地区这类活动中并非没有民间自主开展者。如在偃师卷中显示，弘治末重修中岳祠宇为本乡"好事君子"以及着姓王翔等人所为；①新安卷中则记载有，弘治间僧人重修华严寺、道士主持修真武堂时所用资财多自民间募化，正德年间修建玉皇庙直接就是"耆老崔道纪率众信人等，坚心笃志"而成；②市区卷所载，弘治间乔缙为之撰碑记的观音堂实为成化时善士赵洪、张才等人自行聚资买地、兴工创设。③另外，在并非民间信仰与祭拜活动碑记的一些人物墓中对此也有所反映，如成化时新安处士贾斌就曾捐资兴建龙兴寺。不过，这种民间自主性的施资修造活动，除个别富户着姓外，多非出于自愿或崇信基础上，而是在僧徒道士的动员下形成。贾斌就是僧人知其"雅好施与"而恳请之，而他自己则是"不求佛荫护于我，但念一方胜概久就干没耳"④。可见，正德以前洛阳地区这种由民间自觉自愿、主动从事的修造、祭拜活动极少。这正体现出与之相关的民间信仰在官方主导和规范之外少有发展的情景。

（二）明中期以后：民间自主的多样化信仰和祭拜活动兴盛

明代自弘治、正德以后，特别是自嘉靖以后，随着社会经济、政治局势的发展变化，社会思潮也发生转向。这期间上至皇帝、王公贵族，下至朝廷官员与缙绅地主，以至于普通百姓，或热衷于佛、道斋醮，或沉溺于迷信杂神。朝廷祀典秩序也因此变动不居，日趋纷乱。洛阳地区民间信仰的发展也在这个时期呈现出发展兴盛的局面。这在碑刻资料主要通过如下几种情形表现出来。

第一，民间创设、兴修寺观祠庙殿堂和祭拜修醮的记载在碑刻资料中所占数量显著攀升（参见下列简表3）。

《洛阳明清碑志》中明代洛阳地区民间祭拜修造碑志数据简表3（单位：条）

地域分卷	市区卷	孟津卷	偃师卷	新安卷
嘉靖以后碑刻总数	81	34	33	75
嘉靖以后本类碑志数与比例	75（92%）	24（70%）	29（87%）	52（69%）

从上表中可以看出，市区卷中嘉靖以后的81条碑志中，只有5条不属民间信仰和祭祀活动的记录，而以民间信仰为基础的祭拜、修造活动资料的比例高达92%；在新安卷中这种比例最低，也达到了69%。而且，在其他23条碑记中，有7条是文人士子游览烂柯山王乔洞这类祭祀圣地而留下的诗文题记，另有7条是官方甚至是皇帝御制的祀典记文，特别值得注意的是还有一则阳券文，这些内容也从一个侧面衬托出当时民间信仰发展的广泛和深入程度。

第二，洛阳地区民间信仰的发展在明中期以后与当时其他地区一样体现出信仰选择自主化、信仰对象多样化、信仰目的现实化与信仰动机功利化、以及信仰功能复杂化的倾向，同时也具有鲜明的地方特色。一方面，在信仰对象扩展中体现出了地域特色，如在洛阳、新安等地，除了原有的城隍、关帝诸庙、汉光武帝陵、九贤祠等圣王先贤的崇祀，还兴起与本地历史文化传统密切相关的对诸神灵的崇信与祭祀，出现了中岳祠、上清宫、荡魔洞、乔仙洞、观澜洞、仙鹤观等道观，以及菩萨、观音、玄帝、牛王、岳王、药圣、天王、白衣等各种杂神的坛庙殿堂。另外，还形成了带地域标志性的崇祀对象。如在洛阳，对关帝圣君的崇祀发展到带动和影响整个河南府区域的民间信仰，甚至还吸引一些外省人前来朝拜；在

---

① 《明清洛阳碑志·偃师卷》第4条。
② 《明清洛阳碑志·新安卷》第5条。
③ 《明清洛阳碑志·市区卷》第4条。
④ 《明清洛阳碑志·新安卷》第5条。

新安则以烂柯山、王乔洞为主的朝山进香建醮活动最为兴盛，碑志中仅在新安卷中以此为内容者就有25条，几占嘉靖以后新安民间祭醮活动全部52条碑志的一半；在偃师卷和孟津卷中，崇信与祭祀的对象和类别则显得十分广泛而分散，上述杂神信仰大都有所涉及。

第三，明代中后期洛阳地区民间信仰的祭拜、修造活动更多地体现出民众的自我主导性与群体的广泛性。首先，民间信仰的自我主导性主要体现在信仰对象的选择上，以及祭拜和修造活动参与的积极程度上，特别是施舍资财中的自愿自觉方面。如市区卷中明载，嘉靖四十二年（1563）重修城西五龙庙是由乡耆孙朝用、张江等偕宦族民众近百人聚财鸠工而兴，[①] 隆庆二年（1568）洛阳水南保军民重修观音堂为时众善人"同众会合，持发诚心，合会一社，积聚钱米，焕然一新"，[②] 万历五年（1577）卫舍陈雨因闻唐代刘楫得上清宫孙真人黄箓传说而"发心尽造黄箓一堂"，并有合村百余人集资助修。[③] 这种出于本心从事修造、祭拜活动的情况在新安卷、孟津卷、偃师卷中的表现更突出。如万历七年（1579）新安张家庄、丁家沟、铁门镇等处居士"同结一诚，竭力铸造雷神、祖师圣像二尊，弥尼佛一尊，鸣钟一颗，大香炉二个，上报天地覆载之恩，下祈父母增益寿命，二人夫妇康泰，各家男女均安。"[④] 在偃师，嘉靖年间修仙鹤观，万历年间修五岳楼阁、观澜洞造像，崇祯年间修白衣殿、天王殿等，以及朝山修醮修路等活动，皆为各处里保村落中信士善人"输财布施"[⑤] "一唱百和"[⑥] "齐心共力"[⑦] 而成。

在这些活动中，还表现出上自王公贵族，下至贫寒民人等不同社会阶层的广泛参与。如嘉靖二十年（1541）重修白马寺佛殿是军卫官吏以私人名人助修造、[⑧] 嘉靖三十五年（1556）重修白马寺是司礼监掌印太监兼总督东厂的黄锦家族捐资助修，[⑨] 嘉靖二十九年（1550）、万历七年重修上清宫皆为伊府人员出资整修、[⑩] 隆庆六年（1572）重修城隍庙碑楼为官员沈随时所为、[⑪] 万历三十二年（1604）重修上清宫为知府陈大道（明）等一班官员名流捐资修造。[⑫] 在普通民人施财助修、祭拜活动中，通过施财的多少也可看出其社会身份地位的差别。如万历年间洛阳扩建关林庙使各处施地中，多者施舍15亩，少者有仅1分5厘者。[⑬] 在新安，万历年间建龙王庙时众人施钱，多者700多文，少者仅12文。[⑭] 可见，借由民间信仰的发展和祭拜、修造活动的兴盛，不同社会阶层也融合到共同的群体活动中。

第四，官方的主导性在这时明显削弱但并未消退，而成为与民间信仰融合发展的一种力量。实际上，正是由于官方从某些方面带动和怂恿（纵容），才使民间的这种修醮、修造活动更增长了气势与规模。这在作为河南府治的洛阳表现得更为充分。市区卷碑志中，除了修城隍、程子四箴的几条碑志直接体现出官方的祭祀意向之外，在其他许多民间祭祀、修造活动中也有官方的影响。万历中期持续数年扩建关林庙的工程就是在河南府官员及河南卫军将的倡导下，动员了洛阳及周边数百、数千民众施舍财物而开展。市区卷碑志中以此为内容的碑志就有40多条。再有如上文提及嘉靖年间两次修白马寺、万历年间两修上清宫、隆庆六年重修城隍庙牌楼等活动中，都通过上层名流和官员的作为体现着官方意识的影响。

---

① 《明清洛阳碑志·市区卷》第19条。
② 《明清洛阳碑志·市区卷》第21条。
③ 《明清洛阳碑志·市区卷》第24条。
④ 《明清洛阳碑志·新安卷》第37条。
⑤ 《明清洛阳碑志·偃师卷》第21条。
⑥ 《明清洛阳碑志·偃师卷》第28条。
⑦ 《明清洛阳碑志·偃师卷》第27条。
⑧ 《明清洛阳碑志·市区卷》第12条。
⑨ 黄明兰，朱亮：《洛阳名碑集释》第80条，北京，朝华出版社，2003年1月。
⑩ 《明清洛阳碑志·市区卷》第14、26条。
⑪ 《明清洛阳碑志·市区卷》第22条。
⑫ 《明清洛阳碑志·市区卷》第63条。
⑬ 《明清洛阳碑志·市区卷》第28条。
⑭ 《明清洛阳碑志·偃师卷》第63条。

比较起来，在偃师、新安和孟津，这种影响有所减弱，但也能使人感受其存在。在新安卷碑志中，"敬一箴有序"①"程子动箴"②"宋儒范氏新箴"③以及明世宗与张璁关于"程子四箴"的讨论，④在宣扬程朱理学思想的同时，也都在昭示着官方意识的方向。在孟津卷记述嘉靖以后民间修造、祭拜活动的24条碑志中，有13条是官方主持和倡行对远古帝王先贤的祭祀以及皇帝的御制祀文，而纯为民间自主进行的只有11条。尽管民间自主活动的人员数量与活动声势、规模比官方主导性的更为强大。在孟津卷中，嘉靖以后仅"御制祭汉光武帝祝文"就有7条，另有官祭夷齐祠、伏羲庙、城隍庙、关圣帝君的碑志6条。可见在这些祠庙祭拜中的官方影响力。

整体上看，明代洛阳地区民间信仰的发展，呈现出与官方主导的在动态交融过程中前期拘谨，后期开放、兴盛的趋势。但信仰对象的选择、与官方主导意识的融合等具体方面则表现出自身的特色。

三 明代洛阳地区民间基层结社的发展态势和特点

有关明代民间基层结社的情形，在对洛阳地区方志及其他相关文献的考索中并不多见。但在碑志资料中却有大量的发现，并且这些结社基本都是伴随着民间多神信仰和修造、祭拜活动的兴盛而发展起来的。因此，对这种结社的考察，既是研究明代洛阳地方社会，也是深化对明代洛阳地区民间信仰认识的重要途径。

（一）伴随民间信仰发展的明代洛阳民间基层结社

如同民间信仰的发展走势一样，明代洛阳地区民间基层的自主结社在明前期存在极少。弘治年间知府陈宣曾明文规定河南府各处立社，"盖立社长一人，以乡官乡老为之，专主春秋二社祭祀，兼掌文簿，为一社劝善惩恶之主"。⑤显然这种立社也是适用于基层祭祀、风俗教化的，但在官方主导下却显得拘谨而缺乏发展活力。同样，正德以前的基层结社在碑志资料中也较少见。《洛阳明清碑志》有关明代洛阳地区的252条碑志中只有3条记录此类信息，一为弘治十四年（1501）三月所立新安摩崖石刻中有"同社人"之说，⑥一为正德十四年（1519）修金子山玄天上帝殿中有"陈洪领各村众社人"为之，⑦另外一条是弘治十八年（1505）修中岳祠宇立碑载有高龙镇功德社。⑧

嘉靖以后，随着民间创修寺观坛庙和祭拜修醮活动的兴盛，基层结社也迅速发展起来。这在孟津卷、偃师卷碑志中记载不是很多。如孟津卷中主要有第9条记录小寨村建祖师庭中有"众社人"、第21条载隆庆初重修玄帝庙中有女信众之社、第27条记载万历中期重修龙泉寺中有结社、第30条记载万历三十五年（1607）油坊镇建有瘟神社4条资料。在偃师卷中，嘉靖以后记述民间信仰与祭祀活动的29条碑志中有13条记载约有20个社。在洛阳市区卷和新安卷中，这类记载十分丰富。按照模糊的、保守性的方式计算（即凡以"众社人"这种含糊表述者皆按一个社计算），仅在市区卷碑志中检索统计就有约130个社，在新安卷中约有42个。由此就可想见伴随民间信仰的发展和祭拜、修造活动的兴盛，民间基层结社的活跃程度。

---

① 《明清洛阳碑志·新安卷》第15条。
② 《明清洛阳碑志·新安卷》第16条。
③ 《明清洛阳碑志·新安卷》第32条。
④ 《明清洛阳碑志·新安卷》第17条。
⑤ 《（弘治）河南郡志》卷二《风俗》。
⑥ 《明清洛阳碑志·新安卷》第9条。
⑦ 《明清洛阳碑志·新安卷》第13条。
⑧ 《明清洛阳碑志·偃师卷》第4条。

通常，在一般性、个别性的小规模的民间修造、祭拜活动中，一村一处的几个或十几、几十个善人、信众都会联结成一个社以便组织民众从事有序的活动。但规模浩大的修造工程或祭拜活动中，参与人数众多且涉及不同社会阶层、不同地域。这时往往在一项活动中存在有众多的基层结社。如在偃师卷第 6 条中记载嘉靖年间重修龙凤虎头山玄帝庙时附近各村的 4 个社、第 21 条记载修观澜洞诸神像时有 3 个社、第 27 条记载修神庙台基中有 5 个社。在新安卷中，嘉靖四十一年（1562）宜阳人在王乔洞的一次朝山修醮活动中就分设有 2 社，[①] 万历五年渑池县人在新安的一次朝山修醮中也分设有 2 个社，[②] 崇祯十三年（1640）王乔洞王母圣社修醮中至少有 3 个以上的社。[③] 在洛阳这种情形在碑志中表现更为突出。特别是每条记载万历时期助修关林庙的碑志中涉及结社都在四五个以上。如第 55 条记载万历二十六年（1598）助修关林庙有汝州、伊阳、永宁、嵩县等处人的 7 个社，第 66 条记载万历三十五年（1607）助修关林庙有洛阳、嵩县等处 7 个社，第 84 条记载助修关林庙有洛阳 14 个、宜阳 2 个共计 16 个社。

在这些基层结社中，有时还有多个社因事临时联结成会的情形。新安卷第 28 条载嘉靖年间宜阳人在新安朝山进香时是 2 社联会修醮三次，第 44 条载万历十四年（1586）渑池人在烂柯山修醮时各社首"领一会男女等"，崇祯三年（1630）新安水陆圣会中有贾廷琦、柳起元、机乐淳 3 社首率众相结；孟津卷第 9 条载小寨村创建祖师庙时结有以郭勤为会首之会，下文还开列有众施财人、众社人等；市区卷第 37 条载修建关王老爷大殿时有女社首等"领一会女善人约数十人，是日拜于洪造投词"，第 34 条载洛阳中午桥善人潘志道等 8 人组会收众善人所捐资财，随会善人中包括方城王府善人 10 名、中午桥善人 115 名及其他善众。这一类的记载还有不少。通过这种联社为会的方式开展更大规模的祭拜、修造活动，从一个侧面反映出当时围绕民间信仰的祭拜、修造活动中民间基层结社的兴盛水平与程度。

（二）明代洛阳民间基层结社的特点

明代中期以后，洛阳地区随着民间信仰的发展和祭拜、修造活动的兴盛而出现基层结社日益活跃的景象。因此，这种结社就具有不同于一般民间结社的特殊性。依据对现有资料，特别是有关明代洛阳地区的碑刻资料的考察和分析，可以将这些民间结社的特点归纳为如下几个方面：

第一，参与这些结社的民众的动机或目的大都是祈佑求福，具有明显的现实性。如万历年间修建关林庙曾动员了远近地众多的人参与施财助修，而所立碑刻大都有祈保"各家人口平安，吉祥如意"之词。[④] 经商善众则祈保施财人"星辰顺度，买卖亨通，保安"[⑤]。也有祈保宏愿者如"祈会内人口有父有母者，享眉寿之年；乏子乏孙者，早赐生成之秀。各家庄田茂盛，五谷丰登，四时无瘟火之灾，八节有添末之庆。家家□泰，户户咸宁。凡在岁月之中，全功上帝默佑，吉祥如意。"[⑥] 从事朝山进香修醮活动之目的也是"祈保各家人口平安，吉祥如意"[⑦]。更为具体的如"上祝圣寿天齐，皇图地久。祈风调雨顺，国泰民安，五谷丰收，时和岁稔，吉祥如意。"[⑧] 还有些在表达这种修醮与祈福佑的关系上更为直接。如万历二年（1574）洛阳县偏桥保各社"为保各家平安，朝武当进香八次，八宫清醮，各有分位，次得万安山荡魔观建醮三次，庄尽玄帝神柱，同施银四两五钱，圆满建醮三十六分"[⑨]。

第二，这些结社所从事的活动主要有两类，一是为修造寺观祠坛殿堂以及造像等工程捐资输财修造，

---

① 《明清洛阳碑志·新安卷》第 28 条。
② 《明清洛阳碑志·新安卷》第 38 条。
③ 《明清洛阳碑志·新安卷》第 81 条。
④ 《明清洛阳碑志·市区卷》第 41、43、44 条。
⑤ 《明清洛阳碑志·市区卷》第 57 条。
⑥ 《明清洛阳碑志·市区卷》第 37 条。
⑦ 《明清洛阳碑志·新安卷》第 28 条。
⑧ 《明清洛阳碑志·新安卷》第 35、41、48、49 条语意相似，用词稍异。
⑨ 《明清洛阳碑志·偃师卷》第 13 条。

二是从事朝山进香修醮之类。在新安卷中有明确记载信众"究集一社人等"专门从事输财修醮,① 也有记载各处信众"会立天坛善社,朝谒福地烂柯山,奉修清醮"者;② 偃师卷中还有为方便信众祭拜活动而结社修路者;③ 市区卷中有详载结社善众频频于祖师庙、上清宫、水陆大会等处进香修醮,"每年胜事三次,经今三年完满"的情形。④ 当然,就施财助修而言,除了直接修造寺庙坛殿,以及塑像装饰之外,还包括一些与修造、修醮紧密相关的施茶、助戏之类的活动。⑤

通过对碑志的考察还可发现,民间基层结社的这些活动还具有某种区域差别。在洛阳的活动以助修为多,在新安则以修醮为最盛,偃师、孟津则两类兼有。这种差异主要源于地方资源和条件的差别。洛阳关帝庙基本是人为修建而成,新安烂柯山王乔洞则基于自然环境。二者共有特征是声名远播,不仅是本地信众活动的中心,还吸引了周边其他许多府县及省外信众参与活动。这就更推动了民间结社从事修造、祭拜活动的发展。

第三,这些基层结社的人员构成具有跨阶层、多地域的特点。首先,在这些民间基层的结社中,常有同一社之中包含有不同身份、地位的人。如万历二十四年(1596)洛阳地区妇女助修关帝庙时结有2社,第一社中有"万安王王府王妃李氏、方城王九府夫人王氏、西鄂王王府淑人谢氏、万王四府朱门魏氏、夫人王门张氏"等,以及其他普通信女共计110人;第二社信女中有"万安王王府夫人李氏、万安王七府夫人张氏"等,以及其他普通信女共计101人。⑥ 其次,这些民间基层结社一般属于生活、居住于同一里保、村镇或同一城区的人联结在同一社。但是,由于众多外地人参与到对洛阳关帝庙的兴修和朝拜新安烂柯山及水陆圣会的活动中,因而在基层结社中就有大量的外地民人。万历二十四年(1596)洛阳县人联会助修关帝庙时,随会善人中就有"方城王府善人"10名、中午桥善人115人、汝州腾家店和汝州北乡等处若干人。⑦ 前文指出的许多修造、祭拜活动中的结社,其中有大量来自汝州、渑池、宜阳、陕州、嵩县、伊阳、登封等周边州县,甚至有如江西等地的商人。应当说,明代洛阳地区基层结社的跨阶层性与多地域性,既有助于促进民间社会上下、内外的沟通与交往,也体现了当地民间社会生活的一种面相。

第四,明代洛阳地区的民间基层结社组织结构并不严密,且与社会政治生活的关系较为疏远。这可从如下几个方面显示出来。首先,这些结社常常是临事起建,事终社散,体现出结社的随意性。如万历年间为助修关林庙而结成的许多社,都属短期存在。其次,从其内部结构上看,凡社均有社首1名,但只有部分社另设副社首或掠首1名、管事或执事若干名,这说明这些基层结社虽具备群体组织性却并不严密。复次,由于这些结社具有临时性、松散性,社人之间缺乏日常生活中的紧密联系,因此除了具有共同的祈福意愿外,极少有社约之类的内部约束与规范。

另外,从这些社的社会作用与影响上看,它既是附属于民间信仰及其实际活动的需要,其对于民间社会精神文化生活就显示出重要的标识和引导作用。当然,由于施舍资财、聚众活动、居住饮食,这些结社也在相当程度上影响和反映着经济生活的状况与变化。但其组织的松散性、群体意识的淡薄性,以及精神文化生活领域的狭窄性恰恰妨碍和影响着其与政治生活的关系。这也成为明代洛阳地区民间基层结社的显著特征。

---

① 《明清洛阳碑志·新安卷》第33条。
② 《明清洛阳碑志·新安卷》第41条。
③ 《明清洛阳碑志·偃师卷》第24、25条。
④ 《明清洛阳碑志·市区卷》第71条。
⑤ 《明清洛阳碑志·市区卷》第42、45、57条。
⑥ 《明清洛阳碑志·市区卷》第32条。
⑦ 《明清洛阳碑志·市区卷》第34条。

四 结 语

通过以上依据碑刻资料对明代洛阳地区民间信仰与基层结社情况的考察与分析，可以大体形成对这一内容的如下认识：

第一，明代洛阳地区民间信仰的发展趋势与有明一代官方意识的主导成反向演进趋势，即前期官方主导性强而民间信仰较为保守，至中期以后，官方主导作用减弱而民间信仰在自主性提高的程度上迅速发展。

第二，明代洛阳地区民间信仰最显著的特点是在崇祀对象多样化的基础上呈现地方化，崇祀动机实用化、现实化，崇祀活动主要限于施财助修与朝山修醮之类。

第三，明代洛阳地区民间基层结社是伴随着民间信仰的发展、伴随施财助修和祭拜活动而发展起来的。它具有与民间信仰相一致的发展态势。同时，它的主要社会作用和影响体现于民间精神文化方面，也部分地反映和影响着地方经济生活，但团体组织性弱，与政治社会关系较为疏远。

第四，伴随着民间信仰发展而兴盛起来的明代民间基层结社，具有组织松散、活动内容较为直接而单纯、人员具有跨阶层多地域等特点。在当时洛阳地区经商风尚较弱，对外交流较少的背景下，这些结社一定程度上有助于推动地方社会中的上下、内外交流。

当然，由于依据资料的有限性，尤其是受个人研究水平的制约，上述关于明代洛阳地区民间信仰与基层结社的研究结论不可避免存在片面与不足，有些方面尚需作更深入而全面的探究。

[作者单位：洛阳理工学院人文与社会科学院]

何处是江南：论明代镇江府"江南"归属性的历史变迁

胡克诚

一　问题的提出

"江南"研究的显学地位由来已久，仅学者统计的 20 世纪百年间江南研究论著目录①，即可用标尺厚度来衡量。作为区域研究经久不衰的焦点，甚至确立独立学科体系——"江南学"的趋势，也愈加为学界所关注。②但所有江南研究者首先面临的仍是一个至今争议颇大的基础性难题——何处是"江南"？③

当然，不同历史时期的江南所指差异很大，同一时期的江南涵盖范围在不同视角下亦有不同。仅以明清时期的狭义"江南"为例，学界对其地域概念的范围界定，以苏州、松江二府为核心，从四府到十几府，不一而足，其中尤以镇江府的江南归属性争议最大。④比如李伯重著名的"八府一州说"即明确提出："经济史研究中的明清江南，应指苏、松、常、镇、宁（应）、杭、嘉、湖及太仓州所构成的经济区。"⑤此外，高逸凡、范金民虽重在强调进行太湖流域的区域历史研究时，从相当于明代苏、松、常、镇、杭、嘉、湖"七府"之地的"浙西"这一概念出发应当比划定"江南"更为合理，但也认定"镇江市区地当太湖平原门户，历来是军事重地和驻军之所，民风轻悍有特殊的历史原因在内，社会风俗、民间信仰多与苏南相通，可视为太湖流域文化的一个地方类型"。⑥而与之相对，徐茂明则认为，明清时期的镇江与应天（江宁）二府无论从经济联系、发展程度还是文化习俗、方言语系诸方面，都与苏松嘉湖等江南核心地区别明显，反对将其算作江南范围之内，主张将"六府一州"视作明清"江南"的地域范围更为合理。⑦森正夫、滨岛敦俊等日本学者则多主张苏松常嘉湖五府的"江南三角洲"说。⑧当然，目前的江南研究者大都根据各自研究对象需要来界定江南的概念范围，而不再对镇江等府的江南归属性

---

① 唐力行、陈忠平：《江南区域史论著目录（1900～2000）》，北京，北京图书馆出版社，2007 年。
② 参见梅新林：《关于"江南学"的几点思考》，《第二届江南文化论坛——江南都市与中国文学》，2013 年。
③ 按：这里仅借用杨念群著《何处是"江南"：清朝正统观的确立与士林精神世界的变异》（北京：生活·读书·新知三联书店，2010 年）一书的标题，杨著系从文化史角度探讨清朝江南士大夫对于新朝的认同以及满清统治者对江南的政治策略等问题，同本文无直接关联，特此说明！
④ 按，一般来说，江南"四府"指苏松嘉湖，"五府"指松常嘉湖，"六府"指苏松常杭嘉湖，"七府"及以上才会加入镇江府或应天府。明代应天是作为"京府"的特殊存在，一般对其非江南属性的争议反而不大，故真正存在较大争议的还是镇江府。
⑤ 李伯重：《简论"江南地区"之界定》，《中国社会经济史研究》，1991 年第 1 期。
⑥ 高逸凡、范金民：《区域历史研究中的太湖流域："江南"还是"浙西"》，《安徽史学》，2014 年第 4 期。
⑦ 徐茂明：《江南士绅与江南社会（1368～1911）》，北京，商务印书馆，2004 年，第 5～13 页。
⑧ （日）森正夫著，伍跃、张学锋等译：《明代江南土地制度研究》，南京，江苏人民出版社 2014 年 10 月。（日）滨岛敦俊：《鸟眼抑或虫眼？——江南地方史研究之意义（发言稿）》，第十七届明史国际学术研讨会暨纪念定陵发掘 60 周年国际学术研讨会，2016 年 8 月。

争议做深入探究。比如，冯贤亮在总结了古今中外学者对"江南"的理解和界定后，就采取了一个折中的办法，以李伯重"八府一州说"为基础，剔除应天府，截取镇江府的大部和杭州府的余杭、海宁二县，与苏松常嘉湖太五府一州一起，作为其著作和研究领域中所涵盖的"江南地区"。① 谢湜则明确提出，"区域界定取决于研究专题，要检验其范围设定合理不合理，关键就是通过历时性的考察，把握这一研究区域与研究主题的关系"。强调对"江南"范围的讨论，首先要将区域视为一个动态的视野，从中考察区域要素及其相互关系的变化过程。②

综上，过去学界基本依据历史地理、经济史和文化史等角度来界定各自研究对象的"江南"③，这在区域史研究上无可厚非。不过，正如邹逸麟曾指出的，目前的诸多研究中对于"江南"这一地域概念在历史上的"政治含义"注意得不够，特别是对明清时期"江南"社会地位的历史渊源很少论及。④ 赵轶峰亦指出，明清通常话语中的"江南"，显然是一个"环境与经济、社会要素综合的概念"，但"这种约定俗成的江南范围的界定，其实多少遮蔽了江南研究所需要的制度框架视野，即国家和地方行政体系都不是江南概念的核心、内在构件，这使得江南研究作为区域研究与更大范围的关联及整体性研究常常被忽略"⑤。笔者认为，探索镇江府江南归属性的历史变迁过程，在前人研究基础上加入"政治视角"或"国家视野"，通过朝代更迭、财政政策和行政管理三个维度来比较镇江府同苏、松等江南核心区的关系和异同，一定程度上似可更为深入地理解区域研究中"江南"的地域文化特征。⑥

二　朝代更迭背景下的镇江与江南

镇江，古有京口、南徐州、润州、丹阳等名，至北宋始称"镇江"。初为"军"，后升"府"，元代称"路"，入明后，改路为府，清代依然。其地处长江下游南岸，北与扬州府隔江相望，东-东南、西-西南分别与常州、应天二府接壤。作为历代大运河通江达海的重要孔道，屏蔽南方政治中心——金陵（南京）和江南财赋区的战略要地，六朝称之为"北府"、宋人目之为"浙西门户"，明人赞云："高皇帝定鼎金陵，镇江为畿辅首郡，而江山佳□之胜，自古甲于海宇，二百年来，上德洪数，人文炳耀，视他郡为尤杰云。"⑦ 明末清初大儒顾炎武称其"上接淮南，左控大海，前控神京，为下流第一要害。"⑧ 而清人对镇江府的地理位置和战略意义尤其重视，称"镇江之为郡，襟江带海，为建业藩垣、三吴门户。自历代以来，称为控扼要地。圣天子睿虑方殷，南顾日屡，桑土绸缪，南徐北府之间，城内外两设重镇，斾纛相望"，"地控天下之枢，为第一扼塞，关系治乱之大势，视他郡为独重！"⑨

在历史上镇江所属地区（京口-润州-丹阳郡-镇江府-镇江路），同后来的应（金陵-建邺-建康-江宁-集庆路）、常（常州、江阴军-常州路、江阴州）、苏（苏州-平江府-平江路）、松（华亭路-松江

---

① 冯贤亮：《明清江南地区的环境变动与社会控制》，上海，上海人民出版社，2002年，第10页。
② 谢湜：《高乡与低乡：11~16世纪江南区域历史地理研究》，北京，生活·读书·新知三联书店，2015年，第7页。
③ 参见杨念群《何处是江南》，第11~15页。
④ 邹逸麟：《谈历史上"江南"地域概念的政治含义》，《浙江学刊》，2010年第2期。
⑤ 赵轶峰：《明清江南研究的问题意识》，《探索与争鸣》，2016年第4期。
⑥ 按：目前学界对"江南"区域界定的研究成果较多，争议较大，但至今尚无对具体某一府的江南归属性的专题探讨与详细考察。此外，目前对明清镇江府经济文化的学术研究成果，仅有严其林《从程图、路引看明代镇江交通》，《镇江师专学报（社会科学版）》[1997年第4期]和戴迎华《明清时期的镇江商业》，《江苏大学学报（社会科学版）》[2007年第3期]，二文也均未涉及上述问题的探讨。
⑦ （明）王应麟、王樵纂修：万历《重修镇江府志·志序》，中国国家图书馆编《原国立北平图书馆甲库善本丛书》第318册，北京，国家图书馆出版社，2014年，第503页。
⑧ （清）顾炎武撰，谭其骧、王文楚等点校：《肇域志》，上海，上海古籍出版社，2004年，第39~40页。
⑨ （清）高德贵、张九征等：乾隆《镇江府志·张九征序》，《中国方志集成·江苏府县志辑27》，南京，江苏古籍出版社，1991年，第2页、第7~8页。

府）、杭（杭州-临安府-杭州路）、嘉（秀州-嘉兴府-嘉兴路）、湖（湖州-安吉州-湖州路）七个行政单位多属同一行政区划内，即两汉至隋朝的"扬州"、唐代的"江南道——江南东道·浙西"、两宋时期的"两浙路——浙西路"、元代的"江浙行省"、明代的南直隶及清代以来的江南省——江苏省（布政使司）。① 但这期间有三次例外：第一次是西晋末年"永嘉之乱"后，统治集团被迫南渡，定都建康，史称东晋，侨置徐州于江南，南朝刘宋改称"南徐州"，辖今天的镇江和常州主要地区，治京口，历齐、梁、陈，至隋始废。第二次在五代十国时期，镇（润州）、常、应（金陵府——江宁府）同苏、松、嘉（秀州）、湖、杭所在地区分属（南）吴——南唐和钱氏吴越国两大江南割据政权。而第三次则是在元朝末年各路起义军角逐天下的历史背景下，镇江再次同苏、松、嘉、湖、杭分属于不同"阵营"。（参见表1）

表1 历代江南八府行政区划沿革表②

府（明）＼朝代	汉至晋	南朝	隋	唐	五代	两宋	元	明	清至今
应天	扬州	扬州	扬州	江南道——江南东道·浙西	（南）吴——南唐	江南东路	（西）吴（朱元璋）	南直隶	江南省——江苏省
镇江		南徐州							
常州									
苏州		扬州			吴越国	两浙路——浙西路	周——（东）吴（张士诚）		
松江									
嘉兴		扬州					江浙行省	浙江	浙江省
湖州									
杭州									

元末农民起义始于顺帝至正十一年（1351），次年（1352）朱元璋加入由濠州起兵的郭子兴部红巾军，到至正十五年（1355）郭卒后正式成为这支起义军的实际主帅。当时，其所在的淮西集团仅攻占了江左滁、和二州，与集庆路隔江而望。当年六月渡江占采石，拔太平，次年（1356）三月先后攻下集庆路和镇江路，分别改为应天府和镇江府。③ 七月，朱元璋于应天称吴国公，置"江南行中书省"，名义上仍隶属于韩宋"龙凤"政权。几乎是同一时期，泰州人张士诚自江北高邮起兵、突破元军主力的围剿后，亦渡江南下，并迅速控制了以苏松常杭嘉湖为中心的江南核心地带，建立起以苏州（平江路——隆平府）为中心的周——（东）吴政权，名义上向元廷称臣纳贡。④ "江南"两"吴"政权很快在镇江、常州等接壤地带发生激烈冲突：

> 当是时，元将定定扼镇江，别不华、杨仲英屯宁国，青衣军张明鉴据扬州，八思尔不花驻徽州，石抹宜孙守处州，其弟厚孙守婺州，宋伯颜不花守衢州，而池州已为徐寿辉将所据，张士诚自淮东陷平江，转掠浙西。太祖既定集庆，虑士诚、寿辉强，江左、浙右诸郡为所并，于是遣徐达攻镇江，

---

① 冯贤亮：《明清江南地区的环境变动与社会控制》，上海，上海人民出版社，2002年，第57页。
② 本表依据乾隆《镇江府志》卷首，《历代分隶沿革世表》（第23～26页），光绪《丹徒县志》卷一《建置沿革表》（中国方志丛书·华东地方·011，中国台北，成文出版社有限公司，1970年，第33页），及谭其骧主编《中国历史地图集》（北京：中国地图出版社1996年），和张其昀监修、程光裕、徐圣谟主编《中国历史地图（合订本）》（中国台北，中国文化大学出版社，1984年）。
③ 按：镇江府初改称江淮府，同年十二月恢复镇江府名。
④ （清）张廷玉等：《明史》卷一二三，《张士诚传》，北京，中华书局，1997年。

拔之，定定战死。……秋七月己卯，诸将奉太祖为吴国公。置江南行中书省，自总省事，置僚佐。贻书张士诚，士诚不报，引兵攻镇江。徐达败之，进围常州，不下。九月戊寅，如镇江，谒孔子庙。遣儒士告谕父老，劝农桑，寻还应天。①

在随后长达 10 余年的时间里，朱元璋集团同西面的徐寿辉——陈友谅集团、东面的张士诚集团在长江中下游地区鼎足而立，角逐天下。（见图 1）至元二十七年（吴元年，1367）夏四月，已攻灭陈友谅。称"吴王"的朱元璋在退朝后与孔克仁等纵论天下局势时曰："天下有兵，河北有孛罗帖木儿，河南有扩廓帖木儿，关中有李思齐、张良弼。然有兵而无纪律者，河北也；稍有纪律而兵不振者，河南也；道途不通，馈饷不继者，关中也；江南则惟我与张士诚耳。士诚多奸谋而尚间谍，其御众尤无纪律，我以数十万之众固守疆土，修明军政，委任将帅，俟时而动，其势有不足平者？"克仁顿首曰："主上神武，当定天下于一，今其时矣！"② 可见，朱元璋君臣始终将张士诚集团视为其角逐天下的最大阻碍。而事实上，在经过一系列艰苦卓绝的鏖战，最终击败陈、张这两个最强劲的竞争对手后，其南略浙闽两广、北伐中原、西抚云贵，统一天下的过程也异常顺利，水到渠成。正因为这一历史背景，朱元璋在建国前后制定的一系列政治、经济政策，存在按统一先后顺序的优待/歧视性倾斜。

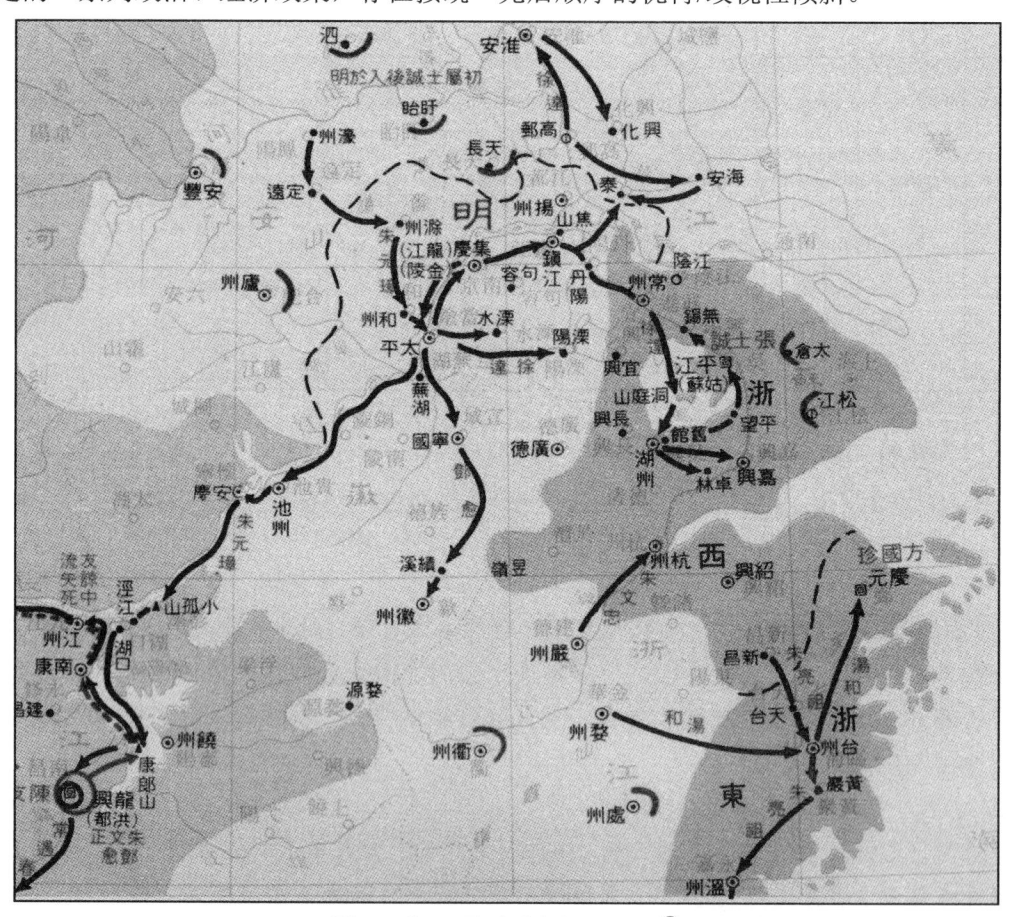

图 1　明汉两浙交争图（局部）③

镇江府因与太平、应天、宁国、广德共 5 府州作为元末最早一批归附朱元璋淮西集团的地区和战略根据地，在朱元璋同陈友谅、张士诚角逐长江中下游，乃至统一全国的过程中，提供了大量人力物力，

---

① （清）张廷玉等：《明史》卷一，《太祖本纪一》，北京，中华书局，1997 年。
② 《明太祖实录》卷一四，吴元年夏四月甲午。
③ 张其昀监修、程光裕、徐圣谟主编：《中国历史地图·下册》，中国台北，中国文化大学出版部，1984 年，第 111 页。

奠定了重要的经济基础,故而在明朝建国前后的数十年间,朱元璋多次表彰包括镇江府在内的五府州"兴王之地",对其历史功绩给予充分肯定的同时,在税粮征收、蠲免上也给予了充分"照顾"。如明人吴宽所言:"镇江为府,距江濒海,地险且固。自国初用武,多所资给。当时恩诏下颁,惓惓焉优恤之,故其府赋税薄,而田里不困。"① 这与苏松常嘉湖等原属张士诚势力范围的江南核心区入明后的情况,形成鲜明对比。

三 财政政策视野下的镇江与江南

"江南"在经济史上代表唐宋以来国家财赋所出之地,而有明一代江南八府以占全国 1/16 的田土承担 1/5 的税粮,素有"重赋"之称。② 但万历《重修镇江府志》的作者王樵在《叙例》中明确指出:"镇江与苏松常三府虽并列,而赋役之制不尽同;其与应天等五府,初虽以兴王之地,民田免税,而非官也。"③ 那么镇江是否符合"江南"的"重赋"特征呢?

首先,从税粮课则方面看。据洪武二十六年(1393)、弘治十五年(1492)和万历六年(1578)统计数据显示(见表2),镇江府的田地面积和实征米数均处江南八府之末,特别是远低于苏松嘉湖四府;亩均赋额虽高于应、杭二府和全国平均数,但同苏松嘉湖相比仍相差悬殊,仅相当于苏、松二府的 1/4 至 1/3 水平,甚至低于八府平均值。故范金民曾指出,"所谓重赋区,实际就是太湖流域的苏松常嘉湖地区"。④ 陈学文则明确表示,从重赋的角度来说,明清时期的镇江府当不能列入"江南"范围内。⑤

表2 明代镇江府与江南各府田地、税粮、税率比较表⑥

地区	田地(单位:亩)			实征米(单位:石)			亩均税额(单位:石)			
	洪武二十六年	弘治十五年	万历六年	洪武二十六年	弘治十五年	万历六年	洪武二十六年	弘治十五年	万历六年	平均
镇江	3845270	3272235	3381714	324646	189835	198211	0.084	0.058	0.059	0.068
苏州	9850671	9478500	9295951	2810490	2091987	2092560	0.285	0.221	0.225	0.244
松江	5132290	4715662	4247703	1219896	1031495	1031486	0.238	0.219	0.243	0.233
常州	7973188	6177776	6425595	652835	761341	761347	0.082	0.123	0.118	0.106
应天	7270125	6997408	6940514	331876	226814	226814	0.046	0.032	0.033	0.037
嘉兴	4500683	2910772	4400040	646245	646245	646245	0.144	0.222	0.147	0.164
湖州	5219242	5851891	5851891	606339	482715	482715	0.116	0.082	0.082	0.093
杭州	3976495	4226193	4182419	260581	238639	230332	0.066	0.056	0.055	0.059
江南八府	47767964	43630387	44725827	6852908	5669061	5669710	0.143	0.130	0.127	0.134
全国	850762368	622805881	701397628	29442350	26792259	26838413	0.035	0.043	0.038	0.038

---

① (明)吴宽:《重修府学记》,转引自(清)顾炎武:《肇域志》,第40页。
② 按,这里的"重赋"是相对于其他地区的绝对数值之重,而非实际承受能力之重。
③ (明)王应麟、王樵纂修:万历《重修镇江府志·叙例》,中国国家图书馆编《原国立北平图书馆甲库善本丛书》第318册,北京,国家图书馆出版社,2014年,第509页。
④ 范金民:《明清江南重赋问题》,载《江南社会经济研究·明清卷》,北京,中国农业出版社,2006年,第875页。
⑤ 陈学文:《明清时期太湖流域的商品经济与市场网络》,杭州,浙江人民出版社,2000年,第4页。
⑥ 按,本表依据范文第873~874页"表1、2、3"数据改制。

其次，从赋税蠲免的角度看。赋税的免除谓之蠲免，一般可分为恩蠲和灾蠲两种情况。据《明史·食货志》解释："（明）太祖之训，凡四方水旱辄免税，丰岁无灾伤，亦择地瘠民贫者优免之。凡岁灾，尽蠲二税，且贷以米，甚者赐米布若钞。"① 洪书云曾将明洪武一朝的赋税蠲免归纳为三种情况：一是元末以来战争创伤过重，尚未恢复的地方赋税之蠲免；二是优免定天下时，赋、役过于繁重的地方赋税，以"少报前劳"；三是优蠲赋税过多地区租税或逋赋。② 从朱元璋在位的 31 年间对各地税粮、逋赋的蠲免或减额情况看，镇江府同苏松嘉湖四府当分属第二和第三两种情况。（见表 3）

表 3　明太祖蠲免税粮逋赋编年简表

涵盖时间	涉及区域	蠲免内容	数量	性质	史料出处
吴元年	应天府、宣城府（即宁国）、太平府	租赋		恩蠲	《明太祖实录》卷二二，吴元年春正月戊戌
洪武元年	苏州府吴江州	水灾田一千二百三十七顷有奇之粮	49500 石	灾蠲	《实录》卷三三，洪武元年闰七月癸亥
	广德、太平、宁国三府，和、滁等州	旱灾田九千六百余顷之粮	76730+石		
	镇江府	租税（夏税秋粮）		恩蠲	（明）孔贞运辑《皇明诏制》卷一，《大赦天下诏》，第 450—451 页
	全国	元年正月前逋赋未征到官者			
二年	应天、太平、镇江、广德、滁、和、无为州	夏税秋粮		恩蠲 灾蠲	《实录》卷三八，洪武二年正月庚戌
三年	应天、太平、镇江、宁国、广德、滁州、和州、徽州、严州、金华、衢州、处州、广信、池、饶、庐十六府州，河南、北平、山东	夏税秋粮		恩蠲	《实录》卷五〇，洪武三年三月初一日庚寅朔
二年至三年	苏州府	逋负秋粮	305800+石	恩蠲 蠲逋	《实录》卷五二，洪武三年五月丙辰
四年	宁国、太平、镇江	田租		恩蠲	《实录》卷六一，洪武四年二月壬申、戊辰
	两浙（包括苏松嘉湖）	秋粮、没官田租			《实录》卷六五，洪武四年五月乙亥
五年	苏州府崇明县	租税		灾蠲	《实录》卷七五，洪武五年七月辛未
	应天、太平、镇江、宁国、广德	秋粮		恩蠲	《实录》卷七六，洪武五年十月丁酉
七年	苏州、松江、嘉兴	夏税		恩蠲	《实录》卷八九，洪武七年五月己巳
自七年五月始	苏松嘉湖四府	籍没田重赋	亩税七斗五升者除半	减额	《实录》卷八九，洪武七年五月癸巳
八年	直隶应天、太平、宁国、镇江及湖广蕲、黄诸府州	田租		灾蠲	《实录》卷一〇〇，洪武八年七月丁丑

---

① （清）张廷玉等：《明史》卷七八，《食货二》，北京，中华书局，1997 年。
② 洪书云：《明洪武年间的蠲免与赈恤》，《郑州大学学报》，1987 年第 3 期。

续表

涵盖时间	涉及区域	蠲免内容	数量	性质	史料出处
九年	苏松嘉湖	下田被水田租	299490+石	灾蠲	《实录》卷一〇七,洪武九年秋七月丁丑
十一年	苏松嘉湖	水灾逋赋	652828石	灾蠲	《实录》卷一一八,洪武十一年五月丁酉
	姑苏、金陵、京口、宣城、广德、徽州、长兴、安吉、宜兴、江阴六州四县	秋粮		恩蠲	《实录》卷一一九,洪武十一年八月己巳
十二年	北平	夏税秋粮		灾蠲	《皇明诏制》卷一,《免北平夏税秋粮诏书》,第575页
自十三年三月始	苏松嘉湖	减重租田粮额	旧额亩科七斗五升至四斗四升者减十之二;四斗三升至三斗六升者止征三斗五升;以下仍旧	减额	《实录》卷一三〇,洪武十三年三月壬辰朔 按,此洪武朝第二次江南重赋减额
十三年	太平、镇江、宣城、广德、滁、和	夏税秋粮		恩蠲	《实录》卷一三一,洪武十三年五月乙未
	全国	秋粮		恩蠲 大赦	《实录》卷一三一,洪武十三年六月己亥
十四年	应天、太平、广德、镇江、宁国	秋粮官田减半,民田全免		恩蠲	《实录》卷一三九,洪武十四年十月甲寅
十五年	浙江、江西、直隶府州	民田夏秋税粮;官田减半		恩蠲	《实录》卷一四四,洪武十五年夏四月壬辰
	河南、山东	夏秋税粮			
十六年	应天、太平、镇江、宁国、广德	税粮		恩蠲	《实录》卷一五四,洪武十六年五月庚申
十七年	应天、太平、镇江、宁国府及广德、滁、和州	官民田租之半		恩蠲	《实录》卷一六三,洪武十七年秋七月丁巳
	苏松嘉湖	田租改折黄金		改折	
	苏州府昆山县	六顷九十余亩为水所没之田租		灾蠲	《实录》卷一六七,洪武十七年闰十月壬戌
十八年	应天、太平、宁国、镇江、广德、滁、和	田租		恩蠲	《实录》卷一七二,洪武十八年三月乙亥
十九年	苏州府吴江县	田租		灾蠲	《实录》卷一七七,洪武十九年三月壬午
二十一年	两浙、京畿	田租	亩输四斗	减额	《实录》卷一九〇,洪武二十一年五月戊戌
	江西		亩输三斗		
二十四年	应天、太平、宁国、镇江、广德	民田租全免,官田半征之		恩蠲	《实录》卷二一〇,洪武二十四年秋七月辛丑
二十七年二月之前	松江府华亭县	荒田租税改征(逋欠)税麦丝绵租米	4120+石	恩蠲	《实录》卷二三一,洪武二十七年二月癸未

续表

涵盖时间	涉及区域	蠲免内容	数量	性质	史料出处
二十八年	山东、直隶太平、应天、镇江、宁国、广德	秋粮		恩蠲	《实录》卷二四一，洪武二十八年九月丁酉
二十九年	太平、宁国、应天、广德、镇江	秋粮		恩蠲	《实录》卷二四六，洪武二十九年八月丁未
洪武二十八年以前	全国	逋欠夏税秋粮许改折		改折	《皇明诏制》卷一，《诸司拖欠税粮许折轻赍诏》，第595页

由上表可知，终洪武一朝，镇江府曾先后被蠲免过共计17年的夏税或秋粮（元、二、三、四、五、八、十一、十三、十四、十五、十六、十七、十八、二十、二十四、二十八、二十九），其中绝大多数属于非常规的"恩蠲"。换言之，朱元璋在位的一半以上时间里，镇江府几乎没有什么纳税负担。与之待遇相同的还有应天、太平、宁国、广德四府州。这是朱元璋"报答"上述地区为建国作出巨大贡献的一种方式。对此，他也从不隐讳，如洪武二年（1369），朱元璋在蠲免宁国府税粮诏中称："朕自淮右渡江，驻兵太平，开基建业，继克镇江，下宣城，赖天之灵，将士之力，西征北伐，罔不平定。朕念创业之初，军国所给，皆取办四郡，供亿繁重，未尝一日忘之。今天下之势，十定其九，南北混一有期，欲四郡之民，次第苏息，故先太平，次及应天、镇江，俱已蠲免税粮一年，其宁国府洪武二年夏秋二税亦与蠲免，有司其体朕意，益加存恤，故兹诏示，咸使闻知。"① 不久，又蠲免太平、应天、镇江、广德当年税粮，诏称："朕自渡江，首克太平，定都建业，其应天、镇江、太平、宣城、广德实为京师辅翼之郡，军需钱粮，供亿浩穰，朕每念之不忘。"② 此外，在朱元璋自撰"大诰"中亦称："应天、宣城（宁国）、太平、广德、镇江五府州，为是兴王之地，久被差徭，特将夏秋税粮不时全免。惟元宋入官田地，我朝籍没之田，民田全免，官田若令全免，民难消受，不一概全征。"③

而与之相对，苏、松、嘉、湖等原属张士诚势力范围的江南核心区，在洪武一朝享受到的蠲免次数和性质则与镇江等五府州有着天壤之别。仅以赋额最重的苏州府为例，秋粮全免只有2次（洪武四年，1371，洪武十三年，1380），夏税全免和逋赋蠲免各一次（洪武七年，1374，洪武三年，1370），其中一次还是大赦天下的"普免"（十三年）。除以上"恩蠲"之外，其余均系灾蠲。如果说税粮科则的高低，尚存在宋元以来官田重赋的客观历史延续等原因，那么明初税粮蠲免上的差别对待，除实际财政地位的区别外，就只能归结为各自政治地位的差异了。

由此可知，明初的某些地区的财政政策，实际上是依据其政治"出身"决定的。"就统治集团的地域构成及明政权建立的地域基础而言，当时的核心区显然是在淮西与宁镇徽池地区"。④ 镇江府作为朱元璋的"兴王之地"之一，其政治地位和财政待遇同原属张士诚集团的苏松嘉湖，以及原属陈友谅集团的江西部分地区形成鲜明对比：一方面苏松嘉湖与江西袁州、瑞州、南昌等府都成为有明一代著名的"重赋"之地⑤；另一方面，朱元璋还在政治上规定了"苏松江浙官毋得官户部"的歧视政策，理论上将苏松嘉湖和江西袁、瑞、南昌籍士人通过政治途径改变其赋役负担的出路堵死。⑥ 而反观镇江府，其田赋

---

① （明）孔贞运辑：《皇明诏制》卷一《免宁国府税粮诏》，续修四库全书，第457册，史部，第545页。
② 《明太祖实录》卷三八，洪武二年正月庚戌。
③ （明）朱元璋：《御制大诰·五州府免粮第十二》，附载于杨一凡：《明大诰研究》，南京，江苏人民出版社，1988年，第210页。
④ 鲁西奇：《中国历史的空间结构》卷二，《核心与边缘·六 明清两朝的核心区及其变动：南北直隶与畿辅》，桂林，广西师范大学出版社，2014年，第204页。
⑤ 郑克晟：《明清史探实》，北京，中国社会科学出版社，2001年。
⑥ 方志远、李晓方：《明代苏松江浙人"毋得任户部"考》，《历史研究》，2004年第6期。

负担虽然在税率上高于全国平均数，但远远低于江南苏松嘉湖四府，且基本没有民运"白粮"负担①。加上明初田赋不断得到蠲免，实际并不在"重赋"之列。此外，镇江府同明以来苏松嘉湖等府的重赋不断得到减额、改折的趋势也并不一致。如明代金花银改折区域中，南直隶、浙江两省因赋额最重，所占改折份额最多，但实际享有金花银折征待遇的只有苏、松、常、徽、嘉、湖六府，而并无镇江府。②

另外，到明中后期，"江南"除了重赋之名外，还号称"逋赋之乡"。如万历初年首辅张居正就痛斥"江南贵豪怙势及诸奸猾吏民善逋赋"③。从这个角度来看，镇江府仍与财政意义上的"江南"格格不入。如万历十四年（1586）由两淮运司翻刻、江西临江府新喻县县丞陶承庆校正的《大明一统文武诸司官制》，是明代中后期坊间流传的专供新任官员了解所在衙门情况的说明书之一（类似"到任须知"或"仕宦要览"），其中有对各省府州县的基本评价，乃引自隆庆元年（1567）八月题准的《新定地里繁简考》，可以代表官方观点。是书对南直隶江南诸府的总体评价是："苏、松、常均称繁剧，苏为最，松次之，常又次之，至于岁遭水患，时增军饷，则诸郡之通患也。镇江、太平、宁国、池州、安庆，民业差瘠，吏事殊简，不甚难治。"④具体到每一府县的评价，更可见镇江同苏松等府在时人眼中的差异。见表4：

表4 《大明一统文武诸司衙门官制》所载江南府县评价表

镇江府：冲繁有盗	丹徒	滨江带河繁剧冲疲多盗			
	丹阳	滨江带河冲繁民狡有盗			
	金坛	僻繁民饶			
苏州府：地冲事繁粮多差重滨海有寇俗尚奢华极为难治	吴县	地冲事繁粮欠差重讼刁难治	松江府：粮多差重讼繁难治	华亭	滨海带河事繁粮多差重民刁
	长洲	地冲事繁差重民疲讼刁难治		上海	滨海带河粮多讼繁役重
	常熟	滨海带河民刁事繁粮欠差重多盗难治		青浦⑤	置始之初全在良有司云
	昆山	事繁粮多差重	常州府：冲繁俗悍粮欠讼多难治	武进	冲繁粮多差重俗悍有盗
	吴江	地冲粮差重民疲		无锡	地冲粮多讼繁差重
	嘉定	滨海带河辟繁粮多差重难治		江阴	滨海带河事繁差重多盗难治
	崇明	县在海中民顽多盗		宜兴	地辟事繁民疲
	太仓州⑥	滨海带河地冲粮重民刁有盗难治		靖江⑦	邑居江心简辟民淳有盗
嘉兴府：地冲事繁淳顽相半民俗奢侈	嘉兴	地冲事冗赋重讼繁	湖州府：地辟俗侈民狡事繁多豪右难治	乌程	赋重事繁俗浇粮欠难治
	秀水⑧	冲繁粮重多讼		归安	繁难狡悍粮多逋负
	嘉善⑨	滨海时有寇警民刁赋重		长兴	事繁民刁冲疲未甚

---

① 按，明代白粮主要供应京师皇室，年额约20万石，主要江南由苏松常嘉湖五府供应，民收民解，负担极为沉重。参见吴智和、鲍彦邦、胡铁球、赵毅、田雨等学者相关成果。
② 参见万历《明会典》和《万历会计录》。
③ （清）张廷玉等：《明史》卷二一三《张居正传》，北京，中华书局，1997年。
④ （明）陶永庆校正，叶时用增补：《大明一统文武诸司衙门官制》卷一，《南直隶》，续修四库全书，第748册，史部，第455页。
⑤ 嘉靖二十一年（1542）初设，后废；隆庆六年（1572）复设。
⑥ 弘治十四年（1501）设，下辖崇明县。
⑦ 成化十四年（1478）设。
⑧ 宣德五年（1430）由嘉兴县分置。
⑨ 宣德五年由嘉兴县分置。

续表

嘉兴府：地冲事繁淳顽相半民俗奢侈	海盐	民灶军卫杂处滨海瘠民顽	湖州府：地辟俗侈民狡事繁多豪右难治	安吉州①	山僻民野多盗繁刁
	崇德	冲疲民刁难治		孝丰②	阻山民悍多盗
	平湖③	滨海地瘠赋重民贫时经倭患		德清	僻饶事繁地瘠赋重颇刁
	桐乡④	滨海民刁间有倭警		武康	山僻民淳浙西善地

从上表可知，江南苏、松、常、嘉、湖五府及其所属州县，大都赋役繁重，民刁赋逋，难于治理，但镇江府及其属县则并无上述问题。可见，明代财政视角下的有着"重赋之地"和"逋赋之乡"标签的"江南"之中，实际不应包括镇江府。但在事实上，明代中后期人们在谈到江南重赋问题时，却经常带上了实际并非"重赋"的镇江府。如景泰七年（1456），巡按直隶监察御史胡宽奏："苏松常镇四府，国家贡赋多赖于此。"⑤弘治八年（1495），升常州府通判姚文灏为工部都水司主事，专治苏松等七府水利，赐之敕曰："直隶苏松常镇及浙江杭嘉湖七府并苏州镇江等卫所，地方广阔，钱粮浩大，每岁收成，全资水利……"⑥正德年间大学士梁储也称"苏松常镇嘉湖等府，财赋所出之地"⑦。嘉靖年间大学士顾鼎臣亦称"今天下税粮，军国经费，大半出于东南苏松常镇杭嘉湖诸府"⑧。隆庆年间，昆山人郑若曾亦云："苏松（常镇）四府，幅员千里，乃朝廷命脉之地也！"⑨天启初年，给事中侯震旸亦言，"吴之苏松常镇，浙之杭嘉湖，赋额最重，皮骨已枯"⑩。则镇江府在明中后期被视为"江南"财赋区的一部分，且被扣上了"重赋"的帽子。这种同实际情况不符的结果又是如何产生的呢？

四 行政管理视野下的镇江与江南

如上所述，至少在元末至明洪武年间，镇江府与应天、宁国、太平、广德四府州当属同一阵营，其政治地位与财政待遇都同"苏松嘉湖"等"江南"核心地泾渭分明。在朱元璋统治时期，镇江府与苏松两府在行政区划上虽同属直隶范围，但在具体行政管理上又分属2区。如洪武二十五年（1392），明廷铸各按察分司印，分天下为48道，其中直隶6道，分别为淮西道、淮东道、苏松道、安池道、京口道（镇江）、江东道，各以监察御史巡按。⑪到洪武二十九年（1396），又改置天下按察分司为41道，苏松与常镇仍分属2道。⑫

这种情况在永乐以后发生转变，镇江府开始逐渐脱离应天等"兴王之地"阵营，转而同苏松等"江南"核心区联系在一起，其主要表现为苏松常镇四府在行政管理和官职设置上作为一个特定单位出现。

---

① 元至明前期为县。正德元年（1506）十一月升为州，领孝丰县。
② 成化二十三年（1487）析安吉县地置，属府。正德二年（1507）改属安吉州。
③ 宣德五年由海盐县分置。
④ 宣德五年由崇德县分置。
⑤ 《明英宗实录》卷二七〇，景泰七年九月癸未。
⑥ 《明孝宗实录》卷一〇二，弘治八年七月癸巳。
⑦ 《明武宗实录》卷一五一，正德十二年秋七月壬辰。
⑧ 《明世宗实录》卷一一八，嘉靖九年十月辛未。
⑨ （明）郑若曾：《江南经略》卷一下，《苏松常镇总论》，文渊阁四库全书本。
⑩ 《明熹宗实录》卷二一，天启二年四月戊辰。
⑪ 《明太祖实录》卷二二一，洪武二十五年九月乙酉。
⑫ 《明太祖实录》卷二四七，洪武二十九年九月甲寅。

"苏松常镇"四府，有时也加上浙江嘉、湖二府或杭、嘉、湖三府开始并称于世①。这种转变契机似有如下二端：

首先，在自然地理条件上，镇江府同应天府接壤的西北部地区属多山丘陵地带，要高于苏松常嘉湖等"低地"区，但其同常州府接壤的东南大部在自然地貌、气候条件、水利条件等方面，均同苏松各府更为相近。（见图2）

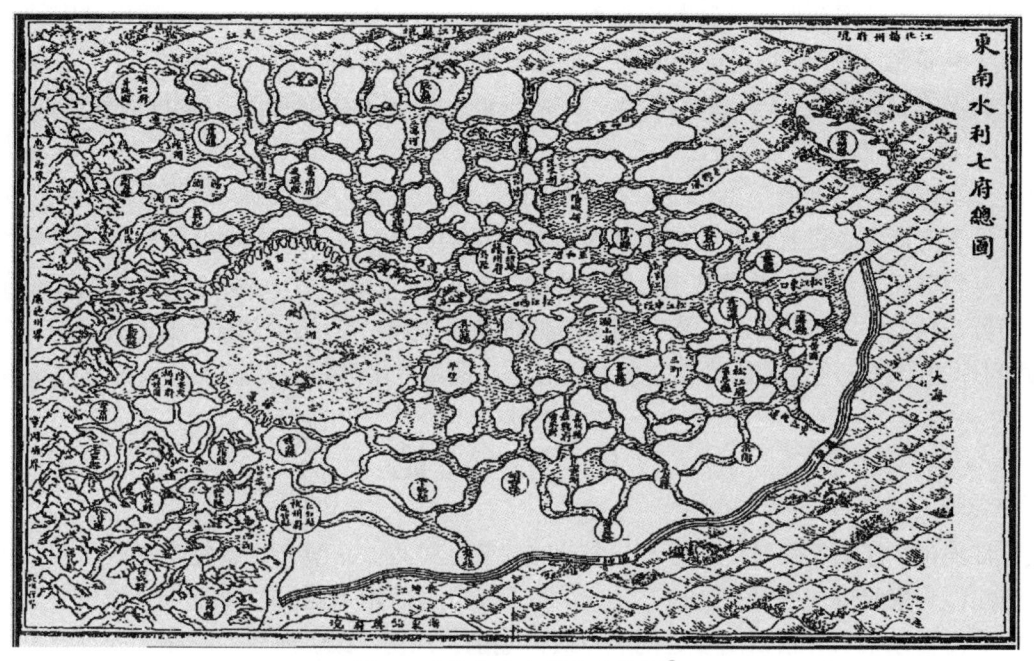

图2 明代东南水利七府总图②

因此，镇江府在历史上特别是宋元时期，就同苏、松、常、嘉、湖同属一个行政区划之内（浙西），是有其自然地理根据的。五代及元末明初因战乱而改变各处地位，或因割据分裂，或属统治者主观人为的结果，时过境迁，在政策上松动和反复的可能也不断增大。特别是在遭遇水旱灾害或兴修水利工程时，苏、松、常、镇、杭、嘉、湖七府逐渐顺其自然地被划作同一区域统一管理。如明末应天巡抚张国维在《吴中水利全书·东南水利总图说》中明确指出：

> 《水利全书》为苏松常镇而作，乃总图兼杭嘉湖者何？吴中之水由杭湖发源，自西南而倾东北，嘉禾亦其流驶停蓄之境，非合七郡莫悉端委。试阅水源水脉二纂，则兹图之关纽诚大且远矣。或又曰：宣歙九阳诸水皆旁注而苏松常实受焉，曷不合江南而仅七郡乎？则水源之联络，应天、广德者，编内亦叙之详矣。尺幅有限，岂能包括若是之广？粤稽宋元治迹，张官画地，则此七郡为浙西道，正以水限方隅，古人之衡量曲当，今仍本是义为图，惟条分缕析，水道划然不紊，使披览者举目自辨，不必强为复说。③

其次，明代在永乐北迁后，为一定程度上缓解经济重心再次同政治中心分离的负面效应，明廷对南直隶加强行政管理的制度述求提上日程，逐渐创制了以苏松常镇为中心的抚、按、部院外差和地方专务道等行政管理体系。如从仁宗洪熙元年（1425）正月，明廷派周干、胡概、叶春等人巡视应天及镇、常、

---

① 按，洪武朝仍然习惯"苏松嘉湖"四府并称，而"苏松常镇"四府并称在《明实录》中最早见于宣德朝。
② （明）张国维：《吴中水利全书》卷一，《图》，文渊阁四库全书本。
③ （明）张国维：《吴中水利全书》卷一，《图》，文渊阁四库全书本。

苏、松、湖、杭、嘉江南八府，到宣德五年派侍郎周忱总督税粮兼巡抚苏松等府，至英宗朝定制[①]，苏松巡抚（亦称应天巡抚）的最初和最基本辖区就是苏、松、常、镇四府，而苏松巡抚还几度在税粮征收、水利管理乃至司法、缉盗、盐政等方面，监管浙江嘉湖二府或杭嘉湖三府，因此也称"江南巡抚"。到明中期，逐渐形成了总理粮储兼巡抚应天等府同总督漕运兼巡抚凤阳等府的二巡抚分管南直隶江南、江北之制。其中应天巡抚的辖区包括应天、镇江、苏州、松江、常州、徽州、宁国、池州、太平、安庆、广德十府一州，其下又逐渐形成了辖苏松常镇等四府的苏松兵备道（驻太仓）和辖应徽宁池太广德等六府一州的徽宁兵备道（驻池州）。再如，明代的监察御史外差巡按，南直隶额设三人[②]。据方志远先生考证，巡按制度在洪武朝还只是临时差派，直到在永乐元年才成为定制。其每年一差的原则，大概形成于宣德之前。[③] 据嘉靖《南畿志》所载，南直隶三巡按"一治太平，按六府一州；一治泗州，按四府三州；一治苏州，按四府"[④]。此苏松巡按辖区正是江南苏、松、常、镇四府。此外，明中期户部外差中，也曾于南直隶专设监督苏松常镇四府漕粮兑运的苏松监兑官。[⑤] 地方的中层管理机构，也于南直隶设置了专管苏松常镇四府的督粮道、水利道等专务道。[⑥] 综上可知，明中后期的镇江府在行政管理上实际已同苏、松、常三府乃至杭、嘉、湖等府捆绑在了一起，制度上的统管难免会制约"观念"中的"江南"共同体的印象。这也正是明清以来人们对江南地域范围界定存在较大争议的重要根源之一。

五　结　论

明代镇江府的"江南"归属，经历了一个动态的变迁过程，其间交织着复杂的政治和经济背景。元朝末年，镇江作为朱元璋的"兴王之地"之一，与原张士诚统治下的苏松嘉湖等"江南"核心区分属不同阵营，使其自古以来与苏松嘉湖多处同一行政区划的"江南"或"浙西"中被人为割裂出来，并在入明后获得了远优于后者的政治地位和财政待遇，特别是在赋税科则与蠲免政策上存在巨大差异。从财政视角看，有明一代的镇江府同代表"重赋之地"和"逋赋之乡"的"江南"泾渭分明。永乐以降，因治水等项统一管理和缓解国都北迁造成的经济重心同政治中心的再度分离的制度诉求，苏、松、常、镇"四府"乃至苏松常镇杭嘉湖"七府"在行政管理和行政区划上渐趋统合，镇江府又开始被视为"江南"的一部分，并被扣上了"重赋"的帽子。上述情况的出现，是造成后世史家对"江南"地域范围界定存在较大争议的重要根源之一。

（本文系教育部人文社科青年项目"逋赋治理与明代江南财赋管理体制的变迁（15YJC770013）"阶段性成果之一）

[作者单位：聊城大学运河研究院]

---

① 胡丹：《明代巡抚制度形成之初的若干史实问题》，《古代文明》，2010年第1期。
② （清）张廷玉：《明史》卷七三，《职官志二·都察院》，第1768页。
③ 方志远：《明代国家权力结构及运行机制》，北京，科学出版社，2008年，第295页。
④ （明）闻人诠等：嘉靖《南畿志》卷二，《总志二·志命官》，四库全书存目丛书，史部，第191册，第146页。
⑤ 胡克诚：《明代漕运监兑官制初探》，《古代文明》，2016年第2期。
⑥ 胡克诚：《明代苏松督粮道制考略》，载《明史研究·第十四辑》，合肥，黄山书社2014年6月。

卫所、藩王与明清时期的宗族建构

——以韶山毛氏为中心的考察

李 扬

有明一代，实行卫所军户制度，"自京师达于郡县，皆立卫所，外统之都司，内统之五军都督府"①。这一独特的管理体制，对明帝国的整个社会运转机制起到了重要作用。顾诚教授曾对此问题进行过精辟的论述，指出都司卫所在很大程度上是一种军事性质的地理单位，明代的疆土管理体制存在着行政府、州、县与军事都司、卫所两大管理系统。②这提示我们从地方管理体制的角度重新思考明清时代的基层社会运作。

随着卫所制度的建立，不同地域的人群被聚合在一起。因此这一制度与移民史有着极大关系。移民进入新的地域，很多即形成了家族。明代文献中，大量军户出身者成为一时显赫的官僚，如李东阳、海瑞、杨嗣昌等均有祖上为军户的记载。③这些因充当军户而新落籍的新兴家族与地方社会各种势力之间有着怎样的互动关系？这些家族的建构模式体现着怎样的地域社会发展脉络？这些均是我们感兴趣的问题。笔者近来查阅了部分湖南族谱，其中包括为学界较为关注的湖南湘潭《韶山毛氏族谱》。笔者检索查阅到一部乾隆年间湘潭毛氏所修的族谱，论者多认为其失传。另外，还有毛氏家族同治年间所修的一部房谱。而国家图书馆与湖南省图书馆合作，影印了其后毛氏的二修、三修与四修族谱。④内中所记，涉及卫所军户、藩王与其家族发展变迁的历史，恰为解读此段历史提供了一个具体个案。

一 垛集军户

据毛氏族谱所载，其先祖原居江西吉州，因避乱远赴云南。乾隆《毛氏族谱》记载其始迁祖毛太华

---

① 《明史》卷八九《兵志一》，北京，中华书局，1974年，第2175页。
② 顾诚：《明前期耕地数字》，《中国社会科学》1986年第4期，第193～213页；同氏《明帝国的疆土管理体制》，《历史研究》1989年第3期，第135～150页。
③ 顾诚：《谈明代的卫籍》，《北京师范大学学报》1989年第5期。
④ 族谱藏于国家图书馆古籍部，其中乾隆残本只有第三卷世系，记载甚详。该谱修成于乾隆四年，据其世系记载，第十五代生人均只有其出生日期而无殁亡日期，由此似可推断此谱为乾隆时代所修。另外，龙剑宇先生在《毛泽东的家世渊源》一书中提到，1956年杭州宝贻斋书店严宝善在湘潭收得《毛氏族谱》一部，先前还曾收得乾隆二年（1737）刻本《韶山毛氏西河塘房谱》六卷，先后请主管文博事业的文化部长郑振铎转赠毛泽东收藏，后得复函。还将同得之乾隆残本一册及同治本6卷副本上部赠北京图书馆。参见该书第25页，中央文献出版社2003年版。笔者又查阅了严宝善所著《贩书经眼录》，浙江古籍出版社1996年版第76页，所记与龙氏所说基本吻合。北京图书馆即今国家图书馆，而国图目前能查到的似乎就是文中所说的残本与房谱六卷，与其说基本吻合。《毛氏族谱》二修、三修、四修分别修于光绪七年（1881）、宣统三年（1911）、民国三十年（1941），均收入《韶山毛氏族谱》，北京，国家图书馆文献缩微复制中心，2002年。下引相关族谱均出自此版本，不一一注明。

时称，"元至正年间避乱，由江西吉州龙城迁云南之澜沧卫，娶妣王氏，生子八。"①在该卷所附《会宗说》一文中，又有如下记述："粤自吾祖太华公元至正年间避陈友谅之乱，由江西吉州仙茶乡迁云南，因与乡人蔡姓者共垛澜沧卫。乱定后，洪武十三年庚申奉朝廷招募之令，公偕蔡及子清一、清四来湘乡北门绯子桥。蔡亦分道下屯攸县之陆田。"而与毛氏联宗的另一支江西毛姓，也迁往了云南，回到湖南后又有联宗之举。"其时，同族人命传公亦由仙茶乡徙云南。后因开辟黔省，公与刘姓共顶补洪武垛籍三户军人李良保，奉调贵州平坝右卫所第十百户，盖当时承大乱之后，以军为重。初不计，后之为子孙累也。命传以军功拔入湖广长沙府湘潭县三十九都，标立石烊塅毛家湾。"②

从这两段材料中提到的"澜沧卫""顶补洪武垛籍三户军人"来看，均涉及明代的卫所制度。此处很明确地提到了"垛籍"，这是明代卫所军户的来源之一。③对于明代军户的来源，《明史》有如下记载，"其取兵，有从征，有归附，有谪发。从征者，诸将所部兵，既定其地，因以留戍。归附，则胜国及僣伪诸降卒。谪发，以罪迁隶为兵者。其军皆世袭"④。除此之外，还有两种重要的来源即"垛集"与"抽籍"，即从一般民户中选拔壮丁为军的方法。王毓铨先生对此有过论述，认为垛集法要点是"集民户三户为一垛集单位，其中一户为正户，应当军役。其他二户为帖户，帮贴正户。"⑤关于垛集法，于志嘉有过详细的讨论。她引用雍正《广东通志》卷二三《兵防》的一条史料：

>（洪武）三十五年，行垛集法。凡民户三丁者垛集一兵。其二丁、一丁者辏为正、贴，二户共垛一兵。其帖户止一丁者免役。当军之家面丁差役。

以此观察，垛集法乃是使民户有3丁者出1丁为军，不足3丁者则合并数户编成正、贴户，使其共同承当1名军役。具体的垛集方式可能还有差异，但垛集法最主要的精神乃是将原本没有关系的民户集合在一起。⑥据此，族谱中所谓的"共垛澜沧卫"就可以解释了。此处的垛，乃是"垛集"之谓。据此，我们可以认为毛氏家族乃属于垛集军户。而且，文中提到的"与刘姓共顶补洪武垛籍三户军人"的说法，恰说明当地实行了以3户为单位的垛籍充军的办法。这样一来我们可以做出初步的判断，韶山毛氏在明初是由民户而被签发为军，此后的家族故事也由此发端。

但进一步的问题是，既然毛氏是与蔡姓"共垛"为军，那么很有可能他们不是正户，而是帖户。这一推测，在其房谱的一份"分关"文书⑦中得到了印证。房谱收录的一修族谱的分关，是成化年间由其五大房之一的震房先祖毛震所立，这也是韶山毛氏族谱文献中最早的文字记录。分书开篇即提到"立分关人毛震，先于洪武年间有故祖公毛清一、清四存日，兄弟共垛云南澜沧卫贴军户"⑧。而既然是帖户，根据卫所的制度性规定，洪武初帖户不用前往卫所驻地，只是在正户不能承担军役时加以顶补。但成祖即位后复位垛集法，规定正户与帖户轮番服役，帖户单丁者可免役。史称：

>成祖即位，遣给事等官分阅天下军，复位垛集军更代法。初，三丁以上，垛正军一，别有帖户，

---

① （乾隆）《毛氏族谱》卷三，《世系》，国家图书馆古籍部藏（下引相同族谱均同）。
② （乾隆）《毛氏族谱》卷三，《会宗说》。
③ 参见于志嘉：《明代军户世袭制度》，中国台北，学生书局，1978年。
④ 《明史》卷九〇《兵志二》，北京，中华书局，1974年，第2193页。
⑤ 王毓铨：《明代的军屯》，收入《王毓铨史论集》（下），北京，中华书局，2005年，第1152页。
⑥ 转引自于志嘉：《明代军户世袭制度》，中国台北，学生书局，1987年，第11页、第12~18页。
⑦ "分关"即分家文书，很多族谱也写作"阄书"，郑振满教授在其所著《明清福建家族组织与社会变迁》讨论明清福建家族的家庭结构时多次引用了族谱中的分关材料。北京，中国人民大学出版社2009年版，第27页、第29~30页、第32~33页。
⑧ （同治）《韶山毛氏鉴公房谱》卷首《震祖分关》，国家图书馆古籍部藏（下引相同族谱均同）。

正军死，帖户丁补。至是，全正军、帖户更代，帖户单丁者免。①

那么，在明初作为帖户的毛氏家族是否远迁云南？笔者初步的推论是毛氏家族并未迁往云南，可以从以下几个方面加以论证。

首先，考察族谱中提到的卫所设置情况。正德《云南志》对澜沧卫的记述如下："元为北胜州地，本朝洪武中属鹤庆府，二十九年于州南筑城置今卫司，领北胜、蒗蕖、永宁三州，永乐四年以永宁州升为府，正统六年以北胜州直隶布政司。今本卫领州一，隶云南都指挥使司。"②可见，澜沧卫在洪武二十九年（1396）才设立，而韶山毛氏称其在明初被垛集为军，且洪武十三年（1380）即"奉朝廷招募之令"迁往了湖南湘乡。可见，韶山毛氏在洪武十三年之前不可能迁往澜沧卫，因为当时还未有卫所的设置。加之其分家文书中自称帖户，在永乐垛集法推行之前，帖户本不用前往卫所充军，所以从这里可以初步判定毛氏家族当时并未迁往云南。再看嘉靖《贵州通志》中对平坝卫的记载："本朝洪武二十三年始置平坝卫指挥使司，隶贵州都指挥使司，领千户所五。"③对卫所职官的记载中，平坝卫5个千户所均设有"管军屯印百户十员"④。虽然毛命传有可能担任百户，但平坝卫设置也是在洪武二十三年（1390），如果按照族谱所说毛命传与韶山毛氏始祖毛太华同时迁往湖南，此时卫所未设，则他也不可能赴任贵州平坝卫。可见认为韶山毛氏成员迁往云南卫所、贵州卫所的说法并不可靠。而且笔者查阅明代《武职选簿》，云南卫所中并未有澜沧卫的记录，贵州卫所中也没有平坝卫的记载，故而这一说法更难求证。⑤

其次，从卫所军户的角度来看。我们可以从成化年间的那份"分关"得到一些讯息。分关称始迁祖太华公之子清一、清四在韶山开种了大量田产，子孙混耕，但"因成化十六年被仇人妄将铁陂田业报做吉府官田去讫，田去粮存，钱粮、军需、差徭等项，应办不均。到今成化十八年八月内，震户长发票拘众房子孙人等到场众议无私。"⑥因为被仇人所告发，韶山毛氏的一部分田产被划做吉王府庄田，家产遭到损失。而且正是在此时，他们首次需要面对军役，这暗示着毛氏到湖南之初一度隐瞒了其军户身份，而是成为纳粮当差的民户。这与乾隆《毛氏族谱》的记述也相吻合。族谱在记述其始祖毛太华时称：

洪武十三年庚申携其长子清一、四子清四应募来湘乡北门外绯紫桥。十余年殁，葬五里牌道士山。其子清一、清四复卜居湘潭三十九都，今改七都之韶山，家焉。据成化十八年户长毛震分关开载，清一公兄弟同心协力，开种韶山铁陂、乌塘、东塘等处，其田四百余亩，编为一甲民籍。⑦

清一与清四均被编为民籍。而且，据学者对明代赋役制度的相关研究，军户由于承担了较多的赋役，因此均极力想摆脱此种身份。韦庆远先生即指出，军户与民户在权利义务各方面都很不一致，军户的社会地位远较民户为低。当时"人耻为军"，"勾丁补伍，有如弃市"。⑧成化十五年（1479），南京督察院广东道监察御史李纪描述了当时的此种情况，称：

---

① 《明史》卷九二《兵志四》，北京，中华书局，1974年版，第2256页。
② （正德）《云南志》卷一二《澜沧卫军民指挥使司》，天一阁藏明代方志选刊续编第71册，上海，上海书店，1990年，第926页。
③ （嘉靖）《贵州通志》卷一《建置沿革》，天一阁藏明代方志选刊续编第68册，上海，上海书店，1990年，第2页。
④ （嘉靖）《贵州通志》卷五《职官》，天一阁藏明代方志选刊续编第68册，第29页。
⑤ 参见《武职选簿》所载《云南都司》《贵州都司》相关内容，收入《中国明朝档案总汇》第58~60册，桂林，广西师范大学出版社，2001年。
⑥ （同治）《韶山毛氏鉴公房谱》卷首《震祖分关》。
⑦ （乾隆）《毛氏族谱》卷三，《世系》。
⑧ 韦庆远：《明代黄册研究》，北京，中华书局，1961年，第63页。

> 照得天下府、州、县军民人户，虽有版籍，十年一造。然而军籍之家，卒多奸狡，欲脱为民。往往买求造册书手，妄开户籍，谓之小户。……又有军籍全家合族逃往别府、州、县，置买田屋，捏做民户，于所在官司报告，随产附籍当差者。①

可见，这种军户家族合户逃亡的情况在当时并不少见，也可说明毛氏家族未去云南，而很有可能即是逃亡的军户家族。另外，于志嘉在其研究中亦注意到这种由民户被告重新成为军户的情况，如豫章罗氏，其族谱称罗氏其中一支明确记载为军籍，落籍之祖死后不知为何被编为民户。但洪熙元年（1425），"被邻朱珪首告隐军"，天顺二年（1458），"又被邻张经首告军情"，到成化初年，罗氏家族被纳入军籍。②

最后，从移民史的视角来看。根据移民史的相关研究，元末明初是湖南历史上接受移民最多的时期，而江西移民则在所有移民中占据了绝大的比例。③湖南的谱牒资料与民间传说均有元末明初"江西填湖南"的说法。④加之元末明初湖南饱受战乱创伤，民户凋敝，地方官府大力招抚移民前来开垦。如光绪《湘潭县志》即称：

> （洪武）二年，湘潭刘玉湘款附于潭州指挥严广，时陈友谅故将饶鼎臣以茶陵叛，广讨平之。遂屠湘潭，招四方之民以实县。⑤

因此，我们可以据此推测毛氏始迁祖即是跟随这波移民潮而来到了湖南。事实上，在二修族谱卷首所收的一修谱序中我们也看到了这样的说法："吾邑旧族有毛氏，自元至正年来潭聚居七都韶山，风俗醇厚，质朴逊让，皆有先贤遗风。"⑥序文未提毛氏远迁云南的经历，而是称其直接迁到了湖南。

综合上述论证，笔者推测，韶山毛氏原是江西的一个垛籍军户家族。很可能因为躲避军役，毛氏家族其实并未迁往云南，而是由江西直接到了湖南。而且从洪武初年到成化十六年（1480）将近 100 年的时间里该家族隐瞒了军户的身份，被编为民籍，逃避了军役。直到成化年间被人告发，于是军户身份暴露，他们才不得不承认军户的身份，重新承担军户赋役。而其田产又被告做是吉王庄田，从而与地方藩王亦发生了联系。这一事件也成为其家族发展史上一个重要的转折点。

二　宗藩、赋役与分房

华南学者的研究揭示出明代是宗族发展的关键转折点，尤其嘉靖年间的"大礼议"事件与地方士绅诉求相配合，极大促进了宗族的普及。明代湖南的宗族活动并不多见，韶山毛氏的宗族建设亦是在明中叶以后才出现。在笔者目前看到的韶山毛氏族谱文献中，最早的一份家族文书乃是上文提到的成化十八年（1482）的"分关"，即分家文书。这一分家行为可以说是韶山毛氏家族发展史上一个重要转折点，文中涉及家族赋役与藩王关系等，与本文讨论直接相关，故全文引录于此。

---

① 李纪：《为陈言时政以图资治事题本》，载《后湖志》卷四。转引自韦庆远《明代黄册研究》，第 64 页。
② 于志嘉：《再论族谱中所见的明代军户——几个个案的研究》，载（中国台湾）"中央"研究院历史语言研究所集刊，第六十三本第三分，1993 年 7 月。
③ 谭其骧：《湖南人由来考》，载氏著《长水粹编》，石家庄，河北教育出版社，2000 年，第 221 页；曹树基：《湖南人由来新考》，该文结论与谭氏基本相同，只是补充了更具体区域的移民情况。《历史地理》第九辑，上海，上海人民出版社，1990 年，第 115～129 页。
④ 湖南常宁的民间故事中即提到"扯江西填湖南"的说法，参见《中国民间故事集成》（湖南卷），北京，中国 ISBN 中心，2002 年，第 267 页。
⑤ （光绪）《湘潭县志》卷三《事纪》。
⑥ 《中湘韶山毛氏二修族谱》卷首，《老谱序》。

震祖亲书分关

立分关人毛震，先于洪武年间，有故祖公毛清一、清四存日，兄弟共垛云南澜沧卫贴军户。同心协力，在于地名韶山开种荒熟水田一百二十一亩五分，又土名铁陂开种田一百八十亩，乌塘开种田一百一十六亩五分，三处共开荒熟田三百七十六亩。并原日兼收绝民李福九田粮一石二斗在户，向未清分。自来子孙混耕，未曾明白。因成化十六年被仇人妄将铁陂田业报做吉府官田去讫，田去粮存，钱粮、军需、差徭等项，应办不均。到今成化十八年八月内，震户长发票拘众房子孙人等到场，众议无私。念祖毛清一生男毛有恭、有信，毛清四生男毛有伦、有智、有诚，有此子孙繁盛，诚恐在后有述祖公立业，临期难办，今为子孙立关为记。各人情愿将祖立韶山铁陂、乌塘等处荒熟田核粮二十二石零，已做二大分均分，并原承土名东塘黄萧粮三石二斗，亦作二大分均分。大分之内又各存本户，其人丁众寡不等，分耕出辨，其有耕不便，听从照田坵亩兑明，取其两便，开列于后。自立分关之后及一应本户军役、粮差、户口、皮张、官田、租银、粮石等项，但存户内三十五石。除令钱粮为卒，随田粮出官田备，假为该要银三两五钱，每粮一石，就该银一钱，照此随田粮分派，出备应当，毋得子孙以横番悔不遵，有违教令。如违，听户长执此分关赴官呈告。除责重罪，仍关为定，其各房子孙自备己财置买田产，不在此关内执契为定。若自买田塘收粮过割，各行照册纳粮，不许混沌。天长地久，子孙人信虽凭，立此分关永远为照。

计开祖业田粮数目花名于后

故祖毛有恭，生男毛绎、毛瓒，毛有信生男毛瑞、毛鉴、毛铭、毛海等，共一大分，又作二小分。每一小分，该田八十四亩，正米五石五斗五升；毛震等一小分，该田八十四亩，正米五石五斗五升轮充，递年一年；毛海四分等一小分，该田八十四亩，正米五石五斗五升轮充，递年一年；故祖毛有智生男毛深等，毛有诚生男毛胜等，毛有伦生男毛翔等，共一大分，又均作三小分，一小分该田五十六亩，该正米三石七斗。毛深一分该田八十四亩，毛胜等该田二十八亩四分，共该正米七石四斗轮充，递年一年。止系深分，毛从新侄从荣、从仁共应当递年一年。毛翔等一小分，该田五十六亩，正米三石七斗轮充，递年一年。成化十八年八月十五日。

户长毛震票拘户下弟男子侄到场，面理官田，签踏田粮塘地，均分明白，再无互混，执官为照。①

这份分家文书有几点可以讨论。首先韶山毛氏在明初迅速落籍并占有了400余亩田产，而且并未承担军役。毛氏先祖通过何种手段获取田产我们不得而知，但正是其占田并被编入民籍成为其家族发展的起点。联系上文提到的明成化年间御史李纪所提到的军户家族"置买田产，捏做民户，随产附籍当差"，毛氏家族亦很有可能是通过置买田产而"附籍当差"，这样其家族也就相应地获得了编户齐民的身份。

其次，我们可以发现自明初到明中叶的100多年间，韶山毛氏并未分家析产。因为文中提到田产"向未清分"，"自来子孙混耕，未曾明白"。而且从毛氏充任垛籍军户的经历来看，他们在明初的户名一直未变，整个家族是在一个户名下承担赋役的。关于明初户名固定这一现象，在江西与两湖地区似乎较为常见。徐斌的研究表明，明清时期的鄂东地区，很多家族自称"户族"，而很多"户族"均以祖名为户名，而且户籍自洪武初年即固定下来。由于户名固定，使得"户"从明初现实生活的家庭转变为含有多个家庭，而这些家庭又多半由立户的祖先繁衍下来的子孙所组成，从而形成由一姓所组成的血缘群体，他们共同使用这个祖先所立的户头，以承担政府的赋役征派。在此，"户"便逐步成为一个承担一定丁

---

① （同治）《韶山毛氏鉴公房谱》卷首《震祖分关》。

粮数的同姓血缘群体。① 笔者查阅明代的《武职选簿》，发现湖南部分卫所的下级武官很多来自鄂东等地，这批人很多即是由垛籍充军，且其原籍户名一直不变。如清浪卫试百户周常：

> 外黄查有周常，麻城县人。伯祖周得以曾祖周冠为户，洪武二十二年垛充清浪卫左所军。永乐十五年老，叔周亨户名不动替役。正统六年征云南麓川反寇，攻破贼寨巢穴，获头功二次，七年升总旗。景泰二年湖广香炉山等处苗贼攻破翁沦、螃蟹等寨，十七日攻破香炉山寨。景泰三年升清浪卫左所试百户。②

周常伯祖以其曾祖周冠为户名被垛籍，到永乐年间其叔周亨仍然以此户名顶补，可以想见这一户名在其原籍当地一直保持不变。韶山毛氏也是垛籍军户，其户名应当也是自明初就固定下来。而且其家族自明初到成化年间一直是以"合户"的形式承担赋役，毛氏家族也体现出"户族"的特征。这种"合户当差"的经营模式在明中叶因赋役问题不得不面临调整，而这又与当地社会历史发展脉络中一个重要问题即藩王问题有关。

韶山毛氏所在的湘潭县，在明代有两个突出的问题使得地方赋役陷入困境，即卫所与藩王对州县田产的占夺。嘉靖年间湘潭知县陈应信的一段话可以给我们重要的提示：

> （湘潭）洪武初年实有一百零九都，供办颇称富庶。永乐二年奉具举屯田事例，报将田地三分之一做长、茶二卫军产。成化二年奉吉府奏讨鹅鸡食田，又佥报膏腴田土，改纳王租。止存三分之一尚属民业，田去差存，日渐消乏，即今减并一十五里半是也。市民虽稠密，多是客商，不当粮差，空张门面而已。徒以一十五里之疲民办当一百九都之繁役，积久成虚，欲其民之不困，县之不疲，不可得也。③

可见，湘潭的田地在明初永乐年间与成化初年先后被划做卫所与藩王所有，而其原有的赋役负担并未减轻，这就造成了地方赋役极为繁重，民户大量逃亡。而那些被划做藩王田产的土地，按照上文的说法，原先耕种其田土的民户改为"纳王租"，这样这批民户就不再属于州县管辖。

反观上述分家文书，韶山毛氏分家过程中关键的一个原因即是"因成化十六年被仇人妄将铁陂田业报做吉府官田去讫，田去粮存，钱粮、军需、差徭等项，应办不均"。此处提到的吉府即是吉王府。明代就封长沙府的藩王相继有潭王梓、谷王橞与吉王见浚。其中潭王梓，洪武十八年（1385）就封，洪武二十三年（1390）自杀，封除。谷王橞永乐元年（1403）就封，永乐十五年（1417）坐谋逆，自焚死。吉王见浚成化十三年（1477）就封，子孙世袭藩王直至明末。④ 前两位藩王，在位时间均较短，对地方社会影响不大。而吉王见浚则是自成化十三年以后长沙府重要的地方政治势力，极大影响了当地社会秩序，给地方社会管理带来一系列的问题。从上文我们也可看出，早在吉王朱见浚成化十三年就封长沙之前，湘潭县1/3的田产即被划做其王府庄田。而从分家文书中我们可以看出韶山毛氏最大一处田产即铁陂的180亩田产被人告为吉王府的官田，于是他们不得再继续耕种。

为何此时会有人告发？这估计与当时的地方形势有关。在明代中叶的湘中地区，王府占田与民户投

---

① 徐斌：《明清鄂东宗族与地方社会》，武汉，武汉大学出版社，2010年，第17~26页、第276~280页。
② 《武职选簿》，收入《中国明朝档案总汇》第63册，桂林，广西师范大学出版社，2001年，第465页。
③ （嘉靖）《湘潭县志》卷上《地理·户口》。
④ 参见王毓铨：《明代的王府庄田》附表《明代藩王表》，载《王毓铨史论集》（上），北京，中华书局，2005年，第527~530页。

献的情形较为普遍。明末担任长沙府知府的堵胤锡在其奏疏中就曾指出：

> 吉藩分封百十余年，宗支繁衍，阃校蔓延。除租禄之外，十分长善之田为兼并者十之二，为投献诡寄者又十之二。惟此两邑荒疲之民以六分瘠土输十分重赋，当十分苦差，骨痛腹诽匪朝伊夕。①

由此可知，一方面藩王不断侵蚀州县土地，另一方面地方民户也纷纷投献到王府的名下，于是藩王与州县的矛盾贯穿于整个明代。在此过程中地方家族也因此产生了利益纠葛。湘潭亦有大量吉王田地。韶山毛氏遇到的情况很可能是其他家族以自家田产的名义将铁陂田产"投献"或"诡寄"到藩王名下，王府自然乐见其成，因其王租收益更多，故而默许了这一做法。有论者指出，明代所谓的"奸诈之徒"投献土地给王府的目的是借此"勾结王府"，投充校尉、家人、庄头，依势欺压良民。②明末的长沙府就出现宗藩"旗校扑捉里民于市，庄阉榜掠里民于野"的情形，而且宗室官员与地方各种势力相互勾结，"吉藩左承奉司黄明治有腹校刘国明纠巨盗万大、万二及徭丁、游僧数百余人立寨百家山，旗鼓恣劫"③，州县民户在此过程中自然是深受其害。明代中叶以来，湘中地区围绕藩王占田与州县及民户赋役问题，引起过多次纠纷。如嘉靖十年（1531），吉王府长史司向湖广布政使司呈文，要求其查覆长沙府属各县缴纳王租情形。自成化年间以来，吉王府与地方官府之间即"文移往复，无时休息"，多半乃是王府要求湖广布政司落实其宗藩田赋。而州县民户也屡屡上告，诉称所纳王租过重，地方政府一度陷入尴尬境地。④

清初的地方志编者对此也多有议论，康熙《长沙府志》的记述恰可为韶山毛氏的遭遇提供有力的注脚。府志称，长沙府的更名田一项，"按旧制，明赐吉王府田初止六十六顷六十一亩，地三十亩。嗣后除拨赐之外，王府又置买民田及凡百姓忿争仇雠者俱以田产投献。既充王租，有司不敢稽查，后所报王庄田地浮出田五百九十一亩一分七厘，孰非十万四千内之额耶。"⑤王府势力在当地逐步扩张，远远超出朝廷钦赐的庄田数目。而王府逐渐又成为地方一些民户倚靠的对象，从"百姓忿争仇雠者俱以田产投献"来看，这种现象较为常见，而这也为一些"奸狡之徒"提供了可乘之机。以此背景来看，毛氏家族的遭遇也就不难理解了。

因为在成化年间韶山毛氏被仇人告发，最大一处田产即铁陂的180亩田产被划拨王府庄田。而在原有户名下承担的赋役并未减轻，于是整个家族必须厘清各自的赋役负担，这即是这份分家文书的关注重心所在。以此为契机，毛氏家族内部进行调整，最终形成了以"房"为中心的发展格局。据其族谱称，毛氏家族三传，逐渐形成以震、瑞、鉴、深为中心的四大房。其族谱碑记称，"我族自太华公历传三世至震、鉴、深、瑞四公，支由是以分焉。"⑥

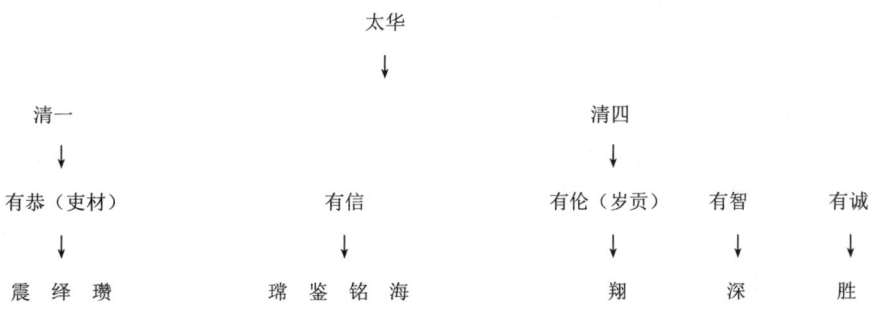

---

① 堵胤锡：《堵文忠公全集》卷一《直陈颠末疏》，光绪十三年（1887）刊本，国家图书馆古籍部藏。
② 《王毓铨史论集》，北京，中华书局2005年，第433页。
③ （明）堵胤锡：《堵文忠公全集》卷一《直陈颠末疏》，光绪十三年刊本，国家图书馆古籍部藏。
④ 《议处吉王疏》，载《嘉靖事例》，收入《北京图书馆古籍珍本丛刊》（史部·政书类）第51册，北京，书目文献出版社，1998年。
⑤ （康熙）《长沙府志》卷三《赋役志一·田赋》。
⑥ （同治）《韶山毛氏鉴公房谱》卷首《俊杰公捐碑》。

从分家文书来看，正是这种突然的变故，促成其"分房"的实现。一方面分家文书强调"自立分关之后及一应本户军役、粮差、户口、皮张、官田、租银、粮石等项，但存户内三十五石"。首先是整个家族共同承担赋役，留下部分田地作为赋役公产。随后则是各房的独立发展，"其各房子孙自备己财置买田产，不在此关内执契为定"，于是这也一定程度上成为家族各分支发展的动力。而且"大分之内又各存本户"显示毛氏各个房支在家族内部其实已经单立户籍，只是面对官府徭役时仍然以整个家族的户名来承担。此处，韶山毛氏给我们展示的似乎是一种类似于"合同式宗族"①的发展模式，即整个宗族因赋役摊派而进行整合，实现家族的扩张。这一宗族模式在韶山毛氏家族内部的具体体现就是各个房支具有相对的独立性，体现了合股组织的性质。于是，毛氏家族成员围绕赋役问题在同一个户名之下形成了一种血缘共同体。这样一来，韶山毛氏也实现了由明初的户到此后"户族"的发展过程。从湘潭具体的地域脉络出发，我们发现当地出现这种由户到"户族"的演变过程是因藩王占田与民户投献推动，地方家族面对赋役问题而不得不做出的因应举措。正是这种"分房"初步形成了其宗族的雏形，我们看到清代以后其家族的组织化过程也是建立在此基础之上。事实上，明代湘中宗族的组织化过程如修族谱、建祠堂等活动均不常见，但家族内部的"分房"则并不少见。如高塘李氏族谱中亦保留有嘉靖十九年（1540）的"九房分关"，明确各自财产与赋役责任。②

在此，我们甚至可以进一步推论，在明代中叶，湖南很多家族正是因为赋役的负担而分家析产，进而分户。但分户的同时，原有家族反而因赋役的征派而重新得以整合。分户一方面是使家族分家析产，分摊赋役负担，另一方面也使得家族各房逐步稳定下来，形成以"房"为中心的系谱结构，在原有家族的名义下发展成为联合家族。

三 庵宇、祠堂与公会

从笔者查阅的近百部湘潭族谱来看，湘中宗族的组织化建构多数是在清代，康乾时期是地方宗族发展的高峰。但透过韶山毛氏族谱的记载，我们发现其家族的控产机构逐渐由明代的庵宇过渡到清代的祠堂家庙与"公会"，而且各种"公会"活动与仪式自清初一直延续到清末甚至民国。笔者认为，这一阶段性的转变有助于我们了解地方宗族形成与演变的机制。

在清代，湖南很多宗族出现了祠堂与庵宇并立的局面。如《云湖郭氏族谱》即称："楚俗，氏族所建者宗祠，而外多立庵宇。"又有所谓"上立祠庙以妥先灵，下立庵宇以安佛像"③的说法。云湖郭氏所记是清代宗族普遍发展之后的情形，那么在此前的情形如何？我们来看韶山毛氏的情况。

韶山毛氏鉴公一房，在明中叶即建造仙女庵，奉侍香火。据族谱记述：

> 山名仙女，其来久矣。备载省府县志，非若他山之无记载可凭，他庵之无仙迹可据。我鉴祖下屯于兹，奉为香火。厥后遭明末兵燹，仍复荒，荆棘成林。国朝定鼎，我高祖松泉、松湾、鸣南三公复加开垦田亩，起造庵宇。雕装佛像，置办钟鼓，延僧力作奉佛，香烟历传至今。但因住持不一，或艰于缔造，或不堪继承，遂使古刹名山等于他所也。今幸僧温良恭俭让，克勤于家，或者此山之灵，祖宗之幸。将来兴旺，金碧交辉，珠宫绀殿，未可知也。我阖房人等眼同扦清田山界址，交僧掌理。故勒碑为记，永垂不朽云。

> 鉴祖公田公山与庵业毗连，起止附勒碑后，其田自公屋门首新塘上下无间。麻墈一坵付佃田人

---

① 郑振满：《明清福建家族组织与社会变迁》，北京，中国人民大学出版社，2009年，第78～90页。
② 湘潭《高塘李氏七修族谱》卷末《九房分关》，同治四年（1865）刻本，国家图书馆古籍部藏。
③ 湘潭《云湖郭氏四修族谱》卷首《家庙记》，光绪二十六年（1900）刻本，国家图书馆古籍部藏。

管其山，自老石壕起抵上湘山界。软颈顺下河边，直上仑顶止，付佃人管。自公屋门首公山左齐田边顺下沟水至河边，随上仑顶顺下枣子滩上青崒为界止，僧松权坟前起，下至大石磴口止，周围山地祖茔在内，倩僧看护。倘有偷取，该僧人报究合需无异，此据。

户首　斐汉　金如　云松　书绅　思朝　明扬
乾隆五十二年丁未岁三月吉日鉴房公立①

文中提到的"鉴祖"即毛氏四大房之一的毛鉴，族谱齿录未载其生卒年月，但与其同辈的毛深生于永乐十八年（1420），卒于弘治五年（1492）。②以此推测，仙女庵的创建时间当不晚于明中叶。从文中提到的"奉为香火"来看，庵宇成为了家族的"香火庙"，具备了家庙的性质。我们并不清楚明代其庵宇的具体运作，但从供奉香火来看，庵宇应该代管了一定的家族公产诸如祭田之类的产业。事实上，明代地方建造庙宇的情形十分普遍，我们从方志中看到明前期大量的僧人与地方士人加入了建庙的行列。如湘潭县，早在明代洪武年间即有僧人重建寺庙："广慧寺，在县治西，至正辛卯因兵燹所废，洪武十六年僧会行、简用于旧址建立。"此后的永乐年间更是有12个寺庙先后修建，至成化二年（1466）全县共计寺庙39个，均为僧人所建。③不排除这些僧人有些是接受地方家族的捐赠或者代家族管理其家庙，这种情形在清代湘中地区较为常见。

明末清初是当地社会一个重要的转折点，很多家族在此时"舍田建庙"，以此维持祖产。④韶山毛氏亦不例外，他们在清初战乱未靖的形势下仍然大造庵宇，延聘僧人加以管理。除庵宇本身的田产外，僧侣还要负责看管毛氏的祖茔与山地，而且包括庵宇在内的田产均是毛氏的财产。这就提示我们毛氏家族的产业在历经明末清初的动荡并未完全丧失，反而通过庵宇庙产的形式得以保持并扩大。碑记强调"鉴祖公田公山与庵业毗连"，正是借助庵宇保护祖产的证据。

经历清初的动荡，地方家族逐步稳定下来，开始有了宗族组织化建设。韶山毛氏在乾隆年间开始修族谱、建祠堂，与此同时，祭祀"公会"亦先后设立，成为家族维持祭祀的重要载体。据其族谱记载：

> 吾族自乾隆二年前哲创修族谱，二十一年始建宗祠，三载告成。即捐立祭会，名八十公，置祀产；旋又捐立灵官会。⑤

关于"八十公会"的来历，族谱中有《摘录八十祭会条款》一文，文中提到"乾隆中体仁、次琦诸公念源远流长，非祠无以敬宗，于是谱修祠建。复念非祭无以笃恩，倡捐清明祭会。乃祠谱甫毕，派捐形难未获；登高一呼，万山皆应之，乐入捐者收八十名，遂相传为八十会云"。⑥"八十公会"的前身乃是创设于乾隆三十八年（1773）的"清明会"，当时整个宗族议定"众等公议共捐谷会，愿入会者书名登簿，建仓于祠，春放秋收，权其子息以为祭费。定例六人经管，轮流祭扫，已有年矣"。⑦围绕祀产问题，整个家族形成了一套"公会"制度，而"户首"与一批经管人由此逐渐掌握了家族产业的管理权。从清明会的运作情况来看，起初家族成员对此并不十分积极，于是有所谓的"八十公"的出现，可以想象这"八十公"正是宗族中的权势阶层。此后，"八十公会"的章程确立，仍然是以整个宗族作为统摄

---

① （同治）《韶山毛氏鉴公房谱》卷首《仙女庵碑文》。
② 《韶山毛氏二修族谱》卷一《齿录》。
③ （嘉靖）《湘潭县志》卷下《方外》。
④ 参见贺利华：《明末清初的社会动荡与宁乡宗族》，北京师范大学硕士论文，2007年。（未刊）
⑤ 《韶山毛氏三修族谱》卷六《重修宗祠碑》，北京，国家图书馆文献缩微复制中心2002年版。
⑥ 《韶山毛氏二修族谱》卷三《摘录八十会条款》。
⑦ 《韶山毛氏二修族谱》卷三《祠堂公捐清明会碑》。

对象:"捐名八十,合族五大房均各有名,实为通族祭会"。而且还规定"祖宗捐名不得出顶"。① 最终,以祠堂为发端的"公会"成为名副其实的控产机构。

除这些"公会"之外,上文还提到了"灵官会"。其实"灵官会"的出现早于祠堂的建立,而且与当地一种特殊的祭祀仪式有关:

> 神之为灵昭昭也。我族自未建祠之先,前辈于康熙年间供奉灵官圣像,以为族众相聚之主。金容灿灿,玉相森森,俾合族拜瞻,以邀神惠。自昔成规,按名按户轮流递祀,彼迎此送,击鼓鸣金,远近观瞻,莫不震慑。每年九月二十八日,就于奉祀之家,延巫庆祝,开筵宴饮。公蓄饶裕,置立祀产。自有契纸,刊碑竖祠,择人经管,延为定例,未敢易焉。②

对于"灵官会",湘潭族谱多有记载。云湖郭氏在其族谱中称之为"灵官案会",伴随有游神的活动:

> 又有案会以迎游神。游神者,非佛也,刻像绘形并其从卫集为神案,多至数十像主之,以其巫诞日迁,游本宗之家。巫者扬袖布武,神歌法咒为之庆,盖古之傩意也。吾族庵宇曰引善、曰地藏、曰囤山,各房所建不一,而神会则只有此也。神之正者五,曰灵官元帅马公也。其从卫以十数,会以菊月二十八日。神之出游也,从以金鼓旗,采人间婚姻丧祭,恒出赉贷其物为执事行仪,盖以乐神者,亦以便用也。③

郭氏称灵官案会是祭祀马元帅,特别强调游神时"游本宗之家",属于"神会"。毛氏关于灵官会的描述与郭氏有类似之处,且在同治年间将灵官设为香火,立于宗祠中厅,倩族人每日祭拜。④ 灵官信仰在清代湖南并不少见,由文中提到的康熙年间"设圣像"可知,其家族很有可能在明代或清初即以灵官信仰作为家庙中的祭拜对象,而且"游神"的仪式更是确认其家族成员身份、实现家族认同的手段。这里我们看到的似乎是地方信仰取代了此后祠堂的功能,以会统宗,"公会"成为维系宗族运转的重要组织。

晚清时期毛氏家族的"公会"更趋活跃(参见附录),尤其是咸同年间,先后有各个房谱的编修,⑤ 以"房"为单位的"公会"也开始设立,这也表明宗族内部的房支逐步扩大以及宗族内部制度与控产方式的调整。

余论:军户宗族与地域社会建构

韶山毛氏的家族史,让我们看到了一个军户家族如何实现其"地方化"的过程。毛氏以垛集军户而迁往湖南,纳粮当差成为编户齐民。此后又因藩王占田,赋役不均而实现"分房",在"户族"内部加以调整。最终形成以"房"为中心的联合宗族。此处我们看到了一般军户的生存策略及其宗族建构模式。于志嘉对卫所制度及军户问题的研究,在制度史层面做了很多有益探索。⑥ 但我们并不知道这些一般军

---

① 《韶山毛氏二修族谱》卷三《摘录八十祭会条款》。
② 《韶山毛氏二修族谱》卷三《灵官会记》。
③ 湘潭《云湖郭氏四修族谱》卷首《灵官案会记》,光绪二十六年(1900)刻本,国家图书馆古籍部藏。
④ 《韶山毛氏二修族谱》卷三《灵官会记》。
⑤ 韶山毛氏共有"四大房",加之联宗的一支共计"五房"。其中震房房谱修于咸丰五年,瑺房与鉴房房谱均修于同治七年,深房房谱修于咸丰七年。参见《韶山毛氏二修族谱》卷首《老谱序》。
⑥ 参见于志嘉:《试论族谱中所见的明代军户》,(中国台湾)"中央"研究院历史语言研究所集刊第57本第4分,1986年12月;《试论明代卫军原籍与卫所分配的关系》,(中国台湾)"中央"研究院历史语言研究所集刊第60本第2分,1989年6月;《再论族谱中所见的明代军户——几个个案的研究》,(中国台湾)"中央"研究院历史语言研究所集刊第63本第3分,1992年9月。

户在地域社会中具体的演变轨迹及其家族发展模式,地方社会各种势力对其家族建构的影响。诸如州县、藩王以及地方赋役等等,都是我们需要考虑的因素。我们需要将卫所军户纳入地方社会的脉络中加以考察,韶山毛氏在明代一直承担军役,但因藩王占田而"分房"之后家族产业反而有了较大规模的扩张,而且在科举上有了突破。族谱载,到毛氏第三派,毛清一之子毛有恭、毛清四之子毛有伦分别载入县志,前者乃吏材,后者为岁贡。① 查乾隆《湘潭县志》,明代"贡生"名目下确有毛有伦,而"吏员"名下则记为"毛恭",当是毛有恭之误。② 军户的身份不再成为负担,毛氏家族很快融入地方社会,成为地方大族。

其次,从韶山毛氏的个案出发,我们也可以发现湖南地方家族转变的历程。科大卫教授指出了华南尤其是珠三角家族发展的一般历程:"在明初,通过里甲制度,政府承认了地方社会;通过家庙的兴建、族谱的传播,宗族成为社会上的核心机构;宗族再从核心的地方机构演变为田土开发的控制产权机构。"③ 他进而认为,以此模式出发,我们需要探讨不同地方"由里甲演变到宗族的过程",本文的研究可以说明,在明代湖南的湘中家族,正是由于明初的里甲制度形成了合户当差的"户族"发展模式。到明中叶,由于藩王占田,地方家族内部面临赋役的调整与重新分配,这也成为家族历史发展的转折点。因此,地方社会由里甲到宗族建构的过程中我们看到的是赋役问题成为关键因素,而这种赋役负担的形成是由于地方藩王的影响。而且由明入清,家族先后创设庵宇、祠堂与"公会",实现家族的"控产"。在清初甚至明代还一度祭祀"灵官"马元帅,将之作为家庙的祭拜对象。正如科大卫教授指出的,明清最大的集资机构是庙宇和家族,④ 韶山毛氏的例子也说明了这一点。

最后,我们借助一篇谱序对本文的分析加以总结。同治《韶山毛氏鉴公房谱》收录的一篇乾隆年间的谱序对当地宗族演进的脉络有如下描述:

> 吾乡在元末时际兵燹尤甚于明末,故邑中族姓,溯其先世,多自他省来迁。其始皆以耕著籍,若今楚人之徙蜀者。数传至明之中叶,乃有发祥而为士族者,于士族中又有盛者焉。则科第蝉联,仕宦赫弈,其家始大矣。⑤

谱序作者给我们展示的是地方家族由编户齐民发展到世家大族的过程,他强调的是"士族"的崛起,即这些家族在科举教化方面的成功。而透过上文的分析,我们看到的是地方家族在明中叶实现宗族内部的整合,合户当差的同时实行"分房",促进了家族产业的扩张。家族的庵宇、祠堂与"公会"等各种组织成为控产机构,这样家族能够支持其子弟读书科考改变身份。"士族"兴起的背后其实是家族势力的扩大,这也正反映了湘中宗族的一般发展模式。

附录:韶山毛氏"公会"一览表

相关内容 公会名称	创立时间	创办者	资料来源	主要职责
灵官会	康熙年间	合族公立	《灵官会记》	供奉"灵官圣像",为族众相聚之所

---

① (乾隆)《毛氏族谱》卷三,《世系》。
② (乾隆)《湘潭县志》卷一八《贡生》《吏员》。
③ 科大卫:《告别华南研究》,载华南研究会编:《学步与超越:华南研究会论文集》,香港,文化创造出版社,2004年,第27页。
④ 科大卫:《告别华南研究》,载华南研究会编:《学步与超越:华南研究会论文集》,香港,文化创造出版社,2004年,第26页。
⑤ (同治)《韶山毛氏鉴公房谱》卷首《老谱序》。

续表

相关内容 公会名称	创立时间	创办者	资料来源	主要职责
清明会	乾隆三十八年（1773）	合族公立	《祠堂公捐清明会碑》	共捐谷会，建仓于祠，以为祭费
八十公会	乾隆末年	族中80人	《摘录八十祭会条款》	乐捐者八十名，主持全族祭祀
震公祠香灯会	咸丰九年（1859）	族中玉成、东义、得三等倡合房共举	《震公祠香灯会碑》	置公山一所，为香等岁用之资
震房花朝公会	咸丰十年（1860）春	原捐60名	《震房花朝公会碑记》	房先辈倡立祭会为令节，宣统年间续增祭产
大祠香等会	同治五年（1866）	合族公立	《合族捐立大祠香等会碑》	春秋祭祀，灯联五夜
合族祭会	同治十一年（1872）	合族公立	《捐立合族祭会碑》	三年一祭，永为定规
通族秋风祭会	宣统二年（1910）	族中82人捐立	《捐立通族秋风祭会引》	每名捐谷四斗，与八十、通族两会不相混
有信公捐立祭会	宣统三年（1911）	瑞房族众公立	《有信公捐立祭会碑》	瑞房子孙倡立，以妥先灵

［作者单位：北京联合大学应用文理学院历史文博系］

明代黄河决溢对黄淮平原经济发展的影响

田 冰

黄淮平原位于中国河南省东部、山东省西部黄河以南及安徽省、江苏省淮河以北,主要由黄河、淮河下游泥沙冲积而成。明清时期(1368—1855)的黄淮平原有两大特色:一是黄河河道南行入淮,二是黄河持续决溢。在此背景下,本文所关注的黄淮平原具体而言为郑州-归德(今商丘)以南、徐州-淮安以西、淮河河道以北、颍河以东等黄河水患影响到的地区,范围涉及今天的河南中东部、江苏西北部、安徽北部。这一地区以农耕为主,河道众多,湖泽棋布,生态类型多样并存。明代以前,该地区受黄河水患的影响较小,水环境及农业生态基本上处于良性运行状态。明清时期,该地区受黄河水患影响较大,由此也带来了生态系统的灾变,如河道湮塞、湖泽淤废、土壤沙化、盐碱化等,一些灾变至今仍未得到根本改观。

黄河自古就是一条善决、善淤、善徙的河流,水患靡常。东汉至北宋仁宗庆历七年(1047)间,黄河河道相对稳定,以北流为主,大致经今河南荥阳县北、武陟县西南、延津县、封丘北、滑县东、浚县东北、濮阳市西南,进入山东境内的鄄城北,与当今山东境内黄河流路稍偏北。庆历八年(1048)黄河才大改道至今天津入海,及此后从河南濮阳一带形成的东流、北流,分别进入山东、河北境内,基本上都在当今山东境内黄河流路以北的河北平原行水。黄河这种流路持续到北宋末年,长达千年之余,导致河北、山东一带地势显著淤高,河水逆行,在其上游低地决口、改道成为必然。黄河行水进入山东境内,要么北流在鲁、冀交界之地的河北平原,要么改道南流在豫、鲁交界之地的黄淮平原,这是由山东省中南部山地丘陵所决定。黄河行经的河北、山东已成"弃之高地",改道南行是唯一选择。金章宗明昌五年(1194年),"河决阳武故堤,灌封丘而东",决水大致经由封丘、长垣、东明,仍至徐州以下南会淮,"金明昌中,北流绝,全河皆入淮,元溃溢不时,至正中受害尤甚,济宁、曹、郓间,漂没千余里。贾鲁为总制,导使南,汇淮入海"。至明初,黄河主流基本上仍走贾鲁故道,历经170余年的流路,加之黄河中游水土流失严重,下游河床持续抬高,"地上河"已经形成,黄河决溢自然环境使然。加之人为因素的破坏,黄河决溢在明代更为凸显。

一 明代黄河决溢概况

明代黄河频繁决口,河道变迁较大。据郑肇经统计,明代黄河决口301次,漫溢138次,迁徙15次。[①] 黄河下游几乎无岁不灾,灾害范围之大几乎遍及整个黄淮平原,尤以河南最甚。明人储巏曾言:"中国之河患,兖豫为甚。"[②] 事实上,山东境内的河决次数及波及范围远逊于河南,仅限于山东西南部,

---

[①] 郑肇经:《中国水利史》,商务印书馆,1939年,第104页。
[②] (明)储巏:《柴墟文集》卷一一《睢宁县河防记》,四库全书存目丛书集部第42册,第518页。

与河南、江苏北部交界之地。另外，明后期江苏北部的河患相对严重。根据《明实录》《明史·河渠志》《行水金鉴》《黄河水利史述要》和有关地方志等文献记载，对河患在河南、山东、江苏北部的时空分布及河道变迁情况进行概述。根据河患与河道变迁的时间、区域特点，将明代河患划为前后两个时期分述之，明洪武元年（1368）至弘治十八年（1505）的138年为明代前期，正德元年（1506）至崇祯十七年（1644）的139年为明代后期。

明代前期河南是河决主要区域。据《黄河水利史述要》①及吴小伦博士论文《元明清时期开封水环境与城市发展研究》②统计的黄河水患情况：明代前期黄河决溢年份共有76个，其中河南65个，山东10个，江苏1个。明代前期黄河在河南的决溢年份约占总决溢年份的86%。明代前期，河南河患发生的主要区域有开封府、归德府、卫辉府、怀庆府、河南府，将近2/3的面积都不同程度地受到黄河水患的侵袭。黄河水患在河南波及范围较广，主灾区却又相对集中，主要集中在开封府。发生在河南境内的黄河决溢年份有65个，开封府就占62个年份，其余3个年份分别是洪武二十九年（1397年）河决怀庆府，永乐三年（1405）河决温县，天顺六年（1462）黄河不再流经获嘉县界，河道南迁，自武陟徙入原武。开封府决溢频繁，受灾最重。明前期重灾区主要集中在黄河干流沿线的荥阳、郑州、中牟、阳武、原阳（以上2县今合为原阳县）、开封、封丘、兰阳、仪封、考城（以上3县今合为兰考县）等地，支流颍河、贾鲁河、涡河、睢河沿岸等地区都常常处于洪水的威胁之中。③上述重灾区除考城隶属归德府之外，全部隶属开封府。因此，可以说，明代河南是遭受河患最为严重的地区，开封府尤甚。明代前期的138年间，黄河以南流为主，其主河道有时走贾鲁故道，经徐州下清河（今江苏清江西）夺淮入海，有时经颍水至寿州正阳镇（今安徽寿县西南），有时经涡河至怀远县入淮，有时又东北流至山东寿张冲入运河。而且在相当长的时间内河道分汊十余支，形成多支并流的态势，在广大的黄淮平原上忽南忽北，忽东忽西，摇摆不定。经白昂、刘大夏先后治理，黄河南流复归故道。

明代后期黄河决溢由绝大多数发生在河南转向河南与山东、南直隶基本均等。相较而言，南直隶灾情尤重。这主要归因于明前期黄河北岸双重大堤的修筑及南岸堤防的修筑，还有开封南北堤岸的修筑，加之黄河由颍入淮的河道又于嘉靖初逐渐淤塞，河水主要行经在黄河故道一线。鉴于此，明后期（1506—1644）大的河患主要发生在山东和南直隶境内，尤其集中在曹县、单县、沛县、徐州等地。据《黄河水利史述要》及吴小伦博士论文《元明清时期开封水环境与城市发展研究》等文献统计的明代后期河患情况：明代后期发生在河南境内的黄河决溢年份有49个，相对明前期的65个年份，减少16个年份；发生在开封府的年份有37个，相对前期的62个年份，减少25个年份。明后期发生在归德府的决溢后期有19个年份，较前期的4个年份增加15个年份，由此说明黄河水患在河南境内明显东移。明后期发生在山东境内的黄河决溢年份有13个，较前期的10个年份有所增加，决溢地点从鲁西北以沙湾为中心的周边地带转移到鲁西南的城武、单县、曹县3地。明后期发生在南直隶的黄河水患有明确记载的年份有27个，较明前期只有一次而言，成为河患的重灾区。河南境内的决溢较前期减少，且较分散，河患程度相对减轻。尤其是开封府河患明显减少，决溢主要发生在开封东边的归德府所属州县及开封南边的开封府所属州县，这主要是基于开封南北堤岸的修筑。明代后期河患发生在河南的主要区域有开封府、归德府、河南府、怀庆府、卫辉府，河患由于黄河北岸大堤之修筑而解除。河南灾区主要集中在黄河干流沿线的兰阳、仪封、虞城、夏邑、封丘、开封、中牟、阳武、原阳（以上两县今合为原阳县）等地，支流颍水沿岸的鄢陵、西华、商水、陈州等地，涡河沿岸的柘城、鹿邑等地，睢水沿岸的陈留、睢州、宁陵、商丘、夏邑等地河溢较多，集中在开封府和归德府两府所属州县。河南府有明确记载的河决

---

① 黄河水利委员会：《黄河水利史述要》，水力电力出版社，1982年，第205~206页。
② 吴小伦：《元明清时期开封水环境与城市发展研究》，天津师范大学2011年博士学位论文。
③ 孟昭华：《中国灾荒史记》，中国社会出版社，1999年，第505页。

只有 1 个年份,发生在崇祯五年(1632),"六月壬申,河决孟津口,横浸数百里"①。明代后期的 139 年间,由于黄河北岸及南岸部分大堤的修筑,黄河决口在河南境内主要发生在黄河南岸的支流区域,且决溢的危害程度远较前期小;山东兖州府西南部的曹县、单县周围一带及南直隶的徐州、淮安府及扬州府所属州县成为重灾区。正德、嘉靖年间,黄河在归德以下、徐州以上的范围,仍然此冲彼淤,呈多道分流入运之势,有时河道分歧达 10 支以上,尤其是对漕运及淮河的影响,直接危及国计民生及朱明王朝陵寝的安全。潘季驯治河以后,河道基本归于一流,由兰阳、归德、虞城、砀山、徐州、宿迁、桃源等地,至清河会淮入海,几百年多道分流的局面结束。

总之,上述重灾区或属于黄淮平原,或邻近黄淮平原,这些地区的决溢会直接影响黄淮平原的社会经济发展。

二 黄河决溢对黄淮平原农业生产的影响

黄淮平原自战国时鸿沟水系工程的兴建,为平原上的农耕作业提供了良好的条件,是唐宋以前的主要农业区,是粮食生产的重要基地。期间也曾受到黄河南决的影响,最长一次是西汉末年王莽始建国三年(11),黄河南决而不塞,兖豫平原遭洪水之灾达 70 年之久,农业生产遭到严重破坏;其他时间的河决很快都能得到较好治理,一度遭到破坏的农业生产很快就能得到很好的恢复。而明代的黄淮平原,在长达 276 年的时间内,黄河决口 301 次,漫溢 138 次,几乎无岁不灾,屡遭黄河决溢,农业破坏严重。

溢出的河水直接损害农作物,"数年禾稼今年好,一夜水来迹如扫"②,影响当年农业生产和当地百姓生活。景泰四年(1453)八月河水冲决原武县,灌浸 50 多里,县治也被淹没其中。六七年后仍然是"男欲耕而无高燥之地,女欲织而无蚕桑之所"③的局面,不得不从邻近州县转运粮储以备赈济。弘治二年(1489)河决金龙口,祥符、长垣、张秋、中牟、尉氏、仪封、考城、兰阳、宿迁等县深受其害,河水淹没城市、村庄,房屋、耕地漂没一空,庄稼几近颗粒无收,百姓流离失所。物以稀为贵,耕地受灾严重,庄稼收成减少,使食物、柴薪价格骤然上涨。天顺五年(1461)河决开封,数县受灾严重,祥符县尤甚。河水积于城中,往来者必借舟楫方能通行。受此影响,米薪之价涌贵数倍。④如此以来,受灾百姓的生活更为不堪。嘉靖《兰阳县志》纂修者说,北宋仁宗时河决澶州(今河南濮阳市西南),河道南徙后,"自是吾邑重承其害,崩我土地,决我城郭,溺我人畜,倾圮我墙屋,淹没我禾稼,为患有不可胜言者矣"⑤。山东西南部曹县、单县等地因受黄河决溢影响,大面积农作物受到损坏。明末清初的思想家顾炎武在提到山东农业状况时说:"西南曹、单、金(乡)、城(武)皆濒河被水之区,当其受灾,一望无际,颗粒不收。"⑥

在黄河干支流经过的冀鲁豫平原,形成的盐碱地由来已久。到明代,黄河泛滥,河道屡次变迁,盐碱地面积不断扩大。黄淮平原是黄河泛滥改道的重灾区,区域内盐碱地愈演愈烈,集中表现在原有的盐碱地继续盐碱化,过去没有的地方也出现了大量的盐碱地。

明代黄淮平原饱受河决之患,大水过后,又以"石水常留六斟泥"⑦,在水退之后沉淀大量泥沙,带来严重的土地沙化和盐碱化,以开封府最为严重。开封在明朝建国之初,祥符县已多盐碱地,政府令

---

① (清)张廷玉等:《明史》卷二八《五行一》,中华书局,1974 年,第 454 页。
② (明)李化龙:《李于田诗集·癸卯大水谣》,四库全书存目丛书集部第 163 册,第 440 页。
③ 《雍正河南通志》卷一四,扬州,江苏广陵古籍刻印社,1987 年,第 13 页。
④ 《顺治祥符县志》卷六,天津,天津图书馆,1989 年,第 37 页。
⑤ (明)褚宦、李希程:《兰阳县志》卷一《地理志·河渎》,嘉靖二十四年刻本。
⑥ (清)顾炎武:《天下郡国利病书》卷三八,《山东四》,光绪五年刻本。
⑦ (清)黄文旸:《埠垢山房诗抄》卷五《黄河》,续修四库全书第 1459 册,第 61 页。

群众拿焰硝 60 斤、小盐 30 斤作税收。① 明代中期以后，开封已经出现了"风起但黄沙"②"飘风但尘沙"③"直北风沙扑面来"④的状态，这大概可以视为开封城"沙化"的起始点。至万历三年（1575），尽管开封附近黄河水患有所减少，但仍然是"碧草春深隋帝苑，黄沙夕拥魏侯城"⑤。黄河下游河道南移和不断泛滥，引起开封城市周围自然地理环境日趋恶化，自然灾害加剧，农业生产水平越来越低，从而"大大削弱了开封城市存在和发展的最起码的经济基础"⑥。开封府所属州县土壤沙化也非常严重。中牟县到明末已是"延袤百里而沙碛半之"⑦。杞县在崇祯十五年（1642）河决开封流经杞县，"浊流汹涌，由杞东下，幅员百里，一望浩渺，其后水涸沙淤，昔之饶腴咸成碛卤，尽杞之地皆为石田"⑧，这次水灾造成杞县大片沙地。仪封县自弘治以后因屡遭河决，也是"波平天影近，沙坼地形偏"⑨。至嘉靖间，仪封境内"每狂风一动，田野飞沙，如黄冈迤东直抵石家楼一带四十余里，尽为斥卤，犁锄罔施"⑩。到万历年间，仪封县"地之高者，尽是薄沙；地之下者，又成水乡。东西田废耕者，约三十里"⑪。这些城市腹地土壤沙化、盐碱化是黄淮平原土壤严重退化的缩影，对该区域民众生产生活影响很大。

土地沙化后，常常会导致耕作困难，地瘠薄收。尉氏县一度遭遇黄河水患，后虽因河道改徙而得免遭此灾，但"积沙齐陇，无从粒食"⑫。崇祯末年河决开封，清兴 40 年后还未恢复，"城漫惨烟迷白屋，草依残月伴清磷。凋伤何易兴何晚，四十余年土瘠贫"⑬。黄河的决溢给生活在黄淮平原的百姓造成暂时性的灾难，如开封"十家九家半流离"⑭及"拆屋毁砖，卖取百十钱以糊口"⑮。而土地沙瘠，对于民生的打击是惨重和持久的。如中牟县北依黄河，"其南高者为沙碛，下者为沛泽，不毛者半，以故民难为生，吏难为治久矣"⑯。自然条件恶化，生态环境破坏，基本生产条件不具备。生活在该区域的民众为应对自然环境变化，采取有效措施，使自己能够在这片土地上继续生存下去，为中华文明绵延久长做出了伟大贡献。

三　黄河决溢严重阻碍黄淮平原城市的发展

黄河孕育出中华民族早期城市，夏代都城斟鄩（今河南巩义市西南）、商代都城殷（今河南安阳小屯）、周都城镐京（今陕西西安）、洛邑（今河南洛阳）及其众多诸侯国都邑都分布在黄河干流及其支流上，是中华民族早期文明中心。至北宋，黄河中下游地区的城市发展水平一直处于全国先进水平。期间也有黄河决溢以及人为决河淹城事件的发生，波及的城市及对其破坏的程度有限。而明代黄河决溢遍及河南、山东、南直隶三省，黄淮平原上的城市差不多都有黄水灌城的经历，不得已迁移治所也时有发生。

明代黄河决溢灌城的事例贯穿始终，前期主要发生在河南。洪武元年（1368），河决河阴，不得不

---

① 《明太祖实录》卷一六五，洪武十七年九月己未。
② （明）李梦阳：《空同集》卷二四《时事》，文渊阁四库全书第 1262 册，第 192 页。
③ （明）李梦阳：《空同集》卷一〇《寄程生》，文渊阁四库全书第 1262 册，第 75 页。
④ （明）程诰：《霞城集》卷二一《汴上作》，四库全书存目丛书集部第 59 册，第 653 页。
⑤ （明）吴国伦：《甔甀洞藁》卷二五《至梁邸二日即有成皋之役吴鲍二方伯枉钱西城楼席上赋谢》，续修四库全书第 1350 册，第 311 页。
⑥ 李润田：《黄河对开封城市历史发展的影响》，《历史地理》第 6 辑，上海人民出版社，1988 年，第 53 页。
⑦ 《同治中牟县志》卷一〇《艺文中》，张孟男《陈公劝借输粟碑记》，同治九年刻本，第 19 页。
⑧ 《乾隆杞县志》卷七《田赋志·地亩》，成文出版社影印本，第 476 页。
⑨ （明）王瑛：《王侍御集》全一卷，《渡黄河》，四库全书存目丛书集部第 99 册，第 270 页。
⑩ 《嘉靖仪封县志·田赋·都御史刘大谟与抚按讲除仪封重差书》，天一阁藏明代方志选刊续编本，第 82 页。
⑪ 张卤：万历《仪封县志》卷上一三，《黄河》，1984 年点校本，第 447 页。
⑫ 《嘉靖尉氏县志》卷一《风土类·水利》，天一阁藏明代方志选刊本，第 23 页。
⑬ 《康熙鄢署杂抄》卷三《汴中诗》，康熙五十八年纶锻堂刻本，第 18 页。
⑭ （清）陆应谷：《抱真书屋诗抄》卷七《塞黄河》，续修四库全书第 1532 册，第 177 页。
⑮ （清）陈用光：《太乙舟文集》卷一《论营田水利折子》，续修四库全书第 1493 册，第 271 页。
⑯ 《同治中牟县志》卷一〇《艺文中》，杨节《乔公德政碑记》，同治九年刻本，第 16 页。

把县治从广武山北迁到广武山南（今荥阳市东北广武镇）。① 洪武二十二年（1389），河没仪封，徙其治于白楼村。洪武二十四年（1391）河决改道，经过项城，时至洪武三十一年（1398），黄河南徙，旧城圮于水，民庐冲没殆尽，知县彭冲恭徙建城东。成化十四年（1478），巡抚河南都御使李衍为抵制河患，行疏浚之法，但也没有阻止。第二年正月河决荥泽，可见其法效果不大，以至河患再次到来之时，不得不把县治从广武山北迁到广武山南（今郑州市北郊古荥镇）以避水。② 就黄河决溢所淹的城镇中，受灾最重的应是开封城。

开封自宋金以后，黄河南徙至附近，城外自此"皆为浸淫沮洳之场"③。到明代，开封城境内黄河已经形成"地上悬河"，明人吕原就开封所处的地理位置及地势有深刻认识，"筑堤护城，其来盖已久矣。夫土疏固易迁徙，而流杂泥沙，又易淤淀。以其故水载高地，堤日增，而城以下也。"④ 这样，久而久之，开封城区周边因大量泥沙沉积而日高，城市本身就宛若一个"盆地"，一旦遇到大的洪涝灾害，城市内部就难以逃脱淹浸的噩运。有明一代，黄河决溢直接冲击开封城达10余次，以天顺五年、崇祯十五年最为严重。

天顺五年七月，河水暴至开封，"土城既决，砖城随崩，公私庐舍尽没。男妇溺死不可胜计，数十年官民资畜漂失无遗。"更为严重的是使"七郡财力所筑之堤俱委为无用之地矣"。⑤ 截止到天顺六年十二月，黄河对开封城及所辖州县的危害丝毫未减，以致内阁大臣感慨道，"河南乃中原重地，近年以来水患相仍，军民饥窘，黄河泛涨，冲开城堤，至今水患未息。"⑥《康熙开封府志》对此次决溢记述更详细，天顺五年七月，河水暴至，土城被冲决，六日后，"风急浪拥，突北门以入，平地水深丈余，王府及官卫、儒黉、庐井、市廛无虑数万区，尽浸没摧圮，力能结筏者仅以身免，而老弱者往往溺死"⑦。开封遭到覆城之灾。

崇祯十五年，李自成农民军与明军激战于开封，九月，双方都决河淹城，使开封城遭受灭顶之灾。据参与守城的李光壂描述，九月十六日，"南门先坏，北门冲开，至夜曹门、东门相继沦没，一夜水声如数万钟齐鸣"，十七日黎明，"满城俱成河洪，止存钟鼓两楼及各王府屋脊、相国寺寺顶，周府紫金城惟壁"⑧。同时参与守城的白愚也说："及至夜半，水深数丈，浮尸如鱼。……举目汪洋，抬头触浪。其仅存者，钟鼓二楼、周府紫禁城、郡王假山、延庆观，大城止存半耳，至宫殿、衙门、民舍、高楼略露屋脊。"⑨ 此次河决给开封城带来的破坏是空前的，以致清朝建立数十年后，开封城仍然破败不堪。清顺治十二年（1655），开封人王沄回到桑梓，目睹的仍是河决带来的"城郭都非"的境况："黄沙白草残照颓城，徘徊久之，凄然魂断。"⑩ 康熙、雍正年间，诗人查慎行在开封看到的仍是"旧日楼台埋井底"⑪的情景。

明后期河决主要发生在南直隶的徐州、淮安府境内，徐州、淮安所属州县城池多遭淹没，尤以徐州城受灾最重。嘉靖五年（1526）六月，河决仪封（今河南兰考东北）黄陵冈，东北流至沛县庙道口，横截运河，注入鸡鸣台口，入昭阳湖，南流的汶水、泗水被迫东流，而河水出沛县南飞云桥之后，漫溢而

---

① 《康熙河阴县志》卷一《灾异》，乾隆十三年刻本。
② 《明史》八三《河渠一》，第2020～2021页。
③ （清）顾祖禹：《读史方舆纪要》卷一二六《川渎三》，中华书局，2005年，第5408页。
④ （明）李濂：《汴京遗迹志》卷一五《艺文二》，吕原《扬州门新造石闸记》，中华书局，1999年，第283页。
⑤ 《明英宗实录》卷三四九，天顺七年二月庚辰。
⑥ 《明英宗实录》卷三四七，天顺六年十二月戊辰。
⑦ 《康熙开封府志》卷六《河防》，康熙三十四年刻本。
⑧ （明）李光壂：《守汴日志》卷二六，《说铃》本，第40页。
⑨ 刘益安：《汴围湿襟录校注》，中州书画社，1982年，第57页。
⑩ （清）王沄：《漫游纪略》卷二，光绪年间上海申报馆仿袖珍版印《申报丛刊》本，第1页。
⑪ （清）查慎行：《敬业堂诗集》卷二〇《汴梁杂诗八首》，文渊阁四库全书第1326册，第269页。

北，淤数十里，丰县淹没水中，不得已徙县治以避洪水。① 天启二年（1622）七月，河决徐州东南五十里吕梁洪附近小店村，"河决围绕睢城，庐舍漂没，徙治避之"②。崇祯二年（1629），黄河多处决口，睢宁城再次被毁坏淤垫。③

徐州城在明代后期是遭受黄河决溢影响最为严重的城市。南宋建炎二年（1128），杜充决河以御金兵，黄河"自泗入淮"，主流由西北向东南流经徐州城下。由于河水携带大量泥沙下泄，使河床不断抬高，堤坝亦随之不断加高，徐州境内的黄河形势类似与开封境内的黄河，也是悬在城池之上的"悬河"，水环州城，四郊淤垫，城中已成釜底，河水与城区的落差已成建瓴之势。明初洪武年间建徐州新城，以石为基，以砖垒砌，净高3丈3尺，底宽亦3丈3尺，顶宽1丈1尺，开城门四，建角楼三，周围掘护城河深宽均3丈有余，一时间，壮丽辉煌，俨然金汤。④ 然而，明代后期，黄河在徐州上下决溢频繁，古城遭受水患剧烈，以隆庆五年（1571）、万历十八年（1590）和天启四年（1624）为重，使徐州城遭受了3次致命的破坏。隆庆五年秋，河溢冲毁徐州城西门，溺死人口许多；万历十八年，黄河泛滥，大水冲进徐州城中，房屋被毁，积水经年不消。隆庆五年、万历十八年这两次"河大溢徐州"，"溺死人民甚多"。⑤ 大水多年不退，甚至有迁城之议，足见水患危害之烈。公元1624年，黄河第3次灌城，也是最严重的一次，这次是造成徐州城叠城的直接原因。时年，河水暴涨，自奎山决口，洪水奔腾狂泻从奎河水门处涌入徐州城中，挤垮东南城墙，已成釜底的徐州城瞬间水深丈余。据顺治本《徐州志》记载："天启四年六月二日，奎山决堤，是夜由东南水门陷城，顷刻丈余，官廨民舍尽没漂，百姓溺死无算，六、七年城中皆水，渐次沙淤。"这次大水将徐州城全部吞没，3年不退，泥沙将徐州城彻底掩埋，直到崇祯元年（1628）才算平息。徐州城遭遇数次河水漫灌，建于明洪武年间的徐州城全部被黄沙掩埋。"徐民苦淹溺"，"遂迁州治于云龙山东"。⑥ 遵照古城旧制重建新城，按照原洪武城的规模与布局，各官署衙门均在旧址上重建，遂使徐州城有了城叠城的条件。

此外，明代的定陶（今山东定陶县西北）、濮州（今河南范县西南）、洧川（今河南尉氏县西南）、仪封（今河南兰考东）、荥泽（今河南郑州市古荥北）、商丘（今县南）等，都曾因黄河泛滥，城为洪水所坏，大部分被迫移治。⑦ 至于受到一般破坏的城市更是不胜枚举。总之，有明一代，地处黄河下游两岸的城镇由于地上河不断升高、堤防不断加高，河决灌城实属常事，"年来堤上加堤，水高凌空，不啻过颡。滨河城郭，决河可灌"⑧，处于地势较低的黄淮平原上大小城市几乎都遭遇黄河决溢的危害，破坏了这一区域城市经济的发展，正由于此，黄河下游地区的城市发展落后于江南一带的城市。

四 小 结

有明一代黄河决溢形成了两个鲜明的特点。明代前期黄河决溢主要发生在河南，山东、南直隶相对零星受灾。河南大面积遭遇水淹，开封府各地区受灾最重。明代后期黄河决溢频次由河南占绝对比重转向山东、南直隶与河南基本均等。且河南省内的决溢特点也发生变化，归德府各地区代替开封府各地区成为主要重灾区。这说明黄河易决地段逐渐由西向东转移，南直隶、山东有取代河南成为重灾区的趋势。

---

① 《明史》卷八三《河渠一》，第2029页。
② 《行水金鉴》卷四四《河水》，文渊阁四库全书史部第580册。
③ 《明史》卷八四《河渠三》，第2071页。
④ 张成珠：《徐州城叠城之谜》，《徐州史志》1986年第1期，第44~47页。
⑤ 赵明奇：《徐州自然灾害史》，气象出版社，1994年，第157~158页、第168页。
⑥ 《明史》卷八四《河渠二》。
⑦ 《明史》卷四一《地理二》，第946页；卷四二，第981页、第984页。
⑧ 《明史》卷八四《河渠二》，第2054页。

纵观整个明代，黄河决溢易发地段是由西北向东南转移的走向。明代前后两个时期的重灾区虽有明显变化，但都在黄淮平原及其附近位置。因此可以说，有明一代黄河决溢对黄淮平原都有深远影响。河患严重阻碍黄淮平原城市的发展和损坏该地区的农业经济，但又间接促进了制盐业、棉纺业、小麦等作物的发展。

黄淮平原的居民在积极改良盐碱地的过程中，却意外开始烧制盐碱。据史载，开封城北门大街附近灵官庙的东南全是盐池。大街往南，紧邻周王府萧墙一带居民，亦"多业熬盐"，西华门附近"尽是盐池"，甚至修建了盐神庙，祭祀晋代葛洪。[1]明人李梦阳也留意到了这一现象，诗云"宋家宫殿尽瓦砾，陂湖烧盐焰婀娜。忽忆东京全盛时，月行对此谁能那"[2]。清代仍然"烧制盐碱硝等"[3]，盐池主要集中在龙亭西北坡一带，"居民多以做盐为业"[4]。李长傅先生也指出，开封城内之盐碱产于城内四周的盐碱地，尤其以西北部盐碱地面积最广，西南隅、东南隅次之，面积达到全城面积的15%，城内约有800盐户，年产盐6万石，除满足开封城消费外，还外销许州等地，甚至销售到直隶（今河北）、山西、江苏等地[5]。

黄淮平原居民为适应黄河决溢及土地沙化还广种小麦。金代时，就有人指出"河南之田最宜麦"[6]。至明代，小麦占据河南粮食作物的一半[7]。惠富平先生认为河南广植小麦的原因是，夏秋两季多雨，黄河水患容易发生，而一旦决溢，秋作往往荡然无存，颗粒无收，出现粮荒，影响国计民生。但冬小麦的播种期一般在9月下旬至10月上旬，收获期在次年6月上中旬，种植冬麦基本上可以避开黄河水患，这样可以利用晚秋、早春的生长时节，保证收获。同时，种植麦类，还可弥补秋作欠收或水患损毁，确保粮食生产[8]。明人李梦阳在开封城夷门附近见到了长势较好的冬小麦："小麦青青水半陂，半落不落杨柳枝。回风忽送天南雁，恰似春江二月时。"[9]另外棉花、甘薯、杂草等作物花草都相继在黄淮平原栽种。明代河南已是产棉区，如兰阳，"兰邑之阳地平沙，比岁多种木棉花"[10]。

可见，黄河决溢对黄淮平原的影响并非全部消极，从不同角度来讲也有积极的一面，劳动人民的智慧起着重要作用。这给我们后来人深刻启示：在河患面前，我们不仅仅只看到灾害的破坏，还要看到灾害的利用。再把这种理念用到防河患、治河灾中，一定更有效果。

基金项目：2010年国家社会科学基金资助项目《古代黄河中下游地区生态环境变迁与城镇兴衰研究》（10CZS039）。

[作者单位：河南省社会科学院历史与考古所]

---

[1] 孔宪易校注：《如梦录·街市纪》，中州古籍出版社，1984年，第44页、第57页、第70页。
[2] （明）李梦阳：《空同集》卷一九《夜行歌》，文渊阁四库全书第1262册，第137页。
[3] 李长傅：《开封历史地理》，商务印书馆，1958年，第39页。
[4] 孔宪易校注：《如梦录·街市纪》，中州古籍出版社，1984年，第70页。
[5] 李长傅：《开封历史地理》，商务印书馆，1958年，第44页。
[6] （元）脱脱：《金史》卷一〇七《列传第四十五·高汝砺》，中华书局，1975年，第2355页。
[7] （明）宋应星《天工开物》卷一《乃粒·麦》，商务印书馆，1933年，第5页。
[8] 惠富平：《汉代黄河流域麦作发展的环境因素与技术影响》，载王利华《中国历史上的环境与社会》，生活·读书·新知三联书店，2007年，第79页。
[9] （明）李梦阳：《空同集》卷三五《夷门十月歌》，文渊阁四库全书第1262册，第315页。
[10] 《嘉靖兰阳县志》卷二《田赋志·木棉歌》，天一阁藏明代方志选刊本，第17页。

延续与嬗变

——明末清初松江士人的游宴活动

谢 羽

松江士人的游宴活动盛于晚明，贯穿于整个明末清初。明代中后期，松江府作为全国的赋税重地，棉产业中心，良好的经济条件为社会生活的竞趋奢侈提供了必要的物质基础。天启七年（1627）陈继儒在松江畲山别宅做七十大寿，其子陈梦莲回忆当时贺客云集、歌乐宴饮的情形，称："远近介筹者，纨绮映带，竹肉韵生，此亦凤凰山未有事也"，① 寿筵的盛况不难想见。与此同时，松江府士人出现了修筑私家园林的高潮，至明末发展至顶点。许多名园如豫园、露香园、双园、渡鹤楼、五亩园等等，都是修于此时期。一时之间，名园竞起，大姓豪族竞相攀比炫耀，为园林之筑，不惜一掷千金，世家名园构成了松江地区重要的人文景观。从亭台楼榭到自然山水，松江地区得天独厚的自然环境，客观上也方便了士人间的过从往来，他们以习文和议政为目的，结社之风盛行。游宴更是成为了他们重要的生活内容。本文所指的游宴不单是指宴会，而是包括宴会、雅集、游览、小聚等士人生活的立体多维，较宴会的概念大。它包括宴会以及与宴会相关或相类的文化活动、交际礼仪乃至世俗生活。在这一时期，士人都自觉地将游宴活动作为构建自身社会网络的需要，在频繁的宴集中，士人通过诗文唱和，寻找着自我身份的认同与价值定位。晚明士人的群体意识十分强烈，入清之后，松江社局依然延续，但是士人已不再采取过于组织化的形式，其精神内核发生了变化。晚明由于国家对社会的控制力日趋下降，但士人的个人生活空间却相对膨胀。这种极具晚明特点的慕奢华、悠游征歌的生活方式即使是在鼎革之际，都没有被阻断。朝代更迭，变繁华为枯槁的士人，毕竟是少数，悠游征歌的生活方式得以延续，并使新朝和旧朝呈现出特殊的文化联系。

一 松江士人的群体意识

明末清初的松江士人面对科举道路拥塞的实际，在游宴中找到了广阔的空间。在游宴中他们进行了大量的诗歌酬送，既是为了交际的需要，客观上也造成了一种竞争的氛围，使得与会的士人在诗词立意、结构、技法、表达等方面斗智。文章诗作一直被看作士人声名远播的主要凭借，因此士人一生对诗文孜孜以求。另一方面，晚明士人讲学、结社、拜访同道，奔走于天下，入清之后，由于官方的禁止与诱导，士人的活动又重新回复到了分散的个体化状态。

---

① （明）陈梦莲：《眉公府君年谱》，《陈眉公先生全集》卷首，崇祯刻本。

（一）士人对声名的追求

晚明士人其诗文内容脱离了传统的文以载道的主体，其文体风格也一转严肃庄重，而倾向于轻灵飘逸，任情而为。尤其是对于那些在政治上无所建树的士人，文章诗作一直被看作士人声名远播的主要凭借，因此士人一生对诗文孜孜以求。

在松江士人的文集中，宴饮酬送之篇颇多。很多都有"送""同""答""题""集""赠""招""邀""喜……至"等字样，其多数作品都因与他人的参与有关。宴饮酬送是士人阶层的重要生活内容，更是官员之间不可或缺的社会交际手段，可以说在明末清初凡有文集者莫不写及此一题材的，游宴引发了文学创作的繁盛。

首先，游宴中作诗，无论是同题共作还是互相酬唱，都会导致诗歌的批量生产，极大地促进了诗歌的繁荣，而且这种场合下的创作也有促使诗歌类型化的意义。

士人游宴与诗文创作的关系十分密切，彭宾在《彭燕又先生文集》卷二《二宋倡和春词序》为我们提供了重要的信息。序云：

> 忆二十五年前，大樽方弱冠。自叹章句之学，束于世资，蹉跎十年，不得恣意作诗。间于余私分一韵，依仿古则，挥写情性。余尔时食贫授徒，既乏敏质，又鲜专功，遂使风雅之道凌轹前后者，以让吾友，至今恨之。大樽憎予之懒，喜舒章之勤。若子建、尚木，年齿虽不大远，而同人之工于倚声者，宋氏最先，则推为前辈矣。既复得辕文，大樽见其拟古诸篇，踊跃狂叫，自此劈笺开袠，赠答流连，赋咏之余，尽醉永夜。然大樽每与舒章作词最盛。①

由此可见，晚明时期几社诸子的游宴多半与诗文创作相联系。陈子龙与李雯相唱和诗见于《陈李倡和集》者有②：

李：《归家园诗》；陈：《诵舒章归家园诗遥和》。
陈：《伟男许予相送朴广陵作诗以坚之》；李：《赠伟男送卧子至广陵诗》。
陈、李：《蔷薇篇》。
陈、李：《收登行》。
李：《大树行赠张子美》；陈：《大树行同舒章赠子美》。
李：《仿佛行并序》；陈：《仿佛行》。
陈：《欲偕舒章游金陵不果各赋诗十首》；李：《欲游金陵不果十首》。
李：《送卧子计偕北上》；陈：《留别舒章并酬见赠之作二首》。

其次，用韵之篇很多。诗会上的应酬唱和充分实现了诗可以群所要求的如切如磋、如琢如磨的精神，这些应酬唱和诗通常是采用分题限韵或联句的方式。在王顼龄的文集中关于宴饮的诗作和韵、次韵、限韵之作品数量颇多。王顼龄的用韵主要有两种情况：一是用他人韵，王顼龄集中用他人韵的作品俯拾皆是。如在《七夕招同人小饮和薛淀韵》③中他就用了王九龄诗的韵：

其一
夜静前门漏未阑，星筵此夕异乡看。

---
① （清）彭宾：《彭燕又先生文集》，《四库存目丛书》本，集部197册，齐鲁书社，1997年版。
② 李越深：《云间词派研究》，第二章，浙江大学2004年博士学位论文。
③ （清）王顼龄：《世恩堂集》卷八，《四库存目丛书补编》本，第5册，影清康熙间刻本。

一年时序惊心换，半世宾朋笑口难。
零匹多情乌鹊乱，绛河初卷璧天寒。
谁能更乞蛛丝巧，且向樽前共饮欢。
其二
鹊桥初驾浪无忧，缥缈咸楼玉露流。
皓魄一帘青桂影，明河千里白榆秋。
劳薪拙宦添华发，久客思亲动旅愁。
自信来年鲈鲥稳，五湖三泖一渔舟。

在《元夕后一日招薛淀俨斋两弟小饮薛淀贻诗一首依韵答之》①中他同样是依韵作诗：

才过元夕气融融，弟劝兄酬此夜中。
莫羡朱衣当眼赤，且贪绿酒伴灯红。
尧阶旧侍传柑宴，壬戌癸亥上元赐宴乾清宫燕市今逢辟柳风。连日大风
犹喜蟾光清不改，三人健在帝京同。

接下来他又在用前韵作《叠前韵再酬薛淀二弟》②：

元夕燕山冻渐融，九衢歌管月光中。
难教华发从新黑，爱对青灯依旧红。
我梦不离峰泖树，人情总付马牛风。
随时且博千场醉，虎观看他析异同。

用韵的第二种情况是限韵作诗，他在《十月十二日张劬斋少司寇招同汪涵斋少司农、曹蓼怀少司马、周蓉湖少司空、张毅文太史寓斋看菊限欢字》中作诗限韵"欢"字：

秋卿斋里药阑宥，黄菊经冬尚未残。
灯影照来妆淡淡，寒香拂处骨姗姗。
鸭炉茗椀陈乌几，鸡膹鱼鲭满玉盘。
乐事长安今渐少，不辞泥饮尽君欢。

上述的这些诗歌创作往往对题材、风格、用字作出规定，在共韵的情形下，最易见出才华技巧之高下，客观造成了一种竞争的氛围，使得与会的士人在立意、结构、技法、表达等方面斗智。众所周知，中国古典诗歌是"戴着脚镣跳舞"的艺术，声韵正是这"脚镣"中的关键一环。在游宴友朋酬答中，用对方成韵是对其人其作的尊重，亦最易引起对方的情感共振。从客观效果来看，"用韵"天然带有着督促创作者发掘语言最大潜力的功用，它在束缚思维的同时也砥砺了思维，在限制创作水准的同时也提高了创作技巧。

---

① （清）王顼龄：《世恩堂集》卷一一，《四库存目丛书补编》本，第5册，影清康熙间刻本。
② （清）王顼龄：《世恩堂集》卷一一，《四库存目丛书补编》本，第5册，影清康熙间刻本。

在游宴活动中与会士人的唱和酬答还促进了松江地区文学流派的形成。松江府在明代中期以后，就出现了很多能文之士，"弘治间，布衣多博学能诗，在（松江）郡人则有东野陈案、味苓顾曦、一槎陈汉、墨潭黄嘉言，在朱泾则有龙渊戚韶，一桂张冕，在唐行则有缓斋金藻、雪岕吴爰、西楼高企、云林金处和、守复张元凯、寅谷陆孝思、云崖钱岳，在张堰则有笑隐陈奎、朴庵邵云。一时缙绅先生相与唱和，郡大夫宜春刘侯辈，亦重以礼貌，不与齐民伍"①。而另一方面，能文成了士人在社会上获取更高地位的一个主要标准。正如夏允彝在《岳起堂稿序》中所谓："唐、宋之时，文章之贵贱操之在上，其权在贤公卿；其起也以多延奖，其合也或赍文以献，挟笔舌权而随其后……至国朝而操之在下，其权在能自立；其起也以同声相引重，其成也以悬书示人莫之能非。……"②诗文也就成为士人社会交往的重要媒介，对于文学成就孜孜以求的追求成了很多士人的目标。松江地区在晚明文坛非常有影响力即有"云间三子"与"云间词派"。

（二）由组织化转向个体化

朋党一词本来一向带有贬义，所谓君子群而不党，是士大夫应有的一种操守，但是明末对朋党有了不同于前人的看法，江南士人并不讳言党。吴伟业在《与子曝书疏》中，说："先是吴下有陆文声、张汉儒之士，吾以复社党魁，又代为营救，世所指目。"③吴应箕说："小人指君子为朋党，君子亦自以为党而不辞。"他认为小人标榜自己无党，是以"无党而扫除有党之人，则正人必先蒙其害"④，侯方域少年时作过《朋党论》说："无朋则无党。"⑤松江的几社就是在这个时期应运而生，并且迅速发展。在几社之前，松江就曾经有张鼎、李凌云、莫天洪等人创办的昙花五子会，后来又有莫天洪的儿子和杜麟趾等人创办的小昙花之约，不久才有杜麟趾和夏允彝的几社之约。最初杜、夏两人办社的目的，是为了钻研八股，揣摩举业，扩大名声。杜登春在《社事始末》中说："先君子与弃仲谋曰：我两人老困公车，不得一二时髦新采，共为熏陶，恐举业无动人处。遂敦请文会，情谊感孚，亲若兄弟。"⑥他们发起文会，希望能通过社团集合一批志同道合、亲如兄弟的朋友，走向科举仕途。

几社刚成立的时候，有"几社六子"的称号，他们是夏允彝、陈子龙、徐孚远、杜麟趾、彭宾和周立勋。杜麟趾，字仁趾，少有英誉，与太仓张溥齐名，崇祯四年（1631）进士。周立勋，字勒卤，华亭县学生。以高才负盛名，死时年仅43。徐孚远，字简公，崇祯十五年（1642）举于乡。彭宾，字燕又，崇祯三年（1630）举人，后来入清朝为官。夏允彝，字彝仲，号缓公，松江华亭人，弱冠举于乡，好古博学。他与王元玄、徐孚远、周立勋、陈子龙，都以古学相厉，后人称之"五先生"。几社一个最重要的特点，在于它取友甚严，社中子弟都是"几社六子"的昆弟姻娅及门人子弟。至于其他的几社成员，根据陆世仪的《复社纪略》，还有朱灏、徐德广（思旷）、周希文、周室勋、陶履称、徐凤采、夏鼎、张寿孙、余廷愕、顾开雍、盛庆远、徐炜、徐致远、周季勋、吴忻、盛仲辉、潘桓、马元调、朱存标、朱在镐、潘钊奇、王元玄、宋存楠（尚木）、赵侗如、李雯等人。⑦这些人在一起互相唱和，形成了松江几社的鼎盛时期，对于松江的学风和文风都有一定的影响。

崇祯三年，"几社六子"中的陈子龙、彭宾同时中举，几社社稿出版，立即赢得市场和士人关注。"启、祯之际，社稿盛行，主持文社者，江右则有艾东乡南英、罗文正万藻、金正希声、陈大士际泰；

---

① 《松江府志》卷八二《拾遗志》，嘉庆二十二年修。
② （明）陈子龙：《陈忠裕公全集》卷首，清嘉庆七年授经堂刻本。
③ （清）吴伟业：《吴梅村全集》卷五七《与子曝书疏》，上海古籍出版社，1990年。
④ （明）吴应箕：《楼山堂集》卷九《策·别邪正》，《丛书集成初编》本。
⑤ （清）侯方域：《壮悔堂文集》卷七《论·朋党论上》，清顺治刻增修本。
⑥ （清）杜登春：《社事始末》载《东林始末》，《丛书集成初编》本，第764册，第3页。
⑦ （明）陆世仪：《复社纪略》，北京古籍出版社，2002年，第184页。

娄东则有张西铭溥、张受先采、吴梅村伟业、黄陶庵淳耀；金沙则有周介生钟、周简臣铨；溧阳则有陈百史名夏；吾松则有陈卧子子龙、夏彝仲允彝、彭燕又宾、徐暗公孚远、周勒卣立勋，皆望隆海内，名冠词坛。公卿大夫为之折节缔交，后生一经品题，便作佳士，一时文章，大都骋才华，矜识见，议论以新辟为奇，文词以曲丽为美，当好尚之始，原本经传，发前人之所未发耳。"① 到了崇祯十二年（1639），周钟进士及第，选政则移交给徐孚远。此后，徐孚远主持几、复两社及江南选政10余年。

清初江南结社之风仍颇盛："明社既屋，士之憔悴失职，高蹈而能文者，相率结为诗社，以抒写其旧国旧君之感。大江以南，无地无之。"② 这是对晚明传统的继承，反映出士人的家国意识与群体意识。因而在入清之后，松江几社仍然继续发展，甲申之变后，陆庆绍创寅社，其约云：

> 会之人不以数拘，无甚败意者入社弗禁，单不得邀贵人随僮仆，犯者罚。会之期，旬日一举，辰集酉散，不卜其夜，风雨不阻，失期者罚。会之地，春秋在圆津庵，夏日在明远禅寺，冬则在会者之室，遇良辰美景，唯便之从，违者罚。会之具，素一腥一，或加羹汤一，过此者罚。日长加小点以，夜用酒无过量，乱者罚。会之事，时艺一，诗一，间日策论律赋各一，谈经谭史外，不谈仕宦及阿堵、闺门，犯者罚。会之礼，不迎不送。一时同社三十余人，陆祖修□季、王会图诸公皆与焉。③

可见寅社，仍然保留了几社中以同门子弟入社的传统，具有较强的组织性。至顺治四年（1647）几社的几个重要的人物陈子龙、夏完淳相继捐躯赴难，李雯病死。但是宋徵舆中了清朝的进士，走上了仕途，在他昔日好友去世之后，已成为几社社局的实际领导者。周茂源、周纶、周稚廉祖孙三代，钱芳标、董俞、董含兄弟，田茂遇、张渊懿等人仍然继续了几社的活动。但其影响较之于晚明，确实小多了。到了顺治九年（1652），由礼部题奏，立条约八款，颁刻学宫，更立新卧碑，内第八款云："一生员不许纠党多人，立盟结社，把持官府，武断乡曲，所作文字，不许妄行刊刻。违者听提调官治罪。"④ 到了顺治十四年（1657），爆发了乡试科场舞弊案，不少江浙士子受到牵连，他们当中的许多人参与结社，自然波及江浙社事。在顺治十七年（1660），清廷颁布了严禁结社订盟的政令，结社活动从此告一段落。

入清之后，时文选本仍继续刊行，几社社稿的选政由王沄、钱子武、张宫等人主持。然而，随着统治的基本稳定，清政府开始由整顿时文入手整顿学风、文风。与此同时，政府将中式士人应试文章的刊刻纳入国家行为的范畴：乡、会试录，旧例发榜后，将中式姓名依次开列，下注某府州县学生，或增广，或学生，或贡监生及习某经。前开监临、提调等各职衔；次列主考及同考、弥封、对读以至巡绰、供给等职衔，次列三场四书、五经、诏诰、论表、策问题目；次列前五名一、二、三场文字。汇刻印订成本，两主考为前序，监临为后序，进呈后分给中式之家，甚盛典也。至此，明末时文选本遍天下的局面被彻底扭转。此后，虽仍有人批选时文，但基本上属个人活动，且多出于生计考虑。

另一方面，面对明朝灭亡的事实，松江地区的士人进行了反思。夏允彝父子认为党争各方均应为明朝的灭亡负责，而复社一方更是不能原谅。到了康熙年间以后，士人的结社已经不复具有前代的组织性，这一变化从士人的游宴中也有所反映。陈子龙、李雯等人的宴集中颇多都有与同社、与同志等称谓，但是在王顼龄的宴集中我们却看不到这样的称呼。称谓的变化表示清初士人的宴集已经不能再采用晚明社团组织化的形式，而不得不重视其活动的仪式性。现实中的宴集是在特定的时间和场所中举行的，那些

---

① （清）叶梦珠：《阅世编》卷八《文章》，上海古籍出版社，1981年。
② （清）杨凤苞：《秋室集》卷一《书南山草堂遗集》，《续修四库全书》本，集部1476册。
③ 《珠里小志》卷一七《杂记》，《中国地方志集成乡镇志专辑》本，影嘉庆二十年刻本。
④ 佚名：《松下杂钞》卷二。

无法参加宴集的人，通过种种方式，如事后的题咏诗文，题画，使缺席者也有了参与宴集所欲赋予的意义，即成为这个群体中的一员。

如王顼龄在《仲夏廿五日李公凯袁杜少庞雪崖龙雷岸招饮，余因哭女日近未赴赋此代束》① 中：

诸公折简幸相邀，无奈伤心左女娇。
哀乐中年神易损，风光良宴福难消。
空王鱼粥斋筵净，是日为忘女诵经萧寺北海尊垒绿酒饶。
闻说巷东徐孝穆，也因养疾未鸣镳。华隐亦未至。

在朋友所召集的宴会中王顼龄由于女儿的去世而几次缺席，他解决缺席问题的方法，就是通过代束的方式来完成大家的宴集。

他还在《闰四月望后一日潘雪石学士招饮病未克赴赋以代束》② 中：

偃卧西窗药里亲，起看浓绿一庭匀。
每因多病疎良会，未得衔杯接故人。余因病不得与人之招凡有三矣
笑口难逢怜薄命，流光易转感芳辰。
何时再卜南皮饮，菖叶榴花取次新。

因为自己生病而无法参加朋友所召集的宴集，也通过代束的方式来完成。而另外一些因为空间相隔太远而不能与会的人员，王顼龄则通过题画的方式，例如在《题宋楚鸿听莺图小照》③《题许鹤沙先生小照》④ 中创造了一种虚拟的群集景像。王顼龄所生活的时代，士人已不再有以社团相号召相标榜的环境，但是在巩固社会结合、强化集团力量方面，仪式化的宴集也起着和组织化宴集同样的重要作用。

二 松江士人群体的延续性

在明清鼎革之际，松江士人私人层面上的交往有很大的延续性，不为鼎革所阻断，游宴活动仍拥有其稳定群体。士人的政治抉择虽然各异，但是也并不妨碍他们出现在同一游宴活动之中。通过游宴所建立的交际圈，对士人的经世实践有着重要的作用。

（一）士人的私人层面交际的延续性

松江士人在明清之际政治抉择各异，但是在私人层面上的游宴却并没有因此而阻断。李雯回到松江，面对他昔日的好友陈子龙仍然在一起饮酒，陈子龙当时为了表示与清政府不合作的态度，已经改为了僧装。李雯面对昔日的好友，心情很复杂，但是陈子龙一直宽慰他，认为他虽然仕清，但仕清最重要的目的在于尽孝，是可以理解的。李雯在顺治三年（1646）所作《东门行寄陈氏》⑤ 一诗中愧疚

---

① （清）王顼龄：《世恩堂集》卷一二，《四库存目丛书补编》本，第 5 册，影清康熙间刻本。
② （清）王顼龄：《世恩堂集》卷二二，《四库存目丛书补编》本，第 5 册，影清康熙间刻本。
③ （清）王顼龄：《世恩堂集》卷一〇，《四库存目丛书补编》本，第 5 册，影清康熙间刻本。
④ （清）王顼龄：《世恩堂集》卷一〇，《四库存目丛书补编》本，第 5 册，影清康熙间刻本。
⑤ （明）李雯：《蓼斋后集》卷一，《四库禁毁书丛刊》本，集部第 111 册，影清顺治十四年石维昆刻本。

之情表现得十分明显：

> 出东门，草萋萋，行入门，泪交颐。
> 在山玉与石，在水鹢与鸦。与君为兄弟，各各相分携。
> 南风何飂飂，君在高山头；北风何烈烈，余沉海水底。
> 高山流云自卷舒，海水扬泥不可履。乔松亦有枝，落叶亦有秦。
> 结交金石固，不知浮与沉。君奉鲐背老母，余悲父骨三年尘。
> 君顾黄口小儿，余羞三尺章子今成人。
> 闻君誓天，余愧无颜，愿复善保南山南！闻君恸哭，余声不读，愿复善保北山北！
> 悲哉复悲哉！不附青云生，死当同蒿莱。知君未忍相决绝，呼天叩地明所怀。

在此诗后还附书一封，有"三年契阔，千秋变常。失身以来，不敢复通故人书札者，知大义已绝于君子也"之语。

李雯仕清的一个理由就是为君父报仇，李雯的好友夏允彝有不同的看法：

> 烈皇身殉社稷，普天同愤，而东夷晏然，自谓得都城于寇，非得之于我也。传檄三齐，迅扫秦晋，既得河南，又取江左，一时迎降恐后者，以寇为先帝之仇，而东夷为我灭寇，非吾仇也。暖夫，寇之发难，以何时始？天下傲瞅，皆以加之故。然加赋始于何年？则以东夷发难也。①

虽然夏氏认为明朝亡国缘于满洲的观点较为片面，但是他对李雯也是很谅解的。夏允彝之子夏完淳在崇祯十七年甲申之变后，南北信息隔绝，道路传闻李雯降清，夏完淳不太确定，于是作《怀李舒章六首》，语重心长，以"丈夫明大节，敦信义岂渝！"相勉。

"云间三子"中的宋征舆则入仕清朝，他于顺治四年中进士，授刑部主事，出为福建布政使右参议兼按察司佥事，提督学政，官至都察院左副都御史。在甲申之变后，他就看到了南都局势已不可为。在《金陵行》中他写到：

> 长江湛湛流不断，金陵旧事如在眼。天下衣冠羡永嘉，麻鞋踏破台城醉。
> 台城寂寞已多年，渡马为龙岂偶然。衮衣复坐武英殿，六月升坛拜昊天。
> 黄纸新恩加海内，别有风云转天地。横玉争夸定策勋，貂蝉先赐南阳贵。
> 论功论罪日纷纷，黔人拍手皖人填。十七年来反手覆，遂有朝衣污市尘。
> 此时宫中且行乐，有酒如池胡不酌。侍女皆称张丽华，曲房尽是临春阁。
> 天子无愁人自愁，共向新亭做楚囚。玉树歌残花片落，景阳钟断月华秋。
> 江月江花常自足，黍禾离离人不哭。竹竿惟钓后湖鱼，长弓偏射钟山鹿。
> 闻道秦淮水自低，绿杨枯尽雨凄凄。只有城乌无处宿，夜深飞入旧宫啼。②

这首诗反映了甲申国变后南明小王朝在风雨飘摇局势中的腐朽与荒淫：公卿士大夫争权夺利，文恬武嬉；而皇帝又声色犬马、不思进取。宋征舆看到了南都局势如此，便主动积极地入仕。他曾在《报曹

---

① （明）夏允彝：《幸存录》下卷"东夷大略"，第52页。
② （明）宋征舆：《林屋堂稿》卷五，《四库存目丛书》本，集部第215册，影清康熙间九龠楼刻本。

鲁元》中说，时代的变化导致士人出处态度的改变，在隋唐之前的君王求士，出处的主动权在士人手里。而隋唐设立科举后，君王取士，士人已经丧失了主动权。因而他的出仕是合理的，丝毫没有违背节义。对于友人李雯的出仕，他也认为是很合理的。他在《寄李舒章乙酉十月作》：

> 甲申之春天柱折，不周山崩地维绝。
> 君父之仇兼有之，捌哭燕山泪凝血。
> 辽阳义师缟素来，逆徒崩灭如飞灰。
> 西山改葬天子礼，思陵板筑遗民哀。
> 收我父骨与我食，贤者所居何定哉。①

在这首诗里他把清兵称为"辽阳义师"，是正义的代表，又替李雯报了君父之仇，而把农民军称为"逆徒"，反映了当时相当一部分的士子文人的心态。对于宋征舆的积极入仕，夏完淳并不欣赏，他在《昆陵遇辕文》中诗云：

> 宋生裘马客，慷慨古人心。有感留天地，为君问古今。
> 风尘非昔友，湖海变知音。洒尽穷途泪，关河雨雪深。②

夏完淳对于宋征舆仍是以礼相待，但诗中决绝之意甚明，所谓"风尘非昔友"也。对于南明王朝的腐败，夏完淳也是深知的，他写道：

> 而乃东昏侯之失德，苍梧王之不君，玉儿宠金莲之步，丽华长玉树之淫。柏梁建章，则读西京之赵鬼；临春结绮，则号学士之孔嫔。吴歈越艳，鲁酒梁搏。先见乎玉杯象箸，后微夫酒池肉林。问蛙鸣于为官为私，御龙衮于若亡若存。视江都未武，拟长城而不文冠盖之银青俱满，朝堂之铜臭相因。但知安石之赌墅，何止元规之避尘！③

对弘光小王朝的腐化享乐，予以无情的抨击。但是夏完淳还是毅然投身于抗清队伍，置生死于度外。在鼎革之际，陈子龙遇难后，弟子王沄等人安葬了他，并照顾其家眷。嘉定之役，侯峒曾和两个儿子玄演、玄洁殉难，然而清政府还不放过侯家，夏完淳作了《与李舒章求宽侯氏书》，请求已在清廷为官的李雯为侯家谋缓解，同样是情真意切。

周茂源在明朝作为几社成员之一，对于朋友十分真诚，并不因为政治选择的不同而改变，他在夏允彝父子死后，对其家人多加照应。在李雯去世之后，他在《送李舒章葬》诗云：

> 李生天下士，埋照最堪怜。不见枚乘笔，空怜庾信才。
> 青山从此没，白马几人来。欲别松楸路，斜阳首重回。④

他对李雯的才华十分赞赏的，将之比作枚乘，又将之比作同为江南人后又滞留北方的庾信。早在李

---

① （明）宋征舆：《林屋堂稿》卷五，《四库存目丛书》本，集部第215册，影清康熙间九龠楼刻本。
② （明）夏完淳著，白坚笺校：《夏完淳集笺校》卷五，上海古籍出版社，1991年。
③ （明）夏完淳著，白坚笺校：《夏完淳集笺校》卷一，上海古籍出版社，1991年。
④ （明）周茂源：《鹤静堂集》卷四，《四库存目丛书》本，集部第219册，影清康熙间刻本。

雯去世之前，李氏兄弟就先后过世，随着李氏家族的成员的凋零，已经难见往日的辉煌。而李雯家族原有的宅院也日益废弃，数年之后周茂源在《过李舒章舍人废园作》感慨道：

> 庾信风流在，书堂谷水阳。尚余云木秀，未碍酒人狂。
> 远浦延春望，空山间古香。悬知明月夜，仿佛驾青羊。①

而对于有复社四公子盛名的侯方域，入清之后侯参加了清朝的科举。周茂源同样表示了谅解，在《阅侯朝宗壮悔堂集诗以吊之》中他写道：

> 谁向中原建大名，侯君束发主齐盟。文成一代龙门史，身老先朝虎观生。
> 仓猝射书天下计，流连闻笛古人情。漫怜玉树埋黄土，一死无虞晚节倾。②

对于死去的朋友陈子龙，他在《同郡五君咏》其四《陈黄门卧子》中写道：

> 黄门好奇计，文采为国琛。骨鲠终见弃，离忧思难任。
> 精卫穷木石，冲波一何深。九京不可作，同怀愧华簪。③

陈子龙因为参加反清活动，被清军逮捕，投水殉国。"精卫穷木石，冲波一何深"两句堪为陈子龙写照。周茂源入清之后的行迹很大一部分仍然延续了明代所建立的交游圈。

到了康熙年间，随着清政府统治的稳固，入清以后成长起来的松江士人，已经树立了对清的忠的观念，对于仕清不复有矛盾和痛苦感。

叶映榴（1642—1688），字炳霞，号苍岩，松江府南汇县人。顺治十八年辛丑（1661）进士，于康熙二十七年（1688）五月任湖广粮储道、暂摄布政使时，遇武昌兵变，不屈自刎，赠工部侍郎。康熙帝第二次南巡回銮至苏州，召见其子叶燮，特谥"忠节"，并亲书"忠节"二字赐之，后又立祠武昌，书赐"丹心炳册"匾。

王顼龄则在《乌石山吊范忠贞公祠堂》④中凭吊了在三藩之难中为清尽忠的范承谟⑤：

> 蚁贼连雏沸海疆，先生报国节如霜。
> 三年嚙雪悲难死，先生被贼幽禁三载不屈见害 一剑衔鬓气独张。
> 片石荒凉秋草没，高祠嵚崟暮云长。
> 螭头亲记褒忠语，天语褒公忠节时予直记注 凭吊西风转断肠。

---

① （明）周茂源：《鹤静堂集》卷六，《四库存目丛书》本，集部第 219 册，影清康熙间刻本。
② （明）周茂源：《鹤静堂集》卷七，《四库存目丛书》本，集部第 219 册，影清康熙间刻本。
③ （明）周茂源：《鹤静堂集》卷一，《四库存目丛书》本，集部第 219 册，影清康熙间刻本。
④ （清）王顼龄：《世恩堂集》卷八，《四库存目丛书补编》本，第 5 册，影清康熙间刻本。
⑤ 范承谟为范文程之子，耿精忠叛乱后被囚禁于福建近两年之久，在被囚期间一直以忠义自许。1676 年 10 月，耿精忠将范承谟及其随从人员杀害。范承谟的殉难在三藩之乱形势尚未明朗之际，对公众舆论产生了极大的影响。著名戏剧家李渔在悼词中强调范承谟为拯救清室而进行道义上的反抗的重要性。范氏家族是辽阳大族，其父范文程在帮助多尔衮"承天运"的过程中扮演了一个重要角色，范承谟的态度决定了其他汉族旗人的反应。李渔强调，如果他加入了耿精忠的叛乱，许多关东大族也会反叛。因此，李渔认为在他的灵柩之下应放置两个而不是一个人的牌位，一个是范承谟本人，另一个是宋朝的伟大爱国英雄文天祥。魏斐德：《洪业：清朝开国史》，江苏人民出版社，1995 年，第 833～834 页。

平定"三藩"之后，清朝统治地位稳固。康熙帝也以明朝继承者的身份出现，在历次南巡中，一再亲诣明太祖陵祭祀、拜谒，并手书"治隆唐宋"四大字，刻石树碑，以示对明太祖赞许仰慕之情，并安抚明末遗民。为发扬忠节精神，南巡时特别宣扬忠于清朝的南人事迹，接见他们的后代，以示优宠。因而在入清后成长起来的松江士人，已经没有故国故君的观念，在心理上树立了新的忠的观念，即对清的忠诚。如陆箕永，字二水，是明朝南京礼部尚书陆树声的玄孙。康熙四十年（1675）圣祖南巡，献《九峰赋》，召试行在，令随祭酒孙岳颁赴京，再试畅春苑，命书大小字以进，赐御书《孝经》暨衣服笔砚，给路费，敕归家读书应试，盖异数也。康熙四十四年（1705），复遇南巡，献《庐山赋》，奉旨赐监生，入直武英殿，食七品俸，在翰林院行走，纂修《佩文韵府》，赐第于旃檀寺。① 通过对康熙帝献诗而走上了仕途。

随着清政府对社会控制力的加强，士人在游宴活动中所涉及政治和地方事务的讨论有下降的趋势。晚明士人在游宴中政治问题一直是他们所关注的重点，李雯在《十六夜偕闿公尚木及诸同社集饮》中：

> 天下正纷纭，吾辈犹未遇。
> 萧条四五人，空蹀城隅路。
> 高馆延清阴，秋霞起苍树。
> 浩荡观英雄，蹇折见高度。
> 虽无一往欢，离思幸方聚。
> 斟酌风雅姿，渺论纵横务。②

在这次宴集中李雯及云间诸子对于"天下正纷纭，吾辈犹未遇"的现状感到非常不安，但是诸子仍有以天下为己任"斟酌风雅姿，渺论纵横务"。随着国事日非，农民军的势力日益壮大，李雯与诸子的宴集少了不少欢乐的气氛，如《人日与同社宴集》中：

> 佳期此日一登高，孤馆清深见我曹。
> 拥膝何时挥羽扇，披衣幸不隔绨袍。
> 十年莺语愁空度，三径兰风辱问劳。
> 传说黄巾复南下，聊将樽酒慰江涛。③

李雯将农民军比作"黄巾"，在明朝江山的风雨飘摇之中，李雯与诸子只能"聊将樽酒慰江涛"。

入清之后，王顼龄所作的众多的宴集诗文，其关于政治的讨论却极少，而大部分内容为赏花、观石、饮酒、佳肴。这种变化主要是由于清初社会控制力强化，士人对于政治不敢像明末那样大胆评议、加以议论。但另一方面，只要不威胁到清政府的统治利益，士人的生活空间还是比较宽松的，其游宴也就以休闲遣兴为主。

（二）交游圈的对士人经世实践的推动

在游宴中，士人建立起来一个相对稳定的交游圈。士人之间的关系强度也是和他们游宴的频率成正比的。这个交游圈的存在对于士人的经世实践有着重大的意义。崇祯十年（1637），陈子龙和宋征璧、

---

① 《珠里小志》卷一一《人物上》，《中国地方志集成乡镇志专辑》本，影嘉庆二十年刻本。
② （明）李雯：《蓼斋集》卷一四，《四库禁毁书丛刊》本，集部第111册，影清顺治十四年石维昆刻本。
③ （明）李雯：《蓼斋集》卷二七，《四库禁毁书丛刊》本，集部第111册，影清顺治十四年石维昆刻本。

徐孚远、李雯等朋友在南园，开始《明经世文编》的编纂工作。他们于崇祯十一年（1638）二月着手，十一月编成，全书 504 卷，加上补遗 4 卷，共 508 卷，约 400 多万字。《凡例》说："此集始于戊寅仲春，成于戊寅仲冬，寒暑未周，而披览亿万，审别精详，远近叹咤，以为神速。"此书卷帙浩繁，成书又速，围绕《明经世文编》的编纂，在松江地区形成了一个庞大的编纂群体，这个群体包括：选辑 24 人，参阅 142 人，作序 9 人，鉴定名公 186 人。《明经世文编》采用主编负责，集体分工选辑的方法，由陈子龙、徐孚远、宋征璧担任主编，此 3 人对于全书的编纂作出了重大的贡献。据《凡例》记载："选辑之功，（陈子龙、徐孚远）十居其七，（宋征璧）十居其二。"此书每卷均列此 3 人之名，另有 1 人则由周立勋、李雯等轮流列名，列名选辑的共有 24 人。一是选辑者皆为松江府人，地域特点十分鲜明；二是选辑者的出身均为进士、举人、监生、生员等，而进士和举人居多。①

宋征璧在《明经世文编》凡例中略云：

> 周勒卣立勋，李舒章雯，彭燕又宾，何悫人刚，徐圣期凤彩，盛邻汝翼进及家伯氏子建存标，家季辕文征兴，咸共商酌。适李子久滞京邸，周子壮游梁苑，彭子栖迟邢上，何子寄迹鹜水，徐子盛子则各操月旦，伯氏家季则潜心论述，曾无接谈之暇，未假专日之工。若友人吴绳如嘉胤，唐允季允谐，李存我待问，张子美安茂，朱早服积，蔡季直枢，单质生恂，郁子衡汝持，沉临糓泓，陆子玄庆曾，朱宗远灏，董士开云申，郁选士继垣，张子服宽，张子退密，钱子璧，李素心愫，徐惠朗桓鉴，邵霏玉梅芬，徐武静致远，李原涣是楫，华芳乘玉芳，咸资讨论。

这里所提到的人，都是松江地区的士人，都被列名选辑、参阅。从前文个案分析中，我们可以看到这些士人很多也出现在了陈子龙游宴活动中。

《明经世文编》的编纂还得到了各级官员和社会名流的襄助，松江知府方岳贡对此很支持，方岳贡在序中云：

> 贡待罪守郡十有一年。政拙心长，劳轻过重，犹幸此乡多文雅之彦，若徐文学孚远，陈进士子龙，宋孝廉征璧，皆负韬世之才，怀救时之术，相与网罗往哲，搜抉巨文，取其关于军国，济于时用者，上自洪武，迄于今皇帝改元，辑为经世一编。文从其人，人从其代，览其规画，足以益才智。听其敷奏，足以壮忠怀。考其始终，足以识时变。非徒侈一代之鸿章，亦将以为明时之献纳云尔。襄西方岳贡禹父修父题。

他为《明经世文编》的编纂出版提供了经济上的支持。松江地区的其他官员如李瑞和、王佐圣也参与其中。在《明经世文编》编成后方岳贡又请江南巡抚张国维作序。与此同时，复社的领袖张溥对《明经世文编》的编纂也多有帮助，其他的社会名流如张采、黄澍、吴昌时、方以智、孙临、周钟、万寿祺、杨文骢等，从吴、越、浙、闽、齐、鲁、燕、赵等地收集文集千种以上，供陈子龙等人拣择。

入清，王顼龄走上仕途后，与各级官员宴集的频率是很高的。以康熙四十四年王顼龄的宴集情况为例，春望二日李铠招集同人集饮②，初六日汪涵斋大京兆招集同小饮③，春望十二日曹

---

① 吴琦、冯玉荣：《〈明经世文编〉编纂群体之研究》，《华中师范大学学报》2002 年第 1 期。
② （清）王顼龄：《世恩堂集》卷二二《春王二日同人小集寓斋李公凯阁学佳咏先唱即次元韵奉酬》，《四库存目丛书补编》本，第 5 册，影清康熙间刻本。
③ （清）王顼龄：《世恩堂集》卷二二《初六日汪涵斋大京兆招集同小饮复叠前韵奉酬》，《四库存目丛书补编》本，第 5 册，影清康熙间刻本。

蓼怀少司马招同诸年友小饮，①春王十七日李铠招同年友小饮②，二十日汪东川阁学招陪诸同年小饮③，四月六日曹蓼怀少司马招陪诸同年饮④，闰四月望后一日潘雪石学士招饮⑤，七月望前一日汪涵斋中丞招陪诸同年饮⑥，八月二十日周蓉湖太常招饮。⑦通过这一系列的宴集，王顼龄与各级官员之间的关系得到了强化，他的仕途走的十分通达与他的人际关系网络的构建是分不开的。王顼龄在北京与一众博学鸿儒的游宴中，大部分的内容都是和悠游有关，其中也部分涉及了他们所进行的政治活动。如汪霦，历迁内阁学士，编纂《佩文韵府》成，擢户部右侍郎，还纂辑了《咏物唐诗》《广群芳谱》。⑧

王顼龄还充当了经筵日讲官，从康熙二十年（1681）秋天起，鸿儒科诸公就陆续分任各地任乡试考官。这在王顼龄的诗中也有所记载，《癸巳八月六日特开万寿科会试，奉命偕太仓相国李曲江少司马、沈心斋阁学为正副考官，赐宴礼部入闱受事恭记》：

  秋高又见礼闱开，晚岁承恩校士来。
  相马敢云空骏足，持衡惟矢拔真才。
  怜官烛三条短，试咏霓裳一曲裁。唐开成初以曲名赐贡院为题，李义山诗有众仙同日咏霓裳句。
  只有水心堪报国，相将郭隗上金台。⑨

三年一届乡试，是国家的抡才大典，对于考官的人选，是十分重视的。鸿儒中的朱彝尊典试江南，严绳孙主山西，汤斌主浙江，袁佑典试浙江，秦松龄主江西，王顼龄主试陕西，汪霦典试陕西，邵吴远典试广东，沈珩顺天副考，施闰章主试河南。此后的乡试、会试，皆有鸿儒参与担任考官。如甲子年，周庆曾主浙江乡试，秦松龄典顺天乡试。当三藩以次削平，各省次第补行乡试，鸿儒屡屡任考官。乔莱，主考广西壬戌科，方象瑛典试四川癸亥科，米汉雯主考云南癸亥科，徐嘉炎主贵州壬戌科。⑩施闰章奉命典试河南正主考，取中举人宋生、张伯行等47人。汪霦典试陕西，榜发，皆知名士，后又主顺天乡试，榜发，论者称其明；陆葇，主福建庚午乡试，所取士多名彦，癸酉任顺天武乡试副考官；潘耒，壬戌为会试同考官，得士12人，皆天下选；方象瑛典试蜀中，尽心甄录，不苟充赋，蜀士之风，欣然一变；钱金甫，典试江西，有知人鉴；周庆曾，甲子主浙闱，卒于公署，自吴至浙，哭声与舟上下平声；李澄中典试滇南庚午科，秉公持正，所得皆一时名彦。⑪在典试的同时，鸿儒

---

① （清）王顼龄：《世恩堂集》卷二二《春王十二日曹蓼怀少司马招同诸年友小饮三叠前韵奉酬》，《四库存目丛书补编》本，第5册，影清康熙间刻本。
② （清）王顼龄：《世恩堂集》卷二二《春王十七日李公铠阁学招同诸年友小饮五叠前韵奉柬》，《四库存目丛书补编》本，第5册，影清康熙间刻本。
③ （清）王顼龄：《世恩堂集》卷二二《二十日汪东川阁学招陪诸同年小饮六叠前韵》，《四库存目丛书补编》本，第5册，影清康熙间刻本。
④ （清）王顼龄：《世恩堂集》卷二二《四月六日少司马曹蓼怀招陪诸同年饮叅斋看藤花即事》，《四库存目丛书补编》本，第5册，影清康熙间刻本。
⑤ （清）王顼龄：《世恩堂集》卷二二《闰四月望后一日潘雪石学士招饮病未克赴赋以代柬》，《四库存目丛书补编》本，第5册，影清康熙间刻本。
⑥ （清）王顼龄：《世恩堂集》卷二二《七月望前一日汪涵斋中丞招陪诸同年饮有绿轩即事三叠前韵》，《四库存目丛书补编》本，第5册，影清康熙间刻本。
⑦ （清）王顼龄：《世恩堂集》卷二二《八月二十日周蓉湖太常招饮有绿轩即事六叠前韵》，《四库存目丛书补编》本，第5册，影清康熙间刻本。
⑧ （清）汪景祺：《读书堂西征随笔》，《熊文端明史》，上海书店，1984年，据1936年故宫博物院铅印本影印。
⑨ （清）王顼龄：《世恩堂集》卷二七，《四库存目丛书补编》本，第5册，影清康熙间刻本。
⑩ （清）王士禛：《池北偶谈》，《补乡试》，中华书局，1982年。
⑪ （清）秦瀛：《己未词科录》卷二、卷三，嘉庆十二年世恩堂本。

又游览山川，遍访友人，主陕西试，发榜后，览咸阳之胜，浴温泉，登太华之巅，渡河而北，往还赋诗 50 首。[①]

三 悠游征歌的生活方式

在对士人游宴的个案中，可以看到游宴往往是与士人的征歌悠游不可分割。明代开国伊始，太祖朱元璋鉴于元代吏治腐败、纲纪不振的弊病，采取了严刑峻法的治国策略。其做法中重要的一点就是整顿吏治、变易风俗。官吏、文士的狎妓征歌被明文禁止，[②] 这种状况一直持续到正德年间。到了嘉靖末年，"士大夫富厚者，以治园亭，教歌舞之隙，间及古玩。"[③] 官方对于士人狎妓征歌的禁令变成了一纸空文。在士人的游宴中以妓女歌女伴游，以曲伴宴，成为一时风尚，在游宴中伴以歌女不再被视作导奢宣淫，而是一种高雅而充满情趣的娱乐方式。当一种文化行为已成传统和惯势，很显然，只要环境不发生根本性的改变，只要强大的阻碍力量还没到来，它就将持续下去。由明入清是一场巨大的社会震荡，它深刻地作用于士人的心灵，使他们陷入历史的反思和人生道路的重新审视，然而就整体来看，士风并未随着时代断裂而断裂，其文化气质并未呈现前后殊异，悠游征歌的生活方式得以延续，并使新朝和旧朝呈现出特殊的文化联系。

（一）士人美人交相辉映

晚明，士人悠游征歌成为一时风尚。"世之盛也，天下物力盛，文网疏，风俗美。士大夫闲居无事，相与轻衣缓带，留连文酒。而其子弟之佳者，往往荫藉高华，寄托旷达。居处则园林池馆，泉石花药。鉴赏则法书名画，钟鼎彝器。又以其闲征歌选伎，博蹴踘，无朝非花，靡夕不月。"[④] 何良俊 "元朗风神朗彻，所至宾客填门。妙解音律，晚蓄声伎，躬自度曲，分忖合度。秣陵金阊，都会佳丽，文酒过从，丝竹竞奋，人谓江左风流，复见于今日也。"[⑤] 万历初年陈芹 "卜筑新林别业，……招延一时胜流，结青溪社，每月为集遇景命题，即席分韵，金陵文酒觞咏之席，于斯为胜。相延五十年，流风未艾承平盛事，至今人艳称之。"[⑥] 此后，这种消闲遣兴的生活方式，更是被发挥得淋漓尽致。

而晚明江南相对安定的环境，使得其他地区的士人也选择流寓于此，尤其集中在南京，反映在娱乐文化文化方面，与前代相比更加繁荣。余怀在《板桥杂记》中追忆了才子佳人知音相赏的风气，流露出对昔日秦淮烟花风月的眷慕，反复渲染了士人与美人的相得之乐。"妓家各分门户，争妍献媚，斗胜夸富。凌晨，则卯饮淫淫，兰汤滟滟，衣香一室。亭午，乃兰花茉莉，沈水甲煎，入夜，而厌笛挡筝，梨园搬演，声彻九霄。"即使以清流自诩的复社清流也不脱一时风气，有四公子之称的侯朝宗就在南京征歌逐色，与旧院名姝李香君的浪漫情缘成为一时风流佳话。

江左三大家之一吴伟业晚年创作《望江南》18 首词，极写江南市肆之盛，声色之娱。在这样的时代风气下，几社诸子以诗酒自娱，以风流自赏。在陈子龙的游宴中，我们可以看到女性角色经常出现，柳如是便是一个很好的例证。在《秋潭曲》[⑦] 中，原注："偕燕又让木杨姬集西潮舟中作"，其中所说的

---

① （清）朱彝尊：《曝书亭集》卷三七《王学士西征草序》，商务印书馆，1935 年。
② （明）顾起元：《客座赘语》卷六 "立院" 条载："太祖立富乐院于干道桥。……妓妇戴皂冠，身穿皂褙子，出人不许穿华丽衣服，专令礼房吏王迪管领。……禁武官及士人不许入院，止容商贾出入院内"
③ （明）沈德符：《万历野获编》卷二六，《玩具·好事家》，中华书局，1980 年。
④ （清）钱谦益：《牧斋初学集》卷七八，《哀词·瞿少潜哀辞》，上海古籍出版社，1985 年。
⑤ （清）钱谦益：《列朝诗集小传》丁集上，上海古籍出版社，1983 年，第 451 页。
⑥ （清）钱谦益：《列朝诗集小传》丁集上，上海古籍出版社，1983 年，第 452 页。
⑦ （明）陈子龙：《陈忠裕全集》卷一〇，《陈李倡和集》，清嘉庆七年授经堂刻本。

杨姬就是柳如是。

> 鳞鳞西潭吹素波。明云识夜红纹多。凉雨牵丝向空录，湖光颓淡寒青蛾。
> 暝香湿度楼船暮。拟入园蟾泛烟雾。银灯照水龙欲愁。倾杯不洒人间路。
> 美人娇对参差风，斜抱橦心江影中。一幅五铢弄平碧，赤鲤拨剌芙蓉东。
> 摘取雯文裁凤纸。春蚕小字投橦水。瑶瑟湘娥镜裹声，同心夜夜巢莲子。

柳如是在与陈子龙相恋之前，与两位松江士人李侍问、宋辕文有过短暂的恋情。陈、柳两人初次相遇，在崇祯五年（1632）左右。① 据《陈子龙自撰年谱》记载，"崇祯四年：试春官罢归。四月抵里门，即从事古文词，间以诗酒自娱。是时意气甚盛，作书数万言，极论时政，拟上之。陈征君怪其切直，深以居下之交相戒而止。崇祯六年：古文史之暇，流连声酒，多与舒章唱和，今陈李唱和集是也。"② 当时陈子龙会试不中，牢骚愤慨，弃置八股时文，从事古文词，极论时政，同时以诗酒自娱。此"诗酒"即放情声色之义。

从崇祯八年（1635）春季到当年夏天，陈子龙与柳如是情感密挚，同居于南园。③ 陈子龙在《早春行》中：

> 杨柳烟未生，寒枝几回摘。春心闭深院，随风到南陌。
> 不令晨妆竟，偏采名花掷。香衾卷犹暖，轻衣试还惜。
> 朝朝芳景变，暮暮红颜易。感此当及时，何复尚相思。
> 韶光去已急，衢路日应迟。愿为阶下草，莫负艳阳期。④

篇中写春闺早起之情景，"感此当及时，何复尚相思"及"愿为阶下草，莫负艳阳期"等句，此时陈子龙与柳如是的关系，可以想见。崇祯八年，几社诸子集于南园，饮酒赋诗，谈论研讨涉及当时政治实际，柳如是本善于饮酒赋诗，其所发表议论，自是放浪不羁。柳如是参与士人的游宴，增加了流动的风景与灵动的色彩。

几社诸子经常聚会的盛氏园亭，"盛邻汝家道丰腴，家有园池，又樽罍丝竹之属，事事副之，社中传为顾厨。故四方咸曰：眼不见顾家全盛园（顾正心熙园），口得尝盛家一夕餐，十个游客九系船。"⑤ 可见士人的才子习气，正是在此种氛围中熏染出来。与陈子龙多有过从的祁彪佳，购筑园林，多以悠游为乐，往往无日不宴，更与从兄弟及张岱兄弟日相往来。

而复社大集时，也往往以妓女优伶陪衬，二者实有"合则双美、离则两伤"之关系。当时有怨复社的人，化名为"徐怀丹"，作"十大罪檄文"攻击复社，其中第三大罪中有"千里赴会，万艘停桡，僧道倡优，俱人社中"之语，足证复社集会时歌舞之盛。

（二）晚明的落日余晖

明清易代，入山为僧、变繁华为枯槁者自不在少数，然而更多的士人毕竟仍驻足尘世，徘徊在新旧

---

① 据陈寅恪先生考证，陈、柳两人初次相遇，在崇祯五年春季，或早在崇祯四年冬季。至迟于崇祯五年在苏州，或者在松江名士陈继儒生日寿宴上。
② （明）陈子龙：《陈子龙诗集》附录二，上海古籍出版社，1983年。
③ 南园，即徐孚远弟致远别墅中小楼，亦即鸳鸯楼是也。根据陈寅恪先生的考证徐墅陆园两处为陈子龙与几社诸子，读书论文吟咏游燕之处。
④ （明）陈子龙：《陈忠裕全集》卷八《平露堂集》，清嘉庆七年授经堂刻本。
⑤ （清）李延罡：《南吴旧话录》，《瓜蒂庵藏明清掌故丛书》影印清抄本，上海古籍出版社，1985年。

之际，陷入既回天无力、又前村无路的境地，他们为悲哀与放浪的时代情绪裹挟，积习难逾。"易代之际，倡优之风，往往极盛。其自命风雅者，又借沧桑之感，黍离之悲，为之点染其间，以自文其荡靡之习。数人倡之，同时几遍和之，遂成为薄俗焉。"① 这话不乏尖锐，但却很好地解释了士人悠游征歌的原因。

易代之际，声色沉酣本被视作王朝覆没的征兆，稍有点自觉的士人对类似场景都不免触目而惊心。吴江人叶绍袁就极为沉痛地描述了他观察到的情景："郡中骄淫之习，殆不可言。闺阁俱用貂鼠襥额，以效房风。洒锦绣彩，不但女子服也。丈夫奇锦作小绣衣，必加半臂，制纫精工花鸟，炫艳之极。戏剧较前益多，画船箫歌，外室无虚夕。饮食若流，非盈方寸，不御匕箸矣。"② "平湖郊外，盛作神戏，戏钱十二两一本。国难未纾，居然忘用夷之变。"③ 此时南明弘光小朝廷倾覆未久，江南风气居然如此，经历了家国之变的叶氏不由感叹"人心已死"④

即以"江左三大家"钱谦益、龚鼎孳、吴伟业而论，此三人的身份境遇是当时江南士人的一类典型。⑤ 他们是晚明习气的浸淫者，步入新朝后，自然无法割断和旧朝的文化联系，以优伶寄托兴亡之感，是古今通用的手法。朱音仙、苏昆生等漂泊流离的前朝名伶，皆为士人的座中客。陈维崧原本是世家子弟，因遭遇亡国破家以后经济无着，在顺治十五年（1658）拜访如皋冒襄，寄居于冒襄的水绘园中读书，结识了冒襄水绘园家班中的歌者徐紫云。徐紫云儇巧善歌和陈维崧朝夕相伴，陈维崧为其绘制肖像，当时的诸多文人争相和诗。⑥

吴伟业更是在悠游征歌中找到情感的出口。《履园丛话》提到娄东王家演剧情形："吴梅村祭酒既仕，本朝有张南垣者，以善叠假山，游于公顷间，人颇礼遇之。一日到娄东，太原王氏设宴招祭酒，张亦在座。因演剧，祭酒点《烂柯山》，盖此一出中有张石匠，欲以相戏耳。"⑦

吴伟业在鼎革之后，多次来到松江，在一次宴集中他遇到了歌女楚云，"十二峰头降玉真，楚宫被禊采兰辰。陈思柱自矜能赋，不咏湘娥咏洛神。"⑧ 以洛神之美来比楚云。吴伟业与友人在松江细林山夜集后，与前来侑酒的歌女倩扶同行，"远翠入嚬眉，轻寒袖半垂。花生神女庙，月落影娥池。深竹微风度，晴沙细履移。回看下山路，红烛为谁迟？"⑨ 对于倩扶的美态，欣赏之情溢于言表。

悠游征歌在王顼龄的游宴活动中颇多，如《五日前一日同鹰垂弟俨斋邀宋荔裳先生吴六益张砚铭董阆石苍水泛舟龙潭雨阻移席周子春晖堂分韵得厄字》中写道：

叠鼓中流竞渡时，江皋有客吊湘累。

---

① 孟森：《王紫稼考》，《明清史论着集刊正续编》，河北教育出版社，2000年，第419页。
② （明）叶绍袁：《甲行日注》丙戌年1646年11月，岳麓书社，1986年。
③ （明）叶绍袁：《甲行日注》戊子年1648年2月，岳麓书社，1986年。
④ （明）叶绍袁：《甲行日注》丙戌年1646年11月，岳麓书社，1986年。
⑤ "三大家"与王紫稼等名伶的交往可看出他们寄托在声伎中的"故国情怀"。王紫稼系明末苏州名伶，"妖艳绝世，举国趋之若狂"。吴伟业初见王紫稼是在长洲徐汧二株园中，顺治年间，紫稼北上京都欲依龚鼎孳，钱谦益为之饯行，"题十四绝句，以当折柳。赠别之外，杂有寄托。"赠诗中有"休将天宝凄凉曲，长安筵上人"句。紫稼在京城依然受到追捧，从吴伟业、龚鼎孳的诗中可看出，他不仅以风情卓绝著称，更被惯于拟古的士大夫当作了"天宝遗音"。后紫稼被御史李森先以伤风败俗之名杖毙阊门，钱、吴、龚皆深感惋惜，龚鼎孳作《王郎挽歌》曰："白门病死王郎杀，天宝风流已不多"，"偏是江南好风景，落花时节不逢君"，直接将王紫稼比作了唐宫廷乐师李龟年。转引自孟森《王紫稼考》，《明清史论着集刊正续编》，河北教育出版社，2000年，第422页。
⑥ 当时赠诗士人有王士祯、尤侗、冒青若等人。
⑦ （清）钱泳：《履园丛话》，中华书局，1997年，第99页。
⑧ （明）吴伟业：《吴梅村全集》卷八《楚云八首》，上海古籍出版社，1990年。
⑨ （明）吴伟业：《吴梅村全集》卷十四《细林夜集送别倩扶女郎》，上海古籍出版社，1990年。

何当急雨冲兰棹，忽漫华堂倒玉卮。
交栏石榴侵桁湿，回风檀板按歌迟。时座有女郎莺初
美人香草千年恨，醉后欣听白雪辞。①

在这次宴集中，参加者有王顼龄之弟王鸿绪，同里的好友有周纶、吴懋谦、董俞与董含两兄弟，还有前辈宋琬。这次的宴集本来是要在龙潭的舟中举行，但是被雨所阻，"何当急雨冲兰棹，忽漫华堂倒玉卮，"②就移席到周纶的家中春晖堂进行，他们除了分韵赋诗之外，座中还有歌女莺初，莺初在宴集中以曲侑酒，"美人香草千年恨，醉后欣听白雪辞，"③来参加宴集的人对于歌女的表演十分满意。

对于妓女歌女的品鉴欣赏仍然是士人的风气。当时松江地区的歌妓桐月去世，王顼龄与友人为她写了诗文。王顼龄在《悼伎桐月次葆盼韵》中写道：

三春锦席醉良宵，几度和风拂翠翘。午夜探钩时并玉，华堂就月坐吹箫。
佩环冉冉云初散，花草年年恨不销。肠断西陵秋雨后，粉香零落思迢迢。④

诗中对桐月生前的美态"翠翘""佩环冉冉"，极力描写。
王顼龄在《秦淮河感旧》中写道：

秦淮河上画栏边，风景依稀记昔年。
歌舫夜阑灯伴落，笛楼声彻月初圆。
渡名桃叶无红粉，巷冷乌衣有断烟。
惆怅昔游今老大，鬓绦摇飏夕阳前。⑤

王顼龄在《廿五日宛平相国招饮怡园极声乐灯火之盛即事十首》中：

春归朱户日初长，上相朝回过柳堂。
余事平章到花月，谢公丘壑道难忘。
又
金谷园中花作堆，平章石上好衔杯。
只今四海阳和满，尽是盐梅鼎里来。
又
高风累疏乞归田，圣主心知黄发贤。
为许裴公闲绿野，欲资筹策靖三边。
时王师西征

---

① （清）王顼龄：《世恩堂集》卷二，《四库存目丛书补编》本，第5册，影清康熙间刻本。
② （清）王顼龄：《世恩堂集》卷二，《四库存目丛书补编》本，第5册，影清康熙间刻本。
③ （清）王顼龄：《世恩堂集》卷二，《四库存目丛书补编》本，第5册，影清康熙间刻本。
④ （清）王顼龄：《世恩堂集》卷一，《四库存目丛书补编》本，第5册，影清康熙间刻本。
⑤ （清）王顼龄：《世恩堂集》卷九，《四库存目丛书补编》本，第5册，影清康熙间刻本。

又

东阁开时引俊髦，休休襟度过萧曹。
扫门争诧潭潭府，吐握元公不惮劳。①

同为王顼龄宴集座上宾的陈维崧记录了扬州依园的一次宴集："出扬州北郭门百余武为依园。依园者，韩家园也。……屡为诸名士宴游地。"王顼龄的另一各朋友乔莱，归隐后在家乡宝应筑园"纵棹亭"："曰吟诗送老处，客至，必以优伶侑觞。"②

四　结　语

本文以松江地区士人的游宴为分析工具，来探讨士人群体活动的特点，及其在社会变迁中所体现的延续性。从游宴中士人所进行的活动来看，明末清初的士人在游宴中进行大量的诗歌酬送，既是为了交际的需要，客观上也造成了一种竞争氛围，使得与会的士人在诗词立意、结构、技法、表达等方面斗智。从客观效果来看，引发了诗词创作的繁盛，对文学流派的形成也有一定的作用。而晚明时期士人游宴所建立起的交际圈，并没有被鼎革所阻断。入清之后，清代政府强化了对士人的控制，加强了对文风、士风的控制力。士人已经不能再进行大规模的社集，而转为个体。同时鉴于明朝灭亡的事实，一部分士人希望回到无党的状态中，对大规模的社集也失去了以往的热情。士人也不再采取过于组织化的形式，而用仪式化来加强士人之间的联系。

易代之后，晚明士人结社、讲学，奔走于天下的局面，已经有所改变。但是从长时段来看，一种文化决不因为某件历史大事的发生而突然中断，它的消亡是一个惯性的、缓冲的历史过程。清初的几十年时间，正是明清文化彼此消长的一个过渡阶段，晚明文化的流风余韵仍深深地体现在清初士人的身上。

［作者单位：甘肃省社会科学院西北历史与丝绸之路研究所］

---

① （清）王顼龄：《世恩堂集》卷一二，《四库存目丛书补编》本，第5册，影清康熙间刻本。
② （清）王豫：《江苏诗征》卷三八"乔莱"，清道光刻本

《明史纪事本末·仁宣致治》校注

徐 泓

一 前 言

在有关明代史的典籍中,《明史纪事本末》是一部得到学者高度评价的经典之作,《四库全书总目提要》称赞它:"排比纂次,详略得中,首尾秩然,于一代事实极为淹贯。"① 在中国史学史上,是纪事本末体臻于完善之作。② 在明代史研究上,是一部经常被当作原始资料龘运用之作。因为在此之前的纪事本末,都是根据现有的史书编辑而成的,如《通鉴纪事本末》是依《通鉴》改编成的,史料价值不高;而《明史纪事本末》成书于顺治十五年(1658),在乾隆四年(1739)官修《明史》之前73年,其于史料之取舍及评论史事之观点,有不少与《明史》有出入的地方,史料价值颇高。因此被近代史家认为是一部"可以与《明史》互为补充"③,"是最有用和最可靠的有关明史的早期著作之一"④。自出版以来,300多年间,一直被史学界认为是"研究明代史事的基本之一"⑤。

《明史纪事本末》的优点,是它能在明代近300年千头万绪的史事中,提纲挈领、疏而不漏地选取80个专题,记载明代重大史事,包括了政治、军事及典章制度的基本内容,涉及漕运、河工、矿监、税使等与国计民生攸关的问题。⑥ 所选专题中,《仁宣致治》即为学者撰述明初政治及仁宗、宣宗皇帝传记相关史事时经常引用的。⑦ 近年来因参加"明代典籍研读会",重读《明史纪事本末》,首先仔细校读《开国规模》,写成《〈明史纪事本末·开国规模〉校读:兼论其史源运用与选材标准》及《〈明史纪事本末·严嵩用事〉校读:兼论其史源运用及其选材标准》,引起同人们的兴趣,已完成《太祖平闽》《太子监国》《江陵柄政》《沿海倭乱》《平定东南》《东林党议》《安南叛服》《王振用事》《矿税之弊》《崇祯治乱》《魏忠贤乱政》《河漕转运》《平浙闽盗》《平南赣盗》《平郧阳盗》《平山东盗》《俺答封贡》《更

---

① 纪昀:《四库全书总目提要》卷四九,《史部·纪事本末类》,中国台北,艺文印书馆影印本,1969年,第30a-b页。
② 陈祖武:《〈明史纪事本末〉杂识》,《文史》,31(1989年)。(又收入仓修良主编《中国史学名著评介》中国台北,里仁书局,1994年,第2卷,第1089~1108页),第178页。陈氏认为《通鉴纪事本末》所载议论,全出自司马光,通篇无袁枢一语;《宋史纪事本末》非每篇皆有议论。《明史纪事本末》集前人之大成,于叙事则原原本本,按部就班;于议论则引古为鉴,精心结撰,叙事之于议论,浑然一体,相得益彰,确能收"文省于纪传,事豁于编年"之效,至此,纪事本末体史籍臻于完善。
③ 金毓黻:《中国史学史》(中国台北,鼎文书局据1957年修订本重排,1982年),第232~233页。陈祖武:(1989年),第180~181页。王树民:《史部要籍解题》(北京,中华书局,1981年),第194~197页。谢国桢:《增订晚明史籍考》(上海,上海古籍出版社,1981年),第52~55页。
④ Wolfgang Franke, "Historical Writing during the Ming," p.760. in Frederick W. Mote & Denis Twitchett (ed.) The Cambridge History of China, Vol.7 The Ming Dynasty, 1368–1644, Part 1 (New York: Cambridge University Press, 1988).王树民认为:《明史纪事本末》"叙事部分详略得宜",又"编著时,《明史》尚未成书,当时明代野史遗留者甚多,谷氏得尽量采用,或出于《明史》的记载之外",对明代的社会动乱及许多重要史事,"都作了专篇论述,而有较高的史料价值"(《史部要籍解题》第194~197页)。
⑤ 陈祖武:(1989年),第173页。
⑥ 谢国桢:(1981年),第55页。他认为:该书"记有明一代大事,原委起讫,极有条贯,而每篇后之论赞洞见当时症结,颇具见地"。
⑦ 如朱鸿:《论明仁宗的求言纳谏》,《教学与研究》,17(1995年),第169~207页。朱鸿:《论明仁宗监国南京之宫僚及其笃念旧人之政》,《国立编译馆馆刊》,21:2(1992年),第37~58页。赵中男:《宣德皇帝大传》(沈阳,辽宁教育出版社,1994年)。姜守鹏:《明帝列传 洪熙帝 宣德帝》(长春,吉林文史出版社,1996年)。姜守鹏、林干:《明永宣盛世》(郑州,河南人民出版社,1998年)。

定纪典》《平徐鸿儒》《平河北盗》《太子监国》《郑芝龙受抚》《大礼议》《平固原盗》和《甲申之变》。①

过去读《明史纪事本末》用的是商务印书馆的《国学基本丛书》本,字小而模糊,读起来甚为费力。② 后得王戎笙教授慨赠北京中华书局于 1977 年出版的新点校本,字大清晰,版面清爽,又有新式标点,读起来倍感愉快。③ 新点校本的点校工作,是由河北师范学院历史系担任的,对于点校的过程,他们在《出版说明》中作了清楚的说明:

> 这次点校,《明史纪事本末》以顺治十五年(1658)筑益堂本为底本,……谷书八十卷,曾与《四库全书》文津阁本、江西书局本、广雅书局本、崇德堂本、思贤书局本互校,择善而从。此外还参考《明实录》《鸿猷录》《续藏书》《国榷》《石匮书后集》《明史》《明通鉴》《明纪》等书,作了一些订正,改动原文之处,用方圆括号表示增删,并加了校注。为了便于检查,纪年下附注了干支、公元。④

---

① 《明史纪事本末》校读成果出版情况一览表

作者	篇名	出版资料
徐泓	《〈明史纪事本末·开国规模〉校读:间论其使原运用与选材标准》	《台大历史学报》第 20 期,1996 年
徐泓	《〈明史纪事本末·严嵩用事〉校读:兼论其使原运用与选材标准》	《暨大学报》第 1 期,1997 年
徐泓	《〈明史纪事本末·南宫复辟〉校读——兼论其史源、编纂水平及其作者问题》	《明史研究论丛》第六辑(中国社会科学院历史研究所暨明史研究室成立五十周年纪念专辑),第 167~193 页,2004.07。
林丽月	读《〈明史纪事本末·江陵柄政〉——兼论明末清初几种张居正传中的史论》	《师大历史学报》第 24 期,1996 年
吴智和	《〈明史纪事本末·王振用事〉校读》	《华冈文科学报》第 23 期,1999 年
邱炫煜	《〈明史纪事本末〉史论出自蒋棻代作说》	《第一届两岸明史学术研讨会会议论文》,1996 年
邱炫煜	《〈明史纪事本末·开设贵州〉校读:兼论作者的史识与全书的评价》	《明代研究通讯》第 2 期,1999 年
邱炫煜	《〈明史纪事本末·郑芝龙受抚〉校读》	《侨生大学先修班学报》第 9 期,2001 年
邱炫煜	《〈明史纪事本末·平徐鸿儒.附王好贤、于弘志〉校读》	《侨生大学先修班学报》第 11 期,2003 年
陈怡行	《〈明史纪事本末·卷四五"平河北盗"〉校读》	《明代研究通讯》第 6 期,2003 年
唐立宗	《读〈明史纪事本末·平南赣盗〉》	《明史研究》第 9 辑,2005~06~30

"明代典籍研读会"是由"中国明代研究会"主办的,会员每两个月集会一次,共同研读明代典籍,《明史纪事本末》是选读的第一部明代典籍。详见 http://www.history.nccu.edu.tw/ming/。

大陆史学界早年有官大梁,《〈明史纪事本末·太祖平潢〉校点拾零》,《学术研究》,1981 年第 4 期(05.01)发表,但无后继者。近年也有人加入这项校注工作,如韩慧玲,《〈明史纪事本末〉明蒙关系史料研究》,内蒙古大学博士论文,2012 年。阚琉声,《〈明史纪事本末·东林党议〉与兴〈东林始末〉关系考》,《齐鲁学刊》,2015 年第 1 期(01.15)。张二刚,《〈明史纪事本末〉中外关系史料研究》,河南师范大学硕士论文,2015 年。

② 《国学基本丛书》本《明史纪事本末》是中国台湾商务印书馆根据 1936 年上海商务印书《万有文库》本印行,中国台北三民书局于 1965 年印行的本子,也是依此本影印,其字小,版面模糊,无新式标点。《文渊阁四库全书本》1985 年由中国台湾商务印书馆影印发行,版面清晰,印刷精美,但不分卖,不易流传。"明代典籍研读会"是由"中国明代研究会"主办的,会员每两个月集会一次,共同研读明代典籍,《明史纪事本末》是选读的第一部明代典籍。

③ 新点校本分为四册,为中华书局"内部发行"本,未在海外流通,1983 年初见此本于普林斯顿大学葛斯德图书馆(Gest Library),但非原本而是影印本,其后曾托朋友在大陆和香港搜寻,唯不得结果。后来有机会向王戎笙教授提及,蒙教授慨赠其珍藏,谨此致谢。1994 年 8 月,趁赴香港科技大学参加"商人与地方文化研讨会"之便,前往深圳购书,在古籍书店见到此书,惜只有第一、三两册,未见全帙。

④ (清)谷应泰:《明史纪事本末》北京,中华书局,1977 年,《出版说明》,第 6 页。

河北师范学院历史系点校工作是以谷应泰的筑益堂原刻本为底本，参考了其他4种版本，且以《明实录》等明代基础典籍相校，堪称《明史纪事本末》流通的各种版本中的最善本；因此应以新点校本为校读的底本。

这次校读《仁宣致治》篇，仍与以前一样，除以中华书局新点校《明史纪事本末》为底本，参考《国学基本丛书简编》本、《文渊阁四库全书》本和最近上海古籍出版社影印的广雅书局校刻本外，① 还主要参考：

《明仁宗实录》（中国台北：中国台湾"中央"研究院史语所校勘本，1962）

《明宣宗实录》（中国台北：中国台湾"中央"研究院史语所校勘本，1962）

朱国桢，《皇明大事记》（中国台北：文海出版社影印崇祯间原刊本，1984）

朱国桢，《皇明大政记》（扬州：江苏广陵古籍刻印社《皇明史概》本，1992）杨士奇，《东里文集》（北京：中华书局刘伯涵、朱海点校本，1998）

张岱，《石匮书》（上海：上海古籍出版社《续修四库全书》影印南京图书馆藏稿本，2002）

焦竑，《国朝献征录》（上海：上海书店影印万历末年刻本，1987）

黄佐，《翰林记》（中国台北：中国台湾商务印书馆影印文渊阁《四库全书》本，1986）

杨士奇，《三朝圣谕录》（北京：中华书局，《东里文集·东里别集》，1998）

谈迁，《国榷》（北京：中华书局点校本，1958）

本文逐条校读《仁宣致治》的文本，注出其可能的史源，并以史源校正文本之讹误。以校注结果，评估作者的编纂水平与史学。

二 《明史纪事本末·仁宣致治》校注

1. 成祖永乐二十二年（1424）秋七月，上北征，崩于榆木川。众仓卒，莫知所措。大学士杨荣曰："六师去京尚远，不宜发丧，所至宜上食如常仪。"时有议欲借他事赍玺书驰讣者。荣曰："大行皇帝在称敕，今称敕，是诈也。罪孰当之？"乃作启先驰报，皇太子遣皇太孙往迎梓宫。时京兵皆随征，城中空虚，浮议藉藉，虑赵王兵为变。皇太孙辞行，启曰："出外有封章白事，非印识无以防伪。"皇太子然之，急未有所与，以问大学士杨士奇。士奇言："上所用东宫图书，今暂假之，归即进纳。"太子悟，乃曰："卿言诚是。昔大行临御，储位久未定。吾今即以付之，浮议何由兴！"

按：《明太宗实录》《明仁宗实录》与《国榷》记事较简略，有关"时京兵皆随征，城中空虚，浮议藉藉，虑赵王兵为变"和印识之事，均未记载。此条所记永乐帝驾崩至洪熙帝登基间史事，甚至较《明史》详细，而为后世论述的依据。其文字与张岱《石匮书》（卷三，《成祖本纪》，页 33—34；卷七八，《三杨列传》，页 10～11）几乎相同。朱国桢《皇明大政记》（卷九，页 36，永乐二十二年八月条）亦较《明史》详细，但缺"荣曰：大行皇帝在称敕"记事。但《石匮书》与《皇明大政记》均未记杨士奇建议印识之事太子的反应。这段记事较完整的记录为杨士奇《三朝圣谕录》（北京：中华书局，刘伯涵、朱海点校《东里文集·东里别集》，1998），页 395～396（卷中，永乐二十二年八月条）与王直《杨文贞公传》（焦竑《国朝献征录》卷一二，页 29～30）应该是这段史事最原始的记载，而为本篇编者所采用。但此条所记：杨荣曰："六师去京尚远，不宜发丧，所至宜上食如常仪。"《实录》《国榷》与《石匮书》均将此秘不发丧的决策归之于太监马云等或马云、孟骥与杨荣、金幼孜等的集体决策，本篇编者或

---

① 据谢国桢（1981 年），第 55 页，指出："北京图书馆有南陵徐仁山氏旧藏本，朱墨校注殆遍，可以订是书之缺漏，而补其未备，在谷氏书中，堪称善本矣。"然今北京国家图书馆馆藏中现无此书。

许是根据杨士奇《杨公荣墓志铭》(《国朝献征录》卷一二，页 23)："既上宾，凡沐浴、袭奠饭、含棺殓，一切之礼，悉出二公（杨荣、金幼孜），众遂推公先驰归报。"认为杨荣是当时在场大臣的意见领袖，遂将此秘不发丧的决策归之于杨荣。

2. 八月，皇太子即皇帝位，大赦天下。杨士奇草诏，如下西洋宝船、云南取宝石、交趾采金珠、撒马儿等处取马，并采办烧铸进供诸务，悉皆停罢。出户部尚书夏原吉、刑部尚书吴中、侍郎杨勉、右春坊大学士黄淮、洗马杨溥、正字金问于狱，复其官。以大学士杨荣为太常寺卿，金幼孜为户部侍郎仍兼前职，左春坊大学士杨士奇为礼部右侍郎兼华盖殿大学士，黄淮为通政使兼武英殿大学士。荣、幼孜、士奇、淮俱掌内制，备顾问，不预所升职务。洗马杨溥为翰林院学士，正字金问为翰林院修撰。

按：永乐二十二年八月丁巳望日，洪熙皇帝即位，诏告天下兴革事宜凡 35 条，《明仁宗实录》（卷一上，页 7—11）详列之，《国榷》《石匮书》不载，但《皇明大政记》（卷一〇，页 3）记载与本篇相同，兴革之 25 条仅列举如下西洋宝船等，只是文字简省而已，且各书均不载草诏者，唯《皇明大政记》如本篇所载明言"杨士奇代草"。尤其《明仁宗实录》载罢买马取马之地为"撒马尔罕"，《皇明大政记》与本篇均作"撒马儿"。又出夏原吉等于狱，并任命新职，各书虽有记载但分别言之，只有《皇明大政记》集中叙述如本篇所载；显示此段文字应采自《皇明大政记》无疑。但《皇明大政记》不载金问等人原职官，倒是《明仁宗实录》（卷一下，页 2，永乐二十二年八月乙未条）备载诸人原职与新职；则本条记事应该也参考了《明仁宗实录》。又罢下西洋取宝船等系响应夏原吉出狱后所上的建议，夏原吉释狱于八月初三日，洪熙即帝位在八月十五日；本篇从《皇明大政记》与《石匮书》之说，将夏原吉释狱置于洪熙帝即位之后，难见其中的因果关系。

3. 初，上尝谕士奇曰："自今朝廷事，仗蹇义与汝。"士奇对曰："汉文即位，首进宋昌，史以为贬。臣两人侍陛下日久，虽圣恩不遗，不应先及臣等。"上益重之。

按：此段文字不见于《明仁宗实录》《国榷》《石匮书》与《皇明大政记》，出于杨士奇《东里文集》，页 396，《三朝圣谕录》（卷中，永乐二十二年八月条）。

4. 命减惜薪司赋枣之半。初，杨士奇入谢新命毕，闻惜薪司奏准岁例，赋北京、山东枣八十万斤，为宫禁香炭之用，将复入奏。时蹇义、夏原吉奏事未退，上见士奇、顾义等曰："新华盖学士来奏事，必有理，试共听之。"士奇因言："诏下才两日，今闻惜薪司传旨，赋枣八十万斤，得无过多？虽系岁例，然诏书所减除者，皆岁例也。"上喜曰："吾固知学士言有理。吾数日来，宫中丛脞，此是急遽中答之，不暇致审。"即命减其半。复语义等曰："卿三人朕所倚，宜尽言，匡朕不逮。"命吏部汰冗官。

按：此段文字不见于《明仁宗实录》，虽见于《石匮书》与《皇明大政记》，但文字较省略，这 3 部书应非本条出处。本条文字实出于杨士奇《东里文集》，页 396，《三朝圣谕录》（卷中，永乐二十二年八月十七日条）。汰冗官，则见于《皇明大政记》（卷一〇，页 4）："汰文官冗员。"

5. 九月，上念山林川泽，皆与民共，命自居庸以东，与天寿山相接，禁樵采，余俱弛禁。河南黄河溢，令右都御史王彰往抚军民，免今年粮税。工部奏修军器，请征布漆于民。命给钞市之。上曰："古者土赋，随地所产，不强其所无。比年如丹漆、石青之类，所司不究物产，概下郡县征之。小民鸠敛金币，博易输纳，而吏胥因以为奸。其一切禁止。"

按：弛禁樵采相关记载见《石匮书》（卷四，《仁宗本纪》，页 4）与《皇明大政记》（卷一〇，页 4）及《国榷》（卷一八，页 1220，永乐二十二年九月乙亥条），但文字较省略。较详细的记载，且文字较相似，则见于《明仁宗实录》，（卷二上，页 3），永乐二十二年九月乙亥条。工部征布漆相关记载不见于《石匮书》与《皇明大政记》，但《国榷》（卷一八，页 1221，永乐二十二年九月庚辰条）简略提到；较详细的记载，则见于《明仁宗实录》，（卷二中，页 2），永乐二十二年九月壬午条，但本篇将原文："博易输纳"后的文字删去"而商贩之徒，乘时射利，物价腾踊数十倍"，并将"加有不肖官吏夤缘为奸"

改为"胥吏因以为奸"。政策失误会引起的物价腾踊不良影响及作弊为非的不只是吏胥,官员也有份;编者省略文字结果,未能论述宣德帝对政事了解之深刻,彰显仁宣致治之由。

6. 礼部尚书吕震请即吉,不从。时上丧服已逾二十七日,震请如太祖仿汉制,易吉服。上未答。震退,遍语群臣,令释服。杨士奇谓震曰:"洪武中有遗诏,今未可援以为例。且仁孝皇后崩,太宗衰服后,仍服素衣冠经带月数日。今可遽即吉乎?明旦,君臣宜素衣冠黑角带。"遂以上闻,上亦未答。已而视朝,上素冠麻衣麻绖。文臣惟学士,武臣惟英国公如上所服。上叹曰:"张辅知礼,六卿乃反不及,士奇所执是也。"

按:"即吉"意思是:脱下丧服,换上吉服。《石匮书》未载此事,但《明仁宗实录》(卷二中,页2—3,永乐二十二年九月癸未条)、《皇明大政记》(卷一〇,页4—5)《国榷》(卷一八,页1222,永乐二十二年九月癸未条)均记此事,其中虽只有《皇明大政记》用"即吉"一词,但叙事文字较简短,仍非本条文本之依据。与此条文字最相近似的文本则是杨士奇《东里文集》,页396—397,《三朝圣谕录》(卷中,永乐二十二年九月癸未条)与王直《杨文贞公传》(焦竑《国朝献征录》卷一二,页30),宜为本条文本之参考依据。

7. 以灵璧县丞田诚为州判官,仍佐灵璧县事。诚居官廉能,抚字九年,考满,父老诣阙留之,遂有是命。

按:《石匮书》与《皇明大政记》未载此事,但《明仁宗实录》(卷二中,页6,永乐二十二年九月乙酉条)与《国榷》(卷一八,页1222,永乐二十二年九月乙酉条)均记此事。

8. 长沙府民自宫,求为内侍。上以其游惰不孝,发为卒戍边。

按:《皇明大政记》未载此事,但《石匮书》(卷四,《仁宗本纪》,页8)、《明仁宗实录》(卷二中,页3,永乐二十二年九月戊子条)与《国榷》(卷一八,页1223,永乐二十二年九月戊子条)均记此事,《国榷》较简略,本篇文字与《明仁宗实录》相近似,尤其以求自宫之人"游惰不孝",为《国榷》所无;则《明仁宗实录》当为此条文本之依据。

9. 以太常寺卿周讷为交趾升华府知府。讷永乐中为祠祭司郎中,请封禅,太宗不听。后以方宾荐入太常。上曰:"谀佞之人,宜置远徼,不可以玷朝行。"遂有是命。

按:《石匮书》与《皇明大政记》未载此事,但《明仁宗实录》(卷二下,页3—4,永乐二十二年九月庚寅条)与《国榷》(卷一八,页1223,永乐二十二年九月庚寅条)均记此事,《明仁宗实录》文字较近似,当为此条文本之依据。

10. 治水左通政乐福奏苏、松、常、杭、嘉、湖六府水灾,请俟来岁并征。命以钞布代输。

按:《皇明大政记》未载此事,但《石匮书》(卷四,《仁宗本纪》,页4—5)《明仁宗实录》(卷二下,页4,永乐二十二年九月庚寅条)与《国榷》(卷一八,页1223,永乐二十二年九月庚寅条)均记此事,《明仁宗实录》文字较近似,当为此条文本之依据。

11. 直隶广宗县水溢,命赈给之。

按:《石匮书》与《皇明大政记》未载此事,但《明仁宗实录》(卷二下,页4,永乐二十二年九月庚寅条)与《国榷》(卷一八,页1223,永乐二十二年九月庚寅条)均记此事,《国榷》文字较近似,当为此条文本之依据。

12. 谕兵部尚书李庆,以太仆寺马分给诸卫所,及沿边戍卒牧养。上念民力,恐废耕桑也。

按:《石匮书》与《皇明大政记》未载此事,但《明仁宗实录》(卷二下,页8,永乐二十二年九月乙未条)与《国榷》(卷一八,页1224,永乐二十二年九月乙未条)均记此事,《国榷》文字较近似,当为此条文本之依据。

13. 赐蹇义、杨士奇、杨荣、金幼孜"绳愆纠谬"图书。

按：《石匮书》《明仁宗实录》《国榷》等均未载此事，但《皇明大政记》（卷一〇，页 5）九月癸未条及杨士奇《杨公荣墓志铭》（《国朝献征录》卷一二，页 25—26）均记此事，当为此条文本之依据。

14. 冬十月，革户部及南京户部行用库。初建行用库，专市民间金银，至是罢革之。

按：《石匮书》《皇明大政记》未载此事，《国榷》（卷一八，页 1225，永乐二十二年十月壬寅朔条）仅记："革两京户部行用库。"但《明仁宗实录》（卷三上，页 1）永乐二十二年十月壬寅朔条）记事文字完全相同，应该是本条之所本。

15. 赐衍圣公孔彦缙宅。初，彦缙来朝，馆于民间。上闻之，顾近臣曰："四裔来朝之使，至京皆有公馆，先圣子孙，乃寓民家，何以称崇儒重道之意。"命工部赐宅。

按：《石匮书》《国榷》不载此事，《皇明大政记》（卷一〇，页 6，永乐二十二年十月甲辰条）仅记："赐衍圣公孔彦缙宅于京师。"但《明仁宗实录》（卷三上，页 2），永乐二十二年十月甲辰条，详记其缘由，文字几乎完全相同，应该是本条之所本。"至京"宜上读，点校本标点宜改为"四裔来朝之使至京，皆有公馆"。

16. 山东登、莱诸郡水灾，蠲逋租。苏州、徐州水灾，免今年税。浙江于潜、乐清民饥，命发仓赈之。

按：《石匮书》《皇明大政记》不载此事，《国榷》（卷一八，页 1226，永乐二十二年十月丙午条；卷一八，页 1227，永乐二十二年十月戊申条）及《明仁宗实录》卷三上，页 3，永乐二十二年十月丙午条与永乐二十二年十月戊申条，备载此事，应该是本条之所本。然本条编者将被水灾之"蓟州平峪等州县"误写成"苏州"，须改正。

17. 大理寺卿虞谦上言七事："曰慎用人。用得其人则治道兴，非其人则治道壅。曰兴学校。教育之道，本于师范，不在于备而在得人。曰端风宪。都察院纲纪之职，今俾端治狱，非设官本意。曰广储蓄。国用空乏，宜预为备。曰惜民力。畿南之兵，困于牧养，宜分给无马郡县。曰通货财。钞法不行，由于出多而入少。但多方收之而不轻出，则自能流通。曰治奸宄。畿民多盗贼，宜编里甲相觉察，犯者坐。"命议行之。

按：《石匮书》《国榷》《明仁宗实录》皆失载此事，《皇明大政记》（卷一〇，页 6，永乐二十二年十月壬子条）仅记标题"大理卿虞谦上七事"，无内容，应非本条所本。但《明宣宗实录》（卷二六，页 12—13），宣德二年三月壬子条载之，其文字本之于杨士奇撰《故嘉议大夫大理寺卿虞公墓志铭》见杨士奇《东里文集》（北京：中华书局点校本，1998），卷一四，页 203—306；焦竑《国朝献征录》，卷六八，页 2。本条文字应该是从其中摘钞。其中"惜民力。畿南之兵，困于牧养，宜分给无马郡县"与原文稍有出入。又，原文为："北京八府之民，困于养马极矣，宜分给无马郡县牧养，以苏畿内。"则"畿南之兵"应改正为"畿内之民"。

18. 大理寺奏决囚。命同大学士审录，召杨士奇等谕以钦恤至意。

按：《石匮书》失载此事，《皇明大政记》（卷一〇，页 6，永乐二十二年十月壬子条）、《国榷》（卷一八，页 1228，永乐二十二年十月丁巳条）《明仁宗实录》（卷三下，页 3，永乐二十二年十月丁巳条），均详载此事，本条文字应即简约上述史书文字而成。

19. 命翰林院严考岁贡生。上谕杨士奇曰："百姓不蒙福者，由守令匪人；守令匪人，由学校失教；自今宜严试之。五经四书义，不在文辞之工拙，但取其明理者。或人材难得，即数百人中得一人亦可。盖取之严，则不学者不敢萌侥幸之望。"

按：《石匮书》《皇明大政记》《国榷》皆不载此事，但《明仁宗实录》（卷三下，页 9，永乐二十二年十月丁卯条）详载此事，为本条之所本。

20. 十一月，宥建文诸臣家属。上尝语廷臣曰："方孝孺辈皆忠臣。"遂及宽典。

按：《石匮书》（卷四，《仁宗本纪》，页 5，永乐二十二年十一月条）与《皇明大政记》（卷一〇，页 4，永乐二十二年十一月壬申条）、《国榷》（卷一八，页 1230，永乐二十二年十一月壬申条）及《明仁宗实录》（卷四上，页 2，永乐二十二年十月丁卯条）皆载此事，但文字不同，以《石匮书》最接近，尤其"方孝孺辈皆忠臣"一语，诸书均不载，唯见之于《石匮书》；《石匮书》应为本条之所本。

21. 改大理寺卿杨时习交趾按察司，复虞谦为大理卿。先是，谦奏事，侍臣有言其当密请，不宜于朝中敷奏沽名者。又言其属官杨时习导之密陈，而谦不纳。上乃降谦，擢时习为卿。至，是杨士奇从容言之，且曰："谦历三朝，得大臣体，今犯过极小。"上曰："吾亦悔之。顾时习其人若何？"对曰："虽起于吏，然明习法律，公正廉洁。"上喜曰："吾有以处之。"遂有是命。

按：《石匮书》与《皇明大政记》不载此事，《国榷》（卷一八，页 1230，永乐二十二年十一月乙亥条）及《明仁宗实录》（卷四上，页 4，永乐二十二年十一月乙亥条）皆载杨时习、虞谦新职，但不记虞谦降擢缘由。本条后半部叙述虞谦先降后擢缘由，见于杨士奇《东里文集》，页 398，《三朝圣谕录》（卷中，永乐二十二年十一月十二日条），则《三朝圣谕录》应为本条之所本。

22. 召太监马骐还京。骐还未几，矫旨下内阁书敕，复往交趾办金珠。内阁复请，上正色曰："朕安得有此言！骐在交趾，荼毒军民，卿等独不闻乎？自骐召还，交人如解倒悬，岂可再遣。"然亦不诛骐也。

按：《石匮书》不载此事，然《国榷》（卷一八，页 1231，永乐二十二年十一月庚辰条）及《明仁宗实录》（卷四上，页 5—6，永乐二十二年十一月庚辰条）和《皇明大政记》（卷一〇，页 7，永乐二十二年十一月条）均载此事，但《皇明大政记》所记甚简略，《国榷》文字亦较简略，唯《明仁宗实录》文字较详，宜为本条之所本。又，本条有"矫旨下内阁书敕""内阁复请"之语，据《明仁宗实录》"内阁"应改正为"翰林院"。

23. 遣监察御史分巡天下，考察官吏。

按：《石匮书》不载此事，然《国榷》（卷一八，页 1232，永乐二十二年十一月癸未条）及《明仁宗实录》（卷四上，页 7—8，永乐二十二年十一月庚辰条）和《皇明大政记》（卷一〇，页 7，永乐二十二年十一月条）均载此事，其中以《皇明大政记》文字最近似，宜为本条之所本。

24. 进户部尚书郭资太子太师，命致仕。蹇义、夏原吉言其偏执妨事，且多病。上问杨士奇，对曰："资强毅能守廉，人不得干以私。但性偏执，甚至沮格恩泽，不得下究。"上问其故。对曰："诏书数下蠲免灾伤租税。不听开除，必令有司依额征纳，此其过之大者。"遂有是命。

按：《石匮书》不载此事，然《国榷》（卷一八，页 1233，永乐二十二年十一月丙戌条）及《明仁宗实录》（卷四下，页 3，永乐二十二年十一月丙戌条）和《皇明大政记》（卷一〇，页 7，永乐二十二年十一月条）均载此事，《皇明大政记》最简短，《国榷》《明仁宗实录》文字近似，只载洪熙帝诏书，不记缘由；应该都不是本条所本。相似内容则见于杨士奇《东里文集》，页 397—398，《三朝圣谕录》（卷中，永乐二十二年九月条），但不见于杨士奇撰《故资政大夫户部尚书郭公墓志铭》（焦竑《国朝献征录》，卷二八，页 19；杨士奇《东里文集》，卷一九，页 280—282）则《三朝圣谕录》应为本条之所本。

25. 赐户部尚书夏原吉"绳愆纠谬"图书。上谕夏原吉曰："古者寓兵于农，民无转输之劳，而兵食足。后世莫善于汉之屯田。先帝立屯种法甚善，但所司数以征徭扰之。自今天下卫所屯田军士，毋擅役妨其农务，违者治之。"

按：《石匮书》《皇明大政记》不载此事，然《国榷》（卷一八，页 1233—1234，永乐二十二年十一月丙戌条与辛卯条）及《明仁宗实录》（卷四下，页 3，永乐二十二年十一月丙戌条与卷四下，页 5，辛卯条）均载此事，且文字近似，赐图书在丙戌，谕屯田在辛卯，为本条之所本。此乃明朝银印密疏之起源，参见赵现海，《银章密奏与洪熙中枢政治》，《故宫博物院院刊》，2010 年第 6 期。

26. 命都察院捕治湖广副使舒仲成，以杨士奇言罢之。上监国时，仲成为御史，常奉旨理木植岁课之弊，忤旨。至是，因吏部奏仲成他事，命捕治之。士奇上疏曰："向来小臣得罪者众，陛下即位以来，皆已宥之，今复追理前事，则诏书不信。汉景帝为太子时，召卫绾，称疾不赴，即位，进用绾，前史美之。"上览疏喜，即有旨罢仲成，而降玺书褒士奇，赐钞币，面谕之曰："卿尽心如此，朕复何忧。"

按：《石匮书》《皇明大政记》与《明仁宗实录》不载此事，然《国榷》（卷一八，页1234，永乐二十二年十一月己亥条）及杨士奇《三朝圣谕录》（卷中，洪熙元年正月条）载此事，且文字近似，宜为本条之所本。

27. 上嘉群臣能言，谓杨士奇曰："朕尝处事有过，退朝思之，方自悔，而廷臣已有言者，甚惬朕意。"士奇对曰："宋臣富弼有言，愿不以同异为喜怒，不以喜怒为用舍。"上曰："然。《书》云：'有言逆于汝心，必求诸道。'群臣所言，有拂意者，朕退必自思。或朕实有失，亦未尝不悔。"士奇曰："成汤改过不吝，所以为圣人。"上曰："朕有不善，患未知耳。知之，不难于改。"

按：《皇明大政记》不载此事，然《石匮书》（卷四，《仁宗本纪》，页5—6，永乐二十二年十二月条）、《国榷》（卷一八，页1235，永乐二十二年十一月庚子条）《明仁宗实录》（卷四下，页7，永乐二十二年十一月庚子条）均载此事，且文字近似，应为本条所本。杨士奇《东里文集》，页398，《三朝圣谕录》（卷中，永乐二十二年十二月条）虽亦载此事，然文字较简略，如未记洪熙帝引《书经·商书·太甲下》："有言逆于汝心，必求诸道。"则本条应未参考《三朝圣谕录》。

28. 十二月，谕吏部慎选师儒。令吏、兵二部书各都司、布政司、按察司官姓名于奉天门内西序。上谕蹇义等曰："庶官贤否，军民休戚之所系也。昔唐太宗书各刺史于屏间，有善政，则各疏于下。皇考亦尝书中外官姓名于武英殿，时复观之。今五府、六部之臣，朕朝夕接见，询察其贤否。而在外诸司官，既久不能不忘。为臣有善而上忘之，谁肯自勉；有不善而上忘之，谁复自戒。尔吏部、兵部具各司官姓名，揭诸西序，朕将考其行事而黜陟焉。"

按：《石匮书》《三朝圣谕录》不载此事，《皇明大政记》（卷一〇，页8，永乐二十二年十二月己酉条）与《国榷》（卷一八，页1236，永乐二十二年十一月辛亥条）载之，然文字简略，皆不载洪熙帝谕语。唯《明仁宗实录》（卷五上，页5—6，永乐二十二年十一月辛亥条）备载此事，且文字近似，应为本条所本。

29. 罢海子、西湖巡视官。上谓蹇义曰："朕之心，苟可推以利民，虽府库之储不吝，况山泽之利哉！"命户部，被灾田土，分遣人驰谕各郡县，停免催征粮税。命刑部、都察院、通政司，自今内外官贪赃者，录其姓名藏于官，以便稽阅。

按：《石匮书》《三朝圣谕录》不载此事，《皇明大政记》（卷一〇，页8，永乐二十二年十二月己酉条）与《国榷》（卷一八，页1236，永乐二十二年十一月辛亥条）载之，然文字简略，皆不载洪熙帝谕语。唯《明仁宗实录》（卷五下，页1—2，永乐二十二年十二月癸丑条）备载此事，且文字近似，应为本条所本。"罢海子、西湖巡视官"似为海子与西湖巡视官，然据《明仁宗实录》："盖西湖受高山之流京城，南出注海子，凡三十余里，官常遣人往来巡视。"则此条宜改正为"罢海子至西湖巡视官"。

30. 仁宗洪熙元年春正月壬申朔，上御奉天殿，朝群臣，命礼部、鸿胪寺不作乐。先是，礼部尚书吕震请于上，宜受贺作乐如朝仪，上不从。震固请之，大学士杨士奇、杨荣、黄淮、金幼孜皆言陛下言是。震曰："四方万国之人，远朝新主，皆欲一观天颜，固圣孝诚至，亦宜勉徇下情。"上顾士奇等曰："礼过矣。"对曰："诚如圣谕，必欲俯徇舆情，亦不宜备礼。"上从之。明日，召士奇等谕："为君以受直言为明，为臣以能直言为忠。如昨日朝会从震言，今悔何及。自今朕行有未当，但直言之，毋以不从为虑。"各赐钞文币。

按：《三朝圣谕录》不载此事，《石匮书》（卷四，《仁宗本纪》，页7，洪熙元年年正月条）、《皇明大政记》（卷一〇，页 8，洪熙元年年正月壬申条）与《国榷》（卷一八，页 1238，洪熙元年年正月壬申条与癸酉条）载之，然文字简略，皆不载洪熙帝谕语。唯《明仁宗实录》（卷六上，页 1，洪熙元年年正月壬申条与癸酉条）备载此事，且文字近似，应为本条所本。

31. 南京龙山产灵芝，礼部尚书吕震请贺，不许。

按：《皇明大政记》与《三朝圣谕录》不载此事，《石匮书》（卷四，《仁宗本纪》，页 7，洪熙元年年正月条）、《国榷》（卷一八，页 1238，洪熙元年正月甲戌条）与《明仁宗实录》（卷六上，页 1，洪熙元年年正月甲戌条）载之，文字近似，应为本条所本。

32. 建弘文阁于思善门，命翰林学士杨溥掌阁事。上亲举印授溥曰："朕命卿等于左右，非止帮助学问，亦欲广知民事。即有建白，封识以进。"

按：《三朝圣谕录》不载此事，《皇明大政记》与《石匮书》（卷四，《仁宗本纪》，页 7，洪熙元年年正月条）、《国榷》（卷一八，页 1239，洪熙元年正月己卯条）均载之，然文字简略，只有标题，皆不载洪熙帝谕语内容。唯《明仁宗实录》（卷六上，页 5，洪熙元年年正月己卯条）载之，文字近似，应为本条所本。

33. 大祀天地于南郊。颁诏天下，罢山场、园林、湖池、坑冶，听民采取，悉照洪武年间例办纳。

按：《三朝圣谕录》不载此事，《皇明大政记》（卷一〇，页 9，洪熙元年年正月丙戌条）、《石匮书》（卷四，《仁宗本纪》，页 9，洪熙元年年正月条）与《国榷》（卷一八，页 1240，洪熙元年正月丙戌条）均载大祀天地于南郊；但只有《明仁宗实录》（卷六下，页 1，洪熙元年年正月丙戌条）及杨士奇《东里文集·东里别集·郊祀覃恩诏》（页 449—450，页 452）详载大祀之后宣布的"罢山场、园林、湖池、坑冶"等惠民事宜，应是本条所本。但编者摘取文字时，误将四川茶课"照洪武年间例办纳"，置于罢山场等之后，使读者误以为山场等听民采取，但须依洪武年间例办纳税课，其实原文为："各处山场、园林、湖池、坑冶及果树蜂蜜等件，原系民业，曾经官府采取。今有人看守及禁约者，诏书到日，听民采取，不许禁约，看守之人各还职役。"则"悉照洪武年间例办纳"为另一件事，应删去。若欲保留，必须补述茶课事。

34. 罢给朝觐官孳牧马。初，兵部尚书李庆言于上曰："民间牧马蕃衍，已散之军伍，尚余数千。请令朝觐官领之，太仆苑马，岁课其息。有亏，罚与民同。"杨士奇不可，庆忿不纳。士奇奏曰："朝廷求贤任官，今乃使养马而课，责与民同。且所散不及三千，而朝廷负此名于天下，岂贵贤贱畜之意乎？"上许出内批罢之，已而不闻。明日，士奇又言之，上曰："偶忘之。"有顷，上御思善阁，召士奇谕曰："内批岂真忘之！朕闻吕震、李庆等皆忿卿，朕念卿孤立，恐为众所伤，不欲因卿言而罢，今有名矣。"出示章，则陕西按察使陈智言畜马不便，命士奇据此草敕止之。士奇顿首言："陛下知臣，臣不孤矣。"上谓士奇曰："继今令有不便，惟密与朕言。李庆、吕震辈不识大体，不足语也。"

按：《皇明大政记》（卷一〇，页 9，洪熙元年正月丙戌条）文字最简短，只有标题。《国榷》（卷一八，页 1240，洪熙元年正月己丑条）、《石匮书》（卷四，《仁宗本纪》，页 7，洪熙元年正月条）与《明仁宗实录》（卷六上，页 6，洪熙元年正月辛巳条）虽载罢给朝觐官孳牧马原委，但均不载洪熙帝与杨士奇对话。杨士奇《东里文集》，页 398—399，《三朝圣谕录》（卷中，永乐二十二年十二月条）则备载此事，应为本条之所本。

35. 二月，舞阳、清河、睢宁民饥，命发本县仓粟赈之。

按：《三朝圣谕录》《皇明大政记》与《石匮书》皆不载，《国榷》（卷一八，页 1243，洪熙元年二月庚戌条、丙辰条；页 1244，洪熙元年二月庚申条）与《明仁宗实录》（卷七上，页 5，洪熙元年二月庚戌条；卷七下，页 1，洪熙元年二月丙辰条；卷七下，页 2，洪熙元年二月庚申条）载之，应为本条之所本。

36. 大理寺少卿弋谦言事过激，吕震等交奏其沽名，上颇厌之。杨士奇以主圣臣直，从容为上言之，且曰："谦虽昧于大体，盖亦感恩图报耳。"上因免谦朝参而视事如故。士奇复进曰："四方朝觐之臣咸在，岂能尽知谦过。传之于远，将谓朝廷不能容直言。"上惕然曰："此吕震误朕也。朕非恶言事，谦言自有过者。卿可以朕言谕众人。"士奇曰："此非臣所能谕，当以玺书开喻之。"上遂命士奇书敕引过，而待谦如初，命百官毋以谦为戒。已而召谦为副都御史。时有中官采木四川扰民者，召谦谕曰："尔素清直，其为朕穷治之，勿怀疑畏。"

按：《石匮书》和《皇明大政记》不载此事，然《国榷》（卷一八，页1244，洪熙元年二月庚申条）及《明仁宗实录》（卷七下，页2，洪熙元年二月庚申条）均载此事，相似内容，但均不载洪熙帝与杨士奇对话及帝对弋谦的赞语；因此，《国榷》《明仁宗实录》应非本条所本。上述失载文字则见于杨士奇《东里文集》，页402—403，《三朝圣谕录》（卷中，洪熙元年二月条）及雷礼撰《副都御史弋公谦传》（焦竑《国朝献征录》，卷五五，页4—5），则《三朝圣谕录》及雷礼撰《副都御史弋公谦传》应为本条之所本。

37. 三月，谕三法司，自今诽谤者悉勿治。

按：《三朝圣谕录》不载，《石匮书》（卷四，《仁宗本纪》，页8，洪熙元年正月条）、《国榷》（卷一八，页1248，洪熙元年三月丁亥条）及《明仁宗实录》（卷八上，页7，洪熙元年三月丁亥条）均详载此事，相似内容，尤其《明仁宗实录》载洪熙帝谕："自今诽谤者悉勿治。"与本条文字完全相同，不似《国榷》云："今后告诽谤者一切勿治。"《石匮书》云："今后告诽谤者一切弗治"；则《明仁宗实录》应为本条之所本。而《皇明大政记》（卷一〇，页9，洪熙元年年三月乙亥条）所载"命三法司，告诽谤者勿问"文字不完全相同，应亦非本条之所本。

38. 乐亭、连城、莱芜、蓬莱、黄岩民饥，命发本县仓粟赈之。

按：《三朝圣谕录》《石匮书》与《皇明大政记》失载，《国榷》（卷一八，页1245，洪熙元年三月癸酉条；页1247，洪熙元年三月戊寅条、己卯条；页1249，洪熙元年三月庚寅条、乙未条）及《明仁宗实录》（卷八上，页2，洪熙元年三月癸酉条；页5，洪熙元年三月戊寅条、己卯条；卷八下，页2，洪熙元年三月庚寅条；页5，洪熙元年三月乙未条）均载此事，内容相似，应为本条之所本。《明仁宗实录》记本月赈饥民之事尚多，如平度州、泰安州、任丘县等，本条不备举，或可于"黄岩"后加一"等"字。

39. 夏四月，诏免山东、淮安、徐州今年夏税之半。停罢一切官买物料。时有至自南京者，言徐、淮、山东民多乏食，而有司催科方急。上问蹇义，义对亦同。上命杨士奇草诏蠲恤。士奇言："不可不令户部、工部与闻。"上曰："姑徐之，救民如拯溺，不可须臾缓。有司虑国用不足，必持不决。"因命中官给笔札，士奇就西角门草诏。上览毕，即遣使赍行，顾士奇曰："卿今可语部臣，朕悉免之矣。"左右或言宜有分别，庶不滥恩。上曰："恤民宁过厚。为天下主，可与民较锱铢耶！"

按：《三朝圣谕录》失载，《石匮书》（卷四，《仁宗本纪》，页9，洪熙元年四月条）、《国榷》（卷一八，页1250—1251，洪熙元年四月壬寅条）及《明仁宗实录》（卷九上，页2—3，洪熙元年四月壬寅条）均详载此事及帝与杨士奇对话，内容相似，宜为本条之所本。

40. 大名府民饥，命发长垣仓粟赈之。河南镇、汝、钧、许四州，延津、襄城等二十二县，及山东昌邑，直隶邢台等县民饥，命所在发仓粟赈之。

按：《三朝圣谕录》《石匮书》与《皇明大政记》失载，《国榷》（卷一八，页1252，洪熙元年四月甲辰条；页1253，洪熙元年四月己酉条、庚戌条）及《明仁宗实录》（卷九上，页5，洪熙元年四月甲辰条；卷九下，页1，洪熙元年四月己酉条、庚戌条）均详载此事及帝与杨士奇对话，内容相似，宜为本条之所本。但本条将河南"郑、汝、钧、许四州"的郑州误为"镇"州；延津、襄城等"二十三县"误为"二十二县"；均应校正。

41. 时近臣有进言太平之政者，杨士奇进曰："流徙未归，疮痍未复，远近犹有艰食之民，须休养数年，庶几人得其所。"上嘉纳之。复谕蹇义等曰："曩与卿'绳愆纠谬'银章，惟士奇封入五疏，余皆无有，岂朝政果无阙，生民果皆安乎？"诸臣顿首谢。

按：《明仁宗实录》《国榷》《石匮书》与《皇明大政记》均失载，唯《东里文集》，页401—402，《三朝圣谕录》（卷中，洪熙元年二月条）详载此事，当为本条之所本。

42. 太常寺卿兼学士杨溥上言牺牲少，请遣官市。上曰："爱人而后可以事神，其令有司监市，毋扰民。"

按：《三朝圣谕录》《国榷》《石匮书》与《皇明大政记》均失载，唯《明仁宗实录》（卷九下，页3—4，洪熙元年四月己未条）载之；当为本条之所本。但编者从中摘取文字，或有失焦之嫌。（1）杨未言牺牲少，而是请求遣官给钞于产地购买。（2）洪熙帝说他了解官方向民间市买牺牲，给的价钱是以洪武年间的物价，而现今物价"视洪武时直率增数十倍"；因此，下令价买牺牲"悉准在京时直给钞"。本条要突显洪熙帝爱民致治，应当将此写入。

43. 五月，谕吏部慎选御史，以清风纪，咨访可任都御史以闻。上曰："都御史，十三道之表，都御史廉，御史虽不才，亦知畏惮。今不才者无复畏惮矣。"时左都御史刘观有贪名。

按：《三朝圣谕录》《石匮书》与《皇明大政记》均失载，《国榷》（卷一八，页1255，洪熙元年五月辛未条）与《明仁宗实录》（卷一〇，页1，洪熙元年五月辛未条）则备载此事，应为本条之所本。

44. 上崩。洪武中，上随文皇入侍，太祖令阅皇城卫卒。还奏迟。问："何后也？"对曰："旦寒甚，卫士方食，俟食毕，乃阅以故迟。"太祖曰："善。孺子知恤下乎！"又令阅奏疏，多取言民瘼者上白，太祖曰："儿生长深宫，乃知民间疾苦。"尝问："尧九年水，汤七年旱，百姓何所恃？"对曰："恃圣人有恤民之政耳。"太祖大喜，称善。文皇即位，为皇太子监国，多仁政。既即位，天下益归心。每边将陛辞辄戒曰："民力罢矣，毋贪功。脱扰塞下，驱之而已。"用法尚宽厚，然深恶赃吏，每戒法司曰："国家恤民，必自去赃吏始。"在位仅十月，而百政俱举云。

按：此段评述洪熙帝文字主要摘自《明仁宗实录》（卷一上，页1—3）。

45. 六月，皇太子即皇帝位。

按：《石匮书》（卷五，《宣宗本纪》，页2，洪熙元年六月庚戌条）与《皇明大政记》（卷一一，页3，洪熙元年六月初十日庚戌条）、《国榷》（卷一九，页1257，洪熙元年六月庚戌条）及《明宣宗实录》（卷一，页11，洪熙元年六月庚戌条）皆载此事，宜皆为本条之所本。

46. 罢浙江布政司参议王和、袁昱、陕西按察司佥事韩善为民。和等坐赃遇赦，吏部奏拟还职，上曰："士大夫当务廉耻，三人皆贪污，岂可复任方面。"

按：《三朝圣谕录》与《石匮书》均失载，《皇明大政记》（卷一一，页3，洪熙元年年六月甲寅条）、《国榷》（卷一八，页1259，洪熙元年六月乙卯条）与《明宣宗实录》（卷二，页6，洪熙元年六月丙辰条）则备载此事。但《国榷》文字简略，不载宣德帝谕语；并非本条所本。而《明宣宗实录》则文字相同，应为本条之所本。

47. 河南新安知县陶镕奏民饥，借驿粮千石赈救，秋成偿还。上谓夏原吉曰："有司拘文法，饥荒必申报赈济，民饥死久矣。陶镕先给后闻，能称任使，毋责其擅。"

按：《三朝圣谕录》《皇明大政记》与《石匮书》均失载，《国榷》（卷一八，页1259，洪熙元年六月乙卯条）与《明宣宗实录》（卷二，页8，洪熙元年六月丙辰条）载此事，但《国榷》不载洪熙帝谓夏原吉语，而《明宣宗实录》备载之，且文字相同，应为本条之所本。

48. 定会试分南、北卷取士例。先是，仁宗尝与侍臣论科举之弊。杨士奇曰："科举当兼取南、北士。"仁宗曰："北人学问远不逮南人。"士奇曰："长才大器，俱出北方，南人虽有才华，多轻浮。"仁宗曰："然则将何如？"士奇曰："试卷例缄其姓名，请于外书《南》《北》二字，如当取百人，则南六十，北四十，南北人才，皆入彀矣。"仁宗曰："然。往年北士无入格者，故怠惰成风。今如是，则北方学者亦感奋兴起。"命与礼部议闻，未上而仁宗崩。上即位，遂行之。后复定南、北、中卷。北卷则北直隶、山东、河南、山西、陕西，中卷则四川、广西、云南、贵州及凤阳、庐州二府，徐、滁、和三州，余皆南卷。

按：《石匮书》失载，杨士奇《东里文集》，页404，《三朝圣谕录》（卷中，洪熙元年五月条），《皇明大政记》（卷一一，页6—7，洪熙元年九月辛亥条），《国榷》（卷一八，页1273，洪熙元年九月乙卯条）与《明宣宗实录》（卷九，页10—11，洪熙元年九月乙卯条）则备载此事。但《明宣宗实录》《皇明大政记》与《国榷》均不载宣德帝与杨士奇对话，应非本条所本。而《三朝圣谕录》则备载之，且文字相同，应为本条之所本。定南、北、中卷则见《万历大明会典》（万历十五年司礼监刊本），卷七七，页27，《科举·会试》。

49. 御史何文渊言："太祖令州县设老人，以年高有德者为之。比年所用，多非其才，或出自仆隶，凭借官府，肆虐闾阎。"上命户部申旧制，违者并有司置之法。

按：《三朝圣谕录》《石匮书》失载，《皇明大政记》（卷一一，页5，洪熙元年七月壬戌条），《国榷》（卷一九，页1265，洪熙元年七月丙申条）与《明宣宗实录》（卷四，页12—13，洪熙元年七月丙申条）载之；《皇明大政记》甚简，不载宣德帝谕语；《国榷》虽载宣德帝谕语，但不完整；唯《明宣宗实录》文字最近似，应为本条之所本。

50. 冬十月，思州府通判檀凯九载考满，其民诣阙乞留，令予正五品俸以优之。

按：《三朝圣谕录》《皇明大政记》《国榷》与《石匮书》均失载，唯《明宣宗实录》（卷一〇，页4，洪熙元年十月壬申条）载之，应为本条之所本。

51. 十一月，工部尚书吴中言："制造御用器物不足，请买于民间。"上曰："汉文服御帷帐无文绣，史称其恭俭爱民。朕方以俭约率下。"命止之。

按：《三朝圣谕录》《皇明大政记》《国榷》与《石匮书》均失载，唯《明宣宗实录》（卷一一，页4—5，洪熙元年十一月壬子条）载之，应为本条之所本。当时，吴中为行在工部尚书，工部尚书为黄福兼詹事，十二月出镇交趾，仍保留工部尚书衔。

52. 宣宗宣德元年二月，礼部进《籍田仪注》，上观之，谓侍臣曰："先王制籍田，率天下务农，天子公卿躬秉耒耜，贵有实心耳。不然，三推五推，何益于事！"侍臣顿首曰："先王制礼有本有文，陛下言及此，苍生之福也。"

按：《三朝圣谕录》《皇明大政记》与《国榷》均失载，唯《石匮书》（卷五，《宣宗本纪》，页3，宣德元年二月条）与《明宣宗实录》（卷一四，页4，宣德元年二月乙亥条）载之，应为本条之所本。又"籍田"，《大明会典》作"耤田"。

53. 夏四月，户部奏青州借官粮赈饥，乞复勘，然后给。上曰："民饥无食，当如拯溺救焚，即命就便分给。"

按：《三朝圣谕录》《皇明大政记》与《石匮书》均失载，唯《国榷》（卷一八，页1292，宣德元年四月壬辰条）与《明宣宗实录》（卷一六，页13，宣德元年四月壬辰条）载之，应为本条之所本。

54. 五月，论三法司审录系囚，务在平恕。御左顺门，谕廷臣遵守皇祖旧典。上曰："皇太祖肇建国家，皇祖考相承，谋虑深远。子孙遵而行之，犹恐未至。世之作聪明，乱旧章，驯至败亡，往事多有可鉴。古人云：'商周子孙，能守先王之法。'至今存可也。"

按：《三朝圣谕录》失载，唯《国榷》（卷一八，页1292，宣德元年五月甲午朔条）、《皇明大政记》（卷一一，页10，宣德元年五月甲午朔条）与《石匮书》（卷五，《宣宗本纪》，页4，宣德元年五月条）

均只载标题，不载宣德帝谕语，唯《明宣宗实录》（卷一七，页 1，宣德元年五月甲午朔条）载之，文字相同，应为本条之所本。

55. 秋七月，命六科给事中，凡内官传旨，皆须复奏，然后行。

按：《三朝圣谕录》《石匮书》失载，《皇明大政记》（卷一一，页 11，宣德元年七月壬辰朔条）只载标题，不载缘由，但《国榷》（卷一八，页 1296，宣德元年七月己亥条）与《明宣宗实录》（卷一九，页 3—4，宣德元年七月己亥条）载之，文字相同。但本条并不载缘由，则《皇明大政记》应为本条之所本。

56. 朵颜卫朝贡不至，辽东总兵武进伯朱荣请掩击之。上曰："驭夷之道，毋令扰边而已。"不许。

按：《三朝圣谕录》《石匮书》《皇明大政记》《国榷》皆失载，唯《明宣宗实录》（卷四，页 7，洪熙元年七月辛卯条）载之，文字相似，应为本条之所本。

57. 八月，汉王高煦反，上亲征，高煦降。尚书陈山请移师彰德袭赵王，杨士奇力止之。

按：杨士奇《东里文集》，页 405—406，《三朝圣谕录》（卷下，宣德元年条）、《石匮书》（卷五，《宣宗本纪》，页 4，宣德元年八月条）、《皇明大政记》（卷一一，页 12—13，宣德元年八月壬戌朔条、辛巳条、庚寅条）、《国榷》（卷一八，页 1298，1303—1304，宣德元年八月壬戌朔条、壬午条、庚寅条）与《明宣宗实录》（卷二〇，页 1，12—13，15—16，宣德元年八月壬戌朔条、壬午条、庚寅条）均载之，文字详略不同。本条文字简略，与《石匮书》《皇明大政记》较近似；《石匮书》《皇明大政记》应为本条之所本。

58. 冬十月，复李时勉翰林侍读。先是，洪熙中，时勉言事过激，仁宗怒，命武士扑以金瓜，断胁不死，系狱。时上面讯释之，复召入翰林。

按：《三朝圣谕录》不载，《石匮书》（卷五，《宣宗本纪》，页 5，宣德元年十月条；卷八五，页 1，《李时勉陈敬宗列传》）、《皇明大政记》（卷一一，页 13，宣德元年十月戊辰条）、《国榷》（卷一八，页 1309，宣德元年十月戊寅条）与《明宣宗实录》（卷二二，页 8，宣德元年十月戊寅条）均载之，然除《石匮书》《李时勉陈敬宗列传》外，均不载仁宗迁怒李时勉而命武士扑以金瓜事。则《石匮书》当为本条之所本。此事原载于焦竑《玉堂丛话》（顾思点校，北京：中华书局，1981）卷四。

59. 十二年二月，上御文华殿，赐辅臣蹇义、夏原吉、杨士奇、杨荣、胡濙范银图书。义曰"忠厚宽弘"，原吉曰"含弘贞靖"，士奇曰"清方贞靖"，荣曰"方正刚直"，濙曰"清和恭靖"。

按：《石匮书》卷七七，《蹇义夏原吉列传》，载宣德四年赐蹇义"忠厚宽弘"银印（页 3）。《明宣宗实录》（卷六二，页 5，宣德五年正月戊辰条）载宣德三年赐夏原吉范金银印"含弘贞靖"。杨士奇，《杨公荣墓志铭》（《国朝献征录》卷一二）载宣德二年二月范白金为图书刻"方正刚直"。又《皇明异典述》，卷六，《赐印记》谓杨士奇印曰"清方贞一"，但据杨士奇《赐印章记》：宣宗皇帝赐方寸银章二，其一文曰"贞一居士"；盖取先帝所赐贞一章而举二字赐臣为号也。其一文曰"清方贞靖"。时览贞一章既，顾谓臣曰："此先帝之灼知汝也，然吾知汝亦非浅。"指清方贞靖谓臣曰："此汝之所有、而吾所素知也。"遂以赐臣。则当以"清方贞靖"为是。

60. 上御左顺门，夏原吉等侍。上曰："逸慝小人，直能变白为黑。听其言若忠，究其心则险。汲黯正直，奸邪寝谋，卿等所宜法也。"原吉等顿首受命。

按：《三朝圣谕录》《石匮书》《皇明大政记》《国榷》均不载，唯《明宣宗实录》（卷三二，页 7—8，宣德二年十月己卯条）载之，文字近似；当为本条之所本。此乃十月事，编者置之于二月条下，不妥；当于"上御左顺门"前增补"十月"，并调整条次。

61. 八月，禁有司沮格诏令。

按：《三朝圣谕录》《石匮书》《皇明大政记》均不载，唯《国榷》（卷一八，页 1328，宣德二年八月甲戌条）与《明宣宗实录》（卷三〇，页 5，宣德二年八月甲戌条）均载之，文字近似，当为本条之所本。

62. 九月，命浙江按察使林硕复职。硕振举宪法不稍贷，中官裴可立督事浙江，以沮格诏令诬之。上遣人逮硕至，亲问之曰："尔毋怖，但尽实对。"硕叩头具言故，立命驰驿复任，而降敕切责可立。

按：《三朝圣谕录》不载，《皇明大政记》（卷一一，页 17，宣德二年九月乙亥条）简略，失载宣德帝与林硕互动事，但《石匮书》（卷五，《宣宗本纪》，页 7—8，宣德元年十二月条）、《国榷》（卷一八，页 1330—1331，宣德二年九月己亥条）与《明宣宗实录》（卷三一，页 6，宣德二年九月己亥条）均载之文字近似，当为本条之所本。"裴可立"，史语所版《明宣宗实录》作"裴可力"，然《国榷》《石匮书》与本条相同均作"裴可立"；本条应取材《国榷》《石匮书》，而非《明宣宗实录》。

63. 冬十月，上御文华殿，儒臣讲《易观大象》毕，上曰："古者帝王有巡狩之礼，后世何以不行？"对曰："古之君臣，上下往来，以通礼意。至秦尊君抑臣，斯礼遂废。"上曰："亦时势不同也。舜时五载一巡狩，《虞书》所载一年遍天下。后世人君一出，千乘万骑，百姓骚驿。成周十二年一巡，已与虞时不同矣，况后世乎！予谓治贵实效。巡狩之礼，考制度，观民风，明黜陟，此其大节也。诚能体帝王之心，选贤任良，不患不振。若以后世侍卫之众，征求之广，欲行时巡之礼，难矣。"

按：《三朝圣谕录》《石匮书》《皇明大政记》《国榷》均不载，唯《明宣宗实录》（卷三二，页 5，宣德二年十月壬申条）均载之，文字近似；当为本条之所本。《易观大象》标点不妥，宜改《易》观《大象》，意为善观《易》者，未观圣言，先观《大象传》。《易经》《象传》分为《大象传》和《小象传》。《大象传》64 条，分别解释《周易》64 卦的卦名和卦意。

64. 时征交趾屡失利，上密问英国公张辅，辅请益发兵诛之。杨士奇、杨荣力言弃交趾便。上从之，赦交趾罪。

按：《石匮书》（卷五，《宣宗本纪》，页 6—7，宣德二年十一月条）与《皇明大政记》（卷一一，页 16—17，宣德二年十月条、十一月条）《明宣宗实录》（卷三三，页 11，宣德二年十一月癸丑条）均记交趾失利事，但不载张辅、杨士奇、杨荣讨论战守事；显然非本条所本。杨士奇《东里文集》，页 406—407，《三朝圣谕录》（卷下，宣德二年十月条）与《国榷》（卷一八，页 1333，宣德二年十一月癸未条）均备载之，文字则与《三朝圣谕录》较近似；当为本条之所本。

65. 三年二月，易皇后胡氏，册妃孙氏为皇后。先是，上尝召张辅、蹇义、夏原吉、杨士奇、杨荣谕之曰："朕年三十未有子，今幸贵妃生子，母从子贵，古亦有之。但中宫宜何如处置？"因举中宫过失数事。荣曰："举此废之可也。"上曰："废后有故事否？"义曰："宋仁宗降郭后为仙妃。"上问辅、原吉、士奇何无言？士奇对曰："臣于帝后，犹子事父母。今中宫，母也，群臣子也，子岂当议废母！"上问辅、原吉云何？二人依回其间，曰："此大事，容臣详议以闻。"上问："此举得不贻外议否？"义曰："自古所有，何得议之！"士奇："宋仁宗废郭后，孔道辅、范仲淹率台谏十数人入谏被黜，至今史册为贬，何谓无议！"既退，荣、义语原吉、士奇曰："上有志久矣，非臣下所能止。"原吉曰："但当议处置中宫。"士奇曰："今日所闻中宫过失，皆非当废之罪。"议不决。明旦，上召士奇、荣至西角门，问："议云何？"荣怀中出一纸，列中宫过失二十事进，皆诬诋，曰："即此可废也。"上览二三事，遽艴然变色曰："彼曷尝有此，宫庙无神灵乎？"顾士奇："尔何言？"对曰："汉光武废后，诏书：'异常之事，非国修福。'宋仁宗废后，后来甚悔。愿陛下慎之。"上不怿而罢。他日又诏问，士奇曰："皇太后必有主张。"上曰："与尔等语，太后意也。"一日，独召士奇至文华殿，屏左右，谕曰："若何处置为当？"士奇因问："中宫与贵妃若何？"上曰："甚和睦，相亲爱。但朕重皇子，而中宫禄命不宜子，故欲正其母以别之。中宫今病逾月矣，贵妃日往视，慰藉甚勤也。"士奇："然则乘今有疾，而导之辞让，则进退以礼，而恩眷不衰。"上颔之。数日，复召士奇曰："尔前说甚善，中宫果欣然辞。贵妃坚不受，太后亦尚未听辞。然中宫辞甚力。"士奇曰："若此，则愿陛下待两宫当均一。昔宋仁宗废郭后，而待郭氏恩意加厚。"上曰："然，吾不食言。"其议遂定。敕曰："皇后胡氏，自惟多疾，不能承祭养，重以无子，固怀谦退，上表请闲。朕念夫妇之义，拒之不从。而陈词再三，乃从所志，就闲别宫。其称号、服食、侍从悉如旧。贵妃孙氏，皇祖太宗选嫔于朕，十有余年，德义之茂，冠于后宫。实生长子，已立为皇太子。群臣咸谓《春秋》之义，母以子贵，宜正位中宫。今允所请，册妃孙氏为皇后。"

按：《三朝圣谕录》不载，《石匮书》（卷五，《宣宗本纪》，页 8，宣德三年三月条）与《皇明大政记》（卷一一，页 18，宣德三年三月癸未条）均载易后事，然无内容；显非本条所本。但《国榷》（卷一八，页 1341—42，宣德三年三月癸未条）与《明宣宗实录》（卷三九，页 1—3，宣德三年三月癸未条）则备载之，然《明宣宗实录》为回护宣宗立说，将易后说成是胡后自己的主张，而《国榷》较为合理，且文字与本条近似；当为本条之所本。但易后诏书《国榷》不载，《明宣宗实录》载之，则本条文字亦有本之《明宣宗实录》者。又此事发生于宣德三年三月癸未朔，本条编者误为宣德三年二月，该改正。

66. 上御文华殿，谕侍臣曰："治民有本末，制田里，设学校，本也。不幸而有愚顽者，然后刑之。然观肉刑，则过于惨。"侍臣曰："古人用肉刑，则人人自爱而重犯法。至汉文帝除之，自是人轻冒法。"上曰："古人教民之道周备，故犯法者少，后世教民之道不至，故犯法者多，未必系肉刑之存否。舜法有流宥金赎，而四凶之罪止于流放窜殛，可见当时被肉刑者，必当重罪。况汉承秦敝，以不教之民而遽断其肢体，刻其肌肤，伤残者多矣。隋、唐以后，以笞杖徒流死为五刑，亦良法也。"又曰："汉文除肉刑，唐太宗观《明堂针灸图》，禁鞭背，皆后世仁政。汉、唐享国长久，有以哉！"

按：《三朝圣谕录》《石匮书》《皇明大政记》《国榷》均不载，唯《明宣宗实录》（卷三七，页 4—5，宣德三年二月乙亥条）均载之，文字相似；当为本条之所本。

67. 三月，召蹇义、夏原吉、杨士奇、杨荣等十有八人游万岁山，命乘马，中官导引，登山周览。上指御舟曰："以操以济，群卿之力也。"义等叩头呼万岁。上喜，特召士奇、荣谕曰："天下无事，虽不可流于安逸，然古人游豫之乐，不可废也。"复命乘马游小山。中官出酒馔，皆珍奇。及归，醉，出西安门，天已暝。

按：《三朝圣谕录》《石匮书》《皇明大政记》《国榷》《明宣宗实录》均不载，唯黄佐《翰林记》（卷六，页 12—13），《侍游禁苑》载之；当为本条之所本。

68. 工部侍郎李新自河南还，言："山西民饥，流徙至南阳诸郡，不下十余万。有司遣人捕逐，民死亡者多。"上谕夏原吉曰："民饥流亡，岂其得已。昔富弼知青州，饮食居处医药，皆为区画，山林河泊之利，听民取之，全活五十余万人。今乃驱逐使之失所，不仁甚矣。"乃遣官往山西、河南赈济，禁捕治。

按：《三朝圣谕录》《石匮书》不载，《国榷》（卷二〇，页 1348，宣德三年闰四月甲辰条）与《皇明大政记》（卷一一，页 18，宣德三年闰四月条）均载此事，然不载宣德帝谕语及宣德帝与夏原吉对话；显非本条所本。唯《明宣宗实录》（卷四二，页 1—3，宣德三年闰四月甲辰条）则备载之；当为本条之所本。此条事在闰四月，不应列入三月条下，宜调整改正。

69. 夏四月，吏部尚书蹇义请裁内外冗员，从之。

按：《三朝圣谕录》《石匮书》均不载，《国榷》（卷二〇，页 1344，宣德三年四月丙辰条）《皇明大政记》（卷一一，页 19，宣德三年四月条）与《明宣宗实录》（卷四一，页 3，宣德三年四月丙辰条）均载此事，《明宣宗实录》备载宣德帝谕语，文字甚多；《皇明大政记》未记注蹇义，文字极少；显非本条所本。唯与《国榷》文字相似；当为本条之所本。

70. 宁王权奏乞赐南昌土田。上曰："王者食租衣税，今有岁禄足矣。一乡之田，民所衣食，不当夺以自养。"

按：《三朝圣谕录》《石匮书》均不载，《国榷》（卷二〇，页 1347，宣德三年闰四月壬寅条）、《皇明大政记》（卷一一，页 19，宣德三年闰四月壬午条）与《明宣宗实录》（卷四二，页 7，宣德三年四月壬寅条）均载此事，但《明宣宗实录》备载宣德帝谕语，《国榷》《皇明大政记》失载；《明宣宗实录》当为本条之所本。此条事在闰四月，不应列入四月条下，宜另立闰四月一条，调整改正。

71. 五月，巡抚大理卿胡㮣请增设杭、嘉、湖管粮布政司官一员。上曰："粮税自有常赋，朕方裁抑冗滥。古语曰：'省事不如省官。'"不许。

按：《三朝圣谕录》《石匮书》《皇明大政记》《国榷》均不载，唯《明宣宗实录》（卷四三，页 2，宣德三年五月丙辰条）载之；当为本条之所本。

72. 六月，出左都御史刘观，以通政使顾佐为左都御史。上罢朝，谕朝臣："贪浊奈何？"杨士奇对曰："贪风始永乐末，今更甚。"上问："何如？"对曰："太宗自十五六年，数疾不视朝，扈从之臣，请托贿赂，公行无忌。"杨荣曰："当是时，惟方宾有贪名。"上即顾荣问："今日贪者谁甚？"对曰："莫甚刘观。"士奇曰："风宪所以肃百僚。宪长如此，则不肖御史皆效之。御史奉巡四方，则不肖有司皆效之。"上叹息曰："除恶务本，顾观去，谁代观者？"士奇曰："通政使顾佐廉公有威。"荣曰："佐为京尹，能禁防下吏，政清弊革。"上喜曰："顾佐乃能如是！"阅数月，乃命观巡阅河道，而以佐代之。寻下观狱。

按：《石匮书》不载，《国榷》（卷二〇，页 1352，宣德三年六月丁未条；宣德三年七月丙辰条；页 1360，宣德三年十月己亥条）、《皇明大政记》（卷一一，页 21，宣德三年六月丁未条；页 23，宣德三年十月戊戌条）与《明宣宗实录》（卷四四，页 8，宣德三年六月丁未条；卷四五，页 2，宣德三年七月丙辰条；卷四七，页 12，宣德三年十月己亥条）与《东里文集》（页 408—409）《三朝圣谕录》（卷下，宣德三年十月条）均载此事，但《国榷》《皇明大政记》文字简短，《明宣宗实录》备载宣德帝谕语，但不载宣德帝与杨士奇讨论对话，唯《三朝圣谕录》备载之；当为本条之所本。

73. 工部尚书吴中，以官木砖瓦私遗太监杨庆作私第，甚弘壮。上登皇城，遥望见之，诘左右，得其实，下中狱。寻释之。

按：《石匮书》不载，《国榷》（卷二〇，页 1351，宣德三年六月甲午条；宣德三年六月己亥条）、《皇明大政记》（卷一一，页 21，宣德三年六月条）与《明宣宗实录》（卷四四，页 3，宣德三年六月甲午条；页 4，宣德三年六月己亥条）载之，唯《明宣宗实录》文字最相似，例如记杨庆作私第"甚弘壮"，即诸书所无；《明宣宗实录》；当为本条之所本。

74. 上阅《皇明祖训》，谕侍臣遵旧法。侍臣对曰："诚如圣谕。但躬蹈当自陛下始。"上嘉纳之。

按：《三朝圣谕录》《石匮书》《皇明大政记》《国榷》均不载，唯《明宣宗实录》（卷四四，页 9，宣德三年六月戊申条）备载之；当为本条之所本。

75. 秋七月，召蹇义、夏原吉、杨士奇、杨荣游东苑，赐宴于东庑。上与义等语良久，乃曰："此中复有草舍，朕致斋之所。非敢比茅茨不剪之意，然庶几不忘乎俭矣。卿等可遍观。"上临河举网取鱼，令中官赐食。

按：《三朝圣谕录》《皇明大政记》《国榷》《明宣宗实录》均不载，唯黄佐《翰林记》（卷六，页 13—14），《侍游禁苑》与《石匮书》（卷五，《宣宗本纪》，页 9，宣德三年七月条）载之；当为本条之所本。

76. 青州民刘中等奏："自永乐中岁歉，流徙畿南枣强县凡二百余户，居二十年，已成家业。今有司遣还山东，乞附籍枣强。"上谓夏原吉曰："彼此皆吾土，但得民安即已。唐宇文融括流民，过期不首者谪边。州县承风劳扰，百姓逃窜。尔其申饬有司，以此为戒。"

按：《石匮书》《皇明大政记》不载，《国榷》（卷二〇，页 1353，宣德三年七月乙亥条）与《明宣宗实录》（卷四五，页 8，宣德三年七月乙亥条）载之，唯《国榷》不载宣德帝谕语，而《明宣宗实录》

载之，文字最相似；《明宣宗实录》；当为本条之所本。

77. 八月，上御文华殿，与侍臣论历代户口盛衰。上曰："户口之盛衰，足以见国家之治忽。其盛也本于休养生息，其衰也必有土木兵戈。汉武承文、景之余，炀帝继隋文之后，开元之盛，遂有安史之乱，岂非恃富庶不知儆戒乎？汉武末年乃悔轮台，炀帝遂以亡国，玄宗卒至播迁，皆足为世大戒。"

按：《石匮书》《皇明大政记》不载，《国榷》（卷二〇，页 1353—1354，宣德三年八月庚辰朔条）与《明宣宗实录》（卷四六，页 1，宣德三年八月庚辰朔条）载之，但《国榷》载宣德帝语太短，而《明宣宗实录》备载之，文字最相似；《国榷》应非本条之所本，而《明宣宗实录》当为本条之所本。本条编者将"上御武英殿"误为"上御文华殿"，须改正。

78. 车驾巡边，发京师，英国公张辅、阳武侯薛禄帅师从。驻跸虹桥，谕诸将曰："朕深居九重，岂不自逸，但朝夕思念保民，故有此行。今渡河道路所经，皆水潦之后，秋田无获，朕甚悯焉。其将士有扰民者，杀无赦！"

按：《石匮书》《皇明大政记》不载，《国榷》（卷二〇，页 1356，宣德三年八月丁未条）与《明宣宗实录》（卷四六，页 11—12，宣德三年八月丁未条）载之，但《国榷》不载宣德帝谕语，而《明宣宗实录》备载之，文字最相似；《国榷》应非本条之所本，而《明宣宗实录》当为本条之所本。

79. 九月庚戌朔，驻跸蓟州，进州官谕之曰："此汉渔阳郡也。昔张堪为政，民有乐不可支之谣，尔曹勉之！"又进耆老谕曰："今岁丰稔，无他虞，善训厉子孙，务礼义廉耻，毋安温饱自弃。"众叩头退。

按：《皇明大政记》不载，《石匮书》（卷五，《宣宗本纪》，页 9，宣德三年九月庚戌条）、《国榷》（卷二〇，页 1356，宣德三年九月庚戌条）与《明宣宗实录》（卷四七，页 1，宣德三年九月庚戌条）载之，但《国榷》《石匮书》不备载宣德帝谕语，而《明宣宗实录》备载之，文字最相似；《石匮书》《国榷》应非本条之所本，而《明宣宗实录》当为本条之所本。又"厉"，依《明宣宗实录》应改为"励"。

80. 四年春正月，上御斋宫，召大学士杨溥谕曰："朕每念创业难，守成不易，夙夜惓惓。今幸百姓稍安，顾祸乱生于不虞。迩来群臣好进谀辞，令人厌闻，卿宜勉辅朕。"溥顿首谢："臣不敢忘报。"上曰："直箴朕过，报朕多矣。"溥又顿首谢曰："直言求之非难，受之为难。"上曰："然。"

按：《皇明大政记》（卷一二，页 1，宣德四年正月己巳条），《石匮书》（卷五，《宣宗本纪》，页 10，宣德四年正月条）、《国榷》（卷二〇，页 1364，宣德四年正月己巳条）与《明宣宗实录》（卷五〇，页 1，宣德四年正月己巳条）载之，但《皇明大政记》《国榷》《石匮书》不备载宣德帝谕语，尤其谕杨溥之言，完全未录，而《明宣宗实录》备载之，文字最相似；《皇明大政记》《石匮书》《国榷》应非本条之所本，而《明宣宗实录》当为本条之所本。

81. 二月，南京守备襄城伯李隆献驺虞二，出滁州来安县石固山，礼部尚书吴溁请上表贺。上曰："朕嗣位四年，民生未能得所，驺虞之祥，于德弗类。"不许。

按：《皇明大政记》（卷一二，页 1，宣德四年二月己丑条），《石匮书》（卷五，《宣宗本纪》，页 11，宣德四年二月条）、《国榷》（卷二〇，页 1366，宣德四年二月己丑条）与《明宣宗实录》（卷五一，页 4，宣德四年二月己丑条）载之，但《皇明大政记》《国榷》《石匮书》不备载宣德帝谕语，而《明宣宗实录》备载之，文字最相似；《皇明大政记》《石匮书》《国榷》应非本条之所本，而《明宣宗实录》当为本条之所本。但"民生未能得所"原文为"民生岂皆得所"，辞意稍有不同。"驺虞"是古代神话传说中的仁兽，虎身狮头，白毛黑纹，尾巴很长的动物。据说生性仁慈，连青草也不忍心践踏，不是自然死亡的生物不吃。可能是毛色有"白化"的"王猎豹"；杨士奇曾撰《驺虞颂》（《东里集》卷续四四）。

82. 夏四月，上御便殿，问侍臣："汉、唐诸君在位孰久？"对曰："汉之武帝，唐之玄宗。"上曰："汉武好大喜功，海内虚耗，末年能惩前过。玄宗初政，有贞观之风，久而纵欲，遂致祸乱。武帝犹为彼善于此。"又曰："武帝以田千秋为贤，玄宗以李林甫为贤，此治乱所由异也。"

  按：《三朝圣谕录》《石匮书》《皇明大政记》《国榷》均不载，唯《明宣宗实录》（卷五三，页 6，宣德四年四月甲申条）备载之；当为本条之所本。

83. 工部尚书吴中言："山西圆果寺，为国厘祝之所。旧塔损坏，乞役民为之。"上曰："卿欲藉此求福乎？朕以安民为福。"不许。

  按：《三朝圣谕录》《石匮书》均不载，《皇明大政记》（卷一二，页 3，宣德四年五月条），《国榷》（卷二〇，页 1370，宣德四年五月乙丑条）与《明宣宗实录》（卷五四，页 5—6，宣德四年五月乙丑条）均载之，但其中只有《明宣宗实录》备载宣德帝谕语；当为本条之所本。

84. 五月，谕六部、都察院戒滥差扰民，巡按御史及按察使不察举者同罪。

  按：《三朝圣谕录》《石匮书》《皇明大政记》均不载，《国榷》（卷二〇，页 1370，宣德四年五月己巳条）与《明宣宗实录》（卷五四，页 6，宣德四年五月己巳条）载之，但《国榷》简短，《明宣宗实录》备载宣德帝谕语；当为本条之所本。

85. 命工部尚书吴中申饬郡县，务及时修筑陂池堤堰，慢令者罪之。

  按：《三朝圣谕录》《石匮书》《皇明大政记》《国榷》均不载，《明宣宗实录》（卷五四，页 6，宣德四年五月乙丑条）载之，文字相似；当为本条之所本。

86. 六月，裁湖广采办竹木。先是，命侍郎黄宗载往湖湘采宫殿大材。至是，上闻湖广灾，谕吴中曰："百姓艰难宜恤。比闻工部采办竹木，动以万计，不为国家爱惜民力，而劳扰如此，其斟酌裁之。宽一分，则民受一分之赐。"

  按：《三朝圣谕录》《石匮书》《皇明大政记》《国榷》均不载，《明宣宗实录》（卷五五，页 1，宣德四年六月丁丑条）载之，文字相似；当为本条之所本。命黄宗载往湖湘采宫殿大材，事在宣德三年五月丙寅（《明宣宗实录》，卷四三，页 4），但宣德五年六月丁丑尚未罢裁湖广采办竹木，只是宣德帝要求吴中斟酌裁罢，具体罢湖广采木之役在宣德六年正月丁卯（《明宣宗实录》，卷七五，页 1），而非本条所记的宣德五年六月；编者将此事混淆叙述宜改正。又"采"，依《明宣宗实录》应改正为"采"。

87. 秋七月，户部上户口登耗之数，上曰："隋文帝户口繁殖，自汉以来，皆莫能及。议者以当时必有良法，享国不永，故无传焉。此未必然。夫法存乎人，理财国之大务，汉、唐初政，立法未尝不善，而子孙力役繁兴，费用无度，天下不能不凋敝。隋文克勤克俭，足致富庶，岂徒以其法哉。秦法多非先王之制，后世犹有存者，亦未尝计其享国长短也。大抵人君恭俭，则生齿日繁，财赋自然充足。"

  按：《三朝圣谕录》《石匮书》不载，《皇明大政记》（卷一二，页 3，宣德四年七月条），《国榷》（卷二〇，页 1372，宣德四年七月壬子条）与《明宣宗实录》（卷五六，页 3，宣德四年七月壬子条）均载之，但《国榷》文字简短，不载宣德帝谕语，而《明宣宗实录》备载之；当为本条之所本。

88、广东海阳县进白乌二，胡濙请率群臣上表贺。不许。

  按：《皇明大政记》（卷一二，页 3，宣德四年七月乙巳条），《石匮书》（卷五，《宣宗本纪》，页 11，宣德四年七月条）、《国榷》（卷二〇，页 1372，宣德四年七月丙辰条）与《明宣宗实录》（卷五六，页 4—5，宣德四年七月丙辰条）载之，唯有《明宣宗实录》记载群臣上表贺，他书皆未载；因此，《明宣宗实录》当为本条之所本。

89. 谪御史沈润戍辽东。润受金出死罪，事觉。上曰："御史朝廷耳目，受重赂纵死罪，是耳目蔽矣。"时事在赦前，特命谪戍。

  按：《三朝圣谕录》《石匮书》《皇明大政记》《国榷》均不载，《明宣宗实录》（卷五六，页 6，宣德四年秋七月甲子条）载之，文字相似；当为本条之所本。

90. 九月，命户部申明栽种桑枣旧令。自洪武来，栽种之令，多废不讲。上曰："古人宅不毛者罚布，其申明之。务求成效，毋具文。"

按：《皇明大政记》（卷一二，页 4，宣德四年九月壬子条），《石匮书》（卷五，《宣宗本纪》，页 11，宣德四年九月条）、《国榷》（卷二〇，页 1376，宣德四年九月壬戌条）与《明宣宗实录》（卷五八，页 8—9，宣德四年九月壬戌条）载之，但唯有《明宣宗实录》记载宣德帝谕语，他书皆未载；因此，《明宣宗实录》当为本条之所本。

91. 冬十月，上再幸文渊阁，命增直宇，设饮馔器用。大学士杨士奇等上表谢。降玺书，赐诗褒答。

按：《石匮书》不载，《皇明大政记》（卷一二，页 5，宣德四年十月庚辰条）、《国榷》（卷二〇，页 1377，宣德四年十月庚辰条）与《明宣宗实录》（卷五九，页 3—4，宣德四年十月庚辰条）均载之，当均为本条之所本。

92. 改大学士张瑛南京礼部尚书，陈山专授小内史书。上御左顺门，望见山，谓杨士奇曰："山为人何如？"士奇顿首对曰："君父有问，不敢不尽诚以对。山虽侍陛下久，其人寡学多欲，而昧大体，非君子也。"上曰："然，赵王事几为所误。近闻于诸司征求不厌，当不令溷内阁也。"数日，遂有是命。山、瑛俱东宫旧臣，瑛行事亦类山。朝士皆多上明决云。

按：张瑛与陈山出任新职事，《石匮书》不载，《明宣宗实录》（卷五九，页 7，宣德四年十月庚寅条）、《皇明大政记》（卷一二，页 5，宣德四年十月庚寅条）、《国榷》（卷二〇，页 1378，宣德四年十月庚寅条）载之；当均为本条之所本。又宣德帝与杨士奇等论陈山、张瑛事，《明宣宗实录》《石匮书》《皇明大政记》《国榷》均不载，唯《三朝圣谕录》（卷下，宣德四年十月一日条，《东里文集》，页 409）载之，文字相似；当为本条之所本。

93. 十一月，奸吏捃左都御史顾佐过，谓受皂隶赂放归，诉通政司以闻。上密示杨士奇，且曰："尔不举佐廉乎？"对曰："所诉事，诚有非诬。盖朝臣月俸，止给米一石，薪炭、马刍，咸资于皂，不得不遣半归，使备所用。而皂亦皆乐得归耕，实官皂两便。此京师臣僚皆然，臣亦不免。仁宗皇帝知之，增朝臣俸，盖为此也。"上曰："朝臣之艰如此。"因怒诉者，欲罪之。士奇曰："此末事，不足干圣怒。但付佐自治，恩与法并行矣。"士奇退，上召佐以状授之，谕之曰："此京官皆然，不足为过。小人不乐检束，诬陷正人，汝自治之。"佐顿首退，召吏示之状。吏惶恐请死，佐曰："汝但改行为善。"竟不治。上闻之，喜曰："佐得大体矣。"时又有囚告佐枉法者，上怒，召杨士奇、杨荣谕曰："此必有重囚教之陷佐。"因命法司穷治之。得千户臧清，杀无罪三人，当死，教之诬告。上曰："不诛之，佐何以行事！"立命磔清于市。上明决类如此。

按：《明宣宗实录》《石匮书》《皇明大政记》《国榷》均不载，唯《三朝圣谕录》（卷下，宣德四年条，《东里文集》，页 409—410）载之，文字相似；当为本条之所本。

94. 五年春正月，吏部奏选官。上曰："省官，安民之道。唐、虞建官惟百，夏、商官倍，秦、汉以下，设官益多何也？"侍臣对曰："时不同也。"上曰："唐、虞、三代，事简民淳，不可比拟。唐太宗定内外官七百三十员，去古未远，亦可为法。"侍臣对曰："然必君心清，则事简；事简，则官可省；官省，则民安矣。若政务庞杂，小人幸进，则冗食者多。"上嘉纳之。

按：《石匮书》《皇明大政记》不载，《明宣宗实录》（卷六二，页 1，宣德五年正月甲子条）、《国榷》（卷二〇，页 1382，宣德五年正月甲子条）载之；当均为本条之所本。又，依《明宣宗实录》《国榷》，"奏选官"应改为"奏选官退"，此条非论选官而论省退官员额也；"幸"应改为"幸"。

95. 二月，上御斋宫，召大学士杨士奇议宽恤。士奇首以蝗灾伤田租进，因及宽马畜、免薪刍、蠲采买、恤刑狱、核工匠、清粮运数事。诏下，民大悦。

按：《石匮书》《皇明大政记》不载，《三朝圣谕录》（卷下，宣德五年二月十九条，《东里文集》，页410—411）《明宣宗实录》（卷六二，页7—9，宣德五年二月癸巳条）、《国榷》（卷二〇，页1387，宣德五年二月癸巳条）备载之；但《明宣宗实录》《国榷》均不载宣德帝与杨士奇对话，只载宽恤诏书，而《三朝圣谕录》载之；则《三朝圣谕录》当为本条之所本。

96. 三月，上奉皇太后谒陵，命召张辅、蹇义、杨士奇、杨荣、金幼孜、杨溥六臣。太后曰："卿等先朝旧臣，勉辅嗣君。"太后退谓上曰："先帝囊在宫时，议诸臣优劣。辅武臣，达大义，厚重小心，但多思少断。士奇能持正，不避忤意，每议事，先帝数不乐，后竟从士奇言。"帝还京师，道中见耕者，以数骑往视之。下马从容询稼穑事，因取所执耒三推。耕者初不知上也，中官语之，乃惊，罗拜。上顾侍臣曰："朕三举未，已不胜劳，况常事此乎！人恒言劳苦莫如农，信矣。"命耕者随至营，人赐钞六十锭。已而道路所经农家，悉赐钞如之。既还京，因录其语，作《耕夫记》以示蹇义、杨士奇等。

按：《三朝圣谕录》（卷下，宣德五年三月条，《东里文集》，页411）《皇明大政记》（卷一二，页6，宣德五年三月乙未条）、《石匮书》（卷五，《宣宗本纪》，页12，宣德五年二月条）、《国榷》（卷二〇，页1387，宣德五年三月乙未条）与《明宣宗实录》（卷五八，页8—9，宣德五年三月乙未条）均载之，但除《三朝圣谕录》外，均未记载皇太后、宣德帝谕语；因此，《三朝圣谕录》才是本条之所本。至于宣德帝询稼穑事，《国榷》（卷二〇，页1388，宣德五年三月戊申条、庚戌条）与《明宣宗实录》（卷六四，页2，宣德五年三月戊申条、庚戌条）均载之《国榷》记事简短，《明宣宗实录》详备；当为本条之所本。宣德帝录耕夫语"作《耕夫记》"，《明宣宗实录》仅云："录其语成篇"，未记篇名。

97. 夏四月，江西、淮安饥，吉水民胡有初、山阳民罗振出谷千余石赈济。命行人赍玺书旌为义民，复其家。

按：《三朝圣谕录》《明宣宗实录》《石匮书》《皇明大政记》《国榷》皆不载义民事，胡有初是义民的模范，详见王直，《义民胡有初墓表》《抑庵文后集》，卷二七（文渊阁《四库全书》，第1241册，页769—770）："岁甲寅，饥民至操兵为盗。胡有初曰：'勿忧也，此但求食耳，赈之当自定。'首出谷一千石佐县官。柯喜，称公为大丈夫，作诗美之。诸富民稍稍皆出谷以助赈施。吏部侍郎赵公巡抚至县，降敕旌为义民，劳以羊酒，复其家。于是公之义声闻天下。天下富民皆化公所为，争出谷以济饥。而义民之旌，亦满天下。"山阳民罗振事待考。

98. 工部尚书黄福请："济宁以北，卫辉、真定以南，近河之地，役军民十万人，屯田积谷，以省漕粟。"下户、兵部议。尚书郭资、张本皆言："屯田便。凤阳、淮安以北，及山东、河南、北直隶近河二百里内通舟楫处，择荒闲地，以五万顷为率，发附近军民五万人耕之，官给牛器。但山东迩年饥旱，流徙初复，宜遣官行视，以示开垦。"上从之，遣郎中赵新等经理，而以福总其事。已而有言："军民各有常业，恐分屯滋劳扰。"竟寝不行。

按：《皇明大政记》《石匮书》不载，《国榷》（卷二一，页1391，宣德五年四月丁酉条；页1398，宣德五年八月庚寅条）与《明宣宗实录》（卷六五，页9—11，宣德五年四月丁酉条；卷六九，页6，宣德五年八月庚寅条）载之；当为本条之所本。依《明宣宗实录》，"以示开垦"应改正为"以俟开垦"。

99. 五月，上以除郡守由资格，多不称任。各部、院大臣各举荐擢用之。礼部郎中况钟以杨士奇荐，知苏州，御史何文渊以顾佐荐，知温州，皆有善政，而钟出吏员尤有声。

按：《石匮书》不载，《皇明大政记》（卷一二，页7，宣德五年五月癸亥条）《国榷》（卷二一，页1392—1393，宣德五年五月癸亥条）与《明宣宗实录》（卷六六，页8—9，宣德五年五月癸亥条）均载之，然《皇明大政记》与《国榷》不载"上以除郡守由资格，多不称任。各部、院大臣各举荐擢用之"。而《明宣宗实录》载之；当为本条所本。

100. 豹房勇士奏与民分居。上曰："勇士在京师十年，安得今尚无居！此必民居宽好，欲舍而就民。

民何罪！"命杖之，荷校示警。召六科给事中谕曰："此曹敢犯法，恃中官为之救解也。自今中官传朕言释有罪人，须覆奏。"

按：《皇明大政记》《石匮书》不载，《国榷》（卷二一，页 1393，宣德五年五月戊辰条）与《明宣宗实录》（卷六六，页 10，宣德五年五月戊辰条）均载之，然《国榷》不载召六科给事中谕语，而《明宣宗实录》载之；《国榷》文字不类，而《明宣宗实录》文字相近；《明宣宗实录》当为本条所本。

101. 六月，上御文华殿，召杨士奇，屏左右言："张瑛尝言：'杨荣畜马甚富。'今察之，皆边将馈荣，荣大负朕。"士奇对曰："荣屡从文皇北征，典兵马，以故接诸将。今内阁臣知边将才否、乞塞险易远近及寇情顺逆，臣等皆不及荣远甚。"上笑曰："朕初即位，荣数短汝，非义、原吉，汝去内阁久矣。汝顾为荣地耶？"士奇顿首曰："愿陛下以曲容臣者容荣，使改过。"

按：《明宣宗实录》《石匮书》《皇明大政记》《国榷》均不载，唯《石匮书》（卷七八，《三杨列传》，页 6—7）、《三朝圣谕录》（卷下，宣德五年六月一日条，《东里文集》，页 411—412）载之，文字相似；当为本条之所本。

102. 秋七月，谕吏部甄别郡县守令。上曰："郡县守令，所使安民者，若贤否溷淆，无所激劝，则中才之士皆流而忘反。吏部以进退为职，未闻有所甄别，何也？"因降玺书申谕。

按：《石匮书》不载，《皇明大政记》（卷一二，页 8，宣德五年八月甲申条）《国榷》（卷二一，页 1396，五年七月癸亥条）、《明宣宗实录》（卷六八，页 8—9，宣德五年七月癸亥条）均载之，然《皇明大政记》与《国榷》不载宣德帝谕语，而《明宣宗实录》载之；当为本条所本。

103. 八月，日食，阴雨不见。礼部尚书胡濙请率群臣贺。上曰："日食，天变之大者。阴雨不见，得非朕昧于省过而然欤！古人云：'京师不见，四方必有见者。'其止勿贺。"

按：《石匮书》（卷五，《宣宗本纪》，页 12，宣德五年八月己巳条）《皇明大政记》（卷一二，页 8，宣德五年八月己巳条）《国榷》（卷二一，页 1396，五年七月癸亥条）、《明宣宗实录》（卷六九，页 1，宣德五年八月己巳条）均载之，然《皇明大政记》《石匮书》与《国榷》不载宣德帝谕语，而《明宣宗实录》载之；当为本条所本。

104. 上罢朝，谕吏部尚书郭琎等曰："东汉初，窦融保河西，以孔奋为姑臧长。姑臧最富饶，而奋守甚洁。光武知之，擢奋武都郡丞。夫激浊扬清，为治之道，光武即位未几，举卓茂，又举孔奋，故东汉多循吏。卿其甄别以闻。"

按：《三朝圣谕录》《石匮书》《皇明大政记》《国榷》均不载，《明宣宗实录》（卷六九，页 4，宣德五年八月甲申条）载之，文字相似；当为本条之所本。

105. 上与学士杨溥论人才，溥对曰："严荐举，精考课，不患不得。"上曰："此恐非探本之论。若不素教预养，则人才已坏，犹浊其源而求其流之清也。"溥顿首称善。

按：《三朝圣谕录》《石匮书》《皇明大政记》《国榷》均不载，《明宣宗实录》（卷六九，页 5，宣德五年八月甲申条）载之，文字相似；当为本条之所本。

106. 九月，初设巡抚。

按：《三朝圣谕录》《石匮书》不载，《皇明大政记》（卷一二，页 9，宣德五年九月丙午条）《国榷》（卷二一，页 1399，宣德五年九月丙午条）、《明宣宗实录》（卷七〇，页 3，宣德五年九月丙午条）均载之，然《皇明大政记》《明宣宗实录》均未点明初设巡抚之制，唯《国榷》引朱睦㮮语："巡抚之设，——宣德庚戌乃置专职。"则此条当本于《国榷》，而非《皇明大政记》《明宣宗实录》。

107. 冬十月，车驾巡近郊，驻跸雷家站，召杨士奇、杨荣、金幼孜、杨溥问曰："唐太宗过此，非征辽时乎？"众对曰："然。"上曰："太宗恃其英武而勤远略，此行所丧不少，帝王之鉴戒也。"

按：《三朝圣谕录》《石匮书》《皇明大政记》不载，《国榷》（卷二一，页 1401—1402，宣德五年十月壬午条)、《明宣宗实录》(卷七一,页 7,宣德五年十月壬午条)均载之,然《国榷》不记"太宗恃其英武而勤远略",仅云:"太宗英武",而《明宣宗实录》志之;则此条当本于《明宣宗实录》。

108. 广平、大名水灾,命蠲其租。

按:《三朝圣谕录》《石匮书》《皇明大政记》《国榷》均不载,唯《明宣宗实录》(卷七一,页 9,宣德五年十月乙未条)载之;则此条当本于《明宣宗实录》。

109. 六年二月,逮江西巡按御史陈祚下锦衣卫狱。祚上疏劝上务帝王实学,退朝之暇,命儒臣讲说真德秀《大学衍义》一书。上览疏怒曰:"朕不读书,《大学》且不识,岂堪作天下主乎!"命缇骑逮至京,并其家下锦衣狱,禁锢者五年。时上方以博综经史自负,祚之措词,若上未尝学问者,故怒不可解。

按:《三朝圣谕录》《明宣宗实录》《皇明大政记》《国榷》皆不载,唯《石匮书》(卷八六,《陈谔陈祚列传》,页 2)载之。

110. 敕赐少师蹇义、少傅杨士奇、杨荣等御制《招隐歌》及《喜雨诗》。

按:《三朝圣谕录》《石匮书》不载,《喜雨诗》事见《皇明大政记》(卷一二,页 11,宣德六年三月癸酉条)、《国榷》(卷二一,页 1411,宣德五年三月壬申条)、《明宣宗实录》(卷七七,页 4,宣德五年六月壬申条)均载之。《招隐歌》事见《皇明大政记》(卷一二,页 3,宣德六年六月辛亥条)《国榷》(卷二一,页 1418,宣德五年六月壬戌条)、《明宣宗实录》(卷八〇,页 11—12,宣德五年六月壬戌条)均载之。诸书当皆为本条所本。

111. 令北直隶地方,如洪武间山东、河南事例,民间新开荒田,不问多寡,永不起科。

按:《三朝圣谕录》《明宣宗实录》《皇明大政记》《国榷》《石匮书》均不载,但王圻《续文献通考》(北京:现代出版社影印万历年间刻本,1991),(卷三,页 39)引夏言疏云:"我宣宗皇帝令北直隶地方,比照圣祖山东河南事例,民间新开荒田,不问多寡,永不起科。"与本条文字几乎完全相同;应为本条之所本。

112. 秋七月,帝幸杨士奇宅。时上颇微行,夜半,从四骑至士奇家。比出迎,上已入门,立庭中。士奇悚惧,俯伏地下言:"陛下奈何以宗庙社稷之身自轻?"上笑曰:"思见卿一言,故来耳。"明早,遣太监范弘问:"车驾幸临,曷不谢?"对曰:"至尊夜出,愚臣迨今心中惴栗未已,岂敢言谢!"又数日,遣弘问:"尧不微行乎?"对曰:"陛下恩泽岂能遍洽幽隐,万一有怨夫冤卒窥伺窃发,诚不可无虑。"后旬余,锦卫获二盗,尝杀人,捕急,遂私约候驾之玉泉寺,挟弓矢伏道旁林丛中作乱。捕盗校尉变服如盗,入盗群,盗不疑,以谋告,遂为所获。上叹曰:"士奇爱我。"遣弘赐金绮。赐蹇义、杨士奇、杨荣等御制《豳风图诗》。图,元赵孟頫所绘也。

按:《明宣宗实录》《石匮书》《国榷》均不载,《皇明大政记》(卷一二,页 13,宣德六年七月己巳条)仅云:"上幸少傅杨士奇第",未及其他;唯《三朝圣谕录》(卷下,宣德六年七月条,《东里文集》,页 412)载之,文字相似;当为本条之所本。又御制《豳风图诗》事见《明宣宗实录》(卷九三,页 5,宣德七年七月寅辰条)、《皇明大政记》(卷一二,页 17,宣德七年七月条)。

113. 九月,宛平民以地施崇国寺,请蠲其税。上曰:"民地衣食之资,乃以施僧,且求免税,甚无谓。"令亟以还之民。

按:《皇明大政记》《国榷》均不载,《石匮书》(卷五,《宣宗本纪》,页 16,宣德七年九月条)载之,唯《明宣宗实录》(卷八三,页 3,宣德六年九月辛未条)亦载之,且《明宣宗实录》为原手资料;当以之为准,本条当本于《明宣宗实录》。

114. 十一月,敕赐蹇义、杨荣、杨士奇御制《喜雪歌》。

按:《皇明大政记》《石匮书》均不载,《国榷》(卷二一,页 1381,宣德五年正月己酉条)、《明宣宗实录》（卷六一，页1—2，宣德五年正月己酉条）载之，唯《国榷》未记诗赐蹇义等，而《明宣宗实录》载之，文字相近；当为本条所本。事在宣德五年正月，本条编者误列于宣德六年十一月；须改正。参见邓士龙，《国朝典故》（北京：北京大学出版社，许大龄、王天有点校本，1993），卷二七，《宣宗皇帝御制诗》，页430，《喜雪歌》。

115. 太监袁琦假公务擅遣内使，事发伏诛。

按：《皇明大政记》《石匮书》《国榷》均不载，《明宣宗实录》（卷八六，页3—4，宣德七年正月己卯条）载之，当为本条所本。事在宣德七年正月，本条编者误列于宣德六年十一月下；须改正。

116. 七年二月，上御文华殿，召大学士杨士奇谕曰："忆五年二月，共尔斋宫论宽恤事，今两阅岁矣，民事不更有可恤者乎？"对曰："诚有之，即五年官田减租额一事，玺书已下，户部格而不行。"上怒曰："户部可罪也。"对曰："此永乐末年循习之弊，往年高煦反，以夏原吉为罪首，亦指此事。"上怒稍解，曰："今必举此为第一事，如再格不行，朕必罪之。卿试言今日更当宽恤者。"对曰："所在官司不能容逃民，则相结为非。宜令郡县抚恤。不愿归者，听附籍为民，亦弭患于未萌。"又言："方面郡守，小民安危系焉。吏部往往循资格升受，不免贤愚杂进。请自今令京官三品以上及布政、按察使荐用，犯赃者坐。又乞极刑之家，有贤子弟勿弃。"上皆从之。士奇请更得一人论此事，上曰："胡濙谨厚，汝与之密议。"于是士奇等议增十数事以进。上悦。

按：《明宣宗实录》《石匮书》《皇明大政记》《国榷》均不载，唯《三朝圣谕录》（卷下，宣德七年二月二十八日条，《东里文集》，页412—14）载之，文字相似；当为本条之所本。

117. 三月，赐大臣御制《猗兰操》及《招隐诗》。

按：《石匮书》（卷五，《宣宗本纪》，页11，宣德四年十月条）、《皇明大政记》（卷一二，页5，宣德四年十月丙戌条）、《国榷》（卷二一，页1378，宣德四年十月丙戌条）、《明宣宗实录》（卷五九，页6，宣德四年十月丙戌条）均载之；当为本条所本。然赐《招隐诗》事在宣德五年六月，前已志之，《猗兰操》事在宣德四年十月，本条均误置于宣德七年二月；须改正。参见邓士龙，《国朝典故》，卷二七，《宣宗皇帝御制诗》，页428—429，《招隐诗》（宣德六年二月十五日）；页433，《猗兰操》（宣德七年正月二十日）。

118. 五月，上御便殿观《宋史》，曰："宋有国三百余年，武事终于不振，何也？"侍臣对曰："宋太祖、太宗以兵定天下，其子孙率流于弱，致武备不饬。"上曰："宋之君，诚失之弱。将帅虽才，亦不得展，盖为小人所坏。大抵宋之亡，柄用小人之过也。"

按：《皇明大政记》《石匮书》《国榷》均不载，《明宣宗实录》（卷九〇，页4，宣德七年五月丁丑条）载之；当为本条所本。

119. 六月，巡按湖广御史朱鉴上言："洪武间，郡县皆置东西南北四仓，以贮官谷，设富民守之，遇水旱饥馑，以贷贫民。今廒仓废弛，赎谷罚金有司皆掩为己有，深负朝廷仁民之意。"上从其言，命违者从按察使、监察御史劾奏。

按：《皇明大政记》《石匮书》《国榷》均不载，《明宣宗实录》（卷九一，页4，宣德七年六月丙申条）载之；当为本条所本。

120. 秋七月，赐大臣御制《祖德诗》九章。上曰："朕与卿等当思祖宗创业之难，守成不易。国家安，卿等亦与有荣焉。"又赐《织妇词》一篇。上曰："朕非好为词章，昔真西山有言：'农桑，衣食之本也。'朕作为诗歌，使人诵于前。又绘图揭于宫掖戚里，令皆知民事之艰，是以赋此。"

按：《祖德诗》事，《石匮书》不载，《皇明大政记》（卷一二，页14，宣德六年十一月壬戌条）仅言"御制述成诗九章"，未言明《祖德诗》。《国榷》（卷二一，页1423，宣德六年十一月癸亥条）载之，但未载宣德帝谕语，而《明宣宗实录》（卷八四，页7—9，宣德四年十月丙戌条）备载之；当为本条所本。《织妇词》事,《石匮书》不载,《皇明大政记》(卷一二,页 19,宣德七年九月庚辰条) 仅言"上出织妇词示群臣",未载宣德帝谕语。《国榷》(卷二一,页 1441,宣德七年九月庚辰条) 亦未载宣德帝谕语,而《明宣宗实录》(卷九五,页 8—9,宣德七年九月庚辰条) 则备载之;当为本条所本。参见邓士龙,《国朝典故》,卷二七,《宣宗皇帝御制诗》,页 430,《恭述祖德诗》(宣德六年十一月初一日)。《织妇词》未收录于《宣宗皇帝御制诗》,但全文载于《明宣宗实录》(卷九五,页 8—9,宣德七年九月庚辰条)

121. 上登万岁山,坐广寒殿。上曰:"此元之故都也。世祖知人善任使,故能成帝业。泰定以后,享祚不久。顺帝荒淫,纪纲荡然。使长守祖宗之法,天下岂为我有!"侍臣顿首曰:"桀、纣之迹,殷、周之鉴也。"上曰:"然。"

按:《石匮书》不载,《皇明大政记》(卷一二,页 17,宣德七年七月癸未条) 仅言"论古今,周览都畿,山川形势",未记内容。《国榷》(卷二一,页 1437,宣德七年七月癸未条) 与《明宣宗实录》(卷五九,页 6,宣德七年七月癸未条) 均备载之;当为本条所本。

122. 八月,释故城县丞陈铭复任。先是,上闻内官奉使者,多贪纵为民害。以太监刘宁清谨,命同御史驰往各郡,尽收所差内官资橐,并其人解京师。既还,道经故城。县丞陈铭闻有内官至,不问从来,辄奋前捽宁,手击之。御史奏丞无状,逮至。上曰:"丞固可罪。朕以其一时偏于所恶,姑宥之。"侍臣言:"纵赦之,亦不可使复任。"上曰:"朕既释之,彼当知所改过也。"

按:《石匮书》不载,《皇明大政记》(卷一二,页 18,宣德七年八月癸未条)、《国榷》(卷二一,页 1439,宣德七年八月癸未条) 与《明宣宗实录》(卷九四,页 8,宣德七年八月癸未条) 均备载之;当为本条所本。"朕以其一时偏于所恶",《明宣宗实录》原文为"朕以其一时昧于所闻",因为陈铭"闻有内官至更不明所从";宜依《明宣宗实录》改述。

123. 冬十月,八百大甸宣慰司刁之雅贡方物,且云波勒来侵掠,乞发兵讨之。上曰:"八百去云南五千里,荒服之地也,岂能劳中国为远人役乎!"不许。

按:《石匮书》《皇明大政记》均不载,《国榷》(卷二一,页 1442,宣德七年十月辛亥条) 与《明宣宗实录》(卷九六,页 5,宣德七年十月辛亥条) 均载之,然《国榷》不载宣德帝谕语,而《明宣宗实录》载之;当为本条所本。"八百大甸宣慰司刁之雅",依《明宣宗实录》为"八百大甸土官宣慰使刁招散"。波勒、土雅皆当地土著部落名,刁之雅之名,或许是编者将刁招散与土雅混淆而成。

124. 八年春正月,天下朝觐官在京,赐宴温州知府何文渊等七人于廷,以《招隐诗》赐之。

按:《皇明大政记》与《国榷》均不载,《明宣宗实录》(卷九八,页 2,宣德八年正月丁卯条) 及焦竑《国朝献征录》(卷二四),章纶 《吏部尚书何公文渊行状》(页 37) 载之;当为本条所本。

125. 命致仕大学士黄淮与张辅、蹇义、杨士奇等十人游西苑,赐宴万岁山之麓。淮寻辞归,上宴之于太液池,亲洒宸翰送之。

按:《皇明大政记》《国榷》 与《明宣宗实录》均不载,《石匮书》(卷八一,页 6)、《解缙黄淮金幼孜王英列传》载之;当为本条所本。

126. 夏四月,畿内、河南、山东、山西旱,诏赈恤之。

按:《石匮书》不载,《皇明大政记》(卷一二,页 20,宣德八年四月条)、《国榷》(卷二一,页 1451,宣德八年四月戊戌条) 与《明宣宗实录》(卷一〇一,页 5,宣德八年四月戊戌条) 均备载之;当为本条所本。

127. 上作《闵旱诗》示群臣。

按:《皇明大政记》《石匮书》《国榷》均不载,《明宣宗实录》(卷一〇三,页 2,宣德八年六月乙酉条) 载之;当为本条所本。《闵旱诗》未收录于《宣宗皇帝御制诗》,但全文载于《明宣宗实录》(卷九五，页 8—9，宣德七年九月庚辰条）。

128. 八月，南海诸国献麒麟四，景星见天门。少傅杨士奇等进颂，上谦不自居，降玺书推功天地宗庙，而励群臣勿恃以骄。

按：南海诸国献麒麟事，《石匮书》不载，《皇明大政记》（卷一二，页 21，宣德八年闰八月辛亥条）、《国榷》（卷二二，页 1458，宣德八年闰八月辛亥条）、《明宣宗实录》（卷一〇五，页 1，宣德八年闰八月辛亥条）均载之；但只有《明宣宗实录》载群臣进颂事，当为本条所本。但依《明宣宗实录》，来朝诸国有南洋苏门答剌、古里、柯枝、锡兰山等，阿剌伯半岛佐法儿、阿丹、甘巴里、忽鲁谟斯、加异勒、天方等国，其贡品为骐麟、象、马诸物，并无 "麒麟四"，或许是编者也参考《皇明大政记》："天方国贡麒麟西"，以 "西" 为 "四"。景星见天门事《石匮书》不载，《皇明大政记》（卷一二，页 21，宣德八年闰八月戊午条）、《国榷》（卷二二，页 1458，宣德八年闰八月戊午条、己未条）、《明宣宗实录》（卷一〇五，页 3—4，宣德八年闰八月戊午条、己未条）均载之；当为本条所本。

129. 十一月，命杨士奇、杨荣试吏部引进庶官六十八人，录其优者：知县孔友谅，进士廖庄、胡庄祯、宋琏，教谕黄纯、徐惟超，训导是七人。命吏部改进士为庶吉士，知县、教谕历事六科备用。

按：《石匮书》不载，《皇明大政记》（卷一二，页 22，宣德八年十一月条）记事极简短，应非本条所本。《国榷》（卷二二，页 1462，宣德八年十一月己酉条）与《明宣宗实录》（卷一〇七，页 4，宣德八年十一月己酉条）均备载之；当为本条所本。依《明宣宗实录》，"晏升" 应是 "晏升"；"胡庄祯"，《国榷》作 "胡玮祯"，《明宣宗实录》作 "胡端祯"，据杨士奇，《胡端祯墓志铭》（《国朝献征录》卷八〇，页 87），胡端祯正是宣德五年进士；应予改正。

130. 巡抚南直隶工部侍郎周忱奏定济农仓之法，令诸县各设仓，择县官之廉公有威与民之贤者司其籍。每岁种莳之际量给之，秋成还官。明年，江南大旱，诸郡发济农米以赈贷，民不知饥。

按：《石匮书》不载，《皇明大政记》（卷一二，页 18，宣德七年八月辛亥条）、《国榷》（卷二二，页 1438，宣德七年八月辛亥条）与《明宣宗实录》（卷九四，页 6—7，宣德七年八月辛亥条）均备载之；当为本条所本。

131. 九年三月，庐陵民陈谦出谷一千二百石赈饥，遣行人赍敕旌为义民。

按：《明宣宗实录》《石匮书》《皇明大政记》《国榷》均不载，出处待考。

132. （一三四）上御便殿，观《晋史》，上曰："晋武开创之主，不为远图，托付非才。羌、胡、鲜卑杂处内郡，不能以时区处。国祸方殷，戎寇遽至。东晋仅能立国，而逆臣接迹，然犹延数世者，亦有贤人为之用也。"又曰："帝王维持天下，以礼教为本。两晋风俗淫僻，教化荡然，岂久安之道！"

按：《石匮书》《皇明大政记》《国榷》均不载，《明宣宗实录》（卷一〇九，页 6，宣德九年三月癸巳条）载之；当为本条所本。

133. 九月，上临朝谕曰："天下虽安，不可忘武。今稿事既成，朕将亲帅六师，以行边塞，饬武备。"于是车驾发居庸关，驻跸宣府洗马林。晚御幄殿，杨士奇、杨荣侍，上曰："人君驭世之权孰重？"荣对曰："命德讨罪。"上曰："然，二者天下公器。舜举十六相，诛四凶，而天下服，以天下之好恶为好恶也。齐威王烹阿，封即墨，不以左右之好恶为好恶也。"臣顿首称善。

按：《石匮书》《皇明大政记》《国榷》均不载，《国榷》（卷二一，页 1401—1402，宣德五年十月丙子条；宣德五年十月戊寅条；宣德五年十月丁亥条）、《明宣宗实录》（卷七一，页 6，宣德五年十月丙子条；页 6—7，宣德五年十月戊寅条；页 8，宣德五年十月丁亥条）均载之；然《国榷》简略，不载宣德帝谕语；《明宣宗实录》当为本条所本。此条宣德帝巡边记事在宣德五年十月，编者误置于宣德九年九月的最后一次巡边，实为重大错误。

134. 十二月，瓦剌顺宁王脱欢使臣昂克等来朝贡，请并献前元玉玺。降敕褒谕曰："王克绍尔先王之志，遣使来朝进马，具悉王意。所得玉玺，朕观前代传世之久，历年之多，皆不在此。王既得之，可自留用，其毋献。"

按：《石匮书》《皇明大政记》《国榷》均不载，《明宣宗实录》（卷一一五，页1，宣德九年十二月丙午条）载之；当为本条所本。

135. 时有僧自陈修寺祝延圣寿，上斥之，谓侍臣曰："人情莫不欲寿。古之人君，若商中宗、高宗、祖甲、周文王享国最久，其时岂有僧道神仙之说！秦皇、汉武求神仙。梁武帝、宋徽宗崇僧道，效验可见。世人不悟，可叹也！"

按：《石匮书》《皇明大政记》均不载，《国榷》（卷二二，页1480，宣德八年十二月丙午条）与《明宣宗实录》（卷一一五，页2，宣德九年十二月丙午条）载之；然《国榷》文字较简略，而《明宣宗实录》记载较详，文字较相似，当为本条所本。

136. 上御文华殿，召杨士奇等，出御书《洪范篇》及御制序文示之。上曰："所论或未当，卿等当直言无隐。"士奇等对曰："圣论真得古人之精蕴。"上曰："朕在宫中，虽寒暑不废书册。"对曰："帝王学问，则宗社生民有赖矣，惟愿陛下始终此心。"上嘉纳之。

按：《石匮书》不载，《皇明大政记》（卷一二，页24，宣德九年十二月条）、《国榷》（卷二二，页1481，宣德九年十二月壬戌条）与《明宣宗实录》（卷一一五，页7，宣德九年十二月壬戌条）载之；然《皇明大政记》《国榷》文字较简略，而《明宣宗实录》记载较详，文字较相似，当为本条所本。

137. 宣德十年春正月，上崩。皇太子即皇帝位，时太子方九岁，大学士杨溥复入内阁，首言："圣帝明王，莫不务学。先帝在时，屡谕臣等劝学东宫，遗音尚在。皇上肇登宝位，必明尧、舜之道，以图唐、虞之治。乞早开经筵，择老成识大体者辅之。太皇太后、皇太后，为皇上慎选左右侍从之臣，涵养本源，辅成德性。"太皇太后喜。时中官王振，故青宫旧侍，上即位，命掌司礼监。一日，太皇太后坐便殿，上西面立，召三杨及国公辅、尚书溁谕曰："卿等老臣，嗣君冲年，幸同心协力，共安社稷。"又召溥前谕曰："先帝每念卿忠，屡形愁叹，不谓今日复得见卿。"溥伏地泣，太皇太后亦泣，左右皆悲怆。盖先是永乐中，上巡幸北京，太子居守，以谗故，宫僚大臣辄下诏狱，陈善、解缙等相继死，而溥及黄淮一系十年。仁宗每与后言，辄惨然泣下，以故太皇太后为言。又顾英宗曰："此五臣，三朝简任贻皇帝者。非五人所言，不可行也。"又召王振至，欲置之死。英宗跪请得免（详王振用事）。逾年，太后崩。时蹇、夏皆先卒，而三杨相继老，振渐居中用事，仁、宣之业衰焉。

按：《石匮书》（卷五，《宣宗本纪》，页19，宣德十年正月初三日条；卷一六，《皇后本纪·孝诚昭皇后》，页10—11)、《皇明大政记》（卷一二，页5，宣德四年十月丙戌条）、《国榷》（卷二一，页1378，宣德四年十月丙戌条）与《明宣宗实录》（卷一一五，页11，宣德十年正月乙亥条）载之；其中尤以《石匮书》记载与本条较近似。

138. 谷应泰曰：明有仁、宣，犹周有成、康，汉有文、景，庶几三代之风焉。然高、成肇造，享国长久，六七十年之间，仓廪赡足，生齿繁殖，而兵革数起，脱剑未祀。后之哲王，但当愉愉煦煦，抚摩疮痍，斫雕为朴，废觚为圆，是所尚矣。语有之，承平之主，与戡乱异。假令永乐以前，施仁、宣之政，则行军而用乡饮；洪熙以后，用高、成之治，则无疾而食乌喙也。故余以仁、宣之朝，专务德化，虽曰度量，盖亦有时势焉。

乃仁宗之初御也，停罢采买，平反冤滥，贡赋各随物产，陂池与民同利，施经带于常朝，录外吏于西省，凡此皆善政也。而弋谦直言坐徙，马骐矫旨不诛，李时勉廷诤被击，毋亦外示止辇，内则瑱规，攘善即喜，翘君即怒耶？此则仁宗之失也。方宣宗之即位也，法祖重农，赈荒惩贪。文事则经史在御，武备则车驾待边。又且却驺虞之祥，禁白乌之瑞。《豳图》《织妇》，训诰同风。《招隐》《猗兰》，四诗媲美。凡此皆善政也。而弃交趾于荒外，废胡后于长门，系陈祚于犴狴。毋亦稽中之德，大醇小疵，克终之规，百里九十耶？此则宣宗之失也。虽然，创业固难，守成匪易。仁、宣之治，非高、成不开；而高、成之政，非仁、宣不粹也。尝考仁宗一祀不永，而继以宣之济美，则久道化成。宣宗十载未多，而溯于仁之监国，则重熙累洽。故缘其初造，则仁危于宣，席其已安，则宣光于仁。刘绪缵于元嘉，宋治盛于庆历。王道无旦夕之效，礼乐必百年而兴。呜呼！此其时哉。

然而三杨作相，夏、蹇同朝。所称舟楫之才，股肱之用者，止士奇进封五疏，屡有献替耳。其他则都俞之风，过于吁咈；将顺之美，逾于匡救矣。假使齐桓乐善，管子勉之至王；孝公奋烈，商鞅进之于帝，则仁、宣之间，化理郅隆，又能进贤退不肖，而数世之后，固可蒙业而安也。奈何章帝宾天，太后震怒，论诛王振，大臣缄口，坐令勃鞮之祸伏于多鱼，石显之专萌于病已。而仁、宣之业，则几乎熄，朝廷尚为有人哉！

按：出于蒋棻《明史纪事·仁宣致治》。

三 结 语

《明史纪事本末·仁宣致治》共有记事137条，谷应泰评论一则。今寻其史源，除2条有关义民的记录外，均有着落。最主要的引用史源是《明仁宗实录》《明宣宗实录》《石匮书》《国榷》《皇明大政记》和《三朝圣谕录》。

史源中以《实录》为大宗，137条记事中的104条以之为史源，而且诸书记载或文字有出入时，编者记事多以《实录》为断，这正合明末清初史家如万斯同等，撰著明史的原则："要以《实录》为指归，盖《实录》直载其事与言无可增饰也。"《石匮书》《国榷》《皇明大政记》诸书撰著也多参考《实录》，从其中摘抄文字；因此，编者也常直接引用其文字，而不抄录《实录》文字。尤其当诸书记事与《实录》有出入时，编者也会以之为斟酌的依据；所以与《实录》关系最密切的《国榷》就有29条，《皇明大政记》有9条为本篇之依据。《国榷》占诸多史源中仅次于《实录》，无怪乎传言《明史纪事本末》文稿系谷应泰购自谈迁。尤其《国榷》虽摘抄《实录》，却常加按语彰显所载史事之意义，或补记《实录》因忌讳失载之史事。如：

另一重要史源为张岱《石匮书》，在137条中占了13条，除《仁宗本纪》《宣宗本纪》外，一些比较详细的叙事则出于《列传》。传说张岱以五百金将《明史纪事本末》书稿转让给谷应泰，这当然是误传；但《明史纪事本末》中的确有几篇文字与《石匮书后集》雷同，张岱曾在谷应泰设在西湖畔的史室阅读崇祯邸报等资料，作为写作《石匮书》的依据。张岱投桃报李，提供已完成的《石匮书》部分文稿供编者运用，也是很可能的事。

至于其他特别的史源，值得注意的是杨士奇《三朝圣谕录》与黄佐《翰林记》，虽然占的条数不多，前者7条，后者2条，但都是那些编年体史书所不载的，叙事文字较多的几条。这些都是记载仁宗、宣宗皇帝与群臣，尤其杨士奇等重臣之间的对话，编者录此君臣相得，以彰显仁宣致治之故。在众多史源中占的数量虽不多，分量却很重。

查考史源的过程中，也发现编者一些疏忽应予校正之处：

（一）日期错置

本篇第60条记宣德帝与夏原吉等讨论谗愬小人，编者置于宣德二年二月条下，但依《明宣宗实录》，事在十月。

本篇第 65 条记宣德帝易后事，此事依《明宣宗实录》发生于宣德三年三月癸未朔，本条编者误为宣德三年二月，该改正。

本篇第 68 条记山西、河南流民事，列在宣德三年三月条下，依《明宣宗实录》，事在闰四月，不在三月。

本篇第 70 条记宁王乞赐南昌田事，列在宣德三年四月条下，依《明宣宗实录》，事在闰四月，不在四月。

本篇第 86 条记宣德五年六月裁湖广采办竹木事，宣德帝命黄宗载往湖湘采宫殿大材，事在宣德三年五月丙寅，宣德五年六月尚未罢裁湖广采办竹木，只是宣德帝要求吴中斟酌裁罢，具体罢湖广采木之役在宣德六年正月丁卯，而非本条所记的宣德五年六月。编者将此事混淆叙述，宜改正。

本篇第 114 条记《喜雪歌》事，编者误列于宣德六年十一月，依《明宣宗实录》，事在宣德五年正月；应改正。

本篇第 115 条记太监袁琦事，编者误列于宣德六年十一月，依《明宣宗实录》，事在宣德七年正月；应改正。

本篇第 133 条记宣德帝巡边并论舜与齐威王事，依《明宣宗实录》，事在宣德五年十月，编者误置于宣德九年九月的最后一次巡边，实为重大错误。

（二）文字错误

本篇第 16 条记各地水灾，依《明仁宗实录》，本条编者将被水灾之"蓟州平峪等州县"误写成"苏州"，须改正。

本篇第 17 条记"惜民力。畿南之兵，困于牧养，宜分给无马郡县。"依杨士奇撰《故嘉议大夫大理寺卿虞公墓志铭》则"畿南之兵"应改正为"畿内之民"。

本篇第 22 条记"矫旨下内阁书敕""内阁复请"之语，据《明仁宗实录》"内阁"应改正为"翰林院"。

本篇第 40 条将河南"郑、汝、钧、许四州"的郑州误为"镇"州；延津、襄城等"二十三县"误为"二十二县"；均应据《明仁宗实录》校正。

本篇第 52 条记"籍田"，应依《大明会典》改正为"耤田"。

本篇第 77 条记宣德帝御"文华殿"，与侍臣论历代户口盛衰事，依《明宣宗实录》当为"上御武英殿"，须改正。

本篇第 79 条记宣德帝语"善训厉子孙"，依《明宣宗实录》，"厉"应改为"励"。

本篇第 86 条记裁湖广采办竹木事，"采宫殿大材"的"采"字，依《明宣宗实录》，应改正为"采"。

本篇第 94 条记吏部奏选官事，依《明宣宗实录》《国榷》，"奏选官"应改为"奏选官退"，此条非论选官而论省退官员额也；"幸"应改为"幸"。

本篇第 98 条记屯田事，依《明宣宗实录》，"以示开垦"应改正为"以俟开垦"。

本篇第 129 条记录用庶官之优者事，进士"胡庄祯"，《国榷》作"胡玮祯"，《明宣宗实录》作"胡端祯"，据杨士奇《胡端祯墓志铭》(《国朝献征录》卷八〇，页 87)，胡端祯正是宣德五年进士；应予改正。

（三）叙事不周

本篇第 2 条记洪熙帝即位诏兴革大事及释夏原吉出狱事，同置于永乐二十二年八月条下。然即位诏中罢下西洋取宝船等，系响应夏原吉出狱后所上的建议，夏原吉释狱于八月初三日，洪熙即帝位在八月十五日，本篇从《皇明大政记》与《石匮书》之说，将夏原吉释狱置于洪熙帝即位之后，难见其中的因果关系。

本篇第 5 条记征布漆于民，命给钞市之。宣德帝曰："小民鸠敛金币，博易输纳，而吏胥因以为奸。其一切禁止。"本篇将《明仁宗实录》原文："博易输纳"后的文字"而商贩之徒，乘时射利，物价腾踊数十倍"删去，并将"加有不肖官吏夤缘为奸"改为"胥吏因以为奸"。政策失误会引起的物价腾踊不良影响及作弊为非的不只是吏胥，官员也有份；编者省略文字结果，未能论述宣德帝对政事了解之深刻，彰显仁宣致治之由。

本篇第 5 条记罢海子、西湖巡视官事，然据《明仁宗实录》："盖西湖受高山之流京城，南出注海子，凡三十余里，官常遣人往来巡视。"则此条宜改正为"罢海子至西湖巡视官"。

本篇第 33 条记林、湖池、坑冶，听民采取，悉照洪武年间例办纳。编者摘取《明仁宗实录》及《郊祀覃恩诏》文字时，误将四川茶课"照洪武年间例办纳"，置于罢山场等之后，使读者误以为山场等听民采取，但须依洪武年间例办纳税课，其实原文为："各处山场、园林、湖池、坑冶及果树蜂蜜等件，原系民业，曾经官府采取。今有人看守及禁约者，诏书到日，听民采取，不许禁约，看守之人各还职役。"则"悉照洪武年间例办纳"为另一件事，应删去。若欲保留，必须补述茶课事。

本篇第 42 条记杨溥上言牺牲少，请遣官市。上曰："爱人而后可以事神，其令有司监市，毋扰民。"编者从《明仁宗实录》中摘取文字，有错误及失焦之嫌。其实杨溥并未言牺牲少，而是请求遣官给钞于产地购买。而且洪熙帝说他了解官方向民间市买牺牲，给的价钱是以洪武年间的物价，而现今物价"视洪武时直率增数十倍"；因此，下令价买牺牲"悉准在京时直给钞"。本条要突显洪熙帝爱民致治，应当将此写入。

本篇第 38 条记乐亭、连城、莱芜、蓬莱、黄岩民饥事，依《明仁宗实录》记本月赈饥民之事尚多，如平度州、泰安州、任丘县等，本条不备举，或可于"黄岩"后加一"等"字。

（四）点校本句读商榷

本篇第 15 条，"四裔来朝之使，至京皆有公馆""至京"宜上读，点校本标点宜改为"四裔来朝之使至京，皆有公馆"。

本篇第 63 条，儒臣讲《易观大象》。《易观大象》标点不妥，宜改《易》观《大象》，意为善观《易》者，未观圣言，先观《大象传》。《易经》《象传》分为《大象传》和《小象传》。《大象传》64 条，分别解释《周易》64 卦的卦名和卦意。

经过上述查考知道，《明史纪事本末·仁宣致治》的编者与其他篇编者一样也有不少阙失。《明史纪事本末》其他大部分篇章，有前人著作如高岱《鸿猷录》或朱国桢《皇明大事记》中的相似篇章，可供参考。《仁宣致治》编者却无所依凭，在很短的期限内创作完成，错误难免。但编者编选史事，颇能与谷应泰曰的评论相呼应，没有其他一些篇章史事叙述与评论，观点相乖，前后不相呼应的弊病；是值得赞扬的。尤其编者能在本编 96 条及 130 条记载地方富民捐谷赈济被旌为义民之事；义民输谷赈济，在正统中之后甚为普遍，士绅富民参与公共事务，捐输赈济，换取朝廷颁给义民的身份，以确认他们在地方社会的地位，近年有的学者且以之作为明代中期以后是乡绅社会的依据。可是在宣德、正统初年的当代人却未注意到这种新生事物；因此，当代编写的史书如《明仁宗实录》《明宣宗实录》和《三朝圣谕录》，皆不载此事。这也是从这些史书找不到义民记载的史源的原因。此外，编者还特别用两条的篇幅记载皇帝赐给重臣范银图书之事，其实这就是后世所谓银印密奏和清代密折制之起源。编者虽未明言，但似乎已感觉此事之重要性。

另一特别之处,是编者虽大量运用《实录》,但也能注意到《实录》以外的史书,比较其史实记载及议论,非一味跟随采取官方说法;有关宣德帝易后之事,最为明显,不必赘论。又如杨士奇的银印,王世贞《皇明异典述·赐印记》曰"清方贞一",另一说是"清方贞靖"。但据杨士奇《赐印章记》:宣宗皇帝赐方寸银章二,其一文曰"贞一居士";其一文曰"清方贞靖";相信编者应该是参考杨士奇自己写的《赐印章记》而确定以"清方贞靖"为是的。另外,在宣德五年(1430)九月条下,编者并未直接抄录《明宣宗实录》所列一长条新任职官,而是采用《国榷》所引朱睦㮮的评论,强调这是"初设巡抚",彰显其重要性。

总之,《明史纪事本末·仁宣致治》的编著,虽有瑕疵,大体而言,可谓中规中矩,经过史源的考察,可以支持这一论断。

[作者单位:中国台湾暨南国际大学　南开大学历史学院]

女性传记与明清历史转折

衣若兰

一 前 言

综观三卷武英殿本《明史·列女传》，第三卷所列 124 位女性传记，其事迹均集中在明亡前夕至顺治初年约 20 年间，其中仅有 20 人与崇祯朝的乱事无关，① 可见编者之偏重。在传记性质方面，本卷所录的"烈女"共 115 位，占全部《明史·列女传》的 41.22%。殉夫者的比例虽占了全传的 18.65%，却不及在贞操威胁下身亡者（38%）的半数，而更有 102 位女性是在寇乱之中自尽或被害，占全传烈女的 53.13%，以上在在显示史臣所采撷的重点在于鼎革之际的"烈女"。《明史·列女传》大量记录明末烈女事迹，除了缘于战乱环境下实践烈行的事迹盛于承平时期，以及清初存留不少崇祯年间的史料可供参考，也与编者欲凸显崇祯朝死烈的事迹有关。

二 清初史馆修史

清初可见的明末贞节烈女传记数量相当高，《古今图书集成》中收录的节妇传记中，仅崇祯年间（1628—1644）就占了全书的 29.91%，而崇祯朝的烈妇传记更高达全书的 52.89%。② 顺治年间敕谕各地督抚访查明末抗寇殉节之官民妇女，并将相关事迹宣付史馆。③ 参与修《明史》的王鸿绪曾称赞元、明史官备录以对抗当权的忠义之士，认为"甲申以后，忠于所事者，亦不没其实"，意即修纂《明史》不该隐没此种志士。④ 其结果显示在殿本《明史·忠义传》七卷中有 331 位殉国者，但值得注意的是，仅有 48 人抗女真族而死，其他皆为对抗倭乱与流寇而殁者；而王鸿绪所撰《明史稿》中关于明末殉国者，也是只褒扬抵抗流贼而死者。⑤ 可见以官方的立场而言，明末值得称颂的忠义事迹，主要是抵抗流贼而非抗清，对女性节义行谊的选择亦如是。

这些传记对清政权来说，可以加深 "明亡于流寇，非亡于清"的印象。早在清兵初入关之时，清人即曾遣大学士冯铨祭祀故明太祖及诸帝曰：

> 兹者流寇李自成，颠覆明室，国祚已终。予驱除逆寇，定鼎燕都，惟明乘一代之运以有天下，历数转移，如四时递禅，非独有明为然，乃天地之定数也。⑥

---

① 传中若干不注明时间者，笔者以其他相关史料所提供的时间推断。
② 关于《古今图书集成》中明代各朝贞节烈女人数（传记）统计，详见安碧莲，《明代妇女贞节观的强化与实践》，中国文化大学史学研究所博士论文，1995 年，第 172～174 页。在此所得数据乃依据其所提供的数目加以统计。
③ （清）汤斌：《潜庵先生疏稿》，第 2a-3b 页。
④ 王鸿绪：《史例义·上》，第 31 页。
⑤ 区志坚：《明遗民查继佐《罪惟录》史学之研究——以身份认同、正统观、褒贬笔法为中心》，《明史研究专刊》13（2002.3），第 220 页。
⑥ 《清世祖章皇帝实录》卷五，第 25a 页，顺治元年 6 月癸未条。

指出明朝是李自成颠覆的，如今清政权驱逐了这些逆贼，定鼎燕京，实为天地之定数。多尔衮又在致史可法书中强调："国家之抚定燕都，乃得之闯贼，非取之于明朝也。贼毁明朝之庙主，辱及先人，我国家不惮征缮之劳，悉索敝赋，代为雪耻。"① 强调清人为明人讨贼雪耻之功。顺治二年（1645），下诏修纂《明史》，等于宣告明朝的结束，而此时史馆之运作，基本上在摄政王多尔衮的掌控之下。

虽然清政权对于明亡的根本理由有几种说法，② 但是明之覆灭确实爆发于流寇，"明亡于流寇"这个说法并不会有所争议。

康熙十七年（1678）广开博学鸿儒科，清廷对遗民与非遗民的汉籍士人收编，其时机选在"三藩之乱"时，显示康熙试图以此防止明遗臣投奔吴三桂之意。来年三月取士，随即邀请博学鸿儒参与官修《明史》的工作。对遗民来说，通过编修《明史》使他们自身的"生存"意义得到证实，而且也提供他们一个公开探讨明朝灭亡原因的管道与机会。因此，无论明朝遗老与仕清汉官，他们在拥护儒家统治的志业中，有了共同的利害关系。③ 对官方来说，此次可说是有效地以传统儒家价值观或修史的责任感，吸纳汉人精英。④ 在此期间，尤以昆山徐氏三兄弟，乾学、秉义与元文，利用自己的人脉，为明史馆招揽不少正式或非正式的修史人才，是康熙朝修史有所成的重要因素。⑤

昆山三徐与明遗民来往甚为密切，特别是顾炎武等几位儒者。明遗民中，顾炎武与黄宗羲虽不为清官、不入史馆，但是他们对修《明史》却有一定的影响。钱澄之（1612—1694）曾请黄宗羲为其妻方氏撰墓志铭，记载她孝事姑舅，几经变乱皆不为所动，于乙酉年（顺治二年，1645）贼乱下，抱女投水死。黄宗羲感叹地说："常观今之士大夫口口名节，及至变乱之际尽丧其平生，岂其无悲歌慷慨之性欤！亦以平生未尝置死于念，一旦骤临，安能以其所无者应之于外？"⑥ 其后，方氏之传被收入《明史·列女传》。

顾炎武对明代史事之编纂亦颇有兴趣，⑦ 他唯恐忠义节烈之事迹不载于青史，将泯没于世，所以著有《吴同初行状》《山阳王君墓志铭》《先妣王硕人行状》，希望如其母之节烈事迹，"可以不辱仁人义士之笔"。又曾辑《明季实录》一书，述闯贼陷北京，庄烈帝殉国等明亡之事，并记甲申三月不少官员伉俪自尽，以及父子夫妇姑媳缢死者，⑧ 此外，其写《闽中吴鸿盘染血书》，记闯贼的暴行，曰：

> 君父之仇，普天共愤，……盖李贼狡狯，设计而愚民，因诡受欺令曰："降我者不杀，顺我者不屠，富者安堵，贫者赈恤。"于是始而书顺贴门，继而书顺贴额，举国纷纷尽以为时雨之沛。讵意不然，强兵拥至，居其室，攘其食，搜其衣裳，括其财物，寝其床第，淫其妻女，奴隶差役。⑨

以上李自成等人矫旨为乱，并在京城内烧杀掳掠、淫人妻女，常是明清之际士人记载甲申之变的主要内容。顾炎武为三徐的舅父，两家曾比邻而居，顾炎武的人格、气节、学问与思想，对他们当有一定

---

① 《清世祖章皇帝实录》卷六，第18a页，顺治元年七月壬子条，摄政和硕睿亲王多尔衮致史可法书。
② 如：太监祸国殃民、朋党纷争、崇祯皇帝任用非人等，见庄吉发：《他山之石——清初君臣口述明史》，收于氏著《清史论集》（一），中国台北，文史哲出版社，1997年，第18~31页；何冠彪：《清朝官方的"明亡于万历"说》，《国立编译馆馆刊》28：1（1999.6），第255~272页；郑永昌：《试论明清之际官方史料对崇祯帝评价的转变问题》，《史耘》3.4（1998.9）。
③ 详参魏斐德（Frederic Wakeman, Jr.），《洪业——清朝开国史》，南京，江苏人民出版社，1998年，第809~810页。
④ 尤其是江南一带，博学鸿儒科中试者有八成是来自浙江和江南，见魏斐德（Frederic Wakeman, Jr.），《洪业——清朝开国史》，页809。
⑤ Lynn A. Struve, "The Hsü Brothers and Semiofficial Patronage of Scholars in the K'ang-hsi Period," Harvard Journal of Asiatic Studies 42:1 (Jun.1982): 231~266.
⑥ 《南雷文定》三集，卷二，《桐城方烈妇墓志铭》，第11a页。
⑦ 详参傅荣珂：《顾亭林及其史学》，高雄师范大学国文所硕士论文，1978年6月，第245~262页。
⑧ （清）顾炎武：《明季实录》，收于《丛书集成续编》册277，不分卷，《燕邸实钞》，第18a页。
⑨ （清）顾炎武：《明季实录》，《闽中吴鸿盘染血书》，第28~29a页。

的影响。① 炎武后虽拒入史馆，却多次写信与其甥和馆臣论修史事宜。② 晚清俞樾（1821—1902）即指出徐乾学的论学宗旨与顾炎武相同，且由其所纂之修《明史条例》》与《修大清一统志条例》可知：

> 国初大著作，体裁皆公（徐乾学）所定，亭林先生穷老著书，不获见用于世，而公则遭际盛时，从容坐论，出其所学以润色皇猷，此乃时为之。③

顾炎武的学识，借由当时名声颇盛且得康熙青睐的徐乾学，而得以发挥了作用。

特别值得一提的是，徐秉义（1633—1710）曾在康熙三十八、三十九年（1699—1700）担任明史馆总裁，他对《明史》之编纂，也颇有贡献，惜罕受现代研究者的注意。④ 约在康熙二十一年（1682）至三十三年（1694）他告假归乡，编有《明末忠烈纪实》一书，本书收录了崇祯二年至清人入关之初的忠烈人物传记，男性 575 人，女性 360 位。从凡例中可见他认为将忠烈事迹加载正史的重要性：

> 方今奉旨纂修《明史》，前朝人物幽光，不患其不显矣。然观宋、元之史，其人当两代之交，多遗其后事不书。故龚开、文、陆之传，为《宋史》所不传，而《庚申外史》，亦多《元史》所不载。以古况今，想亦当然。此特详其末后，盖所以补史之阙文也。宋末节义亦盛，正史所不载者，杂见于诸老先生文集及《谷音》《填海录》之类，残编断烂，使当时有一成书，亦何至碧血无藏也！兹盖以此为鉴。⑤

以为应将两代之交的忠义之士纳入《明史》之中。

至于徐秉义编纂的资料来源，他只提到《劫灰录》一书所录永历诸臣，"事最精核，今多仍其旧"，值得参考。但是《劫灰录》并未专设列女传，⑥ 徐秉义并未说明他编纂《明末忠烈纪实》》烈女传）的史料根据。秉义的史文究竟是否被收入《明史》，熊赐履于康熙四十一年冬进呈御览"徐稿"，然"上览之不悦，命交内阁细看"⑦，学者据此指出此稿应未获得清廷的认可，徐秉义的想法并未实践；⑧ 但是实际比对可发现，《明末忠烈纪实》的时间断限与《明史·列女传》第三卷相符，且本卷将近九成以上的传记内容与之近似。

三　妇女入正史之意义

如果说儒教在清代有明显的宗教化倾向，极端妇德的提倡正是此一宗教化过程的具体表现。士人所强调的道德内涵，大都与妇德相关，妇女具体的事迹（但不一定全为事实），则成为儒家宣扬其道德主

---

① 王家俭，《昆山三徐与清初政治》，收入《近世家族与政治比较历史论文集》，中国台北，中国台湾"中央"研究院近代史研究所，1992年，第 707 页。
② 如《与汤荆岘书》论明实录之可信否，《与叶讱庵书》说明其不赴史局的理由，《与史馆诸君书》则请求将其母事迹入史传，《与公肃甥书》谈及修史当求藏书等事，《与施愚山书》则论理学传记等等，见《亭林文集》卷三，第 12b-18b 页。
③ （清）俞樾：《重刻憺园文集序》，《憺园集》，中国台北，傅斯年图书馆藏，光绪九年嘉兴金氏重刊本，卷首，第 2a 页。
④ 目前仅 Lynn Struve 论及徐秉义在明史馆的贡献，见氏著，"The Hsü Brothers and Semiofficial Patronage of Scholars in the K'ang-hsi Period," *Harvard Journal of Asiatic Studies* 42:1（Jun.1982）: 231～266．与 *The Ming-Qing Conflict，1619～1683: A Historiography and Source Guide*, pp.35, 40～41.
⑤ （清）徐秉义：《明末忠烈纪实》，杭州，浙江古籍出版社，1987 年，《凡例》，第 1 页。
⑥ 《劫灰录》仅在《亡国诸人事考》中，附有与传主相关的女性史料，如沐天波的婢女夏氏，未有专门的女性传记。见卷三，《亡国诸人事考下·沐天波》。
⑦ （清）杨椿：《再上明鉴纲目总裁书》，《孟邻堂文钞》卷二，第 14 页。
⑧ Lynn Struve, *The Ming-Qing Conflict, 1619～1683: A Historiography and Source Guide*, p.40.

张的重要"范本"。① 同理，官方对于女德的褒扬，尤其在"史"的层次上，给予女性何种位置，颇值得我们思考。

首先，清王朝以官修前代史的方式，昭告其继统的合法性，所谓"胜国诸史，未有不成于后王者"，以为如果"《明史》废而不修"，将何以"鉴前代之得失"，又何以"信今而传后"？② 清代君主颇了解历史的教化作用，乾隆即曰：

> 史者，辅经以垂训者也。……史为经翼。……夫史以示劝惩，昭法戒。上下数千年治乱安危之故，忠贤奸佞之实，是非得失，具可考见。③

列传中这些明末妇女守节抗辱的事迹，受到普遍的赞扬，被当作与忠诚的概念相同，而为统治者所乐意宣传。

中国传统史学里，人物立传的标准，通常在"立功名于天下"者，这个准则到了五代后唐的史馆编修更加地完备。当然，自《史记》以来，除了丰功伟业之人外，游侠等小人物也能入传，但是史传作者真正的用意，往往不是在为小人物立传，而是在他们身上寄托某种思想情感、或表达某种理想愿望。④ 同样的，利用对女性德行的认定、倡导与教化，亦为清朝政权合理化的表征之一，于是《明史·列女传》的编纂，对清朝政府而言，可说是具有双重的强化政权之作用：一方面清廷透过对明代烈女德行的确认与宣扬，表现政府（或帝王）作为教化百姓的中枢，同时又以官修的方式将这些女性放入前代正史，垂名万世，乃利用史学作为资政教民的工具，更巩固了清王朝之正统性。

再者，对撰写者来说，称颂于流寇侵扰下殉国的男女，并不会遭到清廷的查禁。吴伟业（1609—1671）在嘉兴编辑《绥寇记略》（1652），据朱彝尊称，其得以传世是因"明史开局，求天下野史，有旨，勿论忌讳，尽上史馆，于是先生足本出"⑤。不过，实际上也是由于朱氏利用职务之便，将其草稿带入史馆（当然有争议的部分可能已经删去）。朱彝尊称此书的价值在："绥寇之本末，言人人殊，先生闻之于朝，虽不比见者之亲切，终胜草野传闻，庶几可资国史之采择者欤。"⑥《绥寇记略》的记载后被采入《明史》，例如崇祯八年（1635）的"荥阳大会"即源自本书。⑦

女性死烈入史的具体意义，我们于明史馆臣汪由敦之语，可以清楚窥见，其曰：

> 夫史之为教，因人以立义而已，著死义，而凡死于义者，可概而知，县贲父之赴敌不著于《春秋》，盖不待具其事、著其名而义已见也。

以死义入史，实具教化之意义。他又说明在邵孺人传中仅记其烈行为主的原因：

> 孺人死于胜国之季，历数十年而大节显暴，歆享俎豆，国家激劝之典行焉，虽史不书，不为阙

---

① 本段构想来自周婉窈，《清代桐城学者与妇女的极端道德行为》一文，她认为"儒教在清代有明显的宗教化倾向，极端的妇德正是此一宗教化过程的具体表现。……儒教到了清代所强调的道德内涵大都与妇德有关，妇女成为儒家道德主要的体践者。"见氏著，收于《中国妇女史论集》第四集，中国台北，稻乡出版社，1995年，第225页、第227页。
② （清）施闰章：《学余堂文集》，收于《文渊阁四库全书》册1313，《修史议》卷二五，第15页。
③ 《清高宗纯皇帝实录》卷二八六，乾隆十三年三月丙申条，第8页。
④ 俞樟华：《论司马迁的传记文学理论》，《学术论坛》，2000：2，第94页。
⑤ （清）朱彝尊：《跋绥寇纪略》，收于《绥寇纪略》，第1页，引《四库全书提要》。
⑥ （清）朱彝尊：《跋绥寇纪略》，收于《绥寇纪略》，第1页，引《四库全书提要》。
⑦ 据顾诚考证所谓的"荥阳大会"，是虚构的事情，见氏著，《明末农民战争史》，北京，中国社会科学出版社，1984年，第71～76页。

事矣。孺人之夫之兄之孙醖谒余为孺人传述，孺人事姑舅、相夫子，妇道甚备，余于孺人之死，信其能知义，其他内行，盖无待具述云。①

也就是认为邵氏于明亡之际以义死，已足显其特质，其他的内行不必赘述。邵孺人即《明史·列女传》中的商丘邵氏，她是布政使之女，史载其在流贼陷城下骂贼，贼怒断其足，又断舌寸磔之（页7757），实为烈女。

又对清政权来说，各式女性殉烈的事迹，也可用来作为政治宣传的工具，如康熙年间马雄镇家族24人殉难的事例，其中女性死烈的情形，据邵长蘅（1637—1704）之描写如下：

> 二烈女者，马文毅公女也，一小字二姐，其一小字五姐。初文毅公陷贼时，二女相要约同死，公妾顾氏亦愿从。公既遇害，女谓顾氏，今日吾辈践约时也。将为缳梁闲，从容语顾氏曰："夫人故，诸母行位次，宜居中，虽颠沛，序不可失。"氏曰："某妾也，又无出，何敢与诸母齿让。"至再，竟先顾氏。五姐弱，力不能胜缳，久之，缳未就，呼曰姐助我。二姐笑曰："妹怖死邪，吾助妹已。"乃以次就缳死。先是公子司寇公独脱身，闲道归京师，其夫人董氏、妾苗氏，皆在贼中，董氏先二女自经，缳再绝，再仆地，伤额及足，三缢乃死。苗氏与文毅公妾刘氏，相继死在二女后。最后文毅公夫人李氏，视诸人含殓毕，曰："姑媳子女皆幸不辱身，吾无憾矣。"乃系帛奋身绝吭死。是日，死者七人，二姐死时，年十有八，五姐仅十五，顾氏年二十余，识字，工楷书。②

本传以马家两位15岁、18岁的少女殉死为主轴，实为记载马雄镇在康熙十六年（1677）忠于清朝，不受吴三桂的承继者吴世琮之招降，以及马氏殉难死后，其家族24名妇女集体自杀的情景。清政府曾极力以此称颂殉国（清）者与其女眷的死烈，特别在三藩乱平定之后，为马雄镇立祠，以宣扬其忠于清朝的思想。③女性殉烈传记之传述，即成了国家宣传政治教化的工具之一。

然除了记载死于崇祯流贼之手，实际上，也有许多传记叙述妇女在清兵攻城之际，贞操与生命备受威胁。陈鼎曾记载新安吴烈妇沈氏等死烈妇人的传记即是在此情况下丧命的女性，其中《柴烈妇传》曰：

> 柴烈妇……北都陷，天下汹汹，烈妇即断所织布，染青皂色制短衣以为备。……
> 外史氏曰：戎马未生于郊时，或有道蔡文姬及乐昌公主事者，里巷妇人皆能非之，以为曷不早自裁决，而遭辱如此？然一当变故，皆犹豫不忍，至于失身。嗟乎！死生之际亦大矣，烈丈夫且难之，况女子乎？当烈妇从夫论史时，其志固皎然矣。欲乱虑辱，以死自绝。呜呼！何其勇耶？④

但是这些类似情形在《明史·列女传》中比较少见，或者描述得隐讳不明。416卷本《明史》将"甲申国变，殉京师者，附载诸忠臣传中"仅采清初以来烈女最著者，具列于篇。⑤殿本《明史·列女传》末，有14篇传记写乙酉（1645）兵兴时女性殉夫或抗辱而死的事迹，不过，其记载相较于崇祯朝烈女传记，显得比较暧昧。一是不明确指出事发的年代；有的写福王时城陷，如吴之瑞妻张氏、韩鼎允妻刘氏二传（页7758）；有的则不载时间，如江都程氏六烈、史著馨张氏二传（页7759），根据《明末忠烈

---
① （清）汪由敦：《松泉文集》卷一九，《邵孺人传》，第9页。
② （清）邵长蘅：《青门旅稿》，《四库全书存目丛书》集部册248，卷五，《马氏二烈女传》，第11页。
③ 见魏斐德（Frederic Wakeman, Jr.）：《洪业——清朝开国史》，第838～840页。
④ （清）陈鼎：《留溪外传》卷一三，《节烈部下·柴烈妇传》，第3～4a页。
⑤ （清）（旧题）万斯同，《明史》四一六卷，《续修四库全书》史部册324～331，上海，上海古籍出版社，1995年，据北京图书馆藏钞本影印，卷三九四，《列女传上》，第257页。

纪实》，此当为乙酉年事。二是未明写欺凌妇女者为何方军兵，如不书清兵入城等语，而仅以"南都覆，为卒所掠"，或杭州不守等语代替（页7760）。相较于描述流贼对女性的威胁，《明史·列女传》虽对清兵入关所造成的动乱未完全避而不谈，但也巧妙地用另一种隐微的方式来表达。反观至雍乾年间，为提倡尽忠的思想，朝廷甚至不惜表扬在扬州抗清兵而牺牲的女子，① 十分不同。

四　结　论

总之，回顾历代诸史《列女传》，史家收录女性慷慨捐生的传记，在比例上有渐增的趋势，动机却走向集中于贞操一项。② 过去女性死烈的原因尚有：基于孝亲，如《后汉书》的曹娥殉父等传。或本于爱国，如《魏书·列女传》北魏孝文帝时的孟氏与刘氏；《晋书·列女传》的荀灌、张茂妻陆氏为夫讨沈充等。这些传记，一是为子，一是为夫守城，另一更为报夫仇而举兵，所显现的替夫、子而非出于己身爱国的意涵，亦不得不注意。亦即这样的忠勇行为与忠诚之心，虽符合国家统治的意识形态，③ 然仍离不开女子三从的基本架构，与许多文人学士常强调贞节出于"天性"者不同。而元明两朝是《列女传》走向"烈女传"的关键，元人所修的辽、金、元三史《列女传》，因贞节而死的烈女（尤其殉夫者），比例大增，殉亲的例子虽然在往后的《列女传》中仍可见，但是忠烈类型从《元史》以后就不再出现于女性的史传中。④ 清初修史承继了女性史传颂扬贞烈的采择标准，由416卷本《明史·列女传》所云："自汉书至五代传记，列女半列才艺，而王凝妻断臂一事，欧阳修仅载之冯道传中，若是乎贞烈之风未易睹矣。"即可知编者想要凸显贞烈的企图，而这种崇烈之风，也正如殿本《列女传》序所言：

> 盖挽近之情，忽庸行而尚奇激，国制所褒，志乘所录，与夫里巷所称道，流俗所震骇，胥以至奇至苦为难能。而文人墨客往往借俶傥非常之行，以发其伟丽激越跌宕可喜之思，故其传尤远，而其事尤著。然至性所存，伦常所系，正气之不至于沦澌，而斯人之所以异于禽兽，载笔者宜莫之敢忽也。（第7689页）

即使编者对这般强调"奇苦"的风气有些微词，可是基于这些女性至性的表现有益于伦常正气，秉笔者也不敢有所疏忽，故仍大篇幅地记载。虽然都大肆书写贞烈，然与元明官修胜朝《列女传》不同的是，殿本《明史·列女传》所收烈女传记，较不特重殉夫，而是强调在崇祯朝抗辱死节者。

如果说传统中国正史的主要功能在于教化，执笔的史家，尤其担任官修正史的史臣者，更负有化育万民的重责大任，当然此时也是其发挥个人价值判断、经世济民的最好时机。⑤ 钻研学问是明遗民的出路之一，史学更是这些幸存者可以对前朝尽一点心力并将自己理想投射于其中的管道。所谓"忠臣不事主国，烈女不事二夫"，士人不断地以忠义贞烈的故事来书写明清转折之际的历史，女性的道德情操与生命存亡，即成为明末清初文人塑造明朝亡国时代气氛的重要符号与表征。这般具体描述明亡之际女性的节烈故事，尤其是殉节之道，或可视为史家表明个人志向，并以此作为明遗民之间相互认同的一种语

---

① 见 Dorothy Ko（高彦颐），"The Complicity of Women in the Qing Woman Cult,"收于《近世家族与政治比较历史论文集》，页467～472。李惠仪，《性别与清初历史记忆——从扬州女子谈起》，《台湾东亚文明研究学刊》，7:2（2010/12），第311～330页。
② 参衣若兰：《史学与性别：〈明史·列女传〉与明代女性史之建构》，太原，山西教育出版社，2011年，第119～150页。
③ 卢建荣认为魏收于唐代史家编著这类女性爱国行径，一反男强女弱的传统性别论述，强化男子爱国的心态，主要在复制有利国家统治的意识形态，见氏著，《从男性书写材料看三至七世纪女性的社会形象塑模》，《师大历史学报》26，1998年6月，第11～14页。
④ 参衣若兰：《史学与性别：〈明史·列女传〉与明代女性史之建构》，第141～146页。
⑤ 此时史家也负有另一种力量以抗君权与各项恶德，例如记录阉宦，操持董狐笔的史家，如握铁钺，负有褒贬人事之权威。见 Matthew Fryslie, "The Historian's Castrated Slave: The Textual Eunuch and the Creation of Historical Identity in the Ming History," PhD Dissertation, University of Michigan, 2001.

言，亦可视为部分清初士人群体意识的一环。明代女性被选择性地入传，这样的表述方式，呈现了史家对妇德的看法，可说也构成史家对其社群之道德认同。①

康熙中叶距离甲申国变已近半世纪，但在士人与官方"共创"的明亡记忆中，大顺军队覆灭大明江山的情景犹历历在目，愤恨难平的士人以歼灭弑君逆寇为首要任务，② 清军也打着这个名号，率领"仁义之师"入关。此种做法，诚如学者所言，历史记忆为了应付现实需要或合理化现实社会政治境况，不一定要全盘创造历史记忆，有时只需要认识、组合或重新诠释历史中的某些成分，便足以达成目的。③官修《明史》对崇祯朝烈女的记述即反映了以下二者：一方面明清之际士人书写女性抗辱丧命的事迹，暗示他们以此吟咏亡国的挽歌；一方面对清廷或持官方立场的史臣来说，记载寇乱之下的烈女传记，可说是对世人昭告"明亡于流寇"再一次的记忆加深。

[作者单位：中国台湾大学历史系]

---

① Matthew Fryslie 即以为，明末清初士人依赖正史作为建构其专业阶级的方式之一，见氏著，前揭文，页 140~141。
② James Bunyan Parsons 曾提到，对士绅来说，流贼比满人还属外来、异质的（foreign），见氏著，*The Peasant Rebellions of the late Ming Dynasty* (Tucson: Published for the Association for Asian Studies by the University of Arizona Press, 1970), p. 260.
③ 王泛森：《历史记忆与历史——中国近世史事为例》，《当代》91（1993 年 11 月），第 42 页。

刘济及其《革书》辨疑

吴德义

近日，笔者在校勘《明实录》所载英宗北狩事迹时，注意到《革书》一书，并经过仔细考辨，发现该书实为伪书的诸多证据。

据该书卷首，著者刘济自称为"御马监内禁直操金鞍马勇士"，随英宗北征蒙古，并在英宗北狩时侍卫于左右，该书即记其侍从英宗北狩之经历。卷末附有刘济给其弟刘湘的一封书信，自称因不满蒙古头目昂克刁难英宗还朝之事而被刺伤，在护驾回京的路上伤重不起，故将妻子及所著之书托付于弟。最末为刘湘之《跋》，称他于景泰元年（1450）八月十八日至"杨都大人宅内问信"，杨都大人称："你兄刘济十一日在野狐岭伤疮沉重，腰间取出皮书，托我捎回付你，他十二日落马而绝。"[1] 如其所述，因原书写于皮革之上，以此名为《革书》。英宗北狩之事，不少当事、当时人留有记录，其中杨善的《奉使录》、钱溥的《袁彬传》两书今已失传，留存下来的尚有：景泰元年八月，李实所撰《北使录》（亦称《奉使录》）；天顺时，刘定之所撰《否泰录》；成化元年（1465）七月，袁彬所撰《北征事迹》；弘治时，杨铭（又名哈铭）所撰《正统临戎录》；据杨书所成之《正统北狩事迹》。除以上私家史籍外，成化时官方所纂《明英宗实录》，其正统十四年（1449）七月至景泰元年八月，即卷一八〇至二一九的内容，间载英宗北狩事迹。以此可见，如刘济所著《革书》为真，那么，绝笔于景泰元年八月十一日前的这部史书，应是当事人记录英宗北狩事迹最早的一部书籍，其史料价值应该高于至少不亚于以上诸书。

那么，《革书》之真伪如何呢？首先，可从考证该书的作者及主角（至少是主角之一）刘济入手。据该书所述，刘济侍卫英宗北狩时，"朝夕常不离御帐左右"[2]，最后还忠心耿耿地为维护英宗献出了生命。英宗北狩是明代重要的历史事件，对于侍卫英宗的重要人物，除了自撰的《革书》之外，其他史籍还应有所记载。而钩稽相关的各种史籍——无论是官修的，还是私修的；无论是当时人所著，还是后世人所纂，均未发现刘济侍卫英宗的任何信息。

第一，当事、当时人的著述无刘济其人之记载。英宗北狩时两名主要随从：被俘的锦衣卫校尉袁彬，因会写字被英宗留侍身边；羁留塞外的回族通使哈铭（又名杨铭），因通蒙语被英宗留任通译。两人在随英宗还朝之后，各自著书记录北狩经历。袁彬撰《北征事迹》、哈铭撰《正统临戎录》，两人除在书中互相提及对方外，另还记有刘婆儿、李成等侍从人员，但对所谓不离英宗左右的刘济并未提及。

另外，于景泰元年七月出使瓦剌的明使臣李实所撰之《北使录》（亦称《奉使录》），以及天顺时翰林学士刘定之所撰之《否泰录》，两书记录英宗在北边时身边人员，均未提及刘济，却提到袁彬、刘浦儿（刘婆儿）、夏福等人。刘定之曾自述《否泰录》之史源，称："臣因所目击耳闻，参以杨善、李实所

---

[1]（明）《革书》，中华书局编：《明杂史十六种》，第4册，北京，中华书局影印本，2013年（下引《革书》版本同）。按：题为明代正统、景泰之交时人"刘济"所撰之《革书》，一卷，仅一部钞本传世，现藏于中国台北。

[2]（明）《革书》，《明杂史十六种》，第486页。

述《奉使录》，钱溥所撰《袁彬传》，约其繁芜，著为此录"①。以此逆推，曾为《否泰录》史源、今已佚的杨善《奉使录》、钱溥《袁彬传》两书当亦未提及刘济其人。据《革书·跋》所言，该书是刘济托杨善代交的，那么，杨善应知悉刘济并读过该书，在其所撰《奉使录》中应有关于刘济其人其事的相关记载。而受托带回的《革书》，亦应为天顺年间著《否泰录》的刘定之所参阅，并如将《奉使录》《袁彬传》列为其史源书目那样，将《革书》也列入其史源书目之列，但这一切合乎情理、逻辑的事情都没有发生。可见，所谓刘济撰著《革书》、临终前将其托付给杨善之事是值得怀疑的。

第二，明官修史书中未提及刘济。明景帝实录附于《明英宗实录》之中，称《废帝郕戾王附录》，该部分载有英宗北狩事迹。据该书记载，不离英宗左右、负责其生活起居与对外交往等一应事务的侍从是袁彬，而根本就没有提及刘济其人。

另查《明英宗实录》，出现刘济名者3次：（1）正统七年（1442）九月，"千户刘济私采木植，擅离地方，情尤重，上命斩"。②（2）景泰三年（1452）夏四月，"命兵部武库司主事刘济署本司郎中"。③（3）天顺四年（1460）春正月，礼科掌科事给事中张宁奏称"吏部郎中……刘济"。④显然，这里3次出现的刘济绝不会是《革书》所称侍卫英宗北狩、死于景泰元年八月十二日之刘济，否则就会重复出现人死而又复活之怪相。

第三，明代史籍中未有封赏刘济及其子孙的相关记载。明英宗回銮后，尤其是南宫复辟以后，大封哈铭、袁彬等随扈及迎銮有功人员，并赐名袭职。如袁彬在英宗回京后，即升百户，天顺元年（1457）英宗复位后，又升指挥佥事，并赐住所、银、彩缎等物；迎英宗还銮的使臣杨善升为左都御史，其他迎接人员也受到奖赏；连送英宗还朝的一众瓦剌使节也升官封赏不等。如《革书》所谓刘济为护主而死属实的话，以英宗之宽仁，未对其行追谥之礼，以其子袭封，有违"死者事大"之礼。

由上所述，各史籍均未提及英宗在北边的侍从刘济其人，而只记录了袁彬、哈铭、李成、刘婆儿、夏福等人。当然，史书的记载或存在遗漏，如成化时马文升曾在一篇奏疏中言捉获的银匠徐安也是侍奉英宗的，英宗南还时奉命留在蒙古，徐安是此前的史料中没有提到的。⑤因此，无人提及的刘济会不会是被漏记了呢？这几无可能。因为刘济若在当时只是一个普普通通、没有发挥重要作用的人，被众多史籍漏载，或有可能。而值得注意的是，按照《革书》的记载，刘济不是一般侍从，他是英宗北狩时一系列重要事件的参与人，是英宗在北狩的艰难时刻处处需要倚重的主要侍从，且还在回京前夕为保卫英宗而死。这么重要的人物，若确有其人，显然不可能只在自撰的《革书》里出现，而被所有别的记录这段历史的官私史籍漏载。这种可怪的不可能发生的"漏载"之存在，只能令人怀疑刘济其人的真实性。

如将《革书》与其他史籍的内容进行对比，更可以印证此点。《革书》谓英宗北狩时，其生活起居、与明交往等一应事务，全由刘济负责；而其他所有史籍则是一致地记录袁彬才是英宗在北边时不离左右的主要侍从，《革书》所谓刘济照顾英宗的那些事情，全部是袁彬做的。两说必有一谬。《革书》之外的史籍及撰者，由来有自，历历可考。《北使录》撰者李实，景泰元年因受命出使蒙古，由礼科给事中升为兵部右侍郎，回京后复命，撰该书，《否泰录》曾参考是书；《否泰录》撰者刘定之，天顺时任翰林学士，值史馆，根据自己的见闻，参考李实、杨善的《奉使录》及钱溥的《袁彬传》著书；《北征事迹》

---

① （明）刘定之：《否泰录》，薄音湖、王雄点校：《明代蒙古汉籍史料汇编》第一辑，呼和浩特，内蒙古大学出版社，2006年，第75页（下引《否泰录》版本同）。

② （明）《明英宗实录》卷九六，正统七年九月丙寅，中国台北，中国台湾"中央"研究院历史语言研究所校印本，1962年，第1927页（下引《明英宗实录》版本同）。

③ （明）《明英宗实录》卷二一五《废帝郕戾王附录》，景泰三年夏四月乙丑，第4620页。

④ （明）《明英宗实录》卷三一一，天顺四年春正月己丑，第6529页。

⑤ （明）马文升：《为敌情事》，黄训：《名臣经济录》卷四〇，文渊阁《四库全书》本，中国台北，中国台湾商务印书馆影印本，1986年，第444册，第216页。

撰者袁彬，随英宗北征蒙古，一同被俘后侍卫于左右，成化初因会昌侯孙继宗所请、宪宗下令而著该书，卷末尹直跋称在史馆时已备载诸实录；《正统临戎录》撰者杨铭，英宗北狩时任通译，该书于弘治时因其请求免罪授功而撰。《正统北狩事迹》乃系改撰《正统临戎录》而来。这些史籍的作者清楚，传承明确，可互相印证。尤其是官修的《明英宗实录》，为英宗之子宪宗所钦定，参与该书修纂的史臣，不少曾在英宗朝为官，与英宗北狩的当事人共过事，对于是谁侍候英宗的事情，他们不仅知情且无作假的可能与必要。这些官私史书，无一例外地都提到袁彬，并以袁彬为英宗的主要侍从；而只有《革书》称刘济为英宗的主要侍从，别无他证。由此可见，如两说不能并立，袁彬才是英宗的主要侍从的说法是正确的，而刘济之说则是谬误的。《革书》应为伪书，刘济乃向壁虚造之人物。

另一史实或可作为《革书》乃伪书的又一佐证 。《北征事迹》记袁彬被俘后，被带到英宗跟前，英宗问他"会写字不会"，他答"会写"，"就令在左右随侍答应"①。哈铭谓英宗亲口告诉他回子拿了一个识字的人，英宗问："你是什么人"，袁彬答："我是识字的人。"②《明英宗实录》也记载了此事，称："以锦衣卫校尉袁彬来见，上问：'能识字否？'彬对曰：'能。'遂令侍左右。"③可见，袁彬当初能留在英宗身边，就是因为他识字。英宗北狩时，如真有能识字写书的刘济这么一个人，不会如此地默默无闻，竟至于其他史书一无所记。这也旁证了刘济并不存在，《革书》是后人托名所纂。

如仔细披阅《革书》，可发现其作伪的痕迹非常明显。今以《革书》所涉几则刘济之事迹为例，与他书记载的相同事项进行比较，即可以发掘历史的真相与《革书》抄袭、篡改之迹（现存诸书，因《北使录》记事角度不同，《正统北狩事迹》系改写《正统临戎录》而得，为节约篇幅，此二书不予对比）。

第一则：英宗过大同时刘济叫门

《革书》："二十二日，虏拥上至大同，城门不开，济以头触门大叫。"④

《否泰录》："二十二日，虏拥上至大同。城门闭，校尉彬随侍，以头触门大叫。"⑤

《北征事迹》："二十一日早，过西门答话。上又令忠勇伯到城下，城中不信。着臣自骑马到城下，跪说：'我是写字的校尉，见有驾牌为照，我原籍是江西人，这里委的是皇帝，在土木时军马尽被也先杀散了。下吊桥放我进去。'臣入城。"⑥

《明英宗实录》："戊辰，虏奉车驾次大同，遣袁彬持驾牌往，告以土木败兵之事。城中以吊桥取彬入。"⑦

《正统临戎录》："次日起营，往西行大同，着袁彬叫城。"⑧

分析：由各当事、当时人及官修史籍可知，随英宗至大同叫门者为袁彬，而非刘济。《革书》袭取他书史实，但将叫门者由袁彬改为了刘济。

第二则：太上乘马踏雪刘济执鞚

《革书》："太上自紫金关出，乘马踏雪而行，遇险济执鞚。"⑨

---

① （明）袁彬：《北征事迹》，《明代蒙古汉籍史料汇编》第一辑，呼和浩特，内蒙古大学出版社，2006年（下引《北征事迹》版本同），第87页。
② （明）杨铭：《正统临戎录》，《明代蒙古汉籍史料汇编》第一辑，呼和浩特，内蒙古大学出版社，2006年（下引《正统临戎录》版本同），第96页。
③ （明）《明英宗实录》卷一八一，正统十四年八月癸亥，第3508～3509页。
④ （明）《革书》，《明杂史十六种》，第471页。
⑤ （明）刘定之：《否泰录》，《明代蒙古汉籍史料汇编》第一辑，第69页。
⑥ （明）袁彬：《北征事迹》，《明代蒙古汉籍史料汇编》第一辑，第87页。
⑦ （明）《明英宗实录》卷一八一，正统十四年八月戊辰，第3514页。
⑧ （明）杨铭：《正统临戎录》，《明代蒙古汉籍史料汇编》第一辑，第96页。
⑨ （明）《革书》，《明杂史十六种》，第476页。

《否泰录》:"太上自紫荆关出,乘马踏雪而行,遇险则袁彬执鞚。"①

分析:由《否泰录》可知,为太上执鞚者为袁彬,而《革书》将之改为刘济。

第三则:喜宁诱杀刘济、袁彬

《革书》载:"太上恶喜宁尤妒济、彬二人。尝欲啜诱济与袁彬出营,欲杀之。太上觉其似有诈意,急召济、彬回营,乃得脱命。"②

《否泰录》:"宁又忌袁彬,尝诱彬出营,将杀之。太上觉其诈,急召彬回,乃得免。"③

《北征事迹》:"初六日,喜宁与也先议,请上往高桥儿宁夏去。臣说:'如今天气冷冻,爷爷如何去得?'遂不成行。喜宁与也先说,都是校尉袁彬拨置阻住,将臣赚去芦苇地内捆了,欲开剥。忠勇伯密令人走报,上令哈铭与也先说饶臣死,方解皮条放了。"④

《明英宗实录》:"是日,上皇在瓦剌老营,喜宁与也先议,欲南侵,袁彬言:'天寒,不可去。'也先怒,欲杀彬,上皇使人谕也先。"⑤

《正统临戎录》:"后太监喜宁与忠勇伯把台说:'都是袁彬这厮每年纪小,想家里,拨置皇帝。将这厮每都杀了。'铭说与袁彬,有袁彬慌了,哀奏。奉圣旨:'哈铭,你去与太监说,不干袁彬事。'是铭传奉圣旨饶了。"⑥

分析:各当事、当时人和官方史籍关于此事的记载稍有不同,如私家著述称喜宁欲杀袁彬,而《实录》则称也先欲杀袁彬,但欲杀之对象为袁彬而非刘济,则各家记述一致。《革书》节取他书史实,但将欲杀对象变成了袁彬与刘济二人。

第四则:刘济助太上计杀喜宁

《革书》:"济、彬言于太上,遣喜宁传命于杨俊,索春衣。暗遣军士高盘,令济藏书系于高盘腰间,以示杨俊,俾因其来执之。杨俊既得书,与喜宁饮于城下。令军士从兵缚至京师,处以极刑。"⑦

《否泰录》:"及是,彬言于太上,遣宁传命于俊,索春衣。因遣军士高盘与俱。彬刻木藏书,系盘髀间以示俊,俾因其来执之。俊既得书,与宁饮城下。盘抱宁大呼,俊从兵遂缚宁。至京师,处以极刑。"⑧

《北征事迹》:"四月二十二日,上以久无使臣往来,喜宁又潜怀二意,数教也先扰边,于是令臣写分豁本,差人回京,若为喜宁申理者。又令臣至也先处说,爷爷有旨,要差总旗高鏊、太监喜宁、达子那哈出回京。也先依听。又密书喜宁谋叛情迹,函于木片内,系高鏊腿上,令至宣府与总兵等官以计擒之,及至野狐岭,高鏊与喜宁饭于城下。密约城上,至进汤时即发短枪。少顷,短枪发,达众走散,高鏊抱喜宁滚下壕中,遂擒入城。"⑨

《明英宗实录》:"御用监太监喜宁伏诛。先是,上皇以喜宁数导诱也先扰边,命校尉袁彬与也先言:'今欲差喜宁及总旗高斌、达子那哈出回京。'也先许焉,遂遣此三人。彬承旨,密书付斌,令至宣府与

---

① (明)刘定之:《否泰录》,《明代蒙古汉籍史料汇编》第一辑,第70页。
② (明)《革书》,《明杂史十六种》,第479~480页。
③ (明)刘定之:《否泰录》,《明代蒙古汉籍史料汇编》第一辑,第72页。
④ (明)《北征事迹》,《明代蒙古汉籍史料汇编》第一辑,第90页。
⑤ (明)《明英宗实录》卷一八六《废帝郕戾王附录》,正统十四年十二月辛亥,第3717页。
⑥ (明)《正统临戎录》,《明代蒙古汉籍史料汇编》第一辑,第99页。
⑦ (明)《革书》,《明杂史十六种》,第480页。
⑧ (明)刘定之:《否泰录》,《明代蒙古汉籍史料汇编》第一辑,第72页。
⑨ (明)袁彬:《北征事迹》,《明代蒙古汉籍史料汇编》第一辑,第90~91页。

总兵等官设计擒喜宁。至是，宣府右参将都督佥事杨俊奏：'二月十二日，万全右卫报有近边达贼三人。十四日，又有五十余人，独一人至墙下说："我是总旗高斌，往北京奏事。"随准总兵官朱谦委臣相机行事，臣遂于本日夜四更到右卫城内。十五日，令都指挥江福、内官阮华州、陈伦往野狐岭埋伏人马，巳时分，果有贼一千余人近边南行，斌仍至墙下。臣问："喜宁有无？"斌言："喜宁在后。"臣令斌去与喜宁说宣府众官具酒礼迎接，喜宁拒之。臣等又令斌去说："不劳入关，只是墙下一会。"喜宁果领贼数人近墙。臣等出关，用言给诱近前，官军奋勇一齐突出，将喜宁并贼人火洛火孙生械擒，诣京……喜宁之被擒也，斌实抱持与俱坠于城壕……上诏群臣杂鞫之，具伏命，磔诸市三日。'"①

分析：由各当事、当时人及官方著述可知，英宗（太上）谋杀喜宁，参赞其计者乃袁彬。各书虽在记事详略等方面有所不同，但助力英宗者为袁彬而非刘济则是相同的。而《革书》记此事，或增加刘济之名，或径直以刘济之名代之。

第五则：刘济与太上之情义

《革书》："太上遣济同袁彬来会杨善，备说济、彬两人朝夕常不离御帐左右，每遇冬雪急寒，济以身近太上，搂抱太上足于怀中暖脚。不服肉食患病，太上坐压济肩背，执拿阿芙蓉药与济服，出汗自己，后病痊。"②

《否泰录》："彬卧起长不离御帐，夜寒甚，则以身为太上温足。彬尝病，太上亲压彬肩背，取粥啖之以出汗。"③

《明英宗实录》："时天寒，袁彬从卧起。"④

分析：由各当事、当时人及官方著述可知，朝夕不离御帐左右，为英宗暖足者为袁彬，而英宗为之治病者亦为袁彬。而《革书》或阑入刘济，或更以刘济取代之。

第六则：刘济护主受伤

《革书》："也先畏惧，方许送太上还京。平章昂克曰：'既是送还，有何礼物？'济不忿言：'太师厚恩送还我太上，你今索礼，欲阻为何？'济举手推掌昂克倒地，欲打，昂克翻身起立，持尖刀将济左脑扎伤，血流遍地，众虏扛扶而去。也先说：'昂克你说话不合了理，我图名垂于后世，岂论乎礼物？你今又将刘济刺伤，使我无光。'"⑤

《否泰录》："也先遂许送太上还京。平章昂克曰：'既是送还，有何礼物？'善等曰：'太师敬我君父，故送还，岂先论财乎？朝廷、臣子蒙太师盛德，岂有不报？'也先曰：'昂克说不合理，我图垂名后世尔！'众酋闻善语，皆以口咬其指曰：'好汉！好汉！'"⑥

分析：由《否泰录》知，在英宗还朝前夕与平章昂克发生龃龉的是使臣杨善，而非刘济，且亦未到剑拔弩张的伤人地步。其他相关史籍记载英宗还京前夕，多只写了自也先以下蒙古官员依依惜别太上的情景，全然没有提及刘济。

由以上几则史料之对比，可窥知历史之真相及《革书》篡改之痕迹：随侍英宗北狩、朝夕不离左右者乃袁彬，而非刘济。早已获得人们认可，确为当事、当时人所著的几部史籍里，全然没有提及刘济。《革书》在抄袭他书相关史实后，无一例外地将其他人、主要是袁彬的名字换成了刘济的名字，或者是

---

① （明）《明英宗实录》卷一八九《废帝郕戾王附录》，景泰元年二月壬辰，第3884~3887页。
② （明）《革书》，《明杂史十六种》，第486~487页。
③ （明）刘定之：《否泰录》，《明代蒙古汉籍史料汇编》第一辑，第74页。
④ （明）《明英宗实录》卷一八五《废帝郕戾王附录》第3，正统十四年十一月癸巳，第3693页。
⑤ （明）《革书》，《明杂史十六种》，第487~488页。
⑥ （明）刘定之：《否泰录》，《明代蒙古汉籍史料汇编》第一辑，第74页。

增加刘济的名字，《革书》就是这样采取换名术、增名术的方式作伪的。另外，从其叙事、文字风格等方面看，知《革书》抄袭的对象，主要是《否泰录》。刘定之以史官身份修纂反映英宗北狩事迹的《否泰录》，他是站在全局的高度，故注意描述事件之全貌，对朝廷决策、明蒙交往着笔较多；又因其非当事人，所记北狩事迹，多限于以第三人称的口吻做一般性陈述，很少有对当时场景、人物对话等细节的描绘，以其为主要抄袭对象的《革书》亦具有同样特点。《革书》也着眼于事件全过程的刻画，写明廷活动、明蒙之间的交往既多且细，占据全书大半篇幅，而描写刘济侍从英宗的过程极其简略，每事只寥寥数字。① 这与其他当事人的著述大不相同。如袁彬所撰《北征事迹》、哈铭所撰《正统临戎录》，对于没有亲身经历的事情写得简略，其主要内容都是叙述自己在英宗身边的亲力亲为，且记录人物之间的对话多，细节描述详尽。此点亦可证明，《革书》是一部伪书，刘济没有随侍英宗，由于作伪者缺乏亲身生活经历，只好杂糅各书，强拉史实，勉强成书罢了。

那么，该书的真实作者和实际撰著时间是怎样的呢？目前，由于缺乏更充分、可靠的史料，难以得出确切的结论，但仍可以根据相关信息，做出一个大致判断。

据以判断该问题的首要信息是钤印。该书首尾共 6 方钤印，其中卷首右下方有 4，卷末左下方有 2。钤印从下往上，时间由远及近。卷首最下一印有两行字，其右行字因过于模糊而难以识别，左行两字依稀可辨为"珍藏"；第二印字迹清楚，为"弱侯"两字。"弱侯"，乃明代著名藏书家焦竑之字号；第三印为"谦牧堂藏书记"6 字。"谦牧堂"，乃清代藏书家纳兰揆叙藏书之处；第四印虽模糊，但可辨知为"国立北平图书馆藏"7 字。卷末下端之印为"谦牧堂书画印"，上端之印为"国立北平图书馆藏"。由以上钤印可知，该书曾历经四位收藏者，分别是不知名者、焦竑、纳兰揆叙、北平图书馆。该书撰著年代，至少是与首位收藏者的年代等同或之前。而该位藏书者之名姓，由于钤印之字迹过于模糊而不可得知；第二印之"弱侯"，即焦竑，主要生活于万历年间，卒于万历四十八年（1620），可以之断定该书最晚出现于万历四十八年之前。

另外，该书也被明清时期的一些史家所收录。万历中期后焦竑撰《国史经籍志》，称"《革书》一卷，刘济"②。朱荃宰所著、刻于天启之《文通》，也列有《革书》。③ 这些信息与据钤印所得《革书》最晚出现于万历间的判断一致。清康熙时王士祯撰《居易录》，对该书的介绍最为详细，其称："西亭王孙睦㮮所刻《革书》，纪正统北狩事甚详，乃天顺间刘某所述。刘与袁彬、哈铭同侍英宗行在者。塞外无纸，书之于革，故名《革书》。黄俞邰千顷堂藏书有之。"④ 姚之骃《元明事类钞》对该书的介绍大致与之相似。⑤ 依据王、姚二氏之说法，朱睦㮮不仅收藏且刊印该书。睦㮮逝于万历十八年（1587）。以此知《革书》至少撰于万历十八年前。黄俞邰，即黄虞稷，俞邰其字也。考黄虞稷所撰《千顷堂书目》，称："刘济《革书》一卷。记英宗北狩事。塞外无楮，以牛皮书之，故曰《革书》。"⑥ 黄氏本人并未提供收藏者与版本等信息。清官修明史过程中产生的系列史著，如万斯同《明史》、王鸿绪《明史稿》以及张廷玉等《明史》之《艺文志》，均记录该书，文字略同于黄书，也未提供什么有价值的信息。因此，依据现有的资料，可得出该书最晚撰于万历十八年前的结论。至于真实的作者为谁，由于无任何信息，就只能付诸阙如了。

---

① 《革书》作者时在瓦剌营，故为自圆其说，称瓦剌细作儿干"穿汉衣，说汉语"，将"在京探得"的消息报与也先。"刘济"与"虏中"通使平儿必刘交厚，其"将也先探听中国往来事情说与我备知其详"。见《革书》，《明杂史十六种》，第 473 页、第 478 页、第 490 页。
② （明）焦竑：《国史经籍志》卷一《制书类》，《续修四库全书》本，上海，上海古籍出版社影印本，第 916 册，第 285 页。
③ （明）朱荃宰：《文通》卷二七《大明史材》，《续修四库全书》本，上海，上海古籍出版社影印本，第 1714 册，第 235 页。
④ （清）王士祯：《居易录》卷二，文渊阁《四库全书》本，中国台北，中国台湾商务印书馆影印本，1986 年，第 869 册，第 335 页。
⑤ （清）姚之骃：《元明事类钞》卷二一《文学门》，文渊阁《四库全书》本，中国台北，中国台湾商务印书馆影印本，1986 年，第 884 册，第 339 页。
⑥ （清）黄虞稷：《千顷堂书目》卷五《别史类》，《适园丛书》第二集，民国刻本。

以上尚有两点需要说明。第一点，能否依据王士禛称《革书》为睦㮮所刻之言，对那枚无法识别的藏书印，大胆地解读为朱睦㮮之印呢？睦㮮字灌甫，号西亭，藏书处曰万卷堂，依残存的字迹，观之不似。所以，对该问题的处理，还是知之为知之，不知为不知也，小心谨慎存疑为好。第二点，《革书》是否有刻本？现存《革书》，为明本。该本字体为漂亮的软体字，而明刻本无此字体，原藏书单位鉴定为明抄本是正确的。王士禛称有朱睦㮮刻本，值得怀疑。如真有刻本，应达一定数量，抄本数少甚或为孤本，能保存下来令人生疑。或许是因为该抄本字体工整大方、疏朗有致，字行之间有划线，再加上康熙朝兴起软体字刻本，故藏书者鉴定错误，误以抄本为刻本。当然，这只能存疑而无定论。不管怎样，海内外只一孤本存世，再无其他版本。

该书虽为明代尤其是清代史家较广泛地著录，但亦仅限于此，其内容并未被其他史籍所采纳，如清官修《明史》及其相关系列史著，其英宗本纪与其他部分，都以袁彬为英宗的主要随从，而未采纳刘济侍卫英宗北狩的任何内容。近代以来的新明史研究，亦未见有人提及或使用该书史料。近年，随着国家古籍整理与出版事业的蓬勃发展，该书不仅引起学界的关注并且越来越受到重视，如《中国藏书家通典》于"纳兰揆叙"条下称："藏有明抄本《革书》一卷，著者刘济为明英宗御马侍从。时英宗被掳后，因无纸书写，刘济遂记事于皮革之上，与英国羊皮书同样珍贵。"[①] 对《革书》给予了高度评价。而今中华书局又将其收入《明杂史十六种》丛书中付梓，必将进一步扩大其影响力。对于这样一部过去藏在深闺无人识，而今获得较为广泛传播、可能会被越来越多人注意到并使用的一部史籍，有必要对其真伪、价值等问题进行认真考证，以拂去岁月的封尘而露其本相，以为相关历史问题的研究提供真实、可靠的史料。此乃本文撰著之目的，祈请方家正之。

（本文为国家社科基金重大项目《〈明实录〉整理与研究》（批准号 13&ZD090）子课题阶段性成果。）

[作者单位：天津师范大学]

---

① 李玉安、黄正雨：《中国藏书家通典》，北京，中国国际文化出版社，2005年，第375页。

张廷玉《明史》列传"壬辰战争"叙事研究

苏循波

"壬辰战争"是 16 世纪末期日本为争夺东亚国际秩序的主导权而发动的一场侵略战争,因战争开始于明万历壬辰年(1592),所以中国方面称其为"万历朝鲜之役"或"壬辰战争"。朝鲜称为"壬辰倭乱"或"壬辰卫国战争"。作为明代中日、中朝关系的重大历史事件,张廷玉《明史》以《朝鲜传》为主详细叙其原委,同时《日本传》及李如松、李如梅、麻贵、刘綎、陈璘、杨镐等诸人传记亦各有相关分叙。

"壬辰战争"前后历时 7 年,明朝为朝鲜"勤数道之师,以力争平壤,以权收王京,挈两都授之,存亡兴灭"[1],取得了战争的最后胜利。作为万历三大武功之一,因其"扶危字小"而义声振于海外,光昭于明季史册。而清朝欲以胜国史纂修诠释明清易代的"合理性",以证清朝得天下之正,使得《明史》万历部分显得尤为关键。因此,《明史》万历部分之纂修必然要以"明之亡,实亡于神宗"为基调,树立其衰亡、孱弱的形象,以衬托清朝"开国之正"。作为这一时期重要的历史事件——"壬辰战争",在《明史》列传叙事中不再是万历时期武功盛烈的标志,而被描述成王朝衰败的证据。本文试从叙事学的角度,通过对张廷玉《明史》"壬辰战争"叙事的微观考察,进一步探究《明史》编纂的某些特点及编纂过程中产生的一些问题,从而深化对《明史》的认识。

一 《明史》列传"壬辰战争"叙事视角

叙事视角就是叙事语言中对历史事件进行观察和叙述的特定角度。叙事视角的选择,其实就是选择从哪方立场观察所叙述的历史事件,而叙事视角的转变则反映不同时期、不同时代的历史观和价值观。"壬辰战争"发生于明朝万历时期,事涉明朝、朝鲜、日本三方,因此如何在体例规范下处理"壬辰战争"叙事在《朝鲜传》与《日本传》中的详略、主次关系,则体现了明、清时期看待这一历史事件的不同视角。

(一)《明史》编撰前相关史籍"壬辰战争"叙事视角

《明史》纂修以前,明人所撰史籍中对"壬辰战争"已有较多记载。其中比较有代表性且内容较为系统集中的,主要有茅瑞征的《万历三大征考》、方孔炤的《全边略记》;出现于明末清初的,则主要有查继佐的《罪惟录》、傅维鳞的《明书》等。这些史籍对万历时期"壬辰战争"的记载均为专题性的,因而叙事视角展现较为明显。

《万历三大征考》是专门记载万历时期明朝御倭的史籍,但其叙事以"倭于岛夷称最强黠。唐更

---

[1] (明)茅瑞征:《万历三大征考》,《续修四库全书》本。

号'日本',附庸百济"①为开篇,采用"洪武初""永乐四年""嘉靖岁""万历壬辰"4个时间节点,以时间为线索,梳理了明代御倭的整个过程。方孔照《全边略记》卷九《海略》一节,专门记载明代历朝边防的建置与举措以及沿海各主要省份的海防建设、海禁政策、倭寇的侵扰与防御等内容。上述史籍均将"壬辰战争"置于古代中日关系的框架下考察其发生发展的前因后果,并强调海禁与御倭及加强东部海防的重要意义。

查继佐的《罪惟录》、傅维鳞的《明书》均为纪传体体例,都列有日本、朝鲜专纪。但从其叙事视角来看,这两种史籍"壬辰战争"叙事亦皆采取以《日本传》为主、《朝鲜传》简要提及的处理方式,同样以明代中日关系为视角,重现有明二百余年的"倭寇"记忆,强调以史为鉴的历史经验和教训。如傅维鳞《明书》于《日本传》中详细叙述了"壬辰倭乱"的前因后果,而其《朝鲜传》唯以"万历中,日本来侵,王遣使乞兵,于是发五将军李如松等兵五万助之,日本遁去"②一语带过。

这两部史籍皆于《日本传》中详细叙述"壬辰战争"整个过程,而《朝鲜传》中之叙述只提及事件发生的起因,而无过程铺陈。这说明,两书的撰者皆认为《朝鲜传》所略去的内容对《日本传》"壬辰战争"叙事的完整性更为重要,撰者更看重《日本传》中"壬辰战争"叙事的完整性。

(二)《明史》列传"壬辰战争"叙事的视角

《明史》包括此前各阶段史稿,如416卷《明史》、王鸿绪《明史稿》的"壬辰战争"不再详叙于《日本传》,而详叙于《朝鲜传》,以中朝关系为叙事视角,着重强调明朝捍卫属国无力及宗藩体制的动摇。《明史》编纂各阶段史稿均将"壬辰战争"详叙于《朝鲜传》,简要提及于《日本传》,不仅仅是编纂学上的体例调整,而是为了从不同角度对"壬辰战争"进行重新解读。

416卷《明史》列传的"壬辰战争"叙事以《朝鲜传》为基本载体,详细系统叙述了"壬辰战争"发生的过程。但出于体例的需要和详略安排,416卷《明史》在《日本传》中不再展开叙述,只作一言提及而已:"万历二十年有关白平秀吉之乱,详见《朝鲜传》。"③

王鸿绪《明史稿》、张廷玉《明史》亦以《朝鲜传》记载为主,以"事详《朝鲜传》"的方式处理"壬辰战争"叙事的详略及体例布局问题。但其《日本传》中关于"壬辰战争"的叙事比起416卷《明史·朝鲜》的叙事要略微详细。"当是时,宁夏未平,朝鲜事起,兵部尚书石星计无所出,募能说倭者侦之,于是嘉兴人沈惟敬应募。星即假游击将军衔,送之如松麾下。明年如松师大捷于平壤,朝鲜所失四道并复。如松乘胜趋碧蹄馆,败而退师。于是封贡之议起,中朝弥缝惟敬以成款局,事详《朝鲜传》。"④从总体上来说,416卷《明史》及王稿、张廷玉《明史》更重视《朝鲜传》"壬辰战争"叙事的完整性。

史学是社会政治文化意识的组成部分,其反映的思想和价值观都可以从现实中找到解释的依据,为当世提供可资借鉴的历史经验。《明史》诸史稿列传"壬辰战争"叙事视角聚焦于中朝关系,无疑反映了清朝政权的正统性政治诉求。朝鲜为明朝最重要的属国,长期坚守"事大"之节,竭尽藩属之责,对明朝宗藩体系的稳定具有指标性意义。《明史》以中朝关系为叙事视角,不仅仅为明确中朝宗藩关系的历史渊源,以昭示将来,而是更侧重于将"壬辰战争"看作明朝宗藩体系的动摇和"天命渐移"的开始。

---

① (明)茅瑞征:《万历三大征考》,《续修四库全书》本。
② (清)傅维鳞:《明书》卷一六五,《四库存目丛书》本。
③ (清)万斯同:《明史》卷四一三,《续修四库全书》本。
④ (清)张廷玉:《明史》卷三二二,北京,中华书局,1974年,第8358页。

二 《明史》列传"壬辰战争"的现场化叙事方式

《明史》"壬辰战争"叙事的现场化特征突出表现在对"壬辰战争"相关人物心理的细腻刻画及战争场面的细节化描绘。当然,叙事的细节化有利于增加历史的真实性,能够曲折展现撰者的观点。但历史资料中很少有历史人物真正的心理活动记录,最多只能记载一些心理迹象或心理状态。所谓的心理描写,不过是撰者在相对实录的原则下,根据人物的性格逻辑和主要行为活动及其生存的自然环境和社会环境等因素,对人物心理进行揣摩,对人物形象以文学手法进行的描述。这种描述明显带有史家的主观色彩,是撰者按照主观目的的需要从审美层次重新塑造出的相应的新形象,倾向于表达撰者对历史事件的某种看法和观点。

《李如松传》中关于碧蹄馆之战的叙述,撰者即运用心理描述,展现主将李如松的前后心理变化。"初,官军捷平壤,锋锐甚,不复问封贡事,及碧蹄败衄,如松气大索。应昌、如松急欲休息,而倭亦刍粮并绝,且惩平壤之败,有归志。于是,惟敬款议复行。"①

叙事过程中撰者使用"气大索"一词来表现李如松碧蹄馆失败后的心理情绪,与此前所叙其宁夏新胜"气益骄"形成强烈的前后照应。此处,撰者还通过掌控叙事时间显示其观点,用"初"字来展现历史人物在事件前后的不同心态,委婉表达撰者对人物的评价和对历史的解释。《杨镐传》中亦有对杨镐心理的描述。"明年正月二日,行长救兵骤至,镐大惧,狼狈先奔,诸军继之,贼前袭击,死者无算。"② 其中,"大惧""狼狈"等措辞即是撰者根据当时的情景对明军主帅杨镐战败后的心理揣摩和对其当时神态的想象,并用近于嘲讽的口吻描述了杨镐个人的无能及明朝军队的不堪一击。

这样的例子经常见于"壬辰战争"叙事之中。如《日本传》关于明朝出兵前一段叙事。"八月,中朝乃以兵部侍郎宋应昌为经略,都督李如松为提督,统兵讨之。当是时,宁夏未平,朝鲜事起,兵部尚书石星计无所出,募能说倭者侦之。"③ 此处以"计无所出"来表现石星应对危机左支右绌的窘态,并通过对明朝本兵的现场化描述塑造人物形象,彰显万历时期明朝的颓败之势。

《明史》"壬辰战争"叙事撰者在叙事过程中出现将自己现场化的趋势,并通过文学的叙事方法实现了历史事件发生时间与叙事时间的大致重合。这样不仅增强了叙事效果,更增强了叙事的真实性和可信度,成功表达对历史人物的褒贬态度。但事实上,这些描写皆出于撰者的想象,且带有明显的主观性和倾向性,所以很容易以先入为主之势影响读者的独立思考,在潜移默化中灌输自己的胜国史观。总的来说,"壬辰战争"叙事的细节化,虽然有助于增加历史叙事的文学性,但对于史学求真的内在价值追求并无多大帮助。

三 《明史》列传"壬辰战争"叙事之评论

《明史》为历代官修正史中编纂时间最长的一部。从清顺治二年(1645)开局纂修,到乾隆四年(1739)刊印成书,历时将近百年。在此期间,皇帝诏谕频出,实际主导着《明史》的撰写。这些诏谕就成为《明史》修纂的指导性方针,因此明史馆史臣对纪传《论赞》的撰写小心翼翼,力求论断"平允""公正"。但《明史》中之评论非止见于《论赞》,其叙事过程亦夹杂不少评论,字里行间亦多寓以褒贬。

---

① (清)张廷玉:《明史》卷二三八,北京,中华书局,1974年,第6194页。
② (清)张廷玉:《明史》卷二五八,北京,中华书局,1974年,第6686页。
③ (清)张廷玉:《明史》卷二五八,北京,中华书局,1974年,第8385页。

（一）叙议结合，突出撰者的价值倾向

叙议结合是我国古代史书的叙事传统。《明史》列传编纂就吸收了前代修史的许多经验和做法，在叙述历史事件或人物事迹时，经常对其中的人物和情节加以针对性诠释和评论，用情感倾向明显的语言表达看法和态度。

《杨镐传》中对"岛山之役战"的叙述即为例此。撰者先是详细叙述了岛山之役的整个过程，然后对其作了概括性评价。"是役也，谋之经年，倾海内全力，合朝鲜通国之众，委弃于一旦，举朝嗟恨。"① 此则评论中使用"经年""全力""通国"等带有一定夸张性、模糊性的措辞，强调明朝于岛山之战投入之大、准备之充分，显然在向读者暗示，岛山之战乃明朝必胜之役。但其最终结果却是"委弃于一旦"。撰者利用因果反向对比的叙事干预手法，其目的在于突出明军失败之惨，以指斥杨镐指挥不力，才不堪大用，致使必胜之战而成惨局。这则评论，文字非常简洁，唯寥寥数语，但观点却非常鲜明，褒贬态度一目了然。

《朝鲜传》和《日本传》针对"壬辰战争"的结局亦各有直接评论。

> 自倭乱朝鲜七载，丧师数十万，糜饷数百万，中朝与属国迄无胜算。至关白死而祸始息。②

> 久之，秀吉死，诸倭扬帆尽归，朝鲜患亦平。然自关白侵东国，前后七载，丧师数十万，糜饷数百万，中朝与朝鲜迄无胜算。至关白死，兵祸始休，诸倭亦皆退守岛巢，东南稍有安枕之日矣。③

这两段文字对明朝勤师属国"扶危子小"之仁和"存亡兴灭"之义均无一言提及，而是使用"丧师""糜饷"等情感倾向非常明显的措辞对明朝将帅及军队在朝鲜战争中的表现大加贬斥，向读者勾勒出一个臣不堪用、军不堪战、国力孱弱的大明万历王朝，而且评论则将战争结束原因直接归结为丰臣秀吉的去世，以明朝侥幸取胜，不仅间接否定了明朝出师朝鲜的意义，更进一步凸显了明朝的衰败。

对于张廷玉《明史》的这一结论，著名明史学者樊树志却持相反的观点。"（《明史》）这种说法似乎过于悲观，也与史实不符。从当时东北亚的形势看来，假定丰臣秀吉不死于当年，那么战争还会旷日持久地进行下去，是毫无疑问的，但日方取胜的可能微乎其微。"④ 学者陆成侯也认为："丰臣秀吉之死亡跟战争结束是没有多大关系的，早在他死亡前三个月，已经撤退侵朝军队四万人，还一直计划着把全部侵略军撤回。假使丰臣秀吉的死亡期日推迟几个月，侵朝战事还可能提早一些结束。"⑤ 很显然，这些结论更接近历史事实。

与明朝军队相比，日本侵略朝鲜，先入为主，占据有利地形，并以逸待劳，明显占地利之优势。而明朝军队千里奔赴，长途跋涉，加之不谙朝鲜地理、人情，先失地利、人和之优势。但明朝在人口和兵员数量、财政、武器装备等方面具有压倒性优势，有着足以支撑持久战争的实力和潜力。就武器来说，明朝骑兵的数量和质量上均优于日本，且火炮等重型火器齐全、攻坚能力较强；水军在火器数量、船只性能和军队素质方面都占据上风。虽有异域作战等不利因素，即使难以速胜，但万历

---

① （清）张廷玉：《明史》卷二五九，北京，中华书局，1974年，第6686页。
② （清）张廷玉：《明史》卷三二〇，北京，中华书局，1974年，第8299页。
③ （清）张廷玉：《明史》卷三二二，北京，中华书局，1974年，第8358页。
④ 樊树志：《万历年间的朝鲜战争》，《复旦大学学报》，2003年第6期。
⑤ 陆成侯：《丰臣秀吉之死与壬辰倭乱的结局》，《新史学通讯》，1956年第12期。

朝鲜战争只有一种结局,那就是日本军队被彻底逐出朝鲜半岛,明朝最终能取得胜利,而且这个结果是无可置疑的。

张廷玉《明史》列传"壬辰战争"叙事运用撰者直接发表评论的方式,直接干预读者对历史的解读,在读者心目中建立起明朝万历时期孱弱、衰败的总体形象显然是为清朝兴起的"合理性"提供依据。

(二)褒贬人物,从侧面评价"壬辰战争"

史家通过客观叙述历史事件,不动声色表露了自己的看法和感情倾向,并寓于字里行间,通过素材插叙凸显撰者的主观倾向。插叙是在叙述主要历史事件的过程中,暂时中断叙述,插入叙述一些相关的此前的事迹或其他人物和事件,在插叙结束后再继续原来的叙述,这也是张廷玉《明史》列传中常用的叙事手法。具体到"壬辰战争"叙事,此处以《李如松传》与《杨镐传》两个例子来说明。

《李如松传》"壬辰战争"叙事有关李如松的部分,于其率师东征前,撰者插叙这样一段文字:"如松新立功,气益骄,与经略宋应昌不相下。故事,大帅初见督师,甲胄庭谒出,易冠带,始加礼貌。如松用监司谒督抚仪,素服侧坐而已。"①

这段文字其实与"壬辰战争"关联并非十分密切,即使裁掉,也无碍于"壬辰战争"叙事的展开。但《明史·李如松传》短暂搁置了正在叙述的事件,插叙这样一段内容,以"故事"标示时序,表现事件前后情形的不同,不动声色地表达出自己对李如松的评价。这则铺垫性叙述,不仅向读者暗示了主帅李如松的骄横无礼、明朝文武不协等丰富信息,同时也向读者传达有关"壬辰战争"结局的某些悲观性预测。

《杨镐传》在叙述杨镐受命东征时,插叙这样一段文字。"镐未至,先奏陈十事,请令朝鲜官民输粟,得增秩授官赎罪及乡吏奴丁免役,大抵皆苟且之事。又以朝鲜君臣隐藏储蓄不饷军,劾奏其罪,由是朝鲜多怨。"② 插叙内容此处使用"苟且之事""朝鲜多怨"等用语,显然在指斥杨镐德浅才疏、胸无大志,为碌碌之辈。《明史》列传叙事呈现出一个明显的特点:人物性格、品质、才能与历史事件发展结局形成必然的联系。因此,叙述历史事件多先铺垫人物的性格、人品。读者不须阅读全篇,即可了解历史事件演变的结果,所以人物形象的塑造在"壬辰战争"叙事中便显得尤为重要。

通过以上两个例子可以看出,《明史》列传中"壬辰战争"叙事,非常注重手法的运用。以上两段插叙皆未涉及"壬辰战争"的结果,但通过观人言行,察人际遇,对相关人物作铺垫性描写,展现其品行、才德,从而引导读者按撰者的眼光建立起人物形象并以此为前提对传主其后的行为进行解读。

四 结 论

清朝纂修《明史》,并非只为了实现历史再现,"以史为鉴,达到昭往昔之盛衰、察政事之得失、鉴君臣之善恶、观人才之优劣、知邦国之休戚"的目的,更多的是为了重新梳理过去与现在的关系,解喻历史事件的意义,呈现其存在的政治文化价值。

"壬辰战争",作为万历时期重要的历史事件,不仅事关这一时期的武功兴衰,亦关涉明朝宗藩体系、民族关系和边防建设等多重意义。因此,《明史》列传对"壬辰战争"的叙述始终沿着既定的政治思维

---

① (清)张廷玉:《明史》卷二三八,北京,中华书局,1977年,第6193页。
② (清)张廷玉:《明史》卷二五九,北京,中华书局,1974年,第6686页。

模式，着力突出明朝万历以来已趋衰败以衬托清朝"开国之正"。其中，对于相关人物，尤其涉辽人物的描述，多是先作才品鉴定，再于不同历史画面逐一解构，虚化或掩饰部分历史真实，同时，又无限放大某一历史真实，通过对历史真实的选择性掩饰和否定，根据时代的政治需求重构历史，又在历史重构中塑形写人，从而塑造万历时期明朝孱弱、衰败的形象。明清易代的"合理性"沿着特定思维也就顺理成章地确立了。

[作者单位：牡丹江师范学院]

明清鼎革之际个体历史的自我书写：以杨士聪《甲申核真略》为中心

包诗卿

崇祯十七年（1644）三月十九日，朱由检自缢煤山。缙绅士夫纷纷迎降，南明弘光政权目之为"从逆"，由此党狱大兴。身陷"从逆"旋涡的杨士聪特作《甲申核真略》①，以辨己冤，同时针对坊刻见闻之书中的不当之处，一一辨证。恩怨、传闻与驳正，处于改朝换代巨变中个体记忆和书写的复杂性于此表现得淋漓尽致。

既有明清鼎革之际的研究，大多集中在政治事件、朝廷政争与士大夫对新朝政治认同等问题上。②本文拟从《甲申核真略》这一具体文本的细致梳理出发，来探讨身处大顺、弘光以及清政权交替之际杨士聪的自我认知、人生抉择与最后命运，以期对此后出于党派利益而重写甲乙之际作品的大量出现有一更深入的理解，从而实现从宏观和微观层面对这一时代有一更为立体的把握。③

一 核坊刻之讹

国变消息于四月中旬抵达南京，直到五月四日福王发布哀诏后，江南民间才开始广为流传。④苏州、常熟、太仓、吴江、松江、无锡、金坛、嘉定、嘉善等地相继出现声讨降附大顺政权的讨"逆"檄文。如在讨伐原任户部侍郎吴履中的檄文中，金坛士绅直斥履中不能死节，称"魏阉不过弄权，凡媚珰尚从逆论；李贼敢行弑帝，岂伪官可以顺存？"⑤

是年六月，马士英借拥戴之功，举荐号称知兵的阮大铖为兵部右侍郎。大铖本士英房师，因曾列名

---

① （清）杨士聪等：《甲申核真略（外二种）》，杭州，浙江古籍出版社，1985年（下引《甲申核真略（外二种）》版本同）。按：《明季史料丛书》所收刻本，记事起于崇祯十七年三月十一日，止于七月初十日抵清江浦。点校本依南京大学图书馆藏抄本，记事止于是年八月十九日暂栖清江浦。该书亦有名为《甲午核真略笔记》者，唯将"'甲申'伪'甲午'，末多'随笔'二字"（道光《济宁直隶州志》卷九，艺文志一，清咸丰九年刻本，第6b页；民国《济宁直隶州续志》卷一八，史部杂史类，民国十六年铅印本，第6b页），可能与其在清代被列为禁书有关。此外，还有题为《南行日记》者，仅节录了《甲申核真略》中五月五日由京赴淮到八月初九日抵淮安第一段（参见谢国桢编著《晚明史籍考》卷八，甲乙之际，上海，华东师范大学出版社，2010年，第355页）。
② 何冠彪：《生与死：明季士大夫的抉择》，中国台北，联经出版事业股份有限公司，1997年；赵园：《明清之际士大夫研究》，北京，北京大学出版社，2014年；（日）小野和子：《明季党社考》，上海，上海古籍出版社，2013年；白一瑾：《清初贰臣士人心态与文学研究》，天津，天津人民出版社，2010年；王成勉：《气节与变节：明末清初士人的处境与抉择》，中国台北，黎明文化事业公司，2012年；（美）司徒琳：《儒者的创伤：〈余生录〉的阅读》，《台湾师大历史学报》第39期（2008年6月）。
③ 即有关于《甲申核真略》的研究，只是简单地将其列入自辨类历史编纂的一种，而没有对该作品的形成及其意义做进一步的探讨。参见闫鸣：《明末清初政治书写研究：以时代变局中的形象塑造与身份认同为视角》，复旦大学中国古代史方向博士学位论文2013年；戴辉、杨绪敏：《明清鼎革之际杂史编纂探研》，《江苏社会科学》2014年第3期。
④ （日）岸本美绪：《崇祯十七年的江南社会与关于北京的信息》，《清史研究》1999年第2期。
⑤ （日）岸本美绪：《明清交替と江南社会 17世纪中国の秩序问题》，东京，东京大学出版会，1999年，第172页；（清）李清：《南渡录》卷一，崇祯十七年六月乙丑条，杭州，浙江古籍出版社，1988年（下引《南渡录》版本同），第36～37页。

魏忠贤阉党，崇祯初被废锢后一直寄居南京。大铖一旦用事，所谓钦定"逆案"即告失效，这自然引起朝野的激烈反对。① 此时恰逢北京诸臣纷纷南下欲求自用之际，其间不乏曾经投降李自成政权者。大铖趁机倡言于众："彼攻'逆案'，吾作'顺案'与之对。"所谓"顺案"，就是指投降大顺政权的前明官员罪责案。于是马士英疏攻"从逆"诸人，称光时亨、龚鼎孳、陈名夏、项煜、周钟等"素号正人君子，皆稽首贼庭"，建议加大对"从逆"诸臣的审查。② 七月初八，"从逆"诸臣分别被以六等定罪。直到第二年四月，该案才最终完结。光时亨、周钟及武愫以"从贼"被杀，周鑣、雷演祚以"结党乱政"自尽③。就在上年八月底，大铖被以中旨的形式起用，强行添注为兵部右侍郎。④ 次年三月初一，大铖升任兵部尚书，十九日在望祭崇祯时声称："致先帝殉社稷者，东林诸臣也。不尽杀东林诸臣，不足以谢先帝"，遂日与都察院副都御史杨维垣谋划尽杀东林、复社诸人。⑤

五月上旬以前，北来的逃难者（包括奴仆、商人和少量官员）、塘报、北来单、公道单、小报等在信息传播中发挥着主要作用。⑥ 在此之后，各种根据亲身经历或道听途说而成的坊刻、揭帖开始大量出现，中间难免会出现新闻互竞、遗误颠倒的情况。当原明朝官员大量南下时，在"顺案"和江南民间舆论的影响下，一些人开始主动参与到甲申国难的历史叙事中，或为自己辩冤，或为师友伸张正义。与前一时期无意为之相对，这种带有倾向性的记述，很难避免沦为对他人的变相人身攻击。特别是一些先"从逆"后南奔的"伪官"，甚至故意撰写"伪书"，意图在于蒙混，这类私刻"或桃僵李代，或渊推膝加，且谬谓北人未免南来，一任冤填，罔顾实迹"。更令人可愤的是，一些占风望气之辈，转而美化宦官，矫诬崇祯，掊击东林，以实现含沙射影的目的。⑦

杨士聪（1597—1648），字朝彻，号鳬岫，山东济宁人。崇祯四年（1631）成进士，选为庶吉士⑧，两年后散馆，被授翰林院检讨。崇祯十五年（1642）升右中允，次年升任左谕德。⑨ 崇祯十七年（1644）大顺军入京后，士聪被囚于李自成军部将王敦武处，因两人相熟，才得以不死。吴三桂引清军攻入北京时，士聪在降清门人方大猷的掩护下离开北京，南奔金陵。士聪为诸生时即从游于东林诸君子，平素为人嫉恶如仇。士聪虽间关而南，"柄国者"却以"公为东林党，将构内察处之"。不久南京失守，在门人钱棻的帮助下，士聪游走于吴、浙间，最后落脚常州戚墅堰。顺治五年（1648）七月卒，时年52岁。⑩

弘光元年（1645）五月，杨士聪以追记的方式写下了《甲申核真略》这部编年体的史著。该书全文共3万余字，重点记述了他在北京沦陷后到出京之前的见闻，并随时以按语的形式对坊刻和传闻不实之处加以辩白。"乡邦讨檄，已多增饰之文；市肆稗官，尽是难凭之案"，甚至"一事而甲乙互异，一人而彼此夐殊"。按照士聪的说法，"称核真者，以坊刻之讹，故加核也。坊刻类以南身记北事，耳以传耳，转相舛错，甚至风马牛不相及者，其不真也固宜"。是书编纂有两个目的，一是为自己辩冤。士聪认为自己虽间关南下，却深陷降附之议。特别是在号称牵连颇广、穷搜无已的"顺案"上都没有他名字的情况下，民间"公论"却仍在对他加以指摘，士聪认为有必要追根溯源，将个人遭际完整记录下来以供参

---

① （清）计六奇：《明季南略》卷一《马士英特举阮大铖》，北京，中华书局，1984年（下引《明季南略》版本同），第41～44页。
② （清）李清：《南渡录》卷一，崇祯十七年六月壬申条，第42～43页；（清）夏燮：《明通鉴》附编卷一上，附记一上，清世祖，七月甲午条，北京，中华书局，1959年，第3198页。
③ （清）黄宗羲：《弘光实录抄》卷四，弘光元年四月丙寅条，收入氏著《黄宗羲全集》第2册，杭州，浙江古籍出版社，1986年（下引《弘光实录抄》版本同），第88页。
④ （清）谈迁：《国榷》卷一二〇，崇祯十七年八月乙酉条，北京，中华书局，1958年（下引《国榷》版本同），第6143页。
⑤ （清）计六奇：《明季南略》卷三《三案要典逆案重翻》，第161页。
⑥ （日）岸本美绪：《崇祯十七年的江南社会与关于北京的信息》，《清史研究》1999年第2期。
⑦ （日）杨士聪：《甲申核真略（外二种）》，第7页。
⑧ （清）谈迁：《国榷》卷九一，崇祯四年六月己巳条，第5566页。
⑨ （清）谈迁：《国榷》卷九九，崇祯十六年十二月辛酉朔条，第6005页。
⑩ （清）邹漪：《启祯野乘二集》卷一《杨宫谕传》，《四库禁毁书丛刊》史部第41册，第62～63页。

考。二是对寺人漫夸从死之奇、阃帅谬饰复仇之美的表象加以揭露，以便能伸张公义。①

杨士聪对坊刻各种弊端的指斥并非无中生有。即以庶吉士周钟的遭遇为例，就可看到一些故意为之的私人刻本在党派之争中所发挥的威力。周钟本一新进庶吉士而已，却被牵连到"顺案"之中，定为二等"应斩拟长系秋决"之罪，直到最后被杀。周钟之所以被马士英论列，不过是为杀周镳张本而已。镳为钟之从兄，两人"以门弟子相高，汲引既广，败类入焉"，两家门户遂分，彼此讪谤，形同陌路。周镳门人有名为徐时霖者，借北都之变，私刻《燕中纪事》《国变录》等书，造谣周钟过崇祯帝梓宫而不下马，称呼"贼"为亲主，且曾上书劝进李自成称帝，希望大顺政权能及早平定江南。周镳本阮大铖贸首之仇，大铖虽欲杀之却找不到合适理由，"遂以钟事中镳"。"是故时霖为镳而啮钟，反因钟以害镳。大铖无心于杀钟，反因镳以累钟，事之不可知如斯也。"周钟就逮时，根本没有料到想致其于死地的正是马士英，"士英不欲杀某也，某之兄弟与士英有故，士英之母知士英之欲杀某也。不食者数日，必不使其杀某也"②。

对于随例从"贼"的周钟，杨士聪并没有刻意突出，只是将其列名于三月二十六日所选升的39位四品官之中。周钟确实在当天被授翰林检讨，至于颇受争议的草表之事，杨士聪称"都中未闻"。虽然只是以小注的方式加进了这句话，但也表明了士聪对此事的谨慎态度。

二 叙自我出处

杨士聪如何描述和解释京城陷落后自己的行踪，也是值得关注的重要内容。这不仅关系着士聪如何自处，也关系着士聪此后如何评价他人。

崇祯十七年三月十九日城陷后，杨士聪变更姓名，坐于邻居空宅小阁中。随后又来到酒馆，升屋以避兵。当天晚上，"自拟必死"，遂与眷属诀别，躲避在班役冯槩家，等待机会出城。当听说崇祯皇帝已从朝阳门出走时，"乃谬有奔行在之想"，事后回忆，"此一误不可复追者也"。③第二天，当一马兵从邻居处得知士聪为前明官员，就牵马直入寓所，将士聪居为奇货。士聪款之以酒肴，幸得逃脱。士聪来到谕德卫胤文家后，就"有长班导监押者至，挽余袂至大街，北行入巨宅"。在此士聪见到兵部侍郎金之俊和中书刘明偀，三人竟夕饮酒。至夜就寝时，"一人引余出宅，更入一宅，路甚曲折，复有酒殽，灯烛荧然"。

> 其人让坐酌酒，余言："何又烦此？"其人曰："坐，容详言之。"因言："适言范兵科是何人，有何相识？"余因言儿女之亲，兵科虽没，其女则在。其人曰："我名王敦武，山西太原人，岢岚道范老爷标下官也。受其至恩，去春差我到滋阳探兵科老爷消息，说是亲侄及范老爷升苑马卿，我送到家，先后两次。后大兵破城，我乃投降。今范老爷如何，曾到任否？"余对以无恙在家。敦武因曰："老爷是范老爷亲，即同范老爷。我常思范老爷恩，无处可报，老爷即在我处，管取不妨。"因问余愿做官否？余曰："余近臣五品，无事二姓理，为官不愿，惟愿死耳，子能成吾志乎？万不获已，惟愿回家耕地。"敦武曰："老爷言是，但死则累我。若不受口，不与当今相见，则由我。其回家耕地，须俟城门稍缓，再别图之。"与余言大略如此。

---

① （明）杨士聪：《甲申核真略（外二种）》，第5~7页。
② （清）黄宗羲：《弘光实录抄》卷二，第88页；（清）李清：《南渡录》卷三，崇祯十七年十月壬戌条，第131页。
③ （明）杨士聪：《甲申核真略（外二种）》，第15~16页。

为防士聪逃脱，王敦武当夜数次起床查视。次日士聪并未去朝会自成，而是日晏方起。①

三月二十三日，大顺政权殓崇祯帝于东华门外。杨士聪在王敦武处，不得出门一步，只有默默哭泣。②二十六日，士聪与金之俊、刘明俁都在敦武处，有仆人杜天成、杨翟从济宁来访。杜天成告诉士聪，两人二十三日到天津时，方才听说北京城已经陷落，待到京城外，又通过买菜担混入城内。士聪听后大喜，对金、刘二人说："即此一事，天不绝余，余必不污'伪官'，亦决不死矣。"当时金之俊刚占得谦之三爻，正拟议间，士聪突出此言，"群'贼'皆惊异，不测所以"。③

三月二十七日，大顺军开始对所有在京各官派饷。杨士聪被派两万，由王敦武代为催交。士聪由敦武处张凤鸣、郑彦、赵开如三人陪同到家，将所余并杯盘簪珥熔化，尚不足数百金。已授永平防御使的门生李丕答应赠给百金，至于剩余部分，士聪"绐以他处再借，乃暗求砒毒怀之"。当时士聪子通睿、通久两兄弟已回济宁应试，儿媳也藏匿他处，两幼子已入鹫峰寺为僧。家里只有妻孔氏、妾杨氏、祝氏及六岁小女。士聪私下告诉家人，"检括诸物者，非真有需乎此也，所以安诸贼之心，图一死以报先帝耳"。祝氏问："何时当死？"士聪答以"来日正午。"孔氏问："小女当置何处？"士聪建议："投之井中。"次日晨，诸人酒饭完毕，新仆杜天成持银还营，"遂闭中门，以二贼守之"。是日过午，寓宅寂无人声，待守门者察视时，则孔氏、杨氏、祝氏并悬一梁，只有孔氏气息尚微。士聪以酒吞药，正在呕吐。敦武得知后颇为感泣，下令不再继续追银，也没有对其施刑，只是从此防范益发严密。④

四月初八日，被羁诸臣不论输银多寡，大都得以释放，只有杨士聪、方拱干、杨昌祚、林增志等人仍旧被羁系所。初九日，士聪等随王敦武移住白塔寺后田姓宦官旧居。⑤十二日，李自成东行阻击吴三桂日期既定，拟将被系勋戚大臣尽数杀害，以绝内患。士聪等在王敦武的带领下，来到田弘遇宅前，等待最后发落。后在敦武的斡旋下，士聪等人才得以不死，继续由郑彦、赵开如两人看管。⑥二十六日晚，郑、赵二人私告大顺军将不日离京，士聪即可返回自己居所。二十七日一早，杨士聪与方拱干、林增志、杨昌祚等各自归寓，士聪借住屯院胡同赵蓼医家。到二十九日，才与眷属团聚。⑦四月三十日，李自成逃离京城，宫殿、民宅火光四起，零星士兵杀人不断。士聪正打算与陈宸诵一起造访济宁州进士修廷献，"与商出城之法，半道见火大起"，宸诵返孔府，士聪返赵家，"则女眷、主人、妇女俱出，将诣南园投井。余止之，令暂潜藏"。⑧

因居所被焚，书籍文稿与二妾棺柩俱为灰烬，杨士聪只好暂寓鲁郡馆房。是时士聪囊无一钱，余米仅有数斗。恰好中书于允中来，声称东宫将至，"从贼诸臣定有处分，不从贼者不过数人而已，宜精思熟筹中兴善后之策，以应新主之求"。士聪告以"惊魂未收，不堪用世，新主至，惟一意求归。度艰苦备尝，不污伪命，亦必见怜，不见罪也"。只是南归身无分文，允中随后送来二百金以为盘费。⑨

五月初三，清军入主北京。初四日，庶吉士高衍、李呈祥造访士聪，商议出城之事。因高衍与士聪东邻王鳌永同乡，遂同过相商。鳌永已于前一日投职名于摄政王多尔衮，且献上条陈十余款。鳌永据实相告："今日之事，何所逃于天地之间？孔子曰：'素夷狄行乎夷狄。'今日纵欲归家，大兵旦夕即到，

---

① （明）杨士聪：《甲申核真略（外二种）》，第17页。
② （明）杨士聪：《甲申核真略（外二种）》，第21页。
③ （明）杨士聪：《甲申核真略（外二种）》，第25页。
④ （明）杨士聪：《甲申核真略（外二种）》，第26～27、35页。
⑤ （明）杨士聪：《甲申核真略（外二种）》，第30～31页。
⑥ （明）杨士聪：《甲申核真略（外二种）》，第321页。按，《明季北略》卷二〇，将杀勋戚大臣置于四月十一日，李自成东行置于十二日，见该书第486～487页。
⑦ （明）杨士聪：《甲申核真略（外二种）》，第35页。
⑧ （明）杨士聪：《甲申核真略（外二种）》，第37页。
⑨ （明）杨士聪：《甲申核真略（外二种）》，第38页。

二公家将焉往？"士聪对鳌永"一意从虏"深为鄙视，与高衍、李呈祥默然而出。高衍、李呈祥是日即出城。士聪打算待"哭临先帝"后，再与二人会合。①

五月初五日，杨士聪门人方大猷来访。大猷已随吴三桂降清，被委任为蓟州监军。初七日，方大猷以家丁护送士聪及眷属出城。到通州大猷寓所后，大猷先是告以前路艰险，后又劝士聪将眷属先在此安置，再入京求职。士聪以"岂有已出而又入"回绝。士聪进一步"微讽"大猷潜去，"大猷竟无南意"。大猷在看到士聪南下意决后，"亦复不相劝矣"。②

二十八日，杨士聪等人在静海县受阻时，天津新任巡抚骆养性奉旨挽留南下各绅，"其见虏旨而返棹者亦多，余辈皆不为动"。③六月初二日船行至沧州南，监纪陈参将径诣士聪，"道所以挽留之意，余力言其不可"。④十九日，清天津道孙肇兴差人携带公文请士聪等人回棹。士聪针对摄政王令旨中"诸臣多隐忍于流寇之时，反长往于清明之日"回信称，从三月二十日被流寇囚系，到四月二十七日被释，到二十九日大顺军离开北京，自己并未接受任何官职，"则是未尝得去而隐忍不去也"。如果大顺政权"能如清朝之宽大，则弟之去亦久矣，岂至今日而始去乎？"自己年老不可策励，受祸又独重，先是妻妾数人同日投缳，财物俱尽；继之寓所被焚，书籍笔砚化为灰烬。现在孑然一身，形神俱敝，自保不暇，希望孙肇兴能够体谅。⑤

七月初三日，杨士聪行至东昌时，正好在张凤翔家碰到福王登极颁赦官二人，得以了解南都之事。十七日抵达济阳桥，士聪力辞署总河之职，称：

> 虏天津道孙肇兴移文相留，余力拒之，计此时虏已知矣。若在此署事，凡事皆与虏相抗，虏愤必甚，旦夕且以兵来，是不能为济重，而适速济之祸也，此断断不可。且我义不从贼，万苦南来，只其一觐新君，自求明白。若中道而留，自为一官，与身污伪命借端自解者，相去几何？是又误我一生之名节也。⑥

济宁虽为士聪家乡，但当地对自北南下乡绅视若仇敌，"举人郑与侨、孟先瑄最先南下，犹未有议者也；至进士陈宸铭起文赴选，适有构者，各营遂大与为难，至有倡逃正法之言。余自北至，彼亦知与在家乡绅微有不同，然而狞状未能猝转也"。甚至河边张贴有如下牌示："有傲舟与济宁人者，船户枭示。"⑦

十九日，士聪得知门人王燮已被弘光政权委任为山东巡抚，只是逡巡未任。而王鳌永被清军委以总督河南、山东，以方大猷为监军，且已行至济南。鳌永入境后，即派大猷署巡抚事。济宁诸绅乡民请求士聪致书大猷，告以不要以清兵临济。王燮、方大猷两位门人，分属两个政权，竟在此时同任山东。二十一日，士聪致书于大猷，履行了对乡绅的承诺。只是在信中，"不称公祖"，以示"绝之于朝廷，亦将自绝于山东也"。⑧在士聪所记行程即将结束时，其自身的心路历程的变化以及自身出处的选择已十分明了。

---

① （明）杨士聪：《甲申核真略（外二种）》，第38～39页。
② （明）杨士聪：《甲申核真略（外二种）》，第41页。
③ （明）杨士聪：《甲申核真略（外二种）》，第43页。
④ （明）杨士聪：《甲申核真略（外二种）》，第44页。
⑤ （明）杨士聪：《甲申核真略（外二种）》，第45页，第54～55页。按，六月初七日，清廷曾以摄政王令旨的形式，敕令各地抚道有司荐举人才起送吏部任用。七月二十日，就在清军收复山东即将过半时，杨士聪又被吏部左侍郎沈惟炳疏荐（北京大学研究所国学门编：《顺治元年内外官署奏疏》，收入古籍影印室辑：《明清内阁大库史料合编》（第八册），北京，国家图书馆出版社，2009年，第43～47页、第69页）。
⑥ （明）杨士聪：《甲申核真略（外二种）》，第46页。
⑦ （明）杨士聪：《甲申核真略（外二种）》，第47页。
⑧ （明）杨士聪：《甲申核真略（外二种）》，第47～48页。

李自成军攻破北京城后，士聪被囚系于大顺部将王敦武处。农民军退出北京后，又得降清门人方大猷护送才得以顺利南下。在济宁了解到福王政权以及家乡对北返乡绅的态度后，士聪希望继续南下面圣洗冤。在知悉两位分属不同政权的门人被命山东巡抚后，士聪已变得彻底心无所系。虽然完成自我超脱与升华，但士聪对自我名节，对弘光政权"顺案"节节升级仍十分关注。特别是看到自己无端被诬，再加上以阮大铖、杨维垣为首的阉党将明朝败亡归罪东林，企图将东林、复社一网打尽之时，士聪最终完成了这部充满感情色彩的《甲申核真略》。

三 辨己之恩怨

有关杨士聪在国变后的动向，坊刻记载多有不同。如徐凝生《国难睹记》称，有亲眼看见士聪"门粘钦授官衔"者；也有"或闻"士聪遭受刑辱者。在综合多种说法的基础上，冯梦龙在本人所辑《甲申纪事》中将士聪列入"从逆诸臣"名单，称其曾任"伪户政府少堂"。① 针对类似传闻，士聪试图在有限的记忆和信息中，去寻绎事件的来龙去脉，这才是他撰写《甲申核真略》的主要目的。

崇祯十七年八月底，时任南明弘光政权陕西道御史王孙蕃上疏弹劾原翰林检讨方以智，称方以智、刘世芳二人自北京逃归后"复撰伪书"，颠倒是非，请求逮下法司审问。② 按照杨士聪的说法，王孙蕃在拷讯书坊中人后，才得知方以智和傅鼎铨参与制作伪书一事，并且两人手书改窜之稿和"贿买陈管之银"均已追出，证据十分确凿。可就在法司欲行逮捕之前，方以智早已成功潜逃。③

崇祯四年（1631），王孙蕃开始了他在杨士聪家乡济宁州任长达七年的为官生涯④，两人因而得以结识，这也是士聪对此次破获方以智等人私刻伪书案如此熟悉的原因。更重要的是，杨士聪认为，以私撰伪书来故意淆乱是非的恶劣行为，实自"方以智始"。稍早有关杨士聪在北京沦陷后动向的记载虽有歧异，"有遗余名者，有开入刑辱者"，但"未至于大谬也"。恰恰在此次伪书案后，"坊刻益紊"，甚至同一种书都会前后不一，互相矛盾。如有一书"前载余于受刑中，后载余为户政少堂"。又有一书，"前载观光为剪发翰林，后又载逆贼召观光问郊天数语"。⑤

不仅如此，方以智在逃离南京之前，"复为匿名帖遍街衢"，宣称杨士聪曾为贼官。当时士聪南下已抵扬州，因此怀疑以智此举就是"恐余入京，故又下一番毒手"。这次事件的直接目击者谭贞良正是士聪的门生。贞良当时刚好到达南京，后将这些匿名帖"悉为涤去"。经此一番天降之冤，士聪不由浩叹不已，开始将以智前后所为归结到"谋教习不就"上面，并称方以智谋留翰林不成，实"乃先帝独断，与余何涉？不知何见而仇余至此！"⑥

方以智，南直隶桐城人，崇祯十三年（1640）庚辰科进士，官翰林院检讨，充定王讲官。以智与士聪原无任何仇隙，"止以藩王讲官三年例升大参"，即藩王讲官任满后一般都会被外放为布政司参政，从未有重新进入翰林院者。方以智却想通过谋求崇祯帝经筵展书官一职，以实现避免外任的目的，自然被驳不准。以智很不甘心，复营求担任庶吉士教官，结果"部复雷同，明旨不允，以其有妨讲读也"。杨士聪对方以智这种钻刺行为极为不齿，就在翰林前后辈中公开表达了自己的不满，"近来衙门考选授官，

---

① （清）冯梦龙：《甲申纪事》卷二《绅志略》，收入魏同贤主编《冯梦龙全集》第 15 册，南京，凤凰出版社，2007 年，第 31 页。此外，也有记载杨士聪曾为大顺政权"兵政府少堂""户政府少堂"等说法（（清）顾炎武：《明季实录》卷二《从闯贼破京城伪官考》、卷三《从逆诸臣考》，收入氏著《顾炎武全集》第 4 册，上海，上海古籍出版社，2011 年，第 108、140 页。）。
② （清）计六奇：《明季南略》卷二《伪官》，第 130 页；（清）谈迁：《国榷》卷一二〇，八月辛巳条，第 6142 页。
③ （明）杨士聪：《甲申核真略（外二种）》，第 25 页。
④ （清）李桓等编：《国朝耆献类征选编》卷二《王孙蕃》（孙奇逢撰《墓志铭》），《近代中国史料丛刊三编》本，第 80~87 页。
⑤ （明）杨士聪：《甲申核真略（外二种）》，第 25 页。
⑥ （明）杨士聪：《甲申核真略（外二种）》，第 25 页。

召对授官，已非旧制，今又添此一种，途径益杂。是二百年来旧例，自以智辈而坏也"。士聪认为，经此一事，以智"由是恨余切齿"。① 总之，在杨士聪看来，虽然方以智不能留任翰林是崇祯帝本人的决定，但正是由于自己对方以智谋留翰林表达过不满之辞，才使两人之间最终结下不解之仇，这也是为什么方以智要在私刻坊书中对其加以污蔑的重要原因。

经过王孙蕃等人的查抄，杨士聪了解到方以智主持刊刻之书有两种：一种是以智与傅鼎铨手定；另一种是以五十金的代价贿买于监生陈管者。傅鼎铨与方以智曾于崇祯十六年（1643）八月同充永王讲官②，后同列"顺案"应徒拟赎之等。在两人亲自编定的坊刻中，"列款甚详，首先自辨"，而陈管之书仅存大概。并且两书所载"伪官"中均没有杨观光的名字。

杨观光，山东招远人，崇祯元年戊辰科进士，选为翰林院庶吉士，散馆时授翰林院检讨，官至右庶子，兼翰林院侍读。杨观光曾在崇祯十三年担任过南直隶乡试考官，并取中方以智，两人因此有座主、门生之谊。崇祯十七年三月二十六日，杨观光被大顺政权选为兵政侍郎。③ 四月初二日，杨观光以兵政侍郎改任礼政侍郎，后曾亲至刘宗敏家投递手本，名衔为"礼政府右侍郎兼弘文院侍读学士门生杨观光"。据同赴刘宗敏府上刘明偀目击，当时观光是"四轿开棍，俨然部堂"。④ 次日，因李自成即位仪节无人谙习，杨观光与巩焴便被委派督理各官在本衙门习仪。当时德州山人陈可教被选中鸿胪寺序班，因无朝服，就来找士聪求借，士聪才得以知悉此事。⑤ 三十日，李自成、刘宗敏相继逃离北京城。杨观光因系新附大顺政权者，所以也没有军兵护送。但如果就此留下，又担心"东宫旦夕且至，或追治伪命"。经过反复权衡后，杨观光决定还是带领家眷随队而出。怎料刚一出城，就"为贼所杀，体无完肤，家眷复回"。⑥

八月十二日，杨士聪南下至清江浦，在参加总兵丘磊主持的宴会上谈及杨观光的所作所为，众人均感到十分惊讶。在座副将刘孔余告诉士聪："孔余昔亦在京，四月二十前后，贼败报至，观光即暗约贼中缙绅，欲以图城。已而无成。贼遁，乃托其子于某人，有为豫让而不能等语，意亦可悲。但从逆而死，其谁信之！"也就是说，观光曾经趁李自成败报至京时，有据城而战之意，根本不可能变节投敌。怎料杨士聪直接从逻辑上否定了这种行为，"此更不可！贼方胜，便欲依之；贼一败，欲图之。此反复无赖之尤，君何称焉？昔豫让曰：'既已委质臣事人，而又求弑之，是怀二心以事其君也。吾所以为此，以愧天下后世为人臣之怀二心者。'由此观之，观光正与相反，安在为之而不能也。"⑦

用以上士聪所记杨观光之事对比以智所作伪书，不免让士聪大为光火。

> 伪官中皆无杨观光姓名，管书则称观光剪发翰林，与卫胤文并列。夫观光先授兵政，后改礼政，三尺童子亦能知之。以智以座师之故，移兵政侍郎梁兆阳于礼政，而诬余为兵政，其谬一也。观光剪发，宜受夹进银，何不闻刑辱？林增志、杨昌祚皆翰林剪发被夹者也，活口可闻，其谬二也。管书又以余为户政侍郎。二书皆出以智意旨，所纪果真，何至互异，其谬三也。观光、兆阳为贼用最显者，二人各有召对，果与二人同用，何独无一召对，无一建白，乃诸刻并无一字，其谬四也。管

---

① （明）杨士聪：《甲申核真略（外二种）》，第24页。
② （清）谈迁：《国榷》卷九九，崇祯十六年八月丁丑条，第5987页。
③ （明）杨士聪：《甲申核真略（外二种）》，第23页。
④ （明）杨士聪：《甲申核真略（外二种）》，第29页。
⑤ （明）杨士聪：《甲申核真略（外二种）》，第29页。
⑥ （明）杨士聪：《甲申核真略（外二种）》，第37页。
⑦ （明）杨士聪：《甲申核真略（外二种）》，第51页。

书又云：宋企郊等与余坐堂上，何瑞征等选官于堂下。夫余亦在京一缙绅耳，非自秦晋随贼者，非狱中放出者，瑞征等方在选官，而余已大用，雄据堂上，此奇之又奇，其谬五也。①

士聪从事实和逻辑上质疑了方以智在伪书中对杨观光的极力回护和对自己的莫名指摘，整段文字一气呵成，激愤之色溢于言表。

至于方以智本人，杨士聪只记其与杨观光同日接受伪职，以及伪书案发前后的情况。除此之外，再无点墨。顺治二年五月方以智亡命岭南后，在写给李雯的信中称，自己在京城陷落后因仆人告发而被俘受拷，四月十三日夜乘间南逃，五月初十日抵达南京。时值福王政权新立，以智上疏报北事，意欲自效，结果疏为通政司所阻，不能上达。九月，阮大铖用事，以智称因与大铖有矛盾，再加上昔日仇家造成蜚语，称"降贼之名"，多半出自以智之口。考虑到留都实非久羁之地，遂与家人挥泪而别，变名南奔。②总之，方以智强调了自己对南明忠贞的一面，而对有关自己的不利传闻，如向大顺政权投诚、故意制造谣言等均归因于仆人或仇家所为。

四　论亡国之祸

在杨士聪完成《甲申核真略》之前，正值阮大铖重翻《三朝要典》"逆案"，将明亡之罪归诸东林人士之时，这也是士聪为何在《甲申核真录》前半部分对阉宦集中挞伐，试图正本清源的重要原因。

马士英在崇祯十七年六月首劾"从逆"诸臣，就是在为阉党阮大铖等人张目。待大铖既得柄用，就开始呼朋引类，欲翻"逆案"，重刻《要典》，"甚至构及国本建言诸臣，是明与先帝为敌亦不顾也"。而一些逢迎时局之人，至乃造言曹化淳曾面奏崇祯称："魏忠贤而在，事不至此。"称崇祯听后叹息不已，传旨要收葬其遗骨。又有传崇祯召对时，有荐阉党杨维垣、霍维华者。杨士聪认为，"此皆绝无影响之事，傅会成书，公然刊布。更假岁月，必将登诸奏牍矣"。③在该书《序言》中，士聪就首先明确指出，明亡实由于阉宦用事：

> 辅弼备员，黄阁仅虚崇之号；阉阍用事，紫貂预中执之权。至于疆事已非，军容屡遗，望风纳款，逆奸先着云中；卖国约降，毒祸俄延天下。韬钤束手，徒赍恨于拳空；簪佩伤心，因拊膺而气短。④

紧接着在《凡论》中，士聪进一步指出宦官用事其来有自。自万历二十九年（1601）以后，十九二十年不选净身男子。熹庙时只选用1次。崇祯十七年间，却大选3次，以至宫中宦者加增万人，每月用米加增7.2万石，靴料银每年加增5万两。

对于出现这种局面的原因，杨士聪认为，崇祯帝在诛灭魏忠贤党后，权柄独操，就自信宦官皆在自己掌控之中，"故厌薄朝官，则以中官参之，中间有时撤回，以明驾驭之在我"。这显然是一种饮鸩止渴的危险行为，此辈实如"毒药猛兽，未有不终罹其祸者也"。从大的方面来讲，"天下大患，伤于有所恃，中于有所忽，而败于有所狎"。⑤

---

① （明）杨士聪：《甲申核真略（外二种）》，第24～25页。
② （清）方以智：《浮山文集前编》卷七《岭外稿上·寄李舒章书》，《续修四库全书》集部第1398册（下引《浮山文集前编》版本同），第294～296页。
③ （明）杨士聪：《甲申核真略（外二种）》，第7～8页。
④ （明）杨士聪：《甲申核真略（外二种）》，第5页。
⑤ （明）杨士聪：《甲申核真略（外二种）》，第7页。

如果按照以上推论，崇祯帝无疑要为任用宦官负主要责任，这显然不是杨士聪所要表达的想法。因此紧接着话锋一转，士聪开始分析宦官之所以得宠于崇祯帝的原因。在士聪看来，内官固结主恩的缘由不外有二：一是内阁首辅周延儒大失众望；二是兵部尚书张缙彦庸碌无为。周延儒再次入相后，罢内操，罢厂卫，"无一不与中贵为难"。"乃渐有一二幺口，夤缘门下，以济其私"，诸珰乘间以为辞。延儒深得主眷，崇祯尚能不为所动。诸阉积怨至深，蓄势待发，"会宜兴行边，乃发其欺蒙诸状，上侦之果然。迨吴昌时事发，而圣怒遂不可回"①。在边防调度事宜上，崇祯也逐渐开始倚任宦官。先是派宦官高起潜等监视各镇，内地盐漕皆设分理，由宦官监临，甚至山东一省分成东三府和西三府，各以一监总之。大同陷落后，以王承恩为京城内外提督，位居总督、巡抚之上，"则偏重之势成矣"。而文武官员的无能，无疑加剧了崇祯帝对宦官的信任。就在李自成兵攻破宁武关时，兵部尚书张缙彦在调遣唐通、方大猷等守居庸关时，"惟以兵少为幸。盖曾为户部，所忧惧糜饷也"；而对于李自成军的动向，更是茫然无知，"至于侦探一节，了无方略，保抚殉难，时踰半月，贼又未至，竟无一役达真定。故贼过昌平，止据传说；西郊杀戮，猝图戒严"。当然，士聪也明白，此时权柄他移，中珰日横，君臣召对流于形式，"即欲调度而实无所容其调度耳"。②

崇祯十七年三月十七日午时，李自成军零星骑兵已突至西直门外，城内值此才开始仓促部署城守事宜。可直到当日申刻，在崇祯帝下令"小火者俱上城"时，每一城垛始得一人。由于城守事务"全归中贵，他人不得预矣"③。次日，左都御史李邦华拟用新御史周亮工等三人效力城守，就在邦华欲上城视察时，却遭到中贵拒绝。虽然士聪、邦华等都认为目前城守之法确实不妥，但也只能束手旁观。④

十八日晚，太监杜勋射书彰义门，守城太监曹化淳开门迎降。先是大顺军围困宣府，太监杜勋出城三十里迎接，致使巡抚都御史朱之冯被杀。至此在杜勋的再次帮助下，大顺军顺利进入北京城。⑤崇祯帝了解到出城艰难，如果强行必至自取其辱，遂召提督京城内外太监王承恩入内对酌，三更后两人一起相对自缢。士聪推测，崇祯邀承恩同死，"盖愤其误事"。承恩既与襄城伯李国桢对掌内外兵权，曹化淳献门之事，承恩必预先知悉，"内外做成一片，局面已定，万难他图"。⑥

十九日一早，太监杜勋又从德胜门射书城内约降，北边城门告破，有巨珰率领千余人出宣武门而去。司礼监掌印太监王德化率内员三人至德胜门迎接李自成，"中贵迎贼不独德化一人为然，凡监司掌印者皆出迎"，后皆被令照旧供奉。⑦

后来坊刻关于北京城陷之事的记载十分混乱，"且一献门耳，其在十八日，人共知为曹化淳，固无疑矣"。至十九日，"一曰朱纯臣，一曰张缙彦，一曰傅景星，何献门者之多乎？"杨士聪认为，当时大权全归宦官，"故能献门以媚贼"。至于诸文武大臣，"即欲献门，谁其听之！"⑧

在杨士聪看来，阉宦取得兵柄，负责城守事宜后，内外串通，开门迎降，无疑需对明朝灭亡负主要责任。是月二十日晚，士聪与兵部侍郎金之俊、中书刘明俟饮酒时，言及兵科都给事中范洲泰死事，大家一致认为，城陷之事，责在中贵。显然正是由于宦官取得了城守的领导权，致使士聪等人虽有以身殉城之意，却无措手之处，"第恨未曾登陴手一砾以向敌耳"。⑨杨士聪南下行舟至桃源时，遇见"中贵数

---

① （明）杨士聪：《甲申核真略（外二种）》，第11页。
② （明）杨士聪：《甲申核真略（外二种）》，第12页。
③ （明）杨士聪：《甲申核真略（外二种）》，第11页。
④ （明）杨士聪：《甲申核真略（外二种）》，第13页。
⑤ （明）杨士聪：《甲申核真略（外二种）》，第12页。
⑥ （明）杨士聪：《甲申核真略（外二种）》，第14页。
⑦ （明）杨士聪：《甲申核真略（外二种）》，第16页。
⑧ （明）杨士聪：《甲申核真略（外二种）》，第8页。
⑨ （明）杨士聪：《甲申核真略（外二种）》，第17页。

舟"均悬司礼监牌,不由深为感慨:"嗟呼!此北都致乱之流,又将载祸而南耶!"① 这种对宦官发自内心的敌视,与 8 个月前他在指责黄道周同宦官交往"自持甚严"颇不以为然的心境已截然不同。②

五 余 论

从士聪所记的个人经历来看,与王敦武的初次相见,农民军退出北京时的大火,与门生方大猷的会面,乃至离开济宁后的心无所系,并非毫无破绽。杨士聪最为在意的还是自己未被列入"顺案"官方名单,这是他能够占据道德制高点的原因之一。③ 贯穿《甲申核真略》全书的是士聪的自辩以及自己并无二心的反复述说,而对于坊刻传闻的辨正只不过起到了加强其叙事的权威性而已。④

身处大顺、弘光以及清政权夹缝中的杨士聪,无论是面对农民军,还是面对入关后的清政权,都是始终以"忠"字贯之,并以此来衡鉴别人。不过在具体品鉴时,又出现了不同的标准,也就是忠的层次性。"忠"不意味着死节,但又给死节者以极高的评价。对自己来说,这种不仕大顺、满清的做法主要是出于忠诚和自尊。在门生迎降或者政权之间来回转移,则更多的在私人情面上进行交流,没有上升到对其行为的指责。在写给门生方大猷的信中,士聪进而指出:

> 幸门下莅政,地当两国之间,事界未定之际,戮力清朝,固分所宜;然而通籍起家,旧恩仍在,于无可委曲中,稍存不忘本朝之意,暂缓部署,以需讲议之成,事在不疑,未可云忠义无两全之术也。至若区区敝州,亦在临照之下。曩遭流寇凶焰,螳臂当车,剪除伪吏,缮守孤城,至今惊魂未定。每惴惴于清朝使命之频,诸父老相慰水次,旦夕惧不免焉。此仆坟墓亲族所在,亦犹夫门下之籍远在浙西也。希念往者一日之知,特赐曲庇。或者有督过之处,亦望力为宽假,俾得恒安保聚,则仆虽飘泊江外,亦心衔明德于无既矣。⑤

总之,士聪希望大猷既要忠义两全,又能以私人之谊保护好自己的家乡济宁。这与士聪对杨观光等人一授"伪职"即为不齿这种近乎高标准的要求⑥,可谓有着天壤之别。这很可能是因士聪对方以智私刻伪书的极度痛恨,再加上杨观光因得伪官而被列入六等之罪,自然便将这股怒火迁移到以智座师观光身上。这就表明,杨士聪对忠的认识以及对明王朝的认同,都是围绕着为自己寻找合理定位的一种努力。杨士聪于顺治五年没后,同年好友吴伟业在所撰墓志中,一是叙述了士聪疏劾吏部尚书田唯嘉不法事,二是述及国变后,士聪自己仰药、二妾与小女同死事,三是临终之前"大呼先帝召对者三"以及遗言埋骨江南事,成功刻画出一个不事二主和忠于前朝的形象。⑦

杨士聪的这种自我辩解几乎引领了身历甲申之变的当事人及其后代自我书写的固定模式。比如吴伟

---

① (明)杨士聪:《甲申核真略(外二种)》,第 49 页。
② (清)杨士聪:《玉堂荟记》卷上,《丛书集成初编》本,北京,中华书局,1985 年,第 9 页。
③ (明)杨士聪:《甲申核真略(外二种)》,第 5 页;《甲申纪事(外三种)》,第 20 页。
④ 《甲申传信录》《国榷》《明季北略》等书有关北京城陷前后的记载采信《甲申核真略》处颇多。此外清末夏燮所做《明通鉴》虽对士聪之书有所参考,但仍然坚持认为,杨士聪极力否认三月二十五日前明旧臣曾向李自成上劝进表一事是站不住脚的,推测士聪是在"讳言己在百官之列,而饰词以欺人耳"。参见《明通鉴》卷九〇,崇祯十七年三月甲寅条,第 3164 页;《甲申核真略(外二种)》,第 22 页。
⑤ (明)杨士聪:《甲申核真略(外二种)》,第 56 页。
⑥ (明)杨士聪:《甲申核真略(外二种)》,第 9 页。
⑦ (清)吴伟业:《吴梅村全集》卷四二《文集二十·左谕德济宁杨公墓志铭》,上海,上海古籍出版社,1990 年,第 894—897 页;清人徐鼒推测杨士聪可能因与当时担任李自成政权户政府侍郎杨建烈同姓而被认为有任"伪"官之举((清)徐鼒:《小腆纪年附考》卷四,甲申年三月癸丑条,北京,中华书局,1957 年,第 132 页);张鉴则认为,北京城陷,投降者众多,不必对士聪过于指摘。更何况士聪还能饮鸩沫血,得间南奔((清)张鉴:《冬青馆乙集》卷七《书〈玉堂荟记〉后》,《续修四库全书》集部第 1492 册,第 170~171 页。)。

业本欲自缢殉国，却遭母劝而未果①；方以智强调自己只是为仆人所举而被大顺军收系，在惨遭拷掠后，幸由狱中书记卒照料，得以乘间逃脱，再诡为菜贩出城南归②；赵士锦为库役陈魁、王信所获，后被发往姚奇英营中拘禁，既未受刑，又得苏州在京商人张玉寰等出赀三千两而得释出城③；光时亨并未投降农民军，而是曾三度自杀未死④；魏学濂联络孙奇逢保定义兵勤王，知事不可为，于自成登极日投缳自尽⑤。在这些自辩叙述中，大都强调了身不由己的一面，拘系或逃亡过程中又有贵人相助，同时再将受刑、图谋东山再起等元素加入进来，从而形成了极具特色的叙事模式。

在对自我或他者"从逆"行为辩解的行为背后，在这一众声喧哗般"言论"的底层，潜藏的正是易代之际朝野舆论对士人道德和出处的严苛拷问。⑥ 从对"秩序"的期待与重整角度来看，这与乾隆中叶以后对贰臣的严厉贬斥并无二致。只不过在政权短暂"失序"的状态下，当事人及亲朋故旧还有自我诉说、反驳的机会，表现在文本上就是议事论人时会优先考虑事功和社会实效。而在承平状态下国家强势介入历史书写时，在文本上就会表现出苛刻的道德审判。⑦ 这种由于历史书写者主体的转换所造成的表面上的文本差异，并不能掩盖舆论对当事者行为的期许或失望。这种庙堂上下对忠节等伦理行为的内在需求，不仅推动了王朝从混乱向"秩序"的迅速回归⑧，还在某种程度上引起了后来史家在民族革命视野下对明清之际人事的强烈共鸣。

［作者单位：华东师范大学历史学系］

---

① （清）顾湄：《吴梅村先生行状》，载（清）吴伟业：《吴梅村全集》下册《附录一·传记、祭文》，上海，上海古籍出版社，1990年，第1404页。
② 《浮山文集前编》卷七《岭外稿上·寄李舒章书》，第294～296页。
③ （清）赵士锦：《甲申纪事（外三种）》，北京，中华书局1959年，第19页、第21～23页。
④ 丁则良：《介绍一部有关明末农民起义的文稿——〈素遗堂集〉》，载尚小明、丁则勤编：《丁则良文集》，北京，清华大学出版社，2009年，第101～108页。
⑤ 黄一农：《两头蛇：明末清初第一代天主教徒》，上海，上海古籍出版社，2006年，第190页。
⑥ 王泛森曾指出明末清初在士大夫阶层中流行着道德严格主义的思潮，成为此后士人世界一种强有力的传统。赵园指出，到明亡之际，士风的偏执、苛刻也达到极致。分别参见王泛森：《权力的毛细血管作用：清代的思想、学术与心态》，北京，北京大学出版社，2015年，第6～7页、第196～297页；《明清之际士大夫研究》，第1～23页。
⑦ 陈永明认为，清朝顺治、康熙时期，舆论在议事论人的时候，更强调事功和社会实效等，而乾隆中叶以后却更加强调道德空言，反映了整个社会对易代时期人物的评价随着时间的推移而日趋严苛。参见陈永明：《清代前期的政治认同与历史书写》，上海，上海古籍出版社，2011年，第42～67页。
⑧ 魏斐德认为，中国之所以能迅速从17世纪危机中走出，是由于汉人士大夫选择与清政府合作的结果。选择合作而非殉节所带来的不安，促使这些汉人官僚更积极地投入到清初各项制度的完善之中（Frederic E. Wakeman, Jr., "China and the Seventeenth-Century Crisis," *Late Imperial China*, 7:1（June 1986）: pp.15～17.）；此外，包筠雅早已敏锐地觉察到功过格之类的善书在清初恢复基层道德秩序中的作用（Cynthia J. Brokaw, *The Ledgers of Merit and Demerit: Social Change and Moral Order in Late Imperial China*, Princeton, NJ.: Princeton University Press, 1991, pp.236～237.）；赵园也认为，即使"王纲解纽"之际，家庭及相关伦理仍然发挥着黏合人群的作用（赵园：《家人父子：由人伦探访明清之际士大夫的生活世界》，北京，北京大学出版社，2015年，第180页）。因此更准确地来说，正是由于以忠为核心的伦理体系经过明清鼎革并没有发生解体，所以才能在新的历史条件下迅速凝聚起多方共识。

《松窗梦语》：明代人文地理著述传统的复兴

王振忠

一

前年五月，复旦大学博物馆曾展出一批明人书画，其一为松石图，画面上，枯松一株傲然挺立，左旁题句曰："清标不受秦皇诏，劲节应嗤沈约腰。"此画作于"万历年新夏"，具体年份不详，但其言志咏怀，显然意在彰显松树之清标劲节。

明万历二十一年（1593），画作者张瀚写道：

> 余自罢归，屏绝俗尘，独处小楼。槛外一松，移自天目，虬干纵横，翠羽茂密，郁郁苍苍，四时不改，有承露沐雨之姿，凌霜傲雪之节。日夕坐对，盼睇不离，或静思往昔，即四五年前事，恍惚如梦，忆记纷纭，百感皆为陈迹。谓既往为梦幻，而此时为暂寤矣。自今以后，安知他日之忆今，不犹今日之忆昔乎？梦喜则喜，梦忧则忧，既觉而遇忧喜，亦复忧喜。安知梦时非觉，觉时非梦乎？……

这段人生感悟冠诸《松窗梦语》一书卷首，读来令人神驰。著者张瀚时年 83 岁，写下此话不久，他就溘然长逝，因此，该段绝笔实可视作对个人一生的感喟。当时，张瀚致仕回乡已十数年，上揭文字是根据退隐蛰居后的周遭环境，回忆平生的经历见闻，夹杂着个人的今昔感悟，笔之于书。所谓梦语，是指现实与梦幻其实都只是相对而言。此类颇具哲学意味的人生思考，显然用的是庄周梦蝶的典故。据此看来，此时的张瀚一定想起个人一生的宦海浮沉……

张瀚生于嘉靖二十九年（1510），为嘉靖十四年（1535）进士，时年他 25 岁。此后，他历任南京工部主事、庐州知府、潼关兵备副使、大名府知府、陕西左布政使、右副都御史、大理卿、刑部右侍郎、兵部左侍郎、两广督府、南京右都御史、南京工部尚书等职。万历元年（1573）为张居正提携，出任吏部尚书。4 年后，因不赞成张氏"夺情"而致仕家居，时年 67 岁。

在明代，官员在任如遇父母去世，一般情况下皆应弃官，家居守制，称为"丁忧"，待守丧期服满再行补职。而所谓夺情，亦称"夺情起复"，意指为国家而夺去孝亲之情。在这种情况下，当事人可不必去职，以素服办公，只是不参加吉礼而已。"夺情"是忠孝不能两全的权宜之计，但后来也成了一些官员恋栈的借口。在明代政治史上，张居正之"夺情"极为著名，对此，《松窗梦语》卷一有所记载：

> 江陵闻丧之越日，传谕令吏部往谕皇上眷留意。江陵亦自为牍咨部云："某日闻讣，请查照行。"盖讽使留己也。

这是说张居正本应丁忧，但他却恋栈不去，想尽各种办法，甚至让吏部出面挽留他。对此，主政吏部的张瀚认为极不妥当，遂假装不明白他的真实意愿，主张——应当让礼部根据历年阁臣丁忧的恩典，从重加以优恤。这当然得罪了张居正，不久，在后者的指使下，便有数人相继对张瀚提出弹劾，让他奉旨退休。得知这个结局，张瀚先是朝北叩头，以示对皇恩浩荡的感激，接着前往张居正那道别——

张瀚道："顷某滥竽重任，幸佐下风，见公闻讣哽咽，涕泗交横，谓公且不能旦夕留，区区之心，诚欲自效于公，以成公志，讵谓相矛盾哉！兹与公别，山林政府，不复通矣。"张瀚的微词婉讽，在在点中张居正之要害。在他笔下，袖原善舞的张氏听罢此言，似乎是愧悔交并，不胜凄惶。而随后拂袖而去的张瀚，则深得时人的叹赏，有人赠言道："去国一身轻似叶，高名千古重如山。"

十多年后，决绝的张瀚对于此番人事沧桑仍耿耿于怀，他显然是以枯松自况，说槛外一松"有承露沐雨之姿，凌霜傲雪之节"，前句是比喻皇恩浩荡，后者则形容自己的为官操守。

对于为官节操，张瀚一向颇为看重。早在他刚中进士不久，就曾前往王廷相的私第拜谒。王廷相是河南仪封人，为人素性端方，言动威仪，历任翰林院庶吉士、兵科给事中，后因得罪权阉刘瑾，被贬到地方任都察院副都御史并巡抚四川，后又升为兵部左、右侍郎，最后升任南京兵部尚书。这位当世名臣曾对张瀚讲过一个意味深长的故事：

> 昨雨后出街衢，一舆人蹑新履，自灰厂历长安街，皆择地而蹈，兢兢恐污其履，转入京城，渐多泥泞，偶一沾濡，更不复顾惜。居身之道亦犹是耳，倘一失足，将无所不至矣。

这个巧妙的比喻是说：雨后的大街上，有位轿夫穿着新鞋上路，从灰厂经长安街，走路都很小心，总是找一块干的地方走，战战兢兢，怕弄脏了鞋子。后来走进内城，地上到处皆是泥泞，一下子踩脏了，此后也就顾不上这双鞋了。他说，做人的道理也是如此，失足一次，就无所顾忌，恣意而为了……

此一故事，被张瀚郑重其事地写在《松窗梦语》卷一《宦游纪》的开头，而他对于张居正"夺情"一事的抵制，则书于该卷的卷末。如此编排显然煞费苦心，可见张瀚认为自己当年的做法是正确的，而这与王廷相的教诲则密切相关。

揆势衡情，"夺情"事件对张瀚的影响一直是如影随形。在晚年，他曾追忆某次自杭州北游的经历：

> 渡扬子江，登金山寺，绕佛阁七层，高者临绝顶。……四顾青山，峰峦峭拔，如万笏朝拱。睹江上舟航，往来迅捷，其行如飞。旦暮视日月之出没，大如车轮，光焰万丈，目夺神竦。时江飙乍起，波涛汹涌，雪浪排空，已而风恬日朗，江波澄静，浑如素练。人生显晦升沈【沉】，亦犹是耳！安得砥柱中流，屹然如金、焦者？

涉历几多寒暑，文人的追忆间或亦杂夹着时空的错位。不过，从字面上看，是时，张瀚站在金山寺前俯瞰长江，但见江面帆樯不断，橹桨如织，面对着汹涌而至的波浪触绪萦怀，平生经历中的点点滴滴，一一浮现于脑际……或许，数十年宦海沉浮中最令人感慨的，便是湍流驰激，砥柱为难。

二

因"夺情"事件，张瀚被迫致仕家居，但在此前，他少年得志，"泛览群书，尤酷嗜左、国、庄、骚，至寝食俱废，遂烨然成名当世"，25 岁就中了进士，一生从政长达 40 余年，"宦辙所至，几遍海内"。在这部"随笔述事"的著述里，张瀚用了八卷的篇幅分 33 "纪"，对一生的经历见闻作了记述。其中的《宦游记》《南游记》《北游记》《东游记》《西游记》和《商贾记》等，多根据个人的亲身经历写成，颇为翔实可靠。

《宦游记》主要是讲张瀚为官的经历，不过，个中也涉及各地的民情风俗。例如，他提到：

> 江北地广人稀，农业惰而收获薄，一遇水旱，易于流徙。
> 庐阳地本膏腴，但农惰不尽力耳。年丰粒米狼戾，斗米不及三分，人多浪费，家无储蓄。旱则担负子女就食他方，为缓急无所资也。

"庐阳"亦即庐州府（今安徽合肥一带），其北面就是凤阳府，上述记载实际上与传统时代的"凤阳花鼓""凤阳乞丐"密切相关。对此，张瀚在其后的《商贾记》中也指出："庐、凤以北，接三楚之旧，苞举淮阳，其民皆呰窳轻诊，多游手游食。"这段话其实源自《史记·货殖列传》："楚越之地，地广人稀，饭稻羹鱼，或火耕而水耨，果隋蠃蛤，不待贾而足，地执饶食，无饥馑之患，以故呰窳偷生，无积聚而多贫。"在司马迁的时代，战国楚地被分作"三楚"，也就是西楚、东楚和南楚，"呰窳"亦即贪懒、不肯力作、萎靡不振的意思。及至明代，庐州府、凤阳府一带是大批乞丐诞生的摇篮。据清人赵翼在《陔余丛考》中的记述，江苏各地，每到冬天必有凤阳人来，老幼男妇，成行逐队，散入村落乞食，至翌年春季方才离开。他们唱着"家住庐州并凤阳，凤阳原是个好地方，自从出了朱皇帝，十年倒有九年荒"的《凤阳歌》。本来以为这些人是因为灾荒而外出乞讨，但实际上即使是丰年，他们也照样外出乞食，形成了一种顽固的风俗。

为了防止"凤阳乞丐"的大批产生，张瀚在庐江当地开发水利，采取种种措施对逃荒者加以限制。据说，在他的努力下，庐江一带的灌溉条件有所改善，抛荒现象逐渐减少。不过，倘若我们从晚明时代庐江、凤阳一带的实际情况来看，这如果不是张瀚的夸大其词，那至少也说明此种状况不会持续太久。庐州和凤阳二府位于江淮之间，黄河全流夺淮入海以后，此处的生态环境进一步恶化。因频遭灾荒，当地民众遂养成一种不事产业、轻出其乡的习气，此种现象源远流长，有其深刻的自然地理背景。

三

《松窗梦语》卷二的《南游记》《北游记》《东游记》和《西游纪》4篇，皆是游记，记录了他在全国各地的游历。此外，还有《北虏纪》《南夷纪》《东倭纪》和《西番纪》，涉及北方游牧民族及中国周边（琉球、日本）和西部（吐蕃、回回）等人群的生活习性及其风俗。以《西游记》为例，篇中驰骛翰墨，援引旁搜，有不少地理方面的描述。如：

> 归州四里之城在高山之上，临大江之涯，居民半居水涯，谓之下河，四月水长，徙居崖上。

归州属湖北荆州府，山水萦回，源流澄澈，此处濒临长江，属三峡地区。上文描述了当地的聚落，人们随着水位之高低而居住于不同的位置。接着，文中还描写四川：

> 蜀城内外，平地仅四十里许，而四面皆高山，天色常阴曀，如晴明和煦、风朗气清之日绝少。至若白日杲杲、明月辉辉岁不数日，而月尤罕见，故云"蜀犬吠月"。气候较暖，初春梅花落、柳叶舒、杏花烂，暖如江南暮春时矣。地多二麦，春仲大麦黄，小麦穗，皆早于江南月余。民俗朴陋鄙俚，虽元旦、灯夕，寂然无鼓吹，灯火不异平时。惟妇女簪花满头，稍着鲜丽，丑嫫出汲，赤脚泥涂，而头上花不减也。

此段文字笔触细腻，饶有画意。这是杭州人眼中的四川，文中说蜀地有雾的日子很多，节候也较江南要早，风俗比江南更为俭朴，朱门娇媛，穷巷荆钗，其审美方式亦颇不相同。《西游记》刻画陕西为：

> 气候寒于东南，惟西风而雨，独长安为然。……地产多黍麦，有稻一种名"线米"，粒长而大，胜于江南诸稻，每岁入贡天储。民俗质鲁少文，而风气刚劲，好斗轻生，自昔然已。

此处尽情摹写，对东南与西北的气候、物产、风俗皆加以比较。其中，还特别写到陕西的三原："三原二城，中间一水，水深土厚，民物丰盛，甲于一省。"在稍后的《商贾记》中，张瀚还指出："至今西北贾多秦人，然皆聚于汧、雍以东至河、华沃野千里间，而三原为最。"可见，三原一带为陕商重镇，故而颇为富庶。接着，《西游记》又说：

> 由澄城、朝邑逾大庆关，关中民居稠密，倍于县邑，盖秦、晋商贾之所市也。

大庆关位于今陕西省大荔县东（亦即原先的蒲津关），是陕西、山西间黄河的重要渡口，而澄城、朝邑皆在陕西境内。这里提到关中一带川原衍沃，街衢绵亘，是山西、陕西商人活动的重要地区。换句话说，作者看到了山陕商人与西北城镇繁荣的关系。同时，张瀚又写到山西蒲州的情况：

> 渡黄河，即为山西之蒲州，州城甚整，民居极稠，富庶有礼，西北所绝无仅有者。俗尚多靡，中有山阴、襄垣二王，枝派繁衍，朱门邃宇，不下二百家，皆竞为奢华，士夫亦皆高大门庐，习为膏梁绮丽，渐染效法。

张瀚于山川佳处驻足流连，他描述了蒲州的富庶与奢靡，对当地明朝宗室（山阴、襄垣）之活动亦多所状摹。关于蒲州，在随后的《商贾记》中，他还指出：山西"以太原为省会，而平阳为富饶。……独蒲坂一州富庶尤甚，商贾争趋"。可见，蒲州一带烟户繁盛，市廛辐辏，也是晋商重要的桑梓故里。平阳位于今山西省西南部临汾市一带，靠近陕西，黄河从其西面和南面流过，"平阳富庶甲于秦、晋，以秦、晋财货多出于途"，当地系山西、陕西最为富庶的地区，为秦晋商人商品流通的重要区域。

四

《松窗梦语》卷四的《百工纪》，谈的是百工技艺以及与此相关的奢靡风气，其中提到：北京是中国的政治中心，是个典型的消费性城市，全国各地大批的商品都汇聚于此。当时，商品主要的来源地是东南一带，所以从事百工技艺的人群也大多出自东南，其中，以江西、浙江、南直隶、福建、广东一带居多。接着，他又指出北京的奢靡风尚对全国的影响：

> 自古帝王都会易于侈靡，燕自胜国及我朝皆建都焉，沿习既深，渐染成俗，故今侈靡特甚。余尝数游燕中，睹百货充溢，宝藏丰盈，服御鲜华，器用精巧，宫室壮丽，此皆百工所呈能而献技，巨室所罗致而取盈。盖四方之货，不产于燕而毕聚于燕。其物值既贵，故东南之人不远数千里乐于趋赴者，为重糈也。……上有好者，下必甚焉。……今也散敦朴之风，成侈靡之俗，是以百姓就本寡而趋末众，皆百工之为也。

这一段文字是说，北京对于全国的奢靡风习颇有推波助澜之力，直接的后果便是人们纷纷弃本逐末，从而引发严重的社会问题。

除北京之外，另一个对全国奢靡风习起引领作用的是苏州："至于民间风俗，大都江南侈于江北，而江南之侈尤莫过于三吴。自昔吴俗习奢华、乐奇异，人情皆观赴焉。吴制服而华，以为非是弗文也；吴制器而美，以为非是弗珍也。四方重吴服而吴益工于服，四主贵吴器而吴益工于器。"这是从地域观照的角度，提到苏州对于明代社会风俗的重要影响。

从历史地理的角度来看，《松窗梦语》中最值得关注的是卷四《商贾记》。该卷概括阐述了明代两京十三布政司的经济、文化及习俗，指出全国自然资源、经济地理的布局特点：

> 余尝总览市利，大都东南之利，莫大于罗、绮、绢、纻，而三吴为最。……西北之利，莫大于绒、褐、毡、裘，而关中为最。……夫贾人趋厚利者，不西入川，则南走粤，以珠玑金碧材木之利，或当五，或当十，或至倍蓰无算也。然茶、盐之利尤巨，非巨商贾不能任。……西北在茶，东南在盐。

在这里，作者以"东南""西北"将全国一分为二，分析了当时的经济地理布局，并举例加以说明。他说自己的祖先就是以丝织业致富，而在浙江，不少人皆以贩盐、卖茶发家致富。而在西北，畜牧业则占有重要的地位。除了对总体格局的概括之外，作者还分省对明代两京十三布政使司的风俗作了颇为细致的分析。譬如，关于南直隶：

> 沿大江而下为金陵，乃圣祖开基之地。北跨中原，瓜连数省，五方辐辏，万国灌输。……自金陵而下，控故吴之墟，东引松、常，中为姑苏，其民利鱼稻之饶，极人工之巧。服饰器具，足以炫人心目，而志于富侈者争趋效之。庐、凤以北接三楚之旧，苞举淮阳，其民皆啙窳轻言少，多游手游食。煮海之贾操巨万资以奔走其间，其利甚巨。自安、太至宣、徽，其民多仰机利。舍本逐末，唱棹转毂，以游帝王之所都，而握其奇赢，休、歙尤伙，故贾人几遍天下。

根据张瀚的描述，南直隶风俗大致可分为三个部分，若以现代行政区划来看，即今江苏省的江南部分，安徽和江苏二省的江北部分，以及安徽省的江南部分。这里也提到苏州引领全国时尚，庐州、凤阳二府多游手游食之人，这些情况已见前述。至于"煮海之贾"，指的则是盐商。在明代，淮扬盐商相当著名，获利亦甚巨。根据差相同时的《广志绎》之记载，"维扬中盐商，其盐厂所积有三代遗下者"。而在淮扬从事盐业的，大多为徽州盐商。在明代，徽州的风俗颇为独特，"徽州多山少田，民逐末利，风俗日偷"。张瀚将以徽州为中心的皖南视作一个风俗区，有着相当的道理。特别是徽州的休宁和歙县，在明代中叶更以商贾众多闻名遐迩，以至官府在制定经济政策时，也注意到这种风俗。据明人吴子玉的《丁口略》一文指出：因休、歙之人多精于商贾权算，故政府对当地的课税要高于徽州府的其他四个县。对此，虽然"休、歙二县民甚苦之"，一些地方人士也疾声力呼，要求取消此种不平等的重赋，但都没有什么结果。在此背景下，这种政策导向，无疑更刺激了徽州人计觅锱铢，纷纷外出经商。从《太函集》《复初集》和《大鄣山人集》等明人文集来看，南直隶安庆府、池州府、太平府、广德州、宁国府等地，皆是徽商麇聚之区，这些地方都不同程度上受到徽州风俗的影响。

除了南直隶外，张瀚对浙江风俗的描摹也相当精彩。他将浙江风俗分为三个部分，即杭嘉湖、宁绍温台和严衢金华。犀照之下，可谓无微不察。此种划分，与同时代其他人文地理著作（如《广志绎》）之描摹也大致吻合。

五

　　20 多年前，谭其骧先生曾撰文呼吁应积极开展历史人文地理的研究。他指出，中国人"对人文地理现象的记录和研究，至少可以追溯到成书于 2000 多年前的《禹贡》，而在司马迁的《史记·货殖列传》和班固的《汉书·地理志》卷末所载的'域分''风俗'中，对战国至西汉各地人民的生产、生活情况，农商工矿各业的盛衰和风尚习俗的差别，都有极其生动具体的叙述"。不过，汉以后的正史地理志忽视了人文地理的记述，有关人文地理现象的文献东鳞西爪，这种情况直到明代才有所改观。对此，谭先生特别指出，在明代，丘浚的《大学衍义补》、章潢的《图书编》、谢肇淛的《五杂俎》及王士性的《广志绎》，都是这方面颇为出色的论著。在他的倡议下，上述诸书都受到历史地理学界的重视，有的还出版了专门的研究论著。

　　从历史地理的角度来看，《松窗梦语》中最为系统、最有价值的是《商贾记》。在我看来，《商贾记》无论是谋篇布局还是行文措辞皆是在刻意模仿《史记·货殖列传》。事实上，在明代，《史记·货殖列传》受到不少人的追捧①，张瀚并非绝无仅有的一位。在徽商的桑梓故里，成书于 17 世纪初的万历《歙志》，卷十就是《货殖传》，其卷首提及：

　　　　太史公传《货殖》，班氏非之，谓其失受命之旨，乃亮之者，则曰太史公得罪，而汉庭诸公卿无有能为端木、子皮其人者，故发愤而为此，以为若皆白圭、乌倮耳，岂可与圣门高弟、霸国英臣等埒哉？其然是或然矣，凡史与志不必有此，而邑中不可无此。因尝反复《货殖传》，而以当今之世，与邑中之人比之，盖亦有同与不同焉。

　　在编纂者谢陛看来，为商贾之乡歙县修志，不能没有"货殖"各传。为此，他仔细研读了《货殖列传》，并将歙县的现实与之相对照，从物产、城镇、人地关系、商人构成、社会观念和价值观变化等诸多侧面，详细分析了两者的不同。而在福建，何乔远所著的《名山藏》中也有《货殖记》，他指出："余览传记，得富者数人，仿太史公作《货殖传》而为之……"从"货殖"一词的本义来看，此处的"货殖记"与"商贾记"同义。

　　除了篇目之外，在写法上，《史记·货殖列传》较为系统地概述了"山西""山东""江南"和"龙门碣石以北"各区域的经济特点及其相互联系，深刻地指出了形成区域间差异的历史渊源和环境因素。而《商贾记》也注重区域的划分、区域特征和人地关系等方面的观察与研究，将经济与文化、风俗诸因素综合起来加以考察。另外，从作者的生活年代以及作品的成书年代来看，张瀚（1510—1593）的《松窗梦语》作于明万历二十一年（1593），王士性（1546—1598）的《广志绎》自序于万历丁酉，即万历二十五年（1597），而谢肇淛（1567—1624）的《五杂俎》则出版于万历四十四年（1616）。个中，无论是作者的生活时代还是著作的成书年代，皆以张瀚的《松窗梦语》为时最早，所以从某种意义上来说，《商贾记》对人文地理现象的系统描述，标志着《史记·货殖列传》《汉书·地理志》相关传统在明代的全面复兴。

---

① 张海鹏、王廷元主编的《徽商研究》曾指出：在明代，《史记·货殖列传》几乎成了徽商必读的教科书，他们借以汲取有益的从商经验。书中引证了一些事例，如歙商黄莹"少读书，通大义，观太史公《货殖列传》……大悟若者不效世用一切狙诈术，惟静观盈缩大较，揣摩低昂，恒若执左契，诚一所至，业饶声起"。（歙县《竦塘黄氏宗谱》卷五《黄公莹传》）休宁商汪可训弃儒经商，两次"发货殖读之"。（《休宁西门汪氏宗谱》卷六）许秩经商十余年，已成大贾，还常读《货殖列传》，"一日读货殖传，见蜀民工于市易，贾而田池射猎之乐拟于人君，口然动游兴，于是买舟浙江，溯流而上，直达成都，历川峡之胜，迁厥物产于齐鲁间，如是往来者再，资用益饶"。（歙县《许氏世谱》第 5 册《平山许公行状》）以上诸例皆转引自《徽商研究》（安徽人民出版社，1995 年，第 435～436 页），这些例子皆从一个侧面反映出，《史记·货殖列传》在明代受到一些文人学士的重视，显然并非偶然的巧合。

六

张瀚出生于工商业者之家,虽然他在《商贾记》中也引用《周书》的说法:"农不出则乏食,工不出则乏用,商不出则三宝绝。"不过,他的总体思想落后于时代。在张瀚之前,江南一带早已出现"崇奢黜俭"的主张。此类主张认为,"俗奢而逐末者众",奢侈可以提供诸多就业机会,令贩夫走卒易于为生,因此,当政者应"因俗以为治",毋须强力禁奢。在这方面,张瀚的立场颇为保守。在《百工记》中,他说自己在广东苍梧,某年灯夕,属下的封川县送来一盏纸灯,以竹篾为灯骨,又以花纸作为装饰,看上去似乎并不太值钱,但此类奇技淫巧,"束缚方圆,镂刻文理",需要专精此业的工匠花费数十天的工夫方能制成。灯夕刚过,门隶就想将之毁掉,张瀚痛惜"积月之劳毁于一旦",急忙制止。这让他想起自己家乡的风俗,浙江"灯市绮靡,甲于天下,人情习为固然。当官者不闻禁止,且有悦其侈丽,以炫耳目之观,纵宴游之乐者"。接着,他又发了一通感慨,说倘若贾谊再世,看到这种现象,不知要如何痛哭流涕而长太息:

> 今之世风,上下俱损矣,安得躬行节俭,严禁淫巧,祛侈靡之习,还朴茂之风。以抚循振肃于吴越间,挽回叔季末业之趋,奚仅释余桑榆之忧也!

《松窗梦语》卷七有《时序记》和《风俗记》,其中有不少都与张瀚的故乡杭州之风俗相关。在这一卷中,张瀚时常强调,"余遵祖训不敢违"、自己"世能守之"云云,以此凸显作为文人士大夫的守礼循规。在张氏生活的时代,世当承平,俗随世变,"金令司天,钱神卓地",社会风尚极其奢华。残躯老迈的张瀚,疾声力呼反对其时的奢靡之风,但他生活在商品经济高度发达的16世纪末期,安享着锦攒花簇轻裘肥马,却穷思极想,希望整个社会重返太祖高皇帝的时代,这岂非荒唐可笑的想法?

[作者单位:复旦大学历史地理研究中心]

杨守陈（1425—1489）九经《私抄》的撰著背景及用意

朱 冶

浙江四明人杨守陈（洪熙元年至弘治二年），字维新，号镜川，谥号文懿，是一位奉行"精思实践"的学者型官员。此4字既是其幼年家学的教诲所在，也是他终生奉信不悖的言行守则。他在《明史》有传，不过现代学者却对他留意不多。① 杨氏于天顺前撰著完成了质疑明初官定程朱理学经典《四书五经大全》（以下简称《大全》）的《私抄》诸书。虽然九经《私抄》现皆不存，但杨守陈生平与交游等情形却显示其写作背景及用意，从中可见15世纪士大夫对官定经典的实际取态和思考之一例。

一 生平与交游：《私抄》之述作背景

杨守陈的生平事迹，详载于何乔新（1427—1502）所撰《墓志铭》、王傲（1424—1495）所作《神道碑》，以及程敏政（1445—1499）所写《传》中，前二人皆是他临终前特意指定的传记人选。杨氏还另外嘱托刘宣（1424—1491）为其作《传》，并称述何、王、刘三人是他"相知最深"的友人。② 或因刘宣未及写《传》的缘故，杨守陈的传记后来由他的翰林晚辈程敏政撰写。③ 统观三篇传记文字，实可见杨氏为学行事的特点及面貌。

三篇传记分别以道德、仕途、学行的不同侧面，各有所重地记述了杨守陈的一生。杨氏于景泰二年（1451）中进士，此时离震撼朝野的土木之变发生不久。他随后被选为翰林院庶吉士，不久便因丁祖父母忧归家。在27至35岁的7年家居岁月中，杨守陈撰著完成九经《私抄》诸书。天顺二年（1548）守丧期满，他以翰林编修复职并参修《大明一统志》，接着被选作内书堂的教官。成化元年（1465），其担任宪宗的经筵讲官，次年升侍讲，三年改为司经局洗马，八年升侍讲学士。弘治元年时，杨氏改任吏部右侍郎，并与左侍郎刘宣共同辅助吏部尚书王恕（1416—1508）的工作，期间深得王恕的信任和倚重。弘治二年（1489）卒，年64岁。

弘治元年（1488）由王恕引荐为刑部尚书的何乔新，是杨守陈相交二十多年的友人。④ 何氏为景泰五年（1454）进士，成化初任刑部员外郎的他与杨氏因文章互赏而定交，他所撰《墓志铭》中也记述二

---

① （清）张廷玉等撰：《明史》卷一八四《杨守陈传》，北京，中华书局，1987年，第4875～4877页。何威萱：《程敏政及其学术思想：明代阳明学兴起前夕的学术风气研究》，香港理工大学中国文化学系博士论文，2013年，第90～91页。
② （明）何乔新：《嘉议大夫吏部右侍郎兼詹事府丞谥文懿杨公墓志铭》，《椒邱文集》卷三〇，《文渊阁四库全书》第1249册，上海：上海古籍出版社影印，1987年，第462页下（以下所引《四库全书》均为此版本）；（明）王傲：《吏部右侍郎兼詹事府丞赠礼部尚书谥文懿杨公神道碑铭》，《思轩文集》卷一三，《续修四库全书》集部1329，上海，上海古籍出版社影印，1995年，第550页下。
③ （明）程敏政：《杨文懿公传》，《篁墩文集》卷五〇，《四库全书》第1253册，第191～195页。
④ 何乔新行实见林俊《明资政大夫刑部尚书赠太子少傅谥文肃椒丘何公神道碑》，《见素集》卷一八，《四库全书》第1257册，第188～190页。

人是以名节相砥砺的道德诤友。何氏在这篇铭文中，对杨守陈的记述兼顾其道德与学术的两面，不过笔墨显然更偏重于前者。文字重点是把杨氏描述为一个敢讲话的官员，并详细列举他在成、弘间上疏、经筵等刚正言行的六个实例，以证其不附权贵、敢讲真话的正直气节。此外，何乔新对杨氏的广博学识也示肯定，并简单述及其校订《书》《大学》《礼》的3条案例，以呈现后者学问的经世特点。

官至南京吏部尚书的王傪与杨守陈为世交。他自述与杨氏"同年及第，同官翰林，道义相亲之日久"①，同时，杨守陈是王傪之子王沂的座师，而其弟杨守址（1436—1512，成化十四年进士）则是王傪执教南京国子监时的门生；杨氏子杨茂仁（成化二十三年进士）和王氏子王沂又为同年好友，可见关系尤密。王氏在《神道碑》中将杨守陈记述为一位满怀"经纶济世之才"却未尽其用的官员。为论证这一观察，王傪举用杨氏的七则事迹，例证内容与何乔新《墓志铭》有同有异、各有偏重。两相对比，更显见王傪着意强调杨氏用理学以经世的此一面向。②此外，王傪特别指出杨氏家学"远宗杨慈湖（陆九渊门人杨简，1141—1226）、黄东发诸公（黄震，1213—1280）"的情形。

程信（1416—1473）、程敏政父子皆为杨守陈的交游。③程敏政是景仰杨氏学行的翰林晚辈，他后来不仅为杨守陈作《传》，还为其祖父杨范作《传》。④程敏政视杨范为南宋陆学4传弟子，将其学问大旨归于一"心"字。⑤这样的强调，在程敏政为杨守陈文集《金坡稿》所写序言中也有呼应，序文中追溯杨范得南宋学者杨简的心学之传，并将杨守陈视作能够将杨范之学"益大发之"的家学继承人，认为其所撰诸经《私抄》"皆扩前贤所未发，使及朱子之门，必有起予之叹，后此亦必将辅朱《传》行世"，显示对杨氏之学推崇备至。⑥在程敏政为杨守陈所写《传》中，更在记述其生平言行及理学大略后作有一长段的"论曰"，称：

> 儒者心学之失传久矣。其上工训诂以为高，其次竞辞章以为奇，又或以天资用事而能随世以就功名，斯已矣。四明自慈湖杨氏师象山（陆九渊），东发黄氏师考亭（朱熹），皆卓然知体立用宏、显微不二之义，学者尊之若颓波砥柱，而栖芸（杨范）实嗣其传，至公（杨守陈）益充大之。盖其始则抱遗经以求圣人于言表，而不以训诂辞章为能，故其持己律家、居官接物，视老壮如一日，而不少肆，其子弟皆谨礼守法，不屈于不义，而以古人为可期也。夫学术有得于一心，则尊之而不为泰，弃之而不为损，择之精，守之确，终吾身而不变，此所为"儒"。而世往往以迂左目之，皆孟子之所谓失其本心者也。公晚遇明天子，将有柄用之渐，而厄于老，不能究其经纶远大之业，使儒效暴于天下，岂非斯人之不幸哉？⑦

以上评论是程敏政《金坡稿序》的扩充，从中显见他对杨守陈"心学"面向的有意强调。面对各偏一执的训诂、辞章、功利之学，精思实践的杨氏之学在弘治初受到程敏政的推重，似乎也并不出奇。然而，程敏政将杨守陈定位为一位学宗朱陆、有体有用的当世大儒，并将其学问要旨同样归为一"心"，

---

① （明）王傪：《吏部右侍郎兼詹事府丞赠礼部尚书谥文懿杨公神道碑铭》，第550页下。
② 举例言之，同样记述杨守陈执教内书堂，后来却不攀附当年的宦官学生一事，何乔新引述杨氏"吾犹嫠妇也，守节三十年，今老矣，岂白首而改节耶"之语，由此称赞其名节；而王傪举此例重在辅证杨守陈仕宦生涯之坎坷。
③ （明）杨守陈：《送南京参赞机务兵部尚书兼大理寺卿程公序》，《杨文懿公文集》卷三〇，《四库未收书辑刊》5辑17册，北京，北京出版社影印，2000年，第546页。
④ （明）程敏政：《栖芸先生传》，《篁墩文集》卷四九，《四库全书》第1253册，第185～186页。
⑤ （明）程敏政《栖芸先生传》称"初四明之学宗慈湖，弥久不衰，若司训洪敬道、舒仲权、徐公义，暨国子周程金宪、黄润玉，皆表表者。先生少师敬道，长友礼润玉，而又请教于仲权公义，其学益振。盖自六经诸史百家众技，无不涉猎，卒归宿于一心，故所自立如此"。（见程敏政：《篁墩文集》卷四九，第185页）
⑥ （明）程敏政：《金坡稿序》，《篁墩文集》卷二八，《四库全书》第1252册，第496页上。
⑦ （明）程敏政：《杨文懿公传》，《篁墩文集》卷五〇，第195页上。

这样的形象与前述何、王传记,尤其是何氏《墓志铭》中颇有差异。值得注意的是,杨守址对杨守陈学问渊源的记述,却可与程敏政的记载相辅证,其称:"惟公之学受之于先祖,先祖之学私淑诸晦庵、象山之徒之再传者也,于孔门所谓'尊德性而道问学'者有得焉。"① 不过,结合程敏政本人的理学思想来看,提出著名的"朱、陆早异晚同"观点的他,未免在杨守陈传记中掺杂了自己的学问偏重。反过来,与杨守陈相知甚深的何乔新在《墓志铭》中略去了杨氏家学之陆学渊源的记述,应与何氏对当时流行的陈白沙(1428—1500)等人的"心学"不甚认同的情形有关。②

总的来看,常年供职于翰林院的杨守陈,学有根底、学问重在精思实践以致施用,其人重名节、敢直言、刚正不阿,然至中年屡不得志,未能充分发挥其经世济民之志愿与才学。受其家学影响,他早年便写就质疑程朱经典的《私抄》诸书,书中既是他实践之学的理论呈现,也反映出土木之变后士人从时局出发对理学的高度思考和关注。

二 "古道"与"时学":《私抄》的撰作及意义

"私抄"二字,重在"私"字,意即作者一己之理学心得的体现,具体方法则是将各经按照己见编次重抄。杨守陈于《三礼》《周易》《尚书》《诗》《孝经》《四书》都著有《私抄》。杨守陈所作《私抄》诸书今均不存世,我们仅能从杨氏所撰六篇《私抄》序文及相关论学材料,考察他的撰述用意和学问大要。

首先要阐明的是,自杨守陈学举子业之时起,抄书便是他的读书习惯,并逐渐成为其研撰之特色。由杨氏自题《割锦类编序》《稽古韵略序》《钩玄类聚序》三篇文字来看,他早年在学习《四书》《五经》传注,古韵,乃至博览经史子集时,都采用"分类而抄之"的方法,不断搜集、类聚相关文字以增广成书。③

杨守陈"抄书"最初是以资备忘,提供检阅或使用的方便,但到他撰著九经《私抄》时,其意义已显然发生改变。杨氏最早写就的《三礼私抄序》中对此转变有明确宣示,他说:

> 夫顾米粟者,欲以饱其腹;睨布帛者,欲以暖其躬。蒙(杨守陈自称)之所以抄此《礼》者,岂徒以检阅而已哉?诚欲究其本末原委,以治其心,而践诸躬,措之家,达则布之国与天下耳。④

杨氏的上述讲话,诚非空谈,而是身处祖父母相继过世哀思中的他,对于操办家中"大事"时如何"讲礼""合礼"的务实反思。⑤ 上文中他更以《大学章句》之八条目自期,希望通过抄书以致知、治心躬行以齐家、进而惠及国与天下的进阶次序,将一己的经世抱负投诸到研经著述的儒者之业上来。其身后的传记言行也显示他的确做到了"身修"与"家齐",只是未尽施展其治国平天下才干而卒,仅留《私抄》诸书以启后世。⑥

正出于对经典之现实功用的要求和反思,杨守陈读经时注重反复诵读、体味,进而"诵之久、味之详,乃反有疑焉",有疑后又能与学者反复论辩,并时时总结积累其一己之心得,有定见后则将经典调

---

① (明)杨守址:《先兄文懿公文集序》,《碧川文选》卷二,《四库全书存目丛书》集部42册,中国台南,庄严文化事业有限公司影印,第52页下。
② 何乔新曾在《寄罗应魁内翰书》中对白沙之学深表忧虑,并附信与之论学(见何乔新:《椒邱文集》卷一六,第266~267页)。
③ 分别见杨守陈:《割锦类编序》《稽古韵略序》《钩玄类聚序》,《杨文懿公文集》卷一,第408~409页、第411页。
④ (明)杨守陈:《三礼私抄序》,《杨文懿公文集》卷二,第417页上。
⑤ (明)杨守陈:《三礼私抄序》,第416页下。
⑥ (明)王傅:《吏部右侍郎兼詹事府丞赠礼部尚书谥文懿杨公神道碑铭》,第550~551页。

整次序以整理成书，类似的记载在他各篇序文中都有出现。①

值得注意的是，在杨守陈这里，《大全》所代表的"时学"是与"古学"相分别的，他在给学生的赠序文字中清晰地指明两者的关系，称：

> 余少时读古书，求古道，攻古文辞，惟师先大考耳。稍长欲兼举业，作时文，始别从师。未久而省先考于京师，每过庭辄有闻，然或谓古人易子而教，举业焉可无师？先考曰："古学难，时学直易易耳。《五经四书大全》，此讲说之师也。历科三试程文，此笔削之师也。何必人师哉？"……居今之世，求古之道而不兼时学，则不能入仕而行道，故二者不可偏废也。时学如余考所言，故无待余矣。古之学虽难，然古人亦曰自得师，曰主善惟师，曰以己心为严师，时又安待余者？子归于家，取《四书》《六经》日诵味之，观古圣贤之所以至于圣贤者，而用心力焉。心尝严而惟善是主，则将自得师矣，信无待余也。孟子不云乎，"子归而求之有余师"。②

以上显示杨守陈等明中期学者处理学问追求与科举之业关系问题上展现出的张力。举业之学是"入仕行道"的门径，相对于此的"真学问"则是儒者的最终归趋，士人需统而治之，不可偏废。在杨氏看来，"时学"不必有师，《大全》便足以胜任经典解释的导师；而"古道"则更需求诸"自得"和"己心"，杨守陈的所谓"私抄"即是此意。

就质疑对象而言，官定《大全》是杨氏《私抄》面对和处理的首要"经典"。杨守陈在《论语私抄序》中对《四书大全》及宋元朱子疏释书有过集中评议，他说：

> 经以注而明，亦以注而晦。注之下复有注焉，经宜益明，而或反晦焉者，盖烛笼添骨则障其明，朱子尝言之矣。……朱子以《论语》与《孟子》《大学》《中庸》合为《四书》，初取程张以下九家之说，为《论孟精义》，寻改名《集义》，复因之而作《集注》，辞简而尽，义精而周，经于是乎大明矣。后儒乃复杂取其《集义》《或问》《语录》及诸儒之说，皆附注其下，若《纂疏》《辑释》《发明》《大全》之类，皆博而寡要，初学读之，茫乎若泛巨涨，棼乎若治乱丝，徒足以蔽精神、惑心志，虽《集注》亦反为之晦，而况经乎？

> 夫经之言，不过人心之理耳。使微传注，人但熟读详味之，久将见吾心之理亦与经遇，而自无不明。其有难明者，《集注》既明之矣，何用杂说以反晦之哉？彼烛笼之剩骨，良可除也。故蒙独抄经与《集注》以诵味之，《集注》间有义尤深、辞甚简者，择抄他说以明之，然亦罕矣。若蒙见未逮朱子，而不能无疑者，以附之各篇之末，俟异日学进而无疑，直削之耳。③

上文首句便引朱子之言总评以《大全》为代表的程朱纂释书。"烛笼添骨"之喻，见于朱子门人所辑《朱子语录》及朱子嫡长孙所编《文公易说》，原是朱熹论说《易·未济》的一段讲话。事出南宋易学名家赵彦肃（字子钦）给朱熹的书信，认为其《论孟精义》"极详"，《易说》却"太略"，朱熹便以灯笼为喻与之论说，称"此烛笼添得一条骨子，则障了一路明，若能尽去其障，使之体统光明，岂不更好？"④朱子原意是指《易》之爻辞乃周公领悟圣经大旨，故较为简略，不可强解强说。杨守陈此处妙用朱熹的

---

① 分别见杨守陈：《大学私抄序》《中庸私抄序》《论语私抄序》《杨文懿公文集》卷二，第421~422页。
② （明）杨守陈：《送徐生升序》，《杨文懿公文集》卷五，第439页。
③ （明）杨守陈：《论语私抄序》，《杨文懿公文集》卷二，第422页。
④ （宋）黎靖德编：《朱子语类》卷六七，《四库全书》第701册，第357页下；（宋）朱 编：《文公易说》卷八，《四库全书》第8册，第586页下。

譬喻,将对象置换为《四书大全》为主的程朱疏释书,认为后者一如"烛笼之剩骨",有碍于程朱经注的阐明,进而阻碍"吾心之理与经遇",实需除之而后快。

就此篇序文所及的《论语私抄》而言,杨氏所"抄"的对象只包括《论语》本经和朱子《集注》,仅在个别朱注解经不甚清白处补入宋元后儒的疏解,而补入的"他说"条目未必都是《论语大全》所选的疏解。更为重要的是,他还在对朱注有疑处附以自己的意见。

上述实例显示,杨守陈研撰的重点与指向即是,删疏以明注,用注以达经,而上达的过程是通过熟读、体悟、明吾心之理而实现的。这既显示明中前期学者在研习朱子学时可以不读或少读《大全》,转而回归经注的实情,也令我们注意到此时学者在研经时对"吾心之理"的特殊强调。就杨守陈的个案而言,他的上述治学取径来源于家学影响,更受益于宋元以来四明地区的理学传统。①

以"吾心"出发,杨守陈不仅"尽弃"《大全》疏解,其对程朱经传也多有疑议。他调整《大学》《中庸》次序,重编《三礼》,对《尚书》的部分条目也予以重新解释,这样的做法在当时已引起疑议。②因此,杨氏论学文字中多有为《私抄》作辩解之语,他还于各篇《私抄序》中征引孔孟程朱言行或是宋元大儒著书先例等以为己证。③

杨氏"冒天下之大不韪",质疑官定程朱经传与后儒疏解而成《私抄》,此举实有其良苦用心在。经有错简、经注有误读、疏解蒙蔽经旨,皆会阻碍经典的实际施用之效,这时就必须调整重编经典、更正谬误、删削疏解,以符合实用之需。杨氏对《私抄》致用价值的深切寄望,在其生前未尽显于世,在友人为他所写传记中也未充分显白,但在受其学问影响甚深的杨守址《送尹庆成赴绍兴推官序》一文中却有着清晰阐明。④尹庆成是杨守陈、杨守址两兄弟的门生,杨守陈成化间主考乡试时对尹氏青眼有加,弘治三年(1490)杨守址主考会试时尹氏被取为进士。在尹氏即将赴任绍兴府通判之际,时杨守陈已卒,杨守址为之赠言称:

> 夫郡推,刑官也。理刑之道,吾尝闻之文懿(杨守陈)矣。文懿尝作《尚书私抄》,谓:"《舜典》'象以典刑'至'钦哉钦哉,惟刑之恤哉'一节,乃帝舜命官之语,非史臣记事之辞,当移属'帝曰:皋陶,蛮夷猾夏,寇贼奸宄,汝作士'之下,然后继之以'五刑有服'至'惟明克允'一节,皆帝舜一时命官之语。钦而恤,明而允,实万世刑官之大训,阙一不可者。第古书错简,以钦恤之语混为记事之辞,使当时命官之意有不完备。"故《私抄》悉移正之其说,甚详也。庆成治《书》而为文懿门生,亦尝谈及此否耶?夫钦恤明允,理刑之道,尽于是矣。使上古圣君复生,不过以是训其臣;使文懿九原可作,亦必以是为庆成赠。予尚何说哉,惟庆成其念之,则所以副文懿之望者,此亦一端也。岂惟以副文懿之望,所以慰会稽一郡之望者,亦在乎此。岂惟以慰一郡之望,虽进而理天下之刑,亦不出此道也。⑤

杨守址这篇赠序,不啻为《私抄》之现实施用的生动演绎。他用《私抄》来勉励尹氏,不仅显见杨氏二兄弟之同志同心,更是杨守陈《私抄》足以用世、何以用世的明证。上述举例显示,杨守陈通过调

---

① (明)杨守陈:《新镌周易本义书后》,《杨文懿公文集》卷五。
② 《大学私抄序》载有"客"质疑此书,杨氏与之辩解的情形(见杨守陈:《杨文懿公文集》卷二,第421页)。杨氏《私抄解》一文,更是全篇针对《私抄》之撰述理由,展开自问自答的辩解(见杨守陈:《杨文懿公文集》卷五,第440~442页)。
③ 《三礼私抄序》中,杨氏自述据朱子"析经附传"、元儒吴澄"类序乱编"的体例抄书;《大学私抄序》中他向"客"辩论的引据,悉出自元代金华朱子后学王柏的《大学沿革论》(王柏:《鲁斋集》卷九,《四库全书》第1186册,第145~147页);《论语私抄序》取朱子烛笼之譬以证己;《孟子私抄序》则引孔、孟、朱子之言行以佐之;《尚书私抄序》复取王柏所著《书疑》以证之;《私抄解》中,还称所抄诸说皆仿吕祖谦《读诗记》之例等。
④ 杨守址《先兄文懿公文集序》自述"公于守址,天伦为兄,恩义则师"(见杨守址:《碧川文选》卷二,第53页上)。
⑤ (明)杨守址:《送尹庆成赴绍兴推官序》,《碧川文选》卷二,第42页上。

整《舜典》经文的次序，提炼出"钦恤明允"作为刑官处理日常狱讼事务的最终依据，既令到经典中原有的"理刑之道"更加彰显，也使得此"道"成为舜帝之语从而出处更有凭据。这样的调整和用意，同样见于《私抄》仅存的其他几个案例中。[①]

值得一提的是，杨守陈的经济之才虽未尽施展，其《私抄》诸书亦不久于后世，[②]但他求诸"己心"的为学大要和撰著"私抄"的学问旨趣却影响到明中后期的几位重要儒者。学术晚辈程敏政即得益于他有关"尊德性"与"道问学"的论辩，并受到他对"吾心之理"之论说的启发。[③]此外，杨守陈于成化二十二年（1486）参加"后七元会"，文会成员皆为有声望的浙江籍在朝官员，其中就包括余姚人、王阳明（1472—1529）的父亲王华（1446—1522）。[④]王阳明早年跟随父亲游历于北京，亦直接或间接受到杨守陈理学思想的影响。

国家社科基金青年项目"《四书五经性理大全》与元明儒学传承研究"（13CZS016）、华中科技大学自主创新基金"明清《性理大全》的传播及在东亚汉文化圈的影响研究"（2016AC025）阶段性成果。

[作者单位：华中科技大学历史研究所]

---

① 例如，杨守陈认为"《大学》本末一章，乃治国平天下之传；《礼丧大记》一篇，乃仪礼经文"（见何乔新：《嘉议大夫吏部右侍郎兼詹事府丞谥文懿杨公墓志铭》，第465页）。又如，程敏政记载杨守陈之论，称："于《诗》以《卷耳》为大夫行役者之作，谓：'陟冈陟岨马瘏仆痡，非后妃思虑所及。'以《柏舟》为非妇人之作，谓其心不可转，威仪不可选，正孔子所谓'吾于柏舟见匹夫执志之不可易'者也。至以《郑卫》之诗非孔子所谓'郑声'，其辨尤详。大约谓：《春秋》主事当无不载，《诗》主辞当有所择，朱子修《通鉴纲目》于莽操吕武之事，靡不备载，其续楚词，则神女季姬皆断为礼法之罪人，高唐赋亦视为倡家之渎礼，若《郑卫》诸篇非刺滛而果为滛者所自作，圣人必不录之矣。"（见程敏政：《杨文懿公传》，第194页）

② 杨守址《先兄文懿公文集序》称："昔在京邸，尝于诸稿中妄意撮取议论叙事杂著之文数百篇，为三十卷，付公之季子茂仁郎中先为刻本。其文之未及取，与夫《五经四书私抄》《奏议》《诗集》，今于南都与公之长子茂元同知翻辑以图续刻，未遂也。"（见杨守址：《碧川文选》卷二，第52页下）另，朱彝尊《经义考》著录《读易私抄》《中庸私抄》《大学私抄》《三礼私抄》《论语私抄》《孝经私抄》未见，《书私抄》《诗私抄》存（相关著录情况载《经义考》卷四九、八八、一一二、一五四、一五八、一六五、二二一、二二八，《四库全书》第677~680册，第544~545页、第188~189页、第445~447页、第157~158页、第194~195页、第261~262页、第831~832页、第41页）。

③ 见程敏政对杨守陈的多篇记述文字，如《镜川杨学士经筵进讲图赞》，称其"是有得乎心传之懿，无取于口给之胜者欤"。又如，《宿昌平新城刘谦议祠下兼怀镜川杨翰长》一诗称"摩挲三诵壁间书"（见程敏政：《篁墩文集》卷五六、第七三，第313页、第533页）。

④ （清）纪昀等总纂：《钦定四库全书总目》卷一九二《浙元三会录》条，《四库全书》第5册，第133页。

高濂《遵生八笺》与明代瓷器鉴赏

李绍强

自汉代出现真正瓷器后，随着瓷器生产和技术的发展，有关瓷器的记述和鉴赏逐渐出现，唐宋时期开始增多，明清时期则达到高峰，其中高濂的《遵生八笺》是明代有关瓷器鉴赏著作中的佼佼者。本文试图通过对高濂《遵生八笺》与前代及同时期瓷器鉴赏的比较与分析，揭示明代瓷器鉴赏的情况和特点。

一　汉唐宋元有关瓷器的鉴赏

汉晋时期是中国古代瓷器发展的初期，有关瓷器的记载相对较少，最早见诸文字的是西汉邹阳《酒赋》："醪酿既成，绿瓷既启，且筐且漉，载篚载齐。"之后是西晋杜预《荈赋》："水则岷方之注，挹彼清流，器择陶拣，出自东瓯。"稍晚的潘岳《笙赋》："状黄色以授甘，倾缥瓷以酌醽。"唐代由于商品生产的发展和日常生活的需要以及饮茶的流行，陶瓷生产渐趋发达，当时有著名的唐三彩、秘色瓷等，于是有关瓷器的鉴赏渐多，如陆羽《茶经·四之器》："碗：碗，越州上，鼎州次，婺州次，岳州次，寿州、洪州次。或者以邢州处越州上，殊为不然。若邢瓷类银，越瓷类玉，邢不如越一也；若邢瓷类雪，则越瓷类冰，邢不如越二也；邢瓷白而茶色丹，越瓷青而茶色绿，邢不如越三也。晋杜毓《荈赋》所谓'器择陶拣，出自东瓯'。瓯，越也。瓯，越州上口唇不卷，底卷而浅，受半升已下。越州瓷、岳瓷皆青，青则益茶，茶作白红之色。邢州瓷白，茶色红；寿州瓷黄，茶色紫；洪州瓷褐，茶色黑：悉不宜茶。"杜甫《又于韦处乞大邑瓷碗》："大邑烧瓷轻且坚，扣如哀玉锦城传，君家白碗胜霜雪，急送茅斋也可怜。"陆龟蒙《秘色越器》："九秋风露越窑开，夺得千峰翠色来。好向中宵盛沆瀣，共嵇中散斗遗杯。"皮日休《茶瓯》："邢客与越人，皆能造兹器，园似月魂堕，轻如云魄越。枣花势旋眼，蘋沫香沾齿。松下时一看，支公亦如此。"施肩吾《越碗》："越碗初盛蜀茗新，薄云轻处搅来匀。山僧问我将何比，欲道琼浆却畏嗔。"许浑《越瓶》："桂树绿层层，风微烟露凝。檐楹衔落叶，帷幌映残灯。蕲簟曙香冷，越瓶秋水澄。心闲即无事，何异住山僧。"徐夤《贡秘色茶盏》："捩翠融青瑞色青，陶成先得贡吾君。巧剜明月染春水，轻旋薄冰盛绿云。古镜破苔当席上，嫩荷涵露别江濆。中山竹叶醅初发，多病那堪中十分。"唐代文人对瓷器的描述形象生动，把瓷器比作银玉霜雪、千峰翠色、月魂云魄、明月薄冰，尤其是陆羽将越州窑、鼎州窑、婺州窑、岳州窑、寿州窑、洪州窑、邢州窑瓷器从形制、釉色以及是否利于吃茶作了分析对比，反映出唐代陶瓷生产的发达。

宋代出现了著名的柴窑、汝窑、官窑、哥窑、定窑等瓷器，南北争艳、高度繁荣，到元代则形成了以景德镇为中心的瓷都，达到了中国古代瓷器发展的一个新的高度，有关瓷器的鉴赏自然增多。如宋代蔡襄《茶录》下篇："茶盏。茶色白，宜黑盏。建安所造者，绀黑，纹如兔毫。其杯微厚，燲之久热难冷，最为要用。出他处者，或薄或色紫，皆不及也。其青白盏，斗试家自不用。"苏东坡《试院煎茶》："蟹眼已过鱼眼生，飕飕欲作松风鸣。蒙茸出磨细珠落，眩转绕瓯飞雪轻。银瓶泻汤夸第二，未识古人煎水意。君不见，昔时李生好客手自煎，贵从活火发新泉。又不见，今时潞公煎茶学西蜀，定州花瓷琢红玉。我今贫病长苦饥,分无玉碗捧蛾眉。且学公家作茗饮,砖炉石铫行相随。不用撑肠拄腹文字五千卷,但愿一瓯常及睡足日高时。"徐兢《宣和奉使高丽图经》卷三二《器皿三》:"陶(瓷)器色之青者,丽人谓之翠色。近年以来制作工巧,色泽尤佳。酒尊之状,如瓜上有小盖而为荷花伏鸭之形。复能作碗、碟、瓯、花瓶、汤盏,皆窃仿定器制度,故略而不图,以酒尊异以他器物着之。"张耒《谢黄师是惠碧瓷枕》:"巩人作瓷坚且青,故人赠我消炎蒸。持之人室凉风生,脑寒发冷泥丸惊。梦人瑶都都玉城,仙翁支颐饭未成。鹤鸣月高把三更,报秋不劳桐叶声。我老耽书睡苦轻,绕床唯有书纵横。不如华堂泮玉屏,宝钿敲斜云髻倾。"周密《癸辛杂识》续集上卷:"金花定碗,用大蒜汁调金描画,然后再入窑烧,永不复脱。"周𪸩《清波杂志》卷五:"饶州景德镇陶器,所出自于大观间,窑变色红如朱砂,谓荧惑躔废,临照而然,物反常为妖。窑户丞碎之时,有玉牒防御使仲揖,年八十余,居于饶,得数种,出于相示,云'比之定州红瓷器尤鲜明'。"祝穆《方与胜览》卷一一:"兔毫盏,出瓯宁之水吉。黄鲁直诗曰:'建安瓷碗鹧鸪斑。'又君谟《茶录》:'建安所造黑盏,纹如兔毫。'然其毫色异者,土人谓之毫变盏,其价甚高,且又难得之。"叶寘《坦斋笔衡》:"政和间京师自置窑烧造,名曰官窑。中兴渡江,有邵成章提举后苑,号邵局。袭故京遗制,置窑于修内司,造青器,名内窑。澄泥为范,极其精致,油色莹澈,为世所珍。"佚名《青器》:"汝窑土脉偏滋媚,高丽新窑皆相类。高庙在日煞直钱,今时押眼看价例。汝窑土脉滋润,与高丽器物相类,有鸡爪纹者认真,无纹者尤好。此物出北地新窑,修内司自烧者。自后伪者皆是龙泉烧造者。"金代赵秉文《汝瓷酒尊》:"秘色创尊形,中泓贮酴醾。缩肩潜蝘蜓,蟠腹涨青宁。巧琢晴岚古,圆嗟碧玉荧。银杯犹羽化,风雨慎缄扃。" 元代蒋祈《陶记》:"景德陶,昔三百余座。埏埴之器,洁白不疵,故鬻于它所,皆有饶玉之称。其视真定红瓷,龙泉青秘,相竞奇矣。"孔齐《至正直记》卷四:"乙未冬,在杭州时,市哥哥窑器者一香鼎,质细虽新,其色莹润如旧造,识者犹疑之。会荆溪王德翁亦云,近日哥哥窑绝类古官窑,不可不细辨也。今在庆元见一寻常青器菜盆,质虽粗,其色亦如旧窑,不过街市所货下等低物。使其质更加以细腻,兼以岁旧则乱真矣。予然后知定器、官窑之不足为珍玩也。所可珍者,真是美玉为然。记此为后人玩物之戒。"这一时期对瓷器的胎质、形制、釉色、纹路、窑变描绘的更加细致,将各种名窑瓷器作了详细对比,有了专有名词如兔毫盏、饶玉等。

二 明代瓷器鉴赏的增加

明朝承接宋元,瓷器生产和技术有了更大发展,出现了著名的宣德窑、成化窑、嘉靖窑,总结鉴赏前朝和本朝瓷器的文字大量增加,其文章可考者约40余人。其中对瓷器鉴赏较细致的有曹昭、王世懋、谢肇淛、陈贞慧、王士性、李日华、屠龙、文震亨、高濂等。如曹昭《格古要论》卷下《古窑器论》对五代两宋瓷器多有描绘:"柴窑。出北地,世传柴世宗姓时烧者,故谓之柴窑。天青色,滋润细腻,有细纹,多足粗黄土,近世少见。汝窑。汝窑器,出北地,宋时烧者。淡青色,有蟹爪纹者真,无纹者尤好,土脉滋润,薄甚难得。官窑。宋修内司烧者,土脉细润,色青带粉红,浓淡不一,蟹爪纹,紫口铁足,色好者与汝窑相类。有黑土者,谓之污泥窑,伪者皆龙泉烧者,无纹路。……哥窑。旧哥窑色青,浓淡不一,亦有铁口紫口,色好者类董窑,今亦少有成群队者,元末新烧者,土脉粗燥,色亦不好。……古定器。古定器,土脉细,色白而滋润者贵,质粗而色黄者价低,外有泪痕者是真,划花者最佳,素者亦好,绣花者次之。宣和、政和间窑最好,但难得成群队者。有紫定,色紫。有墨定,色黑如漆。土俱白,其价高如白定,俱出定州。"王世懋《二委酉谭》对明代瓷器作了概述:"永乐、宣德间内府烧造,迄今为贵。其时以棕眼甜白为常,以苏麻离青为饰,以鲜红为宝。至成化间所烧,尚无色,炫烂然。而回青未有也。……嘉靖间回青虽盛,鲜红土断,烧法大不同前。……穆宗登极,诏发宣德间鲜红样命造,抚臣徐试力言此土已绝,止可采矾红。"谢肇淛《五杂俎》卷一二则作了更生动的描写:"宣窑不独款式端正，色泽细润，即其字画，亦皆精绝。余见一茶盏，乃画'轻罗小扇扑流萤'者，其人物毫发具备，俨然一幅李思训画也。外一皮函，亦作盏样盛之，小铜屈戍，小琐尤精。盖人间所藏宣窑，又不及也。景德镇所造，常有窑变云。不依造式；或现鱼形，或浮果影。传闻初开窑时，必用童男女各一人，活取其血祭之。故精气所结，凝为怪耳。近来禁不用人祭，故无复窑变。一云：恐禁中得知，不时宣索，人多碎之。"陈贞慧《秋园杂佩》也有类似描述："国朝窑器最精者，无逾宣、成二代，宣乃不及成，宣则鸡纹栗起，佳处易见。成则淡淡穆穆，饶风致，如食橄榄，颇有回味。余友吴问卿家藏鹦鹉琢玉金杯，高足磬口，亭亭玉立，一名四妃十六子，又名太平双喜，淡白中见殷碧离离之色，真如撒水嵌空，樱桃的历，宝光欲浮，使人不能手近。"王士性《广志绎》卷四："本朝以宣、成二窑为佳。宣窑以青花胜，成窑以五彩。宣窑之青，真苏勃泥青也。成窑时皆用尽，故成不及宣。宣窑五彩，堆垛深厚，而成窑用色浅淡，颇成画意，故宣不及成。然二窑皆当时殿中画院人遗画也。世庙经醮坛盏，亦为世珍，近则多造滥之物。唯以制度更变，新诡动人，大抵轻巧最长，古朴尽失。然此花白二瓷，他窑无是，遍国中以致海外彝方，凡舟车所到，无非饶器也。"李日华《紫桃轩杂缀·昊十九》记述了景德镇制瓷名匠昊十九："浮梁人昊十九者，能吟，书逼赵吴兴，隐陶轮间，与众作息。所制精瓷，妙绝人巧。尝作卵幕杯，薄如鸡卵之幕，莹白可爱，一枚重半铢，又杂作宣、永二窑，俱逼真者。……范御史玉衡亦与之游，寄诗云：'宣窑薄甚永窑厚，天下驰名昊十九。更有小诗清动人，匡庐山下重回首。'"

屠龙、文震亨、许次纾等则对茶具、文房用具等作了描绘。如屠龙《陈眉公考盘余事》卷三："宣庙时有茶盏，料精式雅，质厚难冷，莹白如玉，可试茶色，最为要用。""（水中丞）陶者有官、哥瓷肚式，有钵盂小口式者，有仪棱肚式者；有青东磁菊瓣瓷肚圆足者；有定窑印花样如瓶，但口敞可以贮水者，有圆肚束口三足者；有龙泉瓷肚，周身细花纹者。近用新烧均窑，俱法此式，奈不堪用。""（水注）陶者有官、哥方圆壶，有立瓜、卧瓜壶，有双桃注，有双莲房注，有牧童卧牛者，有方者，有笔格贮水用者；有定窑枝叶缠绕瓜壶，有蒂叶茄壶，有驼壶可笔格，有蟾注；有青冬磁天鸡壶，底有一窍者，有宣窑五彩桃注、石榴注、双瓜注，彩色类正，有双鸳注，工致精极，俱可入格。""（印色池）官、哥窑方者尚有八角，委角者最难得；定窑方池，外有印花纹佳甚，此亦少者。诸玩器，玉当较胜于磁，唯印色以磁为佳，而玉亦未能胜也，故今官、哥、定窑者贵甚。近日新烧有盖白定长方印池并青花白地、纯白者，此古未有，当多储之。""香橼出时山斋，最要一事，得官、哥、定窑大盆，青冬瓷，龙泉盘，古铜青绿盘，宣德暗花白盘，苏麻尼青盘，朱砂红盘，青花盘，白盘数种，以大为妙。"又如文震亨《长物志》卷一二："壶以砂者为上，盖既不夺香，又无熟汤气。供春最贵，第形不雅，亦无差小者。时大彬所制又太小，若得受水半升，面形制古洁者，取以注茶，更为适用。其提梁、卧瓜、双桃、扇面、八绫细花、夹锡茶替、青花白地诸俗式者，俱不可用。""宣庙有尖足茶盏，料精式雅，质厚难冷，洁白如玉，可试茶色，盏中第一。世庙有坛盏，中有'茶汤'、'梁酒'，后有'金篆大醮坛用'等字亦佳。他如白定等窑，藏为玩器，不宜日用。盖点茶须燲盏令冷，则茶面聚乳，旧窑器燲热则易损，不可不知。又一种名崔公窑，差大，可置果实。""（笔洗）陶者有官、哥葵花洗、磬口洗、四卷荷花洗、卷口蔗段洗；龙泉有双鱼洗、葵花洗、百折洗；定窑有三箍洗、梅花洗、方池洗；宣窑有鱼藻洗、葵瓣洗、磬口洗、鼓样洗，俱可用。""笔格虽为古制，然既用研山，如灵璧、英石，峰峦起伏，不露斧凿者为之，此式可废。……窑器有白定三山、五山及卧花哇者俱藏以供玩，不必置几研间。"再如许次纾《茶疏》："近日饶州所造，极不堪用。往时龚春茶壶，近日时大彬所制，大为时人宝惜。盖以粗砂制之，正取砂无土气耳。随手造作，颇极精工，故烧时必须火力极足，方可出窑。"

袁宏道和文震亨等则对瓷花瓶形制及用途作了详细描述。如袁宏道《瓶史》卷下："养花瓶亦须精良，譬如玉环飞燕，不可置之茅茨；又如嵇、阮、贺、李不可请之酒食店中。尝见江南人家所藏旧觚青翠如骨，砂斑垤起，可谓花之金屋。其次官、哥、象、定等窑，细媚滋润，皆花神之精舍也。大抵斋瓶宜小而矮……窑器如纸槌、鹅颈、茄袋、花樽、花囊、蓍草、蒲槌，皆须形制减小者，方可入供，不然与家堂香火何异！……尝闻古铜器入土年久，受土气深，用以养花，花色鲜明如枝头速开而谢迟，就瓶结实，陶器也然，故知瓶之宝古者，非独以玩然。寒微之士看，无以至此，但得宣、成等窑磁瓶各一二枚，亦可谓乞儿 暴富也。"又如文震亨《长物志》卷一二："花瓶以古铜入土年久，受土气深，以之养花，花色鲜明，不特古色可玩而已。铜器可插花者，曰'尊'，曰'罍'，曰'觚'，曰'壶'，随花大小用之。磁器有官、哥、定窑古胆瓶、一枝瓶、小蓍草瓶，余如暗花、青花、茄袋、葫芦、细口、匾肚、瘦足、药坛，及新铸铜瓶，建窑等瓶，俱不入清供，尤不可用着，鹅颈壁瓶也。"

明代对瓷器鉴赏的除以上较详细者外，还有唐顺之《荆川稗编》卷八六《笔衡论古窑器》、张应文《清秘藏》卷上《论窑器》、谷泰《博物要览》卷五、徐应秋《玉芝堂谈荟》卷二八《柴窑秘色》、方弘静《千一录》卷二六、董其昌《筠轩清闷录》上、顾起元《客座赘语》卷八《鉴赏》、田艺衡《留青日札》卷六、沈德符《飞凫语略·瓷器》、王路《花史左编》卷八、慎懋官《华夷花木鸟兽珍玩考》卷八、黄一正《事物绀珠》卷二二、方以智《物理小识》卷八《窑器本末》、朗英《七修类稿·事物类·二窑器》、项元汴《蕉窗九录·香录》、张萱《疑耀》卷七《磁器》、何乔远《闽书》卷一五〇《茶盏》、陈继儒《妮古录》卷一、刘仲达《刘氏鸿书》卷八《茶具》、张岱《夜航船》卷一二《玩器》等，此外还有十几首涉及瓷器鉴赏的诗词，如贝琼《清江诗集》卷七《谢贾齐臣惠碧盘》、王胐《王舍人诗集》卷四《黄广文席上咏白瓷杯》、偶桓《乾坤清气》卷七《碎瓷盆歌》、杨慎《升庵集》卷五二《青案绿瓷》、沈德符《清权堂集》卷八《新茶竹枝词》、田艺衡《香宇集》续集卷七《山寺试茶歌》等。宋应星《天工开物》卷中《白瓷附青瓷》《附窑变·回青》；陆容《菽园杂记》卷一四《龙泉青瓷烧成》、王鏊《姑苏志》卷一四《窑作》等是记载瓷器制造工艺的，申时行等《万历明会典》卷一九四《窑冶·陶器》、王宗沐等《江西省大志》卷七《陶书》、张廷玉等《明史》卷八二《食货六·烧造》等则是有关陶政的记载，因此不属于瓷器鉴赏的范畴。而总览明代瓷器鉴赏的有关著作，无论是内容还是深度，均非高濂《遵生八笺》莫属。下面就详细论述有关高濂的瓷器鉴赏情况。

三　高濂《遵生八笺》中有关瓷器的鉴赏

高濂（1573—1620），字深甫，号瑞南，浙江钱塘（今浙江杭州）人，主要生活在明神宗万历时期。高濂曾在北京任鸿胪寺官，后隐居西湖。他诗词歌赋、鉴赏文物，无所不涉，琴棋书画、茶酒烹调，无所不通。家境富裕，隐居西湖，徜徉山水之间，筑山满楼于跨虹桥，收藏古今书籍，因之得以博览古今。所作传奇剧本有《玉簪记》《节孝记》，诗文集有《雅尚斋诗草》和《芳芷楼词》，另有《牡丹花谱》《兰谱》传世。其养生著作《遵生八笺》是中国古代养生学的集大成之作。据说他幼时患眼疾等疾病，故多方搜寻奇药秘方，终得以康复，遂博览群书，记录在案，汇成此书。其书分为八目。卷一、卷二曰清修妙论笺，皆养身格言。卷三至卷六曰四时调摄笺，皆按时修养之诀。卷七、卷八曰起居安乐笺，皆宝物器用可资颐养者。卷九、卷十曰延年却病笺，皆服气导引诸术。卷十一至十三曰饮馔服食笺，皆食品名目，附以服饵诸物。卷十四至十六曰燕闲清赏笺，皆论赏鉴清玩之事，附以种花卉法。卷十七、十八曰灵秘丹药笺，皆经验方药。卷十九曰尘外遐举笺，则历代隐逸一百人事迹也。书中所载，专以供闲适消遣之用。

高濂《遵生八笺》涉及瓷器鉴赏的主要有卷一四《论官哥窑器·论定窑·论诸品窑器·论饶器新窑古窑》、卷一五《笔格·水注·水中丞·印色池·糊斗·镇纸》、卷一六《瓶花三说》、卷一一《四择品》，在这些论述中，高濂对宋瓷和明瓷进行了全面分析和总结，其种类涉及茶具、文房用具、日常用具、摆设、贡品、祭祀用品、冥器等各个方面。在《论官哥窑器》中，高濂对柴窑、汝窑、官窑、哥窑等瓷器逐一进行描述分析。柴窑传世甚少，高濂未见实物，只是听闻"青如天，明如镜，薄如纸，声如磬"，而曹昭在《格古要论》中认为："柴窑足多黄土"，高濂为此产生了怀疑，认为评价悬殊，说明存在问题。关于汝窑，高濂见过并收藏一蒲芦大壶，"圆底，光若僧首。圆处密排细挣钉数十，上如吹塯收起，嘴若笔帽，仅二寸，直槊向天，壶口径四寸许，上加罩盖，腹大径尺，制亦奇矣"。高濂认为官窑和哥窑品格相同，"色取粉青为上，淡白次之，油灰色，色之下也。纹取冰裂、鳝血为上，梅花片、墨纹次之，细碎纹，纹之下也。论制如商庚鼎、纯素鼎、葱管、空足、冲耳、乳炉；商贯耳、弓壶、大兽面花纹；周贯耳壶；汉耳环壶、文己尊、祖丁尊，皆法古式，进呈物也"。以此为标准，高濂将一些传世官、哥窑器分为上、中、下三品，认为"后有董窑、乌泥窑，俱法官窑，质粗不润，而釉水燥暴，溷入哥窑，今亦传世。后若元末新烧，宛不及此。近年诸窑美者，亦有可取，唯紫骨与粉青色不相似耳。若今新烧，去诸窑甚远，亦有粉青色者，干枯无华。即光润者，仅为绿色，且索大价愚人"。高濂认为官、哥二窑精品"如葱脚鼎炉，在海内仅存一二，乳炉、花觚存计十数。彝炉或以百计，四品为鉴家至宝，无怪价之忘值，日就增重"。所以他"每得一物，心目爽朗，神魂为之飞动，顿令腹饱，岂敢耽玩，痼癖使然，更伤后人。闻有是名，而不得见是物，慨夫"。

在《论定窑》中，高濂比曹昭分析得更加细致，他认为"定窑者，乃宋北定州造也。其色白，间有紫、有黑，然俱白骨加以釉水，有如泪痕者为最。故苏长公诗云：'定州花磁琢如玉。'其纹有画花，有绣花，有印花纹三种。多用牡丹、萱草、飞凤。时制，其所造器皿，式多任巧，至佳者如兽面彝炉、子父鼎炉、兽头云板脚桶炉、胆瓶、花尊、花觚，皆略似古制。"高濂又对定窑的盒子、瓷枕、瓷瓶、瓷人、瓷小件等进行了描述："余如盒子，有内子口者，有内替盘者，自三四寸以致寸许，式亦多甚。枕有长三尺者，制甚可观。余得一枕，用娃娃手持荷叶覆身，叶形前偃后仰，枕首适可巧。""瓶式之巧百出，而碟制万状。余有数碟，长样两角如锭翘起，旁作四折。又如方式四角，丛若莲瓣，而旁若莲卷，或中作水池，旁作阔边，可作笔洗、笔砚，皆上古所无。""亦烧人物、仙人，娃子居多，而兜头观音、罗汉、弥勒像貌，形体眉目衣褶之美，克肖生动。其小物，如水中承各色瓶罐，自五寸至以三二寸高者，余见何止百十，而制无雷同。更有灯檠，大小碗、敝、酒壶、茶注，式有多种，巧者俱心思不及。其水注用蟾蜍，用瓜茄看，用鸟兽，种种入神。……式类数多，莫可名状，诸窑无与比胜。"他认为明代诸窑虽然制出一时，但工巧殊无古人遗意。以巧惑今，则可以制胜，古则未也。

在《论诸品窑器》中，高濂分析了质量次于定窑的龙泉窑、吉州窑、建窑、大食窑、玻璃窑、均州窑等，他认为："古宋龙泉窑器，土细质薄，色甚葱翠，妙者与官窑争艳，但少纹片，紫骨铁足耳。其制若瓶，若觚，若蓍草方瓶，若鬲炉、桶炉，有耳束腰小炉、菖蒲盆，底有圆者、八角者、葵花、菱花者各样。……种种器具，制不法古，而工匠亦拙，然而器质厚实，极耐磨弄，不易茅篾。但在昔，色已不同，有粉青，有深青，有淡青之别，今则上品仅有葱色，余尽油青色矣。""有吉州窑，色紫与定相似，质粗不佳。""建窑器多撇口碗、盏，色黑而滋润，有黄兔毫斑、滴珠大者为真，但体极厚，薄者少见。""有大食窑，铜身，用药料烧成五色。有香炉、花瓶、盒子之类，窑之至下者也。""又若玻璃窑，出自岛夷，唯粤中有之，其制不一。奈无雅品，唯瓶之小者有佳趣。""若均州窑，有朱砂红、葱绿，俗谓鹦哥绿、茄皮紫。红若胭脂，青若葱绿，紫若墨黑，三者色淳，无少变露者为上品。底有一二数目字号为记。猪肝色、火里红，青绿错杂，若垂涎色，皆上三色之烧不足者，非别有此色样。……近年新烧，此窑皆以宜兴沙土为骨，釉水微似，制有佳者，但不耐用，俱无足取。"

在《论饶器、新窑、古窑》中，高濂分析了景德镇明代以前和永乐至嘉靖时期的瓷器。他认为"古之烧器，进御用者薄而润，色白花青，较定少次。元烧小足印花，内有'枢府'字号者，价重，且不易得。若我明永乐年造压手杯，坦口折腰，沙足滑底，中心画双狮滚球，球内篆书'永乐年制'四字，细若粒米为上品，鸳鸯心者次之，花心者又其次也。杯外青花深翠，式样精妙，传用可久，价亦甚高。若近时仿效，规制蠢厚，火底火足，略得形似，殊无可观。'宣德年造'红鱼靶杯，以西红宝石为末，图画鱼形，自骨肉烧出，凸起宝光，鲜红夺目。若紫黑色者，火候失手，似稍次矣。青花如龙、松、梅茶靶杯，人物海兽酒靶杯。朱砂小壶，大碗，色红如日，用白锁口。又如竹节靶罩卤壶、小壶，此等发古未有。他如妙用，种种小巧之物最佳，描画不苟，而炉、瓶、盘、碟最多，制如常品。……又等细白茶盏，较坛盏少低，而瓷肚，釜底，线足，光若如玉，内有绝细龙凤暗花，底有'大明宣德年制'暗款，隐隐橘皮纹起，虽定磁何能比方？真一代绝品！惜乎，外不多见。……成窑上品，若五彩葡萄撇口扁肚靶杯，式较宣杯妙甚。次若草虫可口字母鸡劝杯，人物莲子酒盏，五供养浅盏，草虫小盏，青花纸盏酒盏，五彩齐箸小盏，香盒，各制小罐，皆精妙可人。余意青花，成窑不及宣窑。五彩，宣庙不如宪庙。宣窑之青，乃苏勃尼青也。后俱用尽。至成窑时，皆平等青矣。宣窑五彩，深厚堆垛，故不甚佳。而成窑五彩，用色浅淡，颇有画意。此余评似确然允哉。世宗青花、五彩二窑制品悉备，奈何饶土入地渐恶，较之二窑往时代不相侔。有小白瓯内烧'茶'字、'酒'字、'枣汤'、'姜汤'字者，乃世宗经篆醮坛用器，亦曰坛盏，制度质料，迥不及茂陵矣。嘉窑如磬口、馒心、圆足，外烧三色鱼扁盏，红铅小花盒子，其大如钱，二品亦为世珍。小盒子花青画美，向后恐不能有此物矣，得者珍之。"

在《笔格·水注·笔洗·水中丞·印色池·糊斗·镇纸》中，高濂对文房用具逐个进行了分析，他认为笔格"见哥窑五山三山者，制古色润；又见白定卧花哇哇，莹白精巧"。水注则"定窑之注奇甚，有枝叶缠绕瓜壶，有蒂叶茄壶，有驼壶，又可格笔"。笔洗有"官、哥圆洗，葵花洗，磬口圆肚洗；……类多但以粉青纹片朗者为贵。古龙泉有双鱼洗，有菊瓣洗，有钵盂洗，百折洗；定窑有三匝圆桶洗、梅花洗，有中盏作洗，边盘作笔砚者"。水中丞"有官哥瓷肚圆者，有钵盂小口式者，有瓜棱肚者，……有古龙泉窑瓷肚，周身细花纹者。""印色池以磁为佳，而玉亦未能胜也。故今官哥窑贵甚。余见二窑印池，方者尚有十数，四方角并委角者，仅见一二，色亦不佳。""糊斗似宜有建窑外黑内白长礶，定窑圆肚并蒜蒲长礶，俱可作糊斗。"镇纸"有哥窑蟠螭，有青东磁狮鼓，白定哇哇狻猊"。

在《瓶花三说》中，高濂认为："瓶花之宜有二用，如堂中插花，乃以铜之汉壶、太古尊罍或官哥大瓶，如弓耳壶，直口敞瓶或龙泉蓍草大方瓶。……近有饶窑白磁花尊，高三二尺者，有细花大瓶，俱可供圣上插花之具，制亦不恶。若书斋插花，瓶宜短小，以官哥胆瓶、纸槌瓶、鹅颈瓶。花觚高低二种，八卦方瓶，茄袋瓶，龙泉窑瓶，定窑花尊花囊，四耳小定壶，圆口扁肚壶，青东磁小蓍草瓶，方汉壶圆瓶，古龙泉蒲槌瓶，各窑壁瓶。"关于瓶花之忌，他认为"忌置当空几上，致有颠覆之患，故官哥古瓶下有二方眼者，为穿皮条缚于几足，不令失损"。

在《四择品》中，高濂认为："茶铫茶瓶磁砂为上，铜锡次之；磁壶注茶，砂铫煮水为上。……茶盏唯宣窑坛盏为最，质厚白莹，样式古雅；有等宣窑印花白瓯，式样得中而莹然如玉，此则喜窑，心内茶字，小盏为美，欲试茶色黄白，岂容青花乱之。"

四 明代瓷器鉴赏的特点

汉唐商品生产的发展，使得铸币量大增，而中国铜矿储量较少，漆器又造价高昂，于是陶瓷取铜器、漆器而代之，饮茶的流行更加刺激了这一趋势的发展。随着唐代瓷器精品如秘色瓷的出现，精瓷器皿又具有了鉴赏的功能。越窑精品上贡唐廷，唐政府又将之赏赐海外室利佛逝（印度尼西亚苏门答腊岛）等朝贡国。唐代秘色瓷和两宋五大名窑精瓷为鉴赏家提供了丰富的素材，唐宋出现了许多鉴赏、歌咏瓷器的篇章。明代瓷器生产的发展和唐宋精瓷的传承，为明代瓷器鉴赏家拓展了更大的空间。首先，明代瓷器鉴赏比唐宋更加细致，如在器物的胎质、形制、釉色、纹路、款识等方面描绘细致入微、形象生动，像纹路有"蟹爪""冰裂""橘皮"，釉色有"鳝血""葱绿""茄皮紫"，形制有杯、碗、盏、碟、盘、盒、罐、瓯、壶、尊、人物、鸟兽、虫鱼等。其次，鉴赏的种类更多，如有茶具、日常用具、文房用具、摆设、贡品、祭祀用品、冥器等。第三，鉴赏分析得更加深入，如宋代柴窑、汝窑、官窑、哥窑、定窑等名窑之间的比较赏析，明代诸窑与宋代名瓷的优劣差异，对前人记载的质疑纠谬等，这些都是建立在亲眼目睹甚至有收藏品的基础上，因此他们的鉴赏就更加令人信服。尤其高濂是明代后期人，他生活在宋瓷有许多收藏和总结，明瓷花样迭出、大量生产的时代，因此他就容易进行全面总结和深入分析，从而成为明代瓷器鉴赏的集大成者。高濂瓷器鉴赏成就丰富了明代瓷器收藏的内容，也为清代瓷器鉴赏更上一层楼提供了很大帮助。

［作者单位：曲阜师范大学历史文化学院］

明代宗室修建文化教育设施考论

张明富

文化教育设施是指人们从事文化、教育活动所需要的基本的物质条件和空间场所。这是一个现代概念，在明代文献中并无此表述。但稽诸史籍，有关明代宗室修建文化教育设施的记载并不乏见，将这些史料汇集起来，予以诠释，对全面认识明代宗室群体的整体面貌具有较为重要的意义：通过考察其文化教育设施的修建，可剖析明代宗室群体人生价值追求的多元取向，也可从一个侧面反映出明代政府对宗室社会的治理理念。然目前学术界尚无这方面的专门研究成果面世，本文拟就此问题做一初浅的探讨。

一 明代宗室修建的文化教育设施的种类和数量

明代宗室修建文化教育设施的记载，多散见于明代《实录》。其他史籍如张廷玉《明史》、焦竑《国朝献征录》等，只有零星涉及。兹据爬梳史料所得制成《明代宗室修建文化教育设施事例表》以示（见表1）。

表1 明代宗室修建文化教育设施事例表

序号	修建文化教育基础设施事例	资料出处
1	宁王权，永乐元年二月改封南昌，深自韬晦，构精庐一区，鼓琴著书其间	《国朝献征录》卷一；《明史》卷一一六
2	唐府三城康穆王芝垝，成化七年封。弘治二年，营御书楼、玩易洞	《国朝献征录》卷二
3	唐王弥鍗，弘治二年嗣爵，广置精庐于国中，集学徒俊秀者资给之，使肄业	《国朝献征录》卷二
4	代府镇国将军仕㘧奏："臣于居第建书室一所，奉庋御赐经籍，燕处其中，讲求义理，乞赐名额以为箴儆。"上曰："自古贤人君子，未有不学而能成者，仕㘧生长富贵，舍耳目娱玩，而留意经籍，志向可嘉，特赐名曰'务学'，以勖其成。"	《孝宗实录》卷一〇〇，弘治八年七月癸卯
5	辽府湘阴王豪㙷建书堂，以庋所赐书，因奏乞堂名，上赐额曰"谦勤"	《孝宗实录》卷一三二，弘治十年十二月癸未
6	秦王诚泳，尝铭其冠服以自警，尤勤问学，雅好吟咏，时节每延致士大夫命酒赋诗，脱略势分，撤鹰房以创侍从儒臣之馆，捐隙地以益正学书院之基。又于府西建小学，校尉子弟之俊秀者以文臣教之	《孝宗实录》卷一三八，弘治十一年六月庚辰；《国朝献征录》卷一《宗室·秦王传》；《明史》卷一一六《诸王传》
7	襄王佑材建楼藏御史经籍，以楼额为请，命赐名曰"宝文"	《孝宗实录》卷一八九，弘治十五年七月己卯

续表

序号	修建文化教育基础设施事例	资料出处
8	辽府光泽王宠怀奏，自构藏书之堂，用藏颁赐《圣学心法》等书，请赐名扁，诏赐名"博文"	《孝宗实录》卷二〇四，弘治十六年十月乙卯
9	赐晋王知烊书院额曰："养德"，仍赐以五经、四书、性理大全等书，从王请也	《孝宗实录》卷二〇八，弘治十七年二月甲子
10	赐沈府沁水王长子勋瀊书院额曰"逊学"，从其请也	《孝宗实录》卷二一三，弘治十七年六月辛酉
11	赐晋府庆成王奇浈书院额曰"尚贤"，并赐五经大全等书，从其请也	《孝宗实录》卷二一五，弘治十七年八月癸亥
12	赐沈府西阳王子勋瀊书院名"勉学"，从沈王奏也	《武宗实录》卷一，弘治十八年五月甲辰
13	赐沈府西阳王诠钲书斋名"好古"，从沈王请也	《武宗实录》卷四，弘治十八年八月己卯
14	唐王即蔬圃立书院，以教其府中军校子弟，请赐额，从之，院名"养正"	《武宗实录》卷五，弘治十八年九月癸巳
15	赐韩府襄陵王所建书楼名"荣恩"，从王请也	《武宗实录》卷五，弘治十八年九月戊申
16	赐西河王书院额为"勉学"，颁《孝慈录》《孝顺事实》二书，从王请也	《武宗实录》卷一三，正德元年五月丙戌
17	赐隰川王聪羨所建书院为"崇礼"	《武宗实录》卷一三，正德元年五月丁酉
18	西河王奇溯奏乞书籍、书楼额，并请赐敕。诏以《为善阴骘》《四书集注》与之，余不许	《武宗实录》卷一五，正德元年秋七月甲申
19	赐灵川王书院额名"养性"	《武宗实录》卷一六，正德元年八月壬子
20	赐怀仁王聪淑书院名为"遵道"	《武宗实录》卷二二，正德二年闰正月壬申
21	赐山阴王成鏊书院名为"进德"	《武宗实录》卷二三，正德二年二月乙未
22	宁王宸濠"尝捐百金助修白鹿书院"	《武宗实录》卷三三，正德二年十二月壬午
23	赐楚王书院额曰"正心"，从其请也	《武宗实录》卷四一，正德三年八月庚辰
24	秦定王惟焯，正德四年封。关中故无史记，王求善本刊之成趣轩中，俾学士家便观焉。……侍卫子弟，遴其俊秀者，乃设学陶育之	焦竑《国朝献征录》卷一
25	赐韩王书舍扁曰"崇文"，从王请也	《武宗实录》卷八五，正德七年三月辛亥
26	赐衡阳王书堂名"遵教"，以辽王请也	《武宗实录》卷一三〇，正德十年十月甲寅
27	赐宁王宸濠书院名"阳春"，从其请也	《武宗实录》卷一三六，正德十一年夏四月丙寅；谷应泰《明史纪事本末》卷四七《宸濠之叛》
28	赐永和王知㸅书院名曰"乐善"，从王请也	《世宗实录》卷二五，嘉靖二年四月戊戌
29	赐宣宁王府奉国将军听溰、聪渣、聪凑《四书大全》各一部，其书楼赐名额曰"勉学"，皆从其请也	《世宗实录》卷三八，嘉靖三年四月甲寅
30	永年王府辅国将军勋汦书院，赐名"养德"，仍敕其造作当于府中，不得侵占民地	《世宗实录》卷四六，嘉靖三年十二月乙巳

续表

序号	修建文化教育基础设施事例	资料出处
31	永年王府辅国将军成镯书楼，赐名"博观"，仍敕其造作当于府中，不得侵占民地	《世宗实录》卷四六，嘉靖三年十二月乙巳
32	赐鲁府东瓯王当泚书堂名"励志"，仍给《性理大全》一部，从其请也	《世宗实录》卷五七，嘉靖四年十一月戊辰
33	唐王宇温构书堂请额名赐名"居善"	《世宗实录》卷二三二，嘉靖十八年十二月丙戌
34	赐汝王祐椁楼名"崇本"，从王请也	《世宗实录》卷七四，嘉靖六年三月辛巳
35	隰川王府奉国将军聪溎、聪湄、聪涏建楼、堂以藏御书，请名额，诏名其楼曰"处善"，堂曰"孝义"	《世宗实录》卷七六，嘉靖六年五月乙巳
36	赐鲁府辅国将军当灖书院额曰"养正"，仍给《四书性理大全》《通鉴节要纲目》各一部，从其请也	《世宗实录》卷八五，嘉靖七年二月庚戌
37	赐鲁藩巨野王府镇国中尉观𤊸书院额名"承训"	焦竑《国朝献征录》卷一；张廷玉《明史》卷一一六
38	赐荣王佑枢所建书楼名"崇义"，从王请也	《世宗实录》卷九一，嘉靖七年八月癸亥
39	赐楚王荣㴐书院名额"崇本"，从王请也	《世宗实录》卷一〇五，嘉靖八年九月己亥
40	赐晋王新㙩书院额名"宝善"，给四书五经大全、少微通鉴各一部。从其请也	《世宗实录》卷二四〇，嘉靖十九年八月丙寅
41	赐宁河王奇法书院额名"明教"，从其请也	《世宗实录》卷三八二，嘉靖三十一年二月壬戌
42	蜀成王让栩创义学	焦竑《国朝献征录》卷一
43	赐楚王英㷇敕，约束宗室，仍赐书院名曰"纯心"，以《四书五经集注》各一部赐之，俱从所请也	《世宗实录》卷三八六，嘉靖三十一年六月戊辰
44	赐淮王厚寿书楼名曰"赏赐"	《世宗实录》卷四二九，嘉靖三十四年闰十一月甲申
45	赐交城王表佴书院额名"好礼"，从其请也	《世宗实录》卷四六〇，嘉靖三十七六月辛丑
46	赐沈王恬炵书堂名额曰"修业"	《世宗实录》卷四七七，嘉靖三十八年十月甲子
47	江西瑞昌王府镇国中尉多炫、多𤏳各捐禄米银买田五百余亩，输之南昌学宫；又创书院一所，以待士之无居食者	《世宗实录》卷四八九，嘉靖三十九年十月辛亥
48	赐岷王定耀书院额名"乐善"，从其请也	《世宗实录》卷五三六，嘉靖四十三年七月壬寅
49	赐赵府管理府事成皋王载垸书院额名"遵道"，从其请也	《世宗实录》卷五五二，嘉靖四十四年十一月己亥
50	赐吉王翊镇书院额曰"崇德"，从其请也	《世宗实录》卷五五八，嘉靖四十五年五月己亥
51	赐广济王定爍书院名"遵训"，从王请也	《穆宗实录》卷三六，隆庆三年八癸亥
52	韩王朗锜以御赐书籍建楼藏之，疏请楼额名，赐名"宝籍"	《穆宗实录》卷四二，隆庆四年二月乙丑

续表

序号	修建文化教育基础设施事例	资料出处
53	赐名郑王厚烷藏奉御书之楼曰"尊训",从其请也	《穆宗实录》卷六〇,隆庆五年八月甲寅
54	赐西河王表相楼曰"崇训",从其请也	《穆宗实录》卷六四,隆庆五年十二月甲午
55	赐华阳王承爌书院名"乐善"	《神宗实录》卷一五,万历元年七月丁酉
56	赐阳夏王载韭书楼额名"遵训"	《神宗实录》卷三三,万历二年闰十二月乙亥
57	肃王缙㷿奏,本府城内有隙地一区,欲建阁尊藏宸翰外,有书楼一所,请赐额名及祖训、会典、经书子史诸书。部复命与四书五经各一部,阁名"遵训"	《神宗实录》卷六二,万历五年五月丙申
58	赐德平王载壏楼额"传文",从其奏请。盖造楼一座,供奉诏敕及盛积古今书典也	《神宗实录》卷三二,万历二年十二月丙辰
59	赐山阴王俊栅书院额名"乐善",仍给与经书,从王请也	《神宗实录》卷一〇八,万历九年正月乙亥
60	赐高堂王厚焕书院额名"思训",从其请也	《神宗实录》卷一一五,万历九年八月甲午
61	赐商河王载墡书楼额名"勉学",从其请也	《神宗实录》卷一一五,万历九年八月甲午
62	赐乐安王多爔四书五经集注各一部,书院名为"博文",从乐安王所请也	《神宗实录》卷一四四,万历十一年十二月壬申
63	赐益王翊钊书院额曰"逊学",仍给四书五经一部	《神宗实录》卷一四七,万历十二年三月戊寅朔
64	岷王定耀忠孝性成,恭俭夙着,捐己禄以赈乏,置学田以崇儒	《神宗实录》卷一六四,万历十三年八月庚申
65	赐郑王厚烷书院名额曰"景贤"	《神宗实录》卷一八五,万历十五年四月辛未
66	上蔡王载焥奏讨书籍并书院名额,准给四书五经夜集注一部,书院名"学文"	《神宗实录》卷二七八,万历二十二年十月庚子
67	孟津王载垊奏讨四书五经集注并皇明祖训、为善阴骘、孝行等书并书院名额,诏准给之,额名"勉学"	《神宗实录》卷二八五,万历二十三年五月甲午
68	赐晋王敏淳四书五经各一部,赐书院额名"宝善",上嘉其好学,故得请	《神宗实录》卷二八六,万历二十三年六月癸亥
69	赐东垣府翊铠书院额名"循理"	《神宗实录》卷三三三,万历二十七年四月丁丑
70	鲁王寿鏳捐银一千五百余两,修建学宫	《神宗实录》卷三四〇,万历二十七年十月壬辰
71	赐乐昌王廷儒书院、书楼额名"弘训"	《神宗实录》卷三五一,万历二十八年九月丙寅
72	赐繁昌王厚燦书院额名"味道"	《神宗实录》卷三七〇,万历三十年三月丁丑
73	赐庐江王厚光书院名"循理"。	《神宗实录》卷三八二,万历三十一年三月丙戌
74	赐建德王翊鋐四书五经集注各一部,所建书院额名"守文"	《神宗实录》卷四〇〇,万历三十二年九月己酉
75	赐楚王叶奎书院额名"崇德"	《神宗实录》卷四四八,万历三十六年七月癸卯
76	赐惠府坊额名曰"夹辅亲藩",书楼名曰"博文"	《熹宗实录》卷八一,天启七年二月丁未

资料来源:据《国朝献征录》《明史》《明实录》整理。

从表1所列事例可以看出,明代宗室修建的文化教育设施范围较广,包括书斋、书舍、书室、书楼、书堂、书院、学宫、义学、小学等。修建方式有自建、有助修。但绝大部分为宗室自建,即由宗室全额出资;助修只是极少的一部分,且主要是地方的书院和学宫。所建文化教育设施也不仅仅专为宗室从事文化教育活动使用,而且惠及儒士、王府护卫子弟及平民。这些文化教育设施,根据其功能,大致可划分为三种类型。

（一）文化设施

文化设施主要包括书室、书斋、书舍、书楼、书阁。其功用大体一致,主要供宗室藏书、研修之用。但也存在微小的差别。一般而言,书楼的规模较书斋、书舍、书室、书阁大,书室、书舍、书斋、书阁规模较小;在功能上,书斋、书舍与书楼、书室、书阁也有区别,书斋、书舍,也可称书房,主要为读书、著述的地方,藏书只是其附带的功能;书楼、书室、书阁则主要为藏书之地,但也可成为研修之所。除此,还有专为侍从儒臣修建的侍从儒臣之馆,如秦简诚泳撤鹰房以创侍从儒臣之馆,供其从事文化活动使用。另外,还应包括宁王权构置的精庐及唐府三城康穆王埨营建的玩易洞。明代宗室修建的文化设施以书楼为大宗,书楼19座、书室1所、书舍1个、书斋1个、书阁1个、侍从儒臣之馆1个,玩易洞1个,精庐1,共建文化设施在26个。其中,亲王建造12个,郡王建造10个,将军建造4个,亲王、郡王为建造的主力;从建造时间上划分,永乐1个,弘治7个,正德2个,嘉靖6个,隆庆3个,万历6个,天启1个,弘治、嘉靖、万历三朝所建约占总数的61%。（见表2）

表2 明宗室修建文化设施统计表

时间	宗室	文化设施名称	数量
永乐间	宁王权	精庐	1
弘治八年（1495）	代府镇国将军	书室	1
弘治十一年（1498）	秦王	侍从儒臣之馆	1
弘治十五年（1502）	襄王	书楼	1
弘治十八年（1505）	沈府西阳王	书斋	1
弘治十八年	韩府襄陵王	书楼	1
弘治间	唐府三城康穆王芝埨	书楼	1
弘治间	唐府三城康穆王芝埨	玩易洞	1
正德元年（1506）	西河王	书楼	1
正德七年（1512）	韩王	书舍	1
嘉靖三年（1524）	宣宁王府奉国将军	书楼	1
嘉靖三年	永年王府辅国将军	书楼	1
嘉靖六年（1527）	汝王	书楼	1
嘉靖六年	隰川王府奉国将军	书楼	1
嘉靖七年（1528）	荣王	书楼	1
嘉靖三十四年（1545）	淮王	书楼	1

续表

时间	宗室	文化设施名称	数量
隆庆四年（1570）	韩王	书楼	1
隆庆五年（1571）	郑王	书楼	1
隆庆五年	西河王	书楼	1
万历二年（1574）	阳夏王	书楼	1
万历二年	德平王	书楼	1
万历五年（1577）	肃王	书楼	1
万历五年	肃王	书阁	1
万历九年（1581）	商河王	书楼	1
万历二十八年（1600）	乐昌王	书楼	1
天启七年（1627）	惠府	书楼	1

资料来源：据《明实录》整理。

（二）教育设施

明代宗室修建的教育设施主要有书院、学宫、义学和学田等。书院是古代的教育机构，主要功能是授徒讲学，发展教育事业。宋明时期，书院较多，是我国书院发展的重要时期。明宗室建立的书院数量也不小，据表1所载即达41所，建造者有亲王13人，郡王25人，镇国将军1人，辅国将军1人，镇国中尉1人，且集中建造于弘治、正德、嘉靖、万历时期。其中，弘治5所，正德7所，嘉靖13所，隆庆1所，万历15所（见表3）。

表3 明代宗室修建书院统计表

时间	宗室	数量
弘治十七年（1504）	晋王	1
弘治十七年	沈府沁水王长子	1
弘治十七年	晋府庆成王	1
弘治十八年（1505）	沈府西阳王子	1
弘治十八年	唐王	1
正德元年（1506）	西河王	1
正德元年	隰川王	1
正德元年	灵川王	1
正德二年（1507）	怀仁王	1
正德二年	山阴王	1
正德三年（1508）	楚王	1

续表

时间	宗室	数量
正德十一年（1516）	宁王	1
嘉靖二年（1523）	永和王	1
嘉靖三年（1524）	永年王	1
嘉靖七年（1528）	鲁府辅国将军	1
嘉靖间	鲁府巨野王府镇国中尉观㷀	1
嘉靖八年（1529）	楚王	1
嘉靖十九年（1540）	晋王	1
嘉靖三十一年（1552）	宁河王	1
嘉靖三十一年	楚王	1
嘉靖三十七年（1558）	交城王	1
嘉靖三十九年（1560）	瑞昌王府镇国将军	1
嘉靖四十三年（1564）	岷王	1
嘉靖四十四年（1565）	赵府管理府事成皋王	1
嘉靖四十五年（1566）	吉王	1
隆庆三年（1569）	广济王	1
万历元年（1573）	华阳王	1
万历九年（1581）	山阴王	1
万历九年	高堂王	1
万历十一年（1583）	乐安王	1
万历十二年（1584）	益王	1
万历十五年（1587）	郑王	1
万历二十二年（1594）	上蔡王	1
万历二十三年（1595）	孟津王	1
万历二十三年	晋王	1
万历二十七年（1599）	东垣王	1
万历二十八年（1600）	乐昌王	1
万历三十年（1602）	繁昌王	1
万三十一年（1603）	庐江王	1
万历三十二年（1604）	建德王	1
万历三十六年（1608）	楚王	1

资料来源：据《明实录》整理。

另外，尚有宗室献地、捐金支持当地的书院建设。陕西西安有鲁斋书院，名闻关中，年久荒废。弘治九年（1496）陕西提学杨一清欲复其旧观，然故址已半为民居。秦王诚泳闻之，即慷慨"捐隙地一区"以建正学书院，支持书院办学。书院落成，亲自撰文以记其事。① 白鹿书院，即白鹿洞书院，位于江西庐山五老峰下，南宋朱熹、陆九渊等曾在此讲学、辩论，为理学传播的中心，也是宋代四大书院之一。元末毁于战火，明正统以后多次维修。宁王宸濠亦曾捐献百金助修白鹿书院。②

学田，即书院及府州县学所属的田地，其收入为学校办学的主要经费来源，"专资建学及赡恤贫士"③，是学校的重要组成部分，故将其列入教育设施的范围。学宫，即府州县官办的学校；义学，即是为贫寒子弟设立的蒙学，延师教读，免费上学。小学，专为王府护卫子弟而设。明宗室捐禄置办学田、修建学宫、义学、小学共有5例：瑞昌王府镇国中尉多炫、多燸买田500余亩捐献给南昌学宫，以为学田④；岷王捐禄置学田以崇儒学；⑤ 鲁王寿鏳捐银1500余两修建学宫；⑥ 蜀成王让栩创设义学；⑦ 秦王诚泳于王府之西建立小学，让军校子弟中的俊秀者入学，命王府文官任教。有时甚至亲自"课试"。对有潜力者，送其参加府州县学选拔考试，进入地方儒学学习。开王府护卫子弟教育之先河。⑧ 宁王权的精庐是其个人著述、鼓琴的地方，唐王弥鍗广置于"国中"的精庐与之不同，是资助俊秀士子完成学业的场所——学校⑨，应属教育设施。

（三）兼具文化、教育功能的书堂

见诸记载，明代宗室修建的书堂数量不是太多，从《明实录》的记载中仅搜集到7所（见表4）。虽皆名为书堂，但功能不尽相同。有的专为宗室藏书而建，是宗室的藏书之堂⑩，为文化设施；有的则是藩王讲读的地方，属教育设施。如马文升针对明中后期宗室存在的弊端，建议王府辅导官员要每日请王于书堂内讲读经史⑪；另如益庄王厚烨"每五日一诣书堂，命儒臣进讲陈进道及治乱兴衰之故"⑫。从表1可明确，辽府湘阴王豪壧、辽府光泽王宠怀、隰川王府奉国将军聪浘、鲁府东瓯王当沺所建书堂为藏书之用。由于记载的简略，衡阳王、唐王宇温、沈王恬炫书堂究竟是藏书之堂，还是讲读之所，已无法分辨清楚，姑俟待考。但明代宗室书堂存在两种功能的分野应是确凿无疑的。

表4　明代宗室书堂统计表

时间	宗室	数量
弘治十年（1497）	辽府湘阴王	1
弘治十六年（1503）	辽府光泽王	1

---

① （明）焦竑：《国朝献征录》卷一《宗室一·秦王传》，明万历四十四年徐象橒曼山馆刻本，中国基本古籍库收录。
② 《武宗实录》卷三三，正德二年十二月壬午，北京，线装书局，2005年。
③ 《清史稿·食货志一》，北京，中华书局，1977年。
④ 《世宗实录》卷四八七，嘉靖三十九年十月辛亥，北京，线装书局，2005年。
⑤ 《神宗实录》卷一六四，万历十三年八月庚申，北京，线装书局，2005年。
⑥ 《神宗实录》卷三四〇，万历二十七年十月壬辰，北京，线装书局，2005年。
⑦ （明）焦竑：《国朝献征录》卷一《宗室一·蜀王传》，明万历四十四年徐象橒曼山馆刻本，中国基本古籍库收录。
⑧ 《孝宗实录》卷一三八，弘治十一年六月庚辰，北京，线装书局，2005年；焦竑《国朝献征录》卷一《宗室一·秦王传》，明万历四十四年徐象橒曼山馆刻本，中国基本古籍库收录。
⑨ （明）焦竑：《国朝献征录》卷二《宗室二·唐王传》，明万历四十四年徐象橒曼山馆刻本，中国基本古籍库收录。
⑩ 《孝宗实录》卷二〇四，弘治十六年十月乙卯，北京，线装书局，2005年。
⑪ （明）徐孚远、宋征璧、陈子龙选辑：《明经世文编》卷六二《马端肃公奏疏一·题为选辅导豫防闲以保全宗室疏》，北京，中华书局，1997年。
⑫ （明）焦竑：《国朝献征录》卷二《益庄王神道碑铭》（张时彻），明万历四十四年徐象橒曼山馆刻本，中国基本古籍库收录。

续表

时间	宗室	数量
正德十年（1515）	辽府衡阳王	1
嘉靖四年（1525）	鲁府东瓯王	1
嘉靖六年（1527）	隰川王府奉国将军聪㴙等	1
嘉靖十八年（1539）	唐王	1
嘉靖三十八年（1559）	沈王	1

资料来源：据《明实录》整理。

当然，上述对明代宗室修建的文化教育设施的统计应是不完全的。表 1 所列材料多为宗室为其所建的文化教育设施请求皇帝赐予额名而留下的记载。修建有文化教育设施而未请额名的情况，也应该是存在的。如益庄王每五日一诣书堂，显然是建有书堂的，但并未请名。另外，从有关明代宗室的文献中可以发现，不少宗室藏书丰富，著述可观，当是有书楼、书室等文化设施的，但未见其记载。不过，史学研究只能依据材料说话，不能臆测。我们只能根据确凿的记载进行统计和分析。

二 明代宗室修建文化教育设施的原因

明代宗室修建文化教育设施的记载虽不完全，但应已囊括绝大部分，涉及的宗室人数已经不少，且遍及亲王、郡王、将军、中尉各个爵级，代表了明代宗室行为的另一种集体趋向，即在明代宗室群体的一片征歌逐乐、好利渔色的喧嚣之中，欣赏到了宗室对文化教育事业执着追求的唯美的历史图景。那么，他们为什么要修建这些文化教育设施呢？他们的这一行为是哪些因素促成的呢？史籍记载较为简略，我们仅做一尝试性的分析。

第一，明政府允许宗室修建文化教育设施，为其行为提供了有利的制度环境。这方面明确的记载不多，我们只找到了一条材料，见于《明会典》和《礼部志稿》：宗室"盖造书院，止令自备工料，不得因而干涉有司，烦扰百姓，违者许抚按官参治"。[1] 这一法令议定于嘉靖四十三年，体现了明代国家的意志，明令宗室修建书院必须自备工料，自己出资，不得滋扰地方官府，累及百姓。否则，抚按官将予参劾治罪。认真体会这段材料，明政府是允许宗室修建书院的，只是此前宗室在修建书院的过程中有向地方官府及百姓索要"工料"的情况发生，故做此严厉规定。但这一规定的出台，既是对以前宗室修建书院事实的承认，更为宗室修建书院提供了制度的保障，确立了合法性的依据，对宗室修建书院无疑起到了激励的作用。对于其他文化教育设施，政府虽未做出明确的规定，但也是许可的。这从皇帝对宗室修建书楼、书室、书堂等文化设施的赐名就可以看出。

第二，明代宗室待遇优渥，具备修建文化教育设施的经济条件和能力。文化教育设施的修建离不开人力、物力、财力的投入，没有经济的支撑是无法办到的。那么，明宗室是否具备这种经济能力呢？明制，皇嫡子正储位，众子封亲王，亲王嫡长子年及 10 岁，立为亲王世子。诸子年 10 岁封郡王，郡王嫡长子为郡王世子。诸子封镇国将军，镇国将军之子封辅国将军，辅国将军之子封奉国将军。奉国将军之子封镇国中尉，镇国中尉之子封辅国中尉，辅国中尉之子及孙皆奉国中尉。"其生也请名，长也请婚"，不授职，不任事，"禄之终身"[2]。亲王岁禄万石，郡王 2000 石，镇国将军千石，辅国将军 800 石，奉

---

[1] 万历朝重修本，申时行等修：《明会典》卷五七《王国礼三·书院》，北京，中华书局 1989 年。
[2] （清）张廷玉：《明史》卷一一六六《诸王传》，北京，中华书局，1974 年。

国将军600石，镇国中尉400石，辅国中尉300石，爵级最低的奉国中尉亦有200石。[1] 除常禄外，亲王还有赐田、课税赐予及不定期的丰厚赏赐等，待遇优厚。这方面已多有论说，且为人所熟知，故不细述。可见，明代宗室，特别是亲王、郡王，是具备修建文化教育设施的经济能力的。这也和上述的统计中，亲王、郡王是明宗室中修建文化教育设施的主力的结论相印证。

第三，庋藏御赐书籍及"古今图书"、供奉诏敕、尊藏宸翰，是明宗室修建书室、书楼、书堂等文化设施的直接动因。这方面的记载见于表1的就有9条。表1第1条载：代府镇国将军仕㙉"于居第建书室一所，奉庋御赐经籍，燕处其中，讲求义理"；第2条载：辽府湘阴王豪墭建书堂"以庋所赐书"；第4条载：襄王佑材"建楼藏御赐经籍"；第5条载：辽府光泽王宠怀"自构藏书之堂，用藏颁赐《圣学心法》等书"；第31条：隰川王府奉国将军聪㵂、聪浘、聪涏"建楼、堂以藏御书"；第48条：韩王朗锜"以御赐书籍建楼藏之"；第49条：郑王厚烷建楼"藏奉御书"；第53条：肃王缙熲于本府城内隙地"建阁尊藏宸翰"；第54条：德平王载堞"盖造楼一座，供奉诏敕及盛积古今书典"。这些记载的可靠性如何呢？考诸《明实录》，应明代宗室的请求，朝廷确实颁赐给了宗室大量的书籍（见表5）。

表5 明宗室请赐书籍统计表

时间	请求赐书宗室、结果	资料出处
永乐元年（1403）二月乙卯	肃王楧奏求书籍、药材，赐书报曰：所求书籍，今有者悉送去。惟十七史诸书，俟印装续送。昔洪武中，兄尝奏求乳香，皇考以分封供给有制，不与，贤弟其亮之	《太宗实录》卷一七
成化二十年（1484）四月乙巳	初，徽王见沛为子求书籍，又欲遣人往广西等处收买药材。上赐之《孝顺事实》《为善阴骘》《尚书》《四书》《资治通鉴》《贞观政要》等书，复书谕王，药材不必收买，凡合用者具奏给之	《宪宗实录》卷二三九
正统十四年（1449）六月丙子	书复淮王祁铨曰："尔奏请颁《新编五伦书》，今特以一部奉去观览，以遂贤弟好古乐善之心。"	《英宗实录》卷一七九
景泰二年（1451）十月己巳	赐鲁王肇辉《孝顺事实》等书十三部、襄城王范堮《五伦书》一部，从其请也	《英宗实录》卷二〇九
天顺元年（1457）五月辛未	交城王美垙奏求《国朝礼制集要》《自警编》《文选》《史记》《两汉诏令》，上命给之	《英宗实录》卷二七八
成化九年（1473）八月乙酉	赐岷府南渭王音㙹《四书大全》《洪武正韵》等书，从其请也	《宪宗实录》卷一一九
成化二十一年（1485）六月癸巳	赐蜀王申鑿《四书五经大全》《续资治通鉴纲目》，从所请也	《宪宗实录》卷二六七
成化二十三年（1487）六月庚辰	赐辽府湘阴王豪墭《续资治通鉴纲目》《玉篇》《广韵》诸书，从其请也	《宪宗实录》卷二九一
成化二十三年六月己丑	赐辽府枝江王恩钱《四书大全》，从其请也	《宪宗实录》卷二九一
弘治元年（1488）二月丁巳	赐沈府稷山王诠鋆《诗传》、代府镇国将军仕㙉《四书大全》《劝善书》《列女传》，从其请也	《孝宗实录》卷一一
弘治元年三月丙戌	赐秦府永寿王诚淋《五经》《四书》各一部，从其请也	《孝宗实录》卷一二

---

[1] （清）张廷玉：《明史》卷八二，北京，中华书局，1974年。

续表

时间	请求赐书宗室、结果	资料出处
弘治元年九月癸酉	徽王见沛以二子俱出阁就外傅，请书籍于朝。上贻书答之："叔父生身富贵，能以是为教，诒谋远矣。今以《四书大全》《四书集注》《四书白文》《圣学心法》《贞观政要》《劝善书》《为善阴骘》《孝顺事实》《唐李白诗》《五音集韵》《洪武正韵》《饮膳正要》《玉篇》《广韵对类》各一部，《孝经》《千字文》《百家姓》《小学》，并复印件各二本附去，至可收用，惟叔父亮之。"	《孝宗实录》卷一八
弘治元年九月己卯	赐晋府宁化王钟鈵《书》《诗》《礼记》三经及《洪武正韵》等书各一部，从其请也	《孝宗实录》卷一八
弘治元年九月壬午	赐辽王恩鐕《诗》《传》《易》各一部，从其请也	《孝宗实录》卷一八
弘治二年（1489）三月庚辰	赐辽府松滋王《四书集注》《大明官制》《为孝阴骘》《孝顺事实》《劝善书》各一部，从其请也	《孝宗实录》卷二四
弘治七年（1494）九月戊子	赐秦府永寿王诚淋《通鉴纲目》，从其请也	《孝宗实录》卷九二
弘治八年（1495）三月甲辰	赐沈府唐山王勋澄《尚书》《诗传》《四书》各一部，从其请也	《孝宗实录》卷九八
弘治八年七乙酉	赐沈府灵川王诠鈬《孝顺事实》《为善阴骘》，从其请也	《孝宗实录》卷一〇二
弘治八年十月辛酉	赐沈府宜山王诠鏽《孝顺事实》《为善阴骘》，从其请也	《孝宗实录》卷一〇五
弘治八年十一月己亥	赐代府溧阳王聪漖《四书大全》《为善阴骘》二书，从其请也	《孝宗实录》卷一〇六
弘治八年十二月己未	赐吉阳王聪注《为善阴骘》《洪武正韵》《四书大全》，从其请也	《孝宗实录》卷一〇七
弘治九年（1496）三月辛巳	赐秦府永兴王诚澜《通鉴纲目》，从其请也	《孝宗实录》卷一一〇
弘治九年十一月丙寅	赐辽府长垣王恩钟《大明仁孝皇后内训》及《资治通鉴纲目》各一部，从其请也	《孝宗实录》卷一一九
弘治十年（1497）九月戊辰	赐沈府吴江王诠铿《为善阴骘》等书，从其请也	《孝宗实录》卷一二九
弘治十年十二月壬辰	赐沈府西阳王铨钲《五伦书》，从其请也	《孝宗实录》卷一三二
弘治十二年（1499）六月辛卯	赐代府管理府事长子俊杖《五经四书大全》，从其请也	《孝宗实录》卷一五一
弘治十年十二月辛卯	徽王见沛奏，宪庙尝赐道释二家诸藏，经今损坏错乱，更乞颁赐，不允	《孝宗实录》卷一三二
弘治十三年（1500）十二月癸巳	赐韩府西德王偕瀞《四书大全》等书，从其请也	《孝宗实录》卷一三八
弘治十四年（1501）五月辛亥	赐徽王见沛《四书集注》等书，从王请也	《孝宗实录》卷一七四
弘治十四年十月庚戌	赐秦府汧阳王之子秉奏《为善阴骘》《孝顺事实》等书，从其请也	《孝宗实录》卷一八〇

续表

时间	请求赐书宗室、结果	资料出处
弘治十五年（1502）三月甲申	赐襄王祁镛《为善阴骘》《孝顺事实》《性理大全》等书，从其请也	《孝宗实录》卷一八五
弘治十七年（1504）四月壬戌	赐沈府唐山王勋澄《为善阴骘》《四书集注》等书，从其请也	《孝宗实录》卷二一一
弘治十七年五月辛亥	赐沈府沁水王长子勋溢《为善阴骘》、《孝顺事实》等书，从其请也	《孝宗实录》卷二一二
弘治十七年八月甲戌	赐沈府西阳王铨钲《孝顺事实》《四书集注》等书，从其请也	《孝宗实录》卷二一五
弘治十七年十二月丁卯	赐沈府唐山王勋澄《易经》《四书集注》，从其请也	《孝宗实录》卷二一九
弘治十七年二月甲子	赐晋王知烊五经、四书、性理大全等书，从王请也	《孝宗实录》卷二〇八
弘治十七年八月癸亥	赐晋府庆成王奇浈五经大全等书，从其请也	《孝宗实录》卷二一五
弘治十八年（1505）三月己酉	赐沈府宿迁王诠鏳、辽山王诠钺《孝顺事实》《四书集注》《为善阴骘》各一部，从其请也	《孝宗实录》卷二二二
弘治十八年十一月甲辰	诏赐山阴王长子成鏊《孝顺事实》《为善阴骘》各一部，从其请也	《武宗实录》卷七
正德元年（1506）五月丙戌	赐西河王《孝慈录》《孝顺事实》二书，从王请也	《武宗实录》卷一三
正德元年六月甲申	西河王奇溯奏乞书籍，并请赐敕，诏以《为善阴骘》《四书集注》与之	《武宗实录》卷一四
正德元年十月戊辰	怀仁王奏请书籍，诏赐《为善阴骘》《孝顺事实》《洪武正韵》《四书集注》各一部	《武宗实录》卷一八
正德元年十一月壬辰	诏与宜山王诠满《四书集注》《洪武正韵》各一部，从其父沈王奏也	《武宗实录》卷一九
正德二年（1507）五月乙卯	赐定陶王诠鑵《四书集注》，从沈王请也	《武宗实录》卷二五
正德二年七月庚戌	赐郑府繁昌王《圣学心法》《易经集注》各一部	《武宗实录》卷二八
正德二年八月辛卯	赐郑府东垣王《四书集注》《圣学心法》各一部	《武宗实录》卷三〇
正德二年十月丙戌	赐郑府庐江王《大学衍义》，从其请也	《武宗实录》卷三一
正德三年（1508）二月戊寅	赐辽府光泽王宠怀《皇明祖训》《仁孝皇后内训》各一部，从其请也	《武宗实录》卷三五
正德三年二月戊子	赐肃王次子淳化王真泓《孝顺事实》一部，从其请也	《武宗实录》卷三五
正德三年四月丙申	以《御制文集》《孝顺事实》《四书大全》《资治通鉴纲目》《历代名臣奏议》诸书赐宁王宸濠	《武宗实录》卷三七
正德元年五月丁酉	以《皇明祖训》及《皇明典礼》二书赐沈王庶长子铨钲，从所请也	《武宗实录》卷一三
正德三年八月庚寅	赐蜀府华阳王《仁孝皇后内训》《圣学心法》各一部，从其请也	《武宗实录》卷四一
正德三年十一月庚子	赐襄垣王府镇国将军仕怀《祖训条章》《皇明典礼》《洪武礼制》各一部，从其请也	《武宗实录》卷四四

续表

时间	请求赐书宗室、结果	资料出处
正德四年（1509）四月癸卯	赐沈府世子诠钲《皇明内令》《御制对类》《四书集注》各一部，从沈王请也	《武宗实录》卷四八
正德四年三月庚申	赐鲁府辅国将军当澋、当涠《四书集注》《唐三体诗》各一部，从其请也	《武宗实录》卷四八
正德六年（1511）五月壬子	赐辽府长垣王恩钾《皇明祖训》《皇明典礼》各一部，从其请也	《武宗实录》卷七五
正德六年五月丙寅	赐肃王孙弼桓《四书大全》《孝顺事实》各一部，从其请也	《武宗实录》卷七五
正德六年八月戊寅	赐南渭荣顺王管府事镇国将军膺鈬《皇明祖训》，从其请也	《武宗实录》卷七八
正德十三年（1518）八月庚辰	赐肃王《皇明典礼》《大明官制》《诸司职掌》《洪武正韵》，从其请也	《武宗实录》卷一六五
嘉靖元年（1522）四月乙未	赐灵丘王聪漏《性理大全》一部，从其请也	《世宗实录》卷一三
嘉靖元年九月丙辰	赐隰川王府奉国将军聪㵄、聪渭、聪涏《四书五经大全》《性理群书》《孝顺事实》各三部，从康肃王嫡长子俊柏请也	《世宗实录》卷一八
嘉靖元年十月壬辰	靖安王表枞奏乞书籍，诏赐《贞观政要》《四书》《五经》各一部	《世宗实录》卷一九
嘉靖二年（1523）正月丁巳	赐巨野王府辅国将军当溃《四书集注》《孝顺事实》《为善阴骘》各一部，从所请也	《世宗实录》卷二二
嘉靖二年四月癸巳	隰川王俊桓奏请《高皇帝御制文集》《仁孝文皇后内训》及《四书五经大全》《纲目通鉴》诸书，上命赐诗传一部	《世宗实录》卷二五
嘉靖二年闰四月辛亥	鲁王为镇国将军健楷奏求书籍，诏以四书大全给之	《世宗实录》卷二六
嘉靖二年六月戊申	岷王彦汰奏求书籍，赐《皇明祖训》《五经四书》《通鉴纲目》各一部	《世宗实录》卷二八
嘉靖二年六月乙丑	赐郑府庐江王见㴚尚书一部	《世宗实录》卷二八
嘉靖二年八月乙未	赐庆成王奇湞《御制文集》《历代臣鉴》各一部，从其请也	《世宗实录》卷三〇
嘉靖三年（1524）二月丙辰	隰川王俊柏疏乞书籍，诏与《四书大全》《孝顺事实》各一部	《世宗实录》卷三六
嘉靖三年四月甲寅	赐宣宁王府奉国将军聪溧、聪渣、聪凑《四书大全》各一部，从其请也	《世宗实录》卷三八
嘉靖三年九月丙寅	赐淮王《祖训》一部	《世宗实录》卷四三
嘉靖三年十二月乙巳	赐永年王府辅国将军勋泒子彻杙等辅国将军成镯子聪泛等《书经集传》《孝顺事实》《为善阴骘》各一部	《世宗实录》卷四六
嘉靖四年（1525）十一月戊辰	赐鲁府东瓯王当沠《性理大全》一部，从其请也	《世宗实录》卷五七
嘉靖五年（1526）三月壬子	隰川王府镇国将军仕墰卒，子成钱奏乞辞禄庐墓，并求《孝顺事实》《为善阴骘》及《五经四书大全》《朱子纲目》各一部，礼部覆奏，宗室庐墓无旧例，有旨：与《孝顺事实》《为善阴骘》《四书大全》各一部，余不允	《世宗实录》卷六二

续表

时间	请求赐书宗室、结果	资料出处
嘉靖五年五月乙丑	赐晋王知烊《四书集注》《王篇》《广韵》各一部	《世宗实录》卷六四
嘉靖六年（1527）三月丙戌	赐韩王旭櫏、赵王原煜曰：《四书大全》《为善阴骘》《孝顺事实》《对类》各一部，从其请也	《世宗实录》卷七四
嘉靖七年（1528）二月庚戌	赐鲁府辅国将军当灏《四书性理大全》《通鉴节要纲目》各一部，从其请也	《世宗实录》卷八五
嘉靖八年（1529）八月壬午	赐卫辉王弥鏋恩纪《含春堂诗》《敬一箴》《通鉴纲目》，并堂名"师古"，从其请也	《世宗实录》卷一〇四
嘉靖九年（1530）二月丁卯	赐伊王呵淳《四书》《易经大全》《孝顺事实》《为善阴骘》各一部，从王请也	《世宗实录》卷一一〇
嘉靖九年四月庚申	赐庆成王奇溟、山阴王成鋆各《明伦大典》一部，从其请也	《世宗实录》卷一一二
嘉靖九年九月壬寅	赐靖江王邦苧《书经集注》《四书大全》各一部，从其请也	《世宗实录》卷一一七
嘉靖三十一年（1552）六月戊辰	赐楚王英𤊟敕，约束宗室，以《四书五经集注》各一部赐之，俱从所请也	《世宗实录》卷三八六
嘉靖三十八年（1559）七月壬午	赐沈世子珵尧《敬一箴》《皇明祖训》《祖德诗》，恩纪《含春堂诗》《四书大全》《大学衍义》各一部，从沈王恬烄请也	《世宗实录》卷四七四
万历五年（1577）四月戊辰	赐西河王《四书五经集注》，从王请也	《神宗实录》卷六一
万历八年（1580）正月庚戌	赐山阴王俊栅四书、五经集注各一部	《神宗实录》卷九五
万历十一年（1583）十二月壬申	赐乐安王多燸《四书五经集注》各一部，从乐安王所请也	《神宗实录》卷一四四
万历十二年（1584）三月戊寅朔	赐益王翊钊《四书五经》一部	《神宗实录》卷一四七
万历四十七年（1619）四月辛未	赐荆王由樊《四书五经》《性理通鉴纲目》等书	《神宗实录》卷五八一

资料来源：据《明实录》整理。

据表5统计，在永乐元年（1403）至万历四十七年（1619）的216年中，请求赐予书籍的宗室共98人次，赐予书籍的数量也不小，且种类繁多，涵盖经史子集各个部类。赐书频次最高的书籍为四书、五经等儒家典籍及倡导践履儒家伦理的著作《孝顺事实》《为善阴骘》；其次为记载王朝兴衰的通鉴类历史著作；再次为祖训、典礼、音韵类著作。其他赐书的频次皆在4次以下。如《四书》《四书大全》《四书集注》《四书白文》等以"四书"为书名的书籍51次，《孝顺事实》25次，《为善阴骘》22次，《五经》《五经集注》《五经大全》等以"五经"为书名的书籍12次，《资治通鉴》《续资治通览》《通鉴纲目》等以"通鉴"为书名的书籍10次，《尚书》《书经集注》《书经集传》等"尚书"类书籍7次，《贞观政要》3次，《新编五伦书》《五伦书》等书名中有"五伦"的书籍3次，《国朝礼制集要》1次，《皇明典礼》4次，《明伦大典》1次，《自警编》1次，《文选》1次，《史记》1次，《两汉诏令》1次，《洪武正韵》6次，《玉篇》2次，《广韵》3次，《诗传》《诗》等"诗经"类书籍5次，《劝善书》3次，《列女传》1

次,《圣学心法》4 次,唐李白诗 1 次,《五音集韵》1 次,《饮膳正要》1 次,《对类》2 次,《御制对类》1 次,《孝经》1 次,《千字文》《百家姓》《小学》1 次,《礼记》1 次,《易》《易经》《易经注》《易经大全》等"易类"书籍 4 次,《大明官制》2 次,《大明仁孝皇后内训》3 次,《性理大全》《性理群书》等性理类书籍 4 次,《皇明祖训》7 次,《大学衍义》2 次,《御制文集》2 次,《历代名臣奏议》1 次,《祖训条章》1 次,《孝慈录》1 次,释道二家诸藏 1 次,《洪武礼制》1 次,《皇明内令》1 次,《唐三体诗》1 次,《诸司职掌》1 次,《历代臣鉴》1 次,《含春堂诗》2 次,《祖德诗》1 次,《敬一箴》2 次,十七史 1 次。请求赐予书籍的王府,既有亲王府,也有郡王府。但以郡王府居多。据初步统计,请赐书籍的亲王府有 19 个,郡王府 43 个。另外,斥资大量购买书籍的宗室也不少,这仅在张廷玉《明史》诸王传、焦竑《国朝献征录》宗室传中就有颇多的记载,此处不赘。因此,言明代宗室修建书楼、书堂等文化设施是为了庋藏御赐书籍、盛积古今图书是有根据的,也是符合事实的。

第四,明宗室修建小学、书院、学宫,购置学田等教育设施是为了教育军校子弟、救助贫寒士子、尊崇儒学,出于对教育事业的热诚。如表 1 第 6 条:秦简王诚泳"于府西建立小学,凡军校子弟之秀者,命文臣教之"。第 11 条:唐王立书院"以教其府中军校子弟",为王府军校子弟提供接受教育的场所。第 43 条载:江西瑞昌王府镇国中尉多炫、多㷿"创书院一所,以待士之无居食者",救济贫困士人。第 60 条:"岷王定耀忠孝性成,恭俭夙着,捐己禄以赈乏,置学田以崇儒。"解决地方儒学办学经费不足的问题。这些史料都表明,对教育事业的热爱及对社会弱势群体的同情,是他们修建、购置教育设施的内在动力。

第五,藩禁的影响。所谓"藩禁",一言以蔽之,就是对宗室的限制。其目的就是为了防闲,以解除宗室对中央政权的威胁。明代的"藩禁"正式开启于永乐,最后形成于弘治。内容颇多,法制严密:宗室不得预兵事,出仕之令亦废,并不准习四民之业,王亲不任京职等。不仅权力空间尽失,且出城省墓请而后许,藩王之间的往来更遭禁绝。"贤才不克自见",身居封城形同幽禁,动辄得咎。"藩禁"对宗室修建文化教育设施行为的影响是很大的。我们先看一组统计数据。据表 2,明代宗室修建文化设施 26 个,弘治、正德、嘉靖、万历 4 朝修建的即达 25 个;据表 3,明代宗室修建的书院 41 所,弘治 5 所,正德 7 所,嘉靖 13 所,隆庆 1 所,万历 15 所;其他如学宫、义学、小学的修建,学田的购置,也皆在弘治朝及以后。这两者在时间上的重合、对应,不会完全出于偶然,而应是存在历史和逻辑的紧密联系。那么,"藩禁"是如何对明代宗室修建文化教育设施的行为产生影响的呢?"藩禁"的出现及最后形成,使宗室在洪武朝的风采不再。政治生态环境的恶劣,促使宗室群体的行为选择出现了多元的取向:有的选择了抗争,如图谋不轨、觊觎大位;有的征歌逐乐、好色渔利,沉溺于糜烂的物质享受之中消耗生命;有的则心情苦闷、压抑,而又不甘堕落,遂谨言慎行,埋首读书、著述,究心文化教育,重新定位人生,以转移人生的方向,寻找人生的意义。后者的事例不少。如荆府富顺王厚焜,正德九年封,王幼年失怙,稍壮,"乃潜心问学,发愤至废食寝,遂博贯群艺","嗜诗,兼精绘事"。尝读刘向《说苑》至"臣欲事而君不用,子欲养而亲不待",不觉悲从中来,"辄三复涕下"①。这里既有对父亲早逝的伤悼,更有对朝廷抑制宗藩,防闲过峻,不能实现经国之志的无奈和抑郁。周府鄢陵四辅国将军同辖,鄢陵僖王孙,10 岁受封,岁禄 800 石,然不以安享富贵为满足,不愿过声色犬马的生活,认为那是"速灭之道",不予认同。"好诗书,乐与衣冠徒游。尝读前史,览功名之会,辄抚卷慨然而叹曰:'嗟,诚使某备一官,更生普鼎,敢多吾哉!'"②既充满了对博取功名、兼济天下的向往,也透露出了对现实的不满和内心的落寞。益庄王,"始藩于益,甫离紫禁,狎熟贵事,厚自贬损,鞠躬厉行,刻意学问"。面

---

① (明)焦竑:《国朝献征录》卷二《宗室二·荆王传》,明万历四十四年徐象橒曼山馆刻本,中国基本古籍库收录。
② (明)焦竑:《国朝献征录》卷一《宗室一·周王传》,明万历四十四年徐象橒曼山馆刻本,中国基本古籍库收录。

对"藩禁"的压力，战战兢兢，如临深渊，如履薄冰，遁入读书一途。其子厚烨，"实肖"其父，颖敏而谨慎。正德四年（1509），封益王世子，"日居东府考览六经，搜综百氏，神解妙悟，不烦师程"。嘉靖二十年（1541），袭益王爵，"愈自抑畏，百尔政务恪遵先王之旧"。"于外物无所嗜，顾独嗜学，鸡鸣盥漱，即洒扫庭内，陈经史于几上，危坐讽诵，恒至夜分，虽盛暑不辍。"①生活模式无异一介寒儒！走进他们的内心世界，能感觉到他们普遍地存在一种政治上的被剥夺感，以及由此而生的哀怨！也能深切地体会到"藩禁"带给他们的心灵的震颤与恐惧！人生的价值在何处？怎样才能保证自身的安全？他们基于对生存环境的认知，做出了读书、著述的行为选择。这一行为选择极大地推动了宗室文化教育设施的修建。宁王权，永乐元年（1403）二月，改封南昌，慑于帝威，"深自韬晦，所居宫庭无丹彩之饰，覆殿瓴甋不请琉璃，构精庐一区，莳花艺竹，鼓琴着书其间"。②秦简王诚泳，弘治元年（1488）袭封，弘治十一年（1498）薨。谨守礼法，"声色歌舞、货利田猎澹然无所好"，"自奉俭素，居常布衣蔬食"，"喜读书，凡六经子史百家，无不遍阅，一目悉记"，"喜接文儒士夫"，雅好吟咏，每逢花辰灯夕，延至士夫，命酒赋诗，相互唱和，创侍从儒臣之馆；"易隙地一区"，建正学书院；又于王府西建小学，教育王府护卫子弟。③秦定王惟焯，正德四年（1509）封，"循理乐善，稽古右文"，"关中故无史记，王求善本刊之成趣轩中，俾学士家便观焉"。"侍卫子弟，遴其俊秀者，乃设学陶育之。"④晋端王如烊，"好文雅，尝校《汉文选》《唐文粹》《宋文鉴》"，创有书院⑤。鲁府巨野王府镇国将军观煟，"被服儒素，雅好著述"，所建书院赐名"承训"。⑥蜀成王让栩，"性静哲喜儒，不迩声伎，动循礼法"，创设义学。⑦周府镇平王府奉国将军安㵎，"旁通子史百家言""以代狗马球博之娱"，而"养志无方，购图史，作园亭，延四方之游，日夕燕嬉以快！"⑧唐成王弥鍗，"笃行博学，工诗绘而善敦睦"。弘治二年（1489）嗣爵，"广置精庐于国中，集学徒俊秀者资给之使肄业"⑨。唐府三城康穆王芝垝，成化七年（1471）封，"博通群经，尤嗜绘事，法书名画未尝一日去手"。弘治二年，营御书楼、玩易洞⑩等等。总之，读书、著述，热心文化教育，并修建文化教育设施，成为了不少宗室舒缓"藩禁"压力、规避政治风险的一种行为方式和生活方式。

另外，宁王宸濠创建阳春书院则出于图谋不轨的动机。宸濠阴蓄异志，不法术士李自然、李日芳等言，南昌城东南有天子气，宸濠迷信其说，遂建阳春书院，"特出游以当之"⑪。并不是为了发展教育，只是相当于宸濠沐浴天子之气的行宫。宸濠捐百金助修白鹿书院也是沽名钓誉之举，其目的是为了博得舆论的好感，⑫为夺取明最高政权铺路。但这只是一个特例而已。

三 宗室所建文化教育设施额名与明代宗室治理理念

明代宗室修建的文化教育设施数量不少，文化设施26个，书院41座，书堂7所，小学1所，义学

---

① （明）焦竑：《国朝献征录》卷二《宗室二·益王传》，明万历四十四年徐象橒曼山馆刻本，中国基本古籍库收录。
② （明）焦竑：《国朝献征录》卷一《宗室一·宁王传》，明万历四十四年徐象橒曼山馆刻本，中国基本古籍库收录。
③ （明）焦竑：《国朝献征录》卷一《宗室一·秦王传》，明万历四十四年徐象橒曼山馆刻本，中国基本古籍库收录。
④ （明）焦竑：《国朝献征录》卷一《宗室一·秦王传》，明万历四十四年徐象橒曼山馆刻本，中国基本古籍库收录。
⑤ （明）焦竑：《国朝献征录》卷一《宗室一·晋王传》，明万历四十四年徐象橒曼山馆刻本，中国基本古籍库收录。
⑥ （明）焦竑：《国朝献征录》卷一《宗室一·鲁王传》，明万历四十四年徐象橒曼山馆刻本，中国基本古籍库收录。
⑦ （明）焦竑：《国朝献征录》卷一《宗室一·蜀王传》，明万历四十四年徐象橒曼山馆刻本，中国基本古籍库收录。
⑧ （明）焦竑：《国朝献征录》卷一《宗室一·周王传》，明万历四十四年徐象橒曼山馆刻本，中国基本古籍库收录。
⑨ （明）焦竑：《国朝献征录》卷二《宗室二·唐王传》，明万历四十四年徐象橒曼山馆刻本，中国基本古籍库收录。
⑩ （明）焦竑：《国朝献征录》卷二《宗室二·唐王传》，明万历四十四年徐象橒曼山馆刻本，中国基本古籍库收录。
⑪ 《武宗实录》卷一七五，正德十四年六月丙子，北京，线装书局，2005年。
⑫ 《武宗实录》卷三三，正德二年十二月壬午，北京，线装书局，2005年。

1所，共74座（所）。这还不包括宗室出资修建的学宫和购置的学田。其中，皇帝赐名的书楼、书院、书室、书斋、书舍、书堂达66座（所）。现列表如下（见表6）。

表6 明宗室修建文化教育设施额名一览表

	宗室建文化教育设施	所赐额名	时间
1	代府镇国将军仕㘩书室	务学	弘治八年（1495）
2	辽府湘阴王豪墭书堂	谦勤	弘治十年（1497）
3	襄王佑材书楼	宝文	弘治十五年（1502）
4	辽府光泽王宠怀书堂	博文	弘治十六年（1503）
5	晋王知烊书院	养德	弘治十七年（1504）
6	沈府沁水王长子勋瀊书院	逊学	弘治十七年
7	晋府庆成王奇浈书院	尚贤	弘治十七年
8	沈府相阳王子勋泄书院	勉学	弘治十八年（1505）
9	沈府西阳王诠钲收斋	好古	弘治十八年
10	唐王书院	养正	弘治十八年
11	韩府襄陵王书楼	荣恩	弘治十八年
12	西河王书院	勉学	正德元年（1506）
13	隰川王聪羡书院	崇礼	正德元年
14	灵川王书院	养性	正德元年
15	怀仁王书院	遵道	正德二年（1507）
16	山阴王成鏊书院	进德	正德二年
17	楚王书院	正心	正德三年（1508）
18	韩王书舍	崇文	正德七年（1512）
19	衡阳王书堂	遵教	正德十年（1515）
20	宁王宸濠书院	阳春	正德十一年（1516）
21	永和王知燠书院	乐善	嘉靖二年（1523）
22	宣宁王府奉国将军听溱等书楼	勉学	嘉靖三年（1524）
23	永年王府辅国将军勋㰪书院	养德	嘉靖三年
24	永年王府辅国将军成镯书楼	博观	嘉靖三年
25	鲁府东瓯五当泚书堂	励志	嘉靖四年（1525）
26	汝王祐樟书楼	崇本	嘉靖六年（1527）
27	隰川王府奉国将军聪浬等书楼、书堂	处善 孝义	嘉靖六年
28	鲁府辅国将军当灞书院	养正	嘉靖七年（1528）
29	鲁府巨野王王府镇国中尉观爊书院	承训	
31	楚王荣㴂书院	崇本	嘉靖八年（1529）
32	唐王宇温书堂	居善	嘉靖十八年（1539）
33	晋王新新堞书院	宝善	嘉靖十九年（1540）

续表

	宗室建文化教育设施	所赐额名	时间
34	宁河王奇法书院	明教	嘉靖三十一年（1552）
35	楚王英㷿书院	纯心	嘉靖三十一年
36	淮王厚寿书楼	赏赐	嘉靖三十四年（1555）
37	交城王表佃书院	好礼	嘉靖三十七年（1558）
38	沈王恬烄书堂	修业	嘉靖三十八年（1559）
39	岷王定耀书院	乐善	嘉靖四十三年（1564）
40	赵府管理府事成皋王载玩书院	遵道	嘉靖四十四年（1565）
41	吉王翊镇书院	崇德	嘉靖四十五年（1566）
42	广济王定爌书院	遵训	隆庆三年（1569）
43	韩王朗锜书楼	宝籍	隆庆四年（1570）
44	郑王厚烷书楼	尊训	隆庆五年（1571）
45	河西王表相书楼	崇训	隆庆五年
46	华阳王承爚书院	乐善	万历元年（1573）
47	阳夏王载韭书楼	遵训	万历二年（1574）
48	德平王载堞书楼	传文	万历二年
49	肃王缙熿书阁	遵训	万历五年（1577）
50	山阴王俊栅书院	乐善	万历九年（1581）
51	高堂王厚焕书院	思训	万历九年
52	商河王工㙩书楼	勉学	万历九年
53	乐安王多爌书院	博文	万历十一年（1583）
54	益王翊鈏书院	逊学	万历十二年（1584）
55	郑王厚烷书院	景贤	万历十五年（1587）
56	上蔡王载烻书院	学文	万历二十二年（1594）
57	孟津王载垈书院	勉学	万历二十三年（1595）
58	晋王敏淳书院	宝善	万历二十三年
59	东垣王府翊铠书院	循理	万历二十七年（1599）
60	乐昌王廷儒书院、书楼	弘训	万历二十八年（1600）
61	繁昌王厚燨书院	味道	万历三十一年（1603）
62	庐江王厚光书院	循理	万历三十一年
63	建德王翊鋐书院	守文	万历三十二年（1604）
64	楚王叶奎书院	崇德	万历三十六年（1608）
65	惠府书楼	博文	天启七年（1627）

资料来源：据《明实录》整理

这些额名按含义划分大致可分为三类：一是务学、宝文、博文、逊学、勉学、好古、崇文、修业、宝籍、传文、学文、守文、博观等。其中，博文赐名3次，逊学赐名2次，勉学赐名6次，崇文赐名2次，其他皆为1次。在这些赐名中，后一字为"学"的赐名有9个，后一字为"文"的赐名6个，后一字为"古""业""籍""观"的赐名各1个。这里的"学"为名词，即学问、知识；"文"，即文化，与"武"相对；"古""业""籍""观"，虽含义各有不同，但皆不出文化、学问的范围。二是谦勤、养德、尚贤、养正、养性、进德、正心、乐善、居善、崇本、处善、孝义、宝善、纯心、崇德、景贤等。其中，养德赐名2次，养正2次，乐善4次，崇本2次，崇德2次，其他各1次。后一字为"德"的赐名5个，后一字为"善"的赐名7个。"德"即道德、品行；"本"即根本，可引申为孝亲；"善"即符合德性的事情；其他"心""正""义""贤"，皆不出道德的范围。三是荣恩、遵道、崇礼、遵训、崇训、思训、循理、弘训、承训、遵教、好礼等。其中，遵道赐名2次，遵训3次，循理2次，其他各1次。后一字为"训"字的赐名达7个，仅次于尾字为"学"的赐名。还有阳春、励志、赏赐、味道的赐名。明代对宗室修建文化教育设施的赐名是慎重的。以书院为例。凡请名者，礼部先予核实，"不许假借虚名以滋欺罔"。核实准确后，方得"题覆请给"。书院额名"俱取自上裁"，由皇帝钦定①。如此程序繁复，所赐额名应具有某种"深意"，包含了对宗室的希冀和塑造目标的表达。从上面三类赐名的含义看，很显然，第一类赐名的寓意就是希望宗室博极群书，潜心问学；第二类赐名就是要宗室景仰先贤，修身养性，完善道德人格，提高道德水平；第三类赐名要求宗室循礼守法，感激皇恩，尊崇祖训，尽守藩之职，上卫国家，下安百姓。综观三类赐名，不难看出，要求既要宗室学问博洽、道德完善，又要遵礼守法。实际上，在当时的语境下，这三者是一体的，读书以养成德性，秉德性而守礼法，集中表达了对宗室治理的"儒生化"的目标。

文化教育是任何社会、任何一个阶层都需要的，只是其方式可能略有不同而已。宗室在明代社会中是一个特殊的群体，为满足和适应其文化教育的需要，明政府注重对宗室文化教育设施的建设。如早在洪武元年（1368），即建大本堂，聚集古今图书于其中，延请名儒教授诸子，选取才俊之士充任伴读②。洪武三年（1370），分封制实行，亲王之国前，有出阁讲读之制，书堂设在皇极门右门，"讲官以部臣或进士改翰林官充之"③。隆庆三年（1569），设置王府宗学，其主体建筑有仿照儒学而建的"先师殿、从祀廊庑及棂、戟二门"，以祭拜至圣先师孔子及其他诸圣先贤；同时，尚建有祖训堂三间，尊藏《皇明祖训》及朝廷颁布的宗室管理法规《宗藩条例》《宗藩要例》；明伦堂三间，"以肃师生瞻仰"，为宗学教学之所；明伦堂两侧，东边建有经籍所，藏有经史等类书籍，供宗学师生使用；西边建有资赡所，为宗学师生提供后勤服务；在明伦堂、经籍所、资赡所的背后，复"各建号房数连，每连或五间，或十间"④，以供宗生住宿。基础设施完备，规模较为宏大。还有王府书楼由工部建造的例子。万历四十年（1586）四月，工部奏：福王在封地洛阳的府第告竣，"乞赐钦定书楼、牌坊额名"⑤。此时，福王尚未之国，工部在为其建造府第时，即修建了书楼。等等。那么，明政府为什么还要允许宗室修建文化教育设施，并如此赐名呢？这与明代的宗室管理政策的演变是相符合的。"亲亲"与"防闲"是明代宗室治理面临的一对矛盾。解决的成功与否直接关系到国家政权的稳定和宗室社会的安宁。洪武之世，朱元璋信任诸藩，不仅经济待遇优厚，而且给予崇高的政治地位，赋以统兵治政之权。诸王多拥重兵，驰骋疆场。对宗室的期待当然也是文武兼资。洪武八年，命秦、晋、楚、靖江王"出游中都以讲武事"⑥。洪武十一

---

① （明）俞汝楫：《礼部志稿》卷一六《奏讨书院书籍》，清文渊四库全书本，中国基本古籍库收录。
② （明）申时行：《大明会典》卷五二《礼部十》东宫出阁讲学仪，中华书局本。
③ （明）郭正域：《皇明典礼志》卷一四《东宫出阁》，四库存目丛书本。
④ 《王国典礼》卷七《宗学》，四库存目丛书本；《神宗实录》卷五〇，万历四年五月壬寅，北京，线装书局，2005年。
⑤ 《神宗实录》卷四九四，万历四十年四月戊辰，北京，线装书局，2005年。
⑥ 《太祖实录》卷一〇一，洪武八年九月壬子，北京，线装书局，2005年。

年（1378），谕敕秦相府官："王府设官，本古之道，然古者惟以文章之士匡辅诸王。朕封诸子兼设武臣于相府者，盖欲藩屏国家，御侮防患，无事则助王之治。所以出则为将，入则为相。"[①] 靖难之役后，朱棣渐收诸王之权，对宗室的治理政策出现重大转折。至宣德以后，"藩禁"趋严，宗藩不得预兵事逐渐成为一项制度。正统十四年（1449），土木之变发生，明政权遭遇严重危机。宁化王洛焕欲率诸子从军，报效国家，诏不许[②]；襄陵王冲烁欲赴京勤王，亦被禁。成化六年（1470），鞑靼侵入河套，襄陵王冲烁再次请求率领子婿从军，宪宗严令不许。"自是宗臣无预兵事者。"[③] 不仅如此，在宣德以后，宗室出仕之令也废："当时大臣倡为疏忌宗室之说，遂废出仕之令。"[④]并不许"习四民业"[⑤]。相应地，对宗室文武兼资的要求也逐渐变为了专重"德行"。宣德元年（1426），宣宗闻代王桂诸孙失学，贻书代王，"令王府官属教习读书以成德性"，讲习武事已经淡化[⑥]。弘治年间，钟陵王觐锥自陈骁勇善骑射，熟于韬略，愿备将帅，以身报国，兵部尚书马文升上奏说："弓马骑射非宗藩所宜，幸自爱，读书近儒生。"[⑦]代表了朝廷的观点，宗室治理的政治话语体系已与明初迥异。可见，至迟到弘治时期，明政府对宗室的要求不再是文武兼备，而是养成德性，娴熟书史、歌咏。明代皇帝在其赐名宗室所建文化教育设施中的表达，是其宗室治理理念的真诚流露，也是对宗室的谆谆告诫和教导，与宗室社会治理政策的转变存在密切的联系。

［作者单位：长江师范学院、西南大学］

[①] （清）《太祖实录》卷一一九，洪武十一年秋七月戊子，北京：线装书局，2005年。
[②] 查继佐《罪惟录》卷四，杭州，浙江古籍出版社，2012年。
[③] （清）张廷玉《明史》卷一一八，北京，中华书局，1974年。
[④] （清）《明经世文编》卷一八六，北京，中华书局，1997年。
[⑤] （明）沈德符《万历野获编》卷四，北京，中华书局，1997年。
[⑥] 《宣宗实录》卷二二，宣德元年冬十月乙亥，北京，线装书局，2005年。
[⑦] （清）查继佐《罪惟录》卷四，杭州，浙江古籍出版社，2012年。

从出版史到书籍的社会史

——明代商业出版研究评述

张献忠

  这里所说的商业出版是指以书坊为主体、以市场为导向、以赢利为目的的包括创作、编校、印刷、发行和购买在内的图书制作和传播活动。明代，特别是晚明时期，商业出版空前发达，图书开始大规模地进入商品流通领域，从而极大改变了知识的生产和传播方式，由此促进了思想文化的变迁和社会的转型，但是在各种历史叙事中，无论是书坊主、编辑、书贾，还是刻书活动本身，都处于极端的边缘状态，历史在这里发生了断层。而要探究或者回答晚明思想文化变迁和社会转型何以发生，发生的程度如何以及其动力何在等问题，必须对历史的这一断层进行发掘，这实际上就是福柯意义上的"知识考古"[①]。

  但是，迄今为止，国内外专门从事明代商业出版研究的学者还比较少，以晚明商业出版与思想文化及社会变迁为论题的专著更是付诸阙如，对于明代商业出版的研究状况，笔者在拙著《从精英文化到大众传播——明代商业出版研究》（广西师范大学出版社，2015年）中已经做了阐述，其中主要内容实际上是晚明商业出版，下面笔者再以不同的研究视角为线索，以反思性的立场，对与明代商业出版相关的既有成果做进一步的归纳。

一 目录学和文献学的视角

  明代或包括明代图书的目录学和文献学的成果比较多，无法详细列举，因此只能做简单的阐述。对于晚明出版物的著录，最早就是当时的士人。晚明商业出版的空前繁荣带来图书品种以及单品种数量的急剧增加，公私藏书的规模也随之增长，特别是私人藏书家群体不断壮大，私人藏书规模也不断增加，从而带动了目录学的编纂；除了目录学外，各类《艺文志》也都著录了很多晚明出版的图书。晚明的书目文献很多，无法一一列举，择其要者如下：嘉靖年间晁瑮撰《宝文堂书目》、高儒撰《百川书志》、孙楼撰的《博雅堂藏书目录》；万历年间胡应麟编纂的《二酉山房书目》《经籍会通》（目录学史专著）、焦竑编纂的《国史经籍志》、祁承㸁撰《澹生堂书目》；明末姚瀚编纂的《赖古堂集》。晚明时期，方志编纂之风盛行，基本上各府县都修订或编纂方志，这些志中都有《艺文志》。清代直至民国时期的书目文献所著录的图书中也以明版书居多。这些书目文献和《艺文志》收录的图书中，既有刻本，也有抄本或稿本，刻本中又有坊刻本，通过考察这类文献中的坊刻本图书，我们也可以对晚明商业出版的情况有一

[①] 福柯反对线性历史观，强调历史的非连续性，认为历史充满了断裂，"过去一向作为研究对象的线性连续已被一种在深层上脱离连续的手法所取代，从政治的多变性到'物质文明'特有的缓慢性，分析的层次变得多种多样：每一个层次都有自己独特的断裂，每一个层次都蕴含着自己特有的分割；人们越是接近最深的层次，断裂也就随之越来越大"（（法）福柯著；谢强、马月译：《知识考古学》，北京，生活·读书·新知三联书店，1999年第1页）。为此，福柯主张历史研究应当关注断裂，关注非连续性，应当致力于对"中断的偶然性"的探究，从而建构起"总体历史"，这就是福柯"知识考古学"的主旨。

定的了解。但是我们也应当看到，由于受时代的局限和编纂者的精英主义立场，这些目录文献对大部分坊刻图书特别是坊刻通俗读物没有著录，因而并不能反映明代出版物的全貌。

新中国成立后特别是20世纪80年代以来，各种书目的编纂进入高潮，其中1985年上海古籍出版社出版的《中国古籍善本书目》著录除中国台湾地区以外各省、市、自治区公共图书馆、博物馆、文物保管委员会、大专院校和中等学校图书馆、科学院系统图书馆等781个单位的藏书约6万多种，13万部。各大图书馆也都编纂出版了各自的古籍藏书目录；以省或更大区域为单位各个图书馆联合编纂的书目著述也纷纷问世，如2003年辽海出版社出版的《东北地区古籍线装书联合目录》著录了东北三省所藏的古籍图书10万余种；日本、美国等海外藏中国古籍书目也都陆续编纂问世。另外，很多专门目录如《全国中医图书联合目录》（中医古籍出版社，1991年）也都得以出版，这些书目文献所著录的藏书基本上都是宋元明清的本子，且以明清居多，所录图书大都包括卷数、著者、版本、册数，有的还包括批校、题跋、版式、丛书子目甚至书影等。通过对这些书目文献中明版书的考察，可以大体了解明代特别是晚明出版物的情况。

在目录的整理和编纂方面，既有国家层面的支持，又有各大图书馆包括海外图书馆的通力协作，其中图书馆界的前辈学者如顾廷龙、赵万里、屈万里、沈津等发挥了关键作用，他们大都有着数十年的积累和非凡的学识，编纂了很多包括各类古籍"提要"在内的工具书，早在20世纪30年代赵万里先生就编纂了《国立北平图书馆善本书目》，其他如屈万里编纂的《普林斯顿大学葛思德东方图书馆中文善本书志》（1978年初版于中国台北艺文图书公司，1985年联经事业出版社公司再版），王重民先生的《中国善本书提要》（上海古籍出版社，1983年）、《中国善本书提要补编》（北京图书馆出版社，1997年），沈津编纂的《美国哈佛大学哈佛燕京图书馆中文善本书志》（上海出版社，1999年）、《中国珍稀古籍善本书录》（广西师范大学出版社，2006年），他们的其他很多著述也都是目录文献学方面的，这些前辈学者著录的古籍图书中，大都不仅对书的版本、牌记、作者、内容等做了详细介绍，有的还引用了原书的序跋，其中有很多是晚明坊刻本图书，对于了解晚明商业出版的情况有很高的参考价值。顾廷龙编纂的《明代版刻综录》（江苏广陵古籍刻印社，1983年）、《全明分省分县刻书考》（与杜同书合编，线装书局，1983年），由于专收明代刻本，而且对书坊刻书有明确的说明或者单独列类，因此对于全面地了解有明一代商业出版的情况有着重要的参考价值。

此外，有关明代特别是晚明时期目录学、版本学的论文也有很多，兹不赘述，这些论文对于研究晚明商业出版或提供线索，或有所启发，亦有一定的参考价值。

这些目录学文献及相关的研究成果为晚明商业出版的研究奠定了基础。但是由于这些成果都是基于目录学、版本学和文献学的，只是客观地呈现了部分晚明的出版物，能为商业出版的研究提供资料索引，不可能呈现晚明商业出版活动的总体状况，更不会涉及商业出版与晚明思想文化和社会变迁的关系。

二 编辑出版学和传播学的视角

从编辑出版学和传播学的视角研究历史上的出版活动，这是学术界的主流。具体到明代来说，这方面的成果也比较多。国内最早的出版史专著当属张秀民先生的《中国印刷史》（上海人民出版社，1989年第1版），该书62.4万余字，虽名为"印刷史"，但实际上不仅限于印刷，而是一部较大部头的出版通史，比较详细地论述了自唐初雕版印刷术发明至清末1300余年的出版状况，明代部分着力尤多，该部分不仅论述了官刻和家刻状况，还重点论述了南京、北京、杭州、苏州、徽州和建宁的书坊及其刻书简况，为后人的进一步研究奠定了基础。2004年，大陆和港台学者张树栋、庞多益、郑如斯等编著的《中华印刷通史》（非卖品，中国台北财团法人印刷传播兴才文教基金会出版）是另一部部头较大的印刷通史，该书约 170 万字，论述了从雕版印刷一直到当代印刷的历史，其中古代部分占了 1/3 多一点的篇幅，有些内容论述了明代刻书事业的发展及其政治文化背景，明代刻书的特点，明代的版画印刷以及套版印刷的发明等内容，其中论述坊刻的内容仅有 3000 字左右，但对于版画、套版技术的内容涉及商业出版，从中可窥商业出版在印刷技术变革中的作用。除了这两部大部头的印刷通史外，近十多年来，一批教材性质的编辑或出版通史的著作纷纷出版，主要有肖东发先生主编的《中国编辑出版史》（辽海出版社，2003 年）、黄镇伟主编的同名教材（苏州大学出版社，2003 年）以及吴永贵先生主编的《中国出版史》（湖南大学出版社，2008 年）等近 10 种，但因系教材性质、内容都比较简略，涉及明代商业出版的内容更是少之又少。

缪咏禾先生的《明代出版史稿》（江苏人民出版社，2000 年）比较系统全面地论述了明代出版，包括明代出书种数，出版机构和出版管理，几个重要的出版中心，图书的装帧、设计和印制，图书的经营和流通以及在国外的传播。该书是目前唯一一部断代的明代出版史专著，向人们展示了明代出版的总体状况，但该书对商业出版的论述比较少，对于作为商业出版的书坊刻书连专门的章节都没有，这不能不说是一个缺憾。郭孟良先生的《晚明商业出版研究》首次明确以晚明的商业出版为研究对象，从出版学和传播学的视角比较系统地论述了晚明的商业出版，动态地考察了晚明时期出版的商业化和大众化，其中第 7 部分涉及晚明商业出版与思想文化的变迁，但内容比较简略，附录中所列书坊也有诸多讹误。任继愈先生主编的"中国版本文化丛书"是一套旨在"把版本这门学问从学者的书斋和图书馆的善本部中解放出来，直接面对广大读者"的普及性读物，其中赵前的《明本》（江苏古籍出版社，2003 年）深入浅出、图文并茂地介绍了明本发展的社会背景、政府的刻书机构及刻书情况，藩府刻书、私人刻书、坊肆刻书等内容，坊肆刻书实际上是属于商业出版，作者将其单独论述，体现了其对书坊刻书的重视，但由于该书定位于普及读物，因此内容比较简略。"中国版本文化丛书"中黄镇伟的《坊刻本》（江苏古籍出版社，2003 年）介绍了宋元明清时期重要出版中心的书坊刻书概况，并探讨了坊刻的历史风貌、广告色彩、文化影响，特别值得一提的是作者注意到了坊刻"与社会潮流共舞"和"应民众辟求而动"的特点，并作了专门论述，这说明作者意识到了商业出版在文化和社会变迁中的巨大作用，惜其过于简略。

除了通史性和断代的出版史著作外，地方出版史的专著也有几部。顾志兴《浙江出版史研究——元明清时期》（浙江古籍出版社，1993 年）是比较早的一部，该书共 27 万多字，明代部分占了近 1/3，除了介绍明代浙江出版事业兴盛的原因外，其余内容基本上都是辑录各个公私刻书机构及其所刻之书，并摘录了一些书的序跋及相关资料，从中可以大致了解明代杭州出版业的盛况。谢水顺、李珽著的《福建古代刻书》（福建人民出版社，1997 年）、林应麟的《福建书业史》（鹭江出版社，2004 年）都将明代作为重要的一章，全面系统地论述了明代福建特别是建阳的刻书盛况，而且主要是论述建阳的书坊刻书，内容比较翔实。方彦寿的《建阳刻书史》（中国社会出版社，2003 年）对五代至清朝建阳地区出版业的兴衰做了全面系统的研究，其中明朝部分内容最多，而且主要是作为商业出版的坊刻。建阳古代刻书业的发达也引起了西方学者的关注。对于书籍史、出版史的研究，西方起步较早，但中国商业出版史一直没有进入西方的学术视野。① 近些年来，这种状况有所改变，美国 Lucille Chia 女士的 *Printing for Profit: The Commercial Publishers of Jianyang，Fujian （11th-17th Centuries）*（《营利性出版——11—17 世纪福建建阳的出版商》，哈佛大学出版社，2002 年），重点考察了建阳的刘氏、余氏和熊氏三个家族的商业

---

① 西方学术界对于中国书籍和印刷术的研究早在 19 世纪中期就已经开始了，但一直着力于印刷术的发明和传播，对商业出版的研究则几乎没有。20 世纪 80 年代，美籍华人钱存训博士出版了 *Paper and Printing*（《纸张和印刷》）（（美）李约瑟主编《中国科技史》第五卷第一分册，科学出版社、上海古籍出版社，1990 年），该书仍是停留在技术层面的考察，主要是对造纸、制墨和雕版印制技术方面的研究，对于商业出版基本上没有涉及。

出版活动，其中第四章是明代建阳商业出版的繁荣，主要讨论明朝时期印刷数量大的书籍的内容、传播及目标受众，该书着眼于出版中的经济驱动力，可以说是国内外首部专门研究商业出版的学术专著。该书还有一个特点，就是注重定量研究，作者参考了世界 39 个图书馆目录资料，辑录出 2190 种建本出版物，这就使其研究具有了坚实的基础，但该书的缺憾是没有进一步考察商业出版在文化和社会变迁中的作用。

从出版史的视角专门研究商业出版以及与此相关的代表性论文有袁逸的《明后期我国私人刻书业资本主义萌芽因素的活跃与表现》（《浙江学刊》1989 年第 3 期）、沈津的《明代坊刻图书之流通与价格》（中国台北的《国家图书馆馆刊》1996 年第 6 期）。袁逸的文章分析了明代私人刻书的商业性质，尤其是比较详细地论述了书坊在经营上采取的各种正当或不正当的商业竞争手段，在此基础上作者指出："作为我国历史上私人刻书业规模最大、出书最多、声色最壮的这一时期，如果说此前其后历代的私人刻书业中以传播文化为主要宗旨的刻书事业或多或少还占有相当比例的话，那么在明后期，这种'文化生产'性质的私人刻书业已微乎其微，几近亡迹。而以赢利、谋生为目的的'商品生产'性质的私人刻书业却以卷席之势取而代之，独行其道。视书籍为商品，视刻书为发财致富之门径，这种显著的商品生产性质是为明后期私人刻书业之一大特征。"沈津先生的文章专门探讨了明代坊刻图书的价格，他通过多年来所经眼的 20 余种明代刻本的定价，分析了明代图书的价格和受众情况。除了专门研究商业出版的论文外，涉及商业出版的论文更多，下面分几个方面做一简单的综述。

关于明代某个区域或某地出版的综论性论文。主要有沈燮元的《明代江苏刻书事业概述》（《学术月刊》1957 年第 1 期）、张秀民先生的《明代南京的印书》（《文物》1980 年第 11 期）、李瑞良的《福建古代刻书业综述》（中国出版科学研究所编《第二届全国出版科学研究优秀论文获奖论文集》，中国书籍出版社 1997 年）、李伯重先生的《明清江南的出版印刷业》（《中国经济史研究》2001 年第 3 期）等，这些都不同程度地涉及明代商业出版。其中《明清江南的出版印刷业》重点考察了明清江南的商业化出版，指出，"出版印刷业是明清江南的一个重要产业部门"，但作者认为："在明代，官营出版印刷业在江南出版印刷业中占有重要地位；而到了清代，则是私营出版印刷业占有绝对的优势"。这一看法显然不符合历史的真实，无论从刻书数量还是影响力看，明代以书坊刻书为主的商业出版在整个刻书业中都占据了主导地位，而且对官刻和私刻产生了很大影响，加速了整个出版的商业化进程。

关于明代某个家族或书坊刻书的论文。主要有肖东发的《建阳余氏刻书考》（分上中下 3 篇，分别载于《文献》1984 年第 3、4 期和 1985 年第 1 期）、何忠林的《吴中著名藏书家出版家毛晋》、广西师范大学胡英的硕士论文《毛晋汲古阁刻书研究》、陈旭东的《明代建阳刻书家余彰德、余泗泉即同一人考》（《明清小说研究》2007 年第 3 期）、陈国代《建阳书林乔山堂刘龙田刊刻书考略》（《飞天》2009 年 24 期）等。这些论文主要侧重于对坊主所刻书的考述，较少涉及书坊刻书的商业性质和经营策略。

近些年来，中国台湾学者开始关注明代出版业的研究，如郭姿吟的硕士论文《明代书籍出版研究》（中国台湾成功大学历史研究所硕士论文，2002 年 6 月）第四章以江南为例考察了明中叶以后江南出版业的发展，第五章则分析了明代从官方到民间出版事业转变所呈现的时代意义，论述了书籍出版从政治功能到娱乐功能的转变及其对阅读群的影响，这说明作者已经注意到了明代商业出版在文化变迁中的作用，但是过于简略。

从编辑出版学和传播学的视角出发研究出版业，能够动态地揭示出版活动的规律，并为现实提供借鉴和启示，但是这种视角不能够深入揭示商业出版与思想文化和社会变迁的关系。

三 文学史的视角

从文学史的视角研究出版业主要集中在明代戏曲和小说出版上，这方面的论文也特别多，近些年来尤其如此，主要有俞为民《明代南京书坊刊刻戏曲考述》(《艺术百家》1997年第4期)、潘建国《明清时期通俗小说的读者与传播方式》(《复旦学报》2001年第1期)、张次第《论明代后期通俗小说编辑出版的特点》(《河南师范大学学报》2002年第5期)、戴健和李昌集的《明下叶吴越刊刻中心与通俗小说》(《明清小说研究》2003年第2期)、李忠明的《晚明通俗小说刊工考略》(《明清小说研究》2003年第4期)和《明末通俗小说刊刻中心的迁移与小说风格的转变》(《南京师大学报》，2004年第4期)、汪燕岗的《明代中晚期南京书坊和通俗小说》(《南京社会科学》2004年第10期)、曾礼军的《明代印刷出版业对明代小说的影响》(《浙江师范大学学报》2004年第4期)、程国赋和胡海义的《论明末清初杭州地区通俗小说的创作与刊刻特征》(《暨南学报》2006年第3期)等数十篇，这些论文很很多都是从文学史的视角考察明代戏曲与小说刊刻的，但大都或多或少论及明代商业出版。其中曾礼军的《明代印刷出版业对明代小说的影响》特别强调了明代书坊出版的高度商业化及其对小说的影响，潘建国《明清时期通俗小说的读者与传播方式》重点分析了明代小说的传播方式和受众。

文学史的视角很多也都是从文本传播和受众接纳以及文体演变的角度来研究的，既有的研究成果也很少涉及商业出版与思想文化和社会变迁的关系，即使偶有涉及，亦不深入。

四 社会史和文化史的视角

从社会史和文化史的视角研究出版史，西方学术界远远地走在了我们前面，代表性的专著有法国费夫贺、马尔坦1958年出版的《印刷书的诞生》(广西师范大学出版社，2006年中文版)、弗雷德里克·巴比耶2000年出版的《书籍的历史》(广西师范大学出版社，2005年中文版)以及美国罗伯特·达恩顿1979年出版的《启蒙运动的生意——〈百科全书〉出版史（1775—1800）》(生活·读书·新知三联书店，2005年版中文版)。

近些年来，中国商业出版史尤其是晚明商业出版史开始进入西方的学术视野。美国伊利诺伊大学香槟分校周启荣（Kai-Wing Chow）的 *Publishing, Culture and Power in Early Modern China*（《现代化早期中国的出版、文化与权利》，Stanford University Press，2004），引入文化权利、公共领域等概念，对明代（实际上主要是晚明）中国的出版与社会的关系进行了探讨，并着重探讨了书籍出版在明代的地位、科举考试与出版的商业化等问题。该书实际上是一部探讨明代商业出版与社会变迁的专著；美国俄亥俄州立大学包筠雅（Cynthia J.Brokaw）和伊利诺伊大学香槟分校周启荣（Kai-wing Chow）合编的 *Printing and Book Culture in Late Imperial China*（《晚期中华帝国的印刷与图书文化》，The University of California Press，2005）是一部研究晚明至清的中国出版史的论文集。这些文章从不同角度对晚明至清的图书出版情况进行了探讨，涉及传统雕版的优势、晚明时期新阅读群体的构建、晚清畅销型商业出版物、明清时期小说市场等主题[①]；英国剑桥大学约瑟夫·麦克德莫特（Joseph McDermott）的 *A Social History of the Chinese Book: Books and Literati Culture in Late Imperial China*（《书籍的社会史：中华帝国晚期的书籍与士人文化》，Hong Kong University Press，2006，北京大学出版社2009年中文版）探讨1000—1800年间中国图书的生产、发行、阅读和流传，对图书的销售和市场结构等进行了探讨。

---

① 对前两部著作的评介主要参考了张志强：《海外中国出版史研究》，载《出版科学》2006年第12期，特此致谢。

西方学者从社会史和文化史的视角对中国书籍史和出版史的研究,将商业出版与思想文化和社会变迁联系起来,为我们的出版史研究提供了借鉴和启迪。但是由于两种语言文字的隔阂,西方对中国出版史的研究大都偏重于宏观的阐释,资料的原始性也很不够,缺乏严谨的考证,细细研读会给人根基不扎实的感觉。但这些成果毕竟走在了中国学术界前面,最终必然会显现出对中国出版史、书籍史研究范式转向的引领作用,其意义不可低估。

正是在西方学者新的研究范式的影响下,最近几年,中国学术界也开始零星出现了从社会史和文化史的视角来研究出版史的论文,如中国台湾学者王鸿泰的《社会的想象与想象的社会——明清的信息传播与"公众社会"》(载陈平原、王德威、商伟编《晚明与晚清:历史传承与文化创新》,湖北教育出版社,2002年,第133—147页)就涉及晚明商业出版与公共空间的兴起,另一中国台湾学者王姿婷的《爱情经销商——邓志谟情诗评点与晚明印刷文化》(《中极学刊》第4辑,2004年12月)及其硕士论文《娱乐消费与印刷文化:以万历后期青楼的情爱书写与阅读为中心》从邓志谟情诗评点以及日用类书中的"风月门"等相关内容探讨明代的出版文化,视角比较新颖;拙著《从精英文化到大众传播——明代商业出版研究》以及系列论文《明中后期科举考试用书的出版》(《社会科学辑刊》2010年第1期)、《袁黄与科举考试用书的编纂》(《西南大学学报》2010年第3期)、《阳明心学、佛学对明中后期科举考试的影响》(《四川大学学报》2012年第1期)、《明中后期商业出版的大众传播属性与文化的下移》(《求是学刊》2013年第2期)、《晚明底层文人的生存状态——以南京王世茂车书楼为中心的考察》(《安徽史学》2015年第4期)、《科举竞争压力下晚明底层文人的职业选择——以晚明职业出版人群体形成为中心》(《社会科学研究》2015年第3期)、《文社、书坊与话语权力——晚明商业出版与公共空间的兴起》(《学术研究》,2015年第9期)等也都是从社会史和文化史的视角研究明代特别是晚明商业出版的尝试。

从社会史和文化史的视角研究历史上的出版活动,有助于认清商业出版背后的思想史和文化史意义,从而揭示商业出版与思想文化和社会变迁之间的互动关系,特别是前者对后者的促动作用。但是总体上讲,国内特别是大陆学术界仍然停留在出版史、传播史的视角。笔者认为,出现这种现象的原因,乃历史学者缺席之缘故。现有的从事商业出版乃至整个出版史研究的学者,基本都是图书馆学、文献学、文学和编辑学、传播学领域的学者,历史学者不知是对书籍史不感兴趣还是没有发现这一处女地,这不能不说是一个缺憾。

[作者单位:天津社会科学院历史研究所]

明代文学作品的社会史研究价值

牛建强

一 文学作品反映社会的方式与狭义史籍存在差异

文学作品反映社会的方式有别于史书。尽管诗歌、小说、戏剧等存在着体裁上的不同,在承载社会历史的信息量上可能会有一定程度的差异;在实际的文学创作过程中,相同的文学体裁,其虚拟的成分因创作主体的个性差异而呈现出不同,但文学对历史社会的反映基本上可以说采取的是和史学相反的形象的和虚构的方式。它可能假借了历史上实有的人物、地点和事件,也可能是毫无依托踪影、全由作者臆造,然后寄寓自己的思想、情感和目的,匠心独运,设计和编缀成文言或白话小说,或是杂剧、传奇。小说和戏曲都围绕着一个或一些引人入胜的情节展开;特别是那些话本和戏曲还有一种演出的场景效果,弥补和强化了其文本自身所缺乏的灵动特点。作为具有观察、概括和批判能力的作家,在创作过程中,对身边不断变化的事物、民众复杂多变的心态了如指掌、体会入微,更会考虑如何抓住根本、突出典型,有力地去震撼别人,实现有效的感染效果。所以,叙事类型的文学作品反映了民众的心绪和见闻,再加上其固有的情节性和生动性,因而对一般民众具有某种亲切感,是他们所喜闻乐见的。正如欣欣子在《金瓶梅词话》序中所说的,三尺童子也可洞然易晓的通俗小说,虽然涉及的都是些琐碎之事、市井常谈,但它贴近生活、摹自然,无怪读之熟悉亲近,感到畅怀兴奋,"如饫天浆而拔鲸牙"①。由此可以看出文学的反映力和震撼力的强大,尽管其反映方法不是直接去复写、直射,而是折射和跳跃的表达。就具体的人事或上层政治来讲,大多数文学和它似乎瓜葛甚少,却以生动的形式驻留了创作时代中下层民众的生活和广泛的城乡事物。这些是从雅正的史书上所无法获取的。

二 明代各类文学作品从不同方面反映着明代社会

小说文学有讲史、艳情、公案等区别。其中,相对地来说,讲史小说更需要历史素材的支持。但就讲史小说而言,除了表现事件时间归属的古代和当代的差异外,也同样存在着虚实成分比重的差别:有的实多虚少,有的虚多实少,虚虚实实,互相掺和。从表象上看,实的部分更多地关涉过去;然而,虚的部分却实在地影射了现实。在戏剧文学中,有北曲和南曲之别,即就明代中后期逐渐占据上风的南戏而言,从创作依托的题材来看,也有历史和现实的不同分属。在曲折反映现实的戏曲中,除了以情节和宾白作为主要特征的戏剧外,和戏曲一样具有音乐性的散曲,同样给我们提供了丰富的社会变化和民众生活的素材。此外,诗文风格的变化、民歌内容的更迭,也莫不生动地反映着社会变化的不同方面。吴晗关于《金瓶梅》有一段中肯的评论,"因为他(作家)不能离开他的时代,不能离开他的现实生活,他是那时候的现代人,无论他如何避免,在对话中,在一件平凡事情的叙述中,多少总不能不带有那时

---

① 笑笑生:《金瓶梅词话》卷首《欣欣子序》,人民文学出版社,1989年,第1页。

代的意识。即使他所叙述的是假托古代的题材，无意中也不能不流露出那时代的现实生活"①。这段话在我们研究社会历史时，对于屏除使用文学材料的顾虑，是有帮助的和有意义的。

三 文学作品中新内容的注入决定了其对当时社会史研究的价值

就文学作品主要组成部分的小说和戏曲而言，其相互借用的情况比较复杂：有小说直接借用前代史书资料、唐代传奇、宋代小说、元代杂剧和宋元和明初戏文的；有杂剧（包括南杂剧）借用宋代小说、元代杂剧、宋元和明初戏文的；有明中期后兴起之传奇对唐宋小说、元代杂剧、宋元和明初戏文题材的借用，情况极其复杂。同类型或非同类型的文学作品在相同题材的多次假借中，不是简单照搬，而是随着作者的感受和时代的变化，对旧素材不断加工改造，甚至颠倒推翻。这些素材，有的原本就是虚构的，有的只是借用了部分史实成分以适合自己的架构；有的取材虽然也有根据，但与作品的主角无关；有的只是借用了既往作品的人名或地名等，而其情节全系杜撰。所以，对于大体相同素材的文学形式，无论是戏曲还是小说，不要把它们过分当真，硬要从它们的字里行间勾索出与真实历史的联系，固执地按一种思路去思考。其实，每篇作品都有其相对独立的意义，在使用作品中反映作者时代社会的材料时，可不必过多地去考虑和纠缠到所提及的先前历史时期的人和事，只需把这些东西看成是作者在写作过程中为便读者熟习起见而随机使用的符号即可。当然，也不排除那些基本上以某一时期的历史作为演义材料的历史文学的存在。我们预先有了这样的思想准备和类型分界，就不会像索引派那样，动辄对作品涉及的各种相关信息去反复钩沉、牵附，硬要找出其中的某种历史根据。当然，知道素材借用间的关系，对弄清故事情节和时代的变化是有帮助的，但我们更要善于发现题材间的差异和作者注入的新的内容，以作为研究社会历史的材料。

四 明代诸体文学中社会生活内容举隅

在市民文学成长过程中所形成的包括小说、戏曲等在内的文学作品的数量尤为庞大，反映的内容也极广泛，几乎涵盖当时之所有社会现象。因此，就小说、戏曲这些通俗文学作品的文本而言，其所蕴含的内容通过一定的方法处理后，具体来说经过对所积淀的不同时期的文化内容实现剥离后，将会为明代社会史的研究提供生动的直接性材料。特别是其中有些作品还是以现实为创作素材，或者有所感奋而指桑说槐、奏弦外之音，这种作用就更不用说。而现实性较强的歌谣、诗篇，照样可以具有反映具体历史事物面貌的强大力量，因此利用价值极大。不敢统言，任何历史时段的文学作品都适宜于这类研究，但至少对于明代特别是明代中后期而言是适用的。由于这些材料的纷繁，短时间内不可能全盘卒读，以及篇幅的限制，我们不可能有效地加以融贯，只能结合一些不同文学体裁所描述的与社会生活相关的内容，采用例举的方式进行说明，以表明这类材料对社会历史研究的价值，并希图借此强化这种认识，使人们在文史研究中放宽视野、开拓领域，从而起到举一隅而三反的作用。

（一）城市面貌和城市生活个案

近期在研究明清开封城市史时，除了利用必要的历史文献外，作为诗歌类的历史文献也在网罗之列，

---

① 吴晗：《〈金瓶梅〉的著作时代及其社会背景》，原载于 1934 年 1 月《文学季刊》第 1 卷第 1 期，后收入《吴晗史学论著选集》第 1 卷，人民出版社，1984 年，第 352 页。

在此专就接触到的此类材料进行说明，以见其对研究社会历史的价值。

开封的大相国寺，始建于北齐文宣帝天保五年（554），时称建国寺。唐朝睿宗景云初年，因初即位，赐已旧封"相王"作为寺额，称相国寺。① 到北宋时该寺院已具有皇家性质，因而名闻遐迩。作为佛教圣地，此后便备受善男信女的膜拜。明代开封是太祖朱元璋第五子朱橚的藩封所在。暇日，周府长史瞿佑和周府伴读黄槊（字体方）② 前往相国寺拜谒。黄氏，系江西临江府新淦县人。他们原以为堂堂名刹应有类似南方的花木之胜和香茗之供，然而在接目之后大失所望，给他们的印象却是"鄙陋殊甚"。"僧皆毡帽、皮靴，发长过寸，言貌粗俗"。黄氏称之"恶僧"，为此口占云，"步入空门见恶僧，红毡被体发鬅鬙"，身披红色毡衣，留着长发不剃。瞿佑接着占道，"一言能得君王意，安得当年老赞宁？"瞿氏在这里引用了一个典故：北宋初，太祖到寺中行香。当时住持叫赞宁，太祖问他，"朕见佛拜还是不拜？"赞宁灵机一动，巧妙回答说，"现在佛不拜过去佛"③。大得太祖欢喜。瞿佑所引赞宁典故，意在说明北宋初年的大相国寺在佛教界确处于较高水平，其中不乏精通佛理的大师，而永乐初年相国寺僧人从装束到内在皆形鄙陋，则当年盛景不复可睹。他和黄的合诗是明初大相国寺衰微实情的写真。瞿佑还有一首《过汴梁》诗：

　　歌舞楼台事可夸，昔年曾此擅豪华。
　　尚余艮岳排苍昊，那得神霄隔紫霞。
　　废苑草荒堪牧马，长沟柳老不藏鸦。
　　陌头盲女无愁恨，能拨琵琶说赵家。④

这首诗应是他宣德四年（1429）从北京英国公家被赦后南返经过开封时的作品。北宋末和金末的劫难使汴梁当年的铅华洗尽，至15世纪20年代末时仍留伤痕，到处废苑荒草，当年横排苍昊、高接霄汉的艮岳凄凉地在那儿躺着。然而，城市的余韵并未完全消歇，怀着满腔怨愁的路边盲女仍手拨琵琶，说唱着当年的赵家故事。据明末朱廷焕所引《西湖志》说，明中期后杭州的"陶真"现象，即"男女瞽者多学琵琶，唱古今小说、平话以觅衣食"和"大抵说宋时事"的做法，是这种汴京遗俗的模仿。

禹州人王翰也曾在周府供职，他留有诗集《梁园寓稿》（九卷），卷五有《和赐瞿长史象牙笏韵》诗一首。瞿长史即瞿佑，因知他供职的时间也应在永乐初年。他在一首七言古诗中写道：

　　大梁城中百万家，谁家沽酒为生涯。
　　青帘白昼垂到地，书言美酒非为夸。
　　座中多是江南客，卖茶贩盐为本业。
　　自从伴着如花人，囊楮番番卷秋叶。
　　日长不厌秦筝繁，夜阑不放清歌歇。
　　箧里黄金索已无，朝来暮去情渐疏。
　　秋风吹断高唐梦，但见阳台明月孤。

---

① （明）李濂：《汴京遗迹志》卷一〇，《寺观·相国寺》，中国书店，1959年据嘉靖刻本影印，第1a页。
② （明）练子宁：《金川玉屑集》卷五，《墓铭表·故耆老理庭黄公墓志铭》，北京图书馆古籍珍本丛刊，第101册，第146页。
③ （明）瞿佑：《归田诗话》卷下，《相国寺》，历代诗话续编下册，中华书局，1983年，第1288页。
④ （明）朱廷焕：《增补武林旧事》卷八，《诸色伎艺人》，引《西湖志》，文渊阁四库全书，第590册，第430～431页。也见（明）曹学佺：《石仓历代诗选》卷三六二《明诗初集八十二》，但题作《汴梁怀古》，文渊阁四库全书，第1391册，第901页。

昨日书来寄亲语，老病空床泪如雨。
寄与佳儿促早归，何用离乡作商贾。
市中卖得旧衣钱，独向黄河买去船。①

诗中说永乐初年开封城中即有百万之家，显然有些夸张，但人口的众庶是可肯定的。王氏着意描述了酒家盛况，说明开封的饮食业很具特色；上座的多是来汴贩卖盐、茶的江南客商，说明开封城市在明初的复苏和初步发展，成为南北商人麇集贸易的商业中心之一。诗笔还对这里的"性"消费涂了重彩，说明妓业的发达。江南客商耐不住在异乡的寂寞，把钱钞视同秋叶，大把地花在如花的妓人身上，秦筝聒耳，清歌不歇，日以继夜，寻乐求欢，等到他们的钱财耗费精光，却被妓人抛弃一边，高唐梦断，与孤月相伴。家中老亲来信催促早归，囊中空无一文，只得到市中将衣服卖掉，乘船由黄河南返。诗中突出刻画了开封城市的商业性和消费性的特征。

以上以开封为例，集中利用诗篇材料对明初开封城市生活的某些侧面所作的勾勒。下面就小说材料所反映的城市生活举一例示之。明末清初东鲁古狂生编辑的拟话本小说集《醉醒石》，其第9回《逞小忿毒谋双命，思淫占祸起一时》提供了晚明京师一般市民家庭生活的某些内容。中载，在兵科以抄写度日的老陈，大抵是属于江、浙一带的南边人，住在器皿厂前一个巷内的尽头。他有一女叫作大姐，长得极为标致。正月的一天早上，一个挎着柳条筐子的孩子高声叫卖："热波波、火烧哩！"陈大姐应声道："卖火烧的。"随即掀开芦帘，走来把 10 个黄钱递给小孩，在柳条筐内拣了 6 个火烧和 4 个热波波。这里的热波波其实就是蒸成的面食饽饽的异写，即今天的馒头。火烧是烤制而成的面食，此称至今沿用。饽饽是热的，刚从蒸笼中揭出不久，服务极其方便。火烧想必也是热的。看来当时北京一般人家的早点主食还是饽饽或是火烧。陈家虽是南方人，然已适应了北方以面食为主的生活习惯。10 个黄钱总共买了 10 个饽饽和火烧，合一个黄钱一个饽饽或是火烧，基本价钱如此。陈家的帘子是用芦苇做成的芦帘，可能极适合于挡风御寒。卖面食的孩子挎拎着的是柳条编制的筐子，虽简陋但也便于蒸汽的散发而不致使饽饽粘结起来。下面接着又载：过了一段时日，陈大姐嫁给了一个名叫施材的军户，这人虽不富有，但系本分人家，将来可靠有托。家里有间房子住，有两间房子租赁收取租钱。还纳了两名军粮，一是他亲自当差，另一名是御马监的买闲。这买闲就是不到御马监当差，用钱买一个冒充的名额，按期领取月粮。自然这月粮的价值远远超过了买取的钱数，因为被具体负责的官员或经办者中饱私囊，尽管对国家不利也就在所不惜了。大约买一个这样的资标每月花 2 钱 4 分，一月可支取两石糙米，若转卖与人的话可得 800 黄钱，值银一两。和所纳价钱相比，可净得 7 钱 6 分银子。施家的基本经济状况如此，可见他还算得上是经济条件比较优裕的一般市民家庭，所以他的家庭生活大体上可以作为大多数京师市民家庭生活的代表。靠着这些收入，"陈大姐嫁着他，甚是过得日子。早晨，炕前种着火，沙锅里温着水，洗了脸，先买上几个火烧、馍馍或是甜浆粥作了早饭。午间，勤力得〔的〕煮锅大米或小米饭，吃两餐；不勤力得〔的〕买些面下吃。晚间，买些烧刀子。有钱买鱼肉荤腥，没钱生豆腐、葱蒜。几个钱油，几个钱醋，权且支过。终日夜不落炕坐着，也算做一双两好"②。根据上面提供的银、钱比价，一分银子相当 8 个黄钱，说明当时的食品价格并不为高。这段记载使我们知道了饽饽和馍馍是一回事，并得知火烧和饽饽之外的甜浆粥的早餐新品种。看来，只需买几个饽饽或是火烧，再买些甜粥，这早餐就可对付了。午饭一般是大米饭或是小米饭，蒸煮得多一些，除午餐外，也可当晚饭。勤快的人家自己做，怕做

---

① （明）王翰：《梁园寓稿》卷二，《七古·酒家谣》，文渊阁四库全书，第 1233 册，第 284 页。按：黄氏为周府伴读，其职责如王翰为其题诗中所云："入作王门客，来为上国宾。清操居侍从，博学待咨询。"（《梁园寓稿》卷三《五言排律·金陵送别图（为体方黄先生作）》，第 289 页）

② 东鲁古狂生：《醉醒石》第 9 回《逞小忿毒谋双命，思淫占祸起一时》，上海古籍出版社，1956 年，第 132 页。

米饭麻烦的人家或是不勤快的人家可直接去买些面做面条吃。晚饭,一般吃烧刀子。有钱的人家可以买鱼肉吃荤腥,没钱的自家做些豆腐、种些葱蒜。市民的家庭生活和城市市场、商店、小卖须臾不能分离。冬日里,有条件的生有暖炕,早上可以用温水洗脸,不必那么冰冷刺骨。这就是当时京师一般温饱市民家庭的缩影。

下面是民歌文学形式反映的城市生活内容。在万历年间,一些民间歌曲广泛流传。这些民间时调,城市应是扬风气之先者。据载,"嘉、隆间,乃兴[闹五更][寄生草][罗江怨][哭皇天][干荷叶][粉红莲][桐城歌][银纽丝]之属,自两淮以至江南,渐与词曲相远,不过写淫媟情态、略具抑扬而已。比年以来,又有[打枣竿][挂枝儿]二曲,其腔调约略相似。则不问南北,不问男女,不问老幼、良贱,人人习之,亦人人喜听之,以至刊布成帙,举世传诵,沁入心腑"①。当时的流行歌曲主要是[打枣竿]和[挂枝儿]。可能因两者腔调接近,故时人王骥德说,"小曲[挂枝儿]即[打枣竿],是北人长技,南人每不能及"②。地不分南北,人不论男女、老幼、良贱,莫不深受此风感染,可谓沁人心脾。如沈氏所云,这些歌曲内容多关"淫媟情态"。依保守者的态度,必会得此结论。若从民歌产生和内容来看,则可透露出一种新的时代信息。这些歌曲是"田夫、野竖矢口即兴之所为",无所避忌,天然率真,直可谓心扉敞开、情愫倾吐。其对男女真情的抒发虽不免狂野,然确可"发名教之伪药"③。除早期人类和准早期人类借歌谣形式传达男女之爱的原始方式外,在经历过浓烈的男女之别、思无邪等封建传统的熏染之后,能够突破既定观念的约束,呼喊出隐秘在内心深处、羞涩难语的男女情爱之声,非有异化传统的城市社会变化力量的足够发展,无以至此。如《花开》借一位女子之口说,"约情人,约定在花开时分。预把牡丹台、芍药栏整葺完成,等着那花发芽,便是奴交运。将近清明了,一个花蕊头儿不见生。想去年此际将开也,今年怎么这等迟得很"④。这位女子和情郎约定在春天牡丹、芍药花开时节相会,预先把花栏、花台葺修得妥帖,只盼着那花芽早发,和情人相见。时令不到,花蕊未生,只因心情太切,总觉得花期来得太晚,心田焦枯,求渴难耐。又如,《同眠》也借用女人口吻描述了男女偷情的快乐,"昨夜同郎一处眠,吃渠掀开锦被捉我脚朝天。小阿奴奴做子深水里蚂蝗只捉腰来扭,情哥郎好似边江船阁[搁]浅只捉后艄掮"⑤。此四句式的情歌把男欢女爱的动作描述得极为贴切。小阿奴奴因偷情的兴奋,如同水中蚂蝗一般不断地扭动自己的腰肢,情哥郎好像艄公解除靠江船胶搁的动作扛抬着小阿奴奴的朝天双脚。词义虽然在正统人士看来不免有些淫亵,但它却是惟妙惟肖、栩栩生动的,显露出江南城市男女即使不是公开的感情交流,也应是内心深处的大胆想象。作为流行的情歌,宣泄着内心的亢奋和激动,被青年市民常挂诸口则是可以推知的。这两则是从江南地区明末广为流行的情歌中随意拈出的,和此内容接近的可以说是很多的。这里取其一斑,不再冗赘。

(二)商业经营细部的片段

明代商业经历了明前期的曲折和有限发展,到了明代中后期得到了长足的进步。如商业融资(或合资,或借贷),商业经营(或资本股和人力心智股的结合,或利用奴仆进行),商业服务(如资金汇兑等),这些方面都得到了质量上和规模上的提高和进步。特别是属于商业服务范畴的安全防护也随着商业的发展而健全起来,如出于保护商业安全和畅通需要的保镖行业即在当时的小说中有所反映。镖,当时俗写作标。如《皇明通俗演义七曜平妖全传》卷五中云,当时从事保镖的人称作"达官",这种行为本身称

---

① (明)沈德符:《万历野获编》卷二五,《词曲·时尚小令》,中华书局,1959年,第647页。
② (明)王骥德:《曲律》卷四,《杂论第三十九下》,中华再造善本,第32b页。
③ (明)冯梦龙:《山歌》卷首,《叙山歌》,江苏古籍出版社,2000年,第1页。
④ (明)冯梦龙:《挂枝儿》卷一,《私部·花开》第1条,江苏古籍出版社,2000年,第4页。
⑤ (明)冯梦龙:《山歌》卷二,《私情四句·同眠》,第25页。

为"送标"。就"标"而言,时有两意,一是标准的意思,"有菜标,有肉标。怎么叫做菜标、肉标?客人本钱小些,每日用饭食,搭一顿豆腐青菜便是菜标。本钱大的客人,全不用豆腐青菜,便叫做肉标"。可以看出,当时商人根据资本的厚薄,确定自己的消费标准。第二意即是保镖的含义。为了保证经商途中的安全和顺畅,便派生了这种行当。"有汗标、水标。怎么叫做汗标、水标?或二三十达官将客人行李打叠在骡子上驼[驮]着,达官们弓上弦、刀出鞘,任你是什么官、客,路上都要让他行,不敢近他,这便是汗[旱]标。水标,或三五帮船一起,弓箭枪刀,再不拢崖住下,昼夜长行,随你官、民船只,都要让他行,不敢傍他,这便是水标。就是水路江洋大盗、汗[旱]路响马,都不敢惹他。"其中的"汗标"显为"旱标"之误,应是相对水标而言的。这些达官"专与临清布、段[缎]、杂货店送标"①。不论官、民,都要让着他先行,就是盗贼、响马也不敢轻易惹他,从而使途中的商业安全得到保证、经商的效率大大提高。这段论述是围绕明末山东临清的情形展开的。临清是运河沿岸的重要城市之一,是南北物货的重要集散地,因而南北商人麋集,在明代中后期非常繁盛。万历年间,由于税使四出,行商、坐贾颇受困扰,以致当地市民诉诸暴力。因该地商业繁荣,相应的服务机构和保护组织的应运而生便可理解。

(三) 乡宦及其子弟对基层社会秩序影响之一斑

缙绅通过科举取得了功名,其中的许多人做了高官,他的家族、乡里和地方政府便对他另眼相看。告老休致后,这种影响力丝毫不减。所以,他的善恶和举止对基层社会秩序的波动如影随形。这种影响力不只限于乡宦本人,其子弟和奴仆也会在他的这柄保护伞下做出各种举动来。国家范围广大,然和此相对应,其交通、通信等管理国家的技术手段却极为落后,这就决定了以缙绅为核心的家族统制在基层社会控制中存在的必要性。而乡绅恶劣的行为,因其极高的政治声望和天高皇帝远的所处,有时膨胀到了极端地步,严重威胁到基层民众的基本生存环境。好、恶的不同行为对基层社会秩序产生着正反两种截然不同的结果。正因这种现象在现实中的普遍存在和重要作用,日本学者在对中国社会的研究中敏锐地抓住这一重点切入研究,提出了所谓乡绅论,并引发了国内更多学者对这一问题的关注和探讨。关于小说中乡绅对基层社会的正面作用的例子不拟列举,只就其负面影响姑举一例。在小说《平妖全传》中载直隶徐州沛县的一个"快嘴老儿"对名叫"万人敌"的说道:

> 近日有一桩大没理的事,到[倒]也好笑。俺县里有个董尚书,公子叫做董一经,他诨名叫做董钟。你说他怎的叫做董钟?他性如烈火,就似悬挂的一口钟,挽着他些儿,便嗡的[地]响起来。俺这周道爷惹空头祸,如今撞了他一槌了,怎么是好!他平日霸占良家子女,放子母债,准折人家田产,羊羔起利,倚势欺贫。县官是他家小厮,但是少他利债迟了一日,就送在县中拷打,那[哪]怕他就卖儿女、妻子,比官钱粮还不同也,没一个人敢议论他。这的不是不成世界了?他前日往庄上去,打从周老爷庄上过,他的庄子与周老爷邻田合界,田土也被他侵占了些去,也不敢则声。前日因他经过,周老爷请他吃茶,就留酒饭管待他。客官,你晓得庄户人家有甚么内外。那周老爷有个女儿,唤做如玉,虽然没有母亲,却是个端庄的,今年十七岁了,聘与前庄刘道人家大儿子刘成为妻。那日,他出来打麦场上走走,果然标致。这董公子看见他[她]生的[得]好,就要求他为妾,对周老爷说:"这个女儿是那[哪]家的?"周老爷答曰:"是愚下小女。"董公子问:"可曾聘人否?"周老爷回曰:"已聘与前庄刘家了。"董公子曰:"老师不弃,学生到[倒]与你做个女婿。"周老爷回曰:"一家女儿止许得一家,那[哪]里又许得别一家?"一经曰:"学生做门婿,强如要

---

① (清) 隐居士:《皇明通俗演义七曜平妖全传》卷五,第52回《四犯彭城》,古本小说集成,第439~440页。

那村夫。"周老爷便回他："你是诗礼门第，岂不知礼？那［哪］里做得这样非礼的事。"一经就起身曰："你乡下人，甚么礼不礼。我拣一个好日子行了礼，来娶便了。"①

尚书的儿子董一经性格暴戾，凭恃其父的地位，胡作非为，放高利贷，准折人田产、子女。谁家的田地与他家搭界，便要被他蚕食。田地被人强占了，也不敢作声，可见董家之豪横。连县官也成了他家小厮一般，为其奔走、利用；若人欠了他家利债，便要拖到县里责打。若是看见谁家女儿长得标致，便强求嫁他做妾。董一经之所以斗胆做出这些非法无理的举动，无疑与他父亲的身份地位以及他的缺乏教养有关。而这种缙绅子弟的行为却危害一方，直接影响了基层民众生活的正常和秩序的安定。这里只是当时此类情况的缩影，从中可以窥知明代后期某些乡宦豪横乡里之一斑。

（四）男女婚姻过程的侧面

在上古时期所形成的儿女婚嫁皆由媒妁之言、父母之命的传统模式直到明代仍然履守着，成为男女结合的一般形式。对明代这种婚姻促成状况的了解，应是理解明代社会面貌、判定明代社会发展水平的重要方面。形成于清初的《新世鸿勋》②，其中关于李自成的一些描述是虚构的，这些内容完全符合小说的特点，所以它是作者对一般社会情状的提炼。其中编造到，李自成（延安府绥德州米脂县广义乡人）生下时相貌丑劣，及至十五六，"气质狠恶，打爹骂娘"，"无志读书"，"施刀弄剑，狠作狠为"，父母因气相继身亡。他则变卖家产，东漂西荡，无有营生。经人说合，去投靠住在米脂县东城的当时急需人手的铁匠周清。周清"靠做个铁匠生理，开张店面，打铁过日。那铁作里边，果然打得精巧，随你甚么犁锄田具、器械刀枪以至零星什物，件件皆宜，无不适用"。他手艺出人，都慕得他"家里的铁器做得好，争先来教他打造，故此生意越加茂盛，挨挤不开"③。"做到一年半载之后，周清家里生意来得越多，囊中积下金银，竟成一个小小的财主"。等自成该婚娶时，周清和妻子赵氏便托住在对门的媒婆王妈妈提亲。王妈妈物色到东门外的郑员外家。郑家"当初做人家起手时，止存得一斗米，别无他物"，靠勤俭持家，"家里田庄屋舍、财宝金银，无所不有"，"如今却有准百担囤在廒里"，是个大户人家。郑家应允了这门亲事后，两家"择日行聘。送礼时，少不得有花红、羊酒、段匹、钗镯，大模大样，却不像个铁匠做事（铁匠因本小利薄，做事本是小气，可周清不同）。如今的世态，只论家资，不论门面，这是近时俗套。纳聘以后，再隔几月，打点过门成姻"④。郑家置备了妆奁，将女儿燕娘（因是二月里生的）嫁与李家。另一本以明末历史为题材的《樵史通俗演义》⑤中云，李自成到了十八九岁的年龄，"只管在外嫖赌闯祸"，他父亲李守忠说男大当婚，于是托王媒婆给他找了一个二婚但长得绝标致的韩氏。在看中之后，先是用一根5钱重的银簪下定，接着韩妈妈提出了彩礼标准，"做正（室）要财礼一百两，做小（妾）要财礼二百两"。接着女方又备置了些"桌桶、衣裳"之类的妆奁，而后成亲。⑥撇开故事中的具体人物，我们从中基本上可以得知当时婚姻促成的一般程序，即在媒婆牵线、男女双方父母或守护人满意的情况下经过"男方纳聘资、付财礼—女方备妆奁"而最终实现男女的结合。在传奇《焚香记》

---

① （清）隐居士：《皇明通俗演义七曜平妖全传》卷一，第12回《董子强婚》，第77~79页。
② 按，（清）蓬蒿子：《新世鸿勋》又名《定鼎奇闻》（目录页上署名）。书前《小引》末署"顺治辛卯天中令节蓬蒿子书于耨云斋中"。据此知，化名为蓬蒿子作序的时间为顺治八年端午节。该书大致成于此时。作者显然生于明末，他的经验也主要来自明末。其中有些属于史料，也有相当的内容属于小说性质，当区别对待之。
③ （清）蓬蒿子：《新世鸿勋》第3回《梅三岛药按君臣，李十戈祸延夫妇》，古本小说集成，第54页。
④ （清）蓬蒿子：《新世鸿勋》第4回《柳巡抚勤王赴敌，李自成试技夸人》，第61页、第66页、第65页、第66~67页。
⑤ 按，《樵史通俗演义》为江左樵子编，批点者为钱江拗生。孟森云，编者和评者为一人，从评者的语气来看可以这样认为。该书卷五，第21回评语中提到《新世鸿勋》一书，说明此书的成书时间当在顺治八年后。如樵子在自序中所语，其中大多记事皆有根据，然有些内容属小说性质。该书中所云李自成的家庭和所谓陷贼的过程，与其前形成的《新世鸿勋》不同。
⑥ （清）江左樵子：《樵史通俗演义》卷二一，《凶星出世多强力，恶曜临门得艳姿》，人民文学出版社，1989年，第160~161页。

中，女主角敫桂英，出身宦家，"姿容殊丽，德性闲淑"①，"琴棋书画，针指女工，无所不晓"②，后父母双亡，别无兄弟，囊箧萧然，棺殓无措，无奈央媒卖身，不料被卖入莱阳鸣珂巷烟花门户谢家。当她得知后惊惶痛切，竟无脱身之计。终日"寂寂幽闺独掩门，不缘春色怕黄昏。伤心最是三更梦，枝上啼鹃枕上痕"③。娼家谢妈妈强迫她接客，她断然相拒，无奈只得依她。桂英说，"公公、妈妈，婚姻之事，非女子所知。若教桂英朝欢暮乐、送旧迎新，必不相从。若求户对门当、齐眉举案，这个只凭公公、妈妈做主"④。从中可见即使名坠娼家的假女，也有遵从当时父母之命的习惯。大家的女子被蜷局在深院的闺阁之上，在春光明媚之时，虽可踏青于湖山之间，借此机会可以看到青年男子，但自由接触、互相爱慕还是有些困难。而农家女子因具体家庭状况，不能不走出户庭，较之于大家没有那么多的规矩，但也不是随便能够决定自己终身的。当然也不排除突破这些情况、真正实现男女自由结合理想的事例的存在，但根据小说中普遍事实的反映，至少它并不常见。因此，无怪有些作家抨击这种禁锢，呼喊心中的愤闷，通过文学的形式全力安排钟情男女在花前月下盟誓、在断墙密室幽会，虽这只限于精神愉悦和美好向往，但也有现实中零星的片羽吉光。桂英看中了济南书生王魁（字俊民），而谢妈妈"是爱财的"。当莱阳第一富家金员外（金垒，字日富）发现谢妈"只爱钱财，那顾仁义"⑤的软肋后，便和管家张昌策划了一场阴谋，用金珠、财宝买转谢妈妈，辞退桂英心爱着的王魁。谢妈妈于是逼桂英改变主张说，"昨日金员外家来说，他要将些金银来取［娶］你。他是莱阳第一个财主。就撇了那王俊民这穷酸，改嫁了他，有何不可。我门户中人，有什么清浑。那富的穷了，就撇了穷的，再嫁那富的"⑥。赤裸裸地见钱眼开。与上面的片段资料中提到的"如今的世态，只论家资，不论门面"一脉相通，反映了明末财产作为婚姻基础的社会现实。

在男女结合的过程中，媒婆起了重要作用，两则记事中都提到了媒婆。媒婆常因贪婪而不顾道德，或替男女私会传递信息，或将男女容貌黑白倒置，因此总为一些士夫人家所提防，甚至写到家训里告诫子孙；在小说中其形象自然不佳，常被描绘成可憎的贪婪嘴脸。其实，这也不冤枉她们。媒婆的这种牵线作用在日常生活中还不能少，这是长期形成的传统赋予她们的生存资格。弘治、正德时，南京人陈铎用小令的形式描述媒婆道：

这壁厢取吉，那壁厢道喜。砂糖口，甜如蜜。
沿街绕巷走如飞，两脚不沾地。俏的矜夸，丑的瞒昧。
损他人，安自己。东家里怨气，西家里后悔。常带着，不应罪。⑦

《新世鸿勋》中刻画的那位为李自成说亲的王妈妈便是如此，"专一与人说合婚姻，又要与人活动活动，只是一生会调谎骗人。说合的亲事，十个到［倒］有九个差、赚的：或是男家讨差了媳妇，或是女家嫁赚了老公。这个老妈，只管自家要花红钱，两下里奔走，图个口腹，那［哪］管害死了人。故此地方上有人骗他［她］几句道：惯做媒婆王妈妈，妆娇自谓姿容冶。簪钗插戴果娉婷，裙衫衬贴真潇洒。只顾银钱那怕羞，惟图酒食何愁骂。不知赚了几多人，并无实话全然假"⑧。活脱脱地道出了媒婆职业

---

① （明）王玉峰：《新刻玉茗堂批评焚香记》第 4 出《访姻》，古本戏曲丛刊初集，第 7a 页。
② （明）王玉峰：《新刻玉茗堂批评焚香记》第 5 出《允谐》，第 8b 页。
③ （明）王玉峰：《新刻玉茗堂批评焚香记》第 3 出《闺叹》，第 5b 页。
④ （明）王玉峰：《新刻玉茗堂批评焚香记》第 5 出《允谐》，第 12a 页。
⑤ （明）王玉峰：《新刻玉茗堂批评焚香记》第 6 出《设谋》，第 14b 页。
⑥ （明）王玉峰：《新刻玉茗堂批评焚香记》第 8 出《逼婚》，第 20a–b 页。
⑦ （明）陈铎：《滑稽余韵》（北中吕・朝天子）媒人，谢伯阳编：《全明散曲》，齐鲁书社，1994 年，第 538 页。
⑧ （清）蓬蒿子：《新世鸿勋》第 4 回《柳巡抚勤王赴敌，李自成试技夸人》，第 63—64 页。

营生的坑骗特点。在明代中后期商品经济比较发达、人们普遍追逐利益的阶段，媒婆职业的这种欺骗性，较之他时表现得更为突出和露骨。这是与婚姻相联系而附带论及的一个内容。

上面只是从不同文学资料的角度就几个方面略加例举和阐释，其中未涉及的其他方面的内容是很丰富的。通过这种个案式的说明，我们不难对明代文学中之社会历史资料的丰富性和生动性有了一定程度的感受和把握。其对明代社会历史研究的价值是不言自明的。这些内容从狭义历史文献的角度来看是其补充，但从广义历史文献的角度来看却是其重要的组成部分。

[作者单位：河南大学黄河文明与可持续发展研究中心]

明代会试之南北中卷的卷区范围厘辨

汪维真

明初会试，地区不分南北，凭文高下取士，人文基础较好的江西、浙江、福建和应天府及其周边地区的南方籍举人的中式者占据很高比例，以致南北悬殊成为明初科举取士中的突出现象。为解决这一问题，仁、宣之际推行分区录取政策，先后奏准的具体方案有南北卷和南北中卷，即是把全国分为若干卷区，按一定比例实行配额录取。这一制度，学界称之为分区配额制，或分地取士制。

该制最初由阁臣杨士奇于洪熙元年（1425）提出，完成、定型于宣宗执政时期。较早记载分区配额制内容的官私史籍，当是纂成于宣德、正统间的实录，以及为此制做顶层设计的杨士奇的文集。然而，在这些史籍所涉及的记述中，重点均放在了分区取士制创制源起以及最初的分区方案南北卷上，对于后来杨士奇等在此基础上提出的更为成熟的方案即南北中卷方案则未予记录。明代编刻的首部会典《正德大明会典》虽记载了南北中卷各卷区的录取比例，但未及3个卷区的范围。大体自嘉靖朝始，史籍对于南北中卷的关注和记载日渐增多，万历间官方刊刻的《大明会典》也详载了南北中卷的范围。然而，此期史籍关于卷区范围的表述并不完全一致。万历《大明会典》虽具行政法典性质，然从当时情况看，似乎并未统领各家说法，形成一致口径。相反，其他史籍的说法仍在辗转流布，并拥有一定受众。最典型的例子莫过于清代官修《明史》，其"选举志"所记卷区范围即与《大明会典》不全相同。而《明史》以其官修正史的权威性，其说法为清代其他著作所援引。这种诸说共存现象不仅影响了人们对于南北中卷内容的准确理解和把握，也有碍于明代科举配额制度研究的深入，故有必要对诸说予以梳理和辨析。

一 诸 说 胪 举

通过梳理发现，宣德至正德间记载南北中卷范围的史籍很少，自嘉靖朝始，史籍对于这一内容的记载日渐增多，不同的说法也因之出现。将其中说法相同者予以归并，大体可分为两类：一类是关于南直隶安庆府卷区归属的不同记载，另一类是关于湖广卷区归属的不同说法。依次分别胪述如下。

（一）关于南直隶安庆府卷区归属的不同说法

第一种说法，认为中卷区包括南直的"凤阳、庐州二府，徐、滁、和三州"，不含安庆府。此说以雷礼（嘉靖十一年进士，1532）《皇明大政纪》为代表，该书卷九"定会试分南北卷取士例"中言：

先是，仁宗与侍臣论科举之弊。士奇曰：科举须兼取南北士。仁宗曰：北人学问远不逮南人。曰：自古国家兼用南北士。长才大器多出北方，南人有文多浮。仁宗曰：然。将如何试之？曰：试卷例缄其姓名，请今后于外书"南""北"二字。如一科取百人，南取六十，北取四十，则南北人才皆入用矣。仁宗曰：北士得进，则北方学者亦感发兴起。往年只缘北士无进用者，故急堕成风，汝言良是。命与蹇义、夏原吉及礼部计议以闻。议定未上，会晏驾，上嗣位，始奏行之。后复定南北中卷，以百名为率，南、北各退五名为中卷。北卷则北直、山东、河南、山西、陕西，中卷则四川、广西、云南、贵州及凤阳、庐州二府，徐、滁、和三州，余皆南卷①。

持此说的明清史籍较多，如陈建等《皇明通纪集要》②、沈国元《皇明从信录》③、张铨《国史纪闻》④以及清人万斯同等《明史》⑤、查继佐《罪惟录》⑥、谷应泰《明史纪事本末》⑦、张廷玉等《明史》⑧、《钦定续文献通考》⑨等。兹将此说所包含的3个卷区范围制成下表。

雷礼《皇明大政纪》等史籍所载南北中卷之范围

北卷	北直隶、山东、河南、山西、陕西
中卷	四川、广西、云南、贵州及凤阳、庐州二府，徐、滁、和三州
南卷	余皆南卷

第二种说法，源自研究当朝科举的张朝瑞（隆庆二年进士，1568）《皇明贡举考》，其中云：

> 洪熙元年九月，令会试分南北取士。初，仁宗谕大学士杨士奇曰：顷者科举取士，往往失人，奈何？士奇对曰：科举须兼取南北士。长才大器多出北方，第朴钝少文，难与南人并校也。上曰：糊名入试，何以别之？对曰：请令举子试卷缄其姓名，外书"南""北"二字，约以百人为准，南取六十，北取四十，则南北人才皆入用矣。上曰：善。命计议以闻。会上晏驾，至宣宗嗣位始奏行之。士奇等复议：四川等处举子，恐不能概以南卷并校，乃分南、北、中卷。以百名为率，南、北各退五名为中卷，北卷则北直隶、山东、河南、山西、陕西，中卷则四川、广西、云南、贵州及凤阳、庐州、安庆三府，徐、滁、和三州，余皆南卷（《登科考》）。⑩

张氏在这段文字后用小字注"登科考"三字，当是向人们交代此段文字出自俞宪《皇明进士登科考》（以下简称《登科考》）。据此线索，我们查找并与俞氏著作中的相关文字⑪做了对比，发现此段文字并非照搬俞氏《登科考》，其中关于南、北、中卷范围的表述即是俞氏著作中所没有的内容，故我们将之仅视为张氏本人的说法，并制作简表如下。

---

① （明）雷礼等辑：《皇明大政纪》卷九，洪熙元年七月己巳，四库全书存目丛书史部第8册，齐鲁书社，1996年影印本，第66页。
② （明）陈建撰，江旭奇补订：《皇明通纪集要》卷一五，洪熙元年七月，四库禁毁书丛刊史部第34册，北京出版社，2000年影印本，第192页。
③ （明）陈建撰，沈国元补订：《皇明从信录》卷一五，仁宗昭皇帝乙巳七月，续修四库全书第355册，上海古籍出版社，2002年影印本，第261页。
④ （明）张铨：《国史纪闻》卷六，《定会试分南北取士例》，四库全书存目丛书史部第17册，第241页。
⑤ （清）万斯同等：《明史》卷七二，《选举二·科目下》，续修四库全书第325册，第301页。
⑥ （清）查继佐：《罪惟录·志》卷一八，《选举志》，浙江古籍出版社，1986年，第2册，第824页。
⑦ （清）谷应泰：《明史纪事本末》卷二八，《仁宣致治》，中华书局，1977年，第2册，第420~421页。
⑧ 郭培贵《明史选举志考论》曾就该志所记卷区范围注曰："此不确"，并引述了万历《大明会典》中的说法，认为《明史选举志》表述"'中卷'略去安庆一府"（中华书局2006年版，第201页）。实际上，就"选举志"对于中卷区的表述来看，应该不属于省略的问题，而是原本就未将安庆府包括在中卷之内，因为"凤阳、庐州二府"所显示的府名与府的数量是一致的。
⑨ 《钦定续文献通考》卷三五《选举考·举士》"定会试中额及南北卷分取之制"，文渊阁四库全书第627册，中国台北，中国台湾商务印书馆，1986年，第206页。
⑩ （明）张朝瑞：《皇明贡举考》卷一《南北取士（教北方附）》，续修四库全书第828册，第156页。
⑪ （明）俞宪：《皇明进士登科考》卷一《令典》，明代史籍汇刊·明代登科录汇编第11号，中国台湾学生书局，1986年影印本，第23~24页。

张朝瑞《皇明贡举考》所载南北中卷之范围

北卷	北直隶、山东、河南、山西、陕西
中卷	四川、广西、云南、贵州及凤阳、庐州、安庆三府,徐、滁、和三州
南卷	余皆南卷

第三种说法,以明代官修万历《大明会典》为代表。《会典》卷七七《礼部三十五·贡举·科举·会试》"凡会试额数"条载:

> 洪熙元年奏准:会试取士,临期请旨不过百名。南卷取十之六,北卷取十之四。后复以百名为率,南、北各退五卷为中卷。(浙江、江西、福建、湖广、广东,应天、直隶松江、苏州、常州、镇江、徽州、宁国、池州、太平、淮安、扬州十六省府,广德一州为南卷;山东、山西、河南、陕西、顺天、直隶保定、真定、河间、顺德、大名、永平、广平十二省府,延庆、保安二州,辽东、大宁、万全三都司为北卷;四川、广西、云南、贵州、庐州、凤阳、安庆七省府,徐、滁、和三州为中卷)。①

万历《大明会典》关于南、北、中卷范围的记载是以小字形式出现的,当是对其前述南北中卷配额政策②的进一步说明。其对于各卷区范围的描述细致、全面。由于其纂成时间距离南北中卷推出的年代较为久远,其间一些政区的名称已发生变更,因而万历《会典》关于具体州司的表述也采用了变动后的新名,如北卷中的延庆州即为其例。延庆州,原为隆庆州,因与年号相同,隆庆元年(1567)更名,对此《实录》有载:"以建元年号,改隆庆殿为庆源殿,遣都督蒋华告祭显陵。改隆庆州为延庆州,卫为延庆卫,改给印信六十六颗。"③后来,俞汝楫等编纂的《礼部志稿》④对于卷区的记载,与上述文字全同,或许是直接引自《会典》。兹将其关于南、北、中卷范围的说法制成下表。

万历《大明会典》等所述南北中卷区之范围

南卷	浙江、江西、福建、湖广、广东,应天、直隶松江、苏州、常州、镇江、徽州、宁国、池州、太平、淮安、扬州十六省府,广德一州
北卷	山东、山西、河南、陕西,顺天、直隶保定、真定、河间、顺德、大名、永平、广平十二省府,延庆、保安二州,辽东、大宁、万全三都司
中卷	四川、广西、云南、贵州、庐州、凤阳、安庆七省府,徐、滁、和三州

从上述三表的内容可以看出,3个卷区的划分基本上是以省、直为单位的,仅南直隶例外,其绝大多数府州属于南卷,部分府州归入中卷,从而出现"一南直隶而有南与中之异"⑤。对于上述三种说法,倘若以省直及府州为单位来考察的话,第二种说法与第三种说法是相同的,那么三种说法实质上是两种说法。其间的差异主要表现在:第一种说法认为,南直隶的凤阳、庐州二府及徐、滁、和三州属于中卷,即南直隶划入中卷的是二府三州;第二、第三种说法认为,南直隶有三府三州划入中卷,较前说

---

① (万历)《大明会典》卷七七,《礼部三十五·贡举·科举·会试》"凡会试额数",广陵书社,2007年影印本,第3册,第1234页。
② 按照《会典》中的说法,南北卷时,南、北所取人数的比例是南六北四,即60:40。定为南北中卷时,南、北各退5名给中卷,则南、北、中卷的比例为55:35:10。
③ 《明穆宗实录》卷一四,隆庆元年十一月庚午,第396页。
④ (明)俞汝楫:《礼部志稿》卷二三,《仪制司职掌·贡举·科举·会试·凡会试额数》,文渊阁四库全书第597册,第433页。
⑤ (清)顾炎武著,黄汝成集释:《日知录集释》卷一七《北卷》引"汪氏(师韩)曰",上海古籍出版社,1985年,第1312页。

多出安庆一府。

（二）关于湖广卷区归属的说法

上述史籍虽对南直隶安庆府的归属持有不同看法，但对湖广所属卷区的看法是一致的，均认为在南卷。但是，另有明代史籍对于湖广卷区的归属持有不同意见。如明人王同轨《耳谈类增》"湖广改南卷"条云：

> 国初，会试卷不分南北，而北方中者甚少。后乃分为南北中。湖广先是中卷，正德辛巳［巳］科会元张公治，茶陵人；廖公道南，蒲圻人；颜公木，随州人；周公琅，蕲水人。其第五亦楚人。考官笑曰："此湖广乡试榜。"先是，帝星明于江汉，故世庙以此岁由兴藩入继大统。而四公魁选，又应文星，云龙风虎，理固然。故改湖广为南卷，而乡试亦增五名。张公嘉靖中为首相，廖公学士。①

王氏认为，湖广在嘉靖元年之前归中卷，之后归南卷。王同轨，湖广黄州府黄冈县人。由贡生官江宁县知县②。从其出生地看，王氏是以当地人记当地事。从其家族有多位进士的背景及其在士大夫中的交游来看③，王氏此说似有一定根据。这也是我们把它作为一种说法征引的原因。另外，蒋一葵《尧山堂外纪》卷九八《国朝》中也有类似说法：

> 廖道南，字鸣吾。湖广先是中卷，正德辛巳会元张治茶陵人，廖，蒲圻人，其三人亦并楚产。考官叹曰：此湖广乡试榜也。先是，帝星明于江汉，故世庙以此岁由兴藩入继大统，而魁选又应文星，故改湖广为南卷，而乡试亦增五名。④

蒋氏，万历二十二年（1594）举人，南直常州府武进县人。《四库全书总目》有蒋氏此书的提要，认为"是书取记传所载轶闻琐事，择其稍僻者辑为一编"。"雅俗并陈，真伪并列，殊乏简汰之功"⑤，即四库馆臣认为该书所记轶闻"真伪并列"。王氏《耳谈类增》，《四库全书总目》中未有论及，但对王氏《耳谈》一书有所评论，认为"其书皆纂集异闻，亦洪迈《夷坚志》之流"。所以，《耳谈》被归入子部小说家类。据四库馆臣考察，王氏此书"每条必详所说之人，以示征信"⑥。《耳谈类增》在写法上与此类似，如上引"湖广改南卷"条虽未讲明出自何处，但是以正德十五年（1520）会试湖广占尽前五名以及明世宗入继大统作为理由，似具说服力。然其可信度究竟如何？下面我们将通过相关资料予以检视。

---

① （明）王同轨撰，吕友仁、孙顺霖校点：《耳谈类增》卷一六，《史腾篇·湖广改南卷》，中州古籍出版社，1994年，第142页。按，此条有校勘记云："此条亦见《耳谈》十五卷本卷一二，内容相同。"《耳谈》系王氏此前的另一部著作。
② （清）永瑢等：《四库全书总目》卷一四四，《子部·小说家类存目二》，中华书局，1965年，第1231页。
③ 按，据乾隆《黄冈县志》（故宫珍本丛刊第133册，海南出版社，2001年影印本）有关类目知，王同轨祖父王麟系弘治十二年进士，父亲王廷槐系嘉靖七年举人，兄弟王同道系嘉靖四十一年进士。其本人官至南京太仆寺主簿（卷六《选举志·科举表上》第158页、第162页、第167页、第165~166页，卷一〇《人物志·孝友》，第266页），交游甚广。
④ 续修四库全书第1195册，第182页。
⑤ （清）永瑢等：《四库全书总目》卷一三二，《子部·杂家类存目九》"尧山堂外纪"，中华书局，1965年，第1127页。
⑥ （清）永瑢等：《四库全书总目》卷一四四，《子部·小说家类存目二》，第1231页。

二 诸说厘辨

针对上述两类问题，我们首先查阅了《正德十五年会试录》①。此科前5名的具体情况如下：

1	张治	湖广茶陵州学生
2	廖道南	湖广蒲圻县人，监生
3	彭汝寔	四川嘉定州人，监生
4	周琅	湖广蕲水县人，监生
5	周朝俛	福建闽县人，监生

从表中可以看出，此年会试的实际情况是：第一、二、四名来自湖广，第三、第五名分别来自四川和福建。看来王同轨湖广改南卷说的支点之一，即正德十五年会试前5名皆为湖广人的说法是不存在的。

其次，我们发现了明人叶盛景泰元年（1450）八月二十七日所上《条陈科举疏》中涉及南北中卷的范围，这是所见到的明人关于此事的最早记载，节引如下：

> 题为陈言科举等事……照得永乐年间以来，会试取士未尝以名数拘，亦未尝以地方论。迨至宣德年间，始以湖广、江西、浙江、福建、广东、南直隶苏、松、常、镇、淮、扬等处为南卷，以山东、山西、河南、陕西、北直隶为北卷，又以四川、广西、云南、贵州、南直隶安庆、凤阳、滁州、和州、庐州为中卷。②

叶盛此疏对于南直隶归诸南卷、中卷的府州未能尽举，但前述史籍存在歧异的湖广和安庆府的卷区归属皆有明确交代。按照叶氏说法，宣德年间始行南北中卷时，湖广即在南卷，而南直隶安庆府归在中卷。

最后，我们按照万历《大明会典》所记卷区范围统计明代诸科会试中各卷区实际录取人数，所得结果也证明湖广在南卷、安庆府在中卷③。兹以对于考察这一问题具有典型意义的成化二年（1466）会试的录取情况做一说明。选择此科作为样本的理由有三：第一，王同轨、蒋一葵认为湖广由中卷改为南卷的时间是在嘉靖元年（1522），所以我们选择的科次必须是在嘉靖之前的。第二，分区录取制自宣德朝始行，到成化朝渐进入稳定运行阶段。第三，此科中式者，既有来自湖广的举人，也有来自安庆府的举人，考察的对象皆在其中。

成化二年会试，取中举人350名。从会试录④中信息看，有几位中式者的身份信息异于他人，经与登科录⑤比勘，其信息如下：

---

① 《正德十五年会试录》，中国科举录汇编，全国图书馆文献缩微复制中心，2010年影印本，第4册，第321页。
② （明）叶盛：《叶文庄公奏议·西垣奏草》卷六，续修四库全书475册，第282页。按，此疏署时为"景泰元年八月二十七日"（第283页）。
③ 关于明代分区录取制执行情况，另有专文考察。
④ 《成化二年会试录》，天一阁藏明代科举录选刊·会试录，宁波出版社，2007年影印本。
⑤ 《成化二年进士登科录》，天一阁藏明代科举录选刊·登科录，宁波出版社，2006年影印本。

会试名次与姓名	会试录中的信息	登科录中的信息
第18名程敏政	沈阳中屯卫人，翰林院秀才	贯直隶徽州府休宁县，官籍。翰林院秀才（第7页）
第24名林廷圭	浙江慈溪县办事官	贯浙江宁波府慈溪县，军籍。办事官（第46页）
第52名陆琦	太医院籍，医生	贯直隶苏州府吴县人，太医院籍。医生，顺天乡试（第35页）
第297名余瓒	武功中卫，军籍，译字官	贯直隶丹徒县人，武功中卫，军籍。译字官，顺天乡试（第72页）

综合两录信息，表中后3位的籍贯较易判断，第24名是浙江人，在当地任办事官，当记入浙江；第52名、297名贯址所在的太医院、武功中卫皆在京师，应记入北直隶。余下的第18名程敏政，有史籍称其为南直隶徽州府休宁县人。如《礼部右侍郎兼翰林院学士程敏政传》记："程敏政，字克勤，直隶休宁县人。早慧，年十岁侍父信官蜀，巡抚侍郎罗绮以神童荐于朝，命读书翰林院。成化二年，以进士第二人及第，授翰林院编修。"①休宁县人的说法虽与登科录中"贯"的信息一致，但会试录上为何将其记为沈阳中屯卫人？其中必有原因。为此，我们又查考了其父程信的资料。程信，正统七年（1442）进士。登科录中信息为："贯直隶徽州府休宁县，军籍。直隶河间府河间县学军生。"②会试录中的信息为"直隶河间县学军生"③。从两录信息看，也显示出程信与北直隶河间县、南直隶休宁县皆有关系。据过庭训（万历三十二年进士，1604）《本朝分省人物考》载，程信，"其先徽州府人。祖社寿，洪武间谪居河间，遂隶籍河间卫"④。又据《明史·地理志》载，"沈阳中屯卫，洪武三十一年闰五月置，建文中废。洪武三十五年十一月复置，属北平都司，后属后军都督府，寄治北直河间县"⑤。综合上述信息可知，休宁县系其祖籍，沈阳中屯卫则为其现籍。因沈阳中屯卫的治所在河间县，故程敏政得以于河间县儒学读书并于顺天府乡试。在会试分区录取统计时，程敏政当计入北卷。

我们按照万历《大明会典》中的卷区范围对该科中式者进行分区统计，南、北、中卷实际录取人数如下表：

南卷	南直	江西	福建	浙江	湖广	广东	小计
人数	49	42	30	43	13	15	192
北卷	河南	北直	山东	陕西	山西	北卷三都司	
人数	20	54	21	17	8	3	123
中卷	四川	云南	贵州	广西	南直三府三州		
人数	24	5	0	0	6		35

---

① （明）焦竑：《国朝献征录》卷三五，《礼部三》，上海书店，1987年影印本，第1439页。
② 《正统七年进士登科录》，天一阁本，第43页。
③ 《正统七年会试录》，天一阁本。
④ （明）过庭训：《本朝分省人物考》卷六，《北直隶河间府》"程信"条，续修四库全书第533册，第135页。按，（明）雷礼《南京太仆寺志》卷一五，《列传》"程信"条也有相类记载，但未提隶籍河间府事（四库全书存目丛书史部257册，第601页）。
⑤ （清）张廷玉等：《明史》卷四一，《地理志二·山东》，第956页。

此科会试录取总人数为 350 人，按照明廷规定的南北中卷录取比例（55:35:10），南、北、中卷区录取的理论人数应为192.5、122.5、35。然人数只能是整数，不可能为小数，故南、北两个卷区皆需取约数。对照表中"小计"一列的数据，南卷取 192 人、北卷取 123 人、中卷取 35 人，合乎明廷规定的名额与比例。也就是说，按照万历《大明会典》所载南北中卷范围进行统计，此科各卷区所取人数与明廷规定相符。

下面我们再就上表中各直省及南直三府州的具体数据，按照另外两种说法进行计算，检视一下各卷区录取结果是否符合规定比例。

根据会试录中的信息知，此科会试来自南直隶三府三州的中式者共有 6 人，其中来自安庆府的有 2 人（第 244 名、264 名，分别来自太湖县与桐城县）。若按清修《明史·选举志》中的说法将安庆府归入南卷，那么中卷的录取人数将减少 2 名，南卷总数将增加 2 名，南、北、中卷的录取人数将变为 194、123、33，其比例关系为 55.4:35.1:9.4。显然，这一结果与明廷规定的比例不太相符。

下面再按照王同轨等湖广属于中卷的说法计算。此科湖广中式者共 13 人。首先，我们将湖广以外的其他省直及府州的卷区归属按万历《大明会典》的说法计算（即安庆府属于中卷），此时南、北、中卷的录取人数为 179、123、48，其录取比例为 51.1:35.1:13.7。然后，再将湖广以外的其他省直及府州的卷区归属按另一种说法（将安庆府归入南卷）计算，此时南、北、中卷的录取人数为 181、123、46，其录取比例为 51.7:35.1:13.1。显然，上述两种结果均与明廷规定的比例存在距离。

综合上述几种运算结果，可以看出，只有按照以万历《大明会典》为代表的史籍所载卷区范围计算，成化二年会试南、北、中卷实际录取人数的比例才合乎明廷规定，其他两种说法的计算结果均与规定比例不符。因此，可以推定，在明代会试推行分区录取制时，湖广当在南卷，南直隶之安庆府应在中卷。这也就是说，张朝瑞《皇明贡举考》以及万历《大明会典》关于南北中卷范围的记载是正确的。为便直观，兹将明代分区取士制下南、北、中三卷区的范围示意如下。

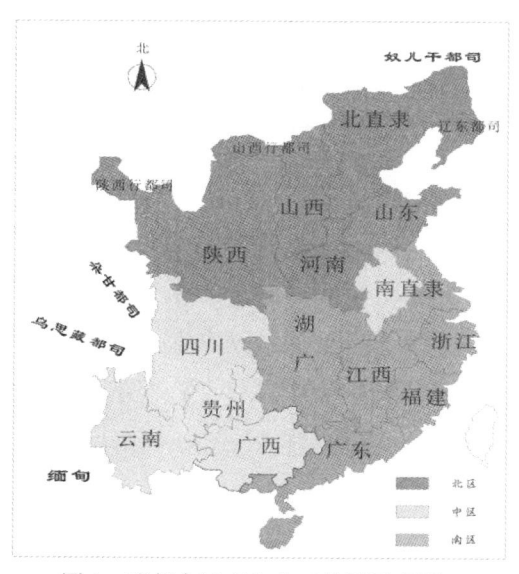

图 1　明代会试南北中三卷区示意图

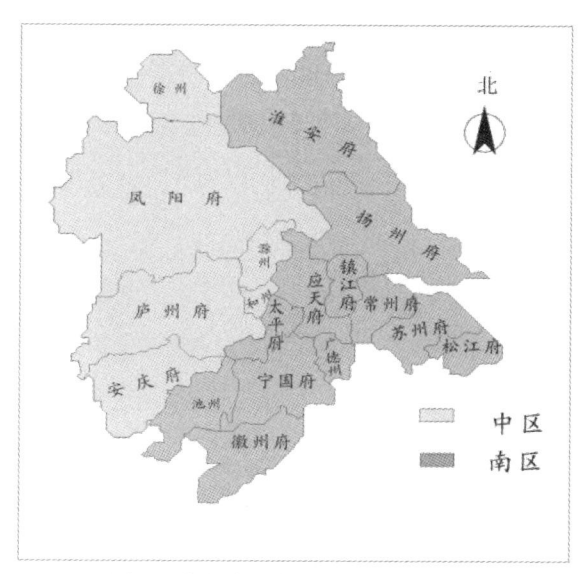

图 2　南直隶诸府州卷区归属示意图

还需说明的是，就《皇明贡举考》与万历《大明会典》而言，万历《大明会典》关于卷区的表述，较之张朝瑞《皇明贡举考》中的说法更为细致、全面，且体现了该书编纂的时代语境。不仅吸收了新的政区名称，而且涵盖了边疆卫所与卫学。从一个侧面展示了南北中卷运行过程中官方在卷区表述上与时俱进的特点。相对于《会典》而言，张朝瑞《皇明贡举考》的说法可以理解为是对明代南北中卷范围的简略表述。倘若考虑到正统间明代卫所学校开始大力兴办的事实[①]，再结合叶盛奏疏中的说法，张氏关于卷区范围的概括可能更接近于南北中卷初设时的情形。

[作者单位：河南大学史学月刊编辑部]

[①] 关于明代卫学兴办原委，张金奎有过详细讨论，详情参见氏着《明代卫所军户研究》（线装书局，2007年版）第255~260页"卫学的开设"。

论六谕和明清族规家训

陈时龙

明太祖朱元璋于洪武三十年（1397）命户部令天下每乡里置木铎一，选年老及瞽者每月六次徇于道路，反复吟唱六句话，曰"孝敬父母、尊敬长上、和睦乡里、教训子孙、各安生理、毋作非为"。在次年所颁《教民榜文》中，木铎宣唱之制再次被强调。[1] 作为木铎宣唱的内容，这六句话是朱元璋为基层教化设定的基本思想，被后代称为圣谕、圣谕六条、六谕、六言。成化年间，木铎之制仍然在乡里间施行。苏州人顾鼎臣（1473—1540）说："某童稚时，每日五更，闻持铎老人元声诵此数语，辄惕然自警。"[2] 木铎之制衰微后，取而代之出现了乡约的基层教化形式。耿定向（1524—1596）云："耆老滥巾，铎声绝响，始通之为乡约耳！"[3] 到16世纪，六谕进入乡约成为乡约宣讲的核心思想，而乡约宣讲时供奉写有六谕的圣谕牌也是最基础的仪规。可见，从明初木铎之制到明代中后期的乡约宣讲，太祖六谕始终是乡里教化之教旨。[4] 入清以后，顺治帝于顺治九年（1652）重颁六谕，使六谕在清代基层社会教化中也具有合法性。不过，乡、里还不是中国传统社会基层教化的末端，家族与家庭才是传统社会中有组织教化的末梢，大量族规家训的存在就是显证。既然六谕在明清基层社会如此流行，它是否也会进入到族规家训？宗族与家庭对六谕的接受度如何？对此，尽管已有不少研究作过回答，[5] 但大部分一笔带过，对六谕何时及如何进入族规家训，六谕在族规家训以何种形式存在，以及族规家训中六谕诠释的特点等问题均未触及。职此之故，本文尝试对太祖六谕与明清时代族规家训的关系再作一次探讨，以就正于方家。

一 "家国一道"：《项氏家训》与《程氏规训》

笔者所见最早将六谕及其相关诠释引入到族规家训之中的，是项乔的《项氏家训》。项乔

---

[1]《明太祖实录》卷二五五，洪武三十年九月辛亥，中国台湾"中央"研究院历史语言研究所1962年校印本，第3677页；（明）张卤：《皇明制书》卷九，《续修四库全书》史部第788册影明万历七年张卤刻本，第355页。

[2]（明）顾鼎臣：《顾文康公三集》卷三《祖训六言书后》，载《顾鼎臣集》，上海古籍出版社，2013年，第387页。

[3]（明）耿定向：《耿定向集》卷一七《牧事末议》，华东师范大学出版社，2015年，第662页。

[4] 关于六谕的相关研究可参见：赵克生：《从循道宣诵到乡约会讲：明代地方社会的圣谕宣讲》，《史学月刊》2012年第1期；赵克生：《明朝圣谕宣讲文本汇辑》，黑龙江人民出版社，2014年；陈时龙：《圣谕的演绎：明代士大夫对太祖六谕的诠释》，《安徽师范大学学报》2015年第5期。

[5] 冯尔康先生在《中国宗族史》中谈到明代不少宗族在族规中明确要求宣讲六谕，如江西乐安董氏、安徽太平崔氏、安徽休宁范氏、古林黄氏、商山吴氏等。徐少锦《中国家训史》认为六谕对明代家训内容产生了很大影响，不少家训要求子弟恪守六条圣谕，如高攀龙《家训》、姚舜牧《药言》。程李英对徽州地区族规家训的研究则指出，明清族规家训常写入明清帝王圣谕，如《休宁宣仁王氏族谱》族规开篇就说"圣谕当遵"，歙县《仙源吴氏族谱》开卷是《圣谕广训》，从而使圣谕成了家法族规的纲领，而家法族规反而成了"圣谕的注脚"。李雪梅认为"皇帝圣谕教导对宗族制度及族规的发展起到直接促进作用"，而"许多宗族都将圣谕刊于家谱扉页，或刻石立碑，以使族众熟记不忘，也有的宗族通过族规对圣谕内容进行补充或细化"。刘广成则指出明清家族常把圣谕原文直接用作家规条目，再结合本家族情况加以具体的注解说明。参见冯尔康：《中国宗族史》，上海人民出版社，2009年，第236~237页；徐少锦：《中国家训史》，人民出版社，2011年，第502页；程李英：《论明清徽州的家法族规》，安徽大学2007年硕士论文，第2页；李雪梅：《碑刻史料中的宗法族规》，《中西法律传统》(2003年)，第95~96页；刘广成：《论明清的家法族规》，《中国法学》1988年第1期，第104页。

(1493—1552），字迁之，温州府永嘉县人，嘉靖八年（1529）会试第二名，中进士，历任南京工部主事、福宁州同知、抚州知府、庐州知府、河间知府、湖广按察副使，官至广东布政司左参政，晚年隐居府城南门九曲巷，号九曲山人。[①] 他与罗洪先、唐顺之、王畿、欧阳德等阳明学者都有交往，任官广东时与广东学者也多有交往，对于理学及心学深有研究，但却不像当时许多理学家那样喜欢讲学，而是通过传统的做读书札记或者书信问答、面谈等方式来探讨性命之学，其学虽有阳明学的渊源，但崛起孤立，不主一家，对朱子学和阳明学都不完全赞同。[②]

嘉靖十七年（1538）夏，时任庐州知府的项乔丁母忧回到永嘉。读礼家居期间，项乔致力于宗族构建工作。项乔《请立族约以守官法》云："先于嘉靖十七年修族谱、立宗祠、出祠田、刻《家训》，已传示族人守法。"[③] 可见，《项氏家训》名为家训，实为族规，不仅教育家庭成员，更为传示和训诏族人。不过，《项乔集》所载《项氏家训》题"大明嘉靖辛丑春三月望日文山府君六世孙乔撰"，而嘉靖辛丑为嘉靖二十年（1541）。这一年他居丧三年期满，于该年十一月起任河间府知府。两个时间上的差异，大概表明《项氏家训》草拟于嘉靖十七年，但直到嘉靖二十年项乔丁忧期满一直在对《家训》进行完善。《项氏家训》正训38条，续训6条，附《祠祭诗六首》《阳明先生谕俗四条》《普门张氏族约二十条》，以及项乔的《初立祠堂记》《族谱序》《祠祭论》《添盖祠堂记》等文字。项乔自称训"四十七条"[④]，不知道是因为计算方式不同，还是初拟47条，后又有删正。附录王阳明谕俗文字，表明项乔对王阳明讨论社会秩序的思想是接受的。普门张氏则是嘉靖间内阁大学士张璁的家族，而项乔曾师从张璁，所以《项氏家训》中附载张氏族约，以资参考。正训38条，对族长、族正之设置、宗子掌祭祀、勤俭持家、教子嫁女、冠婚礼仪均有规定。续训6条，则主要就买田置产、祭器、祠产收入、禁族人参与龙舟竞渡、禁族人诡寄田亩等事进行补充，而内有"项氏宗祠之立已余十年"，则续训之作距嘉靖十七年已过了十余年，或当在嘉靖二十九年（1550）项乔续立族约之时，已近项乔晚年。可见，项乔一生对《家训》都很重视。

《项氏家训》反复提到圣谕六条。正训第5条提及六谕："不朽事业诚在人品。圣训六句，乃做人之大略，尤为生员为人师友者所当讲解体念。"[⑤] 在项乔看来，六谕包含了做人的大道理。嘉靖二十九年（1550）《请立族约以守官法》谈道："如能使一族之中人人知孝顺父母，知尊敬长上，知和睦乡里，知教训子孙，知毋作非为，知各安生理，三年之中并无官司之忧，又合听将族长、正、司礼鸣之府县，量加奖劳。"[⑥] 可见，六谕中所蕴含的社会秩序也是项乔治家的目标。项乔还将六谕及相关诠释置于《项氏家训》之首，使六谕类似为《项氏家训》的总纲。《家训序》云："家难而天下易，自天子达于庶人一也。然必先其难，而后可及其易。予家居，既立祠堂，修族谱，仍作训诏族人者以此。然训虽四十七条，要皆推广圣谕六句之意。"[⑦] 在项乔看来，六谕对家训起到提纲挈领的统率作用，而家训诸条则是对六谕之意的推广和注脚。而且，项乔认为，齐家比治乡、治天下更难，要有好的社会秩序，与其以六谕为乡约，不如以六谕齐家始。在《家训》之首，项乔对借六谕以齐家的做法进行说明："伏读太祖高皇帝训辞，曰孝顺父母、尊敬长上、和睦乡里、教训子孙、各安生理、毋作非为。呜呼，这训辞六句，切于纲常伦理、日用常行之实。使人能遵守之，便是孔夫子见生。使个个能遵守之，便是尧舜之治。"[⑧] 六

[①] （光绪）《永嘉县志》卷一四《人物·名臣》，《中国方志丛书》华中地方第475号影光绪八年刊民国二十四年补刻本，第1325～1327页。
[②] 朱鸿林：《项乔与广东儒者之论学》，载《儒者思想与出处》，三联书店，2015年，第323～358页。
[③] （明）项乔：《请立族约以守官法》，载《项乔集》，上海社会科学院出版社，2006年，第541页。
[④] （明）项乔：《家训序》，《项乔集》，第105页。
[⑤] （明）项乔：《项氏家训》，《项乔集》，第517页。
[⑥] （明）项乔：《项氏家训》，《项乔集》，第540页。
[⑦] （明）项乔：《家训序》，《项乔集》，第105页。
[⑧] （明）项乔：《项氏家训》，《项乔集》，第513页。

谕贴近家庭伦理，切近于日用常行，是族规家训引入六谕的思想基础。《家训序》还说："训虽四十七条，要皆推广圣谕六句之意。其有不共，国有常刑。吾族人不念家训，独不念国法乎？"这句话隐然透露的逻辑是：家训推广圣谕之意，违背家训的行为就是有违圣谕，就会有国法加以惩治。这部分揭示了项乔引六谕入族规家训的动机：以太祖六谕为纲，巧妙地赋予了《项氏家训》一定的合法性。明代士大夫欲齐其家，在道德宣讲之外，并无制度化的权力。将六谕引入族规家训，就强化了族规家训的合法性，且对违背族规家训者产生"国有常刑"的威慑。

《项氏家训》引入六谕，并不是简单地把六句话放在家训前作为纲领，而是每一句话之下都有一段文字诠释。这些文字诠释主要出自明代成化、弘治年间的大臣王恕（1416—1508）为六谕所作的《圣训解》，但项乔对它有一定程度的改动。王恕《圣训解》是明代士大夫最早对太祖六谕进行诠释的作品，约成于成化年间，正德、嘉靖年间颇为流行。项乔没有提及他从何处接触到《圣训解》，但明确说《项氏家训》中的六谕诠释乃是"仿王公恕解说，参之俗习，附以己意"①。若将《项氏家训》中的六谕诠释与嘉靖十五年（1536）唐锜刻《圣训演》之内的"名卿注赞"中王恕"注"进行比较，发现两者差别不大，但叙述上改变了《圣训解》那种解题式的直接进入方式，即不再像王恕那样直陈"事奉父母而不忤逆便是孝顺"，而改以设问开头——"怎的是孝顺父母"，然后用几句话进行说明，解释何以要孝顺、尊敬，再然后才照录《圣训解》中所谈人应如何孝顺、尊敬、安生理等事项，末结以"请我族众大家遵守"，以使诠释的语境重新回到家族训诫上来。②至于"参之俗习"，则主要是针对温州府永嘉县的风俗而言，如"教训子孙"条的诠释中要求族人"毋玩法而淹杀子女，毋贪财而不择妇婿，毋信僧道而打醮念佛，毋惑阴阳讳忌、风水荫应而停顿丧灵"③，就对浙东的溺女之陋习有一定的针对性。诠解"毋作非为"时，项乔除沿用王恕对"非为"的举例外，还加入了一条极有地域色彩的内容："至于生长海滨，不能不鬻贩鱼盐以资生理，但因此通同海贼贩卖贼货，结党装载私盐贩卖，拒殴官兵，尤是非为者。"④温州府是明朝政府抗倭防海第一线。闽浙沿海武装走私行为在嘉靖初也非常猖獗，双屿岛上葡、日商人与走私商人间的贸易开始抬头，这都是项乔所称的"尤为非为者"，而项乔的态度也是当时厉行海禁意见占绝对优势的一种反映。⑤

把六谕引入族规家训的，还有徽州府休宁人程曈。程曈（1480—1560）⑥，字启瞰，号练江，又号羲山，休宁富溪程氏第十九世⑦，明代著名的朱子学者，著有《闲辟录》《新安学系录》等。嘉靖三十七年（1558），程曈作《程氏规训》，将圣谕六条诠释引入族规。《程氏规训》现已无法见到原貌。宣统《富溪程氏中书房祖训家规封丘渊源考》中所收《休宁县富溪程氏宗族祖训家规》所载次第依次为：（1）洪垣万历七年《富溪程氏家规叙》；（2）程曈嘉靖三十七年《程氏规训叙》；（3）圣谕；（4）《圣训敷言》；（5）《圣祖任［仁］皇帝上谕十六条》；（6）《祖训敷言》；（7）《申训条规》；（8）《训规条约》；（9）后叙，包括隆庆元年程文潞后叙、同治三年程执琳后叙、同治四年钟显谟后叙。⑧这很明显地体现了家规家训不同时代叠加的特点。自其内容推断，《程氏规训叙》、圣谕、《圣训敷言》《祖训敷言》四部分大概是程曈首订《程氏规训》的大致内容。

程曈《程氏规训叙》云："家、国，一道也。国有法，家有规，均所以制治防危而不可废者也。……

---

① （明）项乔：《项氏家训》，《项乔集》，第513页。
② （明）项乔：《项氏家训》，《项乔集》，第513～516页。唐锜：《圣训演》卷一《名卿注赞》，《北京大学图书馆藏朝鲜版汉籍善本萃编》第七册，人民出版社、西南师范大学出版社，2014年，第409～418页。
③ （明）项乔：《项氏家训》，《项乔集》，第515页。
④ （明）项乔：《项氏家训》，载《项乔集》，第516页。
⑤ 参见郑梁生：《明代中日关系研究》，文史哲出版社，1985年，第43～44页。
⑥ 程曈生卒年据解苗苗《新安理学家程曈思想研究》，2009年安徽大学硕士论文，第3页。
⑦ 程曈：《新安学系录》附录《富溪程氏人物考》，黄山书社，2006年，第347页。
⑧ 卞利：《明清徽州族规家法选编》，黄山书社，2014年，第166～184页。

吾家自宋中书舍人府君起家,迄今五百祀矣,世守祖训,钦遵圣谕,由是义声文献赖以弗坠。历吾高祖而降,孙枝蕃盛,虽服逾祖免,而同堂共居犹自若也。窃恐生齿日繁,人情日异,于是倡会族属,振复祖训,纪之以条规,申之以惩劝。"①程瞳《叙》中所称"家国一道也",表明了六谕进入家规的"天然"趋向,而所称历世"钦遵圣谕",也使得他将六谕引入家训的行为,既自然又显得很必须。像项乔一样,程瞳同样没有自行诠释六谕,而是将"吏部尚书王恕注解"(即《圣训解》)与"吏部尚书许赞着赞"合为《圣谕敷言》,与六谕一道尊列于族规之首。他自己没有对六谕自行逐条解释,但在作为家训条规的《祖训敷言》中对六谕思想也作了一些引申。《祖训敷言》分孝父母、友兄弟、谨夫妇、教子孙、睦宗族、和乡里、勤问学、重本业、崇礼教、推周恤等 10 条,虽不是逐条对六谕阐释,却也是六谕精神的具体落实。

无论《程氏规训》或《项氏家训》,其引入六谕诠释最初皆与乡约无关。这样自觉的引入,在之后也屡见不鲜。例如,大约在万历六年(1578)前后,婺源江一麟(1520—1580)捐俸建宗祠,作《婺源县江湾萧江氏宗族祠规》,首载六谕及相关诠释,之后才是祠宇、坟墓等族规细则 12 条。他在序中说:"苟不立之宗规,何所约束群情,萃涣修睦,作求世德,引诸有永?故特立规若干条,勒之贞砥,昭示族众。首以太祖高皇帝圣谕,遵王制也;继以宗祠、保墓、祀田,报宗功也。"②江一麟对六谕的解释,也大量借用了王恕《圣训解》的文字。雷礼(1505—1581)谈到金坛许氏之族绅许万相致仕归乡后,"岁以立春展祀",祭毕,"族长向南坐,举国朝《教民榜文》训族人,又申明《家诫》凡十三事"③。福建福安人郭应诏也在万历年间以六谕教族人。光绪《福安县志》载:"郭应诏,字邦言……万历间膺选荐授大田训导……迁东流教谕,辞归家居,绝干谒,置义田,时明六谕于宗祠。"④ 万历二十八年(1600)前后的甘肃颜榭作《家训六条》,其实更单纯地是对六谕的诠释,而不再多立文字。⑤

六谕因士人之自觉,非但进入族规,更进入家训,著名的如沈鲤的《文雅社约》。沈鲤(1531—1615),字仲化,河南归德人,嘉靖四十四年(1565)进士,万历年间官至文渊阁大学士,谥文端。他在家乡的文雅台修社饮之礼,作《文雅社约》11 类,其中的"劝义第十一"就是对六谕的诠释。虽然在社饮礼上讲太祖六谕并非初创,之前嘉靖年间安福县的阳明门人刘阳即曾在社饮之会上讲六谕。但是,《文雅社约》版心皆作"沈氏家政"。沈鲤说:"圣训六条……俱日用切要之言,士庶宜终身佩服者也。乃乡俗多忽焉不讲,岂乡士大夫犹未有倡之者耶?今约同社诸公,各书一牌,尊奉于门屏冠冕处所,使家众子弟朝夕出入仰瞻明命,当有兴起而乡俗亦必有仿而行之者矣。"⑥可见,《文雅社约》非但一乡之社约,且沈鲤也希望它成为与社诸人各家各族之规训。类似的例子还有。民国《林县志》载:"郭云峰,贤城村人,庠生……好讲理学,以化导乡俗为己任……所著有《修省篇》《六谕家训》。"⑦嘉庆《山阴县志》载:"潘同春,字皆生,……崇祯丁丑(1637)成进士。初守蒲州,父著《六谕衍义》及《劝惩录》示之。"⑧这均是以六谕作为家训教旨而加注释的例子。

---

① 卞利:《明清徽州族规家法选编》,第 166 页。
② 卞利:《明清徽州族规家法选编》,第 287 页。
③ (明)雷礼:《镡墟堂摘稿》卷九,《续修四库全书》第 1342 册影明刻本,第 309 页。
④ (光绪)《福安县志》卷二二,《中国方志丛书》影清光绪十年刻本,第 19 页。
⑤ 甘肃《金城颜氏家谱》,光绪十二年刊本,转引自冯尔康《清代宗族史料选辑》,天津古籍出版社,2014 年,第 859~860 页。
⑥ (明)沈鲤:《文雅社约》,《四库全书存目丛书》子部第 86 册影万历三十年刻本,第 584~586 页。
⑦ 民国《林县志》卷八《人物上》,《中国方志丛书》影民国二十一年石印本,第 54 页。
⑧ (嘉庆)《山阴县志》卷一四,《中国地方志集成》影清嘉庆八年刻本,第 50 页。

二　由乡约向族规的递进：《文堂陈氏家法》与《保世》

六谕最早进入族规家训不是乡约的产物。但是，在明代中晚期，族规家训中越来越多地采纳六谕，确实与明代中晚期的乡约发展有关。由于乡约一方面以六谕为精神内核，另一方面在实施时又常以家族为单位，这便促成了六谕与族规家训的结合。如果说《项氏家训》和《程氏规训》更多地体现六谕与族规家训相结合思想上的"天然性"，则六谕由乡约为中介进入到族规家训则更多地见到"人为"的成分，其中既有地方官员或地方士绅举行乡约的波及之力，也有来自及朝廷的功令所起到的重要的推动作用。

伴随 16 世纪乡约的发展及与此并生的"宗族乡约化"趋势，六谕越来越多地进入族规家训。明代族规家训大批出现的时间，恰恰也与乡约同时，即 16 世纪以降。据费成康先生言，现存出自民间的明代家法族规，大多制订于嘉靖、万历、天启年间。① 常建华先生则指出，明代后期有宗族乡约化趋势，即"在宗族内部直接推行乡约或依据乡约的理念制定宗族规范、设立宗族管理人员约束族人"，"它可能是地方官推行乡约的结果，也可能是宗族自我实践产生"。这包括两种情况：一是地方官依托宗族推行乡约，因而乡约的规范性内容进入族规；一是宗族长者主要推行乡约，从而使乡约的内容也进入到族规之中。② 乡约教化的重点在乡里，而乡里的主要社会结构是村落与宗族。徽州知府何东序在嘉靖四十五年（1566）行乡约，在乡村中的基础实施单位便是村落与宗族。何东序要求："约会依原编保甲。城市取坊里相近者为一约，乡村或一图或一族为一约。其村小人少，附大村，族小人少，附大族，合为一约。各类编一册，听约正约束。"③ 从何东序的规定看，至少在以徽州府为代表的南方，乡约举行在空间上依赖坊里乡村，而乡村则依赖于宗族，从而使一族一约，或数族一约。这样的布置，在宗族相对发达的地区应该都不会少见。于是，不少宗族因举行乡约而广泛宣讲六谕。明末浙江绍兴的范鋐在《六谕衍义》自序中说："忆余自成童居里时，亦得随宗族长者厕于宣讲之列。"④ 可见，乡约宣讲的听众，依然是以族为单位。在这种情况下，乡约与宗族结合日益紧密，而六谕与乡约结合已久，则六谕之走入宗规族约也就势在必然。

以宗族为基础举行乡约，从而使六谕顺理成章进入到族规，在隆庆六年（1572）祁门县文堂陈氏的《文堂乡约家法》中表现得很典型。《文堂乡约家法》的内容包括：（1）汪尚宁隆庆六年《文堂乡约家法序》；（2）圣谕屏之图、文堂乡约家会坐图；（3）会仪、会诫；（4）《文堂陈氏乡约》；（5）《圣谕演》附；（6）隆庆六年陈征序、陈昭祥叙、陈明良序。从"文堂乡约家会图"可知，在文堂陈氏族中，乡约与家会已合二为一。汪尚宁序云："祁闾之西乡，文堂陈氏居之，编里二十，为户二百有奇，口数千。鼎立约会，则自今兹始。……予闻文堂陈氏，风俗敦醇，近不若昔，父老有忧焉。仿行吕、仇遗轨，呈于官。邑伯衡南廖公梦衡嘉之……既数月，四境骎骎行，而滥觞则文堂始。"⑤ 可见，先是隆庆四年（1570）陈氏家族在族中行约会并呈报官府，而休宁知县再推广至全境。而且，虽然汪尚宁说这一乡约乃仿《吕氏乡约》而行，但或者受嘉靖以来乡约实践的影响，太祖六谕已成为陈氏所行乡约的核心——约中设"圣谕屏"（屏上写六谕）就是证据。陈征《文堂乡约序》云："我太祖高皇帝混一区宇，廓清夷风，以六言胥训于天下。为民有父母也，故教以孝；为民有长上也，故教以弟；为民有乡里也，故教以和睦；为民有子姓也，故教以学校。以至不安生理而作非为者，教之以安生理、毋非为终焉，俨然先王三物之遗意

---

① 费成康：《中国的家法族规》，第 18 页。
② 常建华：《明代宗族研究》，上海人民出版社，2005 年，第 258 页、第 266~267 页。
③ （嘉靖）《徽州府志》卷二风俗，《北京图书馆古籍珍本丛刊》第 29 册影明嘉靖刻本，第 68 页。
④ 范鋐：《六谕衍义·自序》，载见日本学者鱼返善雄所编《汉文华语康熙皇帝遗训》（大阪屋号书店，出版年不详），第 2 页。
⑤ 汪尚宁：《文堂乡约家法序》，隆庆《文堂乡约家法》，转引自卞利《明清徽州族规家法选编》，第 210 页。

也。惟我陈人，是训是凭。迩惟族繁人衍，贤愚弗齐，父老有忧之。皇帝六年春，适邑侯衡南廖公来莅兹土，民被其化，咸图自新。于是，遵圣训以立乡约，时会聚以一人心。行之期年，善者以劝，恶者以惩。人之惕然以思，沛然以日趋于善者，皆廖侯之功也。愿我族人罔替厥初，躬行不惰，则民行一，风俗同。"① 根据陈征的说法，文堂陈氏父老对于族内贤愚不齐的担忧，与知县廖希元行乡约的想法一拍即合，于是乡约宣讲的核心内容六谕进入到族规之中。

在这一过程中，族内父老是最初的动议者。不过，陈征礼貌地将举行乡约之功全部推到了廖知县身上。至于行之一族之乡约何以要向知县廖希元申请，则显然是要获得官方的肯定和支持。陈明良《文堂陈氏乡约序》云："予族之初，约未有也。迩惟生齿繁伙，风习浇讹，至以古先圣王之道为姗笑者十人而九矣。诸父老方虑其溃而莫或堤之。乡约之举，盖将约一乡之人同归于善，不抵于恶，同趋于利，不罹于害。而参差不齐，龃龉不合，非资之官，莫可通行也。爰复请于邑父母廖侯。侯曰：'嘻，奚啻一乡哉，虽以之式通邑可也。'惟阖族遵依，归而月朔群子姓于其祠，先圣训以约之尊，次讲演以约之信，次之歌咏以约其性情，又次之揖让以约其步趋。"② 可见，"非资之官，莫可通行"乃族内缙绅之共识，故而欲化族约为乡约，而因此也必然要采纳乡约的精神内核——六谕及其诠释。陈征序中也是首先就提到了"六言"，并对六谕的教化功用作了阐释。另一位族约的实际主持人陈昭祥在叙中也提到六谕的相关诠释。他说："兹幸父老动念，欲议复古乡约法一新之，属昭祥与弟侄辈商其条款，酌其事宜，定之以仪节，参之以演义，乐之以乐章，以复于诸父老。父老咸是其议，因以请于邑父母廖侯，侯复作成之。"③ 他提到的"弟侄辈"中就包括陈履祥，而其中提到的"演义"即族规所附《圣训演》，正是陈履祥的老师罗汝芳（1515—1588）所作的《圣谕演》。这种选择可能既有师承的影响，也或因为徽州府与宁国府密近，而罗汝芳嘉靖末年所行宁国府乡约的影响又最大。④

文堂程氏的做法，是化族约而为乡约。但是，当乡约因为人事变化而无法维持时，士大夫也常常极力在族内继续维持乡约，从而化乡约为族约。这也就影响到族规家训的内容。实际上，士绅对于社会的影响多自宗族邻里始。嘉靖年间的安福名儒邹守益在为安福知县程文德所行乡约的序中感叹说，在程文德到来之前，他虽仰慕其师王阳明的乡约之法，也只能尝试在族内行乡约，所谓"以约于族于邻"⑤。姜宝谈到甘士价任丹徒知县时曾遍行乡约，但甘士价离任后，"他约皆停寝，而独予家请于府，改乡约为宗约，以宗约行"⑥。可见，乡约与族约的界限原是彼此模糊的，而且经常互相转换。这也是六谕诠释之进入族规家训的大背景。化乡约为族规的过程，在明崇祯年间休宁县叶氏宗族的族规《保世》中看得最为清晰。《保世》起首就提到："恭惟我太祖高皇帝开辟大明天下，为万代圣主，首揭六言以谕天下万世。……语不烦而赅，意不赅而精。大哉王言！举修身、齐家、治国、平天下之道，悉统于此矣。二百年来，钦奉无斁，而又时时令老人以木铎董振传诵，人谁不听闻？而能讲明此道理者鲜。于是，近溪罗先生为之演其义，以启振聋替聩。祝无功先生令我邑时，大开乡约，每月朔望，循讲不辍，期于化民善俗，又即罗先生演义，删其邃奥，摘其明白易晓可使民由者，汇而成帙，刻以布传。虽深山穷谷，遐陬僻壤，犹欲休哉！吾家藉以兴仁让而保族滋大，其渐于教化者深也。兹特载其演义于谱，俾世世子孙奉若耆[蓍]蔡，勿以寻常置之，将吾族兴隆昌炽，永保于无穷矣。"⑦ 可见，《保世》的蓝本原是祝世

---

① （隆庆）《文堂乡约家法》，第219～220页。
② （隆庆）《文堂乡约家法》，第221页。
③ （隆庆）《文堂乡约家法》，第220页。
④ 关于罗汝芳的六谕诠释在明代中后期的影响，参见陈时龙《罗汝芳"六谕"诠释的传播与影响》，《纪念罗汝芳诞辰500周年学术研讨会论文集》，江西高校出版社，2016年。
⑤ 邹守益：《邹守益集》卷一七《乡约后语》，凤凰出版社，2007年，第802页。
⑥ 姜宝：《议行乡约以转移风俗》，载《古今图书集成》卷二八《明伦编·交谊典·乡里部》。
⑦ 卞利：《明清徽州族规家法选编》，第58页。

禄的乡约书，而祝世禄的乡约书又以罗汝芳在宁国府的《乡约训语》为蓝本。时过境迁，当乡约不再由官方的治理者提起时，地方的缙绅会转而将乡约载入族谱，演变成族规。之外，还有一种情况向来人们较少注意，即原本士大夫自撰的乡约解说，到后来也会移植到族规家训中，由教化大众转变为教育子孙。郝敬的《圣谕俗解》，最早是他在任江阴知县时仿罗汝芳《圣谕演》而拟写的六谕诠释，后来归乡家居时即用以教其子孙。郝敬在《圣谕俗解》序中说："此余宰江阴时口授邑父老子弟，距今二十五年矣。翻阅一过，转增不逮之耻。呜呼，其家不可教而能教人者无之。因录附家乘后，诒我子孙。"①

此外，晚明六谕之进入宗规族约，还有朝廷功令的背景。王一鸣《宗约序》云："郭中丞填楚，请剞劂《宗约》，上可其议，明诏宇内于所请，其虑深远矣。《约》以圣谕六言为标，言各附令甲、注疏、劝戒，洋洋如也，缅缅如也。豫州跨恒倚岱，列六大国，相错如绣，宗室附肺且几数万万人，其被湛俨之泽而受约束之教，惟豫州最先且广。"其《宗约后序》又云："不佞由荆适豫，则载方伯泰和郭公《宗约》以行，既上谒大中丞，则知上以郭中丞请付杀青，遍教诸侯王。……即以功令受成天下，尤拳拳以身教为先。"②王一鸣所提到的《宗约》的作者"方伯泰和郭公"，可能是曾任湖广右布政使的郭子章（1543—1618）。而且，从王一鸣对《宗约》的介绍来看，《宗约》以六谕为标，附以令甲、注疏，而目标对象则是明代的藩王。皇帝颁行以六谕为核心的《宗约》，无疑对族规引入六谕诠释有示范作用。既然皇帝都用六谕来教育宗人，庶民百姓怎么可以不用六谕来教育族人呢？适应朝廷以六谕来治理宗族的潮流，一些宗族在族规上着意加入六谕内容。例如，在《（休宁县）林塘范氏宗族族规》内收录的大约订于万历二十年的《统宗祠规》，首条即提"圣谕当遵"，云："这六句包尽做人的道理。……今于七族会祭统宗祠时，特加此宣圣谕仪节，各宜遵听理会。"其十六款宗规末又云："右宗规十六款，总之皆遵圣谕之注脚。"③"特加此宣圣谕仪节"让我们感觉这是范氏家规为适应新形势下而作的调整。

三　论六谕与族规家训结合的形式、推动力与特征

从思想与教化影响力来说，族规家训也是儒学思想向民间渗透的重要媒介，尤其家训"以简洁的语言阐明儒学经理"，使儒学思想得到生动形象而具体的解释。④明初到清前期，是家训发展的"鼎盛时期"，不仅数量多，而且内容丰富、形式多样。⑤据学者统计，在现存谱牒中可以找到全文的家法族规"尚有数万篇之多"⑥。因此，探讨族规家训的基层社会秩序建设文本与"六谕"这样的一种出自帝王的文本的结合，对于理解明清社会秩序构建有重要的意义。

大致来说，族规家训与六谕的结合依其结合之浅深而有不同形式：（1）结合最浅者，只是强调族众要遵行六谕，视人们之了解六谕为当然，而六谕的本文并不见载见于族规家训的正文之中。例如，万历中叶的《商山吴氏宗法规条》强调族人须遵六谕，说："圣谕四〔六〕言，至大至要。木铎以狥道路，妇竖亦当禀持。即有至愚至鲁之辈，纵难事事孝顺，亦岂可作忤逆？虽难事事尊敬，亦岂可肆侵侮？虽难事事和睦，亦岂可日寻争斗？虽难事事尽善，亦岂可甘为奸盗诈伪？"⑦文中体现了六谕所提孝顺、尊敬、和睦、毋作非为等观念，但族规只是强调族众要遵行六谕，却并不开列六谕的内容，甚至误"六言"为"四言"。（2）有些族规虽然开列六谕正文，但不加诠解，以为族众见文可以知义，或仅作些小

---

① （明）郝敬：《小山草》卷一〇《圣谕俗解》，《四库全书存目丛补编》第53册，第186～198页。
② （明）王一鸣：《朱陵洞稿》卷二九，国家图书馆藏清钞本。
③ （万历）《休宁范氏族谱·谱祠·林塘宗规》，转引自卞利《明清徽州族规家法选编》，第255页。
④ 王长金：《传统家训思想通论》，吉林人民出版社，2006年，第39页。
⑤ 徐少锦：《中国家训史》，人民出版社，2011年，第492页。
⑥ 费成康：《中国的家法族规》，第166页。
⑦ （万历）《商山吴氏宗法规条》，转引自卞利《明清徽州族规家法选编》，第10～11页。

的引申，而非逐条诠解。姚舜牧（1543—1622）万历三十四年（1606）所撰《药言》即其家训，末一条云："凡人要学好，不必他求，孝顺父母，尊敬长上，和睦乡里，教训子孙，各安生理，毋作非为，有太祖圣谕在。"① 高攀龙（1562—1626）的《家训》也把太祖圣谕六条录入，声称："人失学不读书者，但守太祖高皇帝圣谕六言，孝顺父母，尊敬长上，和睦乡里，教训子孙，各安生理，无作非为，时时在心上转一过，口中念一过，胜于诵经，自然生长善根，消沉罪过。在乡里作个善人，子孙必有兴者。各寻一生理，专守而勿变，自各有遇。于毋作非为内，尤要痛戒嫖赌告状。此三者，不读书人尤易犯，破家丧身尤速也。"②（3）第三次结合方式是不但录入六谕原文，而且还包括前人对六谕的注释，或稍加改动以适应族规家训之需要，如项乔《项氏家训》。这种方式视六谕为族规家训的重要内容之一，而录入前人诠解的做法则是希望族人更深地理解和遵行六谕。（4）第四种结合方式即是族规家训的订立者不仅视六谕为主要内容，而且按照家族的实际情况对六谕逐条进行解释，从而不仅使订立者的思想得以通过六谕注释的方式贯彻到族规家训之中，从而形成明清六谕诠释史中较为独特的一种文本。当然，有时族规作者不一定逐条对六谕作解释，只对六谕中的一到两条进行解释，把它们作为族规的一款。例如，万历七年（1579），浙江余姚徐子初所作的《余姚江南徐氏宗范》中有一条云："伏睹太祖圣谕，孝顺父母，尊敬长上，务要为子供子职，及时孝养，毋遗风木之悔。至如伯叔，去父母特一间耳。凡言动交接，俱宜循礼，毋要简亵侮慢，以乖长幼之节。怙终故犯者，轻则棰楚，重则呈官究罪。"③ 这只是就六谕中的"孝顺父母"一款的发挥，但对我们丰富对六谕诠释的认识也颇有作用。

推动六谕与族规家训相结合的力量既有思想上的共通性，也有制度与实践的推动力，当然首先是思想上的接近。首次把太祖六谕与族规家训结合到一起的《项氏家训》，其实已表明六谕作为基层教化的教旨是贯通于乡、族之间。从某种意义上来说，六谕之进入族规家训有其"天然"的成分，因为六谕所提倡的伦理符合民众进行宗族的、家庭的教育要求。曾维伦《六谕》诗说得好，"六谕由于钦孝弟，始知道只在家庭"④。六谕内容切近日用，故而极易被族规家训所采纳，因为像孝、悌、训子、治生等观念也是族规家训中的核心思想。⑤ 高攀龙也说："他的言语（指太祖六谕），原是我们家常日用最安乐的事。"⑥ 实际上，明代嘉靖以降六谕诠释的流行，恰与族规家训编撰的流行在时间上重合，故而六谕所蕴含的儒家伦理以及其正统性使六谕与族规家训合流。⑦ 正是这种思想上的合拍，有志于宗族建设的士绅，才会把六谕及六谕相关诠释拿来当作构建其家法族规的基础。但是，我们更不能忽视明代基层的教化制度与实践对这一结合的推动力。项乔为了强化《家训》对合族成员的约束力，晚年便积极推动族约，并在嘉靖二十九年（1550）十二月向永嘉县呈文，并得到知县齐誉批复。因此，六谕之最早进入族规家训虽然未经乡约之途径，但《项氏家训》出台后向族约转化却表明了这种结合要寻求制度的保护与官方的认可。在《圣训敷言》末尾，程瞳也说："这六句包尽做人的道理，凡为忠臣，为孝子，为顺孙，为良民，皆由于此。无论贤愚，皆晓得此文义，只是不肯着实遵行，故自陷于过恶。祖宗在上，岂忍使子孙辈如此？宗祠内，宜仿乡约仪节，每朔日督率子弟，齐赴听讲，继宣祖训，各宜恭敬体认，共成仁厚之俗，尚其勉之。"⑧ 这表明，隆庆六年程瞳曾号召宗祠内举行族约，宣诵包含六谕在内的族规家训。这均是16世纪以来流行的宗族乡约化之显证。正是由于程氏家规"奉飏六训以绳约其子姓者"，因而具

---

① （明）姚舜牧：《药言》，《丛书集成初编》第976册，商务印书馆，1939年，第18页。
② （明）高攀龙：《高子文集》卷六《家训》，《无锡文库》影乾隆七年华希闵凉闵刻《高子全书》本，凤凰出版社，2012年，第335页。
③ 《余姚江南徐氏宗谱》（民国五年刊本）卷八《族谱宗范》，转引自费成康《中国的家法族规》，第274页。
④ （明）曾维伦：《来复堂集》卷二○，《四库全书存目丛书》集部第169册，第581页。
⑤ 王卫平、王莉：《明清时期苏州家训研究》，《江汉论坛》2015年第8期。
⑥ （明）高攀龙：《高子文集》卷二《同善会讲语》，第323页。
⑦ 刘广成：《论明清的家法族规》，《中国法学》1988年第1期，第104页。
⑧ 卞利：《明清徽州族规家法选编》，第170页。

有更广的乡约示范性效果，"在家而家，在乡而乡"，到万历年间被休宁知县祝世禄"录而为程氏劝，为程则为吾休劝"①，成为祝世禄行乡约时的宣讲文本之一。另一名知县施天德甚至要将《程氏家训》推广到全县范围，"为吾休（宁）劝"②。因此，虽然项乔、程曈等人将六谕引入族规完全是个人的行为，而没有官方、乡约的背景，所谓"非有公督责而自为家谋"③，但他们却是主动地寻求与官方提倡的制度与实践作进一步的结合。令人印象深刻的是，项乔和程曈均在序言中谈到家国之间的关系，谈到国法与家规之间的联动。诚如费成康先生所言，"许多家法族规的制订者都认识到，家法族规应参照国法、合乎国法"，不能违背国法，甚至"有些家法族规的订立者还将这些规范当作国法的补充"④。因此，他们的家规虽然是自己的思想的体现与贯彻，却又能与政府提倡的社会秩序建设相关。社会新事物寻求国家的认同，而代表国家的地方官员对合符正统意识形态的新思想也予以积极确认，从而形成社会治理的良性互动。因此，16世纪六谕与族规家训的结合，既有士绅的努力，也是地方官主导的乡约实践发展的后果，同时也是朝廷功令风示的结果。士绅、地方官、朝廷共同推动六谕这一基层教化的教旨向最底层的族与家庭推进。

六谕与族规家训相结合，就形成了解释六谕的一类新文本。这类文本也许与王恕样的经典解释、罗汝芳那样的为乡约而作的诠释有千丝万缕的联系，但以宗族为依托自然会给六谕诠释带来一些变化。这些变化体现在以下几个方面：

其一，更口语化。虽然同样面对平民，但较之乡约由乡绅、生员主持宣讲，家规族训要适应宗族内人群文化层次可能更低的情况，口语化的特点因而会更强；《项氏家训》虽然依王恕《圣训解》以衍，但比《圣训解》更口语化，例如在行文中会增加一些特定的引语与结束语。在每条诠释开头，都会是"怎的是孝顺父母"一类的问语，结尾则谆谆劝导"请我族众大家遵守"。这样的表述风格，可以强化宣讲者与听众间的互动。而且，语词更白话，更俚俗。例如，《圣训解》中"食则后举箸"一语，到《项氏家训》中，"食"字就改成了口语的"吃饭"，而《圣训解》中的"皆"字，也都换成了口语的"都是"。

其二，族规家训中的六谕诠释明显更强调一些适应家族特点的内容。例如，《南丰潋溪傅氏族训》内《圣谕六条释文并四言诗》释六谕时，就经常结合宗族传统来阐讲。如讲"尊敬长上"条，便说："吾宗世习诗礼，可偃蹇裾傲，不遵长幼之序，效三家村俗子规模，于汝安乎？"⑤这是结合自己宗族出过读书人的实际来讲的。又比如，家庭伦理会得到刻意的强调，对一些家族或家庭间常出现一些陋习也有更具体的指向。项乔针对家族内违背礼法之事，在"教训子孙"一条的诠释中加入了一些内容："到长便当教以冠昏丧祭之礼，学为成人之道，毋玩法而淹杀子女，毋贪财而不择妇婿，毋信僧道而打醮念佛，毋惑阴阳讳忌、风水荫应而停顿丧灵。"这些问题显然与一般的六谕诠释中泛泛地要求子孙不得游手好闲之类的话更有针对性，是切实地针对当时社会上比较常见的与家庭伦理相关的一些陋俗。王恕《圣训解》说"攻读书史"乃是"士之生理"。项乔却把士之生理释为"读书举业"。显然，在科举社会下，任何家庭或家族显然更迫切地希望子孙专意"举业"，而不是"经史"。而且，项乔认为，不仅"信僧道而打醮念佛"不宜，更应禁绝的是出家的行为。他释"各安生理"条时，把"为僧为道"与"懒惰飘荡""游手好闲""为流民光棍、身名无藉之徒"并列在一起，同样视为"不安生理"的行为。⑥当然，这是适应族规家训的内容，因为出家就等于抛弃家庭伦理，是大不孝。清代不少的族规对此有更严厉的规定，

---

① 卞利：《明清徽州族规家法选编》，第171页。
② 卞利：《明清徽州族规家法选编》，第171页。
③ 卞利：《明清徽州族规家法选编》，第171页。
④ 费成康：《中国的家法族规》，第27页。
⑤ 傅汝澄：《南丰潋溪傅氏九修宗谱》，清同治九年木活字本，转引自周秋芳、王宏整理《中国家谱资料选编·家规族约卷》，上海古籍出版社，2013年，第450—451页。
⑥ （明）项乔：《项氏家训》，《项乔集》，第515页。

予以谱牒除名，甚至宁乡回龙铺熊氏的族规要求处死不肯归宗的出家人。①

其三，家规族训中的六谕诠释经常有更具体指向，涉及后母、继子、佃仆、义子、女子教育等内容。《婺源县江湾萧江氏宗族祠规》中的六谕诠释也受王恕《圣训解》影响，但其诠释很重视家族事务，在"孝顺父母"条中就专门谈到对待继母的事情："或遇后母，岂尽不慈？尤当加意尽礼。处得偏爱父母及后母的，方名孝顺。"在"和睦乡里"条则谈到对待佃仆的问题："虽佃仆佣赁之人，亦必一体待之。是谓和睦乡里。"②此种言论有明确的应对家族事务的指向性。在清代的族规家训中，引入六谕诠释者也多有家族治理的特征，如征引与家族建设相关的法律条文。《新会玉桥易氏家训》释"教训子孙"时就援引了两条律文："律：一、乞养异姓义子以乱宗族者，杖六十，以子与异姓为嗣者罪同，其子归宗。一、立嗣虽系同宗，而尊卑失序者罪亦如之，其子归宗，改立应继之人。"③明清时代比较重视女子教育。这也常是族规家训中的六谕诠释在"教训子孙"一条中突出强调的。之前的六谕诠释文本在教训子孙条内也常会谈及女子教育的问题，但族规家训内的六谕诠释对女子教育更为重视。例如，《龙舒秦氏家训》屡屡谈及女子教育问题，相关言论遍布于"尊敬长上""和睦乡里""教训子孙""各安生理"诸条诠释之中。④

四、结　　论

明太祖朱元璋的六谕，作为《教民榜文》的一部分，是整个明代基层社会教化的核心内容，得到上自皇帝下至庶民的一致认同。从成化年间的王恕起，明代士大夫又开始对六谕24字进行诠释，到嘉靖以后这些诠释又进而与乡约、族规家训相结合，并引入律例宣讲、善恶报应宣讲等内容，形成错综复杂的多样性的诠释文本。以族规家训中的六谕诠释文本而言，它们的形成既可能出自一些士绅们对于六谕或某些六谕诠释文本的思想上的认同，并在宗族构建活动中将它们引入，使它们成为族规家训中的核心部分，也可能是因为乡约宣讲活动在宗族中的落实与施行，而转化为族约、族规及家训。两种路径中，前者可谓是"自下而上"的、"天然"的，而后者是"自上而下"的属于官府着力推行的，"人为"的痕迹更重。但是，无论因哪一种路径进入，族规家训的订立者也都会按照家族的实际情况，对六谕逐条进行解释，或者对所采纳的六谕诠释文本作适应性的改动，从而不仅使订立者的思想得以通过六谕注释的方式贯彻到族规家训之中，而且也形成明清六谕诠释史中较为独特的一种文本。关注族规家训的六谕诠释，既可以看到明清六谕诠释文本在层次上的丰富性，也可以看到统治者宣扬的伦理如何经过官府、士人、宗族管理者进入到最基层社会，有助于我们理解明清时代的基层社会生活史。

[作者单位：中国社会科学院历史研究所]

---

① 费成康：《中国的家法族规》，第54页。
② 卞利：《明清徽州族规家法选编》，第287页。
③ （清）易道藩：《（广东）新会玉桥易氏族谱》，清同治十二年刻本，转引自《中国家谱资料选编·家规族约卷》，第469～473页。
④ （清）秦忠：《（安徽龙舒）秦氏宗谱》，清咸丰二年友鹿堂木活字本，转引自《中国家谱资料选编·家规族约卷》，第395页。

凤阳花鼓（花鼓小锣）曲目中的明清俗曲考述

周熙婷

凤阳花鼓又名花鼓小锣、花鼓、打花鼓、凤阳歌。最初是一种歌、舞、器乐演奏、表演并存的艺术形式。清代乾隆年间形成以说唱为主的曲艺形式传唱于民间。1955 年，随着《王三姐赶集》在北京的演出，民间艺人演唱的曲艺形式的凤阳花鼓（花鼓小锣）与大舞台上歌舞形式的凤阳花鼓（双条鼓）同时并存。由于凤阳花鼓（花鼓小锣）曲目中的曲调特征、唱词结构具有鲜明的说唱性、叙事性，因此，第一批国家级非物质文化遗产名录将凤阳花鼓收录在曲艺类。本文研究的是曲艺形式的凤阳花鼓——花鼓小锣（以下简称凤阳花鼓）。

明清俗曲又称"时曲""小唱""小曲""俚曲"，是指"兴盛、流传于明清时代，承汉族民间文艺之传统，特别是承宋元词曲小令之传统，在明清民间歌曲的基础上，吸收了其他艺术形式，融汇半职业艺人、职业艺人和一些文人们的创作精华，形成的一种艺术品种"[①]。在我国的说唱音乐中，明清俗曲的研究颇多。有徐元勇、刘晓静、板俊荣、陈玉琛等专家，对明清俗曲在"聊斋俚曲""天津时调""扬州清曲"等艺术形态中的流变和出自凤阳花鼓音乐的曲牌［凤阳调］在明清俗曲中的流变研究，而对于凤阳花鼓曲目中的明清俗曲遗存，学界还缺少比较系统的研究。本文主要是利用近五年来田野调查的成果，对明清俗曲在凤阳花鼓曲目中的遗存作一探析，为进一步拓展凤阳花鼓音乐的基础研究，了解明清俗曲在凤阳花鼓曲目中的流变和传承发展提供重要的依据和线索。

一 早期凤阳花鼓的明清史料佐证

（一）最早的街头花鼓卖艺记载

凤阳花鼓大约产生于明代正统年间，其历史背景是凤阳移民（编民）的大量逃忙。这些编民本是明初朱元璋从外地强制迁来，在经济待遇上与当地居民差别较大，一遇天灾人祸或合适的机会便选择离开，"赶唱谋食"即"惯唱秧歌"或"花鼓秧歌，沿门觅食"。明代袁文新《凤阳新书》记载："（凤阳县编民）里有十甲而逋者八九，存者一二；地有千顷而荒有十九，耕者一二。"[②] 可知大量移民"赶唱谋食"的现象的存在。

目前发现最早的街头花鼓卖艺的记载见于嘉靖《延平府志》"艺文志"卷二"诗"欧阳铎的诗：

> 长檠蜡炬落花深，袅袅炉烟独敛襟。
> 庙貌有灵应识我，此行不负是初心。

[①] 徐元勇：《明清俗曲流变研究》，南京，东南大学出版社，2011 年，第 26 页。
[②] （明）袁文新：《凤阳新书》卷七。

> 两京宦辄固多岐，浅薄无能只此知。
> 花鼓街头劳父老，可能画饼慰愁思。

此诗为欧阳铎于正德年间任延平知府（治于今福建省南平市）时所做，诗中有"花鼓街头劳父老"，说明欧阳铎曾在该地街头看见了"打花鼓"。在花鼓之前冠以凤阳的记载最早出现在清代康熙年间朱昆田的"凤阳花鼓"诗中：

> 两两相携女伴行，凤阳花鼓最知名。
> 笑他也唱[罗江怨]，对客低头作慢声。①

朱昆田（1652—1699）字文盎，号西峻，清代秀水（今浙江嘉兴）人，太学生。康熙初年，朱昆田自济南前往武昌，路过安徽舒城，在梅心驿看到了凤阳花鼓。由其诗中可以得知"凤阳花鼓"的称谓于康熙初年已出现在文人诗文中，曲目中已出现[罗江怨]的曲牌。

（二）最早的凤阳花鼓曲艺形式的曲词记载

凤阳花鼓的曲艺形式有可能在康乾盛世出现。清代乾隆六十年（1795）印刻本《霓裳续谱》中有两首曲词与凤阳花鼓有关。

> [数岔]凤阳歌来了，呀呀哟，粗胳膊跟着倒有一百多。绍兴鼓儿磕子锣，有人家请他上席儿坐着，先吃元宵，后把茶喝。东家开言，设摆下椅桌。四碟子小菜，摆在了四角。剩下的年菜，攒了个火锅。冰冷的馒头，片子饽饽。不用谦让，不用张罗，你夺我抢，一齐都吃货。盅子快（筷）子，得空儿拽着。酒醉饭饱，就唱秧歌。
>
> [秧歌]紧打鼓，慢筛锣，消停慢来孤唱歌。古人名人有几段，将来我唱请听着。日头出来红似火，听我唱个馋老婆。馋老婆，怎么说，好吃嘴来懒做活。偷了小米换酒喝，偷了鸡蛋换饽饽。锅里煮的肥羊肉，灶火里又把酒儿温着。隔壁大嫂来掏火，问声锅里是什么？馋老婆，他会说，温点热水烫烫我的脚。忙把大嫂支出去，慌慌忙忙掀开锅。酒儿肉儿吃了一个饱，躺在炕上咳哟哟。男子汉，回家转，问声妻儿是怎么？忽然得了一个冤业病，不知我心里是怎么。男儿闻听这句话，一出门来跺跺脚。跑到东庄请大夫，又来到西庄请师婆。那师婆，就来了。叫声大哥你听着，要得你妻儿病儿好，还得羊肉夹饽饽。②

从这两首曲目可以看出，利用民间流行的小调，用以演唱故事，其时凤阳花鼓的曲艺属性已比较明显。[数岔]描述了凤阳花鼓民间艺人在一家农户"唱堂会"并引来乡邻围观的情景。"粗胳膊跟着倒有一百多"印证了清代雍正丙午科进士李干龄《禁游民议》所说："伏见凤阳、寿州暨其接界州县，历来积习之游民，每至秋末冬初。百十成群，以乞丐为事。居宿亭庙，遍历乡村。又或以花鼓歌唱为取讨钱米之谋。"③[秧歌]亦为"凤阳花鼓"的典型曲目。从内容来看，曲目应称[馋老婆]。

---

① （清）朱彝尊、朱昆田：《曝书亭集附笛渔小稿 20 卷六至卷一〇》，上海，商务印书馆，卷六。
② （清）颜自德选辑、王廷绍编订：《霓裳续谱》《续四库全书》集部第 1744 册，上海，古籍出版社，2002 年。
③ （清）宣统《建德县志》卷一九艺文志二。

(三) 最早的凤阳花鼓表演形式

凤阳花鼓的演唱形式分为两种："唱门头""坐场"（"坐唱"）"唱门头"，是花鼓艺人沿门挨户卖艺时的表演形式。花鼓艺人每到一地，一般要沿门挨户打花鼓卖唱，称之"门头歌"。演唱曲目大多为篇幅短小、无故事情节或略有故事情节的"奉承歌"。其目的是告诉此地民众：凤阳打花鼓卖艺的来了！

"坐场"，又称"坐唱"。即"左锣右鼓"坐在板凳上演唱——"打小锣者"坐左边，"打花鼓者"坐右边，听众四面围听。"坐场"曲目篇幅较长，大多有故事情节，一般都有十多段、几十段，其中《杨姑娘上吊》一曲有131段，可以演唱近1个小时。由于听众较多，需要一定的场地容纳，故称"坐场"。"坐场"又分为两种形式：一种是普通"坐场"，演唱地点一般放在公共场所（茶馆、村头、院落、祠堂），由当地长者负责安排演唱地点，维持秩序及决定收费方式等。听众有时要艺人拿出"折子"，根据折子上的曲目表来"点唱"。另一种就是"唱堂会"。堂会，是东家逢红白喜事等（结婚、祝寿、孩子满月、买卖开张、老人去世等等）请花鼓艺人做专场演出，地点通常是在家中的客厅院落、家族宗祠、买卖铺面、茶楼会馆等处。演出程序、演唱曲目等，均由东家与花鼓艺人协商确定。

凤阳花鼓民间艺人演出时有一男一女、一男二女、二女的演唱模式。其演唱方式基本上为齐唱，或一问一答的对唱以及一人独唱、另一人帮助伴奏。演唱时一般以"打花鼓"者为主，以"打小锣"者为辅。在分节歌中，一般是一唱到底，其中亦有乐句、乐段中间插入"道白""数板"。演唱曲目时，舞蹈较少或没有，仅做手势比划而已。

综上所述，凤阳花鼓的曲艺形式大约产生于明正统年间至正德年间，成熟于清代乾隆年间，清初康熙年间即用明清俗曲［罗江怨］演唱曲目。

二 现存凤阳花鼓曲目中的明清俗曲遗音

1949年以来，大规模的凤阳花鼓田野调查工作有2次，一次是吴长俊、周其芳、夏玉润等在20世纪70年代深入凤阳县农村采集、记录的曲目100多首；一次是2011年以来，笔者在夏玉润老师的指导下采访了原生态凤阳花鼓民间艺人39位（民间艺人24位、伴奏15位），采集曲目210首，记录歌词10万多字，记录曲谱265页，旋律约6360小节，剪辑录音资料共计20小时48分40秒。两次采集共计有300多首曲目，已精选214首收入黄山书社出版的《凤阳花鼓全书·词曲卷》。通过对这214首曲目进行仔细的辨析，发现其中有着很多的明清俗曲。

（一）［凤阳调］

［凤阳调］是明清俗曲里的一首影响较大的曲牌，"它是凤阳人打着花鼓唱的凤阳秧歌调，按曲种、曲目、曲词主题和摘句摘字及曲谱等命名的其他称谓甚多，但不包括凤阳人唱的客曲"[1]。

据夏玉润先生考证，凤阳本地的［秧歌调］是一种具有宫、徵双重调式的民歌曲牌，［凤阳调］其实就是徵调式［秧歌调］，又称为［凤阳歌］。［凤阳调］的特征是：词格为"七言四句"，曲调由4个乐句组成，结音分别是 2 5 6 5，徵调式。"有着稳定的词格，特色鲜明的曲调"[2]。在凤阳本地花鼓艺人演唱的曲目中使用［凤阳调］的很多，曲目名称如下：

---

[1] 张仲樵：《凤阳歌的缘起及胞波》，选自杨春：《唱遍神州大地的凤阳歌》，北京，中国文联出版社，1995年，第48页。
[2] 板俊荣、张仲樵：《中国古代民间俗曲曲牌曲词及曲谱考释》，南京，南京师范大学出版社，2013年，第438页。

用 [凤阳调]（徵调式 [凤阳歌]）演唱的曲目

曲目名称	演唱者	采集记录者	采集时间
月儿弯弯照九州岛	邓家芳、邓凡兰	周熙婷	2011年
采花郎	王学琴	周熙婷	2011年
十二月想郎	史学翠、郑如景	周熙婷	2011年
童养媳	夏春蜜	周熙婷	2011年
孟姜女	邓家芳、邓凡兰	周熙婷	2011年
马凤英要饭	邵新兰、彭文采	夏玉润等	20世纪70年代
十把小扇（一）	郑如景、邓传珍	周熙婷	2011年
十把小扇（二）	卜广兰	周熙婷	2011年
正月十五庙门开	胡秀芝	周熙婷	2011年
二姑娘得病	刘霞	周熙婷	2011年
百花洲	赵本云	周熙婷	2011年
送郎送到十里墩	苗秀珍	周熙婷	2011年
小妹妹送情郎（一）	刘霞	周熙婷	2011年
小妹妹送情郎（二）	陈玉芝、乔玉英	周熙婷	2011年
烟花女子自叹	陈玉芝	周熙婷	2011年
五更盼郎	刘霞	周熙婷	2011年
反正五更	赵本云、苗秀珍	周熙婷	2011年
五更双相思	刘霞、赵本云	周熙婷	2011年
五更想才郎	徐中红、金保翠	周熙婷	2011年
五更疼郎	卜广兰	周熙婷	2011年
五更偷情	刘霞	周熙婷	2011年
五更调	王夕英、王学英	夏玉润等	20世纪70年代
四季望郎	卜广兰	周熙婷	2011年
四季相思	刘霞	周熙婷	2011年
正月姑娘坐绣房	乔茂英、胡秀芝	周熙婷	2011年
想十郎	徐中红、金保翠	周熙婷	2011年
治淮四封家信	徐树兰	夏玉润等	20世纪70年代
对贴	刘霞、赵本云	周熙婷	2011年
麻将歌	卜广兰	周熙婷	2011年
黑丫头	卜广兰	周熙婷	2011年
没有老婆想老婆	周凤兵	周熙婷	2011年
五更秃头郎	刘霞	周熙婷	2011年
五更抓壮丁	刘霞	周熙婷	2011年
十爱嫂	徐中红、金保翠	周熙婷	2011年

（二）［罗江怨］

［罗江怨］是古代散曲和民间俗曲中的主要曲牌之一。明代沈德符《万历野获编》曾记载［罗江怨］为元人小令，其流行的区域初在燕赵中原，后流传两淮以至江南，流行的时间为明代嘉靖、隆庆年间。

凤阳花鼓用［罗江怨］曲牌演唱曲目前文已有介绍，不再赘述。［罗江怨］的同调异名者有［纱窗外］［哈哈调］［四川歌］等。流传至今的还有《踏青》《二姑娘害相思》《王大娘探病》等说唱故事在全国流传。凤阳花鼓中有3首用［罗江怨］曲牌演唱的曲目。曲目名称如下：

用［罗江怨］演唱的曲目

曲目名称	演唱者	采集记录者	采集时间
《二姑娘害相思》	邓家芳、邓凡兰	周熙婷	2011年
《大相公嫖院》	张朝云	夏玉润等	1970年代
《查户口》	徐树兰	夏玉润等	1970年代

从朱昆田看到的花鼓演唱［罗江怨］到今天凤阳民间艺人演唱的《二姑娘害相思》，时光过去了将近400年，我们依然听到了［罗江怨］，不能不让人惊叹明清俗曲强大的生命力。

（三）［泗洲调］

［泗洲调］也称"泗州调""清淮调"，约于清末开始在安徽、江苏、湖北一带盛行。因其产生于泗州一带而得名。[①] 泗州在明代属于凤阳府管辖，凤阳花鼓艺人到江南卖艺从此地过洪泽湖为最便利，以此［泗洲调］遗存在凤阳花鼓中有其历史根源。

［泗洲调］的词格是七言三句，加衬词后重复第三句。曲调比较简单，多为五声音阶，有角调式和徵调式2种。凤阳花鼓中有3首曲目用此曲调演唱。曲目名称如下：

用［泗洲调］演唱的曲目

曲目名称	演唱者	采集记录者	采集时间
《姐在房里闷沉沉》	邓家芳、邓凡兰	周熙婷	2011年
《粽店卖茶》	夏春蜜	周熙婷	2011年
《麻将歌》	王夕英、邓青兰	夏玉润等	20世纪70年代

（四）［剪靛花］

［剪靛花］是自明代以来广泛流传于我国大江南北的俗曲曲牌，又称为［剪剪花］［靛花开］［剪花］［网调］等，据板俊荣先生考证，"别称异名非常多见，不计误称、讹传者，［剪靛花］的不同称呼有三十余种"[②]。［剪靛花］的词格不一，其母体是七言两句，加衬词后是一个五言的半句，结尾重复五言的半句。凤阳花鼓曲目中的用［剪靛花］曲牌演唱的很多，粗略统计有25首之多。曲目名称如下：

[①] 板俊荣、张仲樵：《南京民间俗曲音乐研究》，长春，东北师范大学出版社，2007年，第187页。
[②] 板俊荣、张仲樵：《中国古代民间俗曲曲牌曲词及曲谱考释》，南京，南京师范大学出版社，2013年，第440页。

用［剪靛花］演唱的曲目

曲目名称	演唱者	采集记录者	采集时间
《十三月虞美郎》	张朝云	周其芳等	20世纪70年代
《姐在房里烂眼圈》	张士兰、钱正华	吴长俊等	20世纪70年代
《一早上起来梳油头》	彭文彩	夏玉润等	20世纪70年代
《虞美人得病在牙床》	钱绍英	夏玉润等	20世纪70年代
《卖饺子皮》	魏宗珍	周其芳等	20世纪70年代
《抽壮丁歌》	彭文彩	吴长俊等	20世纪70年代
《土地改革》	王夕英、邓青兰	夏玉润等	20世纪70年代
《二姑娘倒贴》	王夕英、邓青兰	夏玉润等	20世纪70年代
《打菜苔》	徐树兰	夏玉润等	20世纪70年代
《二十四支花》	魏郑氏	吴长俊等	20世纪70年代
《姐在房前插秧稞》	王学琴	周熙婷	2011年
《鼓打五更也没露头》	王学琴	周熙婷	2011年
《四季游春》	赵本云、苗秀珍	周熙婷	2011年
《四季乐》	刘霞	周熙婷	2011年
《十绣》	刘霞	周熙婷	2011年
《十恨》	邓凡兰、邓家芳	周熙婷	2011年
《姐在房里裁衣裳》	邓家芳、邓凡兰	周熙婷	2011年
《十月怀胎》	邓家芳	周熙婷	2011年
《摘石榴》	史学翠、郑传珍	周熙婷	2011年
《麻将歌》	王夕英、邓青兰	夏玉润等	20世纪70年代
《粽店卖茶》	夏春蜜	周熙婷	2011年
《姐在房里闷沉沉》	邓家芳、邓凡兰	周熙婷	2011年
《三十六码头》	刘霞、皮广成	周熙婷	2011年
《十条手巾》	王夕英、邓青兰	周熙婷	2011年
《送郎参军》	史学翠、郑传珍	周熙婷	2011年

（五）寄生草

［寄生草］是古老的器乐曲牌和声乐曲牌。《万历野获篇》云："嘉、隆间，乃兴［闹五更］［寄生草］［罗江怨］……［银纽丝］之属，自两淮至江南，渐与词曲相远……"① 可知［寄生草］是一首在明代就流传于两淮至江南一带的曲牌。清代乾隆初年苏州王君甫刻本《新刻南北时尚丝弦小曲》收有时曲《寄

---

① （明）沈德符：《万历野获编》卷二五"时尚小令"，北京，中华书局，2004年，第647页。

生草》13首，此后《霓裳续谱》《偶存各调》《苏州小曲集》《阳春白雪》《时兴呀呀哟》等均收录此曲。其中《霓裳续谱》所收曲目最多。明清佚名作者［盼情郎曲］ 中有"可怜侬似［寄生草］，颜容那及邻家好。唱花鼓，得郎迎，回眸一笑百媚生"的唱词，也传递了花鼓女与［寄生草］的有关信息。

《中国民间歌曲集成·浙江卷》中收录有一首《寄生草》，唱词有"船上无小曲，单唱［寄生草］。冯光钰先生认为"这可能是这首小调标题为［寄生草］的缘由"。① 凤阳花鼓民间艺人演唱的曲目中就有两首从曲调的旋律、调式等均与这首《寄生草》基本相同的。曲目如下：

用［寄生草］演唱的曲目

曲目名称	演唱者	采集记录者	采集时间
赌钱闹五更	王夕英、邓青兰	夏玉润等	20世纪70年代
新娘闹五更	陈玉芝	周熙婷	2011年

（六）［鲜花调］

《缀白裘·花鼓》中的［花鼓曲］（［鲜花调］），最初是凤阳花鼓民间艺人演唱的曲目，乾隆二十一年（1756），李声振在北京看到了凤阳花鼓艺人在北京演唱"秧歌"［花鼓曲］（［鲜花调］）的情景：

> 打花鼓。凤阳妇人多任务者，又名秧歌，盖农人赛会之戏，其曲有《好朵鲜花》套数。鼓形细腰，若古之搏拊然：赛会时光趁踏青，记来妾住凤阳城。秧歌争道"鲜花好"，肠断冬冬打鼓声。②

文中的《好朵鲜花》为［花鼓曲］（［鲜花调］）第一句唱词，可见早在《缀白裘·花鼓》刊印之前，凤阳花鼓艺人便在北京街头演唱了此曲，故《缀白裘·花鼓》中把这首曲目标名［花鼓曲］，道理即在其中。后人根据"摘首句"命名法，将［花鼓曲］分别改称为［鲜花调］［茉莉花］。凤阳民间艺人在演唱此曲目时，因首句重复，将其命名为［叠断桥］。夏玉润先生曾对笔者说："1974年，凤阳县燃灯公社金桥大队坝东生产队花鼓艺人刘陆氏（女，时年70岁）、杨凤英（女，时年44岁）为笔者演唱了这首题名《叠断桥》的民歌。会演唱《叠断桥》的凤阳花鼓民间艺人另有徐树兰、邓家芳、邓凡兰、郑如景、史学翠等，其中徐树兰把前四段唱成'正月鲜梅花''二月茉莉花''三月玉簪花''四月牡丹花'，后面唱词则基本相同。刘陆氏演唱的［叠断桥］，不是作为一种民歌曲牌形式出现的，而是凤阳花鼓中的一个独立曲目。"藏于中国台湾"中央"研究院历史语言研究所傅斯年图书馆的清代芜湖"崇本堂"刻本［鲜花调］，其唱词与《打花鼓》中的［鲜花调］相同，但其唱本封面却题名为［叠断桥］——表示［鲜花调］是具体演唱的内容，而［叠断桥］是它的词牌名。由此也解释了刘陆氏演唱的［叠断桥］与［鲜花调］之间的关系。曲目名称如下：

---

① 冯光钰：《中国曲牌考》，合肥，安徽文艺出版社，2009年，第177页。
② （清）李声振：《百戏竹枝词·打花鼓》，收于（清）杨米人等著、路工编选：《清代北京竹枝词》，北京，古籍出版社，1982年，第161页。

用 [鲜花调] 演唱的曲目

曲目名称	演唱者	采集记录者	采集时间
叠断桥（一）	刘陆氏、杨凤英	夏玉润	20 世纪 70 年代
叠断桥（二）	邓家芳、邓凡兰	周熙婷	2011 年

（七）[李玉莲调]

凤阳花鼓曲目中还有 9 首用 [李玉莲调] 演唱的曲目，从其内容看多是民国时期创作的作品。

用 [李玉莲调] 演唱的曲目

曲目名称	演唱者	采集记录者	采集时间
宋美龄迈大步	邵新兰	夏玉润等	20 世纪 70 年代
五更送郎	刘霞	周熙婷	2011 年
男二流	刘霞	周熙婷	2011 年
女二流	刘霞	周熙婷	2011 年
六大爱	刘霞	周熙婷	2011 年
十三月	赵本云	周熙婷	2011 年
劝郎参军	钱绍英	夏玉润等	20 世纪 70 年代
治淮河	赵本云、刘霞	周熙婷	2011 年
扫除文盲	张朝云	夏玉润等	20 世纪 70 年代

由此可见，明清俗曲在凤阳花鼓中的遗音有 [凤阳调][罗江怨][寄生草][剪靛花][鲜花调][泗洲调][李玉莲调]。除此以外还有 [秧歌调][八段景][小放牛][十杯酒][春调][闹五更] 等。

三 明清俗曲在凤阳花鼓中的大量遗存给我们的启示

通过对凤阳花鼓中的明清俗曲的考证，可以给予我们以下几点启示：

一是凤阳花鼓与明清俗曲的关系密不可分，这是形式与内容相统一的关系，互相依存，渗透转化。明清俗曲丰富了凤阳花鼓音乐的内涵，凤阳花鼓在国内外的流传加速了明清俗曲的传播。

二是明清俗曲哺育凤阳花鼓的成熟和发展。明清俗曲是继唐诗宋词元曲之后的一次文化高峰，在明代中期，凤阳花鼓与明代俗曲已经初步融合，到了清代乾隆年间，明清俗曲哺育了凤阳花鼓曲艺形式的成熟和发展。凤阳花鼓的兴起时间与俗曲兴盛的宣德至万历年间时间基本相合，凤阳花鼓不可避免地要受到俗曲的影响。时至今日，数百年过去了，凤阳花鼓艺人演唱的曲目中仍有大量的明清俗曲遗存就可以证明这一点。

三是凤阳花鼓在明清俗曲的传播中影响巨大。凤阳地处淮河流域，北方的俗曲经两淮流传到江南，凤阳是重要的中转站。凤阳花鼓体现的是明代帝乡文化，社会关注度高，影响力大。民间花鼓艺人走遍全国流浪卖艺，把 [凤阳调][鲜花调] 等俗曲曲牌唱遍了神州大地。在中国民间歌曲、曲艺、戏剧等艺术中，[凤阳调][鲜花调] 都是其大量存在的曲牌。

本文通过对凤阳花鼓音乐丰富的口传音乐及史料进行研究，从中获得有价值的东西。深入探索了明清俗曲在凤阳花鼓中的遗存，分析了二者互相依存共同发展的关系，其成果拓展了凤阳花鼓音乐的基础研究，既为进一步了解明清俗曲在曲艺类非遗中的流变和传承发展提供重要的依据，又对凤阳花鼓吸收明清俗曲的营养，丰富其音乐文化内涵具有一定的促进作用。

[作者单位：安徽省滁州学院音乐学院]

习译字以通朝贡

——明代"译字生"始末初探

张正谚

前　　言

"通事"一词在中国历史上很早就出现了，最初的含义是指"交际往来之事"①。《周礼·秋官·掌交》："掌邦国之通事而结其交好。"郑玄注："通事，谓朝觐聘问也！"② 在魏晋隋唐之际，有所谓的"通事舍人"，主要是"掌呈奏案章"。③ 其职务，在宋元之际，受到周遭游牧民族所建立的政权影响，工作性质有所改变。如契丹："十月完颜衰立于东京辽阳府，遣译通事……"④ 女真："北人官汉地者，皆置通事，即译语官也！"⑤ 蒙古："元沿金制故《黑鞑事略》亦云：'其语言有音而无字，译而通之，谓之通事。'"⑥ 至此通事的工作已普遍作为翻译。明朝除了通事外，为了培训专业的翻译人员，栽培了译字生，使其有能力担任译字官一职，这项制度开启了中国教育史上新的一页。

一　设　立　背　景

明成祖即位以后，随着郑和下西洋，朝贡体系逐渐扩大。永乐五年（1407）三月，为因应四夷朝贡所造成语言文字不通的问题⑦，明成祖下令："命礼部选国子生蒋礼等38人，隶翰林院习译书，遇开科仍合就试，置馆于长安右门之外处之。"⑧ 当时四译馆⑨ 分为八馆，每一馆皆有专门的学生从事外语学习。正德六年（1511）间又增设八百馆，万历七年（1579）时，又增设暹罗馆，共10馆。⑩ 明人丘濬在其《译言待宾之礼》说：

> 译言之官，自古有之。然惟译其言语而已也。彼时外夷犹未有字书。自佛教入中国，始有天竺

---

① 辛全民，《通事的词义变迁》，《淄博师专学报》2010年第2期。
② （汉）郑玄注，林尹注释，《周礼今注今释》卷九，中国台北，中国台湾商务印书馆，1987年，第417页。
③ （唐）杜佑：《通典·职官三》卷二一，浙江，古籍出版社，1988年，第125页。
④ （宋）徐梦莘：《三朝北盟会编》卷二三三，上海，古籍出版社，1987年，第1676页。
⑤ （宋）宇文懋昭：《大金国志·纪年》卷一二，济南齐鲁出版社，2000年，第99页。
⑥ （宋）孟珙撰、（清）曹元忠注：《蒙鞑备录校注》，《续修四库全书【0423】史部·杂史类》，上海：古出版社，1995年，第523页。
⑦ （明）吕维祺：《四译馆则》，收入沈云龙主编，《近代中国史料丛刊三编第四辑》卷一，中国台北，文海出版社，1985年，第42页。
⑧ （明）官修，黄彰健校勘：《明太宗实录》卷六五，第920页。
⑨ 亦写作"四夷馆""四裔馆""四彝馆"，因本文依从《四译馆则》，叙述时皆用"四译馆"。
⑩ "鞑靼、女真、西番、西天、回回、百夷、高昌、缅甸、选国子监生习译。"（明）李东阳、申时行：《大明会典·翰林院》卷二二一，中国台北，文海出版社，1984年，第2943页。"鞑靼"即蒙古语；"女真"即满语；"西番"指明代居住在青海、甘肃、四川沿边一带的游牧民族，属于藏缅语族羌语之系；"西天"即印度语；"回回"一般认为是阿拉伯语，但王国维《观堂译稿》认为是波斯语。"百夷"指云南西部、南部的傣族语；"高昌"指西北地区的维吾尔族语；"缅甸""八百"均指云南境内的傣族和佤族语言；"暹罗"即泰国语。节录自黄明光，《明代译字教育述议》，《民族研究》1996年第1期。

字。其后回回、女真、蒙古、缅甸。其国人之黠慧者,各因其国俗而自为一种字书。其来朝贡,及陈设辩要求索,各用其国书。必加翻译,然后知其意向之所在。①

这反映了朝贡体系的建立,势必要有专业的翻译人员从事国书翻译。因此明代译字生的出现,完全是因应政府外交政策的考虑。

二 四译馆师

译字生是属于专科学生,依史料记载,其教师依来源可分为三类:其一是"通事",如永乐年间"取举人、监生年少者入翰林院习夷字,以通事为教师"②。其二为"选举",选举可分为馆内的推选:"凡遇各馆缺官,教习于本馆年深职官内,选其译学优长,行止端慎者,具呈内阁,考试题请点用或只据呈。"③或是地方上的访查:

> 四夷馆教师必番字番语,与汉字文义俱通故事,于本馆推选,或于各边访保。顷来教师多缺,宜令本馆提督官从公考选送内阁覆试。仍乞勅陕西、云南镇巡等官访取精晓鞑靼、西番、高昌、西天、百夷言语文字兼通汉字之人,照例起送赴部,量授官职,与本馆教师相兼教习,务使译学有传,不致临期误事。④

从史料可看出,当时各馆教师皆有缺额,因此除了四译馆本身的推选外,也会请求地方官拣选外语能力优秀之士,直接送至四译馆,授予教师之职。后来范围更加扩大,连官民子弟皆有机会入选:"宣德元年(1426),兼选官民子弟,委官为教师,命翰林学士稽考课程。"⑤其三,则是从国外寻找:

> 今次有暹罗国王差人来京,进贡金叶表文,无人识认节次,审译不便,及查得近年八百大甸等房夷字失传,该内阁具题,暂留差来头目蓝者哥在馆教习,成效合无,比照蓝者哥事例,于暹罗国来夷人内选留一二名在馆,并选各馆官下世业子弟数名送馆,令其教习,待有成之日,将本夷照例送回,本王等因实为便益。据此臣等看得习译夷字,以通朝贡,系是重事。⑥

正德年间(1506—1521)内阁大学士梁储有鉴于先前蓝者哥为地方头目,后于八百馆任职的案例。⑦而暹罗馆同样缺乏教师,希望可比照办理,以上皆可证明四译馆教师是可以从国外聘任的事实。

四译馆教师职责与传统教师相比更为复杂,除授业解惑外,还需肩负担保人:"本部选收译字生先经题准,行令各馆教师保勘,并许各生面讦,如有诈冒等弊,即将本人并保送者一并送问。"⑧笔者推断这是因在译字生当中有所谓的"世业子弟"(即教师之子,见后文),"世业子弟,必用本馆教师

---

① (明)(明)黄训:《名臣经济录·礼部》,《明代基本史料丛刊奏折卷【12】》卷三一,北京,线装书局,2004年,第2613~2614页。
② (清)刘献廷,汪北平、夏志和点校:《广阳杂记》,《历代史料笔记丛刊》卷一,北京,中华书局,1997年,第26页。
③ (明)吕维祺:《四译馆则·官方·选补教师》卷五,第76~77页。
④ (清)法式善:《明李文正公年谱》,《续修四库全书【0553】史部·传记类》卷三,上海,古籍出版社,1995年,第30页。
⑤ (明)吕维祺:《四译馆则·建设》卷一,第42页。
⑥ (明)梁储:《郁洲遗稿·奏疏·留远人疏》,《影印文渊阁四库全书【1256】》卷一,中国台北,中国台湾商务印书馆,1983年,第535页。
⑦ (明)吕维祺:《四译馆则·属官》卷七,第141页。
⑧ (明)高拱:《高文襄公集·奏牍一》,《四库全书存目丛书集部【108】别集类》卷二二,中国台南,庄严文化事业,1997年,第295页。

保送"，① 为了防止有不肖之徒勾结教师"保送入学"，保勘者必须对该生的出生、品行、专业知识等方面做出审查核定，以防止冒充祖业、假托他人姓名顶替、品行不佳等弊端的发生。如果译字生出了问题，保勘者亦要受到连坐处分。②

三 四译馆学生

四译馆招生多元，依来源亦分为三类，第一类是举人、国子监生等学生，如："许彬字道中，山东宁阳人。以举人选入翰林院译字，中永乐乙未进士。"③ "曹义字子宜，应天府句容县人。永乐中以举人选入翰林译夷字。"④ 国子监生的部分有："永乐三年七月，取云南监生施玉等六人，习百彝字。"⑤ "监生曹金等共八十名，俱于嘉靖十六年五月内送馆习译。"⑥

第二类是"官民子弟"，这些官民子弟并非科举出身，不过却能与科举出身的学子一同进入四译馆：

> 宣德九年八月戊辰，选习四夷译书学生。初上以四夷朝贡日蕃，翻译表奏者多老。命尚书胡濙同少傅杨士奇、杨荣于北京国子监选年少监生及选京师官民子弟有可教者，并于翰林院习学至是。选监生王瑄等及官民子弟马麟等各三十人以闻，命指挥李诚、丁全等教之。⑦

第三类是"世业子弟"，按照明人的定义，"本馆年深教师在任病故，子孙通译无过者为世业子弟"⑧，这些子弟会"送馆继业"。据大学士申时行所举的例子，笔者将之整理如下：

表1 世业子弟表⑨

时间	馆职	父	子
嘉靖十六年（1537）	高昌馆教师署正	刘干	刘鹿
嘉靖十六年（1537）	鞑靼馆教师署正	马廷祯	马钥
万历十二年（1584）	缅甸馆教师序班	夏凤朝	夏继恩
天启二年（1622）	鞑靼馆教师监丞	马应干	马尔焘
天启四年（1624）	西天馆教师主簿	杨开泰	杨四端
天启四年（1624）	鞑靼馆教师知事	刘尚宾	刘启泽
天启四年（1624）	女真馆教师寺副	周廷臣	周承汤

资料来源：《四译馆则》卷一三

---

① （明）高拱：《高文襄公集·奏牍一》卷二二，第290页。
② （明）黄明光：《明代译字教育述议》，第70页。
③ （明）张元忭：馆阁漫录，《四库全书存目丛书史部【258】职官类》卷五，中国台南，庄严文化事业，1996年，第752页。
④ （明）俞汝楫：《礼部志稿》，《影印文渊阁【597】》卷五七，中国台北，中国台湾商务印书馆，1983年，1025页。
⑤ （明）周应宾：《旧京词林志》《四库全书存目丛书史部【259】职官类》卷一，中国台南，庄严文化事业，1996年，第379页。
⑥ （明）吕维祺：《四译馆则·文史·会考食粮》卷一四，第277页。
⑦ （明）官修，黄彰健校勘：《明宣宗实录》卷一二〇，第2522～2523页。
⑧ （明）吕维祺：《四译馆则·选授·继习译业》卷二，第52页。
⑨ （明）吕维祺：《四译馆则·文史·题奏类二》卷一三，第257页。

以上三种学生,在选取时各有其年龄限制,如监生年龄要 25 岁以下,官民家子弟年龄要 20 岁以下、至于世业子弟只要"翻译习熟者",并不限定年龄。①

四 教 材

根据明人徐学聚所著《国朝典汇·四夷馆》的记载,洪武年间曾经编修译语,书名曰《华夷译语》:

> 洪武十五年正月,上以前元素无文字,发号施令,但借高昌书制蒙古字,行天下乃会翰林侍讲火原洁与编修马懿赤黑等,以华言译其语,凡天文、地理、人事、物类、服食、器用靡不具载。复取《元秘史》参考,以切其字,谐其声音名《华夷译语》既成诏刊行之,自是使臣往来朔漠皆能得其情。②

明太祖命火原洁与马懿赤黑编修《华夷译语》一书,虽然一开始只针对蒙古语一文,但日后成为四译馆教材的源头。明人考察四译馆课程,认为"译字官隶本院,盖始于此二人"。③笔者将以此试着介绍当时翻译的过程,首先是念法,《华夷译语》共标示 6 种念法:

1. 字傍小注"中"字者,乃喉内音也!如"合"中、"忽"中之类。
2. 字傍小注"舌"字者,乃舌头音也!必弹舌读之,如,"儿"舌、"里"舌、"刺"舌、"鲁"舌、"仑"舌之类。
3. 字傍小注"丁"字者,顶舌音也!以舌尖顶上腭(音谔)读之,如"温"丁、"兀"丁、"斡"丁、"豁"丁之类。
4. 字下小注"勒"字者,亦与顶舌同,如"冰"呼"莫勒孙"之类。
5. 字下小注"黑"字、"惕"字、"克"字者,皆急读带道音也,不用读出。
6. 字下小注"卜"字、"必"字者,皆急读合口音也,亦不用读出。④

很明显的,这是为了提醒读者在读外文时,需要注意其发音,诸如喉内音、舌头音、顶舌音、合口音等等。学会了发音后,接着要学习语汇。《华夷译语》按照性质分门别类,⑤如天文门、地理门、时令门、花木门、鸟兽门、宫室门、器用门、衣服门、饮食门、珠宝门、人物门、人事门、声色门、数目门、身体门、方隅门、通用门等等,共 17 门:

《华夷译语》有不同版本,图 1 的《华夷译语》有音译,有注明发音方式,而图 2 的《华夷译语》则无注明发音方式,但有原文相对照。一般来说,翻译国家文书是由译字官来担任,但译字生本身是可以参与的,在《明经世文编》中有记载:"请发鞑靼馆译字生,待其表使至日,以便译处。"⑥当然,这种翻译工作势必是由程度较好的译字生担任。

---

① (明)俞汝楫:《礼部志稿·申定翻译考选法》卷九二,第 683 页。
② (明)徐学聚:《国朝典汇·吏部·四夷馆》卷六〇,中国台北,台湾学生,1986 年,第 1027 页。
③ (明)黄佐:《翰林记·稽考四裔馆课程》卷一四,第 4162 页。
④ (明)火原洁:《华夷译语》,《四库全书存目丛书经部【188】小学类》,中国台南,庄严文化事业,1997 年,第 291 页。
⑤ (明)火原洁:《华夷译语》,《四库全书存目丛书经部【188】小学类》,第 291~305 页。
⑥ (明)陈子龙:《明经世文编》卷三一六,北京,中华书局,1987 年,第 3354 页。

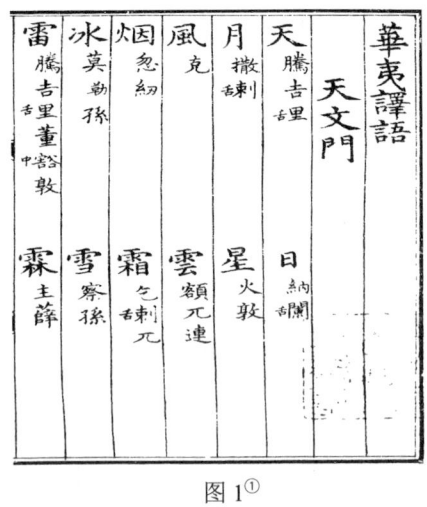 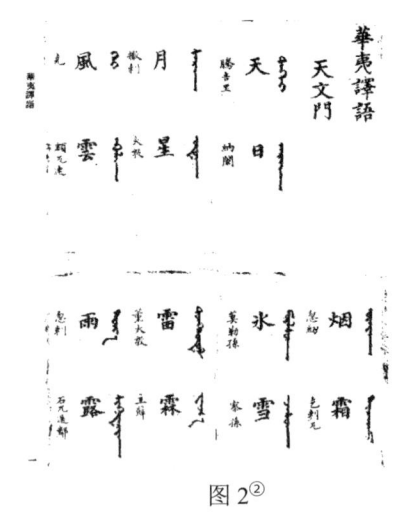

图1①　　　　　　　　　　　　　图2②

五　赏罚待遇

（一）优赏

永乐年间，礼部会先选择国子监生于翰林院学习译字，每月给米1石。只要考试合格就可进入四译馆工作。③明英宗继位后，开始以考试成绩作为学生待遇标准：

> 正统三年礼部奏，会官试得四夷馆谙晓回回等字官并监生子弟冀舞等三十二人，第为三等，请定其赏罚。上命一等有官者，月加折钞米二石，无官者与冠带，二等、三等月减折钞米一石，使知自励。④

这些学生考试合格后将替政府服务，因此平常生活所需几乎由政府负担，其待遇算是相当不错，除了每月有薪俸外，平日的"柴米油盐"皆由光禄寺⑤提供（见下表）：

表2⑥

项目	身份	数量	折银
柴价	教师	每月柴200斤	折银二钱五分
	译字生	每月柴100斤	折银一钱二分五厘
肉价	教师	每日肉1斤	折银二分四厘七毫五丝
	译字生	每日肉半斤	折银一分二厘
饭米	教师	每月1斗6升	未载

---

① （明）火原洁：《华夷译语》，《四库全书存目丛书经部【188】小学类》，第291页。
② （明）火原洁：《华夷译语》，《北京图书馆古籍珍本丛刊【6】经部》，北京，书目文献出版社，1988年，第1页。
③ （明）俞汝楫：《礼部志稿·国子生息译》卷九二，第681页。
④ （明）俞汝楫：《礼部志稿·考试择生赏罚》卷九二，第681页。
⑤ （明）吕维祺：《四译馆则·文史·公移类》卷一四，第303页。
⑥ 此表内容随着时间的不同，有些许更动，笔者以最早的例子制作而成。请见（明）吕维祺：《四译馆则·俸廉》卷八，第147~158页。

续表

项目	身份	数量	折银
	译字生	每月1斗6升	未载
酒	教师	每日酒半瓶	未载
	译字生	每日酒半瓶	未载
纸札	各馆属官	纸75张、笔6支、墨3锭	未载
	译字生	纸75张、笔6支、墨3锭	未载
食盐	各馆属官	260斛（闰月加30）	未载
	译字生	130斛（闰月加15）	未载

资料来源：《四译馆则》卷四

（二）罚则

四译馆对于译字生是赏罚分明，"为申严训规，以重译学"①，学生平常要有良好的学习态度，否则"书荒疏者量责，怠惰不习者重责"②。学生也不可装病、逃课，因教师手中有"旷业簿"③，违规者皆会被记录在案，且点名不到者将"重惩"。④平常会有小考，并按照学生的程度，分名次排列，"不能书写背讲者，责惩"⑤。大考时，会将学生划分为四等，倘若"屡次四等者，会考之日酌量裁抑"⑥。译字生也重视"品德教育"，训规规定学生要以孝悌为重，以道义为重，对待父母师长、教师公卿都要恭敬小心，和气顺承，不可违逆，如有违者，将从重究处。⑦

六　译字生考试方式

译字生在测验时需注意一定的师生礼节，其测验方式有验课、面试、月考和季考等等。验课和面试属于平常的小考，成绩不好将受到处罚：

> 本堂升堂毕，掣签验课诸生持课置几上一揖，或验课，或面试，事毕，候赏罚，总一揖而退。⑧

月考则比小考重要，每月16日考一次，并按照成绩好坏进行排名：

> 每月十六日月考本馆诸生，各执试卷序坐听师出题，试毕，定名第呈堂。⑨

---

① （明）吕维祺：《四译馆则·训规》卷四，第67页。
② （明）吕维祺：《四译馆则·训规》卷四，第70页。
③ （明）吕维祺：《四译馆则·训规》卷四，第70页。
④ （明）吕维祺：《四译馆则·训规》卷四，第70～71页。
⑤ （明）吕维祺：《四译馆则·训规》卷四，第70页。
⑥ （明）吕维祺：《四译馆则·训规》卷四，第72页。
⑦ （明）吕维祺：《四译馆则·训规》卷四，第73～74页。
⑧ （明）吕维祺：《四译馆则·仪注·验课仪节》卷一〇，第182页。
⑨ （明）吕维祺：《四译馆则·仪注·月考仪节》卷一〇，第182～183页。

至于季考则更为隆重，每年春秋各考一次①，会在考试之前贴出公告，试卷交由官员弥封，并进行编号。考试时，学生按照号码，寻找对应的桌号就座，并进行考试：

> 季考，先数日本堂出示，先三日十馆诸生各备一色试卷，面写某馆译字生某人，投递委厅弥封，钤印用天、地、玄、黄、宇、宙、洪、荒、日、月十字编号，每馆一字上用浮签书名，至日唱名，散卷折去浮签，仍用号簿一扇，闲写某号某人，先一日交，桌凳编号，隔十馆序坐，封门毕，出题交卷，毕齐散案之日，一等数名送阁候用，余者以次落。②

除了以上考试之外，最重要的就属"会官考试"，简称"会考"。会考从永乐至正统年间，似乎是每年考一次，"旧例月支米一石、会官考试一年、通习者与冠带。全不通者黜退。正统元年奏定、考中一等者冠带、为译字官。又一年再考中授职"。但从明孝宗继位后，这考试制度有所改变，变为三年一试，"三年后考中食粮、月给米一石。又三年考中冠带、为译字官。又三年考中授序班职事。初试不中者许再试。三试不中者黜退为民"。三年一试至此成为定制，③ 所以对于译字生而言，"修业年限"最多只能九年，九年一到，考试不合格者将被黜出四译馆，成为庶人。

七 "通事教育"的问题与弊端

（一）四译馆教师与译字生弊端

四译馆的制度随着时日逐渐僵化，开始出现弊端。例如四译馆教师除了教授馆内学生外，还会私收学生，且私收的学生数量又相当庞大，几乎与馆内学生无异：

> 成化二年，礼部奏四夷馆译字官并子弟见有一百五十四员。今教师马铭又违例私收子弟张睿等一百二十六名教习番书，以希进用。欲尽逮问干系人众，行请翰林院下四夷馆，不许私收教习，漏泄夷情。上曰："四夷馆官员子弟见在既多，礼部即会官考选精通者量留，余送吏部改外任，子弟俱遣宁家，今后敢有私自教习者，必罪不宥。"④

四译馆译字官生总共才154人，教师马铭一个人竟另外收了126人，先不论教学质量，这些私收学生来历不明，倘若是"间谍"透过不正常管道进入四译馆，后果将不堪设想。

译字生因学生来源的不同，可分为国子监生、官民子弟、世业子弟等部分，但各有其弊病，就官民子弟而言，因有机会进入中央学习，各阶层的人员无不寻找教师，私自学习：

> 近年（天顺）以来，官员、军民、匠作、厨役子弟投托教师，私自习学，滥求进用。况番字文书多关边务，教习既滥，不免透漏夷情，乞敕翰林院，今后各馆有缺，仍照永乐间例，选取年幼俊秀监生送馆习学，其教师不许擅留各家子弟私习及徇私举保。上命今后敢有私自教习走漏夷情者，

---

① （明）吕维祺：《四译馆则·训规》卷四，第72页。
② （明）吕维祺：《四译馆则·仪注·月考仪节》卷一〇，第183页。
③ （明）李东阳、申时行：《大明会典·翰林院》卷二二一，第2944页。
④ （明）俞汝楫：《礼部志稿·禁私自习译》卷九二，第682页。

皆重罪不宥。①

官员、军民、工匠，甚至连厨役子弟皆可学习，产生一些弊端。首先因教材如《华夷译语》内容包含了诏书等数据，因此容易涉及边务，导致国家机密外泄。又这些官民子弟在素质上参差不齐，容易勾结四译馆教师，造成选拔人才的不公。因此从天顺（1457—1464）以后，在学生的选取上希望以国子监生为主。政府鼓励国子监生学习译书，并在考试有所优待：

> 科举时任其应试，卷尾识译书数十字，三场毕，送翰林院定去取，仍送入场填榜，盖优典也！中榜后改为庶吉士仍习译。其后习译益多，中第者益众，有一榜中三十余人者，天顺中以奔竞者多，乃革之，而用民间子弟。②

对国子监生而言，程度本来就较官民子弟优秀，如今只需在试卷里写数十字外语即可上榜，导致录取名额愈来愈泛滥。因此天顺中叶以后，废除这考试优待，重新拔擢民间弟子。至于世业子弟则有冒名顶替的情形：

> 令本馆教师各具重甘结状，保举各官名下的亲世业子弟，听礼部会官考试……不许在京富商、外省粟监及势家子弟冒籍顶名，希图进用，以开夤缘奔竞之门，如有此辈朦胧入选，事后被人首发或查访得出，不论入馆年月久近，定行黜退为民，仍将本馆保结教师一并参送法司究问，如此庶奸弊可除，译习得人，亦不失圣朝怀抚四彝之意矣！③

这些冒名顶替者，显然是以富商权贵为主，无非是想官商勾结，抑或是借机谋取"朝贡贸易"下的利润。明朝对于译字生的选取相当慎重，可是不论是国子监生、官民子弟、世业子弟皆有其弊端，此为研究明朝译字生不得不重视之处。

（二）人才断层与补助匮乏

从《明实录》《明史》等史籍上可反映，自隆庆（1567—1572）以后，只有朝鲜、琉球、安南等少数国家还与明廷维持朝贡关系，其他国家则不见其贡使踪影④，四译馆的重要性因而不复当年。事实上从嘉靖年间（1522—1566）开始，四译馆的人才断层就已渐趋严重：

> 事故更迁，见今各馆惟鞑靼、女真等馆共止有译字官四员，回回、西番、高昌、八百等馆虽有教师一二员，并无一名子弟习学，至于百夷、西天等馆教师久已物故，缅甸馆师生俱各故绝……⑤

明朝对于人才断层的情形，大致是加紧选取民间俊秀、世业子弟及年幼监生赴馆学习。⑥但是四译馆在补助上日益缺乏，也不利这些学生的学习。

四译馆译字官生、馆内属员，平常生活所需皆有补助，但到了万历年间（1573—1620），明朝国库

---

① （明）徐学聚：《国朝典汇·吏部·四夷馆》卷六〇，第1027页。
② （清）刘献廷：《广阳杂记》卷一，第26页。
③ （明）吕维祺：《四译馆则·文史·题奏类一》卷一二，第195~196页。
④ 晁中辰：《明代海禁与海外贸易》，北京，人民出版社，2005年，第60页。
⑤ （明）吕维祺：《四译馆则·文史·题奏类一》卷一二，第194页。
⑥ （明）吕维祺：《四译馆则·文史·题奏类一》卷一二，第221~222页。

吃紧，户部甚至认为译字生为冗官①，要求逐一淘汰，但因四译馆涉及对外事务，不可能裁撤，只能先缩减馆内物资的补助，结果出现多年未给的情形：

> 据译字生王子龙等呈，称各生每日应支茶叶五钱，近□光禄寺茶匮，三年分毫未给。呈乞查照柴肉折色事例，芽茶逐一折给，永为定则，此两便之术也！……随该光禄寺送过茶价，每名每日该茶五钱，每斤折价三分二厘。②

中央政府的做法是直接将物资折银，但是物资匮乏的情形到后来愈趋严重，甚至连平日的钱粮都出现"久缺不补"的情形。据译字官唐尚忠称："近年以来，官生月粮、茶叶盐酱等项多至一二年不给，忠等若不禀明，恐百年旧例尽坏矣！"③到最后连每年冬天每月要给的150包的木炭都发不出来，政府的唯一方法就是以银折价，一来各馆官生"得沾实惠"，二来"无搬运之劳"，④但这也反映出明朝已无足够的物资提供给四译馆，且因朝贡国日益减少，四译馆功能日益下降，而馆内的开销却成为政府财政上的负担。

（三）学习精神的败坏

四译馆的设立，是为了培养专业的翻译人才，以应付各种外交场合，因而希望馆内学生可以"精通彝语，谙晓番文"，制定训规要求馆内学生务必遵守。但"法久人玩，肆无忌惮，罔知遵守"⑤，甚至"官生勤惰相半，有托病给假而实无病者，虽立法稍从裁抑，而彼此□效全不羞愧"⑥。因此在嘉靖十七年五月二十五日（1538/6/21）重申旧规：

1. 诸生各宜遵承师训，循规蹈矩，毋得傲慢，不恭有乖礼法。
2. 诸生每日辰初入馆受业，升堂后厅掣签、看课、背书、候击梆，散馆不许先回，违者馆长纠举。
3. 诸生当以孝悌忠信廉耻为先，毋得佚游放纵，博弈饮酒，致亏行俭。
4. 诸生正衣冠，肃威仪。不许褻衣小帽出入馆门。升堂不许穿鞋，在馆不许喧哗谈笑，违者馆长纠举。
5. 序立班次，务要端肃整齐，不许紊乱喧哗，违者馆长纠举。
6. 每月给假不许重复，如果疾病未痊及有事故不得已者，本馆教师查实准给。
7. 诸生在途遇九馆师长，必当端拱立俟其过；及遇公卿达官敬谨回避，毋得越礼冲突。
8. 九馆诸生乃同门朋友务要道义相与，德业相劝，过失相规，谦恭和美，毋因小忿以伤友道。

此处提到的8条训规有2条（1.2.）是关于课业，1条（6.）是关于给假，其余5条（3.4.5.7.8.）皆是关于德性。《四译馆则》的作者吕维祺，曾于崇祯元年（1628）任四译馆提督少卿⑦时，题言行、忠信、笃敬六字于四译馆堂上⑧，其意义是想阐述孔子"言忠信，行笃敬，虽蛮貊之邦行也！"的理念，反映了儒家思想在四译馆的影响力。但笔者认为，其或许是反映了明末政治社会动荡，因而希望莘莘学子除了学业外，更要注重德性。

---

① （明）官修，黄彰健校勘：《明神宗实录》卷二七九，第5151页。
② （明）吕维祺：《四译馆则·文史·公移类》卷一四，第301页。
③ （明）吕维祺：《四译馆则·文史·公移类》卷一四，第303～304页。
④ （明）吕维祺：《四译馆则·文史·公移类》卷一四，第305页。
⑤ （明）吕维祺：《四译馆则·文史·条约类》卷一五，第323页。
⑥ （明）吕维祺：《四译馆则·文史·条约类》卷一五，第329页。
⑦ 提督四夷馆。少卿一人，正四品，掌书之事。（清）张廷玉，《明史·职官三·太常寺》，北京，中华书局，2007年，第1797页。
⑧ （明）吕维祺：《四译馆则·文史·箴类》卷一九，第367～370页。

结 论

　　明代四译馆的设立，虽是为了因应国际事务，却也影响了中国的教育发展，特别是外文学习的部分。只是明代译字生的培养是政府在一手主导的，且馆内教学禁止教师私自传授，说明了明一朝翻译教育完全是由中央所掌控的。

　　中央政府在这当中发挥了绝对的影响力，为了维系明朝的对外关系，不断地从各地选访教师，除了原有的通事外，还选取了不少外国人士与使节，并挑选年轻有为的学生如国子监生、"官民子弟""世业子弟"等赴馆习业。《华夷译语》是其重要的教材，不过因译字生特重翻译文字，因此他们所学习的不是生活应对，而是诏书敕令。

　　译字生与其他学生相比，其待遇甚为优良，除了俸禄外，连平日的柴米油盐皆由政府提供，只是当国力衰弱之际，这些待遇已成过眼烟云。且四译馆到后期，因朝贡贸易不行，加上为政者对外交的重视也不复当年，朝贡国日益减少，其译字官生皆甚为缺乏，只能说明朝翻译教育，始于朝贡，也终于朝贡。

[作者单位：中国台湾"清华大学"历史研究所]

明代内府刻书质量考辨

马学良

明代内府刻本是中国雕版印刷史上重要的版本类型之一。作为明代皇家的刻书，内府刻本有强大的人力、物力支撑，所刻之书从用纸到装帧，从字体到版式、行款等各方面质量均属上乘，非地方及民间刻书所能望其项背，因此给世人留下了"版式宽大，行格疏朗，大黑口，鱼尾相向，大黑双边。字大如钱，多做赵体，醒目悦神。用上好洁白棉纸和佳墨精印。多作包背装，装帧华美大方"①的深刻印象。但是，在中国版本学史上，世人对于内府刻书的质量，却不像对其外观那样肯定，甚至与其相反，认为内府本"多校勘不精，错讹较多，所以不为后世所重"②。那么，明代内府刊刻图书的质量果真如此不堪吗？回答这一问题，只有对明内府所刻之书予以实际考察，方能有据。

明代内府所刻之书，大致可以分为两种类型：一是明历代皇帝御制、御纂、敕修的图书；二是内府翻刻前朝已有图书等。

前者是本朝编纂的图书，代表性的图书有《洪武正韵》《御制大诰》《御制大诰续编》《御制大诰三编》《大明集礼》《大明会典》《大明一统志》《五伦书》《历代君鉴》《历代臣鉴》《御制诗集》《恩纪诗集含春堂稿》等。关于这类图书的质量，笔者曾撰有《明代内府刻书机制考论——以敕纂修图书为中心》一文，从图书编纂学的角度明确了明代内府刊刻敕纂修图书活动是"从组织纂修队伍，到皇帝审定图书，再到写书上板、印刷装帧，最后由皇帝诏准发行的一个完整而严密的流程"③。并通过对刻书机制和刻书流程的考证，认为太监在整个刻书过程中只起到了书版的管理职责，与内府刻书质量关系不大。因此，明代内府刻书谈不上"阉寺主其事"，内府所刊刻图书的质量好坏，也基本与太监无关。相反，明代内府刊刻的这类图书于有明一代政令、典制、史事记载尤为翔实，值得引起文史研究者充分重视。

后者是内府在前人已有的图书基础上重新编辑、校勘的图书，这些图书大多已经前朝雕版流行，明内府进行再次刊刻，即版本学意义上的重刻本。这些图书有的从书名就可以看出是曾经过重新校勘后刊印的，如《新校经史海篇直音》；还有的则在书前的序言中对校对情况作了简要说明，如崇祯八年所刻《小学集注》，书前《御制重刊小学序》既有"陈选《集注》，见其切要明晰，甚于《小学》有裨，爰命儒臣详加校订，正其讹舛，誊刻颁行"之语。但是，由于明代宫廷档案亡佚无征，更多的重刻图书如《广韵》《尔雅》《埤雅》《资治通鉴纲目》《少微通鉴节要》《资治通鉴纲目发明》《资治通鉴纲目集览》《贞观政要》《大学衍义》《文献通考》等，这些书均是治学必备之书，这些书的质量如何？是否经过校勘？由何人以何种底本校勘？至今已不可考。为了准确把握这部分内府刻书的质量，笔者选择内府刻本中存世数量较多、读者易见的《周易传义》《资治通鉴纲目》《文献通考》为代表，分别与相应的宋元刻本进行了比勘。

---

① 时永乐著：《古籍整理教程》，保定，河北大学出版社，1997年，第33页。
② 陈雪云著：《明代官府的刻书》，《档案管理》，2003年第4期，第4页。
③ 马学良著：《明代内府刻书机制考论——以敕纂修图书为中心》，《河北大学学报（哲学社会科学版）》2015年第3期，第86~92页。

一　明内府刻本《周易传义》与元刻本《程朱二先生周易传义》之比较

《周易传义》（馆藏号：10003）为正统十二（1447）年所刻《五经》《四书》之一，其书一宗程朱传义，凡十卷。今选取国家图书馆所藏同为十卷本之元刻本《程朱二先生周易传义》（馆藏号：3341）与之比较。因原书卷帙浩繁，在此仅取两书第一卷"乾卦"部分进行比勘，其结果列表如下：

明内府刻本《周易传义》、元刻本《程朱二先生周易传义》卷一"乾卦"对照表①

经文正文	内府本	元刻本	备注
乾，元亨利贞	传：以妙用（一无用字）②谓之神	传：以妙用谓之神	内府本参校他本，有校注
	本义：故三奇之卦名曰乾	本义：故三画之卦名曰乾	本书前文有"乾字，三画卦之名也"，故内府本误
	无注音	本义之末有"乾，竭然反。亨，许庚反"注音	内府本脱两字注音
初九，潜龙勿用	经文正文下有"潜，捷鉴反"之注音	此注音在本义之末，内容同	
九二，见龙在田，利见大人	正文之末有"见，贤遍反。卦内见龙并同"注语	此注音在本义之末，但并不全同，其注语为"见，贤遍反。利见如字，下皆同"	
九三，君子终日干干，夕惕若厉，无咎	传：舜之玄德升闻时也	传：舜名玄德升闻时也	参照"九二，见龙在田"程传"舜之田渔时也"及下文"九四，或跃在渊"传文"舜之历事时也"，元刻本误
	无注语	传文之末有"惕，他历反。厉，力世反。咎，其九反。后同"注语	内府本脱三字注音
九四，或跃在渊，无咎	正文下有：跃，羊灼反	此注音在传文之末，内容同	
上九，亢龙有悔	正文末有"亢，苦浪反"注音	此注音在传文之末，内容同	
象曰：大哉乾元万物资始，乃统天	传：象者，言一卦之义。故知者观其象辞，则思过半矣	传：象者，言一卦之义。放知者观其象辞，则思过半矣	据文意，内府本为是。元刻本盖因形致误
	传：天道始万物（一更有万字）物资始于天也	传：天道始万物物资始于天也	
	本义：象，即文王所系之辞。传者，孔子所以释经之辞也。后凡言传者放此	无	元刻本脱文
云行雨施，品物流形	正文下有"施，始豉反。卦内皆同"注语	无注语	元刻本脱文

---

① 为准确反映明内府刻本与前朝旧本之间的文字与内容差异，本表使用繁体字。《资治通鉴纲目》《文献通考》版本比对表亦同。另，由于时代及雕版印刷时手书上板人不同，故同一个字在不同的版本中可能会有不同的异体字，如《周易传义》中内府刻本之"变"在元刻本中均作"変"、内府本之"体"，元刻本多作"體"如是者在三种书校对中比皆是，因其不影响文意，故本表仅录文字内容有差异者。

② 括号中文字为内府本中以黑盖子白文标出之校语。下同。

续表

经文正文	内府本	元刻本	备注
	本义：此释乾之亨也	本义：释干乾亨也	元刻本脱文
大明终合，六位时成，时乘六龙，以御天	本义：始，即元也。终，谓贞也	本义：始，即元也。终，即贞也	异文
乾道变化，各正性命保合大和，乃利贞	本义：大和，阴阳会合，冲和之气也	本义：大和，阴阳会合，坤和之气也	参校元刻明修本《周易本义》，内府本是，元本误
首出庶物，万国咸宁	传：卦下之（一无之字）辞为象	传：卦下之辞为象	
	本义：则并行不悖也，坤卦放此	本义：则并行不悖也，他卦放此	异文
象曰：天行健，君子以自强不息	本义：象者，卦之上下两象及两象之六爻，周公所系之辞也	无	元刻本脱文
终日乾乾，反复道也	经文正文下有"复，芳服反。本亦作覆"注语	此注音在传文之末，内容"复，芳服反"	
或跃在渊，进无咎也	传：量可而进（一有也字），适其时则无咎也（一无也字）	传：量可而进，适其时则无咎也	
飞龙在天，大人造也	正文下有"造，徂早反"	此注音在本义之末，内容为"造，徂早反。王肃，七到反。"	内府本脱文
	传：大人之为圣人（一无人字）之事也	传：大人之为圣人之事也	
文言曰：元者善之长也……事之乾也	正文末有：长，丁丈反。下长人同。干，古旦反	此注音在传文之末，内容为"长，上声。干，古旦反"	
	传：以发明其（一作文）义	传：以发明其义	
	本义：此篇申象传象传之意，以尽乾坤二卦之蕴。而余卦之说因可以例推云	无	元刻本脱文
贞固足以乾事	传：贞（一作正）固所以能乾事也	传：贞固所以能乾事也	
初九，曰潜龙勿用……确乎其不可拔潜龙也	正文下有：乐，音洛	无	
九二，见龙在田……君德也	正文下有：行，下孟反。邪，以嗟反	无	
	本义：释大人之为九二也	本义：释大人之为九三也	元刻本误
九三曰，君子终日干干……虽危无咎矣	正文末有：几音机	此注音在传文之末，内容同	
	传：求知所至，而后（一无后字）至之	传：求知所至，而后至之	
九四曰，或跃在渊，故无咎	正文末：离，力智反	无	内府本脱去"恒"字注音
	无	传末：恒，胡登反。离，力智反	

续表

经文正文	内府本	元刻本	备注
见龙在田,时舍也	正文下有：舍,去声	此注音在传文之末,内容同	
飞龙在天,上治也	正文之末：治,传直吏反。本义读作平声	此注音在传文之末,内容为"治,直吏反"	元刻本本义脱注音
乾元用九,天下治也	正文末：治,直吏反	无	
见龙在田,天下文明	传：龙德见于地上,则天下见其文明之化也（一作而化之）	传：龙德见于地上,则天下见其文明之化也	
飞龙在天,乃位乎天德	传：正位乎上,位当天德（一作德矣）	传：上位当正,位乎天德	异文
大哉乾乎刚健中正,纯粹精也	本义：以其流行之统统而言	本义：以其流行之体统而言	倒文
时乘六龙,以御天也,云行雨施,天下平也	传：旁通尽其情义	传：旁通尽其精义	异文。据上下文意,内府本误,元刻本是
	传：故见（一作曰）云行雨施	传：故见云行雨施	
君子以成德为行……是以君子弗用也	正文下有：行并下孟反。未见之见,贤遍反	此注音在传文之末,内容同	
九三,重刚而不中……虽危无咎矣	正文末：重,直龙反。下同	此注音在传文之末,内容同	元刻本脱"下同"二字
夫大人者,与天地合其德……况于鬼神乎	正文末：夫音扶。先,悉荐反	此注音在传文之末,内容同	
亢之为言也……知得而不知丧	正文末：丧,息浪反	此注音在传文之末,内容同	

通过内府刻本《周易传义》和元刻本《程朱二先生周易传义》的比较，我们可以发现：第一，内府刻本在刊刻之前做了校勘工作，其校勘的结果以黑盖子白文标出，而元刻本则没有校勘痕迹；第二，二者除了偶尔各自使用不同的异体字、俗字之外，文字内容基本一致，所不同者只是内府刻本一般将程颐《易传》、朱熹《本义》之注音置于经文正文之末，而元刻本注音分别在《传》《本义》末尾，注音的方式和内容基本一致，可见内府刻本所依据的底本与元刻本属于同一版本系统；第三，两种本子存在的异文，相比之下元刻本错误更多一些，且有大段脱文。

从行款结构来讲，明代内府刻本每半页 8 行，行 14 字，小字双行，行 17 字；元刻本每半页 13 行，行 23 字，小字双行，行 27 字。且内府刻本经文正文皆大字顶行，传与本义则小字双行；元刻本经文正文虽亦以大字标出，但不单独起行，文、传、本义相互交杂。故内府本在直观视觉上给人以字大如钱，行格疏朗之感，而元刻本则令人感觉字小行密，不便观览。

二　明内府刻本《资治通鉴纲目》与宋刻本之比较

纵观中国整个封建社会的发展，封建社会发展到明代已经恍如进入了迟暮之年的老人，经济发展与封建统治之间的矛盾日益激化。为此，明代统治者在政治上大力推行君主专制中央集权的同时，在文化上则不遗余力地推行文化专制主义政策，力图把全国的文化强行纳入以程朱理学为主的儒家思想轨道中来，表现在刻书上，就是皇帝敕命大量刊刻符合程朱思想的经史图籍，其中成化九年（1473）刊刻的《资治通鉴纲目》就是其中的一种。

《资治通鉴纲目》乃宋代理学大家朱熹的著作之一。该书在宋代一问世即受到热烈追捧，各地争相传刻，因此宋代时此书刻本已有多种。元代尊崇程朱理学，故此书仍传刻不息。按照版本学的一般规律，距离文献产生的年代越近的刻本，因其传抄次数较少，错误也越少，故笔者选取国家图书馆藏宋刻本（馆藏号：8664）与明内府刻本（馆藏号：9760）对校，并随机选取该书第四卷予以校对。现将比对结果列表如下：

明内府刻本、宋刻本《资治通鉴纲目》卷四异文对照表

明内府刻本	宋刻本	备注
夏四月，太皇太后薄氏崩	夏四月，太皇太后崩	宋本脱文
文帝不忍	文帝弗忍	异文
诱天下亡人谋作乱，反益骄	诱天下亡人谋作乱，反益骄溢	内府本脱文
削之其反亟祸小，不削其反迟祸大	削之其反亟祸小，不削反迟祸大	宋本脱文
上令列侯公卿宗室杂议，莫敢难	上令公卿列侯宗室杂议，莫敢难	倒文
上曰："计安出？"盎对曰："愿屏左右。"	上曰："计安出？"盎曰："愿屏左右。"	宋本脱文
上默然。良又曰："顾诚何如？吾不爱一人以谢天下。"	上默然。良又曰："顾诚如何？吾不爱一人以谢天下。"	倒文
走丹徒，保东越，东越人杀之	走丹徒，保东越，越人杀之	宋本脱文
徙淮阳王余为鲁王，汝南王非为江都王，立子端为胶西王，胜为中山王，楚元王子礼为楚王	徙淮阳王余为鲁王，汝南王非为江都王，立楚元王子礼为楚王，子端为胶西王，胜为中山王	倒文
夏四月，立子荣为皇太子，彻为胶东王，赦。徙衡山王勃为济北王，庐江王赐为衡山王。五年冬十月，晦，日食。春正月，作阳陵邑，募民徙居之	夏四月，立子荣为皇太子，彻为胶东王，赦。冬十月，晦，日食。徙衡山王勃为济北王，庐江王赐为衡山王。五年春正月，作阳陵邑，募民徙居之	参校司马光《资治通鉴》，知"十月晦，日食"在孝景四年十月，故宋本误
遂案诛大行而废太子，太傅窦婴力争不能得	遂案诛大行而废太子，太子太傅窦婴力争不能得	参校《汉书》、《资治通鉴》知孝景六年窦婴已为太子太傅。故内府本脱"太子"二字
始为中郎将，敢直谏	始为中郎将，敢直课	据文意，此处当为"谏"，宋本误
谓帝曰："宫车晏驾。"	谓帝曰："安车晏驾。"	据文意，此处当为"宫车"，宋本误
（中元）四年夏，蝗。……五年冬十月，日食	乙未四年夏，蝗。冬十月日食	参校《资治通鉴》，日食在中元四年冬十月。内府本误

内府刻本《资治通鉴纲目》卷四与宋刻本相校，共得异文 14 处，其中参考相关工具书，可以确定内府刻本为脱、误者三，宋刻本脱、误者七，不影响文意的异文有 4 处。从比对结果来看，内府本较宋刻本更佳。

三　明内府刻本《文献通考》与元西湖书院刻本之比较

《文献通考》，宋末元初马端临撰，书凡 24 门，384 卷。目前所知存世最早的是元泰定元年西湖书院刻本，因国家图书馆所藏西湖书院刻本（馆藏号：01205）为残卷，卷一、二皆不存，故取其卷三"田赋考"部分与明内府本（馆藏号：8868）对校，校对结果如下表：

明内府刻本、元西湖书院刻本《文献通考》卷三"田赋考"异文对照表

内府本	元西湖书院刻本	备注
占田违限者有禁	占田退限者有禁	据文意，此处当作"违限"，即"违反限令"之意，元刻本误。清刻本从内府本
当是时，姚崇、宋璟、张九龄辈皆在	当是时，姚崇、宋憬、张九龄辈皆在	据《旧唐书》，此处当为"宋璟"，元刻本误
天宝中，应受田一千四百三十万三千八百六十二顷十三亩	天宝中，应受田一千四百三十万二千八百六十二顷十三亩	参校唐杜佑《通典》，次处当为"三千"，元刻本误
代宗宝应元年，租庸使元载以江淮虽经兵荒，其民比诸道犹有资产	代宗宝应三年，租庸使元载以江淮虽经兵荒，其民比诸道犹有资产	参校《资治通鉴》卷二二二，元载事在宝应元年，元刻本误
民有蓄谷十斛者	民有旧谷十斛者	据文意，此处当作"蓄"，元本误
大历元年，诏天下苗一亩税钱十五，市轻货给，百官手力课，以国用急，不及秋苗方青则征之，号青苗钱	大历元年，诏天下苗一亩税钱十五，市轻货给，百官手力课，以国用急，不及秋方苗青则征之，号青苗钱	据文意，元刻本倒文
旧制三百八十万五千，使者按得主户三百八十万，客户三十万	旧户三百八十万五千，使者按得主户三百八十万，客户三十万	异文
利率多者为两税定法	科率多者为两税定法	据文意，元本误
有庐舍器用，价高而终岁利寡	有庐舍，价高而终岁利寡	元本脱文
重处流亡益多，轻处归附益少。……有归附则散出，已轻者愈轻	重处流亡益多，轻处归附益众。……有归附则散出，已轻者愈轻	此言流民自重税地区向轻税地区流动，故内府本误
国家设考课法	国家设者课法	据文意，此处当为"考课"，元刻本误
若人益阜实，税额有余，据户均减。十三为上课，减二次之，减一又次之	若人益阜实，税额有余，据户均减。十三为上课，减土次之，减一又次之	据文意，此处当为"二"，元刻本误
使聚粮赈救者无以谋大利	使谷幸灾者无以谋大利	内府本文意不通，误。元刻本是

上表所列内府本《文献通考》与元西湖书院刻本"田赋考"部分相校，异文 13 条，其中内府本误者 2 处，元刻本脱、误者 10 处，不可确定者 1 处。清代著名校勘学家、藏书家顾广圻曾说："明中叶以后，刻书无不臆改。"① 内府本《文献通考》刊于嘉靖三年（1524），属于典型的明中后期刻本，但是通过对此书明代内府本和元西湖书院本的比较，内府本显然优于西湖书院刻本。以此观之，顾广圻氏所言

---

① （清）顾广圻著：《思适斋书跋》，上海，上海古籍出版社，2007 年，第 76 页。

未免失于绝对。

四 明代内府刻本遭贬原因分析

明代内府刻本在中国雕版印刷史上一直以来人们对其评价均不甚高,已成不争的事实。那么究竟是什么原因致使内府刻本长期以来背负着这样的污名呢?笔者认为主要有以下几个原因:

第一,明代的内府刻书很长时间主要由司礼监主持[①],而司礼监又是由太监主管的机构,使内府刻本贴上了"阉寺主其事"[②]的标签。持这一观点的版本学家不在少数,如先师时永乐先生早年所著《古籍整理教程》一书中的"古籍版本"一节写道:"经厂本版式宽大,行格疏朗,大黑口,鱼尾相向,大黑双边。字大如钱,多做赵体,醒目悦神。用上好洁白棉纸和佳墨精印。多作包背装,装帧华美大方。但经厂由太监主持,学识不高,错讹较多。"[③]

明清易代之际,由明入清的学者作为前朝遗民,出于总结亡国教训,对明代的政治、文化政策往往予以批评、否定。如顾炎武《日知录》曰:"自八股行而古学弃,《大全》出而经说亡。"[④]明中后期以后,太监擅权成为明代政治的一个显著特点,作为一个腐朽的角色,太监这一群体本就容易招致方方面面的批评。明内府刻书主要由司礼监负责,难免夹裹其中,给人留下不好的印象。更有甚者,直指明内府刻书质量低下就是因为太监造成的。朱彝尊曾评价内府刻书:"(《广韵》)第仍内库镂版,缘古本笺注多寡不齐,中涓取而删之,略均其字数,颇失作者之旨。"[⑤]朱氏所言仅指《广韵》一书,虽四库馆臣、杨守敬(《日本访书志》)、王重民《中国善本书提要》均已对其辨证,后人不但未能重视,反而不辨缘由,将此种评价扩大到了明代内府刻本整体,"校刊不精"几成世人对明代内府刻本的不刊之论。

第二,清代四库馆臣出于政治目的对明代内府刻书恶意贬损。入清之后,清廷为了笼络人心,昭示盛世,于乾隆年间纂修了《四库全书》,成为清代官方主持的最大的文化工程。《四库全书》的去取标准代表了清廷统治阶级的主导意识,四库馆臣由于政治立场所系,往往讥评明代内府所刻之书"其书本不足存"[⑥]"其书本不足录"[⑦],此等评价实为取悦当时最高统治者,于今看来则属粗暴、随意之至。但是与修馆臣多为一时硕彦,他们的评判对于学术影响之深远自不待言,加之《四库全书总目》产生以来在学术界的地位,难免对学人对内府本的认识产生误导。

第三,在内府刻书的质量这一问题上,前人的研究成果中还有一个问题值得引起特别注意,这就是关于明代内府刻书的批评,缺乏基于内府刻书实例的举证,存在人云亦云的现象。如毛春翔先生归纳内府刻本的特点时写道:"经厂本……形式颇为美观,惜校雠不精,后人不甚重视。"[⑧]孙钦善就在《中国古典文献学》一书中完全因袭了毛氏的观点。[⑨]陈雪云《明代官府刻的书》一文也说:"经厂本多校勘不精,错讹较多,所以不为后世所重。"[⑩]这些论断一脉相承,但却从未指出根据所在,实难令人信服。

还有些学者在行文时误解前人断语,从而得出错误的结论。清人陆心源曾慨叹:"明人好刻古书而

---

① 明代参与内府刻书的机构较为复杂,关于司礼监在内府刻书中的地位与作用,详见马学良:《明代内府刻书机制考论——以敕纂修图书为中心》一文。(《河北大学学报》(哲学社会科学版),2015年第3期,第86~92页)
② 潘承弼、顾廷龙纂:《明代版本图录初编》,中国台北,文海出版社有限公司印行,1971年,第157页。
③ 时永乐著:《古籍整理教程》。保定,河北大学出版社,1997年,第33页。
④ (清)顾炎武著,黄汝成集释:《日知录集释》。上海,上海古籍出版社,2006年,第1045页。
⑤ (清)朱彝尊:《曝书亭序跋》《中国历代书目题跋丛书》。上海,上海古籍出版社,2010年,第38页。
⑥ (清)永瑢等撰:《四库全书总目》。北京,中华书局,1965年,第128页。
⑦ (清)永瑢等撰:《四库全书总目》。上海,中华书局,1965年,第363页。
⑧ 毛春翔:《古籍版本常谈》。上海,上海古籍出版社,2002年,第63页。
⑨ 孙钦善撰:《中国古典文献学》。上海,北京大学出版社,2006年,第83页。
⑩ 陈雪云著:《明代官府的刻书》。《档案管理》,2003年第4期,第4页。

古书亡。"张磊《明代刻书管窥》一文据此认为："明代刻本最明显的缺点主要集中在这两个方面，一是校订不太精审，错误遗漏处相当多，有些印书随便、草率，官刻、坊刻都存在着这种情况。二是逞臆妄改，如妄改书名，删节内容，伪造古书等，使原书失去本来面貌，故后人有'明人刻书而书亡'之讥语。"① 事实上并非所有的明代刻书类型都是粗制滥造的，叶德辉在《书林清话》一书中既特别指出这是针对明代的书帕本而言的。② 内府本就是官府刻书最重要的一种，如果研究者不加分辨，断章取义，不但不利于发现内府刻书的价值所在，反而会加深人们对于内府本的误解。

五 结 束 语

著名图书馆学家、版本学家顾廷龙先生曾呼吁要重视明刻本，他说："明本之于今日，其可贵诚不在宋元之下。盖清初之去北宋末叶与今日之距洪武纪元，其历年相若一也。"③ 顾老说这段话的时候是在20世纪40年代初，如今时间已经又过去了70余年，仅从时间上来说，对于明刻本的重新审视也理应提上学术日程了。庆幸的是，随着人们对内府本的了解逐步加深，有些学者则对全面否定内府刻书的观点开始提出不同看法，认为对内府刻书的版本价值应辩证地对待。南炳文、何孝荣在《明代文化研究》一文中写道："内府刻书具有独特的风格，其书板式宽阔，行格疏朗，字大如钱，纸墨皆精，展卷悦目醒神……过去的藏书家出于对宦官的鄙视，因其人而及其书，对明内府刻本多所指斥诋毁。平心而论，这是不公道的。"④

通过明内府刻本与相应宋元刻本的比较，我们应该不难发现内府本《周易传义》《资治通鉴纲目》《文献通考》在内容质量上其实远远优于相应的宋元刻本。换言之，明代内府刊刻的前朝已有图书精于校雠，错误率较低，实属明刻之精品，具有较高的版本研究价值，今人治学应予以足够重视。

[作者单位：国家图书馆]

---

① 张磊著：《明代版刻管窥》。《图书馆杂志》，2001年第3期，第48~49页。
② 叶德辉：《书林清话附余话》。北京，中华书局，1957年，第180页。
③ 潘承弼，顾廷龙纂：《明代版本图录初编》，中国台北，文海出版社有限公司印行，1971年。
④ 南炳文、何孝荣著：《明代文化研究》，人民出版社，2006年，第372~373页。

凤阳明皇陵营建制度及陵园布局考述

夏玉润

在中国古代陵寝中，凤阳明皇陵是一座特殊的陵墓：一是陵主生前是贫苦农民，其皇位是死后 24 年才被追尊的；二是陵寝的营建经历了"初建""营建""改建"三个阶段，前后历时 13 年，这三次营建，隐藏了许多鲜为人知的秘密。

凤阳明皇陵之所以经历"初建""营建""改建"三个营建阶段，是因为它的营建制度一直处于不断变革之中。营建制度的变革亦有三大原因：一是明朝建立之初，国家礼仪祭祀文化制度尚未完全建立；二是宋、元、明时期，正值两大风水体系福建派（理气法）衰落与江西派（形势法）兴起的交替之际，凤阳明皇陵风水体系的确定深受其影响；三是明中都的营建理念、制度、布局对近在咫尺的明皇陵形成巨大冲击。

上述三大原因，再加上史料记载含糊不清，形成了今人对凤阳明皇陵营建制度的不同看法[①]。本文对这一问题作试探性的考述，错漏之处，请方家指正。

一 朱元璋称帝前，其父母坟墓的基本状况

至元五年（1339），朱五四一家人定居钟离县孤庄村。至正四年（1344）灾难接踵而至，春季数月无雨，土地龟裂，蝗灾、大瘟疫亦随之而来，使朱五四一家顷刻之间惨遭灭顶之灾。危素撰写的《皇陵碑》云"岁甲申，皇考及皇妣陈氏俱亡弃，长兄与其子亦继殁"[②]——半月之间，8 口之家竟死了 4 口。朱元璋亲笔撰写的《皇陵碑》记载了父母下葬的全部经过：

> 田主（刘）德不我顾，呼叱昂昂，既不与地，邻里惆怅。忽伊兄之慷慨，惠此黄壤。殡无棺椁，被体恶裳。浮掩三尺，奠何肴浆。[③]

上文的大意是：朱元璋父母去世后，他向田主刘德求一块葬地，遭到拒绝后，刘德的兄长刘继祖赠地与他。下葬时，没有棺木，覆盖身体的是很坏的衣裳，埋得很浅，更无葬礼、祭品。当年朱元璋注重的是"入土为安"，不会请风水先生看地，亦无"风水"可言。

朱元璋参加红巾军后，其亲人坟墓曾被敌人挖掘过。据《实录》记载：

> 朕昔遭兵乱，母后之坟为兵所发。朕收遗骸，失一指骨于坟近地遍求不可得。忽得一骨，然未敢必其是，闻世有以指血验之者，遂啮指滴血其上，果透其中，及以他骨验之，则血不入，乃知亲

[①] 如王剑英、孟凡人、胡汉生、孙祥宽、刘毅、夏寒、王磊等，均有文章论及皇陵的营建制度问题。
[②] （明）郎瑛：《七修类稿》卷七危素《皇陵碑》，北京，文化艺术出版社，1998 年，第 79 页。
[③] （明）朱元璋：《皇陵碑》，收于张德信、毛佩琦主编《洪武御制全书》，合肥，黄山书社，1995 年，第 189 页。

之气血相感如是，与他人自不同也。①

朱元璋父母的坟墓肯定连在一起，"母后之坟"被扒，其父坟墓应该亦遭损坏，不同之处在于，父亲的尸骨完整而母亲失一指骨。由此可知，朱元璋父母坟墓中的尸骨已凌乱，至于重新起坟的墓向，更是无从谈起。②从文章的内容来看，这段"滴血验骨"的往事，应发生在至正十四年（1354）之前③。

二　从凤阳明皇陵的建筑布局，可判断它与宋陵制度有关

凤阳明皇陵经过三次营建：元至正二十六年（1366）至二十七年（1367）的"初建"，洪武元年（1368）至二年（1369）的"营建"，洪武八年（1375）至十二年（1379）的"改建"。凤阳明皇陵为何进行三次营建？这三次营建在陵园规划布局中有哪些变化？

中国都城陵寝制度是承前启后的。元代陵寝制度是按蒙古族习俗实行安葬的，"元人无陵，遇大丧，棺用楠木二片，凿空其中，类人形小大，合为棺，置遗体其中。殓用皮袄皮帽，靴袜系腰，盆盂俱用白粉皮为之，殉以金壶瓶二，盏一，碗碟匙箸各一。殓讫，用黄金为箍四条以束之，送至北园寝之所深埋之，用万马蹴平，候青草方已，使同平坡，不可复识"④。因此，明代第一座营建的凤阳明皇陵，不可能采用蒙古族的习俗，只能沿用宋陵制度。

宋陵延续了汉唐以来的传统，封土为陵，帝、后同兆域、异坟、异穴、异陵园的作法，以及"上下宫"制度等。下面是今人所绘宋陵⑤规划布局示意图：

北宋永定陵示意图（右南左北）

从上图可知，宋陵呈"一"字形，由鹊台、乳门、石像生、上宫（帝陵）⑥、乳门鹊台、石像生、后陵、下宫等建筑组成。

再看凤阳明皇陵的示意图：

---

① 《明太祖实录》卷四一，洪武二年四月乙亥条。另收于《明太祖宝训》卷一《孝思》；张德信、毛佩琦主编：《洪武御制全书》，合肥，黄山书社，1995年，第425页。
② 据《大汉原陵秘葬经》载，古人拾骨殖，大约要遵循如下规定："凡开故墓择日时，如蛇贯主产死。木根穿骷髅眼，出不全人具。拾骨殖时，先从头拂拭骨殖，合用五姓木：宫姓用栗木穿之，商姓用杨柳木穿之，角姓用橘条穿之，羽姓用榆柳木穿之。俱全拾于柳箱，用锦絮衬之，于生门安之，主生人安乐，亡者升天。"（《大汉原陵秘葬经》，收于《永乐大典》第四册，卷八一九九，北京，中华书局，1986年，第3822页）
③ 据史料记载，朱元璋自元至正十四年离开钟离后，再次返回家乡的时间是12年后的至正二十六年四月。
④ （清）孙承泽著、王剑英点校：《春明梦余录》卷七〇，北京，北京古籍出版社，1992年，第1350页。
⑤ 本文所说的宋陵，均指北宋皇陵。
⑥ 关于宋陵"上宫"的范围，有多种说法。本文采用冯继仁《北宋皇陵建筑构成分析》（《考古学研究》，1994年第1期）一文中的说法——神墙以内说，即围括献殿、陵台的宫城为上宫。

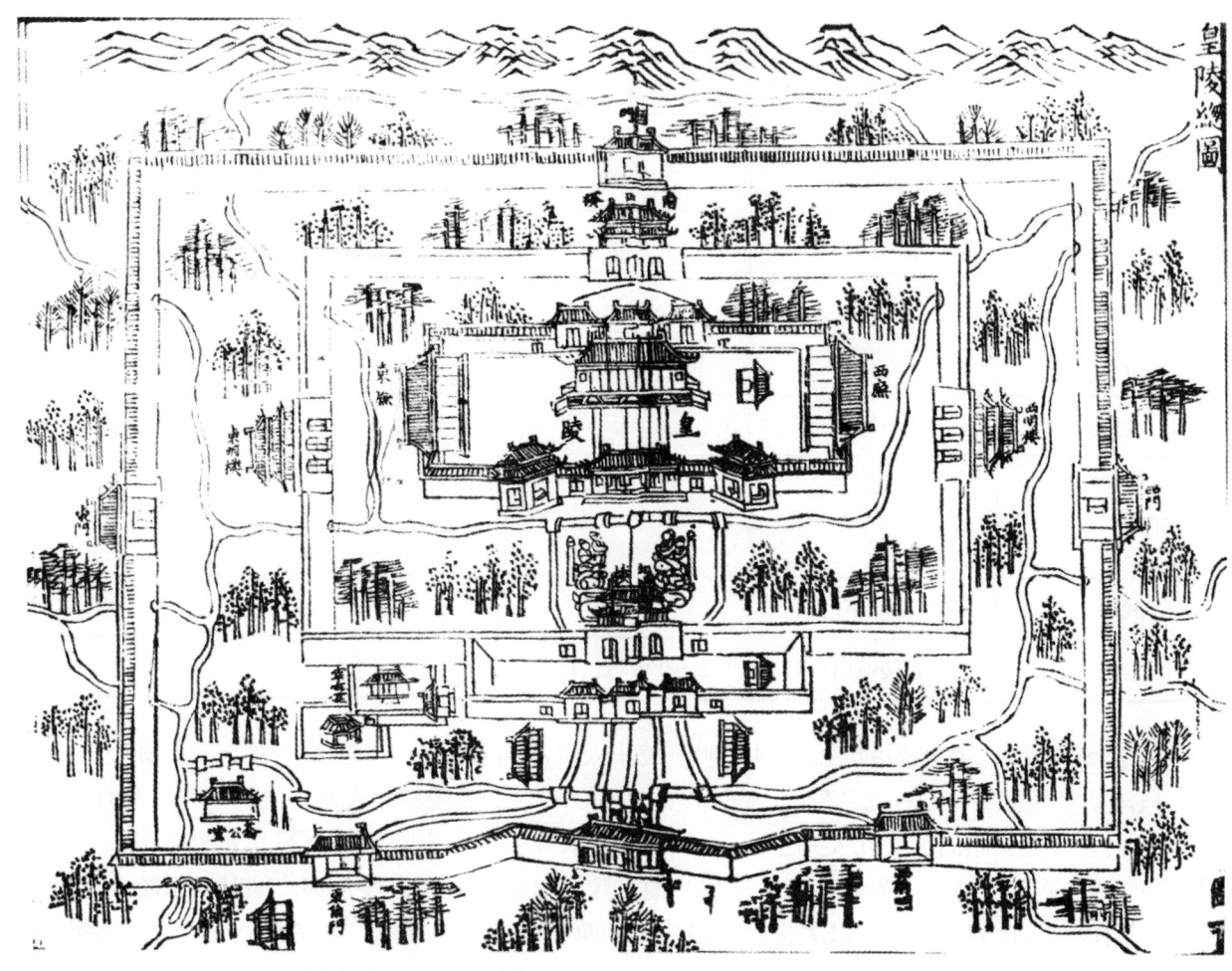

《中都志》中万历四十一年增补的《皇陵总图》（上南下北）

仅从形制上来看，凤阳明皇陵似乎与宋陵不同。《皇陵总图》是明人所绘，它有土城（外城）、砖城、皇城3道城，呈"三环相套"状。但在具体建筑布局上，二者又有着惊人的相似之处，主要表现于二陵的石像生以及宋陵的"下宫"与凤阳明皇陵的"斋宫"等方面，现分述如下。

（一）凤阳明皇陵与北宋皇陵石像生的对比

1. 凤阳明皇陵与北宋皇陵石像生在品种、数量及排列顺序上，均有相同之处

凤阳明皇陵与北宋皇陵的石像生的对照表

北宋皇陵（以永定陵为例）			凤阳明皇陵	
排列顺序	帝陵神道石刻（对）	后陵神道石刻（对）	排列顺序	神道石刻（对）
望柱	1	1		
石象及驯象人	1	无	无	无
瑞禽	1	无	独角兽（麒麟）	2
角端	1	无		
无	无	无	石狮	8
			望柱	2

续表

北宋皇陵（以永定陵为例）			凤阳明皇陵	
排列顺序	帝陵神道石刻（对）	后陵神道石刻（对）	排列顺序	神道石刻（对）
石马及控马官	2	1	石马及控马官	2
石虎	2	2	石虎	4
石羊	2	2	石羊	4
客使	3	无	无	无
武官	2	1	武官	2
文臣	2	1	文臣	2
武士	1（在陵城南门口）	无	无	无
宫人	2（在陵城门口）	2（在陵城门口）	宫人	2

从上表可以看出，在排列顺序上，凤阳明皇陵华表以后的石像生与宋陵几乎相同。在每个品种的数量上，凤阳明皇陵的望柱、石虎、石羊，恰恰是宋陵中的帝陵、后陵数字之和；而石马与控马官及石人，与宋陵中的帝陵数字相同。孟凡人先生认为："明皇陵石像生组合中有望柱、石马和控马官、虎、羊、文臣（文官）、武臣（武官，为宋陵武士形象）同宋陵。以獬豸置换宋陵角端，同时将宋陵上宫南神门外石狮、门内宫人改置于神道。减去宋陵石像生中的象和驯象人、瑞禽、客使和武士。上述情况表明，明皇陵石像生组合即脱胎于宋陵。"①

朱元璋父母是相离10天去世的，刘继祖"惠此黄壤"，应该是在一块坟地上垒起两座相连的坟墓。朱元璋在第一次初建时曾提出改葬，但大臣们均言"改葬恐泄山川灵气，乃不复启葬，但增土以培其封"②，所以帝、后必为同一陵寝，这也是与宋陵帝、后同兆域、异坟、异穴、异陵园的作法完全不同之处。所以凤阳明皇陵的石像生的数量与宋陵的数量稍有不同，道理便在其中。

宋陵中的帝陵、后陵均有一对望柱，故凤阳明皇陵有2对望柱，亦为帝、后各1对。

2. 凤阳明皇陵与北宋皇陵石像生在形制上亦有相似之处

2011年5月，笔者前往河南省巩义市对北宋皇陵进行了考察，发现：凤阳明皇陵与北宋皇陵石像生在形制上亦有相似之处。现将宋永定陵帝陵前的石像生与凤阳明皇陵第一批石像生③作一对照（按凤阳明皇陵石像生排列顺序排列）。

（1）宋永定陵角端与明皇陵麒麟

宋永定陵角端（左，下同）身长280厘米，高262厘米④。明皇陵独角兽（右，下同）长310厘米，高270厘米⑤。

---

① 孟凡人：《北宋帝陵石像生研究》，《考古学报》，2010年第3期。按：文中的"獬豸"应为"麒麟"。
② 《明太祖实录》卷二〇，元至正二十六年四月丁卯条。
③ 据凤阳县文物管理所唐更生先生的多年观察，凤阳明皇陵石像生根据材质、雕工、造型等，应分为二批。其中第一批拟为洪武元年至洪武二年制作，第二批拟为洪武八年至洪武十二年制作。详见唐更生《凤阳明皇陵石像生实为两批石刻的组合》。
④ 数据来自河南省文物考古所：《北宋皇陵》，郑州，中州古籍出版社，1997年。下同。
⑤ 数据来自凤阳县旅游发展有限公司编，阚绪杭主编：《凤阳明皇陵建制与石刻艺术》，北京，文物出版社，2012年。下同。

（2）宋永定陵与明皇陵石狮

宋永定石狮身长268厘米，高224厘米。明皇陵石狮身长142～209厘米，高217～241厘米。

(3) 宋永定陵与明皇陵望柱

宋永定陵中的帝陵望柱通高 558 厘米，后陵望柱通高 440 厘米。明皇陵北望柱高 575 厘米，南望柱高 531 厘米。

(4) 宋永定陵与明皇陵石马与控马官

宋永定陵马身长 270～350 厘米，通高 230～253 厘米，控马官高 304～328 厘米。明皇陵马身长 321～326 厘米，高 259～291 厘米，控马官高 323～352 厘米。

(5)宋永定陵与明皇陵石虎

宋永定陵石虎长 116～170 厘米,高 200～220 厘米。明皇陵石虎长 174～212 厘米,高 228～256 厘米。

(6)宋永定陵与明皇陵石羊

宋永定陵石羊长 200～227 厘米,高 198～224 厘米。明皇陵石羊长 205～236 厘米,高 229～252 厘米。

（7）宋永定陵与明皇陵武官

宋永定陵武官高 396 厘米，明皇陵武官高 372～382 厘米。

（8）宋永定陵与明皇陵文臣

宋永定陵文臣高 404 厘米，明皇陵文臣高 358～368 厘米。

(9) 宋永定陵与明皇陵宫人

宋永定陵宫人位于上宫神门两侧，高 314～322 厘米。明皇陵宫人高 312～333 厘米。

综上石像生图片对比、数据对比，宋陵（永定陵）与明皇陵的石像生基本相同，这也印证了孟凡人先生所说的"明皇陵石像生组合即脱胎于宋陵"这句话。

（二）凤阳明皇陵中的"斋宫""神厨""混堂"，应来自宋陵中的"下宫"

据《凤阳新书》载，凤阳明皇陵除有皇城、砖城、土城，以及正殿（享殿）、明楼等建筑外，还有如下建筑：

神厨　一座，在北城门外东，二十家厨役人户直守
　　神　厨　五门（《中都志》作五间）
　　神　库　南、北各五间
　　宰牲厨　六间（《中都志》无）
　　酒　房　五间（《中都志》作六间）
　　门　　　三间（《中都志》作"神厨门"）
　　天　池　一口
　　鼓　房　一间，遇祭支更

斋宫　一座，去北城门东北一里，新收人户轮流直日看守
　　正　殿　五间
　　穿　堂　三间
　　寝　殿　五间
　　膳　厨　五间

```
左 右 庑    各五间
红   门    三间
中   门    五门
厢   房    东西各五间（《中都志》作"西厢房十间"）
角   门    二座（《中都志》无）
直   房    东西各三间（《中都志》无）
红   桥    三座，已（以）上阜瓦盖造
```

混堂 一座，去北城门东北二里，新收人户直守

```
正   房    五间
水   池    二座（《中都志》作"水池二区"）
门        一间（《中都志》作"门房"）①
```

上述"神厨""斋宫""混堂"等建筑群，自成体系，每一建筑群均有一批陵户值守。这与明祖陵、明孝陵以及明十三陵等建筑布局，并不相同，它应该是来自唐宋陵"下宫"制度。

唐代将秦汉时期的寝殿一分为二：在陵墓前建"献殿"（又称上宫、寝殿，相当于汉代的寝殿或石殿）；在山下建"寝宫"（又称下宫），供陵主魂魄饮食起居生活，以及宫人、官吏留守居住。"下宫"一般建在"上宫"南方偏西处，两者相距3～10里不限，多数为5里。唐代创立的"上下宫"制度，分别适应了上陵朝拜祭祀和日常供奉饮食起居生活的需要，从而使上陵朝拜祭祀典礼更加显示其重要性。这实际上是在陵寝制度上突出皇权的一次变革。

宋陵继承了唐陵的"上下宫"制度，但"上下宫"之祭的内容方式迥然有别："上宫"（献殿）之祭由品官助祭，以太牢三牲为供，读祝文，为国家公祭；"下宫"（寝宫）之祭由宫人行事，供奉饮食，如宫内之私祭。二者并行不悖。具体地说，宋陵"下宫"，主要是置殿陈设陵主御容衣冠，专有守陵宫人朝暮上食，四时祭享，还有卫兵驻守护奉。虽然皇帝上陵祭祖时主要在"上宫"献殿内行盛大庄重祭奠仪式，相比之下"下宫"地位不及"上宫"，但它依然是宋陵的重要组成部分。《宋朝事实》卷十三云"（宋）英宗梓宫至永厚陵，馆于席屋。从韩公下视，宫有正殿，置龙𰰰，后置御座。影殿置御容，东幄卧神帛，后置御衣数事。斋殿旁，皆守陵宫人所居；其东有浣濯院，有南厨，厨南陵使廨舍，殿西副使廨舍……灵驾至，仪仗转趋园西殿中"②。

据冯继仁先生研究考证，宋陵"下宫"应有如下建筑：

（1）正殿。内设御座、柩车之类，系"下宫"主要建筑之一。以其正殿之名，应即是每逢祭告或拜谒诸陵时所谓"下宫备膳羞，内臣执事，百官陪位"。

（2）影殿。内陈御衣、御容（陵主画像），既是每日"朝暮上食"、奉享魂灵之地，亦是"下宫"核心建筑；从其性质、用途和前述诸史料来看，其位置应在正殿之后（北）成纵列布置，从而形成一条主中轴线。"下宫"所奉"御容"，应包括皇后。

（3）神门屋。帝陵"下宫"必不可少。其性质近乎两重"宫"门或"庙"门，应在正、影殿之主中轴线的南部一前一后设置，其间形成一进院落。由于等级的需要，帝陵"下宫"门屋可能还不止2所，故形成的院落恐不止一进。而靠后的（或最后一座）门屋又应与北部正殿之间再成一进院落，这就构成"庭"，即供百官列位、拜祝之用的院庭。

---

① （天启）《凤阳新书》卷四"皇陵"。括号内的文字来自弘治《中都志》卷四"皇陵"条，两者略有不同。
② 转引自（清）秦缃业辑：《续资治通鉴长编拾补》卷二"英宗"，清光绪九年浙江书局刻本。

（4）斋殿（或斋院、斋宫）。宋真宗景德年间始为宋初三陵置"斋宫"，循有其制。考斋殿性质，应是祭祀荐享前整洁身心之所。从所谓"斋院"之称，可知斋殿周围还应有一些附属性房屋，形成一个独院，故而应当在"下宫"主中轴线的侧位。

（5）浣濯院。沐浴洗涤之所，亦是洁身之需。可能主要供每日摆馔上食的守陵宫人洁身之用。从史料看，它应当位于斋殿之东。

（6）神厨。制作上食祭品之场所。所谓"南厨"，似是说它在浣濯院以南。

（7）守陵宫人居所与陵使廨舍（应含守陵兵士居所）。从史料看，这些房屋与斋殿、神厨邻近。在宋陵中负责守卫的数百兵卒也应居住在这周围，且应不止一个院舍。

（8）棂星门。宋陵"下宫"仿庙制，在"下宫"四周围以墙垣一重，南端中央辟棂星门，作"下宫"外门（总入口）。当然也就成为正殿、影殿与神门屋形成的主中轴线及多进院落空间的起始点。同时可知第一所神门屋就是"下宫"的正门。

另据冯继仁先生研究考证，一是在"下宫"某较大殿堂（正殿或影殿）内东西两墙上设龛置牌位；二是在正、影殿之间作南北向连接二者的东、西墙，上设龛置陪葬皇亲之牌位；三是"下宫"建筑面积至少不比后陵"上宫"（宫城）小。[①]

如果把宋陵下宫与凤阳明皇陵的"神厨""斋宫""混堂"相对比，就会发现，宋陵下宫的功能，就包括凤阳明皇陵的"神厨""斋宫"与"混堂"。现将两者之间相似功能的主要建筑，列表加以对比：

宋陵下宫	凤阳明皇陵		
	斋宫	神厨	混堂
棂星门	红门		
神门屋	中门		
正殿	正殿		
影殿	寝殿		
东西两庑	厢房		
东西序	直房		
斋殿、斋院	膳厨		
神厨		神厨（包括神库、宰牲厨、酒房、天池、鼓房等）	
浣濯院			混堂（包括正房、水池等）

可见，凤阳明皇陵在建筑布局上，客观地存在着宋陵"下宫"功能的建筑群。这一完整、系统的布局，在明代其他陵寝中是没有的。因此，仅从凤阳明皇陵石像生与"神厨""斋宫""混堂"这几个方面，便可看出凤阳明皇陵来自北宋皇陵的制度。

三 凤阳明皇陵第二次营建应采用宋陵制度

（一）凤阳明皇陵第二次营建应采用宋陵制度

凤阳明皇陵石像生、"神厨""斋宫""混堂"，与宋陵的石像生、下宫有着惊人的相似之处，应与明

---

① 冯继仁：《北宋皇陵建筑构成分析》，收于北京大学考古文博学院、北京大学中国考古学中心主编《考古学研究（十）：庆祝李仰松先生八十寿辰论文集》，北京，文物出版社，2012年。

皇陵的第二次营建规制有关。

凤阳明皇陵第一次营建时，朱元璋尚未称帝，其工程仅是在原来的坟墓上"增土以培其封"。

洪武元年（1368）正月初四朱元璋登基的当天，便追尊他的父亲朱五四（皇考）尊号曰"淳皇帝"，庙号"仁祖"；母亲陈二娘（皇妣）尊号曰"淳皇后"。凤阳明皇陵的第二次营建，应该是从洪武元年追尊后开始的。

至正二十七年（1368）十月，朱元璋在《谕中原檄》一文中提出："驱逐胡虏，恢复中华，立纲陈纪，救济斯民。"① 这里"恢复中华"的含义是，恢复宋朝所实行的中华传统文化。由于元朝帝陵的丧葬制度是按照蒙古族习俗实行的，所以洪武元年所营建的凤阳明皇陵，在国家尚未建立自己的礼仪、丧葬制度之前，只能以唐宋陵寝（主要是北宋皇陵）的制度为依据。

洪武元年，大明王朝的都城尚未确定，有大臣建议将都城建于汴梁（开封），即所谓"汴梁亦宋之旧京，漕运方便"②。五月庚寅，朱元璋带着"儒臣待制李思迪"③ 等，亲往开封，直到七月丙申才离开这里，返回南京。紧接着，当年八月壬午再往开封，十月丁丑返回。朱元璋两次前往开封的目的，就是考察是否在这里建都。北宋皇陵位于开封以西一百多公里的巩县（今称巩义市），朱元璋在考察开封的同时，肯定会派人前往这里考察北宋皇陵，为十一月份开工的凤阳明皇陵第二次营建，提供制度上的依据。

凤阳明皇陵的第二次营建，是于洪武二年五月完工的，《明太祖实录》有载：

（洪武二年二月）乙亥，诏立皇陵碑。先是命翰林侍讲学士危素撰文，至是文成，命左丞相宣国公李善长诣陵立碑。④
（洪武二年五月甲午）更"英陵"曰"皇陵"，立皇陵卫以守之。⑤

这次营建，除诏立皇陵碑外，还有其他工程，危素《皇陵碑》有载：

姑积土厚封，势若冈阜，树以名木，列以石人，以备山陵之制。⑥

天启《凤阳新书》亦有记载：

（洪武二年）是年，修治皇陵。先是度量界限，将筑周垣，所司奏民家坟墓在内者，当外徙。上曰："此坟墓皆吾家旧邻里，不必外徙，春秋祭扫，听其出入不禁。"⑦
洪武二年……时将筑（皇陵）周垣，（刘）英奏臣等坟墓皆在侧，请外徙。上谕："此坟墓皆旧邻里，不必徙，春秋任祭播（扫），出入无禁。"⑧

以上几条史料，告诉我们，在洪武二年（1369）的第二次营建中，其工程项目有："立皇陵碑""积

---

① 《皇明诏令》卷一《太祖高皇帝上》。《续修四库全书》，史部，457 册，上海，上海古籍出版社，2002 年，第 34 页。
② 《明太祖实录》卷四五，洪武二年九月癸卯条。
③ （明）朱元璋：《黄河说》，收于《明太祖集》，合肥，黄山书社，1991 年，第 318 页。
④ 《明太祖实录》卷三九，洪武二年二月乙亥条。
⑤ 《明太祖实录》卷四二，洪武二年五月甲午条。
⑥ （明）郎瑛：《七修类稿》卷七"国事类"，《续修四库全书》，子部，1123 册。上海，上海古籍出版社，2002 年。
⑦ （天启）《凤阳新书》卷五"帝语篇"。
⑧ （天启）《凤阳新书》卷二"刘继祖传"。

土厚封、势若冈阜""树以名木""列以石人""筑周垣"等。随着皇陵工程的完工，洪武二年二月，该陵命名曰"英陵"；五月甲午，"更'英陵'曰'皇陵'"①。

既然凤阳明皇陵的第二次营建只能采用地是宋陵制度，而宋陵的营建工期为7个月②。凤阳皇陵的第二次营建工期亦应为7个月，即于洪武元年十一月正式开工，在此之前，应为规划、布局、筹备阶段。

（二）《地理新书》中"朱氏羽音"的风水解读

宋代所实行的丧葬制度，主要有如下几个特点：一是宋陵的工期均为7个月；二是北宋皇陵最重要的建筑"上宫"（神城），呈方形、门四开；三是封土为陵，帝、后同兆域、异坟、异穴、异陵园；四是"上下宫"分立；五是在风水上采用的"五音姓利"对陵寝进行规划布局。

宋代的风水学，以《地理新书》《茔原总录》《大汉原陵秘葬经》等最为流行，其中《地理新书》中的"五音姓利"，是以古代音韵学和五行生克理论为基础，将宅主人姓的读音按宫、商、角、徵、羽分为五类，并与五行、方位相对应。照此说，赵宋王朝属角音，角音属木，木主东方，故相宅卜地以东方为最佳，南方亦可。东南仰高、西北低垂是为吉地。因此，北宋帝后陵墓均按照这一思想，安葬在嵩山之北、青龙山之西，符合东南穹之、西北垂之的要求。而"下宫"布局于陵寝兆域内的西北角。

按照《地理新书》的记载，从五音姓利的角度来看，朱明王朝的"朱"氏为"羽姓"③。五音姓利与五行相对应，羽姓发音为唇声，对应水行，水主北方，阳气在北。即"北方水，其气收藏，其音羽，其虫玄武"④。

羽音于阴阳地理上的便利是：

1. 羽姓宜选北来山之地，在北山之南作茔域，因为按葬经"五姓山地从本音阳气上来，大吉"，"五姓不用阴气来山者，谓……羽姓不用南来山，用之大凶"⑤。

2. 羽姓之地，"若见地从北来，连大山长远，南有江河水，西来东去，其地东西相连，必有宫羽音地"⑥。

3. 根据"五音大水流势"，"羽姓……其水从西来，南过流归东是也"⑦，羽姓之地势，应是西高东下为佳。

以上对山水形势的勘选，根本上说，在于五音五行，阴气阳气，对"形势"的讲求归于对五行的拘忌，或可谓"形势"与"理气"相结合。

在这样一块吉地上，羽姓之葬并非随意而行，其葬位（穴的方位）不同，吉凶亦异。从《地理新书》知五音各有五向：大利向（最吉）、小利向（次吉）、自如向（再次吉）、粗通向（不佳）、凶败向（最凶）。羽姓大利向为"庚向坐甲穴"，小利向为"甲向……安坟在庚"，自如向为"丙向……安坟坐壬"，粗通向为"癸向"，凶败向为"巳，沐浴在丙"。其中大利向"庚向坐甲穴"为最吉。五音小利向，虽然不是百善之地，但是为祸较轻，吉象虽不明显但也不少，故而在无法得到大利向宝地时，小利向也不失为下葬的一个较好的场所。北宋皇陵所用的陵地，便是"小利向"。

---

① 《明太祖实录》卷四二，洪武二年五月甲午条。
② 这7个月的工期制度来自周礼。《周礼》云：天子七个月，诸侯公卿五个月，大夫三个月，士庶亦三个月。凡五姓年中要选吉月，要亡者安，存者稳，使生人无妨。要与宅气，更得三轮月，时气与宅，旺月大利。"上文中的"天子七个月，诸侯公卿五个月，大夫三个月，士庶亦三个月"，是根据《礼记·王制第五》"天子七日而殡，七月而葬。诸侯五日而殡，五月而葬。大夫士庶三日而殡，三月而葬"而来。见于《大汉原陵秘葬经》（收于《永乐大典》第四册，卷八一九九，北京，中华书局，1986年，第3818页）。
③ （北宋）王洙等编撰，（金）毕履道、张谦校，金身佳整理：《地理新书校理》，湘潭，湘潭大学出版社，2012年，第42页。
④ （北宋）王洙等编撰，（金）毕履道、张谦校，金身佳整理：《地理新书校理》，湘潭，湘潭大学出版社，2012年，第35页。
⑤ （北宋）王洙等编撰，（金）毕履道、张谦校，金身佳整理：《地理新书校理》，湘潭，湘潭大学出版社，2012年，第232页。
⑥ （北宋）王洙等编撰，（金）毕履道、张谦校，金身佳整理：《地理新书校理》，湘潭，湘潭大学出版社，2012年，第214页。
⑦ （北宋）王洙等编撰，（金）毕履道、张谦校，金身佳整理：《地理新书校理》，湘潭，湘潭大学出版社，2012年，第232页。

下图为羽姓大利向、小利向风水图①。

宫羽大利向图（上南下北）　　　　宫羽小利向图（上南下北）

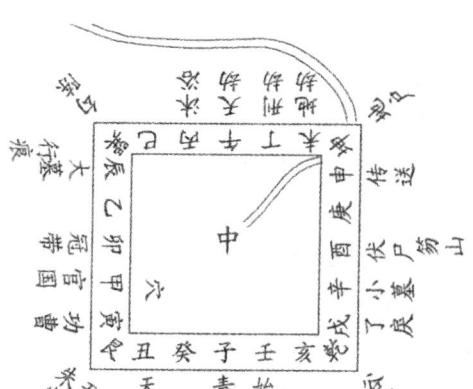 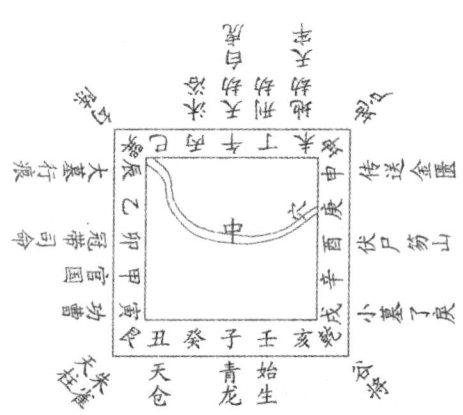

作为帝王陵寝的墓向，除按照《地理新书》"五音姓利"外，还必须遵照帝陵的通行规制，那就是"面南"。《易·说卦传》："圣人南面而听天下"；《仪礼·士相见礼》："凡燕见于君，必辩君之南面"；《论语·雍也篇》："雍也，可使南面"；《大戴礼·子张问入官篇》："君子南面临官"；《史记·樗里子甘茂列传》："请必言子于卫君，使子为南面"。杨宽《中国古代都城制度史研究》一书认为："从西汉到东汉，都城布局从坐西朝东转变为坐北朝南。"②自东汉以来，中国古代帝陵的朝向均为"面南"。在不违背"南向为尊""南为正向"的原则下，它的方向可朝东南、朝西南，但必须大体"面南"。如明十三陵的首陵——长陵为南偏西9度，景陵南偏西55度，定陵南偏东54度，康陵南偏东60度。德陵方向最为奇特，用眼观看，似乎方向正西，用仪器测量，朝向为南偏西88度，仍为南向。③

据上述所说，凤阳明皇陵在第二次营建中，应该采用的是"宫羽大利向"："宫羽音，庚向坐甲穴，申酉为案"④。即坐东北、面向西南。

根据《地理新书》中的"择葬月五姓傍通立成法"，羽姓于"十一月"下葬为"大吉月"，"此月合蒿里黄泉路通，吉"⑤。凤阳明皇陵第二次营建于洪武二年五月完成，向上推7个月，正好是"十一月"，从侧面证明了凤阳明皇陵在第二次营建时采用了宋陵制度。

洪武二年营建的凤阳明皇陵，应该采用唐宋陵的"上下宫"制度，羽音利于"庚""甲"方位，把"庚""甲"二方视为吉地，因而在"甲"设下宫。而下宫的设立，从《中都志》中万历四十一年（1613）增补的《皇陵总图》中可以看出，凤阳明皇陵的下宫（包括神厨、斋宫、混堂）均位于陵墓的东偏北的方位，正是"甲"的方位，据此再次证明，洪武二年营建的凤阳明皇陵的方位，应该是坐东北、面西南。

（三）孙兴祖墓、陈德墓是凤阳明皇陵的陪葬坟，采用的也是宋陵陪葬制度

宋陵还实行一种陪葬制度，就是将皇族宗室、功勋大臣的坟墓，采用陪葬的方式，安葬于宋陵的附近。其方位，一般埋葬于宋陵的西北部。

凤阳明皇陵也有两座陪葬墓：孙兴祖墓、陈德墓。

---

① （北宋）王洙等编撰，（金）毕履道、张谦校，金身佳整理：《地理新书校理》，湘潭，湘潭大学出版社，2012年，第220、222页。
② 杨宽：《中国古代都城制度史研究》，上海，上海人民出版社，2003年，177页。
③ 胡汉生：《明十三陵》，北京，中国青年出版社，1998年。
④ （北宋）王洙等编撰，（金）毕履道、张谦校，金身佳整理：《地理新书校理》，湘潭，湘潭大学出版社，2012年，第216页。
⑤ （北宋）王洙等编撰，（金）毕履道、张谦校，金身佳整理：《地理新书校理》，湘潭，湘潭大学出版社，2012年，第286页。

孙兴祖，濠州人，钟离县太平乡孟庄人，与朱元璋同住太平乡，是乡邻。元至正十五年（1355）正月，随朱元璋攻取和州。至正二十年（1360）五月，参加龙湾之战。洪武元年随徐达北征。洪武三年（1370）战死三不剌川，追封燕山侯，谥忠愍。

由于孙兴祖是太平乡孟庄人，又是燕山侯，所以他的坟墓具备陪葬坟的条件。此时朱元璋健在，因此成为明皇陵的陪葬墓是最好的选择。此时皇陵已建成，孙兴祖坟墓按照宋陵陪葬墓的制度，安葬于明皇陵的西北部。可以肯定的是，洪武三年安葬的孙兴祖的墓，肯定不会在明皇陵的兆域之内。

1973年，明中都研究专家王剑英先生曾前往这里考察，发现孙兴祖墓"面南"。①

陈德，钟离县太平乡孟庄人，与朱元璋同住太平乡，是乡邻，与孙兴祖同村。至正十二年（1352）投奔朱元璋，洪武三年封临江侯。洪武十一年（1378）十一月二十三日在凤阳太平乡私第去世，追封杞国公，谥定襄。朱元璋曾赐之铁券，其文曰："朕闻历代之君肇兴王业，贤能之士多出乡里，所以佐成大功而亲同骨肉也。咨尔陈德生长濠梁，与朕同里，兵兴以来，首从征伐……"②洪武二十三年（1390），追坐胡惟庸党，爵除。

洪武十一年陈德去世时，正逢明皇陵第三次改建中，陈德墓的安葬地，仍按孙兴祖陪葬墓的制度，置于明皇陵土城的西北部二三公里。墓向亦"面南"。③

根据宋陵的制度，陪葬墓的墓向，均与陵主的墓向相同。

（四）凤阳明皇陵陵墓与宋陵陵台基本相同

现将秦、汉、唐、宋陵墓的形制与凤阳明皇陵作如下对比（长度单位：米）：

陵名	底长	底宽	高	资料来源
秦始皇陵	515	485	76	徐卫民：《秦公帝王陵》，中国青年出版社，2002年，113、114页
汉武帝茂陵	240	240	46	雒忠如：《陕西兴平县茂陵勘查》，《考古》，1964年2期
唐高祖献陵	130	110	19	陈安利：《唐十八陵》，中国青年出版社，2001年，36页
宋宣祖永安陵	22.5	22.5	6.4	郭湖生等：《河南巩县宋陵调查》，《考古》，1964年11期
宋太祖永昌陵	48	45	14.4	河南省文物考古所：《北宋皇陵》，郑州，中州古籍出版社，1997年，35页
宋太宗永熙陵	51～53	51～53	16.4	河南省文物考古所：《北宋皇陵》，58页
宋真宗永定陵	52～53	52～53	15.3	河南省文物考古所：《北宋皇陵》，105页
宋仁宗永昭陵	58	56	14.7	河南省文物考古所：《北宋皇陵》，137页
宋英宗永厚陵	55～57	55～57	14.8	河南省文物考古所：《北宋皇陵》，173页
宋神宗永裕陵	48	48	15	河南省文物考古所：《北宋皇陵》，209页
宋哲宗永泰陵	49	49	14.7	河南省文物考古所：《北宋皇陵》，256页
凤阳明皇陵	58.5	39	6.9	凤阳县旅游发展有限公司编，阚绪杭主编：《凤阳明皇陵建制与石刻艺术》，北京，文物出版社，2012年，85页

---

① 孙兴祖墓位于明皇陵西北洼村前，其西侧紧依皇陵土城西城墙，西南百米处即皇陵土城西门遗址。该墓于"文化大革命"期间的"破四旧"运动中，被彻底破坏，墓室及地表文物石像生等全部无存，地面几乎看不见任何痕迹，仅征集一件墓志上盖。
② （明）黄金：《皇明开国功臣录》卷八《陈德传》，周骏富辑《明代传记丛刊》卷二三，中国台北，明文书局，1991年，第521页。
③ 陈德墓遗址尚存，现为安徽省级重点文物保护单位。

通过上表，我们可以看出如下几点：

1. 北宋皇陵的陵台，基本上呈正方形，而凤阳明皇陵呈长方形。

2. 北宋皇陵的陵主，为皇帝1人。而凤阳明皇陵是一座合葬陵墓，除陵主淳皇帝（朱五四）、淳皇后（陈二娘）外，"南昌王（朱重四），妃王氏，盱眙王（朱重六），妃唐氏，临淮王（朱重七），妃刘氏，山阳王（朱重四长子圣保），招信王（朱重六子旺儿），以上附凤阳皇陵"①。可以想象，此陵墓的正中间，为淳皇帝、淳皇后，其余王、妃，按序分列两旁，故呈现出长形陵墓，呈宋陵的变体状。

3. 凤阳明皇陵陵墓长度，基本上与宋陵相同；其高度与宋宣祖永安陵基本相同，由于宽度的缩小，高度亦随之降低。

总体来说，凤阳明皇陵的陵墓与宋陵的陵台采用相同的制度。

四　凤阳明皇陵第三次改建工程项目

皇陵第二次营建刚刚竣工4个月，洪武二年九月癸卯，朱元璋下诏"以临濠为中都"②。在皇陵北面仅数里之遥的空旷乡野中，一个更大的工程——辉煌壮丽明中都的营建接踵而来。明中都的营建，使得明皇陵无论在布局还是规制上，均相形见绌。皇陵的改建已成必然。于是自洪武八年起，开始了皇陵的第三营建工程。

据《实录》记载：

（洪武八年九月）乙未，筑凤阳皇陵城。③
（洪武十一年四月）是月，重建皇陵碑。上以前所建碑，恐儒臣有文饰，至是复亲制文，命江阴侯吴良督工刻之。④
（洪武十二年闰五月）丁巳，皇陵祭殿成，命称曰皇堂。⑤

据《凤阳新书》记载：

（洪武十一年）夏四月，命江阴侯吴良督殿宇、城垣，植冢木，立华表，树石人、石兽，勒石建亭。⑥

综合上述史料，这次皇陵的改建有如下工程："筑凤阳皇陵城""重建皇陵碑"，新建"皇陵祭殿"（亦称"皇堂"，后称"享殿"），"植冢木，立华表，树石人、石兽，勒石建亭"。可以说，皇陵的主要建筑，几乎全部进行了改建。具体地说，凤阳明皇陵第三次改建的工程是：

（1）把第二次营建的"周垣"（相当于宋陵中的"神墙"。在宋陵中，在陵寝的正中有一道"神墙"，将灵台、献殿围在中间），改为与明中都相同的"三环相套"的土城、砖城、皇城，故曰"筑凤阳皇陵城"。

（2）重建"皇陵碑"，即将元代降臣危素撰写的《皇陵碑》，改为朱元璋亲撰的《皇陵碑》。

---

① 《大明会典》卷九〇，《续修四库全书》，史部，790册，上海，上海古籍出版社，2002年，第595页。
② 《明太祖实录》卷四五，洪武二年九月癸卯条。
③ 《明太祖实录》卷一〇一，洪武八年九月乙未条。
④ 《明太祖实录》卷一一八，洪武十一年四月。
⑤ 《明太祖实录》卷一二五，洪武十二年闰五月丁巳条。
⑥ （天启）《凤阳新书》卷四"皇陵"。

（3）新建"皇陵祭殿"，即将原来的"上宫"中的"献殿"，扩展为"皇城"。据考，宋陵的"上宫"内的"献殿"，其殿制进深面阔各五间，含回廊一周，殿屋实际为三开间，四面副阶周匝，厦两头造，重檐歇山顶（包括副阶），瓦顶多用青灰筒瓦及重唇板瓦，局部以琉璃构件剪边①。而凤阳明皇陵的"祭殿"（亦称"正殿""皇堂"，后称"享殿"）为"九间，丹陛三级，黄琉璃，青碧绘采"②，其规制与明中都奉天殿相同，远大于宋陵的献殿。

（4）立华表，树石人、石兽。据凤阳县文物管理所唐更生先生考察：凤阳明皇陵的石像生共28对，从石质来看，自北而南、列位双数者，均为第二批石料雕刻（共14对），列位单数者，均为第一批石料雕刻（共14对）；而皇陵碑为第二批石料雕刻，无字碑为第一批石料雕刻。两批石料相对比，石料的色彩、石质有着较为显著的区别，第二批明显好于第一批。据此，唐更生认为：第一批石料是凤阳明皇陵于洪武二年第二次营建中所树立，而第二批石料是凤阳明皇陵于洪武八年以后第三次改建中所树立。③

凤阳明皇陵的第三次改建，工程十分巨大。今人所看到的明皇陵的布局，便是第三次改建的结果。

五 凤阳明皇陵建筑布局的特点

凤阳明皇陵进行了三次营建，第一次工期不清，大约自元至正二十六年至第二年十月以前完工，历时1年多，仅是将原来的坟墓"增土以培其封"，并不具备皇陵的规制。第二次是正式营建，自洪武元年十一月至第二年五月，历时7个月，采用的是宋陵的营建制度。第三次是改建，自洪武八年九月起，至洪武十二年闰五月结束，历时近四年之久。

明朝，是中国帝制社会最后一个汉人统治的朝代。鉴于元朝蒙古族统治汉人、中华传统文化受冷落近百年的历史现实，朱元璋称帝后，开始以中国传统文化为基础的社会秩序的重新建设。自吴元年（1367）开始，朱元璋召集全国朝野诸多文人，对中国传统文化的核心部分——礼制，进行了重新制定。如《大明集礼》《孝慈录》《洪武礼制》《乡饮酒礼图式》《礼仪定式》《礼制集要》等"洪武定制"，均在洪武年间编纂。

上述礼制的制订，使得洪武八年第三次改建凤阳明皇陵的工程有了制度的遵循。

唐宋时期，江南一带的风水家们分为两大派：江西派、福建派。对此，曾于元至正二十六年（1366）四月跟随朱元璋至凤阳明皇陵议论改葬的起居注王祎，在《青岩丛录》一文中对这两大派在明初的流行情况作如下概述：

> 后世言地理之术者……分为二宗：一曰宗庙之法，始于闽中，其源甚远，至宋王伋乃大行。其为说主于星卦，阳山阳向，阴山阴向，不相乖错。纯取五星八卦，以定生克之理。其学浙闽传之，而今用之者甚鲜。一曰江西之法，肇于赣人杨筠松。曾文辿及赖大有、谢子逸辈，尤精其学。其为说主于形势，原其所起，即其所止，以定方向，专注龙、穴、沙、水之相配，而他拘忌，在所不论。其学盛行于今，大江以南，无不遵之者。④

始建于洪武二年九月至洪武八年营建的明中都的"地理之术"，采用的便是"江西之法"⑤，即"主

---

① 参见冯继仁：《巩县宋陵献殿的复原构想》，《文物》，1992年第6期。
② （天启）《凤阳新书》卷四"皇陵"。
③ 参见唐更生《凤阳明皇陵石像生实为两批石刻的组合》一文。
④ （明）王祎《青岩丛录》，北京，中华书局，1991年，第16页。
⑤ 关于凤阳明中都所采用的"地理之术""江西之法"，参见夏玉润：《朱元璋与凤阳》第三章，合肥，黄山书社，2003年。

于形势，原其所起，即其所止，以定方向，专注龙、穴、沙、水之相配，而他拘忌，在所不论"。由于洪武二年竣工的明皇陵与洪武八年罢建的明中都所采用的"地理之术"不一致，而两大建筑相距仅数里之遥，相呼相应，所以在洪武八年明皇陵第三次改建中，对皇陵的建筑规制、布局以及风水术，进行了较大范围的修正与改建。

除去"地理之术"外，中国帝陵制度主要有两大要点：一是春秋时期先哲们提出的"慎终追远"，"事死如生、事亡如存"，"君子不以天下俭其亲"；二是东汉学者蔡邕《独断》中提到的"前朝后寝"。以上中国帝陵的营建理念，均在明皇陵第三次营建中得以实践。

早在元至正二十六年四月，朱元璋曾对父母的坟墓进行改葬，大臣提出"改葬恐泄山川灵气"，朱元璋听从了大臣的话，宁可微葬，只是"增土以培其封"。可见皇陵的营建理念，把风水布局放在第一位。皇陵的三次营建，均尊崇这一宗旨。

由于受明中都风水布局的强烈影响，凤阳明皇陵在第三次营建中，其布局、方位、规制均发生了重大变化，从而形成如下特点：

（一）都城式的格局

从建筑学的角度来看，明中都与明皇陵两者为相距不到 5 公里的建筑群，对规划营建者来说，对两个相距很近、均为体现皇权的建筑，虽然作用和功能不同，但必须力求形制、色彩、基调、风格的统一。否则，各自为政，杂乱无章，不是在变化中求统一，将是建筑设计上的败笔。

基于这一建筑设计思想，明皇陵改变了第二次营建中采用宋陵形制中的长形、分割式规制，采用与明中都相同的布局：三环相套。

最外第一道城为"土城"，呈正方形，周长 28 明里，折合明官尺 50399.5 尺，合乎规制。从而替代了宋陵的"篱寨"①。土城面积巨大，虽不及因山为藏的诸唐帝陵那样气势宏伟，但其兆域远远超过了同样是封土为陵的北宋诸陵，甚至比唐高祖的献陵还要大。因此，将洪武三年建造的陪葬墓——孙兴祖墓，包入城中。

中间第二道城称"砖城"，呈长方形，周 6 里 118 步，折合明官尺 11389.95 尺，合乎规制。城开四门，东称东明楼，西称西明楼，南称南明楼，北门为正门，称明楼②。明楼均开三孔，城上有楼，五间，重檐，明楼外有一道矩形瓮城，瓮城开三门，称棂星门，棂星门两侧各开一门。由于砖城将神道及石像生包入其中，所以呈长方形。砖城保留了宋陵的形制。

最里第三道城称"皇城"。呈正方形，"周七十五丈五尺"，合乎规制③。皇城内的主要建筑仅有正殿（享殿），从而开创了一代制度。

凤阳明皇陵的形制呈"三环相套"，开中国古代陵寝之先河。后来盱眙明祖陵采用凤阳明皇陵制度，但仅保留第二、第三道城，而第一道土城未建。

（二）突出享殿的地位

宋以前，中国帝王陵寝中最重要的建筑是埋葬陵主的陵墓。古代帝王陵墓一般有两种形式，一是在

---

① 宋陵在上宫外以至兆域外围由枳橘、松柏之类树木构筑成整齐规则的"篱"，乃是表征吉利意念的"风水域篱"。参见冯继仁：《北宋皇陵建筑构成分析》，收于北京大学考古文博学院、北京大学中国考古学中心主编《考古学研究（十）：庆祝李仰松先生八十寿辰论文集》，北京，文物出版社，2012 年。

② 明楼制度为凤阳明皇陵所创，其来历可能与古代明王祭祀制度有关，亦与朱元璋的孝道有关。详见夏玉润《朱元璋与凤阳》第 395 页（合肥，黄山书社，2003 年）。

③ 据凤阳县旅游发展有限公司编，阚绪杭主编《凤阳明皇陵建制与石刻艺术》（北京，文物出版社，2012 年，第 24 页）记载，实测周长 420 米（折合明官尺 1327.5 尺），与《凤阳新书》中的数字明显不同。

山腰南麓穿凿而成，以山代坟；二是在平地上垒土起坟。其共同之处是，均把坟丘（或山陵）放在陵园中最重要的中心位置。究其原因，一是遵循儒家"事死如生、事亡如存"的孝道，二是玄宫（地宫）埋藏着数量巨大、价值连城的殡葬物品。而这种制度在唐宋陵中尤为突出。而陵上的寝殿，其地位一直低于坟墓。

自凤阳明皇陵第三次改建开始，首次把寝殿作为皇陵地面建筑的中心。其原因有三：

1. 吸收明中都皇城"前朝后寝"制度

明中都皇城内奉天殿，是皇城中最重要、最壮丽的建筑，它是皇权的象征，位于皇城内的中央。"三大殿"的后面是后宫，为皇帝休息之所。奉天殿与后宫的布局，正是遵循周礼"前朝后寝"制度。

凤阳明皇陵的"前朝后寝"，从内容上与明中都皇城已有较大区别。这里的前朝即享殿，是根据"事死如生、事亡如存"理论，供陵主魂魄日常出入。而在特定的祭日，用一套礼仪向陵主的魂魄参拜，奉献祭品。因此，作为沟通陵主与谒陵者之间的交流之地，享殿无疑成为唯一最重要的礼仪场所，理所当然地置于陵园中最重要的位置。而明皇陵的陵墓，因无墓室，无玄宫，更无殡葬物品，仅是陵主魂魄休息之所，相当于皇城中的后宫，退居次要位置。

2. 突出朱元璋的祭祀与孝道

陵主朱五四是一位贫苦农民，与朱元璋联系在一起，当然要突出后者。在皇陵中突出享殿的位置，实际上是突出朱元璋的祭祀，突出朱元璋的孝道，以祭祀作为凤阳明皇陵的特点。

3. 弥补明皇陵无玄宫的遗憾

在中国历代帝陵中，仅有凤阳明皇陵未建玄宫。其原因是大臣们提出"改葬恐泄山川灵气，乃不复启葬，但增土以培其封"的缘故。既无玄宫，只能在地面上建筑宏大的享殿，以弥补遗憾。

凤阳明皇陵"九间，丹陛三级，黄琉璃，青碧绘采"。据实地考察，享殿采用"九五"制（面阔9间，进深5间），与奉天殿同制。这一制度，只有在明孝陵、明长陵才采用。明代其他各陵，如永陵、定陵为7开间，其余均为5开间，台基数仅为一层。清代诸隆恩殿则为5开间，均小于凤阳明皇陵。

在凤阳明皇陵享殿遗址上，有1.6米见方的大石础，与北京故宫太和殿6个金銮柱石础同制。

（三）以对称为特点的建筑布局

明中都的最大特点，是以对称而称冠于中国历代都城[1]，凤阳明皇陵亦采用这一布局。从《皇陵总图》来看，明皇陵有一条南北向的中轴线，最北端为皇陵土城的正红门，自北而南有如下建筑组成的中轴线：正红门、红桥、棂星门、明楼、神道、御桥、金门、正殿（享殿）、后红门、陵墓、南明楼、南门。皇陵内许多建筑，大多以这条中轴线东西对称。

（四）凤阳明皇陵墓向的改变：由"坐东北面西南"改为"坐南朝北"

古代陵墓有崇东、崇南的习俗。先秦时，各国习俗不一，有的崇东，有的崇南。如周人尚南，楚人尚东。自东汉开始，殿堂上举行朝拜的礼仪，以坐北朝南为尊，故自东汉起，帝陵布局均改为坐北面南，并沿袭至唐宋。对此，宋代理学家朱熹说过：

> 古之葬者，必坐北而向南。盖南阳而北阴，孝子之心，不忍死其亲，故虽葬之于墓，犹欲其负阴而抱阳也。岂有坐南向北，反背阳而向阴之理乎？[2]

---

[1] 参见夏玉润：《朱元璋与凤阳》第三章，合肥，黄山书社，2003年。
[2] （宋）朱熹撰，郭齐、尹波点校：《朱熹集》卷一五《山陵议状》，成都，四川教育出版社，1996年。

在明初全面恢复宋朝所实行的中华传统文化的思想文化大环境下,凤阳明皇陵第二次营建绝不可能"坐南向北、背阳向阴"。

在第三次营建中,凤阳明皇陵的"转向",大约有如下理由:

1. 风水美学原理认为,任何有机体,必有主从。没有主从不是一个完整的有机形体。这也是风水美学基于自然认识的一个原理。洪武二年(1369)九月决定营建中都的诏令下达后,对明中都、明皇陵这两大建筑群体的设计与布局,即采用风水美学中的主从原理。中都为活着的皇帝执政的地主,为阳,为主;皇陵为死去皇帝的阴宅,为阴,为从。明中都、明皇陵相距很近,中间无任何山峦相隔,采用阴阳相抱的方法来布局这两大建筑群,以表达两者的主从关系。其最佳方案是,使两者方位相对:中都面南,皇陵面北,从而使这两大建筑群在形体、风格、色彩基调、节奏、韵律上形成相对的统一,达到"一阴一阳谓之道"风水美学的最高境界。

2. 洪武二年,凤阳明皇陵的朝向,从福建派"理气法"的风水来看,"羽姓宜选北来山之地",北来之山即"凤凰山"。如从江西派"形势法"的风水来看,主要是凭依"龙脉"所来之山,也是"凤凰山"。凤凰山在皇陵之北约8公里。

当明中都城建于凤凰山与明皇陵中间,无论从无疑阻断了皇陵的龙脉。无论从福建派"理气法"还是江西派"形势法"来审势,均对皇陵的风水造成了重大不利,为了补救这一风水缺陷,"转向"无疑是最好的选择。这是因为明皇陵与明中都采用相同的江西派"形势法"风水,将皇陵南面的"翔圣山"①为其龙脉主山。对此,《守备凤阳内官监太监臣韩寿奏疏》云:

> 国初,刘基、宋濂称颂,我皇明承运而兴,应天之眷,得地之灵,国脉延长。发源于岷、峨之山,历川、陕,逾太行,延蔓荆楚,逶迤于英、霍之区。起伏隐见,绵亘千万里,至翔圣山太平岗,而龙脉结焉。盖自西南来龙。②

李三才《停止庐州开矿疏》云:

> 皇陵龙脉,自岷山发脉,蜿蜒而来。江界乎南,淮界乎北。繇英、霍于舒城,复起少祖之山,高矗连云,名曰猪头尖。折而左,则为武涉诸山,而尽于六安。折而右,则为鹿起诸山,繇庐江、无为而尽于裕溪江口。其中抽一支则为紫蓬、鸡鸣诸山,横亘合肥而为远障。复行百里,起平顶、大红诸山,雄峙定远而为近障。仍出洋三十里,方结禁穴,以钟王气,而肇子孙万世帝王业。以凤凰山为案,濠梁为水口。③

由于明皇陵的"转向",明中都及凤凰山成了它的案山:"皇城所包万岁山,即皇陵案上。所以圣祖(朱元璋)当时建立皇城,形如半月,抱向皇陵。其东西钟鼓二楼,并各城台基,亦皆拱向。"④

洪武八年(1375)四月丁巳,朱元璋下诏罢建中都。按道理应该停止一切工程,而事实是明中都的工程仍然继续。如洪武八年营建的鼓楼、钟楼,洪武二十六年(1393)修筑的朝阳门、北左甲第门、涂山门、洪武门,直到洪武三十年(1397),还修筑了独山门、长春门、南左甲第门、前右甲第门、后右

---

① "翔圣山"是嘉靖十年二月戊寅,嘉靖皇帝追封明皇陵龙脉之山的名称——"皇陵宜曰翔圣山"(《明世宗实录》卷一二二,嘉靖十年二月戊寅条)。翔圣山在明初拟称为"云母山",见天启《凤阳新书》卷四"星土篇":"云母山……周回三百里,重峦叠嶂,林木蓊郁,深渊陡涧,是实为皇陵之负扆。"在清代称为"善山":"善山,在府治南四十里,一名翔圣山,入南山之要径。"(光绪《凤阳府志》卷九"山考")
② (天启)《凤阳新书》卷七"奏议"。
③ (明)陈子龙等编:《明经世文编》卷四二一,北京,中华书局,1962年,第4588页。
④ 《南京礼工二部右侍郎黄绾等回疏》,天启《凤阳新书》卷七。

甲第门。究其原因，这与皇陵风水的布局有着重要的关联。上述建筑均成了皇陵的风水构件，即"其东西钟鼓二楼，并各城台基，亦皆拱向"。

3. 当年朱元璋父母的葬地都是别人施舍的，下葬时"殡无棺椁，被体恶裳，浮掩三尺，奠何肴浆"，连一张裹尸的芦席都没有；紧接着朱元璋的祖坟曾被破坏，尸骨凌乱，所以凤阳明皇陵封土之下的陵主，无棺椁、无墓室、无玄宫。封土下除朱元璋的父母、长兄外，是否有其他几位兄嫂、侄儿的尸骨，也还很难说，因为在那兵荒马乱的年代，亲人之间完全失去联系十分正常。很有可能采用"招魂祔葬"之法，使之魂魄归于皇陵①。由此想起20世纪60年代初，笔者亲身经历的那场大饥荒中，亲眼看到将尸体扔入土坑中即算了事，还有什么"风水""墓向""头向"可言？

因此，凤阳明皇陵封土之下无棺椁、无墓室、无玄宫，这在中国帝陵中是独一无二的。正是这一特殊性，可以接受陵墓转向的需求。

4. 中国人的方位理念，存在着正统与民间两个谱系。对此，王贵祥先生则认为：

> 如同中国古代文化由正统的儒家文化与掺杂有谶纬数术思想的道教文化互补而成，以及中国古代建筑也分为正统的官式建筑与形态万千的非官式建筑一样。古代中国人的方位理念，也存在着正统与民间两个谱系。正统的方位谱系贯穿于儒家经典、正史与文人士大夫的记述之中，并为我们今日所了解；而民间流传的方位谱系，却隐匿在纷乱杂驳的风水巫术之书中，传播于坊间术士的口中。因而，对中国古代建筑中方位问题的探讨，首先应该对这样两种情况加以区分。②

因此，我们不能用民间"地理仙"的思维来剖析凤阳明皇陵的风水布局。通俗地说，帝陵的风水应该是站在国家大的地理环境来布局的"大风水"，即凤阳内官监太监臣韩寿，右佥都御史总督漕运、凤阳诸府巡抚李三才所说的从岷山发脉、自西向东"绵亘千万里"而来的龙脉。而民坟的风水是站在眼前一山一水、一坎一塘小的地理环境，站在当地民俗角度来推算出来的"小风水"。因此两者不能混淆。

皇陵位于明中都正南偏西，为了使皇陵与明中都"龙脉风水协吉"，皇陵将其北垣正门——正红门③，斜向东北，与明中都南垣正门——洪武门相对，在两门之间修建一条林荫大道——取名"神路"。从而使明中都中轴线——都城御道，与皇陵中轴线——陵寝神道，连成一线，使阴阳两大皇权通过都城、陵寝在形制上联为一体，从而表达中国礼仪、伦理中更为深刻的内涵：使坐在奉天殿内的皇子皇孙们，面对皇陵内的祖宗，可时刻追忆先辈们往日之艰辛，领悟出大明江山来之不易，从中获得敬天、法祖、勤政、爱民的帝道，使大明王朝永远昌盛；而安息在皇陵内的朱五四夫妇则面对子孙，辅助其帝业，保佑大明江山万世流传，并时刻监视子孙们的一言一行，是否符合帝道。

明皇陵的"向正门斜"，在中国帝陵中是独一无二的，是风水补救中的一大绝笔。它既包含着皇权与风水之间发生冲突时的无奈，又显示出皇陵设计者的智慧与灵巧。

[作者单位：朱元璋研究会]

---

① 埋葬朱元璋伯父一家的合葬坟——"十王四妃坟"，与明皇陵有着几乎相同的经历：一是坟墓"因兵为人所发"；二是埋葬在坟墓中的各王、妃，"各散葬者，俱攒于此一处，建茔域以便祀焉"。（见天启《凤阳新书》卷四"十王四妃坟"条）
② 王贵祥：《中国古代建筑方位问题探讨》，《建筑史》，2009年第2期。
③ 明以前帝王陵寝的陵门多称"神门"，凤阳明皇陵首称"红门"。其中，陵寝正门称"正红门"，皇陵皇城南门称"后红门"，皇陵斋宫的正门称"红门"。自此，"红门"便出现于明清陵寝中。

略论凤阳明皇陵的三次营建

陈怀仁

关于凤阳明皇陵的营建年代及其阶段的划分，本文就如下问题进行考述：朱元璋为何数次营建皇陵？每次营建有哪些工程项目？每次营建的目的是什么？

一 第一次是"初建"：仅是略加修缮，并不具备皇陵的规制

元至正二十六年（1366）三月丙申，朱元璋命韩政率兵攻打被张士诚占领的濠州，四月庚申占领濠州城，仅4天后，对家乡一往情深的朱元璋离开应天，前往家乡濠州：

上发建康，往濠州省陵墓。命博士许存仁、起居注王祎等从行。①

离别家乡12年之久的朱元璋，返回家乡濠州的目的是"省陵墓"。身为吴王、即将称帝天下的他，看到父母坟墓仍仅是田野中的一小土堆时，便提出了改葬，而最终未能成功：

上至濠州，追念仁祖太后始葬时礼有未备，议欲改葬，问博士许存仁等："改葬典礼当何据？"存仁等曰："礼，改葬易常服用缌麻，葬毕除之，今当如其礼。"上怆然曰："改葬虽有常礼，父母之恩岂能尽报耶！"命有司制素冠白缨衫经，皆以粗布为之。起居注王祎曰："比缌为重矣！"上曰："与其轻也，宁重。"时有言改葬恐泄山川灵气，乃不复启葬，但增土以培其封。

陵旁居民汪文、刘英于上有旧，召至慰抚之。遂令招至邻党二十家以守陵墓，命有司复其家。②

"改葬恐泄山川灵气"，一边是事关社稷的安宁与长远，一边是孝道。朱元璋权衡利弊，最终放弃改葬，只是在原来的坟墓上"增土以培其封"，这也是凤阳明皇陵的第一次营建。

据上述史料，皇陵的第一次营建工程较小，理由有四：

其一，此时朱元璋正忙于统一中国的战争，东面的张士诚、方国珍，南面的陈友定、北面的大元王朝，均有一定的势力，鹿死谁手，未成定局。

其二，大兴皇陵并非易事，不仅需要大批工匠、军队、劳役人员参加，还需要大量物资（如名贵树木采伐运输、砖瓦的烧造、石料的开采等）、钱财，这对忙于战争的朱元璋来说，没有精力从事这项工作。

其三，皇陵是一座体现封建礼制的祭祀性建筑群，它的布局、营建，需要一整套制度来规范。而此

---

① 《明太祖实录》卷二〇，元至正二十六年四月甲子条。
② 《明太祖实录》卷二〇，元至正二十六年四月丁卯条。

时明王朝尚未建立，大明礼制尚未制定，因此皇陵如何营建，缺乏理论依据。

其四，此时朱元璋仅安排20亲邻来守陵墓。可见第一次营建的皇陵规制很小，这次工程，何时竣工，史料无载。夏玉润认为，大约于吴元年（1366）十月以前竣工。其理由是，吴元年十月乙丑，朱元璋遣世子朱标、次子朱樉至临濠谒陵墓。① 按照封建社会礼制，大凡先人陵寝修好后，皇帝应亲自或派人前去祭陵。②

自元至正二十六年四月至吴元年十月，这是对朱元璋父母坟墓的第一次营建，此时朱元璋尚未称帝，所以这次不是以帝陵的制度来营建的。

二 第二次是"营建"：凤阳明皇陵工程全部竣工

凤阳明皇陵第二次营建，有如下史料。

《明太祖实录》记载：

> 乙亥，诏立皇陵碑。先是命翰林侍讲学士危素撰文，至是文成，命左丞相宣国公李善长诣陵立碑。③
>
> 更"英陵"曰"皇陵"，立皇陵卫以守之。④

以上两条史料，是皇陵建成的信息，何时营建，无载。

洪武元年正月初四，朱元璋登基的当天，便追尊他的父亲朱五四（皇考）尊号曰"淳皇帝"，庙号"仁祖"；母亲陈二娘（皇妣）尊号曰"淳皇后"。既然他的父母已被追尊为帝后，故其安息的坟墓自然就成了皇家陵园。因此，凤阳明皇陵的营建，只能是从洪武元年追尊后开始，但具体开工时间不清。

天启《凤阳新书》等记载：

> （洪武二年）是年，修治皇陵。先是度量界限，将筑周垣，所司奏民家坟墓在内者，当外徙。上曰："此坟墓皆吾家旧邻里，不必外徙，春秋祭扫，听其出入不禁。"⑤
>
> 洪武二年……时将筑（皇陵）周垣，（刘）英奏臣等坟墓皆在侧，请外徙。上谕："此坟墓皆旧邻里，不必徙，春秋任祭播（扫），出入无禁。"⑥
>
> 皇陵初建时，量度界限，将筑周垣。所司奏民家坟墓在旁者当外徙。高皇云："此坟墓皆吾家旧邻里，不必外徙。"至今坟在陵域者，春秋祭扫，听民出入无禁。此言闻之凤阳尹社长云。⑦

上述史料告诉我们，在第二次营建中，还修筑了"周垣"。请注意，这仅是"周垣"，而非陵寝的"城墙"。《菽园杂记》特别强调的是"皇陵初建时"，皇陵是于洪武二年（1369）"初建"的，而洪武八年（1375）以后的改建，不能称之为"初建"。

---

① 《明太祖实录》卷二九，吴元年十月乙丑条。
② 夏玉润：《朱元璋与凤阳》，合肥，黄山书社，2003年，第360页。
③ 《明太祖实录》卷三九，洪武二年二月乙亥条。
④ 《明太祖实录》卷四二，洪武二年五月甲午条。
⑤ （天启）《凤阳新书》卷五《帝语篇》。
⑥ （天启）《凤阳新书》卷二《刘继祖传》。
⑦ （明）陆容撰、佚之点校：《菽园杂记》卷三，北京，中华书局，1985年，第26页。

这次营建,除诏立皇陵碑外,还有其他工程,危素《皇陵碑》有载:

> 姑积土厚封,势若冈阜,树以名木,列以石人,以备山陵之制。①

所谓"以备山陵之制",即说明皇陵的一切规制,均已完成,包括:坟冢的再次厚封,陵内殿宇的修建,周垣的修筑,皇陵碑、石像生的竖立等等。另外,朱元璋于洪武二年"遣太常行祭告礼"②,向神祭告皇陵已成的国家大事。

关于皇陵于洪武二年已成的结论,还有如下史料:

> (洪武)四年,上幸中都,谒皇陵。③
> (洪武五年正月)己巳,命皇太子及秦王樉等往临濠祭皇陵。④
> 太祖与礼部尚书牛谅定祀节。正旦、冬至,太牢祀,每九社供办;清明、中元、孟冬朔,每五社供办;朔、望各一社供办,闰月,亲邻二十家两社供办……⑤
> (洪武七年六月)戊午,立皇陵祠祭署。以汪文为署令,刘英为署丞,专典祀事。二人上故里人也,故命以是官,俾子孙世守之。⑥
> (洪武八年三月)丙寅,命皇太子及诸王往凤阳祭皇陵。上恻然谓曰:"吾祖宗去世既远,吾父母又相继早亡,每念劬劳鞠育之恩,惟有感痛而已。今日虽尊为天子,富有四海,欲致敬尽孝,为一日之奉不可得矣。哀慕之情,昊天罔极。今凤阳陵寝所在,特命尔等躬诣致祭,以代朕行。孔子曰:事死如事生,事亡如事存。尔等敬之。"因悲咽不自胜。太子诸王皆感泣。⑦
> (洪武八年四月,朱元璋至凤阳)乙巳,仁祖淳皇帝忌日。上躬诣皇陵,致祭文曰:"思往昔之艰难,痛今朝之忌日,音容杳绝三十二年,罔极之恩,何从以报。谨献牲醴于陵下,伏惟昭鉴。"⑧辛亥,皇妣淳皇后忌日,上躬诣皇陵致祭。⑨

从上述史料可见,皇陵的保护机构"皇陵卫"和皇陵的管理机构"祠祭署"的设立,祀节的制定,以及朱元璋与他的皇子们多次前往谒陵等,均可证凤阳明皇陵于洪武二年已经建成。

第二次明皇陵的营建,正值朱元璋称帝的当年,明朝的礼仪、典章制度,尚未建立,《明集礼》尚未开始修纂。此时营建的规制,应该是依据北宋陵寝的制度。仅存的皇陵石像生的形制可证明这点。宋陵的营建工期为7个月,估计凤阳皇陵的第二次营建工期亦为7个月,即于洪武元年(1368)十一月正式开工,在此之前,应为规划、布局、筹备阶段。⑩

---

① (明)郎瑛:《七修类稿》卷七"国事类",《续修四库全书》,子部,1123册。上海,上海古籍出版社,2002年。
② 《明太祖实录》卷四二,洪武二年二月丁丑条。
③ (天启)《凤阳新书》卷四"皇陵"。
④ 《明太祖实录》卷七一,洪武五年正月己巳条。
⑤ (天启)《凤阳新书》卷四"皇陵"。据《明史·牛谅传》载,牛谅于洪武七年前后曾任礼部尚书。
⑥ 《明太祖实录》卷九〇,洪武七年六月戊午条。
⑦ 《明太祖实录》卷九八,洪武八年三月丙寅条。
⑧ 《明太祖实录》卷九九,洪武八年四月乙巳条。
⑨ 《明太祖实录》卷九九,洪武八年四月辛亥条。
⑩ 参见夏玉润《朱元璋与凤阳》第四章"龙脉皇陵",合肥,黄山书社,2003年。另,凤阳县旅游发展有限公司编《凤阳明皇陵建制与石刻艺术》(北京,文物出版社,2012年,第18页)一书认为,皇陵的第二次营建,"因营建中都,皇陵未完工程一度停止",却未言哪些工程一度停止,仅为猜测。

三 第三次是"改建":创立了明代陵寝的新规制

(一)第三次的"改建"工程

皇陵第二次营建刚刚竣工,一个更大的工程——明中都的营建接踵而来,百万人马劳师动众达近6年之久,一下子在皇陵北面仅数里之遥的空旷乡野中冒出一个辉煌壮丽的大明帝都。待洪武八年四月朱元璋罢建中都后,再来看一看洪武二年竣工的皇陵,则其无论在布局还是规制上,均因明中都的兴建而相形见绌。皇陵的改建,已成必然。于是自洪武八年起,开始了皇陵的第三营建工程。其内容主要是"改建"。下面是改建的具体工程。

据《实录》记载:

> (洪武八年九月)乙未,筑凤阳皇陵城。①
> (洪武十一年四月)是月,重建皇陵碑。上以前所建碑,恐儒臣有文饰,至是复亲制文,命江阴侯吴良督工刻之。②
> (洪武十二年闰五月)丁巳,皇陵祭殿成,命称曰皇堂。③

据《凤阳新书》记载:

> (洪武十一年)夏四月,命江阴侯吴良督殿宇、城垣,植冢木,立华表,树石人、石兽,勒石建亭。④

综合上述史料,这次皇陵的改建工作,告诉我们如下信息:

其一,"筑凤阳皇陵城"。这项工程,在第二营建中仅提及修筑"周垣"。"周垣"而非"皇陵城"。垣,一般指较矮的墙,即"卑曰垣,高曰墉"。《墨子·备城门》云"周垣之高八尺"。在宋陵中,在陵寝的正中有一道"神墙",将灵台、献殿围在中间。"神墙"仅一道,面积不大。在第二营建中提及的"周垣",当指这道"神墙"。而第三改建中所修筑的"凤阳皇陵城"有内、中、外三道"城",而不是"周垣"。城,为都市四周用作防御的高墙。内曰"城",外曰"郭"。"城"字单用时,多包含"城"与"郭"。

其二,"重建皇陵碑"。洪武二年竣工的"皇陵碑"是元朝降臣危素撰写,由朝著名文学家、书法家、史学家揭傒斯之子揭泍所书。⑤朱元璋认为此碑"皆儒臣粉饰之文,恐不足为后世子孙戒",故亲撰碑文,重建皇陵碑。碑文由胡廷铉所书,"胡廷铉,字公惠,奉化人,官至中书舍人。书学詹孟举,中楷

---

① 《明太祖实录》卷一〇一,洪武八年九月乙未条。
② 《明太祖实录》卷一一八,洪武十一年四月。
③ 《明太祖实录》卷一二五,洪武十二年闰五月丁巳条。
④ (天启)《凤阳新书》卷四《皇陵》。
⑤ (同治)《丰城县志》卷一六《人物志》。另据光绪《江西通志》卷一三五《列传二·南昌府》载:"揭泍,字伯防,富州人,傒斯之子。工古文词,善书,以荫补秘书郎迁国史编修,历官至福建廉访司使,守建宁。伪汉陈友谅兵寇松关,建宁受围,吏民相继出奔,泍与经略使布延布哈(原作普颜不花)协谋御贼,设方略,复延平等三州。改江西行省,未赴,以工部郎中召。时淮浙乱道不通,留家明州之慈溪,与子枢浮海趋辽东,制授刑部侍郎。洪武间,召至凤阳,书《皇陵碑》,竣,赐金放还。"

《皇陵碑》《滁阳王庙碑》"①。

其三，新建"皇陵祭殿"。祭殿，亦称"皇堂""正殿"。所谓"新建"，即原来没有此殿而新建的"皇陵正殿"。

宋代以前，由于墓室中埋葬着皇帝，以及数量众多、价值连城的殉葬物品，所以在帝陵中处于最重要的位置。而比起墓室来说，寝殿一直处于较次要的地位。寝殿，是帝陵中的正殿。唐宋以来，帝陵一直采用"上下宫"制度：在陵前建"上宫"（献殿），"上宫"之北建"下宫"（寝宫）。在凤阳明皇陵第二次营建中，应该采用这种"上下宫"制度。但在第三次改建中，凤阳明皇陵寝殿制度发生了一场革命，其内容包括两点：一是取消了唐宋陵的"上下宫"制度，二是一改前朝各帝陵以墓室为中心的作法，首次把寝殿作为帝陵地面建筑的中心。与此同时，寝殿的名称改为"祭殿"，又称"皇堂""正殿"，后来的明代陵寝均称"享殿"。

其四，第三次皇陵的改建工程，具体指挥者是江阴侯吴良。他于洪武七年（1374）六月丙申被朱元璋任命为"中立府行大都督府事"②，来到凤阳后，是凤阳明中都及第三次皇陵改建工程的指挥者："督殿宇、城垣，植冢木，立华表，树石人、石兽，勒石建亭。"洪武十二年（1379）闰五月，随着皇陵享殿的竣工，皇陵改建工程全面结束，他离开了凤阳。由于他善于建筑工程管理，半年后，朱元璋命他随齐王朱榑前往青州，帮助营建藩府。

关于《凤阳新书》记载的吴良"督殿宇、城垣，植冢木，立华表，树石人、石兽，勒石建亭"这条史料，夏寒认为，"《凤阳新书》则为天启年间凤阳县令袁文新所写③，时间相隔 250 余年，其记录可能有误"④。遗憾的是，夏寒未找出"可能有误"的依据，仅是个人的判断。

从上述诸多史料的信息来看，第三次凤阳明皇陵的改建工作，几乎是对第二次营建进行了全面、系统的整改。主要是：

（1）把"周垣"改为与明中都相同的"三环相套"的土城、砖城、皇城；
（2）重建"皇陵碑"；
（3）新建"皇陵祭殿"；
（4）立华表，树石人、石兽。

早在洪武二年的第二次皇陵营建中，就完成了"树以名木，列以石人，以备山陵之制"的工程。这说明在第三次改建中，对皇陵的石像生进行了重新布局。

（二）祭祀与管理制度的变革

就在凤阳皇陵的第三次改建中，皇陵的祭祀、管理制度也发生了变革。

1. 祭祀

皇陵的祭祀，朱元璋曾与礼部尚书牛谅制定过相关制度。在这次皇陵的改建前后，皇陵祭祀制度不断修改：

---

① （明）丰坊：《书诀》，文渊阁《四库全书》，子部，第 816 册。另据嘉靖《宁波府志》卷四一"特艺"（唐装珍本）载："胡廷铉，奉化汇溪人，字公惠，少学欧阳询书法。洪武初召至京师，上命詹孟举、廷铉各写千文一本以进，上览之廷铉书法过孟举，遂令书《皇陵碑》，遒劲可嘉，授中书舍人。"

② 《明太祖实录》卷九〇，洪武七年六月丙申条。

③ 《凤阳新书》并非是袁文新个人所写的。柯仲炯是本书的实际总纂人。"职是获与仲子（柯仲炯）登钟乳，涉离山，涉濠右，而跳淮北，观星山之上。仲子又好游，每有聚，必履而籍焉，问而图焉……"另外，还有多人参与编写，"文新总其理，博士吴君道行，广文李君月就分其裁，孝廉戴君良材别其疏，丞俞君嘉言，簿江君延龄，尉王君兼咸督其政，而诸弟子员，若柳生凤鸣，田生济庶，盛生世臣，宋生元咨、杨生至德，冯生士俊，陈生耀祖，高生起凤，张生光斗，刘生芳远，张生奇秀，田生家教，彭生飞鸣，张生星灿，田生家声辈，凡二十有二人，则又皆各执一篇而录次引证焉。而余友仲子仲炯裁成之功居多……"（见《凤阳新书》袁文新"自序"。）

④ 夏寒：《试论明皇陵、孝陵神道石刻制度的形成》。

（洪武八年九月）乙卯，诏翰林院臣考议陵寝朔望节序祭祀礼。翰林学士乐韶凤等奏谨……惟我朝祭祀皇陵，旧仪：每岁元旦、清明、七月望、十月朔、冬至日，俱用大牢，遣官致祭……今拟：每岁元旦、清明、七月望、十月朔、冬夏二至、日用大牢；其伏腊社、每月朔望日，则用特羊。①

（洪武九年正月）己未，诏太常，皇陵朔望致祭，用少牢，品物著为令，仍命凤阳府及祠祭署遵行之。②

就在皇陵祭祀制度不断完善的同时，洪武十一年（1378）二月癸亥，朱元璋命皇太子朱标前往凤阳祭祀皇陵：

癸亥，命皇太子诣中都祀皇陵，中书右丞相汪广洋从。上谓皇太子曰："自古帝王之兴，皆祖宗积德厚深，格于皇天，钟吉聚庆，乃生帝王，以主天下，传世无极。朕仰承天命抚驭万方，实由我祖考以来积德所致。每怀陵寝，瞻望中都，悲感无极。今命尔往修孝祀。《礼》曰：致爱则存，致悫则著。尔其敬恭乃事，毋怠毋忽，庶几精神感通神灵来格。"太子顿首受命而行。③

这条史料告诉我们，在第三次皇陵改建过程中，祭祀皇陵并没有因此而中断。这从另一角度再次证明，皇陵在第二次营建中已全面完工。

2. 管理

早在第一次初建时，朱元璋仅召汪文、刘英等20家邻里守陵墓。洪武二年设立皇陵卫后，皇陵卫成为皇陵的守陵机构，此时"供事皇陵二十户……令隶皇陵卫"。洪武七年六月"戊午，立皇陵祠祭署。以汪文为署令，刘英为署丞，专典祀事。二人上故里人也，故命以是官，俾子孙世守之"。此时的皇陵祠祭署下属有多少陵户，史料无载，估计人数不会太多。

随着皇陵第三次改建，其陵域范围的扩大，祭祀建筑的增加，祭祀礼仪的规范，朱元璋进一步扩大陵户的户数：

洪武十一年，奉旨：精清钟离土著旧民三千三百二十四户，编为陵户，分为六十四社。（每社）五十户，以一人为长。每户拨田地一庄，供办皇陵每岁时节祭祀，全免粮差。④

元末明初，因改朝换代的战争原因，凤阳人口大量外出，所剩无几。这3324户"钟离土著旧民"，应该是当时几乎钟离县（包括凤阳、临淮二县）的全部人口，由于皇陵的改建，其陵寝面积大大扩充，其管理制度也发生了重要变化，洪武二年"供事皇陵二十户"以及洪武七年六月设立的皇陵祠祭署，已无法适应第三次改建后新皇陵的管理工作，大幅度增加陵户，是这次管理制度变革的一项重要内容。

四 结 束 语

综上所述，凤阳明皇陵进行了三次营建。第一次是初建，此时它仅是一座"王坟"，仅是略加修缮，

---

① 《明太祖实录》卷一〇一，洪武八年九月乙卯条。
② 《明太祖实录》卷一〇三，洪武九年正月己未条。
③ 《明太祖实录》卷一一七，洪武十一年二月癸亥条。
④ （天启）《凤阳新书》卷五《帝语篇》。

并不具备皇陵的规制。第二次是按照皇陵的规制来建造，基本上是按照北宋皇陵的制度来营建。从史料记载来看，它不仅全面竣工，而且有了独有的陵名：先称"英陵"，后改称"皇陵"；并且设立了管理机构，建立了祭祀制度。

与第二次营建相比较，凤阳明皇陵在第三次改建中，改建的工程项目繁多，工期达4年之久。这次营建的"皇陵城"，已非原来的"周垣"，而是与明中都的"三环相套"的形制相同，从而开创了一代制度。另外还新建了"皇陵祭殿"，取名"皇堂"，其规制与明中都奉天殿同制，这又是一大创举。因此，凤阳明皇陵的第三次改建，并非是简单的扩建，而是按照"事死如事生""前朝后寝"的陵寝营建理念，与新建的明中都规制、形制相吻合，从而废止了原来的宋陵规制，创立了明代陵寝的新规制。

[作者单位：朱元璋研究会]

浅析明长陵对明孝陵的承继与创新

王丽梅

一 明孝陵的陵寝制度特点

明孝陵是明太祖朱元璋生前为自己建造的寿宫,始建于洪武十四年(1381)。此前,朱元璋于元至正二十六年(1366)为他的父母营建了坟墓,即皇陵。之后,又于洪武十九年(1386)为其祖父、曾祖父、高祖父营建了衣冠冢,即祖陵。

明皇、祖二陵较多借鉴了唐、宋时期,特别是宋代帝陵制度,在陵园总体布局上采用方形陵垣,形成陵垣四面对称设门的"方陵"体制。同时将墓冢设在陵城中央,墓冢前设祭殿。皇陵的墓冢为横向覆斗式,其制相当于宋陵制度中的"陵台"。

明孝陵与皇、祖二陵相比,陵制有了重大变革,其中最显著、重要的变革表现在陵园布局、陵园选址和墓冢形制三方面。

皇陵自内而外由皇城、砖城和土城三重城垣构成。最内侧皇城内建有正殿、左右配殿、金门(皇城前门)和后红门(皇城后门)。其左右配殿和金门、后红门前后左右相连,使皇城围成方形院落。皇城之外是一道砖城,城四面各设一座城楼(又称"明楼")。砖城之外还有一道土城相围。皇陵平面布局呈"回"字形相套形式。

孝陵平面将皇陵的"回"字形布局变为前后相接的前方后圆形。"前方"是陵宫部分,"后圆"是墓冢部分。陵宫有三进院落,第一进院落以陵门(文武坊门)为门,第二进院落以享殿前门(孝陵门)为门,院内建享殿(孝陵殿)和左右配殿,院落后设内红门。经内红门进入第三进院落。第三进院落内建有方城明楼。孝陵的这种改变意义重大。它首先使享殿(皇陵中的正殿)和墓冢各成为一座院落的主体。此种布局结构是模拟皇宫"前朝后寝"而来。明代的祭祀活动分为大祭、中祭和小祀。而陵寝祭祀同祭天地、宗庙、社稷一样被列入大祀之中,是重要的祭祀活动。而享殿正是举行陵寝祭祀的场所。孝陵将陵寝祭祀场所——享殿单独设立于一座院落,达到了突出陵寝的祭祀性目的,并为举行隆重祭祀仪式提供了更宽阔的空间。第二,只保留皇陵的4座明楼中墓冢前的一座,使之起到了标识墓冢的作用,增强了陵园庄重神圣的气氛。第三,将陵门、享殿前门、享殿、内红门及方城明楼等陵寝主要建筑,由南而北以一纵向轴线贯穿,逐级建造,墓冢建在陵园的最后端,突出了陵寝的建筑主体。

除此之外,孝陵还改变了祖、皇二陵选址在平川的作法,依据当时盛行的形势宗风水理论,将孝陵宝城建于南京东郊钟山南麓,从而形成了孝陵坐北朝南、依山而建的形制。高耸的明楼、恢宏的陵寝建筑,在苍郁的钟山映照下更显威严和神秘。为防止山水对墓冢的冲刷,孝陵还改变了皇陵覆斗形的墓冢形制而为圆形,并为之加砌了城垣,即宝城墙。

二 明长陵的陵寝制度特点

明长陵在陵寝选址、平面布局和墓冢形制上均取法遵从孝陵,对孝陵的陵寝制度是一种沿袭和继承。但是也有所变化、有所增益。其变化和增益在陵园格局、墓仪设施和单体建筑形制方面表现明显。

其一,陵园格局。明长陵平面承继孝陵规制,呈前方后圆形。前方部分亦为三进院落,院落布局基本同孝陵,中轴线上建有享殿(祾恩殿)、方城明楼、墓冢等主要建筑。不同之处是第三进院落的形状发生了变化。孝陵的第三进院落呈狭长的"凸"字形,方城前左右设"八"字形墙体,与院落的左右墙相连。而长陵则取消"八"字形墙体,将院落的左右墙直接连至宝城墙,使第三进院落与前两进院落等宽。这样既使三进院落更加规整一致,也突出了方城明楼。

长陵还将孝陵陵宫第一进院内的具服殿、宰牲亭等移于陵门外,使第一进院落功能和空间布局更为庄重、严谨。

其二,墓仪设施。孝陵第三进院落建有方城明楼,方城明楼后接"后圆"部分,方城明楼前没有任何陈设。而长陵在明楼前增设了棂星门和石供案。石供案陈设着香炉、烛台和花瓶。长陵明楼没有孝陵明楼高大,增设的石供案,不仅突出了陵园的祭祀氛围,而且还衬托出了明楼的高峻。

棂星门为牌坊门,是纯礼制性建筑。古人认为"灵星"属角星,而角星为天门之象,所以在圣殿之所设置棂星门,其尊贵程度如同经过天门进入天宫一般。长陵在明楼前设置棂星门,更强调礼制象征之意。

此外,长陵明楼内还树立了圣号碑,标识出了陵墓所属,更具陵墓标志之用。

其三,单体建筑形制。长陵除在中轴线上增设了棂星门和石供案之外,对孝陵中轴线上的陵门、享殿门、享殿、内红门和方城明楼和宝城等建筑均予以保留。但是在最能代表陵寝的规制的享殿、方城明楼和宝城等建筑上进行了一些改变。

孝陵享殿现存台基,须弥座式,共3层,每层围有白石栏杆,四角置螭首,前后各设"三出陛"式踏跺,中央踏跺雕刻云龙纹。最上层台基面宽52米,进深37.5米,其上存有56个直径达1米的柱础石,由此专家推断该殿为面阔9间、进深5间。"九五"是帝王的象征。《易·乾》:"九五,飞龙在天,利见大人。"古人认为,"九"在阳数中最大,有最尊贵之意,而"五"在阳数中处于居中的位置,有调和之意。这两个数字组合在一起,既尊贵又调和,无比吉祥,于是"九五"成为帝王最恰当的象征。而宫廷中常见"九五"的实用例证,最多的表现在建筑开间数上,比如天安门、午门、太和殿(后世改作11间)、乾清宫等主要门阙、殿堂都是面阔九间,进深五间。而须弥座、"三出陛"在中国传统基座和踏跺的等级中都是最高的一种。所以长陵享殿(祾恩殿)的台基形制仿孝陵的享殿建造,也为须弥座式、共三层、每层设白石栏杆、四角有螭首、前后为"三出陛"踏跺。但是长陵最上层台基面宽竟达到66米之多,较孝陵享殿台基多了14米有余。而且中央踏跺的纹饰也更为丰富。其中上面两块雕二龙戏珠纹,下面一块上部为两匹海马凌波奔驰,下部为海水江崖。

孝陵方城呈长方形,高16.25米,宽阔60米,进深34.22米。外部用宽大条石建成,下部为石制须弥座,束腰部分有绶带和方胜纹。方城前部左右两侧建一堵"八"字墙。方城正中设纵向券洞,穿过券洞就可到达方城与宝顶间的夹道。夹道北侧墙体即为宝顶的南墙,其上刻"此山明太祖之墓"七字。沿着夹道分东西可到达方城上的明楼。长陵方城呈正方形,高12.95米,面阔、进深均为30.95米。砖结构,下承石刻须弥座。其内设平面呈"T"字形的券洞。券洞纵向顶端建随墙式黄琉璃屏。券洞在琉璃屏向东西分驶,可达方城之上。将方城明楼改建为方形,并突出于宝城之外,并于额枋间悬挂书写着"长陵"二字的匾额。这些改变既烘托出方城明楼的雄伟气势,又强化陵宫的祭祀空间庄严崇高的氛围。

孝陵明楼现存四壁。南墙设拱门三座，东、西、北三面墙各设拱门一座。史载该明楼为重檐九脊，内部无陈设。长陵明楼呈正方形，面阔、进深均为18.30米，重檐庑殿顶，四壁辟券门。中树圣号碑一座，上书"成祖文皇帝之陵"①七字。孝陵明楼内无任何陈设，其作用只相当于一座城门楼。而长陵明楼内设置了圣号碑，使之不仅成为了宝城的城楼，而且还起到了标识陵墓的作用。

长陵的墓冢仿孝陵建为圆形，为坚固起见，在墓冢的周围也加砌了城垣，形成了"宝城"。但是孝陵的宝城墙为单面墙。而长陵宝城则是外环设垛口，内环置宇墙，垛口与宇墙间为宽1.9米左右的马道，使挡护封土的墙垣变成了"城墙"，从而方便了巡视和守护。

明长陵对明孝陵有仿校，是一种承继，但也有突破，有创新。长陵成为明代帝陵的集大成者，使明朝帝陵规制发展到了最完善的程度，成为了其后诸帝陵的楷模。

三 明长陵陵寝制度成因

朱棣从太祖朱元璋亲定的合法继承人——建文帝朱允炆手中夺得皇位。这严重违背了中国传统道德规范，有悖于君臣之义，更是背叛了明太祖的祖训。在传统的伦理纲常观念中，朱棣的所作所为就是"篡弑"，这一点就连朱棣自己也是心存顾忌。"建文四年壬午六月十有七日己巳，燕王即位。微语尚书茹常：'朕毋得罪于天地祖宗乎？'"②所以早在起兵"靖难"之初，他就打出了"靖难"这面旗，以"恢复祖宗旧制"为旗号起兵。在起兵发表的檄文中他说："予太祖高皇帝之子，今为奸臣谋害。祖训云：'朝无正臣，内有奸逆，必举兵诛讨，以清君侧之恶。'"③朱棣有意删去了祖训中"天子密诏诸王"这样关键的字眼。没有天子密诏，诸王根本没有资格"靖难"。所以朱棣的"靖难"就是违背祖制之举。对此朱棣极其明白清楚。因而他虽然一再宣称"靖难"是"扶国家于既坏，安宗社于垂亡，恭朝阙庭，谒拜陵寝，然后退守旧藩，庶几以明忠孝之心"④，但是，事实上"得罪于天地祖宗"的不安心理给朱棣造成了很大的精神压力。

为了消减、摆脱"篡弑"的舆论压力和和精神压力，朱棣必须宣称自己是朱元璋可靠的继承人，是其"制法"和"立言"的遵行者、维护者。为此，朱棣即位之后即采取了很多的措施，措施之一就是登基伊始便反对建文新政，以"复旧"标榜自己。朱棣自我表白："我皇考肇基鸿业，垂法万年，为子孙计，思虑至周。"所以"凡皇考法制为所更改者，悉复其旧"。⑤他还强调说"位以来谨遵皇考成宪，不敢一毫自用"⑥。永乐七年二月，朱棣采辑"圣贤格言切于修身齐家治国平天下之要者为书"，名为《圣学心法》。朱棣亲自为之作序。此序言较系统地表述了朱棣的统治思想，其一就是讲守成之君，不得更改祖制。他说："祖宗立法，所以为后世也，当敬之守之，不可以忽。继世之君，谨守祖法，则世祚延长。衰世之主，败其祖法，则身亡国削。"⑦

除了在舆论上标榜自己，朱棣还实施了一些具体措施，比如他下令五府六部将建文中所改动的洪武

---

① 《明世宗实录》卷二一六，嘉靖十七年九月辛未朔记载：嘉靖十七年（1538）九月，朱厚熜谕令礼部说："我国家之兴，始皇祖高皇帝也，中定艰难，则我皇祖文皇帝也。二圣同创大业，功德并焉，宜称祖号……尊文皇帝庙号为成祖，谥曰启天弘道高明肇运圣武神功纯仁至孝文皇帝。"当时长陵圣号碑上已刻有"太宗文皇帝之陵"几字。朱厚熜不忍琢伤旧号，便命在长陵圣号碑的原碑之上，镶嵌了刻有新庙号的木套。万历三十二年（1604）五月二十三日夜，雷雨大作，烧毁了明楼和碑石。大学士沈一贯上疏说：过去世宗皇帝改庙号而没更立新碑，今雷神奋威，乃天意示更新之象。于是根据钦天监所定日期，于次年重新建造了明楼和碑石。
② （清）查继佐：《罪惟录》卷三《太宗文皇帝纪》，第74页。浙江古籍出版社，1986年。
③ （清）谷应泰：《明史纪事本末》卷十六《燕王起兵》，第171页。吉林出版集团有限责任公司，2005年。
④ 《明太宗实录》卷二，（建文）元年七月丁丑条。
⑤ 《明太宗实录》卷九，洪武三十五年夏六月甲戌条。
⑥ 《明太宗实录》卷一〇，洪武三十五年秋七月壬午朔条。
⑦ 《明太宗实录》卷九二，永乐七年五月庚寅条。

政令条格全部恢复过来；下令恢复刑部旧制，刑名一律依照《大明律》；恢复各宫殿的旧名，如"正身殿"仍为"谨身殿"，"端门"仍为"午门"等。在对待宗藩的问题上，他更是一改建文朝推行的削藩政策，将建文帝废黜幽系的诸王的王位一律予以恢复。

朱棣为了政治需要，必须高举朱元璋的旗帜，大唱恢复祖制的调子。因此，对自己陵寝的建造，在选址理论，平面布局、墓冢形制上遵从孝陵，也多有效仿。

前朝皇帝的都城——南京，对朱棣来说有着极大的心理压力。而摆脱的重要手段就是离开南京，在自己的"龙兴"之地——北京，实现君临天下的夙愿。古人将送死作为大事，认为死者与生者之间有着某种超自然的神秘联系，葬地选择，关乎后嗣的命运。而帝陵的营建，更是自古以来帝王认定的"事体尊崇"之事，它关系到王朝安危与兴衰。因此，在北京不仅要营建皇宫，还必须营建自己的寿宫。朱棣必须要充分利用陵寝建筑这一封建礼制性建筑来体现皇权，巩固自己的统治地位。

早在永乐五年（1407）徐皇后去世后，朱棣就派人到北京一带来卜选陵地。他仿孝陵，以形势宗风水术为依据，选用了大量的精通勘舆人士〔其中，出身于风水世家的廖均卿（1350—1413）最为著名〕，四处卜选"吉壤"。《明太祖实录》记载："营山陵于昌平县。时仁孝皇后来葬，上命礼部尚书赵羾，以明察地理者廖均卿等择地。得吉于昌平县东黄土山。车驾临视，遂封其山为天寿山。"① 对此，明人郑晓的《今言》、蒋一葵的《长安客话》和清《钦定日下旧闻考》中也都有所涉及。

明人郑晓的《今言》中记载是："廖均卿，江西人，精地理。成祖择寿陵，久不得吉壤，永乐七年，仁孝皇后尚未葬。礼部尚书赵羾以均卿至昌平县。遍阅诸山，得县东黄土山最吉，成祖即日临视定议，封为天寿山。命成义伯王通等董役，授均卿官。或曰定长陵者，王府尹也，亡其名，亦不知何许人。"②《长安客话》的记载是："国初有宁阳人王贤，少遇异人相之，当官三品，乃授以青囊书，遂精其术。永乐七年，成祖卜寿陵，遍访名术，有司以贤应。贤奉命于昌平州东北十八里得兹吉壤，旧名东柞子山，陵成封曰天寿。贤后累官至顺天府尹。"③

时经2年勘察比较，北京西郊昌平东北的黄土山被卜选官员选定。朱棣在审阅卜选官员所呈进的黄土山画图后，亲赴实地阅视。看后他十分满意。于是在永乐七年（1409）五月八日，封黄土山为"天寿山"。"天寿"，即上天所赐予的"寿命"，与天齐寿的"寿命"。

明人评论长陵的风水时说道："皇陵形胜，自其近而观之，前有凤凰山如雀，后有黄花镇如玄武，左蟒山即青龙，右虎峪即白虎。且东、西山口两大水汇流于朝宗河，环抱如玉带三十余里，实为天设地造之区。自其远而观之，山虽起自昆仑，然而太行、华岳连亘数千里于西，山海以达医无闾，逶迤千里于东，唯比天寿山本同一脉，奠居至北正中之处。此故第一大形胜，为天下之主也。我列圣遗弓并妥于此，斯不独天限华夷，有自然之屏障，而王气所钟，真永保国祚于亿万年，镇压沙漠于千百世矣。"④

天寿山，三峰并立，迥出诸山。其中中峰海拔高达759.2米，是陵域内最高的山峰。其东有蟒山、西有虎峪山，形成左右环抱之势，南面有龙山、虎山等秀丽的小山峦遥相对应，环山之内川原开阔，西北山水于平原中部汇合后曲折向东南流去，构成了一幅妙合于风水理论的壮丽蓝图。

长陵选址在天寿山主峰下，"在门楼上可以欣赏到整个山谷的景色，在有机的平面上深思其庄严的景象，其间所有的建筑都和风景融为一体"，"整个山谷之内的体积都利用来作为纪念死去的君王"⑤。朱棣花费了大量的心思和精力为自己卜选了一处陵制与山水相称的吉壤，一处气势壮丽恢宏的吉壤。

---

① 《明太宗实录》卷九二，永乐七年五月己卯条。
② （明）郑晓：《今言》卷三，一百九十一条，第109页。中华书局出版社，1984年。
③ （明）蒋一葵：《长安客话》卷四，第82页，《郊坰杂记·天寿山》。北京古籍出版社，1994年。
④ （明）蒋一葵：《长安客话》卷四，第82页至83页，《郊坰杂记·天寿山》。北京古籍出版社，1994年。
⑤ （英）李约瑟《中国的科学与文明》，《中国建筑艺术全集 7 明代陵墓建筑》，第8页。

依照礼制，朱棣作为后世之君，其陵寝规模对孝陵应有所逊避，具体而言就是在建筑规模、建筑等级等方面都有所削减。然而实际上长陵中轴线上的建筑规格、尺寸基本与孝陵等同。如陵门都是单檐歇山顶，下辟三个券门；左右配殿均为 15 间。享殿更是以"九五"之尊的格局和建筑中高级别的重檐庑殿顶与孝陵等同；宝城规模也是相仿，周长都在 1 公里左右。除了这些不逊避的表现之外，长陵还增加了棂星门、石供案、圣号碑和宝城马道，并丰富充实了享殿御路石雕的内容，使之更宏阔壮观。而其长陵神道贯穿整个陵区中央，具有中轴线意义。

从长陵的选址与规制可以看出，朱棣有意将长陵作为天寿山陵区的主陵，后续继位皇帝也都要安葬于此地。这样，长陵便成为了天寿山陵区百世不迁的祖陵。朱棣通过自己的陵寝宣告了自己的皇权，宣告了自己统治地位的"正统"。

长陵陵寝制度虽然沿袭了明太祖朱元璋的孝陵制度，但是又进行了改革和发展。长陵是朱棣天下观、政治观的具体体现。

[作者单位：十三陵特区办事处]

明十三陵墓碑

王秀玲

古人把长方形的刻石叫"碑",把圆首形的或形在方圆之间,上小下大的刻石叫"碣"。所以,通常统称为碑碣。碑的称谓始于汉,秦时称刻石。自秦始皇始开树立碑碣之风。东汉以来,碑碣渐多,据专家考证,石碑刻文就始于汉代。用以记事颂德。凡一切记事文字,需要传久的都用石碑来刊刻。碑的形制也有了一定的格式。碑身为长方形,有阴阳面,前面是碑阳,后面是碑阴,上面叫碑额,下面碑座叫趺。竖于陵墓内的统称为墓碑,墓碑在陵墓建筑中占有重要位置。

明十三陵墓碑有三种,即皇帝、妃子和太监墓碑。

一 皇帝墓碑

皇帝墓碑主要有两类:圣号碑和神功圣德碑。

(一)圣号碑

圣号碑共有 13 通,树于皇帝陵墓宝顶前明楼内,明楼是陵墓的明显标志,建于方城之上(图1)。各陵明楼高矮不等,明代所建12陵,最高20.91米,最低16.34米(长陵20.06米、献陵17.35米、景陵18.37米、裕陵16.86米、茂陵17.72米、泰陵16.91米、康陵16.36米、永陵20.91米、昭陵17.37米、定陵20.45米、庆陵16.34米、德陵18.16米;思陵不详)。形制为重檐歇山式方形建筑,楼顶上下两檐之间置榜额,书写陵名。楼内有的四面辟门,有的前后两面辟门,圣号碑位于楼内正中位置。

图1

图2

其中明代树立的 12 通，清代树立的 1 通。明代树立的圣号碑高度基本在 5—6 米（长陵 5.79 米、献陵 5.99 米、景陵 5.39 米、裕陵 5.5 米、茂陵 6.075 米、泰陵 5.13 米、康陵 6.025 米、永陵 5.915 米、昭陵 5.75 米、定陵 6.195 米、庆陵 5.66 米、德陵 5.66 米、思陵 4.9 米）。碑首均作方形，前后浮雕"二龙戏珠"图案，前面中下部有篆额，刻"大明"二字。碑身正面以楷体刻皇帝的庙号、谥号，即"某宗某皇帝之陵"（图 2），唯长陵刻某祖。碑座形制，长陵、献陵、景陵、裕陵、茂陵、泰陵、康陵、昭陵、庆陵、德陵 10 陵为须弥座形制；永、定二陵为上小下大 5 级阶梯状；思陵为方趺（长方形）。

十三陵中的首陵——长陵，是明成祖朱棣的陵墓，圣号碑碑身刻"成祖文皇帝之陵" 7 个经尺大字（图 3）。其中"成祖"是朱棣的庙号，"文"是朱棣的谥号。文字旧时泥金，碑身用朱漆阑画云气，故又有"朱石碑"之称。

图 3

图 4

此碑并非原碑，而是百余年后重新立的碑。原碑仁宗所建，庙号太宗。刻字是"太宗文皇帝之陵"。历仁宗、宣宗、英宗、宪宗、孝宗、武宗六世，到嘉靖十七年（1538），世宗皇帝对礼部大臣说："我国家之兴，始皇祖高皇帝（朱元璋）也，中定艰难，则我皇祖文皇帝也，二圣同创大业，功德并焉，宜同称祖号"①。于是改"太宗"为"成祖"。世宗不忍琢伤旧号，命制木套刻新庙号嵌于碑上。武定侯郭勋上疏，以为："宜尽砻旧字，更书之可以垂永久。"上不悦曰："朕不忍琢伤旧号，顾不如尔心，命礼部、翰林院议。"礼部复言："长陵碑，昭皇帝所建，千万年所当崇宝无致者。皇上追念文皇帝功烈，尊称祖号，及祭告山陵，周览徘徊，不忍琢伤，令今日之鸿号有加，先朝之旧题无改，圣见出寻常万万。而勋（指郭勋）以偏言，不自知其失礼。臣等请遵奉圣谕如式刊制，择吉奉安。诏可。"② 于是在原有的碑上镶嵌上了刻有新庙号的木套。这样，经过了 60 多年，到万历三十二年（1604）五月二十三日夜，天降暴雨，雷火烧毁了长陵明楼和碑石。大学士沈一贯上疏说：过去世宗改庙号，而没有更立新碑，今雷神奋威，乃天意示更新之象。于是，根据钦天监所定日期，于次年万历三十三年（1605）重新建立了明楼和碑石，根据神宗的旨意，"碑石鼎新，宜改题曰'成祖文皇帝之陵'。木套不用"③，因此，在明楼内树了刻有新庙号的圣号碑，即现存明楼与碑石。其他各陵碑身的正面分别刻"仁宗昭皇帝之陵""宣

---

① 《明世宗实录》卷二一六。
② 《明世宗实录》卷二一七。
③ 《明神宗实录》卷四〇七。

宗章皇帝之陵""英宗睿皇帝之陵""宪宗纯皇帝之陵""孝宗敬皇帝之陵""武宗毅皇帝之陵""世宗肃皇帝之陵""穆宗庄皇帝之陵""光宗贞皇帝之陵""熹宗悊皇帝之陵"。字体均为楷书，填以金。并用朱漆涂碑，周围栏画云气或龙纹。

碑座纹饰，须弥座形碑趺：多以云龙纹饰为主，但也有个别不同的。长陵的圣号碑座除束腰的四角刻一抹角长方形和龟脚刻有云纹外，其上枋、下枋及束腰部分均无纹饰；泰、康二陵须弥座的上枋、下枋及束腰部分均雕云龙纹饰（图4）；裕陵须弥座上枋刻二龙戏珠纹饰、束腰部分刻椀花结带，下枋为两层，均刻云纹。庆陵须弥座上枋刻二龙戏珠纹饰，中间束腰部分刻椀花结带，下枋刻的是两桃形中间夹一圆形，圆形为带花边和不带花边两种。最特殊的是德陵，其碑趺上枋纹饰与其他陵同为二龙戏珠纹饰，中间束腰部分饰椀花结带纹。其下枋纹饰则与众不同，饰有佛、道两家的吉祥宝物。下枋的前面和左右两侧面，雕刻的是道教的"八宝"图案（图5）。八宝，又称杂宝，一般由8种纹样组成，即金锭、银锭、宝珠、珊瑚枝、犀角（又分单犀角、双犀角）、方胜、如意云、古钱等。有时选用其中4种或6种，也称八宝。此处的八宝纹饰更加丰富，有三套环、宝珠、画、犀角、珊瑚、方胜、祥云等；背面雕刻的是佛教的"八吉祥"图案（图6）。八吉祥，即法轮、法螺、宝伞、白盖、莲花、宝瓶、金鱼、盘长八种法物。北京雍和宫《法物说明册》有记载，8种法物，各代表一定含义。法轮，表示大法圆转，万劫不息之意；法螺，表示具菩萨、妙音吉祥之意；宝伞，表示张弛自如，曲复众生；白盖，表示遍复三千，净一切业；莲花，表示出五浊世无所染着之意；宝瓶，表示福智圆满、具完无漏之意；金鱼，表示坚固活泼，解脱坏劫；盘长，表示回环贯彻、一切通明之意；等等。虽然是佛教法物，但经过艺术加工，就变成了优美的纹饰了。

图5　　　　　　　　　　　　　　　图6

五级阶梯状（坛台式）：其上四级自上而下，第一级雕龙戏珠纹、第二级雕饰云纹、第三级雕饰山（宝山）纹、第四级雕饰海浪纹饰，最下层基石无纹饰（图7）。

方趺（长方形）：明思陵圣号碑为清初所立，规模小于其他陵墓，碑座也与其他陵墓不同，但雕刻新颖别致。碑首作"四螭下垂"式，碑身左右雕升龙，碑座前雕5龙，后雕5麒麟，左右雕母狮背负小狮图案，母狮前还有小狮或作戏珠状，或伏于母狮身下作哺乳状，形态极为生动。据说，这是象征古代官爵中"太狮、少狮"的一种吉祥图案。碑阳篆额"大明"2字，下刻"庄烈愍皇帝之陵"7个大字（图8）。字体亦为楷书。

崇祯帝死后，庙号多次更改，最早是明皇室后裔南明弘光朝（福王）为他定庙号"思宗"，谥"烈皇帝"。后来认为"思"非美谥，改为"毅宗"。到南明隆武朝（唐王）又定为"威宗"。

清朝入关后，又定崇祯帝庙号为"怀宗"，谥"端皇帝"。后以"兴朝谥前代之君，礼不称宗"，于顺治十六年（1659）十一月，去其庙号，改谥为"大明钦天守道敏毅敦俭宏文襄武体仁致孝庄烈愍皇帝"，即现存思陵石碑刻文"庄烈愍皇帝之陵"。

图 7　　　　　　　　　图 8

（二）神功圣德碑

神功圣德碑，顾名思义，即歌功颂德之意。碑原都建有碑亭，形制为重檐歇山顶，平面为正方形，四面各辟券门。亭内正中树神功圣德碑。碑首是6条高浮雕首尾交盘、头部下垂的蛟龙，碑趺是一个昂首远眺蹲伏的巨龟（图9）。《大明会典》称为"螭首龟趺"。螭，又名螭虎，是传说中的动物。明陆容《菽园杂记》载："螭虎，其形似龙，性好文采，故立碑文上。"古人也有其他叫法，认为碑首的龙，叫贔屃，碑座的龟叫霸下。还有其他的叫法等等。我们还是尊《大明会典》的称谓。龟下有长方形的石台（土衬石），上刻纹饰，除永、定、庆、德四陵在四角处于海浪中心分别刻鱼、鳖、虾、蟹[图10：（1）、（2）、（3）、（4）]四水生动物外，其余各陵均刻海浪纹。使巨龟如同置身于大海之中。

图 9　　　　　　　　　图 10（1）

图 10（2）　　　　图 10（3）　　　　图 10（4）

长陵"神功圣德碑",位于神道石像生前,其余各陵则位于陵宫前。但除长陵"神功圣德碑"有文字外,其余均无文字,所以习称无字碑。

无字碑的出现,给后人留下了一个谜团。《范文忠公初集》中有四句诗,道出了对无字碑之谜的心境:"片石峰头古并垂,无端玉简使人疑。何书不被山陵怒,深窅谁知无字碑。"

对于无字碑众说不一,有解释说皇帝的功劳太大,无法用文字来表达。这种说法是没有根据的,因为明代开国皇帝朱元璋和立业皇帝朱棣陵墓的神功圣德碑均刻有碑文,这两位皇帝的功劳之大是后代皇帝无法比拟的。既然功劳显赫的两位皇帝都能用文字来表达,那么后代皇帝怎么倒无法书写了呢?倒不如说是无功劳可书。

有关无字碑的由来,可以从朱元璋《皇陵碑记》中找到解释。在安徽凤阳县西南明皇陵(朱元璋父母的陵园)前的神道上,立一高大石碑,碑额篆刻"大明皇陵之碑",人们通称为"皇陵碑"。其碑文为开国皇帝朱元璋亲自撰写。碑文本应由翰林学士来写,洪武二年(1369)二月,朱元璋诏命立皇陵碑,并由翰林学士危素撰文,但文成后,朱元璋认为这是"儒臣粉饰之文,恐不足为后世子孙戒",故在洪武十一年(1378)四月为皇陵新建祭殿之时,亲自撰写碑文。朱元璋幼年时,家境十分贫寒,不幸后来又遇天灾人祸,父母兄长连续遭难丧命,无处安葬。幸亏有人相助才草草将三人埋葬。为了让子孙后代不忘家世和立业的艰辛,碑文追述过去的艰难,阐明昌运兴盛的道理,情真意切,气魄非凡。现代著名文学家、定陵发掘指导者郑振铎先生在讲到此文时说:"《皇陵碑文》确是篇皇皇大著,其气魄直足翻倒了一切夸诞的碑文。它以不文不白、似通非通的韵语,记载着他自己的故事,颇具有浩浩荡荡的威势。"

既然有祖训在先,为何后来的皇帝不撰写碑文呢?这是因为十三陵自献陵始到康陵,六座陵门前,原没有碑亭和碑。到嘉靖时才为上述六陵立碑,同时立的还有长陵一道院东侧的龙趺碑。当时的礼部尚书严嵩曾请嘉靖皇帝撰写碑文,从仁宗(献陵所葬皇帝)到世宗(葬于永陵),经过了6代皇帝,一百余年。如果让这个迷恋酒色、沉浸于成仙之道的皇帝去为前六帝写出合适的碑文,其难度是可想而知的。更何况这几代皇帝也没有突出的业绩,有的还被俘虏过,很难用合适的词汇为他们歌功颂德。另外嘉靖皇帝也没有朱元璋的才华。碑虽树起来了,却始终没有碑文。当时所竖碑除帝后陵墓外,还有4座妃嫔墓也竖了碑。于是,皇帝和妃子的墓碑都成了无字碑。此后,再建新陵均有碑无文,一直延续到明朝末年。到最后一帝崇祯帝时,清朝皇帝出于统治的需要,重修思陵时为他立了碑,并刻有碑文。

神功圣德碑原都有碑亭,现除长陵碑亭保存完整外(图11),其他陵的碑亭均已不存在。各陵无字碑形制基本相同,大小有差异。神功圣德碑中规模最大的是长陵,碑亭台基边宽23.1米,亭高25.14米,碑通高7.91米(碑座高1.74米;碑宽2.71米、厚0.70米)(图12)。其他陵碑小于长陵,献陵碑亭仅存台基和石碑,碑亭台基,平面为正方形,每面边长10.1米。碑通高5.205米(碑座高1.17米;碑宽1.59米、厚0.635米)、景陵神功圣德碑亭亦仅存台基和石碑。台基,面宽、进深各为10.03米,陡板式,制同献陵。碑通高6.08米(碑座高1.18米;碑宽1.61米、厚0.64米)。裕陵神功圣德碑亭,其台基,面宽、进深各为10.09米,碑通高6.05米(碑座高1.17米;碑宽1.59米、厚0.64米)。茂陵神功圣德碑亭四面边宽各为10.07米,碑通高6.2米(碑座高1.16米;碑宽1.60米、厚0.64米)。泰陵神功圣德碑亭四面边宽各为10.13米,碑通高6.07米(碑座高1.27米;碑宽1.60米、厚0.63米)。康陵神功圣德碑亭四面边宽各为10.72米,碑通高5.95米(碑座高1.16米;碑宽1.60米、厚0.64米)。永陵神功圣德碑亭四面边宽各为10.85米,碑通高6.53米(碑座高1.29米;碑宽1.75米、厚0.635米)。昭陵神功圣德碑亭台基高0.78米,四面边宽各为11.5米,碑通高6.39米(碑座高1.26米;碑宽1.815米、厚0.67米)。定陵神功圣德碑亭台基高0.72米,面宽、进深各11.35米,碑通高7.215米(碑座高1.355米;碑宽1.795米、厚0.67米)。庆陵神功圣德碑碑亭四面边宽各为11.7米,高0.5米,碑通高

6.055 米（碑座高 1.21 米；碑宽 1.865 米、厚 0.695 米）。德陵神功圣德碑亭四面边宽各为 11.72 米，高 0.95 米，碑通高 6.525 米（碑座高 1.17 米；碑宽 1.75 米、厚 0.70 米）。思陵碑亭四面边宽各 9.95 米，残高 0.35 米，碑通高 4.99 米（碑座高 0.83 米；碑宽 1.18 米、厚 0.16 米）。

图 11

图 12

思陵石碑，形制同明楼圣号碑。螭首为四螭下垂式，方趺（图 13）。碑阳篆额"敕建"两字，碑身正面刻顺治十六年（1659）清光禄大夫、太保兼太子太师、吏部尚书、中和殿大学士金之俊奉敕撰写的《皇清敕建明崇祯帝碑记》。

神功圣德碑碑石为青白石，细腻光润。有关定陵无字碑还有一个传说，因在碑阴的右上部有一圆形白痕，似一轮明月，所以，又称为"月亮碑"。传说几百年前碑上的白痕会发光，随日、月、星辰转动，后来由于定陵失火，才停止了转动。至今游人到定陵游览仍对"月亮碑"感兴趣并仔细观看。

图 13

图 14

高大的石碑在没有起重设备的条件下，人们是如何将石碑立到龟背上的呢？这个问题尚未见到正式的史料记载，只是有"龟不见碑"的传说。《文海披沙》中记载了这样一个故事，太祖碑凿好后，因龟背太高，立不上去。工部官员想不出办法，一次做梦，遇有神人指点说"欲立此碑当令龟不见碑，碑不见龟"。醒后，一想便明白了，遂令筑土与龟背平，顺土坡将石碑拉上去，立起来，然后再将土去掉。

这个故事是真是假不必深究，但使用堆土法将碑立起来是可能的。总之，这么大的石碑立起来是很困难的，这说明我国古代劳动人民是非常聪明的。

（三）龙趺碑

皇帝墓碑，除了上述碑之外，在长陵一道院东侧还有一座碑亭，建于嘉靖二十一年（1542）五月，是一座重檐歇山式建筑。亭为木结构，内施彩画。四面劈门，底部为边长12.8米的正方形台基。亭内正中有一稍高于地面的长方形石基座，当中一通造型新颖别致的石碑。碑座是一个龙头龟体遍身鳞甲的神兽，形似龟趺式作伏卧状，足部龙爪，矫健有力。由于它的外形有些像文献中记载的鼍龙（俗名"猪婆龙"，属鳄鱼类），所以，俗称它为鼍龙碑。清代文献中称为"龙趺碑"。

座上矗立一通约3米高的石碑，碑额一条巨龙盘绕，龙首探出碑身之外。雕刻刀法强劲有力，纹饰细腻清晰，形象生动，虽是静止的，但很有生气。碑通高3.89米，碑座高0.96米，碑宽1.215米，厚0.57米（图14）。此碑落成后，明代并没有刻字，到清朝时，才在碑的前后两面及左侧分别刻上字。碑阳在顺治十六年用满汉两种文字刻了清世祖顺治十六年谕旨；碑阴在乾隆五十年（1785）刻清高宗《谒明陵八韵》诗；碑的左侧在嘉庆九年（1804）刻清仁宗御制《谒明陵八韵》诗。

（四）恭纪盛典碑

在思陵陵门外东侧还有一座碑，碑首为"四螭下垂式"碑额篆刻"恭纪盛典"4字，碑身正反面刻碑文。碑座长方形，前后面雕二龙戏珠，左右侧雕单龙。碑通高3.60米，碑座高0.85米，碑宽0.96米，碑厚0.34米（图15）。碑文字迹不清晰。

二 皇妃墓碑

在十三陵区域内，除了建有十三座帝后合葬墓外，还有7座妃子墓。它们分别是：东井、西井、万贵妃墓、世宗三妃墓（即悼陵）、世宗妃太子墓、郑贵妃墓、神宗四妃墓。其中东井、西井、万贵妃墓、郑贵妃墓树有墓碑。

（一）东井、西井

东井在德陵东南馒头山之南，坐东朝西。地面残存有陵园建筑遗迹，整个陵园呈前方后圆，类帝陵规制。根据排列整齐的享殿柱础石得知，原享殿面阔5间，进深3间。殿两侧有围墙，殿前左右庑各3间，今基址不存。殿后22米处立无字碑一座，碑首雕云凤纹，两只展翅飞翔的凤，一头朝上，一头朝下，凤姿优美。凤周围饰云纹（图16）。碑通高2.23米、宽0.925、厚0.255米（碑座长1米、宽0.48米、残高0.62米）。此碑立于嘉靖时。碑后坟堆残高约8米、直径24米。宝城建于山腰处，部分保存完好。

西井位于定陵的西南，昭陵西北，坐北朝南。规制与东井相同。门3道，其上堆有碎砖残瓦，享殿5间，进深3间，殿基及柱础石尚存，围绕享殿建有内墙。左右两庑已垦为农田，基址不存。殿后21米处立无字碑一通，悉如东井之碑。坟残高约10米、直径25米。园墙宝城部分建于山腰处，后部保存尚好，依山建筑，内高外低。

据《明会典》载长陵十六妃俱从葬，但谥葬皆不可考。唯有《昌平山水记》提出葬之东西二井。"宫人从葬之令，至英宗始除。故长陵有东西二井，东井在德陵东南馒头山之南，西向，西井在定陵西北，东向。并重门，门三道，殿三间，两庑各三间，绿瓦周垣……其曰井者，盖不隧道而直下，故谓之井尔。"①

图 15

图 16

经实地查看，东井、西井现存享殿基址俱 5 间。

（二）万贵妃墓

昭陵西南约 1 公里处的苏山脚下，建有万贵妃之墓，门东向，偏南 44°。今万娘坟村。园寝呈人头状靶形，前寝呈方形，后部两边内收呈半圆形，殿后立无字碑一座，碑通高 2.895 米、宽 0.933 米、厚 0.27 米（碑座长 1.2 米、宽 0.58 米、高 0.7 米），碑前一影壁（图 17）。其他建筑与东西二井略异。

万贵妃系朱见深的妃子。万氏，初封昭德妃，次年生皇长子遂进封为贵妃，皇子未满周岁而卒，嗣后也未再生子。吴皇后刚立不满一月，贵妃进谗言废去皇后，益加骄横，凡宫中妃嫔有孕者即用药使其堕胎。

万贵妃于成化二十三年（1487）春暴病而死，宪宗十分痛悼，七日不上朝，并感叹地说：万氏已死，我也活不长了，遂于同年八月薨。贵妃死后谥恭肃端慎荣靖皇贵妃。贵妃谥六字为前所未有，并赐葬帝陵内，足见对她的殊宠。

图 17

图 18

---

① 顾炎武：《昌平山水记》卷上。

（三）郑贵妃墓

自万娘坟村而南约 1 公里处为银钱山，有郑贵妃墓。座北朝南，北偏东 35°。坟园形制与万贵妃墓基本相同，但多一重外罗城，整个基址大部分尚有遗存，外罗城后部及内城东西墙保存较好。坟园南北通长 287 米，东西宽 218 米。二重门。

外罗城周长 812 米，以卵石加灰泥垒砌，内外墙皮涂灰泥。门道仅存铺地条石。

内城南北长 140 米、东西宽 193 米，城墙高 4.10 米，厚约 1 米。重门宽 2.40 米。门内左右两侧各有长方形基址一处，残留部分柱础石，面阔三间，可能为神厨、神库遗址。

内城里又有一个二道院，以殿门、享殿、左右庑组成。殿门面阔 3 间，东西两侧保留有柱础石，享殿基址上堆满碎砖石瓦块，仅存个别柱础石，面阔 5 间，进深 3 间。殿前接有月台，左右庑各 3 间，柱础石残存较多。

坟园后部围绕坟墓建半圆形围墙一周，类似宝城。前面碑碣仅存碑座（碑座长 1.585 米、宽 0.72 米、高 0.905 米），正反面刻龙凤戏珠海水江崖及如意云纹，左侧刻龙戏珠及云纹，右侧刻凤戏珠及云纹（图 18）。碑座后为一石供案，束腰形，雕仰覆莲纹，上部为串枝莲纹，台面周有栏框，内雕卷草纹，纹饰流畅精美。其后为坟堆，残高约 3 米，直径 11 米。

郑贵妃，大兴人。万历十年（1582）三月，封为淑嫔。十一年（1583）八月册封为德妃。十二年（1584）八月进封为贵妃。十四年（1586）正月，生皇三子常洵，三月册封为皇贵妃。崇祯三年（1630）五月薨，谥"恭恪惠荣和靖"，葬银泉山。

贵妃善媚，有权术，处处迎合帝意，得以专宠。在万历一朝的政治生活中，发生的几件重大政治事件，都直接或间接与她有关。

在万历中晚年，朝中围绕帝位继承问题的斗争十分激烈，恭妃无宠，郑贵妃阴谋夺长子常洛的嗣位权，万历也有意立常洵。"群臣争言立储事，章奏累数千百，皆指斥宫闱，攻击执政。帝概置不问"，并一再借口"欲候中宫生子"，再三拖延。后在廷臣屡争及其母李太后坚持立长子常洛的情况下，不得不在万历二十九年（1601）十月立常洛为皇太子。

常洛立为皇太子后，皇位之争并未结束，此后连续发生的所谓"三案"，就是郑氏阴谋夺嫡立己子的继续和发展。"梃击"虽未得逞，但"红丸"一案却将朱常洛置于死地。足见郑贵妃阴险狠毒。神宗死时遗诏还要将她封为皇后，未及行，光宗崩。死后得以葬在天寿山帝陵区域内，且陵墓规制宏大，地面建筑之多，远远超过其他陪葬墓，完全是出于后世子孙对神宗遗言的尊重。

四座妃子墓碑中，保存完整的东井、西井和万贵妃墓碑，碑额为方形，顶部两侧为圆弧形。下部基座为须弥座形。郑贵妃墓碑，仅存碑座，碑座为长方形。

三　太监墓碑

在思陵的右前方，有一座陪葬的太监坟墓，这就是明崇祯年间的司礼监秉笔太监王承恩的墓。墓坐西朝东，平面作纵向长方形。深约 23.5 米，面宽约 8.6 米。原来筑有围墙。在帝陵区域内葬太监，这是一个特例。司礼监秉笔太监王承恩，顺天府人，崇祯十七年（1644）三月，李自成农民军以势如破竹之势，连连破府克州，直入居庸关，眼看逼进京师。帝命承恩提督京营内外军务，明代中后期，宦官权势很大，提督军务是常有的事。崇祯十七年三月十八日夜，农民军兵临城下，用云梯攻西直门、平则门（今阜成门）、德胜门。此时，守门官军已逃跑了。太监曹化淳迎降，又开了彰义门（今广安门），农民军涌入城内。此时朝中大乱，文武大臣大多各自奔命潜逃。崇祯皇帝在李自成农民军攻入北京城的紧急形势下，想夺门出走，王承恩执枪随驾，后因出城未果，在走投无路的情况下，崇祯皇帝和王承恩均在煤山自缢而死。《明史·王承恩传》载："崇祯十七年三月，李自成犯阙，帝命承恩提督京营。是时，事势已去，城陴守卒寥寥，贼架飞梯攻西直、平则、德胜三门。承恩见贼坎墙，急发炮击之，连毙数人，而诸珰泄泄自如。帝召承恩，令急正内官，备亲征。夜分，内城陷。天将曙，帝崩于寿皇亭，承恩自缢其下。福王时，谥忠愍。本朝（指清朝）赐地六十亩，建祠立碑旌其忠，附葬故主陵侧。"今存墓冢，高约2.5米，底部直径约5.8米。至今墓前，还立有清代所立的三通碑。清世祖顺治皇帝还亲自为其撰写了两碑碑文。

第一通碑，位于墓冢前3.6米处，碑通高2.18米，宽0.80米，厚0.21米。碑的形制为螭首方趺，碑首为四螭下垂式。正面篆额"御制旌忠"四字。碑趺为方形，长0.96米、宽0.44米、厚0.6米，前后刻双草龙戏珠，左右各刻单草龙戏珠图案（图19）。

碑身刻顺治二年（1645）四月清世祖的御制碑文。

碑的背面刻"原任总督天下各镇援兵督察京营戎政勇卫军门，掌御马监、司设监、巾帽局、宝和等店大庖厨印务、司礼监秉笔太监王承恩之墓"。

再前12.5米处为一螭首龟趺形制的碑，即第二通碑，通高4.5米，宽1.09米，厚0.29米。碑座高0.70米。碑的正面篆额"敕建"二字，正面刻顺治十七年（1660）五月清世祖御制文（图20）。

图19

图20

再前23米处为一方趺式石碣，即第三通碑，位于墓的最前面，碑通高2.19米、宽0.63米、厚0.16米。碑座长0.77米，宽0.37米，高0.54米。碑身较窄。阳刻"王承恩墓"四字，右下有"吴下倪钦题"字样，字体为行书。无碑首，方趺四面浮雕图案：正面是波浪之中，一马（头上长角）驮着一捆书向前奔跑，是取材于古代"龙马负图"的传说。背面刻麒麟，左侧刻鹿衔花卉，右侧刻"犀牛望月"图案（图21）。此碑非朝廷官立。

此外还有标志碑、指路碑等。

四 标 志 碑

标志碑（下马碑），设在大红门前左右两侧，各一座。

大红门（陵区的总门户），设有三个门洞，以通出入。之所以设三个门洞，各有其用：中门洞是已故皇帝、皇后棺椁、神主、神牌、香帛、祭品、仪仗通行的地方，左门洞（东侧）是嗣皇帝祭拜祖先陵寝时所走门洞，右门洞是奉命谒陵的官员进入陵区时所走的门洞。门建于高岗处，大有居高临下之势。当年帝后、大臣谒陵都从此门进入。在我国封建社会，帝王的尊严至高无上，陵区被视为神圣的禁地，平民百姓不能随便出入，在明朝法律中明文规定："谋毁山陵为谋逆罪；不许于帝王陵寝樵采耕种及放牧牛羊等畜，违者杖八十；凡擅入山陵兆域门者杖一百。"就是朝廷命官到此谒陵，也要在红门外下马步行进入陵区。门前左右各矗立着一通"下马碑"，碑高 4.45 米，宽 1.04 米，厚 0.38 米。四角有抱鼓石。正反两面刻楷书"官员人等至此下马"八个大字（图 22）。明人张循占有诗写到："华表双标白玉栏，红门下马驻银鞍。朝霞照耀青袍色，翠滴松楸碧殿寒。"在陵前设"下马碑"，是对先帝的尊崇。在十三陵之前营建的皇陵、祖陵门外都有下马碑，这是明太祖朱元璋的意见，早在洪武二十六年（1393）就曾下令："车马过陵者及守陵官民入陵者，百步外下马，违者以大不敬论。"因此陵门前都设有下马碑，孝陵之前是一座刻有"诸司官员下马"六字的石牌坊，但意思都一样。

图 21

图 22

五 指 路 碑

指路碑（定陵挖掘时隧道中发现的两通小石碑），一通位于通往地宫的隧道券洞中，上刻"宝城券门内石碣一座城土衬往里一丈就是隧道棕绳绳长三十四丈二尺是金刚墙前皮"。碑通高 1.14 米，碣身高 0.58 米，宽 0.48 米（图 23）。

一通位于砖隧道北端中部。上刻"此石至金刚墙前皮十六丈深三丈五尺"。碑高 0.5 米，宽 0.3 米，厚 0.16 米（图 24）。虽说是碑，其实就是一块长方形的石头。

从碣文内容与石碣放置位置推断，可能是工匠为工作方便而设置的标记。

图 23　　　　　　　　　　图 24

六　明十三陵碑文录

（一）长陵神功圣德碑碑文

正面：长陵神功圣德碑碑文

大明长陵神功圣德碑：上天眷佑，我国家隆景运于万年。笃生皇考皇帝，以至仁大圣安宗社于濒危，启太平于再造，武功文德之盛，巍巍乎，荡荡乎。既合群臣言，奉册宝上尊谥。惟先陵咸有功德之碑，谨循彝章，叙述大概，刻于贞石，树之长陵，用昭示无穷。叙曰：皇考太宗体天弘道，高明广运，圣武神功，纯仁至孝文皇帝，讳棣，太祖高皇帝第四子也。母，孝慈高皇后。皇考初生有光气，五气满室，久而不散。及长，姿貌奇伟，举止不凡。有善相者见之曰：龙颜凤姿，天章日表，他日太平天子也。睿智聪明，孝友仁厚，一本于天性。勤学问，书一览终身不忘。该贯经史，旁通天文地志，百家之书得其要领。日引辅臣讲析论辩，未尝厌倦。精识卓见，出众意表，而虚己纳善，意豁如也。兼文武才，度量恢廓，规模广远，宽仁爱人，好贤礼士，英杰智勇，咸乐为用。下暨厮卒，悉归心焉。洪武三年，高皇帝封建诸子曰：元之旧都，地广民众，且密迩北胡，非有大器量不足以镇之。封皇考为燕王。十三年就国。访民疾苦，劳来抚绥，躬行节俭，秋毫无取。德威并施，民用辑和，年谷屡登，商贾四集，俗无争讼，国中晏然。两奉命征胡虏，逾漠北万里外，斩其各名王以下不可胜数。计所得部众、驼、马悉归朝廷。自是功名日盛，而谦下愈至。会懿文太子薨，术者言：燕地有天子气。高皇帝上宾，建文君嗣位，左右以望气之言，屡进削夺之计。时诸王多以罪削，于是奸臣造诬饰诈，言皇考之过。责过之书数下，王府群臣惴栗。皇考谕之曰：省己不怨，奚恤外言哉。凡四上章自白。奸臣皆匿不奏，而布置其党于北平三司，继调八府兵围王城。护卫群臣言，事急矣，宁当俯伏作机上肉乎！皇考曰：此非上意，奸臣所为耳。众曰，朝有奸臣，亲王请诛之，此祖训也。奈何不率而坐受生縶。既而，围城兵增三匝，众愈趋出斗，皇考不能止也。遹闻赴斗者咸奋死力，一当百，围城兵稍却。皇考泣曰：汝辈成吾罪矣。犹上章自白，冀朝廷之开悟也，又为奸臣所格不达。而京师故十万兵奄薄城下。于是，皇考誓天曰：臣不敢负朝廷，然奸臣之志不但在臣也。臣不往诛之，将坏及朝廷。遂以护卫将士朝京师，冀陛见谢罪，且面陈奸臣之罪，请诛之，而归奉藩。时朝廷召四方兵皆至。道途所遇，倒戈迎降。皇考抚而散遣之，而多愿留侍卫不去。既临大江，护江之帅，具舟迎济，守城亲王，开门预待。皇考虑惊乘舆，驻金川门。遣人奉章具陈所以不得已来朝之故。奸臣苍黄，知罪不宥，闭皇城门不内，而胁建文君自焚。皇考闻之大惊，发众驰救，至已不及。皇考仰天恸哭曰：臣之来，固将清君侧之恶，用宁邦家，何意竟蔽于奸。回不寤，遂备天子礼敛葬，释亲王囚，执奸臣数人，数其罪，斩于市，告谢祖宗，将北归。京师诸王及文武群臣合辞上请，今国家无主，愿留以主宗社臣民。皇考固让亲贤。众曰：今日嫡长与德咸属殿下，愿早正大位。恳辞弗获，乃告天地、宗庙、社稷，即皇帝位。凡建文奸臣所削诸王封爵，所变乱洪武制度，所废黜洪武臣僚，非其罪者咸复之。中外文武之臣无改。大赦天下，改明年永乐元年，弘敷仁政，绥抚凋弊，申戒百司，振举纲纪。早晚临朝率漏尽十刻乃罢。若议大政，定大策，恒至忘食。有奏边警急务，虽夜必兴，召群臣定议行之，不稽顷刻。致严祀事，秉诚对越，惇恩九族，防范以礼，加励学校，恭视太学，释奠先师，命儒臣讲经，敬老尚德，间与儒者讨论，志意孚洽。广求贤能，尤重科目，苟得其人，不次擢用。爱惜人才，寸善不弃，严核考课，务崇实效。深体下人之艰，凡有役作，抚恤周备。四方上水旱灾伤，必遣巡视赈济。广开言路，虽疏贱咸得自达。苟有可采，欣然内用。不当者不罪。总揽权纲，知人善使。所任之贤，委以心腹，始终不疑。信赏必罚，爱重名爵。武臣必论军功，一资半级不轻畀。鉴前代之失，保全功臣，数赐训戒。有过不为曲蔽，必谕之使改，弗改或斥闲居，或谪立功，无几即复之。臣下有过能改，待之加厚，未尝宿怒。死刑至四五复奏，疑狱多从宽贷。近寺有过，虽小必惩。与廷臣言议，左右侍卫悉引避。浸润之谮不行，谄谀之人终见弃斥。矜过误略，小罪不以一眚掩众善，不以私爱蔽大恶。听言不待其尽，洞烛底里。临几刚果，裁制大事，数语而决。与下人言，开心写诚，表里洞达。惜物俭用，常服浣濯之衣，未尝妄费。却封禅之请，群臣有上祥瑞，必降玺书戒警。修葺典礼，表章正学，自制《圣学心法》及《务本》之书，以训子孙。命儒臣集五经四书，性理大全，以开来学。类集大典，囊括古今，包罗天地，浩浩穰穰，自有载集以来莫斯为盛。又作《孝顺事实》《为善阴骘》等书，无非以淑人心，致化理。时虽盛治，武备修饬，良帅精卒，所在足用。屯戍有法，廪庚充牣，边境肃清焉。念旧封国，受之先帝，升为北京，备两都之制。举时巡之典，所至礼高年，访遗逸，亲过农家问其疾苦，指示子孙群臣，使知稼穑之艰。怀抚四裔，德泽广被，无间小大。朝觐贡献，日聚阙下。西南海外新受封爵者三十余国。亦有遣子入学诏。使至锡兰山国，其王不奉命，使者执以归。赦之遣还，而改建其族人。东逾辽海，鞑靼野人，女直之境，立行都司卫所，设官统理者几三百所。直西部落数百种，皆重译来归，而请建官府者三之二。西南羌夷建宣慰、宣抚、安抚司及军卫。郡县视旧加倍。安南拒命，一举削平之，而郡县其地。独北虏反复，数为边患，皆率师亲征，驱诸绝漠之外。尝曰：非吾志究武，诚不忍边人无辜，且不以虏患遗后人。用兵善以少击众，料敌审势，开阖应变，机智如神。至偏裨小校，悉识其能否勇怯。临阵指使，各当其用。所获敌将，察其才勇悉赦之。而置诸左右，任用不疑。后率得其死力。命将出师，指授方略，所向成功。征伐以不杀为主，有法所难宥者诛之，犹累日不怿。永乐十九年迁都北京，二十二年七月，亲征漠北，凯旋，次榆木川，不豫。辛卯，上宾。呜呼哀哉，皇考寿六十有五岁，在位二十有三年。皇妣，仁孝慈懿、诚明庄献、配天齐圣文皇后徐氏，中山武宁王达之长子，贞静诚一，上佐皇考，孝德彰闻，亲睦族姻，表正宫闱，内笃王化之本，协赞治平之道，功德之茂，追配任姒。永乐五年七月乙卯崩，寿四十有六年，合葬长陵。陵预作于天寿山，皇考遗命，山陵悉遵洪武俭制，不藏金玉宝器。皇子三：长，予小子高炽，次汉王高煦，次赵王高燧。皇女五：永安公主、永平公主、安成公主、咸宁公主、常宁公主。孙男二十有三：皇太子瞻基、郑王瞻埈、越王瞻墉、蕲献王瞻垠、襄王瞻墡、荆王瞻堈、淮王瞻墺、滕王瞻垲、梁王瞻垍、卫王瞻埏、汉懿庄世子瞻壑、庶人瞻圻、世子瞻坦、济阳王瞻垐、临淄王瞻域、昌乐王瞻垶、淄川王瞻埁、齐东王瞻坪、任城王瞻㙊、海丰王瞻□、新泰王瞻垍、赵世子瞻坺、安阳王瞻墉。呜呼！惟我皇考祗奉北蕃二十余年，恭谨一心，及迫于危殆不获已，以一城羸弱当四方全盛之众，其志固在保国家，卫社稷，惟天惟祖宗实监佑之，此岂人力所能为哉。惟皇考靖难之绩，实配皇祖开创之功，而守文致理，充拓疆宇，才略之大，条理之密，又本之以尧舜文武之心，故勋业甚盛，视汉唐宋以来英君明主轶而过之远矣。谨拜手稽首而陈颂曰：天眷中夏，肇启皇明。巍巍太祖，受命龙兴。深仁弘义，诞抚万方。六合一统，熙如春阳。嗣兴无何，谗慝旁起。变易经常，纪堕纲弛。如伐巨木，先摧附枝。咸刘亲蕃，宗社其危。盈庭之言，蜚讪腾毁。皇考曰：噫！修予在己。饰罪加师，霆轰雷撇。国人惶惶，命不觊活。皇考曰：噫！帝尚明哉。陈词再三，谗慝格之。皇考曰：噫！天其可诬。臣不负君，惟天鉴予。谗慝厥志，匪直予祸。祖训昭明，予敢遗堕。惟天亮予，祗朝京师。庶其达诚，谗人底诛。桓桓敌旅，四面来赴。倒戈迎降，皇考是附。长江天亘，武夫云聚。联舰迎济，如迎父母。城门大开，欢迓圣明。皇考曰：止，予钦予行。谗人失措，胁主自焚。皇考惊恻：曷自绝天。笃君于礼，敬厝陵土。乃戮谗慝，以谢天下。恭谒祖考，归奉北蕃。宗王臣民，叩马跽言：神器孰主？生灵孰依？天序攸属，必止无归。万众同情，坚不可拒。齐洁致告，天地祖社。乃御大宝，乃诏庶邦。寰宇一新，如晦复明。德恩汪濊，施由亲始。起仆濡枯，不问遐迩。直枉疏滞，刓瑕濯污。惠流率土，歌呼载途。文武列辟，不易厥位。有斁典常，咸复旧制。鸡鸣以兴，俨乎衣裳。心与道谋，周爱四方。昧爽视朝，至日中昃。文王康功，允念弗释。总揽政纲，惟断与明。刚健中正，体乾之行。恒察迩言，简用厥中。大舜好善，古今攸同。肃肃泰坛，穆穆清庙。躬秉圭瓒，致敬隆孝。一食在前，念彼耕农。一衣不忘，蚕女之功。八政所纪，曰时先务。恤之优之，谆谆弗舍。增崇庠序，培敦教育。讲学化导，人用咸服。躬视辟雍，修谒先师。翼翼其敬，秩秩其仪。四方率承，表端影从。弦歌洋洋，蔼然休风。成德达材，布于中外。一其诚恭，熙帝之载。既惇五典，既叙九功。百度咸贞，帝载之隆。如海之涵，如天之覆。小善必录，小过恒宥。大赉之行，靡遗疏贱。有奸于宪，贵近弗逭。刑罚之施，如不获已。钦哉恤哉！复奏四五。宗室戚畹，仁涵礼饬。图全悠久，不苟姑息。近寺之患，古昔是监。杜渐防微，申令有严。边围一清，虽安弗逸，峙兵崇备，峥嵘铁壁。庆云醴泉，麟凤驺虞。称祥献瑞，帝吁咈哉。恒谓群臣，汝罔面从。汝勤汝绩，汝笃汝恭。以绥姆嫠，以弭瘝痏。庶于朕翼，以谐治功。间承旱潦，殷王自责。驰赈以恤，靡遑寝食。致中兴和，昭受多福。屡锡丰年，户给人足。爰建北京，如周两都。游省观，膏泽是敷。海内海外，究于四裔。慕义归诚，奉琛献赞。或锡之封，或命之官。怀章绾绶，累百逾千。雨露所坠，日月所照。凡厥有生，咸被声教。南交弗驯，翦为郡邑。北虏或梗，驱走荒域。功德所加，寰宇用宁。礼具乐备，丕昭皇明。文谟武烈，超汉轶唐。中兴邦家，皇祖之光。允仁皇妣，圣德作配。协相之隆，乾覆坤载。奕奕长陵，扶舆翕聚。山川盘回，龙翔凤翥。刻辞贞珉，永示子孙。皇图天齐，千万亿年。

洪熙元年四月十七日孝子嗣皇帝高炽谨述。

背面：清高宗御制诗《哀明陵三十韵》

哀明陵三十韵：北过清河桥，遥见天寿山。胜朝十三陵，错落兆其间。太行龙脉西南来，金堂玉户中天开。左环右拱实佳域，千峰后护高崔巍。昌平黄土诚福地，永乐曾以亲临视。英雄具眼自非常，岂待王廖陈其艺。或曰十三气数尽，朱明祚以此为准。是盖形家惑世言，承天造命惟君允。后嗣果能继祖烈，朱氏宗社那遽绝！君昏国事付貂珰，瞻乌久矣于谁瞥。向闻颓废应修治，工巨无敢发其辞。汤山驻跸一往阅，胜朝旧迹当护持。棱恩制肖皇极建，虽存已剥丹青烂。宣德曾颂祛奢丽，此而非奢奢孰见。石城明楼依然巍，三杯手酹拜如仪。明臣屡咏衣冠閟，底须重订传讹词。栋柱如旧橡木朽，檐瓦落地狐兔走。以其初建工力观，未修盖数百年久。永陵制乃如长陵，定陵效之侈有增。忘其前世艰开创，徒计身后肾堪轻。长陵一碑功德记，余皆有碑而无字。泰山以后唐乾陵，此典何出竟为例。思陵乃就妃园葬，赵一桂曾记开圹。香殿三间复九间，寝床供案皆雄壮。一妃之费已如此，余诸帝者可知矣。即今虽为禁樵苏，松柏郁葱屋倾圮。屋圮犹可龛帐无，并其神主全失诸。尺木值几亦盗去，汝祖独非厥民乎！不忍再视命修葺，怅然悚然欲垂泣。此意弗更再三言，《读召诰文》示详悉。

乾隆五十年，岁在乙巳，仲夏月之中浣，御笔。

左侧：乾隆五十二年（1787）御制诗
前王閟寝自成古，后世葺陵原赖今。本有十三邱壑列，不无颓废岁年深。乙之春命重修饰，丙至冬成此视临。榱桷焕然巳盈目，凭依复矣为惊心。可知世主违天眷，乃致苍生叹陆沉。构筑教抡虞部吏，庸赁那惜地官金。斯来庆落慨兴废，言返回看远壑林。一再留吟匪夸藻，难谙畏志励恒谙。修明陵成，遂因临视，用乙巳诗韵。

乾隆丁未季春月上浣御笔。

右侧：清仁宗嘉庆九年（1804）御制文
明十三陵在昌平天寿山，我朝定鼎后，代为保护。申禁樵采，恩礼之隆，自古未有。皇考特发帑金一律修葺。朕缵承遗志，亲来叩奠，遍瞻榱桷式焕，松柏舒荣，益钦圣德之高深，弥凛守成之不易。殷鉴不远，天命靡常，惟日孜孜，犹恐有失。勤政实为君之大本，怠荒实亡国之病源，可不慎其几欤！夫明代诸君，洪武、永乐皆大有为之主。中叶以后，荒淫失德者鲜，亦无暴虐放恣诸弊。然其大病，则在于不勤政，耽晏安。夫不勤，则上不敬天，下不爱民。人君为天之子，不敬则不孝。不孝之子，天必降罚。人君为民之父，不爱则不慈。不慈之父，民必俏之。天罚民俏，国事尚有为乎？前明亡于宦官，固不待言。然深信宦官之故，亦由于怠惰偷安，不亲朝政。使此辈乘机弄权，而外廷臣工，君门万里。抱忠者，徒上弹章。佥壬者，竟图富贵。上下不交，遂成倾否，不可救药矣。呜呼！明之亡不亡于崇祯之失德，而亡于神宗之怠惰，天启之愚骏。虽系流贼作乱，而亡于宦寺之蒙蔽。蒙蔽之来，总由于君心不正。耽逸厌劳之君，始则明知蒙蔽而甘受，继则入其术中而不觉矣。欲免臣下之蒙蔽，必先克勤政事，不自暇逸，宵小焉能施其伎俩哉！丹书曰：敬胜怠者吉。周公曰：君子所其无逸。古圣先贤孰不以是为亟。敬怠之几，系于治乱。勤惰之别，验于安危。兹谒明陵，思及明亡之由，由于君心之怠忽。以致群小乘机，内外蒙蔽，遂沦于败。予敬守慈训，曷敢稍忽！万几之繁，宵旰治理，庶几常承天眷，永保天命，以巩固我大清亿万年丕之基。时以怠忽之戒为戒，勤敬之心为心。则政无阙失，民隐上达。予深信此理之不爽。书之自警，永绥我皇祚，致可期郅隆之世，无疆之庥，敢不免诸。

嘉庆九年，岁次甲子，季春月之中旬，谒明陵纪事，御笔。

（二）长陵龙趺碑碑文

正面：清世祖顺治十六年（1659）谕旨
顺治十六年，岁在己亥，十一月十七日，上谕工部：前代陵寝，神灵所栖，理应严为守护，朕巡幸畿辅，道经昌平，见明朝诸陵殿宇墙垣倾圮已甚。近陵树木，多被斫伐。向来守护未周，殊不合理。尔部即将残毁诸处尽行修葺。现存树木，永禁樵采。添设陵户，令其小心看守。责令昌平道官，不时严加巡察。尔部仍酌量每年或一次，或二次，差官察阅，勿致疏虞。特谕，钦此。

背面：《谒明陵八韵》
谒明陵八韵（有序：望钟阜之松楸，巡途必诣。指昌平之表碣，跸路兹临。维十三陵之兆域相依，经百余年，而德怨久泯。况得之贼手，立统正，而仇复前朝。且优以侯封，布泽深，而仁钦祖德。虽采樵禁于令甲，而阅岁致或颓初。值此亲瞻，恻然眷念。忍听丹□粉剥，无继体以销沉。依然隧阙堂深，发重帑而赍饰。彼何示人以不广，毁及金源？我惟凛天之难谌，假兹殷鉴。□八韵而成斯诗什，等百世则具在鉴评）。驱除本是藉余闰（顺治元年四月，我世祖命睿亲王多尔衮代统大军，入定中原。行六日，明平西伯吴三桂遣将出山海关，迎谒致书。以流寇攻破京城，九庙灰烬，明帝已殉社稷，贼首李自成僭称尊号，掳掠逞残，神人共愤，乞师除暴等语。王得书，即星夜前进，直薄山海关。大败贼众，追杀四十里。贼众遁走。五月，至燕京。故明文武官出迎。睿亲王等定议都燕，即具疏恭迎世祖。定鼎安民，出诸水火。统一海宇，亿兆欢迎。从古得统之光明正大，未有如我朝者也），表正由来超古今。广运钦承一统大，胜朝消隔百年深。山陵念以北邻近，车驾因之此日临。德怨久哉幻时世（天命三年，我太祖以七大恨告天，亲统师征明抚顺，招降守城官兵，徙城中人口以归。寻攻克清河，是为太祖兴师征明之始。详见所制全韵诗及盛京诸什），兴亡昭矣惕予心。虽云樵采勤禁护，亦惜殿堂逮纪沉。应悟有成那无废，当忘彼短憝毁其金（我朝修复金太祖、世宗陵，圣祖御制碑文，以前者我师克取辽东，故明惑于形家之说，疑与本朝王气相关。天启初，拆毁金陵，□断地脉，又建关庙，为压胜之术。不思修德勤民，而移咎于异代陵寝，尤为舛谬）。地官漫靳费帑项，冬部爰教饰鼎林。即故寝园示明监，靡常天命凛难谌。

乾隆五十年，岁次乙巳，季春月上浣，御笔。

左侧：清仁宗嘉庆九年（1804）御制《谒明陵八韵》诗

> 请兵雪恨逐流贼，正位中华大统彰。
> 代谢应天泯德怨，敬勤御极鉴兴亡。
> 封侯布惠祖恩浩，发帑修陵考泽洋。
> 严禁采樵仍守护，重新闳殿免残荒。
> 至今未绝春秋祀，稽古孰存典籍详。
> 钟阜曾瞻龙虎踞，寿山始睹桧松苍。
> 漫论形胜皆陈迹，益感废成饬大防。
> 酹奠阶前衷倍凛，求安图治念苞桑。

嘉庆九年，岁次甲子，季春月中旬，谒明陵八韵，御笔。

（三）思陵神道碑碑文

皇清敕建明崇祯帝碑记：光禄大夫太保兼太子太师吏部尚书中和殿大学士臣金之俊奉敕恭撰。臣尝观古今治乱之迹，邦国兴替之由，使后之人得而考焉，以为法戒者，其义莫详于史。大约国之兴也，创业开基之君，莫不有应天顺人之举。积功种德，为累叶之所凭藉。其亡也，必末季之主或天资刻薄，残民以逞，或黯弱昏庸，太阿旁落，或甚而纵欲败度，灭裂纲常，种种失德，难以枚举，皆有自取灭亡之道。即国祚之修短不同，而覆败相寻，异世一辙。《书》曰：与治同道，罔不兴；与乱同事，罔不亡。非虚语也。我皇上聪明睿智，典学惟勤。涵泳六经之暇，尤研精史书。举前代之是非，往事之成败，靡不溯原穷委，一一究其指归。而于明朝兴亡本末，更了如指掌。于是，深晰崇祯帝之所以失天下者，厥咎有在，非末世亡国之君可同年而语也。但当时既无《实录》，日后虑多传疑，每厪睿怀之悯恻，于顺治十四年二月内爰谕工部立碑表章，恭绎天语。一则曰：明崇祯帝尚为孜孜求治之主，只以任用非人，卒致寇乱，身殉社稷。再则曰：若不亟为阐扬，恐千载之下，竟与失德亡国者同类并观。呜呼！宸鉴及此，不能不令人低徊叹息，颂我皇上之明并日月，发幽光于几沉，德迈兴王，昭公评于隔代，真前此纪载中未有之盛事也。兹工部遵谕，礲石成，皇上特命臣之俊为文，以勒之碑。臣系故明累臣，矢殉沟壑，幸遘永清之会，再续余生。既捧徽纶而感涕，益惊专命而傍徨。以谢陋昏耄如臣，何能追阐遗媺，仰副皇上表章之盛心？然不敢不就见闻所及，谬述其概，以窃附史官之职也。按崇祯帝，本以英敏之资，潜德藩邸，继膺大统。当即位之始，正孽珰煽乱之余，中外危疑，独能不动声色，芟夷大憨，如秋风振槁。因目击人心尽坏，尽属如醉如梦之流，法纪废弛，酿成不痛不痒之习。锐意更弦，猛图法祖，恤民隐，畏天灾，尝蔬食布衣，痛自贬损。讲幄之咨询不辍，平台之召对屡勤。一段宵旰，靡宁想望太平之意。诚有如上谕所云，孜孜求治者。假令当日有先忧后乐之臣，同心一德，匡济时艰，小康犹可坐致。即或中材之佐，警戒绸缪，尚得弥缝岁月。其如怙偷积玩，贪默成风。下吏之精神，专用以钻营结纳。大僚之好尚，唯在乎位高多金。以致民穷盗起。然发难之初，不过西陲一隅，亦何难以国家全力制之？而上下相蒙，以贼为讳，啸聚之势日炽月盛。攻城掠邑，有同破竹。然后举国张皇，纷纷议选将，议抽兵，议加派，议设总理、总督重臣。临渴掘井，毫无成算。以言剿，则挫衄屡闻。以言抚，则招徕无术。至于骄兵悍将，及借贼势披猖为护身符，来不能御，去不肯追，遂蔓延流毒。秦、晋、楚、豫、巴、蜀，暨大江以北，所在骚然。而朝端之上，方争洛蜀之党，日构玄黄之战，唇火怡堂，独以贼遗君父忧。间有一二耿介特立之士，以公忠体国为念，又往往不安于其位。一时内外文武事权在握者，无一实心办贼之人矣。致令仁明锐治之主不幸而丁中叶陵替之后，起弊扶衰，万难措手。兼之孑然孤立于上，四顾盈庭茫无可倚。譬如尫羸之夫，病之初中尚在肤膜腠理之间，中医犹能按脉而治。及耽延日久，深入膏肓，虽有卢扁救疗安施，岂非天之所废莫能兴之，而人谋不臧，适任其咎者耶！考史传所载，凡末季亡国之君，覆车之辙，崇祯帝并无一蹈焉。乃身殉宗社，不引天亡之言，亦慕烈矣。嗟乎伤哉！有君无臣，祸贻邦国，竟若斯哉！此明代往事之可为痛哭流涕者也。我皇上深用悯恻，而欲亟为之阐扬，是即孔子当年作《春秋》之心。褒贬出乎至公，瑕瑜毋令相掩，俾天下后世读明史者，咸知崇祯帝之失天下也，非失德之故，总由人臣谋国不忠所致。庶后之为人臣者悚然知所戒，为后之为人君者亦知慎于用人也已。然则煌煌睿谕，明乎制治，保邦勿玩小寇，而弭寇必以安民为本。安民则又以知人为本。此匪直昭一时之信史，实著万世之常经，盖永为君若臣民宝镜哉。

顺治十有六年，岁次己亥，春三月壬辰朔十五日丙午建。

（四）王承恩墓方趺碑上碑文

顺治二年（1645）清世祖御制文

朕闻烈士殉名，贲志而殁，贞臣卫主，捐躯以从。自有明失驭，寇陷都城，怀宗皇帝敦国君死社稷之义，崩于石室。时有司礼监秉笔太监王承恩者，攀龙髯而矢志甘雉颈以从君，陪缢于旁，殁而犹跽。呜呼！若承恩可谓事君有礼，不忘其忠者矣。夫人臣事主无二厥心，为其易者，与为其难者，途径若分，理道则一。人臣之怀有二心者，悻图苟免，甘心事仇。乃在平日侈读诗书，高拥爵位之人，无论生无以为人，死无以为鬼，对若人其亦何地置足耶！朕歼除巨憨，用彰民彝。既礼葬怀宗皇帝于思陵，因赐承恩茔域一区，俾葬兆外，以从厥志，仍锡之香火田地，竖之穹石，使后世知艰危之际，内员中乃尚有忠烈而死如承恩者。

大清顺治二年四月。

（五）王承恩墓龟趺碑上碑文

顺治十七年清世祖御制文

御制明司礼监太监王承恩碑：朕尝考诸史册，见夫忠臣烈士，身殉国难，名炳千载，未尝不掩卷三叹也。虽忠义之性命之于天，人人可以自尽，然当变乱之际，利害动于中，祸患怵于外，依违瞻顾，多不能引决。求夫风雨不渝其常，霜雪不易其操者，盖难之矣。若夫掖庭之中，貂珥之列，或恪共著美，或勤慎流徽，若汉之吕强，唐之张承业，亦可谓贤矣。至于国家多难，秉志不移，忠诚贯于金石，气节昭于日星，尤足以激末流而挽颓俗也。如明司礼监太监王承恩者，有可纪焉。当明季寇讧，海内鼎沸，庄烈愍皇帝励精图治，宵旰焦心，原非失德之主，良由有君无臣，孤立于上。将帅拥兵而不战，文吏噂沓而营私。以致群盗纵横，不能奏绩。逮逆渠犯阙，国势莫支。帝遂捐生以殉社稷。而一时戴纵垂缨之士，在平时则背公树党，遇难则苟且偷生，言之可为太息。唯有范景文等十九人无愧臣节，业赐谥致祭以旌其忠。然多士盈廷，能赴义捐躯者，概不多见。独承恩目击艰危，从容就义，从死愍帝之旁。其岳岳之风节，即古之忠臣烈士何以加焉！既乃托体山阿，瘗骸林麓，永近园陵，常依隧道。可谓式慰幽灵，用绥贞魄者矣。朕自践阼以来，斟酌前代之典章，洎夫有明，恒深嘉叹。其列代山陵，近在畿辅，向令永禁樵采，守护维严。于顺治十六年因冬狩驻跸昌平，睹胜国之松楸，感废丘之霜露，诸陵周览，心恻久之。爰至思陵，念愍皇帝精勤遘乱，亡国非辜，躬奠椒浆，尤增悯泣。顾见陵侧，有土一抔，即承恩墓也。特命从臣酹酒焉。迩者当省敛之时，展辂宵驾，载履明诸陵，拜陈醑醴。复徘徊于思陵之所，抚荒墟而洒涕，沥旨酒而痛心。念兹从死之臣，弥兴节义之感，手一卮，命大臣拜奠其墓，以劝忠也。谥义：危身奉上，险不辞难，曰忠。故忠君爱国，庸人每未之逮。贞烈之士，毅然行之。使百世之下，闻而兴起者，慕谊无穷也。矧承恩移侍宫掖，出入禁闱，其责任不系乎封疆，名位不同乎公辅，而独能视死如归，岂非较然不欺其志者哉！以视世之读书明大义负重名者，变故当前，依阿淟涩，幸免旦夕。其为人贤不肖又何如也。用是勒之贞珉，使尽忠者以为劝，不忠者以为戒。且以告夫天下万世之为人臣者。

顺治十七年五月初八日立。

［作者单位：十三陵特区办事处］

凤阳明皇陵石像生实为两批石质不同的石刻组合

唐更生

笔者于 1984 年进入凤阳县文物管理所，已有 32 年。凤阳明皇陵的石像生，不仅是凤阳县文物管理所重点保护的国家级重要文物，也是凤阳旅游事业最著名的景点。游客的文化层次的不同，对皇陵石像生的欣赏观点各异。正是这些游客们五花八门的提问，导游员形形色色的解释，让我对皇陵石像生有了深度的观察，久而久之，形成了自己的看法。其中最大的发现是：凤阳明皇陵石像生实为两批石质不同的石刻组合。

一 两批石质不同的石像生

皇陵石像生共有 28 对[①]。自北而南，有如下组成：麒麟 2 对，狮 8 对，望柱 2 对，马及左右控马官 2 对，虎 4 对，羊 4 对，文官 2 对，武将 2 对，内侍 2 对。

（一）从石质来看，明皇陵石像生可分为两批

笔者通过多年认真仔细观察，这些石像生虽均为石灰岩石料雕刻而成，但从石质来看，明显地看出应该是两种不同的石料。以"对"为单位，自北而南，位列单数者（即神道两侧东西各一石刻，下同），均为一批石质相同的石料雕刻；位列双数者，均为另一批石质相同的石料雕刻。通过对两批石质不同的石料进行对比，很容易发现：位列单数者的石料，其色彩发白，石质密度较高，抗风化蚀饰能力较强；位列单数者的石料，其色彩发暗，石质密度较低，里面的杂质较多，有红筋，抗风化蚀饰能力较弱。

通过对比，位列单数者的石质，其质量明显好于位列双数者。

（二）从石像生的造型、雕刻艺术上来看，两批石刻有一定程度的区别

现将两批石质不同的明皇陵石像生加以对比（自北而南）：

1. 麒麟

下图中的麒麟，左图为位列单数的石刻，右图为位列双数的石刻（以下图片排列顺序均相同）。2 对麒麟形象基本一致。不同之处是，位列单数者头略抬起，前后左腿前迈，右腿后蹬，背部至臀部微弧，似有向前行进的动势。位列双数者正视前方，四肢并立，作伫足站立状。麒麟的尾巴也不相同，位列单数者有镂空处，尾巴垂至底座；位列双数者无镂空处，尾巴亦直垂至底座。

从下图可以看出，麒麟的四肢下均有托板。所不同的是，位列单数者托板有浅微的台阶，托板的中

[①] 关于凤阳明皇陵石像生数量，详见下文。

间呈现出一条直线。而位列双数者的托板均无任何雕饰。

在凤阳明皇陵两批不同的石像生中，均出现上述托板的差异。有关这一差异，后文不再一一赘述。

2. 狮子

8对石狮的造型基本一致，皆为蹲姿，昂首，闭口而露齿。不同之处是，位列单数者头略抬起，位列单数者平视。

3. 望柱

望柱共 2 对，柱身皆为八棱状，但高矮和柱头装饰不同。位列单数者望柱高 575 厘米，柱头为"八棱状宝瓶式"，三层顶尖。柱础上面线刻圆形覆莲花瓣，柱身每个棱面各向内微凹，并雕饰缠枝宝相花图案，相邻 2 个柱面为 1 组，组成图案单元，形成 4 种不同的团花图案。柱头装饰呈石榴状。位列单数者 531 厘米，为呈桃形宝珠，顶尖如塔刹，宝珠下有束腰座，刻仰覆莲花纹。柱础、柱身皆无纹饰，而柱身棱面向外微凸，柱头装饰是八棱莲花座托起火焰宝顶。

4. 马与控马官

凤阳皇陵两对马与控马官的基本造型明显有别。位列单数者为1组2件式。马北侧石人握鞭拱立，南侧石人与马合为一体，手牵马缰，马头略偏被勒而止步。其中西面一组石人梁冠交领袍，无须，为年轻官员或宦官形象。东面一组梁冠交领袍，长须，为文官形象。

位列双数者为1组3件式。人马各自独立，马北侧石人梁冠交领袍，长须，双手握鞭而立，南侧石人梁冠交领袍，无须，叉手而立。马四足伫立，四腿之间未凿空，雕饰云纹。

5. 虎

4对，皆为蹲姿，昂首闭口露两齿，身有斑纹。

6. 羊

4对，皆跪卧姿，其中位列单数者仰头，位列双数者平视。

7. 文官

文官为梁冠交领袍服，双手秉笏。通身表面阴刻云纹状装饰纹样，前腰部浮雕悬饰 2 枚环形佩玉绶带，绶带与玉环之间用盘长结并排相系，自然飘垂于腰前，左右衔接。不同之处在于，位列单数者的盘长结下面略分开，脚下的托板雕饰与位列双数者不同，重心朝下，较位列双数者更为合理。

8. 武将

2对，位列单数者头戴战盔，护肩、护心、护腕、护膝、护腿，下着战靴，上系小披肩，宽袖打结垂于两侧，周身铠甲，双手拄剑于前，似临阵沙场之势。位列双数者头戴战盔，系小披肩，宽袖未打结，自然垂于两侧，甲胄部分仅护心、护腕外露，周身战袍，亦双手拄剑于前，呈护卫朝堂之态。脚下的托板雕饰与文臣相同。

9. 内侍

位列单数者较位列双数者石质细腻，脚下托板雕饰与文臣相同。

通过对比，可以清楚地看出，明皇陵石像生的石质分为两批，位列单数者为一批相同的石料雕刻，位列双数者则为另一批相同的石料雕刻。现列表如下（自北而南）：

编号	西侧		东侧	
	名称	列次	名称	列次
1	麒麟	单	麒麟	单
2	麒麟	双	麒麟	双
3	狮	单	狮	单
4	狮	双	狮	双
5	狮	单	狮	单
6	狮	双	狮	双
7	狮	单	狮	单
8	狮	双	狮	双
9	狮	单	狮	单
10	狮	双	狮	双
11	望柱	单	望柱	单
12	望柱	双	望柱	双
13	马与控马官	单	马与控马官	单
14	马与控马官	双	马与控马官	双

续表

编号	西侧		东侧	
	名称	列次	名称	列次
15	虎	单	虎	单
16	虎	双	虎	双
17	虎	单	虎	单
18	虎	双	虎	双
19	羊	单	羊	单
20	羊	双	羊	双
21	羊	单	羊	单
22	羊	双	羊	双
23	文臣	单	文臣	单
24	文臣	双	文臣	双
25	武将	单	武将	单
26	武将	双	武将	双
27	内侍	单	内侍	单
28	内侍	双	内侍	双

二 两批石质不同石像生的树立年代与数量

（一）明皇陵石像生分别于洪武二年（1369）、洪武十一年（1378）前后树立

从文物的形制和石料的石质来看，明皇陵石像生应该分为两次树立的。对此，史料文献亦有记载。危素《皇陵碑》曰：

> 姑积土厚封，势若冈阜，树以名木，列以石人，以备山陵之制。①

元朝降臣危素撰写的《皇陵碑》文，是依据朱元璋"手录"撰写的②，于洪武二年二月乙亥诏立：

> 乙亥，诏立皇陵碑。先是命翰林侍讲学士危素撰文，至是文成，命左丞相宣国公李善长诣陵立碑。③

据危素《皇陵碑》，明皇陵石像生是洪武二年树立的。所谓"以备山陵之制"，即说明皇陵的一切规制，均已完成，包括：坟冢的再次厚封，陵内殿宇的修建，周垣的修筑，皇陵碑、石像生的竖立等等。

---

① （明）郎瑛：《七修类稿》卷七"国事类"，《续修四库全书》，子部，1123 册。上海，上海古籍出版社，2002 年。
② （明）郎瑛：《七修类稿》卷七《皇陵碑》："臣善长以上手所录，付词撰文。"
③ 《明太祖实录》卷三九，洪武二年二月乙亥条。

另外，朱元璋于洪武二年"遣太常行祭告礼"①，向神祭告皇陵已成的国家大事。

洪武二年九月，朱元璋下诏在临濠营建中都，中都工程进行了近6年之久，在大功即将告成之际，朱元璋于洪武八年（1375）四月下达了罢中都役作的诏令。紧接着，当年九月，明皇陵进行了又一次大规模的改建工程，至洪武十二年（1379）闰五月完成，历时近4年之久。关于明皇陵的这次改建，《实录》亦有记载：洪武八年九月乙未，"筑凤阳皇陵城"②。洪武十一年四月，"重建皇陵碑。上以前所建碑，恐儒臣有文饰，至是复亲制文，命江阴侯吴良督工刻之"③。洪武十二年闰五月丁巳，"皇陵祭殿成，命称曰皇堂"④。另外，《凤阳新书》亦有记载：

> （洪武十一年）夏四月，命江阴侯吴良督殿宇、城垣，植冢木，立华表，树石人、石兽，勒石建亭。⑤

上文告诉我们，由江阴侯吴良负责的皇陵改建工程项目是："殿宇、城垣，植冢木，立华表，树石人、石兽，勒石建亭。"吴良是洪武七年六月丙申被朱元璋任命为"中立府行大都督府事"⑥。洪武十二年闰五月，随着皇陵享殿的竣工，皇陵改建工程全面结束，他离开了凤阳。由于他善于管理建筑工程，半年后，朱元璋命他随齐王朱榑前往青州，帮助营建藩府。

然而，这段史实，却引起了当今学者的争议，如夏寒则认为，"《凤阳新书》则为天启年间凤阳县令袁文新所写，时间相隔250余年，其记录可能有误"⑦。随着明皇陵石像生的由两批不同石质的石料雕刻而成的发现，完全可以确定：明皇陵石像生分别于洪武二年、洪武十一年前后雕刻而成。《凤阳新书》的记载正确无误。

笔者通过考察，发现洪武十一年前后树立的"皇陵碑"的石质，与自北而南、位列单数石像生的石质完全相同。因此可以得出如下结论：

自北而南、位列单数的石像生，是洪武十一年前后树立的，应是第二批石像生。

自北而南、位列双数的石像生，是洪武二年树立的，应是第一批石像生。

无论从石料的石质，还是雕刻艺术，第二批均胜于第一批。

据夏玉润考证，明皇陵经过3次营建而成。第二次是自洪武元年十一月至洪武二年五月，为期7个月。⑧ 在短短的7个月中，仅从雕刻艺术上来说，不可能达到精美的程度。而在明皇陵的第三次改建中，其工匠均为营建明中都的那一批技艺高超者，他们有着营建明中都的经历与经验，并发现了石质更好的石料⑨，因此在长达近4年的时间内，从石料的选择到艺术设计、雕刻，均超过了第一批石像生的质量。

（二）明皇陵石像生的数量

明皇陵石像生由两批石质不同石料雕刻而成，却附带出一个学者们长期争议的话题：明皇陵石像生的数量究竟是多少。对此，刘毅先生在《明代帝王陵墓制度研究》一书中认为：

---

① 《明太祖实录》卷四二，洪武二年二月丁丑条。
② 《明太祖实录》卷一〇一，洪武八年九月乙未条。
③ 《明太祖实录》卷一一八，洪武十一年四月条。
④ 《明太祖实录》卷一二五，洪武十二年闰五月丁巳条。
⑤ （天启）《凤阳新书》卷四"皇陵"。
⑥ 《明太祖实录》卷九〇，洪武七年六月丙申条。
⑦ 夏寒：《试论明皇陵、孝陵神道石刻制度的形成》。
⑧ 夏玉润：《朱元璋与凤阳》，合肥，黄山书社，2003年，第355~367页。
⑨ 据初步考察，第一批明皇陵石像生的石料，在今凤阳县武店一带开采，第二批石料，在今凤阳县栗山开采。

关于凤阳皇陵石像生数，历来有不同的记载：明人袁文新修《凤阳新书》记为"华表并石人、石兽共三十六对"；哲闻的《明中都皇陵石像生之绝》（载《文物天地》1985年第2期），认为皇陵有石人石兽等共计32对；徐苹芳在《明皇陵和祖陵》辞目（见《中国大百科全书·考古学卷》，第334页，中国大百科出版社，1986年）中认为明皇陵有华表和石像生共28对。1995年11月笔者至凤阳皇陵作实地调查，考定明皇陵神道有石人兽共26对（石虎缺二，按其空位补记在内；现已新刻配置于原地）、石望柱2对，总计石刻28对。按，唐宋诸皇陵神道石像生中的马和控马官一组（有一人一马、两人一马两种）例以一件计数，这从诸件石仪排列间距的差别上可以明显看出，几十年来有关唐宋诸皇陵的考古调查报告亦皆用此种统计规则，明皇陵石像生32对或36对之说，是误将控马官与马分别计算所致。①

明皇陵石像生的数量，出现32对、28对不同的数字，是今天人们用不同方法计算的结果。尤其是在凤阳当地，人们都认为是32对，因为这一数字与朱元璋父亲朱五四去世时64岁正好相同。对此，学者们以及当地民众们对皇陵石像生数量的计算，一直存在着不同的解释。

如果从明皇陵石像生由两批石质不同的石料雕刻而成的事实来看，明初皇陵的营建者，把"马与控马官"——2人1马，并不是按3件或2件②分开来计算的，而是视为1件（或曰1组）。因此，笔者赞成刘毅先生的计算方法，明皇陵石像生中的"马与控马官"，共有4件（或曰4组），或曰"2组对"。因为这与明初凤阳明皇陵营建者的计算方法，以及由两批石质不同的石料雕刻而成的事实，是完全一致的。其中：

位列单数的（自北而南）"马与控马官"，是洪武十一年前后树立的，应是第二批；
位列双数的（自北而南）"马与控马官"，是洪武二年树立的，应是第一批。

三 凤阳明皇陵石像生制度的修订

（一）明皇陵第一批石像生与宋陵中的帝陵数量基本相同

从石质的角度来计算，从文物的角度来推断，洪武二年树立的第一批明皇陵石像生的数量共有14对（自北而南）：麒麟1对，狮4对，望柱1对，马与控马官1组对，虎2对，羊2对，文臣1对、武将1对，内侍1对。

由于朱元璋的父母去世时仅时隔10天，坟地是刘继祖赐予的，可以想象，在同一块地上所埋的两座坟墓应该是相连的。元至正二十六年（1366）四月，朱元璋返回家乡临濠提出改葬时，最后听从了随从们③的建议："增土以培其封"——应该是垒起一个高大的坟墓，把父母两座小坟连为一体。

洪武元年（1368）正月初四，朱元璋登基的当天，便追尊他的父亲朱五四（皇考）尊号曰"淳皇帝"，庙号"仁祖"；母亲陈二娘（皇妣）尊号曰"淳皇后"。由于父母坟墓同在一个坟墓中，因此就不能实行宋陵"帝、后同兆域、异坟、异穴、异陵园"的制度，只能按宋陵中的帝陵制度来营建明皇陵。

现将北宋皇陵中的帝陵，与凤阳明皇陵石像生列表作一对比（单位：对）④：

---

① 刘毅：《明代帝王陵墓制度研究》，北京，人民出版社，2006年，第57页注。
② 位列单数的"马与控马官"，因其中的一位控马官与马联为一体，亦有将此说成是2对。
③ 据《明太祖实录》卷二〇（元至正二十六年四月甲子条）记载："命博士许存仁、起居注王祎等从行。"
④ 表中的北宋皇陵，其武士、内侍（宫人）、狮，均为宫城（神城）内外的石刻。

	望柱	象与驯象人	瑞禽	角端	马与控马官	虎	羊	番使	武将	文臣	武士	内侍	狮	合计
北宋皇陵	1	1	1	1	2	2	2	3	2	2	1	2	4	24
明皇陵	1	无	无	1	1	2	2	无	1	1	无	1	4	14

从上表可以看出，北宋皇陵中的象与驯象人、瑞禽、番使、武士，为明皇陵所无，而宋陵的角端被明皇陵的麒麟替代。其数量，明皇陵略少于宋陵。

北宋初年，赵匡胤称帝后，追封四代先人，其坟墓皆改称"陵"：高祖赵眺墓曰"钦陵"，曾祖赵珽墓曰"康陵"，祖父赵敬墓曰"定陵"，父亲赵弘殷墓曰"安陵"，亦称"永安陵"。宋初，钦、康、定三陵皆在幽州（今北京），虽追尊号但皆未修奉增饰。唯独父亲的坟墓原葬于开封东南，赵匡胤于乾德三年（965）迁葬于巩县。永安陵的陵主与明皇陵的陵主均为追尊的皇帝，所以"永安陵"的石像生与明皇陵之间，更具有对比性。

永安陵因年久，保存情况最差，从20世纪50年代末郭湖生等人的实地考察可知，遗址上的石像生仅有望柱1、角端1、马2、虎1、羊2和客使2件①。从《河南巩县宋陵调查》②一文中所绘"巩县宋永安陵平面图"来看，与后来的北宋各皇陵相比，其品种、数量均有减少。

因此，笔者认为，明皇陵的石像生，应该按北宋永安陵的制度来营建的，两陵石像生的品种、数量基本相同。

（二）明皇陵第二批石像生树立的原因

明皇陵第二批石像生的树立，是落实朱元璋早年提出的皇考、皇妣分祀制度。

古代祭祀活动分为三等：大祀、中祀、小祀。不同时代，具体内容稍有不同。陵寝之祀为大祀。具体地说，明皇陵的祭祀，大祀为正旦、冬至，中祀为清明、中元、孟冬，小祀为每月的朔、望。此外，早在至正二十四年（1364）四月乙未，朱元璋就下令将父母亲的忌日立为祀日：

> 上御白虎殿，览毕退，自殿西步至戟门东，忽悲怆流涕。谓宋濂、孔克仁曰："吾昔遭世艰苦，饥馑相仍，当时二亲俱在，吾欲养其力不给。今赖祖宗之佑，化家为国，而二亲不及养，追思至此，痛何可言！"因命并录皇考妣忌日，岁时享祀，以为常。③

当时凤阳明皇陵尚未修建，朱元璋仅在应天城内每逢父母忌日而悼念。据史料记载，吴元年（1366）四月辛亥、丁卯，洪武二年四月乙亥，朱元璋均前往太庙祭祀。

朱元璋在凤阳期间，元至正二十六年四月丁卯、庚午、戊寅，前往皇陵祭祀。其中引人注目的是洪武八年四月朱元璋返回凤阳时，曾分别在父母亲忌日，两次前往皇陵致祭：

> 乙巳，仁祖淳皇帝忌日，上躬诣皇陵。致祭文曰："思往昔之艰难，痛今朝之忌日，音容杳绝三十二年，罔极之恩何从以报，谨献牲醴于陵下，伏惟昭鉴。"

---

① 陈朝云：《南北宋陵》，北京，中国青年出版社，2004年，第56页。
② 郭湖生等：《河南巩县宋陵调查》，《考古》，1964年11期。
③ 《明太祖实录》卷一四，至正二十四年四月乙未条。另见朱元璋《宝训》，收于张德信、毛佩琦：《洪武御制全书》，合肥，黄山书社，1995年，第424页。

辛亥，皇妣淳皇后忌日，上躬诣皇陵致祭。①

明皇陵第三次改建是从洪武八年九月开始的。其原因主要是与近在咫尺的明中都在形制上保持一致。洪武二年营建的明皇陵，其石像生树立的规制主要参照宋陵中的帝陵制度，而宋陵中的后陵石像生制度，没有在明皇陵中体现出来，更没有体现出朱元璋的"分祀"的思想。因此，如何完善明皇陵石像生的制度，突出皇陵是一座同时埋葬着皇考、皇妣的合葬墓，成为第三次改建中必须解决的问题。

宋陵采用"皇帝、皇后同兆域、异坟、异穴、异陵园"的制度。即：皇帝、皇后分葬，但同在一个兆域内。如北宋永熙陵，包括1位皇帝陵、3位皇后陵；永定陵包括1位皇帝陵、1位皇后陵；永裕陵包括1位皇帝陵、4位皇后陵等。既然是分葬，每座陵寝中的皇帝、皇后，均有各自独立的石像生。下表为宋陵中的皇后陵石像生②：

	望柱	马与控马官	虎	羊	文臣	武将	宫人	狮
后陵	1	1	2	2	1	1	2	4

与明皇陵相比较，两者均为14对。所不同的是，宋陵中的皇后陵石像生少了麒麟1对，多出了宫人（内侍）1对。

自洪武八年九月起，在凤阳明皇陵第三次改建中，在沿袭宋陵制度的基础上，对皇陵神道及石像生进行了重新布局，即将宋陵中的后陵石像生制度，纳入其中。从而体现出明皇陵是一座皇帝、皇后合葬的陵寝，更体现朱元璋制订的"皇考妣忌日，岁时享祀，以为常"的祭祀制度。

四 关于《实录》中"皇陵右亭"的考辨

在《明世宗实录》中，记录了下面一条史料：

> 先是，凤阳守臣修建皇陵、祖陵，请御制碑文各一通，一树皇陵右亭，以配太祖宸翰；一镌勒祖陵、寿春等王坟，事下抚按官相度议拟奏报，至是礼部覆请，从之。③

上文告诉我们，"皇陵右亭"，应指皇陵的无字碑，它与"太祖宸翰"——皇陵碑所配。根据这条史料，凤阳明皇陵的无字碑是于嘉靖十七年（1538）由嘉靖皇帝下诏树立的。

然而，通过考证，这条史料同时出现诸多疑点，现分析如下：

嘉靖十四年（1535）十二月丙辰，嘉靖皇帝下诏，"修祖陵、皇陵及白塔寿春等王坟"④。祖陵，指盱眙"明祖陵"；白塔寿春等王坟，指凤阳"明十王四妃坟"。这项工程是由明初镇远侯顾成的曾孙顾寰负责的。⑤嘉靖十七年四月，工程完成后，相关人员得到了嘉靖皇帝的赏赐。与此同时，顾寰请"御制碑文各一通"，"一树皇陵右亭，以配太祖宸翰；一镌勒祖陵、寿春等王坟"。从行文中可以看出，嘉靖皇帝撰写了至少是3块"御制碑文"，明祖陵、明皇陵、十王四妃坟各一通。

---

① 《明太祖实录》卷九九，洪武八年四月乙巳条、辛亥条。
② 表中石像生数字，来自郭湖生等：《河南巩县宋陵调查》，《考古》，1964年11期。其北宋后陵中的宫人（内侍）、狮，均为后陵宫城（神城）内外的石刻。
③ 《明世宗实录》卷二一一，嘉靖十七年四月乙巳条。
④ 《明世宗实录》卷一八二，嘉靖十四年十二月丙辰条。
⑤ 《明世宗实录》卷二一〇（嘉靖十七年四月甲辰条）载："命镇远侯顾寰挂印充总兵官提督漕运镇守淮安地方凤阳修理祖陵、皇陵及皇城。"

疑点一：明明是"御制碑文"，为何树在明皇陵内的"皇陵右亭、以配太祖宸翰"却是"无字碑"而无碑文？

疑点二：嘉靖皇帝撰写了3块"御制碑文"，除明皇陵外，还有明祖陵、十王四妃坟。如此重大事项，在凤阳、盱眙方志中有记录，但天启《凤阳新书》、万历《帝乡纪略》等，均无记载。

疑点三：弘治《中都志》载："皇陵……碑亭二座，御桥正三座，左右桥二座，金水河一道。"① 《中都志》是凤阳府临淮县人柳瑛编纂、于弘治元年（1488）刊印的。这就是说，早在1488年刊印的《中都志》中就明文记载了皇陵有"碑亭二座"，其位置在金水河、御桥的南面，地点非常准确，为何在50年后的嘉靖十七年又出现了一个"皇陵右亭"？

疑点四：从石料石质包浆来看，明皇陵内的无字碑与皇陵洪武二年树立的第一批石像生相同；如果是嘉靖十七年树立的话，那么无字碑比皇陵碑晚了160年。两者的包浆很容易区分。皇陵无字碑可能是洪武二年危素《皇陵碑》，洪武十一年朱元璋亲撰《皇陵碑》树立后，危素《皇陵碑》文有可能被磨去，形成无字碑。（下图左为皇陵碑，右为无字碑）

古代有陵山之祭。嘉靖十年（1531）二月戊寅："上谕内阁，昨因议追祖陵、皇陵二山名，朕思孝陵在钟山亦宜同体，文皇既封黄土山为天寿山，今又拟显陵为纯德山，而独钟山如故，于理未妥，朕惟祖陵宜曰基运山，皇陵宜曰翔圣山，孝陵宜曰神烈山。"② 笔者拟为所谓"御制碑文"，是否与此有关？

嘉靖十七年四月丙午，即"凤阳守臣……请御制碑文"的第二天，"以皇嗣应祈，命魏国公徐鹏举诣神烈山，大学士李时诣天寿山，巡抚凤阳都御史周金诣基运、翔圣二山，巡抚湖广都御史顾璘诣纯德

---

① 弘治《中都志》卷四"皇陵"条。
② 《明世宗实录》卷一二二，嘉靖十年二月戊寅条。

山,各行告谢礼"①。

无论是从史料的记载,还是对文物的考察,这座与"太祖宸翰"皇陵碑所配的"皇陵右亭",不可能是无字碑,有可能是《明世宗实录》的误录,对此,恳请方家指点迷津。

[作者单位:安徽省凤阳县文物管理所、凤阳县博物馆]

① 《明世宗实录》卷二一〇,嘉靖十七年四月丙午。

明代帝陵神道石刻对数新探

孙祥宽

一 明代帝陵神道概述

明朝作为全国性政权，自洪武元年（1368）朱元璋建国至崇祯十七年（1644）三月朱由检亡国，历经 277 年，共 16 位皇帝。但是，同年（清顺治元年、1644）五月，朱明皇室宗亲福王朱由崧在南京重新建立弘光政权（1644—1645），史称弘光帝。继之，从凤阳高墙走出的唐王朱聿键在福州建立隆武政权（1645—1646），史称隆武帝。顺治三年（1646），桂王朱由榔在今广东肇庆建立永历政权（1646—1662），史称永历帝。此间，鲁王朱以海出任监国（1645—1653），唐王朱聿𨮁称帝建立绍武政权（1646 年 12 月—1647 年 1 月）。由于三帝一王等地方性政权都是在南方建立的，故统称之为"南明"。

这样，完整的明王朝包含前身及后续的割据政权，共经历 295 年，19 位皇帝。按即帝位先后依次为：太祖朱元璋、惠宗朱允炆、成祖朱棣、仁宗朱高炽、宣宗朱瞻基、英宗朱祁镇、代宗朱祁钰、宪宗朱见深、孝宗朱祐樘、武宗朱厚照、世宗朱厚熜、穆宗朱载坖、神宗朱翊钧、光宗朱常洛、熹宗朱由校、思宗朱由检、安宗朱由崧、绍宗朱聿键、昭宗朱由榔。

目前史学、建筑学界，公认的明代皇帝陵墓共有 19 座。其中，惠宗朱允炆及南明安宗朱由崧、绍宗朱聿键、昭宗朱由榔 4 位皇帝，由于他们的葬地至今尚难定论，所以未被列入帝陵。因此，只有 15 位皇帝的陵墓，另外 4 座帝陵的墓主生前没有登上皇帝宝座，死后却被追封为皇帝，并按帝陵制度修建陵寝。他们是朱元璋高祖、曾祖、祖父的祖陵和父亲的皇陵，太子朱标的东陵，世宗朱厚熜父亲的显陵。

从宏观的角度来说，明代 19 座帝陵分布在今天的 4 个省、市行政区境内。即北京市的十三陵、景泰陵，江苏南京市的孝陵、盱眙县的祖陵，安徽凤阳县的皇陵，湖北钟祥市的显陵。

上述 19 座帝陵，每座陵前都有一条通往陵墓的神道。但是，在神道两侧布列石柱并石人、石兽等石刻的仅有 5 座，依建造时代先后顺序为：明皇陵、明祖陵、明孝陵、明长陵、明显陵。

神道，早在汉代已作为墓道使用，意思是神行之道。《汉书·霍光传》："太夫人显改（霍）光时，所自造茔制而侈大之。起三出阙，筑神道，北临昭灵，南出承恩。"《后汉书·中山简王焉传》："大为修冢茔，开神道，平夷吏人冢墓以千数。"唐代李贤注："墓前开道，建石柱以为标，谓之神道。"神道又称作神路，也就是墓路。南宋吴曾《能改斋漫录》卷二《事始二》："葬者，墓路称神道，自汉已然矣。"明《凤阳新书·皇陵》："神路长三里（此为正红门外大道），傍植松柏，路达都城。"

从上述史志记载可知，神道是指陵墓前铺砌的道路，是陵寝建筑的前导部分。放置在神道两旁的石柱，称望柱，又称墓表、华表；石人、石兽等，统称石像生，其中石人又称"翁仲"。

陵前置望柱用作神道的标志，早在东汉即已流行。石像生当作墓道仪卫使用，在秦汉时代亦已经开始。唐人封演的《封氏闻见记》中说："秦汉以来，帝王陵前有石麒麟、石辟邪、石象、石马之属，人臣墓则有石羊、石虎、石人、石柱之属，皆所以表饰坟垄，如生前之仪卫耳。"①

此后历晋梁、唐宋，至明代帝王、勋臣仍沿用不衰，只是石像生取像和数量不尽相同。

二 明帝陵前神道石刻数量说法不一

明代五座帝陵前神道两侧，布列石柱并石人、石兽等取像不尽相同，数量亦不尽相同。

明皇陵前神道两侧放置着麒麟、狮子、望柱、马官、马及控马人、马和左右马官、虎、羊、文官、武将、内侍。

明祖陵前神道两侧放置着麒麟、狮子、望柱、马官、马及控马人、马和左右马官、文臣、武将、内侍。

明孝陵前神道两侧放置着狮子、獬豸、骆驼、大象、麒麟、马、望柱、武将、文臣。

明长陵前神道两侧放置着望柱、狮子、獬豸、骆驼、大象、麒麟、马、武臣、文臣、勋臣。

明显陵前神道两侧放置着望柱、狮子、獬豸、麒麟、骆驼、大象、马、文臣、武将。

通过比较和观察五座帝陵前石刻群的组合，我们可以很明显地分出3种类型，即皇陵、祖陵为一类；孝陵为一类；长陵、显陵为一类。

明皇、祖二陵皆以麒麟为群兽之首，紧接着狮子多达6—8对，皆作一种蹲状姿态；望柱立于石刻群中间，不竖于前端，有悖于唐宋帝陵常规；分置马官、马及拉马人、马和左右马官（侍从）；石人中设文臣于武将之前，且立有内侍。此种类型，多取自唐宋制度。明孝陵皆以狮子为首，增设象、骆驼；取消马官、拉马人、虎、羊、内侍。此种类型，应为革故鼎新，开创明代帝陵制度。明长陵、显陵石刻群的组合，除立望柱于石刻群前端外，其石像生种类和放置多取自孝陵。

明代5座帝陵前所列石柱并石像生的组合，由于表述和计算方法有异，导致各陵石刻群数量的说法不尽相同。尤其明皇、祖二陵神道两侧的石刻群数字，众说纷纭，莫衷一是。

先说明孝陵、长陵和显陵石刻表述：

帝陵前神道两侧的石刻群，包括神道碑、望柱、石马石人。迄至今日，由于各陵神道碑的安放位置与数量不一记述，石刻群时皆未见将碑计入；记述明皇、祖二陵神道两侧的石刻群，均含望柱和石像生；而记述明孝陵、长陵和显陵石刻群时，或称石像生或称神道石刻，往往仅计石人石兽数字，而多不计入望柱。长期以来，只要提到十三陵或明孝陵石刻，人们都说18对、16对。甚至各陵景区展示图表的文字说明、讲解人员的介绍，也都是这些陵的石像生数字。

笔者拙见，为了统一表述明帝陵前石刻群的数量，理应计入望柱。如若按陵前神道两侧望柱和石像生记述，明孝陵共17对、长陵19对、显陵13对。

再说明皇、祖二陵石刻计算方法：

目前，明皇陵神道前石刻群的数字（不含碑1对），有36对、32对、31对和28对四说；明祖陵有21对、20对和18对三说。以上皇、祖二陵神道石刻出现数目不一的说法，均因为在计算马官、马与控马人的计算方法上而产生的分歧。为便于研究，现将二陵神道石刻依序列表，并试对几说逐一分析于后。

---

① （唐）封演：《封氏闻见记》卷六《羊虎》，《四库全书》第862册，中国台北，商务印书馆影印本，1985年，第445页。

明皇陵、祖陵神道石刻一览表

明皇陵			明祖陵		
石刻种类		对数	石刻种类		对数
依自北往南的顺序排列	麒麟	2	依自南往北的顺序排列	麒麟	2
	狮子	8		狮子	6
	华表	2		华表	2
	马官	分别计算为重复6对、5对、2对4种说法。		马官	分别计算为5对、4对、2对3种说法。
	马及控马人（连体）			马及控马人（连体）	
	马官			马官	
	石马			石马	
	马官			侍从	
	石虎	4		文臣	2
	石羊	4		武将	2
	文臣	2		内侍	2
	武将	2			
	内侍	2			
合计			合计		

第一种 36 对说，见明代《凤阳新书》"皇陵"条："华表并石人、石兽共三十六对，在北城门内，两傍直抵金门外御桥北止。""北城门"和"御桥"的遗址经过考古试掘，分别紧连麒麟和内侍（总长 257 米），与记载相符合。他们之间"华表并石人、石兽"，都是成对等距离地布列，不可能再设置其他石像生。王剑英先生考证，"《凤阳新书》'作三十六对'，可能是重复计算了控马者 4 对得出的数字。"①

第二种 32 对说，始早见王剑英先生的《明中都城考》（1976 年油印本），"皇陵石人石兽并华表在砖城北门内，自北向南排列次序为：麟二对、狮四对、虎四对、华表二对、马与控马者共六对、豹四对、羊四对、文臣二对、武勋二对、内侍二对，共三十二对"。后来，国家文物局罗哲文、明十三陵等专家学者，著文涉及明皇陵石像生时，也都称为"三十二对"。笔者认为，"马与控马者共六对"中，有东西相立用整块石料雕成的连体 "马与控马者"，计为 2 对欠妥，如以一对计算方法，则与明皇陵第三种 31 对说相合。

第三种 31 对说，最早见于（据案头资料仅知）1979 年安徽省文物工作队上报国家文物局材料中：凤阳明皇陵"目前尚存的仅有神道两侧三十一对石雕群像和朱元璋亲自撰写的《大明皇陵之碑》"，并分别描述 31 对群像中第 13~17 对的状况，其中说"13 对文吏、14 对马与驭者、15 对文吏、16 对饰马、17 对文吏"，明确地把马与驭者计算为 1 对。

明祖陵的 21 对说，文博界计算祖陵神道前的马与控马人，即是使用此计算方法为 1 对，共 21 对。因此，笔者曾在拙文《朱元璋与皇陵》中，提及明皇陵神道石刻群"共 31 对"，其中"马官、石马与控马者 2 对，石马及左右马官 3 对"②。

---

① 王剑英：《明中都》，中华书局，北京，1992 年，第 104 页。
② 孙祥宽：《朱元璋与皇陵》，《洪武六百年祭》，海口，南方出版社，2001 年，第 242 页。

第四种 28 对说,见于《中国大百科全书·考古学》"明皇陵和祖陵"条:明皇陵"北门内神道两侧立华表和石像生 28 对"。① 可能是把中间 2 组人和马算作 2 对,这样加上前面 12 对和后面的 14 对,总数 28 对。但是同书同条又说:明祖陵"神道两旁列 20 对石像生"②。笔者多次考察明祖陵,并接待过南京、盱眙文博界同人,祖陵石像生仅比皇陵减少狮子 2 对,虎和羊各 4 对,其余皆相同,如何得出明皇陵"28 对",而祖陵 20 对的数字,尚不得而知。

近十几年来,有学者、专家释解明皇、祖二陵"华表和石像生 28 对"和"20 对石像生"。明言其二陵石像生中"马和左右控马官及侍者两对","左右控马侍及马两对",皇陵神道石刻 28 对,祖陵 18 对,或皇陵神道石像生 26 对,祖陵 16 对;并在文中加注"依照唐宋诸帝陵考古调查报告的计算方法,石像生中的马与控马侍(有一人一马与两人一马两种情况)应视为一件"。这些说法,都是值得商榷的。

三 明皇、祖二陵神道石刻对数考证

关于明皇陵、祖陵神道两旁石刻的数目,笔者拙见各按马官、石马与拉马侍(连体)共 5 对计算。这样,连同前后望柱及石像生,皇陵共 31 对、祖陵共 21 对。其理由如下:

首先,明皇、祖二陵石马、石马与拉马官(侍)分开列数,即以唐宋帝陵的计算方法。

现举几例:刘晓媛的《唐陵与宋陵神道石刻异同研究》:"石马以及控马官,唐陵以乾陵为例,其石马及牵马人(控马官)各五对,左右对称分布;而宋陵的则为马两对、牵马人(控马官)四对,由此可知宋陵的是两人共同管理一匹马,这与唐陵在组合上有明显区别。"③ 梁郁的《试论北宋皇陵石刻的保护和利用开发》:"从文献记载和考古发现看,北宋皇陵每座帝陵的上宫都设有石雕数目是 44 件,自南向北依次的顺序是望柱一对、象与驯象人各一对、瑞禽石屏一对、角端一对、马两对、控马官四对、石虎两对、石羊两对、番部客使三对、武臣两对、文臣两对。"《宋元明考古》:"宋陵石刻:特色,重点。(1)神道,由南向北:望柱一对,石象一对,驯象人一对,角端(独角兽)一对,马(仗马、御马)二对,控马官(驭手)四对,虎二对,羊二对,客使(贡使)三对,文臣二对,武臣二对。"张广立(中国社会科学院考古研究所研究员)的《北宋陵墓石刻》:"自永昌陵以后开始形成定制。一般为,沿神道两侧自南向北配置:望柱 1 对,象及驯象人各 1 对,瑞禽碑与角端各 1 对,仗马 2 对,控马官 4 对,虎、羊各 2 对,蕃使 3 对,武将、文臣各 2 对,行狮 1 对,镇陵将军 1 对,宫人 2 对。"

上述 4 文中,记述的唐乾陵"石马及牵马人(控马官)各五对……宋陵的则为马两对、牵马人(控马官)四对";北宋皇陵"象与驯象人各一对……马两对、控马官四对";宋陵石刻"石象一对,驯象人一对……马(仗马、御马)二对,控马官(驭手)四对";北宋陵"象及驯象人各 1 对……仗马 2 对,控马官 4 对"等,均将唐宋帝陵象及驯象人、石马及牵马人(控马官)分开列数,可见明皇、祖二陵石马、石马与拉马官(侍)分列 5 对,是有据可依的。

另外,唐乾陵石马及牵马人(1 马 1 人)的计数,有"马五对""人马五对""马及控马官五对""石马及牵马人五对"等。这也为明皇、祖二陵石马与拉马官(侍)计数 1 对提供了依据。不过,唐乾陵石马及牵马人分列独立,底座则用卯榫嵌接合加固而成,拆卸即为 2 件;(图一)而明皇、祖二陵石马与拉马官(侍)底座及人马连体,系一块整石材雕成,不可以拆卸为二,所以计算 1 件准确,相向而立为 1 对。(图二)(图三)(图四)

---

① 徐苹芳:《明皇陵和祖陵》,《中国大百科全书·考古学》,北京、上海,中国大百科全书出版社,1986 年,第 334 页。
② 徐苹芳:《明皇陵和祖陵》,《中国大百科全书·考古学》,北京、上海,中国大百科全书出版社,1986 年,第 334 页。
③ 刘晓媛:《唐陵与宋陵神道石刻异同研究》,《学理论》2013 年第 26 期。

图一　唐乾陵石马及牵马人分列刎立，底座则用卯榫接合加固而成

图二　明祖陵马及控马人（连体）

图三　明皇陵马官、马及控马人（连体）

图四　明皇陵马官、马、马官

其次，明皇陵神道两旁石刻的件数，恰与北宋帝陵石刻总件数相符。

宋代8座帝陵依同一制度建造。《中国大百科全书》说："南门系正门，门道内置石雕宫人一对，门外置石雕武士、奔狮各一对，南为神道石刻。夹神道建鹊台、乳台各一对。乳台以北为列石，自南至北依次为望柱、象及驯象人、瑞兽、角端、仗马及控马官、虎、羊、客使、武臣、文臣等，共60件。"该书在《巩县宋陵一览表》"现存陵墓石刻"栏，按类别列有8个陵的石刻数字。现把永定陵皇陵的照录如下，"望柱 2，象 2，驯象人（空格），瑞禽 2，角端 2，石马 4，控马官 4，石虎 4，石羊 4，客使 6，文武臣 8，武士 2，南神门宫人 1，陵台前宫人 2，门狮 8，下宫门狮 2"。

杨宽先生的《中国古代陵寝制度史研究》附表八"巩县宋陵石刻存毁状况表"（"○"表示完好，"×"表示已缺，"△"表示倒毁），类别同上表所分，并分对和左右在永定陵栏里，用"○"表示上表里的数字，同时在"象"的右格内以"△"表示，在"驯象人"的左右格内以"×"表示，在南神门内"宫人"的左格内也以"×"表示，"门狮"中"北神门后"的右格内以"△"表示。两表对照可知永定陵原有石刻 56 件，其中倒毁两件，驯象人两件和南神门宫人一件已缺，现存共 53 件。而永昌陵和永泰陵皇陵原有 58 件，其他 5 陵皇陵都是 60 件。两表下面的注都说采自《河南巩县宋陵调查》（《考古》1964 年第 11 期）。按上述表中计算的数字，宋陵皇陵（未计算后陵）石刻最多的有 60 件。①

实际上，北宋"各陵石刻的数量，根据《宋朝事实》记载为'石人物六十事'。《永定陵修奉采石记》碑记载：'侍从人物象马之状六十二'，现存帝陵上宫前石刻最完整的是永熙陵，神道石刻加上陵垣各神门前的石狮和陵台前南神门内侧的 4 尊宫人以及上马石，正好是 60 件，如再加上下宫前的门狮 2 件，正好 62 件，与文献记载相符"。②明皇陵神道两旁石刻 31 对，分开计算共 62 件，其数恰与北宋帝陵石刻总件数相符。

再次，明皇陵神道石刻布列单数，上承唐宋，下启明清帝陵。

唐代帝陵前神道石刻的配置，到唐高宗李治和武则天的乾陵时形成规制。《中国大百科全书·考古学》"唐乾陵"条："陵园内有石刻群，除内城四门各有一对石狮，北门立六马（今存一对）外，其余石刻均集中排列在南面第二、三道门之间。从南至北，计有华表、翼兽、鸵鸟各一对，石马及牵马人五对，石人十对，还有无字碑、述圣记碑和六十一'蕃酋'像。"

这里的神道石刻计数为 18 对，但"石马及牵马人五对"没有《乾陵稽古》里"五对石马的马首北侧皆有牵马人一尊"说得清楚。武则天研究会、乾陵博物馆编《武则天与乾陵》讲得更明白，"石马与牵马石人，在朱雀门前司马道左右排列，共五（对）马十人。……唐王朝为了夸耀其文武功业，在帝王和大臣陵墓前放置石人石马。唐太宗李世民的昭陵，刻有六骏，只有一个牵马人，乾陵刻了五对石马和十个牵马人，从数量上看，葬礼制度有了进一步的发展"。如乾陵按"五对马十个牵马人"计算，总数也不过 23 对或 46 件。

孟凡人的《北宋帝陵石像生研究》认为："入唐以后，自乾陵起神道石刻基本形成定制。其神道石像生排列自南而北（乳峰双阙间起）为华表 2、翼马 2、鸵鸟 2、石马 10、牵马人 10、柱剑石人 20、无字碑 1、述圣记碑 1、王宾像（又称蕃酋像）61，共百余件。中晚唐泰陵至靖陵不见石碑（仅乾陵、定陵有碑），蕃像数量减少，翼马等多左牡右牝，布局对称。……北宋帝陵神道石像生在乳台之后为望柱 2、象 2、驯象人 2、瑞禽石屏 2、角端 2、马 4、控马官 8、虎 4、羊 4、客使 6、武官 4、文官 4、武士 2，共 46 件。唐乾陵石像生若不计碑和蕃酋（前已说明乾陵之后蕃酋和碑不是定制，其中蕃酋以后或有，但数量已大为减少），亦为 46 件。唐宋帝陵神道石像生之间主要差异在种类上。宋陵石像生比唐陵多象 2、驯象人 2、虎 4、羊 4、武士 2，无碑。"③这些各自 46 件的唐宋帝陵神道石刻，按对计算即为 23 对。

夏玉润的《朱元璋与凤阳》亦说：北宋"永定陵上宫神道两旁的石刻，从南往北，望柱 1 对，石象 1 对，驯象人 1 对，瑞禽（朱雀浮雕）1 对，角端 1 对，石马 2 对，控马官 4 对，石虎 2 对，石羊 2 对，

---

① 杨宽：《中国古代陵寝制度史研究》，上海，上海古籍出版社，1985 年，第 261～263 页。
② 秦大树：《试论北宋皇陵的等级制度》，《考古与文物》2008 年第 4 期。
③ 孟凡人：《北宋帝陵石像生研究》，《考古学报》2010 年第 3 期。

蕃部客使3对，武官2对，文官2对。上马石缺。合计22对。这是永定陵石刻的主体"。[①] 如加上所缺之数，亦为23对。

由此可以说，明皇陵神道两旁石刻以31对单数计算，不仅上承唐宋帝陵，而且下启明清帝陵。明代祖陵21对、孝陵17对、长陵19对、显陵13对；清东陵孝陵望柱及石像生也为19对。

[作者单位：安徽省文史馆]

---

① 夏玉润：《朱元璋与凤阳》第四章《龙脉皇陵》，合肥，黄山书社，2003年，第405页。

明孝陵的建筑艺术

向阳鸣

中国古代陵墓建筑的发展，曾经深受儒家思想的影响。曾子曰："慎终追远，民德归厚矣。"[1] 意思是说谨慎地对待父母的去世，追念久远的祖先，自然会培育出忠厚老实的百姓。长期以来，基于"慎终追远，明德归厚"的观念，陵墓建筑被视为礼制的重要载体，强烈凸显等级森严、尊卑分明的特色，并竭力追求和刻意彰显"思慕"精神，在丧葬祭祀之"礼"中"致隆思慕之义"和"志意思慕之情"[2]。事实上，在中国古代的建筑体系中，陵墓就是具有礼制特征的纪念性建筑。在这种取向下，陵墓建筑的经营意象——"丧礼者，以生者饰死者也，大象其生以送其死也。……故圹垄其貌像宫室也。"[3] 尤其是明代帝王陵寝，实际上往往是以宫殿建筑为原型，形成气势恢宏而又庄严肃穆的大规模建筑组群。以明太祖朱元璋的孝陵论之，其既在礼制上形成了时代特色鲜明的严整体系，也在建筑艺术、尤其是在大规模建筑组群同山水形胜结合的艺术创作上，取得了非凡成就，并直接影响到明清两代陵墓建筑的发展。

一 凸显等级森严的礼制特色

明太祖朱元璋于建国初期首开礼、乐二局，推行"孝治天下"，大力整饬丧葬礼仪，以"稽古创制"建构等级森严的陵墓建筑制度，将皇帝、皇族、职官以及庶民等各社会阶层的丧葬规制，纳入国家典章制度的重要组成。在这个基础上，经过后嗣皇帝进一步调整充实，最终形成严整的陵墓建筑制度体系。

这一体系中，皇帝陵寝居于至尊地位，皇后则祔葬其中，即最高等级的陵寝只有帝陵而没有独立的后陵。按照"历代诸陵皆有名号"的传统，各帝陵都要专门荐名，待帝、后安葬时正式命名。洪武十五年（1382）九月庚午，孝慈皇后灵柩发引，"是晚仍遣醴馔告谢于钟山之神，以复土故也。命所葬山陵曰孝陵"[4]。

明孝陵是中国帝王陵寝发展史上又一个重要的里程碑。同平地起建以三重城墙构成套方格局的明皇陵、明祖陵迥异的是，孝陵建筑组群结合风水形势布置，明确划分成前后两区：前区在陵寝南部，为围绕梅花山蜿蜒而行的神道设施；后区在陵寝北部，为背倚钟山独龙阜而纵向配置有三进院落的陵宫主体建筑。前区布局开阔舒朗，依地形自然回旋，建筑艺术追求"天人合一"的文化传统；后区布局鳞次栉比，庄严、方正、均衡、协调，符合君权和神权的思想要求。

"秦汉以来，帝王陵前有石麒麟、石辟邪、石象、石马之属，皆所以表饰坟垄，如生前之仪卫耳"[5]。明孝陵在建造神道设施时，亦多采用石刻造型，雕塑石狮、石獬豸、石骆驼、石象、石麒麟、石马、石

---

[1] 《论语》。
[2] 《荀子·礼论》。
[3] 《荀子·礼论》。
[4] 《明太祖实录》。
[5] 封演：《封氏闻见记》。

望柱、石武将、石文臣置放沿途两侧，对前朝帝陵神道石刻内容有所增减。所置石像生的种类亦为现实社会礼制的某种反映：神道石刻的起点安置石狮，可显示帝王的尊严，狮素称"兽中之王"，并被佛教尊为护法灵兽，因此孝陵神道在配置石兽时首选石狮。獬豸是古代传说中的神兽，头生一角，专触不正之人，历代君主有将獬豸形状用于冠饰上，称"獬豸冠"，多为司法官员所戴，以表法治公正；从宋代起多在陵前安置獬豸，孝陵亦取之以示正直不阿。骆驼被誉为"沙漠之舟"，是内地与西域重要的交通工具，朱元璋已建立大一统的明王朝，将骆驼置于陵前，有炫耀疆域广阔、国力强盛、皇恩四方的寓意。陵前石象是君主生前大驾卤簿的象征，明代皇帝的仪仗中设有"虎豹各二，驯象六，分立左右"，保驾护航，据《晋书》载："帝行则以象车导引，以试桥梁"，驯象走过，皇帝再行可万无一失。为此，孝陵神道雕塑出体形庞大的石象。麒麟是古人想象中的瑞兽，融虎、狮、牛、鹿等动物形态于一体，被尊为祥瑞的象征，后来成为统治者标榜自己、粉饰太平的御用品。孝陵神道取用麒麟亦与南京周边众多六朝陵墓雕塑麒麟有关。马在秦汉时代就用于大驾卤簿，是皇帝仪卫队伍中不可缺少的组成部分，陵前置马成为定制始于唐代，宋时大驾卤簿亦有"御马"，宋陵前都设有石马和控马官，孝陵承袭唐、宋旧制，但雕塑时取消了控马官和马鞍、带饰等物。孝陵神道中段的转折处树有巨石望柱，其后沿途排列着文臣武将石雕像，他们是陵墓的忠实守卫者，又是帝王驾前文武百官的象征。孝陵神道共置有 34 尊石像生，既示意着帝陵的崇高、圣洁、肃穆，也起着拱卫、避邪、礼仪的象征作用。

孝陵陵宫建筑群的院落化纵向布局，实际是仿照陵寝祭祀礼仪的尊卑秩序来划分的，并以递进关系主从分明地组织起来。其中的第一进院落，以服务于祭祀活动的具服殿和神厨库等尺度较小的建筑，构成陵宫的辅助空间；在第二进院落中，供奉神主享纳日常膳馐和各种吉日祭拜的享殿和配殿，造型端庄隆重，构成陵宫的常规性祭祀空间，相当于唐宋陵寝的下宫；而在后红门内的第三进院落中，体量巨大的方城明楼和宝城宝顶护卫着安奉帝后灵柩的地宫，并作为这一陵寝核心的外部标志和礼拜场所，仅在举行最隆重的皇帝上陵礼或清明节负土礼等祭祀礼仪时开放使用，构成陵宫的核心性祭祀空间，具有唐宋陵寝上宫的性质。

明孝陵对前朝帝陵制度作重大改革，主要创制为：

其一，墓冢封土由前朝的覆斗式方形改为圆形圜丘，即采用宝城宝顶形式，并配置方城明楼。圜丘建制最初出现于五代十国时期的前蜀永陵，但作为帝陵定制并为后世所模仿，则始自明孝陵。

其二，废除原始迷信的日常供奉制度，取消前朝帝陵中供皇帝灵魂起居的下宫，同时突出朝拜祭祀，保留和扩展供拜谒祭奠的上宫，形成一组以享殿为中心的祭祀建筑群。

其三，摈弃原来以墓冢为中心的方形格局，改为在宝顶前设置长方形多进院落的祭祀建筑区，将享殿前门——享殿——祭台——方城明楼等地面建筑串联在宝城南面的中轴线上，使祭祀建筑区成为整个陵区的主体。

其四，发展陵园前区的导引建筑和神道设施，在纵深约 3000 米的神道沿途，设置大金门、神功圣德碑亭、石像生、棂星门等众多的建筑和石雕，营造出庄严肃穆的纪念气氛，强化了帝王陵寝总体格局上的建筑艺术性。

此后，明孝陵建筑规制被尊奉为长陵建筑的先范，其他各帝陵又承袭长陵制度而趋向定型。这样，孝陵的革故鼎新导致了明代帝陵建筑制度的重大转折，开创了一代新风。

二 结合山水形胜的艺术特色

明代陵墓建筑艺术追求"天人合一"的文化传统，讲究人文建筑与山水地貌的有机结合，从选址规划到设计营造，依风水理论缜密进行，力图使陵墓环境氛围在建造人文美与自然美的和谐交融和相互辉映中，显现出生生不息和永恒伟大。

风水理论或曰堪舆学，在中国古代建筑营建中几乎是无所不在的。尽管这种学说混杂了浓厚的迷信色彩，但是仔细探索它的理论和实践，可以看出它具有地质、地理、气象、水文、生态、景观、美学、心理学等各方面的丰富内涵。自然空间封闭，负阴抱阳，背山面水，是风水理论中有关基地选择的基本指导思想。建筑与山水协调和谐，具有良好的整体景观，则是规划设计的基本原则。这种指导思想和基本原则，今天看来仍有其科学性和合理成分。

历代帝王均将陵寝宗庙视作国家的代表，江山的象征，建造陵寝最讲究风水。细察明代帝陵，都是经过周密审慎的选择，在具有优良的地理地质条件和环境景观质量的"风水胜地、上吉之壤"营建起来的。风水术使明代帝陵总能以完美的山川自然形势予人强烈的艺术感染，形成庄严、肃穆而又充满生气的纪念气氛，这是明代陵墓建筑艺术的成就之一。

明孝陵所依的钟山，东西排列三峰，具"华盖三台，尊极帝位"之势。登陵而望，远近群山，环绕拱卫，郁葱巍焕，雄胜天开。陵穴所在的独龙阜，四周山脊、湖泊、峰峦呈现青龙、白虎、朱雀、玄武四象。正前方有孙陵岗（今梅花山）作"前案"，更远处有天印山俯伏而"远朝"，东北部有"冠带水"顺山沟流向西南，保王气聚而不散。中国古代哲学和传统思维模式，赋予这些地理特征深刻的文化内涵。在钟山，在陵域，风景真正成为建筑艺术的材料，整个山谷之内的空间都会利用来作为"哀思"纪念死去的君主，陵墓成为"整个建筑部分与风景艺术相结合的最伟大的例子"。明孝陵在大规模建筑组群同自然山水结合的艺术创作上取得如此非凡的成就，得益于传统建筑理论中"山水之术"出神入化的实际运用，即具有生态建筑学、景观建筑学以及建筑外部空间设计理论意义的传统风水理论同陵墓选址、规划、设计、营造等各个实践环节丝丝入扣、紧密结合的结果。

选择陵墓基址常按风水术中的"形势宗"（江西法）进行，其要点是"专注龙、穴、砂、水之相配"，即选择山水内敛围合、地质和生态良好而景观优美的形胜之地。明初被朱元璋尊为"江南二儒"的宋濂、王祎和他们的挚友刘基，就都推崇并精谙"形势宗"的风水。早在元至正二十一年（1361）二月，宋濂、刘基就曾赴钟山独龙阜考察，特别推崇钟山"为望秩之所宗"[1]。洪武二年（1369）五月，刘基等又侍从朱元璋巡幸钟山[2]，"高皇帝与刘诚意、徐中山、汤东瓯定寝穴，各志其处，藏袖中，三人合，穴遂定"[3]。

选定吉地以后，在陵墓规划、设计、营造中还要因地制宜，让人文建筑与自然山水浑融一体，形成"仰崇乔山"的隽永纪念氛围，臻向"天人合一"的崇高境界。明孝陵的规划设计，从各单体建筑的形制规模到组群的布局处理，都细致入微地体现了这一意向。其中，作为前区的导引部分，即从下马坊起到金水桥止的神道部分，其长度约占陵墓全程的四分之三，完全是依着地形的高低起伏，山势的回旋变化，任其自然地进行布置的，确实是一个创新，打破了历代陵墓建筑的传统原则，既不同于唐宋陵寝前的直线排列方式，也区别于皇陵沿中轴线布置在砖城与皇城之间的格局。孝陵神道部分依其方向的转折变易，分为若干段落，在每一段落之间都布置了石雕像来控制其空间，石兽或蹲或立，姿态交替，配以苍山远树，形成一派严肃静穆的气氛，这是孝陵神道在布置上的成功。

明孝陵建筑外部空间的规划设计，还非常讲究风水意义上"形"与"势"的辩证关系。所谓"千尺为势，百尺为形"，或"远为势，近为形；势言其大者，形言其小者"；"远以观势，虽略而真；近以认形，虽约而博"。一方面，对个体、局部、细节性的建筑空间构成及其近观效果（即所谓"形"），既要讲求尺度宜人，还要使其艺术形象臻与丰富多彩而气韵生动；另一方面，对建筑的组群布局及其远观效

---

[1]（明）宋濂：《游钟山记》。
[2]《明太祖实录》。
[3]（明）张岱：《陶庵梦忆·钟山》。

果（即所谓"势"），更要注重整体立意，结合自然环境，以连贯的程序，多视点地进行"形"的组合，既要使建筑组群的整体感受具有宏大气魄和鲜明性格，还要在时空序列中流畅展现"移步换形"的变化有致和连续性，在大小、高低、离合、主从、虚实、动静乃至快慢等种种"形"与"势"的时空关系转换中，使谒陵者获得丰富深刻而完整的审美体验。如孝陵后区的院落化布局，使陵宫各个组成部分的功能和空间联系更趋密切也更臻合理；而且同前区对比呼应，在组织程序上通过结合地势布置的中轴线，把陵寝建筑组群布局中的引导空间、辅助空间、祭祀空间同山水胜景有机联系起来，疏密有间，错落有致，尊卑有序，以丰富而生动的空间序列，层层递进，明晰有力地展现出陵寝的礼制性纪念氛围和意义，突出陵宫主体建筑和陵寝核心的至尊地位。

明孝陵的空间构成，别具匠心地运用各种尺度宜人而造型精美的建筑体形，进行大规模的组群布局处理，求取"聚巧形而展势"的艺术效果。在建筑组群的尺度构成上，孝陵陵宫"积形成势"地布置着陵寝的各主体建筑和大多数辅助建筑，从入口到方城明楼共三进院落的纵深，也是按照"千尺为势"确定的。而组群中各单体建筑的尺度，如面宽、进深及高度等，以及庭院的围合，道路或建筑轴线的起止点、转折点、交会点等，则都以"百尺为形"的构成模数来划分和组织。甚至尺度最大的孝陵享殿的面宽，也是在中轴线左右各对称展开"百尺"而确定的。在这样精审的建筑设计创作意向下，经过众多能工巧匠的精心营建，明孝陵成为古代建筑艺术的重要杰作，成为整体建筑与风景艺术相结合的伟大范例。

[作者单位：南京明孝陵博物馆]

明十三陵祭品考述

冯 景

明代十分重视皇帝陵寝的祭祀，并将陵寝祭祀与天地、宗庙、社稷列为大祀。明代陵寝祭祀规模宏大，除了烦琐的祭祀礼仪之外，丰盛的祭品也是陵寝祭祀的重要特点。本文拟通过十三陵的祭祀活动来考察明代陵寝祭品的种类、数量和来源，以加强对明代陵寝祭祀制度的研究。

一 十三陵祭祀的大祭和小祭

明初，陵寝的祭祀时节并不固定，建文时期，制定了祭祀孝陵的制度，规定："每岁正旦、孟冬、忌辰、圣节，俱行香。清明、中元、冬至，俱祭祀。"①这就是所谓的四大祭和三小祭。明成祖朱棣在北京昌平天寿山建长陵，以下献陵、景陵、裕陵、茂陵、泰陵、康陵的祭祀时节都沿用了孝陵的祭祀时节。

到了嘉靖年间，祭祀时节发生了变化。嘉靖十四年（1535）二月，明世宗朱厚熜召礼部尚书夏言于文华殿，提出"清明节既遣官上陵行礼，内殿复有祭祀，似涉烦复"，命从礼制的角度加以解释说明。数日后，夏言回奏说："祭祀之典，有礼有义。祭不欲疏，疏则怠；祭不欲数，数则烦。不疏不烦，协礼与义，事神之道尽矣。我朝祀典之在宗庙，为有司所掌者如特享、时享、祫祭、禘祭，俱经皇上稽古定制，足应经义，可为世法。惟是上陵礼仪及奉先殿一应祭祀，多沿前代故事，况掌在内庭，容有礼官所未及知者。比蒙圣谕所及，臣窃加讨论，于陵祀一节诚有可议：国家上陵之祀，每岁凡三，清明、中元、冬至是也。夫中元系是俗节，事本不经。往因郊祀在正首，故冬至有上陵之礼，盖重一气之始，用伸报本之义云耳。今皇上光复郊典，于冬至既行大报配天之礼，则追报本始于郊禋为重，而陵祀为轻。况有事南郊之日，乃辍陪祀臣僚远去山陵，恐于尊祖配天之诚若有所分。臣愚以为，冬至上陵时可罢免，而中元陵祀遣官之礼可移于霜降之日举行，惟是清明节上陵如旧。盖清明礼行于春，即《礼经》所谓：'雨露既濡，君子履之有怵惕之心'者也；霜降礼行于秋节，所谓'霜露既降，君子履之有凄怆之心'者也。夫雨露之濡，霜露之降，草木实先被之，于是有陵墓之思，义斯切耳。"于是，世宗在斟酌了礼部的意见后，命天寿山的上陵祭祀，春以清明、秋以霜降遣官行礼，各衙门官陪祭；中元、冬至二节仍遣官行礼，但各衙门官不陪祭。②自此之后，十三陵的大祭活动达到了4次，分别是清明、中元、霜降和冬至。

嘉靖十五年（1536）九月，因"孟冬庙享移于立冬"，于是，明世宗又认为"孟冬朔之陵祭未免烦渎"。命令革除孟冬之祭，并且"著为令"。③因此，十三陵的小祭由4次减为3次，分别是正旦、圣旦和忌辰。这样，陵寝的祭祀改为了四大祭和三小祭。

---

① （清）张廷玉：《明史》卷六〇，中华书局，第1473页。
② 《明世宗实录》卷一七二。
③ 《明世宗实录》卷一九一。

二 十三陵祭品的种类和数量

（一）大祭的祭品

大祭是规模较大的祭祀活动，祭祀礼仪十分复杂，而祭品也十分丰富。大祭中，摆放祭品的祭案分为两种，一种是正案，一种是从案。正案和从案摆放的祭品大不相同。

正案是皇帝和皇后的祭案，每人各有一个祭案，根据皇帝和皇后的数量，十三陵中各陵寝的正案数量分别是：长陵二案、献陵二案、景陵二案、裕陵三案、茂陵四案、泰陵二案、康陵二案、永陵四案、昭陵四案、定陵三案、庆陵四案、德陵一案。① 由于崇祯帝思陵为清朝所建，没有祭案。

正案上祭品的种类和数量有严格的制度，根据图1，我们可以看到长陵明成祖祭案的祭品为：爵三、茶一、汤二、饭二、菜四、炙肉一、炙肝一、肉骨一、油饼一、角儿一、栗一、枣一、圆眼一、荔枝一、

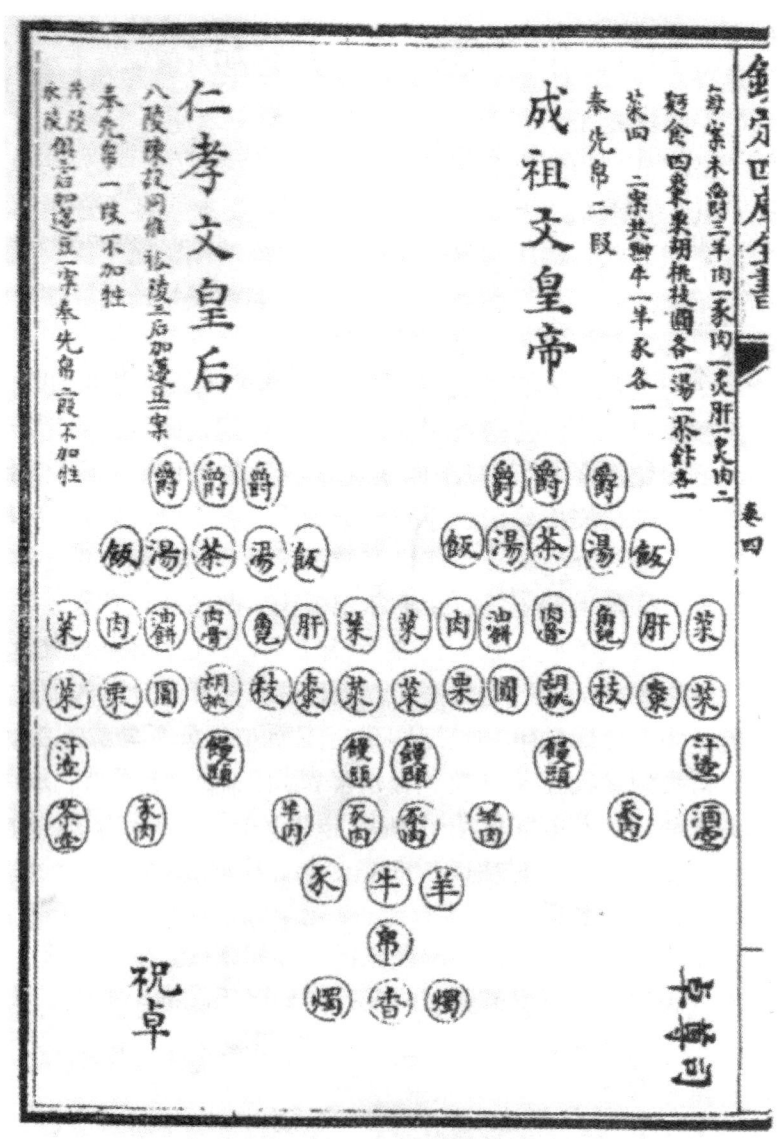

图1 长陵大祭正案祭品

---
① 《太常续考》卷四，四库全书本。

胡桃一、馒头二、羊肉一、豕肉二、汁壶一、酒壶一。仁孝徐皇后祭案的祭品为：爵三、茶一、汤二、饭二、菜四、炙肉一、炙肝一、肉骨一、油饼一、角儿一、栗一、枣一、圆眼一、荔枝一、胡桃一、馒头二、羊肉一、豕肉二、汁壶一、茶壶一。两者的区别在于，皇帝是酒壶，而皇后是茶壶。成祖帝后祭案是并列陈设，在两个祭案的前面还有1个供案，摆放太牢牛、豕、羊，以及奉先帛2段、香炉1个、烛台2个。此外在左右又有摆放祝版的祝桌和放置酒樽的司尊桌。

其余各陵帝后祭品陈设与长陵相同，只有裕陵、茂陵和永陵三陵中皇后的陈设略有不同。因为三陵皇帝皆有3位皇后，裕陵三后加了1案用于放置笾和豆，奉先帛为一段，而且不加牲。茂陵和永陵三后加了笾豆1案，奉先2段，也不加牲。①

从案是皇妃的祭案。明英宗之前，明朝实行殉葬制度，英宗时废除该制度。按照规定，"从葬诸妃岁时俱享于殿内，其别葬者，俱遣内官祭以牲醴"。嘉靖十七年（1538），明世宗朱厚熜改变祭祀制度，"（从葬者）并入各陵，从祭祾恩殿之两傍，以红纸牌书曰大明某宗皇帝第几妃之位，祭毕焚之"。到了隆庆六年（1572），改为木制牌位，"刻列名号，置各陵永远从祀，其世庙诸妃，并迁祔永陵，各置木位配享"。②这样从明成祖妃一直到明世宗妃都在各陵内配祀。

各妃配祀，每妃设立1个从案。根据各宗妃子的多少，设立的从案数量为：长陵为16案（诸妃只以数目为次，并无谥号姓氏）、献陵7案（分别为恭静贤妃李氏、恭懿惠妃赵氏、贞静敬妃张氏及未标谥号姓氏的四妃、五妃、六妃、七妃之案）、景陵8案（分别为荣思贤妃吴氏及未标谥号姓氏的二妃、三妃、四妃、五妃、六妃、七妃、八妃之案）、裕陵18案（分别为靖庄安穆宸妃万氏、恭庄端惠德妃魏氏、昭肃靖端贤妃王氏、端靖安和惠妃王氏、庄和安靖顺妃樊氏、庄僖端肃安妃杨氏、端庄昭妃武氏、恭安和妃宫氏、端和懿妃黄氏、庄靖安荣淑妃高氏、安和荣靖丽妃刘氏、恭僖成妃张氏、昭靖恭妃刘氏、僖恪充妃余氏、惠和丽妃陈氏、荣靖贞妃王氏、恭靖庄妃赵氏及贞顺懿恭惠妃刘氏十八妃之案）、茂陵14案（分别为端荣昭妃王氏、端顺贤妃柏氏、端僖安妃姚氏、康顺端妃潘氏、静僖荣妃唐氏、和惠静妃乐氏、恭惠和妃梁氏、庄懿德妃张氏、恭懿敬妃王氏、靖顺惠妃郭氏、庄静顺妃王氏、荣惠恭妃杨氏、昭顺丽妃章氏、恭肃端顺荣靖皇贵妃万氏共十四妃之案）、康陵2案（分别为荣淑贤妃沈氏、淑惠德妃吴氏二妃之案）、永陵33案（分别为悼隐恭妃文氏、荣安惠顺端僖皇贵妃阎氏、庄顺安荣贞靖皇贵妃沈氏、恭僖贞靖贵妃文氏、恭顺端和温靖皇贵妃王氏、怀荣贤妃郑氏、荣安贞妃马氏、恭淑安僖荣妃杨氏、宜妃包氏、静妃陈氏、睦妃何氏、丽妃王氏、晏妃褚氏、常妃张氏、庄妃王氏、和妃高氏、安妃彭氏、平妃耿氏、定妃吴氏、顺妃李氏、怀妃王氏、安妃张氏、宜妃于氏、宜妃宋氏、静妃朱氏、和妃张氏、安妃高氏、庄妃杜氏、康妃王氏、温靖懿妃赵氏、德妃张氏、徽妃王氏、常妃陈氏三十三妃之案）。③而昭陵、定陵、庆陵、德陵没有从案之设。

图2显示了皇妃从案上祭品的种类、数量和摆放位置，从图中看，皇妃从案摆放的祭品有爵三、汤三、茶一、饭一、菜四、炙肉一、炙肝一、油饼一、角儿一、肉骨一、栗一、枣一、圆眼一、荔枝一、胡桃一、馒头二、羊肉一、豕肉二、汁壶二、茶壶一、酒壶一。前置素帛一段，再前为香一、烛二。无牲。图3中显示明英宗安和荣靖丽妃刘氏、恭僖成妃张氏、昭靖恭妃刘氏、僖恪充妃余氏、惠和丽妃陈氏、荣靖贞妃王氏、恭靖庄妃赵氏及贞顺懿恭惠妃刘氏八妃从案的祭品略有不同，所用为素馐。每案所设祭品为爵三、汤三、茶一、饭一、菜四、饼子二、小馒头二、糕一、栗子一、枣一、圆眼一、荔枝一、胡桃一、大馒头一。再前亦置素帛一段、香一、烛二。

---

① 《太常续考》卷四，四库全书本。
② （明）申时行：《明会典》卷九〇，中华书局，1989年，第515页。
③ 《太常续考》卷四，四库全书本。

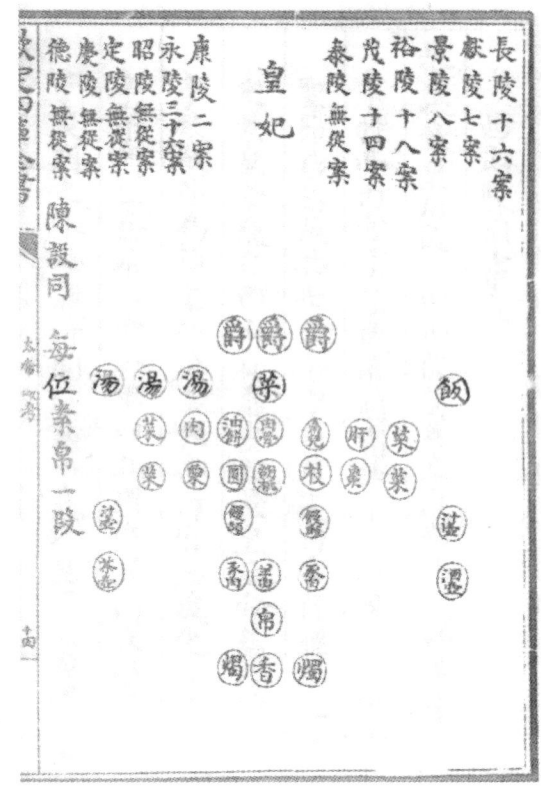
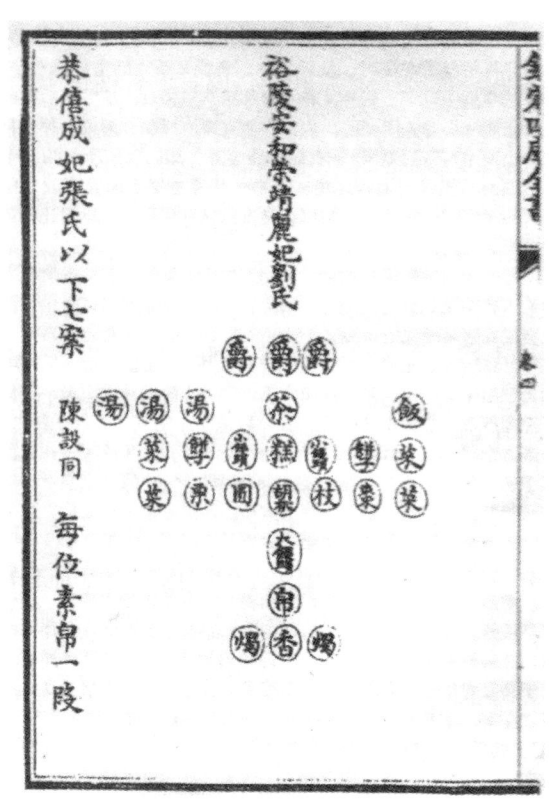

图 2　长陵大祭从案祭品　　　　　图 3　丽妃刘氏以下大祭祭品

（二）小祭的祭品

小祭在正旦、圣旦和忌辰时举行，祭品陈设情况基本相同，如图 4。

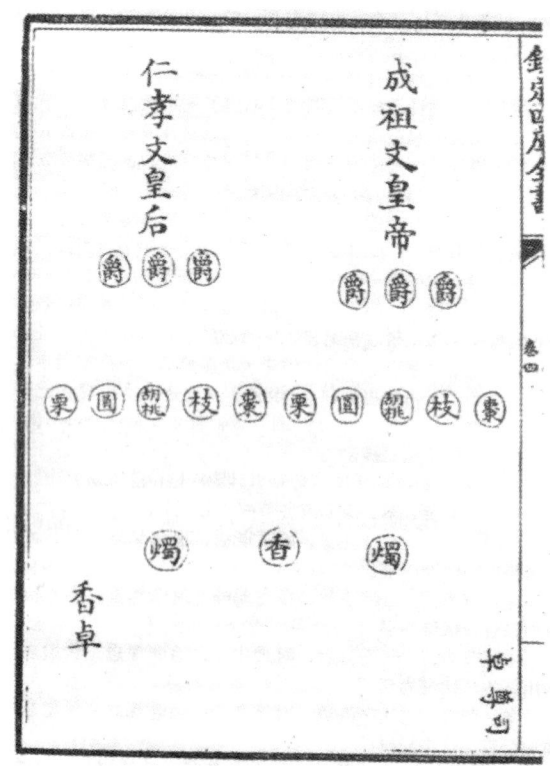

图 4　长陵小祭祭品

正月初一正旦，祭祀长陵等十二陵、恭让、恭仁二陵，另外加上皇妃，正案、从案共 137 案陈设俱同，每案均只设爵三、果五（胡桃一、荔枝一、圆眼一、枣一、栗一）。前置香一、烛二。帝后正案之前左右还分设有司樽桌及香桌等。陈设中没有牲、帛和祝文。

圣旦祭祀则不祭祀皇妃，因此只有正案，计有长陵帝后二正案、献陵帝后二正案、景陵帝后二正案、裕陵帝后三正案、茂陵帝后四正案、泰陵帝后二正案、康陵帝后二正案、永陵帝后四正案、昭陵帝后四正案、定陵帝后三正案、庆陵帝后四正案、德陵皇帝一正案、恭让皇后一正案、景皇帝后二正案，共 36 案，祭品与正旦相同。

忌辰日只祭祀某个皇帝和皇后，所用祭品与正旦、圣旦相同。

三　祭品的操办和来源

祭品的操办由太常寺负责，太常寺，"掌祭祀礼乐之事，总其官属，籍其政令，以听于礼部"[①]。每年祭祀陵墓所用的祭品原料都有数量规定，根据《太常续考》的记载，在大祭时的祭品原料数量如下。

长陵，祝版一片，奉先帛二段，素帛十六段，速香三斤又一炷，八两烛十六支，四两烛五十二支，二两烛六十支，一两烛三十支，胡桃、栗子、红枣各十八斤，荔枝、圆眼各十一斤四两，香油、豆粉各九斤，土碱六斤，白盐四斤八两，大笋、木耳各六两，花椒、细茶、栀子、红曲各四两，铜青、黄丹各二钱，祝版本纸二张，包版黄白榜纸各一张，包香帛黄咨纸二十五张，白咨纸十八张，酒二十瓶，犊一只用黝，猪五口，北羊四只，白面一百四十斤。

献陵，祝版一片，奉先帛二段，素帛七段，速香三斤又一炷，八两烛八支，四两烛四十六支，二两烛六十支，一两烛三十支，胡桃、栗子、红枣各九斤，荔枝、圆眼各五斤十两，香油、豆粉各四斤八两，土碱、白盐各三斤，大笋、木耳、花椒、细茶各三两，栀子、红曲各二两，铜青、黄丹各一钱，祝版本纸二张，包版黄白榜纸各一张，包香帛黄咨纸十五张，白咨纸九张，酒十一瓶，犊一只用黝，猪五口，北羊三只，白面八十斤。

景陵，祝版一片，奉先帛二段，素帛八段，速香三斤又一炷，八两烛八支，四两烛三十八支，二两烛六十支，一两烛三十支，胡桃、栗子、红枣各十斤，荔枝、圆眼各六斤四两，香油、豆粉各五斤，土碱、白盐各三斤，大笋、木耳、花椒、细茶各三两，栀子、红曲各二两，铜青、黄丹各一钱，祝版本纸二张，包版黄白榜纸各一张，包香帛黄咨纸二十张，白咨纸十张，酒十二瓶，犊一只用黝，猪五口，北羊四只，白面九十斤。

裕陵，祝版一片，奉先帛三段，素帛十八段，速香三斤又一炷，八两烛十二支，四两烛三十二支，二两烛九十支，一两烛三十支，胡桃、栗子、红枣各二十一斤，荔枝、圆眼各十三斤二两，香油、豆粉各十斤八两，砂糖七斤，红豆一斗四升，土碱七斤，白盐五斤，大笋、木耳、花椒、细茶各七两，栀子、红曲各四两，铜青、黄丹各二钱，祝版本纸二张，包版黄白榜纸各一张，包香帛黄咨纸三十张，白咨纸二十一张，酒二十四瓶，犊一只用黝，猪五口，北羊四只，白面二百六十六斤。

茂陵，祝版一片，奉先帛四段，素帛十四段，速香三斤又一炷，八两烛十六支，四两烛六十六支，二两烛六十支，一两烛三十支，胡桃、栗子、红枣各一十八斤，荔枝、圆眼各十一斤四两，香油、豆粉各九斤，土碱六斤，白盐四斤八两，大笋、木耳各六两，花椒、细茶、栀子、红曲各四两，铜青、黄丹各二钱，祝版本纸二张，包版黄白榜纸各一张，包香帛黄咨纸二十五张，白咨纸十八张，酒二十二瓶，犊一只用黝，猪五口，北羊五只，白面一百八十八斤。

[①]（清）张廷玉：《明史》卷七十四，中华书局　第 1796 页。

泰陵，祝版一片，奉先帛二段，速香二斤又一炷，八两烛八支，四两烛二十六支，二两烛五十支，一两烛三十支，胡桃、栗子、红枣各二斤，荔枝、圆眼各一斤四两，香油、豆粉、土碱、白盐各一斤，大笋、木耳、花椒、细茶、栀子、红曲各一两，铜青、黄丹各五分，祝版本纸二张，包版黄白榜纸各一张，包香帛黄咨纸五张，白咨纸二张，酒四瓶，犊一只用黝，猪三口，北羊三只，白面二十四斤。

康陵，祝版一片，奉先帛二段，素帛二段，速香二斤又一炷，八两烛八支，四两烛二十六支，二两烛五十支，一两烛三十支，胡桃、栗子、红枣各四斤，荔枝、圆眼各二斤八两，香油、豆粉、土碱、白盐各二斤，大笋、木耳各二两，花椒、细茶、栀子、红曲各一两，铜青、黄丹各五分，祝版本纸二张，包版黄白榜纸各一张，包香帛黄咨纸八张，白咨纸四张，酒六瓶，犊一只用黝，猪三口，北羊四只，白面四十八斤。

永陵，祝版一片，奉先帛四段，素帛三十六段，速香四斤又一炷，八两烛十六支，四两烛一百二十六支，二两烛七十支，一两烛三十支，胡桃、栗子、红枣各四十斤，荔枝、圆眼、各二十五斤，香油、豆粉各十九斤半，土碱十二斤，白盐九斤，大笋、木耳、花椒、细茶各十二两，栀子、红曲各八两，铜青、黄丹各五钱，祝版本纸二张，包版黄白榜纸各一张，包香帛黄咨纸八张，白咨纸四张，酒四十五瓶，犊一只用黝，猪十口，北羊九只，白面二百五十二斤。

昭陵，祝版一片，奉先帛四段，速香二斤又一炷，八两烛十六支，四两烛四十六支，二两烛七十支，一两烛三十支，胡桃、栗子、红枣各四斤，荔枝、圆眼各二斤八两，香油、豆粉、土碱、白盐各二斤，大笋、木耳、花椒、细茶、栀子、红曲各二两，铜青、黄丹各五分，祝版本纸二张，包版黄白榜纸各一张，包香帛黄咨纸五张，白咨纸二张，酒八瓶，犊一只用黝，猪五口，北羊五只，白面四十八斤。

定陵，祝版一片，奉先帛三段，速香二斤又一炷，八两烛十二支，四两烛三十六支，二两烛四十支，一两烛三十支，胡桃、栗子、红枣各三斤，荔枝、圆眼各二斤四两，香油、豆粉、土碱、白盐各一斤八两，大笋、木耳、花椒、细茶各二两，栀子、红曲各六钱，铜青、黄丹各五分，祝版本纸二张，包版黄白榜纸各一张，包香帛黄咨纸五张，白咨纸二张，酒六瓶，犊一只用黝，猪四口，北羊四只，白面三十六斤。

庆陵，祝版一片，奉先帛四段，速香二斤又一炷，八两烛十六支，四两烛四十八支，二两烛五十二支，一两烛三十支，胡桃、栗子、红枣各四斤，荔枝、圆眼各二斤八两，香油、豆粉、土碱、白盐各二斤，大笋、木耳、花椒、细茶各二两，栀子、红曲各六钱，铜青、黄丹各五分，祝版本纸二张，包版黄白榜纸各一张，包香帛黄咨纸五张，白咨纸二张，酒八瓶，犊一只用黝，猪五口，北羊五只，白面四十八斤。

德陵，祝版一片，奉先帛一段，速香一斤又一炷，八两烛四支，四两烛十二支，二两烛十二支，一两烛三十支，胡桃、栗子、红枣各一斤，荔枝、圆眼各十两，香油、豆粉、土碱白盐各八两，大笋、木耳、花椒、细茶各二钱，栀子、红曲各二钱，铜青、黄丹各二分，祝版本纸二张，包版黄白榜纸各一张，包香帛黄咨纸五张，白咨纸二张，酒二瓶，犊一只用黝，猪二口，北羊二只，白面十二斤。

小祭时祭品原料的数量如下。

长陵，速香三斤又一炷，八两烛十六支，四两烛四十六支，二两烛六十支，一两烛十支，胡桃七十二斤，栗子一百八斤，红枣九十斤，荔枝、圆眼各五十斤，酒二十瓶。

献陵，速香三斤又一炷，八两烛八支，四两烛四十六支，二两烛六十支，一两烛十支，胡桃三十六斤，栗子五十四斤，红枣四十五斤，荔枝、圆眼各二十七斤，酒十一瓶。

景陵，速香三斤又一炷，八两烛八支，四两烛三十八支，二两烛六十支，一两烛十支，胡桃四十斤，栗子六十斤，红枣五十斤，荔枝、圆眼各三十斤，酒十二瓶。

裕陵，速香三斤又一炷，八两烛十二支，四两烛三十二支，二两烛九十支，一两烛十支，胡桃八十四斤，栗子一百二十六斤，红枣一百零五斤，荔枝、圆眼各六十三斤，酒二十四瓶。

茂陵，速香三斤又一炷，八两烛十六支，四两烛六十六支，二两烛六十支，一两烛十支，胡桃七十二斤，栗子一百零八斤，红枣九十斤，荔枝、圆眼各五十四斤，酒二十二瓶。

泰陵，速香二斤又一炷，八两烛八支，四两烛二十六支，二两烛五十支，一两烛十支，胡桃八斤，栗子十二斤，红枣十斤，荔枝、圆眼各六斤，酒四瓶。

康陵，速香二斤又一炷，八两烛八支，四两烛二十八支，二两烛五十支，一两烛十支，胡桃十六斤，栗子二十四斤，红枣二十斤，荔枝、圆眼各十二斤，酒六瓶。

永陵，速香三斤又一炷，八两烛十六支，四两烛一百二十六支，二两烛七十支，一两烛十支，胡桃一百六十斤，栗子二百四十斤，红枣二百斤，荔枝、圆眼各一百二十斤，酒八十瓶。

昭陵，速香二斤又一炷，八两烛十六支，四两烛四十六支，二两烛七十支，一两烛十支，胡桃十六斤，栗子二十四斤，红枣二十斤，荔枝、圆眼各十二斤，酒八瓶。

定陵，速香二斤又一炷，八两烛十二支，四两烛二十六支，二两烛四十支，一两烛十支，胡桃十二斤，栗子十八斤，红枣十五斤，荔枝、圆眼各九斤，酒六瓶。

庆陵，速香二斤又一炷，八两烛十六支，四两烛三十八支，二两烛五十二支，一两烛十支，胡桃十六斤，栗子二十四斤，红枣二十斤，荔枝、圆眼各十二斤，酒八瓶。

德陵，速香一斤又一炷，八两烛四支，四两烛十支，二两烛十四支，一两烛十支，胡桃四斤，栗子六斤，红枣五斤，荔枝、眼各三斤，酒六瓶。

除了每年的四次大祭和三次小祭之外，在平时也有供奉，这些物品主要来自于每陵的果园、榛厂等。这些果园、榛厂的所产物品一方面供应陵墓的祭品之用，另一方面也供守陵太监所用。

果园，或称为瓜园、菜园，除了思陵之外，每陵都有一座，其中，长陵园在神仙洞北（今长陵园村），献陵园位于昌平旧城南门外稍西，景陵园位于天寿山北，裕陵园位于景陵园西，茂陵园在大松园西，泰陵园在大红门西（今泰陵园村），康陵园位于大红门西（今康陵园村），永陵园位于神仙洞前（今仙人洞村），昭陵园在西山口（今西山口村），定陵园位于昌平旧州城西门外御路西，庆陵园在白浮村，德陵园在州西门南。① 据史料记载，陵园的设置比较完备，"嘉靖八年正月……壬戌，置悼陵皇后陵果园、菜园房屋悉如康陵规制"。② "嘉靖八年二月……甲午……工部尚书刘麟等言：……悼灵皇后果菜园内止须缭以墙垣，待果实有成，方可建屋。"③ 可见，悼陵虽为皇后陵墓，其果园仍然有房屋和围墙，其余皇帝陵墓也必然如此。

榛厂，除了思陵之外，每陵也有一座，但其位置有的并不在昌平州内，路途较远，其中，长、献二陵榛厂在渤海所，景陵榛厂在韦村，裕、泰二陵榛厂在怀柔县，茂、永、昭、定四陵榛厂在密云县，康陵榛厂在红川柳沟，庆陵榛厂在平谷县，德陵榛厂在蓟州盘山。④

---

① （康熙）《昌平州志》卷一七《陵墓》。
② 《明世宗实录》卷九七。
③ 《明世宗实录》卷九八。
④ （康熙）《昌平州志》卷一七《陵墓》。

晾果厂，每陵一座，其一在昌平州城，余在北京城内，其位置无考。① 回料厂，在沙河，"春秋二祀所用物料处"。② 皇庄，每陵一座，其中，定陵皇庄在州城南凉水河。③

综上所述，在礼制的规定下，十三陵祭祀所用的祭品在数量、种类、摆放位置以及来源方面都有严格的规定，从而保证了祭祀的庄严性，体现了皇权的至高无上。

[作者单位：十三陵特区办事处]

---

① （康熙）《昌平州志》卷一七《陵墓》。
② （康熙）《昌平州志》卷一七《陵墓》。
③ （隆庆）《昌平州志》卷四《田赋志》："每陵之设，必有果园，必有皇庄。"又《明神宗实录》卷二九九："万历二十四年七月丙寅朔……命抄没地方俱入……其凉水河庄房田俱着做寿宫皇庄。着天寿山守备暂管。"

论明显陵由王墓到帝陵的嬗变

周红梅

地处湖北省钟祥市东北纯德山的明显陵,为明嘉靖帝的本生父母兴献王朱祐杬(追尊为"睿宗献皇帝")和蒋氏的合葬墓。在明代的18座帝陵中,显陵为第12座,居于中期,是一座特殊的帝王陵寝。墓主朱祐杬,成化二十三年(1487)七月十一日被封为兴王,到弘治七年(1494)九月十八日就藩湖广安陆州(即今钟祥市)。于正德十四年(1519)六月十七日薨逝,享年44岁,享国26年。明武宗朱厚照赐谥为"献",史称兴献王。在安陆松林山选定吉地,按亲王规制建置坟园,"以正德十五年四月初三日葬于松林山之原"。① 它的建造不仅是明代封藩制度的产物、嘉靖初年的重大历史事件"大礼议"的物证,而且它所产生的背景和建筑格局决定了显陵在明代帝陵当中所具有的独特性。因此,很有必要对其历史原因以及明显陵近20年的嬗变过程加以分析。

一 明代封藩制度的产物

在明代初期,朱元璋为了强化家天下的专制统治,曾经"众建藩辅所以广磐石之安,大封疆土所以眷亲友之厚",册封24个儿子为亲王,授予军政大权,藩镇全国各地,建立了封藩制度。此后,从明惠帝朱允炆、明成祖朱棣到明思宗朱由检,多数皇帝都曾经册封皇子为亲王,"授金册、金宝,岁禄万石,府置官属,护卫甲士少者三千人,多至万九千人。……冕服、车旗、邸第,下天子一等"。在这一世袭的封藩制度中,亲王的嫡长子还要封为世子,在亲王死后承袭王位。亲王的其他诸子封为郡王,郡王死后由立为郡王世子的嫡长子继位;亲王和郡王又通称为藩王。此外,还有郡王的其他诸子授为镇国将军,诸孙授为辅国将军,曾孙授为奉国将军等。同样,封藩制度与丧葬礼制形成了相应的藩王墓茔建筑制度。例如《明会典》规定亲王的丧葬:"丧闻,上辍朝三日;礼部奏差官掌行丧祭礼;翰林院撰祭文、谥册文、圹志文;工部造铭旌,差官造坟;又钦天监取官一员前去卜葬。"其中"差官造坟",由工部屯田清吏司具体职掌。而藩王的后裔,则"令亲王、郡王、镇国将军,各于始封父祖茔,序昭穆葬"。藩王墓茔建筑制度也是朱元璋创立的,后世皇帝也曾有相应调整。例如《明会典》记载永乐八年(1410)定亲王坟茔:

其中,除石像生、明楼及地宫等没有规定外,建筑配置"下天子一等",即类同帝陵而尺度规模减小,是显而易见的。

明代封藩制度的贯彻结果,按《明史·诸王世表》的记载统计,全国各地建置的藩王坟茔,建筑规制仅次于帝陵的亲王坟就不下267座,郡王坟更多,达1400座以上。大量藩王坟的建置,实际成为国家建筑活动的重要内容。遗存至今的明代亲王坟中地面建筑格局比较完整的,为洪武十五年(1382)建于湖北省武昌县灵泉山的楚昭王朱桢坟、洪武二十二年(1389)建于山东省邹县九龙山的鲁荒王朱檀坟

---

① 《皇明御赐祭文碑》记载,现保存明显陵内。

等，是建置最早的实例；万历四十二年（1614）建于河南省新乡市五龙岗的潞简王朱翊镠坟，则是明代晚期最重要的实例。至于已发掘清理的亲王坟地宫，除楚昭王、鲁荒王和潞简王坟地宫外，还有永乐初年建于河南省禹县老官山的周定王朱橚坟、永乐十二年（1414）建于湖北省钟祥市三岔河的郢靖王朱栋、永乐二十二年（1424）建于湖北省江陵县八陵山的辽简王朱植坟、宣德十年（1435）建于四川成都正觉山的蜀僖王朱友壎坟、正统二年（1437）建于江西省新建县西山的宁献王朱权、正统六年（1441）建于湖北省钟祥市瑜坪山的梁庄王朱瞻垍、弘治四年（1491）建于宁夏同心县韦乡的庆庄王朱邃墏坟、正德三年（1508）建于蜀僖王坟旁的蜀昭王朱宾瀚坟、嘉靖十八年（1539）建于江西省南城县金华山的益端王朱祐槟坟、万历四十年（1612）建于湖南常德德山的荣定王朱翊鉁坟的地宫等，都是各具特色的重要实例。

大量实例表明，由于各藩王与在位皇帝的亲疏关系不同，分封时代、就藩地域文化习俗等也各有差别，藩王坟茔建筑制度经过几度调整，但对石像生、牌坊、望柱、明楼及地宫等却一向没有明确规定，这种种原因，致使藩王坟的建置常同典章制度相出入，各藩王坟的建筑布局、规模、形制等也往往互存差异，甚至是相当悬殊的差异。

明显陵的前身兴献王坟是按藩王坟规制兴建的，在升级改建为帝陵并在新玄宫重新安葬明睿宗朱祐杬和皇后蒋氏后，旧宝城中央的地宫原封未动，以及保存较好的《皇明御赐祭文碑》《皇明御赐谥册志文碑》，其内容均为正德十五年（1520）所镌刻，是兴献王坟原有规制所存实物，它的建筑遗存及历史信息保留很完整，也很珍贵。

二 由藩王墓到帝陵嬗变的历史原因

明显陵不仅是帝王文化的主要载体，也是明朝中期帝王陵寝文化的重要历史转折点，很多重要的历史典故和事件与此息息相关。

（一）议"大礼"

明正德十六年（1521）明武宗驾崩。因武宗没有子嗣，慈寿皇太后和首辅大学士杨廷和商议决定遵奉"兄终弟及"祖训，在他们内制的武宗遗诏中"遗命"兴献王长子朱厚熜"嗣皇帝位"。朱厚熜登基后，第3天便派遣使臣前往湖广安陆（今湖北钟祥市）兴都王府迎接母亲蒋氏进京。第5天下达诏书，命令朝廷大臣商量拟定他父亲兴献王的封号问题。礼部尚书毛澄，就以此为题，去请教内阁大学士杨廷和，杨廷和引用汉朝的定陶王、宋朝濮王的事例，作为依据，主张朱厚熜过继给孝宗做儿子，尊孝宗朱祐樘为皇父，尊自己的父亲兴献王朱祐杬为皇叔父，母亲为皇叔母，但这很不符合朱厚熜的心意，于是"大礼议"的序幕拉开，也为后期提升、改建其父的陵寝埋下了伏笔。

按照帝制社会的伦理，朱厚熜应过继给孝宗皇帝做儿子，朱厚熜坚决不同意，为了自立体系，效仿朱元璋追尊四世先祖为皇帝的例子，追尊死去的父亲为皇帝。此举引起朝臣激烈反对，礼部尚书毛澄，大学士杨廷和等召集言官，60多人联名上疏，极力反对。而以张聪为代表的一小部分人支持朱厚熜，提出"继统不继嗣"，双方引经据典展开了激烈争论。直到嘉靖三年（1524）三月，朱厚熜敕谕礼部"加称其父为本生皇考恭穆献皇帝"，此举，遭到反对派的激烈反对，以杨廷和的儿子杨慎为首的群臣200多人，相继跪在左顺门。朱厚熜数次命司礼监传其手谕，令群臣退去，可是群臣依然"伏地如故"，进行抗议。朱厚熜大怒，着锦衣卫将五品以下的在场大臣逮捕杖刑，并杖死其中17人。其余的人遭到入狱、夺俸、贬官、戍边等处罚，用武力"平息"了这场长达3年之久的"皇考"之争。这一历史事件史称"大礼议"。

"大礼议"事件,让朱厚熜变得日益成熟,也让他身心疲惫。我们可以想一想,一个不到14岁的孩子承受了这么大的压力,怎么能不让他的性格变得执拗,刚愎自用。这些给他后来的宫廷生活和执政带来不少负面影响。本来即位之初,君臣曾有过非常和谐、共谋治国的阶段,但很快就陷入继位继统、大宗小宗之类的帝国家事当中,纠缠不休。彼此你来我往,既伤颜面,更伤感情,严重影响朝政的走向,影响了整个官僚系统的运作和官员心态的养成。

实际上,这个"礼议"之事仍然没有结束。同月,朱厚熜将湖北安陆松林山兴献王的万年吉地,亲定陵名为"显陵"。七月二十一日,朱厚熜又以皇考大名未正,命廷臣会议去掉"本生"二字,加封尊号为"皇考恭穆献皇帝"将其父的神主安放在观德殿,但不多久观德殿遭到火灾。朱厚熜又新建了世庙,到嘉靖五年(1526)又将"恭穆献皇帝神主"供奉于新建的"世庙"。嘉靖七年(1528)加封尊号为"恭睿渊仁宽穆纯圣献皇帝"。嘉靖十七年(1538),追尊庙号为"睿宗",又加封尊号为"知天守道洪德渊仁宽穆纯圣恭俭敬文献皇帝"17个字,让其父享受了明朝最高封号的荣誉。到嘉靖二十四年(1545),兴献王神主供入"太庙",位及武宗皇帝之上。至此,朱厚熜才彻底完成了自己所想的昭穆体系,让皇室支系成为皇室正统。

因此,笔者认为"大礼议"是嘉靖时期的政治文化,是君与臣之间、官僚与官僚之间的政权较量,是政治史与文化史的交融互用,是理清"礼秩"衍生的政治效应,进而看清了嘉靖朝政治生态及其权力的运作方式。同时,清楚地表明了朱厚熜的意志,他的旨意是不能被逆转的。从嘉靖二年开始,就下令大势改建扩建其父亲的陵园,按帝陵规制升级改建,成为"大礼议"的物证。

(二)议"迁陵"

在"议大礼"的同时,朝中也有人提出了将显陵迁往北京天寿山安葬的奏议。围绕"迁陵"事宜,朝廷大臣对其利弊又展开了长达10多年的争论。一部分善于揣摩圣意的人认为"迁陵"天寿山,可便朱厚熜时日里瞻怀哀痛,祭祀方便。而另一些人又非常反对"迁陵",工部尚书赵璜首先提出了不能"北迁"的三条理由:"先皇体魄所安,不可轻犯,一也;山川灵秀所萃,不可轻泄,二也;国家根本所在,不可轻动,三也。昔高皇帝定鼎南京而仁祖之陵远在凤阳,文皇帝迁都北京而孝陵远在钟山,皆不敢迁改,陛下之视显陵,犹太祖之视仁祖,太宗之视孝陵也。"[①]似乎前者论说有些小气私有化,但也比较实际,符合朱厚熜的心愿。而后者是务实的大臣们,有理有据,认为"覆议园陵重事,伤国大体"。

如此争论"迁陵",朱厚熜对"迁陵"之本意究竟如何?我们有必要追究一番。

嘉靖三年(1524)九月初三日,锦衣卫已被革职的百户随全和光禄寺已被革职的录事钱子勋最先向朱厚熜奏请将"献皇帝梓宫宜改葬天寿山"。此议一出,朱厚熜立即下命礼部召集廷臣商议,此时是朱厚熜在"议礼"获胜,不到两个月,而朱厚熜为了继续维护皇权的绝对专制性,这位出身皇室旁系的皇帝又采取了一种树立自己权威的措施:即"迁葬父陵"。他没有想到通过"大礼议"之后,他的旨意仍然遭到朝中大臣反对,礼部尚书席书认为"显陵乃先帝体魄所藏,事体至重。昔高皇帝不迁祖陵,太宗不迁孝陵,盖其慎也。臣等博询众论,咸谓:显陵形胜,真帝王幽宅,先帝封藏已久,不宜轻动。随全、钱子勋诣谀小人,妄议山陵,宜下法司按问"[②]。朝中大臣们说得头头是道,朱厚熜只好以柔治刚,十分哀切地说道:"先帝陵寝远在安陆,朕朝夕瞻望,不胜哀痛。其再会群臣熟计以闻。"席书再次召集众人商议,大家都强烈地表示不可轻易"迁陵"。根据当时的形势,朱厚熜虽然不高兴,但也只得暂时

---

① (嘉靖)《兴都志·龙飞以来总纪》卷二,第10页。
② 《明世宗实录》卷三四,嘉靖三年九月丁亥,第1131页。

放下改迁之事。因为其一，显陵的建设已按照帝陵规制，不断地在改建、扩建，已经逐渐形成规模；其二，朝中老臣大部分因"议礼"之事不顺朱厚熜之意，而被黜除朝廷，这时的朝中大臣基本上都是一些新上任的，更何况朱厚熜也不想因此议再伤与朝中大臣之间的和气；其三，在迁陵一事上，由于朱厚熜非常尊崇母亲，而母亲也慈训"陵寝乃根本重地，不可轻动"①。这样才使朱厚熜暂且停止"议陵"之事。但是到嘉靖六年（1527）十月，前任御史虞守随，虽然罢官在家，还是撰述了《皇陵正议》数千言以进呈。此时，朱厚熜已停止商议"迁陵"的事，但还是于心不安，便与大学士张璁说："守随奏进《皇陵正议》，盖此举非常，前已下廷臣及内阁两议，皆云不可；彼意盖恐帝后各处，乃朕失孝，是亦忠意；而朕所未信者，恐一有差误，其为孝也不孝也？夫古者，君去国，迁庙主而行。主者，阳也，先人之精魂，故谓神主。墓者，藏先人之体魄，乃阴也，是为玄宫。地道尚静，体魄贵安，岂有宜静举？我皇考葬已八年，一旦亡动，岂胜震恐。若于万年之后，奉护慈宫以祔陵室，何不善也。"②并让张璁与桂萼密议，怎样才是最佳的选择。这时的张璁与桂萼因支持朱厚熜"尊礼"之事，成了朱厚熜身边最信任的人。但张璁权衡了"迁陵"之事的轻重，认为明朝自太祖时起，就没有迁陵事例，况且认为迁陵是要耗费巨大的人力、物力和财力的，还不如扩建显陵为圣明。于是张璁说："廷臣之议，谓太祖不迁皇陵，太宗不迁孝陵，皆正论也。……圣慈万岁之后，奉祔显陵，在情理为俱尽矣，惟圣明无贰焉。"朱厚熜采纳了张璁的意见，特命工部营建显陵"如天寿山七陵之制"，并亲自为其父撰写了"显陵功德碑文"，并派当时南京礼部右侍郎严嵩送至显陵陈设，祭祀显陵。这个时期显陵的改建工程已经是如火如荼，献皇帝该享有的建筑配制，已经都有。

嘉靖十七年（1538）十二月初四日，章圣皇太后蒋氏经过3年的疮毒折磨，不治崩逝。章圣皇太后蒋氏的病逝和如何安葬成为国家大事，朱厚熜面临抉择。但章圣皇太后蒋氏在弥留之际，留下的遗诰主要有三点意愿：一是死后从祀献皇帝左右；二是让诸王室及文武百官要竭力辅佐皇帝；三是丧事从俭。为尊重母亲遗愿，朱厚熜又多次与朝中大臣商议，但结果是无论"奉慈宫南祔"，还是"北迁父陵"自有圣上心意，大臣们将这个选择题抛给了朱厚熜本人，这时的朱厚熜心智已经成熟，处理朝政游刃有余，但如何妥善安葬圣母仍然心存犹豫。于是便命令锦衣卫指挥赵俊星夜驰赴显陵，察看陵寝情况。

翌年正月，锦衣卫指挥赵俊如期自承天回京，奏报圣上启视显陵玄宫时，发现地宫渗透有水，保存较差。于是，朝中大臣又都说："显陵当北迁。"于是朱厚熜以"孝子之事亲，送终为大"决定南巡承天，躬视显陵，亲临调度，以"安二圣之心"。这也是朱厚熜一生唯一回钟祥的一次。到达的第2天，朱厚熜便拜谒显陵"骑登陵山，立表于皇考陵寝之北，周览久之，命改营焉"③。并亲定了显陵新玄宫图式，也就是后宝城，这时他还决定将母亲南祔显陵。三月十九日，显陵新玄宫随即开工兴建，并命工部左侍郎顾璘与内官监太监袁亨督理显陵及兴都府（加建世子府）、元佑宫三大工程事务。朱厚熜在承天滞留了13天，一切安排妥当后，于三月二十四日起驾回京。朱厚熜南巡返京后，随即在四月乙丑视察大峪山，同显陵风水形势比较，认定"峪地空凄，岂如纯德山完美；决用前议，奉慈驾南祔"④。遣派京山侯崔元等护送母后灵柩南祔，闰七月庚申同朱祐杬合葬在显陵新玄宫内。"迁陵"不成，当然是更加完善显陵建制。他曾经谕命大峪山地宫"刻期五月初旬以内，玄宫内工竣，事务如法，坚致完美"。这时虽已完成，也被空置。一位亲王，建两座陵寝，在明朝实属绝无仅有。

---

① 《兴都志·龙飞以来总纪》卷二，第24页。
② 《明世宗实录》卷八一，嘉靖六年十月丙辰，第1800~1801页。
③ 《明世宗实录》卷二二二，嘉靖十八年三月辛巳，第4613页。
④ 《明世宗实录》卷二二三，嘉靖十八年四月乙丑，第4639页。

三 显陵建制的嬗变情况

"议大礼"和"议迁陵"的过程,影射了朱厚熜的心理状态,他曾经说过这样一句话:

> 当是之时,即命礼官议处称号等项事宜,乃泥古弄文,援据非礼,欺朕冲年,几于伦叙失序,治理茫然。荷皇天垂鉴,祖宗佑启,锡予良臣,起议大礼,群邪解争,众议顿息,于嘉靖三年上尊号曰恭穆献皇帝,陵曰显陵,遣官以奉其祀,经营设置一如祖宗之制。今思若不刻以金石,曷以昭示后人也。①

即位之初,朝中大臣们以为朱厚熜年幼,心智不齐,好忽悠,没承想他是一个如此坚定而睿智的少年。大臣们越是反对,他越要超越礼制,将原有兴献王坟也相应随着其父兴献王的身份提升,按照帝陵规制升级改建。如嘉靖元年(1522)二月庚子,上令御马监太监丞付霖等来奉陵庙香火。监、卫如制,设祠署。安陆岁时享祀,用十二笾豆,乐用八佾。嘉靖二年(1523)闰四月,朱厚熜命"易盖瓦以黄琉璃,修神路石桥、筑河堤、营铺舍"②。在中国专制社会中,皇帝、王公、百官、士庶的建筑在规模大小、装修的视觉上有高低之分。建筑的瓦色自然也体现出等级之别,于是显陵原覆黑瓦换为黄琉璃,这就是质的飞跃,在明代只有天子才享有红墙黄瓦,而亲王只能享受红墙绿瓦,瓦色首当其冲成为区分建筑等级的一种标志,同时下令由南京官窑造办。嘉靖三年(1524)三月丁丑,钦定其父陵寝为"显陵",在明朝只有皇帝(或者追封为皇帝)的园寝才可称为"陵",即使亲王也只能称"坟"。同年八月丙午,显陵掌印太监杨保进言"陵殿门墙规模狭小,乞照天寿山诸陵制更造",此时就提出显陵的建制要依天寿山所建,但被工部尚书赵璜以"陵制当与山水相称,恐难概同"为由谏止。也的确如此,显陵的前身是亲王坟,建制已形成,恐怕是难相同。然而嘉靖六年(1527)再议"迁陵"不成,朱厚熜出于尊亲推孝,于十二月丁未又"命修显陵如天寿山七陵之制",开始大规模改建,包括培置主山,修筑显陵宝山即宝顶和宝城,增建方城明楼,重建香殿即享殿,棂星门,望柱和十二对石像生,睿功圣德碑亭,大红门、内外明塘及附属建筑神宫监、神厨、神库等,这是显陵建设变动最大的时期,陵寝建设配制已经非常完备。嘉靖十年(1531)当有人又提"迁陵"之事时,尚书李时等言:"今园寝已经建造,殿宇巍峨,规制壮丽,视天寿山诸陵无异。"③而谏止。直到嘉靖十一年(1532)正月丁巳,诏立显陵纯德山碑;及陵宫门外左、右碑亭二区,左以纪述瑞应,右树祭告碑文。……皆建碑亭护之。④改建工程便告一段落。

嘉靖十七年(1538)十二月甲寅,朱厚熜在母亲病逝后,几经周折才确定将母后灵柩南祔显陵,与其父合葬。由工部左侍郎顾璘等受命督工,按朱厚熜钦定"图式"兴建新的玄宫,用一座称为"瑶台"的高大砖石平台,把新宝城同南面的旧宝城前后串联起来,形成了明代帝陵中前所未有的特殊格局——"一陵双冢",同时,加建了庞大的外罗城、新红门及外明塘。至此,显陵的主体工程完竣。嘉靖二十年(1541)由工部左侍郎顾璘编修《兴都志》将显陵规制记载得非常清楚。此后,显陵建设多次进行过修葺,嘉靖三十三年(1554)四月,下令改建享殿即祾恩殿"如景陵制",以工部右侍郎卢勋兼都察院右金都御史提督工程。嘉靖三十五年(1556)七月,诏修显陵二红门左角门、便路及御桥、墙等。嘉靖四

---

① (嘉靖)《兴都志·龙飞以来总纪》卷二,嘉靖元年二月庚子,第5页。
② (嘉靖)《承天大志·陵寝纪一》卷一三,嘉靖二年闰四月,第6~13页。
③ 《明世宗实录》卷一二九,嘉靖十年八月己亥,第3070~3073页。
④ 《明世宗实录》卷一三四,嘉靖十一年正月丁巳,第3171页。

十五年（1566）九月，又遣工部左侍郎张守直重修祾恩殿。

明显陵建制的嬗变由于特定的历史背景及环境的影响，建筑格局在建设过程中，又因时因地自创了新意，形成了自己鲜明的特点和独特的风格。显陵的建设虽然分了几个阶段，但仍然贯穿了嘉靖朝的御极的始终。

［作者单位：湖北钟祥明显陵管理处］

明代古城巩华城的性质与复原措施刍议

郭 超

2016年是明定陵考古发掘60周年，也是明定陵考古发掘工作队队长、著名考古学家、北京史学家赵其昌先生诞辰90周年。20世纪80年代中期，笔者曾随赵其昌先生参观考察过琉璃河商周燕国都城遗址和十三陵景区，并遵赵先生所嘱开始研究北京古城变迁。30年来，每当涉及北京的古城研究，当年我随赵先生参观考察的情景和赵先生的音容笑貌就浮现在我的脑海中。籍明定陵考古发掘60周年之际，谨以此文纪念赵其昌先生90诞辰！

一 明代古城的特点

明代，出现了中国6000年造城史上最后一个造城高峰，不仅修筑有中都、南京、北京三座都城和举世闻名的万里长城，而且在全国各地还修筑了府、州、县、卫、所、堡等各种等级的砖城。明代古城，不仅在中国古城修筑史和中国古代建筑史上具有里程碑式的伟大意义，而且在世界古城修筑史和世界古代建筑史上也占有十分重要的历史地位。

明代修筑的古城具备有广、大、高、多四个显著特点。广，即空间分布广；大，即都城规模大；高，即城墙质量高；多，即数量与种类多。

广，指明代修筑的城池几乎遍布全国，有将前代古城的夯土城墙包砖改造为砖城的，特别是在北部长城内外、沿海地区和西南部还修筑了大量新的城池。华夏大地今天保存完好的古城和城墙多为明代所修筑。

大，指明代修筑有中都、南京、北京三座规模巨大的都城，为中国古代各朝代之最。明南京的外郭城城墙周长约60000米，其空间规模超过了隋唐长安和洛阳两都，为已知中国古代最大的都城。

高，指明代古城几乎均为砖砌城墙，与前代夯土城墙比较，砖砌城墙的建筑质量高，不仅能够有效地防止雨水冲刷造成的城墙塌圮，而且还可以使城墙变得陡峭、坚固而有利于城防。明代修筑的古城用砖，多为政府指定的生产单位所生产，所以在都城城墙的城砖上多印有生产者的戳记，以保证城砖的质量。修筑于洪武年间的南京城墙至今已逾600多年，大多城砖仍完好如初。

多，指明代修筑的古城不仅数量多，而且种类亦多。除修筑有都城、府城、州城、县城和具有军事防卫性质的卫城、所城、城堡外，还专门修筑有祭祀帝陵的具有行宫性质的"寿皇城"巩华城和武当山道教紫禁城等古城。

二 巩华城的性质与建筑规制

巩华城，位于北京和天寿山皇陵之间，因有史料的详细记载，本文只概述其历史沿革而重点论述其古城规划与建筑的复原措施。巩华城前身为沙河店行宫，初建于永乐年间，正统年间毁于洪水，嘉靖年间复建行宫并在行宫外修筑城墙，命名为"巩华城"。

巩华城，是明代在北京与天寿山皇陵之间修筑的一座独具皇陵祭祀功能的城池，即专为大行皇帝停灵和当朝皇帝到天寿山皇陵祭祀而修筑的一座"寿皇城"，是天寿山皇陵区域附属的一座古城。因此，巩华城在明代修筑的众多古城中，具有无可替代的唯一性。

图一　巩华城空间位置示意图

在明定陵考古发掘 60 周年之际，研究明天寿山皇陵（今称"十三陵"）区域规划与保护问题，不能不涉及巩华城。因为巩华城是天寿山皇陵区域整体规划不可分割的一部分，具有非常重要和独特的历史价值。因此，研究、保护、复原巩华城，应该列入北京十三陵景区研究、保护、复原的大规划、大范围中，使其成为研究明代乃至中国古代皇家祭祀文化和皇家祭祀建筑的活的"寿皇城"标本，这样做既可对天寿山皇陵区域规划进行完整保护，又可丰富明史研究的内容，亦可为北京古都文化增添一处独特的古城景观。

巩华城，位于京昌公路东侧的南沙河与北沙河之间相对狭窄的空间地带里，平面规划约为 1000 米见方，周长约为 4000 米；城墙为砖砌，高 3 丈 5 尺（折合 11.17 米）；南、北、东、西四面城墙，各规划有一座城门，南门曰扶京门，北门曰展思门，东门曰镇辽门，西门曰威漠门。四座城门外，均建有瓮城；南、北城门，各规划有三个南北向券式门洞；南、北城门之瓮城，亦各规划有三个券式门洞；一南

（一北）、一东、一西；东、西城门，各规划有一个券式门洞；东、西城门之瓮城，各规划有一个朝南开的券式门洞。巩华城之四隅，各规划有向外突出的角楼一座。城外环以护城河，河上建有石桥。行宫，规划在巩华城中轴线的南部，基址高约2丈，平面规划约为49丈见方，南北规划长度约为150米，东西规划长度约为160米。

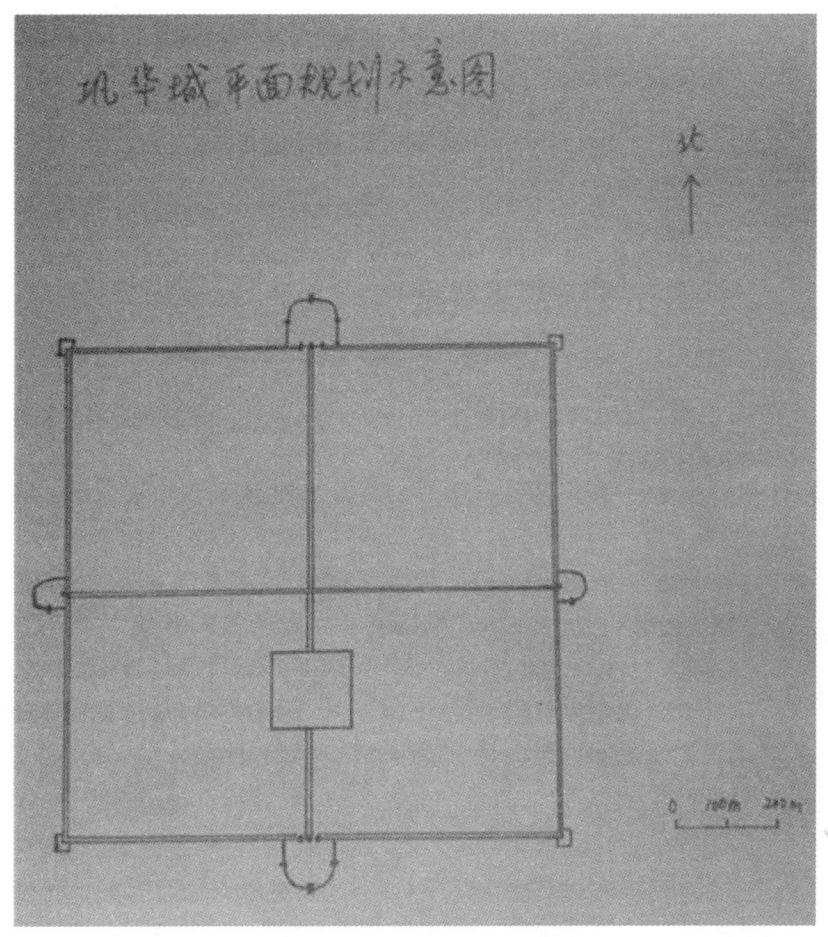

图二　巩华城平面规划图

2015年10月，笔者对巩华城遗址进行了实地考察。巩华城现存的古城遗址有6处：南门及瓮城遗址，保存相对较好；北门及瓮城遗址，保护相对南门次之；东门及瓮城遗址有部分已残缺；西门及瓮城遗址损毁得最为严重；东南城角以西保存有约百米长的南城墙东段夯土墙体遗址，高度5至6米，宽度6至7米，夯土层厚度约0.2米；行宫遗址现为沙河中学。

巩华城虽然规模不大，但其建筑规制却很高：

1. 南、北城门均规划修建为三个券式门洞，南、北城门之瓮城也规划有三个方向的三个券式门洞的城门，此为国都规制，远高于一般古城城门和瓮城城门规划为一个券式门洞的规制；

2. 皇帝行宫规划在城内中纬线以南的中轴线上，位于城内中南部；

3. 中轴线纵贯全城，连接南、北城门，与行宫形成一个"中"字；

4. 中轴线、中纬线与行宫形成一个"古"字；

5. 中轴线、中纬线与行宫和外城形成一个"固"字；

6. 巩华城的规划尺度为皇家独享的九五尺度和五五尺度——巩华城的周长规划为1255丈，行宫的周长规划为195丈；行宫南北规划长度为46.95丈，行宫东西规划长度为50.55丈。

巩华城的规制和规划，与该城的"寿皇"功能密不可分。巩华城，是大行皇帝葬于天寿山皇陵途中的停灵行宫，也是当朝皇帝前往天寿山皇陵祭拜先帝途中的驻跸之所。因此，巩华城具有"寿皇城"的独特性质，其功能与北京景山寿皇殿相同。对于这样一座具有"寿皇"功能和独特历史文化遗产价值的明代古城，我们完全有责任、也有能力恢复它的原貌，即复原它！

三　复原巩华城的条件与措施

鉴于巩华城四个城门及其瓮城遗址的轮廓和南城墙东段夯土墙体保存基本完好，城池空间方位的确定和城墙夯土建筑技术的样板的存在，为复原巩华城原貌提供了必要的前提条件。

下面让我们结合巩华城遗址照片来分析巩华城的规制及其规划与建筑复原的可能性及复原措施。

（一）巩华城南门扶京门及瓮城遗址照片 8 张

1. 巩华城南门内侧照片

2. 巩华城南门外侧照片（门上石匾书"巩华城"）

3. 巩华城南门瓮城及瓮城东门照片

4. 巩华城南门瓮城及瓮城西门照片

5. 巩华城南门瓮城之南门照片（门上石匾书"扶京门"）

6. 巩华城南门城台东侧与巩华城南城墙衔接处照片

7. 巩华城南门城台东侧及南门瓮城之东城墙北端与巩华城南城墙衔接处照片

8. 巩华城南门瓮城之扶京门东侧之瓮城东南城墙外侧照片

（二）巩华城北门展思门及瓮城遗址照片 8 张

1. 巩华城北门内侧照片

2. 巩华城北门内侧正面照片

3. 巩华城北门外侧照片

4. 巩华城北门瓮城之北门展思门内侧照片

5. 巩华城北门瓮城之北门外侧照片（门上石匾书"展思门"）

6. 巩华城北门瓮城之东门内侧照片

7. 巩华城北门瓮城之北门与瓮城之东门之间的瓮城城墙

8. 巩华城北门瓮城之北门展思门东外侧城台城墙照片

（三）巩华城东门镇辽门及瓮城遗址照片 8 张

1. 巩华城东门镇辽门内侧及瓮城东城墙内侧照片

2. 巩华城东门镇辽门城台南侧及瓮城北城墙内侧照片

3. 巩华城东门镇辽门外侧及瓮城城墙照片（门上石匾书"镇辽门"）

4. 巩华城东门镇辽门之南向瓮城门外侧及瓮城北城墙内侧照片

5. 巩华城东门镇辽门之南向瓮城门内侧照片

6. 巩华城东门镇辽门之南向瓮城门城台西侧断面照片

7. 巩华城东门镇辽门之南向瓮城门城台东侧断面及瓮城城墙照片

8. 巩华城东门镇辽门之瓮城东城墙外侧照片

（四）巩华城西门威漠门及瓮城遗址照片 8 张

1. 巩华城西门威漠门内侧照片

2. 巩华城西门威漠门城台之北侧照片

3. 巩华城西门威漠门城台及瓮城南侧城墙东端与西城墙衔接处照片

4. 巩华城西门威漠门之瓮城南门遗址外侧照片

5. 巩华城西门威漠门之南向瓮城门外侧照片

6. 巩华城西门威漠门之瓮城南门西侧的城墙

7. 巩华城西门威漠门之瓮城西南城墙遗址照片

8. 巩华城西门威漠门之瓮城北城墙遗址照片

（五）巩华城南城墙东段遗址照片4张

1. 巩华城南城墙东段遗址之东端照片

2. 巩华城南城墙东段遗址之夯土层照片

3. 巩华城南城墙东段遗址照片

4. 巩华城南城墙东段遗址照片

通过以上 36 张巩华城遗址照片的显示，让我们看到了复原巩华城的希望——

1. 古城城门及瓮城的建筑规制和建筑形制清晰；
2. 古城城墙的夯土层为砖土混合结构，夯筑技术明确；
3. 古城建筑用砖尺寸分明；
4. 古城规划尺度有史料依据；
5. 古城四门及其瓮城空间保存完好；
6. 古城内的行宫基址及其轮廓尚存；
7. 古城内的一些古建筑的空间方位有据可查；
8. 古城内已拆迁了若干住宅和单位。

笔者认为：巩华城在复原条件基本具备的情况下，可以通过两条措施来完成巩华城的复原：

第一条措施是解决巩华城遗址行政管辖权归属问题。巩华城作为北京市文物保护单位，其管辖权应该属于北京市政府文物主管部门或北京市政府十三陵特区。巩华城是一座独具皇陵祭祀功能的"寿皇城"，而不应只把其看作是众多明代古城中的一座平常的古城。因此，巩华城的保护和复原工程以及未来的规划与建设，应由北京市政府文物主管部门或十三陵特区来负责，而不应由昌平区或沙河镇来负责。

第二条措施是将巩华城遗址内的居民和单位全部迁出后，按照明代史料记载的巩华城及其行宫的规制与规划及其建筑技术的原貌进行复建。在复建巩华城之前，建议由明史、建筑史、古城研究、城市与景区规划、古建筑修复等领域的专家、学者组成一个"巩华城复建工程专家委员会"，对复建方案进行充分讨论并得到表决通过后方能实施，复建方案的确定和实施须杜绝长官意志。巩华城复建工程须聘请具有一级古建资质的古建公司来负责实施。整个复建工程，须在十三陵特区、"巩华城复建工程专家委员会"和北京市政府文物主管部门，甚至在国家文物局的监督下，方可实施。

拙文旨在抛砖引玉，谨就巩华城的性质与复原措施提出了自己浅陋的见解，希望明史学界和古城保护等领域的专家同人给予批评指正并提出更加完善的巩华城复原方案来！

[作者单位：中国科学技术史学会建筑史专业委员会]

制度史视角下的明代皇家陵寝

——以孝陵为中心

罗晓翔

明代帝陵不仅是皇家祭祀场所，也是一个特殊的宫廷组织，供养、役使着大批内臣、旗军、杂役、陵户，且兼有造办、祭祀及戍卫功能。以往对明代皇陵的研究，多集中于礼制、建筑、风水等静态因素，而较少关注这一宫廷机构的实际运作机制，及其引发的行政权力与经济利益冲突。本文试以明孝陵为中心，对这一问题进行初步探究。

位于南京钟山南麓的明孝陵建成于洪武十六年（1383），设有神宫监、祠祭署及孝陵卫，这也是明代皇陵的标准配置。然而神宫监、祠祭署与陵卫既无统属关系，也不是三个平行部门：神宫监为内府衙门；祠祭署为太常寺下属机构，受南京礼部监管；而孝陵卫作为"亲军卫"，当听南京兵部调遣，但作为帝陵卫戍部队，又为内臣、勋戚所觊觎。与此同时，对于神宫监、祠祭署与孝陵卫的职责与权限，几乎没有典章可循。这不仅造成监管困难，也为资源与权力的角逐提供了空间。围绕皇陵事务，内臣与外臣、文官与武职之间不断产生矛盾冲突，而相关供给、税收制度的变化，又对地方经济产生深刻影响。

一 陵寝营缮

在皇陵日常事务中，对陵区环境及相关建筑的维护是一项重要工作。南京为明太祖创建之都，"孝陵尤神灵妥安之所，百官瞻谒祭享，随时无斁，殿宇崇严，城楼完固，少有弗称即当修葺，工作之要，孰有重于此者？"①

孝陵神宫监作为常驻陵内的机构，自当承担这一职责。《明实录》记载，洪武二十八年（1395）九月，重定内官品秩，设内官监十一，"皆设太监一人，秩正四品，左右少监各一人，秩从四品，左右监丞各一人，秩正五品，典簿一人，秩正六品"，"孝陵神宫监掌洒扫殿庭，及栽种果木蔬菜之事"。② 但其实际职掌并不仅于此。就陵寝维护而言，孝陵神宫监还负责外垣修缮。为烧造砖瓦，孝陵神宫监下辖砖窑、石灰窑11座。其中上窑5座，坐落上元县摄山后；石灰窑1座，坐落句容县龙潭镇沿江地方；下窑5座，坐落句容县坎潭地方，"设有孝陵卫指挥一员，率领旗军六十六名"，每年"额烧砖瓦共计十一万片/个，石灰一万六千斤"。砖瓦烧造与运输所需工匠、物料、柴炭、船价、搬扛夫等，则由南京工、兵二部拨发。③ 永乐年间题准，凡孝陵外垣修理，"每五百丈料计一次，修完又行接续，料计修理，砖

---

① （明）丁宾：《殿房修理报完疏》，《丁清惠公遗集》卷三《奏疏》，《四库禁毁书丛刊》，北京，北京出版社，1998年，集部，第44册，第111页上栏。
② 《明太祖实录》卷二四一，洪武二十八年九月，中国台湾"中央"研究院历史语言研究所，1962年校印本，第3510页。
③ （清）顾炎武：《肇域志》卷五，《续修四库全书》，上海，上海古籍出版社，1995年，第587册，第286~287页。

瓦、石灰、做工夫，该监自行烧造、起拨，惟竹木于两关①会支。"② 因此，神宫监具有一定的造办功能。

当然，孝陵寝殿的大规模修缮，还需由南京工部主持。《南京工部职掌条例》记载："凡孝陵殿宇等处遇有损坏，该孝陵神宫监太监奏行本部，委官司会同内外守备，并内官监等衙本委官相看料计，本司措办物料、工食修理。"③ 明代南京内府衙门营建工程关支物料、工食银通行则例如下：会有物料，如竹木、琉璃、黑砖、石灰、铁钉等，自龙江、瓦屑坝二抽分竹木局及窑厂、宝源局关支造办；会无物料派上元、江宁二县铺户办纳，工部屯田司芦课银内支给料价；匠作工食由南京工部班匠银内支给，如若不敷，则自芦课银、抽分银内动支；帮工军士由外守备衙门量工差拨，随操起住。④

万历四十一年（1613），孝陵神宫监掌印、左监丞常永等提请修理殿房，工部备咨前来。南京工部尚书丁宾（1543—1633）会同内外守备、科道等官及常永、魏国公徐弘基谒孝陵察看，发现"正殿左右庑廊、明楼、宝楼、城垛口、金门、戟门、膳房周围红墙、懿文殿、具服殿、大红门、棂星门、西红门、宰牲厨、碑亭、井亭等处琉璃滴水、勾头，同瓦垂脊、飞仙、兽吻、砖垛多有脱落，椽望、桁柱损坏，天花板、平盘、斗拱、柱头、梁枋彩色陈黑门窗、槅扇，朱漆浅淡庑廊等处，委因年久风雨，不时侵损渗漏，通宜修理，诚不容缓。又看得洗菜、牛碾、猪羊等房，并直宿、更铺及本监仓库、房屋，或年远倒塌，或近被风雨损坏，俱应酌量修理"。南京工部会计，合用工料约银 11380 余两。工程自万历四十一年九月初三始，四十三年（1615）十月初六竣工，历时 2 年，实际用银 6880 余两。⑤

从制度上说，神宫监负责陵寝日常维护，且管有砖窑，可自行烧造，完成简单维修工作；遇有大修工程，则与南京内外守备、工部、礼部等官共同完成。作为陵寝营缮的两个主要机构，孝陵神宫监与南京工部当形成合作互补之关系。而现实中，二者之间却存在深刻的矛盾。

对于南京工部而言，孝陵大修意味着巨额开支。南京工部收入，主要由芦课银 2 万余两，及湖广、江西、福建三布政司班匠银构成。⑥ 就其出项而言，除常川供应内府各监局物料、军匠工食等，还要应付各类修造。南京衙门众多，"开报各项修造处所，估计合用工料，动以万计"。⑦ 即便在芦课银、班匠银征收正常的情况下，亦捉襟见肘。李廷机（1542—1616）就曾感叹："南京处处倾圮，……只缘圮多帑匮，故前人不暇为"。⑧ 然而祖宗陵寝为重，一经神宫监提请并奉旨修葺，南都官员绝不敢怠慢。⑨

当然，如果孝陵神宫监能尽心尽职地做好日常维护，则能减轻南京工部的负担。万历四十三年孝陵大修之后，南工部尚书丁宾即在上疏中指出，神宫监当于每年春季阅视墙垣，"但遇各处砖瓦少有动摇，即行兜抿，各处草木少有发萌，即行薙去，庶陵殿可以常坚常固，常丽常新矣，缘系看守事理。"⑩ 然而南京工部根本无权对神宫监进行监管，丁宾之言并无实际意义。

---

① 指龙江、瓦屑坝二竹木抽分局。
② （明）刘安：《南京工部职掌条例》卷一《营缮清吏司·杂科》，《金陵全书》乙编·史料类，南京，南京出版社，2016 年，第 53 页。
③ （明）刘安：《南京工部职掌条例》卷一《营缮清吏司·杂科》，第 53 页。
④ （明）刘安：《南京工部职掌条例》卷一《营缮清吏司·内房科》，第 32～33 页。
⑤ （明）丁宾：《殿房修理报完疏》，《丁清惠公遗集》卷三《奏疏》，第 108 页。
⑥ 南京工部额有轮班人匠，江西布政司 39555 名，湖广布政司 13244 名，福建布政司 6896 名，共 59695 名，"俱照景泰五年编给勘合，则例四年一班，一季为满"。成化十五年（1479）奏准，"愿出银雇工者，每班纳银一两八钱，闰月加纳六钱"。若按全部工匠交纳班匠银计算，南京工部每年工匠银收入约 2.8 万余两。参见刘安《南京工部职掌条例》卷一《营缮清吏司·匠科》，第 61～63 页。
⑦ （明）柴升：《题为陈言救时弊以弭寇盗事（南京积弊）》，（明）陈子龙：《皇明经世文编》卷一〇七《柴司马奏议》，《续修四库全书》，上海，上海古籍出版社，1995 年，第 1656 册，第 364 页。
⑧ （明）李廷机：《李文节集》，《四库禁毁书丛刊》，北京，北京出版社，1998 年，史部，第 44 册，第 693 页。
⑨ 正统初年，南京工部奉命修孝陵寝殿、垣墙，会诏停不急之务，工部侍郎张顺与南京守备襄城伯李隆、户部尚书黄福会议罢修。"事闻，上曰：修理祖宗陵寝可谓不急之务乎？命械顺至京，下狱鞫之。"孝陵工程继续完成。自此以后，南京工部官员对修陵之事再不敢怠慢。参见《明英宗实录》卷五四，正统四年四月甲辰条，中国台湾"中央"研究院历史语言研究所，1962 年校印本，第 1046 页。
⑩ （明）丁宾：《殿房修理报完疏》，《丁清惠公遗集》卷三《奏疏》，第 111 页。

神宫监与南京工部之间的利益矛盾还在于，无论神宫监尽职与否，南京工部对其供应都必须遵守祖制与成规，无法因时因势进行调整。如上文提到，孝陵神宫监管有窑厂 11 座，每年自南京工、兵二部支取柴炭、船价银、旗军口粮，额烧砖瓦 11 万片/个，石灰 1.6 万斤，年复一年，窑厂产量可能远远超过实际所需。这就意味着，工、兵二部此项开支，不是无谓浪费，即被监臣或窑头侵吞。

　　事实上，明代南京官营工厂普遍都存在这一现象。以琉璃窑为例，明初在南京城西南设有琉璃窑 360 座，"专一烧造黄绿黑三色琉璃砖瓦、飞仙、海马、兽头、鸱吻、勾头、滴水、垂带、通脊等项，以供宫殿、坛场、城垣等用。"① 琉璃砖瓦造价高昂。据宋应星《天工开物》记载，琉璃瓦坯之土"必取于太平府，造成先装入琉璃窑内，每柴五千斤烧瓦百片，取出成色，以无名异、棕榈毛等煎汁涂染成绿，黛赭石、松香、蒲草等涂染成黄，再入别窑，减杀薪火，逼成琉璃宝色"。② 而南京窑"成造用土取之太平府，烧造用柴取之原拨芦洲，上色用黛赭石取之牛首山，马牙石取之白云山，铅铜布绢等料出之工部钱粮买办。"③ 洪武至永乐时期是琉璃砖瓦烧造的高峰。南京外城安德小门，"原非开创始设，续因烧造运薪不便，始立此门，内有琉璃窑，系陵禁之砖坯……虽非冲险之关，更宜防御之地"④。

　　永乐迁都后，各类窑厂数量都大规模缩减，琉璃窑亦如此。"遗留前窑，止是囗造砖瓦，以备添换插补而已。"⑤ 但"添换插补"数量有限，而内官监为了支领芦柴、煤炭及工匠月粮，却不顾实际需求常年开工。嘉靖二年（1523）修建兴献帝陵庙，需动用南京琉璃窑烧造。南京工部侍郎吴廷举与僚属到窑查看时，才惊讶地发觉各窑"收有历年砖瓦，堆积无算"，而此次烧造任务"俱从新会料"，令南京工部出办芦柴煤炭。吴廷举感叹到："以此一事论之，则数十年间，各处修造督工内外官员侵分官银柴炭，何止千百万计也！况各窑军匠，每年支粮米一千八十余石，民匠每年支粮米一十余石，能烧造者不过数人，其余则看守门户，充当伴当，办纳月钱而已。"⑥

　　当然，内府监局的侵吞，也不能排除部分工部官员与之"通同作弊"的可能性。⑦ 无论如何，内外官员的分润，最终将转嫁到城市居民，尤其是铺户身上。正德初，南京兵部尚书柴升条陈南都积弊，即言南京工部出多入少，"取之库藏而库藏空虚，派之郡县而郡县停免，如遇紧急工程，暂派上元、江宁二县铺商借办，连年累及消乏，尚有各年赊过物料，价银五万余两，宿负未偿，续派复继，人心怨离，商贾远避，皆足以致叛违而启寇盗也。"⑧

二　祠祭供应

　　建文初，定孝陵每岁清明、中元、冬至三大祭，圣旦、正旦、孟冬、两忌辰五小祭。此外，"国有大事，遣大臣祭告。"⑨ 孝陵奉祀事宜，由南京礼部、南京太常寺、孝陵祠祭署主持。《大明会典》载，凡南京陵寝等项祭祀，南京礼部"预行南京太常寺等衙门，各以时致祭"。⑩ 南京太常寺掌"南京各陵

---

① （明）刘安：《南京工部职掌条例》卷二《虞衡清吏司·窑冶科》，第 112～113 页。
② （明）宋应星：《天工开物》卷中《陶埏第七卷》，《续修四库全书》，上海，上海古籍出版社，1995 年，第 1115 册，第 66 页。
③ （明）刘安：《南京工部职掌条例》卷二《虞衡清吏司·窑冶科》，第 113 页。
④ （明）施沛：《南京都察院志》卷二四《职掌十七·巡视门禁职掌·外城事宜》，《四库全书存目丛书补编》，济南，齐鲁书社，1997 年，第 73 册，第 688～689 页。
⑤ （明）刘安：《南京工部职掌条例》卷二《虞衡清吏司·窑冶科》，第 113 页。
⑥ （明）刘安：《南京工部职掌条例》卷二《虞衡清吏司·窑冶科》，第 114 页。
⑦ 李廷机任南京工部尚书时，曾修外罗城十八门，"节省坚完，一修后不必岁修，每省省工部万余金。然而群小岁失万金之利，怨亦不少矣"。这说明工部系统也视工程为利薮。参见李廷机《李文节集》，第 693 页。
⑧ （明）柴升：《题为陈言救时弊以弭寇盗事〔南京积弊〕》，（明）陈子龙：《皇明经世文编》卷一百七《柴司马奏议》，第 364 页。
⑨ （明）申时行：《大明会典》卷九〇《礼部四十八·陵坟等祀·陵寝》，《续修四库全书》，上海，上海古籍出版社，1995 年，第 790 册，第 585 页。
⑩ （明）申时行：《大明会典》卷一一七《礼部七十五·南京礼部》，《续修四库全书》，第 791 册，第 176 页。

庙岁时祭祀"。① 孝陵祠祭署为太常寺下属机构，有奉祀一员、祀臣一员。② 礼部、太常寺、祠祭署之间的统属关系非常明确。

孝陵奉祀典礼十分隆重。行礼者，即司香，为魏国公，"平常日进二膳，亦魏国陪祀，日必至之"。③ 其他文武官员陪祀，"不论忌辰吉祭，不限品级，不忌期功丧，文武官俱服浅淡色衣行礼。以三更一点为期，先于监礼御史等处报名进入，如先期不报，临期不至，及舆马擅入红门，听监礼官参究"。④ 崇祯十六年（1643）七月，张岱往观孝陵中元祭，亲身体验了仪式氛围的庄重肃穆："享殿深穆，暖阁去殿三尺，黄龙幔幔之，列二交椅，褥以黄锦，孔雀翎织正面龙，甚华重。席地以毡，走其上必去舄轻趾，稍咳，内侍辄叱曰：莫惊驾！"⑤

中元祭作为三大祭之一，为太牢致祭。据张岱记载："先祭一日，太常官属开牺牲所中门，导以鼓乐旗帜，牛羊自出，龙袱盖之。至宰割所，以四索缚牛蹄，太常官属至，牛正面立，太常官属朝牲揖，揖未起，而牛头已入燖所。燖已，舁至享殿。次日五鼓，魏国至，主祀，太常官属不随班，侍立享殿上。祀毕，牛羊已臭腐不堪闻矣。"⑥ 除牛、羊之外，其他"祭品极简陋，朱红木簋、木壶、木酒樽，甚粗朴，簋中肉止三片、粉一铗、黍数粒，冬瓜汤一瓯而已。"⑦ 然而这些祭品，包括牛、羊、猪及其他家禽的办纳，却长期困扰着地方社会。

明代两京太常寺、光禄寺及内府所需牲畜、家禽，皆按定例派各府县办纳，或征本色、或征折色。然而无论以何种方式征收，都存在弊病。若以本色征收，则户部要发给饲料及人工费，且随着禽畜自身繁殖，饲养成本不断提高。嘉靖初，梁材曾指出尚膳监外鹅房惊人的浪费现象。该房"岁用荐新子鹅一十四只，而所养鹅鸭多至四千二三百只，每只日支鹅粮三合、鸭粮二合，岁支户部杂粮多至三千七八百石。又有军士八十三名，不用差操，专一看养"。自嘉靖五年（1526）至八年（1529），每年会派河间、保定、真定、大名四府办纳外鹅房杂粮，共银 1420 两。而奉先殿每年荐新子鹅、腌腊、鹅鸭蛋等，以市价计，仅值银 26 两 6 钱，"是一年所征足勾五十余年买办"。而 83 名专职喂养鹅鸭军士，每年又要支米 996 石。⑧

而折色征收、佥商买办的方法则易造成商人的陪累。以北京太常寺为例，嘉靖年间定每岁用猪 1000 余口，由正阳门宣课司、张家湾宣课司、都税司、太仓银库共同解银，额定 1400 两，发猪户买办。后定、庆、德三陵修建、增添坟所，祭祀用猪增加，且猪肉价格亦不断上涨。太常寺多次提请户部增添猪价银，但仍不敷，"兹欲复行题请，嫌于渎扰；不则无以偿猪户之值，且无由责其肥腯也"。崇祯时期，猪户司乾利等呈称，一应祭猪，每口以 150 斤为率，宰得净肉 100 斤，实得正价银、帮银共 3.145 两。而以市价计，猪肉 100 斤值银 4 两，则猪户垫赔 0.85 两，"总计一年正祭猪一千一百三十三口，又续填王妃祭猪七十口，用一口，有一口陪累，剜肉难医，安生无计"⑨。

南京太常寺所用牺牲有限，其中最困扰地方的是猪羊抽分。尽管北京太常寺祭祀用猪已使用佥商买办的方式，南京却一直延续着明初定例："南京太常寺、光禄寺衙门及陵寝岁时供应牺牲，例取于榷税，

---

① （明）申时行：《大明会典》卷二一五《太常寺·南京太常寺》，《续修四库全书》，第 792 册，第 566 页。
② （明）申时行：《大明会典》卷三《吏部二·官制二·南京官》，《续修四库全书》，第 789 册，第 81 页。
③ （明）张岱：《陶庵梦忆》卷一《钟山》，《续修四库全书》，上海，上海古籍出版社，1995 年，第 1260 册，第 318 页。
④ （明）申时行：《大明会典》卷一一七《礼部七十五·南京礼部》，《续修四库全书》，第 791 册，第 117 页。
⑤ （明）张岱：《陶庵梦忆》卷一《钟山》，第 317 页下栏。
⑥ （明）张岱：《陶庵梦忆》卷一《钟山》，第 318 页上栏。
⑦ （明）张岱：《陶庵梦忆》卷一《钟山》，第 318 页上栏。
⑧ （明）梁材：《复议节财用疏》，（明）陈子龙辑：《明经世文编》卷一百二《梁端肃公奏议》，上海，上海古籍出版社，1995 年，第 1656 册，第 308～309 页。
⑨ （明）佚名：《太常续考》卷七《补选》，影印《文渊阁四库全书》，中国台北，中国台湾商务印书馆，1983 年，第 599 册，第 263 页。

每猪三十口税一"，即本色抽分。①

南京猪羊抽分在江东宣课司，并设有六畜场，由南京内守备衙门管抽。《南京都察院志》记载：

> 自洪武初年钦奉御制抽分猪羊编，因此脱累世冤愆，勘合七百道，底簿十四扇，上号簿西安门门吏收执，下号簿江东宣课司官吏收执，勘合内官收掌。但有猪羊供用库具奏请给，差该班内官，前去江东门外宣课司六畜场抽分猪羊。每三十口抽分一口，抽到猪羊口数，该司具文呈报抽分御史，分送南京太常寺祭祀百神；南京光禄寺供奉膳馐；南京内官监喂养，俵散各衙门内官使食用，以赏司香、办膳、抬供养、服役之劳；南京孝陵神宫监猪只，以备冬年二节给散内官内使食用。永乐年间建都北京，钦给前项勘合、底簿，供用库收掌，遵照前例。但遇江东宣课司呈报猪羊到库，该库给发勘合，与该班内官照旧抽分，抽过猪羊数目填注勘合，送回本库。俟勘合用尽之日，本库奏缴。每二十年一次具奏，照旧编置勘合号簿，一向钦遵。②

猪羊抽分最大的弊病在于，贩猪不及 30 口之商人，"须等候别商，计总而税，则留难抑勒且重苦之矣，是则奸弊之所由起也"。最令南都官员担忧的，是"佻傥无赖，往往鬻贩私猪，纠伙聚徒，越城吊入，持械冲击，无复顾忌，直以城垣为梯径，即直警人役，逻而得之，惧其党与众多，莫敢谁何。南中在仕官每一聚谈，佥曰是渐不可长也，将来大有可虞者"③。万历初，南京都察院陈王道等提议，不税商人之猪，"第责令屠户报名在官，每猪一口量纳税三分，官给小票，赴宣课司输纳"，南都"一日屠猪不下五六百口，税之所入不惟祭祀之用足以取给，而每年奇羡尚可赢一二千金也"。④ 然而这一提议并未得到采纳。

万历三十五年（1607），因抽分猪羊数少，派送不敷，该管抽分李御史呈堂议定，"遵照《大明会典》开载事例，南京光禄寺每月送猪三十五口，太常寺每年送猪二百一十四口，以供祭祀。其内官监、神宫监系口食猪只，每次酌量批派一二口。余者以为存留余猪，发西城兵马司变价，每百斤变价银一两三钱，类总百两，解上元县贮库。俟异日猪数不敷之日，听文取。管差御史仍于每次月初五日将存留过余猪数目，并贮库银两开具揭帖，报堂查考，一向遵照派送"⑤。照此计算，每年抽分猪只，送太常寺、光禄寺、内官监、神宫监总计不到 700 口。

然而至万历三十八年（1610），太常寺等衙门又称猪只数少，不敷祭祀。"随该管理抽分王御史呈堂议定，以后每月六次抽分猪羊，每次分送南京太常寺猪四口，以供祭祀；南京光禄寺猪六口，供奉膳馐；南京内官监猪四口、神宫监猪一口食用。余者照旧存留变价，贮库羊只俱送光禄寺祭祀，永为遵守，以省繁扰。"⑥ 太常寺每年抽分祭猪由 214 口猛增至 288 口，相比于同时期北京太常寺每年 1200 口左右的定额，再对照孝陵中元祭时"簋中肉止三片"的情况，这一数字显然是不合理的。与此同时，内官监、神宫监食用猪只抽分也高达 360 口。

猪羊抽分数额的不断增加，主导者是内府衙门，而非南京太常寺或孝陵祠祭署。南京内官人数的增加，主要在正德时期。自刘瑾等专权之后，"各衙门内臣、内使、长随等官纳贿之衅一启，求利之门横开，纷纭投托，日益增多。各监局有增至一二十员，各库有增至十三四员者，各城门与龙江等关有增至

---

① （明）陈王道：《及时修举急务以隆治安疏》，（明）朱吾弼：《皇明留台奏议》卷六《厘正类》，《续修四库全书》，上海，上海古籍出版社，1995 年，第 467 册，第 400 页。
② （明）施沛：《南京都察院志》卷二三《职掌十六·监督抽分职掌·抽分猪羊事宜》，第 656 页。
③ （明）陈王道：《及时修举急务以隆治安疏》，（明）朱吾弼：《皇明留台奏议》卷六《厘正类》，第 400 页。
④ （明）陈王道：《及时修举急务以隆治安疏》，（明）朱吾弼：《皇明留台奏议》卷六《厘正类》，第 400～401 页。
⑤ （明）施沛：《南京都察院志》卷二三《职掌十六·监督抽分职掌·抽分猪羊事宜》，第 656 页。
⑥ （明）施沛：《南京都察院志》卷二三《职掌十六·监督抽分职掌·抽分猪羊事宜》，第 657 页。

十七八员者。……关局之抽盘有甚于抄捡，门禁之侵剥何殊于抢夺。人愈众而害愈增，曷有纪极。"① 然而这一现实对南京商民的利益侵害至深。正如乔宇所言："进关使用横取于常，物价腾涌于市肆，商贾嗟怨于道途"，"扰害居民商贾，其弊有不可胜言者"。②

三 皇陵戍卫

明代皇陵皆设卫所，且陵卫的性质比较特殊。《大明会典》记载，京畿地区除26亲军卫之外，各陵卫亦不属五军都督府③，这就造成了北京"诸陵设卫，不隶都督府，亦不称亲军"的现象。④ 但南京孝陵卫却是留都17亲军卫之一。⑤ 就地理位置而言，北京诸皇陵位于昌平天寿山，距京城90里，而孝陵则密迩城区。若以皇陵八界，"二十里之内俱切系龙脉"计，南京城皆在陵区范围之内。⑥ 孝陵卫为亲军卫亦合乎情理。

孝陵卫领5所，"原额五千七百有奇，盖以陵寝在于城外，守卫为难，故多设军士，以备缓急之用，非专供扫除栽种之役而已也。"⑦ 作为亲军卫，该卫军政事务当"直达兵部"。⑧ 但孝陵卫既专为守陵而设，又与神宫监等内府衙门关系密切。加之明成祖曾有圣谕："孝陵卫他是奉祀祖先的卫分，今后不要别项差使他。"⑨ 故而奉祀官员往往借以为词，役使陵军专供扫除栽种，而南京兵部反而失去了提调权。明中后期，孝陵卫一直处在内外臣斗争的风口浪尖。

永乐迁都之后，南京营卫空虚，但军役却格外繁重。"军家自营操、屯操外，粮船、马船、驾运、编丁、修仓、巡逻，盖无人不受役也"⑩，故军士逃亡众多。而南京掌管营卫的机构却十分庞杂。南京守备系统中有内外守备、协同守备及参赞机务。守备、协同守备皆用公、侯、伯、都督，掌五军都督府；内守备又称守备太监，守备留都并掌管南京内府衙门；宣德十年（1435）始设参赞机务，"以文臣兼之，初无定职，后多委南京兵部尚书。"⑪ 此外又有"提督操江兼管巡江"一员，由南京都察院右副都御史或右佥都御史任。⑫ 南都有限的营卫资源该如何分配，就成为一个敏感的问题。

对于守备官及兵部尚书而言，地方武备力量主要体现在京营。南京"凡各营及操江官军，俱属奉勅管操武臣统领操练"，内外守备及参赞机务官阅视。⑬ 南京旧有三大营，名大教场、小教场、神机营，"操练官军，亦所以体例北京，拱护都城，而重祖宗根本之地。"⑭ 嘉靖末年，又设巡逻营，分防于南京各街巷要处，"一有警迹传哨，四路飞马赴之"。⑮ 三大营及巡逻营、新江口营官军皆来自于卫所，

---

① （明）柴升：《题为陈言救时弊以弭寇盗事〔南京积弊〕》，（明）陈子龙：《皇明经世文编》卷一〇七《柴司马奏议》，上海，上海古籍出版社，1995年，第1656册，第365页。
② （明）唐鹤征：《皇明辅世编》卷四《乔庄简宇》，《续修四库全书》，上海，上海古籍出版社，1995年，第524册，第628页。
③ （明）申时行：《大明会典》卷一二四《兵部七·职方清吏司·城隍一·都司卫所》，《续修四库全书》，第791册，第246页。
④ （明）孙承泽：《天府广记》卷三二《五军都督府》，《续修四库全书》，上海，上海古籍出版社，1995年，第730册，第93页。
⑤ （明）施沛：《南京都察院志》卷一二《职掌五·操江职四·京卫》，第342～343页。
⑥ （明）张国维：《回奏禁止开凿疏》，《抚吴疏草》，《四库禁毁书丛刊》，北京，北京出版社，1998年，史部，第39册，第531页。
⑦ （明）张时彻：《请急修武备以便防御疏》，《芝园别集》卷五《奏议》，《四库全书存目丛书》，济南，齐鲁出版社，1997年，集部，第82册，第464页。
⑧ （明）孙承泽：《天府广记》卷三二《五军都督府》，《续修四库全书》，上海，上海古籍出版社，1995年，第730册，第93页。
⑨ （明）张时彻：《请急修武备以便防御疏》，《芝园别集》卷五《奏议》，第464页。
⑩ （明）顾起元：《客座赘语》卷二《力征》，北京，中华书局，1997年，第57～58页。
⑪ （明）申时行：《大明会典》卷二二七《五军都督府·武职衙门·南京五军都督府》，《续修四库全书》，第792册，第672页。
⑫ （明）申时行：《大明会典》卷三《吏部二·官制二·南京官》，《续修四库全书》，第789册，第80页。
⑬ （明）申时行：《大明会典》卷一五八《兵部四十一·南京兵部》，《续修四库全书》，第791册，第657页。
⑭ （明）柴升：《题为陈言救时弊以弭寇盗事〔南京积弊〕》，陈子龙：《皇明经世文编》卷一〇七《柴司马奏议》，第362页。
⑮ （明）顾起元：《客座赘语》卷二《巡逻》，第49页。

是为旧营。万历末年，"大教场营见存兵止六千有奇，小教场营兵止九千一百有奇，神机营兵止二千五百有奇，巡逻游巡营兵止三千六百有奇，新江口营兵止五千八百有奇"，"徒手寄操居什之二，老稚疲癃居什之九。"① 自嘉靖至崇祯时期，为应对倭乱、民变及北方边警，南京又设置了一批新营。在这一过程中，孝陵卫亦经历了几次变迁。

永乐迁都之后，孝陵卫正军人数不断下降。这既有军士逃亡的原因，亦由于豪强占役。正德十四年（1519），南京守备成国公朱辅、守备太监黄伟、南京兵部尚书参赞机务乔宇甚至提议，"要于孝陵卫摘拨精壮余丁二千一百八十四名，每三丁朋合一丁，相兼现在旗军当差"，但被兵部尚书王琼否决。②

嘉靖三十四年（1555）倭乱紧急，南京左军都督府掌府事、丰润伯曹松受命专管孝陵防卫。或许是顾忌奉祀内臣，曹松未敢染指孝陵卫正军，而是提请于孝陵卫空闲舍余中选取3100余名，成立振武营。③ 而南京兵部尚书张时彻却指出，"余丁皆业技艺货鬻以糊其口，今防守之役难以时计，而口粮之给止于开操。衣食且犹不充，岂能常川备御？是使精壮者百计规避，而徒以幼稚充数也。"④ 南京户部署印尚书孙应奎甚至提议，当从孝陵卫正军中选取 2500 名，令丰润伯曹松管领操练。若果照此施行，则孝陵卫正军几乎全部被改编至振武营，内府衙门将失去对陵卫的控制。

然而孝陵正军历年消耗，至此时现存者仅 1800 余名，从正军中选取 2500 名成立振武营是不可能的。最终，南京兵部尚书张时彻、户部尚书孙应奎做出妥协，从孝陵卫食粮正军中选取 500 名、精壮余丁中选取 2500 名，顶补正军名数，专一食粮差操。该营以 1000 军士为一支，共分三支，"每枝添委把总一员、卫总二员管理，听于附近大教场内，不拘旧规，设法训练，……遇有警即便分布把截，以遏侵犯，并不许奉祀内臣干预，亦不许指以栽种为名，妄行掣取。"⑤

振武营并非临时设置，《大明会典》中记载了其设立经过，"以后虽地方平宁，不许废撤。"⑥ 张时彻等人虽然动摇了奉祀官役使孝陵卫军的局面，但也付出了代价。将 2500 名余丁转为食粮正军后，南京户部需支付军粮、工部需置买战鼓旗帜、兵部则"动支草场租银，每军给银一两"，备办常操什物。而由于孝陵地方不宜动土修筑墩堡，振武营仍于孝陵卫屯驻⑦，并未与旧卫完全分离。更重要的是，驻防城中的振武营不久后发动庚申（1580）兵变，导致时人对张时彻的非议。⑧

然而奉祀内官并不愿轻易放弃对孝陵卫的控制。面对南京兵部、都督府的挑战，也力图确立其管领卫军的合法性。嘉靖四十一年（1562）题准，孝陵卫正军 500，各专听神宫监差拨，其余丁 1749 名，仍行把总官统领，居常随营操练，有警专护陵寝，不许混同营兵一体调发。⑨ 崇祯九年（1636），流寇犯江北，南都震动，时守陵太监陈贵、魏国公徐弘基各疏请设营护陵，名神威营。后经兵部议覆，设军 3000 名，"统以参将一员，南兵部年中甄别，止令勋监二臣冬季察阅一次。"⑩ 这就意味着，此时孝陵卫戍部队已达 3 支：孝陵卫、振武营、神威营。其中振武营为武职统领，神威营为勋监统领，而孝陵卫

---

① （明）顾起元：《客座赘语》卷二《营兵》，第 46 页。
② （明）王琼：《为缺军守护陵寝事》，《晋溪本兵敷奏》卷九《南畿类》，《续修四库全书》，上海，上海古籍出版社，1995 年，第 476 册，第 37 页。
③ 振武营有二，"选练南京卫军一千人，使守京，以都督段堂领之；孝陵卫三千人，使守陵，以丰润伯领之，名二营曰振武。"（明）何乔远《名山藏》卷二六《典谟记·世宗肃皇帝》，《续修四库全书》，上海，上海古籍出版社，1995 年，第 426 册，第 128 页。
④ （明）张时彻：《请急修武备以便防御疏》，《芝园别集》卷五《奏议》，第 464 页。
⑤ （明）张时彻：《请急修武备以便防御疏》，《芝园别集》卷五《奏议》，第 465 页。
⑥ （明）申时行：《大明会典》卷一五八《兵部四十一·南京兵部》，《续修四库全书》，第 791 册，第 657 页。
⑦ （明）张时彻：《请急修武备以便防御疏》，《芝园别集》卷五《奏议》，第 465 页。
⑧ （明）黄懋官《庚申纪事》，（明）焦竑：《焦太史编辑国朝献征录》卷三二《南京户部二·侍郎》，《四库全书存目丛书》，济南，齐鲁书社，1997 年，史部，第 101 册，第 577 页。
⑨ （明）申时行：《大明会典》卷一五八《兵部四十一·南京兵部》，《续修四库全书》，第 791 册，第 657 页。
⑩ （明）李邦华：《监臣盗伐疏》，《文水李忠肃先生集》卷五《留枢奏草》，《四库禁毁书丛刊》，北京，北京出版社，1998 年，集部，第 81 册，第 244 页。

正军早已被瓜分殆尽。可以说，孝陵神宫监掌监与司香魏国公借时局动荡之机再次扩大了兵权。

崇祯十二年（1639），李邦华任南京兵部尚书后不久，即上《南兵有名无实疏》，极言南京兵备空虚、兵部无权："南都国初有军十二万，后以饷匮，裁为八万。乃八万之内，除守皇城陵差、内外城门、仓库、造作、水夫、运余、军伴、杂役与优养妇女、幼丁，及江北之浦口、池河二营，约共四万有奇。其在都城备操，不过四万，所谓根本重地，恃以捍御者，盖仅仅若此矣。"与此同时，营兵又为各衙门侵分，可供兵部调遣者愈分愈少：

> 乃就中新江一营，勋臣统之，则分去八千三百有奇；操江一营，佥院臣统之，则分去一千二百；神威一营，名曰护陵，内臣统之，则分去三千一百；振武一营，勋臣统之，则分去一千二百。营名虽多，总从前数抽出，即臣部有标兵三千，亦此军也。军本祖籍，贫弱不堪，而愈抽愈减，空有大小教场、神机之名，而营不成营矣。……而今除巡逻一营专为城内警夜缉奸之用，毫不可移；池浦营守在江上；神威、振武守在孝陵；臣标下一营及新增水陆标防骑营，总不满万，全资征调，向者勤王剿寇，皆取于此，此讵可用为城守？①

据李邦华奏疏，嘉靖三十四年设立的振武营，正军数量已由3000名缩减至1200名。而设立不久、为内臣统领的神威营却兵马充实，甚至比李邦华的标营②人数还多。不仅如此，神威营"原止护陵，不奉调遣，无故每人本粮外，又月给防粮三斗，一年虚縻太仓一万一千石。又岁支兵部火药六千斤、铅弹四千二百斤，操赏银八百两，滥觞之极"。③ 后李邦华"以陵上非放炮之地，守陵非演炮之理，裁其火药铅弹之数，该监甚恚"，兵部与神宫监之间的矛盾终于爆发。④

当时，孝陵神宫监掌印为张其蕴，崇祯九年（1636）十二月由司礼监调南京神宫监。⑤ 崇祯十三年（1640）正月，孝陵卫参将杜学伸揭称，神宫监太监张其蕴、掌家翟用盗伐陵木，掘地伤龙脉。随后，李邦华与张其蕴相互攻讦。后者具疏，"谓杜学伸倚兵部为泰山也"，且指责李邦华克扣神威营火药枪弹。李邦华则反驳道："若论职掌，则《会典》开载，孝陵卫食粮差操之军，委官训练，不许奉祀内臣干预，又何待臣言？火药铅弹，臣虽具疏请酌，然未经奉旨之先，臣业移内守备，臣营营皆给，何独断神威一营？特以该监欲收全营于陵墙之内，故臣有'谁敢向玄宫施枪'之语，乃反谓臣不问皇陵之安危。夫孝陵为高皇帝发祥之地，该监亦既知之矣，而木可伐、地可掘、枪炮可震、兵戈可过乎？该监之伐其木、掘其地、轰其炮、耀其兵之为，有安无危乎？"⑥

李邦华与张其蕴的斗争看似以前者的胜利告终，然而张其蕴伏诛，乃因其盗伐陵木，而与神威营之事无关。李邦华试图削减、遏制神威营的目的并未达成。张其蕴死后，马应辰于崇祯十四年（1641）调为孝陵神宫监掌印太监。履任不久，马应辰即在孝陵立禁约碑，碑文中竟然明确写到，神宫监掌印"管领一卫五所官军，昼夜防守，不许偷安疏纵，违者治罪。"⑦ 这一表态即可视为对南京兵部及守备系统的挑战，亦可见留都营卫制度之混乱。

---

① （明）李邦华：《南兵有名无实疏》，《文水李忠肃先生集》卷五《留枢奏草》，第218～219页。
② "妖人刘天绪变，兵部添设标营，专属参赞。"参赞机务一职多委南京兵部尚书，故标营是南兵部尚书唯一亲掌之京营。参见顾起元《客座赘语》卷二《营兵》，第46页。
③ （明）李邦华：《监臣盗伐疏》，《文水李忠肃先生集》卷五《留枢奏草》，第224页。
④ （明）李邦华：《监臣盗伐疏》，《文水李忠肃先生集》卷五《留枢奏草》，第224页。
⑤ （明）谈迁：《国榷》丙子崇祯九年十二月，《续修四库全书》，上海，上海古籍出版社，1995年，第363册，第480页。
⑥ （明）李邦华：《监臣盗伐疏》，《文水李忠肃先生集》卷五《留枢奏草》，第243～244页。
⑦ 王焕镳：《明孝陵志》中收录了《孝陵禁约碑》，但文字缺失较多。顾炎武《肇域志》中抄录了完整碑文，且可知该碑由孝陵神宫监掌印太监马应辰于崇祯十四年立。参见《孝陵禁约碑》，王焕镳：《明孝陵志·守缮第五》，南京，南京出版社，2006年，第87页；（清）顾炎武《肇域志》卷五，第282～286页。

崇祯十七年（1644），北京沦陷，弘光帝在南京建立南明小朝廷。或许为了加强兵备，合神威营、振武营为一营，名神武营。由于资料欠缺，尚不清楚神武营是由内臣还是武臣督管。但孝陵戍卫体系的继续膨胀却是事实。神武营先以 5000 名为额，续又请增至 6700 余名，"不拘有妻无妻，一概给粮一石，加口粮三斗，所费不赀，实无所用"。① 南明弘光元年，户部尚书武英殿大学士王铎（1592—1652）条议兵马钱粮事，第一款即为"议裁防护神武营兵"。王铎指出："夫兵以防护，孝陵关系最重，但防近不如防远，守陵全在守京。如防河防江，步步严密，陵寝安如磐石，何用多兵于松楸之下乎？查得孝陵防守，原用本卫军丁，听差军二千一百二十六名，宝城防守壮丁二百六十八名，余二千四百余名，散入在京各营寄操。至崇祯十年始立神威营，将各营寄操军共二千四百余名撤回孝陵操练。又设立振武营，撤回各卫守门军二千七百余名至孝陵操练。……今宜循旧制，专用孝陵卫军巡守，勿逾旧额，仍食卫粮，寄操军丁中有精壮，仍收入京营。至别卫各军，仍归原卫，照旧分六斗一石之例食卫粮，精壮者亦入京营操练，充六万之额，老弱者汰去，勿空糜升斗。"② 王铎提议裁撤神武营、回归孝陵卫。回顾嘉靖以来南京兵部与奉祀官员之间围绕孝陵卫的斗争，一切似乎毫无意义。孝陵戍卫部队，仍是疏于操练、不能防守、徒耗月粮，而又为奉祀官差遣，专供扫除栽种的军伍杂役而已。但祖宗陵寝为重，面对制度上的种种弊端，文官毫无对抗之力。

结　语

有明一代，孝陵一直承载着"祖宗根本重地"的政治象征，也是一个不断被题咏的文学母题。如范景文（1587—1644）《恭谒孝陵》诗中写道："孝陵佳气郁葱茏，手辟鸿蒙万国从。帝命开天非逐鹿，地因拱圣始蟠龙。风雷久护存灵瑞，日月同华想圣容。拜罢小臣思作颂，大明丰芑此山钟。"③

与此同时，孝陵又是一个特殊的宫廷机构。本文通过对孝陵营缮、奉祀及戍卫事务的考察，揭示其运营方式的复杂性。造成这一现象的首要原因是制度上的混乱。对于孝陵神宫监、祠祭署与孝陵卫的职掌，皆无会典则例可循，又分别涉及内臣、勋戚、文官、武职，于是便出现了监管缺失、相互推诿、争抢资源等各种弊端。而这一机构的运行成本，则是由中央财政与地方共同承担的。就孝陵一切相关采办、造作、人役而言，南京军民付出了十分沉重的代价。这也体现出"都城"身份对南京城市生活的影响。

[作者单位：南京大学历史学院]

---

① （明）王铎：《条款》，《拟山园选集》卷七《议》，《四库禁毁书丛刊》，北京，北京出版社，1988 年，集部，第 87 册，第 209 页。
② （明）王铎：《条款》，《拟山园选集》卷七《议》，第 209 页。
③ （明）范景文：《文忠集》卷九《诗石城游草》，影印《文渊阁四库全书》，中国台北，中国台湾商务印书馆，1983 年，第 1295 册，第 592 页。

刘基与明初南京皇城的选址与规划

俞美玉　何　伟

早在大明王朝肇基的前两年，元至正二十六年（1366）八月初一日，时为吴王的朱元璋就命刘基负责卜地营建南京皇城。据《明太祖实录》卷二十一载："因元南台为宫，稍卑隘。上乃命刘基等卜地定，作新宫于钟山之阳。"[①] 刘基除负责卜地选址外，还主持了明皇城的规划设计。嘉靖苏州名士陆粲和万历南京状元焦竑也分别在《庚已编》和《玉堂丛语》中记载道："诚意（指刘基）……为图以进。"这些规划设计图由朱元璋审定后，即由工匠依法建造。由此可知，刘基主导了明南京皇城的选址与规划。

一　刘基与南京明皇城的堪舆选址

据《明太祖实录》卷二十一载，刘基的选址方案为："元至正二十六年八月庚戌朔，拓建康城。初，建康旧城西北控大江，东进白下门外，距钟山既阔远，而旧内在城中，因元南台为宫，稍卑隘。上乃命刘基等卜地定，作新宫于钟山之阳。在旧城东白下门之外二里许，故增筑新城，东北尽钟山之趾，延亘周围凡十余里，规制雄壮，尽据山川之胜焉。"[②]《明实录》在解释为什么刘基要放弃旧城而拓建新皇城的原因时指出：一是"距钟山阔远"，按照传统堪舆理论，无法引钟山的灵气入城；二是"旧内在城中，因元南台为宫，稍庳隘"，一方面这里是旧城区，若要进行扩建改造，必然面临着大量的拆迁工程和人心向背的问题，而且在旧城区内进行大的工程，肯定会受到掣肘而施展不开；另一方面，朱元璋对南京城曾有"六朝国祚不永"的忌讳，若将宫城建在六朝宫城故址上，朱元璋势必更加的忌讳。因此，由于受当时种种客观条件的限制，南京虽号称"龙蟠虎踞"，但可供刘基发挥的余地并不多。刘基虽精通堪舆，但要选择一处让朱元璋满意的风水宝地还真不容易。[③]

首先，南京"龙蟠虎踞"之说流传已久，几成定论，所谓"龙盘虎踞"，康熙《江宁府志》曰："由钟山而左，有摄山、临沂、雉亭、衡阳诸山，以达于东。又东为白山、大城、云穴、武岗诸山，以达于东南，又南为土张山、青龙、石硊、天印、彭城、雁门、竹堂诸山，以达于南。又南为聚宝山、成家山、梓桐山、紫阳、夏侯、天阙诸山，以达于西南。又西南绵亘至三山，而止于大江，此诸葛亮所谓龙蟠之势也，由钟山而右，近之为覆舟山、为鸡笼山，皆在六朝宫城之后，又北为直渎山、大壮观山、四望山，以达于西北。又西北为幕府、卢龙、马鞍诸山，以达于西，是为石头城，亦止于江，此亮所谓虎踞之形也。"堪舆理论中，南京城"青龙""白虎""朱雀""玄武"四灵的位置历来也没有什么异议，即玄武湖在北为玄武，钟山在东为青龙，秦淮河在南为朱雀，清凉山在西为白虎。所以新皇城的"龙穴"只能在"四灵"包围的区域内来寻找。如此，秦淮河以南聚宝山一带，岗阜起伏，溪流交错，在水之南属"阴

[①] 中国台湾"中央"研究院历史语言研究所编：《明太祖实录》卷二一，中国台湾"中央"研究院历史语言研究所校印，1963年。
[②] 中国台湾"中央"研究院历史语言研究所编：《明太祖实录》卷二一，中国台湾"中央"研究院历史语言研究所校印，1963年。
[③] 黄建军：《中国古都选址与规划布局的本土思想研究》，厦门大学出版社，2005年，第221页。

性"地,且与旧市构成"坐南朝北"的格局,自然不在考虑之内。其次,旧城外西北方靠近清凉山、石头城一带已经屯驻了十数个军卫,而且该区山岗密集,地域不开阔。① 况且此地濒临长江,当时南京主要的外部军事威胁来自长江,因此沿江一带建都没有防御的纵深。再次,六朝宫城故址一带,因处旧城区中,虽适合"择中立宫"的传统,与各方面联系较好,但也有拆迁、人心向背和心理忌讳等问题。当时拓城只为新建皇宫,原则上对旧城区尽量保留。再则,若仿照北宋东京、元大都的三套方城、"宫城居中"的传统,按《周礼·考工记》的要求建设方形或矩形的外城,然后在中央布置皇城、宫城的话,工程量将非常巨大,这和明初经济力量薄弱的实际条件不符。②

最后,刘基决定放弃从聚宝山到玄武湖的旧城轴线,而选择了在旧城以东,背靠"钟山之趾"另设一条新轴线,填平钟山之阳燕雀湖作为宫城"龙穴"的方案,这是当时最佳的选择。皇城建在旧城以东,既避开了繁华市区,保留了旧城,又迎合了朱元璋建立新王朝的意愿。堪舆家认为南京处长江以南,来自西南方的浩浩长江在此折而东去,在此结了一穴,南京之地在水之南,总体上属于阴性。因此,选择"钟山之阳"的燕雀湖结穴,是所谓"阴中之阳";钟山是其祖山,其龙脉向西延伸依次形成富贵山、覆舟山、鸡鸣山等,所谓"龙尾";新宫的中轴线正对龙尾上的富贵山,这样就能确保将钟山的灵气引入"龙穴"中来;新宫的中轴线使六朝以来的玄武湖至聚宝门的旧中轴线落于西位等。③

二 刘基与南京明皇城的规划理念

(一)天象"南斗"与"北斗"之聚合

刘基规划的南京京城的外部形态,上映天象,包含了丰富的"天人合一"思想。近年来,海内外的学者开始关注并研究明代南京城墙形状以及设计思想。或称,南京城墙"形状,呈非方、非圆的不规则的多角不等边的粽子形"④。或谓,南京城墙沿着皇城区、商业区和军事区的"周边随着地形曲折围合而成,其总平面西北窄,东西宽,呈宫扇形"⑤。有的根据道教以壶天、壶中为圣地,以"壶公"为神仙,认为南京城建成了"目前所见到的壶状(葫芦、瓶)形态"⑥。还有人提出南京城墙是"南斗星与北斗星聚合形"⑦。

南京的整体布局为南斗星与北斗星的聚合形,集北斗七星与南斗六星于一身,城墙开13个城门,符合北斗七星和南斗六星之和数。其中从通济门经中华门到水西门前外秦淮河段天造地设,恰巧成为北斗七星的天斗形状。"南斗主生,北斗主死"象征着统治者掌握了生死大权,至高无上。如《史记·天官书》所言:"斗为帝车,运于中央,临制四乡,分阴阳,建四时:皆系于斗。"

南京城城墙虚长96里,故明人称此城为"九六城",以符音律。传统认为黄钟之律长9寸,林钟之律长6寸,9为天数,6为地数,故黄钟为天统,林钟为地统。在《周易》中"九"代表老阳之数即乾,"六"代表老阴之数即坤。"九六"是天地阴阳的象征,分掌阴阳,与司马迁所说斗为帝车,运于中央控制四方,分阴阳,建四时有异曲同工之妙。

---

① 权伟:《明初南京山水形势与城市建设互动关系研究》,陕西师范大学2007年硕士学位论文。
② 张泉:《明初南京城的规划与建设》,《中国古都研究》第二辑,浙江人民出版社,1986年。
③ 黄建军:《中国古都选址与规划布局的本土思想研究》,厦门大学出版社,2005年,第221页。
④ 季士家:《明清史事论集》,南京出版社,1993年,第5页。
⑤ 张泉:《明初南京城的规划与建设》,《中国古都研究》,浙江人民出版社,1986年,第17页。
⑥ 王少华:《南京明代城墙的建造》,《东南文化》,1997年第3期。
⑦ 范金民、杨国庆:《南京通史·明代卷》,南京出版社,2012年,第91页。

（二）上映星垣

明皇城以取法天宫来增强其神圣性。天上紫微垣为天帝的居所，正处中天，而乾清宫、坤宁宫亦处于皇城之正中，相当于紫微垣。不但乾清、坤宁宫名，象征天地清明，东西六宫，合象十二辰，而且殿阁罗列，如拱卫北极天帝。除了皇宫与天宫相对，天上宫阙，人间皇宫，崇显君主是天之子的正统性与神圣性外，皇城、宫城的布局、庙坛的位置与命名，又依阴阳学说设计，显示其配合自然天道的象征意义，如国丘祭天，方丘祭地，天为阳，方位为南，地为阴，方位为北，故祭天于南郊，祭地于北郊。①

（三）渗透易学、遵循礼制的营建理念

在宫殿形制上，南京明皇城力图恢复汉民族文化传统，集中表现在渗透易学、遵循礼制、附会三朝五门，建立后妃六宫以次序列的形制，设门阙以符合"以高为贵"的规定，在宫城前两侧布置左祖右社。除建立乾清、坤宁二宫象征帝后如天地外，还设门制象征日月陪衬。更加值得指出的是，南京明故宫开创了明清宫殿自南而北中轴线与皇城轴线重合的模式。以南段外城的正阳门为起点，经洪武门至皇城的承天门，为一条宽广的御道，御道两边是千步廊，御道尽头是承天门及其与长安左、右门形成的东西横街——长安街和外五龙桥，向北引延，经端门、武门、内五龙桥至奉天门，进入宫城。经三大殿两大宫抵宫城北门玄武门，至皇城北门北安门出皇城。正对钟山"龙头"富贵山，而以都城的泰门为结束。这种宫城、皇城乃至都城轴线合一的模式，既是南京特殊的地理条件使然，又很突出地表达出金陵王气，同时成为后明成祖迁都北京时设计故宫的蓝本。南京明故宫开创的宫殿格局形制和礼制建筑，是 14—19 世纪中国都城建设的重要原型。②

《周易》作为群经之首，代表着中国古代思想的最高成就，其博大的精神内涵得到不同朝代的诠释和运用，发展至明代，在营建北京城的过程中，更是将这种"天人合一""中正和平"的观念发挥到极致。

皇城、皇宫居中得正的思想来源于《周易》"中""正"理念。《周易》特别崇尚"中""正"。《周易·文言》曰："大哉乾乎，刚健中正，纯粹精也。""居中得正"，才至纯至美。乾为阳为天为君王，刚健中正，皇帝即为天子，其坐朝理政的地方，也要"居中正坐"，所以，南京明皇城，无不体现左右对称、阴阳协调。南京明皇城宫城设置六门，正南为午门，午门连同左右掖门平面呈"凹"字形，显得特别庄重巍峨。宫城内按"前朝后寝"之制分为前三殿和后二宫，均压在南北中轴线上，其余大殿沿中轴线对称布局。

在《周易》中，"乾，天也"，"坤，地也"，乾清、坤宁两宫是"天地定位"的中枢，分别居住皇帝、皇后。两宫之间的交泰殿则出自《周易·泰·象》"天地交泰"，意为阴阳交合、万物滋荣、子孙昌盛之意。乾清宫、坤宁宫、交泰殿的命名都与《周易》卦名卦义相关。交泰殿出自"泰卦"，"泰卦"是由乾卦和坤卦合成，乾下坤上。《象传》曰："泰：小往大来，吉亨，则是天地交而万物通也，上下交而其志同也，内阳而外阴，内健而外顺。"《周易·系辞》又曰："是故刚柔相摩，八卦相荡，鼓之以雷霆，润之以风雨，日月运行，一寒一暑。""日往则月来，月往则日来，寒暑相推，而岁成焉。"阴阳调和，"一阴一阳之谓道"，可见，南京明皇城的营建，无不体现了易学的思想理念。

---

① 徐泓：《明初南京皇城、宫城的规划、平面布局及其象征意义》，《第五届中国明史国际学术讨论会暨中国明史学会第三届年会论文集》，1993年。
② 潘谷西、陈薇：《历史文化名城中的史迹保护：以南京明故宫遗址保护规划为例》，《建筑创作》，2006年第9期。

（四）人工建造与自然环境互动

从地理上看，南京位于长江下游，西、北濒临长江，号称天堑；东依钟山，天然屏障；南控秦淮河，北接玄武湖，山川险同，气象万千，故有"龙蟠虎踞"之称。明代文人杨荣在《皇都大一统赋》中称赞南京的形胜："既渡江左，乃都金陵。金陵之都，王气所钟。石城虎踞之险，钟山龙蟠之雄；伟长江之天堑，势百折而流东；炯后湖之环绕，湛宝镜之涵空；状江南之佳丽，汇万国之朝宗。此其大略也。"这是南京在建都地理形胜上具备的有利条件。若以元末旧城所容范围而论，尚无大碍，但要想在旧城基础上，扩大城市面积再建较大规模的都城，因其周边山多、水多，地形复杂，就很难套用中国传统以平原为都城城址的模式。① 所以，刘基只能依据传统堪舆理论，并根据当时历史条件，以及南京丘陵、河湖的地理环境，确定填平燕雀湖作为宫城"龙穴"。此地当时为开阔地，燕雀湖位于其中，青溪与其支流蜿蜒而过。新建的南京明皇城，非方非圆，把制高点圈进城内，利用南唐城的南面和西面，加以拓宽和增高，沿北面的清凉山、马鞍山、四望山、今狮子山、鸡笼山、覆舟山、龙光山，"皆据岗垄之脊"。城墙或高或矮、或宽或窄，不拘一格。遇山则就山势筑城，高低起伏；遇水则以水面护城，将外秦淮河和玄武湖等水面，作为宽窄不一的护城河。护城河与城墙之间也或宽或窄，顺其自然，蜿蜒曲折，城市与自然环境的结合表现得更为突出。城墙与外郭城垣依山傍水，蜿蜒曲折于山水之间。明南京城的建造在继承我国历代平原城池的方正传统的基础上，吸取自然精华，做到了人文建造与自然环境的完美结合。②

重视人工建造与山水环境的互动，不仅体现在刘基对南京城的营建上，还体现在明孝陵的选址和布局上。从规划设计的角度看，明孝陵的布局尊重自然、顺应山水形势，是"象天法地"与"天材地利"理念的杰作。刘基等人选定明孝陵这一"风水宝地"，独龙阜东、西两侧各有一小山，南为前湖，北为玩珠峰，这象征青龙、白虎、朱雀、玄武四象。正前方有梅花山作为"前案"，远处有天印山表示"远朝"。③ 陵东、南两面有溪流自东北向西南流淌。山清水秀的自然环境、天造地设的山川形胜与明孝陵建筑群协调和谐，浑然一体，使自然环境更富文化底蕴，使人文景观更具自然色彩，使明孝陵显得更加雄伟壮观、大气磅礴。明孝陵的神道是曲折的，平面布局就像北斗七星，这在我国帝王陵寝中也是独一无二的，达到了人文建筑与自然环境高度和谐统一的"天人合一"境界。④

（五）突出军事防御功能——以中华门为例

南京城因地制宜，充分利用地形，建造了外郭城、外城、皇城和宫城。外城城墙是南京城的主要防线，由护城河、垛墙、城楼、箭楼、城门等组成。在重点防守部位城门处还设置了外瓮城以及独具特色的内瓮城。为了弥补城墙在防守上的缺陷，又在其外建造了南京城的警戒阵地外郭城，控制城外的制高点，利用山冈略作加工，西北临长江，东南阻山控野。⑤

为了加强城门的防御能力，南京城墙依据城门所处的地形特点和在战争中所起的作用，在全城构筑工程设施，并非千篇一律，而是各具特色。全城13座城门中，筑有瓮城的有7座，其余各门或利用地形、或通过城门附近弯曲的城墙，组织侧射火力掩护城门，所以既未构筑外瓮城，也未构筑内瓮城。在重要地段的城门如聚宝门、通济门设置三到四重的内瓮城，这样就加大了入口部位的纵深，提高了敌

---

① 范金民、杨国庆：《南京通史·明代卷》，南京出版社，2012年，第91页。
② 周岚：《历史文化名城的积极保护和整体创造》，科学出版社，2011年，第271页。
③ 贺云翱：《世界遗产明孝陵二论》。
④ 周岚：《历史文化名城的积极保护和整体创造》，科学出版社，2011年，第271页。
⑤ 叶杨：《南京明城墙与大同明城墙军事防御体系的比较研究》，《群文天地》，2012年第5期。

人攻城的难度。①

中华门为南京古城墙13个城门中规模最大的城堡式城门，是当今世上保存最完好、结构最复杂的古城堡，被列为全国重点文物保护单位。城堡设计巧妙、结构完整，有三道瓮城、四道拱门、内有藏兵洞27个，战时用以贮备军需物资和埋伏士兵。城堡东西宽118米，南北纵深129米，占地16512平方米，首道墙高21.45米，两侧坡道又称马道，便于拖运作战物资。在城内附建有藏兵洞（形似陕北的窑洞），一道门的底层两侧各3个，马道外边两侧各7个，二层上也有7个共27个，平时贮存军用物资，战时可藏兵三千。第一道瓮城宽16.14米，三面墙长104.7米，第二道城宽15.8米，第三道宽19.3米，墙高都是8.4米，三道门上面都有闸楼（现已毁，但留有楼基）。1.24米高的基座上还留有绞关座石，是用来提升闸门的机关。门洞内原有30余厘米厚的内开木门和千斤闸，现门枋门栓孔及闸槽清晰可见。城为三层，正城门券深52.6米，宽8米多，券洞幽深，要隘险固。第二层楼基厚47米，宽65米，高9米，砖石结构，7个兵洞深40余米，宽7米，中洞面积达310平方米，内有闸门绞关座石一对。第三层上是宽阔的平台，原有七开间三重檐歇山顶的敌楼及三面环绕的厢房廊庑，下面是一道围墙屏护，气宇轩昂，雄镇城关。②

刘基博通经史，尤精象纬之学，南京明皇城凝聚着刘基天文、地理、风水学等方面的智慧，体现其在堪舆理论上的造诣和实践典范。其设计思想主要是根据当时的历史背景，南京特殊的自然地理条件，旧有城垣以及军事防御需要，并参照"南斗星"与"北斗星"，营造宇宙天象在人间的投射，同时它改变了历代王城居中的常规，将皇城设在旧城的一侧，从而产生了一种前所未有的都城形式，不但是对过去宫城规划的总结和改进，规划设计为明中都城和北京城的建造提供了模板，而且成为以后五百年皇宫布局的楷模。

[作者单位：浙江工贸职业技术学院，温州市刘基文化研究会]

---

① 韩巍主编：《中国设计全集》，第二卷，《建筑类编·城垣篇》，商务印书馆，2012年，第54页。
② 王运祥：《刘基易学堪舆研究》，未出版书稿。

明代藩王陵墓中的仿木构现象

臧卓美

模仿地上木构建筑形式而建造的仿木构墓葬是一项由来已久的构造传统,战国时期即初露端倪,经过汉唐的发展,至宋金元时期达到巅峰。到了明代,仿木构墓葬急剧衰落,人们对墓葬进行不遗余力的加工和雕饰的热情不复往昔。这一时期的仿木结构墓葬仍时有发现,但作为墓葬文化中的一种特别现象,似乎更多只是回光返照的余响。在明代各地发现的藩王陵墓中,这一传统时有出现,其构造手法和装饰手段表现出了鲜明的时代特征。

一 关于墓葬中的仿木构传统

墓室中出现的建筑形象一般有两种,一种是独立的建筑形象,如壁画中的建筑、陶楼、崖墓中的木构架、北朝时期的仿木建筑石葬具等。一种则是依托于墓葬形成的空间,在墓壁、天花板或是墓室中间表现的建筑构件。由于与墓葬建筑的结合,自然而然使人联想到墓葬整体是对于地上建筑的模仿。考古学中一般称绘画的木结构为"影作木构",立体的砖雕、石雕为"仿木结构"或"仿木建筑"。这些用砖或石砌成的仿地面木构建筑,一般是指砌出立柱、斗拱、屋檐等大木作以及桌椅、灯架、门窗、天花等小木作。

早期墓葬中的仿木构形式比较零星,并未形成规模。根据现有资料,最早出现的仿木构因素是战国中期木椁墓中木椁上的门窗结构,这种因素在西汉的木椁墓中继续发展。此外,墓门的设置方式和墓顶的构造,以及黄肠题凑墓模拟生前住宅的空间分隔思路等,皆为早期墓葬仿木构的主要表现形式,也是后期墓葬中更为复杂的仿木构现象的雏形。

唐代的墓葬壁画中多绘影作木构建筑,但多为建筑内部装饰的描绘,如懿德太子墓过洞内两壁用朱画柱子、地袱、阑额、顶部画方形和矩形格子,格内画卷草和团花图案。这是对当时宫殿、寺观和大型宅邸的室内顶棚模仿[1]。

至唐末五代时期,墓中的仿木建筑发生了明显变化,唐代墓道中气势恢宏的出行仪仗等内容不见了,墓室中的影作木构建筑以砖雕的形式得以加强。至宋金时期,墓葬中表现的建筑构件不断丰富,根据墓室空间运用不同的斗拱,砌出更丰富、细致的仿木建筑构件,并运用彩绘使得仿木结构显得更加真实。旨在实现对木构建筑外观的整体模仿,包括建筑的结构、构件之间的比例关系与组合关系、制作程序、彩画装饰以及建筑的视觉效果等诸多方面,可以称为真正意义上的仿木建筑。此外,这一时期墓葬中的仿木建筑愈来愈多追求超越平民身份的建筑表现,如墓中砌出高等级的斗拱,表现殿阁才有的藻井、宝盖式盝顶、建筑彩画等,无不在试图用尽可能逼真的细节、夸张的尺度去达到一种高等级的建筑效果。并由此形成了仿木构墓葬建造的巅峰。

---

[1] 傅熹年:《唐代隧道型墓的形制构造和所反映出的地上宫室》,《傅熹年建筑史论文集》,文物出版社,1998年,第245~263页。

对明代墓室建筑装饰进行论述、分析的主要有杨爱国先生《明代墓室建筑装饰探析》一文，杨先生认为："到了明代，经过元末的动荡和明初的严刑峻法，人们对地下墓室建筑的重视程度又减淡了很多，除了少数砖室、石室外，考古发掘中常常遇到的是土坑木棺墓，稍讲究的人家有木椁。不过，一个有着广阔区域的王朝，总会有一些例外。明代，在少数砖室和石室墓中，仍有少数人对墓室进行装饰，这些人从帝王到平民都有，说明古老的传统到这时还在被继承着，而且其题材内容在一定程度上反映了当时人的思想观念。"

相较于民间墓葬墓室装饰呈现出的更为活泼和生活化的风格特征，明代的藩王墓葬装饰则更为模式化，且受到地域传统的影响。本文拟就有明一代藩王与异姓诸侯王墓葬中仿木装饰运用的特征进行分析。

二 迄今为止发现的明代帝陵和藩王陵墓中的仿木现象

从考古学发现来看，除了帝陵外，明代墓葬的藩王陵墓和一般贵族官僚墓代表了两种不同的文化现象。目前已经发现的皇族藩王陵墓主要有洪武二十二年（1389）鲁荒王朱檀墓[①]、永乐八年（1410）蜀王世子朱悦燫墓[②]、永乐二十二年（1424）楚昭王朱桢墓[③]、洪熙元年（1425）辽简王朱植墓[④]、宣德三年（1428）晋广昌王朱济熇墓[⑤]、宣德十年（1435）蜀僖王朱友壎墓[⑥]、正统六年（1441）梁庄王朱瞻垍墓[⑦]、正统十四年（1449）宁王朱权墓[⑧]、成化十二年（1476）安僖王朱公铄墓[⑨]、正德十三年（1518）德庄王朱见潾墓[⑩]、嘉靖十九年（1540）益端王朱祐槟墓[⑪]、嘉靖三十六年（1557）益庄王朱厚烨墓[⑫]、万历三十一年（1603）益宣王朱翊鈏墓[⑬]、万历三十五年（1607）明代原武温穆王壁画墓[⑭]、万历四十三年（1615）潞简王朱翊镠墓[⑮]、崇祯五年（1632）晋裕王朱求桂墓[⑯]、崇祯七年（1634）益定王朱由木墓[⑰]等。此外，明洪武年间大封异姓王，迄今已经发掘的异姓王侯墓有葬于洪武三年（1370）的蕲国公康茂才墓[⑱]、葬于洪武四年（1371）的汪兴祖墓[⑲]、葬于洪武十二年（1379）的海国公吴祯墓[⑳]、葬于洪武二十五年（1392）江宁黔宁昭靖王沐英墓、葬于洪武二十八年（1395）的信国公汤和墓[㉑]、葬于正统四年（1439）定远忠敬王沐晟墓[㉒]等。

---

① 山东省博物馆：《发掘明朱檀墓纪实》，《文物》1972年第5期。
② 中国社会科学院考古研究所、四川省博物馆成都明墓发掘队：《成都凤凰山明墓》，《考古》1978年第5期。
③ 湖北省文物考古研究所、武汉文物考古研究所、武汉市江夏区博物馆：《武汉龙泉山明代楚昭王墓发掘简报》，《文物》2003年第2期。
④ 荆州地区博物馆、江陵县文物局：《江陵八岭山明代辽简王墓发掘简报》，《考古》1995年第8期。
⑤ 山西省文物管理委员会：《山西太原七府坟明墓清理简报》，《考古》1961年第2期。
⑥ 成都市文物考古研究所：《成都明代蜀僖王陵发掘简报》，《文物》2002年第4期。
⑦ 湖北省文物考古研究所、荆门市博物馆、钟祥市博物馆：《湖北钟祥明代梁庄王墓发掘简报》，《文物》2003年第5期。
⑧ 陈文华：《江西新建明朱权墓发掘》，《考古》1962年第4期。
⑨ 陕西省文物管理委员会：《长安四府井村明安僖王清理简报》，《考古通讯》1956年第5期。
⑩ 济南市文化局文物处、长清县文物管理所：《山东长清县明德王墓群发掘简报》，《考古学集刊》1997年，第11集。
⑪ 江西省博物馆：《江西南城明益王朱祐槟墓发掘报告》，《文物》1973年第3期。
⑫ 江西省文物管理委员会：《江西南城明益庄王墓出土文物》，《文物》1959年第1期。
⑬ 江西省文物工作队：《江西南城明益宣王朱翊鈏夫妇合葬墓》，《文物》1982年第8期。
⑭ 郑州市博物馆：《荥阳二十里铺明代原武温穆王壁画墓》，《中原文物》1984年第4期。
⑮ 河南省博物馆、新乡市博物馆：《新乡市郊明潞简王墓及其石刻》，《文物》1979年第5期。
⑯ 郭勇、杨富斗：《明晋裕王墓的清理工作》，《文物参考资料》1956年第6期。
⑰ 江西省文物工作队：《江西南城明益定王朱由木发掘简报》，《文物》1983年第2期。
⑱ 南京市博物馆：《江苏南京蕲国公康茂才墓》，《考古》1999年第10期。
⑲ 南京市博物馆：《南京明汪兴祖墓清理简报》，《考古》1962年第6期。
⑳ 南京市博物馆：《南京明代吴祯墓发掘简报》，《文物》1986年第9期。
㉑ 蚌埠市博物馆展览馆：《明汤和墓清理简报》，《文物》1997年第2期。
㉒ 南京市文物保管委员会：《南京江宁县明沐晟墓清理简报》，《考古》1960年第9期。

在这些已经发掘的有明一代藩王墓中，仿木构在墓葬的比例并不高，但作为一种特定的墓葬装饰现象，明代藩王墓中的仿木构现象呈现出独有的时代特征。

鲁荒王墓

迄今发掘的时代最早的明代藩王陵是 1970 年在山东邹县发掘的洪武二十二年鲁荒王朱檀墓，此墓为前后双室砖墓，全长 20.5 米，其仿木构元素仅为在封门墙后有一道红色金刚墙上部用绿琉璃瓦砖筑起的门楼（图一）。

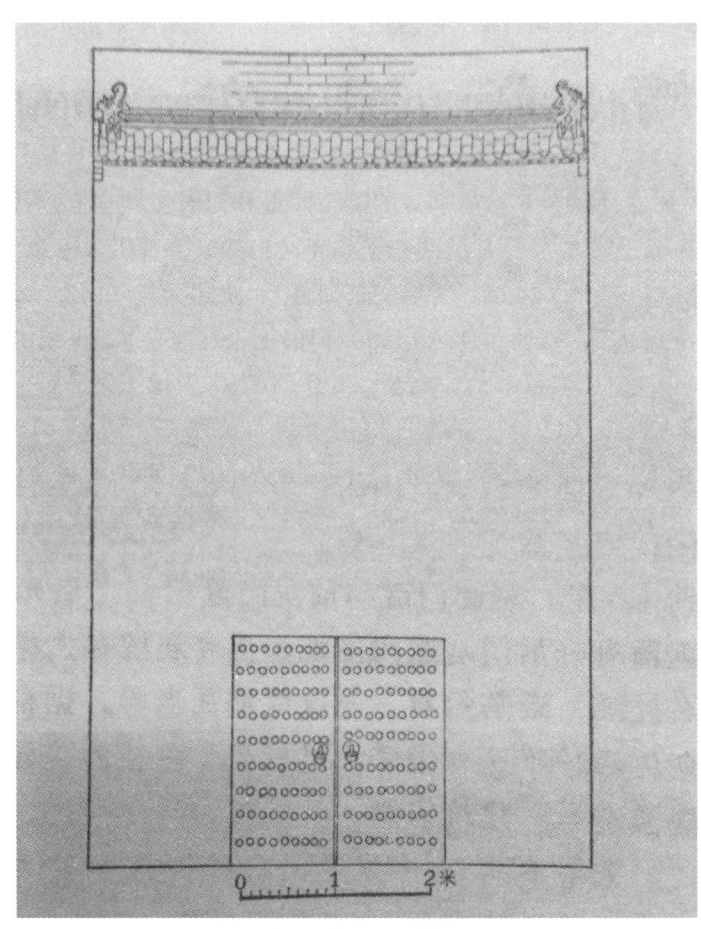

图一

成都凤凰山明墓

成都凤凰山明墓为明初蜀王世子朱悦燫的墓葬。朱悦燫葬于永乐八年，其墓室巨大，装饰华丽，为目前发现的明代王侯墓葬中规模最大的一座。墓室建于凤凰山西南麓的一个山坳中，其顶部距地表约 2 米左右。整个墓室由三个砖筑的纵列式筒拱券组成。自墓室大门上第一个拱券起，至第 3 个墓室后墙全长 33 米。若加上大门外的八字墙在内，则全长达 34.7 米。

大门与前庭：墓室大门自阑额以下全用石材砌成，上雕 9 排门钉，每排 9 个，板门涂朱，门钉刷金。大门的阑额以上，原有仿木建筑的砖砌门楼，已被盗墓者拆毁。大门后为前庭，前庭左右两壁下，各砌高 3.65 米的硬山顶厢房一间，面阔 2.25 米，进深 1 米。两檐柱用石条雕作抹角方形，宽 28.5 厘米，高 2.13 米，两柱间上承长 2.58 米的石额枋一条，上置绿釉斗拱六朵，均为把头绞项造，耍头作麻叶头状，高 16 厘米。屋面铺绿琉璃瓦，檐前的勾头和滴水均饰龙纹，正脊两端安鸱吻和垂脊。

二门与正庭：正庭左右亦有两硬山顶厢房，厢房面阔五间，山墙及梁柱额枋均用石砌。圆形檐柱高2.08米，径34厘米，上承阑额，厚28厘米，此阑额即屋顶之石板。阑额下两檐柱间用虚柱架欢门，欢门版宽15厘米，上雕莲荷和各式缠枝牡丹、葵菊花等图案。阑额上施绿釉斗拱，其形式与前庭厢房的斗拱相同，补间用两朵，共16朵，每朵相距45厘米。斗拱上承撩檐枋、撩风枓及檐椽、飞椽。屋顶结构与前庭厢房相同（图二）。

图二

正殿：正殿为重檐庑殿式建筑，自下檐普柏枋以下，皆为石砌，普柏枋以下均用绿釉琉璃构件砌成。正殿面阔3间，当心间两檐柱间下砌石地栿，地栿上两侧安抟柱立颊，上承门额，中间装两扇格子门，门用"四抹"，格眼雕六簇菱花毬纹，双腰串，腰华版雕缠枝纹图案，障水板的四角雕如意纹。檐柱上承阑额，阑额上承普柏枋。普柏枋上施18朵斗拱，斗拱总高24厘米（图三）。

图三

正殿后为中庭，中庭中轴线上建石砌方形圜殿。圜殿建于须弥座台基上，台基前后各砌踏道三级，踏道两侧砌象眼。圜殿四角立圆柱四根，柱头上承阑额。

后殿前檐装三间格子门，通入后殿的中室及左右两室。格子门的式样除尺寸稍小外，皆与正殿相同。后殿中室左右后三壁的下部砌出须弥座，室顶作宝盝顶。

该墓装饰之华丽主要表现在仿木建筑的结构上。除了使用大量的琉璃作以外，在精细的石雕上涂朱刷金，也增加了它的华丽效果。特别值得注意的是在一些细部结构上，广泛采用了小木作的装饰。正庭、中庭的两厢和中庭的左右耳室的门上所架设的欢门，左右耳室门上的山花蕉叶帐，都属于小木作的范围，并都见于《营造法式》。欢门之制实为明清以来各种形式的隔断罩之滥觞，门上的山花蕉叶帐与后来的一些琉璃作门罩也有继承关系，在北京故宫建筑中也可见其遗风。

此外，墓中的石雕，如香炉、须弥座以及欢门、家具上的装饰雕刻，都是明初石刻的精品，揭示了元明之际雕刻艺术的发展情况。

成都明蜀僖王陵

蜀僖王（1409—1434）为四川第一代蜀王朱献王之孙，于宣德七年（1432）晋封为蜀王，宣德九年（1434）因风疾发作而终。僖王陵地宫平面呈长方形，由两个砖筑的纵列式筒拱券构成，全长 27.8 米，室内高 5.8 米，最宽 6.14 米，室内有仿木结构琉璃建筑，地面铺石板，其中两侧石板还下斜成沟。每道门地栿之下都设排水沟，沟内放木炭（图四）。

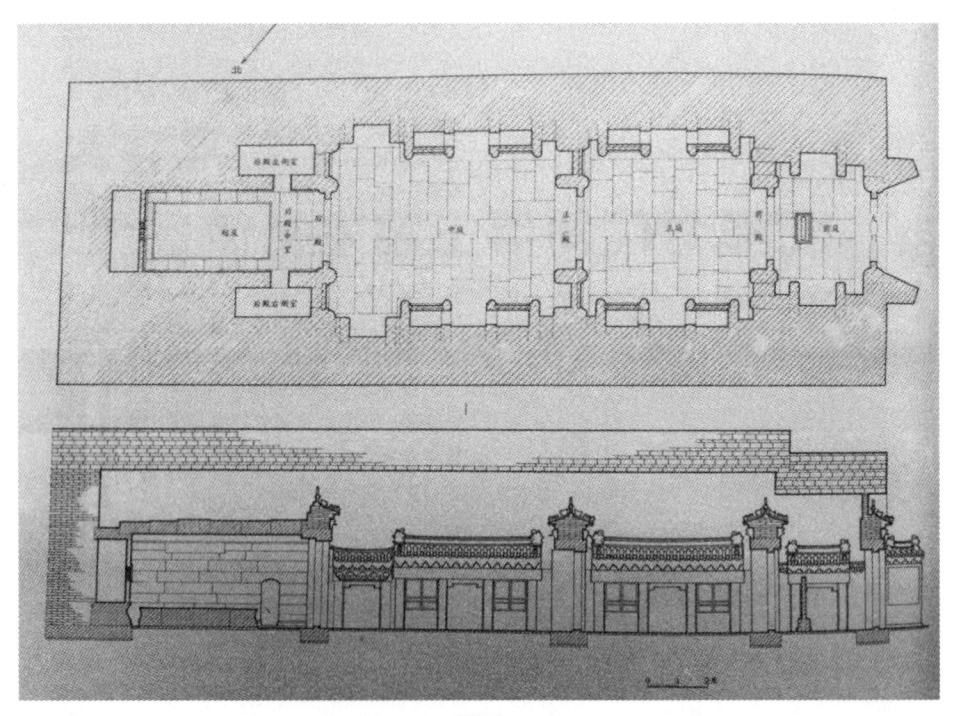

图四

大门：由八字墙、门、门楼组成，高 4.1 米。石门地栿上所安门颊，与两边圆形门柱同为一石。

门楼高 1.03 米，庑殿式。阑额上装 10 朵斗拱，均为五铺作重拱单抄单下昂计心造，每朵斗拱高 27.5 厘米、宽 29.5 厘米、间距 34 厘米。门楼顶部盖有龙纹勾头筒瓦和龙纹滴水板瓦，正脊上扣筒瓦，下嵌莲花纹琉璃浮雕，正面饰缠枝牡丹雕塑，两端各安一吻兽，左右兽脊上均装一垂兽，门楼四周空隙处用砖横砌封堵。

八字墙位于大门外左右两侧，墙体中间青砖，墙面刷石灰浆，边缘砌琉璃砖。顶由一斗三升绿釉琉璃斗拱承托，当头和滴水均浮雕龙纹。

前庭：位于大门之内，室内铺地的石板除了中轴线纵向铺一行外，其余均横向错缝平铺。前庭东西两侧各有一间厢房，形制相同，硬山式顶。石额枋上绘彩色箍头，额枋下面有一石欢门，上饰黑色缠枝灵芝纹浅浮雕。额枋之上安一斗三升绿色琉璃斗拱。

前殿：形制为庑殿式，面阔6.12米。大门内东西两侧各加一堵窄砖墙，仿木建筑直接作在阑额上。殿门形制与前庭大门近似，只是门板上没有雕刻门钉。此门前后两面的阑额上均有10朵斗拱，为五铺作重拱单抄单下昂计心造。

正庭长6.6米、宽6.14米、高5.11米。有东西厢房，为硬山式仿木琉璃建筑，三开间，正中架设欢门。其中，长方形内柱、檐柱、方形槏柱同雕于一石，其上承托着长5.17米、宽0.94米、厚0.38米的石板屋顶。阑额上有14朵五铺作绿釉琉璃斗拱。次间的檐柱内侧安装立颊，其内有双扇石质假窗门，门的上部浅浮雕四叶形菱花，华版和障水版上饰缠枝卷草纹。

正殿：为庑殿式仿木琉璃建筑，高4.24米、面阔6.13米。阑额上饰花朵纹、菱形纹彩色箍头，上有12朵五铺作绿琉璃斗拱。正脊上塑缠枝牡丹、莲花等。立颊内装双扇石板门，每门高2.57米、宽1.21米、厚0.125米。门的纹饰与正庭内厢房的窗门图案近似。窗户安装在门外两侧的檐柱与角柱之间的砖砌矮墙上，窗花纹饰与大门近似。此外在正庭淤泥中发现了勾栏和望柱头的残件。

中庭：中庭长9米、宽6.89米。左右厢房的形制同于正庭。厢房与后殿之间，各有一间附属建筑，高2.76米、面阔2.08米、进深0.66米。立颊内嵌有石欢门，上饰缠枝牡丹、葵菊等浅浮雕。石阑额以上为石质普柏枋，上安一斗三升斗拱。

后殿由中室和左右两侧室组成，中室门两侧有圆形檐柱，底部垫有长方形石柱础。门柱内侧设地栿，上安双扇石门，有铺首。门两侧安双扇格子假窗户，门额枋上有12朵五铺作斗拱，其形制、规格均同于正殿。与其他殿不同的是，此殿将转角铺作置于阑额末端之上，顶面脊饰自下而上分别为仙人、龙、凤、狮子、垂兽。后殿中室墙壁下还砌有须弥座式石墙足，此外，还有砖砌长方形照壁，高3.13米，宽2.88米。照壁为石质须弥座，束腰两端刻卷草纹，四周用花朵纹琉璃砖砌成边框，中室顶部为长方形盝顶，盝顶边框饰浅浮雕荷花、莲蓬纹，中间有一个直径2.1米的圆形曼荼罗图。图中心刻有直径0.54米的圆圈，内刻梵文。圆心之外为双层莲瓣，外围则刻以宝瓶、双鱼等佛教八吉祥纹（图五）。

图五

江西新建明朱权墓

该墓埋于封土堆下面，墓顶距离地表约 5 米。全部用素面青砖结砌而成，只有少数地方使用石料。全长 31.7 米，由前室、次前室、中室、左右耳室、后室共大小六间形成了一个平面为十字形的墓室。后室中后墙壁龛两旁用红石作八棱柱，柱下有础，柱上有正心枋，枋上有斗拱以支持出檐。檐橼、飞檐椽、瓦垅及正心枋均用红石雕成，线条刚劲，雕工精美（图六）。

图六

荥阳原武温穆王墓

明代原武温穆王和张太妃合葬墓为平面长方形的单室墓。墓室前壁墙上建有仿庑殿式建筑，高约 4 米。该墓墓室内部除了前壁外，包括后壁、东西两壁和墓顶布满了彩绘壁画，题材主要为佛教内容。钟鼓齐鸣、众佛同赴、仙鹤翩翩起舞的场面，营造出一种死后升仙的场景氛围。

明晋裕王墓

明晋裕王墓在山西榆次县北，在南北一道中轴线上用砖券成前、中、后 3 座横列窑洞式的墓室，中间贯通着用砖券的甬道，整个墓室建筑全部用砖平砌，墓室和甬道都是三铺三券，显得十分坚固。墓室以后室最大，中室略小，前室最小。墓门除了甬道安石门外，并在洞上用砖砌成做木构建筑形式的门面，门洞高 2 米，上横置石阑额，再上用砖向外叠涩 3 层，又用砖在上雕出檐椽和飞椽。门顶全部安装绿琉璃烧造的猫头、滴水、脊、兽，左右并列八字墙，顶部与门顶同样安装，底部有砖砌须弥座，中部见方，正中嵌有绿色琉璃团龙，四角配置角花。且 3 座墓室墙上全用白粉涂底，上加彩绘云雾，只是用色不同，后、中两室用红、黄、淡墨 3 色，前室增用了绿色，墓门及外墙均为红色。

明东胜侯汪兴祖墓

为一座长方形阁楼式券顶砖墓。墓室分上下 2 层，每层又间隔成前后 2 室，下层为平顶式样，内部均为仿木构建筑结构，用砖瓦作出柱、枋、斗拱等饰物。上层为券顶式，前后两室的长、宽与下层相同。

墓底系黄土地面，未铺地砖。墙壁自墓底起用砖叠涩成须弥座。须弥座上砌陶质柱础和圆形倚柱。倚柱共 16 根，除四隅各 1 根外，前室南壁 2 根，后室北壁 2 根，另每室东西两壁各 2 根。高均 1.26 米，间距 0.82—0.94 米，系用长 0.22 米、直径 0.12 米的筒瓦连接砌成的，内部满填石灰。倚柱之间联以额枋，上砌平板枋。平板枋上砌整块烧成的砖质浮雕式斗拱。斗拱砖长 0.37 米，宽 0.21 米，绝大部分已经脱落，从残留部分看，枋上砖角处砌角科，柱头处砌柱头科，角科和柱头科以及柱头科之间各砌平身科。斗拱砖上砌枋子，枋子上砌整块烧制的如意纹雕砖，长 0.32 米，宽 0.16 米。其上以石板铺顶。前室顶部铺石板 7 块。其中一块南北两侧均凿有边槽，横跨东西两壁；每侧又平铺石板 8 块，其三边砌入墙内，北边置于门楣石上。后室顶部铺砌情况与前室相同。

明蕲国公康茂才墓

墓全长 9.87 米、宽 4.3 米、高 4.38 米，分上下两层。上层墓室为砖砌券顶，下层墓室以条石封盖。

其中下层墓室内的结构为仿木结构建筑形式，由基墙、立柱与斗拱、门龛等部分组合而成。在墓室内壁下部均砌有高 0.4 米的基墙，呈须弥座式，墙身镶嵌有长方形花砖，砖的表面浮雕缠枝牡丹及双垂云纹样。基墙上部砌有用瓦管相接而成的立柱，柱高 1.18 米、直径 0.11—0.145 米，每节瓦管长 25 厘米、内径 7 厘米、外径 11 厘米。另有柱础瓦管，内径约 8 厘米、外径约 15.8 厘米、高约 8 厘米。柱头之上置以雕有斗拱的长方形花砖。前室的前、左、右 3 壁各置立柱 4 根，后室左、右、后及前室后壁各置立柱 2 根，柱与柱之间与斗拱相平处镶嵌雕有双如意纹的长方形花砖。在前室左、右、前 3 壁及后室左、右 2 壁，各砌有券拱形门龛一个，龛高 1.32 米、宽 0.6 米、深 0.14 米。

下层墓室的封顶共使用条石 12 块，其中前室 6 块，前后室相通的甬道上部 1 块，后室 5 块。墓室底部不见铺地砖，而以黄土垫平。上层墓室的长、宽均与下层墓室相同，高 1.43 米，为券拱形结构，用三组一平一竖的青灰砖砌成。墓室底部则是在下层墓室封盖条石之上，用长 0.26 米、宽 0.12 米、厚 0.05 米的长方形砖平铺砌成，砖与砖之间以石灰勾缝。

对康茂才墓和汪兴祖墓进行比对可以发现，二者形制相似，但亦有差别。虽然两墓内部尺寸大小差不多，但砖券厚度不一，汪兴祖墓砖券砌法为"三券二伏"，康茂才墓砖券砌法为"三券三伏"。在下层墓室中，康茂才墓虽四隅不设立柱，但立柱数目达 20 根，且设有门龛多个；而汪兴祖墓则前后室四隅均有立柱，立柱数为 16 根，但没有门龛。两墓修建年代几乎同时，但规格却有差异，究其原因可能是因为二人官阶爵位有等级差异所造成的。

三 墓葬仿木建筑的特征

（一）琉璃材质的运用

选择何种建筑构件进入到墓葬中，体现了人们对墓葬、建筑的认识，怎样表现这些建筑结构，表面看是技术的变化，实则也是观念的变更。明代是在建筑上大规模使用琉璃构件的高峰期，举凡宫殿、坛庙、皇家园林、王府无不以广覆琉璃为身份之标志。这一时期的琉璃使用一直受到严格控制，仅限于宫殿、皇家园林、陵寝、坛庙、王府等。如《明律》中规定"凡官民房舍车服器物之类，各有等第"。洪武九年（1376）曾"定亲王宫殿、门庑及城门楼，皆覆以青琉璃瓦"，一般官员和百姓严禁使用。这一趋势同样也反映在了墓室的建造中。鲁荒王墓的金刚墙门楼、晋裕王墓墓门门头的滴水、脊、蹲兽和八字墙正中团龙皆用绿琉璃制成。明蜀僖王陵八字墙边缘砌砖及门楼、前庭、正殿斗拱铺作亦都以绿琉璃烧制，成都凤凰山朱悦燫墓更是大量使用琉璃作仿木构件。

（二）多室墓的空间格局

就陵墓地宫的建筑材质而言，大部分王陵是用砖或砖石并用建成的。就墓室空间格局而言，鲁荒王陵为前后双室砖墓，成都明蜀僖王陵是由前庭、正殿、中庭、后殿组成的多室墓，成都凤凰山明墓形制与僖王陵相近，亦是由前庭、正庭、中庭、后殿组成的多室墓。不同的空间单元之间由砖筑的纵列式筒拱券连接而成。江西明朱权墓为平面十字形的多室墓。明晋裕王墓为前中后三座横列窑洞式墓室。汪兴祖墓与康茂才墓均为上下两层券顶砖墓。只有荥阳原武温穆王墓为长方形单室墓。

（三）仿木构件的选择

多室空间的布置使得墓葬中仿木结构的重点集中在大门门楼、墓室门和墓室四壁上。墓门多为石板制成，上有9排门钉，每排9个。墓室门楼多用庑殿顶，铺设绿琉璃瓦，且在脊上置有脊兽。柱上一般为阑额，斗拱多见一斗三升或五铺作。此外，八字墙这种在宋金元墓室中少见的建筑形制在明代藩王墓葬中频频出现。

宋元时期仿木墓葬中常见的小木作如砖雕桌椅、衣架、梳妆台、灯架等基本难寻踪迹，唯有蜀地僖王陵和朱悦燫墓中有门窗、隔扇的细节模仿，应有一脉相承的地域影响因素在内。

（四）仿木建筑墓葬的发现主要在明初期，此后少见

从已经发掘的明代藩王陵墓资料来看，从正统后期至万历时期100多年间的藩王墓葬中几乎见不到仿木构件的存在。河南荥阳万历三十五年原武温穆王和山西崇祯年间晋裕王墓更像是一种偶然性的案例。总的来说，就时间而言，此类墓葬装饰更多地出现在明代初期。就地域而言，刘毅先生认为，明代藩王陵墓墓室结构的纵向继承发展关系远远大于其间的横向关系，或者说，各封地藩王陵墓地宫自成体系的倾向非常明显。于是就出现了明代藩王陵墓中木构装饰最为华丽的墓葬为有承继关系的成都凤凰山朱悦燫墓和成都蜀僖王陵，异姓王墓则为时间仅相隔1年的康茂才墓和汪兴祖墓。

从各封地藩王陵的纵向发展来看，始封藩王地宫规格一般高于后世嗣王，而晋裕王在明末崇祯年间依然使用三主室地宫，昭示出太祖诸子以始封王地位较高，尽管嗣王有所下降，但其地宫规格可能依然高于其他封地的藩王。

弘治晚期开始，明代墓葬发展进入了一个变革期。即使是亲王级别的墓葬也开始使用无甬道单室砖券墓的现象，而这种墓型甚至不及同时期某些县级官员所使用的短甬道单室砖券墓级别高。同时，这一时期的墓葬开始较多地出现在椁内使用松香、糯米汁石灰等防腐和封隔手段。出现这种现象的原因，刘毅先生认为有两个方面，一来与南方湿热，地下水位高，墓葬需要防腐护尸有关，另一方面也与封藩发展到明代中期，各藩宗亲人口日盛，其丧祭等消耗成为国家财政的一大负担，财政渐渐不支，于是墓葬规模相应降低有关。同时，霍巍先生提出，从明代中期开始，追求防腐护尸的丧葬观念兴起，也是这时期轻玄宫规模重防腐护尸的原因。反映在墓室装饰上，便是对地下世界、死后家园进行精心雕饰的热情终于趋于冷却。

四 结 语

仿木建筑在墓葬中并非一个孤立存在的单类构件，它与墓中其他表现形式是有关联的，并共同构成了对于死后空间世界的想象。明代藩王陵墓的仿木建筑总的来说继承了唐末五代和宋金以来的传统，墓

室大门和四壁的装饰所表现的,是建筑的外观。而外观区分着等级,昭示着墓主人的身份。当然,这些仿木建筑并无真实的建筑空间存在,作为一种建筑符号,被搬进墓室,反映出了人们对富丽堂皇的视觉效果的追求,也成为墓主生前高堂华屋的替代品,是财富和身份地位的象征。就风格而言,则中正庸和,稳健规矩,多无藻饰,制度划一。

  一种特殊类型墓葬装饰形式的变化和消亡,并不必然意味着这种形式所蕴含的人们的期待变化或消亡。作为一种有着悠久传统的艺术种类,设计者在宋金元时期对墓室建筑进行仿木处理的探索中,耗尽了这类装饰手段所包含的所有潜能。有时候这类形式的消失只意味着某类艺术创作意愿的消失。根据这些已有的材料,我们并不能因为仿木构现象的衰落消失这一现象去揣测,元明之际中国人对死亡及冥界的理解模式发生了根本性的变化,准确来说,是随着时间的推移,人们对死后世界理解的载体发生了变化,才出现了墓葬内装饰形式的改变。

[作者单位:明孝陵博物馆]

明祖陵神道石刻时代探析

陈 琳

明代祖陵神道石刻共有五处：江苏盱眙祖陵、安徽凤阳皇陵、南京孝陵、北京十三陵、湖北钟祥显陵。这五处帝陵石刻的建置时代，皇陵、十三陵有明确的文献记载[1]，显陵建于嘉靖年间，孝陵神道石刻建于洪武十六年（1383）。而祖陵大都认为建于洪武十九年（1386）[2]，在论述神道石刻制度、艺术风格的沿革时，亦往往依此时代的先后而推论。查证有关史料，就石刻制度、造像风格特点作了比较，认为祖陵应建于洪武初年，不但早于孝陵，亦先于皇陵，探析如下。

祖陵为朱元璋三代祖先的陵墓，《明史·山陵》载"太祖即位，追上四世帝号[3]，祖陵考熙祖墓，在凤阳府泗州蠙城北，荐号曰祖陵，设祠祭署，置奉祀一员，陵户二百九十三"。可见，祖陵于洪武初已设祠祭署。祖陵这一建筑早于皇陵[4]：《明史》未言祖陵祠祭署之规模，但从皇陵"祠祭署、卜舍备数百间"[5]可以类推，祖陵祠祭署也是有一定规模的。当时高祖、曾祖尚不知葬处，每岁至祖陵望祭。《明史·礼十四》载："熙祖陵、每发正旦、清明、中元、冬至及每月朔望本署官供祭行礼，又即其地望祭德懿祖二陵。"《大明会典》卷九十也有类似的记载："熙祖陵在今凤阳府泗州蠙城北，洪武初号曰祖陵，即祖陵望祭德祖、懿祖二陵。"由于德懿二祖之祭祀每岁皆在祖陵进行，所以至洪武四年（1371），"建祖陵庙，仿唐宋同堂异室之制……三楹通为一室，奉德祖神位，以备祫祭，东一楹奉懿祖，西一楹奉熙祖。十九年命皇太子修缮祖陵，葬三帝后冠服"[6]。《奉泗皇陵记》上载有"（洪武）十七年（十九年之误）上命皇太子到泗修建陵寝，号曰祖陵。命礼部制造三祖考衮冕冠服瘗殿后"，这里的"号曰祖陵"应理解为合称祖陵。因洪武初已"荐号祖陵"。由上述史料可知，祖陵当初为朱元璋祖父陵寝，建于洪武初年，至洪武十九年葬三帝后冠服后，才作为三祖共同的陵墓。祖陵建于洪武十九年之说，大概就是以"十九年命皇太子往泗州修缮祖陵，葬三祖帝后冠服"以及上述之"号曰祖陵"为根据的。试想，祖陵如若真是十九年葬三帝后冠服时才建，那么《明史》《大明会典》等正史就不会说祖陵是"熙祖陵""洪武初号曰祖陵""设祠祭署"等，而应当说是三祖的陵墓了。至于洪武十九年太子诣陵修缮的工程，《帝乡纪略》有载："十八年（十九年之误）命懿文皇太子率领文武郡臣诸色人匠诣陵修建，创筑外罗土城九里三十步，内城四里十步……栽松柏树七万余株。"在其他有关史料中也未见当时"享殿等主要建

---

[1] 皇陵石刻建置见《凤阳新书》："（洪武十一年）夏四月，命江阴侯吴良督建殿宇城垣、植冢木立华表，树石人石兽，勒石见亭。"《明祖陵述略》一文（《考古与文物》1984年2期），记皇陵石刻为洪武二年，文献来源不详。十三陵石刻建置见《历代陵寝备考》《燕都游览志》："宣德十年四月辛酉……始置石人石马于御道东西。"

[2] 《明孝陵》，北京，文物出版社，1981年；张正祥：《明祖陵》，《考古》1963年8期。

[3] 高祖封德祖玄皇帝，封曾祖懿祖恒皇帝，封祖父熙祖裕皇帝，封父亲仁祖淳皇帝。见《太祖御制世德碑》。

[4] 祖陵祠祭署应为洪武元年（见《明史·山陵》），皇陵祠祭署则立于洪武七年（见《皇陵碑》，凤阳县文物管理所编，1981年）。

[5] 《凤阳县志》。

[6] 《明史·山陵》。《明祖陵》一文认为："'四年建祖陵庙'，《实录》上则是建于临濠的宗庙，而不是祖陵享殿。"考《太祖实录》："……庚寅（应为庚戌之误）建圜丘方丘日月社稷山川坛及太庙于临濠。礼部奏：临洮宗庙宜如唐宋同堂异室之制……"庚戌乃洪武三年号。太庙与宗庙不同，临洮亦不是临濠。既然是在洪武三年建太庙后，礼部提出了祖陵庙的建制形式，四年建成了祖陵庙。

筑已竣工"①的记载。可见洪武十九年诣陵修建的主要工程是增筑内外土城或栽树。祖陵原为黑瓦，"永乐元年（1403），工部以泗州祖陵黑瓦为言，帝命易以黄，如皇陵制"②。黄色琉璃明器在汉墓中已有出土，但黄色琉璃瓦的兴盛则在明代，明代宫殿、帝陵建筑无不使用黄色琉璃瓦。洪武七年（1374）设祠祭署的皇陵已用黄瓦，洪武十六年的孝陵殿也用黄瓦。如果祖陵建于洪武十九年反不用黄瓦，至永乐元年工部才意识到不妥，这在情理上也解释不通，故祖陵黑瓦只能看作是明初之现象；这从另一个侧面提供了祖陵修建的时代。

此外，从朱元璋称王后的经历也可见一斑。元至正十六年（1356）4月10日攻克金陵，遂接受了"广积粮、高筑墙、缓称王"的策略，外施军事，内修礼仪，各种封建制度开始酝酿建立，因当时朱元璋的家乡均存元军势力范围，曾发出过"有围无家"之叹。元至正二十一年（1361），元朝泗州守将薛显以城降，元至正二十六年（1366），濠州李济义以城降。至此，朱元璋的祖茔、父坟均在其势力保护之下。其时，虽戎马倥偬之隙，却立即颁布已属其管辖范围的家乡钟离之地为临濠府。"太祖初克金陵，即立典乐宫"③并作《迎神太和之曲》："庆源发祥，世德惟崇。致我眇躬。开基建功。京都之中，亲庙在东；唯我子孙，永怀祖风。气体则同，呼吸相通；来格来崇，皇灵显融。"④在这里，左祖右社的格局已形成，并谆谆教导"唯我子孙，永怀祖风"了。作为天下之主，自然要讲究祖茔风水，岂肯让其祖父一领芦席裹体，丢在旷野赤土之下。因而，修建祖陵并付诸实施，理当在元朝末年。于是，元至正二十六年朱元璋以吴王身份自金陵而泗州、而凤阳省墓。再则，1363年3月14日，身居滁州的小明王内将制书，封赠了朱元璋二代为国公。若朱元璋已得泗州，仍置其祖茔而不顾，小明王的封赠就是对朱元璋的讽刺和谴责，如若祖陵未建，小明王又何以为封？

另从神道石刻的品相、风格也可见其时代特征。神道石刻属陵墓附属工程，一般都在主体建筑后增设。据《明史舆服志》载，洪武二十六年令：凡亲祀郊庙、社稷的一品至九品官俱"方心曲领""同朝服制"⑤。孝陵文臣石像正是"方心曲领"，晚于孝陵的十三陵、显陵文臣服饰同于孝陵，而祖陵、皇陵文臣像则为交叉叠领，时代特征一目了然；从陵体、石刻制度及艺术风格上也证明了这一点。

祖陵建于洪武初年，为明代陵制尚未形成时期，陵体基本上沿袭唐宋。秦汉唐和北宋的帝后陵都具有明显的中轴线，陵丘居中，绕以围墙，四周辟门，唐与北宋诸陵在每个陵的中轴线上建享殿、门阙、神道和石像生⑥，而祖陵正是陵丘居中，四面辟门，石像生就设在神道中轴线上，但方形陵体的做法，为明陵中所独有。孝陵"一反汉以来方上、灵台、方垣、上下宫诸制"⑦，改坟为圆形，神道因地制宜，曲折莫测，打破了历代取"方中""中轴""对称"等带有工艺布局特点的限制，显得自然生动。从明清两代帝陵看，自孝陵而后，不再见方上陵体，宝城皆为圆形。在石像生制度上，如果将明陵五处石刻进行比较，则可以看出两种类型，即祖陵、皇陵为一类；孝陵、十三陵、显陵为一类。从这两种代表看前后不同制度的石刻类型，区分得相当明显。例如，祖、皇二陵皆以麒麟为群兽之首，作立状；有些石刻题材多达六至八对，俱作一种姿态；陵前设有太监，并立武将于文臣之前。孝陵、十三陵、显陵皆以狮子为首，增设象、骆驼、獬豸，石兽俱两对，作蹲卧二式，废太监，改立文臣于武将之前。祖、皇二陵蹲狮俱为六对，所设马官、侍马俑至孝陵始俱无，马体亦由有鞍改为无鞍。祖陵、皇陵以及早期功臣墓作双手按剑状的武将，孝陵、十三陵、显陵则成为挂刀执瓜状了。另外神道石柱也有区别，前者石望柱

---

① 刘聿才、刘新：《明祖陵述略》，《考古与文物》1984年2期。
② 《明史·礼十四》。
③ 《明史·乐志》。
④ 《明史·乐志》。
⑤ "方心曲领"乃仿宋文臣服饰。洪武二十六年（1393）始用。
⑥ 刘聿才、刘新：《明祖陵述略》，《考古与文物》1984年2期。
⑦ 《明孝陵》，北京，文物出版社，1981年；张正祥：《明祖陵》，《考古》1963年8期。

各二对，仿自唐宋，柱顶作宝珠或石榴状，柱身一对无纹，一对为卷草花纹；后者皆一对，柱头作双箍盘龙云纹，柱身皆为龙纹。其他如服饰上的前后变化等。这些石刻制度上的前后不同，反映了明代朝仪制度的沿革以及统治者在审美趣味上的区别；同时，也清楚地表明了祖陵、孝陵孰为先后的问题。

各个时代，由于社会政治、经济以及人们的崇尚爱好不同，石雕艺术亦反映出不同的艺术特色。明初近百年里，正处于社会上升阶段，造像颇具气势，特别是洪武初年，因陵制尚未形成，建造陵寝基本上是对唐宋陵制的模仿。"四年建祖陵庙，仿唐宋同堂异室之制"，唐宋陵前石刻也自然会作为明初陵前石刻之楷模。祖陵石刻形制俱具唐宋特点，这为所有论及祖陵石刻的文章所公认。但洪武十一年建造的皇陵石刻，虽也有唐宋余韵，但造型已渐见清癯，龇牙咧嘴、庄严威慑、夸张奇特的神情逐渐起着变化，明显有向孝陵、十三陵、显陵过渡的趋势。孝陵石刻，是继对唐宋陵墓石刻改革后的又一大转折，不但石刻制度有异于前，就表现风格亦无唐宋特点，造像以写实为其主要特色，不作过分装饰，刀法圆润而又朴实无华，唐宋陵以及明祖陵、皇陵中常见的挺胸昂首之姿态，则全然消失了；石兽或立或卧，自然天趣；这种风格为十三陵、显陵所继承。十三陵虽雕琢精细，具有工艺装饰特点，但在造型及体制上与孝陵完全一样。显陵石刻纯是对孝陵的追随模仿。通常说明代中后期以后，雕塑艺术出现公式概念化倾向。显陵也有不同于孝陵之处，那就是造像更重自然写实，以纤长为美，同时由于国势转衰，动物显得纤弱乏力。

通过上述有关史料的罗列，陵体、石刻制度的前后对比，以及造像风格的沿革述略，可以结论，明祖陵神道石刻建置的时代应为洪武初年。

表1　明代帝陵石刻一览表

帝陵	坐落地点	石刻数目	1	2	3	4	5	6	7	8	9	10
祖陵	江苏省盱眙县	21对	麒麟2对	狮6对	石柱2对	马倌2对	鞍马1对	拉马侍1对	文臣3对	武将2对	近侍2对	
皇陵	安徽省凤阳县	32对	麒麟3对	狮4对	虎3对	石望柱2对	拉马侍1对	豹4对	羊4对	文官2对	武将2对	内侍2对
孝陵	江苏省南京市	18对	狮2对	獬豸2对	骆驼2对	象2对	麒麟2对	马2对	石望柱3对	武将2对	文臣2对	
十三陵	北京市西北郊	18对	狮2对	獬豸2对	骆驼2对	象2对	麒麟2对	马2对	武将2对	文官2对	勋臣2对	
显陵	湖北省钟祥市	18对	狮2对	獬豸2对	骆驼2对	象2对	麒麟2对	马2对	石望柱2对	武将2对	文臣2对	

[作者单位：江苏省盱眙县政协文史委员会]

明代开国功臣中山王徐达墓考述

邵 磊

元朝末年，土地兼并严重，农民负担沉重，加之天灾连连，阶级矛盾、民族矛盾日趋激化。元顺帝至正十一年（1351），刘福通等领导的红巾军农民起义爆发并迅速扩展壮大，各地民众群起响应，尚未满22岁的农家子弟徐达正是在这样的背景下，投身到如火如荼的反元斗争的洪流中。

徐达，字天德，濠州钟离人（今安徽凤阳人），出身农家，元末至正十三年（1353）投至农民起义军郭子兴部的心腹爱将朱元璋麾下。虽说徐达与另一位明朝开国元勋、素有"常十万"之誉的常遇春，可谓明朝建立过程中朱元璋最为倚重的两位将军，但具体而言，常遇春还只是具备了一个伟大将领的全面素质，徐达虽然小常遇春2岁，却堪称是一位优秀的统帅。不夸张地说，朱元璋麾下众多战将南伐北战、东征西讨所取得的辉煌战果，大多来自徐达的运筹帷幄。因此，徐达在朱元璋军事集团中体现出的举足轻重的作用，几乎是不可取代的。生性猜忌多疑的朱元璋之所以给予徐达如此高度的信任，放心大胆地任其以"大将军"的威望，长期、频繁地统率重兵，除了徐达的智勇兼备、战功卓著外，当还与元至正十五年（1355）朱元璋遭濠州红巾军将领孙德崖部扣押以致命在旦夕之际，徐达义无反顾地只身前往请求代为人质而将朱元璋赎回一事有关。徐达驰骋疆场数十载，为推翻蒙元并消灭与朱元璋争夺天下的枭雄陈友谅、张士诚都立下了汗马功劳，但不可否认的是，朱元璋对徐达的信任，也是徐达得以充分施展其军事才华，从而建功立业的重要基础和条件。洪武三年（1370），徐达以其位于诸将之上的功勋业绩，官至右丞相，兼太子少傅，封魏国公，岁禄5千石，予世券。

在徐达的戎马一生里，也有很惨痛的教训，那是在拜封魏国公后的洪武五年（1372），他统率15万军队分三路征讨北元，其中，徐达亲率中路军，李文忠与冯胜分领东、西两路军，结果徐达自率的中路军由于轻敌冒进，在岭北（治今蒙古国哈尔和林）遭到效忠于元朝的悍将扩廓帖木儿的伏击，折损万余人，而李文忠的东路军进展亦不顺利，损失惨重。经此一役，明朝自立国前后积聚起来的势如破竹的旺盛气势受到遏制，对蒙元的军事策略也由穷追猛击而被迫转变为驻兵边地、收缩防守，而残元势力也就此获得了喘息之机，终成为威胁明朝存亡的巨大隐患。

徐达于洪武十八年（1385）二月病故，追封中山王，谥"武宁"，赠三世皆王爵，赐葬南京钟山之阴，配享太庙，立肖像于功臣庙，位皆第一。徐达以其卓越的开国之功，不仅生有显号，殁有赠典，且光照父祖，赏延后世。明初开国功臣，唯徐达子孙世有南、北二公，分居两京，与明王朝相始终[1]。徐达墓位于南京市太平门外板仓街190号，墓冢前的神道长约300米，墓域规制宏伟，神道石刻组合也相对完整（图1），是南京地区保存较完好的明初功臣墓。

---

[1] 关于徐达的生平史事，俱见《明史》卷一二五《徐达传》，中华书局标点本，第3723~3732页。

图 1　徐达墓神道石刻

一　关于徐达墓的神道石刻

由于岁月销蚀与人为破坏,南京明初功臣墓的垣墙、享殿乃至巍峨的墓冢多已难觅踪迹,但成序列的神道石刻却得以程度不同地保存下来,成为领略明代早期石作艺术、探讨明代礼制变迁的重要实物见证。徐达墓亦复如是。

徐达墓神道以洪武十九年(1386)七月所树立之神道碑为神道起始处,神道碑通高 8.95 米、碑身宽 2.20 米、厚 0.70 米,碑身下承的龟趺高 1.80 米、长 5.00 米、宽 2.00 米。碑额雕饰云龙纹,正中篆题"御制中山王神道碑"8 字。碑身镌刻的正文由明太祖朱元璋御制,首题"大明开国辅运推诚宣力武臣特进光禄大夫左柱国太傅中书右丞相征虏大将军魏国公追封中山武宁王神道碑",连首题在内凡 25 行,满行 80 字,内容记载了徐达的家世生平与建立明王朝的赫赫功绩。

在距神道碑后的神道两侧,依次分布有石马及控马官、石羊、石虎、石武将翁仲、石文臣翁仲各一对,两两相对,夹道而望。其中,神道碑龟趺底部的基座距石马基座 41.6 米,与石马连为一体的控马官基座距石羊基座 24.2 米,石羊基座距石虎基座 4.2 米,石虎基座距石武将翁仲基座 4.0 米,石武将翁仲基座距石文臣翁仲基座 4.0 米。

石马长 3.00 米、高 1.75 米,戴络头,口衔镳,颈系銮铃和缨穗,头部在缰绳的牵引下略偏向控马官一侧。马背的马鞍上垫以障泥,障泥两侧雕如意云纹带;在两侧如意云纹带的中心部位各辟一海棠花形开光,在构图上不若开平王常遇春墓石马障泥上的海棠花形开光饱满,大致与李文忠墓石马类似;海棠花形开光内部的主体纹样似亦为云龙纹,惜已风化漫漶,四角仍饰云纹。马鞍下未垂挂马镫,缰绳即搭于马鞍之上。后鞦上垂有条饰,并系缨穗。马腹下四肢透空伫立,马尾与一侧后腿相连及地。

在石马一旁侍立、与石马连为一体的控马官一手握马缰侧身而立,另一手曲臂贴身执马鞭。两控马官头部皆缺损佚失,民国初曾有好事者以水泥补塑控马官头部,所取面目造型酷肖孙中山头像,后亦遭击毁,今其脖颈部位出露的残铁条或与民国初的补塑有关;腰部束宽带,带上刻画出玉板,玉带板上雕饰有类似宝相花的纹样,但已风化不清,袍服下露履。从其身着窄领紧袖袍服的装扮看,当与岐阳王李文忠墓、宁河王邓愈墓、东瓯王汤和墓的控马官造型相近,固非头戴兜鍪作武弁形象(图 2)。

图 2　徐达墓神道碑

石羊高 1.4 米，呈四腿跪卧状，在头顶蟠曲的双角根部，雕刻出细致连续的凹凸纹样，以模拟真实的绵羊羊角。

石虎高 1.5 米，呈蹲踞状，头部硕大，两侧嘴角还刻画出向上龇出的 5 根胡须，身体表面雕饰虎纹斑，直立的前肢与躯体之间的石料透空。

石武将翁仲高 2.9 米，均双手拄剑而立，蚕眉瞋目，神道左侧翁仲颌下有一撮胡须，右侧翁仲颌下无须。头戴兜鍪，顶部洒插长缨，后缀顿项，左右两侧嵌护耳。肩覆双重披膊，外重披膊作虎首状，手臂裹以臂护，袍袖打结垂于肘下。身甲为对襟式，下及膝部，胸腹之间围裹宽厚的护腰，护腰上部以两周丝绦横向束勒，并于胸前作结呈"八"字形。护腰中部束革带，革带表面刻画玉带板，玉带板素面无纹，除三台为双手与剑柄遮挡外，余如圆桃、鱼尾、排方皆历历可见。正面革带内露出宽大的束腰帛带，向两侧略呈"S"形垂落。在革带下左右各垂一片膝裙，中垂圆形鹘尾。披膊、身甲、膝裙、鹘尾上的甲片均作细密的山纹甲，在山纹甲的外缘，都刻有模拟绢布褶边的包边装饰，其上雕刻缠枝花卉与蔓草纹。在膝裙、鹘尾下露履与长及足部的战袍。肩部系披肩，用于分隔顿项与肩甲，披肩亦作"八"字形结系于胸前（图 3）。

图 3　徐达墓神道碑篆书题额

石文臣高 2.9 米，双手执笏板交叠于胸腹间，头戴梁冠，冠前饰如意云纹额花，两侧贯笄；身穿交领右衽宽袖袍服，冠带系结于衣领部位，袖长过膝；腰束革带，上缀浮雕玉带板，玉带板素面无纹。身前垂有花结长帛两股，周身缀挂璎珞环佩（图4）。

图 4　徐达墓石马

此外，在徐达墓的龟趺神道碑前，尚有后建的一座石牌坊，额书"明中山王神道"。而在徐达墓神道尽头的墓冢前尚有入清后徐达后裔所立墓碑，碑高 1.95 米、宽 0.77 米，上刻"明魏国公追封中山王谥武宁、夫人谢氏之墓"（图5），其具体的立碑年代可能与石牌坊相近。

图 5　徐达墓石翁仲

就形制之宏伟而言，中山王徐达墓与毗近的明太祖朱元璋养子、岐阳王李文忠墓神道石刻，可谓明初功臣墓神道石刻之翘楚，也是同属殁后封王的宁河王邓愈、黔宁王沐英、东瓯王汤和诸墓的神道石刻难以望其项背的。具体而微，徐达墓神道石刻甚至还略胜李文忠墓神道石刻一筹，这应当都是与徐达第一开国功臣的地位相匹配的。关于明代功臣乃至品官墓神道石刻的相关制度，《明史》卷六〇《丧葬之制》记载道：

> 坟茔之制，亦洪武三年定。……五年重定，功臣殁后封王，茔地周围一百步，坟高二丈，四围坟墙高一丈，石人四，文武各二，石虎、羊、马、石望柱各二。……一品、二品石人二，文武各一，虎、羊、马、望柱各二。三品、四品无石人，五品无石虎，六品以下无。①

---

① 《明史》卷六〇，《丧葬之制》，第 1487 页。

对照这一制度，则现存徐达墓神道石刻组合还缺失了 1 对石望柱。明初功臣墓神道碑后的神道两侧，于例应竖立有石望柱 1 对，但不排除可能由于望柱体积较小，且容易倾倒以致湮废无迹或被挪作他用，未必原先就不曾设置。这样的例子并不鲜见，如明功臣中虢国公俞通海与宁河王邓愈两人的墓前，原先都有石望柱 1 对，均已在近数十年间毁佚①。再如明初开平王常遇春墓石望柱现独存 1 件，另 1 件亦无存。永乐六年（1408）的渤泥国王墓与正德年间的南京雨花台区姚南村明代失考墓的石望柱柱身虽皆佚失，但望柱底部的方石基座仍存，可证其石望柱原先也都是具备的。因此，徐达墓神道石刻中原本曾有石望柱 1 对，应无疑义。

通常认为，明代尚左，即以左为尊，故石翁仲无论文武，都是年老有须者居于神道左侧，年轻无须者居于右侧，借以体现出"长者为尊立于左"的尚左的时代特点②。徐达墓虽然是武将有须者立于左，但文臣有须者却立于右，显露出与这一推断的扞格难通之处。

二　关于徐达墓神道碑的碑文

在徐达墓的神道石刻中，位于神道起始处的神道碑尤其宏伟壮观，甚至比明太祖朱元璋与马皇后的孝陵神道碑，即今南京东郊四方城内的明太祖朱元璋神功圣德碑还要高出近 20 厘米③，堪称南京地区形制最为硕大的古代碑刻，至于明代功臣墓神道碑更是无出其右者。或许正是因为如此，加之明代碑刻素不为金石学家所重，故历来几乎未见徐达墓神道碑有拓本流传。直至 2010 年前后，因南京市文物局拟编纂《南京历代碑刻集成》一书，遂组织力量将此丰碑大碣捶拓一遍。所幸的是，此碑虽然历经 600 余年风雨剥蚀，然碑文仍清晰可辨（图6）。

图 6　徐达后裔所立墓碑

现谨依据原有行款将徐达墓神道碑碑文迻录如下：

---

① 虢国公俞通海与宁河王邓愈两墓神道石刻中包括石望柱在内的完整组合，参见朱偰著《金陵古迹名胜影集》中华书局，2006 年，第 82、75 页。

② 夏寒：《明代江南地区墓葬研究》，南京大学博士论文，2006 年，第 116 页。

③ 徐达墓神道碑与明孝陵神功圣德碑的相关测量数据，参见南京市文物主管部门制作的文物档案。

01 大明开国辅运推诚宣力武臣特进光禄大夫左柱国太傅中书右丞相征虏大将军魏国公追封中山武宁王神道碑」

02 大明中山武宁王姓徐氏，讳达，凤阳府凤阳县人，家世农业。王年二十有二，值元末兵兴，岁癸巳，朕集义旅，王来麾下。朕视其所以周旋几二年，动静语默，悉超群英，于是命为帅首，凡有微征，以代朕行，又几一」

03 载。明年乙未，朕被敌所执，敌之帅首亦为我军所执，明日，王来以身代朕归，朕归，纵敌帅首易王还。已而从朕渡江，下采石，定太平。时机务浩繁，姑孰之郡密迩大江，况元帅首蛮子海牙率舟师以拒江面，为朕」

04 肘腋之患，不暇率兵四征。乃命王为将，择精兵数千，东取溧水、溧阳。王兵至，守者不战，民庶咸安。明年丙申春二月，败元舟师于采石，王仍屯溧水。三月，召王从征建业，越十日庚寅，师入建业。越七日丁酉，命为」

05 大将，浮江而下，水陆并进，东取京口，大破元师。京口已定，东探浙右。时张士诚擅称名号，遣将已据毗陵，旌旗相望，其守者潜遣间谍诱我斥候。王察知，遣使归告，请勒兵以讨，朕许之。王将三万人，逼近其垒，复」

06 遣使归告，贼势少窘，益兵可下。朕遣将千余员、甲士三万，师会，合围毗陵。张士诚自姑苏发其弟张九六将兵数万来援，王遣兵逆战，不移时，破之，生擒张九六。城守犹坚，朕复益新附二万，合势共围，守者窘」

07 甚，计出多方，诱我新附者二万，新附帅首密从，倾营入城助彼来战。初，我军环其城而营之，因新附者叛，四方去其三，独王固守其南，开平王犹营东南外一舍之余，扼彼援兵，尚未惊疑，闻新附者叛寇迫王营，」

08 王拒守且战，开平自外来援，内外夹攻，大败其众，擒其守将张德，余军败入其城，王复环而困之。士诚自姑苏遣将吕珍寅夜入城，督兵以守，与王相抗。初，彼军虽少，粮且足用，战守益坚，及诱降入，军多粮少，战」

09 且狐疑。丁酉春，守将吕珍潜遁城下，师旋复，遣征宁国。城围援至，王发兵扼要而战，援者败，俘斩者众，旬日城降，宣城亦附，凯旋。时四方群雄甚多，朕固守江东数郡，命王秣马厉兵，以观四方之势。又明年戊戌，」

10 命王点兵固守建业，朕亲下浙东，金华既平。六月师还，未几，遣王西征皖城，水陆并进徽北。秋，命王西征池州，师抵而平。陈友谅遣兵来救，斩首万级，生获三千余。时张士诚发兵来寇宜兴，城陷，遣王将兵复取。」

11 师抵城下，不旬日，城复，生获三千，余皆战死。其年，惟扬元义兵尽归。壬寅秋，王从朕下浔阳，陈友谅败溃，时张士诚发兵攻长兴，留王守浔阳，未几，召归，师次中涂，令复守浔阳。比至，陈兵已入城守，王遣兵与战，」

12 陈兵复溃，俘斩数千，获其眷属、战骑。彼时，浔阳之境空荒，弃而弗守，师旋建业。癸卯春正月，取豫章，城降，命王西取武昌，不克，班师中涂，豫章内变，王复讨平。张士诚北寇寿春，朕亲往援，王为前部，张兵败北，旋」

13 师金斗，周围其城。战间，陈友谅大率兵寇豫章，诏王罢金斗之围，归整舟师，解豫章之难。秋七月，师次彭蠡，陈友谅罢围逆战，王身先诸将，败陈一巨艘，死者千五百人，自是，彼军势弱，我军威振，由王身先。癸卯」

14 岁，留王守京，朕西征武昌。甲辰，武昌下。克陈之后，其年大会兵于京师。乙巳岁，命王取淮东、淮阴诸州。仲夏，师旋。岁丙午，命率甲士二十万东取吴越，鏖战于吴兴皂林之野，生擒张兵六万，不戮一卒，尽赴京师。」

15 冬十有一月，师抵姑苏。明年丁未秋九月，姑苏下，兼浙左之太半，诏班师，命王西略苍梧、九溪，率服，还军京师。洪武元年戊申春正月，朕即大位。二月命王为征虏大将军，银青荣禄大夫上柱国录军国重事中」

16 书右丞相兼太子少傅信国公。命率甲士二十五万北定中原，抵齐鲁而民安，所过辑兵守御，规画足食，兵不民扰，所得壮士帅而俎征，不烦朕念。北齐既平，命渡河南，兵至大梁，父老壶浆以迎。西下洛阳，长驱」

17 崤函，直抵潼关，守者拒战，王命宋国公冯胜拔之。朕命据关而守，谕归大梁，北下河内，由邺下趋赵州，抵临清。其年八月三日辛未，北入元都，捷奏平胡。复命西下晋冀，如命，井陉长驱，晋冀以平。二年春正月，召」

18 渡河西兵入关中，守者皆弃，全有关内之地，召归，天下太平。三年冬十有一月，论功行赏，命王为开国辅运推诚宣力武臣特进光禄大夫左柱国太傅中书右丞相征虏大将军改封魏国公。五年夏五月，众议」

19 北入沙漠，王至岭北，兵疲而还，敕命沿边辑守，岁镇于燕，口外余民自是收尽，海内无虞。十七年甲子，太阴数犯上将，朕恶之，召罢北镇，劳劳于家。是年腊月二十有六日染疾，朕恐之，星驰四召名医咸至，终疾」

20 弗瘳。明年乙丑二月二十七日己未薨，特封中山王，谥"武宁"，享年五十有四。爰以是年四月十八日己酉葬于钟山之阴。生男四人，世子允恭，袭封魏国公；女四人，长女燕王妃。王平昔言简虑精，当提兵之时，命」

21 出不二，诸将敬若神明，所至之处，攻城不屠，与人不戏，凡受命而出及功成而旋，每不自矜。至于封姑苏之府库，置胡宫之美人，财宝无所取，妇女无所爱，忠志无疵，昭明乎日月。既薨，朕恐岁月幽遐，磨迷伟绩，」

22 朕特亲笔生前，张我武威，偃兵息民，混一区夏，奠安人神之劳，以示子孙，耿光万世。勒诸坚石，树当神道。歌曰：」

23 景命昌兮天彰，锡我英俊兮忠良。幽韬秘略兮神机，默温温兮兼刚。秉旄钺而俎征兮既出，幡幢缭绕兮雄气轩昂。战骑灵兮蹄疾，旌旗烈烈兮前行。六军济济兮甲胄，砺矛灿烂兮精铓。舍之兮周庐星列，属橐」

24 兮比比悬傍。刁斗声频兮令密，山川妖魅兮奚藏。弯弧力劲兮射橧枪，几披星月兮秋霜。奋忠海内兮孰前当，摧坚抚顺兮我武惟扬。」

25 洪武十九年岁次丙寅七月吉日立石。」

26 臣惟古功臣之薨，圹有志，墓道有碑，礼也。然自唐以来，皆命词臣为之，惟我」

27 圣皇芟夷群雄，混一区宇，虽股肱爪牙，非止一人，而中山武宁王实元勋之首，南收吴越，北定中原，东平齐鲁，西入关陕，大抵皆王之功。今其薨也，」

28 圣上以王丰功伟绩，始终本末，非词臣所能周知，故亲笔之，刻置墓道。自古人君礼报功臣，未有若斯之盛者也。臣等不敏，幸得同侍经筵，钦睹」

29 御制，不胜感激流涕，谨拜手稽首，书于碑文之左。文渊阁大学士奉议大夫臣朱善、承务郎左春坊左赞善臣刘三吾、承务郎左春坊左司直郎臣汪仲鲁。翰林院待诏臣沈士荣、孙大雅谨书」

徐达墓神道碑的正文内容系出自明太祖朱元璋手笔，尚见录于：明代程敏政编纂的《明文衡》卷六八，题为《御制中山徐武宁王神道碑》；明代徐纮编纂的《明名臣琬琰录》卷一，题为《太祖高皇帝御制中山武宁王神道碑》；明代焦竑《国朝献征录》卷五，题为《特进光禄大夫左柱国太傅中书右丞相征虏大将军魏国公赠中山王谥武宁徐公达神道碑》。今以徐达神道碑原石拓本（下简称"原石"）对照焦竑《国朝献征录》与徐纮《明名臣琬琰录》所录徐达墓神道碑的碑文文本（下分别简称《献征录》与《琬琰录》），校勘如下：

原石正文第2行"岁癸巳，朕集义旅，王来麾下"；《献征录》与原石同；《琬琰录》作"岁癸巳，朕集义旅，王束麾下"。

原石正文第3行"况元帅首蛮子海牙率舟师以拒江面"；《献征录》与原石同；《琬琰录》作"况元帅首曼济哈雅率舟师以拒江面"。

原石正文第5行"其守者潜遣间谍诱我斥候"；《献征录》与《琬琰录》皆作"其守者潜遣间谍诱我斥堠"。

原石正文第6行"遣使归告'贼势少窘，益兵可下'，朕遣将千余员……"；《献征录》作"遣归告'贼势少窘，益兵可不'，朕遣战将千余员……"；《琬琰录》作"遣归告'贼势少窘，益兵可下'，朕遣战将千余负……"。

原石正文第7行"闻新附者叛寇迫王营"；《献征录》与原石同；《琬琰录》作"间新附者叛寇迫王营"。

原石正文第8行"士诚自姑苏遣将吕珍寅夜入城……战守益坚，及诱降入……"；《献征录》作"士诚自姑苏遣将吕珍夤夜入城……及诱降入……"；《琬琰录》作"士诚自姑苏遣将吕珍夤夜入城……及请降入……"。

原石正文第10行"朕亲下浙东，金华既平，六月师还"；《献征录》与原石同；《琬琰录》作"朕亲下淛东，金华既平，二月师还"。

原石正文第14行"岁丙午，命率甲士二十万东取吴越"；《献征录》与原石同；《琬琰录》作"岁丙午，命率甲士二十余万东取吴越"。

原石正文第15、16行"丁未秋九月，姑苏下，兼浙左之太半……洪武元年戊申春正月，朕即大位。二月，命王为征虏大将军……中书右丞相"；《献征录》作"丁未秋九月，姑苏下，兼浙左之太平……洪武元年戊申春正月，朕即大位。二月，命王为征虏大将军……中书右丞相"；《琬琰录》作"……兼浙左之大半……洪武元年戊申春二月，命王为征北大将军……中书左丞相"。

原石正文第17行"北入元都，捷奏平胡"；《献征录》作"比入胡都，捷奏平胡"；《琬琰录》作"北入元都，捷奏平元"。

原石正文第18行"命王为……征虏大将军改封魏国公"；《献征录》与原石同；《琬琰录》作"命王为……征北大将军改封魏国公"。

原石正文第19、20行"十七年甲子，……召罢北镇劳劳于家。是年腊月二十有六日染疾……终疾弗瘳"；《献征录》作"十七年甲子，……召罢北镇劳于家。是年腊月二十有一日染疾……终疾弗瘳"；《琬琰录》作"十七年甲子，……召罢北镇劳之于家。是年腊月二十有一日染疾……终疾勿瘳"。

原石正文第20行"女四人，长女燕王妃"；《献征录》与原石同；《琬琰录》作"女四人，长燕王妃"。

原石正文第21行"至于封姑苏之府库，置胡宫之美人"；《献征录》与原石同；《琬琰录》作"至于封姑苏之府库，置元宫之美人"。

原石正文第22行"奠安人神之劳"；《献征录》与原石同；《琬琰录》作"奠安神人之劳"。原石正文第24行"奋忠海内兮"；《献征录》与原石同；《琬琰录》作"奋志海内兮"。

原石正文第25行"洪武十九年岁次丙寅七月吉日立石"；《献征录》与《琬琰录》悉无。

原石正文第29行"承务郎左春坊左司直郎臣汪仲鲁……谨书"；《献征录》无此题名；《琬琰录》作

"承务郎左春坊司直郎臣汪仲鲁……谨书"。

上述异同，主要表现在两个方面，其一是文集里的内容在传抄刊刻过程中难以避免的鲁鱼亥豕之失以及脱误讹衍，如前揭"王束麾下"之"束"、"朕遣战将千余负"之"负"、"奋志海内兮"之"志"，都让人有不知所云之感，皆赖碑石以正其谬；其二，则表现在碑文中蒙古语原词的对译上，如碑石与《国朝献征录》上俱见的人名"蛮子海牙"，《明文衡》与《明名臣琬琰录》皆改作"曼济哈雅"，显然是出自《四库》纂修官员秉承清廷意旨的粉饰，类似的还有碑石与《国朝献征录》上称呼蒙古贵族为"虏""胡"等明显含有贬义的词语，在《明文衡》与《明名臣琬琰录》上皆被改易为"元"。

在徐达墓神道碑正文的字里行间尚见刻画有圆圈形句读，这在古代碑刻中颇为罕见，而由于同出明太祖朱元璋御制的明皇陵神道碑的碑文在文辞间也见刻画有圆圈形句读，故这一现象往往被解读为：由于代笔的臣僚唯恐明太祖朱元璋文化程度不高，读不通繁辞俪藻的碑文，遂在断句之处刻意标识圆圈形的句读，而书写者与刻工都不敢擅作主张加以摒弃，遂依葫芦画瓢照搬不误。但问题是，在碑文间刻画圆圈形句读的做法，同样也还见于宣德年间谨身殿大学士杨荣为追封西宁侯宋朝用所撰墓碑①，可见这种圆圈形的句读显然不是专为明太祖一人而备。笔者推断，这种在碑文间断句之处刻意标识圆圈形句读的做法，可能只是撰文者为后续书丹、镌刻的便利而加以点读，而书写者与刻工虽于例可予删却，但或惮于明太祖声威之凛然不可犯，或惩于功臣贵戚所珍爱呵护先祖懿行之墨宝，故不惜"墨守成规"，遂成就此碑刻史上的奇观。

此外，在徐达墓神道碑的正文后的第26～29行，还附有文渊阁大学士朱善等词臣为朱元璋与徐达君臣二人歌功颂德而"不胜感激流涕谨拜手稽首书于碑文之左"的一段文字，凡4行，此即朱善所撰159字的《中山武宁王神道碑后》，尚存录于《朱一斋先生集》卷八，全文为："臣惟古功臣之薨，圹有志，墓道有碑，礼也。然自唐以来，皆命词臣为之。惟我圣皇，芟夷群雄，混一区宇，虽股肱爪牙非止一人，而中山武宁王实元勋之首。南收吴越，北定中原，东平齐鲁，西入关陕，大抵皆王之功。今其薨也，圣上以王丰功伟绩始终本末，非词臣所能周知，故亲笔之，刻置墓道。自古人君礼报功臣，未有若斯之盛者。臣等不敏，幸得同侍经筵，钦睹御制，不胜感激流涕。谨拜手稽首，书于碑文之左。"② 对勘之下，唯神道碑原石"未有若斯之盛者也"之"也"，为《朱一斋先生集》所无，余悉相同。值得一提的是，原碑在这一段文字之后俱有"文渊阁大学士奉议大夫臣朱善、承务郎左春坊左赞善臣刘三吾、承务郎左春坊左司直郎臣汪仲鲁"诸人题名，但真正的执笔者可能只是朱善一人而已。由于朱善所撰的《中山武宁王神道碑后》内容既短，字形也小，且附于原碑正文之后，极易被忽略，以至后人往往误以为徐达墓神道碑上的碑文悉为明太祖朱元璋一人所包办，这些都是需要加以申明辩白的。

三 关于徐达墓的享殿建筑

在徐达墓神道石刻与墓冢之间有明显的两级台地，其中，一级台地大致高于神道石刻所在地面约1.5米，二级台地大致高于神道石刻所在地面约3.5米，参照此前在另一位明代开国功臣岐阳王李文忠墓的相关考古发现，可以断定此两级台地应即徐达墓享殿及享殿前门遗址。

2002年4月8日至24日，经考古工作者调查、勘探，可以确认徐达墓的享殿建筑分为享殿前门与享殿两部分③。其中，享殿前门的台基平面呈长方形，东西长16.9米、南北宽12.1米，台基南端距石

---

① 追封西宁侯宋朝用墓碑碑文，系杨荣于宣德年间应第三任西宁侯宋瑛之请而撰，但据文末题名可知，杨荣所撰的这篇追封西宁侯宋朝用墓碑碑文，直至百年后的正德十一年（1516）十一月，始由宋朝用玄孙、任南京协同守备的西宁侯宋恺镌制立石。
② （明）朱善撰：《朱一斋先生集》卷八，北京图书馆藏，明成化二十二年（1486）朱维鉴刻本。
③ 明代开国功臣、曹国公岐阳王李文忠墓享殿与享殿前门建筑基址的考古发掘工作由邵磊现场主持，具体参与发掘与资料整理的有原镇江古城考古所朱广金、曾杉林、王克飞与南京市博物馆邵磊、尧栋等。

文臣翁仲 13.6 米，前出陛阶；享殿平面呈"凸"字形，由享殿主殿与月台组成，主殿与月台的台基平面均呈长方形，享殿主殿的台基东西长 31 米、南北宽 14.8 米，月台台基东西长 15.8 米、南北宽 5.1 米。享殿前门台基的北端距享殿月台台基的南端 14.5 米，两者之间亦以陛阶相连。

由于受客观环境与勘探技术手段的局限，尽管揭示出徐达墓享殿建筑的具体位置与平面布局，但在部分附属建筑乃至具体的建筑技术与手法的探求上，依然所获无多。不过，鉴于明代开国功臣墓的享殿建筑一向鲜有人关注，得以考古揭示者更是绝无仅有，加之徐达素被誉为明朝第一开国功臣的不同寻常的身份，故徐达墓享殿建筑的考古勘探，不唯明代考古工作填补空白的拓荒之举，对于探究明初陵墓的地上建筑的规制亦不无裨益。据永乐八年（1410）朝廷规定的亲王陵园制度：

> 亲王坟茔，享堂七间，广十丈九尺五寸，高二丈九尺，深四丈三尺五寸。中门三间，广四丈五尺八寸，高二丈一尺，深二丈五尺五寸。外门三间，广四丈一尺九寸，高深与中门同。神厨五间，广六丈七尺五寸，高一丈六尺二寸五分，深二丈一尺五寸，神库同。东西厢及宰牲房各三间，广四丈一尺二寸，高深与神厨同。焚帛亭一方七尺，高一丈一尺。祭器亭一，方八尺，高与焚帛亭同。①

其中，亲王享堂的"广十丈九尺五寸"应为面阔 35.04 米，"深四丈三尺五寸"应为进深 13.92 米；所谓中门即享殿前门的"广四丈五尺八寸"应为面阔 14.66 米，"深二丈五尺五寸"应为进深 8.16 米。

而从考古调查发现的明代太子与诸藩王墓的墓上建筑材料看，如明洪武年间的太子朱标东陵的享殿前门台基东西长 20 米、南北宽 13.5 米，享殿台基东西长 33.34 米、南北宽 18.7 米，享殿前出的月台台基，东西长 18 米、南北宽 10.5 米②；明太祖第十子鲁荒王朱檀墓享殿台基东西宽 33 米、南北连同前出月台 24 米③；明太祖第六子楚昭王朱桢墓享殿台基的总建筑面积为 451 平方米④；卒葬于万历年间的明穆宗第四子、潞简王朱翊镠墓的享殿前门遗址面阔 20 米、进深 8 米，享殿遗址面阔 36.5 米、进深 18 米，前出月台面阔 16 米、进深 10.6 米⑤。

揆诸上述，可知殁后封王的徐达墓的享殿建筑规制，大致较洪武、永乐时期的藩王陵园之制相差无多，几乎在伯仲之间，这显然是与身为第一开国功臣的徐达在创建明帝国过程中建立的丰功伟业分不开的。

四　关于徐达家族墓的考古发现

徐达一生功成名遂，但其子孙却命运多舛。长子徐辉祖虽然袭承了魏国公爵位，但由于拥戴建文帝而抗拒靖难之师，竟在燕王朱棣登基后遭幽禁而死，朱棣念及徐达的功业，仍许其子孙世袭魏国公爵；与之相反，徐达第三子徐增寿因在"靖难之役"爆发后与燕王朱棣暗通款曲，被建文帝手刃于南京宫殿，故燕王朱棣登基后追封徐增寿为定国公并予世袭，其子孙也被迁往北京另置居所。此外，徐达次子徐添福早亡，只有较为平庸的第四子徐膺绪得以善终。因此，除了徐达第三子徐增寿一支的子孙另行营葬于

---

① （明）申时行等纂：《大明会典》卷二〇三《工部·王府坟茔》，广陵书社影印本第 5 册、第 2730 页。
② 贺云翱、王前华、邵磊：《明东陵考古纪实及学术价值》，载《第九届明史国际学术讨论会暨傅衣凌教授诞辰九十周年纪念论文集》，厦门大学出版社，2003 年，第 269 页。
③ 山东省博物馆：《发掘明朱檀墓纪实》，《文物》1972 年第 5 期。
④ 傅守平：《明代楚昭王朱桢墓发掘简讯》，《江汉考古》1992 年第 1 期；湖北省文物考古研究所等：《武昌龙泉山明代楚昭王墓发掘简报》，《文物》2003 年第 2 期。
⑤ 河南省博物馆：《新乡市郊明潞简王墓及其石刻》，《文物》1979 年第 5 期。

北京外，徐达长子徐辉祖与幼子徐膺绪的两支包括早亡的次子徐添福本人皆祔葬于钟山北麓的魏国公徐达家族南京祖茔内。另据明代《皇甫思勋集》卷五四《徐隐君墓志铭》所述，直至明代后期，无官位的徐达裔孙徐居云去世后，由于"钟山赐地罕可祔"，即南京徐达墓域已无合宜的隙地可供下葬，遂另行营葬于双桥门，这样看来，双桥门可能是南京除了钟山北麓之外、于明代晚期开辟的又一处徐达家族墓域，但迄今尚无相关的考古发现。

（一）徐达家族墓的发现与分布

对南京徐达家族墓的考古发掘相对集中于两个阶段。

从1965年至1983年为第一阶段，其时为配合南京天文仪器厂等单位的基本建设，南京市博物馆在徐达墓神道石刻后的东西两侧，相继清理了徐达家族墓11座。其中，除了徐达第四子徐膺绪夫妇墓之外，大致皆属徐达长子徐辉祖一支，包括徐达长孙徐钦墓及其夫人何妙莲墓、五世孙徐俌夫妇墓[①]，并征集了明代后期的嗣魏国公徐邦瑞、徐维志等人的墓志。又及，据南京市博物馆考古部阮国林先生回忆，20世纪70年代发掘徐达家族墓之际，曾在今徐达墓冢封土偏东、毗邻今南京天文仪器厂厂房的地下，触及一座以明初官砖（即明城砖）砌建的规模宏伟的大型墓葬，推断即为徐达夫妇墓，因墓葬并未太过影响天文仪器厂的基建工程，遂回填如故，未予清理。

2011年至2012年为第二阶段，为配合徐达墓以北的南京林业大学校舍建筑工程，南京市博物馆在南京林业大学南大山区域发掘了48座古墓葬，内有明代墓葬21座，明确属于徐达家族成员的有：1号墓，墓主南京锦衣卫指挥佥事徐世礼夫妇，为徐达六世孙；2号墓，墓主南京锦衣卫指挥佥事徐伯宽夫妇，为徐达五世孙；9号墓，墓主为徐达孙、徐膺绪之子徐景瑄；42号墓，墓主为徐达五世孙徐铎；28号墓，由于出土墓志风化漫漶，仅知墓主为徐达后裔，但不详其名辈。另有至少4座明墓，虽未出土任何文字材料，然其不设墓道、砖砌墓壁、石板铺顶的形制与已发掘的明代中叶以后的徐达家族墓一致，推测其也应与徐达家族有关。[②] 新发现的这一批徐达家族墓，时代范围为明代前期至明代后期，墓主皆为徐达第四子徐膺绪一支的后人。

综上所述，可见徐达家族的这片墓地在时代上延续了终明一朝，墓主则囊括了徐达长子徐辉祖与徐膺绪及其后人，其中，徐辉祖的后人中凡袭替祖爵而为族长者，其墓葬距墓区内的主墓——徐达墓相对位置较近，多位于现与徐达墓园仅一墙之隔的南京天文仪器厂范围内，而徐膺绪后人的墓葬则几乎全部位于稍远或南京天文仪器厂外围的南京林业大学南大山区域。

（二）徐达家族墓的形制特征

历年考古发掘的徐达家族墓，其形制所见有四类：

第一类为砖筑券顶前、后室墓，只见于第一阶段发掘的徐达第四子徐膺绪夫妇墓与徐达长孙、嗣魏国公徐钦墓。以徐膺绪夫妇墓（图7）为例，其墓室内长7.95米，采用明初的大型官砖砌筑，无墓门，墓室前壁以青砖和条石封砌两重，内层封门墙的上部放置徐膺绪墓志一合。墓室内宽4.6米、高4.04米，内部用砖隔墙与石门分隔成前、后室，前室长2.05米、后室长5.30米，后室的左、右、后三壁设壁龛，其中，左、右两壁的壁龛为火焰形，后壁壁龛为拱形。后室偏右设大小不一、彼此相连的长方框形砖砌棺床2座，从棺床的大小与随葬品的分布判断，墓主徐膺绪与夫人朱氏的位置为男左女右。

[①] 南京市文物保管委员会、南京市博物馆：《明徐达五世孙徐俌夫妇墓》，《文物》1982年第2期；南京市博物馆：《明中山王徐达家族墓》，《文物》1993年第2期。

[②] 南京市博物馆：《南林大博士后公寓工地徐达家族墓》，《2011年南京考古工作报告》，第22页、第23页；南京市博物馆：《南京林业大学南大山六朝至明代墓葬》，《2012年南京考古工作报告》第47~55页.

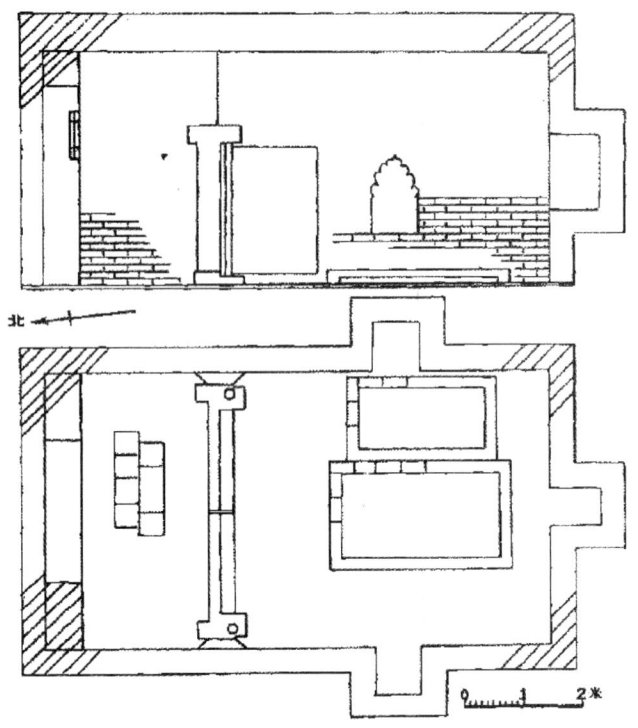

图 7　徐膺绪夫妇墓平、剖面图

与徐膺绪夫妇墓形制相同的明代墓葬,还见有长兴侯耿炳文夫人陈氏墓①,明太祖朱元璋之女福清公主墓②、西宁侯赠郐国公宋晟的三位夫人墓葬、明太祖朱元璋孙女穀城郡主墓、都指挥使张云墓等,这种形制的墓葬从洪武末出现,主要流行于永乐、宣德时期。

第二类为砖筑长方形券顶小型单室墓,以第一阶段发掘的 8 号墓为例,其墓室用长 40 厘米、宽 16 厘米、高 8 厘米的青砖错缝平砌 13 层后起券至顶。墓室长 3.24 米、宽 2.05 米、高 2.1 米,墓室左、右、后三壁设拱形壁龛,地面铺正方形地砖,墓室中部以砖砌长方框形棺床。这种砖筑长方形券顶小型单室墓在该家族墓地为数颇多,如第一阶段发掘的 10 号墓、11 号墓与第三任魏国公徐钦夫人何妙莲墓(3 号墓),第二阶段发掘的徐膺绪之子徐景瑄墓(2012M9)、徐达五世孙徐铎墓(2012M42)与墓主失考的 2012M28。

明代砖筑长方形券顶小型单室墓还见有孝陵卫指挥使萧氏夫妇墓与锦衣卫指挥佥事宋铉夫妇墓③、福清公主之子驸马舍人张杰(克俊)墓,这种形制的墓葬大致流行于永宣之际至明代中期,主要集中分布在南京附近,墓主包括中高品秩的武官、命妇、皇亲贵族,使用者的阶层相对较为宽泛。

第三类为砖壁上覆盖平顶石板的石顶砖室墓,数量最多,其中又具体可分为单室墓与同茔异穴的夫妇合葬墓两种,单室墓包括第一阶段发掘的 5 号墓(墓主推断系徐达五世孙、嗣任魏国公徐俌继室王氏)、6 号墓、7 号墓与第二阶段发掘的 2012M10、2012M11,同茔异穴的夫妇合葬墓(图 8)有徐达五世孙徐伯宽夫妇墓(2011M2)、六世孙徐世礼夫妇墓(2011M1),此外,考古工作者分别编号的 2012M12 与 2012M13,其实也是一座同茔异穴的夫妇合葬墓。结合考古发现推断,这种在砖壁上加盖平顶石板的石顶砖室墓,在成化以前即已出现④,主要流行于明代中期以后。

---

① 南京市博物馆:《江苏南京市南郊两座大型明墓的清理》,《考古》1999 年第 10 期。
② 南京市博物馆:《南京邓府山明代福清公主家族墓》,《南方文物》2000 年第 2 期。
③ 南京市博物馆:《南京南郊明墓清理简报》,《南方文物》1997 年第 1 期。
④ 南京市博物馆:《江苏南京发现明代太监怀忠墓》,《考古》1993 年第 7 期;邵磊:《南京守备司礼监太监怀忠墓志考证》,《碑林集刊》总第十七辑,三秦出版社,2011 年,第 90~98 页。

图 8　徐达家族墓中的石顶砖室墓

第四类为石顶砖室浇浆墓，只有徐达五世孙、嗣任魏国公徐俌夫妇墓一例（图 9）。该墓位于徐达墓神道以东约 100 米处，其做法为：先开挖一长方形土圹，圹底经夯实后浇筑一层厚 25 厘米的三合土灰浆，四周以青砖错缝平砌成南北长 4.38 米、东西宽 5.46 米、高 1.91 米、厚 0.60 米的砖椁，中间再砌宽 1.02 米的隔墙，分成左、右各长 3.12 米、宽 1.60 米的两个墓穴。墓穴内均放置双层木棺，其中，外层木棺为樟木，表面均髹涂红漆；内层木棺为楠木，棺内髹黑漆，棺外髹红漆。在木棺与砖椁之间浇筑三合土灰浆，砖椁四壁之上铺 17 厘米厚的石板，石板四周有厚 31 厘米的条石锁边。在石板上仍浇筑一层厚 24 厘米的三合土灰浆。最后填土夯实。

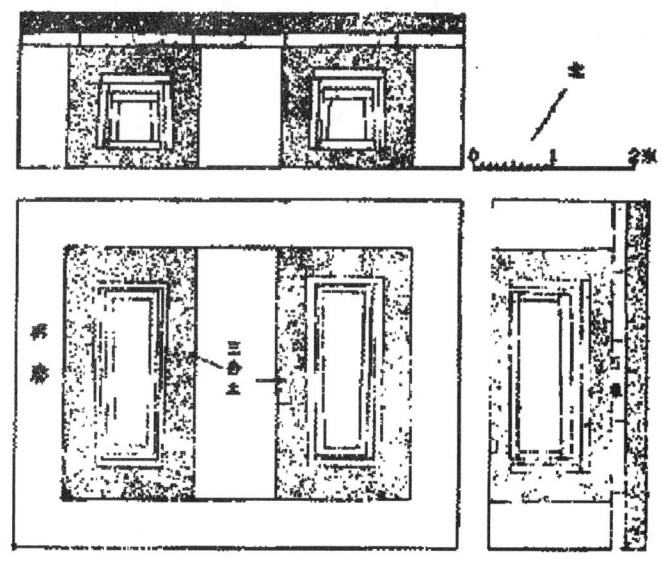

图 9　嗣任魏国公徐俌夫妇墓

总体来说，徐达家族墓的形制展示出的多样化的风格与特点，既有时代风尚潜移默化的影响，也有墓主身份、品秩方面的制约因素。不过，相对于黔国公沐氏以及其他公侯家族墓的豪奢而言，徐达家族墓仍然可划归较为简约的一类，这不仅体现在墓葬建筑方面，在出土文物方面也可略见一斑，如徐达第四子、卒赠都督佥事的徐膺绪虽然在"永乐中以元舅见尊宠……皇太子以舅氏甚敬礼之，……每见，必命坐，款语移时，退必自送之"，[①] 但徐膺绪墓出土的腰带竟然是铜托镶木腰带[②]，此外，除了徐达五

[①] 俱引自徐膺绪墓志志文。
[②] 徐膺绪墓出土腰带为"铜托镶木腰带"云云，系出自《明中山王徐达家族墓》一文。但木腰带之制却不曾见诸史载，故笔者虽未亲验实物，但颇疑徐膺绪墓出土所谓"铜托镶木腰带"，其实是外托以铜的犀角腰带。

世孙、嗣任魏国公徐俌夫妇墓之外,其他徐达家族的女眷墓中,随葬的金饰也都非常有限,即便贵为第三任魏国公夫人的何妙莲墓也不例外。

(三) 徐达家族墓出土墓志的史料价值

数十年来,在南京钟山之阴的明中山王徐达家族墓范围内,陆续所获徐达家族成员墓志有十余件之多,传主大致属于徐达长子徐辉祖一系与徐达第四子徐膺绪一系。通过对这些墓志特别是明代前期墓志的释读与理解,有助于澄清徐达家族谱系,补订包括《明史》在内的传世文献[①]。

徐达出身农家子,其祖上皆藉藉无名,然各地徐氏宗谱,于徐达先世名讳皆言之凿凿,但彼此出入甚大,都不可信。据徐膺绪墓志可知:徐达曾祖名徐五四,曾祖妣何氏;徐达祖父名徐四七,祖妣周氏;徐达的父亲名徐六四,妣蔡氏。凡此,皆可谓对史籍失载的徐达先世的重要补充。徐达先世以数目字起名,当与宋元以来,民间无职衔者通常只以行辈或父母年龄合计一个数目作为称呼的旧俗有关。[②] 由于徐达"家世业农",故其祖、父皆以数目字为名,亦情理中事。

徐达妻室,为人所熟知的有早亡的张氏与叛将谢再兴次女、洪武二十年(1387)十月诰封"中山武宁王夫人"的谢氏[③]。又,明人朱国祯辑《皇明开国臣传》谓徐达子女皆系谢氏所生[④],然《罪惟录》却又称谢氏"无子"[⑤],其说互歧,而据徐膺绪墓志可证,徐达妻室在张氏与谢氏之外,犹有季子徐膺绪的生母孙氏,当系侧室。

徐达有四子,分别为嗣魏国公徐辉祖、勋卫徐添福、右府左都督徐增寿、中府都督佥事徐膺绪。关于徐膺绪在徐达四子中的伦序,史载互歧,《明实录》谓为第四子[⑥],《明史》谓为第三子[⑦],令人莫衷一是。徐膺绪墓志明载传主为"中山武宁王讳达之季子",当是对《明实录》所持徐膺绪为徐达第四子的有力支持。据此可知,《明史》徐达本传关于徐膺绪在徐达四子中位列第三的排序是不准确的。

徐膺绪之子,见诸史载的有中府都督佥事徐景珩、金吾前卫指挥佥事徐景璿、南京锦衣卫指挥佥事徐景璜、南京锦衣卫千户徐景瑜4人[⑧],而徐景珩或曾易名为徐景弼[⑨],另《明英宗实录》谓徐景璜为

[①] 邵磊:《明中山王徐达子孙墓志考释》,《明史研究》第十四辑,黄山书社,2014年,第298~316页。
[②] (清)俞樾著,方霈点校:《春在堂随笔》卷五:"徐诚庵大令为余言:'向见吾邑蔡氏家谱,有前辈书小字一行云:先制,庶民无职者,不许取名,止以行及父母年齿合计为名。此制于《元史》无徵。然证以明高皇所称其兄之名,正是如此,其为元时令甲无疑矣。见在绍兴乡间,颇有以数目字为名者。如夫年二十四、妇年二十二,合为四十六,生子即名四六;夫年二十三、妇年二十二,合为四十五,生子或名为五九,五九四十五也。'以上并徐君说。余考明勋臣,开平王常遇春,曾祖四三,祖重五,父六六;东瓯王汤和,曾祖五一,祖六一,父七一,亦以数目字为名。"南京,江苏古籍出版社,2000年,第66页。又,缪荃孙《云自在龛随笔》卷一《论史·元人微贱无名》亦谓:"张士诚兄弟九四、九五、九六,元人微贱无名,以父母之合呼之。"山西古籍出版社,1996年,第24页。
[③] 《明太祖实录》卷一八六:洪武二十年冬十月"戊辰,追封中山武宁王徐达妻谢氏中山武宁王夫人"。中国台湾"中央"研究院史语所校印本,1962年,第2794页。按,本文注引《明实录》的出处与内容,皆据中国台湾"中央"研究院史语所1962年校印本。
[④] (明)朱国祯辑:《皇明开国臣传》卷一《中山徐武宁王》,《续修四库全书》史部第431册,上海古籍出版社,1985年,第266页。
[⑤] (清)查继佐:《罪惟录》志三二中《外志·诸臣传逸》,北京图书馆出版社影印嘉业堂藏稿本,2006年,第1册,第733页。
[⑥] 《明太祖实录》卷一七一:洪武十八年二月己未,"太傅魏国公徐达薨。达,凤阳人……子四人,皆上赐名,长子辉祖,袭封魏国公;次添福,授勋卫,早世;次增寿,擢右军都督府左都督;次膺绪,中军都督府都督佥事。"第2597页、第2598页、第2617页、第2618页。又,《明太宗实录》卷十五"(洪武三十五年十二月乙丑)升金吾左卫指挥佥事徐膺绪为中军都督府都督佥事。膺绪,中山武宁王达之季子也。"第280页。
[⑦] 《明史·徐达传》谓徐达"子四:辉祖、添福、膺绪、增寿",第3730页。
[⑧] 徐膺绪子女,散见于史载,参见:a(明)王世贞:《弇州山人续稿》卷八〇《中山王世家》:"仁宗初,拜膺绪子景珩中军都督佥事,景璿金吾前卫指挥佥事。诸孙为指挥勿绝。其二女皆为王妃。"中国台北文海出版社影印明崇祯刊本,1970年,第3934页。b《明仁宗实录》卷五上,永乐二十二年十二月壬寅,"命景璜为南京锦衣卫指挥佥事。景璜,故中军都督佥事膺绪子也。"第157页。c《明宣宗实录》卷八五,宣德六年十二月"乙巳,谪锦衣卫指挥佥事徐景璜及其弟千户景瑜戍隆庆卫。……盖二人皆中山武宁王孙也。"第1967页。
[⑨] 《明英宗实录》卷一四三,正统十一年秋七月"辛卯,命南京中军都督府故都督佥事徐景珩子显隆为指挥佥事",第2834页。然据(明)倪谦《倪文僖公集》卷二九《中都留守司正留守徐公墓志铭》:"公讳显隆,字文盛,……曾祖讳达……追封中山武宁王。祖讳膺绪,骠骑将军、中军都督府都督佥事。考讳景弼,左军都督府都督佥事。"南京图书馆沈氏鸣野山房旧藏明弘治六年(1493)刊本。庶几可证,徐膺绪长子景珩或亦曾易名景弼。

"中山武宁王曾孙"①则显属误记。据徐膺绪墓志所载,徐膺绪实有6子,依次分别为徐景珩、徐景璜、徐景璿、徐景瑜、徐景瑛、徐景瑄。其中,徐景瑛、徐景瑄2人史籍失载,2012年,南京市博物馆在徐达墓封土后的南京林业大学南大山发掘了徐膺绪季子徐景瑄墓,据墓中随葬的内容苟简的砖墓志,可知徐景瑄生于永乐二年(1404)十月,系徐膺绪侧室周氏所出,卒于宣德三年(1428)七月,享年25岁,停柩1个月即下葬。

在毗邻徐景瑄墓的区域还先后相继发现了徐景珩、徐景璜2支后嗣的墓葬,包括徐达五世孙徐铎墓、徐伯宽夫妇墓,徐达六世孙徐世礼夫妇墓等。徐膺绪之子徐景珩、徐景璜的两支后嗣,均见录于《武职选簿》,但格于体例,内容无不过于简单甚至多有佚失,如徐景珩孙徐铎的袭替经历即空空如也,并标注为"缺"②。而据出土的徐铎墓志可知,徐铎字廷振,生于正统九年(1444)九月,官南京锦衣卫指挥佥事,卒于成化十五年(1479)十月,以是年闰十月初九日祔葬太平门外祖茔。徐铎之子徐世勋大致生于成化十一年(1475),乃父徐铎卒葬之际年仅5岁,至次年遂得以"全俸优给",至成化二十四年(1488)终住支。值得一提的是,《武职选簿》称徐世勋为徐铎"庶长男",而徐铎墓志亦提供了徐世勋并非出自徐铎正室陈氏③、而系出自侧室郑氏的信息。

《武职选簿》关于徐景璜孙徐伯宽、曾孙徐世礼的记载稍详,但内容仍多是其先世诸辈的历官情形,且仅徐景璜曾"保升中都留守司副留守"一事并不见于其他史籍④。据徐伯宽与徐世礼父子的墓志可知,徐伯宽,字德裕,号海雪(道人),生于景泰五年(1454)正月,配南京鹰扬卫指挥佥事崔俊孙女崔氏,享年五十七岁。徐世礼,字君叙,生于弘治十五年(1502)四月,因"园有三桂,海雪翁(徐伯宽)手植,因自号'桂亭'",配山东布政使周纮女。以长兄徐世祯夭绝,遂得袭替祖职,"掌杖前御象,军民称为'象府'",卒于嘉靖二十一年(1542)十月,享年41岁,以嘉靖二十三年(1544)十一月祔葬钟山之阴。徐世礼曾从学于湛若水,然半道中辍。

徐达长子、嗣任魏国公徐辉祖因抗拒燕王朱棣靖难之师,在明成祖登基后即遭革爵幽禁而死,至永乐五年(1407)七月瘐死狱中。可能因此之故,徐辉祖墓不太可能比照相应的规制来营造,或许连记述墓主行实的墓志也不会有。不过,明成祖仍以徐达"开国元勋不可无继",特命徐辉祖长子、原名徐释迦保的徐钦袭封魏国公爵,并赐徐钦今名⑤。但明成祖与徐辉祖之间的积怨,并未因徐钦告袭祖爵而完结,先是,永乐九年(1411)以"恣纵"而与成国公朱勇、定国公徐景昌、永康侯徐忠等俱为言官所劾,明成祖宽宥了朱勇等人,却独令徐钦归而"就学"读书,以广闻见。

笔者近年在南京民间调查发现以砖刻明"故训导菜窝先生朱公(嗣宗)墓志铭",传主朱嗣宗,字以孝,号菜窝,先后"以明经荐分教淮安府庠"并"改训湖之德清",永乐六年(1408)秩满至京师(南京)后,应诏被明成祖朱棣选中,遂命"以世勋袭封魏国公"、年甫弱冠的中山武宁王之孙徐钦即拜为师。庶可知,徐钦永乐九年曾以"恣纵"而从儒学训导朱嗣宗读书。尽管墓志称朱嗣宗"导之以忠孝,文之以礼乐,虽祁寒暑雨,靡有遗息。故公德器成就,皆先生之功也。"⑥但直至永乐十九年(1421)

---

① 《明英宗实录》卷二一七,景泰三年六月戊辰,第4680页。
② 《武职选簿》之《南京见设卫所·亲军卫·锦衣卫》,中国第一历史档案馆、辽宁省档案馆编:《中国明朝档案总汇》,广西师范大学出版社,2001年,第73册,第15页。
③ 据墓志,中山王徐达五世孙徐铎正室夫人陈氏的祖父为南京右军都督府都督陈政,父亲为南京济川卫指挥使陈璇。
④ 《武职选簿》之《南京见设卫所·亲军卫·锦衣卫》,中国第一历史档案馆、辽宁省档案馆编:《中国明朝档案总汇》,第73册,第21页、第22页。
⑤ 《明太宗实录》卷六九,永乐五年秋七月辛巳,第979页。
⑥ 朱嗣宗墓志系以长、宽各40厘米的青砖刻制,志盖以双勾的手法阴刻篆书"故训导菜窝先生朱公墓志铭"4行12字,志文首题同篆盖,正文共23行,主要内容为:"先生骥(讳)嗣宗,字以孝,姓朱氏,号菜窝,其先东平人也。曾祖讳喜,以医鸣于时,祖讳德明,仕元真州医学教谕,父讳好谦以儒术闻国朝,洪武初任扬之宝应儒学训导,因家焉,后官至临安府儒学教授。先生生元戊戌十一月二十有七日,幼颖悟读书过目不忘,既长,习举子业,遂以明经荐分教淮安府庠,时洪武戊辰也。又十年,改训湖之德清。先生遇人以恩教人以义,故所至,(续下页)

初，从南京前往新都北京觐见明成祖的徐钦仍因擅自归返南京而触怒明成祖，遂被罢爵为民并遣送凤阳守护祖茔①。直至成祖晏驾，仁宗登基，徐钦始得复爵，②但仅1个月后即病故。③

徐钦的生平，史载不详，据徐钦墓志可知其生于洪武二十四年（1391），享年34岁。又，关于第二任魏国公徐辉祖的妻室，史载仅及第四任魏国公"徐显宗祖母李氏"一人④，今据徐钦墓志谓"妣夫人陈氏"云云，可知徐辉祖的妻室除李氏外，尚有陈氏夫人。又据志文，徐钦除徐显宗、徐承宗、徐绍宗诸子外，别有三女，长女适武平卫指挥佥事王禧、次女适鹰扬卫指挥使蒋通、第三女适含山大长公主次子尹淳⑤。

徐达长孙徐钦与夫人何妙莲墓志以外的历任魏国公墓志，如徐达五世孙徐俌夫妇墓志与八世孙徐邦瑞墓志、九世孙徐维志墓志等，篇幅虽或不短，但却多系颂扬传主好学谨饬、敦睦孝友、舍身为国的诔赞之语，史料价值都不是太高，甚至还有不少由于刻意隐恶扬善而衍生出的讹误。碑志实物作为第一手史料，通常被认为会比传世文献更为可信，但也不是没有例外，如明人郑晓《今言》所述："于肃愍公神道碑，倪文毅公作。倪公弟阜，于公孙婿也。碑文以虏入寇京城为景泰元年，以上皇还京为辛未年，辛未，景泰二年也。虏至德胜门实正统十四年十月事。上皇入南宫实景泰元年八月事。此名臣大功业，儒臣大制作，尚尔舛误，金石之刻，岂足尽信！"⑥对于明代中期以后的徐达家族成员的墓志，大抵亦应作如是观。

[作者单位：南京市文化遗产保护研究所]

（接上页）士皆造就，无不颂其德者。永乐戊子，先生以秩满至京，时中山武宁王之孙年甫弱冠，以世勋袭封魏国公，上命选有才德者以教之，天官遂以先生应诏。既拜，命先生导之以忠孝，文之以礼乐，虽祁寒暑雨，靡有遗息。故公德器成就，皆先生之功也。而又能三世于医，尝寓居于江东门，凡有疾求者，先生闻之，无不赴，赴之无不效，然亦未尝望其报也。永乐己巳七月三日，以疾终于寓所，享年六十有二，配钱氏，同郡司训仲良之女。……将以是月十八日辛酉奉枢葬于安德门安德乡之原。"

① 参见《明史》卷一二五《徐达传》，第3731页；《明太宗实录》卷二三三，永乐十九年春正月壬辰，第2256页。
② 《明仁宗实录》卷三上，永乐二十二年冬十月"乙巳复徐（原文误作"除"）魏国公。钦，永乐十九年自南京来朝，不数日，遽辞归，特命削爵凤阳为民。至是复至，上念中山武宁王开国元勋，复钦爵禄，俾奉宗祀。"第90页、第91页。
③ 《明仁宗实录》卷四下，永乐二十二年十一月庚子，第155页。
④ 《明英宗实录》卷一五九，正统十二年冬十月辛酉，"故魏国公徐显宗祖母李氏奏年已八十，不幸显宗蚤世，无人侍养。显宗有遗腹子梓童保，乞俾袭爵，庶有禄可仰以终馀年。……未几，梓童保卒，乃住支。"第3092页。
⑤ 按，含山大长公主之子，向仅知有宣德十年（1435）十二月被任命为孝陵卫副千户的长子尹勋和天顺六年（1462）十月被任命为南京锦衣卫镇抚司带俸百户的次子尹辉和尹玉，其行实详见：a《明英宗实录》卷十二、第217页与同书卷三四五、第6971页；b中国第一历史档案馆、辽宁省档案馆编纂：《中国明朝档案总汇》之《武职选簿·南京见设卫所·亲军卫·锦衣卫》，第73册，第63页。至于何妙莲墓志所云徐钦女夫、含山大长公主次子尹淳，则未见史载。
⑥ （明）郑晓：《今言》卷一，中华书局《历代史料笔记丛刊》本，1984年，第25页。

从定陵文物看晚明女性的梳洗妆俗

刘明杉

明中期以后，中国渐入社会转型期，人们观念开放、思想包容，价值观呈现多元化趋势。南北两京及江南城市群迅速崛起，工商业获得空前繁荣。随着市民群体的壮大，百姓的生活质量也有了显著提高，无论在宫廷还是民间，竞尚清雅的生活方式开始出现在方方面面的细节之中。在追崇精致生活的社会氛围里，女性尽情发挥着她们爱美的天性，为寂寥的闺中生活凭添了不少情调。定陵是明神宗朱翊钧的陵墓，还葬有孝端和孝靖两位皇后。本文以定陵出土的相关文物为主线，阐述晚明时期宫眷及民女的梳洗妆俗。

孝端显皇后王喜姐，是万历皇帝本人亲自册立的皇后，地位尊贵。"神宗孝端皇后王氏，余姚人，生京师。万历六年册立为皇后。性端谨，事孝定太后得其欢心。光宗在东宫，危疑者数矣，调护备至。郑贵妃专宠，后不较也。正位中宫者四十二年，以慈孝称。"[1] 所以定陵中她的随葬品精制，材质考究，多品相完好者。而光宗生母孝靖皇后生前备受丈夫冷落、宠妃迫害、奴才欺凌，长期被幽禁，最后双目失明，悲愤而死。她初为慈宁宫宫人，被皇帝私幸后有孕，虽生皇长子光宗，封恭妃后一直不得进封，光宗生子，需加慈圣徽号，才进封皇贵妃。直至病危光宗请旨探望时，宫门犹闭，只得抉钥而入。孝靖皇后临死前拉着光宗衣服哭泣道："儿长大如此，我死何恨！"遂薨。先葬天寿山，其孙朱由校登基后，才追封祖母为孝靖皇太后，把棺椁与神宗和孝端皇后一起葬入定陵地宫内。这种凄惨的经历，使她的随葬品从规格上明显低于皇太后身份，有不少银制品，因生前待遇差，故所用器物的磨损痕迹也较重。出土实物的状况，与史料记载相吻合。

花满金盆　香凝碧帐

宋代词人朱敦儒青年时，常于洛阳家中花园陪娇妻斗草寻芳，饮酒赏牡丹，因作《满庭芳·花满金盆》："花满金盆，香凝碧帐，小楼晓日飞光。有人相伴，开镜点新妆。脸嫩琼肌著粉，眉峰秀、波眼宜长。云鬟就，玉纤溅水，轻笑换明珰。檀郎，犹恣意，高敧凤枕，慵下银床。问今日何处，斗草寻芳。不管馀酲未解，扶头酒、亲捧瑶觞。催人起，雕鞍翠幰，乘露看姚黄。"[2] 词人以旖旎婉转的笔触，描述了还是少妇的朱妻在夫君陪伴下，春晓时分梳洗妆成的香艳姿容。使用金盆的图像资料，可见《韩熙载夜宴图》卷中"金盆洗手"（图1）一段：韩熙载与4名女子同坐在围屏式罗汉床上，一侍女捧着金盆服侍他洗手，画中似有"金盆洗手"之意。该画当年被定为五代，而画中元素从服饰到器物，其艺术风格均属于宋代特征，故五代之说值得商榷。这种金盆设计合理，使用方便，所以造型稳定，为历代所延用。

在明万历帝后陵寝定陵中，共出土金盆9件。它们大小不一，形制基本相似。宽平沿，浅弧腹（最

---

[1] （清）张廷玉等：《明史》卷一一四，《列传第二·后妃二》，中华书局，1974年，第3536页。
[2] （宋）朱敦儒：《樵歌》卷上《满庭芳·花满金盆》，上海古籍出版社，1998年，第78页。

深 9.5 厘米、最浅 4.3 厘米），平底稍外鼓。最大者口径 52.4 厘米，最小者口径 22 厘米。最重者铭文标"八十两"（实测 2986 克），最轻者无铭文，实测 376 克。金盆中八件边沿内卷，一件平沿不内卷。其中三件素面者卷沿内都装有小金属物，晃之叮当作响。孝端皇后棺内出土的一件金盆较大，铭文中标明"面盆"，重 79 两 4 钱（实测 2941 克）。这些金盆的含金量最高八成色，最低六成色，实测含金量为 60%～70%，带铭文者 8 件。孝端皇后棺内一件金面盆（图 2），盆内刻双龙戏珠纹，双龙右升左降，龙发上扬颇具动感，盆心刻火珠纹，双龙将火珠团团围住，龙身翻卷，口沿刻行龙赶珠纹。外底刻铭文"大明万历丁酉年银作局制六成色金平钑云龙面盆一个重七十九两四钱经管官张朝银匠张梦元"，标注了制作时间、制作场所、成色、器物名称、重量、经管官和工匠姓名。银作局于洪武三十年（1397）设立，隶属内府，"掌成造婚礼奁、冠、伞、扇、褥、帐、幔、仪仗及内官、内使贴黄诸造作，并宫内器用，首饰与架阁文书诸事"[①]，为内官监所辖。此金盆透露出来的历史信息，是研究万历时期经济史、文化史和艺术史的重要物证。

图 1 《韩熙载夜宴图》局部　　　　图 2 大明万历年制平钑云龙纹金盆

金盆均以捶揲工艺制成，素面者光亮平滑、薄厚均匀；有錾刻者纹饰细密，线条流畅。孝靖皇后棺内出土一件鎏金錾刻双凤银盆（图 3），盆内刻左降右升两只鎏金凤鸟，左侧为锯齿尾，右侧为卷草尾，颇具形式美感。口沿刻一周莲花草叶纹，纹上也鎏金。面盆这种器型稳定，历代少有变化，用法大致相同。如清康乾时期版画《百美图》中，有元顺帝淑姬"戈小娥"小像一幅（图 4），她因肌白若玉而备受宠幸，版画中浴手的戈小娥身前放一盆架，架上面盆与定陵出土的这 9 件面盆器型亦很类似。

图 3 鎏金錾刻双凤银盆　　　　图 4 戈小娥

[①]（明）黄美中刻印：《凤洲笔记》卷三二"杂编五"，隆庆三年。

香圆肥皂　奇巧皂盒

冯梦龙在《山歌·木梳》中，以调笑的口吻刻画了晚明江南庶民的洗漱情景："结识私情好像木梳能，我侬柱子听你介相思结发情，白吃个镜子来里做眼，编口着弗得个蓬尘，牙刷子只等你开口，绊头带来里缱筋，眉刷弗住介掠来掠去，刮舌又介掀嘴撩唇，朗梳斜连霹脚后跟赶上，剔帚来得殷勤，（歌）姐道郎呀，我听你一通两通也只是空来往，到弗如肥皂光光滚着子身。"① 歌中提到的梳、篦、牙刷、眉刷、刮舌、剔帚（用以剔去梳篦上的积垢）、肥皂等，它们在晚明时期已是庶民百姓的生活必需品。此时无论皇家贵胄还是士商庶民，都使用以天然豆荚为原料制作的肥皂。明人宋诩在《竹屿山房杂部》中记述了几种植物："肥皂子形短而肥，色紫；皂角子形长如刀，色黑，木有长刺名天丁；猪牙皂角子形小如猪牙，色黑；香皂子形圆小而香，色白。四木形、叶不相似，惟子气味同。子可种材，可为器子，可洗油腻，甚益粉黛。"② 庶民百姓使用的肥皂配方简单，"无患子……山人呼为肥珠子、油珠子，因其实如肥油而子圆如珠也。……［时珍曰］……结实大如弹丸，状如银杏及苦楝子，生青熟黄，老则文皱。黄时肥如油炸之形，……实中一核，坚黑似肥皂荚之核，而正圆如珠。壳中有仁如榛子仁，……十月采实，煮熟去核，捣和麦面或豆面作澡药，去垢同于肥皂，用洗真珠甚妙。"③"洗面去䵟（患子肉皮捣烂，入白面和，丸大丸。每日用洗面，去垢及䵟甚良。集简方）"④"肥皂""皂角""猪牙皂角""香皂""无患子"等具有去污和发泡功能的天然豆荚，是制作肥皂的基础原料，除仅加入"麦面""豆面""白面"和丸之外，有一定经济能力的人家还添入诸香。"［时珍曰］肥皂荚生高山中。其树高大，叶如檀及皂荚叶。五六月开白花，结荚长三四寸，状如云实之荚，而肥厚多肉。内有黑子数颗，大如指头，不正圆，其色如漆而甚坚。中有白仁如栗，煨熟可食。亦可种之。十月采荚煮熟，捣烂和白面及诸香作丸，澡身面，去垢而腻润，胜于皂荚也。"⑤ 冯梦龙在《山歌·烧香娘娘》中，调侃了一位爱慕虚荣的城市贫民少妇。她在去西湖烧香前，先向四邻借了一头首饰，还要"讨一圆香圆肥皂打打身上，拆拽介两根安息香熏熏个衣裳"⑥。她能接触到的社会阶层，想必借到的"香圆肥皂"也不会太高档。

肥皂除使用去污发泡的豆荚之外，还根据不同的美容目的添加不同的中药成分，并依其成分的珍贵程度划分档次，因此富贵人家用的肥皂，配方就复杂得多。《竹屿山房杂部》记"十白散，去䵟䵳、风刺、面垢"的配方及用法："白芷、白芨、白蔹、白牵牛、白附子、白檀香、白茯苓、白蒺藜、白僵蚕、白丁香、蜜陀僧、三奈子、楮实子、桃仁、甘松、鹰条各等分。以肥皂角剖开，水浸柔，仰置釜中，取薄荷叶、芫荽叠满其腹，蒸退其气味。去弦、膜，炒。同前药俱为细末，滴水，丸如龙眼大。每用糯米一溢作汤，颊面擦之。浴身亦润泽。"⑦ 这是以肥皂角为主料，再配以高档药材的洁面、浴身"澡豆"。万历时钱塘人胡文焕在《香奁润色》中记"香肥皂方"："洗面能治䵟点风刺，常用令颜色光泽。甘松、藁本、细辛、茅香、藿香叶、香附子、山奈、零陵香、川芎、明胶、白芷各半两，楮实子一两，龙脑三

---

① （明）冯梦龙：《山歌》"木梳"，江苏古籍出版社，2000年，第82页。
② （明）宋诩：《竹屿山房杂部》卷九，影印文渊阁四库全书第871册，子部177杂家类，中国台湾商务印书馆，2008年，第234页。
③ （明）李时珍：《本草纲目》木部卷三五"无患子"，上海科学技术出版社，2008年，第1282~1283页。
④ （明）李时珍：《本草纲目》木部卷三五"无患子"，上海科学技术出版社，2008年，第1282~1283页。
⑤ （明）李时珍：《本草纲目》木部卷三五"肥皂荚纲目"，上海科学技术出版社，2008年，第1282页。
⑥ （明）冯梦龙：《山歌》"烧香娘娘"，济南出版社，1992年，第166页。
⑦ （明）宋诩：《竹屿山房杂部》卷八"十白散"，影印文渊阁四库全书第871册，子部177杂家类，中国台湾商务印书馆，2008年，第221页。

钱另研,肥皂不蛀者,去皮,半斤,白蔹、白丁香、白及各一两,瓜蒌根、牵牛各二两,绿豆一斤,酒浸为粉。上件,先将绿豆并糯米研为粉,合和入朝脑为制。"① 该书另一"美人面上雀子斑方":"白梅五钱、樱桃枝五钱、小皂角五钱、紫背浮萍五钱共为末,炼蜜丸如弹子大。日用洗面,其斑自去,屡验。"② 又"治美人面上粉刺方":"益母草烧灰一两、肥皂一两共捣为丸,日洗三次,十日后粉刺自然不生。须忌酒、姜,免再发也。"③ 要想达到不同的美容效果,就要使用相应配方的美容皂。

除加入各种草药外,香花也是制作高档肥皂的添加剂。此时已掌握蒸馏法提取香花水的技术,《墨娥小录》中有一则"取百花香水"的方法:"采百花头,满甑装之,上以盆合盖,周回络以竹筒半破,就取蒸下倒流香水贮用。为之花香,此乃广南真法极妙。"④ 将其掺入化妆品中,"气味辛热无毒,蒸液作面脂头泽,长发润燥香肌。……又云蒸取其液,可代蔷薇露,作末和面药,甚奇。其香经岁不歇。"⑤ 将其加在肥皂之中,即成高档香花皂。在《金瓶梅》二十七回中,西门庆对孟玉楼说"我等着丫头取那茉莉花肥皂来我洗脸"⑥,西门庆用的就是这种高端皂品。

王府宗室使用的皂丸配方复杂,用料考究。据万历时太医院吏目龚廷贤所撰《鲁府禁方》"肥皂方":"专治粉刺、花斑、雀子斑,及面上黑靥,皮肤燥痒。此药去垢润肌驻颜。如年高得之,转老色如童子,似玉之光润,乃奇方也。角子糯肥皂一斤十二两,去核。真排草一两五钱,如铁线者佳。绿升麻四两,白及五钱,楮实子二两五钱,白芷五钱,砂仁带壳五钱,糯米半升,另研。绿豆五钱,另研。天花粉五钱,白丁香二钱半,杏仁一两五钱,去皮,研如泥。猪胰子五个,另研,甘菊花五钱,红枣肉去皮、核,一两五钱,零陵香五钱,大片脑、藿香各三钱,广木香三两,宫粉一两半,梅桂七钱,南桂花一两半。上为末,加蜂蜜半斤,金酒一盏,量末均调,得所捣为丸,龙眼大。照常洗面,润开搽脸。久用斑滞自消,面如玉色。"⑦

而宫廷内府用的美容香皂则不惜工本,配方中加入多味名贵药材,以蜜调和成丸。崇祯九年张继科编《内府药方》中有"洗面玉容丸",配方和制法是:"白芷二两五钱、白丁香二两五钱、白附子二两五钱、羌活一两五钱、独活一两五钱、丹皮一两五钱、三柰一两五钱、甘松一两五钱、藿香一两五钱、官桂一两五钱、排草一两、粮姜一两、檀香一两、公丁香五钱,共为末,肥皂面一斤八两,合蜜丸。"⑧ 定陵出土有金、银、玉质各式肥皂盒,出土时盒内多盛放着大小不同的黑色球状有机物,它们就是以名贵药材制作的宫皂遗存(图5)。晚明时期僭越礼制、崇尚奢靡的风气,不但体现在对冠服及器用制度的僭越上,可以说已渗透到生活细节之中,连小小的肥皂上都有反映。国家博物馆藏一幅描写晚明留都南京元宵佳节街市场景的《南都繁会图》长卷,其中描绘了一个悬挂"画脂杭粉名香宫皂"店幌的铺面(图6),说明昂贵奢侈的宫皂,在留都南京街市上也有出售。只要经济能力允许就可买到,并非内廷所独享。

---

① (明)胡文焕:《香奁润色》"手足部·香肥皂方",中华书局,2012年,第150页。
② (明)胡文焕:《香奁润色》"瘢痣部",中华书局,2012年,第77页。
③ (明)胡文焕:《香奁润色》"瘢痣部",中华书局,2012年,第83页。
④ (明)佚名:《墨娥小录》卷一二"香谱·修制·取百花香水",见《中国本草全书》第258卷,中国文化研究会纂,华夏出版社,1999年,第226页。
⑤ (明)王象晋:《二如亭群芳谱》卷二"花谱·茉莉花",见《中国本草全书》卷二六二,中国文化研究会纂,华夏出版社,1999年,第301页。
⑥ (明)兰陵笑笑生:《金瓶梅》上,第27回"李瓶儿私语翡翠轩 潘金莲醉闹葡萄架",中国台湾五南图书出版公司,2014年,第252页。
⑦ (明)龚廷贤:《鲁府禁方》卷四"宁集",中国中医药出版社,2008年,第168页。
⑧ (明)张继科:《内府药方》,见故宫博物院编:《故宫珍本丛刊》第375册,海南出版社,2000年,第93页。

图 5　金肥皂盒

图 6　宫皂

明定陵出土的金、银、玉质皂盒不但做工精致、造型各异,有些还注重功能上的实用性。万历皇帝棺内的金皂盒(图 7),圆筒形,内外两层,直口,外折窄平沿,直壁平底,外壁中间围一周圆条形箍。由深、浅两件圆盒套在一起,内层腹比外层腹浅。外层高 4.6 厘米、口径 9.9 厘米,底径 8.5 厘米;内层高 3.4 厘米、口径 10 厘米、底径 8.1 厘米。总重 352.5 克,含金量 54%。浅圆盒底面凿 7 个透气箅孔(图 8),用过的肥皂放在浅盒上,肥皂水就会从透气箅孔流淌到深圆盒底部,以便加快肥皂的干燥速度,防止它被水泡软、泡化,这件金皂盒的形制在功能上,已与现代皂盒十分接近。而孝靖皇后棺内出土的银皂盒(图 9)功能设计堪称完美,圆形、直口,外折窄平沿,直腹,平底,腹中央有方形腰箍一道。器内偏中心处设一横隔,将内里分为大小两格,小格顶部有一半圆形平盖,盖设子口、圆钮。皂盒沿面及盖的外缘刻"落花流水"纹,盖面刻二龙戏珠纹,底部铭刻"肥皂盒一件重七两二钱"。通高 6.1 厘米、口径 12.5 厘米、底径 10.7 厘米,重 260 克。出土时内有两块黑色肥皂球。这种半圆平盖设计从功能上看,无盖格子内应是放肥皂的地方,不采用一个大圆盖盖住整个皂盒,是为了便于肥皂用过之后,皂液能尽快蒸发;而半圆盖盖住的格内,盛放的应是含有挥发性香料、与肥皂球搭配使用的美容药。如"七香嫩容散":"黑牵牛十二两,皂角四两,去皮,炒。天花粉、零陵香、甘松、白芷各二两,茶子四两。上,为细末,洗面或洗浴时,蘸药擦之。"[1] 先以肥皂洗面去除污垢,再蘸药粉擦涂,起到嫩肤祛皱作用,再以清水洗去。这一洁面美容方式与当代女性调配的粉式面膜已有类似之处,可视作面膜粉的前身。美容药用后盖上盖子,可防止药粉中易挥发的香料成分过快流失。这种一格放肥皂球,一格放美容药的设计,便于洁面与护肤同步进行,取用方便。考虑到孝靖皇后生前处境凄惨,待遇较差,这种能延长美容药粉保质期的皂盒设计很实用,确有必要。另一金肥皂盒(图 10)通高 5.4 厘米、单筒口径 7.6 厘米,重 260.5 克。出土时放置在孝端皇后棺内盛妆具的朱漆盒中,器身呈双联筒状,盖为圆形薄片。两筒相

图 7　金肥皂盒

图 8　金肥皂盒俯视

---

[1] (明)胡文焕:《香奁润色》"面部·七香嫩容散",中华书局,2012 年,第 56 页。

连处呈扁平状，素面，出土时筒内残存已收缩的黑色有机物小球。这种形制的肥皂盒内，放置的应是前述龙眼大的澡豆。定陵出土的肥皂盒不仅限于金银制品，万历皇帝棺内就有一件新疆和田白玉圆筒形皂盒（图11），高6.8厘米、口径8厘米、底径8厘米、厚0.4厘米，重356.5克。平口、直腹、平底，底有四个矮足，稍外侈。器内装有黑色圆形皂一块。定陵出土的皂盒形制多样、功能巧妙，代表了万历时期皂盒的最高等级。

图9　银肥皂盒　　　　图10　金双联筒形肥皂盒　　　　图11　玉肥皂盒

晨兴之候　咸来盥漱

在牙刷出现之前，人们采用嚼木头法清洁口腔。唐代义净《南海寄归内法传》卷一有《朝嚼齿木》一节，详细记载了僧人清洁口腔的方法及清洁用具。"每日旦朝，须嚼齿木，揩齿刮舌，务令如法盥漱清净，方行敬礼。若其不然，受礼、礼他悉皆得罪。其齿木者，梵云'惮哆家瑟诧'，'惮哆'译为'齿'，'家瑟诧'即是其木。长十二指，短不减八指，大如小指，一头缓，须熟嚼良久，净刷牙关。若也逼近尊人，宜将左手掩口。用罢擘破，屈而剖舌。或可别用铜铁作刮舌之篦，或取竹木薄片如小指面许，一头纤细以剔断牙，屈而刮舌，勿令伤损。亦既用罢即可俱洗弃之屏处。……或可大木破用，或可小条截为。近山庄者，则柞条葛蔓为先；处平畴者，乃楮桃槐柳随意。预收备拟，无令缺乏。湿者即须他授，干者须自执持。少壮者任取嚼之，老宿者乃椎头使碎其木条。以苦涩辛辣者为佳，嚼头成絮者为最，粗胡叶根极为精也。……俗嚼齿木自是恒事，三岁童子咸即教为。圣教俗流俱通利益，既申臧否行舍随心。"[①] 尤其是柳木，护齿功效最好，明代时不但做成消肿止痛的牙齿药，还将嫩柳枝制成涤齿的牙签。据明医李时珍《本草纲目》记载："枝及根白皮：……酒煮，熨诸痛肿，去风止痛消肿。……今人作浴汤、膏药、牙齿药，亦用其枝为最要之药。[时珍曰]柳枝去风消肿止痛。其嫩枝削为牙杖，涤齿最妙。"[②]

宋辽时期已出现牙刷，据吴自牧《梦粱录》"诸色杂买"中罗列："又有铙子、木梳、篦子、刷子、刷牙子、减装、墨洗、漱盂子、冠梳、领抹、针线，与各色麻线、鞋面、领子、脚带、粉心、合粉、胭脂、胶纸、托叶、坠纸等物。"[③] 各色日杂小商品在杭州街市都有销售。牙刷实物可见内蒙古赤峰县大营子村辽墓出土的双排八孔骨柄牙刷，其形制与现代牙刷接近。元代牙刷已成为百姓日用品，在元末明初朝鲜人编的汉语教材《朴通事》中，有一段买卖牙刷的对话："卖刷子的将来。这帽刷、靴刷各一个，刷牙两个，掠头两个怎么卖？这的有甚么商量处，将二百个铜钱来。哥，我与你这一个刷牙、一个掠头，

---

① （唐）释义净：《南海寄归内法传》卷一，续修四库全书子部1286册，上海古籍出版社，2002年，第605页。
② （明）李时珍：《金陵本〈本草纲目〉（下）》木部卷三五，上海科学技术出版社，2008年，第1289页。
③ （宋）吴自牧：《梦粱录》卷一三，见（中国台湾）《子海珍本编——"中央"研究院历史语言研究所珍藏子部善本》"类书类·小说家类"，第39册，中国台湾商务印书馆，2013年，第462页。

将去使，休吊了。不妨事，我靴鞡里揣将去。"① 另据元末郭钰《郭恒惠牙刷得雪字》诗中云："南州牙刷寄来日，去腻涤烦一金直。短簪削成玳瑁轻，冰丝缀锁银鬃密。"② 诗中描述这把牙刷柄如短簪，以白丝线在柄上锁固白鬃作刷毛。之所以这把牙刷价值一金，一是南方远道寄来，二是刷毛为上乘的白色细软猪鬃。牙膏出现以前，人们针对不同牙病，配制出相应疗效的刷牙药。如宋代《魏氏家藏方》记录一则"玉池散"："治牙齿疼痛不可忍，寒水石烧通红研细一两，细辛去苗叶土，胡椒各半两，荆芥穗二钱半。右件细末与寒水石一处再研，令细匀，用软刷牙如常刷牙使用，日用三二次。"③ 此中所指的"软刷牙"，即前述上等细白猪鬃软毛牙刷。

晚明时期，刷牙洁齿的卫生习惯已普及，牙刷成为必需品。冯梦龙在所辑山歌《挂枝儿·牙刷》中描述了牙刷的形制和用法："牙刷儿，身材短，刚刚五六寸，穿一领香喷喷绿背心，一条骨子生成的硬。短髯鬙一搭毛儿黑，光油油好一个下半身。专与那唇齿相交也，每日里擦一阵儿爽快得很。"④ 明代牙刷形制与现代很接近，考古发掘资料，目前仅知数例。江苏无锡明代华师伊夫妇墓中出土一件，刷头扁平、长柄、短毛，柄部渐收，至末端成尖状。1997 年发掘的湖北荆州明代湘献王墓中也出土了一批明代牙刷，但资料尚未公开。囿于价格或物质条件等因素限制，除细白软猪鬃刷毛外，也有相当多的马鬃或廉价黑猪鬃硬毛制作的牙刷，因此元代贾铭在《饮食须知》中提醒人们："刷牙用马尾，令齿疏损。近人多用烧灰揩拭，最腐齿龈。"⑤ 明中期成书的《便民图纂》"起居杂忌"中也有"马尾作刷牙损齿"⑥ 的记载。冯梦龙在《山歌·破鬃帽歌》中描写了一个人的鬃帽旧到不能再戴，那人妻子就寻思着废物利用，"鬃头鬃脑做个牙刷来刷刷"。⑦ 可见此时的人们，无论身份贵贱，都有每日刷牙的习惯，只是不同地位和财力的人使用的牙刷在材质上有优劣之别。

清洁口腔的用具除牙刷之外，还有漱盂。明人已知饭后漱口的重要性："《金丹全书》云：今人漱齿，每以早晨，是倒置也。凡一日饮食之毒，积于齿缝，当于夜晚刷洗，则垢秽尽去，齿自不坏。故云：晨漱不如夜漱，此善于养齿者。今观智者每于饭后必漱，则齿至老坚白不坏，斯存养之功可见矣。"⑧ 定陵出土了 7 件漱盂，形制基本相同。敛口，沿外卷，腹稍鼓，平底，底部标明功用"漱盂"或"盂子"。孝端皇后金漱盂（图 12）外壁錾刻云龙赶珠纹，内底錾刻左降右升二龙戏珠纹，底刻铭文"大明万历辛丑年银作局制八成色矿金沙地云龙漱盂一个重拾两经管官蔡奉银匠刘纲"。孝靖皇后也有一件素面金漱盂，底部铭文"大明万历辛丑年银作局制六成色矿金光素漱盂一个重八两经管官蔡奉银匠刘纲"。关于漱盂的使用，《红楼梦》开场有这样一段描写："黛玉方告了座，就坐了。贾母命王夫人也坐了。迎春姊妹三个告了座方上来，迎春坐右手第一，探春左第二，惜春右第二。旁边丫鬟执着拂尘漱盂巾帕，李、凤二人立于案旁布让。外间伺候之媳妇丫鬟虽多，却连一声咳嗽不闻。饭毕，各各有丫鬟用小茶盘捧上茶来。当日林家教女以惜福养身，每饭后必过片时方吃茶，不伤脾胃；今黛玉见了这里许多规矩，不似家中，亦只得随和着些，接了茶。又有人捧过漱盂来，黛玉也漱了口，又盥手毕。然后又捧上茶来，这方是吃的茶。"⑨ 可见漱盂是明清时期贵族生活中不可或缺的日用品。

---

① （元末明初）《朴通事》，见刘坚、蒋绍愚主编：《近代汉语语法资料汇编元代·明代卷》，商务印书馆，1995 年，第 333 页。
② （元）郭钰：《静思集》"郭恒惠牙刷得雪字"，见《影印文渊阁四库全书》第 1219 册，集部 158 别集类，中国台湾商务印书馆，2008 年，第 182 页。
③ （元）许国祯：《御药院方》卷九，见曹洪欣：《海外回归中医古籍善本集粹（23）》，中医古籍出版社，2005 年，第 575 页。
④ （明）冯梦龙：《挂枝儿·山歌》"牙刷"，济南出版社，1992 年，第 72~73 页。
⑤ （元）贾铭：《饮食须知》卷八，中华书局，2011 年，第 203 页。
⑥ （明）无名氏：《便民图纂（三）》卷一〇"起居类·起居杂忌"，广陵书社，2009 年，第 4 页。
⑦ （明）冯梦龙：《挂枝儿·山歌》"破鬃帽歌"，济南出版社，1992 年，第 172 页。
⑧ （明）张景岳：《景岳全书》卷二八"必集·杂证谟·齿牙"，山西科学技术出版社，2006 年，第 330 页。
⑨ （清）曹雪芹：《红楼梦（校注本一）》卷三"托内兄如海见西宾 接外孙贾母惜孤女"，北京师范大学出版社，1987 年，第 55 页。

图 12　刻云龙纹金漱盂

帝后养颜　调脂弄粉

晚明时期，上至帝王及其宫眷、朝臣士大夫，下至庶民百姓，普遍重视修容，这是当时追求精致生活的具体表现之一。万历皇帝睡前常于洗面之后养颜，龚廷贤在其《万病回春》中记"皇帝涂容金面方"："朱砂二钱，干胭脂二钱，官粉三钱，乌梅五枚，去核，朝脑五钱，川芎少许。上为细末，临睡时唾津调，搽面上。次早温水一盆洗面。二三七日，面如童颜，乃神仙妙用之法。"① 万历朝前期的内阁首辅张居正也是修容时尚的引领者，"故相江陵公，性喜华楚，衣必鲜美耀目，膏泽脂香，早暮递进，虽李固、何宴，无以过之。一时化其习，多以侈饰相尚。"② 在张居正的带动下，士大夫阶层纷纷追求华服修容。前朝如此，后宫亦然。从定陵出土的粉盒、胭脂盒等可以看出万历宫眷对姿容修饰的注重。

在孝端皇后棺内的大漆盒中，装有一件八棱形子母口金粉盒（图 13），通高 5.1 厘米、口径 9.7 厘米、圈足径 7.4 厘米、盖径 9.6 厘米、粉扑径 8.2 厘米，重 241.5 克。粉盒身、盖等分成两部分，器底有圈足。盒内有一金粉扑盖（图 14），其上錾刻左升右降二龙戏珠纹，中心火珠纹与粉扑盖宝珠钮巧妙重合，增加了盖面纹饰的立体动感。边缘一周錾出小孔，用线缀连棉絮绒。器盖与器身皆沙地，八棱形身、盖上下各錾刻一周卷草纹。器腹与盖壁对应分为八格开光，每格开光内錾刻一行龙纹。盖面錾刻一坐龙和江崖海水、云纹。出土时棉絮绒下的盒内残留白色粉末，尚有余香。明代香粉配方和制法多样，弘治间华亭人宋诩在《竹屿山房杂部》中记载，取用"鸡子一枚，开颠窍去黄用白，将上等铅粉末一两，法用醋糟覆铅板上，蒸之取浮者，水定而成，曰光粉、曰定粉，皆此也。蜜陀僧五分，匀一处，实于窍中纸糊封之，再以纸重护之水染湿，文武火煨干为度，取出匀面莹然如玉。今熬制熟鹅膏，和合香油，和粉匀面，发光泽而馨，本草白鹅盃说：'云脂可合，面脂日华子，云脂润皮肤。'"③ 又"白坯土一钱半，白芷取浮者去皮一两，碎珠子五分，麝香一字，轻粉二钱，鹰条五钱，蜜陀僧火煅七次一两，金箔五片，银箔五片，朱砂五钱，片脑少许。右为细末，用上等定粉，入玉簪花开头中，蒸花青黑色为度，取出配对，匀面，甚光莹"④。另外，在孝端皇后棺内漆盒中，还有一子母口小圆瓷盒（图 15），通高 2.4 厘米、口径 3.2 厘米，胎质坚密，釉面莹润，精小可爱。器身及盖等分，器壁及盖壁各绘二条行龙及海水江崖纹，盖面绘一升龙纹，底部以青花书写 6 字楷书款"大明万历年制"。出土时内有红褐色块状胭脂

---

① （明）龚廷贤：《万病回春》"面病"，中国医药科技出版社，2014 年，第 152 页。
② （明）沈德符：《万历野获编（上）》卷一二 "吏部·士大夫华整"，中华书局，1959 年，第 316 页。
③ （明）宋诩：《竹屿山房杂部》卷八 "鸡子粉"，影印文渊阁四库全书第 871 册，子部 177 杂家类，中国台湾商务印书馆，2008 年，第 221 页。
④ （明）宋诩：《竹屿山房杂部》卷八 "珠子粉"，影印文渊阁四库全书第 871 册，子部 177 杂家类，中国台湾商务印书馆，2008 年，第 221 页。

遗存。此时胭脂的做法也很多，如宋诩记载的一个"干胭脂"配方，"生鸡子二枚，开颠窍去白，惟取二黄调匀，以朱砂二钱，明矾二钱，麝香少许研细，并黄入一壳，复调百余，转别以虚壳，去小半掩于药壳上，纶彩蜜缚之，绢囊盛悬胎于蘁汁中，煮半日取出，俟冷去壳研细，色通红，同胭脂匀脸，入肤明润。今金花胭脂、油胭脂、白胭脂皆洗红花膏所造，绵胭脂、紫铔等煎染也，铔音矿。"① 前述万历皇帝本人使用的"皇帝涂容金面方"配方中，也有"干胭脂"成分，可知其焕肤增色的美容功效。

图13　金八棱形盒

图14　金八棱形盒粉扑盖

由上所述，内廷制作的宫粉和胭脂必然含有较名贵的中药材，而到了崇祯时期，风气为之一变。这种变化既与明末积弊难返，国力江河日下有关，也与崇祯皇帝本人的性格和审美取向有关。据《崇祯宫词》记载，崇祯皇帝本人不喜涂泽，亦看不惯浓妆艳抹之女。"宫中收紫茉莉，实研细蒸熟，名"珍珠粉"。取白鹤花蕊，剪去蒂，实以民间所用粉蒸熟，名"玉簪粉"。此懿安从外传入，宫眷皆用之。顾上不喜涂泽，每见施粉稍重者，笑曰：'浑似庙中鬼脸。'故一时俱尚轻淡。"② 紫茉莉是紫茉莉科、紫茉莉属的多年生草本植物。种子为黑色，呈瘦果球形，表面有地雷状纵棱和网状纹理。种子内的白色胚乳干后研细，可制化妆香粉，故又名宫粉花。它与茉莉花非同科同属，却在《广群芳谱》中置于"茉莉"条附录中。"紫茉莉，草本。春间下子，早开午收，一名胭脂花，可以点唇。子有白粉，可傅面，亦有黄白二色者。"③ 据前述《崇祯宫词》所称，懿安皇后张嫣将此方传入宫中，可知晚明时期的民间女子多采用物美价廉的紫茉莉为制作香粉和胭脂的原料。

---

① （明）宋诩：《竹屿山房杂部》卷八"干胭脂"，《影印文渊阁四库全书》第871册，子部177 杂家类，中国台湾商务印书馆，2008年，第221页。
② （清）王誉昌：《崇祯宫词上》，虞山丛刻，见《丛书集成续编》279 史地类，中国台北新文丰出版公司，1989年，第548页。
③ 《御定佩文斋广群芳谱》卷四三"茉莉·附录紫茉莉"，见《影印文渊阁四库全书》第846册，子部152 谱录类，中国台湾商务印书馆，2008年，第348页。

图 15　青花胭脂盒

美人倚窗　对镜成妆

美人清晨推枕起，盥面洗漱之后，就要打开妆奁，拿出梳篦、抿刷、粉盒、胭脂盒等，进入梳妆修容环节。在一件明崇祯风尘三侠故事图青花笔筒上，描绘了红拂女对镜梳妆的细节（图16），桌上放着镜架、梳妆匣、梳子、竹抿子和敞放的半个粉盒。箱盖呈打开状，顶层浅盘上也放着一把月牙梳。这是晚明常用的梳妆匣，也叫"官皮箱"。由箱体、箱盖和箱座组成，早期有插门式官皮箱，后来被双开门式取代。内设若干小屉，箱盖和箱体可扣合，门前有拍子，两侧安提环。揭开箱盖，盖下有深约 10 厘米的平台，内藏折叠式镜支。盖下的平屉适合存放铜镜、油缸、粉盒、胭脂盒等，下面抽屉可放梳篦、簪、钗等首饰。北京故宫博物院藏一件官皮箱（图17），长 37 厘米、宽 26.5 厘米、高 38 厘米。打开上盖，内有一浅盘。正面对开两门，内分三层，第一、二层装抽屉两个，下层装大抽屉一个（图18）。箱外两侧安铜提环，箱门正面有铜面叶吊牌钮头，可上锁，红拂女镜架旁放置的官皮箱，能看到侧面的提环。在《警世通言》卷三十二"杜十娘怒沉百宝箱"故事中，杜十娘投江所抱之匣，就是这种收纳功能强大，既可储放妆具和化妆品，又可收藏珠宝首饰的官皮箱。

图 16　梳妆图　　　　　　图 17　黄花梨官皮箱　　　　　图 18　黄花梨官皮箱打开情况

官皮箱顶层浅盘内有一把月牙梳，旁边还有一把稍长的，前述冯梦龙所辑《山歌》中有一首《木梳》，可知庶民百姓的梳子多为木质，而皇后用的是高档牛角梳。定陵孝端皇后棺内有 1 件朱漆盒，里面装有金盒两件及梳篦等物。两件棕色牛角梳中，其一为标准月牙形（图19），梳齿保存完整；另一件略长，梳齿有残缺（图20）。恰与青花笔筒中红拂女所用的两把梳子形制相同，而桌上那把梳子旁边，是一把竹抿刷，其功能是蘸油或水把头发抹平整。历经万历、天启、崇祯三朝的太监刘若愚，曾于天启年间在内直房经管文书，崇祯时受高攀龙等七人被诬致死一案牵连入狱，他在狱中将亲身经历的宫廷见闻写成《酌中志》一书。其中有"广惠库，职掌彩织帕、梳栊抿刷、钱贯钞锭之类，以备取用"。[①] 此处文献所称内库仓储的抿刷，其实物在定陵中出土了多把。万历皇帝用的抿刷，配有漆抿盒和金抿盒。孝端皇后使用的的抿刷品相最为完好（图21），竹柄手握处虽有朽烂，而刷头的红鬃毛排列整齐，保存完整，既可与上述青花笔筒的图像相印证，又见证于现藏苏州博物馆仇英绘《清明上河图》中一段情节，在女工用品专营店门口，竖着一个白底黑字幌子"女工钢针梳具刷抿剪刀牙尺俱全"（图 22），图中的货架分为三层，店内伙计正在摆中层货品，顶层的商品是剪刀、抿刷和牙尺，中、下层是各种款式的梳子。与定陵牛角梳一同出土的，还有一件孝端皇后使用的棕红色竹篦子（图23），篦齿保存完整，仅稍有变形，

---

① （明）刘若愚：《酌中志》卷一六"内府衙门职掌"，北京出版社，2015 年，第 116 页。

已属难得。这也是不分阶层的寻常妆具，《南都繁会图》中绘有一家专营梳篦的店铺（图 24），门口竖一白底黑字"梳篦老铺"幌子，字上还绘有一梳一篦广告画，刻意向来往行人及顾客宣扬着自家老店的信用与商品质量。有趣的是，与梳篦老铺扎堆儿经营的是悬挂"网巾发客""头发老店"的售卖网巾和假发的店铺，它们做的都是"头发"上的生意，顾客只跑一地就可解决多重相关需求，可见晚明商业服务意识的发达和行业细化的程度。

图 19　牛角梳

图 20　牛角梳

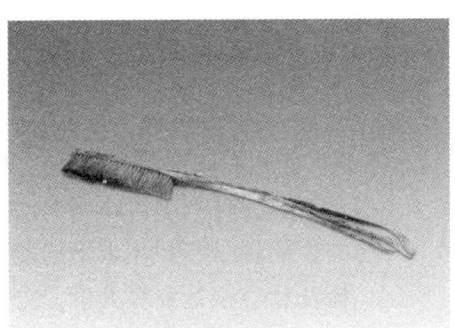

图 21　竹抿子

图 22　女工钢针梳具刷抿剪刀牙尺俱全

图 23　竹篦子

图 24　梳篦老铺

图 25　镜架

图 26　镜子背面

元末明初名士杨维桢有诗云："郎赠玉镜台，妾挂菱花盘；安得咸阳镜，照郎心肺肝。"[1] 在青花笔筒上红拂女梳妆图中，最惹眼的器物也是镜架和其上的圆铜镜。这是一个简易的椅式镜架，"椅靠"细窄，台座很薄，仅为一块宽木板，下承四矮足，显然是民女所用之物。而贵为万历皇帝正宫的孝端皇后使用的镜架则豪华得多。她使用的一件金漆镜架（图25），通高27.8厘米，镜座边框长27.3厘米、宽19.8厘米、高5.9厘米，支柱高17.8厘米、宽2厘米。镜托通长25.3厘米、下宽17厘米，靠直径17.4厘米、厚0.7厘米。分别以红、绿、黑漆描绘纹饰，底设方框形座，边框两端呈抱鼓形，抱鼓内外两侧绘绣球纹。边框内钉二横撑，后端两抱鼓中心贯一带支柱活轴，支柱扁方形，其下两侧有花牙。边框顶部及内外两侧绘赶珠龙纹，支柱绘升龙戏珠及寿山福海纹，横撑及支柱活轴绘八宝纹和云纹；前端两抱鼓中心贯一带镜托活轴，镜托下部凸起月牙形，上绘壬字云纹；月牙顶部设凹槽放置铜镜，上为圆形镜靠，镜靠正、反面均绘一红、一绿双升龙戏珠、壬字云纹和寿山福海纹，镜靠背后中部有阶梯状凸起，以调节镜面高低和角度。镜托绘二龙戏珠和壬字云纹，边缘绘卷草纹。该镜架出土于孝端皇后棺内西北角顶层，同时出土的还有一面铜镜（图26）和一套漆奁。铜镜圆座圆钮，宽缘，为仿汉式规矩镜。直径20.2厘米、缘宽3.3厘米、边厚0.5厘米。钮座外双线方栏，内有十二乳丁纹，栏外八乳，其间饰卷草纹，边缘为锯齿纹和变形云纹，出土时铜镜背面贴在镜架上。

结　语

"梳洗罢，独倚望江楼。过尽千帆皆不是，斜晖脉脉水悠悠。肠断白蘋洲。"[2] 一句"梳洗罢"看似平淡，却是思妇迎接久别爱人前精心准备的行动，包含了丰富的想象空间。多数晚明女性深居简出，社会交际面有限，她们对爱情的憧憬、盼情郎早归的思绪，乃至人生的转折和扑朔未卜的前途，都系于这梳妆台前、金盆架上。因此，无论民间的女子还是宫廷后妃，梳洗妆容都是头等大事。文中以定陵出土的相关文物为主线，阐述了在当时的社会条件下，金盆、肥皂、皂盒、牙刷、漱盂、金粉盒、小圆胭脂瓷盒、梳妆匣、梳篦、抿刷、镜架、铜镜等文物的使用情况和文化内涵，旨在勾勒晚明宫眷及民女的日常梳洗妆俗。朝朝暮暮，阳台之下，佳人手持着梳篦的指尖任青丝划过，当镜前的丽影融入历史的尘烟，唯有这四百年前的用具还在世间流传，向后人诉说着她们曾经的喜悦与期盼，闺怨与惆怅。

［作者单位：中国社会科学院历史研究所］

---

[1]（明）杨维桢：《杨维桢诗集》，《玉镜台》，见《原国立北平图书馆甲库善本丛书》第691册，国家图书馆出版社，2014年，第25页。
[2]（唐）温庭筠：《温庭筠词全集》，《梦江南·梳洗罢》，崇文书局，2015年，第88页。

文化遗产视野下的明十三陵保护和管理的思考

刘少华

随着党和国家对文化遗产的重视和人们保护文化遗产意识的增强，我国的文化遗产事业取得了突飞猛进的发展。截止到2017年，我国的世界遗产达到了52处，仅次于拥有53处的意大利，居世界第二位。虽然我国的世界遗产数量大、种类多，但由于各种条件的限制，文化遗产在保护和管理上还存在着很多的不足。本文将以明十三陵为例来阐述目前文化遗产保护和管理面临的困境，并对相关问题提出一些建议。

一　明十三陵的文化遗产价值

明十三陵坐落在北京市昌平区北部的天寿山麓，是明代迁都北京后13位皇帝的陵墓总称，占地面积约80平方公里。其文化遗存主要有：陵寝建筑，长陵（包括长陵神道、石牌坊、大红门、碑亭、石望柱、石像生、龙凤门、陵宫及陵宫外石桥）、献陵、景陵、裕陵、茂陵、泰陵、康陵、永陵、昭陵、定陵、庆陵、德陵、思陵；皇妃、太子、太监墓，包括东、西二井，明宪宗贵妃万氏坟，明世宗沈、文、卢三妃坟，明世宗四妃二太子坟，明世宗贤妃郑氏坟，明神宗皇贵妃郑氏及二李、周、刘四妃坟，明崇祯帝太监王承恩墓；新行宫、九龙池、陵区十个山口和垣墙；陵区整体排水系统及历史排水设施（桥梁、沟渠等）、陵区整体神道系统（包括位置及物质遗存）、各陵陵监遗存；陵区内其他相关可移动文物等。

明十三陵于2003年7月作为"明清皇家陵寝"的扩展项目列入世界文化遗产名录，具有珍贵的历史、艺术和科学价值。在历史方面，明十三陵始建于1409年，包含明朝13位皇帝、其后妃、并及一位太监的陵墓，保留了陵监和附属建筑的遗迹。其选址、营建、祭祀等活动富含了大量的历史信息，能够反映明朝两百多年的历史发展。十三陵中最后一个陵墓思陵是由后来的清王朝修建，乾隆年间又对十三陵进行了大规模的修缮和保护，反映了清王朝对前朝的态度，这些都具有重要的历史价值。艺术和科学方面，明十三陵修建于约80平方公里的山谷之中，将人工建筑很好地融入到自然环境之中。每座陵墓的选址都是基于中国传统的风水理论，各个陵墓及其周边相关建筑的位置和建筑布局，包括对水体和溪流的处理，都是经过规划和设计的，展现出文化传统与自然环境完美的融合。作为一个完整的、类型独特的文化景观系统，有着独一无二的代表性，反映了"天人合一"的哲学思想。

明十三陵独特的历史文化与自然景观得到了世界教科文组织的认可，其对明十三陵的评价为：非凡的建筑群与自然环境在风水理念下组成的和谐整体，展现了人类杰出的创造力；这些陵墓以融合于自然环境中的文化与建筑艺术传统创造出的独特的文化景观系统，见证了延续了五百多年的，并在世界居于重要地位的中华古代文明；明十三陵记载着明朝的大部分历史；明十三陵是明朝200余年历史中中国建筑艺术的杰作和陵寝规划与建造的最高代表；这些陵墓是中华民族在封建制度时期包括信仰、世界观、以及风水理论等的生动例证。既是中华民族历史上重要人物的陵墓，也是历史上重要事件的舞台。这些条件符合了世界文化遗产的多个入选标准。

明十三陵富含的珍贵文化遗产价值，是我们进行保护和管理工作的文化基础，也是我们要保护的目标所在，它将指导我们每一项工作的开展。

二　明十三陵文化遗产保护和管理面临的困境

明十三陵地区面积广阔，陵区内散落着 40 多个村庄，百姓依然在陵区内进行着农业生产活动，客观上对明十三陵的保护和管理产生了很多的困难。但是对于管理机构来说，也有很多工作不够完善，还存在着很多问题。具体情况有以下几个方面。

第一，没有出台文化遗产保护管理规划，各项工作没有系统性。

保护规划是为了保护不可移动文化遗产，协调保护和发展的关系，实现不可移动文化遗产合理再利用而编制的规划层面的技术文件。是我国不可移动文化遗产保护常见的一种与管理手段和技术措施密切相关的技术文件。[1]《世界文化遗产保护管理办法》明确规定，遗产地必须编制保护规划，规划"应当明确世界文化遗产保护的标准和重点，分类确定保护措施，符合联合国教科文组织有关世界文化遗产的保护要求"。而且"世界文化遗产保护规划的要求，应当纳入县级以上地方人民政府的国民经济和社会发展规划、土地利用总体规划和城乡规划"。[2] 目前，有关明十三陵保护管理的法律法规主要有《八达岭—十三陵风景名胜区总体规划（2007 年—2020 年）（修编）》《北京市明十三陵保护管理办法》和《昌平区人民政府实施〈北京市明十三陵保护管理办法〉的规定》等，《全国重点文物保护单位——明十三陵文物保护总体规划》正在编制过程中，而文化遗产保护规划尚没有进行编制。由于保护规划没有出台，各项保护工作特别是文物的修缮没有系统性，往往是损坏一处修缮一处，而且修缮方法也不一致，缺乏科学性。另外，环境的整治由于没有具有法律效力的规章制度进展也很缓慢，这对明十三陵的保护管理工作极为不利。

第二，文化遗产的监测体系不完善，不能适时掌握文化遗产的现状。

文化遗产监测是文化遗产保护和管理的重要组成部分，2006 年国家文物局颁布了《中国世界文化遗产监测巡视管理办法》，明确了监测内容、监测机构、监测责任等，还制定了《中国世界文化遗产监测技术规范》，对监测工作起到了很好的指导作用。但是从全国范围内看，监测工作还存在着很多问题，如对影响遗产价值与其真实性、完整性的因素评估不够深入；监测技术不能满足监测需要；遗产地管理机构内部协调不畅；各遗产地监测机构互相交流少等。[3] 目前，明十三陵的监测体系并不完善。首先，虽然建立了明十三陵遗产监测办公室，但是没有固定的工作人员，监测工作由其他工作人员代替行使；其次，监测工作不规范，在日常监测中没有按照相关规定进行监测，只是在年终填写监测报表；最后，没有充分发挥监测的作用，指导文化遗产的保护和管理工作。由于监测工作的不完善，使得管理机构没有很好地掌握明十三陵地区的文化遗产现状，也不能对一些破坏文化遗产的行为进行制止。例如，目前十三陵地区建控地带内违章建筑较多，从事旅游和农家乐的私搭乱建、生活污水的排放、严重影响了十三陵地区的环境风貌，但是这些现象都没有在监测报告中体现出来。如果不对这些现象进行制止，长时间的积累，对文化遗产的破坏将越来越大。

第三，历史风貌保护重视程度不足，文化景观遭到破坏。

历史风貌和文物本体一样，都是文化遗产的重要组成部分，它的保护需要得到足够的重视。明十三陵的陵寝建筑经过多年的修缮，已经得到了有效的保护，但是古建筑周边的环境和整个陵区的环境却没

---

[1] 王涛：《寻找不可移动文化遗产保护规划的法律地位》，《东南文化》2012 年第 3 期。
[2] 《世界文化遗产保护管理办法》，2006 年 11 月 14 日文化部部务会议审议通过。
[3] 赵云：《中国世界文化遗产监测 2014 年度报告》，《中国文物科学研究》2015 年第 3 期。

有得到有效的保护。这主要是因为以供奉、守护等活动为主体的皇家陵墓空间已经转变为以当代乡镇生活为主要内容的生活空间，正是这种主导性的变化使得明十三陵整体文化景观的文化内涵和艺术品质面临难以挽回的破坏趋势。一方面，农业生产活动影响到古建筑的保护。明十三陵大多数的陵寝建筑都分布在农民的生产用地内，由于陵墙外的区域没有划定为文物保护用地，陵墙与生产活动区域距离过近，经常遭到损害。如茂陵、裕陵的陵墙就经常遭到交通工具的磕碰，另外陵墙没有足够的散水，排泄系统不畅，文物也会受到损害。另一方面，整个陵区的历史风貌遭到破坏。十三陵区域内风景优美，是人们休闲旅游的胜地，随之而来的是道路两旁私搭乱建的农家院、广告牌等，五花八门，与景区的历史风貌极不协调，这些区域都在建控地带之内，但长久没有得到解决。另外，河道内采挖砂石的现象屡禁不止。以上这些情况虽然没有直接伤及到文物本体，但是对十三陵的文化遗产价值都是严重的破坏，必须加以整治。

第四，文化遗产的展示利用不足，难以反映明十三陵深厚的文化底蕴。

"文化遗产的展示近年来日益成为备受关注的问题，这是与社会发展中大众文化消费的增长引发的对文化遗产认知要求的增长分不开的。"[①] 因此，文化遗产的展示也是文化遗产保护和管理的重要方面。明十三陵具有得天独厚的自然景观和内涵丰富的文化底蕴，真实、完整、有效地将这些文化价值展现出来，是值得思考的重要问题。当前十三陵的展示展览可分为两种：一是原貌展示，包括自然风貌、陵寝建筑、定陵地宫陈设等；二是陈列馆的展示，包括各展厅举办的各类展陈。纵观这些展览，存在几个问题。一是，对十三陵自然景观的展示不够突出，现在仅有十三陵地区的模拟沙盘，可以观看十三陵的山水形势，缺乏风水理论对山水格局的解释，无法展现出十三陵天造地设的独特自然景观。二是，缺乏对十三陵历史发展沿革的展示。目前各展厅主要展示的定陵出土的文物，而关于十三陵的营建、历史沿革、功能区划、祭祀礼仪、丧葬文化等方面则没有涉及，大大削弱了十三陵丰厚的文化内涵。三是，展陈手段过于单一，主要还是实物展示和图片展示，缺乏数字化展示手段，由于展陈空间过于狭小，手段的单调也无法全面地展示明十三陵的历史文化。

第五，村镇经济发展与文物保护矛盾突出，遗产地人民没有从中受益。

明十三陵与镇村混处的现象十分严重，在文物保护区的建设控制地带（缓冲区）内共有居民点40多个，居民约8000多户，常住人口约20000人。如明十三陵出于文物保护需要，对保护区内镇村的建设提出了诸多要求：不能发展污染工业；大量植树造林，为景区营造气氛；将文物古迹保护范围和一类建设控制地带内的建筑和单位搬迁；清理景区周边的杂乱摊点；部分道路为文物改道等。这些要求给镇村的经济发展带来了很大的限制，而要实现这些要求，又需花费大量人力、物力和财力。由于缺乏有效的补偿机制和镇村发展策略，保护区内镇村政府和居民无法从这些努力中获得任何利益，城镇经济水平在昌平区长期处于倒数的水平，农民的收入很低，与其他乡镇相比差距较大。[②] 因而村民存在着抵触情绪，这对遗产保护和人民生活水平的提高都产生了不利影响。

三 明十三陵文化遗产保护中应采取的措施

第一，尽快编制保护和管理规划，为将来的各项工作指明方向。

要根据《世界文化遗产保护管理办法》，遵照世界遗产保护管理5C战略（Credibility，Conservation，Capacity Building，Communication，Community）和"保护为主，抢救第一，合理利用，加强管理"的

---

① 郭璇：《文化遗产展示的理念与方法初探》，《建筑学报》2009年第9期。
② 陈珊珊、李文杰：《大遗址保护区内城乡统筹发展方式的探索——以北京明十三陵遗址为例》，《北京规划建设》2010年第1期。

文物工作方针，在广泛深入研究的基础上编制完成明十三陵世界遗产保护管理规划。规划应对明十三陵世界遗产地的历史、文物本体、周边环境和现有管理体系进行调查研究与评估，根据世界遗产和全国重点文物保护单位的管理要求，对遗产地的区划和现有管理体系提出相应调整和完善要求，制定有效的文物本体和历史环境保护措施、工程计划，建立遗产地监测和灾害防御系统，完善遗产地展示利用体系，协调遗产与环境保护、社会发展间的关系。通过科学规划实现遗产地的整体保护，充分展示和传递遗产所承载的突出普遍价值，保护遗产本体及其周边的生态和人文环境，最大限度地发挥遗产所具有的文化、社会、经济和生态效益，实现遗产地的可持续发展。

第二，建立文化遗产监测机构，完善监测体系。

文化遗产监测是对遗产真实性、完整性保护状况的监测，对遗产的保护有重要的意义。首要的就是要建立遗产监测机构，配备专业技术人员和设备对文化遗产进行全方位的监测。十三陵遗产监测应该包括以下内容：第一，对陵区内历史环境的监测。主要包括：陵区内重要的历史景观；陵区内植被的生长环境和状况；陵区内山水状况；陵区内生态环境等。第二，对陵寝建筑的监测。主要包括：各陵寝、遗址的完整性状况；各陵寝、遗址的结构稳定性状况；各陵寝、遗址原材料的状况；陵区内各种树木的保存状况等。第三，对零散文物的监测。主要包括：各种碑刻、题记的保存状况；散落在各处的建筑构件保存状况等。

现场监测和记录方式主要采用仪器监测、图纸记录、人工观察记录、数据统计分析、摄影图像记录、航空航天影像对比、地理信息系统监测等。作为监测档案的记录和保存，应建立针对遗产地整体保存状况的遗产保护信息系统，实现监测档案的数字化存储。系统应支持从遗产的整体要素到建筑细节装饰的多样化数据信息，并通过历年数据积累分析，协助监测工作的制定和改善。

监测周期，要根据不同的对象制定出不同的监测周期，但应坚持持续监测、并将信息完整地保存下来，并进行数字化处理，妥善储存，每年要进行专业比较分析。对于特大自然灾害等突发事件，应进行重点监测，做好记录。

此外，还要加强遗产档案记录。主要包括：补全缺少的档案内容，包括测绘图纸、监测结果等，并对神道、妃子坟、皇陵围墙外附属建筑或遗迹等未纳入档案记录的文物古迹进行测绘，收集测绘结果；充分认识档案的重要性和不可再生性，加强对档案记录的防火管理；定期检查档案记录；对现有档案进行整理，逐渐改变档案存储载体，实现部分档案记录电子化、公众化。

第三，逐步恢复明十三陵历史风貌，增加遗产地居民收益。

针对陵区内的各种杂乱现象，必须要进行有计划的整治工作，恢复明十三陵的历史风貌，与此同时，还要通过各种政策，增加遗产地居民的收入。一是，整治陵区内的环境。陵区内的违章建设，按照"谁建设、谁主管、谁负责"的原则进行治理。针对挖山取土和采石等破坏陵区内地形地貌和植被环境的活动，须立即禁止，并责令相关单位及个人恢复被破坏的地形地貌和植被。完善陵区范围内的环境卫生系统，清除露天垃圾场地，避免环境污染和视觉干扰。二是，加强基础设施建设，包括陵区内道路交通系统的整治和改造、安全防护措施的改造、土地利用调整、水利工程的改造、居民人口调控等。三是，通过各种政策，增加当地民众收入，促进村镇发展。一方面充分利用土地流转，把农业生产用地流转为遗产保护用地，为遗产保护和农民增收提供基础。另一方面，在发展观光旅游的同时，充分利用当地良好的资源优势，与周围村镇进行合作，开展餐饮、住宿、游乐、休闲等旅游产业，让当地民众充分享有遗产保护带来的实际利益。

第四，加强学术研究，挖掘文化内涵，利用各种展示手段加强展示利用。

加强文化遗产的学术研究，首先要引进大量的科研人才，针对十三陵的具体情况，应重点引进历史、考古、建筑、地质、园林等陵园的科研人才，充实科研力量，建立一支既有理论知识和实践能力又能吃苦耐劳和勇于创新的科研队伍。而学术研究应包括三个方面的内容：一是，历史文献的搜集与研究。搜集有关十三陵的书籍、图片、绘画、地图等，充分研究十三陵的选址过程、营建过程、材料运输、管理方式、皇陵祭祀制度、历史沿革、建筑程序等。二是，考古发掘。对各陵建筑遗址、神道遗址、陵监以及其他附属建筑遗址进行全面的考古发掘，明确其位置和形制，并做出详细绘图记录和遗址认定，进而进行原状推测和价值研究。三是，保护方式的研究与应用。与相关研究所、高校等研究机构合作，进行文物保护技术的实验和研究，特别提高石质、木质、砖质文物的保护技术水平，不断提高文物保护的科技含量。

另外，在学术研究的基础上，提高文化遗产的展示利用水平。根据明十三陵在历史、艺术、科学等方面的遗产价值，重点突出明十三陵自然风貌和历史文化的展示，并通过不同空间和时间的文化解释[1]，让参观者能深刻感受到明十三陵的文化魅力。而在古建筑的修缮和展示方面，虽然也要重视对文化遗产历史延续性的展示，但应在解释和恢复遗产价值所需的特殊情况下修复或重建，将其恢复到其特定的历史时期。[2] 这一点在陵寝的修缮方面尤其重要。

第五，大力开展宣传教育工作，提高全体人民的遗产保护意识。

文化遗产保护是全体人民共同的责任，因此必须开展遗产保护的宣传教育工作，提高人民群众的遗产保护意识。针对十三陵地区具体实际情况，必须展开对各级政府、村民以及游客三方面的宣教工作。对各级政府包括昌平区政府、十三陵镇政府以及各村委的宣教要侧重于让其了解遗产保护的重要意义、保存和发展地方文化的重要意义，以及遗产保护与地方发展的密切关系等，从而使其大力支持明十三陵的文化遗产保护工作。对于广大村民，应该进行遗产保护的普法宣传，确保其不对文物古迹进行人为的破坏，特别是在历史建筑与农田相交错的地区；同时要加强对村民历史文化价值的教育，让其了解本地的历史文化传统，增强自豪感和对当地历史文化的感情。对于游客则要重点宣传明十三陵作为世界文化遗产的重要价值，使其能够加强对明十三陵的深入认识，同时加强文物不可再生的属性的宣传，从而增强他们遗产保护的意识。在宣传教育方式上，各级政府和村委会要将遗产保护的宣传工作纳入到日常管理制度中，通过讲座、培训、展览等方式进行宣传教育；同时，在各个景区设立与遗产保护有关的标语和说明牌，起到提示的作用。

由于各地条件的不同，文化遗产的保护和管理水平存在着很大的差距。明十三陵地区村庄众多，人口密集，给保护和管理带来了很大的困难。但是，我们必须意识到，文化遗产的保护和人民群众的利益不是相矛盾的，而是一致的。在此基础上，通过编制规划、制定各种优惠政策，协调与人民群众的关系，一定能实现文化遗产保护和人民群众美好生活的双赢。

［作者单位：十三陵特区办事处　故宫博物院］

---

[1] 吴兴帜、洪树兰：《遗产的展示与文化解释》，《贵州民族学院学报》2011年第6期。
[2] 卜琳：《中国文化遗产展示体系研究》，科学出版社，2013年，第150页。

图书在版编目（CIP）数据

第十七届明史国际学术研讨会暨纪念明定陵发掘六十周年国际学术研讨会论文集 / 中国明史学会，北京市昌平区十三陵特区办事处编. —北京：北京燕山出版社，2018.6

ISBN 978-7-5402-5186-4

Ⅰ.①第… Ⅱ.①中… ②北… Ⅲ.①中国历史–明代–国际学术会议–文集 Ⅳ.①K248.07–53

中国版本图书馆 CIP 数据核字（2018）第 147866 号

第十七届明史国际学术研讨会暨纪念明定陵发掘六十周年国际学术研讨会论文集

DISHIQIJIE MINGSHI GUOJI XUESHU YANTAOHUI JI JINIAN MINGDINGLING FAJUE LIUSHIZHOUNIAN GUOJIXUESHUYANTAOHUI LUNWENJI

主　　编	商　传
作　　者	中国明史学会　北京市昌平区十三陵特区办事处
责任编辑	朱　菁　任　臻　姜栋栋　王梦楠
责任校对	杜　睿　石　英
封面设计	王　鹏
版式设计	易维鑫
社　　址	北京市丰台区东铁营苇子坑路 138 号（100079）
网　　址	http://www.bjyspress.com/
微　　博	http://weibo.com/u/2526206071
微　　信	yanshanreading
电　　话	01065240430
印　　刷	北京兰星球彩色印刷有限公司
开　　本	889mm×1194mm　1/16
字　　数	1780 千字
印　　张	56.75
版　　次	2018 年 6 月第 1 版
印　　次	2018 年 6 月第 1 次印刷
定　　价	268.00 元
出版发行	北京燕山出版社

版权所有　　盗版必究